COLLE

GUY SCHOELLER

LUCIENNE MAZENOD
GHISLAINE SCHOELLER

DICTIONNAIRE DES FEMMES CÉLÈBRES

DE TOUS LES TEMPS ET DE TOUS LES PAYS

ROBERT LAFFONT

ISBN : 2-221-05292-7

Avant-propos

Qu'est-ce qu'une femme célèbre ? Combien en existe-t-il à travers le monde ? Pourquoi les réunir dans un dictionnaire ?

C'est à cette dernière question qu'il est le plus facile de répondre : depuis que le monde est monde, et à l'exception de quelques sociétés matriarcales, l'histoire de l'humanité est d'abord l'histoire des hommes. C'est particulièrement vrai de l'histoire occidentale qui, de l'Antiquité à un passé très récent, a toujours assigné à la femme la seconde place. Que nous apprend la Bible ? Que Dieu créa l'homme à son image et qu'après lui avoir ôté une côte, il créa la femme. Certes, il y a l'image idéalisée de la Muse et de la Madone, la femme divinisée qui répond à la tentatrice. Ange ou démon : la femme habite le ciel ou l'enfer, elle n'est jamais sur terre. C'est ainsi que l'ont chantée nos poètes, des troubadours jusqu'à Baudelaire et Aragon. Seuls font peut-être exception les peintres et les sculpteurs.

Jusqu'au XIXe siècle, la femme est le plus souvent donnée comme l'envers de l'homme. L'homme est en relief, la femme est en creux. L'idéal — pour Platon déjà, mais c'est un idéal inaccessible —, l'idéal serait l'unité retrouvée, la femme complétant l'homme. Ce n'est qu'après la Révolution française (qui a mis fin à une civilisation fondée sur le christianisme) que la femme, de complémentaire et inférieure, est devenue *différente* de l'homme et donc son égale. Au moins dans les discours les plus avancés, les faits ayant un certain retard sur les paroles...

Rien d'étonnant donc qu'à partir du XIXe siècle l'on trouve les premiers dictionnaires de femmes célèbres, comme ceux de Louis Prudhomme[1], d'Achille Poincelot[2] ou d'Édouard Plouvier[3], très différents de leurs lointains précurseurs dus à Boccace, Christine de Pisan ou Brantôme. Alors que Boccace et Brantôme s'intéressent surtout aux femmes galantes et Christine

1. *Biographie universelle et historique des femmes célèbres, mortes ou vivantes, qui se sont fait remarquer dans toutes les nations* (4 vol., 1830).
2. *Le Panthéon des femmes* (2 vol., 1854-1856).
3. *Le Livre d'or des femmes* (1870).

de Pisan aux femmes savantes, les auteurs du XIXe s'efforcent de donner des listes plus complètes d'actrices célèbres, d'épouses exemplaires ou de grandes héroïnes de l'histoire française, principalement de l'Ancien Régime. Limités dans le temps et dans l'espace, ces dictionnaires ne pouvaient assurer aux femmes la place qui est aujourd'hui la leur dans la conscience historique.

Il fallait tout reprendre. C'est ce que nous avons fait, et cette fois sans limites chronologiques ni géographiques, et sans privilégier telle ou telle catégorie sociale ou professionnelle. Près de trois mille femmes de tous les temps et de tous les pays, nées avant 1951 [1], voilà notre choix. Nous avons bien évidemment retenu toutes les femmes dont l'Histoire (avec une majuscule) nous a transmis le nom, de Jeanne d'Arc à Golda Meir. Nous avons également fait un sort aux grandes figures légendaires : Ève ou Judith. En revanche, nous avons exclu les personnages mythologiques et littéraires tels que Minerve, Antigone ou Emma Bovary, le critère de notre sélection étant l'existence historique avérée de nos héroïnes. Mais aucun domaine de l'histoire ne nous a été indifférent : les lettres et le sport, la musique et les sciences, le théâtre et la politique, la philosophie et la galanterie, le cinéma et la religion, tout nous a intéressé, à condition de pouvoir réunir un minimum de données vérifiables. Car notre *Dictionnaire* est un dictionnaire biographique.

Si nous nous sommes contentées de faire un seul volume, c'est que nous voulions, aussi, faire œuvre utile. Il est toujours possible d'ajouter dix ou cent notices à un dictionnaire. L'exhaustivité n'existe pas. Or, assurer aux femmes la place qui est la leur dans l'histoire, c'est d'abord faire prendre conscience de cette place à un grand nombre de lectrices et de lecteurs. Si, à travers cet ouvrage, on comprend qu'aucun domaine de l'histoire, des sciences et des arts n'est étranger aux femmes, l'idée d'égalité aura fait un pas en avant et l'historiographie de demain ne perpétuera pas les injustices de celle d'hier.

Nous tenons à remercier Jean d'Hendecourt de l'aide qu'il nous a apportée.

L. M. et G. S.

1. Et comme il n'y a pas de règle sans exception, nous avons retenu Benazir Bhutto (née en 1953) et Marielle Labèque (née en 1952 et qu'il n'était pas possible de dissocier de sa sœur Katia).

A

ABAKANOWICZ Magdalena. Sculpteur. Polonaise (née en 1930). D'abord intéressée par le tissage, elle débuta dans la sculpture vers les années 60. Elle eut l'idée d'utiliser de la toile grossière qu'elle rembourrait et cousait à gros points pour construire des volumes sculpturaux; les lambeaux de rembourrage s'échappant entre les coutures confèrent un aspect de liberté et même de violence à ses sculptures. Bien que fortement attirée par l'abstraction, elle a aussi exécuté des sculptures représentant des formes vaguement humaines, telles que ses *Têtes* (1975) et ses *Personnages assis* (1979) privés de tête, œuvres de grande dimension, toujours réalisées selon les mêmes principes. Elle a utilisé également le bronze pour ses statues *Catharsis* (1985), trente-trois figures dressées dans un ordre volontairement rigoureux, dont la simplicité et la sévérité formelle confèrent à l'ensemble une impression funèbre.

ABBÉMA Louise. Peintre. Française (Étampes, 30 octobre 1858 - Paris, 1927). Elle fut l'élève de Chaplin, de Henner et de Carolus Duran et connut un succès considérable dès l'âge de dix-huit ans avec son très beau portrait de Sarah Bernhardt*. Puis vinrent ceux de Henner, de Ferdinand de Lesseps, de Charles Garnier, l'architecte de l'Opéra. Outre ses portraits, Louise Abbéma exposa pendant cinquante ans, au Salon des artistes français, aquarelles, pastels, gravures et sculptures. Peintre officiel des fastes de la IIIe République, elle démontra sa grande maîtrise dans les panneaux décoratifs qu'elle exécuta pour l'Hôtel de Ville de Paris, la mairie des VIIe, X^e^ et XXe arrondissements et l'Opéra-Comique. Elle fut nommée chevalier de la Légion d'honneur en 1906. Louise Abbéma avait parmi ses ascendants le comte de Narbonne, fils naturel de Louis XV.

ABBOTT Bérénice. Photographe américaine (1898-1991). On lui doit de belles photographies d'artistes et d'écrivains qu'elle réalisa lors d'un long séjour à Paris après la Première Guerre mondiale. Influencée par Atget, un des plus grands photographes français de la fin du XIXe siècle, pour lequel elle avait une grande admiration et dont elle publia les œuvres, elle photographia par la suite les aspects des grandes villes dans ce qu'elles avaient de plus secret. Ses prises de vues de New York, qu'elle a éditées sous le titre *Changing New York* (1939), sont des témoignages précieux sur la vie de cette ville à cette époque. Elle a écrit *A*

Guide to Better Photography (1941) et *The View Camera Made Simple* (1948).

ABINGTON Frances, née Barton. Actrice anglaise (Londres, v. 1737 - *id.*, 4 mars 1815). Fille d'un soldat, elle fut fleuriste et chanteuse des rues avant de travailler chez une modiste française qui lui apprit les bonnes manières. Ambitieuse et intelligente, fort jolie au demeurant, elle se hissa rapidement au premier rang, aussi bien au théâtre que dans la *society*. En 1775, elle débuta à Londres, au Haymarket, dans le rôle de Miranda (*The Busy Body*, Mrs. Centlivre*). Engagée à Drury Lane sur la recommandation de Samuel Foote, elle quitta très vite cette scène, excédée par sa rivale Kitty Clive*. Elle se produisit à Dublin pendant cinq ans et épousa un maître de musique — union sans lendemain. Sur invitation de David Garrick, elle revint à Drury Lane où elle triompha durant dix-huit ans. Ses plus grands rôles furent lady Teazle (*The School for Scandal*, Sheridan), Béatrice (*Much Ado about Nothing*, Shakespeare) et Miss Prue (*Love for Love*, Congreve). C'est dans ce rôle que Reynolds fit son portrait. Elle joua à Covent Garden de 1782 à 1790 et se retira de la scène en 1799.

ABRANTÈS Laure, née Permon, duchesse **d'**. Française (Montpellier, 6 novembre 1774 - Paris, 7 juin 1832). Son père, ancien fournisseur aux armées, était d'obscure naissance, tandis que sa mère, née Comnène, descendait des empereurs d'Orient. Elle épousa Andoche Junot, familier du général Bonaparte, le 30 octobre 1800. Le couple était mal assorti. Junot était un personnage fruste, violent, maladroit, mais une telle union propulsa la jeune femme dans l'entourage même du Premier consul. La carrière des Junot connut des vicissitudes. Par son ambition et son indépendance d'esprit, Laure ne tarda pas à indisposer Bonaparte en tenant un salon beaucoup trop libre à ses yeux, à un moment où la reprise des hostilités avec l'Angleterre était imminente. De plus, elle menait un train de vie excessif. Son mari fut donc muté à Arras où elle dut le suivre. Sous l'Empire, après une courte ambassade au Portugal, Junot fut nommé gouverneur de Paris et sa femme, dame d'honneur de Madame Mère (Letizia Bonaparte*). Tous deux étaient chargés par Bonaparte de surveiller: l'un la capitale, l'autre la famille impériale. Ils étaient là au faîte de leur puissance. Leur train de vie trop dispendieux (hôtel à Paris, château et terre du Raincy, un million et demi de livres de rente) commença à indisposer l'Empereur et les sépara l'un de l'autre. On ne compte pas les maîtresses de Junot; de son côté, Laure noua une idylle avec Metternich, ambassadeur à Paris, ce qui fit scandale. Progressivement, le crédit de Junot auprès de Napoléon s'amenuisa. S'il remporta une brillante victoire au Portugal, qui lui valut le titre de duc d'Abrantès — mais pas le bâton de maréchal tant convoité —, il fut en fin de compte battu et dut négocier. Laure s'impatientait contre l'Empereur qu'elle estimait injuste à l'égard de son mari, mais était suffisamment lucide pour détecter chez celui-ci les prémices de la folie.

En 1810, elle le suivit en Espagne et affronta avec beaucoup de courage les aléas de la guerre. Elle accoucha de son deuxième fils dans des conditions particulièrement difficiles. Le suicide de Junot en 1813, l'effondrement de l'Empire plongèrent la duchesse d'Abrantès dans une situation matérielle plus que difficile. Sa rencontre avec Balzac, à Versailles où elle s'était réfugiée, fut décisive pour elle: il la poussa à écrire les dix-huit volumes de ses *Mémoires* et parvint à les négocier 70 000 francs, somme énorme pour l'époque. (Ils parurent chez Ladvocat entre 1831 et 1835.) Ces *Mémoires* ont indiscutablement assuré la postérité de la duchesse d'Abrantès. Elle s'y montre fidèle à son personnage, un esprit indépendant et mordant. Peu de gens trouvent grâce à ses yeux — sauf Napoléon et son mari, auxquels elle voue une admiration sans bornes. Elle épingle la mesquinerie des membres de la famille impériale, les insuffisances, les lâchetés, les trahisons des dignitaires du régime. Servis par le sens de l'observation et par la vivacité du style, ces *Mémoires* servent de source aux historiens de l'Empire, une fois éliminées certaines outrances. Ses autres productions historiques ne sont qu'un succédané des *Mémoires*, et ses nombreux romans comme *L'Amirante de Castille* (1832) ou *Étienne Saulnier* (1842) ne sont plus lisibles. Le succès et l'argent remportés par les *Mémoires* n'évitèrent pas à la duchesse d'Abrantès le désastre financier. Oubliée de tous, elle mourut dans la pauvreté, assistée de sa seule femme de chambre, s'attirant cette triste épitaphe de Balzac: «Elle a fini comme a fini l'Empire.»

RÉF.: P. Gunn, *Napoléon's «Little Pest»: the Duchess of Abrantès*, Londres, Hamilton, 1975. N. Toussaint du Wast, *Laure Junot, duchesse d'Abrantès*, Fanval, 1985.

ABUTSU-NI. Poétesse japonaise (1209-1283). Fille d'un gouverneur de la province de Tagima, elle était dame de compagnie de la fille du prince Morisada. Elle épousa le fils du poète Fujiwara Teika et eut plusieurs enfants. Après la mort de son mari, elle se retira dans un couvent bouddhique et prit le nom d'Abutsu-ni (« ni » signifie religieux) sous lequel elle est connue comme auteur de l'*Izayoi Nikki* (*Journal de la nuit du seizième jour de la lune*). Ce récit relate son voyage de Kyoto à Kamakura pour défendre les intérêts de son fils Tamesuke dans un procès d'héritage ; Abutsu-ni eut gain de cause en 1280. Son journal, écrit dans un style simple et charmant, parut plus tard. Elle doit aussi sa renommée à ses poèmes, contenus en partie dans son journal ; son œuvre illustre la littérature de l'époque Kamakura.

ACCORAMBONI Vittoria, duchesse de Bracciano (Gubio, 1557 - Padoue, 22 décembre 1585). Elle épousa François Peretti, neveu du futur pape Sixte Quint, et devint la maîtresse de Paul Orsini, duc d'Arcenno. Dans un premier temps, celui-ci fit assassiner le mari gênant (1581), ensuite sa propre femme, Isabelle de Médicis, fille du grand-duc Cosme Ier (1583 ou 1584). A l'avènement de Sixte Quint, le duc d'Arcenno jugea plus prudent de se réfugier en territoire vénitien avec Vittoria qu'il avait épousée entretemps. Il ne tarda pas à mourir, laissant sa fortune à sa femme. Cependant, Louis Orsini, un de ses parents, intenta un procès à Vittoria pour récupérer l'héritage. L'ayant perdu, il la poignarda. La duchesse de Bracciano était d'une beauté remarquable — il n'en fallait pas moins pour inspirer de tels excès. Elle a laissé des vers: ses *Lamentodi di Virgina N...* sont des imprécations contre les meurtriers de son mari. Cette vendetta, bien dans le goût de la Renaissance italienne, a inspiré J. Webster (*Le Diable blanc*, 1612), F. de Rosset (*Histoires tragiques*, 1621), Stendhal (*La Duchesse de Bracciano*, *Chroniques italiennes*, 1839), L. Tieck (*Vittoria Accoramboni*, 1840).

ACKERMANN Louise, née Victorine Choquet. Poétesse française (Paris, 30 novembre 1813 - Nice, 2 ou 3 août 1890). Quoique née à Paris, Louise Ackermann fut élevée à la campagne, dans l'Oise, et connut une enfance triste et solitaire entre une mère lointaine et un père voltairien qui s'opposait à ses élans mystiques. Ses premières poésies (*L'Homme*, 1830) datent de ses années de pensionnat à Paris et illustrent déjà un penchant au pessimisme qui ne la quitta jamais. De 1832 à 1841, ses poèmes paraissent régulièrement dans *Les Œuvres* (*Élan mystique*, 1832, *Aux femmes*, 1835, *Renon-*

cement, 1841), envahis par un désespoir croissant. Après la mort de ses parents, elle s'installa à Berlin et épousa Paul Ackermann, grammairien et pasteur protestant (1843). Jusqu'à la mort de ce dernier, trois ans plus tard, Louise Ackermann abandonna la poésie, s'adonna à la philosophie allemande, fréquenta Humbolt, Baeck, Muller. Devenue veuve, elle se retira à Nice et poursuivit son œuvre, renouant avec une inspiration poétique plus sereine qu'elle cherchait à concilier avec ses aspirations philosophiques: *Contes* (1850-1853), *Premières Poésies* (1863), *Poésies philosophiques* (1871), *Ma vie* (1874), *Les Pensées d'une solitaire* (1882).

ACREMANT Germaine. Écrivain. Française (Saint-Omer, 13 juin 1889 - Paris, 27 juillet 1986). Fille de médecin, élevée chez les bénédictines et chez les ursulines, elle remporta avec son premier roman, *Ces dames aux chapeaux verts* (1921), un succès considérable. Cette charmante satire, rédigée avec humour et vivacité, fut portée à l'écran ainsi qu'à la scène et traduite en vingt-deux langues. Germaine Acremant a écrit vingt-cinq autres romans dont *La Hutte d'acajou* (1924), *Gai, marions-nous* (1927), la suite de son livre fétiche *Chapeaux gris, chapeaux verts* (1970), *Le Monsieur de Saint-Josse* (1983) et un recueil de souvenirs, *Hier que j'aimais* (1981).

ADA. Satrape de Carie (IVe s. av. J.-C.). Elle épousa son frère Hydricus et, avec lui, succéda à Artémise II*. A la mort de son mari en 344, Ada voulut rester au pouvoir, mais en fut chassée par un de ses frères, Pexadorus, qui bénéficiait du soutien d'un autre satrape. Lors de l'arrivée d'Alexandre le Grand, Ada implora son aide et fut restaurée (334). On a dit qu'en reconnaissance de ce geste elle aurait adopté le conquérant.

ADAM Juliette, née Lamber. Femme de lettres française (Verberie, Oise, 4 octobre 1836 - Callian, Var, 23 août 1936). La trajectoire intellectuelle de Juliette Adam s'inscrit entre une exaltation de l'esprit de 1848 et un nationalisme revenchard intransigeant après 1870; elle s'achève en 1913 sur une conversion religieuse que rien ne laissait prévoir. Cet itinéraire fut jalonné par la publication de plusieurs ouvrages: *Idées antiproudhoniennes* (1858), où se manifestent son anticléricalisme et son féminisme, *Païenne* (1883), éloge de l'amour qui fit scandale et *Chrétienne*, récit de sa conversion. Toutefois, l'importance de Juliette Adam tient davantage à son rôle d'égérie politique. Mariée à un sénateur de la IIIe République, elle tint pendant trente ans, boulevard Poissonnière, un salon fréquenté par les gambettistes et évoluant progressivement vers le conservatisme et l'antidreyfusisme. *La Nouvelle Revue* qu'elle fonda en 1879 fut pour elle le moyen de défendre ses idées nationalistes. Elle a laissé trois volumes de *Mémoires* (1902-1910).

RÉF.: S. Marcos, *Juliette Adam*, Le Caire, 1961.

ADAMS Diana. Danseuse américaine (née à Stanton, Virginie, le 29 mars 1926). Formée par Agnès De Mille* et Antony Tudor, elle fit ses débuts dans la comédie musicale *Oklahoma!* (Hammerstein Jr.). Pur produit de l'école américaine, elle fut engagée en 1943 au Ballet Theatre dont elle devint première danseuse deux ans plus tard. Elle conquit son premier succès dans *Helen of Troy* (Tudor, 1945). Fine et harmonieuse, elle créa *Facsimile* (Robbins, 1946) et *Fall River Legend* (De Mille, 1948). Elle poursuivit sa carrière au New York City Ballet, où elle fut danseuse étoile jusqu'en 1963. Elle fut l'une des interprètes favorites de Balanchine: *La Valse* (1951), *Caracole* (1952), *Opus 34* (1954), *Agon* (1957), *Electronics* (1961). On a vu

Diana Adams au cinéma dans *Knock on Wood* (Kaye, 1954) et dans *Invitation to the Dance* (Kelly, 1956). Elle est aujourd'hui professeur à l'école de l'American Ballet de New York.

ADAMS Maude, née Fiskadden. Actrice américaine (Salt Lake City, Utah, 11 novembre 1872 - Tannersville, New York, 17 mai 1953). Elle avait cinq ans lors de son premier rôle dans *Fritz* et obtint suffisamment de succès pour être engagée dans des pièces larmoyantes où elle incarnait des enfants malades ou battus. Elle débuta à New York en 1888 et s'imposa véritablement à Londres dans le rôle de lady Bablie (*The Little Minister*, Barrie, 1897). Dès lors, Maud Adams domina le théâtre américain, amassant une fortune considérable et jouant dans la plupart des pièces de Barrie, très appréciées du public pour leur sentimentalisme, notamment *Peter Pan* (1905) qui fut un triomphe, *What Every Woman Knows* (1908), *Rosalind* (1914), *A Kiss for Cinderella* (1916). La disparition dans le naufrage du *Lusitania* de Charles Frohman, qui avait contribué à la révéler, n'a sans doute pas été étrangère à son retrait de la scène à partir de 1918. Elle y revint au début des années 30 et joua dans *Le Marchand de Venise* (Shakespeare) et dans *Chantecler* (Rostand). Cantonnée dans des rôles mélodramatiques par un public qui en raffolait, Maud Adams était appréciée pour l'aspect poignant et théâtral de son jeu ennemi de toute vulgarité, ainsi que pour son très grand professionnalisme.

ADAMS Sharon. Navigatrice américaine (née en 1930). Elle fut la première femme à traverser à la voile et en solitaire l'océan Pacifique, du Japon jusqu'en Californie, exploit accompli sur un voilier de 9,60 m en soixante-quatorze jours (1969). Elle avait parcouru 11 920 km, affronté des vagues de plus de treize mètres et fini par chavirer au cours d'une tempête: «Rien de particulièrement extraordinaire», confia-t-elle à son arrivée. Cependant, sans nouvelles d'elle, son poste de radio étant tombé en panne, on la croyait perdue en mer. Sharon Adams n'était pas une néophyte. En compagnie de son mari, directeur d'une société de voile, elle avait sillonné les mers du Sud, appris la navigation et perfectionné sa technique de la voile. Avant sa traversée du Pacifique, elle avait accompli la performance — seule à bord d'un sloop de 7,60 m — d'atteindre les îles Hawaii à partir de la Californie, soit 5 000 km en trente-neuf jours.

ADDAMS Jane. Sociologue américaine (Cedarville, Illinois, 1860 - Chicago, 1932). Elle s'intéressa particulièrement à l'assistance aux immigrants, à la législation des enfants et à la lutte contre les maladies infectieuses. Elle fonda en 1889, à Chicago, le premier établissement de service social des États-Unis, Hull House, qui dispensait éducation, apprentissage et loisirs aux familles pauvres, et dont elle s'occupa toute sa vie. Jane Addams fut également à l'origine de l'Association féminine internationale pour la paix et la liberté, dont elle devint la présidente en 1915. Elle est la première femme à avoir reçu le prix Nobel de la paix, en 1931. On lui doit de nombreux ouvrages traitant des questions sociales et sur son action à Hull House.

ADÉLAÏDE, sainte. Impératrice (château d'Orb, 931 - abbaye de Seltz, 16 décembre 999). Elle était la fille de Rodolphe II de Bourgogne et de Berthe de Souabe. À sa mort, Rodolphe II laissait des possessions considérables, la Provence et la Bourgogne formant le royaume d'Arles. En revanche, ses terres italiennes lui avaient échappé au profit de Hugues d'Arles, roi d'Italie. Ce dernier prit sous sa protection Berthe et Adélaïde et fiança celle-ci à son fils Lothaire. Le mariage fut célébré après la mort de Hugues, mais Lothaire II mourut prématurément en 947, laissant une fille, Emma. Sur ces entrefaites, Bérenger, marquis d'Ivrée, soupçonné du meurtre de Lothaire, s'empara du pouvoir et proposa à Adélaïde d'épouser son fils Adalbert. Sur son refus, il la fit enfermer. Adélaïde parvint à s'enfuir et à se réfugier dans le sud de l'Italie, ce qui détermina Otton Ier, roi de Germanie, à intervenir. Il se fit couronner roi d'Italie à Pavie, le 23 septembre 951, et épousa la veuve de Lothaire à la fin de l'année. En 962, Otton fut couronné premier empereur du Saint Empire romain germanique et Adélaïde, impératrice. Après la mort d'Otton, sa femme, qui s'entendait mal avec sa belle-fille Théophano (épouse d'Otton II), quitta la cour et s'installa chez son frère Conrad, roi de Bourgogne (978). Elle revint aux affaires à deux reprises : après la mort d'Otton II — elle appuya notamment la candidature de Hugues Capet au trône de France — et après la mort de Théophano (991), dont elle eut la sagesse de poursuivre l'œuvre politique. Pieuse et charitable, Adélaïde a fondé un grand nombre de monastères, dont celui où elle est enterrée. Elle fut canonisée par Urbain II au XIe siècle.

ADÉLAÏDE Mme (Marie-Adélaïde de France, dite). Princesse française (Versailles, 23 mars 1732 - Trieste, 18 février 1800). Elle était la quatrième fille de Louis XV et de Marie Leszczyńska. Son père, qui avait la manie d'affubler ses filles de surnoms, l'appelait Mme Loque ou Mme Torchon, soulignant ainsi la liberté d'allure de Marie-Adélaïde. Celle-ci était fort intelligente et curieuse de tout : elle parlait l'anglais et l'italien, jouait de la harpe, s'intéressait aux sciences. Très vite, elle se mêla de politique et fut de beaucoup d'intrigues : contre Mme de Pompadour* et Mme Du Barry*, contre Voltaire, contre Machault d'Arnouville. En qualité de tante du roi Louis XVI, elle lui conseilla de rappeler Maurepas au pouvoir (1774). Lorsque son influence à la cour eut décliné, elle se retira dans son château de Bellevue où elle mena une vie fastueuse.

La Révolution fut pour elle et pour sa sœur Victoire — toutes deux se vouaient une profonde affection — une longue période d'errance. Après plusieurs tribulations, elles s'installèrent à Rome, dans le palais du cardinal de Bernis (1791-1796). Fuyant les troupes françaises, elles se réfugièrent à Naples, vivant dans une quasi-misère, puis à Foggia, à Cerignola, à Bari, à Trieste enfin, où elles arrivèrent exténuées le 19 mai 1799. Victoire y mourut le 7 juin, presque un an avant Marie-Adélaïde. Les très beaux portraits de Nattier représentant la plupart des filles de Louis XV se trouvent aujourd'hui à Versailles.

RÉF. : H. Bonhomme, *Louis XV et sa famille*, 1874.

ADÉLAÏDE DE SAVOIE. Reine de France (? - abbaye de Montmartre, 1154). Fille du comte Humbert de Savoie elle devint reine de France par son mariage avec Louis VI le Gros dont la première union, avec Lucienne de Rochefort, avait été annulée par le pape en 1107. La reine lui donna huit enfants, dont le futur Louis VII le Jeune. Lorsque ce dernier monta sur le trône en 1137 — il avait seize ans —, sa mère voulut assurer une sorte de régence mais elle fut évincée par Suger, le conseiller du roi. Elle épousa en secondes noces Mathieu de Montmorency. Connue pour sa grande piété, elle se retira à l'abbaye de Montmartre qu'elle avait contribué à fonder.

ADÈLE DE CHAMPAGNE. Reine de France (? - Paris, 1206). Elle était la fille du comte Thibaut IV de Champagne et devint reine de France en épousant Louis VII le Jeune, lequel était veuf de sa seconde femme, Constance de Castille. À la mort du roi en 1180, elle voulut jouer un rôle politique auprès de son fils, Philippe II Auguste, âgé de quinze ans, mais rencontra l'hostilité du parrain du nouveau souverain, Philippe d'Alsace, comte de Flandre. S'ensuivit une lutte de factions entre les familiers de la reine mère, le parti champenois, et ceux du comte, représentés par le parti flamand. Philippe d'Alsace prit l'avantage sur ses rivaux en obtenant que sa nièce, Isabelle de Hainaut, épouse Philippe Auguste (28 avril 1180). Furieuse, Adèle de Champagne tenta en vain d'obtenir l'annulation de ce mariage. Brouillée avec son fils qui refusait d'accepter sa tutelle, elle se réconcilia avec lui par la suite et assura la régence du royaume, de concert avec Guillaume de Champagne, lors de la croisade de 1190. Elle a fondé l'abbaye du Jard, près de Melun, en 1194.

ADELIZA DE LOUVAIN. Reine d'Angleterre (1100 - abbaye d'Alost, 1151). Fille de Godefroy de Louvain, elle épousa Henri Ier d'Angleterre, quatrième fils de Guillaume le Conquérant, dont elle fut la seconde femme. On la disait d'une grande beauté, fort intelligente, aimant les arts. Elle exerça une influence certaine sur son époux, et sa prudence attira l'estime de son entourage. À la cour, elle protégea trouvères et troubadours dont plusieurs venaient de France : Marcabru, Ventadour, Mapldurham, Philip Du Than. Après la mort de Henri Ier en 1135, la reine épousa William d'Albini, dont elle eut sept enfants (1139). Pieuse et charitable, elle avait prodigué ses dons à l'abbaye de Reading et fondé les prieurés de Gausenay et de Pyneham. Elle se retira en 1150 dans l'abbaye d'Alost.

ADIVAR Halide Edib. Femme de lettres turque (Istanbul, 1884 - *id.*, 1964). Issue d'une famille bourgeoise, elle fit ses études au lycée américain de Scutari et passa son doctorat en 1901. La même année, elle épousait le mathématicien S. Zedki bey. Lorsque celui-ci, en 1910, prit une seconde épouse selon le droit islamique, elle se sépara de lui et devint journaliste, revendiquant les droits de la femme, et écrivit *Handan*, son premier roman (1912). Aux côtés de Mustapha Kemal, elle combattit pour la libération de la Turquie et participa, comme caporal, à la guerre, faits qu'elle a racontés dans son deuxième roman, *La Chemise de feu* (1923). Mariée au Dr. Adouan Adivar, elle fut, en raison de son désaccord avec la politique kémaliste, accusée de conspiration et bannie avec son époux en 1926 pour dix ans. Réfugiée à Paris et en Angleterre, elle passa quelque temps à Moscou en 1930. À son retour en Turquie, elle occupa la chaire de langue anglaise à l'université et fut élue député au Parlement, de 1950 à 1954. Première romancière turque par la qualité de ses écrits qui parfois frôlent le mélodrame, elle publia vingt-cinq œuvres de genres divers : des pièces de théâtre comme *Les Bergers de Kenan* (1918), *Le Masque et l'Âme* (1945) ; des nouvelles pleines de verve : *Le Loup qui grimpe sur la montagne* ; deux volumes de mémoires, *The Turkish Ordea* (1928), rédigés en anglais ; des romans : *Le Fils de Zino* (1928), *Peines de cœur, L'Épicier à la mouche, Le Clown Sinckli Bakhal et sa fille* (1936), son chef-d'œuvre, et bien d'autres romans qui évoquent les problèmes sociaux et la condition féminine, enfin des récits autobiographiques comme *La Maison aux glycines violettes* (1963).

ADRET Françoise. Danseuse et chorégraphe française (née à Versailles, le 7 août 1920). Élève de Mme Rousanne, de Nora Kiss et de Victor Gsovski, elle suivit une carrière indépendante et devint maîtresse de ballet auprès de différentes compagnies, comme le Ballet de Paris de Roland Petit ou celui de l'Opéra d'Amsterdam de 1954 à 1958. En 1960, elle s'établit à Nice; elle fut invitée comme chorégraphe à Varsovie, à Zagreb et à Sofia. Pour le Ballet-Théâtre contemporain dont elle fut directrice de 1968 à 1980, elle créa, entre autres, *Aquathème* (1968, musique de Malec), *Eonta* (1969, musique de Xenakis), *Requiem* (1971, musique de Ligeti). Françoise Adret a été directrice artistique du Ballet de Lyon de 1980 à 1982.

ADRIEN Caroline, née Decorio Saint-Clair. Peintre de fleurs et aquarelliste. Française (Forcalquier, 1806 - Paris, 1844). Elle fut formée par Pierre Redouté, peintre attitré du Muséum d'histoire naturelle. Dans ses premières œuvres, sa signature était suivie de la mention « élève de Redouté ». Elle ne peignit que des fleurs, genre dans lequel elle fut souvent l'égale de son illustre maître. Elle exposa ses magnifiques bouquets, dont certains de grande dimension, à partir de 1834, et reçut un prix au Salon de Cambrai en 1838. Ses œuvres, très recherchées par la société de cour sous Louis-Philippe, font encore partie de collections privées.

AGAR. Figure biblique. Sa maîtresse Sara*, femme d'Abraham, se croyant stérile en raison de son âge avancé, offrit l'esclave Agar comme concubine à son mari, afin de lui assurer la postérité promise par Yahvé. Agar conçut un fils, Ismaël. Mais Sara devint mère à son tour, enfantant Isaac. La maîtresse et la servante s'opposèrent alors, défendant chacune leur enfant. Abraham, écoutant son épouse, congédia Agar et Ismaël. Ils errèrent dans le désert de Bersabée puis, assoiffée et épuisée, Agar s'abandonna au désespoir et se prépara à mourir. Mais l'ange du Seigneur apparut, lui montra un puits et la réconforta en l'assurant qu'Ismaël serait à l'origine d'une grande nation. Ils habitèrent le désert de Paran.

Une autre tradition donne une version différente de ce récit : enceinte, Agar fut chassée par Sara jalouse car elle n'était pas encore mère, et s'enfuit dans le désert. Épuisée, elle se reposa près d'une source : l'ange de Yahvé l'exhorta à retourner près de sa maîtresse et lui dit : « Je multiplierai ta race au point qu'on ne pourra la compter tant elle sera nombreuse. » Et la servante revint se soumettre à sa maîtresse. Ces deux errances d'Agar dans le désert, une fois enceinte, une autre fois avec son fils, sont parfois narrées successivement comme deux épisodes différents, vécus à quelques années d'intervalle par la servante, chassée à deux reprises par sa maîtresse.

AGAR Mme (Marie-Léonide Charvin, dite). Actrice française (Sedan, 18 septembre 1832 - Mustapha, Algérie, 14 août 1891). Elle perdit sa mère en bas âge; son père, un maréchal des logis, la confia à ses grands-parents puis, après son remariage, la reprit avec lui. Pour fuir une belle-mère qu'elle détestait, la jeune femme épousa le premier venu : Nique, cafetier à Chalon-sur-Saône, décision qui se révéla particulièrement funeste. En 1853, elle le quitta et monta à Paris. Elle vécut difficilement en donnant des leçons de chant et de piano, chanta au café-concert du Cheval-Blanc sous le nom de Mme Lallier (1857). Elle prit des leçons auprès de Ricourt, professeur de déclamation. En 1859, elle incarna Maritana (*Don César de Bazan*, Dennery et Dumanoir) et suscita l'enthousiasme du difficile Francisque Sarcey qui célébra son profil de marbre, la profondeur un peu rauque de sa voix ainsi que sa puissance dramatique.

En 1862, celle qui se faisait appeler alors Mme Agar entra à l'Odéon et interpréta Phèdre (*Phèdre*, Racine) qui fut par la suite son rôle de prédilection. Elle s'imposa définitivement à la scène en même temps que sa future grande rivale, Sarah Bernhardt*. Les deux actrices jouèrent dans *Le Passant* (Coppée) et reçurent un accueil triomphal à l'Odéon, en 1869. Cependant, la carrière de

Mme Agar ne fut certainement pas à la hauteur de son talent. Jalousée par beaucoup de ses consœurs, en butte à l'hostilité de l'administrateur du Français, Édouard Thierry, quelque peu éclipsée par Sarah Bernhardt, Mme Agar ne parvint jamais à devenir sociétaire de la Comédie-Française.

Sa vie fut ainsi marquée par des allées et venues incessantes: elle fut pensionnaire de ce théâtre à partir de 1869, mais la guerre de 1870 interrompit son ascension. Après la Commune, on lui reprocha d'avoir chanté à un concert donné au profit des blessés de la garde nationale fédérée alors que, semble-t-il, elle l'avait fait à la sollicitation expresse de Thierry. Elle n'en fut pas moins contrainte de quitter le Français en 1872. Elle y revint six ans plus tard après une série de tournées décevantes en province et à l'étranger. Elle y remporta un vif succès dans le rôle de Mme Bernard (*Les Fourchambault*, Augier). Mais, toujours pensionnaire, elle reprit sa vie errante. Elle fit sa dernière apparition en 1885 à la Comédie-Française, amère, vieillie et découragée. La fin de sa vie fut assez lamentable: elle se retira à Nice en 1890 à la suite d'une crise d'hémiplégie. Dix ans plus tôt, elle avait épousé en secondes noces Georges Marye, conservateur du musée des Antiquités africaines d'Algérie, et c'est là-bas qu'elle choisit d'aller mourir. Mme Agar a laissé des *Mémoires* publiés dans *La Revue parisienne* (10 mars-10 octobre 1893).

AGATHE, sainte (Catane ou Palerme, ? - Catane, 251). Convoitée par le consul Quintien, cette jeune vierge sicilienne demeura inflexible dans son vœu de chasteté et fut alors martyrisée. Quintien la fit attacher sur un chevalet et ordonna qu'on lui arrache les seins. «Tyran cruel, lui dit Agathe, n'as-tu pas honte de couper chez une femme ce que tu as toi-même sucé chez ta mère?» Le consul la fit remettre en prison après le supplice, mais saint Pierre lui apparut sous les traits d'un vieillard et la guérit de ses blessures. Quintien la fit comparaître de nouveau: Agathe fut traînée sur des tessons mêlés de charbons ardents. C'est alors que la ville subit un tremblement de terre. La jeune femme adressa une prière au Seigneur pour qu'il la rappelle à lui et elle expira. Un an plus tard, jour anniversaire de sa mort, l'Etna entra en éruption. La catastrophe fut évitée après qu'on eut brandi en direction du volcan le voile qui recouvrait la tombe de la sainte. Sa fête fut fixée à ce moment-là (5 février), ainsi qu'au 12 juillet, sans qu'on en connaisse la raison. Le culte de sainte Agathe fut très vite populaire. Deux églises de Rome portent aujourd'hui son vocable: Sainte-Agathe-des-Goths et Sainte-Agathe-du-Transtévère (construite en 725).

AGATHOCLÉE. Courtisane d'Alexandrie (?-204 av. J.-C.). Ptolémée IV Philopatôr, roi d'Égypte, l'aimait tant qu'il assassina sa femme Arsinoé pour l'épouser. Cupide, Agathoclée, ainsi qu'Agathoclès son frère s'enrichirent honteusement. À la mort subite du roi, elle acquit une influence considérable. Ayant tenté de supprimer le prince héritier âgé de cinq ans, Ptolémée Épiphane, elle fut massacrée avec son frère par le peuple en fureur.

AGNÈS, sainte. Martyre romaine (IIIe-IVe s.). On connaît le martyre de sainte Agnès par le récit de saint Ambroise, *De virginibus*, sermon prononcé à l'occasion de la fête de la sainte, en janvier 375 ou 376. Agnès fut martyrisée — peut-être sous Dioclétien en 304 — pour avoir voulu conserver sa virginité. La tradition grecque est fort différente. Agnès aurait été placée dans une maison close parce qu'elle refusait de sacrifier aux dieux et qu'elle chantait les louanges du Dieu des chrétiens. Personne ne parvenait à l'approcher, et un client plus téméraire tomba foudroyé. Au préfet de Rome qui l'interrogeait, la jeune femme déclara que c'était là l'œuvre d'un ange du Seigneur. Accédant au désir du fonctionnaire, elle ressuscita l'homme, mais fut brûlée vive sur la pression de la foule assemblée qui voyait en elle une magicienne. Les spécialistes ont beaucoup discuté pour savoir si ces deux traditions concernaient la même personne: celle fêtée le 21 janvier (sainte latine) ou celle fêtée le 5 juillet (sainte grecque). Quoi qu'il en soit, le culte d'Agnès se répandit à sa mort. Ses reliques furent entreposées dans une villa sur laquelle une certaine Constance, qu'on a prétendu être la fille de Constantin, fit édifier en 321 une basilique — Sainte-Agnès-hors-les-Murs — en remerciement d'une guérison obtenue par l'intercession de la vierge martyrisée. Chaque 21 janvier, dans ce même édifice, deux agneaux bénits sont offerts au pape en souvenir de la sainte. Ils sont confiés à des religieuses de Saint-Laurent-in-Panisperna qui en utilisent la laine pour confectionner des palliums.

AGNÈS DE FRANCE. Impératrice de Byzance (1171-1220). Elle était la deuxième fille de Louis VII le Jeune et d'Alix de Champagne, et la sœur de Philippe Auguste. Dès sa naissance, il fut question de la marier au fils de Manuel Comnène, empereur de Byzance. Le pape y poussait pour éviter une alliance possible de la France avec le Saint Empire. Louis VII, à la veille d'organiser une croisade, y était également favorable. Le mariage d'Agnès, neuf ans, avec Alexis II Comnène, onze ans, fut ainsi célébré à Constantinople, le 2 mars 1180. Dès lors, Agnès porta le prénom d'Anne. La jeune princesse vécut en tant que témoin les désordres de la succession de l'empereur: l'usurpation d'Andronic Comnène et l'assassinat de son mari en 1183. Elle n'était pas de taille à s'opposer à Andronic qui l'épousa la même année, ce qui fit scandale en Europe à cause de l'âge de l'empereur (il avait soixante-trois ans). Il fut renversé par Isaac II Ange deux ans plus tard; Agnès resta à la cour, conservant son titre d'impératrice. Elle épousa secrètement Théodore Branas, dont elle eut une fille en 1194. Dès ce moment, sa vie fut liée à celle de ce haut dignitaire qui conspira contre Isaac II Ange et noua les meilleures relations avec l'Empire latin de Constantinople alors naissant. Tous deux reçurent d'ailleurs en fief les villes d'Andrinople et de Didymotica.

AGNÈS DE MONTEPULCIANO, sainte (1268-1317). Sa vie est entourée de merveilleux. Elle fonda un couvent de dominicaines à Montepulciano et prêcha une dévotion ardente au Christ et à la Vierge. Sa Vie fut composée par Raymond de Capoue qui rapporte avec force détails les miracles dont la sainte fut environnée, les plus célèbres étant la neige aux cristaux en forme de croix tombant sur elle ou sa vision de la Vierge. Agnès de Montepulciano a été un modèle pour sainte Catherine* de Sienne. Elle fut canonisée en 1726 par le pape Benoît XIII.

AGNESI Maria Gaetana. Mathématicienne italienne (Milan, 16 mai 1718 - *id.*, 9 janvier 1799). Son père, professeur de mathématiques à l'université de Bologne, donna à sa fille, particulièrement douée et précoce, les meilleurs professeurs dans cette spécialité. Maria Agnesi maîtrisait parfaitement six langues. Son deuxième ouvrage, *Propositions philosophiques* (1738), se présente comme une série de thèses couvrant un grand nombre de domaines (logique, métaphysique, mécanique céleste et gravitation, botanique, chimie, minéralogie, etc.). Ce n'est qu'à partir de l'âge de quarante ans que Maria Agnesi s'intéressa véritablement aux mathématiques en résolvant des problèmes de géométrie analytique. Elle acquit la célébrité dans les cercles scientifiques par ses *Istituzioni analitiche* *ad uso della gioventù italiana*, dédiées à Marie-Thérèse* d'Autriche (2 vol., 1748). Le champ de cet ouvrage est vaste, depuis des problèmes d'algèbre élémentaire jusqu'à la résolution d'équations différentielles, en passant par des données de calcul intégral. Le deuxième volume traite d'analyse infinitésimale. Cette œuvre fut traduite en français en 1775 après examen favorable de l'Académie des sciences, en anglais en 1801. Son auteur fut nommée à la chaire de mathématiques de l'université de Bologne par le pape Benoît XIV, honneur qu'elle déclina pour se consacrer de plus en plus à la dévotion, à la rédaction d'ouvrages religieux (non publiés, ils sont actuellement conservés à la Bibliothèque ambrosienne de Milan) et à la charité. Maria Agnesi est considérée par les spécialistes comme la première mathématicienne de l'Histoire.

AGOULT Marie, née de Flavigny, comtesse **d'** (dite **Daniel Stern**). Femme de lettres française (Francfort-sur-le-Main, 31 décembre 1805 - Paris, 5 mars 1876). Son père, militaire, émigra dès les débuts de la Révolution en Allemagne. En 1809, sa famille s'établit en Touraine, où elle reçut une solide formation intellectuelle. Sa mère, Marie-Élisabeth Bethmann, était allemande: elle lui apprit l'allemand, tandis que son père l'initiait à la littérature française. En 1827, elle épousa un colonel de cavalerie, Charles d'Agoult, et devint dame d'atours à la cour. Marie d'Agoult était ravissante, distinguée, pleine d'esprit. Son salon parisien réunissait l'élite des lettres et de la musique: Vigny, Chopin, Meyerbeer, Rossini, etc.

Sa rencontre avec Franz Liszt rompit le cours d'une vie qu'elle-même jugeait frivole et monotone. En 1835, elle abandonna son mari et sa fille, née en 1830 (plus tard comtesse de Charnacé) pour s'installer à Bâle avec son amant. Par lui, elle fit la connaissance de George Sand* qui vint rejoindre le couple en 1836. Elle vécut neuf années de bonheur avec Liszt, tantôt à Rome, tantôt à Londres ou à Paris. Elle lui donna un fils (mort en 1859) et deux filles. La première, Blandine, épousa Émile Ollivier; la seconde, Cosima, devint Mme Wagner*. Elle rompit avec Liszt en 1844 et, dès lors, entama une carrière littéraire. Son seul roman, *Nélida* (1846), fit sensation: elle y racontait de manière à peine voilée ses amours avec le compositeur hongrois. L'année suivante, elle publiait son *Essai sur la liberté considérée comme principe et comme fin de l'activité humaine*. Elle salua avec enthousiasme la révolution de 1848, dont portent trace ses *Lettres républicaines* parues dans *Le Courrier français*. Son *Histoire de la révolution de 1848* (3 vol., 1850-1853) fit beaucoup pour sa notoriété. L'ouvrage a le charme d'un texte écrit sans recul par un auteur passionné.

Sous le second Empire, elle ouvrit un salon qui réunit la plupart des opposants au régime, et voyagea beaucoup, notamment en Italie, dont elle rapporta *Florence et Turin, études d'art et de politique* (1862) et en Hollande, ce qui lui permit d'écrire l'*Histoire des commencements de la république des Pays-Bas* (1872). Outre des essais historiques, Marie d'Agoult a laissé des *Souvenirs* (1875) qui s'arrêtent avant le début de sa liaison avec Liszt. Ses *Mémoires*, qui couvrent la période 1833-1854, ont été publiés en 1927.

RÉF.: J. Vier, *La Comtesse d'Agoult et son temps*, Colin, 6 vol., 1955-1963. D. Desanti, *Daniel, ou le Visage secret d'une comtesse romantique, Marie d'Agoult*, Stock, 1980. Ch. F. Dupêchez, *Marie d'Agoult*, Perrin, 1989.

AGRÉDA. Voir MARIE DE JÉSUS D'AGRÉDA.

AGRIPPINE l'Aînée (v. 14 av. J.-C.- île de Pandateria, Campanie, 18 octobre 33 apr. J.-C.). Petite-fille d'Auguste par sa mère, elle épousa Germanicus, fils adoptif de Tibère et héritier présomptif de l'empire. Fière de sa haute naissance, énergique et courageuse, Agrippine sut se rendre aussi populaire que son mari et, à ce titre, éveilla la méfiance d'un Tibère vieillissant et passablement paranoïaque. Elle accompagna et assista Germanicus en Panonie lorsqu'il s'agit d'aller mater la rébellion de plusieurs légions et le suivit un peu plus tard en Syrie. À la mort de son mari à Antioche en octobre 19, le bruit courut qu'il avait été assassiné par Pison, le légat de Syrie, sur les ordres de Tibère, accusation reconnue aujourd'hui comme sans fondement. De retour à Rome, Agrippine exigea devant le Sénat le châtiment du coupable et l'obtint: Pison se suicida à la veille de son procès. L'opinion, à Rome, n'en fut pas moins convaincue de la culpabilité de l'empereur ce qui, ajouté à la grande popularité d'Agrippine, acheva de la discréditer dans l'esprit de Tibère. La haine que l'impératrice Livie* portait à la veuve de Germanicus, les intrigues particulièrement tortueuses du favori Séjan pour s'approprier le pouvoir firent le reste. Celui-ci obtint la relégation d'Agrippine dans l'île de Pandateria où elle se laissa mourir de faim, tandis que deux de ses fils qui auraient pu prétendre au pouvoir, Néron et Drusus, étaient l'un exilé, l'autre emprisonné. Deux autres enfants d'Agrippine l'Aînée régnèrent sur l'empire: Claude et Agrippine* la Jeune.

AGRIPPINE la Jeune. Impératrice romaine (Ara Ubiorum, future Cologne, 16-Antium, 59). Elle était la fille de Germanicus et d'Agrippine* l'Aînée et la sœur de Caligula. À la mort de Messaline* (la mère de Britannicus) exécutée sur l'ordre de son mari Claude, le problème de la succession — donc du remariage de l'empereur — se posa et déclencha une lutte de factions. Soutenue par l'affranchi Pallas, Agrippine, qui était aussi la nièce de Claude, l'emporta. Pour les besoins de la cause, on fit voter le Sénat qui déclara légitimes les mariages entre oncles et nièces. La nouvelle impératrice, la quatrième épouse de Claude, était deux fois veuve. De son premier mariage avec Domitius Ahenobarbus, elle avait eu un fils, Domitius, pour lequel elle n'eut plus qu'une ambition: qu'il succédât à l'empereur. Agrippine parvint à neutraliser progressivement le jeune Britannicus: elle obtint le mariage de son fils avec Octavie, fille de Claude, en poussant au suicide Silanus qui devait l'épouser; elle obtint également l'adoption par l'empereur de Domitius, qui dès lors prit le nom de Nero Claudius Germanicus (Néron). Très habilement, elle habitua les esprits à considérer Néron, dont elle avait confié l'éducation à Sénèque, comme le futur empereur et réussit à isoler Britannicus en écartant ceux de son entourage restés fidèles à la défunte Messaline. Enfin, elle empoisonna Claude avec l'aide de Locuste*, cacha sa mort pendant quelques heures, fit acclamer Néron par l'armée, choix entériné par le Sénat (13 octobre 54).

Néron au pouvoir, Agrippine entendait conserver la haute main sur les affaires de l'État. Elle accula à la mort l'affranchi Narcisse, danger potentiel puisque partisan de Britannicus, se débarrassa de Pallas qui s'était opposé à elle, mais se heurta à la résistance de Sénèque et de Burrus fermement décidés à soustraire l'empereur à l'influence de sa mère. Pour faire pression sur Néron, Agrippine se rapprocha de Britannicus, que Néron fit empoisonner en 55. Lassé de voir Agrippine intervenir sans cesse dans le choix de ses maîtresses, notamment celui de Poppée*, Néron fit poignarder sa mère après avoir fait saboter sans succès le navire qui la conduisait à Antium. Le récit de ce double attentat compte parmi les pages les plus célèbres de l'œuvre de Tacite.

AGUIARI ou **AJUGARI** (dite **la Basterdina** ou **la Bastardella**). Soprano italienne (Ferrare, 1743 - Parme, 18 mai 1783). Fille illégitime d'un gentilhomme, d'où son surnom, elle apprit le chant avec l'abbé Lambertini et fit ses débuts à Florence, en 1764. Quatre ans plus tard, à Naples, elle chantait deux airs particulièrement difficiles dans *Peleo et Teti* (Paisiello), divertissement composé à l'occasion du mariage de Ferdinand IV et de Marie-Caroline d'Autriche (Marie-Caroline* de Naples). Elle remporta un triomphe à Milan dans *Tolomeo* (Colla, 1773). Vers 1780, elle épousa Colla, et se produisit à travers toute l'Europe: à Venise, Turin, Paris, Londres. Elle était considérée comme la plus grande soprano de son temps. Léopold Mozart soulignait son «registre aigu incroyable»: elle montait en effet jusqu'au *ré* 6, la note la plus haute jamais atteinte.

AHLGRIMM Isolde. Claveciniste autrichienne (née à Vienne, le 31 juillet 1914). Élève dans la classe de piano de l'académie de Vienne de Viktor Ebenstein, de Franz Schmidt et d'Emil von Sauer, elle opta en 1935 pour le clavecin, travaillant sur les traités d'interprétation des XVIIe et XVIIIe siècles. Elle débuta en concert, obtenant des succès prometteurs, et enregistra de nombreux disques, en particulier la musique pour clavecin de Bach et des œuvres de Johann Fux. Son répertoire comprend une *Suite pour clavecin* tirée de *Capriccio* (R. Strauss), que le compositeur a écrite à son attention (1944). Isolde Ahlgrimm a enseigné au Mozarteum de Salzbourg de 1958 à 1962; elle a été nommée professeur à la Hochschule de Vienne en 1975.

AHRWEILER Hélène. Historienne française (née à Athènes, le 29 août 1926). Fille de Nicolas Glykatzi, négociant, et de Kalliroe Psaltidès, elle devint française en 1958 par son mariage avec Jacques Ahrweiler. Diplômée de l'université d'Athènes et de l'École des hautes études de Paris, docteur en histoire et en lettres, elle fut nommée maître de recherches au CNRS (1955-1966), professeur à la faculté des lettres de Paris (1967) et enfin, présidente de l'université de Paris-I (1976). Membre de plusieurs comités internationaux, Hélène Ahrweiler est la première femme nommée chancelier des universités de Paris (1982), fonction qui fait d'elle le premier personnage de l'Université française après le ministre de l'Éducation nationale. Elle parle huit langues et est une byzantiniste reconnue, ayant beaucoup écrit dans ce domaine: *Byzance et la mer* (1966), *Études sur les structures administratives et sociales de Byzance* (1975), *Byzance, les pays et les territoires* (1976). Son grand projet est de mettre sur pied l'université de l'Europe, à laquelle elle consacre toute son énergie. Elle a dirigé le Centre Georges-Pompidou de février 1989 à août 1991. Elle est chevalier de la Légion d'honneur, décorée de l'ordre national du Mérite et des Palmes académiques.

Ā'ICHA. (La Mecque, v. 614 - Médine, 678). Fille d'Abū Bakr, un des premiers convertis de l'Islam, elle épousa Mahomet lorsqu'elle avait neuf ans et devint sa troisième femme. D'une grande beauté et très intelligente, elle eut beaucoup d'influence sur lui; elle l'accompagna dans ses expéditions. À cette occasion, elle perdit un jour la caravane de son mari pendant une marche de nuit et ne le rejoignit qu'au matin, en compagnie d'un homme. Ali, cousin et fils adoptif de Mahomet, tenta de la faire répudier mais elle fut innocentée par une vision du Prophète. Après cet épisode, Ā'icha voua une haine implacable à Ali. Elle veilla le Prophète à l'heure de sa mort, et il expira entre ses bras (8 juin 632). Sa tombe fut creusée à l'endroit même où il avait rendu le dernier soupir, c'est-à-dire dans la chambre d'Ā'icha, près de Médine. Veuve à dix-huit ans,

Ā'icha se mêla de politique et veilla par tous les moyens à retarder l'élection d'Ali au califat. Il fut pourtant élu en 655, et elle souleva alors ses ennemis contre lui. Elle fit campagne pendant dix jours et, au cours de la fameuse « bataille du chameau », appelée ainsi parce qu'une lutte acharnée se déroula autour de son palanquin, elle fut vaincue. Prisonnière d'Ali, traitée avec respect, elle fut reconduite à Médine. Elle est une des quatre saintes de l'islam.

AÏSSÉ. Princesse circassienne (1693 ou 1694 - Paris, 1733). Fille d'un chef circassien, enlevée par les Turcs à l'âge de quatre ans, elle fut achetée pour la somme de quinze cents livres sur un marché d'esclaves à Constantinople par le comte de Ferriol, ambassadeur de France, qui la ramena à Paris et la confia à sa belle-sœur Mme de Ferriol, sœur de Mme de Tencin*. Elle fut baptisée sous le nom de Charlotte-Élisabeth. Ravissante et intelligente, elle exerça, dès qu'elle parut dans le monde, une séduction intense. Sa vertu et sa pureté — qui d'ailleurs font le charme de ses lettres — firent sensation. Elle sut résister aux avances du Régent et rencontra chez Mme Du Deffand* le chevalier d'Aydie qui fut la grande passion de sa vie et dont elle eut une fille. Pour des raisons mystérieuses, elle refusa toujours de l'épouser, ne voulant pas nuire à Aydie qui était chevalier de Malte. Cette liaison est connue par les confidences qu'elle fit dans ses *Lettres* adressées de 1726 à 1733 à Mme Calandrini, son amie genevoise. Se sachant malade, Aïssé, toujours amoureuse, lutta pour mener une vie plus chrétienne. « Couper au vif une passion violente [...], c'est effroyable, la mort n'est pas pire », écrivait-elle. Dans ces lettres on trouve de plaisantes descriptions de la société de ce temps et des détails intéressants sur Mme Du Deffand et Mme de Tencin. Aïssé mourut phtisique, et ses *Lettres* furent publiées en 1787 par la fille de Mme Calandrini.

AKAZOME EMON. Poétesse japonaise (v. 957 - apr. 1041). Elle épousa Oeno-Masahira (952-1012) dont elle eut un fils Takachika. On lui doit une partie de l'*Eigwa monogatari* (*Histoire des splendeurs*) œuvre considérable, restée un classique de la littérature japonaise. Écrite entre 1028 et 1034, l'*Eigwa monogatari* relate en une quarantaine de volumes le règne de quinze empereurs. Akazome Emon, tenue pour l'un des meilleurs auteurs de son temps, écrivit de nombreuses poésies, disséminées actuellement dans les anthologies de poésie japonaise.

AKHMATOVA (Anna Andreïevna Gorenko, dite). Poétesse russe (Odessa, 23 juin 1889 - Domodedovo, Moscou, 5 mars 1966). Issue d'un milieu aisé, elle passa son enfance à Tsarskoïe Selo où elle fit ses études. Elle s'inscrivit à la faculté de droit de Kiev, puis en lettres à l'université de Saint-Pétersbourg. En 1903, elle rencontra le poète Goumiliov, qu'elle épousa en 1910. Voyageant en Europe avec lui, elle découvrit Paris et rencontra Modigliani, qui fit plusieurs portraits d'elle. Ses premiers poèmes parurent en 1907. En 1911, elle rejoignit la Guilde des poètes, les fondateurs de l'acméisme russe, avec Goumiliov et Mandelstam. En 1912, elle publia *Soir*, suivi deux ans plus tard par *Rosaire*, recueil de poésies au lyrisme intense et d'une grande rigueur d'écriture. Le succès fut immédiat : Akhmatova régna pendant un demi-siècle sur la poésie russe. En 1917, elle publia son troisième recueil, *Volée blanche*. Comprenant mal la Révolution, elle refusa néanmoins d'émigrer et publia *Plantain* en 1921. Cette même année, son ex-mari (elle avait divorcé en 1918), fidèle à ses convictions religieuses et monarchistes, fut fusillé. Elle épousa par la suite l'orientaliste V. Chileïko et publia en 1922 *Anno Domini MCMXXI* qui lui valut un énorme succès.

Elle assista aux malheurs de ses amis, tel Mandelstam, et retraça les horreurs du régime stalinien dans *Requiem*, paru à Munich en 1963. Son fils, Lev, fut déporté en 1934 ainsi que son troisième mari, l'historien d'art N. Pounine. Pour survivre, Akhmatova fit des traductions, écrivit un essai sur Pouchkine dont certains passages furent publiés. Réduite au silence par le régime de 1923 à 1940, elle fut autorisée néanmoins à publier une anthologie de ses poèmes, suivie des vers du recueil *Roseau*. En 1941, lors du siège de Leningrad, elle soutint cette ville dont elle chanta l'héroïsme: *Le Serment* fut placardé sur les murs de la ville. Refoulée sur Tachkent, elle porta secours aux blessés et ne rentra à Leningrad qu'en 1944. En 1946, suprême disgrâce, elle fut expulsée de l'Union des écrivains. En 1958 parut la somme de ses poèmes. À peine sortis des presses, ses livres s'arrachèrent en quelques heures. Elle fit publier ses deux chefs-d'œuvre: le *Poème sans héros* à New York en 1962, et le *Requiem* à Munich en 1963. Khrouchtchev adoucit quelque peu la fin de sa vie en la réhabilitant et en lui rendant son fils Lev. En 1964, elle fut élue présidente de l'Union des écrivains. Sa nomination de docteur *honoris causa* de l'université d'Oxford en 1965 lui permit de revoir l'Europe et ses amis. À son retour en URSS elle fut terrassée par une crise cardiaque.

AKINS Zoë. Auteur dramatique et scénariste. Américaine (Humansville, Missouri, 30 octobre 1886 - Los Angeles, 29 octobre 1958). Elle commença à écrire très jeune et à faire jouer ses pièces sans grand succès, avant d'obtenir la consécration du public et de la critique avec *Déclassé* (New York, 1919), pièce dans laquelle jouait Ethel Barrymore*. Elle y faisait preuve d'un goût très vif pour le mélodrame, qui est la principale caractéristique de son œuvre. Par la suite, ses pièces alternèrent entre un vif succès et un échec retentissant. *The Old Maid*, adapté d'un roman d'Edith Wharton*, pièce pour laquelle elle reçut le prix Pulitzer du théâtre en 1935, est sans doute la meilleure de ses productions. Installée en Californie en 1928, elle y avait entamé une carrière de scénariste qui se révéla particulièrement abondante (six films écrits pour la Paramount entre 1930 et 1931, pour Ruth Chatterton). Certaines de ses pièces ont été adaptées pour le cinéma, notamment *Girls about Town* par George Cukor. Sa filmographie compte une quinzaine de titres et son œuvre dramatique plus de vingt.

ALACOQUE. Voir MARGUERITE-MARIE ALACOQUE, sainte.

ALAIN Marie-Claire. Organiste française (née à Saint-Germain-en-Laye, le 10 août 1926). Issue d'une famille de musiciens — ses deux frères, Olivier (mort en 1918) et Jehan (1911-1940), étaient pianistes, compositeurs et musicologues —, elle entra au Conservatoire en 1940 et fit ses classes sous la direction de Maurice Duruflé et de Marcel Dupré. Elle remporta plusieurs prix, donna des récitals dans le monde entier, connaissant des succès éclatants partout où elle se fit entendre. La maturité de ses interprétations, la perfection de sa technique et l'étendue de son répertoire — comportant aussi bien des œuvres de Bach que celles de musiciens des XIXe et XXe siècles comme César Franck et son frère Jehan dont elle a enregistré toute l'œuvre — ont su conquérir le public américain. Docteur *honoris causa* des universités du Texas et du Colorado, Marie-Claire Alain donne des cours de musique ancienne française et étrangère. Le compositeur Charles Chaynes lui a dédié son *Concerto pour orgue* (1966).

ALENÇON Émilienne d'. Voir ÉMILIENNE D'ALENÇON.

ALBANESI Meggie (Margharita, dite). Actrice anglaise d'origine italienne (1889-1923). À l'âge de dix-huit ans, alors qu'elle était étudiante à la Royal Academy of Dramatic Art, elle obtint la médaille d'or Bancroft, pour son interprétation de lady Teazle (*The School for Scandal*, Sheridan). Très vite célèbre, elle s'illustra dans des pièces de Grundy, de Heijerman et de Galsworthy. En 1921, elle triompha dans *A Bill for Divorcement* (Dane) et, l'année suivante, dans *East of Suez* (Maugham). On la vit jouer pour la dernière fois, un mois avant sa mort, dans *The Lillies of the Fields* (Hastings Turner). L'intensité et la vérité de son jeu faisaient grande impression sur le public. Une bourse de la Royal Academy porte aujourd'hui son nom.

ALBANI Emma (Marie-Louise Cécile Emma Lajeunesse, dite). Soprano canadienne (Chambly, Québec, 1er novembre 1847 - Londres, 3 avril 1930). Dès l'âge de neuf ans, elle se produisit en s'accompagnant au piano au Mechanic's Hall de Montréal et dans différentes villes. La famille s'étant installée à Albany (New York) en 1864, Emma devint soliste à l'église Saint-Joseph, où l'évêque, fasciné par la voix de la jeune fille, trouva l'argent nécessaire pour l'envoyer faire des études en Europe. Gilbert Duprez fut son maître à Paris, Francesco Lamperti à Milan. En 1870, elle débuta à Messine dans *La Somnanbule* (Bellini) et changea de nom. Elle triompha à Florence, à Malte dans *Le Barbier de Séville* (Rossini), dans *Robert le diable* (Meyerbeer), dans *L'Africaine* (Meyerbeer) et dans *Lucie de Lammermoor* (Donizetti). En 1872, elle débuta à Londres au Covent Garden où elle chanta jusqu'en 1861. L'extraordinaire qualité de voix d'Emma Albani et son charme lui permirent d'interpréter des rôles très différents : c'est elle qui chanta pour la première fois à Londres les rôles d'Elsa (*Lohengrin*, Wagner) et d'Élisabeth (*Tannhäuser*, Wagner). Pour Charles Gounod, elle créa *Rédemption* sous la direction du compositeur qui écrivit pour elle l'oratorio *Mors et Vita*. Elle fut exceptionnelle dans le rôle d'Eva (*Les Maîtres chanteurs de Nuremberg*, Wagner), mais son plus grand succès reste Isolde (*Tristan et Isolde*, Wagner) en 1896. Emma Albani donna sa soirée d'adieu en 1911 à l'Albert Hall et consacra le reste de ses jours à l'enseignement. Elle reçut le titre de Dame of the British Empire, en 1925.

ALBE Maria del Pilar Teresa Cayetana, duchesse **d'**. Espagnole (1752 - Madrid, 1802). Elle doit sa renommée à la passion qu'elle inspira à Goya et aux admirables portraits qu'il fit d'elle. Petite-fille du dernier duc d'Albe qui lui laissa son titre et une immense fortune, elle épousa très jeune le marquis de Villafranca, qui fut un mari peu encombrant. D'une remarquable beauté, sensuelle, très libre, grande dame qui se passait de morale, elle ne craignit pas de scandaliser son entourage par ses nombreuses liaisons dont certaines avec des toreros à la mode. En 1782, elle rencontra Francisco Goya dans un bal. Le peintre était alors au sommet de sa gloire, mais ce n'est que plus tard qu'ils se prirent de passion l'un pour l'autre et imposèrent leur liaison au grand jour. Amours orageuses, car la trop libre duchesse ne s'interdisait pas les fugues sentimentales. Elle mourut brusquement en 1802. La rumeur courut qu'elle avait été empoisonnée sur l'ordre de la reine, qui la détestait. Goya, désespéré, lui survécut vingt-six ans, mais ce fut son dernier grand amour. Des nombreux et admirables portraits qu'il a peints de la duchesse d'Albe, les deux plus célèbres sont celui de la collection du duc d'Albe (1795) et le portrait en noir à la mantille

(Hispanic Society de New York). Contrairement à une tradition tenace, il ne semble pas qu'elle ait posé pour les deux célèbres Maja : *La Maja desnuda* et *La Maja vestida* (1797-1798, musée du Prado, Madrid).

ALBONI Marietta (Maria Anna Marzia Alboni, dite). Contralto italienne (Città di Castello, 6 mars 1826 - Ville-d'Avray, 23 juin 1894). Formée au Conservatoire de Bologne, elle suivit les cours d'Alessandro Monbelli puis ceux de Rossini, qui lui confia par la suite presque tous les principaux rôles de contralto de ses opéras. Elle fit ses débuts à Bologne en 1842 avec le rôle de Climène (*Saffo*, Pacini) et se vit attribuer aussitôt après celui de Maffio Orsini (*Lucrèce Borgia*, Donizetti). La même année, elle parut à la Scala de Milan dans *Le Siège de Corinthe* (Rossini). La saison suivante, on l'applaudit dans *La Favorite* (Donizetti) et dans *Norma* (Bellini). Elle poursuivit avec le même succès sa carrière à Vienne en 1843 et à Saint-Pétersbourg l'hiver 1844-1845. Pendant deux ans, elle domina la scène à Berlin, Prague, Hambourg, Venise. En 1847, elle ouvrit la saison à Covent Garden en chantant un rôle de baryton, Charles Quint (*Ernani*, Verdi). Elle se produisit l'Opéra de Paris dans des œuvres d'Auber et de Meyerbeer. Mariée au comte Pepoli en 1853, elle abandonna momentanément la scène pour soigner son mari devenu fou. Avec Adelina Patti*, elle chanta le *Stabat Mater* (Rossini) pour les funérailles du compositeur (1868). On l'entendit encore au Pays-Bas, à Londres et enfin à Paris, en avril 1872, où, pour sa soirée d'adieu, elle interpréta Fidalma (*Le mariage secret*, Cimarosa). Son registre vocal d'une ampleur exceptionnelle, son timbre merveilleux, son phrasé parfait expliquent le succès qu'elle remporta partout en Europe.

ALBRECHT Berty (Berthe, dite), née Wild. Résistante française d'origine suisse (Marseille, 15 février 1893 - Paris, 31 mai 1943). Issue d'une famille de protestants suisses, elle fit des études d'infirmière. Elle épousa un courtier néerlandais, Frédéric Albrecht, dont elle eut deux enfants, Freddy en 1920 et Mireille en 1924. À partir de 1927, à Londres où son mari faisait des affaires florissantes, elle se passionna pour les problèmes sociaux, fréquenta les milieux du Birth Control et de la Fédération ouvrière socialiste. Son mari perdit l'essentiel de sa fortune au moment de la crise de 1929, et elle s'installa alors à Paris. Pendant les années 30, elle fréquenta les milieux de gauche, en particulier le parti communiste dont elle fut un temps une sympathisante sans jamais y adhérer. Elle travailla à la Ligue des droits de l'homme et aux Amis de l'URSS. En 1933, elle fonda une revue éphémère, *Le Problème sexuel*, dans laquelle elle souhaitait soumettre les questions sexuelles à l'examen de la science et de la raison, préconisant le contrôle des naissances et l'avortement libre.

Cette grande bourgeoise fortunée — son mari avait entre-temps rétabli ses affaires — décida d'entrer à l'École des surintendantes de Paris afin de découvrir et de partager la condition ouvrière des femmes (1936-1938). Elle travailla ensuite en usine, ce qui provoqua sa séparation d'avec son mari. Au début de la guerre, elle fut nommée surintendante à la manufacture d'armes de Saint-Étienne. Ses fonctions la conduisirent à Clichy, puis à Vierzon où elle mit sur pied, à partir de juin 1940, un réseau d'aide aux prisonniers évadés afin de leur permettre de passer en zone libre. Au début de l'année 1941, elle alla à Vichy retrouver son ami de toujours, Henri Fresnay. Ensemble, à Lyon, ils organisèrent le mouvement de résistance Combat. Elle fut arrêtée en avril 1942 par la police française et, en signe de protestation, elle entama une grève de la faim de quatorze jours afin d'obtenir le droit d'être jugée. Incarcérée à Lyon, elle fut jugée en octobre avec une quarantaine de membres de Combat ce qui lui valut six mois d'internement dans le Tarn. Sachant qu'elle risquait la déportation, elle simula la folie et fut placée dans un hôpital dont elle s'évada. Elle reprit aussitôt ses activités au sein de Combat. Elle fut arrêtée une seconde fois à Mâcon, le 28 mai 1943, dans des conditions restées obscures, soit par la Gestapo parisienne, soit par celle de Lyon, sur l'ordre de Klaus Barbie, qui aurait utilisé les services d'un agent double. Transférée sur-le-champ à la prison de Fresnes, elle y mourut de manière inexpliquée le 31 mai. Cette forte personnalité, qui se définissait comme « un modeste rouage d'une grande entreprise », fut faite compagnon de la Libération à titre posthume par le général de Gaulle. Son corps a été inhumé au Mont-Valérien.

RÉF. : M. Albrecht, *Berty*, Robert Laffont, 1986.

ALBRIGHT Tenley. Patineuse américaine (née à Boston en 1936). Sa carrière est comparable à celle de sa compatriote, la célèbre Doris Hart*, qui fut championne de tennis en 1955, après avoir été frappée par la poliomyélite. Atteinte de la même maladie à l'âge de onze ans, Tenley Albright fut paralysée pendant plusieurs années. Elle entreprit une rééducation par le patinage qui se révéla un tel succès qu'elle devint championne du monde de patinage artistique en 1953 et 1955. Elle obtint une médaille d'or aux Olympiades de Cortina (1968), moins de deux semaines après s'être blessée à la cheville. Son père, chirurgien, l'avait soignée. Elle abandonna la compétition pour étudier la médecine à l'université d'Harvard.

ALCOTT Louisa May. Romancière américaine (Germantown, près de Philadelphie, 29 novembre 1832 - Boston, 6 mars 1888). Élevée à Concord, dans le Massachusetts, par son père, le philosophe Amos Bronson Alcott, elle eut également pour maître H. David Thoreau, R.W. Emerson et Theodore Parker. À seize ans, elle écrivit son premier livre, *Fables de fleurs*, qui parut en 1854, et, comme elle rêvait de devenir actrice, elle composa des comédies qui ne furent jamais jouées bien que l'une d'elles eût été acceptée par le Boston Theater. Ce n'est qu'en 1860 que ses poèmes et ses nouvelles parurent dans l'*Atlantic Monthly*. Infirmière à Georgetown pendant la guerre de Sécession, elle raconta son expérience dans *Hospital Sketches* (1863). Son premier roman, *États d'âmes* (1864) établit sa réputation ; elle voyagea alors en Europe et, deux ans plus tard, elle prit la direction du journal pour enfants *Merry's Museum*. L'immense succès remporté par *Les Quatre Filles du docteur March* (1868), lu et traduit dans le monde entier, l'incita à écrire une suite. Ses autres livres, d'une intention moralisatrice, sont toutefois charmants et pleins d'humour : *Petits Hommes* (1871), *Travail* (1873), *Huit Cousins* (1875), *La Petite Rose* (1876), *Sous les lilas* (1878). Bonne et généreuse, d'une personnalité rayonnante, Louisa Alcott passa ses vingt dernières années à prodiguer ses bienfaits. *Little Women* (*Les Quatre Filles du docteur March*) fut mis en scène au cinéma par George Cukor en 1933.

ALERAMO Sibilla (Rina Faccio, dite). Poétesse et romancière italienne (Alexandrie, 14 août 1876 - Rome, 1960). Elle conquit une renommée mondiale avec *Una Donna* (1906), roman dans lequel elle mêlait une expérience autobiographique à des revendications féministes assez audacieuses pour l'époque. Par la suite, elle subit l'influence de

D'Annunzio; ses romans (*Il Passagio*, 1919, *Il Frustino*, 1932), ses poèmes (*Selva d'amore*, 1947) sont d'un très grand lyrisme. Son poème dramatique, *Endymion*, a été représenté à Paris, en 1923, sur la scène du théâtre de L'Œuvre.

ALEXANDER Dorothy. Danseuse américaine (Atlanta, 22 avril 1904 - *id.*, 17 novembre 1990). Elle suivit d'abord les cours d'été de Dan Noble, puis se perfectionna avec Mikhaïl Fokine, Isadora Duncan*, Bronislava Nijinska* et Ted Shawn. En 1929, elle fonda sa propre compagnie. Pour commémorer le bicentenaire d'Atlanta en 1933, elle écrivit et mit en scène *Heirs of All the Ages* qui rassemblait trois mille participants. Chorégraphe de nombreux ballets, elle se produisit en Amérique et en Asie. À partir de 1963, elle dirigea le National Regional Ballet Association qui s'était créé sous son impulsion. Dorothy Alexander a obtenu le Dance Magazine Award en 1959 et le Caperio Award en 1981.

ALEXANDRA FEODOROVNA ou **FIODOROVNA**, née Alix Victoria Hélène Louise Béatrice de Hesse-Darmstadt. Impératrice de Russie (Darmstadt, 25 mai 1872 - Iekaterinbourg, 16 juillet 1918). Elle était la fille du grand-duc Louis IV de Hesse-Darmstadt et épousa son cousin Nicolas II, le 14 novembre 1894. Elle fut un ardent défenseur de l'autocratie et poussa son mari à éluder toute réforme qui tendrait à limiter les pouvoirs du tsar. À la cour, elle groupa autour d'elle un parti germanophile et, pendant la guerre, poussa à la conclusion d'une paix séparée. Son nom reste attaché à celui de Raspoutine, lequel, en soignant l'hémophilie du tsarévitch Alexis, conquit sur elle un fort ascendant, ce qui acheva de rendre très impopulaire la famille impériale en raison des menées douteuses de cet aventurier. Elle fut arrêtée avec son mari et ses enfants en mars 1917; tous furent massacrés par les bolcheviks.

RÉF.: P. Mourousy, *Alexandra Feodorovna, la dernière tsarine*, France-Empire, 1987.

ALIÉNOR D'AQUITAINE. Reine de France, reine d'Angleterre (château de Belin, 1122 - abbaye de Fontevrault, 31 mars 1204). Elle était la fille de Guillaume X, duc d'Aquitaine. Son père, n'ayant pas de descendance masculine, lui légua des possessions considérables (Guyenne, Gascogne, Poitou, Saintonge), ce qui ne pouvait laisser indifférent le roi de France, Louis VI le Gros. Grâce à l'habileté de son conseiller Suger, il obtint la main d'Aliénor d'Aquitaine pour son fils Louis. Le mariage fut célébré le 25 juillet 1137; le 8 août, Louis VI mourait, et Louis VII montait sur le trône. L'entente du couple fut de courte durée. Belle, exubérante, énergique, la reine était trop différente de son mari; néanmoins elle eut sur lui un fort ascendant, le poussant à participer à la deuxième croisade où elle l'accompagna (1147-1149). À Constantinople, les infidélités supposées d'Aliénor d'Aquitaine aggravèrent sa mésentente avec Louis VII; le divorce fut prononcé en 1152 au concile de Beaugency.

Les très graves conséquences politiques d'un tel événement se firent sentir sans délai. Six semaines plus tard, la reine répudiée épousait Henri II Plantagenêt, comte d'Anjou et du Maine, ôtant tout espoir à la France de revendiquer l'Aquitaine. Devenue reine d'Angleterre à partir de 1154, Aliénor n'en résida pas moins le plus souvent dans son duché qu'elle continuait à administrer et où elle sut tenir une cour brillante de poètes et d'artistes, à Poitiers notamment. Elle donna huit enfants à Henri II, mais ce second mariage ne fut guère plus heureux que le premier, d'autant plus qu'à la mésentente royale s'ajoutèrent des dissentiments politiques. Lors de la grande révolte de 1173 qui vit Richard Cœur de Lion et Jean sans Terre, fils de Henri II et d'Aliénor, s'opposer à leur père, la reine prit leur parti. Henri II répliqua en la faisant enfermer dans un couvent en Angleterre.

À l'avènement de Richard Cœur de Lion en 1189, elle retrouva toute son influence politique. Elle récupéra l'Aquitaine que son mari lui avait confisquée, puis assura la régence pendant la captivité de Richard en Allemagne. Enfin, elle réunit la rançon que l'empereur demandait pour la libération du roi et la porta elle-même à Mayence. Grande voyageuse, d'une énergie inlassable, elle se rendit en Espagne pour organiser les fiançailles de sa petite-fille Blanche* de Castille avec le futur Louis VIII. Elle avait quatre-vingts ans. Aliénor d'Aquitaine s'est imposée comme une figure majeure du Moyen Âge, tant par son activité politique et artistique que par la gloire de sa descendance. Deux fois reine, elle fut en effet la mère de deux rois (Richard Cœur de Lion et Jean sans Terre) et de deux reines (Éléonore de Castille et Jeanne de Sicile) — tous enfants de Henri II d'Angleterre.

RÉF.: R. Pernoud, *Aliénor d'Aquitaine*, Albin Michel, 1976.

ALLAN-DESPRÉAUX Mme (Louise-Rosalie Ross, dite). Actrice française d'origine belge (Mons, 20 février 1810 - Paris, 22 février 1856). Son père, directeur du théâtre de Mons, qui se vantait de descendre de Boileau-Despréaux, poussa sa fille à monter très jeune sur les planches sous ce nom de Despréaux, qu'elle conserva même après son mariage. La petite Louise eut la chance insigne d'être remarquée par le grand Talma alors qu'elle était en train de jouer Joas (*Athalie*, Racine). Il fut frappé à la fois par sa fraîcheur et par un métier déjà sûr. Il l'emmena avec lui à Paris en 1820 et la fit entrer au Conservatoire. Elle fit ses débuts à la Comédie-Française en 1826 et suscita la jalousie de la terrible Mlle Mars*. En 1831, on la trouve au Gymnase; elle y rencontra Allan qu'elle épousa l'année suivante. Après quoi, tous deux s'installèrent à Saint-Pétersbourg, appelés par le théâtre français de la ville (1836-1846). Là-bas, elle eut le mérite de créer *Un caprice* (Musset), la première pièce de l'auteur à être portée à la scène. Le vif succès qu'elle remporta la persuada de rentrer en France où elle fut très bien accueillie. Elle conquit le public par sa finesse, sa distinction, son élégance. Elle excellait dans le répertoire sentimental et fit beaucoup pour faire connaître Musset dramaturge. De lui, elle créa notamment *Il faut qu'une porte soit ouverte ou fermée*, *On ne saurait penser à tout* et *Le Chandelier*.

ALLARD Marie. Danseuse française (Marseille, 14 août 1742 - Paris, 14 janvier 1802). Elle fit ses débuts à la Comédie de Marseille avant de devenir première ballerine à Lyon et de s'installer à Paris, en 1756, où elle fut intégrée au corps de ballet de la Comédie-Française. Elle entra ensuite à l'Académie royale de musique. Elle se signala d'abord par ses liaisons amoureuses (le marquis de Villepinte, le duc de Montmorency), puis conquit les faveurs du public en 1761 en apparaissant dans le troisième acte de *Zaïs* (ballet de Cahusac, musique de Rameau). Deux ans plus tard, sa carrière manqua d'être brisée par un scandale retentissant. L'un de ses amants, le duc de Mazarin, fut précipité dans l'escalier de l'artiste par un rival, et laissé pour mort. Le duc préféra invoquer un accident malencontreux... Marie Allard conquit une gloire définitive dans *Sylvie* (ballet de Lanjon, musique de Berton et Trial): en compagnie de Dauberval, célèbre danseur de l'époque, elle interprétait un pas de deux resté fameux. Elle apparut régulièrement à la scène au cours des années 1760 et 1770 dans des œuvres de Rameau notamment: *Les Indes galantes*, *Castor* *et Pollux*, *Les Fêtes d'Hébé ou les Talents lyriques*, *Hippolyte et Aricie*; de Lully: *Armide, Thésée* et dans celles d'auteurs alors à la mode: Berton et Trial, Colin de Blamont, Dauvergne. Le public appréciait en elle la gaieté et la vivacité. Atteinte d'embonpoint, elle prit sa retraite en 1781, nantie d'une pension royale de deux mille livres. De sa liaison avec Gaétan Vestris, elle eut un fils en 1760, Auguste, appelé le second Vestris, considéré comme le plus grand danseur de son siècle, en tout cas très supérieur à son père.

ALLART DE MÉRITENS Hortense. Femme de lettres française (Milan, 7 septembre 1801 - Montlhéry, 28 février 1879). Fille de Marie Gay, elle était la cousine de Delphine Gay, la future Mme de Girardin*. À vingt ans, elle fut la gouvernante des enfants du général Bertrand, compagnon d'exil de Napoléon à Sainte-Hélène. C'est à Rome, en 1829, qu'elle rencontra Chateaubriand: l'ambassadeur de France avait soixante et un ans, elle vingt-huit. Il s'ensuivit une liaison amoureuse et une longue amitié qui dura jusqu'à la mort de l'écrivain en 1848. Hortense Allart disait: « Je suis liée à un homme si plein d'affaires, de gloire et de charges, qu'il n'a que le tiers de sa vie pour l'amour. » Elle lui fut d'ailleurs souvent infidèle.

Sous la monarchie de Juillet, elle tint, rue Bleue, un salon fréquenté par Thiers et Stendhal. Elle est l'auteur de plusieurs romans, d'un ouvrage historique, *La Conjuration d'Amboise* et d'une autobiographie romancée, *Les Enchantements de Prudence*, qu'elle fit paraître en 1872 sous le pseudonyme de Saman L'Esbatx. Elle y raconte ses souvenirs, en particulier ses liaisons avec des gens aussi divers que Béranger, dont elle interprétait les chansons, Lamennais, Thiers et, naturellement, Chateaubriand. Sur celui-ci, elle fournit des anecdotes suffisamment intéressantes pour que Sainte-Beuve, qui avait lu le texte à l'état de manuscrit, les utilise de manière malveillante dans son *Chateaubriand et son groupe littéraire* (1860). Hortense Allart avait la particularité de collectionner les amants, sans jamais s'en séparer complètement.

ALLEN Viola, née Leslie. Actrice américaine (Hunstville, 27 octobre 1867 - 9 mai 1948). Elle débuta en 1882, succédant à Annie Russell dans le rôle-titre d'*Esmeralda* (Gillette) au Madison Square Garden, pièce tirée de l'œuvre de Victor Hugo. Engagée en 1891 à l'Empire Theatre, elle y resta sept ans, étant devenue la vedette de la troupe à travers un répertoire très varié. Après son départ de l'Empire Theatre, elle aborda la tragédie et triompha à plusieurs reprises dans le répertoire de Shakespeare: *Le Conte d'hiver*, *Macbeth*, *Les Joyeuses Commères de Windsor*. En 1916, elle entreprit une longue tournée où elle interprétait Lady Macbeth, (*Macbeth*, Shakespeare) et prit sa retraite l'année suivante.

ALONSO Alicia, née de la Caridad dei Cobre Martinez Hoyo. Danseuse cubaine (née à La Havane, le 21 décembre 1921). Elle se forma dans sa ville natale, puis aux côtés d'Anatole à New York et de Vera Volkova* à Londres. Elle fit ses débuts dans des comédies musicales, avant de danser à l'American Ballet de New York, au Ballet Theatre de New York, enfin au Pro-Arte de La Havane (1941-1942), où une maladie interrompit momentanément sa carrière. Cependant, le triomphe remporté avec *Giselle* (Gautier et Coralli) à New York en 1943 lui valut de devenir première danseuse. Par la suite, elle a excellé aussi bien dans le répertoire classique, *Les Sylphides* (F. Taglioni), que contemporain: elle a beaucoup travaillé avec Anthony Tudor (*Gala Performance*, *Undertow*), George Balanchine (*Thèmes et Varia-*

tions), Agnès De Mille* (*Fall River Legend*). Son interprétation de *Carmen suite*, sur une chorégraphie de son beau-frère Alberto Alonso, reste légendaire. En même temps, elle est considérée par la critique américaine comme la plus grande Giselle de son temps. Figure éminente de la danse, Alicia Alonso a créé sa propre école de danse à La Havane dans les années 50 et est devenue directrice et première danseuse du Ballet national de Cuba à partir de 1959.

AMALASONTHE. Princesse wisigothique (498 [?] - île de Bolsena, 30 avril 535). Elle était la fille de Théodoric et d'Audeflède, sœur de Clovis. Son père la maria à Eutharic auquel, n'ayant pas d'enfant mâle, il destinait sa succession. Eutharic mourut prématurément en 522, laissant une veuve inexpérimentée et un fils, Athalaric, né en 518. Conseillée par Cassiodore, la régente travailla à rapprocher Goths et Romains et à se concilier les bonnes grâces de Constantinople: l'empereur Justin consentit à reconnaître roi le jeune Athalaric. Amalasonthe, que les sources dépeignent comme une femme intelligente et cultivée, pratiquant le grec et le latin, souhaitait donner à son fils une éducation romaine, ce qui provoqua le mécontentement de l'aristocratie gothique. Elle échappa de peu à un complot en 533, dans lequel il semble que son fils lui-même ait trempé. Celui-ci mourut l'année suivante. Amalasonthe confia alors le pouvoir à l'un de ses cousins, Théodahat, qu'elle pensait manipuler, mais qui s'empressa de la reléguer dans l'île de Bolsena et d'y laisser pénétrer les parents des chefs qu'elle avait fait assassiner pour étouffer la conspiration de 533. La régente fut ainsi retrouvée étranglée dans son bain. Sa mort donna le signal de l'invasion de l'Italie par les troupes byzantines de Justinien, et Théodahat fut exécuté peu après.

AMAYA Carmen (dite **la Capitaine**). Danseuse et chorégraphe espagnole d'origine gitane (Grenade ou Barcelone, 1913 [?]-Bagur, 19 novembre 1963). Elle commença à se produire dès l'âge de sept ans au Café Flamenco de Barcelone, puis au moment de l'Exposition internationale de cette même ville, en 1929, où elle se fit remarquer par sa fougue. Sa célébrité naquit lors de sa première tournée en Amérique du Sud à partir de 1936. Elle connut ensuite un triomphe jamais démenti et enflamma les foules: à Buenos Aires on se précipita pour toucher sa robe, à New York il fallut un camion pour transporter ses fleurs, à Grenade on éleva une fontaine à l'endroit où elle tourna six films hollywoodiens qui battirent tous les records d'entrées. Elle fut reçue à la Maison-Blanche par Roosevelt en 1944, par Truman en 1953. Elle revint à Paris en 1948 avec ses quarante partenaires, son mari le guitariste Juan Antonio Aguero, trente-sept malles, ses images pieuses et une fortune en bijoux. «Elle danse comme le feu», s'enthousiasmait Jean Cocteau qui ajouta: «Depuis les Ballets russes, nous n'avions pas retrouvé ces rendez-vous d'amour qui se donnent dans une salle de théâtre.» Belle, passionnée, d'une sauvagerie hallucinante, paquet de nerfs et de muscles de quarante kilos, Carmen Amayá est une des plus grandes danseuses de flamenco de tous les temps. Elle mourut à cinquante ans d'une sclérose des reins.

AMIATI Marie-Thérèse. Chanteuse française (XIXe s.). Elle se fit connaître avec un répertoire paysan qu'elle chantait en jupe courte et sabots au concert Béranger puis à l'Eldorado. Sa gloire atteignit son apogée en 1871. Elle devint la prêtresse du genre patriote et revanchard. Elle soulevait l'enthousiasme de son auditoire avec *Le Clairon* (Déroulède), *Le Fils de l'Allemand*, *Une tombe dans les blés*, *Le Beau Sergent*, *Le Maître* *d'école alsacien*, et chantait *La Marseillaise* drapée d'un immense drapeau tricolore.

AMIEL Josette. Danseuse française (née à Vanves, le 19 novembre 1930). Élève de Solange Schwarz* et de Serge Lifar, elle fut reçue première au Conservatoire en 1947. Elle passa de l'Opéra-Comique à l'Opéra, où elle fut danseuse étoile de 1958 à 1973. Elle y interpréta tous les grands rôles du répertoire classique et poursuivit parallèlement une carrière internationale avec son partenaire Flemming Flindt. Elle créa *Chemin de lumière* (Lifar, 1957), *Sur un thème* (Bourmeister, 1962), *La Leçon* (Flindt, 1963) et *Petrouchka* (d'après Fokine, 1964). Elle est chevalier de la Légion d'honneur.

AMRIT Kaur. Princesse et femme politique indienne (1869-1964). Son père, le riche rājah Singh de Kapurthala, la fit élever en Angleterre dans la religion chrétienne. À son retour, elle se rangea aux côtés des partisans de Gandhi, dont elle fut la secrétaire pendant seize ans. Présidant l'Association des femmes de l'Inde dans les années 30, elle a consacré une thèse à ses consœurs. Elle fut membre de la délégation indienne à l'Unesco (1945-1946) et participa à la campagne de désobéissance civile contre les Anglais. À l'heure de l'indépendance en 1947, elle entra dans le nouveau gouvernement au titre de ministre de la Santé et fit toute sa carrière au parti du Congrès. Elle est l'auteur de *India at a Glance* (1953).

ANDERSON Élisabeth, née Garrett. Médecin. Anglaise (Aldeburgh, 1836 - *id.*, 17 décembre 1917). Elle eut la révélation de sa vocation en assistant aux conférences d'Élisabeth Blackwell* qui se trouvait alors en Angleterre, mais se vit refuser son inscription dans les universités anglaises. Des cours privés lui permirent d'obtenir un diplôme de la Scottish Society of Apothecaries en 1865, ainsi que l'autorisation d'exercer. L'année suivante, elle ouvrit un dispensaire pour femmes et enfants à Marylebone, qui devint par la suite le New Hospital for Women et, enfin, le Élisabeth Garrett Anderson Hospital, au personnel exclusivement féminin. En 1870, elle passa son doctorat de médecine à Paris, en même temps que Mary Putnam* et quelques mois avant Madeleine Brès*. L'année suivante, elle épousa James George Skelton Anderson dont elle eut deux enfants. En 1874, elle fut l'une des fondatrices de la London School of Medicine, plus tard rattachée au London Free Hospital. Elle enseigna dans cet établissement de 1875 à 1897 avant d'en devenir la doyenne (1883-1905). Élisabeth Anderson fut la première femme membre de l'Association médicale britannique.

ANDERSON Judith (Frances Margaret, dite). Actrice américaine (Adelaïde, Australie, 1899 - Californie, 1992). Élevée en Australie, elle débuta sur scène à Sidney en 1915 et conquit les États-Unis en triomphant à Broadway en 1924 dans *Cobra* (M. Brown). Admirée dans Pirandello, O'Neill et Shakespeare, elle débuta à Londres en 1937 dans le rôle de Lady Macbeth (*Macbeth*, Shakespeare), aux côtés de Laurence Olivier. Elle fut très remarquée dans ce rôle, tout comme dans *Médée* (Euripide) en 1947. Personne n'avait vu de Médée plus cruelle et plus redoutable ; elle tint ce rôle à New York, Berlin, Paris, et en Australie. En 1960, elle fut applaudie à l'Old Vic Theatre dans le rôle d'Arkadina (*La Mouette*, Tchekhov). Repartie en tournée à travers l'Amérique, elle joue en récital, les scènes les plus fameuses de son répertoire. Elle fit aussi carrière au cinéma jouant presque toujours des rôles inquiétants ou antipathiques : *Rebecca* (Hitchcock, 1940), *Laura* (Preminger,

1944) avec Gene Tierney* et *La Vallée de la peur* (Walsh, 1947).

ANDERSON Marian. Contralto américaine (née à Philadelphie, le 17 février 1902). Diplômée de la Southern High School de Philadelphie, elle étudia le chant avec Giuseppe Boghetti à New York où elle remporta le premier prix d'un concours de chant organisé par l'orchestre philarmonique. Après s'être produite en Amérique dès 1925, elle fit ses débuts en Europe à partir de 1930, donnant des concerts à Londres, Berlin et Paris. Celle que Toscanini surnommait la voix du siècle chanta grâce à l'appui de Mme Roosevelt devant 7 500 personnes à Washington, où elle n'avait encore pu se produire pour des raisons raciales. Elle est la première chanteuse noire à avoir été engagée par le Metropolitan Opera de New York où elle campa une étonnante Ulrica (*Un bal masqué*, Verdi) en 1955. Sa voix opulente et veloutée est irrésistible dans les negro spirituals et s'adapte admirablement aux lieder. Marian Anderson a créé un prix portant son nom, en 1942, et a publié un livre, *Ma voix et ma vie*, en 1961.

ANDERSSON Bibi (Birgitta, dite). Actrice suédoise (née à Stockholm, le 11 novembre 1935). Formée à l'académie d'art dramatique de Stockholm, elle fut engagée dans la troupe théâtrale d'Ingmar Bergman dont elle fut l'interprète dans de nombreux films à partir de 1955 : *Sourires d'une nuit d'été* (1955), *Le Septième Sceau* (1957), *Les Fraises sauvages* (1957), *Au seuil de la vie* (1958), *Le Visage* (1958), *Persona* (1966), *Le Lien* (1971), *Scènes de la vie conjugale* (1972). Vedette internationale, elle a tourné pour de nombreux metteurs en scène et a été couronnée au festival de Cannes en 1958, à celui de Berlin en 1963 et à l'Académie du cinéma en 1967. De son union avec Kjell Grede qu'elle épousa en 1960, elle a eu une fille, Jenny. Elle a divorcé en 1975. Elle s'est remariée avec Per Ahlmark en 1979, dont elle a divorcé depuis.

ANDERSSON Harriet. Actrice suédoise (née à Stockholm, le 14 janvier 1932). Elle fit ses débuts comme danseuse de music-hall après avoir suivi des cours d'art dramatique. Elle tourna de petits rôles au cinéma et fut remarquée par Ingmar Bergman dans *Trots* (Molander, 1952) ; Bergman écrivit alors pour elle le scénario de son propre film, *Un été avec Monika* (1952). Dès lors, elle tourna plusieurs films avec lui incarnant des rôles très divers : *La Nuit des forains* (1953), *Une leçon d'amour* (1954), *Rêves de femmes* (1955). Elle s'affranchit de la tutelle de Bergman pour se produire avec d'autres metteurs en scène suédois. Après son divorce d'avec Bertil Wejferldt dont elle a eu une fille, elle revint à l'écran qu'elle avait un moment abandonné au moment de son mariage et tourna de nouveau avec Bergman dans *Cris et Chuchotements* (1972) et *Fanny et Alexandre* (1982). Elle est l'une des plus grandes actrices suédoises.

ANDOUINS Diane d'. Voir CORISANDE.

ANDRADE Magda. Peintre. Vénézuélienne (née à Marcaïlo v. 1900). Elle fut envoyée à Paris par le président de la République pour approfondir son art. Ses maîtres furent André Lothe pour le portrait, et Raoul Dufy pour le paysage. Elle participa avec succès aux Salons de 1934 et 1935, à celui des Indépendants entre 1935 et 1938, au Salon d'automne de 1936 à 1938 et à des expositions de groupe où ses toiles furent remarquées et lui valurent la notoriété, tant en France que dans son pays. On lui doit de nombreux portraits, comme celui de l'écrivain *Louise de Vilmorin**. Elle est notamment représentée au musée d'Art moderne de la ville de Paris.

ANDREAS-SALOMÉ Lou (Louise von Andreas-Salomé, dite). Femme de lettres allemande (Saint-Pétersbourg, 1861 - Göttingen, 1937). Née dans une famille aristocratique, fille d'un général, elle connut une enfance dorée. Intelligente, avide et curieuse, elle manifesta très tôt un grand esprit d'indépendance. Elle refusa d'être confirmée dans l'Église réformée et se plaça alors sous la direction du pasteur Gillot, homme du monde brillant, qui s'éprit d'elle et dont elle repoussa les avances. En 1880, elle s'installa à Zurich où elle travailla avec acharnement la théologie, la religion comparée et l'histoire de l'art. Mais sa santé se détériora et sa mère l'emmena à Rome en 1882. Recommandée par Mavilda von Meyensburg, elle y rencontra deux jeunes philosophes, Paul Rée et Nietzsche, qui fut si fortement impressionné qu'il confia: «C'est étonnant comme elle se trouve justement préparée pour ma manière de penser et de voir.» Elle passa deux ans avec Rée et Nietzsche dans la plus grande intimité intellectuelle. Rée s'effaça ensuite, et l'on dit qu'il se suicida pour elle. Malgré le refus de Lou d'épouser Nietzsche et la terrible déception qu'il en ressentit, ce dernier resta longtemps lié d'amitié avec elle. En 1896, elle épousa Frederik von Andreas, professeur orientaliste distingué, avec lequel elle ne s'entendit jamais véritablement.

L'année suivante, elle fit la connaissance de Rainer Maria Rilke à Munich: elle était son aînée de quatorze ans. Ce fut le début d'une liaison de plusieurs années, amour total cette fois, qui inspira à Rilke d'admirables poèmes. Pour elle, il écrivit son *Journal de Florence* commencé en 1898 — ils avaient fait ensemble un voyage dans cette ville — et plus tard *Livre d'heures* (1900-1905). La rupture vint d'elle, qui lui reprochait son penchant pour la souffrance. Elle resta cependant pour Rilke l'amie et la confidente, et les lettres qu'il lui adressa comptent parmi les plus émouvantes de sa correspondance. Lors d'un congrès à Weimar en 1911, elle rencontra Freud et découvrit la psychanalyse: elle avait cinquante ans. Ce qu'elle confia de cette rencontre, dans un texte écrit en 1927, est resté célèbre:

> J'ai l'impression que ma vie attendait la psychanalyse depuis que je suis sortie de l'enfance.

Sensible au génie de Freud, elle devint son élève et une amie privilégiée et écoutée. Lou Andreas-Salomé a fasciné ses contemporains par son extrême intelligence, sa sensibilité et sa beauté. Son indépendance d'esprit et son sens absolu de la liberté ont scandalisé. On l'a classée facilement dans la catégorie des «égéries» parce qu'elle a rencontré les esprits les plus remarquables de son temps, sans voir qu'elle traitait avec eux d'égal à égal. Cela a nui à la connaissance de son œuvre qui est d'une grande richesse: y voisinent des romans: *Ruth* (1895), *Enfant des hommes* (1899), *Rodinka* (1922); des essais sur Nietzsche, sur Tolstoï, sur Rilke, sur la psychanalyse, sur le féminisme; une autobiographie, *Ma vie* (1951), et une très importante correspondance.

RÉF.: R. Jaccard, *Lou: autobiographie fictive*, Grasset, 1982. A. Livingstone, *Lou Andreas-Salomé*, Londres, 1984. U. Welsch, *Lou Andreas-Salomé: vom «Lebensurgrund» zum Psychoanalyse*, Munich, 1988.

ANDRÉE Elfrida. Organiste et compositeur. Suédoise (Visby, 19 février 1841 - Göteborg, 11 janvier 1929). Elle bénéficia des leçons de son père et fit ses classes à l'Académie royale de musique de Stockholm, puis à Copenhague. Elle fut une organiste renommée à une époque où cet instrument était réservé en principe aux hommes, et sa carrière fut couronnée en 1867 lorsqu'on la nomma titulaire de l'orgue de la cathédrale de Göteborg. Son œuvre (entre autres, deux symphonies et un opéra jamais représenté, *Fritiofs saga*) est tombée dans l'oubli.

ANDREÏANOVA Elena. Danseuse russe (Saint-Pétersbourg, 13 juillet 1819 - Paris, 26 octobre 1857). Ses débuts furent éclipsés par celle qui régnait alors sur toutes les scènes, Maria Taglioni*, laquelle se produisit à Saint-Pétersbourg de 1837 à 1842. Une fois débarrassée de sa rivale, la première prestation d'Elena Andreïanova comme danseuse étoile dans *Giselle* (Gautier et Coralli) fut jugée médiocre par le public. Quoique protégée par son amant Gedeonov, directeur du Théâtre-Impérial, la danseuse ne put s'imposer avant longtemps sur la scène russe. Envoyée à Moscou, on s'aperçut qu'elle avait «mal à la jambe», c'est-à-dire qu'elle était enceinte. Plus tard, elle dansa à Paris où elle remporta un triomphe. De retour dans son pays, afin d'éviter toute rencontre avec une autre de ses rivales, Fanny Elssler*, il fut décidé que chacune d'elles se produirait soit à Saint-Pétersbourg, soit à Moscou. Adulée dans la première de ces villes, Andreïanova fut détestée dans la seconde. On raconte que le jour de la première de *Paquita et Satanilla*, ballet créé à son intention, elle reçut à ses pieds un chat crevé lancé d'une loge. Elle fit une nouvelle tournée en 1852, notamment à Londres, et fut mise d'office à la retraite deux ans plus tard pour «cause d'inutilité»: Gedeonov était tombé amoureux d'une danseuse plus jeune. Elena Andreïanova a remporté ses plus grands succès dans *La Gitane* (F. Taglioni), *L'Écumeur des mers* (anonyme), *La Péri* (Coralli).

ANDREINI Isabella, née Canali. actrice italienne (Padoue, v. 1562 - Lyon, 10 juin 1604). Par son mariage avec Francesco Andreini, elle appartenait à une célèbre dynastie d'acteurs italiens qui s'illustra à la charnière des XVIe et XVIIe siècles. Son mari dirigeait la troupe des Gelosi, dont le répertoire était celui de la *commedia dell'arte* et qui remporta un vif succès lors de ses tournées en Europe. Elle était très belle, savait chanter, parlait l'espagnol et le français, jouait de plusieurs instruments. Elle a également laissé des vers qui ne sont pas sans valeur. Elle mourut d'une fausse couche, laissant son mari inconsolable. Elle avait fait forte impression à l'hôtel de Bourgogne en 1603 et à Fontainebleau devant la cour.

ANDREWS Julie (Julie Wells, dite). Actrice anglaise (née à Walton on Thames en 1935). Son beau-père, chanteur et guitariste, s'étant aperçu de ses qualités vocales exceptionnelles la fit monter sur les planches dès son plus jeune âge. Elle débuta à douze ans au Paladium de Londres. Quelques années plus tard, elle remporta un grand succès à Broadway dans une comédie musicale, *The Boy Friend* (S. Wilson, 1953), puis triompha en 1954 avec *My Fair Lady* (Lerner), rôle qui fut repris à l'écran par Audrey Hepburn*, que Julie Andrews doubla pour l'occasion. Elle inaugura tardivement sa carrière cinématographique par *Les Jeux de l'amour et de la guerre* (Hiller, 1964); la même année, Stevenson la choisit pour son film, *Mary Poppins*, que l'actrice incarnait déjà sur la scène. Le succès fut prodigieux et lui valut un oscar ainsi que la consécration mondiale. Un charme indéniable et une voix remarquable la prédisposaient à tourner des comédies musicales: *The Sound of Music* (Wise, 1964), *Modern Millie* (Roy Hill, 1967), *Star* (Wise, 1968), cependant qu'elle jouait dans *Le Rideau déchiré* (Hitchcock, 1966). Mariée en secondes noces au réalisateur Blake Edwards, elle ne tourne pratiquement plus que pour lui, incarnant des rôles plus complexes, notamment dans *Victor Victoria* (1982) où elle est travestie en homme.

ANFUSO Nella. Chanteuse et musicologue italienne (née le 5 octobre 1942). Issue d'une famille de mélomanes — surtout amateurs de bel canto — elle entreprit des études musicales dès l'âge de neuf ans. À dix-huit ans, elle entra au conservatoire L. Cherubini de Florence, en classe de chant. Parallèlement, elle fit des études de lettres à l'université de cette ville et suivit des cours aux Archives d'État de Florence afin de devenir paléographe et archiviste. Elle collabora dès cette époque avec le Consiglio Nazionale delle Ricerce (le NCR de Rome), ce qui lui donna l'occasion d'effectuer des recherches historiques et musicales dans les fonds d'archives les plus importants du pays et dans les grandes bibliothèques de Toscane. Ayant obtenu son doctorat de lettres, elle se perfectionna en chant avec Guglielmina Rosati Ricci, héritière de la grande tradition vocale de Cotogni, et avec Di Pietro à l'académie Santa Cecilia de Rome. La rencontre avec celle qui était un vrai «maître» décida de son orientation définitive vers le chant. Simultanément, elle entreprit une étude systématique des textes et documents relatifs à l'histoire du chant italien. C'est ainsi qu'elle mena une double carrière, aussi bien théorique que pratique. En tant que musicologue, elle donne des cours et anime des séminaires dans les universités de Florence, Varsovie, Cracovie, Paris-Sorbonne, Cologne, etc. Elle a également à son actif de nombreuses publications sur l'art musical du XVe au XVIIIe siècle ainsi que d'innombrables articles dans les plus grandes revues européennes. Dans le domaine du baroque, elle se présente comme une révolutionnaire, affirmant sur la foi de documents irréfutables que les idées communément admises sur le chant et les instruments prétendument baroques sont infondées. Douée d'une voix exceptionnelle par son extension, sa pureté d'émission, son homogénéité et sa facilité (elle prétend être la seule à notre époque à pouvoir exécuter les airs de virtuosité du castrat Carlo Broschi Farinello selon les règles d'or de l'ancienne école italienne), elle a fait ses débuts en un lieu prédestiné — le Palazzo Vecchio à Florence — avec un récital dédié à Giulio Caccini. Consacrant son talent et sa vie à restituer à la grande tradition vocale le prestige dont elle jouissait aux XVIIe et XVIIIe siècles, elle se produit dans les festivals les plus importants, participe à de nombreuses émissions télévisées dans toute l'Europe et enregistre de nombreux disques : elle a obtenu le grand prix du Disque et le Discobole pour l'Europe, en 1985.

ANGÈLE DE FOLIGNO, bienheureuse (Foligno [?], v. 1249 - *id.*, 4 janvier 1309). Elle se fit tertiaire franciscaine vers l'âge de quarante ans et vécut plusieurs extases mystiques qu'elle raconta dans un ouvrage dicté à son confesseur, le *Mémorial*, achevé en 1297. Elle attira autour d'elle de nombreux disciples et un culte lui fut voué dès sa mort. Son œuvre, abondamment diffusée à partir du XVIe siècle, fut considérée comme celle d'une très grande mystique par sainte Thérèse* d'Avila, saint François de Sales, Bossuet, Fénelon. Angèle de Foligno a exprimé son amour pour le Christ en des termes passionnés et bouleversants ; sa spiritualité a toujours mis en garde ses disciples contre les tentations du libre esprit.

ANGÈLE MERICI, sainte. Religieuse italienne (Desenzano, 1474 - Brescia, 1540). Orpheline issue d'une famille honorable, elle fut recueillie, ainsi que l'une de ses sœurs, par un oncle maternel. En 1493, elle entra dans le tiers ordre de Saint-François. De retour dans son pays natal, elle y resta vingt ans, en compagnie d'une jeune fille qui mourut après avoir mené une vie exemplaire de pénitences et de mortifications. Angèle Merici eut un jour une vision qui lui prescrivit de fonder à Brescia une congrégation de jeunes filles à l'image de la compagne qu'elle avait perdue. C'est ainsi que naquit, vers 1530, la congrégation des Ursulines dont Angèle devint la supérieure. Elle fut canonisée par le pape Pie VII en 1807; on la fête le 31 mai.

ANGENNES Julie Lucine d', duchesse de Montausier (Paris, 25 juin 1607 - *id.*, 15 novembre 1671). Elle était la fille aînée de la marquise de Rambouillet* et eut l'occasion d'approcher, dès sa jeunesse, les esprits les plus brillants de son temps. Elle fut fiancée au marquis de Montausier une douzaine d'années, lequel finit par abjurer le protestantisme pour l'épouser, en 1645. La postérité l'aurait sans doute oubliée sans *La Guirlande de Julie*, recueil de soixante-deux madrigaux composés pour elle par les poètes qui fréquentaient l'hôtel de Rambouillet, dont Racan, Voiture, Desmarets de Saint-Sorlin et Tallemand des Réaux. La précieuse *Guirlande* — « un peu fanée aujourd'hui », estimait Chateaubriand — fut offerte à Julie le 1er janvier 1634 par Montausier, qui en avait lui-même composé seize pièces. Depuis, elle a été imprimée et rééditée à plusieurs reprises. Julie d'Angennes est en outre le modèle de Philonide dans *Le Grand Cyrus* de Madeleine de Scudéry*. Elle aurait inspiré le personnage de Célimène *(Le Misanthrope)* à Molière.

RÉF. : *La Guirlande de Julie*, présentée par Irène Frain, Paris, 1991.

ANGEVILLE Henriette de Beaumont d'. Alpiniste suisse (Semur, 10 mars 1794 - Lausanne, mars 1871). Elle fut la dixième personne — et la seconde femme après Marie Paradis* — à atteindre le sommet du mont Blanc. Elle avait déjà une solide expérience de la montagne pour avoir fait de longues excursions dans le massif. Elle prépara méthodiquement son expédition au terme d'un long entraînement, et réunit une dizaine de guides. Partie le 3 septembre 1838, elle fut de retour à Chamonix le 5, où sa réception fut triomphale. Sa passion pour la montagne ne se démentit jamais. Henriette d'Angeville a fondé un musée minéralogique alpin à Lausanne.

ANGLIN Margaret. Actrice canadienne (Ottawa, 1876-1958). Fille d'un porte-parole de la Chambre des communes, elle passa son enfance au Canada et suivit des cours d'art dramatique. Remarquée par Charles Frohman, directeur et agent de théâtre, elle fut engagée pour jouer Madeleine West (*Shenandoah*, Howard) en 1894, à l'Empire Theatre de New York. Célèbre du jour au lendemain, elle conquit définitivement le public en incarnant Roxane (*Cyrano de Bergerac*, Rostand) en 1898. Devenue la vedette de l'Empire Theatre, elle étendit son répertoire : elle joua dans *Mrs. Dane's Defence* (H. A. Jones), *The Devil's Disciple* (Shaw), *Camille* (d'après Dumas fils). Elle interpréta des adaptations modernes du théâtre grec et fut Antigone, Électre, Iphigénie, Médée; elle joua enfin les héroïnes shakespeariennes comme Cléopâtre, Rosalind, Viola. Son jeu intense la classait parmi les plus grandes actrices.

ANGOULÊME Marie Thérèse Charlotte de France, duchesse d' (dite **Madame Royale**). Princesse française (Versailles, 19 décembre 1778 - Gorizia, Italie, 19 octobre 1851). Fille de Louis XVI et de Marie-Antoinette*, elle fut, avec ses parents, de toutes les épreuves que la Révolution infligea à la famille royale : émeute du 6 octobre 1789, fuite à Varennes, journée du 20 juin, incarcération au Temple. Séparée de ses parents, elle fut tenue dans l'ignorance du sort du roi et de la reine pendant plus d'un an. Elle fut libérée le 19 décembre 1795, au terme de longues négociations entre la France et l'Autriche. Après quoi, elle s'installa à Vienne, où François II songeait à la marier avec l'archiduc Charles. Mais le comte de Provence (futur Louis XVIII), reprenant un projet ancien de Louis XVI, la convainquit d'épouser son cousin, le duc d'Angoulême, ce qui fut fait à Mittau, le 10 juin 1800. Le couple princier vécut dans cette ville, puis à Varsovie, enfin en Angleterre, au château de Hartwell, pour revenir en France dès l'abdication de Napoléon. À Bordeaux au début des Cent-Jours, Madame Royale tenta d'organiser la résistance à l'« usurpateur » avec une énergie indéniable. L'accession au pouvoir de Louis-Philippe fut une épreuve supplémentaire pour elle. Elle accompagna Charles X dans son exil à Édimbourg avant de s'installer à Prague, ensuite à Gorizia, où elle vit mourir le roi déchu, puis son mari en 1836.

ANGUISSOLA ou **Angussola** ou **Anguisciola** Sofonisba. Peintre. Italienne (Crémone, v. 1530 - Palerme, v. 1625). Issue d'une famille patricienne, elle était l'aînée de six filles qui toutes reçurent une excellente éducation et s'adonnèrent aux beaux-arts. Elle fut l'élève de Bernardino Campi mais surtout de Bernardino Gatti. De beaux portraits de Philippe II et des princes témoignent de son séjour à la cour d'Espagne où le roi l'avait appelée en 1560. Elle en repartit dix ans plus tard, comblée de richesses. Sofonisba Anguissola est la première femme peintre à avoir fait fortune avec son art. Elle suivit à Gênes son deuxième mari, Orazio Lomellino, et y ouvrit un atelier célèbre, fréquenté par des artistes de renom. Elle a plutôt pratiqué le portrait, dans la tradition du réalisme de l'Italie du Nord et a laissé de nombreux autoportraits conservés à Florence. Ses toiles les plus connues sont *La Partie d'échecs* qui représente trois de ses sœurs (Poznañ), *La Sainte-Famille* (1599, Bergame), la *Vierge à l'enfant* (1588, Budapest).

ANKWICZ Ewa Henryka. Polonaise (1810-1879). C'est à Rome, où sa famille s'était fixée en 1829, qu'elle réunit dans son salon une élite intellectuelle et patriote. Aimaient s'y retrouver les plus illustres écrivains polonais, dont Adam Mickiewicz, le grand poète exilé, Zygmunt Krasinski, dont l'œuvre était nourrie de rêves de soulèvement de la Pologne, Henryk Rzewuski, etc. Accompagnée de Mickiewicz, Ewa fit de longues promenades dans Rome, lui faisant connaître les beautés de la Ville éternelle. Une tendre amitié les unit bientôt et le poète songea à l'épouser mais elle dut s'incliner devant le refus de son père. Ewa ne s'en consola pas et, bien que mariée deux fois, conserva toujours un souvenir ému de l'auteur de *Konrad Wallenrod*.

ANNABELLA (Suzanne Charpentier, dite). Actrice française (née à Paris, le 14 juillet 1909). Elle fit ses débuts au temps du muet. Son visage photogénique et lumineux intéressa Abel Gance qui lui confia le rôle de Violine Fleuri (*Napoléon*, 1926). Au côté de Charles Dullin, elle tourna dans *Maldonne* (Grémillon, 1927). Mais c'est le parlant qui va pleinement la révéler. En 1931, René Clair lui proposa d'incarner Béatrice (*Le Million*) puis, deux ans plus tard, Anna — une touchante petite fleuriste (*Quatorze Juillet*), rôle qui lui valut un triomphe personnel. *Marie, légende hongroise* de Paul Fejös fit d'elle une vedette internationale. C'est à cette époque qu'elle épousa l'acteur Jean Murat. Elle tourna ensuite *La Bataille* (Farkas, 1933), d'après un roman de Claude Farrère, *L'Équipage* (Litvak, 1935), d'après un roman de Joseph Kessel et surtout *La Bandera* (Duvivier, 1935), où elle interprète une jeune bergère amoureuse de Jean Gabin. À la biennale de Venise de 1936, elle fut sacrée meilleure actrice pour *Veillée d'armes* (L'Herbier). En 1938, après avoir tourné quelques films en Angleterre, elle rentra en France pour jouer dans *Hôtel du Nord* (Carné, 1938), adapté d'un roman d'Eugène Dabit. Ce fut sans doute l'une de ses meilleures prestations. Ensuite, Hollywood l'appela et lui proposa des ponts d'or. Elle épousa Tyrone Power, son partenaire dans *Suez* (Dwan, 1938). Elle passa toute la durée de la guerre en Amérique, se produisant dans des films peu importants, à l'exception de *13, rue Madeleine* (Hathaway, 1946). Après son divorce en 1948, elle rentra en France où celle qui avait été l'une des plus grandes stars du cinéma français des années 30 décida de mettre fin à sa carrière.

ANNA IVANOVNA. Impératrice de Russie (Moscou, 28 janvier 1693 - Saint-Pétersbourg, 17 octobre 1740). Fille d'Ivan V et nièce de Pierre le Grand, elle épousa en 1710 le duc Frédéric de Courlande qui mourut l'année suivante. Elle vécut dans les États de son mari jusqu'à son accession au trône. Les membres du Conseil privé (les *verkhovniki*) lui offrirent le pouvoir à condition de le partager avec la haute noblesse qui reçut d'importants privilèges. Ni intelligente, ni cultivée, Anna Ivanovna se désintéressa des affaires de l'État et laissa gouverner son favori, le médiocre et impopulaire Biron, qu'elle nomma duc de Courlande en 1737. À sa mort, elle laissa le pouvoir à son neveu Ivan VI et à la régente Anna Leopoldovna.

ANNA O. Voir PAPPENHEIM Bertha.

ANNE, sainte. Considérée comme la femme de saint Joachim et la mère de la Vierge Marie*, son existence est attestée non pas dans la Bible, mais dans des textes apocryphes, notamment le Protoévangile de saint Jacques. Anne avait deux sœurs : l'une, Marie, mère de Marie Salomé; l'autre, Sobé, mère de sainte Élisabeth et grand-mère de saint Jean-Baptiste. Anne fut consacrée par ses parents au service du temple de Jérusalem dès l'âge de trois ans. Elle fut longtemps stérile avant de donner naissance à la Vierge. L'Église a retenu ces traditions dont l'historicité n'est pas vérifiable. Le culte de sainte Anne s'est plus répandu en Orient qu'en Occident. Les Grecs lui ont consacré des hymnes, les Pères de l'Église des homélies. On la fête le 26 juillet dans l'Église latine, le 4 septembre (avec saint Joachim) dans l'Église orthodoxe.

ANNE BOLEYN. Reine d'Angleterre (v. 1507 - Londres, 19 mai 1536). Elle vint en France comme dame d'honneur de Mary d'Angleterre, sœur de Henri VIII, lors du mariage de celle-ci avec Louis XII en 1514. À la mort du roi, Mary retourna en Angleterre, tandis qu'Anne Boleyn restait à la cour au service de la reine Claude*, la femme de François Ier. Anne était très belle, intrigante, passionnée. Dame d'honneur de Catherine* d'Aragon, épouse de Henri VIII à partir de 1525, elle sut se faire aimer du roi qui l'épousa secrètement le 14 novembre 1532, alors qu'il n'avait pas encore répudié Catherine d'Aragon. Peu après, Anne fut solennellement couronnée à Westminster, et la rupture avec Rome consommée. L'année suivante, la reine accouchait d'une fille, la future Élisabeth Ire*. Son triomphe fut cependant de courte durée. Elle fut supplantée par Jeanne* Seymour qui obtint du roi sa condamnation à mort au terme d'un procès inique qui l'accusait d'adultère et d'inceste avec son frère, le vicomte de Rochefort. Elle fut décapitée à la tour de Londres. Anne Boleyn a été critiquée par les historiens catholiques et, à l'inverse, encensée par les historiens protestants.

RÉF. : C. Erickson, *La Vie exceptionnelle d'Anne Boleyn*, Presses de la Renaissance, 1985. Vercors, *Anne Boleyn: les quarante mois qui ont fait l'Angleterre. Essai d'histoire partiale*, Perrin, 1985. E. W. Ives, *Anne Boleyn*, Oxford, Blackwell, 1987.

ANNE COMNÈNE. Princesse byzantine (1er décembre 1083-1148). Elle était l'aînée des enfants de l'empereur Alexis Ier et de l'impératrice Irène* Doukas. Très intelligente et cultivée, Anne Comnène aspirait au pouvoir et supporta mal la présence de son frère Jean, né en 1088, qui lui barrait l'accès au trône. C'est ainsi que, lors de la maladie d'Alexis Ier, elle complota avec sa mère afin que la succession lui revienne à elle et à son mari Nicéphore Bryenne. D'après le chroniqueur Zonaras, Irène et ses filles firent pression sur l'empereur agonisant afin qu'il transmette le pouvoir à sa fille aînée. Alexis, plus conscient qu'on ne le croyait, parvint à glisser son anneau sigillaire dans la main de son fils présent, lequel s'empressa d'aller se faire couronner à Sainte-Sophie. Quelques années plus tard, Anne tenta de faire assassiner Jean II; il lui pardonna et, dès lors, elle vécut au centre d'une petite cour de lettrés et de beaux esprits. Elle est l'auteur de l'*Alexiade*, chronique en quinze volumes couvrant le règne d'Alexis — dont elle dresse un panégyrique constant et excessif — et la première croisade. C'est une source importante de l'histoire byzantine — tout à fait silencieuse sur les agissements politiques de son auteur.

ANNE D'AUTRICHE. Reine de France (Valladolid, 22 septembre 1601 - Paris, 20 janvier 1666). Elle était la fille de Philippe III d'Espagne et de Marguerite d'Autriche. Marie* de Médicis, régente du royaume depuis la mort de son mari Henri IV, avait décidé un rapprochement de la France et de l'Espagne — rompant ainsi avec la politique du roi défunt, traditionnellement hostile à l'Espagne. C'est ainsi que le mariage d'Anne d'Autriche et de Louis XIII fut célébré à Bordeaux, le 28 novembre 1615. Il ne fut guère heureux. Les époux s'entendaient mal, Louis XIII détestait les Espagnols, Anne d'Autriche fut longtemps stérile. De plus, elle se mêla maladroitement de politique. Elle haïssait Richelieu et fit tout ce qu'elle pouvait pour le perdre dans l'esprit de son mari. Lors de la journée des Dupes du 10 novembre 1630, elle commit l'erreur de prendre le parti de Marie de Médicis et fut entraînée dans sa disgrâce. À cette affaire succéda celle du Val-de-Grâce: Richelieu parvint à prouver qu'elle entretenait une correspondance secrète avec son frère, Philippe IV d'Espagne, alors en guerre contre la France. Le scandale éclata en 1637 et fit un bruit considérable à la cour.

L'année suivante, la reine donnait à son mari l'héritier tant espéré, Louis (futur Louis XIV). En 1640, ce fut la naissance de Philippe (futur duc d'Orléans). Ces deux événements venaient trop tard pour restaurer l'entente et la confiance entre Louis XIII et Anne d'Autriche. Après le décès de Richelieu (1642), le roi, sentant sa mort prochaine, organisa sa succession de telle manière que sa femme en soit écartée. Il mourut le 14 mai 1643. Quatre jours plus tard, Anne d'Autriche fit casser le testament royal par le Parlement qui lui confia les pleins pouvoirs. Elle gouverna avec l'aide de son Premier ministre, Mazarin, qui fut peut-être son amant. Le mariage secret qu'ils auraient contracté n'a jamais pu être prouvé. Quoi qu'il en soit, la reine lui apporta toujours un soutien indéfectible. Pendant la Fronde, elle déploya une certaine habileté politique. Elle quitta Paris, s'installa à Saint-Germain, fit assiéger la capitale puis dicta ses conditions aux frondeurs (paix de Rueil, 1er avril 1649). Lorsque le soulèvement de la noblesse fut trop menaçant, elle fit mine de se séparer de Mazarin — celui-ci, installé en Rhénanie, continuait à la conseiller —, divisa ses ennemis, rappela son ministre, le renvoya une seconde fois.

Le 21 octobre 1652, elle entrait triomphalement dans Paris et faisait arrêter Retz, son ennemi le plus dangereux. La Fronde était vaincue, et le retour définitif de Mazarin eut lieu l'année suivante. Anne d'Autriche fut détestée de son vivant. Le portrait qu'en a dressé le cardinal de Retz dans ses *Mémoires* est d'une totale cruauté. Elle était en effet intrigante, sèche et autoritaire mais, contre les frondeurs, elle sut sauvegarder l'intégrité de l'État pendant six années d'une lutte acharnée. À partir du règne personnel de Louis XIV (1661), elle ne joua plus aucun rôle et se retira au Val-de-Grâce, à Paris. Elle en fit édifier la chapelle, sur les plans de Mansart, en action de grâce pour la naissance du futur Louis XIV.

RÉF. : C. Dulong, *Anne d'Autriche, mère de Louis XIV*, Gallimard, coll. Folio, 1985. R. Kleinman, *Ann of Austria, Queen of France*, Ohio State University Press, 1985.

ANNE DE BRETAGNE. Deux fois reine de France (Nantes, 25 janvier 1477 - Blois, 9 janvier 1514). Elle était la fille du duc François II de Bretagne et de Marguerite de Foix. Avec sa sœur Isabeau, elle devint héritière de la Bretagne, désignation que son père, qui n'avait pas d'héritier mâle, obtint de ses états, convoqués à Rennes (10 février 1486). Peu après, la guerre éclata entre la France et la Bretagne par suite des intrigues du duc d'Orléans (futur Louis XII) qui cherchait à renverser Anne* de Beaujeu et son mari, régents au nom de Charles VIII. François II de Bretagne fut vaincu à la bataille de Saint-Aubin-du-Cormier (28 juillet 1488) et forcé de signer le traité du Verger (19 août) stipulant entre autres que ses filles ne pourraient se marier sans l'accord du roi de France.

À la mort du duc le 9 septembre, Anne lui succéda — elle était l'aînée. Quoique âgée de onze ans, la duchesse ne manquait pas de personnalité et s'avéra aussi attachée à l'indépendance de la Bretagne que l'avait été son père. Pour prévenir tout empiétement de la France, elle décida d'épouser Maximilien d'Autriche, roi des Romains et candidat naturel à l'Empire. La cérémonie eut lieu par procuration en décembre 1490, provoquant la reprise immédiate des hostilités, par suite de la violation du traité du Verger. Assiégée dans Rennes, réduite aux abois, Anne de Bretagne dut céder et accepter d'épouser Charles VIII à Langeais, le 6 décembre 1491. Il fut alors convenu que si Charles VIII décédait sans héritier mâle, la Bretagne reviendrait à sa femme ; en ce cas, celle-ci épouserait soit le successeur du roi défunt, soit le plus proche héritier du trône. De la sorte, Charles VIII étant mort le 18 avril 1498, Anne épousa Louis XII dès que celui-ci eut obtenu l'annulation de son union avec Jeanne de France*, fille de Louis XI. La cérémonie fut célébrée le 8 janvier 1499, et la reine obtint des clauses avantageuses pour la sauvegarde de son duché.

Tout en se montrant très attachée à la Couronne de France et à ses prérogatives de souveraine, elle administra la Bretagne avec soin. Elle fut une mécène active et protégea de nombreux artistes. Elle donna une fille à Louis XII, Claude de France*, et sa vie conjugale fut sans nuages. Elle n'eut pas d'influence particulière sur les affaires de l'État, à cela près qu'elle tenta d'empêcher l'union de sa fille avec François d'Angoulême (futur François Ier), alliance souhaitée par le roi. La reine aurait préféré l'autre prétendant, Charles d'Autriche (futur Charles Quint), qui lui paraissait plus apte à conserver l'indépendance de la Bretagne. Elle dut s'incliner devant la volonté royale, et les fiançailles de Claude de France et de François d'Angoulême furent célébrées le 21 mai 1506. Anne de Bretagne mourut quelques mois avant un mariage qu'elle réprouvait. (Il eut lieu le 18 mai 1514.) La fin de sa vie fut assombrie par le fait qu'elle n'avait pas d'autres enfants. Sans héritier mâle, tout laissait présager que les jours de l'indépendance du duché étaient comptés. La Bretagne fut finalement incorporée à la France en 1532.

RÉF. : J. Markale, *Anne de Bretagne*, Hachette, 1980.

ANNE DE CLÈVES. Reine d'Angleterre (Düsseldorf, 22 septembre 1515 - Chelsea, 16 juillet 1557). Elle était la fille de Jean III, duc de Clèves. L'anecdote veut que Henri VIII qui cherchait à se concilier les protestants allemands soit tombé amoureux d'elle sur la seule foi d'un portrait de Holbein et qu'il l'ait demandée en mariage après la mort de sa troisième femme, Jeanne* Seymour. Quoique déçu par son aspect physique, Henri VIII épousa Anne de Clèves le 6 janvier 1540, mais divorça quelques mois plus tard. La reine répudiée finit sa vie en Angleterre, nantie d'une importante pension et du titre curieux de sœur adoptive du roi.

ANNE DE FRANCE (dite **la dame de Beaujeu**), duchesse de Bourbon (Genappe, 1461 - Chantelle, 14 novembre 1522). Elle était la fille de Louis XI et de Charlotte de Savoie. Le roi la maria en 1474 à Pierre de Beaujeu, frère du duc de Bourbon, dans le but de s'allier la maison des Bourbon, déjà puissante et ambitieuse. Avant sa mort en 1483, Louis XI, conscient des faibles possibilités de son fils et successeur Charles VIII, alors âgé de quatorze ans, confia la réalité du pouvoir à sa fille qui exerça de fait, en compagnie de son mari, une sorte de régence. Du roi défunt, Anne avait la laideur et le sens politique; l'énergie et le machiavélisme. Elle jouissait d'un profond ascendant sur son frère et, dans une moindre mesure, sur son mari. Après avoir écarté les conseillers les plus impopulaires de Louis XI, elle eut l'habileté de convoquer les états généraux en 1484, tout en ne leur cédant rien des prérogatives royales. Elle parvint ainsi à conserver la tutelle de Charles VIII et à empêcher une remise en question de l'œuvre de son père. Face aux grands du royaume qui réclamaient davantage de pouvoir, Anne et son mari, usant de la même tactique dilatoire, neutralisèrent le conseil de gouvernement mis en place autour du jeune souverain à l'instigation du duc d'Orléans (futur Louis XII).

En 1486, Maximilien d'Autriche offrit au duc François II de Bretagne d'épouser sa fille et héritière, Anne* de Bretagne, et en même temps regroupa tous les mécontents (le duc d'Orléans, Dunois, des seigneurs bretons et français). La Guerre folle commença, dont l'issue tourna très vite à l'avantage d'Anne de Beaujeu qui sut acheter une partie des conjurés. Le duc de Bretagne et le duc d'Orléans furent battus à Saint-Aubin-du-Cormier (17 juillet 1488). Restait à régler la question bretonne qui rebondit avec l'accession au pouvoir d'Anne, dont le père mourut au mois de septembre 1488. La jeune duchesse épousa Maximilien par procuration (1490). Anne de France se garda bien de donner le consentement de Charles VIII. Dès lors, son objectif fut de marier coûte que coûte Anne de Bretagne à Charles VIII, afin d'assurer à long terme le rattachement du duché à la Couronne. Elle y parvint enfin, et le mariage fut célébré le 6 décembre 1491, à Langeais.

Commença alors une deuxième période dans la vie d'Anne de Beaujeu, qui abandonna la totalité du pouvoir à son frère, déjà impatient d'aller se perdre dans le mirage italien. Avec son mari, duc de Bourbon depuis 1488, elle administra le duché avec la même énergie qu'elle avait déployée à la tête du royaume. Veuve en 1503, elle poursuivit cette tâche au nom de sa fille Suzanne dont elle était la tutrice et, curieux retournement de situation, elle tenta le plus possible de défendre l'indépendance de son duché face à la Couronne. En 1505, elle maria sa fille à Charles de Bourbon, le futur connétable. La fin de sa vie fut assombrie par la mort de Suzanne et par la disgrâce de son gendre que, semble-t-il, elle poussa à la révolte contre le roi de France et à l'alliance avec Charles Quint. Cette femme énergique qui s'était si longtemps comportée en reine mourait en grande féodale...

RÉF. : Pélicier, *Essai sur le gouvernement de la dame de Beaujeu*, Paris, 1882.

ANNE DE GONZAGUE. Voir GONZAGUE Anne de.

ANNE DE KIEV. Reine de France (1024 - apr. 1075). Fille de Jaroslav Vladimorovitch, grand-prince de Kiev, et peut-être d'Indegarde de Norvège, elle fut demandée en mariage par le roi de France Henri Ier. L'union fut célébrée à Reims le 19 mai 1051. Elle donna au moins trois enfants à son mari : Philippe en 1052 (futur Philippe Ier), Robert et Hugues le Grand. Elle était réputée pour sa piété et fit fonder, ou restaurer, l'abbaye Saint-Vincent de Senlis. Après la mort de son mari en 1060, elle épousa l'année suivante un certain Raoul, comte de Valois. Le scandale fut d'autant plus grand qu'elle partageait la tutelle de son fils — donc la régence — avec l'oncle de ce dernier, Baudouin V, comte de Flandre, et que son deuxième mari était déjà marié. La femme de celui-ci en appela au pape qui excommunia Raoul. Il mourut en 1074. On ne connaît pas le lieu exact de la mort d'Anne, ni le moment, que l'on situe après 1075, date à laquelle on a retrouvé des actes signés de sa main.

ANNE JAGELLON. Reine de Pologne (1522-1596). Fille du roi de Pologne, Sigismond Ier Jagellon, et sœur du roi Sigismond II Auguste Jagellon, elle devait épouser Henri de Valois qui fut élu au trône de Pologne en 1573, un an après le décès de Sigismond II. Le projet ne fut pas exécuté car, à la mort de Charles IX en 1574, Henri retourna précipitamment en France pour ceindre la couronne sous le nom de Henri III. En 1576, Anne Jagellon épousa Étienne Ier Báthory, prince de Transylvanie, que la noblesse polonaise avait choisi comme roi. Il mourut en 1586 et elle réussit à faire désigner à sa place son neveu Sigismond III Vasa qui fut élu l'année suivante. Elle fit l'admiration de ses sujets par sa vie exemplaire et sa dignité.

ANNE STUART. Reine de Grande-Bretagne et d'Irlande (Londres, 6 février 1665 - *id.*, 1er août 1714). Elle était la deuxième fille de Jacques II et d'Anne Hyde. Après l'échec d'un projet de mariage avec le prince Georges de Hanovre, elle épousa en 1683 le prince Georges de Danemark, dont elle eut dix-sept enfants qui moururent tous en bas âge, le dernier en 1700. Farouchement protestante, elle prit le parti de sa sœur Marie contre son père Jacques II, catholique, qui fut renversé en 1688 par le stathouder des Provinces-Unies, Guillaume de Nassau, gendre du roi. Marie II* Stuart et Guillaume III régnèrent respectivement jusqu'en 1694 et 1702. Comme ils ne laissaient aucune descendance, Anne Stuart monta sur le trône, le problème de sa propre succession ayant été réglé l'année précédente. À sa mort, la couronne passerait à la maison de Hanovre, protestante, et non au demi-frère de la reine, Jacques, catholique (Acte d'établissement de 1701).

Le règne d'Anne Stuart fut une période glorieuse de l'histoire de l'Angleterre. La reine eut à lutter pour maintenir l'équilibre entre les deux grands partis opposés, les tories et les whigs. Son attachement à l'Église anglicane la portait à favoriser les premiers, et elle dut résister à la pression de sa favorite, la duchesse de Marlborough, dont les sympathies allaient aux seconds. Les tories gouvernèrent jusqu'en 1705. Les victoires de Marlborough dans la guerre de succession d'Espagne imposèrent ensuite la domination du cabinet whig, retombé en disgrâce en 1711. Si l'Angleterre connut d'âpres discordes politiques, dues aux intrigues jacobites (le demi-frère de la reine contestait l'Acte d'établissement), elle vit en revanche la réunion définitive des deux royaumes d'Angleterre et d'Écosse en un seul État: la Grande-Bretagne (1707). En outre, les succès des armées en Belgique et en France permirent au pays de signer la paix d'Utrecht (1713), qui mettait fin à la guerre de succession d'Espagne: la Grande-Bretagne gagnait Gibraltar, Minorque et l'Acadie et devenait la première puissance maritime du monde. La mort de la reine mit fin à la dynastie des Stuarts, remplacée par l'actuelle branche de Hanovre.

ANTHONY Susan. Féministe et antiesclavagiste américaine (Adams, Massachusetts, 15 février 1820 - Rochester, New York, 13 mars 1906). Son père, quaker, possédait une manufacture de coton; il inculqua à ses enfants ses principes antiesclavagistes ainsi qu'une stricte conception de la morale en accord avec les enseignements des quakers. Après ses études, Suzan Anthony devint institutrice, puis directrice d'école. Elle quitta l'enseignement en 1850 pour se consacrer à la lutte contre l'alcoolisme. Au cours de ses activités, refusant d'être comptée pour portion négligeable — on lui fit comprendre un jour que les «sœurs ne sont pas là pour parler mais pour écouter» —, elle fonda avec d'autres la Woman's State Temperance Society of New York, la première du genre (1852). Par la suite, elle milita en faveur de l'égalité des hommes et des femmes, pensant que c'était la seule manière d'obtenir une amélioration de la condition ouvrière, tout en liant ces objectifs à une lutte sans concession contre l'esclavage. C'est ainsi qu'après la guerre civile, elle fut amenée à défendre le vote des Noirs.

En 1868, avec Élisabeth Stanton et Parker Pillsbury, elle fonda un journal, *The Revolution*, qui défendait des idées radicales. L'année suivante, elle mettait en place l'Association nationale pour le suffrage des femmes qui fusionna avec sa rivale, en 1890, pour former l'Association américaine pour le suffrage des femmes, dont elle fut la présidente de 1892 à 1900. Malgré ses démêlés avec la justice — elle fut condamnée pour avoir pris part à un vote — et les nombreuses attaques diffamatoires qu'elle eut à subir de la presse, Susan Anthony a toujours défendu ses idées avec une énergie inlassable. À sa mort, elle était reconnue comme une autorité morale incontestable et avait eu la satisfaction de voir quatre États de l'Union accorder le droit de vote aux femmes. Avec les sœurs Grimké,* avec Stefen Kelly et Mary Grew, elle est l'une des grandes pionnières du féminisme américain.

ANTIER Marie. Soprano française (Lyon, v. 1687 - Paris, 3 décembre 1747). Elle s'installa à Paris en 1711 et fut l'élève de Mlle Rochois. Elle fut admise à l'Opéra l'année suivante. Sa voix, sa taille, sa physionomie la destinaient à incarner des reines ou des divinités. Elle chanta pendant près de trente ans et connut un succès égal. On raconte qu'après la victoire de Denain sur les Austro-Hollandais (1712), le maréchal Villars, à l'Opéra, reçut de l'actrice qui incarnait la Gloire dans le prologue d'*Armide* (Lully) une couronne de laurier qu'il lui rendit, le lendemain, sous la forme d'une tabatière en or. Marie Antier était très populaire à la cour. Elle joua plusieurs fois à Rambouillet et aux Tuileries dans des ballets auxquels le roi lui-même aimait participer. Elle reçut d'ailleurs plusieurs importantes gratifications et, au moment de sa retraite en

1741, une pension annuelle de quinze cents livres.

ANTIGNY Marie (dite **Blanche d'Antigny**). Actrice et demi-mondaine française (Martizay, Indre, 9 mai 1840 - Paris, 27 juillet 1874). Blanche d'Antigny, qui doit son prénom à son teint de lait, consacra sa vie à la galanterie, à l'argent et, accessoirement, au théâtre. Fille d'un menuisier, elle fut élevée au couvent des Oiseaux grâce à une riche protectrice, ce qui lui permit de côtoyer les enfants de l'aristocratie. Elle fit ses débuts au théâtre en étant la statue vivante d'Hélène (*Faust*, d'Ennery); elle fut le modèle de la *Madeleine pénitente* (Baudry). Elle jeta ensuite son dévolu sur un prince russe et mena avec lui une vie de bâton de chaise à Saint-Pétersbourg. De retour à Paris, elle joua dans *Danaé et sa bonne* (Mangeant), dans *Le Château à Toto* (Offenbach) et *La Vie parisienne* (Offenbach), à un moment où l'opéra-bouffe était en pleine vogue. Elle incarna Frédégonde* (*Chilpéric*, Hervé). Elle était alors richement entretenue par le banquier Raphaël Bischoffsheim qui lui passait ses folies (hôtel particulier à Paris, château près de Trouville) et ses excentricités (on raconte qu'un jour elle fit remplir sa baignoire avec deux cents bouteilles de champagne).

Adulée ou détestée, Blanche d'Antigny n'en recevait pas moins à ses soirées fastueuses la crème de la société littéraire et mondaine du second Empire et collectionnait les amants. Elle aida Arthur Meyer à fonder *Le Gaulois*. Après la guerre de 1870, Bischoffsheim l'ayant abandonnée, elle dut faire face à ses créanciers et se rendit en Égypte: elle se produisit avec succès à Alexandrie, au Caire. Rentrée à Paris en 1874, elle mourut d'une fièvre typhoïde à l'âge de trente-quatre ans. Blanche d'Antigny a été immortalisée par Zola qui s'est inspiré de sa vie tumultueuse pour composer *Nana*. On retrouve dans le roman certains traits de la réalité: les débuts au théâtre, les soins prodigués aux blessés de la guerre dans son hôtel, les folles excentricités, la mort misérable dans un hôtel anonyme.

AQUINO Cory (**Corazon**, dite), née Cojuangco. Présidente des Philippines (née à Manille en 1933). Issue d'une famille de propriétaires terriens influente, au sein de laquelle elle apprit les rudiments de la vie politique, elle épousa le sénateur Benigno Aquino, principal opposant au dictateur Ferdinand Marcos, et fut associée à la carrière de son mari. Lorsque ce dernier fut assassiné sur l'ordre probable de Marcos, le jour même de son retour d'un exil de trois ans (21 août 1983), sa veuve décida de reprendre l'œuvre de son mari. Elle conclut un accord avec Salvador Laurel, chef de l'Udino, parti hostile au pouvoir en place, appela à la désobéissance civile et brigua la présidence. Elle perdit de peu les élections de février 1986 par suite de fraudes électorales. Soutenue à la fois par le peuple, par l'Église catholique et par une partie de la bourgeoisie d'affaires lassée du régime corrompu de Marcos, il suffit que l'armée se rangeât à ses côtés pour qu'elle pût obtenir le départ du dictateur (25 février 1986), au terme d'un vaste soulèvement populaire.

Devenue présidente des Philippines, cette mère de famille de cinquante-trois ans, jusqu'ici relativement effacée, se révéla un chef d'État d'une énergie et d'une ténacité peu communes. Elle prit aussitôt des mesures d'ordre démocratique (rétablissement de l'*habeas corpus*, liberté de la presse, libération des prisonniers politiques) qui assurèrent sa popularité. Dans la foulée, elle abolit l'Assemblée nationale jugée trop complaisante envers Marcos et promulgua une constitution dite «de la liberté» qui lui permit, entre autres, de gouverner par décrets.

Aujourd'hui, Cory Aquino se trouve confrontée à des problèmes particulièrement complexes qu'elle n'est pas encore parvenue à résoudre. Mener à bien une réforme agraire, toujours promise mais toujours ajournée; liquider la dette extérieure des Philippines dont l'ampleur (vingt-neuf milliards de dollars en 1988) pèse sur le niveau de vie de la population; réduire la guérilla communiste en respectant les droits de l'homme mais sans s'attirer les foudres de l'armée; lutter contre la corruption et le clientélisme, plaies traditionnelles dans son pays. Elle possède plusieurs atouts: un courage exemplaire, le sens politique, sa popularité et le soutien des États-Unis. Cependant, soumise à des forces contradictoires, elle n'a pas encore pu s'imposer véritablement. Si elle est parvenue à déjouer six tentatives de coup d'État, les deux dernières (1987 et 1989) ont été sanglantes et ont manqué de peu leur but. De plus, sa popularité pourrait être remise en question en raison des accusations d'affairisme pesant non pas sur elle, mais sur son entourage et sur sa famille. Enfin, les problèmes économiques des Philippines s'aggravent, et la récente démission du ministre des Finances, Jaime Ongpin, qui lui avait apporté le soutien des milieux d'affaires l'a un peu plus isolée.

ARAGON Jeanne d'. Princesse sicilienne (Naples, v. 1500-1577). Fille naturelle de Ferdinand, duc de Sermoneta, elle épousa Ascanio Colonna, prince de Tagliacozzo. Divinement belle, telle qu'on peut l'admirer dans le célèbre portrait que Raphaël fit d'elle (musée du Louvre), elle prit une part active dans les querelles qui opposaient les Colonna au pape Paul IV. «La divine dame d'Aragon», nom que lui donnèrent les poètes, a inspiré les vers du *Tempio alla divina signora Giovanna d'Aragona*, publiés à Venise en 1558.

ARAGONAIS ou **ARRAGONAIS** ou **ARRAGONET Marie**, née Le Gendre. Précieuse française (XVIIe s.). Elle était peut-être une parente éloignée de Mme Cornuel*, dont le salon rivalisait avec celui de la marquise de Rambouillet*. Veuve de bonne heure, elle hérita une solide fortune de son mari, ce qui lui permit de recevoir beaucoup dans son hôtel du Marais. Elle était une amie intime de Madeleine de Scudéry* qui la fit figurer dans son *Grand Cyrus* sous les traits de la princesse Philoxène. La postérité littéraire a retenu son nom, car se tint chez elle, le 20 décembre 1653, une Journée des madrigaux. Comme elle avait promis un madrigal à Pellisson et qu'elle ne parvenait pas à le composer, elle demanda à l'assistance de la suppléer, ce qui se fit, paraît-il, «gaiement et sans grimaces».

ARANGI LOMBARDI Giannina. Soprano italienne (Marigliano, Naples, 20 juin 1891 - Milan, 9 juillet 1951). Elle fit ses études avec Carelli et se produisit comme mezzo-soprano au début des années 20 remportant un grand succès dans le rôle de Lola (*Cavalleria rusticana*, Mascagni). A partir de 1923, elle devint soprano et entama une carrière internationale. Elle chanta à Milan, au Caire, à Buenos Aires, à Berlin sous la direction de Toscanini. Elle remporta ses plus grands triomphes dans des opéras de Verdi: *Le Trouvère, Un bal masqué, La Force du destin*, dans *Norma* (Bellini) et dans *Lucrèce Borgia* (Donizetti). Après sa retraite en 1938, elle enseigna au Conservatoire Verdi de Milan puis, à partir de 1948, à Ankara.

ARANYI Jelly d'. Violoniste hongroise (Budapest 1895 - Florence 1966). Douée et précoce, elle jouait déjà en public à l'âge de quatorze ans. Élevée dans un milieu d'artistes, elle était la petite-nièce de l'illustre violoniste Joseph Joachim. Le violoniste et compositeur Hubay lui donna ses premières leçons au Conservatoire royal de Budapest. Elle fit de rapides progrès, ce qui lui permit, encore très jeune, de donner des concerts dans toute l'Europe puis aux États-Unis, où ses qualités techniques et sa sensibilité musicale lui valurent des triomphes. Son répertoire qui comptait les œuvres les plus brillantes du violon, qu'elle jouait avec une virtuosité éblouissante, se composait également des deux *Sonates* pour violon et piano de Bartók, que le compositeur lui avait dédiées, *Tzigane* écrit pour elle par Ravel et un *Concerto* de Vaughan Williams, dont elle était aussi la dédicataire.

ARC Jeanne d'. Voir JEANNE D'ARC.

ARCHILEI Vittoria, née Concarini (dite **la Romanina**). Soprano italienne (Rome, 1550 - Florence [?], v. 1620). Mariée en 1578 au musicien Antonio Archilei, elle était la protégée d'Emilio de Cavalieri. Elle participa aux festivités données à l'occasion du mariage d'Éléonore de Médicis et de Vincent de Gonzague, en 1584. Lorsque Cavalieri fut nommé intendant des arts à la cour des Médicis en 1588, Vittoria Archilei s'installa à Florence avec son mari et y vécut, semble-t-il, jusqu'à sa mort. Adorée pour ses prouesses vocales et pour sa beauté, elle fut la reine des fêtes de Florence. Jacopo Peri, compositeur de l'époque, l'a surnommée «l'Euterpe de notre temps».

ARCONVILLE Geneviève Charlotte Thiroux d', née d'Artus. Femme de lettres et de science française (17 octobre 1720 - 23 décembre 1805). Son père était fermier général. Elle épousa à quatorze ans un conseiller au Parlement qui lui donna trois fils dont l'un, Thiroux de Crosne, lieutenant général à Paris, fut exécuté pendant la Révolution. Esprit éclectique et excentrique, Mme d'Arconville s'intéressa à beaucoup de domaines et publia une œuvre abondante. Elle suivit des cours au Jardin du roi (actuel jardin des Plantes), en anatomie notamment, et se lia avec Voltaire, Jussieu, Turgot, Lavoisier, Fourcroy. Ses ouvrages, publiés le plus souvent anonymement, sont d'une grande variété: *De l'amitié* (1761), *L'Amour éprouvé par la mort* (1763), *Des passions* (1764), *La Vie de Marie de Médicis* (3 vol., 1774), etc. On raconte qu'elle fit trois cents expériences pour rédiger son *Traité de la putréfaction* (1766).

ARDEN Élisabeth (Florence Nightingale Graham, dite). Esthéticienne américaine (Woodbridge, Canada, 1878 - New York, 1966). Fille d'un père écossais et d'une mère anglaise, elle fit des études d'infirmière, se fixa à New York et, avec l'aide d'un chimiste, mit au point sa première et fameuse crème de beauté, «Amoretta». Son premier salon, créé en 1920, rencontra un succès immédiat, ce qui l'amena à ouvrir des instituts de beauté à l'enseigne de son pseudonyme en Amérique du Nord, en Europe et finalement à travers le monde entier, qui diffusent le millier de crème et onguents qu'elle a fait breveter. En 1930, elle ouvrit un institut de luxe pour le délassement de femmes fatiguées, mais très riches. «Maine Chance», situé en Arizona, eut un tel succès qu'Élisabeth Arden en a multiplié la formule dans les capitales européennes. Sa fortune était en proportion de son empire, et on la disait une des femmes les plus riches des États-Unis: elle possédait une écurie de cent cinquante chevaux de course et une remarquable collection de tableaux contemporains. Elle a été décorée de la Légion d'honneur en 1961.

ARENDT Hannah. Philosophe américaine d'origine allemande (Hanovre, 1906 - New York, 1975). Elle fut l'élève de Martin Heidegger et de Karl Jaspers sous la direction duquel elle prépara à Heidelberg sa thèse de doctorat consacrée au *Concept d'amour chez saint Au-*

gustin. Elle fuit le nazisme dès 1933 et s'installa à Paris où elle milita en faveur de l'émigration en Palestine des enfants de Juifs réfugiés. En 1941, elle émigra définitivement aux États-Unis et obtint dix ans plus tard sa naturalisation. La même année, elle faisait paraître l'ouvrage qui lui valut une notoriété durable, *Les Origines du totalitarisme*, dont la troisième partie fut publiée en français sous le titre *Le Système totalitaire* (1972). Elle poursuivit sa réflexion avec *Eichmann à Jérusalem, rapport sur la banalité du mal* (1963), *Essai sur la révolution*, *La Crise de la culture* et *Du mensonge à la violence* (1970). Elle enseigna dans plusieurs universités américaines et fut nommée en 1967 professeur de philosophie politique à la New School for Social Research de New York. Dans son œuvre, Hannah Arendt s'est efforcée de penser le totalitarisme en essayant d'analyser le système concentrationnaire nazi. En présentant Eichmann comme un bureaucrate ordinaire poussé par la seule ambition de faire carrière, elle a su dégager l'essence du nazisme comme reposant sur une banalisation du mal et comme la résultante de la ruine concomitante de la conscience morale et de la conscience politique. Son assimilation du nazisme et du stalinisme comme deux formes jumelles du totalitarisme a provoqué de nombreuses discussions, en France notamment.

ARGENTINA la (Antonia Mercé, dite). Danseuse et chorégraphe espagnole (Buenos Aires, 4 septembre 1890 - Saint-Sébastien, 18 juillet 1936). Son père était premier danseur et maître de ballet au Théâtre-Royal de Madrid. Il enseigna la danse à sa femme — qui devint en trois ans première danseuse dans le même théâtre — et à sa fille. Celle-ci montra très jeune des dons exceptionnels pour la danse. Elle commença ses classes à l'Opéra de Madrid dès l'âge de cinq ans et fut intégrée au corps de ballet six ans plus tard. En 1905, elle remporta un triomphe à l'Athénée de Madrid et commença une tournée en Espagne, puis à travers l'Europe, avant de gagner l'Amérique du Sud et du Nord où elle resta trois ans (1915-1918). Le succès international lui vint véritablement au début des années 20, après qu'elle eut été remarquée par l'imprésario Arnold Meckel, alors qu'elle se produisait au Moulin-Rouge. Elle dansa pendant longtemps à Paris (salle Gaveau, 1926; Théâtre des Champs-Élysées, 1927; Opéra-Comique, 1929; Trocadéro; 1932, Opéra; 1933), attirant à chaque fois un public considérable et enthousiaste. Elle fit une tournée triomphale aux États-Unis. Sa dernière apparition sur scène eut lieu à l'Opéra en 1936: elle dansa dans *L'Amour sorcier* (musique de Manuel de Falla), rôle qu'elle avait déjà incarné à l'Opéra-Comique avec son partenaire Vincente Escudero. La Argentina a su concilier sa technique parfaite — son jeu de castagnettes était considéré comme insurpassable — et son génie dramatique. Puisant son inspiration dans le folklore espagnol et gitan, elle sut à la fois restituer ces traditions populaires et les transcender grâce à son lyrisme et à sa générosité. Ses productions les plus célèbres portent les noms suivants: *Alméria, Jota aragonesa, Bolero, Variedades españolas, Fandango, Goyescas, Zapateado* et *Danse V* (musique de Granados), *Danse aux yeux verts* et *Cordobas* (musique d'Albeniz), *Seguidilla.*

ARGENTINITA la (Encarnación López Julves, dite). Danseuse et chorégraphe espagnole (Buenos Aires, 1895 - New York, 24 septembre 1945). Elle passa son enfance à Madrid où elle étudia la danse et la musique dès l'âge de quatre ans. Elle s'essaya ensuite au théâtre et à la chanson, sans jamais toutefois oublier sa vocation première: le flamenco. Elle remporta son premier succès international à Paris, en 1924, prélude à une tournée en Amérique du Sud. En 1932, elle fonda avec Federico García Lorca la compagnie des Ballets de Madrid avec lesquels elle se produisit régulièrement à travers le monde. Elle s'est illustrée dans *L'Amour sorcier* (musique de Manuel de Falla), dans *Caprice espagnol* (musique de Rimski-Korsakov), dans *Goyescas* (musique de Granados), dans *Le Boléro* (musique de Ravel).

ARGENTON Marie Louise Madeleine Victoire Le Bel de la Boissière de Séry, comtesse d'. Française (Rouen, 1680 - Paris, 1748). Philippe d'Orléans, futur Régent, séduit par sa beauté et son esprit, la prit comme maîtresse et l'installa princièrement. Elle tint une petite cour au Palais-Royal, eut beaucoup d'amis mais aussi des ennemis dont Saint-Simon. Elle donna plusieurs enfants à son amant. Seul le second, Jean-Philippe, né en 1702 fut légitimé: on lui donna le nom de chevalier d'Orléans. Le duc se sépara de la comtesse d'Argenton en 1710.

ARGERICH Martha. Pianiste argentine (née à Buenos Aires, le 5 juin 1941). Enfant prodige, elle se produisit en public à l'âge de quatre ans, et, à partir de sa huitième année, donna régulièrement des concerts, très suivis par un public tout acquis. Après avoir travaillé avec Vincenzo Scaramuzza, elle vint en Europe avec sa famille en 1955 pour étudier à Vienne avec Friedrich Gulda, à Genève avec Madeleine Lipatti, l'épouse du célèbre pianiste Dinu Lipatti, et avec Nikita Magaloff. À seize ans, elle fut lauréate des concours de Genève et de Bolzano et entreprit ses premières tournées internationales. Elle acheva sa formation avec Stefan Askenase et participa au concours Chopin de Varsovie, dont elle fut la lauréate en 1965. Son répertoire comprend aussi bien les romantiques (Chopin, Liszt, Schumann) que les compositeurs contemporains (Ravel, Stravinski, Prokofiev, Bartók). On possède d'elle de nombreux et précieux enregistrements: le *3e Concerto* (Prokofiev), sous la direction de Claudio Abbado, qui l'a rendue célèbre, la *Sonate pour deux pianos et percussion* (Bartók), avec Stephen Bishop son troisième mari, le *Concerto en sol* (Ravel) avec l'orchestre philharmonique de Berlin sous la direction de Claudio Abbado dans lequel elle donne libre cours à sa fantaisie — d'aucuns diront à ses impertinences —, enfin les *Valses nobles et sentimentales* (Ravel), dont elle restitue toute la délicatesse et la poésie.

ARGYLE Pearl (Pearl Wellman, dite). Danseuse anglaise (Johannesburg, 7 novembre 1910 - New York, 29 janvier 1947). Élève de Marie Rambert* à Londres, elle fit ses débuts dans *Dances from the Fairy Queen* (Ashton, 1927) et fit partie du Ballet Rambert jusqu'en 1935, avant de passer au Vic-Wells Ballet où elle fut danseuse étoile pendant trois ans. Extrêmement belle et rayonnante, elle triompha dans *Facade* (Ashton) et dans *Lady of Shalott* (Ashton), dans *Bar aux Folies-Bergère* (N. de Valois*, 1934). L'élégance et la limpidité de son style contribuèrent à sa célébrité. Elle quitta l'Angleterre pour les États-Unis où elle disparut prématurément.

ARI Carina, née Janssen. Danseuse et chorégraphe suédoise (Stockholm, 14 avril 1897 - Buenos Aires, 24 décembre 1970). Elle fit son apprentissage à l'école de ballet du Théâtre-Royal de Stockholm à partir de 1904. En 1920, on la retrouvait à Copenhague sous la direction de Mikhaïl Fokine. Intégrée aux Ballets suédois, elle fit une tournée en Europe et devient première ballerine. Elle quitta la compagnie, s'installa à Paris en 1923, travailla à l'Opéra et à l'Opéra-Comique.

Elle créa *Le Rayon de lune* sur les *Thèmes et Variations* de Fauré orchestrés par son mari D. E. Ingelbrecht (Opéra, 1928), *Ève, Sous-marine* sur une musique de Honegger (1925), les *Valses de Brahms* orchestrées par Raynaldo Hahn (Opéra-Comique, 1933). En 1938, elle interpréta le rôle principal dans le *Cantique des cantiques* (Lifar). Elle avait fait une apparition fugitive au cinéma, dansant sur une de ses propres chorégraphies (*Erotikon*, M. Stiller, 1920). Le succès de ses créations ne s'est jamais démenti : le public y applaudissait la grâce, l'humour, le sens poétique et symbolique alliés à une grande sensibilité. La fondation Carina Ari qu'elle a créée continue, encore aujourd'hui, de soutenir la danse en Suède.

ARLETTY (Léonie Bathiat, dite). Actrice française (Courbevoie, 1898 - Paris, 1992). Fille d'un père mineur puis conducteur de tramway et d'une mère lingère, elle exerça divers métiers, dactylo, secrétaire, puis, sa beauté aidant, devint mannequin et girl de revue; elle posa également pour Van Dongen, Marie Laurencin*, Matisse. C'est un marchand de tableaux, Paul Guillaume, qui lui conseilla de tenter sa chance au théâtre où elle débuta dans de petits rôles, des revues de Rip dans lesquelles son dynamisme et sa personnalité la firent remarquer. Elle obtint plus tard un triomphe avec *Fric-Frac* (Bourdet, 1936) aux côtés de Michel Simon. Elle débuta au cinéma en 1930. Après quelques films où elle avait des rôles mineurs comme *Faisons un rêve* (Guitry, 1936), *Mirages* (Ryder, 1937), sa rencontre avec Marcel Carné fut pour elle une étape essentielle. *Hôtel du Nord* (1938) fut un triomphe; elle y jouait le rôle d'une prostituée gouailleuse, et tout le monde se souvient de sa fameuse réplique : « Atmosphère, atmosphère, est-ce que j'ai une gueule d'atmosphère ! » Elle enchaîna ensuite, toujours avec Carné, trois très grands films : *Le jour se lève* (1939), *Les Visiteurs du soir* (1942), dans le rôle de la mystérieuse Dominique envoyée par le diable pour perdre les vivants, puis *Les Enfants du paradis* (1945), dans lequel elle tint le rôle de Garance, l'une des plus belles créations du cinéma français. Arletty avait définitivement campé son personnage, mélange de sensualité, d'humour, de désinvolture, de tendresse, qui a fait d'elle l'une des personnalités les plus marquantes du cinéma français.

Elle eut quelques difficultés au moment de la Libération car elle avait eu une liaison avec un officier allemand. De 1951 à 1963, elle tourna avec Gilles Grangier, Marcel L'Herbier, Jacqueline Audry*, Henri Verneuil, Marc Allégret, Denys de La Patellière, etc. Elle triompha au théâtre dans *Un tramway nommé Désir* (T. Williams, 1959) et dans *Les Monstres sacrés* (Cocteau, 1962). L'année suivante, menacée de cécité, elle cessa toute activité et se consacra à ses nombreux et fidèles amis. Elle a publié de très intéressants souvenirs réunis sous le titre de *La Défense* (1971).

RÉF. : P. Monnier, *Arletty*, Stock, 1984.

ARMOISES Jeanne des. Aventurière française (XVe s.). Profitant de sa ressemblance avec Jeanne d'Arc*, elle se fit passer pour son illustre devancière à partir de 1436, alors que celle-ci était morte en 1431. Elle aurait même réussi à tromper la famille de Jeanne d'Arc, ce qui paraît peu vraisemblable. En revanche, il est certain qu'elle parvint à convaincre la population de Metz qui se cotisa pour lui offrir un cheval et, arpentant la Lorraine et le duché de Luxembourg, elle obtint partout où elle passait le même succès. Après un séjour en Italie où elle aurait combattu dans les troupes au service du pape, on la retrouve à Orléans, en 1439, où elle fit une entrée triomphale, toujours en fausse Jeanne d'Arc. Charles VII lui-même accepta de la recevoir, mais la supercherie fut aussitôt découverte, et elle fut pardonnée. Après la mort de son premier mari, Robert des Armoises, elle épousa un Angevin, fut emprisonnée à Saumur puis condamnée au bannissement. On perd sa trace après 1457.

RÉF. : J. Quicherat, *Procès de condamnation et de réhabilitation de Jeanne d'Arc*, 5 vol., vol. 4 et 5, Paris, 1841-1849.

ARNAUD Marie-Hélène. Mannequin. Française (1934 - Paris, 1986). Fille d'un conseiller culturel, elle vécut son enfance à l'étranger. Rêvant d'être comédienne, elle fit ses débuts de mannequin à dix-sept ans chez Guy Laroche. Sa silhouette longiligne, son ravissant visage aux yeux étirés en amande sous un casque de cheveux auburn la firent rapidement remarquer. En 1958, Coco Chanel* lui proposa de présenter sa collection : c'est Marie-Hélène Arnaud qui lança les fameux tailleurs en tweed gansés, imaginés sur elle par la « Grande Mademoiselle ». Elle fut une merveilleuse ambassadrice de l'élégance française et présenta au monde entier le célèbre parfum N° 5. Plus tard, elle voulut tenter seule sa chance et lança une griffe à son nom, mais sans succès.

ARNAULD Jacqueline Marie Angélique de Sainte-Madeleine (dite **mère Angélique**). Religieuse française (Paris, 8 septembre 1591 - Port-Royal, 6 août 1661). Elle était la deuxième des six filles d'Antoine Arnauld et la sœur du Grand Arnauld. À huit ans, elle fut nommée coadjutrice de Jeanne de Boulehart, abbesse de Port-Royal. Le pape ayant refusé de donner son assentiment, Jacqueline fut installée à l'abbaye de Maubuisson, gouvernée par la fantasque Angélique d'Estrées, sœur de la favorite de Henri IV. À la mort de Jeanne de Boulehart en 1602, Jacqueline Arnauld obtient les bulles pontificales en trichant sur son âge, ce qui lui permit de prendre possession de son abbaye sous le nom de mère Angélique.

Rien dans le caractère de cette enfant effacée ne laissait prévoir qu'elle allait révolutionner ce monastère. Jusqu'à son adolescence, en effet, elle ne se distinguait guère de ses consœurs et paraissait même montrer peu d'attirance pour la vie monacale, assez relâchée pourtant. Une grave maladie, suivie d'une retraite où elle écouta plusieurs sermons, semble avoir déclenché chez elle une sorte de conversion intérieure. À partir de 1607, elle décida de faire revivre la règle de saint Benoît dans toute sa pureté et d'instaurer une clôture stricte dans l'enceinte du monastère. Ce fut alors la célèbre Journée du guichet (25 septembre 1609), au cours de laquelle mère Angélique refusa à sa famille l'accès de Port-Royal. Cet épisode causa une émotion considérable à l'époque, tant il remettait en cause les pratiques monacales alors en vigueur, et c'est à juste titre que Sainte-Beuve, dans son *Histoire de Port-Royal*, y voit l'acte fondateur de l'abbaye réformée.

Sous la direction de mère Angélique, Port-Royal et son esprit connurent une diffusion rapide : multiplication du nombre des sœurs, fondation de Port-Royal de Paris au faubourg Saint-Jacques (1625), construction de la nouvelle église (années 1640), installation des Solitaires et des Petites Écoles au monastère des Champs. Le grand souci de l'abbesse était d'assurer une direction spirituelle ferme et uniforme. Après avoir tâtonné longtemps et multiplié les directeurs de conscience (entre autres le père Suffren, François de Sales, Mgr Zamet), elle fixa son choix sur Saint-Cyran qui eut sur elle et sur le monastère une influence considérable, soit directement, soit par l'intermédiaire de ses disciples comme Antoine Singlin, qui prit sa place à partir de 1638, ou M. de Barcos, que Lucien Goldmann range dans l'aile extrémiste du jansénisme. L'introduction de cette doctrine à

Port-Royal date de ces années et, jusqu'à sa mort, la mère Angélique s'identifia avec elle dans ce qu'elle avait de plus intransigeant: haine de la nature corrompue qu'il faut mortifier et asservir, crainte qu'un Dieu lointain et terrible, refus de tout élan mystique.

D'un caractère dur et autoritaire, elle se montrait aussi impitoyable envers les autres qu'envers elle-même. «On pouvait douter qu'elle eût du naturel et de l'humain», disait d'elle une de ses sœurs. Face à la querelle des jansénistes et des jésuites qui commença en 1653 avec la condamnation des cinq propositions tirées de l'*Augustinus* de Jansénius par Innocent X, la mère Angélique adopta d'abord une position prudente, n'envisageant pas de pouvoir désobéir au Saint-Siège. Elle n'applaudit pas non plus aux *Provinciales* (Pascal), jugeant que le bruit fait autour d'elles risquait de nuire au monastère. En revanche, elle était hostile à la signature du formulaire et n'eût été sa mort — survenue au moment où, les religieuses des Champs ayant été expulsées, elle s'était réfugiée avec elles au monastère de Paris gouverné par la mère Agnès —, elle s'y serait très vigoureusement opposée. Avec sa disparition, s'ouvrait une deuxième période dans l'histoire de Port-Royal. La mère Angélique a laissé des *Mémoires*, des lettres, des entretiens spirituels.

RÉF.: A. Arnauld de Saint-Jean, *Mémoires pour servir à la vie de mère Marie Angélique Arnauld*, Paris, 1727. Sainte-Beuve, *Port-Royal*, 5 vol., Paris, 1840-1859. M. E. Mackaye, *The Abbess of Port-Royal and other French Studies*, Boston, 1891.

ARNAULD D'ANDILLY Angélique de Saint-Jean (dite **mère Angélique de Saint-Jean**). Religieuse française (1624 - Port-Royal-des-Champs, 29 janvier 1684). Elle était la nièce de Jacqueline Arnauld*. Son père, M. d'Andilly, la fit entrer à Port-Royal dès son plus jeune âge, et lui-même devint un des premiers Solitaires à partir de 1643. Mère Angélique joua un rôle important lors de l'affaire du formulaire qui condamnait le jansénisme. Elle aida mère Agnès à rédiger l'*Avis donné aux religieuses de Port-Royal sur la conduite qu'elles devraient garder s'il arrivât du changement dans le gouvernement de la maison*, dans lequel étaient indiqués les moyens de se défendre contre toute mesure qui frapperait le monastère. Avec la paix de l'Église (1669), le calme revint à Port-Royal, et la mère Angélique fut nommée prieure, puis abbesse en 1678. Elle a laissé plusieurs écrits dont Henry de Montherlant s'est inspiré pour rédiger son *Port-Royal* (1954).

RÉF.: Sainte-Beuve, *Port-Royal*, 5 vol., Paris, 1840-1859.

ARNOULD Sophie (Magdeleine Arnould, dite). Soprano française (Paris, 13 février 1740 - *id.*, 22 octobre 1802). Élevée dans un couvent où sa voix faisait sensation, elle fut protégée par la princesse de Conti qui lui fit donner une excellente éducation: elle apprit le latin, l'italien, le chant avec Marie Fel*, la comédie avec Mlle Clairon*. Invitée à chanter devant la reine et plus tard devant Mme de Pompadour*, elle obtint une pension royale. Elle débuta en 1757 dans *Les Amours des dieux* (Mouret). Ravissante et spirituelle, elle incarna triomphalement les héroïnes lyriques de son temps. Son plus grand rôle fut, dit-on, Phoebé (*Castor et Pollux*, Rameau); elle incarna aussi Iphise (*Dardanus*, Rameau) et créa *Aline, reine de Golconde* (Monsigny, 1766). On l'applaudit dans *Le Devin du village* (J.-J. Rousseau) et dans *Thésée et Proserpine* (Lully). C'est avec difficulté qu'elle s'adapta au style de Gluck; elle remporta néanmoins un immense succès avec *Iphigénie en Tauride*.

Moins étonnante en Euridyce dans *Orphée* (Gluck), elle se sentit mortifiée lorsqu'on lui préféra Rosalie Levasseur* pour le rôle d'Alceste (*Alceste*, Gluck) en 1776. Sa voix, d'ailleurs, commençait à faiblir. Considérée comme la plus grande chanteuse française de son temps, elle était également célèbre pour son esprit de repartie qui lui valut certains ennuis. Sa carrière faillit être compromise par sa liaison avec le comte de Lauraguais dont elle eut quatre enfants. Son esprit et sa personnalité la firent apprécier de Voltaire, Rousseau, Beaumarchais, Diderot, d'Alembert, Benjamin Franklin, qui fréquentèrent son salon. En 1779, elle quitta l'Opéra et se retira au prieuré de Luzarches qu'elle venait d'acheter. Prodigue durant son éblouissante carrière, elle mourut pauvre. Elle inspira plusieurs biographies, deux comédies et un opéra dû à Gabriel Pierné (*Sophie Arnould*, 1927). Greuze fit d'elle deux portraits (l'un se trouve à la Wallace Collection de Londres, l'autre dans une collection privée anglaise). Houdon réalisa un admirable buste la représentant, actuellement conservé au Louvre.

RÉF. : F. Fayelle, *L'Esprit de Sophie Arnould*, Paris, 1813. E. et J. de Goncourt, *Sophie Arnould: d'après sa Correspondance et ses Mémoires inédits*, coll. «Les Introuvables», éd. d'Aujourd'hui, 1985, texte conforme à celui de l'éd. de Paris, 1877. B. Dussane, *Sophie Arnould: la plus spirituelle des bacchantes*, Paris, 1938.

ARROYO Martina. Soprano américaine (née à Harlem, New York, le 2 février 1935). En même temps qu'elle poursuivit des études de linguistique au Hunter College de New York, elle travailla le piano et le chant et remporta en 1958, avec Grace Bumbry*, le concours des auditions du Metropolitan Opera. Aussitôt, elle obtint un rôle dans *Assassinio nella cattedrale* (Pizzetti), au Carnegie Hall. Après avoir tenu au Metropolitan Opera des rôles mineurs, elle tenta sa chance en Europe, réussit à se faire engager à l'Opéra de Berlin puis de Vienne, où elle interpréta avec succès Aïda (*Aïda*, Verdi). Elle fut sous contrat à Zurich de 1963 à 1968. Appelée d'urgence, en 1965, pour remplacer Birgit Nilsson* au Metropolitan Opera de New York dans *Aïda* (Verdi), elle remporta un tel succès qu'elle devint l'égale des plus célèbres cantatrices. Dès lors, elle chanta tous les rôles fameux du répertoire italien: Tosca (*Tosca*, Puccini), Lady Macbeth (*Macbeth*, Verdi), Leonora (*La Force du destin*, Verdi). Elle se produisit sur les plus grandes scènes lyriques puis, entreprenant une carrière de concertiste, elle s'intéressa à la musique contemporaine et créa *Andromaches Farewell* (Barber, 1963). Ses enregistrements sont nombreux — Mozart, Rossini, Verdi — et comprennent *Momente* (Stockhausen), en 1965.

ARRIEU Claude. Compositeur. Française (Paris, 1903 - *id.*, 1990). Attirée par la composition, elle eut comme maîtres Marguerite Long*, le compositeur Paul Dukas, Marcel Caussade, auteur de *Technique de l'harmonie*. En 1932, elle fut lauréate du Premier Prix de composition de musique de Paris. L'œuvre de Claude Arrieu est particulièrement abondante. Citons entre autres : un opéra comique, *Cadet-Roussel*, un *Concerto pour deux pianos et orchestre*, une *Partita* pour orchestre, une *Symphonie en ut*, un *Requiem* pour orchestre, un *Quatuor pour piano, alto, flûte et clarinette*, un *Trio pour instruments à anches*, des *Concertos* pour violon, pour piano et des *Mélodies* sur des poèmes d'Aragon, d'Éluard, de Giraudoux.

ARSINOÉ II Philadelphe. Princesse égyptienne (v. 316 av. J.-C. - v. 270 av. J.-C.). Fille de Ptolémée Ier Sôter et de Bérénice Ire, elle épousa Lysimaque, roi de Thrace, dont elle eut plusieurs enfants. Pour leur assurer le pouvoir, elle fit mettre à mort son beau-fils Agathoclès, que Lysimaque avait eu de sa première femme Amastris. Pour se venger,

Lysandra, la veuve d'Agathoclès, fit intervenir le roi de Syrie, Séleucus, qui envahit la Thrace et tua Lysimaque. Arsinoé se réfugia alors en Macédoine. Sur ces entrefaites, Ptolémée Ceraunus, son beau-frère, fit assassiner Séleucus, épousa Arsinoé et exécuta les fils de cette dernière. Elle s'enfuit à Alexandrie où elle épousa son propre frère, Ptolémée II Philadelphe, qui l'aima passionnément, la divinisa sous le nom d'Aphrodite Zéphyritis et lui dédia un temple à Alexandrie, l'Arsinoeion. Ce monument était situé dans la partie ouest du Bruchion, à proximité du grand amphithéâtre et n'existe plus aujourd'hui.

ARSINOÉ IV. Princesse égyptienne ([?] - Milet, 41 av. J.-C.). Elle était la fille de Ptolémée XII Aulète, la sœur de Cléopâtre VII* et de Ptolémée XIV Dionysos lesquels, à la fois frère, sœur et époux, régnaient sur l'Égypte. En compagnie de l'eunuque Ganymède, Arsinoé les trahit au moment de la prise d'Alexandrie par César en 48 av. J.-C. Toutefois, son favori fut battu par les Romains, et Arsinoé envoyée à Rome. Peu après, elle fut faite reine de Chypre par César et intrigua contre Cléopâtre. Vaincue, elle fut exilée, mais la reine d'Égypte, la poursuivant de sa vengeance, demanda sa mort à Antoine, qu'elle obtint au mépris du droit d'asile, puisque Arsinoé s'était réfugiée dans le temple d'Artémis Leucophrys à Milet.

ARTÉMISE II. Satrape de Carie (IVe s. av. J.-C.). Fille d'Hecatomnus, satrape de Carie, elle épousa son frère Mausole, avec lequel elle régna. Elle lui succéda à sa mort en 355 ou 353 et eut à résister aux entreprises de Rhodes contre Halicarnasse, capitale de la Carie. Elle détruisit la flotte ennemie et s'empara de l'île ainsi que de celle de Cos et de quelques villes grecques du continent. La tradition la présente comme inconsolable à la mort de son mari. Certains la font mourir de chagrin deux ans après lui, d'autres affirment qu'elle alla jusqu'à ingurgiter ses cendres. En revanche, il est certain qu'elle lui fit construire à Halicarnasse (aujourd'hui Bodrum) un superbe monument funéraire passé à la postérité sous le nom de Mausolée. Cette œuvre, considérée longtemps comme l'une des sept merveilles du monde, décrite assez précisément par Pline, existait encore au Xe siècle. Elle a été achevée par Hydricus, frère et successeur d'Artémise.

ASHCROFT Peggy (Edith, dite). Actrice anglaise (Croydon, Surrey, 1907-1991). Elle débuta sur scène en 1926 au Birmingham Repertory Theatre. L'année suivante, elle se rendit à Londres. Elle fut remarquée en 1929 dans le rôle de Naemi (*Le Juif Süss*, Feuchtwanger), dans lequel sa simplicité, sa jeunesse et son innocence bouleversèrent le public. Son talent se vit confirmé avec une belle interprétation de Desdémone (*Othello*, Shakespeare) l'année suivante. Engagée en 1932 à l'Old Vic Theatre, elle incarna Rosalinde (*Comme il vous plaira*, Shakespeare), Perdita (*Le Conte d'hiver*, Shakespeare), mais aussi des héroïnes de George Bernard Shaw comme Imogen (*Cymbeline*) ou Cléopâtre (*César et Cléopâtre*). Elle fut Juliette (*Roméo et Juliette*, Shakespeare) en 1935 et Nina (*La Mouette*, Tchekhov) en 1936.

Après une tournée triomphale en Amérique (1937), elle retrouva le metteur en scène John Gielgud au Queen's Theatre où elle campa une inoubliable lady Teazle (*The School for scandal*, Sheridan), ainsi qu'Irina (*Les Trois Sœurs*, Tchekhov). Aussi à l'aise dans les comédies, elle travailla au Globe en 1939. Durant la fameuse saison de 1944-1945, au Haymarket, elle joua Ophélie (*Hamlet*, Shakespeare), Titania (*Le Songe d'une nuit d'été*, Shakespeare) et la Duchesse (*La Duchesse de Malfi*, Webster), pièces mises en scène par

Gielgud. Après la Seconde Guerre mondiale, elle interpréta des pièces modernes avant de revenir à ses rôles shakespeariens. Son jeu atteint à la perfection dans *Hedda Gabler* (Ibsen) en 1954. Après avoir joué Bagnold et Brecht, elle devint en 1961 membre de la Royal Shakespeare Company (qu'elle dirigea par la suite), y interpréta les grands rôles du répertoire, mais aussi des pièces de Marguerite Duras* et de Harold Pinter. Elle inaugura en 1962 un théâtre portant son nom dans sa ville natale.

ASHLEY Laura, née Mountney. Décoratrice anglaise (Merthyr Tydfil, 7 septembre 1925 - Coventry, 1985). Fille d'un fonctionnaire baptiste, elle suivit des cours de secrétariat tout en s'exerçant au dessin. C'est dans une mansarde sous les toits de Pimlico qu'elle débuta en décorant des carrés de soie. Son mari, Bernard Ashley, eut l'idée de les commercialiser et fonda une société, Laura Ashley, en 1953. Une usine vit le jour dans le Kent et, après sa destruction au cours d'une inondation, une seconde, dans le pays de Galles. La première boutique ouvrit ses portes à Londres (South Kensington) en 1964. Les célèbres motifs à fleurettes firent rapidement la conquête du public; actuellement, la société compte deux cent vingt-cinq boutiques à travers le monde, trois usines et emploie quatre mille personnes. Dans le domaine de la mode comme dans celui de la décoration, Laura Ashley a su relancer le goût victorien, au romantisme un peu désuet. Le retour des volants et de la dentelle, la fraîcheur des imprimés enchantèrent aussi bien les jeunes filles sages de la *middle class* que les femmes de l'aristocratie. En 1974, elle a lancé sa première collection de papiers peints et de tissus d'ameublement.

ASHWELL Lena, née Pocock. Actrice anglaise (1872-1957). Elle débuta au théâtre en 1891 et triompha en 1900 dans *Mrs. Dane's Defence* (Jone) qu'elle présenta avec un égal succès en Amérique. De retour en Angleterre, elle dirigea le Kingsway Theatre jusqu'en 1915. Pendant la guerre, elle monta des spectacles à l'attention des troupes stationnées en France puis en Allemagne. Membre actif de la British Drama League dès 1919, elle prit la direction du Bijou Theatre de Bayswater et produisit de nombreuses pièces, parmi lesquelles, la même année, deux adaptations remarquées, *Crime et Châtiment* (Dostoïevski) et *Dr. Jekyll et Mr. Hyde* (Stevenson) en 1927. Elle a publié une autobiographie, *Myself a Player* (1936).

ASTAKHOVA Polina. Gymnaste soviétique (née en Ukraine en 1936). Avec Larissa Latynina* qui a régné sur la discipline de 1956 à 1964, elle est l'une des meilleures gymnastes soviétiques. Son palmarès est éloquent: cinq médailles d'or, deux d'argent et trois de bronze en trois olympiades. Aux jeux Olympiques de Rome (1960), elle fut la première aux barres asymétriques, la deuxième aux exercices au sol, devancée par Latynina. Aux jeux de Tokyo (1964), elle gagna deux médailles d'or, une d'argent et une de bronze au Concours général. Dans cette épreuve, elle fut battue par la grande révélation du moment, la Tchécoslovaque Vera Caslavska*, qui l'emporta également sur Larissa Latynina*.

ASTRID Sophie Louise, née Thyra. Reine des Belges (Stockholm, 17 novembre 1905 - Küssnacht, Suisse, 29 août 1935). Fille du prince Charles de Suède, Astrid épousa le duc de Brabant le 8 novembre 1926 et, lorsque son mari monta sur le trône le 23 février 1934 sous le nom de Léopold III, après la mort accidentelle de son père le roi Albert, elle devint la quatrième reine du pays. La reine Astrid, extrêmement populaire de son vivant, est déjà presque devenue une figure mythique. Elle sut conquérir ses sujets par sa simplicité, sa beauté et son tact. Protestante, ne connaissant ni le flamand ni le français, elle apprit ces deux langues qu'elle pratiqua couramment et se convertit au catholicisme en 1930. Elle était la mère de la princesse Joséphine-Charlotte et du prince Baudouin, l'actuel roi des Belges. Sa mort accidentelle, survenue aux côtés de son mari dans un accident d'automobile, fut vécue comme une tragédie nationale.

ATAIDE Catarina de. Portugaise (? - 1556). Dame de compagnie de la reine Catherine, épouse de Jean III qui régna sur le Portugal de 1521 à 1557, elle inspira une vive passion au poète Luís de Camoens. Dans un de ses sonnets, il évoque leur première rencontre à l'église das Chayas de Lisbonne : l'envoi de vers enflammés qui suivit eut le don d'exaspérer la famille de la jeune femme. Le père de Catarina porta plainte et réussit à faire éloigner Camoens dans le Ribatejo. En 1547, le soupirant éconduit s'embarqua pour le Maroc où il perdit un œil lors du siège de Ceuta. En 1553, il partait pour les Indes. À son retour seize ans plus tard, la belle était morte, mais le souvenir de Natercia, comme il l'appelait, insuffla aux *Lusiades* (1572) des pages d'un grand lyrisme amoureux.

ATHALIE. Reine de Juda (IXe s. av. J.-C.). Fille de Jézabel et d'Achab, roi d'Israël, elle épousa Joram, roi de Juda. Après la mort de son mari et l'assassinat de son fils Ochozias, lors de l'extermination par Jehu de la maison d'Achab, elle fit massacrer les quarante-deux princes de la famille royale pour s'emparer du trône (841 av. J.-C.). Seul Joas, son petit-fils, sauvé par la femme du grand prêtre Joad, échappa à la mort. Pendant six ans, cette reine idolâtre exerça un pouvoir tyrannique ; elle fut renversée et mise à mort lors d'un coup d'État mené par le grand prêtre. Le peuple détruisit les autels de Baal, dont elle pratiquait le culte. Joas monta sur le trône et continua la lignée des rois davidiques. Cette reine terrible inspira à Racine une tragédie, composée à la demande de Mme de Maintenon* pour les demoiselles de Saint-Cyr, représentée pour la première fois en public, en 1702, chez la duchesse de Bouillon.

AUBERNON Euphrasie, née Lemercier de Nerville. Femme de lettres française (Louveciennes, 2 septembre 1825-1899). Fille d'un trésorier général, elle épousa en 1845 un futur conseiller d'État, dont elle se sépara au bout de vingt ans. Sous la IIIe République, elle tint au 9, square de Messine un salon que fréquentaient Renan, Barbey d'Aurevilly, Labiche. Henri Becque y créa sa *Parisienne*. On y rencontrait aussi Paul Hervieu ou Jules Lemaître, tous deux redoutés pour leurs éreintements. Critiques et écrivains trouvèrent dans sa société matière à leurs satires : le salon devint en effet le théâtre de rivalités et de brouilles retentissantes. Alexandre Dumas fils qui y était chez lui cessa de venir à partir de 1885 : il avait déclaré à Mme Aubernon qu'elle était dénuée de tout talent littéraire. L'année suivante, il fut imité par Mme de Caillavet*, l'égérie d'Anatole France, qui fonda un salon rival. Excellente causeuse, éprise de sujets élevés, la maîtresse de maison n'aimait pas les bavardages, et sa table était jugée médiocre. Elle a laissé quelques ouvrages à tirage limité dont *L'Œuvre morale de M. Dumas ou Un grand moraliste inconnu* et *La Femme du monde au XIXe siècle*. Elle est la première à avoir fait jouer Ibsen en France en faisant représenter chez elle *Jean-Gabriel Borckman*.

AUBREY LE BLOND Élisabeth, née Hawkins-Witshed. Alpiniste irlandaise (1861-1934). Elle passa sa jeunesse en Irlande, loin des montagnes « et s'en souciant moins encore », écrit-elle. De santé délicate, elle fut envoyée dans les Alpes pour se fortifier. La cure réussit au-delà de toute espérance : elle fut éblouie par la col de la Diavolezza et s'attaqua aux pentes du mont Blanc dès son premier séjour. Elle fit cent treize courses, et non des moindres : les Écrins, les Grandes Jorasses, puis en Suisse le Cervin, le Rothorn, le Lyskamm, la Bernina et bien d'autres de même valeur. Chaussée de raquettes, elle fit les premières hivernales de l'aiguille du Midi et de l'aiguille du Tour. Elle réalisa une vingtaine d'ascensions en Norvège. Élisabeth Aubrey Le Blond portait le pantalon malgré la réprobation de son entourage. Il est vrai que, par respect des convenances, elle emportait une jupe qu'elle enfilait au retour de ses expéditions. Elle scandalisa également l'Angleterre victorienne pour les nuits passées dans les refuges aux côtés de ses guides masculins. Elle fonda le Ladies Alpine Club en 1907 dont elle fut la première présidente.

AUCLAIR Marcelle. Journaliste et femme de lettres française (Montluçon, 11 novembre 1899 - Paris, 6 juin 1983). Elle vécut son enfance au Chili et écrivit en 1924 son premier roman, *La Novela del amor doliente*. Installée à Paris comme journaliste en 1924, elle épousa deux ans plus tard l'écrivain Jean Prévost — tué dans le Vercors en 1944 — qui lui donna trois enfants, dont l'actrice Françoise Prévost. Avec Jean Prouvost, elle fonda en 1937 *Marie-Claire*, le premier magazine féminin français, et créa le « courrier du cœur », rubrique alors unique en son genre, que rédigeait la femme de Philippe Soupault. Passionnée par la condition de la femme, elle écrivit des essais consacrés à la vie quotidienne comme *Le Bonheur est en nous* ou *Le Livre du bonheur* qui eurent beaucoup de succès. Parallèlement à cette activité de journaliste, elle se fit biographe ; son livre sur *Sainte Thérèse* d'Avila* (1950) fait autorité. Nourrie de culture espagnole, cette amie d'Adrienne Monnier* et de Saint-John Perse traduisit des œuvres de Calderón, de Lope de Vega et surtout de García Lorca, un autre ami, sur lequel elle publia *Enfances et mort de Federico García Lorca* (1968).

AUCLERT Marie Anne Hubertine. Féministe française (Saint-Priest-en-Murat, Allier, 10 février 1848 - Paris, 9 avril 1914). La vie de Hubertine Auclert fut une lutte continuelle en faveur de la cause des femmes. En 1872, elle fut secrétaire à *L'Avenir des femmes* avant de fonder, quatre ans plus tard, *Le Droit de la femme*, transformé en *Suffrage de la femme* à partir de 1883. En 1881, elle lança un hebdomadaire féministe, *La Citoyenne*. En même temps, elle diffusait ses convictions anticléricales et pacifistes dans beaucoup de journaux et faisait parler d'elle par des prises de position retentissantes : elle refusa de remplir sa feuille de recensement (pourquoi être comptée, puisque les femmes ne comptent pas ? disait-elle en substance) et de payer ses impôts. Son originalité tient au fait qu'elle a toujours fait passer l'égalité politique avant l'égalité sociale, ce qui explique que son principal objectif ait été d'obtenir le droit de vote pour les femmes.

AUDOUARD Olympe, née de Jouval. Féministe française (Marseille, 1830-1890). C'est après son divorce qu'Olympe Audouard donna une série de conférences où elle réclamait l'égalité des hommes et des femmes d'une manière suffisamment virulente pour s'attirer des démêlés avec le gouvernement en place. Elle fonda deux revues, *Le Papillon* et *La Revue cosmopolite* et écrivit des ouvrages aux titres évocateurs : *Comment aiment les hommes* (1862), *Guerre aux hommes* (1866), ainsi que des romans et des récits de voyages.

AUDOUX Marguerite. Femme de lettres française (Sancoins, Cher, 1863 - Saint-Raphaël, 1937). Une enfance misérable, un succès littéraire éclatant et éphémère, un lent retour à l'oubli et à la misère, ainsi peut se résumer la vie de Marguerite Audoux. Son père était charpentier, sa mère — elle mourut quand Marguerite avait cinq ans —, journalière. L'enfant fut placée à l'Assistance publique dans différentes fermes de Sologne, ce à quoi elle ne put jamais s'habituer en raison de sa santé déficiente. Installée à Paris à partir de 1881, elle vécut difficilement comme couturière et se lia d'amitié avec Léon-Paul Fargue, Franz Jourdain, Charles-Louis Philippe. Un jour, celui-ci eut la curiosité de lire ce que la jeune femme écrivait pendant ses soirées. Il eut alors l'idée de confier le manuscrit à Octave Mirbeau lequel, enthousiasmé, préfaça le roman, *Marie-Claire* (1910). Le succès fut foudroyant, sanctionné par le prix Femina et une traduction en sept langues. La simplicité du style, le refus du pathétique accordé à la sincérité de la confession autobiographique ont su séduire tant un vaste public que les critiques les plus exigeants, parmi lesquels André Gide. Ses autres livres, moins authentiques, plus ternes, *L'Atelier de Marie-Claire* (1920) — récit de sa vie parisienne —, *De la ville au moulin* (1926), *Douce Lumière* (1937) ne remportèrent qu'un succès moyen et, progressivement, Marguerite Audoux, qui n'avait rien d'une carriériste des lettres, sombra dans l'oubli.

AUDRY Jacqueline. Réalisatrice de films française (Orange, 1908 - Paris, 1977). Petite-nièce de Gaston Doumergue et sœur de la romancière Colette Audry, elle débuta comme script, puis fut assistante de Pabst, Delannoy, Max Ophuls, Yves Mirande. Elle réalisa son premier film, un court métrage, *Les Chevaux du Vercors* (1943). Suivirent *Les Malheurs de Sophie* (1945), *Sombre Dimanche* (1948), puis son plus grand succès *Gigi* (1949) — qui révéla Danièle Delorme et que Colette*, dit-on, apprécia beaucoup —, *Huis clos* (1954), *Mitsou* (1956), *Les Petits Matins* (1961), *Fruits amers* (1967), d'après une pièce de sa sœur et qui reçut le Grand Prix du cinéma français. Jacqueline Audry était vice-présidente de l'Union des auteurs et techniciens du film et fit partie du jury du festival de Cannes en 1963. Son mari, Pierre Laroche, écrivit le scénario de plusieurs de ses films. Elle mourut des suites d'un accident de voiture.

AUGUSTIN Pauline, née Du Cruet. Peintre. Française (Paris, 1781 - *id.*, 1865). Élève du miniaturiste réputé, Jean-Baptiste Augustin, Pauline Du Cruet épousa son maître en 1801 et devint sa collaboratrice. Comme il était d'usage à l'époque et suivant en cela les coutumes des grands ateliers de la Renaissance, le maître exécutait les parties « nobles » du tableau, laissant à ses collaborateurs le soin de peindre les parties secondaires. Ce fut le rôle de Pauline pendant de nombreuses années, ce qui ne l'empêcha pas de produire des œuvres entièrement personnelles. Pauline Augustin exposa régulièrement ses portraits et miniatures au Salon de Paris de 1822 à 1838.

AULENTI Gae (Gaetana, dite). Architecte italienne (née à Palazzolo della Stella, Frioul, en 1927). Formée à l'École polytechnique de Milan, diplômée en 1954, elle entreprit plusieurs voyages et s'intéressa à de nombreux autres domaines artistiques en dehors de l'architecture : art plastique, mobilier, théâtre. Elle enseigna à Venise, à Milan, obtint en 1964 le grand prix de la triennale de Milan et entra à la Société des designers italiens en 1967. La même année, elle réalisa la décoration intérieure du magasin d'exposition de la firme Olivetti à Paris, faubourg Saint-Honoré ; elle fit de même pour Knoll à Boston en 1971, pour Fiat à Turin en 1973, créations qui consacrèrent sa renommée en ce que, rompant avec les habitudes en usage, elle donna le pas non plus à l'aspect purement décoratif des arrangements mais à leur fonction architecturale.

Elle dessina des meubles d'une grande pureté de forme pour Knoll et créa plusieurs objets, pour ne citer que les fameuses lampes «Pipistrello» et «Alcindo». Elle en réalisa également pour Prisunic. Cependant, ses plus grands titres de gloire sont la restauration et l'aménagement intérieur du palais Grassi à Venise, transformé par Fiat en fondation d'art, la réorganisation des salles de peinture du Centre Beaubourg de Paris en 1985, et enfin, son œuvre la plus audacieuse, l'architecture intérieure et l'aménagement de l'ancienne gare d'Orsay de Paris, devenue en 1987 le musée d'Orsay. Gae Aulenti a également dessiné les décors du *Barbier de Séville* (Rossini) au théâtre de l'Odéon en 1975 ainsi que ceux de *Woyzeck* (Berg) à l'Opéra de Paris en 1979. Actuellement, elle travaille à la transformation du hall du palais Alphonse XIII de Barcelone qui doit accueillir un musée des Arts gothiques.

AULNOY Marie Catherine, née Le Jumel de Barneville, comtesse **d'**. Femme de lettres française (Barneville-la-Bertran, v. 1650 - Paris, 14 janvier 1705). Mariée à quinze ans à François de La Motte, baron d'Aulnoy, officier, joueur débauché et soudard, de trente ans son aîné, elle se révolta au bout de trois ans. En 1669, avec l'aide de sa mère, elle tenta de se débarrasser du baron en le faisant faussement accuser du crime de lèse-majesté. La supercherie ayant été démasquée et deux de ses complices ayant été condamnés à mort et exécutés, elle se cacha dans un couvent, s'exila ensuite en Flandre, en Angleterre, en Espagne, puis de nouveau en Angleterre avant de revenir à Paris en 1685. Dès lors, elle tint salon dans sa maison de la rue Saint-Benoît. De nos jours, Mme d'Aulnoy est surtout célèbre pour ses huit volumes de contes parus de 1696 à 1698: *Contes de fées*, *Contes nouveaux*, *Les Fées à la mode*, *Les Illustres Fées*. Ses autres productions, antérieures, lui avaient valu un succès immédiat et considérable: *Histoire d'Hippolyte, comte de Douglas* (1690), rééditée constamment jusqu'à la fin du XIXᵉ siècle, *Mémoires de la cour d'Espagne* (1690), *Relation du voyage d'Espagne* (1691) très appréciée de Taine et de Victor Hugo. Ces ouvrages ont été critiqués dès leur parution comme étant des œuvres de compilation et ne se lisent plus aujourd'hui. Il en est de même des *Mémoires de la cour d'Angleterre* (1695), qui, à la lecture, pourrait laisser supposer que l'auteur n'a jamais vu ce pays.

AUNET Léonie d'. Voir BIARD Léonie.

AUREL Marie Antoinette, née de Faucamberge. Femme de lettres française (Cherbourg, 1869 - Paris, 1948). Elle revendiqua la liberté conjugale dans ses romans et ses essais: *Le Devoir de grâce en amour* (1923), *L'Art d'aimer* (1927), *La Conscience embrasée* (1928). Son œuvre connut un succès passager, mais elle doit sa célébrité à son salon, dans lequel elle accueillait à la fois des débutants et des auteurs chevronnés, et surtout à ses démêlés avec Paul Léautaud qui en parle abondamment dans son *Journal*.

AURIOL Jacqueline, née Drouet. Aviatrice française (née à Challans, le 5 février 1917). Belle-fille du président de la République Vincent Auriol, elle vint assez tard à l'aviation. C'est en 1948, déjà mère de famille, qu'elle obtint sa licence de pilote. L'année suivante, elle fut victime d'un terrible accident à bord d'un avion amphibie; elle était accompagnée du pilote Mingham et de l'ingénieur Guédoin. Gravement blessée, notamment au visage, elle dut subir près de trente opérations et resta immobilisée plus d'une année à l'hôpital. À peine rétablie, Jacqueline Auriol, faisant l'admiration de tous, reprit le «manche à balai».

Elle commença la série de ses exploits et son duel, désormais célèbre, avec l'aviatrice américaine Jacqueline Cochran*. Celle-ci détenait depuis le 1er décembre 1947 le record du monde féminin de vitesse (mesuré en circuit fermé sur cent kilomètres), avec 755,668 km/h. Le 12 mai 1951, Jacqueline Auriol le porta à 818 km/h, battant ainsi pour la première fois sa rivale, performance qu'elle améliora en 1952 sur un avion Mistral avec 855,920 km/h. Record repris le 20 mai 1953 par Jacqueline Cochran, laquelle franchit le mur du son sur un avion canadien, battant par la même occasion le record de vitesse toutes catégories avec 1 085 km/h. L'aviatrice française prit sa revanche le 21 mai 1955 en réussissant 1 152 km/h, vitesse que dépassa l'Américaine en 1961, en atteignant 1 356 km/h. Le 23 juin 1962, la Française battit ce record avec 1 850 km/h, que l'Américaine améliora le 2 mai 1963, en le portant à 1 935 km/h. Enfin, le 14 juin de la même année, Jacqueline Auriol reprenait la victoire avec la vitesse de 2 030 km/h. Première femme pilote d'essai au monde, elle a totalisé plus de cinq mille heures de vol et piloté environ cent soixante-dix types d'appareils, tant français qu'étrangers. Elle fut décorée de la Légion d'honneur en 1951 et reçut le Harmon International Trophy en 1952, distinction décernée à l'aviatrice la plus méritante de l'année.

AUSTEN Jane. Romancière anglaise (Steventon, 16 décembre 1775 - Winchester, 18 juillet 1817). Aucun événement important ne marqua sa vie. Elle resta toujours auprès des siens, ne se maria jamais, et on ne lui connaît aucune aventure, aucun chagrin sentimental (on pense que son abondante correspondance fut expurgée de tout détail intime par sa sœur Cassandra). Ses voyages, toujours entrepris pour des motifs familiaux, ne l'entraînèrent jamais au-delà de Bath, Londres, Southampton ou Chawton. C'est là que sa famille s'installa à partir de 1809 et qu'elle écrivit l'essentiel de son œuvre. En 1803, elle tenta de susciter l'intérêt de l'éditeur Crosby avec *Catherine Morland, ou l'Abbaye de Northauger*: la transaction se déroula discrètement car elle tenait à conserver l'anonymat. Ce fut un échec et le roman ne parut qu'en 1818. En 1811, *Raison et Sensibilité* forme définitive d'*Elinor and Marianne*, écrit en 1795, fut accepté par l'éditeur Edgerton. Elle corrigea ses épreuves à Londres, en avril, lors d'une visite à son frère Henry: succès d'estime, le livre fut tiré à mille exemplaires, vendus en vingt mois, ce qui l'encouragea à poursuivre son œuvre. C'est ainsi qu'elle publia, toujours anonymement, *Orgueil et Préjugé* et composa simultanément *Le Parc de Mansfield* (1814), et *Emma* (1816). Cet ouvrage, dédié au régent, le futur George IV, lui valut sa première critique, due à la plume de Walter Scott. Au Régent qui lui demandait d'écrire un roman historique, elle répondit: «Je ne saurais sérieusement entreprendre une telle tâche, sauf peut-être au péril de ma vie; et si par hasard je pouvais m'y résoudre sans me moquer de moi-même et du monde, je mériterais d'être pendue avant la fin du premier chapitre.» Son dernier roman, *Persuasion*, fut commencé le 8 août 1815, mais elle n'en vit pas la publication. Jane Austen souffrait de phtisie: son état s'aggrava en mars 1817; en mai, pour se rapprocher de son médecin, elle s'installa à Winchester. Elle y mourut laissant *Sanditon* inachevé, qui ne fut édité qu'en 1925.

L'art de Jane Austen consiste à décrire

sobrement, non sans ironie et férocité, les êtres et les mœurs provinciales du monde étroit qui fut le sien et qu'elle aimait beaucoup. Son œuvre ne fut véritablement découverte qu'à partir de la fin du XIXe siècle. Sa délicatesse dans la peinture des sentiments, qu'André Gide appréciait, l'atmosphère prenante de ses romans, la description à la fois minutieuse et en demi-teintes de ses personnages la classent parmi les grandes romancières anglaises.

RÉF.: J. Rees, *Jane Austen, Woman and Writer*, New York, 1976, J. Halperin, *The Life of Jane Austen*, Baltimore, 1984.

AVRIL Jane (dite **Mélinite**). Danseuse de music-hall. Française (Paris, 1868 - *id.*, 1943). Après avoir fréquenté les cours du pensionnat des demoiselles Désir, elle décida de devenir danseuse et débuta à dix-huit ans au bal Bullier, triompha au Chat-Noir, à l'Hippodrome et fit partie du célèbre «quadrille naturaliste» mené par la Goulue*, avec Rayon d'Or et Grille d'Égout, qui fut l'une des attractions les plus sensationnelles du Moulin-Rouge. Son mince visage de «démon rouge», sa silhouette, son étrange personnalité inspirèrent à Toulouse-Lautrec d'admirables dessins et des affiches qui sont restées des modèles du genre. En 1896, Lugné-Poe lui fit jouer le rôle d'Anita (*Peer Gynt*, Ibsen) puis en 1910, elle tint un rôle aux côtés de Victor Boucher et de Berthe Bovy* au théâtre Sarah-Bernhardt*. Elle épousa le peintre Maurice Biais en 1911.

AYALLA Josefa d'. Peintre. Portugaise d'origine espagnole (Séville [?], v. 1620 - Obidos, 1684). Elle était la fille du peintre sévillan Balthasar Gomes Figueira et s'installa très jeune au Portugal, à Obidos, où elle vécut toute sa vie. On l'appelle d'ailleurs parfois Josefa d'Obidos. Elle est l'auteur de natures mortes d'un réalisme vigoureux et de peintures religieuses. Dans celles-ci, elle fait preuve d'un expressionnisme théâtral qui rappelle certaines peintures de Zurbarán qui, semble-t-il, l'a influencée. D'une manière générale, son œuvre s'inscrit dans le «ténébrisme» sévillan. Ses toiles sont conservées dans les musées Soares dos Reis (Porto) et Machado de Castro (Coïmbra), ainsi que dans l'église Santa Maria (Obidos) et dans celle de la Miséricorde (Peniche).

AYCOCK Alice. Sculpteur. Américaine (née à Harrisburg, Pennsylvanie, en 1946). Elle est l'un des sculpteurs les plus originaux et les plus en vue de la jeune génération américaine. Ses premières œuvres, généralement en bois, étaient destinées à être exposées dans des sites de plein air; on peut y déceler quelquefois l'influence, très lointaine toutefois, de formes médiévales, précolombiennes, égyptiennes ou même de la Renaissance. Plus tard, elle utilisa des objets chargés d'inscriptions mythiques, puis assembla le bois, les matières plastiques, le métal dans ses sculptures et, séduite par les objets animés, construisit de curieuses machines à mouvement autonome. Citons parmi son œuvre abondante et variée: *Labyrinthe* (1972), *The Thousand and One Nights in the Mansion of Bliss* (1980), *The Miraculating Machine* (1982).

AZUMA IV Tokuho. Danseuse japonaise (née en 1909). Formée par son père Azuma III, elle lui succéda dans l'interprétation du kabuki (genre théâtral japonais) avec d'autant plus de prestige que les rôles féminins étaient jusqu'alors dévolus aux hommes. Elle fonda en 1954 sa propre compagnie, l'Azuma Kabuki Dancers and Musicians, avec laquelle elle parcourut l'Europe et l'Amérique. Son fils Azuma Tokutaka, né en 1928, est le premier acteur de sa troupe. Elle est révérée au Japon comme l'une des meilleures danseuses kabukistes.

B

BACALL Lauren (Betty Joane Perske, dite). Actrice américaine (née à New York en 1924). À dix-neuf ans, elle tenait de petits rôles au théâtre et posait pour des magazines, en particulier le *Harper's Bazaar* sur la couverture duquel Howard Hawks la remarqua. Séduit, il décida de faire de cette inconnue la vedette de son film, *Le Port de l'angoisse* (1944) avec pour partenaire Humphrey Bogart. Au début du tournage, tremblante de timidité devant le grand Bogart, elle le fixait tête baissée, de manière oblique, ce qui donnait à ses yeux verts une lueur étrange et fascinante qui lui valut le surnom de «The Look» (le regard). Bogart avait quarante-cinq ans, elle vingt. Ils se marièrent l'année suivante et formèrent le couple le plus célèbre du cinéma américain jusqu'à la mort de Bogart, en 1957. Ils eurent deux enfants, Leslie et Steeve. Après *Le Port de l'angoisse*, les deux époux tournèrent encore ensemble trois films: *Le Grand Sommeil* (Hawks, 1946), *Les Passagers de la nuit* (Daves, 1947) et *Key Largo* (Huston, 1948) qui furent trois grands succès. La «maigrichonne», comme l'appelait Bogart dans *Le Port de l'angoisse*, avait pris de l'assurance et de l'autorité, ce qui lui permit d'aborder brillamment la comédie à l'écran avec *Comment épouser un millionnaire* et *Les femmes mènent le monde*, deux films de Jean Negulesco. Lauren Bacall avait beaucoup d'aisance dans les rôles les plus différents. Son élégance, sa distinction, son humour et — ce qui marquait surtout son personnage —, son regard particulier et sa voix grave lui attiraient une foule d'admirateurs. De 1961 à 1973, elle a été mariée à Jason Robards, dont elle eut un fils Sam. Depuis la mort de Bogart, elle continua avec courage de se produire, jouant au théâtre comme au cinéma. À quarante ans passés, elle entame une nouvelle carrière à Broadway dans la comédie musicale avec *Applause*, un triomphe, qui lui valut un Tony Award. On l'a vue, en 1981, dans *The Fan* (Bianchi) et, en 1988, avec Peter Ustinov dans *Rendez-vous avec la mort* (Winner), adapté d'un roman d'Agatha Christie*. Elle est l'auteur de *Lauren Bacall par moi-même* (1979).

BACH Anna Magdalena, née Wilcken ou Wülcken. Allemande (Zeitz, 22 septembre 1701 - Leipzig, 1760). Fille d'un trompettiste de la cour de Weissenfelds, musicienne dotée d'une jolie voix, elle se produisit dès l'âge de quinze ans et chanta à Köthen, en septembre 1721. Trois mois plus tard, elle épousa Jean-Sébastien Bach, veuf de sa première femme Maria Barbara Bach*. Elle lui donna treize enfants, dont deux furent célèbres: Johann Christoph en 1732 et Johann Christian en 1735. Elle fut une collaboratrice précieuse pour son mari, participant à son travail et copiant sa musique. Elle lui survécut dix ans et acheva sa vie dans une grande pauvreté.

BACH Maria Barbara, née Bach. Allemande (Gehren, 1684 - Carlsbad, 1720). Fille du musicien Johann Michael Bach, organiste à Gehren, elle épousa après de longues fiançailles son cousin Jean-Sébastien Bach. Le mariage eut lieu le 17 octobre 1707 à Dornheim près d'Arnstadt. Épouse parfaite, elle donna sept enfants à son mari dont deux furent célèbres: Wilhelm Friedmann en 1710 et Karl Philipp Emanuel en 1714.

BAEZ Joan. Chanteuse américaine (née à Staten Island, New York, en 1941). D'origine hispanique, sa voix et sa beauté conquirent l'Amérique et l'Europe. Au risque de compromettre sa carrière, un peu comme Bob Dylan, elle se consacra à la lutte politique et devint dans les années 60 la «madone des hippies». Agressive, infatigable, elle anima marches et meetings, mobilisant l'opinion contre la guerre du Viêt-nam et contre la course aux armements. Amie des marginaux et des opprimés, son engagement lui valut l'hostilité de ses compatriotes, d'innombrables lettres d'insultes et les calomnies de la presse. Loin de se décourager, elle a créé, au sein d'Amnesty International, un institut prônant et mettant en pratique la non-violence. Joan Baez a reçu le prix Jefferson au titre de docteur en lettres humaines. Elle ne cesse de composer et de chanter: elle a compté parmi les vedettes de la tournée mondiale organisée en 1988 par Amnesty International.

BAILLEUX Odile. Organiste et claveciniste française (née à Trappes, le 30 décembre 1939). Après des études de piano au conservatoire de Versailles, elle entra à l'école César Franck où elle suivit les cours de Jean Fellot et d'Édouard Souberbielle; elle obtint le diplôme supérieur en 1965. En 1969, elle partit pour Francfort et travailla jusqu'en 1970 avec Helmut Walcha, le célèbre organiste allemand. Depuis 1973, elle tient les orgues de Saint-Germain-des-Prés en alternance avec André Isoir. Odile Bailleux donne de nombreux récitals en France et en Europe: la qualité de son jeu et la parfaite maîtrise de son instrument lui valent d'être considérée comme l'une des plus grande organistes de son temps. Excellente claveciniste, elle participe au groupe Musique-Ensemble et tient le continuo depuis 1977 à la Grande Écurie et la Chambre du Roy. Depuis 1980, elle est chargée du cours d'orgue au conservatoire de Bourg-la-Reine.

BAITELLI Angélique. Religieuse italienne (?-1657). Elle apppartenait à une famille patricienne et reçut une bonne éducation. D'une grande piété, elle entra au couvent des bénédictines de Brescia dont elle devint l'abbesse en 1646. Ses responsabilités ne l'empêchèrent pas d'écrire un grand nombre de livres religieux, en particulier une histoire de son couvent. Son œuvre maîtresse est *Vie et mort de sainte Julie* parue à Brescia en 1657.

BAKER Carroll. Actrice américaine (née à Johnstown, Pennsylvanie, le 8 mai 1931). Danseuse dans une boîte de nuit, elle se vit proposer un petit rôle dans *Désir d'amour* (Walters, 1953). Blonde ingénue avec un côté pervers, elle tourna entre autres dans *Géant* (Stevens, 1956), dans *Baby Doll* (Kazan, 1956), film qui la révéla au grand public, et dans *Les Grands Espaces* (Wyler, 1958). La suite de sa carrière fut moins brillante que ses débuts.

BAKER Janet, née Abbott. Mezzo-soprano anglaise (née à Hatfield, Hertfordshire, le 21 août 1933). Après avoir chanté dans des chœurs, elle se perfectionna avec Helen Issep puis avec Meriel Saint-Clair, à Londres. En 1956, elle remporta le second prix du concours Kathleen Ferrier*, ce qui lui valut une bourse d'études au Mozarteum de Salzbourg. Ayant chanté à Glyndebourne et à Oxford, elle fit ses véritables débuts lors d'une tournée de concerts à travers l'Angleterre. De 1961 à 1976, elle fit partie de l'English Opera Group, chanta *Didon et Énée* (Purcell) et incarna différentes héroïnes de Britten qui lui dédia sa cantate, *Phèdre*. À partir de 1966, elle triompha aux États-Unis, au Canada et à Londres, où elle interpréta entre autres Didon (*Les Troyens*, Berlioz). Avec L. Leppard, elle contribua à faire connaître des opéras anciens de Cavalli ou de Monteverdi. Sa voix claire, sa diction parfaite, se prêtaient admirablement à l'interprétation de rôles comme ceux d'Octavian (*Le Chevalier à la rose*, R. Strauss), de Vitellia (*La Clémence de Titus*, Mozart), de Marie* Stuart (*Marie Stuart*, Donizetti), de Charlotte (*Werther*, Massenet). Elle excellait également dans les œuvres de Mahler. Elle fit ses adieux à la scène, à Glyndebourne, en 1982, dans *Orphée* (Gluck); la même année elle publia *Full Circle*, récit autobiographique sur sa dernière tournée.

BAKER Joséphine. Chanteuse, danseuse et meneuse de revues. Américaine (Saint Louis, Missouri, 3 juillet 1906 - Paris, 25 avril 1975). Issue d'une famille pauvre, elle était métisse, née d'une mère sénégalaise et d'un père blanc. Elle débuta à seize ans, sans succès, dans un petit music-hall de Philadelphie, puis elle fit partie d'un grand spectacle donné par des Noirs à New York (1923). Remarquée par l'agent de spectacles Caroline Dudley, elle fut engagée dans une troupe de Noirs, dont faisait partie le clarinettiste Sidney Bechet. Elle débarqua ensuite à Paris pour jouer dans *La Revue nègre*, qui avait élu domicile dans le tout nouveau Théâtre des Champs-Élysées. C'était l'année de l'Exposition des arts décoratifs (1925). Joséphine parut en solo sur scène, dansa avec frénésie le black-bottom, se contorsionna comme un serpent, grimaça, loucha, gonfla les joues et finalement sortit à quatre pattes. La salle en délire lui fit une ovation: à dix-neuf ans, elle avait conquis Paris et la célébrité.

Paul Derval, directeur des Folies-Bergère, l'engagea pour mener ses revues, *La Folie du jour* et *Un vent de folie*. Dans cette dernière, presque nue, ceinte d'un régime de bananes, elle chantait de sa voix aiguë mais harmonieuse, à l'accent délicieux, sa célèbre chanson, *J'ai deux amours*, que Vincent Scotto avait composée pour elle. Par la suite, elle fut demandée dans toutes les grandes villes des deux continents, mais elle fut interdite à Munich et excommuniée à Santiago. En 1937, elle épousa un industriel, Jean Lyon, dont elle divorça deux ans plus tard, pour se remarier en 1947 avec le chef d'orchestre Jo Bouillon. Le cinéma tenta de s'emparer d'elle, mais *La Sirène des tropiques, Princesse Tam-Tam, Zouzou*, avec Jean Gabin, et *Créole*, ne remportèrent guère de succès.

En 1940, Joséphine Baker rejoignit la France libre, servit en Algérie comme infirmière, conductrice d'ambulance et agent de renseignement, ce qui lui valut la croix de Lorraine, la Légion d'honneur et la croix de guerre qu'elle reçut des mains du général Vallin, commandant en chef des Forces françaises libres. Puis elle quitta la scène et s'occupa d'enfants: elle en adopta treize de toutes races, les hébergea dans le château des Milandes qu'elle avait acheté avec Jo Bouillon. Cependant, les dettes s'accumulaient et, malgré les dons qui lui parvenaient du monde entier, elle ne put faire face financièrement: le château fut mis en vente et elle en fut expulsée. Grâce à l'appui du prince et de la princesse de Monaco, elle put s'installer avec toute sa famille dans une maison à Roquebrune. À soixante ans, elle reparut avec succès dans des galas, dans des shows et à la télévision. En 1974, elle obtint un triomphe au gala de la Croix-Rouge monégasque. En 1975, elle fêta à Bobino ses cinquante ans de carrière parisienne; elle avait soixante-huit ans et toujours le même tour de taille qu'à ses débuts. André Levasseur monta une revue, *Joséphine*, d'un luxe extraordinaire; ce fut de nouveau un triomphe, mais le spectacle ne dura que quatorze jours; Joséphine Baker s'écroula en scène pour s'éteindre à l'hôpital de la Salpêtrière.

RÉF.: L. Haney, *Joséphine Baker*, Lattès, 1982.

BAKER Mary. Voir EDDY Mary.

BALACHOVA Alexandra. Danseuse française d'origine russe (Saint-Pétersbourg, 3 mai 1887 - Chelles, 8 janvier 1979). Formée à l'École impériale de Moscou, elle fut engagée au Bolchoï en 1905. Sculpturale, ravissante, possédant une technique parfaite, elle devint danseuse étoile en 1915 et dansa dans *Coppélia* (Nuitter et Saint-Léon), *Le Lac des cygnes* (M. Petipa), et *La Bayadère* (M. Petipa). Sa dernière création au Bolchoï fut *Salomé* (Gorsky). Elle quitta Moscou en 1922, se produisit en France et triompha à l'Opéra dans le rôle de Lise (*La Fille mal gardée*, Dauberval) qui avait été l'un de ses plus grands succès en Russie. En 1931, elle ouvrit sa propre école de danse à Paris.

BALACHOVA Tania. Actrice belge d'origine russe (Saint-Pétersbourg, 1902 - Bagnoles-de-l'Orne, 1973). Elle suivit, enfant, les cours du conservatoire de Bruxelles et fit ses débuts, en 1924, dans la Compagnie du Marais en jouant Lisette (*La Double Inconstance*, Marivaux). À Paris, elle acquit la célébrité en jouant Salacrou, Bruckner, Giraudoux et surtout Sartre: elle fut une inoubliable Inès (*Huis clos*), en 1944 au Vieux-Colombier. Après la guerre, ses interprétations les plus marquantes eurent lieu avec *Le Dialogue des carmélites* (Bernanos), *Noces de sang* (García Lorca), *Les Bonnes* (Genet). Elle frappait le public par une voix profonde, un masque inquiétant et un regard perçant. Elle a longtemps enseigné le théâtre.

BALAS Yolanda. Athlète roumaine (née à Timisoara en 1936). À l'âge de douze ans, elle sautait 1,28 m. En 1956, elle obtint son premier titre de championne en passant la barre à 1,75 m puis elle améliora régulièrement ses performances, sautant successivement 1,76 m, 1,83 m, 1,84 m. En 1960, elle réussit un saut de 1,85 m et l'année suivante 1,91 m, performance extraordinaire pour une femme, étant donné la technique employée à cette époque. De 1956 à 1967, Yolanda Balas remporta cent quarante victoires successives au saut en hauteur.

BALBI Anne, née de Caumont La Force, comtesse **de**. Française (château de La Force, Périgord, 19 août 1758 - Paris, 3 avril 1842). Maîtresse du comte de Provence, futur Louis XVIII, elle se fit construire, par Chalgrin, un hôtel dont les jardins touchaient le palais du Luxembourg que son amant habitait depuis 1779. Le comte de Provence voulut encore se rapprocher de sa maîtresse et fit gouverneur du palais le comte de Balbi, noble génois qu'Anne avait épousé en 1770. Elle put ainsi s'installer au Luxembourg; elle fit par la suite renvoyer son mari, déclaré aliéné. Au moment de la Révolution, elle suivit son amant à Coblence (1791). Constatant qu'elle perdait son ascendant sur le prince pendant que M. d'Aravay, qui la détestait, exerçait en revanche une influence accrue sur lui, elle partit pour la Hollande, prévoyant sa disgrâce. Elle y prit pour amant un comte émigré, et ses amours tapageuses, parvenant aux oreilles du comte de Provence, compromirent son retour éventuel à la cour. Elle se rendit ensuite en Angleterre, puis revint en France lorsque le Directoire autorisa le retour des émigrés. Elle participa à des complots royalistes et fut reléguée à Montauban où elle ouvrit une banque de jeu. Après l'abdication de Napoléon, elle chercha à renouer, en vain, avec Louis XVIII. Elle termina ses jours, oubliée de tous, à Paris. Le duc de La Force a publié la correspondance d'Anne Balbi et du comte de Provence.

RÉF. : Vicomte de Reiset, *Anne de Caumont La Force, comtesse de Balbi*, Paris, 1907. Duc de La Force, *Dames d'autrefois*, Paris, 1923.

BALBINE, sainte. Vierge et martyre romaine (IIe siècle). Fille d'un tribun des soldats sous l'empereur Hadrien, tous deux convertis à la religion chrétienne, elle subit le martyre avec son père (plus tard saint Quirien), car ils avaient refusé de renier leur foi. Ils eurent la tête tranchée après avoir subi d'horribles supplices. Leurs dépouilles furent ensevelies à la Via Appia, au lieu dit aujourd'hui cimetière de Sainte-Balbine. À Rome, une église lui a été consacrée. On la fête le 31 mars.

BALCH Emily. Économiste et propagandiste américaine (Jamaica Plain, Massachusetts, 1867 - Cambridge, Massachusetts, 1961). Elle débuta au Wellesley College où elle enseigna l'économie politique, puis fit partie en 1915 de la délégation du Congrès international des femmes en Hollande et en Prusse. Elle devint la directrice de *The Nation* à New York. Elle participa en outre aux activités de la Ligue internationale des femmes pour la paix et la liberté dont elle devint la présidente en 1922, succédant à Jane Addams*, l'une des fondatrices de la Ligue. Elle reçut le prix Nobel de la paix en 1946, avec John Mott. Elle a écrit de nombreux ouvrages de sociologie traitant de la condition féminine.

BALETTI Gianetta Rosa, née Benozzi. Actrice française d'origine italienne (Toulouse, 1701 - Paris, 1758). Elle fit toute sa carrière à la Comédie-Italienne sous le nom de Silvia ou Sylvia. Elle excellait dans les rôles d'amoureuse, en particulier dans les pièces de Marivaux, et elle était très aimée du public. Elle épousa un acteur, Joseph Baletto, dit Mario, qui fut longtemps son partenaire. Ils eurent un fils, Louis Baletti, acteur à la Comédie-Française à partir de 1741.

BALIN Mireille. Actrice française (Monte-Carlo, 20 juillet 1911 - Paris, 9 novembre 1968). Issue d'un milieu aisé, elle s'installa à Paris et devint modèle pour photographes de mode puis mannequin de haute couture. Elle fit ses débuts au cinéma dans *Don Quichotte* (Pabst, 1933), où elle incarnait Dulcinée aux côtés du chanteur d'opéra Fedor Chaliapine. Paul Morand avait écrit les dialogues du film et courtisait l'actrice. La gloire lui vint en tournant avec Jean Gabin dans *Pépé le Moko* (Duvivier, 1936) puis, toujours avec ce dernier, dans *Gueule d'amour* (Grémillon, 1937). Elle incarnait alors le type même de la séductrice intrigante à qui aucun homme ne résiste. Devenue fort riche, elle se produisit dans des films sans intérêt, mena grand train, eut, jusqu'en 1941, une liaison mouvementée avec Tino Rossi qu'elle avait rencontré sur le tournage de *Naples au baiser de feu* (Genina, 1937), film médiocre dans lequel elle rivalisait avec Viviane Romance*. En 1942, elle apparut dans son dernier grand film, *Dernier Atout* (Becker). Sa carrière fut brisée à la Libération lorsqu'on découvrit qu'elle cachait dans sa cave son amant, un Autrichien, et qu'elle n'avait jamais payé ses impôts. Elle fit l'objet d'une interdiction de travail, et tous ses biens furent saisis. Elle sombra dans la misère et mourut dans la salle commune d'un hôpital.

BANCROFT Marie, née Wilton, lady. Actrice anglaise (Doncaster, 12 janvier 1839 - Folkestone, 22 mai 1921). Issue d'une famille de comédiens provinciaux, elle joua dès l'enfance et enchanta Londres dans les rôles-titres des burlesques de William Brough. Elle poursuivit avec des œuvres de la même veine, avant de créer sa propre compagnie en louant le Queen's Theatre, petite salle alors à la mode qu'elle rebaptisa le Prince of Wales' Theatre (1865). Elle se tourna vers un répertoire plus ambitieux, donnant par exemple *L'École de la médisance* (Sheridan) ou *Le Marchand de Venise* (Shakespeare). En 1867, elle épousa Bancroft, un des acteurs de sa compagnie. Avec lui, elle introduisit les décors démontables inventés par Mme Vestris* et connus en Angleterre sous le nom de *box-set*. Leur gestion efficace fait date dans la profession : les acteurs furent convenablement payés, et les actrices habillées aux frais de la compagnie. À partir de 1880, ils s'installèrent au Haymarket, produisant le même genre de comédies (Sheridan, Sardou, etc.). En 1885, Marie Bancroft abandonna sa carrière d'imprésario, mais continua à jouer au Garrick Theatre jusqu'à la saison 1893-1894. Excellente actrice — elle fut notamment applaudie par Kemble et Dickens —, elle a cependant sacrifié à la facilité et à la réussite matérielle. Ses Mémoires ont paru à Londres, en 1888, sous le titre *Mr. and Mrs. Bancroft: On and Off the Stage*.

BANDARANAÏKE Sirimawo Ratwatte Dias. Femme politique sri lankaise (née à Ceylan en 1916). Issue d'une famille aristocratique de Kandy, elle épousa en 1940 M. Bandaranaïke, qui occupa le poste de Premier ministre après la victoire aux élections de son parti, le Front uni du peuple. Après son assassinat en 1959, Sirimawo continua l'œuvre progressiste entreprise par son mari, conservant la confiance de la majorité des Sri Lankais qui la portèrent à la présidence du Conseil, en 1960. Première femme au monde à être chef de gouvernement, Sirimawo Bandaranaïke se lança dans une série de réformes socialistes : nationalisation des assurances, des carburants, des écoles privées et confessionnelles. Elle prit en outre des mesures en faveur de l'enseignement gratuit, mais échoua dans la nationalisation de la presse. En politique étrangère, elle reconnut l'une des premières la Corée du Nord, le Nord et le Sud-Viêt-nam, louvoyant avec habileté entre Moscou et Pékin. Battue par les conservateurs aux élections de 1965, elle reprit le pouvoir, en 1970, à la tête d'une coalition de gauche et dut faire face à des problèmes sociaux difficiles : sous-développement, chômage, baisse des exportations du thé et du caoutchouc. Son nouveau mandat fut marqué par de grands travaux, construction de centrales électriques, aménagements portuaires : Galle est aujourd'hui le plus grand port de pêche du Sud-Est asiatique. En 1972, elle promulgua une nouvelle constitution qui instaurait la république du Sri Lanka à la place de Ceylan. Les élections de 1977 amenèrent au pouvoir le président Jayawardene. Sirimawo Bandaranaïke, restée très populaire, prit la tête de l'opposition avec son fils. Elle a été déchue de ses droits civiques en 1980 et exclue de la Chambre.

BANKHEAD Tallulah, née Brockman. Actrice américaine (Huntsville, Alabama, 1903 - New York, 1968). Fille d'un politicien à la vocation de comédien, elle fut élevée au Sacré-Cœur de New York. À quinze ans, sur les conseils de son père, elle décida de se consacrer au théâtre. Elle débuta à New York en 1918 dans *The Squab Farm* (Hatton) et se fit remarquer à Londres, en 1923, aux côtés de Gérald Du Maurier, dans *The Dancer* (Parsons). Avec ses yeux bleus, ses lèvres gourmandes, sa voix rauque et profonde, et ses excentricités, elle devint rapidement l'idole de la jeunesse. Elle joua *Conchita* (Knoblock, 1924), *Fallen Angels* (Coward, 1925), *La Dame aux camélias* (Dumas fils) en 1930. Elle triompha en Amérique pour ses interprétations dans *Rain* (Maugham, 1935), *The Little Foxes* (Hellman, 1939), et *The Second Mrs. Tanqueray* (Pinero, 1940). Elle créa de nombreux rôles comme Sabina (*The Skin of our Teeth*, Wilder, 1942) et la Reine (*L'Aigle à deux têtes* de Cocteau, 1947). La critique new-yorkaise lui a décerné son prix en 1951. Elle était l'interprète idéale des pièces de Tennessee Williams. Alfred Hitchcock l'a dirigée dans *Lifeboat* (1944) et Ernst Lubitsch dans *A Royal Scandal* (1945). Son autobiographie, *Tallulah*, a été publiée en 1952.

BANTI-GIORGI Brigida. Soprano italienne (Monticelli d'Ongina, 1756 - Bologne, 18 février 1806). Fille d'un chanteur des rues, elle se produisit, avec son père, de ville en ville et arriva ainsi à Paris, où Vismes, directeur de l'Opéra, la remarqua et lui donna sa chance: chanter un air entre le deuxième et le troisième acte d'*Iphigénie en Aulide* (Gluck). Sa voix était exceptionnelle, mais la jeune fille ne se pliait à aucun enseignement. Elle obtint néanmoins un contrat à Londres; elle y rencontra le danseur Zaccaria Banti qu'elle épousa à Amsterdam. Elle se produisit ensuite à Vienne (1780), à Venise (1782) et dans les grandes villes italiennes où elle remporta un immense succès. On l'applaudit à Varsovie (1789), à Madrid (1793) et à Londres où elle triompha au King's Theatre jusqu'en 1802. Considérée comme la meilleure chanteuse de son temps, elle se tailla une réputation européenne. Joseph II, qui l'écouta à Vienne, la sacra «la plus belle voix de l'Europe». Elle participa aux fêtes du couronnement de Napoléon comme roi d'Italie, à Milan.

RÉF. : G. Banti, *Vita di Brigida Banti*, 1869.

BARA Theda (Theodosia Goodman, dite). Actrice de cinéma américaine (Cincinatti, Ohio, 1890 - Los Angeles, Californie, 1955). Frank Powell lui fit tourner son premier et sans doute son plus célèbre film, *A Fool There Was* (1915), dans lequel elle interprétait le rôle d'une femme fatale. L'étrangeté de son regard fixe, au maquillage charbonneux, fascinait. Couverte de bijoux, languissamment étendue sur des peaux de bête, elle captivait par sa séduction. Elle fut la première «vamp» du cinéma: la légende lui attribue entre 1915 et 1922 le suicide de nombreux hommes du monde. Elle introduisit au cinéma le véritable baiser (1915). Cette nouveauté fit scandale, mais assura par la suite le succès de ses films et sa fortune. Pour atténuer son image de femme fatale, elle tourna quelques films moins audacieux comme *Les Deux Orphelines* (Brenon, 1915) ou *Roméo et Juliette* (Edwards, 1916), qui eurent un succès moindre.

BARBANÇON Marie de. Héroïne française (XVIe siècle). Durant les guerres de Religion entre catholiques et huguenots, qui ensanglantèrent la France sous le règne des Valois, on cite l'histoire de Marie de Barbançon, veuve de Jean de Barret, un des chefs de la Réforme. Armée d'une pique, elle défendit elle-même son château de Bannegon, dans le Berry. Mêlée aux combattants, elle se comporta avec une vaillance extraordinaire: entourée d'une dizaine d'hommes, elle soutint le siège pendant plus de quinze jours et vit son château tomber peu à peu sous les coups des troupes royales. À court de vivres et de poudre, Marie de Barbançon dut capituler, mais obtint la vie sauve pour ses hommes. En 1569, Charles IX lui rendit son château sans exiger de rançon.

BARBARA (Monique Serf, dite). Chanteuse française (née à Paris en 1930). Elle fit ses débuts dans les cabarets — à L'Écluse notamment — où elle interprétait les chansons des autres, Brel et Brassens, par exemple. Elle commença à s'affirmer en tant que chanteuse à part entière au cours des années 60, et ses prestations à l'Olympia en 1969 l'imposèrent définitivement. L'originalité, la force et la poésie de ses textes (*Nantes, Göttingen, Ma plus belle histoire d'amour, L'Aigle noir*) lui permirent de conquérir un public particulièrement fidèle et enthousiaste. Avec sa voix rauque, son profil d'oiseau de proie, ses longues robes éternellement noires, Barbara a su imposer à la scène le personnage d'une femme fatale et fragile, capable de communiquer à son public une très grande qualité d'émotion. Son dernier spectacle important *Lily-Passion*, monté en compagnie de Gérard Depardieu, a remporté un grand succès à Paris au Zénith (1986), puis à New York en 1987.

BARBARIGO Ida (Ida Cadorin, dite). Peintre. Italienne (née à Venise en 1925). Elle est issue d'une famille où l'on est peintre, sculpteur ou architecte de père en fils. Après des études classiques et des débuts dans l'architecture, elle sortit diplômée de l'académie des Beaux-Arts de Venise. En 1952, elle se fixa à Paris tout en conservant son atelier à Venise. Son art, d'une grande originalité tant par le choix des sujets que par le graphisme, a beaucoup évolué, depuis la série des *Chaises* qui fut très remarquée jusqu'à *La Plage* (1987). De nombreuses expositions personnelles lui ont été consacrées : à la Galleria Bergamini de Milan (1969), à la Grosvenor Gallery de Londres (1971), au musée d'Art moderne de Munich (1982). Son œuvre est représentée dans différents musées d'art moderne (Munich, Nuremberg, Venise) et dans plusieurs collections privées.

BARBARINA la (Barbara Campanini, dite). Danseuse italienne (Parme, 1721 - Barschau, Silésie, 7 juillet 1799). Elle commença à danser dans sa ville natale avec pour partenaire Antonio Rinaldi. Le couple débuta à l'Opéra de Paris dans *Les Talents lyriques* (Rameau). La Barbarina avait tout juste vingt ans : elle surprit le public par la qualité de ses sauts (elle battait l'entrechat huit) et de sa pantomime. On la vit à Londres, au Covent Garden, et de nouveau à Paris où elle créa *L'Empire de l'amour* (Montcrif) et *Les Fêtes grecques et romaines* (Colin de Blamont). Elle dansa dans *Zaïde* (La Chapelle) et conquit toute l'Europe malgré le règne de Marie Sallé*. Elle était également célèbre pour ses liaisons avec de hauts personnages : le prince de Carignan, lord Arundel, le marquis de Thébouville, le duc de Durfort. Frédéric II l'engagea à Berlin où elle se produisit jusqu'en 1748 : il dut la faire venir de force car elle préférait alors le séjour de Venise avec son amant, lord Stuart Mackenzie. Elle fut, vraisemblablement, la maîtresse du roi de Prusse si l'on en juge par les richesses et les honneurs qu'elle reçut. Elle épousa en 1749 le conseiller Cocceji et le suivit en Silésie. Elle divorça en 1788 et obtint de Frédéric-Guillaume le titre de comtesse de Campanini, en échange de quoi elle s'engageait à consacrer de son vivant sa fortune à gérer son domaine de Barschau converti en institution pour jeunes filles nobles, dont elle assura d'ailleurs la direction de manière très intelligente.

RÉF. : J.J. Olivier et W. Norbert : *Une étoile de la danse au XVIIIe siècle*, Paris, 1909.

BARBARA RADZIWILL. Reine de Pologne (1520-1551). Fille de Georges Radziwill, chef des armées du grand-duché de Lituanie, elle épousa Gasztold, gouverneur de Lituanie. Devenue veuve, elle se remaria en 1547 à Sigismond-Auguste, grand-duc de Lituanie et roi de Pologne à partir de 1548. Elle se heurta à l'hostilité de sa belle-mère, Bonne Sforza, qui attisa contre elle et contre son fils le mécontentement populaire. Barbara Radziwill mourut en 1551, et on accusa la mère du roi de l'avoir fait empoisonner.

BARBIERI Fedora. Mezzo-soprano italienne (née à Trieste, le 4 juin 1920). Après des études au Teatro communale de sa ville natale, elle travailla avec Giula Tess à Florence où elle fit ses débuts, en 1940, dans le rôle de Fidalma (*Le Mariage secret*, Cimarosa). L'année suivante, elle créa le rôle de Dariola (*Don Giovani di Manara*, Alfano), chantant, dès le lendemain, à l'admiration générale, dans *Le Trouvère* (Verdi). Puis, elle se produisit dans des opéras de Monteverdi à Florence et à Crémone en 1942 et en 1943. Engagée au théâtre Colón de Buenos Aires en 1947, elle fut invitée à chanter sur les plus grandes scènes du monde. Elle obtint ses succès les plus notables au Metropolitan de New York dans *Le Trouvère* (Verdi) et dans *Aïda* (Verdi). Son répertoire comprenait cent neuf rôles, mais son préféré restait celui de Mistress Quickly (*Falstaff*, Verdi). Elle y donnait toute la mesure de son talent de comédienne, que rehaussait la beauté et la musicalité de sa voix. En 1970, à Rome, elle créa *L'Idiota* (Chailly).

BARBIERI-NINI Marianna. Soprano italienne (Florence, v. 1820 - *id.*, 27 novembre 1887). Elle fit des débuts désastreux à la Scala de Milan dans *Belisario* (Donizetti). Furieuse, elle rompit son contrat et fut engagée dans sa ville natale où elle triompha dans *Lucrèce Borgia* (Donizetti). Pendant quinze ans, elle remporta un immense succès tant en Italie qu'en Espagne et à Paris. Sa voix puissante et l'intensité dramatique de son jeu lui permirent d'interpréter *Anne* Boleyn* (Donizetti), *Sémiramis* (Rossini) et de créer trois opéras de Verdi: *I due Foscari* où elle était Lucrezia, *Macbeth* et *Il Corsaro* dans le rôle de Gulnara. Elle quitta la scène en 1856.

BARDOT Brigitte (dite **BB**). Actrice française (née à Paris en 1934). Fille d'un administrateur de sociétés, elle suivit des cours de danse au Conservatoire de Paris, posa pour des journaux féminins et débuta à l'écran dans des petits rôles qui la firent bientôt remarquer: *Le Trou normand* (Boyer, 1952), *Un acte d'amour* (Litvak, 1953), *Les Grandes Manœuvres* (Clair, 1955). On lui donna ensuite les rôles principaux de quelques films comme *En effeuillant la marguerite* (M. Allégret, 1956) ou *La mariée est trop belle* (Gaspard-Huit, 1956). Mais c'est Roger Vadim, qu'elle avait épousée en 1952, qui, dans son célèbre film, *Et Dieu créa la femme*, lança le mythe Bardot. Pendant de longues années, BB fut le sex-symbol de sa génération, le modèle de toutes les adolescentes qui imitèrent ses coiffures, ses vêtements, son comportement et même sa moue boudeuse.

Devenue vedette internationale, Brigitte Bardot tourna de nombreux films souvent médiocres, mais sa seule présence, sinon toujours son indéniable talent, en assurèrent le succès, exception faite de *La Vérité* (Clouzot, 1960) où elle se révéla une excellente tragédienne. Sa filmographie est abondante: *La Femme et le pantin* (Duvivier, 1958), *En cas de malheur* (Autant-Lara, 1958), *Le Repos du guerrier* (Vadim, 1962), *Le Mépris* (Godard, 1963) — sans doute son meilleur film —, *Une ravissante idiote* (Molinaro, 1964), *Viva Maria* (Malle, 1965), *Les Pétroleuses* (Christian-Jaque, 1971).

BB a défrayé la chronique par ses mariages et par les frasques de sa vie sentimentale. Elle a épousé successivement Roger Vadim, Jacques Charrier et Gunther Sachs. Après l'échec de *Colinot Trousse-Chemise* (Companeez*, 1973), elle a quitté le cinéma, fuyant les contraintes de la vie de star. Elle se voue depuis à la défense des animaux.

RÉF. : C. Rihoit, *Brigitte Bardot: un mythe français*, Orban, 1986. R. Vadim, *D'une étoile l'autre*, Édition n° 1, 1986.

BARNES Djuna. Femme de lettres américaine (Cornwal on Hudson, New York, 1892 - New York, 1982). En 1913, elle s'installa à Greenwich Village (New York). Jolie et élégante, elle se maria puis divorça rapidement et eut de nombreux amants. Elle hésita entre l'écriture et le dessin, bien qu'elle fût beaucoup plus créative en tant qu'écrivain; articles, poèmes, nouvelles se succédèrent. Vers les années 1920, elle s'installa à Paris, rue Jacob, et rencontra Natalie Barney*. Elles connurent une brève passion qui se transforma, par la suite, en une amitié inébranlable. Djuna Barnes fit ensuite la connaissance de Thelma Wood, jeune fille sculpteur du Missouri: «Je ne suis pas lesbienne, dira-t-elle, j'aimais Thelma.» En 1929, elle publia un roman, l'*Almanach des dames* où elle dépeignait le Tout-Lesbos international. En 1931, elle rompit avec Thelma et reprit des amants. En 1939, elle retourna à New York où elle passa ses quarante dernières années, menant une existence de recluse, vivant des libéralités de Peggy Guggenheim*, et ne supportant que le bruit de sa machine à écrire. Reconnue par ses pairs, ignorée du grand public, désaxée, frôlant la folie, fragile et trop douée, elle était la représentante type de la fameuse «génération perdue». Dans *Le Bois de la nuit* (1936), elle campa le personnage alcoolique et génial de Thelma. Avec *Ryder* (1928), elle a donné la mesure de son talent étrange, dont se réclament Eugène O'Neill, T.S. Eliot, James Joyce ou Carson Mc Cullers*.

RÉF. : A. Field, *Djuna Barnes*, Rivages, 1986.

BARNEY Natalie, née Clifford. Femme de lettres américaine (Dayton, Ohio, 1876 - Paris, 1972). Jeune étrangère fortunée, elle ne résista pas aux séductions de Paris : en 1899, elle eut une liaison retentissante avec Liane de Pougy*. «Rayon de lune», ainsi nommée pour sa blondeur, compta au nombre de ses amies Colette*, Lucie Delarue-Mardrus*, la poétesse Renée Vivien*, mais c'est Romaine Brooks, peintre et sculpteur, qui devait partager sa vie. Elle s'installa dans une petite maison avec jardin, au 20, rue Jacob, où elle tint salon. «Ultra-païenne» selon l'abbé Mugnier, elle goûtait Verlaine et Baudelaire par-dessus tout. Rémy de Gourmont la rencontra au faîte de sa célébrité, vers 1910. Épris de cette femme inaccessible, l'auteur lui écrivit ses *Lettres à l'Amazone* par le biais du *Mercure de France*. Cette correspondance philosophique se doubla de *Lettres intimes à l'Amazone* publiées par leur destinatrice en 1927, longtemps après la mort de Gourmont, dont elle trace le portrait dans les *Souvenirs indiscrets*. Elle a publié en outre plusieurs recueils de textes et de poèmes : *Éparpillements, Actes et entractes, L'Amour défendu, Les Aventures de l'esprit*.

RÉF. : J. Chalon, *Chère Natalie Barney*, Flammarion, 1992.

BARONI Eleonora. Cantatrice italienne (Mantoue, 1611 - Rome, 1670). Elle était la fille d'une cantatrice, Adriana Basile Baroni, dite «la Belle Adrienne». Elle fit de nombreuses tournées en Italie avec sa mère qu'elle finit par surpasser en beauté et en talent. En 1640, elle épousa Giulio Castellani, secrétaire du cardinal Barberini et ami intime de Mazarin. Celui-ci, qui avait entendu parler d'Eleonora Barberini par la *Réponse faite à un curieux sur le sentiment de la musique en Italie* (1640) du violoniste André Maugars, la fit venir à Paris en 1644, et elle chanta à la cour en l'honneur d'Anne* d'Autriche. Elle retourna en Italie l'année suivante, remportant un très grand succès pendant toute sa carrière, essentiellement dans les œuvres de Monteverdi. Elle fut louée par le poète anglais John Milton qui l'avait rencontrée à Rome durant son séjour (1638-1639) et qui lui dédia trois épigrammes en latin, et par le cardinal Rospigliosi, le futur pape Clément IX. Un recueil de louanges lui a été consacré sous le titre *Applausi poetici glorie della signora Leonora Baroni* (1636).

BARONOVA Irina. Danseuse anglaise d'origine russe (née à Petrograd en 1919). Élève d'Olga Préobrajenska* à Paris, elle fut la vedette d'un divertissement réglé par Balanchine au théâtre Mogador, *Orphée aux enfers* (musique d'Offenbach). Quelques mois plus tard, l'adolescente devenait avec Tatiana Riabouchinska* et Tamara Toumanova* l'une des trois jeunes ballerines des Ballets russes de Monte-Carlo, fondés en janvier 1932 pour succéder aux Ballets russes de Serge de Diaghilev. Ses créations tendres et poétiques pour Massine (*Les Présages, Jeux d'enfants, Le Beau Danube*, tous trois de 1933) et pour Nijinska* (*Les Cent Baisers*, 1935) consacrèrent sa renommée. Étoile classique parfaite, vive et gracieuse, elle fut engagée au Ballet Theatre de New York en 1941, travaillant parallèlement pour le music-hall et le cinéma. Elle mit fin à cette carrière, jalonnée de succès, à l'âge où d'autres atteignent la célébrité: elle n'avait que trente ans lorsqu'elle fit ses adieux en 1949. Elle vit en Angleterre où elle est membre de la Royal Academy of Dancing.

BARRAINE Elsa. Compositeur. Française (née à Paris, le 13 février 1910). Élève de Paul Dukas au Conservatoire de Paris, elle obtint un grand prix de Rome en 1929, à l'âge de dix-neuf ans. Elle a beaucoup composé, notamment un opéra-comique, *Le Roi bossu* (1932), deux symphonies (1931 et 1938), une *Suite astrologique* (1945), des *Variations sur le fleuve rouge* (1945).

BARRAT Voir MARIE-MADELEINE BARRAT, sainte.

BARRETO DE MANDANA Isabel. Exploratrice et voyageuse espagnole (XVIe siècle). Femme d'un homme d'État péruvien, Alvaro de Avendano, elle participa aux nombreuses explorations de celui-ci. Ils découvrirent en 1595 l'île de Santa Cruz, ce qui leur valut de recevoir de hautes distinctions du roi d'Espagne Philippe II. Après la mort d'Alvaro de Avendano, elle épousa le général Fernando de Castro en 1596. Elle fit partie également des expéditions de son nouveau mari et parcourut la Nouvelle-Espagne (1597) et le Pérou (1598). Il n'existe pas de documents relatant les dernières années de son existence.

BARRIENTOS María. Soprano espagnole (Barcelone, 10 mars 1884 - Saint-Jean-de-Luz, 8 août 1946). Elle entra, à l'âge de six ans, au conservatoire de Barcelone où elle fut formée à l'harmonie et au violoncelle. Elle le quitta pour prendre des leçons de chant et débuta dans *L'Africaine* (Meyerbeer) en 1898. Elle s'installa ensuite en Italie où elle se perfectionna avant de chanter Rosine (*Le Barbier de Séville*, Rossini), à Covent Garden, en 1903. À la Scala de Milan, en Espagne, en Amérique du Sud, elle stupéfiait le public par l'aisance et la précision de ses vocalises. Pendant trente ans, elle interpréta un répertoire de soprano léger, de *Lakmé* (Delibes) à *Mireille* (Gounod). Vedette du Metropolitan Opera de New York de 1916 à 1920, elle y triompha avec *Les Puritains* (Bellini), *Rigoletto* (Verdi), *La Traviata* (Verdi), *Les Pêcheurs de perles* (Bizet), etc. Tout aussi remarquable dans les mélodies françaises et espagnoles, elle se produisit en concert, en France surtout, où elle termina sa vie en bridgeuse impénitente.

BARRY Élisabeth. Actrice anglaise (1658 - Acton, 7 novembre 1713). Elle entra au théâtre grâce à l'intervention de son amant, le comte de Rochester, et fit ses débuts en jouant le rôle d'Isabelle de Hongrie (*Mustapha*, Orrery), en présence de la famille royale. On raconte que Marie-Béatrice d'Este, qui allait devenir reine d'Angleterre, fut tellement enthousiasmée par Élisabeth Barry qu'elle lui demanda de lui donner les leçons d'anglais. Elle remporta ensuite un grand nombre de succès, notamment dans le rôle de Lady Brute (*The Provoked Wife*, Vanbrugh) qui fut son plus grand rôle. Elle était connue pour son caractère détestable et pour une vie privée agitée.

BARRY Jeanne, comtesse du. Voir DU BARRY.

BARRYMORE Ethel (Ethel Blythe, dite). Actrice américaine (Philadelphie, 1879 - New York, 1959). Elle appartenait à une famille d'acteurs américains tellement connue qu'on l'appelait « *The Royal Family* ». Élevée au couvent Notre-Dame de Philadelphie, elle se destinait à une carrière de pianiste mais, par tradition familiale, elle s'orienta vers le théâtre, joua de petits rôles avec ses frères John et Lionel, avant de partir pour Londres en tournée (1897). Là, elle incarna successivement Miss Kittridge (*Secret Service*, Gillette), Annette (*The Bells*, L. Lewis), Euphrosyne (*Pierre le Grand*, Irving). Elle eut du succès, devint l'idole de la haute société, courtisée à la fois par le duc de Manchester et Winston Churchill. De retour aux États-Unis en 1900, elle entama une carrière éblouissante, abordant ses plus grands rôles : Nora (*Maison de poupée*, Ibsen), Marguerite (*La Dame aux camélias*, Dumas fils). Elle s'essaya ensuite au répertoire shakespearien et triompha dans les rôles de Rosalinde (*Comme il vous plaira*) et Ophélie (*Hamlet*). Elle interpréta aussi *L'École de la médisance* (Sheridan), *Rose Bernd* (Hauptmann), *Silver Box* (Galsworthy), *Déclassé* (Akins*). Grâce à des émissions radiophoniques, elle exerça sa fascination sur un vaste public. À partir de 1923, elle dirigea son propre théâtre à New York, l'Ethel Barrymore, et remporta d'innombrables succès avec des pièces de Baker, Maugham, Ibsen, Shakespeare. Sacrée « première dame » du théâtre américain, sa prestigieuse carrière s'acheva en 1940 avec *The Corn is Green* (E. William) dont le succès fut sans précédent. Elle avait épousé en 1909 Russel Colt, fils d'un industriel richissime, dont elle divorça en 1923.

BARTET Julia (Jeanne-Julia Regnault, dite). Actrice française (Paris, 28 octobre 1854 - *id.*, 1941). Elle fut reçue au Conservatoire en 1871 où elle fit ses classes sous la direction de Régnier de La Brière et obtint un vif succès dès son premier rôle l'année suivante: Vivette (*L'Arlésienne*, Daudet). Après avoir joué beaucoup de mélodrames, elle entra à la Comédie-Française en 1879 et créa en 1880 le rôle de la reine (*Ruy Blas*, Hugo) en présence de l'auteur. Elle rencontra, sa vie durant, un succès considérable, tant dans des pièces classiques que contemporaines. Ses qualités dramatiques, son authenticité, la finesse de son jeu lui valurent le surnom de «divine». Elle s'adonna à la peinture après sa retraite, prise en 1920.

RÉF.: A. Dubois, *Julia Bartet, Essai critique*, Paris, 1920. A. Dubeux, *Julia Bartet*, Paris, 1938.

BARTLETT Jennifer. Peintre. Américaine (née à Long Beach, Californie, 1941). Auteur à ses débuts de textes poétiques, elle se consacra ensuite à la peinture. Attirée par l'abstraction géométrique, peu à peu elle anima ses toiles d'éléments figuratifs juxtaposés, de caractère narratif. Elle utilisa simultanément encres, fusain, pastel, peinture et pratiqua les collages sur métal, papier ou miroirs. Citons parmi ses œuvres *Rhapsody* (1975-1976), ensemble de panneaux réunis, *Swimmers Atlanta* (1979), *At the Lake* (1979), *To the Island* (1982).

BARTON Clara. Fondatrice de la Croix-Rouge américaine (North Oxford, Massachusetts, 25 décembre 1821 - Glen Echo, Maryland, 12 avril 1912). Pendant la guerre de Sécession, elle s'illustra en organisant les secours aux blessés avec une telle efficacité qu'on la surnomma l'« ange du champ de bataille ». La paix revenue, elle fit rechercher prisonniers et disparus et fonda le cimetière national d'Andersonville. Elle se trouvait en France pendant la guerre de 1870 et entra en contact avec Henri Dunant, initiateur de la Croix-Rouge internationale. Elle rentra dans son pays en 1873 et, la même année, fonda la Croix-Rouge américaine après avoir fait adhérer son pays à la convention de Genève dont elle fut présidente jusqu'en 1904. Elle organisa des secours lors de catastrophes naturelles en Floride (1887), en Russie (1891), en Turquie (1896), à Cuba (1898). Elle a publié plusieurs ouvrages sur l'histoire de la Croix-Rouge et des Mémoires, *Story of my Childhood* (1907).

RÉF. : P.H. Epler, *Life of Clara Barton*, 1915.

BARTON Élisabeth. Religieuse anglaise (Adlington, Kent, 1506 - Londres, 1534). Elle eut des visions lors d'une maladie survenue en 1525 et annonça des événements qui se réalisèrent. Traduite devant une commission ecclésiastique, elle parvint à convaincre ses juges de l'authenticité de ses dons. Elle entra chez les bénédictines et vécut à Canterbury. Elle annonça la mort de Henri VIII s'il divorçait pour épouser Anne* Boleyn. Pour couper court à toute contestation contre le roi — Élisabeth Barton commençait à se faire connaître —, l'archevêque Cranmer la fit examiner une deuxième fois. Elle confessa alors l'inanité de ses visions et fut exécutée pour conspiration.

BASHKIRTSEFF Marie. Peintre et écrivain. Russe (Poltava, Ukraine, 1860 - Paris, 1884). Née dans une famille de l'aristocratie, elle reçut une éducation éclectique digne de ses dons : elle apprit la musique, le dessin, les langues, dévorant les chefs-d'œuvre de la littérature ancienne et moderne. Après la séparation de ses parents en 1872, elle suivit sa mère et son grand-père à Nice, puis à Paris où ils s'installèrent en 1877 ; Marie Bashkirtseff s'inscrivit à l'Académie Julian — l'École des beaux-arts étant réservée aux hommes — où elle eut pour maîtres Tony Robert-Fleury et Jules Bastien-Lepage. Elle laissa une œuvre abondante : sa mère fit don de quatre-vingt-quatre toiles et cinquante-cinq dessins au musée de Saint-Pétersbourg. Ses tableaux, exposés aux Salons de 1880, 1881, 1883 et 1884, lui avaient valu la faveur d'un public tout acquis à son talent et à sa jeunesse. Citons, parmi ses œuvres d'un réalisme audacieux, *La Parisienne, Jean et Jacques* (1883), et surtout *Un meeting* (1884), conservé au musée d'Orsay.

Marie Bashkirtseff doit sa renommée à son *Journal* commencé à dix-sept ans, œuvre ambitieuse où la précocité intellectuelle le dispute aux ingénuités :

> Si je ne vis pas assez pour être illustre, ce *Journal* intéressera les naturalistes... Et je dis tout, tout, tout. Sans cela, à quoi bon !

Deux volumes d'extraits furent publiés

trois ans après sa mort, tandis que ses *Lettres* paraissaient en 1894. La Bibliothèque nationale conserve quatre-vingt-quatre volumes manuscrits de ses carnets, dont une nouvelle partie fut éditée en 1925 sous le titre de *Cahiers intimes*. Celle qui montre dans son œuvre un tel appétit de vivre et une telle sensibilité — elle écrivait vouloir vivre « sept existences à la fois » — mourut à vingt-quatre ans phtisique. Elle est une des figures les plus attachantes de la fin du siècle dernier. Elle désira être enterrée, nouvelle Ophélie, drapée de blanc, cheveux défaits, bras à peine voilés, et pieds nus. Elle repose au cimetière de Passy.

BASINE. Princesse mérovingienne (VIe siècle). Fille du roi Chilpéric et de sa première femme Audovère, elle fut cloîtrée au couvent de Sainte-Croix de Poitiers par Frédégonde*, nouvelle épouse de Chilpéric. Basine se révolta et s'enfuit du couvent avec d'autres nonnes. Ambitionnant la place d'abbesse, elle se rendit à Tours en leur compagnie pour réclamer ce titre à l'évêque Grégoire. Devant l'échec de ses revendications, elle revint à Poitiers et, avec l'appui de plusieurs bandits, fit prisonnière l'abbesse de Sainte-Croix et pilla la basilique Saint-Hilaire. Excommuniée, elle n'obtint sa grâce du concile de Metz, en 590, qu'après sa capitulation et son retour à l'obéissance.

BASSEPORTE Madeleine Françoise. Peintre. Française (Paris, 28 avril 1701 - *id.*, 6 septembre 1780). Elle succéda à son maître Claude Aubriet comme miniaturiste du roi et comme dessinateur au Jardin des Plantes. Le Muséum d'histoire naturelle conserve de son passage de magnifiques vélins. Ses portraits, ses miniatures et ses tableaux de fleurs figurent principalement dans les collections privées. Le cabinet des Estampes de la Bibliothèque nationale possède de belles gravures sur cuivre de Madeleine Basseporte, témoignages de la maîtrise qu'elle avait atteinte dans cette discipline.

BASSEY Shirley. Chanteuse de variétés (née à Cardiff, Grande-Bretagne, en 1936). Née d'un père nigérien et d'une mère galloise, elle était la cadette d'une famille de sept enfants. Cette famille était pauvre et, ayant en réalité l'intention de devenir infirmière, elle ne pensa pas immédiatement à chanter, semble-t-il. Sa beauté lui permit cependant de devenir mannequin et elle eut alors l'occasion de monter sur scène aux côtés de musiciens. Elle accepta « pour se faire de l'argent de poche »; mais ce n'est qu'au hasard d'une rencontre, dit-elle, qu'elle débuta comme professionnelle de la chanson. La richesse de son timbre, la chaleur qu'elle sait communiquer à ses interprétations et sa présence lui ont rapidement fait gravir les échelons de la célébrité. On l'a surnommée le « Diamant noir », image qu'elle entretient d'ailleurs en se parant volontiers de somptueuses boucles d'oreilles et de nombreux autres bijoux. Applaudie dans le monde entier, elle réside fréquemment en Suisse. Sa discographie est très importante mais on pourrait, au moins, citer *The Lady Is a Tramp, My Way, Kiss me Honey*, ou son interprétation du thème du film *Goldfinger*. Il lui est arrivé de chanter en espagnol, elle a ainsi enregistré en 1989 un album *La Mujer*. Elle a parfois été accompagnée par le London Symphony Orchestra, notamment pour réaliser *I Am What I Am*. *New York, New York*, l'une de ses autres très célèbres chansons, a donné son titre à un album récent (1989).

BASSI Laura. Femme de sciences italienne (Bologne, 1711 - *id.*, 1778). Fille d'un docteur en droit, elle manifesta très jeune un vif goût pour l'étude. À l'âge de vingt et un ans, elle soutint une thèse de philosophie. Le succès qu'elle obtint à cette occasion la rendit célèbre au point que tous les poètes chantèrent ses louanges: deux recueils de vers en son honneur parurent la même année à Bologne. Devenue docteur, elle occupa la chaire de philosophie de l'université de sa ville natale (1733). Tout en enseignant, elle poursuivit ses études en algèbre, géométrie et physique, matière qu'elle enseigna à partir de 1745. En 1766, elle devint, par décret du Sénat, titulaire de la chaire de physique. Mariée à G. Veratti, elle eut plusieurs enfants.

BASTIÉ Maryse, née Marie-Louise Bombec. Aviatrice française (Limoges, 1898 - Lyon 1952). Elle épousa en 1918 un aviateur démobilisé. En 1925, elle passa son brevet de pilote après trois semaines de leçons. Quatre ans plus tard, elle devint célèbre en réalisant le record de durée en l'air, seule à bord, soit trente-sept heures cinquante-cinq minutes. Entre autres exploits, elle effectua, en avion léger, le vol Pau-Nijni-Novgorod (1930). Sa renommée grandit encore avec sa mémorable traversée de l'Atlantique Sud, le 30 décembre 1936, toujours seule à bord, en moins de douze heures. En 1944, elle s'engagea avec le grade de lieutenant dans les Formations auxiliaires féminines de l'armée de l'air et accomplit de nombreuses missions en Europe, en Indochine et en Amérique. Elle se tua en présentant un prototype. Elle avait été élevée au grade de commandeur de la Légion d'honneur à titre militaire.

BATHILDE, sainte. Reine mérovingienne ([?] - monastère de Chelles, 680). Elle était d'origine saxonne et fut attachée au service du maire du palais, Erchinoald. Par son mariage avec Clovis II en 649, elle devint reine de Neustrie (nord et nord-ouest de la France) et de Bourgogne (centre et sud-est de la France). Ses trois fils régnèrent, Clotaire III sur la Neustrie et la Bourgogne de 657 à 673; Thierry III successeur du précédent, mort en 690; Childéric II sur l'Austrasie (est de la France plus une partie de l'Allemagne). À la mort de Clovis II en 657, Bathilde assura la régence, de concert avec Erchinoald. Elle abandonna le pouvoir au successeur de ce dernier, Ébroïn, et se retira au monastère de Chelles. Reconnue pour sa dévotion, pour ses fondations pieuses (monastère de Corbie), pour son action en faveur des abbayes de Jumièges et de Saint-Wandrille, elle fut canonisée au IXe siècle par le pape Nicolas Ier.

BATHORI Jane (Jeanne-Marie Berthier, dite). Mezzo-soprano française (Paris, 14 juin 1877 - *id.*, 25 janvier 1970). Après avoir étudié le chant avec Hélène Lamoureux et le piano avec Hortense Parent au Conservatoire de Paris, elle débuta à Nantes, en 1900. Arturo Toscanini l'engagea à la Scala de Milan pour la création d'*Hänsel und Gretel* (Humperdinck, 1902). Invitée à Bruxelles, elle chanta avec le ténor Pierre Engel, qu'elle épousa en 1908. Ayant rencontré Debussy et Ravel, elle interpréta leurs œuvres. Elle triompha dans *Shéhérazade* (Ravel) et dans *Histoires naturelles* (Ravel) que le compositeur lui dédia et qui remporta un succès de scandale. Pendant la Première Guerre mondiale, elle dirigea le théâtre du Vieux-Colombier où elle se produisit dans *Une éducation manquée* (Chabrier), *La Damoiselle élue* (Debussy), *Le Dit des jeux du monde* (Honegger). S'accompagnant au piano, elle chanta des airs d'Emmanuel Chabrier, Albert Roussel, Georges Migot, Bohuslav Martinů, Darius Milhaud, Arthur Honegger. A partir de 1926, Jane Bathori fit des tournées en Argentine où elle interpréta *Judith* (Honegger) et *L'Heure espagnole* (Ravel). Pendant la Seconde Guerre mondiale, elle se fixa à Buenos Aires où elle enseigna. De retour à Paris, elle partagea son temps entre les conférences et les cours. Elle est l'auteur de *Conseils sur le chant* (1928) et de *Sur l'interprétation des mélodies de Claude Debussy* (1953).

BÁTHORY Erzsébet, comtesse (dite la **Comtesse sanglante**). Hongroise (1560-château de Csejthe, 21 août 1614). Elle appartenait à une très illustre famille hongroise, et sa vie, qui rappelle celle de Gilles de Rais, fut hallucinante. Veuve de Ferencz Nádasdy en 1604, elle s'était persuadée qu'elle conserverait sa beauté en prenant des bains de sang humain. C'est ainsi qu'elle faisait enlever de jeunes paysannes dans ses domaines, qu'elle égorgeait après leur avoir infligé les pires tortures. Une enquête ayant été ordonnée sur la disparition de ces femmes, elle fut surprise en flagrant délit. Au jour de son procès, à cause de sa naissance et de sa personnalité effrayante, on n'osa même pas l'interroger. Elle fut emmurée vivante dans son château, le 31 juillet 1614. On a évalué le nombre de ses victimes à six cents environ, et il ne semble pas que ce soit une exagération.

RÉF. : V. Penrose, *La Comtesse sanglante*, Mercure de France, 1962 (Gallimard, 1984).

BATTEN Joan. Aviatrice néo-zélandaise (15 septembre 1909 - 22 novembre 1986). Brillante pilote, d'une endurance hors du commun, elle prit part à de nombreuses compétitions, se plaçant régulièrement aux places d'honneur. Elle acquit ainsi une grande notoriété dans le monde de l'aviation et auprès du public. Spécialiste des vols à grande distance, elle entreprit, en 1937, le raid d'Angleterre en Australie, soit près de seize mille kilomètres, qu'elle parcourut en moins de six jours.

BAUM Vicki. Romancière américaine d'origine autrichienne (Vienne, 1888 - Hollywood, 1960). Issue d'un milieu bourgeois, après des études musicales sérieuses, elle joua, pour gagner sa vie, de la harpe, dans des orchestres à travers l'Allemagne. Elle écrivit aussi, non sans platitude, des romans mondains et sentimentaux qui parurent dans *L'Illustration de Berlin* (*Le Chemin de la scène*, 1920; *Le Nain Ulle*, 1924). Rédactrice à partir de 1926 aux éditions Ullstein, à Berlin, elle écrivit *Grand Hôtel* en 1929. Ce roman raconte les intrigues sentimentales qui se nouent entre les clients oisifs d'un palace et remporta un succès considérable. L'adaptation cinématographique de cet ouvrage la conduisit à Hollywood (1931) où elle décida de s'installer; le film *Grand Hôtel* ainsi que *Le Lac aux dames* (1932), adapté de son roman suivant, demeurent des classiques du cinéma. Auteur d'*Arrêt de mort* (1933), de *La Carrière de Doris Hast* (1936), Vicki Baum obtint la nationalité américaine en 1938 et poursuivit sa carrière en écrivant en anglais. Si ses romans furent jugés « littérature de consommation » (*Trivialliteratur*) et interdits en Allemagne sous le nazisme, ils n'en restent pas moins de véritables best-sellers traduits en plusieurs langues. Vicki Baum, auteur prolifique, a écrit également *Sang et volupté à Bali* (1937) et de nombreux autres livres qui eurent beaucoup de lecteurs, comme par exemple *Prenez garde aux biches* (1953).

BAÜMER Gertrud. Féministe et femme politique allemande (12 septembre 1873 - 25 mars 1954). Elle obtint son doctorat à l'université de Berlin et débuta comme institutrice. Liée avec Hélène Lange*, celle-ci lui conseilla d'abandonner l'enseignement pour se consacrer à la formation des institutrices. Gertrud Baümer multiplia également ses efforts en faveur d'associations féminines, ce qui l'amena bientôt à fonder, avec quelques amies, un nouveau parti politique, le parti démocratique allemand, qui tint rapidement une place en vue au Reichstag. Ses actions courageuses au sein du gouvernement furent remarquées, et on lui confia le poste important de conseillère au ministère de l'Intérieur, poste qu'elle occupa jusqu'en 1933. Lors de l'avènement du national-socialisme en 1933, les nazis la chassèrent de son poste. Ne s'avouant pas vaincue, Gertrud Baümer publia des essais en faveur de la cause féminine, parmi lesquels : *Handbuch der Frauenbewegung, Geschichte des Bundes Dtsch. Frauenvereine, Das Königl. Haupt.*

BAUSCH Pina (Philippine Bausch, dite). Danseuse, chorégraphe et directrice de ballet allemande (née à Solingen, le 27 juillet 1940). Adolescente, elle débuta dans les théâtres locaux avec de petits rôles disparates : elle fut liftier, négrillon. C'est à la Folkwang Schule de Kurt Jooss, qu'elle dirigea plus tard, qu'elle fut formée à la danse et à l'expressionnisme allemand. Puis vint l'Amérique où elle travailla avec Paul Taylor et Antony Tudor au National American Ballet et au Metropolitan Opera. À son retour, elle s'affirma comme la plus inventive des danseuses du pays. L'esthétique amère de ses chorégraphies fut primée à Cologne en 1969 avec *Im Winde der Zeit*. Rompant avec la conception hédoniste du ballet, Pina Bausch agresse le public par la force et la violence de ses mises en scène. L'argument repose le plus souvent sur la parade sociale et sur les relations sexuelles crûment révélées dans leur médiocrité. Point de soliste ni de vedette : ses danseurs imperturbablement costumés, ses danseuses automates ou ses femmes fatales semblent autant de figurants d'un théâtre de l'échec. Plus qu'une technique, Pina Bausch a mis au point un style personnel, fort controversé. Parmi ses nombreuses compositions, citons *Aktionen für Tänzer* (1971), *Tannhäuser Bacchanale* (1972), *Fritz* (1974), *Orphée et Eurydice* (1975), *Les Sept Péchés capitaux* (1976), L'autobiographique *Café Muller* (1978), *Ahnen* (1979), *Bandoneon* (1980) et *Tanzabend II* (1992). Pina Bausch dirige le ballet de l'Opéra de Wuppertal depuis 1973.

RÉF. : L. Bentivoglio, *Pina Bausch*, Solin, 1982. Raimund Hoghe, *Pina Bausch, Histoires de théâtre dansé*, L'Arche, 1987.

BAXTER Anne. Actrice américaine (Michigan City, 1923 - New York, 1985). Après avoir suivi des cours avec l'actrice Maria Ouspenskaya, elle débuta à treize ans sur les scènes de Broadway. Elle parut à l'écran à l'âge de dix-sept ans, ayant acquis un métier solide de comédienne, qui lui permit de tourner avec succès dans des films de Thorpe, *Twenty Mule Team* (1940), Lang, *The Great Profile* (1940), Mayo, *Charley's Aunt* (1941), Renoir, *L'Étang tragique* (1941). Plus jolie que belle, dotée d'un charme indéniable et d'un sens certain de la « situation », Anne Baxter tourna avec les plus grands metteurs en scène dont Hitchcock et De Mille. Cependant, elle n'atteignit pas les rangs des grandes stars d'Hollywood, malgré un oscar de la meilleure actrice de second rôle, pour son interprétation dans *Le Fil du rasoir* (Goulding, 1946) et malgré sa très belle prestation aux côtés de Bette Davis* dans *Eve* (Mankiewicz, 1950). Elle apparut avec succès au théâtre dans *Applause* (1971), comédie musicale inspirée de *Eve*. Anne Baxter a laissé un livre : *A True Story*, publié en 1976.

BEACH Sylvia. Libraire et femme de lettres américaine (Baltimore, 1887 - Paris, 1962). Fille d'un pasteur presbytérien, le révérend Sylvester Woodbridge Beach, elle vint se fixer en 1917 à Paris, où elle rencontra Adrienne Monnier* qui avait ouvert une librairie, en 1915, au 7, rue de l'Odéon. Dans la Maison des amis des livres se réunissaient Valéry, Gide, Claudel, Schlumberger, Léon-Paul Fargue, Jules Romains, Larbaud. Sylvia Beach, enthousiasmée par cette vie littéraire, installa sa propre librairie rue Dupuytren, puis au 12, rue de l'Odéon, en face de celle d'Adrienne Monnier. Baptisée la « Shakespeare and Company », elle devint le rendez-vous des écrivains américains de la «génération perdue». On y rencontrait Dos Passos, Hemingway, F. Scott Fitzgerald, James Joyce, Ezra Pound, Gertrude Stein* et Alice Toklas, Arthur Koestler et Marianne Moore. Les librairies d'Adrienne Monnier et de Sylvia Beach constituèrent ainsi le plus important salon littéraire de l'entre-deux-guerres. En 1941, les Allemands mirent un terme à la carrière de Sylvia Beach en faisant fermer la «Shakespeare and Co.». Pendant plus de vingt ans, elle s'était consacrée à l'œuvre de James Joyce. Elle publia en 1922 la première édition de *Ulysse*; elle avait pris cette initiative avec Valéry Larbaud et Adrienne Monnier, l'ouvrage ayant été interdit en Amérique par les ligues de vertu. Elle accorda à l'auteur le droit illimité de corriger ses épreuves. Elle continua après la guerre à rassembler chez elle une véritable bibliothèque «joycienne» dont usèrent tous ceux qui travaillaient sur l'œuvre de l'écrivain. Elle a laissé un ouvrage de souvenirs, *Shakespeare and Company*, dédié à Adrienne Monnier dans lequel elle évoque les écrivains qu'elle a connus.

BEALE Dorothée. Pédagogue anglaise (1831-1906). Elle fit de brillantes études au Queen's College de Londres. Après plusieurs années d'enseignement, elle fut nommée à la direction du collège féminin de Cheltenham, qui devint sous son impulsion le centre de formation d'institutrices le plus célèbre d'Angleterre. En 1865, Dorothée Beale présenta avec Frances-Mary Buss* un rapport à la commission d'enquête pour l'éducation des jeunes filles. Ce rapport, qui fit autorité, mentionnait les réformes que les deux jeunes femmes désiraient faire accepter, car elles jugeaient l'enseignement trop désuet. La même année, Dorothée Beale prenait la tête d'une commission de réformes concernant la direction même des écoles. Elle a laissé de nombreux écrits sur l'éducation et fut nommée docteur *honoris causa* de l'université d'Édimbourg, en récompense de son action.

BEALE Mary. Peintre. Anglaise (Suffolk, 1632 - Londres, 28 décembre 1697). Fille de pasteur, elle fut élevée dans un milieu austère. Comme elle était douée pour les arts, ses parents la confièrent au portraitiste sir Peter Lely, renommé à la cour de Charles Ier et de Charles II. Elle se fit rapidement connaître et eut comme modèles les personnages célèbres de son temps, dont les portraits consacrèrent sa renommée. La National Portrait Gallery de Londres conserve d'elle un remarquable *Charles II*.

BÉATRICE. Italienne (v. 1265-1290). On s'accorde aujourd'hui à reconnaître en Béatrice la fille du riche Folco Portinari, ami du père de Dante. Selon la tradition, elle avait neuf ans, et le poète onze, lorsque celui-ci l'aperçut pour la première fois. Il la revit neuf ans plus tard: «Cette admirable dame m'apparut, vêtue de couleur très blanche...» Tour à tour enchanté ou désespéré par ses coquetteries, Dante éleva Béatrice bien au-dessus des simples mortelles: qu'importait alors que cet amour ne fût que platonique! Il semble en effet qu'il n'ait jamais troublé l'existence de la jeune femme, comme le prouve son mariage avec un certain Simon de Bardi. Elle mourut prématurément. Devenue «la glorieuse dame de sa pensée», Béatrice inspira à Dante le recueil de la *Vita nuova*, dans lequel le poète lui promet un poème digne de ses plus hautes vertus. Dans *La Divine Comédie*, elle est l'ange qui le rassure, l'instruit et le guide vers le Paradis. Les lectures médiévales de l'œuvre firent de Béatrice l'allégorie de la théologie. Représentée en blonde au XIVe siècle, elle est brune dans le célèbre tableau du préraphaélite Holliday (musée de Liverpool), qui peint sa rencontre avec Dante sur les rives de l'Arno. Elle a d'ailleurs inspiré de nombreuses œuvres de l'école préraphaélite, notamment celles de Dante Gabriel Rossetti.

BÉATRICE D'ARAGON. Reine de Hongrie (1457 - Ischia, 1508). Fille de Ferdinand Ier, roi de Naples et d'Aragon, elle épousa Mathias Ier Corvin, roi de Hongrie, en 1475, et fut couronnée reine l'année suivante. Aimant le faste, la reine, qui s'imposa dans son pays d'adoption par sa beauté et sa culture, fit venir d'Italie poètes, musiciens, peintres. Comme Mathias Corvin n'avait pas d'héritier, il choisit comme successeur son fils naturel, Jean Corvin. La reine, qui ambitionnait de faire monter sur le trône son propre candidat qu'elle aurait épousé après la mort de son mari pour pouvoir continuer à régner, fut de toutes les intrigues contre Jean Corvin. Ainsi, elle forma un parti de magnats opposé à la politique du roi, appela à la cour son frère le cardinal d'Aragon qu'elle fit nommer primat du royaume. À la mort de Mathias Corvin en 1490, le bruit courut que Béatrice l'avait empoisonné. Elle parvint enfin au but en se faisant épouser par le successeur de Corvin, Ladislas VII Jagellon III lequel, toutefois, la répudia en 1502. Après quoi, Béatrice d'Aragon se retira en Italie.

BÉATRICE DE DIE ou **COMTESSE DE DIE**. Malgré de longues recherches, les médiévistes ne sont pas parvenus à identifier réellement cette célèbre poétesse provençale. On a dit qu'il s'agissait de la femme de Guillaume Ier de Valentinois et qu'elle avait vécu dans la seconde moitié du XIIe siècle. D'autres affirment qu'elle fut la maîtresse du troubadour Raimbaut d'Orange, mort en 1176, mais sa *Vita* ne porte pas traces d'elle. Certains, enfin, parlent d'une comtesse de Die, auteur de traités, au XIVe siècle. De son œuvre, nous sont parvenues quatre *cansos* et une *tenson* (forme dialoguée), dans lesquels on retrouve les thèmes habituels de l'amour courtois. La comtesse se lamente de l'ingratitude de son amant, ou le célèbre, ainsi que les joies de l'amour sensuel. Son ardeur amoureuse et la perfection de ses vers caractérisent cette œuvre, au demeurant d'une grande brièveté.

RÉF.: J. Véran, *Les Poétesses provençales du Moyen Âge et de nos jours*, Paris, 1946.

BEAUFORT Margaret, lady. Anglaise (Bletsoe, Bedford 1441-1509). À la mort d'Édouard IV en 1483, avec l'aide de John Morton, futur archevêque de Canterbury, elle joua un rôle politique important en plaçant son fils sur le trône, le comte de Richmond. Celui-ci, dernier des Lancastre, ravit la couronne à Richard III, tué à la bataille de Bosworth en 1485, et régna sous le nom de Henri VII. Elle favorisa ensuite le mariage du roi avec Élisabeth, fille d'Édouard IV, afin de hâter la réconciliation des York et des Lancastre. Après quoi, elle délaissa les affaires politiques, se vouant au mécénat et à la charité. C'est ainsi qu'elle fonda à Cambridge une chaire d'éloquence sacrée (1504), Christ's College (1505) et qu'elle favorisa les débuts de Saint John's College. Elle protégea les lettres de son temps, traduisit en anglais des ouvrages français et latins comme une partie de l'*Imitatio Christi* (l'*Imitation de Jésus-Christ*). Elle fut mariée trois fois: à Edmond Tudor, comte de Richmond, le père de Henri VII, à lord Henry Stafford, et à lord Thomas Stanley, plus tard comte de Derby.

BEAUGRAND Léontine. Danseuse française (La Villette, 26 avril 1842 - Paris, 27 mai 1925). Elle entra à l'Opéra en 1850 et fut intégrée au corps de ballet sept ans plus tard. Elle se fit remarquer dans *Sémiramis* (Rossini) et dans *Papillon* (Taglioni*), ensuite dans *Diavo-*

lina (Saint-Léon) où sa prestation, dans le rôle principal, fut saluée par Théophile Gautier, lequel, plus tard, la reconnut comme l'héritière de Carlotta Grisi*. Toutefois, sa carrière n'alla pas au-delà. On la vit encore dans quelques productions de second plan, et elle prit sa retraite en 1880. Elle possédait une technique parfaite, mais Léontine Beaugrand ne fut jamais reconnue à sa juste valeur à une époque où le public français n'avait d'yeux que pour les danseuses italiennes.

BEAUHARNAIS Hortense de. Voir HORTENSE DE BEAUHARNAIS.

BEAUHARNAIS Joséphine de. Voir JOSÉPHINE.

BEAUHARNAIS Fanny (Marie, dite), née Mouchard, comtesse **de**. Femme de lettres française (Paris, 4 octobre 1737 - *id.*, 2 juillet 1813). Elle épousa Claude de Beauharnais, oncle de Joséphine*, en 1753, se sépara de lui en 1762 et ouvrit un salon littéraire. Par ses vendredis, elle voulut rivaliser avec les mercredis de Mme Geoffrin* mais elle n'eut pas autant de succès. L'écrivain Claude Dorat régna sur ce salon comme un maître de maison, du fait de son intimité avec Fanny de Beauharnais. Celle-ci le remplaça après sa mort (1780) par le poète Cubières, qui prit alors le nom de Dorat-Cubières. Son prestige fut cruellement terni par une cabale montée contre elle lors d'une représentation de sa comédie, *La Fausse Inconstance* (1787). Ses ennemis disaient d'elle qu'elle se contentait de signer ses œuvres, ce qui inspira au poète Écouchard-Lebrun cet épigramme célèbre :

Eglé, belle et poète a deux petits travers.
Elle fait visage et ne fait pas ses vers.

À quoi La Harpe répondit qu'ils étaient si mauvais qu'il n'y avait pas lieu d'en contester la paternité. Fanny de Beauharnais fut la maîtresse de Fontanes, protecteur de Chateaubriand et futur ministre sous l'Empire. Citons parmi ses abondantes publications : *Mélanges de poésie fugitive et de proses sans conséquence* (1772) et *Lettres de Stéphanie* (1778).

BEAUJEU Anne de. Voir ANNE DE FRANCE.

BEAULAINCOURT Sophie, née de Castellane, comtesse **de**. Française (1818-1904). Elle fut mariée très jeune au marquis de Contades, eut de nombreux amants, dont le marquis de Coislin auquel elle donna un fils qu'il ne reconnut pas. Veuve en 1858, elle épousa la même année le comte de Beaulaincourt qui mourut l'année suivante. Elle adopta une vie plus sage et inspira à Proust la respectable marquise de Villeparisis dans *A la recherche du temps perdu*. L'écrivain avait été invité chez elle le 13 mai 1897, et dans une lettre à Montesquiou, datée d'avril 1921, il la désigne comme étant son personnage.

BEAUMONT Marie-Claude (Marie-Claude Charmasson, dite). Coureur automobile. Française (née à Grenoble en 1941). Elle débuta dans la course automobile en 1964 comme navigatrice de Claudine Trautmann puis, devenue pilote en 1965, elle remporta, sur NSU, la coupe des dames du Critérium des Cévennes. Championne de France en 1969, 1970, 1971, première de la coupe des dames du tour de France automobile en 1971 et 1972, elle participa avec succès à plusieurs épreuves internationales : coupe des Alpes, rallye de Monte-Carlo, tour de Corse. En 1971, elle fut la première et seule femme depuis 1951 à prendre le départ des Vingt-Quatre Heures du Mans et y participa les deux années suivantes. En 1975, elle prit la première place dans la catégorie deux litres, dans les Mille Kilomètres de

Monza. Marie-Claude Beaumont a écrit un livre: *Femme et pilote* (1971).

BEAUMONT Pauline, née de Montmorin Saint-Hérem, comtesse **de**. Française (Mussy-l'Évêque, aujourd'hui Mussy-sur-Seine, 15 août 1768 - Rome, 4 novembre 1803) En 1786, elle épousa le comte Christophe de Beaumont. Pendant la Révolution, elle tint salon avec sa mère — son père ayant été nommé ministre des Affaires étrangères — où se retrouvaient les meilleurs esprits de l'époque (Chénier, Condorcet, Mme de Krüdener*, Beaumarchais, etc.). En 1792, Montmorin fut incarcéré à l'Abbaye et tué par la foule lors des massacres de septembre. La famille dut s'enfuir, et c'est alors que Pauline de Beaumont rencontra le philosophe Joseph Joubert avec lequel elle eut une longue liaison. Quand elle se réinstalla à Paris en 1800, Joubert lui présenta Chateaubriand qui se prit de passion pour elle. Ensemble ils s'installèrent à Savigny-sur-Orge où Pauline aida son amant à achever le *Génie du christianisme*. Leur liaison s'acheva après la parution de l'ouvrage (1802), l'écrivain s'étant épris de Delphine de Custine*. Pauline de Beaumont tomba gravement malade et, malgré l'opposition de Joubert qu'elle continuait à fréquenter, elle s'entêta à aller à Rome rejoindre Chateaubriand, alors nommé secrétaire d'ambassade auprès du Saint-Siège. Elle y arriva mourante et expira entre les bras de son ancien amant, qui lui fit élever un monument funéraire à Saint-Louis-des-Français, là où elle repose.

RÉF. : A. Bardoux, *Madame de Beaumont*, Paris, 1894.

BEAUSOLEIL Martine, née de Bertereau, baronne **de**. Minéralogiste. Française (1578-?). Épouse du baron de Beausoleil, célèbre pour ses travaux de minéralogie, elle fut la première à attirer l'attention sur les richesses minéralogiques de la France, démontrant par ses recherches que leur exploitation était d'un grand intérêt économique et scientifique. Elle publia plusieurs ouvrages dont *La Véritable Déclaration de la découverte des mines* (1632) et *La Restitution de Pluton* (1640). Les Beausoleil avaient beaucoup d'ennemis, et leur travaux soulevèrent l'incompréhension la plus totale. Convaincus de sorcellerie, ils furent emprisonnés sans jugement, lui a la Bastille, elle à Vincennes, où elle mourut à une date indéterminée.

BEAUVAL Mlle (Jeanne Bourguignon, dite). Actrice française (v. 1647 - Paris, 20 mars 1720). Enfant trouvée, recueillie par une blanchisseuse en Hollande, elle fut adoptée par Filandre qui l'intégra à sa troupe pour qu'elle y joue les rôles d'enfants. Avec son mari Beauval, elle passa en 1667 dans la troupe du duc de Savoie. Trois ans plus tard, ils faisaient partie de celle de Molière où Mlle Beauval joua Nicole (*Le Bourgeois gentilhomme*, Molière), Zerbinette (*Les Fourberies de Scapin*, Molière) et Toinette (*Le Malade imaginaire*, Molière). Après la mort de Molière, elle changea pour la troupe de l'hôtel de Bourgogne. Ses manies, sa jalousie et ses colères étaient célèbres.

BEAUVILLIER Marie de. Religieuse française (château de La Ferté-Hubert, Sologne, 1574 - abbaye de Montmartre, 21 avril 1657). Très jeune, elle fut attirée par la vie monastique. En 1590, elle prononça ses vœux à l'abbaye de Beaumont, près de Tours; en 1598, elle prit possession de l'abbaye de Montmartre que lui avait fait obtenir son beau-frère, secrétaire d'État, et en fut élue abbesse en 1601. Elle entreprit de restaurer la vie monastique qui se trouvait alors dans un complet relâchement à la suite des guerres civiles des années 1589-1594. Soutenue par son confesseur le père Benoît de Canfeld, elle écarta celles des religieuses qui refusaient sa réforme, obtint du pape la permission de leur faire porter l'habit noir des bénédictines, imposa une stricte clôture, fit construire en 1610 la chapelle des martyrs autour de laquelle elle implanta une deuxième communauté. Sous sa ferme direction, Montmartre redevint un monastère bénédictin d'un grand rayonnement. Il ne faut pas confondre Marie de Beauvillier avec sa sœur Claude, abbesse de Montmartre de 1589 à 1594, et qui, selon certains racontars, aurait été la maîtresse de Henri IV pendant l'année 1590, avant d'être supplantée par Gabrielle d'Estrées*.

RÉF.: H. Bremond, *Histoire littéraire du sentiment religieux en France*, t. II, Paris, 1916.

BEAUVOIR Simone de. Femme de lettres française (Paris, 9 janvier 1908 - *id.*, 14 avril 1986). Issue d'une famille bourgeoise, elle obtint l'agrégation de philosophie en 1929. L'année suivante, elle rencontra Jean-Paul Sartre mais refusa le mariage qu'il lui proposait afin de préserver son indépendance, et entama une carrière d'enseignante. Jusqu'à la guerre qu'elle ne vit pas venir, même au moment des accords de Munich qu'elle soutint, elle vécut avec Sartre des moments de bonheur et d'insouciance et se tint à l'écart de la politique. En 1943, elle publia son premier roman, *L'Invitée*, décida d'abandonner l'enseignement et de se consacrer à l'écriture. À la libération, l'existentialisme connut un succès prodigieux et assura la célébrité de tous ceux qui s'en réclamaient de près ou de loin, parmi lesquels se détachait le couple Sartre, Simone de Beauvoir. Pendant trente ans, ils furent de tous les combats politiques et incarnèrent ensemble une conscience morale agissante. À cet égard, leur emprise et leur suprématie sur la vie publique et sur la vie intellectuelle de leur époque n'a pas d'égal. Pour elle, les années 40 et 50 furent d'une fécondité remarquable. Elle s'essaya à tous les genres: théâtre (*Les Bouches inutiles*, 1945), romans (*Le Sang des autres*, 1945; *Tous les hommes sont mortels*, 1946), essais (*Pour une morale de l'ambiguïté*, 1947), récits de voyage (*L'Amérique au jour le jour*, 1948).

Cette activité prodigieuse fut récompensée par les faveurs du public. *Le Deuxième Sexe* (1948), d'abord publié par *Les Temps modernes*, fut à la fois un succès de critique et un succès de librairie. Il contribua à la notoriété internationale de son auteur: plus d'un million d'exemplaires furent vendus aux États-Unis. Avec cet ouvrage dans lequel elle nie l'existence d'une nature féminine et détruit avec alacrité les mythes féminins créés par l'homme, Simone de Beauvoir devint tant en France, au scandale de certains, qu'à l'étranger, un héraut du féminisme. Sa vie durant, travailler à la libération de la femme fut sa tâche essentielle. En 1954, le prix Goncourt fut décerné aux *Mandarins*, chronique de la vie intellectuelle française de l'après-guerre où elle met en scène, entre autres, les difficiles relations qu'elle entretenait avec le parti communiste. L'ouvrage lui valut des critiques car il apparut à certains comme un roman à clefs, ce dont elle s'est toujours défendue.

Au cours des années 60, Simone de Beauvoir a multiplié les prises de position publiques contre la droite et s'est engagée résolument contre la guerre d'Algérie. Dans un essai, *Djamila Bouchara*, écrit de concert avec Gisèle Halimi* en 1962, elle s'éleva contre l'usage de la torture et en appela à l'indépendance de l'Algérie. À la même époque, elle se fit mémorialiste avec la fameuse trilogie, *Mémoires d'une jeune fille rangée* (1958), *La Force de l'âge* (1960), *La Force des choses* (1963) où le récit du siècle croise la description d'un itinéraire personnel. Le succès rencontré fut inouï. Elle publia ensuite un texte intimiste et bouleversant sur la mort de sa mère, *Une mort très douce* (1965). *La Cérémonie des adieux* (1981), écrite à l'occasion de la disparition de Sartre survenue l'année précédente, en est comme l'écho. Plus que Sartre peut-être, Simone de Beauvoir s'est voulue passionnément attachée à son époque. Dans sa profusion et sa diversité, son œuvre montre un souci constant : affirmer et défendre la liberté.

RÉF. : C. Francis et F. Gontier, *Les Écrits de Simone de Beauvoir, la vie, l'écriture*, Gallimard, 1979. J.J. Zéphir, *Le Néo-Féminisme de Simone de Beauvoir: trente ans après* Le Deuxième Sexe, Denoël, 1982. C. Francis et F. Gontier, *Simone de Beauvoir*, Perrin, 1985. F. d'Eaubonne, *Une femme nommée Castor, mon amie Simone de Beauvoir*, Encre, 1986. H. de Beauvoir, *Souvenirs*, Séguier, 1987. D. Bair, *Simone de Beauvoir*, Fayard, 1991.

BEAUX Cecilia. Peintre. Américaine (Philadelphie, 1855 - New York, 1942). Installée à Paris en 1889, elle fut élève à l'Académie Jullian avant de se fixer à New York en 1891. Elle n'en exposa pas moins à Paris des portraits — dans lesquels elle dévoile un sens certain de l'observation — entre 1913 et 1923. Citons parmi ses œuvres *Ernesta, The Dreamer* et *A Girl in White* (New York).

BECK Béatrix. Romancière française d'origine belge (née à Villard-sur-Ollon, Suisse, en 1914). Elle vécut des moments difficiles après la mort de son mari tué à la guerre. Elle fut secrétaire d'André Gide de 1950 à 1951. L'année suivante, elle obtint le prix Goncourt pour *Léon Morin prêtre* (porté à l'écran par Jean-Pierre Melville en 1961). Elle devenait ainsi la deuxième femme, après Elsa Triolet* en 1944, à obtenir une telle distinction. Cet ouvrage se place à l'intérieur d'une large fresque romanesque, d'inspiration autobiographique, qui comporte *Barny* (1948), *Une mort irrégulière* (1950), *Des accommodements avec le ciel* (1954) et *Le Muet* (1963). Les romans de Béatrix Beck sont dominés par une narration elliptique et fragmentée qui traduit la désintégration de la narratrice à la suite de faits vécus dramatiques. *L'Épouvante, l'émerveillement* (1977), *La Décharge* (1980) sont ses deux derniers textes où l'on retrouve l'influence de Queneau. Elle a démissionné du jury Femina où elle avait été élue en 1959.

BECKMANN Emmy. Femme politique allemande (1880-1967). Elle débuta dans l'enseignement en 1910 et fut nommée en 1926 directrice de l'École Hélène Lange*, à Hambourg. Préoccupée par les questions sociales et féminines, elle s'inscrivit dès 1919 au DDP, le parti démocratique allemand, et siégea à partir de 1921 au Bürgerschaft (parlement) de Hambourg. Élue présidente de l'Union générale des enseignantes, elle fut envoyée en mission aux États-Unis (1925) et en Angleterre (1928). En 1933, les nazis la chassèrent de son poste. Après la guerre, Emmy Beckmann, qui avait repris ses activités, fut nommée conseillère de l'enseignement secondaire.

BEECHER-STOWE Mrs. (Harriet, dite), née Beecher. Romancière américaine (Litchfield, Connecticut, 14 juin 1811 - Hartford, Connecticut, 1er juillet 1896). Élevée par son père, un presbytérien rigoureux, elle fut, sa vie durant, une spiritualiste passionnée. Elle grandit dans le Connecticut, puis à Cincinnati à partir de 1832. En 1836, elle épousa le révérend Calvin E. Stowe, dont elle eut six enfants. Malgré une éducation puritaine, elle avait conservé une gaieté, une spontanéité, une fraîcheur d'esprit que l'on ne s'attendait guère à trouver dans ce milieu. Lors d'un voyage à travers les plantations du Kentucky, elle avait eu l'occasion d'observer la vie des esclaves, mais ne s'en était pas particulièrement émue. En revanche, lorsque la loi de 1850, qui punissait de mort tout esclave fugitif, fut adoptée, son indignation fut telle que peu à peu, avec une ferveur et une inspiration qu'elle estima dictée par Dieu, elle écrivit *La Case de l'oncle Tom*. Le roman parut d'abord en feuilleton en 1851 et suscita des polémiques déchaînées avant d'être publié en livre l'année suivante. Le succès international du roman fut prodigieux: traduction en trente-deux langues, plusieurs millions d'exemplaires vendus avant 1914, sans compter les nombreuses adaptations théâtrales auxquelles il donna lieu.

Après plusieurs voyages en Europe, Harriet Beecher-Stowe répondit aux critiques que le Sud lui avaient faites en donnant une suite à *La Case de l'oncle Tom*: *Dred, histoire du grand marais maudit*, dont le succès fut moindre. Sur d'autres thèmes, elle publia *La Fiancée du ministre* (1859), *La Perle de l'île d'or* (1862), *Gens de la vieille ville* (1869). Elle accusa Byron d'inceste dans *Lady Byron vengée* (1870), évoqua la Floride dans *Feuilles de palmiers* (1873) et rassembla ses souvenirs dans *Gens de Pogannuc* (1878), sa dernière œuvre.

RÉF.: Charles Edward Stowe, *Life of Harriet Beecher-Stowe*, Londres, 1889. Annie A. Fields, *Life and Letters of Harriet Beecher-Stowe*, Londres, 1897.

BEGTRUP Bodil. Femme politique et féministe danoise (1903-1987). Après avoir étudié l'économie politique et le droit à Copenhague et à Genève, elle fut nommée docteur *honoris causa* au Smith College (États-Unis). Prenant une part active en faveur de la condition féminine dans la société, elle lutta avec ardeur pour l'égalité entre les femmes et les hommes et pour le droit des jeunes filles à la scolarité. Son action attira l'attention de ses compatriotes et elle fut nommée en 1946 présidente du Conseil national féminin de son pays. Bodil Begtrup représenta le Danemark à l'ONU, à la tête de la Commission pour les questions féminines.

BEHRENS Hildegard. Soprano allemande (née à Vanel, Oldenburg, le 9 février 1937). Elle fit des études de droit puis suivit des cours de chant à Fribourg et Düsseldorf. L'ayant entendue dans le rôle de Marie (*Wozzeck*, Berg), Herbert von Karajan lui proposa celui de Salomé (*Salomé*, R. Strauss) qu'elle interpréta au festival de Salzbourg en 1977. Elle obtint la consécration au cours des années 80 en abordant les grands rôles wagnériens : Isolde (*Tristan et Isolde*), Senta (*Le Vaisseau fantôme*), Sieglinde (*La Walkyrie*), enfin Brünnhilde (*La Walkyrie*) au festival de Bayreuth en 1983 puis au Metropolitan Opera de New York l'année suivante. Tragédienne née, elle sait donner à tous ses rôles — qui ne sont pas cantonnés au seul répertoire wagnérien — une intensité dramatique exceptionnelle. Elle a également brillé en Léonore (*Fidelio*, Beethoven), Tosca (*Tosca*, Puccini), Elektra (*Elektra*, R. Strauss).

BÉJART Armande. Actrice française (Paris, 1642 ou 1645 - *id.*, 30 novembre 1700). Officiellement sœur de Madeleine Béjart*, Armande Béjart épousa Molière à l'âge de vingt ans — il en avait quarante — et ne joua sous le nom de Mlle Molière qu'après son mariage (1662). Sans être très jolie, son piquant et son esprit en firént l'interprète idéale de l'auteur. On lui doit la création des principaux rôles féminins du répertoire, dont Elmire (*Tartuffe*, 1664), Célimène (*Le Misanthrope*, 1666), Henriette (*Les Femmes savantes*, 1672). Sa coquetterie, son ironie et son mordant auraient d'ailleurs inspiré le personnage de Célimène. Elle jouait aussi les héroïnes de tragédie. Amoureuse à la ville comme à la scène, elle fut le tourment de Molière, qui l'aimait jalousement. Répandu par l'acteur Montfleury, le bruit courut, qu'elle était la fille de Madeleine Béjart, pire, de Madeleine et de Molière, sans qu'on pût jamais démêler la vérité de la calomnie.

Leur union ne fut pas heureuse. Un premier enfant, dont Louis XIV fut le parrain, mourut au bout de quelques mois (1664); Esprit-Magdeleine (1665-1723) vécut, mais pour voir ses parents se séparer. Leur dernier enfant, fruit d'une réconciliation temporaire, s'éteignit après quelques semaines (1672). À la mort de Molière en 1673, Armande alla supplier le roi d'accorder à son mari une inhumation religieuse. Elle prit la direction de la troupe, installée au jeu de paume Guénégaud, et demeura fidèle au répertoire de Molière malgré ses secondes noces en 1677 avec l'auteur Guérin d'Estriché, dont elle eut un fils, Nicolas, en 1678. Elle se retira de la scène en 1694 et passa ses dernières années à Meudon.

RÉF. : Allainval, *Mémoires sur Molière et sur Mme Guérin, sa veuve*, Paris, 1822. *La Fameuse Comédienne, Histoire de la Guérin*, Paris, 1688, réédité par Ch. Livet, sous le titre, *Les Intrigues de Molière et celles de sa femme*, Paris, 1876.

BÉJART Madeleine. Actrice française (Paris, 7 janvier 1618 - *id.*, 17 février 1672). Fille d'une famille de neuf enfants dont cinq firent du théâtre, elle était déjà connue pour avoir joué en compagnie de ses frères et sœurs, dont l'une, Armande Béjart*, épousa Molière en 1662. Madeleine Béjart avait le sens des affaires et elle joua un rôle déterminant dans la fondation et dans le développement de l'Illustre-Théâtre. C'est elle, en effet, qui sollicita de ses protecteurs fortunés les fonds nécessaires à la création de la troupe (1643). Ensuite, elle y tint une grande place, étant la seule à pouvoir choisir son rôle. Elle excella comme soubrette: Marinette (*Le Dépit amoureux*), Dorine (*Tartuffe*), Frosine (*L'Avare*). Jocaste (*La Thébaïde*, Racine) fut sa seule apparition dans une pièce qui ne fût pas de Molière. En 1658, c'est encore elle qui favorisa l'établissement de la troupe de Molière dans la salle du Petit-Bourbon. Elle resta l'amie et la confidente du dramaturge tout en s'effaçant au profit de sa sœur. En 1638, elle avait eu une fille, Françoise, d'un certain comte de Modène.

RÉF. : H. Chardon, *Nouveaux Documents sur la vie de Molière. M. de Modène, ses deux femmes et Madeleine Béjart*, Paris, 1886.

BELFORT May. Chanteuse irlandaise (XIXe-XXe siècle). On se sait pas exactement quand May Belfort est arrivée à Paris ni ce qu'elle est devenue après 1900. Elle rencontra cependant un succès assez considérable dans le Paris de l'époque, qui accordait la place que l'on connaît à ce qui se passait dans les cabarets, les « cafés-concerts ». Elle avait débuté à Londres vers 1890 et vint par la suite en France. Elle chantait des ballades sentimentales et fut l'une des premières à aborder un répertoire de mélodies noires américaines en Europe. Elle se produisit à l'Eden Concert, au Parisiana, au Jardin de Paris, aux Décadents. C'est là que Toulouse-Lautrec fit sa connaissance vers 1895, et cela lui valut d'être passée à la postérité. Le peintre l'a en effet représentée à de nombreuses reprises, par au moins cinq portraits et six lithographies remarquables dont, notamment, le célèbre *May Belfort en bébé de Kate Greenaway* (1895, Cleveland Museum of Art) ou l'affiche de la même année (Bibliothèque nationale, Paris). On sait ainsi qu'elle aimait apparaître en scène vêtue de robes à volants, aux manches bouffantes, de couleurs pastel, « à la Kate Greenaway » et qu'elle se présentait fréquemment en tenant dans ses bras un petit chat noir qui lui donnait matière à l'interprétation de couplets audacieux mais représentatifs de cette période fin de siècle. May Belfort eut comme compagne déclarée une autre chanteuse, anglaise, May Milton (que Toulouse-Lautrec a également représentée).

BELGIOJOSO Cristina, née marquise Trivulzio, princesse de. Patriote et femme de lettres italienne (Milan, 1808 - *id.*, 1871). Elle épousa en 1824 le prince Emilio de Belgiojoso qui était à la tête d'une société secrète, la *Federazione* et, à son contact, elle devint l'une des plus ardentes propagandistes de la cause italienne et l'ennemie irréductible de l'Autriche. En 1831, elle dut s'exiler à Paris, où son étrange beauté, ses yeux immenses, sa nature exaltée et romanesque firent la conquête de tous ceux qui l'approchaient : La Fayette, Thiers, Chopin, Liszt, Victor Cousin, Musset, l'historien Auguste Mignet, auquel, disait-on, elle ne refusa rien. Sa maison devint le lieu de rencontre de ses compatriotes exilés. Pour soulever l'opinion en faveur de la libération de l'Italie, elle créa des journaux, dont *La Gazetta italiana*, écrivit des articles virulents et enflammés. En 1848, elle accourut à Milan alors insurgée, leva à ses frais une troupe de volontaires, et on la vit défiler à la tête de ses soldats, sous les acclamations de la foule, portant déployé un immense drapeau aux couleurs italiennes. Découragée par l'échec du soulèvement de Milan, elle rentra à Paris et entreprit un long voyage en Asie Mineure. Elle se fixa à Locato, près de Milan, à partir de 1856. Elle écrivit une *Histoire de la maison de Savoie* et des *Mémoires d'exil*. Cette ardente patriote eut la joie d'assister à la libération et à l'unification de son pays un an avant sa mort.

BELL Marie (Marie-Jeanne Bellon, dite). Actrice française (Bordeaux, 1900 - Neuilly, 1984). C'est en Angleterre qu'elle débuta comme danseuse, à l'âge de treize ans. Lauréate du Conservatoire, elle entra en 1921 à la Comédie-Française dont elle devint sociétaire en 1928 après son succès dans *Les Corbeaux* (Becque). Elle triompha dans les héroïnes raciniennes. Blonde et sensuelle, les cheveux crantés à la mode de l'époque, elle fut l'une des premières à défendre le cinéma parlant, au grand dam du Français : « Au XVIIIe siècle, on jouait la comédie aux chandelles, on la jouera bientôt aux sunlights ! »

Elle fut remarquée dans *Le Grand Jeu* (Feyder, 1934), et dans *Un carnet de bal* (Duvivier, 1937). Duvivier lui donna les plus grands partenaires. Elle tourna une trentaine de films, signés Gance ou Visconti. Elle dirigeait depuis 1934 le théâtre des Ambassadeurs (actuel Espace Cardin) lorsqu'elle revint au Français pour y monter deux chefs-d'œuvre, *Renaud et Armide* (Cocteau) et *Le Soulier de satin* (Claudel). Elle quitta définitivement l'illustre Maison en 1953 pour rejoindre la compagnie Renaud-Barrault. Elle incarna Bérénice (*Bérénice*, Racine) et Clytemnestre (*L'Orestie*, Eschyle). « Gaie, comme toutes les tragédiennes », confiait son mari l'acteur Jean Chevrier, elle savait aussi divertir dans les créations de boulevard. Directrice du Gymnase à partir de 1959, elle monta des pièces de Félicien Marceau, de Genet, de Françoise Sagan*. Après la mort de son mari en 1975, Marie Bell se retira de la scène.

BELLAMY George Anne. Actrice anglaise (v. 1727-16 février 1788). Elle était la fille naturelle de lord Tyrawley qui la reconnut et l'introduisit dans la haute société londonienne. Sa jeunesse et sa beauté séduisirent David Garrick grâce auquel elle put faire ses débuts dans le rôle de miss Prue (*Love for Love*, Congreve) à Covent Garden en 1742. Elle remporta ensuite un énorme succès en jouant Monimia (*The Orphan*, Otway) en 1744. Elle était célèbre pour son arrogance et les scandales qu'elle provoquait aussi bien en coulisse que dans sa vie privée. En 1750, elle fut une admirable Juliette (*Roméo et Juliette*, Shakespeare) à Drury Lane. Après quoi, sa carrière périclita et elle se produisit de moins en moins. Elle quitta la scène en

1785, l'année même où elle publiait une *Apology for the Life of George Bellamy* (6 vol.) sur le ton très polémique et dont l'auteur est probablement l'écrivain Alexander Bicknell.

BELLANGER Marguerite (Julie Lebœuf, dite). Courtisane française (Villebernier, Saumur, v. 1840 - Villeneuve-sous-Dammartin, Seine-et-Marne, 23 décembre 1886). Elle connut des débuts laborieux sur les boulevards et dans les cafés parisiens, essaya le théâtre sans aucun succès et, on ne sait pas par quel hasard, Napoléon III la rencontra. Il en fit sa maîtresse à partir du mois de juin 1863, l'installa dans une maison de Passy et s'afficha avec elle de telle manière que l'impératrice quitta la cour, contraignant son mari à rompre cette liaison. Au demeurant, celle-ci était devenue impossible à prolonger en raison de la naissance d'un enfant, déclaré sous le nom de Charles Lebœuf, dont on ignore s'il était véritablement le fils de l'empereur. Marguerite Bellanger retira de cette rupture le château de Villeneuve-sous-Dammartin et de quoi se faire construire un hôtel particulier. Elle termina sa vie dans la galanterie.

BELL-LOWTHIAN Gertrude Margaret. Archéologue et orientaliste anglaise (Durham, 1868 - Bagdad, 1926). Elle joua à la fois un rôle politique et scientifique. En 1907, elle sillonna l'Asie Mineure de Pétra à Homs en passant par Palmyre, en un temps où peu de femmes avaient pénétré ces régions. Pendant la Première Guerre mondiale, elle collabora avec l'Intelligence Service et apporta une aide précieuse à son gouvernement après la victoire des Alliés sur les Turcs en 1918. Elle servit d'intermédiaire entre les pays du Moyen-Orient et l'Occident, à l'instar de T.E. Lawrence dont elle était l'amie, et joua un rôle important dans l'établissement de la dynastie hachémite à Bagdad. L'émir Fayçal, qu'elle avait conseillé au moment de l'indépendance de l'Irak, fit donner son nom à l'une des principales salles du Musée national d'art de Bagdad. Ses travaux archéologiques — elle a publié plusieurs ouvrages — font autorité. Elle fut aussi, dans les toutes premières années du siècle, une alpiniste chevronnée (Meije, Cervin, mont Blanc, Engelhörner).

RÉF. : H.V.F. Winstone, *The Illicit Adventure*, Londres, 1982.

BENEDICT Ruth, née Fulton. Ethnologue américaine (New York, 1887 - *id.*, 1948). A partir de 1905, elle étudia la littérature anglaise à la Vassar University et, déçue par les perspectives qui s'offraient à elle, elle aborda la recherche anthropologique en 1919. À la New School for Social Research, elle s'initia à l'ethnologie sous la direction de Goldenweiser et d'Elsie Clews Parsons. Elle se lia d'amitié avec Franz Boas dont elle fut l'assistante de 1922 à 1923. En 1922, elle écrivit son premier article : *The Visions in the Plain Culture* et effectua son premier travail de terrain chez les Indiens serrano. Par la suite, elle développa, en se fondant sur son expérience et ses observations des Indiens prima et des Indiens pueblo, une théorie selon laquelle la culture n'est pas simplement une matrice au sein de laquelle les personnalités particulières s'organisent. Cette théorie, présentée devant le XXXIIIe Congrès des américanistes, en 1928, suscita de vives polémiques, et fit l'objet d'un ouvrage qui parut en 1931, *Patterns of Culture* (traduit en français sous le titre de *Échantillons de culture*). La même année, elle fonda le *Journal of American Folklore*. Elle poursuivit ses études sur le terrain auprès des Apaches et des Indiens pieds-noirs.

Après la Seconde Guerre mondiale, elle élargit le champ de ses activités et s'intéressa aux sociétés contemporaines. Elle étudia en profondeur la Roumanie, la Thaïlande, l'Allemagne, la Hollande et le Japon, consacrant à ce dernier pays un ouvrage, *Le Chrysanthème et le Sabre*, paru en 1946 et tenu pour son chef-d'œuvre. Elle conçut alors un grand projet de recherche sur les cultures contemporaines destiné à permettre une analyse des relations entre les gouvernements nationaux à la lumière de l'anthropologie. La mort l'empêcha de mener ce projet à son terme. Son œuvre résolument non évolutionniste, non comparativiste et non biologique occupe une place marquante dans l'histoire de l'anthropologie. Ruth Benedict est également l'auteur du *Concept de l'esprit gardien en Amérique du Nord* (1923), des *Contes des Indiens cochiti* (1931) et de *Race et Science politique* (1940).

BENNETT Constance. Actrice américaine (New York, 1905 - Fort Dix, 1965). Fille du célèbre acteur de théâtre Richard Bennett, elle était la sœur aînée de Joan Bennett, l'une des interprètes préférées de Fritz Lang. Après de solides études, Constance Bennett s'orienta vers le théâtre et le cinéma. Remarquée par Samuel Goldwin, elle tourna plusieurs films, dont *Sally, Irene and Mary* (Goulding, 1925), son premier succès. Séduisante, toujours très élégante, son humour, son entrain et son sens du spectacle surent conquérir le public : elle atteignit les rangs des grandes stars vers les années 30-40, et devint, dit-on, la vedette la mieux payée d'Hollywood. Loin de compromettre sa carrière, l'avènement du parlant lui valut un renouveau de popularité. Dirigée par Cukor, La Cava, Mayo et plus tard McLeod, elle tourna ses meilleurs films : *Adam and Eve* (Mayo, 1931), *Benvenuto Cellini* (La Cava, 1934), l'inoubliable *Madame et son clochard* (1938), *La Femme aux deux visages* avec Greta Garbo* (1941), *Une femme s'affiche* (Cukor, 1953). Constance Bennett avait épousé le millionnaire Philip Plant, puis le marquis de La Falaise-Coudray.

BENOIST Marie-Guilhelmine, née de Laville-Leroulx. Peintre. Française (Paris, 1768 - *id.*, 7 octobre 1826). Elle fut l'une des nombreuses élèves d'Élisabeth Vigée-Lebrun* et devint rapidement une des portraitistes les plus appréciées des « merveilleuses » du Directoire et plus tard de l'Empire. En 1793, elle épousa Pierre-Vincent Benoist, un royaliste, et dut quitter Paris pendant la Terreur. De retour en 1795, elle exposa au Salon des portraits et une grande toile, *Sappho**, inspirée d'un sujet antique, qui furent très remarqués. Marie Benoist travailla un an avec David, dont l'influence est très sensible dans les portraits de style néoclassique qu'elle exécuta. En 1804, elle obtint sa première commande officielle, un portrait du *Premier Consul* pour le palais de justice de Gand ; Bonaparte, devenu empereur, lui commanda régulièrement des portraits de lui-même et de sa famille. Parmi ses nombreuses toiles, *La Négresse* (musée du Louvre) est considérée comme l'une des meilleures.

BERBEROVA Nina Nikolaïevna. Poétesse et romancière russe (née à Saint-Pétersbourg en 1901). Née d'un père médecin d'origine arménienne et d'une mère issue de la noblesse provinciale russe, elle se réjouit de la révolution d'octobre 1917, mais émigra pour préserver son droit à être poète, face à la tyrannie de Staline qu'elle dénonça. Elle vécut vingt-cinq ans en France dans un grand dénuement, fréquentant les autres poètes russes émigrés et accomplissant une foule de petits métiers pour pouvoir survivre. Poétesse raffinée, connaissant bien ses classiques non seulement russes mais occidentaux, Nina Berberova s'est fait connaître comme romancière en publiant dans les années 1930-1938 : *Les Derniers et les Premiers, La Souveraine* et *Sans coucher de soleil*. Passionnée de musique, elle a publié à la même époque les biographies de Tchaïkovski et de Borodine ainsi qu'un livre écrit en français : *L'Accompagnatrice* (1985). *Le Laquais et la Putain* (1987) rattache Nina Berberova à la grande tradition russe qui va de Pouchkine à Tourgueniev : pureté du style, rapidité des analyses, retenue jusque dans les scènes les plus tragiques et surtout une espèce de désolation unique et élégante. Elle vient de publier ses mémoires sous le titre *C'est moi qui souligne* (1989).

BÉRENGÈRE. Reine de Castille (1181-1244). Elle était la fille aînée d'Alphonse VIII et d'Éléonore d'Angleterre ; le règne de son père fut marqué par la victoire de Las Navas de Tolosa, qui fut une étape décisive de la Reconquête sur les Maures. Des deux mariages de Bérengère, le premier, avec Conrad de Souabe, ne fut pas consommé et le second, en 1197, avec son cousin Alphonse IX, roi de León et de Galicie, dont elle eut cinq enfants, fut annulé pour consanguinité. Bérengère monta sur le trône de Castille à la mort de son frère Henri Ier, après avoir été régente de 1214 à 1217. Elle abdiqua en faveur de son fils aîné qui prit le titre de Ferdinand III, réunissant à la Castille les deux provinces de León et de Galicie.

BÉRÉNICE. Princesse juive (28-79). Elle était la fille du roi de Judée Agrippa Ier et la sœur de Hérode Agrippa II qui régna de 50 à 93. Elle fut mariée trois fois, dit-on, et scandalisa son temps par les relations incestueuses qu'elle entretenait avec son frère. Elle se trouvait avec lui à Césarée en 59, car c'est devant elle et devant le roi que saint Paul, qu'on avait arrêté deux ans auparavant, présenta sa défense. Le bruit de sa conduite alla jusqu'à Rome puisque, dans l'une de ses *Satires*, Juvénal s'en fait l'écho. Elle ne manquait pas d'influence politique et en usa auprès du gouverneur de Judée, Florus, afin qu'il traitât avec ménagement les Juifs, alors en état de révolte larvée. D'après Tacite, c'est au cours de la guerre de Judée que Titus, fils de l'empereur Vespasien, tomba amoureux de Bérénice. Après la chute de Jérusalem (70), celle-ci s'installa à Rome avec Hérode Agrippa II, affichant au grand jour sa liaison avec Titus qui la traitait comme une reine. Devant la réprobation du peuple romain, le mariage ne put avoir lieu, et Titus fut contraint de se séparer de sa maîtresse dès son accession à l'empire (79). Ces amours ont inspiré une tragédie à Racine, *Bérénice* (21 novembre 1670) et une, rivale de la première, à Corneille, *Tite et Bérénice* (28 novembre 1670).

BÉRÉNICE II. Reine d'Égypte (?-221 av. J.-C.). Elle était la fille de Magas, roi de Cyrénaïque et de Libye, qui la fiança au roi d'Égypte, Ptolémée III Évergète Ier. Magas étant mort avant le mariage, sa femme Arsinoé revint sur le projet initial et promit sa fille à Démétrius. Lorsque celui-ci vint à Cyrène, Arsinoé tomba amoureuse de lui. Par jalousie, Bérénice fit assassiner Démétrius et épousa finalement Ptolémée III que son père lui avait destiné. C'est ainsi que l'Égypte et la Cyrénaïque furent réunies. On raconte que lorsque Ptolémée III partit soumettre la Syrie, la reine coupa les boucles de sa chevelure et les voua à Aphrodite afin que son mari revienne sain et sauf de cette expédition. Les cheveux ayant disparu du temple où elle les avait fait enchâsser, l'astronome Conon prétendit qu'ils avaient été changés en astres et donna le nom de « Chevelure de Bérénice » à une constellation — plus connue sous le nom de « la Gerbe ». L'histoire inspira à Callimaque, poète de l'époque, un poème qui nous est parvenu par la traduction latine que Catulle en a fait. Bérénice fut exécutée par son propre fils, Ptolémée IV Philopatôr Ier, après que celui-ci eut accédé au trône.

BERG Patty (Patricia Jane, dite). Championne de golf américaine (née à Minneapolis, Minnesota, en 1918). L'une des meilleures joueuses de golf de son temps, elle commença à jouer à l'âge de dix-sept ans et remporta à vingt ans le championnat amateur féminin de l'Association de golf des États-Unis; puis, deux ans de suite, elle gagna le championnat amateur Trans-Mississippi (1938-1939) et le championnat amateur de l'Ouest. En 1940, elle passa professionnelle et, à partir de cette date jusqu'en 1949, elle inscrivit à son actif un nombre impressionnant de victoires, dont sept au championnat des Tenants du titre. En outre, elle se classa première à Richmond (1952), première encore à la British Walker Cup. Patricia Berg fut élue «la femme athlète» des États-Unis en 1938, 1945, 1955, titre qu'avait remporté à plusieurs reprises avant elle la célèbre sportive et championne de golf Babe Zaharias*.

BERGANZA Teresa, née Vargas. Mezzo-soprano espagnole (née à Madrid, le 16 mars 1935). Au conservatoire de Madrid, elle étudia le piano, l'harmonie, la composition et travailla le chant avec Lola Rodriguez Aragon. À dix-neuf ans, elle remporta le premier prix de chant et fit ses débuts en concert l'année suivante à Madrid. Gabriel Dussurget l'engagea en 1957 au festival d'Aix-en-Provence pour y chanter Dorabella (*Così fan tutte*, Mozart), rôle qu'elle campa d'une façon exquise. En 1957-1958, elle interpréta Isolier (*Le Comte Ory*, Rossini) à la Scala, Chérubin (*Les Noces de Figaro*, Mozart) à Glyndebourne, Isabella (*L'Italienne à Alger*, Rossini) à Dallas. Sous la direction de Claudio Abado, elle triompha dans *La Cenerentola* (Rossini). Invitée sur les plus grandes scènes lyriques du monde, où à chaque fois elle conquiert son public, cette cantatrice accomplie ressuscite magnifiquement Carmen (*Carmen*, Bizet) ou les héroïnes de Rossini. Parfois accompagnée de son époux, le compositeur Félix Lavilla, elle chante des airs espagnols, des lieder ou des mélodies. Au cinéma, elle a incarné une Zerlina malicieuse dans le *Don Juan* mis en scène par Joseph Losey en 1979, dirigé par Lorin Maazel.

BERGMAN Ingrid. Actrice suédoise (Stockholm, 1915 - Londres, 1982). Orpheline, elle fut élevée par une tante luthérienne dans un milieu austère. Après avoir suivi des études classiques, elle entra à l'École royale d'art dramatique de Stockholm et joua dans la principale troupe de théâtre de sa ville natale. Attirée par le cinéma, elle fit ses débuts à l'écran en 1933 dans *Le Comte de Munkbro* (Adolfson). Puis le cinéaste Gustav Molander lui fit tourner, de 1934 à 1939, de nombreux films qui permirent à Ingrid Bergman de devenir l'une des actrices les plus prometteuses du cinéma suédois. Le célèbre producteur américain Selznick, qui l'avait remarquée dans *Intermezzo* (Molander, 1936), séduit par sa beauté et son talent, la fit venir à Hollywood en 1939; il lui confia le rôle principal dans le film *Dr. Jekyll and Mr. Hyde* (Fleming, 1941) où elle triompha aux côtés de Spencer Tracy. Puis, succédèrent avec le même succès *Casablanca* (Curtiz, 1943) avec Humphrey Bogart et *Pour qui sonne le glas* (Wood, 1943) d'après le célèbre roman d'Hemingway, où elle avait pour partenaire Gary Cooper. Elle obtint un oscar avec *Hantise* (Cukor, 1944), et Alfred Hitchcock la dirigea dans trois films remarquables: *La Maison du Dr. Edwards* (1945), *Les Enchaînés* (1946), *Les Amants du Capricorne* (1949). En 1948, elle fut une extraordinaire *Jeanne d'Arc* dans le film de Fleming.

Ingrid Bergman était alors au sommet

de sa gloire et l'actrice européenne la plus populaire d'Hollywood; mais sa rencontre avec le cinéaste italien Rossellini, au cours du tournage de *Stromboli* en 1949, faillit être fatale à sa carrière américaine. Mariée au Dr Peter Lindstrom, elle divorça et connut une longue liaison passionnée avec Rossellini qui lui donna trois enfants dont Isabella Rossellini en 1952, mannequin et actrice. L'Amérique se scandalisa de cette union qui ne correspondait pas à l'image qu'elle s'était faite d'Ingrid Bergman. Elle tourna avec Rossellini *Nous les femmes* (1953), *Voyage en Italie* (1954), *Jeanne au bûcher* (1954), *La Peur* (1954). Ces films ne remportèrent pas le succès que l'on était en droit d'attendre de la rencontre de ces deux «monstres sacrés». Cependant, malgré un mariage par procuration au Mexique, le couple se sépara.

Alors que l'on croyait sa carrière terminée, Ingrid Bergman fit un retour remarqué dans *Anastasia* (Litvak, 1956) qui lui valut un nouvel oscar. Les films suivants comme *Aimez-vous Brahms?* (Litvak, 1961) ou *Pluie de printemps* (Green, 1969) ne rencontrèrent qu'un faible succès. En revanche, *Le Crime de l'Orient-Express* (Lumet, 1974) lui apporta un troisième oscar. En 1978, Ingrid Bergman retourna en Suède et trouva, avec *Sonate d'automne* d'Ingmar Bergman, l'un des meilleurs rôles de sa carrière. Elle interpréta pour la télévision le personnage de Golda Meir*. Elle a publié son autobiographie, traduite en français sous le titre *Ma vie* (1982). Elle a épousé en troisièmes noces le producteur Lars Schmidt.

RÉF.: J.R. Taylor, *Admirable Bergman*, Ramsay, 1984.

BERIOSOVA Svetlana. Danseuse anglaise d'origine lituanienne (née à Kaunas, le 24 septembre 1932). Fille du danseur Nicolas Beriosoff, elle fut formée à New York par Ludmilla Schollar* et Anatole Vilzak. Elle débuta en 1947 à Ottawa et fut engagée la même année au Grand Ballet de Monte-Carlo. Danseuse romantique d'une exquise délicatesse, à l'allure noble et aux mouvements aisés, elle se révéla tout aussi douée dans les chorégraphies modernes. Engagée au Metropolitan Ballet où John Taras composa pour elle *Designs with Strings* (1948), elle entra au Sadler's Wells Ballet en 1950 et à Covent Garden en 1952. Invitée par de nombreuses compagnies, elle s'est produite dans le monde entier. Elle a créé de nombreux rôles parmi lesquels *Trumpet Concerto* (Balanchine, 1950), *The Shadow* (Cranko, 1953) *The Prince of the Pagodas* (Cranko, 1957), *Antigone* (Cranko, 1959), *Rinaldo and Armida* (Ashton, 1955), *Birthday Offering* (Ashton, 1956), *Persephone* (Ashton, 1961), et *Enigma Variations* (Ashton, 1968). Retirée de la scène depuis 1975, elle enseigne auprès de plusieurs compagnies.

BERNADETTE SOUBIROUS, sainte. Religieuse française (Lourdes, 7 janvier 1844 - Nevers, 16 avril 1879). Issue d'un milieu très modeste, elle connut la misère lorsque son père perdit son emploi de meunier. Comme sa santé fragile lui interdisait d'aller à l'école, on la mit à garder les troupeaux. Le 11 février 1858, alors qu'avec deux de ses amies elle ramassait du bois auprès de la grotte dite Massabielle, elle eut — seule — la vision d'une jeune femme rayonnante. Cette apparition se renouvela seize fois jusqu'au 16 juillet 1858. Ces événements, rapportés par la jeune bergère au fur et à mesure de leur déroulement, causèrent à Lourdes une émotion considérable. À la neuvième apparition (25 février), sur les injonctions de celle qu'elle appelait la Dame, Bernadette Soubirous fit jaillir une source en grattant la terre de la grotte. À la onzième apparition, la Dame demanda que l'on construise au même endroit une chapelle; à la seizième, le

25 mars, elle déclara: « Je suis l'Immaculée Conception. » Des guérisons inexpliquables s'étant produites dans la grotte, l'Église intervint dès la fin du mois de juillet. La réalité des apparitions de la Vierge fut reconnue en 1862; le pèlerinage fut institué en 1873 et connut un développement foudroyant; la basilique, édifiée à l'emplacement de la grotte, vit le jour en 1876. Bernadette Soubirous retourna à l'obscurité aussi vite qu'elle en était sortie. En 1866, elle entra dans la congrégation des sœurs de la charité, à Nevers, et prit le nom de sœur Marie-Bernard. Le jour de ses vœux, elle relata pour la dernière fois ses visions à la communauté. Elle vécut ensuite dans le silence et l'humilité. Elle fut béatifiée en 1925 et canonisée en 1933. Son nom officiel de sainte est Maria-Bernarda. On la fête le 16 avril.

RÉF.: Mgr P. Théas, *Ce que croyait Bernadette*, Mame, 1973. M. de Saint-Pierre, *Bernadette Soubirous*, La Table ronde, 1979. A. Ravier, *Sainte Bernadette, une vie eucharistique*, Desclée de Brouwer, 1981. R. Laurentin, *Bernadette vous parle*, Lethielleux, 1987.

BERNARD Claire. Violoniste française (née à Rouen, le 31 mars 1947). Très précoce, elle obtint à sept ans un premier prix au conservatoire de Rouen. À onze ans, elle entra au Conservatoire de Paris, et l'année suivante elle remporta le premier prix dans la classe de Marcel Reynal. Le célèbre violonniste Henryk Szeryng lui donna des leçons. Elle entreprit des concerts en France et à l'étranger, remportant des succès prometteurs. Elle avait dix-sept ans lorsque Henryk Szeryng lui remit la médaille d'or des cours Carl Flesch et qu'elle gagna le premier prix du concours international Georges Enesco à Bucarest. Elle poursuivit ses tournées, jouant à plusieurs reprises avec Yehudi Menuhin au festival de Bath et à Paris. On lui doit un excellent enregistrement du *Concerto* d'Aram Khatchatourian qu'elle joua sous la direction de l'auteur en 1965.

BERNAUER Agnès (v. 1420 - Straubing, Bavière, 12 octobre 1435). Fille d'un barbier d'Augsbourg, elle fut remarquée lors d'un tournoi par le duc Albert de Wittelsbach. Comme elle refusait de devenir sa maîtresse, il l'épousa secrètement en 1432 et vécut avec elle au château de Frohburg. Cependant, le duc régnant de Bavière, Ernest de Wittelsbach, souhaitant marier son fils à Anne de Brunswick, somma son fils de divorcer. Devant son refus, il lui fit interdire de paraître à un tournoi. Sur quoi, Albert annonça publiquement son mariage, donna à sa femme le château de Straubing et le titre de princesse. Peu après, en l'absence de son fils, le duc fit condamner Agnès Bernauer pour sorcellerie. Elle fut jetée dans les eaux du Danube. La légende dit que le flot la ramena, et que le bourreau dut s'y prendre à deux fois pour la noyer. Après l'exécution, Albert se révolta contre son père ; les deux hommes se réconcilièrent sur l'intervention de l'empereur Sigismond de Luxembourg.

BERNHARDT Sarah (Henriette Rosine Bernard, dite). Actrice française (Paris, 22 octobre 1844 - *id.*, 26 mars 1923). Sa mère, assez volage, s'occupa toujours distraitement de sa fille qu'elle mit au couvent de Grandchamps près de Versailles — où la jeune fille se crut un moment appelée à la vie religieuse — après l'avoir placée en nourrice en Bretagne. C'est la tante de Sarah Bernhardt, Rosine, maîtresse de Morny, qui décida de sa vocation dramatique contre l'opposition de la famille. Elle la fit entrer au Conservatoire (1861) où elle fut peu remarquée, prélude à son entrée à la Comédie-Française l'année suivante. Elle en démissionna en 1863 à la suite de débuts peu prometteurs et se produisit au Gymnase. Ses yeux bleu sombre à l'éclat insolite, son corps mince et souple, son front têtu couronné de frisettes blondes en firent l'idole du Quartier latin. Elle fut engagée à l'Odéon en 1867 et connut son premier et triomphal succès dans *Le Passant* (Coppée, 1869) avec à ses côtés Mme Agar*. Elle habitait alors rue de Rome avec son fils Maurice, dont elle a toujours prétendu que le père était le prince de Ligne. En 1872, elle rentra par la grande porte à la Comédie-Française. Elle joua Cordélia (*Le Roi Lear*, Shakespeare, puis la Reine (*Ruy Blas*, Hugo) en 1874 : son interprétation lyrique bouleversa Victor Hugo qui célébra sa « voix d'or », tandis que Théodore de Banville écrivait qu'avec elle « la poésie entrait dans la maison de l'art dramatique ». Si son talent ne suffisait pas, ses excentricités et la publicité qui la précédaient partout en firent bientôt un « monstre sacré ». Elle avait la trentaine lorsqu'elle transfigura les passions de Phèdre (*Phèdre*, Racine) ou de Doña Sol (*Hernani*, Hugo) — parmi ses meilleurs rôles.

Certains gestes, toujours les mêmes, accompagnaient ses paroles : une main retombée, un regard vers le ciel. La lenteur de sa diction s'accordait à une immobilité qui faisait dire à Jules Renard que, quand elle descendait un escalier, c'était l'escalier qui semblait tourner autour d'elle. Elle triompha à Londres en 1879 et quitta le Français l'année suivante, au grand scandale de la Maison. Elle partit pour l'Amérique, chargée d'une tonne de bagages, et y joua pour la première fois Marguerite Gautier (*La Dame aux camélias*, Dumas fils). Puis vinrent Montréal et l'Australie, les capitales de l'Europe. De retour à Paris en 1882, elle créa de nouveaux rôles pour Victorien Sardou, et reprit le théâtre de la Porte-Saint-Martin où elle se ruina en mises en scène somptueuses. Infatigable, elle repartit faire fortune à travers le monde. En 1893, elle prit la direction du théâtre de la Renaissance où elle créa de nombreuses pièces dont *La Princesse lointaine* (Rostand, 1895) et *La Samaritaine* (Rostand, 1897). Le 9 décembre 1896, la République organisait une journée à la gloire de Sarah : ce fut l'apothéose.

En 1898, elle acheta le théâtre des Nations (aujourd'hui, Théâtre de la Ville), auquel elle donna son nom. Ses attitudes penchées, le timbre grave de sa voix lui firent incarner avec bonheur les rôles de jeunes premiers tourmentés : elle joua travestie Hamlet puis Lorenzaccio (*Lorenzaccio*, Musset) et créa *L'Aiglon* (Rostand, 1900). L'amputation, en 1915, d'une jambe gangrenée ne suffit pas à lui faire quitter la scène : on la vit même paraître au théâtre des Armées. À près de soixante-quinze ans, elle continuait d'attirer les foules. Elle joua Athalie (*Athalie*, Racine) étendue sur un palanquin : toute la salle attendait avec émotion la scansion du vers :

Pour réparer des ans l'irréparable outrage.

Sarah Bernhardt trouva encore la force de partir en tournée en 1922. À son retour, elle s'apprêtait à jouer *Un sujet de roman* (Guitry), lorsqu'elle mourut.

Son hôtel particulier de l'avenue de Villiers, bric-à-brac aux influences cosmopolites où s'amoncelaient plantes vertes, tapis et bibelots, faisait partie de sa légende comme ses animaux sauvages ou le cercueil où elle aimait à se reposer. Elle avait acheté un fort désaffecté à Belle-Isle où elle se rendait souvent en vacances. Mille potins et scandales entouraient son existence : on l'accusa d'avoir mis le feu à son appartement de la rue Auber pour faire parler d'elle, d'avoir voulu greffer sur ses reins une queue de tigre, d'avoir transformé ses demeures en jardins zoologiques, d'avoir eu quatre enfants de quatre pères différents (Pie IX, Napoléon III, un coiffeur et un condamné à mort !). Adulée par des hommes aussi différents qu'Hugo, Sardou, Dumas, Loti, Jules Renard, Charles Haas, Robert de Montesquiou ou Henry James, elle se composa un personnage lointain, fantasque, tout dévoué à son art.

Sa beauté fut immortalisée par les photographes, dont Nadar et Mante, par les peintres Clairin, Abbéma*, Mucha. Gérôme sculpta son buste, Capiello la caricatura, tandis que Proust la faisait revivre dans son œuvre sous les traits de la Berma. Peintre et sculpteur à ses heures, Sarah Bernhardt écrivit des pièces qu'elle joua: *L'Aveu* (1898), *Adrienne Lecouvreur* (1907) et *Un cœur d'homme* (1909). Elle laisse des souvenirs: *Ma double vie* ou *Mémoires de ma vie*, parus en 1907, traduits la même année en anglais. Elle est encore l'héroïne de huit films, parmi lesquels *La Dame aux camélias* de Calmettes (1912) et cinq dus à Mercanton, tournés de 1900 à 1923, qui nous donnent une idée de ce qu'elle fut à la fin de ses jours, mais, hélas, au rythme saccadé de l'image du cinéma de ce temps-là!

RÉF.: R. Hahn, *La Grande Sarah*, Paris, 1930. E. Pronier, *Une vie au théâtre: Sarah Bernhardt*, Genève, 1936. Ph. Jullian, *Sarah Bernhardt*, Paris, 1977. F. Sagan, *Sarah Bernhardt, le rire incassable*, Robert Laffont, 1987.

BERNY Laure de, née Hinner. Française (château de Livry, Seine-et-Oise, 24 mai 1777 - La Bouleaunière, près de Fontainebleau, 27 juillet 1836). Elle était la fille du harpiste de Marie-Antoinette* et d'une de ses femmes de chambre. Elle épousa M. de Berny en 1793. Le ménage, qui s'entendait mal, voisinait avec les Balzac, à Paris comme à Villeparisis. C'est là que le jeune Balzac tomba amoureux de Laure de Berny, qui fut pour lui à la fois une maîtresse et une mère (elle avait alors quarante-cinq ans). Plus encore, elle joua un rôle important dans la vie du créateur de *La Comédie humaine*. Influence mondaine: elle lui fit connaître les relations qu'elle avait dans la haute aristocratie; financière : elle l'assista dans l'achat de son imprimerie; littéraire: elle l'inspira dans son travail. Leur relation prit fin en 1832, mais ils restèrent amis; le romancier l'appelait la *Dilecta*. Laure de Berny est, entre autres, le modèle de Mme de Mortsauf du *Lys dans la vallée* et de Pauline dans *La Peau de chagrin*.

RÉF.: G. Ruxton, *La Dilecta de Balzac*, Paris, 1909.

BERRIAU Simone, née Bossis. Directrice de théâtre. Française (Touques, 1896 - Paris, 1984). Elle s'enfuit à l'âge de quinze ans rejoindre au Maroc le vicomte Gaetan de Beaurepaire, «bon à rien et plein de distinction». Là-bas, elle tomba amoureuse du colonel Berriau, de vingt-sept ans son aîné, qui l'enleva pour l'épouser. Elle le perdit en 1914, puis rentra en France. Elle apprit à chanter auprès de Rose Caron et débuta sur la scène parisienne sous le nom de Simone Berry. Le fameux Glaoui, pacha de Marrakech, arriva sur ces entrefaites, se proposant d'épouser «la veuve de son frère». Tous deux menèrent grande vie dans la capitale, mais Simone Berriau refusa de retourner avec lui au Maroc. «Le diable», comme il l'appelait, se lia avec Albert Wolff, directeur de l'Opéra-Comique et parut dans *La Bohème* (Puccini), dans *Carmen* (Bizet) et dans *L'Heure espagnole* (Ravel). Elle eut aussi quelques rôles au cinéma, dans *Ciboulette* et dans *Café de Paris*, notamment. Elle était l'amie de Colette*, de Cécile Sorel*, de Cocteau, de Guitry, de Tristan Bernard et vécut avec Yves Mirande avant d'épouser en secondes noces Paul Schröder, en 1934. Elle donna la mesure de son talent en rachetant en pleine guerre le Théâtre-Antoine, à la mort de son fondateur. Non sans courage, elle monta des pièces de Sartre, *Mort sans sépulture, La Putain respectueuse, Les Mains sales, Nekrassov*, puis *La Chatte sur un toit brûlant* (Williams) et *Vu du pont* (Miller). Elle fit aussi jouer Pol Quentin, Pirandello, Roussin, Arrabal, s'assurant toujours une distribution des plus brillantes: Gaby Morlay*, Louis Jouvet, Pierre Brasseur, André Lugnet. C'est elle qui a lancé Jeanne Moreau*. Simone Berriau a laissé des souvenirs: *Simone est comme ça* (1973). Elle a eu une fille, Hélène Bossis. Simone Berriau était célèbre pour ses chapeaux qu'elle portait toujours avec une jugulaire.

BERRY Marie-Caroline, née Bourbon-Sicile, duchesse **de**. (Caserte, 5 novembre 1798 - Brünnsee, Autriche, 16 avril 1870). Elle était la fille de François, duc de Calabre, plus tard roi des Deux-Siciles, et de l'archiduchesse Marie-Clémentine d'Autriche. Elle épousa le duc de Berry, deuxième fils du comte d'Artois, le futur Charles X, dont elle eut une fille et un fils, le duc de Bordeaux, plus tard le célèbre comte de Chambord: elle accoucha en 1820 quelques mois après l'assassinat de son mari à la sortie de l'Opéra (13 février). Elle émigra lors de la révolution de 1830 et épousa secrètement, à Rome en 1831, le comte Lucchesi-Palli. Ambitieuse pour son fils, légitimiste dans l'âme, elle conçut l'idée de renverser Louis-Philippe, pensant que sa seule arrivée en France suffirait à s'attacher les populations. Devant l'échec de son entreprise dans le sud de la France (avril 1832), elle s'entêta, gagna la Vendée en changeant sans cesse de costume et d'identité, tenta en vain de soulever une insurrection et vécut traquée jusqu'à son arrestation, le 7 novembre 1832. Traitée d'une manière absurdement sévère et inélégante par le gouvernement français — Chateaubriand prit sa défense dans son *Mémoire sur la captivité de la duchesse de Berry* —, elle accoucha en prison d'une fille qui mourut peu après à Livourne. Elle fut finalement libérée en juin 1833 et vécut à Naples en compagnie de son mari, délaissant la politique et s'occupant beaucoup de sa famille.

RÉF.: A. Castelot, *La Duchesse de Berry*, Perrin, 1963.

BERRY Marie Louise Élisabeth, née Bourbon-Orléans, duchesse **de**. Princesse française (Saint-Cloud, 20 juillet 1695 - Meudon, 21 juillet 1719). Elle était la fille du Régent, qui l'adorait et lui donna une éducation déplorable, et de Marie-Françoise de Bourbon, Mlle de Blois, fille légitimée de Mme de Montespan*. En 1710, elle épousa le duc de Berry, troisième fils du Grand Dauphin. Sa vie fut un désordre permanent. Elle contrebalançait ses qualités indéniables, charme, beauté, intelligence, culture par sa grossièreté, sa nymphomanie et sa tendance à l'ivrognerie. Elle trompait son mari au su de tout le monde, même quand elle devint Dauphine après la mort du duc et de la duchesse de Bourgogne qu'elle haïssait au-dessus de tout. Après la mort de son mari en 1714, et celle de Louis XIV l'année suivante, elle mena un train de vie d'autant plus excessif et dispendieux que le Régent ne pouvait rien lui refuser et qu'elle partageait ses débauches avec lui, au point qu'à la cour certains s'émurent de possibles relations intimes entre le père et la fille. Elle tomba amoureuse du neveu de Lauzun (Armand d'Aydie, comte de Rioms) qui la traita avec la dernière des grossièretés. Enceinte de lui à deux reprises, elle l'épousa, dit-on, secrètement. La santé ruinée par tant d'excès, elle mourut à l'âge de vingt-quatre ans.

RÉF.: H. Carré, *Mademoiselle, fille du Régent, duchesse de Berry*, Paris, 1936.

BERRY Mary. Femme de lettres anglaise (1763-1852). Avec sa sœur Agnès, elle fut l'exécuteur testamentaire de l'écrivain Horace Walpole dont elle était l'amie. Elle publia ses œuvres (5 vol., 1798), ainsi que sa *Correspondance* avec Mme Du Deffand* (1810). Elle tint un salon littéraire avec sa sœur et publia *England and France, a Comparative View* *of the Social Condition of Both Countries from the Restauration of Charles the Second to the Present Time* (2 vol., 1844).

BERTEAUX Hélène, née Hébert. Sculpteur. Française (Paris, 1825 - *id.*, 1909). Elle était l'élève de son père, le sculpteur Pierre Hébert. Elle obtint un grand nombre de commandes officielles à Paris : statues pour l'Hôtel de Ville, le Sénat, l'Opéra. Elle fonda l'Union des femmes peintres et sculpteurs et remporta plusieurs médailles lors d'Expositions universelles. Son œuvre est représentée dans plusieurs musées de province.

BERTHE, marquise de Toscane (v. 860 - Lucques, v. 925). Fille de Lothaire II, roi de Lorraine, elle épousa Thibaut II, comte d'Arles, et en secondes noces Adalbert II (ou Aubert II), marquis de Toscane. Devenue veuve en 917, elle complota contre le roi d'Italie, Bérenger Ier, et sut donner un grand éclat à la cour de Toscane. Le fils de son premier mariage, Hugues, devint roi d'Italie en 926. Elle eut deux enfants d'Adalbert : Gui, qui succéda à son père de 917 à 929 et Hermengarde (ou Ermengarde) qui épousa le marquis d'Ivrée.

BERTHE ou **BERTRADE** (dite **au grand pied**). Reine des Francs ([?] - Choisy-au-Bac, 12 juillet 783). Elle était la fille d'Herbert, ou de Caribert, comte de Laon, et elle épousa en 740 Pépin le Bref, maire du palais de la Bourgogne, de la Neustrie (partie occidentale de la France) et de la Provence. En 751, ce dernier se fit proclamer roi des Francs, fondant ainsi la dynastie des Carolingiens. Elle donna deux fils à son mari : Charlemagne en 742, futur empereur d'Occident, et Carloman en 751. Veuve en 768, elle eut une certaine influence politique en réconciliant en 770 ses deux fils qui régnaient ensemble. Son célèbre surnom, Berthe « au grand pied », provient d'une chanson de geste composée sous ce titre en 1275 par Adenet le Roi. Berthe, dont l'un des pieds est plus grand que l'autre, y est présentée comme la fille du roi de Hongrie venue épouser Pépin le Bref. Séquestrée par sa servante qui l'a remplacée par sa fille Alerte, Berthe parvient à s'échapper et vit cachée dans la forêt pendant huit ans. L'imposture est découverte le jour où sa mère, venue lui rendre visite, perce l'identité d'Alerte dont les deux pieds sont de la même taille. Plus tard, la véritable reine est retrouvée.

BERTHE DE BOURGOGNE. Reine de France (964 [?] - 1024 [?]). Fille du roi Conrad de Bourgogne, elle épousa Eudes, comte de Chartres. Après la mort de son mari, Robert, fils de Hugues Capet et futur Robert II le Pieux, en fit sa maîtresse et tenta de l'épouser. Le roi s'y opposa, qui craignait l'opposition de l'Église — les deux jeunes gens cousinant au quatrième degré. Berthe, qui ne manquait pas d'ambition, chercha par tous les moyens, mais en vain, à fléchir l'opposition de Hugues Capet, notamment en faisant intervenir en sa faveur l'archevêque de Reims, Gerbert d'Aurillac. Robert, monté sur le trône en 996, épousa presque aussitôt Berthe de Bourgogne et, comme il fallait s'y attendre, fut excommunié par Grégoire V en 998. La reine fut répudiée pour cause de stérilité entre 1000 et 1003, mais continua à jouir d'une influence politique et sentimentale sur le roi, même après que celui-ci eut épousé Constance* d'Arles. Il semble en effet que Robert II ait tenté une démarche auprès du pape pour pouvoir répudier Constance et réépouser Berthe.

BERTHE DE HOLLANDE. Reine de France (?-1094). Fille du comte Florent Ier et de Gertrude de Saxe, elle épousa en 1071 Philippe Ier, roi de

France, qui la répudia en 1092 pour épouser Bertrade* de Montfort. Elle était la mère de trois enfants, dont le futur Louis VI le Gros.

BERTIN Rose (Marie-Jeanne Bertin, dite). Modiste française (Abbeville, 2 juillet 1744 - Épinay, 1813). Elle fit ses débuts comme apprentie dans une maison de mode. Très ambitieuse, elle ouvrit vite une boutique rue de Richelieu, «Au Grand Mogol», qui obtint beaucoup de succès et où elle employa jusqu'à trente ouvrières. Introduite à la cour, elle devint le fournisseur attitré de Marie-Antoinette* et, de ce fait, acquit une position considérable dans la haute société parisienne, faisant et défaisant les modes. Son étoile commença à pâlir à mesure que l'impopularité de la reine croissait. Toutefois, elle lui resta indéfectiblement fidèle, continuant à l'habiller, même pendant le séjour de Marie-Antoinette au Temple. Après quoi, elle émigra, tint boutique à Londres, revint à Paris où elle inspira la mode échevelée des «merveilleuses» du Directoire et put rouvrir le «Grand Mogol» en 1806. Elle se retira des affaires en 1812. Par son talent, par la forme et le volume de ses activités, on peut considérer Rose Bertin comme l'ancêtre des grands couturiers actuels. Elle était connue pour son caractère détestable.

RÉF. : E. Langlade, *La Marchande de modes de Marie-Antoinette: Rose Bertin*, Paris, 1911.

BERTINI Francesca (Elena Seracini Vitiello, dite). Actrice italienne (Florence, 6 février 1888 - Rome, 1985). Elle fut la première et la plus célèbre star du cinéma italien des années du muet. Ses talents de comédienne lui permettaient de jouer aussi bien des rôles de «vamp» que des rôles de jeune fille sage. Les quelque quatre-vingt-dix films qu'elle tourna entre 1912 et 1920 lui valurent d'être la plus populaire et la plus adulée des actrices de son époque; ses cachets étaient mirobolants et la presse toujours dithyrambique à son égard. Comme beaucoup de divas, elle était fantasque et capricieuse, elle entretenait des rapports difficiles avec son entourage et exigeait de participer à la réalisation de chacun de ses films. Parmi ceux qui firent sa renommée: *Idillio tragio* (Negroni, 1912), *Assunta Spina* (Serena, 1915), *Odette* (De Liguoro, 1915), *La Donna nuda* (Roberti, 1922), *La Femme d'une nuit* (L'Herbier, 1930), *Tu m'appartiens* (Gleize, 1934). En 1983, la RAI lui a consacré une émission spéciale, *L'Ultima Diva*. Elle avait quatre-vingt-quinze ans.

BERTRADE DE MONTFORT. Reine de France (v. 1170 - abbaye de Fontevrault, v. 1117). Fille du comte Simon Ier de Montfort, elle épousa en 1088 Foulques le Réchin, comte d'Anjou. Elle fut enlevée quatre ans plus tard par le roi de France Philippe Ier, qui était alors marié à Berthe* de Hollande, mère du futur Louis VI le Gros. Quelques évêques complaisants prononcèrent l'annulation de cette première union et marièrent Bertrade de Montfort au roi. Celui-ci entra alors dans un interminable conflit avec le pape qui excommunia le couple à plusieurs reprises et jeta l'interdit sur le royaume, même après la mort de Berthe. Cette affaire prit fin au concile de Paris en 1104, où il fut décidé que le roi et la reine seraient absous à condition de s'abstenir de toute relation charnelle. Bertrade de Montfort avait autant d'ambition politique que d'énergie. Elle haïssait son beau-fils, le futur Louis VI, et tenta par tous les moyens de l'empêcher d'accéder au trône, sur lequel elle voulait installer le fils qu'elle avait eu de Philippe Ier. On dit même qu'elle essaya de l'empoisonner. Le roi obtint une réconciliation solennelle de Louis et de Bertrade, mais il semble que même après l'accession au pouvoir de Louis VI, en 1108, Bertrade de Montfort ait repris ses intrigues contre lui.

BESANT Annie, née Wood. Théosophe anglaise (Londres, 1847 - Adyar, Madras, 1933). Elle fut élevée dans un milieu mystique: ses parents mêlaient les récits religieux irlandais aux histoires merveilleuses des contes de fées. Mariée à un pasteur, elle vécut avec lui six ans d'une vie conjugale peu satisfaisante, avant de connaître une crise morale qui l'amena à se séparer de lui et à s'installer à Londres avec ses enfants. Elle y devint une athée militante et mena une existence assez agitée, gagnant sa vie tour à tour comme couturière, garde-malade, journaliste. Elle se lia avec Bradlough, un journaliste anglais, et devint une personnalité marquante de la vie publique à la tête d'un mouvement de libre pensée. S'étant inscrite à l'université de Londres, elle entra en contact avec la Fabian Society, qui regroupait des intellectuels philantropes socialisants. Dans les années 1890-1900, elle mena une campagne en faveur de l'athéisme et du contrôle des naissances dans le mariage, ce qui l'amena à fonder une ligue néo-malthusienne (1887). Deux ans plus tard, elle se convertit à la doctrine d'Helena Blavatsky* après la lecture de *La Doctrine secrète*. À la mort de la célèbre théosophe en 1907, elle lui succéda à la tête de la Société de théosophie.

Elle effectua ensuite de nombreux voyages en Inde, créa à Madras, en 1914, le journal *New India*, afin de réveiller la conscience indienne; participa à la fondation de l'Indian Home Rule League et, l'année suivante, présida à l'Indian National Congress. Elle milita pour l'indépendance de l'Inde aux côtés de Gandhi et fut internée par les Anglais en 1917, pour être relâchée trois mois plus tard, les autorités ayant cédé devant l'ampleur du mouvement qui se créa alors en sa faveur. Elle se sépara ensuite de Gandhi qu'elle jugeait trop extrémiste pour tenter de fonder, sans succès, un parti plus modéré. Annie Besant a laissé plusieurs ouvrages dont *An Autobiography*, *La Mort et l'au-delà* (1896), *L'Évolution de la vie et de la forme* (1901).

RÉF.: A.H. Nethercot, *The First Five Lives of Annie Besant*, Londres, 1961 et *The Last Four Lives of Annie Besant*, Londres, 1963. S.R. Bakshi, *Home Rule Movement*, New Delhi, 1984.

BESANZONI Gabriella. Cantatrice italienne (Rome, 20 septembre 1890 - *id.*, 1962). Dès ses débuts à Viterbe en 1913, elle connut le succès dans *Norma* (Bellini). Considérée comme la dernière représentante d'un type de contralto profond, hérité du XIXe siècle, elle chantait un répertoire comprenant *Le Trouvère* (Verdi), *Aïda* (Verdi), *Samson et Dalila* (Saint-Saëns), *Orphée* (Gluck). Surtout célèbre en Italie et en Amérique du Sud, elle fut applaudie pour la dernière fois à Rome, en 1938, dans Carmen (*Carmen*, Bizet), un de ses plus grands rôles.

BESNARD Marie, née Davillaud. Française (Les Liboureaux, Vienne, 15 août 1896 - Loudun, 14 février 1980). En 1920, elle épousa son cousin germain, Auguste Antigny, qui mourut en 1927 de la tuberculose. L'année suivante, elle s'installa à Loudun, chez les Vérité. Elle y rencontra un de leurs pensionnaires, Léon Besnard, âgé de trente-cinq ans, dont elle devint l'épouse en 1928. Tout le monde mourait dans son entourage, et elle hérita treize fois lorsqu'elle fut accusée d'avoir empoisonné treize personnes à l'arsenic. Son mari, mort d'une crise d'urémie, aurait confié à un témoin que sa femme «lui versait quelque chose dans sa soupe». En 1952, Marie Besnard comparut devant la cour d'assises de Poitiers. Les expertises ne paraissant pas scientifiquement fondées, l'affaire fut renvoyée devant la cour de Bordeaux en

1954. Toxicologues et scientifiques s'affrontèrent avec véhémence, les uns parlant d'assassinat, les autres soutenant que l'arsenic avait pu être déposé dans le corps des victimes par les eaux de ruissellement. Devant l'impossibilité de trouver une preuve, Marie Besnard fut remise en liberté provisoire après cinquante-sept mois de détention préventive. Le jugement définitif n'intervint qu'en 1962: elle fut acquittée grâce à l'opiniâtreté de ses défenseurs qui démontrèrent que l'arsenic est présent partout dans le milieu ambiant et que les recherches scientifiques avaient été effectuées trop tardivement après les faits.

RÉF.: J. Favreau-Colombier, *Marie Besnard, la force de l'innocence*, Robert Laffont, 1985.

BESSON Colette. Athlète française (née à Saint-Georges-de-Didonne, Charente-Maritime, en 1946). C'est en 1968 qu'elle connut son heure de gloire, en gagnant la médaille d'or du 400 m aux jeux Olympiques de Mexico. Colette Besson réussit un temps de cinquante-deux secondes, record du monde de l'époque, après une course mémorable dans laquelle elle rattrapa ses adversaires et les devança de plusieurs longueurs. C'était la première française qui montait, vingt ans après la célèbre Micheline Ostermeyer*, sur la plus haute marche du podium.

BESSY Claude. Danseuse et pédagogue française (née à Paris, le 20 octobre 1932). Entrée à l'âge de dix ans à l'École de ballet de l'Opéra de Paris, elle y fut engagée en 1945, devint première danseuse en 1952, puis danseuse étoile en 1956. Son répertoire est autant classique que moderne. Elle a créé pour Serge Lifar de nombreuses œuvres, comme *Pas et Lignes* (1954), *Noces fantastiques* (1955), *Chemin de lumière* (1957); pour Cranko *La Belle Hélène* (1955); pour Gene Kelly *Pas de dieux* (1960). On lui doit également la création de *Sarracenia* (Descombey, 1964), de *La Symphonie classique* de son mari Michel Rayne. Servie par sa beauté, elle a tourné de nombreux films pour le cinéma et la télévision, dont le plus fameux reste *L'Invitation à la danse* (Kelly, 1956). Directrice de l'École de danse de l'Opéra de Paris en 1972, elle y a introduit des nouveautés sans précédent, elle a créé les premiers spectacles dansés par les élèves et a continué d'accroître la renommée de l'établissement par une politique de tournées internationales. Claude Bessy a reçu le prix Pavlova* (1961) et la Légion d'honneur (1973). Elle a publié un livre, *Danseuse étoile* (1961).

BETHMANN Christiane-Frédérique, née Flittner. Actrice allemande (1760-1815). Elle avait épousé l'acteur K.W. Unzelmann, nom sous lequel elle fit une grande partie de sa carrière; elle divorça en 1803 pour épouser un autre acteur, Henri Bethmann. Son aspect juvénile, qu'elle sut conserver longtemps, et sa sensibilité, lui valurent d'être l'une des actrices préférées du public des théâtres de Francfort, de Berlin et de Weimar. Schiller et Goethe l'admiraient. Dans l'un de ses rares poèmes, Schlegel la nomme «l'enfant-fée». On a conservé son image à travers une cinquantaine de dessins du peintre Guillaume Henschel.

BETHSABÉE. Israélite. Femme de David. Elle était mariée à Urie qui servait dans l'armée de David, roi d'Israël, lorsqu'elle fut séduite par ce dernier qui l'avait aperçue dans son bain. Enceinte de ses œuvres, il apparut vite qu'elle ne pourrait cacher son infidélité à son mari. David parvint à s'en débarrasser en l'envoyant au combat où il se fit tuer, puis épousa Bethsabée. Cependant «tout ce que David avait fait là déplut au Seigneur» (II Rois, XI, 27) et l'enfant de l'adultère ne vécut pas, au désespoir de Bethsabée. Elle donna cependant plusieurs enfants au roi, dont Salomon, qu'elle aida à recueillir la succession de David contre son fils aîné, Adonias. L'épisode de Bethsabée au bain est célèbre et a inspiré de nombreux artistes dont Cranach (Berlin) et Rembrandt (Louvre).

BETHUNE Mary, née McLeod. Éducatrice noire américaine (1878-1955). Originaire de Caroline du Sud, elle était la cadette d'une famille nombreuse. Elle put néanmoins suivre des études et sortit diplômée du Mooby Bible Institute de Chicago en 1895. Elle mit sa culture au service d'une nature généreuse et consacra sa vie à l'amélioration du sort des Noirs aux États-Unis. Consciente que seule l'éducation leur permettrait de se soustraire aux préjugés raciaux et d'accéder à une reconnaissance sociale qu'on leur refusait (interdiction d'accès à certains lieux publics et même à l'école, réservée aux Blancs), elle ouvrit en 1904 un institut pour jeunes filles à Dayton, qui compta bientôt plusieurs centaines d'élèves. L'établissement devint mixte en 1923 sous le nom de Bethune-Cookman College. L'administration de la Jeunesse l'appela à la tête de la section chargée de défendre les intérêts de la minorité noire, où elle travailla durant quatre mandats présidentiels. À son initiative, fut créé en 1937 le Conseil national des femmes noires, qu'elle présida. Mary Bethune est considérée comme une sainte par toute la population noire américaine, et elle s'est acquis également l'estime et l'admiration des personnalités de race blanche pour son action humanitaire.

BEURET Marie-Rose. Française (1844-1917). Fille d'un vigneron champenois, elle vint travailler comme couturière à Paris. Elle avait vingt ans lorsqu'elle rencontra Auguste Rodin. Sa solide beauté, ses yeux noirs et passionnés, sa somptueuse chevelure, inspirèrent à l'artiste quelques-unes de ses plus belles œuvres comme le buste de *Mignon*, *L'Alsacienne*, et le génie ailé de *L'Appel aux armes*. Madame Rose, comme on l'appelait, fut une compagne fidèle et eut un fils, en 1866, Auguste Beuret, que son père ne voulut jamais reconnaître. Vingt jours avant sa mort, Marie-Rose Beuret devint Mme Auguste Rodin. Elle avait soixante-treize ans...

BHUTTO Benazir. Femme politique pakistanaise (née à Karachi, en 1953). Née dans une grande famille sunnite, elle fut élevée au collège de Jésus et Marie et fréquenta le collège de Radcliffe et l'université d'Oxford. Elle s'apprêtait à une carrière «sans histoires» lorsqu'elle rentra au Pakistan où son père, le Premier ministre Zulfikar Ali Bhutto, fut évincé par le général Zia, après le coup d'État militaire de 1977. Au terme d'un long procès, il fut pendu le 4 avril 1979; sa fille et sa femme, la begum Nusrat Bhutto, étaient détenues et ne purent assister aux funérailles. Benazir, la «sans égale» en urdu, prit en 1981 la tête du Parti populaire pakistanais. Vivant en résidence surveillée, elle fut arrêtée pour avoir réclamé des élections générales. L'année suivante, elle organisa avec ses frères un détournement d'avion et parvint à faire libérer cinquante-quatre prisonniers politiques. En 1984, après cinq mois de prison, on lui permit de gagner l'Angleterre.

À son retour à Lahore en 1986, des milliers de partisans l'accueillirent triomphalement. La mort du général Zia, disparu dans un accident d'avion en août 1988, précipita les événements. Après la victoire du PPP aux premières élections multipartites tenues depuis onze ans, Benazir Bhutto fut nommée chef du gouvernement le 1er décembre. Se réservant les portefeuilles de la Défense et des Finances, elle fut la première femme appelée à diriger un pays musulman. Elle a été destituée de ses fonctions le 6 août 1990 par le chef de l'État, Ghulan Isaq

Khan, sous prétexte de corruption. Il semble en réalité qu'il faille invoquer les manœuvres d'une opposition très influente, ainsi qu'une situation économique inquiétante qui s'est dégradée depuis l'accession au pouvoir de Benazir Bhutto. Celle-ci a protesté contre ce qu'elle estime être un coup de force, dans lequel l'armée aurait également joué un rôle non négligeable.

BIARD Léonie, née Thévenot d'Aunet. Femme de lettres française (Paris, 1820 - *id.*, 21 mars 1879). Jolie, cultivée, épouse du peintre Auguste Biard, elle était l'amie intime de l'explorateur Xavier Marmier. En 1842, elle devint la maîtresse de Victor Hugo. Le mari jaloux fit surprendre le couple en flagrant délit, passage Saint-Roch, au mois de juillet 1845. Le scandale fut immense : Victor Hugo, en tant que pair de France, fut épargné, mais Léonie Biard fut incarcérée à Saint-Lazare jusqu'en septembre, avant d'être transférée dans un couvent où elle resta six mois. Par la suite, le poète l'aida en lui procurant des travaux littéraires. En 1855, elle publia *Le Voyage d'une femme au Spitzberg*, récit d'une expédition qu'elle avait entreprise en 1837 et qui l'avait alors rendue célèbre. L'ouvrage connut neuf éditions jusqu'en 1885. Elle écrivit également des comédies, dont *Une place à la cour* (1854) et *La Vengeance* (1857), qui connurent un grand succès. On a prétendu, sans preuves à l'appui, que Victor Hugo y avait collaboré. Elle a publié tous ses livres sous son nom de jeune fille.

RÉF. : L. Gimbaud, *Victor Hugo et Madame Biard*, Paris, 1927. P. Souchon, *Victor Hugo entre Juliette et madame Biard*, Paris, 1941.

BIBESCO Marthe, née Lahovary, princesse. Femme de lettres française d'origine roumaine (Bucarest, 1888 - Paris 1973). Elle appartenait à une très ancienne famille roumaine mais vécut toute sa vie à Paris, côtoyant l'aristocratie du faubourg Saint-Germain. Elle entretint une longue amitié avec l'abbé Mugnier qui en parle abondamment dans son *Journal*. Elle a d'ailleurs publié leur correspondance sous le titre *La Vie d'une amitié* (3 vol., 1951-1957). Elle connut une certaine notoriété avec son charmant roman, *Le Perroquet vert* (1924), dont l'action se situe sur la Côte d'Argent et met en scène des Russes blancs. Elle a écrit plusieurs volumes de souvenirs, le plus important étant *La Nymphe Europe* (1960).

RÉF. : Gh. de Diesbach, *La Princesse Bibesco: 1886-1973*, Perrin, 1986.

BIG MAMA (Willie Mae Thornton, dite). Chanteuse américaine (1926-1981). Fille de pasteur, elle chanta à l'église et, pour vivre, occupa divers emplois. Comme bon nombre de chanteuses noires qui devinrent célèbres, elle débuta en participant à des concours d'amateurs qu'elle remporta tous. Encouragée par ses succès, elle quitta sa famille en 1941, à quinze ans, et s'engagea dans la troupe de la « Hot Harlem Revue », effectuant avec elle de nombreuses tournées. Puis elle se joignit à plusieurs formations (Roy Milton, etc.) et fut engagée en 1952 pour le spectacle de « Johnny Otis Show ». L'année suivante, elle fit partie de la troupe du chanteur Johnny Ace. Sa présence fut de plus en plus remarquée au cours des nombreuses tournées qu'elle entreprit aux États-Unis avec ces diverses formations, et on lui donna le surnom de Big Mama. En 1964, elle remporta un triomphe au festival de Monterey où elle retourna en 1966 et en 1968. Habituée des festivals, elle parut encore à celui de Berkeley (1967, 1970, 1975), à celui de Newport à New York (1973), remportant toujours de brillants succès. Parmi ses disques, *Houn' Dog* (1957) — qu'elle a chanté bien avant qu'Elvis Presley en fasse un succès — et *Ball and Chain* (1972) sont les plus représentatifs de son talent. Elle dut sa renommée à la diversité de ses interprétations, tantôt sentimentales, tantôt démentielles dans les cadences rapides du swing, occupant la scène avec une fougue impétueuse, s'accompagnant parfois de l'harmonica ou de la batterie dont elle jouait avec une réelle virtuosité. En France et en Europe, elle a été acclamée dès 1965, année où on l'a véritablement découverte au cours de la tournée annuelle du festival de l'American Folk Blues.

BIGOTTINI Émilie. Danseuse française (Paris, 1784 - Passy, 1858). Elle fit carrière à l'Opéra de Paris de 1801 à 1823 et remporta un triomphe dans *Paul et Virginie* (P. Gardel, 1806) et dans *Nina ou la Folle par amour* (L. Milon, 1813). Elle se travestit en Victor dans *Les Pages du duc de Vendôme* (1820), où elle surprit par l'excellence de ses mimes. Elle était si extraordinaire que c'est en la voyant en 1827, à l'Odéon, qu'Auber conçut l'idée de *La Muette de Portici*.

BIHERON Marie-Catherine. Anatomiste française (Paris, v. 1730 - *id.*, 1815). Issue d'un milieu modeste, elle se passionna toute jeune pour des reproductions anatomiques qu'elle avait vues et se mit dès lors à étudier l'anatomie. Elle parvint même à assister et à procéder à des dissections. Lorsque ses connaissances furent complètes, elle se mit à réaliser elle-même des reproductions anatomiques en cire. Elle fut persécutée par ses confrères à Paris comme à Londres, sauf par Jussieu, Viloison et Hunter. Elle ouvrit aux Parisiens son cabinet anatomique (tous les mercredis et moyennant trois livres) où chacun pouvait rester à volonté et se livrer à l'étude. Devenue âgée, elle rêva de vendre son œuvre à un souverain mais joua de malchance. L'impératrice Catherine II de Russie, dont la curiosité avait été éveillée par son ambassadeur, en fit l'acquisition bien plus tard.

BILINSKA Anna. Peintre. Polonaise (Varsovie, 1858 - *id.*, 8 avril 1890). Elle fit ses premières études artistiques à Varsovie où elle eut comme professeur Andriolli. Elle vint à Paris où elle se fit remarquer par son talent. Peintre de paysages, de marines et de portraits, elle témoigna d'un sens très personnel de la couleur et d'une parfaite maîtrise de son art. Elle acquit la notoriété après les diverses expositions internationales auxquelles elle participa, notamment à Berlin où elle remporta une médaille d'or en 1891. Son remarquable *Autoportrait* figure dans les collections du musée national de Cracovie. Ses œuvres sont présentes dans un grand nombre de musées d'Europe.

BILLINGTON Élisabeth, née Weichsel. Soprano anglaise (Londres, v. 1765 - Venise, 25 août 1818). Fille d'un clarinettiste et d'une cantatrice, elle étudia le chant avec Jean-Chrétien Bach et le piano avec Jean-Samuel Schroeter. Enfant, elle se produisit en public, accompagnant au piano son frère Charles, violoniste. À douze ans, elle avait déjà composé deux sonates pour piano. À la mort de son maître, elle travailla le chant avec James Billington qu'elle épousa en 1783. Le couple, engagé au Crow Street Theatre de Dublin, remporta quelques succès, mais c'est à Covent Garden, dans *Love in a Village* (Arne) qu'Élisabeth Billington triompha. Dès lors, les imprésarios se l'arrachèrent, mais la jeune femme ne se sentant pas prête continua à travailler sa voix avec Michele Mortellari et, à Paris, avec Antonio Sacchini. Pendant six ans, on l'applaudit à Londres et en province; elle possédait une voix remarquable, servie par une technique parfaite. En 1792, lorsque parurent les *Memoirs of Mrs. Billington*, rédigés par James Ridgway, elle était déjà célèbre, et le terme «chanter comme Billington» devint synonyme de perfection.

Engagée au San Carlo de Naples, où

elle triompha pendant deux ans, elle se lia d'amitié avec lady Hamilton*. Son mari mourut en Italie, et c'est avec son frère qu'elle se produisit en tournée sur les plus grandes scènes du pays, avec un succès jamais démenti. À Milan, où elle eut pour partenaire John Braham, elle fut reçue par Joséphine*. Elle se remaria dans cette ville avec un fournisseur de l'armée, M. de Felessent, qui l'abandonna très vite. De retour en Angleterre en 1801, elle fut tellement sollicitée qu'elle chanta en alternance dans deux théâtres différents. Elle fit ses adieux à l'Opéra en 1816 dans *La Clémence de Titus* (Mozart) mais fit des appartitions en concert jusqu'en 1817, date à laquelle elle se retira définitivement, non sans avoir amassé une fortune appréciable. Sur ses entrefaites, son mari réapparut, l'emmena en Italie où elle mourut subitement. Élisabeth Billington est considérée comme la plus grande chanteuse que l'Angleterre ait produite. Haydn l'avait surnommée «*ein Grosses Genie*». On dit qu'elle fut belle dans sa jeunesse; Reynolds la peignit en sainte Cécile* à cette époque, mais des portraits plus tardifs révèlent l'embonpoint qu'elle prit par la suite.

BIRD-BISHOP Isabelle. Voyageuse écossaise (1831-1904). Sa vie durant, cette globe-trotter infatigable a parcouru le monde. À l'âge de vingt-cinq ans, elle fit un long voyage au Canada, pour s'embarquer quelques années plus tard pour l'Australie, la Nouvelle-Zélande et traverser le Pacifique. Après une escale aux îles Hawaii, elle débarqua en Californie et explora les montagnes Rocheuses. Elle alla ensuite au Japon, visita longuement l'Indochine, la Chine et le Tibet. En 1890, on la retrouve en Perse: elle s'arrêta à Tabriz, à Ispahan, à Chiraz et aux célèbres ruines achéménides de Persépolis. Intrépide — elle avait alors soixante-cinq ans —, elle se rendit en Corée et en Mandchourie. Son dernier voyage eut lieu au Maroc, en 1901. Isabelle Bird-Bishop a publié plusieurs relations de ses voyages à travers le monde, dont l'une a été traduite en français en 1888, *Voyage d'une femme aux montagnes Rocheuses*.

BIRET Idil. Pianiste turque (née à Ankara, le 21 novembre 1941). On dit que, dès l'âge de deux ans et demi, elle manifesta des dons exceptionnels pour la musique; lorsqu'elle eut huit ans, une loi spéciale fut votée par l'Assemblée turque afin qu'elle puisse venir travailler à Paris, au Conservatoire. Elle y obtint rapidement un premier prix de piano dans la classe de Jean Doyen, un premier prix de musique de chambre dans celle de Jacques Février et un autre premier prix d'accompagnement avec Nadia Boulanger*. Mais là ne s'arrêtaient pas ses performances car, à onze ans, elle donna à Paris le *Concerto pour deux pianos* (Mozart) avec Wilhelm Kempf; elle souleva l'enthousiasme des mélomanes dans les passages de virtuosité. Dès 1957, Idil Biret entreprit une carrière internationale de soliste et se produisit avec les plus grands orchestres. Au festival d'Istanbul de 1973, elle interpréta avec Yehudi Menuhin les *Sonates pour violon et piano* (Beethoven). Son répertoire est très éclectique: musique classique, romantique et contemporaine (Stravinski, Bartók, Webern, etc.). Elle ne craint pas non plus de jouer des œuvres peu connues du grand public, comme la transposition par Liszt de la *Symphonie fantastique* (Berlioz).

BIRKIN Jane. Actrice et chanteuse anglaise (née à Londres en 1947). L'accent anglais qu'elle a jalousement gardé n'est pas sans ajouter un charme à son troublant et séduisant personnage, fait d'un mélange de timidité, d'humour, de perversité, de gravité et de grand talent. Elle débuta à l'écran dans deux petits rôles, *Le Knack* (Lester, 1965) et *Blow-*

Up (Antonioni, 1967) où sa présence dans ce film fut remarquée. Sa rencontre avec le chanteur Serge Gainsbourg donna une nouvelle impulsion à sa carrière. Elle l'épousa en secondes noces après avoir divorcé de John Barry dont elle avait eu une fille, Kate. De son union avec Serge Gainsbourg naquit une fille, Charlotte. Gainsbourg écrivit des chansons pour Jane Birkin et interpréta à ses côtés *Slogan* (Grimblat, 1968), *Cannabis* (Koralnik, 1969); il la fit jouer dans *Je t'aime, moi non plus* (1976). Citons encore parmi ses nombreux films *Wonderwall* (Massot, 1967), *La Piscine* (Deray, 1968), *Les Chemins de Katmandou* (Cayatte, 1969), *Trop polies pour être honnêtes* (Balducci, 1972), *Don Juan 73* (Vadim, 1973), *Le Mouton enragé* (Deville, 1973), *Catherine et Cie* (Boisrond, 1973), *Au bout du bout du banc* (Kassovitz, 1978), *L'Ami de Vincent* (Granier-Deferre, 1983), *La Pirate* (Doillon, 1984), *Comédie* (Doillon, 1987). Agnès Varda a tourné un beau film sur elle: *Jane B. par Agnès V.* (1988). Chanteuse de talent, Jane Birkin possède un répertoire de chansons de Gainsbourg: *C'est la vie qui veut ça, Le canari est sur le balcon*, le fameux *Je t'aime moi non plus, Baby Song, Tu n'es pas le premier garçon, La Ballade*, etc., avec lesquelles elle triompha lors de ces récitals à Nanterre et au Bataclan en 1987.

BLACKWELL Élisabeth. Médecin. Américaine d'origine anglaise (Bristol, 3 février 1821 - Hastings, 31 mai 1910). Laissée sans ressources à la mort de son père en 1838, elle enseigna la musique à Charleston, de 1844 à 1847, pour financer des études de médecine dont elle rêvait. En 1847, elle se rendit à Philadelphie pour suivre des cours de dissection et d'accouchement auprès des docteurs Allen et Warrington. Elle essaya en vain d'obtenir son admission dans les universités qui étaient fermées aux femmes (et qui le restèrent jusqu'en 1895, et même 1918 pour Harvard et Yale). Celle de Genève (New York) finit par l'accepter et, en 1849, elle passa son doctorat si brillamment que la faculté fit imprimer sa thèse sur les *Maladies des gens de mer*. Nantie de son diplôme, Élisabeth Blackwell s'embarqua pour l'Europe, s'arrêtant d'abord à Londres où elle rencontra Florence Nightingale*, puis à Paris et à Grafenberg. De retour aux États-Unis, elle exerça à New York à partir de 1851. Six ans plus tard, elle y fonda un dispensaire qui devint plus tard le New York Infirmary and College for Women entièrement dirigé par des femmes. Là, elle fut rejointe par sa sœur Emily Blackwell*, qui avait suivi le même cursus qu'elle, et par la Polonaise Marie Zakrzewska*. Appelée en Angleterre pour tenir la chaire de gynécologie de l'École de médecine fondée par Sophie Jex-Blake* à Londres, Élisabeth Blackwell écrivit de nombreux ouvrages sur la médecine et sur la participation des femmes au progrès médical, notamment: *Religion of Health* (1871), *Counsel to Parents on Moral Education* (1879), *The Human Element in Sex* (1884), *Pioneer Work in Opening the Medical Profession to Women* (1895).

BLACKWELL Emily. Médecin. Américaine d'origine anglaise (1826-1910). Comme sa sœur, Élisabeth Blackwell*, elle acquit ses premières connaissances médicales de manière toute pragmatique et, comme elle, eut toutes les peines du monde à obtenir son inscription dans une université américaine. En 1852, elle fut acceptée au Rush Medical College de Chicago. Un an plus tard, elle dut quitter l'établissement que la Société médicale de l'Illinois menaçait de fermer pour avoir admis une femme en son sein. Elle entra ensuite au Cleveland Medical College. Diplômée en 1854, elle partit à l'étranger parachever sa formation — successivement à Édimbourg, Londres,

Dresde, Paris et Berlin. En 1858, elle rejoignit sa sœur à New York et l'aida à diriger le dispensaire qu'elle était en train de fonder. Elle y enseigna l'obstétrique, avant d'être nommée doyen de l'établissement, devenu le New York Infirmary and College for Women. En trente ans de fonctionnement, cette école décerna 346 diplômes à des femmes. Emily la ferma en 1899 lorsque le Cornell University Medical College de New York, nouvellement créé, s'ouvrit sans discrimination aux étudiants des deux sexes.

BLANCHARD Madeleine Sophie, née Armant. Aéronaute française (Trois-Canons, Charente-Maritime, 25 mars 1778 - Paris, 6 juillet 1819). Elle épousa en 1804 Jean-Pierre Blanchard, le célèbre aéronaute qui, le premier, traversa la Manche en ballon. Elle prit part à ses voyages et à ses exhibitions d'aérostats. Veuve en 1809, elle choisit la carrière d'aéronaute. Elle devint vite célèbre, parcourant l'Europe et se produisant notamment en Italie où elle connut un grand succès. Sa nacelle était entourée de feux d'artifice, qu'elle allumait elle-même, donnant ainsi un spectacle féerique qui enthousiasmait les foules. En France, elle participait à toutes les fêtes officielles : cérémonie donnée au Champ-de-Mars en 1810 pour le mariage de Napoléon et Marie-Louise, en 1811, pour la naissance du futur roi de Rome, fête donnée au château de Saint-Cloud. C'est en s'envolant des jardins de Tivoli, rue Saint-Lazare, où elle participait régulièrement aux fêtes nocturnes, que son ballon prit feu, les fusées qu'elle avait allumées ayant enflammé l'hydrogène. En tombant, la nacelle de son ballon heurta le toit d'une maison ; elle fut projetée à terre et se tua. Elle repose au Père-Lachaise où un monument lui a été élevé grâce à une souscription publique.

BLANCHARD Maria (María Guttierez Blanchard, dite). Peintre. Espagnole (Santander, 1881 - Paris, 5 avril 1932). Elle souffrit toute sa vie de graves infirmités physiques. Elle hérita de son père le goût de la peinture et, après avoir suivi des cours de dessin à Madrid, elle s'installa à Paris où elle suivit les cours de l'Académie Vitti avec Van Dongen (1908). C'est pendant un deuxième séjour à Paris, à partir de 1926, qu'elle découvrit le cubisme à travers l'œuvre de Metzinger, d'André Lhote, de La Fresnaye. Elle se lia plus particulièrement avec Juan Gris qui eut une grande influence sur elle. Tout en pratiquant le cubisme avec rigueur, elle donna le pas à la représentation de la figure humaine. *La Communiante*, tableau peint en Espagne avant la guerre et exposé au Salon de 1921, lui valut une certaine notoriété, qui ne dépassa cependant pas des cercles restreints, malgré le soutien constant que lui ménagèrent les peintres précités ainsi que la galerie Rosenberg qui acheta la production de ses débuts. Peu connue de son vivant, en butte à des difficultés financières croissantes, Maria Blanchard évolua vers un art religieux visionnaire. Son œuvre fut redécouverte à la faveur d'une exposition au Petit Palais en 1937. Elle est représentée au musée national d'Art moderne de la Ville de Paris. Maria Blanchard a excellé dans des scènes intimistes, *Brodeuse*, *Maternité*, *Fillette se peignant*, dominées par l'organisation cubiste de l'espace et par une couleur froide alliée à un sentiment austère et mélancolique.

BLANCHE D'ARTOIS. Reine de Navarre ([?] - Vincennes, 2 mai 1302). Elle était la fille de Robert Ier, comte d'Artois et de Mahaut de Brabant. Elle devint reine de Navarre par son mariage avec Henri Ier le Gros (1271). Veuve à partir de 1274, Blanche d'Artois se retrouva dans une situation délicate, avec une fille, âgée d'un an, et devant faire face aux convoitises de la Castille. Elle décida de jouer la carte française. Ainsi, par le traité d'Orléans de mai 1275, elle remit la garde de la Navarre à Philippe III le Hardi — prélude à l'incorporation de cette province à la Couronne — et fiança sa fille au futur Philippe IV le Bel, le mariage étant célébré en 1284. Blanche d'Artois épousa en secondes noces le duc de Lancastre.

BLANCHE DE BOURBON. Reine de Castille (v. 1338 - Medina-Sidonia, Andalousie, 1361). Fille de Pierre Ier, duc de Bourbon, elle épousa en 1353 Pierre le Cruel, roi de Castille. Celui-ci l'abandonna deux jours après le mariage pour rejoindre sa maîtresse, María Padilla*. La reine, que l'on accusa d'un complot contre son mari, fut emprisonnée et mourut empoisonnée. María Padilla passa pour l'instigatrice du meurtre, ce qui paraît aujourd'hui peu vraisemblable. Le roi de France Charles V, qui avait épousé la sœur de Blanche de Bourbon, commanda en représailles l'expédition de Du Guesclin contre Pierre le Cruel (1366).

BLANCHE DE BOURGOGNE, reine de France (1296 - abbaye de Maubuisson-lès-Pontoise, 1326). Elle était la fille d'Otton IV, comte de Bourgogne et de Mahaut d'Artois. Elle épousa Charles, comte de La Marche, l'un des fils de Philippe IV le Bel, et avec sa sœur Jeanne de Bourgogne et sa belle-sœur Marguerite de Bourgogne, fut compromise dans un scandale retentissant. Convaincues d'adultère, les trois princesses furent arrêtées et enfermées au Château-Gaillard (1314), tandis que leurs amants étaient exécutés. Le mari de Blanche demanda l'annulation du mariage, qu'il finit par obtenir en 1322, année de son accession au trône sous le nom de Charles IV. La reine déchue se retira à l'abbaye de Maubuisson. Le sort de Marguerite avait été plus tragique. Son mari, devenu roi en 1315 sous le nom de Louis X le Hutin, la fit étouffer entre deux matelas. Quant à Jeanne, son innocence fut reconnue par le Parlement et, après une période d'emprisonnement, elle régna aux côtés de son mari, Philippe V le Long à partir de 1316. La légende noire a présenté ces trois princesses comme des Messalines* participant à des orgies, faisant assassiner leurs amants et précipiter leurs corps du haut de la tour de Nesle, ce dont se sont inspirés Dumas père et Gaillardet pour composer leur *Tour de Nesle* (1832), dont le succès fut considérable.

BLANCHE DE CASTILLE. Reine de France (Palencia, 1188 - Melun, 26 ou 27 novembre 1252). Fille du roi de Castille Alphonse VII et d'Aliénor d'Angleterre (donc la petite-fille de Henri II d'Angleterre et d'Aliénor* d'Aquitaine), elle fut mariée en 1200 à Louis de France (futur Louis VIII). Elle lui donna dix ou onze enfants, dont Louis IX (Saint Louis). De ses attaches espagnoles, elle avait hérité une profonde piété; elle tenait des Plantagenêts un sens politique et une énergie considérable. Elle organisa l'expédition de son mari en 1216, lorsque celui-ci s'embarqua pour l'Angleterre afin de disputer la couronne à Jean sans Terre. À la mort de Louis VIII en 1226, elle assura la régence et déjoua avec fermeté les conjurations féodales menées contre elle par Pierre Mauclerc, duc de Bretagne, Thibaut IV, comte de Champagne et Raymond VII, comte de Toulouse. Elle obtint leur soumission définitive lors du traité de Vendôme de mars 1227. Elle resta aux affaires même après la prise du pouvoir effective de Saint Louis (1234), sur lequel elle eut une profonde influence politique. La même année, elle maria l'un de ses fils à Marguerite* de Provence, étendant ainsi l'influence de la France en direction du Midi. Elle obtint également l'union d'Alphonse, frère du roi, avec Béatrice de

Toulouse, ce qui aboutit à l'incorporation du comté à la Couronne en 1249. L'année précédente, le roi étant parti pour la croisade, elle avait accepté d'assurer la régence une nouvelle fois. Le désastre de Mansourah en 1250 et la captivité de Saint Louis furent pour elle une dure épreuve. Au début de l'année 1252, elle se retira à l'abbaye cistercienne de Maubuisson qu'elle avait fondée dix ans plus tôt.

RÉF. : M. Brion, *Blanche de Castille, femme de Louis VIII, mère de Saint Louis*, 1942. R. Pernoud, *La Reine Blanche*, Albin Michel, 1989.

BLANDINE. Sainte et martyre (IIe siècle). Esclave chrétienne, elle subit le martyre en 177 avec saint Pothin à Lyon sous Marc Aurèle. D'abord exposée sur un gril, elle fut finalement enveloppée dans un filet et livrée à un taureau furieux. Sa foi l'avait, semblait-il, rendue insensible à la douleur. Les chrétiens de Lyon firent parvenir une lettre aux Églises d'Orient, relatant le martyre de Blandine et de ses compagnons. On la fête le 2 juin.

BLANKERS-KOEN Francina (dite **Fanny**). Athlète néerlandaise (née à Baarn en 1918). Elle fut l'héroïne des jeux Olympiques de Londres (1948), remportant quatre médailles d'or : 100 m en 11 s 9, 200 m en 24 s 4, course de haie sur 80 m en 11 s 2, et la course de relais 4 x 100 m. D'autres championnes ont obtenu quatre médailles d'or, l'Australienne Betty Guthbert et l'Allemande de l'Est Barbel Wockel, mais l'une et l'autre au cours de plusieurs jeux Olympiques.

BLAVATSKY Helena, née von Rottenstern Hahn. Théosophe américaine d'origine russe (Iekaterinoslav, 30 juillet 1831 - Londres, 8 mai 1891). Très jeune elle montra des pouvoirs psychiques étonnants, étant capable de prédire les événements les plus heureux comme les plus tragiques. À dix-sept ans, parce que ses proches la jugeaient trop indomptable pour se trouver un prétendant, elle releva le défit en épousant le comte Blavatsky, de vingt-trois ans son aîné, gouverneur d'Erevan. En voyage de noces, elle repoussa son époux, tenta de s'enfuir, se retrouva séquestrée mais, quelques jours plus tard, finit par tromper la vigilance de ses gardiens et parvint à s'embarquer pour Constantinople. De Turquie, elle gagna l'Égypte où elle s'initia à l'occultisme des mystères coptes, égyptiens et musulmans. Un héritage lui permit en 1850 de rejoindre son père à Londres où elle rencontra le « maître » des visions de son enfance : le mahātmā Morya, un prince radjpoute en mission en Angleterre. Ce sage hindou lui révéla le sens de sa destinée et de l'œuvre à accomplir. Il lui prédit qu'elle devrait un jour se rendre au Tibet pour y être soumise aux plus hautes initiations, mais que pour l'heure elle devait encore parcourir le monde à la recherche de tous les faits de magie, mais aussi de l'authentique expérience spirituelle.

La découverte de l'Amérique commença pour elle au Canada ; les Indiens qu'elle fréquenta n'étaient pas ceux qu'avait décrits Fenimore Cooper. Elle déchanta, passa aux États-Unis, gagna le Mexique, s'attarda en Amérique centrale et poussa jusqu'au Pérou à la rencontre de témoins des civilisations précolombiennes.

Elle repartit vers l'Inde en passant par le Japon. Deux tentatives infructueuses pour entrer au Tibet lui firent rencontrer un chaman sibérien qui lui permit de passer au Ladakh. Elle y fut témoin de nombreux et stupéfiants phénomènes occultes et chamaniques. De retour en Inde, elle gagna Java, visita ensuite la Birmanie avant de retourner en Europe et surprendre sa famille en Russie le jour de Noël 1859.

Avec sa sœur elle s'installa quelque

temps au Caucase chez ses grands-parents. Elle y revit son mari qui, avec l'âge, avait pardonné. Elle exerça sur son entourage, au bénéfice de centaines de personnes, ses dons de guérisseuse et ses pouvoirs psychiques.

Le 3 novembre 1867, elle se trouvait aux côtés de Garibaldi à la bataille de Mentana ; cinq fois blessée, on l'y laissa pour morte. Rétablie, elle vint à Florence puis en Serbie. Finalement, elle repartit vers le Tibet et, sous un déguisement, parvint enfin à en franchir la frontière. Elle pénétra dans une région inaccessible aux Occidentaux où, sous la direction de ses maîtres Morya et Koot Hoomi, elle accéda durant deux ans aux initiations lamaïques les plus élevées. En 1873, sur ordre de ses « maîtres » elle finit par se fixer aux États-Unis. Adepte de la tradition orientale et de la théorie de la réincarnation et du karma, elle développa une nouvelle philosophie porteuse d'un mysticisme syncrétique d'inspiration bouddhique, proche de la pensée christique mais dépouillée de son contenu hébraïque et du dogme ecclésiastique. En septembre 1875, elle s'associa avec le colonel Henry Steel Olcott, avocat et franc-maçon, passionné de sciences occultes, pour fonder la Société théosophique. C'est à cette époque qu'elle écrivit : *Isis dévoilée* qui eut un succès fulgurant. Elle obtint rapidement sa naturalisation.

La première incinération aux États-Unis, celle du baron de Palm, membre de la Société théosophique, eut un grand retentissement. Après ce coup d'éclat, les deux fondateurs de l'organisation, sur l'appel de leurs « maîtres », décidèrent de réaliser sans plus attendre le syncrétisme de l'Orient et de l'Occident. Ils rallièrent un nombre toujours croissant d'adeptes tant en Occident qu'aux Indes et à Ceylan. Ils s'embarquèrent en 1878 pour Bombay, et Helena Blavatsky donna de nombreuses conférences dans tout le pays malgré les tracasseries de la police anglo-indienne, qui voyait en elle une espionne russe. Elle regagna l'Angleterre pour rétablir l'ordre dans la loge de Londres et en créa une seconde plus fermée et plus ésotérique. Tandis qu'en Inde les missions chrétiennes entreprenaient une campagne de diffamation contre elle par jalousie de ses succès, deux de ses anciens domestiques, les époux Coulomb, affirmèrent malhonnêtement, sous la foi du serment, que les prodiges manifestés par la célèbre théosophe n'étaient que de vulgaires trucages dont ils avaient été complices. Helena Blavatsky fut profondément meurtrie par le scandale de cette machination cautionné et publié par la Société de recherche psychique de Londres (qui pourtant réhabilita officiellement Helena un siècle plus tard, en 1986). Reniée, affaiblie et malade, elle décida alors de se retirer. Elle forma celle qui allait lui succéder à la tête de la Société théosophique, Annie Besant*.

Helena Blavatsky, malgré son état de santé désastreux, s'attela ensuite, sous l'inspiration de ses « maîtres », à la rédaction d'une œuvre monumentale de cosmogonie et d'anthropologie occulte, *La Doctrine secrète*, qui aujourd'hui encore reste une référence majeure de la pensée ésotérique. Un an avant sa mort, elle reçut et orienta le jeune Gandhi qui déclara dans ses *Mémoires* lui devoir sa mission libératrice de l'Inde. Thomas Edison, William Crookes, Camille Flammarion, Rudolf Steiner, Édouard Shuré, Piet Mondrian furent ses disciples. Kandinsky, Malevitch, Paul Klee, Scribine, James Joyce, D.H. Lawrence, T.S. Elliot, Henry Miller ainsi qu'Einstein furent inspirés par les idées théosophiques.

RÉF. : AP. Sinnet, *La Vie extraordinaire d'Helena Blavatsky*, Abyar 1972. M. Heindel, *Mme Blavatsky et la doctrine secrète*, La maison rosicrucienne, Aubenas, 1977. P. Gaspard Huit, *Helena Blavatsky*, Sand, 1989. N. Richard Nafarre, *Helena Blavatsky ou la Réponse du sphinx*, F. de Villac, 1991.

BLESSINGTON Marguerite, née Power, lady. Femme de lettres anglaise (Knockbrit, Irlande, 1789 - Paris, 1849). Son père, de mœurs dissolues, la maria à l'âge de quinze ans avec un capitaine qu'elle refusa de suivre. En 1809, elle se trouvait à Dublin : Lawrence fit le portrait de cette beauté de vingt ans. La mort de son mari en 1817 la laissa libre de se remarier avec le riche et généreux comte de Blessington. Leur demeure somptueuse de Saint James Square devint l'un des hauts lieux du Londres « fashionable ». Sous l'anonymat, lady Blessington publia *The Magic Lantern, or, Sketches of Scenes in the Metropolis*, en 1822. La même année, accompagnés d'une jeune sœur de Marguerite, le couple partit pour un long voyage sur le continent. À Gênes, ils se lièrent avec Byron, et lady Blessington a laissé le souvenir de cette profonde amitié dans ses *Conversations avec lord Byron* (1834), son ouvrage le plus célèbre et qui constitue un témoignage de premier plan sur le poète. Leur périple s'acheva à Paris, où son mari mourut en 1829.

De retour à Londres en 1831, elle entretint une petite cour dans sa maison de Mayfair, puis à Kensington. La nécessité la poussa à reprendre la plume : en 1833, paraissait son roman *Grace Cassidy*. Il fut suivi tous les ans, jusqu'en 1846, par des ouvrages et des articles. Ses deux guides de voyage *The Idler in Italy* (1839) et *The Idler in France* (1841) connurent un grand succès. Ses ouvrages lui assurèrent des revenus très honorables, sans couvrir toutefois les dépenses d'un train de vie luxueux. Lady Blessington revint à Paris en 1849, suivie du comte d'Orsay, son amant depuis plusieurs années — il avait eu une liaison avec le comte de Blessington, au su de sa femme —, et succomba la même année à une crise d'apoplexie. La vente aux enchères qui se déroula dans sa demeure de Gore House rapporta douze mille livres à ses créanciers.

BLIXEN Karen, née Dinesen. Femme de lettres danoise (Rungsted, 17 avril 1885 - *id.*, 7 septembre 1962). Issue d'une famille noble, Tanne (diminutif qu'elle détesta toujours) fut élevée parmi des gens cultivés : son père, le capitaine Wilhem Dinesen écrivait sous le nom de Bogdanis (son ouvrage, *Lettres de chasse* est un classique de la littérature danoise) et son frère Thomas publia des souvenirs. Wilhem Dinesen se suicida en 1900, laissant sa fille désespérée. Contre l'avis des siens, elle se présenta à l'Académie des beaux-arts de Copenhague où elle fut reçue en 1903. Elle continua ses études dans différentes villes d'Europe et écrivit des contes publiés entre 1907 et 1909 sous le pseudonyme d'Osceda.

De retour dans son pays, elle renoua avec ses cousins suédois, les jumeaux Hans et Bror Blixen. Elle tomba amoureuse de Hans mais épousa Bror au lendemain de son arrivée au Kenya où elle l'avait rejoint en 1914. Le couple y exploita une plantation de café sur les collines de Ngong, non loin de Nairobi ; les Masaïs surnommèrent la baronne Blixen Jerie, « celle qui est attentive ». Elle découvrit qu'elle était atteinte de syphilis, maladie transmise par son époux, qui lui ôtait tout espoir d'être mère, et dont elle subit des séquelles toute sa vie. Déjà séparé de sa femme, son mari demanda le divorce en 1922. Karen Blixen resta seule pour exploiter le café qui se vendait mal. Son compagnon, Denys Finch Hatton, mourut dans un accident d'avion. Elle quitta le Kenya en 1931, ruinée après avoir vendu sa ferme africaine.

Elle regagna le Danemark et se réfugia dans la création littéraire. Ainsi naquirent *Sept Contes gothiques* (1934), récits à caractère fantastique écrits en anglais sous le pseudonyme d'Isak Dinesen ; ils remportèrent un immense succès en Angleterre et en Amérique. Elle les traduisit elle-même en danois, continuant à signer Isak Dinesen en Angleterre et Karen

Blixen au Danemark. Les *Contes gothiques* furent suivis par *La Ferme africaine* (1937), où elle raconte sa vie au Kenya à laquelle elle restait très attachée, par *Contes d'hiver* (1942), recueil de nouvelles romantiques plein de fantaisie, par *Les Voies de la vengeance* (1944), sorte de roman noir à la manière anglaise, qu'elle signa Pierre Andrezel. Elle publia aussi *Derniers contes* (1957), *Le Festin de Babette* (1958).

Cette «conteuse du destin», comme elle aimait à se définir, nourrie de traditions scandinaves, toujours en quête d'absolu, nous ouvre un monde enchanté, hanté de nostalgie et de grandeur, peuplé de figures ravissantes, ambiguës, parfois, qui traversent ses nouvelles comme des enfants perdus: vies brisées, amours débutantes, rêves fracassés, amitiés trahies. «Dinesen, c'est mon nom de jeune fille, disait-elle, Isak en hébreu, cela veut dire "rire".» Sur sa pierre tombale figure le nom de Karen Blixen. Après sa mort, furent publiés *Ehrengard* (1963) et *Les Contes posthumes* contenant certains inédits, puis *Lettres d'Afrique*, 1914-1931. Deux de ses romans ont été portés à l'écran: *La Ferme africaine* sous le titre *Out of Africa* (*Souvenirs d'Afrique*, Pollak, 1986) et *Le Festin de Babette* (Axel, 1987).

RÉF. : Th. Dinesen, *My Sister, Isak Dinesen*, Londres, 1975. J. Thurman, *Karen Blixen*, Seghers, 1986.

BLOMBERG Barbara. Allemande (Nuremberg, 1527 - Colindres, près de Bilbao, 1597). Issue d'une famille bourgeoise, elle était très séduisante et intriguante. Présentée à l'empereur Charles Quint, elle fit rapidement sa conquête et devint sa maîtresse. De leur union, naquit en 1545 un fils, demi-frère du futur Philippe II. L'empereur se désintéressa bientôt de Barbara Blomberg mais s'occupa de l'enfant qu'il enleva à sa mère et qui devint gouverneur des Pays-Bas sous le nom de don Juan d'Autriche puis remporta la bataille de Lépante (1571). Barbara Blomberg, qui s'était retirée dans les Flandres, épousa un certain Jérôme Kegel qui la laissa veuve en 1569. Elle mena alors une vie dissipée et fut mêlée à plusieurs scandales dont les échos vinrent aux oreilles de son fils don Juan qui n'avait pas revu sa mère depuis son enfance. Il en prit ombrage et envoya sa mère en Espagne, en 1577, où elle termina ses jours décemment grâce aux subsides que lui faisait parvenir son fils.

BLONDELL Joan (Rose Joan, dite). Actrice américaine (New York, 1909 - Santa Monica, Californie, 1979). Fille du comique Eddy Blondell et d'une comédienne, elle parut sur la scène, aux côtés de son père, dès l'âge de trois ans. Blonde, drôle, délurée, d'une vitalité incroyable, elle fut dans les années 30 l'actrice préférée de la Warner, pour de nombreuses comédies musicales. Elle eut son premier grand rôle dans *Sinner's Holiday* (Adolfi, 1930) avec pour partenaire James Cagney, qu'elle devait retrouver quatre fois dans ses premiers films: *L'Ennemi public* (Welman, 1931), *Blonde Crazy* (Del Ruth, 1932), *La foule hurle* (Hawks, 1933), et *He Was her Man* (Bacon, 1935). Pendant des années, Joan Blondell a joué dans de nombreux films avec lés plus grandes vedettes d'Hollywood dont Clark Gable, Charles Laughton, Edward G. Robinson et Dick Powel. Ayant su passer avec intelligence du rôle de jeune première à celui de femme mûre, elle tourna pour *Le Lys de Brooklyn* (Kazan, 1945), dans lequel elle tint un rôle de composition remarquable. En 1951, Joan Blondell fut sélectionnée pour un oscar, pour son rôle dans *La Femme au voile bleu*, où elle avait pour partenaire Charles Laughton. En 1972, elle publia un roman d'inspiration sans doute autobiographique, sous le titre de *Center Door Fancy*. On la vit encore en 1978 dans le film *Grease* (Kleiser) avec le comédien-danseur John Travolta. Elle est morte d'une leucémie.

BLOUET Louise. Française (XIXe siècle). Elle débuta comme employée chez une modiste, Renée Vert, puis exerça la profession de mannequin en se faisant appeler Blouet d'Enguin. Elle fut la maîtresse de Maurice Joyant, ami de Toulouse-Lautrec, et c'est chez lui que le peintre la rencontra en 1901, un an avant sa mort. Elle était ravissante, aussi Toulouse-Lautrec la baptisa «Croxi-Margouin», le mannequin à croquer, «margouin» provenant de l'argot de la couture. Le peintre, au crépuscule d'une vie où les femmes avaient beaucoup compté, aima la modiste qui, en revanche, n'eut que de l'amitié pour lui. Elle lui servit de modèle: elle apparaît dans de nombreuses lithographies et dans trois toiles qui la représentent: *La Croxi-Margouin un chapeau à la main*, *La Croxi-Margouin en mannequin*, *Croxi-Margouin la modiste*, le célèbre tableau donné par Maurice Joyant au musée d'Albi.

BLUMENTAL Felicja. Pianiste brésilienne d'origine polonaise (née à Varsovie en 1915). Après de brillantes études au conservatoire de Varsovie, où elle suivit les cours de piano de Josef Goldberg et de Zbigniew Drzewiecki, elle entama une carrière internationale prometteuse. En 1942, elle émigra aux États-Unis pour se fixer finalement au Brésil où elle donna des séries de concerts, obtenant un succès éclatant. Villa-Lobos, qui avait une grande admiration pour son talent, lui dédia son *Concerto n° 5 pour piano* qu'elle créa à Londres en 1955. Felicja Blumental s'est spécialisée dans des œuvres peu jouées et compte parmi ses auteurs favoris Hummel, Czerny, Paderewski, Clementi.

BLY Nelly (Élisabeth Cochrane, dite). Journaliste et voyageuse américaine (1867-1922). Cette jeune et brillante journaliste, dont les reportages à sensation étaient très attendus des lecteurs du *World*, n'aurait pas atteint la célébrité si elle n'avait imaginé de tenter de faire le tour du monde pour battre le record de Philéas Fogg, héros du *Tour du monde en quatre-vingts jours* de Jules Verne (1873). Nelly Bly, financée par le *World*, partit seule de New York le 14 novembre 1889. Naturellement, elle ne connut pas les mêmes péripéties que Philéas Fogg et ne se trompa pas de vingt-quatre heures sur son arrivée. Après avoir suivi un itinéraire qui la conduisit à Londres, Paris, Suez, Ceylan, Singapour, Yokohama, San Francisco, elle arriva triomphalement à New York, ayant accompli son périple en soixante-douze jours, six heures et onze minutes. Cet exploit lui valut du jour au lendemain une renommée mondiale, largement entretenue, du reste, par son journal. Jules Verne lui envoya un télégramme de félicitations. Nelly Bly relata son voyage dans un livre intitulé: *Around the World in Seventy-Two Days* (1890).

BLYTON Enid. Femme de lettres anglaise (Londres, 1897 - *id.*, 1968). Célèbre auprès des jeunes lecteurs, elle est l'auteur prolifique de près de six cents livres de la série des *Famous Five* (*Le Club des Cinq*), des *Secret Seven* (*Le Clan des Sept*) et des *Noddy* (*Oui-Oui*).

BOADICÉE. Voir BOUDICCA.

BOBR Johanna, née Mozkowska. Polonaise (1807-1899). D'une grande beauté, elle voua une passion partagée au poète polonais Zygmunt Krasinski qu'elle rencontra à Rome, en 1834. Bien qu'elle fût mariée et mère de deux enfants, elle suivit le poète. La liaison des deux amants dura jusqu'en 1837. Johanna Bobr inspira à Krasinski *La Co-*

médie non divine (1835) et *Iridyion* (1836) d'une facture toute romantique. Quelques années après leur rupture, au cours d'un séjour à Francfort en 1841, elle fit la connaissance de Juliusz Slowacki, l'un des plus grands poètes polonais, qui, lui aussi, s'en éprit passionnément. Elle lui inspira ses drames: *Beniowski* (1841) et *L'Abbé Marc* (1843).

BODIL Kier. Actrice danoise (née à Copenhague en 1917). Elle débuta à l'âge de vingt ans au Théâtre-Royal dans des rôles d'ingénues et séduisit aussitôt le public. Jolie avec son visage mobile et ses grands yeux expressifs, elle devint, grâce à sa spontanéité et à son talent, une très grande actrice. Qu'elle soit Stella (*Un tramway nommé désir*, T. Williams), Amanda (*Léocadia*, Anouilh), Jessica (*Les Mains sales*, Sartre), elle s'adapte avec autant de facilité aux héroïnes de la modernité qu'à celles de Molière ou de Shakespeare. Engagée au Nouveau-Théâtre de Copenhague en 1955, elle est éblouissante dans le répertoire contemporain.

BOEGNER Michèle. Pianiste française (née à Lyon, le 12 août 1941). Elle entra au Conservatoire et obtint à l'âge de quinze ans le premier prix de piano. En 1958, elle fut lauréate du concours Georges-Enesco, à Bucarest. À dix-sept ans, elle donna son premier concert parisien sous la direction d'Igor Markevitch; à vingt ans, elle fit ses débuts aux États-Unis, à Boston, dirigée par Charles Munch, avec l'orchestre symphonique de cette ville, où son interprétation du *Quatrième Concerto* de Beethoven fit sensation. Le répertoire de Michèle Boegner est des plus étendus: Bach, Mozart, Beethoven, Chopin, Schubert. Elle interprète également des contemporains comme Bartók ou Messiaen, ce qui témoigne de sa grande sensibilité musicale et de sa maîtrise du clavier. Avec le violoniste Jean Mouillère, elle a donné en 1986 la suite intégrale des sonates pour piano et violon de Mozart, à Genève et à Paris, événement très rare dans l'histoire de la musique de chambre. Elle a épousé en 1969 Arnold Ingen-Housz dont elle a deux enfants.

BOGAERT Lucienne. Actrice française (1893-1983). Elle fut surtout une actrice de théâtre, travaillant avec Copeau et Jouvet, jouant dans la plupart des pièces de Giraudoux: *La Folle de Chaillot*, *L'Apollon de Bellac*. Elle fut admirable dans *Siegfried et le Limousin* et dans *Amphitrion 38*. Sa filmographie est courte, mais Lucienne Bogaert a tourné dans de grands films: *Le Corbeau* (Clouzot, 1943), *Les Dames du bois de Boulogne* (Bresson, 1944-1945), *Voici le temps des assassins* (Duvivier, 1956).

BOIGNE Louise, née d'Osmond, comtesse **de**. Mémorialiste française (Versailles, 19 février 1781 - Paris, 10 mai 1866). Elle était la dame d'honneur de Marie-Adélaïde, sœur de Louis XVI, et émigra en 1792 avec les tantes du roi. Elle vécut à Rome, à Naples, puis en Angleterre. Sur la pression de sa famille, elle fit un mariage d'argent en épousant le général de Boigne, union malheureuse et sans lendemain qu'elle rompit définitivement en 1804. Elle tint un salon à Paris à partir de 1809, fréquenté par des membres de la société impériale et par d'anciens émigrés. Mais c'est sous la monarchie de Juillet qu'elle put donner toute la mesure de son influence et de sa personnalité par les liens qu'elle entretenait avec la cour. Intime de la reine, elle reçut dans son salon de nombreuses personnalités politiques et littéraires: Guizot et le chancelier Pasquier, Molé, Chateaubriand, Lamartine, Mme Récamier*, Sainte-Beuve, Thiers et Hyde de Neuville.

C'est au cours de cette période que la comtesse de Boigne écrivit ses *Mémoires, Récits d'une tante*, publiés pour la première fois en 1907. Elle y retrace ses souvenirs depuis le règne de Louis XVI jusqu'à la chute de la monarchie de Juillet, constituant un document essentiel sur la société de son temps. La valeur historique de ces *Mémoires*, même si l'auteur s'est toujours défendue de faire œuvre d'historien, se double d'un intérêt littéraire que le XXe siècle surtout a relevé. Ses anecdotes sur la vie de la cour, ses nombreux portraits (Napoléon, Talleyrand, Louis XVIII, Charles X, etc.) brossés sans complaisance, ses critiques des nombreux régimes politiques qu'elle a connus — elle est toujours restée royaliste, mais avec lucidité — font de ses *Mémoires* une œuvre attachante. Proust les lisait assidûment et avec passion. Ils sont devenus sous sa plume les Mémoires de la marquise de Villeparisis.

RÉF. : F. Guizot, *La Comtesse de Boigne*, Paris, 1867.

BOIVIN Marie, née Gillain. Sage-femme française (Montreuil, 9 avril 1773 - Paris, 16 mai 1841). Elle passa trois ans à l'hospice d'Étampes où elle apprit le métier de sage-femme. Elle s'installa ensuite à Versailles. Veuve en 1799 avec une fille à charge, elle se fit engager comme sage-femme à l'hospice de la Maternité dirigé par la célèbre Mme La Chapelle*. Reçue maîtresse sage-femme en 1800, elle fut nommée l'année suivante surveillante en chef de la Maternité. En 1812, elle devint surveillante en chef de la maison de santé du faubourg Saint-Denis. Appelée en 1821 à remplacer Mme La Chapelle en qualité de sage-femme en chef de la Maternité, elle refusa le poste de celle qui l'avait considérée comme une rivale. Elle mourut presque dans la pauvreté. On lui doit entre autres : *Mémoires sur les maladies tuberculeuses des femmes et des enfants* (1825) et *Recherches sur les causes les plus fréquentes et les moins connues de l'avortement* (1828).

BOLLAND Adrienne. Aviatrice américaine (Paris, 1896 - Arcueil, 1975). Elle commença à piloter très jeune, parce que « la vie ne l'amusait pas du tout », disait-elle. Virtuose de l'acrobatie aérienne, elle participa à de nombreux meetings. Un jour, à Orly, elle décida de battre le record des loopings (1 100) détenu par Fronval. Mais après soixante-douze minutes, en ayant accompli 212, elle dut s'arrêter car la voilure de son avion ne supportait plus l'effort. Elle avait néanmoins battu le record féminin. Adrienne Bolland acquit sa renommée en franchissant la redoutable cordillère des Andes, aux commandes d'un avion Caudron, rescapé de la guerre de 1914. Ce raid réalisé en 1921, alors qu'elle avait vingt-cinq ans, permit à la France d'ouvrir les premières lignes Europe-Amérique du Sud, précédant les Mermoz, Saint-Exupéry et Guillaumat. Cette traversée paraissait impossible car son avion plafonnait à 4 000 mètres d'altitude, mais elle trouva des passages à travers les gorges des montagnes. Féministe zélée, elle se battit pour l'égalité des salaires entre les hommes et les femmes. Elle a légué tous ses biens à la Fondation de la vocation.

BONAPARTE Élisa (Anna Maria, dite). Princesse de Lucques et de Piombino, grande-duchesse de Toscane (Ajaccio, 3 janvier 1777 - Villa Vicentina, 7 août 1820). Première sœur de Napoléon Ier, elle épousa en 1797 un capitaine corse, noble et sans fortune, Félix Bacciochi, dont elle eut cinq enfants. En 1798, elle rejoignit son frère à Paris : dans son salon se cotoyèrent des hommes de lettres et des artistes de tous les partis, dont elle devint la protectrice. Elle reçut de son frère la principauté de Lucques et de Piombino en 1805 et administra ses terres avec adresse et fermeté. Douée, intelligente, d'un caractère énergique et organisé, la princesse Élisa fit faire de nombreux travaux d'utilité publique et s'intéressa à l'agriculture et à l'instruction, domaines où elle est à l'origine de nombreux progrès. Elle continua cette œuvre en Toscane, que son frère lui octroya en 1809, en récompense de ses talents. En 1814, rompant tous les liens avec l'Empire, elle essaya en vain de conserver le gouvernement de ses États. Après 1815, la «Sémiramis de Lucques», comme l'appelaient ses sujets, se retira à Bologne puis à Brünn et enfin près de Trieste.

BONAPARTE Caroline (Marie-Annonciade, dite). Reine de Naples (Ajaccio, 25 mars 1782 - Florence, 18 mai 1839). Troisième sœur de Napoléon Ier, elle le rejoignit à Paris en 1796 et épousa trois ans plus tard le général Murat, lieutenant de son frère. Ravissante, «sa peau ressemblait à un satin glacé de rose», elle était cultivée et intelligente mais avait un caractère impérieux et une ambition démesurée.

Grande-duchesse de Clèves et de Berg en 1806 puis reine de Naples en 1808, elle s'occupa d'administrer ses terres avec son mari et prit une part active au gouvernement. Elle s'efforça de garder son trône quand son frère connut des revers et incita Murat à le trahir en s'alliant à l'Autriche et à l'Angleterre. Après la mort tragique de son époux, elle se réfugia à Trieste puis à Frohsdorf, où elle se fit appeler comtesse de Lipona (anagramme de Napoli). Elle fut pensionnée par le gouvernement français à partir de 1838.

BONAPARTE Letizia, née Ramolino (Ajaccio, 24 août 1749 - Rome, 2 février 1836). Elle épousa à quatorze ans Charles Bonaparte et eut de lui treize enfants, dont huit survécurent. Le ménage était pauvre, et les enfants semblaient promis à un destin médiocre. Quand la Corse fut vendue à la France par les Génois, Charles Bonaparte devint lieutenant de Paoli, chef de la résistance corse; Letizia, enceinte, ne l'en suivit pas moins au combat. La lutte pour l'indépendance ayant échoué, Bonaparte accepta la domination française et obtint la protection du comte de Marbeuf, gouverneur de l'île. Certains ont attribué au charme de Letizia les bienfaits dont ce dernier combla la famille: noblesse, pensions et bourses. Trois des enfants purent ainsi recevoir une bonne éducation dans les écoles du continent et espérer un avenir meilleur.

Veuve en 1785, Letizia Bonaparte dut fuir la Corse en 1793, date à laquelle l'île était livrée aux Anglais. Elle connut alors une période difficile, vivant très modestement à Marseille avec ses enfants. En 1796, Napoléon, son quatrième enfant, devint général en chef de l'armée d'Italie. Premier consul, puis consul à vie, il fut proclamé empereur des Français le 18 mai 1804. Les fils et les filles de Letizia devinrent alors princes, princesses, rois, reines; elle-même reçut le titre de Madame Mère. Elle n'assista pas au sacre de Napoléon Ier, dont elle désapprouvait qu'il se fût désigné empereur. Elle conserva sa simplicité et vécut sans faste à l'écart de la cour; elle faisait même des économies, en mère toujours prévoyante, dans l'éventualité d'un coup du sort. Digne et d'un caractère énergique, elle savait imposer le respect, même à son fils. Quand celui-ci abdiqua pour la première fois, elle lui rendit visite sur l'île d'Elbe, en compagnie de sa fille, Pauline Bonaparte*. Après Waterloo, elle se réfugia à Rome où elle fut très bien reçue par le pape Pie VII qu'elle avait toujours soutenue contre l'empereur. Une visionnaire allemande, dont elle subit l'emprise, lui affirmait que Napoléon n'était pas à Sainte-Hélène mais que des anges l'avait enlevé. Elle mourut à Rome après avoir vu disparaître trois de ses enfants et plusieurs de ses petits-enfants.

RÉF.: L. Peretti, *La Mère de l'empereur*, Paris, 1932.

BONAPARTE Marie, princesse de Grèce. Psychanalyste française (Saint-Cloud, 2 juillet 1882 - Saint-Tropez, 21 septembre 1962). Elle reçut dans son berceau le nom et la fortune: arrière-petite-nièce de Napoléon Ier, sa mère, Marie-Félix Blanc, était la fille du fondateur du casino de Monte-Carlo. Pourtant, elle eut une enfance triste et malheureuse, dont elle crut s'échapper en épousant le prince Georges de Grèce en 1907. Ils eurent deux enfants, Pierre et Eugénie, mais leur couple fut un échec: le prince était attiré par les hommes et particulièrement par le prince Valdemar, son oncle. Elle s'intéressa à la psychanalyse en partie pour rompre avec le conformisme de son milieu, en partie dans l'espoir de guérir sa frigidité due à une névrose profonde. Sa rencontre avec Freud en 1925, par l'intermédiaire du psychanalyste René Laforgue, fut décisive. En même temps qu'elle commençait avec Freud une analyse qui dura de manière épisodique jusqu'en 1938, elle devint à la fois une sorte de fille adoptive pour son médecin et la gardienne de l'orthodoxie freudienne, au point que ses détracteurs l'appelèrent «Freud a dit».

En 1926, elle fit partie des neuf membres fondateurs — un peu plus tard douze — de la Société psychanalytique de Paris. Elle œuvra beaucoup à la traduction en français des œuvres du médecin viennois, dépensa sans compter pour le développement du mouvement. En 1938, c'est elle qui versa aux nazis l'énorme rançon qu'ils exigeaient pour le départ de Freud pour les États-Unis. Parallèlement à ces activités, Marie Bonaparte a publié un grand nombre d'ouvrages dont la valeur théorique est contestée par les spécialistes, les plus célèbres étant sa biographie d'Edgar Poe (*Edgar Poe, sa vie, son œuvre. Étude théorique*, 1933 et 1958) et ses Mémoires (*À la mémoire des disparus*, 2 vol., 1958). Elle a consacré nombre d'articles à l'œuvre de Freud dont elle a traduit neuf ouvrages. Ses journaux, sa correspondance et ses cahiers n'ont pas été publiés.

RÉF.: C. Bertin, *La Dernière Bonaparte*, Perrin, 1982. E. Roudinesco, *Histoire de la psychanalyse en France*, 2 vol., Seuil, 1986.

BONAPARTE Mathilde, princesse (dite **la princesse Mathilde**). Française (Trieste, 27 mai 1820 - Paris, 2 janvier 1904). Fille de Jérôme Bonaparte, le frère de Napoléon Ier, elle passa sa jeunesse à Rome, à Florence, à la cour de Wurtemberg, au château d'Arenenberg auprès de la reine Hortense (Hortense* de Beauharnais) avant son mariage avec le prince russe Demidoff (1841). Elle se sépara de lui quatre ans plus tard, obtenant une pension considérable qui assura son indépendance matérielle. Son cousin Napoléon III, qu'elle avait failli épouser — le projet avait été annulé après l'échec de la conspiration de Strasbourg —, l'appela à ses côtés dès le début de l'Empire, lui conférant le titre de princesse impériale. Esprit curieux, indépendante et cultivée, la princesse Mathilde ne put jamais se faire à l'étiquette guindée de la cour impériale, ni à Eugénie* qu'elle détestait. Elle vécut donc en marge des milieux politiques, recevant avec Nieuwerkerke, dont elle était la maîtresse, l'élite intellectuelle de son temps (Renan, Sainte-Beuve, Taine, Flaubert, les Goncourt) dans son salon de la rue de Courcelles et dans sa maison de Saint-Gratien. La chute de l'Empire eut peu de répercussions sur sa vie. Elle rentra très vite de Belgique où elle s'était réfugiée et rouvrit son salon, recevant de plus en plus d'écrivains (Maupassant, Léon Daudet, Anatole France, etc.). Élève de Giraud et de Hébert, la princesse Mathilde a exposé à plusieurs Salons. Son dernier amant, Claudius Popelin, mourut en 1892. Elle décéda des suites d'une fracture du col du fémur.

RÉF.: F. Bac, *La Princesse Mathilde*, Paris,

1928. J. Des Cars, *La Princesse Mathilde, l'amour, la gloire et les arts*, Paris, 1988.

BONAPARTE Pauline (Marie-Paulette, dite), princesse Borghèse, duchesse de Guastalla (Ajaccio, 29 octobre 1780 - Florence, 9 juin 1825). La plus belle et la plus désintéressée des sœurs de Napoléon, elle était aussi celle qui chérissait le plus son frère. Elle épousa en 1797 le général Leclerc et partit avec lui à Saint-Domingue, qu'il devait placer sous la domination française. Elle revint veuve en 1802, et le fils qu'elle avait eu du général mourut deux ans après. Elle se remaria en 1803 avec le prince romain Camillo Borghèse, et Napoléon lui donna le duché de Guastalla en 1806. Pauline ne s'en occupa guère et, séparée de son mari, vécut à Paris ou à Rome où elle eut de très nombreux amants. Elle dut s'éloigner de Paris et quitter la cour, en 1810, pour avoir manqué de respect à l'impératrice Marie-Louise*. Après la première abdication de Napoléon, elle le rejoignit à l'île d'Elbe pour adoucir son exil; elle ne put obtenir, en revanche, de pouvoir l'accompagner quand il fut envoyé ensuite à Sainte-Hélène. Elle finit ses jours à Florence, auprès de son mari. Canova l'a représentée sous les traits de la *Vénus victorieuse*, qui fut exposée longtemps à la villa Borghèse.

BONDELI Suzanne-Julie de. Femme de lettres suisses (Berne, 1731 - *id.*, 8 août 1778). Issue d'une famille de l'aristocratie bernoise, elle reçut une brillante et solide éducation qui lui permit, ajoutée à son esprit et à son charme, dont elle usait avec une grande habileté, d'avoir un ascendant certain sur les gens d'esprit qui l'entouraient; elle était en relation avec Johann Lavater, le célèbre philosophe suisse, avec la femme de lettres allemande Sophie von La Roche* et le poète allemand Christophe Wieland, ami de Goethe, alors précepteur à Berne. Wieland s'était follement épris d'elle et lui offrit de l'épouser, mais elle refusa. Elle fut du nombre de ceux qui prirent la défense de Jean-Jacques Rousseau au moment de la publication de *La Nouvelle Héloïse*. Elle entretenait une abondante correspondance avec des personnalités littéraires: ses *Lettres* et ses *Journaux*, précieux témoignages sur la vie intellectuelle de son époque, ont été publiés en 1874 et traduits en anglais en 1930.

BONHEUR Rosa (Marie Rosalie, dite). Peintre. Française (Bordeaux, 1822 - château de By, Seine-et-Marne, 1899). Élevée dans une famille d'artistes, elle se consacra très jeune à la peinture, notamment à la peinture champêtre, qui fut sa vie durant son sujet de prédilection — le thème, il est vrai, était alors très à la mode. Elle débuta au Salon de 1840 et acquit une grande notoriété avec sa toile *Labourage nivernais* (musée du Louvre), pour laquelle elle obtint une médaille en 1848. En 1889, elle fit un voyage triomphal aux États-Unis, où ses vastes compositions, *Les Bisons fuyant devant l'incendie* et *Le Marché aux chevaux* — plus tard offert par C. Vanderbilt au Metropolitan Museum — furent considérées comme des chefs-d'œuvre. Rosa Bonheur peignait sur le vif en pleine campagne, vêtue d'une blouse bleue de maquignon et coiffée d'un béret. Un musée lui est consacré au château de Fontainebleau. Elle avait rencontré en 1845 Nathalie Micas qui fut sa fidèle compagne pendant plus de trente ans.

BONNE D'ARMAGNAC, bienheureuse. Religieuse française (château de Carlat, Auvergne, 23 février 1434 - Lézignan, 3 janvier 1457). Fille du comte Bernard de La Marche et d'Éléonore de Bourbon, qui la firent entrer contre son gré chez les clarisses de Lézignan. Cependant, touchée par la grâce, elle mena une vie d'austérité et de dévotion. Son culte se répandit dès après sa mort, et elle fut béatifiée par le pape Urbain VIII en 1625.

BONNE DE VALTELINE. Héroïne italienne (1414 - Morée, 1466). Paysanne pauvre, elle séduisit un capitaine de guerre originaire de Parme, Pierre Brunoro. Elle l'accompagna dans ses expéditions, notamment lorsqu'il partit rejoindre les troupes d'Alphonse de Naples. Plus tard, Brunoro fut recruté par la république de Venise pour combattre les Milanais de François Sforza. Bonne, devenue sa femme, s'illustra lors du siège du château de Pavone, près de Brescia, dont elle s'empara. Toujours avec son mari, elle assura victorieusement la défense de Nègrepont contre les Turcs. Elle trouva la mort en Morée, lors de son retour à Venise.

BONNE SFORZA. Reine de Pologne (1493 - Bari, 1557). Fille du duc de Milan Jean-Galéas Sforza, elle épousa en 1518 le grand-duc de Lituanie et roi de Pologne, Sigismond Ier Jagellon, et fut pour lui une aide précieuse dans l'administration de son royaume. C'est à elle que la Pologne doit la construction de nombreuses écoles, hôpitaux et autres institutions publiques. À la mort de son époux, elle se retira dans un domaine qu'elle possédait à Bari dans le royaume de Naples, où elle mourut.

BONNEMAINS Marguerite, vicomtesse **de**. Française (1855 - Bruxelles, 16 juillet 1891). Elle est célèbre pour avoir inspiré une vive passion au général Boulanger. Mariée à un homme brutal et ivrogne, elle le quitta pour le général dès qu'elle le rencontra à Royat. Il semble qu'elle ait eu une grande influence sur lui, le poussant à présenter sa candidature de député dans plusieurs départements à la fois, comme cela était possible à l'époque (élections de 1888 et 1889). Inversement, elle ne fut pas étrangère non plus au recul du général Boulanger à un moment où — soutenu par un très grand nombre de partisans et par une partie de l'armée —, il aurait pu s'emparer du pouvoir. S'ils partagèrent avec lui l'ivresse de la popularité; ils affrontèrent ensemble la fuite et l'exil. Inculpé de complot contre la sécurité de l'État, Boulanger s'installa à Bruxelles avec sa maîtresse (19 avril 1889). De santé fragile, celle-ci y mourut deux ans plus tard. Son amant, déjà désemparé par sa condamnation à la détention perpétuelle par contumace, en fut désespéré et se suicida sur sa tombe, à Ixelles, le 30 septembre 1891, soit deux mois et demi après la mort de Marguerite de Bonnemains.

RÉF. : J. Ajalbert, *Les Amants de Royat: le général Boulanger et Mme de Bonnemains*, Paris, 1939.

BONNET Anne. Peintre. Belge (Bruxelles, 1908 - *id.*, 1960). Elle fit ses études à l'académie de Saint-Josse et à l'académie de Bruxelles où elle fit la connaissance de Gaston Bertrand et de Louis Van Lint avec lesquels elle fonda en 1939 le groupe la Route libre, avant d'être l'une des initiatrices de la Jeune Peinture belge, en 1945. Elle participa aux expositions de ces groupes, notamment à celle connue sous le nom Apport. Elle fut présente à la biennale de Venise en 1948, à celle de São Paulo en 1953. À Bruxelles, plusieurs expositions lui furent consacrées au palais des Beaux-Arts en 1941, 1951 et 1953, mais aussi à Liège, Anvers, Paris et Berlin.

La peinture d'Anne Bonnet, à l'origine figurative, a évolué vers une abstraction ponctuée d'évocations personnelles que ses nombreux voyages dans les pays méditerranéens ont indéniablement contribué à élaborer. *La Ville blanche* (1951), aujourd'hui aux musées royaux des Beaux-Arts de Bruxelles, ou encore *Plantes exotiques* sont caractéristiques de cette manière. Son œuvre figure dans les grands musées européens et dans des collections privées.

BONTECOU Lee. Sculpteur. Américaine (née à Providence, Rhode Island, 1931). Elle étudia la sculpture en suivant les cours du sculpteur William Zorach à l'Art Student League. Ses premières œuvres en argile et en plâtre étaient nettement abstraites. Après avoir obtenu une bourse en 1957, elle résida deux ans à Rome où elle inventa ses structures métalliques en acier soudé qui furent à l'origine de sa production actuelle. Ces structures, sortes de squelettes, sont «habillées» de différents matériaux, toiles grossières, feuilles de métal, céramiques, formant d'étranges et impressionnantes compositions toujours de très grandes dimensions, atteignant parfois plus de cinq mètres de hauteur. L'une de ses œuvres les plus caractéristiques, *Untitled* (1961), est exposée au Whitney Museum of American Art, à New York. La qualité et l'originalité de sa démarche lui ont acquis une renommée qui dépasse aujourd'hui les frontières de son pays.

BOOTH Catherine. Anglaise (Ashbourne, Derbyshire, 1829 - Clacton-on-Sea, Essex, 1890). Elle épousa William Booth, pasteur méthodiste, fondateur en 1865 d'une mission chrétienne pour venir en aide aux déshérités des quartiers pauvres de Londres. Cette mission devint en 1878 l'Armée du salut et prit une extension considérable à travers le monde. Catherine Booth aida son mari dans son œuvre charitable, déployant une énergie inlassable à ses côtés. Sa fille, Évangéline Booth*, fut générale de l'Armée du salut dès 1934. Catherine Booth a écrit plusieurs ouvrages, dont *L'Armée du salut et ses relations avec l'État* (1884) et *La guerre est déclarée* (1886).

BOOTH Évangéline. Américaine. Générale de l'Armée du salut (Hackney, Middlesex, 1865 - Hartsdale, New York, 1950). Quatrième fille de William Booth, le fondateur de l'Armée du salut, elle fut chargée par son père de missions en Europe; elle parcourut ainsi les quartiers miséreux de Londres, où elle acquit une grande popularité pour son action auprès des pauvres et pour l'efficacité des efforts entrepris par les salutistes. Commandante en 1905, elle fut nommée générale du mouvement en 1934. D'une activité inlassable, elle fit preuve de remarquables qualités d'organisation. Sous son impulsion, l'Armée du salut prit une extension considérable, comptant plus de deux cent mille soldats et officiers, éditant des périodiques partout dans le monde et dirigeant près de mille sept cents œuvres sociales. Pendant la Seconde Guerre mondiale, l'Armée du salut ouvrit en France, sous sa direction, les célèbres cantines et centres d'accueil. Les «musiciens du Ciel» ont acquis l'admiration et le respect du monde entier pour leur abnégation et leur charité.

BORA ou **BOHRA Katharina von.** Allemande (Lippendorf, Saxe, 1499 - Torgau, 1552). Entrée très jeune dans un couvent de cisterciennes à Nimbschen, elle se convertit à la Réforme et résolut de s'enfuir, avec huit autres religieuses, toutes acquises à la nouvelle religion (1523). Elles furent accueillies dans des familles honorables de la ville de Reichenbach. Katharina von Bora y rencontra Martin Luther et l'épousa en 1525. Elle lui donna six enfants. Toute sa vie, elle fut le soutien du chef de la Réforme dans les moments les plus difficiles de sa lutte contre Rome et les catholiques allemands.

BORDAS Marcelle. Chanteuse populaire française (Paris, 1897 - *id.*, 1968). Elle fut découverte par Lucienne Boyer* qui l'engagea dans son cabaret, puis elle fut la partenaire, en 1932, de Mistinguett* et de Fernandel aux Folies-Bergère. Elle se spécialisa dans les chansons à boire pour s'opposer, disait-elle, aux chansons réalistes et aux romances sentimentales. Pendant plus de trente ans, elle chanta sur des scènes de music-hall, coiffée d'une casquette de marin, remportant un succès considérable avec *La Femme à barbe, M... pour le roi d'Angleterre, Nini peau de chien, Monte là-dessus, Le 31 du mois d'août*, etc. Elle a enregistré de nombreux disques, dont les derniers à soixante-dix ans.

BORDE-PÈNE Léontine. Pianiste française (Lorient, 25 novembre 1858 - Rouen, 24 janvier 1924). Son nom est associé à la musique française de la seconde moitié du XIXe siècle. Intime de César Franck qui lui dédia *Prélude, aria et finale*, elle interpréta la *Symphonie sur un thème montagnard* de Vincent d'Indy le jour de sa création. Elle joua également des œuvres de Fauré, Chabrier, Duparc, Chausson, etc.

BORDEREAU Renée (dite **Langevin**). Héroïne française (Soulaines, près d'Angers, juin 1770-1828). Pour venger sa famille décimée par les troupes de la République, elle s'enrôla déguisée en homme chez les chouans et participa à plusieurs combats, notamment à l'attaque de Nantes, le 23 juin 1793. Sa vaillance au combat, le nombre de ses blessures lui valurent d'être appelée par les soldats « le brave Langevin ». Elle refusa de se soumettre lors de la pacification de Saint-Florent en mai 1795 et reprit les armes. Elle fut emprisonnée sous l'Empire puis relâchée à la Restauration. Elle a publié ses Mémoires en 1814.

BORDONI Faustina (dite **La Faustina**). Mezzo-soprano italienne (Venise, v. 1700 - *id.*, 4 novembre 1781). Issue d'une famille patricienne, cette ravissante jeune fille qui allait devenir l'une des plus célèbres cantatrices de son temps apprit le chant avec M. Gasparini. Elle débuta en 1716 à Venise dans l'*Ariodante* (Pollarolo) et interpréta dans cette ville, jusqu'en 1725, des opéras d'Albinoni, de Lotti, de Pollarolo et d'Orlandi. Rivalisant dès 1718 avec Francesca Cuzzoni, elle se fit applaudir dans toutes les grandes villes d'Italie et chanta à Munich en 1723. Son triomphe y fut tel qu'elle revint chanter chaque automne en Allemagne. Invitée à se produire dans les différentes cours européennes à partir de 1726, elle créa à Londres plusieurs opéras de Haendel. De retour à Venise, elle épousa le compositeur Johann Adolph Hasse qu'elle suivit à Dresde et dont elle créa les œuvres. Elle parut encore en 1750 à la cour de Versailles et quitta la scène l'année suivante. Mezzo-soprano plus que contralto selon la classification officielle, sa voix fut une des plus fameuses du XVIIIe siècle ; deux portraits d'elle peints par Rosalba Carriera* (Dresde et Venise) témoignent de sa beauté.

BORGIA Lucrèce. Princesse italienne (Rome, 1480 - Ferrare, 1519). Elle était la sœur du célèbre César Borgia et la fille du cardinal Lenzuoli, futur pape Alexandre VI (en 1492). Elle fut mariée une première fois à un seigneur italien, Jean Sforza (1493). Le pape ne tarda pas à annuler cette union pour lui faire épouser en 1497 Alphonse d'Aragon, duc de Biseglia. Il était le bâtard d'Alphonse II d'Aragon, roi de Naples. Alexandre VI s'étant allié au roi de France Charles VIII pour s'emparer de Naples, Alphonse, prenant le parti de son père, quitta sa femme et fut assassiné par son beau-frère, César Borgia. Toujours à l'instigation du pape, Lucrèce Borgia épousa en troisièmes noces Alphonse d'Este, fils d'Hercule, duc de Ferrare, et son mariage fut célébré à Rome avec un faste extraordinaire. Sa mémoire a été entachée par les dérèglements de sa famille ; on l'a accusée des pires méfaits, notamment d'entretenir des relations incestueuses avec son père.

En réalité, elle fut un instrument de la politique pontificale. À Ferrare, elle s'est distinguée par son mécénat, réunissant autour d'elle et pensionnant des artistes comme Pietro Bembo, qui lui dédia les *Asolani*, ou l'Arioste. Victor Hugo l'a immortalisée, tout en contribuant à nourrir sa noire légende, dans un drame en trois actes, *Lucrèce Borgia* (1833).

BORI Lucrezia, née Borja y Gonzales de Riancho. Soprano espagnole (Valence, 24 décembre 1889 - New York, 14 mai 1960). Elle étudia le chant à Milan. Engagée au Teatro Adriano de Rome en 1908, elle débuta dans le rôle de Micaela (*Carmen*, Bizet). À partir de 1910, elle chanta au Châtelet à Paris, à la Scala de Milan et au théâtre Colón de Buenos Aires où elle interpréta tour à tour *Manon Lescaut* (Puccini), *La Bohème* (Puccini), *Le Chevalier à la rose* (R. Strauss) et *Le Mariage secret* (Cimarosa). En 1912, elle fut la première Manon (*Manon Lescaut*, Puccini) du Metropolitan et resta attachée à ce théâtre jusqu'à sa retraite en 1936.

BORKH Inge. Soprano suisse d'origine allemande (née à Mannheim, le 26 mai 1921). Issue d'une famille d'artistes, elle suivit des stages de comédie au Max Reinhardt Seminar de Vienne et étudia au Burgtheater. Après avoir débuté comme comédienne, elle s'orienta vers le chant qu'elle apprit à Vienne et à Milan. Son premier rôle fut Agathe (*Le Freischütz*, Weber) en 1941, à Lucerne. Pendant la guerre, elle se produisit à Berne, à Bâle et à Zurich. Dès 1951, elle entama une carrière prodigieuse. Incarnant Sieglinde (*La Walkyrie*, Wagner) au festival de Bayreuth en 1952, ses engagements la conduisirent ensuite à Vienne, à Berlin, à Londres en 1953, et chacune de ses représentations était un événement. Sa voix puissante, son tempérament dramatique en firent l'une des plus grandes interprètes de l'après-guerre, et elle triompha dans les rôles les plus périlleux comme *Salomé* (R. Strauss), *Elektra* (R. Strauss), Senta (*Le Vaisseau fantôme*, Wagner). Elle fit sensation dans *Fidelio* (Beethoven), *Turandot* (Puccini), *Macbeth* (Verdi). Elle fut une des plus pathétiques Kaiserin (*La Femme sans ombre*, R. Strauss). Elle était la femme du baryton Alexander Welitsch.

BORY D'ARNEX Angèle, née Dussaud. Femme de lettres française (1850 - ?). Épouse d'un riche banquier suisse, elle débuta dans la vie littéraire à *La Revue des Deux Mondes*, puis elle publia sous le pseudonyme de Jacques Vincent une dizaine de romans entre 1878 et 1901 (*Âme d'artiste, Ce que femme veut, Un bonheur*, etc.), qui n'eurent pas le succès espéré. En revanche, le salon littéraire qu'elle tint avec son mari dans leur hôtel de l'avenue du Bois (actuelle avenue Foch) attira un grand nombre de gens d'esprit, d'écrivains et de poètes parmi les plus brillants de leur époque : Leconte de Lisle, Heredia, Henri de Régnier, Coppée, Camille Flammarion, la romantique et romanesque Renée Vivien*, Edmond Rostand tout auréolé du succès triomphal de *Cyrano de Bergerac*. Angèle Bory d'Arnex a consigné ses souvenirs dans : *Un salon parisien d'avant-guerre*, paru en 1929.

BOSBOOM-TOUSSAINT Anna Louise Gertruida. Romancière néerlandaise (Alkmaar, 1812 - La Haye, 1886). Fille d'un pharmacien d'Alkmaar, elle passa son enfance à Harlingen et publia à vingt-cinq ans son premier roman, *Allegro* (1837). Influencée par Walter Scott, avec une grande maîtrise de la langue et une minutie scrupuleuse dans le roman historique, elle écrivit *Le Comte de Devonshire* (1838), *Les Anglais à Rome* (1840). Un conte, *La Maison Lauernesse* (1841), puis la plus célèbre et la plus traduite de ses œuvres

Le Comte de Leicester en Hollande (1846), lui valurent le surnom de « poétesse du protestantisme ». *Mademoiselle de Mauléon*, est considéré comme son meilleur livre (elle en a emprunté le sujet à Voltaire, et évoque un amour de jeunesse de Bossuet). Mariée en 1851 au peintre Johannes Bosboom, elle publia encore le *Magicien de Delft* (1870), et abandonna le roman historique où elle avait excellé.

RÉF. : J. de Vries, *Mevr. Bosboom-Toussaint*, Haarlem, 1886.

BOSCARY DE VILLEPLAINE Mme. Française (XIXe s.). Épouse d'un grand agent de change lyonnais, spirituelle et cultivée, elle tint un brillant salon littéraire sous la Restauration et la monarchie de Juillet, place Vendôme, dans l'ancien hôtel particulier du fermier général Dangé. On appelait ce salon, fréquenté par de très jolies femmes, le « paradis de Mahomet ».

BOSCHI Hélène. Pianiste française (née à Lausanne, le 11 août 1917). Elle entra à l'École normale de musique à l'âge de sept ans et poursuivit ses études sous la direction d'Yvonne Lefébure*, puis entreprit une série de tournées qui consacrèrent sa renommée. Elle se produisit avec les plus grands chefs d'orchestre, Georges Enesco notamment, et son répertoire s'enrichit d'œuvres peu jouées. Elle est par exemple l'une des premières à avoir fait connaître les *Préludes* de Frank Martin, dont elle traduit parfaitement l'humeur méditative mêlée de lyrisme. Elle s'est consacrée également à l'œuvre d'André Jolivet. Excellente pédagogue, elle a dirigé un cours d'interprétation à Weimar pendant une quinzaine d'années. Elle a été nommée professeur au conservatoire de Strasbourg en 1965.

BOUCHER Hélène. Aviatrice française (Paris, 1908 - Versailles, 1934). C'est après son baptême de l'air à Orly qu'elle décida de se consacrer à l'aviation. Elle conquit rapidement ses grades d'aviatrice et, dès ses débuts, se dirigea vers l'acrobatie, devenant l'élève du célèbre pilote Michel Detroyat. Elle conquit ensuite sept records mondiaux de vitesse. Dans une seule journée, en 1934, elle s'adjugea quatre records dont celui de vitesse pure, toutes catégories, sur trois kilomètres, avec un avion Caudron (409,2 km/h). Autre performance : le raid Paris-Saigon qu'elle accomplit seule. C'est au cours d'un vol d'entraînement, près de Guyancourt, qu'Hélène Boucher se tua, son avion étant passé brusquement sur le dos à quelques mètres du sol. Son nom a été donné à un lycée parisien.

BOUCHOT-SAUPIQUE Jacqueline. Archiviste-paléographe. Française (Paris, 1893 - Dôle, 1975). Fille de Henri Bouchot, archiviste, membre de l'Académie des beaux-arts, elle épousa en 1924 le sculpteur Georges Saupique à qui l'on doit le mémorial du mont Valérien et le buste officiel de la IVe République. Jacqueline Bouchot-Saupique fut professeur d'histoire du dessin et administratrice à l'École du Louvre. Elle fut la première femme à être nommée conservateur des Musées nationaux (cabinet des Médailles du Louvre) et fit de nombreuses conférences en Europe et aux États-Unis. Elle est l'auteur de plusieurs ouvrages qui font autorité : *La Renaissance française* (1932), *Watteau* (1935), *Les Dessins de Greuze* (1939), *Les Dessins de Callot* (1942). Elle fut nommée conservateur en chef du cabinet des Dessins à la Libération et prit sa retraite en 1963.

BOUCICAUT Marguerite, née Guérin. Négociante française (Verjux, Saône-et-Loire, 3 janvier 1816 - Cannes, 8 décembre 1887). Orpheline de mère à douze ans, fille d'un père inconnu, elle fut recueillie à Paris par un oncle qui la mit en apprentissage dans une blanchisserie. En 1835, elle épousa un petit employé de commerce, Aristide Boucicaut. Une vie de travail acharné commença pour eux. Aidés par un sens inné des affaires et de l'organisation, ils reprirent en 1852 une boutique à l'enseigne du « Bon Marché » dont ils firent le plus grand magasin de Paris, grâce à de nouvelles techniques de vente.

Mme Boucicaut prit une place prépondérante dans la gestion commerciale et sociale de l'entreprise et introduisit des améliorations dans les conditions de vie des employés : repos le dimanche matin, cantines, logements, cours du soir. C'est en 1869 que fut édifié le magasin actuel. Veuve en 1877, elle perdit son fils unique deux ans plus tard. En 1880, elle créa la Société du Bon Marché. À la tête d'une immense fortune, elle se consacra à des activités philanthropiques et laissa à sa mort la majeure partie de ses biens à l'Assistance publique, pour fonder, entre autres, un hôpital qui porte son nom.

BOUDICCA ou **BOADICÉE.** Reine des Icéniens (?-61). Elle était la femme de Prasutag, roi des Icéniens, peuple de la Grande-Bretagne antique, qui habitait la région correspondant à l'actuel comté de Norfolk. À sa mort, le roi légua ses territoires à l'empereur Néron en lui confiant la sauvegarde de sa famille. Boudicca fut maltraitée, ses deux filles violées, ce qui déclencha une révolte générale contre la domination romaine. Boudicca, devenue reine, prit la tête de ses troupes et, d'après Tacite, extermina 70 000 Romains (60). Ceux-ci prirent leur revanche l'année suivante. Vaincue, la reine préféra s'empoisonner avec ses deux filles.

BOUÉ Géori (Georgette, dite). Soprano française (née à Toulouse, le 16 octobre 1918). Entrée dès l'âge de sept ans au conservatoire de sa ville natale, elle débuta au Capitole après avoir obtenu deux premiers prix. Elle chanta le rôle de Mathilde (*Guillaume Tell*, Rossini), celui de Micaela (*Carmen*, Bizet), ainsi que des héroïnes d'opérette qu'elle campait d'une manière exquise. Elle fut engagée salle Favart pour chanter Mimi (*La Bohème*, Puccini), rôle dans lequel elle remporta un très grand succès. Pendant la guerre, alors qu'elle chantait *La Traviata* (Verdi) à Toulon, elle fut aussitôt remarquée par Reynaldo Hahn : c'était la Mireille qu'il recherchait pour la version intégrale de cette œuvre qu'il était en train de reconstituer. Géori Boué triompha dans le rôle au Théâtre-Antique d'Arles en 1941, puis à l'Opéra-Comique. L'année suivante, elle débuta à l'Opéra de Paris et reprit le rôle de Thaïs (*Thaïs*, Massenet) pour le centenaire de la naissance du compositeur. Sacha Guitry en fit la vedette de son film, *La Malibran** (1943). À la Scala, sous la direction de Vittorio De Sabata, elle fut applaudie dans *Pelléas et Mélisande* (Debussy) ; au Bolchoï, elle chanta dans *Eugène Onéguine* (Tchaïkovski) et dans *Madame Butterfly* (Puccini). Rompant son contrat avec l'Opéra qui s'était opposé à ce voyage en Russie, elle créa *Mozart* (Guitry et Hahn). En 1960, elle reprit triomphalement *La Belle Hélène* (Offenbach) et *La Veuve joyeuse* (Lehár) au théâtre Mogador. En 1944, elle avait épousé le baryton Roger Bourdin.

BOUFFLERS Marie-Charlotte, née de Camped, comtesse **de**. Française (Paris, 1725 - Rouen, 1800). Grande amie du prince de Conti qu'elle espérait épouser, elle anima un salon littéraire qui se trouvait dans le quartier du Temple, à Paris. S'y rendaient entre autres Rousseau et Hume, avec lesquels elle entretint une abondante correspondance. On l'avait surnommée « la Minerve savante », ou bien encore « l'idole du

Temple». Très ambitieuse, elle n'eut pas que des amis: Mme Du Deffand* la détestait. Elle fut à l'origine de brouilles retentissantes, ce qui ne l'empêcha pas d'être l'un des principaux personnages de la société littéraire parisienne. Elle tenta sans succès de réconcilier Hume et Rousseau, ce qui mit fin à son amitié avec ce dernier.

RÉF.: P.E. Schazmann, *La Comtesse de Boufflers*, Paris, 1933.

BOUFFLERS Marie-Françoise, née de Beauvau-Craon, marquise de. Mécène. Française (Lunéville, 8 décembre 1711 - Scey-sur-Saône, 3 juillet 1786). En 1734, elle épousa Louis-François de Boufflers à qui elle donna un fils, le futur et célèbre chevalier de Boufflers. Cette union l'ayant déçue, elle alla vivre à la cour de Lunéville avec sa mère qui avait été la maîtresse de Léopold, duc de Lorraine. Elle sut séduire le nouveau duc Stanislas, roi détrôné de Pologne et père de Marie Leszczyńska* ; elle joua un rôle considérable à la cour — tant à Lunéville qu'à Nancy — y attirant Saint-Lambert, dont elle fut la maîtresse, et Mme Du Châtelet*. Voltaire lui adressait des vers. À la mort de Stanislas en 1766, elle était l'âme de la cour. Des difficultés d'argent la firent s'installer à Paris, où elle eut une longue liaison avec le prince de Beauffremont, dans la propriété duquel elle mourut.

BOULANGER Lily. Compositeur. Française (Paris, 21 août 1893 - Mézy, 15 mars 1918). Sœur de Nadia Boulanger*, musicienne comme elle, elle fut la première femme à obtenir le premier grand prix de Rome pour sa cantate *Faust et Hélène* (1913). Elle était très prolifique et, quoique disparue jeune, elle a laissé une œuvre abondante que sa sœur a fait connaître: une sonate pour piano et violon, des mélodies sur des textes de Francis Jammes et de Maurice Maeterlinck, de ce dernier *La Princesse Maleine* (inachevé), un quatuor à cordes et des psaumes.

RÉF.: E. Lebeau, *Lily Boulanger*, Paris, 1968. L. Rosenthiel, *The Life and Works of Lily Boulanger*, Rutherford, 1978.

BOULANGER Nadia. Compositeur et chef d'orchestre. Française (Paris, 16 septembre 1887 - *id.*, 22 octobre 1979). Elle fit beaucoup pour propager l'œuvre de sa sœur Lily Boulanger*, disparue prématurément. En 1908, elle remporta le deuxième grand prix de Rome pour *La Sirène* et collabora ensuite à l'écriture musicale de *La Ville morte* (D'Annunzio, 1908), à celle des mélodies de Verhaeren, *Les Heures claires*. Abandonnant la composition, elle se voua à la direction d'orchestre: elle créa à Washington, en 1938, le *Dumbarton Oaks Concerto* (Stravinsky). Nadia Boulanger fut également une pédagogue hors pair à l'École normale de musique de Paris (1920-1939, puis à partir de 1957), aux États-Unis pendant la guerre, enfin au Conservatoire de Paris (1945-1957). Elle a redécouvert la musique de Monteverdi, dont elle a enregistré des madrigaux, et, plus généralement, la musique baroque italienne. Son influence sur les jeunes générations de musiciens fut considérable. Elle a formé Dinu Lipatti, Igor Markevitch, Jean Françaix. Son œuvre de compositeur comprend entre autres des mélodies et une *Rapsodie pour piano et orchestre*.

BOULAZ Loulou. Alpiniste suisse (Genève, 1908 - *id.*, 1991). Cette petite Genevoise, dotée d'un courage, d'une résistance physique et d'une adresse exceptionnels, inscrivit à son actif un palmarès des ascensions parmi les plus difficiles des Alpes. En 1935, avec Raymond Lambert comme compagnon de cordée, elle réussit la face nord des Jorasses par l'éperon central et, en 1936, la deuxième ascension de la face nord des Drus, réputée comme étant l'une des plus périlleuses des Alpes. En compagnie de Mlle Durand, elle tenta et mena à bien la traversée des Droites, des Grands Charmoz et du Peigne. Au mont Blanc, elle gravit les grands itinéraires du versant sud, la Sentinelle-Rouge, la Brenva, la Poire. Citons encore parmi ses grandes ascensions la face nord de la Verte, la face sud de la Meije, l'arête sud du Fou et de nouveau les Grandes Jorasses, mais par l'éperon Walker. En 1959, elle fut l'une des alpinistes de l'expédition féminine au Cho-Oyu dans l'Himālaya. Excellente skieuse, elle fut championne de France en 1936 et en 1937.

BOULIAR Marie-Geneviève. Peintre. Française (Paris, 1772 - château d'Arcy, 1825). Fille d'un tailleur, elle manifesta très jeune des dons pour le dessin; ses parents lui firent prendre ses premières leçons de peinture auprès de Duplessis, le grand portraitiste de la fin du règne de Louis XVI. Jusqu'en 1817, elle participa régulièrement aux Salons, exposant des portraits, des sujets antiques èt des scènes de genre qui connurent du succès; elle avait su se dégager du style de Duplessis, apportant dans ses œuvres une spontanéité, une vision plus directe que celle de son maître. On lui doit de nombreux portraits dont celui d'*Alexandre Lenoir* et son *Autoportrait* (1792) conservé au musée d'Angers.

BOULOGNE ou **BOULLOGNE** ou **BOULLONGNE Madeleine.** Peintre. Française (Paris, 1646 - *id.*, 1710). Elle était la fille de Louis Boulogne, dit Louis le Père ou Louis le Vieux, la sœur de Bon (né en 1649), de Louis (né en 1654) et de Geneviève (née en 1645). Elle fut, comme ses frères et sœur, formée à la peinture par son père. Celui-ci, qui avait été chargé par Colbert de terminer les œuvres inachevées de Poussin au palais du Louvre, est également connu pour les travaux qu'il réalisa avec ses enfants aux Trianons de Versailles, sous la direction de Le Brun. Madeleine est l'auteur de nombreux portraits, de natures mortes et de panneaux décoratifs. Ces derniers, notamment ceux qui composaient la décoration du salon de la Reine à Versailles, *Trophées d'armes et de chasse*, *Attributs des arts* ou *Instruments de musique* ont contribué à entretenir sa réputation. Madeleine Boulogne fut admise à l'Académie de peinture en même temps que sa sœur (1669).

BOURBON Charlotte de. Princesse française (1546-1582). Fille de Louis II de Bourbon, duc de Montpensier, son père la fit entrer contre son gré au couvent de Jouarre où elle devint religieuse et resta jusqu'à l'âge de vingt-six ans. Elle s'enfuit du monastère et, trouvant un refuge à Heidelberg auprès de l'Électeur palatin Frédéric III, elle refusa de retourner en France. En 1575, elle épousa Guillaume d'Orange le Taciturne qui s'illustra à la tête des Pays-Bas et mourut en 1584, assassiné par un fanatique Comtois, deux ans après la mort de son épouse. Charlotte de Bourbon, qui avait donné six filles à Guillaume d'Orange, a laissé le souvenir d'une princesse charitable, très pieuse et aimée de ses sujets.

BOURETTE Charlotte. Femme de lettres française (Paris, 1714 - *id.*, 1784). Elle dirigea pendant quarante ans le café Allemand, rue Croix-des-Petits-Champs à Paris, où se réunissaient les beaux esprits de son temps, comme Piron, Voltaire, Sedaine ou Favart. Elle se piquait de littérature et fut surnommée la « Muse limonadière ». Sous ce nom, elle publia un recueil de poèmes en 1755. Vers médiocres qui lui valurent l'ironie de Grimm lequel écrivait à Voltaire: « Ce recueil vous divertira à force d'être mauvais et ridicule. » Elle est l'auteur d'une pièce, *La Coquette punie*, qui fut représentée à la Comédie-Française en 1779.

BOURGEOIS Louise (dite **Louise Boursier**). Sage-femme française (v. 1563 - 20 décembre 1636). À vingt et un ans, elle épousa Martin Boursier, chirurgien de l'armée du roi, élève d'Ambroise Paré. C'est en compulsant les ouvrages de ce dernier qu'elle s'initia à son métier de sage-femme. En peu de temps, elle acquit une telle notoriété qu'elle fut appelée à la cour par Marie* de Médicis, qui lui donna en 1606 le chaperon de velours noir des accoucheuses de la reine. Ainsi put-elle se constituer une très bonne clientèle. Elle a raconté ses souvenirs d'accoucheuse dans le *Récit véritable de la naissance des Enfants de France* (1625), ouvrage qui avait été précédé d'*Observations diverses sur la stérilité* (1609), rééditées en 1626, et en trois volumes, longtemps considérées comme un manuel irremplaçable.

RÉF. : A. Chéreau, *Esquisse historique sur Louise Bourgeois*, Paris, 1852.

BOURGEOIS Louise. Sculpteur. Américaine d'origine française (née à Paris, le 25 décembre 1911). Née dans une famille de tapissiers, elle s'intéressa à la peinture assez jeune et suivit des cours à l'École des beaux-arts de Paris, puis dans l'atelier de Fernand Léger. Elle épousa en 1938 l'historien d'art américain Robert Goldwater et s'installa avec lui aux États-Unis. Attirée par la sculpture et par l'art abstrait, elle créa des formes rappelant parfois des détails du corps humain, mais le plus souvent elle associa des volumes colorés auxquels elle donna des titres symboliques, comme *L'Aveugle conduisant l'aveugle* (1949), œuvre constituée de sept paires de colonnes en bois peint, reliées à leur sommet par une sorte de linteau horizontal, qu'elle exposa pour la première fois à la Robert Miller Gallery à New York. Louise Bourgeois a travaillé également le métal, le plâtre et même le latex.

L'originalité de son art tient, entre autres, aux relations qui s'établissent d'une sculpture à l'autre, l'ensemble tissant un réseau subtil d'interactions. Plusieurs de ses œuvres figurent au musée d'Art moderne de New York et au Whitney Museum. Elle expose fréquemment aux États-Unis et, depuis 1988, d'importantes rétrospectives lui ont été consacrées en Hollande, en Allemagne et en France (1990).

BOURGEOYS Marguerite. Voir MARGUERITE BOURGEOYS, sainte.

BOURIGNON Antoinette. Visionnaire française (Lille, 1616 - Frakerne, Frise, 1680). Elle était laide, mais fort intelligente, persuasive, la plume aisée. Elle passa sa vie à pérégriner, faisant partout où elle passait le récit de ses visions qui lui enjoignaient, disait-elle, de s'engager à la réformation de l'Église. Elle se mêlait également de points de doctrine. Elle se fit autant aimer que détester des populations qu'elle prêchait. Aussi eut-elle des disciples à Lille, à Gand, à Amsterdam, à Malines, cependant qu'à Strasbourg elle manqua se faire lapider par la foule. La totalité de son œuvre considérable, dix-neuf volumes, a été mise à l'index par le Saint-Office par trois fois au cours des XVIIe et XVIIIe siècles. Antoinette Bourignon est considérée par l'Église comme une fausse mystique.

BOUSQUET Annie. Coureur automobile. Française d'origine autrichienne (1921 - Reims, 1956). Elle est l'une des nombreuses et tragiques victimes du sport automobile. Annie Bousquet avait acquis une grande renommée dans le milieu de la course automobile et auprès du public en battant en 1956, les records mondiaux de vitesse des 50 km et des 50 miles à 223 km/h. Cependant, son impétuosité la trahit plusieurs fois, notamment à Agadir en 1955, où un accident la conduisit pour de longues semaines à l'hôpital, sans diminuer d'autant son besoin de se surpasser et sa rage de vaincre, qui lui fut finalement fatale. Son époux se tua en voiture en 1956 et elle-même succomba à un accident la même année au cours des Douze Heures de Reims.

BOUSQUET Marie-Louise, née Vallantin. Française (v. 1890-?). Elle tint salon à Paris dès le début de la Première Guerre mondiale. Dans les années 20, on y rencontrait les personnalités les plus dissemblables: Jacques-Émile Blanche, Marie Laurencin*, Derain, Dali, Tristan Bernard, Giraudoux, Colette*, Léon-Paul Fargue, Henri de Régnier que Marie-Louise Bousquet appelait «ma grande asperge», André Gide, René Crevel, auxquels se mêlait parfois Léon Blum. La «Bousquette» irritait les dames du Faubourg qui jalousaient son succès et la traitaient de midinette. Indiscrète quand il s'agissait d'autrui, elle ne parlait jamais d'elle-même et passait pour «mystérieuse» (*Journal* de l'abbé Mugnier). Elle avait épousé Jacques Bousquet, le fidèle collaborateur de Rip, et dirigeait la célèbre revue américaine *Harper's Bazaar* pour la France. Sa connaissance des États-Unis, où elle fit plusieurs conférences, fit de sa maison le rendez-vous des écrivains de la «génération perdue», comme Gertrude Stein* et Hemingway.

BOUVIER Hélène. Mezzo-soprano française (Paris, 20 juin 1905 - *id.*, 11 mars 1978). Après avoir débuté en province, elle fut engagée à l'Opéra de Paris en 1939 et à l'Opéra-Comique en 1945. Invitée au théâtre Colón de Buenos Aires, à Milan, à New York, elle triompha dans *Aïda* (Verdi), *Othello* (Verdi), *Samson et Dalila* (Saint-Saëns). Elle fut l'interprète d'Arthur Honegger (*Antigone*), de Darius Milhaud (*Bolivar*), de Henri Busser (*Les Noces corinthiennes*). Excellente chanteuse de concert, principalement dans des mélodies de Fauré et de Duparc, elle créa en 1947 le *Requiem* de Maurice Duruflé.

BOVY Berthe. Comédienne française (Liège, 1887 - Montgeron, Essonne, 1977). Fille d'un auteur dramatique belge, elle céda très jeune à la passion du théâtre et suivit les cours de Le Bargy. Elle débuta à la Comédie-Française en 1907, joua les travestis (Chérubin, Poil de carotte, Pierrot) et les ingénues classiques et modernes. Poétique, émouvante, son talent et sa grâce conquirent le public. En 1930, elle créa *La Voix humaine* (Cocteau). Elle passa sans transition des rôles de garçons et de jeunes filles à ceux de vieilles dames originales où son humour faisait merveille. Mariée à Charles Granval puis à Pierre Fresnay qui la quitta pour Yvonne Printemps*, elle tourna une trentaine de films de 1908 à 1965, dont l'inénarrable *Armoire volante* de Rim (1948), dans lequel elle remporta un vif succès en tante de Fernandel. Elle fit ses adieux à la scène en 1967 dans le rôle de Mme Pernelle (*Tartuffe*, Molière). Alerte et menue, elle fut toute sa vie fidèle au Français, sans toutefois négliger le Boulevard: on la vit dans *Les Parents terribles* et dans *Arsenic et vieilles dentelles*.

BOW Clara. Actrice américaine (Brooklyn, New York, 1905 - Culver City, Californie, 1965). Cette grande vedette du cinéma muet eut une enfance pauvre et difficile. Louis Gasnier, célèbre metteur en scène américain d'origine française lui fit tourner *Maytime* (1923), puis *Poisoned Paradise* (1924). L'arrivée à Hollywood de cette petite rousse aux cheveux frisés, instinctive et sans complexe, fut un événement à l'époque où les Pearl White*, Theda Bara*, Norma Talmadge*, Greta Garbo* et autres jouissaient d'un prestige indiscuté. Sa sensualité, plus présente encore dans le film *It* (Badger, 1927), conquirent le public qui baptisa ce nouveau style érotique le «it» (du nom du film). Les ligues de vertu américaines s'en alarmèrent et leur hostilité gêna souvent la carrière de Clara Bow. Parmi les films qui la rendirent célèbre figurent *Mantrap* (Fleming, 1926), *Wings* (Wellman, 1927), *Red Hair* (Badger, 1928), *Three Week-ends* (Badger, 1928), *The Fleet's in* (St Clair, 1928). Après l'avènement du film parlant, elle obtint de nouveaux succès avec *Call Her Savage* (Dillon, 1932) et *Hoopla* (Lloyd, 1933) qui fut le dernier film de Clara Bow que l'on vit en France. En 1931, elle épousa l'acteur de westerns Rex Bell qui par la suite devint lieutenant-gouverneur du Nevada. Elle se retira quelques années plus tard et mourut d'une crise cardiaque.

BOWEN Élisabeth. Romancière anglo-irlandaise (Dublin, 7 juin 1899 - Londres, 22 février 1973). Héritière par son père du somptueux domaine de « Bowen's Court » donné à l'origine par Cromwell à l'un de ses ancêtres, la jeune fille, après des études dans une école du Kent, vécut en Irlande, à Londres, voyagea en France et en Italie, puis épousa en 1923 Alan Cameron, professeur à Oxford. Elle avait toujours écrit et se fit connaître en littérature par cinq recueils de nouvelles. Le premier, *Rencontres* (1923), l'imposa par l'originalité de son style. Son premier roman, *L'Hôtel* (1927), analyse en profondeur les conflits humains, thèmes qu'elle reprit dans ses autres récits, *Septembre dernier* (1929), *La Maison à Paris* (1935). *La Mort du cœur* (1938), *Regardez toutes ces roses* (1941) confirmèrent son talent et en font l'une des plus grandes romancières anglaises du XXe siècle. Après la guerre, elle écrivit entre autres *Le Lierre accroché aux marches* (1946), *La Chaleur du jour* (1949).

BOWLES Jane, née Auer. Femme de lettres américaines (New York, 1917 - Málaga, 1973). Elle fit une chute de cheval pendant son adolescence dont elle porta les séquelles toute sa vie. Atteinte de tuberculose, elle séjourna à plusieurs reprises dans des sanatoriums. En 1938, elle épousa l'écrivain et musicien Paul Bowles qu'elle avait rencontré à New York l'année précédente. Ils voyagèrent en Amérique centrale, puis à Ceylan, avant de se fixer à Tanger. En 1943, elle publia son unique roman, *Deux Dames sérieuses*, dont le sujet et l'atmosphère, très déconcertants, expliquent le peu de succès qu'il remporta auprès de la critique. Jane Bowles doutait de son talent, très réel toutefois, comme en témoigne son mari :

> Elle était très ambivalente envers ses manuscrits. Elle voulait toujours les perdre ou les jeter. Je les sauvais. Elle n'appréciait pas son propre talent.

Très instable, en proie à des troubles mentaux, elle fit plusieurs séjours en hôpital psychiatrique et mourut lors d'une de ses cures. Elle est l'auteur d'une pièce de théâtre, *In the Summer House* (1954), de deux recueils de nouvelles, *Plaisirs paisibles* (1966) et *Others Stories* (1969). Une partie de ses lettres ont été publiées sous le titre *Out in the World, Selected Letters (1935-1970)* en 1985. Ses amis, Tennessee Williams, Truman Capote, Carson Mc Cullers*, ont tous reconnu l'originalité profonde de son univers. Ses textes, d'une grande étrangeté, explorent la limite ténue qui sépare la raison de la déraison, la lumière de l'obscurité.

RÉF. : M. Dillon, *Janes Bowles, une femme accompagnée*, Éditions Deuxtemps-Tierce, 1989.

BOYER Lucienne (Micheline, dite). Chanteuse française (Paris, 1903 - *id.*, 1983). Elle débuta à l'âge de quatorze ans dans des revues de Rip, puis elle chanta dans des cabarets. Elle partit ensuite pour New York et c'est à son retour à Paris qu'elle enregistra son premier disque, *Parlez-moi d'amour*. Ce fut un triomphe, Lucienne Boyer remporta le grand prix du disque, en 1930, devant Joséphine Baker*. En la préférant à la célèbre chanteuse noire, le jury offrit ainsi une sorte de revanche à la chanson sentimentale sur le jazz noir. Cette chanson qu'elle avait créée et qu'elle chanta pendant un demi-siècle de sa voix grave, un peu voilée, la rendit célèbre du jour au lendemain.

Lucienne Boyer fut la vedette des spectacles de l'Alhambra, de l'Empire, du Concordia, de l'Étoile, de l'Européen, de la Gaîté-Rochechouart, de Mayol. En 1939, elle repartit pour les États-Unis où elle épousa le pianiste Jacques Pills. Après la guerre, elle poursuivit sa carrière en France et fêta ses cinquante ans de chansons à l'Olympia, en 1976. Elle a marqué de son empreinte sensuelle les plus belles chansons de son répertoire: *Mon cœur est un violon, Un amour comme le nôtre, Les Prénoms effacés*, ainsi que l'inoubliable *Dites-moi des choses tendres*.

BOZNANSKA Olga. Peintre. Polonaise (Cracovie, 15 avril 1865 - Paris, 1940). Portraitiste de talent, elle fut l'élève d'Antoine Pietrowski dans sa ville natale, puis de Kriecheldorf et de Dürr à Munich de 1880 à 1882. En 1898, elle vint se fixer à Paris où elle se fit rapidement remarquer; elle entama une belle carrière de portraitiste où se révélèrent tour à tour les influences de Carrière puis de Renoir. Le musée de Cracovie possède d'elle un portrait de *Nahnen* et le musée des Impressionnistes de Paris, le remarquable portrait de *Mademoiselle D.* Elle a privilégié, dans ses portraits, le rendu de la psychologie de ses modèles.

BOZZACHI Giuseppina. Danseuse italienne (1853-1870). Protégée à Milan par Amina Boschetti. Elle vint travailler à Paris avec Mme Dominique. C'est elle qui créa le rôle de Swanilda (*Coppélia*, Saint-Léon). Son succès fut immense, et les Parisiens ne se lassaient pas de l'applaudir. Elle dansa dix-huit fois ce rôle ayant de succomber à une fièvre maligne le jour de ses dix-sept ans.

BRABANTS Jeanne. Danseuse, chorégraphe et pédagogue belge (née à Anvers, le 25 janvier 1920). Formée à l'école classique par Olga Préobrajenska* et par le Sadler's Wells Ballet School, elle fut initiée à la danse moderne par Kurt Jooss. Elle se produisit avec plusieurs compagnies tout en composant des chorégraphies à partir de 1939. Elle les régla tout d'abord pour l'ensemble Brabants où elle dansa avec ses deux sœurs, avant d'être sollicitée par le Royal Netherlands Theatre et par le Ballet des Flandres qu'elle dirige depuis 1970. Elle a fondé en 1941 une école de ballet puis a enseigné à l'École de danse de l'Opéra d'Anvers qui fut rattachée par la suite au Ballet des Flandres, devenue sous son impulsion le Ballet royal des Flandres (1976).

BRACEGIRDLE Anne. Actrice anglaise (vers 1673 - Londres, 1748). Jouant sur scène dès l'âge de six ans dans la compagnie de l'acteur Thomas Betterton dont elle était l'élève, elle remporta ses plus grands succès à Drury Lane dès 1688. À partir de 1695, elle se produisit au Lincoln Inn Fields Theatre et triompha dans le rôle d'Angelica (*Love for Love*, Congreve). Elle brillait aussi bien dans la tragédie que dans la comédie et incarna de grandes héroïnes du répertoire anglais : Belinda (*The Provoqued Wife*, Vanbrugh), Almeria (*The Mourning Bride*, Congreve), Lavinia (*The Fair Penitent*, Rowe). Elle était la maîtresse de Congreve qui écrivit plusieurs rôles pour elle et, selon certains, ils se seraient mariés secrètement. Estimée à juste titre par ses partenaires et par le public pour la perfection de son jeu et sa discrétion, elle s'éclipsa en pleine gloire pour céder la place à Anne Oldfield*, en

1707. Celle qui est l'une des premières grandes actrices anglaises a été enterrée à l'abbaye de Westminster.

BRADDON Mary Élisabeth. Romancière anglaise (Londres, 1835 - Richmond, Surrey, 1915). Son père étant un avocat sans causes, elle dut affronter la scène, sans grand succès, pour subvenir à ses besoins. Le public lui fit meilleur accueil comme romancière. Elle publia *Lady Audley's Secret* en 1862, dans le but de renflouer le journal de son amant et futur mari, John Maxwell. Elle l'avait rencontré en 1860 et tenait lieu de belle-mère à ses cinq enfants. Elle l'épousa en 1874, à la mort de sa femme atteinte de démence. Le journal fit faillite, mais le roman à sensation, typiquement victorien, rencontra un succès énorme et permit à son auteur de se vouer entièrement à la carrière des lettres. Son œuvre est considérable (quatre-vingts romans, dont beaucoup sont de la même veine que le premier). On lui a souvent reproché de corrompre la jeunesse en dépeignant le crime et la violence sous un jour attrayant.

BRADSTREET Ann, née Dudley. Poétesse américaine (Northampton, Angleterre, 1612 - North Andover, Massachusetts, 1672). Née en Angleterre, elle épousa à seize ans Simon Bradstreet et s'installa en 1630 en Nouvelle-Angleterre en compagnie de son mari et de ses enfants. Son père, Thomas Dudley, devint gouverneur de la Massachusetts Bay Colony. Simon Bradstreet fut lui aussi nommé gouverneur. En 1640, elle eut le premier de ses huit enfants. La première édition de ses poèmes se fit en Angleterre en 1650 sous le titre *The Tenth Muse Lately Sprung Up in America*; le manuscrit lui avait été subtilisé par un beau-frère admirateur de ses talents. Il fallut attendre 1678 pour qu'elle soit publiée à Boston, devenant ainsi la première poétesse anglaise des États-Unis. La plupart de ses poèmes sont influencés par sir Philip Sidney et par le poète français Du Bartas. Elle publia aussi des discours poétiques sur la symbolique des quatre saisons, un dialogue entre la métropole et la Nouvelle-Angleterre ainsi qu'une histoire en vers fondée sur *History of the World* de Raleigh. Sa réputation reste cependant liée à des poèmes plus tardifs et plus courts, où elle se montre plus personnelle et moins dépendante des conventions poétiques.

BRAMBILLA Marietta. Contralto italienne (Cassano d'Adda, 6 juin 1807 - Milan, 6 novembre 1875). Issue d'une famille de chanteurs, elle était l'aînée de cinq filles qui toutes furent cantatrices. Élève pendant cinq ans au conservatoire de Milan, elle fit ses débuts en 1827 au King's Theatre de Londres, dans le rôle d'Arsace (*Sémiramis*, Rossini), puis chanta la même saison Roméo (*Roméo et Juliette*, Zingarelli). Donizetti composa pour elle le rôle de Maffio Orsini (*Lucrèce Borgia*), présenté pour la première fois à la Scala en 1833 et joué de nouveau en 1842, ainsi que celui de Pierotto (*Linda de Chamonix*), donné au Kärntnerthor Theater de Vienne. Donizetti adapta aussi pour elle le rôle de ténor d'Armand de Gondi (*Marie de Rohan*), donné aux Italiens à Paris en 1843; pour le célèbre compositeur, elle interpréta encore Smeton (*Anne* Boleyn*). Marietta Brambilla se retira de la scène en 1848.

BRANCHU Caroline, née Chevalier. Soprano française (Cap Français, Saint-Domingue, 2 novembre 1780 - Passy, 14 octobre 1850). Élève de Garat au Conservatoire, elle remporta un triomphe à l'Opéra de Paris en 1799 dans le rôle d'Antigone (*Œdipe à Colonne*, Sacchini) et surtout dans celui de Didon (*Didon*, Piccinni) qui lui permit d'éclipser ses devancières. Elle s'imposa comme la plus grande cantatrice de l'Empire dans les grands rôles de Gluck : Armide (*Armide*), Iphigénie (*Iphigénie en Aulide*), Écho (*Écho et Narcisse*). Elle incarna également des héroïnes d'œuvres aujourd'hui tombées dans l'oubli : Azéma (*Sémiramis*, Catel) en 1802, Elfride (*Le Triomphe de Trajan*, Persuis et Lesueur) en 1807, Favila (*Nathalie, ou la Famille russe*, Spontini) en 1814. Elle était mariée au danseur Branchu.

BRANDT Marianne (Marie Bischoff, dite). Mezzo-soprano autrichienne (Vienne, 12 septembre 1842 - *id.*, 9 juillet 1921). Elle étudia le chant à Vienne puis à Baden-Baden avec Pauline Viardot* et débuta à Olmütz en 1867 avec le rôle de Rachel (*La Juive*, Halévy). À Berlin, elle fut Azucena (*Le Trouvère*, Verdi) et devint l'une des vedettes de l'Opéra jusqu'en 1882. Elle se produisit également à Covent Garden et à Bayreuth lors du premier festival en 1876 ; elle y tint les rôles de Waltraute (*Le Crépuscule des dieux*, Wagner) et de Kundry (*Parsifal*, Wagner) lors de la deuxième représentation de *Parsifal* en 1882. Remarquable wagnérienne, elle triompha en Brangaine (*Tristan et Isolde*) lors de la première berlinoise en 1876, à Londres en 1882, à New York en 1886 ; elle fut Ortrud (*Lohengrin*), Fricka (*La Walkyrie*), Magdalene (*Les Maîtres chanteurs*), Erda (*Siegfried*). Fêtée au Metropolitan de New York de 1884 à 1888, elle interpréta aussi Fidès (*Le Prophète*, Meyerbeer) et Églantine (*Euryanthe*, Weber). En 1890, elle devint professeur de chant à Vienne.

BRAUN Eva. Allemande (Munich, 1912 - Berlin, 30 avril 1945). Deuxième des trois filles d'un instituteur luthérien et d'une catholique, elle était issue de la bourgeoisie bavaroise. Elle fut élevée au couvent des Demoiselles anglaises, s'intéressant au théâtre et aux lettres : Oscar Wilde était son auteur préféré. À dix-sept ans, elle entra comme assistante chez le photographe munichois Heinrich Hoffmann, où Adolf Hitler la rencontra. Elle devint sa maîtresse en 1932, après le suicide d'Angela Raubal, « Geli », la nièce adorée de Hitler, sans doute jalouse de la cour faite à une autre. Eva avait vingt ans et notait : « Il ne me voit que pour des raisons bien précises... C'est idiot. »

Le jour de la Toussaint, elle fit sa première tentative de suicide, se tirant une balle de revolver qui ne la blessa que superficiellement. L'ascension de Hitler à la chancellerie du Reich (1933), puis à la tête de l'État (1934), la laissait dans l'ombre ; elle travaillait toujours chez Hoffmann. Elle récidiva en prenant des barbituriques : c'est un médecin juif, amené par sa sœur, qui la sauva du coma. Hitler acheta alors la maison du Berghoff près de Berchtesgaden. Et pour tenir leur liaison secrète, c'est à titre de secrétaire que Mlle Braun y fut installée. Cela n'empêcha pas Hitler d'avoir d'autres maîtresses, telle que l'actrice Renate Muller, « suicidée » en 1937. De peu d'influence sur le Führer, Eva Braun tenta pourtant de modérer sa politique antireligieuse. La Seconde Guerre mondiale, si elle accapara son amant, le livra aussi à un isolement qui vint renforcer leurs liens. En novembre 1944, il se réfugia dans le bunker souterrain de la chancellerie de Berlin, où Eva Braun vint le rejoindré le 15 avril 1945. Elle y trouva un homme hagard, en proie à des crises d'hystérie. Le 28, à minuit, le couple fut marié par un fonctionnaire appelé en catastrophe, tandis que les armées russes envahissaient la ville. Il ne leur restait que quelques heures à vivre. Le 30 avril, Hitler se tirait une balle dans la tempe, tandis qu'Eva Braun avalait une capsule de cyanure. Leurs corps furent brûlés dans une cour, et la chancellerie incendiée tout entière.

BRAUNEROVA Zdenka. Peintre et femme de lettres tchèque (1862-1934). Connue pour ses talents de peintre, elle fut célèbre aussi pour son salon où se réunissait l'élite des arts et de la littérature de son pays. Intelligente et cultivée, elle fut la compagne et l'inspiratrice du romancier et poète Julius Zeyer, auteur du roman autobiographique *Jan-Maria Plojhar*. La *Correspondance* de Zdenka Braunerova avec Zeyer, publiée en 1941, reste un vivant et précieux témoignage sur les écrivains et la littérature de son temps.

BRAY Yvonne de. Actrice française (Paris, 12 mai 1889 - *id.*, 2 février 1954). Dès l'âge de douze ans, elle récitait des monologues aux matinées du Gymnase et tenait des petits rôles aux côtés de Réjane* et de Sarah Bernhardt* avant de devenir l'interprète du théâtre de Henri Bataille. Elle quitta la scène pour ouvrir une librairie, mais Jean Cocteau parvint à la convaincre de revenir au théâtre. Elle devint son interprète favorite, et une nouvelle carrière s'ouvrit pour elle. Elle incarna Yvonne (*Les Parents terribles*, Cocteau), Esther (*Les Monstres sacrés*, Cocteau), Barbette (*Pour Lucrèce*, Giraudoux). Au cinéma, elle tourna avec Jean Marais dans *L'Éternel Retour* (Delannoy, 1943) et dans deux adaptations de Colette*, *Gigi* et *Chéri* (respectivement J. Audry, 1948 et P. Billon, 1950).

BREMER Frederika. Femme de lettres suédoise (Tuorla, Finlande, 1801 - Arsta, près de Stockholm, 1865). Élevée au château d'Arsta, elle reçut une excellente éducation: elle suivit des cours de philosophie, de religion et de politique. À vingt ans, elle critiqua les sermons des prêtres établissant la supériorité, voulue par Dieu, de l'homme sur la femme. Entre 1835 et 1843, elle écrivit plusieurs romans réalistes comme *Nina* (1835) ou *Les Voisins* (1837) regroupés sous le titre: *Tableaux de la vie privée*, où elle prenait position en faveur de la femme et de l'enfant dont elle défendait la place dans la société. Puis, elle remporta un immense succès avec *Hertha*, paru en 1856, véritable roman féministe. Pionnière dans son pays, elle acquit une grande audience et obtint en 1858 le vote d'une loi fixant la majorité des femmes à vingt-cinq ans. Elle fut aussi une grande voyageuse (États-Unis, Cuba, Italie, Turquie) et rassembla dans *Foyers du Nouveau Monde* et *La Vie dans l'Ancien Monde* des récits qui sont de précieux témoignages sur l'Amérique du Nord et du Sud, Cuba, l'Italie, la Turquie et la Palestine. Les Suédoises lui rendirent hommage en créant en 1884 l'Association Frederika Bremer, affiliée à l'Alliance internationale des femmes.

BRENET Michel (Marie Bobillier, dite). Musicologue française (Lunéville, 1858 - Paris, 1918). Elle doit sa renommée à l'ampleur et à la rigueur de ses connaissances sur la musique française des XVIe et XVIIe siècles, connaissances qu'elle a rendues publiques par de nombreux écrits qui font autorité auprès des musicologues. Citons parmi ses œuvres *Grétry, sa vie et ses œuvres* (1884), *J. de Ockeghem, d'après des documents inédits* (1893), *Cl. Goudimel* (1898), *Les Concerts en France sous l'Ancien Régime* (1900), *Musique et musiciens de la vieille France* (1911), *La Musique militaire* (1917). Michel Brenet est également l'auteur d'un *Dictionnaire pratique et historique de la musique* (1926).

BRENTANO Bettina (Élisabeth, dite). Femme de lettres allemande (Francfort-sur-le-Main, 4 avril 1785 - Berlin, 20 janvier 1859). Par son frère, le poète Clemens Brentano, elle entra en contact avec les milieux romantiques allemands. Elle vouait un culte à Goethe avec lequel, jeune fille, elle échangea une longue correspondance dont l'écrivain se servit pour rédiger certaines parties de *Poésie et Vérité*. En 1814, elle épousa le poète Achim von Arnim auquel elle donna sept enfants. Devenue veuve en 1831, elle se consacra à son œuvre, commençant par publier la *Correspondance de Goethe avec une enfant* (1835), écrivant ensuite un roman épistolaire *La Günderode* (1840) que lui inspira son amitié avec Karoline von Günderode*. *La Couronne printanière* (1844) est un ouvrage de souvenirs autour de la vie de son frère. Sur la fin de sa vie, cette personnalité originale du premier romantisme allemand se tourna vers des préoccupations sociales, prenant notamment la défense de la classe ouvrière prussienne dans *Le Livre des pauvres* (1844) qui se présente sous la forme d'une enquête sur leurs conditions de vie.

BRÈS Madeleine, née Gébelin. Médecin. Française (1839-1925). Première en France à avoir obtenu le doctorat de médecine, sa vocation naquit en accompagnant son père à l'hôpital de Nîmes où il travaillait comme artisan. Mariée à quinze ans et mère de quatre enfants, il lui fallut l'accord de son mari pour s'inscrire aux épreuves du baccalauréat, que le doyen Adolphe Wurtz lui avait conseillé de passer. C'est grâce à l'intervention de ce dernier que Victor Duruy, ministre de l'Instruction publique, autorisa l'admission des femmes à la faculté. Cependant, il fallut à Madeleine Brès l'appui de l'impératrice Eugénie* pour y être admise en 1868. Sept ans plus tard, elle soutint sa thèse, obtenant la mention très bien. Pendant la guerre de 1870, elle se signala à l'hôpital Broca «par son ardeur au travail, son zèle dans le service hospitalier». Toutefois, l'année suivante, elle se vit refuser le droit de concourir à l'externat. Malgré des mouvements de protestation et des pétitions, il fallut attendre encore dix ans pour que les femmes jouissent à cet égard des mêmes droits que les hommes. Madeleine Brès n'attendit pas si longtemps: elle s'installa comme pédiatre rue Boissy-d'Anglas, puis fonda une crèche au 83, rue Nollet qui, aujourd'hui encore, porte son nom. Elle donna de nombreuses conférences à l'intention des directrices d'écoles maternelles et, en 1890, elle fut chargée par le ministère de l'Éducation nationale d'enquêter sur les crèches et les écoles suisses. Elle laissa de nombreux travaux sur l'hygiène des nourrissons.

BRESLAU Louise Catherine. Peintre. Suisse (Zurich, 6 décembre 1856 - Neuilly-sur-Seine, 1927). Après des études dans sa ville natale, elle vint à Paris et suivit les cours de Tony Robert-Fleury à l'académie Julian. Elle pratiqua avec autant de bonheur la peinture de genre — dans le style de la tradition réaliste française de la seconde moitié du XIXe siècle —, le pastel, la gravure, et fut une excellente dessinatrice. Elle est l'auteur de nombreux portraits, dont ceux du peintre suédois *Josephson* (1886, musée des Beaux-Arts de Stockholm), de *Davidson* (musée d'Art moderne de Paris), et de deux portraits au pastel de *Guynemer* (1916) et d'*Anatole France* (musée de Versailles).

BRÉVAL Lucienne, née Bertha Schilling. Soprano française d'origine suisse (Männedorf, 4 novembre 1869 - Neuilly, 15 août 1935). Élève au conservatoire de Genève où elle remporta un premier prix de piano, et du Conservatoire de Paris, où elle obtint le premier prix de chant, elle débuta triomphalement à l'Opéra dans le rôle de Selika (*L'Africaine*, Meyerbeer) en 1892. Pendant trente ans, elle chanta sur cette scène où elle créa *La Montagne noire* (Holmès, 1895), *La Burgonde* (Duval, 1898), *Le Fils de l'étoile* (d'Erlanger, 1904), *Ariane* (Massenet, 1906), *Monna Vanna* (Feurier, 1909). Elle fut également une incomparable Brünnhilde (*La Walkyrie*, Wagner) qu'elle créa en français en 1893. Invitée à chanter à l'Opéra-Comique le rôle-titre d'*Iphigénie en Aulide* (Gluck) et de *Carmen* (Bloch), elle créa *Grisélidis*

(Massenet) en 1901 et *Macbeth* (Bloch) en 1910. À Monte-Carlo, elle créa *Pénélope* (Fauré) en 1913. Se refusant à apprendre l'allemand, elle ne chanta jamais à Bayreuth. Elle se retira de la scène après la Première Guerre mondiale et enseigna au Conservatoire de Paris.

BRÉVILLE Louise Marguerite de. Héroïne française (v. 1648-1673). Elle descendait d'une vieille famille aristocratique. Soit goût de l'aventure, soit lassitude de la vie de province, elle quitta les siens et s'enrôla dans l'armée sous un déguisement masculin. Elle en fut chassée pour avoir tué un soldat en duel. Elle s'engagea ensuite dans la flotte de l'amiral d'Estrées qui guerroyait contre les Barbaresques. Séduit par son courage, l'amiral, qui avait percé sa vraie nature, lui confia le commandement d'une frégate, la *Madeleine*. Pendant la guerre de Hollande, elle fut mortellement blessée au cours d'un abordage avec l'escadre de l'amiral Ruyter.

BREVOORT Meta. Alpiniste américaine (New York, 1823-1876). Armée d'un long bâton ferré, elle grimpa sur les principaux sommets du Dauphiné, réussissant les premières ascensions féminines du Râteau et de la Grande Ruine en 1873. Accompagnée dans la plupart des courses par son neveu, le révérend Coolidge, qui devint un alpiniste célèbre, elle gravit la Meige, le Doigt de Dieu, le mont Pourri et, dans les Alpes, le Mönch, le Weisshorn, la Jungfrau, l'Eiger par l'arête très difficile ouest-sud-ouest. Avec les guides Almer et Bohren et son neveu Coolidge, elle escalada le Finsteraahorn. Mais miss Brevoort échoua au mont Blanc, arrêtée par une terrible tempête qui l'immobilisa plusieurs jours et plusieurs nuits en haute altitude. Le guide Almer donna à miss Brevoort et à son neveu une petite chienne, Tschingel, qui forma avec eux un trio qui devint célèbre en montagne: on les vit au mont Rose, à la Grande Ruine et sur bien d'autres sommets. Miss Brevoort posa sa candidature à l'Alpine Club, mais ce club était fermé aux femmes. Elle en fut néanmoins nommée membre d'honneur.

BRIANZA Carlotta. Danseuse italienne (Milan, 1867 - Paris, 1930). Élève de Carlo Blasis à l'école de la Scala de Milan, elle connut ses premiers triomphes à Saint-Pétersbourg où elle fut la danseuse la plus acclamée de la scène russe, en particulier dans *La Belle au bois dormant* (M. Petipa, 1890) et dans *Kalkabrino* (M. Petipa, 1891). En 1895, elle quitta Saint-Pétersbourg pour la Scala de Milan où elle fut première ballerine; elle collabora avec Nijinski et Serge de Diaghilev pour monter à Londres *La Belle au bois dormant* (1921): elle interprétait la fée Carabosse. Les circonstances de sa mort restent mystérieuses: on parla d'un suicide.

BRIE Mlle de (Catherine, dite), née Le Clerc Du Rozet. Actrice française (1630-1706). Elle fut la jeune première de la troupe de Molière à partir de 1650. Créatrice de nombreux rôles comme Cathos dans *Les Précieuses ridicules* (Molière, 1659) et Agnès dans *L'École des femmes* (Molière, 1662) — qu'elle joua pendant une vingtaine d'années —, elle avait épousé un acteur de second plan, Edme Wilquin, dit de Brie, qui figurait également dans la troupe de Molière. Jolie, douce et spirituelle, elle fut l'un des premiers membres de la toute jeune Comédie-Française qu'elle quitta en 1685, nantie d'une pension.

BRIGITTE, sainte. Religieuse suédoise (1302 ou 1303 - Rome, 23 juillet 1373). Épouse de Ulf Gudmarsson, prince de Néricie, elle lui donna huit enfants dont la future sainte Catherine de Suède. Elle faisait partie, avec son mari, du tiers ordre de Saint-François, et les deux époux entreprirent le pèlerinage de Saint-Jacques-de-Compostelle. Veuve en 1343, elle mena une vie de pénitente. Son action pour le retour des papes d'Avignon à Rome fut très écoutée. De 1350 à 1364, Brigitte séjourna à Rome avec sa fille Catherine et fonda dans cette ville un hospice pour les pèlerins et les étudiants suédois. En séjournant à Rome, le but de Brigitte était d'obtenir du pape qu'il confirme l'ordre du Saint-Sauveur dont elle avait jeté les fondements avant son départ de Suède. Elle n'obtint l'autorisation qu'en 1370, à condition que son ordre adopte la règle de saint Augustin. Toujours avec sa fille Catherine, elle entreprit divers pèlerinages dont celui de Jérusalem en 1371. Après sa mort, sa dépouille mortelle fut ramenée par sa fille en Suède, au monastère de Vadstena. Elle fut canonisée en 1391 et on la fête le 8 octobre. Sainte Brigitte a laissé huit livres de *Révélations* sur la vie du Christ et de la Vierge, rédigées par Alphonse de Vadaterre qui fut un temps évêque de Jaen en Andalousie.

BRINVILLIERS Marie-Madeleine, née d'Aubray, marquise de. Criminelle française (Paris, 22 juillet 1630 - *id.*, 16 juillet 1676). Celle que ses contemporains décrivaient comme jolie et gracieuse épousa le marquis de Brinvilliers en 1651, après avoir connu une enfance difficile (elle perdit sa virginité dès l'âge de sept ans). Elle devint très vite la maîtresse d'un familier du marquis, Gaudin dit Sainte-Croix, que le père de Marie-Madeleine finit par faire embastiller. C'est là que le jeune homme rencontra le célèbre empoisonneur italien, Exili, qui lui communiqua certains de ses secrets, que la marquise s'appropria après la sortie de prison de son amant. Son dessein était d'empoisonner sa famille pour se venger de son père et pour des questions d'intérêt. La légende noire veut qu'elle testait l'efficacité de ses poisons sur les pauvres de l'Hôtel-Dieu, à qui elle distribuait des gâteaux de sa confection, et qu'elle allait même jusqu'à s'enquérir de leur état. Il n'en demeure pas moins qu'elle se débarrassa d'une partie de ses proches entre 1666 et 1670 (son père, deux de ses frères et sa sœur). À la mort de Sainte-Croix en 1672, on découvrit chez lui des papiers compromettants qui accusaient la marquise. Elle s'enfuit, fut condamnée à mort par contumace et finalement arrêtée à Liège, en 1676. Après un procès de plusieurs mois, elle fut décapitée, et son corps brûlé. Mme de Sévigné* était présente au supplice.

> Son pauvre petit corps a été jeté, après l'exécution, dans un grand feu, et les cendres au vent, de sorte que nous la respirons, et par la communication des petits esprits, il nous prendra quelque humeur empoisonnante dont nous serons tous étonnés.

Son procès fut l'occasion de découvrir le rôle des marchands de poison et de leurs acheteurs qu'une chambre spéciale, créée en 1679, fut chargée de traquer dans le cadre de l'affaire des Poisons où se distingua la Voisin*.

RÉF. : N. Blanplain, *La Marquise de Brinvilliers*, Paris, 1870. C. Hermary-Vieille, *La Marquise des ombres ou la Vie de Marie-Madeleine d'Aubray, marquise de Brinvilliers*, Gallimard, 1985.

BRITTON Élisabeth Gertrude, née Knight. Botaniste américaine (1858-1934). Mariée en 1885 à Nathaniel Britton, botaniste et géologue célèbre, elle participa sa vie durant au travaux de son époux, mais sa spécialité reste la bryologie, c'est-à-dire l'étude des mousses appelées bryophytes. C'est au cours d'une visite au jardin botanique royal de Londres — Kew Gardens — qu'elle conçut l'idée d'aménager un jardin semblable à New York. Il lui fallut lutter six ans pour obtenir les fonds et le terrain nécessaires et, en 1895, le jardin botanique de New York voyait le jour. Les plantes *Britonella* et *Bryobrittonia* rappellent encore son souvenir.

BRIZARD Marie. Française (Bordeaux, 1714 - *id.*, 1801). Fille d'un charpentier de barrique, elle passait son temps en activités charitables. La tradition familiale rapporte qu'un jour d'épidémie, à Bordeaux en 1755, elle sauva la vie d'un natif des îles. En signe de reconnaissance, celui-ci lui communiqua la recette d'une sorte de potion miraculeuse, qui était une liqueur anisée. En 1762, elle ouvrit une boutique où elle commercialisa ce produit sous le nom d'« anisette Marie Brizard ». Deux ans plus tard, elle s'associait avec l'un de ses neveux par alliance, Jean-Baptiste Roger, qui donna à l'affaire un développement décisif. À sa mort en 1795, elle continua à diriger la firme qui passa ensuite entre les mains de la veuve de Roger, née Anne Brizard. Marie Brizard ne se maria pas et mourut sans enfants, mais l'entreprise, qui existe toujours, est restée dans sa famille.

BRONTË. Poétesses et romancières anglaises. **Charlotte** (Thornton, Yorkshire, 21 avril 1816 - Haworth, 31 mars 1855) ; **Emily** (Thornton, 30 juillet 1818 - Haworth, 19 décembre 1848) ; **Anne** (Thornton, 25 mars 1820 - Scarborough, 28 mai 1849). Des sœurs Brontë, il n'en est que deux de vraiment célèbres, Charlotte, l'auteur de *Jane Eyre* (1847) et de *Villette* (1852), et Emily, l'auteur des *Hauts de Hurlevent* (1847). Anne écrivit aussi mais sans éclat, *Agnès Grey* (1847) et *La Châtelaine de Wildfeld Hall* (1848). Deux autres sœurs, Maria et Élisabeth, moururent jeunes du même mal familial, la tuberculose, qui devait enlever Emily et Anne, leur frère Branwell — garçon génial mais dévoyé, alcoolique et opiomane, mort à trente et un ans — et Charlotte. Leur père, le révérend Patrick Brontë, avait quitté son Irlande natale pour étudier à Cambridge puis avait accepté une cure dans l'Essex où il avait épousé Maria Branwell en février 1820, à Hartford, pays de vent, de lande et de morne bruyère, à quelques lieues de Bradford et de Leeds. Veuf en 1821, ce père autoritaire, dur, violent et rigoriste, confia à la sœur de sa femme le soin de son ménage. Il envoya quatre de ses filles à l'Institution de Cowan Roe, fondée pour les enfants d'ecclésiastiques, institution terrible où manquait le confort le plus élémentaire. C'est d'ailleurs peu de temps après que moururent Maria et Élisabeth.

Revenues à Hartford où la vie n'était guère plus douce, les sœurs Brontë organisèrent leurs univers en s'évadant dans la lande « qui moutonne jusqu'à l'extrême limite de l'horizon, sans autre couleur que le vert de l'herbe et le gris de fer des cailloux », cadre qui servira de toile de fond à leur œuvre. Pour Charlotte seule, la moins fragile, il y eut une année, en 1835, à l'école de Roe Head, où elle retournera comme institutrice. C'est sans doute vers cette époque que datent *Les Légendes d'Angria*, récits fantastiques, collaboration des trois sœurs et de Branwell ; depuis l'enfance, ils écrivaient ensemble des histoires chimériques ou des poèmes peuplés de rêves, refuges à leur sensibilité extrême. Charlotte et Emily essayèrent de se rendre indépendantes et partirent pour Bruxelles en 1842 pour perfectionner leur français en choisissant pour vivre la seule chose qui leur était possible : l'enseignement.

Rappelées à Haworth à la mort de leur tante, Emily resta au foyer, écrivant « non pour être lue, mais pour oublier ses fardeaux », guettant le retour de Branwell, le frère tant aimé. Anne trouva des postes de gouvernante dans des familles de la *gentry* et Charlotte revint à Bruxelles. C'est au cours de ses séjours, dans la pension Heger, qu'elle conçut une passion sans espoir pour le digne Constantin Heger qui était marié, et qui sera l'inoubliable M. Paul de Villette. Rentrée en Angleterre, elle essaiera avec ses sœurs d'ouvrir une école, expérience qui échoua faute d'élèves ; sans doute la mauvaise réputation de Branwell fut la cause de cet échec. Que faire alors sinon écrire ! Elles se mirent à l'ouvrage et publièrent à compte d'auteur, en 1846, des *Poésies*, sous les noms d'Ellis, Currer et Acton Bell. Seul un critique à la parution signala ceux d'Ellis (Emily).

Pour subvenir aux besoins familiaux de plus en plus importants — la cécité du père qui nécessita une opération de la cataracte, l'ivrognerie de Branwell dont il fallait payer les dettes —, elles se mirent à écrire des ouvrages originaux et puissants, ouvrant la voie à une écriture nouvelle qui donnait ainsi au romantisme son vrai langage. Il faut imaginer ces trois filles attablées au parloir de la cure, Anne presque mourante, Charlotte empreinte de ses souvenirs belges, Emily très malade, rédigeant respectivement *Agnès Grey*, *Le Professeur* et *Les Hauts de Hurlevent*. Seuls les romans d'Emily et d'Anne furent acceptés. Sans se décourager, Charlotte, sûre de son talent, écrivit *Jane Eyre* qui parut en même temps que l'œuvre de ses sœurs en 1847. Le succès fut foudroyant, et le nom de Currer Bell fut en tête de l'actualité littéraire, à tel point que le livre d'Emily, pourtant plus original et plus puissant, passa à peu près inaperçu. Sollicitée de toutes parts, Charlotte dévoila son identité et celles de ses sœurs, mais n'eut guère le temps de jouir de son triomphe : Emily mourut, puis Branwell, emporté par une crise de *delirium tremens*. Anne, enfin, eut juste le temps de terminer *La Châtelaine de Wildfeld Hall*. Charlotte, attachée à Haworth, resta dans sa lande sauvage, écrivit *Shirley* 1849, puis *Villette*, transposition du *Professeur*, son chef-d'œuvre publié en 1853, la même année où son père mourait. Elle se maria l'année suivante avec le grave révérend Nichols, suppléant de son père à la cure de Haworth : « Je n'ai pas épousé Currer Bell, le romancier, mais Charlotte Brontë, la fille du clergyman », disait-il. Rongée par la tuberculose, Charlotte s'éteignit quelques mois plus tard.

Les livres des sœurs Brontë ainsi que leur vie sont l'objet d'un véritable culte, de commentaires et de recherches infinis. Branwell, poète et peintre aussi, fit les précieux portraits de ses imaginatives sœurs, voyantes obsédées de désirs et de rêves nés de leur solitude ; ces portraits sont réunis sur la même toile, conservée à la National Gallery.

RÉF. : E. Glaskell, *Life of Charlotte Brontë*, 2 vol., Londres, 1857. P. Margot, *Charlotte Brontë, une âme tourmentée*, Paris, 1979. J.J. Winnifred, *A New Life of Charlotte Brontë*, New York, 1988. J. Green, *Suite anglaise*, Seuil, 1988. P.J.M. Scott, *Anne Brontë, A New Critical Assessment*, Londres, 1983. J. Champion, *La Hurlevent*, Presses de la Renaissance, 1987.

BROOKS Louise. Actrice américaine (Wichita, 1900 - Rochester, 1985). Sa beauté, sa coiffure à la garçonne, son pouvoir de séduction magnétique restent encore dans toutes les mémoires des cinéphiles. Fille d'un avocat et d'une pianiste, elle débuta à quinze ans comme danseuse aux Ziegfeld Follies; l'un des dirigeants de la Paramount l'y remarqua en 1925 et lui fit signer un contrat de cinq ans, qu'elle résilia d'ailleurs au bout de trois ans. Elle tourna *The American Venus* (Tuttle, 1926), *Une fille dans chaque port* (Hawks, 1928), *Les Mendiants de la vie* (Wellman, 1928) qui furent des succès.

Puis Louise Brooks, rebelle aux exigences des producteurs d'Hollywood, accepta les propositions de Pabst qui la fit venir en Allemagne pour tenir les rôles principaux dans ses films *Loulou* (1928) et *Journal d'une fille perdue* (1929). Son talent de comédienne, sa présence troublante et sensuelle donnèrent un éclat incomparable à ces films qui restent des chefs-d'œuvre du genre. Louise Brooks tourna ensuite en France *Prix de beauté* (Genina, 1930) puis, de retour à Hollywood, elle dut faire face à l'hostilité des grands réalisateurs qui la trouvaient trop indocile et qui ne lui confièrent que de petits rôles. Après son dernier film *Overland Stage Raiders* (Sherman, 1939), tourné avec John Wayne, alors débutant, elle se retira définitivement. Elle fit paraître quelques années avant sa mort un livre de souvenirs sous le titre de *Louise Brooks par Louise Brooks* (1982), qui fait preuve d'un réel talent d'écrivain et d'une insolente franchise.

BROQUEDIS Marguerite. Championne de tennis française (Pau, 1893 - Orléans, 1983). L'une des grandes joueuses françaises avant Suzanne Lenglen*, elle possédait un remarquable service mais surtout un drive de coup droit fulgurant, qu'elle frappait à plat. Son palmarès est des plus brillants: elle fut championne de France en simple en 1913 et 1914, en double en 1924, en mixte en 1911, 1924 et 1927. Elle fut aussi championne de France sur court couvert, en simple, six fois de 1910 à 1927, en mixte, sept fois de 1912 à 1930, championne du monde sur terre battue en 1912, et championne olympique la même année.

BROTHIER Yvonne. Soprano française (Saint-Julien-l'Ars, 6 juin 1889 - Paris, 22 janvier 1967). Après des études en Sorbonne, à l'École du Louvre et au Conservatoire, elle fut l'élève de Marguerite Long* et de Jeanne Granier* pour l'art dramatique. Elle débuta à l'Opéra-Comique dans *Lakmé* (Delibes), et c'est sur cette scène que se déroula la majeure partie de sa carrière, chantant des rôles légers du vieux répertoire, comme Isabelle (*Le Pré aux clercs*, Hérold), mais aussi Rosine (*Le Barbier de Séville*, Rossini), Mireille (*Mireille*, Gounod), Madame Butterfly (*Madame Butterfly*, Puccini), Mélisande (*Pelléas et Mélisande*, Debussy). Elle créa plusieurs œuvres, notamment *La Forêt bleue* (Aubert, 1909) et *Masques et Bergamasques* (Fauré, 1920). Appelée à l'Opéra en 1931 pour créer le rôle-titre de *Virginie* (Bruneau), elle s'y révéla aussi une exquise Sophie (*Le Chevalier à la rose*, R. Strauss). Après avoir participé aux saisons lyriques de Maurice Lehmann, elle se consacra à l'enseignement à partir de 1940.

BROUGH Louise. Championne de tennis américaine (née à Oklahoma City en 1923). Elle est l'une des plus grandes joueuses de l'histoire du tennis. Elle remporta quatre fois le tournoi de Wimbledon, en 1948, 1949, 1950 et 1955; elle fut championne des États-Unis en 1947, finaliste en 1942, 1943, 1948, 1954 et 1957; enfin, championne d'Australie en 1950. En mixte, elle s'imposa à Wimbledon de 1946 à 1949. En double dame, elle s'adjuga vingt et une victoires dans les quatre grandes épreuves anglaise, américaine, française et australienne. Comme la plupart des grandes championnes, elle avait débuté très jeune, et sa persévérance lui permit d'accéder au plus haut niveau. Tous ses coups étaient délivrés dans les meilleures conditions de placement. Elle possédait un remarquable jeu de fond de court, une excellente volée et des capacités physiques hors du commun.

BROUWENSTIJN Gré. Soprano néerlandaise (née à Den Helder, le 26 août 1915). Après de brillantes études au conservatoire d'Amsterdam, elle débuta dans cette ville avec un petit rôle dans *La Flûte enchantée* (Mozart). Pendant la guerre, on l'entendait à la radio: en 1946, engagée au nouvel Opéra néerlandais, elle remporta ses premiers grands succès dans les rôles de Tosca (*Tosca*, Puccini) et de Santuzza (*Cavalleria rusticana*, Mascagni). En mai 1951, elle interpréta pour la BBC Jenufa (*Jenufa,* Janáček), puis Aïda (*Aïda*, Verdi) à Covent Garden où elle triompha régulièrement jusqu'en 1964. Au festival de Bayreuth, de 1954 à 1956, elle fut Élisabeth (*Tannhäuser*, Wagner), Eva (*Les Maîtres chanteurs*, Wagner) et Sieglinde (*La Walkyrie*, Wagner). À Stuttgart, en 1956, elle incarna Léonore (*Fidelio*, Beethoven) dans la mise en scène très controversée de Wieland Wagner. Sa voix magnifique, liée à une très grande intelligence musicale et à un sens aigu de l'art dramatique, firent de Gré Brouwenstijn une cantatrice très populaire. Invitée au théâtre Colón de Buenos Aires, à Chicago, à Glyndebourne, elle donna sa soirée d'adieu à l'Opéra néerlandais avec *Fidelio* (Beethoven) en 1971.

BROWN Anny. Anglaise (Maidstone, 1783 - Couffé, 1876). Elle épousa le duc de Berry — fils du futur Charles X — en 1805 et lui donna trois enfants, un fils et deux filles. À la Restauration, Louis XVIII obtint de Pie VII l'annulation du mariage afin que son neveu pût épouser Marie-Caroline* de Bourbon-Sicile. En revanche, le pape déclara légitimes les deux filles. L'une épousa un Faucigny-Lucinge, l'autre le baron Athanase de Charette. Pendant la nuit où il fut assassiné au sortir de l'Opéra (14 février 1820), le duc de Berry sur le point de mourir demanda à embrasser ses filles. La duchesse les fit venir, pendant qu'Annie Brown restait en bas, cachée dans la voiture.

BROWN Carolyn, née Rice. Danseuse et chorégraphe américaine (née à Fitchburg, Massachusetts, en 1927). Enfant, elle travailla à l'école de sa mère formée à la Denishawn et suivit les cours d'été du Jacob's Pillow dans le Massachusetts. Après des études de philosophie à Wheaton College, elle épousa le compositeur Earle Brown. Elle travailla avec Merce Cunningham, Margaret Craske et Antony Tudor à New York et devint membre fondateur de la Cunningham Company, à Black Mountain College en 1952. D'une extraordinaire beauté, d'une technique parfaite, elle fut la première danseuse de Cunningham et son étroite collaboratrice, avec John Cage, dans la création d'une bonne douzaine d'œuvres. Lauréate en 1969 du Dance Magazine Award, on lui doit de nombreux articles sur la danse moderne. Retirée de la scène en 1972, elle a ensuite enseigné et créé des chorégraphies à la State University of New York.

BROWNING Élisabeth, née Barrett. Poétesse anglaise (Moulton, Durham, 6 mars 1806 - Florence, 29 juin 1861). Issue d'une famille aisée, elle connut une enfance heureuse, mais une chute de cheval, à l'âge de quatorze ans, la rendit à moitié infirme pour le restant de ses jours. Elle étudia et traduisit les classiques tout en écrivant des poèmes lesquels, publiés à partir de 1820, la firent remarquer par Wordsworth et Landor. En 1826, elle perdit sa mère et, deux ans plus tard, son frère se noya. Ses livres, *Essai sur l'esprit* (1826), *Les Séraphins* (1838), le poème *La Plainte des enfants* (1844) lui valurent une célébrité qui ne l'empêcha pas de vivre en recluse, jusqu'au jour où elle fit la connaissance du poète Robert Browning, de six ans plus jeune qu'elle. Défiant les conventions sociales et la volonté paternelle, elle s'enfuit avec lui et l'épousa en secret en 1846. Le couple vécut à Florence une union sans nuage. La révélation de l'amour conjugal amena à Élisabeth à écrire ses *Sonnets de la Portugaise* (1850), chants d'amour uniques en leur genre. L'année suivante, avec son mari, elle passa l'été en Angleterre; s'arrêtant à Paris avec Carlyle, elle rencontra George Sand* et Joseph Pilsand. Élisabeth Browning écrivit des poèmes inspirés par l'esclavage, la prostitution, le spiritisme, le Risorgimento. Elle publia en 1851 *Les Fenêtres de la Casa Guidi* et, quatre ans plus tard, un long roman philosophique de 40 000 vers, *Aurora Leigh*. Elle mourut de tuberculose, ayant connu de son vivant une gloire plus grande que celle de son mari.

BRUKALSKA Barbara. Architecte polonaise (1899-1980). Épouse de l'architecte S. Brukalski, elle a réalisé, en étroite collaboration avec lui, des ensembles d'immeubles d'habitation, des maisons particulières, des constructions d'une grande originalité pour des expositions, ainsi que de nombreuses églises. Les problèmes sociaux que soulèvent les grandes concentrations humaines des villes modernes et leurs rapports avec l'architecte l'ont conduite à donner plusieurs conférences sur ces sujets et à publier un ouvrage, *Les Principes sociaux en matière d'élaboration de projets de cités d'habitation*.

BRUNEHAUT. Reine mérovingienne (Espagne, 534 - Renève, près de Dijon, 613). Elle était la fille d'Athanagild, roi wisigoth d'Espagne. Elle épousa Sigebert Ier à Metz, entre 566 et 568, devenant ainsi reine d'Austrasie (est de la France plus une partie de l'Allemagne). Elle eut très vite une grande influence sur son mari. Elle le poussa notamment à s'attaquer à son demi-frère Chilpéric Ier, roi de Neustrie (ouest et nord-ouest de la France), dont la femme, Frédégonde*, avait fait assassiner Galswinthe*, sœur de Brunehaut. L'affrontement tourna à la catastrophe pour cette dernière : Sigebert fut assassiné par Frédégonde en 575, et Brunehaut reléguée à Rouen. Leur fils Childebert II (cinq ans) fut proclamé roi d'Austrasie. Peu après, elle épousa Mérovée, l'un des fils de Chilpéric, lequel s'opposa à cette union en faisant exécuter Mérovée. Brunehaut s'installa alors à Metz où elle assura la régence de l'Austrasie au nom de Childebert II. S'opposant à la noblesse austrasienne qui souhaitait un rapprochement avec la Neustrie de Chilpéric Ier, elle travailla à une alliance avec la Bourgogne de Gontran (centre et sud-est de la France), Gontran étant l'oncle de Childebert II. Elle obtint gain de cause. Le traité d'Andelot prévoyait qu'en cas de disparition de Gontran ou de Childebert, l'héritage du décédé reviendrait au survivant (28 novembre 587). Le premier mourut en 592, de sorte que Childebert devint roi de Bourgogne et d'Austrasie.

La reine mère devenue toute-puissante se tourna ensuite contre la Neustrie d'autant plus volontiers que, par suite de la disparition de Chilpéric Ier en 584, le pouvoir était assuré par sa plus mortelle ennemie, Frédégonde. Celle-ci détenait la régence au nom de son fils Clotaire II. Cependant, à deux reprises, en 592 et en 596, les armées de Brunehaut furent vaincues par celles de Frédégonde. La mort de cette dernière en 597 laissa le champ libre à sa rivale. Entre-temps, Childebert II était mort (595), mais la reine mère continuait à assumer le pouvoir au nom de Théodebert II, son petit-fils. Elle décida d'en finir avec la Neustrie, poussa Théodebert II et son frère Thierry II, roi de Bourgogne depuis 595, a envahir les États de Clotaire II. Celui-ci fut vaincu et une partie de ses territoires annexés (599 ou 600).

Quelque temps après, Brunehaut fut victime d'une révolution de palais et chassée par l'aristocratie austrasienne, traditionnellement favorable à la Neustrie. Elle se réfugia chez Thierry II, en Bourgogne, et le dressa contre Théodebert II. Aux environs de 612, le premier vainquit le second à Tolbiac : Théodebert fut remis à Brunehaut qui le fit disparaître. L'année suivante, Thierry mourait et Brunehaut se retrouvait une fois encore régente de Bourgogne et d'Austrasie, l'aîné de ses arrière-petits-fils, Sigebert II, étant âgé de douze ans. Là encore, elle rencontra l'hostilité de l'aristocratie. Pépin de Landen et l'évêque de Metz, Arnould, firent appel à Clotaire II. Ce dernier, depuis sa défaite de 599 ou 600, était parvenu à restaurer son pouvoir de manière spectaculaire. Il envahit l'Austrasie. Brunehaut se réfugia en Bourgogne, tenta de lever une armée et, finalement, fut faite prisonnière. Elle fut horriblement suppliciée pendant trois jours et mourut attachée à la queue d'un cheval.

Brunehaut, dont la figure émerge d'une manière singulière dans la «nuit» du haut Moyen Âge occidental, a été longtemps maltraitée par l'Histoire. On lui reconnaît aujourd'hui un génie politique et une envergure dont était dénuée Frédégonde, beaucoup plus sanguinaire et impulsive qu'elle. Elle aura travaillé sa vie durant à l'union de la Neustrie, de la Bourgogne et de l'Austrasie, soit à reconstituer le *regnum Francorum* qu'avait inauguré Clovis. Après elle, Clotaire II y parvint de manière fugitive et, bien plus tard, Charlemagne.

RÉF. : A. Thierry, *Récits des temps mérovingiens*, 2 vol., Paris, 1835-1840. G. Tessier, *Le Baptême de Clovis*, Gallimard, 1964.

BRUNET-JOLY Andrée. Patineuse française (née en 1905). Avec son mari, le champion Pierre Brunet, elle fut championne du monde par couple en 1926 et 1930. Elle remporta, toujours avec son mari, trois médailles en patinage artistique, deux médailles d'or aux jeux Olympiques d'hiver de Saint-Moritz (1928) et de Lake Placid (1932), et une médaille d'argent à ceux de Chamonix (1924). En patinage individuel, elle remporta huit titres de championne de France de 1921 à 1926, en 1928 et en 1930, et onze titres de championne de France en couple avec son mari.

BUCHAN Élisabeth. Fondatrice de secte anglaise (Fitmy-Can, Écosse, 1738-1791). Elle était d'origine très modeste: ses parents tenaient une petite auberge et elle-même gardait les vaches avant de devenir domestique. Elle épousa un ouvrier de Glasgow avec lequel elle s'installa à Irvine et fonda une secte en 1779. Elle parvint à gagner à sa cause un certain nombre d'adeptes, dont plusieurs ministres du culte. La communauté — une cinquantaine de personnes — fut expulsée par les villageois et alla s'établir dans une ferme des environs. La «doctrine» d'Élisabeth Buchan était tout à fait anachronique et s'inspirait du millénarisme médiéval: la fin du monde allait survenir, les méchants seraient exterminés par Jésus, tandis que les buchanistes seraient emmenés au ciel avant de revenir régner sur terre où, après une période de mille ans, le diable s'attaquerait à eux pour être finalement vaincu. Ces sectaires vivaient ensemble, travaillaient peu, et refusaient le mariage. Ils se dispersèrent après la mort de la fondatrice.

BUCK Pearl, née Sydenstricker. Romancière américaine (Hillsboro, Virginie, 26 juin 1892 - Danby, Vermont, 6 mars 1973). Ses parents, qui étaient missionnaires en Chine, lui apprirent le chinois avant l'anglais. Elle fit de brillantes études en Virginie et alla s'installer en Chine en 1914. Trois ans plus tard, elle y épousa un agronome, John Buck. Son premier ouvrage, un recueil de nouvelles, *Vent d'est, vent d'ouest* (1930) rencontra un succès immédiat. C'est une sorte de chronique de la vie quotidienne des paysans chinois, thème qui constitue l'essentiel de l'œuvre de Pearl Buck. Celle-ci, observatrice minutieuse des mœurs chinoises dans leur complexité, a su les décrire dans un style simple et attachant: *La Terre chinoise* (1931), *Les Fils de Wang-Lung* (1932), *La Famille dispersée*, qui constituent une trilogie.

L'œuvre considérable de Pearl Buck (une soixantaine de titres) a été couronnée par le prix Nobel de littérature en 1938. Elle usa de son influence pour rapprocher les États-Unis de la Chine, ce dont elle témoigne dans *La Chine telle que je la vois* (1971).

RÉF.: Th. F. Harris, *Pearl Buck. A Biography*, New York, Day, 2 vol., 1971. N. Stirling, *Pearl Buck, A Woman in Conflict*, Piscataway, 1983.

BUENO Maria. Championne de tennis brésilienne (née à São Paulo en 1939). Elle fut l'idole des Brésiliens et une gloire nationale ; un timbre-poste portait son effigie et une statue lui fut même élevée. C'est à l'âge de dix-huit ans qu'elle entreprit son premier voyage en Europe où elle gagna les championnats d'Italie, à Rome. Elle fut quatre fois championne des États-Unis et gagna trois fois Wimbledon, entre 1959 et 1966. Maria Bueno sut conquérir le public par sa grâce, par son style tout de souplesse et de précision et par son exécution élégante. Malheureusement, ses nerfs n'étaient pas très solides, ce qui rendait parfois ses matches pathétiques. Son dernier tournoi de Wimbledon contre Margaret Smith fut mémorable : elle l'emporta *in extremis*, empêchant ainsi son adversaire de remporter le Grand Chelem.

BUFFET Eugénie. Chanteuse française de music-hall (Tlemcen, Algérie, 1866 - Paris, 11 mars 1934). Ses débuts furent on ne peut plus incertains : figurante au théâtre de Mostaganem, débutante au Palais de Cristal à Alger, richement entretenue à Paris où elle fréquenta le demi-monde. On la retrouve chanteuse au Bataclan en 1892, grâce à l'intervention de Séverine*. Elle devint très populaire en chantant dans différentes manifestations en faveur de la Ligue des patriotes, puis entama une série de tournées internationales qui la rendirent très célèbre. Patriote, elle donna des concerts aux armées pendant la Première Guerre mondiale. Son répertoire était la chanson réaliste.

BUIRGE Susan. Danseuse, pédagogue et chorégraphe américaine (née à Minneapolis, le 19 juin 1940). Après des études de droit à l'université du Minnesota, elle vint à la danse et travailla avec José Limon, Betty Jones* et Louis Horst à la Julliard School, puis avec Alwin Nikolais et Murray Louis au Henry Street Playhouse. Soliste pendant quatre ans dans la compagnie de Nikolais, elle dansa également pour celle de Murray Louis. Après avoir travaillé à la London School of Contemporary Danse, elle s'établit à Paris en 1970 et fonda cinq ans plus tard le Danse Theatre Susan Buirge. Son influence est grande, tant sur le plan pédagogique (beaucoup ont suivi ses cours d'improvisation) que sur le plan de la recherche chorégraphique. Tenante de la danse post-moderne, elle conserve de l'enseignement de Nikolais une expression souple et fluide. À ses yeux, la danse traduit un cheminement intérieur : Susan Buirge crée des images-force au sein d'une gestuelle réduite et fonde ses recherches sur les relations entre le temps et l'espace, la lumière et l'ombre. Citons parmi ses œuvres *À la lueur de la lampe* (1973), *Vers la lumière* (1976), *Empreintes* (1977), *Devant le jardin du Levant* (1978), *Tamis* (1980). En dehors de son école parisienne, Susan Buirge anime des stages aussi bien à New York qu'en Suisse et en Allemagne.

BULLOCK-WORKMAN Fanny. Alpiniste américaine (1858-1922). Cette américaine fortunée commença sa carrière d'alpiniste à quarante ans. En compagnie de son mari et du guide Zurbriggen, elle accomplit de nombreuses ascensions dans l'Himālaya et fut certainement la première femme à « marcher » au-dessus de 6 000 mètres. En 1903, avec Joseph Petigax et son fils, ainsi que Cyprien Savoye, trois guides de Courmayeur, elle réussit dans la même journée les premières ascensions du Chogo (6 555 mètres) et du Lungma (6 880 mètres). En 1906, elle atteignit le sommet du Pinnacle Peak avec Cyprien Savoye et un porteur, au contrefort du Kun (6 930 mètres) qu'elle vainquit seule, son mari s'étant arrêté à 6 750 mètres pour les relevés topographiques. Cette victoire lui valut d'être «la femme la plus haute du monde», titre qu'elle conserva près de trente ans. En 1912, année de ses adieux à la montagne, elle se fit photographier sur un col de l'Himālaya brandissant la bannière: «*Votes for Women*». L'un des sommets du Maskerbrum porte son prénom, «Fanny», depuis 1938.

BULTEAU Augustine. Femme de lettres française (Roubaix, 23 février 1860 - Paris, 29 septembre 1922). Fille d'un riche industriel de Roubaix, elle avait épousé le romancier Jules Ricard dont elle se sépara rapidement. Intelligente et cultivée, elle réunissait autour d'elle écrivains et hommes politiques, qu'en vraie femme du monde elle «dirigeait» avec un tact parfait qui lui gagna la confiance et l'estime de ses invités. Mme Bulteau fut l'amie fidèle de Jean-Paul Toulet, auteur du célèbre recueil de poèmes *Contrerimes*; elle entretint avec lui une longue correspondance. Sous le pseudonyme de Jacques Vontade, elle publia des romans, dont *L'Histoire amoureuse d'Odile*; sous celui de Foemina, elle collabora au *Gaulois* de 1899 à 1901 et au *Figaro* de 1902 à 1914.

BUMBRY Grace (Ann Malzia, dite). Mezzo-soprano américaine (Saint Louis, Missouri, 4 janvier 1937). Cadette d'une famille noire de trois enfants, elle chanta avec eux dès son plus jeune âge dans une chorale d'église. Ses études terminées à l'université de Boston, puis à l'Académie de musique de Santa Barbara, où elle fut l'élève de Lotte Lehmann* de 1955 à 1958, elle passa avec succès ses auditions au Metropolitan Opera de New York. Après avoir gagné plusieurs prix, elle débuta à l'Opéra de Paris dans le rôle d'Amnéris (*Aïda*, Verdi) et elle poursuivit sa carrière à l'Opéra de Bâle. À Covent Garden, en 1963, elle campa une impressionnante princesse d'Éboli (*Don Carlos*, Verdi), et c'est d'ailleurs ce rôle qu'elle reprit en 1965 au Metropolitan Opera de New York. À Salzbourg, elle interpréta Lady Macbeth (*Macbeth*, Verdi) en 1964 et 1965, Carmen (*Carmen*, Bizet) en 1966 et 1967. Elle triompha encore à la Scala de Milan, à l'Opéra de Rome et de Vienne où, en 1970, elle chanta son premier rôle de soprano, Santuzza (*Cavalleria rusticana*, Mascagni). La même année, elle interpréta Salomé (*Salomé*, R. Strauss) à Covent Garden et Tosca (*Tosca*, Puccini) en 1971, au Metropolitan Opera de New York. Elle fut bouleversante dans le rôle de Jenufa (*Jenufa*, Janáček), ainsi que dans Ariane (*Ariane et Barbe-Bleue*, Dukas). Par son jeu et l'étendue de ses facultés vocales, elle reste l'une des plus grandes cantatrices actuelles. Grace Bumbry excelle aussi dans le lied et dans le negro spiritual.

BUNLET Marcelle. Soprano française (Fontenay-le-Comte, 9 octobre 1900-1991). Elle débuta à Paris dans un concert en 1926 et fut immédiatement engagée à l'Opéra où, deux ans plus tard, elle chanta Brünnhilde (*Le Crépuscule des dieux*, Wagner). En 1931, Toscanini la vit venir à Bayreuth pour être Kundry (*Parsifal*, Wagner). Quatre ans plus tard, elle créa à Monte-Carlo la version française d'*Arabella* (R. Strauss) et, par la suite, elle chanta souvent à Strasbourg. Pour Messiaen, elle a créé *Les Pommes pour mi* (1937), *Les Chants de la terre et du ciel* (1938) et *Harawi* (1946). Avec Germaine Lubin*, elle reste la chanteuse wagnérienne la plus importante de son époque. Sa carrière se prolongea jusqu'en 1950.

BURDETT-COUTTS Angela, baronne. Philanthrope anglaise (Londres, 1814 - *id.*, 1906). Fille de sir Francis Burdett, elle était la petite-fille du richissime banquier Thomas Coutts, qui en fit son héritière. Elle consacra sa vie et son immense fortune à de nombreuses œuvres de bienfaisance et chercha à promouvoir, en accord avec l'Église, l'éducation morale et l'étude des techniques manuelles dans les classes sociales les plus défavorisées. Ses actions généreuses s'étendirent jusqu'en Australie où elle fit construire des églises, des écoles et des cités populaires. La baronne, que l'on appelait miss Coutts, fut l'une des plus célèbres personnalités d'Angleterre sous le règne de Victoria*.

BURNETT Frances, née Hodgson. Romancière américaine d'origine anglaise (Manchester 1849 - Long Island, 1924). Fille d'un homme d'affaires de la moyenne bourgeoisie, elle émigra avec ses parents en Amérique à l'âge de quinze ans. Ils s'établirent dans le Tennessee où elle participa à la vie du foyer en vendant quelques récits à des magazines. Écrivain régionaliste, elle se fit connaître par *That Lass of Lowrie's* (1877), roman ayant pour cadre les mines de charbon du Lancashire. Cependant, elle doit sa célébrité à ses contes pour enfants qui firent oublier ses talents de romancière. *Le Petit Lord Fauntleroy* (1866), en particulier, connut un succès considérable et fut adapté maintes fois au théâtre comme au cinéma. Elle publia, toujours pour les enfants, *A Fair Barbarian* (1881), *Sara Crewe* (1888), *The Secret Garden* (1909). Son autobiographie, *The One I Knew Best of All*, date de 1893. Elle avait épousé en 1873 le docteur Swam M. Burnett, dont elle divorça en 1898. Elle se remaria deux ans plus tard au docteur Stephen Townsend. Elle eut deux fils.

BURNEY Fanny (Frances, dite). Femme de lettres anglaise (King's Lynn, 1752 - Londres, 1840). Son père était musicien et fréquentait, avec sa fille, le salon de Samuel Johnson. Ses deux premiers romans, *Evelina, or, The History of a Young Lady's Entrance into the World* (1778) et *Cecilia, or, Memoirs of an Heiress* (1782) la rendirent célèbre. Elle fut ensuite attachée à la garde-robe de la reine Charlotte, charge qu'elle quitta en 1791. Elle publia *Camilla, or, A Picture of Youth* en 1796, avant d'aller s'installer en France avec son mari, le général d'Arblay, ancien émigré qui avait été aide de camp de La Fayette (1802). Elle y resta dix ans. Son premier roman, *The Wanderer*, date de 1814. On a rapproché son art de celui de Richardson et de Fielding. Ses descriptions minutieuses de la vie domestique, la finesse avec laquelle elle épingle les vanités et les ridicules sociaux l'apparentent aussi à Jane Austen*. Elle a laissé un *Journal* et des *Lettres* publiés ensemble, en sept volumes, de 1842 à 1846.

RÉF. : M. Masefield, *The Story of Fanny Burney*, Londres, 1927.

BURY Charlotte, née Campbell, lady. Femme de lettres anglaise (Londres, 1775 - *id.*, 1861). Fille de John Campbell, cinquième duc d'Argyll, d'une grande beauté, elle était une des personnalités les plus en vue de la haute société londonienne. Elle épousa un certain colonel John Campbell dont elle eut neuf enfants. Après la mort de son mari en 1809, elle devint dame d'honneur de la princesse de Galles. Elle se remaria en 1818 avec le révérend Bury, professeur à l'université d'Oxford, qui lui donna deux filles et qui mourut en 1832. Elle est célèbre pour ses *Keepsake*, petits livres de souvenirs où elle dépeint la société de son temps et qui eurent un énorme succès.

BUSS Frances-Mary. Pédagogue anglaise (1827-1894). Fille d'une directrice d'école de jeunes filles, elle aida sa mère dans son enseignement avec une telle efficacité que l'école prit rapidement un essor considérable et fut bientôt connue sous le nom de The North London Collegiate School for Girls. Très en avance sur les méthodes alors employées dans les écoles, elle décida de présenter avec plusieurs collègues, dont Dorothée Beale*, un rapport à la commission d'enquête pour l'enseignement des jeunes filles, dont l'originalité et le sérieux emportèrent l'adhésion des examinateurs. Féministe fervente, Frances-Mary Buss fut l'une des animatrices du mouvement en faveur du vote des femmes en Angleterre.

BUSSANI Dorothea, née von Sardi. Soprano autrichienne (Vienne, 1763 - apr. 1810). Fille de Karl von Sardi, professeur à l'Académie militaire de Vienne, elle épousa en 1786 Francesco Bussani, basse italienne, et créa la même année, à Vienne, le rôle de Chérubin (*Les Noces de Figaro*, Mozart). Elle chanta aussi Despina (*Così fan tutte*, Mozart), lors de la première de l'œuvre en 1790, et créa le rôle de Fidalma (*Le Mariage secret*, Cimarosa), en 1792. Adulée du public et des compositeurs, elle se produisit en Italie avec son mari à partir de 1795, et pendant une dizaine d'année; puis on l'entendit à Lisbonne et à Londres où son talent et sa drôlerie conquirent une fois de plus les spectacteurs.

BUSTROS Évelyne. Femme de lettres libanaise (XXe s.). Issue de l'une des familles les plus en vue du Liban, passionnée de littérature, aimant les arts, féministe, son salon à Beyrouth réunissait l'élite des jeunes écrivains libanais et joua un rôle important dans la vie intellectuelle de son pays. Son action sociale et politique en faveur des femmes fut déterminante et lui valut de siéger à la Commission d'études de la condition de la femme. Évelyne Bustros tint de nombreuses conférences très remarquées et publia deux romans, *La Main d'Allah* (Paris, 1926), et *Sous la baguette de coudrier*. Le gouvernement libanais l'a décorée de la médaille d'or du Mérite.

BUTLER Élisabeth, née Thompson, lady. Peintre. Anglaise (Lausanne, 1850-Londres, 1933). Ses parents, très fortunés, firent de longs séjours en Europe. Elle commença ses études de peinture à Florence et les poursuivit à Rome. De retour à Londres, elle entra à la South Kensington School of Art. En 1873, elle exposa son tableau, *Disparu*, à la Royal Academy et, l'année suivante, *L'Appel après un combat en Crimée,* qui consacra sa renommée. Elle choisit tous ses thèmes dans la vie militaire, et ses compositions les plus fameuses, comme *Le 28e Régiment aux quatre bras* (1875) — très apprécié de John Ruskin qui y vit «la première bonne peinture de bataille préraphaélite que nous ayons» —, *Le Reste d'une armée, tambours et fifres* (1897) témoignent de son habileté technique et de son réalisme minutieux que l'on pourrait comparer à celui de Meissonier. Elle avait épousé en 1877 le colonel sir William Francis Butler.

C

CABALLÉ Montserrat. Soprano espagnole (née à Barcelone, le 12 avril 1933). Elle apprit à chanter chez les sœurs et fut admise au conservatoire du Liceo de Barcelone dès l'âge de neuf ans. Élève d'Eugens Kemini, de Conchita Badia et de Napoleone Anovazzi, elle en sortit à l'âge de vingt ans. Elle partit alors pour l'Italie où elle chanta de petits rôles. Elle fit ses vrais débuts en 1956 à l'Opéra de Bâle en Mimi (*La Bohème*, Puccini). Elle y demeura jusqu'en 1959, et chanta Tosca (*Tosca*, Puccini), Aïda (*Aïda*, Verdi) et Violetta (*La Traviata*, Verdi). En 1960, elle parut à la Scala en Fille-Fleur (*Parsifal*, Wagner), débuta à Londres en 1962 et à l'Opéra de Marseille en 1964. Invitée à l'Opéra de Vienne, elle fit une tournée à travers l'Allemagne. Cette même année, on l'entendit à Mexico en Manon (*Manon*, Massenet). En 1965, elle fit des débuts triomphants au Carnegie Hall de New York, en remplaçant au pied levé une diva souffrante dans le rôle-titre de *Lucrèce Borgia* (Donizetti). La critique américaine s'entousiasma pour la beauté de sa voix, pour sa puissance dramatique et pour son jeu expressif. Cette même année, elle incarna à Glyndebourne la Comtesse (*Les Noces de Figaro*, Mozart), la Maréchale (*Le Chevalier à la rose*, R. Strauss) et parut sur la scène du Metropolitan Opera de New York en Marguerite (*Faust*, Gounod). Elle y chanta par la suite Violetta (*La Traviata*, Verdi), Mimi (*La Bohème*, Puccini), Aïda (*Aïda*, Verdi), Norma (*Norma*, Bellini) et Donna Anna (*Don Juan*, Mozart).

Devenue une des vedettes de la Scala en 1969, elle chante désormais sur toutes les grandes scènes du monde : Barcelone en 1970, Covent Garden et l'Opéra de Paris en 1972. Grande musicienne douée d'une voix d'une limpidité exceptionnelle et bénéficiant d'une technique unique et parfaitement maîtrisée, elle est l'une des plus grandes chanteuses depuis Maria Callas*, d'une parfaite aisance dans les répertoires les plus divers, de Haendel à Verdi, de Mozart à Wagner, sans parler de Donizetti et Bellini. Elle ne redoute pas les rôles difficiles des opéras modernes que ce soient Salomé (*Salomé*, R. Strauss) Electra (*Electra*, R. Strauss) ou Marie (*Wozzeck*, Berg) et s'attache également à redécouvrir des ouvrages oubliés comme *Les Danaïdes* (Salieri), œuvre dans laquelle elle s'est produite à Montpellier en 1986. En 1987, elle crée à Barcelone *Christophe Colomb* (Balada) et aborde sur cette même scène, en 1989, le rôle d'Isolde (*Tristan et Isolde*, Wagner). Mariée depuis 1964 au ténor espagnol Marti, elle chanta avec lui en récital.

CABALLERO Fernán (Cecilia Böhl von Faber y Larrea, dite). Femme de lettres espagnole (Morges, Suisse, 1796 - Séville, 1877). Fille d'un commerçant allemand cultivé installé en Espagne, et d'une Espagnole, elle vécut de 1805 à 1813 en Suisse et en Allemagne, où elle fit ses études dans un institut français. Mariée en 1816 au capitaine Antonio Planella, elle le suivit à Porto Rico. Veuve au bout de deux ans, elle retourna en Espagne après un séjour à Hambourg. Elle s'y remaria avec le marquis d'Aroco-Hermoso qui mourut en 1835. En troisième noces, elle épousa Antonio Arron de Ayala, de dix-huit ans son cadet. La situation financière du couple étant précaire, elle, qui avait écrit en français et en allemand pour son seul plaisir, publia sous son pseudonyme *La Mouette* écrite en français quelques années auparavant. L'œuvre connut un grand succès. Le personnage de Marisalda, fille de pêcheur, fière et coquette apparut alors comme le symbole de l'Espagne romantique. Veuve une troisième fois en 1859, Fernán Caballero, installée désormais à Séville, se consacra définitivement aux lettres. Épistolière au métier sûr (sa correspondance avec Antoine de Latour en témoigne), romancière et nouvelliste de talent, elle écrivit, entre autres, *Clemencia* (1852), *Un ange sur la terre* (1853), *La Famille Alvareda* (1856), *Un jeune libéral et un légitimiste*, *L'Alcazar de Séville* (1862), *La Corruptrice* (1868). « La terre est un exil, la patrie est au ciel », cette réplique extraite de *Chose n'est parfaite... que dans l'autre vie*, résume ses préoccupations morales.

RÉF. : Cte de Bonneau-Avenant, *Vie et œuvres de F. Caballero*, 1882. A. Morel-Fatio, *Fernán Caballero d'après sa correspondance avec Antoine de Latour*, Bordeaux, 1908.

CABRINI Françoise-Xavier. Voir FRANÇOISE-XAVIER CABRINI, sainte.

CAFFI Margherita. Peintre. Italienne (XVIIe siècle). On connaît peu de chose de son existence. Originaire de Vincenza, elle épousa le peintre Francesco Caffi, de Crémone, où elle travailla. Elle acquit de son vivant une brillante réputation comme peintre de fleurs et aurait séjourné quelque temps au Tyrol, alors sous la domination de l'archiduc Maximilien de Habsbourg. Les tableaux signés de sa main ont été composés dans la seconde moitié du XVIIe siècle. Mais un grand nombre de peintures non signées, dont la manière rappelle fortement celle de Margherita Caffi, sont traditionnellement attribuées à Francesco Guardi. Les experts débattent aujourd'hui de cette identification. Si l'on tient compte des dates, c'est la femme peintre qui influença Guardi: celui-ci fut sans doute son élève, et peut-être son amant. La virtuosité technique des bouquets de Caffi — à dominante de fleurs blanches sur fonds sombres — l'emporte sur le souci de précision. Le dynamisme de la composition et l'arrangement dans un format dissymétrique, oblong, témoignent d'une liberté d'invention qui annonce le XVIIIe siècle. Ses œuvres se trouvent principalement dans les musées de Florence, Innsbruck et Madrid.

CAILLAUX Henriette, née Rainouard. Française (1874-1943). Elle tua de cinq balles de revolver, le 16 mars 1914, le directeur du *Figaro*, Gaston Calmette. Celui-ci avait entrepris une campagne de presse contre son mari, Joseph Caillaux, alors ministre des Finances dans le cabinet Doumergue, attaquant violemment son projet d'instaurer l'impôt sur le revenu et ses prises de position contre la guerre. Le scandale contraignit Caillaux à la démission. Le procès de sa femme eut lieu dans une atmosphère survoltée qui se serait certainement prolongée si son acquittement n'avait été prononcé le 28 juillet, à la veille de la guerre.

CAILLAVET Léontine-Charlotte de, née Lippmann (Paris, 1844 - *id.*, 1910). Fille d'un banquier juif d'origine autrichienne et de Frederica Koenigswarter, d'origine allemande, elle reçut une excellente éducation. En 1867, elle épousa Albert Arman de Caillavet, dont elle eut un fils en 1869, le futur auteur dramatique Gaston Arman de Caillavet. Séparée de son mari, Mme de Caillavet s'installa au 12, avenue Hoche où elle anima un salon très couru des hommes de lettres de la IIIe République. On y rencontrait Paul Bourget, Abel Hermant, Maupassant, Porto-Riche, Paul Hervieu, et Anatole France, lié à la maîtresse de maison depuis 1888. C'est chez elle que le jeune Marcel Proust observa celui dont il devait faire le personnage de Bergotte. Mme de Caillavet se flattait de sa bonne influence sur l'œuvre d'Anatole France qui reconnaissait: «Sans elle, je ne ferais pas de livres» (*Journal* de l'abbé Mugnier). Il est vrai qu'elle l'aidait aussi financièrement... France ayant divorcé en 1892, leur relation devint officielle, et l'on vit le couple voyager en Italie, en Autriche et en Grèce. Mme de Caillavet craignait les infidélités de l'auteur, sa méchanceté, voire sa violence. Elle le trouvait «tourmentant», lui la jugeait «tyrannique». En 1909, l'écrivain partit seul pour l'Argentine où il vécut une courte idylle. Lorsqu'elle l'apprit, Mme de Caillavet tenta de se suicider. Rentré au mois de septembre, Anatole France retrouva son amie très affaiblie, en proie à des élans religieux qui l'horripilaient. Sa santé déclina et elle s'éteignit peu après, en décembre 1910.

CAITHNESS Maria, née Mariatequi, lady. Théosophe espagnole (1830-1895). Elle épousa le général duc de Pomar et, à la mort de celui-ci, le comte de Caithness. Fervente adepte du spiritisme, elle mena campagne en faveur de l'illuminisme, doctrine des théosophes. Lady Caithness était présidente de la Société théosophique d'Orient et d'Occident. Elle fonda en 1887 la revue *L'Aurore du jour nouveau* et *Le Messager de la paix*. Elle a écrit de nombreux ouvrages sur la théosophie ainsi que des romans.

CALAS Anne Rose, née Calibel. Française (1710 - Paris, 1792). Née en Angleterre de parents protestants réfugiés, elle épousa en 1731 Jean Calas, marchand d'indiennes à Toulouse. Ce huguenot fut accusé sans preuves du meurtre de leur fils, retrouvé pendu, pour l'empêcher de se convertir au catholicisme. Il fut condamné au supplice de la roue (1762). Sa femme, qui subit un hiver au cachot et une procédure insoutenable, travailla toute sa vie à réhabiliter la mémoire de son époux. Elle trouva aide et appui auprès de Voltaire: il prit en main l'affaire Calas, et parvint, après de longs efforts, à faire casser un arrêt dicté par le fanatisme (1765).

CALLAS Maria (Maria Kalogheropoúlos, dite). Soprano grecque et américaine (New York, 2 décembre 1923 - Paris, 16 septembre 1977). Elle naquit à New York où ses parents, le pharmacien grec Georges Kalogheropoúlos et sa femme Evangelia étaient venus tenter leur chance avec leur fille aînée Cynthia. La famille changea bientôt de nom: Callas, aux États-Unis, est plus facile à prononcer. De son enfance américaine, Maria Callas garda un mauvais souvenir: parce qu'elle chantait à ravir, elle fut prise dans l'engrenage des concours radiophoniques et dans la mécanique des compétitions. De plus, elle était myope et grosse; on la bourrait de friandises sous prétexte qu'une bonne voix se développe dans la graisse. S'ajoutait enfin la mésentente de ses parents qui aboutit à la rupture en 1937: Evangelia regagna la Grèce avec ses deux filles. Remarquée par la célèbre basse grecque Nicola Moscona, l'adolescente fut présentée à Maria Trivella, soprano et professeur au Conservatoire national, moins fameux que celui d'Athènes où elle ne put être admise en raison de son âge — elle avait moins de seize ans.

Le registre de Maria Callas, encore mal défini, était déjà extraordinaire: elle chantait avec la même aisance Carmen (*Carmen*, Bizet), Lucie (*Lucie de Lammermoor*, Donizetti) et Santuzza (*Cavalleria rusticana*, Mascagni). C'est d'ailleurs dans ce dernier rôle qu'elle fit ses premiers pas sur scène, en 1938. Elvira de Hidalgo, soprano et professeur au conservatoire d'Athènes l'entendit: «Une véritable cascade de sons pas entièrement contrôlés, dit-elle plus tard, mais j'ai fermé les yeux et je me suis imaginé la joie que j'aurais à travailler à partir d'un tel métal, à le mouler jusqu'à la perfection.» Dès lors, entre le maître et l'élève régna la plus merveilleuse des ententes. Maria Callas fut bientôt capable de déchiffrer une partition en une nuit. Elvira de Hidalgo lui apprit aussi à marcher, à jouer, à mieux s'habiller et à découvrir les rôles qui firent sa gloire. De 1940 à 1945, elle chanta régulièrement à l'Opéra d'Athènes: *Sœur Angélique* et *Tosca* (Puccini), *Fidelio* (Beethoven); en 1943, elle créa *Ho Protomastoras*, opéra grec contemporain de Smaragda.

Après un intermède de deux ans aux États-Unis, elle fit ses débuts en Italie. Le 6 août 1947, elle chantait le rôle-titre de *La Gioconda* (Ponchiello) sous la direction de Tullio Serafin dans le cadre du festival de Vérone: une carrière sans précédent dans l'histoire du XXe siècle commençait. C'est là qu'elle rencontra Meneghini, industriel fortuné et célibataire endurci, beaucoup plus âgé qu'elle. En 1948, sous la direction du même Serafin, elle chanta les rôles-titres de *Turandot* (Puccini), *Aïda* (Verdi) et *Norma* (Bellini), rôle dans lequel elle devint «l'unique»; elle fut aussi Leonora (*La Force du destin*, Verdi). De 1948 à 1952, elle interpréta cent soixante-treize fois dix-huit personnages différents. En 1949, année de son mariage avec Meneghini, elle remplaça Margherita Carosio à Venise et remporta un triomphe absolu dans *Les Puritains* (Bellini). À Naples, elle incarna Abigaïl (*Nabucco*, Verdi). L'année suivante, elle joua Aïda (*Aïda*, Verdi) à la Scala, en remplacement de Renata Tebaldi*. Tour de force éblouissant dirent les uns, suicide dirent les autres qui craignaient un épuisement prématuré. Elle ouvrit désormais chaque saison de la Scala jusqu'en 1958, puis de 1960 à 1962. Chacune de ses représentations était un triomphe; tragédienne parfaite, elle donnait l'impression de réinventer l'opéra. Sa carrière atteignit sans doute son apogée lors de la représentation de Norma (*Norma*, Bellini) au Metropolitan Opera de New York en 1956. Elle était alors une des plus belles femmes du monde: elle avait perdu quarante kilos, et sa couturière Mme Biki avait remodelé sa silhouette. Le public, qui s'identifie à ses héroïnes, la vénérait, tandis que ses détracteurs lui préféraient Renata Tebaldi. La liste de ses succès, de ses créations, de ses enregistrements ne cessa de s'allonger: elle fut notamment une sublime Traviata (*La Traviata*, Verdi) à la Scala dans une mise en scène de Visconti — qui la comparait à la Duse* — et sous la direction de Giulini. Sa liaison avec l'armateur grec Aristote Onassis mit fin à son mariage avec Meneghini dont elle divorça en 1959.

Au début des années 60, sa carrière se ralentit. En 1962, elle donna quelques concerts, et le 7 juin elle chanta Médée (*Médée*, Cherubini) pour la dernière fois à la Scala. En 1964, elle fit ses adieux à Londres en Tosca (*Tosca*, Puccini); la même année, elle chantait Norma (*Norma*, Bellini) à Paris, lorsqu'un malaise l'obligea à interrompre la représentation. L'arrivée de Jackie Kennedy* dans la vie d'Onassis et le fait qu'elle commençait à perdre sa voix ébranlèrent sa confiance. Elle n'en continua pas moins à travailler: elle joua Médée dans le film de Pasolini (1969) ; elle donna une série de cours à la Julliard School of Music de New York (1971-1972). Enfin, elle entreprit une tournée d'adieux en Europe, en Amérique et en Asie (octobre 1973 - novembre 1974). Même si sa voix avait faibli, elle restait un mythe, comme le fut la Malibran*. Peu à peu, les rideaux tombèrent, les amis disparurent. Elle vécut cloîtrée dans son appartement parisien où elle mourut d'une crise cardiaque. Ses cendres furent dispersées dans la mer Égée.

RÉF. : A. Stassinopoulos-Huffington, *Maria Callas par-delà sa légende*, Fayard, 1981. P.-J. Rémy, *Callas, une vie*, Ramsay, 1982. G.B. Meneghini, *Maria Callas, ma femme*, Flammarion, 1983. M. Karakoulos, *Maria Callas, la diva*, Michel Lafon, 1987, S. Segalini, *Callas, les images d'une voix*, Van de Velde, 1987.

CALLIAS Nina de. Voir NINA DE CALLIAS.

CALPURNIA. Romaine (Ier siècle av. J.-C.). Elle était la fille de Calpurnius qui fut consul en 58. En 59, elle avait épousé Jules César, qui était alors consul pour l'année, devenant ainsi sa troisième femme. D'après Suétone et Plutarque, elle vit en songe l'assassinat de son mari et tenta par tous les moyens de l'empêcher de se rendre à la séance du Sénat où il devait recevoir le titre de roi (ides de mars, 15 mars 44). Après la mort de César, elle se réfugia chez Antoine et lui apporta quatre mille talents pour qu'il fasse rechercher et exécuter les meurtriers de son mari.

CALVÉ Emma (Emma Rose Calvet de Roquer, dite). Soprano française (Decazeville, 15 août 1858 - Millau, 6 janvier 1942). Élève de Jules Puget et de Mathilde Marchesi*, elle débuta en 1881 au Théâtre de la Monnaie de Bruxelles dans le rôle de Marguerite (*Faust*, Gounod). Trois ans plus tard, elle créa à Paris, au Théâtre des Nations, *Aben-Hamet* (Dubois) et, à l'Opéra-Comique, Hélène (*Le Chevalier Jean*, Joncières). Sur la même scène, elle joua dans *Sapho* (Massenet, 1887) et dans *La Carmélite* (Hahn, 1902). Ses triomphes à la Scala de Milan et à Rome, avec ses créations de *Flora mirabilis* (Samara, 1886) et de *L'Ami Fritz* (Mascagni, 1891) la conduisirent sur les plus grandes scènes du monde : à Covent Garden notamment où elle créa *La Navarraise* (Massenet, 1894) composée pour elle. Indomptable Carmen (*Carmen*, Bizet) qu'elle incarnait mieux que personne et qu'elle campa pour la millième représentation à l'Opéra-Comique, elle devint un mythe vivant. Elle se déplaçait en train privé, lançait sur scène le mot de Cambronne, fit la une du *New York Times* pour avoir chanté *La Marseillaise*, coiffée en Alsacienne et enveloppée du drapeau tricolore. Belle, impulsive, dotée d'une voix très sûre jusqu'à l'extrême aigu, elle poursuivit sa carrière jusqu'en 1918 avant de diriger une école de chant dans son château de Cabrières, près de Millau. Emma Calvé a laissé des Mémoires, *Sous tous les ciels j'ai chanté* (1940).

CALVET Mélanie. Visionnaire française (v. 1832 - province de Bari, 14 décembre 1904). On pense qu'elle naquit dans une région des Alpes et dans une famille des plus modestes. Le 18 septembre 1846, alors qu'elle gardait des vaches avec son petit compagnon Maximin, les deux enfants virent un globe de feu laissant apparaître une « Dame en pleurs » qui leur fit signe de s'approcher. Cette « Dame » leur prédit de grands malheurs, une terrible famine, des récoltes perdues si les hommes refusaient de se soumettre à son appel pour une existence de pénitence et de charité. La jeune bergère transmit ce message de la Vierge, qui fut entendu malgré l'opposition du clergé. Mais victime de l'hostilité quasi générale, elle dut quitter son pays. Elle mena une vie errante, allant de Marseille en Italie puis en Angleterre. Finalement elle fut appelée par le pape Léon XIII à Rome et mourut en Italie en 1904. Les qualités morales de Mélanie Calvet furent enfin reconnues par l'émouvante oraison funèbre prononcée à sa mort et publiée avec l'imprimatur de l'archevêque de Messine.

CAMARGO la (Marie Anne de Cupis de Camargo, dite). Danseuse française (Bruxelles, 1710 - Paris, 1770). Espagnole par sa mère, elle était fille d'un musicien et maître de danse. Elle s'attira toute jeune la protection de la princesse de Ligne, qui l'envoya à Paris étudier auprès de Françoise Prévost*. Elle débuta à Bruxelles, fut demandée à Rouen, puis engagée à l'Académie royale. Elle tenait un petit rôle dans *Les Caractères de la danse* (1726), lorsqu'un soir elle s'élança pour improviser à la place du soliste défaillant, le fameux Dumoulin. Jalousée par Marie Sallé*, qui voyait en elle une redoutable rivale, elle devint célèbre du jour au lendemain. Il devint d'usage de comparer leur talent, et Voltaire les opposa dans un madrigal. Vive et brillante, elle fut la première danseuse d'« élévation »: elle battait l'entrechat six, jusque-là réservé aux hommes. C'est elle qui inventa pour ses prouesses le « caleçon de précaution », ancêtre du collant. Elle lança d'ailleurs toutes sortes de modes: les chefs de l'époque servaient du ris de veau Camargo ou du soufflé Camargo. De nombreux amants contribuèrent à sa célébrité: le duc de Richelieu, le comte de Melun, d'Aubigny. Sa liaison avec le comte de Clermont-Tonnerre l'écarta un temps de la scène. Elle créa plus de quatre-vingts ballets et dansa à l'Opéra jusqu'en 1751. Sa générosité la laissa relativement dépourvue à la fin de sa vie. À Grimm qui lui rendait visite rue Saint-Thomas-du-Louvre, elle dit en désignant les chiens et les chats qui l'entouraient: « Voilà ma cour aujourd'hui. Ces courtisans-là en valent bien d'autres après tout. » On possède deux portraits d'elle par Nicolas Lancret.

RÉF.: Le Tainturier-Fradin, *La Camargo (1710-1770)*, Minkoff, 1979.

CAMERON Julia Margaret. Photographe anglaise (Calcutta, 1815 - Kalutara, Sri Lanka 1879). Elle fut l'une des pionnières de l'art de la photographie. Après avoir passé la majeure partie de sa vie aux Indes, elle revint en Angleterre et évolua dans les milieux littéraires et artistiques de l'époque victorienne. Elle se lia d'amitié avec Tennyson, Darwin, Carlyle, Browning, entre autres. Vers 1860, elle apprit seule la photographie et fit les portraits de ses illustres amis, portraits plein de vie qui mettent en valeur la personnalité de ses modèles. Dans son autobiographie *Annals of my Glass House*, Julia Cameron explique les rapports étroits qui doivent exister entre le modèle et le photographe lors des prises de vue, ce qu'avait admirablement réussi, à la même époque, l'illustre photographe Nadar.

CAMILLE. Héroïne romaine (?-667 av. J.-C.). Tite-Live nous a transmis son histoire que Corneille a rendue immortelle. Fiancée à l'un des trois Curiaces, elle était la sœur des trois Horaces. Au terme du célèbre combat qui opposa les uns aux autres, elle insulta son frère, seul survivant, maudissant Rome et les Romains. Le héros vainqueur répliqua en lui plongeant son poignard dans le sein. Le corps de Camille fut enseveli sous les pierres lancées par une foule furieuse. Condamné à mort pour ce crime, il fut absous par le peuple romain qui lui imposa malgré tout l'humiliation de passer sous un joug, le *tigillum sororium* (littéralement, « poutre de la sœur »).

CAMPAN Madame, née Genet ou Genest (Jeanne, dite). Éducatrice française (Paris, 6 octobre 1752 - Mantes, 1822). Son père, premier commis aux Affaires étrangères, lui fit donner une brillante éducation : Marmontel et Goldoni furent parmi ses professeurs. Devenue lectrice de Mesdames, filles de Louis XV, c'est le roi lui-même qui la dota lorsqu'elle épousa Campan, fils d'un secrétaire de la reine (1794). Elle resta pendant vingt ans au service de Marie-Antoinette* et échappa de peu aux massacres du 10 août 1792.

Après la Terreur, pour subvenir à ses besoins, elle ouvrit à Saint-Germain-en-Laye un pensionnat de jeunes filles. Parmi une centaine d'élèves, se trouvait Hortense* de Beauharnais, future reine de Hollande. Sa protection lui valut d'être nommée directrice de la maison de la Légion d'honneur à Écouen en 1807. Mme Campan y resta le temps de l'Empire, formant les demoiselles de la haute société aux bonnes manières, s'attachant à en faire, comme elle le dit à Napoléon, « des mères ». Elle avait adapté aux temps nouveaux le programme de Saint-Cyr, élaboré au Grand Siècle par Mme de Maintenon*, rejetant les méthodes encyclopédiques de Mme de Genlis*. Elle tenait en outre un salon fréquenté par des artistes, des gens de lettres et de politique. En 1815, les Bourbons supprimèrent son poste, mais Louis XVIII la pensionna. Mme Campan se retira à Mantes où elle écrivit ses *Mémoires sur la vie privée de Marie-Antoinette* qui eurent un vif succès dès leur parution (1822) ; ils apportent des détails pittoresques et intéressants sur la cour de la fin de l'Ancien Régime. Elle a laissé des écrits pédagogiques et une *Correspondance avec la reine Hortense* (1835), qui ne manque pas d'intérêt.

RÉF. : G. Reval, *Mme Campan, assistante de Napoléon*, Paris, 1931.

CAMPBELL Béatrice, née Tanner. Actrice anglaise (1865-1940). Considérée par les critiques comme la meilleure comédienne de sa génération, malgré ses excentricités et ses fréquentes absences de la scène, elle entra vivante dans la légende. Elle débuta à Londres en 1890 dans la pièce de S. Knowles, *The Hunchback*, et devint célèbre en créant le rôle de Paula dans *The Second Mrs. Tanqueray* (1893) puis celui d'Agnès dans *The Notorius Mrs. Ebbsmith* (1895), œuvres de Pinero. Applaudie en 1895 dans le rôle-titre de la pièce de Sardou, *Fédora*, elle créa l'année suivante Magda dans la version anglaise de *Heimat*, pièce de Sudermann qu'elle joua aussi à New York en 1902. Auparavant, elle avait interprété Mélisande dans la version anglaise de *Pelléas et Mélisande* (1898) de Maeterlinck. Elle reprit le rôle en français avec pour partenaire Sarah Bernhardt* en Pelléas (1904). Sensible, intelligente, jolie, elle fit revivre avec beaucoup de caractère les héroïnes de Shakespeare et d'Ibsen. D'aucuns la jugeaient supérieure à la Duse*, et George Bernard Shaw, qui la trouvait « dangereusement séduisante », composa pour elle le rôle d'Eliza dans *Pygmalion*. Leur correspondance, publiée après la mort de l'auteur, inspira à l'acteur américain Jerone Kilty une pièce qui connut un grand succès, *Dear Lear* (1959).

CAMPBELL Dorothy. Championne de golf écossaise (1883-1946). Elle est la plus prestigieuse championne de golf du début du XXe siècle. Son palmarès est le plus brillant des joueuses de golf de sa génération. Championne amateur américaine, anglaise et canadienne, elle fut la seule à remporter ces trois titres. En 1909, elle gagna la British Women's Open Tournament. Elle remporta également le championnat des États-Unis en 1909, 1910 et 1924 (elle avait quarante et un ans), et celui du Canada trois ans de suite (1910, 1911, 1912), sans compter les nombreux tournois qu'elle remporta durant les vingt années où elle régna sur le *green*. Dorothy Campbell s'était fixée aux États-Unis au début du siècle et y demeura jusqu'à sa mort.

CANCRE Michèle. Cavalière française (née à Paris en 1931). C'est grâce à son oncle, marchand de chevaux, qu'elle découvrit l'équitation. À quatorze ans, elle fut l'élève d'Émile Mermet et, dès l'âge de seize ans, elle collectionna les premiers prix, dont la coupe de Vichy et le critérium de Paris. En 1948, seize nouveaux prix vinrent s'ajouter à son palmarès. Au championnat de Valençay, elle franchit la barre à 1,90 m, performance étonnante pour une si jeune cavalière. Elle remporta également de nombreux prix lors de concours nationaux et internationaux dont celui de la coupe des Dames en 1949. Elle fut quatre fois championne de France de concours hippique et deux fois médaille de bronze aux championnats d'Europe. Elle fut aussi une passionnée de sport automobile. Abandonnant les rênes pour le volant, on retrouva chez elle la même ambition de se distinguer. Championne de stock-car féminin en 1955, elle remporta la coupe des Dames du Tour de France automobile par équipes en 1957, 1959 et 1960 et fit de même au cours du grand rallye Alger-Bangui et retour (1961). Michèle Cancre fut nommée cadre technique à la Jeunesse et aux Sports. Adjointe au directeur national, elle s'occupa de la formation et de l'enseignement, puis assuma la responsabilité de la prospection des jeunes chevaux pour l'Écurie de France.

CANDALE Marguerite de Foix de, duchesse d'Épernon. Héroïne française (1568-1593). Elle était l'épouse de Jean-Louis de Nogaret, duc d'Épernon, célèbre Gascon dont les hauts faits d'armes et la vie politique défrayèrént la chronique de son temps. À Angoulême, où le duc tenait le château avec une petite garnison, il fut assiégé par la populace que les ligueurs avaient soulevée contre lui. Les ligueurs avaient capturé sa femme en ville; elle devait servir d'otage pour décider son mari à capituler. La duchesse, qui avait vu tous les hommes de son armée massacrés devant elle, fut conduite devant le château sous les cris de la populace et menacée des pires tortures si elle ne parvenait pas à décider la capitulation de son mari. Elle refusa avec hauteur, et son attitude si fière impressionna les ligueurs qui lui laissèrent la vie sauve. Elle figurait en gisante aux côtés de son mari sur le tombeau qui fut primitivement élevé dans l'église Saint-Blaise de Cadillac, gisants dont il ne reste que les têtes.

CANIGLIA Maria. Soprano italienne (Naples, 5 mai 1906 - Rome, 16 avril 1979). Après avoir étudié le chant à Naples, elle débuta à Turin en 1930 dans le rôle de Chrysothémis (*Elektra*, R. Strauss). Son succès la conduisit la même année à la Scala de Milan où elle interpréta Maria (*L'Étranger*, Pizetti). Elle chanta régulièrement sur cette scène jusqu'en 1943, puis de nouveau de 1948 à 1951. Entre-temps, elle se produisit à Covent Garden, au Metropolitan Opera de New York, au théâtre Colón de Buenos Aires, à Salzbourg sous la direction de Toscanini. Elle créa Manuela (*La Notte di Zoraïma*, Montemezzi) en 1931, Roxane (*Cyrano de Bergerac*, Alfano) à Rome en 1936 et le rôle de Lucrezia (*Lucrezia*, Respighi) à Milan en 1937. Considérée comme la meilleure soprano verdienne de son époque, elle enregistra de nombreuses intégrales: *Tosca*, *Un bal masqué*, *Aïda*, *La Force du destin*, *Don Carlos*, *Francesca di Rimini* et le *Requiem*.

CANNON Annie Jump. Astronome américaine (Dover, Delaware, 11 décembre 1863 - Cambridge, Massachusetts, 13 avril 1941). Elle entreprit en 1893, sous la direction d'E.C. Pickering, une classification des spectres stellaires qui l'occupa quarante ans et qui, au terme de sa carrière, l'aura conduite à classer plusieurs centaines de milliers d'étoiles. Elle débuta en 1896 comme observateur pour devenir, dès l'année suivante, assistante à Harvard College. Docteur ès sciences en 1907, elle fut nommée «curator» à l'Observatoire. Outre les Annales, Bulletins et Circulaires de Harvard, on lui doit de nombreux ouvrages et notamment sa contribution aux volumes 91 à 99 du monumental *Henry Draper Catalog* (1911-1924) dans lesquels elle a fourni les spectres de 225 000 étoiles. Elle en a également classé 47 000 autres dans le *Henry Draper Extension* (1925-1936). Ces deux ouvrages passent pour la bible de l'astronomie moderne. Annie Cannon a été comblée de distinctions: elle fut longtemps la seule femme à être admise comme membre honoraire à la Royal Astronomical Society; elle fut l'une des premières à appartenir à l'American Philosophical Society. Elle a reçu en 1931 une médaille d'or de l'Académie des sciences et, en 1932, le prix Ellen Richards. Elle en employa le montant pour créer une fondation qui porte son nom pour soutenir l'activité des femmes astronomes.

CANTH Minna, née Ulrika Johnsson. Romancière et dramaturge finlandaise (Tamperes, 1844 - Kuopio, 1897). Veuve à trente-cinq ans, avec sept enfants, elle décida, tout en continuant à diriger un magasin, de s'instruire et d'écrire. Précurseur en matière de réforme sociale et de féminisme finnois, elle critiqua l'attitude de l'Église face à ce problème dans *La Femme de l'ouvrier* (1885); suivirent *Les Enfants de la guigne* (1888), *La Famille du pasteur* (1891), *Anna Liisa* (1895). Toutes ces pièces de théâtre sont marquées par l'influence d'Ibsen. Sa maison de Kuopio, où elle s'installa bien après la mort de son mari, attira les jeunes écrivains qui formèrent en 1890 le mouvement Jeune Finlande. Elle a également laissé des romans, *Hanna* (1886), *Agnès* (1892).

CAPET Marie-Gabrielle. Peintre. Française (Lyon, 6 septembre 1761 - Paris, 1er novembre 1818). Bonne portraitiste, elle excellait aussi bien dans la miniature et le pastel que dans la peinture à l'huile. Elle fut remarquée par la portraitiste Labille-Guiard* qui lui donna des leçons. Ses envois aux nombreux Salons auxquels elle participa lui acquirent rapidement une réelle renommée. Sa peinture évolua vers le néoclassicisme. On lui doit le beau portrait d'*André Chénier*, qu'elle exécuta pendant la Révolution peu de temps avant qu'il ne fût guillotiné, et celui de *Houdon travaillant au buste de Voltaire*, conservé au musée de la Ville de Caen.

CAPPELLO Bianca. Grande-duchesse de Toscane (Venise, 1548 - Florence, 1587). Montaigne, qui la rencontra durant son voyage en Italie, la trouva «belle à l'opinion italienne, le visage agréable et impérieux, le corsage gros». D'une riche famille aristocratique de Venise, Bianca s'enfuit à quatorze ans avec un amant noble, mais ruiné, Pietro Buonaventuri. Le couple se maria à Florence et vécut dans le dénuement, jusqu'au jour où François de Médicis, héritier du grand-duché de Toscane, remarqua Bianca et n'eut de cesse d'en faire sa maîtresse. Elle avait vingt ans et l'on peut juger de sa beauté par les portraits qu'ont laissés d'elle Titien et Bronzino.

Après s'être séparée d'un mari hâbleur, qui périt assassiné, l'ambitieuse Bianca fut installée à la villa du Poggio à Caiano, qui communiquait par un souterrain avec le palais Pitti. Elle dut pourtant attendre la mort de l'archiduchesse Jeanne d'Autriche, femme abhorrée du duc François, pour devenir à son tour grande-duchesse de Toscane. Leur union, devenue officielle en 1579, souleva l'indignation des Florentins, savamment entretenue par le frère du duc, le cardinal Ferdinand de Médicis. On accusa Bianca de sorcellerie : le nourrisson de Jeanne n'avait-il pas été retrouvé mort ? N'avait-elle pas simulé une grossesse ? Les deux époux, restés fidèles dans la tourmente, moururent à quelques heures d'intervalle le 15 octobre 1587. La légende veut que François ait goûté d'une tourte empoisonnée destinée à Ferdinand, et que Bianca l'ait terminée pour ne pas lui survivre. Il est probable, en réalité, qu'ils succombèrent tous deux à une épidémie de malaria.

CAPRI Agnès (Sophie Rose Fridman, dite). Chanteuse et directrice de théâtre. Française (L'Arbresle, près de Lyon, 1907 - Paris, 1976). Élève de Dullin, comédienne durant les années 30, elle ouvrit en 1938 son premier cabaret-théâtre au Palais-Royal, qui recevait, parmi ses habitués, Max Jacob, Erik Satie, Prévert, Kosma, etc. Elle fut la première interprète des poèmes de Prévert, mis en musique par Kosma : *La Baleine aux yeux bleus* lui valut un vif succès auprès d'un public d'intellèctuels qui applaudit également *Je te veux*, sur une musique d'Erik Satie. Toujours à l'avant-garde, elle prit la direction de l'ancien théâtre de la Gaîté-Montparnasse, en 1945, où elle monta des spectacles d'Audiberti. En 1967, elle installait sa compagnie aux Trois-Baudets dans un décor futuriste en métal réalisé par Paco Rabanne et créa *La Machine à sous* de David Guerdon, mise en scène et jouée par elle-même. L'influence d'Agnès Capri sur la chanson est considérable ; elle a su imposer un style nouveau aux spectacles de cabaret d'avant-garde. Elle a laissé des Mémoires publiés sous le titre *Sept Épées de mélancolie* (1975).

CARDENAS DE BUSTAMANTE Hipatia. Femme politique équatorienne (Quito, 1889 - [?]). Après de brillantes études, elle occupa rapidement de hautes fonctions dans l'Administration où ses qualités d'organisation et son intelligence furent très remarquées. Aussi fut-elle nommée en 1929 la première femme conseiller d'État, ce qui la rendit célèbre dans son pays. Présidente du Comité national féminin « Gonzales Suares », elle fit également partie de nombreuses associations nationales et internationales, dont la Ligue américaine pour la paix. Elle a écrit de nombreux livres sous le pseudonyme d'Aspasia, parmi lesquels *Mes fils* et *Tableaux champêtres*, dont les thèmes sont étrangers à ses préoccupations politiques et sociales. Ses articles ont été recueillis et publiés en 1944.

CARDINALE Claudia. Actrice italienne (née à Tunis en 1938). À peine âgée de dix-huit ans, elle gagna un concours de beauté à Tunis qui lui valut d'être engagée pour un petit rôle dans un film français réalisé en Tunisie. Elle se fixa ensuite à Rome. Elle épousa le producteur Franco Cristaldi qui la lança en la faisant jouer avec les metteurs en scène les plus prestigieux : Visconti, Bolognini, Fellini, Zurlini, Comencini, etc. Sa beauté sensuelle, un corps parfait, des yeux magnifiques, une voix légèrement rauque, alliés à de réels talents de comédienne expliquent qu'elle soit devenue en peu de temps une vedette internationale. Sa prestation dans le célèbre film de Visconti, *Le Guépard* (1963), fut tout à fait remarquable. Citons parmi les très nombreux films qu'elle a tournés : *Le Pigeon* (Monicelli, 1958), *Rocco et ses frères* (Visconti, 1960), *La Fille à la valise* (Zurlini, 1960), *Les lions sont lâchés* (Verneuil, 1961), *Cartouche* (de Broca, 1961), *Huit et demi* (Fellini, 1963), *Il était une fois dans l'Ouest* (Leone, 1969), *Violence et Passion* (Visconti, 1974) ; *La Storia* (Comencini, 1986). De son union avec le réalisateur Squitieri, elle a eu une fille à l'âge de quarante et un ans.

CARLSON Carolyn. Danseuse et chorégraphe américaine d'origine finlandaise (née à Oackland, le 7 mars 1943).

Diplômée de l'université d'Utah, elle entra au San Francisco Ballet School et travailla sous la direction de Alwin Nikolais, qui l'engagea dans sa compagnie en 1965 comme soliste. Succédant à Susan Buirge*, sa virtuosité technique, tant dans la danse classique que moderne, en firent son interprète favorite. En 1971, elle quitta l'Alwin Nikolais Dance Theatre pour la compagnie Anne-Béranger où elle collabora aux chorégraphies. Établie en France où elle connut le succès, Carolyn Carlson dansa et composa pour le festival d'Avignon, pour Hambourg, Milan et Bordeaux, jusqu'à sa nomination comme «étoile-chorégraphe» (titre créé spécialement pour elle) à l'Opéra de Paris (1973). Elle y fonda le Groupe de recherches théâtrales aux réalisations audacieuses : citons *Densité 21,5*, solo sur une partition d'Edgar Varèse (1973), le dyptique *L'Or des fous* et *Les Fous de l'or* (1974), ainsi que le ballet onirique *X Land* (1975).

À l'instar de Bob Wilson qui réinvente le théâtre, elle réinvente la danse, utilisant les techniques d'avant-garde et les ressources de l'audiovisuel pour ses montages. Images, sons, lumières et formes se mêlent, à la recherche du plus grand dépouillement. Longiligne, androgyne, fascinante, Carolyn Carlson semble instinct et improvisation, elle est poésie secrète. Citons encore parmi ses création *Wind, Water, Sand* (1976); *This, That, The Other* (1977), *Writing in the Wall* (1979). En 1980, elle partit travailler à Venise où elle a constitué le Teatro Danza La Fenice et présenta l'année suivante *Undici Onde*. *Still Waters* a été créé en 1986 à Paris, *Dark* présenté en 1988 au théâtre de la Ville, sa scène préférée. Elle vit en France et retourne chaque année en Finlande avec son fils Alexis, né en 1981.

CARO Anita de. Peintre. Américaine (née à New York en 1909). Elle fut l'élève de Max Weber, puis fréquenta à New York la célèbre école de Hans Hoffmann qui exerça une influence capitale sur la jeune génération de peintres américains. De 1935 à 1938, elle séjourna à Zurich où elle fit sa première exposition. Elle y rencontra Paul Klee qui ne fut pas sans marquer l'évolution de son art. Fixée ensuite à Paris, elle épousa le graveur Roger Vieillard en 1939. Anita de Caro participa à de nombreuses expositions de groupe, au Salon de Mai, à la galerie des Quatre-Chemins, chez Jeanne Bucher, à Lille où une importante exposition lui fut consacrée, à Londres, etc. Sa peinture est abstraite, faite de jeux savants de formes et de couleurs auxquels elle ne craint pas d'ajouter des morceaux de tissus qui s'intègrent à la matière picturale — technique qui rappelle celle des papiers collés de l'époque cubiste. Elle a procédé récemment à la vente de son fonds d'atelier à Paris.

CAROL Martine (Marie-Louise Mourer, dite). Actrice française (Biarritz, 16 mai 1922 - Monaco, 1967). Après de rapides études aux Beaux-Arts, elle s'orienta vers le théâtre, où elle débuta sous le pseudonyme de Maryse Arley, puis à l'écran dans de petits rôles comme *La Ferme aux loups* (Pottier, 1943) ou *Voyage surprise* (P. Prévert, 1947), mais sans grand succès. Soit difficultés professionnelles, soit déception amoureuse, elle tenta de mettre fin à ses jours en se jetant dans la Seine du haut du pont de l'Alma. Ce suicide manqué lui fit une énorme publicité. Elle commença à tourner de nombreux films, *Les Amants de Vérone* (Cayatte, 1948), *Caroline chérie* (Pottier, 1951), d'après le roman de Cecil Saint-Laurent, film dans lequel elle ne cache pas grand-chose de sa gracieuse anatomie, ce qui contribua à sa célébrité. Suivirent *Belles de nuit* (René Clair, 1952), *Un caprice de Caroline* (J. Devaivre, 1953), *Lucrèce Borgia** (1953) qui fit un petit scandale, *Madame Du Barry** (1954), *Nana* (1955), tous réalisés par son deuxième mari, Christian-Jaque. Martine Carol avait tourné en 1955 avec Max Ophuls *Lola Montes* dont l'insuccès ruina son producteur qui en mourut peu après. Vinrent ensuite d'autre échecs, entre autres *Les Noces vénitiennes* (Cavalcante, 1959), *En plein cirage* (Lautner, 1961) et son dernier film *L'enfer est vide* (Ainsworth, 1966).

Si Martine Carol connut la gloire, les cachets fabuleux, la vie des grandes stars du cinéma, sa vie sentimentale fut une suite d'amères déceptions : Georges Marchal, Steve Crane son premier mari, Jeff Chandler, Howard Hugues, Christian-Jaque, et bien d'autres. Elle se maria quatre fois. Ces échecs, ajoutés aux graves séquelles d'un accident au cours du tournage de *Nathalie*, lui firent prendre, dit-on, l'habitude de la morphine et de l'alcool. De plus, elle eut à subir la concurrence de Brigitte Bardot* au jeu et aux rôles plus modernes. Devenue neurasthénique, elle mourut d'un abus de tranquillisants ou d'une crise cardiaque.

RÉF. : A.-C. Cohen, *Martine chérie*, Ramsay, 1986.

CAROLINE DE BRUNSWICK-WOLFENBÜTTEL. Reine d'Angleterre (Brunswick, 1768 - Londres, 1821). Elle était la fille de Charles-Guillaume de Brunswick et la petite-fille de George III d'Angleterre. En 1795, elle épousa le prince de Galles, futur George IV, lequel avait épousé secrètement et illégalement Mrs. Fitzherbert en 1785, union qui fut annulée. Mari brutal et débauché, le roi ne tarda pas à se séparer de sa femme, refusant de la reconnaître comme reine et l'accusant faussement d'adultère. Elle s'éloigna d'Angleterre pour y revenir, acclamée par les Londoniens. Dans un procès retentissant et scandaleux, George IV demanda le divorce, mais les juges donnèrent raison à la reine qui fut pourtant exclue de Westminster le jour du couronnement en 1820. Un tel affront hâta sa mort.

CAROLINE MATHILDE. Reine de Danemark (Londres, 1751 - Celle, Hanovre, 1775). Elle était la sœur de George III d'Angleterre et épousa Christian VII de Danemark. Elle avait pour amant le médecin de son mari, le comte Johann-Friedrich Struensee, qu'elle laissa gouverner lorsque le roi fut devenu fou. Acquis aux idées des philosophes français, Struensee mena une politique réformatrice hostile à la noblesse, ce qui lui valut d'être renversé en même temps que la reine (1772). Il fut exécuté, tandis que Caroline Mathilde était enfermée au château de Krönborg. Elle fut sauvée grâce à l'intervention de George III qui la fit ramener au Hanovre.

CARON Kiki (Christine, dite). Championne de natation française (née à Paris en 1948). Elle commença à nager dès l'âge de cinq ans et remporta sa première compétition à onze ans. Cinq ans plus tard, elle était championne du monde du 100 m dos en 1 min 8 s et, deux ans plus tard, championne d'Europe du 200 m dos en 2 min 27 s. Aux jeux Olympiques de Tokyo (1964), elle obtint la médaille d'argent, terminant à neuf dixièmes seulement de sa concurrente, la japonaise Sakotó Tanaka. Elle fut championne des États-Unis (100 m dos, 1965), championne d'Australie (110 yards dos et 220 yards dos). De 1964 à 1967, elle remporta plusieurs titres de championne de France et conquit le dernier en 1970, alors qu'elle avait abandonné la compétition deux ans auparavant. Christine Caron a tourné un film, *Le Lys de la mer* (1970) et a écrit également un livre, *Comme un poisson dans l'eau* (1970).

CARON Leslie. Danseuse et actrice française (née à Paris, le 1er juillet 1931). Sa mère était une danseuse américaine, son père français. Elle étudia avec

Jeanne Schwarz au Conservatoire de Paris. En 1948, elle débuta dans les Ballets des Champs-Élysées en créant le Sphinx dans *La Rencontre* (Lichine) et dans *La Création* (Lichine). Gene Kelly la remarqua et l'exigea comme partenaire dans *Un Américain à Paris* (Minelli, 1951). Ce fut le début d'une consécration mondiale. Elle tourna une trentaine de films de genres différents, de la comédie musicale au drame psychologique, et dansa une dernière fois au Ballet de Paris en 1954 en créant pour Roland Petit *La Belle au bois dormant*. Superbe dans *La Pantoufle de verre* (Walters, 1954), éblouissante dans *Papa longues jambes* (Negulesco, 1955), magnifique *Fanny* américanisée de Logan, elle reste à tout jamais l'inoubliable *Gigi* (Minelli, 1958). Les plus grands metteurs en scène l'ont dirigée: Walsh (*La Ruelle du péché*, 1952) puis Forbes (*La Chambre indiscrète*, 1963), Clément (*Paris brûle-t-il?*, 1967), Truffaut (*L'Homme qui aimait les femmes*, 1977) et Ken Russel (*Valentino*, 1977). Elle eut pour partenaires Fred Astaire et Cary Grant. Elle vit actuellement en France et tourne pour la télévision.

CARPENTER Mary. Pédagogue et réformatrice anglaise (Exeter, 1807 - Bristol, 1877). Fille de professeur, elle débuta dans l'enseignement comme « monitrice » dans les classes de son père. D'une nature très sensible et charitable, elle se voua bientôt à la création d'écoles pour les enfants déshérités. Elle conçut par la suite un ensemble de réformes pour les établissements pénitentiaires, dont certaines furent adoptées dans la plupart des États de l'Empire britannique. Chargée de missions officielles en Asie et en Amérique, Mary Carpenter s'attacha particulièrement à la condition des femmes en Inde, où elle travailla avec le réformateur Rammohun Roy.

CARRAUD Zulma, née Touranger. Femme de lettres française (1796-24 avril 1889). Elle épousa à vingt ans un ancien polytechnicien, qui fut longtemps instructeur à Saint-Cyr. C'est là qu'elle fit connaissance d'Honoré de Balzac qui trouva en elle une amie vraie et sûre. Les *Lettres de Zulma Carraud à Honoré de Balzac*, publiées en 1840, firent plus pour sa célébrité que ses ouvrages éducatifs de la Bibliothèque rose, *La Petite Jeanne ou le Devoir* (1852), *Une servante d'autrefois* (1866), *Les Goûters de la grand-mère* (1886), vendus par milliers ou couronnés par l'Académie française. L'illustre romancier lui doit le sujet du *Médecin de campagne*; il fit chez elle de longs séjours à Angoulême ou à Issoudun. C'est d'ailleurs là qu'il trouva le cadre de *La Rabouilleuse*. Elle mourut neuf ans avant la naissance de son arrière-petit-fils, l'écrivain Philippe Hériat.

CARRENO Teresa. Pianiste vénézuélienne (Caracas, 22 décembre 1853 - New York, 12 juin 1917). Ses parents, excellents musiciens, reconnurent très vite les dons exceptionnels de leur fille et la conduisirent à New York pour la confier au pianiste Louis Gottschalk, qui eut son heure de célébrité. Choix malheureux, car l'enfant n'apprit qu'à imiter les prouesses pianistiques de son professeur. Ses parents l'emmenèrent alors à Paris où la jeune fille fut accueillie par les plus grands musiciens auxquels elle avait été recommandée: Liszt, Rossini, Berlioz, Rubinstein qui ne tarissaient pas d'éloges sur son talent. Elle mena à bien une brillante carrière de soliste, remportant des succès grandissants et s'attaquant aussi bien au répertoire classique que romantique. Une vie sentimentale des plus mouvementées — quatre mariages, trois divorces — ne fut pas sans influencer sa carrière de virtuose.

CARRERA Javiera. Chilienne (1781-v. 1862). Issue d'une excellente famille, veuve à dix-neuf ans, elle se remaria très vite. Admirée pour sa beauté, sa superbe et son enthousiasme à défendre la révolution chilienne, elle poussa ses trois frères à se révolter en 1810 et devint leur égérie. L'aîné, José Miguel, se proclama dictateur l'année suivante. Renversé en 1810, il se réfugia avec ses frères à Buenos Aires, où Javiera les suivit. Deux d'entre eux furent fusillés; elle-même fut emprisonnée puis relâchée. Lorsque José Miguel fut à son tour fusillé en 1821, elle se retira à Valparaiso où elle se consacra à des œuvres de bienfaisance.

CARRÈRE D'ENCAUSSE Hélène, née Zourabichvili. Universitaire française (née à Paris en 1929). Issue d'une famille russe émigrée à Paris dans les années 20, elle fit des études d'histoire et de science politique. Après l'obtention d'un doctorat en lettres et sciences humaines, elle enseigna à la Sorbonne. Elle est actuellement professeur à l'Institut d'études politiques de Paris et *Visiting Professor* de plusieurs universités américaines. Elle s'est spécialisée dans l'étude de l'URSS au XXe siècle et s'affirme comme une soviétologue de renom. Elle s'est fait connaître du grand public en publiant *L'Empire éclaté* (1978), étude de démographie comparée dans laquelle elle prédisait que l'URSS n'ayant pas réglé le problème de ses nationalités était condamnée à l'éclatement. Elle est l'auteur de nombreux ouvrages, *Le Marxisme et l'Asie* (1965), *Lénine : la révolution et le pouvoir* (1979), *Le Malheur russe* (1988), *La Gloire des nations ou la Fin de l'Empire soviétique* (1990), dont certains ont connu un grand succès de librairie. Elle a reçu en 1986 le prix de la fondation Louise-Weiss* et, le 13 décembre 1990, elle a été élue à l'Académie française au fauteuil de Jean Mistler. Après Marguerite Yourcenar* et Jacqueline de Romilly*, elle est, en France, la troisième académicienne.

CARRIERA Rosalba. Pastelliste et portraitiste italienne (Venise, 7 octobre 1675 - *id.*, 15 avril 1757). Elle débuta comme dessinatrice de dentelles puis comme miniaturiste, mais dut renoncer à ces activités à cause de la fragilité de ses yeux. Elle se tourna vers le pastel à partir de 1698 et fut admise à l'Académie Saint-Luc en 1705, à un moment où sa renommée avait déjà franchi les frontières de l'Italie. Venue à Paris en 1720, elle fut reçue à l'Académie royale de peinture et s'enthousiasma pour l'art de Watteau. Elle laissa des portraits du jeune Louis XV. Lors de son séjour en Autriche en 1735, elle remporta un vif succès à la cour au point que l'impératrice voulut être son élève. Elle suscita l'admiration de personnalités telles que Mariette, collectionneur et graveur français, Pierre Crozat, l'Électeur de Saxe, et bien d'autres encore. On saluait l'incomparable éclat de son coloris, la fraîcheur et le velouté de ses visages, non sans remarquer l'insuffisance de son dessin, due à la rapidité de l'exécution. En 1746, Rosalba Carriera devint aveugle. Elle ne le supporta pas et termina ses jours dans le malheur. Elle a laissé un *Journal* dans lequel elle relate heure par heure son séjour à Paris. Ses œuvres sont représentées dans un grand nombre de musées : à Milan, à Trévise, à Florence qui possède d'elle un bel *Autoportrait*, à Vienne où l'on peut admirer un portrait à l'huile de Frédéric III. L'Académie de peinture de Venise lui a consacré une salle entière.

CARTLAND Barbara. Femme de lettres anglaise (née en Angleterre en 1901). Sa vie aurait pu être comme ses romans. À vingt ans, la mort de son père, financier, ruiné, la laissa démunie. À une époque où les femmes ne travaillaient guère, cette jeune femme, qui est apparentée à la famille royale d'Angleterre, se mit à écrire dans des journaux populaires ; aujourd'hui encore, elle collabore à la chronique mondaine du *Daily Express*. Puis, très vite, réhabilitant le sentimentalisme et le romantisme, cet auteur prolifique, vendeuse de rêve, connut un succès prodigieux, surtout au cours des années 60, époque où la libération des mœurs battait son plein. La trame, toujours la même, écrite d'une écriture automatique, raconte la plupart du temps l'histoire d'une belle jeune fille, bien née, qui préserve sa vertu dans des circonstances « risquées » jusqu'au mariage, le tout sur fond historique et dans un cadre enchanteur. Impératrice du roman à l'eau de rose, cette dame extravagante a vendu plus de 380 millions d'exemplaires et reste, après Lénine, Marx et Agatha Christie*, l'auteur le plus traduit au monde. Un roman de Barbara Cartland est écrit en quinze jours, et se vend en France à deux millions et demi d'exemplaires. Sans complexe, elle ne rechigne pas à poser pour promouvoir son œuvre, parée, étincelante, vaporeuse, comme les héroïnes de ses romans.

Cette femme énergique, mariée en 1927 à son éditeur, Alexander Mac Corquodale, n'hésita pas à se lancer dans des exploits sportifs surprenants à l'époque : elle est une des premières femmes à avoir piloté un planeur de l'Aéropostale ; elle organisa la première course de moto féminine, et fut officier sanitaire et bibliothécaire durant la Seconde Guerre mondiale. Patriote généreuse, elle lutta pour les déshérités et perdit son siège de conseiller conservateur du Herdfordshire, son comté, en créant des campements pour les Tziganes alors maltraités par l'administration anglaise.

CARVALHO Odette de. Femme politique brésilienne (née en 1904). Son activité politique fut considérable, notamment dans toutes les affaires sociales qui concernaient le travail. Ses qualités furent reconnues par les autorités de son pays, qu'elle représenta aux conférences de Genève comme conseiller technique (1931-1933). En 1936, elle fut nommée secrétaire de la délégation du Brésil à la conférence internationale de Buenos Aires puis, en 1948, elle participa à Paris à l'Assemblée générale des Nations-Unies. De 1951 à 1954, elle occupa le poste de consul général du Brésil à Lisbonne. De retour dans son pays, elle devint chef du département culturel et politique du ministère des Affaires étrangères où son activité, tant culturelle que sociale fut très remarquée. Sa personnalité a largement dépassé les frontières du Brésil, et elle bénéficie d'une grande audience auprès de ses collègues étrangers.

CARVEN Carmen, (Carmen de Tommaso, dite). Créatrice de mode française (née à Châtellerault en 1909). Elle fit des études d'architecture et d'archéologie mais, plus attirée par la mode, elle ouvrit une maison de couture en 1945. Ses robes originales firent la conquête des parisiennes élégantes. Parmi ses nombreuses créations, citons la célèbre ligne «Amphore» et la robe «Samba», qui firent sensation à leur époque. Très active et remarquable femme d'affaires, Carven fut l'instigatrice des premiers voyages de présentation de haute couture à travers le monde et créa le célèbre parfum «Ma griffe». Veuve de Philippe Mallet, elle épousa en secondes noces René Grog, industriel suisse et magnat de la mécanographie.

CASADESUS Gaby, née Gabrielle Lhote. Pianiste française (née à Marseille, le 10 août 1901). Élève de Marguerite Long* au Conservatoire de Paris, elle obtint le premier prix de piano à l'âge de seize ans. Sa carrière est indissociable de celle de son mari, Robert Casadesus, avec lequel elle a joué à deux pianos. Elle a participé aux quatuors Guarneri et Julliard et a enseigné aux États-Unis ainsi qu'à l'Académie Maurice-Ravel de Saint-Jean-de-Luz. Son fils, Jean Casadesus (1927-1972), était également un pianiste de renom.

CASADESUS Gisèle. Actrice française (née à Paris en 1914). Elle est la fille du compositeur Henri Casadesus. Elle étudia la harpe avant d'entrer au Conservatoire d'art dramatique puis à la Comédie-Française où elle fut sociétaire de 1938 à 1963. Titulaire à ses débuts de rôles de soubrette dans des pièces de Marivaux et de Molière, elle interpréta avec la même finesse les héroïnes du répertoire moderne.

CASANOVA Danielle (Vincentella, dite), née Périni. Communiste française (Ajaccio, 9 janvier 1908 - camp de concentration d'Auschwitz, 9 mai 1943). Ses parents, des instituteurs corses, l'envoyèrent faire ses études à Marseille pour y préparer le concours d'entrée à l'École normale supérieure de Sèvres. Elle l'abandonna en début d'année et s'installa à Paris en 1927 car elle voulait devenir dentiste. Elle épousa Laurent Casanova en 1933. Tout en poursuivant ses études, puis ses activités professionnelles, elle milita dans les rangs de l'Union fédérale des étudiants, ensuite aux Jeunesses communistes. Elle y occupa des responsabilités nationales, internationales à partir de 1935 lorsqu'elle fut élue membre exécutif de l'Internationale de la Jeunesse communiste. L'année suivante, elle fonda l'Union des jeunes filles de France, dont le premier congrès se tint en décembre 1936 dans l'euphorie du Front populaire. Elle dota cette organisation d'un journal, *Filles de France*, et mena campagne pour différentes causes, entre autres en faveur des républicains espagnols. Elle s'engagea très tôt dans la Résistance, participant à des manifestations contre l'occupant et organisant, dans la clandestinité, des comités populaires féminins. Propagandiste très active, elle fut arrêtée à Paris le 14 février 1942, avec quatre-vingts membres du parti communiste. Transférée à la prison de la Santé, elle fut déportée à Auschwitz en janvier 1943. Elle y mourut du typhus. Le parti communiste a fait d'elle une de ses martyres.

RÉF. : P. Dominique, *Femmes et Action*, Éditions Martinsart, Romorantin, 1981. P. Durand, *Danielle Casanova, l'indomptable*, Messidor, 1990.

CASARES Maria. Actrice française d'origine espagnole (née à La Corogne, le 21 novembre 1922). Fille de l'homme politique espagnol Santiago Casares Quiroga, elle fut exilée et se réfugia en France en 1936. Elle suivit les cours de Dussane* au Conservatoire et se révéla dans *Deirdre des douleurs* (J.M. Synge) en 1942. Interprète de l'existentialisme, elle joua Camus et Sartre: *Le Malentendu, L'État de siège, Les Justes, Le Diable et le Bon Dieu*. En 1952, elle entra à la Comédie-Française et incarna une remarquable Elvire (*Don Juan*, Molière), joua La Périchole (*Le Carrosse du Saint-Sacrement*, Mérimée) et la Belle-Fille (*Six Personnages en quête d'auteur*, Pirandello). En 1954, au TNP, elle triompha dans Lady Macbeth* (*Macbeth*, Shakespeare), Phèdre (*Phèdre*, Racine) et dans Lôla (*La Ville*, Claudel).

D'une beauté concentrée, illuminée des éclats de la passion, elle est la plus éclectique de nos tragédiennes modernes. Révélée au cinéma par *Les Enfants du paradis* (Carné, 1943) et par *Les Dames du bois de Boulogne* (Bresson, 1945), elle est la Sanseverina dans *La Chartreuse de Parme* (Christian-Jaque, 1947) et la Mort dans *Orphée* (Cocteau, 1949): quatre rôles qui font d'elle l'une des grandes actrices du cinéma français. En 1977, pour le quarantième anniversaire du festival d'Avignon, elle a interprété avec Guy Tréjan les monologues des *Tropismes* de Nathalie Sarraute*.

Elle a écrit des Mémoires, sous le titre *Résidente privilégiée* (1980).

CASLAVSKA-ODLOZIL Vera. Gymnaste tchécoslovaque (née à Prague en 1942). Après des débuts prometteurs dans le patinage artistique, elle opta à l'âge de quinze ans pour la gymnastique. Elle remporta plusieurs succès dans son pays, mais il lui fallut attendre 1962 (elle avait alors dix-neuf ans) pour décrocher son premier titre mondial au cheval d'arçon, obtenu à Prague, devançant dans cette discipline la célèbre championne soviétique Larissa Latynina*, qu'elle battit de nouveau aux jeux Olympiques de Tokyo (1964) mettant ainsi fin au règne des gymnastes soviétiques. L'année suivante, Vera Caslavska réussit à Sofia son premier grand chelem (cinq titres sur cinq), puis elle gagna le championnat du monde du concours général et du saut à Dortmund en 1966. Elle réussit un grand chelem à Amsterdam en 1967. Aux jeux Olympiques de Mexico (1968), elle renouvela ses exploits, n'échouant qu'à la poutre où elle fut devancée par la Soviétique N. Kourchinskaïa. Championne du monde incontestée, Vera Caslavska possède un palmarès exceptionnel: trente-cinq médailles dont vingt-deux d'or, dix d'argent et trois de bronze. Grâce à son inspiration, à l'élégance de ses enchaînements aux exercices au sol, elle triompha de la précision technique de sa grande rivale Larissa Latynina. Elle prit sa retraite après les jeux de Mexico et, après l'écrasement du Printemps de Prague par les Soviétiques, s'expatria au Mexique avec sa famille.

CASSANDRE SALVIATI. Italienne. (château de Talcy, Loir-et-Cher, v. 1530 - v. 1600). Son père était le riche banquier florentin Salviati, allié aux Médicis, venu s'installer en France au début du siècle. C'est le 21 avril 1545, lors d'un bal au château de Blois, que Pierre de Ronsard, âgé de vingt et un ans, rencontra Cassandre. Il s'éprit de la brune adolescente aux yeux voilés de longs cils. Las ! Ses parents la marièrent l'année suivante à Jean de Pray, dont elle eut une fille. Ronsard chante la dame de ses pensées dans les *Amours de Cassandre* (1552), au style pétrarquisant, lui qui disait de Pétrarque qu'« il était un grand fat d'aimer sans avoir rien ». Il abandonnera le souvenir de Cassandre pour la jolie Marie Dupin*, qui donne son nom au second recueil des *Amours* (1555).

CASSATT Mary. Peintre. Américaine (Pittsburgh, 1844 - Le Mesnil-Théribus, Oise, 1926). Sœur d'un magnat des chemins de fer, elle étudia à l'Académie des beaux-arts de Pennsylvanie jusqu'en 1865. Elle fit de longs séjours en Italie, en Espagne, à Anvers pour terminer son périple à Paris où elle se fixa en 1873. Elle y rencontra Manet, Courbet, Renoir et surtout Degas qui eut une profonde influence sur son art. Il l'appelait « mon confrère » et la peignit à plusieurs reprises dans les galeries du Louvre — silhouette noire élégamment appuyée sur une ombrelle. Il la convainquit d'exposer avec les impressionnistes, ce qu'elle fit régulièrement à partir de 1877. Mary Cassatt s'est surtout attachée à représenter la figure humaine; son thème de prédilection est celui de la mère et de l'enfant, dépouillé de toute mièvrerie. Elle a excellé à la fois dans le dessin et dans la couleur. Elle était également collectionneuse et a joué un rôle important dans l'introduction de l'impressionnisme aux États-Unis. Son œuvre figure en majeure partie dans les musées américains (New York, Washington, Philadelphie, Chicago, etc.). Le Louvre possède d'elle *Mère et Enfant*.

CASTEL Jeanne. Directrice de galeries d'art. Française (Millau, 1896 -

Paris, 1969). Très jeune, elle se passionnait pour la peinture et entreprit une collection. Le garage de son mari, avenue du Général-Beuret à Paris, où elle accrochait ses tableaux, devint le rendez-vous des artistes et des amateurs d'art. Son amie d'enfance, Domenica Walter, à qui l'on doit la donation du musée de l'Orangerie, avait épousé Paul Guillaume, qui devait devenir le plus grand marchand de tableaux de l'entre-deux-guerres. Impressionné par le goût et la sûreté de jugement de Jeanne Castel, il travailla avec elle et parraina l'ouverture de sa première galerie avenue de Messine. Elle y exposa les œuvres d'Ozenfant, chef de l'école puriste et ami de Le Corbusier, ainsi que les peintres Derain, Fautrier, André Masson et Chastel. Devenue veuve, elle aménagea une galerie avenue Matignon et servit une nouvelle génération de peintres parmi lesquels Depierre, Lucien Lautrec, Bazaine et Bissière. Au sommet de sa réussite, elle quitta l'avenue Matignon pour la rue du Cirque, où la galerie existe toujours, et organisa des expositions de Bonnard, Cézanne, Soutine, Courbet, Matisse, Modigliani, Monticelli, Renoir, Picasso, Van Dongen, Vuillard, et de plus jeunes, Georg, Gromaire, Hélion et de bien d'autres artistes qui consacrèrent sa renommée de «découvreur».

CASTELBAJAC Léontine, née de Villeneuve, comtesse **de**. Française (château de Hauterive, 30 janvier 1803 - 5 avril 1897). Élevée dans la demi-solitude du château de Hauterive, près de Castres, cette jeune femme exaltée commença en 1827 une correspondance — elle signait Adèle de X. — avec Chateaubriand. L'écrivain décida de rencontrer son admiratrice après deux ans de liaison épistolaire: rendez-vous fut fixé à Cauterets, dans les Pyrénées, où il prenait les eaux. Léontine avait vingt-six ans et lui soixante et un. Elle était prête à le suivre à Rome et à se faire la servante de son œuvre. Chateaubriand, qui venait de rencontrer la sémillante Hortense Allart* de Méritens, guère plus âgée, l'en dissuada doucement, lui conseillant plutôt de prendre mari. Ce qu'elle fit dès l'hiver, en la personne du comte de Castelbajac, président de chambre à la cour de Toulouse. Ils se revirent deux fois, en 1838 et 1847, où l'écrivain lui dit en guise d'adieu, un an avant de mourir: «Je vous ai bien aimée, je vous aime toujours.» On s'interrogea longtemps sur l'identité de la mystérieuse «Occitanienne» de l'épisode de Cauterets, mentionnée dans les *Mémoires d'outre-tombe*. Pour sa part, Léontine de Castelbajac s'estima offensée lorsqu'elle vint à lire le joli passage qui s'y rapporte. L'auteur ne disait-il pas avoir été «obligé de la reporter chez elle» dans ses bras? Elle serra les anciennes lettres de Chateaubriand avec ses propres *Confidences* et enjoignit à ses héritiers de publier le tout afin de prouver son innocence. C'est ainsi que le *Roman de l'Occitanienne* puis ses *Mémoires* virent le jour en 1925 et 1927.

CASTELLANE Cordélia, née Greffhule, comtesse **de**. Française (1796-1847). Elle épousa à dix-sept ans un officier, «le plus laid et le plus dégoûtant mari», dit Rémusat, dont elle se consola par une brochette d'amants. Blonde, fantasque et provocante, elle était deux ans après son mariage, la maîtresse du comte Molé. Quant aux lettres brûlantes de Chateaubriand, elles datent de 1823: on suppose que la passion de l'écrivain fut partagée mais de courte durée. Dès les premiers mois de 1824, la comtesse de Castellane était de retour auprès de son premier amant. Fidèle à sa discrétion, Chateaubriand ne souffle mot de cette liaison dans ses *Mémoires d'outre-tombe*. Mais l'on peut supposer que le souvenir de Cordélia inspire l'éloge vibrant qu'il fait de la pâleur et des yeux bleus de son ancêtre, Marcelle de Castellane, dans sa dernière œuvre la *Vie de Rancé* (1844). Les *Lettres de Chateaubriand à la comtesse de Castellane* ont été publiées en 1927.

CASTELMAINE Barbara, née Villiers, duchesse de Cleveland, et duchesse de. Anglaise (1641 - Chiswick, 1709). Elle était la femme de Roger Palmer et devint la maîtresse de Charles II d'Angleterre. Pour faciliter leurs rencontres, le roi la fit nommer dame d'honneur de sa femme, Catherine de Bragance, après avoir conféré aux Palmer les titres de duc et duchesse de Castelmaine. Cette liaison tapageuse scandalisa la cour et les sujets du roi, d'autant que la favorite ne se laissait pas oublier. Devenue duchesse de Cleveland en 1670, elle fit reconnaître à Charles II la paternité de deux de leurs enfants. En outre, elle usa de son influence pour discréditer ses ennemis, dont le Premier ministre, le comte de Clarendon, qui fut abandonné par le roi et dut se réfugier en France pour échapper à une inculpation de trahison. En 1674, la duchesse fut supplantée dans les faveurs royales par Louise de Kéroualle*. De dépit, elle prit de nombreux amants, entre autres le futur duc de Marlborough qui lui dut sa fortune et, en France ou elle s'était retirée, l'ambassadeur Ralph de Montagu. De retour en Angleterre, elle vit s'éteindre Charles II en 1685. Elle a laissé le souvenir d'une femme passionnée et sans scrupules.

CASTIGLIONE Virginia, née Oldoini, comtesse Verasis di (dite **la Castiglione**). Italienne (Florence, 1837 - Paris, 1899). Pouvait-on rêver plus séduisante et convaincante ambassadrice que cette femme dont la beauté, l'intelligence et l'esprit avaient ébloui la cour de Turin qui l'avait surnommée la « divina contessa » ? Cavour ne s'y trompa pas en l'envoyant à Paris auprès de Napoléon III pour défendre la cause du Piémont. Virginia Oldoini, qui descendait d'une très ancienne famille aristocratique de La Spezia, avait été mariée en 1855 à François Verasis, comte de Castiglione, dont elle se sépara rapidement car, très ambitieuse, elle entrevoyait un avenir beaucoup plus brillant pour elle. Arrivée à Paris, elle fit la conquête de Napoléon III : son sens politique lui permit de contribuer à la réalisation de l'alliance franco-sarde. Mais, en 1859, elle se brouilla avec l'empereur après avoir critiqué la convention de Villafranca et se retira à Milan. De retour à Paris en 1862, elle ouvrit de nouveau son salon, continuant à recevoir le monde politique ; Thiers comptait parmi ses fidèles ainsi que le duc d'Aumale dont elle embrassa la cause orléaniste. Malgré ses intrigues politiques, cette femme de tête avait su se réserver suffisamment de loisirs pour collectionner un nombre non négligeable d'amants : le roi Emmanuel II, le duc de Chartres, le banquier Laffitte et bien d'autres.

CASTLE Barbara. Femme politique anglaise (née à Chesterfield, le 6 octobre 1911). Fille du poète Frank Betts, connu non seulement pour ses poèmes et son œuvre littéraire mais aussi pour ses idées avancées, Barbara Castle vécut son enfance dans un milieu favorable au socialisme, ce qui la marqua toute sa vie. Après des études à Oxford, elle milita en faveur de la classe ouvrière, donnant des conférences, écrivant de nombreux articles, ce qui lui valut son élection à la députation. Membre du Labour Party, elle en devint bientôt la présidente. En 1946, elle participa aux côtés des Alliés comme déléguée parlementaire à l'Assemblée générale des Nations-Unies. Devenue ministre de l'Emploi, elle annonça, en 1969, au congrès travailliste, que son gouvernement avait décidé d'interdire toute discrimination à l'égard des femmes concernant le salaire et qu'à travail égal elle auraient un salaire égal à celui des hommes. Elle a été élue député à l'Assemblée européenne en 1979 et en 1984.

CASTRIES Henriette, née de Maillé, duchesse **de**. Française (1796-1861). Balzac lui fit une cour assidue, mais elle ne lui laissa aucun espoir. Il l'a représentée sous les traits de la duchesse de Langeais dans le roman du même nom (1834). C'est un portrait d'une telle cruauté qu'on ne peut le concevoir que par la grave blessure d'amour-propre provoquée par celle qui avait repoussé ses avances.

CASTRO Inés de. Voir INÉS DE CASTRO.

CASTRO OSORIO Ana de. Écrivain. Portugaise (Mangualde, 1872 - Lisbonne, 1935). Mariée en 1898 au poète et tribun républicain Paulino de Oliveira, elle a laissé une œuvre abondante. Outre des romans et des contes pour enfants d'une grande sensibilité, elle a traité de questions sociales et de l'histoire du Portugal. Elle s'est illustrée dans la lutte féministe avec un ouvrage qui fait date: *La Femme portugaise* (1905). De 1909 à sa mort, elle présida la Ligue républicaine des femmes, organisation qui milita pour l'égalité sociale des Portugaises.

CATALANI Angelica. Soprano italienne (Sinigaglia, 10 mai 1780 - Paris, 12 juin 1849). Fille d'un chanteur, elle fut élevée dans un couvent où sa voix faisait sensation et attirait une foule de curieux venus entendre l'enfant prodige. À l'âge de dix-sept ans, elle fit ses débuts à la Fenice de Venise dans *La Lodoiska* (Mayr). Son talent et sa beauté lui rallièrent tous les suffrages. Trois ans plus tard elle chantait à Trieste *Les Horaces et les Curiaces* (Cimarosa); l'année suivante elle créait *Clytemnestre* (Cimarosa) à la Scala. Elle se produisit avec succès à Florence, à Rome, à Naples, à Lisbonne, en 1800, où elle parut aux côtés du fameux Crescentini. En 1804, elle épousa un officier français, Paul Valabrègue, qui devint son imprésario. Deux ans plus tard elle donnait à l'Opéra de Paris trois concerts: son extraordinaire réputation fit tripler le prix des places. Napoléon l'invita à Saint-Cloud, lui proposa cent mille francs pour un contrat d'un an, ce qu'elle refusa pour respecter un engagement antérieur, pris à Londres, avec des appointements sans précédent. À Drury Lane comme à Covent Garden, elle percevait, dit-on, deux cents guinées pour chanter *God save the King*! Napoléon remportait-il une victoire? La diva traversait la Manche pour entonner les hymnes nationaux. Grâce à ces gains, elle fut la première cantatrice à mener un train royal.

On l'entendit dans *La Frascatana* (Paisiello) et dans *Didone* (Paisiello), elle chanta Sésostris dans *La Fête d'Isis* (Nasolini). Réengagée pour quatre saisons au King's Theatre, elle triompha dans de nombreux ouvrages, notamment dans *La Clémence de Titus* (Mozart). Pour la première représentation londonienne des *Noces de Figaro* (Mozart), elle fut une exquise Suzanne. De retour à Paris en 1814, Louis XVIII, qui l'admirait beaucoup, la nomma à la direction de la salle Favart. Elle ne prit réellement ses fonctions que lors de la deuxième Restauration et n'y brilla guère. Elle reprit sa liberté en 1817. Voyageuse infatigable, elle se rendit en Allemagne, au Danemark, en Suède, en Pologne et en Russie. On la revit une dernière fois au King's Theatre en 1824, et elle acheva sa carrière à Dublin. Angelica Catalani fut la plus belle voix de son temps mais, semble-t-il, une actrice médiocre. Elle faisait la transition entre les grandes belcantistes froides et tyranniques du XVIIIe siècle et les divas romantiques. Elle mourut du choléra à Paris et fut inhumée à Pise.

CATHER Willa. Romancière américaine (Winchester, Virginie, 7 décembre

1876 - New York, 24 avril 1947). De famille anglo-irlandaise, elle vint avec ses parents au Nebraska à l'âge de huit ans et y vécut avec des pionniers de tous les pays. Après des études irrégulières, elle obtint en 1895 un diplôme universitaire. Elle se lança dans le journalisme à Pittsburgh et écrivit des nouvelles influencées par l'art de Henry James. Après un voyage en France, elle devint professeur de littérature anglaise et de latin à Allegheny: elle publia en 1903 sa première œuvre, *Crépuscule d'avril* et, l'année suivante, un recueil de nouvelles, *L'Année des trolls*. Engagée par l'éditeur S.J. Mac Clure comme rédactrice dans le magazine new-yorkais, *Mc Clure's*, qu'elle dirigea ensuite en 1906, elle quitta son poste cinq ans plus tard pour se consacrer à son œuvre. Son enfance dans les plaines du Nebraska et un certain «esprit pionnier» marquent ses romans *O! Pioneers!* (1913), *The Song of the Lark* (1915), *Un des nôtres*, pour lequel elle obtint le prix Pulitzer en 1922, *Une dame perdue* (1923), *La Maison du professeur* (1925), *Mon ennemi mortel* (1926), *La Mort de l'archevêque* (1927). Dans *Les Ombres sur le rocher* (1931), évocation des Français du Québec, l'héroïsme et la foi sont les thèmes dominants; peu après, Willa Cather se convertit au catholicisme.

RÉF.: V. Handy, *L'Œuvre de Willa Cather*, Rennes, 1940.

CATHERINE Ire, née Marfa Skavronskaïa. Impératrice de Russie (Livonie, 1684 - Saint-Pétersbourg, 17 mai 1727). D'origine polonaise, elle était veuve d'un dragon suédois lorsque les armées russes envahirent le pays. Belle et déterminée, elle suivit un général vainqueur à Moscou où elle devint la maîtresse du prince Alexandre Menchikov, ami intime de Pierre le Grand. C'est chez lui que l'empereur, qui venait de répudier sa femme, Eudoxie* Feodorovna, fit sa connaissance et s'éprit d'elle. Le mariage du tsar et de cette fille du peuple fut célébré en secret en 1707 et officiellement en 1712. Partageant avec efficacité les charges du pouvoir, Catherine sut se rendre indispensable à son époux: elle siégeait au Conseil et savait soigner ses malaises chroniques. Elle l'accompagna dans son expédition contre les Turcs en 1711 et parvint à acheter le Grand Vizir, épargnant à son mari une captivité humiliante après sa défaite sur le Pruth. Deux filles naquirent de leur union, Anna et Élisabeth* Petrovna. Un an avant sa mort, Pierre le Grand la désigna pour lui succéder et la fit couronner «impératrice de toutes les Russies». En 1725, elle devint tsarine grâce à l'appui de Menchikov. Face à l'opposition du clergé et des boyards qui lui reprochaient son manque d'expérience politique, elle dut laisser gouverner son entourage. À sa mort deux ans plus tard, Pierre II, petit-fils de Pierre le Grand, lui succéda sur le trône. Sous le règne de Catherine fut fondée l'Académie des sciences de Saint-Pétersbourg. On cite souvent comme exemple de la cruauté de Pierre le Grand le châtiment d'un soupirant de la tsarine, le jeune français Moens de La Croix, dont elle dut contempler la tête décapitée.

CATHERINE II la Grande, née princesse Sophie d'Anhalt-Zerbst. Impératrice de Russie (Stettin, Poméranie, 2 mai 1729 - Saint-Pétersbourg, 17 novembre 1796). D'origine allemande, elle vint à la cour en 1744, appelée par la tsarine Élisabeth qui souhaitait la marier à son neveu, le grand-duc Pierre, héritier du trône. Elle fut aussitôt convertie à l'orthodoxie et reçut le prénom de Catherine. Le mariage eut lieu en 1745. À la différence de son mari, germanophile et grand admirateur de Frédéric II, Catherine fut d'emblée séduite par son pays d'adoption dont elle assimila avec passion la langue, l'esprit et les coutumes. Le grand-duc monta sur le trône en 1762 sous le nom de Pierre III. Mari stupide, d'une grande laideur, marqué par la variole, il avait le projet de répudier sa femme dont l'infidélité était notoire. Catherine, autour de laquelle s'étaient groupés les opposants à Pierre III, très impopulaire, le prit de vitesse et le fit déposer par la garde avec l'aide des frères Orlov (9 juillet 1762). Relégué à la campagne, le tsar fut assassiné huit jours plus tard. Catherine fut proclamée impératrice de toutes les Russies: elle allait régner sans partage durant trente-quatre ans.

Se faisant l'apôtre du nationalisme russe, elle fut saluée comme la véritable héritière de Pierre le Grand. Grande travailleuse, levée à cinq heures, elle menait les affaires avec efficacité. Selon sa devise *nulla dies sine linea*, elle entretint en allemand, en russe et en français une volumineuse correspondance avec les souverains et les gens d'esprit. Elle protégea les Encyclopédistes: Diderot, qu'elle invita sept mois à Saint-Pétersbourg, d'Alembert, Voltaire, Rousseau, Mme Geoffrin* — à charge pour eux de répandre le prestige de la «Sémiramis du Nord» à l'étranger. Celle qui disait à Diderot: «Allez toujours, entre hommes, on peut tout dire» se montra une femme sensuelle et passionnée. «Mon grand malheur, écrit-elle, est que je ne sais pas vivre sans amour.» Parmi la vingtaine d'amants qu'on lui prête — le favori du jour étant confiné à l'«Appartement» —, il faut distinguer le premier Soltikov — sans doute le père du futur Paul Ier — puis ses conseillers: Stanislas Poniatowski, qu'elle fit roi de Pologne, Nikita Panine, le feldmarechal Souvorov, le métropolite Platon, enfin le légendaire Potemkine. Ce géant borgne, qu'elle appelait drôlement son «bonbon de profession», son «Moscovite», son «tigre d'or», resta en grâce, passé leur liaison, jusqu'à la fin de ses jours en 1791.

Catherine II ne laissa pourtant jamais l'amoureuse dicter la conduite de la souveraine. Son action politique fut immense et despotique. Bien qu'affichant un certain libéralisme dans ses *Instructions* (1767) inspirées de Montesquieu, elle renforça les pouvoirs de la noblesse sans égard pour un peuple constitué à 90% de paysans, serfs pour la plupart. Le gouvernement dut réprimer dans le sang la rébellion du cosaque Pougatchev, nommé Pierre III par ses armées, rébellion qui prit le caractère d'une guerre civile (1772-1774). Catherine comprit l'urgence d'une refonte et d'une décentralisation: l'Ordonnance sur les gouvernements (1775) découpa l'empire en cinquante provinces, subdivisées en districts dirigés par des nobles. En 1785, une charte vint confirmer leurs privilèges, tandis qu'une charte des corporations dotait chaque ville d'une administration municipale autonome. L'Académie russe fut fondée par elle en 1783. En 1787, Catherine tenta d'établir le Statut des écoles populaires, qui faisait de l'école un monopole d'État, mais dut y renoncer devant l'opposition de l'aristocratie.

En politique extérieure, l'impératrice profita habilement des dissensions de ses voisins pour agrandir ses frontières. C'est ainsi qu'elle incorpora la Russie Blanche à la suite de l'invasion de la Pologne par les troupes russes et du premiér partage de ce pays (1772). Rêvant de conquérir Constantinople, elle guerroya contre l'Empire ottoman, dont la flotte fut détruite (1768-1774). Le traité de Kütchük-Kaïnardji (1774) porta la Russie à l'embouchure du Dniepr: les Dardanelles furent ouvertes aux navires russes, la Crimée proclamée indépendante puis annexée en 1783. Potemkine fut chargé de l'administration des nouvelles provinces du Sud, entreprit la mise en valeur des steppes de l'Ukraine et du Caucase et fonda les villes de Kherson et de Sébastopol (1784). Il organisa pour la souveraine le triomphal voyage de 1787 à travers l'Ukraine, auquel participèrent Joseph II et de nombreux étrangers, dont le prince de Ligne, lequel nota qu'il y avait bien des quartiers sans rues, des rues sans maisons et des maisons sans murs dans ces villes nouvelles. En 1792, le second démembrement de la Pologne installa la frontière occidentale de la Russie sur les bords de la Dvina et du Dniestr. Catherine, écrasant tous les obstacles, avait achevé le rassemblement de toutes les terres russes et consolidé un pouvoir autocrate et particulièrement despotique malgré les velléités libérales du début du règne. L'empire des tsars, plus riche et plus peuplé, faisait désormais figure de géant face à l'Europe. Mais son action sociale ne favorisa que les hommes libres. Épouvantée par la Révolution française — «Je resterai aristocrate, c'est mon métier», disait-elle à l'ambassadeur de France, le comte de Ségur —, elle se mit à sévir contre la presse et les esprits libéraux. Elle s'apprêtait à envoyer des secours à l'Autriche contre le Directoire lorsqu'elle mourut en novembre 1796.

Elle avait fait de son règne une ère brillante et cosmopolite, introduisant à la cour les talents étrangers: l'ingénieur Perronnet, Mme Vigée-Lebrun*, le sculpteur Falconet, à qui elle avait commandé la grande statue équestre de Pierre le Grand à Saint-Pétersbourg, et sa bru Marie-Anne Collot*. Elle réunit une remarquable collection d'œuvres d'art qui constitua le fonds du musée de l'Ermitage, dont elle fit construire le premier bâtiment par l'architecte Vallin de Lamothe. Parmi les portraits de l'impératrice, il convient de retenir ceux de Levitzky, de Lampi, de Torrelli et le buste de Choubine. Elle montait en homme, et les peintres la représentent souvent en grand uniforme, coiffée d'un catogan et d'un bicorne. «Franc chevalier», mais «rien moins qu'hommasse» comme elle se décrit elle-même, la Grande Catherine mérite bien le surnom que lui trouva Voltaire: Catherine-le-Grand.

RÉF.: H. Troyat, *Catherine la Grande*, Flammarion, 1977. P. Mourouzy, *Catherine II, impératrice de toutes les Russies*, France-Empire, 1986. Z. Oldenbourg, *Catherine de Russie*, Gallimard, 1966.

CATHERINE D'ALEXANDRIE, sainte (Alexandrie, v. 289 - *id.*, 307). Très belle et cultivée, elle était déjà considérée, à dix-sept ans, comme la femme la plus savante de son temps. Elle tenta de convaincre l'empereur Maxence d'abandonner le culte des idoles et de se joindre aux chrétiens. L'empereur fut impressionné par son éloquence et sa prudence mais, ne sachant lui répondre, il fit venir cinquante orateurs parmi les plus grands savants pour qu'ils triomphent de sa science et la confondent. Catherine réfuta leurs arguments avec une telle ferveur, et des raisons si évidentes, qu'elle les convertit tous à la foi chrétienne. L'empereur furieux ordonna alors de les faire brûler au milieu de la ville et d'enfermer Catherine dans une prison obscure. Or, l'impératrice, Faustine, qui s'était prise d'amitié pour elle, vint lui rendre visite une nuit, accompagnée de Porphyre le général des armées. Leur ayant vanté les joies éternelles, Catherine les convertit à leur tour. Maxence, exaspéré, la condamna à être décapitée. Dès qu'elle eut rendu l'âme, des anges prirent son corps et le portèrent sur le mont Sinaï. La légende et l'oraison du Bréviaire romain consacrent ce fait. Grâce aux récits des croisés, sa légende se répandit en Occident. Ses *Actes*, tardifs et légendaires, rapportent également que l'Enfant Jésus, porté par la Vierge Marie*, lui apparut, la choisit pour fiancée en lui remettant un anneau.

Sainte Catherine est la patronne des étudiants, des philosophes et des jeunes filles. Elle est souvent représentée debout, portant une couronne royale, et à côté d'elle, ou à ses pieds, une roue brisée, comme l'ont peinte Bernardino Luini et Paul Véronèse. Deux grandes œuvres sont à citer en particulier : *Le Martyre de sainte Catherine d'Alexandrie* par Gaudenzio Ferrari (Brera) et *Le Mariage mystique de sainte Catherine* par le Corrège (Louvre). Elle est fêtée le 25 novembre.

CATHERINE D'ARAGON. Reine d'Angleterre (Alcála de Henares, Castille, 1485 - Kimbolton, 1536). Elle était la fille de Ferdinand II d'Aragon et d'Isabelle* de Castille — les célèbres Rois Catholiques. Elle épousa en 1501 le prince de Galles, Arthur. Veuve l'année suivante, elle devint reine d'Angleterre par son mariage avec Henri VIII en 1509. Elle lui donna six enfants, dont un seul survécut, la princesse Marie. Le roi, très préoccupé à l'idée de ne pas avoir de successeur, entreprit de divorcer, d'autant plus qu'il était tombé amoureux d'Anne* Boleyn. La procédure commença dès 1527 et rencontra l'hostilité du pape Clément VII soutenu par Charles Quint, neveu de Catherine d'Aragon. Henri VIII passa outre, fit prononcer le divorce en 1533 par l'archevêque Cranmer, ce qui hâta sa rupture définitive avec Rome. La reine répudiée se retira et passa ses dernières années au château de Kimbolton.

CATHERINE DE BOLOGNE, sainte (Bologne, 1413 - *id.*, 1463). Élevée à Ferrare, elle quitta la cour de Marguerite d'Este pour entrer au couvent des Clarisses à Bologne, dont elle devint l'abbesse. Grande mystique, elle a écrit le livre de ses visions, *Révélations*, et un *Traité des armes spirituelles*. Elle a fondé le couvent du Saint-Sacrement de Bologne. Elle fut canonisée en 1712. On la fête le 9 mars.

CATHERINE DE BOURBON, duchesse de Bar (Paris, 7 février 1558 - Nancy, 13 février 1604). Sœur de Henri IV elle resta, sa vie durant, fidèle à la religion protestante dans laquelle elle avait été élevée. En 1577, le roi la nomma régente de Navarre, et elle s'occupa de l'administration de ses États avec sagesse et prévoyance, séjournant tantôt à Pau, tantôt à Nérac. Son attachement au protestantisme fit échouer les très nombreux projets de mariage imaginés par son frère, notamment avec Philippe II d'Espagne et Jacques VI d'Écosse. Elle s'éprit de son cousin Charles de Bourbon, comte de Soissons, qui fut arrêté sur ordre de Henri IV au moment où, semble-t-il, il s'apprêtait à l'épouser (1592). Deux ans plus tard, le roi lui signifiait qu'elle avait à s'unir au duc de Bar, héritier présomptif de la Lorraine. Elle résista cinq ans, refusant par-dessus tout l'idée d'une conversion. Le mariage célébré (1599), elle s'installa à Nancy avec son mari où elle mourut de chagrin, sans postérité.

CATHERINE DE FOIX. Reine de Navarre (v. 1468 - Mont-de-Marsan, 11 février 1517). Fille de Gaston de Foix et nièce de Louis XI, elle fut proclamée reine de Navarre par les Cortes en 1483. Avec son mari Jean d'Albret qu'elle avait épousé en 1484, elle tenta de maintenir l'indépendance de son royaume face aux prétentions françaises et espagnoles. C'est ainsi qu'elle prit parti contre Anne* de Beaujeu au moment de la Guerre folle. La Navarre se rangea par la suite aux côtés de la France, puis de l'Espagne dans les années 1490. Louis XII répliqua en annexant le Béarn. Catherine de Foix et son mari virent leur salut dans une alliance avec l'Autriche en 1507. Ferdinand d'Aragon, roi d'Espagne, fit alors occuper la Navarre par le duc d'Albe (1512). Les souverains s'installèrent à Mont-de-Marsan en faisant sans succès appel à la France.

CATHERINE DE GÊNES, sainte (Gênes, 1447 - *id.*, 1510). Elle était la fille de Jacques Fieschi, vice-roi de Naples et avait pour grand-oncle le pape Innocent IV. Catherine, rompue à l'usage du monde, eut subitement des visions et des extases mystiques qui transformèrent son existence. Elle réussit de nombreuses conversions dont celle de son mari, qui avait mené jusque-là une vie de débauche. Une fois veuve, elle se consacra aux soins des malades et des pauvres et passa les trente-sept dernières années de sa vie dans la pénitence. Elle a laissé des œuvres spirituelles : *Dialogue spirituel* et un *Traité du purgatoire*. Catherine de Gênes a été canonisée en 1737, plus de deux cents ans après sa mort. On la fête le 15 septembre.

CATHERINE DE MÉDICIS. Reine de France (Florence, 13 avril 1519 - Blois, 5 janvier 1589). Personnalité controversée, elle ne figure pas parmi le petit nombre de souveraines sanctifiées par leur peuple. Grosse, le teint cireux, intrigante et dissimulée, cette femme que Brantôme jugeait si favorablement avait des défauts qu'on a longtemps retenus. Fille de Laurent II de Médicis, duc d'Urbin, et de Madeleine de La Tour d'Auvergne, orpheline de mère quelques semaines après sa naissance, elle fut élevée par sa tante Clarice de Médicis et envoyée à Rome où elle eut pour tuteur son oncle Jules de Médicis, le futur pape Clément VII. Le 28 octobre 1533, elle épousa le deuxième fils de François Ier, Henri duc d'Orléans. Son mari monta sur le trône sous le nom de Henri II (1547). Sa maîtresse, Diane* de Poitiers, exerçait un tel ascendant sur lui qu'elle fut seule à régner, installée somptueusement à Chenonceau ou au château d'Anet. Éclipsée par la favorite pendant plus de dix ans, la reine n'en fut pas délaissée pour autant. D'amoureuse complexion, le roi Henri II estimait que « sur toutes les femmes du monde, il n'en savait aucune qui la valut en cela » : elle enfanta dix fois de ses œuvres. Habillée avec magnificence, d'un bel embonpoint, Catherine s'adonnait aux plaisirs de la danse et de la chasse au château de Chaumont. Elle adorait monter à cheval, au risque de s'y blesser. Elle riait volontiers et, selon Brantôme, « connaissait bien où il fallait jeter sa pierre et son mot, et où il y avait à redire ».

Catherine de Médicis ne cessa de pleurer son époux, blessé mortellement dans un tournoi en 1559. Elle prit un deuil éternel et ne porta plus aucun vêtement de soie. C'est dans ses voiles sombres que les peintres nous ont transmis l'image de la « Reine noire ». À quarante ans, elle quittait les Tournelles (elle fit raser le château sur l'emplacement duquel fut édifiée la place des Vosges) pour s'installer au Louvre. Après le court règne de François II et sous le titre modeste de « *gouvernante* », la reine devint régente à l'avènement de Charles IX en 1560. Intelligente et active — elle pouvait écrire une vingtaine de lettres en une soirée —, elle révéla dans la tourmente ses qualités politiques et porta au plus haut niveau l'art de diviser pour régner. Secondée par Michel de L'Hospital, chancelier de France, et face à l'ambition des grands seigneurs, elle assura la popularité de Charles IX, âgé de quatorze ans, au cours d'un long voyage de présentation à travers le royaume (1564-1566).

Confrontée au problème religieux qui allait ensanglanter la France, la reine mère chercha dans un premier temps à réconcilier catholiques et réformés (colloque de Poissy en 1561, édit de tolérance de Saint-Germain en 1562). Mais le massacre des protestants à Vassy ouvrit l'ère de la guerre civile. Les traités de paix (Amboise, 1563, Longjumeau, 1568, Saint-Germain, 1570), le mariage de sa fille Marguerite* de Valois au protestant Henri de Navarre (1572), futur Henri IV, ne firent qu'attiser les haines. Un complot manqué contre Charles IX et l'ascension au pouvoir de l'amiral Coligny décidèrent Catherine aux représailles. Avec l'aide du chancelier Birague et de son fils préféré, Henri, duc d'Anjou (futur Henri III), elle ordonna l'exécution des chefs protestants, et la Saint-Barthélemy (24 août 1572) fut un carnage tant à Paris (deux mille morts) qu'en province. À l'avènement de Henri III en 1574, elle fut évincée par son fils et tenta sans grand succès de jouer un rôle modérateur entre le roi, Henri de Navarre et la Ligue. Elle mourut juste après l'assassinat du duc de Guise, «le Balafré». «On n'en fit pas plus de compte que d'une chèvre morte», écrit un chroniqueur.

Longtemps décriée par les historiens, Catherine de Médicis a été réhabilitée au XXe siècle, à cause de son intelligence politique, de son énergie et de son courage. Elle a su montrer un sens incontestable de l'État dans les pires moments des guerres de Religion et a toujours mis en avant l'unité du pays qu'elle a défendue par tous les moyens. Son rôle de mécène fut considérable. Elle a embelli le Louvre, fait édifier l'hôtel de Soissons et fait commencer le château des Tuileries par Philibert Delorme. Son mausolée, sculpté par Germain Pilon, se trouve à la basilique Saint-Denis.

RÉF.: I. Cloulas, *Catherine de Médicis*, Fayart, 1979. J.-H. Mariéjol, *Catherine de Médicis*, Tallandier, 1979. J. Héritier, *Catherine de Médicis*, Perrin, 1985. J. Orieux, *Catherine de Médicis ou la Reine noire*, Flammarion, 1986.

CATHERINE DE RICCI, sainte. Italienne (Florence, 1522 - Prato, 1590). Elle faisait partie d'une famille aristocratique de Florence qui la fit entrer à treize ans chez les dominicaines de Prato où elle devint prieure. Influencée par les prédications de Savonarole, elle pratiqua avec une grande ferveur les commandements de Dieu. Pendant de nombreuses années, durant la semaine sainte, elle reçut les stigmates. Elle fut canonisée en 1746 par le pape Benoît XIV; on la fête le 2 février.

CATHERINE DE SIENNE, sainte, Caterina Benincasa, dite. Italienne (Sienne, 1347-Rome, 29 avril 1380). Fille d'un riche teinturier de Sienne, Giacomo Benincasa et de Lapa Piangenti, elle se révéla dès sa jeunesse éprise de vie mystique et devint célèbre par ses extases. Résistant à la volonté de ses parents qui voulaient la marier, elle entra, vers 1363, dans l'ordre des sœurs de la Pénitence de Saint-Dominique, où elle vécut de nombreuses années, supportant les mortifications les plus sévères. Sa réputation de sainteté et de grande mystique (elle fut marquée des stigmates le 1er avril 1375) inquiéta les milieux ecclésiastiques qui lui imposèrent un conseiller spirituel, Raymond de Capoue, chargé de la surveiller. C'est en 1375 qu'elle commença à mener une vie publique importante. La lettre qu'elle écrivit à Grégoire XI, en 1376, suivie de sa visite en Avignon, décida le pape à quitter cette ville pour regagner Rome. À la mort de ce dernier, elle conseilla Urbain VI, mais ne put empêcher le Grand Schisme (1378). Usant de son influence, elle s'efforça de reconstituer l'unité de la chrétienté pour lutter contre l'islam. Trois cent quatre-vingt-huit de ses *Lettres* sont parvenues jusqu'à nous. Elle a laissé en outre un *Dialogue sur la doctrine divine*.

Catherine de Sienne, canonisée en 1461, est fêtée le 29 avril. Promue seconde patronne de Rome par Pie IX en 1866, elle a été proclamée par Pie XI patronne de l'Italie en 1939. Au Louvre, un tableau célèbre de Fra Bartolomeo représente le *Mariage mystique de sainte Catherine* (1511): le Christ lui passant au doigt un anneau visible d'elle seule. Ce thème revient fréquemment chez les peintres. Les fresques de Sodoma dans l'église Saint-Dominique de Sienne relatent les épisodes de sa vie.

CATHERINE DE VALOIS. Reine d'Angleterre (Paris, 27 octobre 1401 - abbaye de Bermondsey, 3 janvier 1437). Elle était la fille de Charles VI et d'Isabeau* de Bavière. Dès 1413, Henri IV d'Angleterre entama des négociations avec la France afin de conclure le mariage de Catherine avec son fils Henri. Celui-ci, devenu Henri V, reprit les pourparlers que la mort de son père avaient interrompus (1413). Cependant, ses prétentions excessives (cinq millions de livres de dot plus la Normandie) les firent échouer. Les tractations reprirent six ans plus tard, et le mariage fut célébré le 2 juin 1419. En 1421, la reine mit au monde un fils, le futur Henri VI. Compte tenu de l'importance des possessions anglaises en France et de son degré de parenté avec Charles VI, Henri était bien placé pour revendiquer la couronne française. Il porta d'ailleurs le titre de «roi de France» face à Charles VII, fils et successeur de Charles VI. Après la mort de Henri V en 1422, Catherine de Valois épousa en secondes noces un gentilhomme gallois, Owen Tudor, dont elle eut un fils, Edmond, le père du futur Henri VII. Elle se retira à l'abbaye de Bermondsey un an avant sa mort.

CATHERINE HOWARD. Reine d'Angleterre (v. 1522 - Londres, 13 février 1542). Nièce de Thomas Howard, troisième duc de Norfolk, elle fut élevée chez sa tante où elle mena une vie très libre. Henri VIII d'Angleterre étant tombé amoureux d'elle répudia Anne* de Clèves qu'il venait d'épouser (1540). Le mariage fut célébré secrètement et révélé l'année suivante; Catherine Howard devenait ainsi sa cinquième femme. Les époux s'entendaient bien, mais la reine commit l'imprudence de revoir ses anciens amants, notamment son cousin Thomas Culpeper. L'archevêque Cranmer la dénonça au roi qui la fit décapiter à la Tour de Londres, son amant et le secrétaire de ce dernier ayant subi le même sort.

CATHERINE LABOURÉ, sainte (Fain-lès-Moutiers, Côte-d'Or, 2 mai 1806 - Reuilly, 31 décembre 1876). Fille de cultivateurs aisés qui avaient dix enfants, elle perdit sa mère en 1815. Elle s'occupa de la ferme et dut attendre sa majorité avant que son père la laisse se préparer à la vie religieuse à laquelle elle aspirait. Elle entra en 1830 au séminaire des Filles de la Charité, rue du Bac à Paris. C'est au cours de sa période de formation, la même année, qu'elle eut trois visions de la Vierge Marie* (18 juillet, 27 novembre et décembre). Celle-ci lui demanda de faire frapper une médaille qui reproduirait ce qu'elle avait vu : la Vierge tenant un globe et écrasant un serpent. Le confesseur de Catherine Labouré, M. Aladel, l'éconduisit puis, sur son insistance, après que la jeune femme eut eu une quatrième vision en 1832, obtint de Mgr de Quellen, l'archevêque de Paris, que la médaille soit réalisée avec la mention : « O Marie conçue sans péché, priez pour nous qui avons recours à vous » (1832). Devenue sœur entre-temps, Catherine Labouré fut envoyée à l'hospice de Reuilly où elle soigna les malades jusqu'à sa mort. La médaille miraculeuse à laquelle on attribue un grand nombre de guérisons eut un succès extraordinaire. Elle suscite toujours une grande dévotion à la chapelle de la médaille miraculeuse, rue du Bac. Catherine Labouré a fait le récit de ses visions à son confesseur. Elle a été canonisée en 1947 par le pape Pie XII. On la fête le 31 décembre.

CATHERINE PARR. Reine d'Angleterre (château de Kendal, 1512 - château de Sudeley, 7 septembre 1548). Deux fois veuve, elle épousa en troisièmes noces Henri VIII en 1543, devenant ainsi sa sixième et dernière femme. Bonne et généreuse, elle intervint plusieurs fois contre les persécutions religieuses, mais ses sympathies luthériennes faillirent lui être fatales : elle fut accusée d'hérésie. Par bonheur pour elle, Henri VIII mourut avant elle (1547). La même année, elle épousa l'amiral Thomas Seymour et s'éteignit peu après, laissant un ouvrage pieux, *Lamentation ou Complainte d'une pécheresse.*

CAVALIERI Catarina (Franziska Cavalier, dite). Soprano autrichienne (Vienne, 19 février 1760 - *id.*, 30 juin 1801). Élève, puis maîtresse d'Antonio Salieri, elle débuta au Kärntnertortheater, en 1775, dans *La Finta giardiniera* (Mozart), chanta au Burgtheater et inaugura le National Singspiel que Joseph II venait de fonder. Considérée comme la meilleure soprano de Vienne, elle était extrêmement laide, borgne de surcroît, et son jeu était inexistant. Malgré ces handicaps, Mozart lui confia le rôle de Constance pour la première de *L'Enlèvement au sérail* en 1782 ; elle chanta encore Elvire (*Don Juan*) en 1788, et reprit le rôle de la Comtesse (*Les Noces de Figaro*) en 1793. Catarina Cavalieri se retira de la scène en 1793 avec une misérable pension.

CAVALIERI Lina. Soprano italienne (Viterbe, 25 décembre 1874 - Florence, 7 février 1944). Issue d'une famille modeste, elle commença sa carrière en chantant dans des cafés-concerts et débuta au San Carlo de Naples avec succès dans *La Bohème* (Puccini). Aussitôt, les engagements se succédèrent dans le monde entier. Exceptionnellement belle, merveilleuse actrice à la voix ravissante bien qu'un peu faible, elle émerveillait son public parée de vrais bijoux et de costumes somptueux. À ses débuts au Metropolitan Opera de New York, elle se permit même de donner un baiser sur la bouche à un Caruso médusé. Elle triompha dans les rôles de Violetta (*La Traviata*, Verdi), de Manon (*Manon Lescaut*, Puccini), de Tosca (*Tosca*, Puccini). Elle se maria plusieurs fois : à un milliardaire, à un chanteur, à un prince russe, posséda un palais florentin, un institut de beauté. Elle tourna quelques films et trouva la mort au cours d'un bombardement.

CAVANAUGH Christine (dite **Kitt** ou **Mother Christian Ross**). Héroïne irlandaise (Dublin, 1667 - Londres, 1739). Fille d'un brasseur de Dublin, elle épousa un soldat, Richard Welsh, qui disparut brusquement. Au bout d'un an, ayant appris que son mari avait été enrôlé dans l'armée et envoyé en Flandre, elle réussit, travestie en homme, à se faire engager dans un régiment d'infanterie en partance pour les Pays-Bas. De là, elle fut versée dans le 2e régiment de dragons, les Scots Greys, et prit part vaillamment au siège de Namur en 1695. La paix signée, elle rentra en Irlande. Sept ans plus tard, toujours sans nouvelles de son mari, elle rejoignit les Scots Greys et, sans cesse sur la brèche, elle combattit à Nimègue, à Venlo, à Bleinheim. C'est alors qu'elle découvrit Richard Welsh. Toujours travestie, elle le suivit partout jusqu'au jour où, blessée à la bataille de Ramillies (1706), il fallut l'opérér et que l'on découvrit son identité. Elle ne put rester dragon mais, pour ne pas quitter son mari, elle travailla aux cuisines et participa ainsi à la bataille de Malplaquet où Welsh fut tué (1709). Peu de temps après, elle épousa un autre grenadier, Hugh Jones, qui mourut en 1710. Elle demanda alors à rentrer en Angleterre où la reine Anne* Stuart lui octroya une pension. Elle fut inhumée à Westminster avec les honneurs militaires.

CAVELL Edith. Héroïne anglaise (Swardeston, Norfolk, 1865 - Bruxelles, 1915). Fille d'un clergyman, elle fit des études médicales en Belgique, en Suisse et en Allemagne. En 1906, elle devint directrice de l'École des infirmières de Bruxelles. Lorsque la guerre éclata et que la Belgique fut envahie, elle resta en poste et constitua un réseau d'aide aux prisonniers alliés qui, grâce à elle, pouvaient s'enfuir par les Pays-Bas. Arrêtée par les Allemands en 1915, elle fut exécutée, ce qui causa une grande émotion en Europe. Sa statue se dresse à Trafalgar Square.

CAYLA Zoé, comtesse du. Voir DU CAYLA.

CAYLUS Marthe Marguerite, née Le Valois de Villette de Murçay, comtesse **de**. Mémorialiste française (Murçay, près de Poitiers, 1673 - Paris, 15 avril 1729). De famille calviniste, elle descendait d'Agrippa d'Aubigné; elle fut confiée à l'âge de sept ans à sa parente, Mme de Maintenon*, qui l'éleva à Saint-Cyr. Installée à la cour, elle dut se convertir et épousa à l'âge de treize ans le comte de Caylus qui la laissa seule à la cour lorsqu'il fut envoyé à la frontière des Flandres en raison de sa conduite scandaleuse. À Versailles, la jeune femme ne passait pas inaperçue: Saint-Simon, qui n'a jamais vu «créature plus séduisante», vante «son visage si spirituel, si touchant, si parlant». Racine écrivit pour elle le prologue d'*Esther*, en lui confiant le rôle de la Pitié; elle joua également le rôle même d'Esther. Tombée en disgrâce en 1693, sans doute en raison de ses relations avec le fils du maréchal de Villeroy, elle s'installa à Paris et eut un moment des velléités de se convertir au jansénisme. L'intervention de Mme de Maintenon* la fit changer d'avis, et elle reparut à la cour de 1707 à 1715. Après la mort de Louis XIV, elle élut domicile au jardin du Luxembourg où elle rédigea ses *Souvenirs* qui, malheureusement inachevés, se présentent comme une galerie de portraits, rédigés dans un style alerte, bienveillant et spirituel. Publiés pour la première fois en 1770, peut-être par Voltaire, ils ont été réédités à plusieurs reprises (pour la dernière fois au Mercure de France en 1986).

CÉCILE, sainte. Vierge et martyre romaine (? - Rome, 232). Née dans une famille païenne de race illustre, elle se convertit au christianisme. Mariée contre son gré au païen Valérien, elle l'aurait converti le soir même de ses noces à la nouvelle religion, entraînant la conversion de son beau-frère Tiburce. Selon la tradition liturgique, tous deux subirent le martyre sous le règne de Marc Aurèle. Cécile fut condamnée à être décapitée. Au moment du supplice, le bourreau, l'ayant frappée de trois coups de hache, la laissa mourante. Elle expira après trois jours d'agonie. Son corps, découvert en 821 par Pascal Ier dans les catacombes de Saint-Calixte, fut transporté plus tard dans sa basilique, d'où il fut exhumé une seconde fois, en 1599. Il portait toujours la trace des trois coups de hache. Sainte Cécile est la patronne des musiciens et des luthiers. Plusieurs compositeurs lui ont dédié des œuvres. De nombreux peintres l'ont représentée jouant d'un instrument de musique et, parmi eux, Raphaël dont la *Sainte Cécile* est l'un des chefs-d'œuvre. Rubens, Véronèse, Nicolas Poussin ont aussi trouvé leur inspiration dans ce thème. En 1781, fut fondée à Londres la Caecilian Society, une académie Sainte-Cécile fut créée par le pape Pie IX en 1847 ; en 1867, Franz Witt fonda à Ratisbonne le Caecilienverein. Sainte Cécile est fêtée le 22 novembre.

CENCI Béatrice (dite **la Belle Parricide**). Italienne (Rome, 1577 - *id.*, 15 septembre 1599). Elle était issue d'une très illustre famille dont deux des membres, notamment, furent des antipapes. Son père, Francesco Cenci, qui poursuivait de sa haine ses enfants du premier lit, viola sa fille sous les yeux de sa seconde femme, Lucrezia Petroni. Béatrice ayant fait appel au pape Clément VII, sans succès, assassina son père dans son sommeil avec l'aide de deux de ses frères, Giacomo et Bernardo, et avec la complicité de sa belle-mère. Démasqués, les coupables furent tous exécutés, sauf Bernardo. Cette histoire ténébreuse, que le chroniqueur Muratori nous a transmise, n'apparaît cependant pas d'une totale fiabilité. La postérité littéraire lui a conféré ses lettres de noblesse : Shelley en a fait une tragédie, *Les Cenci* (1819) — dont s'est inspiré Antonin Artaud en 1935 —, Astolphe de Custine un drame, *Beatrix Cenci* (1833), et Stendhal la trame de l'une de ses *Chroniques italiennes*. De Béatrice Cenci il existe au palais Colonna, à Rome, un très beau tableau attribué à Guido Reni.

CENTLIVRE Susannah, née Freeman. Dramaturge et actrice anglaise (1667-1723). Elle passa son enfance en Irlande où son père, gentilhomme, ancien partisan de Cromwell, s'était réfugié. Adolescente, elle quitta l'Irlande et gagna l'Angleterre. Pendant son voyage pour Londres, elle fit la connaissance d'un jeune homme, Antoine Hammond, qui l'emmena au collège de Cambridge où il suivait ses études. Elle y resta plusieurs mois, déguisée en garçon, puis se rendit enfin à Londres. Ses deux premiers maris épousés, l'un en 1684, l'autre en 1685, trouvèrent tous les deux la mort au cours d'un duel. Intelligente et instruite, elle devint actrice par nécessité.

Elle écrivit bientôt les pièces dans lesquelles elle jouait ; sa première pièce, *Le Mari parjure*, date de 1700. Jusqu'en 1722, elle rédigea une vingtaine de comédies spirituelles et alertes qui connurent un vif succès : *The Gamester* (1705) est un drame sentimental inspiré du *Joueur* de Regnard (1696). Il fut suivi, la même année, par *The Bassett-Table*, qui, comme tous ses écrits de jeunesse, furent publiés sous le nom de son second mari, Carrol. Parmi ses meilleures comédies, citons *The Busy Body* (1709), *A Bold Stroke for a Wife* (1718) et *Perjured Husband*. En 1712, elle s'installa avec son troisième mari, Joseph Centlivre, à Londres et tint un salon littéraire réputé.

CERQUETTI Anita. Soprano italienne (née à Macerata, le 13 avril 1931). À l'issue de ses études secondaires, elle remporta plusieurs concours de chant et débuta sur scène à Spolète en 1951, dans le rôle d'Aïda (*Aïda*, Verdi). Son succès fut immense sur toutes les scènes lyriques de son pays ; elle triompha notamment dans *Le Trouvère* (Verdi) et dans *Ernani* (Verdi). À Chicago, elle se produisit dans *Don Juan* (Mozart). Au San Carlo de Naples, elle chanta Norma (*Norma*, Bellini), rôle que Maria Callas* interprétait au même moment à l'Opéra de Rome. Celle-ci étant souffrante, Anita Cerquetti la remplaça, faisant le trajet Naples-Rome pendant plusieurs semaines. Ce tour de force lui valut une célébrité accrue, mais nuisit à sa santé ; peu après, elle subit une grave opération et fut obligée de quitter la scène.

CERRITO Fanny (Francesca, dite). Danseuse italienne (Naples, 1817 - Paris, 1909). Vive et brillante, elle fut l'élève de Jules Perrot, de Carlo Blasis et d'Arthur Saint-Léon qu'elle épousa en 1845. Elle débuta à Naples en 1832 et partit à la conquête des capitales européennes : Vienne (1836), Milan (1838), Londres (1840) où ses interprétations d'*Ondine* (Perrot) et de *La Vivandière* (Saint-Léon) furent particulièrement remarquées. En 1841, à la Scala de Milan, elle dansa *La Sylphide* sur une chorégraphie de Cortesi, à défaut de celle que Filippo Taglioni n'avait pas voulu régler pour elle. Ce défi lancé à Maria Taglioni* partagea l'Italie entre « taglionistes » et « cerritistes ». Ses partisans vantaient son brio, sa vigueur et sa sensualité. Malgré leur rivalité, les deux danseuses créèrent ensemble à Londres en 1845, avec Lucile Grahn* et Carlotta Grisi*, le célèbre *Pas de quatre* de Perrot qui réunissait ainsi les meilleures danseuses romantiques du monde. À l'Opéra de Paris, elle créa les ballets de son mari Saint-Léon dont *La Fille de marbre* (1847), *Le Violon du diable* (1849) et *Stella ou les Contrebandiers* (1850). En 1855, elle dominait encore la saison de Saint-Pétersbourg avec Marius Petipa.

RÉF. : I. Guest, *Francesca Cerrito*, Londres, 1956.

CETURA ou **QUETOURAH**. Elle était la femme d'Abraham que ce dernier épousa après la mort de Sarah* (Genèse, XXV). Elle lui donna six fils, dont Madian qui, avec les enfants d'Ismaël et ceux d'Ésaü, sont à l'origine des tribus nomades arabes qui furent hostiles à Israël.

CHADWICK Florence. Championne de natation américaine (née en 1918). Spécialiste des courses de longue distance, elle remporta à maintes reprises le Marathon californien et ceux des côtes atlantiques et du Pacifique. En 1950, elle réussit la traversée de la Manche en 13 h 20 min, battant le record qu'avait établi vingt-cinq ans auparavant la championne américaine Gertrude Ederlé* avec 14 h 39 min (1926). En 1951, Florence Chadwick retraversa le « Channel » dans le sens Angleterre-France, réalisant le temps de 16 h 19 min. Parmi les exploits de la célèbre nageuse, citons la traversée du Bosphore dans les deux sens (1953), du détroit de Gibraltar et son record du monde de longue distance, la traversée du Catalina Channel en 18 h (1952).

CHALLAN Annie. Harpiste française (née à Toulouse, le 5 novembre 1940). Elle est née dans une famille de musiciens : son père était compositeur et son oncle, professeur au Conservatoire de Paris. Elle dut renoncer à la carrière de pianiste car ses mains trop petites ne lui permettaient pas d'atteindre les dixièmes ni même les octaves. Son choix se porta sur la harpe : Lily Laskine* s'intéressa à cette enfant très douée, lui donna des leçons et, à douze ans, Annie Challan obtenait un premier prix de harpe au conservatoire de Versailles. Trois ans plus tard, elle obtint la consécration au Conservatoire de Paris qui lui décerna la même distinction. Les Concerts Colonne l'engagèrent à seize ans comme soliste — elle tint ce poste pendant dix ans. À dix-huit ans, elle faisait partie de l'orchestre de l'Opéra de Paris. Curieuse et novatrice, elle forma avec Suzanne Cotelle un duo féminin de harpe et travailla avec Roger Bourdin, le flûtiste réputé. Son répertoire est très étendu, mais c'est l'œuvre de Ravel qu'elle joue avec prédilection.

CHAMINADE Cécile. Pianiste et compositrice française (Paris, 1857 - Monte-Carlo, 1944). Sa place est assez effacée dans l'histoire de la musique d'aujourd'hui. On se souvient pourtant qu'elle fut aussi brillante pianiste que compositeur. Véritable enfant prodige, à neuf ans elle se produisait déjà en concert. Sa renommée dépassa les frontières de la France, et on l'entendit jouer dans toutes les capitales d'Europe, notamment son *Concertstück* (1892) qui la rendit célèbre à l'époque. Son œuvre est considérable et des plus variées. Citons une symphonie dramatique avec chœurs, *Les Amazones* (1888), un ballet *Callirhoé* (1888), *Pièces romantiques* pour orchestre, *La Sévillane*, des *Suites pour orchestre*, une *Sonate pour piano et violon*, deux *Trios pour piano, violon et violoncelle*, sans compter ses pièces pour piano seul. Elle écrivit de nombreuses *Mélodies* réunies en trois recueils, dont « Les Rêves », « Les Deux Ménétriers », « Fleur du matin » et le célèbre « Anneau d'argent», que toute une génération chanta.

CHAMPDIVERS Odinette de (dite **la «Petite Reine»**). [XVe s.]. La reine Isabeau* de Bavière l'installa auprès de son mari Charles VI, afin qu'elle le soigne, ses crises de folie devenant de plus en plus fréquentes. Elle devint sa maîtresse vers 1407 et lui donna une fille, Marguerite, l'année suivante. Après la mort de Charles VI en 1422, elle se retira sur les terres du duc de Bourgogne. On la signale à Dijon en 1423. Elle aurait été, dit-on, à la solde de Charles VII, fils et successeur de Charles VI, au profit duquel elle espionnait le duc de Bourgogne.

CHAMPENDAL Marguerite. Médecin. Suisse (1870-1928). Après des études à Genève, elle devint l'assistante du docteur Vaucher à la maternité de cette ville. Elle se rendit ensuite à Paris pour compléter ses études de médecine. De retour à Genève, elle s'occupa activement des problèmes de la petite enfance et fonda la célèbre organisation de la «Goutte de lait» ainsi qu'une pouponnière annexée à l'école du Bon-Secours. Elle est l'auteur de *Ce que toute infirmière devrait savoir* et d'un *Manuel des mères*.

CHAMPMESLÉ Marie, née Desmares. Actrice française (Rouen, 18 février 1642 - Auteuil, 15 mai 1698). Née d'un mariage considéré comme une mésalliance par son grand-père, président du parlement de Normandie, elle épousa fort jeune un bourgeois de Honfleur qui la laissa veuve à vingt-deux ans. Son père, dénué de ressources, ne s'opposa point à ses débuts au «Jeu de Paume, rue Saint-Éloi», pas plus qu'il ne s'opposa à son remariage en 1665 avec un auteur comique encore inconnu, Charles Chevillet dit Champmeslé. Le ménage entra dans la troupe du Marais en 1669, et la jeune femme apprit ses premiers rudiments de théâtre. Elle entra à l'hôtel de Bourgogne l'année suivante où elle conquit le public en remplaçant au pied levé Mlle Desœillets* dans le rôle d'Hermione (*Andromaque*, Racine). Sa réussite dans le style «tendre» enthousiasma Racine, venu l'entendre à contrecœur. Ainsi naquit une liaison de sept années, où l'on ne sait ce qui prima, des sentiments ou du travail mené ensemble. Mme de Sévigné* écrivait: «Racine fait des comédies pour la Champmeslé: ce n'est pas pour les siècles à venir...» Voire! La tragédienne inspira à l'auteur toutes ses grandes héroïnes: Bérénice (1670), Iphigénie (1674), Phèdre (1677). Elle fut Ariane (*Ariane*, Th. Corneille) et Monime (*Mithridate*, Racine) lors de la création de ces pièces, respectivement en 1672 et 1673.

Sa voix touchante et ses soupirs ravissaient le public et tiraient les larmes. Louis Racine affirme pourtant qu'elle avait si peu d'esprit que son père devait lui expliquer chaque vers et lui en donner le ton (*Mémoires*). Quant à sa beauté, elle est contestée par Mme de Sévigné, qui lui trouve de petits yeux ronds et un teint dont la blancheur laisse à désirer. Les portraits de l'époque dépeignent une femme bien en chair, couronnée d'une chevelure brune, et qui semble avoir gardé de son pays natal la fraîcheur d'une paysanne. Les contemporains l'applaudirent aussi dans les œuvres de Pradon, de La Chapelle, de Catherine Bernard, de La Grange-Chancel, ouvrages bien oubliés de nos jours. Molière déclarait qu'elle avait «fait passer plus de mauvaises pièces que tous les faux-monnayeurs du royaume réunis».

En 1679, elle rejoignit la toute nouvelle Comédie-Française, faite du regroupement des troupes de Bourgogne, du Marais et de Molière, après le décès de ce dernier. Elle régna sur la scène tragique avec pour partenaire le célèbre acteur Michel Baron. Avec sa voix musicale et sa sensibilité aussi efficace dans la tendresse que dans la violence, elle marquait fortement le rythme des vers. Sa déclamation finit par passer de mode, puisque Voltaire se moque de ses cris, qu'on entendait jusqu'au fond du café Procope, situé en face de l'Ancienne-Comédie. La Champmeslé se retira épuisée pour mourir peu après en chrétienne, prononçant *in extremis* la formule de renoncement que l'Église exigeait des comédiens.

RÉF. : J. Noury, *Mlle de Champmeslé*, Paris, 1892, E. Mas, *La Champmeslé*, Paris, 1927.

CHAMPSEIX Léodile. Voir LÉO André.

CHANEL Coco (Gabrielle, dite). Créatrice de mode française (Saumur, 19 août 1883 - Paris, 10 janvier 1971). Celle que l'on appelait «la Grande Mademoiselle» avait toujours été évasive, voire mystérieuse, sur son enfance : elle disait n'avoir pratiquement jamais connu son père. Orpheline à sept ans, elle fut recueillie par deux tantes qui la firent entrer dans un couvent — glacial, disait Gabrielle — d'où la jeune fille se sauva à seize ans pour suivre un riche gentleman-rider, Étienne Balsan. Celui-ci l'emmena sur les plus grands champs de courses, notamment à Deauville où elle se faisait déjà remarquer par l'originalité de ses toilettes. Gabrielle Chanel était plus que belle, attirante, fascinante même. Elle eut de nombreux soupirants et amants, dont le businessman anglais Arthur Capel, qui fut son grand amour. Ce fut lui qui finança le magasin de chapeaux qu'elle ouvrit à Deauville, lorsque, lasse de sa vie oisive, elle choisit d'entreprendre quelque chose. Boy, comme elle l'appelait, se tua dans un accident de voiture en 1919, ce qui la laissa inconsolable.

En 1916, elle vint se fixer à Paris et ouvrit un petit magasin de mode et de couture au n° 13 de la rue Cambon, près de l'Opéra, lançant la mode des tricots, du jersey de marin, de la robe pratique, du «noir gai», prélude à l'introduction du tricot apache au Ritz, ce qui fit dire au couturier Poiret qu'elle avait inventé le misérabilisme de luxe. Son succès fut prodigieux. En avance sur tout, elle fut la première, en 1917, à porter les cheveux courts à la garçonne et à raccourcir les robes. La petite robe des années folles avec le long sautoir, c'est elle ; le pantalon, les bijoux fantaisie, le canotier qu'elle avait inauguré du temps des aigrettes et qu'elle porta toute sa vie, c'est encore elle. Coco Chanel s'entoura rue Cambon de nombreux émigrés russes dont le grand-duc Dimitri : on les vit souvent ensemble. En 1925, elle séduisit le duc de Westminster, l'un des hommes les plus élégants et les plus riches d'Angleterre qui lui proposa de l'épouser, offre qu'elle déclina, par orgueil, dit-on. C'est lui qui lui fit connaître, en Écosse, le tweed dont elle tira le parti que l'on sait. Le succès fabuleux de son parfum, le célèbre N° 5, assura sa fortune. Elle se découvrit une nouvelle passion, le mécénat, commanditant les Ballets russes de Diaghilev, aidant les jeunes peintres et écrivains. Liée avec Misia Sert* qui l'avait introduite dans les milieux artistiques, elle recevait, dans son somptueux hôtel de l'avenue Gabriel, Dali, Picabia, Picasso, Serge Lifar, Diaghilev, Cocteau, Pierre Reverdy qui fut son dernier amour inavoué. Coco Chanel dépensait sa fortune sans compter, disant : «Je suis pauvre comme Crésus mais riche comme Job.»

Lorsque la guerre éclata, elle décida de fermer sa maison, ne voulant pas «habiller les femmes pendant que leurs maris se faisaient tuer». À la Libération, sa réputation souffrit des relations qu'elle avait entretenues avec l'occupant, ce qui explique en partie pourquoi elle rouvrit sa boutique si tard (1954). De nouveau, ce fut le succès. Son célèbre petit tailleur gansé est et a été porté par les élégantes du monde entier : la duchesse de Windsor*, Suzy Parker, Greta Garbo*, Marlène Dietrich*, Ginger Rogers*, Romy Schneider*, entre autres. Jackie Kennedy* portait un tailleur Chanel lors de l'assassinat de son mari à Dallas. Jamais couturière ne fut autant copiée qu'elle : elle revendiquait cet honneur, car, disait-elle, « ma mode est destinée à toutes les femmes, et la mode qui ne descend pas dans la rue n'est pas une mode ». Elle mourut quinze jours avant la présentation de sa dernière collection qu'elle avait dirigée elle-même. Elle est enterrée au cimetière de Pont-de-Vaud, près de Lausanne, habillée d'un tailleur Chanel.

RÉF. : E. Charles-Roux, *Le Temps Chanel*, Chêne-Grasset, 1979. C. Delay, *Chanel solitaire*, Gallimard, 1983. M. Haedrich, *Coco Chanel*, Belfond, 1987.

CHANTAL, sainte. Voir JEANNE-FRANÇOISE FRÉMYOT DE CHANTAL.

CHARISSE Cyd (Tula Ellice Finklea, dite). Danseuse et actrice américaine (née à Amarillo, Texas, en 1923). Après des études de danse classique, la jeune Tula fit partie de la troupe des Ballets russes de Monte-Carlo, sous le pseudonyme de Maria Istomia. En 1939, elle épousa son professeur, Nico Charisse. En 1943, elle fit ses débuts à l'écran dans un ballet de Ratoff, *Something to Shout About*, suivi de *Mission to Moscou* (Curtiz). Sa beauté, son talent de danseuse et sa personnalité ne passèrent pas inaperçus ; elle fut engagée pour danser avec Fred Astaire, première consécration, dans le film *Ziegfeld Follies* (Minnelli, 1946). En 1948, elle épousa en secondes noces le chanteur Tony Martin. La MGM, qui avait signé un contrat de sept ans avec elle, la fit tourner dans de nombreuses comédies musicales, puis, en 1949, lui donna ses premiers rôles de comédienne dans les films de John Berry, *Tension*, et de Mervyn Le Roy, *Ville haute, ville basse*, etc. Cependant, la véritable renommée internationale de Cyd Charisse débuta en 1952, avec la comédie musicale *Chantons sous la pluie* de Gene Kelly et Stanley Donen ; elle est admirable dans le *Broadway Melody Ballet*, aux côtés d'un extraordinaire Gene Kelly. Ce film demeure l'un des sommets de l'art du musical d'Hollywood, alors à son apogée.

Elle retrouva Fred Astaire en 1953, dans le film de Minnelli, *Tous en scène* ; et les cinéphiles ont en mémoire le *Girl Hunt Ballet*, puis *La Belle de Moscou* (Mamoulian, 1957). Sans faire oublier Ginger Rogers*, Cyd Charisse donna une nouvelle dimension aux « envolées » de Fred Astaire. Elle fut désormais la reine de la comédie musicale, dotée des plus belles et les plus longues jambes d'Hollywood. Elle triompha, avec Kelly, dans *Brigadoon* (Minnelli, 1954), dans *Au fond de mon cœur* (Donen, 1954), dans *Beau fixe sur New York* (Kelly et Donen, 1955). En 1958, elle fut la « Dancing Doll » de *Traquenard* (Ray), l'une de ses plus parfaites prestations de danseuse et de comédienne. Retenons également son rôle de femme fatale dans *Quinze Jours ailleurs* (Minnelli, 1962). Elle tourna encore plusieurs films dont *Maroc 7* (O'Hara, 1966), *Il était une fois Hollywood* (1974), et *Les Sept Cités d'Atlántis* (Connor, 1978).

CHARLES Julie-Françoise, née Bouchaud des Hérettes (dite **Elvire**). Française (Paris, 4 juillet 1784 - *id.*, 18 décembre 1817). Mariée en 1804 à un physicien de près de quarante ans son aîné, elle tenait à Paris un salon fréquenté par philosophes et écrivains, et il semble même qu'elle ait rempli des missions politiques secrètes pendant les Cent-Jours à Gand. Ardente et mélancolique, sensible et fidèle en amitié, elle souffrait de phtisie. Partie en cure à Aix-les-Bains pendant l'été 1816, elle y rencontra, à la pension Périer, le jeune Lamartine âgé de vingt-six ans. Leur amour naquit rapidement, heures brèves et folles, mais Elvire dut rentrer à Paris avant la fin du mois. Une correspondance s'établit entre eux; il ne reste que quatre lettres d'Elvire:

> Disposez de moi, je suis votre esclave, je me perds, mais je suis heureuse...

Lamartine vint à Paris en janvier 1817 et fréquenta assidûment son salon. Il repartit en mai, mais devait retrouver Elvire à Aix l'été suivant. Le 29 août, Lamartine refit tout seul la promenade de l'abbaye d'Hautecombe, et composa une première version du *Lac*. Il ne savait pas que Julie, de plus en plus malade, n'avait pu le rejoindre. Il n'apprit sa mort qu'en décembre. Dès lors, la personnalité de l'amante disparue se transforma en mythe d'Elvire, que l'on retrouve encore dans les *Méditations*, et indirectement dans *Jocelyn* et dans *Raphaël*. Les *Lettres d'Elvire à Lamartine* ont été publiées en 1905.

RÉF.: A. France, *L'Elvire de Lamartine*, Paris, 1893. L. Séché, *Lamartine de 1816 à 1830. Elvire et les Méditations*, Paris, 1906.

CHARLES-ROUX Edmonde. Journaliste et écrivain. Française (née à Neuilly-sur-Seine, le 17 avril 1920). Son père étant ambassadeur, elle vécut ses premières années à Prague puis à Rome. De retour en France au moment de la Seconde Guerre mondiale, elle s'engagea dans un corps d'ambulancières, fut blessée en mai 1940 et, après la démobilisation, entra dans la Résistance. À la Libération, elle participa à la création de l'hebdomadaire *Elle* fondé par Hélène Lazareff*; elle y fut courriériste de 1947 à 1949 avant de devenir rédactrice en chef de l'édition française de *Vogue* de 1950 à 1966. Elle fit une entrée remarquée sur la scène littéraire en obtenant le prix Goncourt pour son premier roman, *Oublier Palerme* (1966). Ce récit s'inscrit dans la lignée d'écrivains italiens comme Lampedusa dont l'œuvre l'a beaucoup marquée. Dans *Elle Adrienne* (1971), elle a dépeint avec nostalgie la décadence de l'aristocratie d'Europe centrale. Elle s'est faite également biographe en retraçant la vie de Coco Chanel* dans *L'Irrégulière* (1974) et celle d'Isabelle Eberhardt* avec *Un désir d'Orient, la jeunesse d'Isabelle Eberhardt* (1989). Personnalité très en vue du monde littéraire et politique, Edmonde Charles-Roux avait épousé en 1973 Gaston Deferre décédé en 1986. Elle est membre de l'Académie Goncourt depuis 1983.

CHARLOTTE DE BELGIQUE, princesse de Saxe-Cobourg-Gotha. Impératrice du Mexique (Laeken, 1840 - château de Bouchout, 1927). Fille du roi des Belges, Léopold Ier, et de Louise d'Orléans, elle épousa en 1857 l'archiduc Ferdinand-Maximilien, frère de François-Joseph, empereur d'Autriche. Elle eut une forte influence sur son mari. Irritée par la position subalterne dans laquelle François-Joseph retenait son frère, elle le convainquit d'accepter le trône du Mexique que les conservateurs mexicains, poussés par Napoléon qui souhaitait édifier un État latin et catholique au sud des États-Unis, lui proposèrent en 1863. Elle s'embarqua avec lui et devint impératrice du Mexique en 1864.

Mais Maximilien Ier n'avait pas l'énergie de sa femme et manquait d'intelligence politique. Il fut incapable de s'imposer à la tête d'un pays qui ne voulait pas véritablement de lui. Lorsque le corps expéditionnaire français commandé par Bazaine fut rappelé (avril 1866), Charlotte persuada l'empereur de rester car elle jugeait une abdication trop humiliante. Elle se rendit ensuite en Europe pour implorer du secours: auprès de Napoléon III qui l'éconduisit; auprès de François-Joseph dont le pays se remettait à peine de la défaite de Sadowa; auprès de Pie IX qui n'avait pas de réels pouvoirs. Devant tant d'obstacles, elle perdit la raison, ne revit jamais son mari qui fut fusillé par les troupes de Juárez en 1867. Elle acheva sa vie dans la démence au château de Bouchout, non loin de Bruxelles.

RÉF. : M. Kerckvoorde, *Charlotte, la passion et la fatalité*, Duculot, 1981.

CHARLOTTE DE NASSAU, grande-duchesse de Luxembourg (château de Berg, 1896 - château de Fischbach, 1985). Fille puînée du grand-duc Guillaume IV, elle épousa en 1919 le prince Félix de Bourbon-Parme. Charlotte accéda au trône en 1918, sa sœur Marie-Adélaïde ayant dû abdiquer en raison de ses sympathies pro-germaniques au début de la guerre. Pendant son règne, la grande-duchesse Charlotte donna au Luxembourg une constitution démocratique et accorda le droit de vote aux femmes. Lors de la nouvelle invasion par les Allemands en 1940, la famille grand-ducale se réfugia en Angleterre jusqu'à la fin du conflit. En 1947, le grand-duché conclut avec la Belgique et les Pays-Bas l'entente du Bénélux et participa, à partir de 1950, à la construction de l'Europe. L'actuel grand-duc Jean, le fils de Charlotte, en faveur duquel elle avait abdiqué en 1964, a épousé Joséphine-Charlotte, sœur du roi des Belges.

CHARLOTTE-ÉLISABETH DE BAVIÈRE, duchesse d'Orléans (dite **la princesse Palatine**) (Heidelberg, 1652 - Saint-Cloud, 1722). Ses *Lettres*, qui jettent un éclairage cru et pittoresque sur la cour de Louis XIV, ont beaucoup fait pour sa notoriété. Elle était la fille de Charles-Louis, Électeur palatin du Rhin, et épousa en 1671 Monsieur, frère du roi (Philippe, duc d'Orléans). Sa patrie, qu'elle aimait tant, lui manqua toute sa vie, et elle eut du mal à s'habituer à son pays d'adoption, à la cour de Versailles surtout, d'autant plus qu'elle s'entendait mal avec son mari dont l'homosexualité était notoire. Pour tromper sa solitude, celle qu'on appelait Madame passait son temps à lire et à écrire à sa famille ses fameuses lettres dans lesquelles elle se montre d'une franchise étonnante. Elle était peu aimée des membres de la cour et le leur rendait bien. Elle poursuivit de sa haine Louvois pour les atrocités commises dans le Palatinat par les troupes françaises (campagnes de 1673, 1674 et 1689) et Mme de Maintenon* qu'elle accablait d'injures dans sa correspondance («la sorcière», «la vieille», «Madame l'ordure»). Son franc-parler, ses difficultés à se plier à l'étiquette, ses plaintes continuelles lui valurent une sorte de disgrâce perpétuelle et l'hostilité voilée de Louis XIV, une des rares personnes, pourtant, qui trouvait grâce à ses yeux. Elle fit l'impossible, en vain, pour empêcher le mariage de son fils Philippe, duc de Chartres (le futur Régent) avec Mlle de Blois, fille légitimée du roi et de Mme de Montespan*. La manière dont elle parle de cette union atteint une rare violence.

RÉF. : A. Lebigre, *La Princesse Palatine*, Albin Michel, 1986. D. Van der Cruysse, *Madame Palatine, princesse européenne*, Fayard, 1988.

CHAROLAIS Mlle de (Louise-Anne de Bourbon, dite). Princesse française (23 juin 1695 - 8 avril 1758). Sa mère, Mlle de Nantes, était la fille de Louis XIV et de Mme de Montespan*; son père, le second fils de Louis III de Bourbon. Elle eut une vie galante et agitée, multipliant les amants et les enfants naturels. L'un de ses amants les plus illustres fut le duc de Richelieu qui donna en son honneur une fête somptueuse à Vincennes. Elle voulut séduire Louis XV et, devant son insuccès, s'occupa de lui procurer des maîtresses. C'est dans la maison qu'elle occupait au château de Madrid à partir de 1735 qu'elle présenta au roi Mme de Mailly* puis Mme de La Tournelle, future duchesse de Châteauroux*. Quoique libertine,

Mlle de Charolais avait des crises de dévotion et se fit représenter en robe de moine ce qui fit écrire au toujours spirituel Voltaire :

Frère Ange de Charolais
Dis-nous par quelle aventure
Le cordon de saint François
Sert à Vénus de ceinture.

RÉF. : J. Levron, *Mlle de Charolais*, Perrin, 1992.

CHARRAT Janine. Danseuse et chorégraphe française (née à Grenoble, le 24 juillet 1924). Découverte à douze ans par Serge Lifar, elle débuta en interprétant un « petit rat » dans le film *La Mort du cygne* (Lévy, 1937). Elle étonnait déjà par sa grâce et par son talent de comédienne. Formée par Jeanne Ronsay, spécialiste des danses orientales, par Lubov Egorova* et par Alexander Volinine, sa carrière, qui pourtant se déroula en dehors de l'Opéra, lui assura une gloire internationale tant comme interprète que comme chorégraphe. Sa rencontre avec Roland Petit fut décisive. Ils dansèrent ensemble de 1941 à 1944 ; avec lui, elle participa à la renaissance de la danse de l'après-guerre. *Jeu de cartes*, qu'elle composa en 1945 aux Ballets des Champs-Élysées de Boris Kochno, confirma son talent. *Concerto n° 3*, donné à l'Opéra-Comique en 1947, *Adame Miroir*, créé pour le Ballet de Paris sur un livret de Jean Genet en 1948 et *Abraxas*, dansé pour la première fois à l'Opéra de Berlin en 1949, offraient des trouvailles intéressantes et hardies dans le style néoclassique qui était le sien.

C'est en 1951 qu'elle inaugura les Ballets Janine Charrat avec *Concerto* (où elle dansa un des pas de deux les mieux réussis du répertoire contemporain) et avec *Le Massacre des Amazones*. La même année, elle composa *Colombus* pour l'Opéra de Berlin. En 1953, elle présenta avec sa compagnie, rebaptisée le Ballet de France, *Les Algues* — son chef-d'œuvre — qui évoque le monde de la folie. En 1956, abandonnant la direction de sa troupe, elle produisit pour la Scala de Milan *Les Sept Péchés capitaux* et *Le Joueur de flûte* pour le théâtre Cólon de Buenos Aires. Sérieusement brûlée lors d'un tournage pour la télévision, elle resta immobilisée pendant un an. Nommée responsable de la danse au Grand Théâtre de Genève de 1962 à 1964, elle y donna *Tu auras nom... Tristan, Pour le temps présent* et *Alerte... Puits 21* ; pour le Volksoper de Vienne, *L'Enfant et les sortilèges* (1964) et *L'Oiseau de feu* (1969) ; pour l'Opéra-Comique, *Les Collectionneurs* (1972) ; pour l'Opéra de Paris, *Offrandes* et *Hyperprism* (1973). Elle a fondé une école de danse à Paris en 1970 et dirigé la danse au Grand-Théâtre de Lille à partir de 1974.

RÉF. : J. Baril, *Janine Charrat ou la Tentation de l'impossible*, Paris, 1964. M. Humbert, *Janine Charrat, Antigone de la danse*, Paris, 1970.

CHARRIÈRE Isabelle de, née Van Tuyll van Zuylen. Femme de lettres suisse d'origine néerlandaise (Zuylen, près d'Utrecht, 1740 - château du Colombier, canton de Neuchâtel, 1805). Issue d'une noble famille, elle vécut aux Pays-Bas jusqu'en 1767. Après un voyage en Angleterre, elle épousa M. de Charrière, noble vaudois sans grande fortune, qu'elle suivit en Suisse. Ils s'installèrent dans le château du Colombier, sur les bords du lac de Neuchâtel, où elle demeura toute sa vie. Elle y tint un salon fréquenté par beaucoup d'intellectuels de l'époque : Benjamin Constant était parmi ceux-là et tenait Mme de Charrière en grande estime. Elle eut beaucoup d'influence sur lui de 1787 à 1796, mais il la quitta lorsqu'il rencontra Mme de Staël*. Un portrait de femme, dans *Adolphe*, s'inspire des traits de caractère de Mme de Charrière. Leur *Correspondance* fut publiée en 1844. Elle écrivit également les *Lettres neuchâteloises* (1784) et *Caliste ou Lettres écrites de*

Lausanne (1785-1788). Son œuvre allie l'analyse psychologique aux méditations morales et nous fournit de nombreux tableaux de mœurs. La Tour a réalisé un très beau portrait d'Isabelle de Charrière, *La Belle de Zuylen*.

CHASE Lucia. Danseuse et directrice de ballet. Américaine (Waterbury, 24 mars 1907 - New York, 12 janvier 1986). Issue d'une riche famille d'industriels de la Nouvelle-Angleterre, elle fut attirée par le théâtre puis se tourna vers la danse. Elle devient l'élève de Mikhael Mordkin et travailla avec Michel Fokine, Antony Tudor, Anatole Vilzak et Bronislava Nijinska*. Elle débuta comme ballerine en 1938, interprétant les rôles principaux de *Giselle* (Gautier et Coralli), de *La Fille mal gardée* (Dauberval) et de *La Belle au bois dormant* (M. Petipa) pour les ballets de Mordkin.

Lorsque ces ballets fusionnèrent en 1940 pour devenir le Ballet Theatre, elle en fut la cofondatrice avec le designer Oliver Smith. Fine, cultivée, énergique et infatigable, elle finança elle-même la compagnie, rebaptisée en 1957 American Ballet Theatre. Conçue comme un des meilleurs ballets classiques et un tremplin pour les créations contemporaines, la troupe s'imposa au cours des décennies comme l'une des meilleures des États-Unis. Lucia Chase mena de front sa carrière de danseuse: elle créa la Sœur aînée (*Pillar of Fire*, Tudor) en 1942. Interprète de *Petrouchka* (Fokine), de *Dark Elegy* (Tudor), de créations d'Agnès De Mille* et de George Balanchine, elle se retira en 1960 pour se consacrer exclusivement à la direction de sa compagnie. Elle engagea entre autres trois célèbres artistes soviétiques passés à l'Ouest: Natalia Makarova*, Boris Godounov et Mikhaïl Barychnikov qui lui succéda à la tête de l'American Ballet Theatre en 1980. Lucia Chase est l'une des plus importantes figures de la danse américaine. Elle a obtenu en 1968 le Capezio Award et en 1975 la médaille Handel.

CHATEAUBRIAND Céleste, née Buisson de La Vigne, vicomtesse **de.** Française (Saint-Malo, 1774-1847). Fille d'un officier de marine de Saint-Malo, elle avait pour amies les demoiselles de Chateaubriand qui poussèrent leur frère, à son retour d'Amérique, à épouser Céleste. Il l'abandonna au lendemain de ses noces et ne fit que de brèves apparitions au foyer conjugal. L'irréprochable Céleste admirait son mari; elle ne se cachait en tout cas guère de ne pouvoir lire ses œuvres et supportait en silence ses infidélités. Elle mourut quinze mois avant lui. Chateaubriand disait d'elle: «Elle a rendu ma vie plus grave, plus noble, plus honorable, en m'inspirant toujours le respect, sinon toujours la force de mes devoirs.»

CHATEAUBRIAND Lucile de. Française (château de Combourg, 17 août 1764 - Rennes, 10 novembre 1804). On connaît les pages des *Mémoires d'outre-tombe* dans lesquels Chateaubriand peint les sentiments de profonde tendresse qu'il vouait à sa sœur. Aussi neurasthénique que René — le double du grand écrivain —, sa vie fut triste et malheureuse. Elle entra en 1783 au couvent de Remiremont, fit de la prison pendant la Terreur pour épouser le chevalier de Cau après sa libération (1796). Veuve l'année suivante, elle se retira chez les augustines de Rennes. Au sujet de sa mort, on a parlé de suicide. Le peu qu'elle a écrit a été publié par Anatole France, *Lucile de Chateaubriand, ses contes, ses poèmes, ses lettres* (1879). Elle inspira à son frère les personnages féminins de Velléda*, de Cynodocée et de l'Amélie de *René*.

RÉF.: L'ouvrage d'Anatole France comporte une introduction biographique. F. Saulnier, *Lucile de Chateaubriand et M. de Cau*, 1885.

CHÂTEAUBRIANT Françoise, née de Foix, comtesse **de**. Française (v. 1495-1537). Elle fut mariée à l'âge de dix-sept ans à Jean de Montmorency-Laval, comte de Châteaubriant. Altière et spirituelle, elle attira l'attention de François Ier et, malgré la jalousie de son époux, devint sa maîtresse en 1518. Tout au long de son «règne», qui dura près de dix ans, elle fit profiter ses frères des largesses du roi, ce qui lui attira l'hostilité de la cour. Mais François Ier, au retour de sa captivité en Espagne (1526), se prit de passion pour Anne d'Heilly qu'il fit duchesse d'Étampes*. La comtesse de Châteaubriant dut céder la place et rendre tous ses joyaux sur l'ordre de sa rivale: elle consentit à s'exécuter, mais les renvoya... fondus. Retirée dans ses terres, la tradition laisse entendre que son mari outragé se vengea cruellement en lui infligeant de tels traitements qu'elle en mourut.

CHÂTEAUNEUF, Renée de Rieux (dite **la Belle Châteauneuf**). Française (Bretagne, v. 1550-?). Étrange destinée que celle de cette ravissante femme, célèbre pour sa beauté, fille d'honneur de Catherine* de Médicis, qui devint en 1569 la maîtresse du duc d'Anjou, le futur Henri III. Tout en l'aimant avec passion, ce dernier dut se résoudre à l'éloigner de la cour à cause de ses continuelles disputes et son attitude irrespectueuse envers la reine mère. De dépit, la belle Châteauneuf se maria avec un certain Antinotti, qu'elle poignarda en 1577, dit-on, pour ses infidélités. Remariée à un autre Italien, Filippo Altoviti, baron de Castellane, capitaine de galères, elle le vit périr de ses blessures à la suite d'un duel où il tua son adversaire, Henri d'Angoulême. Elle accoucha en Provence d'une fille Marcelle de Castellane, qui fut plus tard la maîtresse du duc de Guise, le Balafré. Puis Renée de Rieux disparut. On ne sut jamais ce qu'elle était devenue.

CHÂTEAUROUX Marie Anne, née de Mailly-Nesle, marquise de La Tournelle, duchesse **de**. Française (Paris, 1717 - *id.*, août 1744). Quatrième fille du marquis de Nesle, elle fut élevée, après la mort de sa mère, par Mme de Mazarin, sa grand-mère maternelle. Veuve à vingt-cinq ans de Jean-Baptiste Louis, marquis de La Tournelle, elle se vit refuser l'asile à l'hôtel de Mme de Mazarin, par l'héritier de celle-ci, M. de Maurepas. Elle se rendit alors à Versailles où, séduisante et ambitieuse, elle devint la maîtresse de Louis XV — après ses sœurs, la comtesse de Mailly*, la marquise de Vintimille* et la duchesse de Lauraguais*. Ainsi obtint-elle le titre de duchesse de Châteauroux en 1743 et 80 000 livres de rente. Elle mit toute son énergie à rappeler au roi ses devoirs, l'influença dans la conduite des affaires de l'État et le poussa à commander son armée en Flandre et en Alsace où elle le suivit, malgré l'hostilité dont elle était l'objet. À Metz, le roi étant tombé gravement malade, elle fut éloignée par le parti de l'évêque de Soissons mais rentra en grâce dès la guérison de Louis XV. Elle se vengea alors en faisant exiler certains de ses ennemis et en obligeant les autres, sur ordre du roi, à lui faire des excuses: M. de Maurepas, ministre du roi, était de ceux-là. Elle mourut subitement et l'on soupçonna Maurepas de l'avoir empoisonnée, ce qui est fort peu vraisemblable.

CHÂTELET, marquise du. Voir DU CHÂTELET.

CHAUVIN Jeanne. Femme de loi française (1862-1926). Née dans une famille de la bonne bourgeoisie, elle passa avec succès ses licences de droit et de philosophie, puis soutint en 1892 une thèse de doctorat intitulée *Des professions accessibles aux femmes en droit romain et en droit français*. Elle doit sa notoriété à la lutte qu'elle entreprit pour obtenir de l'ordre des avocats à la cour de Paris son inscription au barreau, nomination qui lui fut refusée en 1897. Elle fit appel de cette décision, ce qui provoqua une violente hostilité aussi bien des membres de l'ordre que des députés et des journalistes dont l'un écrivait: «La profession d'avocat comporte une dépense d'efforts physiques considérable dont la plupart des femmes sont incapables.» Jeanne Chauvin ne faisait sans doute pas partie de «la plupart des femmes», car, grâce à ses efforts, elle obtint qu'une loi en faveur de leur nomination au barreau fût votée en 1900.

CHAUVIRÉ Yvette. Danseuse française (née à Paris, le 22 avril 1917). Entrée en 1927 à l'école de danse de l'Opéra, elle travailla avec Kniaseff et Gsovski. Pour ses débuts, elle créa en soliste *Le Roi nu* (Lifar, 1936); l'année suivante, elle tourna dans le film *La Mort du cygne* (Lévy). Elle fut promue étoile en 1941. Invitée à se produire dans le monde entier, elle fut admirée pour sa beauté, son élégance et la sensibilité de ses interprétations, notamment dans les grands rôles romantiques. Elle représentait dans toute sa pureté la grande tradition néoclassique et créa de nombreux ballets pour Lifar comme *David triomphant* (1937), *Alexandre le Grand* (1937), *Le Chevalier et la Damoiselle* (1941), *Istar* (1941), *Joan de Zarissa* (1942), et *Suite en blanc* (1943). À la Libération, elle le rejoignit à Monte-Carlo et dansa dans *Dramma per musica* (Lifar, 1946). À l'Opéra, elle interpréta *Giselle* (Gautier et Coralli) et *Le Lac des cygnes* (M. Petipa).

À partir de 1956, elle poursuivit une carrière indépendante et devint conseillère artistique et technique à l'Opéra de Paris (1963) où, parallèlement, elle assuma la direction à l'École de danse. Directrice et présidente de l'Académie internationale de danse, on lui doit l'ouvrage *Je suis ballerine* (1960). Elle est officier de la Légion d'honneur (1974). Le cygne, qui a ouvert et clos sa carrière de danseuse, est son animal fétiche.

CHEDID Andrée. Femme de lettres égyptienne d'origine syro-libanaise (née au Caire en 1920). Installée en France depuis 1946, elle a publié une vingtaine de recueils animés d'un lyrisme contenu et d'une certaine inquiétude. Portant en elle l'héritage de plusieurs civilisations, elle a rassemblé dans *Terre regardée* (1957), *Double Pays* (1965), *Cavernes et Soleils* (1979) et dans *Textes pour un poème*, des poèmes déjà publiés entre 1949 et 1970. Citons *Sommeil ô mon exil, Sans nom est la distance, De mes nuits à la nuit, J'erre en indifférence, Aux lieux d'étrange vie.* Dans ses romans, *Le Sommeil délivré* (1952), *Le Sixième Jour* (1960), *L'Autre* (1962), *La Cité fertile* (1972), elle s'interroge sur la destinée des hommes. Dans *Cérémonial de la violence* (1976) transparaît l'intensité de son attachement à sa terre d'origine. On lui doit également *Néfertiti et le rêve d'Akhnaton* (1974), des nouvelles, *L'Étroite Peau* (1965), des pièces de théâtre, *Le Montreur* (1969), ainsi que des essais, *Liban* (1969).

CHENAL Marthe. Soprano française (Saint-Maurice, 28 août 1881 - Paris, 29 janvier 1947). Contre l'avis de ses professeurs, elle entra au Conservatoire en 1901 et travailla sans se décourager avec De Martini. En 1905, elle remporta un premier prix et débuta aussitôt à l'Opéra où elle chanta dans *Tannhäuser* (Wagner) et dans *Faust* (Gounod). En 1908, elle entra à l'Opéra-Comique avec un rôle à la mesure de sa beauté, Aphrodite (*Aphrodite*, Erlanger). L'année suivante, elle interpréta Tosca (*Tosca*, Puccini) et Margaret (*Le Roi d'Ys*, Lalo). À Monte-Carlo, elle incarna avec succès Marguerite (*Méphistophélès*, Boito), avec Chaliapine comme partenaire. On l'applaudit à New York, mais l'essentiel de sa carrière se déroula à Paris, où ses qualités vocales et son exceptionnel talent de comédienne étaient fort appréciés. On la compara même à Sarah Bernhardt* lors de la création de *La Sorcière* (Erlanger). Elle quitta la scène en 1923.

CHÉRON Élisabeth-Sophie. Peintre. Française (Paris, 1648 - *id.*, 1711). Issue d'une dynastie d'artistes lorrains, elle reçut ses premières leçons de son père. Douée en tout, «l'illustre Mlle Chéron» jouait du luth et du clavecin, rimait correctement et traduisait l'hébreu. La peinture consacra sa notoriété. Un bel *Autoportrait* (musée de Versailles) et l'appui de Le Brun lui ouvrirent les portes de l'Académie royale en 1672. Élisabeth Chéron acquit des revenus enviables grâce à la peinture d'histoire et à ses portraits (*Mme Deshoulières**), où elle atteint la parfaite maîtrise de son art. Graveur, elle a publié un *Livre à dessiner* composé de têtes tirées des meilleurs dessins de Raphaël (1707). Reçue comme poétesse à l'Académie de Padoue en 1699, on conserve d'elle des *Psaumes et cantiques mis en vers* (1694), et *Les Cerises renversées*, poème héroïque (1717). On dit qu'elle épousa à soixante ans le sieur Le Hay, ingénieur du roi. Voltaire en parle dans son *Siècle de Louis XIV*.

CHEVIGNÉ Laure, née de Sade, comtesse **de**. Française (1860-1936). Elle descendait du célèbre marquis de Sade et épousa le comte Adhéaume de Chevigné. Belle, élégante, spirituelle, elle incarnait toutes les qualités que Proust prêtait à la duchesse de Guermantes, son héroïne de *À la recherche du temps perdu*. On dit qu'elle ne sut aucun gré au romancier de l'avoir prise pour modèle, mais on pourrait répéter avec Proust: «Si un(e) autre me ressemble, c'est donc que j'étais quelqu'un(e).»

CHEVREUSE Marie, née de Rohan-Montbazon, duchesse **de** (décembre 1600 - Gagny, 12 août 1679). Fille d'Hercule de Rohan, gouverneur de Paris, elle fut mariée à dix-sept ans au duc de Luynes, favori de Louis XIII, qu'elle s'empressa de tromper. Veuve à vingt et un an, elle convola en secondes noces avec le duc de Chevreuse. «Elle était jolie, friponne, éveillée», rappelle Tallemant des Réaux. Son mari ferma les yeux sur ses nombreux amants: le comte de Moret, le comte Châteauneuf, le marquis de Laignes, etc. Dans ses *Mémoires*, le cardinal de Retz, toujours aussi féroce, écrit:

> Elle traitait ce qu'elle aimait comme ses jupes qu'elle mettait dans son lit quand elles lui plaisaient et qu'elle brûlait par une pure aversion deux jours après.

Sa vie fut un tissu d'intrigues politiques et sentimentales. Favorite d'Anne* d'Autriche, elle prit un tel ascendant sur elle que la reine déclarait aimer mieux ne jamais avoir d'enfant que d'être séparée de la duchesse. Au moment des négociations qui aboutirent au mariage d'Henriette* Marie de France avec Charles Ier d'Angleterre, elle favorisa la passion de Buckingham pour la reine, ce dernier étant venu chercher Henriette. En même temps, elle se moquait ouvertement du cardinal de Richelieu qui s'habillait en fringant cavalier pour lui en conter. Elle fut compromise dans la conspiration de Chalais: Richelieu fut trop content de l'exiler en Lorraine, où elle tourna la tête au jeune duc Charles IV (1626). De retour deux ans plus tard, elle fut éloignée de nouveau par Louis XIII. Reléguée en résidence surveillée en Touraine, «la chevrette» dut fuir à cheval jusqu'en Espagne (1637). Elle reprit ses cabales sous Mazarin et fut mêlée à la Fronde. La duchesse de Chevreuse était une adepte du quiétisme et se lia à Fénelon et à Mme Guyon*, autre source de contestation. Elle termina ses jours dans la retraite, près de Chelles, vivant solitaire dans une maison de campagne.

RÉF. : L. Batiffol, *La Duchesse de Chevreuse*, Paris, 1927. G. Truc, *La Vie agitée de Mme de Chevreuse*, 1947.

CHICAGO Judy (Judith Cohen, dite). Peintre, céramiste, brodeuse américaine (née à Chicago en 1939). Après des études à l'université de Colombia à Los Angeles, elle occupa divers postes de professeur dans plusieurs institutions. *The Dinner Party* (1979) l'a rendue célèbre. Ce projet, qu'elle a mis plus de cinq ans à réaliser avec la collaboration de nombreux artistes et artisans, consistait à matérialiser la personnalité de la femme. Autour d'une immense table triangulaire étaient dressés trente-neuf couverts de céramique peinte, dont les assiettes symbolisaient trente-neuf femmes célèbres s'étant illustrées dans l'histoire ancienne et contemporaine. En outre, neuf cent quatre-vingt-dix-neuf femmes avaient leurs noms inscrits sur des dalles de porcelaine situées sous la table. Judy Chicago a dirigé également une œuvre collective, *Naissance*, symbolisant l'accouchement : pièces de tissus exécutées par un groupe de brodeuses d'après ses propres dessins. Avec le peintre Miriam Schapiro*, elle organisa en 1970 l'Institut californien des arts de Valencia réservé aux artistes féminins. Ce groupe réalisa entre autres la restauration d'une vieille maison (1972), qui fut transformée en un musée réunissant des sculptures féminines ayant pour sujet le rôle domestique de la femme.

CHILD Lydia Maria. Antiesclavagiste américaine (1802-1880). Elle était une ardente abolitionniste et milita en faveur des Noirs aux côtés dé ses compatriotes Emily Winslow, Marie Chapman, les sœurs Grimké*, Mary Crew, donnant de nombreuses conférences. Elle publia plusieurs ouvrages dont *L'Appel en faveur de cette classe d'Américains appelés Africains* (1833), qui eut un retentissement considérable, non seulement en Amérique mais aussi dans le monde entier. Elle a écrit des romans à caractère didactique et historique comme *Hobomok* (1824) ou *Philotée* (1836). Elle a fondé en 1826 le premier mensuel américain pour la jeunesse, *The Juvenile Miscellany*.

CHINCHÓN Francisca, née de Rivera Enriquez, comtesse. Vice-reine du Pérou. Espagnole (XVIIe s.). Elle fut guérie d'un accès de fièvre palustre grâce à un remède à base d'écorce d'arbre largement employé par les indigènes. Consciente de l'intérêt de cette thérapeutique, elle l'introduisit en Europe où le remède fut diffusé dès le début du XVIIe siècle sous le nom d'« écorce de la comtesse », puis d'« écorce du Pérou » et enfin de « quinquina ». C'était la première application de la quinine, encore largement employée de nos jours.

CHIZOVA Nadeja. Athlète soviétique (née à Oussolié en 1945). L'une des plus grandes lanceuses de poids de sa génération, elle domina sa discipline de 1966 à 1974. Championne d'Europe à Budapest en 1966, elle battit en 1968, avec un jet de 18,67 m, le record du monde détenu par sa compatriote Tamara Press*. Aux jeux Olympiques de Munich, en 1972, elle remporta la médaille d'or, battant une nouvelle fois le record du monde qu'elle porta à 21,03 m.

CHOIN Marie Émilie Joly de. Française (v. 1670-1732). Issue d'une famille noble du Dauphiné, elle était la fille du gouverneur de Bourg-en-Bresse. Présentée à la cour, elle devint demoiselle d'honneur de la princesse de Conti, sœur du Grand Dauphin (Monseigneur). Ce dernier s'éprit d'elle et contracta une liaison qui demeura très discrète. Il faut croire que son intelligence, qui était vive, et son charme suppléèrent un physique qui, selon Saint-Simon — il la détestait et l'appelait la Choin —, était loin des critères de beauté d'alors : il la décrit sous les traits d'une grosse, camarde, brune et laide fille, douée au demeurant de beaucoup d'esprit. Quoi qu'il en soit, elle sut faire la conquête non seulement du prince mais de son entourage, s'attirant l'estime des hauts personnages de la cour, dont Mme de Maintenon*. On affirme que le Dauphin l'aurait épousée secrètement en 1695 et qu'il lui resta fidèle jusqu'à sa mort en 1711. Peu de temps auparavant, elle avait refusé de quitter sa demeure de Meudon pour un logement à Versailles. Elle disait à son compagnon : « Si j'avais le malheur de vous perdre, mille écus me suffiraient. » Attachée à son indépendance, elle se distingua des autres favorites par son désintéressement. Elle vécut modestement après le décès de Monseigneur, entourée de ses amies d'autrefois, Mme de Lillebonne et la duchesse de Bourbon.

CHOISNET-GOHARD Marcelle. Aviatrice française (Versailles, 9 mai 1914 - Chartres, 14 juillet 1974). Attirée par l'aviation, elle se consacra au vol à voile. Elle remporta dans cette discipline de nombreux succès qui firent sa célébrité. Elle établit plusieurs records, dont le plus connu, le record international de durée en planeur (35 h et 3 min) les 17, 18 et 19 novembre 1948 ne fut pas dépassé jusqu'à sa mort. Elle observa et étudia scientifiquement les causes et les effets des courants ascendants, si bien qu'elle réussit à atteindre trois mille six cents mètres d'altitude, ce qu'aucune femme n'avait réussi avant elle. Marcelle Choisnet a été décorée de la Légion d'honneur.

CHOJNACKA Élisabeth. Claveciniste polonaise naturalisée française (née à Varsovie, le 10 septembre 1939). Entrée très jeune à l'École supérieure de musique de sa ville natale, elle obtint en 1962 le diplôme de maîtrise. Elle poursuivit ses études à Paris en travaillant avec la claveciniste Aimée Van de Wiele. En 1968, elle reçut le premier prix de clavecin à Vercelli. Elle a participé activement à la renaissance de la « corde pincée » dont Wanda Landowska* et ses disciples étaient à l'origine. Ne se limitant pas au répertoire classique des XVIIe et XVIIIe siècles, Élisabeth Chojnacka interprète également des œuvres d'auteurs contemporains, créant entre autres : *Khoaï* (Xenakis), *Cristaux de feu* et *Hommage à Calder* (Tisné), *Concerto pour clavecin* (Gorecki), *Joutes* (Chaynes), *Hungarian Rock* et *Continuum* (Ligeti), etc. Son activité ne se limite pas aux concerts : elle est une conférencière très écoutée.

CHOJNOWSKA-LISKIEWICZ Krystina. Navigatrice polonaise (née en 1944). Diplômée de l'École polytechnique de Gdansk, ingénieur en construction navale, elle obtint son diplôme de capitaine en grande navigation. En 1975, l'Union des navigateurs polonais accorda à Krystina le budget nécessaire pour une croisière en solitaire autour du monde à la seule condition d'être la première femme à « boucler » le tour du monde en solitaire. Un voilier, le « Mazurek », mesurant 9,51 m, fut construit spécialement pour elle. Elle se mit en route à la fin mars 1976, départ de Las Palmas, pour éviter l'intense circulation de la Baltique et de la Manche, et passa par le canal de Panamá afin de ne pas risquer inutilement les dangers du cap Horn. Après un faux départ, elle se lança dans la grande aventure, bravant les tempêtes, notamment au large du Cap. Lorsqu'elle apprit que deux femmes, l'Australienne Naomi James* et la Française Brigitte Oudry*, tentaient, elles aussi, de relever le défi d'une telle course, elle retrouva son instinct de régatière acharnée et fonça le long des côtes africaines. Elle arriva la première de justesse le 21 avril 1978, Naomi James terminant son tour du monde au mois de juin. Pour cet exploit, elle reçut la plus haute distinction polonaise.

CHRISTIE Agatha, née Miller. Femme de lettres anglaise (Torquay, 1891 - Wallingford, 1976). Fille d'un Américain et d'une Anglaise qui l'éleva seule, elle s'installa à Paris où elle espérait faire une carrière musicale. Comme sa voix manquait d'ampleur, elle envisagea, encouragée par sa mère et par le romancier Eden Philipotts, de se tourner vers les lettres. En 1914, elle épousa le colonel Archibald Christie dont elle rendit le nom célèbre. Ambulancière pendant la Première Guerre mondiale pour suivre son mari dont elle était très amoureuse, elle acquit une parfaite connaissance des poisons qui lui servit dans son œuvre. Mise au défi par sa sœur d'écrire une histoire policière dont on ne devinerait pas le coupable avant les dernières pages, elle écrivit *La Mystérieuse Affaire de Styles* où apparaît pour la première fois son héros favori, Hercule Poirot. Le manuscrit fut refusé par six éditeurs.

Le succès lui vint avec *Le Meurtre de Roger Ackroyd* (1926). Dès lors, tous ses romans battirent des records mondiaux de tirage. La même année, lorsque son mari lui annonça son intention de refaire sa vie, la déjà célèbre Agatha Christie disparut. On retrouva sa voiture en rase campagne, un gant, un poudrier, une chaussure boueuse... Dix jours plus tard, on découvrit la romancière dans l'hôtel d'une station thermale où elle était inscrite sous le nom de la maîtresse de son mari. Elle prétendit avoir perdu la mémoire... Un psychiatre l'aida à la retrouver. Elle divorça peu après, épousa en 1930 l'archéologue Max Mallowan, de quinze ans son cadet. Elle l'accompagna dans ses voyages au Proche-Orient, ce qui lui permit de situer nombre de ses romans dans ces régions. Qu'il s'agisse du *Crime de l'Orient-Express* (1934), de *Meurtre en Mésopotamie* (1936), de *Mort sur le Nil* (1937), de *Dix Petits Nègres* (1939), chacun de ses livres est un best-seller. Elle a créé deux personnages principaux pour dénouer ses intrigues: le Belge Hercule Poirot, détective privé, transposition du caractère d'un réfugié rencontré pendant la Première Guerre mondiale, et l'Anglaise miss Marple, vieille fille malicieuse à l'allure désuète.

Poursuivant la tradition du roman à énigmes héritée de Conan Doyle, elle publia entre autres *La Maison biscornue* (1949), *Rideau* (1976), et écrivit sous le pseudonyme de Mary Westmacott deux autoportraits: *L'Absence au printemps* (1944) et *La Rose et l'if* (1949). Ses intrigues, parfaitement agencées, baignent dans un certain suspens et dans un certain mystère, se dénouent toujours de manière rationnelle grâce au sens de l'observation et à la perspicacité du détective. Agatha Christie est aussi l'auteur de pièces de théâtre comme *La Souricière* (1952) qui fit à Londres une prodigieuse carrière pendant trente ans. Elle a adapté elle-même pour la scène plusieurs de ses romans; une grande partie de son œuvre a été portée à l'écran. L'humour d'Agatha Christie, qui imprègne toute son œuvre, transparaît bien dans ce bon mot: «Je suis la seule femme qui, en vieillissant, prenne de la valeur aux yeux de son époux.»

RÉF.: F. Rivière, *Agatha Christie, «duchesse de la mort»*, Seuil, 1981. J. Morgan, *Agatha Christie*, Luneau-Ascot, 1986.

CHRISTIE Julie. Actrice anglaise (née à Chukwa, Inde, en 1940). Après des études en Angleterre, elle quitta l'école à seize ans pour prendre des cours d'art dramatique. Engagée à la Royal Shakespeare Company, elle suivit cette troupe en Europe et aux États-Unis, tenant le rôle de Luciana (*La Comédie des erreurs*, Shakespeare). Quittant la scène pour la télévision, elle fit des débuts très remarqués dans une série télévisée, *A for Andromeda*, en 1962. Schlesinger la révéla au cinéma en 1963 avec *Billy le menteur*, et elle obtint un oscar pour son rôle dans *Darling* (1965). La même année, David Lean la choisit pour tenir le rôle de Lara du *Dr. Jivago* de Boris Pasternak, film qui remporta un énorme succès. Depuis, elle poursuit une brillante carrière, sachant varier ses interprétations, de l'héroïne romantique à la femme moderne. Citons parmi ses films: *Fahrenheit 451* (Truffaut, 1966), *Loin de la foule déchaînée* (Schlesinger, 1967), *Le Messager* (Losey, 1971), *Ne vous retournez pas* (Roeg, 1973), *Nashville* (Altman, 1975), *Le ciel peut attendre* (Beatty, 1978).

CHRISTINE. Reine de Suède (Stockholm, 8 décembre 1626 - Rome, 9 avril 1689). Elle était la fille de Marie de Brandebourg et de Gustave-Adolphe auquel elle succéda sur le trône de Suède en 1632, son père ayant trouvé la mort lors de la bataille de Lützen. Elle n'avait alors que six ans, et le pouvoir fut exercé par un Conseil de régence présidé par le chancelier Oxenstierna. Elle entra en conflit avec lui lorsqu'elle commença à prendre les rênes de l'État à partir de 1644. Six ans plus tard, elle se fit couronner «roi» de Suède. Sous son règne, le pays devint une puissance dominante dans l'Europe du Nord, et sa prééminence fut reconnue au traité de Westphalie (1648). Christine était fort instruite et cultivée. Elle attira à la cour les grands esprits de son temps, notamment Descartes avec lequel elle échangeait une correspondance et qui y mourut (1650).

Peu populaire dans son pays en raison de son faste, de ses excentricités, de ses nombreux amants auxquels elle donnait trop de pouvoir et de son attirance pour le catholicisme, elle préféra abdiquer en faveur de Charles X Gustave (1654). Elle se convertit l'année suivante et consacra le reste de sa vie à voyager à travers l'Europe. Elle séjourna deux ans en France, reçue somptueusement par Mazarin, et fut l'objet d'un scandale retentissant: à Fontainebleau où elle résidait, elle fit assassiner son écuyer et amant, Monaldeschi (1657). Elle se mêla de nouveau de politique après la mort de Gustave X Adolphe, tentant sans succès de remonter sur le trône. Elle s'installa à Rome en 1667, où elle s'illustra en tant que mécène et collectionneur. C'est ainsi qu'elle fonda l'académie des Arcades et qu'elle protégea peintres et écrivains. Ses très riches collections d'art ont été transférées au musée du Vatican. Elle a été une souveraine remarquable pour sa largeur de vues et par une intelligence hors du commun, mais il lui a manqué la stabilité et le goût de l'effort. Ses Mémoires sont inachevés.

RÉF.: J. Castelnau, *La Reine Christine*, Payot, 1981.

CHRISTINE DE PISAN. Écrivain. Française d'origine italienne (Venise, v. 1365-v. 1430). Elle était la fille de Tomaso di Benvenuti di Pizzano, astrologue et médecin vénitien qui fut appelé à Paris par Charles V, où toute sa famille le rejoignit en 1370. À quinze ans, Christine de Pisan fut mariée à un gentilhomme, Étienne Castel, qu'elle aima passionnément; il mourut en 1390, la laissant avec trois enfants dans une situation matérielle précaire. Pour subvenir à ses besoins, elle se mit à écrire et fut certainement la première femme en France à vivre de sa plume. Ses dons littéraires lui valurent l'admiration et l'amitié des poètes Eustache Deschamps, Jean de Montreuil et Jean Gerson. Son œuvre est considérable et comporte des ballades, des épîtres, des opuscules politiques où elle prêche la concorde entre citoyens, soit quinze volumes principaux, sans compter les pièces qui l'ont rendues célèbre: rondeaux, virelais et complaintes. La délicatesse de ses sentiments, la douleur qu'elle exhale à la suite de la mort de son mari en font un des plus grands écrivains français du Moyen Âge et sans doute le plus moderne.

Elle eut d'illustres protecteurs, le duc de Berry, Louis d'Orléans, le comte de Salisbury et Henri de Lancastre. Elle fut chargée par Philippe le Hardi, duc de Bourgogne, d'écrire l'éloge de la vie du roi défunt, le *Livre des faits et bonnes mœurs du sage roi Charles V*. Plus tard, les massacres entre Armagnacs et Bourguignons lui inspirèrent la *Lamentation sur les maux de la guerre civile* (1410) et son *Livre de paix* (1412-1414). À la fin de sa vie, elle se retira dans un cloître, peut-être à Poissy, où elle composa un chant d'allégresse pour célébrer sa contemporaine Jeanne* d'Arc dans son *Ditié en l'honneur de la Pucelle* (1429). De son œuvre pléthorique se détachent plus particulièrement *Cent Ballades d'amant et de Dame*, les *Ballades du veuvage*, le *Dit de la pastoure*, l'*Épistre au dieu d'amours* et son œuvre allégorique *Le Trésor de la Cité des Dames*.

RÉF. : J. Moulin, *Christine de Pisan*, Seghers, 1962.

CHRISTINE DE STOMMELN, bienheureuse (Stommeln, près de Cologne, 1243 - *id.*, 1312). Elle fit vœu de chasteté à l'âge de dix ans et entra dans une communauté de béguines. Par la suite, elle eut plusieurs extases et reçut les stigmates le jour de Pâques 1269. Sa vie spirituelle nous est connue par l'importante correspondance qu'elle échangea avec un dominicain, Pierre de Dacie, qui la visitait régulièrement, et qui a annoté leurs lettres à partir de ses souvenirs. Cette correspondance s'achève en 1286. Christine de Stommeln a été béatifiée en 1908 par le pape Pie X.

CIARDI Emma. Peintre. Italienne (Venise, 1879-1933). Peintre de genre, ses œuvres obtinrent un grand succès auprès d'un public qui lui resta toujours fidèle. Elle participa à de nombreuses expositions en Europe, notamment à celle de la Leicester Gallery à Londres en 1910. La galerie d'Art moderne de Florence possède trois de ses toiles dont *Le Carnaval* et *Crépuscule*, le musée de Munich une, *La Portantina*.

CIGNA Gina. Soprano italienne (née à Angères, le 6 novembre 1900). D'ascendance mi-française mi-italienne, elle étudia le piano au Conservatoire avant de s'orienter vers le chant. En 1923, elle épousa le ténor Maurice Sens et débuta à la Scala, en 1927, sous le nom de Ginette Sens, dans le rôle de Reia (*L'Or du Rhin*, Wagner). Elle passa pratiquement inaperçue et se remit au travail. Deux ans plus tard, sous le nom de Gina Cigna, elle triompha sur la même scène en Donna Elvira (*Don Juan*, Mozart). Quelques semaines plus tard, elle incarnait Élisabeth (*Tannhäuser*, Wagner). Ainsi commençait une éblouissante carrière qui fit d'elle une grande diva, avec près de soixante rôles à son répertoire, dont La Gioconda (*La Gioconda*, Ponchielli) et Turandot (*Turandot*, Puccini). Appréciée par Toscanini qui lui pardonnait tous les débordements d'un tempérament dramatique explosif, elle chanta sur les plus grandes scènes lyriques, à la Scala, chaque saison de 1929 à 1943, à l'Opéra de Paris en 1933 et 1935, à Covent Garden à Londres à partir de 1933, au Metropolitan Opera de New York où elle débuta en 1937 dans le rôle d'Aïda (*Aïda*, Verdi). Après la guerre, elle reprit sa carrière qu'un accident de voiture interrompit définitivement en 1948. Elle se consacra dès lors à l'enseignement : au Conservatoire royal de Toronto de 1953 à 1957, puis à Milan, à Sienne et à Paris.

CINTI-DAMOREAU Laure (Laure Cinthie Montalant, dite). Soprano française (Paris, 6 février 1801 - *id.*, 25 février 1863). Elle étudia au Conservatoire de

Paris, et c'est Angelica Catalani* qui lui trouva son nom de scène, en italianisant son deuxième prénom, pour ses débuts au Théâtre-Italien en 1816. Deux ans plus tard, elle devint une des cantatrices les plus fêtées de Paris. Sa rivalité avec Angelica Catalani* l'obligea à se produire au théâtre Louvois où elle triompha dans Mozart et Rossini. Invitée au King's Theatre de Londres, elle remporta un égal succès. En 1825, elle fut enfin engagée à l'Opéra de Paris où elle chanta pendant dix ans avec une interruption en 1827, année où elle se produisit à Bruxelles et épousa le ténor Damoreau. Elle créa les principaux rôles de soprano de Rossini : Pamira *(Le Siège de Corinthe)*, Anaï *(Moïse)*, la Comtesse Adèle *(Le Comte Ory)*, Mathilde *(Guillaume Tell)*; pour Auber, Elvire *(La Muette de Portici)*, Ninska *(Le dieu et la bayadère)*, Thérésine *(Le Philtre)* et Marie *(Le Serment)*; pour Meyerbeer, Isabelle *(Robert le Diable)*. Elle fut aussi une merveilleuse Zerline (*Don Juan*, Mozart), lors de la fameuse reprise de l'œuvre en 1834, aux côtés de Cornélie Falcon*. Chanteuse la mieux payée de son époque à l'Opéra, elle accepta une offre encore plus séduisante en créant une série d'opéras d'Auber. Elle quitta la scène en 1841 mais continua à se produire en récitals jusqu'en Amérique. Elle enseigna au Conservatoire de 1833 à 1856 et publia une *Méthode de chant* (1849), divers manuels et quelques chansons. Sa fille, Maria Cinti-Damoreau, soprano, débuta à l'Opéra de Paris en 1862.

CINTRON Conchita. Torero à cheval. Péruvienne (née au Chili en 1922). Née d'un père portoricain et d'une mère d'origine irlandaise, elle avait tout enfant la passion des chevaux et manifesta sa volonté de combattre à cheval des taureaux. À dix ans, elle participait à des *tentias* (épreuves de courage des jeunes taureaux) et à des *herraderos* (marquage des jeunes veaux d'élevage) en les poursuivant à cheval, les culbutant en les piquant à la croupe. Elle prit part à de nombreuses *novilladas* (courses de taurillons) et vint en Europe où elle triompha à Lisbonne en 1930 : elle avait quatorze ans. Conchita Cintron fut la seule femme à porter le titre de *matador*. Elle combattait à pied et à cheval et tua plus de quatre cents taureaux au cours de six cents corridas tant en Amérique latine qu'en Europe. Les Mexicains l'avaient surnommée « la déesse d'or ». Elle était célèbre pour les banderilles ainsi que pour l'élégance de ses mises à mort. Elle renonça à toréer après son mariage en 1951. Conchita Cintron eut des émules, une trentaine d'années après sa retraite, dont la jeune Française Marie Bourseiller, fille de la comédienne Chantal Darget. Connue sous le nom de Marie Sara, elle est l'épouse du directeur des arènes de Nîmes, et actuellement la seule femme à combattre les taureaux à cheval.

CISELET Georgette. Femme politique et féministe belge (née en 1900). Après des études de droit, elle devint avocate et fut l'un des plus ardents défenseurs des droits de la femme dans la société, développant ses idées grâce à ses ouvrages, *La Femme, ses droits, ses devoirs, ses revendications* (1930) et *Le Mariage* (1935). Son action politique la porta au poste de sénateur en 1946. Elle fit partie de la délégation belge à l'ONU.

CLADEL Judith. Femme de lettres française (Paris, 25 mars 1873 - *id.*, 29 janvier 1958). *Confession d'une amante* (1904) lui acquit d'emblée une réputation de romancière mais, délaissant la poursuite de son œuvre, elle se consacra à sauver la mémoire de son père, l'écrivain Léon Cladel. Elle publia sa biographie, *La Vie de Léon Cladel* (1905) et laissa deux études sur Rodin dont l'une, *Rodin, sa vie glorieuse, sa vie* *inconnue* fut couronnée par l'Académie française en 1936. Elle joua d'ailleurs un rôle décisif pour que soit créé le musée Rodin. On lui doit également *Aristide Maillol, sa vie, son œuvre* (1937), des romans, des pièces de théâtre ainsi qu'un grand nombre d'articles parus dans des revues littéraires et artistiques. Judith Cladel fut membre du comité Femina et reçut la Légion d'honneur.

CLAIRE D'ASSISE, sainte. Italienne (Assise, 1194 - *id.*, 1253). Issue d'une famille noble, Claire, qui réprouvait la vie facile qu'elle avait menée jusque-là, s'enfuit à dix-huit ans de la maison paternelle avec sa cousine Pacifia pour se placer sous la protection de François d'Assise, le fondateur de l'ordre des franciscains. Le *Poverello* d'Assise qui les avait fait entrer dans un couvent de bénédictines, en compagnie des sœurs de Claire et de leur mère Ortolav qui étaient venues la rejoindre, les consacra à la vie religieuse. La petite communauté, formée d'autres postulantes attirées par la sainteté de Claire, s'installa dans un ermitage, à Saint-Damiens, qui fut le premier monastère de l'ordre des Clarisses, avant que celui-ci ne se répande en Europe. François d'Assise rédigea pour celles qu'on appelait « Pauvres Dames » *Une forme de vie* qui fut approuvée par le pape Grégoire IX. Elle insistait sur l'importance de la pauvreté qui fut la base de la règle imposée par Claire, entre 1247 et 1252, à ses compagnes qui ne vivaient que d'aumônes. La fondatrice de l'ordre des Clarisses mourut en 1253, épuisée par la rigueur de son existence. Selon ses historiographes, elle aurait éloigné les Sarrasins qui assiégeaient la ville, pour certains grâce à ses prières, pour d'autres en présentant une hostie aux ennemis. La dépouille de sainte Claire est conservée dans la crypte de l'église Santa Chiara d'Assise. Elle fut canonisée en 1255 par le pape Alexandre IV; on la fête le 12 août.

CLAIRMONT Claire (Clara, dite). Anglaise (1798 - Florence, 1879). Fervente admiratrice de lord Byron, elle lui écrivit des lettres passionnées qui étaient de véritables déclarations d'amour. En 1816, elle rencontra le poète à Genève, où elle avait accompagné les Shelley venus le rejoindre. Shelley s'était installé avec sa sœur et Claire à Mont-Allègre, que seule la largeur d'une vigne séparait de la villa Diodati qu'habitait Byron. Claire devint sa maîtresse, et de leur brève union naquit une fille prénommée Allegra, qui mourut à six ans, en 1822. Claire mena ensuite une vie errante et mourut à Florence.

CLAIRON Mlle (Claire Léris de La Tude, dite). Actrice française (Condé-sur-Escaut, 1723 - Paris, 1803). Enfant illégitime, elle vint à Paris où, fascinée par le théâtre, elle restait des heures à guetter Mlle Dangeville* devant son domicile. Avec l'appui de celle-ci, elle rejoignit la troupe de la Comédie-Italienne avant d'être engagée dans la compagnie de La Noue, avec laquelle elle se produisit en province. La Clairon était ravissante et, de plus, excellente chanteuse. Applaudie à l'Opéra en 1743, elle débuta la même année à la Comédie-Française par un coup d'éclat: elle remplaçait Marie-Françoise Dumesnil*, titulaire du rôle dé Phèdre (*Phèdre*, Racine). Ce fut un triomphe: Voltaire se proclama « claironien ».

Durant vingt ans, la « divine Melpomène » imposa son jeu à l'art dramatique. Elle travaillait minutieusement la moindre attitude, la moindre intonation, cherchant les effets saisissants acclamés du public. Sa suprématie était telle qu'elle finit par agacer David Garrick, le directeur de Drury Lane, qui l'avait distinguée à ses débuts: il critiqua les « trucs » de l'actrice. Encouragée par Marmontel, Diderot et l'acteur Lekain, Mlle Clairon s'attacha en outre à réformer le costume en vue de plus de vérité historique. Dans cet esprit, elle abandonna peu à peu le style déclamatoire en vogue chez ses prédécesseurs. En 1765, elle fut emprisonnée cinq jours pour avoir refusé de jouer avec un acteur du Français, tombé en disgrâce au sein de l'auguste théâtre. Elle se réfugia chez Voltaire à Ferney, interprétant son répertoire dans le petit théâtre de la propriété. Elle ne devait plus se produire que sur des scènes privées. Invitée en 1773 à la cour du margrave d'Anspach, elle y passa treize ans. C'est là qu'elle rédigea ses *Mémoires et réflexions sur l'art dramatique* (1779). Mlle Clairon mourut dans la gêne, sa pension ayant été suspendue à la Révolution et son talent oublié dans la tourmente.

RÉF.: E. Feuillère*, *Moi, la Clairon*, Albin Michel, 1983.

CLAK Ligia. Peintre. Brésilienne (née à Minas Gerais, le 23 octobre 1920). Elle étudia la peinture avec Burle Marx au Brésil et, à Paris, avec Dabrinsky et Fernand Léger dont le constructivisme l'influença fortement. De retour au Brésil, elle participa au groupe «néo-concret» à partir de 1959. Ses œuvres, très dépouillées, dans lesquelles elle ne conserve que l'essentiel d'une représentation imagée, dégagent une force singulière par la rigueur de leur composition. Sa première exposition eut lieu à Paris en 1951, puis elle exposa à Rio, à Belo Horizonte et dans les principales biennales où elle obtint un succès qui ne s'est pas démenti (São Paulo, 1961, 1963; Venise, 1960, 1962, 1968). Son art a évolué vers le Part'Art, ou art de participation, dont les réalisations sont des structures souples à trois dimensions où les spectateurs sont invités à «entrer». Son œuvre est représentée dans les principaux musées du Brésil et des États-Unis.

CLARY Désirée. Reine de Suède (Marseille, 1777 - Stockholm, 1860). Elle était la fille d'un marchand de soieries marseillais qui compta deux reines parmi sa progéniture. En 1794, Bonaparte, vainqueur à Toulon, s'éprit de la jeune femme. Le peu d'empressement de la famille Clary à un éventuel mariage — Julie Clary, l'aînée, venait d'épouser Joseph Bonaparte —, les occupations de Bonaparte puis l'arrivée de Joséphine* dans sa vie expliquent la brièveté de cette idylle. Le général rompit en 1795 et écrivit un petit roman, *Clisson et Eugénie* (publié en 1930) dans lequel on retrouve trace de cette liaison. Quatre ans plus tard, à la veille du Consultat, Bonaparte maria Désirée Clary au général Bernadotte. Pendant les campagnes de ce dernier, la «duchesse impériale», comme l'appelait la duchesse d'Abrantès*, tint à Paris un salon fort couru. Brune avec ses accroche-cœurs au goût du jour, un grain de beauté sur la joue gauche, elle est représentée par les peintres R. Lefèvre et J.V. Guérin. Élu prince royal de Suède en 1810, Bernadotte fut couronné roi en 1818. Désirée Clary ne consentit à gagner son royaume, qu'elle trouvait trop triste à son goût, qu'en 1823. Elle fut couronnée reine six ans plus tard. Elle ne put jamais s'acclimater tout à fait à son pays d'adoption, brûlant de retourner en France. Elle survécut d'un an à son fils Oscar Ier qui avait succédé à son père Bernadotte sur le trône de Suède.

RÉF.: A.M. Selinko, *Désirée*, Belfond, 1987.

CLAUDE DE FRANCE. Reine de France (Romorantin, 1499 - Blois, 1524). Fille aînée du roi Louis XII et d'Anne* de Bretagne, un mariage fut négocié par sa mère avec le futur Charles Quint. Soucieux de préserver le duché de Bretagne, le roi lui fit épouser finalement son cousin, François, duc d'Angoulême et futur François Ier (1514). Douce, peu jolie, légèrement boiteuse, elle était très pieuse et charitable et n'eut aucune influence sur son époux ni sur les affaires de l'État. Elle vivait retirée dans son château de Blois, et on l'appelait la « bonne reine ». En 1515, elle abandonna à son mari les droits qu'elle détenait sur le Milanais. Elle avait hérité le duché de Bretagne de sa mère, qui entendait qu'il restât indépendant de la France. Claude tenta de maintenir cet état de fait en le léguant à son fils, le Dauphin François. Cependant, François Ier unit indissolublement le duché au royaume, en 1532. Le titre ducal fut porté de manière fictive par un autre fils de Claude, Henri, et disparut lorsque ce dernier monta au trône sous le nom de Henri II (1547). Elle mourut à l'âge de vingt-cinq ans, regrettée de ses sujets. C'est en son souvenir qu'on a baptisé reine-claude une espèce de prune.

CLAUDEL Camille. Sculpteur. Française (Fère-en-Tardenois, Aisne, 8 décembre 1864 - Mondevergues, près d'Avignon, 19 octobre 1943). Fille d'un conservateur des Hypothèques, elle était de quatre ans l'aînée de Paul Claudel qui se rappelle avec admiration « cette jeune fille splendide, pleine de génie, mais de caractère violent, indomptable ! » (*Journal*). Elle manifesta ses talents dès l'enfance, et lorsque la famille vint s'installer à Paris, elle put suivre l'enseignement du sculpteur Boucher, à Nogent-sur-Marne. C'est en 1883 qu'elle rencontra Rodin : elle n'avait pas vingt ans, il en avait quarante-trois. Il vint donner des cours à l'atelier de la rue Notre-Dame-des-Champs qu'elle partageait avec trois autres femmes, dont Jessie Lipscomb qui devait rester son amie intime. Bientôt, elle entra comme praticienne au Dépôt des marbres, rue de l'Université, où Rodin avait son propre atelier. Leur liaison fut aussi sentimentale qu'artistique. Le sculpteur trouva en elle « le bonheur d'être toujours compris, de voir son attente toujours dépassée ». Outre les visages qu'il fit de Camille Claudel, on reconnaît les traits de cette dernière dans *L'Aurore* (1885), dans *La Pensée* (1886), dans *L'Adieu* (1892) et dans *La France* (1904).

La jeune femme fréquentait les mardis de Mallarmé : Debussy tomba amoureux d'elle, les Goncourt notèrent « sa tête enfantine, ses beaux yeux, ses dires originaux » (*Journal*). Elle admirait passionnément « Monsieur Degas » et l'art japonais. Habile collaboratrice de Rodin, elle réalisait de son côté des portraits à l'huile et au pastel, sculpta une *Vieille Femme*, un *Jeune Romain*, commença le buste du maître. Puis vinrent *L'Abandon, La Prière, Le Psaume, La Danse*, l'émouvante *Petite Châtelaine*.

. Entre 1887 et 1893, le couple séjourna plusieurs fois au château de l'Islette, en Touraine. Les années passaient, et Camille Claudel restait pour le monde la meilleure élève de Rodin ou, pis, sa protégée. En 1893, elle quitta son atelier pour se consacrer à son œuvre personnelle. C'est là, 19, quai de Bourbon, qu'elle réalisa ses sculptures les plus célèbres, *La Valse, Clotho, La Vague, Les Causeuses*, qui firent sensation au Salon de 1895, et surtout *L'Âge mûr*, qui met en scène sa rupture avec Rodin. Elle avait désespéré de le voir quitter Marie-Rose Beuret*, sa compagne des mauvais jours. Déjà, on chuchotait qu'elle était folle. Malgré l'admiration de quelques-uns (Mirbeau, Morice), malgré l'originalité de ses œuvres nerveuses et tourmentées, elle ne pouvait vivre de son art. Après *Persée et Gorgone* (1899), elle ne fit que recommencer et refondre, travaillant puis détruisant ses ébauches. Atteinte de la maladie de la persécution, elle envoyait des lettres ordurières à l'Inspection des beaux-arts, ainsi qu'à Rodin qu'elle accusait de l'avoir pillée. En 1909, Paul Claudel note dans son *Journal* :

À Paris, Camille folle. Le papier des murs arraché à longs lambeaux, un seul fauteuil cassé et déchiré, horrible saleté. Elle, énorme et la figure souillée, parlant incessamment d'une voix monotone et métallique.

Il la fit interner le 10 mars 1913, sur l'avis des médecins. En trente ans d'internement, elle reçut quelques rares visites de son frère, aucune de sa mère et de sa sœur. Elle mourut dans une totale solitude alors qu'elle est aujourd'hui célèbre. Après une première rétrospective de son œuvre au musée Rodin en 1951, les années 80 ont vu ses sculptures exposées à Los Angeles, à Washington, à Paris, à Londres, à Tokyo. Les articles dans les revues se sont multipliés et un film à succès a achevé de lui rendre une gloire trop tardive.

RÉF. : P. Claudel, «Camille Claudel statuaire», *L'Art décoratif*, 1913. R.M. Paris, *Camille Claudel*, Gallimard, 1984. A. Delbée, *Une femme, Camille Claudel*, Presses de la Renaissance, 1982.

CLAUDIA PROCULA. Romaine (Ier s. apr. J.-C.). Elle était sans doute une affranchie de la gens Claudia. Elle épousa Ponce Pilate, procurateur de Judée, célèbre pour son rôle lors du procès du Christ. Alors que son mari était en train de le juger, elle lui fit dire : «Ne te mêle pas de l'affaire de ce juste ! Car aujourd'hui j'ai été tourmentée en rêve à cause de lui.» (Matthieu, XXVII, 19).

CLEMM Virginia. Américaine (1822-Fordham, 30 janvier 1847). Edgar Poe épousa Virginia Clemm, sa cousine, alors qu'elle n'était âgée que de quatorze ans, et ils s'établirent à Baltimore avec la mère de la jeune fille. Malgré son instabilité, son alcoolisme, ses fugues, l'écrivain adorait sa femme : elle fut l'une de celles qui lui inspira les poèmes d'*Annabel Lee* ou de *Léonore*. Phtisique, Virginia se consuma lentement, restant parfois plusieurs mois entre la vie et la mort, au désespoir de son mari. Il écrivit plus tard :

C'était cette oscillation horrible, éternelle, entre l'espoir et le désespoir, que je n'aurais pas pu supporter plus longtemps sans perdre la raison.

En mai 1846, ils s'installèrent à Fordham, près de New York. Virginia était de plus en plus faible, et le poète eut, lui aussi, de graves problèmes de santé. Mrs. Clemm soigna le couple tombé dans le dénuement le plus total.

CLÉO DE MÉRODE. Voir MÉRODE Cléo de.

CLÉOPÂTRE. Reine de Macédoine (?-336 av. J.-C). Elle était la nièce d'Attale, l'un des lieutenants de Philippe de Macédoine (le père d'Alexandre le Grand), qui le fit exécuter en 335. Le roi répudia sa première femme, Olympias, en 337 pour épouser Cléopâtre. À la mort de Philippe, un an plus tard, la reine évincée fit mettre à mort Cléopâtre et l'enfant qu'elle avait eu du roi.

CLÉOPÂTRE. Reine d'Épire (?-308 av. J.-C). Fille de Philippe II de Macédoine et d'Olympias, et donc sœur d'Alexandre le Grand, elle devint reine d'Épire par son mariage avec l'un de ses oncles, Alexandre d'Épire (336 av. J.-C.). Celui-ci fut tué en Italie, et Cléopâtre s'installa à Sardes, à la cour de son frère. À la mort d'Alexandre en 323, ses généraux qui aspiraient à la succession firent une cour assidue à sa sœur. Celle-ci s'apprêtait à épouser Perdiccas lorsqu'il trouva la mort. Elle jeta alors son dévolu sur Ptolémée Lagos, roi d'Égypte, mais elle fut assassinée par un des diadoques d'Alexandre, Antigone Ier Monophtalmos, qui craignait que Ptolémée devînt trop puissant grâce à ce mariage.

CLÉOPÂTRE. Médecin. Égyptienne (Ier s. apr. J.-C.). Citée par Galien, elle se rendit célèbre en son temps par un traité sur les maladies des femmes, *De morbi mulierum fauci* (dont le texte figure dans le *Gynaeciorum libriale Isr. Spaechio Colecti*, Strasbourg, 1597). On lui attribue également un traité sur les cosmétiques et sur les affections du cuir chevelu ainsi qu'une notice sur les poids et mesures et, sans doute à tort, un ouvrage érotique, *De medica minae fauci, epistolae eroticae* reproduit dans le *Petrone variorum*. Au fil des âges, elle fut confondue avec la grande Cléopâtre.

RÉF. : A. Delacoux, *Biographies des sages-femmes célèbres anciennes, modernes et contemporaines*, Paris, 1834.

CLÉOPÂTRE VII. Reine d'Égypte (Alexandrie, 69 av. J.-C. - *id.*, 30 av. J.-C.). Elle appartenait à la dynastie des Lagides et était la fille aînée de Ptolémée Aulète. En mourant (52), celui-ci transmit le pouvoir à son fils Ptolémée Dionysos (neuf ans), à condition que, selon l'usage en vigueur en Égypte, il épousât sa sœur Cléopâtre (dix-sept ans). Très instruite, elle parlait le grec, le latin et les langues de la Syrie. D'après Plutarque, son esprit fascinait davantage que sa beauté. Le mot de Pascal est célèbre : « Si son nez eût été plus court, la face du monde en aurait été changée. » Elle avait le nez fortement busqué, tel qu'on peut le voir sur les tétradrachmes et autres monnaies frappées à l'époque où ses traits sont reproduits sans trop de complaisance. Les conseillers du roi-enfant le convainquirent de régner seul et parvinrent à chasser Cléopâtre qui alla se réfugier en Syrie (49), où elle leva des troupes pour reconquérir le pouvoir.

C'est alors que César, qui s'était installé à Alexandrie après avoir vaincu Pompée à Pharsale en 48, intervint en médiateur entre le frère et la sœur. L'histoire, ou la légende, veut que Cléopâtre se soit introduite auprès de lui roulée dans un tapis présenté comme un cadeau, et que la gracieuse apparition de la reine ait séduit le général romain. Celui-ci ne put toutefois empêcher une bataille rangée entre les partisans de Cléopâtre et ceux de son frère, au cours de laquelle la bibliothèque d'Alexandrie prit feu. Sur ces entrefaites, le roi d'Égypte se noya et Cléopâtre reprit possession du trône. Elle épousa son deuxième frère, Ptolémée l'Enfant (six ans), qu'elle n'eut aucun mal à supplanter. En 47, elle donna un fils à César, Césarion, qui fut exécuté en 30 sur les ordres d'Octave. Elle aurait séjourné à Rome avec son amant, se réinstallant dans son pays après l'assassinat de ce dernier en 44, mais le fait est sujet à caution.

Dans le partage de l'Empire romain, l'Occident échut à Octave, l'Orient à Marc Antoine. Celui-ci vint à Tarse pour préparer une expédition contre les Parthes. Il envoya son lieutenant Dellius donner l'ordre à Cléopâtre de rendre compte de sa conduite. En effet, elle avait aidé Brutus et Cassius dans leur lutte contre Antoine. Un mois plus tard s'avança une galère dont la poupe était en or, les voiles de pourpre, les rames d'argent. Sous un pavillon, une femme était allongée, vêtue de magnifiques habits. Cette Vénus Astarté était Cléopâtre, reine d'Égypte. Elle venait, non pour recevoir des ordres d'Antoine, mais pour lui en donner. Il succomba comme son prédécesseur, en oublia Rome et la guerre des Parthes, pour suivre la reine en Égypte, où les attendaient les délices de ce que Plutarque appela « la vie inimitable ». Il réunit à l'Égypte la Phénicie, une partie de la Syrie et de la Cilicie, l'île de Chypre, la Judée et l'Arabie. Il donna le titre de roi des rois aux trois enfants qu'il avait eus d'elle — Alexandre, Cléopâtre Séléné, Ptolémée — et se fit appeler Osiris. De ce jour, Cléopâtre porta le costume et le nom d'Isis.

Mais Octave accusa Antoine d'avoir voulu démembrer l'empire et donner Rome à Cléopâtre. Sur son ordre, le Sénat lui enleva la puissance triumvirale et déclara la guerre à la reine d'Égypte. L'Orient et l'Occident se rencontrèrent à

Actium (31). Au plus fort du combat, Cléopâtre prit la fuite, Antoine abandonna ses vaisseaux et se fit transporter sur sa galère : la bataille était perdue et le monde romain appartenait à Octave. De retour à Alexandrie, Antoine et Cléopâtre, bientôt assiégés, se donnèrent la mort à quelques jours d'intervalle. La légende veut que Cléopâtre, vêtue de ses vêtements royaux, demanda qu'on lui apportât un panier de figues : entre deux fruits, un aspic balançait sa petite tête noire et la reine aurait présenté son bras nu au reptile.

Cléopâtre fut ensevelie au côté d'Antoine. Elle avait trente-neuf ans. Avec elle s'éteignait la dynastie grecque des Lagides et prenait fin l'indépendance de l'Égypte. Cicéron, Plutarque et Dion Cassius ont largement contribué à la réputation de *regina meretrix* (reine courtisane) attribuée à celle qui avait fait d'Alexandrie la seconde capitale de l'empire.

RÉF. : P. Daix, *Cléopâtre*, Paris, 1981, O. von Wertheimer, *Cléopâtre*, Payot, 1981, J. Benoist-Méchin, *Cléopâtre ou le Rêve évanoui*, Presses-Pocket, 1984.

CLERMONT-TONNERRE Claude Catherine de, duchesse de Retz. Française (Paris, 1543 - *id.*, 1603). Fille de Claude de Clermont-Tonnerre et de Jeanne de Vivonne, elle fut dame d'honneur de Catherine* de Médicis, reine de France. Elle épousa en premières noces en 1561 Jean d'Annebault qui mourut des suites de blessures reçues à la bataille de Dreux, la laissant veuve en 1562. Elle se remaria en 1565 avec Albert de Gondi, plus tard duc de Retz. Célèbre à la cour pour son érudition, spirituelle, connaissant plusieurs langues dont le latin, elle fut reçue membre de l'Académie du Palais, honneur rare pour une femme. La duchesse de Retz fut la grand-mère du cardinal du même nom.

CLERT Iris, née Athanassiadis. Directrice de galerie d'art. Française d'origine grecque (1923 - Cannes, 1986). Son action en faveur des artistes d'avant-garde l'a rendue célèbre. Dynamique, passionnée, audacieuse, elle ouvrit une galerie rue des Beaux-Arts, peu après la guerre, et fut la première à exposer les œuvres de Fontana, les sculptures de Takis, les poubelles d'Arman, les machines de Tinguely, les monochromes de Klein. Selon ses mots, « la difficulté, c'est de vivre entre deux coups de foudre ». Attirant un Tout-Paris époustouflé ou scandalisé, Iris Clert se joua du cérémonial propre au monde des arts. Lors des biennales de Venise, elle exposa sur un bateau les artistes refusés. En 1968, le *Stradart*, un neuf tonnes transparent, véritable galerie ambulante, sillonna la France et l'Europe. Chaissac, Riopelle, Uriburi, César, Malaval, Soto, pour ne citer qu'eux, lui doivent une bonne part de leurs premiers succès.

CLÉSINGER Solange, née Dupin. Française (1828-1899). Fille de George Sand* et selon les uns du baron Dudevant, son père légitime, selon les autres de Stéphane Ajasson de Grandsagne, amant passager de l'écrivain, elle rencontra chez sa mère le jeune sculpteur Auguste Clésinger. Celui-ci, frappé par sa grâce et par sa beauté, lui fit accepter d'être le modèle de sa *Diane chasseresse*. Les jeunes gens se prirent d'une violente passion l'un pour l'autre, mais George Sand, qui avait auparavant fiancé sa fille à un gentilhomme, Fernand de Préault, quitta brusquement Paris en emmenant Solange avec elle. Cependant, devant la volonté et la résistance des deux amoureux, et malgré l'animosité qui l'opposait à son futur gendre, elle consentit au mariage en 1847. L'union des jeunes époux, qui commença sous les plus brillantes auspices, se détériora. Clésinger, « sculpteur enragé » selon les termes de sa belle-mère, se préoccupait plus de son œuvre que de sa femme, et la naissance de deux enfants ne les empêcha pas de se séparer en 1855.

CLEVELAND, duchesse **de**. Voir CASTELMAINE, Barbara de.

CLÈVES Marie de. Duchesse d'Orléans (Clèves, 1426 - Chauny, 1487). Elle était la fille du duc de Clèves, Adolphe IV, et de Marie de Bourgogne, fille de Jean sans Peur. À l'âge de quinze ans à peine, elle épousa le poète Charles d'Orléans, neveu de Charles VI, devenant ainsi sa troisième femme. Elle le suivit en Italie lorsqu'il voulut conquérir le Milanais sur lequel il avait des droits par sa mère Valentine Visconti*. L'expédition fut un échec, et le duc d'Orléans ne put conquérir que le comté d'Asti. Après quoi, le couple se fixa à Blois, s'entourant d'une cour brillante d'écrivains et d'artistes. Marie de Clèves y joua un rôle de premier plan, constituant notamment une très belle bibliothèque. Elle donna plusieurs enfants à son mari, dont le futur Louis XII. Veuve en 1465, elle se remaria avec un gentilhomme artésien, Jean de Rabodanges.

CLÈVES Marie de, princesse de Condé (Paris, 1533 - *id.*, 1574). Française. Fille de François Ier, duc de Nevers et duc de Clèves, et de Marguerite de Bourbon-Vendôme, elle était d'une grande beauté et inspira de nombreux poètes à la cour de Charles IX. Le duc d'Anjou, frère du roi et futur Henri III, s'éprit d'elle mais ne put l'épouser car elle était calviniste. Elle se maria en 1571 à son cousin Henri de Bourbon, prince de Condé. Elle abjura sa religion au moment de la Saint-Barthélemy (1572) puis mourut en couches peu de temps après. Henri III, revenu de Pologne peu avant et décidé à l'épouser coûte que coûte puisqu'elle était maintenant catholique, fut désespéré par sa mort et resta dit-on inconsolable.

CLÈVES Sybille de. Princesse allemande (Düsseldorf, 1512 - Weimar, 1554). Elle était la sœur du duc de Clèves, mari de Jeanne III* d'Albret, et d'Anne* de Clèves. En 1527, elle épousa l'Électeur de Saxe, Jean-Frédéric, et se convertit en 1528 à la religion réformée. Elle vécut alors dans un milieu intellectuel et artistique. Luther était un ami de son mari, et le peintre Lucas Cranach l'Ancien, lui-même très lié avec le grand réformateur, fréquentait la cour de l'Électeur. En 1547, Charles Quint, dans sa lutte contre l'hérésie, défit les protestants confédérés de Smalkalde de même que les troupes de Jean-Frédérice de Saxe à Muhlberg et retint l'Électeur captif. Pendant cette captivité, Sybille de Clèves lui écrivit des lettres où les sentiments religieux et son amour pour son mari restent des modèles de foi et de fidélité conjugale. En 1552, Charles Quint, trahi par son entourage, dut s'enfuir d'Innsbruck. Jean-Frédéric rentra triomphalement dans ses États, mais il ne put jouir longtemps de sa liberté retrouvée car il mourut deux ans après son retour et dix jours après son épouse.

CLICQUOT Barbe Nicole, née Ponsardin (dite **la Veuve Clicquot**). Négociante française (Reims, septembre 1775 - *id.*, 1866). Fille d'un négociant fortuné, elle épousa en 1793 le banquier Louis Clicquot. Comme le couple possédait des vignes, il entreprit de commercialiser, aussi bien en France qu'à l'étranger, les vins blancs mousseux de Reims, qui provenaient jusqu'alors de l'abbaye d'Hautvilliers. Veuve en 1805, fort avisée en affaires, Mme Clicquot prit la direction de l'affaire familiale et fonda une société pour l'exploitation et la diffusion du vin de Champagne qui assura la prospérité de sa ville natale. Sur le conseil du baron James de Rothschild, elle délaissa sa banque pour se consacrer à cette seule activité et acquit une renommée mondiale. Elle maria brillamment sa fille au comte de Chevigné, lequel continua le négoce du champagne, qui connut un succès considérable sous le nom devenu célèbre de « Veuve Clicquot ». La veuve Clicquot fit beaucoup pour sa région, établit à Reims l'hôtel des Petits-Ménages et contribua à alimenter en... eau la ville d'Épernay.

CLIFFORD Rosamonde. Anglaise (v. 1140-1176). Fille de lord Walter Clifford, la Belle Rosalinde, comme on la nommait, devint la maîtresse du roi Henri II d'Angleterre. La reine Aliénor* d'Aquitaine, jalouse, lui aurait interdit de se présenter à la cour. La tradition rapporte que Rosalinde aurait vécu secrètement dans une chambre à Woodstock. Son sort a inspiré de nombreuses ballades aux poètes de son temps qui pleurèrent sa mort prématurée.

CLIVE Kitty, née Catherine Raftor. Actrice anglaise (1711-1785). Elle jouait à dix-sept ans de petits rôles à Drury Lane et remporta son premier succès en Philida, l'héroïne de *Love in a Riddle* (1729) de Colley Cibber. Vive et charmante sans être jolie, elle avait cependant de l'« abattage » et forgea sa réputation dans les emplois de comédie. Elle écrivit elle-même de courtes farces. L'actrice était à couteaux tirés avec son directeur David Garrick, qui la cantonnait dans les rôles burlesques. Passionnée, gouailleuse, elle essuya un échec retentissant en s'essayant à la tragédie. Elle eut une cour d'admirateurs dont Hogarth, qui fit son portrait, et l'écrivain Horace Walpole qui lui offrit, lorsqu'elle se retira en 1769, une petite maison à Strawberry Hill.

CLODIA METELLA. Romaine (Ier s. av. J.-C.). Sœur du politicien Claudius, elle doit sa célébrité aux écrits de Catulle et de Cicéron. Elle était mariée à Caecillius Metellus et mena une vie de débauche, prenant de nombreux amants: Catulle fut l'un d'entre eux et l'immortalisa sous le nom de Lesbie. Il chanta dans ses vers sa passion heureuse puis, délaissé, pleura son désespoir. Clodia eut un autre amant du nom de Caelius qui l'abandonna; pour se venger elle l'accusa d'avoir commis de nombreux crimes, en particulier d'avoir voulu l'empoisonner. Défendu par Cicéron, Caelius fut acquitté. Dans sa plaidoirie, Cicéron accusait Clodia Metella d'être une femme incestueuse et débauchée et d'avoir tué son mari.

CLOSE Glenn. Actrice américaine (née en 1947). Commençant sa carrière cinématographique avec le *Le Monde selon Garp* (Hill, 1982), elle se révéla terrifiante dans *Liaison fatale* (Lyne, 1987) et inquiétante dans *Les Liaisons dangereuses* (Frears, 1988) où son interprétation de Mme de Merteuil a été saluée par la critique. *Le Mystère von Bulow* (Schroeder, 1990) a confirmé son talent.

CLOTILDE, sainte. Reine franque (v. 475 - Tours, 545). Fille de Chilpéric, roi de Lyon, elle était chrétienne. À la mort de son père, elle se réfugia chez son oncle Godégisil, roi de Genève et des Burgondes. Clovis, roi des Francs la demanda en mariage; leur union eut lieu peut-être en 493, à Soissons. Clotilde entreprit la conversion de son mari qu'elle obtint après la bataille de Tolbiac. Selon Grégoire de Tours, le roi avait fait vœu de se convertir à l'Église s'il obtenait la victoire. Son baptême eut lieu à Reims. Elle donna trois fils à Clovis: Clotaire, Childebert et Clodomir et, comme ils étaient trop jeunes pour succéder à leur père (511), elle assuma le rôle de régente. Elle les laissa ensuite se partager les possessions franques. À la mort de Clodomir en 524, elle recueillit les trois fils de celui-ci que leurs oncles voulaient supprimer. Les deux premiers furent égorgés sur les ordres de Clotaire; le troisième, Clodoald (Cloud), parvint à s'enfuir et se retira dans un monastère qu'on identifie comme étant Saint-Cloud. Après ces événements, Clotilde se retira à Tours et ne joua plus aucun rôle public. Elle fut ensevelie à Paris, aux côtés de Clovis, dans la basilique des Saints-Apôtres, sur l'emplacement de laquelle fut bâtie l'église Sainte-Geneviève puis le Panthéon. Elle fut canonisée par Pélage Ier au ve siècle. On la fête le 4 juin.

COCHRAN Jacqueline. Aviatrice américaine (Pensacola, Floride, 1907 - Indio, Californie, 1980). Elle débuta dans l'aviation en 1934, et sa première performance fut un vol à 10 000 mètres d'altitude avec un avion aux ailes de toile. La même année, elle participa à la course Londres-Melbourne et, en 1938, elle remporta la première place dans la course Bendix-Transcontinental Trophy, devant des aviateurs masculins chevronnés. Cette victoire fit sensation dans le monde de l'aviation. C'est en 1947 que commença la compétition entre les deux Jacqueline, Auriol* la Française et Cochran l'Américaine, pour la conquête du record du monde de vitesse féminin, compétition qui ne se termina qu'en 1963. En 1953, Jacqueline Cochran fut la première femme à avoir franchi le mur du son et la première à piloter un bombardier à travers l'Atlantique. Pendant la dernière guerre, elle commanda les «wasps». Jacqueline Cochran fut décorée de la Légion d'honneur et reçut la Distinguished Service Medal.

COGNACQ Marie-Louise, née Jay. Négociante française (Samoëns, Haute-Savoie, 1er juillet 1838 - Paris, 26 décembre 1925). Elle fit ses débuts comme vendeuse à la «Nouvelle Héloïse», rue du Temple, et épousa Ernest Cognacq, le «Napoléon du déballage», en 1872, alors qu'elle était devenue première vendeuse au «Bon Marché». Tous deux prirent à bail un magasin dont l'enseigne était «À la Samaritaine». Leur génie commercial et un travail acharné expliquent le développement foudroyant de l'entreprise qui comptait dix employés lors de sa création et sept mille, cinquante ans plus tard. Ils consacrèrent leur immense fortune à des activités philantropiques et menèrent une politique sociale audacieuse en faveur de leur personnel. En 1914, ils donnèrent à la «Samaritaine» un statut de société en commandite: les employés devenaient actionnaires et touchaient une part sur les bénéfices. Ils firent don à la Ville de Paris d'une très belle collection de meubles, objets et tableaux du XVIIIe siècle qui fut installée boulevard des Capucines.

COIGNY Aimée de Franquetot de, duchesse de Fleury. Française (12 octobre 1769 - 17 janvier 1820). Elle fut mariée à l'âge de quinze ans au marquis de Fleury qui reçut de son grand-père les titres de duc et pair. Aimée de Coigny, présentée à Versailles où elle fit sensation par sa beauté, sa gaieté et son esprit, préférait la capitale, le Palais-Royal notamment, pendant que son mari, pour ne pas périr d'ennui en garnison, dissipait sa fortune au jeu. De son côté, celle que Marie-Antoinette* appelait la reine de Paris n'était pas en reste et menait grande vie avec son amant le duc de Lauzun, âgé de vingt ans de plus qu'elle. En 1792, pour éviter la ruine, la jeune duchesse demanda la séparation de biens, s'installa à Rome où elle rencontra Mme Vigée-Lebrun* et où elle devint la maîtresse de lord Malmesbury, dont elle eut un enfant qui ne vécut pas.

Après plusieurs déplacements tant en France qu'en Angleterre, elle se fixa à Montrouge en mars 1793. Elle fut arrêtée en février 1794 avec son amant Montrond et incarcérée à Saint-Lazare. C'est là qu'elle rencontra André Chénier: subjugué par elle — qui s'en soucia fort peu —, le poète lui dédia son ode la plus célèbre, *La Jeune Captive*, composée peu avant son exécution. Aimée de Coigny fut libérée en septembre 1794 et épousa Montrond (elle avait divorcé l'année précédente). Mais son nouveau mari acheva de la ruiner complètement et disparut avec une maîtresse. Elle-même, toujours aussi volage, multiplia les amants. En 1812, elle eut notamment une liaison avec Bruno de Boisgelin, sous l'influence duquel elle persuada d'anciens révolutionnaires de se rallier aux Bourbon. Aimée de Coigny a laissé des *Mémoires* publiés en 1902 et vingt-cinq exemplaires d'un roman, *Alvare*, publié en 1912 dans *Le Temps*.

RÉF.: J. Duché, *Pour l'amour d'Aimée*, Robert Laffont, 1989.

COLBERT Claudette (Lily Chauchoin, dite). Actrice américaine d'origine française (née à Paris en 1905). Ses parents émigrèrent à New York en 1912; elle y fit ses études et suivit les cours de l'École des beaux-arts. D'abord décoratrice de théâtre et même dactylo, elle rêvait d'être actrice. Elle partit pour Hollywood, fit de la figuration et, remarquée par Frank Capra, tourna son premier film, *Pour l'amour de Mike* (1927) qui fut un succès. Jolie, enjouée, gaie, spirituelle, elle conquit rapidement le grand public, et les meilleurs metteurs en scène lui offrirent des rôles à sa mesure. Citons parmi les soixante films qu'elle a marqués de sa personnalité: *La Huitième Femme de Barbe-Bleue* (Lubitsch, 1938), *Zaza* (Cukor, 1939), *La Baronne de minuit* (Leisen, 1939), *Madame et ses flirts* (Sturges, 1942), *Désir de femme* (Wood, 1945), *L'Homme aux lunettes d'écaille* (Sirk, 1948), *Destinées* (Delannoy, 1953) tourné en France. Claudette Colbert excellait dans les comédies légères. Qui ne se souvient du charmant *New York-Miami* (Capra, 1934) qui lui valut un oscar et dans lequel elle avait pour partenaire Clark Gable, du *Lieutenant souriant* (Lubitsch, 1931) ou de *Mon mari le patron* (La Cava, 1935)? Elle triompha également dans des rôles dramatiques: elle fut Poppée* dans *Le Signe de la croix* (1932) et Cléopâtre VII*, dans le film de Cecil B. De Mille. Son dernier grand rôle fut Mme de Maintenon* dans le film de Sacha Guitry, *Si Versailles m'était conté* (1953).

COLBRAN Isabel (Angela Colbran, dite). Soprano espagnole (Madrid, 2 février 1785 - Castenaso, Bologne, 7 octobre 1845). Fille d'un musicien de la cour d'Espagne, elle travailla d'abord avec Pareja à Madrid, puis à Naples avec Marinelli et le grand Crescentini. Elle débuta à Paris en 1801, en Espagne en 1806. En Italie, ses contrats la conduisirent à Bologne et à la Scala de Milan, en 1808. Le célèbre imprésario Domenico Barbaia s'éprit d'elle et la fit engager à Naples où elle fut pendant dix ans la plus grande *prima donna* du théâtre San Carlo. On l'entendit dans *La Vestale* (Spontini) et dans la plupart des œuvres que Rossini composa en tenant compte de la voix exceptionnelle (registre de trois octaves) de son interprète favorite. Il l'épousa en 1822. Elle créa pour lui son dernier opéra, *Sémiramis*, à la Fenice de Venise en 1823, avant de quitter définitivement la scène l'année suivante et de suivre Rossini à Paris. En 1837, s'étant séparée de son mari, elle se retira à Bologne. Elle laissa quatre recueils de romances.

COLET Louise, née Revoil. Femme de lettres française (Aix-en-Provence, 15 août 1810 - Paris, 8 mars 1876). Élevée dans le château de Servanne près d'Aix-en-Provence, elle épousa le musicien Hippolyte Colet. Ils vinrent habiter à Paris où M. Colet devint professeur au Conservatoire et où Louise tint un salon, rue de Sèvres, qui devint un véritable foyer littéraire grâce à l'influence de son amant, Victor Cousin. Écrivain elle-même, elle fut plus connue de ses contemporains «pour ses émois que pour ses œuvres» selon la formule de Rémy de Gourmont. Ravissante, ambitieuse, intrigante, elle défraya souvent la chronique par ses liaisons avec des noms fameux de l'époque (Musset, Vigny, Villemain, Champfleury).

Elle ne manquait ni d'esprit ni de tempérament. Comme Alphonse Karr se moquait des piqûres de Victor Cousin (elle était enceinte de ses œuvres), elle lui planta un couteau entre les deux omoplates. Alphonse Karr exposa le couteau dans une vitrine avec une étiquette ainsi libellée: «Donné à Alphonse Karr par Mme Colet... dans le dos.» Elle est surtout célèbre pour avoir été la maîtresse de Flaubert de 1846 à 1854 — idylle particulièrement mouvementée comme on peut le constater en lisant la correspondance de Flaubert. Elle aurait d'ailleurs inspiré le personnage de Mme Bovary. Les ouvrages de faible qualité de Louise Colet lui valurent pourtant certains succès; elle fut quatre fois lauréate de l'Académie pour ses poésies, *Fleurs du midi* (1836), *Le Cœur des femmes* (1852), *Poème de la femme* (1853-1856), etc. Elle est aussi l'auteur d'ouvrages de voyages comme *Promenade en Hollande* (1859) ou *L'Italie des Italiens* (1862-1864, 4 vol.). Elle a édité les *Lettres* de Benjamin Constant à Mme Récamier*.

RÉF.: J. de Mestal-Cambremont, *La Belle Madame Colet*, Paris, 1913. R. Dumesnil, *Le Grand Amour de Flaubert*, Paris, 1945.

COLETTE (Sidonie Gabrielle Colette, dite). Écrivain. Française (Saint-Sauveur-en-Puisaye, Yonne, 28 janvier 1873 - Paris, 3 août 1954). La famille était de petite-bourgeoisie mais cultivée; on lisait les revues littéraires et les livres nouveaux. Le père, le capitaine Colette, amputé d'une jambe lors de la bataille de Melgnano en 1856, était percepteur à Saint-Sauveur; c'était un Méridional gai et fantaisiste qui se rêvait écrivain. La mère, Sidonie Colette* Landoy, dite Sido, personnalité non conformiste et généreuse, transmit à sa fille son goût pour la nature et le respect de la vie sous toutes ses formes; elle fut, dit Colette, «le personnage principal de ma vie». Colette avait une demi-sœur, Juliette, étrange et lointaine, et deux frères. L'aîné, Achille (légalement son demi-frère), «l'aîné sans rivaux» et Léo, «le sylphe»; ils associèrent leur jeune sœur à leurs jeux et à leur errance dans la campagne et les bois. Toute l'enfance heureuse, libre et aimée, eut pour cadre la maison et le village natal où elle fit ses études jusqu'au brevet supérieur, obtenu en 1889; l'écrivain en conservera un souvenir ébloui. Ce temps heureux se termina en 1891: la famille Colette, ruinée, quitta Saint-Sauveur et s'installa à Châtillon-sur-Loing (aujourd'hui Châtillon-Coligny), où Achille était médecin. Colette y rencontra Henri Gauthier-Villars, dit Willy, figure très connue du Tout-Paris pour ses critiques musicales et ses romans fort libres. La petite provinciale fut fascinée par cette célébrité parisienne secrète et complexe.

Le 15 mai 1893, Colette, vingt ans, épousa Henri Gauthier-Villars, qui en avait près de trente-quatre. À Paris, l'adaptation fut difficile. Sa mère et la nature lui manquaient; elle fut déçue par son mari qui la trompait sans vergogne. Elle tomba si gravement malade (début 1894) que l'on craignit pour sa vie. Elle guérit pourtant et s'adapta à sa nouvelle existence. Le ménage tint treize ans: en 1906, Colette fut doucement poussée dehors par Willy que sa jeune maîtresse, Meg Villars, incitait sans doute au divorce. Colette a été profondément marquée par cette période de sa vie; elle a aussi beaucoup appris. Le couple Willy sortait beaucoup, était reçu dans les salons littéraires, fréquentait les théâtres, les cafés où se rencontraient les écrivains, les concerts (ils allaient à Bayreuth chaque été). Colette rencontra alors beaucoup de gens dont certains restèrent ses amis pour la vie (en particulier Marguerite Moreno*). Surtout, grâce à Willy, Colette est devenue écrivain, «sans m'en apercevoir et sans que personne s'en doutât». En 1900, parurent ses souvenirs d'écolière jetés sur le papier à la demande de Willy et auxquels il a donné un ton plus parisien. Le prodigieux succès de cette *Claudine à l'école* incita Willy à lui demander une suite. Ce sera *Claudine à Paris* (1901), puis *Claudine en ménage* (le plus osé de la série, 1902) et *Claudine s'en va* (1903). Willy publia ces quatre livres sous sa seule signature, ainsi que *Minne* (1904) et *Les Égarements de Minne* (1905). En 1904, cependant, il autorisa Colette à signer de son propre nom les quatre premiers de ses *Dialogues de bêtes* qui seront sept en 1905, puis douze dans l'édition définitive de 1930. Perspicace, Francis Jammes devina la vraie nature de l'écrivain «qui ressemble beaucoup plus à une petite mariée villageoise qu'à une littératrice perverse». Colette a évoqué cette période de sa vie dans *Mes apprentissages* (1936), après la mort de Willy.

Les années 1906 (séparation du couple) à 1910 furent difficiles et troublées. Colette avait trouvé un appui affectif et matériel auprès de Missy, la marquise de Belbeuf, fille du duc de Morny, lesbienne notoire. Mais il lui fallait gagner sa vie: elle entreprit alors une carrière de mime et, avec son maître, Georges Wague, se produisit (non sans scandale parfois) dans les music-halls parisiens ou en province au cours de tournées harassantes. Son talent était discuté mais elle apportait à son travail une extrême conscience professionnelle. Colette comprit aussi que l'écriture pouvait être une autre source de revenus et publia alors *La Retraite sentimentale* (1907), les contes des *Vrilles de la vigne* (1908) et *La Vagabonde* (1910) qui eut des voix au Goncourt.

1910 vit le divorce définitif d'avec Willy, la liaison de Colette avec Auguste Hériot, riche jeune homme qui voulait l'épouser et, en fin d'année, la rencontre avec Henry de Jouvenel, rédacteur en chef au *Matin* où Colette commença sa carrière journalistique. Très amoureuse, elle hésitait pourtant à aliéner sa liberté mais finit par céder et s'installa chez Jouvenel à Passy. Peu après la mort de sa mère Sido (septembre 1912), Colette attendait un enfant. Elle épousa Henry de Jouvenel en décembre et, en juillet 1913, donna naissance à sa fille, Colette, dite Bel-Gazou. Jouvenel fit la guerre au front, à part un épisode diplomatique (il participa à la conférence de la Petite-Entente, de décembre 1916 à février 1917) et politique (il fut chef de cabinet du ministre de la Marine marchande, de juillet à novembre 1917). Le couple n'avait aucune fortune et Colette écrivait beaucoup dans les journaux, en particulier au *Matin*. Elle réunit ses articles en recueils: *La Paix chez les bêtes* (1916), *Les Heures longues* (1917). Les œuvres qui suivirent le retour à la paix sont parmi les plus célèbres: *Mitsou* (1919), *Chéri* (1920), *Le Blé en herbe* (1923, signé, comme tout ce qui paraîtra désormais, Colette tout court), *La Fin de Chéri* (1926). À ces romans s'ajoutent deux œuvres inspirées par son enfance heureuse et le souvenir de sa mère, *La Maison de Claudine* (1922) et *Sido* (1930).

Dans les années 20, le couple Jouvenel se sépara. Colette eut alors une liaison avec l'aîné de ses beaux-fils, Bertrand de Jouvenel, dont elle avait fait la connaissance peu après avoir écrit *Chéri*; elle y mit fin en 1925. Elle rencontra à cette époque Maurice Goudeket, de seize ans son cadet, qui devint «le meilleur ami» et qu'elle épousa en 1935; il fut son compagnon jusqu'à sa mort. À partir de 1925, elle abandonna l'été sa maison de Rozven en Bretagne pour «la Treille muscate» (Saint-Tropez) où elle situa *La Naissance du jour* (1928). Suivirent *La Seconde* (1929), *Ces plaisirs* (1932), *La Chatte* (1933), *Duo* (1934). En 1932-

1933, c'est l'entreprise avortée de l'institut de beauté où Colette vendait ses propres produits. Elle passa la guerre à Paris, dans l'angoisse pour son mari juif, qui fut arrêté quelques semaines. Elle gagna sa vie par ses articles et ses romans : *Julie de Carneilhan* (1941), *Gigi* (1942). De plus en plus immobilisée par l'arthrose, elle ne cessa pas d'écrire ; ce qui était nécessité était devenu besoin : *L'Étoile Vesper* (1946), *Le Fanal bleu* (1949). Membre de l'Académie royale de Belgique (1936), de l'Académie Goncourt (1945), grand officier de la Légion d'honneur, elle eut droit à des obsèques nationales à sa mort, le 3 août 1954, dans son appartement du Palais-Royal où elle vivait depuis seize ans. En revanche, l'Église lui refusa les funérailles religieuses.

L'œuvre (près de soixante titres : romans, récits, recueils de chroniques) a été longtemps ignorée par les milieux intellectuels et universitaires. Pourtant, dès ses débuts, de grands confrères, Proust, Anatole France, Gide, Valéry, Montherlant (qui lui accordait du génie), ont reconnu son originalité. Les thèmes traités sont l'amour (« La grave et constante étude du cœur, saisi dans le vif de ses balbutiements », dit Germaine Beaumont), les bêtes, les fleurs, les mille riens de la vie quotidienne. Si le contenu des œuvres a été discuté, son style a fait l'unanimité et elle est reconnue comme l'un des premiers prosateurs de la langue française. Éloignée de toute théorie philosophique ou morale, « elle a su exprimer les principes d'une sagesse authentiquement féminine » (Raymond Queneau). Elle a « traduit le frémissement, le pullulement de la vie sous toutes ses formes » (Le Clézio) et Edmond Jaloux voit en elle « un des plus beaux esprits cosmiques » qu'il connaisse.

RÉF. : J. Larnac, *Colette*, Paris, 1927. M. Goudeket, *Près de Colette*, Flammarion, 1956. M. Raaphorst-Rousseau, *Colette, sa vie, son art*, Paris, 1965. A.-M. Sarde, *Colette, libre et entravée*, Stock, 1984. C. Lottmann et V. Pichois, *Album Colette*, Gallimard, 1984. G. Dormann, *Amoureuse Colette*, Albin Michel, 1985. H. Lottmann, *Colette*, Fayard, 1990.

COLETTE Adèle Eugénie Sidonie, née Landoy (dite **Sido**). Française (Paris, 1835 - Châtillon-Coligny, 1912). Blonde aux yeux gris, intelligente, elle était fille d'un quarteron dont le père était épicier. Orpheline, elle fut élevée par son frère aîné en Belgique, dans un milieu d'artistes et d'écrivains. Elle se maria une première fois, en 1857, à Jules Robineau-Duclos, qu'elle avait rencontré lors d'un séjour à Saint-Sauveur-en-Puysaye. Veuve à trente ans, avec deux enfants Juliette (née en 1860), et Achille (né en 1863), elle épousa Jules Colette (1865). La rumeur publique a toujours attribué la paternité d'Achille à ce dernier. De cette union naquirent Léopold (1866), et Gabrielle (1873), la célèbre Colette*. Celle-ci consacra à sa mère des pages touchantes dans *La Maison de Claudine* (1923) et dans *Sido* (1930). Mère admirable, confidente unique, Colette ne se consola jamais de sa perte. Elle mourut à Châtillon d'un cancer du sein. « Que je ne te vois jamais porter mon deuil ! Tu sais très bien que je n'aime pour toi que le rose et certains bleus... » disait-elle à sa fille.

COLETTE DE CORBIE, sainte (Corbie, Somme, 1381 - Gand, 1447). Elle fut successivement bénédictine à Corbie, clarisse de Montel, membre du tiers-ordre de Saint-François, puis cloîtrée dans une cellule à Notre-Dame de Corbie où elle s'imposa les mortifications les plus sévères entre 1401 et 1404. Après cette période de claustration, elle réforma la règle de sainte Claire en y introduisant l'observance plus stricte de la pauvreté et de la pénitence, puis elle multiplia les communautés de clarisses en Bourgogne, en Savoie et dans les Flandres. Elle fut canonisée par le pape Pie IX en 1870. On la fête le 6 mars.

COLIGNY Louise de. Femme de Guillaume Ier de Nassau. Française (Châtillon-sur-Loing, 1555 - Fontainebleau, 1620). Fille du célèbre amiral de Coligny et de Charlotte de Laval, elle épousa en 1571 un lieutenant de son père, Charles de Téligny. Après l'assassinat de son père et de son mari lors de la Saint-Barthélemy (24 août 1572), elle se réfugia en Suisse, puis rentra en France après «la paix de Monsieur». Elle rencontra Guillaume Ier de Nassau, dit le Taciturne, stadhouder des Pays-Bas, qui s'éprit d'elle et l'épousa à Anvers en 1583. C'était sa quatrième femme. Elle lui donna un fils l'année suivante, Henri-Frédéric. La même année, Guillaume de Nassau ayant été assassiné sur l'ordre des Espagnols, Louise de Coligny assuma seule l'éducation de son fils et prit une part active à la vie politique de son pays. C'est elle qui réconcilia en 1606 le duc de Bouillon avec Henri IV.

Reconnue pour sa bonté et son esprit de tolérance, elle prit part aux querelles religieuses qui opposaient les calvinistes à leurs adversaires, les arminiens, lesquels furent condamnés en 1618 au synode de Dordrecht. La modération de Louise de Coligny dans ces controverses la rendit suspecte et elle dut quitter les Pays-Bas.

COLLETT Camilla, née Wergeland. Romancière norvégienne (Kristiansand, 23 janvier 1813 - Christiania, aujourd'hui Oslo, 7 mars 1895). Sœur de l'écrivain Erik Wergeland elle conçut à l'âge de dix-sept ans une vive passion pour un autre écrivain, Welhaven, rival de son frère. Elle dut se soumettre aux pressions familiales et renoncer au mariage. En 1841, elle épousa un juriste, Jonas Collett, mais, devenue veuve, elle se tourna vers la littérature. Son meilleur livre, *Les Filles du préfet* (1885) marque une date dans l'histoire de la littérature norvégienne: c'est le premier roman véritablement réaliste. Ses autres productions, dont deux volumes de souvenirs *Dans les longues nuits* (1861) et *Derniers Feuillets* (1868) sont moins intéressantes. Camilla Collett a également écrit un plaidoyer vibrant en faveur des femmes, *Du camp des muettes* (1877).

RÉF.: A. Collett, *Camilla Colletts livs historie*, Oslo, 1911.

COLLETT Glenna. Championne de golf américaine (née à New Haven, Connecticut, en 1903). De 1920 à 1936, elle fut considérée comme la meilleure joueuse de golf amateur des États-Unis. Très sportive, elle jouait au base-ball vers sa quinzième année, mais sa mère, considérant que ce sport n'était pas élégant pour une jeune fille, la décida à se consacrer au golf. Dans cette nouvelle discipline, la jeune fille fit de rapides progrès et révéla des dons exceptionnels. Elle remporta le championnat amateur de l'Association de golf des États-Unis en 1922, 1925, 1928, 1929, 1930, 1935, exploit unique dans les annales du golf amateur féminin. Victorieuse au championnat canadien féminin en 1923 et 1924, elle gagna en outre sept fois l'Eastern Championship et six fois le North and South Ladies Championship. Ce palmarès fit d'elle l'une des sportives les plus populaires de son pays qu'elle représenta aux matches par équipe de la coupe Curtis (créée par les sœurs Margaret et Harriett Curtis), en 1932, 1936, 1938 et 1949. Glenna Collet avait épousé en 1931 Edwin H. Vare Jr.

COLLOT Marie-Anne. Sculpteur. Française (Paris, 1748 - Nancy, 1821). Élève du sculpteur Étienne Falconet, elle le suivit en Russie en 1766, où elle resta de nombreuses années. Falconet avait reçu la commande d'une statue équestre géante de Pierre le Grand, et c'est à son élève qu'il confia la tâche de modeler la figure du tsar. Au cours de son séjour en Russie, Marie Collot sculpta de nombreux bustes, notamment ceux de *Catherine II*, du *Grand-Duc*, du *Prince Galitzine*, du *Prince Orlov*, de *Voltaire*, de *Diderot*, de *Falconet*. En 1777, elle épousa le fils de son professeur, le peintre Pierre-Étienne Falconet, dont elle se sépara rapidement. Après son retour en France en 1778, elle fut mandée en Hollande pour sculpter le buste de *Guillaume V de Nassau*. Brouillée avec son mari, Marie Collot vécut auprès de son beau-père jusqu'à la mort de celui-ci en 1791. La plupart de ses œuvres se trouvent hors de France, mais le Louvre conserve d'elle l'un des nombreux bustes qu'elle fit de Falconet.

COLON Jenny (Marguerite, dite). Cantatrice et actrice française (Boulogne-sur-Mer, 5 novembre 1808 - Paris, 5 juin 1842). Fille d'acteurs, elle débuta à l'âge de quatorze ans à l'Opéra-Comique. En 1827, elle partit chanter en Angleterre. Revenue à Paris, elle fut remarquée par Gérard de Nerval aux Variétés dans une piètre comédie musicale, *La Comtesse d'Egmont* (1834); il conçut pour elle un amour sans limites. Il vint l'applaudir chaque soir pendant trois mois, lui envoya des fleurs, des lettres et attendit trois ans avant de se déclarer! La blonde Jenny aux yeux noirs, dont il ne fut peut-être jamais l'amant, réincarnait une jeune fille aimée naguère, l'Adrienne de son enfance, l'Octavie, l'Aurélie, la Balkir de ses récits. Pour louer le talent de sa bien-aimée, il fonda une revue, *Le Monde dramatique*, et tenta de monter pour elle une pièce, *La Reine de Saba*. L'ingrate épousa, en 1838, le flûtiste Leplus. Le poète essaya de l'oublier, en Allemagne, avec la pianiste Marie Pleyel*. Théophile Gautier, ami de Nerval, vanta la beauté, la voix fraîche et pure de Jenny qui, avant son mariage, avait été aimée de l'acteur Lafont et avait défrayé la chronique par sa liaison avec le banquier hollandais Hope.

COLONNA Vittoria, marquise de Pescara. Poétesse italienne (château de Marino, près de Rome, 1490 - *id.*, 1547). Fille du connétable du royaume de Naples Fabrice Colonna, elle épousa, à l'âge de dix-sept ans, le marquis de Pescara. Ce dernier mourut en 1525 des suites des blessures contractées lors de la bataille de Pavie. Elle en fut inconsolable et se retira pour se consacrer à son œuvre poétique qui exalte à la fois son amour pour son mari et sa ferveur religieuse. Son intelligence, sa beauté, sa fidélité au souvenir d'un unique amour en firent un des personnages les plus prestigieux de son temps, et on la surnomma «la Divine». Michel-Ange, à qui elle inspira une violente passion, lui dédia quelques poèmes et la veilla au moment de sa mort. Son œuvre, dans laquelle on retrouve l'influence de Pétrarque, fut éditée à Parme en 1538 puis à Venise en 1544. Sa correspondance avec son mari est restée célèbre.

COLTELLINI Céleste. Cantatrice italienne (Livourne, 26 novembre 1760 - Capodimonte, Naples, 24 juillet 1829). Fille du poète et librettiste Macro Coltellini, elle apprit le chant à Florence et à Vienne. Après des débuts très remarqués à la Scala de Milan en 1780, elle chanta à Venise puis, l'année suivante, à Naples. L'empereur Joseph II l'invita à Vienne pour créer *La Contadina in spirito* (Cimarosa) en 1785. C'est là que Mozart l'entendit. Ébloui par le talent de la jeune femme, il écrivit pour elle sa partition dans *Dite almeno* (K 479) et dans *Mandina amabile* (K 480). À Naples où elle était retournée, Paisiello composa pour elle *Nina, ossia la Pazza per amore*. Elle quitta la scène en 1791, épousa peu de temps après un marchand français, Jean Meuricoffre, qui était un ami de Mozart. Ravissante interprète, elle fut la plus célèbre mezzo-soprano de la fin du XVIIIe siècle, d'avantage peut-être par l'intelligence et le pathétique de son jeu que par ses qualités vocales. Sa sœur Anna fut également chanteuse et se produisit avec succès à Naples entre 1782 et 1794.

COMPANEEZ Nina. Dialoguiste, scénariste et réalisatrice de films. Française (née à Boulogne-sur-Mer en 1937). Fille du scénariste Jacques Companeez, elle débuta en 1957 comme assistante monteuse puis devint monteuse en 1959 et enfin scénariste et dialoguiste. Comme telle, on lui doit *Benjamin, ou les Mémoires d'un puceau* (Deville, 1967), *L'Ours et la Poupée* (Deville, 1969), *Raphaël, ou le Débauché* (Deville, 1970). Elle a réalisé *Faustine et le bel été* (1971), *Colinot Trousse-Chemise* (1973) — le dernier rôle de Brigitte Bardot* et qui fut un échec —, *Comme sur des roulettes* (1977), *Un ours pas comme les autres* (1978). Pour la télévision, elle a tourné entre autres *Les Dames de la côte* (1979) et une série, *La Grande Cabriole* (1988).

COMPTON-BURNETT Ivy. Romancière anglaise (Pinner, Middlesex, 1884 - Londres, 1969). Fille d'un médecin, elle fit ses études à Londres et mena ensuite une existence discrète, presque recluse. Ses quelques amis n'ont jamais pu fournir de renseignements précis sur sa vie, si ce n'est qu'elle voyagea « sur le continent » et qu'elle collectionnait les fleurs alpestres. On sait aussi qu'elle souffrit beaucoup de la guerre, physiquement et moralement : elle émergea d'une profonde dépression nerveuse au début des années 20. Son premier livre fut édité en 1925, bien qu'elle écrivît depuis déjà plusieurs années. À partir de cette date et jusqu'à sa mort, elle publia de nombreux romans, son apogée se situant entre 1935 et 1947 : *Pasteurs et Maîtres* (1925), *Frères et Sœurs* (1929), *Des hommes et des femmes* (1931), *Une famille et son chef* (1935), *Les Ponsoby* (1937), *Une famille et une fortune* (1939), *Les Vertueux Aînés* (1944), *Le Valet et la Femme de chambre* (1947), *Un père et son destin* (1957), *Un Dieu et ses dons* (1960). Ivy Compton-Burnett a excellé dans l'art du dialogue qui constitue par excellence le procédé narratif de ses romans. Ces personnages, qui « ne connaissent ni remords ni rédemption », selon le critique anglais P. Hawsford Johnson, se livrent une guerre sans merci avec une rare cruauté dans le huis clos feutré des grandes familles édouardiennes. L'œuvre de Compton-Burnett projette sur l'humanité un éclairage glacé.

RÉF. : H. Sourling, *Secrets of a Woman's Heart: The Later Life of Ivy Compton-Burnett, 1920-1969*, Londres, Hodder and Stoughton, 1984.

COMTESSE DE DIE. Voir BÉATRICE DE DIE.

CONDE Carmen. Poétesse espagnole (née à Carthagène en 1907). Elle est l'une des plus grandes poétesses espagnoles du XXe siècle. Son œuvre, influencée par le surréalisme, est d'une grande richesse. Son premier livre, *Júbilos* (1934), fut préfacé par Gabriela Mistral*. Viennent ensuite *Passión del verbo* (1944), *Ansia de la gracia* (1945), *Sea la luz* et *Mujer sin Edén* (1947). Outre des poèmes, elle a publié des romans comme *Las oscuras raíces* (1954), des essais et des pièces de théâtre. Elle est la première femme à avoir été admise à la Real Academia Española de Lengua.

CONDORCET Sophie, née de Grouchy, marquise de. Femme de lettres française (château de Villette, près de Meulan, 1764 - Paris, 8 septembre 1822). Sœur du fameux général de Grouchy, dont le nom reste tristement associé à celui de Waterloo, et de Mme de Cabanis, l'épouse du célèbre Cabanis, elle épousa Condorcet en 1787 : elle avait vingt-deux ans de moins que lui. Dans leur salon de l'hôtel des Monnaies — Condorcet était inspecteur général des Monnaies — le couple attira les savants, philosophes et écrivains de l'Ancien Régime qui accompagnèrent les débuts de la Révolution. Tous deux furent emprisonnés sous la Terreur après s'être longuement cachés : Condorcet se suicida tandis que sa femme était relâchée après Thermidor. Dans sa demeure de Passy, elle regroupa autour d'elle les principales personnalités du parti libéral dont son beau-frère Cabanis, Mme de Staël* qui lui fit partager sa haine pour Napoléon et, sous la Restauration, Benjamin Constant. Elle a traduit la *Théorie des sentiments moraux* (1799) d'Adam Smith et a publié l'œuvre complète de son mari (1804, 21 vol.).

RÉF. : T. Boissell, *Sophie de Condorcet : femme des Lumières*, Presses de la Renaissance, 1988.

CONNOLLY-BRINKER Maureen. Championne de tennis américaine (San Diego, 1934 - États-Unis, 1969). Elle est la seule championne de tennis à avoir remporté plusieurs titres mondiaux avant d'avoir atteint sa vingtième année. En 1953, elle fut la première femme à réussir le grand chelem : elle n'avait que dix-neuf ans. De même, elle est la seule femme à ne jamais avoir été battue en simple, par aucune joueuse d'aucun pays. Sa supériorité reposait sur un sens tactique servi par une concentration extraordinaire, une technique parfaite et la rapidité étonnante de son coup d'œil. Elle décochait ses volées après les avoir préparées par de longs drives et des revers profonds, variant sans cesse la longueur et la direction de ses balles pour décontenancer l'adversaire. Le palmarès de sa courte carrière est éloquent : championne des États-Unis en 1951, 1952 et 1953, elle gagna Wimbledon en 1951, 1953 et 1954. Championne d'Australie en 1953, championne de France en 1953 et 1954, championne du monde de 1951 à 1954. Un accident de cheval l'éloigna prématurément de la compétition.

CONSTANCE Ire. Reine de Sicile et impératrice du Saint-Empire (Palerme, 1154 - *id.*, 1198). Fille du roi de Sicile Roger II, elle épousa à trente-deux ans le futur empereur germanique Henri VI, fils de Barberousse. Grande, blonde, avec la peau blanche de ses ancêtres nordiques, Constance se distinguait par sa mise luxueuse. Elle prétendit à la succession sicilienne à la mort de son neveu Guillaume II, en 1189, mais ne prit véritablement possession de son royaume qu'en 1194, la noblesse sicilienne ayant choisi à sa place Tancrède. La même année, après neuf ans de stérilité, elle mit au monde un fils, le futur Frédéric II de Hohenstaufen, auquel, en mourant, elle légua la Sicile. À la disparition brutale de Henri VI en 1197, on impliqua Constance. Si elle n'aimait guère cet époux soupçonneux, qui la confinait à Palerme, son courage, sa loyauté et son sens politique la disculpent d'emblée aux yeux des historiens. Le premier acte de sa régence fut de bannir les chevaliers teutons puis de faire couronner son fils, âgé de quatre ans. Elle lui garantit *in extremis* la tutelle du pape Innocent III, avant de mourir, rongée par une maladie incurable. Inhumée dans la cathédrale de Palerme, sa tombe fut vénérée pendant des siècles.

CONSTANCE D'ARLES ou DE PROVENCE. Reine de France (v. 983 - Melun, 1032). Elle était la fille de Guillaume Ier, comte de Provence. Entre 1000 et 1003, elle épousa Robert II le Pieux, fils de Hugues Capet. Le roi avait répudié ses deux épouses précédentes, Rosala et Berthe* de Bourgogne. Les chroniqueurs, qui sont parfois sujets à caution, ont laissé une mauvaise image de la reine. Ils la dépeignent comme avare et acariâtre. Cette piètre réputation provient en partie du fait que l'entourage de Constance d'Arles, composé de gens du Midi, scandalisa la cour capétienne par sa liberté d'allure et par son raffinement. La reine fut en butte aux manœuvres de Berthe de Bourgogne, toujours influente auprès du roi malgré sa répudiation; les partisans de la première, menés par le comte d'Anjou, Foulques Nerra, s'opposèrent à ceux de la seconde, conduits par Eudes, comte de Blois. Constance d'Arles donna quatre fils à son mari et se heurta à celui-ci au sujet de la désignation du Dauphin. Robert II imposa Henri (futur Henri Ier) contre Robert que soutenait Constance. Furieuse, elle se retira de la cour, poussa Robert à la révolte et intrigua contre Henri devenu roi. Les deux frères se réconcilièrent peu avant la mort de la reine.

CONSTANT Charlotte, née de Hardenberg. Française (1769-1845). Elle était mariée à M. de Marenholz lorsqu'elle rencontra Benjamin Constant en 1793, lequel était en instance de divorce avec Wilhelmine von Cramm. Charlotte tomba amoureuse de l'écrivain et divorça pour lui, qui, entre-temps, changea d'avis, bien avant sa rencontre avec Mme de Staël*. En 1806, Charlotte, remariée à M. Dutertre, retrouva Benjamin Constant et lui inspira une deuxième passion qu'il cacha à Mme de Staël. Enfin, en 1808, ils se marièrent. L'année suivante, Charlotte annonca son union à Mme de Staël au cours d'une entrevue dramatique. Un mois plus tard, en juin, elle tenta de s'empoisonner, son mari ayant repris sa place auprès de sa maîtresse, jusqu'en 1811. « Ange de douceur et de charme » disait-il de Charlotte, il raconta ses amours tumultueuses avec elle dans *Cécile*.

CONTAT Louise-Françoise. Actrice française (Paris, 17 juin 1760 - *id.*, 9 mars 1813). Elle fit ses débuts à la Comédie-Française en 1776 — sans grand succès — mais finit par s'imposer en 1784 en créant le rôle de Suzanne (*Le Mariage de Figaro*, Beaumarchais). Elle joua par la suite des rôles d'ingénue, de coquette ou d'amoureuse, notamment dans des pièces de Marivaux. Son jeu était très apprécié à la cour, à laquelle elle resta fidèle pendant la Révolution. C'est ainsi qu'au Français elle s'opposa à Talma et qu'elle fut emprisonnée sous la Terreur. Pour subvenir à ses besoins, la Révolution l'ayant ruinée, elle dut faire de longues tournées en province. La quantité de ses amants est aussi célèbre qu'étonnante: Maupeou, le comte d'Artois (futur Charles X), le comte de Narbonne, Molé, etc.

COOPER Diana, née Manners, lady. Ambassadrice anglaise (1893 - Londres, 1986). Célèbre pour sa beauté, elle avait débuté au théâtre et épousé en 1919 un fonctionnaire du Foreign Office, Alfred Duff Cooper, vicomte de Norwich, qui devint, pendant la Seconde Guerre mondiale, ministre dans le cabinet Churchill. Il fut ensuite ambassadeur à Paris de 1944 à 1947. Diana Cooper fut dans son pays l'une des plus brillantes personnalités de l'entre-deux-guerres. D'une rare élégance, tenant son rôle avec délicatesse, très attachée à la France tout comme son mari, elle laissa un souvenir inoubliable à tous ceux qui l'ont approchée à Paris, lors des réceptions qu'elle donnait à l'ambassade. Alfred Cooper périt en mer sur le *Colombie*, en 1954, laissant sa veuve inconsolable, après une union de trente-cinq ans, souvent présentée comme l'une des idylles de ce siècle. Lady Cooper a laissé une autobiographie en trois volumes qui apporte de précieux renseignements sur la vie politique et mondaine de son temps: *The Rainbow Comes and Goes* (1958), *The Light of Common Days* (1959), *Trumpets from the Steep* (1960).

CORDAY d'ARMONT Charlotte de (dite **Charlotte Corday**). Héroïne française (Saint-Saturnin-des-Ligneries, 27 juillet 1768 - Paris, 17 juillet 1793). Fervente admiratrice des héros antiques, conquise par les théories des encyclopédistes, elle se voua entièrement aux idées nouvelles émises par les Girondins. Mais les excès de la Révolution et la proscription des Girondins en 1793 la révoltèrent. Considérant Marat comme le principal instigateur des massacres révolutionnaires et le symbole de tous les excès, elle résolut de le tuer. Venue de Caen à Paris, elle réussit à pénétrer chez le Conventionnel, le 13 juillet 1793, et le poignarda alors qu'il était dans son bain. Arrêtée, elle comparut devant le tribunal révolutionnaire, revendiqua son acte avec noblesse et hauteur, niant qu'elle eût des complices. Elle fut condamnée à mort et guillotinée le jour même, après avoir refusé les secours de la religion. Bien qu'il n'eût comporté aucune conséquence sur le cours de la Révolution, son geste eut un retentissement considérable sur le moment et lui a conféré une célébrité posthume qui ne s'est pas éteinte. Le portrait de Charlotte Corday, réalisé à sa demande par Hauer pendant qu'on la jugeait, se trouve au musée de Versailles.

RÉF. : J. Dauxois, *Charlotte Corday*, Albin Michel, 1988, B. Melchior-Bonnet, *Charlotte Corday*, Tallandier, 1989.

CORDY Annie (Annie Cooreman, dite). Artiste de variétés et actrice belge (née à Bruxelles-Laeken en 1928). Fille d'un artisan bruxellois, elle se consacra très jeune au théâtre et à la chanson. Son tempérament fougueux, son brio exceptionnel et son sens du comique expliquent l'ampleur de sa popularité. Son talent aux multiples facettes s'est exercé aussi bien dans *Madame Sans-Gêne* que dans *La Bonne du curé*, chanson à la limite de la clownerie qui lui valut un « disque d'or ». Au théâtre, elle a marqué de sa personnalité de nombreuses pièces, parmi lesquelles *Tête de linotte, Ouah Ouah* (opérette, 1965), *Pic et Pioche* (vaudeville, 1968), *Indien vaut mieux que deux tu l'auras*, comédie musicale qu'elle interpréta avec Pierre Doris à l'Européen, en 1970. Sa filmographie est abondante : *Si Versailles m'était conté* (Guitry, 1953), *Poisson d'avril* (Grangier, 1954), *Cigarettes, whisky et p'tites pépées* (Regamey, 1958), *Le Passager de la pluie* (Clément, 1969), *Les Galets d'Étretat* (Gobbi, 1971). Parmi les chansons qui l'ont rendue célèbre, citons *Amours, castagnette et tango, Mimi, Quand c'est aux autres de passer*.

CORI Gerty Theresa, née Radnitz. Physiologiste américaine d'origine tchécoslovaque (Prague, 1896 - Saint Louis, Missouri, 26 octobre 1957). Fille d'un homme d'affaires praguois, elle s'inscrivit en médecine à l'université allemande de Prague. Diplômée en 1920, elle épousa la même année Carl Ferdinand Cori, fils d'un biologiste distingué et recteur de l'université. Tandis que l'un était nommé assistant de pharmacologie de l'université de Gratz, l'autre exerçait à l'Hôpital des enfants de Vienne. Deux ans plus tard, ils s'installèrent aux États-Unis où on les nomma aussitôt à l'Institut pour l'étude des maladies malignes de Buffalo.

Devenus citoyens américains en 1928, ils furent affectés à l'École de médecine de l'université Washington à Saint Louis dans le Missouri — elle comme assistante de recherches dans le service de pharmacologie dont son mari était le responsable. En 1947, elle fut nommée professeur de biochimie, poste qu'elle occupa jusqu'à sa mort. Leur première publication conjointe (1923) précisait les corrélations entre le cancer et le métabolisme des hydrates de carbone et mettait en lumière un des caractères essentiels du métabolisme des tissus cancéreux, à savoir un taux plus élevé d'acide lactique que les tissus normaux. Dès lors, leur œuvre fut indissociable, et ils partagèrent en 1947 le prix Nobel de médecine, avec l'Argentin Bernardo Houssayn, pour leurs travaux sur les enzymes responsables de la formation et de la désintégration de la molécule complexe du glycogène. Ils effectuèrent la première synthèse du glycogène dans un tube à essais.

Par la suite, Gerty Cori étudia les troubles affectant le métabolisme de glycogène chez l'enfant et le rôle des enzymes dans la formation du glycogène normal. Troisième femme à avoir eu un prix Nobel de science après Marie Curie* et Irène Joliot-Curie*, Gerty Cori se vit décerner de nombreuses autres distinctions et fut membre de maintes institutions et sociétés savantes (Académie nationale des sciences, Société de philosophie américaine, Société américaine de biochimie, National Science Found, Harvey Society). À tous ceux qui l'ont connue, elle a laissé le souvenir d'une femme aux précieuses qualités humaines, modeste, affectueuse, pleine d'aisance et de charme. « L'honnêteté, disait-elle, qui rend compte de l'intégrité intellectuelle, le courage et la bonté sont les vertus que j'admire le plus. » Elle eut un fils, Thomas, né en 1936.

CORINNE. Poétesse grecque (Thèbes ou Tanagra, fin du VIe s. av. J.-C.). Pausanias nous dit qu'elle était belle et qu'elle composait en dialecte béotien des odes chorales dont il ne reste que quelques fragments. Elle rivalisait avec Pindare qu'elle surpassa à cinq reprises dans des concours poétiques et qui fut aussi son élève. Sa gloire fut grande, et l'on cite encore son poème *Les Sept Chefs devant Thèbes* dont on ne possède que quelques vers, les uns réunis dans les *Poetae lyrici Graeci* de Bergk, les autres retrouvés ultérieurement dans des papyrus égyptiens. Mme de Staël* lui a emprunté son nom pour son roman homonyme dont l'héroïne est une poétesse de génie.

CORISANDE. Diane d'Andouins, comtesse de Gramont, vicomtesse de Louvigny (dite **la Belle Corisande**). Française (Hagetmau, Gascogne, 1554 - en Navarre, 1620). Romanesque et raffinée, elle avait trente ans lorsqu'elle devint la maîtresse du roi de Navarre (futur Henri IV). Plus qu'une amante, elle fut son alliée et le soutint dans sa lutte contre la Ligue, vendant ses bijoux et ses biens pour solder les troupes. Elle conseillait son « petiot » et le détourna de poursuivre ses hostilités contre Henri III. Le temps venu, elle s'effaça discrètement devant ses jeunes rivales. Sa liaison avec le Navarrais, devenu Henri IV, prit le tour de l'amitié. Le roi lui avait adressé de fort tendres lettres, parmi les plus belles qu'il ait écrites.

CORK AND ORRERY Mary, née Monckton, comtesse **de**. Anglaise (1746 - 1840). Son salon littéraire fut célèbre et joua un grand rôle dans la société londonienne du début du XIXe siècle. Elle avait reçu une brillante éducation et passait pour l'une des femmes les plus spirituelles d'Angleterre. Elle recevait somptueusement ses fidèles qu'elle éblouissait, croyait-elle, par ses toilettes extravagantes, mais retenait plus sûrement par son intelligence. Parmi tous les personnages, artistes, écrivains, hommes politiques qui se succédèrent à ses brillantes réceptions, on peut citer lord Byron, Edmund Burke, le peintre Reynolds, le comte John Russell, Horace Walpole, Walter Scott, sir Robert Sheridan et l'auteur des *Plaisirs de la mémoire*, Rogers Samuel.

CORNARO-PISCOPIA Hélène. Femme de sciences italienne (1646-1704). Elle connaissait l'espagnol, le français, le latin, le grec, possédait à fond les mathématiques, l'astronomie, la musique, la philosophie et la théologie. Le doctorat de philosophie de l'université de Padoue lui fut officiellement conféré en 1678, mais elle ne put devenir docteur en théologie parce que l'Église s'y opposait. Ses œuvres comprennent des discours académiques en italien, quelques éloges d'hommes illustres en latin ainsi que des lettres latines; elles ont été recueillies et publiées par le père Baccitri à Parme dès 1688.

CORNELIA. Romaine (v. 189 av. J.-C - v. 110 av. J.-C.). Fille de Scipion l'Africain, elle épousa un magistrat, Tiberius Sempronius Gracchus, auquel elle donna douze enfants. Trois survécurent: Sempronia et deux fils, Tiberius et Caïus, les futurs Gracques, célèbres pour s'être opposés à l'aristocratie sénatoriale en faisant voter des lois agraires favorables au peuple. Veuve en 154, Cornelia refusa la couronne d'Égypte que lui promettait Ptolémée VIII Évergète, préférant se consacrer entièrement à l'éducation de ses enfants. Elle les soutint dans leurs tentatives réformatrices et eut la douleur de les voir disparaître après qu'ils se furent mis dans l'illégalité: Tibérius massacré dans une émeute en 133, Caïus tué à la tête de ses partisans. Simpronia, leur sœur, avait épousé Scipion Émilien, le Second Africain, celui-là même qui prit parti contre les Gracques. Après ces événements, Cornelia se retira dans sa maison du cap Misène où elle se consacra aux lettres et aux arts. Elle resta pour les Romains la plus illustre des matrones, le symbole même de la mère vertueuse et responsable. Après sa mort, on lui éleva une statue portant l'inscription:

À CORNELIA, MÈRE DES GRACQUES

CORNELIA. Romaine (?-68 av. J.-C.). Fille de Cinna, général romain, elle épousa Jules César en 83 av. J.-C. Ce mariage indisposa le dictateur Sylla qui, craignant l'influence que César pouvait en retirer, lui enjoignit de divorcer. César passa outre et échappa aux menaces de Sylla grâce à l'appui que lui ménagea l'aristocratie romaine. De cette union naquit une fille, Julie*, qui épousa par la suite Pompée. Le frère de Cornelia se rangea aux côtés des meurtriers de César.

CORNELYS Teresa (Teresa Imer, dite). Chanteuse et aventurière italienne (Venise, 1723 - Londres, 19 août 1797). Fille de l'acteur et imprésario Giuseppe Imer, elle débuta triomphalement dans sa ville natale en 1741. Pour Casanova, dont elle fut la maîtresse, son succès ne tenait pas toujours à son talent. Elle se maria en 1744 au danseur Angelo Pompeati qui se suicida pour elle. Elle chanta à Vienne, à Londres, à Hambourg, à Copenhague. En 1757, sans cesser ses tournées à travers l'Europe, elle prit la direction des théâtres hollandais. Ruinée et ayant ruiné ses protecteurs, elle partit, avec l'aide de Casanova, faire fortune en Angleterre, en 1759. Là, sous le nom de Mrs. Cornelys, elle fut l'organisatrice de concerts. Patronnée par la cour, elle s'installa à Carlisle House où elle reçut le Tout-Londres. Très vite, ses mardis devinrent célèbres; on y chantait, on y dansait, on y jouait aux cartes. À partir de 1764, elle fit donner des concerts dirigés par Giocchino Cocchi puis, de 1765 à 1767 par J.-C. Bach et C.-F. Abel. Bien que soutenue par la noblesse et par le roi, elle fut poursuivie, en 1771, pour concurrence illégale à l'Opéra royal. Pour tenter de pallier ses difficultés financières, elle abaissa la réputation de sa maison en y introduisant des mascarades. En 1778, elle disparut et nul n'entendit plus parler d'elle jusqu'à un jour de 1795 où on la retrouva vendant du lait d'ânesse dans une boutique de Knightsbridge. Elle mourut en prison, laissant un fils et une fille dont Casanova était le père.

CORNUEL Anne-Marie, née Bigot. Française (Paris, 29 novembre 1605 - *id.*, février 1694). Elle épousa à vingt-deux ans un trésorier général de vingt ans son aîné, qui la laissa veuve et à demi ruinée, à trente ans et avec deux belles-filles. « C'était une jolie personne et fort éveillée, et de cet esprit un peu malin qui est celui qui plaît le plus », rappelle Tallemant des Réaux. Elle était si habile à se moquer qu'on disait qu'elle tournerait en ridicule la bataille de Rocroi elle-même. Son salon porta ombrage à celui de la marquise de Rambouillet*. Elle rassembla chez elle les beaux esprits de son temps dont Mme de Sévigné*, qui la trouvait « admirable », Saint-Simon, Tallemant des Réaux qui retint mille de ses traits pour ses *Historiettes*, ses amants Genlis puis Sourdis, et quantité d'amis. Sa conversation éblouissante fut à l'origine d'expressions passées en proverbe, ainsi : « Nul n'est grand homme pour son valet de chambre », ou dire d'un bavard qu'il est « un moulin à paroles ». C'est elle qui baptisa à l'époque de la Fronde le parti des Importants, lesquels prenaient congé en disant : « Je m'en vais pour une affaire d'importance. » Généreuse, elle éleva l'enfant que M. de Sourdis avait fait à sa femme de chambre : « Il a été fait à mon service. » À quatre-vingt-neuf ans, alors qu'on l'interrogeait sur son silence « À quoi pensez-vous ? » elle répondit : « Je me regrette. » Dans *Le Grand Cyrus* de Madeleine de Scudéry*, elle apparaît sous les traits de Zénocrite.

CORONADO Carolina. Femme de lettres espagnole (Almendralejo, 1823 - La Mitra, Lisbonne, 1911). À vingt ans, elle remportait ses premiers succès : sa pièce, *L'Amour des amours*, un classique de la littérature espagnole (1843) allait la rendre célèbre. Son salon fut un important foyer de rencontre pour les écrivains et les politiciens madrilènes. Ses *Poesías* (1843) chantent un amour éthéré, presque mystique. On lui doit aussi des essais, *Quevedo et lord Byron*, des romans *La Sigea* (1854), des nouvelles et des drames.

COSSOTTO Fiorenza. Mezzo-soprano italienne (née à Crescentino de Vercelli, le 22 avril 1935). Après des études au conservatoire de Turin avec Paolo Della Torre, elle fit à la Scala des débuts discrets en sœur Mathilde (*Le Dialogue des carmélites*, Poulenc), lors de la création de l'œuvre en 1957. Dès 1959, on l'entendit à Londres dans le rôle de Neris (*Médée*, Cherubini) avec Maria Callas* pour partenaire. Elle chanta à Chicago en 1964 la version concert du *Requiem* (Verdi) et au Metropolitan Opera de New York en 1968, dans le rôle d'Amnéris (*Aïda*, Verdi). Sa carrière internationale la conduisit sur toutes les grandes scènes lyriques du monde, à Barcelone, à Vienne, à Paris, à Londres et en Italie. Parmi les nombreux rôles qu'elle interpréta — Azucena (*Le Trouvère*, Verdi), Eboli (*Don Carlos*, Verdi), Amnéris (*Aïda*, Verdi), Adalgisa (*Norma*, Bellini), Jane Seymour (*Anne* Boleyn*, Donizetti), celui de Santuzza (*Cavalleria rusticana*, Mascagni) reste l'un des meilleurs.

COTRUBAS Ileana. Soprano roumaine (née à Galati, le 9 juin 1939). Enfant, elle chanta dans les chœurs de la radio de Bucarest avant d'entrer au conservatoire de cette ville où son professeur, Constantin Stroescu, lui transmit son goût pour les mélodies françaises. Elle débuta à l'Opéra de Bucarest en 1964, dans le rôle d'Yniold (*Pelléas et Mélisande*, Debussy) ; elle y resta jusqu'en 1968, remportant dans l'intervalle six prix à des concours internationaux et entreprenant de nouvelles études à Vienne, en 1966. Cette même année, elle chanta au théâtre de la Monnaie de Bruxelles. À partir de 1967, elle parut au festival de Salzbourg, d'abord en premier garçon (*La Flûte enchantée*, Mozart) puis en Bastienne (*Bastien et Bastienne*, Mozart) et en Pamina (*La Flûte enchantée*, Mozart). Londres l'accueillit en 1971, Chicago en 1973, la Scala de Milan en 1974 — elle y fut Mimi (*La Bohème*, Puccini) — et enfin le Metropolitan Opera de New York en 1977. Tragédienne émouvante et exigeante, à la voix claire et large, elle fut dirigée par les plus grands chefs, dont Giulini et Maazel, et chanta avec des partenaires prestigieux dont Carreras et Prey. Citons quelques-uns de ses principaux rôles : Tatiana (*Eugène Onéguine*, Tchaïkovski), Suzanne (*Les Noces de Figaro*, Mozart), Norina (*Don Pasquale*, Donizetti), Violetta (*La Traviata*, Verdi), Gilda (*Rigoletto*, Verdi). Elle se produisit aussi en récitals.

COTTIN Marie-Sophie, née Risteau. Femme de lettres française (Paris, 22 mars 1770 - *id.*, 25 août 1807). Veuve à vingt-trois ans d'un banquier bordelais qui la laissa ruinée, elle écrivit pour subvenir à ses besoins des romans sentimentaux qui, parce qu'ils s'inscrivaient dans le syle larmoyant de l'époque et le goût pour les intrigues échevelées, eurent un succès prodigieux. Ses œuvres, *Claire d'Albe* (1799), *Malvina* (1801), *Amélie Mansfield* (1803), *Élisabeth ou les Exilés de Sibérie* (1806) connurent chacune au moins dix éditions pendant la première moitié du siècle. Michaud, le célèbre auteur de la *Biographie universelle* et d'une *Histoire des croisades*, fut son amant, et l'on retrouve son influence dans *Mathilde* (1805) dont l'action se passe au temps des croisades.

COUEDON Henriette. Française (1872-?). Parisienne d'origine bretonne, elle reçut à vingt-trois ans un « message divin » la chargeant d'annoncer aux Français le châtiment céleste. Ses prédictions écrites en vers de mirliton impressionnèrent la foule. Elle avait ainsi prédit l'incendie du Bazar de la Charité, dit-on, qui eut lieu le 4 mai 1897, dans lequel une centaine de personnes trouvèrent la mort.

COULANGES Marie-Angélique, née Du Gué de Bagnols, marquise de. Femme de lettres française (1641-1723). Protégée par Mme de Maintenon* elle brilla à la cour par son esprit et épousa en 1659 le frivole Philippe Emmanuel de Coulanges, conseiller au parlement de Metz, maître des requêtes dont parle souvent sa cousine par alliance et son amie, Mme de Sévigné*, dans ses lettres. On possède environ une cinquantaine de lettres spirituelles et des épigrammes de cette femme, une des plus séduisantes du XVIIe siècle.

COUPERIN Marguerite-Antoinette. Claveciniste française (Paris, 1705 - *id.*, v. 1778). Elle était la fille du célèbre compositeur, claveciniste et organiste, François Couperin le Grand, le plus illustre de la dynastie des Couperin, et de Marie-Anne Ansault. Très douée, elle interpréta avec un grand succès les œuvres de son père, dont l'une lui était dédiée : *La Couperinette*. En 1730, elle obtint la charge de claveciniste à la cour, en survivance de celle de son père, et en devint titulaire en 1736, à la mort d'Anglebert.

COURCELLES Marie-Sydonie, née de Lenoncourt, marquise de. Française (1650 - Paris, décembre 1685). Sa vie fut particulièrement mouvementée et sa très grande beauté lui inspira des aventures galantes échevelées. Mariée au marquis de Courcelles en 1666, elle le quitta au bout d'un mois et devint la maîtresse très éphémère de Louvois, avant de tomber dans les bras du marquis de Villeroy, lequel était l'amant de la princesse de Monaco. Celle-ci, pour se venger, dénonça cette liaison à Louvois qui fit enfermer la marquise dans un couvent. Le marquis de Courcelles, au retour de garnison, la libéra pour la cloîtrer dans son château presque aussitôt après, l'ayant surprise en galante compagnie. Là, elle accoucha d'une fille qui ne vécut pas, et entama un procès de onze ans contre son mari (lequel était en prison pour avoir provoqué en duel un des amants de sa femme) pour séquestration arbitraire. Condamnée à la prison pour adultère, la marquise de Courcelles s'échappa en 1670 avec la complicité du chevalier de Rohan, fut rattrapée par son mari libéré entre-temps, et incarcérée de nouveau. En 1675, on la retrouve à Genève, en Angleterre deux ans plus tard, à Paris enfin en 1678 où, quoique son mari étant mort, elle fut encore condamnée à trois semaines de prison. Elle perdit son procès en 1680, paya une forte amende, se remaria, peu avant sa mort, avec le marquis de Tilheul. Ses *Mémoires* ont été édités pour la première fois en 1808. Sainte-Beuve l'a appelée la « Manon Lescaut du XVIIe siècle ».

COURRIÈRE Caroline (dite **Berthe de Courrière**). Française (Lille, 1er juin 1852-1916). Originaire des Flandres, ses formes opulentes séduisirent le sculpteur Auguste Clésinger, dont elle fut le modèle et la maîtresse. L'étrange Caroline, fort instruite et adepte des sciences occultes, fascina l'écrivain Remy de Gourmont à qui elle inspira ses *Lettres à Sixtine*. Grâce à sa protection, elle collabora au *Mercure de France*. En 1889, elle rencontra Huysmans. Elle eut l'idée de le présenter au célèbre abbé Mugnier, qui incita l'écrivain à faire une retraite à la trappe d'Igny (1892). Cet épisode décida de la conversion de l'auteur au catholicisme et, partant, de sa rupture avec Berthe qui lui avait inspiré le personnage satanique de Mme Chantelouve dans *Là-bas* (1891). Parmi ses autres amis, citons Alfred Jarry, fondateur avec Gourmont et Huysmans de la revue *L'Ymagier*. L'auteur de *Ubu roi* représenta Berthe sous les traits d'une dame âgée dans son roman *L'Amour en visites* (1898). La « Courrière » avait été internée deux fois pour crises de démence.

COURT Margaret, née Smith. Championne de tennis australienne (née en 1942). Pendant près de dix ans, de 1962 à 1973, elle fut la reine incontestée du tennis international. Elle a remporté cinq fois les open de France, d'Australie et des États-Unis; trois fois celui de Grande-Bretagne, soit dix-huit des plus grands tournois du tennis mondial. Elle fut avec Maureen Connolly* et Martina Navratilova, l'une des seules femmes à réaliser le grand chelem, qui consiste à gagner dans la même année ces quatre épreuves mondiales (1970). Très athlétique, toujours en parfaite condition physique, elle balayait le court de ses fulgurants coups droits et revers qui frisaient les lignes, préparant ainsi ses montées au filet où elle finissait le point d'une volée décisive.

COUTTET-SCHMIDT Lucienne. Championne de ski française (née au Lavancher, Chamonix, en 1926). Elle est l'une des meilleures skieuses françaises, plusieurs fois championne de France (1943, 1944, 1946, 1948). En 1949, elle participa aux championnats d'Amérique où elle obtint la première place. Après une grave blessure qui la tint éloignée des pistes, elle reprit la compétition et remporta en Suède le titre de championne du monde de slalom géant, en 1954.

CRANDALL Prudence. Éducatrice américaine (1803-1889). Elle fut l'une de ces premières femmes courageuses qui, avant Mary Bethune*, luttèrent dans l'Amérique du XIXe siècle contre les préjugés raciaux. Ayant tenté de gagner à sa cause quelques personnalités, sans résultat, elle ouvrit en 1832 un établissement pour jeunes filles de couleur, qu'elle dut fermer par ordre de la municipalité. Devant l'hostilité de ses concitoyens du Connecticut, elle fut obligée de renoncer à toute tentative en faveur de l'éducation des écolières noires. Son procès lui attira l'attention et le soutien des abolitionnistes.

CRANZ-BORCHERS Christel. Championne de ski allemande (née à Bruxelles en 1914). Elle passa son enfance et son adolescence en Suisse où elle participa encore enfant à des courses et à des concours, se faisant remarquer par son adresse. À vingt ans, Christel Cranz était déjà considérée comme la plus grande skieuse de son temps. Elle remporta douze titres de championne du monde, record que, depuis lors, personne n'a battu. Sa forme athlétique et sa virtuosité lui permirent de remporter ces titres dans les disciplines les plus variées : slalom spécial (1934, 1937, 1938, 1939), descente (1935, 1937, 1939), combiné (1934, 1935, 1937, 1938, 1939). Elle obtint les trois titres la même année, en 1939. Elle remporta également la médaille d'or du combiné aux jeux Olympiques de Garmish en 1936. Sa carrière fut interrompue par la Seconde Guerre mondiale.

CRAWFORD Joan (Lucille Fay Le Sueur, dite). Actrice américaine (San Antonio, 1908 - New York, 1977). Née dans un milieu modeste, elle débuta très jeune comme danseuse et comme *chorus girl* puis, ambitieuse, s'orienta vers le cinéma. La beauté provocante de son visage carré, sa large bouche redessinée par un savant maquillage, ses yeux immenses, ne manquèrent pas d'attirer l'attention des producteurs. Son premier grand film *Poupées de théâtre* (Goulding, 1926) fut un succès. Clarence Brown lui donna ensuite des rôles à sa mesure dans *Fascination* (1931), dans *Letty Lynton* (1932) et dans *La Passagère* (1934) qui la classèrent définitivement parmi les grandes stars d'Hollywood. Puis se succédèrent de nombreux films parmi lesquels *La Femme de sa vie* (Griffith, 1935), *Mannequin* (Borzage, 1937), l'un de ses meilleurs rôles, *Femmes* (Cukor, 1939), *Suzanne et ses idées* (Cukor, 1940), *Il était une fois* (Cukor, 1941), *Boulevard des passions* (Curtiz, 1949). Elle y montre la variété de son talent de comédienne, tour à tour mondaine impitoyable, femme désemparée trahie par l'homme qu'elle aimait, femme mûrie et désenchantée victime de l'argent et de l'égoïsme des hommes. Vieillie, le visage figé par la chirurgie esthétique, elle tourna encore *Qu'est-il arrivé à Baby Jane ?* (Aldrich, 1962), *La Meurtrière diabolique* (Castle, 1964), et son dernier film *Trog* (Francis, 1970). En 1970, elle abandonna le cinéma pour prendre la direction de la firme Pepsi Cola, qu'elle avait héritée de son dernier mari Alfred Steel. Elle eut quatre maris — Douglas Fairbanks Jr., Franchot Tone, Philip Terry et Alfred Steel. Sa vie sentimentale agitée a souvent défrayé la chronique. Sa fille adoptive a fait d'elle un portrait d'une rare cruauté dans le livre qu'elle lui a consacré, *Mommie Dearest* (1978). Joan Crawford a laissé deux ouvrages, *A Portrait of Joan* (1962) et *My Way of Life* (1971).

CRENNE Hélisenne de (Marguerite Briet, dite). Femme de lettres française (Abbeville, [?] - apr. 1552). Elle doit sa célébrité à *Angoysses douloureuses qui procèdent d'amours* (1538), premier exemple du roman personnel de la littérature française. S'inspirant de la *Fiammetta* de Boccace, elle raconte sa triste expérience conjugale sous forme de confession et n'hésite pas à dépeindre son désarroi avec une intensité pathétique. Elle est aussi l'auteur d'*Épistres familières* (1539) et du *Songe de madame Helisenne* (1541).

CRÉQUI Renée-Caroline, née de Froullay, marquise **de**. Française (château de Montflaux, Mayenne, 19 octobre

1714 - *id.*, 2 février 1803). Veuve en 1741, elle s'installa à Paris où elle ouvrit un salon fréquenté par Fontenelle, d'Alembert, Rousseau, sur lesquels elle eut une grande influence. Sa correspondance avec Sénac de Meilhan, qui tint une place importante dans sa vie, révèle de remarquables qualités de style et d'observation: elle y brosse des portraits incisifs d'hommes de lettres du XVIIIe siècle. Elle fut incarcérée pendant la Révolution et sortit de prison ruinée. Ses souvenirs, publiés en sept volumes en 1834-1835, eurent un vif succès mais sont apocryphes: on les attribue à Maurice Cousin, alias le comte de Courchamps.

RÉF.: P. Tisseau, *La Marquise de Créqui*, Paris, 1927.

CRESPIN Régine. Soprano française (née à Marseille, le 23 mars 1927). Elle fit des études de pharmacie à Nîmes, mais se découvrit une voix hors du commun. Elle gagna un concours local en chantant un extrait de *Sigurd* (Reyer), ce qui la décida à se présenter au Conservatoire. Elle y devint l'élève de Suzanne Cesbron-Viseur et de Georges Jouatte; en 1950 elle débuta à Mulhouse en Elsa (*Lohengrin*, Wagner). L'année suivante, elle incarna Tosca (*Tosca*, Puccini) et Santuzza (*Cavalleria rusticana*, Mascagni) à l'Opéra-Comique. En 1953, elle chanta à l'Opéra le rôle de la Maréchale (*Le Chevalier à la rose*, R. Strauss). Pendant six ans, elle élargit son répertoire en chantant des rôles très différents sur les scènes lyriques de province. Revenue à Paris en 1956, elle triompha dans *Otello* (Verdi), dans *La Damnation de Faust* (Berlioz), dans *Oberon* (Weber). Wieland Wagner l'engagea à Bayreuth et lui ouvrit les portes d'une carrière internationale. Elle fut pour lui une Kundry (*Parsifal*, Wagner) de 1958 à 1960 et une Sieglinde (*La Walkyrie*, Wagner) en 1960 remarquables. On l'entendit ensuite sur la plupart des grandes scènes lyriques du monde, notamment au Metropolitan Opera de New York où elle chanta de 1962 à 1971. Parmi ses autres grands rôles, on peut citer Didon (*Les Troyens*, Berlioz), *Élisabeth* (*Tannhäuser*, Wagner), Mme Lidoine (*Le Dialogue des carmélites*, Poulenc) lors de la création de l'œuvre à Paris, en 1957. Dotée d'une voix superbe et d'une rare sensibilité, victime à Paris d'une cabale absurde, Régine Crespin est la seule cantatrice française à avoir mené à bien, depuis la guerre, une carrière internationale aussi éclatante. Elle a enseigné au Conservatoire à partir de 1980 et a pris sa retraite en 1990. Elle est l'auteur d'un livre, *La Vie et l'Amour d'une femme* (1982).

CRESPIN DU GAST Camille. Sportive française (?-1942). Aucune discipline ne la laissait indifférente, mais c'est finalement le sport et l'aventure qui la rendirent célèbre. Elle avait pourtant obtenu un premier prix de piano au Conservatoire de Paris. Adolescente, elle était déjà une cavalière accomplie. Puis, tentée par l'aéronautique, elle fit plusieurs raids en ballon-parachute avec l'aéronaute Capazza. L'un de ses raids au-dessus de Paris se termina en catastrophe sur le toit d'une maison, heureusement sans mal pour l'aéronaute et elle-même. Ensuite ce furent les courses automobiles: Paris-Berlin en 1901 et Paris-Madrid en 1903, courses qui à l'époque étaient de véritables exploits. Elle participa en 1905 à la course Alger-Toulon en canot automobile, dont elle fut la seule rescapée, une terrible tempête ayant englouti tous ses concurrents. De 1929 à 1942, elle fut présidente de la Société protectrice des animaux.

CRESSON Édith, née Campion. Femme politique française (née à Boulogne-sur-Seine, le 27 janvier 1934). Issue de la bourgeoisie — son père était inspecteur des Finances —, elle fit de brillantes études à l'École des hautes études commerciales jeunes filles. En 1959, elle épousa Jacques Cresson, cadre supérieur du groupe Peugeot, dont elle a deux filles. Elle débuta en politique en 1965 en rejoignant la Convention des Institutions républicaines, mouvement dirigé par François Mitterrand. Dix ans plus tard, elle se présenta à l'élection partielle de Châtellerault face au ministre Pierre Abelin. Elle fut battue, mais cet échec la fit connaître à l'échelon national et renforça sa position au sein du parti socialiste. Devenue maire de la ville en 1983, elle fut élue député socialiste de la Vienne en 1986, puis réélue en 1988, cédant son siège à son suppléant. Son énergie, sa ténacité et sa fidélité à François Mitterrand lui valurent d'être nommée ministre de l'Agriculture (1981-1983), ministre du Commerce extérieur et du Tourisme (1983-1984), ministre du Redéploiement industriel et du Commerce extérieur (1984-1986). En 1988, elle accéda au poste de ministre des Affaires européennes.

Passionnée par les problèmes industriels, Édith Cresson a toujours bataillé contre les lourdeurs de l'administration qu'elle estime être une entrave au développement du pays. À ce titre, elle s'opposa au Premier ministre en exercice, Michel Rocard, qui ne souhaitait pas les réformes qu'elle préconisait, et démissionna de son poste, non sans bruit, à l'automne 1990. Elle entra ensuite dans le secteur privé, chez Schneider. Le 15 mai 1991, elle fut nommée Premier ministre par le président de la République — devenant la première Française à occuper de telles fonctions —, avec la double mission de lutter contre le chômage et d'assurer la victoire de la majorité socialiste aux prochaines élections.

Dès sa nomination, Édith Cresson s'est présentée sous un jour volontariste, invitant les forces vives de la nation à se mobiliser et à relever les défis de la concurrence mondiale. Elle a cultivé l'image d'une femme énergique et pragmatique, refusant d'engluer son action dans les luttes stériles des partis, promettant enfin de briser les pesanteurs bureaucratiques. Elle a choisi de donner la priorité à l'économie et à l'industrie en regroupant les ministères de l'Industrie et des Finances et en décidant un certain nombre de mesures en faveur des PME. Son action a consisté à donner aux grandes entreprises françaises une stature internationale leur permettant de rivaliser avec les États-Unis, le Japon et l'Allemagne. Ainsi a-t-elle obtenu en janvier 1992 le rapprochement de Bull avec IBM. Sa popularité, réelle tout d'abord, s'est vite effondrée en raison d'erreurs de communication. Plus profondément, elle a souffert d'une mauvaise conjoncture économique — le nombre des demandeurs d'emploi avoisinant les trois millions et paraissant incompressible — et du discrédit dont était atteinte la majorité. Par ailleurs, après plusieurs mois d'exercice du pouvoir, elle est apparue politiquement isolée, étant peu appréciée des dirigeants de son propre parti. Ses raisons, auxquelles s'ajoutent la défaite des socialistes aux élections régionale et cantonale, expliquent qu'elle ait été contrainte de présenter sa démission le 2 avril 1992.

CROIZA Claire, née Conolly. Mezzo-soprano française (Paris, 14 septembre 1882 - *id.*, 27 mai 1946). Elle fut engagée en 1906 au théâtre de la Monnaie de Bruxelles. Elle y incarna successivement Dalila (*Samson et Dalila*, Saint-Säens), Clytemnestre (*Iphigénie en Aulide*, Gluck) et Elektra (*Elektra*, R. Strauss). Elle débuta à l'Opéra de Paris en 1908 en Dalila. Au théâtre des Arts dirigé par Jacques Rouché, elle chanta en 1913 *Le Couronnement de Poppée* (Monteverdi) et *Les Éléments* (Destouches), dans la version revue par Vincent d'Indy. Dès 1922, elle donna des cours d'interprétation à l'École normale de musique puis, à partir de 1934, au Conservatoire, où elle eut parmi ses élèves Jeanine Michaud, Jacques Jansen, Camille Maurane et Gérard Souzay. Passionnée de théâtre et de mise en scène, elle fut la récitante du *Roi David* (Honegger) et du *Martyr de Saint-Sébastien* (Debussy). Valéry la jugeait comme «la voix la plus sensible de notre génération» et des compositeurs comme Saint-Säens, Fauré ou Debussy l'admiraient sans réserve. Honegger écrivit pour elle *Judith* qu'elle chanta en 1925; Milhaud, Poulenc, Duparc lui dédièrent des œuvres.

CROW Karen de. Féministe américaine (née en 1938). Après ses études à l'université de Chicago, elle milita dans les rangs des féministes américaines. Élue présidente de la National Organisation for Women (NOW), elle dirigea avec ardeur le mouvement en faveur de la condition féminine dans la société, niant en particulier l'importance de la sexualité dans les relations sociales. Karen de Crow a écrit un guide de la jeune fille: *The Young Woman's Guide Liberation* et *Sexist Justice*, dont la publication souleva en Amérique un vif intérêt auprès du public féminin et même masculin.

CRUSSARD Claude (Germaine, dite). Claveciniste française (Paris, 1893-1947). Remarquable claveciniste, élève de Caussade et de Dallier, elle donna de nombreux concerts tant en France qu'en Europe, interprétant des œuvres des XVIIe et XVIIIe siècles, auxquelles son talent redonnait une vie nouvelle. En 1944, elle fonda un ensemble international en compagnie duquel elle se produisit avec succès. On lui doit une intéressante étude sur Antoine Charpentier. Elle disparut dans un accident d'avion au Portugal.

CRUVELLI Sofia (Johanna Crüwell, dite). Soprano allemande (Bielefeld, 12 mars 1826 - Nice, 6 novembre 1907). Élève de F. Lamperti, elle débuta à la Fenice de Venise en 1847 dans le rôle d'Odabella (*Attila*, Verdi). Sa voix chaude et puissante lui permit d'être par excellence l'héroïne dramatique du grand compositeur. Dès l'année suivante à Londres, elle fut ainsi Elvira (*Ernani*), Abigaïl (*Nabucco*); elle incarna également une émouvante Léonore (*Fidelio*, Beethoven) et une merveilleuse Comtesse (*Les Noces de Figaro*, Mozart). À la Scala de Milan en 1850, elle interpréta *Linda de Chamonix* (Donizetti) et *Luisa Miller* (Verdi). Aux Italiens en 1851, à Paris, elle chanta dans *Norma* (Bellini) et dans *Fidelio* (Beethoven). À l'Opéra, de 1854 à 1856, elle fut successivement Valentine (*Les Huguenots*, Meyerbeer), Julia (*La Vestale*, Spontini) et Rachel (*La Juive*, Halévy). Appelée à Londres, elle triompha encore dans *Otello* (Rossini) et dans *Don Juan* (Mozart). À l'automne 1854, les répétitions des *Vêpres siciliennes* que Verdi composait pour l'Opéra de Paris furent retardées: la diva amoureuse avait disparu avec son amant, le comte Vigier. À son retour, les répétitions reprirent, et elle chanta Hélène à la première, en juin 1855. Ce fut son dernier grand succès. Elle quitta la scène en pleine gloire pour épouser Vigier. Malgré ses caprices, elle était aimée et considérée comme l'une des meilleures interprètes de Verdi.

CRUZ Juana Inés de la. Poétesse et religieuse mexicaine (San Miguel de Nepantla, 1651 - Mexico, 1695). Enfant prodige, elle apprit le latin, la rhétorique, la philosophie, les mathématiques et, devenue dame d'honneur de la vice-reine, elle séduisit la cour par son charme et son esprit. À l'âge de dix-huit ans, elle se retira au couvent des Hiéronymites où elle fut autorisée à mener une vie très libre qu'elle consacra à l'étude; elle refusa toujours d'en devenir l'abbesse. Son œuvre comprend des dizains et des sonnets d'un style raffiné (*Poesias de la madre Juana de la Cruz*, 1670), une comédie de cape et d'épée, une comédie à thème mythologique écrite en collaboration avec l'écrivain Juan de Guevara et des drames religieux (*El Divino Narciso*, 1689). Son œuvre possède une très grande virtuosité verbale influencée par le goût baroque de son temps tout en restant simple et spontanée. Elle mourut à Mexico, en soignant les malades lors d'une épidémie. On la surnommait la « Dixième Muse » ou bien encore la « Religieuse de Mexico ».

CULLBERG Birgit. Danseuse, chorégraphe et directrice de ballet suédoise (née à Nyköping, le 3 avril 1908). Après des études littéraires à l'université de Stockholm, elle étudia la danse à l'école Jooss-Leeder de Dartington Hall, en Angleterre (1935-1939) ; elle travailla ensuite avec Lillian Karina et plus tard, à New York avec Martha Graham*. Dès 1939, elle créa sa propre compagnie et devint l'initiatrice du mouvement expressionniste suédois. En 1946, elle fonda avec Ivo Cramer le Svenska Dansteater et se produisit en tournées. C'est avec un groupe privé, monté avec Elsa Marianne von Rosen, qu'elle créa sa première œuvre importante, *Mademoiselle Julie* (1950) d'après Strindberg. De 1952 à 1957, elle composa des chorégraphies pour le Ballet royal suédois et poursuivit une carrière indépendante, tant dans les pays scandinaves qu'en Allemagne et aux États-Unis pour l'American Ballet Theatre, auquel elle donna *Lady from The Sea* (1960) et *Eden* (1961). En 1967, elle mit sur pied sa propre compagnie, les Ballets Cullberg, disposant d'une scène permanente. Hardie, violente, érotique, l'œuvre de Birgit Cullberg met en scène de façon très personnelle des drames tirés d'œuvres littéraires ou mythiques. Ses ballets les plus connus sont *Medea* (1950), *I Am Not You* (1966), *Roméo et Juliette* (trois versions : 1944, 1955, 1969), *War Dances* (1979). Depuis 1969, elle est directrice artistique de la deuxième chaîne de télévision suédoise et a collaboré avec Ingmar Bergman. Elle est également recteur de l'Institut chorégraphique de Stockholm et membre du conseil de direction du Ballet royal.

RÉF. : E. Naslund, *Birgit Cullberg*, Stockholm, 1978.

CUMMINS Maria-Susanna. Romancière américaine (1807-1866). Collaboratrice de la revue *Atlantic Monthly*, elle connut avec *L'Allumeur de réverbères* (1854), récit romantique et attendrissant, un succès universel. À côté de ce chef-d'œuvre de la littérature enfantine, elle publia aussi, entre autres, *Mabel Vaughan, Haunted Hearts*, romans larmoyants.

CUNÉGONDE, sainte. Impératrice germanique (v. 978 - abbaye de Kaufungen, Hesse, 3 mars 1040). Fille du comte de Luxembourg Siegfried de Lützelburg et de la comtesse Hedeswige, elle fut élevée dans la foi chrétienne. Elle épousa en 998 Henri, duc de Bavière, futur empereur Henri II, et se fit couronner avec lui à Rome, en 1014. Elle fit vœu de continence en accord avec son mari. On lui doit plusieurs fondations pieuses, dont celle de l'évêché de Bamberg. Veuve en 1024, elle prit le voile au couvent de Kaufungen où elle vécut le restant de ses jours en pénitence, donnant l'exemple de la plus haute vertu chrétienne. Elle fut ensevelie aux côtés de son mari dans la cathédrale de Bamberg. Elle fut canonisée en 1200 par Innocent III ; on la fête le 3 mars.

CUNITZ Marie. Astronome silésienne (Schweidnitz, Silésie, 1610 - Pitscher, Pologne, 22 août 1664). Fille d'un médecin silésien, elle s'appliqua très jeune à l'étude des langues anciennes et modernes, à l'histoire de la médecine, aux mathématiques et surtout à l'astronomie. Vers 1630, elle épousa Élie de Lewen, son professeur de médecine et d'astronomie. Pour établir leurs calculs, tous deux utilisaient les tables danoises de Longomontanus. Comme elles étaient peu fiables, ils se reportèrent à celles de Kepler et entreprirent de les perfectionner. La guerre de Trente Ans les poussa à se réfugier en Pologne. C'est là, en 1650, (puis à Francfort l'année suivante) que Marie Cunitz publia ses propres tables sous le titre *Urania propitia* avec une dédicace à l'empereur Ferdinand III et une introduction de son mari.

CURIAL Clémentine, née Beugnot, comtesse. Française (1780-1840). Épouse du général comte Curial, elle s'éprit de Stendhal qui ne lui rendit sa passion que beaucoup plus tard. Leur liaison dura deux ans, de 1824 à 1826, mais la jalousie de Clémentine rendit ces amours si orageuses qu'elle se sépara de son amant, laissant Stendhal désemparé et près, disait-il, du suicide. «Menti», comme il l'appelait, a inspiré la comtesse Berthois et la comtesse Dulong dans *Les Souvenirs d'égotisme* (publiés en 1892), et l'image de Clémentine apparaît plusieurs fois dans le célèbre roman inachevé, *Lucien Leuwen* (publié en 1894).

CURIE Marie, née Sklodowska. Physicienne française d'origine polonaise (Varsovie, 7 novembre 1867 - Sallanches, 4 juillet 1934). Son père était professeur de mathématiques et de physique, sa mère dirigeait un pensionnat. Très douée, parlant le français, le russe et l'allemand, elle termina ses études secondaires à seize ans et s'inscrivit dans une école privée où on enseignait les sciences naturelles, l'anatomie et la sociologie — les études à l'université étant alors interdites aux femmes. En 1891, elle s'installa à Paris avec sa famille, commença à la Sorbonne une licence de physique et fut reçue première. En 1895, elle épousa Pierre Curie, professeur à l'École de physique et de chimie de la Ville de Paris, dont elle eut deux filles, Irène, la future Mme Joliot-Curie*, née en 1897 et Ève, née en 1904.

L'année suivante, elle fut reçue première à l'agrégation de physique et entreprit dans la foulée un travail de recherches sur les rayons uraniques que venait de découvrir Henri Becquerel. Elle disposait d'un matériel remarquable mis au point par son mari: électromètre à quadrants et chambre d'ionisation. Grâce à cela, il lui suffit d'une année pour passer de l'observation du phénomène brut — les rayons émis par l'uranium et le thorium — à la séparation du premier élément radioactif, le polonium, en juillet 1898, suivie par celle du radium à la fin de la même année. En 1902, elle attribua à ce dernier élément une masse atomique de 225, ce qui est, à une unité près, la valeur définitivement admise. Ces travaux valurent à Pierre et Marie Curie, ainsi qu'à Henri Becquerel, le prix Nobel de physique en 1903. L'année suivante, une chaire de physique était créée à la Sorbonne pour Pierre Curie, et sa femme lui était adjointe comme chef de travaux.

Pierre Curie mourut accidentellement en 1906 et Paul Langevin, son fidèle collaborateur, fut pour Marie d'un grand réconfort. Elle devint seule titulaire de la chaire de physique à la Sorbonne, inaugurant ainsi l'accession des femmes aux plus hauts postes de l'enseignement supérieur. Elle poursuivit ses recherches et donna en 1910, dans son *Traité de radioactivité*, un tableau de l'ensemble des radioéléments connus; elle réalisa l'année suivante le premier des étalons de radium, dit «étalon Marie Curie», actuellement conservé à l'Institut du radium à Paris. En 1911, elle se vit décerner le prix Nobel de chimie et devint ainsi le premier des lauréats du Nobel à recevoir deux fois un prix. Pendant la guerre, elle installa dans le laboratoire de physique et de chimie de l'Institut du radium qu'elle dirigeait une école d'infirmières radiologistes et, avec sa fille Irène, elle y forma le personnel nécessaire aux postes radiologiques de l'armée. Infatigable malgré une santé fragile, la «patronne» ou la «petite robe noire» comme on l'appelait, travaillait des nuits entières et sillonnait le monde. En 1929, elle reçut du président Hoover un chèque de 50 000 dollars pour acheter le radium nécessaire à ses travaux, en remerciement de sa participation à la fondation d'un laboratoire d'études sur la radioactivité à Varsovie. En 1934, peu avant sa mort, elle rédigea un second *Traité de radioactivité*.

RÉF. : E. Cotton, *Les Curie*, Paris, 1963. R. Reid, *Marie Curie: derrière la légende*, Le Seuil, 1979. È. Curie, *Madame Curie*, Gallimard, 1981. F. Giroud, *Une femme honorable*, Fayard, 1981.

CUSHMAN Charlotte, née Saunders. Actrice américaine (Boston, 1816 - *id.*, 1876). Issue d'une famille puritaine du Massachusetts, elle dut gagner sa vie à la mort de son père. Elle choisit le chant et le théâtre, à une époque où aux États-Unis seuls les acteurs anglais ou français tenaient la vedette. Elle débuta sur la scène lyrique de Boston en 1835, chantant le rôle de la Comtesse (*Les Noces de Figaro*, Mozart), mais les critiques lui conseillèrent d'abandonner sa carrière. Loin d'être abattue, elle interpréta au théâtre deux semaines plus tard une sensationnelle Lady Macbeth* (*Macbeth*, Shakespeare). Elle avait dix-neuf ans, elle était grande, masculine, et son succès ne dut en rien à une quelconque «grâce». L'année suivante, elle reprenait ce rôle à New York, puis à Londres. Sa personnalité et son jeu s'affinèrent sous l'influence du grand tragédien anglais Macready. Elle triompha au Princess Theatre de Londres en 1845 et parcourut l'Angleterre dans les rôles du répertoire shakespearien.

De retour en Amérique en 1849, elle joua sur les grandes scènes du continent Lady Macbeth (*Macbeth*, Shakespeare), Rosalinde (*Comme il vous plaira*), la princesse Catherine (*Henri IV*, Shakespeare), Nancy Sykes (*Olivier Twist*, Stirling, d'après Dickens), Meg Merrilies (*Guy Mannering*, W. Scott), et des rôles travestis comme Roméo (*Roméo et Juliette*, Shakespeare), Hamlet (*Hamlet*, Shakespeare), ou le cardinal Wolsey (*Henry VIII*, Shakespeare). L'intensité de son jeu terrifiait les spectateurs et jusqu'à ses partenaires eux-mêmes, qui tremblaient devant elle. Un magnétisme hors du commun, une exceptionnelle vitalité liée à l'intelligence des textes, tenaient la salle en haleine. Minée par un cancer, Charlotte Cushman consacra les dernières années de sa vie à des lectures shakespeariennes, très courues des citadins. Une école de jeunes filles prit son nom à Boston : «De toute ma vie, avoua-t-elle, rien ne m'a donné plus de plaisir.» C'était rendre hommage à la femme autant qu'à l'artiste. Un «Charlotte Cushman Club» fut inauguré à Philadelphie en 1907 : on peut y voir aujourd'hui les souvenirs et documents ayant trait à sa carrière.

CUSTINE Delphine, née de Sabran, comtesse **de**. Française (Paris, 18 mars 1770 - Bex, Valais, 15 juillet 1816). Elle épousa le général de Custine en 1787, dont elle eut un fils, Astolphe, le futur écrivain. Elle était aussi belle que frivole et, profitant du séjour de son mari à Berlin, elle multiplia les liaisons, ce dont le général prit ombrage. Les malheurs qui s'abattirent sur sa famille pendant la Révolution — l'arrestation de son beau-père, puis de son mari — la transformèrent. Elle assista l'un toute la durée de son procès et visita l'autre en prison tous les jours, avant que tous deux fussent guillotinés. Incarcérée à son tour, elle retrouva Joséphine* en prison, et l'on dit qu'elle dut son salut à l'intervention de Fouché qui en fit par la suite sa maîtresse (elle l'appelait «Chéché»!).

Elle rencontra Chateaubriand en

1803, avec lequel elle eut une longue liaison amoureuse ce qui entraîna la rupture de l'écrivain avec Pauline de Beaumont*. Ayant récupéré une partie de sa fortune grâce à l'entremise de Fouché, elle put acheter le château de Fervaques, dans le Calvados, où l'auteur des *Mémoires d'outre-tombe* fit plusieurs séjours. Au fil du temps, ses relations avec Chateaubriand évoluèrent en pure amitié, puis s'espacèrent. Delphine de Custine voyagea, en Italie, en Suisse, en Allemagne et elle se préoccupa beaucoup de l'éducation de son fils. Elle intervint à de nombreuses reprises auprès de Chateaubriand devenu ministre pour qu'Astolphe fût nommé pair de France. Le scandale dans lequel le jeune homme fut compromis lorsque son homosexualité fut découverte ruina cette espérance et assombrit la fin de la vie de Mme de Custine.

RÉF. : A. Bardoux, *Madame de Custine*, Paris, 1888. Chédieu de Robethon, *Chateaubriand et Mme de Custine*, Paris, 1893.

CUTHBERT Betty. Athlète australienne (née à Merrylands en 1938). À l'âge de dix-huit ans, elle devint célèbre en battant le record mondial féminin du 200 m qu'elle parcourut en 23 s 2/10. Aux jeux Olympiques de Melbourne (1956), elle remporta deux médailles d'or, l'une pour le 100 m parcouru en 11 s 5/10, l'autre pour le 200 m (23 s 4/10). Elle possédait à chaque fois une avance confortable sur ses adversaires. Elle détint également le record du monde du 4 fois 100 m avec ses camarades Shirley Strickland, Norma Crocker et Fleur Mellor. Grande spécialiste du 400 m, elle gagna la médaille d'or aux jeux Olympiques de Tokyo (1964) en franchissant la distance en 52 secondes.

CUTTOLI Marie, née Bordes. Créatrice en tapisseries. Française (1879 - Antibes, 1973). Passionnée d'art moderne, amie des plus grands peintres de son temps, elle fut la première à avoir eu l'idée de commander des cartons de tapisserie aux peintres d'avant-garde. Elle s'intéressa aux travaux de Lurçat, puis passa sa première commande à Rouault. Assez sceptique sur la transposition que l'on pouvait faire de l'une de ses toiles, le peintre fut émerveillé devant le résultat. Suivirent des tapisseries de Picasso, de Braque, de Miró, de Léger, de Klee, etc. Marie Cuttoli organisa des expositions à Bruxelles, sous le patronage de Claudel alors ambassadeur, puis à Londres, à Chicago, à New York, où elle remporta des succès remarqués. Le célèbre Dr. Barnes, grand collectionneur de peinture contemporaine, lui acheta plusieurs pièces. Pendant quarante ans, les ateliers de Marie Cuttoli ont produit de véritables chefs-d'œuvre, fruits d'un travail de longue haleine, et ont contribué à la renaissance de la tapisserie française.

CUZENT Pauline. Écuyère française (1815 - Paris, 1852). Fille d'un modeste comédien de province, elle était la sœur de Paul Cuzent, compositeur de talent et excellent écuyer, d'Antoinette et Armandine, cavalières connues sous le nom de Jolibois. Antoinette épousa l'écuyer réputé Lejars et poursuivit sa carrière sous ce nom. Pauline fut la plus célèbre de la famille Cuzent. Une légère boiterie lui avait interdit tout exercice physique, aussi, après un bref intermède au « Théâtre de Séraphin », elle opta, sur les conseils de Baucher, pour l'équitation de haute école. Elle devint sa meilleure élève et fut la digne rivale de la célèbre Caroline Loyo*. Alors que toutes les écuyères montaient en habit d'amazone, Pauline Cuzent présentait son numéro vêtue d'un somptueux costume militaire, déployant tout le style d'un ancien écuyer de Versailles. Elle fit partie de la troupe des Cuzent qui triompha en Allemagne et dans toutes les grandes villes européennes. Elle mourut prématurément.

CZARTORYSKA Isabelle Dorothée, née de Flemming, princesse. Polonaise (Varsovie, 1746 - Wysock, Gallicie, 17 juin 1835). Sa vie fut agitée et romanesque. Elle épousa à l'âge de quinze ans le prince Adam Czartoryski, farouche partisan de la monarchie héréditaire. Elle séduisit le prince Repnin, ambassadeur russe à Varsovie, qui avait reçu l'ordre de faire arrêter son mari, et parvint à obtenir sa liberté. Cependant, Repnin fut disgracié et interdit de séjour en Russie. Il offrit à la princesse de le suivre à Londres, ce qu'elle fit. Isabelle Csartoryska était plutôt volage : elle tomba amoureuse du duc de Lauzun sans rompre pour autant avec son amant. Elle, Lauzun et Repnin formèrent une sorte de couple à trois et voyagèrent un peu partout en Europe jusqu'au départ de ce dernier pour la Russie avec son retour en grâce. La princesse était fort intelligente et cultivée et se liait avec les meilleurs esprits partout où elle séjournait. Elle entretint notamment une correspondance avec le poète Jacques Delille qui se trouve insérée en partie dans un des recueils de ce dernier, *Les Jardins*. Elle se retira en Pologne sur la fin de sa vie, dans son château de Pulawy qu'elle transforma en hôpital pour les soldats polonais lors de l'intervention russe (1830). Elle se comporta avec héroïsme et évacua Pulawy sous la mitraille. Elle est l'auteur de *Diverses Idées sur la manière de construire les jardins* (1807) et du *Pèlerin à Dobromil* (1818), manuel à l'intention des paysans.

RÉF. : Duc de Lauzun, *Mémoires*, Paris, 1822.

D

DABROWSKA Maria. Romancière polonaise (Russów, 1889 - Varsovie, 1965). Elle appartenait à une famille de la noblesse terrienne, et toute son œuvre met en scène le monde rural de son pays. *Gens de là-bas* (1925) est un roman réaliste poignant qui décrit la misère des paysans pour lesquels Maria Dabrowska a toujours montré de la compassion. *Les Nuits et les Jours* (1932-1934), vaste fresque qui raconte la vie de hobereaux entre 1863 et 1914, est considérée comme son chef-d'œuvre. Elle a laissé un recueil de nouvelles, *L'Étoile du matin* (1955) — tableau de la paysannerie au temps de Staline —, un roman inachevé, *Les Aventures d'un homme pensant* (1970) et un *Journal* encore inédit.

DACHKOV, princesse. Voir DASHKOVA, princesse.

DACIER Anne, née Lefebvre. Philologue française (Saumur, 1647 - Paris, 1720). Elle était la fille de l'humaniste Tanneguy Lefebvre, régent de l'académie de Saumur, qui lui transmit son goût pour l'étude et la maria à un libraire, Jean Lesnier. À la mort de son père en 1672, elle quitta son mari et se rendit à Paris rejoindre un ami d'enfance, André Dacier, qu'elle épousa onze ans plus tard. Le duc de Montausier, gouverneur du Dauphin, lui confia des traductions d'auteurs grecs et latins pour la célèbre collection «*Ad usum Delphini*», dans laquelle elle fit paraître une édition de Florus, de Callimaque, d'Eutrope et d'Anacréon. En 1685, avec son mari, elle se convertit au catholicisme, ce qui lui permit de développer sa carrière à sa guise. En 1688, elle donna une édition des *Comédies* de Térence suivie, un peu plus tard, par les *Pensées* de Marc-Aurèle. Elle s'attela ensuite avec passion à la traduction de *L'Iliade* qu'elle interrompit un temps à la suite de la mort de sa fille qu'elle ressentit cruellement. Dans la célèbre querelle des Anciens et des Modernes, elle prit la défense des premiers de manière retentissante. Son essai, *Des causes de la corruption du goût* (1714), s'en prend violemment à Houdar de La Motthe qui avait fait paraître une adaptation fantaisiste de *L'Iliade*, à partir de la traduction de Mme Dacier, munie d'une introduction dans laquelle il décochait quelques flèches à Homère. Les deux adversaires se réconcilièrent par l'intermédiaire de M. de Valincourt. Le dernier ouvrage de Mme Dacier, une édition de *L'Odyssée*, parut en 1716.

DACQUIN Jenny (Jeanne-Françoise, dite). Française (Boulogne-sur-Mer,

25 novembre 1811 - Paris, 25 mars 1895). Elle est la célèbre inconnue qui écrivit à Mérimée plus de trois cents lettres à partir de 1831 sous le pseudonyme de lady Algernon Seymour. L'écrivain parvint à l'identifier, on ne sait trop comment, et la rencontra à Boulogne à la fin de l'année 1833. S'ensuivit une liaison, probablement platonique, et la correspondance se poursuivit. Plus tard, Jeanne-Françoise Dacquin s'installa à Paris et, après la mort de Mérimée en 1870, publia les *Lettres à une inconnue* (1873) qui excitèrent la curiosité de la critique. Les originaux ayant été détruits dans un incendie, cette édition n'est pas considérée comme fiable.

RÉF. : A. Lefebvre, *L'Inconnue de Mérimée*, Paris, 1901.

DAGOVER Lil (Maria Antonia Sièglinde Senbert, dite). Actrice allemande (Java, 1897 - Munich, 1980). Ses débuts à l'écran, en 1919, avec Fritz Lang dans *Les Araignées*, et avec Robert Wiene dans *Le Cabinet du docteur Caligari*, la même année, la révélèrent au grand public. Puis suivirent *Les Trois Lumières* (Lang, 1921), *Le Docteur Mabuse* (Lang, 1922), *Phantom* (Murnau, 1922), et *Tartuffe* (Murnau, 1923) qui confirmèrent sa notoriété. En France, elle tourna *Le Tourbillon de Paris* (Duvivier, 1928) et, aux États-Unis, *La Dame de Monte-Carlo* (Curtis, 1932). Cependant, c'est en Allemagne qu'elle accomplit l'essentiel de sa carrière d'actrice, témoignant d'une belle diversité dans ses talents de comédienne, tournant tour à tour des films expressionnistes, des comédies musicales et même des films de propagande. Lil Dagover termina sa carrière en 1978 et tint son dernier rôle à l'âge de quatre-vingt-un ans dans *Légendes de la forêt* de Maximilien Schell. Elle est l'une des actrices les plus célèbres du cinéma allemand.

DALIDA (Yolande Gigliotti, dite). Chanteuse française d'origine italienne (Le Caire, 1933 - Paris, 1987). Fille d'un violoniste de talent, Pietro Gigliotti, elle passa son enfance et son adolescence au Caire. Attirée par la scène, elle se produisit dans sa ville natale puis s'installa à Paris où elle débuta dans la chanson, en 1955, au Drap d'Or et à la Villa d'Este. Elle était d'une beauté sculpturale. Toujours étroitement moulée dans de longues robes scintillantes, avec sa crinière blonde et ses gestes dont elle accentuait le caractère théâtral, ses apparitions sur scène faisaient sensation. Son accent italien ajoutait un caractère très personnel à ses chansons : *Bambino, Les Enfants du Pirée, Les Gitans, Le Temps des fleurs, Darladada, Mamina, Gondolier, Gigi l'amoroso*, etc. Elle interpréta également quelques films : *Rapt au 2e bureau* (1958), *L'Inconnue à Hong Kong* (1963), *Ménage à l'italienne* (1964), *Io ti amo* (1968) et se révéla grande actrice dans le film *Le Sixième Jour* (1986) que lui avait proposé Youssef Chahine. Chanteuse exubérante et extrêmement populaire, sa carrière fut un succès ininterrompu. Sa vie sentimentale, en revanche, fut jalonnée de drames ou d'échecs. Plusieurs de ses amants se suicidèrent : Lucien Morisse, qu'elle avait épousé, le chanteur Luigi Tenco, Richard Champlain, le « comte de Saint-Germain ». Elle-même choisit de mettre fin à ses jours.

DALILA. Son histoire est relatée dans le livre des Juges. Samson, d'une force herculéenne, défiait les Philistins qui cherchaient à connaître le secret de sa puissance. Ils s'adressèrent à Dalila, que Samson aimait, et lui promirent de l'argent si elle parvenait à percer le secret de leur ennemi. Elle dut s'y prendre à quatre fois avant d'extorquer la vérité à son amant : « Le rasoir n'a jamais passé sur ma tête [...]. Si j'étais rasé, alors ma force se retirerait loin de moi et je serais pareil aux autres hommes» (Juges XVI, 17). Profitant de son sommeil, Dalila lui coupa les cheveux et le livra aux Philistins. Samson périt plus tard avec ses ennemis dans l'écroulement du temple qu'il provoqua, ses cheveux ayant repoussé.

DAL MONTE Toti (Antonietta Meneghel, dite). Soprano italienne (Mogliano, Vénétie, 27 juin 1893 - Trévise, 25 janvier 1975). Elle se destinait au piano, mais un accident à la main l'obligea à abandonner cette carrière. Elle se tourna vers le chant qu'elle étudia avec Barbara Marchisio* et débuta à la Scala de Milan, en 1916, en Biancafiore (*Francesca da Rimini*, Zandonai). Elle chanta alors des rôles de soprano lyrique, puis décida de devenir soprano légère et prit des cours avec le baryton Pini-Corsi. En 1918, elle incarna Gilda (*Rigoletto*, Verdi) à Turin, sous la direction de Toscanini et chanta aussi la *Neuvième Symphonie* de Beethoven. Engagée à la Scala pour y chanter *Gilda* pendant la saison 1921-1922, elle y fit une brillante carrière: Rosine (*Le Barbier de Séville*, Rossini), Lucia, Marie et Linda (*Lucie de Lammermoor, La Fille du régiment, Linda de Chamonix*, Donizetti). Elle parut également à Rome, à Naples, à Chicago, à Paris et à Londres. Dans les années 1928-1935, elle effectua de nombreuses tournées avec la Scala, allant jusqu'en Chine et au Japon. Elle quitta la scène en 1943 pour se dédier au théâtre, puis à l'enseignement (1949); Gianna d'Angelo et Dolores Wilson furent ses élèves. Elle enregistra de nombreux disques — dont une fameuse *Madame Butterfly* (Puccini) avec Beniamino Gigli —, qui montrent combien sa voix était pure et pénétrante. Elle est l'auteur d'une autobiographie intitulée: *Una voce nel mondo* (1962).

DAMER Anne, née Seymour. Sculpteur. Anglaise (Londres, 1748 - *id.*, 28 mai 1828). Issue d'une noble famille anglaise, elle épousa à l'âge de dix-neuf ans John Damer et devint veuve peu de temps après son mariage. Elle se consacra alors entièrement à la sculpture et entreprit des œuvres gigantesques comme les têtes de la *Tamise* et d'*Isis* du pont Henley, la statue de *George III* à Édimbourg, le buste de *Nelson* à l'hôtel de ville de Londres, qui lui valurent une certaine renommée et dont l'exécution révèle une grande maîtrise sinon une forte personnalité.

DAMESME Alice. Alpiniste française (Bagnolet, 1894 - 1974). Sa carrière commença en 1913 avec l'ascension de la chaîne des Aiguilles-Rouges. Considérée comme une excellente grimpeuse, elle fut admise dès sa création dans le cénacle très fermé du Groupe de haute montagne par Jacques et Tom de Lépinay, avec lesquels elle fit équipe dans maintes expéditions. Petite et trapue, rayonnante d'énergie, elle a à son actif près de cent escalades dont huit premières, souvent en tête de cordée. On la vit au sommet du Requin, à la pointe qui porte son nom dans l'arête des Rochassiers, à l'aiguille du Roc, etc. Attirée par les cordées féminines, elle a totalisé une quinzaine d'ascensions, soit avec l'alpiniste américaine Miriam Underhill*, soit avec les françaises Micheline Morin* et Yvonne Vacher, dont le Cervin, la Verte, le Campanile Basso dans les Dolomites. Outre les grandes classiques des Alpes, elle fut avec son mari Maurice, qui la suppliait d'être prudente, parmi les «bleausards» les plus acharnés de la forêt de Fontainebleau.

DAMIA (Louise Marie Damien, dite). Chanteuse française (Paris, 1889 - *id.*, 1978). Fille d'un sergent de ville, elle débuta dans la chanson en 1911 au Petit Casino et à La Pépinière. Grande, les cheveux noirs, les yeux verts, une silhouette invariablement moulée dans un fourreau noir, elle donnait à ses chansons les accents poétiques de sa voix grave et triste. Elle chantait les filles et leurs amours, les mauvais garçons, la guillotine (*La Veuve*) dont elle soulignait l'action d'un geste évocateur. Damia fut incontestablement la tragédienne de la chanson. Avec Fréhel* et Yvonne George*, elle donna son style à la chanson réaliste moderne. Pendant la Première Guerre mondiale, elle régna sur les Concerts Damia, fascinant un auditoire trouble de drogués, de prostituées de Montmartre et de snobs. Après la victoire, elle triompha sur les scènes des plus grands music-halls de la capitale. Damia a également joué au théâtre et au cinéma notamment dans le *Napoléon* d'Abel Gance (1927), et dans *Remontons les Champs-Élysées* de Sacha Guitry (1938). Ses chansons les plus célèbres sont *La Veuve, Les Goélands, Les Deux Ménétriers*.

DANCOURT Thérèse, née Le Noir de La Thorillière. Actrice française (Paris, 1663 - *id.*, 1725). Le célèbre Florent Dancourt s'éprit d'elle, l'enleva et l'épousa tout en lui donnant, sur scène, la réplique. Reçue en 1685 à la Comédie-Française, la jeune femme, filleule de Molière et de Mlle Duparc*, incarna pendant trente-cinq ans l'amoureuse type. Ses deux filles, Marie Anne Armande, dite Manon (1684-1745), et Marie Anne Michelle, dite Mimi (1685-1780), entrèrent toutes deux à la Comédie-Française où elles interprétèrent maintes pièces de leur père. Thérèse Dancourt brilla particulièrement dans les pièces de Regnard.

DANDRIDGE Dorothy. Chanteuse et actrice américaine. (1923 - Hollywood, 1965). Actrice dès l'enfance, celle qui fut surnommée la «Carmen noire» dut sa célébrité au film d'Otto Preminger, *Carmen Jones* (1954). Sur la musique de Bizet, c'est une transposition où Don José est un militaire de la Seconde Guerre mondiale, Escamillo un boxeur et les cigarières des plieuses de parachute. Le film eut un énorme succès dans le monde entier mais ne fut présenté en France qu'en 1965, les héritiers de Bizet s'opposant à sa projection. Dorothy Dandridge a tourné d'autres films aux États-Unis, moins importants, sauf *Porgy and Bess* (Preminger, 1959). Elle fit deux mariages malheureux, et sa célébrité ne lui apporta pas la richesse. Elle fut retrouvée morte après avoir absorbé trop de barbituriques. En 1957, elle avait attaqué en diffamation un hebdomadaire à scandales, *Confidential*, qui colportait des ragots sur les acteurs de Hollywood. Elle eut gain de cause, et la revue, ruinée par les dommages-intérêts qu'elle dut payer, cessa de paraître.

DANGEVILLE Marie-Anne, née Botot (dite **Mlle Dangeville**). Actrice française (Paris, 29 décembre 1714 - *id.*, 9 février 1796). Elle appartenait à une famille qui servait la Comédie-Française depuis deux générations. Enfant, elle joua dans d'autres troupes avant d'y être admise en 1730. Elle excellait dans les rôles de soubrette, s'essaya sans succès à la tragédie — sa prestation dans le rôle de Tulie (*Brutus*, Voltaire) fut un échec — et revint à la comédie. Elle quitta la scène en 1763. Plus tard, pour la distraire, ses amis comédiens vinrent jouer chez elle, rue de Vaugirard. On y donna pour la première fois *La Partie de chasse* (Collé), pièce que Louis XV avait interdite.

DANIÉLOU Madeleine, née Clamorgan. Pédagogue française (1880-1956). Après ses études de philosophie, elle tenta de créer une nouvelle forme d'éducation destinée aux jeunes filles, qu'elle expérimenta avec succès dans les collèges Sainte-Marie. On retrouve ses théories originales dans ses livres, parmi lesquels *L'Éducation selon l'esprit*

(1939) et *Livres de sagesse pour les filles de France* (1942).

DANILOVA Alexandra, née Dionisevna. Danseuse et pédagogue américaine d'origine russe (née à Peterhof, le 20 novembre 1904). Après avoir été formée à l'École impériale de ballet de Saint-Pétersbourg, elle fut engagée au Gatob où elle devint très vite soliste. Elle quitta l'URSS en 1924 avec un petit groupe formé par Balanchine. Engagée par Diaghilev aux Ballets russes en 1927, elle fut danseuse étoile de 1933 à 1938 au Ballet russe du colonel de Basil, puis de 1938 à 1952 au Ballet russe de Monte-Carlo. Invitée dans différentes compagnies internationales, elle fonda sa propre troupe avant de donner sa soirée d'adieu en 1957. Elle composa ensuite pour le Métropolitan de New York tout en enseignant à la School of American Ballet. Sa manière de danser assura le lien entre la danse classique et la tradition de l'école russe. Élégante et mondaine, douée pour tout, d'un charme irrésistible, elle fut l'une des danseuses les plus célèbres de son époque. Elle interpréta les grands rôles du répertoire classique et créa pour Balanchine, avec un talent jamais démenti, *Le Triomphe de Neptune* (1926), *Le Bal* (1929), *Danses concertantes* (1944), *Night Shadow* (1946); pour Leonide Massine *Le Beau Danube* (1925) et *Gaîté parisienne* (1938).

DANTZIG, duchesse **de**. Voir LEFEBVRE.

DARCLÉE Hariclea (Haricly Hartulari, dite). Soprano roumaine (Braila, 10 juin 1860 - Bucarest, 10 janvier 1939). Elle étudia le chant à Bucarest puis à Paris, avec Gabriel Fauré, et fit ses débuts à l'Opéra, en 1888, en Marguerite (*Faust*, Gounod). L'année suivante, elle triompha sur cette même scène, en remplaçant Adelina Patti* dans Juliette (*Roméo et Juliette*, Gounod). En 1889, la Scala l'accueillit pour la création, en italien, du *Cid* (Massenet) où elle incarnait Chimène. Elle y créa, en 1892, *La Wally* (Catalani). Applaudie à Rome, à New York, en Russie, en Espagne, au Portugal et en Amérique du Sud, elle était particulièrement appréciée dans le répertoire italien (elle créa *Tosca*, de Puccini, à Rome le 14 janvier 1900) et pour ses rôles de soprano léger dans les opéras de Wagner. À l'écart des courants nouveaux du chant à partir de 1905, elle continua néanmoins de se produire jusqu'en 1918. Au-delà commença le déclin. Elle passa plusieurs années à la maison Verdi de Milan puis rentra dans son pays où elle mourut dans la pauvreté. Les Italiens l'ont considérée comme l'égale de Lilli Lehmann* : elle était belle, avait une grande présence scénique et une voix extraordinaire par la beauté et l'homogénéité de son timbre. Elle était la mère du compositeur et chef d'orchestre Ion Hartulary Darclée.

DARRIEUX Danielle. Actrice française (née à Bordeaux en 1917). Après des études musicales au conservatoire de sa ville natale, elle fut choisie, à quatorze ans, lors d'un concours, pour être l'actrice du film *Le Bal* (Thiele). Elle tourna ensuite dans plusieurs films de Berthomieu, Bolvary, Bernhardt, Tourneur, dans lesquels sa beauté et son air de fausse ingénue firent merveille. Remarquée par Litvak, elle fut engagée pour tourner *Mayerling* (1936). Ce fut un triomphe, qui se prolongea grâce aux films qu'elle tourna avec Henri Decoin, devenu son mari, *Abus de confiance* (1937), *Battement de cœur* (1939), *Premier Rendez-vous* (1941).

Après la guerre, elle poursuivit sa carrière dans un registre plus grave, plus nuancé, et ses meilleurs rôles sont finalement dramatiques : *La Ronde* (Ophuls, 1951), *La Vérité sur Bébé Donge* (Decoin, 1951), *Marie-Octobre* (Duvivier, 1959). Après avoir quitté son mari Henri Decoin pour le play-boy Porfirio Rubirosa, elle épousa finalement Georges Mitsinkides en 1948, dont elle eut un fils, Mathieu. Elle a tourné plusieurs films avec Jacques Demy, dans lesquels on a salué ses talents de chanteuse et elle n'a pas hésité, récemment, à s'engager dans des œuvres ambitieuses: *En haut des marches* (Vecchiali, 1983), *Le Lieu du crime* (Téchiné, 1986), *Corps et biens* (Jacquot, 1986). Au théâtre, Danielle Darrieux fut la remarquable interprète de *La Robe mauve de Valentine* (Sagan*, 1963) et des *Amants terribles* (1973).

DARSONVAL Lycette (Alice Perron, dite). Danseuse et pédagogue française (née à Coutances, le 12 février 1912). Après ses classes à l'école de ballet de l'Opéra de Paris où elle était l'élève de Carlotta Zambelli*, elle débuta en 1930 au Palais Garnier. Elle entreprit plusieurs tournées à l'étranger, revint à l'Opéra en 1936 où elle fut nommée étoile en 1940. Désertant la France à plusieurs reprises, merveilleuse ambassadrice de la danse, elle parcourut l'Europe et les États-Unis. Elle créa pour Serge Lifar *David triomphant* (1937), *Oriane et le Prince d'amour* (1938), *Adelaïde* (1938), *Sylvia* (1941). Directrice de l'École de danse de l'Opéra de 1957 à 1959, elle enseigna ensuite au conservatoire de Nice.

DARTY Paulette. Chanteuse française (1871-1944). La plus célèbre des chanteuses de valses de la fin du siècle. On l'avait surnommée la «Reine des valses lentes». Engagée à l'Alcazar d'Été, le tout-Paris venait l'entendre et l'applaudir dans *Quand l'amour meurt, Rose Mousse, Amoureuse, Valse bleue* mais surtout dans la célèbre valse *Fascination* (1905) («Tu n'as rien fait pour chercher à me plaire»). Paulette Darty a cessé de chanter en 1908.

DASH, née Gabrielle-Anne Cisterne de Courtiras (dite **comtesse Dash**). Femme de lettres française (Poitiers, 2 août 1804 - Paris, 11 septembre 1872). Elle épousa en 1824 un officier de cavalerie, le vicomte Du Poilloüe de Saint-Mars, dont elle se sépara en 1835. Pour subvenir à ses besoins, elle plaça, grâce à la protection d'Alexandre Dumas, des articles à *La Revue de Paris* et au *Mousquetaire*, puis publia un nombre incalculable de romans sentimentaux et de livres historiques. Parus après sa mort, ses *Mémoires des autres* (6 vol., 1896-1897) ne manquent pas d'un certain charme.

DASHKOVA Iekaterina Romanovna, née Vorontsov, princesse. Femme de lettres russe (Saint-Pétersbourg, 28 mars 1743 ou 1744 - Moscou, 16 janvier 1810). Épouse du prince Michel Dashkov, officier de la garde de l'empereur, elle fut dame d'honneur de la grande duchesse Catherine. Elle prit une part active au coup d'État qui porta Catherine II* au pouvoir en 1762 et qui provoqua l'abdication de Pierre III assassiné huit jours plus tard. Elle était très ambitieuse et tenta de jouer un rôle politique, mais ses intrigues irritèrent la tsarine qui l'éloigna de la cour et l'obligea à s'exiler en 1768. Elle séjourna en France et en Angleterre, se lia avec Voltaire, Diderot, Robertson. De retour en Russie, elle joua un rôle intellectuel non négligeable. Elle dirigea, à partir de 1783, l'Académie russe dont elle avait demandé la fondation et fit beaucoup pour le développement des études scientifiques en suscitant deux revues qui recueillaient des articles de toutes disciplines (mathématiques, physique, minéralogie, etc.). Sous son impulsion, l'Académie publia son *Dictionnaire* (1788-1794). Ses *Mémoires*, publiés en 1859 et préfacés par Herzen, sont très instructifs sur la prise de pouvoir par la Grande Catherine et sur les premières années du règne.

DAUDET Julia, née Allard. Femme de lettres française (Paris, 1844 - Chargé, Amboise, 1940). Elle épousa Alphonse Daudet en 1867 et fut, sa vie durant, la secrétaire de son mari ainsi qu'une précieuse collaboratrice. Elle-même publiait dans les journaux des articles littéraires sous le pseudonyme de Karl Steen. Elle est l'auteur de souvenirs, *Impressions de nature et d'art* (1879), *Enfance d'une parisienne* (1883) ; de réflexions, *Fragments d'un livre inédit* (1884) et de plusieurs recueils poétiques comme *Reflets sur le sable et l'eau* (1903), *Au bord des terrasses* (1906). Elle donna deux fils à son mari, Léon et Lucien.

DAVID Hermine. Peintre et illustrateur. Française (Paris, 1886 - *id.*, 1970). Après avoir suivi les cours de l'École des beaux-arts, elle se fit connaître en 1904 en exposant au Salon des femmes peintres. En 1907, elle rencontra le peintre Jules Pascin qu'elle épousa après la Première Guerre mondiale et qu'elle accompagna dans ses périples en Afrique du Nord. Elle est l'auteur de paysages et de nus, mais son œuvre, marquée par l'élégance du dessin et par une imagination sensible, s'est orientée vers la gravure et l'illustration d'ouvrages. Parmi ceux-ci, *Nuits chaudes du Cap français* d'Hugues Rebell, *Climats* d'André Maurois, *Le Grand Meaulnes* d'Alain-Fournier. Hermine David a également réalisé des émaux. Son œuvre est représentée entre autres au musée d'Art moderne de la Ville de Paris.

DAVID-NEEL Alexandra. Exploratrice française (Saint-Mandé, 1868 - Digne, 1969). Son père était français de souche huguenote et sa mère d'origine scandinave. De nature très indépendante, elle rêvait très jeune d'entreprendre de longs voyages. En 1904, elle épousa un ingénieur, Philippe Neel, et, à partir de 1911, elle réalisa de nombreux périples. Le plus connu est celui qu'elle fit au Tibet en 1923. Déguisée en mendiante, elle parvint à pénétrer dans Lhassa, la cité interdite. Elle parcourut la Chine en tous sens de 1926 à 1945. Elle voyageait seule, à pied ou à dos de mulet, revêtue d'amples vêtements et coiffée d'un bonnet de fourrure, traversait des vallées peu fréquentées et des pays souvent hostiles.

Lors de ses séjours en Asie, elle s'initia dans les lamasseries aux coutumes des indigènes, étudia les pratiques de la religion bouddhique et les langues des contrées qu'elle traversait. Elle s'installa à Digne en 1947 où elle rédigea la plupart de ses très nombreux ouvrages, qui sont autant des récits de voyage que des études sur la civilisation orientale, *L'Inde où j'ai vécu: avant et après l'indépendance*, *Mystiques et Magiciens du Tibet*. Son livre le plus célèbre est le *Voyage d'une parisienne à Lhassa*.

RÉF. : J. Chalon, *Le Lumineux Destin d'Alexandra David-Neel*, Perrin, 1985.

DAVIES Marion (Marion Cecilia Douras, dite). Actrice américaine (New York, 1897 - Los Angeles, 1961). Cette jolie blonde, vive et spirituelle, débuta sur la scène comme « chorus girl » aux Ziegfeld Follies. En 1917, William Randolph Hearst, le magnat de la presse, tomba amoureux d'elle. Ce qui aurait pu n'être qu'une passade dura trente-quatre ans jusqu'à la mort de Hearst en 1951. Celui-ci, qui avait décidé de faire de sa maîtresse une vedette de cinéma, créa pour elle une compagnie de production, la Cosmopolitan. Les débuts de Marion Davies furent difficiles, mais Hearst la soutint puissamment. À la sortie de son deuxième film, *Cecilia of the Pink Roses* (1918), la presse de Hearst (il possédait plus de cinquante journaux) annonça la découverte d'une nouvelle star. Durant vingt ans, Marion Davis tourna de très nombreux films, dont plusieurs superproductions, mais aussi quelques charmantes comédies comme *Show People*

Mirages (Vidor, 1928) et *Peg de mon cœur* (Leonard, 1932). Elle obtint un grand succès dans le rôle de Marie* Tudor (*Sur les marches du trône*, Vignola, 1922). Grande star du muet, elle fut l'une des dernières représentantes de la haute époque de Hollywood. Ses prodigalités et ses caprices défrayaient la chronique. Elle avait parmi ses intimes George Bernard Shaw, Winston Churchill, Joseph Kennedy, le père du président des États-Unis, qu'elle recevait dans le fastueux château que William Hearst avait fait bâtir pour elle en Californie. Elle est morte d'un cancer dix ans après Hearst. Elle s'était remariée avec le capitaine Horace Brown.

RÉF. : F. L. Guiles, *Marion Davies*, Paris, 1973.

DAVIS Bette, Élisabeth Ruth, dite. Actrice américaine (Lowell, Massachusetts, 1908 - Neuilly, 7 octobre 1989). Élevée avec sa sœur Barbara par sa mère, Bette (surnom hérité de *La Cousine Bette* de Balzac, qu'une amie de sa mère lui avait lu), elle reçut une excellente éducation. Elle prit des cours de danse et fut l'élève de la grande Martha Graham*. La représentation d'une pièce d'Ibsen où jouait Blanche Yurka décida de sa vocation. Après des études de théâtre, elle se fit engager par l'Universal qui ne lui confia que des petits rôles. Son physique ne plaisait pas au public. Celle qui dira plus tard : « Je m'en fiche, je n'ai jamais été jolie » et qui a toujours affirmé : « Le cinéma est une affaire de talent et du talent, moi j'en ai », fut cependant remarquée par l'acteur anglais George Arliss. Il la fit entrer à la Warner Bros en 1932 : elle y obtint son premier grand rôle dans *The Man Who Played God* (Adolphi, 1932) avec Arliss comme partenaire. Dans *The Rich Are Always With Us* (Green, 1932) et dans *Mon grand* (Wellman, 1932), elle affirma sa présence. Puis Curtis, conquis lui aussi, lui donna en 1932 des grands rôles dans *Ombres vers le sud* et *Vingt Mille Ans sous les verrous*, où elle fut tour à tour une cruelle séductrice et une émouvante victime, personnages qui révélèrent son talent et qui décidèrent la Warner à la considérer comme une star à part entière.

Transformée par les coiffeurs, maquilleurs et costumiers du studio, Bette Davis, plus élégante, plus mince, plus sophistiquée, tourna en 1934 *L'Emprise* (Cromwell) ; elle s'illustra aux côtés de Leslie Howard, manquant de peu un oscar qu'elle reçut l'année suivante pour son interprétation dans *L'Intruse* (Green) où elle incarnait une actrice déchue et alcoolique. La même année, elle apparut dans deux films de Dieterle : *Fashion of 1934* et *Fog over Frisco* ; elle campa la serveuse perverse de *L'Emprise* (Cromwell, 1934) adaptation de *Servitude humaine* de Somerset Maugham, se composant un étrange visage qui faisait ressortir la lourdeur de ses yeux. En 1936, déçue par les rôles qu'on lui confiait, Bette Davis voulut rompre son contrat avec la Warner qui remporta le procès qu'elle lui avait intenté. En signe de réconciliation, la compagnie lui offrit le beau rôle d'une prostituée révoltée dans *Femmes marquées* (Bacon, 1937). Les films qu'elle tourna jusqu'en 1949, date de la fin de son contrat avec la Warner, furent des succès. Elle fut Julia dans *L'Insoumise* (Wyler, 1938), ce qui lui valut un deuxième oscar, Regina dans *La Vipère* (Vidor, 1949). En 1950, elle atteignit le sommet de son art dans sa création de Margo Channing dans *Eve* (Mankiewicz), mais, curieusement, c'est après ce chef-d'œuvre que sa carrière marqua le pas. Ses engagements se raréfièrent, et elle eut l'humour de faire paraître dans *Variety* l'annonce suivante :

> Actrice expérimentée, plus très jeune, mère de trois enfants, sérieuses références, cherche travail. Écrire à Bette Davis.

Elle tourna encore dans de nombreux films comme *Milliardaire d'un jour*

(Capra, 1961), *Qu'est-il arrivé à Baby Jane ?* (Aldrich, 1961), *Chut, chut, chère Charlotte* (Aldrich, 1965), deux compositions où elle accepta de se vieillir et même de s'enlaidir; elle fit une prestation remarquée dans *L'Argent de la vieille* (Comencini, 1972). Bette Davis a raconté sa carrière dans un livre de souvenirs, *The Lonely Life* (1962), où elle évoque avec un humour mordant les actrices et les acteurs d'Hollywood et où elle parle de ses quatre mariages.

DAVISON Ann. Navigatrice anglaise (v. 1914). Elle fut la première femme à traverser l'Atlantique d'est en ouest, sur un voilier en solitaire. Ann Davison, qui rêvait toute jeune d'aviation, devint pilote et épousa son professeur, Frank Davison. La mer les attira. Ils achetèrent un bateau mais, lors d'une première tentative pour traverser l'océan, ils sombrèrent près de Portland, et Frank Davison périt noyé au cours du naufrage. Courageusement, sa femme reprit la mer en 1952, sur un petit sloop de six mètres cinquante, le *Felicity Ann* et, seule à bord, elle entreprit sa mémorable traversée. Après soixante-cinq jours de navigation, elle arriva à Miami, ayant fait escale à Casablanca, Las Palmas et La Dominique, réussissant ainsi une véritable performance pour un voilier de moins de sept mètres. Ann Davison a publié le récit de ses aventures dans plusieurs ouvrages à succès : *The Last Voyage* (1951), *Home was an Island* (1952), *My Ship is so Small* (1956).

RÉF. : « The life of Ann Davison », in *Yachting Monthly*, mai 1987.

DAYDÉ Liane. Danseuse française (née à Paris, le 27 février 1932). Élève de Carlotta Zambelli* et de Serge Lifar, elle entra à l'Opéra de Paris comme première danseuse à l'âge de dix-sept ans et devint étoile l'année suivante. Elle triompha avec le Bolchoï à Moscou dans *Giselle* (1958) et quitta le Palais Garnier en 1958 pour se produire dans le Grand Ballet du marquis de Cuevas. Elle fut ensuite première ballerine du Grand Ballet de France dirigé par son mari, Claude Giraud. En dehors des rôles du répertoire classique, cette ravissante danseuse, petite et fragile, créa *Blanche-Neige* (Lifar, 1951), *Fourberies* (Lifar, 1952), *Roméo et Juliette* (Lifar, 1955), *Le Printemps à Vienne* (Lander, 1954) puis *Sérénade pour un clown* (Lander, 1966). En 1970, elle régla sa première chorégraphie sur une musique d'André Jolivet, *Suite en concert pour flûte et percussion*.

DE BEGNIS Giuseppina, née Ronzi. Soprano italienne (Milan, 11 janvier 1800 - Florence, 7 juin 1853). Elle épousa à l'âge de seize ans, l'année de ses débuts à Bologne, la basse Giuseppe De Begnis. La saison suivante, elle parut à Gênes, à Florence et chanta en 1818 *La Pie voleuse* (Rossini), à Pesaro, sous la direction du compositeur lui-même. De 1819 à 1822, elle triompha avec son mari au Théâtre-Italien, à Paris, où elle fut la première Rosine, en France (*Le Barbier de Séville*, Rossini). Au King's Theatre de Londres, elle interpréta *Le Turc en Italie* (Rossini), *Moïse en Égypte* (Rossini), *La Dame du lac* (Rossini). Fêtée, adulée — sa voix et sa beauté étaient exceptionnelles —, elle revint en Italie après s'être séparée de son mari, en 1825. Pendant longtemps, elle fut la *prima donna* du San Carlo de Naples où elle créa plusieurs opéras de Donizetti dont *Marie* Stuart* (qui s'appelait alors *Buondelmonte*) en 1834 et *Robert Devereux* en 1837. Elle fut également la première interprète de *Gemma di Vergny* à la Scala en 1834. Elle fut une inoubliable Norma (*Norma*, Bellini), œuvre qu'elle chanta même en anglais à Covent Garden en 1843. Donizetti la plaçait au troisième rang des chanteuses, derrière Giuditta Pasta* et la Malibran*.

DÉBORAH. Prophétesse et juge d'Israël. Déborah était mariée à Lappidot et rendait la justice dans les territoires d'Éphraïm. Israël était alors menacé par les Cananéens qui tentaient de réduire son peuple en esclavage ou de le chasser du pays. Déborah, inspirée par Dieu, ordonna à Baraq, chef de la tribu d'Éphraïm, de rassembler dix mille hommes et de combattre Yavîn, roi de Canaan, et son général Sisera. Elle prédit la victoire, pourtant improbable. Baraq accepta à condition que Déborah marchât avec lui contre les ennemis. Elle l'accompagna et, après la victoire d'Israël, elle chanta un célèbre cantique (Juges, V), l'un des textes les plus beaux et les plus anciens de la Bible. Israël vécut en paix pendant quarante ans, et Déborah continua à rendre la justice jusqu'à sa mort.

DE CÉSPEDES Alba. Femme de lettres italienne (née à Rome en 1911). De père cubain et de mère romaine, elle montra une grande précocité littéraire. Elle se maria à l'âge de quinze ans et avait coutume d'affirmer que c'est en Italie que les femmes sont les plus malheureuses. Elle devint mondialement célèbre avec son roman, *Nul ne revient sur ses pas* (1938), traduit en vingt-quatre langues. Ses autres œuvres, *Fuga* (1941), *Elles* (1948), que l'on a comparé à *Autant en emporte le vent*, *Le Cahier interdit* (1952) ont fait d'elle un écrivain très populaire en Italie. Elle a beaucoup fait pour les écrivains de la nouvelle génération grâce à son salon littéraire, l'un des plus brillants d'Italie. Elle a fondé et dirigé une revue politique et littéraire, *Mercurio* (1944).

DEFFAND Marie, marquise du. Voir DU DEFFAND.

DEFORGES Régine. Éditrice et romancière française (née le 15 août 1935 à Montmorillon). Elle fut d'abord libraire avant de fonder en 1966 les éditions l'Or du temps qui publiait des grands textes de la littérature érotique avant que cela ne fût de mode. Ses nombreux démêlés avec la justice (saisies, interdictions) l'obligèrent à fermer sa maison. Elle se tourna ensuite vers la littérature. Après deux romans autobiographiques, *Blanche et Lucie* (1977) et *Le Cahier volé* (1978), elle publia une trilogie, *La Bicyclette bleue* (1982), *101, avenue Henri-Martin* (1984), *Le Diable en rit encore* (1985). Le premier volume, librement inspiré d'*Autant en emporte le vent*, lui valut d'être attaquée en justice par les héritiers de Margaret Mitchell* et lui assura — comme pour les deux titres suivants — un des plus forts tirages de l'après-guerre. Grâce aux revenus qu'elle en retira, elle put réouvrir sa maison sous le nom des éditions Régine Deforges qui publient de la littérature générale (1984). Ses deux autres romans, *Pour l'amour de Marie Sarlat* (1986) et *Sous le ciel de Novgorod* (1989) eurent un succès moindre. Avec *Noir Tango* (1991), Régine Deforges redonne vie aux personnages de sa trilogie qui avaient conquis le public. Mariée en secondes noces au dessinateur Wiaz dont elle a une fille, elle est présidente de la Société des gens de lettres depuis 1989, et membre du jury Femina.

DEHARME Lise (Anne-Marie Hirtz, dite). Femme de lettres française (Paris, 1898 - Neuilly-sur-Seine, 1980). Son entresol de la rue de Grenelle fut l'un des premiers salons littéraires du Paris de l'après-guerre. Elle était une amie d'André Breton qui la prit comme modèle dans *Nadja* (la « dame au gant »), de Paul Éluard qui préfaça un de ses premiers récits, de Man Ray qui la photographia. Elle était l'égérie des surréalistes et écrivit plusieurs romans, exploitant avec élégance la veine du merveilleux érotique. Miró et surtout Leonor Fini* ont illustré plusieurs de ses ouvrages. *Les Années perdues*, journal paru en 1962, racontent non sans malice et avec une ironie sensible les années de l'Occupation.

DE HAVILLAND Olivia. Actrice américaine d'origine anglaise (née à Tokyo en 1916). Fille de Walter De Havilland, magistrat britannique, elle est la sœur aînée de l'actrice Joan Fontaine*. Sa famille se fixa à San Francisco en 1914, où Mme De Havilland enseignait la diction et les bonnes manières. La jeune Olivia fut remarquée par Max Reinhardt qui lui confia le rôle de Puck dans *Le Songe d'une nuit d'été* (1935). La même année, elle fut choisie comme partenaire d'Errol Flynn et forma avec lui un couple idéal dans plusieurs films, dont *La Charge de la brigade légère* (Curtiz, 1936), *Les Aventures de Robin des Bois* (Curtiz, 1938) et *La Vie privée d'Élisabeth* d'Angleterre* (Curtiz, 1939). Elle joua également le rôle de Mélanie dans *Autant en emporte le vent* (Fleming, 1939), sans doute son film le plus célèbre, et dans *La Vie passionnée des sœurs Brontë** (Bernhardt, 1943). Elle a incarné des jeunes femmes au cœur tendre, distinguées, sentimentales qui lui valurent la faveur d'un vaste public.

Mais elle dévoila d'autres facettes de son talent, plus dramatiques, avec *Double Énigme* (Siodmak, 1946). *À chacun son destin* (Leisen, 1946) pour lequel elle obtint un oscar, *La Fosse aux serpents* (Litvak, 1948), qui fut l'un de ses meilleurs rôles, *L'Héritière* (Miller, 1949), où elle remporta son deuxième oscar. Olivia De Havilland a publié son autobiographie, riche en anecdotes, sous le titre *Every Frenchman Has One* (1961). En 1946, elle a épousé Marius Goodrich dont elle a eu un fils. Après son divorce en 1953, elle s'est remariée en 1955 avec Pierre Galante qui lui a donné une fille. Elle s'est séparée de lui en 1963.

DEI TOLOMEI Pia. Italienne (XIIIe siècle). Siennoise, elle avait épousé Nello de Pannocchieschi, seigneur du château de la Pietra, au sud-est de Massa. Podestat de plusieurs villes, capitaine de la « taille » guelfe de Toscane en 1284, il semble avoir voulu la supprimer soit par jalousie, soit pour en épouser une autre. Quoi qu'il en soit, il fit mourir Pia. Certains disent en la défenestrant. Au château de la Pietra, il existe un endroit encore appelé *il salto della Contessa*. Dante immortalisa Pia Dei Tolomei en quelques vers du chant V du *Purgatoire*.

DÉJAZET Virginie. Actrice française (Paris, 1797 - *id.*, 1875). Treizième enfant d'une famille d'artisans, elle débuta à l'âge de dix ans au théâtre des Jeunes Élèves. Son esprit, son sourire et sa vitalité enchantèrent le public : on l'appréciait particulièrement dans les rôles travestis et dans les emplois de soubrette. Petite et mutine, elle était, comme l'écrit Banville, « une joie, une gaieté, un délire, une raillerie, une chanson »... Elle triompha au Gymnase dans un vaudeville de Scribe, aux Nouveautés dans *Bonaparte à Brienne* (Massan et Vallon de Villeneuve), au Palais-Royal dans *Vert-Vert* (Desforges et Leuven) et dans *Sophie Arnould** (Barré). L'actrice la plus populaire de Paris est décrite par Clarétie comme « une statuette de Saxe animée par l'esprit de Voltaire ». Sa voix était caressante et souple, son brio inimitable: « jouer les Déjazet » est devenu une expression courante dans le langage théâtral. Elle resta treize ans au Palais-Royal puis, après quelques discussions au sujet de son salaire, passa à la Gaîté. En 1859, elle se produisit aux Folies-Nouvelles rebaptisé le Théâtre-Déjazet lorsque son fils Eugène en prit la direction. À soixante-deux ans, elle triompha encore dans le rôle-titre de *Monsieur Garat* (Sardou). Elle prit sa retraite à regret en 1870 et mourut cinq ans plus tard dans un état proche de la misère.

DÉJERINE Augusta, née Klumpke. Neurologue française (San Francisco, 1859 - Paris, 1937). Elle avait onze ans lorsque sa famille s'installa en Allemagne, puis en Suisse. Ayant terminé ses classes à Lausanne, elle décida d'étudier la médecine à Paris. En 1856, elle fut la première femme reçue au concours de l'internat des Hôpitaux de Paris. En 1888, elle épousa le docteur Jules Déjerine, professeur agrégé, chargé d'un cours d'anatomie pathologique, puis professeur de clinique spécialiste des maladies du système nerveux. Pendant trente ans, ils accomplirent ensemble une œuvre importante axée sur la neurologie. Augusta Déjerine, qui s'était spécialisée dans l'anatomie pathologique du système nerveux, a publié avec son époux un ouvrage devenu classique, l'*Anatomie des centres nerveux* (1859). Habile technicienne, elle mit aussi au point la méthode des coupes histologiques en série. Elle fit preuve, pendant la Première Guerre mondiale, de toutes ses qualités professionnelles et humaines, se prodiguant sans compter pour soigner malades et blessés, tant à la Salpêtrière que dans son service des paraplégiques des Invalides. En souvenir de son mari mort en 1917, elle créa un fonds de recherche scientifique au sein de la Société de neurologie, ainsi qu'un prix de dévouement pour les infirmières de la Salpêtrière.

DELAIR Suzy (Suzanne Delaire, dite). Chanteuse et actrice française (née à Paris en 1916). Fille de Clovis-Mathieu Delaire, carrossier, elle rêvait de faire du théâtre. Pétulante, drôle, populaire, spirituelle, aux talents multiples, elle fit une brillante carrière au music-hall, au cinéma, dans l'opérette et à la télévision. Elle débuta dans des petits rôles au théâtre de la Porte-Saint-Martin, aux Bouffes-Parisiens et participa à plusieurs revues à l'ABC, aux Variétés. Le succès venant, on la vit sur les grandes scènes de la capitale: Bobino, l'Européen, l'Étoile, etc.

Le public l'adorait, mais bientôt elle ne se consacra plus qu'au théâtre et au cinéma. Elle a joué dans *La Vie parisienne* (Offenbach), dans *La Périchole* (Offenbach), dans *L'Ours* (Tchekhov) avec la compagnie Renaud*-Barrault, dans *Véronique* à l'Opéra-Comique en 1973. Elle apparaît dans des films célèbres: elle est Mila-Malou, la compagne de Pierre Fresnay, dans *L'assassin habite au 21* (Clouzot, 1942), celle de Bernard Blier dans *Quai des Orfèvres* (Clouzot, 1947). Elle a tourné avec Jeanson (*Lady Paname*, 1951), Clément (*Gervaise*, 1955), Carné (*Du mouron pour les petits moineaux*, 1962), Oury (*Les Aventures de Rabbi Jacob*, 1971). En 1966, de retour au music-hall, elle fit partie du dernier spectacle du Tabarin, avant sa démolition. Suzy Delair a entrepris de nombreuses tournées à l'étranger: Afrique et États-Unis. Elle a reçu le Grand Prix du disque pour *Suzy Delair chante Offenbach* et pour l'enregistrement des *Trois Valses*.

DELAMARRE Delphine, née Couturier. Française (1821-1848). Il est admis aujourd'hui que Flaubert aurait pris comme modèle pour son roman, *Madame Bovary* (1856), cette fille de paysan, épouse d'un médiocre officier de santé, ancien camarade de classe de l'auteur, tout en greffant sur l'intrigue des souvenirs de sa vie avec Louise Colet*. Cependant, la fin de l'héroïne, perdue de dettes et abandonnée de tous, aurait été inspirée à Flaubert par une Mme Ludovica, rencontrée dans l'atelier du sculpteur James Pradier et qui raconta dans ses *Mémoires* sa propre déchéance.

DE LA ROCHE Mazo. Romancière canadienne d'expression anglaise (New

Market, Ontario, 1885 - Toronto, 1961). Après une enfance obscure mais heureuse dans la ferme familiale de l'Ontario, elle perdit successivement son père et sa mère et écrivit afin de subvenir à ses besoins. Ses premiers romans, *Les Explorateurs de l'aube* (1922), *Possession* (1923), peinture des milieux campagnards, suivis de *Delight*, récits, passèrent relativement inaperçus. En 1927, parut *Jalna* qui apporta gloire et fortune à l'auteur. Elle y raconte l'histoire des Whiteoak émigrés au Canada en 1850 et propriétaires en Ontario. Devant le succès de ce roman, elle poursuivit pendant trente ans la chronique des Whiteoak qui lui valut une renommée internationale et des traductions dans le monde entier, en dépit ou à cause de la fadeur et de l'aspect conventionnel de son œuvre. Son autobiographie *Ringing the Changes* date de 1957.

DELARUE-MARDRUS Lucie. Femme de lettres française (Honfleur, 3 novembre 1880 - Château-Gontier, 26 avril 1945).

Il faut bien que je vive en prose
Puisque je dois gagner mon pain
Je n'aurai pas toujours dépeint
Ce que j'avais vu de la rose...

Poétesse, conteuse, romancière, elle épousa à l'âge de vingt ans le docteur Mardrus, traducteur des *Mille et Une Nuits*, et voyagea avec lui. Sensuelle et sensible, douée de tous les talents, elle publia une œuvre abondante; ses poèmes sont charmants et ses romans (elle en a écrit trente-cinq), à mi-chemin entre le réalisme et le romantisme : *Marie, fille mère* (1908), *Le Roman de six petites filles* (1909), *L'Acharnée* (1910), *L'Inexpérimentée* (1912), *L'Ex-voto* (1921). Jusqu'à *La Perle magique* parue en 1945, l'une des sources essentielles de son inspiration reste la Normandie. Elle tint une place importante dans le monde littéraire, et ses *Mémoires* (1938) sont d'un grand intérêt.

RÉF. : M. Harry, *Mon amie Lucie Delarue-Mardrus*, Paris, 1946.

DELASALLE Angèle. Peintre. Française (Paris, 15 février 1867 - v. 1938). Les sujets de ses débuts étaient des scènes de genre ou des paysages, qu'elle peignait avec un sens aigu du réalisme. Elle évolua vers un style plus personnel, plus dépouillé qui se remarque dans ses nus et dans ses portraits. Elle exposa au Salon de 1898 un *Retour de la chasse* qui fut le début de sa notoriété. Parmi ses portraits, citons celui du peintre *Benjamin-Constant*. Ses œuvres figurent dans de nombreux musées, dont ceux du Petit-Palais et du musée d'Art moderne de Paris. Elle a été membre fondateur du Salon d'automne.

DELAUNAY Sonia (Sophie, dite), née Terk. Peintre. Française (Odessa, 1885 - Paris, 1979). D'origine russe, elle passa son enfance et son adolescence à Saint-Pétersbourg auprès d'un oncle maternel auquel ses parents l'avaient confiée. Après un court passage à Karlsruhe dans l'atelier de Schmidt-Reuter, elle se fixa à Paris et exposa quelques-unes de ses œuvres chez son premier mari, le collectionneur Wilhelm Uhde dont elle divorça bientôt. Elle se remaria en 1910 avec Robert Delaunay. Son œuvre influença son mari en ce qu'elle lui donna le goût de la couleur qu'elle a toujours pratiquée en utilisant des tons particulièrement vifs. À l'inverse, elle s'associa à la démarche de Delaunay qui, au début des années 1910, rompit avec le cubisme pour s'orienter vers une peinture véritablement abstraite où les formes s'assemblent selon le principe des «contrastes simultanés». De cette période datent deux chefs-d'œuvre de Sonia Delaunay, *Le Bal Bullier* (1913) et *Prismes électriques* (1914).

Elle eut l'originalité de transposer

cette nouvelle conception de la peinture à d'autres matériaux : elle créa des reliures, des tissus, des robes, des décors de théâtre qui connurent un énorme succès à partir de 1935, date à laquelle elle participa avec le couturier Jacques Heim à l'exposition des Arts décoratifs. Ses robes et ses tissus à motifs géométriques, créés il y a plus de soixante ans, sont aujourd'hui toujours aussi actuels. Les Delaunay furent liés avec tous les artistes et les écrivains d'avant-garde de leur époque. Apollinaire et Blaise Cendrars étaient de leurs intimes. Pour ce dernier, Sonia Delaunay illustra *La Prose du Transsibérien*, présentée sur une feuille de papier de deux mètres de long pliée en accordéon (1913). Diaghilev confia à la «reine de l'Art-Déco» la création des costumes de son ballet *Cléopâtre*. Pour l'Exposition internationale de 1937, Robert et Sonia réalisèrent les immenses fresques qui décoraient le pavillon de l'air et celui des chemins de fer et obtinrent un vif succès. Sonia reçut la médaille d'or. Après la mort de son mari en 1941, Sonia Delaunay se consacra à la fois à son œuvre et à la défense de celle de Robert. Elle réalisa des compositions pour des tapisseries, des mosaïques, des vitraux, des assiettes, et peignit ses grandes toiles couvertes de disques, de spirales «simultanées», employant toujours des couleurs éclatantes, ses fameux *Rythmes colorés*. En 1969, une grande exposition lui a été consacrée au musée d'Art moderne de Paris et en 1974 une autre à Grenoble.

RÉF. : D. Molinari, *Robert Delaunay, Sonia Delaunay*, Nouvelles Éditions françaises, 1987. D. Desanti, *Sonia Delaunay, magique magicienne*, Ramsay, 1988.

DELECTORSKAYA Lydia. Russe (née à Tomsk en 1910). Elle fut engagée en 1933 comme dame de compagnie et garde-malade de Mme Matisse et servit de modèle au peintre, auprès duquel elle resta jusqu'à la mort de celui-ci, en 1954. Les portraits d'elle que Matisse réalisa de 1935 à 1939 comptent parmi ses plus belles toiles : *Les Yeux bleus*, *Portrait au manteau blanc*, etc. Elle conserva les nombreuses photographies que le peintre faisait prendre de ses tableaux en cours, documents de première importance pour suivre l'évolution de Matisse jusqu'au stade final de son œuvre. Dix-huit photographies prises par Lydia Delectorskaya permettent de connaître les différents croquis qui aboutirent au célèbre *Nu couché*. Matisse lui dicta également quelques notes concernant certains de ses tableaux que l'on trouve reproduites dans *L'Apparente Facilité* (1986) qui regroupe les toiles de cette période et que Lydia Delectorskaya a préfacée.

DELEDDA Grazia. Romancière italienne (Nuoro, Sardaigne, 1871 - Rome, 1936). Issue d'un milieu à la fois rural et bourgeois, elle fit des études sommaires. Ses premiers récits, *Racconti sardi* (1894), furent remarqués par la directrice de la revue *Ultima moda* et par des écrivains comme De Gubernatis ou Capuana. Peu à peu, le romantisme de ses débuts céda le pas à une écriture orientée vers la psychologie amoureuse comme dans *Âmes honnêtes* (1895), où elle donne libre cours à son obsession de la culpabilité et de l'expiation, de la fatalité des passions et de l'injustice sociale. Elle s'installa à Rome en 1900 et, trois ans plus tard, publia son chef-d'œuvre, *Elias Portolu*. Malgré son succès, elle ne changea en rien son mode de vie austère, partagée entre sa famille et son travail. En 1911 parut *Nel deserto* ; en 1927, *Annalena Bilsini*, dont les héros appartiennent à la bourgeoisie romaine et à la paysannerie du Pô. D.H. Lawrence a comparé *La Madre* (1920) aux *Hauts de Hurlevent*. Grazia Deledda a reçu le prix Nobel de littérature en 1926.

RÉF. : E. De Michelis, *Grazia Deledda e il decadentismo*, Rome, 1938.

DELESSERT Valentine, née de Laborde. Française (1806-1894). Elle avait épousé à l'âge de dix-huit ans Gabriel Delessert, de vingt ans son aîné. En 1836, elle rencontra Mérimée auquel elle inspira un amour passionné et qui la courtisa longtemps avant qu'elle n'acceptât de devenir sa maîtresse. Valentine Delessert fut pour l'écrivain une précieuse collaboratrice dans ses fonctions d'inspecteur général des Monuments historiques. Elle le quitta en 1859 pour Maxime Du Camp, beaucoup plus jeune qu'elle, qui fut bientôt remplacé par Charles de Rémusat. Elle passe pour avoir inspiré à l'auteur de *Carmen* quelques-uns de ses plus beaux romans, dont *La Vénus d'Ille* (1837) et *Colomba* (1840).

DELLA CASA Lisa. Soprano suisse (née à Burgsdorf, Berne, le 2 février 1919). Fille de médecin et passionnée de musique, elle commença à étudier le chant à Zurich avec Margarete Haeser qui resta son unique professeur. Elle débuta à Soluthurn-Biel en 1941 en Cio-Cio-San (*Madame Butterfly*, Puccini). Attachée au Théâtre de la Ville de Zurich de 1943 à 1950, elle y incarna Serena (*Porgy and Bess*, Gershwin), Pamina (*La Flûte enchantée*, Mozart) et Gilda (*Rigoletto*, Verdi). Elle apparut pour la première fois au festival de Salzbourg en 1947 dans le rôle de Zdenka (*Arabella*, R. Strauss) et l'année suivante en Madeleine (*Capriccio*, R. Strauss) ; elle incarna Sophie (*Le Chevalier à la rose*, R. Strauss) à l'Opéra de Paris en 1949. Elle interpréta ensuite la Comtesse (*Les Noces de Figaro*, Mozart) et à Munich Arabella (*Arabella*, R. Strauss), rôle qu'elle reprit à Covent Garden en 1953. Engagée à l'Opéra de Vienne en 1947, elle y devint *Kammersängerin* (1952) et y chanta jusqu'en 1974. Elle se produisit régulièrement au Metropolitan de New York de 1963 à 1968. Elle se retira de la scène en 1971. Remarquable interprète de Richard Strauss, elle fut aussi une admirable mozartienne. Sa beauté et son charme naturel liés à de grandes qualités vocales la placent parmi les grandes cantatrices de son temps.

DELNA Marie (Marie Ledan, dite). Cantatrice française (Meudon, 3 avril 1875 - Paris, 24 juin 1932). Elle fit ses études avec Rosine Laborde et débuta en 1892 à l'Opéra-Comique — où elle resta six ans — dans le rôle de Didon (*Les Troyens*, Berlioz). Le succès fut immédiat. En 1893, elle créa Charlotte (*Werther*, Massenet) et, la même année, elle interpréta Dame Quickly (*Falstaff*, Verdi) lors de la première de l'œuvre en présence du compositeur. Son mariage, en 1903, l'éloigna temporairement de la scène. Elle y reparut en 1908, toujours salle Favart qu'elle ne quitta plus pendant de nombreuses années. Parmi les rôles qui ont marqué sa carrière, citons Marguerite (*L'Attaque du moulin*, Bruneau) qu'elle créa en 1893, le rôle-titre de *La Vivandière* (Godard, 1894), Orphée (*Orphée*, Gluck), sous la direction de Toscanini. Elle participa aux festivités organisées en l'honneur de Verdi à Parme et chanta également au Metropolitan Opera de New York ainsi qu'au Covent Garden de Londres. Diva à la voix grave et aux éclats sublimes que nous restituent quelques cylindres ou disques, elle était belle, quoique corpulente, et posa en son temps pour des publicités, ce qui atteste sa célébrité. Elle mourut cependant dans un asile pour indigents.

DELORME Marion. Voir LORME Marion de.

DEL RIO Dolores. Actrice mexicaine (Durango, Mexique, 1905 - New Port Beach, Californie, 1983). Issue d'une très riche famille, elle fut envoyée au début de la révolution à Paris puis à Madrid, où elle rencontra le romancier Jaime del Rio qu'elle épousa mais dont elle divorça quelques années plus tard.

Belle, fine, intelligente, des yeux superbes au regard tendre ou brûlant, elle eut un succès considérable. Lorsqu'elle débuta à Hollywood, on lui fit tourner des rôles plutôt exotiques dans des comédies musicales: elle fut tour à tour indienne, polynésienne, brésilienne, etc. Le réalisateur américain Edwin Carewe, avec lequel elle vécut après son divorce, lui confia à plusieurs reprises le rôle principal de ses films muets. C'est ainsi qu'on la vit dans *Joanna* (1925), dans *High Steppers* (1926), dans *Ramona* (1928) et dans *Évangéline* (1929). Elle tourna également avec Raoul Walsh: *What Price Glory?* (1926), *The Loves of Carmen* (1927), *The Red Dance* (1928). Contrairement à la destinée de nombreuses actrices du muet, l'avènement du parlant donna à Dolores del Rio un nouveau prestige et en fit une star. Elle partagea sa carrière entre les États-Unis et le Mexique où elle tourna plusieurs comédies musicales. *Maria Candelaria* (Fernandez, 1943) fit d'elle une gloire internationale. Elle tourna de nombreux films dans son pays avant de revenir finalement à Hollywood. John Ford lui confia la vedette dans *The Fugitive* (1947) et dans *Cheyenne Autumn* (1964). Gravement malade, elle se retira en Californie.

DEMAZIS Orane. Actrice française (Oran, 18 septembre 1904 - 25 décembre 1991). Elle débuta au théâtre avec Dullin, mais sa rencontre avec Pagnol, dont elle fut la maîtresse, fut le départ de sa renommée. Dans la célèbre trilogie de Pagnol, *Marius* (1931), *Fanny* (1932) et *César* (1937), son rôle de Fanny, où sa sensibilité un peu larmoyante lui attira l'admiration du public, lui valut une solide notoriété. Toujours avec Pagnol, elle tourna dans le même registre *Angèle* (1934) et *Regain* (1937) d'après Giono. Après sa rupture avec le cinéaste, elle apparut dans d'autres œuvres de moins bonne facture.

DEMBOWSKA Mathilda, née Viscontini. Polonaise (Milan, février 1791 - *id.*, 1er mai 1825). Elle épousa le général polonais Jan Dembowski, de près de vingt ans son aîné, mari jaloux et brutal dont elle se sépara rapidement. Stendhal, qui avait sollicité une place à Milan où il resta sept ans, rencontra dans cette ville, en 1818, Mathilda Dembowska qui y séjournait depuis sa rupture. L'écrivain ressentit une passion exclusive pour l'insensible «Métilde» comme il l'appelait, mais ne fut pas payé de retour. Lorsqu'il dut la quitter, cette séparation le conduisit au bord du désespoir. Métilde fut la femme qu'Henri Beyle a le plus passionnément aimée. L'écrivain en parle avec admiration dans sa *Correspondance* et dans la *Vie de Henri Brulard*; elle lui a inspiré les pages les plus brûlantes de son étude *De l'amour* (1822), où elle paraît sous les traits d'Éléonore. Son souvenir le poursuivit sans cesse, et Mme de Chasteller, héroïne de son roman inachevé *Lucien Leuwen*, paru en 1894, et écrit dix ans après la mort de Métilde, c'est encore elle.

DE MILLE Agnès. Danseuse et chorégraphe américaine (née à New York en 1909). Nièce du metteur en scène Cecil B. De Mille, elle sortit diplômée de l'université de Sacramento. Elle étudia la danse à Londres auprès de Kosloff et de Marie Rambert*, chez qui elle débuta dans les premiers ballets d'Anthony Tudor. Elle se produisit en Angleterre et sur le continent, en soliste ou en groupe, de 1926 à 1940. Tudor l'avait associée à la fondation du Dance Theatre en 1937. Elle composa sa première chorégraphie, *Black Ritual*, pour l'American Ballet en 1940, suivie de *Three Virgins and a Devil* l'année suivante. S'inspirant du folklore américain, elle inventa un style nouveau, libéré des conventions du ballet classique. Les Ballets russes de Monte-Carlo lui doivent *Rodeo*, qui eut vingt-deux rappels à la soirée d'ouverture (1942); le Ballet Theatre, *Fall River Legend* (1948); l'American Ballet Theatre, *The Harvest According* (1952), *The Four Marys* (1965), *A Rose for Miss Emily* (1970); le Ballet de Boston, *Summer* (1975). Elle participa parallèlement à l'essor de la comédie musicale et composa les chorégraphies d'*Oklahoma!* (1943), *Carousel* (1945), *Gentlemen Prefer Blondes* (1949), *Paint Your Wagon* (1951) et *110 in the Shade* (1963). Elle fonda en 1973 le Heritage Dance Theatre en Caroline du Nord où elle produisit ses réalisations ainsi que celles de Katherine Dunham* et d'Anna Sokolow*. Cette créatrice géniale est l'une des plus éminentes personnalités de la danse contemporaine: elle a donné à son pays un répertoire original et de qualité. Brillante conférencière, elle est aussi l'auteur de plusieurs ouvrages, dont *America Dances* (1981).

DEMONT-BRETON Virginie. Peintre. Française (Courrières, 1859 - Wissant, 1935). Née dans un milieu d'artistes, elle était la fille du peintre Jules Breton qui lui donna ses premières leçons. La mer et la vie des pêcheurs sont presque toujours présents dans ses tableaux: *Dans l'eau bleue* (Petit-Palais, Paris), *Sur la plage* (musée d'Art moderne de la Ville de Paris). Elle exposa régulièrement à tous les Salons à partir de 1880 jusqu'en 1934, obtenant de nombreuses médailles. Elle milita sans relâche pour que les femmes aient les mêmes avantages que les hommes dans les concours officiels et fut élue présidente de l'Union des femmes peintres et sculpteurs. Elle a laissé plusieurs livres, parmi lesquels *Souvenirs, Les maisons que j'ai connues, Peintres et Savants*. Ses toiles sont conservées dans les musées de province (Dunkerque, Lille, Douai) ainsi que dans diverses galeries de New York.

DENEUVE Catherine (Catherine Dorléac, dite). Actrice française (née à Paris, le 18 septembre 1943). Fille de l'acteur Maurice Dorléac et de la comédienne Renée Deneuve, elle est la sœur de l'actrice Françoise Dorléac qui trouva la mort dans un accident d'automobile. À quinze ans, prenant le nom de sa mère, elle débuta à l'écran avec de petits rôles: *Les Collégiennes* (Hunnebelle, 1958), *Les Petits Chats* (Villa, 1960). Lancée par Roger Vadim, elle tourna *Le Vice et la Vertu* (1962) et remporta un triomphe avec *Les Parapluies de Cherbourg* (Demy, 1963), où elle apparaît sous les traits d'une pure et émouvante jeune fille. Le succès considérable de ce film, qui remporta la Palme d'or au festival de Cannes, la rendit célèbre. Sa beauté éclatante quoique un peu froide, la limpidité de son regard, sa distinction expliquent un succès qui ne s'est jamais démenti. Son talent aux multiples facettes lui a permis d'aborder avec un égal bonheur les rôles les plus divers: la femme étrange et frigide de *Répulsion* (Polanski, 1964), les petites filles modèles et ambiguës de *Belle de jour* (Buñuel, 1967), les héroïnes romantiques dans *Mayerling* (Young, 1968), la vierge ingénue de *Benjamin* (Deville, 1968), la femme vampire dans *Les Prédateurs* (T. Scott, 1983), la passionnée de *Lieu du crime* (Téchiné, 1987). Elle a tourné avec les plus grands comédiens notamment Michel Piccoli, Burt Reynolds, Marcello Mastroiani, Yves Montand, Philippe Noiret, Jean-Louis Trintignant, Jean-Paul Belmondo, Gérard Depardieu qui fut cinq fois son partenaire. Sa filmographie est considérable. À l'étranger, elle incarne l'élégance française. Elle a épousé le photographe David Bailey dont elle a divorcé. Elle a un fils Christian, dont le père est le cinéaste Roger Vadim et une fille, Chiara-Charlotte, née de l'acteur italien Marcello Mastroianni.

RÉF.: É. Neuhoff, *Catherine Deneuve*,

Solar, 1980. R. Vadim, *D'une étoile à l'autre*, LGF, 1987.

DENIS, Mme, née Louise Mignot, dite. Française (Paris, 12 février 1712 - *id.*, 20 août 1790). Par sa mère, Marie-Catherine Arouet, elle était la nièce de Voltaire. En 1737, à la mort de son père, Pierre-François Mignot, elle fut recueillie avec sa sœur par Voltaire, qui vivait alors à Cirey en compagnie de Mme Du Chatelet*. En 1738, elle épousa Nicolas Denis, titulaire d'une charge de commissaire des guerres. Elle s'installa avec lui à Lille. Veuve en 1744, Mme Denis se fixa à Paris où elle tint un salon très couru en raison de la galanterie de la maîtresse de maison. Vers cette époque, elle devint la maîtresse de Voltaire, vécut avec lui à Paris quelque temps après la mort de Mme Du Chatelet (janvier-juin 1750), mais refusa de le suivre à Berlin comme il le lui demandait. Elle s'installa avec lui à Ferney à la fin 1754 et ne le quitta pratiquement plus. Elle tenait son ménage — Ferney était à son nom —, l'assistait dans ses travaux, jouait les principaux rôles de ses pièces.

Mme d'Épinay, qui fit un portrait féroce de Mme Denis « ... n'ayant pas d'esprit, en paraissant avoir, criant, décidant, politiquant, versifiant, déraisonnant... », reconnaît toutefois sa bonté et l'amour, réciproque, qu'elle portait à Voltaire. Après la mort de ce dernier, Mme Denis, qui était sa légataire universelle, accepta — contrairement à ce qu'elle avait toujours proclamé — de vendre la bibliothèque de son oncle à Catherine II*, puis la propriété. Elle se remaria en 1780 à un certain Du Vivier, ce qui fit scandale à Paris. C'est elle qui commanda à Houdon la statue de Voltaire assis qui se trouve aujourd'hui à la Comédie-Française.

DENIZE Nadine. Mezzo-soprano française (née à Rouen, le 6 novembre 1943). Après des études au conservatoire de Rouen, elle travailla les oratorios de Bach et entra, à l'âge de dix-huit ans, au Conservatoire dans la classe de Camille Maurane qui l'initia à la musique française. Engagée à l'Opéra en 1963, elle y resta jusqu'en 1971, interprétant entre autres Cassandre (*Les Troyens*, Berlioz) et Marguerite (*La Damnation de Faust*, Berlioz). Artiste invitée à Prague, Budapest, Berlin et Vienne, elle fut engagée à l'Opéra du Rhin de Strasbourg de 1974 à 1977 ; elle y chanta notamment Fricka (*La Walkyrie*, Wagner) rôle qu'elle reprit à Orange. À l'Opéra de Paris, Libermann l'engagea en Kundry (*Parsifal*, Wagner), puis elle chanta à Strasbourg et à Vienne le rôle d'Octavian (*Le Chevalier à la rose*, R. Strauss). Invitée à la Scala et au Metropolitan Opera de New York, elle incarna une excellente Princesse Eboli (*Don Carlos*, Verdi). En concert, son répertoire va des *Nuits d'été* (Berlioz) jusqu'aux *Gurrelieder* (Schönberg) en passant par le *Requiem* (Verdi). Parmi ses rôles les plus récents, citons Jenufa (*Jenufa*, Janácèk) qu'elle chanta à Paris et Carmen (*Carmen*, Bizet), à Nancy, en 1981.

DEN OUDEN Willie. Championne de natation hollandaise (née en 1918). À l'âge de treize ans, elle se faisait déjà remarquer dans les compétitions de haut niveau et, dès sa quinzième année, elle remporta de nombreux trophées en battant treize records mondiaux de nage libre. Le plus célèbre fut celui du 100 m nage libre en 1 min 4 s (1938), qui ne fut battu que vingt ans plus tard par la championne australienne Dawn Fraser* à Rotterdam, en 1958 (1 min 1 s).

DERAISMES Maria. Femme de lettres et féministe française (Paris, 15 août 1828 - *id.*, 6 février 1894). Issue d'une famille bourgeoise et aisée, elle reçut une éducation des plus complètes : musique et peinture, grec et latin ; elle lisait l'anglais et l'allemand. D'une nature généreuse, elle s'enthousiasma pour la cause des femmes, donnant des conférences dans lesquelles elle plaidait avec éloquence l'égalité entre hommes et femmes dans toutes les classes de la société. Avec Léon Richer, elle fonda en 1869 la Société pour l'amélioration du sort des femmes. Son activité maçonnique fut considérable. Au sein de la loge à laquelle elle appartenait, elle milita pour la séparation de l'Église et de l'État. Elle finit par fonder sa propre loge, où elle instaura la mixité. Elle a publié de nombreux ouvrages, dont *Ève dans l'humanité* et a collaboré à plusieurs journaux.

RÉF. : P.K. Bidelman, *Pariah Stand Up! The Founding of the Liberal Feminist Movement in France*, Londres, 1982.

DERNESCH Helga. Soprano autrichienne (née à Vienne, le 13 février 1939). Après avoir étudié au conservatoire de Vienne de 1957 à 1961, elle fut engagée à l'Opéra de Berne où elle débuta dans le rôle de Marina (*Boris Godounov*, Moussorgski). Puis on l'entendit à Wiesbaden de 1963 à 1965 et à Cologne pendant trois ans, où elle se spécialisa dans les héroïnes wagnériennes. Wieland Wagner l'invita à Bayreuth : elle tint de petits rôles avant de remplacer Anja Silja* dans Élisabeth (*Tannhäuser*) en 1967. L'année suivante, elle incarna Freia et Gutrune (*La Tétralogie*) et, en 1969, Eva (*Les Maîtres chanteurs*). En 1970, elle débuta à Covent Garden : elle incarna tour à tour Sieglinde (*La Walkyrie*), Chrysotémis (*Elektra*, R. Strauss), Léonore (*Fidelio*, Beethoven), la Maréchale (*Le Chevalier à la rose*, R. Strauss). La même année, Karajan la choisit pour le festival de Pâques à Salzbourg où elle devint bientôt la grande soprano wagnérienne. Vedette à Vienne et à Berlin, où elle créa en 1972 Élisabeth (*Élisabeth Tudor*, Fortner), elle chanta aux États-Unis à partir de 1973 et débuta trois ans plus tard à l'Opéra de Paris en Freia et en Sieglinde. À partir de 1979, elle se tourna vers les rôles de mezzo. D'une grande beauté et d'une intense présence scénique, elle composa à Genève en 1986 une Clytemnestre (*Elektra*, R. Strauss) tragique et terrifiante.

DEROIN Jeanne-Françoise. Féministe française (Paris, 31 décembre 1805 - Londres, 2 avril 1894). Elle fut l'une des plus ardentes féministes du XIXe siècle. Elle se rallia au saint-simonisme puis à l'école de Fourier. Elle fut membre de l'Union communiste de Marx et Engels (1847) et participa activement à la révolution de 1848, militant notamment pour le suffrage des femmes. Avec Pauline Roland*, elle fonda l'Union des associations fraternelles (1849) qui fut aussitôt dissoute par la police. Elle fut condamnée à six mois de prison à cette occasion, puis s'installa à Londres où elle poursuivit ses activités féministes, publiant entre autres un *Almanach des femmes*. Elle a dirigé deux journaux, *La Politique des femmes* puis *L'Opinion des femmes*.

DERP Clothilde von (Clothilde von der Planitz, dite). Danseuse allemande (Berlin, 1892 - Rome, 11 janvier 1974). Après ses débuts à Munich, elle devint l'étoile des productions de Max Reinhardt à Londres. Mariée au danseur Alexandre Sakharoff, elle parcourut le monde avec son partenaire et présenta sur des partitions classiques et modernes des solos et des pas de deux. Ils furent surnommés « les poètes de la danse ». Leur art nuancé et travaillé à l'extrême était une sorte de pantomine abstraite. En 1953, ils ouvrirent une école à Rome. Après la mort de son mari (1963), Clothilde von Derp poursuivit seule ses activités de chorégraphe et de conseillère technique.

DERVAL Tania, née Porte. Directrice de théâtre française (Marseille, 1895 - Paris, 1986). Celle qu'on appelait «Mme Folies-Bergère» débuta à Marseille comme directrice d'une maison de mode. En 1935, elle épousa Paul Derval, de son vrai nom Paul Pitron d'Obigny de Ferrières. Ensemble, ils dirigèrent les Folies-Bergère, donnant de somptueux spectacles qui attiraient les touristes du monde entier, mais aussi les Parisiens venus admirer les célèbres «girls». Après la mort de son mari en 1966, Tania Derval assuma seule la direction de l'établissement qui comptait plus de trois cent cinquante employés.

DESBORDES Marceline (dite **Marceline Desbordes-Valmore**). Poétesse et femme de lettres française (Douai, 27 juin 1786 - Paris, 23 juillet 1859). Après un bref séjour en Guadeloupe avec sa mère qui pensait s'y établir et qui y mourut, elle revint à Paris pour renouer avec sa carrière théâtrale. Elle était assez instable et multiplia les engagements: à l'Opéra-Comique de 1804 à 1806, à Lille, à Rouen, à Bruxelles. Elle cessa de jouer entre 1808 et 1813, fit sa rentrée à l'Odéon, passa au Théâtre de la Monnaie de Bruxelles où elle joua notamment dans *L'Épreuve* (Marivaux). En 1817, elle épousa Prosper Lanchantin dit Valmore, acteur médiocre qu'elle dut soutenir matériellement sa vie durant. Elle fit paraître un premier recueil de vers, *Élégies et Romances* (1818), abandonna le théâtre en 1823 pour se consacrer à son œuvre — *Élégies et Poésies nouvelles* (1825), *Poésies* (1830), *Pleurs* (1833), *Pauvres Fleurs* (1839), *Bouquets et Prières* (1843), plusieurs recueils de contes et un choix de poèmes préfacé par Sainte-Beuve en 1842 — et à ses enfants. La fin de sa vie fut assombrie par la perte de ses deux filles, Inès et Ondine, et par la disparition de ses bienfaitrices, Mlle Mars* et Mme Récamier*. Brisée par la misère et les épreuves, elle s'éteignit presque oubliée, elle qui avait pourtant obtenu les suffrages de Lamartine, de Vigny, de Hugo, de Sainte-Beuve. Un de ses amis recueillit ses poésies inédites et les fit paraître en 1860. Son œuvre, d'une cadence puissante, se caractérise par une spontanéité et une mélancolie souvent bouleversante, aux harmonies plaintives, reflet d'un cœur douloureux et délicat. Elle fut l'un des premiers poètes du romantisme sans le savoir et, par la suite, eut pour admirateurs Rimbaud et Verlaine.

RÉF.: J. Moulin, *Marceline Desbordes-Valmore*, Seghers, 1983. F. Ambrière, *Le Siècle des Valmore: Marceline Desbordes-Valmore et les siens*, Le Seuil, 1987.

DESCLÉE Aimée-Olympe. Actrice française (Paris, 16 novembre 1836 - *id.*, 8 mars 1874). Elle n'étudia que peu de temps au Conservatoire, trouvant la discipline trop rude, et débuta directement sur la scène du Gymnase, sans grand succès. Elle partit en tournée, et c'est à Bruxelles que Dumas fils la découvrit dans sa propre pièce *Diane de Lys*. Séduit par cette comédienne qui vivait sur scène toutes les émotions de son héroïne avec une sensibilité quasi maladive, il la fit réengager au Gymnase en 1869, où elle triompha aussitôt dans *Frou-Frou* (Meilhac et Halévy). Interprète exceptionnelle, au visage étrange, au charme douloureux, elle est l'une des plus curieuses personnalités théâtrales de la seconde moitié du XIXe siècle. Dumas créa pour elle *Visite de noces* (1871) et *La Femme de Claude* (1873). Elle vouait une amitié à toute épreuve au dramaturge qui la suppliait de renoncer à ses aventures brèves et toujours malheureuses. Mais sans ses déconvenues sentimentales, Desclée aurait-elle trouvé cet accent de vérité qui faisait d'elle une artiste de génie? Brillante et solitaire, insatisfaite, elle mourut fauchée en pleine gloire par la maladie.

DESHOULIÈRES Antoinette, née Du Ligier de La Garde. Femme de lettres française (Paris, 1er janvier 1637 - *id.*, 17 février 1694). Elle fut mariée à Guillaume Deshoulières à l'âge de treize ans et demi, mais continua d'être élevée chez ses parents jusqu'en 1660, date à laquelle elle rejoignit son mari qui servait le prince de Condé en Flandre. Instruite, parlant plusieurs langues, elle brilla à Bruxelles par son savoir et par sa grâce: elle conquit jusqu'au prince de Condé. Elle écrivit de nombreux poèmes qui lui valurent une grande renommée; Voltaire la rangeait parmi les plus grandes poétesses françaises. Ses textes furent réunis en 1688 et, après sa mort, en 1695, par sa fille. Ce sont surtout des poèmes ou des chansons légères, non dénuées toutefois d'une certaine profondeur.

Elle faisait partie du clan du tragédien Pradon et prit parti pour son ami Corneille, contre Racine et Boileau, lors de la fameuse querelle des Anciens et des Modernes, qui fit momentanément tomber la *Phèdre* de Racine (1677). On lui doit également deux tragédies, *Genséric* (1680) et *Jules Antoine* qui connurent un certain succès, quoique de qualité médiocre. Elle fut pensionnée par Louis XIV en tant que poète. Vers la fin de sa vie, atteinte de maladie, elle s'orienta vers des pensées plus sérieuses et mêla à ses gracieux écrits des phrases dignes d'un moraliste. Sa fille s'essaya aussi à la poésie, sans avoir le talent de sa mère. Les contemporains appelaient Mme Deshoulières la «Dixième Muse» ou la «Calliope française». Dans le *Grand Dictionnaire des précieuses* de Somaize (1660), elle figure sous le nom de Dioclée.

DESJARDINS Marie-Catherine (dite **Mme de Villedieu**). Femme de lettres française (Paris, v. 1640 - château de Clinchemore, Sarthe, 20 octobre 1683). Connue aussi sous le nom de son premier amant le capitaine d'infanterie Villedieu, elle quitta très jeune Alençon et mena une vie tumultueuse. Elle fut actrice aux côtés de Molière lors de tournées en province avant de s'installer à Paris où elle se mit à écrire des poèmes, des romans, des pièces, dont *Le Favori* (1665), que Molière mit en scène au Palais-Royal. Elle reste surtout célèbre pour sa tragédie, *Manlius*, qui fut jouée à l'hôtel de Bourgogne en 1662 et qui connut un grand succès. Cette pièce fit partie du répertoire de la Comédie-Française sous le nom de *Manlius Torquatus* jusqu'à la Révolution. Réunie en dix volumes en 1702, son œuvre comprend *Les Désordres de l'amour*, *Les Galanteries grenadines*, *Les Mémoires du sérail*, etc., et sa deuxième tragédie, *Nitétis*. Elle a joui en son temps d'une gloire équivalente à celle de Madeleine de Scudéry*.

DESLIONS ou **DESLION Anna**. Courtisane française (1820 - Amélie-les-Bains, 1873). Habituée du Grand-Seize, elle se faisait parfois appeler Marie-Antoinette. Cette belle brune frisée aux yeux brillants fut aimée entre autres par Lauriston et le prince Louis Napoléon Bonaparte avant qu'il ne devînt empereur. Sa chambre tendue de soie rouge et son train de vie luxueux ont été évoqués par Alexandre Dumas, Arsène Houssaye et les Goncourt. Elle finit par se ruiner et mourut dans la pauvreté.

DESLOGÈRES Françoise. Pianiste française (née à Boulogne-sur-Seine, le 9 mai 1929). Elle débuta en étudiant le piano avec Jeanne Blanchard et Geneviève Joy, puis l'harmonie avec Henri Challan et donna quelques récitals en 1955. Passionnée par les nouveaux moyens d'expression de la musique, elle travailla les « ondes » avec leur inventeur, Maurice Martenot, et entreprit une série de concerts. En 1967, elle fonda le Trio Deslogères (ondes Martenot, piano et percussions) qui rencontra auprès du public un accueil enthousiaste. Parmi ses principales créations, citons, en soliste: *De voci* (1958) et *Pièces de chair* (1967) de Bussotti, le *Concerto* de R. Depraz (1965), *Impacts*, œuvre écrite pour ondes et deux orchestres à corde (1972) de Tisné; en duo: *Antiphonaire* de Werner (1968), *Points de rencontre* de Chaynes (1977). Françoise Deslogères a enregistré *Jeanne d'Arc au bûcher* d'Arthur Honegger dans lequel elle tient le pupitre des ondes Martenot. De nombreux compositeurs, séduits par l'originalité de la formation de Françoise Deslogères, ont écrit des œuvres pour elle: Tisné (*Visions des temps immémoriaux*, 1967), Bussotti (*Brèves*, 1969), Goldmann (*Hevel 4*, 1977) et Chaynes (*Tarquinia*, 1978).

DESLYS Gaby (Gabriella Claire, dite). Danseuse et meneuse de revues française (Marseille, 1881 - Montrouge, 1920). Grande vedette aux États-Unis, elle gagna des sommes folles sur les principales scènes de New York. Les milliardaires américains lui offraient des fortunes, et le bruit courut qu'elle eut une idylle avec le roi exilé Manuel de Portugal. Auréolée de sa gloire américaine, Gaby Deslys rentra en France, emportant avec elle le style des revues américaines. Avec Harry Pilcer, magnifique danseur dont elle était tombée amoureuse, elle introduisit le jazz-band alors inconnu en France. Le couple, qui devait devenir le plus prestigieux de son époque dans cet art, obtint un triomphe en 1917 dans la revue du Casino de Paris, qui rouvrait ses portes, avec *Laisse-les tomber* en dansant le ragtime. Cette danse échevelée, folle, incohérente, soulevait l'auditoire d'un enthousiasme délirant. Gaby Deslys — ce qui était une nouveauté — s'affublait de robes énormes constellées de pierreries, d'aigrettes et d'immenses plumes: le music-hall moderne était né. De son vivant, nulle autre qu'elle n'eut le droit de descendre le célèbre escalier du Casino. Mistinguett* dut attendre sa mort pour pouvoir l'emprunter à son tour, suivie par Cécile Sorel*, Joséphine Baker* et bien d'autres.

DESMARES Christine (dite **Mlle Desmares**). Actrice française (Copenhague, 1682 - Saint-Germain, 1753). Fille de l'acteur Nicolas Desmares, elle bénéficiait de la protection de sa tante, Mlle - Champmeslé*, à qui elle succéda à la Comédie-Française. Excellente tragédienne, elle alternait les rôles principaux du répertoire avec Mlle Duclos*. Elle était particulièrement prisée dans le style «tendre» et jouait à ravir dans *Œdipe* (Voltaire). Célèbre à la scène, elle l'était aussi dans le monde pour son rôle de favorite de Philippe d'Orléans: «Messaline» fréquentait les fameux petits soupers du Palais-Royal, où le Régent trouva la mort en 1723. Elle s'était retirée deux ans plus tôt, éclipsée par la jeune et charmante Adrienne Lecouvreur*. Mlle Desmares forma à son tour sa nièce, Marie-Anne Dangeville*.

DESMOULINS Lucile, née Duplessis-Laridon. Française (Paris, 1771 - *id.*, 13 avril 1794). Elle était la fille d'un premier commis au contrôle des finances et épousa, le 29 décembre 1790, le journaliste et polémiste révolutionnaire, Camille Desmoulins. Leurs témoins étaient Pétion, Brissot et Robespierre. Le couple eut un fils en 1792, Horace-Camille, qui mourut à Haïti en 1825. Lorsque son mari fut arrêté en même temps que Danton dont il était l'un des fidèles, Lucile Desmoulins écrivit une lettre véhémente à Robespierre pour empêcher l'exécution qui eut lieu, toutefois, le 5 avril 1794. Elle-même fut accusée faussement d'avoir tenté de faire évader son mari et monta à l'échafaud — avec une grande dignité — huit jours plus tard.

DESŒILLETS Mlle (Alice Faviole, dite). Actrice française (1621-1670). Elle avait longtemps travaillé en province où elle épousa un acteur. Elle atteignait la quarantaine lorsqu'on la vit à Paris pour la première fois. En 1662, elle joua le rôle de Viriate (*Sertorius*, Corneille) pour la première représentation de l'œuvre au théâtre du Marais. Un an plus tard, elle prenait la place de Mlle Baron (la mère du célèbre acteur) à l'hôtel de Bourgogne. Ni jeune ni belle et de petite taille, elle déclamait comme personne. Elle créa le rôle-titre de *Sophonisbe* (Corneille, 1663), ainsi que celui d'Hermione (*Andromaque*, Racine, 1667). Remplacée lors d'un congé par Mlle Champmeslé*, elle lui céda la place une fois guérie, impressionnée par le talent de l'actrice. Ce fut le signal de sa retraite, à l'âge de cinquante ans.

DESPRÈS Suzanne (Charlotte Bonvallet, dite). Actrice française (Verdun, 1875 - Paris, 1951). Elle fit ses débuts au théâtre de l'Œuvre dont elle épousa le fondateur, Lugné-Poe. Elle joua dans des pièces d'Ibsen avant de triompher en 1900 dans le rôle de Poil de Carotte (*Poil de Carotte*, J. Renard), où elle fut très applaudie en raison de la sensibilité avec laquelle elle incarnait un travesti. Elle parut ensuite au Gymnase qu'elle quitta après avoir été une Phèdre (*Phèdre*, Racine) controversée : on la critiqua pour son interprétation trop moderniste. Au théâtre de l'Œuvre, elle se produisit dans un répertoire d'auteurs modernes : Ibsen, D'Annunzio (elle fut une Phèdre étonnante aux côtés d'Ida Rubinstein*), Gorki, Claudel. Sans être l'actrice du siècle, elle fut néanmoins très appréciée pour la sensibilité et l'intelligence de son jeu.

DES ROCHES. Femmes de lettres françaises. **Madeleine**, née Neveu (Poitiers, 1520 - *id.*, 1587) et **Catherine** (Poitiers, 1542 - *id.*, 1587). Mère et fille, elles se firent une réputation dans le sillage des écrivains de la Pléiade. Leurs poésies, réunies sous le titre *Premières Œuvres* (1578 et 1579) puis *Secondes Œuvres* (1583), assurèrent leur notoriété. Leur réputation provient surtout du salon qu'elles tenaient à Poitiers et qui eut son heure de célébrité au moment des Grands Jours de 1579. Étienne Pasquier, qui faisait partie du tribunal, ayant vu une puce sur le col de la maîtresse de maison, en fit des vers. Les convives l'imitèrent et, en 1582, Pasquier réunit toutes ces pièces — écrites en français, italien, latin et grec — en un volume, *La Puce de Mme Des Roches*. Madeleine et Catherine moururent de la peste le même jour. Elles ont aussi publié des *Lettres missives* (1586), mélange de prose et de vers.

DESROCHES-NOBLECOURT Christiane. Égyptologue française (née en 1913). À l'âge de vingt ans, elle donnait déjà des cours d'épigraphie égyptienne, trois avant sa nomination à l'École française du Caire qui marqua le début de sa carrière. Elle participa à de nombreuses fouilles au début de la guerre et dirigea seule deux cents ouvriers au chantier de Karnak-Nord. De retour à Paris, elle veilla à l'évacuation dans le Sud-Ouest des trésors des Antiquités égyptiennes du Louvre dont elle avait été nommée conservateur en chef. Elle entra alors dans la Résistance et devint à la Libération la première femme conservateur des Musées nationaux. En 1955, elle alerta l'opinion et fit campagne contre le projet de construction d'un barrage qui menaçait d'anéantir les temples de Nubie, et obtint gain de cause. Elle dirigea ensuite la rénovation de la vallée des Reines, organisa en 1968 la fameuse exposition «Toutankhamon» et, en 1976, celle consacrée à Ramsès II. Professeur d'histoire de l'art et titulaire de la chaire d'archéologie égyptienne de l'École du Louvre, elle a beaucoup publié, citons: *Le Style égyptien*, *La Religion égyptienne*, *La Femme au temps des pharaons*.

DESTINN Emmy (Emma Kittl, dite). Soprano tchécoslovaque (Prague, 26 février 1878 - Ceske Budejovice, 28 janvier 1930). Elle étudia le violon avant d'aborder le chant à Prague avec Marie Loowe-Destinn, dont elle adopta le nom, et débuta à l'Opéra de Dresde en 1897 dans le rôle de Santuza (*Cavalleria rusticana*, Mascagni). Un peu oubliée aujourd'hui, elle fut pourtant l'une des grandes voix de son temps. À Bayreuth en 1901, elle fut Senta (*Le Vaisseau fantôme*, Wagner), rôle qu'elle devait chanter jusqu'en 1914. Son succès l'enmena à Covent Garden de 1904 à 1921, au Metropolitan Opera de New York de 1908 à 1921. Célèbre Aïda (*Aïda*, Verdi), elle fut la première Salomé (*Salomé*, R. Strauss) à Berlin en 1906, la première Butterfly (*Madame Butterfly*, Puccini, 1905) et Tatiana (*Eugène Onéguine*, Tchaïkovski) à Londres en 1906. À New York en 1910, elle chanta le rôle de Minnie (*La Fille du Far-West*, Puccini) lors de la création mondiale de l'œuvre. Elle quitta la scène en 1920, mais continua de se produire en concert jusqu'en 1927. Sa voix était celle d'un soprano pur et avait une grande puissance. Remarquable actrice, surtout dans le répertoire tragique, elle interpréta plus de quatre-vingts rôles au cours de sa carrière.

DESTUTT DE TRACY Sarah, née Newton, comtesse **de**. Femme de lettres française d'origine anglaise (Stockport, 1789 - Paray-le-Fresil, 1850). Elle était l'arrière-petite-nièce du célèbre physicien Isaac Newton. Veuve du général Lefort, elle épousa en secondes noces, en 1816, le savant Victor Destutt de Tracy. Durant trente ans, elle réunit dans son salon — l'un des plus fréquentés de Paris — l'élite littéraire et politique de son temps. Nombre de ses fidèles étaient ses fervents admirateurs. Elle a laissé des *Lettres et Pensées* ainsi que des études sur les Pères de l'Église, qui furent publiées après sa mort, de 1852 à 1855.

DEUTSCH Hélène, née Rosenbach. Psychiatre et psychanalyste américaine d'origine autrichienne (Przemyśl, 1884 - Cambridge, 1982). Issue de la bourgeoisie juive, elle fit ses études médicales à Vienne. Diplômée en 1912, elle fut formée à la psychanalyse par Freud avec qui elle suivit une analyse. Elle fut la maîtresse de Herman Lieberman, président du parti social-démocrate polonais. En 1912, elle épousa Félix Deutsch, psychanalyste, ancien médecin personnel de Freud. Elle s'installa avec lui à Boston au début des années 30 et devint rapidement une des notabilités de la psychanalyse américaine. Son influence fut déterminante, et elle forma plusieurs générations de disciples. On lui doit entre autres *La Psychanalyse des névroses* (1930) et *La Psychologie des femmes* (1944) où elle défend sa célèbre thèse sur la composante maso-narcissique du deuxième sexe (qui reste encore aujourd'hui l'étude la plus importante sur le sujet). Dans son autobiographie, *Confrontations with Myself* (1973), elle laisse entendre son peu de sympathie pour Lou Andreas-Salomé* et pour Mélanie Klein*.

DEVAL Marguerite. Actrice française (1868-1955). Elle s'affirma dès ses débuts comme une merveilleuse actrice de Boulevard. Fort drôle, vive, pleine de verve et de brio, elle suscita tout au long de sa carrière la ferveur du grand public. D'abord chanteuse d'opérette et de revue, elle triompha en 1896 dans *Monsieur Lohengrin* (Audran), parodie de l'œuvre de Wagner, dans *Qui trop embrasse* (Croisset) puis dans *La Petite Femme de Loth* (T. Bernard). Elle lança une centaine de chansons que tout Paris répétait après elle. Après s'être illustrée dans les revues de Rip, les opérettes de Franc-Nohain et les vaudevilles de Hennequin, elle aborda une carrière cinématographique et dramatique. Interprète de *Père* (Bourdet), de *Léocadia* (Anouilh), elle se révéla tout aussi étonnante dans le rôle de la duchesse Dupont-Dufort (*Le Voyageur sans bagages*, Anouilh). Elle quitta la scène à l'âge de quatre-vingt-six ans.

DE VITO Giaconda. Violoniste italienne (née à Martina Franca, le 26 juillet 1907). Musicienne très précoce, elle fut de 1918 à 1921 l'élève de Remy Principe qui professait à Pesaro. Engagée au concours international de Vienne en 1932, elle obtint le premier prix. Au cours de ses nombreuses tournées à travers l'Europe, les États-Unis et l'Union soviétique, elle remporta des succès éclatants, se produisant souvent avec de très grands violonistes comme Isaac Stern ou Yehudi Menuhin. Elle enregistra sous la baguette de Furtwängler les *Concertos* de Brahms et de Mendelssohn. Professeur remarquable, elle enseigna à Bari de 1925 à 1934, au Conservatoire de Rome de 1934 à 1945 et à l'Académie Sainte-Cécile de 1945 à 1948. Pizetti lui a dédié son *Concerto pour violon*.

DIANE D'ANDOLO, bienheureuse. Italienne (Bologne, v. 1200 - 1236). Elle descendait de la famille patricienne des Carbonesi et passa sa jeunesse en plaisirs mondains. Touchée par la grâce, elle entra au couvent des chanoinesses de Saint-Augustin. Les historiens relatent que sa famille, violemment opposée à sa vocation religieuse, tenta de l'en faire sortir par la force. Elle se défendit avec une telle énergie qu'elle parvint, bien que blessée, à se réfugier dans un monastère où elle vécut jusqu'à la fin de ses jours.

DIANE DE FRANCE, duchesse d'Angoulême (1538 - Paris, 12 janvier 1619). Elle était la fille du Dauphin Henri et d'une noble piémontaise, Filipa Duco. Devenu roi, Henri II la légitima et la maria en 1553 à Horace Farnèse, duc de Castro, lequel mourut six mois plus tard, tué au siège d'Hesdin. Le roi obtint qu'elle se remariât avec François de Montmorency, le fils du célèbre connétable Anne de Montmorency (1557). Diane de France était célèbre pour son intelligence, sa noblesse et sa vertu. Elle eut une influence modératrice sur son mari dans son conflit avec les Coligny. Elle fut veuve une seconde fois en 1579 et devint duchesse d'Angoulême en 1582. Elle prit le parti de Henri III (roi à partir de 1574) contre les ligueurs et travailla à la réconciliation de ce dernier avec Henri de Navarre, futur Henri IV (mars 1589). Elle vécut ensuite de manière irréprochable à la cour avec le rang de princesse du sang, et Henri IV lui demanda de participer aux négociations qui aboutirent à son divorce avec Marguerite* de Valois (la reine Margot), en 1599. À sa mort, l'hôtel particulier qu'elle s'était fait construire dans le Marais, à Paris, à partir de 1579, restait inachevé. Il devint plus tard l'hôtel Lamoignon.

DIANE DE POITIERS, duchesse de Valentinois (1499 - château d'Anet, 1566). Fille de Jean de Poitiers, comte de Saint-Vallier, elle fut mariée à l'âge de quinze ans à Louis de Brézé, grand sénéchal de Normandie, qui avait cinquante-quatre ans. Mère de deux filles, elle fut introduite à la cour de François Ier et devint dame d'honneur de la reine Éléonore* de Habsbourg. Elle perdit son mari en 1531 alors qu'elle avait trente-deux ans. Le Dauphin, futur Henri II, qui venait d'épouser Catherine* de Médicis, se prit de passion pour elle malgré la grande différence d'âge qui les séparait : elle avait vingt ans de plus que lui. Intelligente, d'une beauté sur laquelle les ans n'avaient pas de prise, ambitieuse, elle sut garder son pouvoir sur Henri II (devenu roi en 1547) jusqu'à sa mort en 1559, période pendant laquelle elle éclipsa Catherine* de Médicis, la reine légitime, se comportant comme la véritable souveraine. Elle se fit offrir les joyaux de la couronne et dépassait, par le luxe de son habillement, les femmes les plus brillantes de la cour. Le roi la fit duchesse de Valentinois en 1548. Il portait les couleurs de sa «mieux aimée», le noir et le blanc, et composa son chiffre de deux D en croissants liés par un H.

Le rôle politique de Diane de Poitiers fut considérable, et son appui était recherché aussi bien à l'étranger qu'en France. Les papes Paul III et Paul IV n'hésitaient pas à traiter avec elle. Elle était une catholique fervente et favorisa les Guise ainsi que le connétable de Montmorency dans leur lutte contre les protestants, qu'elle haïssait. Elle arracha au roi l'édit d'Écouen, qui les condamnait à l'exil et qui fut rejeté par le Parlement. En politique extérieure, elle s'opposa à la trêve de Vaucelles proposée par Charles Quint, mais les conséquences désastreuses de la reprise des hostilités la poussèrent à déterminer Henri II à signer en 1559 le traité du Cateau-Cambresis, par lequel la France renonçait à toutes ses prétentions en Italie à l'exception de Pignerol, Asti et Turin. Au cours de son «règne», l'orgueilleuse Diane de Poitiers avait amassé une fortune considérable. Le roi avait fait construire pour elle le château d'Anet par Philibert Delorme, propriété qu'elle ne cessa d'embellir et dont le portail monumental était surmonté d'une statue de *Diane chasseresse* par Jean Goujon (aujourd'hui au Louvre). La favorite avait également reçu le château de Chenonceaux, et c'est à elle que l'on doit le pont qui le relie à la rive droite du Cher. À la mort de Henri II en 1559, Catherine de Médicis l'en chassa. Elle se retira à Anet où elle mourut d'une chute de cheval, toujours belle mais peu regrettée.

Il existe de nombreux portraits de Diane de Poitiers, dont beaucoup à l'effigie de la déesse. Les plus certains sont *Le Bain de Diane* par Clouet (musée de Rouen), les tapisseries d'Anet (New York), une toile anonyme à Versailles et sa statue sur le tombeau de son mari dans la cathédrale de Rouen. Cette grande femme à la poitrine haute et menue, à l'expression mutine, incarna la beauté féminine au XVIe siècle, inspirée de la perfection antique.

RÉF.: Ph. Erlanger, *Diane de Poitiers, déesse de la Renaissance*, Perrin, 1976.

DICKERSON Mary Cynthia. Herpétologiste (spécialiste des reptiles) américaine (1866-1923). Premier conservateur de la division des Reptibles à l'American Museum of Natural History de New York, elle publia un remarquable ouvrage, *Frog Book* (1906), illustré par ses propres photos. Créatrice du premier journal édité par un musée, actuellement connu sous le nom de *Natural History*, elle contribua à la formation d'herpétologistes qui devinrent célèbres : Camp, Dunn et Noble. Ce dernier lui succéda en tant que conservateur.

DICKINSON Angie (Angeline Brown, dite). Actrice américaine (née à Kulm, Dakota, le 30 septembre 1930). Très belle, elle se fit connaître par un concours de beauté avant de se tourner vers le cinéma. Elle fit ses débuts dans une comédie musicale, *Lucky Me* (Donohue, 1954) et connut la célébrité grâce à *Rio Bravo* (Hawks, 1958). Depuis, elle s'est signalée dans des westerns et dans de nombreux thrillers comme *À bout portant* (Siegel, 1964), *Le Point de non-retour* (Boorman, 1967), *Pulsions* (De Palma, 1980). Elle a épousé en 1965 Burt Bacharach, compositeur de musique de films.

DICKINSON Emily. Poétesse américaine (Amberst, Massachusetts, 10 décembre 1830 - *id.*, 16 mai 1886). Fille d'un avocat sévère et ambitieux et d'une mère qui ne s'intéressait qu'à son foyer et à ses trois enfants, elle poursuivit peu ses études après l'école communale de sa ville natale ; en 1847, au collège de South Hadley, elle apprit la chimie, la physiologie et un peu de littérature anglaise. De retour chez elle, elle lut tout ce qui lui tombait sous la main, griffonna, sur des papiers épars, des poèmes, n'importe quoi, semblait-il aux siens : pas de syntaxe, une ponctuation approximative, une forme elliptique, aucune tradition de style.

De constitution fragile, Emily Dickinson quitta rarement Amberst : lors d'un court voyage à Washington, au cours de l'hiver 1854, elle tomba amoureuse d'un homme marié : amour impossible, auquel elle renonça d'elle-même. Elle mena une existence confinée dans la maison familiale, voyant de temps à autres son frère, sa belle-sœur et leurs quelques amis, sans autres relations qu'épistolaires, sans autre désir d'évasion que la poésie. Doutant d'elle-même, elle écrivit à un critique célèbre qu'elle ne rencontra jamais, le colonel Higginson :

— Mes vers sont-ils vivants ?

— Oui, ils sont vivants, répondit-il, mais ne respectent aucune règle de la plus élémentaire prosodie.

Elle écrivit jusqu'à sa mort quelques deux mille poèmes, chantant des choses simples, employant des images surprenantes et suggestives. Sept poèmes seulement parurent anonymement, de son vivant. En 1892, Higginson publia une partie de son œuvre et ce recueil obtient un succès sans précédent. Mais il fallut attendre 1924 pour que sa nièce, Martha Dickinson Bienachi, publie l'édition complète de son œuvre, *Poèmes et Lettres*, qui confirmèrent le talent d'Emily Dickinson qui tient une des premières places dans la littérature poétique de son pays.

RÉF. : C.G. Wolff, *Emily Dickinson*, New York, A.A. Knofp, 1987.

DIENESCH Marie-Madeleine. Femme politique française (née au Caire en 1914). Agrégée de lettres, elle enseigna au collège de Saint-Brieuc de 1939 à 1943. Elle voua ensuite toute sa vie à la politique, s'intéressant particulièrement à la condition des femmes à la campagne, aux affaires sociales et à l'éducation. Élue député de Loudéac (Côtes-du-Nord) en 1945, elle siégea dix-sept ans sans interruption au Parlement et fut élue membre du comité directeur du Mouvement républicain populaire en 1958. De 1968 à 1974, elle occupa à de nombreuses reprises la fonction de secrétaire d'État dans plusieurs gouvernements.

DIETRICH Concordia-Amalie, née Nelle. Botaniste allemande (1821-1891). Elle était l'épouse du savant naturaliste Guillaume-Auguste Dietrich qui appartenait à la célèbre famille de botanistes dont le premier de la lignée connut Linné. Concordia Dietrich devint l'infatigable collaboratrice de son époux et fit en sa compagnie de nombreux voyages d'exploration, notamment en Australie et aux îles Tonga, rapportant de précieux renseignements sur la flore de ce pays. La ville de Hambourg la nomma conservateur de son Musée botanique.

DIETRICH Marlène (Maria Magdalena von Losch, dite). Actrice américaine d'origine allemande (Berlin, le 27 décembre 1901 - Paris, 6 mai 1992). Son père, un officier de carrière, mourut durant la guerre. Elle fit des études musicales à Dassau et fréquenta l'académie de Max Reinhardt. Elle était une excellente violoniste, mais une blessure lui fit abandonner l'espoir d'entreprendre une carrière de virtuose. En 1923, elle épousa un scénariste, Rudolf Siebert, dont elle eut une fille. Ses débuts au cinéma datent de cette époque et, de 1923 à 1928, elle tourna dix-sept films. Elle jouissait déjà d'une certaine réputation lorsque Josef von Sternberg la choisit en 1930 pour tenir le rôle de Lola Lola dans son film *L'Ange bleu*, avec comme partenaire le célèbre acteur Emil Jannings. Le rôle de Lola Lola, avec ses longues jambes gainées de noir, ses œillades, sa voix rauque et étrange, le haut-de-forme sur l'oreille, symbolisait parfaitement la femme fatale. Ce fut un triomphe pour elle, et Emil Jannings ne lui pardonna pas de lui avoir ravi la vedette dans un film qu'on avait conçu à sa mesure. Le succès retentissant de *L'Ange bleu* ouvrit les portes des studios de la Paramount à Marlène Dietrich et à Sternberg qui lança celle-ci en la posant comme la rivale de Greta Garbo*. Transformée, amincie, elle perdit sa silhouette rondelette et se forgea une image plus allusive, plus érotique. Son visage aux joues creuses et aux yeux vagues, qui lui resta toute sa vie, fascina le public et en fit un mythe. Sternberg lui fit tourner six films dont le premier, *Cœurs brûlés*, avec Gary Cooper, obtint un succès triomphal. Suivirent *X 27* (1931), *Shangai Express* (1932), *Blonde Venus* (1932), *L'Impératrice rouge* (1934) et *La Femme et le Pantin* (1935), dont le demi-succès provoqua la séparation du célèbre tandem.

Par la suite, Marlène Dietrich fit preuve de ses propres capacités à entretenir son mythe. Parmi les films qu'elle tourna avec les plus prestigieux metteurs en scène de l'époque, il faut citer *Desire* (Borzage, 1936), *Angel* (Lubitsch, 1937), *Femme ou Démon* (Marshall, 1939), *La Belle Ensorceleuse* (Clair, 1942), *La Scandaleuse de Berlin* (Wilder, 1948), *Le Grand Alibi* (Hitchcock, 1950), *L'Ange des maudits* (Lang, 1952). Dans son dernier rôle (*Just a Gigolo*, Hemmings, 1979), elle interprète à quatre-vingts ans une émouvante maîtresse. L'inépuisable pouvoir de fascinaton qu'elle a exercé sur plusieurs générations de cinéphiles se retrouve dans sa douzaine de chansons: *Je ne peux qu'aimer et rien d'autre*, *La Vie en rose*, empruntée à sa grande amie Edith Piaf* et l'immortelle *Lili Marlène*. Pendant la guerre, Marlène Dietrich, qui refusa de retourner en Allemagne, participa à des campagnes antinazies, chanta pour les soldats alliés, ce qui lui valut, entre autres distinctions, la Légion d'honneur. Les êtres qui ont traversé sa vie, amants ou amis, sont tous à sa mesure: Douglas Fairbanks Jr., Jean Gabin, Maurice Chevalier, Josef von Sternberg, John Wayne, Gary Cooper. Elle a publié ses souvenirs sous le titre *My Life Story* (1979).

RÉF.: Th. de Navacelle, *Sublime Marlène*, Ramsay, 1982. Dietrich, *Marlène D.*, Grasset, 1984.

DIEULAFOY Jane, née Magre. Femme de lettres française (Toulouse, 1851 - Pompertuzat, Haute-Garonne, 1916). Issue de la bourgeoisie toulousaine, elle épousa en 1870 Marcel Dieulafoy, qui fut nommé architecte des Monuments historiques en 1874. En 1881, tous deux allèrent en Perse pour un voyage d'exploration. Ils y retournèrent en 1884-1886 et en rapportèrent les frises des lions et des archers de Darius (aujourd'hui au Louvre dans la salle Dieulafoy). Jane Dieulafoy, qui faisait scandale en son temps car elle portait le pantalon, écrivit un roman, *Parysatis* (1898) ; en 1904, avec Gyp*, Séverine* et Anna de Noailles*, elle fonda le prix Vie heureuse, ancêtre de l'actuel Femina. Elle a laissé deux ouvrages relatant ses voyages : *La Perse, la Chaldée et la Susiane* (1887) et *À Suse, journal des fouilles, 1884-1885* (1888). Elle mourut des suites d'une dysenterie contractée au Maroc au cours d'une campagne archéologique avec son mari.

RÉF. : E. et J. Gran-Aymeric, *Jane Dieulafoy, une vie d'homme*, Perrin, 1991.

DIGBY Jane Élisabeth. Anglaise (Holkham, Norfolk, 1807 - Damas, 1881). Elle avait tout pour séduire: la beauté, l'un des noms les plus illustres de l'aristocratie anglaise et la fortune. À dix-sept ans, elle épousa lord Ellenborough (qui fut par la suite vice-roi des Indes) dont elle eut un fils, Arthur Dudley Law. Quatre ans plus tard, elle les abandonna pour suivre à Paris le prince Félix Schwarzenberg qui l'aimait passionnément. Son divorce provoqua un scandale retentissant. Quoiqu'elle eût donné deux enfants au prince, celui-ci, craignant pour sa carrière de diplomate, la quitta en 1830 sans l'avoir épousée. Interdite de séjour en Angleterre, elle se réfugia à Munich où elle séduisit le roi Louis Ier de Bavière. Elle épousa finalement le baron Karl von Venningen; ils eurent deux enfants. C'est en 1835 que Balzac, ayant entendu parler d'elle, s'arrêta dans son château de Weinheim. Impressionnée par Jane Digby, il en fit l'héroïne anglaise du *Lys dans la vallée*, lady Dudley. C'est également dans son château que Balzac rédigea le passage en italique qui se trouve à la fin de *Louis Lambert*.

À la cour de Bavière, Jane Digby rencontra un jeune grec, le comte Spiridion Theotoki, dont elle s'éprit. Délaissant mari et enfants, elle le suivit en Grèce. De cette liaison naquit un fils, Léonidas, et le couple vécut des jours heureux jusqu'à leur séparation provoquée par la mort de l'enfant. Commença alors pour elle une longue errance à travers l'Italie. Elle revint en Grèce en 1849, pensant sa vie finie. Romanesque et sentimentale, méprisant les conventions, elle tomba amoureuse du général Cristodoulos Hadji Petros, un pallikare, héros de l'indépendance grecque, moitié brigand moitié soldat (Edmond About en fit *Le Roi des montagnes*). En 1853, lasse de son général, elle décida de partir pour l'Orient. C'est en Syrie qu'elle rencontra son quatrième époux, le cheikh bédouin Medjuel el Mesrab. « L'infortune de ma nature est de considérer l'amour comme un tout; sans amour la vie n'a pas de sens », écrira-t-elle. L'amour, elle le vécut pendant vingt-huit ans avec Medjuel, entre Damas, où ils passaient six mois de l'année, et le désert. Sa célébrité lui attirait des visiteurs venus des quatre coins du monde, et son nom figurait dans *Le Voyage en Orient*, guide traduit en plusieurs langues.

RÉF.: Gh. Schoeller, *Lady Jane*, Robert Laffont, 1985.

DINO Dorothée, princesse de Sagan, duchesse **de**, née de Bühren (21 août 1792 - Sagan, 19 septembre 1862). Elle était la fille de Pierre de Bühren, duc de Courlande, et épousa en 1809 le neveu de Talleyrand, Edmond de Talleyrand-Périgord. Le titre ducal, d'origine napolitaine, fut décerné en 1815 au prince de Bénévent qui le transféra deux ans plus tard à son neveu. Dorothée de Dino s'installa à Paris aussitôt après son mariage avec son mari, décrit par les contemporains comme un homme médiocre et dépensier. Elle ne tarda pas à s'éprendre de Talleyrand, malgré une différence d'âge de trente-neuf ans. Le diplomate l'emmena au congrès de Vienne (1815), où elle fut à la fois sa collaboratrice et la maîtresse de maison. En 1820, elle accoucha d'une fille, Pauline, dont les biographes attribuent la paternité à Talleyrand.

Jusqu'à la mort de ce dernier, le couple, qui faisait un peu scandale, ne se sépara pas. Ils vivaient soit à Paris, soit au château de Valençay, soit encore à Londres où le prince de Bénévent fut nommé ambassadeur (1830-1834). Là, la duchesse de Dino, qui avait une beauté éclatante et beaucoup d'esprit, régna sur un salon célèbre en Europe pour sa somptuosité et pour la qualité des gens qui le fréquentaient. Née protestante, elle était devenue une catholique fervente à partir de 1811. De retour à Paris, elle s'employa à réconcilier son amant avec l'Église avec l'aide de son confesseur, l'abbé Dupanloup. Cette entreprise fut l'objet d'une longue négociation diplomatique entre l'archevêque de Paris, Mgr Quelen, et le Saint-Siège. La réconciliation de Talleyrand, que Renan évoque de manière venimeuse dans ses *Souvenirs d'enfance et de jeunesse*, eut lieu le matin même de sa mort, le 17 mai 1838. Après quoi, la duchesse de Dino se retira dans sa principauté de Sagan, continuant à mener une vie cosmopolite. Ses lettres et écrits ont été publiés en 1909 sous le titre *Chronique de 1831 à 1862*.

RÉF. : F. de Bernardy, *Le Dernier Amour de Talleyrand, la duchesse de Dino*, Hachette, 1956.

DIXIE Florence, lady. Journaliste et voyageuse anglaise (Londres, 1857 - Glen Stuart Annan, 1905). Passionnée de voyages et d'aventures, elle réussit à persuader son mari, ses deux frères et quelques amis de tenter, à travers la cordillière des Andes, une expédition en Patagonie, à l'extrémité sud de l'Argentine, régions inhospitalières peu connues et peu peuplées. Une importante caravane, composée de chevaux et de mulets et dirigée par plusieurs guides, partit du cap Nègre en 1878. L'entreprise rencontra de telles difficultés que le retour fut décidé. Ayant connu la famine, les voyageurs réussirent à revenir à leur point de départ, à bout de forces. Ces épreuves ne découragèrent nullement Florence Dixie, qui décida de repartir en 1881 pour l'Afrique du Sud : elle parcourut les déserts de Zoulouland et du Transval. De ses aventures et de ses voyages, elle rapporta des notes qui furent publiées dans le *Morning Post*, reportages qui lui valurent la renommée.

DOAN THI DIÊM. Poétesse vietnamienne (Hiên Pham, province de Bac Ninh, 1705 - Nghê An, 1748). Impressionné par les poèmes qu'elle écrivit dès l'âge de six ans, en chinois et en vietnamien, son père lui fit donner une éducation de lettrée, chose rare à l'époque. Après la mort de son père et de son frère, elle devint professeur et ouvrit une école renommée. À l'âge de trente-sept ans, elle épousa Nguyen Kien, qui fut nommé par la suite gouverneur de la province de Nghê-an. Elle est l'auteur de contes rédigés en chinois, *Nouveau Recueil de contes merveilleux* (*Tiyen ty tan pha*) qui perpétuent la grande tradition de son pays ; ces poèmes ont été ensuite adaptés en proverbes et en chansons. Elle est peut-être aussi l'excellente traductrice de la *Complainte de l'épouse du guerrier* (*Chin phu ngan*) écrite par un de ses contemporains, Dang Tran Con, poète vietnamien.

DOCHE Eugénie, née de Plunkett. Actrice française d'origine belge (1821-1900). Racée, élégante, blonde et mince, elle suivait la mode, montait à cheval, collectionnait livres et objets rares. Elle ne quittait pas son talisman, un portrait que Rachel* lui avait dédicacé. Il lui porta bonheur dans *La Dame aux camélias* (Dumas fils), qu'elle créa en 1852 : le personnage de Marguerite Gautier allait faire pleurer la France puis le monde entier. On la vit par la suite dans les rôles d'Elmire (*Tartuffe*, Molière) ou d'Adrienne Lecouvreur* (*Adrienne Lecouvreur*, Scribe et Legouvé).

DOFF Neel. Romancière belge de langue française et d'origine néerlandaise (Buggenum, Pays-Bas, 27 janvier 1858 - Bruxelles, 1942). Issue d'une famille très pauvre — son père était gendarme à cheval —, Neel Doff, la dernière de neuf enfants, vécut une jeunesse misérable. Elle épousa un avocat anversois, G. Sérigiers, et prit la nationalité de son mari. C'est en français que Neel Doff publia à plus de cinquante ans son premier roman, *Jours de famine et de détresse* (1911), œuvre autobiographique où l'on retrouve l'atmosphère des quartiers populeux d'Amsterdam. Ce livre, comme les suivants, rencontra un succès mérité en raison de son authenticité.

Dans *Keetje* (1919), l'héroïne est obligée de se prostituer pour survivre. Les mêmes thèmes sont repris dans *Angelinette* et dans *Contes farouches* qui complètent le portrait de Keetje. *Campine* (1926), sorte de journal de vacances, décrit la vie campagnarde; dans *Nos bruyères*, Neel Doff retrace l'histoire d'un jeune orphelin. Ces deux dernières œuvres abondent en descriptions pittoresques, en portraits de servantes et de valets croqués sur le vif, de bourgeois congestionnés et boursouflés par d'abondantes ripailles. Neel Doff observe, ne pardonne rien et s'étonne de la profonde méchanceté des êtres.

DOLGOROUKOVA Iekaterina Mikhaïlovna. Russe (1848 - Cannes, 1922). Elle était la fille du prince Mikhaïl Dolgoroukov qui faisait partie de l'une des familles les plus anciennes et les plus puissantes de Russie. Entrée à la cour, elle devint demoiselle d'honneur de l'impératrice. Le tsar Alexandre II la remarqua, s'éprit d'elle et en fit bientôt sa maîtresse. Elle lui donna trois enfants, et l'empereur l'épousa morganatiquement en 1880. Après l'assassinat d'Alexandre II en 1881, Iekaterina fut chassée du palais par Alexandre III. Exilée à Cannes, elle se consacra à l'éducation de ses enfants et publia, sous le pseudonyme de Victor Laferté, *Alexandre II, détails sur sa vie intime et sur sa mort* (1883).

DOLGOROUKOVA Natalia Borissovna. Russe (1714 - Kiev, 1771). Fille du comte Boris Cheremetiev, elle épousa en 1730 Ivan Dolgoroukov, favori du tsar Pierre II. À la mort du souverain, Biren, duc de Courlande, exila les Dolgoroukov en Sibérie. Natalia Dolgoroukova suivit son mari et resta onze ans auprès de lui dans la prison de Berezov. Après l'exécution de son époux et à l'avènement de la tsarine Élisabeth* Petrovna, elle put rentrer à Moscou avec les deux fils qui avaient survécu, les autres étant morts en Sibérie. En 1757, elle devint religieuse à Kiev sous le nom de Nektaria, laissant ses enfants sous la protection de la tsarine. Ses *Mémoires* (1767, publiés en 1810), écrits dans un style spontané, révèlent une profonde spiritualité.

DOLIGNY Mlle (Louise Berton-Maisonneuve ou Berthon de Maisonneuve, dite). Actrice française (Paris, 30 octobre 1746 - *id.*, 14 mai 1823). Enfant, elle tenait de petits rôles à la Comédie-Française. Elle s'imposa à Rouen et fut engagée par le théâtre de Mannheim. Peu avant son départ, comme elle bénéficiait de la protection de Mme de Pompadour*, elle reçut d'elle un ordre de début à la Comédie-Française (1763). Elle en devint pensionnaire puis sociétaire (1764). Mlle Doligny excellait dans les rôles sentimentaux alors à la mode : ingénues, veuves éplorées, femmes vertueuses et malheureuses. C'est ainsi qu'elle fut tour à tour Betty (*La Jeune Indienne*, Chamfort), Victorine (*Le Philosophe sans le savoir*, Sedaine), Angélique (*La Gageure imprévue*, Sedaine), Rosine (*Le Barbier de Séville*, Beaumarchais). Son jeu était émouvant, plein de naturel, ce qui contribua à son succès. À la ville, elle était réputée pour sa modestie et une vie irréprochable. Elle fut souvent courtisée par des grands seigneurs. À l'un d'eux, elle répondit un jour : « Je m'estime trop pour être votre maîtresse, trop peu pour être votre femme. » Elle quitta la scène en 1793. Ruinée par la Révolution, elle épousa Gérard Dudoyer de Castels en 1795. Veuve trois ans plus tard, elle se remaria en 1805 avec un soldat, Charles Leverrier. Elle mourut sans postérité.

DOLLY SISTERS, les (Jenny et Rosy, dites). Artistes fantaisistes américaines d'origine hongroise (1892-?). Filles d'un tailleur de Budapest émigré aux États-Unis, elles se prénommaient Janezi et Rozsika. Jumelles, leur ressemblance était prodigieuse, et elles surent en tirer parti en montant des numéros de charleston où leurs mouvements, merveilleusement réglés, étaient d'une symétrie hallucinante. Elles débutèrent au cirque comme acrobates, furent remarquées par le grand imprésario C.B. Cochran qui les engagea en 1919 au New Oxford Theatre dans sa revue *League of Nations* où elles connurent un succès triomphal. Jacques Charles les fit venir à Paris en 1924 pour se produire dans l'une de ses revues au Moulin-Rouge. Comme leur contrat spécifiait qu'elles devaient passer en « première vedette » et que Foucret, le directeur de la salle, avait engagé peu de temps après Mistinguett*, les Dolly Sisters lui intentèrent un procès retentissant. Avec une grande élégance, elles abandonnèrent à l'Union des artistes les 500 000 francs de dédit qu'elles avaient obtenus. Elles gagnaient beaucoup d'argent, menaient grand train et jouaient. À Cannes ou à Deauville, les bancos de Jenny, de plus d'un million, étaient célèbres. Elles finirent par se ruiner et disparurent on ne sait où.

DOLTO Françoise. Psychanalyste française (Paris, 1908 - *id.*, 1988). Issue d'une famille aisée, elle découvrit l'œuvre de Freud à l'âge de quinze ans. Peut-être à cause de l'opposition de sa mère, elle commença tard ses études de médecine (1933). En 1939, elle soutint sa thèse, *Pédiatrie et psychanalyse*, dont Jean Rostand reconnut immédiatement la valeur. À partir de 1976, une émission de France-Inter la révéla au grand public. Elle y donnait des conseils sur l'éducation des enfants et développait les thèmes auxquels elle a consacré toute sa vie : le bébé est une personne à part entière, un dialogue constant avec l'enfant est une nécessité impérieuse. Ces entretiens ont été recueillis dans un ouvrage célèbre, *Lorsque l'enfant paraît*, régulièrement réédité depuis sa parution en 1977.

Parmi ses écrits se détachent *Le Cas Dominique* (1971), récit de la cure d'un enfant psychotique, *L'Évangile au risque de la psychanalyse* (1977), livre dans lequel elle éclaire certains aspects des Écritures sans jamais remettre en cause leur caractère sacré, car elle était profondément croyante, *La Difficulté de vivre* (1981), *La Cause des enfants* (1985), *Solitude* (1987), *Tout est langage* (1987). Elle est également l'auteur de nombreux articles scientifiques destinés aux psychanalystes et aux éducateurs ; elle fut membre fondateur de la Société française de psychanalyse et du Centre psychopédagogique du lycée Claude Bernard. Elle a eu trois enfants, le chanteur Carlos, Grégoire, architecte naval, et Catherine Dolto-Tolitch, psychanalyste, qui a entrepris de mieux faire connaître l'œuvre de sa mère.

DOMINGUEZ Oralia. Alto mexicaine (née à San Luiz Potosi, le 15 octobre 1927). Après des études au conservatoire de Mexico, elle débuta à l'Opéra de cette même ville en 1950. Trois ans plus tard, elle vint en Europe où elle se produisit avec succès en concert. Invitée en 1953 à la Scala, elle y chanta la princesse de Bouillon (*Adrienne Lecouvreur*, Cilea). Les plus grandes scènes lyriques comme le San Carlo de Naples, la Monnaie de Bruxelles ou l'Opéra de Paris la réclamèrent aussitôt. À Covent Garden, elle créa Sosostris (*The Midsummer Marriage*, Tippett) en 1955 ; au festival de Glyndebourne en 1957, elle incarna une remarquable Isabella (*L'Italienne à Alger*, Rossini). En Angleterre, elle fut encore Mistress Quickly (*Falstaff*, Verdi). Attachée à l'Opéra de Düsseldorf à partir de 1960, elle continue de se produire dans le monde entier.

DOMITILLA Flavia. Impératrice romaine (Ier siècle). Fille d'un greffier questeur, Flavius Liberalus, elle devint la maîtresse d'un chevalier romain, Statilius Capella, et fut reconnue citoyenne romaine. Elle épousa Vespasien avant qu'il ne fût empereur (69) et, après sa mort, elle reçut le titre d'Augusta.

DONATH Helen, née Erwin. Soprano américaine (née à Corpus Christi, Texas, le 10 juillet 1940). Après avoir fait ses classes au Del Mar College de sa ville natale, elle partit pour New York où elle travailla avec Paola Nivikova et débuta en concert à New York en 1958. En 1960, elle quitta les États-Unis pour Cologne où elle chanta une des Filles du Rhin (*L'Or du Rhin*, Wagner), Juliette (*Roméo et Juliette*, Blacher) et Brangaene (*Le Vin herbé*, F. Martin). En 1963, elle fut engagée à l'Opéra de Hanovre où son premier rôle fut Pamina (*La Flûte enchantée*, Mozart); elle rencontra le chef d'orchestre Klaus Donath qu'elle épousa. Elle parut ensuite à Munich (1967), à Salzbourg, à Édimbourg, à Londres — elle débuta à Covent Garden en 1979 dans le rôle d'Anne Trulove (*The Rake's Progress*, Stravinski) —, à Milan. Très à l'aise dans le coloratura, elle s'impose aussi dans les mélodies. Elle a enregistré entre autres avec Colin Davis des messes de Mozart ainsi que des opéras dirigés par Karajan et par Solti.

DOOLITTLE Hilda (dite **H.D.**). Poétesse américaine (Bethlehem, Pennsylvanie, 1886 - Zurich, 1961). Épouse du poète et romancier Richard Aldington, elle est l'une des figures marquantes de l'imagisme, courant poétique animé par son ami Ezra Pound et créé en 1912 à Londres où elle s'était installée l'année précédente. Ses recueils *Sea Garden* (1916), *Hymen* (1921), *Red Roses for Bronze* (1929) renferment des poèmes courts, colorés, d'une précision extrême qui nuit parfois à l'émotion. La Grèce est la principale source d'inspiration de son œuvre poétique. Elle a également écrit des romans comme *Palimpsest* (1926) ou *Heydulus* (1928). Elle a suivi une analyse avec Freud qu'elle évoque dans *Tribute to Freud* (1956). *Bid Me to Live* (1960) est un roman à clef qui raconte la vie de Bloomsbury en 1917. Après sa mort, parut *Hermitone* (1981), roman autobiographique qui relate les déchirements d'une jeune femme partagée entre son amour pour un homme (Ezra Pound, de toute évidence) et pour une femme.

DORIA Renée. Soprano française (née à Perpignan, le 13 février 1921). Après des études musicales en piano, solfège et harmonie, elle se consacra au chant et se produisit en concert dès l'âge de dix-huit ans. Engagée à l'Opéra de Marseille en 1942, elle triompha aussitôt dans le rôle de Rosine (*Le Barbier de Séville*, Rossini). Quelques jours plus tard, elle chanta « au pied levé » Olympia (*Les Contes d'Hoffmann*, Offenbach) puis Lakmé (*Lakmé*, Delibes). C'est dans ce rôle qu'elle débuta à l'Opéra-Comique en 1944 où elle incarna successivement Leila (*Les Pêcheurs de perles*, Bizet), Gilda (*Rigoletto*, Verdi), Violetta (*La Traviata*, Verdi), Constance (*L'Enlèvement au sérail*, Mozart), Mireille (*Mireille*, Gounod). Au Palais Garnier, elle parut pour la première fois en 1947 en Reine de la nuit (*La Flûte enchantée*, Mozart). En trente ans de carrière, Renée Doria inscrivit une soixantaine de rôles à son répertoire: Leila, Gilda et Violetta, Constance, Mirelle, Philine (*Mignon*, Thomas), Marguerite (*La Damnation de Faust*, Berlioz), Giulietta (*Les Contes d'Hoffmann*, Offenbach) qu'elle chanta notamment à Strasbourg, la Comtesse (*Le Comte Ory*, Rossini).

DOROTHÉE, sainte. Vierge et martyre ([?] - Césarée, Cappadoce, v. 310). S'étant convertie à la religion chrétienne, elle fut martyrisée et finalement condamnée à avoir la tête tranchée. On raconte que, sur le chemin de son supplice, elle obtint la conversion d'un dénommé Théophile qui, pour se moquer d'elle, lui demandait des fleurs et des fruits du jardin de son Dieu. Aussitôt, un enfant survint muni d'une corbeille de fleurs et de fruits. Après sa mort, le corps de Dorothée fut transporté à Rome où l'on édifia une église à son vocable. Une abondante imagerie populaire la représente portant une gerbe de fleurs dans ses bras et un panier de fruits. Sainte Dorothée, que l'on fête le 6 février, est la patronne des jardiniers.

DORUS-GRAS Julie (Joséphine Van Steenkiste, dite). Soprano belge (Valenciennes, 7 septembre 1805 - Paris, 6 février 1896). Après des études au Conservatoire de Paris, elle débuta au Théâtre de la Monnaie à Bruxelles, en 1825, et incarna Elvire (*La Muette de Porticci*, Auber) lors de la première représentation de l'œuvre en 1829; elle chantait le même rôle le jour fameux où cet opéra servit de signal à la révolution belge (25 août 1830). Engagée à l'Opéra de Paris la même année, elle y créa Alice (*Robert le Diable*, Meyerbeer) en 1831, Eudoxie (*La Juive*, Halévy) en 1835, Marguerite de Valois (*Les Huguenots*, Meyerbeer) en 1836, Teresa (*Benvenuto Cellini*, Berlioz) en 1838 et bien d'autres rôles des répertoires d'Auber et d'Halévy. Elle fut aussi une grande Elvira (*Don Giovanni*, Mozart). Après avoir succédé à Laure Cinti-Damoreau* en 1835 comme première chanteuse à l'Opéra, elle dut quitter cette scène en 1845 par suite de la rivalité qui l'opposait à Rosine Stolz*, maîtresse du directeur. Deux ans plus tard à Londres, elle chanta en anglais à Drury Lane le rôle de Lucie (*Lucie de Lammermoor*, Donizetti), sous la direction de Berlioz. À partir de 1849, elle reprit à Covent Garden les grands rôles de son répertoire, obtenant toujours le même succès.

DORVAL Marie (Marie Delaunay, dite). Actrice française (Lorient, 1798 - Paris, 1849). Fille de comédiens ambulants, elle fut dressée aux multiples emplois des tréteaux de fortune. Elle épousa à l'âge de seize ans l'acteur Allan, dit Dorval, dont elle eut deux filles. Vinrent sept ans d'une vie difficile où elle se produisit dans des conditions misérables. Elle fut enfin remarquée par le comique Potier, acteur célèbre et professeur au Conservatoire. Sous sa protection, elle joua le mélodrame sur les Boulevards — genre prospère qui attirait la foule comme la bourgeoisie. Son interprétation d'Amélie (*Trente Ans ou la Vie d'un joueur*, Ducange) en 1827, avec pour partenaire l'illustre Frédérick Lemaître, lui valut son premier triomphe. Dès lors, Marie Dorval personnifia les héroïnes passionnées et malheureuses. Elle était toute désignée pour devenir la reine du drame romantique alors en plein essor. Après sa création pathétique d'Adèle (*Anthony*, Dumas) en 1831, elle enchaîna avec le rôle titre de *Marion Delorme* (Hugo). «Elle est mieux que jolie, elle est charmante», écrivait George Sand* qui lui vouait un tendre sentiment.

Vigny s'éprit d'elle et composa à son intention *La Maréchale d'Ancre*. Il dut attendre 1835 pour la voir incarner Kitty Bell dans *Chatterton*, à la Comédie-Française. Sa performance fut remarquable : son jeu inspiré, sa spontanéité bouleversèrent le public. Gautier venta «son charme suprême, ses accents de nature, ses cris de l'âme». La même année, elle apparaissait avec un égal succès en Catarina (*Angelo, tyran de Padoue*, Hugo). Elle quitta alors l'auguste maison, jugeant insupportable la jalousie de ses consœurs, Mlle Mars* et Mlle George*. Elle triompha au Gymnase, à la Renaissance, à l'Odéon, interprétant Hermione (*Phèdre*, Racine), la Comtesse (*Le Mariage de Figaro*, Beaumarchais), Marie Jeanne (*Marie Jeanne*, Dennery).

Veuve, Marie Dorval avait épousé en secondes noces, en 1829, un journaliste légitimiste, Jean-Claude Merle dit «le Merle blanc». Cela ne l'empêcha pas d'entretenir une liaison de six ans avec Alfred de Vigny. *La Colère de Samson* (*Les Destinées*, 1864) et le *Journal d'un poète* (publié en 1867) se font l'écho de leur douloureuse rupture. Marie Dorval, qui le quittait pour Dumas, se désolait de ses reproches. Après avoir pris sa retraite, elle finit sa vie pauvrement (elle était dépourvue de tout sens de l'économie) et fut anéantie par la perte d'un petit-fils qu'elle adorait.

RÉF. : F. Moser, *Marie Dorval*, Paris, 1947. P. Haguenauer, *La Vie douloureuse de Marie Dorval*, Paris, 1972. F. Ambrière, *Mademoiselle Mars et Marie Dorval*, Le Seuil, 1992.

DORZIAT Gabrielle, née Sigrist-Moppert, comtesse de Zogheb, dite. Actrice française (Épernay, 1880 - Biarritz, 1979). Contre l'avis de ses parents, elle entra au Conservatoire où elle étudia avec Gerfault. Coquelin l'Aîné l'encouragea et lui prédit une belle carrière. Pourtant, la première fois qu'elle parut en scène, elle éprouva un tel trac qu'elle en tomba malade. La première partie de sa vie fut consacrée aux pièces de Boulevard. «Il est impossible de jouer avec plus d'aisance et de distinction», commentait un critique. Elle épousa en 1925 le comte de Zogheb, de noblesse papale. Remarquée par Lucien Guitry, dont elle fut la partenaire, comme elle fut celle de Jouvet, la gloire lui vint à cinquante ans passés. Elle joua avec un égal succès les pièces de Bernstein (*Espoir*, 1934), de Giraudoux (*Électre*, 1937), de Cocteau (*Les Parents terribles*, 1938). Elle commença dans le même temps à tourner pour le cinéma; sa carrière est riche d'une soixantaine de films. Épouses tyranniques, femmes de tête, archiduchesses ou entremetteuses, elle marqua tous ses personnages de sa griffe. Citons parmi ses créations: *Mayerling* (Ophuls, 1939), *La Fin du jour* (Duvivier, 1939), *Monsieur Vincent* (Cloche, 1947), *Manon* (Clouzot, 1948), *La Vérité sur Bébé Donge* (Decoin, 1951), *Les Espions* (Clouzot, 1957). Elle a joué avec Allégret, Daquin, Christian-Jaque, Litvak, Verneuil, Franju, etc. Gabrielle Dorziat se retira à quatre-vings ans dans sa villa de Woodsend à Biarritz, où elle rédigea ses souvenirs, *Côté cour, côté jardin* (1969).

DOSNE Sophie, née Matheron. Française (Paris, 2 mars 1794 - *id.*, 1869). Elle était la femme d'un agent de change fort riche et tenait un salon à Paris. En 1833, elle maria l'une de ses filles à Adolphe Thiers (le couple s'installa chez les Dosne, rue Saint-Georges) dont, selon certaines rumeurs, elle aurait été précédemment la maîtresse. Elle l'avait aidé financièrement à se faire élire député d'Aix-en-Provence en 1830 et eut une influence importante sur sa carrière politique. Elle le conseillait, recevait pour lui, et prépara son élection en Seine-Inférieure en 1848. Thiers, quant à lui, se confiait volontiers à elle, lui révélant des détails connus ou secrets de sa vie publique, que Sophie Dosne consignait par écrit et qui se trouvent à l'origine des *Mémoires de Madame Dosne*, publiés en 1828, par H. Malo.

DOS SANTOS Lucia. Visionnaire et religieuse portugaise (née dans le district de Santarem en 1907). Le 13 mai 1917, alors qu'elle gardait les troupeaux avec sa cousine Jacinta Marto (sept ans) et le frère de celle-ci Francisco (neuf ans), une dame se présenta à eux en leur annonçant qu'elle reviendrait au même endroit le 13 de chaque mois pendant six mois, au terme desquels elle révélerait son identité. Malgré le scepticisme des autorités religieuses, le récit des trois enfants attira une foule de plus en plus considérable sur le lieu des apparitions. Le 13 septembre, cette même dame demanda que l'on récitât le rosaire pour le retour de la paix.

Le mois suivant, elle se fit connaître comme Notre-Dame du Rosaire, et soixante-dix mille personnes alors rassemblées assistèrent à la fameuse « danse du soleil », l'astre semblant tournoyer sur lui-même et descendre vers la Terre. Ces événements furent à l'origine du pèlerinage de Fatima dont l'ampleur est largement comparable à celui de Notre-Dame de Lourdes, où la Vierge était apparue à Bernadette* Soubirous. Le culte de Notre-Dame du Rosaire fut autorisé en 1930 en même temps que l'Église reconnaissait la véracité des visions. Des trois enfants, Francisco et Jacinta moururent respectivement en 1919 et 1920 et Lucia entra chez les carmélites de Coimbra sous le nom de sœur Marie-des-Douleurs.

DOUBLET Marie Anne, née Legendre. Femme de lettres française (Paris, 1677 - *id.*, 1771). Veuve de bonne heure d'un intendant du commerce, elle devint la compagne de l'écrivain Louis de Bachaumont, qui partagea toute sa vie sa résidence — une dépendance du couvent des Filles Saint-Thomas. Mme Doublet y anima le cénacle dit des « Paroissiens » et réunit dans son salon, à partir de 1732, l'élite des gens d'esprit de son temps. On y retrouvait son frère l'abbé Legendre, Piron, l'abbé Chauvelain, Voisenon que Voltaire appelait « mon cher Greluchon », Mme Du Deffand* et bien d'autres. Un grand nombre d'anecdotes publiées par elle sous le titre de *Nouvelles à la main* ont été reprises dans les *Mémoires secrets* de Bachaumont en trente-six volumes, dont cinq seulement sont de lui. Marie Doublet ne se consola pas de la perte de son compagnon et mourut la même année que lui.

DOUBROVSKA Felia. Danseuse américaine d'origine russe (Saint-Pétersbourg, 1896 - New York, 17 septembre 1981). Elle se forma à l'Académie impériale de Saint-Pétersbourg et devint deuxième soliste au Théâtre-Marie (aujourd'hui Kirov). Elle pouvait prétendre à mieux car elle était une excellente danseuse, admirée pour ses développés et ses sauts. En 1920, elle quitta la Russie pour rejoindre Serge de Diaghilev dont elle fut la fidèle collaboratrice jusqu'à la disparition des Ballets russes en 1929. Elle créa entre les autres *Les Noces* (Nijinska*, 1923), *Apollon Musagète* (Balanchine, 1928) et *Le Fils prodigue* (Balanchine, 1929). Son style s'imposa alors, et le public s'éprit de cette danseuse longue et mince, au port de tête altier. Douée d'une grâce féline, elle formait avec Serge Lifar un couple incomparable. Elle fut engagée comme étoile au ballet du Metropolitan Opera à New York en 1938-1939 et y resta pour enseigner ; elle y devint l'un des professeurs les plus respectés de l'école américaine.

DOUDINSKAÏA Natalia. Danseuse et maîtresse de ballet soviétique (née à Kharkov le 21 août 1912). Formée par sa mère puis par l'École de danse de Petrograd (Saint-Pétersbourg), elle travailla avec Agrippina Vaganova* et se révéla, à peine engagée au Gatob en 1931, une des plus grandes étoiles de son pays. Tous les rôles du répertoire classique lui convenaient. Petite et mince, elle possédait un magnifique port de bras et demeurait en toutes occasions légère et précise. Elle obtint en danse moderne un succès triomphal et créa de nombreux ballets, dont *Laurencia* (Tchaboukiani, 1939), *Gayané* (Anissimova, 1942), *Cendrillon* (Sergeyev, 1946) et *Le Cavalier de bronze* (Zakharov, 1949). S'étant retirée de la scène, elle devint maîtresse de ballet au Kirov. Natalia Doudinskaïa a tourné plusieurs films en Union soviétique, dont *Trio ballet* et *Le Lac des cygnes* (1953). Elle a été une excellente Carabosse dans *La Belle au bois dormant* (1964) et a remporté quatre fois le prix Staline (1941, 1947, 1949, 1954). Elle a épousé le chorégraphe Sergeyev.

DRAGA LUNIEVITZA. Reine de Serbie (Gornji-Milanovac, 1867 - Belgrade, 1903). Fille d'un négociant en grains et veuve de Svetozar Mašin, ingénieur tchèque, elle devint dame d'honneur de la reine Nathalie de Serbie qui vivait séparée de son mari, le roi Milan Obrenović. La reine, qui réprouvait l'intérêt que son fils Alexandre portait à Draga, la chassa de la cour. De retour à Belgrade en 1897, Draga retrouva Alexandre, devenu roi en 1889 à l'âge de treize ans, lequel, plus tard, en fit sa maîtresse avant de l'épouser en 1900, contre la volonté de sa famille et malgré l'hostilité des dirigeants politiques. Le roi tomba sous l'influence de sa femme qui s'attira la haine de ses sujets. Le 10 juin 1903, un groupe d'officiers conduit par le colonel Alexandre Mašin, frère du premier mari de Draga, pénétra dans le palais royal de Belgrade et les massacra tous deux. C'est ainsi que la dynastie rivale des Karagjorgjevic prit le pouvoir.

DROSTE-HÜLSHOFF Annette, baronne **von**. Poétesse allemande (château de Hülshoff, Westphalie, 10 janvier 1797 - Meersburg, lac de Constance, 24 mai 1848). Issue d'une famille patricienne, elle était douée pour la musique et le dessin et commença à écrire à l'âge de vingt-deux ans. Ses premiers poèmes, d'inspiration religieuse, recueillis dans *L'Année liturgique* ne furent publiés qu'après sa mort (1851). Elle écrivit ensuite *Le Testament du docteur* (1832-1834), poèmes épiques. Son œuvre est animée par un sentiment intense de la nature où règnent des forces obscures, des êtres étranges; sa recherche spirituelle est tournée vers la perfection morale. À partir de 1841, sous l'influence du romancier L. Schucking, de vingt ans son cadet, son imagination s'apaisa. *Dons suprêmes* (1860) font d'elle la poétesse la plus originale de l'Allemagne. Citons parmi ses œuvres romanesques *Le Hêtre aux Juifs* (1842), tableau de mœurs du XVIIIe siècle. Après sa mort, Schucking s'occupa de la première édition complète de ses œuvres.

RÉF.: D. Iehl, *Le Monde religieux et poétique d'Annette von Droste-Hülshoff*, Didier-Érudition, 1967.

DROUET Juliette, née Gauvain. Française (Fougères, 1806 - Paris, 1883). Elle était la fille d'un tailleur de Fougères et de Marie Marchandet. Orpheline de bonne heure, un oncle de Juliette, du nom de Drouet, la recueillit et la fit élever chez les bernardines bénédictines à Paris. Peu désireuse de prendre le voile, elle quitta le couvent et devint à l'âge de dix-neuf ans le modèle et la maîtresse du sculpteur Pradier, qui immortalisa sa beauté sous les traits de la statue de Strasbourg, place de la Concorde. De leur union naquit en 1826 une fille baptisée Claire, que Pradier ne reconnut pas, sans du reste nier sa paternité. Juliette Drouet fit ensuite du théâtre, obtint quelques rôles à Paris et en province. Elle se vit courtisée par des galants protecteurs, dont le prince Demidoff qui l'installa richement rue de l'Échiquier. Félix Harel, dont elle avait été la maîtresse, l'engagea pour jouer le petit rôle de la princesse Négroni* (*Lucrèce Borgia*, Hugo).

Une brève apparition au cours d'une répétition suffit à séduire Victor Hugo. Il en fit sa maîtresse, l'obligea à vendre ses bijoux et ses meubles et la logea dans un appartement presque misérable rue de Paradis. Dans son exaltation, elle accepta de vaquer aux travaux domestiques et de copier inlassablement les poèmes du maître. Elle lui écrivit jusqu'à trois billets par jour: dix-sept mille lettres au total, ce qui n'empêcha pas Victor Hugo d'avoir d'autres aventures à son insu, dont une liaison de sept ans avec Léonie Biard*. Sa rivale eut la méchanceté de le lui apprendre en lui soumettant les lettres d'amour qu'elle avait reçues. Juliette Drouet suivit néanmoins le ménage

Hugo à Guernesey à l'heure de l'exil. Ces dix-huit années passées aux îles Anglo-Normandes furent parmi les plus heureuses de leur liaison. Hugo, tout à sa maîtresse, comptabilisait ses exploits et lui décernait des «certificats d'amour». À ses côtés lors de sa rentrée triomphale à Paris sous la IIIe République, elle anima le beau salon de l'avenue d'Eylau. Jusque dans la vieillesse, elle conserva les décolletés plongeants et les manches courtes d'une ancienne comédienne. «Elle avait une belle chevelure, une voix douce, était très aimable et Victor Hugo très poli pour elle», se rappelle Julia Daudet* (*Journal* de l'abbé Mugnier). Malgré ses infidélités ancillaires, le poète ne cessa jamais de l'aimer, et l'image de Juliette Drouet est présente dans *Tristesse d'Olympio*, dans *Les Misérables* ainsi que dans de nombreux poèmes. Elle devait mourir peu avant lui d'un cancer qu'elle supporta courageusement.

DROUIN Adèle. Écuyère de cirque française (XIXe s.). Elle fut l'une des plus brillantes écuyères de la fin du second Empire. Sur sa célèbre jument Diane, elle créa à l'Hippodrome d'Arnault, en 1868, la Haute École sans brides, faisant exécuter par sa jument tous les exercices habituels avec le seul secours de sa cravache et de ses jambes. Ce numéro, exceptionnel pour l'époque, lui valut des triomphes partout où elle se présentait. Elle quitta la piste peu après son mariage et fut regrettée de tous ses admirateurs.

DROZ Eugénie. Éditrice et libraire suisse (Genève, 1893 - *id.*, 1976). Fille d'un éditeur suisse, elle fit des études poussées de linguistique et de philologie avant d'ouvrir sa librairie à Paris, en 1924, au 25, rue de Tournon. Comme les savants imprimeurs du XVIe siècle qu'elle admirait, elle se fit historienne et bibliographe pour entreprendre la publication de textes rares. Après avoir longtemps résidé à Paris, elle retourna à Genève où elle continua à diriger les collections qui ont fait sa notoriété auprès des érudits et des philologues du monde entier. Ses publications en ancien français se regroupent dans la « Bibliothèque d'humanisme et de Renaissance », et il faut mentionner la monumentale collection des « Textes littéraires français ». Eugénie Droz avait elle-même commenté une édition des *Regrets* de Du Bellay, qui fait autorité aujourd'hui. Elle a également fondé la revue *Humanisme et Renaissance*.

DU BARRY Jeanne, née Bécu, comtesse. Française (Vaucouleurs, 19 août 1743 - Paris, 8 décembre 1793). Elle était la fille naturelle d'une couturière nommée Anne Bécu, et elle reçut une bonne éducation chez les dames du Sacré-Cœur. Elle se plaça comme modiste à Paris sous le nom de Mlle Lange et devint l'amie de Mlle Labille*, peintre de talent, qui lui présenta Jean Du Barry. Ce petit gentilhomme toulousain tenait un salon où l'on jouait gros jeu. Devenue sa maîtresse, Jeanne Bécu reçut Crébillon, Guibert, les ducs de Duras et de Richelieu, le prince de Ligne, le comte de Fitz-James.

Formée au grand monde comme à la galanterie, elle rencontra Louis XV en 1768, peu après la mort de la reine, Marie* Leszczyńska (fin juin). Afin qu'elle pût demeurer à Versailles, restait à la marier et à la présenter officiellement à la cour. Le mari complaisant fut trouvé en la personne de Guillaume Du Barry, frère de Jean. Il fut plus difficile, en revanche, de choisir une marraine à la toute nouvelle comtesse; les dames de la cour se récusèrent toutes, sauf la vieille comtesse de Béarn, que l'on décida enfin, après avoir effacé des dettes qui étaient considérables. La présentation fit scandale mais eut lieu quand même (22 avril 1769). Celle que les contemporains décrivaient comme la plus jolie femme de son temps s'installa dans les appartements de Mme de Pompadour* et vécut entourée d'honneurs et de richesses.

Malgré la réputation détestable qu'on lui a faite, la comtesse Du Barry était désintéressée, vive, aimante, et par cela même elle plut beaucoup à Louis XV. Quoique de basse extraction, elle joua un rôle de mécène. Ainsi régnait-elle sur la mode et protégait-elle les artistes. Pajou fit son buste (Louvre); Drouais, Decreuze, Mme Vigée-Lebrun*, entre autres, firent son portrait. On publia sous ses auspices un *Parnasse des dames*, recueil de poésies composées uniquement par des femmes. Cependant, les satires et les libelles furent plus nombreux que les vers à sa louange: une véritable campagne de diffamation se déchaîna contre elle, menée notamment par Thévenot de Morange dont il fallut acheter le silence.

Son influence politique fut moindre que ce qu'on a prétendu: elle fut surtout l'instrument des intrigues qui bouleversèrent la fin du règne. Le duc de Choiseul, ministre en titre, la haïssait, soutenu par le Dauphin et la Dauphine (Louis XVI et Marie-Antoinette*) et par les filles du roi. En revanche, le duc d'Aiguillon, l'abbé Terray qui l'appelait « ma cousine », le duc de Richelieu l'estimaient et obtinrent en partie par elle, en partie par les fautes politiques de Choiseul lui-même, le renvoi de celui-ci. À la mort de Louis XV en 1774, elle quitta la cour et, sur ordre de Louis XVI, fut enfermée à l'abbaye de Pont-aux-Dames qu'elle put quitter l'année suivante. Elle s'installa ensuite à Louveciennes et eut une liaison, entre autres, avec le duc de Brissac. À la Révolution, le duc fut arrêté et périt dans les massacres de Septembre (1792), tandis que la comtesse Du Barry se réfugiait en Angleterre. Elle commit l'erreur de rentrer en France, et on l'accusa de chercher à emporter ses richesses dans l'émigration. Elle fut arrêtée au mois de juillet 1793 et condamnée par le tribunal révolutionnaire comme « conspiratrice et ayant porté à Londres le deuil du tyran ». Menée à l'échafaud, elle ne cessa d'implorer la pitié du peuple dont elle était issue, et qui l'injuria. On connaît sa dernière phrase devant la guillotine: « M. le bourreau, encore un moment. »

RÉF.: Duc de Castries, *La Du Barry*, Albin Michel, 1976. J. Levron, *Mme Du Barry ou la fin d'une courtisane*, Perrin, 1976.

DUBAS Marie. Chanteuse et actrice française (Paris, 1894 - *id.*, 1972). Sa famille était modeste mais passionnée de musique et de théâtre: son frère jouait du violon et sa sœur du piano. Ses parents lui firent donner des leçons de déclamation par Paul Mounet (le frère du grand Mounet-Sully) et, à l'âge de quinze ans, elle débuta au théâtre de Grenelle et figura dans les mélos de l'époque: *La Porteuse de pain*, *Les Deux Orphelines*, etc. Elle joua ensuite la soubrette dans une pièce de Sacha Guitry, *L'Amour masqué*, au théâtre Édouard VII. On l'entendit dans des opérettes de Lehár et d'Offenbach, au Bataclan et aux Variétés. *Pedro* et *Sous les ponts de Paris* furent ses premières chansons à succès. Son engagement à l'Olympia marqua le début d'une carrière triomphale: Européen, Empire, Folies-Wagram, Concert Mayol, Casino de Paris. Tout Paris reprenait ses chansons: *Quand je danse avec lui*, *Le Doux Caboulot*, *Son voile qui volait*, *La Prière de la Charlotte*. En 1936, *Mon légionnaire*, sur des paroles de Raymond Asso et sur une musique de Marguerite Monnot*, s'affirma comme un succès fantastique. Pendant la guerre, Marie Dubas chanta pour les réfugiés en Afrique du Nord, en Suisse et, en 1945, elle effectua un retour triomphal à l'ABC. Alternant avec le music-hall, elle joua au cinéma dans *La Dame de chez Maxim's* et dans *Le Petit Café*. Après une tournée en Algérie en 1958, elle fut atteinte par une attaque de paralysie et chanta une dernière fois assise sur une chaise. Elle avait épousé en 1934 le lieutenant d'aviation Georges Bellair dont elle se sépara après la naissance de leur fils, François-Robert.

DU BIEF Jacqueline. Patineuse française (née à Paris en 1930). Elle fut championne du monde de patinage artistique à Paris, en 1952. Auparavant, elle avait conquis le titre de championne de France six années consécutives (1947 à 1952).

DUBUC DE RIVERY Aimée. Française (La Martinique, 1763 - 1817). Fille de François Henri Dubuc de Rivery dont le père avait émigré à la Martinique, orpheline de bonne heure, elle fut élevée par son oncle Dubuc de Sainte-Preuve, puis envoyée à Nantes dans un pensionnat. Lors de son voyage de retour en 1784, son navire tomba aux mains des Barbaresques et la malheureuse Aimée, prisonnière, fut conduite à Alger où on la destina au vieux sultan Abd ul-Hamid. Une extraordinaire suite de révolutions de palais marquèrent l'existence d'Aimée, entre autres, la lutte pour le pouvoir entre Selim, neveu du sultan et héritier du trône, et Mustapha, le fils d'Abd ul-Hamid. Ces incessants conflits furent à l'origine du rôle que joua Aimée à la cour, au côté de la mère de Selim qui l'avait recueillie et réconfortée à son arrivée à Constantinople. À la mort d'Abd ul-Hamid, en 1789, le faible Selim monta sur le trône sous le nom de Selim III, mais son règne fut caractérisé par une suite de guerres désastreuses et de révoltes, si bien qu'il fut détrôné par les Janissaires et remplacé par Mustapha qui réapparut. Ce dernier fut renversé en 1808 par le parti réformiste qui plaça sur le trône un nouveau prétendant, qui n'était autre que Mahmoud, le propre fils d'Aimée, qu'elle avait mis au monde en 1785. Mahmoud régna sous le nom de Mahmoud II jusqu'en 1839. D'abord favorable à Napoléon, il changea brusquement de politique en 1810 et s'allia à la Russie. Aimée aurait-elle fait partager à son fils la haine qu'elle vouait à Napoléon qui venait de répudier Joséphine*, son ancienne camarade d'enfance qu'elle avait connue à la Martinique ? Cela est fort possible. Aimée Dubuc de Rivery mourut en 1817 et l'on connut le récit de sa vie par les messagers que la France envoyait régulièrement auprès de la cour de Constantinople. Michel de Grèce s'est inspiré de son destin pour écrire un roman, *La Nuit du sérail* (1982).

DUCAUX Annie. Actrice française (née à Besançon en 1908). Après des études au Conservatoire, elle entra à l'Odéon puis à la Comédie-Française. Belle et distinguée, elle savait être tour à tour cassante ou caressante. Remarquable en Célimène (*Le Misanthrope*, Molière) ou en Phèdre (*Phèdre*, Racine), elle obtint néanmoins ses plus grands succès dans le répertoire moderne: *La Prisonnière* (Bourdet), *Hyménée* (Gogol), *Port-Royal* (Montherlant). Au cinéma, elle tourna dans une trentaine de films entre 1932 et 1961, dont *Cessez le feu* (Baroncelli, 1934), *Un grand amour de Beethoven* (Gance, 1936), *Le Voleur de femmes* (Gance, 1936), *L'Homme du Niger* (Baroncelli, 1939) et *La Belle Américaine* (Dhéry, 1961).

DU CAYLA Zoé, née Talon, comtesse. Française (Le Boullay-Thierry, 1785 - Saint-Ouen, 1852). Fille d'un avocat qui fut l'un des agents du comte de Provence, futur Louis XVIII, pendant la Révolution, elle fut introduite à la cour lors de la Restauration. Elle inspira une passion toute platonique au roi impotent de trente ans son aîné. Très intelligente et intrigante, elle exerça une grande influence sur le vieux monarque qui l'écoutait volontiers. Elle favorisa la politique des ultras et obtint des faveurs pour son entourage. Pendant son «règne», qui dura jusqu'à la mort du roi en 1824, Louis XVIII la combla de richesses et lui donna le château de Saint-Ouen, aujourd'hui disparu, où elle finit ses jours retirée du monde.

DUCHAMP Suzanne. Peintre. Française (1889-1963). Sœur du célèbre peintre Gaston Duchamp, dit Jacques Villon, et du nom moins renommé Marcel Duchamp, l'inventeur de «*ready made*», elle commença à peindre dès 1905, et son travail illustre les grandes tendances du début du siècle. Ses toiles des années 1910 évoquent quelques-unes des préoccupations cubistes: espaces vivement contrastés et constructions rigoureuses. Mariée en 1919 au peintre Jean Crotti, elle connut une période dadaïste, suivie d'une brève incursion dans l'art naïf. Ses dernières œuvres manifestent une grande liberté à l'égard du réel et des courants esthétiques. Suzanne Duchamp, dans une transposition imaginaire, donna comme titres à ses peintures: *La Volière*, *L'Arbre de Mougins*, *Les Grottes de Palma*. Un grand nombre de ses toiles figure dans les collections privées.

DU CHÂTELET Émilie, née Le Tonnelier de Breteuil, marquise. Femme de lettres et de sciences française (Paris, 17 décembre 1706 - Lunéville, 10 septembre 1749). Fille d'un notable de la cour de Louis XIV, elle épousa à l'âge de dix-neuf ans le marquis Du Châtelet-Lomond, lieutenant général des armées du roi. Prodigieusement douée, elle étonna un géomètre au jeu de la reine, en calculant mentalement le produit de neuf chiffres par neuf autres. En 1733, elle noua une liaison avec Voltaire qui dira d'elle plus tard: «Tout ce qui occupe la société était de son ressort sauf la médisance.» Les deux amants vivaient le plus souvent à Cirey, le château de la marquise, mais aussi à Paris ainsi qu'à la cour de Stanislas Ier Leszczyński à Lunéville. Aux abords de la quarantaine, la marquise Du Châtelet quitta Voltaire pour le poète Saint-Lambert, dont elle s'était violemment éprise, et mourut en couches. Son mari, Voltaire et le poète, réconciliés dans une même douleur, pleurèrent sur sa tombe. Mme Du Châtelet a publié *Institutions de physique* (1740), ouvrage dans lequel elle expose clairement la doctrine newtonienne; un mémoire de quatre-vingts pages, intitulé *Dissertation sur la nature et la propagation du feu* (1744) qui concourut pour un prix de l'Académie des sciences; un *Discours sur le bonheur* (v. 1746), où elle raconte sans nostalgie un amour finissant. Elle est également l'auteur d'une traduction des *Philosophiae naturalis principia mathematica* de Newton, qui parut en 1759 sous le titre *Principes mathématiques de Newton* et qui comprend un *Éloge historique de Mme Du Châtelet* par Voltaire. Cette traduction, la première en langue française, contribua largement à la diffusion de la doctrine newtonienne en Europe.

RÉF.: É. Badinter, *Émilie, Émilie, l'ambition féminine au XVIIIe siècle*, Flammarion, 1983.

DUCHESNOIS Mlle (Catherine Joséphine Rafin, dite). Actrice française (Saint-Saulve, près de Valenciennes, 5 juin 1777 - Paris, 8 janvier 1835). Elle fit ses premières apparitions au théâtre dans des pièces d'amateurs à Valenciennes avant de s'installer à Paris en 1797 où, protégée par Mme de Montesson et conseillée par deux poètes, Vigée et Légouvée, elle débuta en 1802 à la Comédie-Française dans *Phèdre* (Racine). Elle jouait avec Talma et obtint un succès triomphal de la part du public, mais pas des acteurs qui exigèrent de la direction qu'elle fût mise à l'essai pendant cinq mois. S'éleva bientôt une cabale contre elle. On lui opposait Mlle George* que soutenait l'un de ses amants, le premier consul, tandis que Mlle Duchesnois recueillait les suffrages de Joséphine*. Cette rivalité empoisonna la scène de la Comédie-Française jusqu'à ce que Joséphine obtînt que l'on reçût Mlle Duchesnois comme sociétaire en même temps, d'ailleurs, que Mlle George (17 mars 1804). Après le départ de cette dernière pour la Russie, Mlle Duchesnois régna sans partage. Elle incarna avec succès la plupart des grands rôles du répertoire classique. Elle prit sa retraite en 1833. Elle ne se maria pas et eut trois enfants de trois pères différents: Henri, Anatole, dont le père était Alexis de Lawoestine, petit-fils de Mme de Genlis*, et Raymonde.

DUCLOS Mlle (Marie-Anne de Châteauneuf, dite). Actrice française (Paris, 1688-1748). Entrée à la Comédie-Française en 1693, elle succéda à la Champmeslé* dans les rôles tragiques et se querella immédiatement avec Mlle Desmares*. Intraitable, passionnée, elle épousa à quarante ans un garçon de dix-sept ans qui la battait et la ruina. Elle était impopulaire auprès de ses partenaires et se vengea sur une jeune débutante, Adrienne Lecouvreur*. Grande, imposante, elle passait, peut-être à tort, pour sotte (on disait «bête comme la Duclos»). Elle n'en fut pas moins une excellente tragédienne. Elle incarna Josabeth (*Athalie*, Racine) en 1716, Esther (*Esther*, Racine) en 1721, Salomé (*Marianne*, Voltaire) en 1724, Jocaste (*Œdipe*, Lamothe). Elle jouait avec l'outrance des comédiens de son temps (Voltaire parlait à son sujet de «mélopée théâtrale») et tirait des larmes à son auditoire. Elle se retira de la scène à soixante-douze ans, considérée comme démodée par la jeune génération. Il existe d'elle un portrait de Nicolas de Largillière.

DU DEFFAND Marie, née de Vichy-Chamrond, marquise. Femme de lettres française (château de Chamrond, Bourgogne, 25 décembre 1697 - Paris, 22 octobre 1780). Son enfance et son adolescence se passèrent à Paris au couvent des Bénédictines. Elle épousa, sans amour, à vingt-deux ans, le riche marquis Du Deffand de la Lande, colonel des dragons, qu'elle laissa bientôt à ses garnisons. Alors commença pour elle une vie des plus dissipées. Elle eut de nombreux amants, dont le Régent Philippe d'Orléans, avant de s'assagir dans une liaison quasi conjugale avec le président Hénault, qui lui fit connaître ses amis. Ce fut le début de son premier salon, rue de Beaune, fréquenté surtout par des gens du monde. On y rencontrait le duc de Lauzun, le maréchal de Richelieu, Mme de Vintimille*, Mme de Beauvais et la duchesse de Luxembourg* qui y défendait l'«urbanité». La marquise Du Deffand s'installa en 1747 au 10-12, rue Saint-Dominique, dans une partie de l'ancien couvent Saint-Joseph qui avait abrité Mme de Montespan* au temps de sa disgrâce. Le magnifique salon «tapissé de moire bouton d'or» accueillit, sous l'influence de d'Alembert, gens de lettres, écrivains et philosophes : Fontenelle, Montesquieu, Marmontel, Marivaux, Sedaine, La Harpe, Turgot, Condorcet, Voltaire auxquels étaient venus se joindre les anciens habitués de la rue de Beaune et le prince de Beauffremont, le marquis de Boufflers, M. et Mme Necker*, sans compter les étrangers de passage.

La fameuse «parleuse» recevait ses fidèles assise dans son grand fauteuil, un chat sur les genoux, comme la représente Carmontelle dans une aquarelle. Elle écoutait aussi beaucoup et résumait en traits brillants et en boutades souvent méchantes ce qu'elle avait bien voulu retenir. Ayant perdu la vue en 1753, elle prit auprès d'elle une lointaine parente, Julie de Lespinasse*, qui lui servit de dame de compagnie pendant dix ans. De leur brouille date le déclin du salon de Mme Du Deffand: Julie fut chassée en 1764, entraînant ses amis à sa suite. À soixante-sept ans, la marquise se prit de passion pour l'écrivain anglais Horace Walpole, l'auteur du *Château d'Otrante*, de vingt ans son cadet, qu'elle poursuivit de ses lettres. Elle qui détestait l'excès de sentiment lui écrivait encore un mois avant de mourir : « Vous me regretterez parce qu'on est bien aise de se savoir aimé. »

Mme Du Deffand a laissé une *Correspondance* publiée en 1809 (augmentée dans l'édition de 1859), adressée à ses amis Voltaire, d'Alembert, le président Hénault, les duchesses du Maine* et de Choiseul. Son style aisé traduit des jugements acérés mais lucides, aussi bien sur elle-même que sur ses contemporains. Son intelligence détrompée mit à profit l'axiome de Pascal : « Le moi est haïssable. » Sainte-Beuve la jugeait l'« un de nos classiques par la langue et par la pensée et l'un des plus excellents ». Sa méditation sur l'ennui et son dégoût de vivre annoncent cependant les thèmes du romantisme. « Le fâcheux, écrivait-elle, c'est d'être né, et l'on peut pourtant dire de ce malheur-là que le malheur est pire que le mal. » Ses *Lettres à Walpole* ont été éditées en 1819.

RÉF. : V. Craveri, *Madame Du Deffand et son monde*, Le Seuil, 1987.

DUFLOS Huguette (Hermance Hert, dite). Actrice française (Tunis, 1891 - 1983). Elle débuta au Français dans des emplois d'ingénues et de jeunes premières et y resta jusqu'en 1927. Insatisfaite des rôles qu'on lui attribuait, elle quitta la Maison pour le Boulevard où elle interpréta *Le Prince des neiges* (R. Peyrefitte) et *Clérembard* (Aymé). Elle passa ensuite à l'écran et obtint la renommée avec *L'Ami Fritz* (Hervil, 1919), puis *Kœnigsmark* (Perret, 1923), *L'Homme à l'hispano* (Duvivier, 1926), *Le Mystère de la chambre jaune* et *Le Parfum de la dame en noir* (L'Herbier, 1931). Elle publia ses souvenirs sous le titre *Heures d'actrice* (1929) et continua d'écrire pour la presse périodique.

DUGAZON Louise Rosalie, née Lefèvre. Soprano française (Berlin, 18 juin 1755 - Paris, 22 septembre 1821). Fille d'un maître de ballet à l'Opéra de Berlin, elle débuta en 1767 comme danseuse à la Comédie-Italienne (futur Opéra-Comique). Encouragée par André Grétry qui écrivit pour elle un rôle dans *Lucile* (1769), elle commença à étudier le chant avec Charles Favart. Ses vrais débuts eurent lieu avec le rôle de Pauline (*Sylvain*, Grétry) en 1774. En 1776, elle épousa l'acteur Jean-Henri Gourgaud, dit Dugazon, dont elle se sépara en 1779 mais dont elle conserva le nom à la scène. D'une sensibilité exquise, ravissante, elle fut la cantatrice la plus populaire et la plus admirée de son temps ; elle créa une soixantaine de rôles de Grétry, Dalayrac, Méhul, Isouard, Boieldieu. Elle parut également à Londres et à Lyon. Dans la deuxième partie de sa vie, elle interpréta les madonnes, donnant naissance à la distinction entre « jeunes Dugazon » — les rôles d'ingénues — et « mères Dugazon ». Trois de ses sœurs dansèrent et chantèrent à la Comédie-Italienne. Elle fait ses adieux à la scène en 1805 dans le rôle de Lémaide (*Le Calife de Bagdad*, Boieldieu) en présence du Premier consul. Citons parmi les principales créations de sa jeunesse *La Belle Arsène* (Monsigny, 1776), *Le Jugement de Midas* (Grétry, 1780), *L'Amant jaloux* (Grétry, 1780), *Aucassin et Nicolette* (Grétry, (1782), *Le Corsaire* (Dalayrac, 1782), *Sargines* (Dalayrac, 1788), *Camille* (Dalayrac, 1791), *Maison à vendre* (Dalayrac, 1800).

RÉF. : J.-J. Olivier, *Madame Dugazon de la Comédie-Italienne*, Paris, 1917.

DU GUESCLIN Julienne. Héroïne française (1333-1405). Elle était la sœur du célèbre connétable. Lors du siège de Pontorson en 1360, les Anglais, sachant

Du Guesclin absent, en profitèrent pour lancer une attaque nocturne. Julienne, réveillée par le bruit, courut à la fenêtre et tua plusieurs ennemis, donnant ainsi l'alarme. La ville fut sauvée. Elle finit ses jours comme abbesse du monastère bénédictin de Saint-Georges, à Rennes.

DU GUILLET Pernette. Poétesse française (Lyon, 1520 - *id.*, 1545). Connaissant le latin, le grec, l'italien, l'espagnol, elle rencontra le poète Maurice Scève qui eut un grand attachement pour elle et qui la chanta dans son œuvre sous le nom de Délie. Elle collabora avec lui au *Petit Œuvre d'amour* (1538). Après sa mort, peut-être due à la peste, son mari, Du Guillet, gentilhomme savoyard qu'elle avait dû épouser sous la pression de sa famille, rassembla ses poèmes que publia Antoine Du Moulin sous le titre, *Les Rithmes et poésies de gentile et vertueuse dame Pernette Du Guillet* (1545). Son œuvre chante surtout son amour pour Maurice Scève sous une forme intellectuelle très appréciée en son temps.

DU HAUSSET Nicole, née Collesson. Mémorialiste française (Vitry-le-François, 14 juillet 1713 - Paris, 24 juillet 1801). Après le couvent, une partie de sa jeunesse se passa aux Invalides, où son oncle, Rollot de Bauregard, était prévôt. Elle épousa à une date indéterminée un gentilhomme normand sans fortune, Jacques-René Du Hausset, auquel elle donna deux fils et deux filles. Devenue veuve en 1743, elle parvint, par l'entremise de son oncle, à entrer au service de Mme de Pompadour* comme première femme de chambre. Mme Du Hausset vécut quelque vingt ans dans l'intimité de l'alcôve. Ses *Mémoires* bienveillants, sauvés par Sénac de Meilhan et publiés en Angleterre en 1809, recèlent maintes historiettes passées aux anecdotes du siècle. L'amie de toujours y brosse un portrait émouvant de la Pompadour* luttant pour conserver l'amour du «maître». Les *Mémoires* de Mme Du Hausset ont été réédités plusieurs fois.

DULAC Germaine, née Saisset-Schneider. Cinéaste française (Amiens, 1882 - Paris, 1942). Elle fut l'une des premières femmes metteurs en scène. Elle appartenait aux mouvements d'avant-garde d'entre les deux guerres et choisissait des scénaristes réputés comme Louis Delluc, Jean-Louis Bouquet, Antonin Artaud, etc. Citons parmi ses films *Géo le mystérieux* (1915), *Les Sœurs ennemies* (1916), *La Fête espagnole* (1919), *La Souriante Madame Beudet* (1922), *Le Diable dans la ville* (1924) et surtout *La Coquille et le Clergyman* (1928) sur un scénario d'Artaud qui fit grand bruit auprès des surréalistes. Germaine Dulac a laissé de nombreux écrits théoriques sur le cinéma, dont la plupart ont paru dans les revues spécialisées de l'époque.

DU MAURIER Daphné. Romancière anglaise (Londres, 1907 - Par, Cornouailles, 1989). Petite-fille de George Du Maurier, écrivain anglais d'origine française, et fille de l'homme de théâtre sir Gerald Du Maurier, elle grandit à Paris et épousa en 1935 le général de division sir Frederick Browning dont elle eut trois enfants. Son mari devint trésorier du duc d'Édimbourg. En 1944, elle s'installa avec lui au château de Menabily (soixante pièces) — le Manderley de *Rebecca*. Elle commença très jeune à écrire et publia en 1931 *Loving Spirit*. Poursuivant la tradition du roman populaire sous sa meilleure forme, elle publia *L'Auberge de la Jamaïque* (1936), roman de cape et d'épée, puis reprenant sa généalogie, elle fit paraître *Les Du Maurier* (1937). L'année suivante, *Rebecca* la consacra comme l'une des meilleures romancières de sa génération. Vinrent ensuite *La Crique du Français* (1941), *Le Général du roi* (1946), *Ma cousine Rachel* (1951), *Le Vol du faucon*

(1964), etc. On lui doit également un album sur la Cornouailles (1967) et une biographie du frère des célèbres sœurs Brontë* (1960). Ses œuvres ont souvent été adaptées à l'écran, notamment par Hitchcock (*Rebecca* et *Les Oiseaux*).

DUMÉE Jeanne. Astronome française (XVIIe siècle). On sait peu de choses sur elle, sauf qu'elle naquit à Paris et qu'elle épousa un officier qui fut tué en Allemagne alors qu'elle avait dix-sept ans. Elle était passionnée d'astronomie et composa un *Entretien sur l'opinion de Copernic touchant à la mobilité de la Terre*, dans lequel elle défendait les idées de Copernic et de Galilée. L'ouvrage ne fut pas publié, mais le *Journal des savants* en rendit compte, sur manuscrit, en 1680.

DUMESNIL Mlle (Marie-Françoise Marchand, dite). Actrice française (Paris, 1713 - *id.*, 1803). Entrée en 1737 à la Comédie-Française où elle se révéla dans les personnages d'héroïnes passionnées, elle enthousiasma le célèbre acteur anglais Garrick: « C'est Agrippine, c'est Sémiramis, c'est Athalie que j'ai vues. » Et Voltaire, qui lui attribuait le succès de *Mérope* (1743), d'ajouter: « Le grand pathétique de l'action, nous le vîmes pour la première fois chez Mlle Dumesnil. » Calme et réservée à la ville, son jeu plein d'éclat séduisit et s'opposa à celui de sa rivale, Mlle Clairon*. La Dumesnil, qui ne prit pas part à la réforme du costume, paraissait toujours vêtue d'habits somptueux et recouverte de bijoux, sans rapport avec son rôle. Retirée de la scène en 1776, en pleine possession de ses moyens, elle transmit aux jeunes comédiens les traditions de son art bien au-delà de la tourmente révolutionnaire.

DUMITRESCO Natalia. Peintre. Roumaine (née à Bucarest en 1915). Après avoir obtenu son diplôme à l'Académie des beaux-arts de Bucarest en 1936, elle se lia avec le peintre Alexandre Istrati. Tous deux s'installèrent à Paris en 1947 et s'intégrèrent au courant dit de l'« abstraction lyrique ». Ils firent la connaissance de deux de leurs compatriotes célèbres, le sculpteur Constantin Brancusi et l'écrivain Eugène Ionesco, qui suivirent leurs carrières avec un grand intérêt. Natalia Dumitresco a obtenu le prix Kandinsky en 1955 et le prix des Amateurs et Collectionneurs d'art en 1957. Sa peinture est résolument non figurative, fondée sur une structure graphique rigoureuse où la couleur est elle-même étroitement associée aux labyrinthes de la composition. Elle dégage cependant une réelle poésie qui vient tempérer ce que l'écriture géométrique peut comporter de trop abstrait. Elle vit à Paris depuis 1947.

DUMONT Margaret (Daisy Baker, dite). Actrice américaine (New York, 1889 - Los Angeles, 1965). Elle monta très jeune sur les planches et affronta le music-hall: on la vit au Casino de Paris et en Grande-Bretagne. Après la mort de son mari John Moller, homme d'affaires qu'elle avait épousé en 1910, elle reprit sa carrière théâtrale puis fut engagée par le producteur Sam Harris pour incarner Mrs. Poter. C'était son premier rendez-vous avec les Marx Brothers. Face à leurs déchaînements et à la muflerie appuyée de Groucho dont elle était la cible préférée, elle restait d'une dignité imperturbable, et son maintien majestueux personnifiait la bonne société. Après être apparue dans plusieurs de leurs films, elle eut l'habileté de changer de registre et d'aborder des rôles très différents: *Femmes* (Cukor, 1939), *Passez muscade* (Cline, 1941) qu'elle tourna avec W.C. Fields, *Le Bal des sirènes* (Sidney, 1944). Dans son dernier film, *Madame Croque-maris* (Lee-Thomson, 1964) — elle avait soixante-quinze ans —, elle incarne la mère acariâtre de Shirley MacLaine*.

DUNAWAY Faye. Actrice américaine (née à Bascorn en 1941). Fille d'un officier de l'armée américaine, elle mena dans son enfance la vie nomade de ses parents. Elle fit ses études en Floride et fut diplômée de l'université de Floride puis de la School of Fine and Applied Art de Boston. Elle tint ensuite de petits rôles de théâtre à New York, exerça divers métiers dont celui de mannequin, avant de faire ses débuts à l'écran en 1966 dans *Les Détraqués* (Silverstein), suivis de *Que vienne la nuit* (Preminger, 1967) et de *The Extraordinary Seaman* (1967). Cependant, c'est dans *Bonny and Clyde* (Penn, 1967) qu'elle révéla son talent : le film eut un énorme succès et marqua le départ de sa carrière de star. Une beauté remarquable, une énergie peu commune tempérée par une grande sensibilité, un talent aux multiples facettes lui ont permis d'évoluer avec aisance dans des rôles très différents : l'impitoyable directrice de télévision dans *Network* (Lumet, 1976), prestation qui lui valut un oscar, le mannequin névrosé de *Portrait d'une enfant déchue* (Schatzberg, 1970), l'altière Milady des *Trois Mousquetaires*, etc. Citons encore parmi ses films : *Le Temps des amants* (De Sica, 1969), *L'Arrangement* (Kazan, 1969), *Little Big Man* (Penn, 1970), *La Maison sous les arbres* (Clément, 1971), *Chinatown* (Polanski, 1974) et *Les Yeux de Laura Mars* (Kershner, 1978).

DUNCAN Élisabeth. Danseuse et pédagogue américaine (San Francisco, 1874 - Tübingen, 1er décembre 1948). Elle était la sœur d'Isadora Duncan*, avec laquelle elle fonda une école à Berlin en 1904. Elle aussi se réclamait d'une « danse libre », expression d'un mouvement intérieur, et d'un retour aux sources. Elle ouvrit sa propre école à Darmstadt, avec Max Merz, en 1911. Réfugiée aux États-Unis pendant la Première Guerre mondiale, elle revint en Allemagne en 1920. Elle travailla à Postdam pendant cinq ans avant d'aller enseigner à Klessheim, près de Salzbourg (1925-1933), puis à Prague (1933-1935) et enfin à Munich. A Mörlbarch, au bord du lac Starnberg, une école perpétue son enseignement fondé sur l'unification des corps spirituel et physique.

DUNCAN Irma (Dorette Ehrich-Grimme, dite). Danseuse américaine d'origine allemande (Schleswig-Holstein, 26 février 1897 - Santa Barbara, 20 septembre 1977). Elle fut l'une des premières élèves d'Isadora Duncan* à Berlin et fit ses débuts au Kroll Opera à l'âge de huit ans. Elle comptait déjà plusieurs tournées lorsqu'elle commença à enseigner, à quatorze ans, à l'école d'Élisabeth Duncan*, à Darmstadt. Trois ans plus tard, elle dirigeait l'institution d'Isadora Duncan à Bellevue. Considérée comme sa fille spirituelle, elle porta désormais le même nom. Ensemble, elle fondèrent l'école de Moscou en 1921, dont Irma prit la direction lors de la mort tragique d'Isadora en 1927. Elle organisa à ce moment une tournée commémorative en Amérique et en Chine avant de s'établir aux États-Unis, où elle avait déjà été acclamée en 1918-1920. Elle fit ses adieux à New York en 1934 en dansant sur l'« Hymne à la joie » de la *Neuvième Symphonie* de Beethoven. Elle continua à enseigner par la suite en perpétuant l'art si personnel de son modèle. Elle est l'auteur des seuls traités que l'on possède sur la danse duncanienne : *The Technique of Isadora Duncan* (1937) et *Duncan Dancer* (1966).

DUNCAN Isadora. Danseuse américaine (San Francisco, 27 mai 1878 - Nice, 14 septembre 1927). Elle naquit d'une mère irlandaise et d'un père écossais qui abandonna une famille de quatre enfants, la laissant dans une condition précaire. La mère donnait des leçons de piano pour subsister. En 1895, ils s'installèrent à Chicago où Isadora, qui avait reçu une formation de danseuse classique, monta des spectacles avec sa sœur Élisabeth Duncan* et ses deux frères, Augustin et Raymond. En 1898, ayant perdu tout ce qu'ils possédaient dans l'incendie de l'hôtel Windsor, ils s'embarquèrent pour Londres. Isadora Duncan y fit la connaissance de Mrs. Patrick Kembell, ce qui lui permit de se produire dans des salons et des galeries fréquentés par la haute société londonienne. Son premier succès eut lieu à la New Gallery.

Dès cette époque, son art, qui rejetait les conventions de la danse classique, était formé. Férue de Platon et des tragiques grecs, elle improvisait des danses libres dans lesquelles elle cherchait à recréer l'ambiance de la Grèce antique. Elle se présentait au public vêtue d'une simple tunique, pieds nus, et dansant sur des musiques qui n'avaient pas été composées pour cela: Monteverdi, Gluck, Chopin, par exemple. À Paris en 1902, elle confirma son succès londonien, notamment dans le salon de la princesse de Polignac et fut applaudie par Mounet-Sully, Fauré, le peintre Eugène Carrière, Rodin. La même année, elle se produisit avec Loïe Fuller* à Berlin. Elle entama ensuite une série de récitals à Budapest, Monaco, Florence, Berlin de nouveau, où elle obtint un triomphe en dansant sur la *Septième Symphonie* (Beethoven) au Krolloper (1904). Elle réédita cette performance en 1908 à Broadway où elle dansa également sur la musique d'*Iphigénie en Aulide* (Gluck).

En 1904, elle ouvrit une école de danse à Berlin avec sa sœur Élisabeth. Elle se rendit trois fois en Russie (1905, 1908 et 1912), suscitant à chaque fois des controverses passionnées entre novateurs et traditionalistes. Devenue une étoile internationale incontestée, elle multiplia les tournées à travers l'Europe jusqu'à sa mort : Allemagne, Suède, Angleterre, France, ainsi qu'aux États-Unis. Elle eut plusieurs liaisons: avec E. Gordon Craig, dont elle eut une fille née en 1906; avec le millionnaire Singer qui l'aida à ouvrir une deuxième école de danse à Beaulieu et dont elle eut un fils né en 1912. Ses deux enfants se noyèrent en 1913 par la négligence d'un chauffeur qui n'avait pas serré le frein à main de l'automobile dans laquelle ils se trouvaient. Le 3 mai 1922, elle épousa le poète russe Serge Iessenine; ils se séparèrent à Moscou trois semaines plus tard. Celui-ci, incapable de s'adapter à la Russie soviétique dont il avait pourtant chanté l'avènement, se suicida l'année suivante. Isadora Duncan dansa pour la dernière fois aux sons de la *Symphonie inachevée* (Schubert) et de l'*Ave Maria* (Schubert), à Paris l'année de sa mort. Elle mourut deux mois plus tard, étranglée par son écharpe dont l'une des extrémités s'était prise dans une roue de sa voiture.

RÉF. : F. Blair, *Isadora, Portrait of the Artist as a Woman*, New York, MacGrew-Hill, 1986. M. Lever, *Isadora, roman d'une vie*, Presses de la Renaissance, 1986.

DUNHAM Katherine. Danseuse et chorégraphe américaine (née à Chicago, le 22 juin 1910). Elle fut initiée à la danse par Ludmilla Speranza et Mark Turbyfill et tint son premier rôle en 1933 dans *La Guiablesse*. Parallèlement, elle écrivit un mémoire de maîtrise sur la danse haïtienne. Dans le cadre de son doctorat d'anthropologie à l'université de Chicago, elle voyagea aux Antilles où elle étudia l'héritage africain des danses vaudou. De retour aux États-Unis, elle transposa à la scène des ballets d'une étonnante authenticité : aux pagnes et aux régimes de bananes de la revue des Black Birds succèdait la révélation d'un vrai folklore. Entourée d'excellents danseurs, avec le programme *Tropics and Jazz Hot*, *From Haïti to Harlem*, elle lança à New York la danse afro-américaine (1940). La même année, elle signa sa première comédie musicale pour Broadway, *Cabin in the Sky*, puis s'installa à Hollywood.

Elle composa avec son mari John Pratt des revues noires et les chorégraphies de nombreux films, dont *Carnival of Rythms* (1942). En 1945, elle ouvrit à New York la Dunham School of Dance, qui devint le centre de la danse américaine. Parmi les ballets qui ont fait la notoriété de la troupe, on peut citer *Shango*, *La Suite brésilienne*, *Batucada* et *Los Indios*. Katherine Dunham avait triomphé au théâtre de Paris en 1948 ; elle poursuivit ses tournées en Europe dans les années 50. D'aucuns ont pu déplorer l'influence du music-hall sur ses spectacles. En 1963, le Metropolitan Opera de New York lui demanda la chorégraphie d'*Aïda*. En 1965-1966, elle devint la conseillère culturelle du président du Sénégal ainsi que de son ministre de la Culture. Directrice du Performing Arts Training de l'université d'Illinois, elle a publié *Katherine Dunham's Journey to Accompong* (1946), *A Touch of Innocence* (1959), *Island Possessed* (1969). Elle a obtenu le Dance Magazine Award en 1968.

DUNNE Irène (Irène Marie Dunn, dite). Actrice américaine (Louisville, 1901-1990). Excellente soprano, elle ne parvint pas à s'imposer comme cantatrice, aussi débuta-t-elle comme chanteuse dans des opérettes à Broadway : *Irène*, *Show-Boat*. La RKO lui confia un rôle dans *Leather Necking* (Cline, 1930) suivi de *Cimaron* (W. Ruggles, 1931). Ces réussites la firent connaître d'un public vite acquis à sa silhouette élégante, à sa beauté, à son jeu sensible. La diversité de ses talents lui permettait d'être la vedette des films les plus variés. Elle fut l'amante malheureuse dans *Histoire d'amour* (J. Stahl, 1932) où elle fit sangloter toute une génération de spectacteurs. J. Stahl lui fit tourner également *Le Secret magnifique* (1935) et *Veillée d'amour* (1939). On la retrouve dans le rôle de l'infirme dans *Symphony of Six Millions* (La Cava, 1932) et plus tard dans *Elle et Lui* (Mc Carey, 1939) rôle dans lequel elle donne toute la mesure de son talent. En 1933, elle était la malheureuse mère dans *Le Secret de Madame Blanche* (Ch. Brabin) et, en 1944, l'héroïne romanesque de *Blanche Falaise de Douvres* (Brown). Mais son sens de l'humour et la vivacité de son jeu lui parmirent de triompher dans *Théodora devient folle* (R. Boleslawsky, 1936), *Cette sacrée vérité* (McCarey, 1937), *Quelle joie de vivre* (Garnett, 1938), *Un soir en scène* (M. Leroy, 1935). Irène Dunne tourna avec les plus grands cinéastes, parmi lesquels John Cromwell — dont elle fut l'une des vedettes préférées —, Mamoulian, Stevens, Fleming, Vidor, Curtiz, Marshall, Negulesco, Kanin, etc. Citons encore dans son abondante filmographie : *Back Street* (Stahl, 1932), *La Furie de l'or noir* (Mamoulian, 1937), *Mon épouse favorite* (Kanin, 1940), *Mon cow-boy adoré* (Marshall, 1950).

DUPARC Françoise. Peintre. Française (Murcie, Espagne, 1726 - Marseille, 1778). Fille du sculpteur marseillais Antoine Duparc, elle fut l'élève de Jean-Baptiste Van Loo. Après des séjours à Londres et à Paris, où son talent de portraitiste fut très apprécié, elle se retira à Marseille. Ses toiles du musée de Marseille, *L'Homme à la besace*, *La Marchande de tisane*, *Vieille Femme assise* ainsi que *La Tricoteuse* du musée de Versailles, révèlent un réalisme proche de celui de Chardin.

DU PARC (Thérèse de Gorle, dite **la**). Actrice française (Paris, 1633 - *id.*, 11 décembre 1668). Fille d'un comédien ambulant, elle épousa en 1653 l'acteur René Berthelot, plus connu sous le nom de Du Parc. Tous deux entrèrent dans la troupe de Molière, que Mlle Du Parc ne manqua pas de séduire, dit-on. Elle joua dans nombre de ses pièces. Vers 1664, elle devint la maîtresse de Racine et entra dans sa troupe, à l'hôtel de Bourgogne. Cette liaison fut la cause de la brouille de Molière et Racine. Celui-ci écrivit *Andromaque* pour Mlle Du Parc qu'elle joua lors de la création en 1667. Les bruits les plus invérifiables coururent sur les causes de sa mort. Catherine Voisin* accusa Racine de l'avoir empoisonnée à l'instigation de la Champmeslé*. D'autres ont avancé que, enceinte du tragédien, elle serait morte des suites d'un avortement mal conduit.

DUPIN Aurore. Voir SAND George.

DUPIN Marie. Française (1540-?). Fille d'un aubergiste de Bourgueil, elle avait quinze ans lorsque Ronsard, qui en avait trente, la rencontra. Il s'éprit de cette jolie paysanne, mais il ne semble pas qu'elle ait partagé sa passion jusqu'à lui accorder ses faveurs. Dans *Les Amours de Marie* (1555-1556), le poète chante cette pastourelle angevine dans un style très éloigné du premier recueil des *Amours de Cassandre.*

DUPLESSIS Marie (Alphonsine Plessis, dite). Française (Nonant, Orne, 16 janvier 1824 - Paris, 1847). Elle possédait une lourde hérédité: sa mère, ancienne prostituée, avait épousé un colporteur alcoolique, lui-même fils d'un prêtre jureur et d'une péripatéticienne. Elle était pauvre mais ravissante et, après son installation à Paris, fit une carrière rapide dans la galanterie. Elle devint la maîtresse du duc de Guiche, puis fut recherchée par de riches protecteurs dont elle acceptait avec naturel les somptueux présents. Elle était bien connue du Tout-Paris : on la voyait dans sa loge à l'Opéra, invariablement vêtue de blanc, recouverte de perles et de bijoux, tenant dans ses bras une gerbe de camélias. Alexandre Dumas fils la rencontra en 1844, tomba éperdument amoureux d'elle mais, trop pauvre pour l'entretenir, dut rompre. Selon une version moins flatteuse pour l'écrivain, il aurait abandonné sa maîtresse par peur de la maladie. Elle était en effet déjà atteinte de la tuberculose dont elle devait mourir peu après.

La postérité ne l'aurait pas retenue si Dumas ne l'avait immortalisée dans son roman, *La Dame aux camélias* (1848), qu'il adapta à la scène quatre ans plus tard. Le succès de cette pièce fut prodigieux, qui mettait en scène Marie Duplessis, alias Marguerite Gautier, se sacrifiant et renonçant au luxe pour son amant, Armand Duval, avant de mourir de phtisie. Verdi s'inspira de l'œuvre de Dumas pour donner *La Traviata* à Venise en 1853. L'opéra, représenté à Paris au Théâtre-Italien (1856), fit autant que la pièce pour propager le mythe de l'amour romantique.

DU PONT Margaret, née Osborne. Championne de tennis américaine (née en 1918). Elle doit une grande partie de sa renommée aux succès qu'elle remporta en double avec miss Louise Brough*. Pendant près de quinze ans à partir de 1942, leur association fut quasiment imbattable. Douze fois championnes de double dames des États-Unis, cinq fois championnes de Wimbledon, trois fois de Roland-Garros, elles remportèrent vingt des grands championnats internationaux, record qui n'a pas encore été battu.

DURAND Marguerite. Féministe française (1864-1936). Après des études au Conservatoire où elle obtint un premier prix de comédie, elle entra à la Comédie-Française et y joua des rôles d'ingénue de 1881 à 1888. Elle quitta bientôt la scène pour s'occuper de politique avec son mari Georges Laguerre, avocat et député, et s'initier au journalisme en rédigeant des articles pour *La Presse*. En 1896, envoyée par *Le Figaro* à un congrès féministe international, elle décida de se consacrer à la défense des droits de la femme. Elle fonda en 1897 *La Fronde*, journal rédigé et dirigé uniquement par des femmes: elle y publia des articles en faveur de l'égalité des sexes, défendant le rôle des femmes dans la société, qui déchaînèrent contre leurs auteurs une opposition farouche et railleuse de la part des lecteurs masculins. Après *La Fronde*, Marguerite Durand créa *L'Action* (1905), puis *Les Nouvelles* (1909) et organisa de nombreux congrès, en particulier le Congrès du droit des femmes lors de l'Exposition universelle de 1900. Elle avait réuni, pour son propre usage, une abondante documentation sur la situation sociale, culturelle et historique de la femme dans le monde; elle la légua à la Ville de Paris en 1931, et on peut la consulter librement dans la bibliothèque qui porte son nom, dans le 13e arrondissement.

DURAND Marie. Française (Bouchet-de-Pranles, Vivarais, 1715 - *id.*, 1776). Elle fut élevée dans une famille farouchement acquise à la religion protestante; son père, Étienne Durand, fut enfermé au fort de Brescou et ne fut libéré qu'en 1743. Son frère, pasteur du Désert, martyr de sa foi, fut exécuté en 1732 à Montpellier. Quant à Marie, elle fut arrêtée en 1730 pour avoir prié Dieu selon les rites réformés. Elle avait quinze ans. Enfermée à la tour Constance à Aigues-Mortes, elle y resta prisonnière trente-huit ans, donnant à ses compagnes un admirable exemple de courage et de foi. Lorsqu'elle fut libérée en 1768, sa santé était ruinée et elle était presque sans ressources. Elle retourna dans sa maison natale et y vécut jusqu'à sa mort avec l'une de ses compagnes de captivité.

DURAS Claire, née de Coëtnempren de Kersaint, duchesse **de**. Femme de lettres française (Brest, 22 mars 1778 - Nice, 16 janvier 1828). Fille d'un capitaine de vaisseau mort sur l'échafaud, elle émigra en Martinique avec sa mère avant de se fixer à Londres où elle épousa en 1797 un autre émigré, le duc de Duras. Elle rentra en France sous le Consulat et, grâce à son influence auprès de Fouché, obtint de récupérer ses biens séquestrés puis la radiation de son mari sur la liste des émigrés. En 1808, elle rencontra Chateaubriand avec lequel elle entretint une très longue amitié. Elle avait l'oreille de la cour et, à partir de la première Restauration, elle mena avec brio la carrière de l'écrivain. Elle lui obtint notamment sa nomination à la Chambre des pairs (1816), l'ambassade de Berlin (1820), celle de Londres (1822), etc. Elle tenait à Paris un salon très fermé. Elle publia deux romans d'amour, *Ourika* (1824) et *Édouard* (1825), qui remportèrent un vif succès. Parurent après sa mort *Louis XIV. Pensées extraites de ses ouvrages et de ses lettres manuscrites. Réflexions et prières inédites* (1839).

RÉF.: A. Bardoux, *La Duchesse de Duras*, Paris, 1898.

DURAS Marguerite (Marguerite Donnadieu, dite). Femme de lettres française (née à Gia Dinh, Cochinchine en 1914). Elle naquit en Cochinchine où ses parents étaient installés avant la naissance de leurs trois enfants. Son père, professeur de mathématiques et auteur d'un livre sur les fonctions exponentielles, mourut lorsqu'elle avait cinq ans. Sa mère, institutrice, dut alors trouver des revenus supplémentaires pour faire vivre sa famille. Elle joua du piano à l'Éden Cinéma puis acheta une petite concession qu'elle s'acharnait à cultiver, la protégeant de l'océan qui chaque année déferlait sur la terre ensemencée. En vain. Ruinée, elle se laissa mourir. Sur ces événements Marguerite Duras ne cessa de revenir dans son œuvre : *Un barrage contre le Pacifique* (1950), notamment, retrace assez exactement son adolescence, dont on trouve aussi l'évocation dans *Le Vice-Consul* (1966), dans *India Song* (1973) et dans *L'Amant* (1984). À dix-sept ans, la jeune fille quitta l'Indochine et vint en France. Elle y prépara une licence en droit en même temps qu'elle étudia les mathématiques et suivit les cours de l'École des sciences politiques. En 1931, elle épousa Robert Antelme. En 1942, elle rencontra Dyonis Mascolo, auteur d'un important ouvrage sur le communisme, et entra au parti communiste qu'elle quitta peu après.

En 1943, elle commença à publier : *Les Impudents* (1943), *La Vie tranquille* (1944). *Un barrage contre le Pacifique* marqua son premier succès et, dès lors, elle ne cessa plus d'écrire. En 1958, *Moderato cantabile* fut salué comme une œuvre importante du nouveau roman. L'année suivante, le scénario d'*Hiroshima mon amour*, qu'elle avait écrit pour le cinéaste Alain Resnais, lui conféra une certaine notoriété. Parmi ses autres livres, citons encore *Dix Heures et demie du soir en été* (1960), *Le Ravissement de Lol V. Stein* (1964) — qui devint très vite une importante référence de la littérature psychanalytique —, *L'Amante anglaise* (1967), *Détruire, dit-elle* (1969) — qui, avec *Le Ravissement*, passe pour le deuxième des textes fondamentaux de Duras — *L'Amour* (1972). *L'Amant* (1984), qui lui valut le prix Goncourt, remporta un succès prodigieux, révélant au grand public un écrivain demeuré jusqu'alors relativement confidentiel. Ce roman fut aussitôt traduit en plusieurs langues, assurant à l'étranger la célébrité de son auteur. Il fut porté à l'écran en 1992.

L'amour constitue le thème essentiel de son univers romanesque : il est absolu et agressif pour répondre à l'« ennui de vivre » dont parle Faucon dans *La Vie tranquille*; il est aussi incendie et destruction (*La Musica*, *Hiroshima mon amour*). L'intrigue, réduite à sa plus simple expression, laisse le pas au langage qui dit l'impossibilité de communiquer et tend à se réfugier dans le silence. Le style est celui d'une parole intérieure écrite, manifeste dans *Le Ravissement*. Quoi qu'elle en pense (« Le cinéma est un leurre, seule demeure la chose écrite. L'écrit est enlevé à la mort [...] Le film est un phénomène secondaire »), Marguerite Duras, après le succès d'*Hiroshima mon amour*, n'en a pas moins écrit une quinzaine de scénarios (*Son nom de Venise dans Calcutta désert*, 1976, *Des journées entières dans les arbres*, 1977, qu'elle porta aussi à la scène, etc.). Elle a tourné une douzaine de films dont *India Song* (1975), *Son nom de Venise dans Calcutta désert* (1976), *Le Camion* (1977), *Agatha* (1981), *Les Enfants* (1984). Elle a également adapté des pièces au théâtre (*La Bête dans la jungle* d'après Henry James en collaboration avec James Lord, *Les Papiers d'Aspern* d'après Henry James en collaboration avec Robert Antelme, *La Danse de la mort* d'après Strindberg).

DURIEUX Tilla (Ottilie Godeffroy, dite). Actrice autrichienne (Vienne, 1830 - Berlin, 1971). Fille d'un professeur d'origine franco-croate, elle débuta au théâtre en 1898, fut remarquée dans *Wallenstein* (Schiller) et remporta un succès immense en interprétant *Salomé* (Wilde). Max Dauthendey écrivit pour elle *Jeux d'une impératrice* (1911). Richard Strauss, Hugo von Hofmannsthal et Harry Kessler lui firent jouer leur *Légende de Joseph*. Sa prestation dans *Lulu* (Wedekind), bien que réussie, provoqua un scandale. Elle avait épousé le peintre Spiro, puis le marchand de tableaux Paul Cassirer, qui se suicida en 1926 quelques heures avant que leur divorce ne fût prononcé. En 1930, Tilla

Durieux se remaria avec le banquier Ludwig Katzenellenbogen, financier du théâtre d'Erwin Piscator. Très célèbre, l'actrice interprétait aussi bien Sophocle que Molière, Ibsen ou Shaw, mais, sous la poussée du nazisme, elle fut obligée de quitter Berlin pour la Yougoslavie. Soupçonnée d'abord d'être une espionne allemande, elle finit par entrer dans la Résistance et fabriqua des marionnettes pour les théâtres croates. En 1952, elle revint à la scène à Berlin où elle triompha dans *La Folle de Chaillot* (Giraudoux). À quatre-vingt-cinq ans, elle interpréta *La Voyante* (Roussin) au Théâtre Hebbel, et à quatre-vingt-neuf ans, la Duchesse (*Léocadia*, Anouilh). « Si je ne tenais pas aussi scrupuleusement mon journal, je ne croirais pas moi-même qu'il pût se passer tant de choses en une seule vie », écrit-elle dans ses *Mémoires*.

DURR Françoise. Championne de tennis française (née à Oran en 1942). Elle fut championne de France junior en simple et en double en 1959 et 1960 puis championne de France internationale (1967). Elle fut classée n° 3 mondial — seule parmi les Françaises Simone Mathieu* avait obtenu un tel rang. Elle possédait un revers très personnel, contraire aux règles de l'art, qu'elle plaçait avec une grande précision, un jeu de jambes exceptionnel et une remarquable intelligence du jeu.

DUSE Eleonora. Actrice italienne (Vigevano, 1858 - Pittsburgh, Pennsylvanie, 21 avril 1924). Issue d'une famile de comédiens miséreux, elle joua dès l'âge de quatre ans dans des spectacles sans succès. À quatorze ans, on lui confia le rôle de Juliette (*Roméo et Juliette*, Shakespeare) : elle y révéla son talent ; mais le lendemain sa mère phtisique mourut. De longues années durant, elle erra de troupe en troupe, dédaignée pour sa laideur et sa tristesse. Elle connut un premier amour avec un écrivain, Martino Cafiero, dont elle eut un enfant mort-né. C'est à l'âge de vingt et un ans qu'elle remporta son premier grand succès dans *Thérèse Raquin* adapté de Zola. Dès lors, celle qu'on appelait la Duse va triompher. Magnifique tragédienne au visage mélancolique (elle refusa toujours de se maquiller, même sur scène), aux gestes sobres et expressifs, elle vibrait d'une vie intérieure et, tout en restant simple et naturelle, obtint des effets d'émotion saisissants. George Bernard Shaw admirait son jeu, « le moins étudié qui soit », qui dépouillait la tragédie des grands effets de convention. En 1883 à Turin, elle transfigura une pièce médiocre (Dumas fils), *La Princesse de Bagdad* et triompha l'année suivante dans *Cavalleria rusticana* (Verga), qui renforça son intérêt pour le drame contemporain.

En 1885, elle entreprit sa première tournée à l'étranger, parcourut l'Amérique latine et, de retour en Italie, monta sa propre compagnie, la Citta di Roma. Elle avait trouvé en la personne de Teobaldo Checchi un mari généreux et mécène, qui ne l'empêcha pas de se lier avec Arrigo Boïto, le librettiste de Verdi, liaison essentiellement épistolaire. En 1891, lors d'une tournée en Russie, elle incarna Cléopâtre (*Antoine et Cléopâtre*, Shakespeare) ; Tchekhov venu l'entendre fut subjugué, et l'on pense que le personnage de Mme Arkadine (*La Mouette*, Tchekhov) aurait été inspiré par l'actrice. Deux ans plus tard, malgré une santé délicate — elle était phtisique comme sa mère —, elle entreprit le premier de ses quatre voyage aux États-Unis. En 1894, elle joua Mirandolina (*La Locandiera*, Goldoni) au château de Windsor, devant la reine Victoria*.

L'année suivante, Londres l'applaudit aux côtés de Sarah Bernhardt* dans *Heimat* (Sudermann), et les critiques de prendre partie pour l'une ou pour l'autre. Les deux rivales s'affrontèrent à Paris dans *La Dame aux camélias*

(Dumas fils) en 1896, la Duse s'attirant définitivement la haine de la «Divine». Après quoi, elle monta les pièces de son amant, D'Annunzio, qu'elle avait rencontré à Venise en 1897. C'est elle qui le fit connaître comme dramaturge. Elle eut à subir de l'écrivain les infidélités, les demandes d'argent et surtout la publication de *Fuoco* (*Le Feu*), biographie impudique de l'actrice vieillissante. Dans ses lettres à ses amis, à sa fille, la Duse répète inlassablement le culte qu'elle voue à son art. C'est en Ibsen qu'elle découvrit un auteur digne de sa sobriété. Elle fut remarquable dans *Hedda Gabler* et dans *La Dame de la mer*. Elle se retira de la scène en 1909 mais, ruinée par la guerre, dut reprendre sa carrière à contrecœur. À soixante-cinq ans, elle s'embarqua pour une tournée internationale, au cours de laquelle elle trouva la mort à la suite d'une pneumonie. Son corps fut rapatrié et enseveli dans sa résidence italienne d'Asolo.

RÉF. : C. Molinari, *L'Attrice divina: Eleonora Duse nel teatro fra i due secoli*, Bulzoni, Rome, 1985. W. Weaver, *La Duse*, Balland, 1986.

DUSSANE Mme (Béatrix Coulond-Dussan, dite). Actrice française (Paris, 1888 - *id.*, 1969). Premier prix de Conservatoire à l'âge de quinze ans, elle fut aussitôt engagée à la Comédie-Française dont elle fut sociétaire jusqu'en 1951. Titulaire des rôles de soubrette, elle les interprétait avec une verve endiablée. Pendant la Première Guerre mondiale, elle prit une part active au Théâtre aux armées. Elle s'illustra particulièrement dans le rôle de Philaminte (*Les Femmes savantes*, Molière) et dans celui d'Arsinoé (*Le Misanthrope*, Molière) et renouvela avec bonheur le rôle de Madame Sans-Gêne (*Madame Sans-Gêne*, Sardou et Moreau). Elle fut professeur au Conservatoire dès 1938, ainsi qu'à l'École normale supérieure de jeunes filles (1929-1954), et forma Robert Hirsch, Jacques Charron, Maria Casarès*. Elle anima les «Rencontres du Palais-Royal», fondées en 1966, ainsi que l'émission radiophonique très écoutée, *Au jour et aux lumières*. Elle a laissé une vingtaine d'ouvrages, parmi lesquels *La Comédie-Française*, *Le Comédien sans paradoxe*, *Un comédien nommé Molière*.

RÉF. : N. Audoubert, *Dussane ou la Servante de Molière*, France-Empire, 1977.

DUTHÉ Mlle (Catherine-Rosalie, dite). Courtisane française (Versailles, 23 novembre 1748 - Paris, 24 septembre 1830). Ravissante blonde à l'air innocent, sans grand esprit, elle ne fit pas longtemps partie des chœurs de l'Opéra de Paris : découverte par le duc de Durfort, elle fut entretenue avec faste par les puissants de l'époque comme le duc de Chartres, le comte d'Artois (futur Charles X), Christian VII de Danemark, son ministre Stuensee et quantité d'autres. Les gens de lettres et les acteurs fréquentèrent son salon, entre autres Diderot, Marmontel, Dorat. Elle habitait un joli hôtel de la Chaussée-d'Antin et fut représentée par Van Loo et Prudhon. Houdon a fait son buste. Elle traversa la Révolution sans trop d'encombres et parvint à récupérer ses biens qui étaient considérables. Ses Mémoires, parus en 1833 sous le titre *Galanteries d'une demoiselle ou Souvenirs de Mlle Duthé*, sont dus à Lamothe-Langon.

DUTRIEU Hélène. Aviatrice belge (Tournai, 10 août 1877 - 1961). Elle appartient, avec Thérèse Peltier*, à l'âge héroïque de l'aviation féminine, car elle fut la deuxième Française à obtenir son brevet de pilote en 1908, après Raymonde de La Roche*. Elle prit part à de nombreux concours aux États-Unis. De retour en France, elle remporta en 1910 la première coupe Femina à Étampes, couvrant 167 km à la moyenne de 34 km/h, performance remarquable pour l'époque. L'année suivante, elle se classa première au concours international de vitesse de Florence. Promue officier de la Légion d'honneur en 1957, elle avait épousé Pierre Mortier, directeur du *Gil Blas* et député de Seine-et-Marne.

DUVAL Colette. Parachutiste française (née en 1930). À l'âge de dix-sept ans, elle découvrit le vol à voile, mais s'enthousiasma pour le parachutisme et notamment pour la chute libre où l'on «ouvre» au dernier moment. En 1945, elle battit le record de France de descente (4 000 m). Le cascadeur Gil Delamare lui proposa alors d'entreprendre une tournée de stock-car et d'avion en Amérique du Sud. Ils y réussirent de tels exploits qu'on les surnomma les «fiancés de la mort». En 1956 au Brésil, Colette Duval battit le record du monde toutes catégories en chute libre (12 080 m), n'ouvrant son parachute qu'à 250 m du sol. Une mauvaise chute mit fin à sa carrière et à sa liaison avec Gil Delàmare. Après un séjour au Gabon où elle s'improvisa forestière, elle revint en France, installa une boutique de mode au Canet, ouvrit une boîte de nuit à Font-Romeu et se maria. Un excellent livre de souvenirs, *La Sainte Pétoche* (1959), relate les expériences d'une vie pas comme les autres.

DUVAL Denise. Soprano française (née à Paris, le 23 octobre 1921). Après avoir étudié au conservatoire de Bordeaux, elle débuta dans cette ville en 1941 en Lola (*Cavalleria rusticana*, Mascagni). En 1944, elle fut la première cantatrice depuis Lina Cavallieri à paraître aux Folies-Bergère où Jean Cocteau et Francis Poulenc la découvrirent. Elle entra à l'Opéra de Paris en 1947 où Poulenc la choisit pour créer Thérèse (*Les Mamelles de Tirésias*, d'après Guillaume Apollinaire, 1947), puis Blanche (*Le Dialogue des carmélites*, d'après Georges Bernanos, 1957) et enfin *La Voix humaine* (d'après Cocteau, 1959), dont elle était l'unique personnage. Puis elle se produisit en Italie, aux États-Unis, en Écosse au festival d'Édimbourg en 1960, en Angleterre au festival de Glyndebourne en 1962. Elle a incarné Thaïs (*Thaïs*, Massenet), Manon (*Manon*, Massenet), Conception (*L'Heure espagnole*, Ravel), Mélisande (*Pelléas et Mélisande*, Debussy) qu'elle chanta en 1962 pour le centenaire de la naissance du compositeur. Elle quitta la scène en 1965 et enseigna. Belle, d'une intelligence scénique étonnante, elle doit surtout sa réputation à son interprétation des œuvres du répertoire français.

DUVAL Jeanne. Française (Saint-Domingue, 1822 - apr. 1870). Cette mulâtresse aux yeux clairs et à la beauté éclatante, si l'on en croit les dessins de Baudelaire, terrifiante dans la toile de Manet, avait chanté dans les cafés-concerts de l'époque. Lorsque le poète la rencontra, elle était tombée dans la galanterie. Elle devint vite l'idole et la «sorcière» du poète, et leur liaison, toujours orageuse, dura plus de vingt ans. Jamais Baudelaire ne se détacha de cette maîtresse qui buvait plus que lui et le trompait sans répit. Sans rompre avec elle, il eut en 1852 une courte liaison avec une actrice, Marie Daubrun, pour laquelle il écrivit *À une madone* et *L'Invitation au voyage*, puis une amitié avec Apollonie Sabatier*, le «Cher ange» de *Réversibilité*. Mais il revint toujours auprès de Jeanne Duval, «*Quaerens quem devoret*» («Cherchant qui dévorer»), selon la légende d'un dessin de 1865. Elle lui a inspiré au moins vingt poèmes des *Fleurs du mal*, dont *Les Bijoux*, *Le Léthé*, *Lesbos*, *La Chevelure*, *Les Yeux de Berthe*, *Je t'adore à l'égal de la voûte nocturne*. Jeanne Duval fut atteinte d'hémiplégie en 1859; le poète, qui mourut de la même maladie en 1867, n'abandonna pas pour autant la seule femme qu'il ait vraiment aimée.

DUVERNAY Pauline (Yolande-Marie Duvernay, dite). Danseuse française (Paris, 1813 - Mundorf, Norfolk, 2 septembre 1894). Élève d'Augustin Vestris et de Maria Taglioni* à l'École de danse de l'Opéra de Paris, elle débuta en 1831 dans *Mars et Vénus* (Blache) et fut invitée à Londres la même année pour danser dans *La Belle au bois dormant* (Aumer) où elle avait le rôle principal. Thackeray disait d'elle qu'elle était incomparable. Comme Fanny Elssler*, l'un de ses grands succès fut son interprétation de la *cachucha* (danse andalouse) dans *Le Diable boiteux* (Coralli). Après une tentative de suicide, elle épousa un banquier anglais et consacra le reste de sa vie à des œuvres charitables.

E

EARHART Amelia. Aviatrice américaine (Atchinson, Kansas, 1898 - Pacifique, 1937). Puéricultrice, elle était passionnée d'aviation et reçut son baptême de l'air en 1919. Elle obtint ensuite son brevet de pilote et s'acheta un petit avion. Cette grande fille à l'allure masculine ne passait pas inaperçue sur les aérodromes : quelques mois après l'exploit de Lindbergh, à qui elle ressemblait étrangement, on lui proposa de traverser l'Atlantique. L'équipe comprenait le pilote Stultz et le mécanicien Gordon. Partis de Terre-Neuve à bord d'un hydravion Fokker, ils amerrirent le lendemain au pays de Galles: ce fut la célébrité. L'aviatrice troqua son coucou contre un Lockheed Vega et s'apprêta à affronter de nouveau l'Océan. Le 20 mai 1932, elle s'envola de Terre-Neuve. La traversée fut tumultueuse: après cinq heures d'orage, elle se trouva perdue au point du jour et sans liaison radio. De longues heures plus tard elle aperçut enfin l'Irlande et atterrit dans un pré, non loin de Londonderry. Elle est la première femme à avoir traversé l'Atlantique seule à bord, et battait du même coup le record du monde de distance féminin. Après l'Atlantique, le Pacifique. D'Honolulu à San Francisco, elle effectua en 1935 la première traversée en solitaire en dix-huit heures et seize minutes. Puis les trajets Mexico-New York (3 400 km) et San Juan-Natal (4 800 km) sans escale. L'année suivante, elle entreprit le tour du monde accompagnée de Fred Noonan. Amérique du Sud, Atlantique Sud, Afrique, Asie et Australie furent parcourus sans encombre. Le 2 juillet 1937, elle décolla de Nouvelle-Guinée pour l'île Howland. La visibilité nulle : son appareil s'égara. On entendit sans pouvoir les localiser les S.O.S. qui cessèrent bientôt. On ne put jamais retrouver l'épave de son avion tombé en mer. Elle avait écrit:

> Ce que les hommes ont réussi, les femmes doivent le tenter; si elles échouent, les autres doivent relever le défi.

EBERHARDT Isabelle. Femme de lettres française d'origine russe (Meyrin, Suisse, 1877 - Aïn Sefra, Algérie, 21 octobre 1904). Elle fut élevée en Suisse par un précepteur russe, Alexandre Nicolaïevitch Trofinovski, qui avait suivi sa mère, Nathalia Eberhardt, et les fils qu'elle avait eus de son mari, le sénateur de Moerdet — la famille s'étant installée en Suisse en 1871. Fille d'une exilée déclassée, Isabelle Eberhardt était de plus une bâtarde — Trofinovski étant sans doute son père —, cela explique en partie son caractère marginal. S'habillant en homme, elle vivait très librement et choquait l'opinion par son comportement original. Elle étudia le russe, le français, l'allemand, l'arabe. Elle commença des études de médecine bientôt abandonnées pour la littérature. Fascinée par l'Orient, elle lut le Coran et des ouvrages sur l'Algérie où, en 1887, elle partit en compagnie de sa mère. Elles se rendirent à Bône et se convertirent à l'islam.

Après la mort de sa mère et de Trofinovski qu'elle veilla sur son lit de mort en Suisse, Isabelle Eberhardt retourna en Afrique du Nord en 1900. Se faisant passer pour un cavalier arabe, elle prit le nom de Si Mahmoud Essadi. Elle entreprit des randonnées dans le désert, mena une vie de nomade, fut reçue dans toutes les tribus et s'initia parfaitement aux mœurs musulmanes. Elle suivit l'armée française dans le Sud algéro-marocain et s'éprit d'un sous-officier de spahis, musulman de nationalité française, Sliman Ehni. Elle l'épousa selon le rite musulman, les autorités militaires lui ayant refusé le mariage civil. Elle fut finalement expulsée du territoire algérien. Elle se réfugia à Marseille auprès de son frère et vécut misérablement en déchargeant les navires du port, existence qu'elle relate dans *Trimardeur*, paru après sa mort (1920).

À la faveur d'une mutation, Sliman Ehni parvint à rejoindre Isabelle Eberhardt et l'épousa officiellement; celle-ci, naturalisée française, put retourner vivre en Algérie. Elle y fit des reportages pour plusieurs journaux, *La Dépêche algérienne, Les Nouvelles, L'Akbar*, tout en reprenant sa vie de nomade. Lyautey, chargé d'une mission de pacification sur la frontière algéro-marocaine, fit la connaissance de cette aventurière dont il appréciait les connaissances et la valeur. Publiés après sa mort accidentelle — sa maison, au bord d'un oued, fut emportée par les crues — ses écrits, *Nouvelles algériennes* (1905), *Notes de route* (1908), *Pages d'Islam* (1919), *Dans l'ombre chaude de l'Islam* (1921), relatent ses chevauchées et constituent une véritable initiation à la civilisation arabe.

RÉF.: E. Charles-Roux, *Un désir d'Orient: jeunesse d'Isabelle Eberhardt, 1877-1899*, Grasset, 1988.

EBNER Christina. Mystique germanique (Nuremberg, 26 mars 1277 - Engelthal, 27 décembre 1356). Elle entra au monastère dominicain d'Engelthal dès l'âge de douze ans et y eut un certain nombre d'extases et de visions à partir de 1314. Son confesseur, Conrad de Füssen, lui demanda de les consigner par écrit. Le texte en a été édité en 1872 à Nuremberg sous le titre, *Leben und Geschichte der Christina Ebner*. Par ailleurs, elle était très instruite, et sa renommée franchit les murs de la clôture. L'empereur Charles IV de Luxembourg, lui-même érudit, vint s'entretenir avec elle.

EBNER-ESCHENBACH Marie, née comtesse Dubsky-Zdielawitz, baronne **von**. Femme de lettre autrichienne (Zdislavice, Moravie, 1830 - Vienne, 1916). Après avoir épousé en 1848 le baron von Ebner-Eschenbach, membre de l'Académie des sciences de Vienne, elle s'essaya avec succès à la poésie qu'elle composait en français, ainsi qu'au théâtre (*Marie Stuart en Écosse*, 1860). Elle écrivit surtout des romans dans lesquels elle brosse des tableaux de mœurs mettant en scène paysans, bourgeois et aristocrates. Écrite avec un réalisme poétique empreint de bonté et d'humour, son œuvre exprime cependant un certain conservatisme social et politique. Ses romans, *Bozena* (1876), *L'Enfant de la communauté* (1887) et ses *Nouvelles du village et du château* (1883-1886) lui valurent un très grand succès.

EBOLI Ana, née de Mendoza y la Cerda, princesse **d'**. Espagnole (Cifuentes, Guadalajara, 1540 - Pastrana, 1592). Elle était la fille du roi du Pérou

Diego de Mendoza et fut mariée à l'âge de douze ans au prince d'Eboli, ministre et favori de Philippe II d'Espagne. Elle inspira au monarque une violente passion. Elle était belle si l'on en croit un portrait conservé à Madrid (coll. du marquis de Santillana): *Le bandeau qu'elle porte sur l'œil droit* (elle avait en effet perdu un œil pendant l'enfance). Sa vie à l'Escurial, semée d'intrigues et de vengeances, fut marquée par sa liaison avec le brillant Antonio Pérez, secrétaire d'État. La princesse et son amant eurent à lutter contre Escobedo, frère bâtard de Philippe II. Connaissant leur secret, il tenta de les compromettre auprès du roi; toutefois, ce dernier préféra croire la princesse d'Eboli et fit poignarder Escobedo le 31 mars 1578. Cet assassinat souleva le pays et la cour contre Pérez que l'on tenait pour le principal responsable du drame. La princesse refusa avec hauteur les explications que le roi lui demandait: «Et quand cela serait?» lui répondit-elle. Enfin prévenu de la nature des relations du couple, Philippe II le fit arrêter en 1579. Après une année de captivité, Perez réussit à s'enfuir en Aragon. Quant à la princesse d'Eboli, elle fut exilée à Pastrana en 1581 où elle finit ses jours misérablement.

EDA-PIERRE Christiane. Soprano française (née à Fort-de-France, Martinique, le 24 mars 1932). Elle termina ses études au Conservatoire de Paris avec un triple prix de chant, d'opéra et d'opéra comique et débuta l'année suivante, en 1958, à Nice, dans le rôle de Leïla (*Les Pêcheurs de perles*, Bizet). En 1970, engagée à l'Opéra-Comique, elle y parut en Lakmé (*Lakmé*, Delibes). Deux ans plus tard, elle chanta à l'Opéra de Paris dans le rôle-titre de *Lucie de Lammermoor* (Donizetti). Elle y interpréta entre autres Gilda (*Rigoletto*, Verdi), Violetta (*La Traviata*, Verdi), Médée (*Médée*, Milhaud), La Comtesse (*Les Noces de Figaro*, Mozart) et Constance (*L'Enlèvement au sérail*, Mozart). À partir de 1965, elle se produisit à Londres, à Moscou, à Chicago, à Salzbourg, mais elle attendit 1983 pour faire ses débuts au Metropolitan Opera de New York. Elle créa de nombreuses œuvres de Capdevielle, de Chaynes (dont *Pour un monde noir* en 1979 et *Erzsebet* en 1983) et de Messiaen, pour lequel elle incarna l'Ange (*Saint François d'Assise*), lors de la première mondiale de l'œuvre à l'Opéra de Paris en 1983. Christiane Eda-Pierre a été nommée professeur au Conservatoire de Paris en 1977.

EDDY Mary, née Baker. Fondatrice de la Science chrétienne. Américaine (Bow, New Hampshire, 1821 - Chesnut Hill, Massachusetts, 1910). Cadette d'une vieille famille calviniste, de santé délicate, elle se maria en 1843 avec un certain George Glover qui la laissa veuve l'année suivante. Elle ne revit son fils unique, élevé dans le Minnesota, que vingt-trois ans plus tard. Elle sombra dans la dépression. À trente-cinq ans son père devait la porter dans ses bras comme une enfant, et sa sœur Abigail lui fit construire spécialement un grand berceau. En 1852, elle épousa Daniel Patterson, dentiste itinérant, qui séjournait plus souvent en prison qu'auprès d'elle; ils finirent par divorcer.

Elle était à moitié invalide et seule au monde lorsqu'elle rencontra le professeur Quimby, guérisseur, en 1862. Devenue sa patiente puis son disciple, elle ouvrit un centre à Lynn avec un nouveau partenaire, Richard Kennedy. En 1866 une grave chute fit craindre pour sa vie: c'est à la lecture de saint Matthieu (*La guérison du paralytique*, IX, 1-8) qu'elle recouvra la santé. Elle se fit dès lors l'ardente propagatrice de la «science chrétienne» — doctrine qui consiste à remédier par les seuls moyens spirituels aux maladies physiques et mentales. Elle s'en expliqua dans *Science et Santé*, publié en 1875: le livre connut un succès extraordinaire et, dûment exploité et réédité chaque année, lui rapporta 400 000 dollars de royalties.

Mary Baker se remaria à cinquante-six ans avec Asa Eddy, nouvelle recrue et premier converti officiel. Elle fonda alors l'énorme Église du Christ scientiste à Boston, qui deviendra l'église mère du mouvement. Parallèlement, elle lança le *Christian Science Journal* (1883) et le *Sentinel* (1898). Elle déploya ses talents de femme d'affaires dans une vague de procès et de démissions : on l'accusa de cupidité, de charlatanisme. Elle craignait plus que tout le MAM (*Malicious Animal Magnetism*) de ses ennemis. C'est bientôt Calvin Frye puis son fils adoptif Ebenezer qui lui servirent exclusivement de maîtres d'hôtel et d'administrateurs. Prêchant le célibat, elle se retira en 1889 à Concorde et s'enferma pour toujours, auréolée du prestige de l'éloignement, auprès de ses cent mille fidèles. Mary Baker Eddy mourut morphinomane, souffrant horriblement de calculs. Elle laissait une fortune de 2 millions et demi de dollars. La Science chrétienne compte aujourd'hui plus de trois mille églises dans les pays anglo-saxons, et son quotidien, *The Christian Science Monitor* fondé en 1908, est distribué dans une centaine de pays.

EDERLÉ Gertrude. Championne de natation américaine (née en 1906). Elle est la première femme à avoir tenté et réussi la traversée de la Manche à la nage. Cet exploit eut lieu le 6 août 1926. Elle nagea du cap Gris-Nez jusqu'à Deal, en Grande-Bretagne, en 14 h 39 min, battant les meilleures performances masculines de l'époque. Ce record ne fut battu qu'un quart de siècle plus tard par la championne américaine Florence Chadwick*. Avant de se consacrer à la natation, Gertrude Ederlé s'était fait remarquer dès son plus jeune âge dans les épreuves de vitesse, battant quatre records du monde à quinze ans. Elle conquit ensuite, de 1922 à 1924 onze titres américains de nage libre sur les distances de 100 m au moins.

EDER-SCHWYZER Jeanne. Féministe suisse (New York, 1894 - 1957). Après des études à New York, elle s'installa en Suisse en 1911 et entra à l'université de Zurich où elle étudia la chimie qu'elle abandonna pour se consacrer à la politique après son mariage avec le Dr Eder. Elle attira rapidement l'attention par ses actions en faveur du droit de vote des Suissesses, sans pour autant faire avancer le mouvement. En effet, ce n'est qu'en 1971 que la Suisse se décida à accorder le droit de vote aux femmes. Au cours de la Seconde Guerre mondiale, Jeanne Eder-Schwyzer prit une part active dans le service auxiliaire féminin civil. Elle fut l'un des membres de la Commission suisse à l'Unesco.

EDGEWORTH Maria. Femme de lettres anglo-irlandaise (Blackbourton 1767 - Edgeworthstown 1849). Deuxième de vingt et un enfants, elle fut encouragée par son père, riche propriétaire terrien, ingénieur mécanicien et publiciste anglais, à déployer son talent de conteuse. Elle publia son premier recueil de contes pour enfants, *L'Aide des parents*, en 1796. Six autres parurent jusqu'en 1800. Timide et modeste, la jeune femme craignait son père qui s'attribuait ses mérites. Il corrigeait ses écrits, imposait des changements, remaniait. Elle rédigea avec lui un ouvrage rousseauiste, *Essai sur l'éducation pratique* (1798). Elle avait déjà auparavant publié ses idées sur l'éducation des femmes dans ses *Lettres pour les dames lettrées*, issues de sa correspondance avec Thomas Day.

En 1800, un roman, *Le Château de Rackrent*, échappa à la vigilance paternelle et connut beaucoup de succès. Walter Scott trouva admirable cet ouvrage qui eut sans doute une grande influence sur ses propres écrits. L'année suivante parut *Belinda* puis, en 1804, *La Moderne Griselidis*; *Leonora* (1806) est un récit inspiré par les sentiments qu'elle éprouva pour le comte Edelkrantz, Suédois rencontré lors d'un voyage à Paris, et dont elle avait repoussé la demande en mariage. Citons encore *L'Absent ou la Famille irlandaise à Londres*, en 1822. Après la mort de son père, en 1817, Maria Edgeworth ralentit sa production car elle souffrait des yeux; *Helen*, son dernier roman, est considéré comme l'un des meilleurs qu'elle ait écrit. En dehors de quelques voyages à Londres, elle vécut à Edgeworthstown. C'est elle qui mit à jour les Mémoires de son père *Memoirs of Richard Lovell Edgeworth, Esq.* parus en 1820.

EDWARS Amalia. Archéologue anglaise (1831-1892). Première égyptologue anglaise, elle participa à la fondation de l'Egypt Exploration Fund; elle créa une chaire d'égyptologie à l'université de Londres à laquelle elle légua ses importantes collections. Elle a laissé des récits de voyages: *Mille Miles sur le Nil* (1877), *Pharaons, Fellahs et Explorateurs* (1891) ainsi que quelques romans comme *Le Vœu du bonheur* (1870) ou *Lord Brakenbury* (1880).

EFIMOVA Emma. Escrimeuse soviétique (née en 1932). Elle fit partie des équipes victorieuses d'URSS lors des championnats du monde de 1956 à Londres et de 1958 aux États-Unis. Elle remporta le titre de championne du monde au fleuret l'année suivante.

EGOROVA Lioubov (princesse Troubetskaïa). Danseuse russe (Saint-Pétersbourg, 8 août 1880 - Paris, 18 juillet 1972). Élève à l'École impériale de ballet de Saint-Pétersbourg, elle fut engagée d'emblée comme coryphée au théâtre Marie (actuel Kirov). Son ascension fut particulièrement rapide: étoile à partir de 1912, elle triompha dans *Giselle* (Gautier et Coralli), *Raymonda* (M. Petipa), *La Belle au bois dormant* (M. Petipa) et dans *Le Lac des cygnes* (M. Petipa). Après la révolution de 1917, elle quitta son pays pour rejoindre les Ballets russes de Serge de Diaghilev à Londres. Belle, grave, plus soucieuse d'expression que de virtuosité, son élégance séduisit le public européen. En 1923, elle ouvrit à Paris une école à laquelle elle se consacra entièrement. Elle a fondé pour ses élèves les Ballets de la jeunesse (1937) et a formé des danseurs tels que George Skibine, Janine Charrat* ou Ethery Pagava*.

EHRHARDT Annelie, née Jahns. Athlète est-allemande (née à Ohrsleben en 1950). Championne d'Europe juniors du 100 m haie en 1968, elle dut attendre jusqu'en 1972 pour devenir le n° 1 mondial de sa spécialité, titre qu'elle conserva jusqu'en 1975. Médaille d'or aux jeux Olympiques de Munich (1972), elle remporta le 100 m haie avec un temps de 12 s 59/100, record imbattu pendant six ans. Elle acquit en outre le titre de championne d'Europe en 1974. De nombreuses blessures musculaires l'obligèrent à renoncer à sa carrière sportive.

ELEK-SCHACHERER Ilona. Escrimeuse hongroise (17 mai 1907-1988). Par son talent, sa virtuosité et sa parfaite condition physique, elle domina, au fleuret, la plupart des escrimeuses de son époque. Elle est la seule femme à avoir remporté deux fois le titre de championne olympique au fleuret individuel (1936 et 1948). Sacrée également trois fois championne du monde en 1934, 1935 et 1941, elle a égalé le record établi par l'escrimeuse allemande Helena Mayer (1929, 1931, 1937).

ÉLÉONORE DE HABSBOURG. Reine de Portugal puis reine de France (Louvain, 1498 - Talavera, 1558). Elle était la fille de Philippe Ier de Habsbourg, archiduc d'Autriche et roi de Castille, et de Jeanne la Folle. Élevée à la cour de son frère Charles Quint, elle en faisait l'ornement. Frédéric II, le frère de l'Électeur palatin, conçut pour elle une vive passion. Malgré une inclination réciproque, elle dut épouser pour des raisons politiques le vieux Manuel Ier, roi de Portugal (1519). Elle fut heureuse à la cour de Lisbonne qu'elle quitta deux ans plus tard, veuve avec deux enfants. Malgré de nouvelles démarches de la part de Frédéric II, la bataille de Pavie (1525) décida de son sort. François Ier ayant été fait prisonnier par Charles Quint, il fut convenu que, pour prix de sa liberté, il épouserait en secondes noces (Claude* de France étant morte en 1524) Éléonore de Habsbourg. Celle clause du traité de Madrid de 1526 fut confirmée par le traité de Cambrai, dit aussi paix des Dames (1529). Le mariage fut célébré l'année suivante. La nouvelle reine fut magnifiquement reçue en France : Théodore de Bèze chanta en latin sa beauté à nulle autre pareille. Il faut réserver la part de la louange puisque le roi, dont elle n'eut pas d'enfant, lui préféra toujours ses maîtresses. Éléonore vécut à l'écart de la cour, avec pour distractions la lecture et la chasse qu'elle aimait pardessus tout. À la mort de François Ier en 1547, elle rejoignit Charles Quint aux Pays-Bas puis se retira à Talavera, en Espagne, où elle mourut. Son corps repose à l'Escurial.

ÉLÉONORE ou **ALIÉNOR DE PROVENCE.** Reine d'Angleterre (v. 1223 - Amesbury, 25 juin 1291). Elle était la deuxième fille de Raimond Bérenger IV, comte de Provence, et de Béatrice de Savoie, tous deux poètes. Elle-même aimait à réciter, et on lui attribue plusieurs poèmes héroïques. Sa sœur aînée, Marguerite* de Provence, épousa Saint Louis en 1234. Deux ans plus tard, Éléonore devint reine d'Angleterre par son mariage avec Henri III auquel elle donna plusieurs enfants, dont son successeur Édouard Ier. Ambitieuse, elle mit toute son influence au service de sa famille provençale (son oncle Guillaume, évêque de Valence, repartit d'une visite chargé de trésors; Boniface de Savoie, quant à lui, fut nommé évêque de Canterbury). La reine se rendit très impopulaire par son faste, et on l'accusa de vider les caisses du royaume à son profit. Politiquement, elle ne manquait pas d'influence sur le faible Henri III : ainsi, après qu'il eut consenti aux Provisions d'Oxford (1258), par lesquelles il acceptait des limitations à son pouvoir face aux barons anglais menés par Simon de Montfort, elle le poussa à ne pas respecter ses engagements. Lors d'une insurrection populaire à Londres en 1263, elle fut assaillie par la foule alors qu'elle s'apprêtait à quitter la ville. Après la mort du roi en 1272, elle prit le voile à Amesbury (Ambresbourg à l'époque) où elle mourut.

ÉLÉONORE TELES DE MENESES. Reine de Portugal ([?] - Tordesillas, 1405). Fille de Martin Afonso Teles de Meneses, elle fut mariée au gentilhomme João Lourenço da Cunha, lorsque le roi Ferdinand Ier de Portugal s'éprit d'elle. Il fit annuler le mariage et l'épousa malgré les engagements qu'il avait pris avec l'infante de Castille. Cette union provoqua le mécontentement des Portugais. D'un caractère impérieux, la reine s'imposa par la perfidie et la violence et fut détestée par le peuple, d'autant plus qu'elle avait un amant espagnol, don Juan Andeiro, qu'elle comblait d'honneurs. Sa fille Béatrice fut mariée à Jean Ier de Castille et monta sur le trône de Portugal à la mort de Ferdinand en 1388. Éléonore assura la régence mais les Portugais se révoltèrent, menés par Jean d'Aviz, frère naturel de Ferdinand. Il poignarda le favori de la reine et provoqua la fuite de cette dernière. Par vengeance, Éléonore livra le royaume au roi de Castille, son gendre:

il envahit le Portugal mais fut battu par Jean d'Aviz que les Cortes de Coïmbra proclamèrent roi en 1385. L'année suivante, la reine fut enfermée au monastère de Tordesillas où elle mourut en 1405.

ÉLÉPHANTIS. Médecin et auteur. Grecque (fin du Ier s. av. J.-C.). Galien lui attribue un traité sur les *Cosmétiques* qui ne nous est pas parvenu. Elle aurait également été l'auteur d'un ouvrage traitant des différentes manières de se procurer les plaisirs de l'amour, ouvrage qui connut une grande vogue auprès de Tibère et de sa cour. Suétone raconte au chapitre XLIII de sa *Vie des douze Césars* que l'empereur avait orné sa retraite de Capri d'images obscènes et que, afin que rien n'y manquât, il y avait placé aussi le livre d'Éléphantis.

ELION-BELL Gertrude. Biochimiste américaine (née à New York, le 23 janvier 1918). Elle entra en 1944 comme biochimiste dans le laboratoire Burroughs-Wellcome en Caroline du Nord. Elle y conduisit des activités de recherche en pharmacologie, en même temps qu'elle enseignait à la Duke University et ailleurs. À partir de 1945, elle collabora avec George H. Hitchings et démontra avec lui les différences qui existent au niveau du métabolisme des acides nucléiques entre les cellules normales et les cellules cancéreuses. Tirant parti de ces différences, les deux chercheurs développèrent des médicaments qui bloquent la synthèse nucléique des cellules cancéreuses, tout en protégeant les cellules saines. Ils mirent ainsi au point au fil des années une série de produits efficaces contre la goutte, la malaria, les infections urinaires, la leucémie, ainsi qu'un médicament actif contre les réactions de rejet lors des transplantations : l'azathioprine. Spécialisée dans les antiviraux, Gertrude Elion-Bell découvrit et développa le premier antiviral spécifique véritablement efficace contre l'herpès — l'aciclovir — commercialisé en France depuis 1983. Pour l'ensemble de ses travaux, elle partagea le prix Nobel de médecine 1988 avec son collègue et compatriote George Hitchings ainsi qu'avec le Britannique, sir James Black, spécialiste des bêtabloquants, produits utilisés pour les traitements de l'angine de poitrine, de l'hypertension et de l'infarctus.

ELIOT George (Mary Ann Evans, dite). Femme de lettres anglaise (Arbury Farm, Warwickshire, 22 novembre 1819 - Londres, 22 décembre 1880). Issue d'une famille aisée, elle ne poursuivit pas ses études au-delà de l'âge de seize ans. Ses frères et sœurs s'étant mariés, elle tint la maison de son père tout en l'aidant à gérer leurs biens. Passionnée par les langues, elle apprit le latin, le grec, l'allemand et l'italien. Lors d'un séjour à Coventry, sa rencontre avec Hennell, auteur d'une histoire critique sur les origines du christianisme, l'amena à mettre en question les fondements de sa foi. Devenue athée, elle se brouilla avec son père, puis se réconcilia avec lui plus tard, sans pour autant changer d'opinion. En 1846, elle publia anonymement une traduction de la célèbre *Vie de Jésus* de D.F. Strauss.

Trois ans plus tard, après la mort de son père, elle voyagea en Italie. De retour en Angleterre, elle se consacra à une traduction, jamais achevée, de Spinoza, puis fit partie de la rédaction de la *Westminster Review* de 1851 à 1854. Cette même année, elle publia sous son vrai nom une traduction de *L'Essence du christianisme* de Feuerbach et rencontra le philosophe évolutionniste George Henry Lewes, avec lequel elle eut une liaison qui dura jusqu'à la mort de celui-ci en 1878. Par défi des conventions, clamait-elle, elle se refusa toujours à l'épouser — entreprise de toute manière peu praticable puisque Lewes était marié et père de famille. C'est lui qui lui choisit son pseudonyme et la révéla en tant que femme et écrivain. Les *Scènes de la vie du clergé* publiées dans le *Blackwood Magazine* en 1857 connurent un certain succès. Ces nouvelles, nourries de son expérience, teintées d'humour et d'humanité, peignent l'existence et les crises de conscience d'êtres humbles.

Cependant, c'est par ces romans qu'elle s'est imposée comme un des plus grands auteurs anglais du XIXe siècle et comme une pionnière de la littérature moderne, saluée par Proust. Dans *Adam Bede* (1859), elle montre sa maîtrise dans l'investigation psychologique de personnages complexes, capables à la fois des pires méfaits et de repentir. *Le Moulin sur la Floss* (1860), son ouvrage le plus connu, est fondé sur des souvenirs d'enfance, tandis que *Silas Marner* (1861) met en scène l'histoire pathétique d'un pauvre tisserand accusé d'un vol qu'il n'a pas commis. Les romans suivants *Romola* (1863), *Felix Holt le radical* (1866), *Middlemarch* (1871-1872), *Daniel Deronda* (1876) s'inscrivent dans la même veine réaliste où son sens de l'humour vient tempérer le pessimisme de la vision des êtres. À la mort de Lewes, George Eliot cessa d'écrire. Elle épousa l'un de ses amis en 1880, le banquier John Cross, et mourut sept mois plus tard. Son mari publia ses lettres et son journal, *George Eliot's Life as Related in her Letters and Journals* (1885).

RÉF. : R. Ashton, *George Eliot*, Oxford University Press, New York, 1983. Th. Hands, *A George Eliot Chronology*, Basingstoke, Londres, 1989.

ÉLISABETH, sainte. Issue de la race d'Aaron, elle était la femme du prêtre Zacharie.

> Ils n'avaient pas d'enfants parce qu'Élisabeth était stérile et tous deux étaient d'âge avancé.
>
> (Luc, I, 7)

Ils priaient le Seigneur de leur donner un enfant. Un jour l'ange Gabriel apparut à Zacharie et lui annonça que leurs prières allaient être exaucées. Zacharie, doutant de ces mots, perdit l'usage de la parole. Après cinq mois de grossesse, Élisabeth reçut la visite de sa cousine Marie*, elle-même avertie de sa maternité divine. Quand Élisabeth entendit la salutation de Marie, son enfant tressaillit en son sein, et elle fut remplie de l'Esprit Saint. Zacharie recouvra la voix lors de la naissance de son fils (saint Jean-Baptiste) conformément aux paroles de l'Ange. Cette visite de Marie est commémorée dans la liturgie catholique par la fête de la Visitation (2 juillet). L'iconographie de sainte Élisabeth apparaît en général dans les représentations de la Visitation ou de la Sainte Famille, qui sont particulièrement nombreuses.

ÉLISABETH D'ARAGON, sainte. Reine de Portugal (1271 - Estremoz, 4 juillet 1336). Fille de Pierre III d'Aragon et de Constance de Sicile, elle fut mariée au roi de Portugal Denis le Libéral. Très pieuse, elle mena une vie de mortifications, et ses mœurs cénobitiques lui attirèrent la raillerie des courtisans. Accusée à tort d'avoir poussé son fils Alphonse (futur Alphonse IV) à la révolte contre le roi, elle fut exilée. Mais son innocence fut reconnue, et elle reprit sa place à la cour. À la mort de son mari en 1325, elle entra dans le tiers ordre de Saint-François et fonda le monastère de Sainte-Claire à Coimbra. Elle fut canonisée en 1626 par le pape Alexandre VIII. Sa fête, primitivement fixée au 4 juillet, fut placée au 8 juillet par Innocent XII en 1695.

ÉLISABETH DE HONGRIE, sainte (1207 - Marburg, 1231). Elle manifesta dès l'enfance une dévotion qui lui faisait fuir les honneurs. Promise à l'âge de quatre ans par son père le roi André II de Hongrie, elle épousa Louis IV, landgrave de Thuringe et de Hesse, en 1221.

Elle employa son règne à soulager les maux de ses sujets : elle créa un hôpital au château de Marburg, un orphelinat et, durant la famine de 1226, elle assura la subsistance de milliers de personnes. La cour l'accusa de dilapider l'argent du royaume en bonnes œuvres. Lors de la mort de Louis IV à Otrante alors qu'il s'embarquait pour la sixième croisade (1227), Élisabeth et ses enfants furent chassés par la famille du roi. On lui accorda de revenir à Marburg à condition de renoncer à la régence. Elle distribua alors le reste de son douaire aux pauvres et prit l'habit religieux. Patronne des tertiaires franciscaines, elle prodigua ses soins aux malades avec un dévouement qui fit sa réputation de sainteté. Le pape Grégoire IX la fit canoniser quatre ans après sa mort. On célébra le transfert de sa dépouille dans une châsse merveilleusement ciselée. La présence à la cérémonie de Frédéric II de Hohenstaufen, alors excommunié, fit sensation. Il y parut revêtu d'un froc de bure : « Je ne suis pas venu ici pour rencontrer les grands de ce monde, déclara-t-il, mais pour rendre hommage à une sainte, morte dans le dénuement le plus absolu. » La châsse de la sainte, qui se trouve encore aujourd'hui à Marburg, relate les épisodes de sa vie, qui a inspiré de nombreux artistes. Holbein et Murillo entre autres l'ont représentée soignant les invalides. On la fête le 19 novembre.

ÉLISABETH DE SCHÖNAU, sainte. Mystique allemande (v. 1129 - Schönau, 1165). Elle entra à l'âge de douze ans au couvent des bénédictines de Schönau, près de Bingen, dont elle devint la supérieure en 1157. Ses expériences décrites dans les *Visiones*, dans le *Liber viarum Dei* et dans les *Revelationes* connurent une large audience au Moyen Âge. Elle a laissé en outre une abondante correspondance, dans laquelle elle fustige les vices de son temps. Sa fête a été fixée au 18 juin.

ÉLISABETH. Reine des Belges (Possenhofen, Bavière, 1876 - Stuyenberg, 1965). Fille de Charles-Théodore de Wittelsbach, duc en Bavière, elle épousa en 1900 le futur roi des Belges, Albert Ier, dont elle eut trois enfants : Léopold en 1901, Charles, comte de Flandre, en 1903, et Marie-José*, future reine d'Italie, en 1906. Lors de la Première Guerre mondiale, la « reine infirmière », d'origine allemande, se montra la plus patriote des Belges. Sa dignité et son action en faveur des blessés lui acquirent l'amour de son peuple. La médaille de la Reine-Élisabeth a d'ailleurs été instituée en 1916, à l'intention des femmes s'étant illustrées dans des actions charitables pendant les hostilités. De même, durant le dernier conflit mondial, elle sauva de la déportation des centaines d'enfants grâce à ses services de renseignement. On connaît le rôle culturel qu'elle a joué tout au long de sa vie. Remarquable violoniste, elle a fondé le concours musical international qui porte son nom et reçut à la cour les plus grands virtuoses de son temps, comme Eugène Isaye, Georges Enesco, ou Jacques Thibaud ; des savants et des écrivains tels que Frédéric Joliot-Curie et Einstein qui lui écrivit de charmantes lettres, Romain Rolland, Jean Cocteau et Paul Claudel. Ses visites à Varsovie (1955), en URSS (1958) et en Chine (1962) lui valurent le surnom de « grand-mère rouge ». Après la mort accidentelle de son mari en 1934, Léopold III, son fils, monta sur le trône et abdiqua en 1951 en faveur de son fils Baudouin Ier, l'actuel roi des Belges.

ÉLISABETH Ire. Reine d'Angleterre (palais de Greenwich, 7 septembre 1533 - Richmond, 24 mars 1603). Elle était la fille de Henri VIII d'Angleterre et d'Anne* Boleyn, qui fut exécutée alors qu'Élisabeth avait trois ans. Celle-ci, déclarée illégitime (le mariage de ses parents ayant été annulé), perdit ses droits à la succession, qui lui furent rendus toutefois par le Parlement en 1544. Elle eut une enfance triste sous le règne de son demi-frère Édouard VI (1547-1553) et s'adonna avec passion à l'étude : elle apprit le français, l'espagnol, l'italien, le latin, le grec. Pendant le règne de sa demi-sœur Marie* Tudor (1553-1558), qui était farouchement catholique, elle dut cacher ses préférences protestantes et fut emprisonnée à la Tour de Londres après qu'on l'eut impliquée dans le complot de Thomas Whayt (1554). Elle y apprit la patience et la prudence.

Elle monta sur le trône le 17 novembre 1558. À vingt-cinq ans, elle avait les cheveux auburn, le teint pâle, les lèvres minces. Les poètes ont célébré sa beauté de rousse. Elle héritait d'une situation religieuse troublée après la réaction catholique du règne de Marie Tudor, dont la violence lui avait valu le surnom de Marie la Sanglante. Celle-ci avait d'ailleurs désigné Élisabeth comme son successeur, à condition qu'elle maintînt le pays dans le catholicisme. À cet égard, Élisabeth mena une politique modérée. Elle rétablit l'anglicanisme tel qu'il avait été instauré par Henri VIII, ce qui déclencha des protestations du haut clergé catholique, dont elle déposa la plupart des membres, et elle fut excommuniée par le pape Pie V (1570). Toutefois, elle ne laissa pas les calvinistes prendre une influence excessive et maintint l'organisation épiscopale que ceux-ci voulaient voir disparaître. La fin du règne vit un durcissement de l'attitude de la reine à l'égard des uns comme des autres (suppression du culte catholique et dissolution des synodes calvinistes dans les années 1580; emprisonnement de tous ceux qui refuseraient l'office anglican, 1595).

À l'extérieur, Élisabeth s'attacha à développer la puissance de l'Angleterre. En Écosse, elle soutint le parti protestant contre Marie* Stuart et, lorsque celle-ci fut contrainte de se réfugier en Angleterre en 1568, elle la fit mettre en résidence surveillée. Devant les complots incessants de l'ancienne reine d'Écosse qui n'oubliait pas ses droits sur la couronne d'Angleterre en tant qu'arrière-petite-fille de Henri VII, Élisabeth la fit exécuter non sans de longues hésitations (1587). À partir de 1577, elle soutint, par nécessité économique, les Pays-Bas en révolte contre l'Espagne. Le conflit entre les deux puissances s'acheva par la destruction de l'Invincible Armada que Philippe II d'Espagne avait envoyée envahir l'Angleterre (1588). Cette victoire marqua le début de la suprématie maritime anglaise. La reine avait hérité des Tudors leur dureté et leur intelligence. Elle sut très bien s'entourer, et l'œuvre de son premier ministre William Cecil, lord Burghley, est inséparable de la gloire de son règne. La question de sa succession, donc de son mariage, se posa sa vie durant. Elle fit de cette perspective un moyen de diplomatie, concluant des alliances par des projets de fiançailles plus ou moins précis qui n'aboutissaient jamais. Ce fut le cas avec l'archiduc Ferdinand de Habsbourg, Adolphe de Holstein, le roi de France Charles IX et ses frères, le duc d'Anjou et le duc d'Alençon. Philippe II fut amoureux d'elle avant de lui faire la guerre. Elle eut de nombreux favoris: sir Walter Raleigh, qui nomma la Virginie en son honneur, le comte d'Essex qu'elle fit exécuter en 1601 parce que, devenu trop ambitieux, il avait projeté de la renverser, et surtout lord Robert Dudley, «*sweet Robin*», qu'elle chatouillait en public. Sa volonté de rester célibataire était-elle dictée par un désir de liberté ou parce qu'elle se savait stérile? Elle voulut pour épitaphe :

ICI REPOSE ÉLISABETH
QUI VÉCUT ET MOURUT REINE ET VIERGE

Quoi qu'il en soit, elle retira de son indépendance une majesté quasi divine aux yeux de son peuple. Elle n'eut pas d'enfant.

À l'intérieur, la reine et ses ministres s'attelèrent à une tâche immense. Élisabeth rétablit les finances publiques (création de la Bourse de Londres), développa l'activité économique du pays et encouragea le commerce colonial (fondation de la Compagnie des Indes). L'industrie se développa (textiles, mines, constructions navales). Au point de vue social, elle créa un code national d'assistance aux déshérités. Elle favorisa la paysannerie libre et lutta contre l'*enclosure*, phénomène par lequel les pâturages à moutons clôturés avaient alors tendance à remplacer les champs labourés ouverts, s'accompagnant en conséquence d'une grave crise sociale. Les dernières années de son règne ne furent pas sans difficultés: le pouvoir puritain naissait, et le Parlement, écarté jusqu'alors du pouvoir, annonçait les troubles de la succession.

Les quarante-cinq ans de l'ère élisabéthaine restent synonymes de l'épanouissement d'une civilisation. Le théâtre connut un éclat exceptionnel avec Shakespeare, Marlowe, George Peel, Ben Johnson et tant d'autres. L'architecture se transforma. La peinture et la musique ne furent pas en reste: citons les compositeurs Byrd, Bull et Morlay; les portraitistes Gower, Hubbert, Hillard et Oliver. Le règne d'Élisabeth Ire fut absolu et quelquefois même arbitraire. À un prélat qui lui représentait qu'elle agissait plus en politique qu'en reine, elle répondit: « Je vois bien que vous avez lu tous les livres de l'Écriture, excepté celui des Rois. »

Elle traduisait Euripide, Horace, commentait Platon, s'expliquait en grec et en latin. Elle était une cavalière émérite. Elle aimait la grivoiserie et les cadeaux de ses soupirants; dans la vieillesse, elle usa de tous les artifices de la coquetterie. Elle s'exprimait sans gêne en public: on dit qu'elle caressait les hommes et qu'elle pouvait aller jusqu'à les frapper. Elle riait beaucoup, pleurait parfois, et ses colères étaient précédées d'un retentissant: « Mort Dieu, milord ! » Il existe de nombreux portraits d'elle, ceux de Cornelis Vroom (Hathfield), de Zuccaro (Sienne), de Pourbus (Versailles) et d'Isaac Oliver (Londres). Un anonyme flamand l'a représentée dans toute sa majesté lors d'une procession : elle avance sous un riche dais, portée par les gentilshommes de sa cour, telle une idole, recouverte de bijoux, de perles et de dentelles (coll. Clive Pearson). Avant de mourir, Élisabeth Ire désigna son successeur en la personne du fils de Marie Stuart, Jacques d'Écosse (futur Jacques Ier). Avec elle disparaissait la dynastie des Tudors.

RÉF. : J. Chastenet, *Élisabeth Ire*, Fayard, 1953. C. Erickson, *Élisabeth Ire*, Seuil, 1985.

ÉLISABETH II. Reine de Grande-Bretagne et chef du Commonwealth (née à Londres, le 21 avril 1926). Fille aînée de George VI et de la reine mère Élisabeth, elle fut élevée à Windsor avec son inséparable sœur cadette Margaret. Aux heures sombres de la guerre, on la vit en kaki s'activer au secours des blessés. Elle épousa en 1947 Philippe Mountbatten, duc d'Édimbourg; de leur union naquit quatre enfants : Charles, prince de Galles, appelé à lui succéder, Anne, Andrew et Edward. C'est au cours d'un voyage au Kenya qu'elle apprit la mort de son père. Elle lui succéda le 6 février 1952. Bien que son rôle politique soit effacé, puisque la reine règne mais ne gouverne pas, elle incarne dignement auprès de son peuple l'image d'une souveraine au-dessus des partis. Le rituel de Buckingham Palace est inséparable de son personnage: elle se réveille au son aigrelet d'une cornemuse en souvenir de la reine Victoria*, bisaïeule de son époux, tandis que Fortnum and Mason sont commis depuis toujours au service du thé royal. Elle apprécie le gin-tonic et déteste l'opéra. On sait son goût pour les chapeaux et les sacs à main. L'Angleterre a fêté son jubilé en 1977 : ce fut l'occasion pour ses sujets de démontrer leur attachement à la famille royale. Dépositaire des biens de la Couronne, Élisabeth est l'une des femmes les plus riches du monde.

ÉLISABETH DE BOHÊME, princesse palatine. Femme de sciences et érudite allemande (Heidelberg, 1618 - Herford, 1680). Fille de Frédéric V, Électeur palatin, roi de Bohême, et chef de l'Union évangélique, et d'Élisabeth* Stuart, elle était l'une des femmes les plus cultivées d'Europe. Elle était la tante de Charlotte-Élisabeth* de Bavière, la fameuse princesse Palatine (belle-sœur de Louis XIV), avec laquelle il ne faut pas la confondre. Très jeune, elle manifesta une véritable passion pour l'étude des sciences et de la philosophie. Elle refusa même la main de Vladislas IV, roi de Pologne, dans la crainte que cette union ne la détournât de ses études. Enthousiasmée par la philosophie cartésienne, elle incita Descartes à se fixer à Leyde, puis à Eyndegast, afin de pouvoir prendre des leçons avec lui. Elle se retira à Heidelberg, à Kassel, enfin à l'abbaye luthérienne de Herford, dont elle fit une académie philosophique, la première et la plus célèbre école cartésienne d'Europe.

ÉLISABETH DE BOSNIE. Reine de Hongrie et de Pologne (1339 - Novigrad, Croatie, 1387). Fille d'Étienne de Bosnie, elle devint reine de Hongrie et de Pologne par son mariage avec Louis le Grand en 1363. À la mort de son mari (1383), elle fut nommée régente et gouverna pendant la minorité de sa fille Marie. Chassées par Charles de Durazzo, prétendant au trône, les deux femmes ne purent récupérer le pouvoir qu'en le faisant assassiner. Moins d'un an plus tard, la reine fut à son tour exécutée par un partisan de Charles de Durazzo.

ÉLISABETH DE FRANCE, Philippine Marie Hélène (dite **Madame Élisabeth**). (Versailles, 1764 - Paris, 10 mai 1794). Fille du Dauphin, petite-fille de Louis XV et sœur de Louis XVI, elle adorait son frère qu'elle voyait tous les jours à la cour. Pour ne pas le quitter, elle refusa les propositions de mariage d'un infant d'Espagne et celles du duc d'Aoste. Pendant la Révolution, elle fut constamment aux côtés de Louis XVI, le confortant dans ses résolutions. Emprisonnée au Temple avec la famille royale, elle fit preuve d'un courage et d'un dévouement admirables. Séparée de son frère, elle ne le revit que le jour où il monta à l'échafaud. Après l'exécution de Marie-Antoinette*, elle prit soin de sa nièce, la duchesse d'Angoulême*, dite Madame Royale, mais fut séparée d'elle, puis elle fut condamnée à mort par le Tribunal révolutionnaire et guillotinée.

ÉLISABETH DE WITTELSBACH. Impératrice d'Autriche, (Possenhofen, Bavière, 1837 - Genève, 10 septembre 1898). Elle était la petite-fille du roi de Bavière Maximilien Ier et devint impératrice d'Autriche par son mariage avec François-Joseph, en 1854. Elle était belle, intelligente, très cultivée et, au dire de certains de ses contemporains, extrêmement égoïste et capricieuse. Pendant les premières années de son règne, celle que ses sujets appelaient familièrement Sissi tint son rang avec éclat et fit de la cour de Vienne une des plus brillantes d'Europe. Couronnée reine de Hongrie avec son mari en 1867, elle prit toujours fait et cause pour les Hongrois, dont elle parlait la langue et dont elle sut s'entourer, face aux Autrichiens qu'elle détestait. Cependant, comme beaucoup de Wittelsbach, elle souffrait de neurasthénie et d'instabilité, ce qui l'amena peu à peu à se détourner de la cour dont, par ailleurs, elle jugeait l'étiquette trop pesante.

De nombreuses épreuves — la mort de

Louis II de Bavière, cousin qu'elle chérissait particulièrement (1886), le suicide de son fils Rodolphe en compagnie de Mary Vetsera* au pavillon de chasse de Mayerling (1889), la mort de sa sœur la duchesse d'Alençon au cours de l'incendie du bazar de la Charité à Paris (1897) — achevèrent de la déséquilibrer. Fréquemment absente de Vienne, ne supportant plus aucune contrainte, l'impératrice aimait à faire de longs voyages en Europe. Elle se fit construire un palais à Corfou, le célèbre Achilleion, qu'elle habita fort peu (1880). À l'instar de tant de membres de sa famille, elle mourut dans des conditions tragiques, assassinée par un anarchiste italien. Sa personnalité curieuse, l'histoire ténébreuse des Wittelsbach ont fait d'elle l'héroïne romantique par excellence, prise au piège d'un destin trop lourd à porter, et ont inspiré une vaste littérature historique et de nombreux films.

RÉF. : E.G. Corti, *Élisabeth d'Autriche*, Payot, 1980. J. Des Cars, *Élisabeth d'Autriche ou la Fatalité*, Perrin, 1983. B. Hamann, *Élisabeth d'Autriche*, Fayard, 1985.

ÉLISABETH STUART. Reine de Bohême (château de Falkland, 1596 - Londres, 1662). Fille du roi Jacques Ier d'Angleterre, elle épousa en 1613 l'Électeur palatin Frédéric V. Poussé par sa femme qui « aimait mieux ne manger que du pain à la table d'un roi, que de vivre dans les délices à celle d'un Électeur », Frédéric accéda au trône de Bohême à la faveur de la révolte protestante contre l'Autriche (1619). Les Impériaux, sous la conduite de Tilly, écrasèrent son armée l'année suivante, et le couple dut s'exiler dans les Provinces-Unies.

Élisabeth Stuart ne perdit jamais l'espoir de restaurer sur le trône son fils aîné, Charles-Louis. Lorsque celui-ci récupéra une partie de ses territoires par le traité de Westphalie (1648), la reine revint habiter le Palatinat, d'où elle retourna dans son pays natal en 1661. Abandonnée des siens, cette victime de la cause protestante se vit octroyer une pension par Charles II d'Angleterre. Élisabeth eut treize enfants, dont Sophie, épouse du duc de Hanovre, à l'origine de l'actuelle dynastie de Grande-Bretagne.

ÉLISABETH WOODVILLE. Reine d'Angleterre (v. 1437 - abbaye de Berdmondsey, 1492). Fille de sir Richard Woodville, « le plus bel homme d'Angleterre », elle accéda au trône en contractant un mariage avec Édouard IV en 1464. Cette union attisa les ambitions familiales. Devenus trop influents, les Woodville soulevèrent l'opposition des partisans des Yorks et provoquèrent de graves difficultés intérieures. La reine dut se réfugier à Westminster lors de la fuite d'Édouard IV en 1470, et de nouveau à sa mort en 1483. Ses deux fils, Richard et Édouard, furent assassinés par leur oncle, Richard de Gloucester, qui usurpa le trône sous le nom de Richard III. Élisabeth finit sa vie dépouillée de ses biens et recluse à l'abbaye de Berdmondsey.

ÉLISABETH-CHARLOTTE DE BAVIÈRE. Voir CHARLOTTE-ÉLISABETH DE BAVIÈRE.

ÉLISABETH PETROVNA. Impératrice de Russie (Kolomenskoïe, près de Moscou, 1709 - Saint-Pétersbourg, 9 janvier 1762). Elle était la fille de Pierre le Grand et de Catherine Ire*. Anna Ivanovna*, la tsarine précédente, avait laissé à sa mort le pouvoir à Ivan VI et à la régente Anna Leopoldovna. Élisabeth, usant de sa popularité en tant que fille de Pierre le Grand et du mécontentement de l'armée hostile à l'influence allemande, se fit proclamer tsarine le 18 décembre 1742, au terme d'un complot organisé par Vorontsov et par le médecin français Lestocq, qui avait l'appui de la France. Son règne fut marqué par le début de l'influence française. À l'intérieur, Élisabeth prit toutes sortes de mesures politiques, économiques et culturelles : rétablissement du Sénat, création d'un organe suprême de gouvernement, suppression des douanes intérieures (1752), ouverture de l'université de Moscou (1755), de l'Académie des beaux-arts de Saint-Pétersbourg (1758). À l'extérieur, elle s'engagea dans la guerre de Sept Ans et fut l'ennemie irréductible de la Prusse. Les armées russes vainquirent plusieurs fois Frédéric II, entrèrent à Berlin en 1760, pénétrèrent en Poméranie en 1761. Le roi ne dut son salut qu'à la mort d'Élisabeth. L'impératrice ne se maria pas et scandalisa son temps par les dérèglements de sa vie privée. Elle eut de nombreux favoris, dont Alexis Razoumovsky qu'elle aurait peut-être épousé secrètement. À sa mort, son neveu Pierre III lui succéda, ce qui marqua l'avènement de la maison des Holstein-Gottorp-Romanov.

ELLIOTT Maxine (Jessica Dermot, dite). Actrice américaine (Roackland, 5 février 1871 - Juan-les-Pins, 5 mars 1940). D'une beauté éblouissante et d'un grand charme, elle fut une star avant la lettre. Elle débuta sur scène en 1890 dans la compagnie de E.S. Willar, qu'elle quitta cinq ans plus tard pour entrer dans la troupe d'Augustin Daly. Elle triompha à New York et à Londres. Après une tournée en Australie avec son mari Nat Goodwin, elle joua à ses côtés le répertoire de Clyde Fitch. Elle monta son propre théâtre à New York en 1908. Amie personnelle d'Édouard VII, elle était extrêmement populaire en Angleterre où elle se retira à la veille de la Première Guerre mondiale. De retour en Amérique, elle y fut adulée, mais préféra finir ses jours en France.

ELSSLER Fanny (Franziska, dite). Danseuse autrichienne (Gumpendorf, 23 juin 1810 - Vienne, 27 novembre 1884). Son père était le copiste de Haydn et sa mère une modiste. L'enfant fut formée avec sa sœur Thérèse à l'école du Ballet de Vienne. En 1818, les deux fillettes rejoignirent leur sœur aînée Anne, danseuse au Kärntnertor theater. Fanny Elssler fut aussitôt acclamée dans les ballets de Filippo Taglioni et d'Auguste Vestris. En 1825, elle charma tout Naples par son tempérament de feu et son « piquant », tandis que ses sœurs faisaient office de faire-valoir. Après de brillants débuts à Berlin (1830) et à Londres (1833), elle fut engagée en 1834 par le Dr Véron : l'administrateur de l'Opéra de Paris comptait fort sur une confrontation de « la plus adorable fille de la terre » avec la fameuse Taglioni*. En effet, le public, conquis par son interprétation de Fenella (*La Muette de Portici*, Auber), de Zorloë (*Le Dieu et la Bayadère*, Auber), de Lise (*La Fille mal gardée*, Dauberval), lui réserva une ovation sans précédent lors de la création de la *cachuca* (danse andalouse) du *Diable boiteux* (Coralli, 1836). Et Théophile Gautier de commenter : « Comme elle se tord, comme elle se plie, quel feu, quelle volupté, quelle ardeur ! »

Après son triomphe dans *La Tempête* (Coralli), deux clans passionnés se formèrent, les partisans de la Taglioni et ceux d'Elssler. « La première est une danseuse chrétienne (...), la seconde est une danseuse tout à fait païenne », expliquait Gautier. On opposait en effet le « ballon » et l'élévation de l'Italienne (capacité à sauter, à sembler planer dans les airs) au style « terre à terre » et « taqueté » de l'Autrichienne (virtuosité de l'exécution au sol). Prenant les rôles de sa rivale dont le contrat à l'Opéra n'était pas renouvelé, Fanny Elssler dansa *La Sylphide* (Taglioni) et *La Fille du Danube* (Taglioni) pour la plus grande joie de ses fidèles. En 1840, elle quitta Paris pour l'Amérique : elle fut la première danseuse romantique à s'y produire et fut reçue en grande pompe à la Maison-Blanche. Une caricature la représente un pied sur chaque continent, où l'attendent des monceaux d'argent. Après une tournée de deux ans (elle alla jusqu'à La Havane), elle rentra en Europe, évita Paris où elle était en procès pour rupture de contrat, dansa à Vienne, à Berlin, à Bruxelles, à Dublin, à Hambourg. Elle interpréta pour la première fois *Giselle* (Gautier et Coralli) à Londres en 1843. On la vit à Budapest et de nouveau à Covent Garden dans *Esmeralda* (Perrot). Elle retourna en Italie en 1846 pour se rendre ensuite en Russie où elle conquit Moscou et Saint-Pétersbourg. En 1851, elle donna à Vienne, au Kärntnertor theater qui avait vu ses débuts, douze représentations d'adieu. Elle vécut quelque temps à Hambourg avec sa fille avant de s'installer définitivement à Vienne en 1855. On lui a supposé longtemps une liaison avec le duc de Reichstadt, le fils de Napoléon Ier, ce qu'elle démentit à la fin de sa vie. Edmond Rostand fait toutefois de la danseuse la tendre amie de son Aiglon (*L'Aiglon*, 1900).

ELVIN Violetta, née Prokhorova. Danseuse anglaise d'origine russe (née à Moscou, le 3 novembre 1925). Elle fit ses études avec Agrippina Vaganova* à l'École du Bolchoï puis s'installa en Angleterre en 1945 où elle épousa le diplomate-écrivain Harold Elvin. Elle fut l'une des meilleures danseuses du Sadler's Wells Ballet. Émouvante, le teint pâle et les cheveux noirs, son port de bras et son élégance technique faisaient merveille dans Giselle (*Giselle*, Gautier et Coralli). Elle triompha aussi dans le rôle d'Odette-Odile (*Le Lac des cygnes*, M. Petipa) et dans celui de la princesse Aurore (*La Belle au bois dormant*, M. Petipa). Elle créa des rôles pour Frédérik Ashton et pour Roland Petit, avant de se retirer en 1956. Elle s'établit à Naples et y ouvrit une école de danse.

ELVIRE. Voir CHARLES, Julie-Françoise.

ÉMILIE DE RODAT, sainte. Française (château de Druelle, Rouergue, 1787 - Villefranche-de-Rouergue, 1852). Très pieuse, elle se consacra à l'enseignement et aux soins des enfants malades et se fit en 1815 «l'Institutrice des pauvres». Elle fonda la congrégation des Sœurs de la Sainte-Famille de Villefranche qui s'installa en 1819 dans le couvent des cordeliers de Villefranche-de-Rouergue. La congrégation prit un essor considérable jusqu'à compter trente-six maisons. Elle fut canonisée en 1950 par le pape Pie XII, et sa fête fixée au 19 septembre.

ÉMILIE DE VIALAR, sainte. Missionnaire française (Gaillac, Tarn, 1797 - Marseille, 1856). Fondatrice de la congrégation des sœurs de Saint-Joseph de l'Apparition en 1832, elle résolut d'étendre son action religieuse hors de la France. Accompagnée de plusieurs de ses compagnes, elle partit pour Alger en 1835. Leur dévouement et leur courage au cours de plusieurs épidémies qui sévirent en Algérie valurent à la jeune congrégation le respect et l'admiration aussi bien des catholiques que des musulmans. Mais en 1842, l'évêque d'Alger, Mgr Dupuch, craignant des troubles d'ordre religieux devant l'importance de plus en plus grande qu'avait prise la congrégation de mère Émilie, donna l'ordre aux religieuses de quitter l'Algérie. Durant plus de dix ans, la congrégation poursuivit son activité et se développa dans le monde entier où elle établit de nombreux couvents. Émilie de Vialar a été canonisée en 1951 par le pape Pie XII. On la fête le 24 août.

ÉMILIENNE D'ALENÇON (Émilie André, dite). Courtisane française (1870 - ?). Elle quitta sa famille à quinze ans pour suivre un tzigane et débuta au

Cirque d'hiver, reniant ses origines montmartroises pour se parer d'un nom aristocratique. À vingt ans, elle était la maîtresse du duc d'Uzès... et montreuse de lapins. « Ô aristocratie humiliée, tout Paris connaît la chose ! » s'exclame l'abbé Mugnier dans son *Journal*. Après un passage au Conservatoire, on l'admira au Casino de Paris, aux Menus-Plaisirs et à l'Alhambra de Londres. En 1898, elle tenait à l'Opéra-Comique le rôle principal du *Petit Faust* d'Hervé, charmant tous les cœurs, avant de décrocher la vedette aux Folies-Bergère. Le duc d'Uzès se ruina pour elle en bijoux et en équipages. La belle courtisane put se consacrer à d'autres amours : les têtes couronnées et les magnats de la finance se retrouvaient chez elle ou bien encore chez Maxim's, où elle arrivait tenant en laisse deux petits chiens blancs. Léopold II de Belgique lui resta longtemps fidèle, détournant les soupçons de sa famille sur Cléo de Mérode*. Les goûts d'Émilienne d'Alençon étaient éclectiques : ne la vit-on pas s'exhiber avec des amies très particulières ? Elle collectionnait les bibelots, s'adonnait à la drogue et à la poésie : on lui doit le recueil *Sous le masque*. Sa notoriété prit fin en même temps que sa carrière galante. Elle épousa un jockey célèbre qui trouva la mort à la guerre de 1914 et termina ses jours dans l'anonymat.

EMMERICH Anna Katharina (dite **la Novice de Dülmen**). Religieuse allemande (Flamske, Westphalie, 8 septembre 1774 - Dülmen, 9 février 1824). Dès l'âge de seize ans, elle voulut entrer en religion. Devant l'opposition de ses parents qui la privèrent de dot, elle ne fut acceptée par les augustines d'Agnetenberg, près de Dülmen, qu'en 1802. Son couvent ayant été sécularisé en 1812, elle entra au service d'un prêtre de Dülmen. En 1813, elle tomba malade et ne quitta plus le lit jusqu'à sa mort. Elle est l'une des plus célèbres stigmatisées du XIXe siècle. Les stigmates commencèrent à apparaître sur son corps dès 1799, prenant de plus en plus d'importance au cours de la décennie suivante. À partir de 1813, elle fut suivie médicalement et un rapport officiel (1819) conclut à l'impossibilité d'une quelconque supercherie. *Les Actes de l'enquête ecclésiastique* publiés en 1829 sont très favorables à Anna Katharina Emmerich dont le procès en béatification a été introduit à Rome en 1892. Par ailleurs, elle eut des visions se rapportant à la vie du Christ, qu'elle raconta presque quotidiennement à l'écrivain romantique Clemens Brentano entre 1818 et 1824. Le travail de Brentano, qui mourut en 1842, fut publié en trois fois : *La Douloureuse Passion de Notre-Seigneur* (1833), *La Vie de la sainte Vierge* (1852), *La Vie de Notre-Seigneur et Sauveur Jésus-Christ* (1858-1860). L'Église n'a pas pris position sur le caractère surnaturel de ses visions dont l'aspect médiumnique et divinatoire paraît évident. Dès études critiques approfondies des textes ont mis en lumière la part importante prise par Brentano dans leur rédaction.

RÉF. : K.E. Schmöger, *Anne-Catherine Emmerich, vie de la célèbre mystique*, 3 vol., Téqui, 1982.

EMPERAIRE Annette, née Laming. Préhistorienne française (née en 1917). Étudiante en philosophie et en biologie à la Sorbonne, elle a consacré sa thèse à la signification de l'art rupestre paléolithique. En compagnie de son mari, elle effectua ensuite de nombreuses fouilles sur le terrain à travers l'Europe ainsi qu'en Patagonie australe et dans le Brésil méridional. Parmi ses nombreuses publications, citons : *La Découverte du passé* (1952), *Patagonia, confins du monde* (1955-1957), *Les Civilisations préhistoriques* (1957), *Lascaux* (1958), *La Signification de l'art rupestre paléolithique* (1959).

ENGEL-KRAMER Ingrid. Championne de natation. Allemande de l'Est (née à Dresde en 1943). Très douée, possédant une maîtrise parfaite de l'art du plongeon, elle domina cette discipline à partir de 1960, ravissant la suprématie mondiale aux Américaines. Elle avait à peine dix-sept ans lorsqu'elle remporta deux médailles d'or aux jeux Olympiques de Rome (1960) dans l'épreuve de haut vol et au tremplin. Dans cette dernière épreuve, elle devança largement la championne américaine Paula Pope-Meyers. En 1964, aux jeux de Tokyo, elle obtint une nouvelle médaille d'or en haut vol mais ne remporta que celle d'argent au tremplin.

ENTRAGUES Catherine Henriette de Balzac d', marquise de Verneuil. Française (Orléans, 1579 - Paris, 1633). Elle était la fille de François de Balzac d'Entragues et de Marie Touchet*, ancienne maîtresse de Charles IX. Peu après la mort de Gabrielle d'Estrées* en 1599, Henri IV s'éprit d'elle. Cette liaison fut l'objet d'une âpre discussion avec la famille qui obtint du roi cent mille écus ainsi qu'une promesse de mariage au cas où la favorite accoucherait d'un garçon. L'enfant mourut à la naissance; sa mère devenant seulement marquise de Verneuil, tandis que le roi épousait Marie* de Médicis (1600). Elle n'en demeurait pas moins la maîtresse de Henri IV qui lui donna un fils et une fille. Ses rapports avec la reine, qui n'hésitait pas à la traiter de «*putana*», étaient détestables. Elle fut par la suite de plusieurs complots contre le souverain qui ne se résolvait pas à s'en séparer, notamment en 1604 lorsque son frére François d'Entragues et le duc de Bouillon voulurent assassiner Henri IV. La conjuration éventée, d'Entragues fut exécuté, et la marquise de Verneuil recluse dans un monastère. Elle rentra en grâce en 1606 avant d'être définitivement chassée de la cour deux ans plus tard. Tallemant des Réaux dit qu'après la rupture «elle se mit à faire une vie de Sardanapale. Elle ne songeait qu'à la mangeaille, aux ragousts» et devint monstrueuse de grosseur.

ÉPINAY Louise, née Tardieu d'Esclavelles, marquise **d'**. Femme de lettres française (Valenciennes, 12 mars 1726 - Paris, 15 avril 1783). Elle était issue d'un milieu sans fortune et épousa en 1745 son cousin, Denis-Joseph de La Live de Bellegarde, marquis d'Épinay, dont le père était un fermier général. Elle se sépara rapidement de son mari, joueur, coureur et débauché, et eut plusieurs aventures, notamment avec Dupin de Francueil, musicien et grand séducteur, avant d'entamer une liaison de toujours avec Grimm. Peu de femmes ont su réunir et garder autour d'elles autant d'amis et de célébrités. Intelligente et spirituelle, elle recevait dans son somptueux hôtel de la rue Saint-Honoré, qu'elle habita de 1748 à 1762. À la belle saison, c'est au château de La Chevrette, près de Montmorency, que se retrouvaient ses fidèles : Voltaire, Maupeou, Duclos, l'abbé Raynal, Mme d'Houdetot* et tous ceux qui collaboraient à l'*Encyclopédie*, au premier chef Diderot, amené par Grimm, mais aussi Marmontel, Holbach et enfin Jean-Jacques Rousseau, son «ours». Le philosophe était un de ses soupirants et craignait qu'on se moquât de lui. La marquise lui offrit une petite maison dans son parc, l'Ermitage; il s'y installa avec Thérèse Levasseur* en 1756, avant de se brouiller à tout jamais avec sa protectrice (1757).

Ruinée à partir de 1762, Mme d'Épinay dut s'installer rue Sainte-Anne, où elle continua à tenir salon. Atteinte de tuberculose, elle termina ses jours avec Grimm rue de la Chaussée-d'Antin, où elle logea Mozart en 1778. Elle a publié de nombreux ouvrages, dont *Mes moments heureux* (1752), *Lettres à mon fils* (1758), les *Conversations d'Émilie*

(1774). Ses Mémoires, auxquels ont participé Grimm et Diderot, se présentent sous une forme romancée (*Histoire de Mme de Montbrillant*, 3 vol., 1818) et constituent un témoignage passionnant sur le milieu des Encyclopédistes et sur les rivalités entre Rousseau et Diderot.

RÉF. : L. Perey et G. Maugras, *Une femme du monde au XVIIIe siècle, Mme d'Épinay*, 2 vol., 1882-1883. É. Badinter, *Émilie, Émilie, l'ambition féminine au XVIIIe siècle*, Flammarion, 1983.

ÉPONINE. Héroïne gauloise (?-79). Elle était la femme de Julius Sabinus, chef d'une tribu gauloise, les Lingons, et lutta à ses côtés contre la domination romaine. Elle se cacha avec son mari dans une grotte près de Langres, vivant dans la clandestinité pendant neuf ans et donnant le jour à deux jumeaux. Julius Sabinius ayant été fait prisonnier par les Romains, Éponine se présenta devant Vespasien auquel elle dit ces mots restés fameux: «César, vois ces enfants, je les ai élevés dans le tombeau pour qu'ils puissent venir à tes pieds implorer la grâce de leur père.» Sabinus n'en fut pas moins condamné à mort. Sur quoi, Éponine insulta l'empereur et fut exécutée. Ses enfants auraient été épargnés.

ERAUSO Catalina de (dite **la Monja Alférez**). Héroïne espagnole (Biscaye, 1592 - [?]). Cloîtrée dans un couvent dès son plus jeune âge par sa famille, elle s'en échappa à quinze ans. Costumée en homme, elle parcourut l'Espagne pendant trois ans, déjouant les recherches de ses parents et de l'Inquisition, travaillant comme laquais ou comme secrétaire dans différentes maisons. Elle s'embarqua comme mousse sur un galion en partance pour le Pérou. À Lima, elle travailla comme commis chez un marchand, mais dut s'enfuir, les avances d'une jeune fille tombée amoureuse de «lui» étant devenues trop pressantes. Elle s'enrôla alors dans l'armée levée pour combattre les Indiens au Chili. Affectée dans la compagnie de son frère, elle ne s'en fit pas reconnaître. Elle combattit courageusement et fut nommée *alférez* (enseigne ou sous-lieutenant). Trop galante avec les femmes et trop agressive avec les hommes, son caractère lui valut de se battre souvent en duel. Au cours d'une de ses querelles nocturnes, elle tua à son insu son propre frère, ne l'identifiant qu'au moment de sa mort. Elle dut encore s'enfuir : on retrouve sa trace à La Paz où elle fut condamnée à mort pour avoir tué un homme. Elle parvint une fois encore à s'échapper. Blessée lors d'une rixe et se croyant proche de la mort, elle se confessa à un évêque, lui révélant son histoire et son sexe. Il la fit entrer dans un couvent où elle resta deux ans, avant de s'embarquer pour l'Europe. En Espagne, le roi Philippe II lui octroya une pension; en Italie, le pape l'inscrivit comme citoyen romain. Elle retourna ensuite en Amérique du Sud, où l'on perd sa trace à partir de 1635.

Ses *Mémoires*, signés de son surnom (qui signifie la nonne sous-lieutenant) furent publiés à Paris, en espagnol, en 1829, puis traduits l'année suivante. En réalité, ils ont été rédigés par D.J. María de Ferrer. Sa véritable autobiographie, le *Mémorial de los meritos y servicios del alférez Erauso*, se trouve dans les archives espagnoles relatives à l'histoire de l'Amérique latine. La vie de Catalina de Erauso a inspiré plusieurs romanciers espagnols. Le poète français José-Maria de Heredia a traduit l'œuvre de María de Ferrer en 1894, sous le titre *La Nonne Alférez*.

RÉF. : P. Gaspard-Huit, *Catalina la terrible : la vie extraordinaire de la nonne conquistador*, Presses de la Cité, 1986.

ERMENGARDE. Reine de Provence (v. 855 - Plaisance, 897). Elle était la fille de Louis II, empereur d'Occident et roi d'Italie, et d'Engelberge de Spolète. Après la mort de son père en 875, son cousin Bérenger, duc de Frioul, la maria de force à Boson, duc de Lombardie, vassal de Charles le Chauve, lequel était successeur de Louis II et roi de France (printemps 876). Ermengarde, qui semble-t-il avait une forte influence sur son mari, le poussa à fonder le royaume de Provence et de Bourgogne et à s'en proclamer roi (879), après le décès de Louis II le Bègue, roi de France depuis 877. Les deux fils du roi défunt, Louis III et Carloman, marchèrent aussitôt sur la Bourgogne et mirent le siège devant Vienne, en Dauphiné, que défendait Ermengarde. La ville tomba après deux ans d'hostilités (septembre 882). Boson mourut en 887, et la reine obtint de l'empereur Charles le Gros l'accession au trône de Provence de son fils Louis (Louis l'Aveugle). Elle fut régente durant sa minorité.

ERMOLOVA Maria Nikolaïevna. Actrice russe (Moscou, 1853 - *id.*, 1928). Fille d'un souffleur de théâtre, ses parents voulaient qu'elle fût danseuse, tandis que ses professeurs de déclamation la jugeaient gauche et peu douée. Elle sut persévérer et triompha à seize ans dans le rôle d'Emilia (*Emilia Galotti*, Lessing). Distinguée, très belle, son jeu naturel la rendait sublime et la portait vers les héroïnes pathétiques, idéalistes, révoltées. Le public ne s'y trompait pas et la vénérait quasi religieusement dans les rôles de Phèdre (*Phèdre*, Racine) de lady Macbeth (*Macbeth*, Shakespeare) ou dans les drames de Schiller comme *Marie Stuart* et *La Pucelle d'Orléans*. Elle joua également dans des comédies de mœurs d'Ostrovsky. Doyenne du Petit-Théâtre de Moscou, elle ne quitta guère la Russie.

ERXLEBEN Dorothea Christina, née Leporir. Médecin. Allemande (Quedlimbourg, 1715 - *id.*, 1762). Son père, médecin, s'étant aperçu de ses dispositions en matière de médecine, lui fit suivre les cours qu'il destinait à son fils. En 1741, elle fut admise à l'université de Halle sur intervention spéciale de Frédéric le Grand. La même année, elle épousa Jean Chrétien Erxleben. Elle ne passa sa thèse qu'en 1754 par suite de diverses interruptions dues à une santé fragile et à la naissance de quatre enfants : « Je poursuivais mes études et je me suis persuadée qu'il est très possible pour une femme, malgré toutes les occupations domestiques, aussi bien de lire un livre avec profit que d'apprendre », écrivait-elle. Elle exerça jusqu'à sa mort, consécutive à un cancer du sein. Outre sa thèse, elle est l'auteur de *L'Examen des causes qui éloignent les femmes de l'étude* (1742).

ESPINA Concha. Romancière espagnole (Santander, 1877 - Madrid, 1955). Très riche, elle se vit, après son mariage, réduite à la misère, en Amérique du Sud. Revenue en Espagne, elle publia un recueil de poèmes, *Mis flores* (1904). Veuve avec quatre enfants, elle écrivit un roman, *La Niña de Luzmela* (1909) qui fut si populaire dès sa publication que le gouvernement espagnol débaptisa la ville de Mascuerras pour l'appeler Luzmela (1949). Concha Espina eut même l'honneur d'y inaugurer son buste. Dans ses romans, où elle décrit avec beaucoup de sensibilité les paysages de Biscaye et des monts Cantabriques, elle met en scène des héroïnes passionnées, éprouvées par l'existence. Elle publia une quarantaine de volumes, surtout des romans, dont *Agua de nieve* (1911), *Le Sphinx de Maragato* (1914), traduit en huit langues, qui évoque le vie des mineurs dans la province de León, *La Rose des vents* (1915), *Alta mayor* (1926), *Una novela de amor* (1953).

ESPINOUZE Youki (Lucie, dite). Belge (1901 - Paris, 1966). Orpheline dès son plus jeune âge, elle vint se fixer à Paris après l'armistice de 1918. Ravissante, elle devint rapidement l'une des reines de Montparnasse. Elle fascina le peintre japonais Foujita qui l'épousa. Celui-ci, qui l'avait surnommée Youki, « Neige » en japonais, fit d'elle un portrait où elle apparaît nue. Sous le titre de *La Source*, il valut la célébrité et la fortune à son auteur. Mais les sombres années de la crise (1936-1937) obligèrent Foujita à vendre tous ses biens et le peintre partit pour l'Amérique. Youki rencontra alors le poète Robert Desnos avec qui elle vécut un grand amour pendant plus de dix ans. Elle devint la muse des surréalistes, partageant avec Desnos et ses amis leurs combats littéraires. Mais le poète fut déporté pendant la guerre pour faits de Résistance et mourut le jour de la libération du camp de concentration de Terezín, en Tchécoslovaquie, en 1945. Youki se remaria après la guerre avec le peintre Espinouze et publia ses *Souvenirs*.

ESTE Béatrice d', duchesse de Milan. Mécène. Italienne (1475-1497). Fille d'Hercule Ier d'Este, protecteur de l'Arioste, et d'Éléonore d'Aragon, elle fut mariée à l'âge de quinze ans à Ludovic Sforza, dit le More. Belle et autoritaire, elle tint à Milan l'une des plus brillantes cours d'Italie. Parmi les protégés du couple ducal, on comptait Léonard de Vinci, Bramante et Raphaël. Le quattrocento doit au règne de Béatrice d'Este quelques-uns de ses trésors, comme l'église Sainte-Marie-des-Grâces à Milan ou le palais Ludovic le More, à Ferrare. Confidente avisée de son mari, elle mourut à vingt-deux ans, le laissant inconsolable.

ESTE Isabelle d'. Mécène. Italienne (1474-1539). Elle était la fille d'Hercule Ier d'Este et la sœur aînée de Béatrice d'Este*. Elle épousa à seize ans François II Gonzague, marquis de Mantoue. Humaniste, aimant passionnément les arts, elle anima une cour brillante : les entretiens du *Parfait Courtisan* de Castiglione donnent une idée de la société choisie qui composait son « Académie de Saint-Pierre ». Elle protégea Raphaël, Mantegna, le Pérugin et Jules Romain, maître d'œuvre des édifices de la « glorieuse » Mantoue. Léonard de Vinci et Titien l'ont immortalisée dans de somptueux portraits (Louvre, musée des Beaux-Arts de Vienne) : elle pose le poing fermé, ses joues rondes et ses yeux verts expriment un charme volontaire. Sa devise était *nec spe nec metu* (« ni espoir ni crainte »). Elle laissa une collection exceptionnelle d'objets d'art et de manuscrits.

ESTEBAN Denise. Peintre. Française (Reims, 1926 - Nantes, 19 septembre 1986). Elle fut élève à l'École des arts décoratifs et à l'École des beaux-arts de Paris. Elle découvrit en 1966 le peintre vénitien Morandi, rencontra l'année suivante Arpad Szenes, le mari de Marie-Hélène Vieira* da Silva, puis Nicolas de Staël en 1971. Toutefois, ses maîtres demeurent Corot et Degas. Denise Esteban renoue avec la tradition figurative et la peinture sur chevalet. Ses paysages de Vendée et de Provence sont le reflet scrupuleux du réel, et apparaissent nimbés d'une poésie lumineuse que Roger Munier qualifiait de « furtive présence ». Très liée avec les poètes, elle a illustré le *Nu perdu* de René Char ainsi que les ouvrages de Philippe Jaccottet et d'Octavio Paz. Elle a épousé en 1964 le poète Claude Esteban.

ESTHER. Héroïne biblique (VIe s. av. J.-C.). Elle naquit en captivité, après que Nabuchodonosor eut déporté les Juifs de Jérusalem à Babylone. À Suse, sa capitale, Assuérus, c'est-à-dire Xerxès Ier, roi des Perses, qui venait de répudier sa femme Vashti, tomba amoureux d'Esther et l'épousa (479 av. J.-C.), sans savoir qu'elle était juive et que son cousin et père adoptif s'appelait Mardochée.

Celui-ci, apprenant que le conseiller du roi Aman l'Agagite avait décidé Assuérus à exterminer les Juifs de son royaume, demanda à Esther d'intercéder auprès de lui. Malgré le danger de mort que représentait le fait de paraître devant Assuérus sans y avoir été convié, la reine se rendit au palais et, comme elle était d'une très grande beauté, obtint gain de cause, d'autant plus que, précédemment, Mardochée avait dénoncé au roi un complot ourdi contre lui. Aman fut pendu au gibet qu'il destinait à Mardochée, et les Juifs, ainsi sauvés, célèbrent depuis cet événement par le Pourim (fête des Sorts). L'histoire d'Esther, racontée dans le livre de la Bible qui porte son nom, a inspiré plusieurs artistes, notamment Mantegna et Rembrandt (*Mardochée suppliant Esther*), Chassériau (*La Toilette d'Esther*), Véronèse, le Tintoret, Poussin, etc. Racine, tout en suivant le texte biblique, en a transformé l'esprit dans sa tragédie, *Esther* (1689).

ESTRÉES Gabrielle d', marquise de Monceaux et duchesse de Beaufort. Française (château de Cœuvres, Picardie, 1571 - Paris, 1599). Elle était la fille d'Antoine d'Estrées, marquis de Cœuvres, gouverneur de l'Île-de-France, et de Françoise Babou de La Bourdaisière. Gabrielle d'Estrées, « de laquelle l'extrême beauté ne tenait rien de lascif » (d'Aubigné), les cheveux cendrés, les chairs pleines, devint à dix-huit ans la maîtresse de Henri de Navarre. On raconte qu'il se déguisait en paysan pour la retrouver à Cœuvres. Pour la soustraire à son père, il la maria à Nicolas d'Amerval de Liencourt, union qui fut dissoute par la suite. Pendant neuf ans, elle partagea l'ascension au pouvoir du futur Henri IV. Plutôt souveraine que concubine, elle réussit à ne pas abuser de sa position et se fit peu d'ennemis quoiqu'elle fût haïe par le peuple. Elle donna trois enfants au roi, tous légitimés: César, duc de Vendôme en 1594, Catherine Henriette, duchesse d'Elbeuf en 1596, qui épousa Charles de Lorraine, et Alexandre en 1598, qui fut chevalier de Vendôme et grand prieur de France. Henri IV était passionnément amoureux de sa maîtresse et songeait à faire d'elle une reine de France, au moment où il était en train de divorcer de Marguerite* de Valois (la reine Margot). Sur ces entrefaites, Gabrielle d'Estrées mourut en couches, laissant le roi inconsolable. Il nous reste les plus belles lettres d'amour de celui qui promettait: « Ma dernière pensée sera à Dieu, et l'avant-dernière à vous. » Gabrielle d'Estrées est représentée dans une toile de l'école de Fontainebleau (fin XVIe siècle) conservée au Louvre: *Gabrielle d'Estrées et une de ses sœurs.*

RÉF.: Ph. Erlanger, *Gabrielle d'Estrées, femme fatale*, J. Dullis, 1975. J. Castarède, *Gabrielle d'Estrées, la passion de Henri IV*, Éditions de la Seine, 1989.

ÉTAMPES Anne de Pisseleu, duchesse **d'**. Française. (Fontaine-Lavaganne, Picardie, 1508 - Heilly, 1580). Adolescente, elle fut choisie pour faire partie des filles d'honneur de Louise* de Savoie, mère du roi. François Ier la remarqua lors de son retour de captivité (1526), et la blonde Anne de Pisseleu succéda dans ses faveurs à la brune Françoise de Châteaubriant*. Selon une technique éprouvée, elle fut mariée à Jean de Brosse, créé pour la circonstance duc d'Étampes et gouverneur de Bretagne. « La plus belle des savantes et la plus savante des belles » gouverna le roi et la cour pendant plus de vingt ans. Avec pour allié l'amiral Chabot, elle s'opposa à la politique du connétable Anne de Montmorency. Sa rivalité avec Diane* de Poitiers, maîtresse du Dauphin (futur Henri II), pour laquelle elle éprouvait une jalousie féroce, empoisonna les affaires. On l'accusa de complicité avec Charles Quint. À la mort de François Ier en 1547, Henri II s'empressa d'exiler la duchesse d'Étampes. Par la suite, son duché devait passer à sa plus mortelle ennemie, Diane de Poitiers.

EUDOXIE. Impératrice d'Orient ([?] - Constantinople, 404). Fille du général Bauto mort au service de l'empire, elle épousa l'empereur Arcadius. Celui-ci devait prendre pour femme la fille de Rufin, son mentor, mais l'eunuque Eutrope, qui désirait mettre le souverain sous sa coupe, manœuvra pour conclure le mariage entre Arcadius et Eudoxie (395). Belle, intelligente et cultivée, Eudoxie parvenue au trône voulut elle-même dominer le trop faible empereur : elle fit exécuter Eutrope et gouverna à la place de son mari. Son goût du faste et du luxe lui attira la haine des chrétiens, en particulier celle de l'évêque de Constantinople, Jean Chrysostome, qui la blâmait ouvertement, la traitant de Jézabel. Eudoxie le fit exiler sans parvenir à le faire taire. Elle mourut après avoir donné à son mari plusieurs enfants, dont le successeur de celui-ci, Théodose II.

EUDOXIE. Impératrice d'Orient (Athènes, 394 - Jérusalem, 460). Fille et élève de Léontios, un des derniers maîtres du paganisme à Athènes, elle n'hérita à sa mort que de cent pièces d'or. Son père, estimant qu'elle avait suffisamment de qualités, disait qu'elle n'avait pas besoin d'argent. Elle contesta le testament mais, maltraitée par ses frères, elle se réfugia à Constantinople. L'impératrice Pulchérie* qui gouvernait au nom de son frère, Théodose II, la remarqua, tandis que l'empereur s'éprenait d'elle. Eudoxie se convertit au christianisme et quitta son nom païen d'Athénaïs pour se faire baptiser sous celui d'Aelia Eudoxia. Elle épousa Théodose II en 421 et, devenue rivale de sa belle-mère, elle s'empara du pouvoir. Elle prit part au gouvernement, restaura l'université (425), où elle fit venir nombre de grammairiens et de philosophes. Parmi eux se trouvait Paulinius que l'on accusa d'être son amant. Il fut exilé puis assassiné sur l'ordre de Pulchérie. Eudoxie obtint l'éloignement de cette dernière, mais Théodose la rappela peu après, mécontent de l'attitude de sa femme qui avait soutenu les partisans de l'hérésiarque Entyches. Disgraciée, elle s'exila à Jérusalem où elle se consacra à la méditation religieuse. Elle écrivit une *Vie de saint Cyprien* et une *Vie du Christ* composée de centons empruntés à Homère.

EUDOXIE (en latin **Licinia Eudoxia**). Impératrice romaine (v. 422 - Constantinople, 463). Fille de Théodose II, empereur d'Orient, et de la précédente, elle épousa en 437 son cousin Valentinien III et régna avec lui sur l'Occident. Lorsque l'empereur fut assassiné par Maxime en 455, elle fut contrainte d'épouser ce dernier. La même année, les Vandales de Genséric (ou Geiséric) s'emparèrent de Rome et tuèrent Maxime. Selon une tradition douteuse, Eudoxie aurait elle-même appelé les Vandales à son secours. Genséric l'emmena en captivité en Afrique où elle resta pendans sept ans. Après quoi, elle gagna Constantinople. Sa fille, également prénommée Eudoxie, qui avait été faite prisonnière lors du sac de Rome, dut épouser Hunéric, le fils de Genséric.

EUDOXIE FEODOROVNA (en russe **Ievdokia Feodorovna Lapoukhina**). Impératrice de Russie (1669 - Moscou, 1731). Elle fut la première femme de Pierre le Grand et la mère du tsarévitch Alexis. Comme elle était d'une famille opposée aux réformes du patriarche Nikon et à celles édictées par le tsar, on la soupçonna d'être liée à la secte des vieux-croyants et on l'interna au monastère Pokrovski en 1698. Rendue à la liberté, elle commit l'imprudence de prendre pour amant le major Gliebov.

Pierre le Grand la fit emprisonner en 1718, tandis que son frère, son amant et son propre fils, qui avait pris son parti, étaient exécutés. Elle fut libérée en 1727.

EUGÉNIE, née Eugenia María de Montijo de Guzmán, comtesse de Teba. Impératrice des Français (Grenade, 5 juin 1826 - Madrid, 11 juillet 1920). Son père, le comte de Montijo, descendait d'une illustre famille espagnole d'origine irlandaise. Après sa mort en 1839, Eugénie fréquenta avec sa mère les plus grandes cours d'Europe où elle se faisait remarquer par sa beauté et son esprit. Elle épousa Napoléon III le 30 janvier 1853 et lui donna un fils en 1856, le prince impérial, qui mourut en 1879 au service de l'Angleterre lors d'une campagne contre les Zoulous.

Elle avait une grande influence sur son mari et orienta, dans une certaine mesure, la politique extérieure de la France. Catholique farouche, liée aux milieux ultramontains, elle combattit la politique italienne de Napoléon III dès lors qu'elle s'opposait aux intérêts du pape; elle soutint la désastreuse expédition du Mexique qui vit l'exécution de Maximilien Ier, tandis que l'impératrice Charlotte* de Belgique sombrait dans la folie; elle appuya la seconde expédition de Rome (1867). L'empereur, malade à la fin de sa vie, eut trop tendance à s'en remettre à ses jugements qui n'étaient pas toujours bons. Obsédée par le désir d'assurer le trône à son fils, et devant l'affaiblissement croissant de l'empereur, elle le poussa à la guerre contre la Prusse, escomptant qu'une victoire renforcerait le plébiscite du 8 mai 1870, qui s'était montré favorable à l'empire. Elle occupa la régence à trois reprises: en 1859, au moment de la guerre contre l'Italie; en 1865, pendant le deuxième voyage de Napoléon III en Algérie; en 1870, lors de la guerre contre la Prusse. Après la chute du régime, le 4 septembre 1870, Eugénie s'installa en Angleterre avec son fils où son mari vint les rejoindre. Veuve en 1873, elle travailla à l'établissement du prince impérial sur le trône et cessa toute activité politique après la mort de ce dernier (1879).

RÉF. : C. Dufresne, *L'Impératrice Eugénie, ou le Roman d'une ambitieuse*, Perrin, 1976. W. Smith, *Eugénie, impératrice et femme (1826-1920)*, Orban, 1989. J. Autin, *L'Impératrice Eugénie, ou l'Empire d'une femme*, Fayard, 1990.

EVANS Edith Marie. Actrice anglaise (Londres, 1888 - *id.*, 1976). Fille d'un fonctionnaire, elle s'inscrivit à l'âge de seize ans dans un cours d'art dramatique et débuta à Cambridge dans une troupe d'amateurs. Elle fut remarquée en 1912 dans le rôle de Béatrice (*Much Ado about Nothing*, Shakespeare). Elle joua avec Ellen Terry* et s'essaya au theâtre moderne avant de revenir au répertoire classique avec Cléopâtre (*All for Love*, Dryden) en 1922. Elle joua à Birmingham *Back to Methuselah* (Shaw) l'année suivante. Son apparition dans le rôle de Millamant (*The Way of the World*, Congreve) en 1924 la consacra comme l'une des meilleures comédiennes du pays. Belle, sensible et drôle, tour à tour tendre et hautaine, elle était toujours émouvante. Engagée à l'Old Vic Theatre en 1925, elle triompha dans les rôles shakespeariens, mais aussi dans des pièces d'Ibsen et de Farquhar, dramaturge anglais de la fin du XVIIIe siècle. Elle incarna Florence Nightingale* dans *The Lady with the Lamp* (Berkely, 1929), qu'elle joua pour la première fois à Broadway en 1931. De retour à l'Old Vic Theatre, elle fut Emilia (*Othello*, Shakespeare) et Viola (*La Nuit des rois*, Shakespeare). En 1936, elle joua Tchekhov, Dostoïevski et Wilde. Le 20 novembre 1950, elle inaugura la réouverture de l'Old Vic Theatre, détruit pendant la guerre. Comblée de distinctions, elle fut nommée docteur *honoris causa* des universités de Cambridge et d'Oxford. Elle fit ses adieux à la scène au Haymarket Theatre en 1974, avec un programme intitulé *Edith Evans et ses amis.*

EVANS Margie (Marjorie Evans, dite). Chanteuse américaine (née à Shreveport, Louisiane, en 1941). Comme beaucoup de chanteuses noires, elle possède une voix remarquable et interprète avec la même aisance les répertoires les plus variés. À l'âge de quinze ans, elle remporta un concours d'amateurs puis, dès 1960, fit partie de plusieurs formations (Billy Ward, Ron Marshall) avant d'être engagée dans le « Johnny Otis Show » avec lequel on l'entendit au festival de Monterey (Californie). En 1972, elle se rendit au Japon, en Thaïlande, aux Philippines, remportant à chaque fois de très grands succès. Après avoir quitté la troupe de Johnny Otis en 1972, elle se joignit à Willie Dixon avec le « Chicago Blues All Stars ». Margie Évans est désormais célèbre : elle enregistre de nombreux disques, se produit dans les établissements les plus prestigieux de Californie et, toujours grande voyageuse, entreprend plusieurs tournées en Europe où on l'applaudit, notamment à Londres, à Berlin et à Paris.

ÈVE. Elle est la première et la plus célèbre des femmes, mère de tout le genre humain. Selon la Bible, Yahvé la créa en même temps que l'homme (Genèse, I, 27, récit élohiste), ou à partir d'une côte d'Adam (Genèse, II, 22). Le premier homme et sa compagne vécurent pendant un temps heureux au Paradis jusqu'à ce qu'Ève, tentée par le serpent, cueille le fruit de l'arbre du bien et du mal, le mange et le fasse manger à Adam. Ce fut le péché originel qui lui attira la malédiction de Dieu :

> Tu enfanteras dans la douleur.
> Ton mari te dominera.
> (Genèse, III, 16)

Adam et Ève eurent trois fils, Caïn, Abel et Seth, et plusieurs filles. La tradition chrétienne oppose Ève qui a perdu le genre humain par sa faute, à Marie* qui l'a sauvé par sa foi et sa sainteté.

ÉVRARD Simone. Française (Tournus, 1764 - Paris, 1824). Lingère à Paris, puis ouvrière dans une fabrique d'aiguilles de montre, elle vivait chez sa sœur dont le mari, Jean-Antoine Corne, était typographe à *L'Ami du peuple.* Elle devint la maîtresse de Marat lorsque ce dernier, recherché par la police, se réfugia chez les Corne en 1790. Deux ans plus tard, Marat lui signa une promesse de mariage qu'il n'honora jamais. C'est elle qui éconduisit par deux fois Charlotte Corday* et qui se tint prête à intervenir lorsque celle-ci fut reçue par Marat. Après la mort de son amant, elle fit établir un faux acte de mariage entre elle et lui.

EXTER Alexandra, née Grigorievitch. Peintre. Russe (Belestok, 1882 - Fontenay-aux-Roses, 1949). Elle suivit les cours de l'École des beaux-arts de Kiev et s'engagea dans l'avant-garde russe des peintres de la Guirlande. En 1908, elle épousa Nicolas Exter et fit un premier séjour à Paris où elle rencontra Picasso, Braque, Apollinaire, Marinelli et Malevitch. À Moscou, elle collabora avec Alexandre Tairov, metteur en scène du mouvement antiréaliste. Elle y rencontra après la guerre Alexandre Rodchenko qui eut une influence durable sur son œuvre et l'orienta vers l'abstraction. À partir de 1924, elle s'installa définitivement à Paris où Fernand Léger l'invita à enseigner dans son académie les principes du constructivisme. Sa grande composition, *Construction*, fut très remarquée à l'époque (biennale de Venise). Elle a dessiné des décors et des costumes de ballets. Si son œuvre offre une grande variété de styles, elle reste cependant le fruit d'une synthèse résolument moderne entre la plastique et l'art dramatique.

EYNARD-LULLIN Anne. Sculpteur et architecte. Suisse (Genève, 1793 - *id.*, 1868). Née dans une famille de la grande bourgeoisie genevoise, elle manifesta très tôt son goût pour les arts plastiques, commença par le modelage et en vint naturellement à la sculpture. Elle a réalisé de nombreux bustes qui appartiennent à des collections privées et à plusieurs musées suisses. Elle avait épousé Jean-Gabriel Eynard, banquier et philanthrope genevois. Avec son mari, elle construisit leur maison, située en bordure des jardins des Bastions de Genève, bel édifice de style néoclassique (aujourd'hui palais Eynard). Transformé en musée, il est le siège de manifestations artistiques d'expositions et de conférences.

F

FABIOLA. Romaine (IVe siècle). Connue par la lettre LXXVII de saint Jérôme, Fabiola était surnommée «la consolation des malades» car elle avait fondé le premier hôpital d'Italie, le *nosokomion*.

Elle fait partie de ces dames de l'aristocratie romaine qui sont devenues des disciples de saint Jérôme; frappée de voir le nombre de pèlerins qui affluent à Rome et s'y retrouvent sans ressources, elle fonde une "maison des malades".

(Régine Pernoud, *La Femme au temps des cathédrales*.)

Un peu plus tard, Fabiola innovait encore en fondant à Ostie, port de débarquement des pèlerins, le premier centre d'hébergement dit *xenodochion*.

FABIOLA DE MORA Y ARAGÓN. Reine des Belges (née à Madrid en 1928). Fille du marquis de Casa Riera, comte de Mora, elle épousa en 1960 le roi des Belges, Baudouin Ier, fils de Léopold III. La reine Fabiola a conquis l'estime et l'affection de ses sujets par sa discrétion et par les actions charitables qu'elle mène envers les plus déshérités de son royaume.

FABRI DE HILDEN Marie, née Colinet. Médecin. Suisse (XVIe-XVIIe siècle). Originaire de Genève, elle rencontra Fabrice de Hilden, chirurgien aussi célèbre dans les pays germaniques qu'Ambroise Paré en France. Après leur mariage en 1587, ils vécurent à Berne où elle remplaça bientôt son époux dans la pratique des accouchements, puis dans l'ensemble de la thérapeutique médicale. Citées par Fabri de Hilden dans ses traités, les opérations de sa femme sont restées célèbres. Même si elles paraissent anodines de nos jours, elles étaient spectaculaires pour l'époque: ainsi Marie Fabri de Hilden eut-elle l'idée de retirer avec un aimant un éclat d'acier qui s'était logé dans l'œil d'un patient. En signe de reconnaissance, Berne lui décerna le titre de citoyenne.

FAFIUS Zofia. Architecte. Polonaise (née à Varsovie en 1907). Elle fit ses études d'architecture dans sa ville natale et devint rapidement l'une des femmes architectes les plus en vue de son pays, aux côtés de Barbara Brukalska, Helena Morsztynkiewiez et Helena Syrkus. Elle a surtout réalisé de grands ensembles d'habitations, comme les cités Wierzbno et Bogatnya.

FAIRCLOUGH Ellen Louks. Femme politique canadienne (née à Hamilton, Ontario, en 1905). Après des études de comptabilité, elle se consacra à la politique et adhéra au mouvement des Jeunes Conservateurs, dont elle devint la vice-présidente. Son gouvernement l'envoya siéger aux Nations unies et à l'OTAN en 1950: elle y représenta le Canada avec le titre de membre exécutif de l'Association des pays de l'OTAN. Nommée en 1957 secrétaire d'État dans son pays, elle entra au gouvernement et occupa d'importantes fonctions au ministère de l'Intérieur. Elle a beaucoup œuvré à l'amélioration des conditions sociales des employés et des ouvriers.

FAIROUZ (Nouhad Haddad Boustany, dite). Chanteuse libanaise (née en 1934). Elle étudia le chant à l'école où, parallèlement aux célèbres chants religieux propres à la culture chrétienne libanaise, elle apprit nombre de chansons populaires traditionnelles. La qualité de ses interprétations et sa ferveur la firent rapidement remarquer. En 1947, le compositeur Mohammed Fleyfel la découvrit et, frappé par la beauté de sa voix et sa personnalité, l'engagea dans sa chorale. À l'âge de quinze ans, elle débuta à la radio libanaise (Radio de Beyrouth), sous le nom de Fairouz, «la Turquoise» en arabe, et sa renommée dépassa bientôt les frontières de son pays. Dotée d'une étonnante beauté, aux traits graves, elle possède aussi une voix miraculeuse; cette «voix des anges», au registre d'une étendue et d'une souplesse d'exception, lui permet, grâce à l'intensité émotionnelle que propagent les mots qu'elle chante, d'exercer une véritable fascination sur son auditoire. À l'encontre de la célèbre chanteuse égyptienne Oum Kalsoum*, Fairouz rompt avec le style traditionnel et, grâce aux compositions des frères Rahbani (Assi et Mansour) et de Ziad el-Rahbani, son fils, elle contribue à donner une dimension nouvelle aux chansons folkloriques libanaises; elle ne craint pas de faire intervenir dans l'orchestration de ses chansons des instruments aux tonalités occidentales.

Ses premiers enregistrements importants datent des années 50. Dès le début des années 60 et jusqu'en 1974, elle se vit confier «Les Soirées libanaises», dans le cadre du festival international de Baalbek, ce qui contribua à asseoir sa renommée hors du Liban. Elle remporta des triomphes sur toutes les scènes du Moyen-Orient, en Syrie, en Égypte, en Jordanie et Cisjordanie, en Irak et dans les pays du Maghreb. En 1975, le début de la guerre au Liban provoqua en elle une immense déchirure: elle décida de rompre avec la scène. Elle s'éloigna à la même époque de Assi el-Rahbani qu'elle avait épousé en 1954. Dès lors, on ne la revit en public qu'à l'occasion des quelques récitals qu'elle donna aux États-Unis, en Angleterre ou à Paris — à l'Olympia en 1979 et à Bercy en 1988 notamment —, au cours desquels son succès fut toujours aussi grand. Catholique mais lançant un message de paix au-delà des confessions, Fairouz incarne superbement la façon dont une voix libanaise peut séduire le cœur des musulmans. Ses intonations angéliques et son timbre nostalgique se font entendre à Beyrouth entre deux bombardements, continuant à exprimer avec force la poésie d'un pays dont les racines sont endommagées. Cependant, elle est écoutée aussi bien par les musulmans que par les chrétiens. Malgré les offres du roi Hussein de Jordanie, de Hassan II du Maroc et, en son temps, du président Sadate, elle n'a pas voulu quitter son pays et vit retirée, soit dans son appartement, soit dans sa maison aux portes de Beyrouth, et ses chansons tentent d'apaiser la violence et la destruction omniprésentes. Parmi ses innombrables succès, on se doit de citer, entre autres, *Les Jours de Fakherdine* et *Le Vendeur de bagues*.

FALCINELLI Rolande. Organiste française (née à Paris, le 18 février 1920).

Elle fit ses classes au Conservatoire de musique de Paris avec Simone Plé-Caussade et Henri Büsser. Elle obtint un premier prix d'harmonie en 1938 et un premier prix de fugue l'année suivante. Elle fut initiée à l'orgue par Gaston Litaize et remporta en 1942 plusieurs distinctions prestigieuses. En 1945, elle devint titulaire du grand orgue de la basilique du Sacré-Cœur à Montmartre et, trois ans plus tard, donna l'intégrale de l'œuvre pour orgue de Dupré en six concerts. Elle a mené successivement un enseignement très recherché au conservatoire américain de Fontainebleau, puis à l'École normale de musique de Paris (1951). En 1955, elle obtint la chaire de professeur d'orgue au Conservatoire de Paris. Elle est l'auteur de nombreux écrits sur la musique. Les compositeurs Tisné et Wissmer lui ont respectivement dédié *Psaume pour notre temps* et *Variations sur un Noël imaginaire*. Elle a elle-même composé des œuvres, parmi lesquelles une soixantaine d'opus essentiellement consacrés à l'orgue; sa discographie reste, pour l'essentiel, consacrée à Dupré.

FALCON Cornélie (Marie-Cornélie, dite). Soprano française (Paris, 28 janvier 1814 - *id.*, 25 février 1897). Fille d'un maître tailleur, elle entra au Conservatoire de Paris et travailla sous la direction du ténor Nourrit. En 1831, elle gagna ses premiers prix de chant et débuta à l'Opéra, dans le rôle d'Alice (*Robert le diable*, Meyerbeer). Elle fut classée d'emblée grande tragédienne lyrique, et les compositeurs conçurent pour elle d'innombrables partitions. Citons parmi ses plus importantes créations : la comtesse Ankarström (*Gustave III*, Auber) en 1833, Rachel (*La Juive*, Halévy) en 1835, Valentine (*Les Huguenots*, Meyerbeer) en 1836. Jules Janin écrivit à cette occasion: « Jamais Falcon emportée par la tendresse ou soutenue par la douleur ne s'était élevée à pareille hauteur. » Son répertoire comprenait Donna Anna (*Don Juan*, Mozart), Julie (*La Vestale*, Spontini) et les héroïnes de Rossini. Avec Nourrit pour partenaire, elle connut un succès sans précédent. Mais elle perdit inexplicablement la voix dès 1837; elle ne put chanter *Stradella* (Niedermeyer) que pendant un acte malgré les bravos d'encouragements. Elle vécut la même expérience avec *Les Huguenots* (Meyerbeer) en 1840, alors qu'elle tentait un retour sur la scène. Elle partit en Italie pour se soigner, mais en vain, et dut se résoudre à quitter la scène. Elle se retira dans sa villa proche de Paris et se maria. Elle mourut dans un oubli total.

FALCONETTI Renée. Actrice française (Sermano, Corse, 1892 - Buenos-Aires, 1946). Comédienne de grand talent, elle joua dans *Phèdre* (Racine) et dans *Lorenzaccio* (Musset), mais son nom ne serait pas passé à la postérité si elle n'avait tenu le rôle de Jeanne dans *La Passion de Jeanne d'Arc* (Dreyer, 1928), le seul film qu'elle ait tourné. Elle a su composer une inoubliable Jeanne, dont le visage torturé et hallucinant de vérité a bouleversé toute une génération de spectateurs.

RÉF. : H. Falconetti, *Falconetti*, Le Cerf, 1987.

FARAH DIBA. Impératrice d'Iran (née en 1938). Fille d'un officier de l'armée iranienne, elle fit de brillantes études au lycée Razi, à Téhéran, et suivit des cours d'architecture à l'École des beaux-arts à Paris. En 1959, elle épousa Muhammad Rīza, shah d'Iran depuis 1941, dernier souverain régnant de la dynastie des Pahlavi, qui se trouvait sans héritier malgré deux mariages: avec la princesse Fawzia, sœur du roi Farouk (1939) et avec Soraya Sesfandiari (1951). Farah Diba donna à son mari quatre enfants, dont Rīza, né en 1960. Après le renversement du régime par l'ayatollah Khomeyni en 1979, la famille impériale finit par s'installer en Égypte, au palais de Koubheh, que le président Sadate avait mis à sa disposition. Le shah y mourut le 27 juillet 1980. Depuis lors, Farah Diba se consacre avec un grand courage à l'éducation de ses enfants, préparant son fils Rīza, l'héritier des Pahlavi, à reprendre, le cas échéant, le pouvoir en Iran.

FARRAR Geraldine. Soprano américaine (Melrose, Massachusetts, 28 février 1882 - Ridgefield, 11 mars 1967). Après avoir étudié le chant à Boston avec J.H. Lond et, à New York, avec Emma Thursby, elle partit pour l'Europe à dix-sept ans. Elle travailla sa voix à Paris, puis, sur les conseils de Nordica*, à Berlin avec Graziani. C'est là qu'elle débuta dans le rôle de Marguerite (*Faust*, Gounod), le 5 octobre 1901. Immédiatement, Lili Lehmann* la remarqua et en fit son élève. Elle fut son guide dans les premières saisons berlinoises (1901-1907) et sa partenaire au festival de Salzbourg (1906). De 1903 à 1906, elle chanta à l'Opéra de Monte-Carlo où elle créa *Amica* (Mascagni, 1905) et *L'Ancêtre* (Saint-Saëns). Sa carrière en Europe était bien établie lorsqu'elle débuta au Metropolitan Opera de New York, le 26 novembre 1906. Elle y resta seize ans: elle y parut pour la dernière fois le 22 avril 1922 dans le rôle de Zazà (*Zazà*, Leoncavallo). Ensuite, jusqu'en 1931, elle ne se produisit plus qu'en concert et se retira à Ridgefield (Connecticut). Son plus grand succès reste Madame Butterfly (*Madame Butterfly*, Puccini) qu'elle avait chanté pour la première fois avec Caruso au Metropolitan Opera de New York en 1907. Avec sa voix au timbre clair, elle était une artiste complète et sensible, au physique très séduisant. Elle apparut dans de nombreux films muets entre 1915 et 1919. Elle a laissé une autobiographie, *Such Sweet Compulsion* (1938), qu'avait précédé *Geraldine Farrar: The Story of an American Singer* (1916).

FARRELL Eileen. Soprano américaine (née à Willimantic, Connecticut, le 13 février 1920). Enfant, elle connut la vie errante des comédiens — ses parents faisaient partie d'une troupe de vaudeville. Passionnée de chant, elle l'étudia à New York avec Merle Alcock et Eleanor McLellan. Elle débuta lors d'un concert à la radio, en 1940, puis, pendant cinq ans, elle chanta sur les ondes une émission intitulée «Eileen Farrel presents». En 1946-1947, elle fit une tournée comme chanteuse à travers l'Amérique, puis, en 1949, en Amérique du Sud. Son récital à New York, le 24 octobre 1950, remporta un succès triomphal, ce qui lui valut de chanter en soliste dans *La Neuvième Symphonie* (Beethoven), avec l'orchestre de la NBC, sous la direction de Toscanini. Ce n'est qu'en 1956 qu'elle se produisit sur une scène d'opéra, à Tampa, en Floride, dans le rôle de Santuzza (*Cavalleria rusticana*, Mascagni). En 1957, elle fut engagée à l'Opéra de Chicago; l'année suivante, elle rejoignit la troupe de l'Opéra de San Francisco. On l'y entendit en Léonore (*Le Trouvère*, Verdi), puis en Médée (*Médée*, Chérubini). En 1960, elle débuta au Metropolitan Opera de New York dans *Alceste* (Gluck). Elle quitta cette scène en 1964, mais y revint dès l'année suivante. Sa voix très puissante en fait une excellente wagnérienne: elle s'illustra dans le rôle de Brünnhilde (*La Walkyrie*), et d'Isolde (*Tristan et Isolde*) qu'elle chanta en version concert sous la direction de Leonard Bernstein. Elle est également célèbre pour ses interprétations de Bach et par sa manière de chanter le blues. De 1971 à 1981, elle a enseigné à l'université de l'Indiana.

FARRELL Suzanne (Suzanne Ficker, dite). Danseuse américaine (née à Cincinnati le 16 août 1945). Passionnée de danse, elle suivit des cours dans sa ville natale puis à l'école de l'American Ballet. Engagée en 1961 au New York City Ballet, elle en devient soliste quatre ans plus tard. Technicienne parfaite et musicienne accomplie, sa virtuosité dénote un influx nerveux exceptionnel. Interprète par excellence de George Balanchine, elle créa pour lui *Mouvements pour piano et orchestre* (1963), *Méditation* (1964), *Don Quichotte* (1965), *Variations* (1966), *Jewels* (1967), *Metastaseis et Phithopakta* (1968). Elle épousa le danseur Paul Mejia en 1969 et quitta la compagnie avec éclat pour rejoindre le Ballet du XXe siècle de Maurice Béjart. Elle créa sous sa direction *Sonate* (1970), *Les Fleurs du mal* (1971), *Nijinsky, clown de Dieu* (1971), *Ah, vous dirais-je maman!* (1972), *Golestan* (1973), *Farah* (1973) et *I Trionfi* (1974). Revenue au New York City Ballet en 1975, elle créa pour Balanchine *Tzigane*, et pour Robbins, *Piano Concerto in G.* Pour Balanchine encore *Union Jack* (1976), *Vienne Waltzes* (1977), *Davidsbündlertänzer* (1980) et la nouvelle version de *Mozartiana* (1981). Suzanne Farrell a obtenu le Dance Magazine Award en 1976.

FARREN Élisabeth. Actrice anglaise (1759-1829). Fille de comédiens ambulants, elle connut la scène dès sa plus tendre enfance. En juin 1777, elle débuta à Londres, au Haymarket Theatre, avant de rejoindre la compagnie de Drury Lane. Fine, élégante, excellente comédienne, elle vit son succès auprès du public retardé par la popularité de Mrs. Abington*, mais son talent finit par l'emporter. Choyée par la haute société, elle organisait des spectacles pour le duc de Richmond, tandis qu'Horace Walpole chantait ses louanges. Elle épousa le comte de Derby, qui était veuf de sa première femme, et fit ses adieux à la scène en 1797 dans le rôle de Lady Teazle (*L'École de la médisance*, Sheridan). D'après certains critiques anglais, sa disparition précipita le déclin de la comédie.

FARROW Mia (Maria de Lourdes Villiers Farrow, dite). Actrice américaine (née à Los Angeles, le 9 février 1945). Fille de Maureen O'Sullivan* — qui fut dans tous les *Tarzan* la compagne du héros — et du réalisateur John Farrow, elle grandit dans le milieu de Hollywood. Après avoir suivi des cours de danse et d'art dramatique à New York, elle débuta à la télévision dans *Peyton Place*. Elle tourna son premier film en 1964 (*Les Canons de Batasi*, Guillermin) et devint célèbre avec *Rosemary's Baby* (Polanski, 1968), succès confirmé par *Cérémonie secrète* (Losey, 1968). Une vie sentimentale agitée — deux mariages, l'un avec Frank Sinatra en 1966, dont elle divorça en 1968, l'autre avec André Prévin — fut certainement à l'origine de l'irrégularité de sa carrière. Les films tournés jusqu'à sa rencontre avec Woody Allen démontrent d'incontestables qualités de comédienne: *John and Mary* (Yates, 1969), *Docteur Popaul* (Chabrol, 1972), *Gatsby le Magnifique* (Clayton, 1974), *Un mariage* (Altman, 1977). Les sept derniers films qu'elle tourna avec Woody Allen, dont elle partage la vie, témoignent d'une renouvellement de sa personnalité : *Comédie érotique d'une nuit d'été* (1982), *Zelig* (1983), *Broadway Danny Rose* (1984), *La Rose pourpre du Caire* (1985), *Hannah et ses sœurs* (1986), *Radio Days* (1987), *Alice* (1990), *Ombres et brouillard* (1992).

FASSBAENDER Brigitte. Mezzo-soprano allemande (née à Berlin, le 3 juillet 1939). Fille du baryton Willy Domgraf-Fassbaender et de l'actrice Sabine Peters, elle étudia avec son père au Conservatoire de Nuremberg (1957-1961) et débuta au Bayerische Staatsoper de Munich, en 1961, dans le rôle de Nicklausse (*Les Contes d'Hoffmann*, Offenbach). Après avoir été Hänsel (*Hänsel* *et Gretel*, Humperdinck), Octavian (*Le Chevalier à la rose*, R. Strauss), elle remporta un succès triomphal avec Clarice (*La Pierre de touche*, Rossini) en 1964. Mais il fallut attendre 1970 pour qu'elle s'imposât vraiment dans les premiers rôles. On l'applaudit dans les rôles de Sextus (*La Clémence de Titus*, Mozart), Chérubin (*Les Noces de Figaro*, Mozart), Dorabella (*Così fan tutte*, Mozart), Carmen (*Carmen*, Bizet), Eboli (*Don Carlos*, Verdi), Marina (*Boris Godounov*, Moussorgski), ainsi que dans les rôles de sopranos wagnériens. Elle excelle aussi en concert et est *Kammersängerin* à l'Opéra de Vienne depuis 1970.

FATIMA, les visionnaires de. Voir **DOS SANTOS Lucia.**

FĀTIMA (La Mecque, v. 616 - Médine, 633). Fille du prophète Mahomet et de Khadīdja, elle ne semble pas avoir été très plaisante si on en juge par les silences embarrassés des historiographes. Une seule chose est certaine, elle dut attendre longtemps avant de se marier. Elle épousa Ali, cousin et fils adoptif du prophète Mahomet et en eut deux fils, Hasan et Husayn, demeurés célèbres dans la tradition des Alides. Leur descendance est considérée par les chiites comme la seule descendance légitime de Mahomet. On sait que Fātima soigna son père à la bataille de Uhud, en 625, et pria avec ses compagnes sur les tombes des fidèles. Les commentaires s'accordent pour dire qu'elle assista avec Ali et ses deux fils à la rencontre solennelle de Mahomet et des chrétiens nestoriens, en l'an X de l'Hégire, c'est-à-dire en 632 (sourate III, 61). Son nom, porté par de nombreuses musulmanes, est souvent déformé en Fatma.

FAURE Renée. Actrice française (née à Paris en 1918). Élève d'André Brunot au Conservatoire, elle débuta à la Comédie-Française dans le rôle d'Angélique (*L'Épreuve*, Marivaux). Elle devient sociétaire en 1942. À la fois fragile et invulnérable, douce et autoritaire, elle bouleversait son auditoire: «Sa voix débite les mots comme les pièces d'or, impose sa caresse et ses cris» (R. Kemp). Excellente interprète de *La Nuit des rois* (Shakespeare) en 1940, des *Mal-Aimés* (Mauriac, 1945), elle fut Junie (*Britannicus*, Racine) en 1946, Bérénice (*Bérénice*, Racine), en 1962, Marie* Stuart (*Marie Stuart*, Schiller) en 1965. Interprète idéale du théâtre de Montherlant, elle joua l'Infante (*La Reine morte*, 1942), la Jeune Religieuse (*Port-Royal*, 1954), Mariana (*Le Maître de Santiago*) en 1958. Elle fut la Mère (*Les Noces de sang*, García Lorca) chez les Pitoëff* (1961-1965). Elle tourna une bonne quinzaine de films dont *Les Anges du péché* (Bresson, 1943), *La Chartreuse de Parme* (Christian-Jaque, 1947) et *Koenigsmark* (Térac, 1952).

FAUSTA (en latin **Flavia Maxima**). Impératrice romaine (v. 289-326). Elle était la fille de l'empereur Maximien et d'Eutropia. Elle épousa en 307 l'empereur Constantin Ier dont elle devint la deuxième femme. Elle était belle, ambitieuse et sans scrupules. Après que son père Maximien eut été chassé du pouvoir et se fut réfugié auprès de son gendre Constántin, Fausta le poussa à conspirer contre ce dernier puis le trahit, acculant ainsi Maximien au suicide (310). Par ailleurs, elle est suspectée d'avoir fait tuer son beau-fils, Crispus. Elle fut finalement accusée d'adultère et, sur les ordres de son mari, on la noya dans son bain. Elle lui avait donné trois fils: Constantin II le Jeune en 316, Constance II en 317 et Constant Ier en 320. À la mort de Constantin Ier en 337, ses fils se partagèrent l'empire. Le premier reçut les Gaules et la Bretagne et régna jusqu'en 340; le deuxième l'Asie et l'Égypte — il mourut en 361; le troisième régna sur l'Italie et l'Afrique jusqu'en 350.

FAUSTINE l'Ancienne (en latin **Anna Galeria Faustina**). Impératrice romaine (104-141). Fille d'Annius Verus, préfet de Rome, elle épousa Antonin le Pieux auquel elle donna deux fils et deux filles. Elle était d'une grande beauté, et plusieurs historiens l'ont accusée d'avoir été d'une scandaleuse immoralité. L'empereur l'aimait et, à sa mort, lui fit donner le titre d'«*augusta*», l'élevant ainsi à un rang divin. Il fit également frapper des médailles en or et en argent à son effigie; c'est ainsi que son portrait nous est parvenu. Un temple lui fut élevé au Forum où on célébra son culte, plus tard associé à celui d'Antonin.

FAUSTINE la Jeune (en latin **Anna Galeria Faustina**). Impératrice romaine (Rome, 125 - Halala, Cappadoce, 175 ou 176). Elle était la fille de Faustine* et de l'empereur Antonin le Pieux et épousa Marc Aurèle qui succéda à son beau-père en 161. Comme sa mère, elle fut accusée des pires débauches. Son fils Commode fut dénoncé comme un enfant adultère, et on lui attribua la responsabilité de la mort de son gendre Lucius Verus; elle aurait eu pour lui des complaisances criminelles qu'il n'aurait pas su taire. Il semble pourtant que ces accusations sont d'injustes calomnies et qu'elle fut une épouse aimante qui donna à son mari de nombreux enfants. Elle accompagna l'empereur dans ses campagnes en Germanie et en Orient et mourut subitement au pied des monts Taurus. Marc Aurèle fonda une ville en cet endroit et lui donna le nom de Faustinapolis. Des médailles furent frappées à l'image de Faustine avec la légende de *Mater castrorum*, «Mère des camps». L'empereur fit mettre sa femme au rang des déesses et il lui fut rendu les mêmes honneurs que Faustine avait reçus de son époux.

FAUVEAU Félicie de. Sculpteur. Française (Florence, 1799 - *id.*, 1886). Née en Italie de parents bretons, elle passa son enfance à Besançon. Indisciplinée, peu studieuse, elle fut renvoyée de divers établissements puis refusa de se marier, préférant son indépendance et son travail d'artiste. Choyée par la cour de Charles X, elle eut pour conseillers Ingres et Delaroche. Le peintre Ary Scheffer la représenta à cette époque en amazone et coiffée court. Ardente légitimiste, ses menées à la chute du régime lui valurent sept mois dans la prison de Fontenay, où elle recouvrit d'allégories les murs de sa cellule. Elle en sortit pour participer à l'équipée de la duchesse de Berry* qui souhaitait renverser Louis-Philippe au profit de son fils, et, armée d'une baïonnette, elle participa aux échauffourées vendéennes. Devant l'échec de cette tentative, elle dut s'exiler et retourna à Florence.

Elle laisse une œuvre abondante, reflétant l'engouement néogothique caractéristique du romantisme. Parmi ses sculptures, compliquées d'anges et de devises, le monument *À la gloire de Dante* (1836) est considéré comme son chef-d'œuvre. Le Louvre conserve d'elle un bas-relief intitulé *Christine* et Monaldeschi*. Exposé au Salon de 1827, il inspira au jeune Alexandre Dumas sa première tragédie, *Christine à Fontainebleau* (1828). Félicie de Fauveau rentra en France en 1852 et participa au Salon de 1875. Elle dessina elle-même son tombeau, orné de l'inscription :

VENDÉE LABEUR HONNEUR DOULEUR

FAVART Mme (Marie Justine Duronceray, dite). Actrice française (Avignon, 15 juin 1727 - Paris, 21 avril 1772). Elle fut élevée à Lunéville du temps de Stanislas Ier Leszczyński, beau-père de Louis XV, ancien roi de Pologne, duc de Lorraine et de Bar depuis le traité de Vienne (1738). Son père était musicien de la chapelle du duc et donna à sa fille une excellente éducation. En 1745, elle fit des débuts remarqués à l'Opéra-Comique dirigé par Simon Favart, dans un vaudeville dont il était l'auteur, *Les Fêtes publiques*. Elle l'épousa le 12 décembre de la même année. L'Opéra-Comique ayant été supprimé en 1745 par suite des intrigues de ses rivales, la Comédie-Française et la Comédie-Italienne, la troupe, appelée et protégée par le maréchal Maurice de Saxe, se transporta en Flandre où elle devait suivre ses armées. Marie Favart, qui était fort spirituelle, devint aussitôt la maîtresse du maréchal. Elle rompit avec lui à la fin 1747, s'attirant ainsi la haine de son amant qui, dès lors, s'acharna contre elle et contre son mari, au point qu'elle dut interrompre sa carrière jusqu'à la mort du maréchal en 1750, excepté une brève apparition dans *L'Épreuve* (Marivaux) à la Comédie-Italienne (1749).

Jusqu'à sa retraite en 1771, elle interpréta avec un très grand succès les productions de son mari auxquelles elle-même collaborait souvent : *Les Amours de Bastien et de Bastienne*, *Les Trois Sultanes*, *La Servante maîtresse*, *Minette à la cour*, etc., œuvres bien oubliées. Sa gaieté, son entrain et son naturel, la verve avec laquelle elle interprétait les rôles de soubrette lui valaient un accueil enthousiaste de la part du public. Elle fut l'une des premières à se préoccuper de la vraisemblance de ses costumes de scène. C'est ainsi que dans *Les Amours de Bastien et de Bastienne* elle apparut déguisée en paysanne. Sa vie a inspiré Offenbach qui écrivit *Madame Favart* (opérette, 1878). Son fils Charles (1749-1806) fut acteur mais surtout dramaturge et librettiste ; son petit-fils Antoine (1784-1867), peintre et écrivain, a notamment laissé *La Jeunesse de Favart* (1801).

RÉF. : J. Castelnau, *Le Maréchal de Saxe et Mme Favart*, Paris, 1959.

FAVART Pierrette (Maria Pingaud, dite). Actrice française (Beaune, 1833 - Paris, 1908). Elle était la fille adoptive d'Antoine Favart, lui-même petit-fils de Marie Favart*. À vingt ans, devant Napoléon III, elle triompha dans le rôle d'Aricie (*Phèdre*, Racine), le rôle-titre étant tenu par Rachel*. Elle fut nommée sociétaire de la Comédie-Française en 1854, où se déroula toute sa carrière. Très belle, distinguée, elle excellait aussi bien dans la tragédie que dans la comédie. Elle incarna les grands rôles du répertoire : Angélique (*Le Malade imaginaire*, Molière), Marianne (*Tartuffe*, Molière), Pauline (*Polyeucte*, Corneille), Camille (*On ne badine pas avec l'amour*, Musset). Considérée comme la meilleure actrice du Français, elle était à la fois « Rachel* et Dorval* ». Elle prit sa retraite en 1881 et reparut une seule fois sur scène en interprétant Mme Le Quesnoy (*Numa Roumestan*, A. Daudet) à l'Odéon en 1887.

FAVRE Julie, née Velten. Pédagogue française (Wissembourg, 1834 - 1896). Fille d'un pasteur de l'église luthérienne, elle débuta dans l'enseignement en Alsace, son pays d'origine, puis à Versailles où elle fut nommée en 1860 directrice de l'Institut évangélique. Elle épousa en 1874 Jules Favre, l'illustre homme politique, réfugié dans une demi-retraite depuis sa démission en 1871. Il la laissa veuve en 1880. Jules Ferry, alors ministre de l'Instruction publique et des Beaux-Arts, lui proposa l'année suivante de prendre la direction de l'École normale supérieure de jeunes filles qui s'installa dans l'ancienne manufacture de porcelaine de Sèvres. Pendant quinze ans, sous l'impulsion de Julie Favre, l'école forma les professeurs de la IIIe République, se taillant une renommée internationale.

FEDTCHENKO Olga, née Alexandrovna. Botaniste russe (1845-[?]). Mariée au naturaliste A.P. Fedtchenko, elle étudia avec lui les lacs salés de la Russie méridionale, ceux des sources du Narym et de l'Amou-Daria (1860). Huit ans plus tard, infatigable, le couple explorait le Pamir, les régions de Samarcande, de Tachkent, et ils furent les premiers à pénétrer sur le territoire du Trans-Alaï. Olga Fedtchenko réalisa des herbiers importants et découvrit des plantes nouvelles. Citons, parmi les nombreuses publications du couple, *Fedtchenkos Reisen in Turkestan (1868-1870)*, paru en 1874; *Notes sur quelques plantes de Boukharie*, *Matériaux pour la flore de Crimée*.

FEL Marie. Cantatrice française (Bordeaux, 24 octobre 1713 - Chaillot, 2 février 1794). Fille de l'organiste Henri Fel et sœur du chanteur-compositeur Antoine Fel, elle fut l'une des plus spirituelles et des plus gracieuses interprètes de l'opéra français du XVIIIe siècle. Elle apprit à chanter avec Mme Van Loo (célèbre cantatrice italienne qui avait épousé le peintre Carle Van Loo). Elle débuta en 1734, à l'Académie royale de musique, dans le prologue de *Philomèle* (La Coste), puis, tout de suite après, se produisit en concert aux Tuileries en chantant un motet de Mondonville. Elle triompha sur scène dans le répertoire de l'époque, les cantatilles et les ariettes. Elle créa le rôle de la Folie (*Platée*, Rameau) en 1739, et celui de Colette (*Le Devin du village*, J.-J. Rousseau) en 1753. À partir de 1757, elle chanta avec son élève Sophie Arnould* qui la remplaça l'année suivante, mais continua de se produire au Concert spirituel jusqu'en 1770. Marie Fel n'était pas d'une grande beauté, mais sa sensibilité et son intelligence en firent la plus appréciée des cantatrices de sa génération. Voltaire, Grimm, le librettiste Cahusac (avec qui elle eut une liaison durable) l'admiraient, ainsi que Rameau dont elle chanta toutes les œuvres: *Castor et Pollux* (Amour puis Télaïre), *Dardanus*, *Hippolyte et Aricie*, *Les Indes galantes*, *Le Temple de la gloire*, *Zaïs*, *Zoroastre* (Amélite), *La Guirlande* (Zélide), *Acante et Céphise* (Céphise) et *La Naissance d'Osiris* (Pamilie). Le peintre La Tour, qui fut son amant de 1758 à 1784, immortalisa son visage.

FELICIANI Lorenza (dite **Séraphina**). Magicienne italienne (Rome, 1754 - *id.*, 1794). Fille d'un commerçant, ambitieuse et ravissante, elle était l'épouse de Giuseppe Balsamo, comte de Cagliostro, grand maître de la Maçonnerie égyptienne, grand cophte d'Europe et d'Asie. Douée de pouvoirs surnaturels comme son mari, Séraphina fut sa plus fidèle complice. De Venise à Madrid, de Lisbonne à Berlin, de Vienne à Saint-Pétersbourg, ils se firent tous deux une riche clientèle et acquirent prestige et fortune. À Paris, ils furent mêlés à l'affaire du Collier (1785) et terminèrent leurs jours dans la prison pontificale de San Leo, près de Rome.

FERNANDEZ Wilhelmenia (Wilhelmenia Wiggins, dite). Soprano américaine (née à Philadelphie, le 5 janvier 1949). Après avoir appris le chant dans sa ville natale, elle se perfectionna à la Julliard School de New York de 1969 à 1973. C'est avec Bess (*Porgy and Bess*, Gershwin) qu'elle débuta à Broadway en 1977, rôle qui la rendit célèbre en Amérique et en Europe. On l'applaudit sur les scènes de Philadelphie, du New York Opera, du Michigan Opera Theatre. Mais c'est Jean-Jacques Beinex, en 1980, qui lui assura une renommée mondiale en en faisant l'héroïne de son film *Diva*. Wilhelmenia Fernandez poursuivit une carrière internationale qui la conduisit à l'Opéra de Paris où elle chanta Musette et Mimi (*La Bohème*, Puccini). En 1984, elle fut Aïda (*Aïda*, Verdi) lors de l'inauguration du Palais des sports de Bercy à Paris, puis elle chanta Leonora (*Le Trouvère*, Verdi), Tosca (*Tosca*, Puccini) en 1984, et Liu (*Turandot*, Puccini) en 1985.

FERRAND Anne, née de Bellinzani. Française (1657-1740). Fille de l'intendant général du Commerce en France, elle dut obéir à ses parents en épousant Michel Ferrand, lieutenant-criminel au Châtelet, qui devint par la suite président de la première chambre des requêtes. Toutefois, elle aimait le baron de Breteuil et se sépara de son mari en 1686. Les amants échangèrent une correspondance passionnée qu'elle publia en la présentant comme une fiction, en annexe de son roman autobiographique, *Les Amours de Cléante et de Bélise* (1691). Ces deux œuvres ont leur place dans la littérature amoureuse du temps.

FERRANI Cesira (Cesira Zanazzio ou Zanaggio, dite). Cantatrice italienne (Turin, 8 mai 1863 - Pollone, 4 mai 1943). Élève d'Antonietta Fricci, elle débuta dans sa ville natale où elle participa à la création de deux œuvres importantes de Puccini, *Manon Lescaut* en 1893 et *La Bohème* en 1896. Dès 1895, elle entrait à la Scala où elle étendit son répertoire aux rôles wagnériens : Eva (*Les Maîtres chanteurs*), Elsa (*Lohengrin*). Elle incarna à la Scala en 1908 la première Mélisande italienne (*Pelléas et Mélisande*, Debussy) sous la direction de Toscanini. Elle quitta la scène après l'échec de cette œuvre à Rome en 1909 et se retira à Turin où elle fonda un salon qui, pendant de nombreuses années, attira intellectuels et artistes.

FERRIER Ida (Marguerite Joséphine Ferrand, dite). Actrice française (Nancy, 13 mai 1811 - Pise ou Gênes, 11 mars 1859). Elle était, au dire de Théophile Gautier, d'une beauté remarquable. Elle fit ses débuts au théâtre Montparnasse en 1830 et fut remarquée par Alexandre Dumas père qui en fit sa maîtresse. Elle joua dans beaucoup de pièces de Dumas : *Angèle*, *Catherine Howard*, *Don Juan de Marana*. Même si elle bénéficia incontestablement de l'influence du dramaturge qui, par exemple, l'imposa à la Comédie-Française en 1837, elle fut une excellente actrice. D'après Roman d'Amat, Dumas la présenta au cours d'une réception au duc d'Orléans qui lui aurait dit : « Il est bien entendu, mon cher Dumas, que vous n'avez pu me présenter que votre femme. » Le mariage eut lieu en 1840 et fut éphémère, par suite de l'infidélité de l'écrivain. Ida Ferrier le quitta pour un prince italien.

FERRIER Kathleen. Contralto anglaise (Higher Walton, 22 avril 1912 - Londres, 8 octobre 1953). Elle passa son enfance à Blackburn (Manchester) et révéla très tôt des dons étonnants de musicienne. À quatorze ans, elle termina avec succès ses études au Royal College of Music et se destina à l'enseignement du piano. Pour payer ses leçons de piano et de chant, elle devint standardiste au bureau de poste local. Elle se maria en 1935 et s'installa à Silloth dans le Cumberland. En 1937, elle remporta le premier prix de piano et de chant au concours de Carlisle et décida alors de devenir chanteuse. Elle prit des leçons avec le professeur Hutchinson puis s'installa à Londres en 1942 où elle se perfectionna avec Roy Henderson. Ses débuts eurent lieu au festival de Glyndebourne, en 1946, avec la création du *Viol de Lucrèce* (Britten) où elle avait le rôle-titre. Son seul autre rôle sur scène fut Orphée (*Orphée*, Gluck) qu'elle interpréta en 1947 à Amsterdam et à Londres, à Covent Garden et, en 1953, à Glyndebourne. Mais la maladie l'empêcha d'achever toutes ses représentations.

Entre-temps, elle s'affirma comme une inégalable concertiste. Elle fit trois séjours aux États-Unis où le public la consacra comme la plus grande artiste lyrique depuis Emma Calvé*. À Amsterdam, elle créa *A Spring Symphony* (Britten, 1949), triompha à Paris, Vienne, Berlin et Milan. Sous la direction de Bruno Walter, elle interpréta *Le Chant de la terre* (Mahler) à Édimbourg et à Salzbourg. On l'entendit aussi dans les passions et oratorios de Bach et de Haendel, dans des lieder de Schubert, de Schumann et de Brahms et dans des œuvres contemporaines. Elle fut l'Ange (*The Dream of Gerontius*, Elgar), l'alto du *Deuxième Cantique* (Britten) et *The Enchanteress* (Bliss), deux œuvres écrites pour elle. Elle mourut prématurément d'un cancer. Elle a conquis le monde par sa voix magnifique, son intelligence et sa beauté.

RÉF. : W. Ferrier, *The Life of Kathleen Ferrier*, Londres, 1955. P. Lethbridge, *Kathleen Ferrier*, Londres, 1959.

FERRONNIÈRE la Belle (La Féron, dite). Française (?-v. 1540). On dispose de fort peu de renseignements sur elle. Son mari, un certain Le Ferron, était peut-être avocat au Parlement de Paris. Elle devint la maîtresse du roi à une date indéterminée ; une solide tradition laisse entendre que le mari outragé aurait contracté la syphilis pour contaminer François Ier par épouse interposée. Sous le titre *La Belle Ferronnière*, le Louvre conserve le remarquable portrait d'une jeune femme attribué à Léonard de Vinci : il s'agit vraisemblablement de Lucrezia Crivelli, favorite de Ludovic le More.

FEUCHÈRES Sophie, née Daw ou Dawes, baronne **de**. Française d'origine anglaise (île de Wight, 29 septembre 1792 - Angleterre, 15 décembre 1840). Fille d'un pêcheur d'huîtres de l'île de Wight, elle était servante à Wanstead House, près de Londres, en 1811, lorsque le duc de Bourbon, dernier prince de Condé alors en exil (père du duc d'Enghien fusillé par Bonaparte en 1804), la remarqua. Elle se prétendait faussement « veuve de William Dawes, agent de la Compagnie des Indes anglaises, mort au Cap ». En réalité, elle avait fait passer son frère pour un mari qui n'existait pas. Ravissante et ambitieuse, la jeune femme sut séduire le prince, au demeurant passablement libertin. Il lui donna les rudiments d'une éducation qui lui manquait, l'emmena à Paris et lui fit épouser l'un de ses aides de camp, Jean Feuchères, promu baron de Feuchères pour l'occasion (août 1818). Condé constitua une dot à celle qui se faisait passer auprès de son mari comme la fille naturelle du prince.

En 1824, le baron de Feuchères, mis au courant de la supercherie par sa femme elle-même au cours d'une scène de ménage, la quitta. Dès lors, la baronne de Feuchères devint la maîtresse officielle du prince de Condé. Elle était fort habile et, sans doute pour s'allier les bonnes grâces des Orléans, elle obtint de son amant la rédaction d'un testament en faveur du duc d'Aumale, fils du futur Louis-Philippe, se réservant une dotation considérable (1829). Le 27 août 1830, on retrouva le prince de Condé pendu à l'espagnolette de sa fenêtre. Le scandale fut immense. L'instruction conclut au suicide après s'être orientée vers l'assassinat. Une campagne de presse se déchaîna contre Louis-Philippe accusé de faire étouffer l'affaire. Une deuxième instruction eut le même résultat (juin 1831). La baronne de Feuchères, qui n'avait pas obtenu de son amant tout ce qu'elle souhaitait, intenta sans succès un procès pour obtenir le château d'Écouen. Après quoi, elle quitta la France complètement déconsidérée et finit ses jours en Angleterre.

RÉF. : L. André, *La Mystérieuse Baronne de Feuchères*, Paris, 1925.

FEUILLÈRE Edwige, née Caroline Cunati. Actrice française (née à Vesoul en 1907). Née d'une protestante alsacienne et d'un père catholique italien, la petite « Vigette », non baptisée, se faisait alternativement traiter à l'école de « macaroni » et de « parpaillote ». Ses parents, qui habitaient Dijon, l'envoyèrent suivre des cours au Conservatoire de Paris : elle logea à l'Union chrétienne de jeunes filles, rue de Naples. Elle obtint ensuite de petits rôles au théâtre du Palais-Royal sous le nom de Cora Lynn. Elle épousa Pierre Feuillère puis entra en 1931 à la Comédie-Française. Elle la quitta en 1933 car on ne lui confiait pas beaucoup de rôles: «Je faisais des trous dans la pièce parce que l'on ne voyait que moi», dit-elle. Elle débuta à la même époque au cinéma avec *Le Cordon bleu* (Anton, 1932) et mena alors une double carrière, sur scène et à l'écran. Elle tourne plus de cinquante films, dont *Lucrèce Borgia* (Gance, 1935), où elle fit scandale par sa nudité, *La Duchesse de Langeais* (Baroncelli, 1942), *Le Blé en herbe* (Autant-Lara, 1954), *La Chair de l'orchidée* (Chéreau, 1974).

Au théâtre, son talent s'imposa définitivement en 1937 avec *La Parisienne* (Becque) et avec le rôle de Marguerite Gautier (*La Dame aux camélias*, Dumas fils), personnage qu'elle incarna près de sept cents fois entre 1939 et 1959. Créatrice du rôle de Lia (*Sodome èt Gomorrhe*, Giraudoux) en 1943, elle joua aussi dans *Pour Lucrèce* (Giraudoux), en 1954. Belle, grave, distinguée, elle révéla une fois de plus au théâtre ses qualités exceptionnelles dans le rôle d'Ysé (*Le Partage de midi*, Claudel), mis en scène par Jean-Louis Barrault en 1948, et dans celui de la Reine (*L'Aigle à deux têtes*, Cocteau): celui-ci la surnommait la «reine des neiges, du sang, de la volupté et de la mort». Elle incarna aussi Cléopâtre (*Rodogune*, Corneille), mis en scène par Antoine Bourseiller en 1962. En 1975, rompant avec ses emplois habituels, elle reprit le rôle-titre de *La Folle de Chaillot* (Giraudoux) au TNP. À soixante-dix ans, sa performance dans *Le Bâteau pour Lipaïa* (Arbousov) lui valut encore un immense succès. Elle a publié ses souvenirs, *Les Feux de la mémoire* (1977), ainsi qu'une biographie, *Moi, la Clairon** (1979).

FIELDING Sarah. Romancière anglaise (Sharphan Park, Somersetshire, 1710 - Bath, 1768). Sœur de Henry Fielding, l'auteur de *Tom Jones*, elle vécut longtemps auprès de lui, notamment à Beaufort Buildings dans le Strand (1745-1747). Elle le quitta lorsqu'il se maria en 1747 et partit vivre à Bath. Elle doit sa renommée à son roman, *Les Aventures de David Simple* (1744), attribué à tort à son frère, qui rédigea seulement la préface de la deuxième édition. Cette œuvre, qui à l'époque ne remporta pas un grand succès en Angleterre, se vendit bien en France. Deux autres romans, en 1747 et 1753, complétèrent l'histoire de Simple. Diverses œuvres suivirent, dont *The History of the Countess of Dellwyn* (1759) et *The History of Ophelia* (1760), ainsi que des traductions en 1762 des *Mémorables* de Xénophon. Sarah Fielding fut l'une des premières romancières anglaises à explorer l'univers des sentiments et à peindre avec talent les «printemps et les mouvements du cœur», selon les mots de son ami, l'écrivain Samuel Richardson.

FIELDS Annie, née Adams. Femme de lettres américaine (1834-1915). Fille du savant bostonien Zabdiel Adams, elle était hollandaise par sa mère. Elle épousa le publiciste James Fields qu'elle assista dans son travail et qui la laissa veuve en 1881. Elle tint un salon littéraire réputé. Elle rencontra Dickens, Henry James et devint l'amie de Hawthorne et de Harriet Beecher-Stowe*, l'auteur de *La Case de l'oncle Tom*. Elle a laissé plusieurs volumes de vers, une remarquable biographie du poète américain John Whittier ainsi que d'intéressants souvenirs, *Authors and Friends* (1896). Henry James l'évoque dans *The American Scene* (1907).

FIELDS Gracie (Grace Stansfield, dite). Chanteuse et actrice anglaise (Lancashire, 1898 - Capri, 1979). Elle fut l'une des chanteuses les plus populaires de la Grande-Bretagne de l'entre-deux-guerres. Elle débuta au music-hall à l'âge de treize ans. Dotée d'un sens de l'humour extraordinaire, d'une gaieté continuelle, elle savait faire rire et obtenait un énorme succès en chantant avec truculence et un accent des plus comiques. Les tournées qu'elle entreprit dans le monde entier, les films qu'elle tourna la rendirent célèbre : *Queen of Hearts* (1938), *Keep Smiling* (1938), tous deux produits par son mari, *Monty Banks* et *Holy Matrimony* (Stahl, 1943).

FIFIELD Elaine. Danseuse australienne (née à Sydney, le 28 octobre 1930). Formée par Élisabeth Scully et à l'école du Sadler's Wells, elle fut engagée au Sadler's Wells Theatre Ballet en 1947, et en devint la danseuse principale. En 1954, elle entra au Sadler's Wells Ballet. Brune au teint pâle, réservée, elle ne manquait pas de vivacité et se rattachait par son style au classicisme le plus pur. Elle a créé les rôles principaux du *Pineaple Poll* (Cranko, 1951), de *Madame Chrysanthème* (Asthon, 1955) et du *Mandarin merveilleux* (version de Rodrigue, 1956). Elle quitta la compagnie pour danser au Ballet Borovansky puis aux Ballets australiens en 1964. Elle a publié un livre de souvenirs : *In my Shoes* (1967).

FIGNER Vera Nikolaïevna. Révolutionnaire russe (près de Kazan, 1852 - Moscou, 1942). Son père était garde des forêts impériales et appartenait à la noblesse. Elle fut, avec ses sœurs Lydia et Eugénie — qui furent déportées en Sibérie où elles moururent —, une des premières femmes à déclarer la guerre au tsarisme. Elle fit des études de médecine en Suisse et contribua à fonder la société secrète «Terre et Liberté» (1876); en 1879, elle adhéra au groupe terroriste *Narodnaïa Volia* («Volonté du peuple») et participa à plusieurs tentatives d'assassinat contre le tsar Alexandre II, notamment celui qui lui coûta la vie (1881). Arrêtée en 1883, elle fut condamnée à mort l'année suivante, puis graciée, mais emprisonnée à perpétuité dans la forteresse de Schlüsselburg, près de Saint-Pétersbourg. Libérée par l'amnistie de 1904, elle fut exilée à Arkhangelsk, enfin autorisée à gagner la Suisse en 1906. De retour en Russie en 1915, elle prit part à la révolution d'Octobre et fut élue présidente de la Commission d'armistice. Appartenant à une autre génération de révolutionnaires, elle ne joua plus de rôle important. Ses *Mémoires d'une révolutionnaire* sont d'un grand intérêt.

FIGUEUR Thérèse (dite **Mme Sans-Gêne**). Héroïne française (Pontoise, 17 janvier 1774 - Issy, 4 janvier 1861). Orpheline à neuf ans, elle fut recueillie par un de ses oncles à Avignon, où elle travailla comme employée chez un marchand de draps. À dix-huit ans, elle suivit son oncle, déguisée en soldat, lors du soulèvement d'Avignon en 1793. Ils s'engagèrent, après la défaite, dans la légion des Allobroges (synonyme de Savoisiens, nom que portaient les habitants de la région sous les Romains), le 9 juillet 1793. Thérèse Figueur fut incorporée sous le nom de soldat Sans-Gêne, surnom qu'elle devait à son franc parler. Elle participa à de nombreuses batailles et fut souvent blessée: les archives du ministère de l'Armée conservent encore ses états de service. Napoléon admirait son courage et lui proposa, alors qu'il était Premier consul, de rester à son service à Saint-Cloud. Mais elle préféra bientôt retrouver son régiment et continuer sa vie de soldat. Le 2 juillet 1818, elle épousa, à quarante-quatre ans, Clément Sutter, un ami d'enfance. Mme Sans-Gêne mourut à quatre-vingt-cinq ans: son seul regret fut de n'avoir pas obtenu la croix de la Légion d'honneur qu'elle avait pourtant méritée.

Le surnom de Mme Sans-Gêne est généralement attribuée à Catherine Lefebvre* à cause de la pièce de théâtre qui porte le même nom : l'auteur, Victorien Sardou, décida de remplacer l'héroïne inconnue par une figure déjà renommée pour ses anecdotes mais qui n'avait jamais porté ce surnom.

FILLE DE FUJIWARA-NO-MOTOYASU. Poétesse japonaise (Xe siècle). Connue aussi sous le nom d'Uaisho Mitchitsuna no haha (la mère du ministre Mitchitsuna), on ignore ses dates de naissance et de mort. En revanche, on sait qu'elle fut mariée à Fujiwarano-Kaneie qui vécut de 935 à 990. Fille de Motyasu, un aristocrate, elle reçut une bonne éducation et séduisit Kaneie, qui allait devenir régent du jeune empereur Ichijo (986-1011). Considérée comme l'une des trois plus belles femmes de son temps, douce et sérieuse, elle dut sa gloire à des poésies, incluses dans les anthologies officielles, mais surtout à son journal le *Kagerô Nikki* (*Journal d'une éphémère*). Elle y raconte sa vie avec une certaine mélancolie et y révèle un talent poétique exceptionnel.

FILLE DE SUGAWARA-NO-TAKASUE. Poétesse japonaise (1008-?). Issue d'une famille de lettrés — sa tante écrivit le *Kagerô Nikki* (voir notice précédente) —, elle suivit à l'âge de neuf ans son père dans la province de Kazuka, où il avait été nommé gouverneur. Trois ans plus tard, elle revint à Kyôtô. À trente-cinq ans, elle épousa Tachibana-no-Toshimichi qui fut gouverneur de la province de Shinano, où elle l'accompagna. Déçue par sa vie conjugale et se remémorant son enfance heureuse, elle confia ses souvenirs à un journal, le *Sarashina Nikki*. Certains de ses poèmes figurent dans les anthologies officielles, et on lui attribue souvent l'*Hamammatsu Chunagon Monogatori*.

FILLEUL Anne-Marie, née Bocquet. Peintre. Française (1752 - Paris, 1794). Portraitiste de talent, elle devint l'une des rivales et néanmoins amie d'Adélaïde Labille-Guiard* et d'Élisabeth Vigée-Lebrun*, auprès de qui elle avait étudié dans l'atelier de Briard. On lui doit plusieurs portraits de la famille royale, dont celui du *Comte d'Artois* conservé au musée de Versailles. Moins heureuse que ses consœurs, elle fut victime de la Révolution et périt sur l'échafaud.

FILLIS Anna. Écuyère de cirque. Française (1863-?). Elle était la fille de l'un des plus prestigieux écuyers de son temps, James Fillis, qui fut écuyer en chef de la cour de Russie. Elle reçut les leçons de son père, et ses premières apparitions sur les chevaux Negro et Mac Gregor du Cirque d'hiver furent très applaudies. Elle entreprit ensuite de nombreuses tournées en Italie, en Allemagne, en Russie, obtenant partout de brillants succès. Elle représentait l'école française avec une grande élégance, et le baron de Vaux disait qu'elle avait élevé l'équitation au niveau d'un art. Son numéro de prédilection, avec son cheval Gant, qui consistait en un galop arrière, que son père avait inventé, lui valut une réputation mondiale dans le monde de la haute-école.

FINE Perle. Peintre. Américaine (née à Boston, Massachusetts, en 1908). Elle peut être comptée au nombre des représentants les plus intéressants de cette tendance de l'abstraction américaine qui se caractérisa très tôt par l'assemblage et la composition de divers matériaux utilisés à l'état brut. Elle a fait ses études aux États-Unis, notamment au sein de la célèbre Hofmann School de New York. Elle a obtenu de nombreuses distinctions : prix du Brooklyn Museum pour la gravure et la peinture, prix de la Fondation Edith Preston, premier prix de la Silvermine Annual en 1961, entre autres.

D'importantes expositions ont contribué à la faire connaître et apprécier du public, celles organisées par la « Tanager Gallery », la « Willard Gallery » ou la « Parson's Gallery » par exemple. De plus, Perle Fine a participé à de nombreuses manifestations de groupes, aux « Carnegie International Whitney Museum Annuals » ou « Réalités Nouvelles » à Paris ou, encore, à la biennale de Mexico en 1960. Ses œuvres figurent en permanence dans les collections du Whitney Museum, du Brooklyn Museum ainsi qu'au Los Angeles County Museum et font également partie de nombreuses collections privées.

FINI Leonor. Peintre. Italienne (née à Buenos Aires en 1908). Issue d'un milieu très cultivé, son adolescence à Trieste fut nourrie de littérature et de peinture. Elle s'enthousiasma pour les peintres du Quattrocento, Pisanello, Botticelli, qui marquèrent toute son œuvre. Elle doit aussi sa célébrité à son personnage : elle apprécie les objets exotiques, les chats de luxe, et se pare, comme les héroïnes de ses tableaux, de masques et de plumes. Elle rencontra Chirico en 1925 à Milan et se lia aux surréalistes à Paris dans les années 30. Néanmoins, elle se réclama plutôt des traditions picturales que de l'inconscient. Ainsi ses natures mortes, ses crânes, ses sveltes femelles et ses couleurs irisées évoquent aussi bien les maniéristes de la Renaissance. Leonor Fini créa aussi des tissus, des papiers peints, des flacons pour Schiaparelli*, des décors et des costumes pour la Comédie-Française, l'Opéra de Paris et la Scala de Milan. Elle illustra Jean Genet (1946) et Baudelaire (1964). De nombreuses expositions lui ont été consacrées, notamment à Paris (1936 et 1959), à New York (1938 et 1964) et à Londres (1960). Citons parmi son abondante production *Opération* (1939), *D'un jour à l'autre* (1948), *Le Petit Sphinx ermite* (1948), *La Grande Racine* (1948), *Les Deux Crânes* (1950), *La Femme lune* (1955), *Mémoire géologique* (1959), *L'Orphelin de Velletri* (1974), *Nelbia* (1982), *Voyage sans amarres* (1986). Ses œuvres figurent dans la plupart des musées du monde. Une grande rétrospective lui a été consacrée en 1986 au musée du Luxembourg.

FINNBOGADÓTTIR Vigdís, née Thorvaldsson. Femme politique islandaise (née à Reykjavík, le 15 avril 1930). Au cours de ses études supérieures suivies en France (Grenoble et Paris), puis au Danemark et en Suède, elle devint une spécialiste de la langue et de la littérature françaises ainsi que du théâtre. De 1972 à 1980, elle a dirigé le Théâtre municipal de Reykjavik. Elle a beaucoup contribué à la diffusion du français en Islande en s'occupant à la télévision d'une émission d'enseignement et en dirigeant l'Alliance française. Membre du Comité consultatif pour les affaires culturelles du Conseil nordique en 1976, organisme qu'elle présida en 1978, elle fut élue présidente de la république d'Islande le 30 juin 1980, puis réélue en 1984 et 1988. Elle est le quatrième président depuis la création de la République en 1944. Divorcée, elle a une fille adoptive.

FIOCRE Eugénie. Danseuse française (Paris, 2 juillet 1845 - 1906). Cette élève d'Arthur Saint-Léon succéda en 1865 à Marie Vernon dans le rôle de Fenella (*La Muette de Portici*, Auber). Elle resta à l'Opéra de Paris jusqu'en 1875 et triompha en créant le rôle de Franz (*Coppélia*, Saint-Léon), sur un argument d'Hoffmann et une musique de Léo Delibes (1870). Jean-Baptiste Carpeaux nous a laissé d'elle une sculpture qui immortalise sa grâce et sa beauté.

FIRESTONE Shulamit. Féministe canadienne (née en 1946). Fondatrice, avec Gloria Steinem*, la célèbre féministe américaine, du Women's Lib, elle est l'une des plus farouches adversaires du mariage, de la famille et de la société patriarcale. Imprégnée de marxisme, elle lutte pour l'égalité des femmes, pour une éducation plus réaliste des jeunes filles et ne craint pas de militer pour une société communautaire, seul moyen, à ses yeux, d'accorder à la femme une liberté complète.

FISKE Marie Augusta, née Davey (dite **Minie Adder**). Actrice américaine (1865-1932). Dès l'âge de trois ans, elle se produisit avec ses parents sous le nom de jeune fille de sa mère, Madderne. Elle se retrouva à New York à cinq ans, tenant les rôles d'enfant dans les pièces de Shakespeare. À l'âge de treize ans, on lui confiait déjà des rôles d'adulte, qu'elle défendait avec ardeur. Intelligente, fine et cultivée, elle devint l'une des femmes les plus célèbres du théâtre américain. Henry P. Taylor écrivit pour elle *Caprice*, qu'elle fit triompher en 1884. Mariée en 1890 à l'éditeur américain Harrison Grey Fiske, elle fut absente de la scène pendant trois ans. On la retrouve incarnant une héroïne d'Ibsen (*La Maison de poupée*, 1894), *Tess* (adaptation de Hardy, 1897), ou tenant le rôle de Becky Sharp (adaptation de *Vanity Fair*, Thackeray, 1899). Après avoir loué le Manhattan (ex-Standard Theatre) en 1901, où elle interpréta une inoubliable Hedda (*Hedda Gabler*, Ibsen), en 1903, elle s'essaya au cinéma, sans succès. De retour à New York, elle augmenta son répertoire de comédies légères et de nouvelles pièces d'Ibsen. Remarquable directrice de théâtre, elle encouragea sa vie durant les jeunes auteurs.

FITZGERALD Élisabeth, lady. Anglaise (château de Maynooth, v. 1528 - mars 1589). Fille de Gérald Fitzgerald, neuvième comte de Kildare et de lady Grey, elle devint dame d'honneur de Catherine* Howard à partir de 1540. Elle épousa en premières noces sir Antony Browne puis, devenue veuve en 1548, elle se remaria avec Edward Fiennes, comte de Lincoln (1552). Elle était d'une très grande beauté et reste célèbre pour avoir inspiré une passion platonique au comte de Surrey qui l'avait surnommée la Belle Géraldine et qui la chanta dans ses *Songs and Sonnets* (1557). Le comte fut exécuté la même année pour avoir conspiré contre Henri VIII. Il existe d'elle un très beau portrait de Ketel.

FITZGERALD Ella. Chanteuse de jazz. Américaine (née à Newport News, Virginie, le 25 avril 1918). Orpheline, elle débuta à seize ans à l'Opera House de Harlem où, comme elle, beaucoup de Noirs se produisaient à l'époque. Sa voix chaleureuse au timbre riche et son sens du rythme la firent remarquer par le chef d'orchestre de jazz Chick Webb qui l'engagea pour chanter dans sa formation. Jusqu'à la mort de Webb en 1939, elle remporta de grands succès avec ses chansons : *Dipsy Doodle* (1937), *My Heart Belongs to Dady* (1939). Lorsqu'il disparut, elle dirigea elle-même l'orchestre pendant deux ans, puis fit des tournées à travers l'Amérique et l'Europe dans la formation «Jazz at the Philarmonic», inaugurant ses vocalises qui ont fait sa réputation. Elle enregistra de nombreux disques aux titres inoubliables, comme *Flying Home* (1945), *Hard Hearted Hannáh* (1945) ou *Lady be Good* (1946). Son audience demeura longtemps confidentielle, et le succès lui vint à partir du milieu des années 50. En deux ans, elle vendit trente millions de disques ; depuis, elle touche à chacun de ses concerts des cachets considérables.

FITZHERBERT Mary-Ann, née Smythe. Anglaise (Brambridge, Hampshire, 1756 - Brighton, 1837). Elle inspira une vive passion au prince de Galles, futur George IV, qui l'épousa secrètement en 1785 bien qu'elle fût deux fois veuve, catholique et qu'elle eût six ans de plus que lui. Dix ans plus tard, le mariage fut annulé pour illégalité, et le prince de Galles, criblé de dettes, épousa sa très riche cousine Caroline* de Brunswick qu'il chassa peu après sous un faux prétexte d'adultère. Devenu roi en 1820, George IV s'opposa au couronnement de Caroline de Brunswick* et garda auprès de lui Mary-Ann Fitzherbert, sans pouvoir la faire reconnaître comme reine.

FLACK Audrey. Peintre. Américaine (née à New York en 1931). Elle fit de brillantes études d'arts plastiques, puis enseigna à l'université de New York, au Pratt Institute (de 1960 à 1968) et à la School of Visual Arts de New York dès 1970. Après avoir connu une période abstraite, elle s'attacha, au début des années 70, à la mise en œuvre d'une peinture d'un réalisme et d'une puissance d'évocation impressionnants, tout en développant une vision différente de la peinture américaine. La lumière, les brillances, la juxtaposition et les vibrations de couleurs parfois acidulées, sa façon de décomposer et de morceler l'espace, les dimensions mêmes de ses toiles, souvent considérables, confèrent à ses œuvres un aspect monumental et donnent à sa peinture un caractère d'exception. Audrey Flack, qui préfère voir appliquer le qualificatif de *super-realism* à sa démarche et aime à se référer à Maria Van Oosterwyck* ou à Rachel Ruysch*, tout autant qu'aux grands peintres de la Renaissance, ainsi qu'à certains contemporains (Kline, Pollock), est une figure essentielle de l'art américain actuel. Son œuvre est représentée à New York : au Museum of Modern Art, au Metropolitan Museum of Art, au Guggenheim Museum et dans de nombreux autres musées américains ou australiens. Elle figure également dans des collections particulières.

FLAGSTAD Kirsten. Soprano norvégienne (Hamar, 12 juillet 1895 - Oslo, 8 décembre 1962). Issue d'une famille de musiciens (son père était chef d'orchestre, sa mère pianiste) elle était capable de chanter à dix ans la partition d'Elsa (*Lohengrin*, Wagner). Éblouis par ses dons, ses parents lui firent suivre les cours d'Ellen Schytte-Jacobsen à Oslo puis ceux de Gillis Bratt à Stockholm. À dix-huit ans, encore étudiante, elle débuta au Théâtre-National d'Oslo dans le rôle de Nuri (*Tiefland*, E. d'Albert). Il lui fallut attendre vingt ans de petits rôles pour que la chance lui sourît. Le 29 juin 1932, alors qu'elle interprétait Isolde (*Tristan et Isolde*, Wagner), elle fut remarquée par Ellen Gulbranson, la Brünnhilde régnante au festival de Bayreuth. Kirsten Flagstad y fut invitée dès l'année suivante et, en 1934, elle y incarna Sieglinde (*La Walkyrie*, Wagner) et Gutrune (*Le Crépuscule des dieux*, Wagner). Son succès fut tel qu'on l'engagea au Metropolitan Opera de New York où elle débuta en 1935 dans les rôles de Sieglinde et d'Isolde. D'un coup, elle devenait l'interprète wagnérienne la plus importante de son temps. On la comparait à Olive Fremstad* et à Nordica*. En 1936 et 1937, elle chanta Isolde, Brünnhilde (*Tétralogie*) et Senta (*Le Vaisseau fantôme*) à Covent Garden, et se produisit à Vienne, à Chicago, à San Francisco, à Zurich et au théâtre Colón de Buenos Aires.

Son premier mariage, en 1919, avec Sigurd Hall, s'étant achevé par un divorce, elle épousa en secondes noces un homme d'affaires norvégien, Henry Johansen. Pendant la guerre, celui-ci se compromit avec le régime pro-nazi de Quisling, tandis que, en signe de protestation, Kirsten Flagstad refusait tous contrats en Norvège, ne se produisant que dans des pays neutres comme la Suède et la Suisse. Après la guerre, Johansen fut arrêté et mourut peu avant l'ouverture de son procès (1946). L'affaire rejaillit sur le prestige de la cantatrice à qui l'on reprocha d'être retournée en Norvège, aux côtés de son mari, pendant la guerre, même si elle n'y avait pas chanté. Elle n'en triompha pas moins au Metropolitan Opera de New York de 1947 à 1951. De 1948 à 1951, elle tint à Covent Garden tous les grands rôles wagnériens. À cette époque on l'entendit dans *Fidelio* (Beethoven) au festival de Salzbourg, sous la direction de Wilhelm Furtwängler, avec lequel elle créa à l'Albert Hall *Les Quatre Derniers Lieder* (R. Strauss). En 1951 et 1952, elle chanta *Didon et Énée* (Purcell) au Mermaid Theatre et retourna à New York où son interprétation d'*Alceste* (Gluck) reste mémorable. Sa carrière s'acheva en 1952, mais elle continua d'enregistrer des disques, parmi lesquels le plus émouvant et le plus célèbre est peut-être le *Tristan et Isolde* dirigé par Furtwängler. De 1958 à 1960, elle dirigea l'Opéra national de Norvège.

RÉF. : L. Biancoli, *The Flagstad Manuscript*, Londres, 1953. E. McArthur, *Flagstad: A Personal Memoir*, New York, 1965.

FLAHAUT DE LA BILLARDERIE Adélaïde. Voir SOUZA-BOTHELLO.

FLANDREYSIE Jeanne de. Française (Valence, 1874 - Avignon, 1959). Elle consacra sa vie à la défense et à la propagation de la langue et de la littérature provençales, adhérant à ce mouvement que Mistral appelait le félibrige (1854). Elle recevait les écrivains provençaux à la villa des Lierres, en particulier l'auteur de *Mireille* pour lequel elle avait une immense admiration. Folco de Baroncelli, l'auteur de *Lou Rosari d'amour*, et l'abbé Roux auquel on doit la *Chanson lemousina*, furent parmi ses intimes. Infatigable, elle organisa en 1909 l'exposition pour le centenaire de *Mireille*; elle installa, au palais du Roure acheté en 1918, un Centre culturel provençal qu'elle légua à sa mort à la Ville d'Avignon. Elle y avait accueilli le poète Louis Le Cardonel, qu'elle entoura de soins jusqu'à son dernier jour. Elle épousa en 1935 l'archéologue Émile Esperandieu qui mourut quatre ans plus tard. Jeanne de Flandreysie a laissé plusieurs recueils de poésies et d'études: *Femmes et Déesses* (1903), *Vers le beau* (1904), *Le Costume en Provence* (1907), etc.

FLEMING Jeanne, née Stewart, lady. Anglaise (XVIe siècle). L'histoire a retenu le mariage de cette fille naturelle de Jacques IV d'Écosse avec lord Fleming, et surtout son séjour à la cour de France. Veuve en 1547, elle y accompagnait, comme gouvernante, Marie* Stuart en 1548. Femme d'intrigues, très séduisante, Jeanne Fleming sut retenir l'attention du roi de France, Henri II, devint sa maîtresse et lui donna un fils, Henri d'Angoulême. Inquiète de son influence, Diane* de Poitiers et Catherine* de Médicis obtinrent en 1551 son renvoi en Écosse.

FLEMING Peggy. Championne de patinage américaine (née dans l'Ohio en 1948). Comme Carol Heiss*, elle provient d'une famille qui a tout sacrifié pour sa carrière. Son père mourut en 1966 après avoir déménagé de Cleveland à Pasadena (Californie) puis à Colorado Springs où Peggy Fleming put s'entraîner. À seize ans, elle se classa sixième aux jeux Olympiques d'hiver d'Innsbruck (1964); à Grenoble, en 1968, elle eut les meilleures notes, obtenant ainsi la seule médaille d'or américaine de ces jeux d'hiver.

FLEURIOT Zénaïde (a parfois utilisé le pseudonyme de **Anna Edianez de Saint-B.**). Romancière française (Saint-Brieuc, 1829 - Paris, 1890). Collaboratrice au *Journal de la jeunesse* et gloire de la Bibliothèque rose entre 1859 et 1890, elle écrivit de nombreux livres. Citons parmi ses titres: *Souvenirs d'une douairière* (1859), *Le Petit Chef de fa-*

mille (1874), *Monsieur Nostradamus, Tranquille et Tourbillon, Une famille bretonne.*

FLON Suzanne. Actrice française (née au Kremlin-Bicêtre, en 1918). Employée des Magasins de Paris, puis secrétaire d'Édith Piaf*, elle fut présentatrice de music-hall à l'ABC avant d'être engagée comme actrice par Raymond Rouleau. Elle débuta en 1943 dans *Le Survivant* (Noël). Interprète privilégiée d'Anouilh, elle joua dans *Antigone* (1944), *La Sauvage* (1945), *Roméo et Jeannette* (1946), puis tint le rôle de Viola dans l'adaptation, due à Nicole et Jean Anouilh, de *La Nuit des rois* (Shakespeare) en 1961. Frêle et féminine, intelligente et pleine de charme, elle exprime tour à tour joie et douleur, tendresse et amertume avec un naturel bouleversant. Interprète d'Audiberti dans *Le mal court* (1947) ou de Roussin dans *La Petite Hutte*, elle contribua au succès des pièces comme *De doux dingues*, *L'Heure éblouissante* et *L'Alouette* : «J'ai la chance de n'avoir jamais été cantonnée dans un certain répertoire, dit-elle, tragédie ou vaudeville, peu importe du moment que c'est bon.» Au TNP, elle fut la partenaire de Gérard Philipe. Son jeu direct et profond lui valut le prix Molière en 1955, et le prix de la Critique en 1981 pour son rôle dans *Le Cœur sur la main* (L. Bellon). Au cinéma, tous les metteurs en scène qui l'ont dirigée ont chanté ses louanges: elle a tourné près d'une trentaine de films dont certains avec Orson Welles, Henri Verneuil, Jean Delannoy, Joseph Losey, ou John Huston — qui confesse dans ses *Mémoires* que son grand regret est de n'avoir pas épousé «la Flon». Célèbre dans le monde entier, mais discrète, son travail se prolonge jusqu'à nos jours avec, au cinéma, *L'Été meurtrier* (Becker, 1983), *En toute innocence* (Jessua, 1988), *La Vouivre* (Wilson, 1989), *Gaspard et Robinson* (Gatlif, 1990) et, au théâtre, *Fièvre romaine* (1985), *Venise sauvée* d'après Hofmannsthal (1986) et *L'Antichambre* (Brisville, 1991).

FLORA. Courtisane romaine (Ier s. av. J.-C.). Pour la mettre à l'épreuve, Pompée, dont elle était la maîtresse, lui demanda de partager la couche de Germanicus, son ami, dont elle avait commencé par refuser les avances. Elle se soumit. Blessé, Pompée la répudia. «Flora la belle Romaine», chantée par Villon dans sa *Ballade des dames du temps jadis*, fut ensuite aimée par le noble Caecilius Metellus qui, suivant une tradition athénienne, la divinisa en plaçant son image dans le temple de Castor et Pollux, ce qui lui valut une accusation de sacrilège.

FLORELLE (Odette Rousseau, dite). Chanteuse et actrice française (La Roche-sur-Yon, 1898 - *id.*, 1974). Elle doit surtout sa renommée aux rôles qu'elle tint au cinéma dans *L'Opéra de quat'sous* (Pabst, 1930), dans *Liliom* (Lang, 1934) et dans *Le Crime de monsieur Lange* (Renoir, 1935). Elle est inoubliable dans celui de Fantine (*Les Misérables*, Bernard) en 1933. Elle tourna dans de nombreux films, joua la comédie et chanta dans des revues populaires. Vedette lors de la réouverture de l'Alhambra en 1936, elle fut engagée au Moulin-Rouge et chanta de sa voix fraîche aux côtés d'Henri Garat dans la revue *Çà, c'est Paris*, seconde version, obtenant un succès triomphal. Elle mourut dans la misère, oubliée de tous.

FLORY Régine. Chanteuse de music-hall française (Marseille, 1888 - Londres, 1924). Remarquable danseuse et chanteuse, très belle, elle tint la vedette des grandes revues de l'avant-guerre. Ses débuts à Mayol, vers 1910, furent très remarqués. Elle joua *La Veuve joyeuse* (Lehár) en 1912 et fut la partenaire de

Maurice Chevalier en 1913 à La Cigale, où elle revint souvent chanter. Régine Flory inaugura le théâtre Mogador dans une revue d'un luxe inouï où son numéro, *Le Cygne noir*, lui valut un triomphe. Elle fut engagée au Palace de Londres, dans la revue dont l'étoile était Elsie Janis*, si bien qu'une farouche rivalité sépara les deux femmes, se transformant bientôt en haine féroce. Un soir, un véritable pugilat éclata sur scène : on dut les séparer. Après la guerre, Régine Flory joua le rôle de Zubiri (*Zubiri*, Porto-Riche) — l'auteur avait une grande admiration pour elle — et s'illustra dans *Le Figurant de la Gaîté* (Savoir). Hantée par la mort, elle avait tenté de se suicider en se jetant dans la Seine, puis se tua d'une balle de revolver dans le bureau de son impresario de Londres.

FODOR-MAINVIELLE ou **MAINVIELLE-FODOR Joséphine**. Soprano française (Paris, 13 octobre 1789 - Saint-Genis-Laval, 14 août 1870). Fille du violoniste et compositeur Josephus Andreas Fodor, elle passa une partie de son enfance à Saint-Pétersbourg où elle travailla le chant. Après s'être produite comme pianiste et harpiste, elle débuta sur scène, en 1810, dans une œuvre de Fioravanti. Deux ans plus tard, elle épousa le comédien français Mainvielle. Après avoir chanté à Stockholm et à Copenhague, elle vint à Paris où, engagée à l'Opéra-Comique en 1814, elle interpréta *La Fausse Magie* (Grétry) et *Le Concert interrompu* (Berton). Elle chanta aussi aux Italiens où elle triompha dans le rôle de Suzanne et dans celui de la Comtesse (*Les Noces de Figaro*, Mozart) ; elle incarna Carolina (*Le Mariage secret*, Cimarosa). Elle remporta à Londres le même succès dans les rôles mozartiens et, selon le *Morning Post*, elle était une des plus ravissantes virtuoses de son temps.

En 1818, elle chanta aux premières londoniennes du *Barbier de Séville* (Rossini) et d'*Elisabetta, regina d'Inghilterra* (Rossini). Cette même année Venise l'applaudit à la Fenice, Naples au San Carlo, Vienne au Kärntnertortheater où elle obtint un immense succès avec Sémiramis (*Sémiramis*, Rossini), rôle qu'elle tint au Théâtre-Italien pour la première de l'œuvre en 1825. Mais, mal remise d'un refroidissement, sa voix se brisa pendant la représentation, et Giuditta Pasta* la remplaça. Revenue à Naples, elle interpréta encore *Le Mariage secret* (Cimarosa), mais une nouvelle défaillance l'obligea à interrompre sa carrière. Après un repos de cinq ans, elle reparut au San Carlo de Naples en 1830 et 1831, puis à Bordeaux, avant de quitter définitivement la scène et de se retirer à Fontainebleau. Elle est l'auteur de *Réflexions et conseils sur l'art du chant* (1857). Sa fille, Enrichetta, fut également chanteuse. Elle se produisit à Berlin de 1846 à 1849.

FONDA Jane. Actrice américaine (née à New York en 1937). Fille de l'acteur Henry Fonda, auquel elle ressemble physiquement et qui l'appelait lady Jane, elle débuta à ses côtés au théâtre en 1954, puis suivit l'enseignement de Lee Strasberg. Elle épousa en 1965 le cinéaste Roger Vadim, dont elle eut une fille, Vanessa. Elle divorça en 1973 et se remaria avec un politicien de gauche, Tom Hayden, membre de l'Assemblée de Californie. Sa carrière d'actrice révèle les différentes facettes de sa personnalité : jeune prostituée dans *La Rue chaude* (Dmytryk, 1962), bourgeoise cérébrale et froide dans *Les Liaisons coupables* (Cukor, 1962), tragique fugitive dans *La Poursuite impitoyable* (Penn, 1965), starlette révoltée dans *On achève bien les chevaux* (Pollak, 1962), de nouveau prostituée dans *Klute* (Pakula, 1971) l'un de ses meilleurs rôles qui lui valut un oscar. Elle est remarquable d'autorité dans *Une femme d'affaires* (Pakula,

1981). Roger Vadim lui fit tourner trois films: *La Ronde* (1974), *La Curée* (1966) et *Barbarella* (1967). Elle joua aux côtés de son père dans *La Maison du lac* (Rydell, 1981), film qui valut à l'acteur son premier oscar. Citons encore parmi ses nombreux films: *Que vienne la nuit* (Preminger, 1967), *Tout va bien* (Godard, 1971), *Maison de poupée* (Losey, 1972), *L'Oiseau bleu* (Cukor, 1976), *Retour* (Ashby, 1978), *Le Syndrome chinois* (Bridges, 1979), *Le Cavalier électrique* (Pollak, 1979), *Agnès de Dieu* (Jewison, 1985).

Jane Fonda ne s'est pas contentée d'être une star de cinéma. Sa nature passionnée l'a conduite vers la politique, et elle est devenue, au cours des années 70, le porte-drapeau de toutes les causes: contre le racisme, pour la paix et contre les armes nucléaires; pour les droits des femmes, des Noirs, des Indiens. Elle a particulièrement milité contre la guerre du Viêt-nam, s'attirant la colère de certains de ses compatriotes. Son voyage à Hanoi où elle apostropha les GI's lui valut le surnom de «Jane Hanoi» et d'être considérée comme traître à sa patrie. Lors de son voyage en Pologne avec son mari, elle accorda son soutien à Lech Walesa, et, de retour aux États-Unis, réclama la reconnaissance du syndicat Solidarnosc. Tout en poursuivant sa carrière d'actrice, elle est femme d'affaires avisée; elle édite des cassettes et commercialise des produits de beauté et de diététique qui portent son nom. Elle a écrit deux livres *Le Bel Âge de la femme* (1985) et *Ma nouvelle méthode* (1987). Jane Fonda a reçu en 1983 le prix du meilleur PDG de l'année. Elle a épousé en troisièmes noces le fondateur de la chaîne de télévision CNN (1990).

FONSECA Eleonora, née Pimentel, marquise **de**. Portugaise (Naples, 1768 - *id.*, 1799). Fille d'un émigré portugais, elle épousa en 1784 le marquis de Fonseca qui l'introduisit à la cour de Naples où elle devint dame d'honneur de la reine Marie-Caroline*. Très belle, elle s'adonnait à l'étude des sciences et des lettres. On ne lui pardonna pas ses talents, ses idées libérales et ses réflexions: elle fut disgraciée et ne cacha plus ses sympathies pour la Révolution française. Elle favorisa ensuite la chute de Ferdinand IV et l'établissement de l'éphémère république Parthénopéenne, le 23 janvier 1799. Elle rédigea durant quelques mois le *Moniteur napolitain*, dans lequel elle attaquait la famille royale et les ministres. Naples fut reprise le 13 juin par les troupes du cadinal Ruffo et par Fra Diavolo: de violentes représailles s'ensuivirent. Au lieu de s'échapper, la marquise resta pour encourager son parti. Tandis que les Bourbons remontaient sur le trône, elle fut arrêtée et condamnée à la pendaison, malgré les prières de quelques grands seigneurs. Elle avait trente et un ans.

FONTAINE Joan (Joan De Havilland, dite). Actrice américaine (née à Tokyo en 1917). Sœur cadette de Olivia De Havilland*, elle adopta le pseudonyme de Joan Fontaine en 1937 pour le film *Pour un baiser* (Stevens). Elle joua dans quelques films parmi lesquels: *Demoiselle en détresse* (Stevens, 1937), *The Duke of West Point* (Green, 1939), *Gunga Din* (Stevens, 1939) avant d'acquérir la célébrité dans *Femmes* (Cukor, 1939) où elle fut bouleversante. Mince, d'une beauté touchante, rêveuse, discrète, à l'opposé de sa sœur Olivia associée aux films d'action d'Errol Flynn, Joan Fontaine incarna l'héroïne romantique qui trouva sa meilleure expression dans *Rebecca* (Hitchcock, 1940); elle y tint le rôle de la jeune femme anxieuse et malheureuse de Laurence Olivier. Puis elle joua dans *Suspicion* (Hitchcock, 1941) aux côtés de Cary Grant, film qui lui valut un oscar. Joan Fontaine obtint également un triomphe dans *Jane Eyre* (Stevenson, 1943) où elle était opposée à Orson Welles. Elle fut particulièrement appréciée dans des rôles à caractère sentimental et tourna de très nombreux films, dont *Âmes rebelles* (Litvak, 1942), *Les Caprices de Suzanne* (Seiter, 1945), *Lettre d'une inconnue* (Ophuls, 1948), *Les Amants de Capri* (Dieterlé, 1951), *Ivanhoé* (Thorpe, 1952), *L'Invraisemblable Vérité* (Lang, 1956), *Femmes coupables* (Wise, 1957), *Tendre est la nuit* (King, 1961), etc. Joan Fontaine se retira en 1966 et publia son autobiographie sous le titre, *No Bed of Roses* en 1978.

FONTANA Lavinia. Peintre. Italienne (Boulogne, 1552 - Rome 1614). Elle était la fille du peintre Prospero Fontana qui travailla à Rome pour le pape Jules III et qui lui transmit son admiration pour Raphaël. Le style très raffiné de Lavinia Fontana lui valut de nombreuses commandes de l'aristocratie romaine. On lui doit un remarquable portrait du *Pape Grégoire XIII*, celui du sénateur *Orsini*, conservé au musée des Beaux-Arts de Bordeaux, un *Autoportrait* (musée de Besançon) et, parmi les sujets religieux, une *Naissance de la Vierge* (église de la Trinité, Bologne). Elle épousa le peintre Paolo Zappi qui réalisait les draperies de ses toiles.

FONTANGES Marie-Angélique de Scorraille de Roussille, duchesse de. Favorite de Louis XIV (peut-être au château de La Baume, Raulhac, Cantal, 1661 - Port-Royal, 28 juillet 1681). Ses parents, nobles mais peu fortunés, l'envoyèrent à l'âge de seize ans à la cour où elle devint fille d'honneur de Madame, duchesse d'Orléans (Charlotte-Élisabeth* de Bavière). Elle était d'une beauté extraordinaire, ce qui n'échappa pas à Louis XIV qui en fit sa maîtresse, pas plus qu'à Mme de Montespan* qui la prit en haine. Elle ne pouvait pourtant lui faire ombrage puisque, selon les bonnes langues de la cour, elle était «belle comme un ange mais sotte comme un panier». Avant de se lasser d'elle, le roi la combla de richesses qu'elle dépensa sans compter et la fit duchesse de Fontanges (1680). La même année, elle accoucha d'un enfant qui ne survécut pas. Elle mourut des suites d'une fausse couche. La rumeur accusa Mme de Montespan, que l'on a rendue responsable de bien des choses, de l'avoir fait empoisonner. Un jour, à la chasse, elle perdit son tricorne. Les cheveux au vent, elle les réajusta en les nouant sur le sommet de sa tête à l'aide d'un mouchoir de dentelle et de sa jarretière. Ce fait, qui plut au roi, fut imité, et l'expression « coiffure à la Fontanges » apparut dans la mode jusqu'en 1713.

FONTEYN Margot (Margaret Hookham, dite). Danseuse anglaise (Reigate, Surrey, 18 mai 1919 - Panamá, 21 février 1991). Son enfance fut partagée entre l'Angleterre, l'Amérique et la Chine: c'est à Shanghai qu'elle commença à travailler la danse avec George Gontcharov. De retour à Londres, elle poursuivit ses classes auprès de Serafina Astafieva, avant d'entrer à l'école du Sadler's Wells Ballet en 1934 où elle débuta la même année. En 1935, elle interpréta son premier grand rôle dans *Rio Grande*, du chorégraphe attitré de la compagnie, sir Frederik Ashton. Ninette de Valois* la remarqua et prédit: «Cette enfant sera une grande danseuse.» Margot Fonteyn donna le meilleur d'elle-même et devint étoile deux ans plus tard. Aussi modeste que douée, admirablement faite, elle possédait une sensualité musicale extraordinaire. « Elle percevait les intentions du chorégraphe mieux qu'il ne le faisait lui-même », écrivait un critique américain. Ses interprétations furent d'une perfection inégalable: elle conférait une dimension nouvelle aux grands rôles du répertoire classique.

Elle devint l'interprète idéale d'Ashton et créa à ses côtés, accompagnant la transformation du Sadler's Wells Ballet en Royal Ballet (1956): *Ap-*

paritions (1936), *A Wedding Bouquet* (1937), *Dante Sonata* (1940), *Symphonic Variations* (1946), *Scènes de Ballet* (1948), *Cendrillon* (1948), *Daphnis et Chloé* (1951), *Sylvia* (1952), *Hommage to the Queen* (1953), *Birthday Offering* (1956), *Ondine* (1958). Alors qu'elle songeait à quitter la scène, Rudolf Noureev, qui venait d'être engagé, la supplia de devenir sa partenaire. Elle accepta et dansa dans *Marguerite and Armand* (Ashton, 1963), *Roméo et Juliette* (MacMillan, 1965), *Paradis perdu* (Petit, 1962), *Pelléas et Mélisande* (Petit, 1969), *Poème de l'extase* (Cranko, 1970), *Lucifer* (Graham*, 1975) et *The Scarlett Pastorale* (Darell, 1975). Invitée dans le monde entier, Margot Fonteyn s'est produite sur les plus grandes scènes. La plupart de ses interprétations ont été filmées pour le cinéma et la télévision. Présidente de la Royal Academy à partir de 1954, elle est considérée comme l'une des plus grandes danseuses du XXe siècle. Elle fut honorée en 1956 du titre de Dame de l'Empire britannique. Elle obtint la Dance Magazine Award en 1962 et le titre de *prima ballerina assoluta* en 1979. Auteur de *Margot Fonteyn: An Autobiography* (1975), elle avait épousé le diplomate Roberto Arias.

RÉF. : K. Money, *Fonteyn. The Making of a Legend*, Londres, 1973; *The Art of Margot Fonteyn*, Londres, 1975.

FORBES Rosita. Voyageuse anglaise (1893-1967). Il est peu de contrées dans le monde qu'elle n'ait parcourues: Asie, Moyen-Orient, Syrie, Inde, Indochine, Amérique du Nord, Amérique du Sud. L'Afrique du Nord, le désert de Lybie, l'Abyssinie et le Maroc furent le cadre de ses premières pérégrinations, vers 1920. Au Maroc, elle ne craignit pas de rencontrer le fameux shérif Raysouli, bandit qui s'était spécialisé dans le rapt des étrangers qu'il restituait contre une rançon. Leur entrevue fut, disait-elle, très cordiale: elle échappa au sort qu'il réservait généralement à ses visiteurs. Pendant la guerre, elle travailla pour les services secrets anglais et fut affectée au ministère de la Guerre. Elle était membre de la Royal Geographical Society et de plusieurs sociétés savantes étrangères. Rosita Forbes a laissé de nombreuses relations de ses voyages et une autobiographie, *Rendez-vous au soleil* (1949), qui remporta un grand succès auprès d'un public avide de récits d'aventures.

FORCH Olga Dmitrievna. Romancière soviétique (Gounib, 1873 - Léningrad, 1961). Comme Anna Karavaïeva* et Lidia Seïfoullina*, elle fait partie des écrivains des années 20. À ses débuts, elle publia des livres pour enfants, mais elle ne tarda pas à manifester une véritable vocation de romancière dans *Vêtus de pierre* (1924-1925), qui conte l'histoire d'un prisonnier de la forteresse Pierre-et-Paul à Saint-Pétersbourg. L'année suivante parut son deuxième roman, *Les Contemporains*, au caractère social moins accusé, et où elle pose le problème du rapport entre l'artiste et son époque à travers la personnalité de Gogol et du fameux peintre A.A. Ivanov. En 1931, elle publia un troisième roman, *Le Navire fou*, suivi en 1933 des *Symbolistes*. À cette époque, elle avait totalement adhéré aux principes du réalisme socialiste et en manifestait une certaine gêne. Elle retrouva un peu plus tard sa liberté d'expression avec un nouveau roman, *Radichtchev*, publié en trois parties et qui ne trouva son titre qu'avec la dernière partie parue en 1939. Radichtchev est un écrivain qui, au temps de Catherine II*, fut l'un des premiers à s'insurger contre le servage.

FORNARINA la (Margherita Luti, dite). Italienne (XVIe siècle). Elle était vraisemblablement la fille d'un boulanger (*fornaro*) du Transtévère. On raconte que Raphaël, qui décorait alors la chambre de la Signature au Vatican, la surprit se baignant dans le Tibre. Il la prit pour modèle et en fit sa maîtresse, si l'on en croit l'annotation d'un portrait cité dans un exemplaire de 1568 de la *Vie de Raphaël* (Vasari): *Rittrato de Margherita, donna de Rafaello.* Il est certain que l'on retrouve dans les œuvres du peintre après 1510 une beauté brune et franche qui tranche avec ses blondes madones. Elle apparaît dans plusieurs de ses grandes compositions: *Héliodore chassé du Temple* (Vatican 1511-1514), *La Transfiguration* (musée du Vatican, 1519), et l'on reconnaît son visage dans la *Madone de saint Sixte* du musée de Dresde (1514). Le magnifique portrait dit *La Velata* (palais Pitti, Florence, 1510) serait celui de Margherita, tandis que *La Fornarina* elle-même (galerie Barberini, Rome) est aujourd'hui attribuée à Jules Romain, l'élève favori de Raphaël. Margherita Luti aurait longtemps survécu à la mort de son amant survenue en 1520, mais nul ne sait ce qu'elle devint.

FORNER Raquel. Peintre. Argentine (née à Buenos Aires en 1902). Après avoir étudié à l'Académie des beaux-arts de sa ville natale, elle visita l'Amérique du Sud et voyagea en Afrique et en Europe. Elle suivit à Paris, de 1929 à 1930, l'enseignement d'Otton Friez et exposa au Salon des Tuileries de 1930. Très active, elle a participé à d'innombrables manifestations collectives, dont les expositions internationales de New York et de San Francisco (1939), l'exposition de peinture argentine à la National Gallery de Washington (1956), les biennales de Venise et de Mexico (1958), enfin la rétrospective «Cent cinquante ans d'art argentin» à Buenos Aires en 1961, où ses œuvres furent très remarquées. Considérée comme l'un des principaux peintres de son pays, elle a reçu le grand prix d'honneur au Salon des beaux-arts de Buenos Aires en 1955.

FÖRSTER Élisabeth, née Nietzsche. Allemande (Roecken, près de Lutzen, 1846-1935). Elle était la sœur de Friedrich Nietzsche qui, après la mort de leur père en 1850, exerça sur elle ses dons d'éducateur. À Bâle où il enseignait, elle tenait son ménage. Lorsque Nietzsche fit la connaissance de Lou Andréas-Salomé*, le frère et la sœur se brouillèrent pendant un an. En 1883, ils étaient réconciliés. Deux ans plus tard, elle épousait Bernhard Förster, homme excentrique qui l'emmena vivre au Paraguay où il essaya de créer un établissement selon ses rêves, la Neue Germania. Devenue veuve, et ayant perdu sa mère en 1897, elle s'installa avec son frère, atteint de démence depuis 1889, dans une belle propriété de Weimar, devenue aujourd'hui la Nietzsche Archiv. Elle le soigna puis, à sa mort en 1900, sauva les manuscrits que la famille voulait détruire. Elle écrivit la biographie du philosophe et publia sa correspondance en s'autorisant toutefois des aménagements et des coupures fâcheux. Il n'en demeure pas moins que c'est en partie grâce à elle que nous conservons l'œuvre de Nietzsche.

FORTABAT Amalia Lacroze Reyes de. Milliardaire et femme d'affaires argentine (née à Buenos Aires en 1922). Fille de médecin, elle épousa Alfredo de Fortabat, fondateur en 1926 d'un empire industriel comprenant des puits de pétrole et les cimenteries Loma Negra. À sa mort en 1976, Amalia se retrouva à la tête d'une entreprise qui produisait 200 millions de tonnes de ciment et fournissait toute l'Amérique latine. Immensément riche, elle possède une hacienda de 500 000 hectares, sans compter de somptueuses résidences, 23 exploitations agricoles, 15 000 têtes de bétail et une très belle collection de tableaux. Charitable, elle a fait construire à Buenos Aires un hôpital pour enfants de 350 lits. Elle nourrit les 2 000 enfants des cités ouvrières de ses cimenteries et trouve encore le temps de diriger la Ligue des maîtresses de maison. Amalia de Fortabat est à la fois le patron le plus puissant et la femme la plus populaire d'Argentine.

FOSSEUSE la Belle (Françoise de Montmorency, dite). Française (1566-?). Fille de Pierre de Montmorency, baron de Fosseux, elle fut introduite auprès de la reine Marguerite* de Navarre (la reine Margot), dont elle devint fille d'honneur. Séduit par sa beauté, Henri de Navarre (futur Henri IV) fit sa conquête sans trop de difficultés. Mais l'ambitieuse favorite, apportant la discorde, souleva contre elle les dignitaires de la cour de France. La «Belle Fosseuse» fut expulsée par Catherine* de Médicis et se consola en épousant l'un de ses soupirants, François de Broc.

FOSSEY Diane. Zoologiste américaine (1932 - Rwanda, 27 décembre 1985). La vie de cette éducatrice d'enfants handicapés fut bouleversée un jour de 1960 lorsqu'elle lut un livre de George Schaller, le premier scientifique à étudier les gorilles du Congo belge. Six ans plus tard, abandonnant son métier, elle partit sur les traces des derniers *Gorilla gorilla berengei* dont il ne subsiste plus, environ, que deux cent vingt spécimens sur les pentes volcaniques qui séparent le Rwanda, le Zaïre et l'Ouganda. En 1977, grâce à des subventions de la *National Geographic Society* et de la fondation Wilkie des États-Unis, et après bien des vicissitudes, elle jeta les bases du *Karisoke Research Center*, qui acquit une réputation mondiale. Elle y vécut dix-huit ans, apprenant à se nourrir de feuilles, à s'exprimer avec des grognements, à dormir lovée dans les arbres, afin de mieux comprendre ces animaux qui la passionnaient. Elle découvrit — confirmant les conclusions de Jane Goodall sur les chimpanzés — que les grands singes sont les champions de la communication, et réussit à dialoguer avec eux en se frappant la poitrine ou en grognant. Dans sa volonté acharnée de sauver les gorilles, elle s'attira la haine des braconniers — qui la surnommaient *Nyiramachabelle*, «la vieille femme qui vit dans la montagne» — et tomba sous leurs coups le 27 décembre 1985, près du volcan Visoke, au Rwanda. Elle a écrit un livre, traduit en français sous le titre *Treize Ans chez les gorilles* (1984). Un film, *Gorilles dans la brume* (Apted, 1988), relate sa vie.

FOURMENT Hélène. Flamande (Anvers, 1614 - Bruxelles, 1673). Daniel Fourment, riche négociant en tapisserie, eut dix enfants, dont Hélène, la cadette. Rubens eut une liaison avec sa sœur Suzanne, avant de l'épouser: elle avait seize ans et lui cinquante-trois. Le peintre était veuf d'Isabelle Brandt et père de deux fils. Ne pouvant se résoudre au célibat, il fut heureux de trouver cette «jeune femme de naissance honorable et moyenne», craignant la fierté d'une noble qui «rougirait de le voir peindre». Leur union dura dix ans, jusqu'à la mort de Rubens en 1640. Hélène lui donna trois filles et deux garçons. Elle fut une inépuisable source d'inspiration: blonde, épanouie et sensuelle, elle incarne les fastes de la mythologie comme les douceurs du foyer. La châtelaine du *Jardin d'amour* (pinacothèque de Munich), les opulentes *Atalante*, *Andromède*, *Diane* et *Gallisto* (musées de Berlin, de Vienne, pinacothèque de Munich, musée du Prado) c'est elle, de même qu'on la reconnaît dans *Amphitrite, Didon, Ève*, la *Vierge Marie, Madeleine, Vénus*. Elle fut à l'origine de la plus belle période de Rubens qui la représenta dans l'intimité, seule ou avec ses enfants: *Hélène Fourment et son fils* (pinacothèque de Munich), *Hélène Fourment et ses enfants* (Louvre). Après la mort de son mari, Hélène Fourment se remaria avec le baron de Bergeyck.

FOURTZEVA Ekatherina Alexandrovna. Femme politique russe (1910 - 24 octobre 1974). Fille d'ouvriers, elle travailla dans diverses usines de textile, adhéra en 1930 au parti communiste et joua un rôle important auprès de la jeunesse. Après avoir suivi des cours de 1933 à 1935, notamment à l'École de la flotte civile de Léningrad, elle fut nommée à la section politique du « Technicum » de l'aviation. En 1950, elle fut élue secrétaire du parti communiste de Moscou et, en 1954, premier secrétaire du parti. En disgrâce en 1961, elle fut exclue du Presidium du parti communiste de l'URSS mais, contre toute attente, conserva son poste de ministre de la Culture. Chef en titre de toutes les activités culturelles de l'Union soviétique, l'action de Catherina Fourtzeva, d'une vive intelligence, fut prépondérante dans tous les domaines artistiques et culturels. Elle a multiplié les échanges avec les pays étrangers, organisé des expositions de peinture occidentale en Russie, favorisé la traduction d'œuvres littéraires en russe, malgré une censure sévère. Enfin, elle a reçu à Moscou de nombreux artistes et écrivains du monde entier. Elle ne cachait pas sa grande admiration pour son « collègue » André Malraux.

FOY, sainte. Vierge et martyre (? - Agen, 303). Elle fut martyrisée à Agen en même temps que l'évêque de la ville, le futur saint Caprais, sous le règne de Dioclétien. Elle était très populaire en France méridionale. L'abbaye de Conques en Aveyron, qui lui est consacrée, fut pendant tout le Moyen Âge un lieu de pèlerinage réputé. Le trésor de l'abbaye, célèbre pour ses orfèvreries anciennes, conserve une « Majesté » en vermeil de sainte Foy (xe siècle), l'une des œuvres capitales de l'art carolingien. On la fête le 6 octobre.

FRACCI Carla. Danseuse italienne (née à Milan, le 20 août 1936). Elle termina ses classes à l'école de ballet de la Scala où elle fut engagée, devint soliste en 1956 et première danseuse en 1958. Elle travailla avec différentes compagnies, dont l'American Ballet Theatre, dont elle fut étoile à partir de 1967. Souvent comparée à Maria Taglioni*, elle triompha dans les grands rôles du répertoire romantique. Son mari, le directeur de théâtre Beppe Menegatti, produisit la plupart de ses ballets : *The Seagull* (1968), *Macbeth* (1969) et *The Stone Flower* (1973). Sublime Giselle *(Giselle)* dans la version filmée de l'American Ballet Theatre (1969), elle a incarné Tamara Karsavina* du film *Nijinski* (1980). Elle fut lauréate du Léopard d'or en 1959 et du Dance Magazine Award en 1968. Son téléfilm, *Sereta con Carla Fracci*, remporta la Rose d'or de Montreux en 1973.

FRANCESCA DA RIMINI. Italienne (XIIIe s.). Mariée par son père, Guido Da Polenta, noble de Ravenne, au seigneur de Rimini Giovanni Malatesta, surnommé « le débauché », elle inspira un grand amour au frère cadet de celui-ci, Paolo, surnommé « le beau ». Averti de son infortune, Guido tua les deux amants (entre 1283 et 1286), alors qu'ils étaient en train de lire le roman de *Lancelot*. Dante, le premier, divulgua ce drame en des vers du chant V de *La Divine Comédie*. Les rencontrant aux Enfers, dans le Cercle des âmes que l'amour a perdues, il leur demande de lui raconter leur histoire.

Amour qui oncque à l'aimé ne fait grâce
d'aimer aussi, aux plaisances de lui
ne prit si fort qu'encore n'en suite quitte.

Après Dante, Boccace, Byron, Silvio Pellico, D'Annunzio et d'autres s'inspirèrent du sujet, ainsi que de nombreux peintres, dont Ingres.

FRANCESCHINI Marthe (dite **Lalla Davia**). Française (Corbara, Corse, v.

1750 - Marrakech, 1799). Elle fut enlevée avec ses parents par des pirates tunisiens et vendue avec eux au marché des esclaves de Tunis. Ils entrèrent au service du Bey : François Franceschini devint son intendant, obtenant toute sa confiance, au point qu'un jour il l'avertit d'un complot organisé contre lui. En signe de reconnaissance, le bey libéra les captifs. Ils furent capturés une seconde fois, sur le chemin du retour, et vendus au sultan du Maroc, Muhammad III. Celui-ci s'éprit de la jeune Marthe et laissa repartir ses parents après avoir appris que le père avait sauvé la vie du bey de Tunis. Par la suite, François Franceschini tenta une expédition pour libérer sa fille ; l'entreprise échoua, et il mourut de la peste en 1770. Marthe, intégrée au harem, reçut le surnom de Lalla Davia, « la Brillante ». Muhammad III finit par l'épouser et eut un fils d'elle, Mouley Sliman, qui régna sur le Maroc de 1792 à 1823. Elle eut une certaine influence politique sur son mari qui l'avait admise en son Conseil privé. Après la mort du sultan en 1790, elle resta au palais et mourut de la peste.

FRANCILLON Clarisse. Romancière suisse de langue française (Saint-Imier, 1899 - Paris, 1976). Issue d'une famille protestante, elle passa toute sa jeunesse à Menton. Dans les années 20, elle s'installa à Paris, près du parc Montsouris, et, après la guerre, elle fut administratrice de la revue *Fontaine*, fondée et dirigée par Max-Pol Fouchet. Son œuvre, composée de nouvelles et de romans, s'affirme par sa lucidité et son réalisme : le thème central en est la solitude, solitude de la femme qui ne peut aimer ou être aimée : *La Mivoie* (1935), *Béatrice et les insectes* (1936), *Le Plaisir de Dieu* (1938), *La Belle Orange* (1944), *Les Meurtrières* (1952), *La Lettre* (1958), *Les Gens du passage* (1959), *Le Cornet à lucarnes* (1967). Elle a aussi traduit ou aidé à traduire les œuvres de Malcolm Lowry.

FRANCIS Ève. Actrice française d'origine belge (Bruxelles, 1896 - Neuilly, 1980). Elle débuta à l'âge de dix-sept ans dans des pièces de Paul Claudel : *L'Otage*, *L'Annonce faite à Marie*, *L'Échange*, *Le Partage de midi*. Puis elle orienta sa carrière vers le cinéma, tournant ses premiers films avec Germaine Dulac* : *Âmes de fous* (1918) et *La Fête espagnole* (1919). Elle épousa en 1918 le cinéaste Louis Delluc qui faisait ses débuts de réalisateur et tourna dans cinq de ses films : *Le Silence* (1920), *Fumée noire* (1920), *Le Chemin d'Ernao* (1921), *La Femme de nulle part* (1922), et *L'Inondation* (1924). Marcel L'Herbier la choisit pour *Prométhée banquier* (1921), *Eldorado* (1921), *Forfaiture* (1937), *La Brigade sauvage* (1937), *La Comédie du bonheur* (1940). En 1936, elle tourna encore avec Germaine Dulac dans *Club de femmes*. Ève Francis est l'une des comédiennes les plus représentatives des débuts du cinéma français. Membre de la Commission des recherches historiques de la cinémathèque française, elle donna des conférences et fit de la critique cinématographique. Elle a écrit un livre, *Temps héroïques* (1949).

FRANCO Véronica. Poétesse italienne (Venise, 1546 - *id.*, 1591). Épouse d'un médecin dont elle se sépara très vite, elle fut l'amie des artistes; poète elle-même, elle succéda dans la gloire à Tullia d'Aragon. Louée pour sa beauté et son talent, elle était courtisane et poétesse; le Tintoret fit d'elle un portrait, et sa célébrité lui valut la visite de Montaigne et de Henri III, auquel elle dédia deux sonnets. Ses vers pétrarquisants, publiés dans les *Terze Rime* (1575), sont le reflet d'une sensualité ardente et d'un grand naturel; elle dédia au cardinal Luigi d'Este *Lettere familiari a diversi* (1580). Ayant comparu vers cette date devant le tribunal de l'Inquisition, elle renonça au monde et se consacra à la religion.

FRANÇOISE Romaine, sainte (Francesca di Bussi di Leoni). Religieuse italienne (Rome, 1384 - *id.*, 1440). Mariée à douze ans à Laurent Ponziani, elle lui donna trois enfants. Très pieuse, elle fut un modèle d'épouse. Elle partit en guerre contre les mœurs trop dissipées de la société romaine, et quand vint la terrible peste de 1413, elle se dévoua aux malades avec un courage et une abnégation qui firent l'admiration de son entourage. À la mort de son époux, elle se retira au monastère de Torre di Specchi où elle avait fondé trois ans auparavant la congrégation des Oblates de Sainte-Marie, sous la règle bénédictine (1433). Elle fut canonisée par le pape Paul V en 1608; sa fête a été fixée au 9 mars.

FRANÇOISE-XAVIER CABRINI, sainte. Missionnaire italienne (diocèse de Lodi, 15 juillet 1850 - Chicago, 22 décembre 1917). Jeune paysanne de la campagne lombarde, elle avait douze frères et sœurs, et fut remarquée pour sa dévotion. Devenue institutrice, elle observa le nombre considérable de familles d'élèves qui émigraient, surtout en Amérique. Le sort de ses compatriotes, dont la plupart avait abandonné leur terre natale pour échapper aux conditions misérables de leur existence en Italie, fut à l'origine de sa vocation de missionnaire. Encouragée par l'Église, elle fonda en 1880 l'institution des Sœurs missionnaires du Sacré-Cœur qui fut approuvée par l'Église en 1888 et qui prit une grande extension aux États-Unis, mais également en France, en Angleterre et en Espagne. Infatigable, Françoise-Xavier Cabrini multipliait les vocations (les sœurs étaient huit en 1880, plus de mille en 1907), les fondations charitables (une cinquantaine au total) et se déplaçait sans cesse à travers les huit pays où l'institution était présente. C'est au cours de l'un de ses voyages qu'elle mourut. Elle a été canonisée par le pape Pie XII en 1946. Elle est la patronne des émigrants; on la fête le 22 décembre.

FRANK Anne. Écrivain. Allemande (Francfort-sur-le-Main, 1929 - camp de concentration de Bergen-Belsen, 1945). Fille de commerçants juifs allemands, émigrés en Hollande au début des persécutions nazies, Anne avait treize ans lorsqu'en juillet 1942 la famille dut se terrer pour échapper à la Gestapo. Dans le pavillon de l'arrière-cour d'une maison d'Amsterdam prêté par des amis, les Frank — Anne, son père, sa mère et sa sœur aînée — retrouvèrent la famille des Van Daan et leur fils âgé de quinze ans, ainsi qu'un ami de la famille. Deux ans durant, Anne Frank écrivit son *Journal* sous forme de lettres fictives adressées à une amie, Kitty. Elle y notait ses impressions, ses réflexions sur la vie, relatait une idylle naissante avec Peter, le fils des Van Daan, avec une pertinence, une justesse psychologique, une lucidité singulière mêlée d'une émouvante candeur. Le 4 août 1944, la cachette fut découverte, et ses huit occupants arrêtés. Détenue au camp de concentration de Bergen-Belsen, elle y mourut au bout du huit mois. Son père, seul survivant de la famille, retrouva le *Journal* et le publia. Traduit en trente-deux langues, adapté à la scène et à l'écran, il reste une des œuvres les plus bouleversantes que la Seconde Guerre mondiale ait inspirées.

RÉF.: E. Schnabel. *Sur les traces d'Anne Frank*, Paris, 1958 et 1963. G. Duhamelet, *Anne Frank, la petite fille de la maison du fond*, Paris, 1959.

FRANKENTHALER Helen. Peintre. Américaine (née à New York en 1928). Elle fut l'élève de Tamayo et de Feeley, puis de Hans Hofmann, dont l'école — la célèbre Hofmann School, à New York — exerça tant d'influence sur la jeune peinture américaine. Elle passa de l'abstraction géométrique à l'abstraction lyrique, dans la lignée de Jackson Pollock.

Elle étale ses toiles à même le sol pour y laisser courir les couleurs. Elle est fidèle à la peinture acrylique et travaille aussi la céramique. Helen Frankenthaler est considérée comme l'un des maîtres de la peinture non figurative. Elle a donné de nombreuses expositions personnelles aux États-Unis et figurait à la biennale de Paris en 1959. Parmi ses toiles, citons *Mountains and Sea* (1952, coll. de l'artiste) et *Jacob's Ladder* (1957, musée d'Art moderne, New York).

FRANZHEIM Élisabeth. Peintre et sculpteur. Américaine (née à Chicago en 1923). Son père, architecte, lui donna ses premières leçons. À treize ans, elle suivit les cours du portraitiste Waymar Adams, pour entrer en 1940 à l'École des beaux-arts de l'université de Yale. En 1950, elle s'installa à Houston où elle rencontra les peintres et sculpteurs Rufino Tamayo et Wheeler Williams. En 1959, après un séjour à Genève, elle se fixa à Paris. Tout en travaillant la céramique, la mosaïque et la sculpture, Élisabeth Franzheim a réalisé décors et costumes de scène (*La Princesse capricieuse*, ballet sur une musique de Britten, 1956). Elle a participé à une centaine d'expositions de groupe et présenté plusieurs dizaines d'expositions personnelles, dont les rétrospectives qui ont consacré sa renommée. Ses premières œuvres peintes sont liées au portrait et se ressentent encore du surréalisme. Après une période hyperréaliste, elle s'est orientée vers l'abstraction. Formes et couleurs décrivent chez elle des rythmes amples, ou bien demeurent curieusement statiques. Ses sculptures témoignent d'une imagination plastique faite de rigueur, comme ses remarquables pliages de feuilles d'acier peintes en noir, ses suites d'éléments en plastique et plâtre et ses *Demoiselles de Versailles* (1985). Son œuvre est représentée dans les collections publiques et privées d'Europe et des États-Unis.

FRASER Dawn. Championne de natation australienne (née à Sidney en 1937). Superbe athlète au style parfait, elle domina la natation mondiale pendant près de huit ans. Son palmarès est prestigieux : trois médailles d'or du 100 m nage libre aux jeux Olympiques de Melbourne (1956), de Rome (1960), de Tokyo (1964). Elle est la seule nageuse à avoir gagné la même épreuve dans trois jeux successifs. Elle établit en outre trois records mondiaux en 1958, dont celui du 100 m nage libre, à Rotterdam, avec un temps de 1 min 1 s. Elle battait ainsi un record vieux de vingt ans, détenu par la Hollandaise Willie Den Ouden* (1 min 4 s). Dawn Fraser réédita cette performance à Rome en 1960. Elle fut la première femme au monde à franchir le cap de la minute sur 100 m nage libre, une première fois en 1962 avec 59 s 9/10e et une deuxième fois en 1964 à Tokyo avec 58 s 9/10e, record qui resta imbattu pendant sept ans. Au cours de sa carrière exceptionnelle, Dawn Fraser battit vingt-sept records mondiaux. Trois femmes ont remporté chacune huit médailles olympiques : Dawn Fraser, l'Allemande de l'Est Cornélia Ender* et l'Américaine Shirley Babashoff.

FRATELLINI Annie. Comédienne et artiste de variétés française (née à Alger en 1932). Elle appartient à l'illustre dynastie des Fratellini dont l'ancêtre débuta à Florence en 1840. L'un d'entre eux, Louis, fut le premier clown blanc de l'histoire du cirque, tandis que son frère Paul créa le personnage d'Auguste. Victor Fratellini, le père d'Annie, était lui-même un clown et un acrobate célèbre. En 1917, la famille se fixa au cirque Médrano et jouit d'une grande vogue auprès du public parisien. Après s'être formée dans les milieux du cirque et s'être même produite à Médrano en 1946, Annie Fratellini devint actrice de cinéma, jouant dans *Zazie dans le métro* (Malle, 1960), dans *Pour tout l'or du* *monde* (1963), dans *La Métamorphose des cloportes* (1965) et dans *Le Grand Amour* (Étaix, 1969). En 1969, elle épousa le cinéaste Pierre Étaix : ils apparaissent ensemble dans *Les Clowns* (Fellini, 1970). Il redonna la passion du cirque à sa femme, et il fit équipe avec elle dans de nombreux spectacles, notamment au cirque Pinder en 1971, tous deux remportant des triomphes, elle en Auguste et lui en clown blanc. En 1975, Annie Fratellini a réalisé l'un de ses vieux rêves en créant, toujours avec son mari, l'École internationale du cirque.

FRAYA Valentine, née Dancausse. Voyante française (1873-1954). Pierre Loti la lança en lui consacrant un article élogieux dans *Le Gaulois*. Épouse d'un professeur de philosophie, érudite, elle fut consultée pour ses dons de voyance et de chiromancie par presque toutes les célébrités européennes de son temps : Marie de Roumanie, Alexandre de Yougoslavie, Raymond Poincaré, Aristide Briand, Sarah Bernhardt*, Cécile Sorel*, Anatole France, Marcel Proust. Elle annonça l'assassinat de Jaurès et la fin des Romanov ; au Kronprinz, le fils de Guillaume II, la fin de l'impérialisme allemand... Elle mourut à quatre-vingt-un ans après avoir lu, dit-on, dans six cent mille mains.

FRÉDÉGONDE. Reine de Neustrie (Montdidier, v. 545-597). D'une ambition redoutable, elle devint reine de Neustrie (nord et ouest de la France) au prix d'une série de meurtres qui élimina tous ceux qui étaient susceptibles de l'empêcher d'accéder puis de se maintenir au trône. De condition obscure, elle était la suivante d'Audovère, première femme de Chilpéric Ier qu'elle fit répudier et enfermer dans un couvent. Maîtresse du roi, elle fit étrangler sa deuxième femme, Galswinthe*, la sœur de Brunehaut* — femme de Sigebert, roi d'Austrasie — et épousa Chilpéric. Sigebert entra alors en guerre contre son frère Chilpéric pour venger sa belle-sœur. Il avait déjà remporté plusieurs victoires quand il fut assassiné par des hommes à la solde de Frédégonde (575). Elle poursuivit ensuite de sa haine meurtrière tous les enfants qu'avait eus Chilpéric de sa première femme Audovère. Mérovée, qui avait épousé Brunehaut, fut acculé au suicide ou exécuté. Prétextat, évêque de Rouen, qui avait béni cette union, fut assassiné. Basine* fut jetée dans un couvent et Clovis, accusé d'avoir empoisonné les deux fils de Frédégonde morts pendant une épidémie, fut emprisonné puis massacré. La reine de Neustrie fit également supprimer leur mère Audovère, dans un couvent. Peu avant l'assassinat de Chilpéric en 584, acte qu'on lui a attribué contre toute vraisemblance, elle mit au monde le futur Clotaire II. Elle se réfugia avec lui chez son beau-frère, Gontran, roi de Bourgogne. Elle tenta à plusieurs reprises d'éliminer Brunehaut et ses petits-fils qui occupaient alors les trônes de Bourgogne (Gontran étant mort entre-temps) et d'Austrasie, mais elle échoua. Elle leur mena une lutte sans merci et remporta la victoire de Laffaux en 596. Elle mourut l'année suivante en plein triomphe, Clotaire II son fils ayant été proclamé roi de Neustrie.

FREEMAN Mary Eleanor, née Wilkins. Romancière américaine (Randolph, Massachusetts, 31 octobre 1852 - 13 mars 1930). Elle quitta sa province natale pour le New Jersey au moment de son mariage en 1902. Cette région favorisa son inspiration, et elle en fait le cadre de la plupart de ses récits sur la vie rurale de la Nouvelle-Angleterre. Ses premiers recueils de nouvelles : *Humble Romance* (1887) et *A New-England Nun* (1891) établirent sa réputation et renferment quelques-uns de ses plus beaux écrits. Elle écrivit des romans, *Jane Field* (1893), *Pembroke* (1894), *Jerome a Poor Man* (1897), *The Portion of Labor*

(1901), un roman historique, une pièce de théâtre, etc., avant de revenir, en 1918, avec *Edgewater People*, aux nouvelles courtes, genre dans lequel elle excelle.

FRÉHEL (Marguerite Boulech, dite). Chanteuse française (Paris, 1891 - *id.*, 1951). Elle débuta dans les bals musettes et, avec son visage d'ange, sa silhouette grâcieuse, sa voix chaude et prenante, elle conquit rapidement un large public. Son originalité et sa personnalité firent d'elle l'une des femmes les plus en vue du Paris nocturne. Malheureusement, l'âge et les abus aidant, elle devint aussi grosse qu'elle avait été mince, conservant cependant le reflet de son joli visage, et son talent intact. Sa voix exceptionnelle, bien que cassée, n'en était devenue que plus pathétique. Tour à tour canaille, tendre ou tragique, elle transformait ses chansons en «goualantes» et bouleversait son auditoire. Avec Damia* et Yvonne George*, elle est à l'origine de la chanson réaliste moderne. Fréhel triompha sur les scènes de la plupart des grands music-halls de la capitale: l'Alhambra, le Pavillon, les Ambassadeurs, l'Empire, l'Européen, l'Olympia, etc. Citons parmi ses plus grands succès *La Rue de la Joie*, *Du Gris*, *La Java bleue*, *Il n'est pas distingué*, *La Rue sans nom*, *Tel qu'il est*, *Comme un moineau*, *Chanson tendre* et, surtout, *Le Cafard*.

FREMSTAD Olive. Mezzo-soprano américaine d'origine suédoise (Stockholm, 14 mars 1871 - Irvington, New York, 21 avril 1951). Enfant illégitime, elle fut adoptée par un couple américain d'origine scandinave qui l'emmena vivre dans le Minnesota. Elle étudia le piano à Minneapolis et le chant à New York, puis fut envoyée à Berlin, en 1893, où, pendant deux ans, elle travailla avec Lilli Lehmann*. Elle débuta en 1895 dans le personnage d'Azucena (*Le Trouvère*, Verdi) à l'Opéra de Cologne, où elle resta pendant trois ans, tout en tenant de petits rôles au festival de Bayreuth. À l'Opéra de Vienne, elle interpréta Brangaene (*Tristan et Isolde*, Wagner); elle chanta à l'Opéra de Munich où sa Carmen (*Carmen*, Bizet) remporta un immense succès. Elle impressionna le public de Covent Garden en tenant des petits rôles wagnériens (Ortrud dans *Lohengrin*, Vénus dans *Tannhäuser*) et créa *Der Wald* (Smyth). En 1903, elle était Sieglinde (*La Walkyrie*, Wagner) au Metropolitan Opera de New York. Son triomphe lui valut d'y chanter onze saisons consécutives.

Mahler et Toscanini dirigèrent cette interprète de génie dans son répertoire wagnérien: Isolde (*Tristan et Isolde*), Brünnhilde (*Tétralogie*), Kundry (*Parsifal*); elle fut aussi une Tosca idéale (*Tosca*, Puccini), Santuzza (*Cavalleria rusticana*, Mascagni), Salomé (*Salomé*, R. Strauss) et Armide (*Armide*, Gluck). Dans l'histoire du Metropolitan Opera de New York, jamais chanteuse ne fut plus applaudie, plus aimée qu'Olive Fremstad. Elle quitta néanmoins cette scène en 1914, pour remplir ses engagements à l'Opéra de Chicago pendant deux saisons. Elle donna sa soirée d'adieu dans le rôle de Tosca (*Tosca*, Puccini) à Minneapolis, en 1918, mais se produisit encore en concert jusqu'en 1920. Mariée à Edson Sutphen, puis à son accompagnateur Harry Lewis Brainard, elle a inspiré à la romancière Willa Cather* l'héroïne de son roman, *The Song of the Lark*.

FRENI Mirella (Mirella Fregni, dite). Soprano italienne (née à Modène, le 27 février 1935). Issue d'une famille de musiciens (son oncle est le chanteur Dante Arcelli) elle révéla son talent très jeune. À onze ans, elle chantait le grand air de *La Traviata* (Verdi), accompagnée d'un pianiste sensiblement du même âge, Leone Maggiera, qui devint son mari en 1955. Elle gagna ensuite plusieurs concours. Découverte par Beniamino Gigli qui l'encouragea à étudier le chant, elle entra à quinze ans au conservatoire de Bologne et suivit les cours d'Ettore Campogalliani. En 1955, elle débuta dans le rôle de Micaëla (*Carmen*, Bizet) au Teatro Municipale de Modène. Deux ans plus tard, elle fut lauréate du concours de Vercelli avec Mimi (*La Bohème*, Puccini). Après une saison à l'Opéra néerlandais, elle chanta Zerline (*Don Juan*, Mozart) à Glyndebourne (1960-1961), y retourna l'année suivante en Suzanne (*Les Noces de Figaro*, Mozart) et en Adina (*L'Élixir d'amour*, Donizetti).

Dès 1961, elle campa Nannetta (*Falstaff*, Verdi), mis en scène par Zefirelli, et se produisit régulièrement à Covent Garden où elle interpréta Zerline (*Don Juan*, Mozart) et Suzanne (*Les Noces de Figaro*, Mozart), à la Scala de Milan à partir de 1962 puis au Metropolitan Opera de New York. C'est là, en 1965, que la maladie interrompit sa carrière. Elle la reprit courageusement avec des rôles comme Liu (*Turandot*, Puccini). Elle fut une Desdémone parfaite (*Otello*, Rossini), Amelia (*Simon Boccanegra*, Verdi), Elvira (*Les Puritains*, Bellini), Juliette (*Roméo et Juliette*, Gounod), et une excellente interprète de Scarlatti, Haendel, Pergolèse et Verdi. À partir de 1970, elle a infléchi son répertoire vers des emplois plus dramatiques incarnant Élisabeth de Valois (*Don Carlos*, Verdi), Aïda (*Aïda*, Verdi), Tatiana (*Eugène Onéguine*, Tchaïkovski). Divorcée de Leone Maggiera, elle est aujourd'hui l'épouse de la basse bulgare, Nikolaï Ghiaurov.

FRÈRE Judith. Française (Paris, 1777 - *id.*, 8 avril 1857). Elle fut la compagne du chansonnier Pierre-Jean Béranger qui connut une immense popularité sous la Restauration et sous le règne de Louis-Philippe : son répertoire tour à tour voltairien, érotique et politique enchantait les « petits-bourgeois ». On identifie souvent Judith Frère avec la « Lisette » de ses chansons, type de la grisette de Paris, à qui l'on offre l'amour sinon la fortune. À vingt ans, ils étaient en effet aussi pauvres l'un que l'autre. Le succès n'éloigna guère Béranger de sa « folle maîtresse » ; ils vécurent ensemble et s'éteignirent la même année.

FREUD Anna. Psychanalyste anglaise d'origine autrichienne (Vienne, 1895 - Londres, 1982). Elle était l'une des six enfants de Sigmund Freud qu'elle sut conquérir par son sérieux et son intelligence, quoiqu'elle ne fût pas sa préférée. Née dans la psychanalyse, elle n'en fit son métier qu'à l'approche de la trentaine, après avoir été institutrice. En 1920, elle commença à participer aux activités de la Société psychanalytique de Vienne. De 1925 à 1938, elle dirigea l'Institut de formation psychanalytique de cette société et devint en 1927 secrétaire de l'Association internationale de psychanalyse. Parallèlement, elle se révéla la plus fidèle collaboratrice de son père atteint d'un cancer, en même temps qu'une garde-malade dévouée. En 1938, elle se réfugia avec lui à Londres où il mourut l'année suivante. Elle y résida jusqu'à la fin de sa vie.

Pendant la guerre, intéressée, depuis sa période viennoise, par les problèmes de l'enfance, elle y a créa des crèches (Hampstead Nurseries) destinées à recueillir les enfants dont les familles avaient été dispersées, ce qui lui permit d'étudier les effets de la séparation et de comprendre que la psychanalyse peut aussi s'appliquer à l'enfance. En la matière, elle fut une pionnière, et ses discussions sur le sujet avec Mélanie Klein* sont restées célèbres. La paix revenue, après la fermeture des Hampstead Nurseries, Anna Freud poursuivit son travail d'observation et de traitement des enfants et organisa des centres de formation en 1947, puis des centres de soins en 1952, les Hampstead Child Therapy Course and Clinic. Dépositaire de l'héritage paternel, ayant la haute main sur les «archives Freud», elle fut couverte d'honneurs et voyagea beaucoup.

Son retour à Vienne à l'occasion d'un congrès, après trente ans d'absence, fut un grand moment de sa vie. Elle préférait désormais l'Angleterre, sa deuxième patrie, et les États-Unis, où elle est considérée par beaucoup comme la psychanalyste la plus importante depuis la mort de son père. Son ouvrage *Le Moi et les Mécanismes de défense* (1937), bien qu'il lui ait valu le reproche d'avoir gauchi la théorie paternelle, est un classique. Citons encore *Young Children in War Time* (1942), *Infants Without Families* (1934) et *Le Normal et le Pathologique chez l'enfant* (1965). Ernest Jones lui a dédicacé son importante biographie de Freud en ces termes: «En hommage à la fille digne d'un homme immortel.»

RÉF.: U.H. Peters, *Anna Freud*, Balland, 1986. E. Young-Bruehl, *Anna Freud, A Biography*, Londres, Macmillan, 1989.

FREUND Gisèle. Photographe française (née à Berlin en 1912). Fuyant le nazisme, elle s'installa à Paris en 1933 et suivit des cours de sociologie à la Sorbonne. La Maison des amis des livres de son amie Adrienne Monnier* publia en 1936 sa thèse sur la *Photographie en France au XIXᵉ siècle*. Elle a réalisé d'admirables portraits d'écrivains parmi lesquels Gide, Valéry, Claudel, Jules Romains, Léon-Paul Fargue, Joyce, Dos Passos, Scott Fitzgerald, Hemingway, Erza Pound, etc., dont la plupart fréquentaient, entre les deux guerres, la librairie d'Adrienne Monnier. Gisèle Freund a entrepris également de grands reportages à l'étranger. Elle est l'auteur de plusieurs ouvrages dont *Photographie et Société* (1974) et *Trois Jours avec Joyce* (1982).

FREUND Marya. Soprano française d'origine polonaise (Breslau, actuel Wroclaw, 12 décembre 1876 - Paris, 21 mai 1966). Après étudié le violon sous la direction de Pablo de Sarasate et le chant avec Henri Criticos et Raymond Zur Mühlen, elle débuta en concert avec succès. Arthur Nikisch la dirigea à Leipzig, Willem Mengelberg à Amsterdam, Pierre Monteux à Boston. Wilhelm Furtwängler et Hermann Scherchen furent aussi ses chefs d'orchestre. Elle était, par excellence, l'interprète de Mahler, Fauré, Debussy, Ravel, Stravinski, De Falla, Poulenc. Elle créa plusieurs œuvres pour Schönberg: les *Gurrelieder* en 1913 à Vienne, *Le Pierrot lunaire* en France, en Belgique, en Angleterre, ainsi que *Le Livre des jardins suspendus* et le solo du *Deuxième Quatuor à cordes*. Son talent et sa célébrité étaient tels que nombre de compositeurs, dont Darius Milhaud, Karol Szymanowski, Georges Auric, Prokofiev et Zoltán Kodály la désignèrent pour créer leurs œuvres. Après quoi, elle se consacra à l'enseignement à Paris, où Germaine Lubin* et Jennie Tourel*, entre autres, furent ses élèves.

FREYBERG Maria Electrina von, née Stuntz. Peintre. Allemande (Strasbourg, 14 mars 1797 - Munich, 1ᵉʳ janvier 1847). Son père, le peintre Johan Baptist Stuntz, lui inculqua les premiers rudiments de son art. Son œuvre est caractéristique du romantisme allemand. Éclectique dans le choix de ses sujets, elle a peint aussi bien des portraits et des scènes de genre que des sujets religieux ou mythologiques. Maria Freyberg acquit rapidement la notoriété et fut nommée membre d'honneur de l'Académie de Saint-Luc à Rome (1822). Elle travailla en France, en Italie et en Allemagne. Parmi ses œuvres, on peut citer un *Jeune Berger jouant du pipeau*, un *Mercure*, une *Madone à l'enfant*, et *Les Leçons de mythologie*.

FREYCINET Rose de Saulces de, née Pinon. Voyageuse française (Saint-Julien-du-Sault, Yonne, 29 septembre 1794 - Paris, 7 mai 1832). Elle épousa en 1814 Louis-Claude de Saulces de Freycinet, capitaine de frégate. Celui-ci, nommé par Louis XVIII pour diriger une expédition scientifique autour du monde, s'embarqua à Toulon sur l'*Uranie*. Sa femme, déguisée en homme, l'accompagnait, malgré les règlements très sévères de la Marine. Découverte à Gibraltar, elle put cependant poursuivre son voyage autour du monde grâce à l'intervention du roi et gagna l'estime et le respect de l'équipage par son courage. En souvenir de son passage, on a donné le nom de «Rose» à une pointe de l'île Wagion et à une île en Australie. Rose de Freycinet a relaté les principales péripéties de son voyage autour du monde dans son journal, publié en 1927 par Charles Duplomb, *Campagne de l'Uranie. Journal de Mme Rose de Saulces de Freycinet*.

FREY-SURBECK Marguerite. Peintre. Suisse (Delsberg, Jura, 1886 - [?]). Élève de Paul Klee, elle ne s'en tint pas à l'enseignement du maître et choisit le style figuratif. Ses paysages et natures mortes la firent désigner pour les décorations murales de l'Exposition nationale de Zurich en 1939, qui lui valurent une certaine notoriété. Excellente dessinatrice, elle a laissé de nombreuses lithographies.

FREZZOLINI Erminia. Soprano italienne (Orvieto, 27 mars 1818 - Paris, 5 novembre 1884). Fille de la basse comique Giuseppe Frezzolini, elle débuta à Florence en 1837 et remporta son premier succès avec *Béatrice de Tende* (Bellini). En 1840, elle chanta à la Scala de Milan *Lucrèce Borgia* (Donizetti); elle se produisit également à Vienne, à Turin, à Venise et à Londres où elle épousa le ténor Poggi. Mais Verdi la réclamait à la Scala; elle participa triomphalement à la création du rôle de Giselda (*Les Lombards*, Verdi) en 1843. En 1845, elle créa *Jeanne d'Arc* (Verdi). Elle apparut en Russie, puis à Londres et à Madrid. En 1853, elle chanta aux Italiens *Les Puritains* (Bellini), *Lucia di Lammermoor* (Donizetti) et *L'Élixir d'amour* (Donizetti). Elle fut la première interprète en France à chanter Leonora (*Le Trouvère*, Verdi) et Gilda (*Rigoletto*, Verdi), qui furent deux triomphes. La diva conquit ensuite l'Amérique et revint aux Italiens en 1862, où elle reprit *La Martha* (Flotow) et le rôle de Fiordiligi (*Così fan tutte*, Mozart). En 1863, elle y interpréta encore *Les Lombards* qu'elle avait chanté avec un très grand succès vingt ans plus tôt. Mince, ravissante, bonne comédienne, elle passe pour la meilleure soprano de son temps, la plus digne héritière de la Malibran*. Veuve, elle se remaria au Dr Vigouroux et se retira de la scène en 1868.

FRIEDAN Betty. Féministe américaine (née le 4 février 1921 à Peoria, Illinois). Après des études de psychologie et de sociologie, elle se consacra à la défense des droits de la femme, dénonçant les tabous qui empêchaient les femmes de se libérer des tutelles et des mythes qui les retenaient prisonnières d'une certaine société et les transformaient en «instruments de la tyrannie masculine». Son ouvrage, *La Femme mystifiée* (1963), eut un grand retentissement aux États-Unis; elle fonda en 1966 la National Organisation for Women, dont l'objectif principal était d'obtenir la légalisation de l'avortement et l'égalité des salaires entre les hommes et les femmes. En 1970, Betty Friedan fut l'animatrice de la grande manifestation organisée par le Front de libération de la femme dans tout le territoire des États-Unis: défilés gigantesques, arrêts de travail, réunions contradictoires, etc. Cette vaste protestation n'alla pas sans susciter certaines critiques de la part d'anciennes suffragettes qui ne se reconnaissaient pas dans cette nouvelle génération de féministes. Elle est l'auteur de deux autres ouvrages, *Ma vie a changé: écrits sur le mouvement de libération de la femme* (1977) et *Femmes, le second souffle* (1982).

FRIES Marie-Thérèse, née princesse de Hohenlohe-Waldenburg-Schillingfürst (v. 1780 - Vöslau, 1819). Elle épousa en 1800 le comte de Fries, mécène viennois fabuleusement riche, et reçut les peintres les plus célèbres de son temps dans les salons de l'actuel palais Pallavicini, à Vienne. Les portraits d'elle abondent; on retiendra ceux de Tsichbein, de Lampi l'aîné, de Joseph Abel et du Genevois Jean-Étienne Liotard. Le baron Gérard l'a représentée avec son mari et son premier enfant en 1804. Le sculpteur Denis-Antoine Chaudet, auteur de la statue de Napoléon place Vendôme, fit d'elle deux bustes. Son image se multiplia encore en miniatures et dessins (Isabey, Bossi, Vieth, etc.). Elle eut dix enfants et mourut encore jeune d'une crise d'apoplexie.

FRY Élisabeth. Philanthrope anglaise (Norwich, 1780 - Ramsgate, 1845). Son père, John Gurney, était banquier. D'une vieille famille quaker, Élisabeth Fry devint elle-même pasteur. Elle se maria à vingt ans et fonda une nombreuse famille. Selon les principes de sa secte, elle exerça sa bienfaisance dans le domaine social. Son combat pour l'amélioration du système pénitentiaire, commencé à la prison des femmes de Newgate, eut un grand retentissement. Elle défendit sa cause devant la Chambre des communes et emporta en 1821 le vote d'un projet de loi de réforme. Son action fit des disciples en Europe et jusqu'en Australie.

FRY Shirley. Championne de tennis américaine (née dans l'Ohio en 1927). Championne en simple à Roland-Garros (1951), en Amérique (1956) et en Australie (1957), elle doit surtout sa renommée aux succès qu'elle remporta en double avec sa compatriote Doris Hart*. Championnes des États-Unis, chaque année de 1951 à 1954, elles remportèrent également le tournoi de Wimbledon (1951 à 1953) et celui de Roland-Garros (1950 à 1953). Elles mirent fin à la suprématie de la célèbre paire miss Brough*-Mrs. Du Pont*, quasiment imbattable depuis 1942. Shirley Fry était d'une vigueur exceptionnelle, jouant la volée, smashant avec autorité et possédant un service que bien des champions masculins lui enviaient.

FUCHS Ruth, née Gamm. Athlète. Allemande de l'Est (née à Egeln en 1946). Douée pour tous les sports (natation, handball, etc.), elle s'orienta vers le lancer du javelot et obtint rapidement de brillants résultats dans cette discipline. Elle battit le record du monde de 1972, avec un jet de 65,06 m et remporta une médaille d'or aux jeux Olympiques de Munich (1972) et une autre à ceux de Montréal (1976). Elle s'est octroyée également deux titres de championne d'Europe (Rome, 1974 et Prague, 1978). Entre 1973 et 1979, elle a amélioré quatre fois son record mondial pour le porter finalement à 69,94 m.

FUGGER Barbara, née Bäsinger. Industrielle allemande (?-1499). Épouse d'un modeste tisserand, elle fut pour son mari une précieuse collaboratrice. Ambitieuse et énergique, femme d'affaires avisée, elle fut à l'origine de l'expansion de la maison Fugger qui devint l'une des banques et des manufactures les plus importantes du pays. Veuve en 1469, elle fut écoutée de ses fils qui continuèrent son œuvre. L'empereur Frédéric III anoblit les Fugger en 1473. Barbara sut utiliser une partie de sa fortune à des œuvres de bienfaisance. Selon son vœu, ses héritiers firent construire à Augsbourg une centaine de logis pour les pauvres.

FULLER Loïe (Marie-Louise, dite). Danseuse américaine (Chicago, 1862 - Paris, 1928). Elle avait imaginé, avec une sorte de génie, un style de spectacle qui émerveillait les foules. Ne possédant ni le physique ni la technique d'une véritable danseuse classique, elle utilisait des voiles et de puissants projecteurs pour des danses auxquelles elle donnait des noms évocateurs: *Danse du papillon, Danse du feu, Danses serpentines*, etc. Sa technique était apparemment simple : elle agitait ces voiles au bout de longs bâtons, sous un faisceau de couleurs chatoyantes, créant ainsi un monde féerique envoûtant. Ses premières apparitions sur scène firent sensation. Elle remporta des triomphes parisiens à l'Alhambra, aux Folies-Bergère, à l'Olympia et dans les nombreuses tournées qu'elle entreprit dans les principales villes des deux continents. En 1906, l'architecte Henri Sauvage construisit un théâtre pour elle à Paris. En 1914, elle donna un spectacle au Châtelet avec les élèves de l'école qu'elle avait fondée. On la revit sur scène après la Première Guerre mondiale, mais la mode avait changé; les Ballets russes de Diaghilev étaient à leur apogée.

FULLER Sarah Margaret, marquise Ossoli. Femme de lettres américaine (Cambridgeport, Massachusetts, 1810 - en mer, 1850). Fille d'un avocat, elle fut élevée par son père qui lui fit lire l'œuvre d'Ovide dès l'âge de huit ans. Professeur de 1839 à 1844, elle exerça une forte influence sur la société cultivée de Boston et devint la muse du trancendantalisme (école philosophique américaine); elle dirigea la revue du mouvement, *The Dial* avec Ralph Emerson, de 1840 à 1842. En 1844, elle publia *Summer on the Lakes in 1843* et, un an plus tard, *Woman in the Nineteenth Century*, premier traité américain sérieux sur le féminisme. Journaliste pendant deux ans à la *Tribune de New York*, elle s'y établit une solide réputation de critique; lorsqu'en 1846 elle partit pour l'Europe, ses lettres au journal furent imprimées à la une de la *Tribune*. En Italie, elle devint un partisan ardent de Mazzini et épousa l'un de ses amis, le marquis Angelo Ossoli. Elle mourut au large de New York, avec son mari et son enfant, dans le naufrage du navire qui les ramenait vers les États-Unis. Son corps ne fut jamais retrouvé, pas plus que son manuscrit sur la révolution romaine de 1848-1849. Elle est également l'auteur de *Papers on Litterature and Art* (1846), *At Home and Abroad* (1856), ces deux derniers ouvrages ayant été publiés après sa mort. Ses *Mémoires* (1852) ont été mis en ordre et publiés par J.F. Clarke, W.H. Channing et Emerson.

RÉF. : J. Howe*, *Margaret Fuller*, New York, 1883.

FULVIE. Patricienne romaine (? - Sicyone, Grèce, 40 av. J.-C.). Lorsque son premier mari, le tribun Clodius, fut assassiné par les hommes de main de son rival Milon (52), Fulvie exposa son corps aux yeux du peuple en réclamant vengeance, accusant notamment Cicéron, ennemi mortel de Clodius. Elle épousa en secondes noces C. Scribonius Curio qui trouva la mort en Afrique lors de la campagne contre Juba (47 ou 46). Devenue la femme de Marc Antoine, le futur triumvir, elle profita de la période des proscriptions ordonnées par les triumvirs pour se venger de Cicéron. On raconte que la tête de l'orateur lui fut apportée et qu'elle en perça la langue d'un poinçon d'or (43). Abandonnée ensuite par Marc Antoine qui n'avait d'yeux que pour Cléopâtre VII*, elle tenta en vain d'obtenir d'Octave (futur César), marié à sa fille Clodia, qu'il prît les armes pour ramener son époux. Devant son refus, elle se ligua avec

Lucius, son beau-frère, et déclara la guerre à Octave: elle espérait, par ces troubles, obliger son mari à revenir d'Orient. Lucius et Fulvie entrèrent dans Rome, mais finalement furent vaincus à Pérouse après avoir été assiégés par Octave. Fulvie participa à la bataille où elle fit preuve d'un grand courage. Elle partit ensuite pour l'Orient afin de convaincre une dernière fois Marc Antoine; son refus lui causa une douleur fatale et elle mourut à Sicyone.

G

GABRIELLI Adriana. Soprano italienne (Ferrare, v. 1755 - Venise, apr. 1799). Celle qui devait se faire connaître sous le nom de La Ferrarese ou Ferraresi del Bene après son mariage avec Luigi del Bene, dont elle se sépara en 1783, étudia le chant au Conservatoire dei Mendicanti à Venise. Son professeur, Antonio Sacchini, ébloui par ses dons, la fit travailler et, dès janvier 1785, elle débuta au King's Theatre de Londres. Elle triompha dans *Orphée* (Gluck), dans *Giulio Sabino* (Cherubini), et en concert. En 1787, on l'entendit à la Scala de Milan dans *Il conte di Saldagna* (Tarchi), et un an plus tard, à Trieste, dans *Giulio Sabino* (Cherubini). Mais c'est à Vienne, de 1788 à 1791, que sa carrière atteignit son apogée. Engagée au Théâtre de la cour, elle y débuta avec *L'Arbore di Diana* (Martin y Soler) sur un livret de Lorenzo Da Ponte dont elle devint la maîtresse.

Les gazettes de l'époque rapportent que jamais dans Vienne on n'entendit plus belle voix, mais déplorent dans le même temps la nullité de son jeu! Qu'importe: on transposa pour elle des arias, elle chanta *La Cifra* (Salieri, 1789), Mozart remania pour elle le rôle de Suzanne pour la reprise, en 1789, des *Noces de Figaro*, remplaçant le «*Deh, vieni*», par l'aria «*Al desio di chi t'adora*». Début 1790, elle créa le rôle de Fiordiligi (*Così fan tutte*, Mozart) sur un livret de Lorenzo Da Ponte. La même année, elle chanta *La Pastorella nobile* (Guglielmi) et *La Molinara* (Paisiello). En 1791, elle interpréta *La Giardiniera innamorata* (Giuglielmi) et *II Davide* (Liverarti) sur un livret de Da Ponte. Les disputes et les scandales qu'elle déchaîna provoquèrent en 1792 son renvoi du Burgtheater de Vienne. Elle n'en poursuivit pas moins sa carrière, se produisit à Trieste où elle participa à la création de *Così fan tutte* (Mozart) en juillet 1797. Elle chanta à Varsovie, s'arrêta à Vienne pour y donner quelques concerts, puis on perd sa trace.

GABRIELLI Caterina. Soprano italienne (Rome, 12 novembre 1730 - *id.*, 16 février 1796). Fille d'un cuisinier au service du prince Gabrielli qui, ayant remarqué ses dons, subvint à son éducation musicale, elle fut l'élève de Francesco García à Rome puis de Porpora à Naples. Elle aurait paru à Lucques en 1747 et à Naples en 1750. Mais il est plus probable qu'elle débuta à Venise en 1754 en Hermione (*Antigone*, Galuppi). Elle partit ensuite pour Vienne où elle fut aussitôt saluée comme «une nouvelle étoile au firmament de la musique». Soutenue par Gluck et Métastase, elle y créa, de

1755 à 1760, de nombreux rôles des opéras italiens de Gluck: *Les Chinois, La Danse, L'Innocence justifiée* et *Le Roi pasteur* en 1756. Engagée au Teatro Ducale de Milan en 1758, elle devint l'élève du castrat Gaetano Guadagni et chanta avec lui à Padoue. Considérée comme une des plus grandes chanteuses de son temps, elle créa à Parme des opéras de Traetta, *Hippolyte et Aricie* (1759), *I Tintaridi* (1760), puis retourna à Vienne où elle créa *Tetide* (Gluck, 1760) et *Armide* (Traetta, 1761).

Elle triompha encore en Italie, puis à Saint-Pétersbourg où elle répondit à Catherine II* qui lui faisait remarquer que ses appointements étaient supérieurs à ceux de ses maréchaux: «Eh bien! Que Votre Majesté fasse chanter ses maréchaux...» Après une année passée à Londres (1775), elle se produisit encore sur les grandes scènes lyriques italiennes. Elle créa ainsi *Armide* (Mysliveček) à la Scala en 1779. Elle se retira en 1782, dans son palais romain. Son talent, aussi bien que ses aventures galantes et ses caprices lui valurent une renommée immense.

GACON-DUFOUR, Marie-Armande-Jeanne. Femme de lettres et agronome française (Paris 1753 - *id.*, 1835). Au philosophe Sylvain Maréchal qui avait publié une sorte de projet de loi interdisant aux femmes d'apprendre à lire, elle fit une réponse spirituelle dans un écrit intitulé *Contre le projet de loi de S.M.* Elle fit ainsi la connaissance de Maréchal, devint sa collaboratrice et amie et participa avec lui à la fondation de la Bibliothèque agronomique. Elle avait été quelque temps lectrice à la cour de Louis XVI, avait épousé très jeune un nommé d'Humières et, en secondes noces, un avocat distingué, Michel Dufour de Saint-Pathus. Elle laisse divers écrits: *Recueil pratique d'économie rurale et domestique* (1802-1806), *Dictionnaire rural et domestique* (1802), *De la nécessité de l'instruction pour les femmes* (1805), *Les Dangers de la coquetterie* (1807), *La Cour de Catherine de Médicis, de Charles IX, de Henri III et de Henri IV* (1807) ainsi que des pièces inédites sur les règnes de Louis XIV, Louis XV et Louis XVI.

GALA Elena Dimitrievna Diakonova (Kazan, Russie, 1894 - Port Lligat, Espagne, 15 juin 1982). «Le secret de mes secrets est que je ne les dis pas», ironisait la mystérieuse Gala. On ne sait rien de son enfance, sinon que son père était un haut fonctionnaire du régime tsariste. C'est dans un sanatorium en Suisse qu'elle rencontra Paul Éluard (de son vrai nom Paul Grindel) en 1912. Après quatre ans, elle alla le rejoindre à Paris pour l'épouser. Une fille naquit l'année suivante, Cécile. Gala, devenue l'une des muses du surréalisme, rencontra Magritte, Breton, Aragon, Tzara et leurs amis; elle eut une liaison avec Max Ernst. Durant l'été 1929, Gala et Éluard allèrent rendre visite à Salvador Dali à Cadaquès. Gala était sur la plage, Dali, âgé de vingt-cinq ans, fut subjugué par «le torse énergique et fier, aux fesses très fines». Elle ne devait jamais plus le quitter, malgré quelques écarts de conduite. Après la mort d'Éluard en 1952, ils s'épousèrent selon le rite catholique en 1958, et de nouveau selon le rite copte en 1979! «Gala m'a délivré de mes angoisses, reconnaissait le peintre, elle a canalisé et sublimé mes errances dans les formes classiques.»

Son visage pur et dur hante des toiles célèbres où elle pose en Gala, en Léda, en sainte Hélène, en Galla Placidia, en Galatée, toujours identique cependant. Elle eut une grande influence sur la vie et l'œuvre du maître, exerçant même, dit-on, une véritable dictature sur son entourage. À Breton, qui reprochait au couple d'aimer un peu trop l'argent, Dali rétorqua: «J'aime Gala plus que mon père, plus que ma mère, plus que Picasso, et même plus que l'argent.» Elle s'éteignit en 1982, laissant un veuf inconsolable. Son corps repose dans une crypte du château de Pubol, gardé par un cheval en plâtre grandeur nature, des statues d'hommes nus et des girafes à tête en flammes. Dali la rejoignit dans la mort le 23 janvier 1989.

RÉF. : Ch. Vieuille, *Gala*, Favre, 1988.

GALIGAÏ Leonora (Leonora Dori, dite). Aventurière italienne (Florence, 1571 - Paris, 1617). Fille d'un menuisier de Florence et d'une blanchisseuse (ou fille naturelle d'un gentilhomme comme le prétendent certains historiens), elle était la sœur de lait et la meilleure amie de Marie* de Médicis. Elle l'accompagna en France lorsque celle-ci épousa Henri IV. Plutôt laide, Leonora Galigaï se maria pourtant en 1601 à un beau et brillant cavalier florentin, Concino Concini, favori de la reine. Dame d'atour de Marie de Médicis, elle exerçait sur elle un ascendant extraordinaire. Passionnée d'astrologie et souffrant d'une maladie nerveuse dont les crises la terrassaient, elle se croyait parfois possédée par le démon et eut recours à des mages, à des cabalistes et à des astrologues pour se guérir. Concini devint premier maître d'hôtel de la reine, puis écuyer du roi. À la mort de Henri IV, Leonora Galigaï et son mari purent assouvir leur soif de domination en utilisant leur influence sur la reine mère devenue régente. Parvenus au pouvoir, ils se montrèrent tyranniques, cupides et insatiables d'honneurs. Concini acheta le marquisat d'Ancre puis la charge de premier gentilhomme de la Chambre. Il fut même nommé maréchal de France en 1613 sans jamais avoir combattu. Louis XIII, écarté du pouvoir par sa mère, fit assassiner Concini le 24 avril 1617. Sa femme demanda asile à la régente qui ne fit rien pour empêcher son arrestation. Accusée de « lèse-majesté divine et humaine » et de sorcellerie, Leonora Galigaï fut décapitée et brûlée en place de Grève.

RÉF. : E. de Castro, *La Galigaï*, Olivier Orban, 1990.

GALINDO Beatriz. Érudite espagnole (Salamanque, 1475 - Madrid, 1534). Surnommée la Latina, tant elle parlait bien cette langue, elle étudia la philosophie et les sciences. Demoiselle d'honneur de la reine Isabelle Ire la Catholique*, elle enseigna à la famille royale la langue de Virgile dans laquelle elle écrivit ses *Poésies*. La reine, qui l'appréciait, la dota et la maria à Francisco Ramirez, secrétaire de Ferdinand V. À la mort de son époux, elle se retira de la cour, consacrant dès lors son énergie et sa fortune à la fondation d'institutions religieuses et à la construction à Madrid de l'hôpital de la Latina. Auteur de *Commentaires* sur Aristote et les poètes de l'Antiquité, elle passait pour un prodige de savoir.

GALL Yvonne. Soprano française (Paris, 6 mars 1885 - *id.*, 22 août 1972). Élève au Conservatoire de Paris, elle débuta à l'Opéra en 1908 (elle s'y produisit jusqu'en 1935) avec le rôle de Mathilde (*Guillaume Tell*, Rossini) puis, très vite, elle chanta Gilda (*Rigoletto*, Verdi), Elsa (*Lohengrin*, Wagner), Desdémone (*Othello*, Verdi) et surtout Marguerite (*Faust*, Gounod) qu'elle interpréta pour la deux millième représentation de l'œuvre à Paris. De 1921 à 1934, elle chanta aussi à l'Opéra-Comique ; elle y fut Manon (*Manon*, Massenet), Tosca (*Tosca*, Puccini), Louise (*Louise*, Charpentier), Ariane (*Ariane à Naxos*, R. Strauss), Juliette (*Roméo et Juliette*, Gounod) et Donna Anna (*Don Juan*, Mozart). Elle y créa en 1922 *Les Noces corinthiennes* (Busser), l'auteur étant devenu son mari depuis 1928, et *Béatrice* (Messager). Elle fit une brillante carrière à l'étranger. De 1918 à 1921, elle fut membre de l'Opéra de Chicago ; on l'entendit à la Scala de Milan (1925), en Angleterre et en Allemagne, à San Francisco (1931), au Mai musical florentin (1935) où elle remporta d'immenses succès dans le répertoire français et italien. Après avoir quitté la scène, elle enseigna au Conservatoire de Paris.

GALLI-CURCI Amelita. Soprano italienne. (Milan, 18 novembre 1882 - La Jolla, Californie, 26 novembre 1963). Premier prix de piano au conservatoire de Milan en 1903, elle se destinait à une carrière de concertiste et, pour son plaisir, fréquentait la Scala. De retour chez elle, elle jouait au piano et chantait les airs qu'elle avait entendus. Un soir chez des amis, le compositeur Mascagni lui conseilla d'abandonner le piano pour le chant. Elle prit des leçons avec Carignani et Sara Dufes, obtint un contrat pour chanter Gilda (*Rigoletto*, Verdi) à Trani. Son triomphe fut tel que l'on prolongea les représentations. Forte de son succès, elle demanda, dès son retour à Milan, à être reçue par le directeur de la Scala. « Vous pouvez faire une grande affaire pour le moment, je suis fantastique et je ne coûte pas cher », lui dit-elle ! Stupéfait, le directeur l'auditionna et voulut l'engager pour *Rigoletto* (Verdi) et *Don Procopio* (Bizet). Elle refusa. On lui proposa alors le rôle de Lisa (*La Somnambule*, Bellini). Elle refusa encore car elle voulait celui d'Amina dans la même œuvre.

Elle ne chanta finalement jamais à la Scala. Elle se produisit sur les grandes scènes lyriques du monde où elle remporta d'incroyables succès. Mais c'est aux États-Unis qu'elle fit l'essentiel de sa carrière. À Chicago, où elle débuta en 1916 dans le rôle de Gilda (*Rigoletto*, Verdi), elle régna sans partage pendant huit saisons, chantant Rosine (*Le Barbier de Séville*, Rossini), Lucie (*Lucie de Lammermoor*, Donizetti), Linda (*Linda di Chamounix*, Donizetti), Violetta (*La Traviata*, Verdi), Dinorah, (*Le Pardon de Ploërmel*, Meyerbeer), Manon (*Manon*, Massenet), Lakmé (*Lakmé*, Delibes). Elle supplanta Maria Barrientos* au Metropolitan Opera de New York dans *La Traviata* (Verdi) en 1921. Impératrice du chant colorature, elle fit pendant dix ans les beaux soirs du Metropolitan Opera. Atteinte d'un goitre, elle fut opérée en 1935 et tenta un retour en 1936, avec *La Bohème* (Puccini) à Chicago, mais sans succès. Ses nombreux disques nous laissent deviner à quel point sa voix était éblouissante. Mariée en 1910 avec le peintre Luigi Gurci, elle divorça en 1920 pour épouser son accompagnateur, Homer Samuel, en 1921.

GALLI-MARIÉ Célestine Laurence, née Marié de l'Isle. Mezzo-soprano française (Paris, novembre 1840 - Vence, 22 septembre 1905). Fille du ténor Félix Mécène de l'Isle qui, plus tard, devint chef d'orchestre, elle fut formée par son père puis par Mathilde Marchesi*. Elle débuta à Strasbourg en 1859 sous le nom de Célestine Marié, auquel elle rajouta le nom de son mari, le sculpteur Galli (il mourut en 1861). Le directeur de l'Opéra-Comique l'ayant entendue à Rouen, où elle chantait *La Bohème* (Puccini), l'engagea à Paris. Elle y parut en 1862 dans *La Servante maîtresse* (Serpina) de Pergolèse ; elle chanta sur cette scène jusqu'en 1885. Elle y créa une dizaihe d'ouvrages de Gevaert, Massé, Maillard, Massenet, Guéraud et surtout les rôles-titres de *Mignon* (Thomas) en 1866 et de *Carmen* (Bizet) en 1875, son rôle le plus célèbre, qu'elle chanta à Bruxelles, Bordeaux, Naples, Madrid et Barcelone. Spécialiste du répertoire français, elle se produisit en Belgique, à Londres en 1886 ; elle quitta ensuite la scène. Elle devait y réapparaître une dernière fois en 1890 avec Melba*, Jean De Reszké et Jean Lassalle lors d'un concert destiné à collecter les fonds pour l'édification d'un monument à Georges Bizet, puis elle se retira dans le Midi. Citons parmi ses grands succès: Rose Friquet (*Les Dragons de Villars*, Maillart) en 1868, Taven (*Mireille*, Gounod) en 1874. Petite et vive, elle possédait une grâce toute féline; elle créa aussi, salle Favart, *Fantasio* (Offenbach) et *Don César de Bazan* (Massenet).

GALSWINTHE. Reine de Neustrie (532 - Soissons, 568). Elle était la fille d'Athanagild, roi des Wisigoths d'Espagne, et la sœur aînée de Brunehaut*. Elle épousa en 567 Chilpéric Ier, roi de Neustrie (nord et ouest de la France), qui avait répudié sa première femme Audovère à l'instigation de sa maîtresse Frédégonde*. Celle-ci fit étrangler Galswinthe, dont elle était la suivante, pour régner à sa place.

GĀNDHĪ Indira Priyadarshini. «Celle qu'on aime à regarder». Femme politique indienne (Allāhābād, 19 novembre 1917 - 31 octobre 1984). Elle était la fille unique de Jawaharlāl Nehru, principal leader de l'indépendance indienne. Toute sa famille connut la prison: son grand-père Motilal, riche avocat d'Allāhābād, l'un des premiers militants du parti du Congrès, sa grand-mère, sa mère Kamala, sa tante Vijaya Lakshmī Pandit*, qui deviendra ambassadrice. Issue de la caste brahmane, Indira se signala dès l'enfance par ses actions de résistance aux Anglais, boycottant leurs produits, fondant la clandestine «brigade des Singes», précieuse unité de renseignement. Elle étudia auprès du poète Rabindranath Tagore et fréquenta, entre 1935 et 1941, les universités de Genève et d'Oxford. Élue membre du Congrès à vingt et un ans, elle soutint le Māhātmā Gāndhī et épousa l'un de ses proches disciples, Shri Feroze Gāndhī (sans lien de parenté) dont elle eut deux fils: Sanjay et Rajiv. Le couple fut emprisonné treize mois pour subversion lors de la campagne de désobéissance civile.

À l'heure de l'indépendance en 1947, Indira se sépara de son mari pour se rendre à New Delhi prendre place aux côtés de son père, chef du nouveau gouvernement de l'Union indienne. Participant aux affaires, elle fut de tous les voyages et parut à Moscou, Londres, Belgrade, Washington, drapée de saris aux teintes discrètes. De cette époque date son amitié pour les hommes d'État Nasser et Tito, avec lesquels elle conserva d'excellentes relations. Nommée présidente du parti du Congrès en 1959, elle devint ministre de l'Information en 1964 à la mort de Nehru. Indira Gāndhī s'interposa courageusement entre Indiens et Pakistanais musulmans, reculant l'échéance de la guerre civile. En 1966, elle succéda à Lāl Bahādur Śhāstri, victime d'une crise cardiaque, au poste de Premier ministre. Elle dirigea successivement les Affaires étrangères, les Finances et l'Intérieur. À la tête d'un pays de 600 millions d'habitants, livré à une famine endémique, elle lutta avec ténacité contre le régime des castes et la croissance démographique. Si les élections de 1967 furent défavorables à son groupe politique, celles de 1969 puis de 1971 assurèrent la majorité absolue au parti du Congrès. Indira Gāndhī poursuivit un programme de socialisation et d'industrialisation à l'occidentale: son nouveau mandat vit la mise en œuvre de la réforme agraire et la réorganisation de la propriété foncière (les paysans représentant les deux tiers de la population totale), ainsi qu'un effort de scolarisation accru. En s'attaquant aux vaches sacrées, symbole de la réincarnation chez les hindous, elle s'attira la haine des fanatiques.

À la tête de la plus grande démocratie du monde, Indira Gāndhī exerça peu à peu un pouvoir absolu: la presse était étroitement surveillée et, en 1975, plusieurs journalistes et députés furent incarcérés. Ce régime d'exception déchaîna une opposition telle que son parti fut balayé aux élections de 1977. La carrière d'Indira Gāndhī fut bien près d'être compromise définitivement lorsque le Parlement indien demanda son emprisonnement pour fraude électorale. Elle nia toutes les accusations portées contre elle, et sa courte détention provoqua de violentes manifestations en sa faveur dans tout le pays. Après avoir réintégré le Parlement en 1978, elle reprit le pouvoir en 1980, année où mourut son fils Sanjay dans un accident d'avion. Indira Gāndhī, l'une des femmes les plus prestigieuses du XXe siècle, périt assassinée le 31 octobre 1984 par des extrémistes sikhs, membres de sa garde personnelle. Sa mort répandit la consternation dans le monde entier. Indira Gāndhī avait eu ces paroles prophétiques: « Je serai fière si mon sang est versé pour mon pays. » Ardente patriote, elle léguait à son fils Rajiv une Inde indépendante, non alignée, riche d'une place exceptionnelle en Asie. Lui aussi mourut tragiquement: après sa démission en 1989, il fut tué le 21 mai 1991 dans un attentat à Madras.

GARBO Greta (Greta Gustafsson, dite). Actrice américaine d'origine suédoise (Stockholm, 18 septembre 1905 - New York, 15 avril 1990). Star la plus universellement célèbre de l'histoire du cinéma, elle fut surnommée « la Divine »: sa beauté légendaire, intemporelle, a illuminé tous les films qu'elle a tournés et reste encore dans la mémoire de tous ses admirateurs: malgré un silence de près de quarante ans, le mythe Garbo persiste encore de nos jours. Troisième enfant d'une famille modeste — son père était ouvrier journalier et sa mère couturière —, orpheline à quatorze ans, elle dut abandonner ses études pour travailler d'abord chez un coiffeur, puis comme vendeuse dans les grands magasins PUB de Stockholm. Remarquée pour sa beauté, elle apparut dans quelques films publicitaires pour la maison qui l'employait et débuta au cinéma avec un petit rôle dans *Peter le vagabond* (Petschler, 1922). Le cinéaste Maurice Stiller la remarqua et l'engagea pour tenir le rôle de la comtesse Élisabeth Dohna dans *La Légende de Gösta Berling* (1924) qui fut son premier succès. Lancée par Stiller, qui lui trouva son pseudonyme de Greta Garbo, elle tourna à Berlin, sous la direction de Georg Wilhelm Pabst, *La Rue sans joie* (1925). L'un des dirigeants de la MGM, de passage à Berlin, séduit par sa personnalité, invita Stiller et sa « vedette » à venir à Hollywood. Cette firme leur signa un contrat de sept ans et fit tourner Greta Garbo dans *Le Torrent* (Bell, 1926), puis *La Tentatrice* (Niblo, 1926). La presse fut unanime à souligner son talent, la fascination qu'elle exerçait. Les femmes imitèrent bientôt la coupe de cheveux mais également la façon sport de s'habiller de cette actrice non conventionnelle.

En 1927, elle tourna *La Chair et le Diable* (Brown), avec pour partenaire le célèbre et séduisant acteur John Gilbert: ce fut le coup de foudre et leurs amours défrayèrent la chronique. Greta Garbo tourna encore avec lui *Anna Karénine* (Goulding, 1927), *Intrigues* (Brown, 1928) et *La Reine Christine* (Mamoulian, 1933). Devenue une vedette, Greta Garbo fut pendant des années la carte maîtresse de la MGM, tournant *La Femme divine* (Sjöström, 1928), *Terre de volupté* (Franklin, 1929), *Le Baiser* (Feyder, 1929), etc.

L'apparition du parlant, qui brisa tant de carrières, donna un second souffle à la sienne. Son premier film parlant, *Anna Christie* (Brown, 1930), dans lequel le public découvrit sa voix profonde, parfois un peu lasse, fut un triomphe. Suivirent *L'Inspiratrice* (Brown, 1931), *Mata-Hari* (Fitzmaurice, 1931), *Grand Hôtel* (Goulding, 1932), une nouvelle version d'*Anna Karénine* (Brown, 1935), *Le Roman de Marguerite Gautier* (Cukor, 1937) et l'inoubliable *Ninotchka* (Lubitsh, 1939). Cependant, dans son dernier film, pourtant excellent, *La Femme aux deux visages* (Cukor, 1941), la magie n'opéra plus, et ce fut le fiasco. La Divine, qui avait connu une carrière fulgurante, abandonna les studios à l'âge de trente-six ans. Exilée volontaire, elle passa le reste de son existence en recluse, entre son châlet suisse et sa résidence new-yorkaise. John Gilbert, le diététicien Gaylord Hauser, le photographe Cecil Beaton, le chef d'orchestre Léopold Stokowski, tous disparus, comptèrent parmi les hommes qui partagèrent sa vie.

RÉF. : F. Ducout, *Greta Garbo, la somnambule*, Ramsay, 1986. A. Gronowicz, *Garbo*, Presses de la Renaissance, 1990.

GARDEL Rose. Danseuse française (1770-1833). Fille du musicien Houbert, elle se fit d'abord connaître au théâtre Nicolet sous le nom de Miller, qui était celui de son beau-père. Elle débuta à l'Opéra de Paris en 1787. Élève du célèbre danseur et chorégraphe Pierre Gardel, elle l'épousa en 1795 et créa bon nombre de ses ballets, dont *Dansomanie*, où pour la première fois une valse fut exécutée sur scène. « Elle dansait si bien en Psyché qu'on l'eût prise pour l'Amour », écrivit Arsène Houssaye. Coeuré fit d'elle plusieurs portraits, dont l'un fut gravé par Prudhon.

GARDEN Mary. Soprano écossaise (Aberdeen, 20 février 1877 - *id.*, 3 janvier 1967). Enfant, elle vécut en Amérique et étudia le chant à Chicago puis à Paris avec Lucien Fugère, grâce à l'aide d'une riche protectrice. C'est Sybil Sanderson* qui la présenta à Albert Carré, directeur de l'Opéra-Comique. Engagée en 1900, elle devait chanter Micaëla (*Carmen*, Bizet) mais remplaça au pied levé Marthe Rioton, titulaire du rôle de Louise (*Louise*, Charpentier). Elle interpréta l'année suivante Violetta (*La Traviata*, Verdi) et Manon (*Manon*, Massenet), puis, en 1902, elle créa *Pelléas et Mélisande* (Debussy). Son identification avec l'héroïne rêvée par Debussy était telle qu'elle éblouit son public et le compositeur, malgré le scandale que l'œuvre provoqua tout au long des soixante représentations qui en furent données. « Je n'ai pas eu à lui apprendre le rôle, disait Debussy, elle le connaissait avant que je l'écrive puisqu'elle est Mélisande. » Maurice Maeterlinck, lui, manifesta moins d'enthousiasme car il avait écrit l'histoire pour sa compagne Georgette Leblanc*.

Invitée à Londres, Mary Garden chanta Manon (*Manon*, Massenet), puis Massenet écrivit pour elle *Chérubin*, qu'elle créa à l'Opéra de Monte-Carlo en 1905. Elle inspira aussi à Debussy, en 1904, *La Damoiselle élue* et, à Xavier Leroux, *La Reine Fiamette*. En 1906, elle créa *Aphrodite* (Erlanger) ; de 1907 à 1910, elle triompha au Manhattan Theatre de New York dans *Le Jongleur de Notre-Dame* (Massenet), dans *Sapho* (Massenet), *Grisélidis* (Massenet) et évidemment dans *Pelléas et Mélisande* (Debussy) ; elle fut aussi une superbe Salomé (*Salomé*, R. Strauss). En 1910, elle entra à l'Opéra de Chicago où elle fut soprano vedette pendant les vingt années suivantes, tout en s'offrant le luxe d'être pendant un an la directrice de cet établissement (1921-1922). Belle, mince, merveilleuse actrice, elle osa tout, même poser quasi nue sous le manteau de Thaïs (*Thaïs*, Massenet). Elle fut une Carmen (*Carmen*, Bizet) étonnante, la créatrice de *Judith* (Honegger) en Amérique (1927) et celle de *Résurrection* (Alfano, 1930). Elle triompha également dans *Don Quichotte* (Massenet) et *Cléopâtre* (Massenet), *Tosca* (Puccini). Elle fit ses adieux à la scène à l'Opéra-Comique de Paris en 1934 en y chantant *Résurrection* (Alfano). A partir de 1935, elle enseigna au Musical College de Chicago et devint conseiller technique à Hollywood pour les séquences filmées d'opéra. En 1939, elle rentra en Écosse et fit une dernière tournée de conférences sur Debussy en Amérique en 1947. Elle publia, avec Louis Biancolli, à New York, un livre de souvenirs, *Mary Garden's Story* (1951).

GARDNER Ava. Actrice américaine (Smithfield, Caroline du Nord, 24 décembre 1922-1990). On sait peu de choses sur sa famille et son enfance, sinon qu'elle vécut dans un milieu modeste. Le hasard l'amena à faire un bout d'essai pour la MGM qui se révéla suffisamment concluant pour qu'elle obtienne un contrat. Malgré des débuts peu brillants, elle ne cessa de vouloir prouver qu'elle était une véritable actrice. En 1942, elle épousa Mickey Rooney dont elle divorça l'année suivante. Sa carrière cinématographique débuta véritablement avec *Les Tueurs* (Siodmak, 1946). Elle tourna une soixantaine de films dont sept ou huit où elle est incomparable: *Pandora* (Lewin, 1951), *Mogambo* (Ford, 1953) avec Clark Gable, *La Comtesse aux pieds nus* (Mankiewicz, 1954), *La Croisée des destins* (Cukor, 1956), *Les 55 Jours de Pékin* (Ray, 1963), film qu'elle sauva par sa seule présence, *La Nuit de l'iguane* (Huston, 1964). On se souvient aussi de sa magnifique interprétation du rôle de Lili Langtry dans *Juge et hors-la-loi* de John Huston (1972). La grande beauté d'Ava Gardner, son profil parfait, ses splendides yeux verts, une expression lointaine et mystérieuse ont fait d'elle un mythe à l'égal de Marlène Dietrich* ou de Greta Garbo*. Elle avait épousé Frank Sinatra en 1951, union difficile qui s'acheva par un divorce en 1957. Ava Gardner a mené une vie riche en amours où l'on retrouve George C. Scott, Luiz Miguel Dominguin, le célèbre torrero, et ses trois maris: Mickey Rooney, le chef d'orchestre Artie Shaw et Frank Sinatra.

GARIBALDI Anita, née Ribeiro Da Silva. Brésilienne (Brésil, 1817 ou 1821 - près de Ravenne, 1849). Elle rencontra Garibaldi au Brésil, alors qu'il se battait avec les rebelles contre le gouvernement impérial. Veuve, elle l'épousa et fut à ses côtés dans tous les combats. Ses exploits sont demeurés légendaires: cavalière émérite et soldat redoutable, elle se distingua au cours des batailles. Faite prisonnière, elle s'évada, accrochée à la crinière d'un cheval. Elle suivit Garibaldi en Uruguay, puis en Italie en 1848. Elle s'installa avec ses deux enfants à Nice, ville natale de son mari, pendant que celui-ci combattait pour la République romaine. Elle le rejoignit lors de la défaite de Rome, en 1849, et l'accompagna dans la tragique retraite qui suivit. Enceinte, épuisée, elle dut s'arrêter dans une ferme près de Ravenne, où elle mourut. Garibaldi, obligé de poursuivre, l'enterra en toute hâte. Ses deux fils, Menotti et Ricciotti, furent tous deux généraux.

RÉF.: A. Garibaldi, *La Donna del general*, Milan, 1987.

GARLAND Judy (Frances Gumm, dite). Chanteuse et actrice américaine (Grand Rapids, Minnesota, 10 juin 1922 - Londres, 22 juin 1969). Enfant de la balle, particulièrement précoce, ses parents la firent monter sur les planches à l'âge de cinq ans, et elle se produisit avec ses deux sœurs dans un tour de chant au Baltimore Hotel de Los Angeles. À sept ans, elle partait déjà en tournées. En 1931, elle entra à la MGM et prit le surnom de Judy Garland. À treize ans, elle tourna son premier film, *Le Kiosque à musique* (Felst, 1936), et devint l'enfant vedette, chérie de toute l'Amérique. Suivirent de 1939 à 1940 plusieurs films dont *Le Magicien d'Oz* (Fleming, 1939) dans lequel elle chantait *Over the Rainbow*, chanson qui fit pleurer les foules pendant vingt ans. Elle tourna en même temps la fameuse série *Andy* avec Mickey Rooney.

De 1940 à 1945, elle fut classée parmi les dix premières vedettes de Hollywood.

Surmenée, elle dut suivre plusieurs traitements psychiatriques. En 1941, elle épousa le chef d'orchestre David Rose, dont elle divorça en 1943 pour se remarier deux ans plus tard avec Vincente Minnelli avec lequel elle tourna ses meilleurs films, notamment des comédies musicales (*Le Chant du Missouri*, 1944; *Ziegfeld Follies*, 1946; *Le Pirate*, 1946). Elle lui donna une fille, Liza Minnelli*. Elle se maria ensuite trois fois: en 1951 avec Luft (deux enfants); en 1964 avec l'acteur noir Lark Herron; enfin avec Mickey Deans de douze ans son cadet. Elle abandonna momentanément le cinéma mais renoua avec le succès en jouant dans *Une étoile est née* (Cukor, 1954) qui lui valut un oscar. Elle triompha sur scène à Londres puis à New York et donna en 1961 un concert mémorable au Carnegie Hall. La profonde dépression dont elle souffrait a malheureusement écourté sa carrière, et son dernier film, *L'Ombre du passé* (Neame) date de 1962. Elle mourut pour avoir absorbé trop de barbituriques.

GARROD Dorothy. Archéologue anglaise (Londres, 1892-?). Après des études à Cambridge et Oxford où elle obtint son doctorat-ès-sciences, elle dirigea de nombreuses fouilles archéologiques, dont celles de Gibraltar (1925-1926), de Palestine et d'Irak (1928-1934), de Bulgarie (1938). En 1939, elle fut la première femme professeur élue à l'université de Cambridge. Elle y enseigna l'archéologie jusqu'en 1952. De 1932 à 1945, elle fut lieutenant dans les services de l'aviation anglaise et elle interpréta les photographies de la RAF. En 1948, elle commença à collaborer aux fouilles d'Angles-sur-l'Anglin dans la Vienne et, en 1958, elle dirigea de nouveau les fouilles du Liban.

GARSON Greer. Actrice américaine d'origine irlandaise (née à County Down, Irlande, en 1908). Elle débuta sur scène assez tardivement. Remarquée par Louis B. Mayer, elle fut engagée en 1939 par la MGM qui lui fit tourner son premier film, *Au revoir Mr. Chips* (Wood, 1939) et, le succès aidant, *Remember?* (McLeod, 1939), *Orgueil et Préjugé* (Leonard, 1940) adapté du roman de Jane Austen*, *Les Oubliés* (LeRoy, 1940), *Prisonniers du passé* (LeRoy, 1942). Très belle, une chevelure rousse flamboyante, elle avait de l'humour et une grande présence; avec l'acteur Walter Pidgeon, elle forma un couple très populaire au cinéma. De 1942 à 1953, ils tournèrent ensemble de nombreux films comme *Madame Miniver* (Wyler, 1942) qui lui valut un oscar, *Madame Curie** (LeRoy, 1943), *La Dynastie des Forsyte* (Bennett, 1949), *L'Histoire des Miniver* (Potter, 1950).

GASPARIN Valérie, née Boissier, comtesse **de**. Femme de lettres française d'origine suisse (Valleyres, 15 septembre 1813 - *id.*, 16 juin 1894). Elle épousa en 1837 le comte Agénor de Gasparin, homme politique et écrivain français. Elle avait commencé à écrire dès l'âge de vingt ans, et elle mena avec son mari une lutte incessante pour la liberté de conscience. Veuve, elle entreprit de rassembler et de publier les œuvres de son époux qui traitaient en particulier de l'affranchissement des esclaves et de la liberté religieuse. Elle-même, dans de nombreux écrits, défendit avec courage ses convictions religieuses — elle était protestante comme son mari — ou sociales — elle prôna des mesures pour aider les pauvres. *Le Mariage au point de vue chrétien* (3 vol., 1843) et *Il y a des pauvres à Paris* (1846) obtinrent le prix Montyon. Infatigable voyageuse, elle écrivit de passionnants récits, *Les Horizons prochains* (1858) et *À Constantinople* (1867), qui eurent un certain retentissement.

GAUSSIN Jeanne (Jeanne Catherine Gaussem, dite). Actrice française (Paris, 25 décembre 1711 - La Villette, 2 juin 1767). Son père était le laquais du célèbre acteur Baron. Elle fit ses débuts à la Comédie-Française en 1731 dans le rôle de Junie (*Britannicus*, Racine) et dans celui d'Agnès (*Les Femmes savantes*, Molière). Pour les critiques de son temps, elle était par excellence l'ingénue, la jeune fille incomparable. Voltaire n'avait pas assez de mots pour la louer, et il lui confia le rôle-titre de *Zaïre* lors de la création de la pièce en 1732. Elle joua dans d'autres productions de Voltaire: *Adélaïde Du Guesclin* (1734), *Alzire* (1736), *Zulime* (1740). Sa beauté et son charme indescriptibles conquirent tous les cœurs. Ni son mari, François Toulaïgo, danseur à l'Opéra, ni ses nombreux amants ne la détournèrent du théâtre. Le temps passant, elle s'obstina à vouloir jouer les rôles de sa jeunesse... ce qui lui valut d'être traitée de «vieille poupée». Elle prit sa retraite en 1762.

GAUTHIER Marie-Madeleine. Historienne d'art française (née en 1920). Bibliothécaire à la bibliothèque municipale de Limoges, elle devint maître de recherches au CNRS. Elle y dirigea le Corpus des émaux méridionaux et s'y fit une réputation de spécialiste mondiale. Citons parmi ses très nombreux ouvrages *Émaux limousins champlevés des* XIIe, XIIIe *et* XIVe *siècles* (1950) et *Émaux du Moyen Âge* (1972).

GAUTIER Judith (Louise Charlotte Ernestine, dite). Femme de lettres française (Paris, 25 août 1845 - Saint-Énogat, Dinard, 26 décembre 1917). Elle était la fille de Théophile Gautier et de la cantatrice italienne Ernesta Grisi. Elle était d'une grande beauté et, aux yeux de son père, «le plus parfait de mes poèmes». Extrêmement douée, elle grandit dans le salon de ses parents qui recevaient Nerval, Baudelaire, Flaubert, les deux Dumas, Théodore de Banville. Elle évoqua cette époque dans trois livres de souvenirs: *Le Collier des jours, souvenirs de ma vie* (1902), *Le Second Rang du collier* (1903) et *Le Troisième Rang du collier* (1909). Un Chinois que Gautier avait à son service lui fit découvrir la civilisation de son pays. Persuadée qu'elle était la réincarnation d'une princesse de l'Empire céleste, elle apprit le chinois et devint d'une rare compétence pour tout ce qui concernait l'Orient. Cette culture a inspiré son œuvre, *Le Livre de jade*, recueils de poèmes traduits ou inspirés du chinois, qu'elle publia à l'âge de dix-sept ans sous le pseudonyme d'Édith Walter (1867), *Le Dragon impérial* (1869). Elle devint ainsi l'initiatrice de l'exotisme oriental en France dont ses écrits portent de nombreuses traces: *Poèmes de la libellule*, traduits du chinois (1885), *Iskender*, histoire persane (1886), *Fleurs d'Orient* (1895), *La Marchande de sourires*, pièce japonaise (1888), *La Fille du ciel*, drame chinois écrit avec Pierre Loti (1911).

En 1866, elle épousa le poète Catulle Mendès, contre le gré de son père, celui dont Baudelaire disait: «J'aime ce Mendès, il a tous les vices...», mais avec lequel elle ne put jamais s'entendre et dont elle se sépara rapidement. Enthousiasmée par la musique de Wagner qu'elle défendit en France avec fougue à travers de nombreux articles de journaux, elle eut une liaison avec le compositeur à partir de 1870 auquel elle consacra un essai, *Richard Wagner et son œuvre poétique* (1882). Elle traduisit *Parsifal* en 1893. Judith Gautier est la première femme à avoir été élue à l'Académie Goncourt (1910), la deuxième étant Colette* en 1945.

RÉF.: M.D. Camacho, *Judith Gautier, sa vie et son œuvre*, Genève, 1939. J. Richardson, *Judith Gautier*, Seghers, 1989.

GAY Maria. Mezzo-soprano espagnole (Barcelone, 13 juin 1879 - New

York, 29 juillet 1943). Ayant étudié la sculpture et le violon, elle devint chanteuse presque par hasard, lorsque Raoul Pugno, qui voyageait en Espagne, l'entendit chanter et fut impressionné par la beauté de sa voix. Elle débuta avec lui en concert, puis avec Eugène Ysaÿe à Bruxelles. C'est là qu'en 1902 elle fit ses débuts dans le rôle de Carmen (*Carmen*, Bizet), qui reste sa plus belle interprétation. Elle se perfectionna ensuite à Paris avec Ada Adini et revint à la scène en 1906 pour y faire une carrière internationale: Opéra-Comique de Paris, Nice, Londres, Milan. Elle débuta au Metropolitan Opera de New York en 1908, toujours en Carmen (*Carmen*, Bizet), dirigée par Toscanini. Ce furent ensuite Boston (1910-1912), Moscou, Chicago (1913-1927). Elle quitta la scène en 1927 et ouvrit avec son mari, le ténor Giovanni Zenatello (qu'elle avait épousé en 1913 à New York après avoir divorcé du compositeur Juan Gay), une école de chant.

GAY Sophie, née Nichault de La Valette. Femme de lettres française (Paris, 1er juillet 1776 - *id.*, 5 mars 1852). Mariée en 1791 à un agent de change, Gaspard Liottier, dont elle eut trois enfants, elle divorça en 1759 pour épouser le financier Jean Gay, dont la sœur Marie-Françoise, dite Mary Gay, épousa Jean Allart, donnant le jour à Hortense Allart*, l'une des maîtresses de Chateaubriand. De son second mari, elle eut également trois enfants. Le premier roman de Sophie Gay, *Laure d'Estell* (1802), où apparaissent diverses personnalités de l'époque, fut publié sous son premier nom d'épouse et remporta un grand succès. Elle vécut ensuite douze ans à Aix-la-Chapelle et fit paraître *Léonie de Montbreuse* (1813) et, au moment de son retour à Paris en 1815, *Anatole*. Viennent ensuite *Les Malheurs d'un amant heureux* (1818), *La Duchesse de Châteauroux* (2 vol., 1834-1839). On lui doit également des romances, des opéras-comiques, des comédies. Célèbre pour son salon et pour sa vie mondaine, elle compta parmi ses amis Chateaubriand, Lamartine, Vigny et Mme de Staël*. Elle avait d'ailleurs pris la défense du roman de cette dernière, *Delphine* (1802), et, pour cette raison, elle avait donné ce prénom à sa fille, Delphine Gay, future Mme de Girardin*. Son œuvre a été condamnée sans appel par Barbey d'Aurevilly qui a traité son auteur de bas-bleu, ajoutant ce mot resté célèbre: «Sa fille fut son meilleur ouvrage.»

GELTZER Iekaterina. Danseuse russe (Moscou, 14 novembre 1876 - *id.*, 12 décembre 1962). Elle était la fille de Vassily Geltzer, mime célèbre et maître de ballet au Bolchoï, où elle étudia jusqu'en 1894. Elle y fut engagée rapidement et devint danseuse étoile en 1901. Elle possédait une personnalité et une expression qui la faisaient briller dans les rôles de demi-caractère: Esmeralda ou Salammbô. Interprète idéale de Gorski, elle passait en Russie pour la première des ballerines, et contribua à réorganiser la compagnie du Grand Théâtre de Moscou après la révolution de 1917. Elle s'était rendue à Paris en 1910 sur l'invitation de Diaghilev, qui jugea pour finir qu'elle ne correspondait pas à son style; elle dansa à Londres pour le couronnement de George V la même année, et plus tard au Metropolitan Opera de New York. C'est elle qui créa le fameux rôle de Tao-Hoa dans le premier classique soviétique, *The Red Poppy* (1927). Elle était mariée à son partenaire Vladimir Tikhomirov et fut la première à recevoir le titre d'Artiste émérite du peuple d'URSS (1925).

GEMMA GALGANI, sainte. Visionnaire italienne (Camigliano, Toscane, 12 mars 1878 - Lucques, 11 avril 1903). Très pauvre et bientôt orpheline, elle se plaça comme domestique à Lucques.

Elle souhaitait devenir religieuse, mais en fut empêchée par une grave maladie de la moelle épinière. C'est à partir de 1899 qu'elle eut les premières visions qui la mirent en extase. Durant dix-huit mois, les stigmates de la crucifixion apparurent de façon intermittente sur son corps. Son confesseur, le père Germanus, nota jour après jour les dates et la durée des signes de la Passion. Les lettres que lui a adressées Gemma Galgani témoignent de la piété la plus touchante. Elle fut également le sujet de phénomènes troublants qu'elle attribua à une possession diabolique. Elle fut canonisée par le pape Pie XII le 2 mai 1940, en considération des aspects merveilleux de sa vie. Cette mesure entraîna toutefois l'opposition d'une partie des autorités ecclésiastiques, qui arguèrent du caractère douteux des phénomènes vécus par la sainte. On la fête le 11 avril.

GENCER Leyla. Soprano turque (née à Istanbul, le 10 octobre 1923). Élève de Giannina Arangi-Lombardi* à Istanbul, après des débuts à Ankara en 1950, et des études complémentaires en Italie avec Granforte, elle chanta à Naples le rôle de Santuzza (*Cavalleria rusticana*, Mascagni). En 1954, elle chanta à la Scala Madame Butterfly (*Madame Butterfly*, Puccini) et Tatiana (*Eugène Onéguine*, Tchaïkovski). C'est sur cette scène qu'à partir de 1956, et pendant vingt ans, elle remporta une partie de ses plus grands triomphes. Elle y fut Madame Lidvine (*Dialogues des carmélites*, Poulenc) lors de la première mondiale en 1957, Leonora (*La Force du destin*, Verdi) et la Première Coryphée (*Meurtre dans la cathédrale*, Pizzetti) l'année suivante. Son succès fut immense et elle reprit, aussitôt après Maria Callas*, tous les grands rôles de soprano dramatique d'agilité : Lucie (*Lucie de Lammermoor*, Donizetti), Amina (*La Somnambule*, Bellini), Gilda (*Rigoletto*, Verdi). Elle chanta aussi Norma (*Norma*, Bellini) et se produisit dans des œuvres de Verdi et de Donizetti : *Lucrèce Borgia*, *Roberto Devereux*, *Anne Boleyn*, *Marie Stuart*, etc. Elle fut excellente également dans *Alceste* (Gluck) et dans *La Vestale* (Spontini). Invitée à San Francisco, Buenos Aires, Salzbourg, Londres, Leyla Gencer ne s'est produite à Paris qu'en concert, en 1980.

GENEVIÈVE, sainte (Nanterre, v. 422 - Paris, v. 502). L'histoire ici tient de la légende. On dit qu'à son retour d'Angleterre l'évêque Germain l'Auxerrois aborda à Nanterre où il remarqua une jeune bergère rayonnante de sainteté. Il la consacra au Seigneur en suspendant à son cou la première médaille de dévotion des annales chrétiennes : une pièce de monnaie marquée de la croix. À la mort de ses parents, Geneviève vint habiter Paris, chez sa marraine. Elle reçut le voile des Vierges à quinze ans. On lui attribue par deux fois le salut de Lutèce. En 451, elle sut convaincre les habitants fuyant l'approche des Huns qu'Attila épargnerait la cité — ce qu'il fit miraculeusement après avoir saccagé Orléans. Sous le règne de Clovis, elle sauva le peuple de la famine en faisant distribuer ses réserves de grain. La renommée de sainte Geneviève s'étendit jusqu'en Asie Mineure. Sa dépouille mortelle fut déposée dans la crypte de l'église Saint-Pierre-et-Saint-Paul (emplacement de la montagne Sainte-Geneviève), avant d'être transférée dans une châsse ouvrée par saint Éloi. Toutes les époques de calamités virent la procession de la merveilleuse châsse, qui fut détruite à la Révolution (1793). Ses reliques furent alors brûlées et ses cendres jetées dans la Seine. Toutefois, l'église Saint-Étienne-du-Mont recueillit de menus ossements, précieusement exposés aux visiteurs.

La patronne de Paris est fêtée le 3 janvier ; on l'invoque aussi contre la fièvre. Parmi une iconographie surabondante citons *Sainte Geneviève gardant ses moutons* par Philippe de Champaigne (Bruxelles), *Saint Germain l'Auxerrois et Sainte Geneviève* par Louis Boullogne (Assomption, Paris), *Sainte Geneviève mettant fin au mal des ardents* par Doyen (Saint-Roch), enfin, l'*Apothéose de sainte Geneviève* par Delacroix (Notre-Dame-de-Lorette). La sculpture l'a représentée à toutes les époques: le Louvre possède une statue du XIIIe siècle provenant de l'abbaye Sainte-Geneviève, le Panthéon lui rend hommage avec le groupe d'Hippolyte Maindron, *Sainte Geneviève arrêtant Attila*; enfin, elle veille encore sur Paris du pont de la Tournelle (statue de Landowski, 1928).

GENLIS Stéphanie Félicité, née du Crest de Saint-Aubin, comtesse **de**. Femme de lettres française (château de Champcéry, Bourgogne, 25 janvier 1746 - Paris, 31 décembre 1830). Fille d'un gentilhomme peu fortuné, elle se dota elle-même d'une éducation solide et variée, dans l'esprit des Lumières. À seize ans, elle épousa Charles Brûlart de Genlis, marquis de Sillery. Sa tante, Mme de Montesson, lui ouvrit les portes de la cour: fort jolie, elle devint en 1770 la maîtresse du duc de Chartres, duc d'Orléans à partir de 1785 et futur Philippe Égalité. Elle conservait d'excellentes relations avec la duchesse et fut chargée d'élever ses enfants, dont la princesse Adélaïde et le futur Louis-Philippe. Elle recueillit en outre le fils de son portier, Casimir, ainsi qu'une belle orpheline, Pamela, que certains ont prétendu, à tort, être la fille du duc. Chargée de tout ce beau monde, elle partageait son temps entre Paris et Uzerche, en Corrèze, où elle se retirait pour écrire. C'était un «rude gouverneur» se souvenait Louis-Philippe: horaires draconiens, jamais de sucreries, force travail, peu de plaisirs. Selon les préceptes de l'*Émile* de Rousseau, elle apprit au futur roi une foule de choses. Sans le savoir, il devint très amoureux d'elle: il avait dix-sept ans, elle en avait trente-six et était la maîtresse du comte de Mirabeau. Elle s'exclamait: «Mais, monsieur de Chartres, grand dadais que vous êtes, qu'avez-vous donc à vous fourrer toujours dans mes jupons!» (Victor Hugo, *Choses vues*).

Tout acquise aux thèses révolutionnaires, Mme de Genlis devint «citoyenne Brûlart» en 1789. Elle dut néanmoins émigrer à cause de ses intrigues en faveur de Philippe Égalité et vécut chichement à Londres. Elle parcourut la Belgique, la Suisse et l'Allemagne avant de rentrer en France en 1800. Bonaparte l'accueillit favorablement: il la gratifia d'une pension de six mille francs et la nomma inspectrice des écoles primaires. Elle s'installa à l'Arsenal dans un appartement obscur et encombré, où les gens de la cour impériale venaient s'enquérir d'étiquette. Brillante causeuse, excellente musicienne, elle est souvent représentée jouant de la harpe, mais c'est à son œuvre littéraire qu'elle doit sa renommée. Écrivain prolifique, elle a produit plus de quatre-vingts volumes de romans, pièces et discours. On retiendra, pour la partie pédagogique, le *Théâtre à l'usage des jeunes personnes* ou *Théâtre d'éducation* (1779), *Adèle et Théodore* (1782), *Les Veillées du château* (1782), qu'on trouvait dans toutes les chaumières, et les *Conseils sur l'éducation du Dauphin* (1790). Sous l'Empire, elle se tourna vers l'Ancien Régime pour composer souvenirs et biographies: *Mme de La Vallière** (1804), *Mme de Maintenon** (1806). Moins bien en cour à la Restauration, elle écrivit les dix volumes de ses *Mémoires inédits sur le XVIIIe siècle et la Révolution* (1825), dont les révélations firent scandale. Ses dernières années furent pauvres: elle n'avait aucun ordre et «semait l'argent sur les pavés» (Hugo). Mme de Genlis, qu'on surnommait «la vieille Sibylle» à l'Abbaye-aux-Bois, mourut dans la gêne, trois mois après la révolution de Juillet qui porta Louis-Philippe au pouvoir. Le roi et sa sœur la visitèrent jusqu'à la fin et lui firent de splendides funérailles. Elle eut trois enfants : Caroline née en 1765, Pulcherie née en 1767 et Casimir né en 1768.

RÉF. : A.M. Laborde, *L'Œuvre de Mme de Genlis*, Nizet, 1966. G. de Broglie, *Madame de Genlis*, Perrin, 1985.

GENTILESCHI Artemisia. Peintre. Italienne (Rome, 1597 - Naples, 1652). Elle naquit dans un milieu d'artistes, et c'est aux côtés de son père, Orazio Gentileschi, qui lui avait enseigné les bases de son art, qu'elle commença à travailler. De son père, elle a également partagé la passion pour l'œuvre du Caravage qui l'a considérablement influencée sur le plan formel. Établie à Florence de 1614 à 1620, elle a produit de nombreuses œuvres fort prisées par les collectionneurs de l'époque, notamment les Médicis. Sa peinture était alors puissante, architecturée, l'espace étant structuré avec force par les plans d'ombre et de lumière. Elle séjourna ensuite à Rome de 1622 à 1626, avant de se fixer à Naples qu'elle ne quitta plus, sauf pour travailler à Londres de 1638 à 1640. Les œuvres de sa période napolitaine sont marquées par un retour à l'académisme. Parmi ses toiles, on peut citer *Portrait d'un condottiere* (1622, Palais communal de Bologne), *Madeleine pénitente* (1620, galerie Palatine du palais Pitti, Florence), *Naissance de Jean-Baptiste* (musée du Prado, Madrid), *Judith et une servante* (palais Pitti, Florence). Le thème de Judith lui a inspiré plusieurs tableaux dont le précédent et une célèbre *Décollation d'Holopherne* (musée des Offices, Florence).

GEOFFRIN Marie-Thérèse, née Rodet. Française (Paris, 2 juin 1699 - *id.*, 6 octobre 1777). Rien n'augurait la brillante réussite de Marie-Thérèse Rodet, fille d'un valet de chambre de la Dauphine. Elle épousa à quinze ans Pierre-François Geoffrin, qui fit fortune dans la manufacture des glaces. Fine et ambitieuse, elle sut rassembler autour d'elle les grands esprits de son temps, des Encyclopédistes aux têtes couronnées. Le « royaume de la rue Saint-Honoré » (au n° 374) succéda ainsi au salon de Mme de Tencin* : ses lundis et ses mercredis étaient fréquentés par Diderot, d'Alembert, Soufflot, la Harpe, Saint-Lambert, Fontenelle ou Buffon. Helvétius arrivait chez elle « la tête encore fumante de son travail de la matinée » (Marmontel). Les étrangers raffolaient d'elle : on n'avait rien vu à Paris si l'on n'avait vu son salon. Gibbon, Walpole et Hume furent de ses amis. Le prince Stanislas Poniatowski, devenu roi de Pologne, l'appelait « Maman » et la reçut à Varsovie. L'impératrice Marie-Thérèse* l'accueillit à Vienne lors de son voyage.

Mécène, elle se constitua une collection de tableaux des maîtres de l'époque, tels Vien ou Vernet. Elle fit travailler Carle Van Loo et commanda la série des jardins de Saint-Antoine-des-Champs à Hubert Robert. Elle revendit l'ensemble à Catherine II* en 1772. En revanche, elle se piquait de ne pas savoir l'orthographe. Célèbre pour ses gronderies, son horreur du bruit et des aventures, il ne faisait pas bon l'avoir pour ennemie. L'abbé Morellet l'a décrite comme « un peu méticuleuse et timide, ménageant les gens en place et les gens de la cour » (*Mémoires*). Elle protégea en tout cas ses fidèles : c'est grâce à elle que Diderot fut meublé décemment et que Julie de Lespinasse* put s'installer à l'hôtel de Hautefort. Vers la fin de sa vie, sa fille, la marquise de La Ferté-Imbault, ferma la porte de son « bureau d'esprit » aux Encyclopédistes. Mme Geoffrin mourut paralysée. On trouve bon nombre des faits et dits de cette moraliste dans les *Mélanges* de Mme Necker* (1801), la mère de Mme de Staël*. Sa *Correspondance* avec Stanislas Poniatowski (1764-1777) a été publiée en 1875.

GEORGE Mlle (Marguerite Joséphine Weimer, dite). Actrice française (Bayeux, 23 février 1787 - Paris, 11 janvier 1867). Fille de comédiens de province, la petite Mimi débuta sur scène à l'âge de cinq ans — douze ans selon certains — dans *Paul et Virginie* et se produisit ensuite dans des pièces larmoyantes comme *Les Deux Chasseurs et la Laitière*. D'une grande beauté, elle n'avait que quatorze ans lorsque Mlle Raucourt* la remarqua à Amiens, décela son talent et en fit son élève. Engagée à la Comédie-Française, elle débuta l'année suivante dans le rôle de Clytemnestre (*Iphigénie*, Racine). A l'âge où l'on joue les ingénues, sa taille majestueuse lui permettait d'aborder les grands rôles tragiques comme celui de Phèdre (*Phèdre*, Racine). En dépit de l'opposition acharnée de Mlle Duchesnois*, elle s'imposa rapidement. Ses aventures sentimentales défrayaient la chronique: elle fut la maîtresse de Napoléon, de Talleyrand, de Metternich, du banquier Ouvrard. En 1808, elle partit brusquement pour la Russie avec un danseur nommé Louis Laporte et s'y produisit pendant cinq ans. Elle ne manqua pas de séduire le tsar Alexandre Ier. De retour à Paris, elle reprit sa place au Français malgré un caractère épouvantable qui l'opposait à ses partenaires. C'est l'époque où elle recevait le Tout-Paris dans sa baignoire dorée, dans laquelle elle se prélassait de longues heures dans l'espoir de maigrir.

Bonapartiste convaincue, elle s'exila en Belgique à la chute de l'Empire. Elle y rencontra le peintre David, l'ex-chancelier Cambacérès et le sous-préfet Harel, banni pour dix ans. Entre celui-ci et Mlle George naquit un grand amour. En 1816, elle retrouva une fois encore sa place à la Comédie-Française, joua à Londres l'année suivante avec un grand succès, ce qui lui valut d'être renvoyée du Français pour avoir outrepassé de beaucoup son temps de congé. En 1821, il y fut question de son retour, mais ses exigences face à Mlle Duchesnois, qui avait repris tous ses rôles, le rendirent impossible. L'année suivante, elle entra à l'Odéon, que son amant dirigea de 1829 à 1832. Cette même année, Harel ayant été nommé directeur de la Porte-Saint-Martin, elle le suivit, abordant le répertoire romantique dans lequel elle remporta des triomphes: elle fut Marguerite (*La Tour de Nesles*, Dumas père) en 1832, Lucrèce (*Lucrèce Borgia**, Hugo) et Marie Tudor (*Marie* Tudor*, Hugo) en 1833. Elle joua également dans *Vautrin* (Balzac) et dans des pièces oubliées depuis. Son retour à l'Odéon en 1842 — après plusieurs années de tournées en province — marqua son déclin. Harel devint fou et termina ses jours à l'asile (1846). L'actrice s'était empâtée, bien qu'elle jetât encore d'admirables éclairs. Elle ne se produisit bientôt plus qu'en province où les affiches racoleuses dissimulaient un cachet misérable. Elle mourut pauvrement dans son appartement de la rue du Ranelagh, à Paris. Elle avait écrit dans ses *Mémoires* (1857, publiés en 1908):

> Je suis pauvre, que m'importe? Je me trouve riche par le cœur... Je n'aurai peut-être pas de quoi me faire enterrer, c'est très possible. J'aurai quelques pelletées de terre et quelques fleurs de mes amis.

Elle fut, selon son souhait, ensevelie dans son costume de Rodogune (*Rodogune*, Corneille), dont le tsar Alexandre Ier lui avait fait don.

GEORGE Yvonne (Yvonne de Knops, dite). Chanteuse réaliste belge (Bruxelles, 1896 - Gênes, 1930). Cette grande fille aux cheveux roux était plus tragédienne et comédienne que chanteuse. Elle jouait davantage ses chansons qu'elle ne les chantait, apportant à ses textes, si pauvres fussent-ils, un accent pathétique incomparable. Avec Damia* et Fréhel*, elle est à l'origine de la chanson réaliste moderne. Pourtant, ses débuts furent difficiles, et elle chanta souvent devant un auditoire houleux et même hostile. Elle finit par connaître une grande vogue lorsque les intellectuels et les dandies du Bœuf sur le toit, où elle se produisit souvent, l'eurent adoptée. Elle finit par triompher à Bobino, à l'Eldorado, dans la revue du Casino de Paris *Y'a qu'à Paris*; elle créa à l'Olympia sa fameuse chanson, *Pars sans te retourner*. En proie au mal de vivre, elle s'adonna à la drogue et à l'alcool. On entendit une dernière fois sa voix cassée et déchirante au Grand-Écart, une boîte de nuit de Montmartre. Elle mit fin à ses jours dans une chambre d'hôtel de Gênes, à l'âge de trente-quatre ans.

GEORGI Yvonne. Danseuse et maîtresse de ballet néerlandaise d'origine allemande (Leipzig, 29 octobre 1903 - Hanovre 25 janvier 1975). Formée par Émile Jaques-Dalcroze à Hellerau puis à l'école de Mary Wigman* à Dresde, elle débuta dans la compagnie de cette dernière en 1923, pour être nommée l'année suivante soliste chez Kurt Joos à l'Opéra de Münster. Maîtresse de ballet à Gera en 1925, c'est à l'Opéra de Hanovre qu'elle exerça ses talents pendant une dizaine d'années, collaborant avec le chorégraphe Victor Gsovsky. Elle y ouvrit une école et poursuivit parallèlement sa carrière de danseuse avec Harald Kreutzberg pour partenaire. Mariée en 1931 à un journaliste, elle résida principalement à Amsterdam. Elle a fondé le Ballet néerlandais, qu'on a vu se produire à travers l'Europe et les États-Unis, avant d'être rattaché durant la Seconde Guerre mondiale à l'Opéra d'Amsterdam. Créant sur des partitions spécialement composées pour elle, on lui doit aussi le film *Ballerina* (1950) avec Violette Verdy*. Par sa formation, elle représente le courant expressionniste allemand. Elle s'est aussi attachée à monter les chefs-d'œuvre du répertoire classique et moderne. Ses productions les plus connues sont *Les Animaux modèles* (1951), *Coppélia* (1952), *Le Château de Barbe-Bleue* (1953), *La Symphonie fantastique* (1954), *Les Biches* (1955). Après avoir conduit les Ballets de l'Opéra de Düsseldorf (1951-1954), elle a retrouvé ceux de Hanovre (1954-1970), puis dirigé la danse à l'Académie de musique de la ville jusqu'en 1973.

GÉRARD Marguerite. Peintre. Française (Grasse, 1761 - Paris, 1837). Elle étudia avec Fragonard, son «bon petit papa», dont elle était la belle-sœur. Des sujets légers — elle illustra *Les Liaisons dangereuses* de Choderlos de Laclos et *Les Amours du chevalier de Faublas* de Louvet de Couvray — elle passa aux scènes de genre. Loin d'une Antiquité grandiloquente, elle s'inspira des maîtres hollandais du XVIIe siècle pour réaliser de petits tableaux vernissés à la gloire du foyer et de la maternité comme *L'Art d'aimer*, *Dors mon enfant*, etc. Leur joliesse et leur aspect inoffensif plurent sous tous les régimes: Napoléon comme Louis XVIII en achetèrent. Marguerite Gérard fut médaillée trois fois, fit fortune et investit dans les rentes et dans l'immobilier. Ses œuvres sont représentées dans les musées de province (Besançon, Aix, Perpignan) et au Louvre. Son *Portrait présumé de la fille de Fragonard* se trouve au musée de Pontoise. Elle a laissé un *Journal intime* et une *Correspondance*.

GÉRARD Rosemonde (Rose Étiennette, dite). Femme de lettres française (Paris, 5 avril 1866 - *id.*, 8 juillet 1953). Elle était la petite-fille du maréchal Gérard. Son premier recueil poétique, *Les Pipeaux* (1889) la fit connaître; la même année, elle épousa Edmond Rostand. Par la suite, elle publia *L'Arc-en-ciel* (1926), *Les Papillotes* (1931), *Féeries*

(1933), *Rien que des chansons* (1939). En collaboration avec son fils Maurice, elle donna au théâtre *Un bon petit diable* (1912) ainsi que des pièces comme *La Robe d'un soir*, *La Marchande d'allumettes* (1914) ou *La Tour Saint-Jacques* (1931). Elle fit partie du jury Femina en 1939. Elle eut deux fils qui devinrent célèbres, l'écrivain Maurice Rostand et le biologiste Jean Rostand.

GERMAIN Sophie. Mathématicienne française (Paris, v. 1776 - *id.*, 1831). Fille d'un membre de la Constituante, plus tard directeur de la Banque de France, elle resta cloîtrée chez elle pendant la Terreur. Elle découvrit Archimède à travers l'*Histoire des mathématiques* de Montucla, se passionna aussitôt pour cette science et, contre l'avis paternel, se mit à travailler la nuit en cachette. Ayant réussi à convaincre son père de la laisser s'adonner librement aux mathématiques, elle se procura à l'École polytechnique, qui venait d'ouvrir (1794), les cours de Lagrange et correspondit avec lui sous le pseudonyme de Le Blanc. Lagrange, voulant connaître cet élève remarquable, découvrit ainsi Sophie Germain et la présenta aux savants de l'époque. Très vite, elle se fit apprécier tant pour ses connaissances que pour son charme. Elle inventa la notion de courbure moyenne d'une courbe gauche en un point, notion aujourd'hui classique. En 1816, son *Mémoire sur les vibrations des lames élastiques*, question mise au concours depuis 1811, fut couronné par l'Institut. Toujours sous le nom de Le Blanc, elle entreprit de correspondre avec Gauss qui, d'Allemagne, finit par découvrir son identité. Ses *Considérations sur l'état des lettres et des sciences aux différentes époques de leur culture* (1833) la hissèrent au niveau des philosophes les plus distingués de son temps. Parmi ses autres ouvrages, citons encore *Mémoire sur l'emploi de l'équation dans la théorie des surfaces élastiques* (1824) et *Mémoire sur la structure et l'étendue des mêmes surfaces* (1826). Sophie Germain qui aimait «la vertu comme une véritable géométrie» mourut à cinquante-cinq ans d'un cancer du sein.

GERMAINE DE FOIX. Reine d'Aragon et de Naples (v. 1488 - Liria, 1537). Elle était la fille de Jean de Foix, comte d'Étampes, et de Marie d'Orléans, sœur du roi de France Louis XII. Elle épousa en 1505 son grand-oncle, Ferdinand II le Catholique, roi d'Aragon et de Sicile, âgé de cinquante-quatre ans, et qui était veuf d'Isabelle Ire la Catholique* depuis 1504. Il espérait par ce mariage transmettre le royaume d'Aragon à son héritier. Germaine de Foix lui donna un fils en 1509, mais l'enfant ne vécut pas. À sa mort, Ferdinand légua l'Aragon à sa fille Jeanne la Folle*, le pouvoir étant en réalité assuré par son petit-fils Charles de Gand, futur Charles Quint, déjà roi de Castille. La reine se remaria avec le gouverneur de Valence, Jean de Brandebourg, avant d'épouser en troisièmes noces le duc de Calabre.

GERTRUDE de Nivelles, sainte (Landen, Brabant, v. 625 - Nivelles, 659). Elle était la fille de Pépin de Landen, maire du palais d'Austrasie (France de l'Est et une partie de l'Allemagne), et de sainte Itte (ou Ida, ou Idubergue), la fondatrice du monastère de Nivelles. A la mort de son père en 640, elle se consacra à l'éducation de sa nièce, la future sainte Gudule*, patronne de Bruxelles. Elle succéda à sa mère à la tête de l'abbaye en 647. Son culte était très populaire au Moyen Âge dans le Brabant, en Allemagne et même en Pologne.

GERTRUDE la Grande, sainte. Mystique allemande (Eisleben, 1256 - Hefta, Saxe, 1302). Elle entra à l'âge de cinq ans au monastère d'Hefta pour étudier le latin, la philosophie et les arts libéraux sous la direction de Gertrude de Hackeborn. À partir de 1281, elle eut des visions qui lui firent abandonner les études profanes. Elle se consacra à la dévotion et composa des *Exercices* pour ses consœurs. Ses *Révélations*, dans lesquelles elle exalte l'amour du cœur sacré du Christ, ont contribué à sa notoriété et sont considérées comme une des œuvres maîtresses de la littérature chrétienne. Le culte de sainte Gertrude, dont on ne connaît pas la date de canonisation, a été étendu à l'Église universelle par le pape Clément XII en 1738 et s'est surtout développé au XIXe siècle en liaison avec la dévotion au Sacré-Cœur. On la fête le 16 novembre.

GEVERS Marie. Femme de lettres belge d'expression française (Edegem, Anvers, 1883 - *id.*, 1975). Elle passa toute sa vie au domaine familial de Missembourg qu'elle ne quitta que par intermittence pour rendre visite à sa famille au Zaïre et au Rwanda. Encouragée par Émile Verhaeren, elle fit paraître ses premiers essais poétiques en 1917. Dans *La Comtesse des digues* (1931), celle qu'on a surnommée la « Colette* du Nord » célèbre les bords de l'Escaut. Elle remporta en 1934 le prix Populiste pour son roman, *Madame Orpha ou la Sérénade de mai. Guldentop* (1935), *La Ligne de vie* (1937) et *La Grande Marée* (1937) confirmèrent son talent littéraire. Suivirent *Le Plaisir des météores* (1938), *L'Herbier légendaire* (1949) où elle dresse le catalogue des fleurs de son jardin, l'admirable *Vie et Mort d'un étang* (1961) et *Plaisir des parallèles* (1958) qui chante la terre d'Afrique. Marie Gevers fut membre de l'Académie royale de langue et de littérature de Belgique.

GHYKA Fanny, comtesse. Écuyère roumaine (1857 - Paris, 1881). Mariée contre son gré à un officier serbe, elle le quitta pour s'engager comme écuyère dans un cirque. Elle était une excellente cavalière et obtint rapidement des succès très flatteurs auxquels sa beauté n'était pas étrangère. Elle fut applaudie dans les principales villes d'Europe: Moscou, Milan, Vienne, etc. Remarquée par Ziedler, elle fut engagée par le célèbre directeur à l'Hippodrome de l'Alma. Elle connut une fin tragique. Au cours d'une exhibition, Sultan, un cheval difficile, fit un écart en rentrant sur la piste et désarçonna sa cavalière, laquelle, un pied demeuré dans l'étrier, fut traînée dans l'arène par le cheval emballé. Elle mourut de la gangrène quelques jours plus tard.

GIBSON Althea. Championne de tennis américaine (née en Californie en 1927). Elle fut la première femme noire à remporter le championnat des États-Unis. Élevée à Harlem, elle abandonna ses études pour le tennis à l'âge de treize ans et travailla en usine. C'est une famille du Sud qui l'adopta, lui permit de s'entraîner et d'obtenir son diplôme d'éducation physique à l'université. Grande, athlétique, elle possédait une volée des plus efficaces. Elle a remporté les Internationaux de France en simple et en double (1956) et ceux de Grande-Bretagne en simple (1957) et en double (1956).

GILOT Françoise. Peintre. Française (née à Neuilly-sur-Seine, le 26 novembre 1921). Issue de la bonne bourgeoisie, elle reçut une excellente éducation de la part de ses parents et fit des études de droit et de lettres. Elle exposa pour la première fois au salon des Surindépendants en 1944 puis au salon de Mai et à celui des Tuileries. Dès lors, elle consacra sa vie à la peinture, participant à de nombreuses expositions privées tant en France qu'aux États-Unis. Elle est également célèbre pour sa liaison avec Picasso : ils vécurent ensemble dix ans et eurent deux enfants, Claude et Paloma Picasso*. Elle a raconté la grande complicité intellectuelle qui les unissait et les discussions incessantes qu'ils avaient avec Braque et Matisse. Elle finit par quitter Picasso parce qu'elle ne voulait plus vivre, a-t-elle dit, avec un « monument historique ». Par la suite, elle entretint une longue amitié avec Matisse. Après son divorce avec Luc Simon dont elle a une fille, elle s'est remariée en 1970 avec le Dr Jonas Salk, inventeur du vaccin antipolio. Françoise Gilot a publié plusieurs livres : *Vivre avec Picasso* (avec Carlton Lake, 1965, rééd. 1991), *Le Regard et son masque* (1975), *Matisse et Picasso, une amitié* (1991).

GIORGI-RIGHETTI Geltrude. Contralto italienne (Bologne, 1793 - *id.*, 1862). C'est dans sa ville natale qu'elle étudia le chant et fit ses débuts en 1814. L'année suivante, elle épousait l'avocat Luigi Giorgi et quittait la scène. Elle y revenait en 1816 pour interpréter, à Rome, Isabella (*L'Italienne à Alger*, Rossini) et créer Rosine (*Le Barbier de Séville*, Rossini), le compositeur étant son ami d'enfance. L'année suivante, au Teatro Valle de Rome, elle créait encore pour lui *La Cenerentola*. Toutefois, dès 1822, des raisons de santé l'obligeaient à mettre un terme à sa carrière. Elle reste célèbre non seulement pour sa voix au registre très étendu, mais aussi pour sa controverse avec Stendhal à propos de Rossini. C'est en réponse à un article du romancier, publié dans la *Revue mensuelle de Paris*, qui donnait un compte rendu élogieux des performances de Geltrude Righetti dans les œuvres précitées, qu'elle écrivit ses propres *Souvenirs sur Rossini*.

GIPSY Rose Lee. Danseuse et actrice américaine (v. 1910-?). Enfant de la balle, elle avait parcouru les États-Unis dans le spectacle de sa mère: *Madame Rose et ses filles dansantes*. Elle devint l'idole des amateurs de burlesques américains et régna dans les cabarets des années trente: sophistiquée, le minois spirituel, elle se déshabillait avec art, toute en paroles et en clins d'œil. Adorée des scénaristes pour son talent et ses bas de soie, elle eut la vedette des Ziegfeld Follies en 1937 et monta sur des scènes plus légitimes. Auteur de ses propres textes, elle écrivit un roman à succès, et de ses Mémoires, *Gypsy*, on tira une comédie musicale et un film.

GIRARD Nicole, née Mangin. Médecin. Française (Paris, 1878 - *id.*, 1919). Docteur en médecine en 1906, elle donna à la Sorbonne une série de cours sur la tuberculose, publiant en 1913 un *Essai sur l'hygiène et la prophylaxie antituberculeuse*. L'année suivante, elle organisa un enseignement d'hygiène sociale et de psychologie ouvrière au dispensaire antituberculeux de l'hôpital Beaujon, puis elle demanda à rejoindre le front. Dès le 4 août, elle fut affectée au service des typhiques de l'hôpital militaire de Verdun, obtenant les responsabilités d'aide-major de deuxième classe. Elle s'y illustra dans la lutte contre la tuberculose, problème sanitaire majeur de l'époque, aggravé par les conditions de vie insalubres des tranchées. En 1917, devant la pénurie d'infirmières, elle fut chargée d'organiser une école de formation militaire, avant de devenir directrice et médecin-chef de l'École Edith-Cavell* à Paris. Entrée au service de la Croix-Rouge internationale, elle se préparait à donner un cycle de conférences sur le rôle de la femme pendant la guerre lorsqu'elle mourut foudroyée par une crise cardiaque.

GIRARDIN Delphine de, née Gay. Femme de lettres française (Aix-la-Chapelle, 26 janvier 1804 - Paris, 29 juin 1855). Son père, banquier, étant mort ruiné, sa mère, Sophie Gay*, lui recommanda d'être femme par la robe et homme par la grammaire. À seize ans, Delphine fut récompensée de ses vers par une mention de l'Académie française. Ravissante, mais sans dot, elle eut de nombreux soupirants dont le capitaine Alfred de Vigny et plus tard Lamartine, rencontré en Italie. Delphine Gay fut l'une des muses du salon de Mme Récamier* ; elle venait d'écrire *Ourika* et *Le Bonheur d'être belle*. Elle épousa en 1831 le publiciste Émile de Girardin, créateur de la presse moderne, fondateur de *La Mode*. Il lança *La Presse* en 1836, grand quotidien où Dumas père et Balzac publiaient leurs feuilletons. Delphine y écrivit d'une plume alerte ses fameuses *Lettres parisiennes*, chroniques spirituelles sur le Paris de Louis-Philippe, signées de son pseudonyme, vicomte de Launay.

Le salon des Girardin aux Champs-Élysées était célèbre. Notables et beaux esprits s'y pressaient aux pieds de la belle et puissante maîtresse de maison. « Femme admirablement doué , et que son esprit peut-être a empêché d'avoir du génie » (Amaury-Duval), sa conversation était drôle et ses bons mots sans méchanceté. Émile de Girardin eut de nombreuses liaisons dont la fameuse Rachel* — Delphine, irréprochable, cultiva l'amitié des grands hommes : Hugo, Chateaubriand, Musset, Liszt, Eugène Sue. Elle a laissé une œuvre abondante, des romans, *Le Lorgnon* (1831), *Le Marquis de Pontanges* (1835), et des œuvres dramatiques parmi lesquelles *L'École des journalistes* (1839), *Judith** (1843), *Cléopâtre** (1847) et *La joie fait peur* (1854), pièce écrite un an avant sa mort alors qu'elle souffrait déjà du cancer qui devait l'emporter. Elle repose au cimetière Montmartre.

GIRARDOT Annie. Actrice française (née à Paris, le 25 octobre 1931). Elle perdit son père très jeune et débuta dans la vie comme infirmière. C'est en récitant La Fontaine à un enfant malade qu'elle découvrit sa vocation. Elle suivit les cours de Jean Meyer et sortit du Conservatoire en 1954 munie d'un premier prix de comédie. Elle fut aussitôt engagée à la Comédie-Française et apparut dans *La Paix chez soi* (Courteline). C'est le rôle de Margot (*La Machine à écrire*, Cocteau) qui la consacra (1955). Sollicitée par le cinéma, elle quitta le Français et tourna dans *Treize à table* (Hunebelle, 1955) et dans *L'Homme aux clefs d'or* (Joannon, 1957) qui lui valut le prix Suzanne-Bianchetti.

Drôle et naturelle, elle a un charme et une présence qui la font unanimement apprécier. Le public du Boulevard l'applaudit dans des pièces comme *Deux sur la balançoire* en 1958 ou dans *L'Idiote* qu'elle joua au théâtre Antoine en 1960, tandis qu'une impressionnante carrière cinématographique s'ouvrait devant elle : elle fut la vedette d'une centaine de films, mis en scène, parfois, par de grands réalisateurs comme Visconti. C'est en tournant *Rocco et ses frères* avec ce dernier, en 1960, qu'elle rencontra son mari, l'acteur Renato Salvatori, dont elle a une fille, Giulia. Elle a tourné avec Christian-Jaque, Oury, Delannoy, Ferreri, Clair, Carné, Lelouch, Audiard, Cayatte, Comencini ainsi qu'avec de plus jeunes talents comme Jean-Louis Bertucelli. Prix d'interprétation féminine au festival de Venise pour *Trois Chambres à Manhattan* (Carné, 1965), elle a obtenu le césar de la meilleure actrice en 1976 (*Docteur Françoise Gailland*, Bertucelli). Elle n'a pas renoncé au théâtre où elle a joué, seule en scène pendant deux heures, l'un de ses grands succès, *Madame Marguerite*. Idole du grand public, son talent et sa vivacité lui ont permis d'aborder toutes sortes de rôles, trop sans doute, car ses admirateurs lui reprochent de s'être produite dans des réalisations commerciales de second plan.

GIROUD Françoise. Journaliste, écrivain et femme politique. Française (née à Genève, le 21 septembre 1916). Son père, turc, fonda l'Agence télégraphique ottomane. Élevée en France, elle fut la script de Marc Allégret (*Fanny*, 1932), de Jean Renoir (*La Grande Illusion*, 1936); la scénariste et dialoguiste de Jacques Becker (*Antoine et Antoinette*, 1947) et travailla sur une trentaine de films, avant de devenir journaliste. Elle a alors dirigé la rédaction du magazine *Elle* (1945-1953) puis elle a fondé, avec Jean-Jacques Servan-Schreiber, l'hebdomadaire *L'Express*, créé pour soutenir les idées et la politique de Pierre Mendès-France. Elle l'a dirigé de 1953 à 1974. À cette date, à la demande de Valéry Giscard d'Estaing, elle est entrée dans le cabinet de Jacques Chirac comme secrétaire d'État chargée de la condition féminine (1974-1976). Elle a été ensuite secrétaire d'État à la Culture dans le cabinet Raymond Barre (1976-1977). Après avoir été vice-présidente du parti radical (1975-1976) puis vice-présidente de l'UDF (1978-1979), elle s'est retirée de la vie politique active. Elle a publié douze ouvrages, parmi lesquels des éléments pour une autobiographie (*Si je mens...*, 1972); un récit de son expérience ministérielle (*La Comédie du pouvoir*, 1977); un roman politique (*Le Bon Plaisir*, 1983); trois biographies: *Marie Curie, une femme honorable* (1981), *Alma Malher, ou l'Art d'être aimée* (1988) et *Jenny Marx ou la Femme du diable* (1992); un livre de souvenirs (*Leçons particulières*, 1990). Françoise Giroud est éditorialiste au *Nouvel Observateur* depuis 1983 et elle assure la critique littéraire du *Journal du Dimanche* depuis 1990.

GIROUST Marie-Suzanne. Peintre. Française (1734-1772). Après avoir été l'élève du portraitiste Maurice Quentin de La Tour, elle fut rapidement connue auprès de la bourgeoisie et, surtout, de la haute société aristocratique. Elle épousa à vingt-cinq ans le peintre suédois Alexander Roslin qui l'a d'ailleurs représentée sous les traits de sa fameuse *Dame à l'éventail* (1768). Ses qualités de miniaturiste et de pastelliste, reconnues notamment grâce à son très beau *Portrait de Pigalle* (Musée du Louvre) ou au *Portrait de Jacques Dumont*, peintre de scènes historiques et chancelier de l'Académie (musée de Versailles), étaient déjà largement consacrées de son vivant puisqu'elle fut reçue en 1771 à l'Académie royale de peinture et de sculpture, alors qu'elle n'avait que trente-sept ans.

GISH Lillian (Lilian de Guiche, dite). Actrice américaine (née à Springfield, Ohio, le 14 octobre 1896). Elle a joué au théâtre dès l'âge de quatre ans avec sa sœur Dorothy et avec sa mère. À cinq ans, elle fit partie d'une troupe enfantine dans laquelle se trouvait Mary Pickford*. Plus tard, celle-ci ayant convaincu le cinéaste D.W. Griffith du talent des deux sœurs, ce dernier confia des rôles dans *An Unseen Enemy* (1912). Ce fut le début d'une entente exceptionnelle entre le grand maître du muet et son interprète favorite. Griffith fut en quelque sorte son pygmalion, l'aidant à se découvrir, à mettre en valeur sa silhouette gracile, son talent et sa personnalité. Elle devint le prototype de la jeune fille d'autrefois, frêle, émouvante, sensible. L'ovale pur de son visage, son regard innocent, son admirable chevelure ont conquis toute une génération.

Après de nombreux courts métrages avec sa sœur Dorothy, Lillian Gish tourna dans tous les grands films de Griffith où son nom figure en vedette. De 1912 à 1922, elle tint le rôle principal dans *Naissance d'une nation* (1915), dans *Le Lys brisé* (1919) — elle donne plus que jamais la mesure de son talent exceptionnel dans ce chef-d'œuvre du cinéma muet —, puis dans *Les Deux Orphelines* (1921) où sa sensibilité et la mobilité de ses expressions sont inoubliables. Elle est alors devenue la star des stars du muet. Elle fut aussi la touchante héroïne de nombreux autres films:

Enoch Arden (Cabanne, 1915), *Sold for Marriage* (Cabanne, 1916), *Sœur blanche* (King, 1923), *Romola* (King, 1924), *La Bohème* (Vidor, 1926), *La Lettre rouge* (Sjoström, 1926). L'avènement du parlant en 1927 et l'échec financier du premier film parlant de Griffith semblèrent donner un coup fatal à la carrière de Lillian Gish qui s'éloigna du cinéma, se tournant vers Broadway. On la vit sur scène dans de nombreuses pièces comme *Oncle Vania* (Tchekhov), *Hamlet* (Shakespeare), etc., et elle fut considérée comme l'une des meilleures interprètes du théâtre anglo-saxon. Elle revint à Hollywood en 1946 pour connaître de nouveau le succès avec *Duel au soleil* (Vidor, 1947) et *La Nuit du chasseur* (Laughton, 1955) où elle incarne une vieille dame bouleversante. Au cours de sa carrière, elle a réalisé quelques films et dirigé sa sœur Dorothy dans *Remodeling your Husband* (1920). Elle ne s'est jamais mariée, consacrant toute sa vie à son art. Elle a tourné *Sweet Liberty* (Alda, 1985) et *The Whales of August* (Anderson, 1987).

GLAGOLEVA-ARKADIEVA Alexandra Andreïevna. Physicienne russe (Tovakorbo, près de Toula, 28 février 1884 - Moscou, 30 octobre 1945). Professeur à l'université de Moscou, disciple du physicien P.N. Lebedev, épouse du physicien Arkadiev, elle est connue pour ses recherches sur l'analyse structurale. En 1916, elle mit au point un stéréoscope pour la localisation des corps étrangers. Elle contribua par ses travaux à faire progresser la physique radiologique.

GLASGOW Ellen. Romancière américaine (Richmond, Virginie, 22 avril 1873 - *id.*, 21 novembre 1945). Issue d'une famille d'aristocrates sudistes, elle était à dix-huit ans la seule femme socialiste de Richmond. En 1897, elle publia son premier roman, *The Descendant*, suivi à partir de 1900 d'une longue série d'autres livres qui retracent l'histoire sociale et politique de la Virginie de 1850 à 1940. Ce sont des chroniques sociales et agraires d'un réalisme précis, où les portraits psychologiques apparaissent d'une rare profondeur. Œuvre de maturité, *Dans un cœur pur* (*Vein of Iron*), publié en 1935, est considéré comme l'un de ses meilleurs romans. Mais ce fut le dernier, *Cette vie qui est la nôtre*, qui obtint le prix Pulitzer en 1942. Citons encore parmi une œuvre abondante: *The Voice of the People* (1900), *The Battleground* (1902), *The Wheel of Life* (1906), *The Ancient Law* (1908), *The Romance of a Plain Man* (1909), *The Miller of Old Church* (1911), *The Builders* (1919), *Barren Ground* (1925), *The Romantic Comedians* (1926), etc. Après sa mort parurent son autobiographie *The Woman Within* (1954), ainsi que sa *Correspondance* (1958).

RÉF.: M. Parent, *Ellen Glasgow, romancière*, Nizet, 1962.

GLASPELL Suzan. Femme de lettres américaine (Davenport, Iowa, 1882 - Provincetown, Massachusetts, 1948). Aidée par son mari George Cram Cook, elle s'occupait des troupes d'acteurs d'avant-garde des Provincetown Players ainsi que du Playwright's Theatre de Greenwich Village. Elle écrivit pour elles des pièces en un acte, dont *Désirs refoulés*, satire de la psychanalyse (1914), *Bagatelle* (1916), *Le Temps suspendu* (1918). Puis son œuvre dramatique dénonça les lâchetés de certaines classes sociales dont les caractères et les mœurs sont analysés avec une grande subtilité : *Bernice* (1919), *Les Héritiers* (1921), etc. Avec *La Maison d'Alison*, évocation de la vie d'Émily Dickinson*, elle obtint le prix Pulitzer en 1931. Elle est également l'auteur d'une vingtaine de romans excellents par des qualités d'analyse et de style.

GLEDTSCH Ellen. Chimiste norvégienne (1879-1968). Étudiante en chimie minérale en 1908, elle travailla comme stagiaire dans le laboratoire de Marie Curie*, rue Cuvier, fixant avec elle des normes de mesure, vérifiant que les agents extérieurs n'avaient aucune influence sur la radioactivité, étudiant les effets de l'émanation dans la formation et la condensation des nuages dans des lieux confinés. Au cours de l'année universitaire 1913-1914, assistante à l'université d'Oslo, elle mit au point, sous la direction de Boltwood — qui avait prouvé que l'ionium devenait radium —, une méthode de détermination de la moitié de la vie de l'uranium, obtenant une valeur de mille sept cents ans. Pendant la guerre, elle n'hésita pas à quitter son poste et à venir enseigner en France à la demande de Marie Curie, aux côtés de laquelle elle fit, par la suite, de fréquents séjours dans les laboratoires de la Faculté des sciences de Paris. Au cours de sa longue carrière, ses travaux personnels portèrent sur les propriétés du radium et des éléments qui en dérivent, sur la filiation de l'uranium et sur les proportions relatives des radioéléments dans un mélange en équilibre ou pendant l'établissement de celui-ci. Sa contribution à la détermination de l'âge des minéraux par la mesure du rapport entre les concentrations des radioéléments qu'ils contenaient fut également décisive. Déjà membre de l'Académie des sciences de Norvège, elle devint en 1967 la première femme docteur *honoris causa* de l'Université de Paris qui l'accueillit en la personne du recteur Jean Roche.

GODDARD Paulette (Pauline Marion Levee, dite). Actrice américaine (Long Island, New York, 3 juin 1911 - 23 avril 1990). À l'âge de quatorze ans, elle débuta comme danseuse aux Ziegfeld Follies avant de partir pour Hollywood où elle fut engagée en 1931 pour être la vedette de deux films de Chaplin, *Les Temps modernes* (1936) et *Le Dictateur* (1939). Ils se marièrent en 1936 — en 1930, elle avait divorcé de son premier mari, un industriel épousé trois ans plus tôt —, mais ils se séparèrent en 1942. Ravissante, excellente comédienne, il serait injuste de n'attribuer sa renommée qu'aux seuls films tournés avec Chaplin. Elle triompha également dans *Le Journal d'une femme de chambre* (Renoir, 1946) et dans *La Folle Enquête* (Vidor, 1948). Elle apparaît également dans *Les Tuniques écarlates* (De Mille, 1940), *La Duchesse des bas-fonds* (Leisen, 1945), *Les Conquérants d'un nouveau monde* (DeMille, 1947), *La Vengeance des Borgia* (Leisen, 1949) et dans d'autres films de Wallace, Cukor, Marshall, Sandrich, Korda, Victor, Fischer, Sterne, etc. Paulette Goddard s'est remariée avec l'acteur Burgess Meredith, puis a épousé en quatrièmes noces l'écrivain allemand Erich Maria Remarque.

GODEFROID Marie-Éléonore. Peintre. Française (Paris, 1778 - *id.*, 1849). Son père était un restaurateur de tableaux réputé. Il logeait au Louvre comme beaucoup de ses collègues et avait pour amis Joseph et Carle Vernet, David et Suvée. De 1795 à 1805, Marie-Éléonore Godefroid enseigna au pensionnat de Mme Campan*. Elle le quitta pour entrer dans l'atelier du baron Gérard qu'elle connaissait depuis son enfance. Possédant une technique remarquable, elle seconda bientôt son maître qui ne pouvait suffire à toutes les commandes. Elle-même acquit une grande réputation pour ses élégants portraits de femmes et d'enfants: *Les Fils du maréchal Ney* (1810), *La Reine Hortense* et ses enfants* (1812), *Les Enfants du duc d'Orléans* (1827). Elle était aussi une excellente pastelliste. Le musée de Versailles possède d'elle un portrait de *Madame Campan*. Elle mourut du choléra lors de l'épidémie de 1849.

GODIVA, lady. Héroïne anglaise (v. 1040 - v. 1080). Femme de Léofric, comte de Mercie, seigneur de Coventry, elle supplia son époux d'alléger les impôts dont il accablait les habitants de Coventry. Il accepta, à condition qu'elle traversât nue, à cheval, la place du marché. Ce qu'elle fit, relevant le défi, parée de sa seule chevelure, et son mari tint parole. Cette histoire n'a cessé d'être enjolivée jusqu'au XIIe siècle. Lady Godiva avait en fait donné l'ordre aux habitants de la ville de fermer leurs fenêtres et de ne pas regarder. Seul un tailleur, Peeping Tom (Tom le Voyeur) désobéit et en perdit la vue. Depuis, tous les sept ans au mois de mai, une cavalcade commémore à Coventry la célèbre chevauchée de lady Godiva.

GOEPPERT-MAYER Maria. Physicienne américaine d'origine allemande (Katowice, Pologne, 28 juin 1906 - San Diego, Californie, 20 février 1972). Elle fit ses études à Göttingen où son père était professeur à la faculté de médecine. Élève de Max Born, elle obtint son doctorat de physique théorique en 1930. Peu après, elle partit pour les États-Unis avec J.E. Mayer, un physicien américain de la fondation Rockefeller qu'elle avait rencontré en 1929 et qu'elle avait épousé. En Amérique, elle travailla successivement à la John Hopkins University de Baltimore, à la Columbia University de New York, à l'université de Chicago. Elle devint ensuite premier physicien à l'Argonne National Laboratory et professeur de physique de l'Institut Fermi à Chicago. Après des recherches initiales consacrées à la séparation des isotopes, elle se tourna, en 1946, vers la physique nucléaire. Membre de la National Academy de Washington et de la Heidelberg Akademie der Wissenschaften, elle partagea en 1963 le prix Nobel de physique avec Daniel Paul Wigner et Hans Daniel Jensen, pour ses travaux sur la structure en couches du noyau atomique. On lui doit de nombreuses publications dont un ouvrage écrit en collaboration avec son mari : *Statistical Mechanics* (1940).

GOETHE Katharina Elisabeth, née Textor. Allemande (1731-1808). Fille du bourgmestre de Francfort, elle épousa le conseiller impérial Johann Caspar Goethe qu'elle soigna avec dévouement tout au long de sa maladie. Elle devint veuve en 1782, et la célébrité de son fils, né en 1749, lui valut de nombreuses visites de personnalités qu'elle accueillait avec beaucoup de simplicité, laissant à chacun un souvenir inoubliable. Elle raconta la jeunesse de son fils à Bettina Brentano*. La duchesse Anne-Amélie de Saxe-Weimar qui avait fait chez elle un séjour de deux semaines en 1780 correspondit avec son hôtesse jusqu'à sa mort. Elle reçut dans son salon le duc de Saxe-Weimar, la reine Louise de Prusse, les poètes Klopstock et Stolberg, le savant Wilhelm Humboldt et Mme de Staël*.

GOITSCHEL Marielle. Skieuse française (née à Sainte-Maxime, Var, en 1945). Elle fut la plus célèbre skieuse des années 60 et 70. Très athlétique, possédant une technique remarquable et une condition physique parfaite, elle a remporté les principales courses internationales de son époque : Grindelwald, Innsbruck, Kitzbühel, Grenoble, Schurz, Sestrières, Oberstaufen, Arlberg-Kandahar, Roseland, etc. Son palmarès est éloquent. Elle a obtenu quatre médailles d'or aux championnats du monde et aux jeux Olympiques : le combiné en 1962, le slalom géant et le combiné aux jeux Olympiques d'hiver d'Innsbruck en 1964, le slalom géant en 1966. Elle s'est adjugé également trois médailles d'argent : descente en 1966, slalom géant et combiné aux jeux Olympiques d'hiver de Grenoble en 1968. Elle est la plus titrée des skieuses françaises. Sur les pistes, elle était renommée pour sa volonté de vaincre, son caractère indépendant et son franc-parler. Elle fut membre de l'équipe de France de ski (1959-1968); elle est chevalier de la Légion d'honneur, de l'Ordre national du mérite et Grand Prix féminin de l'Académie des sports (1962 et 1969).

GOLDER Jenny. Chanteuse et danseuse d'origine australienne (XXe siècle). Jenny Golder était très belle, elle avait des yeux immenses, un regard extraordinaire, dit-on, et un formidable talent qui lui permit de « brûler les planches » à Paris. Venue des États-Unis, elle apparut aux côtés de Mistinguett* et cela suffit à la faire remarquer ; Henri Jeanson a écrit à cette occasion : « Lorsque le rideau tomba à la répétition générale de la revue, Jenny Golder était célèbre. » Ainsi commença donc cette fulgurante carrière. On la vit sur scène avec Harry Pilcer, l'un des danseurs qui firent connaître le ragtime à Paris, avec Gaby Deslys*. Elle devint presque immédiatement la vedette d'une revue aux Folies-Bergère. L'Alhambra, l'Olympia, La Cigale l'accueillirent également. Paris fredonnait les couplets qu'elle avait rendus célèbres. On se souvient d'elle notamment au travers de l'immense succès qu'elle a remporté avec une chanson de Maurice Yvan *Alors, j'lui ai fait de l'œil* ou de son engagement au Casino de Paris pour la revue *Dans un fauteuil* de Jacques Charles (1925). Sa gaieté, sa présence, sa joie de vivre ont enchanté le public. Comme certaines autres « étoiles » de cette époque, elle s'est suicidée quelques mois après avoir joué dans une dernière revue au Palace.

GOLD Kathe. Actrice autrichienne (née à Vienne en 1915). Après Bianca (*La Mégère apprivoisée*, Shakespeare), elle interpréta Gretchen dans *Urfaust* de Goethe — titre de la première ébauche de *Faust* — puis les héroïnes d'Ibsen: Nora (*La Maison de poupée*) et Hedwige (*Le Canard sauvage*). Sa grâce aérienne, son talent nuancé d'émotion et de poésie ont fait d'elle une des comédiennes les plus admirées du théâtre berlinois. Excellente dans Schiller comme dans Shakespeare ou dans Goethe, elle a incarné une charmante Suzanne (*Le Mariage de Figaro*, Beaumarchais) et le rôle-titre dans *Ondine* (Giraudoux). On la vit encore dans *La Mouette* (Tchekhov) et dans *Un tramway nommé Désir* (Tennessee Williams).

GOLDSCHMIDT Marie, née Kann. Aéronaute française (Paris, 1880 - *id.*, 1917). Brevetée pilote en 1911, les raids et les voyages qu'elle entreprit en ballon avec René Rumpelmayer l'ont rendue célèbre. Citons parmi leurs performances celle de 1912: Saint-Cloud-Bogozlo (Hongrie), 1143 kilomètres en 12 h 50 min, soit 89 km/h de moyenne, vitesse remarquable pour l'époque. Ensemble ils établirent un record du monde de distance: le voyage de la Motte-Breuil jusqu'à Voltchy-Jarr près de Kharkov en Ukraine, soit 2 400 kilomètres parcourus en quarante et une heures. Infirmière pendant la guerre, Marie Goldschmidt mourut d'une maladie qu'elle avait contractée en soignant les blessés, à l'âge de trente-sept ans.

GOMEZ Madeleine Angélique de, née Poisson. Femme de lettres française (Paris, 22 novembre 1684 - Saint-Germain-en-Laye, 28 décembre 1770). Fille du comédien Paul Poisson, elle épousa un hidalgo désargenté et dut écrire pour subvenir à ses besoins. Elle donna au théâtre quatre tragédies, dont *Habis* (1714), qui fut jouée très longtemps, et publia *L'Histoire secrète de la conquête de Grenade*, roman de chevalerie dans lequel les Maures font assaut de galanteries avec les chrétiens. Elle est aussi l'auteur d'un recueil de contes, *Les Journées amusantes* (8 vol., 1722-1731), des *Anecdotes persanes* (2 vol., 1727) et surtout des célèbres *Cent Nouvelles nouvelles*

(8 vol., 1735-1758), récits d'aventures sentimentales et héroïques qui connurent un succès durable. Madeleine de Gomez avait épousé en secondes noces un certain M. Bonhomme.

GÓMEZ DE AVELLANEDA Gertrudis. Poétesse cubaine (Puerto Príncipe, 1814 - Madrid, 1873). Celle qui est l'un des grands noms de la littérature cubaine passa une longue partie de sa vie à Madrid. Son œuvre, inspirée par une déception amoureuse puis par le sentiment religieux, figure parmi les classiques romantiques de langue espagnole. Citons les poèmes comme *La Plegaria a virgen, Al partir, Soledad del alma*; des drames historiques, *Egilona* (1845), *Saúl* (1846), *Reccareto* (1850); des romans, *Espatolino* (1844), *Dolores* (1860), etc. Revenue à Cuba en 1859, elle fonda la revue *Álbum cubano de lo bueno y de lo bello*.

GONTARD Susette, née Borkenstein. Allemande (Francfort-sur-le-Main, 1768 - *id.*, 1822). Le poète Friedrich Hölderlin, qui avait commencé des études au séminaire, abandonna bientôt la carrière ecclésiastique et se plaça comme précepteur pour subvenir à ses besoins. C'est à Francfort, où il résida de 1795 à 1798, qu'il s'occupa des trois enfants du banquier Gontard. Tel Julien Sorel, il éprouva une ardente passion pour la mère de ses élèves, amour sans espoir qui lui inspira les plus belles pages de son célèbre roman *Hyperion* (1797-1799). Diotima y figure la joie et l'amour sous les traits idéalisés de Susette Gontard, tandis que le poète malheureux se cache sous «l'Ermite de Grèce».

GONTCHAROVA Natalia Sergueïevna. Peintre. Russe (Toula, 1881 - Paris, 1962). Élève de l'Académie des beaux-arts de Moscou, elle fut avec son compagnon Larionov l'un des précurseurs de la peinture moderne en Russie. Ils animèrent tous deux l'expérience «rayonniste», l'une des premières manifestations de l'art abstrait. Avant la Première Guerre mondiale, elle exposa à Londres, à Paris («Deux siècles d'art russe», 1906), à Berlin et à Moscou. Elle y fit scandale avec une œuvre jugée «pornographique», mais revint en 1913 avec plus de 700 toiles. Elle s'attacha aux Ballets russes qu'elle suivit en Espagne, en Italie, puis en France où elle se fixa à partir de 1915. Elle côtoya l'avant-garde de la peinture. Dans ses décors et ses costumes de scène, l'influence du cubisme se mêle aux souvenirs de son pays. On doit citer son travail pour *Le Coq d'or* de Rimski-Korsakov (1914), les *Noces* (1922) et *L'Oiseau de feu* (1926) de Stravinski. Elle abandonna peu à peu l'abstraction au profit d'une figuration inspirée du folklore slave.

GONZAGUE Anne de (dite **la princesse Palatine**). Princesse française (Paris, 1616 - *id.*, 1684). Seconde fille de Charles de Gonzague, duc de Nevers puis de Mantoue, et de Catherine de Lorraine, elle eut une longue liaison avec le petit-fils du Balafré, Henri II de Guise, qui était alors archevêque de Reims. Il obtint du pape l'autorisation de rentrer dans la vie laïque, dans le but d'épouser Anne de Gonzague. Il l'abandonna avant le mariage, de sorte qu'elle épousa en 1645 Édouard de Bavière, fils de l'Électeur Frédéric V, comte palatin du Rhin. Très brillante, elle tint une place enviée à la cour d'Anne* d'Autriche où elle fut remarquée pour son intelligence et son érudition, mais aussi pour sa vie galante. Elle joua un rôle politique important pendant la Fronde, obtenant notamment la libération des princes (Condé, Conti, Longueville) qui avaient été arrêtés sur l'ordre d'Anne d'Autriche en janvier 1650, ainsi que la réconciliation du futur cardinal de Retz avec la cour. Par la suite, elle se rangea aux côtés de la reine mère et travailla au retour de

Mazarin au pouvoir. Veuve en 1663, elle se retira dans la solitude et dans la dévotion. Dans la célèbre oraison funèbre que Bossuet lui a consacrée, le prélat relate le rêve survenu à la princesse Palatine et qui l'avait déterminée, disait-elle, à cette conversion.

GONZAGUE Louise-Marie de. Reine de Pologne (v. 1612 - Varsovie, 1667). Elle était la fille de Charles de Gonzague, duc de Nevers puis de Mantoue, et de Catherine de Lorraine, donc la sœur d'Anne de Gonzague*. Le duc d'Orléans, Gaston, le frère de Louis XIII, qui venait de perdre sa première femme, Mlle de Montpensier*, tomba amoureux d'elle et projeta de l'enlever, avec son consentement, pour l'épouser secrètement. Marie* de Médicis, qui avait pour son fils d'autres visées matrimoniales, fut mise au courant de l'affaire et fit emprisonner Louise-Marie de Gonzague au moment de son départ, tandis que Gaston d'Orléans choisissait la fuite (1629).

Plus tard, en 1642, la princesse, qui avait refusé plusieurs partis qu'elle jugeait indignes d'elle, eut une liaison avec Cinq-Mars — elle l'aurait poussé, dit-on, à conspirer contre Richelieu. L'exécution de son amant en 1642 n'eut pas de conséquences pour elle. Trois ans plus tard, le roi de Pologne, Ladislas IV, demanda sa main. Le bruit de ses amours avec Cinq-Mars ayant couru jusqu'à Varsovie, elle reçut du roi un accueil tellement glacial qu'elle faillit rentrer en France. La diplomatie de la comtesse de Guébriant*, qui l'avait accompagnée en Pologne, évita le scandale. À la mort du roi en 1648, son frère Jéan-Casimir monta sur le trône. L'année suivante, ayant obtenu du pape les dispenses nécessaires, il épousa sa belle-sœur qui conservait ainsi sa couronne. Louise-Marie de Gonzague a fondé le couvent de la Visitation à Varsovie. Elle s'est éteinte sans descendance.

GONZALÈS Éva. Peintre. Française (Paris, 19 avril 1849 - *id.*, 5 mai 1883). Fille de l'écrivain Emmanuel Gonzalès, elle suivit d'abord des cours dans l'atelier de Chaplin. À vingt ans, elle délaissa son premier maître pour devenir le modèle et l'unique élève de Manet, qui fit d'elle son portrait en 1870. Sa peinture s'affermit et ses couleurs devinrent plus franches: elle ne suivit cependant pas Manet dans la direction de l'impressionnisme. Elle exposa *L'Enfant de troupe* au Salon de 1870. Cette toile, actuellement conservée au musée de Villeneuve-sur-Lot, fut très applaudie. Suivirent *La Toilette, Le Panier à ouvrage*, et surtout *La Loge aux Italiens* (Louvre), qui n'est pas sans rappeler l'influence de Manet. En 1879, Éva Gonzalès épousa le graveur Henri Guérard. Elle mourut quatre ans plus tard d'une embolie. Citons encore parmi ses toiles *L'Entrée du jardin* (musée de Meaux) et *Au bord de l'eau* (musée des Beaux-Arts, Vienne).

GORDIMER Nadine. Romancière sud-africaine (née à Johannesburg en 1923). Elle vécut son enfance à Springs, bourgade provinciale proche de Johannesbourg, construite autour d'une mine d'or. Ses parents, bijoutiers, appartenaient à la petite-bourgeoisie sud-africaine favorable à l'apartheid. Les premières nouvelles de Nadine Gordimer, qu'elle publia à vingt ans dans le *New Yorker*, ne laissaient pas présager l'engagement qu'elle allait prendre par la suite, dans tous ses écrits, contre l'apartheid. Amie d'Albert Luthuli, premier Sud-Africain prix Nobel de la paix, elle était aussi liée à Bran Fischer, le leader communiste mort en prison: il lui a inspiré l'un de ses romans, *Fille de Burger* (1979). Elle aborde dans son œuvre le thème des relations entre Blancs et Noirs: *A World of Strangers, The Late Bourgeois World* (1966) — deux romans qui furent interdits par la censure pendant une dizaine d'années — *Occasion* *for Loving* (1963), *July's People* (1981). *The Conversationist* n'a été censuré que cinq mois, car il a remporté à Londres le prix Booker des éditeurs britanniques. Elle est également l'auteur d'un essai, *South Africa Writing Today* (1967). Nadine Gordimer a reçu le grand prix de l'Aigle d'or de la ville de Nice pour l'ensemble de son œuvre (1975) avant d'obtenir le prix Nobel de littérature en 1991.

GORDON-LAZAREFF Hélène. Voir LAZAREFF Hélène.

GOROKOVA Galina. Escrimeuse soviétique (née le 31 août 1938). Championne du monde au fleuret en 1965, elle fit partie de la redoutable équipe soviétique aux côtés de l'ex-championne du monde Efimova*, de Zabelina et de Petrenko. Aux jeux Olympiques de Mexico (1968), elle s'adjugea la première place, dominant toutes ses rivales, dont Pilar Roldan, mexicaine, finaliste lors des jeux Olympiques de Rome (1960), qui se classa seconde.

GORR Rita (Marguerite Geinaert, dite). Mezzo-soprano belge (née à Gand, le 18 février 1926). Élève au Conservatoire de Bruxelles, elle gagna en 1946 le premier prix au concours de chant de Verviers. Elle débuta en 1949 à Anvers dans le rôle de Fricka (*La Walkyrie*, Wagner), puis chanta à l'Opéra de Strasbourg jusqu'en 1952. Cette année-là, elle remporta le grand prix international de chant à Lausanne, qui lui ouvrit les portes de l'Opéra de Paris — où elle fut Magdalene (*Les Maîtres chanteurs*, Wagner) — puis de l'Opéra-Comique. Devenue la vedette de ces deux scènes, elle y incarna tour à tour, Amnéris (*Aïda*, Verdi), Dalila (*Samson et Dalila*, Saint-Saëns), Vénus (*Tannhäuser*, Wagner), Charlotte (*Werther*, Massenet), Marguerite (*La Damnation de Faust*, Berlioz); elle créa *Numance* (Barraud) et *Dialogues des carmélites* (Poulenc) lors de la première de cette œuvre en France (1957). Invitée au festival de Bayreuth en 1958, elle y chanta les héroïnes du répertoire wagnérien: Ortrud (*Lohengrin*), Kundry (*Parsifal*). Les grandes scènes lyriques étrangères l'invitèrent: Covent Garden (1959), la Scala de Milan (1960), le Metropolitan Opera de New York où elle débuta en 1962 dans le rôle d'Amnéris (*Aïda*, Verdi), puis Naples, Rome et Lisbonne. Une des grandes voix de son époque, elle fut aussi Orphée (*Orphée*, Gluck), Margared (*Le Roi d'Ys*, Lalo), Hérodiade (*Hérodiade*, Massenet), Iphigénie (*Iphigénie en Tauride*, Gluck).

GOTTLIEB Nanette (Anna Maria, dite). Cantatrice autrichienne (Vienne, 29 avril 1774 - *id.*, 4 février 1856). Issue d'une famille d'artistes, elle joua dès l'âge de cinq ans sur la scène du Burgtheater à Vienne. À douze ans, elle incarna Barbarina (*Les Noces de Figaro*, Mozart), lors de la création de l'œuvre en 1786. C'est encore elle qui créa le rôle de Pamina (*La Flûte enchantée*, Mozart) en 1791. Elle fit ensuite une carrière à succès en interprétant des *Singspiel* et des parodies musicales; elle se retira de la scène en 1808. Au premier festival de Salzbourg, alors qu'elle se trouvait dans la salle, elle s'écria subitement: «Je suis la première Pamina.» Elle était la dernière des chanteuses viennoises à avoir connu Mozart, et elle mourut lors des fêtes données à l'occasion du centenaire de la naissance du compositeur, en 1856.

GOUDGE Élisabeth (Élisabeth de Beauchamp Goudge, dite). Romancière anglaise (Wells, Somerset, 1900 - 1984). Son père était professeur de théologie à l'université d'Oxford de 1923 à 1939. Après des études à Southbourne et à Reading, elle écrivit des livres pour enfants et des biographies pieuses. Elle connut un succès international avec *L'Arche* *dans la tempête* (1934) et avec *Le Pays du dauphin vert* (1945). Citons encore *La Colline aux gentianes* (1952), qui obtint une très large audience.

GOUGES Olympe de (Marie Gouze, dite). Femme de lettres et féministe française (Montauban, 1755 - Paris, 4 novembre 1793). Certains ont prétendu, contre toute vraisemblance, qu'elle était la fille naturelle de Louis XV. Elle-même se disait la fille du poète Lefranc de Pompignan. Elle épousa un riche négociant du nom d'Aubry, qui la laissa bientôt veuve. Elle s'installa à Paris et se fit connaître par ses nombreuses pièces de théâtre, comme *Zomoar et Mirza, ou l'Heureux Naufrage* (1789), *Lucinde et Cardenio, Le Mariage de Chérubin*, etc. Toutes furent refusées, sauf la première, jouée à la Comédie-Française sous le titre *L'Esclavage des nègres, ou l'Heureux Naufrage*. Elle s'enflamma pour les idées révolutionnaires, lutta pour l'égalité des femmes dans la société et, féministe avant la lettre, elle put écrire que « l'oubli ou le mépris des droits de la femme sont la seule cause des malheurs publics ».

Elle écrivit un nombre considérable de brochures révolutionnaires sous la forme d'adresses à la nation ou à des personnages politiques, un *Dialogue allégorique entre la France et la Vérité*, une violente critique de la Comédie-Française, *Les Comédiens démasqués* (1790). En 1792, elle proposa une *Déclaration des droits de la femme et de la citoyenne* dans laquelle elle proclame que « la femme naît libre et demeure égale à l'homme en droit » et que « toutes les citoyennes et tous les citoyens étant égaux doivent être également admissibles à toutes dignités, places et emplois publics ». Elle fit représenter trois de ses pièces pendant la Révolution : *Mirabeau aux Champs-Élysées* (1791), *Le Couvent, ou les Vœux forcés* (1792), *L'Entrée de Dumouriez à Bruxelles, ou les Vivandiers* (1793). Son action politique, aussi généreuse fût-elle, était brouillonne. Elle soutint Necker, puis Mirabeau, avant d'attaquer violemment la royauté (*Arrêt de mort que présente Olympe de Gouges contre Louis Capet*). Après l'arrestation de Louis XVI, elle prit sa défense et adressa une lettre d'insultes à Robespierre dans laquelle elle lui proposait de se noyer ensemble pour le salut de la France. Elle qui avait écrit : « Nous avons le droit de monter à la tribune puisque nous avons celui de monter à l'échafaud » fut traduite devant le Tribunal révolutionnaire et exécutée pour menées séditieuses.

GOULD Anna, comtesse de Castellane puis duchesse de Talleyrand. Mécène. Américaine (1875 - Neuilly, 1961). Seconde fille du milliardaire américain Franck Jay Gould, roi des chemins de fer, elle fut l'une des figures les plus en vue du Tout-Paris de 1900. D'abord fiancée à un acteur, elle épousa en 1895 le fameux dandy Boni de Castellane. Leur inclination prévalut longtemps sur tout ce qui les opposait. « Agréable vue de dot », comme on disait, Anna Gould était petite et pâle avec de grands yeux noirs. Naïve et timide, elle prit bientôt l'habitude du monde, sans jamais être mondaine. Elle acheta le château du Marais près de Paris, tandis que Boni faisait construire avenue du Bois le somptueux Palais Rose, imité du Grand Trianon. Ils y donnèrent les plus belles réceptions de la Belle Époque. Les dépenses et les liaisons féminines de Boni, amplifiées par les ragots, ne furent pas du goût de sa femme. Elle obtint en 1906 le divorce et la garde de leurs trois fils, Boniface, Georges et Jay. Elle devait se remarier avec le duc Hélie de Talleyrand, cousin de son premier mari.

Constamment sollicitée, Anna Gould accomplit de nombreuses œuvres de bienfaisance : elle fit construire les Galeries de la Charité en 1900, consacra, à la naissance de Jay, 100000 francs aux enfants abandonnés et fonda des centres de secours aux blessés lors de la Première Guerre mondiale. Elle passa sa vieillesse au château néogothique de son père, à Lyndhurst, sur les rives de l'Hudson.

GOULD Florence, née Lacaze. Mécène. Américaine (San Francisco, 1895 - Cannes, 1983). Fille d'un éditeur de San Francisco, elle reçut une éducation franco-américaine avant de se lancer dans la carrière lyrique. C'est au cours d'un récital à Paris que le milliardaire Franck Jay Gould tomba amoureux d'elle. Il était son aîné de dix-huit ans et avait été marié deux fois. Les noces firent grand bruit, et le couple s'installa à «la Vigie», à Juan-les-Pins. C'est en 1945 que débutèrent les fameux déjeuners littéraires où l'on rencontrait Marcel Jouhandeau, Pierre Benoit, François Mauriac, Paul Morand, Paul Léautaud, Jean Cocteau, Henri Michaud et Marie Laurencin*.

Florence Gould se piquait de ne rien connaître à la littérature, ce qui ne l'empêcha pas d'aider les écrivains. Elle se fit éditrice et fonda le prix Max-Jacob pour la poésie, le prix Roger-Nimier pour le roman et le prix des Critiques. Après la mort de son mari en 1956, elle acheta une villa à Cannes. Entourée de nombreuses œuvres d'art, elle continua à prodiguer son hospitalité. Elle créa la fondation Florence-Gould pour promouvoir l'amitié franco-américaine: chaque année une somme de 50 000 dollars récompense une œuvre littéraire ou artistique. Elle fut nommée chevalier de la Légion d'honneur, chevalier de l'ordre des Arts et des Lettres; elle était également membre de l'Institut de France au titre de correspondant étranger.

RÉF.: Ph. Michel-Thiriet, G. Cornut-G. Gentille, *Florence Gould, une Américaine à Paris*, Mercure de France, 1989.

GOULUE, la. Voir LA GOULUE.

GOURNAY Marie de (Marie Le Jars, dite). Femme de lettres française (Paris, v. 1566 - *id.*, 1645). Fille d'un trésorier du roi, cette cérébrale, érudite, extrêmement douée et plutôt laide se prit à l'âge de dix-huit ans d'une passion pour les *Essais* de Montaigne. Elle rencontra l'écrivain à Paris en 1588, et lui exprima avec tant d'enthousiasme et d'intelligence son admiration qu'il la nomma « sa fille d'alliance ». Il mourut en 1592 ; elle le pleura en effet comme un père. L'année suivante, elle alla voir Françoise de Montaigne* et sa fille, reçut une copie des annotations marginales inscrites sur l'édition de 1588, en vue d'une réédition. Elle rédigea *Le Proumenoir de Montaigne* (1594), œuvre d'inspiration romanesque, et publia chez Langelier l'édition posthume des *Essais* (1595). Protégée par Henri IV et Richelieu, défendant Ronsard et la tradition de la Pléiade, attaquant Racan et l'école de Malherbe, elle rassembla la somme de ses œuvres dans *L'Ombre de la demoiselle de Gournay* (1626). Son style est vigoureux, indépendant. Dans *Adieu de l'âme du roi à la reine régente Marie* de Médicis* (1610), elle écrit :

> Le peuple est la gloire et la grandeur des rois et non pas eux à la sienne.

Dans *Égalité des hommes et des femmes* (1622), elle fait une critique amère de la condition féminine de son temps. À son insu et en dépit de sa dévotion pour Montaigne, Marie de Gournay, qui vécut longtemps, contribua par une attitude agressive et quelque peu pédante à encourager les détracteurs de l'auteur des *Essais*. Néanmoins, par sa vie et son œuvre, elle marque d'un jalon l'humanisme féminin alors naissant.

GOUZE-RÉNAL (Christine Madeleine Gouze, dite). Productrice de films. Française (née à Mouchard, Jura, le

31 décembre 1914). Fille d'Antoine Gouze, principal de collège, elle est la sœur de Danielle Mitterrand, épouse du président de la République. Elle a épousé en 1959 l'acteur Roger Hanin, dont elle a une fille, Isabelle. Elle travailla à la Direction générale du cinéma (1942-1944), fut codirectrice de l'Institut des hautes études cinématographiques (1944-1945) puis administratrice de productions cinématographiques de 1950 à 1955. Dès 1955, elle s'est consacrée à la production de films comme *La Femme et le Pantin* (Duvivier, 1959), *Vie privée* (Malle, 1961), *Le gorille a mordu l'archevêque* (Labro, 1962), *Le tigre aime la chair fraîche* (Chabrol, 1964), *Le Canard en fer blanc* (Poitrenaud, 1966), *Les Aveux les plus doux* (Molinaro, 1970), *Le Protecteur* (Hanin, 1972), *Le Faux-Cul* (Hanin, 1975), *Une chambre en ville* (Demy, 1982), etc.

GRAFFIGNY Françoise, née d'Issembourg d'Happoncourt. Femme de lettres française (Nancy, 13 février 1695-Paris, 12 décembre 1758). Petite-nièce de Jacques Callot, elle épousa très jeune Hugues de Graffigny, chambellan à la cour de Lorraine, homme brutal qui faillit plusieurs fois la tuer. Ayant obtenu la séparation judiciaire (son mari finit ses jours en prison), elle s'installa en 1738 au château de Cirey, chez Mme Du Châtelet*, où habitait alors Voltaire. Elle y écrivit une trentaine de lettres assez indiscrètes à son ami et confident M. Devaux, lecteur du roi Stanislas, restituant l'image d'un Voltaire inquiet, sensible aux attaques de ses adversaires. D'autre part, elle faisait allusion à *La Pucelle*, poème de Voltaire à la lecture duquel elle avait assisté en petit comité. Le procédé lui valut une scène terrible de la part de Mme Du Châtelet qui voulut la chasser six mois après son arrivée. L'écrivain s'interposa, et c'est à sa demande que Françoise de Graffigny put s'installer à Paris chez Mlle de Guise devenue duchesse de Richelieu. Elle ouvrit un salon fréquenté par les gens de lettres et les philosophes et devint célèbre après la parution de ses *Lettres d'une Péruvienne* (1747). Ce pastiche des *Lettres persanes* suscita une vive critique de la part de Turgot qui reprocha à l'auteur d'avoir été superficielle dans sa critique de mœurs. Son drame, *Cénie*, dont le thème est la solitude féminine, fut représenté avec succès en 1750. *La Fille d'Aristie* (1758), en revanche, fut un échec qui, ajouté à ses difficultés financières, causa sa mort. Ses *Œuvres complètes* ont été éditées en 1788; ses lettres sur Voltaire en 1820 sous le titre, *La Vie privée de Voltaire et de Mme Du Châtelet*.

GRAHAM Katherine, née Mayer. Directrice et propriétaire de journaux. Américaine (née le 16 juin 1917 à New York). Son père possédait le *Washington Post* depuis 1933. «Kay», comme on l'appelait, prit la direction du journal en 1946 et en resta propriétaire jusqu'en 1979. Elle augmenta son groupe de presse du magazine *Newsweek*. Le *Post* connut une renommée mondiale avec la révélation de l'affaire du Watergate, qui conduisit le président Nixon à démissionner de ses fonctions en 1974.

GRAHAM Martha. Danseuse et chorégraphe américaine (Pittsburgh, Pennsylvanie, 11 mai 1894 - New York, 1er avril 1991). Auprès de son père, spécialiste des maladies mentales, elle apprit à interpréter le comportement par les gestes, ce qui lui fit dire plus tard: «Le mouvement ne ment jamais.» À seize ans, un spectacle de Ruth Saint-Denis* lui révéla sa vocation; à dix-neuf ans, elle commença à travailler la danse dans une école locale avant de rejoindre la Denishawn School en 1916. Elle y resta dix ans. Les théories de François Delsarte y étaient à l'honneur: ce Français avait mis au point une technique de contrôle du mouvement par zones (tête, torse, membres) et par catégories (concentrique, excentrique, neutre), à la base de la recherche moderne. Martha Graham devint l'assistante de ses maîtres; Ted Shawn lui confia des rôles importants: elle créa pour lui son premier ballet, inspiré de la culture aztèque, *Xochtil*. Elle déclarait cependant «vouloir traiter des questions d'aujourd'hui» et, encouragée par le compositeur Louis Horst, elle quitta l'école pour mener une carrière indépendante. Après un intermède aux Greenwich Village Follies, elle enseigna à son tour à l'Eastman School of Music de Rochester. Elle développa le delsartisme suivant ses propres conceptions, travaillant la décomposition du mouvement et les techniques respiratoires. Si elle ne faisait pas de pointes, elle croyait à la discipline de la danse académique: de nos jours, ses méthodes font partie de l'apprentissage classique. L'extrême aisance des danseurs formés à son école en fournit la meilleure illustration: une coordination musculaire infaillible fait participer tout le corps au moindre geste, tandis que le rythme contraction-détente règle le mouvement et l'équilibre. Le sol sert de «barre» et le corps semble jouer avec la terre, chuter en douceur pour s'élancer de nouveau. «C'est le paysage intérieur de l'être humain qui modifie et fait évoluer la danse», dit-elle encore.

Lorsque en 1926 Martha Graham donna son premier récital en soliste à New York, la nouveauté de son style fit sensation. Elle ouvrit l'année suivante la Martha Graham School of Contemporary Dance, qui acquit vite une réputation nationale puis mondiale. Elle recruta ses danseurs parmi ses élèves et produisit sa première composition de groupe, *Heretic* (1929). Multipliant les essais, sa chorégraphie s'inspira de la tragédie antique — qui marqua toute sa carrière. Elle puisa dans les racines indiennes de l'âme américaine pour ses *Primitive Mysteries*, emprunts de religiosité. De ses préoccupations politiques naquirent encore des ballets à thèmes sociaux, où sont dénoncées les injustices et l'oppression. Martha Graham s'orienta par la suite vers l'introspection et vers une symbolique plus universelle. Avec les années 50 commencèrent les tournées en Europe et en Asie. Elle devint la grande prêtresse de la danse moderne, Louis Horst restant son conseiller musical, tandis qu'Isamu Noguchi dessinait ses décors et costumes. Il est difficile d'énumérer ici tous les danseurs qu'elle a formés; rappelons pour mémoire Linda Hodes, Ethel Winter, Pearl Lang*. Son enseignement a ouvert des voies insoupçonnées aux chorégraphes: les trois principaux créateurs de sa lignée sont Eric Hawkins, Merce Cunningham et, à travers lui, Paul Taylor. Deux compagnies, au moins, se sont constituées sous son patronnage: la Batsheva Danse Company d'Israël et le London Contemporary Dance Theater.

D'une œuvre riche de 172 ballets, nous citerons les grands moments: *Frontier* (1935), *American Document* (1938), *Every Soul is a Circus* (1939), *El Penitente* (1940), *Letter to the World* (1940), *Punch and Judy* (1941), *Deaths and Entrances* (1943), *Herodiade* (1944), *Appalachian Spring* (1944), *Night Journey* (1947), *Judith** (1950), *Seraphic Dialogue* (1955), *Clytemnestra* (1958), *Alcestis* (1960), *Phaedra* (1962), *Circe* (1963), *The Witch of Endor* (1965), *The Lady of the House of Sleep* (1968), *Lucifer* (1975), *Acts of Light* (1981). La plupart de ces compositions ont été filmées, mais le témoignage de référence demeure *A Dancer's World* (1957), où Martha Graham explique sa philosophie et ses méthodes. On consultera aussi ses *Carnets*, publiés à New York en 1973, et *Mémoire de la danse*, publiée en France en 1992. D'innombrables prix jalonnent son travail: Dance Magazine Award (1956), Capezio Award (1960), Aspen Award (1965). En 1966, elle fut nommée présidente *honoris causa* de l'université de Harvard. À partir de 1969, elle renonça à paraître sur scène, mais dirigea encore, infatigable, l'évolution de sa compagnie. En 1986, elle présentait *Diversion of Angles et Song* au théâtre du Châtelet. Deux ans plus tôt — à quatre-vingt-dix ans ! —, elle avait reçu la Légion d'honneur sur la scène de l'Opéra de Paris.

GRAHN Lucile. Danseuse danoise (Copenhague, 1819 - Munich, 1907). Grande et mince, blonde aux yeux bleus, cette élève d'August Bournonville fit des débuts remarqués au Théâtre royal de Copenhague en 1834. C'est aussi pour échapper aux assiduités de son maître qu'elle accepta un contrat de trois ans à l'Opéra de Paris après le succès du *Carnaval de Venise* (Milan) en 1838. Par la suite, elle enchanta Saint-Pétersbourg. L'une des meilleures danseuses romantiques, elle reste célèbre par sa création de *La Sylphide* (Burnonville, 1836) et par le fameux *Pas de quatre* (Perrot, 1845), créé à Londres aux côtés de Maria Taglioni*, Carlotta Grisi* et Fanny Cerrito*. Elle épousa en 1856 le chanteur d'opéra Friedrich Young et devint maîtresse de ballet à Leipzig, puis à Munich, où elle collabora avec Richard Wagner.

GRAMMATICA Emma. Actrice italienne (1875-1965). Fille de comédiens ambulants, elle fit ses débuts dès la plus tendre enfance. Son talent, moins prometteur que celui de sa sœur Irma Grammatica*, se révéla progressivement. Très belle, intelligente, douée d'une volonté tenace, elle s'imposa dans *La Joconde* (D'Annunzio). Elle constitua son répertoire avec les rôles principaux de pièces d'Hauptmann, de Goldoni, de Rostand, d'Ibsen ou de Pirandello. En 1930, elle entama une longue tournée en Europe, jouant aussi bien en italien qu'en allemand et en espagnol. Le théâtre d'Henri Bataille lui valut ses plus grands succès avec celui de D'Annunzio où, pathétique et frémissante, elle a su exprimer avec talent les émotions les plus profondes. Elle fut par ailleurs l'ambassadrice de G. B. Shaw en Italie, interprétant *Pygmalion*, *Sainte Jeanne**, *César et Cléopâtre** et *Mrs Warren's Profession*. Elle se produisit aux États-Unis en 1945.

GRAMMATICA Irma. Actrice italienne (1873-1962). Sœur aînée de la précédente, elle acquit une belle célébrité en jouant les jeunes premières du théâtre moderne : que ce soit les pièces françaises traduites : *Froufrou* (Meilhac et Halévy), *Odette* (Sardou), ou les nouveautés de Giuseppe Giacosa et de Giovanni Verga au tournant du siècle. Vive et charmante, elle excellait dans les comédies et fut une remarquable Katharina (*La Mégère apprivoisée*, Shakespeare). Elle fit ses adieux en 1938 dans le rôle de Lady Macbeth* (*Macbeth*, Shakespeare) avec pour partenaire l'illustre Ruggeri.

GRANIER Jeanne. Cantatrice et actrice française (Paris, 1852 - *id.*, 1939). Fille d'actrice, ravissante et douée, elle chanta au théâtre de la Renaissance lors de la première de *Giroflé-Girofla* (Lecocq, 1874), et créa par la suite quatre autres œuvres de ce compositeur : *La Petite Mariée* (1876), *La Marjolaine* (1877), *Le Petit Duc* (1878) et *La Petite Mademoiselle* (1879). Sa réussite fut éclatante comme divette d'opérette. À l'instar d'Hortense Schneider* pour Offenbach, elle fut la plus prestigieuse interprète d'œuvres légères de son temps, tenant la tête d'affiche à la Renaissance, au Gymnase, aux Variétés, aux Bouffes, aux Nouveautés. Elle créa aussi *La Béarnaise* (Messager, 1885), *La Cigale et la Fourmi* (Audran, 1886) et reprit les opérettes d'Offenbach : *Orphée aux Enfers, Barbe-Bleue, La Vie parisienne, La Belle Hélène*. En 1885, elle abandonna la carrière de chanteuse pour celle d'actrice et triompha dans de nombreuses créations de Maurice Donnay dont *Les Amants*

(1895) et *Éducation de prince* (1906) qu'elle alla même jouer à Londres sur l'invitation d'Édouard VII d'Angleterre. Elle quitta définitivement la scène en 1922.

GRANOFF Katia. Directrice de galeries et femme de lettres française d'origine russe (Nicolaïev, 1896 - Paris, 1989). Son grand-père était le plus grand marchand de drap du sud de la Russie. Fille de Théodore Granoff et d'Eudoxie Feldman, elle grandit à Odessa. Orpheline à seize ans, ses tuteurs l'envoyèrent en Suisse avec son inséparable sœur, Rose. Licenciée ès-lettres à dix-huit ans, elle suivit les cours de la faculté de sciences sociales de Genève, où elle fréquentait les révolutionnaires — et bientôt les réfugiés russes. Un mariage éphémère avec un médecin, une passion pour un homme plus âgé qu'elle, un travail de secrétaire à Berlin précédèrent son installation en France. Elle choisit Paris. De 1924 à 1926, elle travailla au Salon de peinture, transfuge des Tuileries.

Dès lors sa vocation s'affirma: elle décida de s'occuper de peintres vivants: Ozenfant, Chagall, Friesz. Elle ouvrit sa première galerie au 166, bd Haussmann, déménagea au Quai Conti (1928) puis à l'hôtel Guénégaud. Naturalisée française en 1937, elle passa la guerre avec son ami le peintre Georges Bouche au château de La Voulte-sur-Rhône. Son talent et l'importance de ses collections furent reconnus après la guerre. Elle s'installa place Beauvau en 1967 et lança deux galeries, à Honfleur et à Cannes. Katia Granoff n'avait pas cessé d'écrire. Citons entre autres son *Anthologie de la poésie russe* (1961), prix de l'Académie française, ses *Poèmes* (1957), son recueil *Poètes et Peintres maudits* (1975), enfin ses *Mémoires* (1976). Elle était chevalier de la Légion d'honneur, officier de l'ordre national du Mérite et médaille d'or des Arts et des Lettres.

GRANTZOWA Adèle. Danseuse allemande (Brunswick, 1er janvier 1845 - Berlin, 7 juin 1877). Fille d'un maître de ballet qui lui inculqua son art, elle se perfectionna à Paris auprès de Mme Dominique. Elle était première danseuse à Hanovre lorsque le célèbre chorégraphe Arthur Saint-Léon la remarqua et l'engagea à Moscou. Elle y fit ses débuts dans *Fiammetta* (Saint-Léon) et remporta un grand succès dans *La Fille mal gardée* (Dauberval). Elle triompha à Paris en 1866 dans *Giselle* (Gautier et Coralli), dont elle fut l'interprète exclusive tant que le ballet resta à l'affiche. Saint-Léon créa pour elle le personnage de Naila (*La Source*). Elle dut interrompre les représentations pour s'être fracturé un pied — premier d'une série d'accidents qui devaient mettre un terme à sa carrière. On la vit encore à Saint-Pétersbourg dans *Le Lys* (Saint-Léon, 1869) et dans *La Camargo** (M. Petipa, 1872). C'est à Paris, alors qu'elle répétait *Coppélia* (Nuitter et Saint-Léon), qu'une nouvelle chute la mit hors d'état de danser. Elle mourut à trente-deux ans de la gangrène, peu après avoir été amputée d'une jambe.

GRAY Eileen. Décoratrice irlandaise (Brownswood, Irlande, 1878 - Paris, 1976). Issue d'un milieu fortuné — sa mère appartenait à une vieille famille aristocratique —, elle suivit les cours de la Slade School of Fine Arts de Londres puis, à partir de 1902, ceux de l'Académie Julian à Paris. Formée au dessin, elle était très attirée par les arts décoratifs. En 1905, à Londres, elle découvrit l'art du laque. L'année suivante, elle rencontra un artisan japonais, Sougarawa, qui l'initia au maniement de cette matière. Elle se lança dans la production d'objets laqués, en particulier des paravents, et exposa au VIIIe Salon des artistes décoratifs où elle fit la connaissance de ses futurs clients : Marie-Laure de Noailles* et son mari, Jacques

Doucet, la duchesse de Clermont-Tonnerre qui contribua à la faire connaître. Au début des années 20, Eileen Gray évolua vers la décoration d'intérieur. Sa première réalisation importante — l'appartement de Mme Mathieu-Lévy, rue Lota à Paris — témoignait de son esthétique : un raffinement extrême allié au dépouillement et à la pureté des formes, celles-ci étant d'inspiration cubiste. Grâce à sa notoriété, elle ouvrit en 1922 la galerie Jean Désert qui commercialisait outre des tapis dessinés par elle toutes sortes d'objets de son invention, non plus seulement en laque, mais en chrome, acier tubulaire et bakélite. Enfin, elle aborda le domaine de l'architecture pure et construisit à Roquebrune (1926-1929), pour son associé Jean Badovici, la maison dite E. 1027, actuellement considérée comme un des meilleurs exemples d'architecture moderne. On y retrouve l'influence de Le Corbusier dont pourtant Eileen Gray ne partageait pas les conceptions. Par la suite, elle construisit sa propre maison à Castellar (1932-1934).La crise de 1929 fut fatale à sa galerie qu'elle dut fermer et, peu à peu, Eileen Gray tomba dans l'oubli. Aussi discrète qu'indépendante, elle ne fit rien, il est vrai, pour entretenir sa célébrité. Fruit d'une très grande exigence, son œuvre, qui réalise une harmonie parfaite entre la forme et la fonction, a été redécouverte au cours des années 70 et atteint des records d'enchères en salle de vente.

RÉF. : P. Adam, *Eileen Gray, une biographie*, Adam Biro, 1989.

GRÉCO Juliette. Chanteuse et actrice française (née à Montpellier en 1927). Fille de Gérard Gréco, commissaire de police, elle épousa en premières noces Philippe Lemaire (1952), dont elle eut une fille Marie-Laurence, puis en secondes noces l'acteur Michel Piccoli (1966). Après avoir débuté au théâtre dans *Le Soulier de satin* (Claudel), elle se tourna vers la chanson. Avec Anne-Marie Casalis, Boris Vian, Jean-Paul Sartre, Raymond Queneau, Annabel, elle anima les soirées du Tabou, puis le cabaret de La Rose rouge. En 1949, elle obtint son premier succès au Bœuf sur le toit, avec *Si tu t'imagines* (paroles de Queneau). Sa personnalité, sa longue silhouette noire, ses mains expressives, son maintien sophistiqué, lui valurent une place à part et enviée dans le monde de la variété. Parmi les chansons qu'elle a interprétées, toutes choisies avec une rare sûreté de goût, citons *Les Feuilles mortes* (Prévert/Kosma), *Jolie Môme* (Ferré), *Déshabillez-moi* (Verlo/Niel/Legrand), *Ta jalousie* (Jonan/Dabadie) et des chansons d'Yvette Guilbert* qu'elle fait revivre avec esprit et sensibilité. Georges Brassens a écrit pour elle *Le Temps passé*, Jacques Brel *Je suis bien* et Sartre *La Rue des Blancs-Manteaux*. En 1952, elle obtint le Grand prix du disque avec son 33 tours, *Romance*. Ambassadrice de la chanson française, Juliette Gréco a parcouru le monde entier : Japon, États-Unis, Europe, Antilles.

Au théâtre, elle a joué *Anastasia* (Maurette, 1955) puis *Bonheur, Impair et Passe* (Sagan*, 1964). Au cinéma, elle débuta dans des petits films d'Alexandre Astruc et tourna *Orphée* (Cocteau, 1949), ainsi qu'*Au royaume des cieux* (Duvivier, 1949). De 1950 à 1973, on la vit dans de nombreux films de Melville, Renoir, Preminger, Decoin, King, etc. Elle rencontra en 1957 le producteur américain Darryl F. Zanuck qui s'éprit d'elle et voulut en faire une grande star. Au cours d'une liaison orageuse de plusieurs années, il lui fit tourner plusieurs films, la plupart en Afrique, *Les Racines du ciel* (Huston, 1958), *Drame dans un miroir*, (Fleischer, 1960), *Le Grand Risque* (Fleischer, 1961), etc., qui n'obtinrent qu'un succès mitigé en Europe. Depuis 1973, celle qu'on avait sacrée à vingt ans la « muse de l'existentialisme » semble avoir pris des distances avec le cinéma. Elle a repris ses tournées de chant et connaît le même accueil enthousiaste de son public.

GREEN Nancy. Skieuse canadienne (née en 1943). Venue très jeune au sport, elle s'affirma rapidement comme l'une des meilleures skieuses de sa génération. Elle fut souvent en compétition avec Marielle Goitschel*. Elle remporta la coupe du monde de slalom géant deux années de suite, en 1967 et 1968.

GREER Germaine. Féministe australienne (née en 1939). Fille de parents protestants et puritains, elle manifesta très jeune des désirs d'évasion. Elle s'enrôla dans les rangs des femmes qui luttaient pour leur émancipation et pour leurs droits dans la société. Tout en avouant qu'il valait mieux avoir plusieurs amants qu'un mari, elle se maria mais se sépara de son époux après une lune de miel de trois semaines. Avant de venir en Europe, elle vécut à Sidney avec un docker. En Angleterre, elle obtint un doctorat-ès-lettres à l'université de Cambridge et professa quelque temps, sans abandonner pour autant sa défense du féminisme. En témoigne la publication de *La Femme eunuque* (1971), ouvrage explosif dans lequel elle prône l'amour libre et multiplie les déclarations truculentes qui choquèrent un grand nombre de lecteurs. Germaine Greer a beaucoup voyagé, en Inde, en Éthiopie et dans d'autres pays d'Afrique, partout où règne la famine, réunissant la matière de son second livre, *Sexe et Destinée* (1986), dans lequel elle approfondit, d'une façon parfois contradictoire, les réflexions de son premier ouvrage, en s'appuyant sur un mélange d'éthique, de sociologie, de politique, et même de médecine. Elle y affirme entre autres que la femme a conquis son indépendance dans des domaines où elle n'aurait pas dû le faire.

GREFFULHE Élisabeth, née de Caraman-Chimay, comtesse. Française (1860-1952). Elle fut l'une des reines de la haute société parisienne de la fin du XIXᵉ siècle et l'un des modèles, avec la comtesse de Chevigné*, de la duchesse de Guermantes dans *À la recherche du temps perdu* de Marcel Proust.

GRÈS Mme (Germaine Czerekow, dite). Créatrice de mode française (née à Paris en 1903). Grande prêtresse de la haute couture, sa personnalité a marqué la mode de son temps. Est-ce en souvenir de sa vocation de sculpteur qu'elle a réinventé les drapés à la grecque créés directement sur ses mannequins? Ses débuts furent modestes, dans un petit trois-pièces de la rue de Miromesnil. Elle entra comme modéliste dans une maison du Faubourg Saint-Honoré et connut le succès sous le nom d'Alix Barton, en lançant ses fameux manteaux sans couture. La maison «Alix» s'installa en 1934 dans un hôtel particulier de l'avenue Montaigne où défilèrent les élégantes du monde entier.

À l'Exposition universelle de 1937, Mme Grès obtint le premier prix de haute couture. Peu après, à la suite d'un désaccord survenu avec ses associés, elle leur abandonna la griffe Alix et, en pleine guerre, ouvrit sa propre maison à l'enseigne de son nom, rue de la Paix. Elle fut contrainte de la fermer à la fin de l'année 1942 pour s'être associée à un défilé de modes dont les mannequins étaient revêtus de tricolore. Elle reprit ses activités à la Libération, voyageant beaucoup, rapportant d'Orient des idées neuves pour ses créations auxquelles elle mettait elle-même la main. En 1973, elle a été élue présidente de la Chambre syndicale de la haute couture parisienne. En 1980, elle a lancé sa première collection de prêt-à-porter. Elle a épousé un peintre russe, Serge Czerekow, dont elle a une fille.

GRÉTRY Lucile. Claveciniste et compositeur. Française (Paris, 1773 - *id.*, 1793). Elle était la fille d'André Grétry, auteur de nombreux opéras-comiques qui la baptisa du nom de l'un d'entre eux, *Lucile* (1769). Particulièrement douée, à l'âge de treize ans, elle composa *Le Mariage d'Antonio*, qui fut joué aux Italiens en 1786. On lui doit un autre opéra-comique, *Toinette et Lucas* (1787). La mort vint interrompre cette carrière précoce.

GREY Beryl, née Groom. Danseuse et maîtresse de ballet anglaise (née à Highgate, le 11 juin 1927). Formée à l'école du Sadler's Wells Ballet, elle en fut la plus jeune danseuse lorsqu'elle débuta en 1941. L'année suivante, elle triompha dans le rôle d'Odette-Odile (*Le Lac des cygnes*). Elle créa pour Frédérick Ashton *The Quest* (1943), *Les Sirènes* (1946), *Cendrillon* (1948), *Homage to the Queen* (1953). Résiliant son contrat pour suivre une carrière indépendante, elle se produisit dans le monde entier et devient la directrice artistique du London Festival Ballet de 1968 à 1979. Elle est l'auteur de *Red Curtain Up* (1958) et *Through the Bamboo Curtain* (1965).

GREY Denise. Actrice française (née à Turin en 1896). Elle dansa aux Folies-Bergère à partir de 1914 avant d'aborder le théâtre de Boulevard. Sa carrière cinématographique, particulièrement longue et abondante, débuta au milieu des années 30. Elle a incarné avec brio et vitalité des rôles très divers, parfois sérieux, parfois loufoques. Ses films les plus marquants sont *L'Honorable Catherine* (L'Herbier, 1942), *Adieu Léonard* (P. Prévert, 1943) et *Le Diable au corps* (Autant-Lara, 1946). Infatigable et dynamique, elle jouait encore à quatre-vingt-quatre ans, avec toujours autant d'humour, dans la *Boum I* et *II* (Pinoteau, 1980 et 1982).

GREY Jane, lady Dudley. Anglaise (Bradgate, Leicestershire, septembre 1537 - Londres, 12 février 1554). Elle était l'arrière-petite-fille de Henri VII d'Angleterre; la fille de Henri Grey, futur duc de Suffolk, et de Frances Brandon. Elle fut la victime des ambitions paternelles et des querelles religieuses au moment de la maladie d'Édouard VI. Afin d'empêcher la succession au trône de Marie* Tudor, sœur du roi et catholique, Henry Grey et le duc de Northumberland, qui incarnaient le parti protestant, marièrent Jane Grey au fils de ce dernier, lord Guifford Dudley (1553). Cela fait, le duc convainquit Édouard VI mourant de désigner Jane comme son héritière et tenta, sans succès, de s'emparer de Marie Tudor. Jane Grey opposa une longue résistance avant d'accepter sa proclamation, qui eut lieu à la mort du roi, le 6 juillet 1553. Le 19, Marie Tudor entrait dans Londres à la tête de ses partisans. Northumberland et Suffolk, le père de Jane Grey, obtinrent leur grâce, pendant que celle-ci et son mari étaient condamnés à mort. Suffolk obtint un sursis pour ces derniers mais, lorsque la reine apprit qu'il avait également participé à la conspiration de Wyatt dans le but de la détrôner, elle ordonna l'exécution du couple, qui précéda de peu celle de Suffolk.

GREY Joséphine. Anglaise (1828-1906). Elle est renommée pour ses actions généreuses en faveur de la condition féminine. Elle lutta sans répit pour la protection de la jeune fille, pour le droit de vote des femmes, pour les prisonnières et les prostituées, contre la traite des blanches et contre l'esclavage. Elle avait épousé en 1852 le pasteur George Butler, qui fut constamment à ses côtés dans toutes ses entreprises. Au cours de conférences à Rome, à Genève et à Paris, son éloquence lui conquit un large auditoire. Afin de soutenir son action, Joséphine Grey fonda en 1870 la Ligue des amies des jeunes filles et, en 1875, la Fédération internationale pour l'abolition de la prostitution. Son grand-œuvre reste la National Anti-Contagious Diseases Act Association.

GRIEG Nina, née Hagerup. Cantatrice norvégienne (Bergen, 24 novembre 1845 - Copenhague, 9 décembre 1935). Fille de Herman Hagerup (l'oncle d'Edward Grieg) et de l'actrice danoise Mme Werligh, elle travailla le chant avec Carl Heldsted. Très vite, elle devint la meilleure des interprètes de Grieg, son cousin, donna avec lui des concerts à travers l'Europe et fut pour lui non seulement une précieuse collaboratrice, mais aussi une compagne de tous les instants. Ils se marièrent en 1867. Il écrivit pour elle ses plus beaux lieder (opus 48, 49, 58, 59) et le célèbre *Jeg Elsker Dig* (1864), d'après Andersen. Elle chanta pour la dernière fois, devant la reine Victoria*, en 1898. Après la mort du compositeur en 1907, elle déploya pendant vingt-cinq ans son énergie à accroître le rayonnement de la musique de Grieg dans le monde.

GRIGNAN Françoise, comtesse **de**. Voir SÉVIGNÉ, comtesse de.

GRIMKÉ, les sœurs. Antiesclavagistes américaines. **Sarah** (Charleston, 26 novembre 1792 - Hyde Park, Massachusetts, 23 décembre 1873); **Angelina** (Charleston, 20 février 1805 - Hyde Park, 26 octobre 1879). Elles furent, avec Abby Kelley*, Mary Grew et quelques autres femmes généreuses et courageuses, parmi les plus ardentes propagandistes du mouvement de libération des Noirs au XIXe siècle en Amérique. Se heurtant à l'hostilité de la population, notamment à celle des États du Sud, elles multiplièrent leurs actions avec un courage et une tenacité admirables. En 1854, elles fondèrent la Société américaine contre l'esclavage, ainsi qu'une école pour éduquer ensemble Blancs et Noirs. Angelina Grimké publia son *Appeal to the Christian Women of the South* (1836) et sa sœur Sarah son *Epistle to the Clergy of the Southern States* (1836), ouvrages qui eurent un grand retentissement aux États-Unis.

GRISI Carlotta. Danseuse italienne (Visinada, 28 juin 1819 - Saint-Jean, Suisse, 20 mai 1899). Formée à la Scala de Milan où elle fut engagée en 1829, elle hésita longtemps entre le chant et la danse. Sa rencontre avec le chorégraphe Jules Perrot, à Naples en 1833, fut décisive. Elle devint son élève, sa partenaire, sa maîtresse — et non sa femme comme on l'a prétendu, même si elle se faisait appeler Mme Perrot. Elle lui donna une fille, Marie-Julie. Ils dansèrent ensemble à Londres, à Vienne, à Milan, à Munich, enfin à Paris où elle obtint un contrat en 1841. Elle débuta à l'Opéra dans un divertissement pour *La Favorite* (Donizetti) qu'elle dansa avec son ami Lucien Petipa. Son triomphe date de la création de *Giselle* (1841) écrit pour elle par Théophile Gautier dont elle fut l'amour malheureux. À la fin de sa vie, celui-ci — qui entre-temps avait entretenu une liaison de vingt ans avec la sœur de sa maîtresse, la cantatrice Ernesta Grisi (la mère de Judith Gautier*) — se la rappelle « fraîche comme une fleur, légère comme un papillon, gaie comme la jeunesse et lumineuse comme la gloire... ». Il mourut en prononçant son nom.

Dans le grand trio des danseuses romantiques, Carlotta Grisi est peut-être la reine : elle unit la vigueur de Fanny Elssler* et la légèreté de Maria Taglioni*. Ravissante, les yeux violets, exquise de grâce, Carlotta Grisi créa de nombreux rôles : *La Jolie Fille de Gand* (Albert, 1842), *La Péri* (Coralli, 1843), *Esmeralda* (Perrot, 1844) *Pas de quatre* (Perrot, 1845), *La Filleule des fées* (Perrot, 1849), *Le Diable à quatre* (Mazilier, 1845), *Paquita* (Mazilier, 1846) et *Grisélidis* (Mazilier, 1848). Elle dansa à Londres pendant tous ses congés, à Vienne, à Milan, à Munich, ainsi qu'au Théâtre-Marie de Saint-Pétersbourg en 1850. Trois ans plus tard, elle se retira en Suisse pour vivre avec Ernestine, la fille qu'elle avait eue du prince Radziwill.

GRISI Giuditta. Mezzo-soprano italienne (Milan, 28 juillet 1805 - Robecco d'Oglio, 1er mai 1840). Sœur aînée de Giulia Grisi*, cousine de Carlotta Grisi* et nièce de la chanteuse Josefina Grassini, elle étudia le chant avec sa tante et au Conservatoire de Milan. Elle débuta à Vienne en 1826 dans *Bianca e Falliero* (Rossini). Elle chanta ensuite en Italie, à Florence, à Parme, à Turin, à Venise. Elle excellait dans les œuvres de Bellini qu'elle fit triompher à la Scala de Milan en 1830. Elle fut aussi, le 11 mars 1830 à Venise, le premier Roméo (*Les Capulets et les Montaigus*, Bellini), rôle d'ailleurs écrit pour elle, tandis que sa sœur Giulia incarnait Juliette. Deux ans plus tard, elle chantait à Paris, au Théâtre-Italien, où sa sœur la rejoignit, puis à Londres; en 1833, elle était Norma (*Norma*, Bellini) à Bologne puis à Madrid. Elle quitta la scène en 1838, après son mariage avec le comte Barni, peut-être à la suite de graves difficultés vocales, et mourut prématurément.

GRISI Giulia. Soprano italienne (Milan, 28 juillet 1811 - Berlin, 20 novembre 1869). Fille d'officier, belle à ravir et possédant une voix lumineuse comme sa sœur Giuditta Grisi*, elle travailla le chant à Milan et à Bologne où elle débuta à l'âge de dix-sept ans dans le rôle de Zelmire (*Zelmire*, Rossini). Elle enthousiasma tant Bellini qu'il écrivit pour elle le rôle de Juliette (*Les Capulets et les Montaigus*) qu'elle chanta à Venise le 11 mars 1830. Son succès fut tel qu'elle fut immédiatement engagée au Teatro della Pergola à Florence, puis à la Scala de Milan pour la première représentation d'*Ullà di Bassora* (Strepponi, 1831). On l'applaudit dans de nombreux rôles dont Aldalgisa aux côtés de Giuditta Pasta*, lors de la création de *Norma* (Bellini, 1831) et Adalina lors de la première d'*Ugo, conte di Parigi* (Donizetti, 1832). N'ayant pas d'autre moyen de rompre le contrat désavantageux qui la liait à la Scala, elle partit pour Paris rejoindre sa sœur Giuditta qui chantait au Théâtre-Italien. Elle y fit un début triomphal, le 16 octobre 1832, dans le rôle de Semiramis (*Semiramis*, Rossini). Elle y parut ensuite régulièrement jusqu'en 1856, créant notamment Elvira (*Les Puritains*, Bellini) en 1835 et Norina (*Don Pasquale*, Donizetti) en 1843. C'est dans cette œuvre qu'elle chanta pour la première fois aux côtés du ténor Giovanni Mario avec qui elle vécut et dont elle eut trois enfants (elle ne put jamais l'épouser car elle avait été mariée en 1836 au comte Gérard de Melcy qui lui refusa le divorce).

Après la révolution de 1848, ayant quitté les Italiens avec Mario, le couple se produisit surtout à Londres où Giulia Grisi remporta de grands succès. Avec Mario encore, elle conquit Saint-Pétersbourg en 1849 et 1851. En 1854, tous deux chantaient à New York où la cantatrice fit sensation. Cette même année, elle reparut aux Italiens dans *Le Trouvère* (Verdi); elle y était Léonore aux côtés de Mario, qui incarnait Manrique, et de Marietta Alboni*, en Azucena. Lorsque, en 1859, Covent Garden fut reconstruit, après l'incendie de 1856, le couple inaugura le nouveau théâtre en chantant *Les Huguenots* (Meyerbeer); l'année suivante, ils se produisirent à Dublin et à Madrid. En 1861, après trente-deux années de carrière, Giulia Grisi fit ses adieux à la scène puis tenta un retour malheureux à Londres en 1866, fit encore quelques concerts et, en 1868, elle chanta le *Stabat Mater* (Rossini) lors de l'enterrement du compositeur qui l'avait dirigée aux Italiens. L'année suivante, elle mourut à Berlin, des suites d'une pneumonie contractée au cours d'un voyage où elle accompagnait Mario. Interprète de génie, prodigieuse actrice, une des plus belles voix de tous les temps, elle s'illustra dans de nombreuses œuvres (outre celles déjà citées) au cours de sa longue carrière : *I Due Foscari* (Verdi) ; *Don Giovanni* (Mozart) ; *La Donna del lago* (Rossini) et *Otello* (Rossini).

GRIST Reri. Soprano américaine (née à New York en 1932). Enfant, elle dansait et chantait dans des comédies musicales. Plus tard, elle travailla sa voix avec Claire Gelda (Queen's College) tout en continuant à se produire sur scène. Elle créa ainsi à Brodway *West Side Story* (Bernstein, 1957) qui, peu après, lui demanda de chanter la partie « soprano solo » de la *Quatrième Symphonie* (Malher). En 1959, elle débuta à l'Opéra de Santa Fé où elle interpréta Adèle (*La Chauve-Souris*, Strauss) et Blondine (*L'Enlèvement au sérail*, Mozart). Immédiatement, elle fut invitée en Europe. À Cologne, elle chanta la Reine de la nuit (*La Flûte enchantée*, Mozart), à Zurich, Zerbinette (*Ariane à Naxos*, R. Strauss). Son triomphe fut tel qu'on l'invita à Covent Garden, à la Scala de Milan, à Munich, à San Francisco, au festival de Glyndebourne. En 1963, elle fut engagée à l'Opéra de Vienne où son art exquis et sa présence scénique firent, une fois de plus, merveille. Au festival de Salzbourg, à partir de 1965, elle incarna Blondine (*L'Enlèvement au Sérail*, Mozart), Despina (*Così fan tutte*, Mozart), Suzanne (*Les Noces de Figaro*, Mozart). Au Metropolitan Opera de New York, elle chanta le rôle de Rosine (*Le Barbier de Séville*, Rossini) et campa une délicieuse Adina (*L'Élixir d'amour*, Donizetti) au festival de Vienne, en 1973. Elle est certainement la meilleure mozartienne de son temps, et une incomparable Zerbinette (*Ariane à Naxos*, R. Strauss) ; ses enregistrements sont nombreux ; citons le soprano solo de la *Quatrième Symphonie* (Beethoven), *Jephta* (Haendel), Zerbinette et Zerline (*Don Juan*, Mozart) sous la direction de Karl Böhm, Suzanne sous la direction d'Otto Klemperer.

GRUMMER Élisabeth. Soprano allemande (Niederjentz, Alsace, 31 mars 1911 - décembre 1986). Après la Première Guerre mondiale, ses parents s'installèrent à Meiningen en Thuringe où elle suivit des cours d'art dramatique. Herbert von Karajan l'ayant remarqué à Aix-la-Chapelle lui conseilla de travailler sa voix. Elle débuta en 1940 en Fille Fleur (*Parsifal*, Wagner) et devint très vite Octavian (*Le Chevalier à la rose*, R. Strauss). Elle chanta à Duisbourg puis, à partir de 1946, à l'Opéra de Berlin où elle triompha dans les rôles d'Agathe (*Freischütz*, Weber), de Desdémone (*Otello*, Verdi), de Pamina (*La Flûte enchantée*, Mozart), d'Eva (*Les Maîtres chanteurs*, Wagner). Elle participa à tous les grands festivals européens, notamment Glyndebourne et Salzbourg où elle s'illustra dans des œuvres de Mozart sous la direction de Furtwängler, mais aussi à Bayreuth. On l'entendit au New York City Opera, au Metropolitan Opera, à Paris, à Buenos Aires. Elle remporta aussi de grands succès en concert. Devenue professeur à la Hochschule für Musik de Berlin en 1959, elle n'en poursuivit pas moins sa carrière jusqu'à l'âge de cinquante-six ans. C'est le 20 avril 1967 qu'elle fit ses adieux à la scène au Metropolitan Opera de New York, dans le rôle d'Elsa (*Lohengrin*, Wagner) ; elle se consacra dès lors exclusivement à l'enseignement, à Hambourg, mais aussi à l'école de chant de l'Opéra de Paris où l'appela Bernard Lefort.

GSOVSKAYA Tatiana, née Issatchenko. Danseuse et maîtresse de ballets russes (née à Moscou, le 18 mars 1902). Élevée à Saint-Pétersbourg, elle étudia à l'école d'Isadora Duncan*, avant de devenir l'élève de Krisanova, d'Olga Préobrajenska* et d'entrer enfin à l'école d'Hellerau. Maîtresse de ballet à Krasnodar après la révolution d'Octobre, elle épousa le danseur-chorégraphe Victor Gsovski. Le couple s'installa à Berlin en 1925 et y fonda une école en 1928. Tatiana Gsovskaya travailla comme chorégraphe sur divers spectacles et se vit chargée des premières productions des *Catulli Carmina* de Carl Orff (Leipzig, 1943) et de *La Princesse Turandot* de von Einem (Dresde, 1944). Maîtresse de ballet à l'Opéra de Berlin-Est (1945-1952), au théâtre Colón à Buenos Aires (1952-1953), à l'Opéra de Berlin-Ouest (1954-1965) ainsi qu'à l'Opéra de Francfort (1959-1966), elle est la fondatrice du Berliner Ballet (1955) qu'elle présenta aux États-Unis. Elle a créé après la guerre une trentaine de chorégraphies de tendance moderne, et fut un des professeurs les plus influents d'Allemagne : elle a formé toute une génération de danseurs dont Peter Van Dijk. Elle est coauteur, avec Enkelmann, de *Ballet in Deutschland*, publié à Berlin en 1954.

GUDULE, sainte ([Hamme] - 8 janvier 712). Elle fut élevée par sa tante sainte Gertrude*, abbesse de Nivelles, et consacra toute sa vie à la charité chrétienne. Très populaire en Belgique, elle est la patronne de Bruxelles. D'abord ensevelie à Saint-Géry au Xe siècle, sa dépouille fut ensuite transférée à l'abbatiale de Saint-Michel qui porte le nom de Saint-Michel-et-Gudule. On la fête le 8 janvier.

GUÉBRIANT Renée, née Du Bec-Crespin, comtesse **de**. Ambassadrice française (1614 - Périgueux, 2 septembre 1659). Elle épousa en 1632 Jean-Baptiste Budes, comte de Guébriant et futur maréchal de France. Veuve en 1643, elle fut chargée, deux ans plus tard, de conduire en Pologne Louise-Marie de Gonzague*, mariée par procuration au roi Ladislas IV. Pour l'occasion, on la nomma ambassadrice, et elle fut la première femme en France à jouir d'une telle distinction. Elle accomplit sa mission avec beaucoup de brio et de diplomatie et, à son retour en 1652, elle jouissait à la cour d'un grand crédit. La même année, elle sauva la forteresse de Brisach en éloignant par la ruse son gouverneur qui refusait de rendre la place : elle avait envoyé une de ses dames de compagnie le séduire. L'ambitieuse comtesse fut brièvement soupçonnée d'avoir elle-même des visées sur Brisach, qui commandait l'Alsace. Nommée dame d'honneur de la reine Marie-Thérèse* d'Autriche, elle mourut sans enfant pendant les négociations de la paix des Pyrénées. Elle a laissé des *Lettres à la Palatine* qui relatent sa mission en Pologne.

GUEDEN, Hilde. Soprano autrichienne (née à Vienne, le 15 septembre 1917). Fille de musiciens, elle étudia le chant, la danse et le piano à l'Académie de musique de Vienne. À seize ans, elle débuta dans l'opérette *Servus Serva* (Stolz). En 1939, ses parents ayant émigré en Suisse, elle chanta Chérubin (*Les Noces de Figaro*, Mozart) à l'Opéra de Zurich. En 1941, Clémens Krauss l'engagea à l'Opéra de Munich comme Despina (*Così fan tutte*, Mozart). Richard Strauss lui suggéra d'étudier la partition de Sophie (*Le Chevalier à la rose*, R. Strauss) : elle fut une des plus ravissantes interprètes de ce rôle qu'elle fit triompher, même en italien. Invitée au festival de Salzbourg en 1946, elle remporta un succès retentissant en Zerline (*Don Juan*, Mozart). En 1947, elle fut engagée à l'Opéra de Vienne dont elle devint la cantatrice la plus populaire.

La carrière de Hilde Gueden fut brillante : elle chanta à la Scala de Milan, à l'Opéra de Paris, à Covent Garden, aux festivals de Salzbourg, de Glyndebourne, d'Édimbourg et, en 1950, fit ses débuts américains au Metropolitan Opera de New York, où elle resta pendant dix ans. Elle suscita l'enthousiasme du public dans les rôles de Gilda (*Rigoletto*, Verdi), Rosalinde (*La Chauve-Souris*, J. Strauss), Zerbinette (*Ariane à Naxos*, R. Strauss), Zdenka (*Arabella*, R. Strauss) et Anne Trulove (*The Rake's Progress*, Stravinski) pour la première américaine de l'œuvre en 1953. En 1960, elle chanta encore Sophie (*Le Chevalier à la rose*, R. Strauss) lors de l'inauguration du grand Festspielhaus de Salzbourg. Belle, élégante, excellente actrice, capable de surmonter les pires difficultés techniques, elle s'est fait apprécier à la fois comme soprano léger et comme colorature, et a triomphé aussi bien dans l'opéra que dans l'opérette.

GUÉRIN Eugénie de. Femme de lettres française (château du Cayla, 1805 - *id.*, 31 mai 1848). Sœur du poète Maurice de Guérin, elle aima son frère, son cadet de cinq ans, d'un amour exceptionnel. Elle perdit sa mère à quatorze ans et passa presque toute sa vie au château du Cayla, en contact avec la nature. Discrète, chrétienne fervente, elle ne quitta sa province que pour assister au mariage de son frère. Elle y rencontra Barbey d'Aurevilly dont Maurice Guérin était l'ami: il l'incita à manifester son propre talent. Elle est surtout connue pour son *Journal*, qui couvre les années 1834-1842, et ses *Lettres*, publiées en 1855 par Barbey d'Aurevilly. Ses *Lettres à Louise de Bayne* que Maurice courtisa, et surtout ses *Lettres à son frère Maurice*, confirment un talent qui conjugue les détours imprévus de l'amour divin et de l'amour fraternel. Dans cette œuvre, elle excelle à évoquer les êtres et les choses dans leur intimité. Elle contribua également à recueillir l'œuvre de Maurice de Guérin.

GUERRA Elvira. Écuyère française (Saint-Pétersbourg, 1855 - Bordeaux, 1937). Elle était la petite-fille du célèbre directeur de cirque, Alexandre Guerra, — réputé pour ses numéros de violon et de guitare exécutés debout sur un cheval lancé au galop — et la fille de Rudolfe Guerra, excellent écuyer lui-même. Dès l'âge de six ans, son père la mettait en selle sur un poney corse puis, quelques années plus tard, il la faisait galoper sans selle et sans étriers. Elle débuta en public à treize ans et, à seize ans, elle rivalisait avec les plus célèbres cavalières de son époque. Elvira l'intrépide, qui avait hérité du caractère bouillant de son grand-père dit «le Furioso», remporta des triomphes partout où elle se présentait avec ses chevaux Sylvain, un étalon irlandais, Campeador, un pur-sang anglais, sauteur d'obstacles avec lequel elle franchissait une table de banquet ornée de candélabres allumés, et Bouton d'or qui fut tant admiré dans les concours hippiques de Paris. Pendant de longues années, Elvira Guerra poursuivit une brillante carrière, interrompue par la Première Guerre mondiale, qui l'obligea à se retirer à l'âge de soixante ans.

GUERRERO María. Actrice espagnole (1868-1928). Fille de riches commerçants, elle suivit les cours d'art dramatique de Téodora Lamadrid et se perfectionna à Paris chez Coquelin aîné. À son retour à Madrid, son père l'aida à acquérir le Teatro de la Princesa (aujourd'hui Teatro Nacional María Guerrero). Elle domina la scène dès la fin du siècle, révélant au public les trésors méconnus du patrimoine espagnol. Artiste complète, à la voix profonde et grave, elle jouait les auteurs du Siècle d'or (Lope de Vega, Calderón, Tirso de Molina, Ruiz de Alarcón) tout comme les contemporains (Benavente, Guimera, Pérez Galdós). Directrice de théâtre avisée, elle monta les succès de Maeterlinck, de Schiller, de Rostand. Elle invita Sarah

Bernhardt*, interpréta à ses côtés *Le Sphinx* (Feuillet), et vint en retour à Paris jouer *Don Juan* (Zovilla) et *La Niña Boba* (Lope de Vega). Elle fut applaudie à Londres et à Vienne et triompha en Amérique latine. Ses admirateurs la jugeaient supérieure à la Duse* et à la grande Sarah.

GUESCLIN Julienne du. Voir DU GUESCLIN Julienne.

GUGGENHEIM Peggy. Mécène. Américaine (New York 1898 - Camposampiero, province de Padoue, 1979). Elle était issue d'une famille juive richissime: son grand-père maternel, Seligman, était banquier, son grand-père paternel, Salomon Guggenheim, possédait la plupart des mines de cuivre du globe. Elle était la fille unique de Benjamin Guggenheim, disparu en 1911 dans le naufrage du *Titanic*. En 1919, Peggy Guggenheim entra en possession de son immense fortune et vint se fixer à Paris. Elle épousa en 1922 le sculpteur Laurence Vaïl dont elle eut deux enfants, Sindbad et Pegeen, avant de le quitter. Dans les années 30, elle rencontra Marcel Duchamp qui la présenta à de nombreux artistes et l'initia à la peinture moderne.

En 1939, elle ouvrit un musée d'art contemporain à Londres. Quand la guerre éclata, elle partit pour New York en compagnie de Max Ernst qu'elle épousa. Ils divorcèrent en 1943. Trois ans plus tard, elle acheta à Venise le palais inachevé Venier dei Leoni pour y installer ses collections. Ses préférences allaient à Braque, Duchamp, Picasso, Léger, Villon, Mondrian, Kandinski, Pollock, Dali et naturellement Max Ernst dont elle possédait les plus belles toiles. Dans son jardin, elle avait exposé des sculptures de Brancusi, Marino Marini, Henry Moore, Giacometti et Arp. Dans sa chambre à coucher trônait un lit de Calder. Suprême consécration, on la surnomma à Venise la «dernière dogaresse». Sous le titre *Out of this Century* (1946) Peggy Guggenheim a publié son autobiographie, document des plus précieux pour l'histoire de l'art de son époque et dans laquelle elle décrit non sans humour sa liaison avec Samuel Beckett.

GUICCIOLI Teresa, née Gamba-Ghiselli, comtesse. Italienne (Ravenne, 1800 - Florence, 1873). Lord Byron la rencontra dans un salon à Venise alors qu'elle avait dix-neuf ans et qu'elle était mariée au sexagénaire comte Guiccioli. Elle céda vite au poète encore blessé par son divorce, et leur liaison fut spectaculaire: Teresa Guiccioli était capricieuse, vive et sensuelle. Byron la suivit à Ravenne, à Bologne; il lui promit même le mariage lorsque le pape permit à la jeune femme de se séparer de son mari. Ils séjournèrent quelque temps à Pise en compagnie de Shelley, mais Byron se sentant emprisonné par cette passion exclusive partit pour la Grèce rejoindre les insurgés. Il y mourut en 1824, et sa maîtresse le pleura longtemps. Musset a chanté la comtesse dans *Mardoche* et dans sa *Lettre à M. de Lamartine* (1836). Veuve, toujours belle malgré la quarantaine passée, elle épousa en 1851 le marquis de Boissy, pair de France, célèbre pour ses reparties qui troublaient les débats de la Chambre. Jamais elle n'oublia Byron: elle publia sur lui d'intéressants souvenirs, *Lord Byron jugé par les témoins de sa vie* (2 vol., 1868) et *My Recollections of Lord Byron* (1869).

GUILBERT Yvette. Chanteuse française (Paris, 1867 - Aix-en-Provence, 1944). Elle était issue d'une famille pauvre. Son père, joueur, laissa sa famille sans ressources. Elle dut très jeune travailler comme couturière à façon. Attirée par le théâtre, elle obtint à dix-huit ans quelques rôles obscurs dans de modestes théâtres parisiens: Cluny et les Bouffes du Nord. Elle eut la chance d'être engagée comme chanteuse à l'Eldorado en 1889. Son intelligence, sa causticité, sa diction précise la firent bientôt remarquer, tandis que sa personnalité et son talent bouleversaient l'art de la chanson. Grâce à un répertoire qu'elle s'était composé avec lucidité, une désinvolture railleuse et même souvent agressive, un sens de la sentimentalité, elle sut conquérir un public qu'elle provoquait souvent sans retenue, mais qui lui faisait un triomphe, aussi bien à la Scala qu'au Concert-Parisien et aux Ambassadeurs. L'Europe puis les États-Unis la découvrirent.

Elle s'était composé une silhouette d'une originalité provocante — elle qui était maigre et plate — en opposition avec celles des chanteuses de son époque dont les chairs abondantes enchantaient les spectateurs. Ses longs gants noirs, sa large bouche, son nez impertinent, ses yeux noirs et ses cheveux rouges ont inspiré Toulouse-Lautrec qui fit d'elle des portraits qui vont parfois jusqu'à la caricature. Dans la seconde partie de sa carrière, Yvonne Guilbert a su donner une vie nouvelle à des textes de Rutebeuf, de Thibaud de Champagne, de Villon, etc. Après cinquante années de règne, elle se retira en 1938, laissant une place inoccupée. Dussane*, la célèbre actrice, disait d'elle: «Elle fut la plus grande, bien autre chose qu'une ordinaire chanteuse de chansons.» Yvette Guilbert a enregistré un grand nombre de chansons dont deux inoubliables: *Le Fiacre* et *Madame Arthur*. Elle a publié *L'Art de chanter une chanson* (1928), *La Chanson de ma vie* (1927), *la Passante émerveillée* (1929) et ses *Mémoires* (1929).

GUILLET Pernette du. Voir DU GUILLET Pernette.

GUIMARD Marie-Madeleine. Danseuse française (Paris, 27 décembre 1743 - *id.*, 4 mai 1816). Fille naturelle d'un inspecteur des Manufactures royales, elle débuta dans le ballet de la Comédie-Française à l'âge de quinze ans. Elle entra en 1762 à l'Opéra où elle connut un succès rapide: on la nomma première danseuse dès l'année suivante. «Outre les gambades, nous dit Arsène Houssaye, elle excellait dans les rigodons, les tambourins, les loures, mais surtout dans les grands airs. Plus d'une fois, elle a fait fureur dans la gargouillade; elle pirouettait avec des ailes, mais son vrai triomphe était la danse capricieuse.» Elle fut l'interprète privilégiée du grand Noverre, en butte à la jalousie de ses amants maîtres de ballets, Gardel et Dauberval. Elle dansa pour Noverre dans *Jason et Médée* (1770), *Appelles et Campaspe, les Caprices de Galatée* (1776), *Les Horaces, les Petits Riens* (1778). Après le départ de Noverre, elle créa pour Maximilien Gardel *La Chercheuse d'esprit* (1778), *Le Déserteur* (1784) et *Le Premier Navigateur* (1785). Elle se retira en 1789, après plus de vingt-cinq ans passés sur la scène de l'Opéra. Maigre avec un visage pointu, Sophie Arnould l'avait surnommée «le squelette des Grâces». D'autres l'appelaient «l'Araignée».

Bergère à la scène, Marie-Madeleine la bien nommée était à la ville une leste courtisane. Elle comptait au nombre de ses amants le banquier Laborde et Mgr de Jarente, évêque d'Orléans. Le duc de Soubise lui avait offert une folie à la Chaussée d'Antin: elle y fit installer en 1772 un théâtre de cinq cents places, le «Temple de Terpsichore», décoré par Fragonard. Elle y présentait elle-même des ballets parfois silencieux. La Guimard était célèbre pour sa méchanceté et ses soupers à la mode; la reine Marie-Antoinette lui demandait conseil pour sa toilette. Mme Du Barry* puis Louis XVI lui firent une rente insuffisante pour un train de princesse; elle dut vendre son hôtel et fit une fin en épousant l'ex-danseur-poète, Jean Despréaux, en 1789. Elle échappa à la Terreur et jeta ses derniers feux sous le Directoire. Citons l'appréciation de Noverre, de qui elle avait causé en partie le départ en 1780:

> Elle ne courait jamais après les difficultés; une noble simplicité régnait dans sa danse; elle se dessinait avec goût et mettait de l'esprit et des sentiments dans ses mouvements... Elle était inimitable dans les ballets anacréontiques et, en abandonnant le théâtre, elle emporta ce genre avec elle.
>
> (*Lettres sur la danse*, LXXX.)

Témoignages de sa gloire, Houdon moula son pied, Fragonard, Boucher puis David firent son portrait.

GUIZOT Pauline, née de Meulan. Femme de lettres française (Paris, 1773 - *id.*, 1827). Elle épousa François Guizot en 1812; elle avait quinze ans de plus que lui. Leur religion les opposait: Guizot était un calviniste nîmois; elle était catholique. Ce fut elle qui abjura pour se convertir à la religion réformée. Leur union fut exemplaire et leur apporta un fils. Pauline Guizot fut sa vie durant la collaboratrice de son mari. Elle l'aida à la traduction de la célèbre œuvre de Gibbon, *Histoire de la décadence et de la chute de l'Empire romain*, traduction qui parut en 1812. Elle a écrit des contes pour la jeunesse dont certains ont été publiés après sa mort par son mari: *L'École*r*, ou Raoul et Victor* (1822), *Armand, ou le Petit Garçon indépendant* (1837), *Aglaé, ou les Tracasseries* (1837), etc. Elle a également laissé des ouvrages pédagogiques comme ses *Lettres de famille sur l'éducation domestique* (1826). Guizot lui survécut quarante-sept ans et se remaria avec Élisa Dillon, la nièce de sa femme (1828).

GUMAELIUS Sophia. Publiciste suédoise (1810-1915). Elle fut l'une des premières femmes à réaliser l'importance que pouvait avoir la publicité sur le commerce. Douée d'imagination et d'un sens des affaires peu commun, elle fonda en 1877 une modeste société de réclame. Après des débuts difficiles, l'agence connut un tel essor qu'elle est encore florissante aujourd'hui. En 1900, Sophia Gumaelius fut proclamée «la plus grande femme d'affaires» de son pays.

GÜNDERODE Karoline von. Femme de lettres allemande (Karlsruhe, 11 février 1780 - Winkel am Rhein, 26 juillet 1806). Personnage typique du romantisme allemand, de santé fragile, de tempérament exalté, elle entra à dix-sept ans dans un couvent de filles nobles. Elle ne cessa dès lors de se complaire dans le panthéisme et une mélancolie funèbre sensibles dans les vers qu'elle publia sous le nom de Tian, *Poésies et fantaisies* (1804) et *Fragments poétiques* (1805). En 1802, elle avait fait la connaissance de Bettina Brentano*; de leur amitié naquit une correspondance intime qui fut à l'origine du roman de Bettina, *La Günderode* (1840). Ce livre rendit Karoline célèbre. Elle s'éprit du froid mais distingué juriste Savigny, puis du charmant Clemens Brentano avant d'aimer passionnément Friedrich Creuzer, professeur d'histoire et d'Antiquité à l'université de Heidelberg. Marié, prudent par nature, il repoussa quelque temps les déclarations enflammées de cette vierge nourrie de rêves helléniques, puis ils devinrent amants. Ne pouvant se résoudre à divorcer, il lui envoya une lettre de rupture. Désespérée, elle se jeta dans le Rhin après s'être poignardée, sûre ainsi de ne pas échapper à cette suprême expérience qu'elle considérait comme la voie de renaissance à un monde supérieur.

RÉF.: L. Geiger, *Karoline von Günderode und ihre Freunde*, Stuttgart, 1895. G. Blanquis, *Karoline de Günderode*, Paris, 1910.

GURSON Diane, née de Foix, comtesse **de**. Française (1562-1587). Fille d'un ancien condisciple de Montaigne au collège de Guyenne, elle épousa le comte de Gurson, autre ami de l'auteur des *Essais*. Il avait beaucoup d'affection pour elle, lui qui parlait des femmes comme « de curieux automates dont il est prudent de connaître le mécanisme ». Il présida aux noces et composa pour la naissance de son premier enfant le fameux *De l'institution des enfants* (*Les Essais*, livre I, chapitre XXVI), dont le conseil « Mieux vaut tête bien faite que bien pleine » est passée en maxime.

GUY-BLACHÉ Alice. Cinéaste française (Paris, 1873 - Mahwah, New Jersey, 1968). Elle débuta comme secrétaire en 1895, au Comptoir général de photographie que dirigeait Léon Gaumont. L'année suivante, elle réalisa son premier film, *La Fée aux choux*, première œuvre d'imagination jamais réalisée, date historique du cinéma. Elle tourna ensuite de nombreux films pour la compagnie Gaumont parmi lesquels *Les Dangers de l'alcoolisme* (1899), *La Danse des saisons* (1903), *Le Courrier de Lyon* (1904), *Le Crime de la rue du Temple* (1904), *La Fée Printemps* (1906), *Fanfan la Tulipe* (1907). Elle épousa le caméraman Herbert Blaché qui la décida à partir avec lui pour les États-Unis, où le couple fonda sa propre compagnie, qui devint rapidement prospère en produisant de nombreux films à succès parmi lesquels *Rose of the Circus* (1911), *The Doll* (1911), *Fra Diavolo* (1912), *The Monster and the Girl* (1914), *My Madonna* (1915), *The Great Adventure* (1918), *Vampire* (1920). Puis l'entreprise périclita ; Alice Guy-Blaché divorça en 1922 et rentra en France. Sa longue absence l'avait fait oublier du public et des producteurs français qui ne lui confièrent plus de réalisations de films. Elle fut cependant décorée de la Légion d'honneur en 1955.

GUYON DU CHESNOY Jeanne-Marie, née Bouvier de La Motte (dite **Mme Guyon**). Mystique française (Montargis, 13 avril 1648 - Blois, 9 juin 1717). Fille d'un procureur du roi, elle épousa en 1664 Jacques Guyon Du Chesnoy dont elle eut trois enfants. Veuve à vingt-six ans, à la tête d'une fortune importante, elle se consacra à la religion. Elle publia en 1685 le *Moyen court et très facile pour l'oraison que tous peuvent pratiquer très aisément* qui connut un immense succès et de nombreuses rééditions. Il diffusait les principes du quiétisme, doctrine mystique affirmant que, pour entrer en contemplation avec Dieu, l'âme doit se tenir dans une sorte de passivité absolue, hors de tout désir et de toute volonté. Elle fut chassée du diocèse de Thonon puis de Turin. Elle dut quitter toutes les villes où elle avait ébruité ses idées : Annecy, Marseille, Savone, Chambéry, Grenoble. Arrivée à Paris, elle fut enfermée en 1688 au couvent de la Visitation d'où Mme de Maintenon* l'en sortit.

C'est à Saint-Cyr qu'elle rencontra Fénelon, qui fut séduit par sa spiritualité, et sur lequel elle exerça une influence considérable. Mme Guyon sollicita alors un jugement sur sa doctrine : en 1694 s'ouvrirent les Entretiens d'Issy où s'affrontèrent Fénelon et Bossuet. Le quiétisme fut condamné à Rome ; Fénelon se soumit à ce jugement, et Mme Guyon, qui portait ombrage à Saint-Cyr, séjourna à la Bastille de 1698 à 1703. On chercha en vain à l'incriminer. Pour finir, elle fut exilée à Dizier puis à Blois en 1706. Elle passa les dernières années de sa vie entourée d'une grande vénération. On s'arrachait ses écrits, et le quiétisme se développa davantage en Italie qu'en France. Il existe deux éditions de ses œuvres complètes, l'une en 39 volumes, assurée par le pasteur Poiret (1712-1720), l'autre en 40 volumes, par le pasteur Dutoit (1767-1791).

RÉF. : L. Guerrier, *Madame Guyon, sa vie, sa doctrine, son influence*, Orléans, 1881 (Genève, Slatkine, 1971). F. Ribadeau-Dumas, *Fénelon et les saintes folies de Mme Guyon*, Genève, 1968. F. Mallet-Joris*, *Jeanne Guyon*, Flammarion, 1978.

GUZMÁN Éléonore de. Espagnole (v. 1310 - Talavera, Tolède, 1351). D'une excellente famille chrétienne, elle avait épousé Juan de Velasco dont elle devint veuve à l'âge de vingt ans. Célèbre par sa beauté et ses aventures, elle inspira une grande passion au roi de Castille Alphonse XI. Lorsqu'elle devint sa maîtresse, son ascendant sur lui fut tel que l'épouse légitime, la reine Constance de Portugal, dut quitter la cour et s'exiler à Séville — ce qui souleva l'indignation des proches du roi, du peuple et celle du pape Benoît XII. Son influence en politique fut néfaste : on lui reprocha d'avoir prévenu Alphonse XI contre plusieurs de ses ministres. De leur liaison naquirent dix enfants. Lorsque le roi mourut lors de la peste de 1350, Éléonore de Guzmán se retrouva à la merci de ses ennemis. Elle fut enfermée à l'Alcazar de Talavera où la reine la fit étrangler avec la complicité de son fils, Pierre le Cruel. Henri de Trastamare, fils d'Éléonore et d'Alphonse, devait venger sa mémoire. Il s'empara du trône après avoir fait décapiter Pierre le Cruel.

GWYNNE Nell Eleanor. Actrice anglaise (1650-1687). Livrée adolescente par une mère ivrogne à une entremetteuse, elle vendit ensuite des oranges aux spectateurs du théâtre Drury Lane. Petite, drôle et charmante, rousse et ravissante, elle attira l'attention de l'acteur Charles Hart. Grâce à lui, elle fut l'une des premières femmes à paraître sur scène en Angleterre ; jusque-là, les rôles féminins étaient confiés à des hommes. Elle débuta en 1665 dans *The Indian Emperor* (Dryden) ; les spectateurs l'adoraient : elle improvisait, égayant les pièces les plus sérieuses, et elle dansait les gigues à ravir. Son meilleur rôle semble avoir été Florimel (*The Secret Love*, Dryden) en 1667. Remarquée par Charles II en 1669 alors qu'elle jouait dans une autre pièce de Dryden (*Tyrannic Love, or The Royal Martyr*), elle devint sa maîtresse. Elle parut sur scène une dernière fois en 1670. Elle donna un enfant au roi qu'il reconnut. Mme de Sévigné* fit d'elle ce portrait :

> La duchesse de Portsmouth [Louise de Kéroualle*, une autre maîtresse royale] n'avait pas prévu de trouver sur son chemin une jeune comédienne dont le roi est ensorcelé ; elle n'a pas le pouvoir de l'en détacher un moment ; la comédienne est aussi fière que la duchesse de Portsmouth ; elle la nargue, lui dérobe souvent le roi et se vante de ses préférences.

Nell Gwynne avait, bien sûr, maison, carrosse et de splendides bijoux. Elle était aimée du peuple. Un jour que la foule, prenant son carrosse pour celui de Louise de Kéroualle, l'attaquait, elle ouvrit la portière (Louise de Kéroualle était catholique), et s'écria : « Paix, paix mes braves ! C'est ici la putain protestante », et la foule lui fit une ovation. Elle mourut pauvre, à trente-sept ans, deux ans après la mort de Charles II. Sa vie a inspiré de nombreux dramaturges, dont Paul Kester, qui écrivit *Sweet Nell of Old Drury* (1900).

GYP (née Sibylle Marie-Antoinette de Riqueti de Mirabeau, comtesse de Martel de Janville, dite). Femme de lettres française (château de Koëtsal, Morbihan, 1849 - Neuilly-sur-Seine, 1932). Arrière-petite-nièce de Mirabeau elle fut, à sa façon, anarchiste et réactionnaire. Vive, frondeuse et optimiste, elle suscita l'admiration de ses contemporains ; Anatole France la dépeignit ainsi :

> Il est de fait que c'est une terrible railleuse. Elle fait parler, dans une infinité de spirituels dialogues, tout un monde de viveurs et d'oisifs, et il ressort de tant de légers discours que l'homme est, à l'état civilisé, un vain, grossier et ridicule animal…

Mondaine, elle caricatura en souriant la société à laquelle elle appartenait. Elle participa avec véhémence au combat antisémite et nationaliste. Elle écrivit une bonne centaine de livres, ayant volontiers recours au dialogue pour faire vivre ses personnages. Elle brossa une satire amusante de ses contemporains sous l'apparence de fantaisies légères et improvisées, écrites dans une langue simple, claire et rapide. Citons parmi les ouvrages traitant de sujets politico-sociaux: *Petit Bob* (1882), *Autour du mariage* (1883), *Autour du divorce* (1886), *Le Journal d'un philosophe* (1894), *Ohé! les dirigeants* (1896), *Le Baron Sinaï* (1897), *Israël* (1898), *Un ménage dernier cri* (1903), *L'Âge du toc* (1908), *Les Fanchards (1917), Les Profitards* (1918), *Le Monde à côté* (1920). Mais c'est avec le genre sentimental qu'elle devait passer à la postérité; en effet, *Le Mariage de chiffon* (1894) remporta un considérable succès et fut porté à l'écran par Claude Autant-Lara en 1941, avec Odette Joyeux*; viennent ensuite *Friquet* (1901), *La Fée* (1902), *Le Bonheur de Ginette* (1911), etc. On lui doit aussi des impressions d'enfance: *Souvenirs d'une petite fille* (1927-1928).

RÉF.: M. Misoffe: *Gyp et ses amis*, Paris, 1932.

H

HACHETTE Jeanne (Jeanne Laisné, dite Fourquet, surnommée). Héroïne française (Beauvais, 1456 - *id.*, ?). Il fallut attendre le XIXe siècle et la découverte d'une ordonnance de Louis XI (22 février 1474) pour confirmer l'existence de Jeanne, qui doit son surnom à la petite hache que lui prête l'imagerie populaire. Nulle part, en effet, on ne l'appelle ainsi dans les écrits du temps : Commynes parle d'une Jeanne Fourquet, tandis que l'ordonnance royale mentionne Jeanne Laisné, fille d'un artisan nommé Matthieu. C'était une petite ouvrière lorsque, en 1472, Charles le Téméraire se lança à l'assaut de la ville de Beauvais. Prenant la tête de ses compagnes, Jeanne lutta l'arme au poing pour défendre la place. Parmi ses hauts faits, elle arracha à l'ennemi un étendard qu'elle rapporta saine et sauve, sous une nuée de flèches. Le combat se prolongea onze heures, au terme desquelles les armées du duc durent se retirer. Louis XI récompensa Jeanne, « nostre chière et amée », par une dot et l'exemption de la taille pour elle et ses descendants. Il ordonna qu'une procession, dite de l'Assaut, défilât annuellement dans Beauvais, femmes en tête. Veuve en 1477 du dénommé Colin Pillon, Jeanne se serait remariée à son cousin maternel, le capitaine Jean Fourquet.

HADEWIJCH, sœur. Mystique et poétesse flamande (XIIIe siècle). On ne sait rien de sa vie, sauf qu'elle était une béguine et qu'elle était peut-être issue d'une famille de l'aristocratie. Son œuvre, redécouverte au XIXe siècle, comporte des poèmes, des traités spirituels sous forme de trente et une *Lettres* et un recueil intitulé *Visions*, dans lequel elle célèbre l'union de l'âme avec Dieu. Elle a également dressé un catalogue de cent sept « parfaits » parvenus à la vision de la divinité.

HAENDEL Ida. Violoniste anglaise d'origine polonaise (née à Chelm, le 15 décembre 1924). Elle fut l'élève de Carl Flesh et du grand Georges Enesco. Enfant prodige, elle jouait à quatre ans et fit des débuts très remarqués à Varsovie, en 1934. Elle se produisit ensuite à Londres (1937) et à New York (1946). Son répertoire comprend les œuvres majeures pour violon et orchestre, qu'il s'agisse d'auteurs classiques et romantiques ou de compositeurs modernes comme Bela Bartók, dont elle interprète les deux concertos. Naturalisée anglaise, Ida Haendel joue principalement aux États-Unis.

HAHN-HAHN Ida, comtesse von. Femme de lettres allemande (Tressow,

Mecklembourg, 1805 - Mayence, 1880). Elle hérita du caractère de son père, le comte Frédéric von Hahn-Hahn, qui se ruina en dirigeant une troupe de comédiens ambulants. À vingt et un ans, elle épousa un cousin dont elle divorça en 1829. Fascinée par George Sand*, elle se mit à écrire. Ses talents et sa fantaisie assurèrent le succès de ses romans. *Dans le grand monde* et *La Comtesse Faustine* (1841), ouvrages au style facile, offrent un curieux mélange de snobisme et de féminisme. Des voyages faits en Europe et en Orient inspirèrent son œuvre. Convertie avec fracas au catholicisme en 1850, elle raconta cet événement dans son roman *De Babylone à Jérusalem* (1851). Puis elle se retira dans la communauté du Bon Pasteur, qu'elle avait introduite à Mayence, mais elle ne prononca pas ses vœux. Dès lors, elle produisit une œuvre édifiante : *Les Martyrs, Les Pères du désert, Choisir et se laisser guider* (1878).

HALIMI Gisèle, née Taïeb. Avocate française d'origine tunisienne (née le 27 juillet 1927 à La Goulette, Tunisie). Après des études de droit en France, elle devint avocate en 1948 et s'inscrivit au barreau de Paris en 1956. En 1971, elle a fondé l'association Choisir, dont elle est coprésidente, qui milite pour la maternité libre et la liberté de l'avortement. Elle s'est fait connaître par ses nombreuses prises de position féministes, tant par ses ouvrages qu'à travers ses plaidoieries. Elle a publié avec Simone de Beauvoir* *Djamila Boupacha* (1962) puis un ouvrage célèbre, *La Cause des femmes* (1973) — dans lequel elle développe ses idées et décrit son enfance tunisienne —, *Le Procès d'Aix* (1978) et *Le Lait de l'oranger* (1988). Gisèle Halimi a été député de la quatrième circonscription de l'Isère (1981-1984) et ambassadrice déléguée permanente de la France auprès de l'Unesco (1985-1986). Elle a épousé en premières noces Paul Halimi, dont elle a deux enfants, et en secondes noces Claude Faux auquel elle a donné un enfant.

HALKETT Anne, née lady Murray. Médecin. Anglaise (4 janvier 1622 - 22 avril 1679). Fille cadette d'un noble écossais, lord Thomas Murray, elle reçut une bonne éducation. Passionnée de médecine, elle apporta son soutien à Charles Ier d'Angleterre, au moment de la guerre civile provoquée par Cromwell, dans le seul but de soulager les miséreux. C'est elle qui eut l'idée de déguiser en femme le duc d'York pour le faire évader. À la mort du roi en 1649, elle se rendit en Écosse pour rejoindre Charles II qui tentait d'organiser le soulèvement du pays et lui offrit sa propriété. Lors de la défaite de l'armée royale par Cromwell à Worcester (1651), elle resta sur le champ de bataille afin de porter secours aux blessés, ce qui la rendit populaire. Elle exerça ses activités charitables jusqu'à sa mort.

HALL Adelaïde. Chanteuse de jazz. Noire américaine (née en 1904). Elle s'était fait une grande réputation en imitant le son de la trompette bouchée et obtint des triomphes avec Duke Ellington. Elle fut l'une des vedettes des Blackbirds qui avaient débuté en 1925 à Paris avec Joséphine Baker* dans la Revue nègre. Quelques années avant la Seconde Guerre mondiale, Adelaïde Hall fit de nombreuses tournées en Europe, où sa beauté et son talent firent la conquête d'un public qui avait applaudi en son temps Joséphine Baker et les plus grandes chanteuses noires de jazz. Sa fameuse chanson *Creole Love Call* est restée sur toutes les lèvres.

HAMALAINEN Helvi. Femme de lettres finlandaise (née à Helsinki en 1907). Féministe convaincue, elle eut des débuts difficiles avant de connaître la notoriété avec *L'Eau du fossé* (1935), description tendre et réaliste des quartiers misérables de sa ville natale. Avec *La Tragédie vertueuse* (1941), elle étudie la condition de la femme au sein d'une famille bourgeoise dans une société remplie de préjugés. *La Pierre du renard* oppose le calme et la douceur de vivre campagnards à l'agitation des villes.

HAMELIN Jeanne Geneviève Fortunée, née Lormier Lagrave. Française (Saint-Domingue, 1776 - Paris, 29 avril 1851). Elle s'enfuit en France à l'âge de douze ans et épousa en 1792 un fournisseur aux armées, Antoine Hamelin, dont elle eut une fille, Léontine, future marquise de Varambon, et un fils, Édouard. Elle était ravissante et régna sur la société du Directoire, multipliant les liaisons : avec Bonaparte, Talleyrand, Chateaubriand. Elle incarna le mieux le type des Merveilleuses dont l'accoutrement défrayait la chronique. Les contemporains la décrivent vêtue de robes «cuisse-de-nymphe-émue» et portant des chaussures «violet-cul-de-mouche». Elle se sépara de son mari en 1802. Pendant tout l'Empire, celle qui avait conseillé à son amant Bonaparte de ne pas se séparer de Joséphine*, porta un culte à Napoléon et reçut dans son salon la plupart des généraux et des maréchaux. Elle fut exilée lors de la première Restauration et soutint avec passion Napoléon pendant les Cent Jours, ce qui lui valut un second exil au moment du retour définitif de Louis XVIII. Elle vécut deux ans à Bruxelles, rentra à Paris en 1817, voyagea en Angleterre et se fixa à l'ermitage de la Madeleine près de Fontainebleau. Sa correspondance, très spirituelle, a été publiée en 1911 par A. Guyot sous le titre *Une ancienne muscadine, Fortunée Hamelin. Lettres inédites* (1839-1851).

HAMILTON Emma, née Lyon, lady. Anglaise (Great Nester, Cheshire, 1765 - environs de Calais, 1815). Fille d'une cuisinière nommée Harte et d'un forgeron, Lyon, qui les abandonna toutes deux, elle adopta au gré des circonstances l'un ou l'autre de ces patronymes au cours d'une vie aventureuse faite de scandales, de succès inouïs et de déchéance. Dénuée de ressources, sa mère vient à Londres et y séduisit le comte Halifax, qui se chargea de l'éducation de la petite Emma, alors âgée de six ans. Mise en pension, l'enfant, qui apprenait facilement, fit des progrès rapides; de plus, elle chantait et dessinait à ravir. Bientôt — elle avait alors treize ans —, la mort d'Halifax sonna le glas de cette période heureuse. Renvoyée de l'école, elle fut placée dans une ferme du comté de Chester où l'on exigea d'elle un travail manuel qu'elle détestait. Elle se persuada vite qu'elle trouverait mieux à Londres. Sa mère étant morte entre-temps, Emma profita de sa liberté pour gagner la capitale. Elle y entra comme femme de chambre dans une bonne maison, mais, sa passion pour la lecture et le théâtre ayant été découverte, elle fut congédiée. Elle travailla alors comme serveuse dans une taverne que fréquentaient des acteurs et des peintres, et y fit la connaissance de Miss Arabella, comédienne célèbre et maîtresse du peintre Romney qui, au vu de ses esquisses, lui prédit un brillant avenir et en fit son élève.

S'il faut en croire ses *Mémoires*, Emma était encore pure à cette époque, mais, l'un de ses cousins ayant été enrôlé de force par des matelots, elle alla le réclamer au capitaine sir John Willet Payne — qui deviendra plus tard amiral — et obtint, au prix d'une complaisance, la liberté de son parent. Payne la garda près de lui, l'emmena en voyage et, de retour à Londres, l'afficha comme sa maîtresse. Emma fréquenta dès lors le monde des courtisanes dont elle devint la reine. Deux ans plus tard, son amant, lassé, la céda au chevalier Featherstonehaugh qui, à son tour, la confia à l'un de ses amis. Cédée, recédée, Emma sombra dans la prostitution. À vingt ans, elle avait le plus délicieux des visages. Ses yeux avaient autant de douceur que d'éclat, sa bouche était à volonté chaste ou voluptueuse, ses cheveux bouclés encadraient un visage d'un ovale parfait — elle conservera d'ailleurs toujours, même dans ses plus extravagantes orgies, un air de candeur.

En ce temps vivait à Londres un charlatan cynique, le docteur Graham, auteur de *Mégalanthropogénésie* qui faisait poser sur scène des femmes à demi nues. Graham engagea Emma et fit savoir qu'il avait trouvé la femme idéale, typique, la déesse Hygie. On paya des prix fous pour la contempler quelques minutes, étendue sur «un lit de volupté», nue sous une gaze transparente. C'est ainsi que le peintre Romney la retrouva et l'enleva. Il la prit pour modèle et en fit sa maîtresse. Emma, qui savait d'instinct prendre les poses les plus difficiles, mit à la mode les tableaux vivants. Dans les raouts, elle brillait par ses raffinements de luxure, avec un «je-ne-sais-quoi» d'artistique qui fit qu'on s'éprenait d'elle aussitôt.

Sir Charles Greville, un descendant des Warwick, en tomba passionnément amoureux, l'enleva, l'emmena dans un de ses châteaux, et vécut le parfait amour avec elle pendant trois ans. Au bout de ce temps, le gentilhomme, criblé de dettes, imagina d'envoyer Emma à son oncle, lord Hamilton, ambassadeur d'Angleterre à Naples, pour obtenir son aide. Celui-ci accepta de tirer son neveu d'embarras, à condition de garder Emma. De maîtresse d'Hamilton, Emma devint sa femme en juin 1791. Elle avait alors trente ans et était d'une beauté éclatante.

Lady Hamilton fut présentée à la reine Marie-Caroline*, qu'elle enchanta. Elle devint sa confidente au point que ses ennemis (le parti français) répandirent les pires calomnies sur les deux femmes qui mettaient alors leurs relations au service des intérêts britanniques. Emma, ardente à l'excès, épousa toutes les haines de Marie-Caroline et gouverna véritablement — le pouvoir se trouvait en effet aux mains de son amie par l'intermédiaire du Premier ministre Acton, qu'elle influençait. C'est ainsi que la plus grande partie des événements qui ensanglantaient à cette époque le royaume des Deux-Siciles furent quelque peu son œuvre. Lady Hamilton fut ainsi l'instigatrice du traité d'alliance avec l'Angleterre, traité qui aboutit, en 1798, à l'invasion des États napolitains par Championnet et à la fondation de la république Parthénopéenne. Quand la cour, chassée par la révolution, se réfugia en Sicile, Emma fut de tous les complots et intrigues par le biais desquels les Bourbons déchus préparaient leur restauration. Elle dressa la liste des proscriptions et prépara la réaction qui noya la révolution dans le sang. Mais, pour l'accomplissement de son plan, il lui fallait l'appui du commandant de l'escadre anglaise dans les eaux de Naples. Ce commandant était Horace Nelson, qu'elle avait déjà rencontré en 1793. Emma le revit en 1798. Elle afficha sa passion pour le héros (elle avait commencé par s'évanouir dans ses bras sur le pont du *Vengeur*) et ils devinrent amants. Par amour pour Emma, Nelson viola l'accord qu'il avait lui-même signé — en vertu duquel les patriotes compromis auraient la vie sauve — et fit pendre à l'une des vergues de la frégate napolitaine la *Minerve* l'amiral Carraciolo. C'est du pont de son propre navire, le *Foudroyant*, que la reine Marie-Caroline et lady Hamilton assistèrent à cette exécution.

Rentrée à Naples avec la cour, Emma reprit sa vie au milieu des massacres par lesquels la restauration bourbonienne tentait de s'affermir. Lorsque lord Hamilton fut rappelé en 1800 en Angleterre, Emma le suivit; Horace Nelson résilia son commandement pour l'accompagner. Il eut d'elle une fille dont elle accoucha secrètement en 1801 et à laquelle il voulut donner son nom. Lord Hamilton mourut en 1803, laissant à sa femme une forte rente. Emma s'afficha avec Nelson, qui bientôt la repoussa avec mépris lorsque éclata la vérité sur l'affaire de Naples. Nelson, tué à Trafalgar, lui laissa par testament une pension modique et lui légua sa maison de Merton. Vite ruinée par le jeu et les excentricités, Emma quitta l'Angleterre pour se réfugier dans une petite ferme qu'elle possédait en France près de Calais. Pour accroître ses ressources, elle fit imprimer les lettres confidentielles que Nelson lui avait écrites au plus fort de sa passion. Elle rédigea aussi des *Mémoires*, qui ne parurent qu'après sa mort. Alexandre Dumas, entre autres, a fait de lady Hamilton un des personnages les plus curieux de son roman *La San-Felice*.

RÉF.: M. de Huertas, *Lady Hamilton*, Perrin, 1990.

HANAU Marthe. Femme d'affaires française (Paris, 1885 - Fresnes, 19 juillet 1935). Elle fonda en 1925 un périodique destiné en principe à soutenir la monnaie nationale, *La Gazette du Franc et des Nations*, mais qui en fait travaillait dans l'intérêt de plusieurs sociétés financières qu'elle avait elle-même constituées. Elle suscita la confiance des épargnants en leur proposant des avantages mirifiques et détourna une centaine de millions de francs. Elle élargit ensuite son influence en subventionnant plusieurs journaux, dont *Le Quotidien*. Inculpée d'escroquerie en 1928, elle obtint sa mise en liberté provisoire et attaqua ses détracteurs en diffamation. Ellé fut alors condamnée en appel à trois ans de prison ferme et incarcérée à Fresnes où elle s'empoisonna quelques mois plus tard. Sa vie romanesque a inspiré à Francis Girod un film, *La Banquière* (1982), dont le rôle principal est tenu par Romy Schneider*.

HANSKA Eveline, née comtesse Rzewuska. Polonaise (en Ukraine, 1801 - Paris, 1882). En 1820, elle épousa le comte Venceslas Hanski, qui possédait d'innombrables domaines en Pologne. En 1832, elle écrivit à Balzac une lettre qu'elle signa « l'Étrangère ». La perspicacité avec laquelle elle lui parlait de son œuvre excita la curiosité de Balzac qui lui répondit. Une abondante correspondance s'échangea entre eux avant qu'ils ne devinssent amants, en Suisse où ils s'étaient rencontrés en 1833. Par la suite, ils continuèrent à s'écrire régulièrement, se voyant en de rares occasions. Veuve en 1841, Eveline Hanska songea à épouser Balzac. Le mariage fut indéfiniment reporté en partie à cause des hésitations de Mme Hanska, en partie à cause des autorités russes qui refusaient qu'elle pût disposer de sa fortune tout en vivant remariée en France. Ils voyagèrent beaucoup au cours de cette période, eurent un fils en 1846, qui ne vécut pas. Finalement, les deux amants se marièrent le 14 mars 1850, quelques mois avant la mort de l'écrivain. Mme Hanska a été critiquée pour sa désinvolture envers Balzac et sa froideur au moment de sa mort. Elle n'en recueillit pas moins sa succession qui n'était faite que de dettes. Par la suite, elle vécut surtout à Paris et pris comme amants le romancier Champfleury et le peintre Jean Gigoux. Elle a eu une grande influence sur l'œuvre de Balzac qu'elle a inlassablement conseillé.

Pendant dix-huit ans, de 1832 à 1850, elle reçut près de cinq cents lettres, publiées partiellement en 1876. En revanche, il ne nous reste qu'une seule de ses lettres : elle a brûlé les autres le jour de la mort de son époux.

HAN SUYIN (Élisabeth Comber, dite). Romancière anglaise d'origine chinoise (née à Sinyang, Chine, en 1917). Sa mère était belge d'origine flamande et son père chinois. Elle connut une enfance difficile, rejetée par sa mère, et éprouva très tôt les difficultés d'être une métisse. Elle décida d'apprendre le chinois et l'anglais afin de se rattacher à sa double culture, chinoise et européenne, et de ne pas être une déracinée. En 1933, elle entra à l'université Yenjing de Pékin pour entreprendre des études de médecine qu'elle poursuivit à partir de 1935 à l'Université libre de Bruxelles. Cependant, l'invasion du nord de la Chine par le Japon bouleversa celle qui se sentait «d'abord chinoise». Après avoir défendu son pays en donnant de nombreuses conférences, elle interrompit ses études et rentra en Chine au mois de juillet 1938. En octobre suivant, elle épousa à Wuhan Tang Paohuang, qu'elle avait rencontré sur le bateau. Cette union, d'abord heureuse, se révéla désastreuse. De 1939 à 1942, elle fut sage-femme dans un hôpital de campagne près de Chendu, dans sa province natale (le Honan). Elle y découvrit l'effroyable misère des paysans chinois, qu'elle décrit avec émotion dans *Destination Tchongking*, à un moment où elle ne songeait pas encore à devenir écrivain. Le livre, qu'elle signa du pseudonyme de Han Suyin («Petite Voix» en chinois), parut en Chine à la fin de l'année 1941 et aux États-Unis l'année suivante.

En 1942, son mari, qui était officier de l'état-major de Tchang Kaï-chek, ayant été nommé attaché militaire à Londres, elle l'y suivit. Le succès de son roman, dans lequel elle ne cache pas ses critiques envers le régime nationaliste, acheva de détériorer ses relations avec son époux, tandis que sa rencontre avec Edgar Snow, l'auteur de *La Longue Marche*, fit d'elle une sympathisante des communistes chinois. En 1945, Tang Paohuang retourna dans son pays pour lutter contre ces derniers. Il y mourut deux ans plus tard, tué par ses propres soldats ayant changé de camp. Entre-temps, Han Suyin avait repris ses études de médecine au Royal Free, un hôpital de Londres. Elle les acheva en 1948. Elle refusa ensuite les postes qu'on lui offrait, obsédée par le désir de retrouver sa patrie, ce qui lui était impossible en raison de la guerre civile. Pour s'en rapprocher, elle s'établit à Hong Kong en janvier 1949 où elle travailla comme médecin à l'hôpital Queen Mary. Elle rencontra un journaliste anglais, Ian Morrison, qui lui inspira un amour passionné. Sa mort en Corée, pendant la guerre, la bouleversa et la décida à devenir écrivain. Elle publia *Multiple splendeur* (1953), qui s'imposa d'emblée comme un best-seller international.

Après avoir épousé Leonard Comber, elle s'installa en Malaisie et poursuivit sa double vocation de médecin et de romancière. Elle ouvrit une clinique à Jahore, en Malaisie, et une autre à Singapour. Elle publia *Et la pluie pour ma soif* (1956) qui s'inspire de sa vie en Malaisie. Au début de l'année 1956, alors qu'elle se trouvait en Inde afin d'obtenir un visa pour la Chine, elle fit la rencontre d'un colonel de l'armée britannique, Vincent Ruthnaswany, avec lequel elle eut une longue liaison. Elle finit par l'épouser en 1970, après avoir obtenu le divorce. 1956 fut l'année de son retour en Chine: elle donna des cours de littérature asiatique à l'université de Nanyang et rencontra les principaux dignitaires du régime, notamment Zhou Enlai. Durant cette époque, tout en vivant au Népal — pays qu'elle fait découvrir dans son roman *La montagne est jeune* —, elle se rend en Chine deux fois par an. Sa notoriété internationale est alors à son zénith, et elle va s'attacher à défendre la Chine de Mao à travers ce qui lui paraît essentiel: l'héroïsme des communistes face aux Japonais, la spécificité proprement chinoise du nouveau régime, ses efforts pour lutter contre la misère des campagnes. Elle défend ses idées notamment aux États-Unis entre 1965 et 1970, multipliant les conférences et prônant le rapprochement sino-américain, concrétisé par le voyage du président Richard Nixon à Pékin (1972).

Han Suyin a rencontré les grands de ce monde : Indira Gandhi*, Nehru, Norodom Sihanouk, Soekarno. Sa connaissance de l'Asie du Sud-Est apparaît dans *Les Quatre Visages* (1963), roman consacré au Cambodge. En 1985, elle a créé en Chine une fondation qui envoie des experts scientifiques se former en Europe et aux États-Unis. Elle est professeur honoraire de quatre universités chinoises où elle donne des conférences sur « L'usage de la démocratie ». Entre 1960 et 1975, elle a publié son autobiographie en cinq volumes, *L'Arbre blessé, Fleur mortelle, Un été sans oiseaux, Ma maison a deux portes, La Moisson du phénix*. Elle a adopté deux filles, Yungmei et Hui Im.

HARDY Françoise Madeleine. Auteur, compositeur, chanteuse. Française (née à Paris en 1944). Elle fut élève au Petit Conservatoire de la chanson, animé par la chanteuse Mireille*. Elle a interprété des chansons, dont elle était souvent l'auteur, qui ont enchanté un public tout acquis par l'originalité de son talent intimiste. Plusieurs fois vedette de l'Olympia où elle débuta en 1963, elle fit de nombreuses tournées, tant en France qu'à l'étranger, qui consacrèrent sa renommée. Parmi ses chansons, citons *Tous les garçons et les filles*, la plus célèbre, *La Maison où j'ai grandi, Si c'est ça, Peut-être que je t'aime, Comment te dire adieu, Message personnel, Ce soir*, etc. Son extrême émotivité a privé ses admirateurs de l'entendre plus souvent en public. Françoise Hardy a tourné également dans plusieurs films : *Château en Suède* (Vadim, 1963), *Une balle au cœur* (Pollet, 1966), *Grand Prix* (Frankenheimer, 1966). Elle s'est passionnée pour l'astrologie et a acquis une renommée enviable dans le milieu très fermé des adeptes de cette discipline. Après vingt-cinq ans de carrière dans la chanson, elle a décidé d'y mettre un terme en présentant son dernier album, *Décalages*. Elle souhaite désormais se consacrer à la composition de chansons et à l'astrologie. Elle est la femme du chanteur Jacques Dutronc, dont elle a un fils.

RÉF. : É. Daho, *Françoise Hardy, superstar et ermite*, J. Grancher, 1986.

HARLOW Jean (Harlean Carpenter, dite). Actrice américaine (Kansas City, 3 mars 1911 - Los Angeles, 6 juin 1937). D'abord figurante dans de courts métrages avec Laurel et Hardy, elle tint ensuite des rôles secondaires dans *Parade d'amour* (Lubitsch, 1929) et dans *Les Lumières de la ville* (Chaplin, 1931). Puis Howard Hughes l'engagea pour tourner dans son film *Les Anges de l'enfer* (1930). *La Blonde platinée* (Capra, 1931) lui valut un énorme succès et lança la mode des cheveux blond platine que toute une génération de femmes s'empressa d'adopter. Jean Harlow était d'une beauté provocante, et elle devint le sex-symbol des années 30. Une vie sentimentale tapageuse, dont s'emparèrent les journaux à scandale, aurait pu nuire à sa carrière, mais son talent était réel et ses admirateurs innombrables. Elle s'est particulièrement illustrée dans *La Belle de Saigon* avec Clark Gable (Fleming, 1932), *Bombshell* (Fleming, 1933), son meilleur rôle, *Les Invités de huit heures* (Cukor, 1933), *Une fine mouche* (Conway, 1936), avec William Powell, *La Malle de Singapour* (Garnett, 1935), *Imprudente Jeunesse* (Fleming, 1935), *Suzy* (Fitzmaurice, 1936), *Sa femme et sa dactylo* (Brown, 1936), etc. Elle mourut subitement pendant le tournage de *Saratoga* (Conway), qui fut achevé après sa mort et remporta un immense succès. Outre ses nombreuses liaisons, elle s'était mariée trois fois : avec un certain Charles F. Mac Grew, avec le producteur Paul Bern, enfin avec l'opérateur Hal Rosson.

HARRISON May. Violoniste anglaise (Roorkee, Inde, 1891 - South Nutfield, Surrey, 1959). Après des études au Royal College of Music de Londres, où elle fut l'élève de Rivarde, elle se rendit à Saint-Pétersbourg pour suivre les leçons de Lauer. Elle débuta à l'âge de treize ans. Bientôt ses tournées s'enrichirent de sa cadette Béatrice, brillante violoncelliste. Elles formèrent un duo qui devint vite célèbre. Delius composa pour elle un *Concerto*; leur grand succès reste le *Double Concerto pour violon et violoncelle* de Brahms, qu'elles firent entendre dans les principales villes d'Europe.

HARRY Myriam (Myriam Perrault-Shapira, dite). Femme de lettres française (Jérusalem, 1875 - Neuilly-sur-Seine, 1958). De père russe et de mère allemande, elle épousa Émile Perrault. Ayant passé sa jeunesse en Orient, elle choisit pour cadre de ses romans Jérusalem, la Syrie, la Turquie, la Tunisie, donnant à ses personnages un charme irrésistible: *Passage des Bédouins* (1899), *Petites Épouses* (1902). *La Conquête de Jérusalem* (premier prix Femina en 1904) et *Sonia à Paris* (1919) furent ses deux grands succès. Elle écrivit aussi une biographie piquante de Jules Lemaître, *Sous le signe du Taureau* (1947). Elle fit partie du jury Femina.

HART Doris. Championne de tennis américaine (née à Saint Louis, Missouri, en 1925). Elle fut paralysée par la poliomyélite pendant son enfance. C'est au cours d'une longue rééducation que les médecins lui conseillèrent de jouer à la balle. Elle s'exerçait sur un court et put bientôt entreprendre de véritables parties. La petite infirme allait devenir championne du monde. Elle fut vainqueur en double à Wimbledon (1947), en simple en Australie (1949) et à Roland-Garros (1950). Elle remporta la coupe des États-Unis en double avec miss Fry* de 1951 à 1954, en mixte de 1951 à 1955, en simple en 1954 et 1955. Elle gagna le championnat de Wimbledon en double de 1951 à 1953 et en mixte de 1951 à 1955. Elle fut la première au classement mondial en 1955, à la suite de quoi elle passa professionnelle. Ses longues années d'entraînement lui assuraient une technique à toute épreuve, et sa faculté d'anticipation était telle qu'elle semblait ne jamais courir pour se placer. Sa carrière exemplaire reste la plus extraordinaire du tennis féminin de cette époque.

HARTEL Lis. Cavalière danoise (née en 1927). Atteinte de poliomyélite, elle surmonta cette terrible maladie à force de volonté pour monter à cheval; une fois en selle, elle devenait une écuyère incomparable. Sur sa jument Jubilee, elle gagna la médaille d'argent (dressage) aux jeux Olympiques d'Helsinki (1952) et à ceux de Melbourne (1956). Elle remporta de nombreux concours en Suède, au Danemark, en Allemagne, en France, en Angleterre, au Canada et aux États-Unis. En 1954, elle gagna le Grand Prix international de dressage à Aix-la-Chapelle.

HARTIGAN Grace. Peintre. Américaine (née à Newark, New Jersey, en 1922). Elle étudia la peinture avec Isaac Lane Muse et gagna sa vie comme dessinatrice industrielle. Elle se fixa en 1945 à New York où elle vécut pendant quinze ans. À partir de 1950, ses expositions personnelles lui assurèrent sa place dans les manifestations collectives de la jeune peinture américaine. Elle fut présentée au Walker Art Center, au Carnegie Institute et à l'exposition «Douze Américains» au musée d'Art moderne de New York (1956). Son œuvre, qui se rattache à ce qu'on appelle l'abstraction lyrique, figure dans les grands musées et dans les collections privées.

HARTLEY Élisabeth, née White. Actrice anglaise (1751-1824). Elle fit ses débuts au Haymarket Theatre en 1769 et se produisit en province avant d'être engagée à Covent Garden. Elle triompha en 1772 dans *Jane Shore*. Excellente dans les rôles tendres et pathétiques, elle joua aussi les héroïnes shakespeariennes: Lady Macbeth* (*Macbeth*), Cléopâtre* (*Antoine et Cléopâtre*) ou Desdémone (*Othello*). Mais ses préférences allaient aux comédies; elle fut acclamée pour sa création de Lady Touchwood (*The Belle's Stratagem*, Cowley) en 1780. Douce et simple, elle se retira sans bruit de la scène et fut enterrée selon son souhait sous son nom de jeune fille à Woolwich. Elle était très belle et fut le modèle préféré de Joshua Reynolds; on peut voir trois de ses portraits au Garrick Club, à Londres.

HARVEY Lilian (Helene Lilian Muriel Pape, dite). Actrice allemande (Londres, 1907 - Cap-d'Antibes, 1968). Née d'un père allemand et d'une mère anglaise, elle fit ses études à Berlin. Elle était ravissante et possédait une fort jolie voix, enfin elle était attirée par le cinéma: Richard Eichberg l'engagea pour tourner une série d'opérettes. L'avènement du parlant fut une aubaine pour elle, car elle parlait parfaitement l'anglais, l'allemand et le français et pouvait paraître dans toutes les versions des films produits par la UFA. Lilian Harvey tourna ainsi en versions multiples toute une série de comédies musicales dont les plus célèbres sont *Le Chemin du paradis* (Thiele, 1930), et *Le congrès s'amuse* (Charell, 1931), ayant pour partenaire, dans la version française, l'acteur Henri Garat. Citons parmi les films tournés avec Eichberg *La Chaste Suzanne* (1936), *Princesse Trulala* (1926), et, avec Thiele, *Adieu Mascotte* (1929) — tous des muets. Parmi les parlants: *Princesse à vos ordres* (Schwartz, 1930), *Calais-Douvres* (Litvak, 1931), *Un rêve blond* (P. Martin, 1932) et *Roses noires* (P. Martin, 1932), *Miquette et sa mère* (Boyer, 1939), Lilian Harvey était partie entre-temps pour Hollywood (1933) mais elle n'y obtint pas de grands rôles. En 1947, elle renonça au cinéma.

HARWOOD Élisabeth. Soprano anglaise (Kettering, 27 mai 1938 - Londres, 22 juin 1990). Elle étudia au Royal Manchester College of Music de 1956 à 1960, année où elle remporta le Kathleen Ferrier* Memorial Prize. Elle débuta alors dans les chœurs du festival de Glyndebourne et y chanta le Deuxième Garçon (*La Flûte enchantée*, Mozart). En 1961, elle entra au Sadler's Wells Theatre où elle interpréta Suzanne (*Les Noces de Figaro*, Mozart), Constance (*L'Enlèvement au sérail*, Mozart), Adèle (*Le Comte Ory*, Rossini), Gilda (*Rigoletto*, Verdi), Zerbinette (*Ariane à Naxos*, R. Strauss). Lauréate en 1963 du concours Verdi à Busseto, elle se produisit en Australie où elle chanta les rôles de Lucie (*Lucie de Lammermoor*, Donizetti), Adina (*L'Élixir d'amour*, Donizetti) et Amina (*La Somnambule*, Bellini), avec Joan Sutherland*. En 1968, elle débuta à Covent Garden où elle incarna la Fiakermilli (*Arabella*, R. Strauss), Bella (*The Midsummer Marriage*, Tippett), Norina (*Don Pasquale*, Donizetti), Teresa (*Benvenuto Cellini*, Berlioz). Au festival d'Aix-en-Provence (1967-1969), elle fut Fiordiligi (*Così fan tutte*, Mozart) et Constance (*L'Enlèvement au sérail*, Mozart). Herbert von Karajan l'invita ensuite au festival de Salzbourg, où elle se produisit régulièrement. Belle, expressive et élégante, elle remporta autant de succès dans les opéras que dans les lieder, la musique religieuse et même les opérettes: elle a enregistré une *Veuve joyeuse* (Lehár) étonnante sous la direction de Karajan.

HASKIL Clara. Pianiste suisse d'origine roumaine (Bucarest, 7 janvier 1895 - Bruxelles, 7 décembre 1960). Elle fut l'une des pianistes les plus remarquables de son temps. Après avoir étudié dans sa ville natale et à Vienne, elle vint se fixer à Paris. Elle entra à treize ans au Conservatoire du musique où elle travailla avec Alfred Cortot et surtout avec Lazare Lévy. Elle obtint le premier prix de piano en 1910 après avoir remporté un premier prix de violon l'année précédente. C'est aux côtés d'Eugène Ysaÿe qu'elle entreprit ses premières tournées de concert avec le cycle des *Sonates pour violon et piano* de Beethoven. Mais une grave infection de la moelle épinière interrompit sa carrière. Ce n'est qu'en 1920 qu'elle put rejouer en public. Elle donna des récitals en Suisse, en Belgique et aux États-Unis. Le grand public la bouda longtemps, malgré un génie reconnu par l'élite de ses pairs. Le pianiste roumain Dinu Lipatti avait pour elle une admiration sans bornes. À partir de 1942, Clara Haskil s'installa en Suisse. Pablo Casals l'invita en 1950 au premier festival de Prades, point de départ d'une très brillante carrière internationale. Sous la baguette des plus grands chefs d'orchestre, parmi lesquels Schuricht, Baumgartner, Markevitch et Paumgartner, Clara Haskil interpréta de façon magistrale l'œuvre des grands compositeurs classiques et romantiques: Bach, Beethoven, Mozart, Schubert, Schumann et Chopin. Ses enregistrements sont parmi les plus beaux et les plus émouvants de l'édition musicale: le *Concerto pour deux claviers et cordes* (Bach), avec Geza Anda (1956), les *Sonates pour piano et violon* (Beethoven) avec Arthur Grumiaux, le *Concerto n° 2* (Chopin) avec l'orchestre Lamoureux, les *Concertos n° 9*, *n° 13* et *n° 20* (Mozart) sous les directions respectives de Carl Schuricht, Rudolf Baumgartner et Bernhard Paumgartner, la *Sonate n° 21* (Schubert), les *Scènes de la forêt* (Schumann) et son célèbre *Concerto en la mineur op. 54* avec l'orchestre philharmonique de La Haye, sous la direction de Willem Van Otterloo. Clara Haskil a participé à de nombreux festivals. On l'a applaudie à Strasbourg, Lucerne, Salzbourg et Aix-en-Provence. Jusqu'à sa mort, elle consacra au monde de la musique son incomparable personnalité.

RÉF.: J. Spycket, *Clara Haskil*, Payot, Lausanne, 1975.

HATSHEPSOUT. Reine d'Égypte de la XVIIIe dynastie (? - 1484 av. J.-C.). Elle était la fille de Thoutmosis Ier et d'Ahmès. Dans l'Égypte antique, la filiation dynastique se faisait par les femmes. Or, Thoutmosis Ier n'eut pas de fils. Pour que son bâtard puisse régner, il le maria à sa «fille royale». C'est ainsi que Thoutmosis II, fils de la concubine Moutnefert, accéda au trône aux côtés d'Hatshepsout, sa demi-sœur (1520 av. J.-C.). Quinze ans plus tard, la reine se retrouvait veuve avec deux filles. De nouveau, la succession exigeait le mariage d'un prince avec l'héritière, et son neveu, Thoutmosis III, épousa la fille aînée de la reine. Hatshepsout prit la régence pendant la minorité des enfants souverains et bientôt le pouvoir absolu. Elle écarta Thoutmosis III parvenu à sa majorité avec l'appui d'Hapouséneb, qu'elle avait fait grand prêtre d'Amon et vizir du royaume. Le règne d'Hatshepsout dura vingt-deux ans durant lesquels, d'après les textes, elle gouverna «selon sa volonté». Son père avait conduit une politique d'expansion; elle maintint la paix aux frontières, veilla à l'administration et au trésor, et garantit au pays une prospérité durable.

On lui doit d'admirables monuments, parmi les plus beaux de l'Égypte. Sa puissance se manifesta en d'immenses travaux à Memphis et à Thèbes: des carrières d'Assouan on apporta jusqu'à Karnak les deux plus hauts monolithes d'Égypte. C'est l'architecte Senmout, favori de la reine et second prêtre d'Amon, qui dirigeait tous les chantiers. Hatshepsout lui confia la construction de son énorme temple funéraire: il semble sortir de la falaise et s'ouvre par ses terrasses au pied du cirque rocheux Deir el-Bahari. Le portique contient les bas-reliefs polychromes de l'expédition de Pount, d'où les vaisseaux revinrent chargés de bois précieux, d'ivoires et d'aromates. Senmout eut l'honneur insigne de creuser sa propre tombe auprès de l'ensemble funéraire: un souterrain devait le réunir à sa reine après la mort. On ne sait quelle maladie emporta la reine dans sa soixantième année. Sa momie n'a jamais été retrouvée.

Thoutmosis III prit possession du trône. Celui qui allait devenir l'un des plus grands pharaons d'Égypte se vengea de l'asservissement dans lequel il avait été tenu. Il saccagea les sanctuaires et les statues de la reine et fit détourner à son profit ses inscriptions, ce qui induisit en erreur le savant Champollion. Quelques effigies sont cependant parvenuès jusqu'à nous. Dans les bas-reliefs, Hatshepsout semble un éphèbe: elle porte le pagne et la petite barbe des pharaons. Le pyramidon de l'obélisque de Karnak la représente agenouillée aux pieds d'Amon-Râ, qui l'investit du pouvoir. On a trouvé à Deir el-Bahari une statue en granit rouge, une tête en calcaire peint et un buste en calcaire cristallin: coiffée de l'uræus royal, les traits volontaires et féminins, le visage d'un ovale parfait, la reine fixe l'éternité de ses yeux en amande (Metropolitan Museum, New York).

HAUDEBOURT-LESCOT Antoinette Cécile Hortense. Peintre. Française (Paris, 1784 - *id.*, 1845). Danseuse amateur, elle fut l'élève de Guillaume Guillon, dit Lethière, peintre d'histoire. Elle le suivit à Rome en 1807 lorsqu'il fut nommé directeur de l'Académie de France. De son séjour, elle rapporta des paysages, où la couleur locale domine, et des scènes de la vie populaire. De 1810 jusqu'à sa mort, elle participa régulièrement aux Salons. Elle donna plus de cent tableaux de petites dimensions. On appréciait par-dessus tout ses scènes de genre: *Escamoteurs* (1817), *Marchand de reliques* (1822), *En dansant la saltarelle* (1824). Elle est la seule femme représentée dans le tableau de François-Joseph Hein, où Charles X distribue les récompenses après le Salon de 1824. Elle devint le peintre attitré de la duchesse de Berry* et réalisa en 1830 une série de portraits pour Versailles. Elle épousa l'architecte Haudebourt en 1820. On peut voir au Louvre son excellent *Autoportrait* (1825).

HAUSSET Nicole du. Voir DU HAUSSET.

HAUTECLOQUE Nicole de, née Saint-Denis. Femme politique et résistante française (née à Commercy, Nièvre, en 1913). Fille d'un colonel, elle épousa un neveu du général Leclerc de Hautecloque, Pierre de Hautecloque, dont elle se sépara. Après l'Appel du 18 juin 1940, elle se rallia au général de Gaulle et entra dans la Résistance comme agent secret du colonel Rémy avec le titre de capitaine. La guerre finie, elle fut, en 1947, conseillère municipale de Paris, réélue en 1953, 1959 et 1965, puis conseillère de Paris (1968, 1971). Député UNR (1962, 1967 et 1973), elle fut nommée président du Conseil de Paris (1971-1973). Nicole de Hautecloque lutta pour le travail à mi-temps des femmes mariées et pour les droits sociaux des mères célibataires. En 1988, au cours d'une cérémonie, le maire de Paris, Jacques Chirac, salua les quarante ans de mandat de Nicole de Hautecloque consacrés au service public. Elle est chevalier de la Légion d'honneur, croix de guerre 1939-1945, médaillée de la France libre et rosette de la Résistance.

HAUTEFORT Marie de, duchesse de Schomberg-Halluin (Hautefort, Périgord, 1616 - Paris, 1691). Fille d'honneur de la reine Anne* d'Autriche, elle fut avec Louise de La Fayette* l'une de ces femmes pour qui le roi Louis XIII brûla d'une passion, toute platonique, dit-on. Elle régna dans les cercles littéraires et les salons des précieuses sous le nom d'Aurore. Ses séjours à la cour furent mouvementés. Elle intrigua contre le cardinal de Richelieu qui la fit exiler en 1639 — elle se retira dans le Maine —, et reparut après sa mort en 1643, pour disparaître définitivement l'année suivante chassée par Mazarin, excédé par ses cabales. Elle épousa en 1646 le duc de Schomberg-Halluin.

HAVILLAND Olivia DE. Voir DE HAVILLAND Olivia.

HAYDÉE Marcia (M.H. Salaverry Pereira de Silva, dite). Danseuse et directrice de ballet brésilienne (née à Niteroi, le 18 avril 1939). Élève de Vaslav Veltchek et de Tatiana Leskova, elle travailla à la Sadler's Wells School et dansa au Théâtre municipal de Rio de Janeiro. S'étant perfectionnée avec Olga Préobrajenska* et Lubov Egorova*, elle fut engagée au Grand Ballet du marquis de Cuevas en 1957, puis au Ballet de Stuttgart en 1961. Promue première danseuse en 1962, elle est l'interprète par excellence des œuvres de John Cranko et certainement l'une des meilleures danseuses-actrices des années 1960 à 1970. Elle créa pour lui *Roméo et Juliette* (1962), *Onéguine* (1965), *Présence* (1968), *Carmen* (1971) et *Traces* (1973). Pour Kenneth MacMillan, elle créa *Las Hermanas* (1963), *Le Chant de la terre* (1965), *Mademoiselle Julie* (1970) et *Requiem* (1977); pour Tetley *Voluntaries* (1973), *Daphnis et Chloé* (1975); pour Neumeier *Hamlet: Connotations* (1976), *La Dame aux camélias* (1978) et *Un tramway nommé Désir* (1984). Marcia Haydée danse avec autant de talent les rôles classiques et, depuis 1976, elle est directrice artistique du Ballet de Stuttgart. Étoile d'or à Paris en 1967, elle obtint en Allemagne le prix de la Critique (1971).

HAYDEN Melissa (Mildred Herman, dite). Danseuse canadienne d'origine russe (née à Toronto, le 25 avril 1923). Élève de Boris Volkoff, d'Anatole Vilzák et de Ludmilla Schollar*, elle fut engagée au Ballet Theatre en 1945 et se produisit dans différentes compagnies. De 1950 à 1973, en tant qu'étoile au New York City Ballet, elle remporta un succès mondial. Elle créa pour Robbins *Age of Anxiety* (1950), *The Pied Piper* (1951), *In the night* (1970); pour Ashton *Illuminations* (1950); pour Bolender *Le Mandarin merveilleux* (1951); pour Balanchine surtout *Caracole* (1952), *Valse fantaisie* (1953), *Divertimento n° 15* (1956), *Agon* (1957), *Stars and Stripes* (1958), *Épisodes* (1959), *Liebeslieder Walzer* (1960), *A Midsummer Night Dream* (1962), *Brahms-Schönberg-Quartet* (1966), *Glinkana* (1966) et *Cortège hongrois* (1973). C'est elle qui tient le rôle de la ballerine dans le film de Chaplin, *Limelight* (1952). Elle a fondé son école à New York et a obtenu le Dance Magazine Award en 1961. Elle est l'auteur de *Mélissa Hayden. Off Stage and On* (1963) et de *Dancer to Dancer* (1981).

HAYES Catherine. Soprano irlandaise (Limerick, 25 octobre 1825 - Londres, 11 août 1861). Sa voix extraordinaire incita des amis à l'aider à financer ses cours de chant avec Sapio à Dublin. Elle donna quelques concerts dans cette ville puis elle partit pour Paris travailler sa voix avec Manuel Garcia. En 1845, elle débuta à Marseille dans le rôle d'Elvira (*Les Puritains*, Bellini) et remporta un tel succès qu'elle fut engagée sur-le-champ à la Scala, où elle régna quelque temps, faisant triompher des œuvres de

Donizetti, Ricci, Rossini et Verdi. On l'entendit à Venise, à Vienne, à Londres où elle chanta à Covent Garden en 1849, puis en Amérique, en Australie et en Inde, remportant partout un immense succès dans le répertoire italien.

HAYES Helen, née Brown. Actrice américaine (née à Washington, le 10 octobre 1900). Elle débuta sur scène dès l'âge de cinq ans et joua à sept ans à New York *Le Petit Lord Fauntleroy*. Elle abandonna à regret la danse pour pouvoir travailler ses rôles. Comme elle paraissait plus jeune que son âge, elle joua longtemps les jeunes filles dans *Pollyana* (Porter) ou *Dear Brutus* (Barrie). Elle connut ses premiers grands succès avec *To the Ladies* (Kaufman et Connelly, 1922) et *César et Cléopâtre** (Shaw, 1925). En 1933, elle triompha dans le rôle de Marie* Stuart (*Mary of Scotland*, Anderson). Dans cette veine historique, c'est toutefois le rôle-titre de *Victoria Regina* (Housman, 1935) qui fit d'elle l'idole du public américain. Elle joua la pièce en tournée à travers tous les États-Unis. Après la Seconde Guerre mondiale, elle partit pour Londres où elle incarna Amanda (*La Ménagerie de verre*, T. Williams). De retour à New York, elle fut Nora Melody (*A Touch of the poet*, O'Neill) en 1958. Elle se produisit au Fulton Theater, rebaptisé en son honneur Helen Hayes Theater. En 1961, elle entreprit une tournée internationale avec *La Ménagerie de verre*, *The Skin of Our Teeth* (Wilder) et *The Miracle Worker* (Gibson). Elle apparut aux côtés de Maurice Evans dans *Shakespeare Revisited* et fonda en 1964 le Helen Hayes Repertory Theater, qui organisait des tournées shakespeariennes dans les universités. Cette grande comédienne, au répertoire éclectique, a publié son autobiographie, *On Reflection* (1968).

HAYWARD Susan (Edythe Mariner, dite). Actrice américaine (New York, 1918 - Beverly Hills, 1975). Ravissante, elle débuta comme modèle publicitaire. En 1937, Selznick la remarqua et la proposa pour jouer le rôle de Scarlett dans *Autant en emporte le vent*, mais ce fut Vivien Leigh* qui fut choisie. Engagée par la Paramount, Susan Hayward tourna *Beau Geste* (Wellman, 1939), aux côtés de Gary Cooper, film qui la sortit de l'anonymat. Peu à peu, les metteurs en scène parmi les plus prestigieux de Hollywood s'intéressèrent à elle, séduits par sa personnalité. Ses talents multiples de comédienne lui permettaient d'incarner avec un égal bonheur des personnages aussi dissemblables qu'une femme alcoolique, une épouse passionnée, une délinquante révoltée, une héroïne sentimentale, une sauvageonne de western, etc. Susan Hayward tourna de très nombreux films dont beaucoup furent d'indéniables succès. Son apogée se situe vers les années 1950-1960. Elle obtint un oscar pour *Je veux vivre* (Wise, 1958) et un prix d'interprétation à Cannes pour *Une femme en enfer* (Mann, 1956). Parmi sa très abondante filmographie on peut retenir *Les Naufrageurs des mers du Sud* (DeMille, 1942), *Ma femme est une sorcière* (Clair, 1942), *Tête folle* (Robson, 1949), *David et Bethsabée* (King, 1951), *Les Neiges du Kilimandjaro* (King, 1952), *La Sorcière blanche* (Hatháway, 1953), *Le Jardin du diable* (Hathaway, 1954) avec Richard Widmark, *Les Gladiateurs* (Daves, 1954), *La Ferme des hommes brûlés* (Hathaway, 1959), *Guêpier pour trois abeilles* (Mankiewicz, 1967) et *La Poursuite sauvage* (Mann, 1971). La maladie interrompit sa carrière.

HAYWORTH Rita (Margarita Carmen Cansino, dite). Actrice américaine (New York, 1918 - *id.*, 1987). Fille d'un danseur espagnol qui lui enseigna son art, elle se produisit à l'âge de douze ans, à ses côtés, dans les cabarets, comme danseuse professionnelle. Remarquée par un producteur de la Fox, elle débuta à l'écran à dix-sept ans, dans *Dante's Inferno* (Lachman, 1935) où elle accomplit un numéro de danse. Elle partit ensuite pour New York où elle rencontra un milliardaire, Edward Judson, de vingt-deux ans son aîné, qui l'épousa en 1937, et qui devint à la fois son manager et son pygmalion. La même année, il la présenta à Harry Cohn, patron de la Colombia, qui l'engagea, changea son nom en Rita Hayworth et l'obligea à teindre en auburn sa chevelure noire. Elle tourna quelques films, puis Howard Hawks lui confia un rôle qui la révéla dans *Seuls les anges ont des ailes* (1939). Suivirent *Strawberry Blonde* (Walsh, 1941) et *Arènes sanglantes* (Mamoulian, 1941) où sa beauté et sa maîtrise de la danse l'aidèrent à s'imposer définitivement. Enfin, c'est l'inoubliable *Gilda* (Ch. Vidor, 1946) avec Glenn Ford. À vingt-huit ans, Rita Hayworth était à l'apogée de sa carrière. Le film, bien que quelconque, eut un énorme succès. Le charme ravageur de l'actrice, sa démarche à la fois provocante et princière, sa silhouette parfaite, son admirable chevelure rousse firent d'elle la star adulée, le sex-symbol des années 50. La scène où Gilda, dans son fourreau de satin noir, retire avec une science troublante son interminable gant noir, est restée célèbre. Ses admirateurs étaient innombrables et le film rapporta trois millions de dollars à ses producteurs.

Malheureusement, sa vie privée a beaucoup nui à sa carrière. Après avoir divorcé d'Edward Judson, elle épousa en 1943 Orson Welles, dont elle eut une fille, Rebecca, née en 1944, mais cette union fut éphémère. Welles lui offrit un rôle brillant dans *La Dame de Shanghai* (1947) où elle apparaît cheveux courts et blond platine, un sacrilège pour les GI. Rita Hayworth divorça de nouveau et se remaria en 1949 avec Ali Khan. Ils eurent une fille, Yasmina, mais ils divorcèrent en 1951. En 1953, quatrième mariage, avec le chanteur Dick Haymes, rapidement remplacé par le producteur James Hille. Pendant toutes ces années, sa carrière périclita et elle se mit à boire. Elle est morte de la maladie d'Alzheimer. Celle qui reste dans la mémoire des cinéphiles comme l'incarnation de Gilda a aussi tourné avec les plus grands acteurs de Hollywood: Frank Sinatra (*La Blonde ou la Rousse*, Sidney, 1957), Gary Cooper (*Ceux de Cordura*, Rossen, 1959), John Wayne (*Le Plus Grand Cirque du monde*, Hathaway, 1964), Cary Grant, Tyrone Power, Fred Astaire et bien d'autres.

HÉBERT-GOEFFIN Josette. Sculpteur. Française (née à Rouen en 1908). Ses maîtres furent Charles Despiau et Robert Wlérick. Elle est l'auteur du bas-relief de l'Hôtel des Postes de sa ville natale et d'un groupe, *Biche et Faon*, exécuté pour le château de Rambouillet. Abandonnant la sculpture officielle, elle prit ses sujets dans l'histoire religieuse et sculpta principalement des statues de la Vierge que l'on peut voir notamment à Vernon (collégiale), à Gisors (dite *La Vierge dorée*) et à Notre-Dame d'Auffray. Josette Hébert-Goeffin fut la première femme à recevoir le prix de sculpture de la fondation Guggenheim de New York.

HÉBUTERNE Jeanne. Française (1898-1920). Surnommée «Noix de coco», elle venait d'une famille de petits-bourgeois: son père, converti au catholicisme, était comptable, son frère était peintre. Elle-même se destinait à la peinture et suivit des cours à l'École des arts décoratifs. Elle rencontra Modigliani à dix-neuf ans et s'installa avec lui dans un atelier rue de la Grande-Chaumière, au désespoir de ses parents. Menue, de longues nattes châtain, le teint et les yeux clairs, «on eût dit une vierge gothique», disait Lipschitz. Elle était douée, sérieuse et entière dans son amour pour «Modi».

La légende en a fait, par contraste avec Béatrice Hastings — avec qui Modigliani eut une liaison orageuse de 1914 à 1916 —, une créature douce et soumise. Elle donna une fille au peintre, Jeanne, qui naquit fin 1918 dans le Midi où séjournait le couple désargenté. Modigliani rentra malade à Paris, bientôt suivi de Jeanne qui mit l'enfant en nourrice. On les trouva un jour dans l'atelier glacial, empli de boîtes de conserves et de bouteilles vides… Le peintre mourut à l'hôpital de la Charité le 24 janvier 1920, rongé par la tuberculose et l'alcool. Jeanne alla contempler son corps. Le surlendemain à l'aube, elle se jetait du cinquième étage de la maison paternelle, rue Amyot. Elle était enceinte de neuf mois. Elle eut un enterrement anonyme dans la banlieue parisienne. Les visages de *Jeanne Hébuterne*, au maniérisme délicat, au regard vide, sont restés célèbres.

HECK Barbara. Méthodiste irlandaise (Ballingrane, comté de Limerick, 1734 - Canada, 1804). Née en Irlande d'une famille réfugiée du Palatinat, elle était une ardente adepte de la religion méthodiste fondée par John Wesley. Elle émigra en Amérique avec son mari en 1760. Son premier prêche fut pour rappeler à l'ordre les hommes de la colonie qui s'adonnaient au jeu. En compagnie de son compatriote Embury, elle provoqua par sa prédication le réveil méthodiste de la Nouvelle-Angleterre. C'est d'après ses plans et grâce aux fonds qu'elle avait collectés que, dit-on, fut érigée en 1768 la première chapelle wesleyenne des États-Unis. Elle fonda ensuite dans la fameuse Salem une nouvelle société qui rassembla un nombre considérable de sectateurs. Loyalistes et pacifistes, Barbara et son mari Paul Heck émigrèrent au Canada pendant la guerre d'Indépendance. Selon la légende, elle mourut sur les rives du Saint-Laurent, la Bible ouverte sur les genoux.

HEDWIGE, sainte. Reine de Pologne (Andechs, Haute-Bavière, 1174 - Trebnitz, 15 octobre 1243). Elle était l'une des huit enfants du comte d'Andechs et fut mariée à l'âge de douze ans à Henri Ier le Barbu, duc de Silésie et futur roi de Pologne (1233). De leur union naquirent six enfants dont Henri le Pieux, qui succéda à son père en 1238 et périt en 1241 à la bataille de Legnica contre les Tartares. Après la mort de son époux en 1238, Edwige se retira au monastère cistercien de Trebnitz qu'elle avait fondé en 1219. Célèbre pour sa science médicale, elle y fonda un hôpital et incita les nonnes à travailler dans une simple bure, ancêtre de l'uniforme des infirmières. Elle fut canonisée en 1267 ; on la fête le 16 octobre.

HEIBERG Johanna Luise, née Pätges. Actrice et femme de lettres danoise (Copenhague, 1812 - *id.*, 1890). D'origine allemande et israélite, elle débuta sur scène à onze ans. Elle était l'ornement du Kongelige Theater, tant dans les drames shakespeariens que dans la comédie, où brillait son esprit. Elle épousa en 1831 Johann Ludvig Heiberg, auteur de théâtre et maître à penser du Danemark ; vingt ans les séparaient. Il écrivit de nombreux rôles pour elle, et le talent de l'actrice ne fut pas étranger au succès des vaudevilles du mari. Elle fut aussi l'auteur de comédies très populaires : *En Sontag paa Amager* (1843), *Abekatten* (1849), *En Sommeraften* (1853). Elle fit ses adieux à la scène en 1864, quatre ans après la mort de son époux. Entourée d'amis et d'admirateurs, elle tint à Copenhague un salon fréquenté par toutes les gloires du Danemark. Ses *Mémoires*, posthumes, sont restés célèbres.

HEINEL Anne. Danseuse allemande (Bayreuth, 1753 - Paris, 1808). Elle fit ses débuts à Stuttgart au théâtre du prince de Wurtemberg, sous la direction de Jean-Georges Noverre, considéré comme le plus grand chorégraphe de son temps. Engagée à l'Opéra de Paris, elle fit sensation dès sa première représentation, le 26 février 1768. On compara son talent à celui de son partenaire, le fameux Gaétan Vestris. En février 1771, Anne Heinel s'étant attribué une marche qui était dévolue à Vestris, leur altercation fut si vive que le public s'en mêla ; la danseuse l'emporta, et le couple refusa dès lors de se produire ensemble. Anne Heinel partit pour Londres, où elle devait se rendre régulièrement. Elle refusa d'épouser plusieurs lords pour s'unir au danseur Fierville, qu'elle quitta après six mois pour... Gaétan Vestris. Le « Dieu de la danse » et sa « Reine » devaient faire leurs adieux à l'Opéra le 12 mai 1782. De leur union naquit en 1791 un fils, Adolphe, et ils se marièrent l'année suivante. Selon Noverre :

> Cette danseuse étonna Paris et la cour. Le svelte de ses contours, le charme de sa figure, la perfection et la noblesse de sa danse lui méritent tous les applaudissements. Je dois ajouter qu'elle fut le modèle le plus parfait de la danse sérieuse.
>
> (*Lettres sur la danse,* XXX.)

Cette grande tragédienne était aussi un prodige d'agilité ; on lui attribue l'invention de la pirouette à plusieurs tours.

HEISS Carol. Patineuse américaine (née à Queens, New York, en 1940). Ses qualités athlétiques et artistiques la mirent vite à la tête des championnes des États-Unis. À seize ans, elle obtint la médaille d'argent aux jeux Olympiques d'hiver de Cortina d'Ampezzo (1956). Lorsque sa mère mourut d'un cancer, elle fit le vœu de remporter la médaille d'or en hommage à sa mémoire. La même année, en 1956, elle vainquit sa rivale Tenley Albright au championnat du monde de Garmisch et renouvela l'exploit à Vancouver en 1959. Aux jeux Olympiques d'hiver de Squaw Valley en 1960, elle remporta sa médaille d'or avec une extraordinaire aisance, à l'unanimité des neuf jurés.

HÉLÈNE, sainte (en latin **Flavia Julia Helena**). Romaine (Drepanum, Bithynie, v. 255 - Nicomédie, v. 326). D'humble extraction — son père était hôtelier —, il semble qu'elle fut l'épouse de Constance Chlore vers 272 et non pas seulement sa concubine comme les textes le disent. Elle lui donna deux enfants : le futur Constantin Ier le Grand et Constantia. Son mari, qui briguait l'Empire, la répudia pour épouser en 289 Théodora, la fille de Maximien. Choisi comme césar de ce dernier dans le cadre de la tétrarchie mise en place par Dioclétien, Constance Chlore devint empereur en 305. Lorsque Constantin lui succéda l'année suivante, il appela sa mère à ses côtés, lui décernant le titre d'Augusta. Convertie au christianisme, Hélène eut une grande influence sur la politique religieuse de son fils. En 326, elle fit un voyage d'inspection en Orient — notamment aux Lieux saints de Palestine — au cours duquel elle fonda des églises à Bethléem et à Jérusalem.

HÉLÈNE DE MONTÉNÉGRO. Reine d'Italie (Cetinje, 1873 - Montpellier, 1952). Fille du roi Nicolas Ier de Monténégro, elle épousa en 1896 le futur roi d'Italie Victor-Emmanuel III, après avoir abjuré la religion orthodoxe pour le catholicisme. Le roi ayant été contraint d'abdiquer en 1946, elle le suivit en exil en Égypte. Après la mort de son époux en 1947, elle se fixa en France. Elle était la mère du prince de Piémont Humbert II, qui succéda brièvement à Victor-Emmanuel jusqu'à l'instauration de la république (référendum du 13 juin 1946).

HÉLÈNE GLINSKAÏA. Régente de Russie (?-1538). Elle épousa en 1526 le grand-prince de Moscou Vassili III, dont elle eut un fils en 1530, le futur Ivan IV le Terrible. À la mort de son mari en 1533, elle occupa la régence après s'être débarrassé de son beau-frère, M.L. Linski. Elle gouverna avec l'aide de son favori I.F. Ovtchina-Telepnev-Obolenski et du métropolite Daniel. Elle mourut probablement empoisonnée par des boyards mécontents d'avoir été évincés.

HÉLÈNE LÉCAPÈNE. Impératrice byzantine ([?] - Constantinople, 961). Fille de Romain Ier Lécapène, elle épousa l'empereur Constantin VII Porphyrogénète en 919, et assura l'accession au pouvoir de sa famille, Romain, tuteur de Constantin, régnant en fait à la place de l'empereur. À la chute des Lécapène en 944, ayant tout pouvoir sur son mari, elle gouverna seule, mais fut ensuite évincée par sa belle-fille Théophano lorsque celle-ci monta sur le trône.

HÉLÈNE PAVLOVNA, grande-duchesse. Princesse russe d'origine allemande (Stuttgart, 1807 - Saint-Pétersbourg, 1873). Fille du prince Paul de Wurtemberg, elle s'appelait Charlotte Marie et prit le nom de Pavlovna lorsqu'elle épousa en 1824 le grand-duc Michel, frère des tsars Alexandre Ier et Nicolas Ier. Très intelligente et cultivée, elle reçut l'élite de son temps dans son salon, notamment l'intelligentsia favorable à la suppression du servage. Avec A.G. Rubinstein, elle a fondé le premier conservatoire de musique de Russie.

HÉLOÏSE. Française (Paris, 1101 - Le Paraclet, près de Nogent-sur-Marne, 1164). Issue d'une famille noble, elle était la nièce du chanoine Fulbert chez lequel Abélard, qui enseignait la dialectique sur la montagne Sainte-Geneviève, résidait. Il tomba amoureux d'elle, et lorsqu'elle fut enceinte, il l'emmena en Bretagne où elle accoucha d'un fils nommé Pierre Astrobale. Là, ils se seraient peut-être mariés secrètement. De retour à Paris, Abélard fut émasculé par des hommes de main que le chanoine Fulbert avait soudoyés. Après quoi, Héloïse entra dans les ordres au monastère d'Argenteuil et convainquit Abélard de l'imiter. Jusqu'à la mort de ce dernier en 1142, ils échangèrent une correspondance restée célèbre par l'amour qu'ils s'y témoignent, mêlé à de hautes considérations religieuses et philosophiques. Héloïse fonda le monastère du Paraclet dont elle fut l'abbesse jusqu'à sa mort.

RÉF. : Ch. Charrier, *Héloïse dans l'histoire et dans la légende*, Champion, 1933, rééd. 1977. R. Pernoud, *Héloïse et Abélard*, Albin Michel, 1970. J. Bourin, *Très sage Héloïse*, La Table ronde, 1980.

HELM Brigitte (Gisele Eva Schittenhelm, dite). Actrice allemande (née à Berlin en 1906). Elle n'avait pas l'expérience de la scène et de l'écran, mais sa beauté froide et classique séduisit Fritz Lang, qui la choisit pour incarner la jeune fille pure et le robot de son film d'avant-garde, *Metropolis* (1926). L'immense succès de ce film la rendit célèbre du jour au lendemain. Elle joua ensuite les femmes fatales et fut l'interprète de *L'Atlantide* (Pabst, 1932) dans le rôle de la mystérieuse et redoutable Antinéa. Après son mariage avec l'industriel Hugo Kunheim, Brigitte Helm joua encore dans *Savoy Hotel* (Ucicky, 1936) et abandonna brusquement le cinéma. On peut citer parmi les principaux films qu'elle a tournés, *L'Argent* (L'Herbier, 1928), film muet dans lequel elle incarne la rigide baronne Sandorf, *La Mandragore* (Oswald, 1930), *La Comtesse de Monte-Cristo* (Hartl, 1932), *Adieu les beaux jours* (J. Meyer, 1933), *L'Étoile de Valencia* (S. de Poligny, 1933), *Vers l'abîme* (Steinhoff, 1934), *L'Or* (version française, Hartl, 1934).

HELVÉTIUS Anne-Catherine, née de Ligniville d'Autricourt. Française (Ligniville, 1719 - Auteuil, 1800). Mlle de Ligniville était issue d'une des plus anciennes familles de Lorraine. Plus belle que fortunée, elle eut vingt et un frères et sœurs. Sa tante, Mme de Graffigny*, auteur des *Lettres d'une Péruvienne*, l'adopta et l'éleva. En 1751, elle épousa le philosophe Claude Adrian Helvétius, que la reine Marie Leszczyńska avait doté d'une place de fermier général. Il n'était pas noble, elle n'était pas riche: les deux familles essayèrent en vain de s'opposer à ce mariage d'amour. Vivant une partie de l'année sur leur terre de Voré (Perche), le couple tenait salon à Paris dans l'hôtel de la rue Sainte-Anne. Les Encyclopédistes, délaissant le «bureau d'esprit» de Mme Geoffrin*, s'y réunissaient en «états généraux de l'intelligence». On y croisait Rousseau, Condorcet, Voltaire, Buffon ou Fontenelle. Anne Helvétius se retrouva veuve avec deux filles en 1771. Elle acheta au pastelliste Quentin de La Tour un hôtel à Auteuil, s'entoura de chiens, de chats et d'oiseaux, et continua de recevoir ses amis. Turgot et Franklin, qui l'appelait sa «bonne amie», voulurent l'épouser. Plus radicale que les philosophes eux-mêmes, cette aristocrate fut l'une de ces femmes à avoir couvé la Révolution, et à lui survivre parmi tant d'amis fauchés par la mort. Après la tourmente, on rencontrait chez «Notre-Dame d'Auteuil» le politicien Daunou, Chénier, à qui l'on doit *Le Chant du départ*, Volnay, l'auteur des *Ruines*, Destutt de Tracy, et à l'occasion Bonaparte, qui remarquait: «Comment se peut-on estimer heureux dans ce petit coin?». Elle mourut en léguant sa demeure au médecin philosophe Cabanis, son fils adoptif.

HENDRICKS Barbara. Soprano américaine (née dans l'Arkansas, le 20 novembre 1948). Enfant, elle chantait des negro spirituals dans le temple où son père était pasteur. Elle s'orienta vers des études scientifiques — chimie et mathématiques — à l'université du Nebraska. Elle travailla ensuite le chant à la Julliard School de New York sous la direction de Jennie Tourel, la femme de Léonard Bernstein. Elle débuta à San Francisco en 1974 dans le rôle d'Erisbe (*L'Ormindo*, Cavalli); au festival des Pays-Bas en 1976, elle fut l'Amour (*Orphée*, Gluck). Invitée au festival de Glyndebourne, elle incarna l'année suivante Marzelline (*Fidelio*, Beethoven) et, en 1978, au Deutsche Opera de Berlin, Suzanne (*Les Noces de Figaro*, Mozart). Exquise à ravir, simple, elle interpréta Gilda (*Rigoletto*, Verdi) au festival d'Orange et Pamina (*La Flûte enchantée*, Mozart) au festival de Salzbourg, en 1981. L'année suivante, elle était Juliette (*Roméo et Juliette*, Gounod). Dirigée par les plus grands, Claudio Abbado, Herbert von Karajan, Carlo Maria Giulini, elle remporte à chacune de ses représentations un immense succès. Elle se produit parallèlement en concert. Au cinéma, elle a prêté sa voix à Mimi dans le film de Luigi Comencini *La Bohème* (Puccini). Elle a épousé son impresario, Martin Engstrom, et est mère de deux enfants.

HENIE Sonia. Patineuse norvégienne (Oslo, 1912 - en avion, entre Paris et Oslo, 1969). Son père, le plus riche fourreur de Norvège, fut le premier habitant d'Oslo à s'acheter une automobile. À quinze ans, elle remporta, non sans controverse, son premier championnat du monde: les trois juges norvégiens avaient voté pour elle. Souple comme une danseuse, à la fois fantaisiste et rigoureuse, elle conserva le titre pendant dix ans, et obtint trois fois de suite la médaille olympique (1928, 1932, 1936). Elle est la seule femme à avoir réussi deux fois le grand chelem (cumul des titres olympique, mondial et européen). La «Fée de la glace» était si populaire que la police montait la garde autour d'elle, à New York comme à Prague. Devenue professionnelle, sa renommée ne fit que grandir avec le cinéma et les spectacles: neuf films se succédèrent à la Twentieth Century Fox. Elle gagna 200 000 dollars en 1937. Elle fut naturalisée américaine en 1941. Après deux divorces, elle épousa à quarante-quatre ans son amour de jeunesse, le Norvégien Niels Onstad. Elle consacra une partie de sa fortune à sa collection de tableaux modernes (Picasso, Klee, Cézanne, Villon...) dont elle légua une centaine à la Norvège en 1961. Elle mourut à cinquante-sept ans d'une leucémie, dans l'avion sanitaire qui la ramenait d'urgence de Paris à Oslo. Sa fortune était alors estimée à 47 millions de dollars, et elle avait accumulé au cours de sa carrière 1 473 coupes, médailles et trophées.

HENRIETTE-ANNE D'ANGLETERRE, duchesse d'Orléans. Princesse française (Exeter, 16 juin 1644 - Saint-Cloud, 30 juin 1670). Elle était la fille de Charles Ier d'Angleterre et d'Henriette-Marie* de France. Celle-ci l'ayant quittée quinze jours après sa naissance pour se rendre en France et demander l'intervention militaire de Mazarin contre les armées de Cromwell, Henriette d'Angleterre tomba entre les mains du Parlement en avril 1646. Elle fut toutefois remise à sa mère et passa ses premières années au Louvre. En 1661, elle épousa Philippe d'Orléans, Monsieur, frère de Louis XIV, sa mère ayant échoué dans sa tentative de lui faire épouser le roi. Très jolie, intelligente et spirituelle, Madame s'éloigna vite de son mari dont l'homosexualité et la jalousie lui étaient insupportables. En revanche, le roi avait une profonde amitié pour celle qu'il appelait sa chère «Minette»; la cour crut même un moment qu'il y avait entre eux le commencement d'une liaison amoureuse. En 1670, il la chargea d'une mission secrète auprès de son frère Charles II, dont elle s'acquitta brillamment: le traité de Douvres de juin 1670 détachait l'Angleterre de son alliance avec les Provinces-Unies, ce qui permettait à Louis XIV d'attaquer ces dernières. Son retour à Versailles, le 18 juin, fut triomphal. Elle mourut douze jours plus tard après avoir bu un verre de chicorée. On crut à un empoisonnement; les soupçons se portèrent sur le chevalier de Lorraine, l'un des amants du duc d'Orléans et l'ennemi mortel de Madame. Ses funérailles, le 20 août, furent l'occasion pour Bossuet de prononcer l'une de ses plus célèbres oraisons funèbres («Madame se meurt... Madame est morte»). Mignard a réalisé deux portraits de la duchesse d'Orléans (musée Condé, Chantilly; musée de Versailles).

HENRIETTE-MARIE DE FRANCE. Reine d'Angleterre (Paris, 25 novembre 1609 - Bois-Colombes, 12 septembre 1669). Fille cadette de Henri IV et de Marie* de Médicis, sœur de Louis XIII, elle devint reine d'Angleterre en épousant en 1625 le roi Charles Ier. Catholique intransigeante, elle s'employa à aider ses coréligionnaires anglais, s'entourant de prêtres et de conseillers qui la rendirent fort impopulaire. Son mari en prit d'ailleurs ombrage et renvoya sa suite en 1626. Au moment de la guerre civile, elle déploya une énergie considérable pour soutenir Charles Ier. Elle se rendit dans les Provinces-Unies afin de gagner à la cause royale son gendre, le prince d'Orange (1642). Elle demanda l'appui du Danemark et de la France, et alla jusqu'à lever des troupes pour son mari. En 1644, après la défaite de Charles Ier devant Cromwell, à Marston Moor, elle alla en France implorer l'aide militaire de Mazarin. Elle ne put regagner l'Angleterre à cause de la guerre civile qui faisait rage, et c'est au Louvre, où elle résidait, qu'elle apprit l'exécution de Charles Ier. Elle se retira ensuite chez les carmélites de la rue Saint-Jacques et rentra en Angleterre en 1660 au moment de l'avènement de son fils, Charles II. Elle regagna sa patrie cinq ans plus tard, vivant soit au couvent de Chaillot, soit au château de Bois-Colombes, où elle mourut. Bossuet a prononcé son oraison funèbre. Elle avait eu cinq enfants, le duc de Gloucester et la princesse d'Orange, Henriette Marie Stuart — tous deux morts en 1660 —, Charles II et Jacques II — qui régnèrent tous les deux — et Henriette* Anne d'Angleterre.

HENSEL Sophie Frederike, née Sparmann. Actrice allemande (Dresde, 1738 - Schleswig, 1790). Le visage majestueux, les formes généreuses, elle excellait dans les rôles d'héroïnes classiques. Elle fut l'une des gloires du Théâtre national de Hambourg; Lessing, qui ne l'aimait guère, la jugeait une remarquable actrice. Elle était redoutée de tous pour ses intrigues et les scandales qui s'attachaient à ses pas. Après avoir divorcé de l'auteur dramatique Johann Hensel, elle se remaria avec Abel Seyler, qui prit la tête du théâtre. Elle se rendit si odieuse qu'il dut partir en tournée pour la fuir. Elle se retira quelque temps à Vienne. Lorsque son mari fut appelé à diriger le nouveau théâtre de Mannheim, elle alla le rejoindre; mais à cause de son caractère épouvantable, ils furent congédiés tous les deux en moins d'un an. Elle mena durant ses dernières années une vie itinérante propre aux acteurs du temps.

HEPBURN Audrey (Edda Van Heemstra Hepburn, dite). Actrice anglaise (née à Bruxelles en 1929). Née d'un père irlandais et d'une mère allemande, elle fit ses études en Angleterre et en Hollande, regagna Londres après la guerre, devint danseuse puis cover-girl sous le pseudonyme d'Audrey Hepburn et fit ses débuts à l'écran dans de petits rôles où elle ne passa pas inaperçue. En 1951, alors qu'elle tournait dans le Midi *Nous irons à Monte Carlo* (Boyer), elle rencontra Colette*, qui la recommanda pour jouer le rôle de Gigi dans la pièce qui devait se jouer à Broadway. Ce fut un triomphe, et la jeune actrice commença une carrière de vedette.

Ravissante, des yeux immenses, une grâce de biche, elle apporta à tous ses rôles un charme juvénile qui a conquis le grand public du cinéma. Actrice très sensible, elle obtint des triomphes dans la plupart de ses films, parmi lesquels *Rires au paradis* (Zampi, 1951), *The Secret People* (Dickinson, 1952), *Vacances romaines* (Wyler, 1953), pour lequel elle obtint un oscar, *Guerre et Paix*, dans le rôle de Natacha (K. Vidor, 1956), *Drôle de frimousse* (Donen, 1957), *Ariane* (Wilder, 1957), *Vertes Demeures* (Ferrer, 1959), *Le Vent de la plaine* (Huston, 1960), *Diamants sur canapé* (Edwards, 1961), *Charade* (Donen, 1963), *My Fair Lady* (Cukor, 1964), *Comment voler un million de dollars* (Wyler, 1966), *Seule dans la nuit* (Young, 1967). Après une longue absence, Audrey Hepburn réapparut en 1976 dans *La Rose et la Flèche* (Lester). On la vit encore en 1979 dans *Liés par le sang* (Young) et en 1981 dans *They All Laughed* (Bogdanovitch); elle n'avait rien perdu de son charme et de sa vivacité. Mariée à Mel Ferrer en 1954, dont elle a un fils, elle divorça en 1968 pour épouser en secondes noces l'année suivante le Dr. Andrea Dotti qui lui a donné un fils.

HEPBURN Katharine. Actrice américaine (née à Hartford en 1909). Elle naquit dans un milieu bourgeois aisé; son père était un chirurgien connu et un grand sportif; sa mère, une suffragette de choc, partisan farouche du contrôle des naissances. Elle décida très jeune de devenir actrice, mais ses débuts ne furent pas brillants, en raison de son caractère brusque et impétueux. Cependant, en 1932, George Cukor lui confia, contre toute attente, le rôle principal d'*Héritage*, avec comme partenaire John Barrymore. Malgré la présence de ce monstre sacré, ce film fut pour elle un triomphe personnel. À Hollywood, elle ne passait pas inaperçue. Son physique — elle était grande, osseuse et maigre, «un paquet d'os», disait-on —, ses taches de rousseur, ses vêtements masculins et usagés, sa silhouette de garçonne, ne lui donnaient pas l'allure d'une star. De plus, on la disait fantasque, insupportable et d'une ambition démesurée. Cukor, qui avait décelé son talent, lui fit jouer le rôle d'un garçon manqué, Jo, dans *Les Quatre Filles du docteur March* (1933), qui obtint un immense succès. Par la suite, il devint un ami fidèle de l'actrice et son réalisateur privilégié. Elle tourna ensuite dans *Morning Glory* (Sherman, 1933), film qui lui valut un oscar, dans *Alice Adams* (Stevens, 1935) et dans *Sylvia Scarlett* (Cukor, 1935) où elle apparaissait travestie en jeune homme, le cheveu court.

Ces films, dans lesquels elle avait imposé l'image d'une jeune fille rebelle et généreuse, sa beauté androgyne et son modernisme, expliquent qu'elle soit devenue le modèle de toute une génération de spectatrices. Elle tourna ensuite *Mary Stuart* (Ford, 1936), *Pension d'artistes* (La Cava, 1937), *L'Impossible Mr. Bébé* (Hawks, 1938). Cukor l'engagea de nouveau pour *Vacances* (1938) et *Indiscrétions* (1940). En 1941, George Stevens lui donna comme partenaire Spencer Tracy dans *La Femme de l'année*, dont le succès fut prodigieux. En 1951, elle tournait avec Bogart dans *La Reine africaine* («African Queen», Huston, 1952). Admirable interprétation qui valut un oscar à l'acteur. Cependant, la vie et la carrière de Katharine Hepburn se confondirent avec celles de Spencer Tracy. Leur liaison fut l'une des plus célèbres de Hollywood et dura jusqu'à la mort de l'acteur, en 1967. Ils tournèrent ensemble de nombreux films dans lesquels ils s'affrontaient et où les extravagances de l'actrice s'opposaient au calme serein et bienveillant de Spencer Stracy: *La Flamme sacrée* (Cukor, 1942), *Sans amour* (Bucquet, 1945), *Le Maître de la prairie* (Kazan, 1947), *L'Enjeu* (Capra, 1948), *Madame porte la culotte* (Cukor, 1949), *Mademoiselle Gagne-Tout* (Cukor, 1952), *Une femme de tête* (Lang, 1957) et, leur dernier film, *Devine qui vient dîner* (Kramer, 1967). Elle a écrit un livre : *African Queen ou Comment je suis allée en Afrique avec Bogart, Bacall et Huston, et faillis perdre la raison* (1988). Elle avait épousé Ludlow Ogden Smith dont elle a divorcé.

HEPWORTH Barbara. Sculpteur. Anglaise (Wakefield, Yorkshire, 1903 - Saint Ives, Cornouailles, 1975). Après des études de 1919 à 1924 à Leeds puis au Royal Art College de Londres, elle voyagea trois années en Italie et vint se fixer à Paris où elle se lia avec les sculpteurs Arp et Brancusi. En 1930, elle épousa le peintre Ben Nicholson dont les œuvres abstraites ne furent pas sans influencer son art. On reconnaît également l'influence, sur certaines de ses œuvres, du grand sculpteur anglais Henry Mooré, qu'elle avait connu à Londres. Mais, à partir de 1934, Barbara Hepworth se tourna définitivement vers l'abstraction et un art géométrique d'une grande pureté de forme: *Hélicoïds* (1938-1945), *Pelagos* (1946), *Helikon* (1948), *Gosden Head* (1949), *Biolith* (1950), *Image* (1952), utilisant des matériaux nobles tels que le marbre bleu, la pierre de Portland, le marbre blanc ou plus simplement la pierre. Barbara Hepworth a exposé à la biennale de Venise en 1950 et a reçu en 1959 le grand prix de la biennale de São Paulo. La célèbre sculpture en bronze *Single Form* (Memorial to Dag Hammarskjöld), qui orne la place des Nations-Unies à New York, est l'un de ses chefs-d'œuvre (1962-1963).

HERBEZ DE LA TOUR Solange d'. Architecte. Française (née à Bucarest, le 8 septembre 1924). De père français et de mère roumaine, elle fit ses études à l'École polytechnique de Bucarest. Elle réalisa ses premières constructions en Roumanie, notamment le musée d'Art populaire de Mangalia. Installée à Paris comme architecte-urbaniste (1952), elle fit édifier des cités HLM à Chaville, à Nanterre, et des immeubles à Saint-Germain-en-Laye. Elle participa également au plan de réorganisation de Corbeil-Essonnes. Elle fut lauréate du concours organisé en 1954 par le ministère de la Reconstruction. Elle a fondé en 1960 l'Union française des femmes architectes et en 1963 l'Union internationale des femmes architectes, deux organisations dont elle est présidente.

HÉRIOT Virginie. Navigatrice française (Paris, 1890 - Arcachon, 1932). Elle était la fille de Zacharie Hériot, propriétaire des Grands Magasins du Louvre que son frère avait fondés et dont il hérita. À sa mort en 1899, Zacharie Hériot laissa à sa fille une immense fortune. Elle épousa le vicomte de Saint-Senoch dont elle divorça, et se consacra entièrement à la mer et aux régates. Elle fit construire de magnifiques voiliers, les plus belles coques d'Europe, qui portèrent tous le nom d'Ailée, et sur lesquels elle remporta de nombreuses régates, notamment la course Le Havre-Ryde en 1928 sur Ailée VI, soit trois traversées de la Manche à la moyenne remarquable de treize milles à l'heure. La même année, elle obtint une médaille d'or aux jeux Olympiques d'Amsterdam (1928), devenant ainsi la première femme à obtenir une médaille d'or à la voile en France et une des rares médaillées olympiques de yatching, tous sexes confondus. En 1928, elle remporta également la coupe d'Italie. En 1931, se situe l'un des exploits mémorables de sa carrière : lors d'une compétition qui se déroulait entre l'île de Wight et Le Havre, elle ne devança l'Anglaise Marion Castairs que de 9 min 40 s. Virginie Hériot était d'une générosité inépuisable; elle aida les jeunes débutants en mettant à leur disposition des voiliers de course. C'est à Arcachon, sur son nouveau racer, qu'elle fut prise d'une syncope et mourut sur son yacht où on l'avait transportée. Elle avait été décorée de la Légion d'honneur, du Mérite maritime et de nombreuses distinctions étrangères. Elle reçut également la médaille d'or de l'Éducation nationale.

HERLANT-MEEWIS Henriette. Zoologiste belge (née en 1910). Passionnée par les animaux depuis sa plus tendre enfance, elle choisit d'étudier la biologie. Inscrite à l'Université libre de Bruxelles, elle y eut des maîtres éminents: Lameere, de Selys, Longchamps, Dalq et Brien. C'est ce dernier qui la poussa vers la recherche scientifique. Agrégée de l'université, docteur ès sciences zoologiques, elle devint titulaire d'une chaire d'histologie à l'Université libre de Bruxelles. Ses travaux portent sur la reproduction asexuée et sexuée, la régénération des éponges, les vers oligochètes aquatiques et le rôle du système nerveux dans ces phénomènes.

HERMANN Adélaïde, née Scarsez. Prestidigitatrice américaine (États-Unis, 1853 - New York, 1932). Danseuse à ses débuts, elle épousa l'un des plus célèbres illusionnistes de l'époque, Alexandre Hermann, dont elle devint l'assistante. Devenue veuve, initiée par son époux à tous les « trucs » de la prestidigitation et de l'illusion, elle continua son numéro avec un neveu de son mari, Léon Hermann. Ils obtinrent des triomphes dans toutes les capitales du monde. Adélaïde Hermann avait été surnommée par la presse et son public la « Reine de la magie ».

HERON Matilda Agnes. Actrice américaine (1830-1877). Elle débuta à Philadelphie en 1851, et joua la même année à Toronto avec ses parents. Après avoir traduit *La Dame aux camélias* (Dumas fils), pièce qu'elle avait vue à Paris, elle la joua à travers l'Amérique, remportant un succès considérable. Auparavant, l'actrice Jean Lander avait fait connaître une adaptation insipide de cette œuvre sous le nom de *Camille, or The Fate of a Coquette* (1853). La version de Mathilda Heron fit sa gloire et sa fortune. Elle devait incarner par la suite la *Médée* d'Euripide, Nancy, dans une adaptation théâtrale d'*Olivier Twist* de Dickens, et divers personnages de pièces qu'elle avait écrites. Elle eut en secondes une fille, Hélène Stoepel, née en 1862, connue sous le nom de Bijou Heron et qui épousa l'acteur et directeur de théâtre Henry Miller.

HERRADE DE LANDSBERG. Abbesse et érudite allemande (v. 1125 - mont Sainte-Odile, Alsace, 25 juillet 1195). Elle fut abbesse du monastère de Hohenburg à partir de 1165 et en fit une sorte d'université pour les filles de féodaux allemands. Pour l'instruction des novices, elle écrivit *Hortus deliciarum* (*Le Jardin des délices*), ouvrage qui constitue un véritable monument de l'art et de la science du XIIᵉ siècle. Rédigé en latin avec une traduction interlinéaire allemande de certains mots, il se présente comme une encyclopédie regroupant des textes bibliques et des écrits des Pères et docteurs de l'Église. Tous les genres sont abordés : théologie, philosophie, histoire, astronomie, physique, géographie, mythologie. Le manuscrit est orné d'enluminures qui sont également de la main de Herrade de Landsberg et illustrent des scènes religieuses, allégoriques et mythologiques. Ce chef-d'œuvre, conservé à la bibliothèque de Strasbourg et détruit lors des bombardements de 1870, a pu être reconstitué en 1899 grâce à des copies partielles. En dehors de Hohenbourg, Herrade de Landsberg a fondé plusieurs autres monastères, dont celui de Truttenhausen (1181).

HERSCHEL Caroline. Astronome allemande (Hanovre, 1750 - *id.*, 1848). Elle était la fille d'Isaac Herschel, musicien militaire, qui eut dix enfants. William, le quatrième, de douze ans son aîné, passionné d'astronomie, initia sa sœur Caroline — la huitième enfant — à cette science. Dès 1772, elle le rejoignit en Angleterre où il était organiste. Lorsqu'il eut renoncé à cette profession pour se consacrer à l'astronomie, elle l'assista dans ses travaux jusqu'en 1822, date de la mort de William. Ensemble, ils découvrirent une planète jusqu'alors inconnue, Uranus, puis deux de ses satellites, Tritania et Obéron. Outre l'observation de plus de deux cent cinquante nébuleuses, ils confirmèrent la fuite du système solaire vers un point, l'apex, situé dans la constellation d'Hercule, et calculèrent la vitesse de ce déplacement. À elle seule, entre 1786 et 1797, Caroline Herschel découvrit huit comètes ; la septième, d'une courte période, est restée célèbre sous le nom de comète d'Encke.

Fondateurs de l'astronomie stellaire, Caroline Herschel et son frère étudièrent les étoiles doubles, démontrant que le mouvement du couple d'étoiles autour de leur centre de gravité commun s'effectue selon les lois de Kepler. Vers 1800, ils découvrirent les effets thermiques du rayonnement infra-rouge. Modeste, Caroline Herschel, attribuait à son frère le mérite de ses propres découvertes. En 1798, elle publia sous son seul nom une révision du catalogue de Flamsteed, ouvrage préfacé par William qui indiquait qu'elle y avait ajouté cinq cent soixante et une étoiles qui ne se trouvaient pas dans les catalogues antérieurs. À la mort de son frère, elle retourna à Hanovre, où elle vécut d'une pension octroyée par le roi George III. En 1828, elle acheva le catalogue des nébuleuses et des groupes d'étoiles observés avec William, travail qui lui valut la médaille d'or de la Société astronomique de Londres. Elle devint aussi membre honoraire de cette institution, honneur sans précédent pour une femme à cette époque.

HERZ Henriette, née de Lemos. Allemande (Berlin, 1764 - *id.*, 1848). Son père, médecin établi à Berlin, était juif d'origine portugaise. Elle épousa le riche médecin philosophe Marcus Herz. D'une très grande beauté, d'une vive intelligence, elle fit de son salon l'un des plus brillants de la capitale. On y rencontrait les savants Wilhelm et Alexander von Humboldt, le philosophe Johann Gottlieb Fichte, auteur du *Discours à la nation allemande* et recteur de l'université de Berlin, le sculpteur Shadow, le prince Louis-Ferdinand de Prusse et Ludwig Börne, que fut l'un de ses fervents admirateurs. Elle travailla longtemps aux côtés du théologien protestant Frédéric Schleiermacher, qui prisait fort ses qualités intellectuelles. Sur ses instances, elle se convertit à la religion réformée. Elle se retira de la vie mondaine à la mort de son mari (1803).

HERZLIEB Minna. Allemande (1789-1865). Goethe connut Minna Herzlieb en 1807 chez l'oncle de celle-ci, libraire à Iéna. Le charme de la jeune fille et sa pureté inspirèrent au poète de nombreux sonnets. Elle fut aussi le modèle de la timide et passionnée Ottilie, des *Affinités électives* (1809).

HÉTÉPHÉRÈS Ire. Reine d'Égypte de la IVe dynastie (XXVIIIe siècle av. J.-C.). Elle épousa le pharaon Snéfrou, fondateur de la IVe dynastie, dont elle eut un fils, Chéops, qui succéda à son père et fit bâtir la plus grande des pyramides de Guizèh. Dans sa tombe présumée, les archéologues ont découvert un somptueux mobilier funéraire comprenant un lit à baldaquin, des fauteuils incrustés d'ébène et de métal précieux et des bijoux en or.

HEVELIUS Élisabeth, née Koopmaan. Astronome allemande (Dantzig, 1647 - *id.*, 1693). Fille d'un riche commerçant de Dantzig, intelligente et cultivée, elle épousa à seize ans le célèbre astronome Jean Hevelius, âgé de cinquante-deux ans, dont elle devint la collaboratrice passionnée. Première femme astronome d'Allemagne, elle veillait des nuits entières avec son mari pour examiner la Lune, de leur observatoire de Pfefferstadt. Elle participa aussi à la rédaction d'*Annus climatericus*, de *Cosmographia* et de *La Machine céleste*. Dans ce dernier ouvrage, les deux époux sont représentés d'après un tableau d'Andréas Stech. À la mort de son mari, Élisabeth Hevelius acheva l'édition de *Promodus astronomiae*. Les bustes des deux astronomes furent placés au XVIIIe siècle dans la bibliothèque de Dantzig.

HIGHSMITH Patricia. Romancière américaine (née à Fort Worth, Texas, en 1921). Douée pour le dessin et la littérature, elle fit ses études au Barnard College puis à l'université Columbia de New York dont elle sortit diplômée en 1942. Son premier roman, *L'Inconnu du Nord-Express* (1950), remporta d'emblée un très grand succès et fut adapté au cinéma par Alfred Hitchcock en 1951. Elle écrivit ensuite la série des Ripley: *Monsieur Ripley* (1955) — porté à l'écran par René Clément (*Plein Soleil*, 1959) —, *Ripley et les ombres, Ripley s'amuse*. Elle a su dépasser les règles du roman policier classique en explorant de façon presque clinique la psychologie profonde de ses personnages à travers la peinture de leur vie quotidienne, d'où naît une angoisse de plus en plus envahissante. À cet égard, sa réussite la plus magistrale reste *Le Journal d'Édith* (1977), récit terrifiant de la folie progressive dans laquelle sombre l'héroïne. Patricia Highsmith, qui voyage beaucoup, vit aujourd'hui en Suisse.

HIGHTOWER Rosella. Danseuse américaine d'origine indienne (née à Ardmore, Oklahoma, le 30 janvier 1920). Elle entra aux Ballets russes de Monte-Carlo en 1938. Soliste puis étoile, elle dansa de 1941 à 1945 au Ballet Theatre. Pendant un an, elle fit partie du Ballet Highlights de Léonide Massine puis de l'Original Ballet Russe. Rejoignant le Nouveau Ballet de Monte-Carlo, qui devint plus tard le Grand Ballet du marquis de Cuevas, elle en fut la vedette incontestée et ne quitta la troupe qu'à la mort du marquis, en 1961. Dès lors, elle fut invitée sur les grandes scènes du monde. Parallèlement, elle fonda un centre de danse classique à Cannes qui devint un foyer culturel international. De 1969 à 1972, elle assura la direction des Ballets de l'Opéra de Marseille, puis celle du Ballet du Grand Théâtre de Nancy jusqu'en 1974. Professeur invitée au Ballet du XXe siècle, elle dirigea de 1977 à 1980 le conservatoire de danse de Nice. Succédant à Violette Verdy* à la direction de la danse à l'Opéra de Paris (1981), elle reste l'une des personnalités les plus en vue du monde de la danse et continue à promouvoir un art qu'elle pratique à la perfection. Technicienne remarquable, belle et menue, sa danse est libre et spontanée. Son corps est un parfait instrument qu'elle maîtrise sans coquetterie. Citons parmi ses créations: *Mam'zelle Angot* (Massine, 1943); *Dona Inés de Castro* (Ricarda, 1952); *Piège de lumière* (Taras, 1952); *La Sylphide* (Lander, 1953); *Corrida* (Lichine, 1957) et *Variations* (Béjart, 1969). Elle s'essaya à la chorégraphie avec *Henri VIII* pour la compagnie Markova*-Dolin (1946), et *Scaramouche* pour le marquis de Cuevas. Elle a reçu le grand prix des Critiques de la danse en 1949 et la médaille d'or de la danse en 1967. Elle est chevalier de la Légion d'honneur depuis 1975.

HILDA ou **HILD**, sainte. Princesse de Northumbrie (614-680). Petite-nièce du roi de Northumbrie (l'un des royaumes de l'heptarchie anglo-saxonne), elle fut convertie par saint Paulin à dix-neuf ans. Elle dirigea pendant treize ans le couvent de Hartlepool et fonda en 657 le monastère mixte de Whitby. Sa forte personnalité y attira les clercs de tout le pays: Bosa, John, Wilfrid et l'illustre Cadmon. Le monastère abrita en 664 le fameux synode où Wilfrid, devenu archevêque d'York, imposa à l'Église celte les pratiques et l'autorité romaines. Hilda siégea contre lui et demeura son adversaire jusqu'à sa mort. Elle est l'une des figures les plus marquantes de la naissance du christianisme en Angleterre.

HILDEGARDE DE BINGEN, sainte. Mystique et bénédictine allemande (Bermersheim, 1098 - Rupertsberg, 1179). Issue d'une illustre famille, elle entra à l'âge de huit ans au couvent des bénédictines de Disibodenberg, dont elle devint abbesse en 1136. En 1147, elle fonda le monastère de Rupertsberg et, en 1165, celui d'Eibingen, où sont conservées ses reliques. Surtout connue comme visionnaire mystique — son traité dogmatique *Scivias* inspira à Dante sa vision de la Trinité —, elle fut la première naturaliste allemande avec deux traités d'un intérêt capital pour l'histoire des sciences: *Physica, ou Liber simplicis medicinae* et *Causae curae, ou Liber compositae medicinae*. Hildegarde écrivit aussi cent cinquante-cinq monodies qui s'éloignent déjà du chant grégorien, dont la *Symphonie des veuves* et un célèbre *Ordo virtutum*. Elle a aussi laissé une importante correspondance avec les princes et les prélats de son temps. Elle passe dans son pays pour la fondatrice des sciences naturelles.

HILSZ Maryse. Aviatrice française (Levallois-Perret, 1903 - Moulin-des-Ponts, 1946). Simple modiste, elle débuta dans l'aviation comme parachutiste et sauta plus de cent fois de 1922 à 1929. À bord de son Morane-Saulnier de 85 chevaux, elle atteignit Saigon en 1930, raid audacieux pour un avion d'aussi faible puissance. En 1932, elle effectua le vol Paris-Tananarive-Paris, puis en 1934 Paris-Tokyo-Paris, qui confirmèrent sa renommée. S'attaquant au record féminin d'altitude, elle le porta à 11 298 m (1935), pour battre l'année suivante le record toutes catégories avec 14 310 m. Elle remporta de nombreux trophées, dont la coupe Hélène-Boucher en 1938. Capitaine de l'armée de l'air pendant la guerre, elle trouva la mort en service commandé près de Bourg en 1946.

HIPPIUS Zinaïda Nikolaïevna. Poétesse russe (province de Toula, 20 novembre 1869 - Paris, 9 septembre 1945). Elle épousa en 1869 le poète Dimitri Sergueïevitch Merejkovski, qui allait devenir le père d'une doctrine du nouveau christianisme, exprimée dans la trilogie *Christ et Antéchrist* (1894-1902). Amie de deux poètes, Konevskoï et Dobrolioubov, elle s'adonna à la poésie avec sincérité, mais les vicissitudes de l'existence et son adhésion fervente aux idées religieuses de son mari freinèrent un peu l'épanouissement de son talent. On peut le déplorer, car la poésie de Zinaïda Hippius est chaleureuse et forte, même si l'intellectualisme n'en est pas toujours absent. Celle que d'aucuns considèrent comme la meilleure poétesse russe écrivit également de la prose, mûrie à l'ombre de Dostoïevski. Elle y révèle une personnalité très indépendante, peut-être trop virile pour une femme de l'époque — en tout cas, originale. Son récit *La Vie simple* comme son roman *Le Fantoche du diable* sont des œuvres majeures, au même titre que quelques-uns de ses recueils lyriques, dont *Psyché*, inspiré par l'idée de l'éternité de Dostoïevski exprimée par Svidigaïlov dans *Crime et Châtiment*.

Elle est également l'auteur de souvenirs sur des écrivains qu'elle a connus et aimés, suite d'essais réunis sous le titre *Visages vivants* (1925) qui attestent son admirable vivacité, sa sensibilité, sa profondeur. Seul un poète pouvait parler comme elle l'a fait de Blok, Briouchov, Rozanov et Sologub. Avec son mari, Zinaïda Hippius joua un grand rôle dans l'histoire des deux générations du symbolisme décadent : elle sut faire, en effet, de son salon de Moscou un des centres les plus intéressants de la vie intellectuelle russe, renouant avec la tradition de la fin du XIXe siècle. Réfugiée avec son mari à Paris en 1920, elle y mourut en 1945. Signalons quelques autres œuvres en prose : *Révolution et Violence* (1907), *Le Roi vert* (1920), *Mon journal sous la terreur* (1921). Elle a publié certains de ses ouvrages sous le pseudonyme d'Anton Kraïni.

HODINOVA-SPURNA Agnès. Femme politique tchèque (1895-1963). Issue d'une famille nombreuse de condition modeste, elle travailla dès son plus jeune âge dans les usines de Prague. Très intelligente, ambitieuse, elle acquit une solide instruction en suivant des cours du soir. Elle siégea à vingt-cinq ans au conseil municipal de Prague et rejoignit le parti communiste en 1929. Devenue député à l'Assemblée nationale, elle lutta pour défendre les droits de la femme et de l'enfance déshéritée. L'occupation de la Tchécoslovaquie par les nazis la contraignit à s'exiler en Grande-Bretagne. Elle reprit son action politique après la guerre. Présidente du Comité des femmes tchécoslovaques, membre du comité central du parti communiste, elle fut vice-présidente de l'Assemblée nationale de 1945 à 1960.

HOERNER Germaine. Soprano française (Strasbourg, 26 janvier 1905 - *id.*, 19 mai 1972). Après avoir obtenu ses premiers prix de chant et d'art lyrique au Conservatoire de Paris, elle fut engagée par Jacques Rouché et débuta à l'Opéra fin 1929. Elle y chantait une des Walkyries (Wagner) et, aussitôt après, elle fut Sieglinde (*La Walkyrie*, Wagner), ce qui lui valut un succès retentissant. Elle devint l'interprète idéale des grands rôles wagnériens : Élisabeth (*Tannhäuser*), Elsa (*Lohengrin*), Gutrune (*Le Crépuscule des dieux*) au Palais-Garnier. Elle devint l'indispensable Marguerite (*Faust*, Gounod et *La Damnation de Faust*, Berlioz), Valentine (*Les Huguenots*, Meyerbeer) et la plus puissante Aïda (*Aïda*, Verdi) que l'Opéra ait connue, sans oublier Leonore (*Fidelio*, Beethoven), la Maréchale (*Le Chevalier à la rose*, R. Strauss), Brunehild (*Sigurd*, Reyer). Elle créa en 1931 le rôle de Bonté (*Guercœur*, Magnard) et celui de Photine (*La Samaritaine*, Ollone). Elle interpréta en 1932 la première Chrysothémis (*Elektra*, R. Strauss) à l'Opéra. Retirée de la scène à cinquante ans, elle se consacra à l'enseignement du chant dans sa ville natale.

HOFFMAN Malvina. Sculpteur. Américaine (New York, 1887-1966). Sa famille, reconnaissant ses dons pour les arts, lui fit donner des leçons de peinture, mais elle manifesta rapidement sa préférence pour la sculpture. À vingt-trois ans, elle vint à Paris et entra dans l'atelier de Rodin qui influença durablement son œuvre. Inspirée par les mouvements du corps humain, il était naturel qu'elle choisît ses sujets dans le domaine de la danse, comme *La Bacchanale*, qui obtint un grand succès auprès du public. Le goût des grands ensembles la porta à exécuter une série de panneaux sur la danse et des sculptures représentant divers types de races qui furent exposés au Field Museum. Elle a exécuté pour la Chapelle commémorative de la guerre, à Harvard, un important groupe, *Le Sacrifice*, qui consacra une réputation déjà solidement établie. Ses œuvres figurent notamment au Metropolitan Museum et à l'American Museum of Natural History de New York, et dans de nombreux musées d'Europe.

HOHENHAUSEN Élisabeth Philippine Amalia, née von Ochs, baronne. Femme de lettres allemande (Cassel, 1789 - *id.*, 1857). Fille du général allemand Louis von Ochs, elle reçut une éducation soignée. Elle épousa le conseiller Hohenhausen, fondateur du *Morgenblatt* de Berlin, auquel elle collabora. Très ambitieuse, spirituelle, Élisabeth Hohenhausen anima un salon littéraire et politique qui joua un rôle important dans la vie de la capitale. Rahel Varnhagen*, Heinrich Heine et Alexander von Humboldt purent s'y rencontrer. Elle a laissé plusieurs ouvrages parmi lesquels *Fleurs de printemps* (1817) et *Tableaux de la vie* (1833), bien oubliés aujourd'hui. Elle obtint en son temps un grand succès pour sa traduction dé l'œuvre de Byron.

HOLIDAY Billie (Eleanora Holyday, dite). Chanteuse de blues et de jazz. Américaine (Baltimore, Maryland, 7 avril 1915 - New York, 17 juillet 1959). Elle fut, avec Bessie Smith*, la chanteuse noire de blues la plus bouleversante de sa génération. Elle possédait une voix exceptionnelle, voluptueuse, sensuelle, rauque, et, après des débuts difficiles, son talent, sa sensibilité et sa présence sur scène lui valurent une immense popularité auprès du public noir américain. Elle envoûtait son auditoire avec des chansons désespérées, gaies, cyniques ou sensuelles dans lesquelles affleurait une existence tragique et tumultueuse. Elle fit partie de l'orchestre de Count Basie (1937), avant de chanter dans la formation d'Artie Shaw (1938). Le saxophoniste Lester Young, qui l'a beaucoup influencée, l'appelait « Lady Day », et ce surnom lui est resté. Elle lutta toute sa vie contre le racisme, la misère et l'alcool, elle qui en avait tant abusé. Après ces années de célébrité pendant lesquelles elle vendit des millions de disques, Billie Holiday mourut abandonnée, dans un hôpital de New York. Elle n'avait pas quarante-quatre ans. Un film lui a été consacré en 1972, *Lady Sings the Blues*, dans lequel Diana Ross* incarne de façon bouleversante son personnage. Citons parmi ses chansons les plus émouvantes : *Stormy Weather, Strange Fruit, Body and Soul, Solitude, My Man, Good Morning Heartache*. Ses souvenirs, *Lady Sings the Blues*, ont été publiés après sa mort, en 1960.

HOLM Hanya (Johanna Eckert, dite). Danseuse et chorégraphe américaine d'origine allemande (née à Worms en 1898). Élève d'Émile Jaques-Dalcroze, elle enseigna à son tour à l'institut d'eurythmique d'Hellerau que Jaques-Dalcroze avait fondé à Genève. En 1921, elle rejoignit la troupe de Mary Wigman*, qui la considéra bientôt comme sa disciple la plus proche. Elle dansa *Die Feier* (Wigman, 1928) et *Totenmahl* (Holm et Wigman, 1930). Elle prit l'année suivante la direction de la branche new-yorkaise de l'école Wigman, rebaptisée Studio Hanya Holm en 1936. Ce fut l'un des lieux privilégiés de la danse moderne jusqu'à sa fermeture en 1967. C'est chez elle que se formèrent Valérie Bettis, Don Redlich, Alwin Nikolais. Émancipé de tout maître, le « Holm lyricism » se fonde sur la souplesse des corps. L'artiste composa pour sa compagnie de nombreux ballets à caractère social : *Trend* (1937), *Metropolitan Day* (1938), *Tragic Exodus* (1939) et *The Gardens of Eden* (1945). À partir de 1941, Hanya Holm étendit son influence aux États-Unis, animant chaque été un centre de danse à Colorado Springs. Elle se rendit célèbre dans le monde entier avec les chorégraphies des deux meilleures comédies musicales de l'après-guerre : *Kiss me, Kate* (B. et S. Spewack, 1948) et *My Fair Lady* (Lerner, 1956).

HOLMÈS Augusta. Compositeur. Française d'origine islandaise (Paris, 16 décembre 1847 - *id.*, 28 janvier 1903). Pianiste précoce, elle fut l'élève de César Franck. Malgré de brillants débuts, elle abandonna la carrière de concertiste pour se consacrer à la composition. On lui doit *Psaume In Exitu* (1873), l'opéra *Héro et Léandre* (1875), *Lutèce*, symphonie couronnée par la Ville de Paris en 1878, *L'Hymne à la Paix* (1890), un second opéra, *La Montagne noire* (1895), et de nombreuses mélodies dont certaines sur ses propres textes, recueillies dans *Cher Petit Oreiller*. On lui doit en outre un célèbre noël, *Trois anges sont venus ce soir*. Elle signa plusieurs de ses œuvres d'un pseudonyme masculin, Hermann Zeuta. Elle eut une très longue liaison avec Catulle Mendès (le mari de Judith Gautier*) et lui donna cinq enfants.

HORNE Lena. Danseuse, chanteuse et actrice américaine (née en 1917). Cette ravissante Noire à la peau claire et aux traits fins n'avait conservé de sa race que cette voix au timbre particulier, riche et mélodieuse. Elle anima de nombreux orchestres et fut la vedette du café Society de New York. La MGM s'en empara pour tourner plusieurs comédies musicales: *Panama Hattie* (McLeod, 1942), *Mademoiselle ma femme* (Minnelli, 1943), *Cabin in the Sky* (Minnelli, 1943), *Broadway Rhythm* (Del Ruth, 1944), *Ziegfeld Follies* (Minnelli, 1946), *Jamais* *deux sans toi* (Leonard, 1950) et *The Wiz* (Lumet, 1978).

HORNE Marilyn. Mezzo-soprano américaine (née à Bradford, Pennsylvanie, le 16 janvier 1934). Son père, ténor amateur de talent, l'initia au chant. Installée en Californie avec sa famille, elle travailla sa voix à la University of Southern California avec William Vennard, et suivit aussi les cours de Lotte Lehmann*. En 1953, après une tournée en Europe avec la chorale Robert Wagner, elle décida de poursuivre sa carrière seule. Elle débuta à Los Angeles en 1954 dans le rôle de Hata (*La Fiancée vendue*, Smetana) puis, la même année, elle prêta sa voix à Dorothy Dandridge* dans le film *Carmen Jones* (Preminger). Stravinski, qui lui dédia plus tard deux chants, obtint sa participation au festival de Venise en 1956.

Marilyn Horne fut engagée à l'opéra de Gelsenkirchen, en Allemagne, où elle chanta Mimi (*La Bohème*, Puccini), Minnie (*La Fille du Far West*, Puccini), Amelia (*Simon Boccanegra*, Verdi), Tatiana (*Eugène Onéguine*, Tchaïkovski), Marie (*Wozzeck*, Berg). Partenaire de Joan Sutherland*, elle débuta à New York en 1961 dans *Béatrice de Tende* (Bellini); toutes deux formèrent dans *Norma* (Bellini) et *Sémiramis* (Rossini) le plus fabuleux duo depuis Adelina Patti* et Marietta Alboni*. Très populaire, Marilyn Horne se partage entre l'opéra et le récital. Mariée en 1960 au chef d'orchestre noir Henry Lewis dont elle a une fille, elle est divorcée depuis 1976. Elle est l'auteur d'une autobiographie, *My Life* (1983).

HORTENSE DE BEAUHARNAIS (dite la reine Hortense). Reine de Hollande (Paris, 10 avril 1783 - château d'Arenenberg, 5 avril 1837). Fille d'Alexandre de Beauharnais et de Joséphine* Tascher de La Pagerie, sœur du futur prince Eugène, elle avait onze ans quand son père monta à l'échafaud. Sa mère épousa deux ans plus tard le général Bonaparte. Hortense fut élevée au pensionnat de Mme Campan* puis épousa en 1802 le frère de Napoléon, Louis Bonaparte; cette union, décidée par son beau-père, se fit contre la volonté de l'un et l'autre des mariés, et ne fut pas heureuse. Ils ne vécurent guère ensemble mais eurent néanmoins trois fils, dont Louis contesta parfois la paternité. Deux d'entre eux moururent, et le dernier devint Napoléon III. Lors de l'abdication de son mari du trône de Hollande en 1810, Hortense occupa la régence jusqu'à la réunion de cette province à l'Empire; elle obtint alors de pouvoir se séparer officiellement de son mari, ce que Napoléon lui avait refusé auparavant. Elle résida ensuite à Paris, où elle tint un salon brillant. En 1811, elle eut un fils du comte de Flahaut, le futur duc de Morny. Obligée de s'expatrier après les Cent-Jours, elle s'installa au château d'Arenenberg, sur les bords du lac de Constance. Ses *Mémoires* ont été intégralement publiés en 1917 par le prince Napoléon.

RÉF. : P. de Lacretelle, *Secrets et Malheurs de la reine Hortense*, Paris, 1936. R. de La Croix de Castries, *La Reine Hortense, fille d'impératrice et mère d'empereur*, Tallandier, 1984.

HORTENSIA. Femme de loi romaine (Ier siècle av. J.-C.). Elle était la fille de l'orateur Hortensius Hortalus, rival de Cicéron. Elle se distingua par ses interventions juridiques et connut un succès retentissant à la tête des patriciennes, que l'on avait lourdement imposées pour couvrir les frais d'une expédition militaire; Hortensia obtint la réduction de la taxe pour un millier d'entre elles et exigea un droit de regard sur les dépenses publiques. Elle acquit ainsi l'admiration des magistrats comme la reconnaissance des riches Romaines.

HOUDETOT Élisabeth Françoise Sophie, née de La Live de Bellegarde, comtesse **d'**. Française (Paris, 1730 - *id.*, 22 janvier 1813). À l'âge de dix-huit ans, elle épousa le comte d'Houdetot, âgé de vingt-sept ans; ils se séparèrent à l'amiable en 1753, et Mme d'Houdetot alla vivre au château d'Eaubonne avec le poète Saint-Lambert. Celui-ci, qui avait eu une liaison avec Mme Du Châtelet*, lui resta fidèle toute sa vie. C'est à l'Ermitage, chez sa belle-sœur Mme d'Épinay* que la comtesse d'Houdetot rencontra Jean-Jacques Rousseau. L'écrivain tomba éperdument amoureux d'elle et modifia pour elle le plan de *La Nouvelle Héloïse* qu'il était en train de rédiger et où elle apparaît sous les traits de Julie. Plus tard, son souvenir lui inspira le Livre IX des *Confessions*. Toutefois, elle ne céda pas aux avances de Jean-Jacques Rousseau et demeura auprès de Saint-Lambert, qu'elle soigna avec dévouement après qu'il fut tombé malade. Elle lui survécut dix ans.

RÉF. : H. Guillemin, *Un homme, deux ombres, Jean-Jacques, Julie, Sophie*, Paris, 1943.

HOURS Madeleine, née Miédan. Conservateur en chef des Musées nationaux. Française (née à Paris en 1913). Diplômée de l'École du Louvre, elle fut nommée en 1946 chef des Laboratoires d'étude scientifique de la peinture et des objets d'art et, en 1960, maître de recherches au CNRS. Elle est l'une des premières à avoir analysé scientifiquement les œuvres d'art et fit des découvertes étonnantes grâce aux rayons X, notamment une *Sainte Famille*, cachée sous un portrait de jeune homme de Rembrandt. Elle a écrit de nombreux ouvrages, parmi lesquels *À la découverte de la peinture par les méthodes physiques* (1957), *Les Secrets des chefs-d'œuvre* (1964) et *Analyse scientifique et conservation des peintures* (1977). Elle a publié les souvenirs de sa carrière dans *Une vie au Louvre*. Elle est commandeur de la Légion d'honneur et des Arts et Lettres. Elle a épousé Jacques Hours dont elle a trois enfants.

HOUVILLE Gérard d' (Marie Louise Antoinette de Heredia, dite). Femme de lettres française (Paris, 1875 - *id.*, 1963). Seconde fille du poète José Maria de Heredia, elle épousa en 1895 le poète Henri de Régnier. Elle publia des vers influencés par ceux de son père et de son mari. On lui doit des essais et des romans dans le style de 1900: *Le Temps d'aimer* (1908), *L'Enfant* (1925), *Esclave amoureuse* (1927). *Le Séducteur* (1914) est le plus célèbre. Elle reçut en 1918 le grand prix de littérature de l'Académie française.

RÉF. : D. Bona. *Les Yeux noir: les vies extraordinaires des sœurs Heredia*, Lattès, 1989.

HOWARD Andrée. Danseuse et chorégraphe anglaise (Londres, 3 octobre 1910 - *id.*, 18 mars 1968). Élève de Lubov Egorova*, d'Olga Préobrajenska*, de Vera Trefilova* et de Mathilde Kschessinskaïa*, elle participa à la création du Ballet Club de Marie Rambert*. Après un passage relativement bref aux Ballets de Monte-Carlo, elle retourna à Londres comme soliste au Ballet Club. Parallèlement, elle entama une carrière de chorégraphe en signant avec Suzanne Salaman *Our Lady's Juggler* (1930) et *The Mermaid* (1934). Par la suite, elle composa pour le Ballet Rambert *Cendrillon* (1935) et *La Jeune Fille et la Mort* (1937), où elle incarnait la jeune fille, l'un de ses plus grands succès. Elle créa pour le London Ballet *La Fête étrange* (1940) — adaptée du *Grand Meaulnes* d'Alain-Fournier — qui devait être intégrée au répertoire du Ballet Rambert, à qui elle donna encore *Carnival of Animals* (1943), *The Fugitive* (1944) et *The Sailor's Return* (1947). Lors de la fondation du Sadler's Wells Theatre Ballet, elle fut nommée chorégraphe de la troupe. Artiste complète, dotée d'un sens musical poussé, Andrée Howard a dessiné aussi les décors et les costumes de la plupart de ses réalisations. Mentionnons encore parmi ses œuvres *Assembly Ball* (1946), *Mardi Gras* (1946), *Selina* (1948), qui parodie le traditionnel ballet romantique, *A Mirror for Witches* (1952), *Veneziana* (1953) et *La Belle Dame sans merci* (1958). À la fin de sa vie, elle s'établit en Turquie et se tourna vers la sculpture.

HOWE Julia Ward. Poétesse et philanthrope américaine (New York, 27 mai 1819 - New Port, Rhode Island, 17 octobre 1910). Fille d'un banquier new-yorkais, elle consacra sa vie, avec son mari le Dr S. Grindley Howe, à des causes humanitaires comme l'antiesclavagisme, la réforme des prisons, le féminisme. Elle se fit connaître par ses recueils poétiques, *Passion Flowers* (1854) et *Later Lyrics* (1866), mais elle reste surtout l'auteur de *Sex and Education* (1874) et *Modern Society* (1881), œuvres qui traduisent ses préoccupations généreuses. Elle composa *The Battle Hymn of the Republic* (1862), l'hymne des troupes nordistes pendant la guerre de Sécession, ce qui lui valut la gloire du jour au lendemain. Au total, elle écrivit une quinzaine d'ouvrages, dont une biographie célèbre, *Margaret Fuller** (1883).

HOXIE Vinnie Ream. Peintre et sculpteur. Américaine (Madison, Wisconsin, 25 septembre 1847 - Washington, 20 novembre 1914). Elle commença ses études de sculpture à Washington, où sa famille était venue s'installer, et les poursuivit à Paris. Elle se fit rapidement connaître grâce à ses nombreux portraits de personnages célèbres tels que *Frantz Liszt, Gustave Doré, Horace Greeley, Ulysse Grant*, etc., et au travers d'œuvres inspirées par l'histoire ou par des allégories, auxquelles son art minutieux néoclassique et très figuratif convenait parfaitement. Sa statue en pied d'*Abraham Lincoln*, inaugurée en 1871, qui se dresse toujours dans la rotonde du Capitole à Washington, l'a rendue célèbre dans son pays, d'autant qu'elle était la première femme à recevoir une commande gouvernementale aussi importante. Elle réalisa par la suite de nombreuses statues de personnages officiels, les plus connues aux États-Unis étant celles du *Général Grant* et du *Sénateur Sherman*. Elle est également l'auteur de groupes à thème héroïque, ornant des places publiques à Washington, dans l'Oklahoma et dans plusieurs villes des États-Unis. Elle avait épousé un militaire, le lieutenant Richard Leveridge Hoxie, et elle mourut sans descendance.

HO XUÂN HUONG. Femme de lettres vietnamienne (fin XVIIIe - début XIXe siècle). Originaire du village de Quynh-Dôi, dans la province de Nghê An, elle se maria sur le tard, devenant « femme de second rang » d'un préfet. Devenue veuve, elle épousa par la suite un chef de canton qui ne tarda pas à mourir. Dès lors, n'ayant jamais pu s'adapter à la société hiérarchisée de son temps, elle se retira du monde pour mener une vie contemplative. Son œuvre, composée de courts poèmes en langue vernaculaire, avec un anticonformisme total, non dénuée d'humour, d'amertume voilée et n'excluant pas une certaine sensualité, occupé une place à part dans la littérature vietnamienne : *Xuâng-Huong Thi-Tâp* (*Recueil de poésies de Xuân Huong*).

RÉF. : M. Durand, *L'Œuvre de la poétesse vietnamienne Hô-Xuân-Huong*, Paris, 1968.

HROTSWITHA ou ROSWITHA DE GANDERSHEIM. Religieuse et poétesse allemande (Saxe, v. 935-v. 975). On sait peu de choses de la vie de cette religieuse du monastère bénédictin de Gandersheim, en Saxe, considérée par les historiens contemporains comme la représentante poétique du règne d'Otton Ier le Grand. Issue d'une famille noble, elle entra très jeune au couvent et fut formée par la nonne Riccardie et par la sœur d'Otton Ier, Gerberge, épouse de Louis IV d'Outremer, qui fut abbesse de Gandersheim. Très vite l'élève eut connaissance des textes antiques et se risqua à l'écriture. Son premier recueil, *Les Poésies latines*, est tiré d'Évangiles apocryphes ou des transcriptions de légendes qui couraient sur le monde chrétien. Elles sont au nombre de cinq: *Histoire de la Nativité, L'Ascension, Le Martyre de saint Gangolphe, Le Martyre de saint Pélage* et *Chute et Conversion du diacre Théophile*. Ce dernier poème de 455 hexamètres, tiré d'un texte du moine byzantin Eutychès (ve siècle), est considéré par certains comme un des archétypes poétiques de la légende de Faust. À cette série de cinq poèmes s'ajoutent, dédicacées à Gerberge, trois compositions: un épisode de *La Vie de saint Basile* (264 hexamètres), *Le Martyre de saint Denis* (266 hexamètres), qui reprend en vers un texte d'Alcuin (735-804), et un *Martyre de sainte Agnès* qui offre, en prologue, la louange de la chasteté. Ces huit poèmes furent rassemblés en 962 en un seul ouvrage, pour être lus par un public plus large, en dehors du couvent.

Admiratrice de l'œuvre de Térence, tout en déplorant son immoralité, elle tenta d'imiter son style pour «célébrer la louable chasteté des vierges chrétiennes», à quelques différences près: Térence écrivait des comédies en vers, elle, de la prose; Térence respectait les unités de temps et de lieu; elle les ignorait. Il n'en reste pas moins que l'œuvre théâtrale de Hrotswitha, composée dans la solitude d'une cellule, est remarquable par sa naïveté et son humilité. L'auteur y souligne le sens tragique de la condition chrétienne en opposition aux «délices des gentils». Ses six drames, *Gallican, Dulcis, Callimaque, Abraham, Paphuce* et *Sagesse*, furent rassemblés et publiés par Conrad Celtis en 1501, à Nuremberg. On doit encore à Hrotswitha *La Fondation du monastère de Gandersheim* et un fragment épique de 1 500 vers, *La Geste d'Otton Ier, empereur*.

HUBER Marie. Femme de lettres française (Genève, 1695 - Lyon, 13 juin 1753). Elle était issue d'une famille de protestants français réfugiée à Genève au moment des persécutions du règne de Louis XIV. D'une nature combative et généreuse, elle mit ses talents d'écrivain au service du calvinisme, enseignant que l'homme doit s'en remettre à sa seule conscience. Ses ouvrages eurent un succès considérable en son temps: *Lettres sur la religion essentielle à l'homme, distinguée de ce qui n'est qu'accessoire* (1738), *Le Monde fou préféré au monde sage* (1751). Son œuvre a influencé Jean-Jacques Rousseau. Célibataire, elle mourut sans descendance.

HUCH Ricarda (dite parfois **Richard Hugo**). Femme de lettres allemande (Brunswick, 1864 - Schönberg, Taunus, 1947). Issue d'un milieu bourgeois, elle était la sœur de l'humoriste Rudolf Huch et la cousine du romancier Friedrich Huch. Après ses études à Zurich, elle enseigna à Brême et à Vienne et se consacra à la poésie, puis au roman, son domaine de prédilection. Éloignée du réalisme de l'époque, portant peu d'intérêt à la technique de la narration, plus lyrique qu'objective, son art est profondément original. *Ludolf Ursleu cadet* (1893) raconte la décadence d'une grande famille bourgeoise. *Vita somnium breve* (1903), réédité en 1913 sous le titre *Michael Unger*, est l'histoire d'un commerçant qui fuit son milieu par idéalisme mais y revient pour échapper à la ruine. À partir de 1907, elle publia de remarquables biographies de Garibaldi, de Wallenstein et de Bakounine, et brossa une vaste fresque de la guerre de Trente Ans dans *La Grande Guerre en Alle-*

magne (1912-1914). Dans *Le Baron Stein* (1925), elle dépeint l'effort germanique pour se dégager de la tutelle napoléonienne. Elle a laissé plusieurs études sur le romantisme, *L'Épanouissement du romantisme, L'Extension et le Déclin du romantisme*, et sur les problèmes sociaux et religieux (*La Ruine de la personnalité*, 1921).

HUGO Adèle, née Foucher. Française (Paris, 1803 - Bruxelles, 1868). Les familles Foucher et Hugo étaient liées de longue date: Victor et Adèle jouaient ensemble dans le jardin des Feuillantines. Ils se déclarèrent le 26 avril 1819; Hugo avait dix-sept ans, un an de plus qu'elle. «Marier ces deux enfants eût été une folie: Victor n'avait rien et Mlle Foucher était tout aussi pauvre» (A. Lecanu, *Victor Hugo raconté par un témoin de sa vie*). Les *Lettres à la fiancée* témoignent des difficultés de l'idylle. Ce n'est qu'après la parution des *Odes et poésies diverses* que le père d'Adèle consentit au mariage. Sa fille apportait au ménage «2 000 francs en meubles, nippes et espèces». L'union fut célébrée à Saint-Sulpice le 12 octobre 1822, avec pour témoins Félix Biscarrat et Alfred de Vigny. Le jour même, le frère de Victor, Eugène Hugo, amoureux d'Adèle Foucher, sombrait dans la folie et ne devait jamais recouvrer la raison. Cinq enfants naquirent avant 1830. Léopold, Léopoldine*, Charles, François-Victor et Adèle.

Le couple fréquentait Musset, Émile Deschamps, Gustave Planche, et passait les vacances dans la vallée de la Bièvre chez M. Bertin l'aîné. Lasse des charges familiales et des préoccupations de son époux, Adèle Hugo accepta les hommages consolateurs de Sainte-Beuve, leur voisin de la rue Notre-Dame-des-Champs. Victor Hugo, blessé, malheureux, lui écrivit son amour: «C'est plus fort encore peut-être qu'il y a dix ans. Je ne suis rien sans toi, mon Adèle, je ne puis pas vivre.» Il profita néanmoins de cette première faute pour s'octroyer le pardon de toutes celles qu'il commit par la suite, c'est-à-dire jusqu'à la fin de sa vie. Après sa rencontre avec Juliette Drouet* en 1833, Adèle fut reléguée au rang d'épouse officielle du plus grand écrivain de son temps. Après l'appartement de la place des Vosges, elle partagea l'exil à Guernesey, où le poète avait emmené sa rivale. Mme Hugo suivit son mari dans son retour triomphal à Paris sous la IIIe République. Elle mourut à Bruxelles d'une congestion cérébrale. L'écrivain consigna dans son journal: «Je lui ai fermé les yeux. Hélas, Dieu recevra cette douce et grande âme, je la lui rends. Qu'elle soit bénie.» Elle repose à Villequier, auprès de Léopoldine Hugo*.

HUGO Jeanne. Française (Paris, 1869 - *id.*, 1941). À sa mort en 1871, Charles Hugo, fils de la précédente, laissait deux enfants, Jeanne et Georges, qui furent recueillis par Victor Hugo. Ils lui inspirèrent *L'Art d'être grand-père* (1877), dont la fraîcheur et la simplicité étonnent sous la plume de l'auteur des *Châtiments*. Poussée par sa mère, elle épousa l'écrivain Léon Daudet, qu'elle n'aimait pas, et dont elle eut un fils, Charles. Comme elle avait l'air triste, celui-ci lui disait: «Il ne faut pas avoir cet air devant les autres. Prenez des amants.» Elle quitta Daudet qui l'avait menacée d'un revolver et se remaria avec l'explorateur Jean Charcot. De retour d'un long voyage au pôle, celui-ci rendit noblement la liberté à sa femme dont l'affection envers Michel Negroponte — qu'elle aimait depuis toujours — résistait au temps. Par reconnaissance, Jeanne Hugo se convertit à la religion orthodoxe pour son troisième mariage (1906). Michel Negroponte la laissa veuve en 1913, après sept années de félicité.

HUGO Léopoldine (Paris, 28 août 1824 - Villequier, 4 septembre 1843).

Elle était la première fille de Victor et d'Adèle Hugo*. Elle n'avait pas encore dix-neuf ans quand elle épousa Charles Vacquerie, le frère d'Auguste Vacquerie, journaliste et dramaturge connu en son temps. Alors que le couple se promenait sur la Seine, leur barque chavira. Charles Vacquerie tenta de sauver sa femme qui ne savait pas nager et se noya avec elle. On retrouva leurs corps enlacés. Victor Hugo apprit la nouvelle par la presse alors qu'il revenait d'un voyage en Espagne avec sa maîtresse, Juliette Drouet*. Jamais douleur n'inspira poèmes plus bouleversants, qui hésitent entre révolte et résignation, que ceux réunis sous le titre *Pauca mea* (*Quelques mots pour mon enfant*). Ils forment le quatrième livre des *Contemplations* (1856). Léopoldine Hugo et son mari furent enterrés dans le même cercueil, au cimetière de Villequier.

HUGO Valentine, née Gross. Peintre, décoratrice et illustrateur. Française (Boulogne-sur-Mer, 1889-1968). Elle fut l'élève de Humbert à l'École des beaux-arts et exposa pour la première fois au Salon des artistes français en 1909. Elle épousa le petit-fils de Victor Hugo, Jean Hugo, avec lequel elle travailla à la réalisation des décors et des costumes de nombreux spectacles des années 20. Après son divorce en 1929, elle conserva son nom de femme mariée. En tant que peintre, elle fut d'abord proche des représentants de « l'Esprit nouveau » puis des surréalistes. Son art, d'une grande imagination poétique, reste marqué par une qualité et par une pureté de dessin peu communes. Elle a réalisé des portraits: *Paul Valéry, Érik Satie, Max Ernst, Stravinski*. Le plus célèbre est celui de *Picasso*, conservé au Musée national d'art moderne à Paris. Comme décoratrice, elle a beaucoup travaillé pour le théâtre, réalisant notamment les décors du ballet *Quadrille* (1945) et ceux de *Pelléas et Mélisande* de Debussy (1947). Par ailleurs, elle a illustré *Les Animaux et leurs hommes* de Paul Éluard, dont elle partagea l'existence avant de devenir la compagne d'André Breton, les *Contes bizarres* d'Achim von Arnim et *Le Promenoir des deux amants* de Guy Lévis-Mano.

HUMBERT Thérèse, née Daurignac. Aventurière française (Aussone, 1856 - [?]). Son père, Auguste Daurignac, propriétaire sans le sou d'une agence matrimoniale, la maria en 1878 à Frédéric Humbert, avocat et poète, fils de Gustave Humbert, ancien sénateur, qui devint ministre de la Justice, vice-président du Sénat et premier président de la Cour des comptes. Thérèse Humbert fit croire à son mari qu'elle était sur le point d'hériter d'une vieille demoiselle imaginaire. Ayant compris la supercherie, celui-ci eut l'esprit de reconnaître du génie à sa femme et se mit à son service. En 1881, Thérèse Humbert répandit le bruit qu'elle était l'héritière d'un Américain multimilliardaire, Henry-Robert Crawford, dont elle se disait la fille adultérine. Elle monta un procès compliqué où deux de ses frères tenaient le rôle des neveux du prétendu testateur. Un premier jugement en 1886 lui donna gain de cause. Elle déclara aussitôt posséder dans son coffre-fort cent millions, montant de la succession sous séquestre qu'une interminable procédure l'empêchait de toucher. Elle réussit ainsi à emprunter des sommes considérables et mena grand train avec son époux, dans leur hôtel particulier de l'avenue de la Grande-Armée où des réceptions brillantes réunissaient le monde de la politique et de la magistrature. Pendant dix-sept ans, nul ne soupçonna l'escroquerie. En 1902, sous l'influence d'une campagne de presse, l'ouverture du coffre fut exigée. Les Humbert tentèrent de s'enfuir à Madrid mais, arrêtés, ils furent condamnés à cinq ans de réclusion. Frédéric, dans sa prison, composa une chanson :

Ma grande Thérèse
On va vivre à l'aise
On a des millions et des picaillons
Tout notre pécule n'est pas la lune...

Sur la fin de sa vie, Thérèse Humbert s'acquit une honnête aisance par le métier de couturière.

HUMPHREY Doris. Danseuse et chorégraphe américaine (Oak Park, Illinois, 1895 - New York, 1958). Moins connue que Martha Graham*, elle fut néanmoins l'une des pionnières de la *modern dance* américaine. Elle tenait depuis l'âge de dix-huit ans un cours de danse de société, lorsqu'elle décida en 1917 de travailler à la Denishawn School de Los Angeles. Elle y resta dix ans, considérée par Ruth Saint-Denis* comme sa plus proche collaboratrice. C'est là qu'elle composa sa première chorégraphie, *Tragica*, solo dansé en silence. Estimant que ses maîtres faisaient fausse route en exploitant les techniques orientales, elle se réclamait d'un art approprié à son époque et à la culture américaine. Elle s'associa à son condisciple Charles Weidman pour fonder en 1928 la Concert Compagny, assortie d'une école de danse, dont l'influence fut décisive. L'œuvre chorégraphique de Doris Humphrey est riche d'une cinquantaine de ballets. Dans ses premières créations, le mouvement est mis en valeur par un silence total ou par la sobriété d'un chœur sans paroles. Citons *Water Studyen* (1928), suivi en 1929 de *Color Harmony, Air for G. String, Air on a Ground Bass* et *Life of the Bee*. Elle enchaîna sur fond de textes, chants et accordéon avec *The Dance of the Chosen* (1931, rebaptisé *The Shakers*), et atteignit la pleine maîtrise de son art avec une trilogie sur la destinée humaine, *New Dance, Theatre Piece, With My Red Fires* (1935-1936), sur une musique de Riegger qui vient accompagner ou syncoper le rythme des pas. Elle composa encore *American Holiday*, la célèbre *Passacaille en ut mineur* (1938), *El Salon Mexico* (1943) et *Inquest* (1944), dernier ballet auquel elle participa.

Atteinte d'arthrite, elle abandonna la scène mais continua à enseigner. Elle devint directrice artistique de la compagnie de son élève, Jose Limón, pour qui elle créa un de ses chefs-d'œuvre, *Lament for Ignacio Sánchez Mejías*, d'après une œuvre de García Lorca. Elle est aussi la chorégraphe de *Day Rhythm* (1953), *Ruins and Visions* (1953), *Theatre Piece N° 2* (1956), *Dance Overture* (1957). Entre-temps, elle était entrée à la Julliard School of Dance (1951). Elle a animé les stages du Bennington College et du Connecticut College où elle enseigna de 1948 à sa mort. Son livre, *The Art of Making Dances* (1959), révèle la profondeur de sa réflexion et continue à inspirer maints chorégraphes modernes.

> Je conçois, écrit-elle, le mouvement qu'utilise le danseur comme le résultat d'un équilibre. Toute ma technique se ramène à deux actes : s'écarter d'une position d'équilibre et y retourner [...]. Tomber et se ressaisir constituent l'essence même du mouvement...

HUNT Harriott Kezia. Médecin. Américaine (Boston, 9 novembre 1805 - *id.*, 2 janvier 1875). Sans autre formation que son expérience, elle exerça à Boston dès 1835, quinze ans avant qu'Élisabeth Blackwell* n'obtienne son diplôme de médecin. En 1847, désireuse de faire légitimer sa pratique, elle demanda à la Harvard Medical School l'autorisation d'assister aux cours publics de médecine. Le doyen, Oliver Wendell Holmes, qui n'y voyait aucune objection, l'admit mais il fut aussitôt démis de ses fonctions. Trois ans plus tard, Harriott Hunt réitéra sa demande, qui cette fois fut acceptée. Toutefois, l'établissement, qui venait d'accepter également l'inscription de trois étudiants noirs, devint le siège d'une véritable révolte. Harriott Kezia Hunt et les trois étudiants durent se retirer, renonçant à faire valoir leurs droits. En 1853, elle obtint un diplôme honorifique du Female Medical College de Pennsylvanie, sans valeur. Elle n'en continua pas moins d'exercer, jusque dans les années 1870, amassant une fortune considérable. Elle passe pour la première femme médecin américaine de valeur. Elle est également connue aux États-Unis pour avoir lutté contre l'esclavage et pour l'établissement du suffrage féminin. Elle a publié son autobiographie sous le titre *Glances and Glimpses* (1856).

HUNTINGDON Selina Hastings, née Shirley, lady. Méthodiste anglaise (24 août 1707 - Londres, 17 juin 1791). Elle épousa en 1728 Theophilus Hastings, lord Huntingdon, et s'installa à Donington Park dans le Leicestershire. Dame charitable, elle fut présentée aux frères Wesley par sa belle-sœur et devint l'un des membres fondateurs de la société méthodiste, créée en 1739 à Fetter Lane. En 1743, elle perdit ses deux fils, George et Ferdinando, emportés par la petite vérole. Son mari mourut trois ans plus tard. Amie du prédicateur George Whitefield, elle consacra dès lors toute sa fortune à la «nouvelle lumière», qu'elle contribua à propager dans les cercles aristocratiques. Usant de son droit de pairesse pour nommer ses maîtres de chapelle, elle protégea maints pasteurs. Elle vécut dans le Sussex, puis à Londres, où elle fonda de nombreuses églises. Le 24 août 1768, jour anniversaire de sa naissance, elle ouvrit un séminaire de théologie dans le pays de Galles, Trevecca House, qui devait former de nombreux pasteurs tant méthodistes qu'anglicans. Le nom de lady Huntingdon reste attaché à l'essor d'un mouvement qui forme aujourd'hui l'une des plus importantes branches du protestantisme.

HUNTINGTON Anna Hyatt, née Vaughn. Sculpteur. Américaine. (Cambridge, Massachusetts, 1876 - 1973). Après des études à Boston et New York, elle se spécialisa dans la sculpture animalière, rendant avec beaucoup de vérité et de précision les attitudes des animaux, lions, jaguars, taureaux, chevaux, etc., qui la rendirent rapidement célèbre. Elle s'exprima également dans la statuaire monumentale avec autant de bonheur: *Diane chasseresse* (Fogg Museum de Cambridge), *Le Cid Campeador* (Séville), et *Jeanne d'Arc* (New York, et réplique à Blois), d'une facture solide, témoignent de la grande maîtrise de son art. Le groupe équestre *Combat d'étalons* (Brookgreen Garden Murrells Inlet, Californie) peut être considéré comme son chef-d'œuvre. Anna Vaughn avait épousé le poète et philanthrope Archer M. Huntington.

HUNZIKER Frieda. Peintre. Hollandaise (Amsterdam, 1908 - 1966). Par son activité inlassable en faveur de l'art contemporain, elle jouit d'une grande renommée en Hollande. Après de nombreux voyages d'études, notamment aux Indes néerlandaises en 1951, elle participa à l'Exposition internationale de Pittsburgh en 1952 et, l'année suivante, à la biennale de São Paulo, où ses toiles furent très remarquées. Une grande rétrospective lui a été consacrée en 1962 au musée Stedelijk d'Amsterdam. Bien que Frieda Hunziker ait des affinités avec le mouvement Cobra, celui-ci ne suffit pas à rendre compte de son originalité. Ses toiles sont caractérisées par leur dynamisme, leur matière généreuse, leurs couleurs éclatantes, et possèdent une réelle puissance d'évocation gestuelle. Elles sont présentes dans les principaux musées nationaux et dans les collections privées.

HURDON Élisabeth. Médecin. Canadienne (1868-1941). Diplômée du Trinity

College de l'université de Toronto en 1895, elle signa avec Howard A. Kelly, son collègue au John Hopkins Medical College, un ouvrage intitulé *The Vermiform Appendix and Its Diseases*. Dans ce même collège, elle devint en 1898 la première femme professeur. Elle fut également, en Angleterre, la pionnière de l'utilisation du radium pour le traitement des cancers de l'utérus. En 1938, elle fut élevée à la dignité de commandeur de l'ordre de l'Empire britannique.

HURST Fannie. Romancière américaine (Hamilton, Ohio, 1889 - New York, 1968). En sortant de l'université, elle décida de se consacrer à l'écriture, tout en travaillant en même temps comme serveuse de restaurant ou comme employée de magasin. Elle a évoqué ses expériences dans une nouvelle, *Humoresque* (1919), et dans plusieurs romans comme *Lummox* (1923) ou *Back Street* (1930). Celui-ci a été porté à l'écran à trois reprises: en 1932 par John Stahl, avec Irène Dunne* et John Boles; en 1941 par Robert Stevenson, avec Charles Boyer et Margaret Sullavan; en 1961 par David Miller, avec Susan Hayward* et John Gavin. Fannie Hurst a publié d'autres romans, dont certains ont été également adaptés au cinéma: *The Hands of Veronica* (1947), *Any Woman* (1950). Ses mémoires, *Anatomy of Me*, ont paru en 1958.

HUTTON Barbara. Milliardaire américaine (New York, 1912 - Los Angeles, 1979). L'héritière des grands magasins Woolworth pensait qu'elle n'aurait pas assez d'une vie pour dépenser toute sa fortune qui, à douze ans, s'élevait déjà à trente millions de dollars. De sa mère, qui se suicida en 1916, elle avait les yeux bleus, les boucles blondes, et le spleen. Solitaire et courtisée, elle avait fait deux fois le tour du monde lorsqu'elle épousa, à l'âge de vingt et un ans, son premier mari, le dandy géorgien Alexis Mdivani. Devenue svelte, élégante, dispendieuse, elle le quitta pour un ami commun, le comte Court Reventlow, d'origine allemande. Ces secondes noces furent rompues en 1941 malgré la naissance d'un fils, Lance. Barbara rencontra son troisième mari, l'acteur Cary Grant, à bord du *Normandy*. À trente ans, sur la photo de mariage qui parut dans la presse, elle a déjà l'air infiniment las. Le couple s'installa dans la somptueuse propriété de Douglas Fairbanks Jr. en Californie. Lorsque son mari tournait, Barbara Hutton dissipait son ennui dans l'alcool et les fêtes. Il en vint à lui reprocher la publicité tapageuse qui régnait autour d'eux. Nouveau divorce; Barbara Hutton épousa le prince Igor Troubetzkoï, qu'elle quitta moins d'une année plus tard. C'est à Deauville, en 1953, qu'elle rencontra son cinquième mari, le play-boy Porfirio Rubirosa; leur mariage ne tint que cinquante-trois jours, mais l'élu se consola avec un avion B. 21, une écurie de chevaux, une plantation, et deux millions de dollars en espèces! Lui succéda l'ex-champion de tennis allemand, le baron von Cramm, qui avait un penchant avoué pour les jeunes garçons et l'union ne fut pas consommée.

Le septième et dernier mari fut le peintre vietnamien Raymond Doan, épousé au cours d'une cérémonie bouddhiste à Sumiya, la résidence de Barbara à Cuernavaca. Vivant rarement avec lui, elle passait le plus clair de son temps dans son palais de Tanger. Paul Bowles lui rendit visite en 1965 et la vit coiffée d'une tiare, les bras maigres «comme des allumettes». Son cousin bien-aimé, Jimmy Donahue, fut trouvé mort l'année suivante, puis ce fut le tour de son fils unique, Lance, tué dans un accident d'avion en 1972. Barbara, éplorée, s'accusa d'avoir été mauvaise mère. À soixante ans, elle avait perdu toutes ses dents et, s'étant cassé le col du fémur, elle ne pouvait se déplacer sans l'aide de son garde du corps Colin Frazer, et vivait entourée d'infirmières. Dopée aux amphétamines, abrutie de tranquillisants, enlaidie, amaigrie — elle pesait quarante kilos —, sa tyrannie et la ronde des créanciers sont venus compléter le tableau de sa déchéance. La gestion de son homme d'affaires, Graham Mattison, et sa propre prodigalité la laissèrent ruinée; à sa mort, on ne trouva que 3 500 dollars sur ses comptes en banque. Ses biens furent bradés aux enchères. Dix personnes seulement assistèrent dans le Bronx à l'enterrement de celle qui en avait tant comblé.

RÉF.: D. Heymann, *Pauvre Petite Fille riche: la vie extravagante de Barbara Hutton*, Presses de la cité, 1987.

HVEGER Ragnhild. Championne de natation danoise (née en 1921). Son palmarès est l'un des plus brillants de l'histoire de la natation féminine. Elle détient quarante records du monde de nage libre sur des distances de 100 yards à 800 m, dont le premier obtenu en 1936, à l'âge de quinze ans. En outre, elle fut championne d'Europe à plusieurs reprises. Elle a longtemps appartenu à l'équipe danoise féminine et a quitté la compétition à trente-trois ans.

HYATT-HUNTINGTON Anna. Voir HUNTINGTON Anna Hyatt.

HYDE Anne, duchesse d'York. Princesse anglaise (Windsor, 1637 - Westminster, 1671). Fille d'Edward, premier comte de Clarendon, elle devint en 1654 dame d'honneur de la princesse d'Orange, Henriette Marie Stuart, laquelle était la fille de Charles Ier d'Angleterre et d'Henriette* de France. Le duc d'York, futur Jacques II d'Angleterre, l'épousa secrètement à la fin de l'année 1659. Elle se convertit au catholicisme en 1670 et poussa son mari à faire de même. Toutefois, ce n'est qu'après la mort de la duchesse que le duc d'York abjura le protestantisme en 1672 avant d'épouser l'année suivante la princesse catholique Marie de Modène. Il s'attira ainsi l'hostilité des Whigs — le terme fut forgé à ce moment-là —, lesquels étaient protestants et anti-absolutistes. Ils ne purent cependant l'empêcher d'accéder au trône (1685). Anne Hyde avait donné à son mari huit enfants dont deux survécurent: Marie II* Stuart, qui régna sur l'Angleterre avec son époux Guillaume II d'Orange après la chute de son père (1688), et Anne* Stuart, qui leur succéda en 1702.

HYPATIE (en grec **Hupatia**). Mathématicienne et philosophe grecque (Alexandrie, v. 370 - *id.*, 415). Fille de Théon d'Alexandrie, philosophe et mathématicien célèbre, elle reçut auprès de lui une éducation brillante. Son intelligence et son éloquence, jointes à une éclatante beauté, lui valurent une grande renommée. Elle enseigna au Museum, école d'Alexandrie fondée par Ptolémée Ier, commenta Aristote et Platon. Avec son père, elle fut à l'origine d'une nouvelle édition critique des *Éléments* d'Euclide et d'un commentaire sur l'*Almageste* de Ptolémée. Selon Suidas, elle commenta les six premiers livres de l'*Arithmétique* de Diophante, les *Sections coniques* d'Apollonios de Perga et les *Tables* de Ptolémée. Vers 400, elle était à la tête de l'école néoplatonicienne d'Alexandrie; quinze ans plus tard, considérée comme une représentante dangereuse de la pensée païenne, elle fut assassinée par les chrétiens, à l'instigation de saint Cyrille, évêque d'Alexandrie depuis 412.

I

ICHIYO Higuchi (Higuchi Natsuko, dite). Poétesse et romancière japonaise (Tokyo, 25 mars 1872 - *id.*, 23 novembre 1896). Ses parents, originaires de Nakaogihara, s'établirent à Yedo (actuel Tokyo) où son père fut nommé commissaire de police. Très jeune, elle manifesta un don pour les lettres et décida de s'y consacrer après la mort de son père en 1888 pour pouvoir subvenir à ses besoins. En 1891, elle devint l'élève de Nakarai Tosui et publia sa première nouvelle, *Cerisiers dans les ténèbres* (1892), qui passa inaperçue. Rompant avec son maître pour des raisons sentimentales, elle se joignit au groupe Bungakkai dans la revue duquel elle publia ses œuvres. Pour aider sa famille à survivre, elle ouvrit un bazar dans un quartier populaire en 1893. Cela ne l'empêcha pas de faire paraître *Umoregi* (*Bois fossiles*) en 1893, *Nigorie* (*La Baie trouble*) en 1895, *Takekurabe* (*Comparaison de tailles*) en 1895-1896, qui dépeint un Tokyo miséreux et pittoresque où se mêlent romantisme, idéalisme et réalisme. Cette œuvre lui valut un très grand succès au Japon, et Higuchi Ichiyo est considérée comme l'un des plus grands écrivains de l'ère Meiji (1868-1912). Par la modernité de son style et par la profondeur de ses analyses psychologiques, elle a su renouveler la littérature japonaise. Elle mourut de la tuberculose à l'âge de vingt-quatre ans. Publié en 1912, son *Journal*, qui couvre la période 1887-1896, a assuré sa gloire posthume.

IDA, sainte (1040 - Vasconvilliers, 1113). Épouse d'Eustache II, comte de Boulogne, elle eut de nombreux enfants. L'une de ses filles épousa Henri IV, empereur germanique. Son fils, le fameux Godefroy de Bouillon, prit la tête des chevaliers lors de la première croisade et fut nommé roi de Jérusalem. Ida mena une vie exemplaire sous la direction du bénédictin Anselme, archevêque de Canterbury. Elle dota de nombreuses congrégations et fonda les monastères de Vulmer, Saint-Bertin, Bouillon, Afflighem et Vasconvilliers, où elle finit ses jours et fut ensevelie.

IMPERIO Pastora (Pastora Rojas, dite). Danseuse espagnole (Séville, 1894 - Madrid, 1961). Fille de la danseuse gitane la Mejorana, elle se produisit d'abord dans les tavernes de Séville puis, accompagnée de son frère le guitariste Victor Rojas, sur les scènes de différents théâtres. De 1908 à 1925, elle régna sur toutes les danseuses de flamenco, au point de mériter le surnom d'« Emperaora ». C'est elle qui créa à Madrid, pour Manuel de Falla, *L'Amour sorcier*, en 1915, dix ans avant que la Argentina* fasse triompher l'œuvre à Paris. Elle devint propriétaire du cabaret El Duende à Madrid, où elle dansa des années durant. Elle a été mariée au torero El Gallo.

INBER Vera Mikhaïlovna. Poétesse soviétique (Odessa, 1890 - Moscou, 1972). Fille d'intellectuels, elle vécut de 1901 à 1914 à Paris où elle publia son premier recueil poétique *Vin triste* (1914). Ses poèmes, d'un lyrisme intimiste parfois ironique et d'une inspiration épique, connurent un immense succès. *Joie amère* (1917) et *Les Mots périssables* (1922) parurent à Moscou, où Vera Inber s'était installée. Elle fit partie quelque temps du Centre littéraire des constructivistes. Devenue journaliste, elle partagea sa vie entre Paris, Bruxelles et Berlin, de 1924 à 1926. En 1928, elle publia son autobiographie, *Une place au soleil*, témoignage irremplaçable sur l'intelligentsia d'avant la révolution d'Octobre et sur ses efforts pour se conformer à la ligne du pouvoir soviétique. Elle est aussi l'auteur d'un essai, *L'Amérique à Paris* (1929), et d'un célèbre poème, *Le Méridien de Poulkovo* (1943). Résidant à Léningrad (Saint-Pétersbourg) pendant la guerre, elle a évoqué le siège de la ville par les Allemands dans *L'Âme de Léningrad* (1942) et dans son journal, *Presque trois ans* (1946). Ses poèmes pour enfants ont connu, et connaissent toujours, beaucoup de succès dans son pays.

INCHBALD Élisabeth, née Simpson. Actrice et dramaturge anglaise (1753-1821). Malgré un léger zézaiement, qu'elle garda toute sa vie, elle se produisit sur scène, d'abord en province — elle interpréta le rôle de Cordelia (*Le Roi Lear*, Shakespeare) — puis à Londres. Elle joua dans la Compagnie Wilkinson puis à Covent Garden. Amie de Mrs. Siddons*, belle, très courtisée, talentueuse et pleine d'énergie, elle quitta le théâtre en 1785 pour se consacrer à l'écriture. Ses comédies sentimentales connurent un grand succès: *Simple Histoire* (1791) et *Nature et Arts* (1796) furent bientôt traduits en français. Elle y prônait le dédain des valeurs sociales et le retour à la nature. Ses adaptations pour le théâtre du *Philosophe marié* (*The Married Man*, 1789) de Destouches et de *Das Kind der Liebe* (*Lovers's Vows*, 1798) de Kotzebue furent abondamment jouées. Quant à son recueil de pièces anciennes, il contribua au renouveau du théâtre élisabéthain. Parmi ses pièces, citons encore *Wives as They Were and Maids as They Are* (1797) et sa dernière comédie, *To Marry or Not to Marry* (1805).

INÉS DE CASTRO. Espagnole (en Castille, v. 1320 - Coimbra, 7 janvier 1355). Fille naturelle de Fernando de Castro, cousin du roi de Castille, elle fut élevée à la cour de Peñafiel, dans le León. En 1340, don Pedro, le fils d'Alphonse IV de Portugal, venu à la cour de Castille chercher sa fiancée, l'infante Constance, s'éprit d'Inés de Castro et ramena les deux femmes au Portugal. Inés lui donna trois fils. À la mort de Constance en 1345, Pedro épousa sa maîtresse en secret, avec la complicité de l'évêque de Braga, ce qui souleva la réprobation de la noblesse qui craignait que l'influence espagnole ne devînt trop forte à la cour. Alphonse IV négocia alors un second mariage pour son fils avec doña Blanca, la sœur du roi de Navarre. Au cours de l'entrevue, Pedro avoua qu'il était légitimement marié à Inés de Castro, provoquant la colère du roi de Navarre. Sur les conseils de son entourage, Alphonse IV décida alors de faire tuer la jeune femme. Averti du complot, Pedro, qui se trouvait à Coimbra, la fit mettre en sûreté au couvent de Santa Clara, où elle fut finalement assassinée. De douleur, l'infant se révolta contre son père, qui lui céda une partie du pouvoir. À la mort d'Alphonse IV en 1357, Pedro lui succéda sous le nom de Pierre Ier le Justicier et fit exécuter les meurtriers de sa femme. La tradition veut qu'il ait fait exhumer le corps d'Inés et fait défiler les grands du royaume, sommés de lui rendre les honneurs royaux. La vie d'Inés de Castro a inspiré à Luis de Camões un épisode des *Lusiades* (1572) et à Henri de Montherlant une pièce, *La Reine morte* (1942). Inés de Castro et Pierre Ier ont été enterrés au monastère d'Alcobaça. Leurs gisants se font face, en signe d'amour éternel.

IRÈNE. Impératrice d'Orient (Athènes, v. 752 - Lesbos, 803). Orpheline grecque, sa naissance ne laissait en rien présager sa haute destinée. Constantin V Copronyme la maria à seize ans à son fils aîné Léon IV. Celui-ci ne fit que passer sur le trône (775-780), laissant à sa mort un fils unique d'une dizaine d'années. Irène prit la régence de l'Empire byzantin et gouverna avec autorité sinon cruauté ; ainsi, elle soumit les cinq demi-frères de son époux à la tonsure pour les écarter du pouvoir. Avec l'aide de Tarasius, patriarche de Constantinople, elle réunit le concile de Nicée en 787. On y rétablit le culte des images, donc des saints, et les iconoclastes furent persécutés. Irène rêvait de réunir l'Orient et l'Occident ; les négociations en vue du mariage de son fils Constantin VI avec Erythro, fille de l'empereur Charlemagne, échouèrent en 788.

En 790, Constantin VI, à qui elle refusait de céder la place, la fit détrôner avec l'aide de l'armée. Rappelée d'exil deux ans plus tard, elle s'acharna à le discréditer. Elle le poussa à répudier sa femme, Marie d'Amnila, pour épouser sa concubine Théodote. Le parti des moines cria à l'adultère. Constantin fut arrêté, traîné au palais, et rendu aveugle sous les yeux de sa mère dans la chambre même où il était né. Irène se fit proclamer empereur (*basileus*) à sa place et provoqua de grandes réjouissances dans Constantinople (797). D'importants revers militaires précipitèrent sa chute : le calife Harun al-Rachid défit les troupes byzantines, tandis que les Slaves pénétraient dans l'empire par le sud. Irène, malade, fut assiégée par les troupes du trésorier Nicéphore et renversée en 802. Elle vécut ses derniers jours misérablement, exilée dans l'île de Lesbos. Sa dépouille mortelle fut ramenée à Constantinople et vénérée par le peuple comme une relique. L'Église orthodoxe l'a canonisée pour ses activités réformatrices et la fête le 15 août.

IRÈNE DOUKAS. Impératrice d'Orient (v. 1066-1123). Fille d'Andronic Doukas, elle fut mariée très jeune à l'empereur byzantin Alexis Ier Comnène, qui reprit Nicée aux Turcs Seldjoukides lors de la première croisade (1097). Alexis avait pour favorite Marie d'Alanie, dont il dut se séparer sur les injonctions du patriarche. À la mort de l'empereur (1118), Irène tenta d'écarter du pouvoir son propre fils Jean II, au profit de son gendre Nicéphore Bryenne. Jean II souleva l'armée contre elle et se fit proclamer empereur. Irène dut se retirer dans le couvent de la Vierge-Pleine-de-Grâce qu'elle avait fondé.

ISABEAU DE BAVIÈRE. Reine de France (Munich, 1371 - Paris, 29 septembre 1435). Fille du duc de Bavière Étienne II et de Tadea Visconti, elle devint reine de France par son mariage avec Charles VI (1385). Elle partageait avec le duc d'Orléans, frère du roi, le goût des fêtes et du luxe et devint probablement sa maîtresse. Quand Charles VI fut frappé de démence, elle prit la tête du conseil de régence et nomma le duc d'Orléans lieutenant général du royaume, au détriment de Jean sans Peur, duc de Bourgogne, contribuant indirectement à la guerre civile entre Armagnacs et Bourguignons qui éclata dès l'assassinat de Louis d'Orléans (1407). Pour conserver le pouvoir, elle changea de camp, s'allia au duc de Bourgogne et continua à mener une vie dissipée. On raconte que le roi, qui connaissait des éclairs de lucidité, fit jeter un jour à la Seine le capitaine des gardes de la reine, Louis de Bois-Bourdon. Lorsque le duc de Bourgogne fut assassiné en 1419, elle apporta son soutien au fils de ce dernier, Philippe le Bon, et, avec lui, elle lutta contre son propre fils, le Dauphin (futur Charles VII). Elle signa avec l'Angleterre le traité de Troyes (21 mai 1420) qui projetait le mariage de sa fille Catherine* de Valois avec Henri V d'Angleterre, déshéritait son fils et prévoyait que le royaume de France passerait au premier fils de cette union. Mais la mort de son mari Charles VI et de son gendre Henri V la même année (1422) la priva de son influence et de son pouvoir. Elle se retira à l'hôtel Saint-Pol à Paris et y vécut jusqu'à sa mort. Elle avait donné huit enfants à Charles VI, dont son successeur Charles VII.

RÉF. : P. Morand, *Le Lion écarlate; La Fin de Byzance; Isabeau de Bavière*, Gallimard, 1959. J. Verdon, *Isabeau de Bavière*, Tallandier, 1981. J. Markale, *Isabeau de Bavière*, Payot, 1982.

ISABELLE, bienheureuse. Princesse française (Paris, 1225 - Longchamp, 1270). Fille du roi de France Louis VIII et de Blanche* de Castille, elle était la sœur de Louis IX (Saint Louis). Elle dédia sa vie à la prière et à l'étude, déclinant toutes les demandes en mariage, dont celle de Conrad III, fils de Frédéric II, roi de Germanie. Elle disait préférer au titre d'impératrice le dernier rang parmi les vierges du Seigneur. Elle avait une prédilection pour l'ordre des franciscains. Elle fonda en 1252 le célèbre monastère des Clarisses de Longchamp, dans lequel elle passa les dernières années de sa vie. Le pape Urbain IV dota en 1263 l'abbaye d'une règle moins sévère que celle de sainte Claire* d'Assise, fondatrice de l'ordre. Il allégea les mortifications qu'Isabelle, d'une faible santé, n'aurait pu s'imposer sans danger. Elle fut béatifiée en 1521 ; sa fête a lieu le 31 août.

ISABELLE Ire la Catholique. Reine de Castille (Madrigal de las Altas Torres, 22 avril 1451 - Medina del Campo, 26 novembre 1504). Elle était la fille de Jean II de Castille et d'Isabelle* de Portugal. Son frère, Henri IV l'Impuissant, qui avait succédé à leur père en 1454, épousa en secondes noces Jeanne de Portugal (1455), escomptant une descendance que sa première femme, Blanche de Navarre, ne lui avait pas assurée. En 1462, la reine mit au monde une fille, Jeanne* de Castille, à laquelle toute l'Espagne donna le surnom infâmant de la « Beltraneja », signifiant par là que le vrai père était Beltran de la Cueva, l'amant de Jeanne. Henri IV, ayant ainsi atteint le sommet de l'impopularité, vit se former contre lui une coalition de nobles mécontents qui voulurent installer sur le trône son frère, don Alphonse. À la mort de celui-ci en 1468, ils reportèrent leurs espoirs sur Isabelle. Pour déjouer la manœuvre, le roi la reconnut comme son héritière tout en essayant d'organiser un double mariage : celui de sa sœur avec le roi de Portugal Alphonse V et celui de sa fille illégitime, la Beltraneja, avec le fils du roi de Portugal, escomptant que le trône revienne un jour à cette dernière. Isabelle refusa et se fiança secrètement à son cousin don Ferdinand, infant d'Aragon et de Sicile (1469). Elle l'épousa le 25 octobre 1470 et fut proclamée reine de Castille à la mort de Henri IV (décembre 1474). Il lui fallut cinq années avant d'asseoir définitivement son pouvoir face au parti de la Beltraneja appuyée par Alphonse V de Portugal, qui fut vaincu à deux reprises, à Toro en 1476 et à Albuera en 1479. Le traité d'Alcáçovas, la même année, mit fin aux prétentions de ce dernier. Peu avant, Ferdinand II était devenu roi d'Aragon et de Sicile, de sorte qu'Aragon et Castille se trouvèrent réunis dans une sorte de monarchie bicéphale, Ferdinand n'intervenant pas dans les États de sa femme.

À vingt-huit ans, Isabelle alliait une intelligence exceptionnelle à une fermeté de caractère peu commune. Son mari ne lui était pas inférieur; ensemble, ils firent de l'Espagne un État moderne. Parmi les mesures qu'ils prirent, citons l'institution de la Santa Hermandad (l'équivalent d'une gendarmerie, qui joua un rôle essentiel dans la remise en ordre des campagnes); l'organisation du Conseil royal, lors des Cortes de 1480; le châtiment des exactions des grands et la suppression de la maîtrise des ordres militaires. Sous l'influence de ses confesseurs, le dominicain Torquemada et les franciscains Talavora et Cisneros, Isabelle favorisa l'Inquisition et la création du tribunal du Saint-Office, lequel joua un rôle important dans la chasse aux musulmans et aux juifs. Ferdinand et Isabelle achevèrent la *Reconquista* en regagnant sur les Arabes le royaume de Grenade (1492), après un long siège où la présence de la reine au camp de Santa Fe galvanisa les troupes. La même année vit l'expulsion des Juifs. C'est en 1494 que le pape Alexandre VI conféra aux souverains le titre de Rois Catholiques. On doit par ailleurs à Isabelle la découverte du Nouveau Monde: grâce à sa protection et à sa confiance — elle était prête à engager ses bijoux dans l'aventure —, Christophe Colomb put armer une flottille de trois caravelles et aborder aux Antilles en octobre 1492.

Le règne glorieux d'Isabelle s'acheva dans la tristesse: la mort de l'infant Juan, en 1497, faillit mettre sa vie en péril. Commynes raconte qu'on mena un deuil extraordinaire: tout cessa dans le royaume durant quarante jours; pauvres, gens de bien et jusqu'aux mulets allèrent vêtus de noir. L'année suivante, sa fille aînée, Isabelle de Portugal, mourut en couches, puis sa cadette Jeanne (Jeanne* la Folle) sombra dans la neurasthénie. La reine mourut à son tour, d'un ulcère qu'elle refusa de laisser examiner. Digne princesse de la Renaissance — dans sa version flamande —, elle collectionna les manuscrits précieux, les tapisseries d'Arras et de Bruxelles; elle employa les meilleurs peintres, les Bouts, les Van der Weyden, les Memling. Elle possédait plus de quatre cents tableaux, dont certains font aujourd'hui la gloire du Prado et de la chapelle royale de Grenade. Ses fondations, pieuses ou laïques, sont aussi des monuments; citons les couvents de San Juan de los Reyes et de Santo Tomas d'Avila, les hôpitaux de Compostelle et de Tolède, enfin l'université de Salamanque. Trois de ses filles lui survécurent, Jeanne la Folle déjà citée, Marie, qui épousa Emmanuel de Portugal son beau-frère, et Catherine* d'Aragon, reine d'Angleterre par son mariage avec Henri VIII.

RÉF. : J. Pérez, *Isabelle et Ferdinand, Rois Catholiques d'Espagne*, Fayard, 1988.

ISABELLE II (Marie-Louise, dite). Reine d'Espagne (Madrid, 10 octobre 1830 - Paris, 9 avril 1904). Fille de Ferdinand VII, roi d'Espagne, et de Marie-Christine de Bourbon-Sicile, son avènement en 1833, à l'âge de trois ans, déchaîna les guerres carlistes qui ensanglantèrent l'Espagne jusqu'en 1839. En effet, Ferdinand n'ayant pas de fils, la couronne devait être transmise à son frère, don Carlos, en vertu de la loi salique promulguée au XVIIe siècle par Philippe V (petit-fils de Louis XIV). Ferdinand fit donc promulguer la pragmatique sanction, que son prédécesseur Charles IV avait fait voter par les Cortes en 1789, texte qui permettait aux femmes de monter sur le trône. La régence fut confiée à la mère d'Isabelle II, qui fut contrainte d'abdiquer en 1840 au profit du général Espartero, vainqueur des carlistes à plusieurs reprises. Isabelle fut déclarée majeure par les Cortes le 8 novembre 1843, mais, dès le mois de décembre, l'Assemblée rappelait Marie-Christine, qui conserva la réalité du pouvoir jusqu'en 1854.

En 1846, la reine Isabelle épousa son cousin, François d'Assise de Bourbon, duc de Cadix. Sa popularité, réelle tout d'abord, ne cessa de se dégrader en raison de son inconduite — son intendant, Marfori, était son amant — et du poids d'un entourage jugé dévot et réactionnaire, notamment son confesseur le père Claret. En 1852, elle échappa de peu à une tentative d'assassinat menée par un prêtre fanatique, qui fut aussitôt exécuté. Son gouvernement personnel, qui débuta en 1854, vit l'affrontement des carlistes, des libéraux et des absolutistes. Elle appela tour à tour au pouvoir le général O'Donnell (partisan d'un régime constitutionnel) et Narvaez (favorable à l'absolutisme). À l'extérieur, l'Espagne remporta de beaux succès au Maroc (1858) et participa à l'expédition française au Mexique (1861), dont elle se retira toutefois assez rapidement. L'incapacité politique de la reine et son impopularité ne firent que s'accroître. Elle fut renversée en 1868 par un *pronunciamento* dirigé par les généraux Serrano et Prim. Comme elle refusait d'abdiquer, ce dernier offrit la couronne au prince de Hohenzollern-Sigmaringen, ce qui fut une des causes de la guerre de 1870. Réfugiée en France, Isabelle renonça enfin à la couronne le 25 juin 1870 et retourna dans son pays au moment du couronnement de son fils, Alphonse XII, en 1874. Elle fut la mère de neuf enfants, dont quatre survécurent : Isabelle, mariée au prince Gaëtan de Bourbon-Sicile en 1868 ; Marie de la Paz, qui épousa en 1883 le prince Louis-Ferdinand de Bavière ; Eulalie, mariée en 1886 à son cousin germain le prince Antoine de Bourbon-Orléans (le fils du duc de Montpensier) ; Alphonse XII enfin.

ISABELLE DE FRANCE. Reine d'Angleterre (Paris, v. 1295 - Hertford, 1358). Elle était la fille de Philippe IV le Bel et de Jeanne de Navarre. Elle épousa Édouard II d'Angleterre en 1308. D'une nature faible et indécise, le roi laissait gouverner ses favoris, tandis qu'Isabelle et son amant, le puissant Roger Mortimer, briguaient le pouvoir. Démasqués, ils se réfugièrent à Paris en 1325. Sur l'intervention du pape Jean XXII, ils revinrent en Angleterre où ils déclenchèrent une insurrection générale (1326). Le Parlement obligea Édouard II à abdiquer en faveur de son fils Édouard III (1327). Le roi déchu fut assassiné le 21 septembre 1327 dans sa prison. Isabelle exerça une régence marquée de nombreux scandales. Édouard III, révolté par sa conduite, prit le pouvoir en 1330 ; il fit exécuter Mortimer et emprisonner sa mère au château de Risings. La vie d'Édouard II a inspiré à Christopher Marlowe une tragédie, *Édouard II*, représentée en 1592 et publiée en 1594.

ISABELLE DE HAINAUT. Reine de France (Lille, avril 1170 - 15 mars 1190). Elle était la fille de Baudouin V, comte de Hainaut, et de Marguerite d'Alsace, sœur du comte de Flandre, Philippe d'Alsace. Elle fut mariée à l'âge de onze ans à Philippe Auguste qui, lui, n'avait que quinze ans. Elle lui apportait ainsi en dot l'Artois, comprenant les domaines d'Arras, de Roubaix et de Saint-Omer. Elle fut couronnée reine à Saint-Denis le 29 mai 1180, et elle donna à son mari plusieurs enfants, dont un seul survécut, le futur Louis VIII le Lion, qui guerroya aux côtés de son père. En 1184, au moment de la guerre contre la Flandre, elle manqua de peu d'être répudiée par le roi, furieux de constater que Baudouin apportait son appui à Philippe d'Alsace.

Isabelle mourut en couches à vingt ans et fut enterrée à Notre-Dame.

ISABELLE DE PORTUGAL. Duchesse de Bourgogne (Evora, 21 février 1397 - château de Nieppe, Hazebrouck, 17 décembre 1471). Fille de Jean Ier de Portugal et de Philippa de Lancastre, elle épousa en 1429 Philippe le Bon, duc de Bourgogne, dont elle devenait la troisième femme. C'est à l'occasion de ce mariage que Philippe le Bon créa l'ordre de la Toison d'Or. Elle donna trois enfants à son mari, dont un seul survécut, le futur Charles le Téméraire, qui succéda à son père comme duc de Bourgogne. Au congrès d'Arras, Isabelle négocia avec succès la liberté du duc d'Orléans qui avait été fait prisonnier à Azincourt. Très cultivée, elle favorisa les artistes et les écrivains à la cour de Bourgogne, où elle imposait une sévère étiquette. Le livre *Les Honneurs de la cour* rédigé par Aliénor de Poitiers, fut inspiré par elle. La duchesse de Bourgogne se retira au château de Nieppe où elle finit ses jours.

ISTOMINA Avdotia Ilinitchna. Danseuse russe (Saint-Pétersbourg, 17 janvier 1799 - *id.*, 8 juillet 1848). Formée par le célèbre danseur français Charles-Louis Didelot, elle parut en 1815, année de sa sortie de l'École impériale de ballet, dans *Acis et Galatée* au Théâtre-Marie (futur Kirov). Elle conjuguait la virtuosité au talent dramatique et séduisit d'emblée son public. Inoubliable interprète du maître de l'école de Saint-Pétersbourg, elle créa *Zéphire et Flore, Le Lion africain ou l'Héroïsme d'une mère, Le Calife de Bagdad, Ruslan et Ludmila* et *Le Prisonnier du Caucase*. Dix ans avant Maria Taglioni*, elle dansait « tout à fait sur la pointe de l'orteil ». Pouchkine, qui voyait dans les ballets de Didelot « plus de poésie que dans toute la littérature française de son temps », l'immortalisa dans le premier chapitre d'*Eugène Onéguine* :

Brillante, aérienne, mue par d'invisibles fils,
Voici venir, du milieu des nymphes
La preste Istomina...

IZUMI SHIKIBU. Poétesse japonaise (X-XIe siècle). Fille du gouverneur d'Echizen, elle épousa vers 995 Tachibana-no-Michisada, gouverneur de la province d'Izumi (d'où le nom qui lui fut donné, les historiens n'en connaissant pas d'autres). Elle eut une fille en 997, future poétesse. Très tôt séparée de son mari, elle devint la maîtresse du prince impérial Tamekata (977-1002) et, à la mort de ce dernier, celle de son frère cadet Atsumichi : la liaison dura plusieurs années. Puis elle finit par épouser Fujiwara-no-Yasumasa, gouverneur de la province de Tango, où il semble qu'elle se soit rendue en 1005. Revenue à Kyoto, elle devint dame de compagnie de l'impératrice Akiko (1008 ?) et mena sans doute la même vie que Murasaki* Shikibu et Sei Shōnagon*. Son œuvre, un recueil de poèmes en sept volumes, est considérée comme l'une des plus remarquables du Japon ancien. Elle y relate l'histoire de sa passion avec le jeune prince Atsumichi dans des vers frais, francs, lucides et délicats d'où la violence n'est pas absente, dévoilant une nature ardente et sensuelle, incapable de réprimer les élans de son cœur. Elle est également l'auteur d'un célèbre journal l'*Izumi Shikibu*.

J

JACKSON Glenda. Actrice anglaise (née à Hoylake-Birkenhead, Cheshire, le 9 mai 1936). Après avoir suivi les cours de l'École royale d'art dramatique de Londres, elle débuta en province avant d'être remarquée dans la capitale en 1957. En 1964, elle joua sa première saison à la Royal Shakespeare Company. Intelligente, sa beauté et sa forte personnalité en firent une admirable Charlotte Corday dans *Marat-Sade* (Brook), qu'elle joua au théâtre à Londres et à New York en 1965, puis au cinéma l'année suivante. Le film lui valut une célébrité mondiale. Elle personnifia ensuite la femme libre et moderne dans *Love* et dans *Music Lovers* (Russell, 1969 et 1970) puis dans *Un dimanche pas comme les autres* (Schlesinger, 1971). En même temps, elle se produisit au Royal Court Theatre. En 1967, dans *Les Trois Sœurs* (Tchekhov), elle incarna une Macha étonnante de passion contenue. C'est elle qui fut choisie pour incarner la reine Élisabeth Ire* — de seize à soixante-dix ans — dans une superproduction de la BBC. Après une tournée aux États-Unis et en Australie, où elle fut l'héroïne d'Ibsen dans *Hedda Gabler*, on l'applaudit à l'Old Vic Theatre de Londres et à Stratford dans le rôle de Cléopâtre (*Antoine et Cléopâtre*, Shakespeare). Elle a tourné une trentaine de films, dont on retiendra *Mary Queen of Scots* (*Marie* Stuart, reine d'Écosse*, Jarrott, 1971), *Une Anglaise romantique* (Losey, 1975), *The Incredible Sarah* (Fleischer, 1977), où elle campe une étonnante Sarah Bernhardt*, *Health* (Altman, 1979) et *Gandhi* (Attenborough, 1982).

JACKSON Mahalia. Chanteuse américaine (La Nouvelle-Orléans, 1911 - Chicago, 1972). Enfant, elle chantait dans les églises et, toute sa vie, elle chanta des airs consacrés aux Noirs. Première « star » du gospel, elle a enregistré la plupart de ses chansons et connut, au cours des années 50, un succès qui fit le tour du monde. Elle possédait une voix riche, chaleureuse, extraordinairement puissante mais qu'elle savait maîtriser avec art. Ses chansons les plus célèbres sont *In the Upper Room*, *I'm Glad Salvation is Free*, *Trouble Is my Way*.

JACKSON Marjorie. Athlète australienne (née en 1931). Les performances de cette grande championne du sprint furent d'autant plus remarquables que les courses étaient disputées, à son époque, sur terre cendrée et même sur herbe. Au cours de sa carrière, elle a égalisé ou amélioré à douze reprises les records du monde de sprint des 100 m, 200 m et 80 yards. Aux jeux Olympiques d'Helsinki (1952), elle remporta une médaille d'or au 100 m (11 s 5/100), égalisant ainsi le record mondial, et une médaille au 200 m (23 s 4/100), battant le record mondial. La même année, elle abaissa ce même record sur 100 m à 11 s 4/100, ce qui restera sa meilleure performance sur la distance.

JACKSON Rowena. Danseuse néo-zélandaise (née à Invercargill en 1926). Élève de Lawson et de Powell, elle alla étudier en 1946 à l'école du Sadler's Wells Ballet Theatre, où elle fut engagée l'année suivante. Sa technique éblouissante, sa rapidité, son aisance lui valurent de devenir étoile et de danser les rôles principaux des grands ballets classiques. Ashton composa pour elle *Variations on a Theme of Purcell* (1955) et *Birthday Offering* (1956). En 1958, elle retourna en Nouvelle-Zélande avec son mari, le danseur Philip Chatfield. Ils prirent ensemble la direction de la Wellington National School of Ballet.

JACQUEMART-ANDRÉ Nélie née Jacquemart. Peintre et mécène. Française (Paris, 25 juillet 1841 - *id.*, 14 mai 1912). Élève de Léon Cogniet, elle acquit une certaine renommée comme portraitiste. Elle épousa en 1881 le richissime banquier Édouard André, amateur d'art déjà célèbre pour ses collections. Ensemble, ils parcoururent la France et l'Europe à la recherche de chefs-d'œuvre, activité qu'elle continua après la mort de son mari en 1894. Elle légua à l'Institut de France son hôtel particulier du boulevard Haussmann, qu'Édouard André avait fait construire par l'architecte Henri Parent, avec toutes ses collections. Il devint en 1913 le musée Jacquemart-André. On peut y admirer des fresques de Tiepolo et un très bel ensemble d'art français du XVIIIe siècle et de la Renaissance italienne. Elle fit don également à l'Institut de son domaine de Chaalis, une ancienne abbaye transformée en château qu'elle avait acheté en 1902 et dans lequel elle avait réuni, entre autres, plusieurs primitifs italiens.

JACQUET DE LA GUERRE Élisabeth. Compositeur et claveciniste. Française (Paris, 1667 - *id.*, 27 juin 1729). À dix ans, elle faisait déjà l'admiration de la cour par son talent. Mme de Montespan* s'attacha pendant quatre ans celle qui charmait son public par sa virtuosité et ses improvisations. Elle épousa en 1685 un organiste réputé, Marin de La Guerre. Une *Pastorale* qu'elle avait écrite cette année là fut remarquée par le roi. Elle se mit à la composition avec une ambitieuse tragédie lyrique, *Céphale et Procris*, qui fut représentée en 1694 à l'Académie royale de musique, sans obtenir le succès qu'elle en attendait. En 1704, elle perdit son fils puis son mari. Elle trouva dans la musique une consolation à son chagrin et composa un livre de *Pièces pour clavecin*, deux livres de *Sonates pour violon et basses*, des *Cantates* et un *Te Deum* qui fut donné en 1721.

JAËLL Marie, née Trautmann. Professeur de piano. Française (Steinsetz, Alsace, 17 août 1844 - Paris, 4 février 1925). Elle donna son premier concert à l'âge de neuf ans, fut l'élève de Hamm à Stuttgart puis de César Franck et de Camille Saint-Saëns à Paris. À quinze ans, elle obtint le premier prix de piano du Conservatoire de Paris. En 1866, elle épousa le pianiste Alfred Jaëll et, après sa mort en 1882, elle se consacra à l'enseignement du piano. Elle étudia de manière très approfondie les caractéristiques physiologiques de la main, à partir desquelles elle mit au point un enseignement scientifique. Sa méthode visait à obtenir une parfaite économie du mouvement. Elle a publié de nombreux ouvrages théoriques sur ce sujet, parmi lesquels *La Musique et la Psycho-physiologie* (1896), *Les Rythmes du* *regard et de la dissociation des doigts* (1901), *Le Toucher musical par l'éducation de la main* (1927). Marie Jaëll eut comme élève Albert Schweitzer. Elle a composé un poème symphonique, *Ossiane*, joué en 1879.

RÉF. : H. Kienier, *Marie Jaëll: problèmes d'esthétique et de pédagogie musicales*, Paris, 1952.

JAMES Naomi. Navigatrice australienne (née en Nouvelle-Zélande en 1950). Elle est la première femme à avoir réussi le tour du monde à la voile en solitaire en passant par le cap Horn. La Polonaise Krystina Chojnowska avait accompli cet exploit, mais en empruntant le canal de Panamá. Née dans une ferme de Nouvelle-Zélande, Naomi James rêvait d'être exploratrice. À vingt et un ans, elle s'embarqua pour l'Europe où elle exerça divers métiers. À Saint-Malo, elle rencontra Robert James, un marin chevronné. Ils se marièrent, et Rob, comme elle l'appelait, lui enseigna la navigation. C'est en apprenant que la Française Brigitte Oudry* entreprenait le tour du monde en solitaire en passant par le cap Horn qu'elle se décida à tenter la même aventure à bord du *Crusader*, un voilier de 16 mètres. En septembre 1977, elle larguait les amarres à Dortmund. Cette expédition fut une terrible épreuve pour Naomi James. Elle vécut l'enfer dans les quarantièmes rugissants, manqua de perdre son mât dans le Pacifique, essuya une tempête en mer de Tasmanie. Elle doubla le cap Horn le 19 mars 1978 dans le brouillard et sous une pluie glacée. Elle s'arrêta ensuite aux îles Falkland pour réparer son mât endommagé puis traversa l'Atlantique en direction de l'Angleterre. Elle arriva le 8 juin 1978 à Dortmouth, où son mari l'attendait au milieu d'une foule enthousiaste. Elle avait mis 272 jours pour accomplir cet exploit. En 1980, elle engagea son nouveau voilier, le *Kriter Lady*, dans la Transat, établissant un nouveau record féminin de la traversée de l'Atlantique en solitaire (25 j, 19 h, 12 min), battant celui détenu par l'Anglaise Clare Francis depuis 1976, qui était de 28 j et 17 h.

JAMES Phyllis Dorothy. Romancière anglaise (née à Oxford en 1920). Elle travailla au Home Office, dans un service de médecine criminelle, avant de se tourner vers l'écriture. Elle s'est vite imposée dans son pays comme le plus grand auteur de romans policiers actuel. Prenant la succession d'Agatha Christie*, elle s'attache à bâtir des énigmes que son détective de prédilection, Adam Dalgliesh, commandant à Scotland Yard, dénoue pas à pas en se fondant sur des déductions logiques. Cependant, P.D. James a su renouveler le genre en donnant à ses personnages une épaisseur et une complexité psychologique, voie que le roman policier anglais n'avait pas explorée. Ses romans témoignent d'un certain goût pour l'horreur, la violence et le macabre. Très cultivé et intelligent, poète peu connu mais talentueux, Dalgliesh dévoile le tréfonds de la conscience humaine dans ce qu'il a de plus ténébreux. En tant que porte-parole de l'auteur, il jette un regard satirique — voire amer et sarcastique — sur le monde et la société qui l'entourent. P.D. James a été nommée un des gouverneurs de la BBC en 1988. Sa notoriété, très grande en Angleterre, est devenue internationale. Elle est l'auteur d'une dizaine de romans, dont les plus célèbres sont *Meurtres en blouse blanche* (1971), *Meurtre dans un fauteuil* (1975), *L'Ile des morts* (1982), *Un certain goût pour la mort* (1986).

JAMESON Élisabeth (Betty Jameson, dite). Championne de golf américaine (née à Norman, Oklahoma, en 1919). Elle commença très jeune à jouer au golf et se fit remarquer à quinze ans, en 1934, en remportant le championnat Southern Amateur. En 1937 et 1940, elle fut victorieuse du tournoi Trans-Mississippi. Son brillant palmarès comporte l'Open de l'Ouest, le National Open et l'US Open, qu'elle gagna en 1947. Betty Jameson est restée célèbre pour ses scores : 295 trous à l'Open de Sarasota en 1935, et 65 dans l'Open Babe Zaharias*.

JAMISON Judith. Danseuse américaine (née à Philadelphie, le 10 mai 1944). Formée à la Judimar School of Danse et à la Philadelphia Dance Academy, elle dansa en 1964 *The Four Mary* (De Mille*). L'année suivante, elle fut engagée par Alvin Ailey dont elle devint la danseuse vedette. Cette grande noire, magnifique, passe pour exceptionnelle ; la voir danser est un miracle, chacun de ses gestes est unique. Alvin Ailey composa pour elle le solo *Cry* (1971) ; John Narmeier, *Legend of Joseph* (1977). Vedette en 1981 de *Sophisticated Ladies* (McKayle) on lui doit des chorégraphies, dont la première fut *Divining*. Judith Jamison a obtenu le Danse Magazine Award en 1972.

JAMOIS Marguerite. Actrice française (Paris, 8 mars 1901 - *id.*, 1964). Élève de Charles Dullin, appréciée par Firmin Gémier, sa carrière est liée à celle de son mari, Gaston Baty. Elle fut son interprète tant au studio des Champs-Élysées qu'au théâtre Montparnasse, qu'elle dirigea à partir de 1943. Elle a créé le rôle de Martine (*Martine*, Bernard) en 1922 et celui de Bella (*Maya*, Gantillon) en 1924. Elle s'illustra aussi dans le répertoire classique : *Hamlet* (Shakespeare), *Phèdre* (Racine), *Macbeth* (Shakespeare), *Lorenzaccio* (Musset). Longue et mince, les yeux et les cheveux noirs, c'est en intellectuelle passionnée qu'elle joua des pièces de Pirandello, de Musset, de Goethe ou de Salacrou. En 1957, elle se tourna vers la mise en scène et obtint le prix Dominique pour *Le Journal d'Anne Frank*.

RÉF. : H.R. Lenormand, *Marguerite Jamois*, Calmann-Lévy, 1950.

JAN Andrée (Andrée Broyer, dite). Trapéziste française (née à Lyon en 1921). Ses débuts au Cirque d'Hiver en 1947 firent sensation. Son numéro, extrêmement audacieux, constituait à se lancer de son trapèze en mouvement et à se rattraper par les talons nus, exercice des plus dangereux qui lui valut une grave chute en Suède et de nombreuses fractures. Cela n'entama pas son courage et, sitôt guérie, elle recommença ses tournées en Europe, réalisant des exhibitions de plus en plus périlleuses ; elle alla jusqu'à se suspendre par la mâchoire à un trapèze fixé sous un hélicoptère. Elle eut une émule en Russie, Raïssa Nemtchinsaia, qui accomplissait le même numéro à cent mètres de hauteur au-dessus du stade Dynamo. Andrée Jan a publié un livre au titre évocateur, *Entre ciel et terre* (1953).

JAN Elvire (Elvire Kouyoumdjian, dite). Peintre. Française d'origine bulgare (née à Rousse, Bulgarie, le 1er mai 1904). Après un séjour d'un an aux États-Unis, où elle suivit les cours de Max Weber, elle vécut quelque temps en Suisse pour se fixer définitivement à Paris en 1926. Elle fréquenta l'Académie Julian et, après la guerre, exposa dans de nombreux salons. Ses premières œuvres se situent dans le courant non figuratif illustré par les peintres Bazaine, Singier, Estève et Gischia. Elle s'orienta par la suite vers un art résolument abstrait.

JANAUSCHECK Francesca Romana Maddalena. Actrice allemande d'origine tchèque (1830-1904). Elle débuta à Prague dans la comédie légère en 1846 et vint à Francfort deux ans plus tard pour jouer les classiques. Après dix ans, dont beaucoup passés en tournée (Allemagne, Autriche, Russie), elle s'établit à Dresde, où elle triompha dans la tragédie : elle incarna les rôles-titres de *Médée* (Euripide), *Iphigénie* (Euripide), *Jeanne* d'Arc* (Schiller) et *Marie* Stuart*

(Schiller), celui de Lady Macbeth* (Shakespeare) enfin. Elle découvrit l'Amérique en 1867, et l'anglais fut la seconde langue de sa carrière. À partir de 1873, elle ne se produisit plus que dans cette langue, rejouant ses anciens rôles. Elle se retira en 1900 à la suite d'une attaque et mourut aux États-Unis. Elle fut l'une des dernières représentantes du grand style tragique.

JANIS Elsie. Chanteuse de music-hall. Américaine (1890-1956). Célèbre déjà avant la Première Guerre mondiale aux États-Unis et en Europe, elle dut sa renommée aussi bien à sa voix légèrement rauque qu'à l'intelligence de ses interprétations et à son extraordinaire virtuosité de danseuse. Elle rythmait ses chansons syncopées de pas de danse éblouissants, accompagnés de claquettes, et occupait la scène entière par sa seule présence. Elle fut l'étoile d'une revue du Palace de Londres, dans laquelle apparaissait la chanteuse Régine Flory*, qui faisait ses débuts en Angleterre. La rivalité entre les deux femmes devint bientôt une haine qui resta légendaire dans le monde du music-hall. Il s'ensuivit même un pugilat sur scène et on dut les séparer.

En 1918, Elsie Janis convainquit Maurice Chevalier d'aller jouer avec elle à Londres. Il la suivit d'autant plus volontiers qu'il venait de rompre avec Mistinguett*. Il avait une immense admiration pour elle, et il fit un remarquable portrait d'Elsie Janis dans son livre *Ma route et mes chansons* (7 vol., 1946-1957). Entre les deux guerres, elle triompha sur les plus grandes scènes du monde. À Paris, on l'applaudit à l'Alhambra, au Casino de Paris, au Moulin-Rouge. En 1929, alors qu'elle était la vedette de la revue *Allô... ici Paris*, elle dut renoncer à son rôle pour cause de maladie; la revue sombra quelques jours plus tard. Pendant la Première Guerre mondiale, Elsie Janis avait été infirmière et avait entrepris des tournées aux États-Unis en faveur de la France.

JANOWITZ Gundula. Soprano allemande (née à Berlin, le 2 août 1937). Après avoir étudié le chant au conservatoire de Gratz, elle fut remarquée par Herbert von Karajan qui l'engagea à l'Opéra de Vienne en 1959. Elle y chanta Barberina (*Les Noces de Figaro*, Mozart), Pamina (*La Flûte enchantée*, Mozart) puis Didon (*Didon et Enée*, Purcell) et Mimi (*La Bohème*, Puccini). Wieland Wagner l'invita en 1960 à Bayreuth, où elle se produisit régulièrement pendant trois ans. Elle remporta en 1962 son premier succès avec le rôle de Marcelline dans la nouvelle production de *Fidelio* (Beethoven) dirigée par Karajan à Vienne. Elle fut ensuite l'Impératrice (*La Femme sans ombre*, R. Strauss) avec un égal succès. En 1963, au festival de Salzbourg, elle chanta la *Neuvième Symphonie* (Beethoven) sous la direction de Karajan. Elle fut aussi Donna Anna (*Don Juan*, Mozart) en 1968, une Comtesse inoubliable (*Les Noces de Figaro*, Mozart) en 1970, et Fiordiligi (*Così fan tutte*, Mozart) en 1972. La même année, elle incarna encore Agathe (*Le Freischütz*, Weber) sous la direction de Karl Böhm, à Vienne. Gundula Janowitz possède une des plus belles voix de son temps, qui convient parfaitement aux rôles mozartiens. Toutefois, son répertoire comprend également Richard Strauss, Verdi (*Aïda, Simon Boccanegra* — rôle d'Amalia) et Wagner, notamment dans les rôles d'Eva (*Les Maîtres chanteurs*), d'Élisabeth (*Tannhäuser*) et de Sieglinde (*La Walkyrie*). Depuis 1970, accompagnée par Irwin Gage, elle se consacre au lied et à la mélodie.

JAQUOTOT Victoire. Peintre sur porcelaine. Française (Paris, 15 janvier 1772 - Toulouse, 27 avril 1855). Elle travailla presque uniquement pour la manufacture de Sèvres, lui fournissant d'innombrables modèles qui firent sa notoriété. Son œuvre la plus connue reste le magnifique service à dessert que lui commanda Napoléon Ier pour le tsar Alexandre Ier au moment de la paix de Tilsitt (1807).

JAVOUHEY Anne-Marie, bienheureuse. Religieuse française (Jallanges, Bourgogne, 1779 - Paris, 1851). Fille d'un agriculteur bourguignon aisé, elle manifesta très jeune la volonté de se dévouer à l'Église. Pendant la Révolution, elle abrita des prêtres réfractaires. Avec ardeur, elle poursuivit la mission qu'elle s'était fixée, commençant par enseigner le cathéchisme dans son village. Elle fonda en 1807, à Chalon-sur-Saône, la congrégation des sœurs de Saint-Joseph-de-Cluny, qui s'occupait des enfants pauvres et fournissait du travail aux jeunes filles. Son action prit rapidement de l'extension. À partir de 1817, elle s'orienta vers l'apostolat missionnaire, créant des communautés à la Guadeloupe, au Sénégal, à l'île Bourbon (actuelle Réunion), en Guyane et en Guinée. Pendant huit ans, elle forma des religieuses et lutta pour la libération des esclaves. Celle qu'on appelait la Mère des Noirs fut élue député en 1848. Elle fut béatifiée en 1950.

JEANMAIRE Zizi (Renée Marcelle, dite). Danseuse française (née à Paris en 1924). Elle entra à l'école de danse de l'Opéra puis, à partir de 1939, dans le corps de ballet. Elle étudia également avec Boris Kniaseff. Elle quitta l'Opéra en 1943. Dès cette époque, elle apparut avec Roland Petit dans *Les Soirées de la Danse* au Théâtre Sarah-Bernhardt. Elle rejoignit en 1946 les Nouveaux Ballets de Monte-Carlo où elle créa *Aubade* (Lifar). Elle passa ensuite une saison aux Ballets Russes du colonel de Basil pour rejoindre en 1948 Les Ballets de Paris de Roland Petit. On la remarqua dans *Que le diable l'emporte* mais sa véritable carrière débuta à Londres avec *Carmen* en 1949. Elle chanta pour la première fois dans *La Croqueuse de diamant* (1950). Elle quitta la compagnie pour Hollywood où elle tourna *Hans Christian Andersen* avec Danny Kaye. Broadway la découvrit dans *The Girl in Pink Tide* (1953). En 1954 elle se maria avec Roland Petit. De cette union naquit une fille, Valentine. Dès lors, elle combina sa carrière de danseuse avec celle de chanteuse et de comédienne. Elle fut la vedette d'une comédie musicale *Le Patron* (1959). En 1961 elle triompha à l'Alhambra avec *Mon truc en plume*. Elle tourna dans *Les Collants noirs* (T. Young, 1962). Au Palais-Royal elle joua *La Dame de chez Maxim*. Roland Petit ayant pris en 1969 la direction du Casino de Paris, elle en devint la vedette. En 1972 ce fut *Zizi, je t'aime*. En 1975, elle revint à l'Opéra pour danser dans *La Symphonie fantastique*. Roland Petit ayant créé le Ballet national de Marseille, elle se produisit avec cette compagnie entre autres dans *La Chauve Souris* et dans *La Belle au bois dormant*. Au-delà de l'inoubliable interprète de Carmen, Zizi, avec sa gouaille, son sourire canaille, et ses jambes inimitables peut être considérée comme la véritable Parisienne.

JEANNE Ire. Reine de Naples et comtesse de Provence (Naples, 1326 - Muro Lucano, Basilicate, 22 mai ou 27 juillet 1382). Elle était la fille de Charles de Sicile, duc de Calabre, et de Marie de Valois. Son père étant mort en 1338, elle succéda en 1343 à son grand-père Robert le Sage, duc d'Anjou et roi de Naples. Elle épousa peu après son cousin, André de Hongrie, et l'on pense qu'elle le fit assassiner (1345). Deux ans plus tard, elle se remaria à celui qui était considéré comme le chef dans la conspiration contre le roi, Louis de Tarente. Le roi Louis de Hongrie attaqua Naples pour venger son frère André, et Jeanne se réfugia dans son comté de Provence, sous la protection du pape Clément VI. Elle lui vendit la seigneurie d'Avignon; en retour, il l'innocenta de son crime, valida son deuxième mariage et l'aida à reconquérir son trône (1352). Louis de Tarente, couronné par le pape, écarta sa femme du pouvoir pendant dix ans.

À sa mort en 1362, Jeanne épousa Jacques III, roi de Majorque, d'une santé mentale fragile, qui, terrifié à l'idée de subir le même sort que André de Hongrie, s'enfuit en Espagne où il mourut en 1375. La reine épousa l'année suivante Othon de Brunswick, un aventurier allemand. Son cousin, Charles de Duras, qu'elle avait désigné comme son héritier, car elle n'avait pas d'enfants, s'inquiéta de cette union qui favorisait l'influence allemande, grandissante dans le royaume de Naples. Il se rendit à Rome auprès du pape Urbain VI, inquiet lui aussi de ce mariage et offensé par le soutien qu'apportait Jeanne au pape d'Avignon, Clément VII. Urbain VI déchut Jeanne de son trône et donna la couronne à Charles de Duras (1er juin 1381). La reine, conseillée par Clément VII, adopta alors Louis d'Anjou, frère du roi de France Charles V, et en fit son héritier. Charles de Duras marcha aussitôt sur Naples à la tête d'une armée hongroise et, profitant de la non-intervention de la France s'empara de Jeanne, l'emprisonna au château de Muro Lucano avant de la faire étouffer l'année suivante. Dès lors, il régna sur le trône de Naples sous le nom de Charles III.

RÉF. : F.G. Léonard, *Histoire de Jeanne Ire, reine de Naples, comtesse de Provence*, Paris, 3 vol., 1932-1937.

JEANNE III D'ALBRET. Reine de Navarre (Pau, 7 janvier 1528 - Paris, 5 juin 1572). Elle était la fille de Henri II d'Albret, roi de Navarre, et de Marguerite* d'Angoulême, sœur de François Ier. Charles Quint, qui souhaitait contrôler la Navarre française, demanda sa main pour son fils, le futur Philippe II, alors qu'elle avait douze ans. François Ier s'y opposa et la maria au duc de Clèves (1541), malgré les protestations de Jeanne d'Albret, qui ne l'aimait pas. Quatre ans plus tard, le mariage fut annulé à Rome pour non-consommation. En 1548, elle épousa, librement cette fois, Antoine de Bourbon, duc de Vendôme, et devint reine de Navarre à la mort de son père en 1550. Elle perdit son mari, tué au siège de Rouen en 1562. Elle se signala toute sa vie par la ferveur de ses convictions calvinistes et par l'aide qu'elle apporta aux victimes des persécutions religieuses. Elle défendit La Rochelle contre les catholiques (1568) et sut maintenir l'indépendance de ses États. C'est en allant à Paris en 1572 pour négocier le mariage de son fils, le futur Henri IV (né en 1553), avec Marguerite* de Valois, fille de Catherine* de Médicis, qu'elle mourut après une brève maladie. Elle a laissé une correspondance d'une haute qualité littéraire. Elle eut aussi une fille, Catherine, duchesse de Bar.

JEANNE D'ARC, sainte (dite **Jeanne la Pucelle** ou **la Pucelle d'Orléans**). Héroïne française (Domrémy, 6 janvier 1412 - Rouen, 30 mai 1431). Elle était la fille d'un cultivateur aisé du nom de Jacques Darc et d'Isabelle Romée; elle avait trois frères, Jacques, Pierre, Jean, et une sœur, Catherine. Dans les écrits de l'époque, on trouve son nom orthographié Darc, la particule apparaissant plus tard, après que la famille eut été anoblie. Sa geste a marqué la chronique de la guerre de Cent Ans, en un moment où la France, partiellement occupée par les Anglais, était déchirée entre les partisans de ces derniers, les Bourguignons, et les Armagnacs. Selon son propre témoignage, Jeanne avait treize ans et gardait les moutons lorsqu'elle vit une grande clarté et entendit «une voix venant de Dieu pour l'aider à se gouverner». La voix revint, accompagnée d'apparitions: «Sainte Catherine et sainte Marguerite me disaient que je lèverais le siège mis devant la cité d'Orléans. » Pendant quatre ans, elle écouta ces injonctions : « Jeanne, va au secours du roi de France et tu lui rendras son royaume. »

Au mois de mai 1428, elle partit pour Vaucouleurs demander au capitaine de la place, Robert de Baudricourt, de la conduire auprès de Charles VII, qui résidait à Chinon. Éconduite avec force quolibets, elle revint l'année suivante et parvint à fléchir Baudricourt. Le 13 février 1429, ils partirent ensemble. Jeanne était habillée en homme et accompagnée de deux écuyers et de quelques valets d'armes. Elle parvint à Chinon le 4 mars. Le roi ne consentit à la recevoir que deux jours plus tard. Bien qu'il fût dissimulé parmi les gens de sa cour, elle alla droit à lui sans hésiter et lui annonça que sa mission était de le faire sacrer à Reims et de sauver Orléans. De plus, elle lui confia en privé un secret qui ne fut jamais révélé. À Poitiers, elle subit pendant trois semaines les interrogatoires des prélats et des théologiens. Sur leurs conclusions, elle reçut à Tours le commandement d'une petite armée. Orléans était assiégé depuis le mois d'octobre précédent et menaçait de succomber à la famine. Le 29 avril 1429, Jeanne réussit à y pénétrer à la tête d'un convoi de ravitaillement, accueillie par Dunois. Les Français reprirent alors les bastides édifiées par les Anglais, et le 8 mai la ville fut délivrée.

Dès lors, une longue suite de batailles jalonne la route de Jeanne : prise de Meung, Jargeau, Beaugency le 18 juillet, prélude à son éclatante victoire de Patay sur les Anglais. La Loire est libérée. Auxerre, Troyes et Châlons ouvrent leurs portes à son armée. Sur les instances de Jeanne, Charles VII peut enfin se diriger sur Reims, où il est sacré le 17 juillet 1429. Jeanne continue la lutte pour « bouter les Anglais hors de France ». Elle entreprend le siège de Saint-Pierre-le-Moûtier puis échoue devant La Charité-sur-Loire.

Venue au secours de Compiègne assiégé par le duc de Bourgogne, elle est faite prisonnière le 23 mai 1430 par Jean de Luxembourg, qui la vend aux Anglais en novembre, par l'intermédiaire de l'évêque de Beauvais, Pierre Cauchon, tout dévoué à leur cause. Elle est amenée d'Arras à Rouen, principale place forte de l'ennemi, où elle arrive le 23 décembre. Cauchon entreprend immédiatement contre elle un procès en hérésie. L'instruction est menée à huis clos du 9 janvier au 26 mars 1431, au château de Rouen, l'évêque étant assisté de l'inquisiteur Jean Lemaître et d'une quarantaine d'assesseurs à la solde de l'Angleterre. Le texte du procès, dont on possède trois exemplaires, révèle les admirables réponses de Jeanne que l'on avait privée d'avocat. Elle fut brûlée vive comme hérétique et relapse sur la place Vieux-Marché. Elle obtint de communier sur le bûcher et que l'on tînt une croix placée devant ses yeux. Cauchon était venu assister au supplice dans l'espoir de l'entendre renier ses voix, mais, au milieu des flammes, elle ne cessa de proclamer sa confiance en Dieu. Elle mourut en prononçant le nom de Jésus. Vingt ans plus tard, Charles VII, qui n'avait rien tenté pour la sauver, fit faire une enquête sur les circonstances du procès. La réhabilitation de Jeanne d'Arc fut solennellement prononcée à Rouen, le 7 juillet 1456. Elle fut béatifiée en 1909 et canonisée par le pape Benoît XV en 1920. Sa fête, le deuxième dimanche du mois de mai, est devenue une fête nationale par décision du Parlement.

Poètes, dramaturges, musiciens, cinéastes, peintres et sculpteurs se sont inspirés de la vie de Jeanne d'Arc dont la renommée est universelle. Il n'existe d'elle qu'une seule effigie faite de son vivant : un dessin, exécuté de mémoire, dans la marge d'un registre du Parlement de Paris (1429). Une miniature dite

Jeanne à l'étendard et les miniatures du *Champion des dames* ont été exécutées vingt ans après sa mort. Les portraits, gravures et tapisseries d'Aubusson abondent à partir du XVIe siècle. Plus près de nous, Ingres, Rouault, Maurice Denis, Boutet de Montvel l'ont représentée; en sculpture, de nombreuses statues pédestres et équestres furent exécutées au XIXe siècle et se multiplièrent au moment de la béatification. Au XVe siècle, Christine* de Pisan l'a célébrée dans sa *Dictié en l'honneur de Jeanne d'Arc* (1430), puis Villon dans sa ballade des *Dames du temps jadis*. Au XVIIIe siècle, Voltaire compose *La Pucelle*, dont on ne retient que le libertinage. C'est ensuite une floraison d'œuvres: Schiller, *La Pucelle d'Orléans* (1801), Charles Péguy, *Jeanne d'Arc* (1897), *Le Mystère de la charité de Jeanne d'Arc* (1910), le poème de *La Tapisserie de sainte Geneviève et de Jeanne d'Arc* (1912), George Bernard Shaw, *Sainte Jeanne*, Paul Claudel, *Jeanne au bûcher*, oratorio sur une musique d'Arthur Honegger (1939). Le cinéma a produit une vingtaine de films dont le premier, *Jeanne d'Arc*, de Georges Hatot, date de 1898. Les plus grandes actrices ont interprété le rôle: Geraldine Farrar*, Renée Falconetti*, Simone Genevois, Ingrid Bergman*, Michèle Morgan*, Jean Seberg*, etc.

RÉF.: J. Quicherat, *Procès de condamnation et de réhabilitation de Jeanne d'Arc*, Société de l'histoire de France, 5 vol., 1841-1849. E. Bourrassin, *Jeanne d'Arc*, Perrin, 1977. J. Guitton, *Problème et Mystère de Jeanne d'Arc*, Fayard, 2e éd., 1979. R. Pernoud, *Jeanne d'Arc*, Le Seuil, 2e éd., 1981.

JEANNE DE BELLEVILLE. Héroïne française (XIVe siècle). Mariée à Olivier de Clisson, qui fut exécuté à Paris en 1343 pour avoir abandonné Nantes aux Anglais, elle prit les armes pour le venger. Ayant vendu tous ses bijoux, elle obtint d'Édouard III d'Angleterre trois navires et poursuivit les vaisseaux français sur les côtes normandes. Ralliée à Jean de Montfort, elle mena une lutte féroce contre Charles de Blois et contre sa femme Jeanne* de Penthièvre pendant la guerre de succession de Bretagne.

JEANNE DE BOURGOGNE. Voir BLANCHE DE BOURGOGNE.

JEANNE DE CASTILLE (dite **la Beltraneja**) (1462-1530). Elle était officiellement la fille d'Henri IV de Castille et de Jeanne de Portugal. «Très belle fille» au dire de Commynes, elle fut pressentie pour un mariage avec le roi Charles VIII. Elle fut surnommée «la Beltraneja», car la régularité de sa naissance était contestée: on lui attribuait comme véritable père un favori de sa mère, le seigneur Beltran de la Cueva. Jeanne se heurta à Isabelle* la Catholique pour la possession de la Castille, mais en vain. Elle se retira finalement au couvent de Sainte-Claire de Coimbra.

JEANNE DE CONSTANTINOPLE, comtesse de Flandre et de Hainaut (1188-1244). Elle était la fille aînée de Baudouin IX, comte de Flandre et de Hainaut, et de Marie de Champagne. En 1204, lors de la quatrième croisade, son père devint le premier empereur latin de Constantinople sous le nom de Baudouin Ier. L'année suivante, il fut vaincu par les Bulgares appelés à la rescousse par les Byzantins. Il mourut en prison, et Jeanne alla se réfugier à la cour de France, auprès de son oncle Philippe Auguste. Celui-ci lui fit épouser Ferdinand (ou Ferrand), fils du roi de Portugal. Il en profita pour se faire remettre une partie de la dot de Jeanne, ce qui provoqua la guerre avec Ferdinand, qui s'était allié à l'empereur Othon IV et à Jean sans Terre. Le mari de Jeanne fut fait prisonnier à la bataille de Bouvines (1214), qui vit la victoire de la France. Il resta enfermé au Louvre jusqu'en 1227 pendant que Jeanne gouvernait la

Flandre et le Hainaut. Devenue veuve en 1233, elle épousa en secondes noces le comte de Piémont, Thomas II de Savoie (1236). Elle mourut sans postérité, de sorte que sa sœur Marguerite lui succéda.

JEANNE DE FRANCE ou **DE VALOIS**, sainte (23 avril 1464 - Bourges, 4 février 1505). Fille du roi de France Louis XI et de Charlotte de Savoie et sœur d'Anne* de Beaujeu, elle fut mariée à l'âge de douze ans, en 1476, à son cousin Louis d'Orléans, futur Louis XII, contre le gré de celui-ci, qui n'éprouvait aucune attirance pour cette princesse peu jolie et chétive. Devenu roi en 1498, il s'empressa de faire annuler son mariage par le pape Alexandre VI. Jeanne se retira à Bourges et, suivant les conseils de saint Vincent de Paul, elle fonda en 1501 l'ordre religieux de l'Annonciade. Elle fut béatifiée en 1543 par le pape Benoît XIV et canonisée en 1950 par Pie XII. On la fête le 4 février.

RÉF. : A. de Lévis-Mirepoix, *Sainte Jeanne de France, fille de Louis XI*, Paris, 1950.

JEANNE DE LESTONAC, sainte. Française (Bordeaux, 1556 - *id.*, 1640). Nièce de Montaigne, qui ne tarissait pas d'éloges sur elle, Jeanne de Lestonac épousa en 1573 Gaston de Montferrand, baron de Landiras, à qui elle donna sept enfants. Après la mort de son époux (1595), elle fonda en 1607 la compagnie des Religieuses de Notre-Dame, congrégation dédiée à l'éducation des jeunes filles. L'enseignement dispensé était très proche des principes appliqués par les jésuites dans leurs collèges masculins. Jeanne de Lestonac fut canonisée en 1949 par le pape Pie XII, près de trois siècles après sa mort. On la fête le 2 février.

JEANNE DE PENTHIÈVRE (dite **la Boiteuse**). Duchesse de Bretagne (1319-1384). Fille de Guy de Bretagne, comte de Penthièvre, elle épousa en 1337 Charles de Blois ou de Châtillon, neveu du roi de France Philippe VI. Peu avant sa mort en 1341, son oncle Jean III le Bon, duc de Bretagne, la désigna comme son héritière, au détriment de son frère, Jean de Montfort, marié à Jeanne de Flandre. Celui-ci prit les armes et s'adjugea la majeure partie de la province (1341). Philippe VI s'interposa et accorda la Bretagne au mari de Jeanne de Penthièvre. S'ensuivit une longue guerre, dite la «guerre des deux Jeanne». En l'absence des maris faits prisonniers — Jean de Montfort par les Français, de 1341 à 1343; Charles de Blois par les Anglais alliés aux Bretons, de 1347 à 1351 —, les épouses poursuivirent les hostilités. Jeanne de Penthièvre dut verser une rançon considérable pour obtenir la libération de son mari. Elle montra une détermination sans faille et fit échouer toute tentative de négociation. Toutefois, elle dut s'incliner après la mort de Charles de Blois, tué à la bataille d'Auray en 1364, et accepter le traité de Guérande (1365) qui attribuait la Bretagne à Jean IV, le fils de Jean de Montfort, ce dernier ayant été tué au siège d'Hennebont en 1345. Elle conservait néanmoins le comté de Penthièvre et la vicomté de Limoges. Elle mourut sans postérité.

JEANNE DES ARMOISES. Voir ARMOISES Jeanne des.

JEANNE FRANÇOISE FRÉMYOT DE CHANTAL, sainte. Religieuse française (Dijon, 1572 - Moulins, 1641). Fille de Bénigne Frémyot, conseiller à la chambre des comptes de Dijon, elle épousa en 1592 Christophe de Rabutin, baron de Chantal. Leur fils, Celse, fut le père de la marquise de Sévigné*. Le baron de Chantal ayant trouvé la mort dans un accident de chasse en 1601, sa femme fit le vœu de chasteté perpétuelle et fut admise en 1603 dans le tiers ordre franciscain. Elle se plaça sous la direction de François de Sales, avec lequel elle fonda la congrégation de la Visitation de Marie, qui se fixa à Annecy. L'ordre des visitandines essaima dans toute la France. De 1618 à 1622, elle fut la supérieure de la maison établie par elle à Paris, tout en s'occupant des quatre-vingt-six autres communautés de la congrégation. C'est en visitant l'une d'elles, à Moulins, qu'elle mourut. Elle fut canonisée en 1767 par le pape Clément XIII; on la fête le 21 août.

RÉF.: A. de La Gorce, *Sainte Jeanne de Chantal*, Paris, 1962.

JEANNE LA FOLLE. Reine de Castille et d'Aragon (Tolède, 6 novembre 1479 - Tordesillas, 11 avril 1555). Elle était la fille des Rois Catholiques Ferdinand V d'Aragon et Isabelle Ire* de Castille. Elle épousa en 1496 Philippe le Beau, fils de l'empereur germanique Maximilien Ier, et lui donna deux fils: le futur Charles Quint en 1500, et Ferdinand en 1503, qui devint plus tard empereur germanique. Elle nourrissait une passion dévorante pour son mari, et l'on attribue sa folie, dont les premiers accès eurent lieu à partir de 1503, aux fréquentes absences de celui-ci. Elle fut proclamée reine de Castille à la mort de sa mère en 1504. Elle perdit définitivement la raison au moment du décès de Philippe le Beau en 1506 dont elle fit transférer la dépouille au château de Tordesillas, où elle-même s'établit.

Malgré son état de santé, Jeanne conserva le titre de reine, le pouvoir étant assuré par son père sur la Castille puis, après la mort de ce dernier en 1516, par son fils Charles Quint, sur la Castille et sur l'Aragon. Les Cortes avaient en effet décidé que, en cas de guérison, la reine devait récupérer le pouvoir. Jusqu'à sa mort, elle mena une vie de malade et de recluse à Tordesillas. Outre Charles Quint et Ferdinand, elle avait eu quatre filles: Isabelle de Danemark, Marie de Hongrie, Catalina de Portugal et Éléonore* de Habsbourg. Cette dernière épousa en premières noces le roi de Portugal et, en secondes noces, François Ier.

RÉF.: A. Dennis, *Jeanne la Folle, mère de Charles Quint*, Paris, 1956.

JEANNE SEYMOUR. Reine d'Angleterre (Wolf Hall, Wiltshire, 1509-Hampton Court, 23 octobre 1537). Elle supplanta Anne* Boleyn, dont elle était demoiselle d'honneur, et épousa Henri VIII au lendemain de l'exécution de la reine (1536), devenant ainsi la troisième femme du roi. Elle mourut en donnant le jour au futur Édouard VI.

JEDRZEJEWICZOWA Cezaria, née Baudouin de Courtenay. Ethnographe polonaise (Dorpat, 1885 - [?]). Fille d'un éminent professeur de linguistique comparée aux universités de Dorpat, de Cracovie puis de Saint-Pétersbourg, c'est dans cette ville qu'elle fit ses études supérieures. À la suite d'un séjour en Autriche et en Grèce, elle prit conscience de sa vocation. Agrégée d'ethnologie et d'ethnographie à l'université de Cracovie en 1922, elle devint professeur extraordinaire à Vilno (1929), où elle créa un institut et un musée d'ethnographie. Devenue titulaire de la chaire d'ethnographie polonaise à l'université de Varsovie, elle y fonda, comme à Vilno, un institut et un musée d'ethnographie qui brûlèrent pendant la guerre. Nommée professeur à Londres en 1948, elle devint dix ans plus tard recteur de l'Université polonaise à l'étranger. Elle a laissé des travaux essentiels sur le culte de saint Georges, l'art, les danses populaires et les groupes ethniques de la Pologne.

JEFIMIJA. Princesse et poétesse serbe (v. 1349 - apr. 1404). Elle fut élevée à la cour serbe où elle vécut avec son époux et se retira dans un couvent lorsqu'elle fut veuve. Elle écrivit alors, en

1399, un poème en vers, *Louange du prince Lazar* (un de ses parents) qu'elle broda sur de la soie. Dans ce poème elle évoque le sort de son peuple vaincu à Kossovo.

JERITZA Maria (Maria Jedlitckova, dite). Soprano tchécoslovaque (Brno, 6 octobre 1887 - New Jersey, 10 juillet 1982). Après avoir étudié le chant à Brno et à Prague, elle débuta à Olmütz en 1910 dans le rôle d'Elsa (*Lohengrin*, Wagner). Engagée en 1911 au Volksoper de Vienne et, l'année suivante, au Staatsoper, elle y interpréta en 1912 Aphrodite (*Aphrodite*, Oberleithner) et devint très vite la cantatrice favorite de Vienne. Extrêmement séduisante, belle et passionnée, elle chanta pendant plus de vingt ans dans la capitale autrichienne, triomphant dans les opéras de Puccini, où elle fut notamment Tosca (*Tosca*), Turandot (*Turandot*) et Minnie (*La Fille du Far West*) aussi bien que dans *Jenůfa* (Janáček), qu'elle créa à Vienne et à New York.

Ses interprétations de Richard Strauss sont légendaires; elle créa les deux versions d'*Ariane à Naxos* à Stuttgart (1912) et à Vienne (1916), et fut l'Impératrice (*La Femme sans ombre*), Salomé (*Salomé*), Octavian (*Le Chevalier à la rose*) et Hélène (*Hélène l'Égyptienne*). Elle incarna Marietta (*La Ville morte*, Korngold), rôle qu'elle interpréta à ses débuts au Metropolitan Opera de New York, où elle fut fêtée comme la plus grande des divas, prenant ainsi la place restée vacante depuis le départ de Geraldine Farrar*. Elle triompha à Londres, à Paris où, remarquable comédienne, elle alla jusqu'à chanter l'air «Vissi d'arte» (*Tosca*, Puccini) à plat ventre sur le sol! Après la Seconde Guerre mondiale, ses rares apparitions suscitèrent encore l'enthousiasme des publics viennois (1949-1952) et new-yorkais (1946). Maria Jeritza a publié son autobiographie, *Sunlight and Song* (1924).

JESENSKÀ Milena. Journaliste tchécoslovaque (Prague, 10 août 1896 - camp de concentration de Ravensbrück, 17 mai 1944). Fille d'un professeur de stomatologie de Prague, elle perdit sa mère à l'âge de treize ans et entretint avec son père, austère et formaliste, des relations difficiles. Après de brèves études de médecine puis de musique, elle épousa en 1918, contre la volonté de son père, l'écrivain Ernst Pollak, rencontré dans le milieu intellectuel et anticonformiste qu'elle fréquentait. Elle s'installa en 1920 à Vienne, où elle entama une brillante carrière de journaliste comme correspondante de mode du journal *Tribuna*. La même année, elle lut les premières nouvelles de Franz Kafka (publiées en allemand) et entreprit aussitôt de les traduire en tchèque dans la revue *Kmen*, notamment *Le Verdict* et *La Métamorphose*. Il s'ensuivit une correspondance passionnée de plusieurs mois avec Kafka. Leurs rencontres — deux seulement — tournèrent à l'échec, et ils se séparèrent définitivement.

À partir de 1923, Milena Jesenskà collabora au journal *Národní Listy*, publiant des articles et des chroniques plus ambitieux sur la Vienne d'après-guerre, politiquement déchue mais culturellement brillante. En même temps, elle faisait paraître dans plusieurs journaux des traductions en tchèque de textes d'auteurs français (Guillaume Apollinaire, Henri Barbusse, Paul Claudel, Romain Rolland), anglais (Stevenson, Swift), russe (Gorki) et allemands (Henrich Mann, Rosa Luxemburg*). En 1925, elle retourna à Prague et fréquenta le milieu d'avant-garde du Devětsil, analogue, par certaines de ses manifestations, au futurisme italien. Divorcée depuis 1923, elle épousa en 1927 l'architecte Jaromír Krejcár, dont elle eut une fille, Honza, en 1928.

Au cours des dix années suivantes, Milena Jesenskà traversa une période difficile. Devenue morphinomane à la suite d'un traitement médical, elle se sépara de son mari et perdit son emploi. C'est de cette époque que date son engagement au parti communiste, qu'elle quitta en 1937 lorsqu'elle commença à collaborer à l'hebdomadaire libéral-démocrate *Přitomnost*. Lors de l'occupation allemande (mars 1939), elle entra dans la résistance et confia les lettres qu'elle avait reçues de Kafka à l'un de ses amis, l'écrivain pragois Willy Haas. Celui-ci en assura la première publication à New York en 1953, sous le titre *Lettres à Milena*. En novembre 1939, elle fut arrêtée par les Allemands, incarcérée à Prague puis à Dresde, enfin déportée à Ravensbrück. Elle y fit la connaissance de Margaret Buber-Neumann qui, bien plus tard, fit paraître un livre bouleversant sur Milena Jesenská. Celle-ci succomba des suites de l'ablation d'un rein. Un choix de ses articles a été publié sous le titre *Vivre. Chroniques et reportages politiques, 1919-1939* (1985), et Vera Belmont a tiré un film de sa rencontre passionnée avec Kafka, *Milena* (1990).

RÉF. : F. Kafka, *Lettres à Milena*, Gallimard, 1956. M. Buber-Neumann, *Milena*, Le Seuil, 1990.

JEWETT Sarah née Orne. Femme de lettres américaine (South Berwick, Maine, 1849 - *id.*, 1909). Sous le pseudonyme d'Alice Elliot, elle commença par écrire des livres pour enfants, puis elle s'attacha à évoquer, dans un style précis influencé par Flaubert, les paysages et les ports du Maine. Auteur de différents romans, dont *A Country Doctor* (1884) et *A Marsh Island* (1885), elle doit surtout sa réputation à des récits et des nouvelles, notamment *Deephaven* (1877) et *Le Pays des sapins* (1896), son chef-d'œuvre. En 1901, elle écrivit un roman historique, *The Tory Lover*, et ses poèmes furent publiés en 1916, sous le titre *Verses*.

JEX-BLAKE, Sophia Luisa. Médecin. Anglaise (1840-1912). Après des études au Queen's College de Londres qui la destinaient à l'enseignement, elle devint professeur d'anglais en Allemagne. En 1865, elle partit pour les États-Unis où elle fréquenta le milieu médical féminin de Boston et de la Nouvelle-Angleterre. Sentant naître en elle une vocation, elle tenta en vain de s'inscrire à Harvard et finit par suivre les cours d'Élisabeth Blackwell* à l'École de médecine pour femmes de New York. De retour en Angleterre en 1869, désireuse d'obtenir le titre de Medical Doctor, elle dut déposer successivement deux demandes d'inscription à la faculté de médecine d'Édimbourg avant d'être admise. Constatant très vite que les étudiantes (une dizaine) étaient cantonnées dans un ghetto, elle porta l'affaire sur le plan national en s'adressant à la Chambre des communes. Elle essuya des échecs répétés et finit par fonder en 1874 la London School of Medicine for Women, qui accueillit la première année vingt-trois étudiantes. Trois ans plus tard, les femmes obtenaient le droit de suivre l'enseignement du London Royal Free Hospital, après le vote en 1876 par la Chambre des communes d'un bill instituant un égal traitement des candidatures pour les deux sexes dans les universités de médecine. En 1877, Sophia Jex-Blake qui, entre-temps, avait achevé ses études médicales à Berne, reçut l'autorisation d'exercer dans son pays. L'année suivante, elle s'installa à Édimbourg et y fonda le Women's Hospital and School of Medicine, qui fonctionna jusqu'en 1894, date à laquelle l'université admit les femmes en son sein.

JÉZABEL. Reine d'Israël. Elle était la fille d'Ithobaal, roi des Sidoniens, et elle épousa Achab, roi d'Israël, à qui elle donna deux fils et une fille, Athalie*. Phénicienne, elle vint en Israël avec sa religion ; pratiquant le culte de Baal, elle persécuta les prophètes de Yahvé qui luttaient contre les idolâtres. Elle poursuivit notamment de sa vindicte le prophète Élie, qui avait menacé Achab de mort après le meurtre de Naboth. En effet, Achab, conseillé par Jézabel, avait fait accuser Naboth, dont la propriété jouxtait la sienne, d'avoir maudit Dieu et le roi. Naboth fut lapidé et Achab put ainsi s'approprier sa vigne. Élie annonça la chute de la maison d'Achab et prédit que le roi et la reine seraient mangés par des chiens. Il dut s'enfuir pour garder la vie sauve, mais sa prédiction se réalisa. Jéhu s'empara du trône d'Israël et extermina tous ceux de la maison d'Achab. Jézabel fut défenestrée sur son ordre, et son corps fut dévoré par les chiens (II Rois IX). Dans la pièce de Racine, Jézabel apparaît à sa fille Athalie, elle aussi idolâtre, et lui prédit qu'elle sera vaincue par le dieu des Juifs.

Et moi je lui tendais les mains pour [l'embrasser
Mais je n'ai plus trouvé qu'un horrible [mélange
D'os et de chairs meurtris et traînés dans [la fange
Des lambeaux pleins de sang et des [membres affreux
Que des chiens dévorants se disputaient [entre eux.

(*Athalie*, acte II, scène V)

JIMÉNEZ Zenobia, née Camprubi. Espagnole (Barcelone, 1887 - Porto Rico, 1956). Son père était originaire de Navarre et sa mère de Porto Rico. Elle fit ses études aux États-Unis. C'est lors d'un séjour en Espagne en 1912 qu'elle rencontra le poète Juan Ramón Jiménez. Ce fut le début d'une union qui devait durer jusqu'à la mort de Zenobia. Ils se marièrent en 1916 à New York puis rentrèrent à Madrid. Zenobia Jiménez renonça à écrire pour se dévouer à son mari et à son œuvre. Elle fut pour lui une collaboratrice de tous les instants. Elle assurait sa correspondance et corrigeait ses manuscrits, tapait sous sa dictée, veillait aux traductions. Dès le début de la guerre civile, ils quittèrent l'Espagne pour se fixer à Porto Rico. Elle mourut trois jours après l'attribution du prix Nobel de littérature à son époux. Le poète, désespéré, ne lui survécut que deux ans.

JOLIOT-CURIE Irène. Physicienne française (Paris, 1897 - *id.*, 1956). Elle était la fille de Pierre et Marie Curie*. Peu de temps après la naissance de sa fille, Pierre Curie, qui venait de perdre sa mère, recueillit son père chez lui, le docteur Eugène Curie, alors âgé de soixante-dix ans. « C'est lui qui initiera sa petite-fille aux sciences naturelles, en fera une admiratrice enthousiaste de Victor Hugo, déterminera son attachement implacable au réel, son anticléricalisme, ses sympathies politiques », écrit Ève Curie dans le livre consacré à sa mère. Irène Joliot-Curie prépara à la Sorbonne les licences de mathématiques et de physique (1914-1920), interrompant ses études pendant la Première Guerre mondiale pour aider sa mère en qualité de manipulatrice radiographique auprès du service de santé militaire. En 1918, Marie Curie lui demanda de l'aider comme préparateur particulier à l'Institut du radium. Reçue docteur ès sciences en 1925 pour sa thèse sur les rayons alpha du polonium, elle poursuivit ses recherches sur la radioactivité naturelle et artificielle, les transmutations d'éléments et la physique nucléaire.

En 1926, elle épousa Frédéric Joliot, préparateur de sa mère. Leurs travaux sur la radioactivité leur valurent le prix Nobel de chimie en 1935. En 1932, elle avait été nommée chef de travaux; en 1936, elle devint sous-secrétaire d'État à la Recherche scientifique dans le cabinet Blum, puis professeur à la faculté des sciences (1937). Sous l'Occupation, elle participa à la Résistance dans le Front national. En 1946, elle fut nommée directrice de l'Institut du radium où, à son initiative, furent installés les grands accélérateurs de particules indispensables aux recherches nucléaires modernes. Elle occupa également la chaire de physique nucléaire à la Sorbonne. Participant à la création du Commissariat à l'énergie atomique (CEA), elle en fut commissaire pendant six ans et, en 1948, collabora à la construction de la première pile atomique française au Centre de physique nucléaire d'Orsay. En 1950, les époux Joliot-Curie furent écartés du CEA en raison de leur engagement au sein du parti communiste. Le prestige scientifique et personnel d'Irène Joliot-Curie lui conférait une grande autorité dans les organisations féminines, et elle fut membre du comité national de l'Union des femmes françaises et du Conseil national de la paix.

RÉF. : H. Guillard, *Irène Joliot-Curie*, Bibl. de travail, Cannes, 1958. N. Loriot, *Irène Joliot-Curie*, Presses de la Renaissance, 1991.

JONCOUX Marguerite de. Française (1668-1715). D'une famille auvergnate, elle était une fervente adepte du jansénisme, doctrine introduite au monastère de Port-Royal des Champs par l'abbé de Saint-Cyran et défendue par la mère Agnès Arnauld*. Marguerite de Joncoux se dévoua avec courage à une cause persécutée. Après le départ des dernières religieuses en 1709, elle parvint à entrer en possession de précieux manuscrits provenant de l'abbaye (conservés aujourd'hui à la bibliothèque de Saint-Germain-des-Prés).

JONES Betty. Danseuse américaine (née à Meadville, Pennsylvanie, en 1926). Élève de José Limón, d'Alicia Markova* et de la Meri*, elle débuta dans *Oklahoma!*. Dès 1947, elle fit partie de la compagnie José Limón pour y rester jusqu'à la mort du chorégraphe en 1972. Rapidement, elle s'imposa comme une grande danseuse et créa de nombreux rôles, dont Desdémone (*La Pavane du Maure*, 1949, musique de Purcell). Elle se produisit en récitals avec son partenaire Fritz Lüdin, tout en enseignant la technique de Limón. Elle exerça au Connecticut College Summer School et à la Julliard School avant d'ouvrir sa propre école à Honolulu.

JONES Gwyneth. Soprano anglaise (née à Pontewynydd, pays de Galles, le 7 novembre 1936). Douée pour le chant, elle obtint une bourse d'études au Royal College of Music de Londres, où elle remporta tous les prix. Elle se perfectionna à l'académie Chigiana de Sienne, puis à Genève avec Maria Cargi. Elle débuta à l'Opéra de Zurich en 1962. Deux ans plus tard, elle incarna à Covent Garden une émouvante Sieglinde (*La Walkyrie*, Wagner) sous la direction de Georg Solti. À Londres, elle fut Leonore (*Fidelio*, Beethoven), Senta (*Le Vaisseau fantôme*, Wagner), Élisabeth (*Tannhaüser*, Wagner). On l'applaudit à Rome, à Genève, à Vienne, à Munich, à Berlin et, pour la première fois, à Bayreuth en 1966, où elle triompha dans le rôle de Sieglinde.

Dès lors, elle chanta tous les grands rôles wagnériens: Eva (*Les Maîtres chanteurs*), Kundry (*Parsifal*), Senta, Sieglinde, Élisabeth. Mais elle fut surtout une impressionnante Brünnhilde dans la *Tétralogie* de Wagner dirigée par Pierre Boulez et mise en scène par Patrice Chéreau lors du centenaire de l'œuvre (1976). Elle chanta à la Scala, puis à New York, la *Huitième Symphonie* de Mahler, dirigée par Bernstein. En 1972, elle fut engagée au Metropolitan Opera de New York, faisant ses débuts en Sieglinde, et parut régulièrement comme invitée sur les grandes scènes lyriques: Vienne, Paris, Milan, Genève, Munich. Elle a chanté également les rôles d'Elektra (*Elektra*, R. Strauss) en 1983 à Cologne et de Turandot (*Turandot*, Puccini) en 1984 à Covent Garden.

JONES Jennifer (Phyllis Isley, dite). Actrice américaine (née à Tulsa, Oklahoma, le 2 mars 1917). Fille de comédiens, elle monta sur les planches dès son plus jeune âge. En 1939, elle épousa à New York l'acteur Robert Walker. Ensemble, ils tentèrent leur chance à Hollywood, où Jennifer Jones tourna dans quelques films. David O. Selznick la remarqua et, séduit par sa beauté et sa personnalité, la fit travailler. Le rôle de Bernadette* Soubirous (*Le Chant de Bernadette*, H. King, 1943) lui valut un oscar, mais son tempérament explosif et passionné la désignait pour un répertoire plus vaste. En 1949, elle épousa Selznick, après avoir divorcé en 1945 de son premier mari, qui se suicida en 1953. Selznick s'attacha à développer les possibilités de sa femme et l'imposa dans plusieurs de ses productions.

La renommée internationale de Jennifer Jones débuta avec *Duel au soleil* (K. Vidor) et s'affirma avec *Madame Bovary* (Minnelli, 1949), *La Renarde* (Powell et Pressburger, 1950), *La Furie du désir* (K. Vidor, 1952), où sa prestation fut particulièrement remarquée. En revanche, *L'Adieu aux armes* (Ch. Vidor, 1957), d'après le roman de Hemingway, fut un échec commercial qui décida Selznick à abandonner sa carrière. Il mourut d'une crise cardiaque en 1965. Celle-ci tourna encore plusieurs films et épousa en 1971 Norton Simon, le roi de la sauce tomate. Depuis, elle travaille à enrichir le musée Norton-Simon à Pasadena et consacre beaucoup de son temps à la Fondation pour la santé mentale qu'elle a créée.

JORDAN Dorothy (Doróthy Bland, dite). Actrice anglaise (Waterford, Irlande, 22 novembre 1761 - Saint-Cloud, 5 juin 1816). Fille illégitime d'un gentleman anglais, Francis Bland, et d'une comédienne, elle débuta à Dublin sous le nom de Miss Francis en 1777 et remporta un grand succès. Engagée en 1780 au Smock Alley Theatre (le troisième théâtre britannique après Drury Lane et Covent Garden), elle s'enfuit deux ans plus tard en Angleterre — elle était enceinte — et se réfugia dans la compagnie de Tate Wilkinson. Elle joua dorénavant sous le nom de Mrs. Jordan. Engagée en 1785 par Sheridan à Drury Lane, et malgré la concurrence de Mrs. Siddons*, elle triompha dans *The Country Girl* (Garrick) puis dans *The Romp* (adapté de *Love in the City* de Bickerstaffe). Elle choisit sagement de laisser la tragédie à sa rivale et continua à réjouir son auditoire en incarnant Miss Hoyden (*A Trip to Scarborough*, Sheridan) ou Miss Prue (*Love for Love*, Congreve).

Cette belle actrice, qui remportait tous les suffrages, séduisit un certain Richard Ford, qui lui fit quatre enfants. Elle le quitta en 1791 pour devenir la maîtresse du duc de Clarence, futur Guillaume IV d'Angleterre. Elle fut pendant vingt ans sa fidèle compagne et elle eut dix enfants de lui ! Malgré toutes ses grossesses, elle se produisit jusqu'en 1814 puis se retira à Paris. Elle mourut dans la misère, oubliée de son amant et de tous ses enfants. Sa tombe, au cimetière de Saint-Cloud, disparut au cours de travaux pendant les années 30. Le peintre Romney l'a immortalisée dans *The Romp*.

JOSÉPHINE, née Marie-Josèphe Rose Tascher de La Pagerie. Impératrice des Français (Trois-Îlets, Martinique, 23 juin 1763 - Malmaison, 29 mai 1814). Elle fut élevée dans un couvent de Fort-de-France et épousa en France, en 1779, le vicomte Alexandre de Beauharnais, né à la Martinique, dont le père avait été le gouverneur. La jeune créole ne tarda pas à mal s'entendre avec son mari ; ils divorcèrent après qu'elle lui eut donné deux enfants, Eugène en 1780 et Hortense en 1783 (la future reine Hortense*). Elle s'installa ensuite chez son beau-père à Fontainebleau, avant de retourner à la

Martinique avec sa fille en 1788. Deux ans plus tard, elle dut quitter l'île par suite d'une révolte des Noirs. De retour à Paris à la fin de l'année 1790, elle reprit un semblant de vie commune avec son mari, sur les instances de ce dernier, dont la carrière politique et militaire était alors en plein essor. Elle tint salon, rue de l'Université, où elle reçut aussi bien des personnalités de la Révolution que des membres de l'Ancien Régime. Cependant, elle fut confondue dans la disgrâce de son mari, arrêté au mois de mars 1794; elle le rejoignit à la prison des Carmes le 21 avril. Alexandre de Beauharnais fut exécuté le 23 juillet. En prison, elle fit la connaissance de Thérésa Cabarrus, la maîtresse de Tallien (future Thérésa Tallien*), lequel contribua à la chute de Robespierre le 27 juillet (9 thermidor). Grâce à l'intervention de Tallien, Joséphine fut libérée dès le 6 août suivant.

Deux ans plus tard, Barras, futur directeur, qui était son protecteur et peut-être son amant, lui fit rencontrer Bonaparte, la pressant de l'épouser. À trente-trois ans, Joséphine, belle, langoureuse, distinguée, aimant le luxe et la vie facile, régnait sur les salons thermidoriens en compagnie de Mme Tallien et de Mme Récamier*. Elle fut séduite par l'énergie et l'ambition sans limite de ce militaire, dont la célébrité naissante tenait au fait qu'il avait dispersé à coups de canon les insurgés royalistes, rue Saint-Roch à Paris (5 octobre 1795). Le mariage fut célébré le 9 mars 1796; deux jours plus tard, Bonaparte, nommé général en chef de l'armée d'Italie, la quitta pour prendre le commandement de ses troupes à Nice. Joséphine le rejoignit à Milan le 13 juillet, non sans hésitation — quitter les douceurs de la vie parisienne lui coûtait —, et ce malgré les lettres passionnées qu'elle recevait de lui. Elle manqua un moment d'être prise par les Autrichiens et se fixa finalement au château de Montebello, près de Milan, où elle fut traitée comme une reine. Elle finit par s'y ennuyer et rentra à Paris au début de l'année 1798. C'est pendant l'expédition d'Égypte que la mésentente s'installa dans le couple. À Paris, Joséphine s'endetta tout en menant grand train — c'est à cette époque qu'elle acheta Malmaison —, et les rumeurs de son infidélité parvinrent à Bonaparte. À son retour en octobre 1799, il la menaça du divorce, mais il renonça devant les larmes et les supplications de sa femme qui savait très bien en jouer.

Pour Joséphine, c'est la période du Consulat qui fut sans doute la plus heureuse. Elle décora Malmaison avec goût et raffinement, et en fit à la fois un lieu intime où le Premier consul venait se reposer et un lieu de fêtes et de réceptions continuelles. Elle ne manquait pas d'une certaine influence sur son mari et plaida souvent auprès de lui la cause de familles de l'Ancien Régime avec lesquelles elle était très liée. Elle avait même l'habileté de les recevoir et de les introduire dans l'entourage de son mari. Toutefois, la mésentente du couple ne fit que s'accroître. Joséphine supportait en silence les infidélités de Bonaparte, lequel s'irritait de ses dettes extravagantes et, surtout, d'être privé de descendance. À partir de la création de l'Empire (18 mai 1804), Joséphine vécut dans la crainte constante d'être répudiée, crainte qui se développa à mesure que Napoléon songeait à fonder une dynastie, poussé en cela par les membres de sa famille qui haïssaient l'impératrice. Malgré la dignité, l'intelligence et la ponctualité avec lesquelles celle-ci remplissait ses devoirs de souveraine, régis par une étiquette très contraignante, l'irréparable fut commis et le divorce prononcé le 15 décembre 1809. Elle conserva le titre d'«impératrice-reine couronnée», reçut Malmaison, le château de Navarre, le château de Laeken près de Bruxelles, et un douaire de trois millions de francs. Dès lors, elle passa l'essentiel de son temps dans sa demeure favorite où elle recevait parfois les visites de l'Empereur, et voyagea. En 1814, au moment de l'abdication de Napoléon, elle reçut à Malmaison le tsar Alexandre Ier, qui se déclara son protecteur, puis, un peu plus tard, le grand-duc Constantin et le roi de Prusse. Elle mourut subitement après avoir pris froid, à l'âge de cinquante et un ans.

RÉF. : F. Masson, *Joséphine, impératrice et reine*, Paris, 1899. *Joséphine répudiée (1809-1914)*, 1901. A. Castelot, *Joséphine*, Perrin, 1964.

JOTTI Nilde. Femme politique italienne (née à Reggio Emilia, en 1920). De famille modeste — son père était chef aiguilleur aux chemins de fer nationaux —, elle put faire cependant de brillantes études à l'Institut catholique de Milan, où elle obtint une licence de lettres. Pendant la Seconde Guerre mondiale, elle fit partie de la Résistance aux côtés des Alliés, milita pour le parti communiste et organisa des groupes féminins. Après la guerre, elle fut nommée membre du Comité directeur de la fédération locale du parti communiste de Reggio ; en 1946, elle participa à l'élaboration de la Constitution en tant que membre du collège électoral de Parme. C'est à cette époque qu'elle rencontra Palmiro Togliatti, secrétaire général du parti communiste italien. Elle devint sa compagne, alors qu'il était marié à Rita Montagnana, et certains lui reprochèrent cette liaison. D'autres, faisant état de sa formation universitaire catholique, la dénoncèrent comme espionne au service de la Démocratie chrétienne. Elle n'en fut pas moins élue député sans discontinuité à partir de 1948 avant d'entrer à la direction du PCI en 1961. Vice-présidente de la Chambre en 1972, elle fut nommée présidente en 1979 puis en 1983.

JOUHANDEAU Élise, née Élisabeth Toulemon. Française (1888 - Paris 1971). Fille d'un pâtissier périgourdin et d'une mère auvergnate, elle déserta tôt le domicile parental pour faire de la danse chez Staats, à Paris. « Caryatis » — Carya pour les intimes — eut une carrière bien remplie. Elle créa des ballets pour Ravel, Auric, Poulenc, ainsi que *La Belle Excentrique* d'Érik Satie. On lui connaît de nombreuses aventures, dont une liaison mouvementée avec Charles Dullin. Elle épousa en 1929 l'écrivain Marcel Jouhandeau, qu'elle avait rencontré l'année précédente chez leur amie commune, Marie Laurencin*. Tous deux avaient atteint la quarantaine. Loin de se ranger, le ménage connut une existence orageuse. Elle tenta en vain d'éloigner son époux de ses mœurs particulières et finit par lui interdire l'accès de la chambre conjugale. Leur union se maintint avec force disputes jusqu'à la mort d'Élise, ni l'un ni l'autre n'acceptant le divorce. Ils adoptèrent une fillette, Céline. Élise Jouhandeau inspira à l'auteur de *L'Éloge de la volupté* ses *Chroniques maritales* (1938 et 1943), *Élise* (1933), *L'Imposteur ou Élise iconoclaste* (1950), *Scènes de la vie conjugale* (1938), *Élise architecte* (1951), *Le Gourdin d'Élise* (1962) et *La Mort d'Élise* (1978).

JOY Geneviève. Pianiste française (née à Bernaville, le 4 octobre 1919). Elle entra à l'âge de douze ans au Conservatoire et étudia, en dehors du piano, le contrepoint, la fugue, l'harmonie, la musique de chambre, l'accompagnement. En 1941, elle obtint trois premiers prix, en piano, harmonie et accompagnement. En 1944, elle forma un duo à deux piano avec Jacqueline Robin et donna de nombreux concerts très applaudis. Elles ont enregistré un excellent disque *Jeux d'enfants* (Bizet). Pour le vingt-cinquième anniversaire de la formation de ce duo, les compositeurs Lesur, Auric, Mihalovici, Louvier, Pierre-Petit, Dutilleux, Ohana, Constant, Milhaud et Jolivet ont écrit des pièces pour elles. En

1952 Geneviève Joy fonda le Trio de France avec Jeanne Gautier et André Lévy. Son répertoire pianistique est presque exclusivement consacré à la musique du XXe siècle. Elle a joué en première audition les *Concertos* de Constant, Rivier, Rawsthorne, la *Sonate* de Dutilleux qu'elle a enregistrée, et des œuvres de P. Petit, de L. Saguer, etc. Geneviève Joy a épousé en 1946 le compositeur Henri Dutilleux.

JOYEUX Odette. Actrice française (née à Paris, le 5 décembre 1917). Enfant, elle fit partie du corps de ballet de l'Opéra de Paris, qu'elle abandonna pour une double carrière théâtrale et cinématographique. Louis Jouvet la fit jouer dans *Intermezzo* (Giraudoux) puis dans *Grisou* (Dalio et Pierre Brasseur). Elle épousa ce dernier, dont elle eut un fils, l'acteur de cinéma Claude Brasseur. On peut citer, parmi ses succès au théâtre: *Le Pélican* (Croisset, 1936), *L'Amour fou* (Roussin, 1955), *Histoire de rire* (Salacrou, 1956). Au cinéma, elle obtint son premier grand rôle dans *Entrée des artistes* (M. Allégret, 1938), et Claude Autant-Lara lui apporta la consécration avec *Le Mariage de Chiffon* (1942), *Lettres d'amour* (1942), *Douce* (1943) et *Sylvie et le fantôme* (1946). Sa carrière cinématographique déclina après la guerre; après avoir tourné dans *La Ronde* (Ophuls, 1950), elle l'abandonna pour écrire des souvenirs, *Côté jardin* (1951), des romans, *La Mariée ingénue* (1956), et plusieurs scénarios, *La mariée est trop belle* (1956, d'après l'un de ses romans publié en 1954), *Sois belle et tais-toi* (1958), *Rencontre* (1962), réalisé par Philippe Agostini, qu'elle a épousé après son divorce d'avec Pierre Brasseur.

JUDIC Anna (Anne Damiens, dite). Chanteuse et actrice française (Semur-en-Auxois, 1850 - Golfe-Juan, 1911). Enfant de la balle, elle était la nièce de Montigny, directeur du Gymnase, où elle débuta à quinze ans dans les rôles d'ingénue. Elle quitta le théâtre en 1868 pour l'Eldorado, adoptant le nom de scène de son mari, le chanteur Israël, dit Judic. C'est elle qui créa le genre «chanteuse-diseuse», avant Florence Duparc et Yvette Guilbert*. Elle commentait ses rengaines avec des sous-entendus grivois qui enchantaient son auditoire: *Par le trou de la serrure*, *Pas ça*, *Comme ça pousse*, *Rentrons bras d'sus*, *bras d'sous*, *La Première Fois*, etc. Engagée à la Gaîté en 1871, elle créa *Le Roi carotte* (Offenbach). Elle régna sur la scène de l'opérette jusqu'au début du siècle et remporta des triomphes dans les créations de *Madame l'archiduc* (Offenbach) et de *Mam'zelle Nitouche* (Hervé). Elle chanta une dernière fois sur la scène des Folies-Bergère en 1900, pour se consacrer ensuite à la comédie. En 1906, elle créa au Vaudeville *Le Bourgeon* (Feydeau), toujours acclamée par son public. Sa silhouette plantureuse a été immortalisée par un dessin de Toulouse-Lautrec (musée d'Albi).

JUDITH. Héroïne juive. Fille de Merari, de la tribu de Siméon, elle passait pour être d'une grande beauté et d'une grande vertu. Lors du siège de Béthulie par Holopherne, général des troupes assyriennes au service de Nabuchodonosor, elle était la veuve de Manassès depuis trois ans et demi. Pour sauver la ville affamée et sur le point de capituler, elle se présenta à Holopherne en se faisant passer pour un transfuge. Après l'avoir séduit, elle passa la nuit avec lui et, profitant d'un sommeil dû à l'ivresse, elle lui trancha la tête, qu'elle rapporta à Béthulie, provoquant ainsi la déroute de l'ennemi. L'histoire de Judith nous est connue par un des livres de l'Ancien Testament qui porte son nom. Elle n'apparaît à aucun autre endroit de la Bible. Elle est considérée par les exégètes comme la représentation symbolique du peuple juif. Le Moyen Âge a vu en elle une préfiguration de la Vierge; la Renaissance l'a exaltée comme l'incarnation de la résistance aux tyrans. Elle a inspiré de nombreux peintres, dont Cranach (deux versions à Vienne), Bronzino (Florence), Michel-Ange (chapelle Sixtine), Véronèse (Vienne). Donatello a fait d'elle une sculpture (Florence). La scène du meurtre a été représentée par le Tintoret (trois tableaux à Madrid), le Caravage (Rome), Rubens (Brunswick). Botticelli la montre revenant à Béthulie, l'épée à la main.

JUDITH DE BAVIÈRE. Impératrice d'Occident (v. 800 - Tours, 19 avril 843). Fille de Guelphe, comte de Bavière, elle épousa en 819 l'empereur Louis le Pieux ou le Débonnaire. Elle lui donna un fils en 823, le futur Charles II le Chauve (roi de France de 843 à 877 et empereur de 875 à 877). Louis le Pieux, veuf d'Ermengarde, avait alors trois fils, Lothaire, Louis et Pépin. en 817, il avait réglé sa succession et prévu le partage de l'empire en donnant la prééminence à Lothaire. Judith, qui souhaitait avantager son fils Charles, obtint de son mari la modification de ce partage (829). Lothaire et Louis se révoltèrent contre leur père, firent enfermer Judith dans un couvent de Laon, puis de Poitiers, enfin déposèrent l'empereur (833). Celui-ci fut rétabli en 835, et Judith recouvra sa place et son influence. Elle continua d'intriguer en faveur de son fils. En 840, l'année de la mort de son mari, elle fut assiégée dans Poitiers par Pépin et délivrée par Charles. L'année suivante, elle lui apporta des renforts dans sa lutte contre Pépin et Lothaire. Elle mourut quatre mois avant le traité de Verdun (août 843) qui vit la dislocation de l'empire à laquelle elle avait contribué en partie par ses intrigues.

JUGAN Jeanne. Religieuse française (Cancale, 25 octobre 1792 - Saint-Pern, Ille-et-Vilaine, 28 août 1879). Fille d'un pauvre marin qui périt en mer quand elle avait six ans, elle dut se placer très jeune comme domestique. Pieuse et charitable, elle venait en aide aux déshérités, recueillant chez elle des vieillards sans abri. Elle réunit bientôt autour d'elle d'autres jeunes filles, entraînées par son exemple. L'œuvre vivait de la charité publique et des subsides de la quête. C'est en 1842 que l'association prit forme et se fit connaître sous le nom de Petites Sœurs des pauvres. Dix ans plus tard, l'évêque de Rennes leur conféra l'institution canonique. Sous l'impulsion de Jeanne Jugan, femme de tête autant que femme de cœur, le mouvement se développa et compta bientôt plus de quatre-vingts adeptes. Elle créa le «repas des pauvres» qui devint la «soupe populaire». Mais le supérieur général de l'ordre, l'abbé Le Pailleur, s'appropria le mérite d'avoir fondé l'œuvre; Jeanne Jugan fut reléguée au noviciat de la Tour-Saint-Joseph, près de Rennes, où elle resta vingt-sept ans cloîtrée dans une vie d'humilité et de silence. La vérité ne fut rétablie qu'après sa mort. La congrégation connaît aujourd'hui un développement mondial. Elle compte 250 maisons dans 37 pays, soit 4 400 religieuses s'occupant de 32 000 vieillards.

JULIA DOMNA. Impératrice romaine (Émèse, v. 158 - Antioche, 217). D'origine syrienne, fille de Julius Bassianus, prêtre du soleil, elle était destinée, selon un oracle, à devenir impératrice. Vers 170, elle épousa Septime Sévère, général de Marc Aurèle. Belle et intelligente, elle eut sur lui une très grande influence. C'est elle qui le poussa à briguer l'empire en lui donnant le courage d'éliminer ses concurrents (193). Elle s'entoura de philosophes et d'écrivains tels que Philostrate, Diogène Laerce, Élien. Après la mort de Septime Sévère en 211, elle essaya d'apaiser les rivalités entre ses deux fils, Geta et Caracalla, mais le premier fut tué par son frère. Caracalla devenu empereur, elle l'aida à gouverner; quand il fut assassiné en 217, elle se laissa mourir de faim.

RÉF. : J. Babelon, *Impératices syriennes*, Paris, 1957.

JULIA MAESA. Princesse romaine d'origine syrienne (?-v. 226). Elle épousa un sénateur romain, Julius Avitus, dont elle eut deux filles, Julia Soaemias, la mère de l'empereur Élagabal, et Julia* Mamaea. À la mort de l'empereur Caracalla en 217, elle réussit à faire monter sur le trône son petit-fils Élagabal et, sous le règne de ce dernier, exerça un pouvoir important.

JULIA MAMAEA. Princesse romaine d'origine syrienne (? - près de Mayence, 235). Seconde fille de Julia* Maesa, elle épousa en secondes noces Gessius Marcianus, dont elle eut un fils, Sévère Alexandre, à qui elle donna une éducation soignée. À la mort de son neveu Élagabal en 222, elle exerça avec fermeté la régence au nom de son fils. Elle sut s'entourer de conseillers intelligents, comme le juriste Ulpien, mais son avarice la rendit impopulaire et elle fut massacrée avec son fils lors d'une sédition militaire.

JULIANA. Reine des Pays-Bas (née à La Haye, le 30 avril 1909). Elle était la fille unique de la reine Wilhelmine et de Henri, duc de Mecklembourg-Schwerin. Elle fut élevée dans la religion calviniste et suivit les cours de l'université de Leyde, où elle obtint un doctorat d'honneur en philosophie et en lettres. En 1934, elle devint présidente de la Croix-Rouge hollandaise. De son mariage en 1937 avec le prince Bernhard von Lippe-Biesterfeld, elle eut quatre filles, les princesses Béatrix, Irène, Margret et Christina. Pendant la Seconde Guerre mondiale, elle répliqua aux émissaires nazis venus lui proposer l'« union » avec l'Allemagne que sa mère était « bien trop âgée pour diriger un si grand pays ». Elle se montra stoïque durant la défaite et l'exil au Canada. Elle exerça la régence du royaume en 1947 et 1948 alors que sa mère était souffrante et accéda au trône l'année suivante. Le 30 avril 1980, après trente années d'un règne prospère, elle abdiqua en faveur de sa fille Béatrix. On la disait la femme la plus riche du monde. Excellente gestionnaire, elle ajouta au portefeuille familial des actions de la De Beers, de la General Electric et de KLM. Très aimée de son peuple, elle incarna le type même d'une reine moderne dans un pays démocratique.

JULIE. Romaine (82-54 av. J.-C.). Fille de Jules César et de Cornelia*, elle fut mariée par son père à Pompée en 59. Quoique cette union eût été décidée pour des motifs politiques, Julie n'en aima pas moins son époux. En 55, lors d'une réunion au Champ-de-Mars, Pompée fut agressé et perdit son manteau, qu'on apporta chez lui taché de sang. Julie crut son époux assassiné, accoucha avant terme et mourut l'année suivante des suites de cet accident. Son corps fut porté et honoré au Champ de Mars. Le gage de leur alliance ayant disparu, Pompée et César s'affrontèrent bientôt, déclenchant la guerre civile à Rome.

JULIE. Princesse romaine (39 av. J.-C. - Rhegium, aujourd'hui Reggio di Calabria, 14 apr. J.-C.). Elle était le seul enfant de l'empereur Auguste et de Scribonia. Elle épousa successivement son cousin Marcus Claudius Marcellus (25 av. J.-C.) puis, devenue veuve, Agrippa (22 av. J.-C.), dont elle eut trois fils, Caïus, Lucius et Posthumus, et enfin Tibère, (11 av. J.-C.). Ce mariage avait été organisé par Livie*, deuxième femme d'Auguste et mère de Tibère, qui pensait ainsi rapprocher son fils du trône. Julie menait une vie de débauche, ce qui poussa son mari à se séparer d'elle et à la reléguer dans l'île de Pandataria puis à Rhegium. D'après Suétone, Tibère l'aurait fait mourir de faim dès l'année de son accession au pouvoir.

JULIE. Princesse romaine (19 av. J.-C. - île de Trimerus, Apulie, 28 apr. J.-C.). Fille de Julie*, donc petite-fille de l'empereur Auguste, elle épousa Aemilius Paullus, dont elle eut un fils, Aemilius Lepidus, et une fille, Aemilia. Celle-ci fut la première femme de l'empereur Claude, le successeur de Caligula. Sa vie fut aussi dissolue que celle de sa mère. Elle eut une liaison adultère avec Silanus, ce qui lui valut d'être exilée par Auguste dans l'île de Trimerus en 9 apr. J.-C. Le fils de son amant, né pendant cet exil, fut exposé en public comme bâtard. On pense que Julie a inspiré Ovide et qu'elle apparaît sous les traits de Corinne dans *L'Art d'aimer*, ce qui aurait été en partie le prétexte de l'exil du poète à Tomes (actuelle Consţanta, Roumanie).

JULIE. Princesse romaine (île de Lesbos, 18 - 41). Troisième fille de Germanicus et d'Agrippine* l'Aînée, elle épousa en 33 le sénateur Marcus Vicinius. Elle inspira une passion incestueuse à son frère Caligula, devenu empereur en 33. Il la délaissa ensuite puis l'exila en 37 dans l'île de Ponce, l'accusant d'avoir participé à une conspiration contre lui. Rappelée en 41 par Claude, son oncle, devenu empereur après l'assassinat de Caligula, elle retrouva la grande faveur dont elle bénéficiait à la cour de Rome avant son exil. Sénèque fut l'un de ses amants. Mais Messaline*, jalouse de sa beauté et de son crédit, obtint de Claude son arrêt de mort et fit bannir Sénèque en Corse de 41 à 48. Julie est parfois appelée dans les textes Livilla ou Livia.

JULIENNE DE NORWICH. Visionnaire anglaise (Norwich, 1343 - *id.*, 1416 env.). On sait peu de choses sur sa vie. En 1373, le 8 ou le 13 mai, Julienne de Norwich, malade, pensait mourir. Elle fut soudainement guérie et eut seize visions dans la même journée. Elle passa ensuite vingt ans de sa vie à décrire son expérience mystique dans son ouvrage *Sixteen Revelations of Divine Love*, dont elle a rédigé deux versions, une longue et une courte.

À une date indéterminée, probablement après ses visions, elle se retira du monde. De son vivant, elle fut vénérée par certains comme anachorète, mais la notoriété lui vint après sa mort, par son œuvre, qui fut assez largement diffusée à partir du XVIe siècle. Ce traité, l'un des plus célèbres de la littérature catholique anglaise du Moyen Âge, est remarquable par la précision des descriptions et par l'intelligence avec laquelle Julienne les commente. Les seize visions sont soit «imaginatives» — elles concernent les épisodes de la passion du Christ contemplées par l'auteur —, soit «intellectuelles», sous la forme de révélations que Dieu lui a faites. Au XXe siècle, ce texte a connu plusieurs éditions anglaises en fonction des différents manuscrits — la plus récente étant celle de J. Walsh (1978) — et une traduction française de G. Meunier, *Révélations de l'amour de Dieu* (1910), rééditée en 1925.

JUNOT Laura. Voir ABRANTÈS Laure.

JURINAC Sena (Srebrenka Jurinac, dite). Soprano autrichienne d'origine yougoslave (née à Travnik, le 24 octobre 1921). Fille d'un médecin yougoslave et d'une mère viennoise, elle étudia au conservatoire de Zagreb et avec son oncle Milka Kostrenćić. À l'âge de vingt et un ans, elle fit ses débuts à l'Opéra de Zagreb dans le rôle de Mimi (*La Bohème*, Puccini). En 1945, elle fut engagée à l'Opéra de Vienne où elle chanta Chérubin (*Les Noces de Figaro*, Mozart), remportant un très grand succès. Aussitôt, elle fut invitée à se produire sur les plus grandes scènes lyriques : Salzbourg, Édimbourg, Glyndebourne, Buenos Aires, Milan, Londres. Partout, elle s'imposa comme une remarquable mozartienne. Elle étonne aussi dans le répertoire italien et reste une Madame Butterfly inoubliable (*Madame Butterfly*, Puccini). En 1953, elle épousa le baryton Sesto Bruscantini, dont elle divorça par la suite. Citons parmi ses grands rôles Octavian et la Maréchale (*Le Chevalier à la rose*, R. Strauss), la Comtesse (*Les Noces de Figaro*, Mozart), Léonore (*Fidelio*, Beethoven), Élisabeth (*Tannhäuser*, Wagner), Tosca (*Tosca*, Puccini), Desdémone (*Otello*, Rossini), Marie (*Wozzeck*, Berg). Lumineuse et chaleureuse, cette belle artiste mène parallèlement une carrière de concertiste.

JUSSIE Jeanne de. Religieuse française (?-1611). Elle était religieuse au couvent Sainte-Claire de Genève. Elle refusa la Réforme introduite par Calvin et Guillaume Farel et alla fonder à Annecy un couvent, dont elle devint la supérieure (1535). Elle a publié une *Relation de l'apostasie de Genève* (1611) qui est un récit intéressant des premiers temps du calvinisme.

JUSTINE (en latin, **Flavia Justina Augusta**). Impératrice romaine (Sicile, ? - Thessalonique, 388). Elle était la fille de Justus, gouverneur du Picenum (marche d'Ancône), exécuté sur l'ordre de l'empereur Constance II pour avoir prétendu que, selon des augures, un membre de sa descendance monterait un jour sur le trône. Justine épousa Magnence, qui se suicida en 352 après avoir été vaincu en Pannonie l'année précédente par l'empereur, dont il avait tenté d'usurper le pouvoir. En 364, Valentinien Ier accéda au trône. Justine, qui était belle, intelligente et ambitieuse, parvint à s'attirer les bonnes grâces de l'impératrice Severa puis, une fois admise dans son intimité, à séduire Valentinien. Celui-ci répudia sa femme et épousa Justine (368). Favorable à l'arianisme, la nouvelle souveraine eut l'intelligence de le cacher tout en menant une lutte sourde contre les évêques qui formaient l'entourage de son mari.

À la mort de celui-ci (375), elle obtint des légions de Pannonie qu'elles désignent comme empereur son fils Valentinien II, alors âgé de quatre ans, au mépris des droits de Gratien, son beau-fils. Gratien accepta le partage de l'empire d'Occident et laissa à son demi-frère l'Italie, l'Illyrie et l'Afrique. Justine établit la cour à Milan et assura la régence. Elle favorisa, ouvertement cette fois, les ariens et se heurta à l'opposition de l'évêque de la ville, le futur saint Ambroise. Elle fut chassée par l'usurpateur Maxime qui, après avoir tué Gratien, enleva l'Italie à Valentinien II. Elle se réfugia à Thessalonique en 387, tout en faisant appel à Théodose Ier, qui régnait sur la partie orientale de l'empire et auquel elle avait donné en mariage sa fille Gala. Théodose rétablit Valentinien II dans ses droits l'année même de la mort de l'impératrice. Celle-ci avait eu deux autres filles de Valentinien Ier, Justa et Grata.

JUYOL Suzanne. Soprano française (née à Paris, le 1er janvier 1920). Elle fit des débuts très remarqués à l'Opéra de Paris en 1942 dans le rôle de Margaret (*Le Roi d'Ys*, Lalo), chanta une des trois Dames (*La Flûte enchantée*, Mozart) et succéda à Germaine Lubin* dans le rôle de Pénélope (*Pénélope*, Fauré). Elle se lança alors dans les grands rôles wagnériens : Brünnhilde (*La Walkyrie* et *Siegfried*), Isolde (*Tristan et Isolde*). Elle se produisit à Monaco (*Carmen* de Bizet, *Tosca* de Puccini, *Werther* de Massenet, *Faust* de Gounod, *La Damnation de Faust* de Berlioz) et à Berlin. De retour à Paris, elle remporta de mémorables succès à l'Opéra-Comique en Carmen (*Carmen*, Bizet), Charlotte (*Werther*,

Massenet) et Santuzza (*Cavalleria rusticana*, Mascagni). À l'âge de quarante ans, en pleine gloire, elle décida d'abandonner la scène, laissant le souvenir d'une des grandes chanteuses dramatiques de son époque. Elle est l'épouse de Victor Serventi, chef de chant à l'Opéra de Paris.

K

KAHLO Frida. Peintre. Mexicaine (Mexico, 1907 - *id.*, 1954). Son père était un photographe d'origine juive allemande, sa mère une Mexicaine. Elle rencontra à quinze ans le peintre Diego Rivera, de vingt ans son aîné, et confia à ses amies son ambition de l'épouser. À dix-sept ans, elle fut victime d'un accident qui la laissa définitivement infirme. Elle apprit à peindre alitée. Belle et intelligente, elle épousa Rivera en 1929. À ses côtés, elle composa des toiles empreintes de candeur et de fantastique, rappelant l'art populaire et les ex-voto mexicains. Son confinement et l'impossibilité d'avoir des enfants donnent à son œuvre une qualité morbide. En 1938, le couple reçut la visite d'André Breton accompagné de Léon Trotski. Elle eut une liaison retentissante avec l'exilé russe.

Elle fit sa première exposition à la Jullian Levy Gallery de New York et obtint un triomphe à Paris en 1939. Elle comptait au nombre de ses admirateurs Picasso, Kandinsky et Duchamp. Breton la baptisa surréaliste, mais elle confia: « J'ai toujours peint *ma* réalité. » Kahlo et Rivera divorcèrent en 1939; elle vécut quelques mois avec le photographe Nickolas Muray avant de se remarier avec Rivera l'année suivante, à condition de ne plus avoir de relations avec lui. Vers 1950, son état empira; on dut l'amputer d'une jambe. Elle commanda une botte pourpre qu'elle garnit de clochettes. Un an avant sa mort, Mexico lui consacra une première grande rétrospective, où elle reçut les visiteurs alitée. Elle mourut d'une embolie pulmonaire en prononçant: « J'espère que la sortie sera heureuse et j'espère ne jamais revenir. » Le président de la République Lázaro Cárdenas dirigea la cérémonie posthume et Diego Rivera fit don de leur maison afin d'y créer un musée. Citons parmi ses œuvres l'*Autoportrait avec nattes* et l'*Autoportrait avec singes* (1941 et 1943, collection Gelman, Mexico).

KALERGIS Marie, née comtesse Nesselrode. Russe (Saint-Pétersbourg, 1827 - Varsovie, 1874). Russe par son père, polonaise par sa mère, elle était la nièce du comte Karl Robert Nesselrode, ministre des Affaires étrangères sous les tsars Alexandre Ier et Nicolas Ier. Abandonnée par sa mère, elle fut élevée par l'illustre chancelier. Ravissante, un teint de lys qui la rendit célèbre, riche d'un premier mari du nom de Bartholo, spirituelle, merveilleuse pianiste, elle avait tout pour conquérir Paris, où elle séjourna vers la fin de la monarchie de Juillet. Elle se lia avec Liszt et Chopin, dont elle fut en 1847 l'élève préférée. Elle tint salon; Théophile Gautier l'appelait «la Fée blanche» et Henri Heine «le Cygne». Alfred de Musset, qui la disait «déesse aux yeux d'azur et aux épaules d'albâtre», l'aima puis la bouda. Delacroix et Wagner furent aussi de ses admirateurs. À cette cour pressante, Marie Kalergis sut ne concéder que son amitié. Le poète polonais Cyprian Norwed, qui l'avait rencontrée en Italie, en fut inconsolable. Remariée au diplomate John Kalergis, elle s'en sépara bientôt pour épouser Serge Muchanov, intendant des théâtres de Varsovie. Surnommée «la reine des artistes», elle joua un rôle important en faveur de la musique en Pologne.

KALLAS Aino Julia Maria. Femme de lettres finlandaise (Viipuri, 2 août 1878 - Helsinki, 9 novembre 1956). Fille du professeur et poète Krohn-Suonio, elle épousa en 1900 un diplomate estonien, Oskar Kallas. Elle puisa son inspiration dans l'histoire et le folklore de sa patrie d'adoption. Dans les années 20 et 30, elle usa d'un style archaïque très personnel pour camper des personnages qui apparaissent comme des êtres d'exception liés à un éros tragique. Ses nombreux voyages et son séjour à Londres, où son mari fut ambassadeur d'Estonie de 1922 à 1934, furent également pour elle des sources d'inspiration. Amie du grand poète finlandais Eino Leino, elle exerça une forte influence sur son œuvre. La guerre qui bouleversa sa vie — elle y perdit son mari — est relatée dans son *Journal* (1952-1956), témoignage précieux sur la vie culturelle finlandaise et européenne d'avant la Seconde Guerre mondiale. Elle a publié deux recueils de nouvelles, *Au-delà des mers* (1910) et *Le Pasteur de Reijii* (1926), et trois romans, *Barbara von Tisenhusen* (1926), *Le Prêtre de Reig* (1926) et *La Fiancée du loup* (1928).

KALSOUM, OUM. Voir OUM KALSOUM.

KAPLAN Nelly. Réalisatrice de films française d'origine argentine (née en Argentine en 1934). Elle fut l'assistante d'Abel Gance pour *Austerlitz* (1960). Ardente féministe, ses films dénoncent de manière caustique le despotisme de l'homme envers la femme. *La Fiancée du pirate* (1969) et *Néa* (1976) firent sensation. Elle est également la réalisatrice de *Papa les p'tits bateaux* (1972) et de *Charles et Lucie* (1972), d'un humour moins insolent et corrosif. Elle a écrit le *Sunlight d'Austerlitz* (1960), *Le Réservoir des sens* (1988) et, sous le pseudonyme de Bellen, plusieurs récits érotiques.

KARAVAÏEVA Anna Alexandrovna. Romancière soviétique (Perm, 1893 - *id.*, 1979). Les débuts de sa carrière d'écrivain coïncident presque exactement avec ceux de la révolution d'Octobre. Bien que d'origine bourgeoise, elle est considérée par la critique officielle comme une représentante typique du «secteur paysan de la littérature prolétarienne». Le thème principal de ses romans et récits est l'interaction de la ville et de la campagne (*L'Atelier du menuisier*, 1927). Davantage intéressée par la dimension sociale de la réalité que par son caractère humain, elle se laissa tenter par le roman historique, publiant *Bec d'or* (1925) où elle relate la colonisation forcée de la Sibérie au XVIIIe siècle par des déportés, qu'elle compare aux ouvriers du XXe siècle, prisonniers de leurs ateliers. Elle a aussi écrit *L'Annexe* (1923), *La Maison* (1926) et une trilogie, *Patrie* (1943-1950).

KARSAVINA Tamara. Danseuse anglaise d'origine russe (Saint-Pétersbourg, 10 mars 1885 - Beaconsfield, 26 mai 1978). Fille du danseur Platon Karsavin, elle fut d'abord formée par Yelisaveta Gerdt, Anna Johansson et Enrico Cecchetti, puis par Caterina Beretta à Milan. Elle fit ses débuts au Théâtre-Marie (futur Kirov) en 1902 dans *Javotte* (M. Petipa) et parut dans un grand nombre de ballets dont *Le Lac des cygnes* (M. Petipa), et *Giselle* (Gautier et Coralli). Attirée par la réforme de la danse, elle suivit Diaghilev aux Ballets russes lors de leur première saison à Paris en 1909. Virtuose surprenante, dont le charme faisait oublier la technique, elle a excellé dans les créations composées pour elle par Michel Fokine: *Les Sylphides* (1908), *Cléopâtre* (1909), *Carnaval* et *L'Oiseau de feu* (1910), *Le Spectre de la rose*, *Narcisse* et *Petrouchka* (1911), *Le Dieu bleu*, *Thamar*, *Daphnis et Chloé* (1912). Elle créa *Jeux* (Nijinski, 1913) et *Le Tricorne* (Massine, 1919). Avec le plus souvent Nijinski pour partenaire, elle enthousiasmait le public.

Accompagnée de son mari, le diplomate Henri Bruce, elle quitta la Russie au moment de la révolution d'Octobre pour s'installer à Londres, où elle fut invitée à la Carmage Society et au Ballet Rambert*. Belle, un corps admirablement proportionné, des cheveux aussi noirs que ses yeux et une grâce vaporeuse, elle s'adaptait à la perfection à tous les rôles. Sa prestation dans *L'Oiseau de feu* en 1931 reste son plus grand titre de gloire; c'est elle qui fit répéter le rôle à Margot Fonteyn* en 1954. Retirée de la scène à la fin des années 30, elle fut vice-présidente de la Royal Academy of Dancing jusqu'en 1955. Elle a publié son autobiographie, *Theatre Street* (1930); ses articles ont été recueillis dans *Ballet Technique* (1956) et dans *Classical Ballet: the Flow of Movement* (1962).

KARSCH Anne-Louise, née Dürbach (dite **la Karschin**). Poétesse allemande (près de Schwiebus, 1722 - Berlin, 1791). D'une famille modeste de paysans silésiens, elle épousa en secondes noces un tailleur. Ses vers sur les victoires de Frédéric II le Grand, où l'on vit la manifestation authentique du génie allemand, firent sensation. Johan Herder, Lessing et Klopstock la célébrèrent comme «la nouvelle Sapho*»; l'écrivain Lavater en fit le sujet d'un de ses portraits «physiognomoniques». Elle inspira un grand amour au poète Wilhelm Gleim, dont l'influence sur la jeune génération fut profonde. La célébrité de la Karschin fut telle qu'on lui érigea un monument de son vivant, et que le roi Frédéric-Guillaume II lui fit construire une maison à Berlin. Elle mourut cependant dans l'oubli. Klenke l'immortalisa en écrivant *La Karschin* (1853).

KARSKAYA Ida. Peintre. Française d'origine russe (Beddor, Ukraine, 1905 - Paris, 1989). Elle avait quitté son pays en 1923 pour s'installer en Belgique, puis à Paris, où elle poursuivit des études de médecine. Elle commença rapidement à peindre mais ne fit véritablement connaître ses travaux que vers la fin de la Seconde Guerre mondiale. Pratiquement autodidacte — bien qu'elle ait épousé le peintre Serge Karsky et bénéficié des encouragements et des conseils de Soutine et de Pascin — mais dotée d'une réelle personnalité, imaginative et attirée par un incontestable sens du baroque, elle introduisit dans ses œuvres des matériaux divers et parfois insolites, rejoignant en cela la démarche des Wolf, Dubuffet, Michaux ou Fautrier. Ses compositions, dans lesquelles le gris et les teintes sourdes ont dominé un certain temps, se sont sensiblement illuminées à la suite d'un voyage au Mexique, et sa palette s'est enrichie de rouges, de violets, de verts et de bleus qui ont donné une nouvelle tonalité à ses œuvres. Son originalité a rapidement rencontré le succès auprès de personnalités comme Jean Paulhan et Francis Ponge, qui ont cosigné, avec d'autres auteurs et critiques, le texte de présentation de sa première exposition personnelle à la galerie Breteau, en 1949. Elle a également exposé à la galerie Pétridès à partir de

1945, à la galerie Calligrammes en 1950, à la galerie La Roue en 1959 et en Italie dès 1960. Karskaya a été régulièrement présente aux Salons des réalités nouvelles et aux expositions Comparaisons. Elle a reçu à deux reprises le prix de la Ville de Paris pour ses tapisseries. Un hommage important lui fut rendu en 1980 au travers de l'exposition de la Fondation nationale des arts graphiques et plastiques. Ses œuvres sont exposées au musée national d'Art moderne de Paris et font partie de nombreuses collections privées tant en Europe qu'aux États-Unis. Cette artiste si attachante, qui savait donner à ses créations des titres comme *Gris quotidien*, *Lettres sans réponse* ou *La Nana inépuisable*, ne cessa de travailler que très peu de temps avant sa mort. La galerie Philip a présenté récemment à Paris des œuvres datant de sa toute dernière période.

KASCHNITZ-WEINBERG Marie-Luise von. Femme de lettres allemande (Karlsruhe, 31 janvier 1901 - Rome, 10 octobre 1974). Elle entama une carrière d'écrivain dans les années 30 après avoir été bibliographe à Rome, où elle rencontra et épousa l'archéologue viennois Guido von Kaschnitz-Weinberg. Elle publia à cette époque des essais et des romans à caractère autobiographique, comme *L'amour naît* (1933) et *Elissa* (1937). Après la guerre parut son premier recueil lyrique, *Poésies* (1947), réunissant des textes composés au fil des vingt années précédentes, suivi la même année de *Danse macabre et Poèmes de notre temps* et de *Musique du futur* (1950). Elle y dépeint d'un vers ample et pathétique les angoisses de la dictature et de la guerre. Avec le temps, son écriture se fit plus elliptique, plus personnelle. C'est à cette veine qu'appartiennent *Ville éternelle* (1952), *Nouveaux Poèmes* (1957), *Ton silence, ma voix* (1962). Membre de l'académie des beaux-arts de Bavière, elle a reçu de nombreuses distinctions, dont le prix George-Büchner en 1955 et le prix Immermann en 1957. À la mort de son mari en 1958, elle s'installa à Francfort où elle s'adonna à une prose poétique, mise au service du «réalisme intimiste».

KASTNER Elsa, née Boursault. Bienfaitrice suisse (1830-1888). Grande admiratrice d'Henri Dunant, elle mit sa fortune au service de sa cause et le sauva de la misère. Bouleversé par le sort des blessés de la bataille de Solférino (1859), le philanthrope avait provoqué, après de multiples démarches, la réunion de la première conférence de Genève (1863), d'où sortit la convention de Genève qui allait créer la Croix-Rouge. Acclamé à ses débuts, bientôt contesté puis calomnié par ses compatriotes, Henri Dunant avait sombré dans le désespoir. C'est Elsa Kastner qui réussit à le tirer de l'oubli et à faire reconnaître ses droits. Elle mourut avant que Henri Dunant ne reçoive le prix Nobel de la paix en 1901.

KAUFFMANN Angelica. Peintre. Suisse (Coire, Grisons, 30 octobre 1740 - Rome, 5 novembre 1807). Frappée par la précocité de sa fille — à dix ans, elle faisait le portrait de l'évêque de Côme, Mgr Negroni —, son père, Joseph Kauffmann, peintre d'église, l'emmena en Italie pour assurer sa formation. Ils firent un séjour à Milan en 1762, réalisant ensemble une fresque, *Les Douze Apôtres*, pour l'église Schwarzenberg, à Florence, puis à Rome (1763). Elle y rencontra le célèbre Winckelmann, dont elle fit le portrait (Kunsthaus, Zurich) et le peintre anglais Nathaniel Dance, qui tomba amoureux d'elle mais ne parvint jamais à l'épouser. Angelica Kauffmann dessinait à ravir, parlait l'allemand, l'italien, le français, l'anglais, et avait des dons pour la musique. En 1766, elle s'installa à Londres, appelée par lady Wentworth qu'elle avait rencontrée à Rome.

Sapho. Grecque (620 av. J.-C.-565 av. J.-C.).
Pour Platon, elle est la Dixième Muse. De son œuvre, il ne reste que sept cents vers, sommet de la poésie antique qui rendit célèbre le nom de Lesbos.

▲ Livie, impératrice romaine (55 av. J.-C.-29 apr. J.-C.). Octave, futur empereur Auguste, s'éprend d'elle, répudie sa femme Scribonia, force Livie à divorcer et l'épouse. Intelligente et intrigante, elle pousse l'empereur à adopter son fils Tibère, qu'elle avait eu de son premier mariage. Arrivé au pouvoir, Tibère écarte sa mère qui comptait jouer un rôle politique important.

▲ Cléopâtre VII. Reine d'Égypte (69 av. J.-C.-30 av. J.-C.). « Sa beauté en elle-même n'avait rien d'incomparable [...], mais sa conversation avait un charme irrésistible, et sa présence, combinée avec la force persuasive de son discours, et le caractère qu'elle imprimait à son attitude avaient je ne sais quoi de provocants. »

PLUTARQUE

◀ Théodora. Impératrice byzantine (v. 500-548). Courtisane dans sa jeunesse, elle se fait épouser par le faible Justinien. Elle monte avec lui sur le trône et, par son énergie, sauve la dynastie d'une sédition. Elle gouverne à la place de son mari, et sa mort marque le déclin de la civilisation byzantine.

◀ Anne de Bretagne. Reine de France (1477-1514).
Héritière de la Bretagne à neuf ans, elle épouse Charles VIII en 1491 et, après sa mort, Louis XII, en 1499, sauvegardant ainsi son duché.

▲ Marie de France (seconde moitié du XIIe siècle).
L'une des premières poétesses françaises, elle a écrit des *Lais*, chefs-d'œuvre de fantaisie et de merveilleux.

▼ Murasaki Shikibu. Japonaise (v. 978-1014).
Considérée comme l'un des plus grands esprits de son temps, à l'instar de Sei Shōnagon et Izumi Shikibu, elle est l'auteur du *Dit du Gengi*, monument de la littérature japonaise.

Agnès Sorel. Française (v. 1422-1450). Elle est la première favorite officielle d'un roi de France. Charles VII lui donne la seigneurie de Beauté-sur-Marne, d'où son surnom de « Dame de Beauté », qu'elle méritait amplement par ses seuls charmes.

Sainte Thérèse d'Ávila. Espagnole (1515-1582). ▶
Bravant le roi, le pape et l'Inquisition, sa soif d'absolu dérange. Elle restaure le Carmel dans sa pureté primitive et fonde plusieurs couvents. Elle bénéficie de visions et d'extases, et laisse des ouvrages qui la rangent parmi les plus grandes mystiques de l'Église. Elle a été canonisée en 1622.

▼ Béatrice Cenci. Italienne (1577-1599).
Violée par son père, qui oblige sa seconde femme à assister à ses ébats incestueux, elle le tue avec l'aide de sa belle-mère et de son frère. Démasqués, tous trois sont exécutés. Guido Reni fit de Béatrice ce portrait à la veille de son exécution. Stendhal l'a immortalisée dans l'une de ses *Chroniques italiennes*.

▲ Marie Ire Stuart. Reine d'Écosse et reine de France (1542-1587).
Sa vie scandaleuse provoque l'indignation des Écossais qui se révoltent contre elle. Enfermée, elle s'évade de sa prison, se réfugie auprès d'Élisabeth d'Angleterre, qui finit par la faire exécuter.

Élisabeth Ire. Reine d'Angleterre ▲ (1533-1603).
« Je suis la femme la plus anglaise du royaume. » Elle saura allier la sensibilité d'une femme à l'énergie d'un homme pour développer la puissance de son pays. Son règne glorieux coïncide avec l'épanouissement d'une civilisation.

Christine. Reine de Suède (1626-1689). ▶
Elle s'intéresse à tous les arts, crée des orphelinats et des écoles, tout en développant les universités. Est-ce pour garder son indépendance qu'elle abdique ? « Je naquis libre, j'ai vécu libre, et je mourrai détachée », disait-elle.

◀ Louise de La Vallière. Française (1644-1710).
Blonde aux yeux bleus, douce et modeste, elle aime Louis XIV avec un total désintéressement. Supplantée dans le cœur du roi par Mme de Montespan, elle entre au Carmel où elle vit près de trente ans, jusqu'à sa mort.

Nell Gwynne. Anglaise (1650-1687). ▶
Parmi les maîtresses de Charles II d'Angleterre, il y a Nell, l'impertinente comédienne de Drury Lane, qui a débuté en vendant des oranges. Elle danse les gigues comme personne, et le public l'adore. Simple et charitable, elle est à l'opposé de Louise de Kéroualle, qui la supplante dans le cœur du roi. Elle meurt délaissée, deux ans après Charles II.

Mme Du Châtelet. Française (1706-1749).
« Une femme qui a traduit et éclairci Newton, et qui avait fait une traduction de Virgile, sans laisser soupçonner dans la conversation qu'elle avait fait ces prodiges, une femme qui n'a jamais dit du mal de personne et qui n'a jamais proféré un mensonge, une amie attentive et courageuse dans l'amitié, en un mot un très grand homme que les femmes ordinaires ne connaissaient que par ses diamants et le cavagnole, voilà ce que vous ne m'empêcherez pas de pleurer toute ma vie. »

VOLTAIRE

▲ Mme de Pompadour. Française (1721-1764).
Elle a conquis Louis XV par son charme ; intendante des plaisirs d'un roi qui s'ennuie, elle crée un style et devient un véritable mécène.

▲ Lady Hamilton. Anglaise (1765-1815).
Elle a le plus délicieux des visages et mène une vie aventureuse. Sa liaison avec Nelson est restée célèbre.

▼ Mme Vigée-Lebrun. Française (1755-1842). Belle et talentueuse, elle est une des portraitistes les plus prisées de son temps.

La Malibran. Espagnole (1808-1836). ►

Beauté, génie, amour furent son nom de femme
Inscrit dans son regard, dans son cœur, dans sa voix
Sous trois formes au ciel appartenait cette âme
Pleurez terre et vous cieux, accueillez-la trois fois.

Ces quatre vers de Lamartine sont gravés sur le tombeau de la grande cantatrice, à Laeken.

▲ Liane de Pougy. Française (1869-1953).
Grande et mince à l'époque des beautés opulentes, elle est une des reines de la Belle Époque. Elle collectionne les amants, du prince de Galles à D'Annunzio, et a une liaison retentissante avec Natalie Barney. Romanesque, elle parcourt l'Orient, puis, après une vie mouvementée, elle se retire dans un couvent en Suisse.

La duchesse d'Albe. Espagnole (1752-1802). ►
Libre, belle, insouciante, elle bafoue le monde du haut de sa fortune. Goya s'en amuse et en souffre. Il fait d'elle les portraits les plus émouvants.

Sarah Bernhardt. Française (1844-1923).
Des yeux immenses, un nez superbe, une chevelure opulente, elle est à son époque un véritable « monstre sacré », menant une carrière d'actrice éblouissante, qu'elle exerce dans le monde entier. Elle ne connaît aucune rivale et demeure légendaire.

Martha Graham. Américaine (1894-1991). ►
Elle est la grande prêtresse de la danse moderne et aussi une des plus grandes danseuses de son époque.

▼ Suzanne Lenglen. Française (1899-1938).
Championne des championnes, elle crée le costume moderne du tennis féminin.

▲ Amelia Earhart. Américaine (1897-1937).
Elle est la première aviatrice à avoir réussi la traversée de l'Atlantique en solitaire, en mai 1932. Sa disparition en mer bouleverse le monde.

Anna Pavlova. Russe (1881-1931). ►
Elle ne tolère que la première place et incarne tous les grands rôles du répertoire classique. Entrée vivante dans la légende, elle rachète l'Opéra de Boston pour ses propres spectacles.

▲ Lotte Lehman. Américaine (1888-1976).
Une des plus grandes wagnériennes du siècle, elle brille aussi dans les rôles de Richard Strauss pour qui elle crée *La Femme sans ombre.*

Ida Lupino. Américaine (née en 1918). ▶
Actrice, scénariste, réalisatrice, elle est un des personnages essentiels du cinéma, à l'égal de Lang ou Losey, Preminger ou Walsh.

▼ Coco Chanel. Française (1883-1971).
Jamais couturière ne fut tant copiée qu'elle. « La Grande Mademoiselle » revendiquait cet honneur, car, disait-elle, « ma mode est destinée à toutes les femmes, et la mode qui ne descend pas dans la rue n'est pas une mode ».

▲ Françoise Sagan. Française (née en 1935).
À dix-neuf ans, elle publie *Bonjour tristesse* qui la propulse sur le devant de la scène littéraire et fait d'elle le symbole de la jeune fille libérée des années 50.

▲ Margaret Mitchell. Américaine (1900-1949).
Dix ans pour écrire *Autant en emporte le vent* ! Elle reçoit le prix Pulitzer en 1937, et son livre est traduit dans toutes les langues.

Barbara McClintock. Américaine (née en 1902). ▶
Prix Nobel de physiologie et de médecine en 1983, elle est la troisième femme à le recevoir après Gerty Cori et Rosalyn Yalow.

Greta Garbo. Américaine (1905-1990). La star la plus illustre de l'histoire du cinéma, l'inaccessible, surnommée « la Divine ». Sa beauté intemporelle reste encore dans la mémoire de tous ses admirateurs.

Tina Turner. Américaine (née en 1938).
Une « bête de scène ». Elle a deux carrières. La première commence en 1960. Avec son mari, elle forme un groupe célèbre, mais Ike Turner l'exploite et la bat. Le couple se sépare. Après des années difficiles, Tina connaît un succès personnel. Elle a quatre enfants, elle est généreuse, toujours superbe et reste un sex-symbol qui n'a pas fini de surprendre.

Elle devint la portraitiste attitrée de la haute société et fut admise à la Royal Academy dès sa fondation (1768). Seule femme à en faire partie jusqu'au XXe siècle, on lui commanda les quatre grands plafonds ovales de son siège (Burlington House). Elle fut également la décoratrice de Robert Adam, architecte alors à la mode. Elle se lia avec le peintre Reynolds qui fit son portrait à trois reprises. Tous deux, d'ailleurs, s'influencèrent mutuellement. En 1767, elle épousa secrètement un aventurier qui s'était fait passer pour un comte suédois nommé de Horn, et dont elle ne put se séparer que contre argent. En 1781, l'année de son départ pour Venise et Rome, elle se remaria au peintre italien Antonio Zucchi. À Rome, sa vogue fut considérable et son atelier très fréquenté. C'est à cette époque qu'elle représenta les grands souverains de son temps: *Paul Ier*, *Joseph II*, *Louis de Bavière*, *Christian VII de Danemark*. Quoiqu'elle ait aussi abordé la peinture d'histoire et les scènes mythologiques, elle a surtout excellé dans le portrait avec un style parfois un peu mièvre. Son œuvre est représentée dans la plupart des musées européens.

KAYE Nora, née Koreff. Danseuse américaine d'origine russe (née à New York, le 17 janvier 1920). Après avoir travaillé avec Mikhail Fokine, Anatole Vilzak et Ludmila Schollar* à l'école de ballet du Metropolitan Opera de New York et dans la toute nouvelle école de l'American Ballet fondée par George Balanchine en 1934, elle demeura avec la troupe jusqu'à sa dissolution en 1938. Elle fut engagée l'année suivante au Ballet Theatre de Lucia Chase* et accompagna ses débuts à New York en janvier 1940. Étonnante avec son visage aux pommettes saillantes, sa création audacieuse du personnage d'Hagar (*Pillar of Fire*, Tudor), en 1942, la classa comme l'une des meilleures danseuses de son époque et lui valut le titre d'étoile. Elle triompha de nouveau en interprétant le rôle de Lizzie Borden (*Fall River Legend*, De Mille*), en 1948. Également douée dans le répertoire classique, elle est surnommée «la Duse* de la danse» pour son talent dramatique. De 1951 à 1954, elle dansa au New York City Ballet, créant *La Cage* (Robbins, 1951) et *La Gloire* (Tudor, 1952). Elle revint au Ballet Theatre de 1954 à 1959, où elle créa *Winther's Eve* et *Journey* (MacMillan, 1957). Mariée au danseur et chorégraphe Herbert Ross, elle monta pour lui *Paean* (1957). Ils fondèrent ensemble en 1960 l'éphémère Ballet des Deux-Mondes, où elle interpréta les compositions de son mari: *Angel Head*, *Rashomon Suite* et *The Dybbuk*. Retirée de la scène en 1961, elle a assisté Herbert Ross dans la direction de films et de comédies et a été nommée codirectrice artistique du Ballet Theatre en 1964.

KEATON Diane (Diane Hall, dite). Actrice américaine (née à Los Angeles, le 5 janvier 1946). Tout en suivant des cours de théâtre à l'université, elle débuta dans des comédies musicales. En 1972, Francis Coppola lui donna un des principaux rôles du *Parrain*. Elle rencontra ensuite Woody Allen, qu'elle épousa et dont elle fut l'interprète préférée jusqu'à leur séparation. Elle tourna sept films avec lui dont *Annie Hall* (1977) qui lui permit d'obtenir un oscar. Elle s'est aussi produite avec d'autres metteurs en scène.

KELLER Helen Adams. Américaine (Tuscumbia, Alabama, 1880 - *id.*, 1968). Sa vie et la volonté dont elle fit preuve en font une figure exemplaire et l'une des idoles de l'Amérique. Une attaque de scarlatine la laissa sourde, muette et aveugle à l'âge d'un an et demi. Ses parents la confièrent à sept ans à Anne Mansfield Sullivan, du Perkins Institute de Boston. Avec une infinie patience, celle-ci lui apprit les gestes du langage des sourds-muets et le système d'écriture inventé par Louis Braille une cinquantaine d'années auparavant. Elle se servait d'une machine à écrire, éduquant Helen Keller par le toucher. À dix ans, la fillette réussit à prononcer les lettres de l'alphabet. Ses progrès furent alors fulgurants. Alexander Graham Bell, plus connu comme inventeur du téléphone, vint lui donner des leçons. Son cas devint célèbre au États-Unis et dans le monde entier. Ce dur apprentissage lui permit de maîtriser sans difficulté le français, l'allemand, le latin et le grec. En 1907, elle sortait diplômée *magna cum lauda* de l'université de Radcliffe. Elle écrivit de nombreux ouvrages à l'intention des infirmes, *Histoire de ma vie* (1902), *Le monde où je vis* (1908), *Hors de la nuit* (1913), *Ma religion* (1927) et *Laissez-moi espérer* (1940). Elle fut membre du parti socialiste américain et militante pacifiste pendant la Première Guerre mondiale. Pour Marc Twain, son ami, elle était la plus grande femme depuis Jeanne* d'Arc, et Einstein se disait impressionné par son inlassable curiosité. À la fin de sa vie, elle avait coutume de dire: « Je suis aveugle, mais je vois; je suis sourde, mais j'entends. » L'histoire de sa vie a été portée à l'écran par Arthur Penn sous le titre *Miracle en Alabama* (1962).

RÉF. : Van Wyck Brooks, *Sketch for a Portrait*, New York, 1956.

KELLEY Abby (Abigaïl, dite). Antiesclavagiste américaine (1811-1887). Elle débuta comme institutrice, mais abandonna rapidement l'enseignement pour se consacrer à la lutte contre l'esclavage. Parcourant les États-Unis, elle donna inlassablement des conférences qui eurent un grand retentissement. En 1838, elle fut nommée au comité de la New England Anti-Slavery Society, qui regroupait des antiesclavagistes célèbres aux États-Unis, comme Lydia Francis, les sœurs Grimké*, Julia Ward, Mary Grew, Mary Chapman. Tous virent leurs efforts récompensés lorsque l'esclavage fut aboli après la guerre de Sécession, en 1865. Abby Kelley épousa en 1845 Stephen Foster qui partageait ses idées et qui s'illustra par la violence de ses prises de position. Elle mourut sans enfants.

KELLY Grace, princesse de Monaco. Actrice américaine (Philadelphie, 1928 - principauté de Monaco, 14 septembre 1982). D'un caractère indépendant, ambitieuse et volontaire, elle décida très jeune de devenir actrice et rencontra l'opposition de son père, un très riche entrepreneur de travaux publics de Philadelphie. Ses débuts sont assez obscurs, mais on la vit par la suite très élégante dans des films publicitaires pour la télévision ainsi que dans *Quatorze Heures* (Hathaway, 1951), où elle fait une courte apparition. En 1952, Fred Zinneman lui offrit la vedette dans son western, *Le train sifflera trois fois*, où elle tient le rôle d'une non-violente aux côtés de Gary Cooper. C'est dans ce film qu'Alfred Hitchcock la remarqua; il l'engagea alors pour *Le crime était presque parfait* (1954), *Fenêtre sur cour* (1954) et *La Main au collet* (1955), avec Cary Grant. Ces deux derniers films font partie des grandes réussites d'Hitchcock, et Grace Kelly devint son actrice fétiche.

Elle était élégante, distinguée, et le cinéaste sut mettre en valeur toutes les facettes de sa personnalité. Elle joua encore dans *Le Cygne* (Ch. Vidor, 1956) et dans *Haute Société* (Walters, 1956), puis renonça, non sans regret, à sa carrière d'actrice pour épouser le prince Rainier III de Monaco, qu'elle avait rencontré pendant le tournage de *La Main au collet*. Ils se marièrent en 1956, formèrent un couple très uni et eurent trois enfants, Albert, Caroline et Stéphanie. Devenue princesse, Grace Kelly qui, avant son mariage, avait mené la vie libre de la plupart des stars, prit ses nouvelles responsabilités avec beaucoup de sérieux. Elle était très aimée des Monégasques;

aussi sa mort, survenue à la suite d'un accident d'automobile, plongea-t-elle la principauté dans la consternation. Grace Kelly avait reçu un oscar en 1954 pour sa prestation dans *Une fille de la province* (Seaton).

KENDALL Kay (Justine McCarty, dite). Actrice anglaise (Hull, 1927 - Londres, 1959). Elle débuta au cinéma dans *London Follies* (Ruggles, 1946) et joua pendant quelques années dans des films honorables; elle dut attendre jusqu'en 1953 pour imposer son humour, son élégance sophistiquée, sa drôlerie irrésistible dans des comédies comme *Geneviève* (Cornelius, 1953), *Simon et Laura* (Box, 1955), *Abdullah's Harem* (1954). Aux États-Unis, elle tourna *Quentin Durward* (Thorpe, 1955), mais c'est avec George Cukor qu'elle obtint un véritable triomphe dans *Les Girls* (1957), où elle campe le personnage d'une danseuse de cabaret devenue une lady hautaine mais trop portée sur la boisson. Minnelli la fit jouer ensuite avec Rex Harrison, qu'elle avait épousé en 1957, dans *Qu'est-ce que maman comprend à l'amour?* (1958), qui fut pour elle un autre grand succès. Elle mourut prématurément d'une leucémie à la fin du tournage de *Chérie, recommençons* (Donen, 1959).

KENNEBEL Virginie. Écuyère française (La Guillotière, près de Lyon, 1819 - Paris, 1884). Elle était la fille de l'écuyère Sophie Avrillon qui dirigeait une troupe, dont la petite Virginie était déjà l'étoile, et qui remportait des succès dans les villes du midi de la France. En 1837, Virginie Kennebel, qui avait été remarquée par le directeur de spectacles Louis Dejean, fut engagée pour l'ouverture du Cirque des Champs-Élysées. Dès la première représentation, ce fut un triomphe. Dansant sur deux chevaux avec Lalane le pas de deux de *La Sylphide* (F. Taglioni), ballet que sa fille Maria Taglioni* avait créé à l'Odéon en 1832, il n'en fallut pas moins pour que le public la surnommât «la Taglioni équestre». Elle ajouta à son triomphe les «boléros Zapateados» de *La Muette de Portici* (Auber) et la «Cachuca», danse andalouse du *Diable boiteux* (Coralli) que la danseuse Fanny Elssler* avait popularisée l'année précédente et que l'écuyère dansait sur son cheval lancé au galop. Elle épousa un écuyer, Victor Franconi, en 1837, et poursuivit sa brillante carrière avec lui, multipliant les exhibitions: dans *Le Boléro de Cadix*, elle jouait des castagnettes debout sur son cheval. Elle fut accueillie triomphalement au Prater de Vienne et à Milan. En 1844, les époux Franconi furent les vedettes de la troupe Guerra. Elle se retira en 1845, en pleine gloire, pour élever ses enfants.

KENNEDY Jackie (Jacqueline, dite), née Bouvier. Américaine (née à Southampton, le 28 juillet 1929). Elle descend d'une famille française d'origine modeste, que la légende, entretenue par les Bouvier, présente comme riche et noble. Son père, que l'on surnommait Black Jack, en raison de son goût pour les femmes, le jeu et l'argent, était agent de change. Il vivait largement au-dessus de ses moyens et dut accepter que lui et sa famille soient entretenus par son beau-père, banquier parvenu. Il divorça quand sa fille eut onze ans. Jacqueline Bouvier fit de bonnes études à Vassar, avant de passer deux ans en Europe (1949-1951) dont six mois à Paris. À son retour aux États-Unis, elle entra comme reporter au *Times Herald* de Washington. Elle était chargée d'interviewer les personnalités politiques en vue. C'est au cours de ces activités qu'elle rencontra John Kennedy, alors sénateur démocrate en pleine ascension. Elle l'épousa en 1953 ; elle avait vingt-quatre ans, lui trente-six. Elle fit connaissance avec le « clan » Kennedy, dans lequel elle eut du mal à s'intégrer. Intelligente et raffinée, elle tranchait avec les membres de la famille. Elle n'aimait guère la politique, mais s'engagea avec énergie aux côtés de son mari lorsqu'il se présenta aux élections présidentielles, partageant avec lui les épreuves de la campagne. Elle devint « First Lady » le 8 novembre 1960. Elle avait alors deux enfants : Caroline, née en 1957, et John Jr. (John-John) né peu avant l'élection de son mari.

Jackie Kennedy a suscité les commentaires les plus discordants, du pire jusqu'au meilleur. Tous s'accordent pour dessiner une personnalité secrète, refusant de se livrer à qui que ce soit, particulièrement soucieuse de préserver à la fois la sécurité de sa famille et sa vie privée. Très populaire aux États-Unis à cause de sa modestie et de son élégance, elle détestait la presse qui fit pourtant beaucoup pour son succès. Dans les années 60, elle fut sans doute la femme la plus photographiée au monde. Elle heurta les milieux politiques de Washington : sa liberté d'allure, sa culture, son esprit plus européen qu'américain tranchait avec les manières compassées des milieux de la présidence. Sous son « règne », les réceptions à la Maison-Blanche étaient réputées pour leur faste et la qualité des invités. Jackie Kennedy devint aussi célèbre à l'étranger qu'aux États-Unis. En 1961, elle obtint un triomphe à Paris ; elle surprit et séduisit le général de Gaulle grâce à sa connaissance de la langue et de l'histoire de France. Son existence de « First Lady » s'acheva tragiquement à Dallas le 23 novembre 1963. Elle se trouvait dans la voiture présidentielle, aux côtés de son mari, lorsque celui-ci fut assassiné de plusieurs balles. Pendant les années suivantes, elle mena une vie relativement anonyme. En 1968, son remariage avec le milliardaire grec Aristote Onassis causa un énorme scandale, surtout aux États-Unis, et la mit à la une de tous les journaux. Veuve une seconde fois (1975), Jacky Kennedy est retournée vivre aux États-Unis où elle s'occupe d'édition.

RÉF. : D. Heymann, *Jackie*, Robert Laffont, 1989.

KENNEDY Margaret. Romancière anglaise (Londres, 1896 - Addersbury, Oxfordshire, 31 juillet 1967). Très intelligente, cette fille d'avoués commença à écrire des récits et des pièces de théâtre dès son enfance. Après des études à Cheltenham et à Oxford, elle publia son premier livre en 1922. Il s'agissait d'un manuel d'histoire qu'on lui avait commandé, *A Century of Revolution*, grâce auquel elle apprit le métier d'écrivain. Après un premier récit, *The Ladies of Lyondon* (1923), son second roman, *La Nymphe au cœur fidèle* (1924) obtint un très grand succès populaire et reçut de la critique un accueil favorable. Porté à la scène par Basil Dean et par l'auteur, il fut adapté en français par Jean Giraudoux sous le titre *Tessa, la nymphe au cœur fidèle* (1939). Mariée en 1925 au juge sir David Davies dont elle eut deux fils, Margaret Kennedy publia en 1934 une seconde pièce, *Ne m'échappe jamais*, puis *Solitude en commun* (1936). Elle est l'auteur de trois autres romans, *La Fête* (1950), *Lucy Carmichael* (1951) et *Le Cygne sauvage* (1957), ainsi que d'une étude critique sur Jane Austen* (1950). Son art est marqué par une très grande économie de moyens.

KENNY Élisabeth. Infirmière australienne (Springvale, 1886 - *id.*, 1952). C'est à vingt-huit ans que cette fille d'émigrés irlandais soigna son premier malade atteint de poliomyélite. Sans rien savoir de cette maladie, guidée par sa seule intuition, « sister Kenny » entreprit un traitement qui s'avéra révolutionnaire, à base de bains chauds, de massages et de mouvements rationnels. Critiquée par le corps médical, elle n'en continua pas moins d'œuvrer, à l'écart du monde. Soulageant et parfois arrachant à l'infirmité les enfants toujours plus nombreux qu'on lui confiait, elle présenta en 1937 ses travaux au Queen Mary's Hospital de Londres. La même année, elle réussit à imposer ses méthodes. Appelée aux États-Unis en 1940, elle y fit une tournée de conférences, accompagnées de démonstrations. Ses principes de rééducation furent bientôt universellement adoptés et lui valurent, en 1943, le diplôme de Doctor of Sciences de l'université de Rochester et celui de Doctor of Human Letters de l'université de New York.

KÉRALIO Louise Félicité Guynement de. Femme de lettres française (Paris, 25 août 1758 - Bruxelles, 1821). Elle était la fille de Louis Félix de Kéralio, nommé inspecteur des écoles royales militaires sous l'Ancien Régime et auteur d'une œuvre abondante et éclectique. Elle collabora au *Mercure national*, ou *Journal d'État et du citoyen*, feuille révolutionnaire que François Robert, qu'elle épousa en 1791, avait fondée en 1789. Elle partagea les idées de son mari, devenu secrétaire de Danton en 1792 puis député à la Convention l'année suivante, où il se signala par sa haine de la monarchie. Louise de Kéralio a publié des romans médiocres: *Adélaïde, ou Mémoires de la marquise de M.* (1776), *Aurélia et Caroline, ou l'Amour et l'Amitié* (5 vol., 1808); des ouvrages historiques et politiques où elle laisse libre cours à son exaltation révolutionnaire: *Histoire d'Élisabeth, reine d'Angleterre* (5 vol., 1786-1789), *Les Crimes des reines de France, depuis le commencement de la monarchie jusqu'à Marie-Antoinette**. À la Restauration, elle s'exila avec son mari à Bruxelles, où elle mourut sans postérité.

KÉROUALLE Louise de, duchesse de Portsmouth. Française (Brest, 1649 - Paris, 1734). Rien ne laissait augurer la brillante destinée de cette fille de hobereau breton. C'est le duc de Beaufort, un ami de son père, qui la présenta à Henriette-Anne* d'Angleterre, belle-sœur de Louis XIV. Madame s'attacha à la jolie provinciale et l'emmena dans sa suite à Douvres, lors des négociations qu'elle devait conduire avec son frère, Charles II d'Angleterre, pour le compte de la France. Le roi, qui avait déjà trois maîtresses, dont Frances Stuart*, s'éprit de Louise de Kéroualle et voulut l'installer à sa cour. Henriette-Anne refusa et mourut sur ces entrefaites (1670).

Peu après, sur les instances de la France qui comptait bien l'utiliser à des fins politiques, Louise de Kéroualle se rendit à Londres et céda aux avances de Charles II. La nouvelle favorite, somptueusement installée à Whitehall, fut faite duchesse de Portsmouth. Pendant quinze ans, elle poursuivit une mission qui tenait de l'ambassade et des services secrets. Louis XIV, auquel elle rendait compte de tout, l'appelait « ma cousine » et lui octroya la terre d'Aubigny. Elle eut un fils de Charles II, fait duc de Richmond et de Lennox. Louise de Kéroualle se rendit très impopulaire en Angleterre. À la mort du roi en 1685, la « putain catholique » jugea prudent de revenir en France; six bateaux chargés de ses biens suivaient sa caravelle. Elle mena quelque temps une vie luxueuse à la cour de France. À moitié ruinée, elle dut se retirer sur ses terres, nantie d'une pension pour ses loyaux services. Elle y vécut de longues années dans la nostalgie de sa puissance passée. Parmi ses portraits, il convient de retenir ceux de Cooper et de Peter Lily et celui qu'elle avait commandé à Mignard, venu tout spécialement à Londres pour l'occasion; on l'y voit brune et ronde, le teint pâle, un négrillon assis à ses genoux.

RÉF.: M. de Huertas, *Louise de Kéroualle, presque reine d'Angleterre*, Perrin, 1988.

KEER Deborah. Actrice américaine (née à Helensburg, Écosse, le 20 septembre 1921). D'une beauté froide et distinguée, elle débuta en Angleterre avant de devenir une star aux États-Unis où elle tourna avec les plus grands metteurs en scène. Que ce soit avec Korda, Minnelli, Cukor, Le Roy, Thorpe, Mankiewicz, elle est toujours restée fidèle à un type de femme élégante et intelligente, confrontée à des situations psychologiques complexes. Citons parmi ses films *Tant qu'il y aura des hommes* (Zinnemann, 1953), *Le Roi et moi* (Lang, 1956), *Thé et Sympathie* (Minnelli, 1956), *La Nuit de l'iguane* (Huston, 1963), *L'Arrangement* (Kazan, 1969).

KETHLY Anna. Femme politique hongroise (Budapest, 1889 - Bruxelles, 7 septembre 1977). Élue en 1922 au Parlement hongrois, elle lutta pendant quinze ans pour la paix, pour la réforme de l'instruction publique et pour une nouvelle politique sociale. Nommée en 1945 membre de comité directeur du parti social-démocrate, elle fut emprisonnée avec ses compagnons pour avoir refusé de fusionner avec le parti communiste. Une détention de quatre années ne mit pas fin à son espoir de faire renaître le socialisme en Hongrie; elle fut exilée par les autorités soviétiques lors du mouvement insurrectionnel d'octobre 1956. Anna Kethly vécut de 1957 à 1964 à Londres, où elle rédigea un *Journal*.

KETLINSKAÏA Vera Kazimirovna. Romancière soviétique (née à Sébastopol, le 11 mai 1906). Fille d'un officier naval, elle travailla en usine, fit partie d'un komsomol, milita au parti communiste, avant de se tourner vers la littérature. *Courage* (1938), l'un de ses romans les plus célèbres dans son pays, dépeint la construction d'une ville sur le fleuve Amour. Pendant la guerre, elle prit part à la défense de Leningrad (Saint-Pétersbourg), expérience qu'elle a décrite dans *Pendant le siège* (1946). Elle s'est intéressée ensuite aux difficiles conditions de vie des jeunes ouvriers de l'après-guerre (*Jours de notre vie*, 1952). Elle est titulaire de l'ordre du Drapeau rouge.

KHADIDJA (v. 563 - La Mecque, 619). Restée veuve après deux mariages, elle gérait seule son commerce de caravanes et prit à son service un cousin éloigné, de quinze ans plus jeune qu'elle, Mahomet. Travaillant d'abord comme conducteur de chameaux, il devint vite agent principal dans la direction de ses affaires. Séduite par son intelligence, la riche veuve lui offrit de l'épouser. Cette union permit au jeune homme de retrouver une considération que la ruine de sa famille lui avait fait perdre. Il put réfléchir et méditer à loisir. Vers 611, sur le mont Hira, l'envoyé d'Allah, l'ange Gabriel, lui révéla sa mission. Mahomet hésita, douta; Khadidja l'encouragea et fut d'un grand soutien moral au début de sa prédication. Elle fut la première à prononcer ces célèbres mots: «Il n'y a pas de dieux, mais Dieu, et Mahomet est son prophète.» Mahomet lui resta fidèle pendant leurs vingt-cinq années de vie commune et la mit plus tard au rang des quatre saintes de l'islam. Elle lui donna trois garçons et quatre filles; seules les filles survécurent. L'une d'elles, Fatima*, devint la femme d'Ali.

KIKI (Alice Prin, dite). Modèle. Française (Bourgogne, 1901 - Paris, 1953). Elle fut élevée en Bourgogne par sa grand-mère, avec cinq frères et sœurs, bâtards comme elle. À Châtillon-sur-Seine, avec son parrain, elle faisait la tournée des bistrots et poussait la chansonnette. Sa mère la fit venir à Paris pour travailler; elle fut bonne à tout faire, livreuse chez un typographe, puis y renonça. À seize ans, elle était sans profession ni domicile. C'est alors qu'elle commença à poser et à se familiariser avec les «Montparnos». Crâne et peinte comme un tableau, le cheveu noir, le nez pointu, elle connut sa première liaison heureuse avec le peintre Mendjisky. Au quartier général de la Rotonde, elle fréquentait Soutine, Foujita et Kisling. Elle rencontra Man Ray en 1921 et devint son modèle exclusif; il l'a figurée en odalisque, en femme-violoncelle, en femme fatale... Les dernières photographies datent de 1937; puis Man Ray partit pour New York. Kiki se lia ensuite avec les poètes Soupault, Tzara, Desnos, Rigaut.

Elle avait pour amant Henri Broca, qui sombra lentement dans la folie, et pour amie Thérèse Treize. Elle fut chanteuse au Jockey — premier cabaret de Montparnasse — dont elle hantait les nuits, puis à la Jungle. Elle tint la vedette du concert Mayol en 1930, costumée en moussaillon. À l'hôtel où elle habitait, elle devait soigner son amant. De nuit en nuit, elle s'était mise à boire et à se droguer. C'est dans son propre cabaret que débuta en 1937 un jeune inconnu nommé Charles Trenet. Avec la guerre, les amis se dispersèrent; Desnos mourut au camp de concentration de Terezín. Kiki, malade, vécut d'expédients... et d'élixir parégorique. Toujours indécente et drôle, elle griffonna sur un papier: « La vieille est à bout mais non tabou ! » Elle mourut seule à l'hôpital Laennec. Elle a laissé des *Souvenirs* (1929).

RÉF.: L. Moolgaard, *Kiki, reine de Montparnasse*, Robert Laffont, 1988. B. Klüver, *Kiki et Montparnasse, 1900-1930*, Flammarion, 1989.

KING Billy Jean. Championne de tennis américaine (née à Long Beach, Californie, en 1943). Une concentration de tous les instants, un répertoire technique sans défaut, une excellente condition physique lui permettaient de disputer ses matches sans défaillance. Elle accéda au plus haut rang dans la hiérarchie du tennis féminin mondial en remportant six fois le tournoi de Wimbledon (1966, 1967, 1968, 1972, 1973, 1975); trois fois celui de Forest Hill aux États-Unis (1967, 1971, 1972); une fois celui de Roland-Garros (1972), une fois la coupe d'Australie (1968). Outre ce palmarès, elle a remporté dix-sept titres en double dames et en double mixte, record inférieur seulement de deux titres à celui établi par Élizabeth Ryan*. Elle a épousé Mr. Moffit.

KINGSLEY Marie. Voyageuse anglaise (1863-1900). Elle perdit ses parents en 1893 et, de désespoir, partit pour l'Afrique avec l'intention d'y mourir. Fascinée par ce qu'elle y découvrit, elle visita le Congo et en rapporta un journal de voyage, *Une odyssée africaine* (1885), ouvrage traduit en français en 1992. Son livre eut un énorme succès et suscita l'admiration de John Stanley et de Rudyard Kipling. Elle repartit pour l'Afrique du Sud au moment de la guerre des Boers qu'elle soigna jusqu'à l'extrême limite de ses forces. Elle y mourut en 1900.

KINGSTON Élisabeth, née Chudleigh, comtesse de Bristol et duchesse de. Aventurière anglaise (Londres, 1720 - Fontainebleau, 1788). Extrêmement jolie, elle était protégée par le comte de Bath et courtisée par le duc de Hamilton. Demoiselle d'honneur de la princesse de Galles, elle épousa en secret John Hearvey, qu'elle quitta au lendemain de ses noces pour s'enfuir en Allemagne avec un major. Bien que son mari ne fût pas mort, elle épousa le duc de Kingston, qui lui laissa une fortune considérable. Les héritiers du duc lui intentèrent un procès; elle fut déclarée bigame mais ne perdit de l'héritage que son titre de duchesse. Elle voyagea ensuite à travers l'Europe, fut reçue dans toutes les cours et se rendit célèbre pour ses aventures avec George II d'Angleterre et avec Frédéric II de Prusse. Elle termina ses jours en France.

KIRCH Marie-Marguerite, née Winkelmann. Astronome allemande (Panitz,

Haute-Saxe, 1660 ou 1670 - Berlin, 1720). Elle s'initia de bonne heure à l'étude des mathématiques et de l'astronomie. Elle épousa Gottfried Kirch, un astronome de cinquante-trois ans, sans fortune, dont elle était l'élève, et fut dès lors sa collaboratrice. Devenue veuve, elle poursuivit les recherches de son époux, découvrit une comète en 1702 et publia des almanachs. Elle habita quelque temps la maison du baron Krosick, qui possédait un observatoire à Berlin, et passa les dernières années de sa vie auprès de son fils Christfried. Elle est notamment l'auteur de deux opuscules, *Sur la conjonction du Soleil, de Saturne et de Vénus* (1709) et *Sur la position de Jupiter et de Saturne* (1712).

KIRSOVA Hélène, née Ellen Wittrup. Chorégraphe danoise (Londres, v. 1911 - *id.*, 22 février 1962). Formée par Lubov Egorova*, elle entra aux Ballets russes de Monte-Carlo du colonel de Bazil dès leur formation en 1932. Après une tournée en Australie, elle décida de se fixer à Sydney, où elle fonda en 1940 le Ballet national australien. Elle composa de nombreuses chorégraphies, dont *La Révolution des parapluies, Faust et variations symphoniques*. Elle abandonna la scène en 1947 et publia *Ballet in Moscow Today* (1956).

KITT Eartha. Chanteuse et danseuse américaine (née en Caroline du Sud, le 26 janvier 1928). Sa mère était eurasienne et son père noir. Orpheline, elle partit pour New York et dut travailler en usine pour vivre, tout en chantant dans des cabarets. Katherine Dunham* l'engagea dans sa troupe qui partait pour la France, où elle resta quatre ans. Sa beauté saisissante, son étrange visage de chat, ses yeux en amande faisaient dire à Orson Welles qu'elle était «la femme la plus *exciting* du monde». De retour aux États-Unis, elle fut accueillie comme une vedette. Ses toilettes sophistiquées — elle ne craignait pas de paraître vêtue d'une longue robe en poil de chimpanzé —, son exubérance ainsi que sa voix avaient rapidement conquis le public américain. Elle chanta, tourna des films, parcourut le monde, se maria avec un Blanc dont elle eut une fille, divorça, s'occupa de politique et s'éleva violemment contre la guerre du Viêt-nam. Véritable passionaria, souvent à la une des journaux, elle irritait une partie de ses compatriotes, en particulier le président Johnson qui confessa: «Je ne veux plus voir cette femme nulle part.» Elle se vit interdire les grandes scènes américaines. Elle continua à chanter en Europe avant de se retirer à Harlem, où elle donna des cours de danse. Dans le film *All by Myself* de Christian Blackwood, dans lequel elle joue son propre rôle, elle apparaît volcanique, à l'image de sa vie.

KLARSFELD Beate, née Kunzel. Allemande (née à Berlin en 1939). Élevée dans une famille protestante berlinoise, elle décida, après l'effondrement de l'Allemagne, de venir à Paris pour apprendre le français. Elle y fit la connaissance de Serge Klarsfeld, fils d'un Juif déporté dans un camp d'extermination en 1943. Beate Kunzel ignorait les circonstances de l'holocauste dont Serge Klarsfeld lui révéla toute l'ampleur et l'horreur. Bouleversée, la jeune Allemande décida de «restaurer l'honneur de son pays».

Après leur mariage, le couple entreprit de débusquer les criminels de guerre, non par vengeance mais par justice, n'admettant pas que les responsables de la mort de millions de Juifs puissent mener une vie tranquille dans les pays qui les avaient accueillis. Inlassablement, le couple Klarsfeld parcourut le monde, démasquant Lischka, ancien chef de la Gestapo à Paris et tentant de l'enlever, retrouvant en Amérique du Sud Klaus Barbie, le chef de la Gestapo de Lyon, l'ancien SS Heilbronn, responsable du camp de Drancy. En Argentine, ils se lancèrent sur les traces de Mengele, le «médecin» du camp d'Auschwitz, et retrouvèrent Adolf Eichmann qui fut enlevé par un commando israélien en 1960, puis jugé et exécuté à Jérusalem. Ils réclamèrent en outre l'extradition de l'ancien SS Joseph Schwammberger qui avait dirigé le camp de concentration de Przemyśl en Pologne. Après des années d'enquêtes, les Klarsfeld ont réalisé un ouvrage monumental, *Le Mémorial de la déportation des Juifs de France* (1978), annuaire comprenant la liste de 75 721 noms avec des précisions sur la date de leur arrestation, le lieu de leur déportation et les circonstances de leur mort.

KLEIN Mélanie. Psychanalyste anglaise d'origine autrichienne (Vienne, 1882 - Londres, 1960). Fille de médecin, elle s'intéressa à la médecine, mais s'orienta vers la psychanalyse, recevant une double formation de Sandor Ferenczi à Budapest et de Karl Abraham à Berlin. Après la mort de ce dernier, elle se rendit à Londres, sur l'invitation d'Ernest Jones. Elle y resta jusqu'à sa mort. Spécialisée dans la psychanalyse des enfants, elle élabora une conception originale du psychisme infantile qui l'opposa à Anna Freud*, la fille du maître. Pour se donner les moyens de son investigation, elle eut recours à la technique du jeu, déjà utilisée par H. Hug-Hellmuth. À l'aide des jouets et des instruments mis à la disposition de ses jeunes patients (trains, autos, figurines, crayons, ciseaux, ficelle), elle découvrait, dans le déroulement des séquences du jeu et dans le traitement des objets, un équivalent du discours associatif du patient adulte, discours qu'elle pouvait ainsi interpréter. Membre de la Société britannique de psychanalyse, ses idées et sa technique ont fait l'objet de débats passionnés entre «kleiniens» et «anti-kleiniens». Elle a publié plusieurs ouvrages importants: *Psychanalyse des enfants* (1932), *Essais de psychanalyse* (1947), *Développement de la psychanalyse* (1952), et, en collaboration avec P. Heimann, *Envie et Gratitude* (1957), *Narrative of a Child Analysis* (1959).

RÉF.: H. Segal, *Mélanie Klein, le développement d'une pensée*, PUF, 1985; *Introduction à l'œuvre de Mélanie Klein*, PUF, 1987.

KLETTENBERG Suzanne Catherine von. Allemande. (Francfort-sur-le-Main, 1723 - *id.*, 1774). Goethe entretint au sortir de l'adolescence des rapports étroits avec le piétisme des Frères Moraves: la doctrine de Zinzendorf se caractérisait par son esprit de tolérance et la recherche d'une foi vivante et personnelle. Ce monde lui avait été ouvert par Suzanne von Klettenberg, cousine et amie de sa mère. Elle avait quarante-six ans quand il la rencontra, et lui dix-neuf. Le souvenir de cette conscience paisible et la correspondance qu'ils échangèrent permirent à Goethe d'en faire l'héroïne des «Confessions d'une belle âme», livre VI des *Années d'apprentissage de Wilhelm Meister* (1796).

KLOPSTOCK Meta (Margarete Moller, dite). Allemande (1728-1758). Le célèbre poète allemand Friedrich Klopstock (1724-1803) la rencontra à Hambourg. Cultivée, écrivain elle-même, elle l'épousa en 1754. Elle est la « Cidli » des poèmes et des odes comme : *Le Métamorphosé* (1751), *À elle* (1752), *Présence de l'absent* (1753). Le poète a dépeint d'une manière déchirante la mort de sa femme dans le quinzième chant de la *Messiade*. Il fit paraître aussi quelques œuvres posthumes de celle qui fut une des Allemandes les plus douées du XVIIIe siècle dans l'art épistolaire.

KLUMPKE Anna-Élisabeth. Peintre. Américaine (San Francisco, 1856 - France, v. 1930). Au terme de ses voyages en Europe, elle se fixa en France où elle vécut le reste de son existence.

Élève de l'académie Julian, elle étudia auprès de Rosa Bonheur* et la suivit dans le choix des sujets animaliers. Médaillée aux Salons de 1886, 1889 et 1904, elle est aussi l'auteur de tableaux de genre, de paysages et de portraits. Ses œuvres sont conservées aux États-Unis (Pennsylvania Academy, Metropolitan Museum) et dans les collections privées. Après la mort de Nathalie Micas, la compagne de Rosa Bonheur, Anna Klumpke vécut avec cette dernière, dont elle publia la biographie, *Rosa Bonheur, sa vie et son œuvre* (1908).

KLUMPKE-ROBERTS Dorothea. Astronome américaine (San Francisco, 1861 - *id.*, 1942). Elle fit ses études en Allemagne, s'installa ensuite à Paris, où elle se spécialisa en mathématiques à la Sorbonne. Entrée à l'Observatoire, elle consacra sa thèse à l'*Étude des anneaux de Saturne* (1893), devenant ainsi la première femme en France à obtenir le grade de docteur ès sciences. Nommée directrice du Bureau des mesures de la carte, à Paris, elle s'attacha à la détermination des positions stellaires sur les clichés et à la conversion des coordonnées rectilignes mesurées en coordonnées célestes équatoriales.

Mariée en 1901 à Isaac Roberts, membre de la Royal Astronomical Society, qui le premier se spécialisa dans la photographie des nébuleuses, elle poursuivit les travaux de son époux après la mort de celui-ci, survenue trois ans plus tard. On lui doit ainsi la publication de l'*Isaac Roberts Atlas* et de son *Supplément* (1929), qui contiennent des cartes précieuses pour la connaissance du ciel et, notamment des régions nébulaires de Herschel. L'année de la parution de ces ouvrages, elle retourna vivre à San Francisco. Aux États-Unis comme en France, elle créa des prix pour la recherche astronomique; elle légua à l'Observatoire de Paris les clichés de son mari et des fonds destinés à l'exploitation de ces documents. Elle était la sœur de l'artiste peintre Anna Élisabeth Klumpke*.

KNEPP Mary. Actrice anglaise (?-1677). Formée par Killigrew, elle était l'ornement de sa compagnie au Royal Theatre. C'était une amie de Nell Gwynne* ainsi que de Samuel Pepys, qui parle d'elle dans son *Journal*. Il la décrit comme une joyeuse créature à la langue bien pendue, excellente dans la comédie et très bonne danseuse. Les auteurs de son temps se l'arrachaient pour lui faire réciter les prologues et les épilogues de leurs pièces.

KNIGHT Laura, née Johnson. Peintre. Anglaise (Long Ealon, Derbyshire, 4 août 1877 - Londres, 1970). Elle fit sa réputation en peignant des paysages et des marines, puis évolua vers des sujets inspirés de l'enfance, avant d'aborder, après la Première Guerre mondiale, le domaine du cirque. Ses toiles, d'une bonne facture, sont empreintes de sentimentalisme. Laura Knight fut médaillée à Londres et à Pittsburgh; elle reçut la médaille d'or de l'exposition «Panama Pacific» à San Francisco en 1915. Elle intégra la Royal Academy de Londres en 1936, troisième femme du XXe siècle à y être admise; elle dut cependant attendre 1967 pour assister au banquet annuel. Ses œuvres figurent dans les musées des États-Unis, en Angleterre et dans les collections privées.

KNIPPER-TCHEKHOVA Olga. Actrice russe (Glazov, 1870 - Moscou, 22 mars 1959). Fille d'ingénieur, elle fut membre fondateur du Théâtre d'art de Moscou (1889). Elle débuta avec le rôle d'Irvina (*Les Fruits de l'instruction*, Tolstoï) en 1898. Énergique et fort belle, elle ne tarda pas à s'imposer pour ses interprétations des pièces d'Anton Tchekhov, qui l'épousa en 1901. En 1898, sa prestation dans le rôle de Madame Arkadine fit triompher *La Mouette* (Tchekhov), qui n'avait remporté aucun succès lors de sa création (1896). Elle créa les personnages d'Elena (*Oncle Vania*, Tchekhov) en 1899, Masha (*Les Trois Sœurs*, Tchekhov) en 1901 et Ranevskaïa (*La Cerisaie*, Tchekhov) en 1904, rôle qu'elle joua pour la dernière fois en 1943, lors de la 300e représentation de la pièce. On la vit aussi dans le répertoire de Griboïedov, d'Ibsen et de Gorki, ainsi que dans de nombreuses comédies, au total près de trois cents rôles différents. Elle survécut un demi-siècle à Tchekhov, mort en 1904, et demeura la vedette incontestée du Théâtre d'art, et, à ce titre, l'un des modèles de l'école naturaliste.

KOCK Karin. Universitaire et économiste suédoise (Stockholm, 1891 - *id.*, 1976). Docteur en économie de l'université de Stockholm (1929), elle publia pendant plus de vingt ans une série d'ouvrages sur la politique économique et les problèmes monétaires. Son *Rapport sur la condition féminine* lui valut de fonder la Fédération des femmes au travail en 1944. Elle fut nommée en 1947 ministre conseiller du gouvernement pour les questions économiques ; elle fut à ce titre la première Suédoise à siéger au Conseil du roi. Membre de l'Institut des sciences sociales à l'Unesco, Karin Kock dirigea de 1950 à 1957 l'Institut national de statistique.

KÖNIGSMARK Marie Aurore, comtesse **de.** (Stade, 1670 - Quedlimbourg, 16 février 1728). Fille du comte Conrad de Königsmark et de Marie-Christine de Wrangel, elle reçut une éducation princière. Elle savait quatre langues, composait des vers et de la musique, et peignait à ravir. Son frère Philippe Christophe mourut assassiné par la comtesse de Platen, pour lui avoir préféré la princesse Sophie Dorothée*. Les banquiers de Hambourg refusèrent de restituer les sommes qu'il leur avait confiées. Marie-Aurore alla plaider sa cause devant l'Électeur de Dresde, Frédéric Auguste, âgé de vingt-quatre ans. L'ancien compagnon d'armes de Philippe Christophe s'éprit d'Aurore. Elle devint sa maîtresse et lui donna en 1696 un fils, Maurice, futur maréchal de Saxe et vainqueur de la bataille de Fontenoy (1745). En 1698, l'Électeur accéda sur ses conseils à la couronne de Pologne. Une guerre avec la Suède s'ensuivit ; la comtesse se fit ambassadrice auprès de Charles XII, qui se garda bien de recevoir la belle suppliante. Les deux amants se quittèrent en 1702, non sans conserver une liaison épistolaire. La comtesse retourna en Allemagne et se consacra à l'éducation de son fils. Femme de tête, elle savait aussi faire valoir « tous les agréments du monde ». En prévision de ses vieux jours, elle s'était fait donner le prieuré de Quedlimbourg, où elle mourut à l'âge de soixante-six ans, laissant cinquante-deux écus pour tout héritage. Elle a écrit de nombreuses poésies en français et en allemand, et un drame en trois actes, *Cecrops*. Elle était l'arrière-arrière-grand-mère de George Sand*.

KOGAN Claude, née Trouillet. Alpiniste française (Belgique, 1919 - Himalaya, 1959). Elle fit ses premières armes dans le massif des Ardennes. Réfugiée à Nice pendant la dernière guerre, elle y rencontra un groupe d'alpinistes, auxquels elle se joignit pour leurs escalades du Baou de Saint-Jeannet. Son adresse et son intrépidité firent la conquête de Jean Franco, le futur vainqueur de l'Anapurna, de Revel, de Gurekian et de George Kogan, qu'elle épousa en 1945. Elle entreprit et réussit avec lui les escalades les plus périlleuses du massif du Mont-Blanc : les Grandes Jorasses et l'arête sud du Crocodile. En tête de cordée, elle atteignit la Noire de Penterey par l'arête sud, performance remarquable. En 1951, elle partit pour le Pérou où elle réalisa, avec Nicole Leininger, la première ascension féminine du Quitaraju lors d'une expédition franco-belge.

Le décès de son mari la laissa désemparée, mais elle eut la volonté de persévérer. En 1952, elle retourna au Pérou et gravit avec Bernard Pierre le Salcantay (6 300 m). En 1954, elle se trouvait dans l'Himalaya où elle fit la première ascension par l'arête sud du Nun (7 135 m), avec le pasteur Pierre Vittoz. Puis ce fut la première escalade du Ganesh Himal (7 450 m) avec l'alpiniste suisse Raymond Lambert. Ils tentèrent en vain d'atteindre le sommet du Cho-Oyu (8 154 m) protégé par la tempête; elle établit cependant le record féminin d'altitude. Son ambition fut d'y revenir. Après les sommets du Groenland et du Caucase, Claude Kogan organisa en 1959 une expédition entièrement féminine: Jeanne Franco (française), Loulou Boulaz* (suisse), Claudine Van der Stratten (belge), Margaret Darvall (anglaise), Eileen Healey (anglaise), Dorothea Gravina (anglaise), Colette Le Bret (française), médecin de l'expédition, Micheline Rambaud (française), cinéaste, et les Népalaises Pem-Pem, Doma et Nina. Le 30 septembre, après de longues marches d'approche, le dernier camp fut installé sur le Cho-Oyu à 7 100 mètres d'altitude. Claude Kogan et Claudine Van der Stratten se lancèrent à l'assaut du sommet. On ne les revit jamais, une avalanche ayant enseveli leur campement.

KOKO TAYLOR. Voir TAYLOR Koko.

KOLB Annette. Femme de lettres allemande (Munich, 1870 - *id.*, 1967). Fille d'un architecte bavarois et d'une pianiste française, elle avait un goût marqué pour la culture française et une prédilection pour Villiers de l'Isle-Adam et Giraudoux. Pacifiste pendant la Première Guerre mondiale — elle publia *Treize Lettres d'une Franco-Allemande* (1916) —, elle pressentit dès 1931 le danger du nazisme et s'exila à Paris l'année suivante. Elle y publia l'histoire d'une famille, *Die Schankel* (1934). Au moment de la débâcle de 1940, elle se réfugia en Suisse avant d'émigrer à New York. Son amour de la musique lui a inspiré trois excellentes biographies: *Mozart* (1937) — dont la traduction française fut préfacée par Giraudoux (1938) —, *Schubert* (1941) et *Richard Wagner* (1947). Parmi ses autres œuvres, on peut citer: *Das Exemplar* (1913), *Zarastro* (1921), *Veder Napoli e partire* (1924), *Kleine Fanfare* (1930) et *Le Roi Louis II et Richard Wagner* (1947). Elle se signala également par des traductions. Rappelons enfin que Thomas Mann s'inspira d'elle pour camper Jeannette Scheurl, l'héroïne du *Docteur Faustus* (1947).

KOLLONTAÏ Alexandra Mikhaïlovna, née Dormontovitch. Diplomate soviétique (Saint-Pétersbourg, 31 mars 1872 - Moscou, 9 mars 1952). Issue d'une famille aristocratique, fille d'un général de l'armée impériale, ses idées libérales la conduisirent à adhérer au mouvement social-démocrate en 1889. Elle se rallia d'abord au parti menchevik en 1906, puis en 1917 à celui des bolcheviks menés par Lénine, qui s'empara du pouvoir après l'insurrection d'Octobre. Elle avait pris une part importante aux émeutes de juillet et avait été élue en août 1917 au Comité central du parti communiste. Elle conserva cependant une certaine indépendance, refusant de se plier à la discipline de fer imposée par Lénine, même lorsqu'elle fut nommée commissaire du peuple aux Affaires sociales. Avec courage et passion, elle soutint en 1920, contre la majorité du parti, le principe de l'indépendance des syndicats, proposés par l'opposition ouvrière dont elle faisait partie.

Au cours des années 20, elle entama une carrière diplomatique à l'étranger, où elle s'imposa par son intelligence, sa culture et sa finesse. Elle représenta son pays en Norvège (1923-1925 puis 1927-1930), au Mexique (1925-1927) et en Suède (1930-1945). Elle fut décorée de l'ordre du Drapeau rouge. Bien que mariée deux fois, Alexandra Kollontaï prônait l'amour libre, et sa fugue avec un marin, Dybenko, ne passa pas inaperçue. Elle a revendiqué une certaine révolution sexuelle et la libération de la femme, qu'elle estimait indissociables de la révolution politique, dans *La Nouvelle Morale et la classe ouvrière* (1919) et *Société et Maternité* (1921). Ces livres, aujourd'hui plus connus en Europe occidentale que dans son pays, lui valurent de nombreuses critiques au sein du parti communiste. Elle a publié un roman, *Les Amours des abeilles travailleuses* (1922), et une courte *Autobiographie* (1926). Elle eut un fils de son premier mariage.

KOLLWITZ Käthe, née Schmidt. Peintre, graveur et sculpteur. Allemande (Königsberg, 8 juillet 1867 - château de Moritzburg, près de Dresde, 22 avril 1945). Née dans une famille nombreuse aux idées avancées, elle fit ses études à l'École féminine de l'académie de Berlin puis à Munich. En 1891, elle épousa un médecin, Karl Kollwitz, dont elle eut deux fils. Ses premières œuvres, des peintures, furent consacrées à des sujets sociaux. Elle peignit dans un style expressionniste la profonde misère des déshérités rejetés par la société. Ses œuvres se rapprochent de celles du peintre suisse Ferdinand Holder par la rude précision de la forme et par la résonance de la couleur. Après la Première Guerre mondiale, elle se mit à sculpter, notamment sur le thème de la mère et l'enfant. Marquée par la perte de l'un de ses fils, tué à la guerre, elle travailla au *Monument aux morts* du cimetière d'Essen, près de Dixmude en Belgique, qu'elle acheva en 1932. Sa *Tour des mères* (1937) et sa *Pieta* (1938), hostiles à la guerre, lui valurent d'être persécutée par les autorités nazies; elle dut démissionner de l'académie de Berlin et cesser d'exposer. Le musée Boymans de Rotterdam a organisé en 1947 une rétrospective de son œuvre, où furent exposés ses tableaux les plus célèbres: *Prolétariat*, *Autoportrait devant la table*, *La Guerre des paysans*, *Lamentation à la mémoire d'Ernst Barlach*.

KOMISSARJEVSKAÏA Vera Fedorovna. Actrice et directrice de théâtre russe (Saint-Pétersbourg, 27 octobre 1864 - Tachkent, 10 avril 1910). Elle débuta au théâtre en 1893. Elle incarnait avec brio les jeunes premières. Elle entra en 1896 au théâtre Alexandrinski de Saint-Pétersbourg, où elle joua Nina lors de la création de *La Mouette* (Tchekhov), qui fut un échec. Inquiète, passionnée, intelligente, elle décida d'ouvrir son propre théâtre et présenta, dans la tourmente de 1905, des œuvres de Goethe, Ibsen, Gorki, Tchekhov. Excellente comédienne, elle joua un rôle important dans l'histoire de la mise en scène. Tournant le dos aux principes du naturalisme, elle invita Meyerhold à diriger la compagnie. Celui-ci introduisit au théâtre les principes de l'esthétique symboliste. Leur collaboration dura le temps de deux saisons (1906-1907). En désaccord avec lui, Vera Komissarjevskaïa partit pour New York, où elle se produisit en 1908, puis revint organiser une tournée en Russie. C'est au cours de cette tournée qu'elle contracta la variole dont elle mourut. La troupe, dirigée par son frère Théodore Komissarjevski, se dispersa. Le théâtre ne rouvrit qu'en 1959, et porte aujourd'hui son nom.

KOOLAERT-HOOFMANN Élisabeth. Femme de lettres hollandaise (Haarlem, 1664 - Cassel, 1736). Épouse d'un riche négociant, elle tint salon dans sa maison d'Amsterdam à partir de 1693. L'influence de la société qu'elle rassembla fut considérable sur les belles-lettres. Elle-même composait des vers en latin et en hollandais. Son œuvre parut en 1774 sous le titre *Naagelatene Gedichten*.

KORENE Vera (Vera Koretsky, dite). Actrice française d'origine russe (née à Paris, le 6 juillet 1901). Élève de Firmin Gémier au Conservatoire, elle joua à l'Odéon et dans les théâtres de Boulevard avant d'entrer à la Comédie-Française en 1932. Devenue sociétaire en 1936, elle excella dans la tragédie — elle incarna Phèdre (*Phèdre*, Racine), Hermione (*Andromaque*, Racine), Athalie (*Athalie*, Racine) — comme dans la comédie. Elle fut en effet Célimène (*Le Misanthrope*, Molière), Madame de Léry (*Un caprice*, Musset) et Clotilde (*La Parisienne*, Becque). Grande, mince, distinguée, fort jolie, elle tourna une douzaine de films entre 1933 et 1939, dont trois avec Pierre Billon la même année: *Deuxième Bureau, L'Argent* et *Au service du tsar* (1936). En 1956, elle prit la direction du théâtre de la Renaissance, qu'elle restaura et où elle produisit des pièces d'auteurs contemporains, celles de Jean-Paul Sartre notamment.

KOVALEVSKAÏA Sofia ou **Sonia Vassilievna**. Mathématicienne russe (Moscou, 1850 - Stockholm, 1891). D'après certains, elle descendait par un de ses oncles du roi de Hongrie, Mathias Corvin. Elle appartenait à une famille aristocratique et reçut une excellente éducation. Dès l'âge de quatorze ans, elle révéla ses dons de mathématicienne et, trois ans plus tard, elle suivit les cours d'Alexandre Strannolyubski à l'Académie navale de Saint-Pétersbourg. Après son mariage avec le paléontologiste Alexandre Kovalevski en 1868, elle vécut à Heidelberg où elle fut formée par Gustav Kirchhoff et Hermann Helmholtz puis à Berlin en 1871. Comme elle n'avait pas le droit de s'inscrire à l'université, elle bénéficia des cours privés de Karl Weierstrass. Ses travaux sur les équations différentielles lui permirent d'obtenir le titre de docteur *in absentia* de l'université de Göttingen. Après la mort de son mari en 1883, elle s'installa avec sa fille, née en 1878, à Stockholm, et travailla comme lectrice de mathématiques à l'université. Son mémoire, *Sur le problème de la rotation d'un corps solide autour d'un point fixe* (1888) fut couronné par l'Académie des sciences de Paris, puis par celle de Suède. Elle a développé l'œuvre du mathématicien Cauchy et laissé son nom au théorème dit de Cauchy-Kovalevski.

KRASNER Lee (Leonore, dite). Peintre. Américaine (New York, 1908 - *id.*, 1984). Juive d'origine russe, elle reçut une formation académique à l'école des beaux-arts de la Cooper Union. Ses premières œuvres furent influencées par les impressionnistes, avant la révélation de l'art de Picasso, de Mondrian et de Matisse. Dans les années 30, elle gagna sa vie comme serveuse et comme modèle. Elle suivit les cours de Hans Hoffmann de 1937 à 1940. Son art s'orienta peu à peu vers l'abstraction et l'expression libre; elle rencontra Jackson Pollock, qu'elle épousa en 1945. Elle participa aux principales manifestations des AAA (American Abstract Artists) en Italie, en Angleterre, en France et au Japon. Ses toiles sont extrêmement variées: fauves ou colorées, denses ou transparentes. «Seul le changement est constant», dit-elle. Sa première exposition à la Betty Parsons Gallery de New York date de 1965. Ses œuvres sont principalement représentées dans les collections du Philadelphia Museum of Art et du Whitney Museum de New York.

KRASSOVSKA Nathalie (Nathalie Leslie, dite). Danseuse américaine d'origine russe (née à Pétrograd, actuel Saint-Pétersbourg, le 1er juin 1918). Formée par Olga Préobrajenska* à Paris et par la School of American Ballet de New York, cette danseuse à la technique solide fut découverte par George Balanchine et débuta au Ballet Nijinska* en 1932. Elle fut engagée aux Ballets russes de Paris en 1935 avant de participer aux Ballets russes de Monte-Carlo où elle fut étoile de 1936 à 1950. Elle brillait autant dans le répertoire classique que dans les créations contemporaines. Elle créa pour Léonide Massine *Le Rouge et le Noir* (1939), *Bacchanale* (1939), *Vienna 1814* (1940), *The New Yorker* (1940); pour Bronislava Nijinska, *Chopin Concerto* (1942). Elle fut l'une des gloires du London Festival Ballet de 1950 à 1959. Elle enseigna par la suite à Dallas.

KRAUS Lili. Pianiste anglaise d'origine hongroise (Budapest, 1905 - Caroline du Nord, 1986). Elle débuta au conservatoire de Budapest, où ses premiers maîtres furent Bartók et Kodály. Elle se perfectionna avec Schnabel à l'académie de Vienne. Elle fut professeur à son tour avant d'entamer une brillante carrière de concertiste. Elle se produisit en Amérique et en Asie, où elle remporta des triomphes. Au moment de l'Anschluss, en 1938, elle quitta l'Autriche et prit la nationalité anglaise. C'est lors d'une tournée à Java, en 1942, qu'elle fut arrêtée par l'armée japonaise. Sa captivité dura trois ans. Au sortir de la guerre elle émigra aux États-Unis. Les tournées reprirent de plus belle. Lili Kraus était célèbre dans le monde entier pour son interprétation de Mozart; son intégrale des *Sonates* et des *Concertos* reste inégalée. L'une des premières grandes pianistes de l'ère du disque, elle enregistra des œuvres de Haydn, de Beethoven, et les *Sonates pour piano et violon* de Mozart avec Willy Boskowski. En 1968 elle fut nommée «artist in residence» à l'université de Fort Worth, Texas.

KRINITZ Elisa von. Allemande (1832-1897). C'est en 1855 que la jeune poétesse, qui signait ses vers du pseudonyme Camille Selden, rencontra Henri Heine. Le grand écrivain allemand, paralysé depuis huit ans par une maladie de la moelle épinière, garda Elisa auprès de lui. Celle qu'il appelait «la Mouche» l'assista dans ses derniers travaux et devint une garde-malade dévouée. L'auteur de *Allemands et Français*, qui ne voulait pas de sa pitié, écrivit pour elle, malgré ses souffrances, vingt-quatre lettres et un poème intitulé *Pour la Mouche* (1855). Il mourut quelques mois après leur rencontre. Elle a publié entre autres *Les Derniers Jours de Henri Heine* (1884).

KROUPSKAÏA Nadejda Konstantinova. Femme politique russe (Saint-Pétersbourg, 26 février 1869 - Moscou, 27 février 1939). Elle adhéra aux idées révolutionnaires en 1890 et rencontra Lénine en 1894, à Saint-Pétersbourg. Deux ans plus tard, elle fut déportée en Sibérie pour avoir milité dans une organisation fondée par Lénine, l'Union de lutte pour la libération de la classe ouvrière. Elle demanda à pouvoir le rejoindre — lui-même avait été déporté — et elle l'épousa en 1898. En 1901, libérés, ils s'installèrent en Suisse, où Nadejda Kroupskaïa devint secrétaire à l'*Iskra* (*L'Étincelle*) puis à partir de 1904 à *Vperiod* (*En avant*), journaux fondés par son mari. Après l'échec de la révolution de 1905, le couple s'exila de nouveau en Suisse et séjourna à Paris. Rentrée en Russie en 1917, elle joua un rôle important, aux côtés de Lénine, dans la fondation de l'Union soviétique. Membre du Comité central du parti bolchevik, elle occupa plusieurs postes au ministère de l'Instruction publique. Veuve en 1924, elle conserva une grande popularité et fut nommée membre du praesidium du Soviet suprême en 1929. Elle a publié *Ma vie avec Lénine* (1933).

KRÜDENER Barbara Juliane, née de Vietinghoff, baronne **de**. Femme de lettres et mystique russe (Riga, 21 novembre 1764 - Belogorsk, aujourd'hui Karassoubazar, 25 décembre 1824). Elle épousa à dix-huit ans l'ambassadeur de Russie à Venise, de seize ans son aîné. Belle et gracieuse, les cheveux blond cendré, les yeux bleus, elle remporta des succès flatteurs à Venise puis à Copenhague, où son mari fut nommé en 1786. Elle était alors la maîtresse d'Alexandre de Stakieff, secrétaire de légation, qu'elle abandonna et qui se suicida pour elle. Elle fit un séjour de deux ans à Paris, à partir de 1789, pendant lequel elle eut une liaison avec un officier de cavalerie, M. de Fégeville, ce qui décida son mari à divorcer. Elle entreprit ensuite de fréquents voyages en Europe: en Suisse de 1796 à 1798, où elle rencontra Mme de Staël*, qui l'a décrite dans *Delphine* (1802), et Benjamin Constant; à Berlin, où elle renoua un temps avec son mari (1801), à Paris. Elle fréquenta Chateaubriand et Mme Récamier* et publia des *Pensées* (1802) ainsi qu'un roman, *Valérie* (1803), inspiré de sa liaison tragique avec Stakieff et qui lui donna une certaine notoriété.

Cette sœur cadette de René se convertit ensuite à l'illuminisme de Swedenborg. Elle prêcha avec assez de ferveur pour se faire expulser de Suisse et d'Allemagne, quoique protégée par la grande-duchesse Stéphanie de Bade. Au moment du congrès de Vienne (1815), elle annonça, dit-on, le retour de Napoléon au pouvoir. Cette prédiction lui valut de rencontrer le tsar Alexandre Ier qui s'enticha de son exaltation et de ses idées mystiques. Après le second exil de Napoléon, elle s'installa à l'hôtel Montchenu, près du palais de l'Élysée, où le tsar demeurait. Ils se voyaient souvent, et elle le poussa à fonder la Sainte-Alliance (1815). Leurs conversations politico-religieuses finissaient en prières dans son hôtel. Chateaubriand se moque dans les *Mémoires d'outre-tombe* des séances de spiritisme mondain qu'elle y organisait. Peu après, sa faveur auprès du tsar décrut. Elle se remit à prêcher ses idées messianiques et égalitaires en Suisse et en Allemagne. Elle revit secrètement Alexandre Ier en 1821. Ses prises de position en faveur de l'indépendance des Grecs provoquèrent son exil à Belogorsk, où elle mourut.

RÉF.: A. Hermant, *Madame de Krüdener, l'amie du tsar Alexandre Ier*, Paris, 1934. F. Ley, *Madame de Krüdener et son temps*, Paris, 1961.

KRUSENSTJERNA Agnès Julie Frederika von. Romancière suédoise (Växjö, 9 octobre 1894 - Stockholm, 10 mars 1940). Issue de la grande aristocratie, elle épousa l'écrivain David Sprengel qui influença son œuvre. Son univers, très personnel, est empreint de sensualité magique et peuplé de trolls, de monstres, de princesses captives, de jeunes filles en fleur aux prises avec la démence et la terreur. On y trouve aussi une irrémédiable condamnation du monde bourgeois. Cette œuvre, aux résonances psychanalytiques profondes, est admirablement écrite: *Tony*, d'inspiration autobiographique (3 vol., 1922-1926), *Les Demoiselles de Pahlen* (7 vol., 1930-1935), *Noblesse pauvre* (4 vol., 1935-1938), romans ayant tous pour cadre son milieu d'origine. Agnès Krusenstjerna est morte folle.

KSCHESSINSKAÏA Mathilde, née Krzesinski, princesse Krassinska. Danseuse russe (Saint-Pétersbourg, 31 août 1872 - Paris, 6 décembre 1971). Fille d'un célèbre danseur polonais, elle apprit la danse à l'École impériale de Saint-Pétersbourg. Petite, mince, brune aux yeux noirs, elle alliait la sensibilité des danseuses russes à la virtuosité des grandes solistes italiennes. Elle obtint le titre de *prima ballerina assoluta* en 1885, la même année que Pierina Legnani*. Son tempérament ardent et généreux et son talent dramatique lui valurent l'adoration du public du Théâtre-Marie (futur Kirov), qui lui faisait répéter jusqu'à six fois la célèbre «Coda» du *Talisman* (F. Taglioni). Elle triompha dans *La Fille du pharaon* (Saint-Léon), dans *Esmeralda* (Perrot) et dans *Fiammetta* (Saint-Léon).

Maîtresse du tsarévitch Nicolaï — le futur Nicolas II —, elle était très influente et rassemblait l'élite de la société dans son palais de la perspective Kronervski à Saint-Pétersbourg. On redoutait ses caprices; on raconte que, mise à l'amende pour avoir porté un costume de sa création lors de la représentation de *La Camargo* (M. Petipa) en 1902, elle fit un tel scandale que le prince Volkonski, alors directeur des Théâtres impériaux, fut obligé de démissionner. Elle se produisit à l'Opéra de Paris en juin 1909 dans *Coppélia* (Nuitter et Saint-Léon). Diaghilev ne réussit à obtenir sa participation qu'en 1911 à Londres; elle dansa dans *Le Lac des cygnes* (M. Petipa) avec Nijinski; celui-ci, jaloux du succès de sa partenaire, déchira son costume. Ils n'en dansèrent pas moins ensemble l'année suivante à Monte-Carlo, à Vienne et à Budapest. Kschessinskaïa quitta définitivement la Russie au moment de la révolution d'Octobre pour s'installer sur la Côte d'Azur. Elle devint l'épouse morganatique du grand-duc André en 1921. Elle ouvrit une école de danse à Paris en 1929 et parut une dernière fois sur scène au cours d'un gala de charité à Londres en 1936. Ses Mémoires, *Souvenirs de la K.*, furent publiés un an avant sa mort. Par sa technique irréprochable, elle a dominé toutes les danseuses de son temps, et on l'a comparée à Fanny Elssler*.

KUMMERFELD Karoline. Actrice allemande (Vienne, 30 septembre 1745 - Weimar, 24 avril 1814). À treize ans, elle intégra la compagnie de Karl Ackermann. Elle participa au sein de la troupe à la création du premier Théâtre national de Hambourg. Sa popularité devint telle qu'elle porta ombrage à Sophie Hensel*, qui la poursuivit de son animosité. Karoline Kummerfeld s'étabit à Leipzig, où le jeune Goethe allait la découvrir avec admiration. Elle se produisit par la suite à Gotha et à Mannheim. Elle a laissé des *Mémoires* (publiés en 1915), qui fournissent un vivant témoignage sur le monde du théâtre et sur les polémiques de son époque. Elle avait épousé en 1767 un employé de banque, qui mourut dix ans plus tard.

L

LABÉ Louise. Poétesse française (près de Lyon, v. 1524 - *id.*, 1556). Son père, Pierre Charly ou Charlin, dit Labé, était un riche cordier. Ardente et passionnée, aimant les armes et les chevaux autant que les langues (elle parlait l'italien et l'espagnol) et la lecture, on a dit qu'elle avait combattu les Espagnols au siège de Perpignan en 1542, pour suivre l'homme qu'elle aimait. Rien ne le prouve, pas plus que la légende qui assure qu'elle participa à un tournoi à Lyon devant le roi Henri II. En 1540, elle avait épousé Ennemond Perrin, maître cordier, d'où son surnom de la Belle Cordière. Lyon était alors un centre intellectuel de premier ordre, ouvert aux influences italiennes. Louise Labé réunit autour d'elle tout ce que la ville comptait d'esprits cultivés : Pontus de Thyard, Peletier du Mans, Maurice Scève, fondateur de l'académie de Fourvières. Par leurs louanges, ils achevèrent de rendre Louise légendaire : Baïf fut le plus délicat de ses adorateurs :

Ô ma belle rebelle
Las ! que tu m'es cruelle...

Calvin aussi parla d'elle, mais pour en médire : « Pour les réformateurs elle avait la réputation d'être une courtisane. » Nous connaissons ses amours pour Olivier de Magny, qui vanta sa bonne fortune dans une *Ode à sire Aymon* en se moquant de l'époux trompé.

Cependant, Louise Labé a accédé à la postérité pour son œuvre et non pour sa beauté ou ses amours. Elle rédigea deux textes en prose, *Épître dédicatoire* et un *Débat de folie et d'amour*, publiés dans ses *Œuvres* (1555) où elle revendique le droit pour les femmes « non en beauté seulement, mais en science et vertu d'égaler les hommes », et celui « d'élever un peu leur esprit par-dessus leurs quenouilles ». Elle est également l'auteur de trois élégies, et de vingt-quatre sonnets d'une inspiration aussi moderne que ceux de ses deux illustres contemporains, Ronsard et Du Bellay. L'amour en est le thème central : toutes les femmes amoureuses y gémissent par sa voix. Ces vers évoquent avec fraîcheur, spontanéité et talent l'amour physique, l'amour en songe, les larmes et le désespoir :

Je vis, je meurs, je brûle et je me noye,
J'ai chaud extrême en endurant froidure,
J'ai grands ennuis entremêlés de joie...

RÉF. : G. Guillot, *Louise Labé*, Seghers, 1962. P. Ardouin, *Maurice Scève, Pernette Du Guillet*, Louise Labé : l'amour à Lyon au temps de la Renaissance*, Nizet, 1981. E. Guigici, *Louise Labé, essai*, Nizet, 1981. K. Berriot, *Louise Labé*, Le Seuil, 1986.

LABÈQUE, les sœurs. Pianistes françaises. **Katia** (née à Bayonne, le 11 mars 1950) ; **Marielle** (née à Bayonne, le 6 mars 1952). Leur mère, Ada Cecchi, excellente pianiste et ancienne élève de Marguerite Long*, leur donna leurs premières leçons. En 1965, elles entrèrent au Conservatoire et obtinrent chacune un premier prix en 1968. Avec Jean Hubeau, elles se perfectionnèrent dans le répertoire à deux pianos et enregistrèrent en 1970 *Visions de l'Amen* (Messiaen), suivi de la *Sonate pour deux pianos et percussions* (Bartók), avec Sylvio Gualda et Jean-Pierre Drouet. Elles se produisirent en duo en France et en Angleterre puis ajoutèrent à leur répertoire le *Concerto* (Berio, 1973). Elles créèrent à Londres *Linea* (Berio) et le *Concerto pour deux pianos* (Boesmans). Elles ont également enregistré *Kémit* (Mâche) avec Élisabeth Chojnacka* au clavecin et Jean-Pierre Drouet à la percussion ainsi que la *Suite n° 1 Fantasia pour deux pianos* (Rachmaninov), dont elles ont su remarquablement équilibrer les grandes masses sonores.

LABILLE-GUIARD Adélaïde. Peintre. Française (Paris, 11 avril 1749 - *id.*, 24 avril 1803). Elle était la cadette de huit enfants, et ses parents tenaient une mercerie. Elle débuta comme miniaturiste et suivit les leçons de François-Élie Vincent. En 1769, elle épousa Louis Guiard, expert fiscal, dont elle se sépara dix ans plus tard. Entre 1769 et 1774, elle apprit le pastel auprès de Maurice Quentin de La Tour, et passa maître dans cette discipline. Elle fut agréée à l'académie de Saint-Luc, où elle exposa en 1774. À partir de 1775 elle se perfectionna dans la technique de l'huile avec François-André Vincent, fils aîné de son professeur, qu'elle épousa en 1801. Elle exposa six toiles et deux pastels fort remarqués au Salon de la cour en 1782. Le 31 mai 1783, elle fut élue à l'Académie royale de peinture en même temps que sa rivale, l'illustre Mme Vigée-Lebrun*, pour son portrait de *Pajou modelant le buste de Lemoyne* (musée du Louvre). Cette dernière était plus jeune, plus intégrée dans la société, et de surcroît protégée par Marie-Antoinette*. Adélaïde Guiard n'était pas moins douée, et sa formation était plus solide, comme en témoignent les magnifiques portraits de *Madame Victoire*, *Madame Adélaïde*, des *Trois Filles de Louis XV* et de *Madame Infante* (château de Versailles). « Peintre de Mesdames », elle avait aussi sa clientèle bourgeoise ; citons, parmi d'autres, *Madame Mitoire et ses enfants*. La Révolution lui fournit de nouveaux modèles : elle représenta huit députés de la Constituante dont Robespierre, Barnave et Talleyrand. Sa *Réception d'un chevalier de l'ordre de Saint-Louis*, tableau auquel elle avait travaillé pendant deux ans et demi, fut détruit car jugé trop monarchiste. En 1795, elle obtint enfin une pension et un appartement au Louvre. Elle cessa de travailler vers 1800 et mourut sans enfants.

RÉF. : A.-M. Passez, *Adélaïde Labille-Guiard, 1749-1803*, Arts et Métiers graphiques, 1973.

LABLONSKAÏA Tatiana. Peintre. Russe (née en 1917). Elle reçut une formation des plus classiques à l'institut des arts de Kiev et adopta le réalisme socialiste aussi bien dans le choix de ses sujets que dans sa technique picturale. Ses thèmes privilégient le monde des ouvriers et celui des travailleurs agricoles. Elle est également l'auteur de portraits officiels et de scènes historiques. Son œuvre lui valut par deux fois le prix Staline (1950, 1951). Elle est décorée de l'ordre du Drapeau rouge du Travail.

LABOURÉ Catherine. Voir CATHERINE LABOURÉ, sainte.

LACERDA Bernarda Ferreira de. Femme de lettres portugaise (Porto,

1595 - Lisbonne, 1er octobre 1644). Elle connaissait le grec, le latin, l'hébreu et plusieurs langues modernes; elle était versée aussi bien en mathématiques qu'en musique. Elle a publié des poèmes sous le titre *España libertada* (1618). L'année suivante, Philippe III d'Espagne lui demanda d'enseigner le latin à ses fils, don Carlos et don Fernando, charge qu'elle déclina. Ses *Soledades de Buçaco* (1634) contiennent des compositions en espagnol, latin, portugais et italien. Lope de Vega lui a dédié son églogue *Filis* (1635). Elle épousa Fernão Correia de Sousa, dont elle eut plusieurs enfants, tous morts en bas âge. D'une grande beauté, très cultivée, elle fut l'une des célébrités de son temps.

LACHAPELLE Marie-Louise, née Dugès. Sage-femme française (Paris, 1769 - *id.*, 1821). Fille d'un officier de santé et d'une mère sage-femme, elle profita de l'enseignement maternel. On raconte qu'à quinze ans elle sauva lors d'un accouchement difficile une mère et son enfant. Mariée à Lachapelle, chirurgien de l'hôpital Saint-Louis, en 1792, elle fut nommée sage-femme adjointe dans ce même hôpital en 1795. Elle organisa l'hospice de la Maternité dans les locaux de l'ancienne abbaye de Port-Royal et en devint directrice. Elle fut ensuite chargée de l'enseignement pratique des sages-femmes dans le nouvel hôpital, tandis que Jean-Louis Baudelocque assurait l'enseignement théorique. Ce médecin, dit-on, admirait sa dextérité et lui confiait les cas les plus difficiles.

Marie-Louise Lachapelle a laissé un volume intitulé *Observations sur divers cas d'accouchements* (1819) ainsi qu'un important ouvrage en trois tomes, *Pratique des accouchements ou Mémoires et observations choisies sur les points les plus importants de l'art*, où elle tire les leçons de son expérience — quelque 40 000 accouchements. Dans ces ouvrages, elle ramène à 22 les 94 positions fœtales reconnues par Baudelocque. Elle y décrit ses opérations, où le forceps n'intervient qu'à la dernière extrémité, ainsi que les modalités et le traitement du *placenta praevia*, et enfin les premières sutures du périnée. Elle y calcule également la durée de la grossesse et du travail. Les tomes II et III de cet ouvrage, dont le premier parut l'année de sa mort, furent publiés en 1825 par son cousin A. Dugès et traduits en allemand.

LACOSTE Catherine Marie. Championne de golf française (née à Paris, le 27 juin 1945). Elle est la fille du célèbre champion de tennis René Lacoste et de Simone Thion de La Chaume, ancienne championne de golf. Elle commença à jouer au golf à l'âge de huit ans, et conquit le titre de championne de France junior internationale en 1964. La même année, elle fut membre de l'équipe de France féminine qui remporta le championnat du monde et fut première au classement individuel. Première au championnat de Grande-Bretagne (1966-1967), championne de France internationale (1967), elle fut la première joueuse amateur et la première non américaine à gagner l'Open des États-Unis en 1967. Elle fut première au classement individuel des championnats du monde en 1968, championne internationale d'Espagne, de Grande-Bretagne, des États-Unis et de France en 1969 et à nouveau championne de France internationale en 1972. Catherine Lacoste a épousé en 1970 Jaime Prado y Colon de Carvajal, dont elle a quatre enfants. Elle est chevalier de l'ordre national du Mérite.

LAFARGE Marie Fortunée, née Cappelle. Française (Villers-Hélon, Aisne, 1816 - Ussat, Ariège, 7 novembre 1852). Fille d'un lieutenant-colonel d'artillerie, elle épousa à vingt-trois ans un maître de forges, M. Lafarge, dont elle voulut se séparer après avoir compris qu'il l'avait trompée sur son état de fortune. Installée en Corrèze au château du Glandier, où elle s'ennuyait, elle fit manger un jour un gâteau à son mari, qui tomba malade et mourut le 14 janvier 1840. On établit très vite que Mme Lafarge avait acheté en secret de grosses quantités d'arsenic. En même temps, elle fut accusée d'un vol de diamants effectué chez l'une de ses amies, Mme de Léotaud, et lorsqu'elle comparut aux assises elle avait déjà été condamnée à deux ans de prison. Le procès passionna la France entière. Il donna libre cours à une bataille d'experts dont l'époque n'avait pas encore l'habitude. L'accusation demanda trois autopsies successives avant que l'on découvre de l'arsenic dans les viscères de la victime, tandis que la défense faisait comparaître le chimiste François Raspail, qui déclara être en mesure de déceler partout la même substance «jusque dans le bois du fauteuil de M. le président de la cour». Malgré ses protestations d'innocence, Marie Lafarge fut condamnée aux travaux forcés à perpétuité. Elle écrivit en prison ses *Mémoires* (2 vol., 1841), dont le succès fut considérable, ainsi que ses *Heures de prison* publiées après sa mort (1853). Elle fut graciée par Louis-Napoléon Bonaparte en 1852 et mourut d'épuisement aux eaux d'Ussat peu après.

LA FAYETTE Adrienne, née de Noailles, marquise **de**. Française (Paris, 1759 - château de la Grange, Brie, 1807). Elle était la fille de Jean de Noailles, duc d'Ayen. À l'âge de quinze ans, elle épousa La Fayette qui la laissa seule pour aller se couvrir de gloire en Amérique. Épouse exemplaire, elle supporta avec patience et amour les absences continuelles de son mari, ses infidélités, les soubresauts de sa carrière politique puis les infortunes de sa captivité. La Fayette fut en effet arrêté par les Autrichiens au mois de septembre 1792 alors qu'il était en train de quitter la France, devançant un décret d'accusation lancé contre lui. Après avoir été interné dans plusieurs forteresses, il fut transféré à Olmütz. Pendant ce temps, la marquise s'était retirée chez ses beaux-parents au château de Chavaniac, en Haute-Loire. Elle fut arrêtée au mois de novembre 1793, incarcérée à Brioude, puis transférée à Paris, à la prison du Plessis en mai 1794. Le 21 juillet, sa grand-mère, sa mère et sa sœur montèrent sur l'échafaud; elle-même ne dut son salut qu'à la chute de Robespierre le 27 juillet (9 thermidor). Dès sa libération, elle tenta par tous les moyens de rejoindre son mari. Elle y parvint un an plus tard, après avoir été reçue en audience par l'empereur François II, et fut incarcérée à Olmütz, le 15 octobre 1795, accompagnée de ses deux filles. Elle partagea avec son mari les conditions particulièrement dures de sa détention qui ruinèrent sa santé. La Fayette fut libéré le 19 septembre 1797 sur l'intervention de Bonaparte. Il se retira avec sa femme au château de la Grange, où elle mourut d'un ulcère à l'estomac contracté en prison. La marquise de La Fayette avait eu quatre enfants: Adrienne en 1775, qui mourut deux ans plus tard; Anastasie en 1777, comtesse de La Tour-Maubourg par son mariage en 1798; Virginie en 1782, qui épousa en 1802 le comte de Lasteyrie; Georges en 1785.

LA FAYETTE Louise Motier de. Religieuse française (Auvergne, v. 1615 - Paris, janvier 1665). Fille de Jean III de La Fayette, seigneur d'Hauteville, elle devint demoiselle d'honneur d'Anne* d'Autriche en 1630. Richelieu la poussa à devenir la favorite de Louis XIII afin de pouvoir mieux contrôler le roi. De 1635 à 1637, elle ne fut que sa confidente et refusa toujours de trahir les propos qu'elle recueillait de lui. Richelieu chercha à l'écarter, et Mlle de La Fayette obtint du roi la permission de se retirer au couvent de la Visitation, rue Saint-Antoine à Paris, où elle prit le nom de mère Angélique le jour où elle prononça ses vœux (28 juillet 1638). Pendant quatre mois, le roi continua à lui rendre visite jusqu'à ce que son ministre parvînt à l'en dissuader. Elle fut nommée par la suite supérieure du monastère de la Visitation de Chaillot, où elle mourut après dix-huit années de vie religieuse.

LA FAYETTE Marie-Madeleine, née Pioche de La Vergne, comtesse **de**. Écrivain. Française (Paris, 1634 - *id.*, 1692). Elle était la fille de Marc Pioche, sieur de La Vergne, et d'Élisabeth Pena, issue d'une ancienne famille provençale. Son père mourut en 1650 et sa mère se remaria avec le chevalier de Sévigné; elle devint ainsi l'une des meilleures amies de la nièce de ce dernier, la marquise de Sévigné*. Peu après, elle devint fille d'honneur de la reine et fréquenta les milieux littéraires, où elle rencontra Scarron et le poète Ménage, qui lui apprit le latin et le grec. Au moment de la Fronde, elle vécut en province, puis elle rentra à Paris en 1655 et épousa François Motier, comte de La Fayette, personnage effacé qui ne joua aucun rôle dans sa vie. Elle lui donna deux fils, Louis en 1658 et René en 1659. En 1660, elle s'installa dans un hôtel de la rue de Vaugirard, face au Petit-Luxembourg, tandis que son mari se retirait sur ses terres. Très liée à Henriette Anne* d'Angleterre de par ses fonctions, elle était reçue à la cour tout en accueillant chez elle La Fontaine, Bossuet et La Rochefoucauld. Elle eut pour ce dernier une profonde amitié et l'aurait conseillé dans la rédaction de certaines de ses *Maximes* («M. de La Rochefoucauld m'a donné de l'esprit, moi j'ai réformé son cœur»).

Sous le nom de Segrais, elle publia son premier roman, *Mademoiselle de Montpensier* (1662), puis *Zaïde* (2 vol., 1670-1671), roman héroïque hispano-mauresque dans le goût de l'époque, dont le succès fut important. Délaissant ce genre, elle écrivit ensuite son chef-d'œuvre, *La Princesse de Clèves* (1678), auquel elle avait travaillé pendant cinq ans et dont elle nia être l'auteur. Dès sa publication, *La Princesse de Clèves* suscita des commentaires passionnés qu'évoque la correspondance échangée entre la marquise de Sévigné et Bussy-Rabutin. Le roman fut critiqué par Valincourt dans ses *Lettres à la marquise de X...* et défendu par l'abbé de Charmes dans sa *Conversation sur la critique de la Princesse de Clèves* (1679). Ces auteurs se faisaient l'écho de la querelle divisant le public: l'héroïne a-t-elle raison d'avouer à son mari la passion qu'elle nourrit pour le duc de Nemours?

Très affectée par la mort de La Rochefoucauld en 1680, Mme de La Fayette n'en continua pas moins de recevoir les grands écrivains de son temps, dont Corneille et le cardinal de Retz, qui venaient lire leurs œuvres chez elle. Après la mort de son mari en 1683, elle s'attela aux *Mémoires de la cour de France pour les années 1688 et 1689*, qu'elle laissa inachevés et qui furent publiés après sa mort, en 1731. *L'Histoire de Madame Henriette* de France*, et une nouvelle, *La Comtesse de Tende*, furent éditées en 1724.

Grâce à *La Princesse de Clèves*, Mme de La Fayette a renouvelé l'art du roman français en y introduisant, avec finesse et subtilité, un sens aigu de la psychologie. Elle a banni les conventions en usage en dépeignant avec précision le milieu de la cour qu'elle connaissait à la perfection, tout en le transposant dans un passé très proche (la cour des Valois) dans lequel le lecteur averti n'avait aucun mal à se retrouver. Enfin, l'exigence morale particulièrement élevée de Mme de La Fayette a assuré la postérité de son œuvre et profondément influencé la littérature française.

RÉF. : A. Maurois, *Adrienne ou la Vie de Mme de La Fayette*, 1960. O. Virmaux, *Les Héroïnes de Mme de La Fayette*, Klincksieck, 1981.

LAFONTAINE, Mlle de. Danseuse française (Paris, 1655 - *id.*, 1738). On sait peu de chose sur celle qui fut la première à paraître sur scène en soliste (les rôles étaient alors tenus par des hommes travestis). Au Palais-Royal, le 15 avril 1681, fut donné *Le Triomphe de l'amour*, ballet de Lully; autour de Mlle de Lafontaine se trouvaient Mlles Pesant, Carré et Leclerc — premières danseuses «professionnelles». Cet événement connut un succès éclatant. Grande et bien faite, l'ancêtre des étoiles féminines surpassait toutes ses compagnes. Elle fut jugée capable de composer ses entrées, à l'instar de Louis Pécourt, célèbre danseur de l'époque. Elle s'illustra dans un grand nombre de ballets de Lully: *Persée* (Paris, 1682), *Phaéton* (Versailles, 1683), *Amadis de Gaule* (Paris, 1684), *Roland* (Versailles, 1685), *Le Temple de la paix* (Fontainebleau, 1685), *Acis et Galatée* (Anet, 1686), *Armide* (Paris, 1686) et dansa jusqu'en 1696. Elle se retira en pension chez les religieuses de l'Assomption, avant de vivre chez la marquise de La Chaise. À la mort de sa protectrice, elle s'installa dans un couvent près de la Croix-Rouge. Mlle Subligny* lui succéda sur scène.

LAGERLÖF Selma. Romancière suédoise (Mårbacka, Värmland, 20 novembre 1858 - *id.*, 16 mars 1940). Elle eut une enfance solitaire et rêveuse. Très jeune, elle eut conscience de sa vocation littéraire. Inscrite à l'École normale de Stockholm, elle fut institutrice à Landskrona de 1885 à 1895. Elle publia en 1891 son premier chef-d'œuvre, *La Saga de Gösta Berling*, épopée romantique d'une inspiration étrangère à toute mode littéraire, où la naïveté du récit se mêle au fantastique. Ces aventures de douze cavaliers conduits par un pasteur révoqué mais génial forment une chronique où revivent les vieilles légendes du Värmland. Son sens de la psychologie s'affirme dans son recueil de nouvelles, *Liens invisibles* (1894); le succès lui permit d'abandonner son école, et de voyager en Italie et en Orient. À son retour, elle publia *Le Miracle de l'antéchrist* (1897), *Le Vieux Manoir* (1899) et son second chef-d'œuvre, *Jérusalem* (1901-1902). Viennent ensuite *Les Écus de messire Arne* (1903), les *Légendes du Christ* (1904) et le très populaire *Merveilleux Voyage de Nils Holgersson* (1906-1907), écrit sur commande comme livre de lecture pour les écoles suédoises. Cet ouvrage, lié à l'histoire et à la géographie de son pays, connut un succès mondial tant le merveilleux y reste humain. Elle reçut le prix Nobel de littérature en 1909. Elle fit ensuite paraître *La Maison de Lilliecrona* (1911) et *Le Charretier de la mort* (1912), dont Victor Sjöström fit une adaptation cinématographique sous le titre de *La Charrette fantôme* (1920); une autre version, portant le même titre, fut tournée par Julien Duvivier en 1939. Toujours dans une perspective optimiste et religieuse se situent *L'Empereur du Portugal* (1914) et son admirable trilogie épique: *L'Anneau de Löwensköld*, *Charlotte Löwensköld*, *Anne Svärd* (1925-1928), où se mêlent fantastique et réalisme. Elle écrivit encore *Le Monde des Trolls* (1915-1921), *Mon journal* (1930), et des *Contes de Noël* (1938). Elle fut la première femme à entrer à l'Académie suédoise (1914).

RÉF.: E. Wägner, *Vie de Selma Lagerlöf*, Paris, 1950.

LA GOULUE (Louise Joséphine Weber, dite). Danseuse de music-hall française (Clichy, 1866 - Paris, 1929). Elle était la fille de Dagobert Weber et d'une blanchisseuse, Hélène Courtade. Adolescente, elle posait pour les peintres et fréquentait les bals de la butte Montmartre. On l'avait surnommée La Goulue, car elle dévorait littéralement la nourriture qu'elle réclamait aux peintres chez qui elle posait, conséquence d'une enfance sous-alimentée. Son fin visage, sa grâce, sa virtuosité de danseuse et une certaine distinction la firent bientôt remarquer. Toulouse-Lautrec fit d'elle d'admirables portraits, dont le plus connu est *Au Moulin-Rouge, entrée de La Goulue* (1893, Museum of Modern Art, New York). Elle devint rapidement une vedette du music-hall et la coqueluche de Paris, menant une vie tapageuse et luxueuse. Son fameux «quadrille naturaliste», qu'elle menait avec Grille d'Égout, Rayon d'Or, Trompe-la-Mort et Mimi Patte-en-l'Air, fut l'une des attractions les plus sensationnelles du Moulin-Rouge et des Jardins de Paris (1885). Mais l'embonpoint la guettait; elle négligea la danse, devint dompteuse à la ménagerie Lambert et monta sa propre ménagerie après avoir épousé, en 1900, un prestidigitateur, Joseph Droxler, qui la trompait et exerçait ses tours de passe-passe sur les comptes du ménage. Coléreuse, jalouse, La Goulue se ruina à cette époque et vendit son dernier animal. Son fils Simon mourut d'une pneumonie. En 1918, elle reparut quelques semaines sur scène, puis sa déchéance s'accéléra. Elle vécut dans une roulotte à Saint-Ouen, exerçant de menus métiers: bouquetière, dresseuse de puces. Elle mourut à l'hôpital Lariboisière.

LAGUERRE Marie-Joséphine. Soprano française (Paris, 1755 - *id.*, 14 février 1783). Elle débuta dans les chœurs de l'Opéra en 1771 et, en 1776, elle chanta le rôle-titre d'*Adèle de Ponthieu* (Borde) et d'*Alceste* (Gluck), remplaçant ainsi Rosalie Levasseur*. Par la suite, les deux femmes chantèrent souvent ensemble ou en alternance et, comme Marie-Joséphine Laguerre était plus jeune et plus jolie, elle remporta plus de succès. Elle créa les rôles de Hellé (*Hellé*, Floquet) en 1779, Sangaride (*Atys*, Piccinni) en 1780, Iphigénie (*Iphigénie en Tauride*, Piccinni) en 1781. Elle avait un penchant très poussé pour la boisson; un soir où elle parut ivre sur la scène, elle s'attira la réflexion de Sophie Arnould*: «Ce n'est plus Iphigénie en Tauride, c'est Iphigénie en Champagne!» À la suite de ce scandale, elle fut emprisonnée quelque temps à Fort-l'Évêque, ce qui ne l'empêcha pas d'incarner la Comtesse (*La Double Épreuve*, Grétry) en 1782.

LAIA. Peintre. Romaine (Ier siècle av. J.-C.). Originaire de Cyzique en Asie Mineure, on dit qu'elle fut la première miniaturiste. Elle peignait sur ivoire le portrait des dames de la haute société romaine. Pline, qui juge qu'elle ne saurait être aussi célèbre qu'un peintre de tableaux, la cite dans son *Histoire naturelle*.

LAÏS. Courtisane grecque (IVe siècle av. J.-C.). Originaire d'Asie Mineure, elle fut la plus célèbre des hétaïres de son temps; on disait même une «laïs» pour désigner une belle courtisane. Comptèrent parmi ses amants, que sa beauté, son charme et son esprit avaient attirés à Corinthe, Diogène et Aristippe. Les poètes l'ont louée: «Si son lit n'avait été public, dit une épigramme, la Grèce se serait battue pour elle comme pour Hélène.» On prétend qu'elle fut cupide, on dit aussi qu'elle mourut assassinée par des femmes thessaliennes, jalouses de son pouvoir.

LAKE Veronica (Constance Ockleman, dite). Actrice américaine (New York, 1921 - Burlington, 1973). Après des études de médecine, qu'elle abandonna rapidement, elle se consacra au théâtre sous le nom de Constance Keane. Elle fit des débuts modestes à l'écran avant d'être remarquée par Berkeley, qui la fit tourner dans *Forty Little Mothers* (1940). Veronica Lake aurait pu faire partie de la cohorte de ces jolies actrices sophistiquées de Hollywood auxquelles il ne manquait qu'un signe particulier pour conquérir le grand public et la gloire. Ce signe particulier, elle le trouva; sa mèche blonde cachant son œil droit la rendit célèbre. Son image étrange et troublante fit sensation dans *Tueurs à gages* (Tuttle, 1942) puis dans *La Clé de verre* (Heisler, 1942), *Ma femme est une sorcière* (Clair, 1942), *Les Anges de la miséricorde* (Sandrich, 1943), *L'or et les femmes* (Lanfield, 1945).

Devenue star à part entière, elle tourna de nombreux films à succès, puis son étoile déclina peu à peu et elle disparut de l'écran vers 1952. Ruinée, elle mena une existence difficile, exerçant, divers métiers, dont celui de serveuse de bar. Citons parmi ses films: *Les Voyages de Sullivan* (Sturges, 1942), *Épousez-moi, chérie* (Marshall, 1945), *Le Dahlia bleu* (Marshall, 1946), *Hollywood en folie* (Marshall, 1946). Avec André De Toth, dont elle fut l'épouse de 1944 à 1952, elle tourna *Femme de feu* (1947) et *La Furie des tropiques* (1951). Elle a publié son autobiographie en 1971 sous le titre *Veronica.*

LALANDE Marie Jeanne Amélie Le Français de, née Harlay. Astronome française (Paris, v. 1768 - *id.*, 1832). Passionnée d'astronomie, elle épousa l'astronome Michel de Lalande, aussi célèbre que son oncle Joseph de Lalande, dont il fut le suppléant au Collège de France. Elle donna à l'oncle les *Tables horaires* qui figurent dans son *Abrégé de navigation* (1793) et collabora à la rédaction de son *Histoire céleste française* (1801) qui indique la position de 50 000 étoiles. En 1791, elle fit faire à Cassini sa première observation au Collège de France. Sa fille reçut le prénom de Caroline car elle naquit le jour même où, pour la première fois, la comète découverte par Caroline Herschel* fut visible à Paris.

LAMARR Hedy (Hedwig Kiesler, dite). Actrice américaine d'origine autrichienne (née à Vienne, le 9 novembre 1915). Son éclatante beauté ne fut pas étrangère au succès que remporta *Extase* (Machaty, 1933), film érotique dans lequel elle apparaissait nue, et qui fit scandale à l'époque. Elle y jouait sous le nom d'Edy Kiessler. Son mari, Fritz Mandl, un industriel milliardaire qu'elle avait épousé peu après, fit chercher les copies de ce film afin de les détruire, les jugeant compromettantes pour son épouse. Elle divorça ensuite et s'installa à Hollywood, où elle tourna de nombreux films à la MGM sous le nom de Hedy Lamarr, afin de ne pas se spécialiser dans des rôles comparables à celui d'*Extase*: *Le Démon de la chair* (De Mille, 1949), où elle joue Dalila*, *Femmes devant le désir* (Keller, 1956), son dernier film. Sa vie sentimentale fut particulièrement agitée et elle eut six maris: Fritz Mandl, le producteur Gene Markey, Ted Stauffer, l'acteur John Loder, Howard Lee et Lewis Boles. Elle a publié ses Mémoires sous le titre *Ecstasy and Me, My Life as a Woman* (1967), qui est aussi une sorte de plaidoyer pour la liberté sexuelle.

LAMARTINE Alix de, née Des Roys. Française (Paris, 1766 - Milly-Lamartine, 1829). Son père était intendant des finances du duc d'Orléans, sa mère sous-gouvernante des enfants de ce dernier. Alix Des Roys passa son enfance dans l'intimité du futur Louis-Philippe. À l'âge de quinze ans elle fut placée par le duc au chapitre de Salles, en Beaujolais, où elle reçut une excellente éducation et d'où elle retira une grande piété. Elle épousa en 1789 un capitaine de cavalerie, Pierre de Lamartine, qui défendit les Tuileries le 10 août 1792 et dut ensuite se cacher en province. Il fut par la suite incarcéré à Mâcon. Elle lui donna six filles, dont l'une mourut en bas âge, et un fils, Alphonse de Lamartine, né en 1790. «De ma mère, je tiens assez de finesse et une sensibilité dont toutes les notes sont justes», écrivait le poète. Il fit revivre cette femme admirable dans les *Confidences* (1849), puis dans *Le Manuscrit de ma mère* (1871), qui parut deux ans après la mort de l'écrivain. Cet ouvrage reproduit un journal intime conservé dans douze petits cahiers écrits par Mme de Lamartine.

LA MAY Barbara (Barbara Bott, dite). Contorsionniste américaine d'origine allemande (née à Hambourg en 1914). Née d'un père américain et d'une mère allemande, elle se consacra aux exercices de dislocation, discipline dans laquelle elle excellait : étonnant « caoutchouc » en arrière, remarquable équilibriste et fort gracieuse ballerine. D'une grande beauté, elle alliait la souplesse à une plastique exceptionnelle. À Paris, elle remporta un immense succès à l'Empire en 1930, puis elle se produisit à l'Alhambra (1935), à Médrano (1936), au Théâtre des Champs-Élysées et à Mogador. Elle mimait à la perfection la *Danse de l'ombre*, la *Danse de la belle captive*; elle joua dans la revue de l'*Amour* et tint le rôle de Wanda dans l'opérette *Rose-Marie*, où ses talents de comédienne, d'acrobate et de danseuse firent merveille. Elle devint très célèbre, et son nom parut en vedette sur les affiches de la plupart des grands spectacles européens. Ayant abandonné la scène, Barbara La May ouvrit une école de danse à Paris.

LAMB Caroline, lady. Femme de lettres anglaise (Londres, 1785 - *id.*, 1828). Elle était la fille de Frederick Ponsomby, comte de Bessborough. Jolie et extravagante, elle épousa en 1805 William Lamb, futur lord Melbourne, dont elle divorça en 1825. Elle fut célèbre pour sa liaison avec Byron, avec lequel elle rompit en 1813, le poète, lassé, s'étant mis à courtiser lady Oxford*. Elle se vengea en le caricaturant dans un roman d'une extrême méchanceté, *Glenarvon* (1816). Elle a écrit deux autres romans, *Graham Hamilton* (1822) et *Ada Reis* (2 vol., 1824). Elle ne se consola jamais tout à fait de ses amours avec Byron, auquel elle survécut quatre ans.

LAMBALLE Marie Thérèse Louise, née de Savoie-Carignan, princesse de. Française (Turin, 8 septembre 1749 - Paris, 3 septembre 1792). Elle fut mariée à dix-sept ans à Louis de Bourbon, prince de Lamballe, dont le père, le duc de Penthièvre, descendait du comte de Toulouse, bâtard légitimé de Louis XIV. Le prince mourut de la syphilis l'année suivante (1768). Après son mariage avec le dauphin (futur Louis XVI) en 1770, Marie-Antoinette* se prit d'amitié pour la princesse de Lamballe, laquelle, superficielle et peu intelligente, était cependant gaie, désintéressée et fidèle. La reine la nomma en 1774 surintendante de sa maison, et la princesse s'occupa des plaisirs de sa bienfaitrice. Tout en conservant sa charge, elle s'éloigna de la cour en 1776, supplantée par la favorite du jour, la duchesse de Polignac*. Elle rentra en grâce au moment de l'affaire du Collier (1786) et montra un dévouement exemplaire à la reine. Après la fuite à Varennes, elle se rendit en Angleterre — sans succès — pour y demander de l'aide (juin 1791). Elle se trouvait aux Tuileries le 10 août 1792 et fut arrêtée avec la famille royale et incarcérée à la prison de la Force au moment où les massacres de Septembre commençaient. Traduite devant un tribunal improvisé dans la prison même, on ne la laissa sortir que pour mieux la perdre. Elle fut massacrée par la foule, et sa tête, fichée au bout d'une pique, fut présentée devant les fenêtres du Temple où était séquestrée la famille royale. Cette scène fut largement diffusée par l'imagerie populaire de l'époque.

RÉF. : M. de Decker, *La Princesse de Lamballe, mourir pour la reine*, Perrin, 1979.

LAMBERT Anne-Thérèse, née de Marguenat de Courcelles, marquise **de.** Femme de lettres française (Paris, 1647 - *id.*, 1733). Elle épousa en 1666 le marquis Henri de Lambert de Saint-Bris et le suivit au Luxembourg lorsqu'il en fut nommé gouverneur. À la mort de son mari en 1686, elle s'installa à Paris où elle dut entamer une longue procédure afin de ne pas perdre sa fortune. Son hôtel, à l'emplacement de l'actuel cabinet des Médailles de la Bibliothèque nationale, était le rendez-vous de tous les beaux esprits de son temps. Elle recevait l'aristocratie le mardi, les gens de lettres le mercredi, et l'on disait que son influence était déterminante dans les élections à l'Académie française. Elle se consacra à l'éducation de ses deux enfants pour lesquels elle écrivit *Avis d'une mère à son fils et à sa fille* (1728). Elle a aussi laissé des réflexions sur divers sujets, des lettres et un *Traité de l'amitié*. Ses *Œuvres complètes* ont été publiées pour la première fois à Lausanne en 1750.

LAMBERT-CHAMBERS Dorothea, née Douglas. Championne de tennis anglaise (Ealing, 1878-1960). Elle établit sa réputation de grande championne grâce aux tournois de Wimbledon qu'elle remporta six fois: sous son nom de jeune fille en 1903 et 1904, sous son nom de femme mariée en 1910, 1911, 1913 et 1914. Lors de son dernier match à Wimbledon en 1920, elle avait quarante-deux ans, ce qui atteste une résistance physique hors du commun. Son jeu reposait sur ses balles décochées du fond du court avec une telle violence qu'elles débordaient ses adversaires. Comme la plupart des joueuses de son époque, Dorothea Lambert-Chambers servait par le bas, mais son service était néanmoins d'une rare efficacité, coupé et admirablement placé. Plus tard, elle adopta le service par en haut. Elle est l'une des trois joueuses à avoir pris un set à Suzanne Lenglen*.

LA MERI (Russel Meriwether Hughes, dite). Danseuse, chorégraphe et ethnologue américaine (Louisville, 1898 - San Antonio, 7 janvier 1988). Elle fut formée à la danse classique avant de se consacrer à l'étude des danses du monde entier. Elle parcourut l'Asie et les deux Amériques et apprit le flamenco à Barcelone en 1922. De retour aux États-Unis en 1925, elle communiqua à la danse moderne encore à ses débuts un souffle folklorique authentique. Elle se produisit en de nombreux récitals et travailla pour le cinéma. Sa recherche rejoint celle de Ruth Saint-Denis*, avec laquelle elle fonda en 1938 à New York la School of Natya. Devenue en 1942 l'Ethnologic Danse Center, sa troupe interprétait aussi bien le Bahrata Natyam (danse sacrée des prêtresses hindoues) que *Le Lac des cygnes* ou *L'Amour sorcier*.

La Meri a enseigné la danse dans les collèges et les universités; ses ouvrages pédagogiques et anthropologiques font autorité: *Principes of the Dance Art* (1933), *Dance as an Art Form* (1933), *Gesture Language of the Hindu Dance* (1941), *Spanish Dancing* (1948) et *The Basic Elements of Dance Composition* (1965). En 1965, infatigable, elle prit la direction à Barnstable, dans le Massachusetts, d'une troupe amateur qui devint la Meri's Ethnic Dance Arts Company. Son travail a été récompensé en 1972 par le Capezio Award. Elle a légué une importante collection de matériaux sur les danses ethniques à la Lincoln Center Dance Library.

LA MOTTE Jeanne, née de Valois-Saint-Rémy, comtesse **de.** Aventurière française (Fontette, Languedoc, 22 juillet 1756 - Londres, 23 août 1791). Descendante d'un bâtard du roi de France Henri II, elle fut recueillie dans son enfance par la marquise de Boulainvilliers, qui donna une éducation à cette orpheline sans fortune. Le roi lui octroya une petite rente en raison de ses origines, et elle se maria en 1780 avec le comte de La Motte, gendarme du roi, charge dont il démissionna par la suite. Deux mois après leur mariage, elle mit au monde des jumeaux, qui moururent à la naissance. Le couple manquait de ressources, et Mme de La Motte sollicita en vain le roi et la reine. En 1781, elle fit la connaissance du cardinal de Rohan, grand aumônier du roi, et devint sa maîtresse. Le cardinal, peu aimé de Marie-Antoinette*, cherchait alors à rentrer en grâce. Mme de La Motte, qui prétendait être sa confidente, se proposa d'intercéder en sa faveur. Elle prit ainsi un grand ascendant sur lui, lui emprunta beaucoup d'argent au nom de la reine, ce qui lui permit enfin de mener grand train avec son mari.

Elle joua ensuite un rôle déterminant dans l'affaire du Collier, en persuadant son amant que Marie-Antoinette souhaitait acquérir un collier de diamants d'une valeur d'un million six cent mille livres. Ne pouvant traiter directement, elle chargea le cardinal de cette négociation. Celui-ci acheta le collier à crédit au nom de la reine et le remit à la comtesse au mois de janvier 1785. L'imposture fut découverte au mois d'août suivant; le roi fit arrêter Rohan et Jeanne de La Motte, dont le mari, passé en Angleterre, avait déjà vendu une partie des diamants. Après dix mois de procès, Rohan fut acquitté, et sa maîtresse condamnée à être fouettée, marquée au fer rouge et enfermée à l'hôpital de la Salpêtrière. En 1787, elle s'évada, déguisée en homme, et rejoignit son mari à Londres, où elle publia des *Mémoires justificatifs* (1788-1789) et une *Vie* (2 vol., 1792). Une première édition, publiée de son vivant, fut détruite par la police. Elle mourut dans des conditions suspectes, soit qu'on l'ait défenestrée, soit qu'elle se soit suicidée. L'affaire du Collier eut un grand retentissement en France et, habilement exploitée par les frères du roi et leur entourage, contribua à discréditer un peu plus Marie-Antoinette dans l'opinion. Les romanciers se sont saisis de cette affaire à leur tour, parmi eux Dumas dans *Le Collier de la reine* (1850).

LANCHESTER Elsa (Élisabeth Sullivan, dite). Actrice anglaise (Levisham, 1902 - Los Angeles, 1986). Elle débuta à seize ans dans un théâtre pour enfants de Londres et fit partie de la troupe d'Isadora Duncan* à Paris. Elle fit ses premières apparitions à l'écran dans des films comme *One of the Best* (Hayez-Hunter, 1927), *The Constant Nymph* (Brunel, 1927), *The Love Habit* (Lachman, 1930), *The Potiphar's Wife* (Elvey, 1931). En 1929, elle avait épousé Charles Laughton; elle joua à ses côtés, notamment dans *La Vie privée d'Henri VIII* (Korda, 1933), où elle incarne Anne* de Clèves. Elle se révéla dans sa remarquable création de *La Fiancée de Frankenstein* (Whale, 1936), et son humour dévastateur fit merveille dans *La Grande Horloge* (Farrow, 1948) et dans *Adorable Voisine* (Quine, 1958). Elle a poursuivi une longue carrière jusqu'en 1976, date de son dernier film, *Un cadavre au dessert* (Moore), qu'elle tourna à l'âge de soixante-seize ans.

LANDER Margot, née Florentz-Gerhardt. Danseuse danoise (Copenhague, 2 août 1910 - *id.*, 19 juillet 1961). Entrée en 1917 à l'école du Ballet royal danois, elle fut formée dans la grande tradition française, solidement enracinée depuis Auguste Bournonville, maître du Ballet du roi. Mariée en 1932 avec Harald Lander, chorégraphe attitré du Théâtre royal de Copenhague, elle s'imposa comme première danseuse puis comme danseuse étoile et reçut pour la première fois au Danemark le titre de *prima ballerina* en 1942. Ses dons de comédienne firent merveille dans *Coppélia* (Nuitter et Saint-Léon) et dans *L'Apprenti sorcier* (Lander), ses plus grands succès restant toutefois *Giselle* (Gautier et Coralli) et

La Sylphide (Taglioni). Elle se retira en 1950, l'année de son divorce d'avec Harald Lander. Elle était à l'apogée de sa carrière ; le public lui réserva une ovation sans précédent lors de ses adieux.

LANDER Toni, née Phil Peterson. Danseuse danoise (née à Copenhague, le 19 juin 1931). Elle fut formée au Ballet royal danois, où elle fut engagée en 1948 pour devenir soliste en 1950. La même année, elle épousa Harald Lander, maître de ballet du Théâtre royal de Copenhague, qui venait de divorcer d'avec Margot Lander*, et l'accompagna à Paris. Elle y suivit l'enseignement de Lubov Egorova* et d'Olga Préobrajenska*, tout en assistant son mari qui présentait ses *Études* à l'Opéra en 1952. Ce magistral tableau de la technique classique, où alternent les adages (partie d'un ballet exécutée avec lenteur) et les rythmes rapides, reste le plus grand succès de Toni Lander. Étoile du London's Festival Ballet de 1954 à 1959, elle devint membre de l'American Ballet Theatre de 1961 à 1971 et retourna régulièrement danser et enseigner au Ballet royal danois. Nommée chevalier du Danneborg en 1957, elle s'est remariée en 1966, après son divorce, avec le danseur Bruce Marks.

LANDOWSKA Wanda. Claveciniste et pianiste polonaise (Varsovie, 5 juillet 1879 - Lakeville, États-Unis, 16 août 1959). Après des études à Varsovie et à Berlin, elle vint à Paris en 1900 et enseigna à la Schola cantorum. Musicienne et musicologue, elle se passionnait pour la musique ancienne. C'est elle qui ressuscita l'usage du clavecin, dont elle joua publiquement pour la première fois en 1903. Pour le festival Bach de Breslau (1912), la maison Pleyel lui fit construire un clavecin de concert de grandes dimensions, et la Hochschule de Berlin créa une chaire spécialement pour elle (1913-1919). Après un séjour à Bâle, elle revint en France pour se fixer à Saint-Leu-la-Forêt qui, sous son impulsion, fut un haut lieu de la musique de 1927 à 1939. Musiciens et mélomanes du monde entier accouraient pour suivre son enseignement et l'écouter dans les œuvres des maîtres des XVIIe et XVIIIe siècles. La rigueur de son jeu alliée à une étonnante fantaisie rythmique font merveille dans le *Clavier bien tempéré* (Bach), qu'elle a enregistré de 1949 à 1951. De même, son *Concerto italien pour clavecin seul en fa majeur* (Bach), magistral, reste un modèle d'interprétation. En 1939, elle se réfugia aux États-Unis, où elle résida jusqu'à sa mort. On lui doit un livre, *La Musique ancienne* (1908). Wanda Landowska et les nombreux disciples qu'elle a formés ont fait renaître le clavier à cordes pincées, qui permet aujourd'hui d'entendre les œuvres des maîtres anciens dans leur sonorité d'origine.

RÉF. : B. Gavoty et R. Hauert, *Wanda Landowska*, 1957.

LANG Pearl. Danseuse et chorégraphe américaine (née à Chicago, le 29 mai 1922). Formée par Martha Graham*, Louis Horst et Muriel Stuart, elle débuta dans la compagnie de Graham, dont elle devint la vedette. Elle a dansé dans *Diversion of Angels* (1948), *Canticle for Innocent Comedians* (1952) et *Ardent Song* (1954). Ayant fondé sa propre troupe en 1952, elle composa plusieurs chorégraphies dont *Any Joy Is My Witness, Shirah, Apasionada*. On la vit se produire dans des comédies musicales et régler, entre autres, les spectacles du Ballet national néerlandais et du Batsheva Dance Company. Elle a enseigné dans de nombreuses universités.

LANGE Aloysia. Voir WEBER Aloysia.

LANGE Dorothea. Photographe américaine (Hoboken, New Jersey, 1895 - San Francisco, 1965). Fixée à San

Francisco, elle acquit une grande renommée par ses photographies réalistes du monde misérable des sans-logis et des chômeurs, qui lui valurent d'être chargée par le gouvernement d'étudier les problèmes des agriculteurs sans travail et des immigrants, au moment de la dépression consécutive à la crise de 1929. Au cours de ses enquêtes, elle réalisa d'admirables photographies dont certaines sont exposées au musée d'Art moderne de New York. Elle a publié, en collaboration avec Paul S. Taylor, *An American Exodus: A Record of Human Erosion* (1939).

LANGE Hélène. Féministe allemande (Oldenburg, 9 avril 1848 - Berlin, 13 mai 1930). Née dans une famille modeste, orpheline de bonne heure, autodidacte, elle se fit remarquer pour son action en faveur de l'égalité de la femme dans la société, notamment dans l'enseignement des jeunes filles, pour lesquelles elle réclamait une formation technique. Pour propager ses idées, elle fonda en 1893 la revue *Die Frau*, dont elle assuma la direction jusqu'à sa mort. Elle fit partie du comité directeur de l'Union des femmes allemandes dès sa formation en 1894, organisme qui militait pour le suffrage féminin, lequel fut accordé en 1919. Hélène Lange est l'auteur de plusieurs ouvrages pédagogiques et sociaux, dont un *Manuel du mouvement féministe* (1893), qu'elle écrivit avec la féministe Gertrud Baümer*, sur laquelle elle eut une grande influence. De nombreuses écoles portent son nom.

LANGEVIN. Voir BORDEREAU.

LANVIN Jeanne. Créatrice de mode française (Paris, 1867 - *id.*, 1946). Elle était la fille d'un journaliste, Constantin-Bernard Lanvin, et l'aînée de dix enfants. À treize ans, elle travaillait chez un modiste et gagnait vingt-cinq francs par mois en livrant des chapeaux. À dix-huit ans, à l'aide d'un prêt, elle s'installa à son compte rue du Marché-Saint-Honoré. Elle commença par habiller ses sœurs, puis les filles des clientes, puis les clientes elles-mêmes. Bientôt la maison Jeanne Lanvin vit le jour. En 1895, elle épousa un gentleman-rider italien, Emilio Di Pietro, dont elle divorça en 1903, comme elle devait quitter son second mari, Xavier Melet, journaliste au *Temps*. Sa fille Marguerite, née en 1897, future comtesse Marie-Blanche de Polignac, fut la source d'inspiration de Jeanne Lanvin.

Les années 20 et 30 consacrèrent l'apogée de la couturière : sa société comprenait huit ateliers, plus de huit cents employés et quinze mannequins ; elle présentait à chaque collection près de trois cents modèles et possédait des succursales dans les stations élégantes : Biarritz, Cannes, Le Touquet, Deauville. Le parfum *Arpège*, créé en 1927, paracheva la renommée de Jeanne Lanvin ; chaque flacon était gravé d'une figurine de Paul Iribe représentant la mère et la fille costumées pour le bal. Jeanne Lanvin fut la première à commercialiser une ligne de toilette complète. Des costumes de bain aux fourrures et aux chapeaux, ses créations toujours renouvelées comportent une note inimitable de jeunesse. Le mauve, le vert céladon, l'ivoire, le noir, les broderies, les festons, les perles, les plissés et les rubans habillent les formes fluides de l'époque. Pudique et intimidante, peu loquace, Jeanne Lanvin habitait un somptueux hôtel rue Barbet-de-Jouy, décoré par Armand Rateau. Elle possédait une collection de plus de quatre cents tableaux, dont de magnifiques Renoir. Le peintre Vuillard l'a représentée en 1935 au « magasin » — c'est ainsi qu'elle nommait sa maison de couture — en simple robe noire et jaquette de couleur, telle qu'elle s'habillait le plus souvent.

LANY Louise Madeleine. Danseuse française (Paris, 1733 - *id.*, 1777). Elle était la sœur de Jean-Baptiste Lany, célèbre danseur à l'Opéra de Paris et maître de ballet. Elle débuta à l'Académie royale en 1743 et interpréta les compositions de Lully, Rameau, Boismortier et Cahussac jusqu'en 1765. Selon Noverre, elle était «la première danseuse de l'univers: taille superbe et élégante, danse écrite avec perfection et nerf, élévation et brillant dans tous ses élans» (*Lettres sur la danse*, XVII et XXX). Elle passe pour la première à avoir battu l'entrechat six et même huit fois. La régularité de sa vie, sa timidité et la gloire de Marie Sallé* la firent injustement oublier.

LARETEI Käbi. Pianiste suédoise d'origine russe (née à Tartou, le 14 juillet 1922). C'est au conservatoire de Tallin en URSS qu'elle commença ses études de piano, mais la guerre l'obligea à se réfugier en Suède. À Stockholm, elle suivit les cours de la pianiste hongroise Annie Fischer, réfugiée comme elle. Elle y débuta en public en 1946. Elle partit ensuite pour la Suisse, où elle travailla avec Edwin Fischer et Paul Baumgartner; elle se perfectionna à Stuttgart auprès de Maria-Luisa Strub. Ses tournées de concert l'ont menée en Europe et aux États-Unis. Son répertoire se compose principalement de musique contemporaine; le *Ludus Tonalis* (Hindemith) remporta un succès triomphal à Carnegie Hall (New York). Käbi Laretei est très attachée à son pays d'adoption et se fait un devoir de propager à travers le monde les œuvres des compositeurs suédois, notamment Larson, Rosenberg et Nystroem. L'Institut pédagogique de Stockholm l'a nommée professeur. Elle a épousé en 1962 le cinéaste Ingmar Bergman, devenant sa troisième femme.

LA ROCHE Sophie von, née Gutermann von Gutershofen. Romancière allemande (Kaufbeuren, Souabe, 1731 - Offenbach, 1807). Fille d'un médecin, c'est dans la bibliothèque de son père qu'elle acquit une vaste culture littéraire. Elle épousa en 1754 Georges von Lichtenfels, dit La Roche, et s'installa avec lui à Warthausen. Aidée par l'écrivain Christoph Wieland, qui avait été son premier amour et qui était venu la rejoindre, elle commença un roman épistolaire, *L'Histoire de mademoiselle de Sternheim* (1775). Goethe, son ami, qui correspondait avec elle et fréquenta son salon d'Ehrenbreitstein entre 1771 et 1780, s'est inspiré de ce roman pour écrire *Les Souffrances du jeune Werther* (1774). Le salon de Sophie von La Roche attira de nombreuses personnalités comme Lavater, Basedow, Merck, les frères Jacobi et le peintre G.M. Krause, qui a fait d'elle un portrait. Celle qui est considérée en Allemagne comme la créatrice du roman moderne et le premier auteur professionnel féminin termina sa carrière en publiant avec succès des contes moraux pour la jeunesse. Elle a écrit *Fanny und Julia* (1802) et *Melusinens Sommerabendes* (1806). À la fin de sa vie, elle se chargea de l'éducation de ses petites-filles, notamment Bettina von Brentano*.

LA ROCHE Raymonde de. Aviatrice française (1886-1919). Elle fut la première femme française à obtenir son brevet de pilote, la première à subir un accident d'avion et la première aviatrice à se tuer. Son premier vol date de 1909: 350 mètres. Elle parcourut l'année suivante 6,4 kilomètres — véritable exploit pour cette époque héroïque de l'aviation. Un très grave accident interrompit brusquement sa carrière. Cela ne l'empêcha pas de recommencer après sa guérison et de battre le record d'altitude en atteignant 1500 mètres. Raymonde de La Roche se tua en 1919 dans la chute de son appareil.

LA ROCHE-GUYON Pérette, née de La Rivière, dame **de** (fin XIVe siècle - apr. 1463). Fille de Bureau de La Rivière, ministre de Charles V puis de Charles VI, elle épousa Guy de La Roche, seigneur de La Roche-Guyon, dont elle eut trois enfants. Veuve en 1415 — son mari fut tué à Azincourt —, elle fut assiégée dans son château par Warwick en 1419 et, après un long siège, elle dut capituler. Henri V d'Angleterre donna le château à Guy Le Bouteillier qui avait contribué à le prendre et suggéra à l'ancienne occupante d'épouser Le Bouteillier si elle voulait récupérer ses biens. Elle refusa, vint à la cour et fut dame d'honneur de la reine, charge qu'elle occupa jusqu'en 1463. Le château de La Roche-Guyon fut repris aux Anglais par Charles VII qui le restitua à Guy, l'un des fils de Pérette de La Roche-Guyon.

LA ROCHEJACQUELEIN Marie Louise Victoire, née de Donnissan, marquise **de**. Française (Versailles, 1772 - Orléans, 1857). Filleule de Madame Victoire, tante de Louis XVI, elle épousa à dix-sept ans son cousin, le marquis de Lescure. Vendéenne dans l'âme, elle le suivit lorsqu'il participa à l'insurrection chouane. Il fut tué à ses côtés à Cholet, en octobre 1793, lorsque les quarante mille hommes qu'il commandait furent écrasés par Hoche et Marceau. Elle resta avec l'armée vendéenne et, après la défaite finale de Savenay (décembre 1793), elle put s'échapper et se réfugia en Espagne. Profitant de l'amnistie, elle revint en France après 1795 et vécut dans la retraite de son château de Citran. Elle se remaria avec le marquis de La Rochejacquelein en 1801 et s'exila lors de la seconde Restauration. Ses *Mémoires* (1815) sont une source intéressantes sur sa famille et sur les guerres de Vendée.

LA ROCHETTE Mlle de. Héroïne française (XVIIIe siècle). Pupille du chef vendéen François de Charette, elle se battit pour lui avec ses deux sœurs Sophie et Céleste et reçut sept coups de sabre. Elle parvint à s'échapper et se cacha dans le bocage. Capturée par les Bleus, elle fut traînée de cadavre en cadavre afin d'identifier Charette que l'on croyait mort. Comme elle ne reconnaissait personne, elle fut emprisonnée et survécut aux guerres de Vendée.

LARUETTE Marie-Thérèse, née Villette. Soprano française (Paris, 6 mars 1744 - *id.*, 16 juin 1837). Douée d'une voix délicieuse, elle chanta à l'Opéra et à la Comédie-Italienne de 1756 à 1777, campant surtout des rôles d'ingénues et de soubrettes. Elle créa notamment Louise (*Le Déserteur*, Monsigny) en 1769, et Zémire (*Zémire et Azor*, Grétry) en 1771. Philidor, Grétry et Dalayrac écrivirent pour elle. Mariée au ténor et compositeur Jean-Louis Laruette en 1763, elle fut pour lui une collaboratrice et une partenaire précieuse. En 1792, elle épousa le comte d'Aurignac.

LA SABLIÈRE Marguerite de, née Hessein. Femme de lettres française (Paris, 1639 - *id.*, 1693). Issue d'une famille de riches financiers protestants, elle reçut une éducation fort solide. Elle savait le grec et le latin et se passionna pour les sciences que lui enseignèrent plus tard Roberval, Sauveur et le grand voyageur Bernier. Mariée toute jeune à Antoine Rambouillet de La Sablière, auteur de *Madrigaux* (1680), elle se sépara, après treize ans, d'un époux volage qui la maltraitait. Ils eurent trois enfants. Elle habita rue Saint-Honoré de 1680 à 1685. Son charme et son esprit « à beauté d'homme avec grâce de femme » (La Fontaine) attirèrent dans son salon une société choisie: Saint-Évremont et Ninon de Lenclos* y côtoyaient Racine, Benserade, Lauzun, les Fouquet, Mme de Sévigné*, Mme Cornuel*, sans oublier le futur roi de Pologne Jean Sobieski. Elle est célèbre pour avoir protégé son ami Jean de La Fontaine; le poète était son hôte depuis 1673 et quitta avec elle le séjour de la rue Saint-Honoré. Il y composa les livres III et IV de ses *Fables*. C'est à Mme de La Sablière qu'il dédie son *Discours* de réception à l'Académie (1684). «Iris», restée sage, se prit de passion pour le marquis de La Fare, poète à ses heures, libertin et aimant boire. Leur union dura trois ans; l'infidèle devait en épouser une autre. Elle rompit avec lui et avec le monde. À quarante-six ans, elle s'acheta une maison rue Rousselet pour vivre en retraite près des Incurables. Elle distribua les restes de sa fortune aux pauvres de l'hospice, se convertit au catholicisme, et s'infligea la pénitence sous la direction du célèbre abbé de Rancé. Mme de La Sablière nous a laissé des *Maximes chrétiennes* (1705) qui témoignent du chemin parcouru. Ses *Lettres* à Rancé ont été éditées en 1923.

LASCHI Luisa. Soprano italienne (Florence, 1760 - *id.*, v. 1790). Elle débuta en 1784 à Vienne dans *Giannina e Bernardone* (Cimarosa), et la *Wiener Kronik* d'écrire aussitôt:

> Elle a remporté un immense succès; malgré son très jeune âge, sa voix est exceptionnelle, elle chante déjà avec plus d'expression que les autres chanteurs d'opéras [...]. Elle est ravissante. Nancy Storace* a seulement plus de métier mais en voix la Laschi est supérieure...

Après avoir été une Rosine très applaudie (*Le Barbier de Séville*, Paisiello), elle se produisit un mois plus tard en concert, Mozart jouant pour la circonstance son *Concerto pour piano en si bémol K 456*. La même année, l'empereur Joseph II obtint pour elle un engagement à Naples, où elle rencontra le ténor Domenico Mombelli, qu'elle épousa. De retour à Vienne, elle fut la créatrice de la Comtesse (*Les Noces de Figaro*, Mozart) le 1er mai 1786 et remporta un véritable triomphe aux côtés de Nancy Storace qui chantait Suzanne. Le 15 mai, elle se tailla un nouveau succès dans *Il Trionfo delle donne* (Anfossi); le 1er août, elle apparut pour la première fois aux côtés de Mombelli dans *I Finti eredi* (Sarti). En novembre, sous le nom de Mme Monbelli, elle chanta *Una cosa rara...* (Martín y Soler). Pour le même compositeur, elle interpréta *L'Arbore di Diana*; avant d'aborder le rôle de Zerlina (*Don Giovanni*, Mozart) pour la première représentation de l'œuvre à Vienne, le 7 mai 1788. On ne connaît pas la fin de sa vie. Elle fut enceinte et mourut peut-être lors de son accouchement; Mombelli était veuf en 1791.

LASKER Mary, née Elwin. Collectionneuse américaine (née à Watertown en 1900). Aimant les arts, elle patronna de nombreuses expositions de peintre où les Français figuraient en bonne place. Elle épousa en 1940 Albert Lasker et ils se consacrèrent tous deux à la lutte contre le cancer. Mary Lasker doit sa renommée en France aux importants subsides qu'elle versa pour la restauration du château de Versailles. Son action généreuse lui valut d'être élevée par l'État au grade de chevalier de la Légion d'honneur. Après la mort de son mari en 1951, elle poursuivit la collection que tous deux avaient constituée après la Seconde Guerre mondiale — formée des meilleurs peintres de la fin du XIXe siècle et du XXe siècle (Renoir, Manet, Cézanne, Soutine, Matisse, etc.). Elle y ajouta des toiles de l'expressionnisme abstrait américain.

LASKER-SCHÜLER Else. Femme de lettres allemande (Elberfeld, 1869 - Jérusalem, 1945). Fille d'architecte, nièce de rabbin, elle quitta son milieu pour vivre à Berlin une vie de bohème parmi les écrivains et les artistes de la capitale, Karl Kraus, le peintre Franz Marc, Gottfried Benn, Franz Werfel. C'est en 1902 qu'elle publia son premier recueil de poèmes, *Styx*. En 1909, un drame, *Die Wüpper*, exprime, dans une alternance de scènes naturalistes et visionnaires, la tragédie des hommes dans une ville industrielle de la vallée de la Wüpper. *Mon peuple* (1911) chante son amour pour le peuple juif. Ses *Ballades hébraïques* (1913) évoquent à la fois les grands noms de la Bible et les aventures sentimentales de l'auteur. Elle collabora à de nombreuses revues d'opposition comme *Aktion* ou *Der Sturm*, dont elle épousa le directeur, Herwarth Walden. En 1932, elle obtint le prix Kleist, mais, dès 1933, son œuvre fut interdite par les nazis. Elle quitta alors l'Allemagne pour la Suisse et gagna la Palestine (1934). Son œuvre évolua de l'expressionnisme au mysticisme, le leitmotiv restant la dénonciation du chaos sans âme que représente le monde industriel. Ses dernières poésies, toutes en demi-teintes, sont empreintes de mélancolie et de sensibilité. Else Lasker-Schüler a écrit une autre pièce, *Aronymus et ses aïeux* (1932), qui fut jouée à Zurich en 1936. Elle a illustré son recueil de récits, *Le Prince de Thèbes*, avec ses propres lithographies (1914). Gottfried Benn la considérait comme la plus grande poétesse de langue allemande.

LASKINE Lily. Harpiste française (Paris, 1893 - *id.*, 1988). De parents russes, «l'impératrice de la harpe» débuta dès l'âge de huit ans aux côtés de sa mère pianiste. À douze ans, elle obtint à l'unanimité un premier prix au Conservatoire de Paris; l'année suivante, elle donnait ses premières leçons. Elle s'imposa à seize ans au concours d'entrée de l'orchestre de l'Opéra de Paris, où elle fut la première femme à figurer. Véritable mascotte, «la petite Lily» entreprit une carrière de soliste avec les plus grands orchestres: Lamoureux, Straram, Koussevitzki. Elle fut dirigée par Toscanini et par Richard Strauss. Elle épousa en 1938 le violoniste Roland Charmy.

Lily Laskine a ressuscité les partitions du passé tout en restant à l'écoute des compositeurs contemporains: Ravel, Roussel, Jolivet, Debussy, Fauré, Martelli, dont elle a créé de nombreuses œuvres. Se défendant toutefois d'être un «monument historique», elle travailla pour la chanson et la Comédie-Française. Remarquable professeur — elle avait décidé de ne jamais être fatiguée —, son enseignement au Conservatoire de Paris et à l'académie d'été de Nice fut suivi par des centaines d'élèves. Parmi une abondante discographie, citons *Danses pour harpe et orchestre* et *Danse sacrée* (Debussy), *Concerto pour flûte, harpe et orchestre* (Mozart), *Concerto pour harpe et orchestre* (Jolivet). Lily Laskine était officier de la Légion d'honneur, grand-croix de l'ordre national du Mérite et commandeur des Arts et des Lettres.

LA TOUR DU PIN DE LA CHARCE Philis de. Héroïne française (1645-1703). Elle fut un modèle de résistance à l'envahisseur. En 1662, Victor-Amédée II, duc de Savoie, qui souhaitait conquérir le Dauphiné, lança ses troupes dans cette province, semant la terreur, pillant et incendiant les villages et les fermes. Philis de La Tour du Pin leva une petite armée, formée des vassaux et des paysans de son père, à la tête de laquelle elle harcela l'ennemi sans relâche. Elle coupa les moyens de communication des Savoyards, obstrua les torrents, abattit les arbres, détruisit des ponts. Elle combattit si vigoureusement ses adversaires qu'ils furent obligés d'abandonner la ville de Sisteron; enfin, elle retint les troupes du duc de Savoie devant les portes de la ville de Gap. La résistance héroïque de Philis de La Tour du Pin, qui combattait l'épée à la main, protégée par une cuirasse, arrêta l'invasion savoyarde jusqu'à l'arrivée des troupes de Louis XIV, qui reconquirent la totalité du Dauphiné.

LATYNINA Larissa Semionovna. Gymnaste soviétique (née à Kherson, Ukraine, en 1934). Fille d'un docker de la mer Noire, elle se consacra d'abord à la danse classique, mais opta finalement pour la gymnastique. Elle fit des débuts brillants, gagnant de nombreux trophées dans différents concours en URSS. Elle connut la célébrité aux jeux Olympiques de Melbourne (1956), obtenant quatre médailles d'or, dont celle du concours général, et une médaille d'argent. Ce fut le début de l'une des plus brillantes carrières du sport féminin. De 1956 à 1964, Larissa Latynina fut la championne du monde incontestée, dominant toutes ses adversaires. Son palmarès est exceptionnel : quarante-six médailles dont vingt-cinq d'or, quinze médailles d'argent et six de bronze, obtenues dans toutes les disciplines, concours général, exercices au sol, poutre et saut, barres asymétriques. Ces médailles furent remportées au cours des jeux Olympiques de Melbourne (1956), de Rome (1960), de Tokyo (1964) et pendant les championnats du monde et d'Europe. Son règne prit fin avec l'arrivée de la championne tchécoslovaque Vera Caslavská*, qui la domina aux championnats d'Europe (1965) et aux championnats du monde (1966). Larissa Latynina, grâce à sa formation de danseuse classique, inaugura dans ses exercices au sol des enchaînements totalement nouveaux, exécutés sur des musiques folkloriques ou de jazz, qui furent à l'origine de la nouvelle école de gymnastique.

LAUDER Estée (Joséphine Esther Mentzer, dite). Femme d'affaires américaine (née à New York en 1908). Fille d'immigrés d'Europe de l'Est, la reine des cosmétiques s'est longtemps flattée d'une généalogie brillante et d'une enfance heureuse. Il n'en est rien. Férue de beauté, elle aida son oncle John Schotz, dermatologue, à élaborer puis à commercialiser des crèmes de soin. Dans les années 30, elle créa sa société et la *All purpose cream*. Elle en oublia son mari, dont elle se sépara en 1939... pour se remarier avec lui quatre ans plus tard. En 1946, le grand magasin de luxe Saks la propulsa sur la Cinquième Avenue. La société se développa et, à force de travail, de ténacité et de coups promotionnels, elle réalisa un chiffre d'affaires d'un million de dollars en 1960, qu'elle porta au milliard en 1975. Aujourd'hui, le monde entier connaît les marques Estée Lauder, Clinique et Aramis. La « Blue lady », très jet society, possède une villa de vingt-sept pièces à Palm Beach, deux maisons sur la Côte d'Azur. Elle réside habituellement à Manhattan dans un appartement de trois étages. Elle a pour amies Liz Taylor* et la Bégum. Depuis la mort de son époux en 1983, elle a laissé ses fils prendre part à ses affaires.

LAURE (Laure de Noves, dite). Dame provençale (Avignon, 1308 - *id.*, 6 avril 1348). La gloire de Laure est inséparable du *Canzoniere*, recueil de poèmes en deux parties de Pétrarque, *À Laure vivante, À Laure morte*, qui narrent son amour pour elle depuis le jour de leur rencontre jusque dix ans après sa mort. Le poète y chante un amour perdu en 318 sonnets et 68 chansons. Cette somme de l'ère courtoise relate en détail les rencontres quotidiennes, les espoirs et désespoirs successifs selon que la dame se montrait coquette ou sévère. Avignon était à cette époque le siège de la papauté, et c'est dans cette nouvelle Rome, corrompue par le relâchement des mœurs, que naquit et vécut Laure de Noves, « rose au milieu des épines ». D'après la tradition, son père, Audibert, aurait été échevin de la ville. Elle épousa Hugues de Sade, commerçant fortuné et anobli de fraîche date. Elle eut de lui onze enfants. Pétrarque la rencontra en 1327 alors qu'elle était mariée et se déclara aussitôt, la peignant sous ces mots :

Sa taille était élevée, sa démarche pleine de séduction et de majesté. Des cheveux d'un blond doré, un teint éblouissant de blancheur, qui se colorait aux émotions du cœur.

Pendant près de vingt ans, ce fut une lutte continuelle entre le désir de plaire, la crainte d'offenser, le besoin de parler et l'obligation de se taire — ou d'écrire:

Je vois, je pense, brûle et pleure
Elle, qui me détruit est toujours là, devant
[moi, pour sa douce peine.

L'amour de Pétrarque ne trouva d'obstacle que dans l'invincible chasteté de sa dame. Mais l'on se ferait d'elle une fausse idée si l'on se figurait l'une de ces vertus hautaines inaccessibles à la galanterie; la muse du poète ne manquait pas de coquetterie. Laure mourut lors de la fameuse peste noire de 1348, le 6 avril, jour anniversaire de leur première rencontre. Elle fut enterrée dans l'église des Frères mineurs de Saint-François d'Avignon. François Ier visita son tombeau en 1533; on y trouva ensevelis une médaille et un parchemin: c'était un sonnet signé de Pétrarque.

La douleur du poète s'épanche dans la deuxième partie du *Canzoniere* ainsi que dans la note éplorée en marge de son manuscrit de Virgile (conservé à la bibliothèque Ambrosienne de Milan), où l'on apprend les quelques dates qui jalonnent la vie de son aimée. L'identité de Laure a, par ailleurs, été longuement discutée. Une *Vie de Pétrarque* propose en 1471 une certaine Laurette, célibataire, que le poète n'épousa pas de peur de flétrir son amour; il y eut aussi une Laure de Baux. Quoi qu'il en soit, Pétrarque la rendit célèbre de son vivant, au point que les souverains de passage en Avignon demandaient à la voir. Le peintre Simon de Sienne fit son portrait, qui subsiste aujourd'hui gravé dans les premières éditions du *Canzoniere*. Ajoutons, pour ceux qui seraient tentés de plaindre Pétrarque, que ses peines ne furent pas sans dédommagements: il eut deux enfants de deux dames différentes, un fils qui mourut à l'âge de vingt-quatre ans à Vérone et une fille, Francina, mariée à François de Brossano, qui fut, disent les biographes, la consolation de ses vieux jours.

LAURAGUAIS Diane Adélaïde, née de Mailly-Nesle, duchesse **de**. Française (1714-1769). Elle succéda à deux de ses sœurs, la comtesse de Mailly* et la marquise de Vintimille*, dans le cœur du roi Louis XV avec qui elle eut une liaison tapageuse. Puis elle épousa le duc de Lauraguais mais resta liée au roi, même quand celui-ci prit pour maîtresse sa troisième sœur, la duchesse de Châteauroux* en 1742. Elle accompagna celle-ci et le roi lors des campagnes militaires de Flandres et d'Alsace. À la mort de sa sœur en 1744, elle redevint la favorite du roi et resta sa maîtresse officielle jusqu'à l'avènement de Mme de Pompadour*. Elle prit ensuite pour amant le duc de Richelieu pour qui elle obtint le commandement de l'expédition de Minorque.

LAURENCIN Marie. Peintre. Française (Paris, 1885 - *id.*, 1956). Marie Laurencin, comme Valentine Hugo*, suivit les cours de l'académie Humbert mais, plus encore sans doute que cette dernière, elle sut acquérir une indéniable personnalité et se forger une réputation. À l'époque du cubisme, grâce à Guillaume Apollinaire, dont elle devint d'ailleurs la compagne et l'inspiratrice, elle rencontra et côtoya au Bateau Lavoir Picasso, Braque, Juan Gris, Villon, Max Jacob et Cocteau. Durant la Première Guerre mondiale, elle choisit de séjourner en Espagne et en Allemagne, et fit la connaissance du baron Otto von Wetgen, qu'elle épousa.

La «Colette* de la peinture», comme on la surnommait parfois, ne s'est jamais réellement soumise aux influences de ses contemporains et amis, notamment ceux de l'école de Paris : dans ses représentations de jeunes femmes aux poses maniérées, traitées dans de subtiles harmonies de gris, de rose et de bleu pâle, elle a su conserver un style personnel très éloigné du fauvisme et du cubisme avec lesquels elle a été un moment confondue. Elle pratiqua également la lithographie et l'aquarelle. Elle fut aussi l'auteur de nombreuses illustrations réalisées, entre autres, pour des textes de Lewis Carroll, d'André Gide et de René Crevel. Elle a enfin exécuté des maquettes de décors et de costumes pour la Comédie-Française et les Ballets russes, notamment le décor des *Biches* (Poulenc, 1923). Ses œuvres sont aujourd'hui très recherchées par les musées et les collectionneurs du monde entier et, au Japon, un musée lui a été consacré. Certaines de ses toiles comme *Groupe d'artistes* (1908), *Femme à la colombe* (1919), *Portrait de la baronne Gourgaud* (1923) et *Portrait de la femme en rouge* (1941) font partie des collections du musée national d'Art moderne de Paris.

RÉF. : D. Marchesseau, *Marie Laurencin*, F. Hazan, 1981. F. Groult, *Marie Laurencin*, Mercure de France, 1987.

LAVAL Charlotte de. Française (1529-1568). Elle était la nièce d'Anne de Montmorency, connétable de France, qui la recueillit jusqu'à son mariage avec l'amiral Gaspard de Coligny. Converti à la Réforme en 1559, celui-ci devint l'un des chefs du parti protestant en France. Après le massacre de Wassy en 1562, qui fut le signal des guerres de Religion dans toute la France, Charlotte de Laval décida son mari à prendre les armes contre les catholiques. Femme courageuse, c'est en soignant les malades et les blessés à Orléans qu'elle fut atteinte du typhus dont elle mourut.

LA VALETTE Émilie Louise, née de Beauharnais, comtesse **de.** Française (1781 - Paris, 1855). Elle était la nièce de Joséphine*. À seize ans, elle s'éprit de Louis Bonaparte, frère du futur Napoléon Ier, mais celui-ci lui fit épouser en 1799 son aide de camp, le comte Antoine de La Valette, qui devint directeur général des Postes sous l'Empire. Nommée dame d'atour de Joséphine, discrète, mal remise de la naissance de sa fille, elle ne réussit guère à la cour. La Valette, qui avait été révoqué en 1814 et qui avait réintégré ses fonctions au moment des Cent-Jours, fut condamné à mort lors de la seconde Restauration, en 1815. Sa femme tenta d'obtenir la grâce de son mari auprès de Louis XVIII, qui refusa malgré le mouvement d'opinion en faveur du condamné. Il autorisa seulement le comte à voir sa femme et sa fille la veille de l'exécution, le 20 décembre 1815.

La timide et fragile Émilie trouva alors l'énergie de réaliser une des plus belles évasions de l'histoire: elle échangea ses habits contre ceux de son mari, qui sortit du cachot soutenu par sa fille, sanglotant, le visage enfoui dans un mouchoir. Le fugitif se cacha à Paris pendant un mois puis parvint à gagner la Bavière. Louis XVIII se contenta de dire: «Madame de La Valette a fait son devoir.» Elle resta trente-quatre jours au secret absolu. Rentrée chez elle, elle découvrit dans le secrétaire de son époux une correspondance féminine volumineuse et dépourvue de toute ambiguïté. Elle en perdit la raison; en 1819, il fallut l'interner. Gracié en 1822, La Valette rentra en France et retrouva sa femme qu'il fit sortir de la maison de santé où elle était soignée; elle ne le reconnut pas. Il mourut en 1830, ayant interdit dans son testament qu'elle soit à nouveau enfermée.

LA VALLIÈRE Louise, née **de La Baume Le Blanc,** duchesse **de.** Favorite de Louis XIV. Française (Tours, 6 août 1644 - Paris, 6 juin 1710). Sa mère s'étant remariée avec Saint-Rémy, premier maître d'hôtel de Madame, Henriette*-Anne d'Angleterre, belle-sœur de Louis

XIV, elle devint l'une de ses filles d'honneur. Sa jeunesse, sa grâce et son désintéressement plurent au roi, qui en fit sa maîtresse en 1661. Il l'aimait avec passion et fit donner pour elle de somptueuses fêtes à Versailles. Elle lui donna quatre enfants, dont deux survécurent: Marie-Anne de Bourbon en 1666 — elle fut légitimée l'année suivante et épousa plus tard le prince de Conti — et le comte de Vermandois. En 1667, par édit du Parlement, le roi fit Mlle de La Vallière duchesse de Saint-Christophe et de Vaujour. Peu à peu, elle fut supplantée par Mme de Montespan* et elle se retira au couvent des Dames de Sainte-Marie de Chaillot (1671). Louis XIV la rappela ensuite à la cour. Atteinte de maladie, elle quitta Versailles définitivement en 1674 et s'installa chez les carmélites du faubourg Saint-Jacques, à Paris. «Vivez cachée», lui dit Bossuet dans le sermon sur sa profession de foi. Sous le nom de Louise de la Miséricorde, elle vécut près de trente-six ans une vie de pénitence, oubliée du Roi-Soleil. On appelle cravate La Vallière ou Lavallière (en souvenir de la duchesse) une cravate large et souple nouée par un nœud à deux coques et dont les deux pans sont flottants.

RÉF.: C. Moyne, *Louise de La Vallière ou le Roi favori*, Perrin, 1978.

LA VILLÉON Éliane de. Peintre. Française (née à Bordeaux en 1915). Elle fait partie de l'école de Paris, qui rassemblait entre les deux guerres des peintres de toutes nationalités et tendances artistiques. Elle exposa pour la première fois à Rennes en 1935; l'État lui confia la réalisation de deux panneaux pour l'Exposition internationale de 1937. Elle présenta ses œuvres dans le cadre du Salon des indépendants et du Salon d'automne. En 1944, elle fut élue vice-présidente de l'Union des femmes peintres et sculpteurs. On peut voir ses toiles au musée du Luxembourg et au musée d'Art moderne de Paris. Elle est également représentée au États-Unis.

LAVOISIER Marie-Anne Pierrette, née Paulze d'Ivoy (Paris 1758 - *id.*, 1836). Fille de Jacques Paulze, fermier général et directeur de la Compagnie des Indes, elle épousa en 1771 Antoine Lavoisier, âgé de vingt-huit ans, qui la même année était entré à la Ferme générale en qualité d'inspecteur régional et était membre de l'Académie royale des sciences depuis 1768. Elle poursuivit ses études pour devenir la collaboratrice de son mari. Ayant appris l'anglais, elle traduisit pour lui les mémoires de savants anglais, notamment l'*Essai sur le phlogistique et la constitution des acides* de Richard Kirwan (1788). Très douée, elle grava également les planches du *Traité élémentaire de chimie* de son mari (1789). Elle avait trente-six ans lorsque Lavoisier, considéré comme un ennemi de la République en tant que fermier général, fut guillotiné. Elle publia ensuite les *Mémoires de chimie* de son époux avec une préface (1805).

LAW Ruth. Aviatrice américaine (1887-?). Célèbre pour sa témérité — elle fut la première femme à réussir le «looping» — et pour ses acrobaties nocturnes, éclairées au projecteur. Toutefois, elle ne fut pas uniquement une aviatrice d'exhibitions: elle battit le record d'altitude en 1915, le portant à près de 3 300 mètres. En 1917, elle remporta devant tous ses concurrents masculins la célèbre course Chicago-New York, établissant le record sans escale de 950 kilomètres.

LAWRENCE Marjorie. Soprano australienne (Dean's Marsh, 17 février 1907-Little Rock, Arkansas, 13 janvier 1979). Après avoir remporté plusieurs prix de chant dans son pays, elle vint travailler sa voix à Paris, sous la direction de Cécile Gilly. Elle débuta en 1932 à l'opéra de

Monte-Carlo dans le rôle d'Élisabeth (*Tannhäuser*, Wagner). Elle chanta ensuite le rôle de Brünnhilde (*Le Crépuscule des dieux*, Wagner) et, plus tard, Hérodiade (*Salomé*, R. Strauss), Aïda (*Aïda*, Verdi), Donna Anna (*Don Juan*, Mozart), Brunehild (*Sigurd*, Reyer), Brangaine (*Tristan et Isolde*, Wagner). Elle y créa également le rôle de Keltis (*Vercingétorix*, Canteloube). À partir de 1935, et jusqu'en 1941, elle triompha au Metropolitan Opera de New York, partageant les grands rôles wagnériens avec Kirsten Flagstad*. Elle se produisit également à Chicago, à San Francisco, à Cincinnati et à Buenos Aires.

En 1941, à Mexico, elle fut terrassée par la poliomyélite. À force de courage, elle surmonta cette épreuve mais ne retrouva pas l'usage de ses jambes. Elle chanta assise, en 1942 et en 1943, Vénus (*Tannhäuser*, Wagner) et Isolde (*Tristan et Isolde*, Wagner) au Metropolitan Opera de New York, Amnéris (*Aïda*, Verdi) à l'Opéra de Paris. Après 1943, elle ne chanta plus qu'en concert, entre autres, *Elektra* (R. Strauss) à Chicago en 1947 et se consacra à l'enseignement à la Tulane University de la Nouvelle-Orléans puis à la Southern Illinois University de Barbondale. Elle fit ses adieux définitifs au public en 1952. Elle est l'auteur d'une autobiographie, *Interrupted Melody: The Story of My Life* (1949), dont un film fut tiré en 1955.

LAZAREFF Hélène, née Gordon. Directrice de presse française d'origine russe (Rostov-sur-le-Don, 1909 - Le Lavandou, 1988). Elle naquit au sein d'une richissime famille juive d'industriels, contrainte de quitter la Russie au moment de la révolution d'Octobre pour se réfugier d'abord en Turquie puis à Paris. Là, elle passa son baccalauréat, se maria, eut une fille (Michèle Rosier). Ses études de lettres et d'ethnologie la conduisirent à un séjour de trois mois chez les Dogons du Congo. Elle en rapporta des articles pour *L'Intransigeant*. Elle rencontra Pierre Lazareff chez l'explorateur Paul-Émile Victor. Grâce à lui, elle fit ses premiers pas dans le journalisme, s'occupant de la rubrique Enfants de *Paris-Soir*. Ils se marièrent en 1939 et, pendant la guerre, s'installèrent à New York où Hélène Lazareff collabora au *Harper's Bazaar* et au *New York Times*.

Formée à la rigueur du journalisme américain, tant pour le traitement de l'information que pour la gestion, éblouie par la société de consommation alors en plein essor, elle eut l'idée de fonder un hebdomadaire féminin dès son retour à Paris. Le premier numéro de *Elle* vit le jour le 21 novembre 1945 et s'affirma aussitôt comme une réussite éclatante. Le magazine insufflait aux femmes de la Libération un dynamisme, une gaieté et une joie de vivre dont les années de guerre les avaient privées. Pendant plus de vingt ans, celle qu'on appelait la « tsarine » régenta le journal d'une main de fer, lui conférant un rayonnement et une influence uniques. Commercialement elle en fit une réussite et porta le tirage moyen, au cours des années 60, à un million d'exemplaires. Impulsive, instinctive, généreuse, elle fascinait tous ceux qui l'approchaient et fit de *Elle* un modèle de modernité que toute une génération de femmes a suivi. Avec son mari, fondateur de *France-Soir* en 1945, elle devint une célébrité internationale. Ses déjeuners, les célèbres « dimanches de Louveciennes », étaient fréquentés par le monde de la presse, des arts, des affaires. Après la mort de Pierre Lazareff en 1972, atteinte de la maladie d'Alzeimer, elle se retira dans sa propriété du Lavandou où elle finit ses jours. À sa mort, le groupe Hachette, propriétaire du journal, annonçait qu'il s'apprêtait à publier une édition chinoise de *Elle* à raison de quatre numéros par an et que le développement international du titre, déjà présent dans sept pays dont le Japon et les États-Unis, allait s'accélérer.

LAZARUS Emma. Poétesse américaine (New York, 22 juin 1949 - *id.*, 19 novembre 1887). Le nom d'Emma Lazarus est immortalisé par le sonnet gravé sur le piédestal de la statue de la Liberté où elle chante son amour des États-Unis, refuge des opprimés (1886). Elle fut aussi l'auteur de *Admetus and Other Poems* (1871), *Alide* (1874), roman inspiré par la vie de Goethe, et surtout de *Songs of a Semite* (1882), comprenant le drame poétique «The Dance to Death», qui conte l'histoire des Juifs de Thuringe au XIIe siècle et constitue une réponse à la persécution de son peuple en Russie. Elle publia encore *By the Waters of Babylon* (1887). Elle a traduit en américain des poèmes de Heine, *Poems and Ballads of Heinrich Heine* (1881). Son œuvre poétique complète fut publiée après sa mort, en 1889.

LÉA. Voir RACHEL.

LEADE Jane, née Ward. Mystique anglaise (Norfolk, 1623 - Londres, 1704). Grande lectrice des œuvres de Jacob Boehm, elle se rendit célèbre par ses révélations et ses traités visionnaires. Elle propagea une doctrine nouvelle, la «Sophie», à la gloire de la sagesse féminine. Sa société des Philadelphes fit des adeptes jusqu'en Hollande et en Allemagne. Elle était persuadée que la sagesse divine lui était apparue sous les traits d'une vierge.

LEANDER Zarah (Sarah Stina Hedberg, dite). Actrice suédoise (Karlstad, 15 mars 1907 - Stockholm, 23 juin 1981). Issue d'une famille aisée, elle épousa à seize ans l'acteur Nils Leander, dont elle se sépara rapidement. Elle fit ses débuts cinématographiques dans de petits rôles tout en triomphant au théâtre dans *La Veuve joyeuse* (Lehár). Sa carrière connut un développement rapide au cours des années 30, et son rôle dans un film policier, *Première* (Bolvary, 1937), attira sur elle l'attention des metteurs en scène allemands. Prise sous contrat par la UFA, elle fit ses premières armes en Autriche avec Douglas Sirk, qui s'appelait alors Detlef Sierck, dans *Paramatta, bagne de femmes* (1937), puis dans *La Habanera* (1938), dont l'action se passe dans un Puerto Rico entièrement reconstitué en studio.

Après le départ de Sierk pour les États-Unis, Zarah Leander devint par excellence l'actrice de l'Allemagne nazie, quoiqu'elle n'eût pas de sympathies particulières pour ce régime dont on l'a considérée à tort comme l'égérie. Pendant la guerre, elle tourna plusieurs films qui alimentèrent la propagande allemande en Europe: *Marie* Stuart* (Froelich, 1940), *Le Chemin de la liberté* (Hansen, 1941), *Un grand amour* (Hansen, 1942), *Le Foyer perdu* (Hansen, 1943). Sa vie tapageuse, ses fréquentations douteuses aux yeux des nazis — elle recevait trop d'homosexuels — la rendirent suspecte, et elle eut la sagesse de s'installer à Stockholm. Après la guerre, elle reprit sa carrière cinématographique à Vienne. Elle était aussi chanteuse à ses heures. L'une de ses créations, *Lili Marlene* (1942), fut chantée dans toutes les armées; on la fredonne encore aujourd'hui. En secondes noces, elle avait épousé le journaliste Victor Forsell.

LEBLANC Georgette. Soprano française (Tancarville, 8 février 1875 - Le Cannet, 27 octobre 1941). Fille d'armateur, elle est décrite par son frère Maurice Leblanc, le créateur d'Arsène Lupin, comme une enfant timide, «vaguement orgueilleuse de pouvoir supporter la solitude». Frère et sœur étaient les meilleurs amis du monde, et il lui communiqua sa passion pour le poète et dramaturge belge Maurice Maeterlinck, qu'elle rêvait de rencontrer. Elle grandit dans une atmosphère d'exaltation littéraire et, comme elle possédait une jolie voix, elle étudia le chant. Très belle, elle fut remarquée par Jules Massenet et débuta en 1893 à l'Opéra-Comique dans le rôle de Françoise (*L'Attaque du moulin*, Bruneau). En 1894, le théâtre de la Monnaie de Bruxelles l'engagea, ce qu'elle accepta dans l'espoir de rencontrer Maeterlinck. Cela fait, elle le séduisit, une idylle se noua, et ils se marièrent. En même temps, elle triomphait sur scène dans *Carmen* (Bizet) en 1895, dans *Thaïs* (Massenet) et dans *La Navarraise* (Massenet) en 1896.

Revenue à Paris avec son mari, elle se produisit en récital, chantant des lieder de Schumann et de Schubert traduits par Maeterlinck. En 1897, elle chanta Sapho* (*Sapho*, Gounod) à l'Opéra-Comique puis Carmen (*Carmen*, Bizet). En 1902, Claude Debussy lui préféra Mary Garden* pour le rôle de Mélisande (*Pelléas et Mélisande*), adapté de la pièce de Maeterlinck, ce qui provoqua la brouille entre les deux hommes. Elle ne chanta le rôle qu'en 1912, à l'Opéra de Boston. Entre-temps, elle avait créé *Ariane et Barbe-Bleue* (Dukas, 1907) salle Favart. Entre 1912 et 1918, elle donna des conférences sur des œuvres de Maeterlinck et joua dans certaines de ses pièces: *Monna Vanna* en 1903, *Marie-Magdeleine* en 1913. Séparée de son mari en 1918, elle créa le rôle de la Lumière (*L'Oiseau bleu*, A. Wolff, livret de Maeterlinck) au Metropolitan Opera de New York en 1919. Elle a publié *Un pèlerinage au pays de Madame Bovary* (1913) et des *Souvenirs, 1895-1918* (1931).

LEBLANC Léonide Alexandrine. Actrice française (Dampierre, Loiret, 8 décembre 1842 - Paris, 1er février 1894). Elle débuta sur scène à seize ans au théâtre de Belleville, sous le nom de Vaubernier, puis épousa un photographe. Comme elle était très jolie, elle fut engagée au Vaudeville puis au Gymnase; elle se produisit ensuite dans les grands théâtres parisiens, à l'Odéon notamment, où elle joua dans *Le Mariage de Figaro* (Beaumarchais) et dans *Le Jeu de l'amour et du hasard* (Marivaux). Elle était célèbre pour le nombre de ses amants, le duc d'Aumale, Gustave Courbet, Georges Clemenceau, et par son train de vie. Atteinte d'un cancer au visage, il lui fallut se cacher à la fin de ses jours dans un modeste appartement. Elle a publié un roman, *Les Petites Comédies de l'amour* (1865).

LE BOURSIER DU COUDRAY Angélique Marie. Sage-femme française (Clermont-Ferrand, 1712 - *id.*, 1789). Après un apprentissage chez une sage-femme, elle obtint ses grades à Saint-Côme le 26 novembre 1739 et son titre de sage-femme jurée le 21 février suivant. Frappée par le peu de connaissance des matrones — la plupart ne savaient pas lire le français et encore moins le latin —, elle publia un *Abrégé de l'art des accouchements* (1759) adapté au langage et au niveau des femmes de métier, agrémenté de planches anatomiques en couleurs, qui remporta un énorme succès et fut six fois réédité jusqu'en 1785. Titulaire d'un brevet royal à partir de 1759, elle fut chargée par le roi, en 1767, d'enseigner dans tout le royaume. Elle mit au point un dispositif d'enseignement imagé et efficace en confectionnant un mannequin grandeur nature avec des pièces mobiles représentant le corps féminin, avec lequel elle sillonna la France. Elle visita une cinquantaine de villes pour y dispenser des cours dignes d'un véritable professeur d'obstétrique. Les cours duraient généralement deux mois et rassemblaient une centaine d'élèves qui apprenaient à manipuler le mannequin — la méthode obtint l'agrément de l'Académie de chirurgie. Si elle se vit refuser le droit de se rendre à Montpellier, qui possédait son université, et en Alsace, qui avait son école de sages-femmes, partout ailleurs sa venue était annoncée par les curés, qui sélectionnaient les femmes les plus aptes à comprendre son enseignement. Elle fut la première femme à avoir enseigné artificiellement la manœuvre de l'accouchement.

LECLERC Ginette, née Geneviève Menut. Actrice française (Paris, 9 février 1912 - *id.*, 2 janvier 1992). Une sensualité provocante, des attitudes aguicheuses, une voix rauque et traînante la conduisirent à jouer des rôles de femme fatale, de vamp, de garce, personnages qui ne la quittèrent pas dans la centaine de films qu'elle a tournés avec de bons cinéastes. Elle fut choisie par Marcel Pagnol pour incarner la femme volage de *La Femme du boulanger* (1938), rôle dans lequel elle est admirable aux côtés de Raimu. Elle a aussi interprété le personnage de la boiteuse dans *Le Corbeau* (Clouzot, 1943); elle fut une étonnante «Flora dite Balançoire» dans *Le Plaisir* (Ophuls, 1951). Elle a publié un livre de souvenirs sous le titre *Ma vie privée* (1963). Elle avait divorcé pour épouser l'acteur Lucien Gallas, dont elle se sépara au début des années 40.

LECLERQ Tanaquil. Danseuse américaine d'origine française (née à Paris, le 2 octobre 1929). Formée à l'école de l'American Ballet, elle entra en 1946 au Ballet Society, qui allait devenir le New York City Ballet. Son corps mince et souple, la rigueur de ses pointes convenaient parfaitement aux épures chorégraphiques de George Balanchine, qu'elle épousa en 1929. C'est à Copenhague, au cours d'une longue tournée, que la poliomyélite foudroya en pleine gloire cette remarquable artiste. Elle avait incarné pour son époux les rôles principaux de nombreux ballets, comme: *Four Temperaments* (1946), *Divertimento* (1947), *Orpheus* (1948), *Bourrée fantasque* (1949), *La Valse* (1951), *Caracole* (1952), *Western Symphony* et *Ivesiana* (1954). Pour Ashton, elle créa *Illuminations* (1950) et pour Robbins *Age and Anxiety* (1950), *Pied Pipper* (1951), *L'Après-Midi d'un faune* (1953) et *Le Concert* (1956). Elle est l'auteur de *Mourka, the Autobiography of a Cat* (1964) et de *Ballet Cookbook* (1967). Elle divorça de Balanchine en 1969.

LECOUVREUR Adrienne. Actrice française (Damery, près d'Épernay, 5 avril 1692 - Paris, 20 mars 1730). Fille d'un chapelier qui vint s'établir à Paris près de la Comédie-Française, elle était simple blanchisseuse avant son arrivée dans le célèbre théâtre en 1717. Elle obtint aussitôt un triomphe dans le rôle d'Électre (*Électre*, Crébillon père). Elle avait, dit Piron, «le Terrible, le Tendre et le Majestueux». Malgré la jalousie de ses partenaires, elle brilla longtemps dans le répertoire tragique; elle incarna Monime (*Mithridate*, Racine), Bérénice (*Bérénice*, Racine), Cornélie (*La Mort de Pompée*, Corneille). Elle était remarquable dans les emplois de reines, qu'elle renouvela par la noblesse et la simplicité de sa diction. Son jeu, emprunt d'une grâce toute naturelle, fit date dans l'histoire de l'art dramatique. Intelligente, spirituelle, elle fut l'amie des esprits de son temps.

Après une vie sentimentale agitée, elle devint la maîtresse de Maurice de Saxe. Dix années d'amour, dix ans de souffrance; ses lettres à l'inconstant maréchal sont sublimes. Pour lui, elle vendit bijoux et vaisselle d'or afin de l'aider à conquérir le duché de Courlande. Pourtant, il l'abandonna. Son drame fut porté à la scène par Scribe et Legouvé en 1849, le rôle d'Adrienne était incarné par Rachel*, Sarah Bernhardt* écrivit une pièce sur elle (*Adrienne Lecouvreur*, 1907), et le compositeur italien Francesco Cilea en fit un opéra célèbre, représenté à la Scala de Milan en 1902. On dit qu'elle mourut empoisonnée par la duchesse de Bouillon, follement éprise du maréchal. Le mystère ne fut jamais éclairci, et les auteurs contribuèrent à entretenir cette version. Avant de s'éteindre à trente-huit ans, elle refusa de prononcer la formule de renoncement que l'Église exigeait des comédiens pour qu'ils puissent être enterrés chrétiennement. Elle fut ensevelie clandestinement dans un chantier au bord de la Seine, au coin de la rue de Bourgogne. On dit que Voltaire lui avait fermé les yeux. Elle est représentée par Antoine Coypel, tenant à la main une urne funéraire. Ses *Lettres* ont été publiées en 1894. Elle ne se maria pas mais eut deux filles, l'une du maire de Strasbourg, Klinglin, l'autre d'un officier lorrain, qui épousa François Francœur, directeur de l'Opéra.

RÉF. : G. Rivollet, *Adrienne Lecouvreur*, Paris, 1925. W. de Spens, *Adrienne Lecouvreur*, Paris, 1958. F. Heeckeren, *Adrienne Lecouvreur*, Paris, 1960. P. Germain, *Adrienne Le Couvreur, tragédienne*, F. Lanore, 1984. C. Clément, *Adrienne Lecouvreur, ou le Cœur transporté*, Robert Laffont, 1991.

LEDUC Violette. Romancière française (Arras, 8 avril 1907 - Faucon, Alpes-de-Haute-Provence, 18 mai 1972). Fille illégitime de Berthe Leduc, elle fréquenta le lycée de Valenciennes. De 1924 à 1925, elle eut une liaison avec Isabelle, une élève du collège de Douai, puis avec Hermione, professeur de musique, faisant ainsi l'expérience de l'homosexualité, qui imprègne profondément son œuvre. Elle s'installa à Paris en 1926, fut engagée dans une agence littéraire, découvrit les milieux du cinéma et fit la connaissance de Maurice Sachs, qui eut une grande influence sur elle. Elle vécut quelque temps avec lui après avoir divorcé de son mari. En 1945, la rencontre de Simone de Beauvoir* fut déterminante pour sa carrière littéraire. Grâce à elle, elle publia *L'Asphyxie* en plusieurs livraisons dans *Les Temps modernes* (1946). Elle fit paraître ensuite *Ravages* (1955), dont les cent cinquante premières pages, jugées trop audacieuses, furent éditées plus tard sous le titre *Thérèse et Isabelle* (1966). En 1964, avec *La Bâtarde*, préfacée par Simone de Beauvoir, vint le succès. Un an plus tard, elle écrivit un bref récit, *La Femme au petit renard*, puis *La Folie en tête* (1970) et *La Chasse à l'amour* (1973). Simone de Beauvoir, dans sa préface à *La Bâtarde*, dit de Violette Leduç : « Une femme descend au plus secret de soi et se raconte avec une sincérité intrépide. » Son œuvre, où se côtoient à la fois l'horreur et la fascination de la vie, est largement autobiographique.

LEE Ann. Mystique anglaise (Manchester, 1736 - Waterliet, New York, 1784). Issue d'une famille pauvre, elle travailla enfant dans une manufacture de coton puis comme cuisinière à l'hôpital de Manchester. En 1758, elle rejoignit à Londres un groupe dissident de la Société des Amis, dont les membres vivaient dans l'attente de la deuxième incarnation du Christ. Elle épousa un des sectateurs, Abe Stanley — ils signèrent d'une croix le registre paroissial —, et eut quatre enfants, morts en bas âge. Ann Lee prêcha bientôt avec une telle véhémence qu'elle fut emprisonnée plusieurs fois. On lui attribuait des pouvoirs miraculeux ; comme les apôtres, elle « parla en langues » en 1772. Persécutée par les autorités, elle partit pour l'Amérique en 1774. Son mari, las de cette vie tourmentée, l'abandonna. « Mother Ann » eut plus de succès dans le Nouveau Monde et fonda près d'Albany la première American Shaker Society. Prêchant contre la guerre d'Indépendance, elle fut à nouveau emprisonnée en 1780. Elle n'en continua pas moins son œuvre, créant plusieurs colonies de shakers en Nouvelle-Angleterre.

LEE Jennie. Femme politique écossaise (née en 1904). Ses parents de condition modeste — le père était mineur — lui firent donner une solide instruction. Très intelligente et ambitieuse, après avoir passé quelques années dans l'enseignement, elle se voua à la politique, se consacrant notamment à l'action syndicale. D'une activité débordante, multipliant les conférences et les contacts avec la classe ouvrière, elle fut élue en 1928 au Parlement comme représentante du Labour Party. Les nombreux voyages qu'elle fit à l'étranger lui inspirèrent des articles sur le syndicalisme dans le monde, dans lesquels elle défendait avec fougue ses idées socialistes. Elle dirigea pendant de longues années l'hebdomadaire *Tribune*. Elle avait épousé en 1934 le célèbre leader socialiste Aneurin Bevan, dont l'éloquence passionnée lui valut l'appui du parti travailliste pendant la Seconde Guerre mondiale.

LEFÉBURE Yvonne. Pianiste française (Ermont, 1898 - Paris, 1986). Élève de Georges Caussade, de Charles Widor et de Paul Dukas, elle étudia, outre le piano, l'harmonie, le contrepoint et la fugue. Au cours de sa carrière, elle fut dirigée par les plus grands chefs. Elle a interprété avec autant de bonheur Bach que les romantiques et les modernes, notamment Debussy et Ravel. Mariée au musicologue Fred Golbeck, elle créa avec lui le concours Debussy en 1968. Sa carrière professorale n'est pas moins remplie : elle enseigna de 1930 à 1939 à l'École normale de musique et de 1952 à 1967 au Conservatoire de Paris. On lui doit de remarquables enregistrements : *Fantaisie chromatique et Fugue en ré mineur* (Bach) ; *Variations, Interludes et Final sur un thème de Rameau* (Dukas) ; *Ma mère l'Oye* (Ravel) avec Gersende de Sabran ; *Valses nobles et sentimentales* (Ravel). Yvonne Lefébure fait ressortir l'architecture de ces œuvres par la rigueur de son interprétation et la vivacité du coloris pianistique. De nombreuses compositions contemporaines lui ont été dédiées.

LEFEBVRE Catherine, née Hubscher, duchesse de Dantzig (Alsace, v. 1760 - Paris, v. 1830). Modeste blanchisseuse de la garde nationale, elle épousa en 1783 le sergent François Lefebvre. Distingué à Fleurus, celui-ci devint sénateur puis maréchal d'Empire en 1804. Napoléon le fit duc de Dantzig en 1807. À la cour des Tuileries, la maréchale Lefebvre se rendit célèbre par la verdeur de son langage et de ses reparties, qui amusaient beaucoup Joséphine*. Elle ne renia jamais ses origines populaires et, toute duchesse qu'elle était, elle conserva au château de Combault les habits du temps de sa pauvreté. Elle eut quatorze enfants, dont pas un ne survécut. Ses allures sans façons inspirèrent à Victorien Sardou la célèbre comédie, *Madame Sans-Gêne* (1893), surnom qu'elle n'a jamais porté (voir Thérèse Figueur*).

LEFEBVRE Janou (Jane Alice Germaine, dite). Cavalière française (née à Saigon, Viêt-nam, le 14 mai 1945). Entraînée par le cavalier brésilien Nelson Pessoa, elle se classa deuxième, à dix-neuf ans, au concours de saut d'obstacles par équipe aux jeux Olympiques de Tokyo (1964) avec Pierre Jonquères d'Oriola et Guy Lefranc, devenant ainsi la plus jeune médaillée olympique en équitation. En 1966, elle remporta le championnat d'Europe des cavalières, puis, au jeux Olympiques de Mexico en 1968, elle obtint la médaille d'argent avec Pierre Jonquères d'Oriola et Marcel Rozier. Janou Lefèbvre enleva deux fois le titre de championne du monde de saut d'obstacles des cavalières sur son cheval Rocket, à Copenhague en 1970 et à La Baule en 1974. Elle possédait un style d'une grande pureté et d'une remarquable efficacité. Après son mariage avec Jean-Louis Tissot, dont elle a un fils, elle a renoncé à la compétition et s'occupe actuellement d'élevage de chevaux.

LEFÈVRE Brigitte. Danseuse et chorégraphe française (née à Moulins-Engilbert, Nièvre, en 1944). Formée à l'école de danse de l'Opéra de Paris, elle réalisa sa première chorégraphie, *Microsmos*, en 1971 et fonda avec Jacques Garnier le théâtre du Silence. Rompant avec la tradition française d'isolement, ils travaillent avec les groupes modernes américains. Le public est invité à une démarche personnelle, tandis qu'un rythme syncopé ponctue leurs compositions. Directrice de ce théâtre depuis 1980, Brigitte Lefèvre a créé, entre autres, *Tristan et Yseult* (1977), et composé la chorégraphie de *Collages* (1972), *Un certain temps* (1974), *Ceci est cela* (1977), *Pawa* (1978), *Aller-retour* (1978) et *En soi* (1980).

LE FORT Gertrude von. Femme de lettres allemande (Minden, Westphalie, 1876 - Oberstdorf, 1971). Issue d'une famille de huguenots français émigrés, elle se convertit au catholicisme en 1926 et devint l'un des plus grands écrivains catholiques d'Allemagne. Ses *Hymnen an die Kirche* (1924) l'ont fait connaître dans son pays, mais son roman le plus célèbre est *Le Voile de Véronique* (1928), récit d'une conversion. Elle a aussi publié deux romans historiques, *Der Papst aus dem Ghetto* (1930), qui est la vie de l'antipape Anaclet, et *Die magdeburische Hochzeit* (1938), dans lequel elle raconte la destruction de Magdebourg pendant la guerre de Trente Ans.

LEGENDRE Marie-Anne. Voir DOUBLET DE PERSAN.

LÉGER Nadia, née Nadine Khodossevitch Petrovna. Peintre. Française d'origine russe (Vitebsk, 1904 - Grasse, 1982). Après avoir travaillé en Russie avec Kasimir Malevitch, qui l'initia à la peinture moderne, elle s'installa à Paris en 1924 et entra dans l'atelier fondé par Fernand Léger et Amédée Ozenfant rue Notre-Dame-des-Champs. Ses œuvres des années 20 sont marquées par une rigueur et un dépouillement qui les apparentent parfois à la peinture de Jean Arp: *L'Institutrice* (1922), *Vase et Livres* (1925), *Le Pot* (1926). Par la suite, elle a dirigé l'atelier au sein duquel elle avait étudié. Elle partagea la vie de Fernand Léger, qu'elle épousa en 1952, trois ans avant qu'il ne meure. Son œuvre s'est progressivement détachée de l'abstraction: tout en adoptant les couleurs primaires et la simplification du dessin — caractéristiques de la peinture de son mari —, Nadia Léger reste marquée par le «réalisme populaire». Elle a joué un rôle important auprès de son époux en créant, dans leur maison de Gif-sur-Yvette, une ambiance qui permettait à leurs amis, peintres, écrivains, historiens d'art ou poètes, de se réunir fréquemment. Jacques Prévert y était souvent présent, l'éditeur Lucien Mazenod également. Après la mort de Fernand Léger en 1955, elle se consacra à faire connaître l'œuvre de ce dernier et participa à la création du musée Fernand-Léger inauguré à Biot, dans les Alpes-Maritimes, en 1960. Ses dernières toiles, de grand format, réalisées à la fin des années 60, renouent avec l'esthétique de Malevitch.

LEGNANI Pierina. Danseuse italienne (Milan, 1863 - *id.*, 1923). Elle étudia la danse auprès de Caterina Beretta à la Scala de Milan, où elle devait être nommée *prima ballerina* en 1892. Tour à tour Paris, Londres et Madrid purent l'applaudir, mais c'est la Russie qui consacra son triomphe: elle succéda en 1893 à Virginia Zucchi* au Théâtre impérial de Saint-Pétersbourg, créant *Cendrillon* (M. Petipa, 1893), puis *Le Lac des cygnes* (M. Petipa et Ivanov, 1895). D'une technique et d'une virtuosité sans égales, le public raffolait de ses prouesses, réclamant à chaque représentation ses trente-deux fouettés sur pointes. Pierina Legnani, engageant l'école russe dans ce style acrobatique, reçut le titre de *prima ballerina assoluta* que seule Mathilde Kschessinskaïa* détenait. Elle fit ses adieux en 1901 dans *La Camargo*, l'une des dernières productions de Petipa. Elle se retira à Milan, où elle enseigna longtemps à la Scala.

LEHMANN Lilli. Soprano allemande (Würzbourg, 24 novembre 1848 - Berlin, 17 mai 1929). Fille du ténor Karl August Lehmann, elle passa son enfance à Prague, où sa mère, Marie Loew, après avoir été chanteuse, avait été nommée harpiste au Théâtre national de cette ville; c'est à ses côtés qu'elle prit ses premières leçons de chant. Elle débuta au Landestheater en 1865 comme Premier Enfant (*La Flûte enchantée*, Mozart), et un peu plus tard chanta le rôle de Pamina (*La Flûte enchantée*). En 1868, elle fut engagée à Dantzig et, l'année suivante, à l'Opéra de Berlin, où elle remporta un beau succès en Marguerite* de Valois (*Les Huguenots*, Meyerbeer). Désormais attachée à cette maison par un contrat à vie, elle alla de triomphe en triomphe. Belle avec des yeux noirs et des cheveux bruns, intelligente, dotée d'une voix à la fois puissante et aérienne, elle fut invitée au festival de Bayreuth en 1875, par Wagner lui-même, pour interpréter les rôles de Wöglinde (*L'Or du Rhin*) et de Helmvige (*La Walkyrie*). Véritable diva, on l'appela à Stockholm (1878), à Londres (1881), où elle interpréta Violetta (*La Traviata*, Verdi) et Philine (*Mignon*, Thomas). En 1882, on l'entendit pour la première fois à Vienne, et en 1885 au Metropolitan Opera de New York, où elle incarna une éblouissante Carmen (*Carmen*, Bizet). Elle y chanta presque tous les rôles wagnériens jusqu'en 1890 ainsi que Norma (*Norma*, Bellini), Aïda (*Aïda*, Verdi), Léonore (*Fidelio*, Beethoven), etc.

Par suite de son absence prolongée, l'opéra de Berlin rompit son contrat en 1889, et il fallut l'intervention de Guillaume II lui-même pour qu'il fût reconduit en 1891. Cette année-là, elle chanta les trois Brünnhilde à Bayreuth (*La Walkyrie*, *Siegfried*, *Le Crépuscule des dieux*). En 1909, on l'entendit encore à Vienne dans le rôle d'Isolde (*Tristan et Isolde*, Wagner). Son répertoire était immense et comprenait quelque cent soixante-dix rôles et cent quatorze opéras (allemands, italiens, français). Elle fut aussi une formidable chanteuse de lieder (son répertoire en comptait plus de six cents) et elle continua de se produire en concert, longtemps après ses adieux à la scène. Directrice artistique du festival Mozart à Salzbourg en 1905, elle fut encore un remarquable professeur et compta parmi ses élèves Geraldine Farrar* et Olive Fremstad*. Elle avait épousé, en 1888 à New York, le ténor Paul Kalish, dont elle se sépara quelques années plus tard sans jamais divorcer. Considérée comme l'une des plus grandes personnalités de l'histoire du chant, elle a publié *Comment chanter* (1902), *Études sur* Fidelio (1904) et *Mon chemin dans la vie* (1913).

LEHMANN Lotte. Soprano américaine d'origine allemande (Perleberg, 27 février 1888 - Santa Barbara, 26 août 1976). Élève, à Berlin, de Mathilde Mallinger, qui avait été la première Eva (*Les Maîtres chanteurs*, Wagner), elle débuta à l'Opéra de Hambourg en 1910 comme Deuxième Garçon (*La Flûte enchantée*, Mozart). Douée, ravissante, d'une grande spontanéité, elle tint des rôles importants dans les opéras wagnériens. Quatre ans plus tard, elle avait atteint une renommée suffisante pour être engagée au théâtre Drury Lane de Londres, où elle incarna une exquise Sophie (*Le Chevalier à la rose*, R. Strauss), sous la direction de Thomas Beecham. En 1916, elle fut appelée à Vienne, où elle créa *Ariane à Naxos* (R. Strauss), choisie par le compositeur lui-même.

Elle s'imposa rapidement comme le

grand soprano dramatique de son époque. En 1919, elle créa le rôle de la Färberin (*La Femme sans ombre*, R. Strauss) à l'Opéra de Vienne dont elle était une fidèle. Elle entreprit une tournée en Amérique du Sud, qui s'avéra triomphale (1922), avant de faire des débuts à Covent Garden, scène qui la revit chaque saison de 1924 à 1938. En 1927, elle interpréta *Das Wunder der Heliane* (Korngold). En 1930, l'Opéra de Chicago l'applaudit dans Sieglinde (*La Walkyrie*, Wagner), rôle qu'elle reprit pour ses débuts au Metropolitan Opera de New York aux côtés de Lauritz Melchior. En 1933, elle fut Arabella (*Arabella*, R. Strauss).

En 1938, devant la montée du nazisme, elle rompit son contrat avec l'opéra de Vienne et s'installa aux États-Unis, où elle poursuivit une éblouissante carrière. Elle obtint la nationalité américaine en 1945 et fit ses adieux à la scène au Metropolitan Opera de New York, mais elle continua à se produire en récital jusqu'en 1951. Elle anima également des classes de perfectionnement vocal, à Salzbourg notamment, et fit bénéficier de ses conseils d'illustres cadettes, dont Régine Crespin*. Elle passa les dernières années de sa vie à Santa Barbara, en Californie.

Parmi les nombreux rôles de celle que l'on considère comme le plus grand soprano du XXe siècle, citons la Maréchale (*Le Chevalier à la rose*, R. Strauss) sous la direction de Bruno Walter, Donna Elvira (*Don Juan*, Mozart), la Comtesse (*Les Noces de Figaro*, Mozart), Leonore (*Fidelio*, Beethoven), Élisabeth (*Tannhäuser*, Wagner), Eva (*Les Maîtres chanteurs*, Wagner), Rosalinde (*La Chauve-Souris*, J. Strauss fils), Desdémone (*Otello*, Verdi). Elle a enregistré de nombreux disques dont *Le Chevalier à la rose* avec pour partenaires Élisabeth Schumann* et Richard Mayr (1933), ainsi que les deux premiers actes de *La Walkyrie* (Wagner) avec Lauritz Melchior, sous la direction de Bruno Walter. D'autre part, elle a publié *Débuts et Ascension* (1937), *Ma vie multiple* (1948), *More Than Singing* (1945), *Five Operas and Richard Strauss* (1964), *Eighteen Song Cycles* (1971).

LEHMANN Rosamond. Romancière anglaise (Bourne End, Buckinghamshire, 3 février 1901 - Londres, 12 mars 1990). Deuxième fille d'un membre de l'équipe de *Punch*, apparentée par sa mère au dramaturge américain Owen Davies, sœur d'une actrice connue, Beatrix Lehmann, et d'un poète et journaliste de talent, John Lehmann, Rosamund Lehmann était prédestinée à la littérature. Elle publia son premier poème, *Cornhill*, à l'âge de seize ans. Après des études à Cambridge, elle épousa en 1928 le peintre Wogan Philips. Son premier roman, *Poussière* (1927), remporta un immense succès populaire. L'auteur évoque avec délicatesse des amours adolescentes ambiguës dans le cadre de l'université qu'elle a fréquentée. Suivirent *Une note de musique* (1930), qui traite sans détours de l'homosexualité, *Invitation à la valse* (1933), *Intempéries* (1936) où il est toujours question de l'éveil maladroit de la personnalité chez les adolescents, des mille petits drames autour d'un bal, d'une garden-party ou d'un week-end, mais aussi, plus profondément, des problèmes et des angoisses de l'homosexualité ou de l'avortement.

La Ballade et la Source (1945) lui valut un regain de succès; le narrateur en est une fillette de dix ans retraçant le cheminement d'une passion adulte dont elle est le témoin. Rosamond Lehmann écrivit ensuite un autre roman, *L'Écho dans le vallon* (1953), suivi d'un long silence. En 1967, elle publia une sorte de testament autobiographique, *Le Cygne au crépuscule*. Elle y évoque la mort de sa fille Sally des suites d'une poliomyélite à Java, en 1958; elle exprime sa croyance dans une vie après la mort et s'intéresse à la parapsychologie.

LE HON Fanny, née Mosselmann, comtesse. Belge (Paris, 1808 - Condé-en-Brie, 1880). Son père, banquier bruxellois, était l'un des hommes les plus riches d'Europe. Elle naquit à Paris dans l'hôtel Necker que Mme Récamier*, ruinée, avait dû vendre à Mosselmann. Elle épousa en 1826 le comte Charles Le Hon, qui fut le premier ambassadeur de Belgique en France après la constitution du royaume de Belgique en 1830. Belle, spirituelle, artiste, elle brilla à la cour de Louis-Philippe et fit du somptueux hôtel particulier qu'elle s'était fait construire au rond-point des Champs-Élysées l'un des salons les plus fréquentés de la capitale. En 1833, elle fit la conquête du futur duc de Morny (le demi-frère de Napoléon III), dont elle eut en 1838 une fille, Louise. Dans les salons, on fredonnait :

C'est la fille de monsieur Le Hon
Morny soit qui mal y pense...

Elle se sépara de son mari en 1842. Morny habita jusqu'en 1854 un petit pavillon attenant à l'hôtel de sa maîtresse que l'on appelait « la niche à Fidèle ». La comtesse favorisa l'ascension de son amant, qui devint ministre de l'Intérieur en 1851 et président du Corps législatif en 1854. Après le mariage à Saint-Pétersbourg de Morny avec la princesse Sophie Troubetzkoï, fille naturelle du tsar Nicolas Ier, la comtesse Le Hon se retira dans son château de Condé-en-Brie (1857).

LEIDER Frida. Soprano allemande (Berlin, 18 avril 1888 - *id.*, 4 juin 1975). Employée dans une banque de Berlin, elle travailla sa voix avec Otto Schwarz et débuta à Halle en 1915 dans le rôle de Vénus (*Tannhaüser*, Wagner). Entre 1916 et 1923, elle fut successivement engagée à Rostock, Königsberg et Hambourg, où elle interpréta Brünnhilde (*La Walkyrie*, Wagner). Commença alors pour elle une carrière éblouissante : elle entra en 1923 au Staatsoper de Berlin où elle triompha pendant seize ans. Interprète de Mozart, de Verdi, de Richard Strauss, de Wagner, elle remporta des succès notoires. Sa renommée franchit les frontières. En 1924, elle incarna Isolde (*Tristan et Isolde*, Wagner) et Brünnhilde (*La Walkyrie*, Wagner) à Covent Garden (où elle apparut régulièrement jusqu'en 1938). En 1928, elle chanta à Paris, puis à Bayreuth, où elle revint de 1933 à 1938 ; elle fit ses débuts américains à l'opéra de Chicago et au Metropolitan Opera de New York en 1933, en Isolde (*Tristan et Isolde*, Wagner). Elle retourna en Allemagne en 1934 pour y poursuivre sa carrière à l'opéra de Berlin jusqu'en 1940.

Mariée à un Juif, Rudolf Deman, premier violon de l'opéra, elle fut mise en demeure par les nazis de divorcer. Elle refusa et réussit à se réfugier en Suisse avec son mari où, pendant la guerre, elle se consacra au lied. Après 1946, elle mit en scène *Hansel et Gretel* (Humperdinck) et *Tristan et Isolde* (Wagner), puis elle enseigna le chant au sein de l'opéra de Berlin avant d'être nommée, en 1952, professeur à la Hochschule für Musik de Berlin, où elle resta jusqu'en 1958. Frida Leider fut sans conteste la plus grande chanteuse wagnérienne entre le départ d'Olive Fremstad* et l'arrivée de Kirsten Flagstad*, ce qui ne l'empêcha pas de prêter sa voix riche et vibrante à d'autres rôles : Armide (*Armide*, Gluck), la Maréchale (*Le Chevalier à la rose*, R. Strauss), Donna Anna (*Don Juan*, Mozart), Léonore (*Le Trouvère*, Verdi), Léonore (*Fidelio*, Beethoven), Amelia (*Un bal masqué*, Verdi), Tosca (*Tosca*, Puccini), Rachel (*La Juive*, Halévy).

LEIGH Vivien Mary, née Hartley. Actrice anglaise (Darjeeling, 1913 - Londres, 1967). De père d'ascendance française et de mère irlandaise, elle fit une partie de ses études en France et découvrit sa vocation à la faveur d'un spectacle de fin d'année. Elle suivit des cours d'art dramatique à Paris puis à la Royal Academy de Londres. On lui confia de petits rôles à la scène comme à l'écran. À vingt et un ans, elle épousa l'avocat Herbert Leigh Holman, dont elle eut une fille, Susan. C'est en 1935 qu'elle fut remarquée sur une scène du West End dans *Le Masque de la vertu*, adapté d'une pièce de Carl Sternheim. L'année suivante, elle joua Jenny Meere (*The Happy Hypocrite*, D. Dane) puis en 1937 Ophélie (*Hamlet*, Shakespeare), aux côtés de Laurence Olivier dans le rôle-titre. Elle ravit le public de l'Old Vic Theatre en incarnant Tatiana (*Le Songe d'une nuit d'été*, Shakespeare). Petite, fine et nerveuse, très expressive, elle savait traduire toutes les nuances des personnages qu'elle incarnait. Dès 1934, elle avait commencé une carrière au cinéma dans des films anglais peu connus.

Elle fut choisie parmi d'autres actrices comme Paulette Goddard*, Bette Davis* ou Barbara Stanwyck* pour jouer Scarlett O'Hara (*Autant en emporte le vent*, Fleming, 1939) qui lui apporta la gloire dans le monde entier et un oscar. En 1940, elle épousa Laurence Olivier — elle avait divorcé cinq ans auparavant — et vécut avec lui jusqu'en 1960. Ils avaient joué ensemble *Roméo et Juliette* (Shakespeare) aux États-Unis. De retour à Londres, elle triompha dans *Le Dilemme du docteur* (Shaw) en 1942. La tuberculose qui devait l'emporter interrompit sa carrière pendant quatre ans. Elle fit une rentrée remarquée à l'Aldwych Theatre en Blanche du Bois (*Un tramway nommé Désir*, T. Williams) en 1949; les critiques et le public furent enthousiasmés par son personnage, joué au bord de l'hystérie. Aux côtés de son mari, elle se surpassa dans le rôle de Cléopâtre* dans deux pièces pourtant si dissemblables, *Antoine et Cléopâtre* (Shakespeare) et *César et Cléopâtre* (Shaw). Elle les joua la même année à New York et à Londres (1951). Elle resta trois ans au Shakespeare Memorial Theatre, où elle interpréta les rôles les plus célèbres du répertoire au cours de tournées à travers l'Europe et les États-Unis. À partir de 1961, elle se produisit avec la troupe de l'Old Vic Theatre, jouant entre autres dans *La Dame aux camélias* (Dumas fils). En 1963, elle triompha à New York dans une version musicale de *Tovaritch* (Sherwood). On la vit pour la dernière fois dans cette même ville en 1966 aux côtés de John Gielgud dans *Ivanov* (Tchekhov).

Malade, sujette aux dépressions nerveuses, elle travaillait pourtant sans relâche: «Je ne suis jamais fatiguée», répondit-elle un jour à George Cukor, qui s'inquiétait de sa santé. Elle mena de pair sa carrière cinématographique. Après *Autant en emporte le vent*, elle tourna entre autres *Lady Hamilton* (Korda, 1941), *César et Cléopâtre* (Pascal, 1945), *Anna Karénine* (Duvivier, 1948), au total près d'une vingtaine de films, dont la version cinématographique de *Un tramway nommé Désir* (Kazan, 1951) qui lui valut son deuxième oscar.

RÉF.: A. Edwards, *La Vie déchirante de Vivien Leigh*, France-Empire, 1978. A. Walker, *Vivien Leigh*, Presses de la Renaissance, 1988.

LEITZEL Lilian. Acrobate anglaise ([?] - Copenhague, 1931). Originaires d'Autriche-Hongrie, son père luthier et sa mère coiffeuse avaient émigré en Angleterre. La jeune Lilian, très sportive, débuta au cirque par des numéros de trapèze. Elle figura comme vedette au Cirque Barnum, Ringling and Bailey en exécutant des exercices aux anneaux avec une maîtrise que son exceptionnelle force lui permettait de réussir: rétablissement en traction des bras, équilibre tenu en extension horizontale des bras. À la barre fixe, elle était capable de faire vingt-sept tractions du bras droit et dix-neuf du gauche. Elle montait à la corde lisse d'une façon très personnelle, dite «en planche roulée». Plus tard, elle mit au point son célèbre numéro du «tourbillon»: suspendue d'une seule main, elle tourbillonnait avec une telle rapidité qu'il était impossible de la suivre des yeux. Elle exécutait régulièrement cent cinquante tourbillons et certaines fois deux cent cinquante.

Elle avait rencontré en 1917, chez Barnum, Alfredo Codona, le voltigeur le plus prestigieux de sa génération. Ils se marièrent, et le couple ne se sépara plus. Lilian Leitzel triompha dans les principales villes d'Europe et fut applaudie à Paris, au Cirque d'Hiver, en 1929 et 1930. Elle se rendit à Copenhague, en 1931, pour la première fois sans son mari et, au cours de l'un de ses exercices, à la suite d'une défaillance de son matériel, elle tomba d'une hauteur de dix mètres, se brisa la colonne vertébrale et mourut quelques heures plus tard. Son mari eut également une fin tragique: blessé et incapable de poursuivre sa carrière, il se suicida.

LEJARS Antoinette, née Cuzent. Écuyère de cirque française (1820-1903). Elle était la fille d'un imprimeur de musique et d'une actrice de théâtre forain. Les quatre enfants du couple — Paul, Pauline, Armandine et Antoinette — furent écuyers. La seconde, notamment, fut célèbre pour sa rivalité avec la prestigieuse Caroline Loyo*. À l'âge de quinze ans, Antoinette épousa l'écuyer Jean Lejars, renommé pour ses numéros de voltige sur cheval libre. Sous le nom de son époux, elle obtint de grands succès avec son fameux numéro de la «Seguidilla» de Maria Taglioni*, qu'elle dansait sur son cheval au galop. Elle se produisit dans toutes les grandes villes d'Europe, notamment en Russie. Devenue veuve en 1848, elle se remaria avec un ténor de l'Opéra-Comique nommé Monjauze. Elle passa à la postérité en posant pour James Pradier, qui fit d'elle deux statues. L'une d'elles, où elle est demi-nue sur son cheval Thisbée, orne la porte du Cirque d'Hiver.

LEKAIN Esther. Chanteuse française (Paris, 1870 - *id.*, 1960). Elle excella en tant que «diseuse», genre qui avait été créé par Anne Judic* en 1868 et qu'illustrèrent plus tard Florence Duparc et surtout Yvette Guilbert*. Esther Lekain jouait davantage ses chansons qu'elle ne les chantait, «disait» avec une diction parfaite les couplets qui firent sa gloire: *Cousin Cousine*, *La Pavane*, *Ah! si vous voulez de l'amour*, *La chandelle est morte*, *Tout ça n'vaut pas l'amour*, *Le P'tit Cœur de Ninon*, etc. Elle fut la vedette des principales salles de Paris: l'Alcazar, l'Alhambra, l'Empire, l'Européen, le Parisiano, etc. Elle chanta encore en 1955, âgée de quatre-vingt-cinq ans, les couplets qui l'avaient rendue célèbre.

LELEU Jane. Compositeur. Française (Saint-Mihiel, 29 décembre 1898 - Paris, 1979). Au Conservatoire de Paris, elle fut l'élève de Widor et de Caussade. Elle reçut le Prix de Rome en 1923 pour sa Cantate *Béatrice*. Elle est l'auteur de nombreuses compositions de valeur, dont on peut citer deux *Quatuors* (1922 et 1923), un *Concerto pour piano* (1937), et deux ballets, *Jour d'été* (1940) et *Nautéos* (1947). La *Suite symphonique* (1926) est considérée comme l'une de ses meilleures œuvres. Elle a enseigné au Conservatoire de Paris à partir de 1947.

LE MAURE Catherine (Catherine Lemaure ou Le More, dite). Soprano française (Paris, 1704 - *id.*, 1786). Elle entra à quinze ans dans les chœurs de l'Opéra de Paris et fit en 1721 ses débuts de soliste dans le rôle d'Astrée (*Phaéton*, Lully). Quatre ans plus tard, elle remporta un véritable triomphe dans *Les Éléments* (Destouches). Elle parut régulièrement sur la scène de l'Opéra jusqu'en 1744, dans une soixantaine de rôles. Elle interpréta de nombreuses œuvres de Lully (*Thésée*, 1730; *Amadis*, 1731) et de Rameau (*Hippolyte et Aricie*, 1742; *Dardanus*, 1744). En 1771, elle chanta une dernière fois pour l'inauguration de la nouvelle salle du Colisée. Femme presque inculte et menant une vie de scandales, elle était admirée de ses contemporains pour sa voix et la passion qu'elle mettait dans son art.

LEMOINE Marie-Victoire. Peintre. Française (Paris, 1754 - *id.*, 1820). On sait peu de choses d'elle. Élève de Ménageot, peintre d'histoire et portraitiste, elle exposa une vingtaine de portraits, miniatures et scènes d'enfants au salon de la Correspondance (1779 et 1795) et au Salon (de 1796 à 1814). Influencée à ses débuts par Greuze, elle sut cependant éviter la sentimentalité de l'auteur de *La Cruche cassée* dans sa toile *La Jeune Fille à la colombe*. Trois autoportraits sont parvenus jusqu'à nous, dont *L'Intérieur de l'atelier d'une femme peintre* (1796, Metropolitan Museum, New York). Dans cette grande composition, elle a su allier le portrait, le genre et la nature morte.

LEMONNIER Élisa (Marie-Juliette, dite), née Grimailh. Pédagogue française (Sorrèze, Tarn, 25 mars 1805 - Paris, 5 juin 1865). Issue d'une famille protestante, elle fit ses études au collège de Sorrèze. Elle épousa son professeur de philosophie, Charles Lemonnier. Tous deux adoptèrent les idées du saint-simonisme et de Prosper Enfantin. Le couple vécut quelque temps à Bordeaux. Élisa Lemonnier perdit sa fille en 1845 et en demeura inconsolable. Elle consacra désormais tous ses efforts à la condition féminine. Lors de la révolution de 1848, elle fonda, rue du Faubourg-Saint-Martin, à Paris, un atelier de couture qui nourrit deux cents mères de famille. En 1856, elle créa la Société de protection maternelle qui prit en charge une dizaine d'orphelines et devint en 1862 la Société pour l'enseignement professionnel, qui réforma les conditions de l'apprentissage et fut à l'origine des écoles Élisa-Lemonnier. La fondatrice vit l'installation des deux premières — rue de la Perle en 1862, rue de Rochechouard en 1865 — et mourut d'épuisement peu après. Jules Grévy poursuivit son œuvre en en fondant neuf autres à Paris entre 1881 et 1890.

LENCLOS Ninon de (Anne, dite). Femme de lettres et courtisane française (Paris, 1620 - *id.*, 1706). Fille d'un gentilhomme libre-penseur et d'une mère dévote, elle reçut une excellente éducation; comme son père, elle était épicurienne, musicienne et fervente lectrice de Montaigne. Son incrédulité passait pour la marque de son esprit; les plus grandes dames — la duchesse de Bouillon, Mmes de La Sablière*, de La Suze, de La Fayette*, de Sully — la tenaient en haute estime. Mme Scarron (future Mme de Maintenon*) était de ses amies et tenta en vain de la convertir. La reine Christine* de Suède, qui recherchait la compagnie de l'«illustre Ninon», la tira du couvent des Madelonnettes où Anne* d'Autriche l'avait fait enfermer (1657). Sa maison de la rue des Tournelles rivalisait avec l'hôtel de Rambouillet. Molière puisa dans sa conversation le sujet du *Tartuffe* ; Saint-Simon, pourtant sévère, fit d'elle un éloge attendri et vante le raffinement de son salon. Dans la «chambre jaune» elle reçut le jeune Arouet (Voltaire), à qui elle donna de l'argent pour s'acheter des livres.

Selon son vœu: «faites de moi un honnête homme, mais n'en faites jamais une honnête femme», Ninon eut de retentissantes liaisons, jusqu'à quatre-vingts ans, dit-on. Parmi les centaines d'amants que lui prête la légende, le premier fut un certain Saint-Étienne, ou Richelieu, ou Coligny; puis vinrent, distingués en «payeurs», «martyrs» et «favoris», le chevalier de Méré, Jarzé, le grand Condé, les marquis d'Estrées et de Gersay, La Châtre, les Sévigné père et fils, le duc d'Enghien, Longueville, La Rochefoucauld, Saint-Évremont enfin — les œuvres de l'exilé renferment huit de ses lettres; elle y philosophe sur l'âge et raisonne en maximes. Ninon de Lenclos aima trois ans Villarceaux, elle qui se défendait de garder un amant plus de trois mois. Ils se retirèrent dans sa maison de campagne (actuelle rue Picpus). Elle eut deux ou trois enfants. Deux pères putatifs se disputèrent l'un d'eux aux dés. Un autre, tombé amoureux d'elle, se suicida quand il apprit qu'elle était sa mère. Ninon de Lenclos a laissé quelques *Lettres* et récits: *La Coquette vengée* (1659), *Portrait d'un inconnu* (1661). On a fait l'éloge de l'ovale de son visage et de son œil de velours, mais Tallemant des Réaux assure qu'elle n'avait pas de beauté. C'est bien elle qui disait: «En amour, on plaît plutôt par d'agréables défauts.» Elle mourut à quatre-vingt-six ans, pleurée de ses amis. Impie, courtisane et philosophe, elle connut pour cela même une grande vogue au XVIIIe siècle.

RÉF.: R. Duchêne, *Ninon de Lenclos, la courtisane du Grand Siècle*, Fayard, 1984.

LENÉRU Marie. Écrivain. Française (Brest, 2 juin 1875 - Lorient, 23 septembre 1918). D'une famille de marins — son grand-père était amiral —, elle vécut en Bretagne une enfance heureuse, commençant à tenir son *Journal* dès l'âge de onze ans. À quatorze ans, une maladie la laissa totalement sourde et presque aveugle. Dès lors, elle se réfugia dans l'écriture, y trouvant sa raison d'être. Elle écrivit des pièces de théâtre, dont *Les Affranchis*, *Le Redoutable*, *La Triomphatrice*, qui furent jouées entre 1910 et 1912; les autres le seront aussi, mais après sa mort: *La Paix*, *La Maison sur le roc*, *Le Bonheur des autres*. Son *Saint-Just* (1922) — posthume également — fut préfacé par Maurice Barrès, qui présente l'auteur ainsi:

> Fille superbe de courage, oui, vraiment magnifique dans son ardeur à surmonter sa propre destinée.

Son principal titre de gloire reste son *Journal*. Publié en 1922, c'est un émouvant chef-d'œuvre d'introspection. Bouleversée par la guerre, Marie Lenéru mourut peu avant l'armistice, emportée par la grippe espagnole.

LENGLEN Suzanne. Championne de tennis française (Paris, 1899 - *id.*, 1938). La «Reine du tennis», la «Championne des championnes» était issue d'une famille originaire du nord de la France. Son père décela très tôt son adresse, l'initia à dix ans, et entreprit lui-même l'entraînement méthodique qui devait lui faire remporter à quinze ans le championnat du monde sur terre battue. Sur les courts de la Côte d'Azur, il lui inculqua le jeu offensif des hommes et exerça sa précision à l'aide de cibles. La guerre interrompit les compétitions, et c'est seulement en 1919 que Suzanne Lenglen s'engagea dans le tournoi de Wimbledon; après un match mouvementé, elle enleva en finale contre Mrs. Lambert-Chambers, détentrice du titre depuis 1914. Dans les années 20, elle fut plus de quarante fois sacrée championne. Sa présence attirait les foules et les têtes couronnées. Elle promena partout le célèbre bandeau blanc avec lequel elle retenait ses cheveux et créa le costume moderne du tennis féminin. Elle ne perdit que trois sets durant cette période.

Sa supériorité consistait en un excellent jeu de fond et une volée redoutable, servis par une vivacité de déplacement et des réflexes exceptionnels. Sa volonté féroce de gagner semblait paralyser l'adversaire. Sa nervosité — qui ne facilitait pas les rapports avec son entourage —

était telle qu'elle finit par inquiéter sa famille. Elle décida de passer professionnelle après l'une de ses plus belles victoires contre Helen Wills* en 1927. Suzanne Lenglen fonda une école de tennis et enseigna plusieurs années à Roland-Garros. Elle forma de nombreux joueurs dont certains devinrent champions. Mais la maladie eut raison de ses prouesses : elle mourut d'une leucémie à peine âgée de quarante ans. Son palmarès est exceptionnel (seule Helen Wills réussit à faire mieux) : elle remporta le tournoi de Roland-Garros en simple et en double en 1920, 1921, 1922, 1923, 1925 et 1926. Elle gagna celui de Wimbledon en simple et en double en 1919, 1920, 1921, 1922, 1923 et 1925 ; en mixte en 1920, 1922 et 1925. Elle fut championne du monde sur terre battue en simple en 1914, 1921, 1922 et 1923 ; en double en 1914, 1921 et 1922 ; en mixte en 1921, 1922 et 1923.

LENORMAND Mlle (Marie-Anne Adélaïde, dite). Devineresse française (Alençon, 1772 - Paris, 1843). De condition modeste, elle fut élevée dans un couvent puis, orpheline, elle fut placée comme apprentie chez une couturière. Elle s'enfuit d'Alençon et se rendit à Paris, où elle se présenta comme une Américaine et commença à prédire l'avenir. Dès 1793, elle devint la plus célèbre diseuse de bonne aventure de Paris et fut appelée la « Sibylle ». Installée d'abord rue Honoré-Chevalier, elle emménagea ensuite au 9 puis au 5, rue de Tournon. Son enseigne indiquait :

MLLE LENORMAND, LIBRAIRE

Elle recevait une clientèle nombreuse, comprenant de hautes personnalités de la République, de l'Empire et de la Restauration, comme Robespierre, Saint-Just, ou Joséphine* de Beauharnais, auprès de qui elle eut longtemps du crédit pour avoir prédit son mariage avec un homme appelé à un grand destin. Le jour de son enterrement, une centaine de pleureuses tenant un cierge escortèrent son corbillard, tiré par des chevaux caparaçonnés, jusqu'au cimetière du Père-Lachaise. Elle a publié divers ouvrages, *Les Oracles sibyllins, ou la Suite des souvenirs prophétiques* (2 vol., 1817), *La Sibylle au congrès d'Aix-la-Chapelle* (1819), *Mémoires historiques et secrets de l'impératrice Joséphine* (2 vol., 1820).

LENYA Lotte, née Karoline Blamauer. Mezzo-soprano américaine d'origine autrichienne (Vienne, 18 octobre 1898 - New York, 28 novembre 1981). Danseuse par vocation, elle commença sa carrière à Zurich (1914-1920), où elle se perfectionna en danse classique et s'initia à la méthode de gymnastique rythmique d'Émile Jaques-Dalcroze. Sa rencontre avec Frank Wedekind fut décisive : elle découvrit un style de ballades et une nouvelle manière de chanter. En 1920, elle s'installa à Berlin, avec l'intention de poursuivre sa carrière de danseuse. Deux ans passèrent, elle se tourna vers le théâtre parlé, et son amitié avec le poète-dramaturge expressionniste Georg Kaiser fut déterminante à cet égard. Elle travailla avec lui et se lia avec son collaborateur musical, le compositeur Kurt Weill, qu'elle épousa en 1926. L'année suivante, Weill et Bertolt Brecht créèrent pour elle *Mahagonny*, qu'elle fit triompher au festival de musique contemporaine de Baden-Baden.

En 1928, elle fut la créatrice de rôle de Jenny (*L'Opéra de Quat'sous*, Weill et Brecht) à Berlin. Le film de Pabst, où elle interprétait le même rôle, sortit en 1931 ; la même année, elle fut Jenny (*Grandeur et Décadence de la ville de Mahagonny*, Weill et Brecht) à Berlin. Puis elle incarna Anna (*Les Sept Péchés capitaux*), œuvre créée à Paris, où Brecht, Weill et Lenya s'étaient réfugiés en 1933, avant de partir définitivement pour les États-Unis. À New York elle chanta le rôle de Myriam (*The Eternal*

Road, Weill) en 1937 et celui de la Duchesse (*L'Incendie de Florence*, Weill) en 1945.

Après la mort de son mari en 1950, elle assura les reprises de ses chefs-d'œuvre créés en Allemagne, et chanta les plus célèbres opérettes de Weill à Broadway: *Street Scene*, *Johnny Johnson*, *Lost in the Stars*. Belle, violente ou éthérée, au gré des héroïnes qu'elle incarnait, elle fut l'une des plus étonnantes représentatrices du « parler-chanter » de son temps. Elle tourna plusieurs films américains dont un James Bond, *Bons Baisers de Russie* (Young, 1963).

LÉO Andrée (Léodile Bréa, dite). Femme politique et féministe française (Champagné-Saint-Hilaire, Vienne, 1832 - Paris, 1900). Son père, officier de marine, lui fit donner une excellente éducation. Elle rencontra à Lausanne Grégoire Champseix, qui avait été exilé pour avoir protesté contre le coup d'État du 2 décembre 1851. Ils se marièrent, vécurent en Suisse avec leurs deux enfants jumeaux, André et Léo, et s'installèrent à Paris en 1860. Andrée Léo publia un roman, *Un mariage scandaleux* (1862).

Devenue veuve en 1863, elle s'engagea dans le combat politique et féministe, participa à l'élaboration du programme de la Société de revendication des droits de la femme (1868). Elle milita ensuite dans les rangs de la Commune, fondant le journal *La Sociale* (31 mars-17 mai 1871), siégeant à l'Union des femmes pour la défense de Paris. Lors de l'écrasement de la Commune, elle se réfugia en Suisse, où elle vécut longtemps avec un militant socialiste, Benoît Malon. Elle apporta son soutien aux partisans de Bakounine et écrivit des articles violemment hostiles à Marx dans *La Révolution sociale*. Elle publia à Neuchâtel un récit de la Commune sous le titre *La Guerre sociale* (1871), titre d'un discours prononcé devant le congrès de la paix de Lausanne la même année. Elle rentra à Paris où elle finit ses jours, oubliée. Elle fut un temps rédactrice à *L'Aurore*. Elle a publié des essais dans *Le Siècle*: *La Femme et les mœurs, Liberté ou monarchie* (1869), *La Grande Illusion des petits-bourgeois* (1876).

LÉOCADIE, sainte. Martyre espagnole (?-304). Elle fut arrêtée à Tolède sur les ordres du préfet Dacien lorsque parurent les édits de Dioclétien contre la nouvelle religion. Son martyre est contemporain de celui de sainte Eulalie à Barcelone. Ses reliques furent cachées pendant la période qui vit l'effondrement de l'Espagne wisigothique sous l'invasion des Maures (VIIIe siècle). La ville de Tolède, dont elle est la patronne, lui a élevé trois églises. Sainte Léocadie est fêtée le 9 décembre.

LÉON Léonie. Française (1838 - Paris, 1906). C'est en 1872, dans le train de Versailles qu'il prenait chaque jour, que le député Gambetta remarqua la jolie Léonie au regard admiratif. Ce fut le début d'un grand amour qui dura jusqu'à la mort du tribun. Chaque jour, Gambetta écrivait des lettres enflammées à sa maîtresse. Après sept années d'une liaison sans nuages, il lui proposa de l'épouser. Léonie, « la sage Minerve », refusa pour ne pas gêner son action politique. Ils n'en poursuivirent pas moins leur liaison et, au bout de dix ans, décidèrent de se marier. Gambetta, qui s'était blessé en nettoyant un fusil, mourut de pérityphlite le 31 décembre 1882, peu avant la date de la cérémonie. Léonie demeura fidèle à son souvenir. Elle brûla une partie des lettres que lui avait adressées Gambetta, mais plusieurs centaines ont été conservées. Elle lui survécut vingt-quatre ans.

LEÓN Marta. Peintre. Chilienne (née à Paris en 1931). Elle étudia à Santiago, à Buenos Aires et à New York, où elle acquit la maîtrise de nombreuses techniques, qu'elle utilisa dans la composition de ses tableaux étranges. Elle reçut un prix aux Salons officiels de 1955 et 1956. Elle épousa le sculpteur Sergio Castillo, qui l'accompagna en Europe. Elle organisa à Rome une exposition conjointe de leurs œuvres. De retour à Santiago, elle présenta ses nouveaux tableaux en 1958 et obtint un succès qui ne devait plus la quitter. Ses œuvres figurent dans les musées de son pays et aux États-Unis.

LÉONTION. Courtisane et philosophe athénienne (IIIᵉ siècle av. J.-C.). Elle séduisit Épicure et fut son disciple. À la mort de celui-ci, elle tint une école de philosophie et écrivit un traité pour réfuter les idées du philosophe et moraliste Théophraste auquel Cicéron fait allusion dans son œuvre. Elle épousa Métrodore, philosophe grec et disciple d'Épicure; elle lui donna deux enfants. Sa fille Danae devint courtisane.

LE PASTOUR Marguerite. Bourreau. Française (Cancale, 1720 - [?]). D'après les registres paroissiaux, elle était la fille d'un sieur de la Chesnais et de Marguerite Girard. Son père, capitaine de vaisseau, se remaria ; belle-mère et bru se déchirèrent. Marguerite Le Pastour s'enfuit costumée en garçon et s'enrôla dans les troupes de Marie-Thérèse* d'Autriche. Déçue par la guerre, elle fut recueillie par le bourreau de Strasbourg qu'elle aida dans ses fonctions. Ne supportant pas de maître, elle s'installa à Lyon en 1756 où elle fut acceptée comme exécuteur. Pendant trois ans nul ne s'aperçut qu'elle était de sexe féminin. Après qu'une servante eut découvert la supercherie, elle fut emprisonnée (janvier 1749). Le chapelain recueillit ses confidences insérées dans les *Mémoires historiques sur différents sujets tirés de l'histoire ecclésiastique et de l'histoire profane* (1739-1770). Ce document fut découvert en 1934 par René Richelet. Au bout de dix mois, elle épousa Nöel Roche et, nantie d'un mari, sortit de prison, retourna en Bretagne où naquit sa fille. L'acte de baptême de celle-ci est le dernier document concernant Marguerite Le Pastour.

RÉF. : Nicole Avril, *Monsieur de Lyon* (roman), Albin Michel, 1979.

LEPAUTE Nicole Reine, née Étable de La Brière. Astronome française (Paris, 1723 - Saint-Cloud, 1788). Elle épousa en 1748 Jean Lepaute, issu d'une famille d'horlogers, qui devait s'illustrer en construisant des pendules d'une précision inconnue jusqu'alors. Passionnée par les sciences exactes, amie de l'astronome Joseph de Lalande, elle collabora avec lui et avec le mathématicien Alexis Clairaut et effectua les calculs de leur étude des perturbations de la comète de Halley et tenant compte pour la première fois de l'attraction de Jupiter et de Saturne. Elle a réalisé la *Table des angles parallactiques* ainsi qu'une carte de la visibilité en Europe de l'éclipse totale du Soleil, appelée *Carte de l'éclipse annulaire du Soleil du 1ᵉʳ avril 1774*. Ces deux travaux ont été insérés par Lalande dans sa *Connaissance des temps* (16 vol., 1759-1774). Dans le *Traité d'horlogerie* de son mari (1755), elle a publié une *Table des longueurs des pendules*.

LEPECHINSKAÏA Olga. Danseuse soviétique (née à Kiev en 1916). Idole incontestée du public soviétique avec Galina Oulanova* et Maya Plissetskaïa*, elle fut la première à terminer ses études à l'école du Bolchoï avec le titre de danseuse étoile. Admirée pour sa technique et pour sa puissance presque masculine, elle fut durant trente ans la vedette de la compagnie (1933-1963). Elle donna un éclat particulier à chacun de ses rôles, créa *Svetlana* (Radunskij,

Popko, Pospechin) en 1939 et *Cendrillon* (Gsovski) en 1945. Elle se produisait souvent seule, sur des musiques lui permettant de déployer sa virtuosité. Après ses adieux à la scène, elle continua à enseigner la danse, notamment à Berlin-Est.

LE PRINCE DE BEAUMONT Jeanne-Marie, née Le Prince. Femme de lettres française (Rouen, 26 avril 1711 - près d'Annecy, 1780). La séparation qui mit un terme à son mariage raté avec un libertin, en 1743, l'obligea à gagner sa vie. Elle se rendit en Angleterre en 1745 et y devint institutrice. Trois ans plus tard, elle publia un roman, *Le Triomphe de la vérité*, qui, comme les suivants, ne remporta qu'un succès médiocre. Peu à peu, elle se fit connaître en faisant paraître dans les journaux de Londres d'aimables contes pour la jeunesse. En 1757, elle les réunit en un recueil intitulé le *Magasin des enfants* (4 vol.), auquel firent suite le *Magasin des adolescentes* (4 vol., 1760) et le *Magasin des pauvres* (2 vol., 1768). Revenue en France en 1762, elle se retira dans le petit domaine qu'elle possédait près d'Annecy, se maria avec un certain M. Pichon, auquel elle donna six enfants, et continua à écrire: *Mémoires de la baronne de Batteville* (1766), *La Nouvelle Clarisse* (2 vol., 1767) et *Contes moraux* (1774). À sa mort, elle laissait plus de soixante-dix ouvrages, essentiellement destinés à la jeunesse et empreints d'un grand sens moral. Son principal succès reste cependant le *Magasin des enfants*, déjà traduit et diffusé dans toute l'Europe de son vivant, et où se trouve le célèbre conte de *La Belle et la Bête*, mis en scène au cinéma par Jean Cocteau en 1946.

LERMONTOVA Iekaterina Vladimirovna. Paléontologiste soviétique (Saint-Pétersbourg, 11 février 1889 - Léningrad, 9 janvier 1942). Après de brillantes études à la faculté des sciences naturelles et à l'institut pédagogique de Saint-Pétersbourg, elle devint la collaboratrice du professeur V.A. Doghel et poursuivit ses recherches sur les invertébrés. Nommée en 1921 membre du Comité géologique, elle se consacra, sous la direction de N.N. Yakovlev, à la paléontologie. Elle a publié de nombreuses études sur les dépôts stratigraphiques cambriens de la Sibérie, études qui font toujours autorité, et a collaboré à un *Atlas des fossiles cambriens* (1940), qui reste un classique dans son pays.

LE ROCHOIS, Marthe. Soprano française (Caen, v. 1650 - Paris, 9 octobre 1728). D'origine très modeste, orpheline de bonne heure, elle reçut une éducation rudimentaire. Douée d'une voix merveilleuse, elle vint à Paris, travailla avec Michel Lambert qui, émerveillé par son talent, la recommanda à son beau-fils, Lully. Comme elle n'était point sotte, elle apprit vite les usages. Lully la fit entrer en 1768 à l'Opéra, où elle s'imposa non seulement par sa voix, mais aussi par son intelligence. Brune au teint mat, elle avait, dit-on, l'air d'une reine ou d'une déesse, toute d'élégance naturelle, au point que l'on oubliait qu'elle n'était ni grande ni belle. Elle créa presque tous les rôles féminins des œuvres de Lully, *Proserpine* (1680), *Persée* (1682), *Amadis* (1683), *Roland* (1685) et *Armide* (1686), puis ceux de Colasse, Charpentier (*Médée*, 1693), Desmarets. Elle chanta également au château d'Anet *Acis et Galatée* que Lully avait écrit pour le duc de Vendôme, en 1686. Elle se retira de la scène en 1698 avec quinze cents livres de pension et s'installa à Certrouville-sur-Seine, l'actuel Sartrouville, où elle reçut acteurs et musiciens. Elle mourut dans son appartement de la rue Saint-Honoré et fut enterrée à Saint-Eustache.

LESPINASSE Julie de. Femme de lettres française (Lyon, 9 novembre 1732 - Paris, 23 mai 1776). Le visage marqué par la petite vérole, mais grande et fort bien faite, elle devait par son élégance et son esprit conquérir la capitale. Elle commença pourtant sa vie sous des auspices peu favorables : sa naissance fut entourée de mystère et de scandale. Fille naturelle de la comtesse d'Albon, son père, probablement le comte Gaspard de Vichy, ne la reconnut pas (Lespinasse est un nom d'emprunt). On la mit en nourrice puis au couvent le plus longtemps possible. Orpheline à seize ans, elle vécut des années difficiles — elle parle d'« humiliations » et d'« atrocités » — chez une parente. C'est au terme d'une véritable négociation que Mme Du Deffand*, sœur du comte de Vichy, devenue aveugle, la prit chez elle comme lectrice. « C'est une fille de vingt-deux ans, écrivait-elle, qui n'a point de parents qui l'avouent. »

Julie fut reçue à bras ouverts et demeura dix ans auprès de cette célébrité du Paris des lettres, autoritaire et capricieuse dans l'intimité. Marmontel rappelle la « tristesse et dureté » de la condition de Mlle de Lespinasse, si longtemps « assujettie à une assiduité perpétuelle auprès d'une femme aveugle et vaporeuse ». Elle prit l'habitude de recevoir chez elle les amis de sa protectrice : le président Hénault qui voulut l'épouser, Turgot, Marmontel, Marivaux, et surtout d'Alembert, qui lui voua toute sa vie un tendre sentiment. Lorsqu'elle comprit que sa dame de compagnie prenait sa place dans l'esprit de ses fidèles, Mme Du Deffand cria à la « trahison ». Elle chassa Julie et somma les habitués de son salon de choisir leur camp. Beaucoup suivirent Julie de Lespinasse. Installée grâce à la générosité de la duchesse de Luxembourg* et de Mme Geoffrin* à l'hôtel de Hautefort, rue Saint-Dominique, son salon devint le rendez-vous des Encyclopédistes. Trente à quarante personnes, savants et hommes de lettres, s'y réunissaient le soir pour deviser. Grimm, Rousseau et Diderot avant leur brouille y côtoyaient Condorcet et Condillac. Elle fut l'une des reines de ce monde intellectuel, et Diderot la fait figurer comme l'interlocutrice privilégiée du *Rêve de d'Alembert* (1769).

Julie de Lespinasse eut deux passions dans sa vie, toutes deux malheureuses. L'une pour le marquis de Mora, fils de l'ambassadeur d'Espagne. De dix ans son cadet, il était phtisique comme elle. C'est en revenant de Madrid pour la revoir qu'il mourut à Bordeaux. Julie se reprocha jusqu'à la fin de sa vie d'avoir causé sa mort. C'est qu'elle adorait en secret le jeune et brillant comte de Guibert, connu pour son ouvrage sur l'état de l'Europe. C'est à lui que furent adressées les lettres les plus passionnées du XVIIIe siècle. « Mon ami, je souffre, je vous aime et je vous attends », se lamente Julie tout au long de ces pages. Tout s'effondra lorsque Guibert se maria en 1775 et partit pour l'Allemagne : « Ils croient tous que c'est la mort de M. de Mora qui me tue, s'ils savaient d'où vient le coup !... » Julie de Lespinasse, consumée par la tuberculose, l'opium et l'insomnie, en mourut de chagrin à quarante-quatre ans. Elle laissait au fidèle d'Alembert le soin de ses manuscrits et de sa correspondance : la révélation des amours de Julie l'anéantit. Beaucoup de papiers furent brûlés. Ses lettres, qui sont un chef-d'œuvre de style, ont été publiées à plusieurs reprises. La première édition date de 1809.

RÉF. : J. Lacouture et M.-C. d'Aragon, *Julie de Lespinasse, mourir d'aimer*, Ramsay, 1980. Duc de Castries, *Julie de Lespinasse*, Albin Michel, 1985.

LESSING Doris May, née Tayler. Romancière anglaise (née à Kermanchah en 1919). Elle naquit en Iran de parents britanniques qui s'installèrent dans une ferme de la Rhodésie du Sud alors qu'elle n'avait que cinq ans. Elle quitta l'école à quinze ans et fut employée comme gouvernante, puis comme dactylo et standardiste à Salisbury. Mariée une première fois, elle divorça et commença à s'intéresser à la politique. Elle se remaria en 1945, mais, dès 1949, elle partit pour l'Angleterre avec son plus jeune enfant et le manuscrit du premier de ses romans, *The Grass Is Singing* (1950), qui conte l'histoire des relations complexes entre la femme blanche d'un fermier et son serviteur noir. Dès cette époque, elle ne vécut plus que de sa plume. Elle publia ensuite *Les Enfants de la violence*, vaste fresque romanesque comprenant *Martha Quest* (1952), *Un mariage comme il faut* (1954), *L'Écho lointain de l'orage* (1958) et *La Cité promise* (1966). Elle y retrace la vie de Martha Quest, son enfance en Rhodésie, sa vie dans l'Angleterre de l'après-guerre. Son œuvre la plus connue est sans conteste *Le Carnet d'or* (1962), roman autobiographique que le mouvement féministe considère comme un classique. À partir de 1979, elle aborda l'épopée mythique placée dans un univers de science-fiction avec une remarquable liberté d'invention, *Canopus dans Argos: Archives*, comprenant deux volumes: *Shikasta* (1979) et *Mariage entre les zones Trois, Quatre et Cinq* (1981).

LEVASSEUR Marie-Thérèse. Française (Orléans, 1721 - Le Plessis-Belleville, Oise, 1801). Elle était lingère quand, à l'âge de vingt-trois ans, elle rencontra Jean-Jacques Rousseau, qui en avait trente-deux. Sans beauté, analphabète, elle ne comprit rien au génie de son compagnon, même après trente-cinq ans de vie commune. Il l'aima: «Son regard vif et doux, qui pour moi n'eut jamais son semblable...», écrit-il dans *Les Confessions*. Servante commode, a-t-on dit. Mais on ne prend pas en considération la famille Levasseur, qui vivait aux crochets de Rousseau et qui fut une des causes de l'éloignement de ses amis. Rousseau et Thérèse Levasseur eurent cinq enfants, tous placés aux Enfants trouvés. Elle le trompa avec James Boswell, aristocrate et mémorialiste anglais, qui était venu leur rendre visite. En 1768, Rousseau l'épousa, et elle était à ses côtés à Ermenonville lorsqu'il mourut en 1778. Par la suite, elle obtint une pension de veuve et se remaria à l'âge de soixante ans avec un palefrenier.

LEVASSEUR Rosalie (Marie-Claude Josèphe, dite). Soprano française (Valenciennes, 8 octobre 1749 - Neuwied, 6 mai 1826). Fille illégitime de Jean-Baptiste Levasseur et de Marie-Catherine Tournay, qui se marièrent lorsqu'elle eut onze ans, elle débuta à l'Opéra de Paris en 1766 dans le rôle de Zaïde (*L'Europe galante*, Campra). Sous le nom de Mademoiselle Rosalie, elle chanta pendant dix ans des rôles mineurs, tenue à l'écart par les intrigues de Sophie Arnould*. Puis, grâce à la protection de son amant, Mercy d'Argenteau, ambassadeur d'Autriche à Paris, lui-même soutenu par Marie-Antoinette*, Gluck la préféra à sa rivale pour créer *Alceste* (1776), *Armide* (1777) et *Iphigénie en Tauride* (1779). Elle régna à l'Opéra, où elle créa également des opéras de Piccinni, de Sacchini et de Philidor jusqu'en 1788, avant d'être supplantée par Mme Saint-Huberty*, nouvelle protégée de Marie-Antoinette.

LEVI-MONTALCINI Paola. Peintre. Italienne (née à Turin, le 22 avril 1909). Comme pour beaucoup de peintres de son époque, son art évolua de la représentation figurative à l'abstraction, où elle put donner libre cours à son imagination picturale. Couleurs et arabesques improvisées lui valurent un brillant succès, tant auprès du public que de ses confrères. Ses toiles figurèrent à la biennale de Venise (1936, 1948 et 1950), à la quadriennale de Rome (1931, 1935, 1955 et 1959), puis à la biennale de São Paulo (1961). Elle est représentée dans les collections privées et les musées de Turin, Rome et Tel-Aviv.

LEVI-MONTALCINI Rita. Physiologiste américaine et italienne (née en 1906). Avec Stanley Cohen, elle a reçu en 1986 le prix Nobel de physiologie et médecine pour la découverte de facteurs de croissance essentiels au développement des cellules, et d'une substance capable de stimuler la croissance des fibres nerveuses. Avec Gerty Cori*, Rosalyn Yalow* et Barbara McClintock*, elle est la quatrième femme à avoir bénéficié de cette distinction. Elle a publié ses souvenirs dans *Éloge de l'imperfection* (1988).

LEWIS Edmonia. Sculpteur. Américaine (1845-1890). Elle a été la première femme sculpteur noire à acquérir de son vivant une réelle notoriété. Née d'un père noir, esclave affranchi, et d'une mère indienne, orpheline dès l'âge de douze ans, elle fut adoptée par une famille abolitionniste. Une bourse lui permit de poursuivre ses études à l'Oberlin College, dans l'Ohio, et de devenir un sculpteur accompli dans un style néoclassique. Elle se rendit par la suite à Rome, où elle travailla et exposa au sein d'un groupe de femmes sculpteurs qui s'étaient réunies autour d'Harriet Hosmer. Ses œuvres mettent en scène des femmes dans des situations héroïques, qui reflètent un esprit typiquement américain.

LEWIS Ethelreda. Romancière sud-africaine (Angleterre, 1875 ou 1890 - Port-Alfred, province du Cap, 31 juillet 1946). Partie toute jeune pour l'Afrique du Sud, où elle se maria avec le Dr Joseph Lewis, elle regagna Londres en 1923 afin d'y publier son premier roman, *La Harpe* (1925), immédiatement suivi par *L'Émeraude volante* (1925). Ayant pour cadre l'Afrique, ils expriment les préoccupations de l'auteur devant les problèmes raciaux. La même année, elle organisa des conférences au Worker's Hall de Johannesbourg pour protester contre le racisme sévissant dans son pays. Elle fit ensuite la connaissance d'Alfred Aloysius Smith, vieil aventurier qui avait parcouru toute l'Afrique, pratiqué tous les métiers et même eu des amis parmi les cannibales. Elle décida d'en rédiger les Mémoires ; l'œuvre parut en trois volumes sous le titre de *La Vie et les Travaux d'Alfred Aloysius Horn* (1927-1929). Il connut un succès immense, en librairie comme au cinéma, grâce au film qui en a été adapté, *Trader Horn* (Van Dyke, 1932) avec Harry Carey et Edwina Booth.

LEWITSKY Bella. Danseuse et chorégraphe américaine d'origine russe (née à Los Angeles en 1915). Formée par Lester Horton, elle devient sa collaboratrice puis son associée dans la création du Dance Theatre en 1948. Elle en assuma la direction à la mort de Lester Horton en 1953. C'est elle qui avait créé la plupart de ses productions, comme *Le Sacre du printemps* (1937) ou *Salomé* (1938). En 1951, elle fonda sa propre école et sa compagnie à Los Angeles, la Dance Associates Foundation, qui est aujourd'hui le centre de la danse moderne sur la côte ouest des États-Unis.

LEYSTER Judith (dite aussi **Judith Molenaer**). Peintre. Hollandaise (Haarlem, 1609 - *id.*, 1660). Élève de Frans Hals, elle en fut une disciple fidèle, et on confondit souvent leurs œuvres : même exécution, mêmes contrastes d'ombre et de lumière. C'est ainsi que *Le Fou*, conservé au Rijksmuseum d'Amsterdam, qui passa longtemps pour un tableau de Frans Hals, est une copie réalisée par Judith Leyster de l'original (du même Hals) qui se trouve dans la collection Rothschild de Paris. Elle est l'auteur de scènes populaires et champêtres, peintes avec truculence et talent. Citons parmi ses œuvres le *Joyeux Buveur*, dont plusieurs versions sont conservées aux musées d'Amsterdam, de Berlin et de Karlsruhe, *Joyeuse Compagnie* (1630, Louvre), *Sujets musicaux* (1629, Rijksmuseum). Elle appartenait à la guilde de Saint-Luc de Haarlem et épousa en 1636 le peintre Jan Miense Molenaer.

LIANCOURT Jeanne, née de Schomberg, duchesse **de**. Française (1601-1674). Elle était la fille du maréchal de Schomberg, qui lui fit épouser de force François de Cossé-Brissac, qu'elle n'aimait pas et dont elle divorça pour se marier avec Roger du Plessis, duc de Liancourt (1620). D'une grande beauté, douée de beaucoup d'esprit, elle recevait écrivains et artistes dans le somptueux château de Liancourt, dont elle avait dessiné les jardins. Très pieuse, elle était une amie de Port-Royal; elle aida les jansénistes au moment de leurs démêlés avec l'Église et parvint à gagner son mari au jansénisme. Elle eut un fils, le comte de La Roche-Guyon, dont la fille épousa François de La Rochefoucauld, le fils de l'auteur des *Maximes*. Retirée dans son château de Liancourt après la mort de son mari (1655), la duchesse composa pour sa petite-fille un *Règlement donné à la princesse de Marcillac, sa petite-fille, pour sa propre conduite et pour celle de sa maison*, publié en 1694. Sainte-Beuve compare cet écrit par la noblesse de son esprit au traité de *L'Éducation des filles* de Fénelon.

LIANE DE POUGY, née Anne-Marie Chassaigne, princesse Ghika, dite. Courtisane française (La Flèche, 1869 - Lausanne, 1953). Grande et mince à l'époque des beautés opulentes, la spirituelle Liane fut l'une des reines de la chronique mondaine — ou demi-mondaine — de la Belle-Époque. Elle venait d'une famille bourgeoise des environs de Rennes, et du sang espagnol coulait dans ses veines. Elle fut élevée chez les sœurs de Sainte-Anne d'Auray. Fille d'un officier de cavalerie, elle épousa très jeune Armand Pourpre, un officier de marine qui la battait et dont elle divorça. Elle eut un fils de lui, Marc, aviateur, qui fut tué lors de la Première Guerre mondiale. On l'admira quelque temps aux Folies-Bergère, où elle fit alors la conquête du prince de Galles, qui ouvrit la liste de ses galants. On vit défiler chez elle les auteurs à la mode et les têtes couronnées. Maurice de Rothschild et le roi de Portugal eurent le privilège de compter parmi ses protecteurs. Le fils du président Mac Mahon, Pierre de Nolhac, Henri Meilhac et D'Annunzio formaient sa cour d'admirateurs. Elle se lia d'une belle amitié avec Jean Lorrain, qui disait exercer le même métier qu'elle.

Liane de Pougy aimait aussi les femmes. À trente ans, elle eut une liaison retentissante avec Natalie Barney*, relatée avec force nénuphars et capitons dans *Idylle saphique* (1901). Elle fit paraître *L'Insaisissable* (1898) et *L'Enlisement* (1899). Romanesque, elle parcourut l'Égypte, la Grèce, la Turquie, promenant en Orient son «chagrin d'aimer». C'était une délicate épistolière, et ses *Cahiers bleus* (1877), font d'elle l'une des mémorialistes de la fin du siècle. Les demeures de Liane de Pougy, ses perles, sa prodigalité, sa rivalité avec Caroline Otéro* sont restées fameuses. Mais toutes ses richesses ne lui servirent qu'à entretenir, juste retour des choses, le prince Ghika, déshérité par la famille régnante de Roumanie lorsqu'il l'eut épousée. C'est une modeste maison en Bretagne qui accueillit les époux. À la mort du prince, Liane se tourna vers la dévotion : elle lisait l'*Imitation* et le *Pater* de sainte Thérèse*. Elle se retira dans un couvent en Suisse, où elle mourut à l'âge de quatre-vingt-quatre ans.

LIBERT Marie-Anne. Botaniste belge (Malmédy, 7 avril 1832 - *id.*, 14 janvier 1865). Mathématicienne avertie, elle devint botaniste et, encouragée par

Alexandre Lejeune et Augustin de Candolle, elle se spécialisa dans l'étude des cryptogames. On lui doit notamment *Plantae cryptogamicae quas in Arduenna collegit M. A. Libert* (1830-1837). Deux plantes lui ont été dédiées sous les noms de *Libertia* et de *Libertella*. Son herbier et ses notes figurent dans les collections du Jardin botanique de Bruxelles. Elle fut membre honoraire de la Société royale de botanique de Belgique dès sa fondation en 1862.

LI CH'ING-CHAO. Poétesse chinoise (Tsinan, Shantung, 1081 - apr. 1140). Mariée à un étudiant de l'Académie impériale, elle s'enfuit dans le Sud avec lui, devant l'invasion mandchoue. Tant qu'il fut auprès d'elle, elle écrivit des poèmes charmants et tendres. Mais il dut rejoindre son poste, et le chagrin de la séparation inspira à la jeune femme ses œuvres les plus belles dans le difficile genre «*ts'eu*». Devenue veuve à quarante ans, elle écrivit encore des pièces poétiques où l'expression de sa douleur semble gênée par la trop stricte prosodie classique. Il ne reste plus d'elle, aujourd'hui, qu'une dizaine de poèmes, réunis sous le titre de *Recueil de Jade pur*:

Je cherche, je cherche,
Seule, toute seule,
Triste, toute triste.
Les oies sauvages passent,
blessant mon cœur.

LIDDELL Alice. Anglaise (1852-?). Alice et ses deux sœurs, Lorina et Edith, étaient les filles du doyen du Christ Church College d'Oxford. Elles avaient pour voisin un jeune professeur de mathématiques, du nom de Charles Lutwidge Dodgson, qui aimait la compagnie des petites filles. Le 4 juillet 1862, lors d'une promenade en bateau, il leur conta une histoire de son invention. Alice, fascinée, le supplia de l'écrire. Ainsi naquit *Alice au pays des merveilles*, publié en 1865 sous le pseudonyme de Lewis Carroll, illustrations de sir John Tenniel. Le succès fut immense. Alice Liddell, devenue Mrs. Hargreaves, avoua un jour qu'elle était «fatiguée d'être Alice au pays des Merveilles». Il est vrai qu'on avait spéculé sur un mariage d'Alice avec Lewis Carroll et que la mère détruisit toutes les lettres de l'écrivain à sa fille.

LIEVEN Dorothea, née von Benkendorf, princesse **de**. Russe (Riga, 30 décembre 1784 - Paris, 27 janvier 1857). Fille d'un général d'infanterie, elle fut élevée à l'institut Smolny. Mariée à seize ans au prince Kristophe Andreievitch de Lieven, elle lui donna six enfants. Le prince fut nommé ambassadeur de Russie à Berlin en 1810, puis en 1813 à Londres, où il resta près de vingt ans. La princesse de Lieven, passionnée de politique, devint très en vogue dans les milieux dirigeants anglais. Le roi George IV la tenait en grande estime; Wellington, Palmerston et lord Grey furent parmi ses familiers. Confidente avisée de son époux, elle entretint une correspondance suivie avec le comte Karl von Nesselrode, le puissant ministre des Affaires étrangères du tsar. Chateaubriand, alors ambassadeur à Londres, trace d'elle un portrait des plus dévastateurs: «On lui croyait de l'esprit parce qu'on supposait que son mari n'en avait pas [...]. Madame de Lieven, au visage aigu et mésavenant, est une femme commune, fatigante, aride, qui n'a qu'un seul genre de conversation, la politique vulgaire...» Quoi qu'il en soit, elle attira l'élite des hommes de son époque: Metternich, le prince Esterházy, Guillaume de Humbolt, etc.

Séparée de son mari, nommé précepteur du prince héritier (1834), la princesse de Lieven voyagea et demeura à Paris sous la monarchie de Juillet. Elle fut veuve en 1839 et eut une liaison fameuse avec Guizot, sur lequel elle eut une grande influence; le bruit courut même d'un mariage secret. Elle tenait salon dans l'hôtel de Talleyrand, rue Saint-Florentin, où se réunissaient écrivains, femmes en vue, diplomates et hommes politiques, aussi dissemblables que pouvaient l'être un Thiers et un Molé. La révolution de 1848 provoqua la démission de Guizot. La princesse le suivit à Londres puis rentra en 1849 à Paris, où elle ne retrouva jamais sa place. Elle mourut à l'âge de soixante-douze ans. Guizot, qui s'était retiré de la vie politique, lui survécut dix-sept ans.

LIGENDZA Catarina, née Katarina Beyron. Soprano suédoise (née à Stockholm, le 18 octobre 1937). Fille de chanteurs, elle fit ses études à l'académie de Vienne et au conservatoire de Würzbourg. Elle débuta en 1965 à Linz en interprétant la Comtesse (*Les Noces de Figaro*, Mozart). On l'entendit à Sarrebrück et à l'opéra de Berlin, où elle fut engagée en 1969, puis à Stuttgart, à Hambourg et au festival de Pâques de Salzbourg en 1970-1971. Elle incarnait la troisième Norne (*Le Crépuscule des dieux*, Wagner) et Léonore (*Fidelio*, Beethoven), rôle qu'elle avait chanté quelques mois plus tôt pour ses débuts américains au Metropolitan Opera de New York. Au festival de Bayreuth, elle incarna successivement les trois Brünnhilde de *La Tétralogie* (*La Walkyrie*, *Siegfried*, *Le Crépuscule des dieux*, Wagner) et Isolde (*Tristan et Isolde*, Wagner). Avec un répertoire qui comprend également des rôles de Verdi et de Richard Strauss, elle se produit régulièrement à Milan, à Vienne, à Munich et au Covent Garden de Londres. Elle a été au cinéma une ravissante Chrysothemis dans la version filmée d'*Elektra* (R. Strauss) sous la direction de Karl Böhm.

LILAR Suzanne. Écrivain belge d'expression française (née à Gand en 1901). Première femme avocate de son pays, Suzanne Lilar commença sa carrière littéraire en faisant représenter à Paris *Le Burlador* (1945), qui met en scène un Don Juan amoureux et doué d'une certaine pureté. Après avoir donné au théâtre deux autres pièces, *Tous les chemins mènent au ciel* (1947) et *Le Roi lépreux* (1951), elle publia deux romans, *La Confession anonyme* (1954) et *Le Divertissement portugais* (1960). Elle a défendu sa conception de l'amour dans des essais brillants : *Le Couple* (1963), *À propos de Sartre et de l'amour* (1967) et *Le Malentendu du deuxième sexe* (1969) — que l'on a trop réduit à une polémique avec Simone de Beauvoir*. *Une enfance gantoise* (1976) est une évocation autobiographique pleine de séduction de celle qui plaida pour l'amour passion « contre l'attitude sartrienne du dégoût ». Membre de l'Académie royale de langue et de littérature françaises de Belgique, Suzanne Lilar est l'épouse du ministre Albert Lilar, dont elle a eu une fille, la romancière Françoise Mallet-Joris*.

LIND Jenny. Soprano suédoise (Stockholm, 6 octobre 1820 - Wynds Point, Malvern Wells, Angleterre, 2 novembre 1887). Élève à dix ans à l'école de l'Opéra royal de Stockholm, elle débuta sur scène dès cette époque en chantant de petits rôles comme celui du Deuxième Enfant (*La Flûte enchantée*, Mozart). Mais il lui fallut attendre huit ans pour obtenir son premier grand rôle, celui d'Agathe (*Le Freischütz*, Weber) à l'opéra de Stockholm. Elle bouleversa le public : jusqu'alors, aucune Agathe n'avait été plus jolie, n'avait chanté avec autant de naturel et de facilité. La même année, elle chanta le rôle de Pamina (*La Flûte enchantée*, Mozart) et interpréta le rôle-titre d'*Euryanthe* (Weber). Pendant trois ans, elle triompha dans *La Vestale* (Spontini), *Robert le Diable* (Meyerbeer), *Don Juan* (Mozart), *Lucie de Lammermoor* (Donizetti), *La Straniera* (Bellini) et *Norma* (Bellini).

Elle avait à peine vingt ans quand elle devint membre de l'Académie royale de musique de Stockholm et chanteuse officielle de la cour, mais sa voix commença à donner des signes de faiblesse. Sur les conseils du baryton Giovanni Belletti, elle se rendit à Paris pour consulter le célèbre professeur Manuel Garcia; celui-ci lui imposa repos et silence puis la fit travailler pendant dix mois. Meyerbeer, qui l'entendit alors, fut tellement impressionné qu'il écrivit pour elle le rôle de Vielka (*Le Camp en Silésie*). De retour à Stockholm en 1842, d'une voix sans faille et sans faiblesse, elle chanta le rôle-titre de *Norma* (Bellini). Elle fut ensuite Valentine (*Les Huguenots*, Meyerbeer), la Comtesse (*Les Noces de Figaro*, Mozart), Amina (*La Somnambule*, Bellini), *Armide* (Gluck). Acclamée à Leipzig en 1845, à Vienne en 1846, elle débuta à Londres en 1847, en présence de la reine Victoria* et du prince Albert, en Alice (*Robert le Diable*, Meyerbeer). Tout Londres succomba à la séduction, au charme et au talent de cette nouvelle *prima donna*, qui reçut le surnom de «rossignol suédois».

L'Amérique lui réserva un accueil plus triomphal encore en 1850. Elle y avait fait, il est vrai, l'objet d'une vaste campagne publicitaire financée par le directeur de cirque P.T. Barnum, qui l'avait présentée comme un phénomène de la nature plutôt que comme une artiste. Elle sut séduire son auditoire, notamment à New York, Boston et Saint-Louis, et reçut d'énormes cachets qu'elle distribua à des institutions charitables suédoises. C'est pendant ce séjour américain qu'elle épousa à Boston son accompagnateur, Otto Goldschmidt, qui la suivit en Europe. Après avoir séjourné quelque temps à Dresde, le couple s'installa définitivement à Londres. Jenny Lind fit ses adieux au public en 1870, au festival de musique du Rhin, en chantant le rôle principal de Ruth dans l'*Oratorio* de son mari. En 1883, elle devint membre du Royal College of Music de Londres. Sept ans après sa mort, le 20 avril 1894, ses restes furent transportés à l'abbaye de Westminster. Très appréciée par les Anglo-Saxons, elle fut contestée dans les pays latins: Verdi, par exemple, jugeait sa personnalité insignifiante. Quant à sa voix, malgré la limpidité de ses aigus, on lui reprochait généralement l'inégalité de son timbre.

RÉF: H.S. Holland and W.S. Rockstro, *Memoir of Madame Jeny Lind-Goldschmidt*, Londres, 1891. J.M. Maude, *The Life of Jenny Lind*, Londres, 1956.

LION Élisabeth. Aviatrice française (Balan, Ardennes, 1904 - 1988). D'une résistance hors du commun, «la lionne» se spécialisa dans les vols à longue distance. Elle accomplit des raids tels que Istres-Dakar, Paris-Tunis et retour sans escale. Le 13 mai 1938, elle s'attaqua au record féminin en ligne droite et couvrit seule à bord le trajet Istres-Abadan (Iran), franchissant ainsi la distance de 4 063 kilomètres.

LITTLEFIELD Catherine. Danseuse, chorégraphe et professeur. Américaine (Philadelphie, 1905 - Chicago, 1951). Sa mère, la danseuse Caroline Littlefield, lui enseigna son art puis l'envoya auprès de Kobeleff et d'Albertieri à New York. Elle se perfectionna chez Staats et Lubov Egorova*. Après des débuts en 1920 à Broadway aux Ziegfeld Follies, elle retourna enseigner dans l'école familiale. Première danseuse à l'opéra de Philadelphie de 1925 à 1933, elle fonda sa propre compagnie, baptisée en 1936 le Philadelphia Ballet, première troupe constituée exclusivement de danseurs américains. Elle monta l'année suivante la première version intégrale de *La Belle au bois dormant* (M. Petipa, musique de Tchaïkovski). Le succès de cette représentation fit de Catherine Littlefield l'une des pionnières du ballet classique aux États-Unis. Étoile et chorégraphe, elle composa en 1938 sur une musique populaire du XIXᵉ siècle *Barn Dance* ainsi que *Cafe*

Society, satire des milieux snobs new-yorkais, qui restent ses spectacles les plus célèbres. C'est elle qui régla les revues sur glace de la «Fée» Sonia Henie* de 1942 à 1948.

LITVINNE Felia, Vassilievna (Françoise Jeanne Schütz, dite). Soprano française d'origine russe (Saint-Pétersbourg, 11 octobre 1863 - Paris, 12 octobre 1936). D'ascendance allemande par son père et canadienne par sa mère, elle naquit en Russie. Elle était grande, belle, blonde, sa voix était d'une puissance exceptionnelle. Son premier professeur, Barthe Banderoli, lui fit d'abord étudier des rôles légers; plus tard, elle travailla avec Pauline Viardot* et Victor Maurel, son premier directeur de théâtre, qui la baptisa Felia. Elle débuta au Théâtre-Italien en 1883, dans le rôle de Maria Boccanegra (*Simon Boccanegra*, Verdi) et poursuivit avec Elvira (*Ernani*, Verdi). Très vite, elle acquit une renommée internationale. Grâce au mari de sa sœur, Édouard De Reszké (frère du célèbre ténor, Jean), elle chanta à New York à la Mapleson Company en 1885, à l'Opéra de Paris en 1886, à Moscou en 1889, au Metropolitan Opera de New York en 1897, à Covent Garden en 1899; elle y incarna une extraordinaire Isolde (*Tristan et Isolde*, Wagner), étant devenue entre-temps une wagnérienne réputée.

Elle vouait à Wagner un véritable culte; elle travailla tous ses rôles de soprano dans trois langues, et elle fut ainsi la première Brünnhilde (*La Walkyrie*, Wagner) à chanter en français, à Bruxelles en 1887. Alfred Cortot obtint pour elle de Cosima Wagner* la faveur de monter *Le Crépuscule des dieux*, à Paris, au théâtre du Château-d'Eau en 1902. Son succès dépassa l'imagination et, bien que la svelte jeune fille d'autrefois eût pris de l'embonpoint, elle conservait une rare élégance. Première Brünnhilde de *La Tétralogie* (Wagner) donnée dans son intégralité à Bruxelles en 1903, première Kundry (*Parsifal*, Wagner) à Monte-Carlo en 1913, elle triompha aussi dans *Armide* (Gluck) et fut la plus grande Alceste (*Alceste*, Gluck) de l'histoire. Tour à tour Valentine (*Les Huguenots*, Meyerbeer), Aïda (*Aïda*, Verdi), Donna Anna (*Don Juan*, Mozart), Selika (*L'Africaine*, Meyerbeer), elle enregistra entre 1902 et 1908 une quarantaine de disques qui, hélas, ne laissent guère deviner à quel point sa voix était fabuleuse et sa technique impeccable. Elle fit ses adieux à la scène en 1915 à l'opéra de Monte-Carlo, dans le rôle d'Aïda (*Aïda*, Verdi) aux côtés de Caruso, mais continua à se produire en concert jusqu'en 1924. À partir de 1927, elle enseigna au conservatoire américain de Fontainebleau, où elle eut pour élèves Nina Koshetz et Germaine Lubin*. Décorée de la Légion d'honneur par Aristide Briand en 1927, elle devait finir ses jours dans le Cercle familial d'Auteuil, où sa situation précaire l'obligea à se retirer. Elle y recevait quelques amis, restés fidèles. Elle a publié *Exercices et Conseils* (1924) ainsi qu'un ouvrage autobiographique, *Ma vie et mon art* (1933).

RÉF.: A. Quincey, *Felia Litvinne*, Arlega, 1979.

LIVIA ou **LIVILLA**. Princesse romaine (12 av. J.-C.-31 apr. J.-C.). Elle était la fille de Drusus l'aîné, donc la petite-fille de Livie*, et d'Antonia, nièce d'Auguste. Elle avait pour frère Germanicus, général romain qui épousa Agrippine* l'Aînée. Elle fut mariée à son cousin Drusus, fils de l'empereur Tibère, dont elle eut deux fils. Elle devint la maîtresse de Séjan, ministre de Tibère, et, avec sa complicité, elle empoisonna son mari (23 apr. J.-C.). Séjan, qui cherchait en réalité à succéder à l'empereur, demanda à celui-ci la main de Livia. Méfiant, Tibère la lui refusa et, mis au courant des projets de son favori par

Antonia, la mère de Livia, le fit exécuter sur-le-champ. C'est ensuite qu'il apprit les conditions de la mort de Drusus; Livia fut jetée dans un cachot où elle mourut de faim. D'après l'historien Dion Cassius, elle était déjà morte quand l'empereur apprit son forfait, et l'on se contenta de détruire ses statues.

LIVIE (en latin **Livia Drusilla**). Impératrice romaine (55 av. J.-C. - 29 apr. J.-C.). Elle épousa Tiberius Claudius Nero, dont elle eut deux fils, Tibère et Drusus. Son mari ayant pris le parti d'Antoine contre Octave — tous deux étaient alors triumvirs —, Livie implora la grâce de Tiberius. Octave (futur empereur Auguste) s'éprit d'elle, répudia sa seconde femme Scribonia, força Livie à divorcer et l'épousa en 38 av. J.-C. Auguste ne lui donna pas d'enfants. Elle eut une grande influence sur lui; très au fait des intrigues de la cour, elle usa de son influence pour que son fils Tibère accède au pouvoir. On l'accusa sans preuves de la mort prématurée des petits-fils de son mari. Finalement, Tibère fut adopté par Auguste en 4 apr. J.-C. et il lui succéda à sa mort (14). Livie, qui comptait jouer un rôle politique important à ses côtés, fut rapidement écartée.

LIX Antoinette. Héroïne française (Colmar, 1837 - Lamarche, Alsace, 1909). Son père, aubergiste et veuf, l'éleva comme un garçon. Antoinette, dite Tony, droite et musclée, maniait l'épée comme un maître d'armes et montait à cheval comme un uhlan. Après un passage chez les religieuses de Ribeauvillé, elle accepta une place de préceptrice chez les comtes Lubianski, en Pologne. Elle prit part aux rêves d'insurrection polonaise et, devenue le lieutenant Mikail Ponury, dit Michel le Sombre, combattit contre l'armée russe: son héroïsme forgea sa légende. Elle entra au service du général Chabrolles, puis, à la mort de celui-ci, rejoignit le camp du général Sokol qui avec ses troupes repoussa l'ennemi pas à pas. Elle décida enfin de revenir à Colmar. Mais plus rien ne l'y retenait. Apprenant qu'une épidémie de choléra sévissait à Lille, elle offrit ses services et y perdit la santé. Rétablie, elle devint receveuse des postes à Lamarche, en Alsace, et se battit encore en 1870 avec les francs-tireurs des Vosges.

RÉF. : F. d'Eaubonne, *L'Amazone sombre : vie d'Antoinette Lix (1837-1904)*, Encre, 1983.

LOCUSTE. Romaine (?-68). C'était une célèbre empoisonneuse à Rome, et Agrippine* la Jeune fit appel à ses services pour se débarrasser de son mari, l'empereur Claude, afin d'installer au pouvoir son fils Néron (54). Celui-ci, devenu empereur, demanda à Locuste de faire disparaître son rival, Britannicus. D'après Suétone, le poison qu'elle avait confectionné ayant eu un effet trop lent, Néron exigea qu'elle en préparât un autre en sa présence, lequel s'avéra foudroyant. Locuste fut exécutée sur l'ordre de l'empereur Galba, le successeur de Néron.

LOEWE Sophie. Cantatrice autrichienne (Oldenbourg, 24 août 1815 - Budapest, 28 novembre 1866). Fille d'acteur, elle étudia le chant à Vienne avec Ciccimarra, puis à Milan avec Lamperti. Après Berlin en 1837, Londres l'accueillit en 1841. Cette même année, elle créa à la Scala de Milan le rôle-titre de *Maria Padilla* (Donizetti). Deux ans plus tard, elle créa le personnage d'Elvira (*Ernani*, Verdi) à la Fenice de Venise; elle y fut également Odabella (*Attila*, Verdi) en 1846. Adulée, fêtée, la ravissante et spirituelle diva abandonna la scène en 1848 pour épouser le prince Ferdinand de Liechtenstein.

LOISSET Émilie, née Roux. Écuyère française (1854 - Paris, 1882). Brillantes écuyères de haute école, les deux sœurs Roux, Émilie et Clotilde, furent pendant quelques années les vedettes des spectacles équestres parisiens. Après le mariage de Clotilde avec le prince de Reuss, Émilie continua seule une carrière qui s'annonçait des plus brillantes, méritant le titre que le public lui avait donné : « La Diva de la haute école ». Mais elle eut une fin tragique. Lors d'une répétition au Cirque d'Hiver en 1882, son cheval se déroba devant une porte fermée, se cabra et se renversa sur elle qui eut l'abdomen perforé par la fourche de la selle. Elle mourut deux jours plus tard. Émilie Loisset, qui avait vingt-huit ans, allait se marier avec le prince de Hatzfeld.

LOLA MONTES ou **MONTEZ** (Maria Dolores Eliza Gilbert, dite). Aventurière irlandaise (Limerick, 1818-New York, 1861). Elle naquit en Écosse d'un père officier et d'une mère créole dont elle hérita un type méridional accusé qui, plus tard, lui permit de se faire passer pour une Espagnole. De son enfance, nous ne savons que ce qu'elle a bien voulu écrire dans ses *Mémoires* (1849), romancés à outrance. À quinze ans, elle s'échappa de sa pension anglaise, enlevée par son amant, le capitaine Thomas James, qui l'emmena à Calcutta, et qu'elle épousa. Elle divorça en 1842 et fit ses débuts à Londres en 1843 comme danseuse espagnole sous le nom de Lola Montes. Elle eut davantage de succès à Dresde, à Berlin puis à Varsovie. Elle triompha à Paris en 1845 grâce à un double scandale : elle parut sur scène sans maillot, tandis que le critique Dujarrier, qui l'avait fustigée, était tué en duel par l'un de ses admirateurs.

Elle se rendit ensuite à Munich et rencontra Louis Ier de Bavière, alors sexagénaire, poète féru de l'Italie, mécène et bâtisseur d'une ville et de monuments qu'il voulait néoclassiques. Il tomba aux pieds de Lola Montes, son « Andalouse de Séville », l'installa dans un hôtel particulier, la fit baronne de Rosenthal puis comtesse de Lansfeld. L'influence excessive de la favorite sur les affaires publiques provoqua en partie l'insurrection du 19 février 1848 et l'abdication du roi deux jours plus tard. En 1849, elle épousa à Londres George Trafford Heald avant de passer en Espagne et de s'établir aux États-Unis, où elle joua dans un drame portant son nom et qui atteste sa célébrité, *Lola Montes en Bavière* (Ware, 1852). L'année suivante, elle épousa en troisièmes noces un journaliste, Hall, dont elle se sépara très rapidement. Elle continua à se produire sur scène en Australie et aux États-Unis, donna des conférences sur sa vie, qu'elle fit publier sous le titre *Autobiography and Lectures of Lola Montes* (1858), et fit paraître *L'Art de la beauté, ou Secrets de la toilette des dames* (1858). Sa vie tumultueuse a inspiré à Max Ophuls un de ses chefs-d'œuvre, *Lola Montes* (1955) avec Martine Carol*.

RÉF. : C. Saint-Laurent, *Lola Montes*, Paris, 1970. J. Wilmes et J. Prézelin, *Lola Montes, pavane pour un roi poète*, Genève, 1979.

LOLLOBRIGIDA Gina (Luigina, dite). Actrice italienne (née à Subiaco, le 4 juillet 1927). Elle suivit des leçons de chant à Rome, se présenta à des concours de beauté et débuta à l'écran dans de petits rôles. Sa beauté sensuelle et ses talents de comédienne furent remarqués par des cinéastes tels que Cravenne (*La Danse de mort*, 1947), Lattuada (*Le Crime de Giovanni Episcopo*, 1947), Costa (*Une nuit de folie à l'opéra* et *Paillasse*, 1948). Cependant, c'est en France qu'elle acquit une renommée internationale avec *Fanfan la Tulipe* (Christian-Jaque, 1951) et *Les Belles de nuit* (René Clair, 1952), où elle a pour partenaire Gérard Philipe. Dans *Les Belles de nuit*, elle incarne une créature de rêve, déroutante d'ingénuité et de perversité. Sacrée grande star, elle joua dans de nombreux films en Italie et à l'étranger et obtint des triomphes avec *Pain, amour et fantaisie*

(Comencini, 1953), suivi de *Pain, amour et jalousie* (1954), *La Marchande d'amour* (Soldati, 1953), *Le Grand Jeu* (Siodmak, 1954), tourné en France, *La Belle des belles* (Léonard, 1955), *Notre-Dame de Paris* (Delannoy, 1956); elle révéla des dons réels de tragédienne dans *La Loi* (Dassin, 1958).

En 1959, elle partit pour les États-Unis et tourna à Hollywood plusieurs films à succès: *Salomon et la reine de Saba* (K. Vidor, 1959), *La Proie des vautours* (Sturges, 1959), *Volupté* (McDougall, 1960), *Le Rendez-vous de septembre* (Mulligan, 1961). Après son dernier film, *Widow's Nest* (Navarro, 1977), Gina Lollobrigida a abandonné sa carrière cinématographique pour la photographie, art dans lequel elle manifeste autant de sens de l'observation que de sensibilité. Elle a épousé en 1949 Milko Skofic, dont elle a divorcé en 1966.

LOMBARD Carole (Jane Alice Peters, dite). Actrice américaine (Fort Wayne, 1909 - Las Vegas, 1942). Très belle, elle savait opposer avec beaucoup d'humour sa distinction naturelle à des situations comiques et imprévues, révélant ainsi un grand talent de comédienne. Elle n'avait que treize ans lorsque Allan Dwan l'engagea dans son film *A Perfect Crime* (1921). Elle eut ensuite de nombreux rôles dans des courts métrages avec Mack Sennett et, de 1926 à 1930, dans des films, parmi lesquels *The Road to Glory* (Hawks, 1926), *The Bicycle Flirt* (Edwards, 1928), *Show Folks* (Stein, 1928), *Big News* (La Cava, 1929).

Elle obtint son premier grand succès avec *Safety in Numbers* (Schertzinger, 1930). En 1931, elle épousa William Powell, avec lequel elle joua dans l'inoubliable *My Man Godfrey* (La Cava, 1936). En 1939, elle se maria avec Clark Gable dont elle fut la troisième épouse. Elle avait tourné avec lui *Un mauvais garçon* (W. Ruggles, 1932). On peut retenir parmi ses nombreux films *No One Man* (Corrigan, 1932), *No More Orchids* (Lang, 1932), *Bolero* (Ruggles, 1934), *La Folle Confession* (Ruggles, 1937), *La Joyeuse Suicidée* (Welman, 1937), *La Peur du scandale* (LeRoy, 1938) avec l'acteur français Fernand Gravey, *Drôle de mariage* (Kanin, 1940), l'un de ses meilleurs rôles, *Mr. and Mrs. Smith* (Hitchcock, 1941) et son dernier film *To Be or Not To Be* (Lubitsch, 1942). Carole Lombard disparut dans un accident d'avion près de Las Vegas, au cours d'une tournée de propagande en faveur de l'armée américaine.

LONG Marguerite. Pianiste française (Nîmes, 13 novembre 1874 - Paris, 13 février 1966). Elle fut l'une des plus célèbres musiciennes de sa génération. Elle étudia le piano au conservatoire de Nîmes et fut remarquée pour ses dons exceptionnels, sa brillante technique et une sensibilité toute personnelle. Son répertoire comprenait de nombreux compositeurs contemporains. Elle créa des œuvres de Debussy, Fauré et Ravel qui furent des premières historiques. Benjamin Godard et Théodore Lack écrivirent pour elle. Florent Schmitt, Alfred Bachelet, Philippe Gaubert et Louis Aubert lui donnèrent la primeur de leurs compositions, et elle créa toutes les œuvres pianistiques de Roger Ducasse. En 1932, elle enregistra le *Concerto en sol* (Ravel), dont elle était dédicataire et que l'auteur lui-même jugeait trop difficile à interpréter. Cela fit taire ses détracteurs misogynes.

Marguerite Long fut également un remarquable professeur. Elle enseigna au Conservatoire de musique de Paris de 1906 à 1939; sa classe était célèbre. Avec le violoniste Jacques Thibaud, elle fonda le Concours international de piano et de violon en 1946, suivi depuis par les aspirants-lauréats du monde entier. Elle publia à l'intention de ses élèves l'*Album de Marguerite*, recueil d'œuvres modernes signées de Jacques Ibert, Henri

Sauguet, Roland Manuel et des membres du groupe des Six (Darius Milhaud, Arthur Honegger, Georges Auric, Francis Poulenc, Louis Durey, Germaine Tailleferre*). Elle avait épousé en 1903 l'écrivain musicologue Joseph de Marliane, qui fut tué dès le début de la Première Guerre mondiale. Marguerite Long a reçu de nombreuses décorations; commandeur de la Légion d'honneur, elle fut la première femme à obtenir la grand-croix de l'ordre du Mérite.

RÉF. : J. Weill, *Marguerite Long, une vie fascinante*, Paris, 1969.

LONGUEVILLE Anne Geneviève, née de Bourbon-Condé, duchesse **de** (Vincennes, 27 août 1619 - Paris, 15 avril 1679). Fille de Henri de Condé, premier prince du sang, et de Charlotte de Montmorency, elle fut élevée chez les carmélites et épousa en 1642 le duc Henri de Longueville, l'amant de Mme de Montbazon*. Les cheveux argentés, les yeux turquoise, on lui connut de nombreuses aventures, et Mazarin lui attribuait la force de «renverser dix États». Entraînée par son frère le grand Condé, elle fut en effet l'âme des deux Frondes — celle des parlementaires, puis celle des princes. Elle y mena son frère cadet le prince de Conti, les Orléans, le futur cardinal de Retz, et ses amoureux Turenne et La Rochefoucauld. Elle dut se réfugier en Hollande à l'arrestation de ses frères, mais revint en 1653 soutenir le dernier bastion à Bordeaux. La paix revenue et les déceptions sentimentales aidant, elle se rallia au jansénisme — autre source de contestation et d'intrigues. Elle trouva assistance auprès de mère Angélique* et protégea courageusement les persécutés de Port-Royal, Nicole et Arnaud. Elle se retira enfin chez les carmélites du faubourg Saint-Jacques. Elle eut deux fils, Jean, comte de Dunois, né en 1646, qui devint prêtre, se faisant appeler l'abbé d'Orléans, et Charles, né en 1649, duc de Longueville à partir de 1669.

LOOS Anita. Femme de lettres américaine (Sisson, actuel Mount Strasta, Californie, 26 avril 1893 - New York, 18 août 1981). Son père, journaliste, s'installa à San Francisco, où il monta une troupe de théâtre amateur. Anita Loos y joua quelque temps avant d'écrire pour le cinéma. Son premier script, *The New York Hat* (1913), fut porté à l'écran par D.W. Griffith. Entre 1912 et 1915, elle en composa cent cinq au total, à une époque où les films s'apparentaient davantage à des courts métrages. En 1919, elle épousa John Emerson, avec lequel elle avait déjà collaboré. Toutefois, son principal titre de gloire est son roman satirique *Les hommes préfèrent les blondes* (1925), qui fut d'abord adapté pour la scène en 1926, puis porté à l'écran avec succès par Howard Hawks avec Marilyn Monroe* (1953). Avec son mari, elle donna une suite à ce roman, *Mais ils épousent les brunes* (1928). Elle publia par la suite *A Mouse Is Born* (1951) et *No Mother to Guide Her* (1961).

LOPOKOVA Lydia. Danseuse anglaise d'origine russe (Saint-Pétersbourg, 21 novembre 1891 - Seaford, 8 juin 1981). Sœur des danseurs Andrei et Fyodor Lopokov, elle étudia comme eux à l'École impériale de Saint-Pétersbourg. Diaghilev l'engagea en 1910 et elle demeura fidèle aux Ballets russes jusqu'à leur dispersion, tout en se produisant avec Mikhail Mordkin aux États-Unis et avec Ninette de Valois* à Londres. Blonde aux yeux clairs, vive et légère, elle excellait dans les rôles de demi-caractère. Léonide Massine sut mettre en valeur son talent comique dans *Les Femmes de bonne humeur* et dans *Parade* (1917), dans *La Boutique fantasque* (1919) et dans *Le Beau Danube* (1924). En 1925, elle épousa le célèbre économiste John Maynard, lord Keynes, et s'établit en Angleterre. Elle créa pour Frederick Ashton le tango de *Façade*

(1931). Elle fonda avec son mari en 1936 le Cambridge Arts Theatre.

LORCIA Suzanne. Danseuse française d'origine italienne (née à Paris, le 18 décembre 1905). Elle entra à dix ans à l'école de danse de l'Opéra ; engagée à quatorze ans, elle devint grand sujet deux ans plus tard. André Messager lui confia en 1923 le rôle de la gitane Djali (*Les Deux Pigeons*, Mérante) aux côtés de Carlotta Zambelli*. Ce fut le début d'une carrière d'étoile qui dura vingt ans. Solide technicienne, belle, brune et distinguée, elle créa une trentaine de ballets, dont, pour Serge Lifar, *Les Créatures de Prométhée* (1929), *Salade* (1935), *Le Roi nu* (1936), *Alexandre le Grand* (1937), *Boléro* (1941), *Les Animaux modèles* (1942) et *Guignol et Pandore* (1944). En revanche, elle refusait de danser *Giselle* (Gautier et Coralli) et *Coppélia* (Nuitter et Saint-Léon), qu'elle ne « sentait » pas. Elle se retira de la scène en 1950 pour enseigner à l'école de l'Opéra. Elle est la première danseuse française à avoir reçu la Légion d'honneur.

LOREN Sophia (Sofia Scicolone, dite). Actrice italienne (née à Rome, le 20 septembre 1934). Après une enfance difficile passée à Pozzuoli, près de Naples, elle alla avec sa mère à Rome et fit avec elle de la figuration dans quelques films dont *Quo Vadis* (LeRoy, 1951). Dès l'âge de quinze ans, elle participa à des concours de beauté et fut élue à Naples « Princesse de la Mer ». Puis, sous le nom de Sophia Lazzaro, elle posa pour des romans-photos et apparut à l'écran dans quelques mélodrames, parmi lesquels *L'Héritier de Zorro* (Soldati, 1952), *La Traite des Blanches* (Comencini, 1952), *Sous les mers d'Afrique* (Roccardi, 1953). Cette même année, le producteur Carlo Ponti, séduit par sa beauté et pressentant son talent de comédienne, l'engagea pour une série de films sous le pseudonyme de Sophia Loren. Elle tourna *Les Gaietés de la correctionnelle* (Steno, 1953), *Le Carrousel fantastique* (Giannini, 1953), *Deux Nuits avec Cléopâtre* (Mattoli, 1953), où elle apparaît presque nue, *L'Or de Naples* (De Sica, 1954), *La Fille du fleuve* (Soldati, 1955), *Dommage que tu sois une canaille* (Blasetti, 1955), aux côtés de Marcello Mastroianni, avec lequel elle forma un couple idéal ; elle tourna encore avec lui *Par-dessus les moulins* (Comarini, 1955) et *La Chance d'être femme* (Blasetti, 1955), avant de le retrouver en 1970 dans *La Femme du prêtre* (Risi) et en 1977 dans *Une journée particulière* (Scola).

Sophia Loren, devenue une gloire internationale, partit pour les États-Unis, après avoir épousé Carlo Ponti au Mexique, ce qui lui valut des démêlés avec la justice italienne, Ponti étant déjà marié. Aux États-Unis, elle tourna de nombreux films à succès jusqu'à ce que Vittoria De Sica la rappelle en Italie et l'engage pour plusieurs films : *La Ciociara* (1961), qui lui valut un oscar, *Les Séquestrés d'Altona* (1963), *Hier, aujourd'hui et demain* (1964), *Mariage à l'italienne* (1964). Dans ses rôles, Sophia Loren dévoile les multiples facettes de son talent, tour à tour femme vulgaire et séductrice, mère tragique terrorisée par la guerre, élégante beauté sophistiquée, héroïne de films d'aventures ; elle change de style avec une souveraine aisance, interprétant des comédies légères ou des rôles dramatiques dans lesquels on n'oubliera jamais l'extraordinaire beauté de son visage. Elle est un mythe sexuel, rivalisant dans ce domaine avec Gina Lollobrigida*. Citons aussi parmi ses films *Une fille formidable* (Bolognini, 1953), *Le Couteau dans la plaie* (Litvak, 1962), *Lady L* (Ustinov, 1965), *La Comtesse de Hong Kong* (Chaplin, 1966). Sophia Loren a deux enfants de Carlo Ponti, Carlo et Eduardo ; elle vit en famille en Suisse et a publié un livre, *Confidences de femme* (1984).

LORIOD Jeanne. Ondiste française (née à Houilles, le 13 juillet 1928). Elle est l'une des pionnières des ondes Martenot. Elle travailla le piano avec Lazare Lévy, puis les ondes avec Maurice Martenot au Conservatoire de Paris. Passionnée par l'originalité et les ressources de ce nouveau moyen d'expression musical, elle participa aussitôt à un quatuor d'ondes fondé par la sœur de leur inventeur, Ginette Martenot*. En 1974, elle fonda un sextuor d'ondes. Jeanne Loriod possède un répertoire d'une grande richesse; elle a créé quelques centaines d'œuvres, parmi lesquelles on citera le *Concerto* de Bondon (1957), le *Concerto* de J. Charpentier (1964), *Brève* (Bussotti, 1966), *Hymne à saint André* (Jolivet, 1977), sans compter les compositions de Murail, Levinas, Koechlin, Tomasi, Tessier et Barraud. Professeur d'ondes au Conservatoire de Paris et à la Schola cantorum, elle a formé des élèves qui font honneur à son enseignement. Elle a enregistré de nombreux disques, notamment un *Concerto pour ondes et orchestre* de Jolivet et des œuvres de Messiaen avec sa sœur, Yvonne Loriod*.

LORIOD Yvonne. Pianiste française (née à Houilles, le 20 janvier 1924). Brillante et précoce, à quatorze ans elle jouait déjà les *Sonates* de Beethoven, les *Concertos* de Mozart, l'œuvre de Chopin et *Le Clavecin bien tempéré* de Jean-Sébastien Bach. Elle travailla avec Lazare Lévy, Marcel Ciampi, Joseph Calvet et Darius Milhaud, ce qui lui permit d'ajouter à son répertoire Ravel, Debussy, Schönberg, Jolivet, Bartók et Boulez, qu'elle connut dans la classe d'Olivier Messiaen. Elle a créé *Structures* (Boulez, 1962), le *Concerto* de Nigg (1945), le *Concerto* de Chaynes (1961) et la *Sonate n° 2* de Jolivet (1959). Elle est en outre la créatrice de toutes les œuvres pour piano de Messiaen, dont elle devint la deuxième femme après avoir été son élève. Revenant à la musique classique, elle donna en 1967 l'intégrale des concertos pour piano de Mozart. Elle a enregistré d'une façon magistrale *Des canyons aux étoiles* (Messiaen) pour piano solo avec Georges Barboteu (cor) et Alain Jacquet (percussion), et avec orchestre sous la direction de Marius Constant ainsi que *Trois Petites Liturgies de la présence divine* (Messiaen) pour chœur, piano et ondes Martenot tenues par sa sœur Jeanne Loriod*.

LORME Marion de. Courtisane française (Blaye, Champagne, 1611 - Paris, 1650). Elle était la fille de Jean Delon, seigneur de Lorme, président des trésoriers de France en Champagne. À l'instar de Ninon de Lenclos* dont elle était la rivale, elle était pleine d'esprit, très cultivée, et eut de nombreux amants. Le premier, le poète Des Barreaux, lui inculqua son scepticisme. Elle eut ensuite une liaison avec Cinq-Mars qu'elle aurait épousé secrètement, et fut courtisée par les célébrités de son temps qui défilaient dans son salon ; les princes de Condé et de Conti, Buckingham, Saint-Évremont, etc. Au moment de la Fronde, elle regroupa un certain nombre d'opposants au pouvoir royal et aurait sans doute été emprisonnée si elle n'était pas morte subitement. Alfred de Vigny l'a évoquée dans son roman, *Cinq-Mars* (1826), mais c'est grâce à Victor Hugo qu'elle est passée à la postérité, par son drame, *Marion Delorme* (1831).

LOS ANGELES Victoria de (Victoria Gomez Cima, dite). Soprano espagnole (née à Barcelone, le 1er novembre 1923). Fille d'un employé de l'université de sa ville natale, elle étudia le chant et la guitare, seule chez elle, et entra au conservatoire de Barcelone en 1940. Quatre ans plus tard, elle se produisit en récital, puis débuta au Teatro Lirico en 1946 dans le rôle de la Comtesse (*Les Noces de Figaro*, Mozart). En 1947, elle remporta le concours international de Genève; à son retour en Espagne, elle chanta *Manon Lescaut* et *La Bohème* (Puccini) avec Beniamino Gigli à Madrid, *Tannhäuser* et *Lohengrin* (Wagner), *Le Freischütz* (Weber) à Barcelone. Très vite, elle acquit une réputation internationale, et on l'entendit à la BBC interprétant *La Vie brève* (De Falla). En 1950, elle incarna Mimi (*La Bohème*, Puccini), sous la direction de Thomas Beecham à Covent Garden, où elle se produisit régulièrement jusqu'en 1961. Elle y fut Eva (*Les Maîtres chanteurs*, Wagner), Elsa (*Lohengrin*, Wagner), Manon (*Manon Lescaut*, Puccini), Madame Butterfly (*Madame Butterfly*, Puccini). Elle triompha au Metropolitan Opera de New York de 1951 à 1961, où elle avait débuté dans le rôle de Marguerite (*Faust*, Gounod). On l'entendit à la Scala, où elle interpréta Ariane (*Ariane à Naxos*, R. Strauss), donna Anna (*Don Juan*, Mozart), Agathe (*Le Freischütz*, Weber), Rosine (*Le Barbier de Séville*, Rossini), au théâtre Colón de Buenos Aires, à Stuttgart, au festival de Bayreuth en 1961-1962. À partir du milieu des années 60, elle se consacra de plus en plus au concert, interprétant les mélodies du répertoire espagnol et des chansons françaises qui mettent en valeur son art sobre, sa voix chaude et claire. Elle quitta la scène en 1969, mais on la revit cependant au New York City Opera en 1979, chantant pour la première fois Carmen (*Carmen*, Bizet). Elle est mariée depuis 1948 à Enrique Magrina Mir et vit à Barcelone.

LOTY Maud. Chanteuse de music-hall française (v. 1900 - ?). Bien que peu jolie, son sens du comique en firent l'une des vedettes des années folles. Elle n'hésitait pas à lancer d'une voix éclatante les mots que l'on ne prononce que tout bas, suscitant l'enthousiasme de son auditoire. Ce « petit monstre », comme elle se décrivait elle-même, parut entre autres à la Cigale (1926-1927) et au Concert Mayol. Maud Loty termina sa carrière comme chiromancienne, lisant dans les mains d'autrui ce qu'elle n'avait sans doute pas trouvé dans la sienne.

LOUIS Séraphine. Voir SÉRAPHINE DE SENLIS.

LOUISE DE GUZMÁN. Reine de Portugal (Sanlúcar de Barrameda, 1613 - Xabregas, Lisbonne, 1666). Fille de Juan Manuel, duc de Medina-Sidonia, elle épousa le duc Jean de Bragance. Elle usa de tout son pouvoir pour le convaincre de profiter de l'insurrection menée contre les Espagnols afin d'être proclamé roi — ce qu'il fit, avec l'aide de Richelieu. En 1641, le duc de Bragance monta sur le trône du Portugal sous le nom de Jean IV, et l'ambitieuse Louise de Guzmán fut couronnée reine. À la mort de son époux en 1656, elle devint régente au nom de son fils Alphonse VI et gouverna le royaume avec courage et lucidité. La reine se retira en 1662 au monastère de Xabregas, où elle mourut quatre ans plus tard.

LOUISE DE LORRAINE. Reine de France (Nomeny, 30 avril 1553 - Moulins, 29 janvier 1601). Fille de Nicolas, comte de Vaudémont, et de Marguerite d'Egmont, elle épousa en 1575 le roi Henri III. La reine mère Catherine* de Médicis, qui redoutait une autre influence que la sienne sur son fils, obtint de lui qu'il la négligeât. De fait, elle vécut à la cour dans un grand effacement, s'occupant essentiellement de charité. Après l'assassinat de Henri III en 1589, elle passa la fin de sa vie dans un deuil austère, et résida soit à Chenonceaux, soit au château de Moulins. Son seul acte politique fut de négocier en 1598 la soumission de son frère, le duc de Mercœur, qui s'était révolté contre Henri IV. Elle mourut sans postérité.

LOUISE DE MARILLAC, sainte. Religieuse française (Paris, 1590 - *id.*, 1660). Fille de Louis de Marillac, conseiller au Parlement, elle eut une adolescence triste et épousa en 1613 Antoine Le Gras, modeste secrétaire des commandements de Marie* de Médicis. Devenue veuve en 1625 et sur l'initiative de Vincent de Paul, son directeur spirituel, elle se consacra aux œuvres de charité. En 1633, « Monsieur Vincent » lui confia la direction d'un groupe de jeunes filles qu'elle avait réunies pour secourir les déshérités, en particulier les enfants trouvés; ce groupe devint la congrégation des Filles de la Charité dont elle fut la première supérieure. Cette congrégation fut approuvée par le pape en 1668. Avec une inlassable volonté, Louise de Marillac sut donner à son œuvre un essor considérable. Elle fut canonisée en 1934 par le pape Pie XI; on la fête le 15 mars.

RÉF. : Sœur Vincent, *Louise de Marillac ou la Passion du pauvre*, Éd. SOS, 1974.

LOUISE DE MECKLEMBOURG-STRELITZ (dite **la reine Louise**). Reine de Prusse (Hanovre, 10 mars 1776 - château de Hohenzieritz, près de Neustrelitz, 19 juillet 1810). Fille du duc de Mecklembourg-Strelitz, elle épousa en 1793 le futur roi de Prusse Frédéric-Guillaume III. Elle régna avec lui à partir de 1796 et l'entraîna dans la guerre contre la France en 1805. Elle passait les troupes en revue et portait l'uniforme. Après le désastre d'Iéna (1806), elle se replia avec le roi à Königsberg. Lors de la signature du traité de Tilsit (1807), la reine tenta vainement d'apitoyer Napoléon sur le sort de la Prusse. En 1809, elle soutint à Berlin les ministres réformateurs. D'une grande beauté, ardente patriote, elle fut très populaire. Elle mourut à trente-quatre ans, trop tôt pour voir la défaite de Napoléon et la libération de la Prusse. Frédéric-Guillaume III créa en 1814 l'ordre de Louise pour récompenser les infirmières des armées.

LOUISE DE SAVOIE. Régente de France (Pont-d'Ain, 11 octobre 1476 - Grez-sur-Loing, 22 septembre 1531). Elle était la fille de Philippe II, duc de Savoie, et de Marguerite de Savoie. Elle épousa en 1488 Charles, duc d'Angoulême, dont elle eut deux enfants: Marguerite* d'Angoulême en 1492, future reine de Navarre, et François (François Ier) en 1494. Veuve en 1496, elle se consacra entièrement à leur éducation et travailla à la fortune de son fils.

À son avènement, François Ier lui confia la régence pendant qu'il menait l'expédition du Milanais (1515). Douée d'un réel sens politique, elle gouverna avec fermeté, mais sans scrupules. On lui reprocha d'avoir fait exécuter le surintendant Semblançay et d'avoir exilé le connétable de Bourbon, qui avait refusé sa demande en mariage. Elle s'appropria leurs biens. Ainsi poussé à la trahison, le connétable de Bourbon offrit ses services à Charles Quint et contribua à chasser les Français du Milanais (1524). L'année suivante, le roi retournait en Italie et était fait prisonnier à Pavie. Louise de Savoie, à nouveau régente, se montra excellente diplomate. Elle organisa la coalition contre Charles Quint et négocia avec Marguerite* d'Autriche le traité de Cambrai, dit « la paix des Dames » (1529), par lequel François Ier renonçait à ses prétentions italiennes en échange de sa souveraineté sur la Bourgogne et de sa liberté. Louise de Savoie favorisa les arts et les lettres durant toute sa vie. Elle a laissé des *Mémoires*.

RÉF. : P. Henry-Bordeaux, *Louise de Savoie, régente et roi de France*, Plon, 1954 (nouvelle éd., Perrin, 1971).

LOUISE-MARIE D'ORLÉANS. Reine des Belges (Palerme, 3 avril 1812 - Ostende, 10 octobre 1850). Fille aînée de Louis-Philippe et de Marie-Amélie* des Deux-Siciles, elle épousa en 1832 Léopold de Saxe-Cobourg, premier roi des Belges, qui était veuf de la princesse

Charlotte d'Angleterre. Ils eurent quatre enfants. Leur fils Léopold II succéda au trône en 1865. Louise-Marie, très aimée de ses sujets pour sa bienfaisance, sut établir d'emblée la légitimité de la famille royale.

LOUISE-ULRIQUE DE PRUSSE. Reine de Suède (Berlin, 24 juillet 1720 - Svatsjö, Suède, 16 juillet 1782). Elle était la fille de Frédéric-Guillaume Ier de Prusse et de Sophie-Dorothée de Hanovre, donc la sœur de Frédéric II. Elle épousa en 1744 Adolphe-Frédéric de Holstein-Entin, futur roi de Suède. Très cultivée, intelligente, francophile, elle utilisa l'ascendant qu'elle avait sur son mari pour détacher la Suède de l'influence russe et la rapprocher de la France. Elle eut trois enfants: Gustave en 1746, Charles en 1748 et Frédéric-Adolphe en 1750. Avec l'avènement de son mari en 1751, elle se mêla de politique. Face au parti dit «des Chapeaux», qui demandait au roi de prêter serment à la constitution de 1720 limitant le pouvoir royal, elle suscita la création d'un groupe favorable à la cour, dont elle choisit les membres parmi le parti «des Bonnets». Son projet échoua, et les Chapeaux, majoritaires à la Diète, restèrent au pouvoir. À la mort du roi en 1771, son fils Gustave III lui succéda et tint sa mère éloignée du pouvoir. Le rôle culturel de la reine fut important. Elle créa en 1753 l'Académie des belles-lettres de Suède, ancêtre de l'actuelle Académie de Stockholm. Ses *Mémoires* ont été publiés en 1888; ses *Lettres* en 1919-1910 puis en 1919.

LOY Mirna (Katerina Myrna Williams, dite). Actrice américaine (née à Helena, Montana, le 2 août 1905). Ses débuts à Hollywood dans *Ben Hur* (Niblo, 1925) et d'autres films tournés avec Joseph von Sternberg, Ernst Lubitsch, Michael Curtiz, Llyold Bacon et Howard Hawks la firent remarquer, et John Ford l'engagea dans *The Black Watch* (1929), qui fut un triomphe. Ce succès fut confirmé avec *The Mask of Fu Manchu* (Barbin, 1932), dans lequel elle trouva l'un de ses meilleurs rôles. D'une beauté classique, distinguée, vive et ne manquant pas d'humour, Myrna Loy ne tarda pas à devenir l'une des vedettes sûres de Hollywood. De 1934 à 1947, elle forma un couple idéal avec William Powell, dans la fameuse série *L'Introuvable* (Van Dyke, 1934), *Nick joue et gagne* (Van Dyck, 1939), *Nick, gentleman détective* (Van Dyck, 1941), *L'Ombre de l'Introuvable* (Van Dyck, 1941), *L'Introuvable rentre chez lui* (Thorpe, 1944), *Meurtre en musique* (Buzzell, 1947), qui eut un succès prodigieux. Tous ces rôles lui valurent dans la presse le titre de «Reine de cinéma». Pendant la Seconde Guerre mondiale, elle consacra toute son activité au service de la Croix-Rouge et ne joua presque plus à partir de 1960. Sa dernière apparition eut lieu à soixante-quinze ans dans *Just Tell Me What You Want* (Lumet, 1980). Elle a épousé en quatrièmes noces Howland Sargeant.

LOYNES Jeanne, née Detourbey, comtesse **de**. Française (Reims, 1837 - Paris, 1908). Fille naturelle d'ouvriers, à douze ans elle lavait des bouteilles. Ravissante et intelligente, elle vint se fixer à Paris, où elle débuta dans un petit rôle à la Porte-Saint-Martin. Elle fut remarquée par Dumas fils et Girardin, qui se chargèrent de son éducation en compagnie de Sainte-Beuve. Lancée dans le monde sous le nom de Jeanne de Tourbay, elle fut très courtisée, entre autres par Flaubert qui, de Tunis, lui envoya ces mots en mai 1858:

> Je songe à vous presque continuellement! Et je n'ai que cela à vous dire. Je le jure par vos beaux yeux. Dans huit jours je repars. Comme mon cœur battra en tirant votre sonnette!...

Le comte de Loynes l'épousa en 1873

et se retira discrètement en Angleterre. De 1860 à 1908, Mme de Loynes reçut dans son salon des Champs-Élysées deux générations d'hommes politiques et d'écrivains. Elle gardait un souvenir ému de Flaubert et de Maupassant, tandis que se pressaient chez elle Edmond Rostand, François Coppée et Maurice Barrès. Elle était l'amie du fastueux Boni de Castellane comme du modeste Émile Faguet. Elle accueillit Gambetta, Jules Ferry, Clemenceau. Son salon devint boulangiste et antidreyfusard. Selon Léon Daudet, elle n'avait pas son pareil pour aider les uns et les autres, fût-ce à leur insu (*Souvenirs*). Grande politique, elle fut une puissance aimée et redoutée, et son salon un modèle de bienséance et de liberté. Elle eut une liaison durable avec l'écrivain et journaliste Jules Lemaître.

LOYO Caroline Gertrude. Écuyère française (Moselle, 1816 - Bléré, près de Tours, 1895). Élève de Jules Pellier, elle était extrêmement douée et n'avait pas dix-sept ans lorsqu'elle présenta son premier cheval à Paris chez Laurent Franconi. Très vite remarquée pour son talent et son grand dynamisme, elle exécutait les pas les plus difficiles dans les conditions les moins aisées, car elle montait en amazone, haut-de-forme et costume classique. Cependant, on la voyait parfois parée d'un costume grec. C'est lors de son passage aux Jardins de Tivoli en 1839, au cours du «carrousel des Dames colonels», qu'elle acquit sa renommée. Habillée en maréchal, on la vit avec ses grandes rivales, Pauline Cuzent*, et Antoinette Lejars*, une sœur de la précédente. Ce carrousel eut un énorme succès. Après une saison au cirque Olympique, elle partit en tournée et obtint un triomphe au Vauxhall de Londres. À Berlin, chez Renz, elle rencontra le directeur équestre François Loisset, de la grande famille des Loisset, et l'épousa en 1853. Elle avait le mérite de dresser ses chevaux elle-même, et l'on dit qu'aucun cheval ne lui résistait. Entre 1839 et 1845, la présentation de ses chevaux Rutler, Jupiter et Junon aux Champs-Élysées, devant le Tout-Paris, retint l'attention du monde équestre d'alors. Ses admirateurs l'avaient surnommée «la Diva de la cravache». Caroline Loyo se retira à Bléré, près de Tours, où elle mourut oubliée de tous et dans la gêne.

LUALDI Antonella (Antonietta De Pascale, dite). Actrice italienne (née à Beyrouth, le 6 juillet 1931). Fille d'un père italien et d'une mère grecque, elle débuta à dix-sept ans dans une comédie musicale, *Signorinella* (Mattoli, 1949), avant de tenir de petits rôles dans *Canzoni per le strade* (Landi, 1949), *Abbiamo vinto* (Stemmle, 1950), *Histoires interdites* (Genina, 1952). Elle remporta ses premiers lauriers avec le film de Lattuada, *Le Manteau* (1952), et Christian-Jaque la choisit pour son film *Adorables Créatures* (1953). Très séduisante, elle obtint de vifs et durables succès dans les nombreux films qu'elle tourna tant en Italie qu'en France, partageant sa vie et son activité entre ces deux pays. En 1955, elle épousa l'acteur Franco Interlenghi. Citons parmi ses films *Les Amoureux* (Bolognini, 1954), *La Chronique des pauvres amants* (Lizzani, 1954), *Le Souffle de la liberté* (Fracassi, 1955), *Pères et Fils* (Monicelli, 1956), *Nos plus belles années* (Mattoli, 1956), *Les Garçons* (Bolognini, 1959), films tournés en Italie. En France, elle joua dans *Le Rouge et le Noir* (Autant-Lara, 1954), *Une vie* (Astruc, 1957), *À double tour* (Chabrol, 1960), *Le Repas des fauves* (Christian-Jaque, 1964), *Vincent, François, Paul et les autres* (Sautet, 1974), où elle trouva l'un de ses meilleurs rôles.

LUBIN Germaine. Soprano française (Paris, 1er février 1890 - *id.*, 17 octobre 1979). Après des études au Conservatoire de Paris, où elle obtint trois prix, elle reçut un accueil triomphal dans le rôle d'Antonia (*Les Contes d'Hoffmann*, Offenbach) à l'Opéra-Comique en 1912. Elle se perfectionna avec Felia Litvinne* et Jean De Reszke, puis entra à l'Opéra de Paris en 1915. Elle y chanta notamment la Reine de la volupté (*La Légende de saint Christophe*, V. d'Indy) en 1920. En 1921, son interprétation de Sieglinde (*La Walkyrie*, Wagner), à un moment où les œuvres de Wagner revenaient au répertoire, fut un moment décisif dans sa carrière. Elle fut invitée à Vienne par Clemens Kraus et, première Française à le faire, elle incarna la Maréchale (*Le Chevalier à la rose*, R. Strauss).

Ayant acquis une stature internationale, elle se produisit au Mai florentin en 1935, à Covent Garden et au festival de Salzbourg en 1937, à Bayreuth en 1938. Première cantatrice française invitée à ce festival, elle y incarna Kundry (*Parsifal*, Wagner), suscitant l'admiration d'Adolphe Hitler, qui voulut la rencontrer. L'année suivante, elle y chantait Isolde (*Tristan et Isolde*, Wagner) aux côtés de Max Lorenz, sous la direction de Victor De Sabata, rôle qu'elle avait déjà tenu à Paris en 1930. Sous l'Occupation, elle poursuivit sa carrière en France et chanta les rôles de Léonore (*Fidelio*, Beethoven) en 1940, la Maréchale (*Le Chevalier à la rose*) en 1941, Isolde (*Tristan et Isolde*) sous la direction d'Herbert von Karajan. Ses sympathies nazies affichées trop ouvertement lui valurent d'être condamnée en 1944 à la dégradation nationale à vie, peine réduite ensuite à cinq ans. Elle ne s'en remit pas et fit ses adieux salle Gaveau en 1950. Elle se consacra à un enseignement privé, comptant parmi ses élèves Régine Crespin* et Udo Reinemann. Celle qui est l'une des plus grandes sopranos françaises et sans doute la meilleure wagnérienne avait épousé le poète Paul Géraldy.

RÉF. : N. Casanova, *Isolde 39: Germaine Lubin*, Flammarion, 1974.

LUCRÈCE. Héroïne romaine (? - 510 av. J.-C.). Elle était la femme de Tarquin Collatin, parent de Tarquin le Superbe, roi de Rome, et elle doit sa renommée à sa mort, relatée par Tite-Live, qui serait à l'origine de la fondation de la République romaine. Lors du siège d'Ardée par l'armée romaine, chacun vantait la fidélité de sa femme; Sextus, fils du roi, proposa d'aller vérifier leur vertu. Seule Lucrèce justifia les propos de son mari. Cependant, Sextus, l'ayant aperçue, tomba amoureux d'elle et se jura de la posséder. Une nuit, il s'introduisit dans sa chambre, lui déclara sa passion, lui jurant de faire d'elle la reine des Romains à la mort de son père si elle lui cédait. Menacée de mort parce qu'elle refusait, Lucrèce céda. Le lendemain, elle révéla son déshonneur à son père et à son mari et se tua sur ces mots: « Mon corps est souillé, mais mon âme est intacte : ma mort va le prouver. » Sur quoi, Junius Brutus, son frère, arracha le poignard des mains de la mourante et fit jurer à la famille de chasser les Tarquins du trône. Au Forum, en présence du peuple assemblé, ceux-ci furent déchus et la République proclamée. L'histoire de Lucrèce a suscité une très riche iconographie. L'épisode du viol fut représenté par Titien (Vienne), le Tintoret (Chicago), Luca Giordano (Dresde, Paris), Rubens (Potsdam); celui de la mort de Lucrèce par Dürer (Munich), Hans Baldung (Weimar), Cranach (Munich), Titien (Vienne), Véronèse (Vienne), Guido Reni (Madrid et Rome), Rembrandt (Washington).

LUCY (trois millions d'années). Nom donné à un squelette de préhumain appelé *Australopithecus afarensis*. Les restes de Lucy (cinquante-deux fragments) ont été découverts en 1974 dans la dépression de l'Afar, en Éthiopie, par une équipe franco-américaine d'anthropologues dirigée par Yves Coppens, Donald Johanson et Maurice Taieb. Son nom vient de la chanson des Beatles *Lucy in the Sky with Diamants* dont ils avaient une cassette qu'ils écoutaient pendant leurs fouilles sur le terrain. Elle avait vingt ans environ, elle mesurait entre 1,10 et 1,20 mètre, ses jambes étaient courtes et elle marchait à terre sur ses deux membres postérieurs tandis qu'elle continuait à grimper avec habileté aux arbres.

LUDERS Marie. Femme politique et féministe allemande (Berlin, 25 juin 1878 - *id.*, 23 mars 1966). Elle attira l'attention sur elle par la vigueur de ses actions en faveur des droits de la femme. De 1920 à 1933, elle fit partie du Reichstag et prit part à de nombreuses conférences internationales, notamment à La Haye et à Genève. Mais ses idées libérales lui valurent d'être emprisonnée par les nazis en 1937. Après la guerre, elle reprit ses activités politiques et fut élue membre du Présidium de la magistrature puis du Bundestag en 1953, où elle siégea jusqu'en 1961.

LUDWIG Christa. Mezzo-soprano allemande (née à Berlin, le 16 mars 1928). Elle travailla d'abord avec sa mère — une chanteuse viennoise — puis avec Felice Hüni-Mihaček, à la Hochschule für Musik de Francfort, où elle débuta en 1946 dans le rôle d'Orlofsky (*La Chauve-Souris*, J. Strauss fils). Elle fut ensuite engagée à Darmstadt, Hanovre et Hambourg, puis au festival de Salzbourg en 1954, où elle incarna un exquis Chérubin (*Les Noces de Figaro*, Mozart). L'année suivante, l'Opéra de Vienne lui ouvrit ses portes; elle s'y imposa comme la meilleure mezzo mozartienne de sa génération. Elle débuta au Metropolitan Opera de New York en 1959, à Covent Garden en 1969, à l'Opéra de Paris en 1972 et parut à Hambourg, à Munich, à Milan, à Rome et à Chicago, dirigée par de grands chefs comme Georg Solti, Karl Böhm, Herbert von Karajan, Leonard Bernstein. Elle remporta des succès mémorables avec Léonore (*Fidelio*, Beethoven), lady Macbeth (*Macbeth*, Verdi) et la Teinturière (*La Femme sans ombre*, R. Strauss); ses interprétations d'Octavian et de la Maréchale (*Le Chevalier à la rose*, R. Strauss) restent parmi les meilleures. Elle fut une inoubliable Brangaine (*Tristan et Isolde*, Wagner), une remarquable Fricka (*L'Or du Rhin*, Wagner); elle créa le rôle de Claire Zachanassian (*Des Besuch der alten Damen*, von Einem) à Vienne en 1971. Christa Ludwig est également célèbre pour son interprétation du *Chant de la terre* (Mahler). Elle est la première femme à avoir enregistré *Le Voyage d'hiver* (Schubert). Mariée en premières noces au baryton Walter Berry en 1957, elle est l'épouse du comédien Paul-Émile Deiber depuis 1971.

LUPINO Ida. Actrice et réalisatrice américaine (née à Brixton, près de Londres, le 4 février 1918). Fille d'acteurs, elle débuta au cinéma en 1932, fut engagée par Hollywood où elle tourna d'innombrables films. Parmi les plus importants, citons *Le Joyeux Bandit* (Mamoulian, 1936), *La Grande Évasion* (Walsh, 1941), *Le Vaisseau fantôme* (Curtiz, 1941), *The Man I Love* (Walsh, 1947), *La Femme aux cigarettes* (Negulesco, 1948). À partir de 1950, tout en continuant à interpréter des rôles dans des films de réalisateurs comme Aldrich, Lang, Peckinpah, elle devint productrice avec un film remarquable, *Not Wanted* (E. Clifton) dont elle était elle-même la scénariste. Elle est l'une des rares cinéastes américaines et a réalisé plusieurs films comme *Outrage* (1950), *Hard Fast and Beautiful* (1951), *The Bigamist* (1953). Son meilleur film demeure *The Hitch-Hicker* (1953). Ida Lupino s'est mariée trois fois : avec l'acteur Louis Hayward en 1938, avec l'écrivain et producteur Collier Young en 1948, avec l'acteur Howard Duff en 1955.

LUSURIER Catherine. Peintre. Française (1753 - Paris, 1781). Elle était l'élève du portraitiste François-Hubert Drouais. La maturité de son talent se révèle dans le tableau qu'elle fit du philosophe *Jean d'Alembert* alors qu'elle était à peine âgée de dix-huit ans. L'Encyclopédiste est représenté à sa table de travail (musée Carnavalet). Le musée du Louvre possède d'elle un portrait de *Jean-Germain Drouais dessinant* (le fils de son maître), et le musée Carnavalet ses *Théâtres du boulevard du Temple*. Ses débuts étaient prometteurs, mais elle mourut prématurément.

LUXEMBOURG Madeleine Angélique, née de Neuville-Villeroy, duchesse de. Mécène française (Paris, 1707 - *id.*, 1787). Veuve du marquis de Boufflers, elle épousa en secondes noces en 1750 Charles-François de Montmorency, duc de Luxembourg, qui mourut en 1764. Belle et douée d'un esprit qui la faisait aimer et craindre, elle doit en partie sa renommée à l'appui qu'elle accorda à Jean-Jacques Rousseau après sa brouille avec Mme d'Épinay*. Elle lui offrit une maison dans le magnifique parc de son château de Montmorency. C'est dans son salon que furent données les premières lectures de l'*Émile* et de *La Nouvelle Héloïse*.

LUXEMBURG Rosa. Révolutionnaire allemande d'origine polonaise (Zamość, près de Lublin, 1870 - Berlin, 1919). Issue d'une famille de la moyenne bourgeoisie juive, elle fit ses études à Varsovie avant de s'installer en 1889 à Zurich, où elle rencontra un révolutionnaire russe, Léo Jogiches, avec lequel elle vécut et milita pendant quinze ans. En 1893, elle fonda le journal *Sprawa Robotnicza* et, quatre ans plus tard, passa un doctorat en droit et économie politique. L'année suivante, elle se fixa à Berlin et obtint la nationalité allemande, grâce à un mariage blanc avec Gustav Lübeck. Dès lors, elle devint une figure des plus marquantes de la social-démocratie allemande et polonaise. Elle dirigea notamment la SDKP (social-démocratie du royaume de Pologne) tout en siégeant aux congrès du SPD (social-démocratie allemande) et à ceux de l'Internationale. Elle fut aussi membre du Bureau socialiste international de 1904 à 1914. Elle participa à la révolution de 1905 à Varsovie et fut arrêtée l'année suivante avec Léo Jogiches. Libérée au mois de septembre, elle se réfugia en Finlande, entrant en contact avec des membres du POSDR (social-démocratie russe). À partir de 1906, elle enseigna l'économie politique à l'école du SPD et publia deux livres, *L'Accumulation du capital* (1913) et *Introduction à l'économie politique* (1925).

Lors des crises internationales précédant la Première Guerre mondiale, elle se signala par ses prises de position pacifistes et antimilitaristes, notamment au moment de l'affaire du Maroc. En 1914, elle fut condamnée pour incitation de militaires à l'insubordination et incarcérée à partir de février 1915. Son hostilité à la guerre l'amena à se rapprocher de Karl Liebknecht après avoir rompu avec le réformisme de Kautsky. En prison, elle rédigea *La Crise de la social-démocratie* (1916); relâchée, elle fut à nouveau emprisonnée jusqu'à la fin de la guerre. Elle mit à profit cette période de réflexion pour se démarquer sensiblement de la révolution russe et du parti bolchevik. Libérée en novembre 1918, elle adhéra au groupe spartakiste de Liebknecht, puis participa au mouvement des soviets qui apparurent avec la défaite allemande, mais sans parvenir à imposer ses idées. Elle fut ensuite l'un des membres fondateurs du parti communiste allemand, le 1er janvier 1919. Elle se joignit à la révolution spartakiste, dont elle n'approuvait pas le principe, et fut assassinée par les corps francs en compagnie de Liebknecht. Théoricienne marxiste de premier plan, auteur d'une œuvre considérable, Rosa Luxemburg s'est opposée à Lénine dans un article célèbre, «Questions d'organisation de la social-démocratie russe».

RÉF. : E. Ettinger, *Rosa Luxemburg*, Belfond, 1990.

LYDWINE DE SCHIEDAM. Mystique hollandaise (Schiedam, Pays-Bas, 18 mars 1380 - *id.*, 14 avril 1433). On connaît son existence par la relation qu'en fit son contemporain, Thomas a Kempis, à qui l'on attribue *L'Imitation de Jésus-Christ*. Elle fut grabataire toute sa vie et, grâce à sa foi, elle supporta cette épreuve avec stoïcisme. Elle eut plusieurs extases qui ont beaucoup impressionné l'écrivain J.K. Huysmans, auteur de *Sainte Lydwine de Schiedam* (1901). Des miracles eurent lieu sur sa tombe. Elle fut canonisée par le pape Léon XIII en 1890. On la fête le 15 avril.

LYNCH Patricia Nora. Femme de lettres irlandaise (Cork, 1898 - Dublin, 1972). Elle est l'auteur d'une trentaine d'ouvrages pour enfants qui connaissent en Grande-Bretagne et à l'étranger un succès croissant. Ce sont, pour la plupart, des fictions basées sur le fonds légendaire traditionnel de l'Irlande. Elle y mêle avec un art exquis la description méticuleuse de la réalité quotidienne et la fabulation mythique. Elle est devenue célèbre avec *Turfcutter's Donkey* (1935); citons aussi trois récits traduits en français: *Longues Oreilles et ses amis* (1947), *Longues Oreilles en visite* (1948) et *Castel O'Hara* (1954). Elle a également publié des contes populaires irlandais sous le titre *Tales of Irish Enchantment* (1952).

LYON Mary. Pédagogue américaine (Buckland, Massachusetts, 28 février 1797 - *id.*, 5 mars 1849). Elle se consacra à l'enseignement des jeunes filles, suivant en cela l'exemple de ses compatriotes Emma Willard* et Catherine Beecher. Elle passa quatre années à collecter des fonds — ce que l'on jugea «impropre à une dame» — et fonda, en 1836, à South Hadley le collège féminin de Mount Holyoke, encore en grande estime aujourd'hui.

M

MACBETH Gruoch, lady. Écossaise (XIe siècle). Petite-fille de Kenneth III, roi d'Écosse, elle épousa Macbeth, comte de Moray. Les origines de sa femme excitèrent chez lui l'ambition de prétendre au trône d'Écosse. Après s'être attiré la faveur populaire, il fit assassiner Duncan Ier, le souverain légitime, poussé, dit-on, par son épouse, et se fit proclamer roi en 1040. Il régna pendant dix ans, donnant libre cours à ses instincts sanguinaires, et périt assassiné par Radcliff, un des partisans de Duncan. L'histoire de lady Macbeth inspira à Shakespeare une tragédie célèbre, *Macbeth* (v. 1605), pour laquelle il puisa dans la chronique de Holinhed, qui contient très peu d'éléments sur lady Macbeth elle-même.

MACBRIDE Maud, née Gonne. Patriote irlandaise (Aldershot, 1866 - Dublin, 1953). Elle débuta comme actrice, mais abandonna rapidement le théâtre pour se consacrer à la libération de l'Irlande. Son mari, John MacBride, fut exécuté par les Anglais après le soulèvement irlandais de 1916 auquel il avait participé. L'activité de Maud MacBride en faveur de son pays fut considérable : elle parcourut l'Irlande et de nombreux pays d'Europe, multipliant les conférences auxquelles ses dons d'actrice donnaient une résonance pathétique qui soulevait son auditoire. Les Anglais l'emprisonnèrent à de nombreuses reprises pour ses actions subversives. En 1900, elle créa « Les Filles libres » et fut plus tard l'une des fondatrices du Sinn Fein ; mouvement nationaliste qui remporta un triomphe aux élections de 1918 et fut à l'origine d'un Parlement indépendant. Elle eut la joie de voir l'Irlande reconnue, après deux ans de guérilla (1919-1921), comme un État libre, partiellement il est vrai. Enfin, elle assista en 1937 à la proclamation de la République d'Irlande sous le nom « gaïl d'Eire ».

MC CARTHY Mary Therese. Romancière, journaliste et essayiste américaine (Seattle, 1912 - *id.*, 1989). Orpheline, elle fut élevée par plusieurs de ses parents comme elle le rappelle dans ses Mémoires (*Memories of a Catholic Girlhood*, 1957). Diplômée de Vassar College, elle devint critique théâtrale pour le *Partisan Review*. Puis elle enseigna l'anglais pendant quelques années dans des universités américaines. Elle puisa dans cette expérience l'inspiration d'un roman satirique *The Groves of Academy* (1952). En 1984, elle se vit décerner la National Medal for Litterature. Elle est l'auteur de nombreux essais littéraires et critiques, de livres sur Venise et Florence qu'elle connaissait bien, mais elle est surtout connue pour son œuvre romanesque. *Dis-moi qui tu hantes* (1942), son premier roman, brosse le portrait d'une jeune femme intellectuelle et bohème. Il fut suivi de *Oasis* (1949), *La Vie d'artiste* (1955), *The Group* (1963), *Birds of America* (1971), *Cannibal and Missionnaries* (1980). Elle a également signé deux volumes de reportage: *Viêtnam* (1967), *Hanoi* (1968) ainsi que *The Mask of State* (1974) qui contient les portraits de personnalités impliquées dans le scandale du Watergate. Elle a épousé en secondes noces l'écrivain américain Edmund Wilson dont elle fut la troisième femme.

MC CORMICK Patricia, née Keller. Championne de natation. Américaine (née en 1930). Elle était d'une grande élégance et possédait une parfaite maîtrise et un style sans défauts, toutes qualités qui lui valurent d'être la reine dans sa spécialité, le plongeon. Citons parmi les nombreux trophées qu'elle remporta au cours de sa carrière les quatre médailles d'or acquises aux jeux Olympiques d'Helsinki (1952) et de Melbourne (1956): plongeon de haut vol et tremplin.

MC CULLERS Carson, née Smith. Romancière américaine (Colombus, Georgie, 1917 - New York, 1967). Parce qu'elle rêvait d'être musicienne, elle vint à New York en 1934 pour y étudier le piano, mais perdit le portefeuille contenant l'argent destiné à payer sa scolarité à la Julliard School. Elle passa alors deux ou trois ans à suivre des cours de littérature à Columbia et à la New York University. Elle s'essaya ensuite à plusieurs emplois aussi peu satisfaisants les uns que les autres avant de publier, en 1936, sa première nouvelle, *Wunderkind*. Mariée en 1937 à Reeves Mc Cullers, sudiste comme elle, elle alla vivre en Caroline du Nord où elle commença à écrire son premier roman. *Le cœur est un chasseur solitaire* parut en 1940 et lui valut un succès immédiat. Elle retourna alors à New York où pendant la guerre elle tint de façon très bohème une sorte de salon littéraire. En 1941, elle publia *Reflets dans un œil d'or* — porté à l'écran par John Huston en 1968 avec Richard Burton et Liz Taylor* —, en 1946, *Frankie Adams* qu'elle adapta pour la scène en 1950 et qui remporta le prix de la meilleure pièce américaine de l'année. En 1953, son mari se suicida, tandis qu'elle-même, atteinte d'une grave maladie qui avait commencé à se manifester dès 1947, devint peu à peu infirme. Elle ne produisit plus que trois œuvres: *La Ballade du café triste et autres nouvelles* (1951) — que le dramaturge Edward Albee adapta pour la scène en 1963 —, une pièce de théâtre, *La Racine carrée du merveilleux*, et enfin un roman, *L'Horloge sans aiguilles* (1961). Ajoutons à cela un recueil d'inédits posthumes (poèmes, nouvelles, essais), *Le Cœur hypothéqué*, paru en 1971. À propos de son œuvre, elle-même écrivit que le thème central en était l'isolement spirituel.

RÉF.: J. Tournier, *Retour à Nayack. À la recherche de Carson Mc Cullers*, Le Seuil, 1979.

MAC CULLOUGH Colleen. Romancière australienne (née à Wellington, Australie, en 1938). Fille d'ouvriers agricoles, elle vécut une enfance pauvre et solitaire dans la campagne australienne. En cachette, elle commença à écrire des romans. Elle avait quinze ans lorsque sa mère lui donna de l'argent pour aller s'acheter un manteau: elle rentra avec une machine à écrire. Elle songeait à devenir médecin mais comme les études étaient trop coûteuses, elle s'orienta vers la neurophysiologie et obtint des bourses. À partir de 1963, elle exerça son métier en Angleterre d'abord, pendant quatre ans, puis aux États-Unis dans le Connecticut. Cette même année, la mort accidentelle de son frère bouleversa sa vie; pendant sept ans, elle n'écrivit plus une ligne. En 1974, elle composa d'un seul jet un roman qui évoque ce frère perdu, *Tim*; elle décida de le publier. Ce fut un succès, mais qui ne la détourna pas pour autant de sa vie habituelle et de son travail médical qui la passionnait. En 1979, parut son best-seller, *Les oiseaux se cachent pour mourir*, saga australienne que la critique salua comme un nouvel *Autant en emporte le vent*. Effrayée par son triomphe, elle se retira à Norfolk Island, une petite île sauvage au large de Sydney. C'est là qu'elle épousa, en 1984, un planteur d'origine anglo-saxonne, Cedric, de treize ans son cadet, avec qui elle est heureuse. Elle continue à écrire. « Je suis une conteuse née, dit-elle, née pour faire vibrer le lecteur. » Ou encore: « J'aime la vie et je me sens très forte. » Elle a aussi publié *La Passion du docteur Christian* (1985), *Les Dames de Missolonghi* (1987).

MAC DONALD Flora. Héroïne écossaise (1772-1790). Fille d'un fermier jacobite (partisan des Stuarts), elle recueillit chez elle, dans l'île de Benbecula (Nouvelles-Hébrides), Charles Édouard, dit le Jeune Prétendant. Fils de Jacques Édouard Stuart, le Prétendant, il avait tenté, comme son père, de reconquérir la couronne d'Angleterre, détenue par la maison de Hanovre depuis la mort d'Anne* Stuart en 1714. Après une première victoire remportée en Écosse à Prestonpans en 1745, il fut vaincu l'année suivante à Culloden, en Angleterre. Le prince en fuite fut sauvé par celle qui l'avait caché chez elle, mais pour prix de son dévouement elle fut enfermée pendant un an à la Tour de Londres. À sa sortie de prison en 1747, elle épousa un certain Allan Mac Donald.

MACDONALD Jeannette. Actrice et chanteuse américaine (Philadelphie, 1901 - Houston, 1965). Vedette de nombreuses opérettes et comédies musicales à Broadway dans les années 20, elle se vit confier par Ernst Lubitsch le rôle principal du film *Parade d'amour* (1929) avec Maurice Chevalier pour partenaire. Avec Lubitsch, elle tourna plusieurs films dont une célèbre *Veuve joyeuse* (1934). Excellente chanteuse, ravissante actrice, elle triompha également, aux côtés de Nelson Eddy, son mari, dans *La Fugue de Mariette* (Van Dyke, 1935) et *Rose-Marie* (Van Dyke, 1936). Elle tourna une trentaine de films à succès, comme *Une heure près de toi* (Lubitsch et Cukor, 1932), *Aimez-moi ce soir* (Mamoulian, 1932), *Emporte mon cœur* (Leonard, 1939), *Chagrins d'amour* (Borzage, 1940). Reine de l'opérette filmée, elle abandonna presque complètement le cinéma après la guerre.

MACHACOVA-DOSTALOVA Bozena. Femme politique tchécoslovaque (née en 1903). Issue d'une modeste famille d'ouvriers, très intelligente, elle manifesta, encore adolescente, des idées révolutionnaires nourries des théories de Karl Marx. En 1930, elle partit pour Moscou et, à son retour, milita pour le parti communiste. Élue député en 1935, elle fut emprisonnée à plusieurs reprises pour ses actions révolutionnaires. Libérée en 1939, elle repartit pour Moscou et, pendant la guerre, elle participa aux émissions tchèques à la radio soviétique. En 1956, après la libération de la Tchécoslovaquie, elle rentra dans sa patrie et fut nommée ministre de l'Industrie et de la Consommation, puis membre du comité central du Parti communiste tchécoslovaque.

MAC IVER Loren. Peintre. Américaine (née à New York le 2 février 1909). Elle fait partie du groupe d'artistes qui ont tenté de supplanter la représentation picturale d'objets par des objets véritables assemblés selon une ordonnance qui leur confère une personnalité particulière, souvent étrange, presque toujours insolite. Cette nouvelle démarche, qui relève autant de la sculpture que de la peinture, obtint un grand succès aux États-Unis. Loren Mac Iver est l'une des figures les plus notoires de ce nouveau style. Le musée d'Art moderne de New York possède d'elle une composition, *La Marelle*, réalisée sur morceau de macadam couvert de graffitis.

MACLAINE Shirley (Shirley Beatty, dite). Actrice américaine (née à Richmond, Virginie, le 24 avril 1934). Sa mère, Kathlyn MacLaine, était professeur d'art dramatique. Elle se croyait destinée à la danse; elle débuta à Broadway à seize ans, dans des comédies musicales où elle dansait et chantait. C'est à cette époque qu'elle rencontra par hasard, dit-elle, Alfred Hitchcock qui, après l'avoir vue dans une de ces comédies, où elle remplaçait au pied levé la vedette, lui offrit son premier rôle à l'écran dans *Mais qui a tué Harry?* (1956). Premier film, premier triomphe. La veille du tournage, elle avait épousé son imprésario, Steve Parker. Elle devint une vedette, et Vincente Minnelli lui prédit un avenir brillant. Drôle et belle, pleine de charme avec ses taches de rousseur, ses yeux bleu-vert, son casque de cheveux roux savamment effrangés, elle passe à Hollywood pour extravagante, mais elle est devenue en quelques films la comédienne chérie de tous les amateurs de comédies américaines.

En même temps, elle s'est engagée dans la politique aux côtés des démocrates: elle a milité notamment pour Robert Kennedy et pour George Mc Govern. Elle a participé à des manifestations contre la guerre au Viêt-nam en 1971 et, en 1973, elle s'est rendue en Chine à la tête d'une délégation de femmes. De ce voyage, elle a rapporté un long métrage documentaire sur la Chine, *L'Autre moitié du ciel*, qu'elle a produit et codirigé. Elle a écrit également un livre sur la Chine. Parmi ses meilleurs films, on peut citer *Comme un torrent* (Minnelli, 1958), *La Garçonnière* (Wilder, 1960), *Irma la douce* (Wilder, 1963), *Le Tournant de la vie* (Ross, 1977) avec comme partenaire le danseur soviétique Baryshnikov. Elle a obtenu un oscar pour sa prestation dans *Tendres Passions* (Brook, 1983). Elle a publié plusieurs romans dont *L'Amour foudre* qui fit scandale aux États-Unis, car elle y faisait étalage de ses amours adultères avec un homme politique anglais et affichait ses idées philosophiques et métaphysiques sur la réincarnation et le surnaturel. Shirley MacLaine n'a pas pour autant abandonné le cinéma, elle a tourné à Londres *Madame Souzatska* (Schlesinger, 1987) et son rôle, une vieille dame extravagante, professeur de piano, lui a valu un prix d'interprétation à la Mostra de Venise. Elle est mariée à Steve Parker, dont elle a une fille, et est la sœur de Warren Beatty. Elle a publié plusieurs ouvrages: *Danser dans la lumière* (1986), *Miroir secret: mon plus grand rôle, ma vie* (1987), *Amour et Lumière* (1988), *L'Amour foudre* (1988), *Le Voyage intérieur: à la recherche de l'harmonie* (1990).

McCLINTOCK Barbara. Généticienne américaine (née à Hartford en 1902). Dès 1947, en travaillant sur des plants de maïs, elle émit des hypothèses sur la mobilité des gènes au moment de la division cellulaire, mettant ainsi en cause l'idée de la stabilité des gènes sur les chromosomes. La validité de ces travaux fut reconnue à partir des années 70, et elle reçut le prix Nobel de médecine et de physiologie en 1983. Trois autres femmes ont eu droit à cette distinction: Gery Cori*, Rosalyn Yalow* et Rita Levi-Montalcini*.

McLAUGHLIN Mary-Louise. Céramiste américaine (1847-1939). Elle est l'un des précurseurs de la céramique américaine. Fascinée par la beauté et la qualité des œuvres européennes qu'elle avait découvertes en 1876 en visitant la Centennial Exhibition, elle décida en 1879 de réunir à Cincinnati un groupe de femmes qui aurait pour principale vocation d'en étudier les diverses techniques et de s'efforcer d'atteindre un niveau de qualité comparable à celui des producteurs européens. Ses travaux très novateurs sur la barbotine, l'utilisation de la couleur et l'engobe servirent alors de bases aux techniques dites de «Rookwood», centre créé par Marie Longworth Nichols et reconnu à l'époque comme l'un des plus importants aux États-Unis.

Grâce à ses recherches, Mary-Louise McLaughlin a réalisé des œuvres, notamment des porcelaines de style Art nouveau, d'une rare perfection. Artisan confirmé dans de nombreux domaines, elle réalisa également des sculptures sur bois et des verres peints. Elle travaillait aussi le métal, créa des bijoux, pratiqua la gravure à l'eau-forte, la sculpture et la peinture. Elle a écrit deux ouvrages, l'un consacré au décor de la céramique, *China Painting, A Practical Manual for the Use of Amateurs in the Decoration of Harn Porcelain* (1877), l'autre traitant de la peinture à l'huile, *Painting in Oil, a Manual for the Use of Students* (1888).

MC RAE Carmen. Pianiste et chanteuse américaine (née à New York, le 8 avril 1922). Pendant longtemps, cette artiste noire fut considérée comme la rivale de Sarah Vaughan*. Elle travailla avec Count Basie. Carmen Mc Rae possède une voix d'une grande pureté aux accents pathétiques et communique à son auditoire toute la chaleur humaine qui l'habite. Peu connue hors des frontières de son pays, malgré sa célébrité aux États-Unis, on ne trouve que quelques-uns de ses disques en Europe, dont le célèbre *Carmen Mc Rae at Sugar Hill of San Francisco*.

MADELEINE-SOPHIE BARAT, sainte. Religieuse française (Joigny, 13 décembre 1779 - Paris, 1865). Fille d'un tonnelier, élevée dans une stricte discipline religieuse, elle fut attirée très jeune par l'éducation des enfants auxquels elle voua sa vie. Encouragée par son entourage et par le père Joseph Varin, elle fonda en 1801 à Amiens une congrégation enseignante qui prit le nom de Dames du Sacré-Cœur et qui se répandit à travers le monde grâce à l'extraordinaire travail et à la ténacité de sa dirigeante. Madeleine-Sophie Barat, qui avait fait reconnaître les règles de sa congrégation par le pape Léon XII, fut nommée en 1806 supérieure générale à vie des Dames du Sacré-Cœur. Canonisée en 1925 par le pape Pie XI, on la fête le 25 mai.

MAFFEI Clara, née Carrara Spinelli, comtesse. Patriote italienne (Bergame, 1814 - Milan, 1886). Elle était la fille du comte G.B. Carrara Spinelli, et elle épousa en 1832 le poète Andrea Maffei, dont elle se sépara en 1846. Ardente patriote, elle s'entoura d'écrivains libéraux et conspira pour l'indépendance italienne, ce qui l'obligea à s'enfuir à Turin. Elle y rencontra les principaux adversaires de l'Autriche, dont Mazzini et Cavour. Après la paix de Zurich (1859), qui assurait la Lombardie au futur Victor-Emmanuel II, Clara Maffei ouvrit de nouveau sa maison de Milan que fréquenta la génération littéraire et artistique de la nouvelle Italie.

MAGNANI Anna. Actrice italienne (Alexandrie, Égypte, 11 avril 1908 - Rome, 26 septembre 1973). Née d'un père d'origine égyptienne, et d'une mère native de Rimini, elle fit à Rome des études d'art dramatique. Elle débuta dans des cabarets, jouant des comédies musicales avec le célèbre Toto avant de tourner plusieurs films sous l'ère fasciste, *La Cieca di Sorrenta* (Malasomma,

1934), *Tempo Massimo* (Mattoli, 1936). En 1935, elle épousa le réalisateur Goffredo Alessandrini qui lui confia un rôle dans *Cavalleria* (1936). Jusqu'en 1945, elle incarna avec un égal bonheur les femmes vulgaires et grivoises ou les mères abusives comme dans *Teressa Venerdi* (De Sica, 1941), *Place des Fleurs* (Bonnard, 1943), avec comme partenaire Aldo Fabrizi; il joua encore à ses côtés dans *Le Diamant mystérieux* (Mattoli, 1944).

Rossellini la fit venir ensuite à Rome pour interpréter le rôle de la femme du peuple assassinée par les nazis (*Rome ville ouverte*, 1945) qui lui valut une renommée internationale. Dès lors, sa carrière s'orienta vers la tragédie, et on vit son visage émouvant ainsi que sa frêle silhouette dans des films comme: *Abbasso la ricchezza* (Righelli, 1945), *Le Bandit* (Lattuda, 1946), *Devant lui tremblait tout Rome* (Gallone, 1946), *Lo Sconosciuto di San Marino* (Cottafavi, 1947), *Assunta Spina* (Mattoli, 1948), *Amore* (Rossellini, 1948), *Bellissima* (Visconti, 1951). Elle fut admirable dans *Le Carrosse d'or* (Renoir, 1952). En 1955, elle partit pour les États-Unis où elle tourna *La Rose tatouée* (Mann, 1955) qui lui valut un oscar, *Car sauvage est le vent* (Cukor, 1956), *L'Homme à la peau de serpent* (Lumet, 1958). De retour en Italie, Anna Magnani reprit des rôles plus conformes à son tempérament, *Mamma Roma* (Pasolini, 1962), *Le Magot de Josefa* (Autant-Lara, 1963), *À l'italienne* (Loy, 1965). Après quelques années d'absence, elle réapparut dans *Roma* (Fellini, 1972). En 1971, Federico Fellini rendit un émouvant hommage à la grande actrice qui a dominé le cinéma italien et qui demeure, par l'extraordinaire qualité de son talent, le symbole d'une Italie retrouvée.

MAHONEY-GRIFFIN Marion. Architecte. Américaine (1873-1961). Première femme diplômée du Massachusetts Institute of Technology de Cambridge en 1894, elle fut également la première à obtenir sa licence d'architecte dans l'État de l'Illinois. Elle a successivement travaillé aux côtés de Dwight Perkins puis, de 1895 à 1909, avec Frank Lloyd Wright, mais aussi avec Hermann von Holst et, de 1912 à 1937, avec son mari, Walter Burley Griffin, qu'elle avait épousé en 1911. C'est en 1910 que fut publié à Berlin le *Wasmuth Portfolio*, consacré aux travaux de Frank Lloyd Wright, dont elle avait exécuté les rendus. Elle s'attacha d'ailleurs par la suite à ce type de travaux, mais, cette fois, aux côtés de Griffin, et cet aspect de son œuvre où elle fit preuve d'exceptionnelles qualités de dessin et de composition lui valut d'être fréquemment mentionnée, et même célébrée, par les historiens et les spécialistes de l'architecture contemporaine. Elle assuma l'entière responsabilité de trois des quelque six projets dont Hermann von Holst avait repris les dossiers après le départ de Wright pour l'Europe en 1909. De 1937 à la fin de ses jours, elle s'est également associée à des recherches et d'assez nombreux projets de caractère collégial. De son œuvre architecturale purement personnelle, la construction connue sous le nom d'*Adolph Meuller House* et édifiée à Decatur dans l'Illinois en 1910-1911 reste, sans doute, l'une des plus représentatives de ses réalisations.

MAIGNELAIS Antoinette de. Française (1420-1474). Cousine et dame d'honneur d'Agnès Sorel*, elle s'empressa, après la mort de celle-ci en 1450, de prendre sa place dans le cœur du roi Charles VII, sur lequel elle exerça une influence certaine. Il la maria à André de Villequier, époux consentant, la combla de richesses et fit bâtir pour elle le château de La Guerche en Indre-et-Loire. Après la mort de Charles VII en 1461, elle séduisit le jeune duc François II de Bretagne, de quinze ans son cadet, qu'elle poussa à la révolte contre Louis XI. Elle avait eu deux fils de son mari ; elle eut cinq enfants du duc de Bretagne dont l'aîné, François, fonda la maison des barons d'Avaugour.

MAILLARD Mlle (Marie-Thérèse Danoux, dite). Cantatrice française (Paris, 1766 - *id.*, 1818). Elle débuta à l'Opéra de Paris en 1782 avec le rôle de Colette (*Le Devin du village*, Rousseau). Après le départ de Mme Saint-Huberty* en 1788, elle lui succéda dans toutes les grandes œuvres tragiques de Gluck : *Armide*, *Iphigénie en Aulide*, *Alceste* ; elle chanta également dans *Didon* (Piccinni). Sous la Révolution, lors des cérémonies organisées par Robespierre, elle incarna la déesse Raison. En 1807, elle créa, aux côtés de Mme Branchu*, le rôle de la Grande Vestale (*La Vestale*, Spontini). Elle quitta l'Opéra en 1813.

MAILLART Ella. Voyageuse suisse (née à Genève en 1903). Il est peu de femmes qui aient eu une vie aussi aventureuse et qui aient parcouru autant de pays : le Turkestan russe où elle passa six mois en 1932, le pays kirghiz dont elle revint par Samarkand et Khiva. Elle alla à Pékin en 1935 et, avec Peter Flemming, elle traversa le Tibet par les monts Kouen et par le désert de Takla Makan et rentra par le Pamir. Très sportive, elle fit partie de l'équipe féminine suisse de ski, s'enthousiasma pour la voile et, en 1925, elle sillonna la Méditerranée sur un yawl de quinze mètres, le *Bonita*, avec Hermine et Yvonne de Saussure. Elles assistèrent au départ d'Alain Gerbault qui entreprenait sa mémorable traversée de l'Atlantique en solitaire. Journaliste, Ella Maillart rêvait de voyages et d'aventures. En 1932, elle était à Moscou, point de départ de son long périple à travers l'Asie. Pendant la guerre, elle vécut en Inde et y retourna comme guide culturel et conférencière. Elle a laissé de nombreux ouvrages parmi lesquels : *Des monts célestes aux sables rouges* (1934), *Oasis interdites* (1937), *Gypsy Afloat* (1942), *La Voie cruelle* (1952), *La Vagabonde des mers* (1991), *La Vie immédiate* (1992).

MAILLY Louise Julie, comtesse **de**. (16 mars 1710 - Paris, 30 mars 1751). Elle fut la première des filles du marquis de Nesle, Louis II de Mailly, à devenir la favorite de Louis XV. Mariée en 1726 à l'un de ses parents Louis-Alexandre de Mailly-Rubempré, dit le comte de Mailly, elle fut distinguée par le roi six ans plus tard. Sa liaison avec Louis XV dura plusieurs années et fut officielle en 1737, mais, très désintéressée, elle ne profita jamais de sa situation pour influer sur les affaires publiques ou pousser le souverain à des dépenses à son profit. Quand ses sœurs lui succédèrent dans le cœur du roi, elle garda tout d'abord son amitié. Mais si la marquise de Vintimille* et la duchesse de Lauraguais* consentirent au partage, il n'en fut pas de même pour la duchesse de Châteauroux*. La comtesse de Mailly dut quitter la cour et se réfugia alors dans la dévotion. Elle vécut retirée et pensionnée par le roi, dans son hôtel de la rue Saint-Thomas-du-Louvre. On fit une chanson des amours du roi avec les quatre sœurs :

Choisir une famille entière,
Est-ce être infidèle ou constant...

Veuve en 1747, elle mourut sans postérité.

MAINE Anne-Louise Bénédicte, née de Bourbon-Condé, duchesse **du**. Princesse française (Paris, 8 novembre 1676 - *id.*, 23 janvier 1753). Petite-fille du Grand Condé, elle épousa en 1692 Louis Auguste de Bourbon, duc du Maine, fils légitimé de Louis XIV et de Mme de Montespan*. La duchesse occupait l'un des plus hauts rangs à la cour et donnait au château de Sceaux, sa résidence, de somptueuses réceptions connues sous le nom des Grandes Nuits de Sceaux, où, malgré son handicap physique — elle était presque naine —, elle enchantait ses invités par son esprit, sa vivacité et sa gaieté. À la mort de Louis XIV (1715), le Régent, duc d'Orléans, déchut de leurs droits les bâtards légitimés, et le duc du Maine fut ramené au rang de pair en 1718. Entraîné par les intrigues de son épouse, le duc fut mêlé à la conspiration de Cellamare, visant à faire intervenir l'Espagne contre le Régent. Après la découverte du complot, le duc fut exilé à Doullens en 1718, et la duchesse, qui avait pris une part des plus actives à la conspiration, le fut aussi à Chalon-sur-Saône en 1719. Rentrée à Sceaux avec son époux en 1720, la duchesse du Maine reprit une existence brillante mais s'abstint de toute action politique.

MAINTENON Françoise, née d'Aubigné, marquise de. Française (Niort, 17 novembre 1635 - Saint-Cyr, 15 avril 1719). Elle était la petite-fille du poète Agrippa d'Aubigné, la fille de Constant d'Aubigné, un aventurier, et de Jeanne de Cardilhac. Son père ayant été emprisonné à Niort pour dettes et sa mère l'ayant suivi, elle naquit en prison. Elle passa son enfance à la Martinique où son père espérait faire fortune, mais il mourut en 1647, laissant sa femme et ses deux enfants dans une grande gêne. La famille rentra en France, et la jeune Françoise qui avait été élevée dans la religion réformée dut abjurer le protestantisme, non sans résistance d'ailleurs, pour pouvoir être admise au pensionnat des Ursulines, rue Saint-Jacques à Paris.

En 1652, elle épousa l'écrivain Paul Scarron, infirme et laid, de vingt-cinq ans son aîné, qui la laissa veuve en 1660. Mme Scarron avait su réunir autour d'elle, dans son salon, de nombreux amis, et c'est chez l'un d'eux, le maréchal d'Albret, qu'elle rencontra Mme de Montespan*, la favorite de Louis XIV, qui, séduite par son intelligence, lui confia l'éducation des enfants qu'elle avait eus du roi. La veuve Scarron les éleva avec un grand dévouement. Elle attira ainsi l'attention du roi sur lequel elle eut bientôt une grande influence. Louis XIV lui donna le marquisat de Maintenon en 1674 et la fit entrer à la cour comme dame d'atour de la Dauphine en 1680. Après la disgrâce de Mme de Montespan et la mort de la reine Marie-Thérèse* d'Autriche (1683), le roi contracta avec la marquise de Maintenon un mariage morganatique qui fut célébré secrètement en 1684. Reine officieuse, elle eut la sagesse d'agir dans l'ombre, aussi bien dans les questions religieuses que politiques. Cependant, elle contribua à la disgrâce du cardinal de Noailles, à celle de Fénelon et même à celle du ministre Michel de Chamillart qu'elle avait pourtant longtemps protégé. En revanche, elle soutint dans ses difficultés le maréchal de Villars.

Haïe par beaucoup de grands à cause de son emprise sur le roi — les lettres de la princesse palatine (Charlotte* Élisabeth de Bavière) sont particulièrement injurieuses pour elle —, son rôle politique a longtemps été surévalué. Elle y entendait peu de chose, et Louis XIV, même vieillissant, ne se laissait dicter aucune décision. Il est certain qu'elle le poussa à révoquer l'édit de Nantes qui chassa les protestants hors du royaume (1685), mais son intervention ne fut qu'une parmi d'autres. En revanche, son influence a été réelle sur le plan des mœurs et de la religion du roi. Elle s'est attachée de manière insidieuse et constante à faire du souverain un dévot et elle y est parvenue. À cet égard, elle a contribué à la transformation de la vie de cour, devenue très ennuyeuse à la fin du règne. Généreuse et désintéressée pour elle-même, elle secoura les déshérités et donna elle-même l'exemple d'une certaine austérité. Elle fonda en 1686 l'institution de Saint-Cyr, pour les jeunes filles nobles sans fortune, où elle se retira à la mort du roi en 1715. Ses *Lettres*, écrites de 1655 à sa mort, ont été publiées.

RÉF. : F. Chandernagor, *L'Allée du roi*, Julliard, 1981. L. Mermaz, *Madame de Maintenon, ou l'Amour dévot*, Paris, 1985. J. Guelfi, *Madame de Maintenon*, Lyon, L'Hermès, 1986.

MAJEROVA Marie, née Bartosova. Romancière tchèque (Uvaly, près de Prague, 1er février 1882 - Prague, 16 janvier 1967). Issue d'un milieu populaire et élevée dans la région industrielle de Kladno, elle fut tout naturellement attirée par la social-démocratie, puis par le parti communiste auquel elle adhéra en 1921 (elle en fut exclue en 1929 et n'y revint qu'en 1945). Elle est l'auteur de récits, véritables galeries de portraits de femmes qui allient sentimentalisme et naturalisme: *Récits de l'enfer* (1907), *Vaines Amourettes* (1911), *Les Filles de la terre* (1918), *Passiflores* (1921), *À la recherche de la patrie* (1946). Elle a écrit aussi des romans: *Virginité* (1907), *La Place de la République* (1914), *Le plus beau des mondes* (1923), *Le Barrage* (1932), *La Sirène* (1935) et son prolongement, la nouvelle *Le Chant du mineur* (1938). Auteur de livres pour enfants et de nombreuses traductions d'écrivains français (Hugo, Balzac, Mirabeau), elle fut consacrée «artiste nationale» en 1947 pour sa parfaite adhésion au réalisme socialiste. Elle publia, dès lors, nombre de reportages enthousiastes sur l'édification du socialisme dans son pays, en URSS et en Chine, et a «remanié» certaines de ses œuvres anciennes.

MAKAROVA Natalia Romanovna. Danseuse soviétique (née à Léningrad, le 21 octobre 1940). Élève à l'école de ballet de Léningrad, elle en sortit en 1959. Engagée au Kirov, elle en devint rapidement une des plus célèbres ballerines. En 1970, lors d'une tournée à Londres, elle décida de rester à l'Ouest. On la vit danser le plus souvent à l'American Ballet Theatre, mais aussi comme invitée dans de nombreuses compagnies. Meilleure *Giselle* des années 70, elle créa, entre autres, *Épilogue* (Neumeier, 1975). En 1980, elle dansa à Broadway avec sa propre compagnie. Ella a obtenu la médaille d'or à Varna en 1965 et publié *Dance Autobiography* (1979).

MAKEBA Miriam. Chanteuse zoulou (née à Johannesburg en 1932). Elle est une pure Zoulou de la tribu de Swazi. Dès son plus jeune âge, elle connaissait toutes les paroles des berceuses que sa mère chantait et interprétait les danses de ses ancêtres avec un prodigieux sens du rythme. Remarquée par un groupe de chanteurs, elle entreprit avec eux une tournée en Afrique centrale. À vingt-cinq ans, elle décida de tenter sa chance à New York où elle introduisit le patrimoine folklorique de son peuple. Son succès fut immédiat et, en cinq ans, elle devint une des plus grandes vedettes de la chanson aux États-Unis.

Ayant adopté la coiffure guinéenne (des dizaines de petites tresses) qui encadrent son beau visage, vêtue de cotonnades de couleurs, cette grande dame sculpturale possède le pouvoir de tenir son auditoire sous le charme de ses incantations et de ses chansons: *Mbube*, le lion qui va mourir, *Su li ram*, la mère qui berce son enfant, *Sa du wa*, l'histoire de sa tribu. Miriam Makeba a remporté des triomphes aux États-Unis et en Europe où elle donna des concerts au Théâtre des Champs-Élysées à Paris en 1977, à l'Olympia, puis à Copenhague où elle chanta trois semaines à guichets fermés. Farouche adversaire de la ségrégation raciale, elle poursuit sa lutte contre le racisme et, pour ce motif, elle fut interdite de séjour dans son pays natal. En 1960, elle a épousé le chanteur noir Stockely Carmichael.

MAKIN Bathsua, née Pell. Pédagogue anglaise (1610-1685). Intelligente et cultivée, elle s'intéressa à l'éducation des enfants et fut l'une des premières femmes à introduire des méthodes personnelles dans l'enseignement. Le roi d'Angleterre Charles Ier lui confia l'éducation de ses filles, notamment la princesse Élisabeth, qu'elle instruisit en grec, latin, hébreux, français et mathématiques. Elle fonda une école à Tottenham High Cross dans laquelle elle mit en pratique des théories nouvelles sur l'enseignement. Elle est l'auteur d'un ouvrage consacré à l'éducation des jeunes filles, qui fit autorité à son époque, *An Essay to Revive the Antient Education of Gentlewomen* (1673). Elle était la sœur du mathématicien John Pell.

MALIBRAN María de la Felicidad, née García. Mezzo-soprano espagnole (Paris, 24 mars 1808 - Manchester, 23 septembre 1836). Fille aînée du ténor Manuel Garcia et sœur de Pauline Viardot*, elle tint, dès l'âge de six ans, le rôle de l'Enfant (*Agnese*, Paër), à Naples. À quinze ans, elle devint l'élève de son père, professeur tyrannique qui l'obligeait à travailler sa voix six heures par jour. À force de volonté, elle étendit son registre naturel de contralto à celui de soprano. Trois octaves, une technique parfaite, une musicalité innée, alliés à une grande beauté, un tempérament passionné et une fraîche spontanéité, telle était Maria Malibran. Elle accompagna son père dans ses tournées et remplaça au pied levé Giuditta Pasta* dans *Le Barbier de Séville* (Rossini), au King's Theatre de Londres, en 1825. Elle avait dix-sept ans et devint célèbre aussitôt. Quelques mois plus tard, elle fut la vedette de la troupe que son père emmena à New York et triompha dans une dizaine d'œuvres dont quatre de Rossini: *Otello*, *Tancrède*, *Cendrillon* et *Le Turc en Italie*, et dans deux opéras composés pour elle par son père: *L'Amante astuto* et *La Figlia dell'aria*.

À dix-huit ans, pour échapper à la tutelle paternelle, elle épousa un faux banquier émigré, Eugène Malibran, en réalité un négociant en faillite, de trente ans son aîné, qu'elle abandonna aussitôt pour revenir en France. Grâce à l'appui de la comtesse Merlin, qui tenait un des salons musicaux les plus en vue de Paris, elle se produisit en public. Engagée au Théâtre-Italien, elle remporta un succès prodigieux en Sémiramis (*Sémiramis*, Rossini) en avril 1828. L'année suivante, réengagée aux Italiens pour une saison, elle affronta la célèbre Henriette Sontag*, rivalisant avec elle de grâce et de talent dans *Tancrède* (Rossini), *Don Juan* (Mozart), *Sémiramis* (Rossini). En 1829, elle se fit entendre dans *Otello* (Rossini) au King's Theatre et, dès lors, elle chanta alternativement à Paris et à Londres jusqu'en 1832. Elle partit ensuite pour l'Italie avec son fidèle ami, le ténor Lablache, et le violoniste belge, Charles de Bériot. Elle avait rencontré ce dernier dans les coulisses du Théâtre-Italien poursuivant de ses assiduités Henriette Sontag qui lui préférait le comte Rossi. Maria Malibran n'aura plus qu'une pensée: obtenir son divorce pour épouser Bériot. Bravant les conventions, elle vécut ouvertement son amour, provoquant la critique et le scandale. Elle triompha en 1833 à Bologne, avec *Les Capulet et les Montaigu* (Bellini), à Naples avec *La Somnambule* (Bellini). En 1834, elle fut Norma (*Norma*, Bellini) à Naples et à la Scala, l'année suivante Léonore (*Fidelio*, Beethoven) à Covent Garden, et Marie Stuart* (*Marie Stuart*, Donizetti) à la Scala.

Elle avait déjà un fils de Bériot (Charles Wilfrid, qui fut l'un des professeurs de Ravel) lorsqu'elle obtint le divorce. Elle épousa enfin son amant en mars 1836. Trois mois plus tard, de nouveau enceinte, elle fit une grave chute de cheval lors d'une chasse à courre chez lord Lennox. Ne voulant pas rompre ses engagements, elle refusa de prendre le repos nécessaire et chanta au Festival de musique de Manchester, le 13 septembre. Le lendemain, elle se produisit encore devant un public enthousiaste. Épuisée, elle perdit connaissance et mourut dix jours plus tard. On l'enterra à Laeken en Belgique. Musset, George Sand*, Balzac, Victor Hugo, Stendhal ont loué son génie et sa beauté; Chopin, Liszt, Rossini, Donizetti et Bellini comptaient parmi ses admirateurs les plus fervents. Donizetti, Pacini, Mercandante, Vaccai et Coppola écrivirent une cantate, *In morte di Maria Malibran*, exécutée à la Scala le 17 mars 1837. Idole des romantiques, sa mort à vingt-huit ans, en pleine gloire, fit d'elle un mythe. Elle a laissé un livre de nocturnes, de romances et de chansonnettes publiées sous la forme d'album, intitulé *Dernières Pensées*. Sa vie a inspiré de nombreux livres, un opéra, *Malibran* (Bennett, 1935), un film, *La Malibran* (Guitry, 1943).

RÉF. : C. de Reparaz, *Maria Malibran, la diva romantique*, Perrin, 1979.

MALINTZIN ou **MALINCHE, doña Marina**. Mexicaine (Jatlipan, v. 1505 - ?, 1530). La Malinche, hispanisation de Malintzin, était la fille d'un cacique Nahua. Après la mort de celui-ci, elle fut vendue comme esclave par sa mère dans le Tabasco où elle apprit la langue maya. Remarquée par sa beauté et son intelligence par Cortés, elle fut son interprète auprès des envoyés de Moctezuma et des caciques qu'il rencontra lors de sa marche sur Mexico. Dévouée et diplomate, elle fut appréciée des Espagnols qui lui donnèrent le titre de doña, et des Indiens qui l'adoraient comme une divinité. Elle fut la compagne fidèle de Cortés dont elle eut un fils, Martin, qui devint chevalier de Calatrava et fut condamné à mort par l'Inquisition. Après le départ de son amant convoqué en Espagne en 1527, elle épousa le capitaine Juan de Jaramillo. On ignore quand fut donné en son honneur le nom de Malintzin à un volcan voisin du Popocatepelt.

RÉF : P. de Boisdeffre, *Hernan Cortés*, Paris, 1959.

MALLET-JORIS Françoise. Romancière française d'origine belge (née à Anvers en 1930). Elle est la fille du ministre, Albert Lilar, et de la romancière, Suzanne Lilar*. Son premier roman, *Le Rempart des Béguines* (1951) fit scandale et remporta un très grand succès. Elle est l'auteur d'autres romans, *La Maison de papier* (1970), *Le Jeu du sourire* (1973), *Le Clin d'œil de l'ange* (1983), *Le Rire de Laura* (1985), *La Tristesse du cerf-volant* (1988) et d'une remarquable biographie de Jeanne Guyon* (1978). Elle a obtenu le prix Femina pour *L'Empire céleste* (1958).

RÉF.: M. Dety, *Françoise Mallet-Joris*, Grasset, 1976.

MALLINGER Mathilde (Mathilde Lichtenegger, dite). Soprano autrichienne (Zagreb, 17 février 1847 - Berlin, 19 avril 1920). Après des études au conservatoire de Prague, elle fut engagée à l'Opéra de la cour de Munich où elle débuta en 1866 dans le rôle de Norma (*Norma*, Bellini). L'année suivante, sous la direction de Hans von Bülow, le premier mari de Cosima Wagner*, elle interpréta Elsa (*Lohengrin*, Wagner), Élisabeth (*Tannhäuser*, Wagner) et, en 1869, créa Eva (*Les Maîtres chanteurs*, Wagner). Elle fut alors engagée à Berlin où elle chanta jusqu'en 1882. Répertoire wagnérien mis à part, elle fut Aïda (*Aïda*, Verdi), Léonore (*Fidelio*, Beethoven), Agathe (*Le Freischütz*, Weber), Valentine (*Les Huguenots*, Meyerbeer), Pamina (*La Flûte enchantée*, Mozart). Puis elle se consacra à l'enseignement, d'abord à Prague puis à Berlin où elle eut, entre autres élèves, Lotte Lehmann*.

MALRAUX Clara, née Goldschmidt. Femme de lettres française (Paris, 1897 - *id.*, 1982). Issue d'une famille juive, elle fit de longues études : sa mère souhaitait qu'elle devînt médecin. En 1921, elle rencontra André Malraux qu'elle épousa peu après. Ils fréquentèrent tous deux écrivains et peintres d'avant-garde. Ils partirent pour le Cambodge avec l'idée de faire un «commerce» de statues khmères. Ils furent accusés de pillage et emprisonnés en 1923. Clara Malraux parvint à obtenir sa liberté et, de retour à Paris, fit signer une pétition par des écrivains connus pour faire libérer son mari. Ils se rendirent ensuite en Indochine où ils militèrent contre la présence coloniale. Séparés en 1936, ils divorcèrent en 1947 et elle éleva seule sa fille Florence. Elle entra dans la Résistance avant son mari : «Si on voulait nous persécuter Flo et moi, je voulais que ce soit pour un acte de résistance et non pour notre état racial.» Devenue traductrice de romans anglais et allemands, Clara Malraux écrivit aussi plusieurs romans, *Portraits de Griselidis* (1945), *La maison ne fait pas de crédit* (1947), *Par de plus longs chemins* (1953), *La Lutte inégale* (1958) et un livre pour enfants *Contes de la Perse* (1945). En 1950, elle fonda et dirigea la revue *Contemporains*. Elle a également rédigé de remarquables souvenirs, *Le Bruit de nos pas*, en trois volumes : *Apprendre à vivre* (1963), *Nos vingt ans* (1966), *Les Combats et les Jeux* (1969).

RÉF. : Ch. de Bartillat, *Clara Malraux, le regard d'une femme sur son siècle*, Perrin, 1986.

MANCE Jeanne. Française (Langres, 12 novembre 1606 - Québec, 18 juin 1673). On sait peu de chose sur ses années de jeunesse sauf que son père était procureur au baillage de Langres et qu'elle fut confiée dès l'âge de sept ans aux ursulines de sa ville natale. Vers l'année 1640, elle se sentit une vocation de missionnaire et, quoique n'étant pas entrée dans les ordres, elle s'embarqua pour la Nouvelle-France (le Canada). Parvenue à Québec en 1642, elle s'installa dans l'île de Montréal, près d'un ancien village indien, Hochelaga, en 1643. Avec Paul de Chomédy de Maisonneuve, gouverneur de l'île, et un groupe de colons, elle contribua à la fondation de Ville-Marie (Montréal). Elle s'occupa plus particulièrement de la création de l'Hôtel-Dieu de la ville (actuellement le plus grand hôpital de Montréal). En 1653, elle accueillit Marguerite* Bourgeoys venue la seconder dans ses activités hospitalières. Pour faire face au développement de la colonisation, toutes deux se rendirent en France en 1658 afin de recruter des religieuses. En même temps, elles revinrent avec trente-deux jeunes filles destinées à épouser des colons, qu'on appela les « filles du roi » par analogie avec les filles pauvres et de qualité dotées par le roi. L'activité de Jeanne Mance, qui faisait également partie de la Société de Notre-Dame de Montréal pour la conversion des sauvages de Nouvelle-France, attira un nombre croissant d'ordres religieux qui poursuivirent la colonisation. Avec Marguerite Bourgeoys et Marie* de l'Incarnation, Jeanne Mance est l'une des grandes figures de l'histoire du Canada. Son procès en béatification a été introduit en 1959.

RÉF. : M.C. Daveluy, *Jeanne Mance*, Fides, Montréal et Paris, 1963.

MANCINI Hortense, duchesse de Mazarin. Italienne (Rome, 1646 - Chelsea, Angleterre, 1699). Elle était la cinquième nièce du cardinal Mazarin, peut-être la plus belle sinon la plus sage. « Il ne lui manquait, écrit Mme de La Fayette*, que de l'esprit. » Avec ses sœurs Olympe, Marie et Marie Anne, les «Mazarinettes» furent élevées à la cour de Louis XIV dont elles partagèrent les jeux puis les faveurs. Mais pour sauver la morale, seule Marie sut gagner le cœur du jeune roi et fut, dit-on, son premier amour. Hortense avait quinze ans lorsque le cardinal la maria avec vingt-deux millions de dot au marquis de La Meilleraye, qu'il fit duc de Mazarin. Elle donna quatre enfants à son mari, dont elle se lassa vite. À vingt-deux ans, elle partit mener une vie aventurière qui scandalisa les cours de l'Europe. Elle vécut trois ans auprès du duc de Savoie, un de ses anciens prétendants, rejoignit l'Italie après une liaison avec le chevalier de Rohan, où elle retrouva Charles Stuart, alors en exil. Hortense Mancini connut maints succès flatteurs à Florence et à Rome, où vivait sa sœur Marie, devenue princesse Colonna. Lorsque celle-ci décida à son tour de quitter son époux, Hortense l'accompagna hors du pays. Elles abordèrent en Provence, voyageant travesties «comme deux héroïnes de roman», note la marquise de Sévigné*.

En 1675, Hortense alla s'établir en Angleterre. Elle retrouva son amoureux devenu roi sous le nom de Charles II, qui lui versa une pension. Elle fut sa maîtresse, refusant toutefois d'être la «favorite» en titre. Elle eut ensuite plusieurs amants dont le prince de Monaco, et le baron Banier. La fin de sa vie fut tragique: ayant dû quitter son salon du palais Saint-James, ses amis l'abandonnèrent petit à petit, dont son dernier amant en date, le duc d'Albermale qui la trompait avec sa propre fille. Elle se mit à boire et mit fin à ses jours. Les *Mémoires* d'Hortense Mancini, probablement apocryphes, ont été publiés en 1675.

RÉF.: J. Hillairet, *Les Mazarinettes*, Minuit, 1976.

MANCINI Laura, duchesse de Mercœur (Rome, 1636 - Paris, 8 février 1657). Elle était l'aînée des cinq nièces du cardinal Mazarin. Elle vint en France en 1647 et fut mariée en 1651 à Louis de Vendôme, duc de Mercœur, petit-fils de Henri IV. Elle eut trois enfants et mourut des suites de ses couches.

MANCINI Marie, princesse Colonna (Rome, 28 août 1639 - Pise, 1715). Elle était la deuxième des nièces du cardinal Mazarin, qui l'appela à Paris en 1653. Elle partagea les jeux du jeune Louis XIV — elle avait un an de moins que lui — et fut sa première maîtresse. Le roi l'aimait à la folie, et Mazarin, qui était en train de négocier son mariage avec Marie-Thérèse* d'Autriche, dut éloigner sa nièce (1659). Même après le mariage, Louis XIV manifestant toujours la même passion, le cardinal maria Marie Mancini au prince Colonna, grand connétable de Naples; leur union fut célébrée un mois après la mort de Mazarin (avril 1661). À Naples, la princesse mena grand train, donna trois enfants à son mari, puis décida de le quitter à cause de ses nombreuses maîtresses. En compagnie de sa sœur Hortense Mancini*, elle quitta Rome déguisée en homme. Jusqu'à la mort du prince en 1692, elle mena une vie errante et fut à plusieurs reprises enfermée dans un couvent sur l'ordre de son mari dont l'influence était grande, ainsi à Bruxelles, à Ségovie, à Madrid. Elle finit par recouvrir son indépendance et vécut en Espagne puis à Rome. Elle a publié des *Mémoires* en 1676.

MANCINI Marie Anne, duchesse de Bouillon. Italienne (Rome, 12 septembre 1649 - Clichy, 20 juin 1714). Elle était la quatrième nièce du cardinal Mazarin; elle vint en France en 1653 après ses trois sœurs Olympe, Marie et Hortense qui furent élevées à la cour avec le jeune Louis XIV. En 1662, Marie Anne épousa Maurice Godefroy de La Tour d'Auvergne, duc de Bouillon, neveu de Turenne. Ferrue de belles lettres, elle fut l'une des protectrices de La Fontaine qui avait une grande admiration pour elle. La légèreté de son caractère lui joua de bien mauvais tours, en particulier dans la fameuse affaire des Poisons où elle fut compromise, mais elle put prouver son innocence devant la Chambre ardente, ce qui ne l'empêcha pas d'être exilée à Nérac par le roi. Par la suite, la duchesse partit pour l'Angleterre où elle rejoignit sa sœur Hortense Mancini*, puis se rendit plus tard à Rome auprès de son fils le prince de Turenne. Assagie, la duchesse de Bouillon revint à Paris et se constitua une remarquable bibliothèque. Elle y mourut subitement. Dans la querelle qui se déroula autour de la *Phèdre* de Racine et celle de Pradon, elle aurait préféré la seconde.

MANCINI Olympe, comtesse de Soissons. Italienne (Rome, 1640 - Bruxelles, 1708). Elle était la troisième nièce du cardinal Mazarin et vint en France en 1647. Elle aussi, comme sa sœur Marie Mancini*, inspira une passion au roi, moins violente toutefois. Elle épousa en 1657 Eugène de Savoie-Carignan, comte de Soissons. Surintendante de la maison de la reine Marie-Thérèse d'Autriche* en 1661, elle fut écartée de la cour pour son opposition à Henriette* d'Angleterre et à Louise de La Vallière* qu'elle espérait supplanter pour reconquérir le roi. Ses relations avec la Voisin* lui valurent d'être suspectée dans l'affaire des Poisons: on l'accusa d'avoir assassiné son mari (1673). Elle dut s'enfuir et se réfugia à Bruxelles en 1680, où elle devint la maîtresse du duc de Parme, gouverneur des Pays-Bas. Elle passa la fin de sa vie entre l'Espagne, l'Angleterre et l'Allemagne et se fixa définitivement à Bruxelles. Elle avait eu de son mari trois filles et cinq fils, le plus célèbre étant Eugène de Savoie-Carignan, dit le Prince Eugène.

MANGANO Silvana. Actrice italienne (Rome, 1930 - *id.*, 1989). Fille d'une mère anglaise et d'un père sicilien, elle fut élue Miss Rome à l'âge de seize ans, et décrocha des petits rôles au cinéma. En 1946, Giuseppe De Santis lui fit tourner *Riz amer*, un film réaliste, dans lequel, troussée jusqu'aux hanches dans les champs de riz, elle découvrait de superbes cuisses qui apportèrent une note d'érotisme au film et la rendirent célèbre. Mais il serait injuste de ne pas lui reconnaître de réelles qualités de comédienne et même de tragédienne. Elle a marqué de sa personnalité les nombreux films qu'elle a tournés; certains sont de grandes réussites du cinéma italien comme *Anna* (Lattuada, 1951), *Ulysse* (Camerini, 1954), *L'Or de Naples* (De Sica, 1954), *Hommes et loups* (De Santis, 1956), *Le Jugement dernier* (De Sica, 1961), *Œdipe-Roi* (Pasolini, 1967), *Mort à Venise* (Visconti, 1970), *Le Décaméron* (Pasolini, 1971), *Ludwig, ou le Crépuscule des dieux* (Visconti, 1972), *L'Argent de la vieille* (Comencini, 1972), *Violence et Passion* (Visconti, 1975). Sa beauté placide, une certaine majesté et une sensualité latente lui ont conféré une place à part dans le cinéma italien. En 1949, elle épousa le producteur Dino de Laurentis qui l'avait lancée dans *Riz amer*.

MANSDÖTTER Karin. Reine de Suède (1550-1612). Elle était la fille d'un sous-officier de la garde royale. Le roi de Suède Erik XIV en fit sa maîtresse alors qu'elle avait quinze ans; elle lui donna son premier enfant l'année suivante. Le roi, qui avait épousé secrètement Karin, fit reconnaître cette union, et elle fut couronnée reine en 1568, ce qui provoqua la rupture entre le roi et ses frères Charles et Jean. Lorsque Erik XIV fut destitué et emprisonné par ce dernier, Karin Mansdötter resta à ses côtés et sut adoucir sa détention. Les enfants qu'elle lui avait donnés furent exclus de la succession au trône.

MANSFIELD Jayne (Vera Jayne Palmer, dite). Actrice américaine (Bryn-Mawn, Pennsylvanie, 19 avril 1932 - La Nouvelle-Orléans, 29 juin 1967). Cette beauté tapageuse avait pris des cours d'art dramatique à Dallas pour devenir comédienne. Mais, après avoir gagné un concours de beauté où elle avait exhibé sa stupéfiante poitrine, elle fut élue "Miss Lampe au magnésium" et engagée dans des spectacles de télévision. Passionnée de cinéma, elle décida à vingt-deux ans de partir pour Hollywood où elle décrocha un petit contrat à la Warner. Elle tourna plusieurs films médiocres jusqu'au jour où Frank Tashlin lui donna sa chance dans *La Blonde et moi* (1956) puis dans *La Blonde explosive* (1957). Grâce à ces deux films, elle fit une entrée fracassante dans le monde du cinéma. Elle accentua son image de «sex-symbol» par un environnement exubérant: Jaguar rose, piscine en forme de cœur, etc. Sa vie privée n'était pas plus discrète: trois mariages, dont un avec Mike Hargitay ex-«M. Univers», trois divorces, cinq enfants pour lesquels elle fut toujours une mère attentive. Elle fut plus une personnalité qu'une comédienne; elle tenait à l'image que renvoyait d'elle le cinéma, faisant oublier volontairement son intelligence. Parmi les films les plus marquants de cette actrice scandaleuse et sophistiquée, fabriquée par Hollywood, citons *Le Cambrioleur* (Wendkos, 1957) seul film où la critique mit en valeur son talent de comédienne, *La Blonde et le shérif* (Walsh, 1957), *Les Amours d'Hercule* (Bragaglia, 1960), *Le Dompteur de femmes* (Newman, 1961). Son contrat avec la Warner ayant expiré, Jayne Mansfield tourna, dans les années 60, quelques films de série B, puis vinrent l'alcool, la déchéance et sa mort tragique dans un accident de voiture sur une route de La Nouvelle-Orléans. Elle avait trente-cinq ans.

MANSFIELD Katherine (Kathleen Beaucham-Murry, dite). Femme de lettres néo-zélandaise (Wellington, Nouvelle-Zélande, 14 octobre 1888 - Fontainebleau, 9 janvier 1923). Après avoir passé son enfance à Karori, tout près de son lieu de naissance, et publié son premier récit à l'âge de neuf ans, elle fut envoyée à Londres en 1902 pour suivre des cours au Queen's College. Après un séjour de deux ans en Nouvelle-Zélande, elle retourna en Angleterre et épousa en 1909 George Bowden, mariage qui fut un échec. Son recueil de nouvelles, *Pension allemande* (1911), la fit connaître. Elle y révèle une personnalité originale, complexe, hypersensible, cultivant les émotions excessives, passant sans transition de la félicité à la souffrance. «Je me sens toujours tremblante au bord de la poésie», écrit-elle dans son *Journal*; son œuvre tout entière est en effet placée sous le signe de ce «tremblement». Ses nouvelles suivantes, *Félicité* (1920), *Prélude* (1921), *Sur la baie* (1922), *La Maison de poupée* (1922), *Le Nid de colombes* (1923), l'imposèrent comme l'un des grands auteurs de son temps.

Après son divorce, elle épousa en 1918 John Middelton Murry qui fut son biographe et qui se révéla plus apte à comprendre ses dons. Leur union n'en fut pas moins orageuse et entrecoupée de longues séparations. Katherine Mansfield vécut les dernières années de sa vie en France où elle devint l'amie de Francis Carco. Fascinée par la personnalité de George Gurdjieff, sorte de mage qui professait une doctrine ésotérique, elle devint l'un de ses disciples et se laissa prendre par une ascèse au-dessus de ses forces, qui sans doute hâta sa fin car elle était déjà atteinte de tuberculose. Elle s'éteignit dans un sanatorium, près de Fontainebleau.

Amie de D.H. Lawrence qui ne pouvait s'empêcher de lui dire: «Vous me révoltez à force de vous complaire dans votre consomption», adorée et publiée par Virginia Woolf*: «Ses livres, comme son regard, incarnaient la jeunesse», ses nouvelles sont dignes de Tchekhov. Son *Journal*, considéré comme son œuvre la plus remarquable, fut publié à titre posthume par son mari

(1927). On sait maintenant qu'il l'expurgea, en supprimant certains détails compromettants, notamment sur la bisexualité de sa femme. Dans ce texte, Katherine Mansfield exprime avec simplicité son angoisse devant la mort qui s'annonce, elle se souvient de son enfance, elle réinvente la vérité retrouvée par le souvenir, elle pleure la mort de son frère tué au front, elle affirme la volonté d'accomplir son œuvre et d'atteindre la perfection. Ses *Lettres* publiées en 1934 sont magnifiques, spirituelles et d'une incontestable grandeur.

RÉF. : G. Boddy, *Katherine Mansfield, the Woman and the Writer*, Penguin Books, 1988.

MANSOUR Joyce, née Ades. Poétesse égyptienne d'expression française (Bowden, Angleterre, 25 juillet 1928 - Paris, 27 août 1986). Amie des surréalistes, elle fut révélée par *Cris* (1954), poèmes d'un ton entièrement nouveau, dont les thèmes sont Éros et Thanatos, mêlés en une seule obsession. Avec *Déchirures* (1955), son style devient baroque et exprime le sentiment de métamorphoses inquiétantes. Les poèmes qui composent *Rapaces* (1960) sont comme soulevés par une férocité allègre mais, à partir de *Carré blanc* (1966), ses textes, autrefois courts et mordants, deviennent de longs monologues incantatoires au rythme haletant. Dans *Les Damnations* (1966), recueil dédié à André Breton qui venait de mourir, Joyce Mansour se dit possédée par « le désir du désir sans fin ». Parmi ses récits, citons *Jules César* (1956), *Les Gisants satisfaits* (1958), *Le Bleu des fonds* (1968), pièce en un acte, *Phallus et Momies* (1969), *Histoires nocives* (1973), *Trous noirs* (1986).

MANZINI Gianna. Romancière italienne (Pistoia, 1896 - Rome, 1974). Fille d'un journaliste socialiste exilé en Toscane par le régime fasciste, elle s'établit à Rome après avoir fait des études de lettres à l'université de Florence. Elle rencontra le succès dès ses débuts littéraires avec *Tempo innamorato* (1928) et obtint le prix Viareggio du roman avec *L'Épervière* (1956), la seule de ses œuvres à avoir été traduite en français. Elle a également publié *Incontro col falco* (1929), *Rive rimote* (1940), *Fori como un leoni e altri raconti* (1945), *Animali sacri e profani* (1953), *Arca di Noè* (1960). Plus évocatrice que narrative, d'un style poétique limpide et précis, marquée par une sensibilité psychologique toujours en éveil, la prose de Gianna Manzini traduit un continuel effort de perfection. Elle a aussi dirigé pendant deux ans les cahiers internationaux de la revue *Prosa*.

MARBLE Alice. Championne de tennis américaine (née en Californie, le 28 septembre 1913). De 1936 à 1940, elle accumula les titres nationaux et internationaux et fut considérée comme l'une des meilleures sportives que les États-Unis aient connue. Elle fut championne des États-Unis en simple (1936, 1938, 1939, 1940), en double (1937, 1938, 1939, 1940), championne de Wimbledon en simple (1939), en double (1938 et 1939), en mixte (1937, 1938, 1939). Son jeu était très offensif : elle possédait un service puissant et parfaitement placé et une excellente volée.

MARCEL-DUBOIS Claudie. Ethnologue et musicologue française (Tours, 1913 - Paris, 1989). Fille de Marcel Dubois, ingénieur des mines, elle entra au musée de l'Homme en 1934 après des études d'art, d'archéologie et de musique. Puis elle fit partie des membres fondateurs du musée national des Arts et Traditions populaires autour de Georges-Henri Rivière : elle dirigea le département d'ethnomusicologie et la phonothèque à partir de 1941. Nommée à l'École des hautes études en 1961, elle enseigna l'ethnomusicologie et forma de nombreux élèves. Présidente de la section ethnologie, anthropologie, préhistoire du CNRS de 1967 à 1970, elle fut également présidente de la Société d'ethnologie française de 1979 à 1986 et présidente d'honneur.

MARCET Jane, née Haldimand. Érudite anglaise (Londres, 1769 - *id.*, 1858). Fille d'un riche négociant suisse qui s'était établi à Londres, elle s'adonna à l'étude des sciences et de l'économie politique. Elle épousa en 1799 Alexandre Marcet, physicien suisse installé en Angleterre depuis 1797. Elle publia en anglais plusieurs ouvrages de vulgarisation scientifique qui remportèrent beaucoup de succès: *Conversations sur la chimie* (1806), traduit en français trois ans plus tard et qui la révéla à Faraday; *Conversations sur l'économie politique* (1817), traduit en français par Prévost, la même année; *Conversations sur la philosophie naturelle* (1820), traduit en français dans une version tronquée sous le titre *Physique des gens du monde*; et enfin *Conversations sur la physiologie végétale* (1830), traduit en français par Macaire Princeps.

MARCHAND Colette. Danseuse française (née à Paris en 1925). Condisciple de Zizi Jeanmaire* et de Roland Petit, elle fut formée à l'École de l'Opéra de Paris par Victor Gsovski et Alexandre Volinine, le partenaire d'Anna Pavlova*. Elle parut en 1947 au Metropolitan Ballet de Londres, mais ce furent les Ballets de Paris de Roland Petit qui la révélèrent au public. Elle créa avec succès *La Femme et son ombre* (Charrat, 1948) et *L'Œuf à la coque* (Petit, 1949) puis *Deuil en vingt-quatre heures* (Petit, 1953) et *Ciné-Bijou* (Petit, 1953). Grande et svelte, les jambes admirablement galbées — le public américain la surnomma *The Legs* —, elle se tourna vers le music-hall et triompha au théâtre de l'Empire aux côtés de Maurice Chevalier. Toujours en 1953, elle tourna *Moulin-Rouge* sous la direction de John Huston. On la vit dans la compagnie de Milorad Miskovitch (1956) puis au Grand Ballet du marquis de Cuevas. En 1961, elle entrait à l'Opéra de Marseille où elle créa *Éloge à Jérôme Bosch* (1961), *La Tendre Éléonore* (1962) et *La Suite transocéane* (1963). Elle rejoignit ensuite le Ballet-Théâtre contemporain d'Amiens où elle créa *Salomé* (1968) et *Cantate profane* (1969), avant de tenir la vedette de la comédie musicale *Sweet Charity* en 1970.

MARCHESI Mathilde, née Graumann. Mezzo-soprano et professeur de chant. Allemande (Francfort, 24 mars 1821 - Londres, 17 novembre 1913). Elle suivit les leçons de Felice Ronconi puis ceux de Manuel Garcia jr. à Paris. En même temps, Samson, le maître de Rachel*, la forma pour la scène. Elle se produisit surtout en concert. Elle enseigna à partir de 1861, prenant la succession de Garcia sur les conseils de ce dernier. Elle dispensa ses cours à Paris jusqu'en 1865, mais aussi à Vienne, Cologne et Londres. Elle a laissé une *Méthode pratique* (1861) et des *Mémoires* (1897). Adepte de Rossini, elle a surtout formé des cantatrices : Célestine Galli-Marié*, Emma Calvé*, Melba*. De son mariage avec le baryton Salvatore Marchesi de Castrone en 1852, elle eut une fille, Blanche, en 1863, qui fut l'une de ses élèves et devint une bonne wagnérienne au début du siècle.

MARCHISIO Barbara et **Carlotta**. Cantatrices italiennes. Barbara, contralto (Turin, 6 décembre 1833 - Mira, Venise, 19 avril 1919). Carlotta, soprano (Turin, 9 décembre 1835 - *id.*, 28 juin 1872). Après avoir étudié le chant à Turin avec leur frère Antonio, les deux sœurs débutèrent ensemble à Madrid en 1856, l'aînée en Rosine (*Le Barbier de Séville*, Rossini), la cadette en Norma (*Norma*, Bellini). En 1858, *Matilde di Shabran* (Rossini) les réunit sur la scène,

Barbara en Edoardo, Carlotta en Matilde, puis *Sémiramis* (Rossini) où l'une avait le rôle-titre et où l'autre était Arsace. La même année à Trieste, elles se partageaient l'affiche en Émilia et Desdémone (*Otello*, Rossini) et dans *Norma* (Bellini), remportant un tel succès qu'elles étaient engagées en décembre à la Scala pour se produire dans *Sémiramis* (Rossini). En 1860, elles incarnèrent Léonore et Azucena (*Le Trouvère*, Verdi), Clorinda et Angelina (*La Cenerentola*, Rossini), Amina et Teresa (*La Somnambule*, Bellini).

« Les incomparables interprètes », comme les appelait Rossini, ravissantes et adulées, triomphèrent à l'Opéra de Paris en 1860, puis à Londres en 1862, sur la scène du Her Majesty's Theatre. Elle chantèrent à Rome en 1863 dans *La Force du destin* (Verdi) et, un an plus tard, créèrent à Paris *La Petite Messe solennelle* (Rossini). Leur carrière commune se poursuivit jusqu'en 1871 : Carlotta quitta alors la scène pour se marier l'année suivante avec un chanteur autrichien, Eugen Kuhn (dit Eugenio Coselli). Elle mourut en couches à l'âge de trente-six ans. Barbara fit ses adieux à la scène en 1876 et se consacra à l'enseignement.

RÉF. : E. Gorin-Marchisio, *Le Sorelle Marchisio*, Milan, 1930.

MARCOS Imelda. Femme politique philippine (née à Hawaï en 1929). Issue d'un milieu populaire, elle se lia en 1955 avec l'avocat Ferdinand Marcos et le suivit fidèlement dans son ascension à la présidence des Philippines, où il fut élu en 1965. Durant vingt ans, jusqu'au soulèvement populaire qui les destitua, en 1986, le couple s'enrichit spectaculairement. La « plus belle femme de l'Asie », en tout cas la plus fortunée, se déplaçait en yacht et en avion privé, amassait tableaux et objets précieux. À eux seuls, ses bijoux représenteraient soixante millions de francs. Quant à la garde-robe de son palais, mise sous séquestre, elle ne plaide pas en sa faveur auprès de la population pauvre de Manille : on y dénombra plus de mille paires de chaussures, des centaines de sacs à main, une quantité prodigieuse de robes et fourrures de grand prix. Après leur renversement, le couple vécut en exil à Honolulu, tandis qu'une colossale bataille juridique était engagée pour déterminer la dette des Marcos envers leur pays. Après la mort de son mari en 1989, Imelda Marcos s'est installée à New York. Malgré de nombreuses charges retenues contre elle, elle est retournée vivre aux Philippines en novembre 1991 dans le but de se présenter aux élections présidentielles, sa grande rivale, Cory Aquino*, ayant décidé de ne pas se représenter.

MARGUERITE BOURGEOYS, sainte. Religieuse française (Troyes, 1620 - Montréal, 12 janvier 1700). Attirée par l'aventure missionnaire et colonisatrice, elle s'installa à Ville-Marie (Montréal) en 1653 et travailla quelque temps à l'Hôtel-Dieu de la ville avec Jeanne Mance*. Plus particulièrement intéressée par les activités pédagogiques, elle créa dès 1658 la première école de Montréal destinée à des femmes. Elle rassembla en même temps une communauté placée sous la direction des sulpiciens. Après des années de patience et de démarches, elle obtint que celle-ci devienne un institut religieux à part entière. C'est ainsi que la Congrégation de Notre-Dame de Montréal fut canoniquement reconnue le 6 août 1676. La règle particulière qu'elle souhaitait ne fut approuvée par l'évêque de Québec que le 25 juin 1698. Marguerite Bourgeoys dirigea sa congrégation jusqu'à sa retraite, en 1693. Elle fut canonisée en 1982 par le pape Jean-Paul II.

MARGUERITE D'ANGOULÊME. Reine de Navarre (Angoulême, 11 avril 1492 - Odos-en-Bigorre, 21 décembre 1549). Fille de Charles d'Orléans et de

Louise* de Savoie, jeune fille cultivée, éduquée par Blanche de Tournon, elle épousa en 1509, pour des raisons politiques, le duc d'Alençon qu'elle n'aima guère. À l'avènement de son frère François Ier, elle devint avec sa mère le centre de la cour, exerçant sur le roi un ascendant supérieur à celui de ses épouses successives, Claude* de France et Éléonore* d'Autriche. Délicate et sensible, la duchesse d'Alençon subit l'influence religieuse de Briçonnet, évêque de Meaux, et celle de Lefèvre d'Étaples dont elle adopta les idées humanistes. En 1524, à la mort de Claude de France et de sa fille, la princesse Charlotte, Marguerite d'Angoulême écrivit *Dialogue en forme de vision nocturne*, qui est un dialogue entre elle et sa nièce disparue; il ne fut publié qu'en 1533. Cette œuvre littéraire, remarquable par son caractère mystique et passionné, est une sorte d'examen de conscience où l'auteur s'interroge sur le sort et le salut de l'âme.

En 1525, Marguerite se rendit en Espagne pour obtenir de Charles Quint des conditions avantageuses à la libération de François Ier qu'il retenait prisonnier; elle participa aux négociations qui aboutirent à la signature du traité de Madrid (1526). Veuve, elle se remaria en 1527 à Henri d'Albret, roi de Navarre, qu'elle aima mais dont elle se déprit car il était infidèle. Elle n'eut guère plus de chance avec ses enfants; son fils Jean, né de cette union, mourut en bas âge et ses rapports avec sa fille, la future Jeanne III* d'Albret, furent toujours difficiles. Elle profita de son crédit pour soutenir les tenants d'un humanisme chrétien, protégea les réformateurs Louis de Berquin et Étienne Dolet, fit relâcher Clément Marot, accusé d'hérésie, et l'accueillit à Nérac. En 1531, elle publia le *Miroir de l'âme pécheresse*, premier recueil de poésies sacrées, dont la seconde édition, en 1533, fut censurée en Sorbonne. Aussitôt après l'affaire des Placards — libelles hostiles à la messe et affichés clandestinement à Paris dans la nuit du 17 au 18 octobre 1534 —, en désaccord avec son frère et le connétable de Montmorency, qui se décidèrent à sévir contre les réformateurs, elle se réfugia à Nérac où elle s'entoura d'écrivains et de savants. Elle accompagna pourtant François Ier à Lyon et en Provence mais se brouilla définitivement avec lui lorsqu'il fut question du mariage de sa fille Jeanne. Elle projetait une union avec Philippe, infant d'Espagne, espérant reconstituer ainsi la Navarre mais le roi exigea un mariage avec le duc de Clèves (1541).

Dès lors, la reine de Navarre ne reparut que pour de brefs séjours à la cour de France et se consacra à la méditation et à l'écriture. Elle composa l'*Heptaméron*, œuvre posthume publiée en 1559. Ces contes légers, dont certains thèmes sont imités du *Décaméron* de Boccace, masquent un profond spiritualisme. Deux ans avant sa mort, elle publia *Les Marguerites de la Marguerite des princesses*. Ces «chansons», parfois de véritables cantiques, révèlent un cheminement spirituel de plus en plus dépouillé où la reine moralise avec élégance et finesse. En dehors de ces œuvres, elle laissa des poésies qui furent publiées en 1890 par Abel Lefranc, *Dernières Poésies de la reine de Navarre*, plusieurs comédies, *La Farce de trop, Trop prou peu moins, Les Deux Filles, Le Malade, L'Inquisiteur, Le Mystère de la Nativité* et des élégies comme la *Comédie sur le trépas du roi* (1547) ou *Mont de Marsan*.

RÉF. : Abel Lefranc, *Les Idées religieuses de Marguerite de Navarre, d'après son œuvre poétique*, Paris, 1898. P. Jourda, *Marguerite d'Angoulême, duchesse d'Alençon, reine de Navarre*, 2 vol., Champion, 1930. *La Princesse de la Renaissance, Marguerite d'Angoulême*, Desclée de Brouwer, 1932. M. Cerati, *Marguerite de Navarre*, Le Sorbier, 1981.

MARGUERITE D'ANJOU. Reine d'Angleterre (Pont-à-Mousson, 23 ou 24 mars 1429 - château de Dampierre,

Anjou, 25 août 1482). Fille de René d'Anjou, roi de Sicile, et d'Isabelle de Lorraine, elle fut élevée à la cour de France et épousa en 1445 Henri VI d'Angleterre. Elle exerça un pouvoir absolu sur le roi, faible de caractère et incapable de gouverner. Au début de la guerre des Deux-Roses, elle se rangea aux côtés des Lancastre (parti de la Rose rouge) commandés par le duc de Somerset, face aux York (parti de la Rose blanche) dirigés par le duc d'York, héritier présomptif de la couronne. En 1453, le roi fut reconnu fou et le pouvoir confié au duc d'York qui fit emprisonner Somerset. Profitant d'un instant de lucidité de son mari, Marguerite le fit relâcher et les hostilités reprirent aussitôt. Somerset fut tué à la bataille de Saint-Albans (1454), et Henri VI tomba aux mains des partisans des York. La reine prit sa revanche à Wakefield en 1460, s'empara du duc d'York qu'elle fit décapiter.

Cependant, les Londoniens se soulevèrent en faveur de la Rose blanche et mirent sur le trône Édouard IV, fils du duc d'York, qui vainquit Marguerite à Towton en 1461, l'obligeant à se réfugier en France avec son fils Édouard. Cette défaite ne l'empêcha pas de tenter de reconquérir la couronne pour son fils avec l'aide de son ancien ennemi, Warwick. Une première fois victorieuse à Nottingham en 1470 et Henri VI ayant été rétabli sur le trône, ses troupes furent défaites à Tewkesbury, ce qui mit fin à tous ses espoirs. Son fils fut tué et elle-même, prisonnière, enfermée à la Tour de Londres. Libérée contre une rançon versée par le roi de France Louis XI, elle termina ses jours en Anjou, au château de Dampierre, son mari étant mort en prison, probablement assassiné.

MARGUERITE D'AUTRICHE, duchesse de Savoie. Gouvernante générale des Pays-Bas (Bruxelles, 1480 - Malines, 1530). Elle était la fille de Maximilien d'Autriche, futur empereur germanique, et de Marie* de Bourgogne, fille de Charles le Téméraire. Fiancée à deux ans au Dauphin de France Charles, elle fut renvoyée lorsque Charles VIII épousa Anne* de Bretagne. Son père la maria en 1497 à don Juan, infant de Castille, fils des Rois Catholiques, qui mourut peu après. Elle se remaria en 1501 avec Philibert II, le séduisant duc de Savoie, et tint une cour brillante au château de Pont-d'Ain. De nouveau veuve en 1504, son père, qui la savait intelligente et volontaire, lui confia la charge de gouverner les Pays-Bas, poste qu'elle conserva de 1507 à 1515, puis de 1518 à 1530, son neveu, le futur Charles Quint, l'ayant écartée du pouvoir pendant trois ans. À la tête des Pays-Bas, elle donna rapidement la preuve de son habileté diplomatique. En 1508, en s'alliant aux Français dans la ligue de Cambrai, elle les détourna de leurs ambitions sur les Pays-Bas. Elle fut un adversaire déterminé de François Ier et sut maintenir l'indépendance des Pays-Bas face aux manœuvres de la France. Son talent politique atteint son apogée au moment du traité de Cambrai, dit la paix des Dames: servant la cause de Charles Quint, elle obtint de Louise* de Savoie, qui traitait au nom de son fils François Ier, que celui-ci renonçât à toute souveraineté sur l'Artois et les Flandres et qu'il abandonnât entre autres ses conquêtes italiennes (1529).

Très cultivée, elle avait un goût raffiné pour les arts. Elle s'entoura d'une cour de lettrés, de musiciens, de peintres, parmi lesquels Bernard Van Orley, Jean Gossaert, Mabuse, le musicien Josquin des Prés, le poète et chroniqueur Jean Lemaire de Belges, les architectes Van Bodeghem et Van Pene. Elle fit édifier l'église de Brou, près de Bourg-en-Bresse, chef-d'œuvre de l'art gothique, où elle repose aux côtés de Philibert de Savoie. Un remarquable vitrail rappelle son image. Elle n'eut pas d'enfants de ses deux mariages.

MARGUERITE D'YORK, comtesse de Salisbury. Anglaise (1473-1541). Fille de George, duc de Clarence, dont les conspirations lui valurent l'échafaud en 1478, elle était la nièce de deux rois, Édouard IV et Richard III. Elle épousa Richard Pool, cousin du roi Henri VIII, et devint la gouvernante de Marie* Tudor, princesse de Galles. Spirituelle et audacieuse, elle entra en conflit avec Henri VIII en osant lui reprocher son divorce avec Catherine* d'Aragon. Las et agacé, ne sachant comment l'éloigner de la cour, celui-ci trouva un prétexte radical bien dans sa manière: en plein schisme religieux, il l'accusa d'entretenir une correspondance avec son frère, cardinal en Italie. La comtesse fut convaincue d'espionnage et décapitée.

MARGUERITE DE BOURGOGNE. Voir BLANCHE DE BOURGOGNE.

MARGUERITE DE CORTONE, sainte. Italienne (Alviano, Toscane, 1247 - Cortone, 1297). D'une grande beauté, elle mena une vie dissipée mais se convertit après l'assassinat de son amant, seigneur de Montepulciano. Elle prit l'habit du tiers ordre franciscain et passa les vingt-trois dernières années de sa vie de repentance dans des mortifications de la stricte observance et une spiritualité exemplaire. Le pape Benoît XIII l'a canonisée en 1728. On la fête le 22 février.

RÉF. : F. Mauriac, *Sainte Marguerite de Cortone*, Paris, 1945.

MARGUERITE DE FRANCE. Reine d'Angleterre puis de Hongrie (1158 - Acre, 1196). Elle était la fille de Louis VII, roi de France, et de Constance de Castille. Henri II Plantagenêt obtint sa main pour son fils Henri le Jeune alors qu'elle n'avait que deux ans, afin de s'approprier sa dot, le Vexin normand qu'il convoitait. Elle fut couronnée solennellement à Winchester en 1172. Lorsque Henri le Jeune, qui avait été associé au pouvoir par son père, se révolta contre lui, ce dernier s'empara de Marguerite et la retint en prison quelque temps. Devenue veuve en 1183, elle se remaria deux ans plus tard avec Béla III, roi de Hongrie. À la mort de celui-ci en 1196, elle partit en pèlerinage pour la Palestine mais mourut en route à Acre.

MARGUERITE DE FRANCE, duchesse de Savoie (Saint-Germain-en-Laye, 1523 - Turin, 1574). Fille de François Ier et de Claude* de France, elle fut élevée par sa tante Marguerite* d'Angoulême. En 1559, elle épousa Emmanuel-Philibert, duc de Savoie. Très instruite et aimant les arts, elle avait déjà manifesté avant son mariage l'intérêt qu'elle portait aux poètes et écrivains, entretenant une correspondance suivie avec Ronsard et Du Bellay. La duchesse de Savoie continua à Turin de protéger les artistes et les écrivains et se signala par son esprit de charité.

MARGUERITE DE PARME. Gouvernante générale des Pays-Bas (Oudenaarde 1522 - Ortona, 1586). Fille naturelle de Charles Quint, elle fut mariée en 1536 à Alexandre de Médicis, duc de Florence, homme débauché et brutal, qui fut assassiné par son cousin Lorenzino en 1537. Marguerite épousa l'année suivante Octave Farnèse, futur duc de Parme. En 1559, Philippe II la nomma gouvernante générale des Pays-Bas, charge qu'elle occupa jusqu'en 1567. En lutte continuelle contre Granvelle son ministre, tenant d'une politique de force contre les protestants, Marguerite dut temporiser et céder sa place au duc d'Albe, envoyé par Philippe II pour mater les opposants. Elle se retira en Italie, mais revint en 1580, dans l'espoir de reprendre le pouvoir. Cependant, son fils Alexandre Farnèse, chargé de la pacification des Pays-Bas, l'écarta du pouvoir. Elle repartit pour l'Italie où elle finit ses jours à Ortona, en 1586.

MARGUERITE DE PROVENCE. Reine de France (1221 - Saint-Marcel, près de Paris, 1295). Fille aînée de Raimond-Bérenger IV, comte de Provence, elle épousa en 1234 le roi de France Louis IX (Saint Louis) dont elle eut onze enfants. Sa belle-mère, Blanche* de Castille, qui l'avait choisie comme reine pour des motifs politiques, la brima longtemps, craignant qu'elle prît de l'ascendant sur son fils. En 1248, Marguerite suivit son mari en Égypte lors de la 7e croisade. Après la mort de Blanche de Castille en 1252, le roi maintint sa femme écartée des affaires de l'État. Sous le règne de son fils Philippe III, Marguerite de Provence tenta de s'imposer en défendant les intérêts de Henri III d'Angleterre, son beau-frère. Elle s'opposa toujours avec une rare violence à son autre beau-frère, Charles d'Anjou, frère du roi, qui avait épousé sa sœur, Béatrice de Provence.

MARGUERITE DE VALOIS (dite **la Reine Margot**). Reine de Navarre (Saint-Germain-en-Laye, 14 juin 1553 - Paris, 27 mars 1615). Elle était la fille de Henri II et de Catherine* de Médicis. Elle fut mariée par son frère Charles IX à Henri de Navarre (futur Henri IV), le 18 août 1572, dans le but de rapprocher catholiques et protestants, quoiqu'elle-même eût toujours été hostile à la Réforme. À l'inverse du résultat escompté, les festivités du mariage provoquèrent, en partie, le massacre de la Saint-Barthélemy (23 août). La reine de Navarre, spirituelle, cultivée et très jolie, aimait peu son mari et multipliait les liaisons: on la disait nymphomane. Elle eut entre autres amants Bussy d'Amboise, l'un des favoris de son frère, et le duc d'Alençon, ce qui fit scandale à la cour. Elle utilisa son influence politique en faveur de son mari et, lorsqu'il s'enfuit en Guyenne en février 1576, elle fut gardée en otage à la cour par son frère Henri III. Ils se retrouvèrent deux ans plus tard et vécurent pendant quatre ans au château de Nérac, en Navarre, où Marguerite régna sur une cour brillante.

Elle revint à Paris en 1582, se déconsidéra par ses aventures galantes et par ses intrigues politiques en faveur de la Ligue, au point que Henri III lui fit une scène publique énumérant, dit-on, tous les amants qu'elle avait eus et qu'elle avait encore. Après quoi, elle eut ordre de quitter Paris. Elle se fixa quelque temps à Nérac, mena une vie errante et aventureuse, puis fut incarcérée au château d'Usson en Auvergne, sur l'ordre de Henri de Navarre. Elle séduisit le marquis de Canillac chargé de la surveiller et vécut avec lui de 1587 à 1605. En 1599, Henri IV, roi de France depuis 1589, obtint du pape Clément VII l'annulation de son mariage pour vices canoniques. Marguerite n'accepta le divorce, le 17 décembre 1599, qu'après la mort de Gabrielle d'Estrées*. Elle revint à Paris en 1605, bien accueillie par le roi et par la population, et elle s'installa dans un hôtel qu'elle s'était fait construire rue de Seine. Elle partagea ses dernières années entre la dévotion — elle avait Vincent de Paul pour aumônier —, les lettres — le poète Maynard était son secrétaire — et la galanterie. Elle a laissé des *Poésies* et des *Mémoires* (1648).

RÉF.: Ph. Erlanger, *La Reine Margot*, Perrin, 1972. J. Castelnau, *La Reine Margot*, Payot, 1981. A. Danclos, *La Vie tragique de la Reine Margot*, F. Lanore, 1988.

MARGUERITE-MARIE ALACOQUE, sainte. Visitandine française (Lauthecœur, Charolais, 22 juillet 1647 - Paray-le-Monial, 17 octobre 1690). Elle entra au couvent, à Charolles, à l'âge de huit ans et montra très vite de fortes dispositions contemplatives. Malade pendant quatre ans, elle attribua sa guérison à la Vierge et prit alors le prénom de

Marie. Elle fut ensuite reçue au monastère de la Visitation, à Paray-le-Monial, où elle fit profession le 6 novembre 1672. C'est là qu'elle vécut trois grandes extases mystiques (1673, 1674, 1675), au cours desquelles elle reçut la mission de propager le culte du Sacré-Cœur de Jésus. Son confesseur et disciple, le père La Colombière, fit beaucoup pour répandre son message qui ne s'imposa véritablement qu'au XIXe siècle, époque par excellence de la dévotion au Sacré-Cœur. Marguerite-Marie Alacoque fut canonisée en 1920, et Paray-le-Monial est devenu aujourd'hui un centre majeur de pèlerinage.

MARGUERITE Ire Valdemarsdotter. Reine de Danemark, de Norvège et de Suède (Søborg, 1353 - Flensburg, 28 octobre 1412). Fille du roi Valdemar IV, elle épousa en 1363 le roi de Norvège Haakon VI et devint reine à dix ans. En 1371, elle donna le jour à un fils qui monta sur le trône en 1376 sous le nom d'Olav V. Elle gouverna pendant sa minorité et, à sa mort en 1387, elle se fit reconnaître comme reine par les assemblées danoises et norvégiennes. Elle avait ainsi le droit de désigner elle-même son héritier qui fut finalement son petit-neveu, Erik de Poméranie, âgé de six ans. Après avoir récupéré la Scanie sur les Hanséates en 1385, elle fit prisonnier le roi de Suède Albert de Mecklembourg et le garda captif pendant sept ans. Ce dernier ayant été déposé, le Conseil fit appel à Marguerite qui obligea la noblesse suédoise à rendre les biens usurpés depuis trente ans et à faire détruire les plus importants châteaux du royaume. En 1397, les délégués des trois pays réunis à Kalmar, parmi lesquels les archevêques d'Upsal et de Lund, proclamèrent Erik, déjà reconnu roi de Suède et de Danemark, roi des trois royaumes.

Cette union, connue sous le nom d'Union de Kalmar, demeurait précaire. En 1411, Erik et l'armée danoise, battus en Frise, furent obligés d'accepter une trêve. Marguerite, qui s'était rendue à Flensburg pour reprendre les pourparlers, mourut dans le port de cette ville, laissant son petit-neveu dans une situation des plus difficiles que seul son génie politique aurait été capable de maîtriser. Grande et belle, possédant un charme indéniable, Marguerite cachait une immense ambition et une extraordinaire énergie. Elle sut mener une politique rigoureuse qui ne lui faisait jamais défaut, même dans ses rapports souvent difficiles avec l'héritier qu'elle s'était choisi. La «Sémiramis du Nord», ainsi surnommée de son vivant, laisse le souvenir d'une grande politique qui, par son courage, son intelligence et sa ténacité, sut réaliser une œuvre qui marqua profondément son époque.

MARIAMNE (en hébreux **Miriam**). Reine de Judée (Jérusalem, v. 60 av. J.-C. - 28 av. J.-C.). Elle était la petite-fille d'Hyrcan II, grand prêtre et ethnarque (chef et administrateur) des Juifs. Très belle, elle fut remarquée par Hérode Ier le Grand, roi de Judée depuis 40, qui l'épousa. Ambitieuse, Mariamne se fit des ennemis implacables dans la famille royale, notamment la mère et la sœur d'Hérode, Cypris et Salomé, qui la poursuivirent de leur haine et finirent par la faire soupçonner d'adultère. Hérode fit mettre à mort Mariamne après avoir fait périr Hyrcan II. La reine avait donné cinq enfants à son mari. Deux d'entre eux, Alexandre et Aristobule, furent exécutés par leur père en 7 av. J.-C. La tragédie de Mariamne a inspiré plusieurs dramaturges, notamment Tristan l'Hermite, auteur de *Marianne* (1636), qui eut un très grand succès en son temps.

MARIE (en hébreu **Myriam**). Mère de Jésus-Christ (Ier siècle). Les premiers historiens du christianisme, ne se doutant pas du développement que prendrait plus tard le culte de la Vierge, restent discrets à l'égard de la mère de Jésus. Aucun des quatre évangélistes ne mentionne la date de sa mort, un seul, saint Jean, constate sa présence au supplice de son fils auquel elle aurait survécu onze années, selon la tradition. Marie exerça peu d'influence sur la fondation de la nouvelle religion, et ce n'est que postérieurement que l'on s'avisa de lui donner un rôle plus important. Marie eut pour père Joachim et pour mère Anne* selon le Protévangile de Jacques le Mineur. Il est probable que Marie était originaire de Cana, petite bourgade située à quelques lieues de Nazareth. Elle y avait des parents, témoins ces fameuses noces où Jésus changea l'eau en vin à sa demande. C'est à Nazareth qu'elle vint s'établir avec son époux Joseph après avoir mis Jésus au monde, à Bethléem.

Sa vie est relatée épisodiquement dans les écrits du Nouveau Testament. Les Épîtres de saint Paul ne la nomment jamais: «Dieu envoya son fils né d'une femme» (Galates, IV, 4). Les Évangiles synoptiques (Marc, Luc, Matthieu), en dehors des Évangiles de l'Enfance (Luc, Matthieu), la mentionnent peu. L'Évangile de Matthieu fait à Joseph une place plus importante: «époux de Marie, de laquelle est né Jésus, qu'on appelle Christ» (I, 16). En revanche, l'Évangile de saint Luc relate l'Annonciation, la Visitation, la Nativité, pour ne citer que quelques épisodes, et la Présentation au Temple où Siméon prophétise que Marie aura le cœur transpercé d'un glaive, la première des sept douleurs. Les six autres seront la fuite de la Sainte Famille en Égypte, Jésus argumentant contre les défenseurs de la Loi, son portement de croix, sa crucifixion, la descente de croix et sa mise au tombeau. L'Évangile de Jean la fait apparaître aux noces de Cana (II, 1-12) et lors de la scène du Calvaire (XIX, 25-27).

Jusqu'au Ve siècle, le culte marial reste aussi effacé que celle qui en est l'objet dans les écrits du Nouveau Testament. Mais au IIe siècle, saint Ignace exalte le mystère de Jésus né de la Vierge Marie. Saint Justin défend la conception virginale; saint Irénée explique le parallèle Ève*-Marie. Simultanément, des écrits apocryphes détaillent d'une façon romanesque la vie de Marie depuis sa naissance jusqu'à sa mort et son élévation. Aux IVe et Ve siècles, les docteurs Athanase, Jérôme, Ambroise et Augustin donnent Marie comme modèle de perfection. On invoque sa protection. Sous saint Cyrille d'Alexandrie, le concile d'Éphèse (431) confirme contre Nestorius le titre de Theotokos «qui a engendré Dieu». Peu de temps après, à Rome, s'élève Sainte-Marie-Majeure, la première des églises d'Occident placée sous le nom de Marie. Dès lors, de nombreuses fêtes lui seront consacrées: la mémoire de la Sainte Mère de Dieu (Ve siècle) le 15 août, appelée un siècle plus tard Dormition et au VIIIe siècle Assomption; l'Annonciation, le 25 mars (VIe siècle); l'Immaculée Conception, le 8 décembre et la Présentation au Temple, le 2 février (VIIe siècle). On débat de l'Assomption et de l'Immaculée Conception, et le culte marial connaît un essor considérable: églises, cathédrales, confréries, angélus, pèlerinages, congrégations se multiplient. En 1431, le concile de Bâle adopte la thèse de l'Immaculée Conception de Marie, que Pie IX érigea en dogme en 1854. De nombreuses apparitions et miracles attribués à l'intercession mariale raniment régulièrement le zèle des fidèles. Citons parmi les plus récentes et les plus importantes celles de Catherine Labouré* rue du Bac (1830), de deux jeunes bergers à La Salette (1846), de Bernadette* Soubirous à Lourdes (1858), des enfants à Pontmain (1871), et d'une foule à Fatima (1917).

Sans entrer dans les détails des sommes théologiques générales sur les mystères et les symboles qu'énonce ou suggère la Bible, disons que Marie est une vierge mère, mère de Dieu et que son

Immaculée Conception (Marie est née intacte du péché originel) ne fut proclamée par l'Église catholique qu'en 1854; le dogme de l'Assomption (son corps est exempt de décomposition) ne fut promulgué qu'en 1950 par Pie XII. Reine du monde, vénérée sous de nombreux noms (Vierge, Madone, Notre-Dame, etc.), elle est particulièrement honorée en France depuis que Louis XIII, le 15 août 1632, lui voua son royaume. Elle reste une source d'inépuisables chefs-d'œuvre dans tous les arts. Personne d'autre n'a marqué aussi profondément la pensée humaine.

RÉF.: H. du Manoire et collab., *Maria*, Beauchesne, 8 vol., 1950-1971. P. Bourget, *La Vierge Marie, écriture et tradition*, Berger-Levrault, 1956. M.J. Nicolas, *Theotokos, le mystère de Marie*, Desclée, 1967. A. Rouet, *Marie*, Le Centurion, 1975. P. Grelot, D. Fernandez et collab., *Marie*, Beauchesne, 1980. A.-M. Gérard, *Dictionnaire de la Bible*, Robert Laffont, 1990.

MARIE (dite **la Juive**). Femme savante grecque (Fin du IIIe siècle - début du IVe siècle). Contemporaine de Zosime le Panopolitain, elle fut initiée aux mystères de l'art hermétique dans le temple de Memphis par Ostanes avec plusieurs autres philosophes, dont Démocrite d'Abdère et Pamène. La Bibliothèque nationale conserve un manuscrit intitulé *Discours de la très savante Marie sur la pierre philosophale*. Un écrit de Zosime et différents recueils alchimiques comportent en outre des fragments de cette savante à laquelle Du Cange attribue l'invention du «bain-marie».

MARIE Ire STUART. Reine d'Écosse et reine de France (Linlithgow, 1542 - Fotheringay, Northamptonshire, 1587). Fille de Jacques V d'Écosse et de Marie* de Lorraine, elle n'avait que sept jours à la mort de son père et fut proclamée reine. Sa mère l'envoya en France à l'âge de six ans. Elle fut élevée par ses oncles, les Guises, et fiancée au Dauphin François, le fils de Henri II. Cultivée, elle aimait par-dessus tout la poésie, rappelle Brantôme. Elle connut Ronsard et Du Bellay. Son mariage fut célébré en 1558: François II était couronné l'année suivante et mourait après une année de règne, le jour des dix-huit ans de Marie Stuart qui venait de perdre sa mère. La «petite Reinette» porta le deuil blanc et dut regagner l'Écosse malgré ses pleurs. Elle composa ces vers:

Adieu, plaisant pays de France
Ô ma patrie
La plus chérie
Qui a nourri ma jeune enfance
Adieu France, adieu mes beaux jours.

Elle appréhendait son pays natal qu'elle jugeait barbare, une Écosse déchirée par la réforme calviniste de John Knox. Catholique sincère mais trop autoritaire, elle ne put réprimer l'agitation des lords protestants. En 1565, elle épousa son cousin, lord Darnley, Tudor par sa mère, malgré l'opposition de la reine Élisabeth Ire*. Allié aux Anglais, James Stuart, comte de Moray, frère bâtard de la reine et prétendant au trône, provoqua une vague de révoltes. On inculpa David Rizzio, secrétaire particulier de Marie Stuart, à qui elle avait accordé sa confiance, sinon plus. Darnley le fit exécuter en présence de la reine. Darnley, qui était le chef du parti catholique, fut assassiné en février 1567 par une conjuration de protestants, peu après la naissance de son fils, le futur Jacques VI d'Écosse et Jacques Ier d'Angleterre. On dit que Marie Stuart, avertie du complot, ne s'y opposa pas.

Le 15 mai 1567, elle épousait le comte James de Bothwell, l'un des responsables des meurtres de Rizzio et de Darnley. Cette succession de liaison, de mariages et d'assassinats souleva l'indignation des Écossais qui se révoltèrent. Le 15 juin, les troupes royales firent défection à Carberry Hill. Enfermée au château de Lochleven, la reine dut abdiquer en faveur de son fils. Elle s'évada en mai

1568, pour être définitivement vaincue par James Moray, qui devint régent du royaume. Marie Stuart se réfugia en Angleterre auprès de la reine Élisabeth qui l'accueillit avec la plus grande méfiance, se souvenant que, conseillée par des catholiques de son entourage, elle avait émis un temps des prétentions sur la couronne anglaise. Pendant vingt ans, la reine déchue fut confinée de château en château, autant de prisons dorées, car elle fut toujours parfaitement traitée. Elle avait su conserver des partisans farouchement dévoués à sa cause (le pape, Philippe II d'Espagne, Catherine* de Médicis) et elle se laissa impliquer dans les menées des catholiques contre Élisabeth Ire. À la suite du complot de Babington en 1586, elle fut emprisonnée, mise en jugement en octobre 1587 et condamnée à mort sur de fausses pièces. Ayant gardé tout son pouvoir de séduction, la dignité et le courage qu'elle montra durant sa détention et au moment de son exécution émurent ses ennemis.

De nombreux portraits de Marie Stuart sont conservés dans les collections royales (Windsor, Hampton Court, Holyrood) et dans les musées (Oxford et Édimbourg) de Grande-Bretagne. De beaux dessins attribués à François Clouet, dont l'un représente la reine portant le deuil blanc, se trouvent à Chantilly, à la Bibliothèque nationale et à la bibliothèque Sainte-Geneviève à Paris. Son masque mortuaire, conservé au château de Lennoxlove, restitue la pureté de ses traits. Sa destinée tragique a inspiré à Schiller un drame, *Marie Stuart* (1800) où il n'a retenu que l'épisode de la mort de la reine, nous laissant d'elle l'image d'une victime pathétique.

RÉF. : R. Guerdan, *Marie Stuart, reine de France et d'Écosse*, Pygmalion, 1986. M. Duchein, *Marie Stuart, la femme et le mythe*, Fayard, 1987.

MARIE II STUART. Reine d'Angleterre, d'Irlande et d'Écosse (Londres, 1662 - *id.*, 1694). Elle était la fille de Jacques II et d'Anne Hyde. En 1677, elle épousa Guillaume de Nassau, prince d'Orange et stathouder des Provinces-Unies. Au moment de la révolution de 1688, avec sa sœur Anne* Stuart, elle prit parti contre son père qui voulait instaurer le catholicisme en Angleterre. Il fut détrôné par Guillaume de Nassau appelé à l'aide de la noblesse et le Parlement. Marie et son mari furent proclamés reine et roi sous le nom de Marie II et Guillaume III lequel, en réalité, fut le seul à gouverner. Elle n'eut pas d'enfant, de sorte qu'à la mort de Guillaume III en 1702 Anne Stuart monta sur le trône.

MARIE Ire TUDOR (dite **Marie la Catholique** ou **Marie la Sanglante**). Reine d'Angleterre et d'Irlande (Greenwich, 18 février 1516 - Londres, 17 novembre 1558). Elle était la fille de Henri VIII d'Angleterre et de Catherine* d'Aragon. En 1518, son père tenta sans succès de la fiancer au premier fils de François Ier et Claude* de France (le Dauphin François), puis en 1522 à Charles Quint, et enfin, en 1527, au deuxième fils du roi de France (le Dauphin Henri, futur Henri II). Après l'invalidation du mariage de ses parents en 1533, elle fut déclarée illégitime et perdit ses droits à la succession au trône au profit de sa demi-sœur Élisabeth, future Élisabeth Ire*. Elle fut durement traitée par son père qui l'obligea en 1536 à reconnaître publiquement que le mariage de sa mère était incestueux et illégal. Grâce à l'influence de Jeanne* Seymour, troisième femme de Henri VIII, elle rentra dans les bonnes grâces de son père et, en 1544, elle obtint la deuxième place dans l'ordre de la succession au trône, après son demi-frère Édouard VI, né en 1537. Durant le règne de ce dernier (1547-1553), elle s'opposa sans cesse à lui en raison de ses convictions catholiques qu'elle affichait ouvertement. Elle lui succéda le 3 août 1553 et s'empressa de défaire son œuvre en rétablissant la religion catholique. Cette politique de réaction religieuse, quoique pacifique à ses débuts, alliée à son mariage avec l'infant d'Espagne Philippe II en 1554, la rendit très impopulaire. Elle réprima dans le sang le complot de Thomas Wyatt (juillet 1554), avant de prendre de sévères mesures contre les protestants : trois cents d'entre eux environ furent condamnés au bûcher entre 1555 et 1558, dont l'archevêque Cranmer en 1556 et plusieurs évêques. À la mort de Charles Quint en 1555, son mari la quitta pour aller régner sur l'Espagne. Elle collabora avec lui et, sur ses instances, déclara la guerre à la France en 1557. L'année suivante, l'Angleterre perdait Calais reconquise par les Français, ce qui acheva de déconsidérer la reine. Elle mourut peu après, sans descendance, ayant désigné Élisabeth pour lui succéder, à condition qu'elle maintienne le catholicisme en Angleterre.

RÉF. : D. Henderson, *Marie Tudor*, Payot, 1981.

MARIE D'AGREDA (María Coronel, en religion). Religieuse espagnole (Ágreda, 2 avril 1602 - *id.*, 24 mai 1665). Elle entra dans un couvent de franciscaines à l'âge de seize ans, prononça ses vœux en 1620, fut élue abbesse en 1627, charge qu'elle occupa pendant trente-cinq ans. Elle fut à la fois une excellente administratrice — elle fit construire un nouveau monastère en 1633, multiplia les revenus de la communauté et le nombre de sœurs qu'elle dirigeait — et une grande mystique. Elle se rendit célèbre en Espagne et en Europe par son œuvre majeure *La Mistica Ciudad de Dios* (1670), qu'elle prétendait avoir rédigée sous l'inspiration de la Vierge, dont le livre retrace l'histoire, à la fois terrestre et céleste. L'ouvrage lui valut des démêlés avec l'Inquisition — qui n'allèrent pas au-delà d'un interrogatoire très approfondi — et fut par la suite condamné par l'Église, mais de manière ambiguë et non définitive. Marie d'Agreda doit aussi sa notoriété à la volumineuse correspondance qu'elle échangea avec Philippe IV. Elle fut déclarée vénérable par Clément X qui introduisit peu après sa cause en béatification. Celle-ci fut reprise par Clément XV, sans résultat.

MARIE D'ALANIE. Impératrice byzantine (XIᵉ siècle). Fille d'un prince d'Ibérie, elle épousa vers 1073 l'empereur byzantin Michel VII auquel elle donna un fils, Constantin Doukas. En 1078, Nicéphore Botaniatès s'empara du pouvoir et fit enfermer l'empereur et sa femme. Il s'éprit de cette dernière et, après avoir relégué Michel VII dans les ordres, il l'épousa. En acceptant ce mariage qui fit scandale à la cour, l'impératrice tentait de sauvegarder les droits de son fils, trop jeune encore pour pouvoir prétendre à la couronne impériale. Le pouvoir de son mari, soldat de fortune, étant trop mal assuré, elle intrigua avec la puissante famille des Comnènes qui souhaitait installer sur le trône l'un des siens, Alexis. Marie d'Alanie adopta Alexis qui se fit proclamer empereur (basileus) en 1081. Selon certaines sources, elle aurait été sa maîtresse et le poussait à divorcer d'avec sa femme, Irènes Doukas, pour pouvoir l'épouser, afin que Constantin succède un jour à Alexis. Elle se heurta à l'opposition des Doukas et à la volonté même de son mari. Peu après, elle se retira au monastère des Manganes où elle vécut jusqu'à la fin de ses jours.

MARIE D'ARAGON. Reine de Sicile (Catane, 1367 - Lentini, 1402). Elle était la fille de Frédéric III, roi de Sicile, auquel elle succéda en 1377, à l'âge de dix ans. Cependant, son grand-père maternel, Pierre IV d'Aragon, la fit enlever et gouverna en son nom. Elle épousa en 1391 son cousin, Martin, neveu de Jean d'Aragon, réunissant ainsi les deux branches d'Aragon. Tous deux furent couronnés roi et reine de Sicile en 1392.

MARIE D'AUTRICHE. Reine de Hongrie et de Bohême (Bruxelles, 15 septembre 1505 - Cigales, près de Valladolid, 18 octobre 1558). Fille de Philippe le Beau et de Jeanne* la Folle, elle fut mariée en 1522 à Louis II, roi de Hongrie et de Bohême. Son mari ayant été tué à la bataille de Mohács en 1526, elle se retira chez sa tante Marguerite* d'Autriche, gouvernante générale des Pays-Bas. À sa mort en 1530, elle lui succéda dans sa charge selon la volonté de son frère Charles Quint, lequel ne lui laissa que fort peu d'initiatives sur le plan politique. Elle abandonna le pouvoir au moment de l'abdication de son frère en 1555 et se retira en Espagne. Philippe II, fils et successeur de Charles Quint, lui offrit avec insistance de retourner aux affaires; elle mourut subitement peu après avoir accepté. Elle a protégé les artistes et les savants de son temps et a laissé une très riche collection de manuscrits actuellement conservée à Bruxelles.

MARIE DE BOURGOGNE, duchesse de Bourgogne (Bruxelles, 13 février 1457 - Bruges, 27 mars 1482). Elle était l'unique enfant de Charles le Téméraire, duc de Bourgogne, et d'Isabelle de Bourbon. Elle succéda à son père tué devant Nancy le 5 janvier 1477. Seule et sans appuis, elle fut aussitôt confrontée à de graves difficultés. Le roi de France Louis XI, ennemi mortel du Téméraire, envahit et annexa dès le mois de janvier la Bourgogne proprement dite, l'Artois et la Picardie. De plus, il intriguait dans les Pays-Bas qu'il souhaitait également s'approprier en les poussant à la révolte. Marie de Bourgogne parvint à s'assurer la fidélité des États des Pays-Bas réunis à Gand au prix du « Grand Privilège » du 11 février 1477 qui limitait considérablement son pouvoir et supprimait les organes du gouvernement centralisateur instauré par son père.

En même temps, s'engageait une lutte entre la France et l'Empire au sujet du mariage de la duchesse qui avait été fiancée à Maximilien d'Autriche (futur Maximilien Ier), tandis que Louis XI souhaitait la marier à son fils, le futur Charles VIII. Maximilien l'emporta, et la cérémonie eut lieu le 18 août 1477. L'année suivante, celui-ci battit Louis XI à Guinegate (actuelle Enquinegatte, près de Saint-Omer), sauvant ainsi la Flandre que la conquête du Boulonnais aurait menacée. Marie de Bourgogne mourut des suites d'une chute de cheval. Elle avait eu deux enfants, Philippe le Beau en 1478, le père de Charles Quint, et Marguerite* d'Autriche en 1480. La duchesse ne vit pas le traité d'Arras du 23 décembre 1482 qui attribuait en dot à sa fille l'Artois et la Franche-Comté que Louis XI conservait jusqu'à son mariage avec le Dauphin Charles, mariage qui ne fut jamais célébré.

RÉF. : A. Besson, *Marie de Bourgogne, la princesse aux chaînes*, France-Empire, 1981.

MARIE II DE BRAGANCE. Reine de Portugal (Rio de Janeiro, 4 avril 1819 - Lisbonne, 15 novembre 1853). Elle était la fille de Pierre Ier, empereur du Brésil, et de l'archiduchesse Léopoldine d'Autriche. Pierre Ier, qui s'était installé au Brésil après l'invasion du Portugal par les Français en 1807, avait été nommé en 1821 régent du Brésil par son père, Jean VI, roi de Portugal. L'année suivante, il s'était intitulé empereur du Brésil afin de rompre avec la métropole. À la mort de Jean VI en 1826, Pierre Ier, qui héritait du Portugal, abdiqua aussitôt en faveur de sa fille Marie, âgée de six ans, pour assurer la séparation définitive des deux couronnes. La régence fut assurée par Michel, le frère de Pierre Ier, qui se fiança avec sa nièce en 1827 et se fit proclamer roi l'année suivante avec l'appui des absolutistes. L'opposition constitutionnelle se souleva aussitôt contre lui et demanda l'intervention de Pierre Ier. Celui-ci abdiqua au Brésil en faveur de son fils Pierre II en 1831, chassa Michel du trône de Portugal et prit la tutelle de sa fille en 1833. À sa mort en 1834, Isabelle était majeure. L'année suivante, elle épousa Auguste de Leuchtenberger, fils du prince Eugène de Beauharnais (lui-même frère de la reine Hortense*), qui mourut deux mois plus tard. Elle se remaria en 1836 avec le duc Ferdinand de Saxe-Cobourg dont elle eut sept enfants. Son règne, très effacé, fut marqué par des querelles incessantes entre absolutistes et constitutionnels. Son fils aîné, Pierre V, lui succéda sous la tutelle de son père.

MARIE DE FRANCE. Poétesse française (seconde moitié du XIIe siècle). On ne sait rien de celle qui fut la première de nos poétesses, sauf son nom et son pays d'origine:

Marie ai nom, si suis de France.

On ignore même quel était son rang. Elle vécut sans doute un temps à la cour de Henri II d'Angleterre, puisqu'elle lui dédia ses *Lais*. On a conservé d'elle trois ouvrages: les *Lais* (écrits avant 1167), les *Fables* (1180) et l'*Espurgatoire de saint Patrice* (après 1180). Les *Lais* sont de véritables chefs-d'œuvre de fantaisie et de merveilleux. Ils reprennent des légendes d'origine celtique et de tradition orale. Dans *Les Deux Amants*, *Yonec*, *Eliduc*, *Chaitivel*, *Equitan*, *Fresne*, *Milun*, *Bisclavret*, Marie de France raconte des histoires d'amour et fait preuve d'une grande finesse psychologique, d'une culture étendue, d'un sens étonnant des symboles. Le *Chèvrefeuille*, qui est un épisode de la légende galloise de Tristan, renferme un vers célèbre du héros à Iseult:

Ni vous sans moi, ni moi sans vous.

Ses *Fables* sont la traduction et l'adaptation d'un recueil latin, dit le *Romulus anglo-latin*, lui-même composé de fables latines de Phèdre et de fables orientales. Marie de France fut célèbre en son temps, puisque ses *Lais* furent traduits en Scandinavie sous le titre de *Strengleiker*, puis en norvégien au XVe siècle; *Fresne* et *Lanval* furent traduits en anglais. Son œuvre tomba ensuite dans l'oubli et ce n'est qu'au XVIIIe siècle qu'on la redécouvrit.

MARIE DE L'INCARNATION, bienheureuse (Marie Guyart, en religion). Religieuse française (Tours, 28 octobre 1599 - Québec, 30 avril 1672). Fille de boulanger, elle voulut très tôt entrer dans les ordres, mais elle fut mariée par ses parents à l'âge de seize ans à Claude Martin, négociant en soie, dont elle eut un fils en 1619, qui devint plus tard supérieur de la congrégation de Saint-Maur. Elle perdit son mari six mois après son mariage et eut une première vision du Christ, le 24 mars 1620. Comme beaucoup de mystiques, elle était d'un tempérament très actif et, avant de se tourner vers sa vocation, elle seconda son beau-frère et prit la direction de son entreprise de transports fluviaux. Elle finit par entrer chez les ursulines de Tours en 1631.

Trois ans plus tard, elle eut un songe prophétique: Dieu lui enjoignait de se rendre en Nouvelle-France (le Canada). Elle s'embarqua en 1639 avec d'autres sœurs. Installée à Québec avec les tout premiers colons français, elle fonda une mission pour évangéliser les Hurons. Elle décrivit son apostolat dans des lettres adressées à des femmes célèbres de son temps, dont certaines étaient ses protectrices: Anne* d'Autriche, la duchesse d'Aiguillon, la duchesse de Montmorency, Mme Fouquet, la mère du surintendant. Passionnée par son activité pastorale, elle alla jusqu'à étudier les langues des indigènes et à rédiger plusieurs dictionnaires. En 1641, elle fonda un monastère d'ursulines à Québec, qui fut détruit en 1650 dans un incendie, puis reconstruit. Elle le dirigea jusqu'à sa mort, parfois dans des conditions matérielles et spirituelles difficiles. Elle est aussi la fondatrice des institutions d'enseignement pour jeunes filles. Très populaire au Canada, mère Marie de l'Incarnation a été déclarée bienheureuse en 1877 par le pape Pie IX.

RÉF. : F. Deroy-Pineau, *Marie de l'Incarnation: Marie Guyart, femme d'affaires, mystique, mère de la Nouvelle-France*, Robert Laffont, 1989.

MARIE DE LORRAINE. Reine d'Écosse (Bar, 22 novembre 1515 - Édimbourg, 10 juin 1560). Fille de Claude II de Lorraine, duc de Guise, et d'Antoinette de Bourbon, elle épousa en 1534 Louis II d'Orléans, duc de Longueville. Veuve en 1537, elle se remaria en 1538 avec Jacques V d'Écosse qui mourut en 1542, sept jours après la naissance de sa fille, la future Marie* Stuart. Marie de Lorraine assura la régence et, soutenue par le Parlement écossais, elle s'opposa à Henri VIII d'Angleterre qui voulait marier la princesse Marie à son fils, le prince de Galles. La reine négocia les fiançailles de sa fille avec le Dauphin de France, le fils aîné de Henri II et futur François II, et l'envoya à la cour de Saint-Germain-en-Laye en 1548. Restée en Écosse, la reine lutta contre le parti des réformés soutenu par l'Angleterre et mena une politique extérieure favorable à la France, ce qui la rendit impopulaire. En 1559, sur la proposition de John Knox, un des chefs de la Réforme, elle fut déchue de la régence par une assemblée de pairs et de barons. Elle résista avec l'aide de troupes françaises et put reprendre Édimbourg dont elle avait été chassée. Elle mourut l'année suivante au cours du siège de la ville par une armée anglaise envoyée par Élisabeth Ire*.

MARIE DE MÉDICIS. Reine de France (Florence, 26 avril 1573 - Cologne, 3 juillet 1642). Elle était la fille de François II, grand-duc de Toscane, et de l'archiduchesse Jeanne d'Autriche. Elle épousa Henri IV par procuration à Florence le 5 octobre 1660, mais ils ne se rencontrèrent à Lyon que le 9 décembre. Le roi se détourna très vite d'elle, qui était, disent les contemporains, d'humeur querelleuse et acariâtre, quoique belle et imposante. Elle était surtout ambitieuse et autoritaire; la naissance d'un fils en 1601, le futur Louis XIII, lui donna de l'influence à la cour. Même du vivant du roi, elle montra ses préférences envers l'Espagne et groupa autour d'elle des personnalités peu sûres comme d'anciens ligueurs ou des favoris à l'influence néfaste, Concini notamment et sa femme Leonora Galigaï*. Lorsque Henri IV se prépara à la guerre contre les Habsbourg, elle obtint d'être nommée régente (20 mars 1610); de la même manière, elle parvint à se faire sacrer reine de France le 13 mai, cérémonie que le roi, qui se méfiait d'elle, retardait le plus possible. Il fut assassiné le lendemain, et elle fut accusée par certains d'avoir trempé dans sa mort, ce qui est fort peu probable. Le Parlement la reconnut comme régente au nom de son fils Louis XIII.

Elle prit le contrepied de la politique de son mari en favorisant l'Espagne et l'Autriche et maria son fils avec Anne* d'Autriche en 1615. Elle eut à résister à la noblesse qui contestait son pouvoir au moment des états généraux et avec laquelle elle composa par le traité de Loudun du 6 mai 1616. Mais son principal adversaire fut sans doute Louis XIII qui, devenu majeur, se débarrassa de la tutelle de Concini en le faisant assassiner (1617) avant de faire interner sa mère à Blois. Celle-ci, avec l'aide du duc d'Épernon, se révolta et fut vaincue aux Ponts-de-Cé en 1620. Richelieu, qu'elle avait protégé, la réconcilia avec le roi et elle réintégra le Conseil en 1622. Cependant, elle ne tarda pas à se brouiller avec le trop puissant ministre de Louis XIII et n'eut de cesse d'intriguer contre lui afin d'obtenir son renvoi. Le 10 novembre 1630, elle croyait être parvenue à ses fins alors qu'en réalité c'était elle qui perdait la partie : la journée des Dupes sonnait le glas de son pouvoir. Internée, elle s'évada en juillet 1631 et se réfugia aux Pays-Bas puis en Angleterre. Elle se fixa à Cologne en 1641 et ne revit jamais la France.

Si elle ne fut pas une grande politique, son rôle artistique fut important. On lui doit la construction du palais du Luxembourg sur les plans du palais Pitti de Florence (architecte : Salomon de Brosse) et de ses jardins, le tracé du Cours-la-Reine (soit l'actuelle partie des Champs-Élysées entre la place de la Concorde et le rond-point), l'aqueduc d'Arcueil. Elle a pensionné Malherbe. De nombreux peintres ont fait son portrait : Bronzino (Florence), Pourbus (Louvre et Amiens), Van Dyck (Lille). Rubens a réalisé plusieurs dessins (Saint-Pétersbourg, Munich, Vienne) et un portrait (Madrid). De plus, en 1622, la reine lui avait commandé une suite de vingt et une immenses toiles allégoriques représentant les événements de son règne, destinées à l'origine à décorer l'une des galeries du palais du Luxembourg. Achevées en 1625, elles se trouvent au Louvre depuis 1815 et ont été installées en 1900 à leur emplacement actuel, une vaste salle conçue pour les recevoir. Marie de Médicis eut six enfants : Louis XIII en 1601 ; Élisabeth en 1602, reine d'Espagne en 1621 ; Christine en 1606, duchesse de Savoie en 1619 ; Nicolas en 1607 qui mourut en 1611 ; Gaston en 1608, duc d'Anjou puis duc d'Orléans en 1626, et Henriette* Marie en 1609, reine d'Angleterre en 1625.

RÉF. : M. Carmona, *Marie de Médicis*, Fayard, 1981.

MARIE DE MOLINA. Reine de Castille et de León (1265 - Valladolid, 1321). Fille d'Alphonse de Molina, elle épousa en 1282 son cousin germain Sanche IV, roi de Castille, mais le pape les excommunia car leur degré de parenté était trop proche. Très intelligente et ayant un grand sens de la diplomatie, elle eut de l'ascendant sur le roi et joua un rôle de premier plan dans la politique intérieure et étrangère du royaume. Après la mort de son mari dont elle avait eu plusieurs enfants, elle fut nommée régente du royaume et tutrice de son fils Ferdinand IV, de 1295 à 1301. Luttant pour l'avenir de ses enfants, elle obtint du pape Boniface VIII que soit reconnue leur légitimité. Après la mort de son fils Ferdinand, elle exerça de nouveau la régence pour son petit-fils Alphonse XI, de 1312 à 1321. Elle eut à lutter constamment contre la noblesse, et c'est grâce à son courage et à sa ténacité qu'elle réussit à maintenir la couronne pour sa descendance.

MARIE DE TECK. Reine de Grande-Bretagne et d'Irlande. (Londres, 26 mai 1867 - *id.*, 24 mars 1953). Fille du duc François von Teck, de la maison royale de Wurtemberg et de Mary, fille du duc de Cambridge, elle épousa en 1893 le second fils d'Édouard VII qui régna sous le nom de George V. Elle fut couronnée en 1911. Elle fut constamment aux côtés de son époux au cours de son règne et partagea avec lui les difficultés du royaume, lors de la Première Guerre mondiale. Elle supporta avec une dignité exemplaire l'abdication de son fils aîné Édouard VIII en 1936 lorsqu'il abandonna la couronne à son frère George VI pour épouser en 1937 Mrs. Simpson, une américaine divorcée qui devint la duchesse de Windsor*. Très aimée de ses sujets pour ses actions charitables, la reine était célèbre pour ses chapeaux qui furent longtemps la cible favorite des caricaturistes anglais. Elle fut la mère de cinq enfants.

MARIE FEODOROVNA. Impératrice de Russie (Copenhague, 1847 - *id.*, 1928). Fille de Christian IX, roi de Danemark, elle était la sœur de la reine Alexandra d'Angleterre, la femme d'Édouard VII. Elle épousa en 1868 le grand-duc Alexandrovitch, futur tsar Alexandre III, dont elle eut cinq enfants. Après la mort de son époux, l'impératrice eut de l'influence sur son fils, le tsar Nicolas II, au début de son règne, et se consacra ensuite à des œuvres charitables. Elle quitta la Russie lors de la révolution de 1917, fuyant les bolcheviks qui assassinèrent Nicolas II et sa famille à Iekaterinbourg, et se réfugia au Danemark où elle se fixa définitivement.

MARIE L'ÉGYPTIENNE, sainte. Pénitente (Égypte, v. 345 - Palestine, 421). Femme débauchée, elle vécut de ses charmes pendant près de quinze ans à Alexandrie. S'étant rendue à Jérusalem pour y exercer son métier de fille publique, elle eut une vision devant l'église du Saint-Sépulcre, qui lui révéla que ses péchés lui seraient pardonnés si elle se convertissait à la foi chrétienne et menait une vie de repentir. Marie se retira dans le désert du Jourdain où elle vécut solitaire quarante-sept ans dans la plus sévère austérité. La légende de Marie l'Égyptienne, très populaire, a inspiré un nombre considérable d'artistes qui sont à l'origine de la renommée de la sainte. Le Campo Santo de Pise et la basilique d'Assise conservent des fresques qui lui furent consacrées, Memling l'a peinte sur son célèbre triptyque de Bruges, de nombreux tableaux la représentent dont ceux de Ribera à Montpellier et de Philippe de Champaigne à Tours. Parmi les plus belles sculptures que nous connaissons d'elle, citons celle d'Écouis (XIVe siècle), celle de Saint-Germain-l'Auxerrois à Paris (XVe siècle) où la sainte est représentée, vêtue de sa seule chevelure et portant dans ses bras trois miches de pain. On la fête le 2 avril.

MARIE LESZCZYŃSKA. Reine de France (Breslau, 1703 - Versailles, 1768). Elle était la fille du roi de Pologne Stanislas Ier Leszczyński, roi de Pologne à plusieurs reprises, qui fut détrôné définitivement en 1736. C'est à Stettin, près de Wissembourg, que le duc de Bourbon vint chercher la princesse déchue pour le jeune Louis XV. On l'avait choisie entre une centaine pour sa bonne mine et une saine éducation, ce qui n'empêcha pas les Français de railler cette mésalliance. Le mariage eut lieu à Fontainebleau en 1725: Marie avait vingt-deux ans, le roi de France quinze. Ils eurent dix enfants, deux garçons et huit filles, qu'on prit l'habitude d'appeler Madame Première, Madame Seconde et ainsi de suite. Selon le mot de la reine, elle était toujours «au lit, enceinte ou mise au lit». Sept devaient survivre dont le Dauphin Louis.

Après une fausse couche en 1738, le roi se vit interdire l'accès de la chambre conjugale. Marie eut dès lors à souffrir ses nombreuses favorites, malgré un repentir de peu de durée en 1744. Elle vécut effacée de la cour une vie sans intrigues: nul crédit, point de solliciteurs. La petite histoire dit qu'elle soupa 198 fois chez Mme de Luynes, sa dame d'honneur, au cours de l'année 1748. Elle comptait au nombre de ses amis le président Hénault, Mmes de Mirepoix et de Villars. Elle n'eut aucune influence politique mais sa correspondance prouve la sûreté de ses jugements. Généreuse — son carrosse était suivi par un cortège de pauvres, le «régiment de la reine» —, elle accumula 40 000 écus de dettes de charité. La fin de sa vie fut attristée par la mort du Grand Dauphin en 1765 et par celle de son père l'année suivante, à qui l'on avait donné à titre viager les duchés de Bar et de Lorraine.

MARIE MADELEINE, sainte. Dans le Nouveau Testament, elles sont trois : la pécheresse ; Marie de Béthanie, sœur de Marthe* ; Marie-Madeleine. La première, sachant Jésus en train de prendre un repas chez Simon le Pharisien, vient le trouver avec un vase rempli de parfum. Elle arrose ses pieds de ses larmes, les essuie avec ses cheveux et les oint de parfum, ce qui fait scandale. Jésus lui remet ses péchés parce qu'elle a beaucoup aimé et lui dit : « Ta foi t'a sauvée. Va en paix » (Luc, VII, 50). La seconde reçoit Jésus dans sa maison et, à ses pieds, écoute son enseignement, jusqu'à ce que sa sœur Marthe, affairée à la préparation du repas, vienne se plaindre d'être seule à la tâche. Jésus lui répond que « c'est bien Marie qui a choisi la meilleure part » et qu'elle « ne lui sera pas enlevée » (Luc, X, 42). Cette Marie apparaît encore à deux reprises. Avec Marthe, elle implore Jésus pour qu'il ressuscite leur frère Lazare, et sa demande est exaucée (Jean, XI, 1-44). Enfin, au festin de Béthanie (Matthieu, XXVI, 6-13 ; Marc, XIV, 3-9 ; Jean, XII, 1-11), elle oint Jésus, en lui répandant des parfums, non pas sur les pieds comme chez Luc, mais sur la tête. La troisième fait partie de la suite de Jésus qu'elle accompagne dans ses déplacements en Galilée. Avec d'autres saintes femmes, elle se tient au pied de la croix en retrait de Marie* et de Jean. Puis elle se rend au tombeau pour embaumer le corps du Christ (Matthieu, XXVIII, 1 ; Marc, XVI, 1-2 ; Luc, XXIV, 1 ; Jean, XX, 1). Là, les saintes femmes constatent que le sépulcre est vide. Marie-Madeleine rebrousse chemin, prévient Pierre et Jean venus à sa rencontre. Après leur départ, alors qu'elle est restée à l'entrée du tombeau, deux anges, puis Jésus, lui apparaissent. Elle reconnaît ce dernier après qu'il l'a appelée par son nom. Jésus prononce alors les paroles célèbres, *Noli me tangere*, que la critique biblique actuelle traduit par « Ne me retiens pas » à la place de l'ancien « Ne me touche pas » (Jean, XX, 17). Il enjoint ensuite Marie-Madeleine d'aller annoncer aux disciples qu'elle l'a vu ressuscité.

On perd la trace de Marie-Madeleine après la Pentecôte. Au VIe siècle, on vénérait son tombeau à Éphèse. D'après les historiens byzantins, son corps fut transporté à Constantinople sur l'ordre de l'empereur Léon VI, en 899. À la fin du XIIe siècle, la légende s'empare de sa vie, et on pensait qu'elle avait fini ses jours près de Marseille. Saint-Maximin et Vézelay revendiquaient la possession de ses reliques. C'est dans ce dernier lieu, où les pèlerins affluaient pour la vénérer, que fut édifiée au XIIe siècle la basilique Sainte-Madeleine.

Depuis les Pères de l'Église jusqu'à nos jours, l'exégèse s'est inlassablement penchée sur ces textes pour savoir s'il fallait distinguer ces trois femmes ou bien les confondre en une seule, donnant des avis contradictoires. Le Moyen Âge, sous l'influence de saint Grégoire, opta pour la deuxième solution. La querelle rebondit au XVIe siècle, jusqu'à ce que l'Église, au XIXe siècle, se rangeât à cette thèse, fixant la fête de Marie-Madeleine au 22 juillet. En revanche, l'exégèse actuelle différencie nettement ces trois Marie.

L'iconographie de la sainte est particulièrement riche et abondante, peintres et sculpteurs s'étant emparés de différents épisodes de sa vie : Véronèse (*Le Repas chez Simon*, Louvre) ; Lebrun (*Madeleine quittant les habits du monde*, Louvre) ; Delacroix (*Jésus chez Marthe et Marie*, *Résurrection de Lazare*, *Crucifixion*, Nantes), Titien (*Noli me tangere*, Londres). La légende de Marie-Madeleine en Provence a aussi inspiré de nombreux artistes : le Corrège, Titien, Tintoret, le Guerchin, Georges de La Tour, Ribéra, Rubens, Corot.

MARIE SUZANNE, sœur (en religion), née Alice Novial. Missionnaire française (Paris, 1889-1957). Entrée à dix-sept ans au noviciat des Sœurs missionnaires de la Société de Marie, elle partit à vingt ans pour les îles Fidji. En 1911, envoyée à Makogai, la léproserie fondée par saint Damien, elle se dévoua aux lépreux et entreprit des recherches sur leur maladie. Rappelée en France par ses supérieures conscientes de sa valeur, elle suivit des cours à l'Institut Pasteur. En 1944, elle dirigea le laboratoire de recherches sur la lèpre, créé à l'université catholique de Lyon. Dès 1951, elle isolait un bacille acido-résistant inconnu, plus régulièrement responsable de la transmission de la maladie que le bacille de Hansen (1871). Ce bacille, reconnu comme l'un des agents pathogènes de la lèpre par l'Italien Penso et par R. Noël et M. Blanc, professeurs à Lyon, fut, conformément au vœu de sœur Marie Suzanne, appelé *Mycobacterium Marianum*, Poursuivant ses travaux jusqu'à sa mort, elle réalisa un vaccin antilépreux préventif, isola un antigène d'emploi curatif et mit au point un réactif du diagnostic. Elle mourut d'une tumeur au cerveau.

MARIE-ADÉLAÏDE DE SAVOIE, duchesse de Bourgogne puis Dauphine de France (Turin, 5 décembre 1685 - Versailles, 12 février 1712). Fille de Victor-Amédée II, duc de Savoie, elle épousa en 1697 Louis de France, duc de Bourgogne, petit-fils de Louis XIV. Elle donna naissance à deux fils: Louis, duc de Bretagne, qui mourut en 1712 et Louis, duc d'Anjou, le futur Louis XV, en 1710. Elle charmait la cour par son esprit, sa gaieté et sa bonté. En 1711, à la mort du Grand Dauphin, le fils de Louis XIV, elle devint Dauphine, son mari étant le plus proche dans l'ordre de la succession au trône. Sa mort à vingt-sept ans, due à une épidémie de rougeole, survenue peu après celle de son fils aîné, précédant de six jours celle de son mari, consterna la cour et surtout le roi qui avait beaucoup d'affection pour elle.

MARIE-AMÉLIE DE BOURBON. Reine des Français (château de Caserte, Italie, 26 avril 1782 - château de Claremont, Angleterre, 24 mars 1866). Elle était la fille de Ferdinand IV, roi des Deux-Siciles, et de Marie-Caroline*, archiduchesse d'Autriche. Elle épousa à Palerme en 1809 le duc d'Orléans, futur Louis-Philippe. Ils vécurent en Sicile de 1810 à 1814. De leur union, naquirent neuf enfants: Ferdinand-Philippe en 1810, duc d'Orléans, mort accidentellement en 1842; Louise en 1812, reine des Belges par son mariage avec Léopold Ier en 1832; Marie en 1813, duchesse de Wurtemberg en 1837; Louis en 1814, duc de Nemours; Clémentine en 1817, princesse de Saxe-Cobourg-Gotha en 1843; François en 1818, prince de Joinville; Charles en 1820, duc de Penthièvre; Henri en 1822, duc d'Aumale et Antoine en 1824, duc de Montpensier. La reine fut une mère exemplaire, se consacrant uniquement à l'éducation de ses enfants. Elle aimait passionnément son mari, souffrit des attaques et des pamphlets qui n'épargnèrent pas Louis-Philippe, alors qu'elle-même était très aimée de ses sujets, méritant le surnom de «Bonne Reine». Après la chute de la monarchie de Juillet en 1848, la famille royale s'exila en Angleterre et s'installa au château de Claremont où la reine mourut en 1866.

MARIE-ANNE DE BAVIÈRE-NEUBOURG. Reine d'Espagne (28 octobre 1667 - Bayonne, 16 juillet 1740). Fille de Philippe Guillaume, duc de Bavière-Neubourg, et d'Élisabeth de Hesse-Darmstadt, elle épousa en 1690 Charles II d'Espagne qui était veuf de Marie-Louise, la fille aînée du duc d'Orléans. Son caractère hautain la rendit très impopulaire en Espagne, d'autant plus qu'elle briguait la succession de la couronne pour les Habsbourg d'Autriche, Charles II étant sans descendance. Ses manœuvres échouèrent et, en mourant en 1700, le roi légua le trône au duc d'Anjou, petit-fils de Louis XIV et futur Philippe IV, ce qui provoqua la guerre de Succession d'Espagne (1701-1713).

MARIE-ANTOINETTE. Reine de France (Vienne, 2 novembre 1755 - Paris, 16 octobre 1793). Elle était la quinzième enfant de Marie-Thérèse* d'Autriche et de l'empereur François Ier. Elle vécut une enfance brillante et insouciante à la cour de Schönbrunn, apprenant la danse avec Noverre, la musique avec Gluck, et le français fort mal. Afin de resserrer sa nouvelle alliance avec la France, sa mère lui fit épouser à quinze ans le Dauphin Louis, futur Louis XVI, le 16 mai 1770. Si elle ne savait pas l'orthographe, Marie-Antoinette était parfaitement consciente du rôle qu'on lui faisait jouer: elle n'eut jamais de tendres sentiments pour son époux, qui ne consomma son mariage qu'en 1777, trois ans après son avènement. Son influence grandissante à la cour de Versailles la fit d'emblée soupçonner par les ennemis de l'Autriche, à commencer par les frères et les tantes du roi. La reine alimenta l'hostilité en ne s'entourant que d'un petit cercle d'élus, dédaignant les courtisans pour ses seules amies, la princesse de Lamballe* puis la duchesse de Polignac*. Dès 1775, elle se plaignait de la calomnie dans une lettre à sa mère:

> Pour moi, je n'ai pas été épargnée, on m'a libéralement supposé les deux goûts, celui des femmes et celui des amants.

L'histoire n'a pourtant pas découvert d'amants dans la vie privée de Marie-Antoinette. On suppose que le séduisant comte Axel de Fersen, «le plus aimé et le plus aimant des hommes», se contenta d'être son chevalier servant et son ami de cœur. Il éprouva pour elle une passion dont témoigne leur tendre correspondance.

Les imprudences et la légèreté de la reine lui furent fatales: elle aimait les fêtes et la parure et dépensait sans compter, ce qui lui valut le surnom de «Mme Déficit» et la haine du peuple. En 1785, alors qu'elle était innocente, elle fut compromise par Mme de La Motte* dans l'affaire du Collier qui provoqua une campagne de diffamation dont «l'Autrichienne» ne devait jamais se relever. Renforcée dans sa nostalgie du pays natal, elle fit construire l'année suivante le «hameau» du Petit Trianon, qui lui rappelait son enfance à la campagne. La Révolution trouva en Marie-Antoinette un adversaire énergique et crâne, au point que Mirabeau disait: «Le seul homme de Louis XVI, c'est sa femme.» Avec La Fayette, ils tentèrent en vain de la gagner à la cause libérale, de la faire intercéder auprès du roi afin qu'il acceptât les réformes engagées par l'Assemblée nationale. Elle refusa toujours avec hauteur, tenant la Constitution de 1791 pour un «tissu d'absurdités». Devant les menaces, la famille royale déguisée tenta de rejoindre Metz dans une calèche conduite par Fersen. Arrêtés à Varennes le 21 juin 1791, «le boulanger, la boulangère et le petit mitron» furent ramenés à Paris, à jamais déconsidérés. On dit que la douleur de cet échec blanchit la chevelure de la reine en quelques heures. Lorsque Louis XVI ratifia la déclaration de guerre à l'Autriche, en avril 1792, on accusa Marie-Antoinette de souhaiter la défaite de la France. Le roi fut destitué après la journée du 10 août, et la famille royale écrouée au Temple sous la surveillance de la Commune. La monarchie une fois abolie, elle n'était plus que la famille Capet. La reine écrit à son amie Louise de Hesse-Darmstadt:

> Adieu, ils m'ont tout ôté, hors mon cœur qui me restera toujours pour vous aimer.

Après l'exécution de Louis XVI le 21 janvier 1793, la veuve Capet fut transférée à la Conciergerie et séparée de ses enfants. Son calvaire dura plus de huit mois. La fureur révolutionnaire s'acharna contre elle et lui fit subir les pires vexations. Plusieurs tentatives pour faire évader la reine, notamment celle de Toulan et Jaryes, furent déjouées. Le 14 octobre 1793, Marie-Antoinette comparaissait devant le Tribunal révolutionnaire assistée des avocats Chauveau-Lagarde et Tronçon-Ducoudray. Elle trouva en face d'elle l'accusateur public Fouquier-Tinville et Jacques Hébert, le fondateur du *Père Duchesne*, qui l'accabla d'odieuse façon. Accusée de rapports incestueux avec son fils, sa défense : « J'en appelle à toutes les mères » retourna un moment l'auditoire en sa faveur. Elle fut condamnée pour « intelligence avec les puissances étrangères » et monta sur l'échafaud, sous les huées, le 16 octobre. Son silence hautain et sa dignité devant la mort forcèrent l'admiration des témoins de son martyr. Elle avait eu trois enfants : Marie-Thérèse en 1778, duchesse d'Angoulême en 1799, Louis-Xavier, premier Dauphin (1781-1789), et Louis XVII en 1785. Emprisonné avec sa famille, celui-ci fut confié en 1793 au ménage Simon. Il succomba, faute de soins, le 8 juin 1795 et fut enterré secrètement.

Marie-Antoinette était frugale. Elle mangeait peu et ne buvait que de l'eau. Régnant sur la mode, la fameuse Rose Bertin* lui confectionnait des coiffures extravagantes. Elle portait les cheveux mi-longs, frisés et poudrés. Il existe de très nombreux portraits d'elle : des pastels avant son mariage, en Dauphine par François Drouais (musée de Chantilly), en reine par Élisabeth Vigée-Lebrun*, qui fit d'elle une vingtaine de tableaux, dont *La Reine et ses enfants* (musée de Versailles). L'artiste souligne la bouche ourlée des Habsbourg, le teint éclatant. Elle écrit dans ses *Souvenirs* (1835-1837) : « Marie-Antoinette était grande, admirablement bien faite, assez grasse sans l'être trop. Ses bras étaient superbes, ses mains petites, parfaites de forme, et ses pieds charmants. » Mentionnons encore les portraits de Roslin et Wertmuller, peintres suédois, celui de Prieur, *La Veuve Capet* (musée Carnavalet), enfin un croquis de David la représentant sur la charrette des condamnés : elle est habillée de bure et semble une vieille femme, à trente-six ans (Cabinet des dessins, Louvre).

RÉF. : E. et J. de Goncourt, *Histoire de Marie-Antoinette*, 1858 (rééd., François Bourin, 1990). S. Zweig, *Marie-Antoinette*, Grasset, 1933 (rééd., 1983). A. Castelot, *Marie-Antoinette*, Marabout, 1980. J. Chalon, *Chère Marie-Antoinette*, Perrin, 1988.

MARIE-CAROLINE. Reine de Naples (Vienne, 1752 - château de Schönbrunn, 1814). Fille de Marie-Thérèse* et de François Ier, sœur de Marie-Antoinette*, elle épousa en 1768 le roi Ferdinand IV des Deux-Siciles dont elle eut trois enfants. Très ambitieuse et autoritaire, d'un caractère hautain, elle n'eut pas de mal à dominer un mari faible et indolent et ne cessa de se mêler des affaires de l'État. En 1776, elle obtint le renvoi du Premier ministre, le marquis de Tanucci, qui était acquis aux Lumières. Elle usa ensuite de son pouvoir pour développer l'influence autrichienne dans le royaume, au détriment de celle de l'Espagne. En 1785, elle fit nommer lord Acton, son confident, au poste de Premier ministre. Elle entretenait d'excellentes relations avec lord Hamilton, l'ambassadeur anglais, et surtout avec sa femme, lady Hamilton*.

Farouchement hostile à la Révolution française, elle signa un traité d'alliance avec l'Angleterre et, en 1798, elle fit envahir la République romaine que Bonaparte venait de fonder. Les troupes napolitaines furent très vite battues ; le roi et la reine ne durent leur salut qu'à l'intervention de l'amiral Nelson qui les recueillit sur son navire. En juillet 1799, après la chute de la république Parthénopéenne établie par Championnet, Ferdinand IV récupéra ses États, et Marie-Caroline encouragea Nelson dans la sanglante répression des forces révolutionnaires. Napoléon étant devenu maître de l'Italie en 1805, Ferdinand fut contraint d'abdiquer en 1806. La reine se retira alors à Vienne et mourut au château de Schönbrunn.

MARIE-CASIMIRE. Reine de Pologne (1641 - château de Blois, 30 janvier 1716). Fille de Henri de La Grange, marquis d'Arquien, et de Françoise de La Châtre, elle partit pour Varsovie à onze ans comme fille d'honneur de la reine Marie-Louise de Gonzague*. À quinze ans, elle épousa le prince Jean Radziwill. Devenue veuve, elle se remaria en 1665 avec Jean Sobieski. Son mari se couvrit de gloire contre les Suédois, les Cosaques et les Tatars, ce qui lui valut d'être nommé grand connétable en 1667. À la mort du roi Michel Korybut en 1673, Marie-Casimire intrigua de telle manière qu'elle obtint la couronne de Pologne pour son mari qui gouverna sous le nom de Jean III Sobieski (21 mai 1674). Tous deux furent couronnés à Cracovie le 16 octobre 1676.

À la cour, la reine combattit le parti français par haine de Louis XIV, disait-on, qui avait refusé de nommer son père duc et pair. Ainsi poussa-t-elle Jean III à se rapprocher de l'Autriche. En 1683, ce dernier libéra Vienne assiégée par les Turcs en remportant l'éclatante victoire de Kahlenberg. Marie-Casimire eut un fils, Jacques, en 1667; elle intrigua en sa faveur, souhaitant le voir monter sur le trône et transformer la couronne élective de Pologne en couronne héréditaire. Jean III mourut en 1696 et fut remplacé par Auguste II le Fort, Électeur de Saxe. La reine se retira alors à Rome puis en France, au château de Blois que Louis XIV lui avait donné comme résidence (juin 1714).

MARIE-ÉLÉONORE DE BRANDEBOURG. Reine de Suède (Königsberg, 11 novembre 1599 - Stockholm, 18 mars 1655). Elle était la fille de l'Électeur Jean-Sigismond et de la princesse Anne de Prusse. Elle épousa en 1620 le roi de Suède Gustave-Adolphe, personnage cultivé et brillant écrivain qu'elle avait séduit par son intelligence et sa beauté. Le roi, qui était pour la Suède un héros national, fut tué à la bataille de Lützen en 1632. Inconsolable, la reine vécut plusieurs années à l'écart du monde et prit le deuil qu'elle ne quitta plus. Les Suédois, dont elle n'avait pas su conquérir le cœur, lui retirèrent l'éducation de sa fille Christine*. Marie-Eléonore quitta la Suède en 1640, pour n'y revenir qu'à la majorité de sa fille dont la conversion au catholicisme assombrit ses derniers jours.

MARIE-JOSÉ DE SAVOIE. Reine d'Italie (née à Ostende, le 4 août 1906). Fille du roi des Belges Albert Ier et d'Élisabeth de Wittelsbach, duchesse en Bavière, elle épousa en 1930 le prince héritier d'Italie, Humbert, qui succéda à son père Victor-Emmanuel III après son abdication sous le nom d'Humbert II. Elle ne régna qu'un mois, du 9 mai au 13 juin 1946. À la chute de la maison de Savoie, elle suivit son mari en exil au Portugal et prit le titre de comtesse de Sarre. Elle a quatre enfants: Maria-Pia née en 1934, Victor Emmanuel (1937), Marie-Gabrielle (1940), Marie-Béatrice (1943).

MARIE-LOUISE. Impératrice des Français (Vienne, 12 décembre 1791 - Parme, 18 décembre 1847). Elle était la fille de François Ier, empereur d'Autriche, et de Marie-Thérèse de Naples. Napoléon Ier, vainqueur à Wagram (juillet 1809), fit de son mariage avec elle une des conditions de la paix avec l'Autriche. Quelques mois plus tard, il répudiait Joséphine* qui ne lui avait pas assuré de descendance. Le mariage fut célébré à Paris le 2 avril 1810. L'année suivante, l'impératrice lui donna un fils, le roi de Rome (l'Aiglon). Elle était d'une beauté froide, toute germanique. On dit que l'empereur était très amoureux d'elle mais qu'il ne fut pas payé en retour. Lors de l'invasion de la France par les Alliés en 1814, Marie-Louise quitta la France et abandonna son mari. Elle devint la maîtresse du général autrichien Adam Albrecht von Neipperg. On la sépara de son fils, qu'elle n'aimait guère au demeurant, et auquel on donna le titre du duc de Reichstadt. Il fut élevé à l'autrichienne et mourut de phtisie à l'âge de vingt-deux ans. Après la mort de Napoléon (1824), Marie-Louise épousa secrètement son amant dont elle eut deux enfants. De nouveau veuve en 1834, elle se remaria avec le comte de Bombelles. En 1814, par le traité de Fontainebleau, elle avait reçu la souveraineté viagère des duchés italiens de Parme, Plaisance et Guastalla, dont elle prit possession en 1816. Le peintre Gérard a fait d'elle et du roi de Rome un beau portrait (Versailles); le sculpteur Canova l'a représentée en *Concorde* (musée de Parme).

RÉF.: F. Masson, *L'Impératrice Marie-Louise (1809-1815)*, Paris, 1902.

MARIE-LOUISE DE BOURBON, bienheureuse. Reine d'Étrurie (Madrid, 6 juillet 1782 - Lucques, 13 mai 1824). Elle était la fille de Charles IV d'Espagne et de Marie-Louise de Parme. Elle épousa en 1798 Louis de Bourbon, infant de Parme, roi d'Étrurie en 1801. À la mort de son mari en 1803, elle exerça la régence au nom de son fils Louis II. Intelligente et spirituelle, elle sut constituer une cour brillante, mais en 1807 Napoléon Ier mit fin à ses pouvoirs. Elle retourna alors en Espagne auprès de son père, que sa politique impopulaire obligea à abdiquer en faveur de son fils Ferdinand VII (19 mars 1808), lequel renonça à ses droits en faveur de Napoléon (10 mai 1808); l'empereur installa sur le trône espagnol son frère, Joseph Bonaparte. C'est ainsi qu'elle suivit Charles IV en exil à Marseille. Sous la Restauration, elle tenta en vain de rentrer en possession de ses États, mais l'incorporation de l'Étrurie au grand-duché de Toscane, qui avait été réalisée par la France en 1809, ne fut pas remise en question après la chute de l'Empire. En compensation, elle reçut le duché de Lucques pour son fils. Elle a écrit ses *Mémoires* (1874) et a été béatifiée en 1876 par le pape Pie IX.

MARIE-LOUISE GABRIELLE DE SAVOIE. Reine d'Espagne (Turin, 1688 - Madrid, 1714). Fille de Victor-Amédée II de Savoie, elle épousa en 1701 Philippe V d'Espagne, petit-fils de Louis XIV et anciennement duc d'Anjou, dont l'avènement l'année précédente provoqua la guerre de Succession d'Espagne entre la France et les Habsbourg. Les jeunes souverains durent s'y prendre à trois fois pour conquérir Madrid. Grande et altière si l'on en croit un portrait de Pierre Mignard, adorée de son époux, Marie-Louise se fit espagnole, stimulant le courage de ses armées par sa ténacité. Elle assistait aux corridas et habillait Philippe V de noir, à la mode du pays. Les Bourbons furent sauvés par la victoire du duc de Vendôme à Villaviciosa (1710). Marie-Louise eut deux fils qui régnèrent sur l'Espagne: Louis Ier né en 1707 et Ferdinand VI le Sage né en 1713. Elle mourut à l'âge de vingt-six ans, vénérée par les Espagnols.

MARIE-MADELEINE DE PAZZI, sainte. Italienne (Florence, 1566 - *id.*, 1604). Issue d'une famille aristocratique, d'une santé délicate, elle entra à dix-huit ans chez les carmélites de Sainte-Marie-des-Anges à Florence où elle se fit remarquer par son haut degré de mysticisme et sa ferveur religieuse. Elle reçut la grâce des stigmates. Elle fut canonisée par le pape Clément IX; on la fête le 29 mars. Elle est la patronne de Florence.

MARIE-MADELEINE POSTEL, sainte. Religieuse française (Barfleur, 1758 - Saint-Sauveur-le-Vicomte, 1846). Elle fit ses études chez les bénédictines de Valogne. Pendant la Révolution, au risque de sa vie, elle sauva de nombreux prêtres réfractaires, les cachant chez elle et les faisant passer en Angleterre. En 1807, elle fonda à Cherbourg la congrégation des sœurs des Écoles chrétiennes de la Miséricorde qui s'installa en 1837 à Saint-Sauveur-le-Vicomte. Sa vie exemplaire, tournée exclusivement vers l'amour de ses semblables, fut un modèle de charité. Elle fut canonisée en 1925 par le pape Pie XI; on la fête le 16 juillet.

MARIE-THÉRÈSE. Impératrice germanique, archiduchesse d'Autriche, reine de Hongrie et de Bohême (Vienne, 1717 - *id.*, 1780). Fille aînée de l'empereur Charles VI et d'Élisabeth de Brunswick-Wolfenbüttel, elle épousa en 1736 François-Étienne, duc de Lorraine sous le nom de François III. Charles VI n'ayant pas eu de fils, il désigna Marie-Thérèse comme son héritière, et elle fut initiée dès son plus jeune âge à l'exercice du pouvoir en assistant au Conseil des ministres. Elle avait vingt-trois ans à la mort de son père et elle eut fort à faire pour maintenir la cohésion de ses États face aux grandes puissances qui en avaient pourtant accepté le principe en adhérant, au prix de dures négociations au cours des années 1730, à la Pragmatique Sanction promulgée par Charles VI en 1713.

C'est ainsi que les débuts de son règne virent la guerre de Succession d'Autriche marquée par l'invasion de la Silésie par Frédéric II de Prusse (victoire de Mollwitz, 1741), puis par la revendication du trône impérial par l'Électeur de Bavière, Charles-Albert, qui se fit élire en 1742 sous le nom de Charles VII, et enfin par la politique belliqueuse de la France qui groupa contre les Habsbourg la Bavière, la Saxe, l'Espagne, la Sardaigne et dont les armées, commandées par le maréchal de Belle-Isle, s'emparèrent de Prague au mois de novembre 1741. Marie-Thérèse, aussi habile qu'énergique, réagit sur tous les fronts en abandonnant provisoirement la Silésie à la Prusse par le traité de Berlin du 28 juillet 1742, en souscrivant une alliance avec l'Angleterre et les Pays-Bas et en s'assurant le concours de l'armée hongroise. Dès 1743, Prague était reprise. Deux ans plus tard, à la mort de Charles VII, Marie-Thérèse parvenait à faire élire son mari empereur sous le nom de François Ier; enfin, le traité d'Aix-la-Chapelle du 18 octobre mettait fin à la guerre de Succession d'Autriche. Marie-Thérèse obtenait le maintien de ses États et la reconnaissance définitive par toute l'Europe de la Pragmatique Sanction au prix de l'abandon de la Silésie, confirmé une seconde fois par le traité de Dresde du 26 décembre 1745. Cependant, elle n'avait dû s'y résoudre que contrainte et forcée, et la grande ambition de son règne fut de récupérer cette région.

Par ailleurs, consciente que son principal ennemi était désormais la Prusse et non la France, elle entreprit l'ambitieux projet d'un renversement des alliances. Kaunitz, alors ambassadeur à Paris et futur chancelier d'État, en fut l'habile négociateur. Son successeur, Starhemberg, obtint de Louis XV deux traités d'alliance avec l'Autriche (signés à Versailles le 1er mai 1756 et le 1er mai 1757) qui devaient unir les deux puissances jusqu'à la Révolution. Marie-Thérèse reprit alors la guerre contre Frédéric II. Après une série de succès et de défaites, la guerre de Sept Ans (1756-1763), où la rivalité coloniale franco-anglaise se greffa sur les ambitions de Marie-Thérèse, s'acheva par la défaite de l'Autriche qui dut souscrire à l'abandon définitif de la Silésie par le traité de Hubertsburg du 15 février 1763 et par l'amoindrissement de la puissance maritime et coloniale de la France face à l'Angleterre. En 1772, lors du premier partage de la Pologne entre la Russie, la Prusse et l'Autriche, Marie-Thérèse se rendit à contrecœur aux raisons de son fils Joseph II, empereur depuis la mort de François Ier en 1765, qui lui conseillait d'accepter la Galicie avec Lwów mais moins Cracovie. Elle en garda le regret jusqu'à sa mort.

En politique intérieure, son souci constant fut l'unité de ses États. En ce sens, son œuvre fut considérable et novatrice. Elle fit réviser les cadastres pour la répartition plus équitable des impôts, substitua aux chancelleries de Bohême et d'Autriche un seul organisme administratif, subordonna la justice à une chambre supérieure et institua un directoire du commerce. En outre, elle fit unifier les règles de droit, d'où le code *Constitutio criminalis Theresiana* (1768). En 1750, une réforme monétaire fut promulguée, introduisant l'usage de pièces d'argent appelées thalers thérésiens. À son initiative fut fondée une Académie militaire à Wiener-Neustadt ainsi qu'une Académie des sciences et, dans chacune des trois capitales, un Hôtel des invalides pour les anciens soldats. L'expansion démographique que l'Autriche connut alors témoigne du progrès social et de l'essor économique auxquels ces mesures donnèrent lieu. Dans le domaine artistique, c'est sous le règne de Marie-Thérèse que fleurit l'architecture baroque: églises, châteaux et monuments publics renouvelèrent l'aspect de ses États.

L'impératrice, sans être belle, était d'une noblesse imposante et jouissait d'une santé particulièrement robuste. Elle fut la mère de quinze enfants: cinq fils, dont Joseph II et Léopold II qui lui succédèrent, et dix filles dont Marie-Antoinette* et Marie-Caroline*, future reine de Naples. Chrétienne convaincue, elle était attachée à la religion catholique tout en luttant contre les pouvoirs de l'Église. À la mort de François Ier, homme charmant mais incapable qu'elle avait beaucoup aimé, sa vie fut assombrie par les divergences de vue qu'elle eut avec son fils Joseph qu'elle associa au pouvoir en matière de politique, de diplomatie et d'affaires intérieures. Celle qui était adorée de ses sujets a su fonder un État moderne dont les structures ont subsisté jusqu'au démembrement de 1918. Elle demeure l'une des plus grandes souveraines de l'histoire.

RÉF.: P. Lafue, *Marie-Thérèse, impératrice et reine*, Paris, 1956. H. Vallotton, *Marie-Thérèse, impératrice*, Paris, 1963. O. Wormser, *Marie-Thérèse, impératrice*, Paris, 1969. V.L. Tapié, *L'Europe de Marie-Thérèse*, Fayard, 1973.

MARIE-THÉRÈSE D'AUTRICHE. Reine de France (Madrid, 20 septembre 1638 - Versailles, 30 juillet 1683). Elle était la fille de Philippe IV d'Espagne et d'Élisabeth de France, fille de Henri IV. Son mariage avec Louis XIV, longuement négocié par Mazarin, fut l'une des conditions de la paix des Pyrénées; il fut célébré à Bayonne le 9 juin 1660 après que les deux cours se furent rencontrées dans l'île des Faisans. Le roi trompait ouvertement sa femme, qui l'aimait passionnément. D'après la duchesse d'Orléans: «La reine avait une telle passion pour le roi qu'elle cherchait à lire dans ses yeux tout ce qui pouvait lui faire plaisir; pourvu qu'il la regardât avec amitié, elle était gaie toute la journée.» Elle n'eut aucune influence politique et vivait confinée dans ses appartements tout en tenant parfaitement son rang à la cour. Elle fut la mère de six enfants, dont un seul survécut, le Grand Dauphin. À sa mort, Louis XIV s'écria: «Voilà le premier chagrin qu'elle m'ait donné.»

MARIE-THÉRÈSE DE SOUBIRAN, bienheureuse. Française (Castelnaudary, 1834 - Paris, 1889). Elle descendait d'une illustre famille qui compta dans ses rangs le pape d'Avignon Urbain V et saint Elzéar de Sabran. Marie-Thérèse fit vœu de chasteté à quatorze ans. Revenue dans sa ville natale après un séjour chez les béguines de Gand en 1854, elle fonda un orphelinat. En 1864, elle créa sur le modèle jésuite la Société de Marie-Auxiliaire, qui fut reconnue par Rome quatre ans plus tard. Des maisons furent ouvertes à Amiens et à Lyon, mais la guerre franco-prussienne chassa les religieuses. Lorsque à son retour de Londres Marie-Thérèse voulut reprendre sa place au sein de l'institution, elle dut combattre l'influence grandissante de la mère Marie-Françoise de Borgia. Une extension ruineuse des établissements l'accula en trois ans à la faillite et au discrédit. Mise en minorité par les sœurs de l'archevêque de Toulouse, Marie-Thérèse de Soubiran fut expulsée en 1874, bientôt suivie par sa sœur Marie-Anne. Les deux religieuses trouvèrent asile au couvent de Notre-Dame-de-la-Charité à Paris, et terminèrent leurs jours dans la dévotion. Celle qui l'avait persécutée fut expulsée à son tour un an après la mort de Marie-Thérèse, dont la mémoire fut réhabilitée.

MARIEMMA (Emma Martínez, dite). Danseuse espagnole (née à Valladolid en 1912). Élève d'Estampio et de Natalia Gontcharova*, elle fit ses débuts à l'âge de onze ans comme étoile d'un ballet d'enfants au théâtre du Châtelet. Virtuose des castagnettes, elle mêlait le plus pur style classique à la tradition des danses folkloriques et du flamenco. Excellente interprète de Manuel de Falla, elle dansa *L'Amour sorcier* à l'Opéra-Comique de Paris en 1947 et se produisit dans le monde entier.

MARIETTA GORETTI, sainte. Italienne (Corinaldo, Ancône, 1890 - Nettuno, 1902). Jeune paysanne illettrée, élevée dans une famille très pauvre, sa mère lui enseigna le catéchisme et les vertus de la chasteté. Elle n'avait que douze ans lorsqu'un jeune homme du nom d'Alexandre Serenelli tenta de la séduire et la menaça de mort si elle lui résistait. Elle se défendit par ces seuls mots: «Dieu ne permet pas cela.» Le jeune homme la frappa alors de quatorze coups de couteau. Elle ne succomba que le lendemain, non sans promettre à son bourreau de prier au ciel pour lui. Alexandre Serenelli se convertit et, après vingt-six ans de pénitencier, vint implorer le pardon de la mère de Marietta. Il lui fut accordé «puisque la jeune fille l'avait déjà pardonné». Il assista à la cérémonie de béatification présidée par le pape Pie XII, le 27 avril 1947. Marietta Goretti fut canonisée en 1950; on la fête le 6 juillet.

MARILLAC Louise de, sainte. Voir LOUISE DE MARILLAC, sainte.

MARITAIN Raïssa, née Oumantsoff. Écrivain. Française d'origine russe (Rostov-sur-le-Don, 1883 - Paris, 1960). Elle épousa en 1904 le philosophe et écrivain Jacques Maritain qu'elle avait rencontré en suivant les cours de Henri Bergson à la Sorbonne. Léon Bloy eut un rôle important dans leur vie: c'est grâce à lui qu'ils se convertirent au catholicisme en 1906 — Raïssa Maritain était juive. Son influence sur son mari fut déterminante; elle lui fit notamment découvrir l'œuvre de saint Thomas d'Aquin. Pendant la guerre, les époux Maritain s'exilèrent aux États-Unis, et c'est à New York qu'elle publia ses souvenirs en deux volumes: *Les Grandes Amitiés* (1941) et *Les Aventures de la grâce* (1944). Ces textes furent réédités à Paris après la Libération. Suivirent des études philosophiques comme *La Conscience morale et* *l'état de nature* (1942) et, en collaboration avec son mari, *De la vie d'oraison* (1947) et *Liturgie et contemplation* (posthume, 1969). Avec Léon Bloy, elle a publié une étude sur Chagall, *Chagall, ou l'Orage enchanté* (1945). Son *Journal* (1964) a été publié après sa mort par les soins de Jacques Maritain.

MARITCH (Maria Davydovna Tchernischeva, dite). Romancière soviétique (1893-?). Ses deux premiers romans parurent dans les années 20. *L'Aurore boréale*, dont l'action se déroule à l'époque des décabristes, fut publié en 1926. Le second, *Branches sèches*, consacré aux vicissitudes de la révolution de 1905, parut en 1927, mais il aurait été écrit dès 1918 ; il lui aurait valu les suffrages du critique D.N. Oviasniko-Koulikovskii qui s'apprêtait à le publier dans sa revue, *Viestnik Evropi* (*Le Messager européen*), lorsque celle-ci fut suspendue. Maritch a également écrit son autobiographie, publiée en 1928, dans laquelle elle affirme travailler à une seconde partie de *L'Aurore boréale* mais on ignore si cette deuxième partie fut jamais publiée. L'histoire littéraire de la Russie soviétique occulte totalement, assez injustement d'ailleurs, le nom de cet auteur qui ne manque pas de talent, quand bien même sa culture est essentiellement livresque.

MARKHAM Beryl. Aviatrice anglaise (1902 - Nairobi, 1986). Son père était l'un des meilleurs cavaliers amateurs d'Angleterre et un éleveur très connu. Elle avait quatre ans lorsqu'il vint se fixer avec elle dans sa grande ferme de Njoro, en Afrique orientale, où il créa une écurie de course, élevant et entraînant quelques-uns des meilleurs pur-sang d'Afrique à la fin des années 20. Beryl Markham (Béru pour son entourage) vécut son enfance et son adolescence dans la grande ferme de son père avec les Noirs, chassant avec les Nandi. Son père l'initia très tôt à l'élevage des poulains et elle fut la première femme en Afrique à obtenir une licence d'entraîneur de chevaux de course. Initiée à l'aviation par un ami de son père, elle acheta un avion léger. À partir de 1931, elle transporta des centaines de passagers, des médicaments et du courrier au Kenya, au Soudan et en Rhodésie, effectuant même des vols de reconnaissance pour des safaris d'éléphants.

Toujours en quête de nouvelles aventures, c'est vers 1936 que naquit chez elle l'idée de franchir seule à bord de son avion l'Atlantique Nord dans le sens Angleterre-États-Unis, performance que seul John Mollison avait réussie, mais en partant de l'Irlande. Accompagnée de son ami Blixen, elle entreprit le voyage par air de Nairobi à Londres où ils arrivèrent après maintes aventures avec les militaires italiens qui occupaient les territoires africains et qu'elle conte avec beaucoup d'humour dans ses souvenirs. À Londres, elle rencontra J. Carberry et réussit à lui faire accepter de financer la construction d'un avion, un Vega Gull, aménagé spécialement pour cette traversée, de façon à pouvoir loger un maximum de réservoirs à essence, ce qui rendait l'appareil délicat à piloter. Cependant, elle réussit à décoller du champ d'aviation d'Abington. Le vol fut sans surprise jusqu'au Canada mais, au-dessus du Cap-Breton, une panne d'alimentation l'obligea à atterrir en catastrophe et elle fut recueillie par un pêcheur. Elle avait traversé l'Atlantique en vingt et une heures et vingt-cinq minutes. Beryl Markham eut une vie privée orageuse. Elle entretint de nombreuses liaisons, notamment avec le baron Bror von Blixen, le mari de la romancière Karen Blixen*, l'amant de cette dernière, Denys Hatton-Finch, et le duc de Gloucester. Elle a laissé un ouvrage de souvenirs *West With the Night* (1942) traduit en français sous le titre *Vers l'ouest avec la nuit* (1987).

MARKOVA Alicia (Lillian Alicia Marks, dite). Danseuse anglaise (née à Londres, le 1er décembre 1910). Impressionnée tout enfant par Anna Pavlova*, elle décida de devenir danseuse malgré une santé fragile. Elle fut formée à Londres par les meilleurs professeurs : Enrico Cechetti, Nicolai Legat, Vincenzo Celli. En 1924, Serge de Diaghilev la découvrit avec ravissement, la rebaptisa Markova et l'engagea aux Ballets russes. À seize ans, elle créa pour lui *Le Rossignol*, sur une chorégraphie de Balanchine. Invitée à Monte-Carlo et à Londres, elle devint danseuse étoile de la Camargo Society après la dispersion des Ballets russes, puis entra au Ballet Club de Marie Rambert* et enfin au Vic Wells Ballet. Son travail se confondit dès lors avec l'essor du ballet anglais : elle inspira à sir Frederick Ashton ses premières chorégraphies, *La Peri* et *Façade* (1931), *Foyer de danse* (1932), *Les Rendez-Vous* (1933), *Mephisto Valse* (1934). Elle créa pour Anthony Tudor *Lysistrate* (1932) et pour Ninette De Valois* *Bar aux Folies-Bergère* et *The Haunted Ballroom* (1934). Avec son partenaire de toujours, Anton Dolin, elle fonda la compagnie Markova-Dolin dont elle tint la vedette jusqu'en 1938, date à laquelle elle fut engagée au Ballet russe de Monte-Carlo. Elle fut l'étoile de Léonide Massine pour qui elle créa *Seventh Symphony* (1938), *Capriccio espagnol* et *Rouge et Noir* (1939), *Vienna 1914* (1940).

Sa carrière internationale se poursuivit au Ballet Theatre (1941-1945) : elle conquit le public américain dans les grands rôles du répertoire classique. Brune et délicate, les attaches fines, elle semblait glisser sur l'air comme un esprit et aucune danseuse ne l'égalait en poésie. Surnommée la « nouvelle Taglioni* », son nom devint inséparable de celui de Giselle (*Giselle*, Gautier et Coralli). De retour en Europe, elle fut invitée au Mexican Ballet (1947) puis au Sadler's Wells (1948). Elle parcourut l'Angleterre avec sa troupe, rebaptisée en 1950 le London Festival Ballet, où elle brilla jusqu'en 1952. Elle apparut encore au Grand Ballet du marquis de Cuevas, au Royal Winnipeg Ballet, au Ballet royal danois, à la Scala de Milan, et chez Ruth Page* à l'opéra de Chicago. Elle donna sa soirée d'adieu en 1962, après quarante années passées à la scène. Depuis, elle a dirigé le ballet du Metropolitan Opera de New York et a enseigné dans plusieurs universités. Nommée présidente du Royal Ballet en 1973, elle est l'auteur de *Giselle and I* (1960). Elle a obtenu en 1957 le Dance Magazine Award.

RÉF. : G. Anthony, *Alicia Markova*, Londres, 1951. A. Dolin, *Markova, Her Life and Art*, Londres, 1953.

MAROSIE. Princesse toscane (v. 892-v. 937). Fille de Théophylacte et de Théodora, elle fut successivement l'épouse d'Albéric Ier, comte de Tusculum (v. 906), de Gui de Toscane (925), enfin de Hugues de Provence, roi d'Italie (932). D'une ambition sans mesure, elle tint le Saint-Siège sous sa domination, n'hésitant pas à faire déposer et assassiner le pape Jean X en 914, qui avait eu quelques velléités d'indépendance à son égard. Elle fit également élire Léon VI (928), Étienne VII (929), et l'un de ses propres fils, Jean XI (931). Mais Albéric, fils de son premier mariage avec Albéric Ier, se révolta contre elle et la fit jeter en prison où elle mourut.

MARQUET Mary (Micheline Marie Marguerite dite). Actrice française (Saint-Pétersbourg, 1895 - Paris, 1979). Marcel Marquet, acteur à l'Odéon et fils de Delphine, actrice au Français, rencontra au théâtre Michel à Moscou une jeune Louise qui jouait les ingénues : c'est ainsi que Marie Marquet naquit en tournée. C'est Sarah Bernhardt* qui la protégea et la fit engager par Edmond Rostand pour jouer *L'Aiglon*. À « Maniouche » qui s'inquiétait de sa taille —

elle mesurait un mètre quatre-vingts à seize ans — elle répliqua: «On n'est jamais trop grand au théâtre.» Marie Marquet entra à la Comédie-Française en 1923 pour y rester plus de vingt ans.

Sa prestance lui assurait les premiers rôles dans un répertoire qui comprenait aussi bien *Andromaque* (Racine), *Bajazet* (Racine), *Polyeucte* (Corneille), *Athalie* (Racine) (où elle fut filmée par P. Jourdan) que *Marion Delorme* (Hugo) ou *Lucrèce Borgia** (Hugo). En 1945, elle quitta le Français pour le Boulevard. Savoureuse, le verbe haut, «l'Ouragan», comme l'appelait Lucien Guitry, connut un surcroît de popularité avec *Interdit au public* (Dornès et Marchand, 1948). Parallèlement, elle poursuivait au cinéma une carrière lancée par *Sapho* (Perret, 1932). Elle travailla encore avec Jean-Louis Barrault, *Le Château* (Kafka), *Pour Lucrèce* (Giraudoux), et donna plus de deux cents récitals poétiques consacrés aussi bien à Baudelaire qu'à Brassens, à Piaf* qu'à Hugo.

Elle épousa Maurice Escande puis Victor Francen, une erreur selon elle. Elle aima beaucoup, à commencer par Maurice Rostand. Puis il y eut Firmin Gémier, fondateur du TNP, dont elle eut un fils qui devait mourir en déportation, André Tardieu qui voulut l'épouser — «Ce ne serait pas sérieux pour un président du Conseil!» — Max Linder, Robert Favart et Serge Lifar. Croyante avec la même passion qu'elle mettait en tout, elle mourut à l'âge de quatre-vingt-quatre ans. Elle a publié un recueil de poèmes, *À l'ombre de tes ailes* (1947), deux romans, *Cellule 209* (1948), *Caviar à la louche* (1978) et ses Mémoires en quatre volumes, *Ce que j'ose dire* (1974), *Ce que je n'ai pas dit* (1975), *Tout ne peut pas être dit* (1977), *Vous qui m'aimiez, vous que j'aimais* (1979).

MARROT Paule. Décoratrice française (Bordeaux, 1902 - Paris, 1987). Attirée par la peinture, elle entra à l'École des arts décoratifs en 1916. À dix-sept ans, elle rencontra Renoir, alors très âgé, qui lui dit: «Dessine, dessine, sache le dessin avant la peinture.» Membre de la Société des artistes décorateurs en 1922, elle parfait sa formation en entrant dans l'atelier d'art sacré de Maurice Denis, séduit par la qualité de ses dessins de fleurs, très éloignés pourtant de sa propre inspiration.

Au cours de ces années, elle commença à imprimer ses dessins sur tissus, de manière très artisanale. Ses cotonnades imprimées à l'encre typographique de rondes d'enfants et de bouquets, présentées à l'Exposition de 1925, marquèrent le début de sa célébrité. Le prix Blumenthal en 1928 lui permit d'ouvrir un atelier, mais c'est surtout sa rencontre avec l'industriel Jean Schlumberger qui fut déterminante. Séduit par ses rideaux aux motifs d'oiseaux et de fleurs stylisés au coloris vif et d'une exquise fraîcheur, il lança la production dans son usine de Ribeauvillé. Au cours des années 30, les tissus de Paule Marrot connurent aux États-Unis un grand succès qui ne s'est pas démenti depuis. Le musée des Arts décoratifs de Paris lui a consacré une exposition en 1953.

MARS Mlle (Françoise Hippolyte Boutet, dite). Actrice française (Paris, 9 février 1779 - *id.*, 20 mars 1847). Fille de l'acteur et auteur Jacques Boutet, dit Monvel, et d'une comédienne, Mlle Mars-Salvetat, elle joua dès sa plus tendre enfance à Paris puis chez Mlle Montansier* à Versailles. Encouragée par Mlle Contat*, elle entra à la Comédie-Française à l'âge de seize ans. À ses débuts dans des rôles d'ingénue, on la trouvait «froide comme une carafe d'orgeat», il est vrai qu'elle était maigre — une tare pour l'époque. Bientôt, elle s'imposa avec le personnage d'Agnès (*L'École des femmes*, Molière) et celui de Célimène (*Le Misanthrope*, Molière) qu'elle porta à sa perfection. Elle devint l'actrice préférée de Napoléon Ier. Fine et distinguée, elle mit aussi son talent au service du répertoire romantique : c'est ainsi qu'elle incarna la duchesse de Guise (*Henri III et sa cour*, Dumas père) en 1829, Desdémone (*Othello*, Vigny) en 1829, doña Sol (*Hernani*, Hugo) en 1830. Celle qu'on appelait « le Diamant » disposait au Français d'une autorité despotique : « La tradition, c'est moi. » Pourtant, elle ne s'aimait guère et se décrivait ainsi : « Cheveux châtains, teint olivâtre, bouche sans sourire, dents blanches, menton pointu, figure osseuse. » Quant à ses mains : « Rouge coquelicot au bout de deux bâtons ! » Mais, comme elle le dit plus tard : « Je devins presque jolie à l'âge où les femmes ne le sont plus. »

Cette remarquable actrice joua jusqu'à l'âge de soixante ans des rôles de jeune fille comme l'héroïne de *Mademoiselle de Belle-Isle* (Dumas père) qui a vingt ans dans la pièce. Et le public de louer la pureté de la voix, le goût, le charme, l'intelligence, l'éternelle jeunesse de Mlle Mars, dont le caractère s'aigrit pourtant lorsqu'elle se vit supplantée par Marie Dorval*. Elle fit ses adieux à la scène le 31 mars 1844, interprétant Elmire (*Tartuffe*, Molière) et Silvia (*Les Jeux de l'amour et du hasard*, Marivaux). Elle eut trois liaisons dans sa vie : Nicolas Bronner, receveur des finances, dont elle eut deux fils et une fille, Fortuné de Brack et Charles de Mornay. À ce dernier qui lui demandait ce qu'elle avait le mieux aimé durant son existence, elle eut cette réponse cruelle : « La comédie. » Elle n'était pas un ange de bonté ; ses mots faisaient mouche et engendraient de solides rancunes dont elle se moquait, sachant que chacune de ses apparitions sur scène déclenchait l'enthousiasme. Stendhal la jugeait supérieure au grand acteur Talma :

> Mlle Mars a été et semble encore l'une des plus jolies femmes de Paris [...]. Avec son sublime talent, les plus jolis yeux de Paris et ses cinquante mille francs par an, elle possède aussi le plus piquant, le plus vif et le plus mordant esprit.

RÉF. : M. Pollitzer, *Trois Reines du théâtre : Mlle Mars, Marie Dorval*, Rachel**, Paris, 1958. M. Boudet, *Mademoiselle Mars, l'inimitable*, Perrin, 1986. F. Ambrière, *Mademoiselle Mars et Marie Dorval*, Le Seuil, 1992.

MARTENOT Ginette. Ondiste française (née à Paris, le 27 janvier 1902). Elle est la sœur du compositeur et inventeur Maurice Martenot qui donna son nom aux « ondes Martenot ». Excellente pianiste — elle avait fait ses études au Conservatoire de Paris dans les classes de Gédalge et Lazare-Lévy —, elle entreprit une carrière internationale mais abandonna le piano pour les ondes, et c'est à elle principalement que l'on doit la première diffusion de ce nouveau moyen d'expression musical. Elle fut bientôt suivie par Darius Citanova et Jeanne Loriod*. Collaboratrice de son frère, elle enseigna à l'École d'art Martenot, formant de nombreux élèves. Elle a créé un grand nombre d'œuvres écrites pour le nouvel instrument dont le *Concerto* de Jolivet (1948) et celui de Landowski (1956) que le compositeur lui a dédié.

MARTHE, sainte (Ier siècle). Elle était la sœur de Marie de Béthanie (voir Marie-Madeleine) et de Lazare. Elle apparaît à trois reprises dans le Nouveau Testament. Chez saint Luc, alors que Jésus est en visite chez les deux sœurs, Marie, à ses pieds, se contente de l'écouter pendant que Marthe s'affaire à des tâches domestiques. Devant ses récriminations, Jésus lui dit : « Marthe, Marthe, tu t'inquiètes et tu t'agites pour bien des choses. Une seule est nécessaire. C'est bien Marie qui a choisi la meilleure part ; elle ne lui sera pas enlevée » (Luc, x, 41). La tradition a ainsi opposé la vie active (Marthe) à la vie contemplative (Marie). Chez saint Jean, au moment de l'onction de Béthanie, on retrouve la même opposition, quoique formulée de manière atténuée, Marthe servant le dîner tandis que sa sœur oint les pieds du Seigneur (Jean, XII, 2). Lors de la mort de son frère Lazare, juste avant que Jésus ne le ressuscite, Marthe affirme sa foi en la résurrection des morts «au dernier jour», et dans le Christ: «Je crois que tu es le Christ, le fils de Dieu» (Jean XI 1-44). Marthe, qui ne fut jamais très populaire dans la tradition chrétienne, est la patronne des hôteliers. Sa fête a été fixée au 29 juillet à partir du XIIe siècle. La légende a fait d'elle le vainqueur d'un monstre, la Tarasque, qui terrorisait les habitants de Tarascon. Son exploit est représenté sur un pilier de l'église Sainte-Marthe de la ville. En réalité, il s'agit d'une autre Marthe, martyrisée dans la région au IVe siècle.

MARTIN Mary, née Balmford. Peintre et sculpteur. Anglaise (Folkestone, 1907 - Londres, 1969). Attirée par les arts plastiques, elle suivit les cours de la Goldsmith' School of Art et ceux du Royal College of Art de Londres. Elle épousa en 1930 le peintre Kenneth Martin; elle eut de lui deux enfants, dont Paul Martin qui devint également un peintre réputé. Les premières œuvres de Mary Martin sont figuratives mais, à partir de 1950, elle évolua vers l'abstraction. Ses premières peintures abstraites sont des sortes de puzzles formés d'éléments géométriques assemblés avec une grande ingéniosité. Cependant, elle pratiqua également la sculpture, modelant des formes colorées, utilisant des matériaux variés, dont la savante répétition donne parfois l'illusion du mouvement. Le caractère très structuré de ses reliefs s'adapte parfaitement à l'architecture contemporaine: *Compound Rhythms* (1966). Elle a exécuté de nombreux ensembles de reliefs pour des architectes et créé également des fontaines et des monuments publics. En 1984, une grande rétrospective de ses œuvres fut présentée à la Tate Gallery de Londres.

MARTIN Mary. Actrice et chanteuse américaine (née à Weatherford, Texas, le 1er décembre 1913). Charmante et endiablée, la voix fraîche, elle conquit l'Amérique en 1938 avec la chanson de Cole Porter, *My Heart Belongs to Daddy*. Ce prodigieux succès fut fredonné et repris par plus d'une génération, notamment par Marilyn Monroe*. Mary Martin triompha sur la scène de l'opérette avec *On Touch of Venus* (Perelman, musique de Weill, 1943) et *South Pacific* (Hammerstein Jr., musique de Rodgers, 1949) où elle avait pour partenaire le chanteur Enzo Pinza.

Ses créations font date dans l'histoire de la comédie musicale: elle incarna Peter Pan (*Peter Pan*, Barrie, musique de Charlup, chorégraphie Robbins) et, par la suite, on ne pouvait plus l'imaginer autrement que vêtue de petit costume vert et des poulaines qu'elle arborait sur scène. Elle reprit le rôle à la télévision en 1955, obtenant un véritable triomphe. Elle fit une tournée aux États-Unis en 1958-1959, intitulée *Music with Mary Martin*, justifiant l'éloge que Maurice Chevalier avait fait d'elle: «Une superbe professionnelle de la chanson jouée.» Elle obtint son dernier grand succès dans une autre comédie musicale, *The Sound of Silence* (Hammerstein Jr., musique de Rodgers). Entre 1933 et 1943, elle avait tourné une dizaine de films, dont *Birth of the Blues* (1941). Mary Martin est la mère de Larry Hagman, mondialement connu pour sa prestation de «J.R.» Ewing dans la série de télévision, *Dallas*.

MARTINE, sainte. Vierge et martyre romaine ([?]-Ostie, 226). Issue d'une famille noble de Rome, elle donna tous ses biens aux pauvres après s'être convertie. Refusant de renier sa nouvelle religion au moment des persécutions ordonnées par l'empereur Alexandre Sévère, elle fut torturée et décapitée. Sa dépouille mortelle fut découverte au XIVe siècle, et ses reliques transportées dans l'église Sainte-Martine qui lui a été dédiée et dans laquelle on pouvait admirer autrefois une belle toile de Pierre de Cortone, *Sainte Martine entourée des instruments de son supplice*, conservée aujourd'hui au musée du Louvre. Sainte Martine est la patronne de Rome. On la fête le 30 janvier.

MARTINELLI Caterina (dite parfois **La Romanina** ou **Caterinuccia**). Cantatrice italienne (Rome, 1589 - Mantoue, 7 mars 1608). Elle étudia le chant à Rome avec Arrigo Gabbino et débuta à treize ans à Mantoue. Elle possédait la plus belle voix que l'on pût entendre à la cour de Vincent Ier de Gonzague, duc de Mantoue, et, de plus, elle était ravissante. Elle interpréta pour Monteverdi de nombreux rôles, créa pour lui l'*Arianna* (1608). Elle fut également la créatrice de *Dafne* (Da Gagliano); elle mourut peu après de la variole à l'âge de dix-huit ans. Elle fut enterrée en grande pompe, le 7 mars 1608, au couvent des carmélites. Monteverdi écrivit à sa mémoire *Lacrime d'amante al sepulcro dell'amata* qui fut publié avec ses madrigaux en 1614, tandis que le duc faisait dire chaque année pour elle une messe de Requiem.

MARTINETTI Cornelia, née Rossi. Italienne (Lugo, près de Ravenne, 1781 - Bologne, 1867). Elle était la fille du comte Domenico Rossi et de la marquise Marianna Gnudi. Elle épousa en 1802 l'architecture Gian-Battista Martinetti qui eut son heure de célébrité. Elle tint un salon littéraire et artistique à Bologne, où sa culture et sa beauté attiraient les hommes les plus marquants de son époque. On y rencontrait l'écrivain Giaccomo Leopardi, le sculpteur Antonio Canova, l'écrivain Ugo Foscolo et bien d'autres qui faisaient une cour assidue à la maîtresse de maison. Chateaubriand, Byron et même l'instable Louis II de Bavière, le mécène de Wagner, furent également de ses fidèles. Dans son poème inachevé, *Les Grâces*, inspiré par le groupe de Canova, Ugo Foscolo, qui nourrissait une grande passion à son égard, a peint et chanté Cornelia Martinetti qu'il a représentée sous les traits de la deuxième Grâce, la gardienne des abeilles, qui porte à l'autel un gâteau de miel. Les lettres qu'il lui a écrites ont été publiées par Giuseppe Chiarini dans son ouvrage, *Gli Amori di Ugo Foscolo* (2 vol., 1892). Elle perdit son mari en 1830 et mourut sans descendance.

MARVINGT Marie. Sportive et aviatrice française (1875 - Nancy, 1963). Elle excellait dans tous les sports: alpiniste, elle réussit seule la traversée du Grépon dans le massif du Mont-Blanc; en escrime, au sabre, épée, fleuret, au tir au pistolet, elle était de première force; excellente cavalière, elle jouait au polo et était également redoutable au tennis et au golf. Avant tout, elle était une passionnée d'aviation et du plus léger que l'air, réussissant en 1909 la traversée de la mer du Nord en ballon, dans des conditions qui faillirent lui être fatales. En 1910, elle obtint son brevet de pilote et gagna, cette même année, plusieurs courses. Elle a, du reste, cumulé les brevets de pilote d'avion, de planeur, d'hélicoptère et, à plus de quatre-vingts ans, elle prenait les commandes d'un hélicoptère à réaction. À quatre-vingt-six ans, elle se voyait renouveler son permis de vol. Avant la Première Guerre mondiale, Marie Marvingt créa l'aviation sanitaire et, pendant le conflit, servit comme infirmière et correspondante de guerre. Elle a publié un ouvrage de *Souvenirs* qui a obtenu le Grand Prix littéraire international. Plus de trente décorations étrangères et françaises lui furent décernées dont la rosette de la Légion d'honneur et la croix de guerre avec palmes.

MASINA Giulietta (Giulia Anna, dite). Actrice italienne (née à San Giorgio di Piano, Bologne, le 22 février 1920). Elle débuta à la radio où elle interprétait des rôles comiques dans des sketches comme *Chico e Pallina*, dont les textes étaient écrits pour elle par Federico Fellini qu'elle épousa en 1943. Elle tourna *Païsa* (Rossellini, 1946), *Sans pitié* (Lattuada, 1948), *Europe 51* (Rossellini, 1951) dans lesquels elle jouait des rôles de prostituée.

Cependant, c'est en incarnant le bouleversant personnage de Gelsomina (*La Strada*, Fellini, 1954) qu'elle acquit une renommée internationale et le grand prix d'interprétation féminine au festival de Cannes. Fellini lui fit jouer un rôle analogue (*Les Nuits de Cabiria*, 1957) — autre succès mondial — puis celui d'une bourgeoise étrange (*Juliette des esprits*, 1962). Sa silhouette fragile, son visage lunaire, ses yeux candides, son jeu émouvant lui ont donné une place à part dans le cinéma réaliste italien. Toutefois, c'est avec *Les Nuits de Cabiria* que sa carrière atteint son apogée. Elle tourna très peu par la suite et fit des apparitions à la télévision. Son mari lui a donné un rôle émouvant aux côtés de Marcello Mastroianni (*Ginger et Fred*, 1985).

MASON Alice Trumbull. Peintre américaine (Lichtfield, Connecticut, 1904 - New York, 1971). Avec Lee Krasner* et Perle Fine*, Alice Mason fut l'une des plus brillantes représentantes féminines de l'art abstrait aux États-Unis. Elle devint en 1961 présidente des Artistes abstraits américains dont elle était membre fondateur. Elle a excellé dans le domaine de la gravure, ce qui lui valut un prix de la Société des aquafortistes américains en 1948 et un prix du Club de la gravure à Philadelphie en 1956. De nombreuses expositions personnelles, notamment à la Gallery of Living Art (1942), à la Rose Fried Gallery (1948) ou à la Hansa Gallery (1956), lui ont permis d'acquérir une grande renommée aux États-Unis, renommée qui fut d'ailleurs largement confirmée par les expositions de groupes auxquelles elle participa tant aux États-Unis qu'en Europe ou en Amérique latine. Ses œuvres font partie des collections du Whitney Museum, du Museum of Modern Art, du Guggenheim Museum à New York et du Philadelphia Museum of Art, entre autres. Sa célèbre toile *Hasard* (1948), de la Washburn Gallery de New York, est très représentative de l'aboutissement de son expression picturale.

MASSIN Caroline. Française (1802 - apr. 1870). C'était une femme de petite vertu et, en reconnaissance d'heures voluptueuses, Auguste Comte en fit son élève avant de l'épouser en 1825. Très vite, elle le trompa, fit des fugues et fut pardonnée à plusieurs reprises. Caroline Massin et Auguste Comte se séparèrent en 1842, le philosophe se liant par la suite avec Clotilde de Vaux*. À la mort de ce dernier, Caroline Massin reparut, attaqua le testament afin d'obtenir la propriété des œuvres de son mari, mais n'obtint pas gain de cause.

MATA HARI (Margaretha Geertruida Zelle, dite). Danseuse et espionne néerlandaise (Leuwarden, 7 août 1876 - Vincennes, 15 octobre 1917). D'une famille de négociants néerlandais de la Frise, Margaretha, refusant la carrière d'institutrice à laquelle la destinaient ses parents, épousa à dix-huit ans un officier de l'armée coloniale, le capitaine Rudolf Mac Leod, qui avait le double de son âge. Elle suivit à Java son mari, qui se révéla un homme brutal et jaloux. Il lui donna un fils et une fille, Banda, mais leur fils mourut, peut-être empoisonné par une servante indigène. De retour à Amsterdam en 1902, elle s'enfuit avec sa fille et obtint le divorce. Elle partit alors pour Paris, où elle se métamorphosa en danseuse hindoue du nom de Hari, qui signifie «Œil du jour» en javanais. Elle s'inventait d'autres origines, prétendant être la fille d'une bayadère et d'un brahmane de la côte de Malabar, vouée, depuis l'enfance, aux danses sacrées. Le 13 mars 1905, elle se produisit au musée Guimet à Paris, ondulant voluptueusement au milieu des sarcophages et des tombeaux, devant un public choisi. «Elle ne dansait guère mais savait se dévêtir progressivement, et mouvoir un long corps bistré, mince et fier», écrit Colette*. Elle avait l'art de mettre en valeur les atouts de son physique pseudo-oriental: lourde chevelure noire, yeux envoûtants, teint ambré. Et elle savait faire oublier ses défauts, comme sa grande taille (1,75 m) ou sa poitrine plate, qu'elle justifiait par une anecdote dramatique et exotique: «Mon mari était si jaloux, qu'il m'a coupé presque entièrement les seins.» Après son exhibition au musée Guimet, tous les salons se l'arrachèrent: «Partout conviée, partout payée, elle arrivait nue, dansait vaguement les yeux baissés, disparaissait, roulée dans des voiles sombres» (Colette).

Elle exigeait des cachets astronomiques et dansait aussi sur des scènes de music-hall à Paris, à l'Olympia et au Casino, et dans d'autres capitales européennes. En 1906, à l'apogée de sa gloire, elle avait pour amant le marquis de Montenac — étoile du Paris élégant —, mais également des personnalités politiques françaises, néerlandaises et allemandes. Elle vivait dans un hôtel particulier à Neuilly, offert par un riche industriel, et publia son autobiographie. Elle prétendait à une véritable carrière de danseuse et sollicita Richard Strauss ou Serge de Diaghilev qui ne reconnurent jamais ses talents. Elle dansa encore dans différentes villes d'Europe, mais ne remporta plus le même succès. La guerre accéléra son déclin. Elle continua à collectionner les amants, noms célèbres ou simples soldats.

Elle voyagea beaucoup, et ses allées et venues étaient suivies de très près par la police française qui la soupçonnait d'espionnage. Enregistrée dans les cadres des services secrets allemands sous le code H.21, elle ne fournit pourtant guère de renseignements importants, malgré sa liaison avec un haut fonctionnaire du ministère des Affaires étrangères, A.Messiny. Elle reçut néanmoins de fortes sommes de l'Allemagne, et le commandant Landaux, chef du contre-espionnage français, eut bientôt assez de preuves pour la faire arrêter. Le 13 février 1917, Mata Hari fut interpellée dans un hôtel des Champs-Élysées et conduite à la prison Saint-Lazare. Le 24 juillet, elle fut condamnée à mort; sa grâce ayant été rejetée par Clemenceau, elle fut fusillée dans les fossés de Vincennes le 15 octobre. Elle mourut avec courage, sans bandeau sur les yeux, après avoir reçu *in extremis* le baptême. Sa dépouille fut remise à la faculté de médecine pour y être disséquée. Devenue un mythe, cette fausse danseuse, cette hindoue néerlandaise, cette espionne mythomane, continue de fasciner les romanciers et les cinéastes par son envoûtant mystère.

RÉF.: R. Masson, *Mata Hari*, Paris, 1965. F. Kupferman, *Mata Hari, songes et mensonges*, Bruxelles, éd. Complexes, 1982. S. Waagenaer, *Mata Hari, ou la Danse macabre*, Fayard, 1985.

MATERNA Amalie. Soprano autrichienne (Saint Georgen, 10 juillet 1844 - Vienne, 18 janvier 1918). Choriste dans une église, elle épousa l'acteur Karl Friedrich et chanta l'opérette avec lui. Elle débuta à Graz en 1864, puis à Vienne. En 1869, elle fut engagée au Théâtre de la cour où elle chanta Selinka (*L'Africaine*, Meyerbeer). Elle y resta vingt-cinq ans, fut la première Amnéris (*Aïda*, Verdi) et créa le rôle-titre de *La Reine de Saba* (Goldmark). Douée d'une voix extrêmement puissante et claire, elle s'imposa comme la plus grande wagnérienne de son temps. Elle incarna Brünnhilde lors de la première représentation du cycle entier de la Tétralogie de Wagner au festival de Bayreuth en 1876, apparaissant successivement dans *La Walkyrie,* Siegfried et *Le Crépuscule des dieux*. Elle tint le même rôle à Vienne dans *La Walkyrie* en 1877 et dans *Siegfried* en 1878. Elle fut Kundry lors de la première représentation de *Parsifal* à Bayreuth (1882) et conserva le rôle au festival jusqu'en 1891.

Après une tournée de concerts en Amérique, elle débuta au Metropolitan Opera de New York en 1885 dans le rôle d'Élisabeth (*Tannhäuser*, Wagner); elle y chanta aussi Valentine (*Les Huguenots*, Meyerbeer), Rachel (*La Juive*, Halévy). Elle se produisit à Vienne pour la dernière fois en 1894 dans le rôle d'Élisabeth (*Tannhäuser*, Wagner). Pendant les huit années suivantes, elle fit partie de la troupe allemande Domrosh à New York. En 1902, elle retourna à Vienne et se consacra à l'enseignement. Toutefois, en 1913, pour le centenaire de la naissance de Wagner, elle incarna, une fois encore, Kundry.

MATHIEU Mireille. Chanteuse française (née à Avignon en 1946). Fille de Roger Mathieu, tailleur de pierre, aînée de quatorze enfants, elle quitta l'école à treize ans pour aider sa mère et parce que, disait-elle, elle détestait les études. Sa seule passion était de chanter, en particulier des chansons d'Édith Piaf* dont elle est très admirative. À seize ans, elle obtint le premier prix du Critérium de la chanson à Avignon. Encouragée par ce succès, elle s'installa à Paris en 1965 et donna son premier récital à l'Olympia en 1967, chantant le répertoire d'Édith Piaf*, ce qui lui valut le surnom de la «petite Piaf». C'était le début d'une carrière fulgurante.

Sans renier ses origines populaires, elle a su forger un personnage, conservant la frange brune de ses débuts. Douée d'une voix au timbre exceptionnel, elle interprète ses chansons avec une conviction inaltérable. Son répertoire est vaste: *Paris en colère*, *La Dernière Valse*, *J'ai gardé l'accent*, *Mon ami Pierrot*, *La Valse bleue*, *La Première Étoile*, *Donne-moi ton cœur, donne-moi ta vie*, *Adieu je t'aime*, *Romantica*, *L'Amour de Paris*, *Pour t'empêcher de me dire adieu*, etc. Ambassadrice de la chanson française à l'étranger, elle a chanté pour la fête du centenaire de la statue de la Liberté à New York, pour la Coupe du monde de football à Mexico et a entrepris avec son imprésario Johnny Stark (décédé en 1990), son chef d'orchestre Jean Claudrie et ses quatorze musiciens, une tournée triomphale en Chine (avril-mai 1986). Première vedette occidentale à se produire dans ce pays, elle chanta en chinois *Le Jasmin*, chanson qu'elle avait longuement préparée et répétée jusqu'à la perfection. Ses Mémoires publiés sous le titre *Oui je crois* (1988) ont connu un grand succès.

MATHIEU Simone, née Passemard. Championne de tennis française. (Neuilly-sur-Seine, 1908-1980). Après la retraite de Suzanne Lenglen* en 1926, elle fut la meilleure joueuse de tennis française, première au classement national de 1928 à 1939, sans interruption. Ses plus grandes victoires internationales furent acquises en double. Elle fut championne des internationaux de France en double avec miss Ryan* (1933, 1934); avec miss York (1936, 1937, 1938); avec Mlle Jedrzejowska (1939); en mixte avec Yvon Pétra (1937); avec Mitic (1938). Elle remporta le double à Wimbledon avec miss Ryan (1933 et 1934), avec miss York (1937). Elle possédait un jeu d'une grande efficacité par la précision de ses coups et par une régularité légendaire. Sa carrière fut interrompue par la guerre. Sa brillante conduite dans les Forces françaises libres, à Londres, lui valut d'être nommée officier de la Légion d'honneur. Après la guerre, la Fédération de Lawn-Tennis lui confia la direction de l'équipe de France féminine.

MATHILDE princesse, la. Voir BONAPARTE Mathilde.

MATHILDE, sainte. Reine de Germanie (Westphalie, v. 890 - Quedlinburg, 968). Fille du comte Théodoric, elle fut mariée en 909 au duc de Saxe Henri l'Oiseleur, qui devint roi de Germanie en 919. Elle eut trois fils, Othon Ier le Grand, empereur germanique; Henri, duc de Bavière; Bruno, archevêque de Cologne, et deux filles. L'une, Gerberge, épousa le roi de France Louis d'Outremer; l'autre, Hedwige, fut mariée à Hugues le Grand et devint la mère de Hugues Capet. Pieuse et charitable, Mathilde dota richement de nombreuses institutions religieuses et fonda le monastère de Polden. En 962, elle se retira au monastère de Quedlinburg où son corps repose auprès de celui de son mari. On la fête le 14 mars.

MATHILDE ou **MAUD,** sainte. Reine d'Angleterre (1080 - Westminster, 1118). Fille de Malcom III d'Écosse et de Marguerite, princesse saxonne, elle épousa en 1100 Henri Ier d'Angleterre qui avait demandé sa main pour se concilier les Saxons. Elle fut couronnée à Westminster. Très cultivée, elle réunit autour d'elle musiciens, poètes, lettrés et fit de sa cour l'une des plus brillantes de son époque. Elle se fit également remarquer par sa charité et ses fondations religieuses. Mathilde entretint une importante correspondance avec le célèbre bénédictin Anselme, archevêque de Canterbury, dont certaines lettres ont été conservées. Elle fut enterrée à Westminster; on la fête le 30 avril. Elle eut une fille, Mathilde*, en 1102, qui fut impératrice et reine d'Angleterre.

MATHILDE ou **MAHAUT DE FLANDRE.** Reine d'Angleterre (?-1083). Fille du comte Baudouin V de Flandre, elle épousa en 1054 Guillaume Ier, duc de Normandie, dit le Bâtard, le futur conquérant de l'Angleterre. Elle fut la mère de onze enfants dont deux régnèrent, Guillaume II le Roux et Henri Ier Beaucler. Elle fonda l'Abbaye-aux-Dames, à Caen. C'est à tort qu'on lui a attribué la fameuse tapisserie de Bayeux, qui relate la conquête de l'Angleterre par les Normands et que l'on appelle la tapisserie de la reine Mathilde.

MATHILDE (dite **la comtesse Mathilde**). Marquise de Toscane (v. 1046 - Bondeno di Roncore, près de Mantoue, 24 juillet 1115). Elle était la fille de Boniface II le Pieux qui mourut en 1052. À la mort de ses deux frères en 1055, elle héritait de possessions considérables: la Toscane, les villes de Reggio, Modène, Parme, Ferrare, une partie de la Lombardie, les duchés de Spolète et de Camerino. Elle épousa en 1071 son beau-frère Godefroy le Bossu qui mourut en 1076, puis Guelfe V, duc de Bavière, en 1091. Avec sa mère Béatrice, elle poursuivit la politique de son père, favorable à la papauté. Elle accorda notamment son appui à Grégoire VII lors de la querelle des investitures avec l'empereur Henri IV. Elle reçut ce dernier dans son château de Canossa où il vint s'humilier devant le pape en 1077. La même année, par dotation, elle abandonna ses États au Saint-Siège, geste qu'elle renouvela en 1102, ce qui n'empêcha pas, après sa mort, une lutte continuelle entre l'empire et la papauté pour se les approprier. Elle fit dissoudre son second mariage en 1095 et mourut sans descendance.

MATHILDE. Impératrice germanique puis reine d'Angleterre (Londres, 1102 - Rouen, 10 septembre 1167). Fille de Henri Ier d'Angleterre et de sainte Mathilde*, elle épousa en 1114 l'empereur Henri V. Elle avait douze ans. Devenue veuve en 1126, elle retourna en Angleterre où elle fut reconnue comme l'héritière de son père et se remaria avec Geoffroy V Plantagenêt, comte d'Anjou. À la mort de Henri Ier, la succession fut usurpée par Étienne de Blois (1135). Mathilde tenta de reprendre son héritage en 1139 et réussit à faire capturer son rival devant Lincoln en 1141, mais elle eut contre elle les barons normands qui, profitant de ses maladresses, l'exilèrent en 1142. Elle se retira chez son fils, duc de Normandie depuis 1150, roi d'Angleterre sous le nom de Henri II Plantagenêt à partir de 1154.

MATHIS Édith. Soprano suisse (née à Lucerne, le 11 février 1938). Après avoir étudié au conservatoire de sa ville natale, elle y débuta comme deuxième enfant (*La Flûte enchantée*, Mozart) en 1956. Trois ans plus tard, elle fut engagée à l'Opéra de Cologne, puis à l'Opéra de Berlin en 1963. Elle triompha dans le rôle de Chérubin (*Les Noces de Figaro*, Mozart) au festival de Glyndebourne en 1962, et en 1965 dans celui de Sophie (*Le Chevalier à la rose*, R. Strauss), un de ses meilleurs rôles. À Covent Garden, elle incarna Suzanne (*Les Noces de Figaro*, Mozart), rôle qu'elle enregistra sous la direction de Karl Böhm en 1970, mais aussi Sophie (*Le Chevalier à la rose*, R. Strauss) et Despina (*Così fan tutte*, Mozart). De 1961 à 1972, elle se produisit à l'Opéra de Hambourg où elle créa, entre autres, *Der Zerrissene* (von Einem, 1964), *Hilfe! Hilfe! die Globolinks!* (Menotti, 1968). Elle fit ses débuts américains au Metropolitan Opera de New York en 1970 dans le rôle de Pamina (*La Flûte enchantée*, Mozart).

Invitée sur toutes les grandes scènes lyriques du monde, elle est considérée comme une des grandes mozartiennes actuelles, ce qui ne l'empêche pas de triompher dans le rôle de Mélisande (*Pelléas et Mélisande*, Debussy) dans la mise en scène de Ponelle, à Strasbourg ou Münich, grâce à son charme, son jeu et sa voix sans faille. Parallèlement, elle chante des oratorios, des cantates de Bach et des lieder. Mariée au chef d'orchestre Bernard Klee, elle habite Londres.

MAUPIN Mlle, née d'Aubigny. Contralto française (Marseille [?], v. 1670 - Provence, 1707). Fille de Gaston d'Aubigny, secrétaire du comte d'Armagnac, grand écuyer, elle fut élevée au sein de la Grande-Écurie et se distingua comme escrimeuse. Elle épousa M. Maupin, petit employé de province, qu'elle abandonna très vite pour un prévôt d'armes, Séranne, grâce auquel elle devint une escrimeuse redoutable. Après avoir fait scandale en s'amourachant d'une jeune Marseillaise que sa famille fit cloîtrer en Avignon, puis en incendiant le couvent pour enlever la belle, on la retrouve, chantant à Poitiers et Rouen, conseillée par Gabriel-Vincent Thévenard, puis à Paris. Elle débuta à l'Opéra de Paris en 1690 dans Pallas (*Cadmus et Hermione*, Lully). Elle y assura de nombreuses créations de Pascal Colasse, André Destouches, Michel de La Barre, Henri Desmarets, Jean Rebel et surtout André Campra qui écrivit pour elle le rôle de Clorinde (*Tancrède*, 1702). Elle se produisit également à Bruxelles et fit ses adieux à l'Opéra de Paris en 1705.

Elle ne renonça jamais à sa carrière de bretteur. Ses habits masculins et ses provocations lui valurent de se battre contre Albert de Luynes, qu'elle aima plus qu'aucun autre homme, ou contre trois gentilshommes qui voulaient l'écarter d'une marquise qu'elle poursuivait de ses assiduités. À Bruxelles, elle eut une passion mouvementée avec le prince électeur de Bavière; en Espagne, elle fut femme de chambre d'une comtesse. Son dernier amour fut celui que lui inspira la marquise de Florensac dont la mort la laissa inconsolable: elle se retira dans un cloître pour y finir ses jours. Sa vie aventureuse inspira un roman à Théophile Gautier, *Mademoiselle de Maupin* (1835).

MAURI Rosita. Danseuse espagnole (Tarragone, 15 septembre 1849 - Paris, 1923). Après des débuts au Teatro del Liceo de Barcelone en 1868, elle fut engagée à la Scala de Milan puis à l'Opéra de Paris. Elle y dansa trente ans (1878-1907) et fut l'une des étoiles les plus admirées du Palais-Garnier. François Coppée s'exclamait: «La Mauri est divine, c'est un des plus grands événements de ma vie d'avoir vu cette artiste extraordinaire [...]. Elle est la danse personnifiée [...]. Elle tient à la fois du coursier arabe et de l'hirondelle.» Ses créations les plus célèbres furent *La Korrigane* (Mérante, 1880), *Les Deux Pigeons* (Mérante, 1886) et *La Maladetta* (Hansen, 1893). Vive et jolie, elle fut représentée par le peintre J.E. Bertier dans le pas de la Sabotière *(La Korrigane)*, l'un de ses grands succès (musée de l'Opéra). Carlotta Zambelli* lui succéda dans ses rôles à partir de 1895 et la supplanta petit à petit. Rosita Mauri enseigna à l'École de l'Opéra jusqu'en 1920.

MAURY Antonia Caetena de Paiva Peireira. Astronome américaine (Cold Spring on Hudson, New York, 21 mars 1866 - Dobbs Ferry, New York, 8 janvier 1952). Petite-fille de John William Draper, pionnier de l'application de la photographie à l'astronomie, nièce de Henry Draper, la petite Antonia Maury eut la chance de grandir dans un milieu où l'on cultivait les intérêts les plus variés. Son père, Wytton, était non seulement naturaliste mais aussi rédacteur d'une revue géographique et ministre. Initiée dès l'enfance aux sciences, elle se passionna pour l'ornithologie et l'astronomie. Sa sœur, Carlotta Joaquina Maury, devint paléontologue et se spécialisa dans la stratigraphie du Brésil et du Venezuela.

Diplômée de Vassar College en 1887, Antonia Maury devint assistante à l'observatoire de l'université de Harvard. Elle y mena pendant huit ans d'actives recherches. C'est à cette époque qu'avec Edward Pickering, directeur de l'Observatoire, qui étudiait la spectographie stellaire, elle observa le dédoublement périodique de certaines lignes stellaires. Elle détermina la période de la première de ces étoiles doubles, Mirza, qui est de cent quatre jours. En 1889, elle découvrit seule une seconde étoile de ce type, Beta Aurigae, d'une période de quatre jours. En 1890, le *Draper Catalogue of Stellar Spectra* de Williamina Fleming parut avec une classification de 10 000 étoiles. Antonia Maury fut désignée pour procéder à une étude détaillée des étoiles les plus brillantes en plaçant trois ou quatre prismes devant l'objectif du réfracteur Draper (qui appartenait à son oncle Henry et fut légué par sa veuve à l'université d'Harvard). Elle en conclut que la séquence spectrale simple du *Draper Catalogue* ne rendait pas compte de toutes les particularités observées. Elle quitta Harvard un an plus tard pour rédiger son propre catalogue fondé sur l'étude de 4 800 photographies d'étoiles et elle procéda à une classification poussée des 681 étoiles brillantes des ciels septentrionaux. En 1908, elle revint à l'observatoire de Harvard en 1908, et y poursuivit ses recherches jusqu'en 1935, date à laquelle elle prit sa retraite.

MAXIMOVA Iekaterina Sergueïevna. Danseuse soviétique (née à Moscou, le 1er février 1939). Sortie brillamment de l'École de ballet du Bolchoï, elle fut aussitôt engagée dans la célèbre compagnie. Elle s'imposa dès sa première saison comme l'une des vedettes de la troupe pour son interprétation de *La Fleur de pierre* (musique de Prokofiev). Conseillée par Galina Oulanova*, elle dansa bientôt *Giselle* (Gautier et Coralli) où elle fit sensation. Elle débuta à Londres en 1963 et reçut l'année suivante la médaille d'or de Varna. Grigorovich, nommé directeur artistique du Bolchoï en 1964, lui décerna les premiers rôles dans ses productions: *Casse-Noisette* (1966), *Spartacus* (1968), *La Belle au bois dormant* (1973). Rançon de la gloire, elle fut choisie avec son mari et partenaire Vladimir Vassiliev pour jouer dans le téléfilm soviétique *The Duet* (1974).

MAY Pamela (Doris, dite). Danseuse anglaise (née à San Fernando, Trinidad, le 30 mai 1917). Formée par Freda Grant à Londres et par Olga Préobrajenska* à Paris, elle fit ses débuts en 1932 au Théâtre-Royal de Copenhague dans *Les Sylphides* (Fokine) et dans *Hommage aux belles Viennoises* (N. de Vallois*). Elle entra en 1934 au Vic Wells Ballet puis au Sadler's Wells Ballet où elle resta jusqu'en 1952. Après quoi, elle enseigna au Royal Ballet School et prit sa retraite en 1978. Elle possédait la meilleure arabesque du ballet anglais et brillait aussi bien dans le répertoire classique que contemporain. Elle créa notamment les rôles suivants: La Reine rouge (*Checkmate*, N. de Valois, 1937), La Lune (*Horoscope*, Ashton, 1938), Mlle Théodore (*The Prospect before US*, N. de Valois, 1940), Eurydice (*Orphée et Eurydice*, N. de Valois, 1941), la Mère (*Bonne-Bouche*, Cranko, 1952). Les Anglais la considèrent comme une de leurs meilleures danseuses classiques. Ses rôles de prédilection furent Svadilda (*Coppélia*, Saint-Léon) dans une version de Ninette de Valois, Myrtha (*Giselle*, Gautier et Coralli) et Odette-Odette (*Le Lac des cygnes*, M. Petipa).

MAYER Constance (Marie Françoise Constance Mayer-Lamartinière, dite). Peintre. Française (Paris, 1775 - *id.*, 1821). Elle était l'élève de Joseph Suvée et surtout de Jean-Baptiste Greuze dont elle subit l'influence, très sensible dans ses premières toiles. En 1803, elle entra dans l'atelier de Pierre Prud'hon, qui prônait le retour à l'antique. Le peintre s'éprit de son élève qui devint bientôt sa compagne et son inspiratrice. Elle est l'auteur de nombreux portraits et de scènes de genre, comme *La Mère heureuse* (1810), *La Mère abandonnée*, tableau que Napoléon Ier lui acheta et qui se trouve aujourd'hui au Louvre, ou *Le Rêve du bonheur* (1819). Prud'hon fit d'elle plusieurs portraits, dont un beau dessin (Louvre). Après la mort de sa femme, il avait songé à l'épouser, mais Constance Mayer, qui était de nature mélancolique, se suicida sous ses yeux en 1821.

MAYER Helena. Escrimeuse ouest-allemande (Francfort, 1910-1953). L'une des plus brillantes escrimeuses de son époque, elle a remporté trois fois le titre de championne du monde d'escrime en 1929, 1931 et 1937, établissant un record qui ne fut égalé que par la Hongroise Ilona Elek-Schacherer* (1934, 1935, 1941), l'Autrichienne Ellen Müller-Preis* (1947, 1949, 1950) et l'Allemande de l'Est Cornelia Hanisch (1979, 1981, 1985). Helena Mayer a remporté une médaille d'or aux jeux Olympiques d'Amsterdam (1928). Championne d'Europe cinq années de suite (1928 à 1932), elle fut également championne d'Amérique en 1934 et en 1935.

MEAD Margaret. Anthropologue américaine (Philadelphie, 1901 - New York, 1978). Fille d'un professeur d'économie et d'une mère sociologue, elle étudia la psychologie puis l'anthropologie à l'université Columbia de New York. Élève de Ruth Benedict* et surtout de Franz Boas, elle devint, ses études terminées, professeur adjoint d'anthropologie dans cette université. Simultanément, elle entamait une longue carrière au département d'anthropologie du Muséum d'histoire naturelle de New York. À vingt-six ans, elle accéda à la célébrité avec la parution de son premier ouvrage, *Coming of Age in Samoa* (1928) consacré à l'étude des sociétés des îles Samoa où elle s'était rendue seule en 1925-1926. Jusqu'en 1939, elle effectua la plupart de ses enquêtes sur le terrain, en Océanie et surtout en Nouvelle-Guinée, apprenant les langues des sociétés qu'elle étudiait. Influencée par Boas et sa vision non évolutionniste de l'anthropologie, elle accorde une grande importance à l'analyse des séquences quotidiennes de la vie; marquée par Freud, elle ne néglige pas de faire appel à la psychanalyse pour rendre compte des phénomènes qu'elle observe et forger sa propre vision de la culture. Après la Seconde Guerre mondiale, elle s'éloigna progressivement de la recherche anthropologique pure pour s'intéresser à la société américaine. Elle prit résolument position contre le racisme et la ségrégation en même temps qu'elle luttait contre les revendications nationales des Indiens.

En 1943, avec *Keep Your Power Dry*, elle poussa l'Américain moyen à porter un regard anthropologique sur sa propre société et acquit un incontestable renom auprès du grand public. En 1948, elle publia son livre le plus connu *L'un et l'autre Sexe* où elle confronte ses études passées aux modèles habituels de la famille et de l'éducation « moyennes » aux États-Unis. En 1953, un retour aux îles de l'Amirauté aboutit à la publication de *New Lives for Old* (1956) où elle fait de l'Amérique un modèle d'intégration multiraciale et de fusion dans la diversité. Partie d'une anthropologie minutieuse sur le terrain, Margaret Mead débouche ainsi sur une philosophie sociale, optimiste et réformatrice. Mariée à l'anthropologue Gregory Bateson avec lequel elle effectua la plupart de ses missions, elle fut également cinéaste et essayiste ainsi que présidente de la Fédération mondiale pour la santé mentale. Elle a aussi publié *Une éducation en Nouvelle-Guinée* (1930), *The Changing Culture of an American Tribe* (1932), *Mœurs et sexualité en Océanie* (1935).

MECHTILDE DE MAGDEBOURG. Mystique germanique (v. 1210 - v. 1290). Elle naquit de parents fortunés dans le diocèse de Magdebourg. Vers 1230, elle se retira dans une communauté de béguines, à Magdebourg. À partir de 1250 et pendant trente ans, sur les conseils de son confesseur Henri de Halle, elle rédigea son œuvre maîtresse, *Das fliessende Licht der Gottheit* (« La lumière ruisselante de la divinité »). Elle y exprime son expérience mystique soit en vers lyriques, soit sous forme de dialogues entre l'âme et Dieu, non sans énoncer des sentences morales dont certaines sont des critiques de la puissance temporelle de l'Église, ce qui lui valut des ennemis.

Vers 1270, elle se retira au couvent cistercien d'Helfta, dont l'abbesse était Gertrude de Hackeborn. Elle y retrouva Gertrude* la Grande et Mechtilde de Hackeborn, autre mystique dont les révélations ont joué un rôle important sur le culte du Sacré-Cœur. Il existe deux versions du texte de Mechtilde de Magdebourg dont l'original a été perdu : une, latine, établie vers 1285 ; l'autre, alémanique (haut-allemand), rédigée vers 1345, considérée comme conforme à l'original rédigé en bas-allemand, sans compter un nombre important de fragments. La spiritualité de Mechtilde de Magdebourg s'est répandue au XIVᵉ siècle dans les couvents grâce à l'action de Henri de Nördlingen.

MECK Nadejda Prolovsky von. Russe (1831-1894). Issue d'une famille aristocratique russe, elle épousa l'ingénieur Karl von Meck, dont elle eut douze enfants. La mort de son mari la laissa à la tête d'une fortune considérable. Passionnée de musique, elle entra en relation, en 1877, avec le compositeur Tchaïkovski : elle allait devenir sa protectrice au cours des années difficiles, lui apportant une aide substantielle, tant matérielle que morale. Cette généreuse admiratrice avait posé pour condition à leur amitié qu'ils ne se rencontrent jamais. Une longue correspondance, dont l'amour n'est pas exclu, témoigne de ce pacte. Après ce qu'il faut bien appeler leur rupture en 1890, Tchaïkovski partit pour les États-Unis, où l'attendait un accueil triomphal.

MÉDICIS Catherine de. Voir CATHERINE DE MÉDICIS.

MÉDICIS Marie de. Voir MARIE DE MÉDICIS.

MEIR Golda, Golda Myerson, née Mabovitch, dite. Femme politique israélienne (Kiev, Ukraine, 3 mai 1898 - Jérusalem, 8 décembre 1978). Lorsque sa famille quitta Kiev pour les États-Unis, elle n'avait que huit ans. Son père, Moshe Mabovitch, s'installa avec sa famille tout d'abord à New York, puis à Milwaukee, dans le Wisconsin. Ils vivaient très pauvrement, mais heureux car ils étaient libres. Golda Meir aida sa mère dans la petite épicerie que celle-ci avait ouverte. En 1915, deux jeunes sionistes, David Ben Gourion et Isaac Ben Zyi, chassés de Palestine par le gouvernement turc, et dont l'ambition était de ressusciter Israël, vinrent à Milwaukee. Leur éloquence irrésistible séduisit Golda Meir qui s'inscrivit au Poale Sion (parti sioniste ouvrier). Elle avait dix-sept ans. À cette époque, ses parents ayant refusé de l'inscrire dans une université, elle quitta la maison familiale et partit pour Denver. Elle travailla dans une blanchisserie et, le soir, suivait des cours en compagnie de sa meilleure amie, Regina Hamburger, qui fut plus tard la secrétaire de Moshe Sharett et d'Abba Eban. Elle rencontra de nombreux intellectuels juifs et découvrit que « la philosophie est la plus grande chose du monde ». En 1918, devenue institutrice, elle épousa un Juif russe, Morris Meyerson, un peu plus âgé qu'elle, dont elle eut deux enfants, Menachem en 1923 et Sarah en 1926. Mais aucun lien profond n'existait entre les deux époux. Golda Meir, se sentant de plus en plus attirée par la politique, va y trouver sa véritable voie. Possédant un extraordinaire don d'éloquence, elle devint quelques années plus tard le principal orateur des People's Relief et de l'American Jewish Congress. En 1921, elle décida de partir pour la Palestine. Elle entraîna son mari et, le 23 mai, ils embarquèrent à New York sur le *Pocahontas*, rejoignant la Palestine après une invraisemblable équipée. Elle avait vingt-trois ans lorsqu'elle débarqua sur cette terre à laquelle elle consacra toute sa vie.

Dès 1928, elle fut secrétaire générale du Moatzot Poalot (Conseil ouvrier féminin) et donna des conférences en Palestine, au Levant, en Europe et aux États-Unis. En 1934, elle fut nommée au Conseil exécutif de la Histadrouth (Confédération générale des travailleurs israéliens) et devint la collaboratrice et l'amie de Ben Gourion et de nombreux ministres. En 1936, elle fut désignée pour diriger les services politiques de la Histadrouth. De 1945 à 1947, elle lutta contre les Anglais qui s'opposaient à la création d'un État juif, et, lorsque Sharett fut arrêté, puis que Ben Gourion dut s'exiler, elle devint responsable du Bureau politique. C'est à cette époque qu'elle hébraïsa son nom : Golda Meyerson devint pour l'histoire Golda Meir. Son ascension continua : elle alla de mission en mission, en Angleterre, aux États-Unis pour trouver les moyens de financer ce jeune État d'Israël, contre lequel luttaient les Arabes. Le 10 mai 1948, Ben Gourion l'envoya auprès du roi Abdallah d'Arabie, chargée d'une mission de conciliation et de neutralisation, mais, ne pouvant le convaincre, elle le menaça. Le 14 mai 1948, le gouvernement provisoire israélien, sous la présidence de Ben Gourion, proclama la naissance de l'État juif de Palestine qui portera le nom d'Israël. Golda Meir fut l'une des signataires de la déclaration d'indépendance. Le nouvel État fut aussitôt reconnu par Harry Truman et par Staline. En juin 1948, elle fut nommée ambassadeur d'Israël en Union soviétique. Elle resta à Moscou près d'un an. En juin 1949, elle fut ministre du Travail dans le premier gouvernement constitué. Sous son impulsion, le pays se modernisa, attirant des milliers de Juifs. En 1951, pendant un séjour de Golda Meir à New York, son mari mourut. En 1956, elle remplaça Moshe Sharett au ministère des Affaires étrangères et devint, sur le plan international, une grande figure politique. Le 29 octobre 1957, elle échappa à un attentat. Son attitude l'a fait surnommer «Mme Courage». En 1967, Golda Meir, alors secrétaire générale du Mapaï (parti socialiste majoritaire), dut renoncer à ses fonctions pour raisons de santé, cependant, le 7 mars 1969, à l'âge de soixante et onze ans, elle accepta de nouvelles fonctions et devient Premier ministre d'Israël.

Cette maîtresse femme, que Ben Gourion désignait malicieusement comme «le seul homme de son gouvernement», était la seule en mesure de résoudre la crise ouverte par la mort de Levi Eshkol. Premier ministre de 1969 à 1974, Golda Meir dut affronter la guerre du Kippour et démissionna lorsqu'on lui reprocha de l'avoir mal préparée. Elle publia en 1975 son autobiographie. En 1976, elle fut membre du groupe dirigeant du parti travailliste et, en 1977, elle rencontra à Jérusalem le président égyptien Anouar el Sadate. Rencontre à jamais historique. Elle fut un personnage hors du commun dont Ben Gourion soulignait le rôle capital en affirmant: «Lorsqu'on écrira l'histoire, on dira que c'est une Juive qui a permis que l'État d'Israël voie le jour.» Avec Golda Meir disparaissait le dernier des fondateurs de l'État d'Israël.

RÉF.: S. Reiner, *Grand-mère patrie*, Albin Michel, 1980.

MEITNER Lise. Physicienne suédoise d'origine autrichienne (Vienne, 1878 - Cambridge, 1968). Après des études à Vienne, elle se rendit à Berlin en 1907 où elle fut l'élève de Max Planck qui, en 1900, avait jeté les bases de la théorie des quanta. Elle travailla ensuite avec Otto Hahn à l'Institut de physique d'Emil Fischer. N'employant pas de femme, Otto Hahn accepta sa présence à condition qu'elle ne parût point officiellement. Discrète et modeste, elle se tint à l'écart lorsque Fischer présenta en 1912 ses recherches sur la radioactivité (phénomène de recul des atomes radioactifs émetteurs de rayons alpha découverts avec Hahn en 1908-1909). C'est à l'université Kaiser Wilhelm de Berlin-Dahlem qu'elle découvrit ensuite, toujours avec Otto Hahn, l'existence de groupes monocinétiques de rayons B provenant de la radioactivité (1912), celle du protactinium (1917), ainsi que le phénomène de l'isomérie nucléaire.

Après la Première Guerre mondiale qui la vit servir comme infirmière attachée au service de radiographie, elle reprit ses recherches avec Hahn dont elle resta la collaboratrice jusqu'à son départ d'Allemagne en 1938. Ensemble, ils entreprirent, à partir de 1932, des recherches sur les radio-éléments radioactifs produits en bombardant des éléments à l'aide de neutrons; à cette occasion, elle découvrit l'isomérisme de l'uranium 239. D'origine juive, elle quitta clandestinement l'Allemagne en 1938 devant la menace nazie et gagna la Suède. Elle y obtint un poste de professeur au Königlich Teck Högskolan et fut accueillie à l'Institut de physique théorique de Copenhague par N. Bohr. À cette époque, elle vérifiait, avec son neveu R. Frisch, ses expériences faites avec Hahn. Après la découverte par Hahn et Strassmann de la fission nucléaire, elle proposa avec Frisch la théorie de ce phénomène. En 1960, elle se retira avec ce dernier à Cambridge qu'elle ne quitta plus jusqu'à sa mort. Elle est l'auteur de nombreuses publications : *Die Radioaktiven Strahlen* (1925), *Kernstruktur* (1926), *Die Gammallstrahlen* (1929), *Zur Struktur der Atomkerne* (1929). Elle fut membre de sept Académies et titulaire de cinq doctorats honoris causa.

MELBA Nellie (Helen Porter Mitchell, dite). Soprano australienne (Richmond, Melbourne, 19 mai 1861 - Sydney, 23 février 1931). Enfant, elle prit des leçons de piano, de violon, de harpe et plus tard d'harmonie et de composition. Très douée, elle jouait de l'orgue dans une église du voisinage. Sa seule ambition était de chanter, mais son père, quoique mélomane, ne voulait pas entendre parler d'une carrière d'artiste. Ce n'est qu'après son mariage avec Charles Armstrong, en 1882, qu'elle put enfin se consacrer à sa vocation. Elle travailla sa voix avec un professeur local et parut sur scène pour la première fois, le 17 mai 1884, dans un concert de bienfaisance. L'année suivante, elle accompagnait son père à Londres, déterminée à commencer une carrière de chanteuse d'opéra. Son premier concert en Grande-Bretagne, le 1er juin 1886, la convainquit de la nécessité de poursuivre ses études. Elle partit pour Paris où elle devint l'élève de Mathilde Marchesi*. Ses débuts en octobre 1887 à la Monnaie de Bruxelles en Gilda (*Rigoletto*, Verdi) firent sensation. Elle y interpréta, la même saison, Violetta (*La Traviata*, Verdi), Lucie (*Lucie de Lammermoor*, Donizetti), Lakmé (*Lakmé*, Delibes) et Ophélie (*Hamlet*, Thomas). Son succès la conduisit l'année suivante à Covent Garden et à l'Opéra de Paris où elle triompha.

Sa formidable technique et sa musicalité parfaite, liées à un réel tempérament de comédienne, lui permettaient de passer aisément des rôles les plus brillants du répertoire italien à ceux du répertoire français, de Marguerite (*Faust*, Gounod) à Juliette (*Roméo et Juliette*, Gounod); ces deux rôles, elle les avait étudiés avec le compositeur lui-même. Considérée comme la plus grande soprano de son temps, elle chanta souvent avec Jean De Reszke. Le monde entier était à ses pieds. Nellie Melba triompha à la Scala, au Metropolitan Opera de New York, à Chicago, en Australie et à Londres. Elle s'illustra dans un certain nombre de rôles, comme Mimi (*La Bohème*, Puccini), Rosine (*Le Barbier de Séville*, Rossini), Sémiramis (*Sémiramis*, Rossini), Manon (*Manon Lescaut*, Puccini), Micaela (*Carmen*, Bizet), La Reine (*Les Huguenots*, Meyerbeer), Aïda (*Aïda*, Verdi), Elsa (*Lohengrin*, Wagner); elle créa *Elaine* (Bemberg, 1892) et *Helene* (Saint-Saëns, 1904) dont les rôles-titres avaient été écrits pour elle; elle fut également Nedda (*Paillasse*, Leoncavallo) lors de la première à Londres en 1893.

Elle régna en souveraine absolue à Covent Garden jusqu'en 1914, régentant les engagements des autres chanteurs et la distribution des rôles dans les ouvrages où elle était affichée. À partir de 1915, elle devint professeur au conservatoire de Melbourne mais se produisit encore occasionnellement à Londres jusqu'au 8 juin 1926, date de sa représentation d'adieux. De 1904 à 1926, Melba a enregistré près de cent cinquante disques. Sa renommée était telle que le roi d'Angleterre l'anoblit en 1918. Elle a publié *Melodies and Memories* (1925). En 1953, sa vie a inspiré un film à Patrice Munsel. Signalons enfin que la pêche Melba, la sauce Melba et les Melba toasts sont des avatars de la popularité de cette *prima donna assoluta*.

RÉF. : A. Murphy, *Melba*, Londres, 1909. P. Colson, *Melba*, Londres, 1931. J. Hetherington, *Melba*, Londres, 1967.

MELLER Raquel (Francisca Marques Lopez, dite). Chanteuse espagnole (Parazona, Catalogne, 1883 - Barcelone, 1962). Elle eut une enfance assez pauvre et vendit des journaux pour vivre. Ses débuts dans la chanson furent modestes, mais ses yeux sombres, son visage pâle, sa voix tendre et prenante la firent bientôt remarquer et elle commença à être connue du grand public dès avant la Première Guerre mondiale. En 1925, elle fit la conquête de Paris avec sa célèbre chanson *La Violettera* et, de 1928 à 1930, elle fut la vedette des grandes revues de la capitale: Palace, Paris-Madrid. En 1937, elle conduisit la revue *Pour toi Paris* au Casino de Paris. Raquel Meller chantait en espagnol, le public se laissait charmer par sa voix, et peu importait les paroles.

Elle rendit célèbres dans le monde entier les chansons du compositeur espagnol Jose Padilla, mais c'est surtout *La Violettera* qui fit sa gloire et qu'elle chanta pour la dernière fois en 1956 à Barcelone. Raquel Meller a tourné plusieurs films parmi lesquels *La Terre promise* (Roussel, 1925), *La Ronde de nuit* (Sylver, 1925), *Carmen* (Feyder, 1926), *Les Violettes impériales* (Roussel, 1932) qui n'ont rien ajouté à sa gloire de chanteuse. Elle s'était mariée deux fois, la première avec un écrivain et diplomate espagnol, Gomez Carrillo, la seconde avec Edmond Sayag, homme d'affaires français dont elle eut un fils. Celle qui fut la reine de Paris et l'une des artistes les mieux payées de son époque connut une fin triste et solitaire.

MELMOTH Charlotte. Actrice américaine d'origine anglaise (1749-1823). Si son nom de jeune fille reste inconnu, on sait qu'elle s'enfuit de chez elle pour épouser un acteur du nom de Courtney Melmoth et qu'ensemble ils se produisirent en province. Elle conserva son nom après leur séparation et joua à Covent Garden et à Drury Lane. Autoritaire, indépendante, elle s'imposa rapidement comme une des meilleures comédiennes de son temps. Elle partit de New York et débuta en 1793 avec l'American Company dans le rôle d'Euphrasia (*The Grecian Daughter*, Murphy). Elle surpassait toutes ses consœurs en lady Macbeth* (*Macbeth*, Shakespeare), et son talent fit ajouter maintes tragédies au répertoire de la compagnie. Actrice principale du Park Theatre dès sa fondation en 1798, elle déçut un public idolâtre en refusant de réciter un poème patriotique. Après un passage au Chesnut Street Theatre de Philadelphie, elle se retira de la scène en 1812. Elle enseigna l'art dramatique à New York jusqu'à sa mort.

MEMPHIS Minnie Douglas (dite **Minnie**). Chanteuse et guitariste américaine (Algiers, Louisiane, 1896 - Memphis, Tennessee, 1973). L'une des plus grandes chanteuses noires de blues, avec sa voix forte et distinguée, était d'apparence mignonne et menue. Élevée à Wals dans le Mississippi, elle quitta sa famille à l'âge de treize ans pour gagner Memphis où elle apprit la guitare. Elle jouait dans les rues et rejoignit un temps la troupe du cirque Ringling. Après s'être séparée du chanteur Casey Bill Weldon, elle épousa en 1927 «Kansas» Joe Mc Coy qu'elle suivit à Chicago, capitale du blues urbain. Le couple enregistra dès 1929 de superbes duos accompagnés à la guitare sèche. Dans les années 30, Minnie était la star incontestée des fameux Blue Mondays du Gatewood's Tavern, sans pour autant négliger les tournées dans le Sud. Elle se remaria en 1938 avec un troisième musicien, Ernest Lawlers, dit Little Son Joe. Applaudie sur la scène de l'Indiana Theater, elle entra dans des formations plus larges, à l'ère de la guitare électrique et du microphone. Elle se produisit encore dans les années 50. En 1957, Little Son Joe fut paralysé par une attaque. À sa mort en 1962, Minnie, elle-même paralysée, entra dans un hospice qu'elle quitta dix ans plus tard pour mourir auprès de sa sœur. Citons ses disques les plus célèbres: *Bumble Bee* (1929), enregistré avec Joe Mc Coy et *Looking the World Over* (1942), avec Little Son Joe.

MENCHIK Vera. Championne d'échecs (Moscou, 1906 - Londres, 1944). De père tchèque et de mère anglaise, elle fut championne du monde féminin d'échecs de 1927 à sa mort, battant régulièrement sa rivale, l'Allemande Sonia Graf. Elle affrontait aussi des hommes qui redoutaient sa force et surtout le fait d'être battus par une femme: même dans une position perdue, ils ne voulaient pas s'avouer vaincus et rallongeaient inutilement la partie, espérant un miracle. Les nombreux perdants avaient constitué le «club Vera Menchik», que rejoignit même le champion du monde, Max Euwe. Ce «club» acheva de persuader les misogynes que l'on pouvait être femme et grand joueur d'échecs. En 1937, Vera Menchik épousa un organisateur anglais de tournois, R.H.S. Stevenson. Elle mourut au cours d'un bombardement.

MENDELSSOHN Fanny Cécile. Pianiste et compositeur. Allemande (Hambourg, 14 novembre 1805 - Berlin, 14 mai 1847). Petite-fille du philosophe Moses Mendelssohn et fille de Moses le banquier, elle était la sœur aînée de Félix Mendelssohn, le célèbre compositeur. Les enfants, au nombre de quatre, furent élevés strictement. Le père, d'origine juive, les laissa embrasser la religion protestante et ajouta à son nom celui de Bartholdy. En 1811, les Mendelssohn se fixèrent à Berlin. Fanny et Félix montrèrent très tôt des dispositions exceptionnelles pour la musique. Leur mère, elle-même musicienne, les confia à Ludwig Berger qui leur transmit la plus pure tradition pianistique, puis à Carl Friedrich Zelter qui leur fit découvrir l'œuvre de Jean-Sébastien Bach. À treize ans, Fanny jouait de mémoire ses vingt-quatre *Préludes*; elle devint une virtuose accomplie. Mais c'est à son attachement pour son frère Félix, qui dura toute leur vie, qu'elle doit sa renommée. Elle devint sa confidente et sa conseillère. Fanny Mendelssohn fut aussi compositeur: on lui doit un *Trio*, deux recueils de *Lieder* et des romances sans paroles, dont plusieurs sont devenues célèbres, mais sous le nom de son frère. Elle avait épousé en 1829 le peintre Hensel.

MENKEN Adah Isaacs, née Dolores Adios Fuertes. Actrice et écuyère américaine (La Nouvelle-Orléans, 15 juillet 1835 - Paris, 10 août 1868). Curieuse personnalité que celle de cette femme qui fut à la fois actrice, femme de lettres et écuyère. Elle reçut une excellente éducation, parlant aussi bien le français, l'allemand, l'espagnol que le yiddish, sachant chanter, danser et monter à cheval. Elle fit ses débuts de danseuse à La Nouvelle-Orléans en 1855 et les poursuivit à Mexico et à La Havane où elle devint l'idole du public. Elle épousa en 1856 Alexander Isaacs Menken dont elle conserva toujours le nom pour sa carrière d'artiste, malgré ses quatre mariages. Elle passa ensuite au théâtre, interprétant Pauline (*The Lady of Lyons*, Lytton), Bianca (*Fazio*, Milman) dans sa ville natale et Cheerly (*The Soldier's Daughter*, Cherry) à New York. Cependant, c'est surtout en tant qu'écuyère qu'elle obtint un triomphe auprès du public américain et européen grâce à sa prestation dans *Mazeppa*, numéro équestre tiré du conte en vers de lord Byron (1819). Elle apparaissait allongée sur son cheval, les pieds liés et à moitié nue, franchissant les gradins disposés sur la piste, sous les yeux d'un public fasciné. Elle se produisit dans ce rôle à Albany (1861), New York (1862), Baltimore (1862) et San Francisco (1863). Entre-temps, elle avait divorcé et s'était remariée en 1859 avec John Heenan, dont elle se sépara pour épouser en 1862 R.H. Newell. En 1864, elle s'embarqua pour l'Angleterre, remportant le même succès dans *Mazeppa*, notamment à Londres. Elle s'associa à la vie artistique, fréquentant Charles Dickens, le poète Algernon Swinburne, les peintres Dante Rossetti et Edward Burne-Jones. En 1865, elle divorça de nouveau et épousa James Barkeley l'année suivante; elle l'abandonna presque aussitôt et s'installa à Paris. Elle y accoucha d'un fils. En l'honneur de la marraine George Sand*, on le baptisa Louis Dudevant Victor Emmanuel Barkeley. En 1867, elle se produisit dans *Les Pirates de la savane* (Dugué et Anicet-Bourgeois) au théâtre de la Gaîté. Elle mourut subitement à l'âge de trente-trois ans. Elle repose au cimetière juif du Père-Lachaise. Elle a laissé un recueil poétique, *Infelicia* (1868).

MENTER Sophie. Pianiste allemande (Munich, 1846-1918). Elle était la fille du violoncelliste Joseph Menter qui, lui reconnaissant des dons précoces, la confia à Leonhard du conservatoire de Munich puis à Niest, pianiste réputé. Dès l'âge de dix-sept ans, elle entreprit des tournées de concert, obtenant partout en Europe des succès prometteurs. Elle rencontra le pianiste Tausig, qui la conseilla, et Franz Liszt dont elle suivit les leçons en 1869 et qui admirait son talent. Elle épousa en 1872 le violoncelliste autrichien David Popper, dont elle divorça en 1886. Nommée au conservatoire de Saint-Pétersbourg, elle y professa de 1883 à 1887, comptant sa sœur cadette au nombre de ses élèves. Elle écrivit une *Rhapsodie hongroise*, que Tchaïkovski orchestra.

MENUHIN Hephzibah. Pianiste américaine (San Francisco, 20 mai 1920 - Londres, 1er janvier 1981). Sœur du célèbre violoniste Yehudi Menuhin, elle-même brillante pianiste, elle accompagna son frère dans de nombreux récitals de sonates qu'ils donnèrent en Amérique, en Australie et en Europe, remportant partout un énorme succès. Avec Yehudi Menuhin et Alan Civil, elle a enregistré le *Trio pour piano, violon et cor en mi bémol majeur* (Brahms), auquel ils surent donner un lyrisme très personnel.

MERCOURI Melina (Maria Amalia Mercouris, dite). Actrice et femme politique grecque (née à Athènes, le 18 octobre 1930). Après des débuts au théâtre, elle se révéla une excellente actrice dramatique dans *Stella* (Cacoyannis, 1955), avant de devenir l'interprète favorite de Jules Dassin qu'elle épousa en 1966. Citons parmi ses films *Celui qui doit mourir* (Dassin, 1956), *Gypsy* (Losey, 1957), *Jamais le dimanche* (Dassin, 1960), qui lui valut un prix d'interprétation au festival de Cannes, *Topkapi* (Dassin, 1964), *Cris de femme* (Dassin, 1977). Elle a enregistré plusieurs disques de chansons consacrées à la Grèce et publié une autobiographie, *Je suis née grecque* (1972). Opposée au régime des colonels, elle devint député socialiste en 1977 puis, en 1981, ministre de la Culture.

MÈRE ROYAUME (Mme Royaume, dite). Héroïne genevoise (XVIe-XVIIe siècle). Cette valeureuse citoyenne de Genève a acquis une célébrité auprès des Genevois qui dure encore de nos jours. En 1602, une armée du duc de Savoie, Charles-Emmanuel 1er, tenta, au cours de la nuit du 11 au 12 décembre, de s'emparer de la ville de Genève, en dressant des échelles contre les remparts de la cité, d'où le nom de l'Escalade que les Genevois ont donné à cet assaut. La défense de la ville fut acharnée et l'ennemi repoussé. Au cours de la bataille, Mère Royaume coiffa un Savoyard d'une marmite et le tua. La date du 12 décembre est restée un jour de fête pour les Genevois et, en souvenir de l'acte de bravoure de la Mère Royaume, on vend tous les ans, au cours de la fête commémorative de l'Escalade, des marmites en chocolat.

MÈRE TERESA (Agnes Gonxha Bajaxhiu, dite). Religieuse indienne d'origine albanaise (née à Skopje, Yougoslavie, le 26 août 1910). Dernière d'une famille albanaise de trois enfants, elle fut choyée par ses parents. Sa mère, Drana Bajaxhiu, très pratiquante, l'initia très jeune à la lecture des Évangiles. Son père, qu'elle adorait, mourut lorsqu'elle avait neuf ans et, pour subvenir aux besoins de la famille, sa mère dut créer une petite entreprise artisanale. À dix-huit ans, Agnes lui annonça sa décision de devenir missionnaire. Elle quitta le domicile familial de Skopje pour entrer dans l'ordre des sœurs de Notre-Dame-de-Lorette, une communauté religieuse irlandaise entretenant une mission à Calcutta.

Après quelques mois de formation à Dublin, elle fut envoyée aux Indes où elle arriva le 6 janvier 1929, après un long et pénible voyage. Elle prépara son noviciat à Darjeeling et, en prononçant ses premiers vœux, choisit comme nom de religion celui de sœur Teresa. De 1929 à 1946, période durant laquelle elle prononça ses vœux définitifs, elle enseigna au collège Sainte-Marie de Calcutta, avant d'en devenir la directrice. Cependant, frappée par la misère qu'elle côtoyait à chaque instant, elle décida de se consacrer aux pauvres des bidonvilles. En 1947, elle fonda une première école dans les quartiers populaires de Calcutta, puis elle prit la nationalité indienne. En 1948, elle obtint du pape Pie XII l'autorisation de quitter son couvent pour se mettre au service «des plus pauvres parmi les pauvres» et leur apporter réconfort et amour. Elle troqua l'habit de son ordre contre le sari blanc à bordures bleues, qu'elle rendit célèbre dans le monde entier. En 1950, elle créa la congrégation des Missionnaires de la charité qui compte actuellement plus de mille membres en Inde.

Avec les jeunes recrues de sa congrégation, anciennes élèves du collège Sainte-Marie, elle s'occupa des enfants abandonnés, se chargeant de leur éducation dans ses propres écoles ou de leur trouver des parents adoptifs. C'est en 1957 que Mère Teresa commença à secourir les lépreux en faisant appel à l'aide internationale. Depuis, elle parcourt sans cesse le monde pour visiter les 320 communautés de son ordre, réparties dans 76 pays. Son visage, buriné par la fatigue, n'a plus d'âge, mais son regard débordant de tendresse le transfigure. Pour beaucoup, Mère Teresa est la femme la plus extraordinaire du siècle et, en Inde, son pays d'adoption, elle est une héroïne nationale. À Calcutta, on l'appelle «la Sainte des bas-fonds». Après avoir reçu de nombreuses distinctions internationales allant du prix Jean XXIII de la paix, en 1971, à l'ordre indien du Lotus, on lui a décerné, en octobre 1979, le prix Nobel de la paix en reconnaissance pour son action humanitaire. En 1986, elle présida le Congrès de Paris, colloque international d'inspiration chrétienne. La même année, au cours de son voyage en Inde, le pape Jean-Paul II a visité le Centre missionnaire fondé par Mère Teresa et le Nirmal Hriday Ashram (la Maison des mourants) créé il y a plusieurs années par la «Sainte de Calcutta».

MERI, LA. Voir LA MERI.

MERIAN Maria Sybilla. Peintre entomologiste. Allemande (Francfort-sur-le-Main, 2 avril 1647 - Amsterdam, 13 janvier 1717). Sœur du peintre Mathieu le Jeune, elle montra très jeune de rares dispositions pour le dessin. Formée par le peintre Jacques Morsels, second mari de sa mère, elle reçut ensuite les leçons du fameux Abraham Mignon qui lui apprit la miniature. En 1665, elle épousa un peintre de Nuremberg, André Graff qui, quelques années plus tard, fit de mauvaises affaires et dut prendre la fuite. À la suite de cette mésaventure, elle reprit son nom de jeune fille et retourna à Francfort. Avec ses deux filles, elle se rendit ensuite en Hollande et s'y lia à la secte des labadistes. En 1698, ne trouvant plus rien à observer de nouveau dans les cabinets d'histoire naturelle d'Amsterdam, elle partit, accompagnée de ses filles, pour le Surinam et y dessina reptiles, insectes, plantes, fleurs et coquillages. Rentrée en Hollande en 1701, elle mit à jour les trésors qu'elle avait amassés. Ses gravures et ses dessins sont remarquables de netteté, d'exactitude (elle représente par exemple les insectes sur leurs plantes nourricières) et d'élégance, et sont accompagnés de courtes notices explicatives. Elle a publié *Der Raupen wunderbare Verwandlung* (2 vol., 1679-1683), traduits en latin puis en français sous le titre *Histoire des insectes de l'Europe*, dessinés d'après nature et expliqués par M. J. Merian (1730), *Florum fasciculi III ad vivum dipicti* (1630); *Metamorphosis insectorum Surinamensium* (1706), traduit en français sous le titre *Histoire générale des insectes du Surinam et de toute l'Europe* (1711).

MÉRODE, Cléo de (Cléopâtre Diane, dite). Danseuse belge (Vienne, 1875 - Paris, 1966). Contrairement à Émilienne* d'Alençon et Liane* de Pougy, elle appartenait à l'une des familles les plus distinguées de l'aristocratie belge. À sept ans, elle entra dans le corps de ballet des petits rats de l'Opéra et ne quitta plus guère le monde de la danse. Elle était d'une beauté éblouissante — les Américains l'avaient surnommée «*the most beautiful woman in the world*» —, ce qui lui valut d'être élue reine de beauté au grand concours de *L'Illustration*, en 1896, devant la Belle Otero*, Sarah Bernhardt* et Cécile Sorel*. Bien que sa vie fût parfois proche de celle des demi-mondaines de la Belle Époque, elle s'est toujours défendue de toute sorte d'assimilation et n'hésita pas à assigner en justice Simone de Beauvoir* qui l'avait inscrite au chapitre des «hétaïres» dans son livre, *Le Deuxième Sexe*. Cléo de Mérode remporta son procès.

On ne compte pas pourtant les admirateurs qui la couvraient de somptueux cadeaux, parmi lesquels Édouard VII d'Angleterre, Alphonse XIII d'Espagne et surtout Léopold II, roi des Belges, qui la poursuivait de ses assiduités. Elle repoussa ses avances, dit-elle, et nia toujours avoir été la favorite du roi, bien que la fable de sa liaison courût le monde. Cléo de Mérode ne refusait pas toujours les présents de ses admirateurs, par exemple un énorme diamant offert par le mahārājā de Kapurtala qui lui proposa de l'épouser. Dans ses *Mémoires*, elle affirme n'avoir jamais cédé aux avances de ses soupirants, confiant qu'elle n'eut que deux amours dans sa vie, l'un en la personne d'un certain Charles de P., fils d'une riche famille aristocratique qui mourut de typhoïde; l'autre fut un diplomate espagnol, Luis de Pertinat. Leur liaison dura treize ans. Elle dansa dans la plupart des grandes villes d'Europe et d'Amérique et amassa une fortune considérable. On dit qu'elle toucha jusqu'à cinquante mille francs or pour une tournée en Russie. Elle fut la femme la plus photographiée de son temps: quinze mille cartes postales répandirent son image à travers l'Europe.

Elle reparut sur scène à l'âge de cinquante-sept ans, à l'Alcazar, dans une revue 1900 de Henri Varna, s'attirant cette remarque élogieuse de Colette* : « Elle n'a pas changé. »

MERRY Anne, née Brunton. Actrice anglaise (1769-1808). Fille aînée d'un directeur de théâtre ambulant, elle apparut pour la première fois à Bath, en 1784, dans la compagnie de son père. Son succès fut tel qu'un an plus tard on l'engagea à Covent Garden où elle triompha jusqu'en 1792. Elle quitta la scène pour épouser un certain Robert Merry. Celui-ci bientôt ruiné, elle accepta un engagement à Philadelphie et s'y rendit avec l'acteur américain Thomas Wignell. En décembre 1796, elle incarnait Juliette (*Roméo et Juliette*, Shakespeare) au Chesnut Street Theatre. Elle joua à New York l'année suivante. Belle et talentueuse si l'on en croit les témoignages de ses contemporains, elle fut saluée comme l'une des meilleures actrices de son temps. On l'admira particulièrement dans *Venise sauvée* (Otway), où elle succédait à Sarah Siddons* dans le rôle de Belvidera. Veuve en 1798, elle épousa Wignell en 1803, qui mourut peu de temps après. Trois ans plus tard, elle se remariait à l'acteur William Warren. Elle jouait à New York sous la direction de W. Dunlap lorsqu'elle mourut en couches à l'âge de quarante ans.

MESPLÉ Mady (Magdeleine, dite). Soprano française (née à Toulouse, le 7 mars 1931). Premier prix au conservatoire de sa ville natale au piano, écriture et chant, elle entreprit une carrière de pianiste avant de débuter en 1953, à Liège, dans *Lakmé* (Delibes). Pendant les trois saisons suivantes, elle mit au point ses premiers grands rôles : Rosine (*Le Barbier de Séville*, Rossini), Olympia (*Les Contes d'Hoffmann*, Offenbach), Gilda (*Rigoletto*, Verdi). Elle fut alors engagée à la Monnaie de Bruxelles et ajouta à son répertoire Lucie (*Lucie de Lammermoor*, Donizetti) et la Reine de la Nuit (*La Flûte enchantée*, Mozart). En 1956, elle débuta à l'Opéra-Comique avec Lakmé (*Lakmé*, Delibes) qui sera un des rôles phares de sa carrière. La même année, au festival d'Aix-en-Provence, elle chantait dans *Zémire et Azor* (Grétry).

Engagée à l'Opéra de Paris en 1958, elle fut entre autres la sœur Constance (*Dialogues des carmélites*, Poulenc), Gilda (*Rigoletto*, Verdi), Sophie (*Le Chevalier à la rose*, R. Strauss), et l'interprète idéale de *L'Enfant et les sortilèges* (Ravel). Après avoir triomphé en Europe et en Amérique, elle incarna Zerbinette (*Ariane à Naxos*, R. Strauss) au festival d'Aix en 1966. Elle créa *Le Dernier Sauvage* (Menotti, 1963) et, deux ans plus tard, la version française d'*Élégie pour de jeunes amants* (Henze). Betsy Jolas écrivit pour elle son *Quatuor II*, Charles Chaynes ses *Quatre Poèmes de Sappho*. Après avoir interprété une cinquantaine de rôles d'opéra, puis d'opérettes, à partir de 1970 notamment *La Chauve-Souris* (J. Strauss), Mady Mesplé a donné récital sur récital et ses fréquents passages à la télévision confirment sa popularité. Elle a été nommée professeur à l'École normale de musique de Paris en 1985.

MESSALINE (en latin **Valeria Messalina**). Impératrice romaine (v. 25 - Rome, 48). Elle appartenait à l'illustre famille des Messala et était l'arrière-petite-fille d'Octavie*, sœur de l'empereur Auguste. Elle épousa Claude, devenant sa troisième épouse, et lui donna deux enfants. Peu de temps après leur mariage, Claude devint empereur, succédant à son neveu, Caligula. L'accession de Messaline au pouvoir absolu déchaîna ses appétits et elle se livra alors sans frein à tous ses caprices. Elle multiplia les amants, choisis généralement parmi les esclaves ou chez les affranchis impériaux qui se disputaient le pouvoir autour de Claude, incapable de gouverner. Tacite a décrit ses orgies et ses débauches, Juvénal a raconté comment elle se livrait, déguisée en esclave, à la prostitution dans les lupanars de Rome.

Mais elle ne fut pas seulement une femme impudique aux mœurs dissolues, elle fut aussi une femme cupide et criminelle. Elle s'appropria la fortune de citoyens romains et vendit au plus offrant toutes les charges impériales: commandements de légion, gouvernements de province, etc. On ne compte plus ses crimes, accomplis pour des motifs divers et souvent futiles. Elle fit assassiner Julie, sœur de Caligula, et une cousine de celle-ci car leur trop grande beauté les lui faisait craindre comme rivales. Ceux qui possédaient quelque chose qu'elle convoitait étaient supprimés pour lui permettre de l'acquérir. Ceux qui refusaient de devenir ses amants étaient assassinés; mais ceux qui acceptaient de partager sa couche n'étaient pas non plus assurés de garder la vie sauve. Elle fit ainsi tuer Polybe et Myron, deux affranchis impériaux, dont elle avait été la maîtresse. Les autres affranchis, inquiets de cette folie sanguinaire, cherchèrent à provoquer la chute de Messaline. Celle-ci commit une erreur quand elle s'attacha au jeune chevalier romain, Caius Silius. Fortement éprise, elle l'épousa, profitant de l'absence de Claude, parti à Ostie. Narcisse et Pallas s'empressèrent d'informer l'empereur qui ordonna à contrecœur de la châtier. Narcisse fit assassiner Messaline et Silius, ainsi que tous les convives qui fêtaient la noce dans les jardins de Lucullus. Claude épousa Agrippine* la jeune peu de temps après.

RÉF.: H. Mathieu, *Messaline, courtisane et impératrice*, Paris, 1961.

MESSALINE (en latin **Statilia Messalina**). Impératrice romaine (v. 35-?). Née dans une famille patricienne, elle fut la troisième femme de Néron, en 66, après Octavie* et Poppée*. Remarquable par son esprit et sa beauté, elle était mariée à Atticus Vestinus, ami de l'empereur. À la mort de Poppée en 65, celui-ci le fit tuer pour épouser Messaline. Après le suicide de Néron en 68, elle eut maintes aventures et faillit se remarier avec l'empereur Othon, successeur de Galba en 69. Toutefois, Othon, dont le pouvoir était contesté par Vitellius qui s'était fait proclamer en Germanie et qui l'avait vaincu le 14 avril 69, se donna la mort après trois mois de règne seulement.

METTERNICH-WINNEBURG Pauline Clémentine, née Sandóz de Slavnicza, princesse de. Hongroise (Vienne, 1836 - *id.*, 1921). Fille du comte hongrois Moritz Sandóz de Slavnicza, elle épousa en 1856 le prince Richard de Metternich, fils du diplomate et chancelier d'Autriche, dont elle eut trois filles. La princesse de Metternich suivit son mari, qui avait été nommé ambassadeur à Paris en 1858. Pendant douze ans, elle brilla à la cour des Tuileries et devint l'amie de l'impératrice Eugénie* que l'ambassadeur aida dans sa fuite, le 4 septembre 1870. Passionnée de littérature et de musique, elle réunit dans son salon de la rue de Varenne l'élite des écrivains, musiciens et hommes politiques de la capitale. Fort peu jolie, elle eut cependant de nombreux admirateurs, dont Richard Wagner, Charles Gounod et surtout Franz Liszt. Elle fut la principale protectrice du premier et est à l'origine de la représentation, en 1861, de *Tannhäuser* à l'Opéra de Paris qui causa un tumulte mémorable.

Rentrée à Vienne en 1870, la princesse continua à s'entourer d'une élite intellectuelle qu'elle recevait dans son palais, où l'on rencontrait de nombreux Français ouverts aux idées nouvelles et des musiciens ardents défenseurs de la musique moderne. Elle a laissé des Mémoires, *Éclairs du passé, 1859-1870* (1922) et des *Souvenirs d'enfance et de jeunesse* (1924).

RÉF. : E. Haymann, *Pauline de Metternich*, Perrin, 1991.

METZGER Hélène, née Bruhl. Chimiste et historienne des sciences. Française (Chatou, 26 août 1889 - en déportation, apr. février 1944). Elle était la nièce du sociologue Lucien Lévy-Bruhl et fut la disciple du philosophe Léon Brunschvicg, spécialiste de Pascal. Elle étudia la minéralogie avec Frédéric Wallerant à la Sorbonne et obtint en 1912 un premier diplôme d'études supérieures en physique. L'année suivante, elle épousa l'historien Paul Metzger qui fut tué dès les premiers mois de la guerre. Dès lors, elle se consacra entièrement à la recherche. En 1918, elle soutint sa thèse sur *La Genèse de la science des cristaux*, s'affirmant déjà comme une remarquable historienne des sciences. Étudiant l'évolution de la cristallographie depuis la fin du XVIIIe siècle, elle montra comment cette discipline était parvenue à devenir autonome en se dégageant de la minéralogie, de la physique et de la chimie.

Elle s'attaqua ensuite à l'histoire de la chimie dans son ouvrage *Les Doctrines chimiques en France du début du XVIIe siècle à la fin du XVIIIe siècle* (2 vol., 1923-1924). Le livre fut couronné par le prix Binoux décerné par l'Académie des sciences. *Newton, Stahl, Boerhaave et la doctrine chimique* (1930), *La Chimie* (1930), *La Philosophie de la matière chez Lavoisier* (1935) traduisent chez Hélène Metzger un élargissement de ses réflexions ; débordant le cadre historique, elle aborde le domaine de l'épistémologie et de la philosophie. Elle cherchait notamment à démontrer que, dans une période historique donnée, les idées religieuses, philosophiques et scientifiques forment un tout qu'il faut étudier en tant que tel et non les séparer artificiellement. Ces préoccupations apparaissent dans un mémoire soutenu en 1938 devant la cinquième section de l'École pratique des hautes études publié sous le titre *Attraction universelle et religion naturelle chez quelques commentateurs anglais de Newton* (1939). Elle comptait poursuivre dans cette voie en comparant les travaux du philosophe Condillac, de Lavoisier et des chimistes de la fin du XVIIIe siècle. La guerre empêcha cette entreprise. Fuyant Paris occupée par les Allemands, elle s'installa à Lyon et travailla sur le monothéisme juif au Bureau d'études israélites. Son texte fut publiée par son frère Adrien Bruhl, *La Science, l'appel de la religion et la volonté humaine* (1954). Elle fut arrêtée en février 1944, internée à Drancy puis déportée au camp de concentration d'Auschwitz. Elle mourut au cours du transport, à une date indéterminée. Son œuvre a exercé une influence considérable sur l'histoire des sciences et sur l'épistémologie.

MICHEL Louise. Anarchiste française (Vroncourt-la-Côte, Haute-Marne, 29 mai 1830 - Marseille, 10 janvier 1905). Fille naturelle d'une servante, elle fit cependant de solides études et entra dans l'enseignement à Paris. Ses idées libérales et même révolutionnaires l'engagèrent à se joindre aux nombreux opposants de Napoléon III. Après la chute de l'Empire et la proclamation de la République, Louise Michel, déçue par la politique conservatrice menée par Adolphe Thiers, dont elle disait : « Je poignarderai cet affreux gnome », se rallia aux communards. Le 3 avril, elle fit partie des troupes fédérées qui tentèrent une sortie en direction de Versailles, en marchant dans les rangs du 61e bataillon. Toujours vêtue d'une robe noire barrée d'une écharpe rouge, elle fut de tous les défilés, combattant pour la défense de Paris, montant sur les barricades, participant aux émeutes et à la semaine sanglante du 24 au 31 mai 1871, au cours de laquelle furent incendiés le palais des Tuileries, l'Hôtel de Ville, la Cour des comptes. Louise Michel, que l'on avait surnommée «La Vierge rouge», fut arrêtée et comparut devant le Conseil de guerre qui la condamna à la déportation en Nouvelle-Calédonie. Amnistiée en 1880, elle rentra en France et reprit sa propagande révolutionnaire qui lui valut de nouveau plusieurs emprisonnements (1883, 1886). Elle créa la Ligue internationale des femmes révolutionnaires contre la guerre. C'est au cours d'une tournée de conférences à Marseille qu'elle mourut. Elle laissa le souvenir d'une femme courageuse, aux idées généreuses, luttant pour la révolution sociale et contre la guerre. Elle a publié entre autres ses *Mémoires* (1886) et *La Commune, histoire et souvenirs* (1898).

RÉF. : É. Thomas, *Louise Michel ou la Velléda de l'anarchie*, Gallimard, 1971.

MICHELET Athénaïs, née Mialaret. Femme de lettres française (Paris, 1826 - *id.*, 1889). Veuf depuis huit ans de Pauline Rousseau qui lui avait donné deux enfants, l'historien Jules Michelet reçut à la fin de l'année 1847 des lettres admiratives d'Athénaïs Mialaret, institutrice à Vienne dans la famille des princes Cantacuzène. Flatté, il lui répondit, et la jeune femme vint le rejoindre à Paris. Ils se marièrent le 12 mars 1849. Froide, abusive, enragée d'écriture, elle rêvait de collaborer à l'œuvre de son mari. Comme il s'y opposait, elle lui interdit son lit, et il finit par céder. C'est ainsi qu'elle travailla à *L'Oiseau* (1856), *L'Insecte* (1857), *La Mer* (1861), *La Montagne* (1868).

À la mort de Michelet le 9 février 1874, elle entendit publier les nombreux manuscrits qu'il avait laissés. Elle donna donc au public *Ma jeunesse* (1884), *Mon journal* (1888) et *Rome* (1891), qui contiennent des pages authentiques, mais aussi de nombreuses corrections et adaptations de son cru. La nature de son travail fut sans doute contestée car elle publia *Ma collaboration à «L'Oiseau», «L'Insecte», «La Mer», «La Montagne», mes droits à la moitié de leur produit* (1876). Elle a écrit pour son propre compte les *Mémoires d'une enfant* (1867).

MIGENES-JOHNSON Julia. Soprano américaine (née à Manhattan en 1948). D'origine grecque et portoricaine, elle débuta enfant dans des shows télévisés et se produisit dans la banlieue newyorkaise avec son frère et sa sœur, tous trois sous le nom des *Migenes Kids*. Très douée, elle étudia le chant à la High School of Music and Arts, puis à la Julliard School de New York tout en chantant dans des comédies musicales et à l'Opéra. Vive et exubérante, elle se forgea à partir de 1980 une réputation de vedette du petit écran, surtout en Europe. Parallèlement, elle se produisit à l'Opéra de San Francisco et de Houston, débuta au Metropolitan Opera de New York où elle remplaca Teresa Stratas* dans *Lulu* (Berg) en 1981. Elle doit sa renommée mondiale à une remarquable *Salomé* (R. Strauss), mise en scène à Genève par Maurice Béjart, à son interprétation de *Lulu* (Berg) à Vienne sous la direction de Lorin Maazel, et à son éblouissante *Carmen* (Bizet), filmée par Francesco Rosi en 1984.

MIGNOT Marie-Louise. Voir DENIS, Madame.

MILADINOVA Alexieva Tsarevna. Féministe et pédagogue bulgare (Strouga, Macédoine, 1856-1934). Après des études supérieures en Russie, elle revint en Bulgarie et se consacra à l'enseignement. Elle fut la fondatrice du premier lycée de jeunes filles de son pays. Elle fut également une ardente féministe et son action courageuse en faveur de l'émancipation sociale des femmes bulgares fut déterminante. Son influence s'exerça aussi sur la jeune génération patriote de la Bulgarie moderne. Elle est considérée par ses compatriotes comme l'une des grandes figures féminines de la Bulgarie.

MILANOLLO Maria Domenica Teresa. Violoniste italienne (Savigliano, près de Turin, 28 août 1827 - Paris, 25 octobre 1904). Enfant prodige, elle commença à jouer du violon dès l'âge de cinq ans; à huit ans, elle se produisait pour la première fois en concert à Marseille. Devant le succès obtenu, son père décida de gagner Paris où il lui fit donner des leçons par François-Antoine Habeneck et Charles Lafont. Elle donna des concerts qui furent tous des triomphes. Teresa avait une jeune sœur, Maria, née en 1832, très douée elle aussi. Elles jouèrent en duo dans les plus grandes villes d'Europe et furent acclamées par un public de mélomanes qui ne se lassaient pas de les entendre. Maria mourut de tuberculose en 1848, à l'âge de seize ans. Désemparée, Teresa Milanollo abandonna les concerts pour un temps, mais se décida à rejouer en public dans les années 1850, remportant de nouveaux succès. En 1857, elle épousa Théodore Parmentier, militaire et amateur de musique, et abandonna la même année la carrière musicale.

MILANOV Zinka, née Kunc. Soprano yougoslave (Zagreb, 17 mai 1906 - New York, juin 1989). Après des études à l'Académie de musique de sa ville natale avec Milka Ternina, elle débuta en 1927 à l'Opéra de Ljubljana, dans le rôle de Léonore (*Le Trouvère*, Verdi). De 1928 à 1935, elle fut le soprano vedette de l'Opéra de Zagreb où elle interpréta notamment Sieglinde (*La Walkyrie*, Wagner), la Maréchale (*Le Chevalier à la rose*, R. Strauss), Rachel (*La Juive*, Halévy) et Minnie (*La Fille du Far West*, Puccini). En 1936, Toscanini l'engagea pour chanter le *Requiem* de Verdi au festival de Salzbourg. À partir de 1937, elle chanta au Metropolitan Opera de New York où elle fut premier soprano jusqu'en 1966. On l'applaudit au théâtre Colón de Buenos Aires, à San Francisco et à Chicago. Elle incarna Tosca (*Tosca*, Puccini) à la Scala, en 1950, et à Covent Garden en 1956 et 1957. Mariée en 1937 à Pedrag Milanov, elle s'est produit ensuite sous ce nom — qu'elle conserva après son divorce en 1946 (l'année suivante, elle épousa Ljubomir Ilič). Ravissante, elle est considérée comme l'une des grandes interprètes verdiennes des années 40 et 50 et une spécialiste de l'opéra italien contemporain. À partir de 1966, elle se consacra à l'enseignement.

MILLAY Edna Saint-Vincent. Poétesse américaine (Rockland, Maine, 22 février 1892 - Austerlitz, New York, 19 octobre 1950). Diplômée de Vassar College en 1917, elle publia son premier volume de poèmes la même année: *Renascence and Other Poems*. D'emblée, sa virtuosité technique, sa fraîcheur et sa soif de beauté, étonnèrent et plurent. Elle confirma ses dons avec *A Few Figs from Thistles* (1920), qui l'imposa comme une femme nouvelle, à la fois romantique et cynique à travers des poèmes comme *The Penitent* et *My Candi Burns at Both Ends*. Elle s'installa à Greenwich Village, et s'intégra à un groupe d'auteurs, d'acteurs et d'artistes, originaires de Provincetown, *The Provincetown Players*, et écrivit pour eux *The Princess Marries the Page* (1918, publié en 1932), *Aria da Capo* (1919, publié en 1921) et *Two Slatterns and a King* (1921), fantaisies satiriques en un acte. De nombreux autres livres de poésies suivirent, dont *The Ballad of the Harp Weaver* qui lui valut le prix Pulitzer de poésie en 1923.

Elle est aussi l'auteur d'un livret d'opéra, *The King's Henchmann* (1927) et d'une traduction des *Fleurs du mal* de Baudelaire (1936). Après sa mort, soixante-six poèmes posthumes ont été publiés sous le titre *Mine the Harvest*

(1954), ainsi que sa *Correspondance* (1952), et l'ensemble de ses poèmes *Collected Poems* (1956). La journaliste et humoriste américaine Dorothy Parker a laissé un témoignage de l'impact exercé par Edna Millay sur toute une génération :

> Nous marchions toutes sur les traces de Mrs. Millay. Nous étions toutes brillantes et galantes, déclarant que nous n'étions plus vierges même si nous l'étions. Belle comme elle l'était, Mrs. Millay a fait beaucoup de mal avec ses chandelles brûlant par les deux bouts... Elle faisait paraître la poésie si facile que nous pensions toutes pouvoir en faire. Mais nous ne pouvions pas, évidemment.

Edna Millay avait épousé en 1923 un homme d'affaires, Eugen Boissevain.

MILLE Agnès De. Voir DE MILLE Agnès.

MILLETT Kate. Féministe américaine (née à Saint Paul, Minnesota, en 1934). Après des études supérieures, elle entra dans l'enseignement comme professeur d'anglais et de philosophie. Très rapidement, elle se consacra à la lutte en faveur de la condition féminine, en privilégiant l'étude de la sexualité et de la prostitution. Son ouvrage *La Politique du mâle* (1969) provoqua de violentes réactions, principalement celle de Norman Mailer que Kate Millett avait mis en cause dans son livre le décrivant comme « prisonnier du culte de la virilité ». L'écrivain lui répondit en publiant *Prisonnier du sexe* (1971). Kate Millett attira également l'attention du public avec un autre livre explosif, *La Prostitution* (1972). Par la suite, elle a publié *Sita* (1978), *La Cave: méditations sur un sacrifice humain* (1980), *En Iran* (1981). Elle a épousé le sculpteur japonais Fumo Yoshimura.

MILLS Florence. Chanteuse américaine (1895-1927). À l'encontre de la plupart des autres chanteuses noires à la voix profonde et grave, Florence Mills étonnait son auditoire par sa voix de soprano léger. Elle fut la fameuse animatrice de la célèbre troupe des Black Birds qui parut aux côtés de Joséphine Baker* lors de ses débuts à Paris en 1925.

MINNELLI Liza. Chanteuse et actrice américaine (née à Los Angeles, le 12 novembre 1946). Fille du cinéaste Vincente Minnelli, l'homme aux seize oscars, et de la chanteuse et actrice Judy Garland*, c'est à Paris, où elle suivait des cours à la Sorbonne, qu'elle prit la décision d'entreprendre une carrière musicale. Elle quitta la France et, moins de trois ans plus tard, elle faisait déjà partie d'une troupe américaine. En 1969, elle était tête d'affiche à l'Olympia de Paris. Cependant, son nom étant trop lourd à porter, elle voulut se faire un « prénom », et c'est avec une autorité têtue qu'elle chanta régulièrement dans ses spectacles sa fameuse chanson *Je suis Liza avec un Z*. Elle devint vite célèbre et enchanta son auditoire par sa vivacité, son humour, son extraordinaire présence sur scène, se montrant aussi à l'aise devant l'immense salle du Palais des Congrès à Paris que dans les petites salles des night-clubs de New York, remportant des triomphes en Suède, en Allemagne, en Angleterre, à Paris et dans les plus grandes salles des États-Unis. Au théâtre, elle fut désignée comme la meilleure actrice de Broadway pour son interprétation dans *Flora la menace rouge*. Au cinéma, elle a reçu un oscar pour son interprétation de Sally Bowles (*Cabaret*, Fosse, 1972). Elle a brillé dans d'autres films comme *Lucky Lady* (Donen, 1975), *A Matter of Time* (Minnelli, 1976), *New York New York* (Scorsese, 1976), *Assistance à femme en danger* (London, 1987).

MINTON Yvonne. Mezzo-soprano australienne (née à Sydney, le 4 décembre 1938). Grâce à une bourse, elle put entreprendre ses études au conservatoire de sa ville natale. Lauréate de la Canberra Opera Aria Competition en 1960, et du prix Kathleen Ferrier* en 1961, elle débuta à Londres en 1964, au City Litterary Institute, chanta dans la Haendel Opera Company et dans la New Opera Company. À Covent Garden, où elle fut engagée en 1965, elle incarna entre autres Marina (*Boris Godounov*, Moussorgski), Ascanio (*Benvenuto Cellini*, Berlioz), Orphée (*Orphée*, Gluck), Dorabella (*Così fan tutte*, Mozart), Chérubin (*Les Noces de Figaro*, Mozart), Marfa (*La Khovanchtchina*, Moussorgski), Waltraute (*Le Crépuscule des dieux*, Wagner), le Compositeur (*Ariane à Naxos*, R. Strauss).

Invitée régulièrement à l'opéra de Cologne, elle y incarna un éblouissant Octavian (*Le Chevalier à la rose*, R. Strauss) qu'elle enregistra d'ailleurs par la suite sous la direction de Georg Solti et qu'elle reprit pour ses débuts au Metropolitan Opera de New York en 1973; on l'applaudit à Chicago (1970), au festival d'Israël (1972), à l'Opéra de Paris. À Bayreuth, de 1974 à 1977, elle incarna Fricka (*L'Or du Rhin*, Wagner), Brangaine (*Tristan et Isolde*, Wagner). Également remarquable en concert, elle y chante Bach, Berlioz, Elgar et Mahler aussi bien que les *Gurrelieder* (Schoenberg), ou *Le Marteau sans maître* (Boulez). Elle participa aux créations mondiales de *The Knot Garden* (Tippett) dans le rôle de Théa, en 1970, et de la version intégrale de *Lulu* (Berg) à Paris en 1979.

MIOLAN-CARVALHO Marie (Caroline-Marie Félix-Miolan, dite). Soprano française (Marseille, 31 décembre 1827 - Château-Puys, près de Dieppe, 10 juillet 1895). Son père, l'hautboïste François Félix-Miolan, lui apprit le solfège et l'envoya au Conservatoire de Paris où elle fut l'élève du ténor Gilbert Duprez. Après avoir remporté un premier prix de chant, elle se produisit en tournée avec Duprez et débuta sur la scène de l'Opéra en décembre 1849, lors d'une fête donnée au profit de son maître. Ravissante, élégante, son triomphe fut immédiat dans le premier acte de *Lucie de Lammermoor* (Donizetti) et le second acte de *La Juive* (Halévy). Engagée tout de suite à l'Opéra-Comique, elle y fut applaudie dans les œuvres d'Albert Grisar, de Victor Massé et d'autres compositeurs aujourd'hui oubliés. En 1853, elle épousait le directeur du Théâtre-Lyrique, Léon Carvalho, et ajoutait aussitôt ce nom au sien.

De 1856 à 1867, elle fut l'artiste la plus populaire du Théâtre-Lyrique et créa quatre rôles pour Charles Gounod: Marguerite (*Faust*, 1859), Baucis (*Philémon et Baucis*, 1860), Mireille (*Mireille*, 1864) et Juliette (*Roméo et Juliette*, 1867). Parmi ses autres succès, mentionnons les rôles mozartiens de Zerline (*Don Juan*), Chérubin (*Les Noces de Figaro*), Pamina (*La Flûte enchantée*). À l'Opéra de Paris en 1868, elle chanta *Les Huguenots* (Meyerbeer), *Le Freischütz* (Weber), *Hamlet* (A. Thomas), etc. À Londres, où elle débuta à Covent Garden en 1859, elle fut acclamée comme aucune autre chanteuse depuis Pauline Viardot*; sur cette scène, elle incarna Gilda (*Rigoletto*, Verdi), Mathilde (*Guillaume Tell*, Rossini), Marguerite de Valois (*Les Huguenots*, Meyerbeer), Marguerite (*Faust*, Gounod), la Comtesse (*Les Noces de Figaro*, Mozart). On l'entendit également à Berlin et à Saint-Pétersbourg. Elle fit ses adieux à la scène à l'Opéra de Paris, en 1885, et se consacra, dès lors, à l'enseignement.

RÉF.: E. Accoyer-Spoll: *Mme Carvalho, notes et souvenirs*, Paris, 1885.

MIRABAI. Poétesse hindoue mystique (XVe-XVIe siècle). Princesse du Mewar, elle naquit dans une famille aristocratique du Rajasthan, dans le nord-ouest de l'Inde. Mariée au roi d'Udaïpur, elle ne tarda pas à décevoir son mari, plus préoccupée qu'elle était de religion que de mondanités. Devenue disciple d'un gourou dont l'origine sociale faisait scandale, elle se trouva en butte aux persécutions de l'entourage de son époux. Il semble qu'elle ait dû alors s'enfuir de la cour d'Udaïpur pour se réfugier dans les collines du Vrindâvan (terre sainte du krishnaïsme, près de Mathurâ). Elle y mourut à un âge avancé après avoir composé sa vie durant de simples et fervents *pada* ou *pad*, courts poèmes comportant un refrain et destinés à être chantés avec ou sans accompagnement musical sur l'un des modes mélodiques traditionnels. Écrits en langue *hindie* (plus précisément en dialecte *brâj*), les cantiques en l'honneur de Krishna sont encore aujourd'hui très populaires et alimentent la dévotion krishnaïste.

MIRA BEHN (Madeleine Slade, dite). Femme politique anglaise (1892-?). Fille d'un amiral britannique, elle devint disciple de Gandhi et fut emprisonnée pendant la campagne de désobéissance civile. À l'heure de l'indépendance en 1947, elle entra dans le gouvernement indien au titre de conseiller. Chargée du développement de l'agriculture et de l'élevage dans l'Uttar Pradesh, elle lutta avec efficacité contre la famine qui menaçait la région. Elle a publié les *Lettres* (1950) que Gandhi lui avait adressées et a écrit un livre, *Dans l'intimité de Gandhi* (1960). Lanza del Vasto l'a décrite dans *Le Pèlerinage aux sources*.

MIRANDA Carmen (Maria do Carmo Miranda, dite). Actrice et danseuse brésilienne d'origine portugaise (Marco de Canaveses, 1909 - Los Angeles, 1955). C'est sous une véritable armure de colliers et d'immenses boucles d'oreille, la tête surmontée d'une extravagante coiffe composée de fruits (principalement de fleurs et de bananes) que Carmen Miranda apparaissait devant un public fasciné par l'excentricité de sa tenue et par la frénésie endiablée de ses danses exotiques. On lui donna le surnom de « la bombe brésilienne ». Elle débuta à Broadway où elle anima les cabarets les plus huppés. Elle fut engagée ensuite à Hollywood où elle obtint un énorme succès dans des films de comédies musicales exotiques, créés pour elle : *Sous le ciel d'Argentine* (Cummings, 1940), *Une nuit à Rio* (Cummings, 1941), *Week End in Havana* (Lang, 1941), *Banana Split* (Berkeley, 1943), *Greenwich Village* (Lang, 1944), *Doll Face* (Seiler, 1945), *Copacabana* (Green, 1947), *Ainsi sont les femmes* (Thorpe, 1948). Elle mourut en pleine gloire, à quarante-six ans, d'une crise cardiaque.

MIREILLE (Mireille Hartuch, dite). Compositeur et chanteuse. Française (née à Paris en 1906). Ses parents, fervents mélomanes, désiraient qu'elle devienne pianiste et lui firent suivre les cours de Marguerite Long*, qu'elle abandonna pour se consacrer à la chanson dès l'âge de seize ans. À dix-huit ans, elle chanta à New York, dans une opérette de Noël Coward. Mireille a toujours conservé cette voix un peu acidulée de petite fille dont elle a dit, non sans humour : « N'ayant pas de voix, je ne risquais pas de la perdre. » Elle a composé de nombreuses chansons, dont plusieurs en collaboration avec Jean Nohain : *Couchés dans le foin*, *Le Petit Chemin*, *Le Vieux Château*, *Le Temps d'une hirondelle*, *Une demoiselle sur une balançoire*, *Le Carrosse*, *Papa n'a pas voulu*, *Quand un vicomte rencontre un autre vicomte*, etc.

Elle a fondé en 1955 le Petit Conservatoire de la chanson qui connut ses heures de gloire à la télévision : elle y a formé et révélé des élèves devenus célèbres : Françoise Hardy*, Michel Berger, Alice Dona, Claude Lemesle, Pascal Sevran. Elle avait épousé en 1936 l'écrivain et directeur de journaux Emmanuel Berl, disparu en 1976, qu'elle appelait et appelle toujours «Théodore». Elle a publié ses Mémoires sous le titre *Avec le soleil pour témoin* (1981).

MISTINGUETT (Jeanne Bourgeois, dite). Chanteuse, danseuse, comédienne et meneuse de revue. Française (Enghien-les-Bains, 3 avril 1875 - Bougival, 5 janvier 1956). Ses parents étaient matelassiers, et elle eut une enfance difficile, poussant la voiture où sa mère entassait les matelas à réparer, vendant des fleurs devant le casino d'Enghien — mais elle voulait faire du théâtre. Après de rapides études chez les sœurs de la Providence où elle se faisait remarquer par ses dons de mime et de danseuse, elle fut inscrite au conservatoire Bussagnol. En 1895, elle parut au Casino de Paris qui était alors un café-concert de second ordre, et prit le nom de Miss Tinguette. Vêtue d'une robe aux couleurs vives, portant des chaussures percées, elle chantait dans le style gavroche *J'suis la môme du casino*, *Oh! Oh! Fraîche comme le coquelicot*, etc. Puis suivirent d'obscurs passages au Trianon ou à l'Alcazar d'été. En 1902, à la Scala, elle n'eut qu'un médiocre succès et la directrice lui dit: «Vous n'êtes pas faite pour le grand public, vous êtes faite pour le populo.» Cependant, à force de volonté, elle parvint à gravir les échelons du succès. À l'Eldorado, où elle avait pris le nom de Mistinguett, elle se présentait avec un corset noir de dentelle, les cheveux bouffants et fut applaudie avec *J'sui Mam'zelle sans façons*, *Je rigole, je batifole*, *J'aime le rigodon*. Elle lança la Valse chaloupée avec Max Dearly.

En 1911, les Folies-Bergère l'engagèrent pour mener la revue dans laquelle elle dansa la Valse renversante avec le jeune Maurice Chevalier. C'est au cours de cette danse que les deux partenaires s'avouèrent leur amour, qui dura une dizaine d'années. Amours souvent orageuses car leurs caractères entiers se heurtaient constamment. La Miss, qui était de treize ans son aînée, était autoritaire. Pendant près de dix ans leurs noms furent réunis dans tous les spectacles où ils paraissaient. Maurice Chevalier lui doit beaucoup. Il la quitta cependant pour suivre Elsie Janis* au Palace de Londres, consommant ainsi sa rupture avec la Miss. De 1919 à 1924, Mistinguett parut dans les grandes revues du Casino de Paris: *Paris qui danse*, *Paris qui jazz*, *En douce*, *Bonjour Paris*, montées avec un luxe inouï. Entourée de cent danseuses presque nues, elle chantait et dansait, couverte de plumes et coiffée d'immenses aigrettes, descendant le fameux escalier comme elle seule savait le faire.

En 1925, au sommet de sa gloire, elle fut engagée au Moulin-Rouge et triompha dans la *Revue de Mistinguett*, lança sa fameuse chanson *Valencia* du compositeur Jose Padilla, puis dans la revue *Ça c'est Paris*. Mistinguett avait momentanément abandonné le music-hall pour le théâtre, où elle révéla son talent de comédienne en créant au Gymnase le rôle de Vivette dans *L'Âne de Buridan* (Flers et Caillavet, 1909), au Palais-Royal, *Tais-toi mon cœur* (Hennequin et Veber, 1910), aux Variétés, *Les Midinettes* (Artus, 1911). Elle reprit le rôle de Polaire dans *La Vie parisienne* (Offenbach) et joua *Madame Sans-Gêne** (V. Sardou et E. Moreau) à la Porte Saint-Martin. Au cinéma, elle tourna quelques films dont *Les Misérables* (Capellani, 1912), *Mistinguett détective* (Paglieri et Hugon, quatre épisodes, 1916-1917), *La Glu* (Fescourt, 1926), *Rigolboche* (Christian-Jaque, 1936). Mistinguett, qui avait reparu au Casino de Paris en 1929 dans la revue *Paris-Miss*, y revint en 1937 et 1940. En 1948, on la revit une dernière fois à l'ABC; elle avait soixante-dix-sept ans, encore belle et dansant le «be-bop». Elle mourut des suites d'une congestion cérébrale à l'âge de quatre-vingt-un ans.

Reine incontestée du music-hall, Mistinguett régna près de quarante ans sur les plus grandes scènes de la capitale. Elle domine l'histoire du music-hall en France. Elle était mieux que belle, piquante, des yeux spirituels, un sourire éclatant, un nez impertinent et possédait des jambes tellement célèbres qu'elle les fit assurer pour la somme de 500 000 francs en 1919 ! Elle avait une extraordinaire présence sur scène et exerçait son autorité aussi bien sur les centaines d'acteurs, danseuses et danseurs qui l'entouraient, que sur tout le personnel, surveillant les moindres détails du spectacle. Sa voix était rauque, traînante, avec un accent évoquant la zone, allant de la gouaille à l'émotion, du sarcasme au sanglot. C'est par la chanson qu'elle se définit : ce qu'elle était, elle le chantait : une Parigote « née dans l'faubourg Saint-Denis ». Citons parmi ses inoubliables chansons : *Mon homme*, *J'en ai marre*, *En douce*, *La Java*, *On m'suit*, *Je vous ai reconnu*, etc. Elle eut un fils d'un diplomate brésilien du nom de De Lima Silva.

MISTRAL Gabriela (Lucila Godoy Alcayaga, dite). Poétesse chilienne (Vicuña, 1889 - Hempstead, New York, 1957). Fille d'instituteurs, elle eut une enfance assombrie par l'alcoolisme de son père. Institutrice rurale, elle devint professeur puis directrice d'école. C'est dans l'école villageoise de ses débuts, bercée par la beauté sauvage des Andes, qu'elle commença à écrire. En 1908, elle publia quelques articles dans la *Voz de Elqui*. Une seule aventure amoureuse marqua sa vie, et lorsque son fiancé se suicida en 1909 — elle l'aimait depuis l'âge de seize ans —, elle écrivit des vers déchirants d'une simplicité bouleversante, *Sonetos de la muerte* (1915), qui la rendirent célèbre en Amérique latine. En 1922, l'Institut hispanique de New York fit paraître une édition de l'ensemble de ses poèmes, *Desolación* (1922), recueil pathétique aux accents sublimes, où domine, non pas la douleur et l'injustice, mais l'espérance :

> Je chanterai des paroles d'espoir. Sans tourner encore mes regards vers mon cœur, je chanterai pour consoler les hommes.

Le livre eut un succès considérable. Appelée à diriger une mission pédagogique au Mexique la même année, elle fonda une école qui porte son nom et écrivit pour les enfants, *Diez rondas y canciones de cuna* (1926) suivis de *Cinco canciones infantil* (1929). Elle aima toujours les enfants, elle qui n'en avait pas, et ils le lui rendaient bien. Elle créa, toujours au Mexique, des bibliothèques publiques et publia un ouvrage consacré à l'éducation des jeunes filles, *Lectures pour femmes* (1924). Elle voyagea en Europe et fut appelée à représenter le Chili en qualité de consul dans différents pays. Toutes ces fonctions et ses activités de journaliste à *El Tiempo* de Bogotá à partir de 1928 ne l'avaient point empêché de publier : *Nuages blancs* et *Tendresse* parurent en 1925 et *Tala* en 1938. Gabriela Mistral, qui avait choisi son pseudonyme par admiration pour le grand poète français de langue d'oc, reçut en 1945 le prix Nobel de littérature qui, pour la première fois, était décerné à un écrivain hispano-américain. Cette consécration la révéla au monde entier. En 1951, le Chili lui décerna le Prix national. Son dernier recueil, *Lagar*, qui chantait sa résignation devant la mort fut publié en 1954. Atteinte d'un cancer du pancréas, elle s'éteignit à l'hôpital de Hempstead. Chrétienne et socialiste, elle reste le chantre des humbles et des enfants de son pays. On lui doit, outre les œuvres déjà citées, une *Vie de saint François d'Assise*.

MITCHELL Joan. Peintre. Américaine (née à Chicago en 1926). Diplômée des beaux-arts de l'Art Institute de Chicago en 1947, elle obtint une bourse qui lui permit de faire un séjour de deux ans en Europe, où elle fut attirée par les recherches de la jeune génération des peintres abstraits. De retour à New York, elle se signala par des œuvres qui la classèrent dans le groupe des expressionnistes abstraits, où son originalité lui acquit une renommée enviable confirmée par les nombreuses expositions personnelles qu'elle fit à la Stable Gallery d'une façon régulière (1953 à 1961), à la Galerie Neufville de Paris en 1960 et par les expositions de groupe auxquelles elle a participé dans le monde entier. Ses peintures figurent dans la plupart des collections des musées américains: Museum of Modern Art et Whitney Museum de New York, Art Institute of Chicago, Phillips Gallery of Art de Washington.

MITCHELL Margaret. Romancière américaine (Atlanta, 1900 - *id.*, 1949). Son père était homme de loi et président de la Société d'histoire d'Atlanta; sa mère et son frère étaient passionnés par l'histoire américaine, en particulier par la guerre de Sécession. Petite et ravissante, elle avait les yeux bleus. Elle commença des études de médecine, mais la mort de sa mère la contraignit à les abandonner et à retourner au foyer familial. En 1922, elle épousa Berrien Up Shaw, dont elle divorça peu après. La même année, elle publia des articles signés Peggy Mitchell dans l'*Atlanta Journal* et dans *Sunday Magazine*. En 1925, elle se remaria avec John R. March, publiciste de la Georgia Power Compagny.

À vingt-six ans, un accident au pied l'ayant obligée à abandonner le journalisme, elle entreprit un roman. Elle écrivit pendant dix ans des épisodes sans continuité, accumulant les documents historiques, développant les caractères de ses héros, travaillant de manière chaotique jusqu'au jour où le vice-président de la maison d'édition Macmillan, venu à Atlanta en 1935, lui demanda de le terminer. Il parut l'année suivante sous le titre de *Gone With the Wind* (*Autant en emporte le vent*) et connut immédiatement un succès foudroyant. Il reçut le prix Pulitzer en 1937, fut traduit dans toutes les langues et fut même publié en braille. Porté à l'écran en 1939 par Victor Fleming, interprété par Vivien Leigh*, Olivia De Havilland* et Clark Gable, le film remporta autant de succès. La gloire ne changea rien aux habitudes de Margaret Mitchell: elle ne quitta pas sa maison d'Atlanta, vivant simplement et répondant à une monumentale correspondance. À quarante-neuf ans, alors qu'elle traversait une rue de sa ville en compagnie de son mari, elle fut renversée par un camion et mourut cinq jours plus tard.

Après sa mort, le succès de son roman ne fit que s'amplifier. En 1976, vingt millions d'exemplaires avaient été vendus dans trente-sept pays. En 1988 ses héritiers décidèrent de donner une suite à *Autant en emporte le vent* et fixèrent leur choix sur une romancière américaine, sudiste comme Margaret Mitchell, Alexandra Ripley. Son livre, publié en 1991 sous le titre de *Scarlett*, a connu dès sa sortie un succès comparable à son devancier.

MITCHELL Maria. Astronome. Américaine (Nantucket, Massachusetts, 1er août 1818 - Lynn, Massachusetts, 28 juin 1889). Son père, William Mitchell, quaker, instituteur, astronome amateur, l'initia à cette science en la faisant participer à des observations de comètes et de météores ainsi qu'à des travaux sur le magnétisme et les aurores polaires. En 1831, elle l'assista dans l'observation d'une éclipse de Soleil. En 1835, elle ouvrit une école puis, l'année suivante, elle devint bibliothécaire, poste qu'elle occupa pendant vingt-quatre ans au Nantucket Athenaum. Le 1er octobre 1847, elle découvrit une comète et en calcula les éléments, ce qui lui valut une médaille d'or décernée par le Danemark. En 1848, elle fut la première femme à être élue à l'American Philosophical Society et à l'American Association for the Advencement of Women dont elle fut élue présidente en 1870. De 1849 à 1868, elle travailla au Nautical Almanac Office et calcula les éphémérides de la planète Vénus. Elle enseigna ensuite l'Astronomie à Vassar College tout en dirigeant l'observatoire.

En dehors de ses calculs sur la mécanique céleste, on lui doit des études sur les étoiles doubles, le Soleil, les satellites de Jupiter et de Saturne. La maison natale de Maria Mitchell est devenue un musée. En 1908, un observatoire qui porte son nom a été créé: la direction doit toujours en être confiée à une femme. Son nom figure également sur la frise de la bibliothèque de Boston. The Nantucket Maria Mitchell Association organise des recherches et publie un bulletin annuel.

MITFORD Nancy. Femme de lettres anglaise (Londres, 11 novembre 1904 - Versailles, 30 juin 1973). Elle était l'aînée des filles de lord Redesdale qui, toutes, eurent une vie étonnante. Unity, admiratrice de Hitler, tenta de se suicider au moment de la déclaration de guerre; Diana, qui partageait les mêmes idées, épousa Oswald Mosley, chef des fascistes anglais, tandis que Jessica soutenait la cause des républicains espagnols. Nancy elle se mit à écrire, au lendemain de la Seconde Guerre mondiale, des romans où elle évoque avec malice et esprit l'amour, les femmes et la «society». Elle explora les méandres du snobisme dans *La Poursuite de l'amour* (1945) qui connut immédiatement un grand succès dans les pays anglo-saxons et en France. Ce livre fut suivi par l'*Amour sous un climat froid* (1949) et *Noblesse oblige* (1956). Biographe, elle écrivit une vie de *Mme de Pompadour** (1951) et un *Voltaire amoureux* (1957); elle fut aussi la traductrice de Mme de La Fayette* et d'André Roussin.

MIYAMATO Yuriko (Chujo Yuri, dite). Romancière japonaise (Tokyo, 1899 - *id.*, 1951). Née dans une famille aisée, elle reçut une éducation très soignée. Elle apprit même le russe et découvrit l'œuvre de Tolstoï. Elle publia son premier roman à l'âge de dix-sept ans, *Un groupe de pauvres gens* (1916). Après un voyage en Europe, en Union soviétique de 1927 à 1930, elle adhéra au parti communiste japonais. En 1932, elle épousa en secondes noces — elle avait divorcé de son premier mari en 1924 — le critique Miyamato Kenji, militant communiste condamné à la réclusion perpétuelle en 1933 pour atteinte à la sûreté de l'État. Fidèle à ses convictions, elle lutta courageusement pour ses idées dans un Japon en proie à un nationalisme exacerbé. Elle fit de la prison à plusieurs reprises. Son œuvre romanesque est surtout d'inspiration autobiographique: *Nobuko* (1928), *La Plaine de Banshu* (1947), *Herbes folles* (1947). Ces deux derniers romans décrivent la vie après le bombardement atomique d'Hiroshima.

MNISZEK Marina. Aventurière polonaise (v. 1588-1614). Ambitieuse et sans scrupules, cette fille du gouverneur de la ville de Sandomir, Jerzy Mniszek, se lia à deux imposteurs, ce qui lui coûta finalement la vie. Elle épousa en premières noces Dimitri, dit le faux Dimitri, qui, étant parvenu à se faire passer pour le dernier fils du tsar Ivan IV le Terrible — lequel fils, en réalité, était mort en 1591 —, usurpa le pouvoir en 1605, juste après la mort de Boris Godounov, tsar depuis 1598. Le faux Dimitri, qui se fit couronner en août 1605, était au service de la Pologne dont le roi, Sigismond III, comptait grâce à lui développer son influence sur la Russie. Marina Mniszek fut couronnée à son tour à Moscou au mois de mai 1606. Peu de temps après, le 27, son mari était massacré par des membres de la noblesse russe.

Elle fut autorisée à rentrer en Pologne en juillet 1608 où elle épousa le second faux Dimitri, dit aussi le brigand de Touchino, qui eut moins de succès que le premier dans sa tentative de coup d'État; il mourut exécuté le 11 décembre 1610. Avec l'aide du hetman ou ataman (chef des cosaques) I.M. Zarutskii, elle tenta d'installer sur le trône le fils posthume qu'elle avait eu de son second mari, Ivan, né en janvier 1611. Leurs menées échouèrent rapidement, et ils durent s'enfuir à Astrakhan, sur la Volga. En 1614, ils furent remis par leurs propres troupes au prince Chouïski qui assurait alors le pouvoir. Tandis que Marina Mniszek était jetée en prison où elle mourut presque aussitôt, son amant et son fils étaient exécutés.

MNOUCHKINE Ariane. Metteur en scène. Française (née à Boulogne-sur-Seine en 1939). Fondatrice de l'Association théâtrale des étudiants de Paris en 1959, elle créa le Théâtre du Soleil en 1964, dont la troupe, fonctionnant à la manière d'une coopérative, se produisit d'abord dans les Cévennes. Le succès lui vint avec *Les Petits-Bourgeois* (Gorki) en 1954, *La Cuisine* (Wesker) en 1967 et surtout *Les Clowns* (1969). Cette pièce marquait les débuts d'une aventure caractérisée par la création collective et l'improvisation des acteurs.

Installée à la Cartoucherie de Vincennes en 1970, Ariane Mnouchkine a su attirer un public vaste et populaire qui fit un triomphe à *1789* (adapté au cinéma par Mnouchkine elle-même en 1974) puis au deuxième volet, *1793* (1972), et à *L'Âge d'or* (1975). Pendant deux ans, la troupe donna *Molière ou la Vie d'un honnête homme*, dont le film vit le jour en 1978. Ariane Mnouchkine a également monté plusieurs pièces de Shakespeare, *Le Songe d'une nuit d'été* en 1967, *Richard II* en 1981, *La Nuit des rois* en 1982, *Henry IV* (première partie) en 1984. Elle a représenté deux pièces d'Hélène Cixous en collaboration étroite avec elle : *L'Histoire terrible mais inachevée du prince Norodom Sihanouk* (1985) et *L'Indiade, ou l'Inde de leurs rêves* (1988). Elle est la meilleure représentante du théâtre populaire auquel elle a donné une dimension politique qui a contribué en partie à son succès.

MODERSOHN-BECKER Paula. Peintre. Allemande (Dresde, 1876 - Worpswede, 1907). Formée à Brême et à Hambourg, elle épousa en 1901 le peintre Otto Modersohn. Elle fit de nombreux voyages à Paris, dont l'un en 1900 en compagnie de Clara Westhoff*, dont elle fit un beau portrait (1905). Elle revint à Paris en 1903, 1905 et 1906. Par ses premières œuvres, on la rattache au réalisme de l'école de Worpswede, mais elle évolua ensuite vers l'expressionnisme dont elle est considérée comme le précurseur. Ses peintures connurent une grande faveur en Allemagne; les thèmes de l'enfant, de la maternité et de la vieillesse prédominent dans son œuvre: *Vieille Paysanne* (1903, Hambourg, Kunsthalle), *Vieille Paysanne en prière* (1905, Détroit, Institut of Art), *La Jeune Malade* (1905, musée de Münster), *Petit Paysan assis sur une chaise* (1905, Brême, Kunsthalle). Elle est aussi l'auteur d'un *Autoportrait au rameau de camélia* (1907, Essen, Folkwang Museum). Ses toutes dernières toiles sont fortement influencées par l'œuvre de Gauguin qu'elle avait eu l'occasion de découvrir à Paris lors de la rétrospective organisée par le Salon d'automne en 1906. Elle eut une fille peu de temps avant sa mort. C'est à sa mémoire que Rilke, avec qui elle était liée, écrivit son *Requiem pour une amie*.

MODJESKA ou **MODRZEJEWSKA** (Helena Benda, dite). Actrice polonaise (Cracovie, 12 octobre 1840 - Bay Island, Californie, 8 avril 1909). Élevée dans un couvent de Cracovie où elle apprit à la perfection le français et l'allemand, celle qui est considérée par la Pologne comme l'une de ses plus grandes actrices fit ses débuts sur scène en 1860, à Czerniowce, poussée par son tuteur Gustaw Zimajer, abordant surtout le répertoire allemand. Son succès s'affirma lorsqu'elle fut engagée au theâtre de Cracovie en 1865. Elle s'illustra dans des pièces de Shakespeare qu'elle interprétait en allemand et dans des pièces françaises. C'est ainsi qu'elle incarna Portia (*Le Marchand de Venise*, Shakespeare), Ophélie (*Hamlet*, Shakespeare), Juliette (*Roméo et Juliette*, Shakespeare), Mme de Léry (*Un caprice*, Musset), Blanche (*Le roi s'amuse*, Hugo).

En 1868, elle épousa Karol Bodzenta-Chlapowski, d'une illustre famille polonaise. De son tuteur, elle avait eu un fils hors mariage. Elle fit ses débuts à Varsovie en 1868 dans le rôle d'Adrienne (*Adrienne Lecouvreur**, Scribe et Legouvé). Elle apparut ensuite une centaine de fois dans des pièces de Shakespeare, tout en jouant le répertoire français : elle fut successivement Gilberte (*Frou-Frou*, Meilhac et Halévy), Séverine (*La Princesse Georges*, Dumas fils), Blanche de Chelles (*Le Sphinx*, Feuillet). En 1876, elle s'installa aux États-Unis, apprit l'anglais avec une rapidité étonnante puis remporta un triomphe en interprétant Adrienne (*Adrienne Lecouvreur*, Scribe et Legouvé).

Avec la Modjeska Company qu'elle avait formée en 1878, elle entreprit une longue tournée à travers les États-Unis. L'année suivante, elle parcourait la Pologne, s'illustrant surtout, en polonais, dans le rôle de Cléopâtre* (*Antoine et Cléopâtre*, Shakespeare). Devenue une spécialiste incontestée du répertoire shakespearien, il lui restait à se produire en Angleterre, ce qu'elle fit avec un succès jamais démenti au cours des années 1880. Elle retourna ensuite aux États-Unis et fit ses adieux au Metropolitan Opera de New York le 2 mai 1905, adieux qu'elle prolongea toutefois dans d'autres villes jusqu'en 1907. On la vit pour la dernière fois à Los Angeles en 1909 dans une représentation donnée au bénéfice des victimes du tremblement de terre de Messine. Ses Mémoires *(Memories and Impressions. An Autobiography)* ont été publiées après sa mort (1910).

MÖDL Martha. Soprano allemande (née à Nuremberg, le 22 mars 1912). D'abord comptable, elle entreprit des études de chant à vingt-huit ans, au conservatoire de sa ville natale. Elle les poursuivit à Milan et débuta à Remscheid en 1942 dans le rôle de Hänsel (*Hänsel et Gretel*, Humperdinck). Aussitôt engagée à l'Opéra de Düsseldorf, elle y chanta Dorabella (*Così fan tutte*, Mozart), Octavian (*Le Chevalier à la rose*, R. Strauss), le Compositeur (*Ariane à Naxos*, R. Strauss), Clytemnestre (*Elektra*, R. Strauss), Eboli (*Don Carlos*, Verdi) et Carmen (*Carmen*, Bizet). En 1949, elle rejoignit l'Opéra de Hambourg, où elle s'imposa comme une grande wagnérienne : elle fit aussi ses débuts à Londres en Carmen (*Carmen*, Bizet).

L'année suivante, elle triomphait à Berlin et, dès le renouveau du festival de Bayreuth en 1951, elle y incarna Kundry (*Parsifal*, Wagner). Jusqu'en 1967, elle y chanta successivement les trois Brünnhilde de la Tétralogie (*La Walkyrie, Siegfried, Le Crépuscule des dieux*, Wagner). En 1954, elle chanta Kundry à l'Opéra de Paris et y revint l'année suivante pour interpréter de nouveau les trois Brünnhilde. En 1955, elle fut la plus émouvante des Leonore (*Fidelio*, Beethoven), à l'occasion de la réouverture de l'Opéra de Vienne. Elle débuta au Metropolitan Opera de New York en 1957 en Brünnhilde (*Le Crépuscule des dieux*, Wagner). À partir des années 70, elle infléchit sa carrière vers des rôles de caractère et fut alors une extraordinaire Mrs. Merring (*Albert Herring*, Britten). Elle demeura cependant une grande wagnérienne et une remarquable interprète de Richard Strauss réputée pour l'intensité et la passion qu'elle mettait dans son jeu. Rappelons qu'elle participa à Paris à la création de *Noces de sang* (Fortner, 1963).

MOGADOR Céleste (Céleste Vénard, dite). Courtisane et femme de lettres française (1824-1909). Reine du bal Mabille, elle fit un peu de théâtre et fut écuyère à l'Hippodrome. À trente ans, elle renonça à la galanterie pour épouser le comte Lionel de Chabrillan qu'elle suivit en Australie où il avait été nommé consul. Veuve en 1858, elle revint à Paris où elle devint directrice de théâtres, entre autres les Folies-Marigny. Mise en faillite en 1864, elle se tourna vers la littérature. Ses *Mémoires* (5 vol., 1853-1854), considérés comme scandaleux, furent interdits de publication à partir du cinquième volume. Les deux suivants virent le jour en 1879. Elle a aussi écrit des drames et des comédies. Elle fut la marraine d'une des filles d'Alexandre Dumas père — Garibaldi était le parrain — qui la présenta à l'Association des auteurs dramatiques dont elle fut une des premières femmes inscrites. Les beaux jours finis, elle termina sa vie à l'Asile national des vieillards.

RÉF. : F. Moser, *Vie et aventure de Céleste Mogador*, Paris, 1930. A. Lapierre, *La Lionne du boulevard*, Robert Laffont, 1984.

MOLLISON Amy. Aviatrice anglaise (1908-1941). Elle est la première femme à avoir traversé l'Atlantique. Elle accomplit cet exploit d'une seule traite, d'est en ouest, en 1933, avec son mari, le capitaine d'aviation Mollison. Précédemment, elle avait accompli plusieurs vols sur de grandes distances, dont un Londres-Le Cap-Londres qui avait fait sensation. Quelques années plus tard, son avion s'abîma en mer et elle périt noyée.

MOLLY PITCHER (Mary Ludwig McCauley, dite). Héroïne américaine (Trenton, New Jersey, 13 octobre 1754 - Massachusetts, 22 janvier 1832). Sa famille, originaire du Palatinat, s'installa dans le New Jersey en 1730. Elle épousa en 1769 John Caspar Hays qui fut enrôlé contre les Anglais lors de la guerre d'Indépendance. Elle le suivit et, au moment de la bataille de Montmouth (28 juin 1778), elle soigna les blessés avec héroïsme, leur donnant à boire dans un pot (*pitcher*), d'où son surnom. Son mari ayant été blessé, elle le remplaça à son canon. Elle épousa en secondes noces George McCauley dont elle eut plusieurs enfants. À partir de 1822, elle reçut une pension annuelle pour bons et loyaux services. Son nom figure sur le monument commémoratif de la bataille de Montmouth.

MONACO Grace de. Voir KELLY Grace.

MONFORT Silvia. (Silvia Simone Marguerite Favre-Bertin, dite). Actrice et directrice de théâtre. Française (Paris, 7 juin 1923 - *id.*, 30 avril 1991). Fille d'un sculpteur, elle suivit des cours d'art dramatique et fit ses débuts au cinéma dans *Les Anges du péché* (Bresson, 1943). Pendant la guerre, elle s'engagea dans la Résistance et rencontra l'écrivain et philosophe Maurice Clavel qu'elle épousa et dont elle divorça. Il écrivit pour elle une pièce, *Les Incendiaires,* qu'elle ne put jouer en raison d'une maladie. Elle remporta un premier succès sur scène dans *La Maison de Bernarda* (García Lorca) en 1945, qui fut confirmé par son interprétation de Mlle Berg *(L'Aigle à deux têtes,* Cocteau) en 1946, à Bruxelles puis à Paris au Théâtre Hébertot. Elle aborda ensuite un répertoire varié et de grande qualité, classique et contemporain: *Richard II* (Shakespeare), *La Mort de Danton* (Büchner), *Shéhérazade* (Supervielle), *Été et fumées* (T. Williams), *Pen-*

thésilée (Kleist). En 1972, elle a fondé le théâtre du Carré-Thorigny, qui devint par la suite le Nouveau Carré puis le Carré Silvia Monfort, dans lequel elle montait régulièrement des spectacles. Elle a créé en 1974 le Centre de formation aux arts et techniques du cirque et du mime.

MONIQUE, sainte (Thagaste, près de Constantine, Afrique du Nord, 332-Ostie, 387). Mariée à un païen nommé Patricius qu'elle convertit à la foi chrétienne juste avant qu'il ne meure en 371, elle eut trois enfants, Navigius, Augustin en 354 (futur saint et Père de l'Église) et une fille. Elle se consacra entièrement à leur éducation, surtout à celle d'Augustin devenu manichéen et qu'elle convertit à la foi catholique. Augustin fut baptisé par saint Ambroise à Milan, l'année même de la mort de sa mère qui assista à la cérémonie. Dans ses *Confessions*, il a décrit ce qu'il devait à sa mère qui l'avait ramené aux vertus chrétiennes. La fête de sainte Monique a été fixée au 4 mai.

MONNIER Adrienne. Femme de lettres et libraire française (Paris, 1892 - *id.*, 1956). Au contact de sa mère, passionnée dès sa jeunesse par le théâtre et la littérature, elle obtint un poste de secrétaire littéraire aux *Annales*. En 1915, elle ouvrit une librairie au 7, rue de l'Odéon qu'elle appela «Les Amis des livres». Par sa gentillesse et sa sensibilité, elle rallia rapidement autour d'elle de nombreux jeunes écrivains dont elle était souvent la confidente. S'y retrouvaient André Gide, Valery Larbaud, Léon-Paul Fargue, André Chamson, Claude Roy, Paul Valéry et Paul Claudel. Ce dernier décrit ainsi «Les Amis des livres»:

> Une boutique [...] une baraque foraine, un temple, un igloo, les coulisses d'un théâtre, un musée de cire et de rêves, un salon de lecture et parfois une librairie toute simple.

Elle dut fermer sa librairie en 1951 pour raisons de santé. En 1956, atteinte d'une maladie incurable, Adrienne Monnier choisit d'abréger sa vie. Elle a laissé plusieurs ouvrages, deux recueils de poèmes *La Figure* (1923), *Les Vertus* (1926), et un Journal commencé en 1925 et continué jusqu'aux derniers moments de sa vie, où l'on trouve de précieux témoignages sur tous les écrivains qui fréquentèrent la rue de l'Odéon, intitulé *Les Gazettes d'Adrienne Monnier* (1953).

MONNIER Sophie (marquise de Monnier, dite), née Marie-Thérèse Richard de Ruffey. Française (Pontarlier, 9 janvier 1754 - Gien, 9 septembre 1789). Elle appartenait à une famille de noblesse de robe; son père, qui pensait lui faire épouser Buffon, de quarante-sept ans son aîné, la maria finalement à l'âge de dix-sept ans au marquis de Monnier qui en avait presque soixante-dix. Cette union fut un échec; ardente et passionnée, elle eut plusieurs amants, dont le plus célèbre fut Mirabeau. Elle fit sa connaissance en 1775; celui-ci était alors emprisonné au fort de Joux près de Pontarlier, où elle habitait. À vingt-cinq ans, il avait déjà été incarcéré quatre fois, son père essayant de ramener dans le droit chemin ce jeune homme à la vie dissipée et scandaleuse. Il s'éprit de Sophie, et leur liaison fut bientôt notoire. Le marquis jaloux obtint le transfert du prisonnier, mais il s'évada et gagna la Hollande où Sophie le rejoignit. Ils vécurent un an de bonheur à Amsterdam avant d'être retrouvés. Mirabeau fut envoyé au fort de Vincennes; elle fut enfermée dans une maison pour femmes de mauvaise vie. Elle y accoucha d'une fille qui mourut peu de temps après.

Leur séparation, qui dura de 1777 à 1781, fut l'occasion d'une correspondance publiée en 1791 sous le titre de *Lettres à Sophie*. Sorti de Vincennes en 1780, Mirabeau retrouva Sophie mais leur passion n'avait plus la même vigueur que celle des lettres, et ils se séparèrent. Devenue veuve, la marquise de Monnier prit de nouveaux amants. M. Pothrat, ancien capitaine de cavalerie, lui inspira un nouvel amour : il mourut de phtisie et elle se suicida le lendemain de sa mort.

MONNOT Marguerite. Compositeur. Française (Decize, Nièvre, 28 mai 1903 - Paris, 12 octobre 1961). Elle était la fille du compositeur et organiste Marius Monnot. Son père l'initia tout enfant à la musique : elle n'avait pas trois ans qu'elle faisait déjà ses gammes ; à quatre ans, elle se produisait en public. Il lui donna par la suite les meilleurs maîtres, Alfred Cortot pour le piano et Nadia Boulanger* pour l'harmonie. À dix-huit ans, elle entreprit sa première tournée de récitals, interprétant le répertoire romantique, notamment Chopin et Liszt. Une mauvaise santé l'empêcha toutefois de poursuivre la carrière harassante de concertiste et, pour se distraire, elle composa des chansons pour Édith Piaf*, dont elle était devenue l'amie et la confidente — chansons inoubliables que sont *Mon légionnaire*, *La Goualante du pauvre Jean*, *Y'a pas de printemps*, *La P'tite Lili* et, sur des paroles d'Édith Piaf, *Le Printemps* et *L'Hymne à l'amour*. Elle composa également pour Yves Montand *Ma p'tite môme* et *Elle a... Elle a...*, pour Suzy Solidor* *Escales*, enfin les célèbres couplets d'*Irma la douce* qu'interpréta Colette Renard*. Marguerite Monnot avait épousé le chanteur Paul Péri, pour qui elle composa la majeure partie de son répertoire, dont *Ma rue et moi* qui remporta le Grand Prix de la chanson.

MONROE Marilyn (Norma Jean Baker Mortenson, dite). Actrice américaine (Los Angeles, 1er juin 1926 - Brentwood, Californie, 5 août 1962). Née d'une union passagère entre sa mère, Gladys Cooper, et un certain Edmond Mortenson, la petite Norma Jean ne connut pas son père qui avait disparu dès l'annonce de la grossesse de sa mère. Élevée tant bien que mal par sa mère qui manifesta très vite des signes d'aliénation mentale et qu'il fallut interner, l'enfant devint pupille de la ville de Los Angeles. L'Assistance publique la confia à une série de parents adoptifs qui ne lui apportèrent aucune tendresse et, à l'âge de neuf ans, elle fut envoyée dans un orphelinat. Lorsqu'elle eut onze ans, une vieille amie de sa mère, Grace McKee Goddard, la prit chez elle, et Norma Jean connut enfin quelque affection. En 1942, elle se maria ; elle n'avait pas seize ans, et son mari, James Dougherty, un futur agent de police, à peine vingt et un ans. Le couple se sépara sans larmes en 1944. En 1945, Norma Jean trouva un emploi comme mannequin, et posa, nue quelquefois, pour des photographes. Elle tourna un bout d'essai à la 20th Century Fox, qui l'engagea. Elle passa à la Columbia puis revint à la Fox en 1948. Elle tint le premier rôle dans un film de second plan, *Ladies of the Chorus* (Karlson, 1948) et apparut dans *La Pêche au trésor* (Miller, 1949). *Asphalt Jungle* (Huston, 1950) marqua le coup d'envoi de sa carrière.

Marilyn Monroe, avec un visage d'enfant et une silhouette des plus suggestives, un regard un peu étonné, émouvant, presque désespéré, des lèvres pulpeuses, exerçait une extraordinaire fascination par la sensualité qui émanait de toutes ses attitudes, même les plus innocentes. Pour son public, elle personnifiait la « Déesse de l'amour », titre amplement justifié par sa vie sentimentale. On ne compte plus le nombre de ses amants, du photographe de mode André De Dienes à Robert Sbatzer, des frères Kennedy à Frank Sinatra, d'Yves Montand aux anonymes compagnons de rencontre. En 1954, elle se remaria avec le célèbre joueur de base-ball Joe Di Maggio qui tenta de l'arracher au cinéma. Leur union ne dura que neuf mois.

En 1956, elle épousa l'écrivain Arthur Miller qui devait lui apporter, croyait-elle, l'honorabilité dans sa vie publique : sa liaison avec Yves Montand brisa ce troisième mariage et le divorce fut prononcé en 1960.

Cependant, malgré ses amours orageuses et ses caprices de star, elle fut une remarquable comédienne, marquant de sa personnalité envoûtante les rôles qui la rendirent célèbre. Citons parmi ses meilleurs films *Ève* (Mankiewicz, 1950), *Chéri, divorçons* (Sale, 1951), *Cinq Mariages à l'essai* (Goulding, 1951), *Les hommes préfèrent les blondes* (Hawks, 1953) qui obtint un triomphe tant aux États-Unis qu'en Europe, *Comment épouser un millionnaire ?* (Negulesco, 1954), *Sept Ans de réflexion* (Wilder, 1955), *Arrêt d'autobus* (Logan, 1956), où elle est sublime dans l'un des seuls rôles dramatiques qu'elle ait tenus, *Le Prince et la danseuse* (1957) par Laurence Olivier qui l'avait lui-même demandée comme partenaire, *Certains l'aiment chaud* (Wilder, 1959), *Le Milliardaire* (Cukor, 1960) aux côtés d'Yves Montand, *The Misfits* (Huston, 1961) avec un Clark Gable vieillissant qui devait mourir peu après. En dépit de sa gloire, Marilyn Monroe n'était pas heureuse : exténuée par la vie de star et déçue dans sa vie sentimentale, elle vécut des périodes de dépression de plus en plus fréquentes et prit l'habitude d'absorber des tranquillisants. Lasse de lutter — elle avait des démêlés avec la Fox qui avait rompu son contrat —, elle se suicida aux barbituriques. Mondialement célèbre de son vivant, Marilyn Monroe morte est devenue un mythe dans l'histoire du cinéma.

RÉF. : K. Irving, *Marilyn Monroe*, Balland, 1981. N. Mailer, *Marilyn, une biographie*, Ramsay, 1985. G. Steinem, *Marilyn inconnue*, Sylvie Messinger, 1987. J. Spada, *Marilyn Monroe: sa vie en images*, J'ai lu, 1988. O. Dazat, *Marilyn Monroe*, Seghers, 1989. S. Shevey, *Le Scandale Marilyn*, Presses de la Renaissance, 1989.

MONTAGU Mary, née Pierrepont, lady Wortley. Femme de lettres anglaise (Londres, 1689 - *id.*, 1762). Elle était la plus jeune des filles d'Evelyn Pierrepont, duc de Kingston en 1715, qui lui fit donner une éducation soignée en raison de sa rare intelligence. Elle épousa lord Edward Wortley Montagu en 1712 et vint habiter Londres avec lui, où on l'a remarqua pour son esprit et sa beauté. Elle eut pour amis Jonathan Swift, Horace Walpole, Alexander Pope et influença la société de son temps. En 1716, son mari, devenu ambassadeur, partit pour Constantinople où elle l'accompagna. Elle y écrivit des lettres à ses proches et à ses amis, décrivant avec précision les mœurs du pays, les comparant à celles de l'Europe. Elle remarqua aussi les pratiques médicales, en particulier la vaccination antivariolique qu'elle essaya d'importer sans grand succès dans un premier temps. Ces *Letters of Lady Mary Worthley during Her Travels in Europe, Asia and Africa to Persons of Distinction* (3 vol., 1769), véritable mine de renseignements sur la Turquie d'alors, connurent un grand succès. Séparée de son mari, lady Montagu s'installa en Italie d'où elle écrivit régulièrement à sa fille de 1743 à 1761. On lui doit aussi des poèmes, dont des *Églogues citadines et vers de cour par une dame de qualité* qui parurent en 1716 dans une édition contrefaite et en 1747 de manière fiable. *Ses Œuvres complètes*, comprenant la totalité de ses lettres, ses poèmes et ses essais, ont été publiés en quatre volumes en 1803.

MONTAIGNE Françoise de, née de La Chassaigne (XVIᵉ siècle). Fille d'un collègue de Montaigne au parlement de Bordeaux, elle lui apporta lors de leur mariage, le 22 septembre 1565, sept mille livres tournois de dot, et lui donna six filles, dont cinq moururent en bas âge. Compagne intelligente mais effacée d'un auteur génial qui ne l'aimait guère, après la mort de son époux en 1592, elle transcrivit avec Pierre de Brach les annotations marginales des *Essais*. Elle les donna à Mlle de Gournay* qui établit l'édition de 1595 sur cette copie.

MONTANSIER Mlle (Marguerite Brunet, dite). Actrice et directrice de théâtre française (Bayonne, 1730 - Paris, 1820). Elle était «marchande à la toilette» avant de monter à la scène par amour pour le jeune acteur Honoré Bourdon de Neuville. Avec l'aide de protecteurs fortunés, le couple reprit la direction du théâtre de Rouen. Le succès fut tel qu'on les appela à s'occuper d'autres salles, notamment celle de Versailles. Présentée à la cour, Mlle Montansier sut séduire par sa gaieté. Marie-Antoinette* appréciait son accent gascon et en fit l'âme des spectacles du palais. «La Belle Béarnaise», comme on l'appelait, fit construire un nouveau théâtre en 1777, où se produisaient les aspirants à la Comédie-Française; installé rue des Réservoirs à Versailles, il fut démoli en 1886. Elle assistait au lever de la reine, faisait fi des scandales financiers comme des bouleversements politiques.

En 1790, elle fonda au Palais-Royal le théâtre Montansier qui s'affirma comme le rival de la Comédie-Française. En 1793, par précaution, elle lui donna le nom de Théâtre de la Montagne. La même année, elle avait ouvert le Théâtre-National, rue de la Loi, actuelle rue de Richelieu, face à la Bibliothèque nationale. Cependant, on cherchait un nouvel emplacement à l'Opéra, provisoirement installé boulevard Saint-Martin depuis l'incendie de la salle des Menus-Plaisirs en 1781. C'est ainsi que Chaumette et Hébert, procureurs de la Commune, transportèrent la troupe au Théâtre-National et, en même temps, firent arrêter Mlle Montansier sous le prétexte des bonnes relations qu'elle avait toujours entretenues avec la reine. (Après la mort du duc de Berry, assassiné par Louvel en 1820, alors qu'il sortait d'une représentation, l'édifice fut rasé et l'Opéra émigra en différents endroits avant de se fixer au Palais-Garnier en 1875.)

Relâchée après la chute de Robespierre le 9 thermidor, Mlle Montansier épousa Neuville et reprit possession de la salle du Palais-Royal qu'elle baptisa Théâtre des Variétés-Montansier. Elle en modifia le répertoire, excluant la tragédie au profit du vaudeville et de la farce, et connut une vogue considérable. Sous le Consulat, Bonaparte, qui la connaissait pour avoir fréquenté son salon pendant la Révolution, la chargea de réorganiser l'opéra italien à Paris: elle s'installa au Théâtre-Olympique, rue de la Victoire, en 1801, puis au théâtre Favart. L'entreprise tourna à l'échec et elle se couvrit de dettes. En 1806, l'administration de la Comédie-Française, jalouse du succès des Variétés-Montansier, obtint par décret impérial l'expulsion de la troupe (juin 1806). Mlle Montansier ouvrit donc l'année suivante l'actuel théâtre des Variétés, boulevard Montmartre, qu'elle dirigea jusqu'à sa mort.

MONTBAZON Marie, née de Bretagne, duchesse **de**. Française (1612 - Paris, 1657). Fille de la peu vertueuse comtesse de Vertus, elle fut mariée à Hercule de Rohan, duc de Montbazon. À la cour, où elle fut reçue en 1628, sa beauté et son ambition suscitèrent de nombreuses passions, notamment celle du duc de Longueville dont la femme, Anne de Bourbon-Condé, duchesse de Longueville* devint son ennemie irréductible. Intrigante, Marie de Montbazon fut aussi à l'origine du duel qui opposa ses amants Henri de Guise et Maurice de Coligny et s'acheva par la mort du second qui était également l'amant de Mme de Longueville. Exilée à Rochefort en 1643 par Louis XIII pour son insolence envers la reine Anne* d'Autriche, elle revint à la cour après la mort du roi (14 mai 1643). Elle participa alors à la cabale des Importants (faction de la haute aristocratie, menée par le duc de Beaufort, qui intrigua sans succès contre Mazarin); elle joua un rôle mineur pendant la Fronde. Parmi ses nombreux autres amants, citons Gaston d'Orléans, le frère de Louis XIII, le duc de Beaufort et Rancé. Ce dernier, qui l'adorait, eut la douleur de la perdre subitement. Frappé par cette disparition, il se convertit, fit une retraite à Tours et, plus tard, devint l'austère réformateur de la Trappe.

MONTERO Germaine (Germaine Heygel, dite). Actrice et chanteuse française (née à Paris, le 22 octobre 1909). De père espagnol et de mère normande, elle débuta à Madrid sous la direction de Federico García Lorca. Elle vint à Paris jouer les auteurs espagnols (Lope de Vega). De tempérament tragique, elle s'imposa dans les rôles nobles qu'elle interprétait avec humanité et rigueur. Créatrice en France de *Mère Courage* (Brecht) en 1952, elle a aussi joué des pièces de Dostoïevski, Pirandello, Claudel. Excellente chanteuse, elle a interprété des chansons de Pierre Prévert (sur une musique de Kosma), Pierre Mac Orlan, Léo Ferré, mais aussi de Béranger, Aristide Bruant, ainsi que des chansons populaires espagnoles.

MONTES Lola. Voir LOLA MONTES.

MONTESPAN Françoise Athénaïs, née de Rochechouart de Mortemart, marquise **de** (château de Lussac-lès-Châteaux, Poitou, 5 octobre 1641 - Bourbon-l'Archambault, 28 mai 1707). Fille de Gabriel de Rochechouart, premier duc de Mortemart, et de Diane de Granseigne, elle fut présentée à la cour en 1660 et devint fille d'honneur de Madame, Henriette* Anne d'Angleterre, la belle-sœur du roi, avant d'entrer au service de la reine Marie-Thérèse d'Autriche*. En 1663, elle épousa Louis de Gondrin de Pardaillan, marquis de Montespan. Elle s'était liée d'amitié avec Mlle de La Vallière* qui était alors la maîtresse de Louis XIV, de sorte que celui-ci, accoutumé à la voir, se laissa séduire par celle qui faisait l'unanimité par sa très grande beauté. De plus, la marquise était fort intelligente et spirituelle, jouissant de ce que Marcel Proust, et Voltaire avant lui, appellent l'« esprit des Mortemart ».

Elle devint secrètement la maîtresse du roi en 1667 puis la favorite en titre en 1670. Son mari, exilé sur ses terres à la même époque et contraint au divorce en 1676 contre le remboursement de ses dettes, refusa toujours de la revoir. Louis XIV l'aima avec passion, la combla de richesses, lui assurant le train de vie d'une reine. Après avoir eu un fils légitime, le futur duc d'Antin, et une fille morte en bas âge, elle donna huit enfants au roi, dont deux moururent très jeunes: le duc du Maine en 1670; le comte de Vexin en 1672; Mlle de Nantes en 1673, future duchesse de Bourbon, Mlle de Tours en 1676; Mlle de Blois en 1677, qui épousa le duc de Chartres, neveu de Louis XIV et futur Régent; enfin le comte de Toulouse en 1678. Tous ces bâtards furent légitimés par édit royal, ce qui causa maints scandales à la cour.

La marquise, hautaine et arrogante, tira un large profit de sa situation pour les siens et son entourage. Ses libéralités allèrent aussi aux artistes et aux écrivains tels que Corneille, Racine et Boileau. La Fontaine lui dédicaça un livre de ses *Fables*. Peu à peu, sous l'influence de Bossuet et surtout de Mme de Maintenon* qui s'insinuait dans les bonnes grâces du roi et cherchait à lui faire mener une vie plus chrétienne, celui-ci se détacha de la marquise. Elle en ressentit un dépit profond et tenta par tous les moyens de conserver sa position. Lorsque l'affaire des Poisons éclata en 1679, son nom fut murmuré à Louis XIV auquel on rapporta que, pour reconquérir son amour, la marquise aurait participé à des messes noires célébrées par la Voisin*. Après la mort de la reine en 1683 et le mariage secret du roi avec Mme de Maintenon en 1684, ses relations avec lui cessèrent et son influence décrut rapidement. Elle n'en demeura pas moins à la cour jusqu'en 1691, espérant vainement reconquérir l'affection du souverain. Elle acheva sa vie en partie dans la dévotion — elle fit plusieurs séjours dans des couvents — et dans le monde, incapable de se fixer nulle part et obsédée par le souvenir des splendeurs passées. Elle mourut de petite vérole alors qu'elle faisait une cure à Bourbon-l'Archambault. Louis XIV, qu'elle n'avait jamais oublié, eut ce mot cruel: « Il y a longtemps qu'elle est morte pour moi pour que je la pleure aujourd'hui. »

RÉF.: M. de Decker, *Madame de Montespan, la grande sultane*, Perrin, 1985. J.-C. Petitfils, *Madame de Montespan*, Fayard, 1988.

MONTESSORI Maria. Pédagogue italienne (Chiaravalle, près d'Ancône, 1870 - Noordwijk, Pays-Bas, 1952). Née dans une famille aisée, elle fit de brillantes études et, en 1896, elle fut la première Italienne à obtenir le titre de docteur en médecine. Très tôt, elle fut attirée par la psychologie des jeunes enfants. Ayant eu à s'occuper, dans le quartier de San Lorenzo de Rome, d'enfants anormaux qui n'avaient pas encore l'âge scolaire, elle eut l'idée de les intéresser et de les instruire à l'aide d'un matériel approprié: jeux de boules, de cubes, d'anneaux, etc. Elle éveillait ainsi la mémoire des sens tout en leur laissant une grande liberté. Sa conviction était que l'enfant n'assimile pas s'il ne comprend pas lui-même. Les résultats obtenus à San Lorenzo furent rapidement connus, et Maria Montessori devint célèbre. Son ouvrage, *Méthode de pédagogie scientifique appliquée aux enfants et aux maisons d'enfants* (1909), fut traduit en vingt langues, et on venait la consulter du monde entier. Jusqu'à sa mort, elle se consacra au développement de son œuvre, donnant des conférences et fondant partout des écoles Montessori. Elle a également publié *L'Enfant* (1935), *Les Étapes de l'éducation* (1936), *De l'enfant à l'adolescent* (1948).

RÉF.: E.M. Standing, *Maria Montessori à la découverte de l'enfant*, Desclée de Brouwer, 1972.

MONTMORENCY Charlotte Marguerite, princesse de Condé. Française (1594 - Châtillon-sur-Loing, 2 décembre 1650). Elle était la fille du duc Henri Ier de Montmorency-Damville, connétable de France, et de Louise de Budos. Présentée à la cour à l'âge de quinze ans, sa beauté fit sensation, surtout auprès du maréchal de Bassompierre qui demanda sa main au duc et l'obtint. Cependant, Henri IV, s'étant pris d'une violente passion pour la jeune fille, demanda à son ami intime de rompre, ajoutant qu'il souhaitait la marier à son neveu, le prince Henri II de Condé, escomptant en fait avoir ainsi les mains libres pour pouvoir la séduire. Le mariage eut lieu à Chantilly le 17 mai 1609. Condé, très épris de sa femme, vit d'un mauvais œil les assiduités du roi auprès d'elle, eut avec lui une violente altercation et ne céda pas, même lorsque Henri IV lui eut coupé les vivres. Peu après, le 29 août, il quitta la cour avec la princesse et s'installa à Bruxelles. Le couple revint en France après la mort du roi en 1610. Elle donna trois enfants à son mari: Anne en 1619, duchesse de Longueville* par son mariage en 1642; Louis II de Bourbon, duc de Condé (le Grand Condé) en 1621; Armand de Condé, prince de Conti en 1629.

En 1632, elle implora en vain auprès de Richelieu la grâce de son frère, Henri II de Montmorency, qui avait comploté avec Gaston d'Orléans, frère de Louis XIII. Montmorency fut exécuté;

et on raconte qu'au service funèbre de Richelieu la princesse aurait prononcé les mots de Marie* de Béthanie (voir Marie-Madeleine), sœur de Lazare, à Jésus, avant que celui-ci ne le ressuscite: «Seigneur, si tu avais été ici, mon frère ne serait pas mort» (Jean X, 21). Elle perdit son mari en 1646.

MONTPENSIER Anne Marie Louise d'Orléans, duchesse **de** (dite **la Grande Mademoiselle**). Française (Paris, 29 mai 1627 - *id.*, 5 avril 1693). Elle était la fille de Gaston, duc d'Orléans, frère de Louis XIII, et de Marie de Bourbon, donc la petite-fille de Henri IV. En naissant, elle héritait d'une très grande fortune, ce qui ajouta à son ambition: pendant longtemps, elle songea à épouser le Dauphin (futur Louis XIV), mais dut se raviser devant l'opposition de Richelieu. Plus tard, elle jeta son dévolu sur l'empereur Ferdinand III, sans plus de succès, et l'on dit que c'est par ressentiment contre la cour, qui n'avait pas favorisé ce mariage, qu'elle se rangea aux côtés des frondeurs. La tête légère mais le cœur vaillant, la Grande Mademoiselle n'hésita pas à se joindre aux combats. C'est ainsi qu'elle participa à la prise d'Orléans au printemps 1652.

Le haut fait d'armes, qui la rendit célèbre, consista, du haut des tours de la Bastille, à faire bombarder les troupes royales de Turenne qui étaient en train d'écraser celles du prince de Condé (le futur Grand Condé), sauvant celui-ci de justesse, le 2 juillet 1652, au faubourg Saint-Antoine. Grâce à ce coup d'éclat, les frondeurs purent maintenir leur emprise sur Paris pendant quelques mois encore. Il semble que son but, chimérique, était de se rendre suffisamment redoutable aux yeux de la cour pour que son mariage avec Louis XIV, dont elle n'avait toujours pas abandonné le projet, apparût comme une condition de la paix. Mazarin aurait d'ailleurs ainsi commenté l'échauffourée du faubourg Saint-Antoine: «Elle vient de tuer son mari» (son hypothétique union avec le roi). La fuite de Condé en Espagne en octobre 1652 marqua la liquidation de la Fronde des princes par le pouvoir royal, de sorte que la duchesse de Montpensier fut exilée sur ses terres de Saint-Fargeau jusqu'en 1657.

De retour à la cour où elle fut bien accueillie par Mazarin, mais fraîchement par Marie* de Médicis, elle se prit de passion quelques années plus tard pour le duc de Lauzun (qui était alors marquis de Puyguilhem). Les partisans de Lauzun firent le siège de Louis XIV pour qu'il permette ce mariage qui fut fixé en décembre 1670, tandis que le prince de Condé et Monsieur (Gaston d'Orléans, le père de la duchesse), profitant de l'imprudence de Lauzun qui avait fait retarder la cérémonie, obtinrent finalement le revirement du roi qui ne pouvait accepter pareille mésalliance. Désespérée, la Grande Mademoiselle dut s'incliner. L'année suivante, Lauzun, qui ne cessait de s'opposer au pouvoir royal, fut incarcéré à la forteresse de Pignerol où il resta neuf ans, pendant lesquels la duchesse ne cessa de solliciter sa libération. Elle l'obtint, mais l'épreuve les avait séparés, et ils se quittèrent après quelques mois d'une liaison orageuse. Après quoi, elle acheva sa vie dans la dévotion. Elle a laissé plusieurs écrits, essentiellement ses *Mémoires* (1729 et 1735), fort spirituels et intéressants.

RÉF.: B. Melchior-Bonnet, *La Grande Mademoiselle*, Perrin, 1985. Ch. Bouyer, *La Grande Mademoiselle*, Albin Michel, 1986.

MONTPENSIER Catherine Marie de Lorraine, duchesse **de**. Française (18 juillet 1552 - Paris, 6 mai 1596). Elle était la fille de François de Lorraine, deuxième duc de Guise, qui fut assassiné devant Orléans en 1563, et d'Anne d'Este. Elle avait trois frères: Henri Ier de Lorraine (troisième duc de Guise après la mort de son père), Louis II de

Lorraine, futur cardinal, et Charles de Lorraine, futur duc de Mayenne. Elle épousa en 1570 Louis II de Bourbon, duc de Montpensier, beaucoup plus âgé qu'elle. Très tôt, elle manifesta de fortes ambitions politiques, prenant parti pour la Ligue en 1587 et intriguant sans relâche contre Henri III qu'elle haïssait. Elle fut l'instigatrice de la fameuse journée des Barricades du 12 mai 1588 qui obligea le roi à fuir la capitale, laissant le duc de Guise «roi de Paris». Henri III répliqua en faisant tuer aux états de Blois les deux Guises, le duc, qu'on appelait le Balafré («Il est plus grand mort que vivant»), et le cardinal de Lorraine (23 décembre 1588). Après l'assassinat du roi par Jacques Clément le 2 août 1589, la duchesse de Montpensier se vanta d'avoir été l'instigatrice de l'attentat, ce qui n'a jamais été prouvé. Peu après, elle poussa Mayenne, son troisième frère, à s'emparer du trône — sans succès. Elle finit par se rallier à Henri IV qu'elle avait combattu aux côtés des Parisiens assiégés (1589). Elle a laissé le souvenir d'une femme redoutable, intrigante, exécrée de ses innombrables ennemis.

MOON April. Championne de tir à l'arbalète. Américaine (née en 1947). Avec un tir de 950,38 mètres, elle a établi le record du monde du tir à l'arbalète, exploit accompli le 13 septembre 1981 à Ivanpah Dry Lake. Pour mémoire, le record masculin est de 1 243,40 mètres, détenu par Harry Drake.

MOORE Grace. Soprano américaine (Jellicoe, Tennessee, 5 décembre 1901 - Copenhague, 26 janvier 1947). Après avoir étudié le chant à Nashville et à Washington, elle se perfectionna à New York avec Marafioti. Elle débuta sur scène à Broadway, où elle remporta de grands succès dans des opérettes et des revues. En 1926, elle vint en Europe, travailla sa voix avec Richard Barthélemy, à Antibes; elle était alors prête à affronter l'Opéra-Comique et le Metropolitan Opera de New York, où elle débuta dans le rôle de Mimi (*La Bohème*, Puccini) en 1928. Elle triompha à Covent Garden en 1935. Vedette du Metropolitan Opera de New York de 1928 à 1932 et de 1934 à sa mort, elle fut également applaudie à Chicago (1937) et sur la plupart des grandes scènes européennes. Parmi ses principaux rôles, citons Tosca (*Tosca*, Puccini), Manon (*Manon*, Massenet), Fiora (*L'Amour des trois rois*, Montemezzi) et Louise (*Louise*, Charpentier).

Très belle, elle tourna plusieurs films, dont un seul fut un succès, *Une nuit d'amour* (Schertzinger, 1934). Sa carrière cinématographique sombra dans l'insignifiance avec deux films médiocres, pourtant réalisés par de grands metteurs en scène, *Sa Majesté est de service* (Sternberg, 1936) et *Louise* (Gance, 1938), adapté de l'œuvre de Charpentier. Elle mourut prématurément dans un accident d'avion entre Copenhague et Stockholm. Elle a publié son autobiographie, *You're Only Human Once* (1944).

MOORE Marianne Craig. Poétesse américaine (Saint Louis, Missouri, 15 novembre 1887 - New York, 5 février 1972). Élevée par un grand-père presbytérien, Marianne Moore, lorsqu'elle était jeune fille, n'avait aucune intention de devenir écrivain. Elle pencha un moment pour la médecine, puis finit par obtenir un diplôme de lettres au Bryn Mawr College (1909). Professeur de sténographie à l'École du gouvernement à Carlisle pendant quatre ans, elle fit un voyage en Europe en 1911. Revenue aux États-Unis, elle occupa un poste à la Bibliothèque de New York avant de fonder une revue littéraire, *The Dial*, qu'elle dirigea de 1925 à 1929. Ses premiers vers parurent en 1915 dans la revue du groupe des imagistes anglais, *The Egoist*. Édités à son insu en 1921, *Poems* parurent en 1924 aux États-Unis en même temps qu'*Observations*. Suivirent *Poèmes choisis* (1935) avec une introduction de T.S. Eliot, *Le Pangolin et autres vers* (1936), *Il y a combien d'années?* (1941), *Toutefois* (1944), *Quelques poèmes* (prix Pullitzer de poésie, 1952), une traduction des *Fables* de La Fontaine, *Comme un rempart* (1957), *Tell me, Tell me* (1966). Ses *Poèmes complets* (1967) rassemblent tous les textes qu'elle souhaitait préserver.

Recourant aux métaphores, aux associations verbales et aux citations, Marianne Moore a produit une œuvre poétique profondément originale, faite de pureté formelle, de précision et de concision. Ses poèmes refusent la séparation en strophes et apparaissent comme portés par leur propre élan rythmique. Assez hermétiques, ils demandent au lecteur une attention soutenue, un engagement total et sans réserve. T.S. Eliot, dans sa préface de 1935, salue Marianne Moore comme un «poète métaphysique», considérant son œuvre comme «plus descriptive que lyrique ou dramatique».

MORANDI-MANZOLINI Anna. Femme de sciences italienne (Bologne 1716 - *id.*, 1744). Peintre et sculpteur de formation, elle épousa en 1740 un professeur de médecine, Jean Manzolini, qui lui fit découvrir l'anatomie. Passionnée par cette spécialité, elle procéda à la dissection de nombreux cadavres (elle découvrit ainsi les points précis d'insertion des muscles obliques de l'œil) et s'ingénia à modeler en cire les diverses parties du corps humain comme le faisait aussi son mari. Son talent et son habileté lui valurent des commandes du pape Benoît XIV, puis du professeur d'obstétrique Galli pour lequel elle exécuta une série de figurines d'argile cuite illustrant les différentes phases de l'accouchement. Lorsque son mari fut atteint de tuberculose, elle le remplaça à l'université. À sa mort, en 1757, le recteur la confirma à ce poste, et elle devint officiellement titulaire de la chaire d'anatomie l'année suivante. Sa renommée était telle que plusieurs cours d'Europe briguaient l'honneur de la recevoir, mais elle préférait y déléguer ses figurines. L'empereur Joseph II lui rendit visite à Bologne en 1769 et, fasciné par son talent, la combla de distinctions. Le comte Ranuzzi lui offrit même un appartement dans son palais et lui acheta sa collection scientifique qui constitue aujourd'hui une des curiosités du musée de Bologne.

MORANTE Elsa. Romancière italienne (Rome, 1912 - *id.*, 1985). Considérée comme un des plus grands écrivains italiens contemporains, elle débuta en 1941 par un recueil de récits *Il gioco Segreto* où elle puise son inspiration dans tout ce que l'élément humain a de caché. D'emblée, son premier roman, *Mensonge et sortilège* (1948), remporta le prix Viareggio ; ce roman-fleuve se situe dans l'Italie du Sud et retrace la vie de trois générations de femmes, à la fin du siècle dernier et au début du vingtième. *L'Île d'Arturo* (1957), qui reçut le prix Strega, raconte, dans le décor de l'île de Procida, l'éducation d'un adolescent dont le père est homosexuel. Vient ensuite *Le Châle andalou* (1967), recueil de nouvelles, et *La Storia* (1974), fresque historique qui raconte, à travers le destin du petit Useppe et de sa mère, les horreurs de la Seconde Guerre mondiale. Best-seller dans le monde, cette prodigieuse saga fut portée à l'écran par Luigi Comencini. Elle reçut pour son dernier roman *Aracoeli* (1984), poignant portrait de femme, le prix Médicis étranger. Épouse d'Alberto Moravia dont elle se sépara au bout de vingt ans, elle fut hospitalisée à Rome après une tentative de suicide en 1982, et mourut désespérée en disant pourtant : « Je veux qu'on soit gai le jour de ma mort. »

MOREAU Jeanne. Actrice française (née à Paris, le 23 janvier 1928). Elle entra au Conservatoire de Paris en 1946 et tint son premier grand rôle l'année suivante à la Comédie-Française, Verotchka (*Un mois à la campagne*, Tourgueniev). Nommée pensionnaire l'année suivante, elle incarna successivement Chérubin (*Le Mariage de Figaro*, Beaumarchais), Joas (*Athalie*, Racine), Angélique (*L'Épreuve*, Marivaux). Mal à l'aise au Français, elle quitta l'illustre compagnie et fut engagée au TNP en 1952 par Jean Vilar: sous sa direction, elle interpréta notamment Nathalie d'Orange (*Le Prince de Hombourg*, Kleist). Mais le Boulevard l'attirait et elle joua ensuite au Théâtre-Antoine les rôles de Géraldine (*L'Heure éblouissante*, Bonacci) en 1953 — pièce traduite de l'italien *(L'Ora della fantasia)* par Henri Jeanson —, Margaret (*La Chatte sur un toit brûlant*, T. Williams) en 1956. En 1954, elle avait interprété le Sphinx (*La Machine infernale*, Cocteau). Belle, instinctive, intelligente, elle a toujours donné à ses rôles un éclat incomparable.

Toutefois, c'est le cinéma qui la révéla au grand public et lui conféra une célébrité qui ne s'est pas démentie, même si elle a pu connaître des éclipses. *Ascenseur pour l'échafaud* (Malle, 1957), un remarquable film noir, et *Les Amants* (Malle, 1958) ont fait de Jeanne Moreau une très grande actrice. Dès lors, elle tourna film sur film, réalisés avec les plus grands metteurs en scène: *La Nuit* (Antonioni, 1960), *Moderato cantabile* (P. Brook, 1960), adapté du roman de Marguerite Duras*, *Jules et Jim* (Truffaut, 1962), *Le Procès* (Welles, 1962), *Baie des anges* (Demy, 1962), *La mariée était en noir* (Truffaut, 1968). Elle a tourné plus de quatre-vingts films avec le même brio, n'hésitant pas à s'engager aux côtés de jeunes réalisateurs comme Bertrand Blier (*Les Valseuses*, 1973) ou André Téchiné (*Souvenirs d'en France*, 1975). Elle-même a réalisé *Lumière* (1976) et *L'Adolescente* (1978), en assurant à la fois la mise en scène et les dialogues, qui furent des échecs. En tant que chanteuse, elle a enregistré entre autres des poèmes de Norge et reçu le Grand Prix du disque (1964). Elle a épousé en premières noces, en 1949, le metteur en scène Jean-Louis Richard dont elle a un fils, Jérôme, et en secondes noces, en 1977, William Friedkin. Elle a reçu le prix d'interprétation féminine au festival de Cannes en 1960 (*La Nuit*, Antonioni), festival qu'elle a présidé en 1975, le Molière de la meilleure comédienne en 1988 pour *Le Récit de la servante Zerline* (Broch) et le césar de la meilleure actrice pour *La vieille qui marchait dans la mer* (Heynemann, 1991). Elle poursuit sa carrière cinématographique dans des rôles que lui confient Losey (*La Truite*, 1982), Fassbinder (*Querelle*, 1982), Deville (*Le Paltoquet*, 1986), Besson (*Nikita*, 1990), Wenders (*Jusqu'au bout du monde*, 1991).

MORENO Marguerite (Lucie Marie Marguerite Monceau, dite). Actrice française (Paris, 15 septembre 1871 - Touzac, 14 juillet 1948). Fille d'un professeur de mathématiques et d'une mère d'origine espagnole, elle fut l'égérie de Catulle Mendès et épousa Marcel Schwob en 1900. Recherchée par les poètes de son temps parce que «nul ne disait mieux leurs vers», elle ne connaissait de rivale que Sarah Bernhardt*. Sa célébrité fut pourtant lente à venir. Elle quitta la Comédie-Française en 1903, n'ayant connu qu'un seul grand succès: le personnage de sœur Gudule (*Les Voiles*, Rodenbach). Elle suivit alors Sarah Bernhardt dans une tournée internationale et s'établit à Buenos Aires, où elle fonda en 1907 un conservatoire d'art dramatique. Revenue à Paris en 1913, elle joua peu: quelques rôles de composition simplement. Avec sa voix lente, son visage immobile, ses gestes économes, elle racontait comme personne des histoires irrésistibles, avec un talent dont les

Souvenirs de ma vie (1948) donnent un aperçu. En 1929, son entrée dans le *Sexe faible* (Bourdet) fut saluée d'une ovation. Le cinéma allait en faire un «monstre sacré»: elle tourna soixante-dix films dont *La Dame de pique* (Ozep, 1937), *Douce* (Autant-Lara, 1943), *L'Idiot* (Lampin, 1946) et *Les jeux sont faits* (Delannoy, 1947). Son ultime succès au théâtre reste *La Folle de Chaillot*, qu'elle créa pour Giraudoux en 1945 à soixante-quinze ans. Les orbites charbonneuses, surchargée d'oripeaux, elle était «extraordinaire», se souvient Paul Léautaud: «Elle se transformait littéralement, elle vivait son personnage.» Elle mourut peu après, maîtresse d'un petit troupier pour qui elle dépensait des fortunes. Elle eut une grande amitié pour Colette*, dont témoigne sa *Correspondance*.

MORGAN Anne Tracy. Philanthrope américaine. (New York, 1873 - *id.*, 1952). Fille du richissime banquier John Pierpont Morgan, elle était d'une nature généreuse et charitable, et elle consacra une grande partie de son énorme fortune à la cause des déshérités. Grande amie de la France, très sensible aux horreurs de la Première Guerre mondiale et des dévastations que connut le pays, elle contribua de tout son pouvoir à la restauration des régions les plus éprouvées et des monuments historiques détruits par les bombardements. Elle fut la créatrice du Musée franco-américain de Blérancourt. En reconnaissance de ses actions humanitaires en France, Anne Morgan fut élevée au grade de commandeur de la Légion d'honneur.

MORGAN Michèle (Simone Roussel, dite). Actrice française (née à Neuilly-sur-Seine, le 29 février 1920). C'est à Dieppe qu'elle fit ses débuts dans le Ballet des libellules, avant de gagner le second prix de la jeune fille la plus photogénique, à l'âge de quatorze ans. Elle débuta l'année suivante au cinéma dans *Mademoiselle Mozart* (Noé, 1935) où elle était figurante, puis tint quelques petits rôles dans *Une fille à papa* (Guissart, 1936) et dans *L'Entraîneuse* (Valentin, 1938), avant que Marc Allégret ne lui donne sa première chance avec *Gribouille* (1938), où elle fut la partenaire remarquée de Raimu. Elle triompha dans *Quai des brumes* (Carné, 1939) aux côtés de Jean Gabin, dont on connaît la célèbre réplique: «T'as d'beaux yeux, tu sais.» Elle étrennait la nouvelle silhouette de la petite Française type, vêtue d'un béret et d'un imperméable. Elle obtint un succès comparable dans *Remorques* (Grémillon, 1940). Devenue une grande vedette, elle émigra aux États-Unis pendant la guerre et tourna plusieurs films, dont un avec Humphrey Bogart, *Passage to Marseille* (Curtiz, 1944). En 1942, elle épousa l'acteur Bill Marshall dont elle eut un fils, Mike. Ils divorcèrent en 1948, et Marshall se remaria avec Micheline Presle*. De retour à Paris, elle remporta un grand succès dans *La Symphonie pastorale* (Delannoy, 1946), adapté du roman d'André Gide, et forma un couple idéal dans *Fabiola* (Blasetti, 1947) avec Henri Vidal. Les deux acteurs se marièrent mais Henri Vidal disparut en 1959.

Parmi les soixante-cinq films qu'elle a tournés et qu'elle a marqués de sa personnalité et de ses célèbres yeux bleus, citons *Maria Chapdelaine* (M. Allégret, 1950), *L'Étrange Madame X* (Grémillon, 1951), *Les Orgueilleux* (Y. Allégret, 1953), *Marie-Antoinette* (Delannoy, 1956), *Le Chat et la Souris* (Lelouch, 1975). À la télévision, elle a interprété *La Dame aux camélias* (1953) et *La Bien-Aimée* qui lui valut le prix de la meilleure interprétation féminine au festival de la télévision de Monte-Carlo (1968). Elle a reçu les «Victoires» de la meilleure actrice en 1946, 1948, 1950, 1952, 1955 et obtenu le prix d'interprétation féminine au festival de Cannes en

1946 pour *La Symphonie pastorale* (Delannoy). Arrivée tard au théâtre, elle interpréta *Le Tout pour le tout* (1978), *Chéri* (1982), *Une femme sans histoire* (1988). Depuis de longues années, Michèle Morgan partage sa vie avec le cinéaste Gérard Oury et, dit-elle, ne veut pas tuer le romantisme de leur union par les paperasseries du mariage. Elle est également peintre et expose régulièrement depuis de nombreuses années à la galerie du Lion à Paris en 1974. Elle a publié ses souvenirs, *Avec ces yeux-là* (1977).

MORI Hanae. Femme d'affaires et créatrice de mode japonaise (née dans la province de Shimane, le 8 janvier 1926). Fille de médecin, elle suivit des cours de littérature à l'université puis des cours de stylisme. Elle épousa Ken Mori, fils d'un important industriel en textile. Ils ouvrirent ensemble un minuscule atelier de couture dans Shinjuku où Hanae Mori débuta en créant des costumes pour le cinéma, puis des robes de mousseline imprimée qu'elle exporta et que les Américains adoptèrent avec enthousiasme. Au cours de l'un de ses nombreux voyages, elle fit escale à Paris où, avec l'aide de Henry Berghauer, elle ouvrit, en 1977, une maison de haute couture avenue Montaigne. Mais son activité ne se limite pas à la couture. Son immeuble de verre et de béton, construit pour elle à Tokyo par l'architecte Kenzo Tange, réunit tous les responsables des départements d'un immense empire commercial: assurances, immobilier, vidéo, antiquités, et même restauration. Propriétaire d'un important groupe de presse, elle publie les versions japonaises de *Women's Wear*, *Interview*, et le célèbre *Ryuko Tsushin*. En outre, la Fashion Foundation Hanae Mori multiplie les conférences, séminaires et expositions. La réussite exceptionnelle de Hanae Mori a fait d'elle l'une des femmes les plus célèbres du Japon. Mais elle assure tout devoir à son mari Ken, qu'elle appelle «notre vrai boss». Leurs fils Akira et Kei, qui ont étudié en Suisse et sont diplômés d'universités américaines, assument des responsabilités importantes dans l'empire familial. Hanae Mori vit entre Paris, New York et Tokyo.

MORIN Marie (dite **Muguette**). Héroïne française (XVIIIe siècle). Son fiancé ayant été tué par les Bleus, elle décida de le venger et devint un élément important de la chouannerie. Elle déjoua des embuscades et sauva des prisonniers au Mont-Saint-Michel dans la nuit du 9 au 10 août 1799. Elle est l'héroïne du *Chevalier des Touches* de Barbey d'Aurevilly.

MORIN Micheline. Alpiniste française (Chambéry, 1905 - *id.*, 1972). Elle était la sœur de l'alpiniste Jean-Antoine Morin, disparu pendant la guerre au cours d'une mission à Madagascar. Élevés dans un milieu d'artistes, ils avaient en commun la passion de la montagne. Le palmarès de Micheline Morin comprend 99 sommets, dont la face sud-est des Droites en 1932, en tête de cordée avec le guide Georges Charlet. Avec Miriam Underhill*, l'alpiniste américaine, elle réussit la traversée du Mönch à la Jungfrau et fit partie des premières cordées exclusivement féminines avec Alice Damesme*, triomphant de l'Aiguille verte, du Spogolo del Velo et du Campanile Basso. Membre du Groupe de haute montagne, elle a donné de nombreuses conférences dans toute l'Europe. On lui doit aussi des livres: *Encordées* (1937), l'un des classiques de la littérature consacrés à la montagne, *Trag le chamois* (1948), *L'Alpe enchantée* (1951), *Everest, du premier assaut à la victoire* (1953). Peu sensible à la compétition, et par ailleurs excellente musicienne, Micheline Morin était appréciée par ses pairs pour sa joie de vivre et sa ténacité.

MORINI Erica. Violoniste américaine d'origine autrichienne (née à Vienne, le 5 janvier 1904). Son père, musicien, lui donna des leçons avant de la faire entrer à l'âge de sept ans au conservatoire de Vienne; elle devenait ainsi l'une des toutes premières femmes violonistes à y être admise. Elle suivit les cours d'Otokar Sevčík. Elle remporta un grand succès en 1916 en se produisant à Vienne avec le Leipzig Gewandhaus Orchestra. En 1920-1921, elle fit une tournée aux États-Unis, donnant un récital au Metropolitan Opera de New York sous la direction d'Artur Bodansky, puis s'expatria aux États-Unis au moment de l'Anschluss et adopta la nationalité américaine. Elle poursuivit sa brillante carrière de concertiste tant aux États-Unis qu'en Europe où elle participa notamment à plusieurs éditions du festival de Prades sous la direction de Pablo Casals.

MORISOT Berthe Marie Pauline. Peintre. Française (Bourges, 14 janvier 1841 - Paris, 12 mars 1895). Arrière-petite-fille, par sa mère, de Jean Fragonard, fille d'un riche préfet, elle se passionna pour la peinture dès son plus jeune âge. C'est en compagnie de Jean-Baptiste Corot qu'elle apprit à peindre en plein air, et nombre de ses paysages témoignent de l'influence du maître. En 1868, elle rencontra Édouard Manet qui fit d'elle plusieurs portraits et la représenta dans l'un de ses célèbres tableaux, *Le Balcon* (1868). Grâce à lui, elle entra en contact avec les impressionnistes, notamment Auguste Renoir et Claude Monet, qui l'encouragèrent à peindre: *Vue du petit port de Lorient* (1869, New York, collection Meelon Bruce), *La Chasse aux papillons* (1874, musée d'Orsay). Elle participa à la plupart de leurs expositions, tout en continuant à figurer au Salon. En 1874, elle épousa Eugène Manet, le frère du peintre. Elle tenait un salon que fréquentaient entre autres Stéphane Mallarmé et Renoir qui avait beaucoup d'admiration pour elle. Dans les années 1880, son style a évolué vers une utilisation plus lumineuse de la couleur et des touches plus amples. Les vergers de sa propriété de Mézy lui ont inspiré de nombreuses toiles dont *La Cueillette des cerises* est la plus célèbre. Beaucoup de ses tableaux figurent à Paris, au musée d'Orsay. Une grande rétrospective de son œuvre a été organisée en 1941 au musée de l'Orangerie à l'occasion du centenaire de sa naissance.

RÉF. : J.D. Rey, *Berthe Morisot*, Flammarion, 1982.

MORLAY Gaby (Blanche Françoise Fumoleau, dite). Actrice française (Angers, 1893 - Nice, 1964). Comme elle n'avait pas les moyens de se payer le Conservatoire, elle monta à Paris pour suivre des cours de dactylographie. Elle fut engagée aux Capucines par les Berthez. Elle prit son pseudonyme dans l'indicateur des chemins de fer — Gaby de Morlaix — avant de le transformer en Gaby Morlay. Louis Verneuil lui confia en 1918, au théâtre Antoine, la vedette de sa pièce, *Le Traité d'Auteuil*; elle créa presque toutes ses pièces, ainsi que *Simone est comme ça* (Mirande) qui lui valut un grand succès en 1921. Elle incarna la féminité de l'entre-deux-guerres, des ingénues espiègles jusqu'aux mères douloureuses. On applaudit dans les pièces de Henri Bernstein: *Félix* (1926), *Le Venin* (1927), *Le Secret* (1928), *Mélo* (1929), *Le Jour* (1930), *Le Messager* (1933). Après la guerre, elle s'illustra aussi bien dans *Celle qu'on prend dans ses bras* (Montherlant, 1950) que dans *Lorsque l'enfant paraît* (Roussin, 1951), rôle qui lui permettait de retrouver la veine comique de ses débuts et qu'elle joua deux mille fois. Selon Robert Kemp, critique théâtral redouté, elle faisait «tout sentir, tout partager».

Grande comédienne à l'écran comme à la scène, elle fit pleurer la France entière avec le rôle de Louise (*Le Voile bleu*, Stelli, 1942). Le mouchoir blanc qu'elle pétrissait dans les scènes d'émotion devint célèbre. Du muet au parlant, elle tourna près d'une centaine de films avec de grands metteurs en scène comme Jacques Feyder (*Les Nouveaux Messieurs*, 1928), Maurice Tourneur (*Accusée, levez-vous*, 1930; *Maison de danse*, 1931), Abel Gance (*Le Maître de forges*, 1933) et Paul Czinner (*Mélo*, 1933; *Ariane jeune fille russe*, 1934; *Nuits de feu* et *Entente cordiale*, 1937). Elle fut l'interprète favorite de Sacha Guitry avec lequel elle tourna *Quadrille* (1938) — elle avait joué dans la pièce de Guitry l'année précédente —, *Le Destin fabuleux de Désirée Clary* (1942), *Si Versailles m'était conté* (1953), *Napoléon* (1954). On la vit aussi dans des films de Marc Allégret, Jean Delannoy, Georges Lacombe, Henri Decoin, Max Ophuls, Jean-Paul Le Chanois (notamment dans *Papa, maman, la bonne et moi*, 1954, qu'elle avait fait triompher au théâtre auparavant). À soixante-huit ans, Gaby Morlaix épousa Max Bonnafous, secrétaire d'État à l'Agriculture et au Ravitaillement sous le gouvernement de Vichy, avec qui elle vivait depuis la guerre.

RÉF. : P. Descaves, *Gaby Morlay*, Calmann-Lévy, 1951. G. Debot, *Gaby Morlay, du rire aux larmes*, France-Empire, 1987.

MORNY Sophie, née Troubetzkoï, duchesse **de**. Russe (1838-1896). On la disait fille naturelle du tsar Nicolas Ier. Elle avait passé sa petite enfance à Paris avec sa mère, dont le mari, le prince Serge Troubetzkoï, était exilé en Sibérie. Très belle, spirituelle, ambitieuse, elle éblouit Morny, alors ambassadeur de France en Russie, qui l'épousa à Saint-Pétersbourg en 1857. Elle succédait dans le cœur de son mari à la comtesse Fanny Le Hon*, qui avait apporté à son amant un appui déterminant dans sa carrière politique. Elle fut l'un des plus brillants ornements de la cour des Tuileries où Napoléon III, demi-frère de Morny par la reine Hortense*, lui réservait un accueil des plus flatteurs. Ce dernier, président du Corps législatif depuis 1854, fut fait duc en 1862. Sa femme jouissait ainsi d'une position considérable et donnait de somptueuses réceptions qui lui attirèrent beaucoup d'envieux, d'autant plus qu'elle affichait un maintien hautain, même et surtout à l'égard des princesses de la famille impériale. Se mêlant de politique, on lui reprocha de favoriser la Russie auprès de la cour. Le duc de Morny la laissa veuve en 1865 avec trois enfants. Elle se remaria en 1868 avec le duc de Sesto. Le peintre Winterhalter a laissé son portrait.

MOSER Edda. Soprano allemande (née à Berlin, le 27 octobre 1941). Fille du musicologue Hans Joachim Moser, elle étudia le chant au conservatoire de sa ville natale avec Hermann Weissenborn et Gertrud König. Engagée au Städtische Opera en 1962, elle débuta avec de petits rôles comme Kate Pinkerton (*Madame Butterfly*, Puccini). Elle chanta ensuite dans les chœurs de l'Opéra de Würzbourg, puis à Hagen et à Bielefield lorsque enfin Hans-Werner Henze l'invita à Londres pour y interpréter en concert deux de ses cantates. L'année suivante, elle incarnait à Salzbourg Wellgunde (*L'Or du Rhin*, Wagner), sous la direction d'Herbert von Karajan. Elle fit ses débuts au Metropolitan Opera de New York en 1968, parut à Vienne en 1971, au festival d'Aix-en-Provence en 1972, à l'Opéra de Paris en 1975. Sa voix puissante, d'une grande musicalité, lui permet d'aborder un vaste répertoire, comprenant aussi bien des œuvres contemporaines de Henze, Fortner, Zinnermann, Nono et Stravinski, que les grands rôles qui ont établi son renom : la Reine de la Nuit (*La Flûte enchantée*, Mozart), Donna Anna (*Don Juan*, Mozart), Constance (*L'Enlèvement au sérail*, Mozart), Aspasie

(*Mithridate, roi du Pont*, Mozart), Lucie (*Lucie de Lammermoor*, Donizetti), Salomé (*Salomé*, R. Strauss), les trois héroïnes des *Contes d'Hoffmann* (Offenbach), Aïda (*Aïda*, Verdi), Iphigénie (*Iphigénie en Aulide*, Gluck).

MOSES Anne Mary Robertson (dite **Grand'Ma'**). Peintre. Américaine (New York, 1860 - *id.*, 1961). Elle ne fit ses véritables débuts de peintre qu'à près de soixante-dix ans et fut réellement découverte vers l'âge de quatre-vingts ans. Ses tableaux, qu'elle avait commencé à exécuter sur les conseils de sa sœur, ont conquis le public américain et les spécialistes, qui ont consacré le charme et l'authenticité de cette œuvre réellement « naïve », inspirée par la vie campagnarde et familiale qu'elle a menée à partir de 1905. À la fin de sa vie, Grand' Ma' était devenue célèbre et très riche car ses peintures ont été reproduites à des millions d'exemplaires. Elle s'est éteinte paisiblement à l'âge de cent un ans. La National Gallery à Washington lui a consacré une importante rétrospective en 1979. Ses œuvres figurent au Museum of Modern Art à New York et dans les collections de nombreux autres musées américains ou européens.

MOSS Patt. Coureur automobile. Anglaise (née en 1934). Elle est la plus titrée des coureurs automobiles féminins de son temps. Sœur du champion automobile Stirling Moss, très sportive, excellente cavalière, elle fit partie de l'équipe hippique britannique et remporta une seconde place toutes catégories dans la Coupe de la reine Élisabeth. L'exemple de son frère l'attira vers la course automobile. Elle débuta en 1953, se plaça brillamment dans plusieurs rallyes et remporta la course féminine de Goodwood. 1958 fut le départ d'une série impressionnante de victoires qui la placèrent, pour quelques années, à la tête du sport automobile féminin.

Son palmarès est éloquent: elle fut championne d'Europe féminin des rallyes en 1958, 1960, 1962, 1964, 1965. De 1958 à 1969, elle remporta les Coupes des dames dans les principaux rallyes internationaux: Coupe des Alpes (1958), Monte-Carlo (1959), Lyon-Charbonnière (1959), Acropole, Genève, Vikings, Liège-Rome-Liège, l'une de ses plus belles victoires (1960), Tulipes (1962) et rallye d'Allemagne la même année. À ce palmarès exceptionnel, on peut ajouter encore les places de deuxième au rallye de Grande-Bretagne (1961), de Pologne (1962), de l'East African Safari (1962), de San Remo (1968). Dans le rallye des Fleurs, elle fut deuxième au classement général se plaçant entre les champions chevronnés Tolvonen et Anderson. Elle a épousé, en 1963, le champion suédois Erik Carlsson, avec lequel elle fut quelque temps pilote officiel chez Saab avant d'être engagée chez Lancia.

MOTT Lucretia, née Coffin. Prédicateur. Américaine (île de Nantucket, 3 janvier 1793 - Philadelphie, 11 novembre 1880). Élevée dans une famille de quakers aux mœurs austères, elle entra dans une école publique à Boston puis dans une école quaker où elle fut bientôt professeur. Elle y rencontra James Mott qu'elle épousa en 1811 et dont elle eut six enfants. À l'époque, les quakers (sobriquet issu d'un verbe anglais signifiant «trembler») appartenaient à la Société des Amis fondée en 1647 en Angleterre, qui prônait entre autres la suppression des sacrements, l'autorité suprême du Saint-Esprit et sa supériorité sur les Écritures. Les membres de cette secte, nombreux aux États-Unis, organisaient de fréquentes réunions où la parole était donnée aux fidèles: ce fut l'origine des causeries en public de Lucretia Mott. Son talent d'orateur, son ardeur à défendre les droits des femmes et à fustiger l'intempérance la firent remarquer.

En 1827-1828, lors de la première scission de la Société des Amis, elle prit le parti d'Elias Hicks, dont la pensée, d'inspiration libérale, s'orientait vers une sorte de pur déisme. Toutefois, au début des années 1830, elle s'engagea avec vigueur dans la cause antiesclavagiste et se brouilla avec Hicks qui défendait l'esclavage. Exclue de la secte en 1833, elle organisa aussitôt la Société féminine antiesclavagiste des États-Unis dont elle fut la présidente toute sa vie. En 1857, elle s'installa avec sa famille près de Philadelphie et poursuivit son activité de prédicateur avec la même fougue et la même détermination. Les discours qu'elle a prononcés en faveur des droits des femmes ont été publiés par E.C. Stanton dans le premier volume de son *History of Woman Suffrage* (6 vol., 1881-1922).

MOTTE Claire. Danseuse française (Belfort, 1937 - Paris, 1986). Fille d'un officier et d'une pianiste, passionnée de danse, elle fut admise à onze ans à l'école de danse de l'Opéra de Paris. Brûlant les étapes, elle devint grand sujet à dix-sept ans et danseuse étoile à vingt-trois ans. Lien vivant avec la tradition classique, «Clairette» incarnait la grâce romantique d'une Giselle (*Giselle*, Gautier et Coralli) ou d'une Odette-Odile (*Le Lac des cygnes*, M. Petipa). Son interprétation de *Phèdre* (Racine), filmée en 1965, lui valut un Emmy Award aux États-Unis. Aussi grande dans la danse moderne, elle triompha la même année en créant Esmeralda (*Notre-Dame de Paris*, Petit). Elle créa pour Serge Lifar qui l'appelait sa «matière vivante» *Le Chemin de lumière* (1957), *Sarracenia* (1964), *Bacchus et Ariane* (1967) et pour Blasko *Concerto pour piano* (1967). Elle fit ses adieux en 1979 et continua d'enseigner au Palais Garnier. Elle était mariée à l'éditeur Mario Bois.

MOUKHINA Vera Ignatievna. Sculpteur. Soviétique (Leningrad, 1889 - Moscou, 1953). Elle fit ses premières études à Moscou puis vint à Paris où elle fut l'élève de Bourdelle de 1912 à 1914. Rentrée en URSS, elle se convertit au réalisme socialiste en 1930. Elle exécuta de grandes statues en bois et en bronze et la décoration du théâtre Kamernyi. Elle obtint le premier prix à l'Exposition du XXe anniversaire de la révolution d'Octobre avec sa statue *La Paysanne*. C'est à elle que fut confiée la sculpture *L'Ouvrier et la kolkhozienne* qui couronna le pavillon de l'URSS à l'Exposition internationale de 1937 à Paris. Elle exécuta également un monument à l'effigie de *Maxime Gorki*. Vera Moukhina fut lauréate du prix Staline en 1937.

MOULD Marion, née Coakes. Cavalière anglaise (née à Hampshire en 1947). On ne peut dissocier le nom de Marion Mould de celui de son cheval, le célèbre Stroller. Fille de fermier, elle faisait partie de l'équipe junior d'Angleterre avec ses frères John et Douglas. Elle adorait son cheval, que son père avait l'intention de vendre, mais réussit cependant à le garder et à l'inscrire dans diverses compétitions dans lesquelles il se comporta brillamment. À dix-sept ans, elle réussit avec lui son premier «sans faute» et remporta en 1967 le célèbre Hickstead Derby, exploit que le cheval et sa cavalière renouvelèrent en 1968. Citons également, après leur victoire au championnat du monde à Hickstead, celle de la Coupe de la reine Élisabeth à Wembley. Par la suite, elle ne cessa d'accumuler des succès: elle remporta entre autres la médaille d'argent au jeux Olympiques de Mexico (1968) et cinq médailles d'or à Hickstead. Marion Coakes a épousé le champion David Mould.

MOUSKOURI Nana (Johannah, dite). Chanteuse grecque (née en 1934). Elle est la fille d'un projectionniste de cinéma et d'une mère dont le rêve était de devenir cantatrice. Nana, comme l'appelaient ses parents depuis son enfance, fut inscrite au conservatoire. À quatorze ans, elle apprit à exploiter un mince filet de voix qui, à force de travail, devint l'une des voix les plus attachantes de la chanson, à la fois chaude et cristalline, admirablement conduite, qui colore les mots les plus simples et les sons les plus subtils. Sa silhouette austère d'institutrice et ses lunettes furent rapidement célèbres dans le monde entier. Paris, Berlin, les États-Unis, l'Extrême-Orient lui ont fait un accueil triomphal. Nana Mouskouri chante, dans plusieurs langues, sans se lasser et sans lasser son public, des ritournelles sentimentales, des chansons d'amour et d'espoir, des chansons folkloriques, un brin révolutionnaires : *Athéna*, *Chiquita*, *Amapola*, *Les Roses blanches de Corfou*, *Prendre un enfant dans ses bras*, etc., qui lui ont valu en vingt-cinq ans de carrière près de cent cinquante disques d'or. Mariée en 1959 avec l'un de ses musiciens, dont elle eut deux enfants, Nicolas et Hélène, elle divorça après dix-sept ans pour se remarier avec son producteur André, qui, dit-elle, supporte avec tendresse son mauvais caractère et ses colères. Nana Mouskouri, qui avait quitté la Grèce à l'arrivée des colonels, n'est retournée dans son pays qu'en 1974. Actuellement, elle réside le plus souvent à Genève.

MOZART Constance, née Constantia Weber. Soprano allemande (Zell, Wiesenthal, 5 janvier 1762 - Salzbourg, 6 mars 1842). Troisième des quatre filles de Fridolin Weber (apparentée de ce fait au compositeur Carl Maria von Weber), elle possédait un certain talent musical. Mozart la rencontra en 1777-1778 à Mannheim où elle vivait avec sa famille, mais c'est de sa sœur, Aloysia Weber*, dont il s'éprit tout d'abord avant de découvrir qu'elle ne l'aimait plus. Constance et les siens vinrent vivre à Vienne en septembre 1779, et Mozart logea chez eux à partir du mois de mai 1781. Il épousa Constance le 4 août 1782. Ils eurent six enfants, dont deux survécurent : Franz Xaver, né en 1781, et Thomas, né en 1784.

Constance Mozart chanta en août 1783 la partition de soprano de *La Grande Messe en* ut *mineur* (K 427) à Salzbourg. Mozart avait composé cette œuvre non pas — fait exceptionnel — pour une commande mais pour que Constance, malade, se rétablît alors qu'ils étaient fiancés. Constance guérit... et la messe ne fut jamais achevée. Après la mort de son mari en 1791, il lui fut alloué une modeste pension, le tiers du salaire du compositeur. Elle organisa sans succès plusieurs représentations de *La Clémence de Titus* (Mozart) et d'*Idoménée* (Mozart) ; en 1800, elle fut obligée de vendre les manuscrits de son mari à l'éditeur André. Elle rencontra sans doute son second mari, le diplomate danois Georg Nissen en 1797 ; ils se marièrent en 1809 à Presbourg. En 1810, le couple s'installa à Copenhague et revint à Salzbourg en 1821 lorsque Nissen eut besoin de documents pour établir une biographie de Mozart. Il mourut en 1826, laissant à Constance le soin de compléter son travail et de le diffuser.

MOZART Maria Anna (dite **Nannerl**). Claveciniste autrichienne (Salzbourg, 30 juillet 1751 - *id.*, 29 octobre 1829). Elle était la fille de Léopold Mozart, violoniste émérite et pédagogue renommé établi à Salzbourg, et l'aînée de quatre ans de son frère Wolfgang Amadeus. Le père s'aperçut des facultés exceptionnelles de ses deux enfants et se voua exclusivement à leur éducation. De 1762 à 1766, les deux enfants prodiges effectuèrent sous sa direction des voyages en Allemagne, en France, en Angleterre et en Hollande, où ils remportèrent des triomphes dans toutes les cours. Ayant abandonné les tournées de concert, Maria Anna Mozart épousa en

1784 le baron Berchtold zu Sonneberg qui mourut en 1801. Devenue aveugle, elle donna néanmoins des cours de musique à Salzbourg.

MÜLLER-PREIS Ellen. Championne d'escrime. Autrichienne (née à Berlin, le 6 mai 1912). Elle fut trois fois championne du monde d'escrime à Lisbonne (1947), au Caire (1949) et à Monaco (1950). Avec l'Allemande Helena Mayer* (1929, 1931, 1937) et la Hongroise Ilona Elek-Schacherer* (1934, 1935, 1941), elle est la seule femme à avoir remporté ce titre trois fois. Ellen Müller-Preis obtint également le titre de championne olympique en 1932 à Los Angeles mais ne put renouveler cet exploit malgré sa participation aux jeux Olympiques de Berlin (1936), Londres (1948), Helsinki (1952) et Melbourne (1956).

MUMTÂZ-I MAHAL. Princesse moghole (1592-1631). Fille d'Âsaf Khân III, elle épousa en 1612 le prince Khurram, futur Shâh Jahân, qui lui donna quatorze enfants. Elle mourut à la naissance du dernier, une fille. Elle est passée à la postérité grâce au mausolée de marbre blanc, le Tâj Mahal, que son mari, inconsolable, fit édifier pour perpétuer son souvenir. La construction de l'édifice, qui se dresse à Âgrâ, au bord de la Yamunâ, dura vingt ans et ruina le trésor impérial.

MUNTER Gabriele. Peintre. Allemande (Berlin, 1877 - Murnau, 1962). D'abord élève de Wassily Kandinsky dont elle suivit les cours à Munich, elle devint par la suite sa compagne et partagea son existence jusqu'en 1916. En 1921, elle se fixa à Murnau mais continua à participer aux activités de différents mouvements munichois, dont le Blaue Reiter. Sa peinture évolua toutefois selon des critères personnels, tout en reflétant les diverses phases de son existence et les influences qu'elle a pu subir. Ainsi son œuvre est-elle marquée par différentes périodes où l'on vit sa palette évoluer à partir de nuances claires, brillantes même, vers une gamme de tonalités plus sourdes, dont la rigueur s'accentua au contact du cubisme. Après sa période cubiste, elle revint à une certaine forme de figuration plus proche de la sensibilité germanique. Elle a réalisé entre autres *Portrait d'une jeune fille* (1909, Milwaukee Art Center), *Rue de village en hiver* (1911, Munich, Stradtische Galerie), *L'Homme au fauteuil* (1913, Munich) qui fait partie de sa période cubiste, *Nature morte au cheval blanc* (1935, Munich, Stadtische Galerie).

MURASAKI SHIKIBU. Femme de lettres japonaise (v. 978-1014). Elle appartenait à une branche cadette du clan des Fujiwara qui, étroitement lié à la dynastie régnante par les femmes, détenait alors la réalité du pouvoir. Elle descendait d'une lignée de poètes : son arrière-grand-père, Kanesuke, avait été un ami de Kino Tsurayuki, le compilateur du *Kokin-shu*, et son père Tametoki était l'auteur d'estimables poèmes en chinois classique. Orpheline de mère, elle fut élevée et éduquée par son père. Celui-ci lui faisait suivre les leçons de lettres chinoises qu'il donnait à son fils aîné Nobunori. La fillette manifestait un si grand intérêt pour ces études et faisait des progrès si rapides que son père se prenait à regretter qu'elle ne fût pas un garçon. En 996, elle suivit son père dans la province d'Echigo où il avait été nommé gouverneur.

Revenue dans la capitale l'année suivante, elle épousa, en 999, Fujiwara no Nobutaka, de vingt ans son aîné, dont elle eut une fille connue en littérature sous le nom de Daini no Sammi. Deux ans après son mariage, elle devint veuve, et ses biographes ne lui attribuent plus dès lors aucune autre liaison. Sans doute, dès cette époque, s'était-elle engagée dans la création du *Genji-monogatari*

(*Dit du Genji*), œuvre capitale de la littérature romanesque du Japon, qui l'absorba totalement. En 1005, sa réputation de femme lettrée était en tout cas bien établie puisque le tout-puissant ministre Michinaga fit d'elle la préceptrice de sa fille, l'impératrice Shoshii. De cette époque date le sobriquet de Murasaki, inspiré peut-être d'un des personnages de son roman. L'impératrice perdit son mari en 1011 et entra en religion. Murasaki, alors devenue sa dame d'honneur, la suivit dans sa retraite. Il semble qu'elle quitta son service à l'automne 1013 et qu'elle mourut au printemps suivant, dans sa trente-septième année. Pour d'autres biographes, elle ne serait morte qu'en 1016, après avoir perdu son frère en 1014.

Le Dit du Genji est une œuvre monumentale de quelque deux mille pages, découpée en cinquante-quatre livres et écrite dans un style d'une inimitable perfection. Il s'agit d'une fresque gigantesque qui fait revivre toute la société du temps, où l'auteur révèle une grande acuité dans l'analyse psychologique. Murasaki Shikibu a également laissé un Journal, *Sikki*, qui va de l'automne 1008 à l'automne 1010.

MURDOCH Iris (J.O. Bayley, dite). Femme de lettres irlandaise (née à Dublin en 1919). Élevée à la Badminton School, elle fit des études classiques à l'université d'Oxford. Elle travailla quelque temps au Service civil puis devint professeur de philosophie à Oxford et à Londres, publiant à cette époque des études philosophiques comme *Sartre, Romantic Rationalist* (1953) et, plus tard, *The Sovereignty og Good* (1970). En 1956, elle épousa le critique John Bayley. Son premier roman, *Dans le filet* (1954) écrit à la première personne par un narrateur masculin, fut suivi de bien d'autres qui tous remportèrent un grand succès: *Les Eaux du péché* (1958), *Une tête coupée* (1961, adapté à la scène par J.B. Priestley en 1963), *Pâques sanglantes* (1965), *Les Angéliques* (1968), *Le Rêve de Bruno* (1969), *Un enfant du verbe* (1975), *La Mer, la mer* (1978) qui remporta le Booker Prize et *L'Élève du philosophe* (1983), son vingt et unième roman. Dotée d'une grande force d'invention, d'un sens aigu de l'observation, Iris Murdoch, comme elle l'a déclaré elle-même à maintes reprises, appartient à la grande tradition réaliste du roman anglo-russe, quasi documentaire. Ses intrigues, toujours efficaces, allient le comique, l'étrange, le macabre. Ses préoccupations, concernant la nature du bien et du mal, le sacré et le tabou, lui assurent un large succès public.

MUSIDORA (Jeanne Roques, dite). Actrice, scénariste et réalisatrice française (Paris, 23 février 1889 - *id.*, 9 décembre 1957). Excellente élève, elle suivit avec le même enthousiasme les cours du Conservatoire de la chanson et ceux de l'École des beaux-arts. Mais, le contact avec le public devait l'attirer davantage. C'est ainsi qu'on put la voir à Paris, dans de nombreux théâtres de quartier, puis dans des cabarets, avant ses débuts à l'écran dans *Le Calvaire* (Feuillade, 1911). Musidora, qui fut un des visages le plus attachants du cinéma muet, avait trouvé son pseudonyme dans le «Fortunio» de Théophile Gautier. Héroïne des films à épisodes de Louis Feuillade, elle créa, pour le rôle d'Irma Vep (*Les Vampires*, 1915-1916), un personnage et une silhouette. Son collant et sa cagoule de soie noire impressionnèrent le public et la rendirent célèbre. Elle joua au total les douze épisodes des *Vampires* et les douze de *Judex* (Feuillade, 1916), inventant un type de femme fatale et maléfique qui fut baptisé d'un nom nouveau, la «vamp».

Sa passion pour le cinéma l'entraîna à collaborer aux scénarios de films qu'elle interprétait, et même à régler la mise en scène de certains d'entre eux comme: *Vi-*

centa et *La Vagabonde* (1918, Perega et Falena), puis sur un scénario de son amie Colette*, *La Flamme cachée* (1919) que Musidora coréalisa avec Jacques Lasseyre; *Pour Don Carlos* (1921, avec Jacques Lasseyre), *Soleil et ombre* (1922), *La Terre des toros* (1925). Après qu'elle eut arrêté de tourner, ayant été nommée à la Commission des recherches historiques de la Cinémathèque française, elle collabora avec Henri Langlois, cofondateur et secrétaire de la Cinémathèque. Elle a publié un roman, *Paroxysme* (1934), un recueil de poèmes, *Auréoles* (1939), *La Vie sentimentale de George Sand** (1946), sous forme dialoguée, et un livre de souvenirs, *La Vie d'une vamp* (1950).

MUZIO Claudia (Claudina Muzzio, dite). Soprano italienne (Pavie, 7 février 1889 - Rome, 24 mai 1936). Son père, directeur artistique de Covent Garden et du Metropolitan Opera de New York, et sa mère, chanteuse, découvrirent très vite les dons exceptionnels de leur fille et lui firent donner des leçons de chant à Milan, puis à Turin avec Mme Casaloni. Elle débuta en 1910 à Arezzo en Manon (*Manon*, Massenet). Dès 1912, ses succès la conduisirent à la Scala où elle incarna Desdémone (*Otello*, Verdi) qu'elle interpréta également pour ses débuts à Covent Garden en 1914. Au Metropolitan Opera de New York, où elle se produisit pour la première fois en 1916, dans le rôle de Tosca (*Tosca*, Puccini), elle eut Caruso pour partenaire. Elle revint régulièrement sur cette scène jusqu'en 1922, chanta à Paris (1920), à Buenos Aires (1922-1934), à Chicago (1922-1934), à la Scala (1926), à Rome (1927), de nouveau au Metropolitan Opera (1933-1934).

Parmi les grands rôles qui jalonnèrent sa carrière, citons encore Gilda (*Rigoletto*, Verdi), Manon (*Manon Lescaut*, Puccini), Mimi (*La Bohème*, Puccini), Aïda (*Aïda*, Verdi), Violetta (*La Traviata*, Verdi) qu'elle interpréta à la Scala en 1926, sous la direction de Toscanini. Elle participa à de nombreuses créations: *La Baronessa di Carini* (Mulé, 1912), *Melenis* (Zandonaï, 1912), *Cecilia* (Refice, 1934). Son charme, son talent et sa personnalité lui valurent le surnom de «la Divine».

MYRDAL Alva, née Reimer. Femme politique suédoise (Uppsala, 1902 - Djursholm, 1986). Féministe et socialiste, elle a posé dans les années 30 les jalons des grandes réformes scolaires et familiales qui furent appliquées dans son pays après la Seconde Guerre mondiale, tout en s'occupant des droits de la femme, des handicapés, de l'aide au tiers-monde, de la paix et du désarmement. Première femme chef de la commission des Affaires sociales de l'ONU (1949), elle fut aussi la première ambassadrice (Inde, 1955) et la première femme chef de délégation à la conférence de Genève sur le désarmement. En Suède, elle a été plusieurs fois ministre sans portefeuille. En 1924, elle avait épousé Karl Gunnar Myrdal (prix Nobel de sciences économiques 1974), dont elle eut trois enfants. Elle a publié plusieurs ouvrages: avec son mari *La Crise de la population* (1934) et avec Viola Klein *Women's Two Roles*. Avec le diplomate mexicain Alfonso Garcia Robles, elle a reçu le prix Nobel de la paix en 1982.

N

NÁKOU Lilíka. Romancière grecque (née à Athènes en 1903). Fille de député, elle poursuivit à Genève des études commencées à Athènes. Malade, elle fut hospitalisée en 1928 au sanatorium de Davos (Suisse) où elle composa ses premiers récits, qui furent publiés à Paris la même année, grâce au soutien de personnalités comme Henri Barbusse ou Romain Rolland. Ayant rompu avec sa famille, elle séjourna quelque temps à Paris où elle fréquenta la bohème littéraire. Revenue en Grèce en 1932, elle publia à Athènes *La Déflorée* (1933), puis *Devoyés* (1935). Institutrice en Crète, elle y puisa la matière de *Madame Dorémi* (1955). Elle se consacra uniquement à la littérature, écrivant des reportages, des biographies romancées, des souvenirs et des romans autobiographiques.

NALKOVSKA Zofia. Romancière polonaise (Varsovie, 1884 - *id.*, 1954). Fille d'un critique littéraire célèbre en Pologne, elle commença très tôt à écrire. Ses premiers vers et ses premiers romans (*Femmes*, 1906 ; *Les Serpents et les roses*, 1915) portent la marque de l'esthétisme de la jeune Pologne mais font déjà pressentir les analyses et des caractères qui marqueront ses œuvres des années 20 : *Le Roman de Thérèse Hennert* (1923) ou *La Maison des femmes* (1930). Un instant liée au groupe du « Faubourg » d'H. Boguszewska, elle aborda dans *La Frontière* (1935) des thèmes sociaux avec un pessimisme que la montée des périls dans le monde ne fait qu'aggraver. C'est après la guerre qu'elle donna son chef-d'œuvre, *Les Médaillons* (1947), recueil de récits sur les camps de concentration et *Les Nœuds de la vie* (1948-1954), tableau critique de la société varsovienne de l'avant-guerre.

NAPIR-ASU. Reine d'Élam (milieu du XIIIe siècle av. J.-C.). Elle était l'épouse d'Ountash-Gal, roi d'Élam, qui régna à une période particulièrement brillante et se fit représenter au sommet d'une grande stèle au côté d'une prêtresse et de son épouse Napir-Asu. De nos jours, elle doit sa renommée à l'admirable statue en bronze, grandeur nature, dont la tête a malheureusement disparu. Celle-ci est conservée au musée du Louvre à Paris. La reine est représentée debout, les mains croisées, figée dans sa majesté. Ce chef-d'œuvre de la sculpture antique reste l'un des plus beaux témoignages, qui nous soient parvenus, de l'art du bronze au IIe millénaire.

NATRAS Susan, championne de tir canadienne (née en 1950). D'une adresse et d'une précision exceptionnelles, elle a remporté six titres mondiaux de ball-trap en 1974, 1975, 1977, 1978, 1979 et 1981.

NAZIMOVA Alla. Actrice américaine d'origine russe (Yalta, 4 juillet 1879 - Los Angeles, 13 juin 1945). Elle fit ses études à Montreux, en Suisse, se préparant à une carrière de violoniste que la mort de son père interrompit. Elle retourna en Russie en 1891, prit des cours de théâtre à Moscou, puis entra au théâtre d'Art de Stanislavskij. Elle épousa l'auteur dramatique Pavel Orlenev et devint première actrice du théâtre Nemetti de Saint-Pétersbourg à partir de 1899. Elle obtint le succès dans des pièces françaises comme *L'Aiglon* (E. Rostand) ou *La Dame aux camélias* (Dumas fils). Elle quitta la Russie en 1904 et se produisit à Berlin, Londres et New York. Elle se fixa aux États-Unis en 1906, son mari retournant vivre en Russie, et apprit l'anglais en six mois pour pouvoir jouer le rôle d'Hedda Tesman (*Hedda Gabler*, Ibsen) à la suite d'un contrat signé avec les frères Schubert. Son interprétation très réaliste lui valut un succès immédiat, et elle se spécialisa en partie dans le répertoire d'Ibsen: Nora (*La Maison de poupée*) en 1907, Rita Almers (*Le Petit Eylof*) en 1910, représentation qui inaugura le Nazimova Theatre (futur Thirty-Ninth Street Theatre).

Superbe, passionnée, sensible, elle subjuguait son public par la variété de son jeu. Après dix ans de succès à la scène, elle subit une éclipse et travailla pour le cinéma. Elle joua dans de nombreux films dont *Maison de poupée* (Bruyant, 1922), et *Salomé* (Bruyant, 1923). Elle obtint la nationalité américaine en 1926 et revint au théâtre dans les années 30, jouant les rôles de Natalija Petrovna (*Un mois à la campagne*, Tourgueniev) en 1930 et Christine Manon (*Mourning Becomes Electra*, O'Neil) en 1931. Elle monta sa propre adaptation des *Revenants* (Ibsen) à Broadway en 1935, qu'elle représenta à travers les États-Unis et termina sa vie à Hollywood où elle tourna encore *Arène sanglante* (Mamoulian, 1940), *Escape* (Leroy, 1940), *The Bridge of San Luis Rey* (Lee, 1944), *In Our Time* (Sherman, 1944). Star incontestée, elle appartient aux grands mythes du cinéma, imposant ses scénarios et gagnant énormément d'argent qu'elle dépensait sans compter. La gloire grandissante de Greta Garbo* a peu à peu éclipsé la sienne.

NECKER Albertine Adrienne, née de Saussure. Femme de lettres et éducatrice suisse (Genève, 1766 - Mornay, Haute-Savoie, 1841). Fille du géologue et physicien genevois Horace Bénédict de Saussure, elle épousa en 1785 le capitaine Jacques Necker, neveu du financier et homme d'État du même nom. Elle devint la cousine par alliance de Mme de Staël* qui l'accueillit à ses réceptions au château de Coppet. Elle se consacra entièrement à ses tâches d'éducatrice et d'écrivain, laissant des ouvrages illustrant sa conception de la femme, être libre et pensant, capable d'assumer aussi bien un rôle domestique que social: *Notice sur le caractère et les écrits de Germaine de Staël** (1820), une traduction du *Cours de littérature dramatique* d'A.W. von Schlegel publiée sous l'anonymat (3 vol., 1814). Son œuvre essentielle reste *L'Éducation progressive ou Étude sur le cours de la vie* (3 vol., 1828-1832) qui devint un classique de pédagogie, couronné par le prix Montyon en 1832. Elle travailla à une nouvelle édition des *Mémoires* de Mme de Staël (1844) et de *Corinne, ou l'Italie* du même auteur (1845).

NECKER Louise Suzanne, née Curchod. Femme de lettres suisse (Crassier, canton de Vaud, 1739 - Beaulieu, 1794). Fille d'un ministre protestant, elle épousa en 1764 Jacques Necker, financier et ministre de Louis XVI. De cette union heureuse naquit la future Mme de Staël*. Elle était la tante par alliance d'Albertine Adrienne Necker*.

Cultivée, elle était appréciée pour sa vivacité d'esprit et s'attira d'illustres amitiés qui firent la réputation de son salon. On y voyait Marmontel, Buffon, l'abbé Raynal, Morellet, Grimm, Diderot, Thomas, Suard, Saint-Lambert, La Harpe, etc. Sensible au sort des malades, elle fonda un hôpital à Paris en 1776 qui porte son nom et écrivit sur ce thème un *Mémoire sur l'établissement des hospices* (1786). En 1790, lorsque son mari fut écarté des affaires publiques, elle se retira avec lui au château de Coppet, près de Genève, où elle continua à écrire. On lui doit, outre des Mémoires publiés par son mari sous le titre *Mélanges* et *Nouveaux Mélanges* (1799), *Des inhumations précipitées* (1790), *Réflexions sur le divorce* (1794) ainsi qu'une intéressante correspondance.

NEF Isabelle. Pianiste et claveciniste suisse (Genève, 1895 - Bossy, près de Genève, 1976). Élève du conservatoire de musique de Genève, elle suivit ensuite les cours de Vincent d'Indy et d'Isidore Philipp à Paris. Enthousiasmée par le génie de Wanda Landowska*, elle prit la résolution de se vouer entièrement au clavecin et devint l'une des disciples préférées de la grande musicienne. Isabelle Nef entreprit des tournées de concert en Europe, en Afrique et en Union soviétique, donnant des récitals ou jouant comme soliste avec les plus grands orchestres internationaux, dont l'Orchestre de la Suisse romande, remportant partout des succès éclatants. Elle se consacra également à l'enseignement du clavecin au conservatoire de Genève, formant des élèves qui firent honneur à son enseignement. Gian Francesco Malipiero lui dédia son *Dialogue n° 6* (1956) et le compositeur suisse Frank Marin composa pour elle un *Concerto* (1952).

NÉFERTARI. Reine d'Égypte (1304 av. J.-C. - 1223 av. J.-C.). Femme de Ramsès II, d'une grande beauté, elle fut certainement l'épouse favorite du grand pharaon, méritant le titre d'« aimée de Ramsès ». Le roi lui fit construire un temple à côté du sien, à Abou Simbel, en Nubie. Menacés par les eaux du barrage d'Assouan, les deux temples furent démontés et reconstruits pierre à pierre sur un plateau au-dessus de leur emplacement d'origine. À Karnak, le roi fit dresser devant le IXe pylone deux statues colossales à l'effigie du couple royal. À Thèbes, dans la Vallée des reines, Nefertari possède la plus magnifique sépulture, joyau de la sculpture peinte en relief. L'une des principales scènes décrit la reine présentant une offrande à la déesse Isis. Le modelé délicat et moelleux du visage et la précision des traits révèlent l'extrême beauté de la reine aimée de Ramsès.

NÉFERTITI. Reine d'Égypte (XIVe siècle av. J.-C.). Elle était l'épouse du pharaon Aménophis IV Akhenaton. Sur ses origines, les avis des historiens sont partagés. Selon les uns, elle serait une princesse mitannienne du nom de Tadouhera, arrivée en Égypte pour épouser le vieux roi Aménophis III. Celui-ci étant décédé, le jeune Aménophis IV se serait épris d'elle et l'aurait épousée. Selon d'autres, elle serait tout simplement une princesse égyptienne et non mitannienne. Les historiens d'aujourd'hui semblent pencher pour cette dernière version. Néfertiti, que l'on appelait « la Belle est venue », était d'une saisissante beauté. Le célèbre buste polychrome, découvert par une expédition allemande dans les ruines de Tell el-Amarna et conservé au musée de Berlin, représente une femme aux traits parfaits et au maintien majestueux. Certains peuvent lui préférer la tête inachevée en quartzite, peut-être plus humaine, du musée du Caire. Mais tous les portraits de la reine, et ils sont nombreux, ne contredisent pas son exceptionnelle beauté.

Néfertiti exerça une grande influence sur la politique religieuse d'Akhenaton, qui substitua le culte monothéiste d'Aton au culte d'Amon. Le roi abandonna son nom d'Aménophis pour celui d'Akhenaton, serviteur d'Aton. L'amour que le roi affichait pour la reine Néfertiti, qu'il enlaçait et embrassait en public, faisait apparaître le couple aux yeux des Égyptiens comme le symbole du Grand Créateur. La famille était donnée comme la cellule sociale, et le respect de la mère et de l'épouse était un thème essentiel qui illustrait toute la vie du roi. Les effigies du couple royal couvraient la plupart des monuments de la nouvelle ville qu'Akhenaton s'était fait construire au nord de l'ancienne capitale, Tell el-Amarna (1372 av. J.-C.).

Il semble que la rupture entre le roi et la reine soit intervenue à la suite d'un désaccord sur la religion, car le roi, à la fin de son règne, aurait cherché à se rapprocher du clergé d'Amon. Néfertiti, fidèle au dieu Aton, se retira dans son palais au nord de Tell el-Amarna suivie d'une petite cour formée de fidèles, de sa nourrice et du maire du palais Ay plus puissant que jamais, ainsi que de quatre de ses six filles dont Ankhisenpaaton qu'elle maria au jeune prince Tout-Ankh-Aton, le futur Toutankhamon qui ne laissa que le souvenir de la retentissante découverte de son tombeau par Howard Carter en 1922. Ay, maître de la cavalerie sous Akhenaton, succéda à Toutankhamon. Il semble que Néfertiti mourut dans son palais, obstinément fidèle au culte d'Aton.

NEGRI Ada. Poétesse et romancière italienne (Lodi, 3 février 1870 - Milan, 11 janvier 1945). Elle fut élevée dans la loge de concierge de sa grand-mère, et c'est à peine si sa mère, simple ouvrière, parvint à lui faire suivre des études. Elle devint pourtant institutrice dans un village perdu de Lombardie, publia son premier recueil de vers, *Fatalità* (1892), obtenant un succès immédiat. Son deuxième recueil, *Tempeste* (1895), confirma son talent fait d'un lyrisme véhément. Elle abandonna l'enseignement, se fixa à Milan où elle se maria. Peu de temps après la naissance de sa fille, elle se sépara de son époux et s'installa en Suisse. Là, elle écrivit *Maternità* (1904), *Dal Profonda* (1910) et *Esilio* (1914), qui expriment avec une émotion intense la douleur d'une femme déçue. Revenue à Milan en 1915, elle collabora au *Corriere della Sera* et publia *Le Solitaire* (1917), son premier ouvrage en prose.

Ses plus beaux poèmes d'amour, contenus dans *Le Livre de Mara* (1919), rappellent un peu l'esthétique de D'Annunzio; son roman *Stella Matutina* (1921) est sans doute son chef-d'œuvre. Elle a écrit aussi *Finestre alte* (1923), *Canti dell'Isola* (1924), *La Strada* (1926), *Sorelle* (1929), *Vespertina* (1931), *Di giorno in giorno* (1933), *Il Dono* (1936) et *Erba sul Sagrato* (1939), sa dernière œuvre, élégante dans le fond comme dans la forme, mais où l'on regrette peut-être la véhémence des débuts. En 1940, son élection à l'Académie d'Italie consacra officiellement son talent de poétesse féministe, oscillant entre un socialisme humanitaire et une psychologie intimiste.

NEGRI Pola (Barbara Apolonia Chalupez ou Chapuliec, dite). Actrice germano-américaine d'origine polonaise (Lipno, Bydgoszcz, 1897 - San Antonio, Texas, 2 août 1987). Très douée pour la danse, encouragée par le chorégraphe Michel Fokine, protégée par l'un des membres influents de l'Opéra de Varsovie, elle semblait destinée à une brillante carrière de danseuse, qui fut brisée par la maladie. C'est à cette époque qu'elle découvrit les poèmes de l'écrivain Ada Negri*, à laquelle elle emprunta son nom lorsqu'elle s'orienta vers le théâtre.

Aussi douée pour la scène que pour la danse, Pola Negri devient rapidement la vedette du grand théâtre polonais le Rozmaitosci. En 1917, Max Reinhardt l'appela à Berlin pour lui confier des rôles. On la présenta à Ernst Lubitsch qui, sachant utiliser l'expression étrange de ses yeux sombres et son style «femme fatale», fit d'elle une vedette. Sous sa direction, elle tourna à Berlin de nombreux films, parmi lesquels *Carmen* (1918), *Madame Du Barry** (1919), *Comtesse Doddy* (1920). Mais Hollywood la réclamait et lui proposa des cachets fabuleux. Dès son arrivée aux États-Unis, où elle retrouva Lubitsch, Pola Negri joua dans de nombreuses superproductions comme *La Danseuse espagnole* (Brenon, 1923), *Paradis défendu* (Lubitsch, 1924), *Hôtel Impérial* (Stiller, 1926) parmi les plus célèbres.

Dans sa grande villa de Beverley Drive, Pola Negri recevait une société brillante et menait une vie sentimentale agitée. En 1921, elle épousa en troisièmes noces le prince Serge Mdivani — elle était veuve de son premier mari le comte Popper et divorcée du comte Eugène Domski. Elle était devenue une sorte de diva, et sa vie alimentait les gazettes. On lui attribua plusieurs fois une liaison avec Charlie Chaplin, ce qu'elle démentit toujours. Elle eut une aventure avec Rudolf Valentino, qui alla jusqu'à l'annonce de fiançailles, brisées par la mort de l'acteur en 1926. Ruinée par le krach de 1929, elle rentra en Allemagne, abordant le parlant et jouant dans plusieurs films, dont *Mazurka* (Forst, 1935). La déclaration de guerre la poussa à repartir pour Hollywood. Après quelques rôles secondaires, elle tourna un dernier film, *La Baie aux émeraudes* (Neilson, 1965). Sa carrière ne résista pas à l'avènement du parlant.

NELLI Pulisena (en religion **sœur Plantilla**). Peintre. Italienne (Florence, 1523 - *id.*, 1588). Douée pour la peinture, très pieuse, elle entra à l'âge de quatorze ans au couvent des dominicaines de Sainte-Catherine à Florence. Elle est l'auteur d'une *Descente de croix* (Florence, Académie), d'une *Adoration des mages* (Parme) et d'une *Vierge à l'enfant* (Florence, galerie Corsini). Elle a laissé aussi des miniatures et des dessins.

NELSOVA Zara. Violoncelliste américaine, de naissance canadienne, d'origine russe (née à Winnipeg, le 24 décembre 1924). Ses parents, musiciens professionnels, reconnurent très vite ses qualités exceptionnelles. Elle donnait déjà des récitals à douze ans et se produisit dans un concert donné par le London Symphony Orchestra avec un énorme succès. Elle poursuivit sa carrière obtenant des triomphes à New York, en Grande-Bretagne, en Australie, en Afrique et à Chicago où elle fit connaître des œuvres de Ernest Bloch qui lui a dédié ses trois *Suites pour violoncelle seul* (1956, 1956, 1957). Son interprétation du *Concerto n° 2* pour violoncelle d'Antonin Dvořák demeure pour les mélomanes l'une des plus remarquables pour sa conception particulièrement romantique et chaleureuse. Le compositeur américain Samuel Barber lui a dédié son *Concerto pour violoncelle* (1945). Elle a été mariée, entre 1963 et 1973, au pianiste Grant Johannesen avec lequel elle a donné des récitals.

NEMCOVA Božena, née Barbara Panklova. Romancière tchèque (Vienne, 1820 - Prague, 1862). Elle naquit en Autriche où son père était cocher et sa mère domestique chez la duchesse Zahanska dans le nord de la Bohême. Elle fut élevée par sa grand-mère à Ratibovice. En 1837, pour obéir à sa mère, elle épousa Joseph Nemeč, inspecteur des finances, qu'elle n'aimait pas mais dont elle eut quatre enfants. Le couple séjourna à Prague de 1842 à 1845. Elle y fréquenta très vite les cercles littéraires où sa beauté et son intelligence lui attirèrent les sympathies. Mais son union fut un échec, et elle perdit un fils. Sa seule joie fut dès lors d'évoquer les souvenirs de son enfance à la campagne : c'est ainsi qu'elle publia *La Grand-Mère* (1855), série de tableaux sur la jeunesse et la nature, émouvants et vrais. Elle est également l'auteur de *Contes de fées et légendes populaires* (1845-1847), qui font partie du folklore national, ainsi que de divers romans.

NEMTCHINOVA Vera. Danseuse russe (Moscou, 26 août 1899 - New York, 22 juillet 1984). Svelte, fine, des jambes magnifiques, elle était le mouvement même. Formée par Lydia Nelidova, elle fut découverte par Serge de Diaghilev qui l'engagea aux Ballets russes en 1915. Elle dansa dans *Les Sylphides* (Fokine, 1916) et créa *Boutique fantasque* (Massine, 1919), *Pulcinella* (Massine, 1920) et *Les Matelots* (Massine, 1925). En 1924, sa prestation dans *Les Biches* (Nijinska*) l'avait consacrée première danseuse. Expressive et classique dans son maintien, elle incarnait aussi le type même de la danseuse moderne. Elle se produisit avec les Ballets Mordkin au théâtre Colón de Buenos Aires dans sa propre formation, avec Anton Dolin et son mari, le maître de ballet Anatole Oboukhoff. On la vit aux Ballets russes de Monte-Carlo où elle créa *L'Épreuve d'amour* (Fokine, 1936), puis au Ballet Markova*-Dolin, à l'Original Ballet Russe et au Ballet Theatre. Elle s'établit à New York pour enseigner la danse au Ballet Arts School.

NEUBER Carolina, née Frederika Weissenborn. Actrice et directrice de théâtre allemande (Zwickau, 9 mars 1697 - Laubegast, Dresde, 30 novembre 1760). Son père était avocat à Zwickau et rien, semblait-il, ne prédisposait la jeune fille à la carrière d'actrice. À la suite d'une querelle familiale, elle partit rejoindre son amant, Johann Neuber, et s'enfuit avec lui. Ils avaient vingt ans et se cachaient en cours de route chez des comédiens ambulants auxquels ils offraient leur service. Quelques mois plus tard, Carolina épousa Johann et, si son mari ne possédait qu'un talent incertain, très vite elle s'affirma comme une excellente comédienne et fut surnommée « la Neuberin ». En 1721, ils rejoignirent la troupe de Karl Gaspar Haak, qui ne jouait que des auteurs français : c'est ainsi que la jeune femme découvrit la tragédie classique et s'enflamma pour l'alexandrin. En 1725, le couple entra dans la compagnie de Karl Ludwig Hoffmann. Carolina Neuber dut rivaliser avec les arlequinades et les grossièretés de Hans Wurst, le bouffon national, qui faisaient fureur à l'époque. Sous l'influence de Gottsched, auteur d'œuvres classiques et versifiées, elle s'attacha à la réforme du théâtre allemand.

En 1727, Auguste de Saxe lui accorda le privilège de monter sa propre troupe à Leipzig. Elle dirigeait ses comédiens avec fermeté, leur imposant les règles de l'art dramatique : « Je n'ai jamais eu pour but que la supériorité de mon pays », dit-elle. Combat sans relâche car la farce a la vie dure ! Elle perdit son théâtre de Leipzig en 1733, mais se produisit encore sur les scènes de Saint-Pétersbourg, Hambourg, Dresde, Francfort et Vienne. Elle finit par se quereller avec Gottsched (1739), qu'elle ridiculisa sous les traits d'un censeur romain. Peu à peu, ses comédiens l'abandonnèrent pour former des troupes rivales. Même la collaboration du jeune Lessing, dont elle joua la première œuvre en 1747, *Le Jeune Savant*, ne put enrayer le déclin. Sa façon de déclamer, qui pourtant avait fait école, prêtait à rire. La guerre de Sept Ans réduisit le couple Neuber à la misère : mari et femme moururent à un an d'intervalle, oubliés de leurs contemporains. De nos jours, en revanche, on considère les théories et le travail des

Neuber comme le point d'ancrage du théâtre moderne allemand.

NEUMANN Thérèse (dite **la stigmatisée de Konnersreuth**). Allemande (Konnersreuth, Bavière, 1898 - *id.*, 1962). Aînée des huit enfants d'un tailleur de campagne, elle mena jusqu'à l'âge de vingt ans la vie d'une humble fille de ferme. Rien ne laissait prévoir qu'elle pût être à l'origine de mystérieuses manifestations qui bouleverseraient sa vie et défieraient la science. À la suite de plusieurs accidents, elle devint aveugle, paralysée, puis sourde et muette, et la gangrène se déclara à son pied gauche. Les médecins la jugeaient incurable. C'est alors que se produisit le premier miracle, inexplicable. En 1923, elle retrouva la vue et l'ouïe et, en 1925, après invocation à sainte Thérèse* de Lisieux, la gangrène de son pied disparut, la paralysie et d'autres maux cessèrent définitivement. Des faits plus troublants se manifestèrent par la suite : chaque vendredi, elle entrait en extase, revivant toute la Passion du Christ et portant les stigmates : ceux des clous de la croix aux mains et aux pieds, celui du coup de lance au côté gauche et ceux de la couronne d'épines à la tête et, le vendredi saint de chaque année, ceux de la flagellation. Seuls les prêtres étaient admis à assister à ces extases. Cependant, un témoin français, E. Boniface, put observer ces faits et en fit une relation bouleversante.

Le fait le plus étrange et le plus inexplicable tint au jeûne absolu qu'elle observa jusqu'à sa mort. Pendant plus de quarante ans, elle ne prit aucune nourriture solide et liquide sans que son poids ne change jamais. Des enquêteurs furent envoyés qui, pendant plus de quinze jours, attestèrent qu'elle n'avait reçu que la communion, soit 0,33 gramme d'hostie. L'abbé Naher, son confesseur, affirma également la réalité du jeûne absolu de la pénitente. Thérèse Neumann s'est prêtée à une enquête, demandée en 1937 par le Saint-Office, au cours de laquelle elle répondit à toutes les expériences que les théologiens avaient estimées nécessaires. L'Église reste toutefois d'une prudence extrême laissant les savants, les rationalistes et les croyants s'opposer entre eux. La stigmatisée de Konnersreuth a attiré pendant trente ans une foule de pèlerins et de sceptiques qui défilèrent devant sa fenêtre. Pour les plus croyants, elle ne peut être qu'une sainte.

NEVELSON Louise, née Berliawsky. Peintre et sculpteur. Américaine d'origine russe (Kiev, Ukraine, 1900 - New York, 1986). Sa famille émigra aux États-Unis en 1905. Elle ne voulait pas se créer d'attaches, mais épousa cependant Charles Nevelson en 1920 et eut un enfant. Mais, dit-elle, « je me suis trouvée étranglée par le surcroît de restrictions imposé par la vie de famille et j'ai mis fin à mon mariage » et « je me suis donné le plus beau cadeau qu'on puisse recevoir, ma propre vie ». Elle suivit des cours de peinture à l'Art Student's League de New York de 1929 à 1931 avant d'entrer à l'académie de Hans Hofmann à New York. Elle exposa d'abord ses peintures et ses eaux-fortes d'un graphisme très fin, puis se tourna exclusivement vers la sculpture à partir des années 40. Ses compositions sculptées dénotent l'influence de l'art précolombien qu'elle découvrit en Amérique du Sud au cours de ses nombreux voyages. Elle utilisa d'abord toutes sortes de matériaux, aluminium, bronze, plâtre, Plexiglas, forgeant des corps pathétiques ou tragiques dont l'assemblage des têtes et des membres est interchangeable grâce à des pièces pivotantes.

Ses œuvres échappent à toutes définitions, abstraction, cubisme, surréalisme, baroque, mais elles dégagent toujours un extraordinaire pouvoir d'« animation ». Citons, parmi les plus marquantes : *Le Nouveau Monde* (1962), ensemble fascinant de sculptures verticales peintes en blanc, ou *L'Aurore américaine* (1967), sculpture en forme de totem peint en blanc. Ces œuvres sont conservées au Whitney Museum de New York dans la salle qui leur est consacrée. Signalons aussi les sculptures qu'elle a réalisées pour la chapelle du Bon-Berger de l'église Saint-Pierre de New York, celles en acier, peintes en noir, du laboratoire de chimie du MIT à Boston, *Horizons transparents* (1978), et *Ombres et drapeaux*, œuvre élevée au centre de la place Louise-Nevelson à New York (1977-1978).

NEVEU Ginette. Violoniste française (Paris, 11 août 1919 - Les Açores, 28 octobre 1949). Cadette d'une famille de cinq enfants, dirigée dès son plus jeune âge par sa mère, elle montra des dons tels qu'elle put se produire en concert encore enfant. À neuf ans, elle avait déjà à son répertoire des œuvres majeures pour violon, entre autres, le difficile *Concerto en sol mineur* de Max Bruch, et le *Rondo capricioso* de Saint-Saëns, qu'elle maîtrisait avec une telle autorité qu'elle fut considérée comme un véritable enfant prodige. Entrée à l'âge de onze ans au Conservatoire de Paris, elle eut comme professeur Jules Boucherit et remporta l'année suivante le premier prix décerné à l'unanimité. Avec l'aide du violoniste Carl Flesh, qui l'avait entendue lors d'un concours de violon à Vienne, Ginette Neveu partit pour la Pologne en 1934 afin de participer au Concours international Wieniawski de Varsovie. Elle avait quinze ans et elle remporta le premier prix devant David Oïstrakh, le violoniste russe.

Elle entreprit ensuite une carrière de soliste, se faisant entendre dans toutes les grandes ville d'Europe, aux États-Unis, au Canada, en Amérique du Sud, en Australie, obtenant partout un succès triomphal. Sa virtuosité, sa sensibilité musicale, son aisance dans les passages les plus périlleux, la placèrent parmi les plus grands violonistes de son temps. Elle donna de nombreux concerts avec son frère Jean Neveu, pianiste qui fut son accompagnateur attitré. Tous deux trouvèrent la mort, ainsi que le boxeur Marcel Cerdan, dans un accident d'avion survenu au-dessus des Açores. Ginette Neveu a enregistré le *Poème* de Chausson, sous la direction d'Isaac Dobrowen. Francis Poulenc lui a dédié sa *Sonate pour piano et violon*.

NEY Élisabeth. Sculpteur. Allemande (Münster, 1833 - Austin, Texas, 1907). Née dans une famille d'artistes, son père, un sculpteur réputé, lui donna ses premières leçons, puis elle suivit des cours à l'Académie des beaux-arts de Munich et travailla avec Christian Rauch. Elle acquit rapidement une grande réputation grâce aux nombreux bustes qu'elle exécuta de personnages célèbres: *Bismarck*, *Georges V*, *Garibaldi*. Son buste de *Schopenhauer* (1859), d'où se dégage une intense vie intérieure, est considéré comme son chef-d'œuvre. Elle épousa en 1863 un savant écossais, Edmund Montgomery, qu'elle suivit aux États-Unis où elle poursuivit ses activités. Ses œuvres les plus importantes, dont le buste de *Schopenhauer*, sont exposées au musée Élisabeth-Ney qui lui a été dédié à Austin.

NIGHTINGALE Florence. Infirmière anglaise (Florence, 1820 - Londres, 1910). Issue d'une famille riche, sa beauté et sa grâce la destinaient à une vie facile. À dix-sept ans, elle entendit la voix de Dieu l'appelant à son service. Malgré les supplications des siens, elle décida de se consacrer à des tâches humanitaires et de devenir infirmière, profession méprisée à cette époque. Ses parents s'opposèrent à son intention d'entrer à vingt-cinq ans à l'hôpital de Salisbury. Ce n'est que dix ans plus tard, après quelques stages dans des hôpitaux de Londres, d'Édimbourg et de Kaiserswerth en Allemagne, qu'elle parvint à vaincre l'opposition des siens. Douée d'un extraordinaire sens de l'organisation, elle installa à ses frais un petit hospice à Harley Street. En 1854, le ministère de la Guerre la chargea de missions sanitaires à Scutari, en Crimée, où se trouvait l'hôpital des forces anglaises. Elle partit avec trente-huit infirmières et dut lutter contre l'administration militaire.

L'énergie de cette femme, qui restait parfois vingt heures de suite à donner des soins, lui valut la reconnaissance des soldats : le taux de mortalité des blessés de guerre passa de 42 % à 2 %. Atteinte de choléra, elle fut rapatriée d'urgence contre son gré. Accueillie avec enthousiasme en Angleterre, elle organisa les règlements sanitaires de l'armée et créa des écoles d'infirmières. Véritable héroïne nationale, elle vécut modestement jusqu'à la fin de sa vie. Lorsqu'on voulut l'inhumer à Westminster, on s'aperçut que son testament l'interdisait. Florence Nightingale est considérée comme la fondatrice des écoles d'infirmières professionnelles. Elle publia entre autres *Eastern Hospitals and English Nurses* (1857), *Hints on Hospitals* (1859), *Introductory Notes Lying in Institutions* (1871).

NIJINSKA Bronislava. Danseuse et chorégraphe russe d'origine polonaise (Minsk, 8 janvier 1891 - Los Angeles, 22 février 1972). Fille des danseurs Foma Nijinski et Eleonora Bereda, elle naquit en tournée. Enfant de la balle, elle aidait son frère Vaslav Nijinski à coller les affiches de la troupe. Admise en même temps que lui à l'École impériale de ballet de Saint-Pétersbourg (1900), elle fut engagée en 1908 au Théâtre-Marie (actuel Kirov). Elle suivit Serge de Diaghilev à Paris, pour qui elle interpréta *Carnaval* (1910) et *Petrouchka* (1911). Petite, souple et musclée, le visage plutôt ingrat, elle frappait par la conviction et l'originalité qu'elle mettait dans ses rôles : elle pouvait jouer une bacchante comme une sylphide, ou le faune lui-même. En 1911, un costume de Nijinski ayant fait scandale au Théâtre-Marie, le frère et la sœur résilièrent leur contrat. Nijinska composa sa première chorégraphie, *La Tabatière*, à Petrograd en 1914. Elle ouvrit ensuite une école à Kiev ; c'est elle qui forma Serge Lifar. En 1920, elle publia *L'École du mouvement, théorie de chorégraphie*, où elle prône la « danse libre ». Elle quitta la Russie l'année suivante pour rejoindre les Ballets russes comme première danseuse.

Diaghilev, conquis par son énergie et ses capacités, lui confia la mise en scène de *La Belle au bois dormant* (M. Petipa) dont elle rajeunit la chorégraphie. Elle composa pour lui de nombreux ballets dont *Renard* (1922), *Les Noces* (1923), *Les Biches* (1924), *Les Fâcheux* (1924) et *Le Train bleu* (1924). L'Opéra de Paris et le théâtre Colón de Buenos Aires lui commandèrent des chorégraphies ainsi qu'Ida Rubinstein* à qui elle donna en 1928 *Le Baiser de la fée* (1928), *Le Boléro* (1928) et *Aubade* (1929) créé chez Marie-Laure de Noailles*. Elle travailla à l'Opéra russe de Paris de 1930 à 1931 et fonda sa compagnie en 1932. Tout en présentant ses compositions antérieures, dont *Études*, elle créa *Les Variations* et *Hamlet* où elle dansait le rôle-titre. Elle donna aux Ballets russes *Les Cent Baisers*.

Assumant la direction du Ballet polonais en 1937 à Paris, elle régla la chorégraphie du *Concerto* (Chopin), du *Chant de la terre* (Palester) et de *La Légende de Cracovie* (Konchacki). Elle travailla ensuite avec Max Reinhardt à Berlin et avec la compagnie Markova*-Dolin. Fixée aux États-Unis en 1938, elle ouvrit une école à Los Angeles et continua à créer pour le Ballet Theatre en 1940, le Ballet russe de Monte-Carlo en 1942, le Ballet international en 1944. Maîtresse de ballet de la compagnie du marquis de

Cuevas à partir de 1945, elle monta pour le Royal Ballet *Les Biches* (Diaghilev) en 1964 et *Les Noces* (Diaghilev) en 1966. L'année suivante, elle prit la tête du Buffalo Ballet. Nijinska est considérée comme l'une des meilleures chorégraphes du XXe siècle : elle a contribué pour beaucoup à l'élargissement du langage académique.

RÉF. : G. Schüller, *Bronislava Nijinska*, (thèse), Vienne, 1974.

NIKITINA Alice. Danseuse et cantatrice russe (Saint-Pétersbourg, 1909 - Monte-Carlo, 1978). Formée à l'École impériale de ballet de Saint-Pétersbourg, elle quitta la Russie après la révolution d'Octobre. On la vit danser à l'Opéra de Ljubljana, à Vienne puis à Berlin au Ballet romantique de Boris Romanov. Engagée par Serge de Diaghilev aux Ballets russes en 1923, elle excellait aussi bien dans le répertoire classique que moderne. Elle créa *Zéphire et Flore* (Massine, 1925), *La Chatte* (Balanchine, 1927) — elle apprit son rôle en vingt-quatre heures pour pouvoir remplacer Olga Spessivtseva* qui venait de se brouiller avec Diaghilev —, *Apollon Musagète* (Balanchine, 1928) et *Le Bal* (Balanchine, 1929, décors de De Chirico). Blonde et ravissante, Alice Nikitina possédait une merveilleuse voix de soprano qu'elle travailla pendant trois ans à Rome et à Milan, entamant une carrière lyrique en 1938. Elle se produisit notamment dans *Rigoletto* (Verdi), *Lucie de Lammermoor* (Donizetti), *Le Barbier de Séville* (Rossini). Elle ouvrit une école de danse à Paris en 1949. Elle a publié ses mémoires, *Nikitina by Herself* (1959).

NIKOLAÏEVA (Galina Evguenievna Volianskaïa, dite). Romancière soviétique (Ousmanka, Mariinsk, 1911 - Moscou, 1963). D'origine sibérienne, elle fit des études de médecine et s'intéressa à la pharmacologie. Pendant la Seconde Guerre mondiale, elle fut major sur un transport sanitaire (1941-1942). Elle travailla ensuite dans les hôpitaux du Caucase septentrional. C'est là qu'elle écrivit ses premiers poèmes (1945), puis des récits comme *La Mort du commandant d'armée*. Elle publia ensuite des romans, dont les plus connus sont *Moisson* (1950), *Histoire du directeur d'une station de moteurs tracteurs et de son agronome en chef* (1954), *Combat en cours de route* (1957).

NILSSON Birgit (Marta Svennsson, dite). Soprano suédoise (née à Karup, le 17 mai 1918). Enfant, elle chantait dans les chorales puis elle travailla sa voix avec C. Blennon et entra au Collège royal de musique de Stockholm. En 1941, elle débuta à l'Opéra-Royal dans le rôle d'Agathe (*Le Freischütz*, Weber) ; elle remporta son premier grand triomphe, l'année suivante, en Lady Macbeth* (*Macbeth*, Verdi) sous la direction de Fritz Busch. Dès lors, elle fut successivement, la Maréchale (*Le Chevalier à la rose*, R. Strauss), Sieglinde (*La Walkyrie*, Wagner), Donna Anna (*Don Juan*, Mozart), Vénus (*Tannhäuser*, Wagner), Senta (*Le Vaisseau fantôme*, Wagner), Aïda (*Aïda*, Verdi), Tosca (*Tosca*, Puccini). En 1951, elle chanta Idoménée (*Elektra*, R. Strauss) à Glyndebourne, puis en 1953 Sieglinde et Elsa (*Lohengrin*, Wagner) à l'Opéra de Vienne. En 1954-1955, elle incarna les trois Brünnhilde (*La Walkyrie*, *Siegfried*, *Le Crépuscule des dieux*, Wagner) et Salomé (*Salomé*, R. Strauss) à l'Opéra de Munich.

Lorsqu'elle chanta Isolde (*Tristan et Isolde*, Wagner) au festival de Bayreuth en 1957, les critiques la comparèrent à Kirsten Flagstad*. L'année suivante, elle fut Turandot (*Turandot*, Puccini) à la Scala de Milan. Célèbre dans le monde entier, elle chanta à San Francisco, à New York au Metropolitan Opera (1959), à Londres, et retourna en Suède.

À l'Opéra de Paris (1966), aux Chorégies d'Orange (1973), on admira, comme partout ailleurs, la sûreté de sa voix: puissante, ample, éblouissante dans tous les registres. Wagnérienne incomparable, elle excella dans de nombreux autres rôles: Amelia (*Un bal masqué*, Verdi), Léonore (*Fidelio*, Beethoven), Donna Anna (*Don Juan*, Mozart), La Teinturière (*La Femme sans ombre*, R. Strauss), et interpréta des œuvres de Hindemith et de Liebermann. Elle fit ses adieux à la scène en 1982, mais se produisit encore en concert. Signalons qu'en février 1980, à l'âge de soixante-deux ans, elle chantait le rôle-titre d'*Elektra* (R. Strauss).

NILSSON Christine (Kristina Törnerhjelm, dite). Soprano suédoise (Sjöabe, 20 août 1843 - Stockholm, 22 novembre 1921). Fille d'un garde forestier, elle attira l'attention de la baronne Leuchtausen, une ancienne cantatrice. Celle-ci lui fit travailler sa voix puis l'emmena à Paris où elle se perfectionna avec les professeurs Wartel et Masset. Elle débuta en 1864 en Violetta (*La Traviata*, Verdi), au Théâtre-Lyrique où elle resta pendant trois ans. Après avoir triomphé à Londres, elle entra à l'Opéra de Paris en 1868; elle y créa une inoubliable Ophélie (*Hamlet*, Thomas) et, un an plus tard, le rôle de Marguerite (*Faust*, Gounod). Ravissante, douée d'une voix délicieusement limpide et d'une grande étendue, elle triompha alternativement à Paris et à Londres où elle fut la première Mignon (*Mignon*, Thomas), rôle qu'elle reprit à l'Academy of Music de New York, fin 1871. Interprète idéale de Mozart, Verdi, Wagner, Meyerbeer, Boïto, elle soulevait l'enthousiasme du public à chacune de ses représentations. Elle chanta à Saint-Pétersbourg, à Moscou de 1872 à 1875, à la Monnaie de Bruxelles, à Vienne où elle se lia d'amitié avec l'impératrice Élisabeth* d'Autriche, et à Munich. En 1875, elle participa à l'ouverture du Palais Garnier à Paris et, en 1883, elle inaugura le Metropolitan Opera de New York avec *Faust* (Gounod).

Immensément riche, ne se produisant plus qu'en concert jusqu'en 1891, elle avait épousé en 1872 le Français Auguste Rouzaud. Veuve dix ans plus tard, elle se remaria avec le comte Angel Vallejo y Miranda et habita tour à tour Paris, Madrid et la Suède. Admirée de Bizet, Gautier, Tourgueniev, alors qu'elle était à l'apogée de sa carrière, elle inspira le peintre Corot qui en fit le sujet de *La Gitane à la mandoline*. Elle était tenue pour la grande rivale d'Adelina Patti*.

NIN Anaïs. Femme de lettres américaine (Neuilly-sur-Seine, 1903 - Los Angeles, 1977). Fille du compositeur Joaquin Nin et d'une chanteuse danoise, elle eut une enfance errante en France et en Espagne jusqu'au jour où son père, sous prétexte de récital, abandonna définitivement sa famille. Peu de temps après, elle partit pour les États-Unis afin d'y faire ses études avant de revenir en France dans les années 20 ; elle devint alors modèle puis danseuse espagnole. Cette frêle et ravissante jeune femme commença à écrire son journal dès l'âge de neuf ans :

> Au début, je pensais adresser une longue lettre à mon père qui ne nous avait pas suivis en Amérique, et puis...

Ce journal, monument littéraire, reflet de son évolution, se compose de centaines de cahiers dont elle tira parcimonieusement ses volumes. En 1937, son ami Henry Miller disait que ce journal « prendrait place parmi les révélations de saint Augustin, Pétrone, Abélard, Rousseau et Proust ». Miller a certainement vu trop grand mais il a eu raison d'attirer l'attention sur une œuvre intelligente et pleine de charme.

Anaïs Nin n'oublie jamais qu'elle est

femme et c'est à ce nom et aux noms de toutes, qu'elle parle :

Celles du passé, privées de la parole, qui cherchaient refuge dans des intuitions muettes, et celles d'aujourd'hui toutes livrées à l'action, qui imitent les hommes. Et moi...

Elle narre sa conquête d'identité personnelle, l'évolution de sa vocation littéraire et sa relation fille-père puisque toute sa vie sera marquée par cet abandon. Elle s'enthousiasme pour la psychanalyse, brosse des portraits par touches successives des docteurs Allendy et Otto Rank, mais la séduction de la patiente est telle que l'analyse devient réciproque avec le médecin. Elle raconte ses relations avec Miller, alors inconnu, Durell, Neruda, Duchamp et Antonin Artaud qui l'aima, son intérêt pour tous les arts et sa passion de la vie, oscillant sans cesse entre le repliement intérieur et l'éclatement au monde.

Outre son journal elle écrivit des récits et des romans : *D.H. Lawrence* (1932), essai sur cet auteur qui lui apparut comme le premier à prendre à cœur le point de vue féminin ; *La Maison de l'inceste* (1936), *Un hiver d'artifice* (1939), *Sous une cloche de verre* (1944), *Les Miroirs dans le jardin* (1946), *On Writing* (1947), *Une espionne dans la maison de l'amour* (1954) ; *Séduction du Minotaure* (1961), *Le Roman de l'avenir* (1968) et *Contes érotiques* qu'elle composa avec Miller.

RÉF. : É. Barillé, *Anaïs Nin masquée, si nue*, Robert Laffont, 1991.

NINA DE CALLIAS, née de Villard. Française (1846-1884). Séparée de son mari, elle reçut dans son salon peintres et hommes de lettres de toutes tendances, attirés par la beauté, l'esprit et l'originalité de pensée de celle qui était tour à tour poétesse ou musicienne. Parmi ses fidèles, on peut citer Stéphane Mallarmé, qui n'était encore que la célébrité d'un petit cénacle d'avant-garde, Charles Leconte de Lisle, le chef de l'école parnassienne, et François Coppée, l'un des derniers parnassiens, Maurice Rollinat et son ami Charles Cros, le poète du *Coffret de santal* dont on dit que Nina fut amoureuse, le pathétique Villiers de l'Isle-Adam, Léon Dierx proclamé «Prince des poètes» après la mort de Mallarmé, les peintres Edgar Degas et Eugène Manet, qui fit un beau portrait de Nina conservé au musée d'Orsay, sans oublier le critique Catulle Mendès, le parasite que Willy appelait «Crapule Mandax». Pourtant, Nina de Villard n'eut pas que des amis: les Goncourt furent parmi ses plus virulents détracteurs, et Verlaine lui-même lui reprochait ses inconséquences et sa légèreté. Nina de Villard eut une fin tragique. Névrosée, elle mourut dans un état proche de la démence à l'âge de trente-huit ans.

NOAILLES Anna de, née princesse Bibesco-Brancovan. Poétesse française d'origine roumaine (Paris, 1876 - *id.*, 1933). Elle commença à publier des recueils de poèmes après son mariage avec le comte Matthieu de Noailles et obtint une célébrité qui ne se démentit pas dès la parution du *Cœur innombrable* (1901). Elle a chanté l'amour et l'angoisse de la mort dans des vers sensuels et sensibles éloignés de tout intellectualisme: *L'Ombre des jours* (1902), *Les Forces éternelles* (1920). Personnalité très en vue du monde littéraire de son temps, elle eut une liaison amoureuse et amicale avec Maurice Barrès qui s'acheva tragiquement par le suicide de Charles Demange, neveu de l'écrivain, qu'elle avait séduit. Elle a publié ses Mémoires sous le titre *Le Livre de ma vie* (1924).

RÉF. : J. Cocteau, *La Comtesse de Noailles*, Perrin, 1963. F. Broche, *Anna de Noailles: un mystère en pleine lumière*, Robert Laffont, 1989.

NOAILLES Marie-Laure, née Bischoffeim, vicomtesse **de**. Française (Paris, 31 octobre 1902 - *id.*, 9 janvier

1970). « Nature très singulière, tous les sangs sont dans le sien », note l'abbé Mugnier dans son *Journal*. Fille de Maurice Bischoffeim, riche banquier israélite, elle était par sa mère, Marie-Thérèse de Chevigné, l'arrière-petite-fille du marquis de Sade. À quinze ans, elle était follement amoureuse de Jean Cocteau.

Elle épousa le vicomte Charles de Noailles, à qui elle donna deux filles. Très cultivée, libérale dans ses opinions comme dans ses dépenses, elle fut l'une des mécènes de notre siècle, protégeant les artistes d'avant-garde et le groupe surréaliste. Le couple donna de somptueuses fêtes dans son hôtel de la place des États-Unis. On y joua en première audition des œuvres de Francis Poulenc et de Henri Sauguet. En 1930, les Noailles financèrent la réalisation du film *Le Sang d'un poète* (Cocteau) puis *L'Âge d'or* (Buñuel), qui fit scandale dans la bonne société. Célèbre pour ses extravagances, Marie-Laure se fit faire, à l'arrivée du Front populaire, une faucille et un marteau en diamants. Elle a laissé de nombreux poèmes : *Dix Ans sur terre* (1937), *La Viole d'Amour* (1944), *Cires perdues* (1953) qu'elle signait de son seul prénom Marie-Laure. Dans ses peintures teintées de surréalisme, d'une constante invention, on retrouve parfois l'écho d'Odilon Redon et de Gustave Moreau.

NOAILLES Natalie, née Laborde de Méréville, vicomtesse **de**, puis duchesse de Mouchy (Paris, 11 août 1774 - *id.*, 23 décembre 1835). Fille du marquis de Laborde, un des banquiers de Louis XV, elle épousa en 1789 le vicomte Charles de Noailles, fils aîné du duc de Mouchy. Celui-ci émigra en Angleterre pendant la Révolution, laissant sa femme à Paris. Elle fut emprisonnée sous la Terreur, et son père guillotiné en avril 1794. Libérée, elle rejoignit son mari : il la trompait ouvertement et chargea un de ses amis, M. de Vintimille, de lui faire la cour. L'ayant appris de la bouche même de ce dernier, elle ne se remit pas d'une telle trahison et devint, dit-on, à moitié folle, en tout cas passablement instable.

Très jolie, séduisante, spirituelle, elle se montra fort volage à son retour en France. Elle fit la conquête de Chateaubriand au château de Fervacques, dans le Calvados, chez Delphine de Custine*, qui avait eu l'imprudence de la lui présenter. Ils passèrent ensemble quelques jours en Espagne en 1807, après le voyage de Chateaubriand en Grèce ; il en parle allusivement dans les *Mémoires d'outre-tombe* : « Jours de séduction, d'enchantement et de délire. » L'écrivain l'aima passionnément, et leur liaison dura jusqu'en 1812. Ils faisaient de longs séjours au château de Méréville, que Natalie de Noailles avait hérité de son père, avec son frère Alexandre. Elle prit ensuite différents amants, notamment Mathieu Molé et, à partir de 1817, commença à donner des signes de dérangement mental de plus en plus accentués, au point qu'il fallut l'enfermer dans une maison de santé, rue du Rocher à Paris, où elle mourut en 1835. Elle n'a jamais divorcé, ce qui explique qu'elle se soit fait appeler duchesse de Mouchy après que son mari eut repris le titre paternel.

NOBLET Lise. Danseuse française (Paris, 24 novembre 1801 - *id.*, septembre 1852). Elle étudia à l'École de danse de l'Opéra de Paris, y fut engagée en 1816 et devint soliste en 1818. Invitée à Londres de 1821 à 1824, elle triompha au King's Theatre dans *Nina, ou la Folle par amour* (Milon). Aussi bonne mime que danseuse, elle créa à l'Opéra de Paris de nombreux ballets comme *Le Page inconstant* (Aumer et Dauberval, 1823), *Zémire et Azor* (Deshayes, 1824), *La Fille mal gardée* (Aumer, 1828) et *La Belle au bois dormant* (Aumer, 1829). Elle fut la première Fenella (*La Muette de Portici*, Auber, 1828) qui remporta un énorme succès. Elle dansa avec Maria Taglioni* dans *La Sylphide* (F. Taglioni, 1832), *La Fille du Danube* (F. Taglioni, 1836). Rivale de Fanny Elssler* pour les danses espagnoles, sa spécialité était *El Jaleo de Jerez*. Elle était la plus célèbre des trois sœurs Noblet.

NODDACK Ida Eva, née Tacke. Chimiste allemande (Lackhausen, 1896 - Bamberg, 1978). À l'issue de ses études à l'université de Berlin en 1923, elle devint la collaboratrice de son père qui possédait une usine de vernis. En 1925, elle découvrit avec Walter Noddack le rhénium et le masurium, éléments qu'elle recherchait depuis 1922. Ils se marièrent en 1926 et, dès 1934, ils annoncèrent, sans être entendus, la fission atomique et développèrent le concept de l'explosion de l'atome d'uranium en plusieurs éléments. L'éminent Otto Hahn contesta le fait pendant des années avant d'admettre lors d'un de ses derniers entretiens que «Ida avait quand même raison». De 1941 à 1944, ils vécurent à Strasbourg où Walter Noddack avait été nommé directeur de l'Institut de recherche pétrochimique de l'université. Après la guerre, ils se fixèrent à Bamberg. Ida Noddack, qui perdit son mari en 1960, est l'auteur d'une soixantaine de publications. Ses deux monographies fondamentales ont été écrites en collaboration avec son époux: *Das Rhenium* (1933) et *Développement et structure de la chimie* (1937).

NOËL Marie (Marie Rouget, dite). Poétesse française (Auxerre, 1883 - *id.*, 1967). Fille d'un universitaire incroyant, devenue ardente catholique, elle fit ses études au lycée d'Auxerre et obtint son brevet supérieur. Sans avoir jamais quitté l'ombre de sa cathédrale, elle s'acquit une réputation universelle et fut saluée comme le poète par excellence par les plus grands, d'Anna de Noailles* à Colette*, d'Aragon à Mauriac et de Gaulle. Montherlant, peu prodigue d'éloges, parla même à son propos de génie. À côté de ses recueils de poésies: *Les Chansons et les Heures* (1920), *Le Rosaire des joies* (1930), *Les Chants de la merci* (1930), *Chants et Psaumes d'automne* (1947), *Chants d'arrière-saison* (1961), Marie Noël a également écrit des récits, avec un talent égal: *Contes* (1945), *La Rose rouge* (1960), *Le Cru d'Auxerre* (1967).

Ses *Notes intimes* (1959) longtemps gardées secrètes et publiées sur le conseil, presque l'injonction de son vieil ami, l'abbé Mugnier, furent traduites dans le monde entier; elles constituent la plus émouvante des confessions et l'une des grandes œuvres de la littérature mystique d'aujourd'hui. On y trouve expliquée la douloureuse ascèse d'une âme étrangement exaucée puisque, en la ferveur de ses quinze ans, elle avait demandé à Dieu «trois choses folles: beaucoup souffrir, être poète, être sainte». Parmi ses œuvres, citons encore *Le Jugement de Don Juan* (1955), miracle médiéval où elle donne une interprétation personnelle de ce héros, homme impatient aimant la femme dans les femmes. Marie Noël fut aussi musicienne, elle a mis en musique plusieurs de ses œuvres. En1962, le Grand Prix de poésie de la Société des gens de lettres et le Grand Prix de poésie de l'Académie française ont couronné son œuvre.

RÉF.: H. Gouhier, *Le Combat de Marie Noël*, Paris, 1971.

NOETHER Amalie Emmy. Mathématicienne allemande (Erlangen, 23 mars 1882 - Bryn Mawr, Pennsylvanie, 14 avril 1935). Des quatre enfants de Max Noether, professeur de mathématiques et chercheur à l'université d'Erlangen, et d'Ida Amalia Kaufmann, trois firent une carrière scientifique. Ida, l'aînée, fut la plus brillante et devint une algébriste de génie. De 1900 à 1902, elle fréquenta l'université comme auditeur libre, le droit des jeunes filles aux études supérieures n'étant pas encore admis. Elle y suivit parallèlement des cours de langues et de mathématiques. En 1903, elle se spécialisa en mathématiques à l'université de Göttingen. L'année suivante, elle fut admise à l'université d'Erlangen. Elle en sortit trois ans plus tard avec le titre de docteur, ayant obtenu des félicitations pour sa thèse sur les invariants, une thèse fortement influencée par son maître Gordan, dont elle s'écarta par la suite.

Invitée en 1915 par le professeur David Hilbert à l'université de Göttingen, elle y donna des conférences dans le cadre des cours de ce dernier qui, ébloui par l'intelligence de la jeune femme, tenta de lui obtenir un poste au titre de *Privatdozent* (maître de conférences). Il ne put y parvenir, les femmes souffrant encore d'une profonde discrimination. En 1922, enfin, un titre purement honorifique de « professeur associé non officiel » lui fut accordé ainsi qu'un modeste salaire au titre de *Lehrauftrag* (chargé de cours) d'algèbre. Elle ne quitta cette université qu'en 1933 sous la pression nazie et s'embarqua pour les États-Unis au mois d'octobre. Engagée au collège féminin de Bryn Mawr, elle enseigna tout en poursuivant ses recherches dans le cadre de cette université puis du fameux Institute for Advanced Studies de Princeton, qu'a illustré Albert Einstein. Sa carrière fut précocement interrompue : elle succomba aux complications d'une opération bénigne. Sa contribution aux mathématiques concerne l'algèbre abstraite, qui diffère radicalement de l'algèbre classique en ce qu'elle fonde non sur les résultats d'opérations algébriques (additions, multiplications, etc.) mais sur leurs propriétés formelles, telles qu'associativité, commutativité, distributivité.

NOFRET ou **NOFRIT**. Princesse égyptienne (v. 2700 av. J.-C. - ?). Épouse du prince égyptien Rahotep, elle fut vraisemblablement une des favorites du roi Snefrou. Son nom et celui de son époux sont restés dans l'histoire, principalement grâce aux statues en calcaire peint, où tous deux sont représentés de face, assis côte à côte. Ces statues, qui datent de plus de quarante siècles, sont dans un état de conservation remarquable et sont parmi les plus beaux témoignages de l'art de la statuaire égyptienne de la IVe dynastie. Elles sont conservées au musée du Caire.

NORDENFLYCHT Hedvig Charlotte, baronne de. Femme de lettres suédoise (Stockholm, 28 novembre 1718 - Lugnet, 28 juin 1766). En 1741, elle épousa un pasteur, J. Fabricius, qu'elle perdit sept mois plus tard. Son chagrin la décida à se retirer à la campagne et à écrire. Son premier recueil d'élégies, *La Plaintive Tourterelle* (1743) porte la marque de ce deuil. L'année suivante, elle retourna à Stockholm pour raisons de santé et tint, sur le modèle français, un salon littéraire brillant, dont le rayonnement fut important sur les lettres suédoises. Elle publia ensuite les *Pensées féminines d'une bergère du Nord* (1744-1750) et un poème épique, *La Suède sauvée* (1746). Son style lyrique et passionné lui valut le surnom de « Sapho* suédoise ».

En 1753, elle fonda avec l'écrivain Gustaf Gillenborg et le poète Frederik Adolf Creutz une sorte de cercle littéraire appelé l'Ordre des constructeurs de la pensée. Ses autres écrits sont plus didactiques, comme *La Traversée de Boelt par le roi Charles Gustave en 1658*, ou polémiques : elle prit vigoureusement le parti des femmes dans sa *Défense de la femme contre Jean-Jacques Rousseau* (1746). À la suite d'une déception sentimentale — elle s'était éprise d'un jeune auteur, J. Fischerstroem, qui ne l'aimait pas —, elle se jeta dans un lac. Elle fut sauvée mais mourut quelques jours plus tard. Son œuvre, dans le goût français, annonce l'ère académique du règne de Gustave III et marque un tournant dans l'histoire des lettres suédoises.

NORDICA Lillian (Lillian Norton, dite). Soprano américaine (Farmington, Maine, 12 décembre 1857 - Batavia, 10 mai 1914). Formée au conservatoire de Boston, elle débuta en concert en 1876 et effectua une tournée américaine en 1877. L'année suivante, elle chanta en Angleterre au Crystal Palace avec la troupe de Gilmore America. Après avoir travaillé sa voix à Milan avec Sangiovanni, elle débuta avec succès dans le rôle d'Elvira (*Don Juan*, Mozart), à Brescia, sous le nom de Nordica. Engagée en Allemagne, puis à Saint-Pétersbourg en 1881, son répertoire comprend, entre autres, Elvira (*Don Juan*, Mozart), Marguerite (*Faust*, Gounod), Ophélie (*Hamlet*, Verdi). En 1882, elle fit ses débuts à l'Opéra de Paris. L'année suivante, elle épousa l'Américain Frederick A. Gower, rentra avec lui aux États-Unis et fit ses débuts à New York en 1883 avec la troupe du colonel Mapleson. En 1884, elle songeait à divorcer lorsque son mari mourut dans un accident de ballon en essayant de traverser la Manche. Deux ans plus tard, elle se produisait à Covent Garden pour la première fois.

Le Metropolitan Opera de New York ne l'accueillit qu'en 1891. Elle y interpréta Valentine (*Les Huguenots*, Meyerbeer) et en devint l'artiste la plus populaire, remportant des succès délirants comme lorsqu'elle y chanta Isolde (*Tristan et Isolde*, Wagner) en 1895. Cette année-là, elle s'orienta définitivement vers les rôles wagnériens. Première chanteuse américaine engagée au festival de Bayreuth, elle y chanta Elsa (*Lohengrin*, Wagner) en 1894. Mariée en secondes noces au ténor hongrois Zoltan Doeme en 1896, elle divorça en 1904 et épousa cinq ans plus tard à Londres le banquier George W. Young. Elle poursuivit sa brillante carrière jusqu'en 1913, donna sa représentation d'adieux à Reno (États-Unis), le 12 juin, puis entreprit une dernière tournée à travers le monde. Le navire qui la transportait sombra au large des côtes de la Nouvelle-Zélande. Elle fut sauvée, mais mourut à l'hôpital de Java. Wagnérienne réputée, elle s'illustra également dans le répertoire italien, interprétant avec un grand éclat Lucie (*Lucie de Lammermoor*, Donizetti), Aïda (*Aïda*, Verdi) et Gilda (*Rigoletto*, Verdi).

RÉF. : I. Glackens, *Yankee Diva, Lillian Nordica*, New York, 1963.

NORDING Antoinette. Femme d'affaires suédoise (1814-1887). Après des débuts difficiles, elle eut l'idée de vendre sur les marchés une eau de toilette baptisée « Eau de Cologne ». Cette eau parfumée obtint un tel succès que, en femme avisée, Antoinette Nording fonda une société à son nom qui prit une extension extraordinaire. La maison Nording demeura jusqu'en 1988 la plus célèbre parfumerie de luxe de Stockholm.

NORDMANN Marielle. Harpiste française (née à Montpellier, le 24 janvier 1941). C'est lors d'une rencontre avec Lily Laskine* que Marielle Nordmann, alors âgée de dix ans, manifesta sa volonté d'abandonner ses études de piano pour se consacrer à la harpe. À douze ans, elle entra au Conservatoire de Paris et obtint à seize ans son premier prix de harpe et, en 1959, un premier prix de musique de chambre dans la classe de Jean Hubeau. À sa sortie du Conservatoire, elle entreprit une brillante carrière de soliste et fonda le Trio Nordmann avec Renaud Fontanarosa et André Guilbert ; ils remportèrent de 1960 à 1978 des succès éclatants à travers le monde. Élève préférée et privilégiée de Lily Laskine, Marielle Nordmann s'est souvent produite avec son aînée. Mariée au violoniste Patrice Fontanarosa, elle donna avec lui de nombreux récitals. On lui doit un superbe enregistrement du *Concerto pour harpe* de François Boieldieu dont elle a su rendre le charme un peu désuet.

NORMAN Jessye. Soprano américaine (née à Augusta, Géorgie, le 15 septembre 1945). Jeune fille, elle pratiquait le piano, ce qui lui donna envie de chanter, d'autant qu'elle possédait une voix de Noire exceptionnelle. Elle obtint une bourse d'études à la Howard University de Washington, poursuivit sa formation musicale au conservatoire Peabody de Baltimore puis à l'université du Michigan avec Pierre Bernac. En 1968, elle remporta le premier prix au concours international des radios allemandes. L'année suivante, elle débuta en Élisabeth (*Tannhäuser*, Wagner) à l'Opéra de Berlin, où elle fut, entre autres, une étonnante Comtesse (*Les Noces de Figaro*, Mozart). Elle chanta ensuite à Rome et à Florence. Invitée à la Scala de Milan en 1972, elle incarna Aïda (*Aïda*, Verdi), sous la direction de Claudio Abado. Cette même année, à Covent Garden, elle fut Cassandre (*Les Troyens*, Berlioz).

Remarquable interprète en concert, elle débuta à Paris, salle Pleyel, en 1973. En 1983, sa carrière la conduisit au Metropolitan Opera de New York où elle chanta Cassandre (*Les Troyens*, Berlioz). On la vit au festival d'Aix-en-Provence en 1983, puis en 1984, à l'Opéra-Comique de Paris, où elle fut Didon (*Didon et Énée*, Purcell). En 1989, elle chanta *La Marseillaise*, ce qui constitua le moment fort du spectacle de Jean-Paul Goude, commémorant le bicentenaire de la Révolution française. Parmi ses rôles, citons encore Selika (*L'Africaine*, Meyerbeer) au mai florentin en 1971, Deborah (*Deborah*, Haendel), Phèdre (*Hippolyte et Aricie*, Rameau). En concert, son répertoire est éclectique, elle chante aussi bien le negro spiritual que Schubert, Schumann, Schönberg (*Die Gurrelieder*), Berg (*Der Wein*). Jessye Norman met au service de son art son imposante beauté, son visage d'ébène, sa voix ample et un sens exceptionnel de la grandeur tragique.

NORMANTON Helena Florence. Juriste écossaise (1883-1957). Elle est célèbre dans son pays pour le rôle qu'elle joua dans la magistrature : elle fut la première Écossaise à être nommée avocate (1922) et la première, également, à occuper la charge de conseiller royal à Glasgow en 1949. Elle fut élue présidente du Council of Married Women en 1952. Conférencière très écoutée, membre de nombreuses associations de juristes, elle a publié des ouvrages concernant les droits et la condition de la femme dans la société, entre autres, *Every Day Law for Women* (1932).

NORTH Marianne. Peintre de fleurs et voyageuse anglaise (Hastings, 1830 - Gloucestershire, 30 août 1890). Elle doit en grande partie sa renommée aux peintures et dessins de fleurs et de plantes qu'elle a faits au cours de quinze années de pérégrinations à travers le monde. C'est vers les années 1870 qu'elle entreprit en compagnie d'une amie, de son chevalet et de ses pinceaux, une série de voyages qui lui firent connaître les États-Unis, le Brésil, le Chili, les Antilles, Madère, le Japon, Bornéo, Java, Ceylan, les Indes, l'Australie, la Nouvelle-Zélande, l'Afrique du Sud, les Seychelles, etc. Ces périples, exceptionnels à l'époque et pour une femme, eurent un grand retentissement dans son pays. Marianne North mourut à l'âge de soixante ans, ayant consacré les dernières années de sa vie à classer et exposer ses innombrables peintures de plantes et de fleurs, à constituer une très riche collection de plantes qu'elle a léguée au jardin botanique de Kew. Sa sœur, Mrs. Symans, a publié ses papiers, *Recollections of a Happy Life; Being the Autobiography of Marianne North* (2 vol., 1892).

NOVAES PINTO Guiomar. Pianiste brésilienne (São João de Boã Vista, 1894 - São Paulo, 1979). Elle commença ses études musicales à l'âge de six ans dans sa ville natale avec le pianiste Chiafarelli. Ses dons lui permirent d'obtenir une bourse du gouvernement brésilien afin de pousuivre ses études au Conservatoire de Paris où elle entra dans la classe d'Isidor Philipp. Remarquée pour la maturité de son talent et pour la justesse de ses interprétations, elle obtint à seize ans son premier prix. Elle entreprit des tournées de récitals, brillant plus particulièrement dans le répertoire romantique (Schumann, Liszt, Chopin). En 1922, elle avait épousé le compositeur Octavio Pinto.

NOZIÈRE Violette. Criminelle française (Paris, 1915-1966). Sans raison apparente, elle empoisonna ses parents en 1933, tuant son père, un cheminot parisien, tandis que sa mère était sauvée de justesse. Son procès eut un énorme retentissement. Considérée par certains comme un monstre, elle fut saluée comme une héroïne par d'autres qui virent dans son crime le symbole d'une révolte contre l'oppression familiale. Picasso lui dédia une toile, Colette* prit sa défense, les surréalistes réunirent en un recueil dessins et poèmes la concernant. Pour Benjamin Perret, «elle est belle comme un nénuphar sur un tas de charbon», pour Éluard, elle «a rêvé de défaire, a défait, l'affreux nœud de serpent des liens du sang». Condamnée à mort, elle vit sa peine commuée en réclusion à perpétuité, qui se trouva réduite à douze ans sous l'Occupation. Elle se maria après sa libération. Claude Chabrol lui a consacré un film, *Violette Nozière* (1978).

NÛR JAHÂN. Indienne (Kandahâr, 1577-1645). Elle accompagna son père Ghiyas Beg en Inde à la cour d'Akbar et fut mariée à un noble persan, Sher Afkan, en 1594, dont elle eut une fille, Ladlî. Le grand Moghol Jahângîr nomma son mari gouverneur de Burdwân au Bengale, mais celui-ci s'étant révolté, il fut tué en 1607. Elle fut alors confiée à la mère de Jahângîr qui l'épousa en 1611 et favorisa sa famille, notamment son frère Âsaf Khân. À partir de 1622, Nûr Jahân, « Lumière du monde », dirigea la politique moghole, son mari étant malade. Elle s'allia à Shâh Jahân, mais se retourna contre lui lorsqu'il s'opposa à son père. Elle suivit Jahângîr à travers l'Inde du Nord-Ouest et réussit en 1626 à le libérer de Mahâbat Khân qui l'avait fait prisonnier. À la mort de Jahângîr en 1627, elle fit nommer Shâhryar sur le trône moghol de Lahore, mais fut attaquée et vaincue par son frère, Âsaf Khân, qui avait pris le parti de Shâh Jahân. Lorsque ce dernier s'installa sur le trône, Nûr Jahân abandonna la politique et se retira, écrivant en persan des vers sous le nom de Makhfi.

RÉF. : C. Pant, *Nûr Jahân and Her Family*, Allâhâbâd, 1978. L. Frédéric, *Le Tigre et la rose*, Robert Laffont, 1984.

O

OAKLEY Annie. Championne de tir. Anglaise (1860-1926). Elle est considérée par les spécialistes comme la meilleure « gâchette » qui ait jamais existé. Ses exploits pourraient tenir de la légende. Pendant plus de trente ans, elle fut capable de toucher au ball-trap cent pigeons d'argile sur cent. À vingt mètres, elle faisait tomber une cigarette des lèvres de son partenaire et touchait une carte à jouer sur la tranche. Annie Oakley fut l'une des grandes attractions des spectacles de Buffalo-Bill pendant de longues années. Elle avait épousé un certain Franck Buttler.

OATES Joyce Carol. Romancière américaine (née à Lockport, New York, en 1938). Diplômée des universités de Syracuse et du Wisconsin, elle enseigna pendant cinq ans la littérature anglaise à Detroit, avant d'apprendre l'art d'écrire à ses élèves de l'université de Windsor, au Canada, et de Princeton. Auteur très prolifique, elle dépeint souvent dans ses romans les excès de la passion et de la violence dans une société américaine destructrice, symbolisée par la ville de Detroit. Sans doute est-elle marquée par la mort de son grand-père maternel assassiné au cours d'une bagarre. Parmi ses romans, citons *Le Jardin des délices* (1967), *Eux* (1969), *Le Pays des merveilles* (1971), *La Légende de Bloodsmoor* (1982), *Les Mystères de Wintherhurn* (1984) et *Marya* (1986). Elle est également l'auteur de nombreux recueils de nouvelles, comme *Une éducation sentimentale* (1982) et *L'homme que les femmes adoraient* (1986). Poète, elle a fait paraître neuf recueils de poésie entre 1968 et 1982 dont *Invisible Woman* (1982). Elle a également publié des essais et des critiques. Avec son mari Raymond J. Smith, elle dirige depuis 1974 l'*Ontario Review*. Elle mène actuellement une vie paisible dans le New Jersey, et continue de diviser la critique américaine, les uns voyant dans sa fécondité la marque du génie, les autres celle de l'incontinence verbale.

OBERON Merle. (Estelle Merle O'Brien Thompson, dite). Actrice anglaise (Hobart, Tasmanie, Australie, 9 février 1911 - Los Angeles, 23 octobre 1979). Elle serait née en fait à Calcutta, d'un père officier anglais et d'une mère hindoue. Métisse, elle a toute sa vie caché ses origines, car être un « sang-mêlé » était encore mal considéré à l'époque. De même, elle aurait affirmé que son père était mort quand elle avait trois ans alors qu'il aurait abandonné sa mère peu après la naissance de l'enfant. A seize ans, la jeune Estelle fuit les Indes pour Londres.

Ambitieuse et très belle — elle avait d'admirables yeux noirs en amande et des cheveux de jais —, elle débuta comme mannequin, puis comme figurante dans de petits théâtres. Le metteur en scène Alexandre Korda la remarqua, en fit sa maîtresse puis l'épousa. Il la fit jouer dans plusieurs de ses films, parmi lesquels *Service for Ladies* (1931), *Wedding Rehearsal* (1932) avant de lui confier le rôle d'Anne* Boleyn (*La Vie privée d'Henry VIII*, 1933). Ce fut un triomphe, confirmé par son rôle de lady Blakeway dans *Le Mouron rouge* (Young, 1935).

Merle Oberon devint l'une des principales vedettes du cinéma britannique. En 1935, elle partit pour Hollywood, engagée par la MGM, où elle tourna avec les plus prestigieux metteurs en scène: Sidney Franklin, William Wyler, Charles Vidor, Ernst Lubitsch, Edmund Goulding. Son rôle de Cathy dans *Les Hauts de Hurlevent* (Wyler, 1938) d'après l'œuvre d'Emily Brontë*, aux côtés de Laurence Olivier et de David Niven, lui valut une renommée internationale. Après sa séparation d'avec Alexandre Korda, elle épousa le chef opérateur Lucien Ballard, qu'elle abandonna pour un jeune comte italien qui se tua dans son avion. Elle se remaria avec un milliardaire italo-mexicain. Partagée entre les États-Unis, l'Espagne, l'Angleterre et ses nombreux amants, Merle Oberon ne fit plus que de rares apparitions à l'écran. Elle mourut d'une attaque cardiaque à l'âge de soixante-huit ans. Retenons de sa nombreuse filmographie *Ange des ténèbres* (Franklin, 1935), *Voyage sans retour* (Goulding, 1940), *Illusions perdues* (Lubitsch, 1941), *La Chanson du souvenir* (Vidor, 1945) dans lequel elle incarne une très belle George Sand*, *Temptation* (Pichel, 1946), *Berlin Express* (Tourneur, 1948), *Hôtel Saint-Gregory* (Quine,1967) où elle joue l'un de ses derniers rôles.

OBOUKHOVA Nadejda Andreïevna. Mezzo-soprano et contralto russe (Moscou, 6 mars 1886 - Feodossia, 15 août 1961). Élève au conservatoire de Moscou où elle étudia avec Masetti, elle se produisit en concert de 1912 à 1916. À cette date, elle fut engagée au Bolchoï et en devint le contralto vedette. Héritière de la grande tradition de l'école russe de chant du XIXe siècle, sa voix très étendue, au timbre d'une qualité rare, d'une souplesse et d'une agilité exceptionnelles, en fit une inoubliable Carmen (*Carmen*, Bizet). Nadejda Oboukhova incarna Dalila (*Samson et Dalila,* Saint-Saëns), Amneris (*Aïda,* Verdi), Erda et Fricka (*L'Or du Rhin* et *La Walkyrie*, Wagner), mais remporta ses plus grands triomphes dans le répertoire russe: Marfa (*La Khovanchtchina*, Moussorgski) et Marina (*Boris Godounov*, Moussorgski), Lel (*Snegourotchka*, Rimski-Korsakov), Kontchakovna (*Le Prince Igor*, Borodine). Elle fit ses adieux à la scène en 1946, à Moscou. Décorée de l'ordre de Lénine et titulaire du prix Staline, elle a laissé des mémoires, publiés après sa mort, *Vospominaniy Stat'I materiali* (1970).

O'BRADY. (Gertrude Mac Brady, dite). Peintre. Américaine (née à Chicago en 1904). Venue tardivement à la peinture, elle a peint des scènes de la vie populaire avec un sens inné de la poésie. Fixée à Paris en 1935, elle fut internée en tant qu'Américaine durant la guerre à Vittel d'où elle rapporta de nombreux dessins. Libérée, elle reprit ses pinceaux et participa en 1945 à l'exposition «Portraits américains» à Paris. En 1948, la galerie Maeght organisa une exposition de ses œuvres, préfacée par le poète Jules Supervielle, qui remporta un grand succès et consacra sa renommée. Puis, elle séjourna en Italie et cessa de peindre. Elle s'est retirée dans un couvent catholique du Connecticut, aux États-Unis.

OBRAZTSOVA Elena. Mezzo-soprano soviétique (née à Leningrad, le 7 juillet 1937). Son père, ingénieur, était mélomane et jouait du violon. Elle travailla sa voix avec Grigoriev, au conservatoire de Leningrad (Saint-Pétersbourg), d'où elle sortit en 1964. Cette même saison, elle chanta Marina (*Boris Godounov*, Moussorgski) au Bolchoï. En 1964, elle triompha à la Scala avec le Bolchoï, puis à Montréal en 1967 ; elle se produisit à Berlin et à l'Opéra de Paris en 1969-1970. Cette année-là, elle remporta les prix du concours Tchaïkovski et du concours Francisco Vinas à Barcelone et s'affirma comme une vedette internationale. Elle parut à Marseille en 1973-1974, à San Francisco en 1975. En 1975-1976, elle partit en tournée aux États-Unis avec sa troupe, et fit ses débuts au Metropolitan Opera de New York, le 12 octobre 1976, en Princesse de Bouillon (*Adrienne Lecouvreur**, Cileà). Sa voix merveilleuse au timbre clair et sa spontanéité de comédienne en font une remarquable interprète de l'opéra russe: Marfa (*La Khovanchtchina*, Moussorgski), Kontchakovna (*Le Prince Igor*, Borodine), la Comtesse (*La Dame de pique*, Tchaïkovski). Elle incarna aussi Amneris (*Aïda*, Verdi), Eboli (*Don Carlos*, Verdi), Carmen (*Carmen*, Bizet), Oberon (*Le Songe d'une nuit d'été*, Britten). Elle se produisit également en récital, chantant des mélodies et des lieder russes et allemands, aussi bien que les *Tonadillas* (Granados) et les *Sept Chansons populaires espagnoles* (Falla). Elle a reçu le prix Lénine en 1976.

O'CONNOR Flannery. Romancière américaine (Savannah, Géorgie, 1925 - Milledgeville, Géorgie, 1964). Atteinte d'une maladie incurable, dont son père était mort, et qui la rendit infirme les dix dernières années de sa courte vie, Flannery O'Connor n'a guère quitté sa Géorgie natale, hormis quelques séjours à l'université de l'Iowa et plus tard à Lourdes. Découverte par la France avant d'être reconnue aux États-Unis, elle laisse une œuvre peu abondante mais de qualité. Deux romans: *La Sagesse dans le sang* (1952), *Et ce sont les violents qui l'emportent* (1960) ; deux recueils de nouvelles: *Les braves gens ne courent pas les rues* (1955), *Mon mal vient de plus loin* (1965), *Pourquoi ces nations en tumulte ?* et enfin un remarquable recueil d'essais publié après sa mort: *Le Mystère et les mœurs* (1969). Catholique en plein Sud baptiste, Flannery O'Connor dépeint un monde coloré peuplé de faux prophètes et d'évangélistes miteux, de filles ou de fils uniques coupés de la vie et de la grâce par leur intellect, d'escrocs séduisants et de fous échappés de l'asile. Cette œuvre puissante à dimension mystique n'en recèle pas moins d'étonnantes qualités comiques.

OCTAVIE. Princesse romaine (v. 70 - 11 av. J.-C.). Elle était la fille de Caius Octavius, qui mourut en 58 au moment où il se préparait à briguer le consulat, et la sœur d'Octave, futur empereur Auguste. Elle épousa en 54 Caius Marcellus, qui fut consul en 50. Son oncle, Jules César, voulut la faire divorcer pour la marier à Pompée, qui refusa. Lorsqu'elle fut veuve en 41, Octave lui fit épouser Marc Antoine (39), avec lequel il venait de se réconcilier. Celui-ci, déjà sous l'influence de Cléopâtre VII*, renvoya sa femme en 36 et retourna en Égypte auprès de sa maîtresse avant de répudier Octavie en 32. Elle lui resta pourtant fidèle, allant jusqu'à élever les enfants qu'ils avaient eus de la reine d'Égypte. Elle eut un fils de son premier mari, Marcus Marcellus, qu'Auguste destinait à l'empire mais qui mourut en 23 apr. J.-C., et quatre de Marc Antoine: Marcella l'Aînée, Marcella la Jeune, Antonia l'Aînée qui fut la grand-mère de Néron et Antonia la Jeune laquelle, par son mariage avec Drusus, le frère de l'empereur Tibère, eut trois enfants illustres: Germanicus, Livia* et l'empereur Claude.

OCTAVIE. Impératrice romaine (42 - île de Pandataria, 62). Fille de l'empereur Claude et de Messaline*, elle fut fiancée en 48 à Silanus, mais Agrippine* la Jeune poussa ce dernier au suicide et la maria en 49 à son fils Néron, qui fut empereur à partir de 54. Néron ne l'aima jamais, la répudia en 62 à cause de sa maîtresse Poppée* et finit par l'exiler en Campanie. Comme elle était populaire, il dut la rappeler mais lui intenta un procès en adultère qui ne reposait sur rien pour pouvoir la reléguer sur l'île de Pandataria où il la fit assassiner.

O'DAY Anita. Chanteuse américaine (née à Chicago, le 18 décembre 1919). Elle est l'une des rares Blanches à pouvoir rivaliser avec les grandes chanteuses noires de jazz et de blues. Anita O'Day s'inspire du style instrumental, chante par onomatopées sans se soucier des paroles, avec autant de virtuosité qu'une Noire. Célèbre aux États-Unis, elle est apparue dans un film *Jazz On A Summer's Day* (1958), dans lequel elle chantait *Night in Tunisia*, le grand succès de Gillespie, avec une étonnante autorité. Citons encore: *Four Brothers*, *Sing Sing Sing*, *Body and Soul*, *Take the A Train*, *Anita Sing*.

ODILE, sainte. Abbesse alsacienne (VIIe siècle). Fille d'un duc d'Alsace prénommé Etih, elle aurait été éloignée de la cour par son père, parce qu'elle était née aveugle, mais elle recouvrit la vue en recevant le baptême des mains d'un évêque bavarois, Ehrard. Sa Vie, en grande partie légendaire, fut écrite par un auteur anonyme, peu avant 950. Cependant, il est admis que le monastère de Hohenburg, sur le mont Sainte-Odile, fut fondé par elle. Il comportait deux maisons, celle d'en haut et celle d'en bas, Niedermunster. Le culte de sainte Odile, très vivace au Moyen Âge, ne s'est pas démenti par la suite, et le Hohenburg reste le grand lieu de pèlerinage de l'Alsace dont la sainte est la patronne. Sa fête a été fixée au 13 décembre.

O'HARA Maureen, née Fitzsimmons. Actrice américaine d'origine irlandaise (née à Millwall, Irlande, le 17 août 1920). Fille d'une chanteuse, elle débuta à quinze ans à l'Abbey Theatre. Hitchcock la remarqua et lui fit tourner *L'Auberge de la Jamaïque* (1939) avec Charles Laughton comme partenaire. Elle tint ensuite le rôle d'Esmeralda dans *Quasimodo* (Dieterle, 1939) avec Charles Laughton dans le rôle de Quasimodo. Elle remporta un triomphe avec *Qu'elle était verte ma vallée* (Ford, 1941). Désormais célèbre, elle incarna différents personnages dans *Le Cygne noir* (King, 1942), *Vivre libre* (Renoir, 1943), *Le Pavillon noir* (Borzage, 1945), *Sinbad le marin* (Wallace, 1947), *La Fière Créole* (Stahl, 1947), *Bagdad* (Lamont, 1949), *Tripoli* (Price, 1950), *Rio Grande* (Ford, 1950). Mais c'est dans *L'Homme tranquille* (Ford, 1952) que cette ravissante rousse aux yeux verts, type même de l'indomptable Irlandaise, trouva son meilleur rôle face à John Wayne qui tente de la mater. Ce film lui valut une immense popularité.

Elle marqua de sa personnalité volcanique les nombreux films qu'elle a tournés par la suite, parmi lesquels *Lady Godiva* (Lubin, 1955), *Ce n'est qu'un au revoir* (Ford, 1955), *L'aigle vole au soleil* (Ford, 1957), dans lequel elle révèle son talent de tragédienne. Son activité se ralentit à partir de 1960; cependant, elle joua encore dans *Mr. Hobbs prend des vacances* (Koster, 1962), *Le Grand McLintock* (McLaglen, 1963), *Rancho Bravo* (McLaglen, 1966), *Big Jake* (Sherman, 1971). Maureen O'Hara s'est mariée trois fois. En 1954, avec Dorothy Dandrige*, elle a obtenu, au terme d'un long procès, la cessation de la parution de *Confidential*, journal de ragots et de scandales.

O'HARE Anne, née Mac Cormick. Journaliste américaine d'origine anglaise (1882-1954). Elle collabora au *Times* de 1922 à 1954, débutant par des articles réguliers sur la politique étrangère. Puis, seule femme attachée à la rédaction, elle publia son éditorial «*Abroad*», trois fois par semaine. Elle interviewa tous les grands de son temps: de Hitler à Roosevelt en passant par Staline et Churchill. Son article sur Hitler, *Exploring the Hitler's Legend* (1937), lui valut le New York Newspaper Women's Award. Elle publia également *The Hammer and the Scythe; Communist Russia enters the Second Decade* (1928). Après sa mort, parurent une sélection de ses articles, *The World at Home* (1956) et *Vatican Journal, 1921-1954* (1957).

O'KEEFFE Georgia. Peintre. Américaine (Sun Prairie, Wisconsin, 1887-1986). Attirée dès l'enfance par le dessin, elle fut, à l'âge de vingt ans, l'élève de William M. Chase, proche de Luis Mora, puis d'Arthur W. Dow, avant d'enseigner elle-même au Texas à partir de 1916. Cette région l'a d'ailleurs fortement inspirée, tout comme les espaces du Nouveau-Mexique au cours des années 40. En 1916, elle fit la connaissance d'Alfred Stieglitz, marchand mais aussi photographe réputé, qu'elle épousa et pour lequel elle fut, en tant que modèle, une superbe source d'inspiration. Dès cette époque, Stieglitz organisa à la Galerie 291 une première exposition d'esquisses de sa femme qui la fit connaître. Sa peinture est restée très personnelle et, si, à travers toutes les périodes de sa création, elle n'a jamais renoncé aux références au réel, nombre de symboles, de pures formes géométriques ou encore sa façon de décomposer l'espace, caractérisent son œuvre. À cet égard, l'une de ses plus célèbres toiles, *Lake George Window* (1929, New York, Museum of Modern Art) annonce certaines tendances de la peinture américaine d'après-guerre. L'Art Institute de Chicago lui a consacré une importante exposition rétrospective en 1943. Ses œuvres figurent dans les collections des principaux musées américains: au Metropolitan Museum et au Museum of Modern Art à New York, ou encore à Washington.

OLBREUSE Eléonore d', comtesse de Wilhelmsburg. Française (1639-1722). Poitevine noble et pauvre, élevée dans une stricte morale protestante, belle et spirituelle, elle entra comme demoiselle d'honneur au service d'Émilie de Hesse-Cassel, princesse de Tarente. Elle y rencontra le duc Georges Guillaume de Brünswick qui s'éprit d'elle et lui proposa, pour l'avoir à ses côtés, de devenir l'institutrice de ses enfants. Elle accepta et partit avec lui en Allemagne. Il lui donna aussitôt le titre de dame de Hartburg. Brünswick, devenu veuf et ayant perdu ses enfants, épousa la jeune femme de quinze ans sa cadette et l'éleva au rang de comtesse de Wilhelmsburg. De cette union naquit une fille unique, Sophie Dorothée de Zelle. Celle-ci épousa son cousin l'électeur palatin George Louis qui, en 1714, devint roi d'Angleterre sous le nom de George Ier. Sophie, cependant, ne régna jamais, son époux l'ayant fait enfermer en 1694 pour se débarrasser d'elle.

OLDENBOURG Zoé. Femme de lettres française d'origine russe (née à Saint-Pétersbourg, le 31 mars 1916). Fille d'un historien et journaliste russe, elle fit ses études à Paris et suivit ensuite des cours de théologie en Grande-Bretagne. Elle se fit peintre sur tissu de 1940 à 1946 avant d'aborder la littérature. Passionnée par l'histoire et les problèmes religieux, elle a retracé avec talent l'épopée des cathares dans une trilogie qui la révéla au grand public, *Le Bûcher* *de Montségur* (1959), *Les Brûlés* (1960) et *Les Cités charnelles* (1961). Ensuite, elle a publié alternativement des romans, *La Pierre angulaire* (prix Femina 1953), *Déguisements* (1989) ; des études historiques, *L'Épopée des cathédrales* (1970) ; des textes autobiographiques, *Visages d'un autoportrait* (1977), *Le Procès du rêve* (1982). Elle est membre du jury du prix Femina depuis 1961 et a reçu le grand prix du roman de la Ville de Paris en 1980.

OLDFIELD Anne. Actrice anglaise (Londres, 1683 - *id.*, 23 octobre 1730). Après des débuts obscurs, elle fut engagée en 1696 au théâtre Drury Lane de Londres où on l'applaudit davantage pour sa très grande beauté que pour ses qualités dramatiques. Elle sut s'imposer à force de travail et de ténacité. Elle fut remarquée par Colley Cibber, auteur et directeur de théâtre très influent à l'époque, alors qu'elle jouait le rôle de Leonora (*Sir Courtly Nice*, Crown) à Bath en 1703. Elle s'imposa définitivement en incarnant lady Betty Modish (*The Careless Husband*, Cibber) à Drury Lane en 1704. Dès lors, sa carrière fut exemplaire, et elle éclipsa progressivement sa rivale, Anne Bracegirdle*, qui triomphait depuis longtemps sur la même scène.

Intelligente et distinguée, elle possédait une voix claire et une excellente diction. Voltaire prétendait qu'elle était la seule actrice qu'il pût suivre sans effort. Elle fut particulièrement admirée pour son interprétation de Sylvie (*The Recruting Officer'*, Farquhar) en 1706 et de Mrs. Sullen (*The Beaux' Stratagem*, Farquhar) en 1707, cet auteur l'ayant d'ailleurs encouragée à ses débuts. Excellente tragédienne, on la disait insurpassable dans le rôle d'Andromaque (*The Distress'd Mother*, Philips) et dans celui de Jane Shore* (*Jane Shore*, Rowe). Elle préférait pourtant la comédie où elle était incomparable. On l'acclama encore en 1728 dans le rôle de lady Townley (*The Provoqued Husband*, Cibber). Elle fit ses adieux à la scène en jouant lady Brute (*The Provoqued Wife*, Vanbrugh) en 1730. Celle qui était considérée comme la plus grande actrice de son temps fut ensevelie à l'abbaye de Westminster auprès de l'auteur William Congreve, mais on lui refusa une pierre tombale car elle avait eu un fils illégitime du général Charles Churchill.

OLGA. Grande princesse de Kiev (v. 890 - Kiev, 969). Fille d'Oleg, grand-prince de Kiev, elle épousa en 908 Igor, prince de Novgorod, puis grand-prince de Kiev, qui fut assassiné en 945. Pendant la minorité de son fils, Sviatoslav, elle assura la régence avec autorité. Elle se convertit au christianisme et fut baptisée à Constantinople en 955 ou en 957, prenant le prénom chrétien d'Hélène. Voulant créer une église russe indépendante de Byzance, elle fit appel à des prêtres, notamment Adalbert de Trèves qui fut évêque de Kiev de 961 à 962. La nouvelle religion se heurta à une forte résistance du parti païen regroupé autour du jeune Sviatoslav. Sous le règne de celui-ci, la princesse Olga dirigea avec succès en 968 la résistance de Kiev assiégée par les Petchenègues (peuple nomade d'origine turque). Elle a été canonisée par l'Église orthodoxe.

OLGA CONSTANTINOVA. Reine de Grèce (Pavlovsk, Russie, 1851 - Rome, 1926). Fille du grand-duc de Russie Constantin et nièce du tsar Nicolas II, elle épousa en 1867 Georges Ier de Grèce qui fut assassiné à Thessalonique en 1913. Son fils Constantin Ier, né en 1868, succéda à son père, mais dut abdiquer en 1917 en faveur de son fils cadet, Alexandre Ier, lequel mourut au mois d'octobre 1920. En novembre, Eleuthérios Venizélos, Premier ministre qui détenait la réalité du pouvoir, fut désavoué par référendum, et Constantin Ier monta de nouveau sur le trône. Il abdiqua définitivement en 1922 en faveur de son fils Georges II, après la défaite des Grecs par les Turcs en Anatolie. Il s'exila à Palerme, tandis que la reine Olga s'installait à Rome où elle mourut, après la proclamation de la République grecque le 25 mars 1924.

OLIVERO Magda. Soprano italienne (née à Saluzzo, près de Turin, entre 1910 et 1914, selon les sources). Fille de magistrat, elle suivit des cours de danse tout en poursuivant ses humanités. Douée pour le chant, elle s'inscrivit au conservatoire de Milan et travailla sa voix avec Luigi Gerussi et Luigi Ricci. Elle débuta à Turin à la radio puis sur scène, à la télévision en 1933, interprétant le rôle de Lauretta (*Gianni Schicchi*, Puccini). Elle fut aussitôt engagée à la Scala de Milan pour chanter Gilda (*Rigoletto*, Verdi), Nanetta (*Falstaff*, Versi) et Sophie (*Le Chevalier à la rose*, R. Strauss). Devenue célèbre, elle incarna avec une grande émotion les héroïnes fragiles et tendres comme Mme Butterfly (*Madame Butterfly*, Puccini), Mimi (*La Bohème*, Puccini) et Manon (*Manon Lescaut*, Puccini). En 1937, elle chanta à l'Opéra de Rome le rôle d'Elsa (*Lohengrin*, Wagner) et commença à inscrire à son répertoire des œuvres du XXᵉ siècle comme *Résurrection* (Alfano), qu'elle créa à Gênes, ou *La caverna di Salamanca* (Lattuada). En 1939, à Rome, elle interpréta à la radio Adrienne (*Adrienne Lecouvreur**, Cilea), son rôle fétiche.

En 1941, peu après son mariage avec un certain M. Busch, elle quitta la scène pendant dix ans, ce qui ne l'empêcha pas de chanter pendant la guerre pour les prisonniers et de donner des concerts. Elle reprit sa carrière en 1951 à la demande de Cilea qui la jugeait une irremplaçable Adrienne: elle reprit le rôle au Grand-Théâtre de Brescia. Pendant les trente années suivantes, elle ne cessa d'enrichir son répertoire en abordant des héroïnes plus dramatiques: Tosca (*Tosca*, Puccini), Santuzza (*Cavalleria rusticana*, Mascagni), Wally (*La Wally*, Catalani). Elle se produisit peu à l'étranger, mais sa carrière américaine tardive ne fut pas moins brillante et durable. Elle débuta à Dallas en 1966, au Metropolitan Opera de New York en 1976 à l'âge de soixante-trois ans, interprétant une fascinante Tosca (*Tosca*, Puccini). En 1979, on l'entendit encore à San Francisco dans *La Voix humaine* (Poulenc). À la mort de son mari, à la veille de ses cinquante ans de scène, elle se retira et ne se produisit plus qu'en concert. Considérée comme une des plus grandes actrices lyriques du XXᵉ siècle et comme l'égale d'une Maria Callas* dans l'interprétation de l'opéra italien, Magda Olivero a toujours su entourer sa vie privée de la plus grande discrétion.

OLIVIER Fernande. Française (1881 - Cognac, 1966). C'est en 1905 qu'elle rencontra le jeune Pablo Picasso, encore inconnu, dans l'un des ateliers du Bateau-Lavoir où se réunissaient artistes et écrivains dont certains allaient devenir célèbres. Après une enfance malheureuse et un mariage raté, elle était venue à Paris où elle posait pour Cormon, Henri Bordes ou Hener. Les yeux verts, les cheveux auburn, Fernande Olivier était plus grande que Picasso et plus âgée que lui de quatre mois. Ils avaient vingt-quatre ans. Il la jugeait « très belle, mais vieille » et l'aima jalousement, rue Ravignan puis boulevard de Clichy, en ces années de pauvreté. Elle consignait dans son journal: « Hier, Pablo a réussi à vendre quelques dessins. Vite le charbonnier, vite le poêle rouge. Comme nous sommes heureux ! » C'était lui qui faisait le ménage et les courses, tandis qu'elle, qui confessait sa paresse, préparait les repas. Elle connut tous ses amis, Guillaume Apollinaire et Marie Laurencin*, Max Jacob, Henri Matisse, Georges

Braque, Gertrude Stein*, André Derain, Marcoussis et bien d'autres.

« À la fois bacchante et notaire », selon sa formule, elle fut l'inspiratrice de la période rose de Picasso, et suivit les débuts du cubisme qu'annonçaient les fameuses *Demoiselles d'Avignon* (1907). Leur liaison dura jusqu'en 1911 : Fernande partit avec un jeune artiste, tandis que Picasso se liait avec la ravissante Marcelle Humbert. Peintre à ses heures, Fernande Olivier fut successivement directrice d'une maison de tissus, répétitrice et professeur de diction, avant de sombrer dans la misère. Lorsque Picasso l'apprit, cinquante ans après leur liaison, il lui fit envoyer 10 000 francs, puis des subsides réguliers jusqu'à sa mort, sans que jamais un mot ne soit échangé entre eux. Fernande s'éteignit oubliée de tous, sauf de son ancien amant. On a publié ses *Souvenirs intimes, écrits pour Picasso* (1988).

OLYMPIADE ou **OLYMPE**, sainte (Constantinople, v. 360 - *id.*, v. 408). Elle appartenait à la meilleure société de Constantinople ; son père était attaché au palais, son grand-père avait été préfet du prétoire d'Orient. Vers 384-385, elle épousa Nebridios, préfet de Constantinople, qui mourut moins de deux ans plus tard. L'empereur Théodose Ier voulut la remarier, ce qu'elle refusa par attrait pour la vie religieuse. Olympe fut nommée diaconesse en 391, après avoir fondé un établissement pour malades qu'elle dirigea toute sa vie, et entra en relations suivies avec Jean Chrysostome à partir de sa nomination au patriarchat de Constantinople (397). Ils eurent l'un pour l'autre un attachement profond, qui subsista à l'exil du patriarche en 404, et dont font foi les dix-sept lettres qu'il lui adressa. La vie de sainte Olympe a été rédigée par un anonyme, après 450. Sa fête a été fixée au 17 décembre.

OLYMPIAS. Reine de Macédoine (v. 375 av. J.-C. - Pydna, 316 av. J.-C.). Fille de Néoptolème Ier, roi d'Épire, elle séduisit Philippe II de Macédoine qui l'épousa vers 357. Elle eut de lui un fils en 356, le futur Alexandre le Grand, et une fille, Cléopâtre*, reine d'Épire à partir de 336. En 337, Philippe répudia Olympias pour épouser Cléopâtre, la fille de l'un de ses lieutenants. En Épire où elle s'était retirée, Olympias conspira et fut sans doute à l'origine de l'assassinat de son mari en 336. Alexandre monta alors sur le trône, et sa mère, revenue d'exil, se vengea de sa rivale : Cléopâtre fut contrainte de se pendre et sa fille égorgée. Quand Alexandre partit en campagne en Asie, il confia la régence à Antipatros, auquel Olympias disputa le pouvoir jusqu'à la mort de son fils en 323, date à laquelle elle dut se réfugier de nouveau en Épire. Elle revint en Macédoine à la mort d'Antipatros et s'allia au successeur de ce dernier, Polyperchon. Pour conserver le pouvoir, ils firent exécuter le demi-frère d'Alexandre, Philippe Arridhée, sa femme Eurydice, ainsi qu'une centaine de leurs partisans (317). Cassandre, le fils d'Antipatros, qui soutenait le parti de Philippe Arridhée, prit les armes contre elle et l'assiégea dans la ville de Pydna. Olympias se rendit sous promesse d'avoir la vie sauve, mais elle fut mise à mort par les parents de ses victimes auxquels Cassandre l'avait livrée.

O'NEIL Eliza. Actrice irlandaise (Drogheda, Irlande, 1791-1872). Elle débuta sur la scène du théâtre que son père dirigeait à Drogheda puis se fit connaître à Belfast et à Dublin. Devenue célèbre en Irlande, elle fut engagée en 1814 à Covent Garden pour jouer Juliette (*Roméo et Juliette*, Shakespeare) et lady Teazle (*L'École de la médisance*, Sheridan). Durant cinq ans, elle alla de triomphe en triomphe. Elle succédait dignement à Sarah Siddons* avec moins de noblesse mais plus de charme. Elle apparut sur scène une dernière fois en juillet 1819 dans le rôle de Mrs. Haller (*The Stranger*, Dunlap, adapté d'une pièce de Kotzebue) puis se retira pour épouser William Becher.

ONO NO KOMACHI. Poétesse japonaise (834-880). Grande dame de la cour, elle était si belle et si talentueuse qu'elle apparut dans des légendes et des pièces de théâtre. En 922, lorsque des lettrés établirent, sur l'ordre de l'empereur Daigo, le *Koshinshu*, recueil des meilleurs poèmes parus depuis cent cinquante ans, elle y figura comme l'un des «six génies» de la poésie avec plusieurs de ses *tanka*.

OOSTERWYCK Maria Van. Voir VAN OOSTERWYCK Maria.

ORLOFF Chana (Chana Orlova, dite). Sculpteur. Française d'origine russe (Konstantinovka, Ukraine, 1888 - Tel-Aviv, 1968). Elle quitta la Russie en 1904 et se fixa à Paris en 1911 après un séjour à Jaffa. Elle fréquentait les artistes de Montparnasse et laissa des portraits de *Matisse*, *Picasso* et *Archipenko*. Si le sculpteur Joseph Bernard accompagna ses débuts, c'est au cubisme d'un Zadkine ou d'un Lipschitz que sont redevables sa *Madone* (1914) et sa *Maternité* (1916). Elle revint par la suite à une figuration moderniste comme en témoignent *La Dame à l'éventail* (1919) ou *L'Homme à la pipe* (1925). Travaillant toutes sortes de matériaux, le bois, la pierre, le cuivre, le ciment, le marbre, elle exposa régulièrement aux Indépendants et aux Tuileries. On lui doit les bustes de l'éditeur *Lucien Vogel*, du *Docteur Rank*, de *Mademoiselle Chase*. Pendant la guerre, Chana Orloff se réfugia en Suisse et s'essaya aux sujets animaliers en bronze. Elle rejoignit Israël où elle sculpta en 1950 une monumentale *Maternité* ainsi qu'un impressionnant *Combat de deux lions*. Ses œuvres à la grâce robuste figurent au musée d'Art moderne de Paris ainsi qu'à Grenoble et à Tel-Aviv. Chana Orloff avait acquis la nationalité française en 1926.

ORTIZ DE DOMINGUEZ Josefa. Patriote mexicaine (? - 1829). Elle prit part à la révolution mexicaine qui provoqua le départ des États-Unis en 1810, l'abdication de l'empereur Iturbide et la proclamation de la République par Santa Anna en 1823. Sa fougue et son courage lui valurent le surnom de « Corregidora de Queretaro ». Sa figure est restée très populaire au Mexique.

ORZESZKOWA Eliza. Romancière polonaise (Milkowszczyzna, Lituanie, 1841 - Grodno, Lituanie, 1910). Mariée à l'âge de dix-sept ans, son union fut malheureuse et elle divorça. Elle participa avec son ancien mari au soulèvement de 1863 contre la Russie; celui-ci fut exilé en Sibérie où il mourut, tandis qu'elle se réfugiait à Grodno avec ses enfants. Elle s'attacha à décrire la paysannerie sous un angle à la fois moralisateur et militant, tout en témoignant à ses personnages beaucoup de compassion: *Images des années de famine* (1866), *Le Rustre* (1887). Elle s'est également intéressée à la condition des Juifs dans *Eli Makower* (1874) et dans *Meir Ezofowicz* (1878); à celle des femmes dans *Martha* (1873). Ses romans ultérieurs, *Sur les bords du Niemen* (1888), surtout *Les Argonautes* (1899) et *Gloria Victis* (1910), marquent une évolution de son œuvre et de sa personnalité. Ces romans mettent en effet l'accent sur l'observation psychologique, tandis que le réalisme, caractéristique des premiers textes, passe à l'arrière-plan. En même temps apparaît un certain pessimisme sur l'évolution des conditions sociales. L'unité de cette œuvre tient aux idéaux de justice et d'égalité qu'Eliza Orzeszkowa n'a cessé d'incarner et de défendre pendant sa vie.

OSTERMEYER Micheline. Athlète française (née à Rang-du-Fliers, Pas-de-Calais, en 1922). Fille d'un ingénieur agronome et d'une mère professeur de piano, elle a remporté trois médailles olympiques en même temps. Cet exploit eut lieu lors des jeux Olympiques de Londres (1948) où elle obtint une médaille d'or au lancer du poids, établissant ainsi le record du monde, une médaille d'or au lancer du disque, une de bronze enfin au saut en hauteur. Sportive de haut niveau, Michèle Ostermeyer est aussi une excellente pianiste qui s'est produite avec succès dans plusieurs concerts.

OSTROUMOVA-LEBEDEVA Anna Petrovna. Peintre et graveur. Soviétique (Saint-Pétersbourg, 17 mai 1871 - Leningrad, 5 mai 1955). Elle suivit les cours d'Ilia Repin à l'Académie des arts de Saint-Pétersbourg de 1892 à 1900 et fit un court séjour à Paris où elle travailla avec James Whistler. Elle épousa en 1905 le chimiste S. Lebedev. Elle excellait dans la peinture de paysages et est à l'origine de la renaissance de la gravure russe aussi bien en couleur qu'en noir et blanc. Elle a laissé, entre autres, deux séries de gravures, *Saint-Pétersbourg* (1908-1910), *Pavlovsk* (1922-1923), et une d'aquarelles, *Les Chants de mars* (1922). Elle adopta ensuite les idéaux artistiques du régime soviétique et peignit des tableaux du plus pur réalisme. Elle a été décorée de l'ordre du Drapeau rouge du travail en 1946 et nommée membre de l'Académie des arts de l'URSS en 1949.

O'SULLIVAN Maureen. Actrice américaine (née à Boyle, Irlande, en 1911). D'origine irlandaise, elle partit pour Hollywood à l'âge de dix-huit ans et fut engagée par Frank Borzage en 1930 pour son film *Song O'My Heart* qui lui valut un contrat à la Fox. Ingénue, mais sachant tour à tour être innocente, capricieuse, voir irritante, elle tourna dans *Annie la batelière* (LeRoy, 1933) et dans *David Copperfield* (Cukor, 1935). Elle tint le rôle de Jane dans la série des *Tarzan* avec le champion de natation Johnny Weissmuller; elle fut sa partenaire dans six films, dont *Tarzan homme singe* (Van Dyke, 1932), *Tarzan et sa compagne* (Gibbons, 1934), *Tarzan trouve un fils* (Thorpe, 1939), *Tarzan à New York* (Thorpe, 1942), qui firent le tour du monde. Elle fut, en outre, la vedette de nombreux films entre 1930 et 1940. En 1936, elle épousa le cinéaste John Farrow pour lequel elle tourna deux films *La Grande Horloge* (1948) et *Où il y a du danger* (1950). Citons encore *L'Homme de l'Arizona* (Boetticher, 1957). Maureen O'Sullivan est la mère de sept enfants dont l'actrice Mia Farrow*, la compagne de Woody Allen. Il la fit jouer, à l'âge de soixante-quinze ans, dans l'un de ses films (*Hannah et ses sœurs*, 1986).

OSWALD Marianne, Sarah Alice Bloch, dite. Chanteuse française (Sarreguemines, 1901 - Paris, 1985). Chanteuse de cabaret à Berlin, elle se réfugia à Paris à l'avènement du IIIe Reich. L'expressionnisme allemand faisait son entrée sur la scène parisienne: c'est elle qui fit connaître les chansons de Kurt Weill et de Bertold Brecht, *La Fiancée du pirate*, *La Complainte de Mackie*. Fille étrange à la crinière flamboyante, son débit âpre et rude a choqué le bourgeois des années 30: on l'accusait d'être une artiste de la «déchéance». Mais elle connut une grande faveur auprès des intellectuels. Après des passages remarqués au Palace, à Bobino, à l'ABC, elle fut engagée en 1934 au Bœuf sur le toit, que fréquentait l'avant-garde des arts et des lettres. Elle fut la première interprète des poèmes de Jacques Prévert. Jean Cocteau écrivit pour elle *Anna la bonne* et *La Dame de Monte-Carlo* (1934), tandis qu'Arthur Honegger composait sa *Chanson des immigrants* et la *Chanson des quatre* (1937).

Marianne Oswald roda un style et un jeu de scène que Saint-Germain-des-Prés allait voir fleurir dix ans plus tard. Pendant la guerre, elle partit pour les États-Unis et ne renoua pas avec la chanson à son retour. Elle fit des apparitions au cinéma puis se consacra aux enfants. Elle écrivit des contes à leur intention, animant régulièrement des émissions de radio et de télévision.

OTERO Caroline (dite **La Belle Otero**). Actrice de variétés et courtisane espagnole (Fuente Valga, près de Barcelone, 1868 - Nice, 1965). Elle était la fille naturelle d'une gitane et d'un commerçant grec. Après une fugue à Lisbonne avec un garçon de vingt ans, elle s'installa à Barcelone et, à l'âge de quinze ans, elle épousa un baryton espagnol dont elle se sépara bientôt. À Paris, grâce à la protection de Gaston Calmette, le directeur du *Figaro*, elle fut engagée comme chanteuse à l'Eldorado en 1899 et se produisit dans un numéro de danse gitane au cirque d'Été. Jusqu'en 1892, elle fit partie d'une troupe de guitaristes et dansa d'abord aux États-Unis puis en Europe (Berlin, Vienne, Budapest, Bucarest, Saint-Pétersbourg, Moscou). À son retour à Paris en 1892, elle fut engagée aux Folies-Bergère.

Sa célébrité s'imposa bien davantage dans la galanterie même si elle poursuivit sa carrière d'artiste de variétés. Devenue une des reines du demi-monde de la Belle Époque, elle fut entretenue par les plus riches «protecteurs» d'Europe et elle compta parmi ses nombreux amants plusieurs têtes couronnées (le kaiser Guillaume II, Édouard VII d'Angleterre, Alphonse XIII d'Espagne, le tsar Nicolas II). Sur la scène, elle s'essaya à tous les genres. Elle fut une médiocre chanteuse, et son apparition dans Carmen (*Carmen*, Bizet) à l'Opéra-Comique en 1912 puis à Rouen, où elle ne chantait qu'un acte, ne fut pas convaincante. De même, elle rencontra fort peu de succès dans Tosca (*Tosca*, Puccini) qu'elle chanta à Nice la même année; à Bologne, elle fut sifflée. Piètre danseuse, elle fut en revanche une bonne mime et brilla à Paris dans plusieurs pantomimes comme *Rêve d'opium* (Franck, 1903) au théâtre des Mathurins ou *Nuit de Noël* (Berteyle, 1906) aux Bouffes-Parisiens. Pendant la Première Guerre mondiale, elle se produisit dans plusieurs spectacles de bienfaisance et quitta la scène en 1918, année où elle était apparue dans un film, *L'Automne de l'amour* (Righelli). Retirée à Nice, la passion du jeu la ruina et elle vécut solitaire ses dernières années dans une modeste chambre meublée. Elle mourut à l'âge de quatre-vingt-dix-sept ans.

RÉF. : Ch. Castle, *La Belle Otero*, Belfond, 1984.

OTTO-CRÉPIN Margrit. Cavalière française d'origine ouest-allemande (née à Quierschied, le 9 février 1945). Devenue française par son mariage en 1971, elle débuta sa carrière sportive en 1974. Conseillée par Jean de Ladoucette, elle sut s'imposer dans la discipline du dressage, encore peu connue et peu pratiquée en France à cette époque. Elle obtint de brillants résultats, devenant championne d'Europe (1987) et obtenant la première place au classement mondial de dressage (1987). Elle a remporté la médaille d'argent aux jeux Olympiques de Séoul (1988), devancée par l'Allemande de l'Ouest Nicole Uphoff et précédant la cavalière suisse Christine Stückelberger*.

OTTO-PETERS Luise. Féministe allemande (Meissen, 1819 - Leipzig, 1895). Elle fut l'une des premières Allemandes, avant la féministe Hélène Lange*, à lutter pour la libération de la femme. Son action s'exerça notamment en faveur de l'amélioration des conditions de travail des ouvrières; elle proposa un plan d'organisation du travail féminin au gouvernement qui attira l'attention sur elle. En

1865, elle fonda l'Association nationale des femmes allemandes dont l'activité fut intense et plaça sa fondatrice au tout premier plan des combattantes pour l'égalité de la femme en Allemagne.

OUDRY Brigitte. Navigatrice française (née en 1949). Elle est la première Française à avoir accompli le tour du monde à la voile en solitaire. Elle fut d'abord hôtesse de l'air aux Antilles avant de s'initier à la voile en Corse, comme skipper. Bien que mariée et mère d'une fille de quatre ans, elle décida de tenter le tour du monde en passant par le cap Horn. À bord d'un sloop de 10,45 mètres, nommé *Géa*, elle s'embarqua en janvier 1977. Son bateau se coucha le mât dans l'eau, dans l'océan Indien, au cours d'une tempête mais se redressa. Plus tard, elle fut projetée par une déferlante hors de son voilier et elle se crut perdue. Par miracle, le bateau dériva dans sa direction et elle parvint à remonter à bord. Avec un mât défaillant, ne dormant que deux heures par nuit, et après une lutte incessante de neuf jours, elle doubla le cap Horn dans un brouillard glacé et par des vents de 120 km/h, le 30 mars 1978. Elle devenait la deuxième femme cap-hornier en solitaire, après l'Australienne Noami James* qui avait franchi le cap Horn le 18 mars 1978. Brigitte Oudry arriva à La Rochelle le 28 août 1978, témoignant que la solitude avait été l'épreuve la plus dure de son aventure.

OULANOVA Galina Sergueïevna. Danseuse soviétique (née à Saint-Pétersbourg, le 8 janvier 1910). Fille de danseurs, elle travailla avec sa mère jusqu'en 1919 puis avec Agrippina Vaganova* à l'école de danse de Leningrad. Engagée en 1928 au Gatob (ancien Theâtre-Marie, devenu le Kirov en 1935), elle s'imposa dès l'année suivante dans les grands rôles du répertoire classique : Florina (*La Belle au bois dormant*, M. Petipa), Odette-Odile (*Le Lac des cygnes*, M. Petipa et Ivanov), comme dans des productions nouvelles : Maria (*La Fontaine de Bakhtchissaraï*, Zakharov) en 1933. En 1935, elle débuta au Bolchoï et s'illustra tout particulièrement dans les rôles de Diane (*Esmeralda*, Perrot), sur une chorégraphie de Vaganova, de Coralie (*Illusions perdues*, Zakharov) en 1936. En 1940, elle créa triomphalement Juliette (*Roméo et Juliette*, Lavroski). Évacuée pendant la guerre à Perm (Molotov) avec le ballet du Kirov, elle revint au Bolchoï en 1944 où elle créa le rôle de Tao Hoa dans la nouvelle version du *Pavot rouge* (Lavroski, 1945) puis celui de Katerina (*La Fleur de pierre*, Lavroski, 1954). Ce n'est qu'à partir de 1945 qu'elle se produisit sur les scènes des pays occidentaux : à Vienne d'abord, à Florence en 1951, à Londres en 1956, à Paris en 1958 et à New York en 1959.

Première grande ballerine du ballet soviétique, universellement reconnue, elle devint l'idole de tous les publics : elle avait le don d'éblouir son audience mais aussi d'émouvoir. Il est difficile de concevoir la popularité dont elle jouit dans son pays. La liste des honneurs officiels en donne la mesure : prix Staline en 1941, 1946, 1947 et 1950 ; prix Lénine en 1957, elle est héros du Travail et décorée de l'ordre de Lénine. Elle fut l'épouse de Zadiedsky et plus tard de Vadim Ryndim. À partir de 1959, elle espaça ses représentations pour des raisons de santé et fit ses adieux en 1962. Depuis, maîtresse de ballet au Bolchoï, elle préside de nombreux jurys, dont celui de Varna. Elle reste l'une des plus grandes figures de la danse. Le cinéma nous conserve ses inoubliables performances dans *Roméo et Juliette* (Arnštam, 1954) et dans *The Bolschoi Ballet* (Czinner, 1957), film tourné lors d'une représentation de la compagnie à Covent Garden, où Galina Oulanova interprète *La Mort du cygne* (Fokine). Elle a publié son autobiographie sous le titre *L'École d'une ballerine* (1954).

RÉF. : A. Kahn, *Days with Oulanova*, New York et Londres, 1962. B. Lvov Anokhine, *Galina Oulanova*, Paris, 1976.

OUM KALSOUM (Fātima Ibrāhïm, dite). Chanteuse égyptienne (Tamāy al-Zahīra, 1898 - Le Caire, 3 février 1975). Aucune chanteuse n'a atteint par la seule magie de sa voix et sa personnalité l'immense popularité d'Oum Kalsoum, et aucun peuple ne s'est identifié aussi étroitement, pendant près de quarante ans, à une artiste qui, lorsqu'elle chantait des poèmes d'amour, les transformait sur ses lèvres en hymnes à la patrie. «L'Étoile d'Orient», nom que les musulmans lui avaient donné, naquit dans un hameau perdu du delta du Nil. Fille de l'iman Ibrahim el-Beltagui et de Fatima Malagui, elle eut une enfance heureuse mais pauvre (on ne mangeait de la viande qu'une fois l'an). Dotée d'une voix merveilleuse, la jeune Oum Kalsoum, habillée sans apparat, chantait des sourates du Coran dans les fêtes religieuses. Elle fut bientôt connue sous le surnom de «Rossignol du Delta».

Le grand musicien Aboul Ala Mohamud la remarqua et la décida en 1923 à venir au Caire pour être son élève. Initiée au chant profane et à la poésie, Oum Kalsoum fit de rapides progrès : elle pouvait chanter cinq heures d'affilée, assise toute la soirée sur scène, et magnétisait son auditoire. Sa renommée grandit à travers le pays et elle entreprit une première tournée dans le monde arabe en 1932. Idole des Égyptiens, elle chanta pour le roi Farouk, pour la révolution en hommage à Nasser, pour lequel elle avait une grande admiration, et pour Sadate. Au cours de ses nombreux concerts à l'étranger, elle fut reçue comme une ambassadrice. Le roi Hassan II du Maroc salua son talent, l'émir Fayṣal la reçut princièrement et composa pour elle la chanson *Pour tes yeux, j'adore l'amour*. Elle triompha à Paris à l'Empire, et Maurice Chevalier déclara :« Je n'ai jamais vu d'artiste plus célèbre qu'elle. »

En 1950, elle fut atteinte d'un goitre évolutif et, après bien des hésitations, partit pour Washington se faire opérer par l'un des plus célèbres chirurgiens des États-Unis. Après deux interventions, elle revint guérie, ayant retrouvé toute l'ampleur de sa voix. Pendant sa maladie, la radio égyptienne diffusait tous les jours un bulletin de santé. Oum Kalsoum reprit ses tournées en Syrie, au Liban, en Tunisie, au Maroc, etc. Elle donnait deux concerts par mois en Égypte, animant à la radio, *La Voix du Caire*, tous les premiers jeudis du mois. Oum Kalsoum, qui s'était toujours opposée au mariage, épousa en 1953 son médecin Hassan Hafnaoui. En 1970, à Moscou où elle reçut un accueil triomphal, elle apprit la mort brutale de Nasser, ce qui la bouleversa car elle avait fondé de grands espoirs sur le «Raïs» pour le renouveau de l'Égypte. Elle venait d'offrir à son pays deux millions de dollars amassés en concert.

Au début de 1975, sa santé se dégrada brusquement : elle fut victime d'une violente crise rénale. Malgré les soins prodigués par son mari entouré d'un conseil de médecins, son état empira. La radio annonça que le président Sadate mettait un avion à sa disposition pour aller chercher n'importe où le meilleur spécialiste. Atteinte d'une hémorragie cérébrale, elle fut conduite d'urgence à l'hôpital Maadi. Le 3 février, le Premier ministre Higazi annonça lui-même à la radio la mort d'Oum Kalsoum : «Désormais nos nuits seront plus sombres. Elle est allée auprès de Dieu. Mme Oum Kalsoum est morte cette nuit à deux heures du matin.»

Lors de ses funérailles, auxquelles assistaient des délégations de tous les pays, une foule immense suivit le cortège, foule en délire qui s'empara de son cercueil et le promena à bras d'hommes à travers les rues du Caire en scandant: «On vient de Dieu, on retourne à lui.» Oum Kalsoum repose à la Cité des morts au Caire. Parmi les quelque deux cent quatre-vingts chansons de son répertoire, dont certaines duraient plus de trois heures, citons: *L'amoureux est trahi par ses yeux*, *Tu t'intéresses à d'autres que moi*, *Saad s'absente de l'Égypte*, *Laisse ces larmes pour mes yeux*, *Pourquoi me fais-tu souffrir?* *J'ai passé ma vie à être inquiète pour toi*, *La Voix de la patrie*, *Les Ruines*, *Rends-moi ma liberté*, *Tu es ma vie*, *L'amour nous a condamnés*, *Toi qui me fais veiller*. Presque tous ces titres étaient des poèmes d'Ahmed Rami mis en musique par Mohamed el Kasabgi. Ahmed eut toujours une adoration pour sa «muse» et exprima son amour et sa douleur dans ses textes. Kasabgi fut un ami fidèle pour Oum Kalsoum et la suivit toute sa vie. La grande chanteuse a tourné six films: *Wydad* (1935), *Nachid el Amal* (1934), *Danadir* (1940), *Aïda* (1942), *Sallama* (1945), et *Fatima* (1948), qui cependant n'ont rien ajouté à sa gloire.

RÉF.: Y. Saiah, *Oum Kalsoum*, Denoël, 1985.

OXFORD, lady. Anglaise (1772-1824). Mariée en 1794 à Edward Harley, comte d'Oxford, homme aussi disgracié de corps que d'esprit, lady Oxford, de ce mariage honteux arrangé par ses parents, prit plus d'une revanche. Selon André Maurois : « Ses enfants ressemblaient aux beaux amis de leur père. » Elle avait de l'esprit et de l'intelligence. Byron, la rencontrant en 1812, fut séduit. Le poète, invité en son château d'Eywood, y passa les mois d'octobre et de novembre 1812 puis de janvier 1813. Les deux amants vécurent comme des dieux « jouissant dans une paix profonde de leur immortalité ». Lady Oxford, sceptique et forte, à l'épicurisme hautain, avait quarante ans, « elle ressemblait à un paysage de Claude Lorrain, avec un soleil couchant, et sa beauté était relevée par l'idée qu'elle jetait ses derniers rayons mourants, dont le doux éclat l'entourait » (lady Blessington*). Les Oxford firent le projet d'un voyage en Sicile avec Byron mais, alarmé par sa famille, le mari devint jaloux. Sa femme le rassura, et les époux partirent seuls en croisière en juin 1813.

OZERAY Madeleine. Actrice française d'origine belge (Bouillon-sur-Semois, 1910-1989). Après des études au conservatoire de Bruxelles, elle débuta au théâtre du Parc puis vint à Paris où elle travailla avec Raymond Rouleau, remportant son premier succès dans le rôle de Lucie (*Le Mal de la jeunesse*, Brückner) en 1931. Mais c'est Louis Jouvet qui la révéla. Avec sa douceur, sa pureté, sa blondeur, elle incarna plusieurs héroïnes de Giraudoux: Tessa (*Tessa*) en 1934, Hélène (*La guerre de Troie n'aura pas lieu*) en 1935, Ondine (*Ondine*) en 1939. Elle obtint un succès comparable au cinéma, donnant à ses rôles beaucoup de force et de pathétique dans *Liliom* (Lang, 1934), *Crime et châtiment* (Chenal, 1935), *La Dame de pique* (Ozep, 1937), *La Fin du jour* (Duvivier, 1939). En 1941, elle suivit Jouvet dans sa tournée sud-américaine et interpréta notamment Marie (*L'Annonce faite à Marie*, Claudel). À partir de 1943, elle se sépara de Jouvet et joua seule des rôles variés comme la Muse (*Les Nuits*, Musset) ou Jeanne (*Le Mystère de la charité de Jeanne d'Arc*, Péguy). On la vit encore sur scène jusqu'au début des années 50, après qu'elle eut abandonné sa carrière cinématographique avec *L'École des femmes* (Ophuls, 1941). Elle a fait deux brèves réapparitions au cinéma dans *Le Vieux Fusil* (Enrico, 1975) et dans *Chère Inconnue* (Misrahi, 1980).

OZY Alice (Marie Justine Pilloy, dite). Actrice et courtisane française

(Paris, 1820 - *id.*, 1893). Elle était la fille d'un bijoutier de la rue Saint-Denis à Paris et la petite-fille, par sa mère, d'un maître de chapelle de Napoléon Ier. Ravissante, elle était déjà courtisée, encore adolescente, par tous les hommes qui l'approchaient. À dix-huit ans, elle prit pour amant le comédien Brindeau, qui la fit paraître sur la scène de la salle Chatereine. Six mois plus tard, elle fut engagée aux Variétés où elle obtint un triomphe en 1840 dans un vaudeville, *Les Enragés* (Dartois et Brasier). Marie Pilloy, qui avait pris le nom de Alice Ozy, fut remarquée par le jeune duc d'Aumale, un des fils de Louis-Philippe, qui lui déclara sa flamme. Ce fut le premier amour du duc, mais la volage Alice le remplaça bientôt par le richissime banquier de Louis-Philippe, Alphonse de Perrégaux, qui fut suivi par de nombreux soupirants, platoniques ou autres, parmi lesquels Théophile Gautier, le peintre Théodore Chassériau, Alexandre Dumas fils, le sculpteur Auguste Préault, le fils de Victor Hugo à qui elle écrivait, après quatre mois d'idylle, «qu'il lui portait sur les nerfs et qu'il l'embêtait».

À quarante-cinq ans, elle songea à la retraite et, redevenue Mme Pilloy, se retira, nantie d'une grosse fortune, dans un appartement du boulevard Haussmann où le duc d'Aumale, fidèle à l'idole de ses vingt ans, venait souvent la voir. Elle y recevait également de vieux amis dont Dumas fils avec qui elle s'était réconciliée. Alice Ozy a été immortalisée par *La Baigneuse endormie* de Chassériau (1850, Avignon, musée Calvet) qui fit d'elle, également, de nombreux portraits.

P

PADILLA María. Espagnole (Séville, v. 1337 - *id.*, 1361). Son père était un chevalier castillan de la région de Palencia. Elle devint la maîtresse du roi de Castille, Pierre le Cruel. Il était très épris d'elle et ne l'abandonna jamais. Trois jours après son mariage avec Blanche* de Bourbon en 1353, il quitta cette dernière pour aller rejoindre sa maîtresse, ce qui lui valut des remontrances très énergiques de la part du pape Innocent VI et un surcroît d'impopularité pour avoir fait enfermer sa femme. Le bruit courut que María Padilla aurait fait assassiner Blanche de Bourbon, ce qui est fort peu vraisemblable. À sa mort, le roi lui fit de somptueuses funérailles dans la cathédrale de Séville. Elle lui avait donné un fils, Alphonse, et trois filles. En 1362, Alphonse fut désigné comme l'héritier légitime de la couronne, en même temps que Pierre le Cruel négociait son mariage avec la fille de Pierre IV d'Aragon. L'année suivante, il obtint que les Cortes de Séville reconnaissent l'antériorité de son mariage avec María Padilla, donc la légitimité de son fils. Celui-ci mourut sur ces entrefaites. Les trois filles de María Padilla connurent des destins divers : Béatrice entra dans les ordres, Constance épousa le duc de Lancastre, Isabelle fut mariée au duc d'York.

PAGAVA Ethery. Danseuse française d'origine russe (Paris, 1931 - *id.*, 1988). Née de parents géorgiens vivant en France, elle suivit les cours de Lubov Egorova*. Le teint pâle et les yeux bridés, elle fit sensation à quatorze ans aux Ballets des Champs-Élysées dans le rôle de la Petite Acrobate (*Les Forains*, Petit) en 1945. Elle incarna ensuite Ganymède (*Les Amours de Jupiter*, Petit) en 1946. Engagée en 1947 dans la compagnie du marquis de Cuevas, elle interpréta *La Somnambule* (Balanchine) et *Roméo et Juliette* (Lifar). Elle poursuivit sa carrière en France et aux Pays-Bas où elle signa plusieurs chorégraphies.

PAGAVA Vera. Peintre. Russe (Tiglis, Géorgie, 1907 - Paris, 1988). Très douée pour le dessin, elle suivit les cours de l'École des arts décoratifs de Paris où elle était venue s'installer en 1923. Elle s'initia à la gravure mais se consacra rapidement et entièrement à la peinture. En 1943, elle exposa ses œuvres pour la première fois à la galerie Jeanne Bucher et participa dès 1950 aux Salons de mai et aux Surindépendants. Elle prit part également à de nombreuses expositions d'art français à Berlin, Copenhague, Stockholm et fit plusieurs expositions particulières très remarquées à Berlin et à Bruxelles. Vera Pagava fut toujours un peintre non figuratif, aussi son art évolua naturellement vers l'abstraction pure. Elle est l'auteur de grandes compositions aux formes simples, dont l'agencement savant et les couleurs assemblées avec un réel sens des valeurs lui ont assuré une grande notoriété dans le monde de la peinture. Plusieurs de ses œuvres figurent au musée d'Art moderne de Paris.

PAGE Geraldine. Actrice américaine (Kirkswille, Missouri, 22 novembre 1924 - New York, 13 juin 1987). Enfant, elle voulait être musicienne, mais fut attirée par le théâtre. Elle connut ses premiers succès après la guerre à Broadway où elle créa *L'Immoraliste* avec James Dean. Elle poursuivit une brillante carrière au théâtre et débuta à l'écran, incarnant l'émouvante veuve de Hondo dans *Hondo, l'homme du désert* (Farrow, 1952). Elle reprit au cinéma deux pièces de Tennessee Williams qu'elle avait interprétées précédemment sur scène: *Été et fumée* (Glenville, 1961) et *Doux Oiseau de jeunesse* (Brooks, 1962). Meilleure actrice de théâtre que de cinéma, elle n'en tourna pas moins avec de grands metteurs en scène: *Le Tumulte* (Hill, 1963), *Big Boy* (Coppola, 1963), *Les Proies* (Siegel, 1971), *Le Jour du fléau* (Schlessinger, 1974), *Intérieurs* (Allen, 1978), ce qui lui valut d'être sélectionnée plusieurs fois pour les oscars. Elle en obtint un en 1985, malgré la forte concurrence de Meryl Streep, pour son interprétation d'une vieille femme têtue et charmante dans *Mémoires du Texas* (Masterson). Ce rôle avait été joué trente ans plus tôt par Lillian Gish* sur une scène de Broadway dans la pièce originale de Horton Foote (*The Trip to Bountiful*). Geraldine Page avait épousé le violoniste Alfred Schneider.

PAGE Ruth. Chorégraphe et maîtresse de ballets américaine (Indianapolis, 22 mars 1905-1991). Formée par Yvan Clustine, Adolphe Bolm et Enrico Cecchetti, elle débuta en tournée avec Anna Pavlova*, en Amérique du Sud. On la vit dans *Birthday of Infanta* à Chicago (Bolm, 1919) et à Londres l'année suivante au Ballet Intime, compagnie de Bolm, avec qui elle dansa à Buenos Aires. Elle fut engagée aux Ballets russes de Serge de Diaghilev en 1925, au ballet du Metropolitan Opera de New York de 1926 à 1928. Elle créa le rôle de Terpsichore (première version d'*Apollon musagète*, Balanchine) à Washington en 1928, et participa à des tournées au Japon et en Union soviétique.

Devenue première danseuse et directrice du ballet de l'Opéra de Chicago (1929-1933), elle y revint jusqu'en 1937 pour composer ses premières chorégraphies. Ses récitals avec Harald Kreutzberg et Bentley Stone lui apportèrent la célébrité. La compagnie Page-Stone, fondée en 1938, signa de nombreuses créations. Appelée en 1951 à collaborer aux Ballets des Champs-Élysées, Ruth Page composa: *Impromptu au bois* et *Revanche*; *Vilia* fut créé en 1953 au London Festival Ballet. Elle dirigea l'International Ballet (1966-1969), devenu le Chicago Ballet en 1972. Ses œuvres sont puissantes et d'inspiration réaliste. Citons *La Guiablesse* (1933), où elle apparut seule parmi cinquante danseurs de couleur, *Suzanne and the Barber* (1955), *Camille* (1957), *La Chauve-Souris* (1958), *Carmen* (1959), *Bullets and Bonbons* (1965), *Carmina Burana* (1966), *Alice in the Garden* (1970). Elle est considérée comme l'une des personnalités les plus dynamiques du ballet américain et a reçu le Dance Magazine Award en 1980.

PAGLIGHI Lina. Soprano américaine d'origine italienne (Brooklyn, 27 mai 1907 - Forli, 2 octobre 1980). Enfant prodige, elle fut remarquée par Luisa Tetrazzini* qui la fit travailler. Elle avait quinze ans lorsque ses parents décidèrent de retourner vivre en Italie. Elle devint l'élève de Manlio Bavagnoli à Milan et, en 1927, elle débuta au Teatro Nazionale de Milan dans le rôle de Gilda (*Rigoletto*, Verdi). Son succès fut immense au point qu'elle fut choisie par la maison de disques La Voix de son maître pour graver ce rôle aux côtés du baryton Giovani Battista Piazza. Elle se produisit sur toutes les grandes scènes lyriques italiennes. En 1930, elle entra à la Scala où elle resta jusqu'en 1947 ; elle chanta à Parme, Venise, Florence, tout en déployant une activité intense à la radio.

Sans renoncer à son répertoire de Bellini et de Donizetti, elle aborda des rôles très variés, Lakmé (*Lakmé*, Delibes), la Reine de la Nuit (*La Flûte enchantée*, Mozart), Sinaïde (*Moïse*, Rossini) en même temps qu'elle se consacrait aux reprises d'ouvrages rares et aux créations d'œuvres de Lorenzo Perosi ou de Richard Strauss. Mais elle ne fit pas beaucoup carrière à l'étranger : on la vit seulement à Monte-Carlo en 1931, en Australie en 1932 et à Londres en 1938. En 1956, elle quitta la scène et se consacra à l'enseignement. Elle était l'épouse du ténor Primo Montanari.

PAÏVA la, née Thérèse Lachmann (marquise Aranjo de Païva, dite). Aventurière d'origine russe (Moscou, 7 mai 1819 - château de Leucken, Silésie, 21 janvier 1884). Fille d'un revendeur de vêtements, elle passa son enfance dans un ghetto de Moscou. Toute jeune, elle épousa un tailleur français émigré du nom de Villoing, qui lui donna un fils. Ambitieuse, aspirant à une existence moins misérable, elle se lança dans une vie d'aventures, qui la conduisirent à Constantinople, Vienne et Paris. Elle eut à cette époque une fille du pianiste Henri Herz, amant fortuné qu'elle avait rencontré à Ems et qu'elle quitta quelques années plus tard après l'avoir ruiné. En 1851, la mort de Villoing lui permit d'épouser un marquis portugais, Albino Francisco de Païva y Aranjo. Elle abandonna vite ce mari qui n'était pas assez riche pour « faire carrière ».

En 1855, elle rencontra le comte Guido Henckel de Donnersmarck, richissime industriel allemand, qui l'entretint royalement. Elle se fit construire un hôtel particulier, 25, avenue des Champs-Élysées, dont l'aménagement et la décoration s'étalèrent sur dix ans. L'escalier en onyx sculpté et mouluré, le lit sculpté par Dalou et peint par Baudry — il coûta la somme faramineuse de cent mille francs or — en étaient les principaux ornements et firent beaucoup jaser. La Païva dirigeait elle-même les travaux et allait se reposer au château de Pontchartrain que son mari lui avait acheté. Elle eut son équipage, sa loge aux Italiens et tint un salon dont les Goncourt dirent qu'il rivalisait avec celui de la princesse Mathilde (Mathilde Bonaparte*). Le couple quitta Paris lorsque la guerre de 1870 éclata mais y revint dès le mois de septembre 1871. Après de nombreuses démarches, Guido de Donnersmarck obtint enfin l'annulation du deuxième mariage de sa maîtresse, de sorte qu'ils se marièrent à Paris le 28 octobre 1871. Ils y vécurent jusqu'en 1883, contrairement à une légende affirmant qu'ils auraient été expulsés de France pour espionnage. La Païva, malade, s'installa au château de Leucken en Silésie, où elle mourut d'une attaque cérébrale moins d'un an plus tard.

RÉF. : J. Alexandre-Debray, *La Païva*, Perrin, 1986; G. Delaisement, *Bel Amie*, François-Bourin, 1989.

PAKHOMOVA Ludmila. Patineuse soviétique (1946-1986). Avec son partenaire Alexandre Gorshkov, elle fut six fois championne du monde de danse en couple, en 1970, 1971, 1972, 1973, 1974 et 1976. Sa grâce, l'élégance et la technique éblouissante de ce couple parfait leur valaient des triomphes à chacune de leurs prestations.

PALATINE, princesse. Voir CHARLOTTE-ÉLISABETH DE BAVIÈRE.

PALLADINO Eusapia. Médium. Italienne (Minervo-Murges, 1854 - Naples, 1918). Cette fille de paysans des Abruzzes faisait bouger sans les toucher des objets — lévitation de table — elle déchargeait à distance des électroscopes, provoquant des étincelles. Ces phénomènes paranormaux à effets physiques furent inexplicables sur le plan scientifique. Pourtant de 1891 à 1910, de grands savants se penchèrent sur son cas, comme Lombroso, Richet, Bergson, Branly, les Curie, Gramont, Arsonval. Elle fut le centre de vives polémiques : pour ou contre dans ce domaine la preuve revient aux adeptes.

PAMPHILI Olympia, née Maidalchini. Italienne (Viterbe, 1594 - Rome, 1657). Mère de trois enfants, elle trompa son mari avec le frère de celui-ci, Giambattista Pamphili, alors nonce d'Espagne, qui devint cardinal en 1629. Devenue veuve, elle intrigua pour que Giambattista fût élu pape. Il accéda effectivement au trône de saint Pierre à la mort d'Urbain VIII, en 1644, sous le nom d'Innocent X, mais resta entièrement soumis à Olympia que l'on appelait « la papesse Olympia », lui abandonnant la gestion des finances pontificales. Intrigante et vénale, elle vendait grâces, dispenses et charges au plus offrant et amassa une immense fortune. Elle obtint également l'élévation de son fils Camille au cardinalat. La mort d'Innocent X, en 1655, mit un terme à son « règne ». Elle fut aussitôt bannie à vie par le nouveau pape Alexandre VII et mourut, dit-on, de la peste.

PANDIT Vijaya Lakshmī. Femme politique indienne (née à Svarūp Kumārī Nehru en 1900). Épouse de l'historien Ranjit Sitaram Pandit (1921), elle prit une part active à la vaste campagne de désobéissance civile menée par les Indiens contre l'Angleterre, campagne inaugurée par le mahātmā Gāndhī et poursuivie par Nehru, son frère. Elle connut à plusieurs reprises la prison pour actions subversives. Après avoir occupé le poste de ministre de la Santé du gouvernement de l'État de l'Uttar-Pradesh, elle fut nommée, après la libération de l'Inde, à la tête de la délégation indienne à l'ONU. En 1948, elle participa comme représentante de l'Inde à la conférence de la Paix qui se tint à l'ONU. Vijaya Lakshmí Pandit occupa ensuite le poste de haut-commissaire pour l'Inde à Londres et fut nommée ambassadrice en Union soviétique de 1947 à 1949, puis aux États-Unis de 1953 à 1954.

PANKHURST Emmeline, née Goulden. Femme politique anglaise (Manchester, 1858 - Londres, 1928). Élevée dans une famille aux idées libérales, elle fit de solides études à Manchester et à Paris avant de travailler comme officier de l'état civil. En 1879, elle épousa l'avocat féministe Richard Pankhurst. Elle rejoignit les rangs des suffragettes, tout en militant activement pour le parti travailliste indépendant. Veuve en 1898, elle poursuivit son action en compagnie de ses deux filles, Christabel (1880-1958) et Sylvia (1882-1960). Elle fonda en 1903 l'Union féminine sociale et politique, qui regroupait des femmes de toutes les classes de la société sous le mot d'ordre *Votes for Women*. Réagissant contre l'inertie du gouvernement, le mouvement eut recours à des méthodes spectaculaires : bris de vitrines, incendies, attentats, confrontations violentes avec les forces de police. Emprisonnée à plusieurs reprises, Emmeline Pankhurst fit en 1913 une grève de la faim et se défendit seule, à bout de forces, devant les magistrats. La Première Guerre mondiale la vit partir pour les États-Unis faire de la propagande en faveur des Alliés. À son retour en 1918, le droit de vote et l'éligibilité étaient accordés aux femmes anglaises de plus de trente ans. Ainsi, l'ardente suffragette voyait triompher les idées qu'elle avait défendues avec tant de passion et d'audace. Emmeline Pankhurst a laissé son autobiographie, *My Own Story* (1914). Elle mourut en 1928, l'année de l'amendement qui ramenait à vingt et un ans l'âge du droit de vote féminin.

PANKRATOVA Anna Mikaïlovna. Historienne soviétique (Odessa, 16 février 1897 - Moscou, 25 mai 1957). D'origine ouvrière, elle fit ses études à l'université d'Odessa dont elle sortit diplômée en 1917. Pendant la révolution d'Octobre, elle combattit du côté bolchevique et adhéra au parti communiste en 1919. Elle entama ensuite une brillante carrière universitaire, enseignant dans plusieurs universités (Leningrad, Moscou et Saratov). Elle fut nommée en 1939 à l'Institut historique de l'Académie des sciences et, après la guerre, elle occupa de hautes fonctions politiques comme député du Soviet suprême, membre du Présidium du Soviet suprême et membre du comité central du parti communiste. Elle s'était spécialisée dans l'histoire du mouvement ouvrier tant en Union soviétique qu'en Europe de l'Ouest. Son œuvre, non traduite, est très abondante. Elle a également dirigé une collection d'ouvrages scolaires.

PANOVA Vera Fedorovna. Romancière soviétique (Rostov-sur-le-Don, 1905 - Leningrad, 1976). Autodidacte, elle devint journaliste à dix-sept ans dans sa ville natale. En 1933, elle donna sa première pièce de théâtre et en écrivit d'autres par la suite. Pendant la guerre, elle fut attachée au journal de Molotov dans l'Oural puis envoyée en reportage dans un train sanitaire. Le récit qu'elle en rapporta, *Les Compagnons* (1946), la rendit célèbre et lui valut en 1947 le prix d'État. D'autres romans et nouvelles suivirent : *La Tourmente* (1947), *Le Clair Rivage* (1949), *Les Saisons* (1953). Elle y révèle un authentique talent de narrateur, même si ses œuvres ont franchi les frontières surtout en raison de leur valeur documentaire. Pour ses trois enfants, elle écrivit l'histoire d'un petit garçon, *Serioja* (1955), et poursuivit dans cette voie avec *Valia, Volodia*, etc. Sa dernière œuvre, *Un roman sentimental* (1954), fait revivre la jeunesse révolutionnaire des années 20. En 1954, le Congrès des écrivains l'a élue à la présidence collective de l'Union des écrivains soviétiques.

PANTHÈS Marie. Pianiste française (Odessa, 1881 - Genève, 1954). Musicienne précoce, elle remporta, à peine âgée de quinze ans, un premier prix de piano au Conservatoire de Paris. Elle entreprit ensuite de nombreuses tournées avec le violoniste Alexandre Petschnikoff, remportant avec lui des succès mérités. Nommée en 1910 professeur au conservatoire de Genève, ses cours ont attiré des centaines d'élèves qui ont tous fait honneur à leur professeur.

PAPADAT-BENGESCU Hortensia. Écrivain. Roumaine (Izvesti, Moldavie, 1876 - Bucarest, 1955). Mariée à un magistrat, elle le suivit dans ses pérégrinations à travers le pays et ne put poursuivre à Paris les études qu'elle aurait souhaitées. C'est en français qu'elle publia ses premiers articles et, plus tard, des poèmes. Fidèle du cénacle et de la revue *Le Sylphe*, animés à Bucarest par le critique Eugène Lovinescu, elle est l'auteur de pièces de théâtre et de romans ; elle y développe l'analyse psychologique des relations conventionnelles que la bourgeoisie impose à l'individu, procédant à une véritable dissection des corps et des âmes. Parmi ses romans, citons *Les Vierges échevelées* (1926), *Concert de musique de Bach* (1927), *La Route secrète* (1932), *Racines* (1938) qui tous quatre suivent la destinée d'une famille bourgeoise, ainsi que *Le Fiancé* (1935).

PAPE-CARPENTIER Marie. Pédagogue française (La Flèche, 1815-Villiers-le-Bel, Seine-et-Oise, 1878). Très jeune encore, elle fut une aide précieuse pour l'organisation d'une école maternelle. Son action fut reconnue par le corps enseignant, car on lui confia la direction de l'École normale maternelle fondée à Paris en 1848; elle fut ensuite nommée inspectrice générale des salles d'asile, dans lesquelles l'image occupait une place prépondérante dans l'enseignement des jeunes enfants. Marie Pape-Carpentier a publié plusieurs ouvrages, dont *Enseignement pratique dans les écoles maternelles* (1849), *Histoires et leçons de choses pour les enfants* (1858), *Enseignement par les yeux* (1869-1875), *Cours d'éducation primaire* (1869-1875).

PAPPENHEIM Bertha (dite **ANNA O**). Autrichienne (1859-1936). Depuis la mort de son père, elle souffrait de troubles hystériques et, à partir de 1880, elle fut soignée par Joseph Breuer qu'elle entretenait de ses fantasmes et de ses hallucinations. Ses séances régulières, parfois menées sous hypnose, finirent par porter leurs fruits. Son cas fut présenté par Breuer et Freud dans leurs *Études sur l'hystérie* (1895). Sous le pseudonyme d'Anna O, Bertha Pappenheim est considérée comme la première patiente de l'histoire de la psychanalyse. Guérie, elle s'occupa des droits de la femme et de l'enfant, et lutta contre la traite des Blanches. Elle fut également une des plus illustres figures du féminisme européen. Elle fonda en 1904 la Fédération des droits des femmes juives qu'elle présida. Tout comme Juliette Adam*, elle cherchait à changer les mentalités dans le domaine de l'éthique sociale. Elle a publié de nombreux livres et articles.

RÉF. : L. Freeman, *L'Histoire d'Anna O*, PUF, 1977.

PARABÈRE Marie-Madeleine, née de La Vieuville, comtesse **de**. Française (1693-1750). Elle épousa en 1711 César de Baudéan, comte de Parabère, et devint dame d'atour de la duchesse de Berry*, la fille aînée de Philippe d'Orléans. Elle fut la maîtresse officielle de ce dernier en 1715 lorsqu'il devint Régent et perdit son mari l'année suivante. Elle partagea les orgies du Régent avec ses compagnons, ceux qu'on appelait les « Roués », et eut des liaisons avec certains d'entre eux comme M. de Nocé. C'est par l'intermédiaire de celui-ci qu'elle fit la connaissance de Law grâce auquel elle s'enrichit d'une manière scandaleuse. C'était une femme peu recommandable, reine des petits soupers au Palais-Royal, amie de la marquise de Prie* avec laquelle elle aimait s'encanailler dans des établissements du quartier du Temple. Surnommée « le gigot » ou « le petit corbeau noir », elle fut renvoyée en 1721 dans son château de Beauran pour laisser la place à une nouvelle favorite, Mme Ferrand d'Averne. Elle ne changea pas pour autant, et son dernier amant connu fut le duc d'Antin.

PARADIS Marie. Française (XVIIIe-XIXe siècle). Elle doit sa célébrité à l'ascension du mont Blanc qu'elle fit en 1808, devenant la première femme à réussir cet exploit. Servante dans une auberge de Chamonix, elle se laissa tenter par des guides de ses amis, qui la persuadèrent, peut-être contre son gré, de tenter cette ascension. On ne sait si elle avait revêtu des habits d'homme, car les amples jupes de l'époque ne devaient pas faciliter la marche dans la neige. Quoi qu'il en soit la petite caravane atteignit le Grand Plateau, mais à partir de là les guides durent la pousser ou la tirer jusqu'au sommet. À son retour, Marie Paradis, complètement hébétée, ne se souvint pas des impressions qu'aurait dû lui laisser cette « victoire ». « J'ai failli mourir plusieurs fois » : c'est à peu près tout ce qu'elle dira. Il fallut attendre trente ans, en 1838, pour qu'une alpiniste, une vraie, gravisse le mont Blanc. C'était Henriette d'Angeville*.

PARADIS Marie-Thérèse von. Pianiste autrichienne (Vienne, 15 mai 1759 - *id.*, 1er février 1824). Remarquablement douée, élève de Léopold Kozeluch, elle devint une pianiste célèbre, bien qu'elle fût aveugle depuis son plus jeune âge. Elle interprétait magistralement le *Concerto en si bémol majeur* (Mozart), que le compositeur, qu'elle avait rencontré à Salzbourg au mois de mai 1783, lui avait dédié. Elle se produisit à Francfort et à Coblence, avant de séjourner à Paris de mars à octobre 1784: elle y donna quatorze représentations dans le cadre du Concert spirituel. Elle joua par la suite à Londres, regagna Vienne en 1786 et cessa ses tournées pour composer. Utilisant une notation pour aveugles, elle a composé un mélodrame, *Ariane et Bacchus* (1791), un opéra-comique, *Renaud et Alcinte* (1797) dont la partition a été perdue, des cantates, des lieder et de nombreuses pièces pour piano. Elle était appréciée pour la fluidité de son jeu et une mémoire exceptionnelle. Son œuvre vocale est très influencée par celle d'Antonio Salieri qui lui avait dédicacé un concerto pour orgues en 1775.

PARDO-BAZAN Emilia. Femme de lettres espagnole (La Corogne, 1852 - Madrid, 1921). Fille unique du comte Pardo-Bazan, c'est dans la bibliothèque de son père qu'elle se forma pour devenir la plus éminente intellectuelle de l'Espagne de son temps. Son père, élu aux Cortes, s'installa à Madrid en 1869. Là, cette enfant précoce noua ses premiers contacts avec la vie littéraire de l'époque et s'enthousiasma pour le théâtre. C'est là aussi qu'elle épousa à dix-huit ans don José Quiroga. De 1891 à 1893, elle fonda et dirigea seule une revue théâtrale, *Nuevo teatro crítico*. Entre-temps, des voyages en France et en Angleterre, où elle était acclamée comme conférencière, lui permirent de découvrir les modes littéraires européennes ; elle s'intéressa surtout au naturalisme français dont elle soutint le développement en Espagne, tout en le tempérant par un christianisme à la Tolstoï.

Elle défendit ses idées dans plusieurs essais, notamment dans *La Cuestión palpitante* (1883), qui traite des problèmes du naturalisme et du réalisme, et qui lui valut une polémique acerbe avec l'écrivain Juan Valera. Très prolixe, elle écrivit plus de soixante romans entre 1879 et 1908, dont son chef-d'œuvre, *Le Château de Ulloa* (1886). D'une activité inlassable, la comtesse de Pardo-Bazan mena parallèlement une brillante carrière académique: d'abord conseillère de l'Instruction publique, elle occupa ensuite à l'université de Madrid la chaire de littérature comparée (1916), spécialement créée pour elle en dépit de l'antiféminisme avoué du corps enseignant. Elle échoua cependant dans ses tentatives pour entrer à l'Académie, elle aussi interdite aux femmes. Dans les quarante-trois volumes de ses œuvres complètes, elle laisse aussi bon nombre d'études critiques sur la littérature espagnole du XVIIIe siècle ou celle de ses contemporains. Elle s'est intéressée également aux lettres françaises modernes et à certaines figures historiques comme François d'Assise, ainsi qu'à la littérature russe, ce qui ne l'empêcha pas d'être poète à ses heures et même d'écrire pour le théâtre.

PARENT Hortense. Pianiste française (Londres, 1837 - Paris, 1929). Brillante pianiste, élève du Conservatoire de Paris, elle doit surtout sa renommée aux excellents ouvrages qu'elle a publiés sur le piano: *L'Étude du piano, manuel de l'élève, conseils pratiques* (1888), *De la lecture musicale appliquée au piano*

(3 vol., 1890) et un *Répertoire encyclopédique du piano* (2 vol., 1901-1907).

PARLOW Kathleen. Violoniste canadienne (Calgary, 20 septembre 1890 - Oakville, Ontario, 19 août 1963). Élève de Henry Holmes à San Francisco et plus tard de Leopold von Auer à Saint-Pétersbourg, elle fut considérée comme une enfant prodige, se produisant en public à peine âgée de sept ans. À quinze ans, elle joua en soliste avec l'Orchestre symphonique de Londres et poursuivit ses tournées dans toute l'Europe, en Asie et aux États-Unis, remportant des succès éclatants. Kathleen Parlow fut également un remarquable pédagogue.

PARRA Anna-Teresa Sojo de la. Romancière vénézuélienne (Paris v. 1895 - Madrid, 1936). Descendante d'une illustre famille vénézuélienne, elle est considérée, bien qu'ayant presque toujours vécu à l'étranger, comme l'une des plus importantes figures du roman au Venezuela. *El Diario de una senorita que se fastidia* (1924) est l'une des meilleures œuvres sud-américaines. On retrouve la même sincérité et la même délicatesse dans *Memorias de mama blanca* (1929).

PARTHENAY Catherine de. Femme de lettres française (château de Parc-Soubise, Vendée, 22 mars 1554 - *id.*, 26 octobre 1631). Elle était la fille de Jean L'Archevêque de Partenay, seigneur de Soubise. Élève de François Viète, inventeur de l'algèbre moderne qu'elle encouragea dans ses recherches, c'était une femme de grande érudition. Elle maîtrisait parfaitement l'hébreu et le grec et traduisait Socrate. En 1565, elle épousa Charles de Quellenec, baron Du Pont. Elle demanda la dissolution de cette union pour cause d'impuissance; elle était en procès lorsque son mari fut tué lors du massacre de la Saint-Barthélemy en 1572. Elle se remaria en 1575 avec René II, vicomte de Rohan, dont elle eut deux fils, les ducs Henri de Rohan et Benjamin de Soubise, et trois filles, Henriette, Catherine et Anne. De nouveau veuve (1586), elle s'occupa de l'éducation de ses enfants. Calviniste convaincue, elle s'enferma avec sa fille Anne dans La Rochelle lors du deuxième siège de la ville en 1627. Elle fut l'âme de la résistance et poussa les Rochelais à traiter avec l'Angleterre. Enfermées sur ordre de Richelieu dans les sombres cachots du château de Niort, les deux femmes subirent ensemble une longue et pénible captivité. Catherine de Parthenay a beaucoup écrit pendant sa vie: une pièce, *Holopherne*, qu'elle fit représenter pendant le premier siège de La Rochelle (1573), une *Élégie* sur la mort de son mari, une traduction des *Préceptes* d'Isocrate. La seule œuvre que l'on ait conservée d'elle est son *Apologie pour le roi Henri IV*, qui est en réalité une satire.

PASCAL Gilberte. Voir PÉRIER Gilberte.

PASCAL Jacqueline. Religieuse française (Clermont-Ferrand, 1625 - Paris, 1661). Sœur cadette de Blaise Pascal et de Gilberte Périer*, elle se signala par la précocité de ses dons artistiques. Elle faisait des vers à huit ans et écrivit une comédie à l'âge de onze ans. Dès 1646, son frère l'amena au jansénisme. Elle voulut entrer en religion, mais son père s'y opposa. Après la mort de ce dernier, elle entra à Port-Royal des Champs comme religieuse (1652) sous le nom de sœur Euphémie. Elle prit énergiquement la défense du monastère attaqué par le pouvoir et les jésuites. Elle a laissé quelques lettres et des écrits divers.

RÉF.: F. Mauriac, *Blaise Pascal et sa sœur Jacqueline*, Paris, 1934.

PASIONARIA la (Dolores Ibarruri Gomez, dite). Femme politique espagnole (Gallarte, près de Bilbao, 1895 - Madrid, 1989). Huitième d'une famille de onze enfants, elle vit le jour dans un village de mineurs du Pays basque. Le soir, après le travail, les ouvriers se réunissaient autour de la table familiale pour discuter, plaisanter ou pleurer misère. Elle se plaça très jeune comme couturière puis domestique et rencontra un jeune mineur, le militant socialiste Julian Ruiz Gabina, incarcéré au cours de la grève générale de 1916. De son mariage l'année suivante datent ses débuts de journaliste : elle signait « Pasionaria » ses articles pour *Le Mineur de Biscaye*. Rejoignant le parti communiste, créé en 1920, elle vit mourir deux de ses filles et partit pour Madrid collaborer au *Monde ouvrier*.

Mais c'est l'éloquence et la voix enflammée de cette femme au visage grave, toute vêtue de noir, qui la rendirent célèbre. Elle prononça son premier grand discours à Bilbao, le 1er mai 1931. Séparée de son mari, elle envoya ses deux enfants, Reuben et Amaya, étudier en URSS. Elle consacra toute son énergie à la lutte politique, voyageant par tout le pays, multipliant les allocutions radiophoniques. Élue député des Asturies lors de la victoire du Front populaire en 1936, elle dut bientôt faire face à la rébellion phalangiste dirigée par le général Franco. La guerre d'Espagne en fit le vivant symbole de la résistance au fascisme : des dizaines de milliers de partisans répétèrent après elle le cri de « *No pasaran !* ». Après s'être heurtée à l'inertie du gouvernement de Léon Blum, Dolores Ibarruri se battit avec acharnement aux côtés des Brigades internationales. Après la victoire de Franco et de l'armée allemande, la Pasionaria dut quitter l'Espagne. Elle partit pour l'URSS le 6 mars 1939, où elle continua la lutte comme secrétaire générale puis présidente du Parti communiste espagnol. Elle fut parmi les derniers exilés à rentrer après l'avènement du roi Juan Carlos : elle revint en 1977 et s'installa à Madrid où, le 15 juin, elle fut élue député des Asturies. Des problèmes cardiaques l'obligèrent à réduire ses activités, et elle n'eut plus d'influence sur la vie politique du pays.

PASTA Giuditta, née Negri. Soprano italienne (Saronno, près de Milan, 28 octobre 1797 - Blevio, lac de Côme, 1er avril 1865). Fille de médecin, elle entra à quinze ans au conservatoire de Milan où elle fut l'élève de Giuseppe Scapa. Deux ans plus tard, elle débutait en province. C'est pendant ces tournées qu'elle rencontra le jeune avocat et ténor, Giuseppe Pasta, qu'elle épousa. Engagée en 1816 par Angelica Catalani* aux Italiens de Paris, elle se fit remarquer par son interprétation de Donna Elvira (*Don Juan*, Mozart) et de Juliette (*Roméo et Juliette*, Zingarelli). En janvier 1817, elle parut au King's Theatre de Londres où elle triompha, entre autres, dans les rôles de Chérubin (*Les Noces de Figaro*, Mozart), Despina (*Così fan tutte*, Mozart) et Servilia (*La Clémence de Titus*, Mozart). Puis elle quitta la scène pendant un an pour élever sa fille Clelia avant de se produire dans les grandes villes italiennes. Réengagée au Théâtre-Italien de Paris, elle y créa en 1821 Desdémone (*Otello*, Rossini) aux côtés de Manuel Garcia (le père de la Malibran* et de Pauline Viardot*). Pendant cinq ans, elle y fut l'interprète privilégiée de Rossini : *Tancrède*, *Moïse en Égypte*, *Sémiramis*, *Élisabeth, reine d'Angleterre*, mais chanta également des œuvres de Mozart, Mayr, Paer, Mercadente, Paisiello. Elle retourna à Londres en 1824, où, dirigée par Rossini lui-même, elle incarna Desdémone (*Otello*) et Sémiramis (*Sémiramis*, Rossini). Elle créa également *Le Voyage à Reims* (Rossini) à Paris en 1825 et *Zelmira* (Rossini) en 1826. Cette même année, elle revint à Naples interpréter *Niobé* (Pacini), opéra composé pour elle.

En 1827 et 1828, elle reparut à Londres et se fit applaudir à Vienne en 1829 et 1830. En décembre de la même année, elle créa, au Carcano de Milan, Anne Boleyn (*Anne Boleyn*, Donizetti), un rôle conçu pour elle, puis, en mars 1831, *La Somnambule* (Bellini), le rôle d'Amine ayant été créé pour elle, enfin Norma (*Norma*, Bellini) à la Scala au mois de décembre. La distribution était éblouissante : Giulia Grisi* dans le rôle d'Adalgisa, le ténor Donzelli dans celui de Pollione et la basse Negrini dans Orovèse. « L'œuvre surprit le premier soir et La Pasta, terrifiée, ne fut point parfaite », dira un critique... mais, dès le lendemain, elle se reprit. Elle chanta le rôle trente-quatre fois durant cette saison devant des salles délirant d'enthousiasme. Belle, considérée comme la plus grande soprano de son temps, douée d'un immense talent de comédienne et d'une inégalable intensité dramatique, Giuditta Pasta créa encore en 1833, à la Fenice de Venise, *Beatrice de Tende* (Bellini) puis, en 1834, *Fausta* (Donizetti) et *Emma d'Antioche* (Mercadante). À partir de 1835, sa carrière se ralentit, sa voix étant fatiguée à force de chanter des rôles de contralto alors qu'elle était mezzo-soprano. Riche, respectée, elle fit, en compagnie de sa fille Clelia, des séjours de plus en plus longs dans sa villa des bords du lac de Côme. Elle y recevait la haute société italienne et étrangère et avait pour voisine et amie Maria Taglioni*.

RÉF. : Stendhal, *Madame Pasta, vie de Rossini*, Paris, 1824. M. Ferranti-Giulini, *Giuditta Pasta e i suoi tempi*, Milan, 1935.

PASTEUR Marie, née Laurent. Française (1826 - Paris, 1910). À vingt-six ans, Louis Pasteur fut nommé professeur suppléant de chimie à l'université de Strasbourg où il rencontra Marie Laurent, la fille du recteur. Quinze jours plus tard, il la demandait en mariage. Elle fut pour lui une compagne idéale qui ne cessa de l'aider dans son travail. Ils eurent cinq enfants dont trois moururent en bas âge. Dévouée jusqu'au renoncement, Marie Pasteur témoigna à son mari une compréhension de chaque instant et une foi magnifique. Elle s'initia à ses recherches afin qu'il pût discuter avec elle et le soutint lorsqu'il aborda ses grands travaux sur la rage. Après sa mort en 1895, elle continua à vivre à l'Institut Pasteur et, chaque matin, descendait dans la crypte où repose le corps de son mari. Elle est enterrée à ses côtés.

PATACHOU (Henriette Eugénie Ragon, dite). Chanteuse française (née à Paris en 1918). Avant de chanter des refrains populaires à Montmartre où elle coupait les cravates de ses auditeurs, elle fut dactylo, marchande de chaussures, antiquaire et vendit de la pâtisserie à la place du Tertre d'où son pseudonyme de Patachou. Elle ouvrit un cabaret restaurant en 1948 et fut découverte par Maurice Chevalier qui la conseilla. Patachou fit ses véritables débuts à Bobino et à l'ABC en 1950. Intelligente et intuitive, elle interprétait ses chansons de sa voix un peu voilée et captivante avec une diction parfaite empreinte de sensibilité et d'humour. *Bal chez Temporel*, *La Bague à Jules*, *Le Tapin tranquille*, *Toutes les femmes de mon mari*, *Vive les hommes*, *Borsalino* lui valurent des triomphes à la Tête de l'Art, aux Variétés, au théâtre Fontaine, etc., et lors des tournées qu'elle entreprit dans le monde entier, notamment aux États-Unis, au Japon et en Europe. Patachou a tourné dans plusieurs films dont *French Cancan* (Renoir, 1954) et *Faubourg Saint-Martin* (Guignet, 1986).

PATON Mary Ann. Soprano écossaise (Édimbourg, octobre 1802 - Chapelthorpe, 21 juillet 1864). Issue d'une famille de musiciens, elle étudia toute jeune la harpe, le violon, le piano et chanta en concert dès 1810. L'année suivante, on l'entendit dans la capitale et en province, mais c'est seulement en 1822 qu'elle fit ses débuts de cantatrice à Londres dans le rôle de Suzanne (*Les Noces de Figaro*, Mozart). En 1824, au Lyceum, devant une salle qui n'en finit pas de l'applaudir, elle incarna Agathe (*Le Freischütz*, Weber) — première création de ce rôle en Angleterre. Deux ans plus tard, elle créa Rezia (*Oberon*, Weber) à Covent Garden. Allant de succès en succès, elle se produisit sur les scènes londoniennes jusqu'en 1844, puis en Amérique, avec son deuxième mari, le ténor Joseph Wood (elle avait été mariée en 1824 à lord William Lennox dont elle avait divorcé en 1831). Elle était d'une grande beauté, comme le confirment de nombreux portraits, et avait une voix pure et brillante: toutefois son jeu, semble-t-il, n'était pas parfait.

PATTERSON Alicia. Journaliste américaine (1906-1963). Elle vécut son enfance et son adolescence dans un milieu de magnats de la presse: les Patterson McCormick étaient les fondateurs du *Chicago Tribune* et du célèbre *Daily News* de New York. Avant de devenir elle-même l'un des directeurs du *Daily News*, elle avait tenu à être critique littéraire et reporter dans ce journal; elle y écrivit de nombreux articles sur des sujets très variés, notamment sur l'aviation. En 1940, Alicia Patterson a fondé le journal *Newsday*, de Long Island, qui lui valut le prix Pulitzer en 1954.

PATTI Adelina (Adela Juana Maria, dite). Soprano italienne (Madrid, 10 février 1843 - Château de Craig-y-Nos, pays de Galles, 27 juillet 1919). Fille d'un ténor et d'une soprano, elle vint au monde au cours d'une représentation où sa mère, Caterina Chiesa Barilli, chantait Norma (*Norma*, Bellini). Comme son frère, violoniste fameux, et ses sœurs, Amalia et Carlotta chanteuses également, elle fut initiée très jeune à la musique. Dès 1850, à New York où ses parents l'avaient emmenée, elle chanta en public le rondo final de *La Somnambule* (Bellini). À cause de son jeune âge, elle suscita la curiosité partout où elle passait. Elle avait douze ans lorsque ses parents décidèrent qu'il était temps pour elle de parfaire sa voix. Son beau-frère, l'imprésario Maurice Strakosch, tenta de discipliner l'enfant qui, douée d'une grande mémoire musicale et d'une grande fantaisie, apprenait ses rôles en quelques jours s'ils lui convenaient. Elle débuta en novembre 1859, à la New York Academy of Music, dans le rôle de Lucie (*Lucie de Lammermoor*, Donizetti). Après avoir chanté à Philadelphie, Boston et Baltimore, elle se produisit à Cuba. En 1861, à Covent Garden, elle incarna Amina (*La Somnambule*, Bellini) devant une salle en délire qui succomba littéralement sous le charme de cette *prima donna* de dix-huit ans. Elle fit ses débuts à Paris dans ce même rôle l'année suivante; la Scala ne l'accueillit qu'en 1877 où elle chanta dans *La Traviata* (Verdi). Bruxelles, Paris, Vienne, Moscou, Saint-Pétersbourg l'acclamèrent tour à tour, mais, fidèle à l'Angleterre, elle y revint chaque saison et triompha dans des œuvres de Rossini, Bellini, Donizetti, dans *Aïda* (Verdi) et dans *Roméo et Juliette* (Gounod); elle n'incarna qu'un seul rôle mozartien, celui de Zerline (*Don Juan*). Lors des funérailles de Rossini à Paris, en novembre 1868, elle chanta aux côtés de Marietta Alboni* le *Stabat Mater* (Rossini). Dans le rôle de Violetta (*La Traviata*, Verdi) à la Scala en 1877, elle avait pour partenaire le ténor Ernest Nicolini qu'elle épousa en 1886 après avoir obtenu le divorce de son premier mari, le marquis de Caux, qu'elle avait épousé à Paris en 1868.

Femme-enfant fastueuse et adulée, elle se déplaçait avec sept domestiques, deux cuisiniers, un secrétaire, son imprésario Strakosch, sa camériste noire, ses oiseaux, ses chiens et son mari. Elle était la cantatrice la mieux payée de son temps et ses contrats stipulaient qu'elle était dispensée de répétitions. Follement acclamée, elle commença à donner ses représentations d'adieux à partir de 1887: au Metropolitan Opera de New York, à Madrid, à Lisbonne, à Buenos Aires. Elle s'arrêta à Paris pour chanter Juliette (*Roméo et Juliette*, Gounod) sous la direction du compositeur. En 1895, ce fut Covent Garden. Remariée au baron suédois, Rolf Cederström en 1899, un an après la mort de Nicolini, elle repartit pour une tournée d'adieux aux États-Unis où on l'applaudit à Carnegie Hall en 1903 et à Londres à l'Albert Hall, en décembre 1906. Elle reparut une dernière fois sur cette même scène, le 20 octobre 1914, dans un concert donné au profit de la Croix-Rouge. Figure légendaire, Adelina Patti fut le dernier «monstre sacré» de la grande époque du chant. Elle interpréta une trentaine de rôles au cours d'une carrière qui dura près de soixante-quatre ans et elle conserva jusqu'à la fin un timbre d'une qualité exceptionnelle. Parmi les œuvres qu'elle chanta, citons encore: *Luisa Miller* (Verdi), *Aïda* (Verdi), *Otello* (Rossini), *Carmen* (Bizet), *La Gioconda* (Ponchielli), *Rigoletto* (Verdi). On possède d'elle des disques, qu'elle a enregistrés à soixante-deux ans; ils permettent d'apprécier la pureté de sa voix et le charme pénétrant de sa diction. Pourtant, si Verdi disait d'elle qu'elle était une «artiste étonnante, douée d'un charme et d'une nature que personne ne possède», d'autres, comme Rossini et Moussorgski, la critiquèrent durement.

RÉF.: M. Strakosch, *Souvenirs d'un imprésario*, Paris, 1886-1887. J.M. Mapleson, *The Mapleson Memoirs*, Londres, 1888. H. Klein, *The Reign of Patti*, Londres, 1920.

PAUKER Madame (Ana Rabinsohn, dite). Femme politique roumaine (Codaesti, Moldavie, 1893 - Bucarest, 1960). Fille d'un rabbin, elle fit de solides études d'institutrice. Sympathisante communiste, elle fut emprisonnée en 1918 pour activités subversives. Deux ans plus tard, elle devint membre du comité central du Parti communiste roumain. Elle fut arrêtée à nouveau en 1924; son procès attira sur elle l'attention du monde entier. Elle fut condamnée à vingt ans de prison mais obtint sa grâce, sans toutefois interrompre sa lutte. Elle se réfugia en URSS d'où elle fut chassée pour ses idées trotskistes en 1931; elle put y retourner en 1940. Ana Pauker fit partie du Komintern et organisa pendant la guerre la division Vladimirescu formée d'exilés roumains. De retour en Roumanie en 1944, elle fut nommée au poste de ministre des Affaires étrangères de 1947 à 1952 après avoir été élue secrétaire générale du Parti communiste roumain en 1944. Son indépendance d'esprit lui attira de nombreux ennemis au sein du parti communiste et ils l'écartèrent du gouvernement pour déviationnisme.

PAULA Inimà de. Peintre. Brésilienne (née au Minas Gerais en 1918). Une bourse de voyage, obtenue en 1955, lui permit de séjourner près de deux années en Europe où elle eut des contacts avec des peintres non figuratifs dont la démarche était voisine de ses aspirations. De retour au Brésil, elle se signala par des œuvres d'une grande imagination plastique et d'une étonnante intensité de couleurs. Elle a participé à de nombreuses expositions collectives et à la première biennale de São Paulo. Elle est considérée au Brésil comme la principale représentante de l'art non figuratif de son pays.

PAULE, sainte. Romaine (Rome, 347 - Bethléem, 404). Issue d'une illustre famille romaine, elle épousa Toxotius qui la laissa veuve à vingt-deux ans en 379. Elle lui avait donné cinq enfants: Blésille, Pauline, Eustochie, Rufine et Toxoce. Après la mort de son époux, elle distribua tous ses biens aux pauvres et, accompagnée de sa fille Eustochie, elle suivit saint Jérôme en Palestine où elle fonda plusieurs monastères. Elle vécut le reste de ses jours dans les mortifications et la plus grande humilité. Elle fut ensevelie dans l'église de la Crèche, à Bethléem, mais son corps ne s'y trouve plus. Saint Jérôme, à qui l'on doit la traduction latine de l'Ancien Testament, consacra à Paule son épître 108 que l'on considère comme une biographie (*Patrologie latine*, t. 22, col. 78). On la fête le 26 janvier.

PAULINE (en latin **Pompeia Paulina**). Romaine (?-apr. 65). Elle était la seconde femme du philosophe Sénèque. Lorsque, compromis dans la conjuration de Pison, celui-ci reçut l'ordre de Néron de se suicider, Pauline voulut mourir avec lui. Ils se firent ouvrir les veines et se séparèrent après un dernier adieu, mais l'empereur ordonna qu'on la sauve. Elle vécut quelques années encore, fidèle au souvenir de son mari. D'après Tacite, elle conserva toute sa vie un teint d'une grande pâleur.

PAVLOVA Anna Pavlovna. Danseuse russe (Saint-Pétersbourg, 12 février 1881 - La Haye, 23 janvier 1931). À l'âge de dix ans, elle fut admise à l'École impériale où elle suivit les cours de Nicolaï Legat, de Vazem et de Gerdt. À sa sortie en 1899, elle devint la deuxième, puis la première soliste du Théâtre-Marie en 1903. Animée par une détermination farouche — elle ne tolérait que la première place —, se privant de tout, elle s'attacha à l'illustre maître de ballet Enrico Cechetti. Nommée première danseuse en 1906, elle incarna tous les grands rôles du répertoire classique. Dès 1907, elle créa *La Mort du cygne* (Fokine) — qui fut son plus grand succès après *Giselle* (Gautier et Coralli) —, *Le Pavillon d'Armide* (Fokine), *Les Nuits égyptiennes* (Fokine) et la deuxième version de *Chopiniana* (Fokine) en 1908. Elle obtint du tsar l'autorisation de sortir de Russie et se produisit à Leipzig, Prague, Vienne, Berlin et New York, remportant partout de véritables triomphes. Sa gloire rejaillit sur les Ballets russes avec lesquels elle dansa à Paris en 1909 et à Londres en 1911. Ses goûts et son public l'éloignaient pourtant de tout modernisme: elle ne s'entendit jamais avec Serge de Diaghilev, allant jusqu'à critiquer ses «sornettes». Ses partenaires se succédèrent: Mordkin jusqu'en 1911, Laurent Novikov pendant trois ans, puis Alexandre Volinine.

L'Angleterre devint sa patrie d'élection: elle s'installa à Hampstead et monta sa propre compagnie avec son mari et homme d'affaires, Victor Dandré. Elle dansa une dernière fois à Saint-Pétersbourg en 1914 et ne revit jamais plus la Russie. Pendant la guerre elle parcourut les deux Amériques; en 1916, elle fut filmée dans *La Muette de Portici* (adaptée de l'opéra d'Auber). Tout en formant les danseuses de sa troupe, elle continua ses tournées, portant aux quatre coins du monde la grande tradition de la danse classique: en vingt ans elle parcourut vingt mille kilomètres (Chili, Australie, Japon, Inde, Chine, États-Unis). Elle choisissait des morceaux courts, qui lui permettaient de briller seule ou en couple. À partir de 1927, elle dansa avec Pierre Vladimorov, le seul de ses partenaires qu'elle n'ait pas giflé sur scène. Indifférente aux novations, elle évoluait dans des chorégraphies de Coralli, Perrot, Petipa, Ivanov, Fokine et Clustine. Elle composa ses propres ballets, *Feuilles d'automne, Gavotte* et racheta l'opéra de Boston pour ses spectacles.

Entrée vivante dans la légende, elle s'entoura dans sa demeure d'Ivy House de ses chers cygnes et de hideux bouledogues de race. Les photographies nous montrent un corps ferme, des bras ronds, un visage lumineux au nez busqué, des yeux profonds, un casque de cheveux noirs. Serge Lifar la revit à

Londres à l'automne 1930, peu de temps avant sa mort, admirant sa beauté irréelle: «La Pavlova dansait, tout son corps vibrait.» Elle partit se reposer à Cannes pour Noël. Le train qui la ramenait à Paris eut un accident et les voyageurs durent quitter les wagons en pleine nuit. À La Haye devait commencer une tournée nordique; elle y succomba d'une pleurésie foudroyante, dans une chambre grise de l'hôtel des Indes, seulement illuminée par les blanches «tulipes Pavlova». En 1956, pour le vingt-cinquième anniversaire de sa mort, les séquences de ses grands succès furent réunies en un film, *Le Cygne immortel*. À Ivy House, le visiteur peut admirer aujourd'hui une pièce remplie des souvenirs de celle qui fut tout à la fois «la poésie, la ferveur, le lyrisme, le rêve, l'étrangeté, l'inspiration» (Pierre Gaxotte).

RÉF.: V. Krasovskaya, *Anna Pavlovna*, Leningrad, 1964. O. Kerensky, *Anna Pavlovna*, Londres, 1973.

PAVLOVA Karolina Karlovna. Poétesse russe (Jaroslavl, 1807 - Dresde, 1894). De père allemand elle devint la femme d'un littérateur russe célèbre de l'époque, Nikolaï Pavlov, et tint l'un des salons les plus brillants de Moscou. Sa personnalité n'y était pas étrangère: épouse malheureuse mais femme d'un grand charme et poétesse de surcroît, elle fascinait et inspira un profond amour au poète polonais Adam Mickiewicz. C'est surtout à partir de 1838 qu'elle s'adonna à la poésie. Son esthétique la situe entre Pouchkine et Venetinov, et elle passe pour la principale poétesse russe avant l'avènement de Zinaïda Hippius*. Dans des vers faciles et simples, très féminins, elle évoque sa propre vie, ses nombreux voyages à l'étranger; l'Italie notamment lui inspire de beaux vers. Mais elle a su également s'imposer avec des poésies à caractère politique tel *Dialogue au Trianon* (1848), où Mirabeau et Cagliostro s'affrontent dans un dialogue imaginaire, le second tentant de prouver à l'apôtre de la révolution que tous les rêves de liberté sont voués à l'échec à cause de l'homme lui-même et de sa nature servile. Karolina Pavlova fut aussi une traductrice réputée: elle a fait connaître aux Allemands des poètes russes: Yazikov, Khomiakov et Lermontov.

PAXINOU Katina, née Konstantopoulou. Tragédienne grecque (1900-1973). Après des études de chant, elle débuta au théâtre en 1924 et s'imposa rapidement comme la plus grande tragédienne de son pays. Sa célébrité franchit bientôt les frontières: en 1930, elle interpréta Clytemnestre (*Électre*, Sophocle). Deux ans plus tard, elle était la vedette du Théâtre national grec, jouant Clytemnestre (Agamemnon, Eschyle). Qu'elle fût Phèdre, Médée, Hécube ou Jocaste, on oubliait l'actrice tant étaient puissants la profondeur de son art et son sens poétique du texte. Dans le même temps, elle traduisit et porta à la scène des textes étrangers comme *Anna Christie* (O'Neill), ou *Les Revenants* (Ibsen). En 1939, Londres l'admira dans *Électre* (Sophocle) et dans *Hamlet* (Shakespeare), où elle jouait aux côtés d'Alexis Minotis qu'elle épousa l'année suivante, après avoir divorcé de son premier mari, Ioanis Paxinos, dont elle avait deux fils. À partir de 1940, elle joua en anglais à Londres puis à New York. Après avoir tourné quelques films, elle revint à la scène en 1951 dans *La Maison de Bernarda* (García Lorca), présentée à New York puis à Athènes. On la revit à Londres en 1966 incarnant Jocaste (*Œdipe roi*, Sophocle), et jouant dans *Hécube* (Euripide) — deux productions mises en scène et interprétées par son époux.

PAYOT Nadine. Esthéticienne suisse (1889 - Tolochenaz, Suisse, 1967). Jeune, elle voulait être médecin mais, en

1917, elle décida de se consacrer à l'esthétique et à la beauté. Sa formation scientifique lui permit de mettre au point une méthode de soins, fondée sur la régénération des cellules, base de la jeunesse de l'épiderme. Sous le label de Laboratoires et Instituts de beauté du docteur N.G. Payot, elle a créé une industrie florissante. Ses produits et ses méthodes sont célèbres dans le monde entier. D'une grande générosité, Nadine Payot consacra sa fortune à des œuvres en faveur de l'enfance. Elle apporta son concours à la création, à Chatou, d'un centre d'éducation aux méthodes modernes et d'un institut pédagogique pour enfants inadaptés.

PEETERS Clara. Peintre. Flamande (Anvers, 1594 - apr. 1660). Elle doit sa renommée à des tableaux de fleurs, des natures mortes qu'elle peignait avec une rare virtuosité, une observation aiguë du détail, rappelant les grands peintres de fleurs comme Ambrosius Bosschaert, Jacob de Gheyn et surtout Osias Beert. Le musée du Prado, à Madrid, possède plusieurs de ses œuvres, notamment *Fleurs et Friandises* (1611), *Gibier et Coquillages*, *Poissons et Artichauts*, ainsi que les musées d'Oxford et de Karlsruhe.

PEINEMANN Edith. Violoniste allemande (née à Mayence, le 3 mars 1937). Son père, excellent musicien installé à Mayence, reconnut très tôt les dons de sa fille et la confia aux professeurs Max Rostal et Heinz Stanske. Ses progrès furent rapides et, à dix-neuf ans, elle remporta à l'unanimité le prix décerné par les radios allemandes, entamant ainsi sa carrière. On l'applaudit en Allemagne, en Belgique, en Angleterre, aux Pays-Bas, en Italie, etc. En 1964, elle fit ses débuts aux États-Unis. Edith Peinemann possède un jeu d'une grande ampleur dans la tradition des Flesch et des Joachim.

PELAEZ Amelia. Peintre. Cubaine (Yaguajay, 1897 - La Havane, 1975). Elle fit ses études à Cuba, et ses premières œuvres, exposées en 1924, sont empreintes d'une nette influence impressionniste. Ce n'est que lors de son séjour à Paris, de 1927 à 1934, qu'elle abandonna cette technique, notamment au contact de Braque, de Matisse et d'Alexandre Exter avec lequel elle travailla. Sa peinture intégra dès lors des motifs que l'on peut qualifier de baroques de par leur vigueur, et sa palette en vint à des couleurs vives et tranchées. L'exposition qui, en 1935, consacra son retour à La Havane lui permit d'acquérir une grande renommée, confirmée à New York dès 1941. À nouveau à La Havane, une importante rétrospective de ses œuvres consacra son talent en 1943. Ses toiles figurent dans de nombreux musées, tant à Cuba qu'aux États-Unis et en Amérique du Sud, mais aussi dans des collections particulières réputées. Amélia Pelaez a joué un rôle indéniable de pionnier de l'art moderne dans son pays.

PELISSIER ou **PELLISSIER Marie**. Soprano française (1707 - Paris, 21 mars 1749). On ne sait rien d'elle avant ses débuts à l'Opéra de Paris en 1722. Elle rompit soudainement son engagement et, de 1722 à 1726, elle chanta à Rouen où elle épousa l'imprésario Pelissier, directeur du théâtre de cette ville. Séparée très vite de son mari, elle revint à Paris où, de 1726 à 1741, elle fut l'une des figures majeures de l'Opéra, détrônant Mlle Le Maure*. Elle y créa d'innombrables rôles dont quatre dans des opéras de Rameau : Aricie (*Hyppolite et Aricie*) en 1733, Émilie (*Les Indes galantes*) en 1735, Télaïre (*Castor et Pollux*) en 1737 et Iphis (*Les Fêtes d'Hébé*) en 1739. Elle interpréta également des œuvres de François Colin de Blamont, François Francœur, Jean-Joseph Mouret. Actrice de grand talent, plus réputée pour son jeu de mime que pour sa voix, elle a mené, hors de la scène, une vie très mouvementée. Elle fit scandale, notamment, lorsque son mari, qui avait reparu dans sa vie, la pressa d'entretenir une liaison avec un riche banquier néerlandais, Lopez Dulis, auquel ils soutirèrent ensemble vingt-cinq mille livres. Peu après, Marie Pelissier prit pour amant François Francœur. Pour se venger, le soupirant éconduit recruta un tueur à gages qui fut arrêté par la police (1731). Elle dut avoir d'autres aventures, puisque c'est semble-t-il à cause de l'une d'elles qu'elle fut renvoyée de l'Opéra au cours de l'année 1734.

PELLETIER Madeleine. Médecin. Française (Paris, 18 mai 1874 - Fontaine-de-Vaucluse, 29 décembre 1939). Elle abandonna très jeune ses études, s'opposant à sa mère, marchande de légumes, qui l'avait inscrite dans une école dirigée par des sœurs. À la mort de son père, elle s'enflamma pour les idées anarchistes puis passa son baccalauréat. Ayant obtenu une bourse, elle entra en 1898 à la faculté de médecine de Paris et fut la première femme à passer le concours de l'assistanat. Elle souhaitait s'orienter vers la psychiatrie asilaire, mais elle se vit refuser l'accès au concours de l'internat. Grâce à une campagne de presse qu'elle suscita par l'intermédiaire du journal féministe *La Fronde*, elle obtint gain de cause. Première femme reçue à l'internat, elle soutint sa thèse en 1904 et se consacra à la médecine générale, défendant les droits des femmes et l'égalité des sexes. Elle pratiqua gratuitement des interruptions de grossesse — dans son livre *L'Émancipation de la femme* (1911) un chapitre est consacré à l'avortement —, elle prôna l'éducation sexuelle et la planification des naissances. Elle fut également une militante politique très active. Elle se rapprocha des cercles anarchistes, collaborant à *L'Idée libre*, revue mensuelle d'éducation sociale, et au *Libertaire*. En 1921, elle se rendit en Union soviétique et, à son retour, adhéra au parti communiste. De 1922 à 1924, elle défendit les acquis de la révolution dans des conférences données au Club du faubourg de Léo Poldès. Elle prit ensuite ses distances avec le Parti et écrivit à nouveau des articles dans la presse anarchiste. Arrêtée en 1939 pour avortements illégaux, elle fut acquittée. Devenue hémiplégique la même année, elle fut atteinte de troubles mentaux du fait de l'évolution de sa maladie et internée à l'asile de Fontaine-de-Vaucluse où elle mourut.

PELTIER Thérèse, née Cochet. Aviatrice et sculpteur. Française (Orléans, 26 septembre 1873 - 18 février 1926). Sa photographie fit la une des journaux féminins en juillet 1908 : c'était la première femme à s'envoler ! Elle était la passagère de Léon Delagrange, autre célébrité de l'époque, dont l'aéroplane s'éleva à 200 mètres de hauteur et atterrit sans encombres, exploit remarquable en ces temps héroïques de l'aviation (Milan, 8 juillet 1908). Tous deux étaient sculpteurs : Thérèse participait depuis 1900 au Salon des artistes français. Elle avait été l'élève et le modèle de Delagrange, ce dont témoigne un *Buste de Mme Peltier*, exposé au Salon de 1898. Très affectée par la mort accidentelle de Delagrange en 1910, Thérèse Peltier abandonna définitivement l'aviation pour retourner à son atelier.

PENALBA Alicia. Sculpteur. Argentine (San Juan, 1913 - Saint-Geours-de-Marenne, Landes, 1982). Elle quitta son pays après avoir fait ses études à l'École des beaux-arts pour se fixer à Paris en 1948 où elle travailla avec le sculpteur Zadkine à la Grande Chaumière pendant deux ans. Ses véritables débuts de sculpteur remontent au début des années 50. Dès 1957, elle exposa à Paris et dans de nombreuses capitales européennes, ainsi qu'aux États-Unis. L'originalité et la qualité de ses recherches plastiques et spatiales, qui la situaient dans le groupe des artistes abstraits, lui valurent rapidement une renommée internationale. Son sens inné de l'œuvre monumentale la portait à travailler dans de vastes espaces. Citons parmi ses œuvres *La Fontaine* de l'Électricité de France, le relief de *Milwaukee* aux États-Unis, *Faune des mers*, *Grands Voyageurs des nuits* et *Liturgie végétale*. Alicia Penalba est également l'auteur de tapisseries qu'elle nommait «sculptures tissées» et de bijoux conçus comme des sculptures en miniature. Elle a décoré de grands motifs colorés des assiettes, des vases, etc., redonnant à la porcelaine de Limoges un nouvel éclat.

PEREY Marguerite. Chimiste et physicienne française (Villemomble, Seine-Saint-Denis, 1909 - Louveciennes, 1975). Entrée à vingt ans comme laborantine dans le service de Marie Curie*, elle devint sa préparatrice particulière en radiologie. Faute de précautions, parce que l'on ignorait alors les dangers de la radioactivité, elle eut le bras droit et les doigts des mains irradiés. Elle découvrit en 1939 un nouvel élément, le francium, qui constitue l'élément 87 de la table de Mendeleiev. Première titulaire de la chaire de chimie nucléaire créée en 1949 à Strasbourg, elle consacra ses recherches aux spectres de divers éléments, aux nouvelles méthodes de fractionnement des terres rares actinifères. Nommée à la tête du département nucléaire de Strasbourg inauguré en 1960, Marguerite Perey est membre des commissions nucléaires internationales de chimie, de physique nucléaire, de la Conférence atomique internationale, de la Commission de l'utilisation des éléments radioactifs, de l'Union internationale de chimie. Lauréate en 1960 du Grand Prix de la Ville de Paris, elle fut la première femme élue correspondante de l'Académie des sciences en 1962.

PÉRICHOLE, la. Voir VILLEGAS Micaëla.

PÉRIER Gilberte, née Pascal. Française (Clermont-Ferrand, 1620 - Paris, 1685). Elle était la sœur aînée de Blaise et Jacqueline Pascal*. En 1641, elle épousa un cousin, Florin Périer, conseiller à la cour des aides de Montferrand. Elle lui donna cinq enfants, Étienne en 1642, Jacqueline en 1644, Marguerite en 1646, Louis en 1651, Blaise en 1653. Les époux Périer furent convertis au jansénisme par Blaise et Jacqueline et vécurent dans une austère piété. Gilberte Périer s'est occupée de la publication des *Pensées* de son frère après la mort de celui-ci et a laissé divers écrits, dont une *Vie de Pascal*.

PERKINS Frances. Femme politique américaine (Boston, 10 avril 1880 - Newcastle, États-Unis, 14 mai 1965). Très attentive aux questions sociales, elle proposa plusieurs réformes qui la firent connaître auprès des autorités des États-Unis. Nommée membre de la Commission d'enquête sur les usines où ses interventions furent très remarquées, elle fut élue en 1919 présidente du Comité de l'industrie de l'État de New York. Le couronnement de sa carrière politique et sociale fut sa nomination, par le président Roosevelt, comme ministre du Travail, fonction qu'elle occupa de 1933 à 1945. Frances Perkins fut la première femme ministre en Amérique. De 1946 à 1953, elle fut l'un des membres de la Commission administrative des États-Unis. Elle a publié plusieurs ouvrages, dont *The Roosevelt I Knew* (1946) qui remporta un succès considérable.

PERÓN Evita, née Duarte (Maria Eva, dite). Femme politique argentine (Los Toldos, Buenos Aires, 1919 -

Buenos Aires, 1952). Fille de fermiers pauvres, remarquablement intelligente, ambitieuse et ravissante, elle vint tenter sa chance à Buenos Aires où elle débuta comme chanteuse. Devenue présentatrice à la radio, elle dirigea bientôt une émission «L'Heure sociale» qui obtint rapidement une large audience. Eva Duarte, qui fréquentait de jeunes Argentins de tendance révolutionnaire, fut remarquée par Juan Perón qui en fit sa collaboratrice. En 1945, le futur maître de l'Argentine, alors secrétaire d'État à la Guerre et ministre du Travail, fut écarté du gouvernement et incarcéré dans l'îlot de Martin Gracia, au milieu du rio de la Plata, où Eva vint le délivrer avec des centaines d'ouvriers qu'elle avait acquis à sa cause, les *descamisados* («sans-chemises»). Juan Perón épousa Eva Duarte le 21 octobre 1945.

Douée d'une volonté peu commune, elle mena une action considérable aux côtés de son époux, participant à de nombreux meetings où son dynamisme et sa grande éloquence galvanisaient les partisans de son mari, qui, grâce à elle, put se tirer parfois de situations difficiles. Le 24 février 1946, les électeurs portèrent Juan Perón à la présidence. Il devint en fait le dictateur de l'Argentine. Travaillant en étroite association avec son époux, Evita Perón organisa avec lui l'actionnariat ouvrier et fonda la retraite pour les travailleurs de plus de soixante ans. Elle fut pour lui un puissant soutien lorsqu'il entreprit l'expropriation des grands domaines, la nationalisation de la Banque centrale et celle des chemins de fer. Evita Perón créa le parti péroniste féminin. Elle dirigea le ministère du Travail, sans toutefois avoir rang de ministre, et son action en faveur des prolétaires et des populations les plus déshéritées lui acquit une immense popularité. Cependant, elle refusa en 1951 la vice-présidence de la République, devant l'opposition de l'armée et malgré l'appui du peuple. En réalité, elle se sentait malade; elle succomba à une leucémie à l'âge de trente-trois ans, laissant son mari désemparé. Le peuple argentin, qui l'idolâtrait comme une sainte, lui fit des funérailles grandioses.

RÉF.: A. Crespo, *Evita*, Mengès, 1982.

PEROVSKAIA Sofia Lvovna. Révolutionnaire russe (Saint-Pétersbourg, 13 septembre 1853 - *id.*, 15 avril 1881). Fille du gouverneur de Saint-Pétersbourg, reçue à la cour, elle se consacra à soulager la misère du peuple et, sous le nom de Vosinoïva, elle devint membre de Terre et Liberté (1878) et de Liberté du peuple (1879-1881), organisations qui dépendaient du parti populiste. Incarcérée de 1873 à 1879, puis à nouveau emprisonnée, elle s'évada et participa avec Vera Figner* à l'attentat manqué contre le train impérial (novembre 1879). Par la suite, elle prit part à deux tentatives d'assassinat de Nicolas II, à Odessa au printemps 1880 et à Saint-Pétersbourg le Ier mars 1881. Arrêtée le 10 mars, elle fut condamnée à mort et pendue le 15 avril suivant. Elle fut la première révolutionnaire à avoir été exécutée en Russie. Elle avait épousé A.I. Zheliabov.

PERPÉTUE, sainte ([?] - Carthage, 7 mars 203). Issue d'une noble famille, elle se convertit au christianisme malgré les exhortations de son père. Ce dernier la fit jeter en prison avec son enfant, puis elle fut livrée aux bêtes fauves, enfermée dans des filets en compagnie d'une esclave chrétienne nommée Félicité. Épargnées par les lions, les deux martyres, qui refusaient de renoncer à leur foi, furent finalement tuées par un gladiateur. Contrairement à ce qu'affirme la légende, la *Passio Perpetuae* ou «Grande Passion» n'a pas été rédigée par la sainte. L'auteur en est très probablement Tertullien qui connaissait Perpétue et aurait rédigé ce texte, peut-être en 206. La première édition en a été établie à

Rome sous le titre *Passio SS. MM. Perpetuae et Felicitatis* (1663). Il en existe une autre version, d'une qualité inférieure, dite « Actes abrégés », dont la rédaction, d'un anonyme, n'est pas de beaucoup postérieure. Le premier texte s'adressait à un public sachant lire; le second était récité dans un cadre liturgique. La fête de sainte Perpétue a été fixée au 7 mars.

PERRERS Alice. Anglaise (?-1400). Elle était de petite naissance et entra au service de la reine Philippa, la femme d'Édouard III d'Angleterre. Elle devint la maîtresse du roi et usa de son influence de manière si abusive, en comblant ses amis des faveurs royales et en s'opposant avec acharnement aux cours de justice, que le Parlement obtint son exil au mois d'avril 1376. Elle revint à la cour en 1379 et fut mêlée par la suite à de nombreux procès qui achevèrent de la discréditer. Elle fut mariée deux fois: à sir Thomas de Narford puis à sir William de Windsor. L'histoire de sa vie nous est transmise par la chronique de Saint-Albans qui lui est très défavorable.

PERRIAND Charlotte. Architecte. Française (née en 1903). Fille d'un couturier, elle entra à dix-huit ans à l'École des arts décoratifs, mais se dégagea vite de cet enseignement qui lui paraissait trop conventionnel. Elle décida de devenir architecte et créatrice de meubles. En 1927, elle exposa un *Bar sur le toit* dont le mobilier est d'acier chromé. Grande admiratrice de Le Corbusier dont elle suivit avec passion les idées révolutionnaires, elle rêvait d'entrer dans son atelier. Accueillie avec une certaine réserve par le grand architecte, elle finit par s'imposer et devint sa collaboratrice, travaillant à ses côtés pendant dix ans, créant des équipements préfabriqués et des meubles rationnels en métal, en bois et en matière plastique, qui sont encore aujourd'hui d'un modernisme étonnant par leurs formes audacieuses.

En 1939, Charlotte Perriand fut invitée au Japon au titre de conseillère en art industriel et organisa une exposition *Tradition, sélection, création*, qui eut un grand retentissement. Après un séjour en Indochine, elle regagna la France et travailla avec de nombreux architectes d'avant-garde, puis retourna à Tokyo, où elle organisa une seconde exposition qui, sous le titre *Propositions de synthèses de l'art*, groupait ses meubles dans un décor de peintures et de tapisseries de Fernand Léger et de Le Corbusier. En France, elle collabora à l'aménagement de la station des Arcs en Savoie (dix mille lits), créant des intérieurs standardisés en bois naturel et en matières plastiques. Passionnée de montagne, elle construisit de nombreux chalets dont un à son usage personnel, à Méribel, parfaitement intégré à la nature, utilisant avec bonheur la pierre et le sapin du pays. Une grande exposition, *Charlotte Perriand, un art de vivre, 1925-1985*, a été organisée au musée des Arts décoratifs à Paris en 1985.

PERSIANI Fanny, née Tacchinardi. Soprano italienne (Rome, 4 octobre 1812 - Neuilly, 3 mai 1867). Son père, le ténor Nicola Tacchinardi, remarqua très tôt les dons de sa seconde fille et la fit débuter enfant, dans le petit théâtre qu'il possédait près de Florence. En 1832, deux ans après avoir épousé le compositeur Giuseppe Persiani, elle chanta pour la première fois à Livourne dans le rôle de Francesca (*Francesca da Rimini*, Fournier). Ravissante, romantique à souhait, douée d'une voix très étendue, elle se produisit à Venise dans *Tancrède* (Rossini), *La Pie voleuse* (Rossini), *Le Pirate* (Bellini) et *L'Élixir d'amour* (Donizetti), qu'elle chanta à nouveau à Milan en 1833 avec *Béatrice de Tende* (Bellini) et *La Somnambule* (Bellini). Elle impressionna profondément Bellini et Donizetti ; ce dernier écrivit d'ailleurs pour elle le rôle-titre de *Rosmonda d'Inghilterra*, créé à Florence en 1834, de *Lucie de Lammermoor*, créé à Naples en 1835 et de *Pia de Tolomei* créé à Venise en 1837. Rarement diva remporta autant de succès en un laps de temps aussi bref. Mais c'est aux Italiens de Paris qu'elle fit l'essentiel de sa carrière ; elle y chanta *Les Noces de Figaro* (Mozart), *Don Juan* (Mozart), *Le Barbier de Séville* (Rossini), *Linda de Chamonix* (Donizetti), pour ne citer que quelques-uns des nombreux opéras italiens de son répertoire. Elle chanta régulièrement à Londres de 1838 à 1849, se produisit à Vienne, à Saint-Pétersbourg. Elle fit ses adieux à la scène à Londres en 1858, à Paris en 1859, puis elle assura quelque temps, sans grand succès, la direction du Théâtre-Italien de Paris, avant de se consacrer à l'enseignement avec son mari.

RÉF. : Chausaigues, *Madame Persiani*, Paris, 1839.

PERUGIA Noémie. Soprano française (née à Nice, le 7 novembre 1903). D'origine italienne, elle fit ses débuts à Paris en 1936, dans le *Requiem* de Verdi. Lauréate du concours international Gabriel Fauré en 1938, elle chanta les mélodies de ce compositeur dans le monde entier et se spécialisa dans ce type de répertoire. À Paris, elle enseigna à l'École normale de musique, à l'Académie Long*-Thibaud et à la Schola cantorum. Pédagogue remarquable, le ministère des Affaires étrangères l'envoya souvent au titre de chargée de cours dans les conservatoires étrangers. Figure marquante de l'art lyrique, elle est la fondatrice du Concours international d'interprétation et d'accompagnement Noémie Perugia, de l'académie de chant et d'art lyrique qui porte son nom, et enfin la fondatrice du Concours Gabriel Fauré à Amsterdam.

PERUZZI Emilia, née Toscanelli. Italienne (Pise, 1827 - Antella, Florence, 1900). Épouse d'Ubaldo Peruzzi, homme politique, elle le suivit à Paris lors d'une mission diplomatique avant qu'il soit nommé ministre du Travail puis ministre de l'Intérieur dans le cabinet Cavour et Ricasoli à Turin en 1861. Emilia Peruzzi se signala à Florence par ses actions en faveur de la nouvelle Italie, rêvant aux Garibaldi, Mazzini et autre princesse Belgiojoso* — tous héros du Risorgimento. Elle tint à Turin un brillant salon littéraire et politique, fréquenté par la nouvelle élite littéraire et politique de la jeune génération italienne, parmi laquelle figurait Ada Negri*. Emilia Peruzzi a laissé un journal des plus intéressants sur la politique italienne de la deuxième moitié du XIXe siècle, *Vita di me* (1934).

PETACCI Clara. Italienne (1912 - Dongo, 1945). Fille d'un médecin au Vatican, c'est en 1932 qu'elle rencontra pour la première fois Mussolini auquel elle vouait une admiration romantique. Le Duce, son aîné de trente ans, marié et père de cinq enfants, s'éprit de cette ravissante brune et en fit bientôt sa maîtresse. Malgré une liaison souvent orageuse et les revers du Duce, Clara Petacci ne cessa de lui prouver son attachement. Lors de la déroute des armées de Hitler en Italie, Mussolini tenta de passer en Suisse avec Clara Petacci qui avait réussi à le rejoindre avec quelques fidèles. Cachés dans une colonne de militaires allemands en fuite, ils furent reconnus à Dongo près du lac de Garde. Arrêtés, ils furent fusillés le 28 avril 1945. Leurs corps, transportés à Milan, furent pendus par les pieds place Loreto et la foule défila et cracha sur les cadavres. Clara Petacci repose aujourd'hui à Rome, dans un tombeau de marbre surmonté d'une statue.

PETIT Marie. Aventurière française (Moulins, 1673 - [?]). Directrice d'une maison de jeux rue Mazarine à Paris, elle y recevait une clientèle choisie. S'étant éprise d'un certain Jean-Baptiste Fabre, elle vendit son commerce pour le suivre lorsqu'il fut envoyé en mission auprès du shah de Perse pour lui faire signer un traité de commerce avec la France. En 1705, le couple, accompagné d'une suite de cinquante personnes, arriva à Alep où la jeune femme, travestie en page, provoqua un scandale lorsque l'on découvrit son identité. Les autorités leur interdirent de poursuivre leur route à travers l'empire Ottoman. Les deux amants jugèrent plus prudent de s'enfuir, mais Fabre mourut sur la piste qui menait à Ispahan. Après maintes péripéties, Marie Petit arriva à destination et sollicita une audience du souverain. En quelques jours elle devint l'idole de la ville : le shah la reçut et donna son accord au traité proposé par Louis XIV. Sur le chemin du retour, elle eut de nombreux démêlés notamment avec l'ambassadeur de Constantinople, M. de Ferriol. À son arrivée à Marseille, elle fut jetée en prison, traitée de séductrice et de renégate. Elle y écrivit le récit de son voyage qu'elle fit parvenir au ministre Pontchartrain. On perd sa trace après sa libération ; certains prétendent qu'elle fut envoyée en mission secrète en Pologne, d'autres qu'elle ouvrit un commerce.

RÉF. : R. de Maulde La Clavière, *Les Mille et Une Nuits d'une ambassadrice de Louis XIV*, Paris, 1894. Gh. Schoeller, *Marie d'Ispahan*, Robert Laffont, 1992.

PÉTRONILLE, sainte. Vierge romaine (Ier siècle). Elle aurait été la fille spirituelle de saint Pierre qui l'aurait convertie. Selon la légende, elle fut demandée en mariage par le patricien Flaccus, à qui elle demanda trois jours de réflexion pendant lesquels elle pria et jeûna et au bout desquels elle rendit son âme à Dieu. Elle fut enterrée dans un cimetière des Catacombes auquel elle donna son nom, et son corps fut transféré au VIIIe siècle par le pape Paul Ier dans une église proche de la basilique vaticane, considérée comme la chapelle des rois de France. Au XVIe siècle, l'autel fut érigé dans la nouvelle basilique Saint-Pierre où il fut toujours tenu en honneur par la Maison de France.

PETZOLD Élisa (dite **Élisa de Vienne**). Écuyère de cirque. Autrichienne (Toeplitz, 1847 - Paris, apr. 1882). Née dans une famille de la grande bourgeoisie, elle manifesta très jeune sa volonté de devenir écuyère de cirque, mais ses parents s'opposèrent à ce projet et la firent entrer dans un couvent. Cependant, elle réussit à vaincre la résistance de sa famille et entra au cirque Loisset d'où elle passa chez le vieux Renz, recommandée par un colonel de cavalerie prussien, le comte Schmettow. Elle remporta des triomphes en Europe, notamment à Berlin et à Paris en 1867, où toute la presse l'accueillit comme une nouvelle étoile. À Vienne, l'impératrice Élisabeth* d'Autriche, qui l'honorait de son amitié, lui offrit son plus beau cheval, Lord Byron. Élisa Petzold rivalisa de nombreuses années avec les écuyères les plus renommées de son temps mais, après son mariage avec le comte de La Blanchère, elle renonça aux jeux du cirque, privant ainsi l'art équestre de l'une de ses plus brillantes représentantes.

PFEIFFER Ida. Voyageuse autrichienne (Vienne, 14 octobre 1797 - *id.*, 15 septembre 1858). Élevée sévèrement, ainsi que ses six frères, par un père très strict, elle se maria et eut deux enfants qu'elle éleva d'une façon exemplaire jusqu'à leur majorité. C'est alors qu'une impétueuse envie de parcourir le monde s'empara d'elle. En 1843, après un premier voyage en Terre sainte et un second vers les terres australes, elle prit la décision de faire le tour du monde. L'Atlantique, le cap Horn, l'Amérique du Sud, la Polynésie furent les premiers jalons de son périple. Puis elle poursuivit son voyage en passant par la Chine, les Indes, séjourna quelque temps à Ceylan d'où elle repartit en 1848 pour la Perse, ayant traversé l'océan Indien et la Mésopotamie, après avoir affronté la chaleur, la fatigue de la traversée des déserts, se nourrissant de la façon la plus précaire, menacée par les pilleurs de caravanes.

Ses exploits, presque incroyables pour une femme, la rendirent célèbre et elle fut fêtée à son retour à Vienne. Elle reçut une médaille d'or du roi de France et un don important du gouvernement de son pays, ce qui lui permit d'entreprendre un second tour du monde, cette fois par le cap de Bonne-Espérance et les îles de la Sonde. Après avoir atteint la Californie en 1853, elle gagna le Pérou, traversa la cordillère des Andes, vogua sur le Mississippi, rencontra des Indiens et rejoignit New York par le Canada. En 1855, elle était de retour à Vienne. Elle visita ensuite l'île Maurice et arriva après une traversée hasardeuse à Tananarive où la reine Ranavalona* la fit emprisonner, l'accusant d'être une espionne à la solde de ses ennemis. Elle réussit à s'échapper et rentra à Vienne en 1858 pour mourir un mois plus tard, minée par la fatigue et les fièvres qu'elle avait contractées lors de son difficile retour. S'inspirant de son journal, elle avait publié en 1850 le récit de ses voyages sous le titre *Voyage d'une femme autour du monde* (3 volumes). Celui de son voyage à Madagascar a été réédité récemment.

PHALARIS, duchesse **de**. Française (1697-?). Ravisante blonde aux yeux bleus, elle était la fille du marquis d'Arancourt, duc de Phalaris. Elle se maria très jeune à un gentilhomme qui devint faux-monnayeur et espion. Elle-même, à vingt-cinq ans, avait un passé déjà lourd. En 1723, elle eut pour amant le Régent Philippe d'Orléans, âgé de quarante-neuf ans et physiquement ruiné par une vie de débauche. Mais peut-être fut-elle davantage garde-malade que maîtresse. Quoi qu'il en soit, le 2 décembre 1723, le Régent tomba dans ses bras, foudroyé par une crise d'apoplexie. Effrayée, elle s'enfuit et sombra dans l'oubli.

PHILIPPA DE GUELDRE, bienheureuse. Duchesse de Lorraine (1462 - Pont-à-Mousson, 1547). Elle était la fille d'Adolphe de Gueldre et de Catherine de Bourbon. Elle fut la seconde femme du duc René II de Lorraine auquel elle donna douze enfants dont Antoine Le Bon duc de Lorraine, Claude Ier duc de Guise et Jean, cardinal de Lorraine. À la mort de son époux en 1508, elle se retira au monastère de Pont-à-Mousson où elle mourut après avoir suivi la règle sévère des Clarisses ou Pauvres Dames. Philippa de Gueldre a été béatifiée à une date inconnue.

PHISALIX Marie, née Picot. Naturaliste française (1861-1946). Docteur en médecine, elle participa d'abord aux recherches de son mari Césaire Phisalix sur le sérum antivipérin. À la mort de son époux (1906), elle poursuivit ses recherches au Muséum d'histoire naturelle, se spécialisant dans l'étude des venins de serpents et obtenant de nombreux diplômes de sociétés savantes. Elle a publié entre autre *Animaux venimeux et venins* (1922), *Les Vipères de France* (1940).

PHRYNÉ (Mnésarète, dite). Courtisane grecque (IVe siècle av. J.-C.). Elle naquit à Thespies, en Béotie, où elle fut vendeuse de câpres et flûtiste, avant de devenir la plus célèbre des hétaïres. Son nom était Mnésarète, mais on la surnomma Phryné («crapaud»), à cause de la pâleur de son teint. Fort belle à en juger par les nombreuses anecdotes qui courent sur elle, elle séduisit le peintre

Apelle. On raconte que, après l'avoir vue dénouer sa chevelure et descendre nue vers la mer, lors des fêtes de Poséidon à Éleusis, il peignit son *Aphrodite Anadyomène*. Praxitèle la prit pour modèle de la déesse et fit deux statues, l'une en marbre pour le temple de Thespies, l'autre en bronze pour celui de Delphes. Surnommée «le crible», tant l'or glissait entre ses doigts, elle accumula suffisamment de richesses pour proposer aux Thébains de relever les murs de leur ville, sous réserve qu'ils acceptent de graver sur le fronton de la porte principale: «Détruite par Alexandre, reconstruite par Phryné la courtisane.» La légende veut que les Thébains aient refusé. Accusée de sacrilège, elle fut traduite devant l'aréopage et défendue par l'avocat Hypéride. Désespérant de sauver sa cliente, l'orateur la dévoila, emportant ainsi l'adhésion des juges désarmés devant une telle beauté.

On a trouvé à Pompéi une fresque, *Phryné consultant l'amour*. Sa vie a inspiré des artistes du XIXᵉ siècle: James Pradier a sculpté une *Phryné* (1845, musée de Grenoble) dont le modèle fut Juliette Drouet*; Léon Gérome a peint *Phryné devant le tribunal*.

PIAF Édith (Giovanna Gassion, dite). Chanteuse française (Paris, 1915 - *id.*, 1963). Fille d'un acrobate contorsionniste et d'une Italienne écuyère et chanteuse dans les «beuglants», la légende veut qu'elle soit née dans la rue, sous un réverbère. Elle passa son enfance entre une grand-mère qui lui faisait boire du vin, trouvant l'eau malsaine, et une tante qui tenait une maison close à Bernay, en Normandie. Une cataracte la priva de la vue pendant près de trois ans; elle guérit lors d'un pèlerinage à Lisieux. Beaucoup plus tard, lorsqu'elle voulait bien «voir» une chanson, elle fermait les yeux, retrouvait ce passage dans la nuit. À dix ans, elle poussait la chansonnette et quitta sa famille cinq ans plus tard pour chanter dans les cours, accompagnée de la fameuse «Momone» qui passait pour sa demi-sœur et faisait la quête. Puis Giovanna, sous divers noms, fit des «cachets» dans les bals musettes, les cabarets et les cinémas.

En 1935, alors qu'elle chantait au coin de la rue Troyon, elle fut remarquée par Louis Leplée, directeur d'un cabaret à la mode, le Gernys. Frappé par sa personnalité et le volume de sa voix, il l'engagea et lui trouva un pseudonyme «la Môme Piaf», peut-être en souvenir de la «Môme Moineau», célébrité de 1927. Elle fit entrer le cri de la rue dans ce cabaret snob, et Maurice Chevalier qui l'entendit s'exclama: «Elle en a plein le ventre, la môme.» Mais Louis Leplée fut assassiné, et la Môme Piaf fut inquiétée puis innocentée. Au Gernys, elle avait rencontré le poète Jacques Bourgeat qui lui écrivit des chansons et avec lequel elle échangea jusqu'à sa mort une abondante correspondance. Puis vint Raymond Asso qui, à défaut d'un amour impossible, devint son pygmalion. Il la fit entrer à l'ABC en 1937 et composa pour elle des chansons qui devinrent célèbres, entre autres *Le Fanion de la légion*, *Elle fréquentait la rue Pigalle*, *Le Grand Voyage du pauvre nègre*.

Ce répertoire composé rien que pour elle fut à l'aube d'une carrière foudroyante et exceptionnelle. Silhouette noire et frêle, droite comme un «i», la Môme, devenue Édith Piaf, bouleversait son auditoire par sa voix puissante, parfois rauque, aux accents déchirants. Avec son sens inné de la tragédie, ses gestes pathétiques, elle échappait aux règles ordinaires et serrait de si près la chanson qu'elle en donnait le vertige. Cocteau disait d'elle: «Chaque fois qu'elle chante, on dirait qu'elle arrache son âme pour la dernière fois.»

La vie sentimentale d'Édith Piaf fut à la mesure de sa personnalité excessive. Son premier amour fut à seize ans P'tit Louis, un livreur dont elle eut une fille qui mourut d'une méningite deux ans plus tard, puis vinrent des marins, des spahis, des mauvais garçons. Devenue célèbre, cette dévoreuse d'hommes les fascinait, les collectionnait et, même plus, les façonnait. Il y eut Paul Meurisse, Charles Aznavour qu'elle appelait « le petit génie », le grand Yves Montand, Constantine, Henri Contet qui devint l'un de ses meilleurs paroliers *(C'est merveilleux quand on est amoureux, Monsieur Saint-Pierre, Bravo le clown)*, Jacques Pills qu'elle épousa, le coureur cycliste Girardin, André Pousse, le peintre américain Davis qui fit plusieurs portraits d'elle, le chanteur Moustaki qui composa pour elle l'une des plus belles chansons de son répertoire, *Milord* (1959). Puis elle jeta son dévolu sur Jean-Louis Jaubert, le chef des « Compagnons de la Chanson » avec lesquels elle chanta *Les Trois Cloches* qui remporta un triomphe. Elle partit pour les États-Unis avec ses neufs garçons et devint la reine de New York, applaudie par les plus grands acteurs américains, Orson Welles, Henry Fonda, Judy Garland* et sa fidèle amie Marlène Dietrich*. C'est là qu'elle rencontra le boxeur Marcel Cerdan, et ce fut le coup de foudre. Leur liaison ne dura que deux ans car Cerdan périt le 28 octobre 1949 dans un accident d'avion au-dessus des Açores qui emporta également la violoniste Ginette Neveu*. Bouleversée, Édith Piaf s'évanouit sur la scène du Versailles où elle chantait le soir même. Après la mort de Cerdan, il y eut encore beaucoup d'hommes dans sa vie, mais elle ne fut plus jamais la même.

Elle continua de chanter malgré une santé déplorable. En 1962, elle accepta un spectacle à l'Olympia pour dépanner son ami Bruno Coquatrix et apparut sur la scène dans sa petite robe noire cachant un corps minuscule, bourré d'alcool et de calmants, décharnée, le cheveu rare mais ayant gardé sa prodigieuse voix. Michel Vaucaire et Charles Dumont lui avaient proposé quatorze chansons dont *Non, je ne regrette rien*. Édith fut pour la première fois infidèle à Marguerite Monnot*, son amie et sa confidente de toujours, qui avait composé pour elle la plupart des mélodies de ses chansons, entre autres *Mon Légionnaire*, *La Goualante du pauvre Jean*, *Y'a pas de printemps*, et, sur des paroles d'Édith Piaf, *Le Printemps* et *L'Hymne à l'amour* inspiré par Marcel Cerdan.

Tout comme le public qui lui pardonnait ses défaillances, ses amis supportaient ses frasques et ses sautes d'humeur. Elle était fatiguée, usée lorsqu'elle rencontra son dernier amour, un beau garçon de vingt-sept ans, Théo Sarapo (« je t'aime » en grec), qu'elle épousa en 1962. C'était un couple émouvant : beaucoup plus grand qu'elle, il semblait la porter lorsqu'ils étaient enlacés. Ils chantèrent en duo *À quoi ça sert l'amour?* Édith Piaf mourut l'année suivante à quarante-huit ans, le 11 octobre 1963, le même jour que « son » poète Jean Cocteau, qui avait écrit pour elle *Le Bel Indifférent*, inspiré par ses amours avec Paul Meurisse. Elle qui avait gagné des centaines de millions mourut morphinomane et presque ruinée. Ses paroliers semblaient écrire pour elle sur mesure, tant elle interprétait ses joies, ses désespoirs, sa vie même. Il y eut *La Vie en rose*, qu'elle demanda à son ami Louiguy de signer à sa place, *Le Vagabond* (Louiguy/Piaf), *Padam Padam* (Contet/Glanzberg, 1952), *L'Accordéoniste* (Émer), *L'Homme à la moto* (Lerber/Stoller, 1956), *La Foule* (Cabral/Rivgauche, 1957), *Ça ira* (Françaix/Piaf), *J't'ai dans la peau* (Bécaud/Pills), et tant d'autres chansons qui firent valser le siècle et chavirer les cœurs... Peu avant de mourir, elle enregistra une dernière fois *Non, je ne regrette rien*, dont elle avait dit à la première lecture : « C'est moi, c'est tout moi, c'est mon testament. » Elle a publié *Au bal de la chance* (1958) avec un avant-propos de Cocteau.

RÉF. : S. Berteaut, *Piaf*, Robert Laffont, 1969. A. Larue, *Édith Piaf, l'amour toujours*, Carrère-Lafon, 1983. D. Bret, *The Piaf Legend*, Londres, Robson Books, 1988. M. Lange, *Histoire de Piaf*, Ramsay, 1988. Cl.-J. Philippe, *Édith*, Carrère-Kian, 1988. E. Piaf et J. Noli, *Ma vie*, Presses pocket, 1988.

PICASSO Jacqueline, née Roque. Française (1926 - Mougins, 15 octobre 1986). Elle fut mariée à un fonctionnaire du nom de Hutin, dont elle divorça après avoir eu une fille, Catherine. C'est dans la galerie « La Madoura » à Vallauris, où elle vendait des céramiques, qu'elle rencontra Picasso en 1952. Il avait quarante-cinq ans de plus qu'elle. Le peintre, seul, était désemparé et furieux du départ de Françoise Gilot*, la mère de ses deux enfants, Claude et Paloma Picasso*. Il s'attacha rapidement à Jacqueline qui figura dès 1954 dans son œuvre, avec des allures de sphinx ou d'idole étrusque. Une belle chevelure brune, les sourcils arqués, le nez busqué, le buste court, Jacqueline lui évoquait l'une des *Femmes d'Alger* de Delacroix. En d'innombrables dessins, gravures et peintures, il l'a représentée plus qu'aucune autre femme (pas moins de 160 fois en 1963 !), amenant les critiques à parler d'une « époque Jacqueline ».

Après un séjour à Paris, le couple s'installa en 1955 dans la grandiose villa La Californie. En 1959, Picasso achetait, pour abriter ses peintures, le château de Vauvenargues, sur le flanc de la montagne Sainte-Victoire. Le 2 mars 1961, le mariage était célébré dans l'intimité : Jacqueline était voilée à l'espagnole, elle avait trente-cinq ans, Picasso quatre-vingts. Passionnée, possessive, durant leur vingt ans de vie commune, elle ne le quitta pas plus de quelques heures, veillant sur son œuvre avec un soin jaloux, écartant les importuns toujours plus nombreux, et jusqu'aux amis : « Je ferais bien de m'en méfier, ils arrivent toujours avec des cadeaux. » Dans l'ancien mas de Mougins, Notre-Dame de vie, malgré des ennuis de santé qui se reflètent dans des portraits cruels, elle s'était faite tour à tour interprète, cuisinière, photographe, courtier, chauffeur, modèle, « maman » comme il l'appelait, pour lui permettre de travailler jusqu'à l'heure de sa mort, à quatre-vingt-douze ans.

Le veuvage de Jacqueline Picasso fut marqué par une succession âpre et compliquée et d'interminables procès avec les héritiers, enfants naturels ou légitimes du maître. Si l'on estima sa part à trois cents millions de francs, Jacqueline ne fut pas pour autant intéressée, refusant de vendre la moindre toile, faisant poser des scellés sur le plus petit objet. Elle organisa des expositions à Barcelone, en Irlande, au Canada. En 1978, elle vit partir une partie des œuvres de son mari : cette « dation » en paiement des droits sur l'héritage constitua le fonds du musée Picasso à l'hôtel Salé à Paris. Malgré son troupeau de moutons et de rares amis, Jacqueline, « en désespérance » comme souvent, se tira une balle dans la tête le 15 octobre 1986. Elle repose aux côtés de Picasso, vêtue comme lui d'une cape espagnole, dans la tombe creusée au pied du château de Vauvenargues.

RÉF. : J. Richardson, « L'Époque Jacqueline » *Le Dernier Picasso* (catalogue), exposition Beaubourg, 1988.

PICASSO Paloma. Créatrice de bijoux et de parfums (née en 1949). Fille de Pablo Picasso et de Françoise Gilot*, Paloma fut ainsi nommée en hommage à la colombe de la paix que son père dessina en 1950. Elle fut élevée en France mais entretient avec l'Espagne, selon ses mots, « une relation de rêve ». Les yeux noirs, les cheveux de jais, les lèvres écarlates (« Sans rouge à lèvres on ne me reconnaît pas », plaisante-t-elle), cette femme médiatique qu'on croit grande et agressive est petite, presque timide. Pendant son enfance à Vallauris, Picasso avait refusé de lui donner des leçons de dessin, car il estimait que le talent n'était pas transmissible. Qu'à cela ne tienne, sa fille exerça ses dons artistiques — et son sens des affaires — dans la création de parfums, de bijoux et d'objets de toilette qui trouvèrent les faveurs d'une clientèle raffinée. Elle fut longtemps décoratrice de théâtre. Cylindres de cuivre, anneaux d'acier, billes de quartz ou d'agathe, elle cultive les formes rondes où elle voit la perfection.

Résidente américaine depuis 1982, elle a élu domicile à Manhattan et vit avec son époux, le dramaturge argentin Rafael Lopez Sanche. Elle a fait de son appartement le plus fastueux musée Picasso privé du monde, réunissant tableaux, sculptures, aquarelles et dessins du maître. On y trouve le fameux bronze *La Femme enceinte*, que Picasso fit de Françoise Gilot* enceinte de Paloma, et la non moins fameuse *Petite Fille à la corde* (1950), statue composée d'un assemblage d'objets quotidiens. Paloma Picasso gère avec passion ce fabuleux patrimoine : elle a fait d'importantes donations au musée Picasso de l'hôtel Salé à Paris, qui ne l'ont pas dispensée d'avoir à payer des droits de succession énormes aux autorités françaises sur les œuvres qui composent sa propre collection.

PICCOLOMINI Marietta. Soprano italienne (Sienne, 15 mars 1834 - Poggio Imperiale, Florence, 23 décembre 1899). Après de brillants débuts à Florence dans *Lucrèce Borgia* (Donizetti) en 1852, elle incarna Gilda (*Rigoletto*, Verdi) à Pise en 1853 ; la même année elle créait Violetta (*La Traviata*, Verdi) à la Fenice de Venise. Sa prestation dans le même rôle au Her Majesty's Theatre de Londres en 1855 et au Théâtre-Italien de Paris en 1856 restent légendaires. Très jolie, excellente actrice au tempérament passionné, elle fut l'une des cantatrices les plus populaires de son temps, notamment à Londres qui en fit son idole et où elle triompha dans les rôles de Luisa (*Luisa Miller*, Verdi), Zerline (*Don Juan*, Mozart), Adina (*L'Élixir d'amour*, Donizetti), Marie (*La Fille du régiment*, Donizetti), Amina (*La Somnambule*, Bellini), Léonore (*Le Trouvère*, Verdi). Elle quitta prématurément la scène en 1863 pour se consacrer à son mari, le marquis Gaetani della Fargia, qu'elle avait épousé en 1860.

PICHLER Karoline, née von Greiner. Autrichienne (1769-1843). Fille d'un conseiller à la Cour impériale, grand amateur d'art, épicurien, qui lui donna une éducation raffinée, elle épousa en 1796 un conseiller au gouvernement du nom de Pichler. Très intelligente, passionnée, comme son père, d'art et de littérature, Karoline Pichler ouvrit un salon qui fut rapidement le rendez-vous de l'élite intellectuelle autrichienne et qui joua un rôle important dans l'évolution des lettres de son temps. Elle a publié un grand nombre de romans et de drames qui sont tombés dans l'oubli, mais ses *Mémoires de ma vie* (1844), écrits avec esprit, sont un témoignage des plus précieux pour la connaissance de la vie intellectuelle et des personnalités de l'ancienne Vienne qu'elle a connues au cours de sa vie.

PICHT-AXENFELD Edith. Pianiste et claveciniste allemande (née à Fribourg, le 1er janvier 1914). Ses premiers maîtres furent Rudolf Serkin et Albert Schweitzer. En 1937, elle fut lauréate du concours Chopin à Varsovie, succès qui lui permit d'entreprendre des tournées internationales qui, toutes, furent des succès pour cet artiste qui joue indifféremment du clavecin ou du piano avec un égal bonheur. À l'encontre de la plupart des pianistes qui ont abandonné leur instrument pour se consacrer exclusivement au clavecin, Edith Picht-Axenfeld a tenu à conserver ces deux moyens d'expression, ce qui lui a permis de posséder un double répertoire d'une grande richesse, jouant au clavecin les œuvres de Scarlatti, Byrd et Couperin, et au piano les auteurs classiques et romantiques jusqu'aux contemporains. Elle est une merveilleuse interprète du *Concerto* de Ravel. Excellente également dans la musique de chambre, elle a joué en trio avec N. Chumachenco et A. Stein.

PICKFORD Mary (Gladys Smith, dite). Actrice américaine (Toronto, Canada, 8 avril 1893 - Santa Monica, Californie, 29 mai 1979). Née dans une famille modeste, d'un père anglais et d'une mère d'origine irlandaise, elle eut une enfance difficile car son père mourut tôt, laissant sa mère et ses trois enfants dans une situation proche de la pauvreté. Pour gagner de quoi vivre, sa mère eut l'idée de faire jouer ses enfants sur une scène — Gladys avait alors six ans —, puis elle obtint très vite pour Gladys et sa sœur Lottie un engagement dans la pièce *The Silver King* (Herman et Jones). À dix ans, Gladys manifestait déjà de tels dons, qu'un producteur l'engagea pour tenir un rôle sur une scène à New York. Mais la pièce fut créée par une autre enfant prodige, Lillian Gish*, qui tomba bientôt malade, aussi Gladys fut rappelée pour reprendre le rôle: elle avait douze ans. Elle parvint à rencontrer David Belasco, l'un des grands hommes de théâtre de l'époque, qui l'engagea et lui fit prendre le nom de Mary Pickford. C'est ainsi qu'en 1907 elle remporta un de ses premiers grands succès à New York dans *The Warrens of Virgina* (W.C. De Mille). Mary Pickford avait pour partenaire le frère de l'auteur, Cecil B. De Mille qui devait devenir le célèbre metteur en scène.

En 1909, à seize ans, elle se présenta pour la première fois dans les studios de la compagnie Biograph. Griffith la remarqua et lui confia un petit rôle dans un court métrage *Her First Biscuits* (1909). Par la suite, elle tourna plus de vingt films sous sa direction entre 1909 et 1913. Citons entre autres: *The Lonely Villa* (1909), *The Little Darling* (1909), *Ramona* (1910), *White Roses* (1911), *Lena and Geese* (1912), *The Unwelcome Guest* (1913). Ils eurent un tel succès que la jeune adolescente put augmenter considérablement ses cachets. Mary Pickford dira toute sa vie que D.W. Griffith l'avait découverte et façonnée; elle lui témoignera la plus grande admiration.

Entre 1914 et 1933, elle tourna sous la direction des plus grands metteurs en scène comme Edwin Porter, Edmond O'Brien, Cecil B. De Mille, Ernst Lubitsch entre autres. En femme d'affaires avisée, elle fonda dès 1918 sa propre compagnie de production, en participation. En 1919, elle s'associa avec Charlie Chaplin, D.W. Griffith et Douglas Fairbanks pour créer The United Artists Corporation. L'année suivante, elle épousa Douglas Fairbanks avec lequel elle s'installa à Pickfair, la propriété la plus luxueuse de Beverly Hills. Sa gloire était internationale, et les cachets de «la petite fiancée du monde» considérables. Parmi ses films les plus marquants, citons l'inoubliable *Little Lord Fauntleroy* (E. Green, 1921).

Elle fut récompensée par deux oscars: l'un pour son premier film parlant, *Coquette* (S. Taylor, 1929), l'autre, en 1975, en hommage à sa longue carrière cinématographique. Douglas Fairbanks et elle divorcèrent en 1933, l'année où elle tourna son dernier film, *Secrets* (Borzage). Elle se remaria en 1937 avec Buddy Rogers qui avait été son partenaire dans *My Best Girl* (S. Taylor, 1927). Par la suite, elle abandonna la direction d'United Artists pour se consacrer à de nombreuses activités humanitaires. En 1965, elle remit à la Cinémathèque française une grande partie de ses films et des objets de collection pour le musée du Cinéma. À cette occasion, un hommage solennel fut rendu à cette grande actrice pour son incomparable carrière.

PIENNES, Jeanne de. Française (v. 1536-?). Fille d'honneur de Catherine* de Médicis, elle avait quatorze ans à peine lorsque François de Montmorency, de cinq ans son aîné, s'éprit d'elle et lui promit le mariage. Les deux jeunes gens se fiancèrent secrètement, mais dans les formes juridiques. Or, Henri II, roi de France, avait d'autres vues pour le fils aîné du connétable Anne de Montmorency: il projetait de lui faire épouser sa fille naturelle, Diane de Valois. Acculé, François dut avouer ses fiançailles à son père. Celui-ci fit enfermer Jeanne dans un couvent pendant qu'il tentait de faire dissoudre la promesse de mariage par la Curie romaine. François se rendit personnellement à Rome présenter son dossier. Le pape Paul IV qui avait lui-même des visées sur Diane de Valois — il espérait la marier à son neveu — refusa la dissolution. Pour mettre un terme à une histoire qui faisait grand bruit, Henri II promulgua un édit déclarant nul, de plein droit, sans recours à l'autorité ecclésiastique, tout mariage clandestin. C'est ainsi qu'en 1557 François épousa Diane. Jeanne sortit du couvent en mai de la même année et montra qu'elle savait oublier en accordant sa main au secrétaire d'État, Florimont Robertet, seigneur d'Halluye.

PIETRASANTA Nini. Alpiniste italienne (née à Bois-Colombes en 1909). Elle entreprit avec succès la première féminine des aiguilles du Diable. Sa plus belle performance reste toutefois l'ascension en 1935 de l'Aiguille noire de Peuterey par la face du Frêney, réputée comme l'une des plus périlleuses du massif. Elle était accompagnée du célèbre Gabriele Boccalatte. En 1936, le couple réussit la première ascension du pilier nord-est du Tacul, toujours dans la chaîne du Mont-Blanc. Nini Pietrasanta épousa son fidèle compagnon de cordée, pianiste de profession, qui fut tué en 1938 par une chute de pierres au cours d'une escalade. On ne devait jamais plus la revoir en montagne mais la pointe «Nini» dans les Grandes Jorasses perpétue le souvenir de son passage.

PILOU Jeannette (Pilos Joanna, dite). Soprano grecque (née à Fayoum, Égypte, en juillet 1937). Venue à Milan avec l'intention de devenir décoratrice de théâtre, elle se découvrit des talents de chanteuse et perfectionna sa voix avec Carla Castellani. Elle débuta en Italie dans le rôle de Violetta (*La Traviata*, Verdi). Elle fut aussitôt invitée à Bologne, Turin, Rome et Venise en 1963. Ses deux grands rôles étaient alors Mimi (*La Bohème*, Puccini) et Violetta (*La Traviata*, Verdi). Puis elle chanta à Budapest et au San Carlo de Naples. En 1965, elle fut engagée à l'Opéra de Vienne, entamant ainsi une brillante carrière internationale. Elle se produisit au Metropolitan Opera de New York où elle chanta Juliette (*Roméo et Juliette*, Gounod), Violetta (*La Traviata*, Verdi) et Micaëla (*Carmen*, Bizet); au festival de Salzbourg, où elle tint le rôle de Zerline (*Don Juan*, Mozart); au théâtre Colón de Buenos Aires, à la Scala, à Covent Garden en 1973, à Monte-Carlo où elle participa à la première de *La Reine morte* (R. Rossellini) et à l'Opéra de Paris, où elle revint souvent, invitée par Rolf Liebermann.

PISAN Christine de. Voir CHRISTINE DE PISAN.

PITCHER Molly. Voir MOLLY PITCHER.

PITOËFF Ludmilla, née Smanov. Actrice française d'origine russe (Tiflis, 1895 - Rueil, 1951). Elle était la fille du gouverneur de Tiflis, et sa famille était liée à celle de son futur mari. Pourtant, elle ne rencontra Georges Pitoëff qu'en 1914 à Paris, où elle était venue perfectionner son français et suivre les cours de diction de Paul Mounet et Béatrix Dussane*. Ils se marièrent l'année suivante. Les dons d'actrice de Ludmilla Pitoëff furent révélés au cours d'une lecture en 1916. Dès lors inséparables à la scène comme à la ville, les époux vécurent à Genève où ils montèrent plus de soixante-dix pièces d'auteurs tels que Shaw, Tchekhov, Duhamel, Ibsen, Shakespeare ou Tagore. Leur première représentation à Paris dans *Le temps est un songe* de Lenormand (théâtre des Arts, 1919) fut un triomphe.

De retour en France en 1921, le couple fut engagé par Jacques Hébertot à la Comédie des Champs-Élysées. Ils donnèrent, à travers les salles parisiennes, près de deux cents spectacles. Leur répertoire comprenait des œuvres d'auteurs encore peu connus comme Claudel, Cocteau, Anouilh. Petite, menue et fragile, Ludmilla Pitoëff haïssait le savoir-faire et cherchait son personnage avec lenteur. Parmi ses nombreuses interprétations, Nora (*La Maison de poupée*, Ibsen), Marthe (*L'Échange*, Claudel), ainsi que les rôles-titres de *Sainte Jeanne* (Shaw) et de *La Locandiera* (Goldoni), demeurent exemplaires. Elle eut sept enfants dont Sacha Pitoëff en 1920 qui allait suivre la voie tracée par ses parents. À la mort de son mari en 1939, l'actrice s'embarqua pour le Canada puis l'Amérique où elle donna des cours d'art dramatique à Los Angeles. Rentrée en France après la guerre, elle tenta en vain de rassembler sa compagnie. Acculée à la faillite, elle reprit la scène malgré une santé très altérée. On la vit encore jouer *Miss Mabel* (Sheriff) et *Survivre* (Philippot).

RÉF. : H.R. Lenormand, *Les Pitoëff*, souvenirs, Paris, 1943.

PITTS ZaSu (Liza Suzan, dite). Actrice américaine (Parsons, 3 janvier 1898 - Hollywood, 7 juin 1963). Dès ses premiers rôles, elle se fit appeler ZaSu, contraction de ses deux prénoms qu'elle portait en souvenir de deux tantes. Sa filmographie, très abondante, ne comporte pas moins de quarante-neuf films muets et cent dix parlants. Cependant, elle n'a jamais tenu que deux grands rôles: Trina (*Les Rapaces*, von Stroheim, 1925), où elle incarne de façon magistrale et inoubliable une jeune fille sage se transformant peu à peu en mégère, et dans *La Symphonie nuptiale* (von Stroheim, 1928), où elle est une sublime princesse infirme et sentimentale. Ces deux rôles sont parmi les plus grands du cinéma muet. Vers les années 30, ZaSu Pitts s'associa avec Thelma Todd, la reine du burlesque, pour former un tandem comique, mais les dix-sept courts métrages qu'elles tournèrent ensemble de 1931 à 1933 ne rencontrèrent qu'un succès mitigé. Le reste de sa production est estimable, sans plus. ZaSu Pitts mourut d'un cancer à l'âge de soixante-cinq ans.

PLAISANCE Anne-Sophie, née de Barbé-Marbois, duchesse **de**. Française (Philadelphie, 1754 - Athènes, 1854). Elle naquit aux États-Unis où son père était consul général. De retour en France, elle fut mariée en 1802 à Anne-Charles Le Brun, duc de Plaisance et pair de France en 1824. Elle partagea la brillante ascension de son mari dans la France napoléonienne, devenant dame d'honneur de Marie*-Louise. D'un tempérament romantique et fantasque, elle ne tarda pas à s'ennuyer, d'autant qu'elle n'aimait pas son mari. Elle le quitta et, avec sa fille qu'elle idolâtrait, elle parcourut la Grèce, l'Italie, l'Égypte. Sa fille mourut en 1837, faisant jurer à sa mère de ne pas se séparer de son corps. La duchesse le fit embaumer, le transporta de Beyrouth à Athènes et l'installa dans le palais qu'elle s'était acheté sur le Pentélique. Elle y passa le reste de ses jours, recevant des gens de passage comme Théophile Gautier, David d'Angers, la princesse de Belgiojoso* ou Jane Digby*. Edmond About l'a décrite ainsi dans *La Grèce contemporaine* :

L'exaltation de ses idées et la singularité de sa foi n'ôtent rien à la finesse de son esprit ni à la solidité de son jugement dans les choses ordinaires, ni à la fidélité de sa mémoire.

Elle s'était également fait construire la villa Illisia dans Athènes, aujourd'hui siège du musée Byzantin.

PLANCK-SZABO Herma. Patineuse autrichienne (née le 22 février 1902). Considérée comme la plus brillante patineuse de son temps, elle fut championne du monde quatre années consécutives de 1922 à 1926 et obtint une médaille d'or aux jeux Olympiques d'hiver à Chamonix à l'unanimité du jury (1924). Avec son partenaire Wrede, elle fut consacrée championne du monde par couples en 1925 et 1927.

PLATER Émilie. Héroïne polonaise (Wilno, 1806 - 1831). Durant son enfance, son père, le comte Xavier Platen, lui racontait les hauts faits de son pays. Lors du soulèvement de Varsovie en novembre 1830, elle se sentit concernée. Elle organisa un complot pour aider les insurgés polonais à s'emparer de Dunabourg, forteresse russe proche du manoir de Lixna où elle avait été élevée. Le coup de main échoua. Par la suite, elle participa à l'insurrection de paysans et de nobles polonais, lithuaniens et ruthéniens et se distingua dans différentes campagnes commandées par Zaleski, Gieguld et Chlapowski, lequel lui donna le grade de capitaine. Lors d'une marche sur Varsovie, elle fut recueillie à bout de fatigue par un garde forestier et mourut en apprenant que la capitale s'était rendue aux Russes. Mickiewicz l'a immortalisée dans ses poèmes.

PLÉ-CAUSSADE Simone. Compositeur et pianiste. Française (Paris, 14 août 1897 - Bagnères-de-Bigorre, 6 août 1985). Dès son enfance, elle révéla des dons réels pour la musique, ce qui incita son entourage à lui faire suivre les cours des meilleurs professeurs. Elle étudia le piano au Conservatoire de Paris avec Alfred Cortot et la composition avec Georges Caussade, qu'elle épousa par la suite. En 1928, elle fut nommée professeur d'harmonie et de contrepoint au Conservatoire de Paris où elle compta parmi ses élèves Gilbert Amy et Betsy Jolas. Simone Plé-Caussade faisait partie des quelques femmes compositeurs de notre temps dont les œuvres sont passées à la postérité. Citons parmi celles-ci un *Concerto pour trompette, piano, violoncelle et orchestre*, une *Suite en trio*, une *Sonate pour piano*, des *Chœurs a capella*, des *Pièces pour orgue*, des *Cantates*, *Motets*, *Psaumes* et des *Mélodies* réunies dans un recueil.

PLEYEL Marie Félicité, née Moke. Pianiste belge (Paris, 4 septembre 1811 - Bruxelles, 30 mars 1875). Fille d'un instituteur belge et d'une mère néerlandaise venus s'installer à Paris, elle fut l'élève de Frédéric Kalbkrenner et de Jacques Herz. Très douée, elle donna, encore adolescente, des concerts qui la rendirent célèbre. En 1829, elle rencontra le jeune Hector Berlioz qui s'éprit d'elle; ils se fiancèrent l'année suivante. Mais Berlioz dut partir pour la villa Médicis, et cet éloignement fut fatal à leur amour. Trois mois plus tard, elle épousait Camille Pleyel, pianiste et célèbre facteur de pianos. Malgré son mariage, elle poursuivit ses concerts avec un grand succès. Elle se produisit en Europe et fut applaudie par Schumann, Mendelssohn et Liszt. En tournée à Vienne en 1839, elle rencontra le poète Gérard de Nerval qui se prit d'une grande passion pour elle, passion qui ne semble pas avoir été partagée. Elle enseigna le piano au conservatoire de Bruxelles de 1848 à 1872.

PLISSETSKAYA Maya. Danseuse soviétique (née à Moscou en 1925). Elle est la nièce des danseurs Asaf et Sulamith Messerer et la sœur du danseur Plissetsky. Élève de Valeska Gerdt et d'Agrippina Vaganova* à l'École du Bolchoï, elle frappa d'emblée par sa beauté et par une technique qui triomphait des pas les plus difficiles. On la vit se produire encore étudiante avant d'être engagée comme soliste au Bolchoï en 1943. Elle fut nommée danseuse étoile en 1945. Ses longues jambes, sa souplesse et son élévation en firent l'idole du public soviétique. Elle évoluait avec une légèreté qui semblait bannir tout effort. Et pourtant, c'est avec lenteur qu'elle se remettait de ses spectacles: «Cela me fatigue l'âme», expliquait-elle. Danseuse romantique par excellence, elle a interprété tous les grands rôles du répertoire classique: Odette-Odile (*Le Lac des cygnes*, M. Petipa), Raymonda (*Raymonda*, M. Petipa), Aurore (*La Belle au bois dormant*, M. Petipa). Elle fut la vedette de plusieurs films et créa *La Fleur de pierre* (Lavroski, 1954), *Spartacus* (Lavroski, 1958), et *Carmen suite* (Alonso, 1967) — personnage auquel le public l'identifie. Elle dansa avec une grâce infinie dans *La Rose malade* (Petit, 1973) et un inoubliable *Boléro* (Béjart, 1975). Avec *Anna Karénine* (1972), ballet composé sur une musique de son mari Rodion Chtedrine, elle a signé sa première chorégraphie qui fut suivie de *Seagull* (1980). Elle a obtenu le prix Lénine en 1964 et le Dance Magazine Award en 1965. Au cours des années 80, elle a dirigé le Ballet de l'Opéra de Rome puis le Ballet du théâtre de la Zarzuela à Madrid. À soixante-sept ans, elle n'a pas renoncé à sa carrière, même si elle déclare ne plus vouloir danser au Bolchoï qui ne l'intéresse plus, d'autant qu'elle s'entend mal avec le directeur du Ballet, Youri Grigorovitch.

PLOTINE (en latin, Plotina Pompeia). Impératrice romaine (Nîmes, 70 - 129). Elle épousa Trajan avant l'élévation de celui-ci à l'Empire (98). Modeste mais remarquablement intelligente, sa connaissance des doctrines épicuriennes et son énergie lui permirent de seconder l'empereur. Elle joua un rôle important dans l'avènement d'Hadrien; elle poussa son mari à lui donner une de ses nièces en mariage et, probablement, à l'adopter. Lorsque Hadrien succéda à Trajan en 117, il voulut que Plotine conservât son rang d'impératrice et, à sa mort, obtint son apothéose du Sénat. Il fit élever en son honneur un temple à Rome et une basilique à Nîmes. Il l'a également célébrée dans des hymnes; Pline le Jeune lui a donné le nom de «*Sanctissima femina*».

POITEVIN Louise, née Goujon. Aéronaute française (Paris, 1819 - 1908). Épouse de l'aéronaute Eugène Poitevin, elle l'accompagna dans la plupart de ses ascensions qui étaient davantage des exhibitions que des exploits sportifs. Ces spectacles, fort prisés à l'époque, consistaient à suspendre des chevaux, jusqu'à trois, à la nacelle, et même un taureau mimant «l'Enlèvement d'Europe», exercices qui demandaient une grande audace de la part de leurs auteurs. Certaines de ces ascensions se terminaient par des descentes en parachute. Après la mort de son mari en 1858, Louise Poitevin poursuivit sa carrière, tantôt avec son gendre Théodore Sivel, tantôt avec son fils Adrien. Elle fut applaudie dans presque tous les pays d'Europe jusqu'en 1874, date à laquelle elle renonça à sa carrière; elle avait cinquante-cinq ans.

POLAIRE (Émilie Marie Bouchaud, dite). Chanteuse de café-concert française (près d'Alger, 1883 - Champigny-sur-Marne, 1939). Elle avait une taille de 42 centimètres, la plus fine de Paris, et une silhouette étrange à une époque où la mode allait aux formes avantageuses. Jean Cocteau en fit cette description:

> Une tête plate de serpent jaune, tenant en équilibre les huîtres portugaises de ses yeux clignotants et nacrés, une frange de cheveux, un catogan noir de percheron, une bague de Lalique en guise de ceinture, la jupe de gommeuse découvrant des chaussettes et des bottines à boutons...

À la ville, Polaire s'habillait de costumes masculins, ce qui lui donnait une allure de jeune dandy qui ne laissait aucune place à l'équivoque. La future étoile des grands music-halls de Paris avait quatorze ans lorsqu'elle fit ses débuts à l'Européen où elle signa un contrat de trente sous par jour, matinées comprises. Malgré son peu de voix, elle réussit à s'imposer par son étrange personnalité et son sens de la scène. Follement applaudie, notamment à l'Alhambra, aux Ambassadeurs et aux Folies-Bergère, elle fut l'une des «lionnes» de la Belle Époque. Grande amie de Colette* qui s'essayait au music-hall, elle forma avec elle l'un des premiers *sisters'teams* et joua Claudine au théâtre (1906). Polaire, qui avait entrepris une tournée aux États-Unis, n'y rencontra qu'un succès mitigé. Dans les années 30, elle se produisait encore, méconnaissable, outrageusement fardée, la taille épaissie, la cigarette aux lèvres, interprétant toujours les «scies» de sa jeunesse: *Si j'avais un petit cousin Max*, *C'que t'es rigolo dans ton costum'de tringlot* ou *Tha ma ra boum di hé*. Elle a publié ses souvenirs sous le titre *Polaire par elle-même* (1933).

POLE Margaret, comtesse de Salisbury. Anglaise (Farley, près de Bath, 1473 - Londres, 25 mai 1541). Fille de George Plantagenêt, duc de Clarence, et d'Isabel Warwick, elle épousa en 1491 sir Richard Pole qui mourut en 1505. Henri VIII la fit comtesse de Salisbury en 1513 et la nomma gouvernante de sa fille Marie (future Marie Ire* Tudor). Elle perdit son crédit auprès du roi en prenant le parti de Marie lorsque Henri VIII divorça pour épouser Anne* Boleyn. Elle reparut à la cour à la mort de cette dernière en 1536. Elle avait eu cinq enfants de son mari, dont Henry Pole, lord Montaigu, et Reginald Pole. Ce dernier s'opposa résolument à Henri VIII dont il critiqua la politique matrimoniale et religieuse. C'est ainsi que la famille s'attira la haine du roi; tandis que Reginald Pole nommé cardinal par le pape Paul III en 1536 s'installait à Rome, son frère était exécuté au mois de décembre 1538. Leur mère fut enfermée à la Tour de Londres en 1539 et décapitée à Tower Hill deux ans plus tard. Elle doit une certaine renommée à sa jarretière qui tomba pendant un bal donné à la cour. Le roi la ramassa et prononça ces paroles restées célèbres: «Honni soit qui mal y pense.» Le ruban bleu fut à l'origine de l'ordre de la Jarretière.

POLIGNAC Yolande, née de Polastron, duchesse **de**. Française (v. 1749 - Vienne, 9 décembre 1793). En 1767, elle épousa le comte Jules de Polignac, dont elle eut trois garçons et une fille. Elle fut présentée à Marie-Antoinette* le jour de son couronnement. Plus tard, la reine se prit d'un grand attachement pour elle : elle la logea somptueusement à Versailles, la fit gouvernante des Enfants de France en 1782. Au scandale de la cour, les Polignac bénéficièrent des largesses de Marie-Antoinette, en premier lieu le comte, fait duc héréditaire en 1780. Ils étaient accusés de circonvenir la reine et, avec elle, de vider les caisses de l'État. Pendant la Révolution, la haine que Marie-Antoinette s'attira rejaillit sur la duchesse. Avec son mari, sa fille et sa belle-fille, elle quitta la France dès juillet 1789. Elle se fixa en Suisse, puis à Vienne où elle mourut.

POMARÉ IV. Reine de Tahiti (Tahiti, 1813 - *id.*, 1877). Princesse Aïmata avant de monter sur le trône, elle était la fille de Pomaré II et la sœur de Pomaré III auquel elle succéda à sa mort en 1827. Elle gouverna personnellement dès 1832. Sous son règne, Tahiti fut l'enjeu d'une âpre rivalité entre la France et l'Angleterre. Elle laissa des missionnaires catholiques s'implanter dans l'île, mais le consul anglais Pritchard obtint qu'elle les expulsât en 1837. La France envoya un navire et arracha à la reine une convention commerciale favorable à ses intérêts (1838). Pritchard répliqua en convainquant Pomaré de demander à Londres le protectorat. Il fit les démarches en son nom mais échoua. À contrecœur, la reine adressa alors une requête similaire à la France, qui fut acceptée en 1847. Par la suite, des troubles éclatèrent dans l'île, et elle fut renversée en 1852, mais rétablie grâce à une intervention française. La suite de son règne fut paisible.

POMPADOUR Jeanne-Antoinette Poisson, marquise **de**. Française (Paris, 1721 - *id.*, 1764). Elle était la fille d'un cocher, enrichi dans le commerce des vivres et de Madeleine de La Motte, fille d'un boucher des Invalides. Protégé par les frères Pâris, François Poisson se signala pour les services qu'il rendit en Provence durant une épidémie de peste, avant d'être condamné pour marchés frauduleux lors de la disette de 1725. Il fut exilé huit ans et réhabilité en 1739. Entre-temps, la mère de Jeanne était devenue l'amie d'un puissant fermier général, Le Normant de Tournehem, qui donna à ses enfants, Jeanne et Abel, une éducation soignée. Sortie des Ursulines de Poissy, Jeanne fut mariée à vingt ans à son neveu le châtelain Charles-Guillaume Le Normant d'Étioles. C'est sous ce nom qu'elle fit de brillants débuts dans les salons parisiens, initiée à l'art de la conversation auprès des meilleurs maîtres: Duclos, Fontenelle, Crébillon, Mme de Tencin*. Plutôt grande, les cheveux châtains, un sourire délicieux, c'est en sollicitant une place pour son mari qu'elle rencontra Louis XV, vite conquis par son charme.

Devenue maîtresse en titre en 1745, le roi la dota du marquisat de Pompadour et l'installa à Versailles où elle logea jusqu'en 1751 dans un appartement proche du sien. Leur liaison dura cinq ans, mais la marquise demeura en grâce jusqu'à sa mort. Elle s'attacha le roi par un amour sincère, lui procurant au dire des mémorialistes l'illusion d'un « foyer ». Ce n'était pas une petite affaire et elle se désolait en disant à sa confidente, Mme Du Hausset*, qu'elle « mourrait à la peine ». Elle eut à souffrir les multiples amourettes de son amant: « C'est à son cœur que j'en veux, se consolait-elle, et toutes ces petites filles ne me l'enlèveront pas. » Louvoyant entre les attaques et les « poissonnades » qui circulaient sur son compte, elle déploya une activité faite de devoirs envers la famille royale et d'une vie de représentation effrénée. Intendante des plaisirs d'un roi qui s'ennuyait, elle chantait et jouait la comédie dans son Théâtre des petits appartements, donnait force dîners et soupers. Munie d'une pension d'environ 60 000 livres par an, elle intéressa Louis XV à l'installation des châteaux qu'il lui offrit: Crécy, Bellevue, Champs et ses jardins, Ménars qu'elle décora avec ce souci du « joli » qui caractérise le « style Pompadour ». Son hôtel de Paris (actuel palais de l'Élysée) regorgeait de meubles et d'objets précieux.

La marquise de Pompadour fut un véritable mécène. Elle s'entoura d'artistes et d'hommes de lettres qu'elle pensionnait, logeait ou poussait en place. Diderot et d'Alembert purent se féliciter de sa protection face aux attaques du clergé lors de la parution de l'*Encyclopédie*. Elle fit nommer Voltaire, son préféré, historiographe du roi. L'écrivain disait:

« Elle pense philosophiquement », c'est-à-dire en athée. Voulant laisser derrière elle une œuvre durable, la Pompadour engagea sa fortune dans la création de l'École militaire en 1751. Elle fonda la Manufacture des porcelaines de Sèvres, comme Mme de Maintenon* avait mis sur pied celle de Saxe, et dirigea l'exploitation de la verrerie du Bas-Meudon. Son action politique fut moins importante que la tradition ne le laisse entendre. Laissons parler le marquis d'Argenson, frère du ministre des Affaires étrangères : « Il sort quelques bonnes choses de la boutique de la favorite. Elle adoucit les coups de despotisme des ministres, c'est par elle que le roi s'est accommodé avec le Parlement, c'est elle qui a adouci notre cause contre les Anglais et qui a jeté le roi dans les partis de douceur et d'équité. » Ce rôle d'intermédiaire pesa dans la conclusion d'une nouvelle alliance avec l'Autriche : le chancelier Kaunitz et Stahremberg surent flatter sa vanité pour obtenir des avantages. Elle protégea également le maréchal de Soubise, qui essuya une défaite retentissante à Rossbach durant la guerre de Sept Ans (1757). C'est à cette occasion qu'elle aurait dit — et non le roi : « Après nous, le déluge ! ». En 1752, la marquise avait eu les honneurs du tabouret. Elle était nommée en 1756 dame du palais de la reine Marie Leszczyńska*, qui l'appréciait et lui avait pardonné d'un mot resté célèbre : « Du moment qu'il en faut une, autant celle-là. »

Les dernières années de sa vie furent attristées par les ennuis de santé. Elle mourut de la tuberculose le 15 avril 1764, en montrant beaucoup de courage. Au prêtre qui prenait congé, elle dit : « Un moment, monsieur le curé, nous partirons ensemble... » On ne trouva chez elle que 37 louis... et 2 600 brillants. À défaut d'être regrettée par la cour, le roi la pleura. Il nous reste de nombreux portraits de Mme de Pompadour, parée de toilettes chatoyantes. Citons ceux de Boucher, Nattier (Versailles), Van Loo, Drouais, et un beau pastel de La Tour (Louvre). Elle posa également pour le groupe *L'Amour et l'Amitié*, sculpté par Pigalle, et pour *La Musique* de Falconet (Louvre).

RÉF. : E. et J. de Goncourt, *Madame de Pompadour*, Paris, 1888 (rééd., O. Orban, 1982). J. Nicolle, *Madame de Pompadour et la société de son temps*, Albatros, 1980. Duc de Castries, *La Pompadour*, Albin Michel, 1983. D. Gallet-Guerne, *Madame de Pompadour, ou le Pouvoir féminin*, Fayard, 1984. M. Grillandi, *Madame de Pompadour*, Milan, Rusconi, 1986.

POMPEIA. Romaine (Ier siècle av. J.-C.). Fille de Quintus Pompée et nièce du dictateur Sylla, elle fut la femme de César après Cornélie*. Elle était aimée du tribun Clodius, lui-même marié à Fulvie*. Il fut surpris une nuit dans les jardins de Pompeia alors qu'il allait s'introduire chez elle, déguisé en joueur de flûte. Le collège des Pontifes, dont faisait partie César, l'accusa d'acte sacrilège et de délit d'adultère. Pompeia fut répudiée par César bien qu'il ait refusé de déposer contre elle, étant persuadé de son innocence. Il ne suffisait pas à Pompeia de ne pas être coupable : « La femme de César doit être exempte de tous soupçons. »

PONS Lily (Alice Joséphine, dite). Soprano américaine d'origine française (Draguignan, 12 avril 1898 - Dallas, 13 février 1976). Enfant, elle étudia le piano et reçut ses premiers cours de chant au Conservatoire de Paris où elle était l'élève d'Alberto Di Gorostiaga. En 1924, elle jouait les ingénues au théâtre des Variétés mais ses vrais débuts de chanteuse n'eurent lieu qu'en 1928, à Mulhouse, dans *Lakmé* (Delibes), sous la direction de Reynaldo Hahn. Dès cette époque, elle commença à enregistrer des disques : des airs de *La Bohème* (Puccini) et du *Barbier de Séville* (Puccini), de *Rigoletto* (Verdi), des *Noces de Figaro*

(Mozart) et de *La Flûte enchantée* (Mozart). Jacques Rouché l'auditionna mais lui refusa l'entrée du Palais Garnier.

Elle se produisit sur des scènes lyriques de province, à Cannes, à Deauville, à Montpellier. Là, le ténor Zenatello et sa femme, la cantatrice Maria Gay, l'entendirent. Éblouis par le talent de la jeune femme, ils l'adressèrent au directeur du Metropolitan Opera de New York. Aussitôt engagée, elle débuta en janvier 1931, dans le rôle de Lucie (*Lucie de Lammermoor*, Donizetti), dans une distribution prestigieuse qui réunissait Gigli, De Luca, Pinza. Son succès fut tel qu'elle resta au Metropolitan Opera jusqu'en 1959: elle y chanta Gilda (*Rigoletto*, Verdi), Amina (*La Somnambule*, Bellini), Marie (*La Fille du régiment*, Donizetti), Philine (*Mignon*, Thomas), Olympia (*Les Contes d'Hoffmann*, Offenbach) et bien sûr *Lakmé* (Delibes). Elle fit triompher tous ces rôles en Amérique du Sud, à Covent Garden en 1935, à Paris à l'Opéra en 1935 et à l'Opéra-Comique en 1941 et 1954. Pendant la Seconde Guerre mondiale, elle chanta sur tous les fronts: en Afrique du Nord, en Inde, en Chine, à Ceylan, donnant des concerts pour les troupes alliées.

Elle quitta la scène en 1959, ayant joui tout au long de sa carrière d'une popularité extraordinaire: elle a tourné dans deux films, *That Girl from Paris* (Jason, 1936) et *Hitting a New High* (Walsh, 1938), et une ville du Maryland a été débaptisée pour prendre le nom de Lilypons. Son immense renommée ne reposait pourtant que sur un petit nombre de rôles: il faut dire qu'elle était très belle et qu'elle filait les aigus d'une voix agile. Elle a été mariée deux fois: à l'éditeur Auguste Mesritz dont elle a divorcé et, en 1938, au chef d'orchestre André Kostelanetz dont elle a divorcé également.

PONSE Kitty. Professeur d'endocrinologie suisse, d'origine néerlandaise (Bindjley, Indes orientales, 1897 - [?]). Elle fit ses études à la faculté des sciences de Genève où ses parents s'installèrent en 1905. Elle eut pour maître le professeur Guyénot. Sa thèse de doctorat, qu'elle soutint en 1924, porte sur l'organe de Bidder et le déterminisme des caractères sexuels secondaires du crapaud. Elle devint successivement assistante, *privat dozent* (maître de conférences), professeur extraordinaire d'endocrinologie (à partir de 1947) à l'université de Genève où elle enseigna pendant quarante ans. Son œuvre scientifique intéresse à la fois la génétique et l'endocrinologie: rôle des facteurs héréditaires et des hormones dans la différenciation du sexe chez les vertébrés; moyens de réaliser une inversion fonctionnelle du sexe, même chez l'adulte, et de créer de faux mâles et de fausses femelles fonctionnelles. Elle a publié plusieurs monographies, dont *La Différenciation du sexe et l'intersexualité chez les vertébrés* (1949).

PONSELLE Rosa (Rosa Ponzillo, dite). Soprano américaine (Meriden, Connecticut, 22 janvier 1897 - Green Spring Valley, Baltimore, 25 mai 1981). Issue d'une famille d'émigrés du sud de l'Italie, elle grandit à Meriden, entre un père épicier et une mère cantatrice amateur qui initia ses deux filles au chant. Carmela, l'aînée, et Rosa chantaient dans les chœurs d'église dès l'âge de dix ans mais aussi dans les cinémas de Pittsburgh et de New York. Rosa Ponselle étudia ensuite le chant à New York avec William Thorner, qui devint son imprésario. Il la présenta à Caruso qui, subjugué par son talent, la fit engager au Metropolitan Opera de New York. Elle y débuta le 15 novembre 1918 en Leonora (*La Force du destin*, Verdi) avec pour partenaires Caruso et De Luca. Elle remporta un succès sans précédent qui fit d'elle la vedette du Metropolitan Opera pendant dix-neuf saisons. Elle s'y produisit 258 fois (et 107 fois en tournée) au fil des années, interprétant vingt-deux rôles auxquels elle prêtait son physique ravissant, son jeu, son émotion, mais surtout une voix d'une exceptionnelle richesse, parfaite dans tous les registres.

Si sa carrière américaine fut splendide, sa carrière européenne, en revanche, resta limitée: elle ne chanta à Covent Garden que de 1929 à 1931 et au Mai florentin en 1933. Le 15 février 1937, elle fit au Metropolitan Opera ses adieux à la scène, dans le rôle de Carmen (*Carmen*, Bizet). Elle se consacra dès lors à son mari Carl Jackson, le fils de l'ancien maire de Baltimore, qu'elle avait épousé en 1936 et qui lui fit construire une magnifique villa à Green Spring Valley près de Baltimore; elle s'occupa d'œuvres sociales et enseigna le chant. Divorcée en 1954, elle fut pendant un temps la directrice artistique de l'Opéra de Baltimore. Elle mourut à quatre-vingt-quatre ans dans sa demeure de Spring Valley, ayant su conserver autour d'elle de nombreux amis. Entre autres grands rôles qui ont marqué sa carrière, citons Norma (*Norma*, Bellini), Violetta (*La Traviata*, Verdi), Rachel (*La Juive*, Halévy), Aïda (*Aïda*, Verdi), Selika (*L'Africaine*, Meyerbeer), Gilda (*Rigoletto*, Verdi), Luisa (*Luisa Miller*, Donizetti), Santuzza (*Cavalleria rusticana*, Mascagni), Amneris (*Don Carlos*, Verdi).

PONTOIS Noëlla. Danseuse française (née à Vendôme, le 24 décembre 1943). Entrée au Ballet de l'Opéra en 1960, elle en fut nommée étoile en 1968. Elle dansa avec Noureïev *Le Lac des cygnes* (M. Petipa) en 1969 et *La Belle au bois dormant* (version de Rosella Hightower*) en 1971. En 1973, elle créa *Pulsion* de son mari Daini Kudo, travailla à la reconstitution de *Coppélia* (Saint-Léon) de Pierre Lacotte avant de créer *Don Quichotte* (Noureïev) en 1981. Elle a reçu le prix Pavlova* en 1969 et a été faite chevalier de la Légion d'honneur.

RÉF.: G. Cournand, *Noëlla Pontois*, Fayard, 1980.

POPARD Irène, née Lièvre. Professeur de danse. Française (Paris, 1894 - *id.*, 1950). Élève d'Isadora Duncan* et de Georges Demeny, elle créa en 1917 à l'âge de vingt-trois ans sa propre méthode éducative et créative: la «gymnastique harmonique», proche de la danse libre, exclusivement destinée aux femmes. En 1949, un groupe de sa formation fut chargé d'interpréter à l'Opéra de Paris le ballet *La Naissance des couleurs*. Depuis soixante-dix ans, plus d'un million d'élèves ont pratiqué son enseignement.

RÉF.: M.T. Eyquem, *Irène Popard aujourd'hui*, Paris, 1959.

POPESCO Elvire (Elvire Popescu, dite). Actrice française d'origine roumaine (née à Bucarest, le 10 mai 1896). Nommée sociétaire du Théâtre national de Bucarest en 1914, elle dirigea ensuite le théâtre Excelsior et le théâtre Mic où elle faisait jouer des pièces du Boulevard français. Robert de Flers l'ayant vue sur scène la convainquit de s'installer à Paris en 1923, année où elle joua un rôle créé à son intention dans *Ma cousine de Varsovie* (L. Verneuil). Son succès fut tel — plus de mille représentations — qu'elle collabora plusieurs années avec le même Verneuil. Avec sa joie de vivre, un humour continuel, une énergie formidable, Elvire Popesco était une reine du Boulevard. Elle cultivait à dessein son accent — elle roulait les « r » —, ce qui lui permit de tenir des rôles d'étrangère où elle laissait libre cours à sa verve et à sa fantaisie. Elle a brillé dans des pièces de Flers et Caillavet et, en même temps, a beaucoup tourné pour le cinéma.

POPP Lucia. Soprano autrichienne d'origine tchécoslovaque (née à Uhorskà Ves, le 12 novembre 1939). Élève des classes de chant à l'académie de musique de Bratislava de 1959 à 1963, elle débuta à l'opéra de cette ville. Herbert von Karajan l'invita aussitôt à l'Opéra de Vienne. Elle y triompha en Reine de la Nuit (*La Flûte enchantée*, Mozart) et en devint, en quelques saisons, la vedette incontestée. Elle y chanta les rôles de Constance (*L'Enlèvement au sérail*, Mozart) et de Zerbinette (*Ariane à Naxos*, Strauss) en 1963. La même année, elle parut également au festival de Salzbourg. En 1966, Londres l'accueillit à Covent Garden en Oscar (*Un bal masqué*, Verdi), puis en Gilda (*Rigoletto*, Verdi). Engagée en 1967 à l'Opéra de Cologne, elle fut invitée au Théâtre national de Prague et fit ses débuts américains au Metropolitan Opera de New York en Reine de la Nuit (*La Flûte enchantée*, Mozart). En 1969, une tournée la conduisit en Australie. En 1973, elle chanta Suzanne (*Les Noces de Figaro*, Mozart) à l'Opéra de Paris puis, en 1976, Sophie (*Le Chevalier à la rose*, R. Strauss). Depuis 1980, elle aborde des rôles plus difficiles : la Maréchale (*Le Chevalier à la rose*, R. Strauss), Eva (*Les Maîtres chanteurs*, Wagner), Arabella (*Arabella*, R. Strauss), la Comtesse (*Les Noces de Figaro*, Mozart). Elle a été mariée deux fois : au chef d'orchestre Georg Fisher puis à Peter Johnas, directeur de l'English National Opera.

POPPÉE (en latin **Poppae Augusta**). Impératrice romaine (?-65). Elle épousa Ruffius Crispinus, le préfet des cohortes prétoriennes, puis un compagnon de Néron, Salvius Othon. Elle devint la maîtresse de l'empereur en 58. Belle, ambitieuse et intrigante, elle eut de l'influence sur lui. Elle obtint la répudiation d'Octavie*, faussement accusée d'adultère, et put ainsi se faire épouser en 62. Dans une crise de colère, Néron lui donna un coup de pied au ventre alors qu'elle était enceinte. Elle mourut quelques jours plus tard, et l'empereur la fit diviniser.

PORÈTE Marguerite. Mystique française ([?]-Paris, 1er juin 1310). Avant 1216, elle écrivit un livre, *Le Miroir des simples âmes*, dont l'influence fut profonde sur le mouvement dit du « libre esprit ». Cet ouvrage, à caractère ésotérique, décrit la libération de l'âme qui passe par sept étapes successives avant d'atteindre à la béatitude du paradis. Il fut accueilli par l'Église avec prudence, puis critiqué. Marguerite Porète l'ayant présenté à l'évêque de Châlons-sur-Marne pour examen, l'inquisiteur de Lorraine la déferra devant son tribunal et la condamna. Elle fut jugée une deuxième fois à Paris, condamnée à mort en tant que « relapse » et brûlée vive.

PORTER Katherine Anne. Romancière américaine (Indian Creek, Texas, 1890 - Silver Spring, Maryland, 1980). Issue d'une famille sudiste, elle fut élevée au couvent et dans des écoles privées. Ses études terminées, elle voyagea beaucoup, vécut quelque temps au Mexique et en Allemagne puis plus longuement en France (où elle traduisit un livre de vieilles chansons françaises en 1933), à l'époque de son premier mariage. Son premier recueil de nouvelles, intitulé *L'Arbre de Judée* (1930), lui valut immédiatement la réputation d'une styliste impeccable à la psychologie subtile. Elle confirma son talent avec *Hacienda* (1934), et *Vin de midi* (1937) — cette nouvelle trouvant sa place deux ans plus tard dans *Le Cavalier pâle*. En 1944, elle réunit encore plusieurs petits chefs-d'œuvre dans *La Tour penchée*, recueil de neuf nouvelles, la plupart situées dans le Sud, ayant pour héroïne une Miranda qui doit beaucoup aux souvenirs d'enfance de l'auteur.

Après un recueil d'essais, *Les Jours passés* (1952), elle publia enfin un grand roman, *La Nef des fous* (1962), parabole du voyage de la vie utilisant la fiction d'une traversée en vingt-sept jours, du

Mexique jusqu'en Allemagne, en 1931. Mais ce sont ses *Collected Stories* (1965) qui lui valurent ses plus grands succès : le National Book Award et le prix Pulitzer en 1966. En 1977, elle fit paraître un bref mémoire : *The Never-Ending Wrong* qui contient les protestations qu'elle avait émises lors du procès de Sacco et Vanzetti, ces deux anarchistes italiens qui furent exécutés en 1927 et dont le procès souleva une grande émotion aux États-Unis et en Europe.

PORTER Mary Ann. Actrice anglaise (?-1765). Elle débuta sur scène encore enfant et se produisit en 1699 à Londres, au Lincoln's Inn Fields Theatre. Elle y observait Élisabeth Barry*, à qui elle succéda plus tard. Grande et bien faite, la voix grave, tout la destinait en effet aux rôles dramatiques. Elle triompha dans *Venise sauvée* (Otway) et créa les personnages d'Hermione (*The Distrest Mother*, Philips) en 1712, et d'Alicia (*Jane Shore**, Rowe) en 1714. Elle était capable de bouleverser les plus indifférents par l'ardeur et la passion de son jeu, et ses admirateurs la jugaient supérieure à Anne Oldfield*. Elle donna sa soirée d'adieux en 1742 à Covent Garden. Elle put jouir d'une retraite paisible au terme d'une vie qu'aucun scandale n'avait ternie.

POSADNICA Marfa. Héroïne russe (XVe siècle). Veuve du gouverneur de Novgorod, Isaac Andrejevic Boreckij, elle prit la tête de la faction antimoscovite. Le tsar Ivan III envahit et soumit la ville en 1471, fit décapiter les boyards dont un fils de Marfa, et envoya son second fils en captivité. Indomptable, Marfa Posadnica, qui attendait des secours de Lituanie et de Pologne, fit massacrer les partisans d'Ivan. La Moscovie livra alors une guerre sans merci à Novgorod qui, affamée et cernée, fut obligée de capituler. Le 2 février 1479, Marfa et les chefs rebelles furent emprisonnés à Moscou, puis elle fut envoyée dans un couvent. C'est ainsi que s'acheva l'indépendance de Novgorod.

POUCHKINE Natalia, née Gontcharova. Russe (1812-1863). Pouchkine la rencontra en 1829 et fut subjugué par la beauté parfaite de cette jeune femme de dix-sept ans. Sa demande en mariage fut ajournée par la famille Gontcharov qui hésitait à marier leur fille à un homme qui avait été exilé quatre ans pour ses poèmes séditieux. Le tsar les rassura et autorisa la publication de *Boris Godounov* qui procura quelques revenus à l'auteur. Le mariage fut célébré le 18 février 1831. Les mariés s'installèrent à Tsarskoïe Selo (actuellement Pouchkine), puis à Saint-Pétersbourg. Distinguée par le tsar lui-même, recherchée par tous, adorée par son mari, Natalia Pouchkine fut la plus belle femme de son temps, mais une médiocre compagne pour l'écrivain auquel elle donna cependant trois enfants. Insouciante, elle accepta les assiduités d'un jeune Français de vingt-quatre ans, Georges d'Anthès, fils adoptif de l'ambassadeur des Pays-Bas. Pouchkine le provoqua en duel le 27 janvier 1837 et fut tué d'un coup de pistolet par son adversaire.

POUGY Liane de. Voir LIANE DE POUGY.

POUPELET Jane. Sculpteur. Française (Saint-Paul-Lizonne, Dordogne, 1878 - *id.*, 1932). Elle était l'élève de Lucien Schnegg et de Rodin, qui fit d'elle un buste (musée du Luxembourg). Elle débuta par des nus, *La Toilette* (1906, Paris, musée d'Art moderne) qui fut à l'origine de sa renommée, mais ce sont surtout ses séries de sculptures d'animaux qui la rendirent célèbre ; dans ces œuvres l'influence du sculpteur animalier Pompon n'est pas absente. Jane Poupelet fut présidente de la Fédération internationale des femmes universitaires.

Ses œuvres, parmi lesquelles on peut citer *La Femme sans bras*, *La femme posant un pied dans l'eau* et *La vache qui marche*, figurent au musée d'Art moderne de Paris, aux musées de Prague, d'Alger et de plusieurs villes des États-Unis.

POWELL Maud. Violoniste américaine (Pérou, 1868-1920). Très douée, elle eut comme professeurs Danclo et Schradieck, puis, plus tard, le violoniste Joachim. Elle commença une brillante carrière internationale en remportant des succès en Europe et aux États-Unis. Elle joua les concertos des grands maîtres modernes: Tchaïkovski, Saint-Saens, Dvořák, Lalo, mais c'est avec le *Concerto en sol mineur* de Max Bruch qu'elle remporta ses plus grands triomphes, notamment à Berlin où elle était accompagnée par l'orchestre philharmonique de la ville. Maud Powell a fondé un quatuor à cordes très réputé qui se produisit surtout aux États-Unis.

POZZI Catherine. Poétesse française (Paris, 1882 - *id.*, 1934). Par son milieu — son père, Samuel Pozzi, médecin et poète, était très mondain — elle fut mise dès sa jeunesse au contact des intellectuels les plus brillants de la fin du siècle. Elle épousa l'auteur dramatique Édouard Bourdet en 1907, dont elle eut un fils, Claude. Elle se sépara bientôt de son mari avec qui elle ne s'entendait pas. Frappée par la tuberculose, elle se jeta à corps perdu dans des études d'histoire, de philosophie, de science, de religion. À partir de 1920, commença sa liaison avec Paul Valéry, liaison exigeante, conçue comme une quête à la fois charnelle et spirituelle. Elle quitta Valéry moralement brisée, en 1928, alors que la morphine qu'elle prenait pour soigner sa maladie commençait à exercer ses ravages. Très mondaine en même temps, celle qui disait « j'inquiète les hommes, j'occulte les femmes... » se frotta à tous les grands esprits de son temps : Rilke, Julien Benda, Daniel Halévy, Anna de Noailles*, Jean Paulhan, Raïssa Maritain* et son mari. Elle a laissé une nouvelle autobiographique, *Agnès* (1927), six *Poèmes* (1935) un temps attribués à Valéry et que l'on compare à ceux de Louise Labé*, un essai philosophique inachevé, *Peau d'âme* (1935). Son *Journal*, témoignage exceptionnel sur les tourments d'une âme mystique en quête d'elle-même, a été publié en 1987.

RÉF. : L. Joseph, *Catherine Pozzi, une robe couleur du temps*, La Différence, 1988.

PRÉOBRAJENSKA Olga Jossifovna. Danseuse française d'origine russe (Saint-Pétersbourg, 2 février 1870 - Saint-Mandé, 27 décembre 1962). Elle étudia à l'École impériale d'où elle sortit en 1889. Celle qui allait devenir la plus grande étoile russe de son temps ne fut pas engagée sans difficultés au Théâtre-Marie (actuel Kirov) car elle était légèrement voûtée. Elle devint soliste en 1896 et première danseuse en 1900. Petite, intelligente, technicienne et mime exceptionnelle, elle s'imposa en donnant le meilleur d'elle-même dans *Coppélia* (Nuitter et Saint-Léon), *Raymonda* (M. Petipa), *Les Saisons* (M. Petipa), *Le Corsaire* (M. Petipa), *La Belle au bois dormant* (M. Petipa), *Paquita* (M. Petipa), *Casse noisette* (Ivanov), *Le Talisman* (M. Petipa), *Sylvia* (Ivanov et Gerdt), *Don Quichotte* (Gorski), etc., au total plus de sept cents spectacles. Chacun de ses pas, chacun de ses gestes était, dit-on, une œuvre d'art.

Elle commença à enseigner dès 1914 et quitta l'URSS en 1921. Une douzaine de tournées la menèrent en Europe et aux États-Unis, y compris une saison chez Serge de Diaghilev à Monte-Carlo. Elle fut professeur à Milan, Londres, Buenos Aires et Berlin avant de s'établir à Paris où elle enseigna de longues années au Studio Wacker. L'un des professeurs les plus marquants de son temps, elle forma plusieurs générations de danseurs dont les plus connus sont Tamara Toumanova*, George Skibine et Milorad Miskovitch. Elle se retira à quatre-vingt-dix ans et mourut dans une maison de retraite de la région parisienne.

PRESLE Micheline (Micheline Chassagne, dite). Actrice française (née à Paris, le 22 août 1922). Elle suivit des cours d'art dramatique et, dès l'âge de seize ans, eut de petits rôles au cinéma. Elle se révéla l'année suivante dans *Jeunes Filles en détresse* (Pabst, 1939) et surtout dans *Paradis perdu* (Gance, 1939). Pendant la guerre, elle tourna des films de qualité inégale avant d'aborder le théâtre de Boulevard. La consécration lui vint véritablement avec *Falbalas* (Becker, 1944), *Boule de suif* (Christian-Jaque, 1945) et *Le Diable au corps* (Autant-Lara, 1946). Elle s'y imposait par sa beauté et un très grand talent de comédienne qui lui permettait d'incarner les personnages les plus variés. Cependant, après un séjour peu probant à Hollywood (1948-1951), sa carrière a piétiné, et elle n'a plus trouvé de rôles aussi éclatants que les précédents. Aux États-Unis, elle avait épousé le cinéaste William Marshall, le premier mari de Michèle Morgan*. Elle divorça avant son retour en France.

PRESS Tamara et **Irina**. Athlètes soviétiques (Tamara, née à Kharkov en 1937; Irina, née à Kharkov en 1939). Le cas de ces deux athlètes a soulevé bien des interrogations dans les milieux sportifs et de nombreuses spéculations dans la presse en 1966. En effet, lorsque pour la première fois, avant les championnats d'Europe de Budapest, furent instaurés des contrôles chromosomiques de féminité, les deux sœurs ne se présentèrent pas aux épreuves et on ne les revit plus jamais en compétition... Auparavant, Tamara Press avait remporté une médaille d'or aux jeux Olympiques de Tokyo (1964), avant de devenir championne du monde du lancer du disque à plusieurs reprises, à Kassel (1965), avec un jet de 59,70 m, à Moscou (1966) avec 58,90 m. Elle fut également championne du monde du lancer du poids avec 18,55 m lors des championnats d'Europe de Belgrade (1962), et obtint une médaille d'or aux jeux Olympiques de Tokyo (1964). Son record absolu était de 18,59 m atteints à Kassel (1965). Sa sœur cadette Irina, spécialiste de la course de haies et du pentathlon fut également championne du monde du 80 m haies avec un temps de 10 s 3, obtenu à Tbilissi (1965); elle battit le record du pentathlon une première fois en 1959. Elle remporta la médaille d'or de cette discipline aux jeux Olympiques de Tokyo (1964).

PRESTI Ida. Guitariste française (Suresnes, 1924 - Rochester, États-Unis, 1967). Son père, violoniste d'origine italienne et sa mère, Ida Presti, dont elle prit le nom, la formèrent très jeune: à douze ans, elle donnait son premier grand concert avec orchestre à l'Opéra de Paris. Elle perdit son père en 1937 et, pour aider sa mère et sa sœur, elle donna des concerts qui la rendirent vite célèbre. En 1950, elle rencontra le grand guitariste Alexandre Lagoya, qu'elle épousa en 1952. Ils formèrent un duo de guitare classique unique et entamèrent une prestigieuse carrière qui les conduisit dans le monde entier. C'est en 1967, au cours d'une sixième tournée aux États-Unis, entreprise avec son mari, qu'Ida Presti mourut terrassée par une syncope à Rochester. De grands compositeurs leur ont dédié plusieurs de leurs œuvres: Poulenc, Wismer, Jolivet, Louis Aubert et Villa-Lobos. Ida Presti et son mari ont eux-mêmes écrit pour leur instrument.

PRÉVOST Françoise. Danseuse française (Paris, 1680 - *id.*, 1741). Fille d'un régisseur, elle fit ses débuts en 1699 à l'Opéra de Paris dans *Atys* (Lully). Succédant à Marie-Thérèse Subligny* en 1705, elle devenait ainsi la troisième danseuse «étoile» du ballet français. Partenaire de David Dumoulin, de Jean Balon et de Nicolas Blondy, elle excellait, selon Noverre, dans le passe-pieds qu'elle «courait avec élégance» et dans la «gargouillade» (très à la mode, dans le genre du «pas tortillé»). Elle formait avec ses élèves, Marie Sallé* et Camargo*, un trio incomparable. Le peintre Tocqué nous a laissé d'elle un portrait où elle apparaît exquise d'élégance et de légèreté. Françoise Prévost domina la scène pendant trente ans, se produisant dans des ballets d'André Campra, Louis Bourgeois, Jean-Joseph Mouret, Henri Desmarets, Jacques Aubert, François Colin de Blamont — une centaine au total environ. Sa longue liaison avec le chevalier de Mesmes se termina par un procès retentissant. Elle se retira en 1730 avec une pension de mille livres, une maison à Pantin et une autre au Palais-Royal.

PRICE Leontyne Mary Violet. Soprano américaine (née à Laurel, Mississippi, le 10 février 1927). Issue d'une famille modeste — son père était charpentier, sa mère sage-femme —, elle n'en apprit pas moins, enfant, à jouer du piano et à chanter, et dès l'âge de seize ans, elle parut en concert dans sa ville natale. Elle poursuivit des études de musique et de chant dans différents collèges, notamment auprès de Catherine Van Buren à Wilberforce dans l'Ohio. Diplômée en 1948, elle obtint une bourse pour se perfectionner à la Julliard School de New York. Elle y travailla avec Florence Page Kimball et dans l'atelier d'opéra de Frederic Cohen qui lui fit chanter le rôle de Mme Ford (*Falstaff*, Verdi). Le compositeur Virgil Thomson la remarqua et l'engagea pour monter son opéra *Four Saints in Three Acts*. Elle tint ensuite le rôle de Bess (*Porgy and Bess*, Gershwin) lors d'une tournée à travers l'Amérique (1952-1954) et l'Europe (1955). Le 14 novembre 1954, elle fit des débuts très remarqués en concert à New York. Le mois suivant, elle créa *Prayers of Kirkegaard* (Barber) avec l'Orchestre symphonique de Boston sous la direction de Charles Münch. En 1955, elle fut Tosca (*Tosca*, Verdi) à la télévision. Première Noire à tenir ce rôle, elle fit sensation: sa carrière était faite.

En 1957, elle chanta au San Francisco Opera le rôle d'Aïda (*Aïda*, Verdi). Elle le reprit pour ses débuts à Vienne en 1958 sous la direction d'Herbert von Karajan, puis en juillet à Covent Garden et, l'année suivante, à la Scala où elle fut la première chanteuse noire à se produire sur cette scène. En 1961, elle fit ses débuts au Metropolitan Opera de New York dans le rôle de Léonore (*Le Trouvère*, Verdi) et incarna au cours de la saison Aïda (*Aïda*, Verdi), Madame Butterfly (*Madame Butterfly*, Puccini), Donna Anna (*Don Juan*, Mozart), Tosca (*Tosca*, Puccini). Elle chanta sur cette scène jusqu'en 1976: elle y fut notamment Cléopâtre* (*Antoine et Cléopâtre*, Barber) lors de la première de l'œuvre en 1964. Après s'être produite dans le monde entier, elle fit ses adieux à la scène au Metropolitan Opera, en 1985, laissant le souvenir d'une des plus belles voix de sa génération, d'une verdienne incomparable et d'une Aïda grandiose. Mariée en 1952 au baryton William Warfield qui fut son partenaire dans *Porgy and Bess* (Gershwin), elle s'est séparée de lui dès 1959 mais le divorce n'est intervenu qu'en 1973.

PRICE Margaret. Soprano galloise (née à Tredegar, le 13 mars 1941). Après ses études au Trinity College de Londres, elle débuta en 1964 au Welsh National Opera, dans le rôle de Chérubin (*Les Noces de Figaro*, Mozart). La même année, à Covent Garden, elle remporta son premier grand succès en remplaçant dans ce rôle Teresa Berganza* souffrante. Elle revint à Covent Garden, à partir de 1970, pour y incarner les héroïnes mozartiennes: Pamina (*La Flûte enchantée*), Fiordiligi (*Così fan tutte*), Donna Anna (*Don Juan*) et la Comtesse (*Les Noces de Figaro*). Invitée sur toutes les grandes scènes lyriques, elle triompha aussi bien au festival de Glyndebourne (1966, 1968 et 1972), qu'à l'Opéra de Cologne (1971), de Chicago (1972), de Paris où elle débuta en 1973 dans la Comtesse (*Les Noces de Figaro*, Mozart), ou enfin à la Scala en 1978 — elle y incarnait Norma (*Norma*, Bellini) et Élisabeth de Valois (*Don Carlos*, Verdi). À la télévision, on la vit chanter Agathe (*Le Freischütz*, Weber), Salud (*La Vie brève*, De Falla), et une émouvante Tatiana (*Eugène Onéguine*, Tchaïkovski). Interprète de Richard Strauss (*Ariane à Naxos*, *Salomé*) et de Wagner (*Tristan et Isolde*), Margaret Price, dirigée par les chefs les plus prestigieux, continue à être la plus grande mozartienne vivante; malgré son succès, elle reste fidèle au Welsh National Opera.

PRIE Jeanne Agnès, née Berthelot de Pléneuf, marquise **de**. Française (Paris, 1698 - Courbépine, 7 octobre 1727). Fille d'Étienne Berthelot, seigneur de Pléneuf, premier commis du ministre Voysin, elle épousa en 1713 le marquis de Prie, qui fut nommé ambassadeur de France à Turin la même année. Rentrée en France en 1719, elle devint officiellement la maîtresse du duc de Bourbon et, occasionnellement, celle du Régent, Philippe d'Orléans. Conseillée par les frères Pâris, elle acquit une grande influence à la cour lorsque son amant devint Premier ministre en 1723. Pendant trois ans, elle gouverna pratiquement, obtenant à sa guise des lettres de cachet. C'est elle qui fit embastiller le ministre Le Blanc et le comte de Belle-Isle sous l'inculpation de malversation. Experte en intrigues, c'est encore elle qui fit renvoyer l'infante Marie-Anne Victoire en Espagne, en avril 1725, pour faire épouser Marie* Leszczyńska à Louis XV. Devenue impopulaire à cause d'une hausse du prix des grains et ayant conspiré contre le comte de Fleury, elle perdit la faveur du roi et se vit reléguée sur ses terres de Courbépine en Normandie, au mois de mars 1726. Elle ne supporta pas l'exil et mit fin à ses jours en s'empoisonnant. Elle n'avait pas vingt-neuf ans.

PRINCESSE PALATINE, la. Voir CHARLOTTE-ÉLISABETH DE BAVIÈRE.

PRINTEMPS Yvonne (Yvonne Wigniolle, dite). Actrice et chanteuse française (Ermont-Eaubonne, 25 juillet 1894 - Neuilly-sur-Seine, 18 janvier 1977). Elle avait des yeux immenses, un nez spirituel, une voix exquise de soprano léger. «Elle ne chante pas, disait Colette*, elle se contente de respirer mélodieusement.» Dès 1910, elle débuta au music-hall dans des rôles d'enfant: deux ans plus tard elle abordait le genre de la revue satirique et féerique, devenant la plus jeune pensionnaire des Folies-Bergère. Elle épousa Sacha Guitry en 1919 et fut sa deuxième femme après Charlotte Lysès. Pendant douze ans, elle joua dans la plupart de ses productions aux Bouffes-Parisiens. Elle créa entre autres *Mozart* (Guitry, 1920) et *L'Amour masqué* (Guitry, 1923), deux comédies musicales sur des musiques de Messager. Dans cette dernière, elle jouait aux côtés de son mari qui tenait un rôle mais ne chantait pas, et elle obtint un triomphe avec le célèbre couplet, *J'ai deux amants*.

Après leur divorce, elle épousa Pierre Fresnay en 1932. Ils se produisirent ensemble à Londres en 1934 dans *Conversation Piece* (Coward), aux États-Unis en 1936 dans *O Mistress Mine* (Travers). L'année suivante, elle prit la direction du théâtre de la Michodière à Paris avec Victor Boucher et, plus tard, avec François Perier. Sur cette scène, elle joua avec Fresnay dans des pièces de Marcel

Achard, Édouard Bourdet, André Roussin, etc.

Danseuse, chanteuse, actrice et directrice de théâtre, Yvonne Printemps a également tourné neuf films. Le premier avec Sacha Guitry: *Un roman d'amour et d'aventure* (Hervil et Mercanton, 1917), et les suivants avec Pierre Fresnay: *La Dame aux camélias* (Gance, 1934), *Adrienne Lecouvreur* (L'Herbier, 1938), *Trois Valses* (Berger, 1938) — opérette sur des musiques d'Offenbach —, *Le Duel* (Fresnay, 1939), *Je suis avec toi* (Decoin, 1943), *Les Condamnés* (Lacombe 1947), *La Valse de Paris* (Achard, 1949), où elle est une merveilleuse Hortense Schneider*, *Le Voyage en Amérique* (Lavorel, 1951).

RÉF.: K. Ciupa, *Yvonne Printemps*, Robert Laffont, 1989.

PRISCILLE ou **PRISCA**, sainte (Ier siècle). Elle donna son nom à la plus ancienne catacombe de Rome. Citée avec son époux Aquilas dans les Actes des Apôtres (XVIII, 2, 18, 26) et dans les Épîtres de saint Paul (Rom., XVI, 3 ; I COR. XVI, 19 ; II Tim., IV, 9), ils furent chassés de Rome par un édit antisémite de l'empereur Claude en 49-50 et se réfugièrent à Corinthe où l'apôtre Paul se lia d'amitié avec eux. Ensemble, ils s'embarquèrent pour la Syrie où ils propagèrent le christianisme. Ils réapparurent à Rome où, comme à Éphèse et à Corinthe, ils ouvrirent leur porte aux assemblées de l'Église.

PRITCHARD Hannah, née Vaughan. Actrice anglaise (1711 - Bath, 1768). Épouse de l'acteur William Pritchard, elle débuta dans de petits rôles ici ou là avant d'être engagée à Drury Lane où elle resta dix ans. À partir de 1743, elle travailla à Covent Garden sous la direction de John Rich. Son talent et son répertoire étendu en firent l'une des meilleures comédiennes de son temps. David Garrick l'invita en 1748 à se joindre à sa nouvelle troupe de Drury Lane, où elle tint la vedette pendant vingt et un ans. S'orientant vers les rôles tragiques, elle joua dans *Hamlet* (Shakespeare) et *Henri VIII* (Shakespeare). Malgré la corpulence qu'elle acquit avec l'âge, Garrick continua à lui confier les rôles de reine. En Lady Macbeth* (*Macbeth*, Shakespeare), elle surpassa toutes ses contemporaines. Elle ne se retira que quelques mois avant sa mort: Garrick ne donna plus jamais *Macbeth* après sa disparition.

PUGET Loïsa. Compositeur. Française (Paris, 1810 - Pau, 1889). Elle se rendit célèbre en composant, entre 1832 et 1842, au moins trois cents romances, la plupart sur des textes de Gustave Lemoine, qu'elle chantait dans les salons parisiens. Elle épousa ce dernier en 1842, après avoir signé la musique de l'un de ses drames, *La Grâce de Dieu* (1841), dont le succès fut énorme. Elle est l'auteur de deux opéras-comiques, *Le Mauvais Œil* (1836), sur un livret de Scribe et Lemoine, et *La Veilleuse, ou les Nuits de Milady* (1869).

PUIG-ROGET Henriette. Organiste et compositeur. Française (née à Bastia, le 9 janvier 1910). Entrée au Conservatoire de Paris à neuf ans, elle travailla avec Sophie Chéné et Isidore Philipp. De 1926 à 1930, elle collectionna les premiers prix en harmonie, accompagnement, histoire de la musique, musique de chambre, fugue, et fut lauréate dans la classe d'orgue de Marcel Dupré. Après un grand prix de Rome en 1933, elle fut nommée à la tribune des orgues de l'Oratoire du Louvre, où elle resta jusqu'en 1979. Elle assura parallèlement la direction des chorales de l'Opéra de Paris (1934-1957) et l'enseignement de l'accompagnement au Conservatoire. Contemporaine de l'essor de la radiodiffusion, Henriette Puig-Roget s'est spécialisée dans l'interprétation de musiciens peu ou mal connus. Elle a consacré une large part de son activité à la composition. Citons parmi ses œuvres: *Prière pour chœur, orgue, harpe et quatuor* (1936), un ballet *Catherinettes* (1937), deux *Concertos pour violoncelle* (1944), *Sinfonia anderrana pour orchestre* (1947), *Fantasia eroica pour violoncelle et piano*. On lui doit, en outre, des mélodies sur des textes de Paul Fort et de Rabindranâth Tagore.

PUISIEUX Madeleine de, née d'Arsant. Femme de lettres française (Paris, 1720 - *id.*, 1798). Elle était la femme de Philippe de Puisieux qui renonça à sa carrière d'avocat pour se consacrer aux lettres. Elle fut la maîtresse de Diderot de 1746 à 1751 et, sans doute encouragée par lui, se mit à écrire quoiqu'elle n'eût aucun talent. Ses deux premiers ouvrages, *Conseils à une amie* (1749) et *Les Caractères* (2 vol., 1750), furent manifestement écrits en grande partie par Diderot, même si l'auteur a voulu accréditer le contraire. La critique ne s'y trompa pas, remarquant l'insignifiance de sa production ultérieure qu'elle rédigea seule: *Le Plaisir et la Volupté* (1752), *L'Éducation du marquis de* ***, les *Mémoires de la comtesse de Zurlac* (2 vol., 1755), etc. Madeleine de Puisieux avait fort mauvaise réputation. Les contemporains la décrivent comme un esprit médiocre et vaniteux. Elle fut pensionnée sous la Révolution.

PULCHÉRIE, sainte. Impératrice de Byzance (Constantinople, 399 - *id.*, 453). Elle était la fille aînée de l'empereur Arcadius. À la mort de son père en 408, elle assuma la régence pour son frère Théodose II, âgé de sept ans, qui l'associa à l'empire avec le titre d'Augusta en 414. En 421, elle lui fit épouser une païenne, Athénaïs, qui prit le nom d'Eudoxie* après son baptême. Elle fut peu à peu supplantée par Eudoxie qui était conseillée par l'eunuque Chrysaphe. Cependant, cette dernière se brouilla avec son mari et s'installa à Jérusalem en 443. À la mort de Théodose en 450, Pulchérie reprit le pouvoir après avoir fait disparaître Chrysaphe. Elle épousa l'année suivante le sénateur Marcien auquel elle donna le titre d'empereur et qui régna jusqu'en 457. Elle mena une vie ascétique et lutta contre toute forme d'hérésie, en particulier le nestorianisme. Elle mourut vénérée par son peuple. On la fête le 10 septembre.

PURGSTALL Johanna-Anne, née Granstown, comtesse. Écossaise (? - 1835). Issue d'une excellente famille, elle reçut une éducation soignée. Elle épousa le comte Gottfried Wenzel Purgstall. Férue de philosophie, elle était une grande admiratrice des théories d'Emmanuel Kant, l'auteur de la *Critique de la raison pure*. Après son mariage, la comtesse Purgstall tint un brillant salon littéraire à Vienne, rendez-vous de l'élite intellectuelle de la capitale. Fréquenté par des hommes politiques et des écrivains, on y retrouvait le dramaturge Henrich von Collin, auteur de *Coriolan* pour lequel Beethoven composa une ouverture, l'historien suisse Johannes von Müller, auteur de *L'Histoire de la Confédération suisse*, qui vécut quelques années à Vienne, et le comte Stolberg. Le célèbre romancier Walter Scott, que la comtesse Purgstall avait connu dans sa jeunesse en Écosse, la prit pour modèle de son héroïne, Diana Vernon, dans *Rob Roy*.

PURVIANCE Edna. Actrice américaine (Lovelock, Nevada, 1894 - Hollywood, 1958). Son nom reste attaché à celui de Charlie Chaplin qui en fit sa partenaire attitrée dans tous ses chefs-d'œuvre du muet. Sous sa direction, elle a joué les ingénues dans une trentaine de films, dont *Charlot fait la noce* (1915), *Charlot policeman* (1917), *L'Immigrant* (1917), *Une vie de chien* (1918), *Charlot* *soldat* (1918), *Le Kid* (1921), *Un jour de paye* (1922), *Le Pèlerin* (1923). Dans *Les Lumières de la ville* (1952), elle n'a qu'un petit rôle. En dehors des films de Chaplin, elle ne s'est produite qu'une seule fois, en France, dans *Éducation de prince* (Diamant-Berger, 1927).

PUTIPHAR, la femme de. Figure biblique. Joseph, réfugié en Égypte après avoir échappé au complot de ses frères, fut acheté par Putiphar, commandant des gardes de Pharaon. Le jeune homme avait une si belle prestance et un si beau visage, nous dit la Bible, que la femme de Putiphar lui dit : « Couche avec moi. » Joseph refusa en expliquant que son maître avait en lui une entière confiance et que la seule chose qu'il lui avait interdite c'était elle. Mais la femme insistait. Un jour qu'il était seul dans la maison, elle le saisit, mais Joseph s'enfuit en laissant ses vêtements. Dépitée, elle appela ses domestiques et leur fit croire avec le plus grand cynisme que Joseph avait tenté d'abuser d'elle ; puis, quand le maître fut rentré, elle recommença ses calomnies. Furieux, il fit jeter Joseph en prison (Genèse, XXXIX).

PUTNAM JACOBI Mary. Médecin. Américaine (1842-1906). Elle fut l'élève de Marie Zakrzewska*, mais passa son diplôme au Female Medical College of Pennsylvania en 1863. Trois ans plus tard, elle vint à Paris et s'inscrivit à l'École de médecine où elle fut la première femme admise. Elle passa brillamment son doctorat en 1871. Rentrée aux États-Unis, elle publia plusieurs articles prônant une qualification professionnelle de haut niveau et s'imposa très vite parmi les grands médecins du pays. En 1876, elle remporta le prix Boylston pour un essai intitulé : *La Question du repos pour les femmes pendant la menstruation.* Il s'agissait d'un prix très convoité offert par l'université d'Harvard et auquel elle avait concouru anonymement.

Q-R

QUIMBY Harriet. Aviatrice américaine (Californie, 1er avril 1881 - New York, 1er juillet 1912). Elle appartient à l'âge héroïque de l'aviation. En 1911, elle obtint son brevet, devenant ainsi la première femme pilote des États-Unis. En 1912, elle vint en France pour tenter la première traversée féminine de la Manche. Partie d'Angleterre, elle atterrit en Normandie le 16 avril, sans incident notable, relevant ainsi le défi qu'elle s'était lancé. Quelques semaines plus tard, en voulant battre un record de vitesse dans la baie de New York, elle fut victime d'un accident : son avion piqua soudain, et elle périt noyée.

QUINAULT-DUFRESNE Jeanne-Françoise (dite **Quinault-Cadette**). Actrice française (Strasbourg, 1700 - Paris, 1783). Fille d'un acteur de la Comédie-Française, elle était la cadette de quatre frères et sœurs qui tous furent comédiens : Jean-Baptiste Quinault dit l'Aîné, Marie-Anne Quinault dite l'Aînée qui se faisait appeler duchesse de Nevers, Abraham-Alexis dit Quinault-Dufresne, qui épousa lui-même une actrice, Mlle Deseine. Elle débuta à la Comédie-Française en 1716 dans le rôle de Phèdre (*Phèdre*, Racine) ; elle tint ensuite des rôles de soubrettes — qu'elle partagea avec Mlle Dangeville* — et dans lesquels elle faisait merveille avec son esprit, son intelligence et sa grâce. Elle créa notamment Céliante (*Le Philosophe marié, ou le Marié honteux de l'être*, Destouches) en 1727 et Lisette (*Le Glorieux*, Destouches) en 1732.

À quarante-deux ans, elle quitta la scène et se consacra dès lors sans partage à sa société dite « du bout du banc », réunissant à sa table tout ce que les lettres et la cour comptaient d'hommes d'esprit et de gens distingués. Voltaire, Marivaux, d'Alembert, Diderot, le comte de Caylus, Grimm, le marquis d'Argenson, Jean-Jacques Rousseau, Saint-Lambert, Crébillon, Destouches, le chevalier d'Orléans et Mme d'Épinay* étaient les commensaux de ces soupers philosophiques où chacun apportait et discutait son morceau en prose ou en vers. Elle dispensait d'utiles conseils aux écrivains les plus célèbres : elle donna à Voltaire le sujet de *L'Enfant prodigue*, lui fit des suggestions judicieuses concernant deux de ses tragédies, *Mahomet* et *Zulime* et correspondit avec lui. Le père de *Candide* la nomma tour à tour « ingénieuse, charmante, divine Thalie ; aimable et sage critique, ma souveraine... ». Elle correspondit aussi avec d'Alembert dans l'amitié duquel elle succéda à Mme Geoffrin* et à Mlle de Lespinasse* et avec l'inconstant M. Piron auquel l'attachaient des sentiments tendres qui résistèrent au temps et à l'absence pendant au moins trente ans. Elle avait facilité à ce dernier l'accès au Théâtre-Français et lui avait fait connaître le comte de Livry qui le combla de bienfaits. Piron, en guise de remerciements, lui dédia une fable, *L'Ours et l'Hermine* et, plus tard, lui adressa d'autres pièces en vers. Le comte de Livry et le comte de Caylus jouirent également des faveurs de Quinault-Cadette, laquelle, selon H. Bonhomme, auteur d'un ouvrage sur Piron (1884), «avait la dignité qui impose et la modestie qui désarme». Elle mourut à quatre-vingt-trois ans sans avoir jamais perdu ni son esprit ni son goût pour la toilette.

RACHEL. Figure biblique. Elle fut la seconde femme de Jacob. Isaac dit à Jacob: «Tu ne prendra pas une femme d'entre les filles de Canaan, va dans la maison de Bethuel et prends une femme parmi les filles de Laban, le frère de ta mère.» Jacob alla donc vers Paddam-Aram et, s'arrêtant avant les murs de la ville, près d'un puits, il rencontra Rachel qu'il aima aussitôt. Elle le présenta à son père, Laban, qui promit la main de sa fille à Jacob en échange de sept ans de travail à son service. Le temps révolu, Jacob voulut épouser Rachel mais Laban substitua Léa, sa fille aînée «qui avait les yeux faibles», à sa fille cadette, «belle de tournure et de figure». Jacob s'aperçut trop tard de la traîtrise et dut accepter encore sept années de travail pour emmener Rachel. Il vécut avec les deux sœurs. Léa était odieuse, mais lui donna quatre fils. Rachel, qui était stérile, en était attristée et jalouse; elle demanda à sa servante Billah de partager la couche de son mari et d'enfanter en son nom. Chose que fit la servante qui eut deux fils. Léa, agacée pria sa servante d'imiter Billah: deux fils naquirent. Mais Léa donna par la suite encore deux fils à Jacob et une fille. Puis Yahvé se souvint enfin de Rachel qui accoucha d'un fils, Joseph. Jacob quitta ensuite Laban et, comme son beau-père s'était joué de lui à plusieurs reprises, il lui prit ses plus belles brebis, et Rachel déroba les Teraphim, petites idoles domestiques de son père. Jacob, ses épouses et ses enfants retournèrent vers Isaac, mais en cours de route Rachel accoucha et mourut. L'enfant fut appelé Benjamin et Rachel fut enterrée sur la route d'Ephrata (Bethléem). (Genèse, XXVIII-XXXV.)

RACHEL Mlle (Élisabeth Félix, dite). Actrice française (Mumpf, Suisse, 1820 - Le Cannet, 1858). Issue d'une pauvre famille juive — son père était colporteur —, elle était la seconde de six enfants. Elle chantait dans les rues et vendait des oranges lorsqu'elle fut découverte à l'âge de treize ans par l'imprésario Choron. Il l'inscrivit aux cours du théâtre Molière, tenu par Saint-Aulaire, où elle se produisit dans une trentaine de rôles avant l'âge de quinze ans. Le célèbre acteur Samson, venu l'écouter, la prit dans sa classe au Conservatoire. Avec l'aide de sa femme, il lui apprit les bonnes manières, cependant que le couple Crémieux (lui était avocat) lui ouvrait les portes de la société. Elle leur en fut toujours reconnaissante. Mais son père, impatient de lui voir gagner de l'argent, la retira du Conservatoire. Entrée en 1837 au Gymnase, elle fut entendue par Vedel, administrateur du Français: frappé par son expression dramatique, il l'engagea aussitôt. À dix-sept ans, elle incarna Camille (*Horace*, Corneille). Le critique de théâtre Jules Janin lui consacra une page dans *Les Débats*. Admirant le naturel, la sobriété du jeu, le pathétique et le style nouveau de cette jeune actrice, il lui assura une renommée immédiate. En trois mois, Rachel fut sacrée meilleure tragédienne française.

Petite et maigre, presque souffreteuse, son physique ne correspondait guère aux normes du temps. Mais son visage à la

Chassériau, sa voix étrange, sa diction impeccable et sa présence sur scène la faisaient paraître grande et majestueuse. Elle ressuscita les pièces de Corneille, négligées depuis Talma, incarnant notamment Laodicé (*Nicomède*), Pauline (*Polyeucte*), Chimène (*Le Cid*) et fut une racinienne incomparable: Roxane (*Bajazet*), Esther (*Esther*), Bérénice* (*Bérénice*), Agrippine* (*Britannicus*). Sa prestation dans le rôle de Phèdre (*Phèdre*, Racine) en 1843 — elle avait vingt-six ans — fit date dans l'histoire du théâtre et représente le point culminant de sa carrière. Elle fit également triompher des pièces modernes comme *Mademoiselle de Belle-Isle* (Dumas père), *Angélo, tyran de Padoue* (Hugo) ou *Jeanne* d'Arc* (Soumet), rôle dans lequel elle faisait figure d'héroïne nationale. Au moment de la révolution de 1848, le public lui réclama trente-cinq fois de suite *La Marseillaise*, récitée au profit des blessés. Elle créa l'année suivante le rôle d'Adrienne Lecouvreur* (*Adrienne Lecouvreur*, Scribe et Legouvé), pièce écrite pour elle, et joua Marie* Stuart (*Marie Stuart*, Lebrun). Elle triompha en province, en Europe jusqu'en Russie et en Amérique dans les grands rôles de la tragédie classique. Sa visite aux États-Unis en 1855 fut sa dernière tournée: la tuberculose dont elle souffrait s'aggrava, et elle fut contrainte d'espacer les représentations. Après un voyage en Égypte, elle se fixa au Cannet, dans le Var, où elle mourut à l'âge de trente-huit ans.

Choyée des cours et du faubourg Saint-Germain, Rachel lança toutes sortes de modes. On imitait la sobriété de ses robes, sa révérence lente et profonde. Son caractère instable et sa mauvaise santé l'empêchèrent de connaître un bonheur durable, malgré de nombreuses aventures. La liaison qu'elle eut à dix-huit ans avec le Dr Véron, fondateur de la *Revue de Paris* et directeur de l'Opéra, était plus dictée par l'intérêt que par l'amour. Maîtresse de Musset, qu'elle quitta pour le prince de Joinville (l'un des fils de Louis-Philippe), elle n'eut qu'un regret, celui d'être arrivée trop tard en ce monde pour avoir un enfant de Napoléon. C'est sans doute pour cette raison qu'elle devint en 1843 la maîtresse du prince Walewski, fils naturel de l'empereur, dont elle eut un fils en 1845. Elle eut ensuite une aventure avec Émile de Girardin, dont la femme, Delphine de Girardin*, était son amie. Après une rupture spectaculaire, elle se lia à Arthur Bertrand, fils du général Bertrand, compagnon de Napoléon à Sainte-Hélène, dont elle eut également un fils. En 1852, elle devint la maîtresse du prince Jérôme, fils de la reine Hortense* et du prince Louis, liaison qui dura jusqu'à sa mort.

RÉF.: Martial-Piechaud, *La Vie privée de Rachel*, Paris, 1952. J. P. Stephen, *Rachel*, éditions de Paris, 1962. N. Toussaint Du Wast, *Rachel, amours et tragédies*, Stock, 1980. S. Chevalley, *Rachel*, Calmann-Lévy, 1989.

RACHILDE, née Eymery (Marguerite Valette, dite). Femme de lettres française (Château-L'Évêque, Dordogne, 1860 - Paris, 1953). Elle passa sa jeunesse dans le Périgord, au Cros, propriété de la famille Eymery. Son père, officier de cavalerie, l'éleva comme le garçon qu'il aurait aimé avoir, lui apprenant à monter à cheval et à manier les armes. Elle fit ses débuts littéraires à douze ans en envoyant au journal régional une légende, *La Création de l'oiseau-mouche* et un roman, *Madame de Sangdieu* (1878) qu'elle signa du pseudonyme de Rachilde. À quinze ans, elle adressa un conte à Victor Hugo, *Le Premier Amour*, et reçut un mot de félicitations du grand homme: « Remerciements et applaudissements, courage mademoiselle. » Elle se rendit peu après à Paris où une cousine, Marie de Saverny, la mit en relations avec Arsène Houssaye qui préfaça *Monsieur de la Nouveauté*

(1880). Elle publia ensuite en Belgique *Monsieur Vénus* (1884) qui raconte les amours d'une femme virile et d'un homme efféminé : le livre fit scandale, et Rachilde fut condamnée par le tribunal de Bruxelles à deux ans de prison pour immoralité et à deux cents francs d'amende. Une nouvelle édition de *Monsieur Vénus* parut néanmoins en 1889, préfacée par Maurice Barrès, qui fréquentait la brasserie *Le Soleil d'or*, quartier général de Rachilde, en face du Palais de justice, avec Jean Moréas, Jean Lorrain et, parfois, Paul Verlaine. À ceux qui accusaient Rachilde d'avoir inventé un nouveau vice dans son dernier livre, ce dernier lui confia : « Ah ! ma chère enfant, si vous aviez inventé un vice nouveau, vous seriez un bienfaiteur de l'humanité. »

En 1885, elle rencontra Alfred Vallette, alors typographe, qu'elle épousa en 1889. Rachilde « homme de lettres », comme elle l'avait fait graver sur sa carte de visite, continua d'écrire des romans et des nouvelles : *La Virginité de Diane* (1886), *À mort* (1886), *La Marquise de Sade* (1887), *Madame Adouis* (1888), *L'Homme roux* (1889), exploitant, dans certaines de ses œuvres, la veine du fantastique pervers. Avec Alfred Vallette, lui aussi écrivain et chroniqueur, ils s'installèrent rue de l'Échaudé, à Saint-Germain-des-Prés, et eurent une fille, Gabrielle, qui épousa plus tard le poète Paul Fort. Les Vallette fondèrent le *Mercure de France*, revue dont le premier numéro parut le 1er janvier 1890 et où elle tint longtemps une tribune critique. Son salon devint plus couru à partir de 1894, date de la fondation par son mari des éditions du Mercure de France. Les mardis de Rachilde, rue de Condé, avaient grand succès. Amoureuse des animaux, la maîtresse de maison laissait se promener ses souris blanches en liberté et recevait des jeunes gens promis à un brillant avenir : Saint-Pol Roux, Émile Verhaeren, Laurent Taillade, Guillaume Apollinaire, Alfred Jarry. Elle fit connaître ce dernier dans son essai, *Alfred Jarry, ou le Surmâle des lettres* (1928).

La production de Rachilde est très abondante, mais d'inégale valeur : « Je fais un livre en un mois, disait-elle, ça se voit, n'est-ce-pas ? Tant pis. On m'a fait aussi le reproche de ne me plaire qu'à des cas cliniques. On a exagéré. » Auteur dramatique, elle inaugura le théâtre des Arts en 1890 avec *La Voix du sang*, pièce grand-guignolesque d'un réalisme forcené. Elle donna d'autres pièces comme *Madame la mort* (1891) ou *L'Araignée de cristal* (1894), recourant invariablement aux thèmes de la violence et de la sexualité. Elle publia des poèmes dans *Les Accords perdus* (1937), mais c'est dans ses contes qu'elle montre le plus de talent : *Le Meneur de louves* (1905), *La Tour d'amour* (1914), *Mon étrange plaisir* (1934). À partir de 1925, les mardis de Rachilde sombrèrent dans le conformisme et auraient été oubliés sans l'humour de Paul Léautaud qui les évoque avec verve dans son *Journal*. Elle fut l'une des premières à faire partie du jury du prix Femina, sous la présidence d'Anna de Noailles*. Elle perdit son mari en 1935 et mourut dans l'oubli à l'âge de quatre-vingt-treize ans.

RADCLIFFE Ann, née Ward. Romancière anglaise (Londres, 1764 - *id.*, 1823). Fille unique d'un commerçant londonien, William Ward, elle épousa en 1786 William Radcliffe qui abandonna ses études de droit pour se consacrer à la littérature. Il devint bientôt propriétaire et éditeur de l'*English Chronicle* et dirigea cette publication en collaboration avec sa femme. En douze ans, Ann Radcliffe publia cinq romans : *Les Châteaux d'Athlin et de Dunbayne* (1789), *Julia, ou les Souterrains de Mazzini* (1790), *La Forêt, ou l'Abbaye de Saint-Clair* (1791), *Les Mystères d'Udolphe* (1794) et *L'Italien, ou le Confessionnal des pénitents* *noirs* (1797). S'y ajoutent une description de ses voyages aux Pays-Bas, en Allemagne et dans la région des Lacs (1795). Elle a également publié des poèmes (*The Poems of Mrs. Radcliffe*, 1816). Un conte en vers (*Gaston de Blondeville, ou Henri III tenant sa cour à Kenilworth en Ardennes*, 1826) fut publié après sa mort. À trente-trois ans, Ann Radcliffe décida de mener avec son mari une vie très retirée. Asthmatique, elle mourut d'une pneumonie. Ses romans constituent un parfait reflet de l'esthétique de son époque: on y trouve le goût des ruines, de l'architecture gothique, des paysages pittoresques ou grandioses, des épanchements sentimentaux, du surnaturel et de l'horreur. Son œuvre est représentative du roman noir, ou gothique, tel qu'on l'appréciait à la fin du XVIIIe siècle et qui fut redécouvert par les surréalistes. Très populaires dans toute l'Europe, ses romans furent beaucoup imités: *L'Italien* servit de modèle à lord Byron.

RÉF. : P. Arnaud, *Ann Radcliffe et le fantastique*, Aubier-Montaigne, 1976.

RADEGONDE, sainte. Reine des Francs (v. 520 - Poitiers, 587). Fille de Berthaire, roi de Thuringe, elle fut emmenée en captivité par Clotaire Ier, le dernier fils de Clovis, lors de sa victoire contre les Thuringiens en 529. Il lui fit donner une éducation raffinée, la convertit au catholicisme et l'épousa. Elle devint reine de Neustrie, mais n'avait qu'aversion pour son mari. Elle se consacra beaucoup à des œuvres de charité chrétienne. Son frère, lui aussi prisonnier à la cour de Neustrie, fut un jour assassiné par Clotaire. Radegonde s'enfuit alors à Noyon où elle demanda à saint Médard de la consacrer à Dieu. Rompant ainsi son mariage avec le roi, elle se réfugia dans un monastère de Tours pour échapper à ses poursuites. Il consentit finalement à accepter son entrée dans les ordres, et elle fonda alors le monastère de Sainte-Croix, à Poitiers. L'évêque Fortunat, son aumônier et conseiller, composa pour elle l'hymne célèbre *Vexilla Regis* et rédigea l'histoire de sa vie. Sa fête a été fixée au 13 août.

RAGUENEL Tiphaine. Française (v. 1322-1371). Fille de Robert Raguenel et de Jeanne de Dinan, elle épousa Bertrand Du Guesclin. Visionnaire, elle établissait les jours fastes où son mari pouvait combattre sans danger. Du Guesclin, capitaine du Mont-Saint-Michel, installa sa femme dans la ville, au logis dit « Tiphaine », pendant sa campagne en Espagne.

RAHBEK Kamma. Femme de lettres, danoise (1775-1829). Très cultivée, elle épousa en 1798 un professeur de littérature à l'université de Copenhague, l'écrivain Knud Lyhne Rahbek, beaucoup plus âgé qu'elle. Leur salon fut au centre de la vie littéraire danoise: parmi leurs fidèles on comptait le critique et dramatique John Ludwig Heiberg, auteur de *La Colline des elfes*, Bernard Ingermann, à qui l'on doit les débuts du romantisme au Danemark — du reste combattu par Heiberg — et le poète lyrique Christian Winther. Kamma Rahbek entretint une importante correspondance avec les personnalités de son temps, publiée en 1881.

RAINEY Ma (Gertrude Malissa, dite), née Nix Pridgett. Chanteuse de blues américaine (Columbus, Géorgie, 1886 - *id.*, 1939). Contrairement à Bessie Smith*, sa cadette de dix ans, la «Mère du blues» chanta rarement dans les grandes villes du Nord. Elle resta pendant toute sa carrière l'interprète fidèle du terroir, de la misère des ramasseurs de coton, et fit son apprentissage auprès des «minstrels» noirs: Tolliver's, Silas Green's, Al Baine's, les Rabbit Foot. En 1915, elle se produisait avec son mari bien plus âgé qu'elle, «Pa» Rainey, d'où son surnom. Sa profonde voix de contralto fit la conquête de l'Amérique: dans les années 20, elle battait les records de vente du label «Race» de la Paramount. Courte et massive, le sourire émaillé de dents en or, elle paraissait sur scène enturbannée et couverte de bijoux. D'un music-hall à l'autre, elle se déplaçait en caravane avec quatre malles d'accessoires et une valise bourrée de dollars. Si Little Brother Montgomery la décrit comme «la chose la plus horrible qu'on pût voir», ses musiciens et son public l'adoraient pour sa gentillesse et son talent. Elle chanta avec les musiciens les plus sophistiqués de son temps: Louis Armstrong, Tommy Ladnier, Coleman Hawkins, Fletcher Henderson, aussi bien qu'avec des formations locales où le banjo était roi. Citons parmi ses disques les inoubliables *Bad Luck Blues* et *Coutin' the Blues*. Ma Rainey se retira en 1935 pour se consacrer à la gestion de deux théâtres en Géorgie. Elle mourut dans la foi baptiste.

RAMART Pauline, née Lucas. Chimiste française (1880-1953). D'origine modeste, elle fabriqua pour subsister des fleurs artificielles, tout en suivant des cours du soir. Étudiante à la Sorbonne, elle obtint un doctorat ès sciences en 1913 et devint professeur titulaire de la chaire de chimie organique. Elle réussit à réaliser la synthèse des alcools à la suite de recherches portant sur les transpositions moléculaires qui accompagnent la déshydratation des alcools. Elle étudia, en outre, les relations entre la structure, la réactivité chimique et les spectres d'absorption ultraviolets et visibles des corps organiques. Auteur de plus de deux cents notes et mémoires, elle fut député et commandeur de la Légion d'honneur.

RAMBERT Marie ou **Miriam** (Cyvia Rambam, dite). Danseuse et directrice de ballet anglaise d'origine polonaise (Varsovie, 20 février 1888 - Londres, 12 juin 1982). Après avoir été initiée à la danse en Pologne, elle vint à Paris au début du siècle pour y étudier la médecine. Découvrant la danse rythmique d'Émile Jaques-Dalcroze, elle commença à travailler avec lui à l'institut Hellerau de Genève en 1910 avant d'enseigner dans son école de danse de Dresde. Serge de Diaghilev, fasciné par sa technique, l'engagea comme danseuse et conseillère pédagogique auprès de sa troupe: c'est ainsi qu'elle régla le pas de Nijinski dans *Le Sacre du printemps* (Nijinski, 1913). S'éprenant alors de technique classique, elle suivit l'enseignement d'Enrico Cecchetti à Londres et celui de Serafina Astafieva. Mariée à l'auteur dramatique Ashley Dukes en 1918, elle ouvrit deux ans plus tard, au Mercury de Londres, une école où elle forma les meilleurs danseurs et chorégraphes d'Angleterre sur plusieurs générations: Pearl Argyle*, Harold Turner, Margot Fonteyn*, Frederick Ashton, Antony Tudor, John Cranko, Andrée Howard*. Elle fonda le Ballet Club (1930), qui devint le Ballet Rambert (1935). Elle-même créa *Tragedy of Fashion* (Ashton, 1926) mais c'est Alicia Markova* qui fut l'étoile incontestée de sa compagnie. Dissoute en 1966, la troupe se reforma l'année suivante sous le nom de New Ballet Rambert. Tout au long de sa carrière, Marie Rambert travailla à révéler les jeunes talents. À la fois sensée et enthousiaste, elle avait le don d'épanouir l'individualité de chacun. Cette grande dame à l'énergie farouche est considérée avec Ninette de Valois*, qui fut son élève, comme l'une des personnalités les plus éminentes du ballet moderne anglais. Elle est l'auteur d'une autobiographie, *Quicksilver* (1972).

RAMBOUILLET Catherine, née de Vivonne, marquise **de**. Française (Rome, 1588 - Paris, 1665). Elle était la fille de Jean de Vivonne, marquis de Pisani, ambassadeur du roi de France à Rome, et de Julia Savelli, aristocrate romaine. Elle épousa en 1660 Charles d'Angennes, marquis de Rambouillet, dont elle eut sept enfants parmi lesquels Julie d'Angennes* et Léon Pompée, marquis de Pisani, dit «le bossu», tué en 1645 à la bataille de Nordlingen. Elle fit construire l'hôtel de Rambouillet, rue Thomas-du-Louvre à Paris, selon des plans qu'elle avait elle-même conçus. Intelligente et d'une grande culture, elle y tint un salon où se réunissaient les grands noms de la noblesse, les Rohan, les Montmorency, le duc de Bellegarde, le marquis de Souvré, le Grand Condé, le duc de Buckingham, mais aussi des gens d'esprit et des artistes comme Racan et son ami et maître François de Malherbe, Vincent Voiture, rival de Guez de Balzac auprès de la société savante, Jean Chapelain l'un des premiers membres de l'Académie française, le poète Jean de Gombault, l'érudit et philosophe Gilles Ménage, le cardinal de La Valette, Mme de Sévigné*, Mme de La Fayette*, Mme de Saintenot, qui firent de son salon le plus brillant de Paris et l'un des plus influents sur la vie intellectuelle en France. On y jouait la comédie, Corneille y lut son *Polyeucte*, Bossuet ses premières prédications. C'est chez elle que l'on conçut la célèbre *Guirlande de Julie*, imaginée pour sa fille Julie d'Angennes* par son futur mari, le duc de Montausier. La marquise de Rambouillet, que l'on avait surnommée Arthénice, décidait avec son entourage des règles du beau langage et fut à l'origine de cet esprit précieux tant raillé par Molière. La période la plus brillante du salon de la marquise de Rambouillet se situa entre 1630 et 1645. À partir de cette date le déclin commença, mais la marquise tint salon jusqu'à sa mort en 1665.

RAMPLING Charlotte. Actrice anglaise (née à Sturmer, le 5 février 1946). Fille d'un colonel britannique, elle débuta comme cover-girl après des études suivies dans des collèges privés anglais et français. Dès l'âge de dix-huit ans, elle joua ses premiers rôles au cinéma avec *The Knack* (Lester, 1964) et *Rotten to the Core* (Boulting, 1965). Suivirent plusieurs films dont *Les Damnés* (Visconti, 1969) qui évoquent l'ascension du nazisme à travers l'histoire d'une famille d'industriels allemands. On retrouve le nazisme dans *Portier de nuit* (Cavani, 1974) où Charlotte Rampling imposa son regard troublant. Dans ce film qui fit scandale, elle incarnait une ancienne déportée qui, retrouvant son bourreau après la guerre, se donnait à lui dans une liaison sadomasochiste. Depuis, elle semblait vouée aux amours tumultueuses, jouant les héroïnes du film noir dans *Farewell my Lovely* (*Adieu ma jolie*, Richards, 1975) et *La Chair de l'orchidée* (Chéreau, 1976) ou tenant des rôles ambigus dans *On ne meurt que deux fois* (Deray, 1985) et *Max mon amour* (Oshima, 1986).

Délaissant ces personnages troubles, elle laissa éclater tout son talent dans *Un taxi mauve* (Boisset, 1977) où elle jouait le rôle d'une princesse meurtrie par la vie. Sa composition fut unanimement saluée par le public et par la presse. Elle a deux enfants, Barnaby, né d'un premier mariage, et David, fils du compositeur Jean-Michel Jarre qu'elle a épousé en 1978.

RANAVALONA Ire. Reine de Madagascar (v. 1790 - Tananarive, 16 août 1861). En 1828, à la mort de son mari Radama Ier, elle fut proclamée reine et épousa son Premier ministre, Rainiharo. Sous la pression de son entourage, elle prit le contrepied de la politique de son mari et s'attaqua tant aux intérêts de la France qu'à ceux de l'Angleterre. Français et Anglais s'allièrent et bombardèrent Tamatave en 1845. Une tentative de débarquement échoua, ce qui provoqua le massacre des chrétiens indigènes. Au cours des années 1850, un Français, Jean

Laborde, industriel, sut capter la confiance de la reine qui le laissa mener à bien ses affaires. De concert avec le fils de Ranavalona, Rakoto (futur Radama II), il sollicita le protectorat de la France auprès de Napoléon III. La reine, ayant été mise au courant, expulsa de l'île les derniers étrangers et ordonna de nouveaux massacres de chrétiens.

RANAVALONA II. Reine de Madagascar ([?] - Tananarive, 13 juillet 1883). Cousine de la reine Rasohérina, qui avait succédé à Radama II, Ramona monta sur le trône en 1868 sous le nom de Ranavalona II. Veuve, elle épousa son Premier ministre, Rainilaiarivony, qui n'était autre que le mari de Rasohérina. Tous deux se convertirent au protestantisme et ouvrirent Madagascar à l'influence anglaise. La reine réalisa un certain nombre de réformes et laissa le champ libre aux missionnaires protestants. Elle voulut dénoncer le traité franco-malgache de 1868 qui autorisait la liberté de l'enseignement catholique et accordait des terres à des colons français. La France riposta en envoyant en mai 1883 une escadre commandée par l'amiral Pierre, qui s'empara de la partie occidentale de l'île et de Tamatave. Ranavalona mourut deux mois plus tard.

RANAVALONA III. Reine de Madagascar (1862 - Alger, 1917). Elle était la deuxième épouse de Radama II, le fils de Ranavalona Ire, et succéda à sa cousine Ranavalona II* en 1883. Elle épousa son Premier ministre, Rainilaiarivony, veuf des deux reines précédentes. Elle héritait d'une situation difficile et dut accepter les conditions françaises qui visaient à un quasi-protectorat par le traité de Tamatave du 17 décembre 1885 : un résident militaire français avait la haute main sur la diplomatie. La reine tenta une insurrection avec l'aide d'officiers anglais, ce qui provoqua une nouvelle intervention française. Le général Duchesne s'empara de Tananarive le 1er octobre 1895, prélude à l'instauration d'un protectorat effectif (janvier 1896). Le général Gallieni, gouverneur de l'île, mit fin à ce régime en annexant Madagascar (septembre 1896). Le 28 février 1897, il déposa la reine qu'il rendait responsable des troubles et la fit déporter à La Réunion, puis en Algérie, où elle termina ses jours.

RANDOIN Lucie Gabrielle, née Fandard. Biologiste et hygiéniste française (Bœurs-en-Othe, 1888 - Paris, 1960). Originaire de l'Yonne, elle fit ses études à l'École normale supérieure et à la faculté des sciences de Paris où elle fut l'élève d'Albert Dastre. En 1914, elle épousa un de ses camarades, Alfred Randoin. Agrégée de l'Université et docteur ès sciences naturelles, directeur de l'Institut scientifique, elle réussit à créer un Institut supérieur d'alimentation en 1938 et une École de diététique en 1951. Elle a contribué au développement de la diététique, étudiant les sucres sanguins et les vitamines auxquelles son nom reste associé, dégageant ainsi les notions d'équilibre et de déséquilibre alimentaires. Elle a mis en évidence le rôle thérapeutique des rations caloriques et les rapports entre l'alimentation et l'alcoolisme. Elle a publié quelque trois cents mémoires et ouvrages dont *Les Données et les inconnues du problème alimentaire* (1927), *Les Vitamines* (1933), *L'Alimentation et la vie* (1941), *Régimes, vitamines et équilibres alimentaires: vers une thérapeutique nouvelle* (1942), *Guide pratique de l'alimentation* (1951). Lucie Randoin était membre de l'Académie de médecine (1946) et commandeur de la Légion d'honneur (1958).

RANDOVA Eva. Mezzo-soprano tchécoslovaque (née à Kolin, le 31 décembre 1936). Après des études scientifiques à Usti, elle travailla le chant et entra au conservatoire de Prague. Elle débuta à Ostrava, puis à Prague en 1969, et chanta pendant deux ans la Princesse Eboli (*Don Carlos*, Verdi), Ortrud (*Lohengrin*, Wagner), Octavian (*Le Chevalier à la rose*, R. Strauss), Carmen (*Carmen*, Bizet), Amneris (*Aïda*, Verdi), Azucena (*Le Trouvère*, Verdi). À partir de 1971, elle entra dans la troupe de l'Opéra de Stuttgart, chanta sur toutes les grandes scènes lyriques allemandes, s'illustrant notamment dans les rôles wagnériens. Le festival de Bayreuth l'accueillit à partir de 1973 et, jusqu'en 1981, elle y chanta Kundry (*Parsifal*), Fricka et Waltraute (*La Walkyrie*), Gutrune (*Le Crépuscule des dieux*) ; à Salzbourg, de 1975 à 1978, elle incarna Flosshilde (*Le Crépuscule des dieux*). Elle s'est produite au Metropolitan Opera de New York en 1980.

RANFAING Élisabeth de. Mystique française (1592 - Nancy, 1649). Élevée sévèrement par des parents très pieux, elle fut mariée à l'âge de seize ans. Son époux, qui avait plus de trente ans qu'elle, la laissa veuve très jeune. Elle fut alors sujette à des visions qui ébranlèrent gravement sa raison et la firent considérer par son entourage comme une «possédée du démon». Elle finit cependant par guérir et put se consacrer à des œuvres charitables. Elle fonda à Nancy, en 1631, l'ordre de Notre-Dame du Refuge destiné au relèvement des filles de mauvaise vie.

RAUCOURT Mlle (Françoise Marie Antoinette Saucerotte, dite). Actrice française (Nancy, 3 mars 1756 - Paris, 15 janvier 1815). Elle était la fille d'un comédien de province qui la fit jouer très jeune en Espagne. Elle débuta à la Comédie-Française à l'âge de seize ans dans le rôle de Didon (*Didon*, Le Franc de Pompignan) où elle fut très applaudie grâce à sa beauté et à l'ampleur de sa voix. Dans ses *Mémoires secrets*, Bachaumont écrit:

> De mémoire d'homme, on n'a rien vu de pareil. Elle est faite à peindre, elle a la figure la plus belle, la plus théâtrale, le son de voix le plus enchanteur.

Et Voltaire, plus tard, de lui écrire:

> Vous faites tourner toutes les têtes, vous faites soupirer tous les cœurs.

Elle joua les grands rôles du répertoire: Hermione (*Andromaque*, Racine), Pulchérie (*Héraclius*, Corneille), Monime (*Mithridate*, Racine) et se produisit dans des pièces moins connues, incarnant par exemple Idamée (*L'Orphelin de la Chine*, Voltaire). Sa vie privée scandaleuse — elle s'affichait ouvertement avec sa maîtresse, Mme Souck —, sa prodigalité finirent par indisposer le public qui l'avait tant applaudie. En 1776, elle fut enfermée au Temple pour dettes puis, à cause de cela, renvoyée de la Comédie-Française. Libérée, elle fit une tournée dans les cours du Nord, notamment en Russie. Rentrée en France en 1779, elle récupéra sa place au Français grâce à la protection de Marie-Antoinette* et triompha dans le rôle de Phèdre (*Phèdre*, Racine).

En 1791, lorsque Talma, favorable aux idées nouvelles, emmena avec lui une partie de la troupe du théâtre de la Nation (l'ancienne Comédie-Française) pour s'installer au Palais-Royal, Mlle Raucourt prit le parti de ses camarades royalistes. Elle fut incarcérée avec eux le 4 septembre 1793, au lendemain de la représentation de *Paméla* (Neufchâteau), pièce considérée comme contre-révolutionnaire. Libérée le 9 thermidor (27 juillet 1794), elle reparut au Français, puis s'installa avec d'autres salle Louvois, où elle donna plusieurs représentations. Expulsée trois ans plus tard, elle passa à l'Odéon et, après l'incendie de ce théâtre en 1799, elle rejoignit la Comédie-Française au moment de la réunification de la troupe (30 mai 1799). Sous l'Empire, elle fut pensionnée par Napoléon qui la chargea en outre de diriger des troupes d'acteurs français en Italie. C'est ainsi qu'elle se produisit à Turin, Milan, Venise, Brescia, Bologne et Parme. Elle rentra à Paris en 1814 et mourut quelques mois plus tard. Le clergé de Saint-Roch, sa paroisse, ayant refusé de l'enterrer religieusement, la foule défonça les portes de l'église, et il fallut l'intervention personnelle de l'aumônier de Louis XVIII pour que les funérailles puissent avoir lieu. En 1782, Mlle Raucourt avait fait jouer sans succès un drame de sa composition, *Henriette*, dont le titre primitif était *La Fille déserteur*.

RAWLINGS Marjorie Kinnan. Romancière américaine (Washington, 1896 - St Augustine, Floride, 1953). En 1918, à la fin de ses études à l'université du Wisconsin, elle devint journaliste. Dix ans plus tard, elle s'installa en Floride qui fut sa patrie d'élection et sert de cadre à ses œuvres. Elle a publié plusieurs romans: *South Moon Under* (1933), *Golden Apples* (1935), *Jody et le faon* (1938), qui lui valut le Prix Pulitzer, et *Le Pays enchanté* (1942), d'inspiration autobiographique. Ses *Selected Letters* ont été publiées en 1982.

RAWLS Betsy (Élisabeth, dite). Championne de golf américaine (née à Spartanburg, Caroline du Sud, en 1928). Avant de se consacrer exclusivement au golf, elle fit de brillantes études universitaires et obtint des diplômes en physique et en philosophie. Elle débuta dans des tournois d'amateurs et remporta de nombreux trophées, avant de passer «proette» (professionnelle) à dix-huit ans en 1946. Elle remporta l'US Open en 1951, 1953, 1957 et 1960. En 1959, elle s'attribua le Trophée Vare et se classa première dans les tournois d'Asheville, de Babe Zaharias* et du Cosmopolitan Open. Betsy Rawls fut l'une des championnes de golf les mieux payées de sa génération.

RAYE Martha (Margaret Reed, dite). Actrice américaine (née à Butte, Montana, le 27 août 1916). Elle était la drôlerie et la loufoquerie mêmes et tourna dans plusieurs comédies musicales entre 1936 et 1938 avec des metteurs en scène amateurs de «burlesque» comme Norman Taurog, Elliott Nugent, Edward Sutherland ou A.C. Potter. Dès qu'elle apparaissait sur l'écran, elle entraînait le spectateur dans le domaine du farfelu. Ses deux grands rôles furent dans *Hellzapoppin* (Potter, 1943), un classique du genre, et dans *Monsieur Verdoux* (Chaplin, 1947) où elle est irrésistible. Après quoi, elle orienta sa carrière vers la télévision. On la revit une fois au cinéma, plus drôle que jamais, dans *La Plus Belle Fille du monde* (Walters, 1962) aux côtés de Jimmy Durante, le comique attitré de la MGM.

RAYMOND Marie. Peintre. Française (La Colle-sur-Loup, Alpes-Maritimes, 1908-1988). Jusqu'à l'âge de trente ans, elle peignit des tableaux d'un style nettement figuratif, avant d'évoluer vers l'art abstrait. Elle se fixa à Paris et fréquenta les peintres d'avant-garde de l'école de Paris. Elle participa avec succès à des expositions de groupe dans la plupart des grandes villes d'Europe et en Amérique latine. À Paris, elle était régulièrement présente aux Salons de Mai et des Réalités nouvelles. Marie Raymond était la mère du peintre Yves Klein, mort en 1962, qui lui a emprunté en partie sa conception spiritualiste de la couleur.

READ Mary. Aventurière anglaise (XVIIIe siècle). Belle et intrépide, elle fut élevée comme un garçon et devint laquais à treize ans. Elle s'enrôla sur un bateau de guerre qu'elle quitta pour vivre comme soldat dans un régiment d'infanterie des Flandres. Elle passa dans la cavalerie, puis quitta l'armée pour se marier. Le couple s'installa près de

Bréda et ouvrit une taverne. Devenue veuve, Mary Read reprit ses vêtements masculins et s'engagea en Hollande, dans l'infanterie. Comme on était en temps de paix, elle s'embarqua à bord d'une frégate en partance pour les Indes occidentales. Le navire fut pris par le célèbre John Rackam, et Mary Read devint pirate. Maniant aussi bien le sabre que le pistolet, elle combattit sans que quiconque ne soupçonne son identité. Elle tomba amoureuse d'un marin qu'elle épousa. Elle fut capturée en 1720 par les Anglais et condamnée à mort à la Jamaïque. Comme elle était enceinte, le jugement ne fut pas exécuté, mais elle tomba malade et mourut en prison. Elle avait alors environ quarante ans.

REAGAN Nancy, née Robbins (Anne Frances, dite). Américaine (née en 1921). Fille de K. Robbins, elle n'a pratiquement pas connu son père qui avait abandonné très tôt le domicile conjugal. Elle fut élevée dans un milieu strict et conservateur par le deuxième mari de sa mère, le Dr Loyal Davis, un neurologue renommé de Chicago. Attirée par le théâtre et le cinéma, elle partit pour Hollywood où elle rencontra en 1951 l'acteur de cinéma Ronald Reagan qui, depuis 1937, avait tenu une cinquantaine de seconds rôles. Il avait divorcé en 1948 de l'actrice Janet Wyman qui devint célèbre par la suite. Ils se marièrent en 1952. Nancy Reagan tourna un film avec son mari, *Hellcats of the Navy* (1957), avant de renoncer à sa carrière cinématographique. Ayant abandonné le cinéma après avoir été à la tête du syndicat des acteurs, Ronald Reagan fut élu gouverneur de la Californie (1966-1974) et accéda à la présidence des États-Unis en 1980. Devenue la *First Lady* du pays, Nancy Reagan a usé de son influence à la Maison-Blanche pour mener une ardente campagne contre la drogue, apparaissant souvent à la télévision et militant pour que la peine de mort soit appliquée aux trafiquants. Elle s'est faite également le défenseur des valeurs familiales. Son mari fut réélu en 1984 et acheva son dernier mandat en 1988. Nancy Reagan est la mère de deux enfants, Ann et Ronald Prescott. Elle est l'auteur d'un livre, *À mon tour* (1990).

RÉBECCA. Figure biblique. Elle était fille de Bethuel et petite-fille de Nahor, frère d'Abraham. Abraham demanda à son serviteur, qui avait autorité sur tous ses biens, d'aller prendre pour son fils Isaac une femme de sa race. Le serviteur s'en alla avec dix chameaux à Paddam, la ville de Nahor, et s'arrêta aux portes de la ville près d'un puits. Bien embarrassé, il supplia Yahvé: « Qu'il advienne que la jeune fille à qui je dirai: Incline ta cruche pour que je boive! et qui dira: Bois! je vais aussi abreuver tes chameaux! que ce soit elle que tu destines à Isaac. » Il n'avait pas fini de parler que la ravissante Rebecca arriva au puits où tout se passa comme le messager l'avait souhaité. Avec l'autorisation de son père, elle partit avec ses servantes et suivit l'homme qui la conduisit à Isaac. Il l'aima et « se consola ainsi de la mort de sa mère » (Genèse, XXV). Le couple fut uni, il n'est mention nulle part d'Isaac prenant une concubine. Seule ombre à la fin de leurs jours: la rivalité de leurs deux fils jumeaux Ésaü et Jacob.

RÉCAMIER Juliette (Jeanne Françoise Adélaïde, dite), née Bernard. Française (Lyon, 3 décembre 1777 - Paris, 11 mai 1849). Fille d'un notaire de Lyon, elle fut élevée à l'abbaye de la Déserte. Elle ne quitta « ses nuages d'encens, ses cérémonies infinies, ses processions dans les jardins, ses chants et ses fleurs » (notes de Mme Récamier) que pour rejoindre ses parents installés à Paris. À quinze ans, elle épousa un ami de la famille, le banquier Jacques-Rose Récamier, avec qui elle n'eut jamais que des relations filiales. Le premier à s'éprendre d'elle fut le vieux M. de La Harpe, qui se désolait de former un contraste piteux avec sa jeune beauté. Elle se tint à l'écart de la cour du Directoire: ses courtes apparitions dans le monde n'en furent que plus remarquées. Benjamin Constant rappelle que dans les promenades publiques «chacun s'élançait sur son passage», que «ses pas étaient sans cesse ralentis par les spectateurs pressés autour d'elle». Lorsque, en 1799, Lucien Bonaparte entreprit sa conquête, elle avait la réputation d'être la plus belle femme de son temps. À trois semaines du 18 brumaire, le frère de Bonaparte languissait et se plaignait: «On me parle de ce qui n'est pas vous!...»

Svelte et légère, les yeux pétillants, la bouche mignonne, Juliette était le charme incarné — même si les envieux disaient qu'elle tenait plus de la grisette que de la grande dame. Durant le Consulat, elle fut la reine de la mode. Sous les lambris dorés du fastueux hôtel de la rue du Mont-Blanc, elle s'entoura d'une cour d'admirateurs, hommes politiques et hommes de lettres, dont il serait vain d'énumérer tous les noms: Matthieu et Adrien de Montmorency, Brillat-Savarin, Metternich, Talma, Montlosier, Ballanche, Bernadotte, Boufflers, Camille Jordan... Jaloux de ses succès, Bonaparte s'exclamait: «Depuis quand le conseil se tient-il chez Mme Récamier!?» Romanesque, Juliette rapprocha Bernadotte et le général Moreau dans l'espoir de renverser le tyran: ils étaient enchantés de voir leur mécontentement caressé par tant d'esprit et de grâce. Chateaubriand la rencontra pour la première fois en 1801; l'auteur d'*Atala* confesse: «Jamais je n'avais inventé rien de pareil.»

À ses nombreux soupirants, Mme Récamier sut ne concéder que sa gaieté et sa simplicité: elle passa maître en l'art de décourager les passions sans déplaire. Ce comportement, joint à son mariage blanc, suscita des commentaires et des hypothèses d'un goût douteux: était-elle frigide, coquette ou mal formée? On disait que «Dieu n'avait pas voulu que l'une pût donner ce que l'autre ne pouvait prendre». Au tournant du siècle, elle noua avec Mme de Staël* une amitié indissoluble, dont témoigne la correspondance de l'exilée de Coppet. De Suisse ou d'ailleurs, Mme de Staël presse amoureusement le «cher ange de ma vie» de venir la rejoindre. À la ruine de son époux en 1806, la fortune se retira seule, lui laissant sa beauté et ses amis. Juliette rencontra à Coppet le prince Auguste de Prusse, qui voulut l'épouser. M. Récamier refusa d'accorder le divorce, la mettant au désespoir. Cet attachement malheureux fut le sujet d'un petit roman de Mme de Genlis*, *Athénaïs*. De retour à Paris, elle tint rue Basse-du-Rempart un salon qui rassemblait les opposants au régime impérial. Bannie à son tour en 1811, elle habita Chalon-sur-Saône, Lyon, puis Rome et Naples. Elle revint en France à la chute de Napoléon. C'est à cette époque que le duc de Wellington en oubliait la politique pour la voir, et que Benjamin Constant tomba amoureux d'elle. L'auteur d'*Adolphe* lui écrivait:

> On peut être ingénieux sur le charme qui plaît, non sur celui qui tue.

Après la ruine définitive de M. Récamier en 1818, Juliette s'installa comme pensionnaire dans le couvent de l'Abbaye-aux-Bois, rue de Sèvres. C'étaient les débuts de sa liaison avec Chateaubriand, le seul, suppose-t-on, qui eut droit à ses faveurs. Elle avait plus de quarante ans; Chateaubriand qui en avait cinquante ne tarda pas à lui être infidèle. Un long séjour qu'elle fit en Italie en 1824 ressemble à une tentative de rupture. À son retour, Mme Récamier avait clos l'ère des conquêtes. Durant vingt-cinq ans, elle anima le célèbre salon de l'Abbaye-aux-Bois — «cette académie dans un monastère», disait Lamartine. Chateaubriand y donnait lecture des derniers passages des *Mémoires d'outre-tombe*. On y voyait le Tout-Paris des lettres, le critique Sainte-Beuve, le savant Ampère, le fidèle Ballanche, la duchesse d'Abrantès*. Chateaubriand s'installa en 1838 dans un appartement voisin de la rue du Bac, pour lui rendre visite chaque jour. Les dernières années furent amères et désenchantées. Chateaubriand était paralysé par la goutte : c'était Mme Récamier, atteinte d'une cécité presque complète, qui se rendait chez lui. Elle le suivit d'un an dans la tombe. En 1849, elle tenta en vain d'échapper à l'épidémie de choléra qui ravageait son quartier en se réfugiant chez sa nièce, Mme Charles Lenormant, dont le mari occupait un appartement à la Bibliothèque nationale. Elle y mourut à l'âge de soixante-douze ans.

Mme Lenormant fit publier ses papiers sous le titre *Souvenirs et Correspondance de Madame Récamier* (1859). Du temps de sa beauté, son image s'était multipliée sous forme de gravures et de miniatures. La plupart reprenaient le célèbre portrait de David où elle pose sur une chaise longue (Louvre), d'autres le portrait en pied du baron Gérard (musée Carnavalet). Canova sculpta son buste à l'heure de l'exil et Dévéria l'a représentée sur son lit de mort.

RÉF. : E. Herriot, *Mme Récamier et ses amis*, Paris, 1903. F. Wagener, *Mme Récamier*, J.-C. Lattès, 1986.

RECKE Élisabeth von der, née comtesse de Medem. Allemande (Mittau, 1756-1833). Mariée à quinze ans, elle fut répudiée au bout de cinq ans pour avoir refusé de remplir ses devoirs d'épouse. Elle se rendit célèbre pour le soutien qu'elle apporta au fameux comte de Cagliostro, dont l'eau de Jouvence et les mystifications avaient défrayé la chronique. Elle écrivit un livre sur sa vie après avoir publié les *Poèmes spirituels d'Élise* (1783). C'est au cours de l'un de ses nombreux voyages qu'elle rencontra à Göttingen le poète Gottfried Auguste Burger, auteur de la célèbre ballade *Lenore*. Elle devint à quarante ans passés la compagne du poète Christophe Tiedge, à qui elle légua toute sa fortune.

REDGRAVE Vanessa. Actrice anglaise (née à Londres en 1937). Issue d'une famille de comédiens, fille de l'acteur sir Michael Redgrave et de l'actrice Rachel Kempson, elle étudia l'art dramatique à la Royal Shakespeare Company. Vanessa Redgrave s'imposa rapidement à l'écran dans des rôles de composition aussi divers que ceux de la danseuse Isadora Duncan* dans *Isadora* (Reisz, 1968), de *Marie Stuart*, reine d'Écosse* (Jarrott, 1971), où elle est remarquable, de mère Jeanne des Anges dans *Les Diables* (Russel, 1971), de *Julia*, militante antifasciste (Zinnemann, 1977), de Lola, la femme aux lys dans *Sherlock Holmes attaque l'Orient-Express* (Ross, 1977). Elle fut choisie pour incarner la romancière Agatha Christie* dans *Agatha* (Apted, 1979) et son rôle de femme bourgeoise dans *Morgan* (Reisz, 1966) lui valut un grand prix d'interprétation au festival de Cannes. Citons encore parmi ses nombreux films *Blow Up* (Antonioni, 1960), *Un homme pour l'éternité* (Zinnemann, 1966), *Le Marin de Gibraltar* (Richardson, 1967), *Camelot* (Logan, 1967), *La Charge de la brigade légère* (Richardson, 1968), *Un coin tranquille à la campagne* (Petri, 1968), *La Mouette* (Lumet, 1968), *Les Troyennes* (Cacoyannis, 1969), *Wagner* (Palmer, 1983), *Les Bostoniennes* (Ivory, 1984), *Steaming* (Losey, 1985), *Prick Up Your Ears* (Frears, 1987) et *Retour à Howards End* (Ivory, 1991).

Cependant, Vanessa Redgrave ne se contente pas d'être une star du cinéma. Très connue pour ses opinions progressistes, elle milite pour le parti révolutionnaire des travailleurs. Son éloquence et son talent d'actrice ne sont sans doute pas étrangers aux succès qu'elle remporte dans les meetings. Elle défraya souvent la chronique par ses prises de position spectaculaires et se présenta notamment aux élections de 1974 dans la banlieue de Londres, sans résultat d'ailleurs. De son mariage en 1962 avec Tony Richardson, qui la fit jouer dans plusieurs de ses films et dont elle divorça en 1967, elle a deux filles. Elle a également un fils de l'acteur italien Franco Nero. Elle est l'auteur d'*Une autobiographie* (1992).

REED Janet. Danseuse et maîtresse de ballet américaine (née à Tolo, Oregon, le 15 septembre 1916). Formée par William Christensen, George Balanchine et Antony Tudor, elle dansa aux Ballets de San Francisco (1937-1941) où elle interpréta Odette-Odile (*Le Lac des cygnes*, Kirsh et Ivanov) en 1940. Après avoir fait partie de l'éphémère compagnie des Dance Players (1942), elle passa au Ballet Theatre (1943-1946), où elle créa *Fancy Free* (Robbins, 1944), *Interplay* (Robbins, 1945), et *On Stage!* (Kid, 1945). Elle remporta un succès considérable dans les spectacles de Broadway. Janet Reed rejoignit le New York City Ballet (1949-1960) ; elle créa *Bourrée fantasque* (Balanchine, 1949) et *Western Symphony* (Balanchine, 1954), *The Pied Pipper* (Robbins, 1951) et *The Unicor, the Gorgon, and the Manticore* (Butler, 1957). Maîtresse de ballet dans la compagnie de 1959 à 1964, elle est devenue ensuite professeur.

RÉGINE (Regina Zylberberg, dite). Chanteuse et animatrice de cabarets. Française (née à Etterbeck, Belgique, en 1929). Elle est plus connue aujourd'hui pour les clubs et boîtes de nuit — une vingtaine qu'elle dirige à travers le monde — que pour ses talents de chanteuse. Pourtant, cette femme d'affaires à la gouaille typiquement parisienne imposa dans les années 60-70 les refrains de *La Grande Zoa*, *Rue des Rosiers*, *Mille Fois par jour*, *La Fille que je suis*, *J'ai la Boule au plafond*, *Patchouli-Chinchilla*, etc., qu'elle interpréta à Paris, au Canada, en Belgique, à New York. Au cinéma, elle tourna entre autres *Mazel Tov, ou le Mariage* (Berri, 1968), *Le Train* (P. Granier-Deferre, 1973) et *Les Ripoux* (Zidi, 1984). Régente des nuits de la capitale, amie des petits matins, Régine a démontré ses grandes qualités de cœur en menant une lutte déterminée contre la drogue : elle a créé l'association SOS Drogue international et, avec l'aide des municipalités, ouvert des locaux de réinsertion à Paris, Marseille et Bordeaux. Après avoir divorcé de Paul Rotcage, elle a épousé en secondes noces, en 1969, l'éditeur de musique Roger Choukroun. Elle a écrit deux livres, *Appelez-moi par mon prénom* (1985) et *La drogue, parlons-en* (1987).

REINE, sainte. Martyre (?-v. 250). Ayant refusé de renoncer à la religion chrétienne et de prendre pour époux le consul Olibrius, elle fut martyrisée et mourut la gorge tranchée, sur l'ordre de ce dernier. Son exécution aurait eu lieu sur l'emplacement d'Alésia, en Bourgogne, devenue Alise-Sainte-Reine. On fête sainte Reine le 7 septembre.

REINING Maria. Soprano autrichienne (née à Vienne, le 7 août 1903). Employée de banque jusqu'à l'âge de vingt-cinq ans, elle étudia le chant à l'académie de musique de Vienne. Elle débuta au Staatsoper de sa ville natale en 1931 ; elle y resta jusqu'en 1933, incarnant des soubrettes. Engagée à Darmstadt (1933-1935), puis au Staatsoper de Munich (1935-1936), elle rejoignit ensuite la troupe du Staatsoper de Vienne (1937-1958). À Salzbourg, de 1937 à 1941, elle chanta le rôle d'Eva (*Les Maîtres chanteurs*, Wagner) sous la direction de Toscanini, Euryante (*Euryanthe*, von

Chezy), puis de 1947 à 1953 Élisabeth (*Tannhaüser*, Wagner), la Comtesse (*Les Noces de Figaro*, Mozart), et Pamina (*La Flûte enchantée*, Mozart), Arabella (*Arabella*, R. Strauss) et la Maréchale (*Le Chevalier à la rose*, R. Strauss). Elle chanta Elsa (*Lohengrin*, Wagner) à Covent Garden en 1938 et la Maréchale, son rôle de prédilection, au New York City Opera en 1949. Célèbre pour la beauté et la sûreté de sa voix, sa présence scénique était d'une parfaite élégance. Elle chanta jusqu'en 1958 et enseigna au Mozarteum de Salzbourg à partir de 1962.

REISNER Larissa Michaïlovna. Essayiste soviétique (Lublin, actuellement en Pologne, 13 mai 1895 - Moscou, 9 février 1926). Elle publia ses premiers textes avec son père dans *Rudin* (1915-1916), ouvrage qui tient du journal et dans lequel elle révèle ses dons pour l'essai historique, le feuilleton ou le récit, en même temps qu'elle y commente l'actualité avec talent. Au moment de la révolution d'Octobre, elle s'engagea du côté bolchevik comme soldat et se battit sur la Volga contre les armées blanches (1918-1920). Elle relata cette expérience dans une série d'essais, *Le Front* (1924). Ses voyages lui donnèrent la matière de deux autres livres: *Afghanistan* (1925) et *Hambourg sous les barricades* (1925). Dans *Le Peuple, le charbon et le fer*, elle a décrit la vie quotidienne des ouvriers du Donbass et de l'Oural. Elle est morte prématurément, emportée par une épidémie de typhus.

REITSCH Hanna. Aviatrice allemande (Silésie, 29 mars 1912 - Francfort-sur-le-Main, 24 août 1979). Avant la Seconde Guerre mondiale, elle était la femme pilote la plus populaire d'Allemagne. Elle débuta avec le vol à voile et dirigea pendant quatre ans une école de planeurs. Elle battit le record féminin de distance en 1935, parcourant cent soixante kilomètres en ligne droite à bord de son planeur. Elle passa son brevet et pilota de nombreux prototypes dont un avion-fusée en 1942, qui s'écrasa à l'atterrissage. Elle en réchappa avec plusieurs fractures du crâne, de nombreuses blessures au visage et un mois d'hôpital. Elle reprit néanmoins ses vols en 1943. En avril 1945, elle réussit à gagner le centre de Berlin bombardé et assiégé par les troupes soviétiques. Elle fut une des dernières personnes à voir Hitler avant la capitulation de l'armée allemande. Arrêtée par les Américains en Autriche, elle fut internée pendant quinze mois dans un camp. Après sa libération, elle se fixa au Ghana, d'où elle fut expulsée en 1966 par les successeurs du chef de l'État, Kwane Nkrumah, qui était un ami personnel.

RÉJANE Mlle (Gabrielle-Charlotte Réju, dite). Actrice française (Paris, 1856 - *id.*, 1920). Elle passa son enfance au théâtre de l'Ambigu où son père, ancien acteur, était régisseur. Adolescente, elle put applaudir aux derniers triomphes du drame romantique. Elle suivit les cours de Régnier au Conservatoire et débuta en 1875 au Vaudeville: elle se distingua aussitôt par son «abattage» et la puissance émotive de son jeu. Belle, grande et mince, un visage à la fois malicieux et doux, elle allait devenir l'idole incontestée du théâtre de Boulevard. En scène tous les soirs, elle prodiguait les grands mouvements et de vraies larmes s'il le fallait. Pour avoir la figure altérée, elle songeait avant la pièce à ce que serait l'enterrement de sa mère... Elle créa de nombreuses pièces à succès dont *La Glu* (Richepin, 1883), *Germinie Lacerteux* (les Goncourt, 1888), *Amoureuse* (Porto-Riche, 1891) et surtout *Madame Sans-Gêne* (V. Sardou, 1893). Une tournée triomphale en Amérique (1895) décupla sa renommée. Elle se produisit à Londres et fit l'admiration de George Bernard Shaw, qui méprisait pourtant son répertoire. Réjane n'aborda jamais les grands rôles du théâtre classique, où son métier eût fait merveille. Mariée au directeur du Vaudeville, Porel, elle divorça en 1905. Elle acquit l'année suivante l'actuel théâtre de Paris, baptisé théâtre Réjane, pour y monter ses productions. Malade et à demi ruinée par une mauvaise gestion, elle joua jusqu'au bout et mourut lors du tournage de *Miarka, la fille à l'ourse* (Mercanton, 1920), où elle apparaît amaigrie et plus bouleversante que jamais. Elle fut enterrée au cimetière de Passy, « couverte de fleurs comme de son vivant » (*Journal* de l'abbé Mugnier).

RÉMUSAT Claire Élisabeth, née Gravier de Vergennes, comtesse **de**. Femme de lettres française (Paris, 1780 - *id.*, 1821). Son père, attaché à l'administration de la Ville de Paris, périt sur l'échafaud en 1794. Elle avait quatorze ans. En 1796, elle épousa un ancien avocat général à la Cour des aides de Provence, le comte Auguste de Rémusat. Présentée à la cour, où son mari avait été nommé premier chambellan, elle devint dame d'honneur de Joséphine* jusqu'à la répudiation de l'impératrice. La comtesse de Rémusat renonça alors à la vie de cour pour se consacrer aux lettres. Son salon, tant sous l'Empire que sous la Restauration, fut très recherché. On lui doit, outre une abondante correspondance dont ses lettres à son mari de 1804 à 1814, des romans : *Charles et Claire, ou la Flûte* écrit en 1814, un *Essai sur l'éducation des femmes*, publié après sa mort en 1824 par son fils Charles de Rémusat, et surtout ses *Mémoires* (1802-1814) qui l'ont rendue célèbre. Ces *Mémoires*, remaniés après les Cent-Jours et publiés seulement en 1879 par son petit-fils, sont un vivant témoignage de la vie au temps du Consulat et de la cour des Tuileries au début de l'Empire.

RENAN Henriette. Française (Tréguier, 1811 - Jubail, Liban, 1861). Elle avait douze ans de plus que son frère, l'historien et écrivain Ernest Renan. À la mort de leur père en 1828, elle s'occupa de son éducation — il n'avait que cinq ans — et eut sur lui une profonde influence. Pour lui permettre de poursuivre ses études, elle se plaça comme institutrice à Paris, puis comme gouvernante en Pologne pendant neuf ans. À son retour en France, elle vécut avec son frère, s'occupant de la maison et faisant son secrétariat. Elle lui vouait un amour fraternel tyrannique et exclusif et supporta mal son mariage avec Cornélie Scheffer, la nièce du peintre Ary Scheffer, en 1856. En 1860, elle l'accompagna dans un voyage au Moyen-Orient (Syrie, Liban, Palestine), au cours duquel Renan écrivit sa célèbre *Vie de Jésus*. Elle mourut pendant ce périple, des suites d'une fièvre, à Byblos (actuelle Jubail). Dans une brochure intitulée *Henriette Renan. Souvenir pour ceux qui l'ont connue* (1862), l'écrivain a évoqué le lien vital qui l'unissait à sa sœur. Leur correspondance a été publiée par Ary Scheffer sous le titre, *Lettres intimes, 1842-1845* (1896).

RENARD Colette (Colette Raget, dite). Chanteuse française (née en 1924). Elle débuta très jeune, mais ce n'est qu'en 1956 qu'elle connut la célébrité avec *Irma la Douce*, dont les célèbres couplets avaient été mis en musique par Marguerite Monnot*. Colette Renard possède une voix au registre très étendu qui lui permet d'exprimer aussi bien la gouaille populaire que la finesse des textes littéraires. Cette diversité empêche de la classer dans un genre bien défini, réaliste diseuse ou sentimentale. Elle sait toujours trouver l'accent juste pour ses interprétations qui ont remporté du succès dans les principales salles parisiennes, entre autres à Bobino et à l'Olympia.

RENAUD Line (Jacqueline Enté, dite). Chanteuse et danseuse de music-hall française (née à Nieppe, Nord, en 1928). Fille d'Edmond Enté, chauffeur, elle épousa en 1950 le compositeur de musique Louis Gasté. Après des débuts dans la chanson à Lille en 1944 et à Paris en 1945, elle devint rapidement l'une des vedettes des principaux cabarets parisiens, l'ABC puis le Moulin-Rouge de 1950 à 1957. Elle entreprit de nombreuses tournées en Europe et aux États-Unis (*La Madelon*, 1955; *Mademoiselle et son gang*, 1956). Line Renaud devint célèbre grâce à son dynamisme et à son entrain. En 1959, elle conduisit la revue *Plaisirs* du Casino de Paris dans laquelle elle jouait, dansait, chantait et descendait le fameux escalier. On fêta la millième représentation en 1961. De 1963 à 1965, elle fut à Las Vegas la vedette d'une grande revue qu'elle reprit de 1968 à 1970. Elle présenta ensuite la revue *Flesch*, dont elle était la productrice, dans de nombreuses villes des États-Unis. En 1966, ce fut sa rentrée au Casino de Paris dans une débauche de luxe, de plumes et de danseuses, *Désirs de Paris*, où les tableaux se succédaient à une cadence folle. En 1976, de retour à Paris, elle accepta de participer avec son mari Louis Gasté à l'entreprise de sauvetage du Casino de Paris. Elle triompha à nouveau avec la revue *Paris-Line* jusqu'en 1980, date à laquelle la salle ferma ses portes. Infatigable, elle avait présenté dans plusieurs villes de France un show à l'américaine qui remporta un énorme succès, chantant toujours l'inusable *Ma cabane au Canada* qui lui avait valu un grand prix de l'Académie du disque en 1949! Elle a écrit un livre, *Bonsoir mes souvenirs* (1963).

RENAUD Madeleine. Actrice française (née à Paris, le 21 février 1903). Entrée à la Comédie-Française en 1921, elle en devint sociétaire en 1928, s'imposant par sa finesse, son charme et une tendresse malicieuse. Elle quitta le Français après avoir triomphé notamment dans *La Reine morte* (Montherlant, 1942), *Le Soulier de satin* (Claudel, 1943), *Les Mal Aimés* (Mauriac, 1945). Après son divorce avec Charles Granval dont elle a un fils, l'acteur Jean-Pierre Granval, elle épousa en 1940 son condisciple, Jean-Louis Barrault. Leur compagnie débuta au théâtre Marigny en 1946. Ils montèrent des pièces de Lope de Vega, Tchekhov, Feydeau, Anouilh, Claudel, Salacrou, et s'attachèrent à faire connaître des œuvres d'un abord peu facile, en particulier celles de Samuel Beckett.

Par sa finesse d'expression, Madeleine Renaud a alterné avec bonheur des rôles très variés. Elle est mieux que jolie, elle est spirituelle et s'identifie aussi aux héroïnes de Molière, de Marivaux ou de Musset. Que ce soit dans *Les Paravents* (Genet, 1966), dans *Harold et Maud* (1973), tiré du roman de Colin Higgins, qu'elle interpréta au Théâtre d'Orsay, ou dans *L'Éden Cinéma* (Duras*, 1977), elle est avant tout la grande dame du théâtre français. Sa prestation dans *Oh les beaux jours* (Beckett, 1961), qu'elle a régulièrement renouvelée, reste inoubliable. À quatre-vingt-sept ans, alors qu'elle fêtait les quarante ans de la compagnie Renaud-Barrault, installée au théâtre du Rond-Point, elle soupirait: «J'aimerais bien que Samuel Beckett m'écrive encore un texte pour l'une des saisons prochaines.» Parallèlement, elle a mené une carrière cinématographique bien remplie: *Maria Chapdelaine* (Duvivier, 1934), *Remorques* (Grémillon, 1941), *Lumière d'été* (Grémillon, 1942), *Le Diable par la queue* (de Broca, 1968), *Des journées entières sous les arbres* (Duras, 1977), *La Maison du lac* (Comencini, 1988).

RENAULT Aimée Cécile. Française. (Paris, 1774 - *id.*, 17 juin 1794). Fille d'un négociant en papier, elle manifesta des opinions royalistes pendant la Révolution et, à vingt ans, elle tenta, le 24 mai 1794, d'assassiner Robespierre qui logeait chez les époux Duplay, 398, faubourg Saint-Honoré, se souvenant peut-être de Charlotte Corday* qui avait tué Marat dans sa baignoire, le 13 juillet 1793. Arrêtée en possession de deux petits poignards, elle ne nia pas son intention de tuer le tyran. Elle fut condamnée à mort par le tribunal révolutionnaire, avec cinquante-trois autres personnes faisant partie du pseudo-complot dit des «chemises rouges», et exécutée le 17 juin 1794.

RENAULT Mary (Mary Challams, dite). Romancière anglaise (1905-1983). Elle est surtout connue pour des romans historiques très vivants, qui ont pour cadre la Grèce antique ou l'Asie Mineure, et qui intègrent les données anthropologiques et historiques du XXe siècle. *The King Must Die* (1958), *The Bull from the Sea* (1962), content tous deux la légende de Thésée; *The Persian Boy* (1972) se situe à l'époque d'Alexandre le Grand.

RENDELL Ruth. Romancière anglaise (née à Londres, le 17 février 1930). Elle fut d'abord journaliste puis secrétaire de rédaction à l'*Express and Independant Newspaper* avant d'aborder le roman policier. Dans son premier livre, *Un amour importun* (1964), elle mettait en scène son héros fétiche, l'inspecteur Wexford, avec son adjoint Burden. Les aventures de ces deux personnages se rattachent au genre dit des *procedural novels*, l'auteur décrivant minutieusement les aléas d'une enquête et s'attachant autant à la vie privée de ses détectives qu'à leurs occupations. Tout en poursuivant dans cette voie, elle a publié plusieurs *crime novels*, qui l'apparentent à sa rivale P.D. James*, et dans lesquels l'investigation psychologique de l'assassin prend le pas sur le déroulement de l'enquête. La célébrité lui est venue au fil d'une œuvre abondante dont on ne peut citer que quelques titres : *Le Maître de la lande* (1982), *Un enfant pour un autre* (1986), *L'Homme à la tortue* (1987), *La Maison aux escaliers* (1990), *La Demoiselle d'honneur* (1991). Ruth Rendell a reçu le prix Edgar Poe en 1976 et est le seul auteur a avoir été consacré deux fois par le Golden Dagger Award décerné par l'Association britannique des auteurs de romans policiers. Son œuvre est publiée dans plus de vingt pays.

RENÉE DE FRANCE, duchesse de Ferrare. Princesse française (Blois, 25 octobre 1510 - Montargis, 12 juin 1575). Elle était la fille cadette de Louis XII et d'Anne* de Bretagne. Sa sœur, Claude* de France, épousa en 1514 le futur François Ier. Elle fut mariée en 1528 à Hercule d'Este, fils aîné du duc de Ferrare et de Lucrèce Borgia*. Hercule succéda à son père en 1534. Renée de France lui donna cinq enfants: Alphonse, futur duc d'Este, Louis, Anne, qui épousa François de Guise, Lucrèce qui fut duchesse d'Urbin et Léonore. Très cultivée, elle lisait les auteurs grecs et latins, connaissait les mathématiques et la théologie et s'intéressait à l'astrologie. Elle se détacha de son mari pour des motifs politiques — elle soutenait l'influence française en Italie tandis qu'Hercule d'Este se montrait favorable à la politique de Charles Quint — et religieux.

Acquise aux réformés, elle accueillit d'illustres réfugiés comme Clément Marot qu'elle prit comme secrétaire. Calvin, le réformateur genevois, fit un séjour à la cour d'Este et resta par la suite en correspondance suivie avec la duchesse sur laquelle il eut de l'influence. Sur intervention du Saint-Siège auprès du duc, celui-ci tenta de fléchir l'ardeur réformatrice de sa femme. Elle fut finalement traduite devant l'Inquisition et condamnée à la réclusion perpétuelle.

Son mari la fit enfermer, et elle vécut dans l'isolement jusqu'à la mort de ce dernier, en 1559. Après quoi, elle rentra en France, s'installa au château de Montargis et se convertit au protestantisme, entretenant d'excellentes relations avec les Coligny dont le château, sur le Loing, se trouvait à quelques kilomètres du sien. Pendant les guerres civiles, elle accueillit inlassablement des fugitifs calvinistes. Elle se trouvait à Paris au moment du massacre de la Saint-Barthélemy et rentra à Montargis peu après. Elle y mourut en 1575.

RENZ Océana, née Gutteridge Spratte (dite **La Belle Océana**). Écuyère et danseuse de corde d'origine allemande (Dubuque, Iowa, 1856 - Nice, 1895). Elle était l'épouse d'Ernst Renz, de la célèbre famille des Renz, l'une des plus anciennes lignées de banquistes (bonimenteurs de cirque), dont les premiers représentants exploitaient des petits cirques vers la fin du XVIIIe siècle. C'est comme danseuse de corde que La Belle Océana acquit la célébrité. Sur un filin d'acier, elle dansait, jonglait avec des anneaux, faisait tourner des assiettes ou prenait des poses allongées sur son fil, dans un charmant déshabillé, ce qui faisait dire aux esprits chagrins de l'époque, qu'elle devait son succès plus à sa beauté, qui était réelle, qu'à son talent. Elle remporta des triomphes dans les plus grandes capitales, notamment à Paris où elle parut la première fois au cirque d'Été en 1877. Veuve en 1881, elle continua à se produire avec succès, mais celui-ci alla déclinant jusqu'à la fin de sa vie. Elle mourut à Nice à l'âge de trente-neuf ans.

RENZ Thérèse, née Stark. Écuyère allemande (1859-1937). Fille de Wilhem Stark, directeur de cirque et de Lena Wollschlaeger, elle débuta très jeune comme « écuyère de panneau » au cirque Hertzog. Elle épousa Robert Renz, un voltigeur de grande réputation. Devenue veuve, Thérèse Renz se consacra à la haute école et acquit rapidement la célébrité non seulement auprès du grand public mais également dans les milieux mondains. Hans de Bülow composa pour elle la musique qui l'accompagnait dans des exercices. Thérèse Renz avait imaginé un numéro, dit de la « Dame blanche », qui consistait en de lentes évolutions qu'elle exécutait, enveloppée de voiles vaporeux, sur un étalon blanc. Écuyère accomplie, elle soumettait tous ses chevaux à sa volonté, fussent-ils indomptables comme son célèbre étalon Malachit. Elle remporta des triomphes dans toutes les capitales d'Europe, et les Parisiens l'applaudirent à maintes reprises. Ruinée par des spéculations malheureuses, elle apparut encore dans l'arène, alors qu'elle avait près de quatre-vingts ans, n'ayant rien perdu de son autorité ni de sa grâce.

RETHBERG Élisabeth (Élisabeth Sättler, dite). Soprano américaine d'origine allemande (Schwarzenberg, Dresde, 22 septembre 1894 - Yorktown Heights, New York, 6 juin 1976). Après des études au conservatoire de Dresde, elle débuta à l'Opéra de cette ville en 1915 dans le rôle d'Arsena (*Le Baron tzigane*, J. Strauss); elle y resta pendant sept ans, chantant avec succès Octavian ou Sophie (*Le Chevalier à la rose*, R. Strauss), les héroïnes de Puccini, de Mozart, et fut Agathe (*Le Freischütz*, Weber). En 1922, elle débuta avec Aïda (*Aïda*, Verdi) au Metropolitan Opera de New York dont elle fut la vedette pendant vingt ans. Elle retourna régulièrement à Dresde où elle créa, en 1928, le rôle d'Hélène (*Hélène d'Égypte*, R. Strauss). La même année, elle participa au Metropolitan Opera à la première de *La Campana Sommersa* (Respighi).

Applaudie à Covent Garden, à Salzbourg, à travers toute l'Amérique, Élisabeth Rethberg donna sa représentation d'adieu au Metropolitan Opera avec Aïda (*Aïda*, Verdi), en 1942, mais se produisit encore pendant deux ans en concert. Admirée par tous les grands chefs, Toscanini en particulier, elle passa pour le plus grand soprano de son temps. Exceptionnelle Aïda, ses autres interprétations de Verdi, de Wagner: Sieglinde (*La Walkyrie*), Eva (*Les Maîtres chanteurs*), Élisabeth (*Tannhäuser*), Elsa (*Lohengrin*) ou de Mozart: Constance (*L'Enlèvement au sérail*), la Comtesse (*Les Noces de Figaro*), Donna Anna, Donna Elvira (*Don Juan*), Pamina (*La Flûte enchantée*) restent mémorables. Elle a épousé en 1957 le baryton George Cehanovsky.

REVOIL Fanely. Soprano française (née à Marseille, le 25 septembre 1910). Après des études au conservatoire de Marseille, elle débuta à Paris au Théâtre des Champs-Élysées. Ravissante, dotée d'une voix exquise, elle chanta le répertoire de Charles Lecocq, de Jacques Offenbach et d'Edmond Audran, faisant l'essentiel de sa carrière au Châtelet et à l'Opéra-Comique. Merveilleuse interprète de *Véronique* (Messager), elle créa *Madame Sans-Gêne* (Giaordano), *Ciboulette* (Han) et *Fragonard* (Pierné).

REYNOLDS Debbie (Marie Frances, dite). Actrice américaine (née à El Paso, Texas, en 1932). Née dans une famille modeste — son père était charpentier — la jeune et ravissante blonde Marie Frances se fit vite remarquer: elle fut engagée dans une équipe de majorettes et joua du cor dans l'Orchestre symphonique de Burbank. En 1948, participant à un concours de beauté, elle fut élue Miss Burbank, ce qui lui valut de signer un contrat avec la Warner puis avec la MGM où elle imposa rapidement son style de jeune femme délurée et pétillante. Elle triompha dans *Trois Petits Mots* (Thorpe, 1950), *Chantons sous la pluie* (Kelly et Donen, 1952), *Donnez-lui une chance* (Donen, 1952), *Le Tendre Piège* (Walters, 1955). Elle anima de sa verve et de son inépuisable gaieté toute une série de films à succès, parmi lesquels *Suzanne découche* (Tashlin, 1954), *Le Bébé de Mademoiselle* (Taurog, 1956), *Le Démon de midi* (Edwards, 1958).

En 1955, elle avait épousé le chanteur Eddie Fischer, mais celui-ci ne résista pas par la suite aux charmes de Liz Taylor*. L'épouse abandonnée se remaria avec un homme d'affaires, Harry Karl, ce qui fut un nouvel échec. Ces déboires sentimentaux ne l'empêchèrent pas de poursuivre une brillante carrière: *Un mort récalcitrant* (Marshall, 1960), *Mon séducteur de père* (Seaton 1961), *Le Farfelu de l'Arizona* (Sherman, 1961). Elle fit une apparition réussie dans *La Conquête de l'Ouest* (Ford, 1962), et fut étourdissante dans *La Reine du Colorado* (Walters, 1964). Cependant, *Au revoir Charlie* (Minnelli, 1964) et surtout *Dominique* (Koster, 1965) furent des demi-échecs. À Broadway, elle se produisit dans de nombreux shows dont *The Debbie Reynolds Show* qui remporta un énorme succès. Elle passa à la télévision et joua souvent au théâtre. En 1985, Debbie Reynolds, remariée avec Richard Hamlett, présenta au Hilton de Las Vegas un show avec danse, chant et imitations, dans lequel elle démontra qu'à cinquante-trois ans elle n'avait rien perdu de sa verve et de sa gaieté.

RHODE Arlyne. Championne de tir à l'arc. Américaine (née en 1936). À Wendover dans l'Uthah, le 10 septembre 1978, elle a établi le record du plus long tir à l'arc à pied avec une distance de 1 018,48 mètres.

RHODES Jane Marie Andrée. Soprano française (née à Paris, le 13 mars 1929). Elle débuta à l'Opéra de Nantes en 1953 dans *La Damnation de Faust* (Berlioz). L'année suivante, elle créa le rôle de Renata (*L'Ange de feu*, Prokofiev) à l'Opéra-Comique et en 1956 *Le Feu* (Landowski). Attachée à l'Opéra-Comique, ce n'est qu'à partir de 1959 qu'elle s'imposa de manière éblouissante en Carmen (*Carmen*, Bizet) sous la direction de Roberto Benzi qui devint son mari en 1966. Dès lors, sa carrière fut internationale: elle chanta au Metropolitan Opera de New York en 1962, à Tokyo, à Buenos Aires... Partout sa beauté, son talent de comédienne et sa voix la firent acclamer aussi bien dans *Tosca* (Puccini), dans *Salomé* (R. Strauss) que dans *Le Couronnement de Poppée* (Monteverdi) qu'elle a interprété au festival d'Aix-en-Provence en 1961. Parallèlement, elle aborda l'opérette avec une grâce exquise. C'est ainsi qu'elle tint le rôle principal dans *La Belle Hélène* (Offenbach), *La Grande Duchesse de Gérolstein* (Offenbach) et *La Périchole* (Offenbach).

RHYS Jean (Ella Gwendolen Rhys William, dite). Romancière anglaise (Saint-Domingue, Antilles, 1890 - Angleterre, 1979). Issue d'une famille galloise établie aux Antilles, elle quitta son paradis tropical pour l'Angleterre à dix-sept ans. Elle fit de courtes études à Cambridge puis prit des cours d'art dramatique. À vingt ans, sous le pseudonyme de Vivian Gray, elle joua dans des pièces de théâtre et des comédies musicales comme *Our Miss Gibbs* (Ross et Greenbank). En 1919, elle quitta l'Angleterre pour les Pays-Bas où elle épousa Jean Lenglet, premier de ses trois maris dont elle eut une fille. En 1922, le couple s'installa à Paris. Peu après, Jean Lenglet fut extradé pour entrée illégale en France. Jean Rhys hanta Le Dôme et Les Deux Magots, menant la vie de bohème du Montparnasse des années 20; elle devint la maîtresse de Ford Madox Fox. En 1927, elle publia un recueil de nouvelles, *Rive gauche* (1927) et deux romans: *Postures* (1928) et *Quai des Grands-Augustins* (1931). Entre-temps, elle avait divorcé de son premier mari pour épouser Leslie Tiklen Smith avec qui elle se fixa en Angleterre en 1931. Elle y publia quatre romans, dont *Voyage dans les ténèbres* (1934) et *Bonjour minuit* (1939).

Suivit un long silence pendant lequel certains la crurent morte. En réalité, après la mort de son second mari, remariée à un cousin de ce dernier, Max Haner, elle menait une existence nomade, allant de meublés en hôtels de troisième catégorie. En 1950, Max Haner fut emprisonné pour escroquerie; ils s'installèrent dans les Cornouailles cinq ans plus tard. Alitée, buvant trop, Jean Rhys n'avait plus le goût d'écrire. En 1959, une adaptation radiophonique de *Bonjour minuit* la sortit de l'ombre. Elle retrouva le goût d'écrire, survécut à une crise cardiaque et se consacra à son œuvre. Publiée en 1966, *La Prisonnière des Sargasses* fut couronnée par la Société royale de littérature et lui conféra une gloire internationale. Elle fit encore paraître deux recueils de nouvelles, *Les tigres sont plus beaux à voir* (1968) et *Il ne faut pas tirer les oiseaux au repos* (1976). À sa mort, elle laissait une autobiographie inachevée, *Smile Please*. Sa correspondance, *Letters, 1931-1966*, a été publiée en 1984.

RIABOUCHINSKA Tatiana. Danseuse américaine d'origine russe (née à Moscou, le 25 mai 1916). Fille d'un banquier et d'une ancienne danseuse, elle s'installa à Paris avec sa famille qui fuyait la révolution d'Octobre. Blonde et frêle, pratiquant une danse nerveuse et précise, elle suivit les cours d'Alexandre Volinine. Elle débuta dans *La Chauve-Souris* (Baleff) et fut engagée pour la première saison des Ballets de Monte-Carlo: elle était l'une des trois jeunes ballerines tant remarquées dans *La Concurrence* (Balanchine, 1932) et dans *Jeux d'enfants* (Massine, 1932). Elle avait pour partenaire David Lichine qu'elle épousa en 1943. Elle dansa ensuite dans *Les Pré-*

sages (Balanchine, 1933), *Scuola di ballo* (Balanchine, 1933), *Beach* (Massine, 1933), *Choreartium* (Massine, 1933), *Francesca di Rimini* (Lichine, 1937), *Cendrillon* (Fokine, 1938) et *Paganini* (Fokine, 1939). Invitée au Ballet Theatre en 1944, elle dansa également aux Ballets russes, au Ballet des Champs-Élysées, et au London Festival Ballet. Elle ouvrit avec Lichine une école de danse à Los Angeles.

RICCIARELLI Katia. Soprano italienne (née à Rovigo, le 18 janvier 1946). Orpheline de père, elle chanta dans un cirque pour gagner de quoi payer ses cours de chant au conservatoire de Venise, où elle fut l'élève d'Inès Adami-Corradetti. Lauréate du concours Aslico à Milan en 1969, elle chanta Mimi (*La Bohème*, Puccini) à Mantoue. Elle remporta un an plus tard le concours de Parme et, en 1971, celui de la télévision italienne (« Voix nouvelles pour Verdi ») où elle chantait Léonore (*Le Trouvère*, Verdi). Dès lors, elle triompha à Venise, Rome, Milan dans les œuvres de jeunesse de Verdi, puis parut très vite sur les grandes scènes lyriques mondiales : à la Scala de Milan et à l'Opéra de Chicago en 1973, à Covent Garden à Londres et au Metropolitan Opera de New York en 1974, à Vienne, à Salzbourg, à l'Opéra de Paris en 1978 et 1981, à l'Opéra-Comique en 1983. Avec sa voix chaude et son regard bleu ciel, elle fascine son public dans plus de quarante-cinq rôles : tous ceux du répertoire verdien mais aussi ceux de Puccini, Rossini, Bellini, Cherubini, Gluck et Mozart. Au cinéma, elle incarna Desdémone (*Otello*, Verdi) dans le film de Franco Zefirelli (1986).

RICCOBONI Marie-Jeanne, née de La Boras. Actrice et femme de lettres française (Paris, 1714 - *id.*, 6 décembre 1792). Elle épousa en 1734 Antoine Riccoboni, dit Lelio II, fils du grand acteur Luigi Riccoboni, dit Lelio, qui s'illustra sur la scène de la Comédie-Italienne. Elle fit partie de la même troupe et se montra piètre actrice, comme le souligne Diderot dans son *Paradoxe sur le comédien* :

> Cette femme, une des plus sensibles que la nature ait formées, a été une des plus mauvaises actrices qui aient paru sur la scène [...]. Personne ne parle mieux de l'art, personne ne joue plus mal.

Elle abandonna le théâtre vers le milieu des années 1750 pour se consacrer aux lettres. Elle écrivit la douzième partie de *Marianne*, roman que Marivaux avait laissé inachevé, et fut assez habile pour faire croire à l'authenticité de son pastiche. Son roman, *Lettres de Mistress Fanny Butler* (1757), exploitant la veine sentimentale dans le goût de l'époque, eut beaucoup de succès. Passionnée de théâtre, elle échangea une correspondance avec le grand acteur David Garrick, écrivit une pièce, *Les Caquets* (1761), traduisit deux volumes de *Théâtre anglais* (1769) et poursuivit son œuvre romanesque qui doit beaucoup à Richardson. Ses *Œuvres complètes* ont été publiées en six volumes en 1818.

RICHARD Marthe (Marthe Richer, dite), née Betenfeld (Blâmont, Meurthe-et-Moselle, 1889 - Paris, 1980). Couturière en Lorraine, elle quitta ses parents à dix-sept ans pour s'installer à Paris. Elle ne tarda pas à épouser un M. Richer, mandataire en poisson, fort riche. Grâce à lui, elle put satisfaire sa passion pour l'aviation et fut une des premières Françaises à obtenir son brevet de pilote. D'après ses propres dires, pendant la Première Guerre mondiale, elle aurait été espionne au service de la France. Travaillant à Madrid, elle aurait obtenu des renseignements sur la marine allemande en étant devenue la maîtresse de l'attaché naval de l'ambassade d'Allemagne. Toutefois, elle est passée à la postérité pour avoir obtenu, alors qu'elle était conseiller municipal, la fermeture des maisons de tolérance. Sa proposition, adoptée par le conseil municipal le 13 décembre 1945, donna lieu à la loi dite Marthe Richard du 13 avril 1946.

RICHARDSON Katherine. Alpiniste anglaise (1854 - Lyon, 1927). Marcheuse infatigable, elle totalisa cent soixante-seize ascensions dont de nombreuses premières féminines: la traversée du Petit Dru au Grand Dru en 1889, accompagnée des guides Émile Rey et J.B. Bich, la traversée de l'aiguille de Bionassay au dôme du Goûter, celle des Charmoz, et des Écrins sud-nord, pour ne citer que celles-là. Elle gravit en outre la plupart des grands sommets comme le Cervin ou le Grand Pic de la Meije. Elle s'était liée d'amitié avec l'alpiniste Mary Paillon avec laquelle elle fit les premières féminines de la Méridionale d'Arves en 1891 et de la Meije orientale en 1893. Ayant perdu la vue, Mary Paillon dut renoncer à la montagne. Katherine Richardson la suivit dans sa retraite et se fixa avec elle à Lyon où elle finit ses jours.

RICHIER Germaine. Sculpteur. Française (Graves, Bouches-du-Rhône, 1904 - Montpellier, 1959). Elle fut l'élève de l'école des beaux-arts de Montpellier et s'installa à Paris en 1925 où elle travailla avec Bourdelle jusqu'en 1929. Ses premières œuvres, des bustes comme *Loretto* (1934), témoignent déjà d'une belle maîtrise de son art, qui s'affirma dans ses premières grandes figures de bronze, *L'Escrimeuse* (1939-1942), *L'Orage* (1948), et dont la puissance d'expression atteint son point culminant dans le célèbre *Christ* (1950), commandé pour la chapelle d'Assy (Haute-Savoie). Cette sculpture fit scandale à l'époque et suscita maintes polémiques entre adversaires et partisans des limites que l'artiste doit respecter dans le domaine de l'art sacré. Auparavant, Germaine Richier s'était intéressée au règne animal: *Le Crapaud* (1941), *La Mante religieuse* (1946), *La Chauve-Souris* (1948). Mais elle reprit ses grandes figures: *Le Diable griffu* (1952), *Le Grand Don Quichotte de la forêt* (1951), *La Montagne* (1956), chefs-d'œuvre qui consacrèrent sa renommée. Certains ont comparé son œuvre à celle d'Alberto Giacometti dont, pourtant, elle diffère de par son essence même. Giacometti disait avec un certain humour qu'il sculptait l'air autour de ses figures, alors que les figures de Germaine Richier s'expriment du dedans vers le dehors. Ses œuvres sont conservées dans la plupart des grands musées du monde: *Juin 40* (Winthertur, Suisse); *Alexandre*, *Pomone*, *La Chinoise* (Zurich); *Buste* (Stockholm); *La Forêt* (São Paulo); *L'Orage*, *Le Diabolo* (Paris, musée d'Art moderne). Germaine Richier a reçu le prix de la biennale de São Paulo en 1952.

RICHMOND June. Chanteuse et meneuse de revues américaines (Chicago 1915 - Göteborg, Suède, 1962). L'ampleur de sa voix et son style l'apparentaient à Ethel Waters*. Capable de chanter parfaitement en français, cette Noire vint se fixer à Paris en 1948 où elle obtint immédiatement du succès. Son sens de l'humour faisait oublier sa corpulence, et ses imitations de Mae West* et de Carmen Miranda* sont restées dans le souvenir de tous ceux qui l'ont entendue et vue. Engagée à l'Alhambra, à l'Olympia, à Bobino, à l'Européen, elle mena en 1953 la *Revue du Tonnerre* au Casino de Paris, descendant le fameux escalier d'une démarche très personnelle. June Richmond a enregistré de nombreux disques dont: *Hey Lawdy Mama*, *Porgy and Bess*, *C'est si bon*, *Je cherche un homme*, etc. Elle succomba d'une crise cardiaque à l'âge de quarante-sept ans, lors d'une tournée en Suède.

RIEFENSTHAL Leni. Actrice et réalisatrice de cinéma allemande (née à Berlin, le 22 août 1902). Elle débuta comme danseuse et s'adonna à la peinture avant de se consacrer au cinéma. Belle et sportive, elle fit sensation dans des films de montagne d'Arnold Franck : *La Montagne sacrée* (1926) et *Tempête sur le Mont-Blanc* (1930). Avec ce dernier, elle réalisa *La Lumière bleue* (1932) qui obtint un très grand succès. Ralliée au nazisme, elle tourna un film de propagande à partir d'un montage d'actualités, *Reichsparteitag* (1935), avant qu'Hitler ne lui demande de filmer le congrès national-socialiste de Nuremberg de 1934. Ce fut *Le Triomphe de la volonté* (1935), où elle exalte la montée du nazisme par des vues de parades gigantesques.

Elle connut l'apogée de sa carrière avec *Les Dieux du stade*, film tourné pendant les jeux Olympiques de Berlin (1936), dans lequel elle magnifie à la fois le corps humain et les réalisations grandioses du IIIe Reich, dont elle était devenue l'égérie. D'énormes moyens avaient été mis à sa disposition : grues géantes, téléobjectifs, armée de techniciens. Après la chute de Hitler, elle fut internée de 1945 à 1948 pour propagande nazie et démentit toujours avoir eu une liaison avec lui. Libérée, elle termina *Tiefland* (1954), intrigue sentimentale médiocre. Puis elle partit pour l'Afrique d'où elle ramena de très belles photographies sur les tribus sauvages, qu'elle publia en plusieurs albums : *Les Nouba, des hommes d'une autre planète* (1976), *Les Nouba de Kau* (1976). Elle a publié ses Mémoires (*Memoiren*, 1987).

RÉF. : Ch. Ford, *Leni Riefenstahl*, La Table ronde, 1978.

RISTORI Adélaïde. Actrice italienne (Cividale, Frioul, 1821 - Turin, 1906). Fille de comédiens sans éclat, elle monta sur scène dès l'enfance. À quatorze ans, elle fut remarquée dans *Francesca da Rimini* (Pellico), et triompha à dix-huit ans dans *Marie* Stuart* (Schiller). Un physique impressionnant la destinait à la tragédie : elle fut engagée à la Compania Reale Sarda, où Carlotta Marchionni la fit travailler. Demandée par le théâtre de Parme puis par celui de Livourne, elle était à vingt ans la jeune première la plus recherchée d'Italie. Elle inspira une profonde passion au marquis Capranica del Grillo, qui l'épousa en 1847. Parce que sa belle-famille jugeait sa carrière indigne, elle l'interrompit pendant deux ans, mais le public et la presse la rappelèrent bientôt à une place que nulle n'avait comblée entre-temps.

En 1855, elle triompha à Paris, où elle devint une sérieuse rivale de Rachel*. Ses tournées en Europe, aux États-Unis et en Amérique du Sud confirmèrent sa renommée. Personne ne lui résistait : sur sa demande, le président de la République chilienne accorda la grâce d'un condamné à mort. Interprète idéale de Goldoni, Shakespeare, Euripide ou Racine, elle brilla également dans les grands rôles du répertoire romantique. Sa consœur Mrs. Kendall* la jugeait supérieure à Sarah Bernhardt*... pour son manque total de charme ! Adélaïde Ristori fit ses adieux en 1874 et laissa un volume de souvenirs, *Ricordi e studi artistici* (1887). Aux côtés des épisodes de sa vie, ils recèlent de profondes réflexions sur l'art dramatique.

RITA, sainte. Religieuse italienne (Cascia, Ombrie, 1381 - *id.*, 1457). Dès sa jeunesse elle souhaita entrer dans les ordres, mais ses parents préférèrent la marier. Mère de deux enfants, veuve après dix-huit ans de mariage, elle fit profession chez les augustines de Cascia. Là, elle mena une vie de mortifications incessantes pendant laquelle elle devint célèbre grâce aux miracles qu'elle aurait accomplis. Son culte se répandit rapidement après sa mort. Sainte Rita, patronne des causes désespérées, très invoquée encore de nos jours, fut canonisée en 1900 par le pape Léon XIII et sa fête fut fixée au 22 mai.

ROBIN Mado. Soprano française. (Yzeures-sur-Creuse, Indre-et-Loir, 29 décembre 1918 - Paris, 10 décembre 1960). Elle suivit les cours de Mme Fourestier et, en 1937, elle remporta le concours des sopranos de l'Opéra de Paris. La guerre remit à plus tard son engagement au Palais Garnier. Sans se décourager, elle se perfectionna avec Mario Podesta qui découvrit qu'elle était capable d'atteindre le contre-contre ut (ut^6). Le maître présenta la jeune fille salle Gaveau en 1942: elle remporta un triomphe, d'autant qu'elle était simple et charmante. En 1945, elle fut engagée à l'Opéra de Paris et se produisit dans *Rigoletto* (*Verdi), Castor et Pollux* (Rameau), *La Flûte enchantée* (Mozart), *L'Enlèvement au sérail* (Mozart). À l'Opéra-Comique, elle incarna Leïla (*Les Pêcheurs de perles*, Bizet), Olympia (*Les Contes d'Hoffmann*, Offenbach), Lakmé (*Lakmé*, Delibes) et surtout Rosine (*Le Barbier de Séville*, Rossini). Toutes les scènes lyriques de France se l'arrachèrent. Elle débuta en Amérique, à San Francisco en 1954, dans le rôle de Gilda (*Rigoletto*, Verdi) et de Lucie (*Lucie de Lammermoor*, Donizetti). Elle triompha en Europe et en URSS (1959). L'année suivante, quelques jours avant la 1500e représentation de *Lakmé* (Delibes) à l'Opéra-Comique, elle mourut d'un cancer.

ROBIN Marthe. Stigmatisée française (Châteauneuf-de-Galaure, Drôme, 1902 - *id.*, 1981). Issue d'une famille paysanne, elle fut atteinte de paralysie à l'âge de seize ans. Menant une vie de recluse, elle fut favorisée par des apparitions, celle de la Vierge Marie*, celle de sainte Thérèse* de l'Enfant-Jésus qui lui demanda de prier pour le monde, comme elle-même l'avait fait. À partir de 1931, elle commença à ressentir les stigmates du Christ. Peu à peu, elle devint célèbre, d'autant que, depuis plusieurs années, elle ne subsistait qu'en ingérant une hostie par jour et en vivant dans l'obscurité. Sa notoriété se développant, les dons affluèrent. Recueillis par son confesseur, le père Finet, ils servirent à créer des «foyers de charité» — une soixantaine dans le monde —, et à édifier deux écoles ainsi qu'une basilique à Châteauneuf-de-Galaure. Marthe Robin vécut toute sa vie dans le même état de claustration, recevant d'illustres visiteurs, comme le philosophe Jean Guitton, fasciné par cette existence échappant à toute explication scientifique, comme fut celle d'Anna Katharina Emmerich*. Le cardinal Daniélou considérait Marthe Robin comme une personnalité majeure du XXe siècle.

RÉF.: J. Guitton, *Portrait de Marthe*, Grasset, 1985.

ROBINSON Madeleine (Madeleine Svoboda, dite). Actrice française (née à Paris en 1916). Élève de Charles Dullin, celui-ci lui confia de nombreux petits rôles dans les pièces qu'il montait au théâtre de l'Atelier, entre 1933 et 1935. Mais c'est la pièce d'André Roussin, *Une grande fille toute simple* (1944), qui la fit connaître. Citons parmi ses grands succès *La Soif* (Bernstein, 1949), *Adorable Julia* (Maugham, 1954 — plus de 1 500 représentations) et *Qui a peur de Virginia Woolf?* (Albee, 1963), qui accrédita la légende de son «mauvais caractère». En 1977, elle a joué dans deux pièces de Cocteau: *Les Monstres sacrés* et *Les Parents terribles*. Elle débuta au cinéma avec *Le Mioche* (Moguy, 1936). On la vit ensuite, entre autres, dans *Lumière d'été* (Grémillon, 1942), *Douce* (Autant-Lara, 1943), *Une si jolie petite plage* (Y. Allégret, 1948), *Une histoire simple* (Sautet, 1978), *J'ai épousé une ombre* (Davis, 1982) et *Camille Claudel* (Nuytten, 1988). Sa personnalité s'exprime aussi naturellement dans le drame que dans la comédie, mais elle avoue un tempérament de tragédienne et une prédilection pour les rôles «forts».

ROBINSON Mary, née Darby. Femme de lettres anglaise (Bristol, 1758 - comté de Surrey, 1800). Cette jeune Anglaise belle et ambitieuse, dont la vie fut des plus agitées, avait épousé à l'âge de quinze ans un avocat qu'elle quitta sans scrupules après l'avoir ruiné. Elle inspira de nombreuses passions à des hommes illustres de l'aristocratie anglaise, entre autres le prince de Galles, futur George IV, dont elle fut la maîtresse de 1780 à 1782, mais qui se sépara d'elle en lui accordant une pension confortable. Tour à tour comédienne, romancière et poétesse, elle a laissé des romans, des *Mémoires* et des poèmes qui lui assurèrent une certaine notoriété et qui lui valurent d'être nommée «la Sapho* anglaise». Le grand peintre Gainsborough fit d'elle un beau portrait connu sous le nom de *Perdita* (1784, Londres, Wallace Collection).

ROBINSON Mary, née Bourke. Femme politique irlandaise (née à Ballina, comté de Mayo, le 21 mai 1944). Diplômée du Trinity College de Dublin, elle y fut nommée professeur de criminologie à vingt-cinq ans, devenant la première Irlandaise à occuper un tel poste à cet âge. La même année (1969), elle entra au Sénat où elle se signala par ses prises de position libérales, militant pour la liberté de contraception, la légalisation du divorce, la décriminalisation de l'homosexualité, l'assouplissement de l'interdiction de l'avortement. En même temps, elle poursuivit sa carrière d'avocate à Bruxelles, à la cour de Luxembourg et à Strasbourg. Soutenue par le parti travailliste, minoritaire en Irlande, elle se présenta à l'élection présidentielle de 1990 où, à la surprise générale, elle fut élue le 9 décembre avec 52 % des suffrages.

Très populaire dans son pays, soutenue par les femmes qui se sont reconnues dans cette avocate brillante et énergique, Mary Robinson, étant privée du pouvoir exécutif qui appartient au Premier ministre, n'a pas les possibilités de faire appliquer ses idées. Cependant, celle qui se veut le symbole d'une Irlande moderne et réconciliée apparaît dans son pays comme une autorité morale incontestable que les partis politiques et l'Église ne peuvent ignorer. Catholique, mère de trois enfants, elle a épousé un protestant en 1970, ce qui lui permet de bénéficier d'une position d'arbitre dans la querelle entre protestants et catholiques en Irlande du Nord où elle est aussi très respectée.

RODAT Émilie de. Voir ÉMILIE DE RODAT.

RODNINA Irina. Patineuse soviétique (née en 1949). Elle a obtenu trois médailles d'or aux jeux Olympiques d'hiver de Sapporo (1972), Insbruck (1976), Lake Placid (1980); dix titres de championne du monde, égalant ainsi le record établi par sa prestigieuse aînée, la célèbre patineuse norvégienne Sonia Henie*, et onze titres de championne d'Europe en couples, avec Aleksei Ulanov (quatre titres de 1969 à 1972) et avec son mari Alexandre Zaitsav (six titres de 1973 à 1978).

RODOGUNE. Reine de Syrie (IIe siècle av. J.-C.). Elle était la fille de Mithridate Ier, roi des Parthes, et épousa en 141 le roi de Syrie Démétrios II Nikâtor, alors prisonnier de son père. Démétrios était déjà marié à Cléopâtre Théa, fille du roi d'Égypte Ptolémée VI Philométor et, lorsqu'il rentra dans ses États avec sa seconde femme, il fut tué par la première. Cléopâtre Théa dressa ensuite ses deux fils jumeaux, Antiochus et Séleucus, contre Rodogune qui trouva refuge chez son père. Corneille a écrit sur cette histoire une tragédie, *Rodogune* (1644), pièce pour laquelle il ne cachait pas sa prédilection.

RODRIGUES Amalia. Chanteuse portugaise (née à Lisbonne en 1920). Élevée dans le quartier populaire d'Alcantara, elle était apprentie couturière dès l'âge de douze ans. Sa voix exceptionnelle lui permit de gagner quelques sous dans les fêtes locales, jusqu'à ce que ses frères la placent d'autorité comme ouvrière dans une fabrique de conserves. Révoltée mais résignée, Amalia fut tôt rompue à l'esprit du « fado », le destin : « Je voulais me tuer chaque jour, la moindre chose me faisait du mal », se souvient-elle. C'est en 1939 qu'elle rencontra les musiciens du plus célèbre cabaret de Lisbonne, le Retiro da Severa. Passant outre l'opposition familiale, elle accepta un engagement qui se révéla fructueux et se retrouva bientôt en tête d'affiche. En 1941, elle épousa le guitariste Francisco Cruz, dont elle divorça au bout d'un an.

Le rayonnement de sa beauté, son interprétation délicate et voilée du folklore en firent bientôt la reine de la capitale. Sa gloire gagna tout le pays : Salazar voyait en elle « l'âme du Portugal ». Au cinéma, elle tourna entre autres *Capas negras* (1946) et *Fado* (1947). Henri Verneuil, qui avait une grande admiration pour elle, la mit en scène dans *Les Amants du Tage* (1956). Une carrière internationale s'ouvrait à elle : le public de l'Olympia, de la Scala, du Lincoln Center, du théâtre Sankeï à Tokyo, se pressa pour l'applaudir. En 1961, elle épousa l'ingénieur Cesar Seabra qu'elle suivit au Brésil, d'où son public la rappela. À leur tour, les générations nouvelles de la révolution des œillets (1974) ont su découvrir et soutenir son talent. Lorsque Amalia Rodrigues entre en scène, un long silence accueille sa silhouette noire, sa grâce altière. Puis, les yeux clos, sa voix déchirante s'élève, tantôt mystérieuse, tantôt éclatante, inventant et brodant sur un rêve intérieur une chanson qui parle au cœur.

RODZIEWICZOWNA Maria. Romancière polonaise (Pieniuha, 1863 - Zelazna, 1944). Élevée à Varsovie et à Jazlowiec (Galicie), elle s'établit dès 1881 dans ses domaines de Huszcza. C'est là qu'elle écrivit la plupart des vingt-neuf romans qui parurent de 1887 à 1920. Elle les publia tantôt à Varsovie et à Saint-Pétersbourg, tantôt à Cracovie et à Lwow pour éviter la censure russe. Patriote ardente, elle dépeint dans son œuvre la vie de la Pologne opprimée pendant l'insurrection de 1863. Le plus célèbre de ses romans est *Incendies et Cendres*, publié sous le pseudonyme de Zmogas en 1893.

ROESGEN-CHAMPION Marguerite. Claveciniste et compositeur. Suisse (Genève, 1894 - *id.*, 1976). Elle étudia le piano et le clavecin au conservatoire de Genève avec Émile Jaques-Dalcroze et Ernest Bloch, et à Paris où elle épousa l'éditeur Honoré Champion. Instrumentiste de grand talent, elle contribua avec Wanda Landowska* et ses disciples à la renaissance du clavecin en donnant des concerts dans toute l'Europe. Elle est également l'auteur de plusieurs œuvres pour son instrument, notamment le *Concerto moderne pour clavecin et orchestre* qu'elle créa à Paris en 1931.

ROGER Suzanne. Peintre. Française (Paris, 1899-1986). Encouragée par ses parents, elle entra à l'académie Ranson où elle travailla avec Sérusier et Maurice Denis, dont elle ne suivait l'enseignement qu'avec une conviction relative. Elle fréquentait en effet des jeunes peintres de l'avant-garde et épousa l'un de ceux-ci, André Beaudin, dont la démarche picturale était presque à l'opposé de la sienne. Suzanne Roger, tout comme son mari et l'un de ses meilleurs amis, André Masson, et d'autres encore, fit partie du groupe de peintres que Daniel Kahnweiler soutint au début des années 20. Ses œuvres furent exposées à de nombreuses reprises dès 1923, notamment à la galerie Simon, que Kahnweiler avait réouverte à Paris en 1920, puis à Marseille et dans plusieurs grandes villes d'Europe. En 1959, elle se vit confier par l'État la décoration du groupe scolaire Franc-Nohain et l'exécuta en mosaïque. Suzanne Roger a également illustré *La Couronne de Vulcain* du poète Max Jacob qui fut, durant sa jeunesse, l'un de ses plus fidèles amis.

ROGERS Ginger (Virginia Katherine McMath, dite). Actrice et danseuse américaine (née à Independence, Missouri, le 16 juillet 1911). Avec Fred Astaire, elle forma le couple de danseurs le plus célèbre du monde, au cours des années 30 et 40. Elle débuta fort jeune sur les planches, dansant au music-hall avec les orchestres d'Eddie Lowry puis de Paul Ash, et joua dans un court métrage avec Rudy Vallee. En 1929, elle eut un petit rôle dans la comédie musicale *Top Speed* (Bolton, Kalmar, Ruby, 1929) puis apparut dans *Girl Grazy* (Gershwin, 1930).

Remarquée par la RKO, elle fut engagée à Hollywood qui l'associa à Fred Astaire. Peu importaient les scénarios souvent médiocres, c'était l'enchantement de la danse que le public attendait à chaque nouveau film où paraissait le célèbre couple. Lui, d'une virtuosité incomparable, elle, extraordinairement gracieuse, aussi à l'aise dans les danses romantiques et classiques que dans les rythmes modernes et sophistiqués des «claquettes». Ils tournèrent ensemble dix films dont les inoubliables *La Gaie Divorcée* (Sandrich, 1934), *En suivant la flotte* (Sandrich, 1936), *L'Entreprenant M. Petrov* (Sandrich, 1937), *La Grande Farandole* (Potter, 1939), *Entrons dans la danse* (Walters, 1949). Après sa séparation d'avec Fred Astaire, Ginger Rogers, excellente comédienne et possédant une voix agréable, tourna dans de nombreux films et comédies musicales; elle obtint un oscar avec *Kitty Foyle* (Wood, 1940), et, sans faire oublier ses qualités de danseuse, poursuivit cependant une brillante carrière d'actrice. Elle tourna de nombreux films, dont *Les Chercheurs d'or* (LeRoy, 1933), *Sitting Pretty* (Brown, 1933), *Pension d'artistes* (La Cava, 1936), *Six Destins* (Duvivier, 1941), *Uniformes et Jupons courts* (Wilder, 1941), *Les Nuits ensorcelées* (Leisen, 1944), *Cinq Mariages à l'essai* (Goulding, 1952), *L'Éternel Féminin* (Rapper, 1953), et son dernier film *Harlow la blonde platine* (Segal, 1965). Au théâtre, Ginger Roggers remporta de grands succès, notamment dans la comédie musicale *Hello Dolly* (Stewart, 1964).

ROHAN Anne de. Voir PARTHENAY Catherine de.

ROLAND Mme, née Marie-Jeanne ou Manon Philipon, dite. Femme politique française (Paris, 17 mars 1754 - *id.*, 8 novembre 1793). Fille d'un maître graveur, très intelligente, nourrie des œuvres de Plutarque et des théories de Rousseau, elle acquit une vaste culture. En 1780, elle épousa Jean-Marie Roland de La Platière, de vingt ans son aîné, homme austère qui fut inspecteur des Manufactures à Amiens puis à Lyon. Économiste distingué, il fut nommé ministre de l'Intérieur dans le cabinet Dumouriez en mars 1792, grâce aux relations de sa femme. Mme Roland avait ouvert un salon rue Guénégaud où se rencontraient Robespierre, Pétion, Desmoulins, Condorcet, Brissot et Buzot, dont on dit qu'il fut son amant et, attirés par sa beauté et son intelligence, de nombreux jeunes gens aux idées avancées et plus ou moins amoureux d'elle. Elle fut l'égérie des Girondins, ne cachant pas ses sentiments républicains et sa haine pour la monarchie, et eut une grande influence sur son mari. C'est elle notamment qui rédigea la lettre de Roland au roi du 10 juin 1792, insistant pour que l'on crée à Paris un camp de vingt mille fédérés.

Le ministre fut renvoyé trois jours plus tard mais réintégra son poste dès les débuts de la Législative (10 août 1792). Au moment des massacres de Septembre, Mme Roland se désolidarisa des Montagnards dont elle s'attira la haine et poussa son mari à répandre des critiques contre Robespierre. De plus, quoique hostile à la monarchie, elle ne souhaitait pas la mort du roi. Elle fut arrêtée le 1er juin 1793 et incarcérée à l'Abbaye.

Relâchée pour la forme le 24 du même mois, après qu'eut été démontrée l'illégalité de cette mesure, elle fut à nouveau emprisonnée deux heures plus tard à Sainte-Pélagie. En prison, elle écrivit beaucoup, des *Mémoires particuliers*, des *Notices* historiques et *Mes dernières pensées*. Lors de son procès, elle refusa l'assistance d'un avocat et se défendit elle-même. Elle fut condamnée à mort le 8 novembre 1793 et exécutée le même jour. Le dernier mot qu'on lui prête en montant à l'échafaud — installé près d'un plâtre représentant la Liberté — est resté célèbre: «O Liberté, que de crimes on commet en ton nom.» Ses *Mémoires* ont été édités plusieurs fois au cours du XIXe siècle; ses *Lettres* ont été publiées par Claude Perroud (4 vol., 1900-1902 puis 1913-1915). Son mari, sous le coup d'un décret d'arrestation, avait pu s'enfuir le 31 mai 1793 et s'était caché à Rouen. Il se suicida en apprenant la mort de sa femme. Mme Roland avait eu une fille en 1780, Eudora.

RÉF.: G. Chaussinan-Nogaret, *Madame Roland, une femme en Révolution*, Le Seuil, 1985. M. Cornevin, *La Véritable Madame Roland*, Pygmalion, 1989.

ROLAND Pauline (Marie Désirée Pauline, dite). Féministe française (Falaise, Calvados, 7 juin 1805 - Lyon, 16 décembre 1852). Convertie au saint-simonisme à la fin des années 1820, prônant l'union libre par conviction sociale, elle eut une liaison avec François Aicart dont elle eut deux enfants qu'elle éleva avec une grande dignité. Elle collabora à l'*Encyclopédie nouvelle* de Pierre Leroux, George Sand* et Louis Blanc, et donna de nombreux articles. En 1848, elle rejoignit les rangs des socialistes et fonda avec Jeanne-Françoise Deroin* l'Association des instituteurs et institutrices socialistes, dite aussi l'Association fraternelle. Elle fit partie en 1850 de la commission centrale de l'Union des associations ouvrières, qui sombra le 29 mai de la même année. Sa participation à cet organisme syndical lui valut six mois d'emprisonnement. Elle s'opposa au coup d'État de Louis Napoléon Bonaparte et, arrêtée le 6 février 1852, elle fut déportée en Algérie et finalement libérée en sa qualité de mère de famille (elle avait eu un troisième enfant du militant Adolphe Guéroult). Elle mourut d'épuisement à son retour. Elle a écrit trois ouvrages scolaires, dont une *Histoire de France abrégée pour l'enseignement des deux sexes, depuis les temps les plus reculés jusqu'à nos jours* (1835). Victor Hugo l'a fait figurer dans ses *Châtiments*.

ROMANCE Viviane (Paulina Ortmans, dite). Actrice française (Roubaix, 4 juillet 1912 - Nice, 26 septembre 1991). Elle fut la «vamp» incontestée du cinéma français des années 30. Elle eut une jeunesse mouvementée: élue Miss Paris à dix-huit ans, elle fut chorus-girl au Moulin-Rouge, fit partie du french-cancan à Tabarin et fit grand bruit en giflant publiquement Mistinguett*. En 1931, elle débuta au cinéma dans de petits rôles: *La Dame de chez Maxim's* (Korda, 1932), *Ciboulette* (Autant-Lara, 1933), *Zou-Zou* (M. Allégret, 1934) et devint brusquement une vedette grâce à son rôle de femme ravageuse, au charme sensuel et trouble dans *La Belle Équipe* (Duvivier, 1936). Elle imposa ensuite sa personnalité de femme fatale dans plusieurs films comme *Naples au baiser de feu* (Genima, 1937), *Prison de femmes*

(Richebé, 1937), *Vénus aveugle* (Gance, 1940). Pendant la guerre, la censure de Vichy lui imposa de mettre un frein à son sex-appeal, et elle joua sans grand succès dans plusieurs films, excepté *Feu sacré* (Cloche, 1941) et *Carmen* (Christian-Jaque, 1942). Après la Libération, elle retrouva sa personnalité dans *L'Affaire du collier de la reine* (L'Herbier, 1946) et *Panique* (Duvivier, 1946). Après quoi, elle joua beaucoup en Italie et devint actrice-productrice à partir de 1949. Elle apparut dans *Mélodie en sous-sol* (Verneuil, 1962) et dans *Nada* (Chabrol, 1973).

ROMANY (Adèle de Romance, dite). Peintre. Française (1769 - Paris, 1846). Elle était la fille naturelle du marquis de Romance qui la légitima. C'est son mari, le miniaturiste François-Antoine Romany, d'origine lyonnaise, qui fut son premier maître, mais elle se spécialisa dans le portrait et acquit rapidement une grande notoriété, en particulier auprès d'actrices célèbres de son époque. Le musée de la Comédie-Française possède d'elle deux portraits : *Mademoiselle Raucourt* dans le rôle d'Agrippine* et *Voltaire à vingt-quatre ans*; le musée de Valenciennes celui de *Mademoiselle Duchesnois**, la grande rivale de Mlle George*. Elle a signé certains de ses tableaux sous le nom de Romanée.

ROMILLY Jacqueline Worms de, née David. Historienne, helléniste française (née à Chartres en 1913). Fille de Maxime David, professeur de philosophie, mort en 1914, elle apparaît comme une pionnière de la promotion féminine. Lycéenne croulant sous les prix d'excellence, elle commença à apprendre le grec en quatrième, l'année où, pour la première fois, une jeune fille pouvait étudier le grec. En classe de première au lycée Molière, elle fut la première lauréate du Concours général jusqu'alors réservé aux garçons : elle remporta le premier prix de version latine et le deuxième de version grecque. Agrégée de lettres en 1936, docteur ès lettres en 1947, elle enseigna la langue et la littérature grecques à la Sorbonne, puis devint successivement la première femme professeur au Collège de France et la première femme à l'Académie des belles-lettres. À l'Académie française, où elle fut élue en 1988 deuxième femme après Marguerite Yourcenar*, elle a succédé à André Roussin.

Traductrice de Thucydide (*Histoire de la guerre du Péloponnèse*, 1990), elle est l'auteur de nombreux ouvrages sur le monde antique. Elle s'intéresse non seulement à la littérature grecque, à l'épopée ou à la tragédie — *La Crainte et l'Angoisse dans le théâtre d'Eschyle* (1958), *La Tragédie grecque* (1986), *La Modernité d'Euripide* (1986) —, mais aussi à la philosophie : *Les Grands Sophistes dans l'Athènes de Périclès* (1988), et à l'histoire, plus particulièrement celle des idées : *La Loi dans la pensée grecque* (1971), *Problèmes de la démocratie grecque* (1975), *Patience, mon cœur* (1984), *La Grèce antique à la découverte de la liberté* (1989). Ce goût pour l'Antiquité grecque n'exclut pas une réflexion sur notre monde contemporain, comme le prouve son livre *L'Enseignement en détresse* (1984) qui met en garde contre la tentation actuelle de l'enseignement de renoncer à l'humanisme traditionnel. Elle a aussi écrit sur la Provence, *Sur les chemins de Sainte-Victoire* (1987).

RONNER-KNIP Henriette. Peintre. Néerlandaise (Amsterdam, 1821 - *id.*, 1909). Elle ne peignit que des chats, mais avec un tel talent et un sens si aigu de l'observation que ses tableaux sont de véritables portraits, dépassant le simple genre animalier dans lequel elle est classée. Elle acquit une grande renommée et ses tableaux étaient très demandés. Ses œuvres figurent principalement dans des collections particulières mais également dans des musées à Anvers, Bruxelles, Amsterdam. Elle épousa M. Ronner.

ROOSEVELT Anna Eleanor, née Roosevelt. Américaine (1884 - New York, 1962). Elle était l'une des nièces du président Theodore Roosevelt et descendait, comme son futur mari, de l'une des plus anciennes familles de patriciens américains. Orpheline de bonne heure, elle reçut une solide mais sévère éducation. En 1905, elle épousa son cousin Franklin Roosevelt, dont elle eut cinq enfants. Sa haute taille, sa démarche masculine, son dynamisme, sa grande intelligence la rendirent très populaire aux États-Unis. Elle milita avec ardeur pour le vote des femmes, pour l'égalité des Noirs, pour l'enfance déshéritée et pour la paix. À partir de 1921, elle devint une véritable infirmière pour son mari, paralysé par la poliomyélite. En 1933, Franklin Roosevelt fut élu président des États-Unis, et son épouse fut pour lui une précieuse collaboratrice. Cependant, elle n'abandonna pas sa propre activité politique, écrivant de nombreux articles dans les journaux américains, donnant des conférences, proposant des réformes sociales. Pendant la Seconde Guerre mondiale, elle fut nommée directeur adjoint à la Défense civile (1941). Après la mort de son mari en 1945, Eleanor Roosevelt fut désignée, en 1946, comme déléguée des États-Unis à l'ONU où elle siégea jusqu'en 1954. Nommée présidente de la Commission des droits de l'homme, elle entreprit de nombreux voyages à travers le monde. Elle mourut des suites d'une congestion pulmonaire.

ROSATI Carolina, née Galetti. Danseuse italienne (Bologne, 13 décembre 1826 - Cannes, mai 1905). Élève de Carlo Blasis, elle dansa à Rome en 1841, à Trieste, à Parme puis à la Scala de Milan avec son mari, Francesco Rosati, à partir de 1846. À Londres, elle succéda à Carlotta Grisi* dans le célèbre *Pas-de-quatre* (Perrot), et dansa en 1848 dans *Les Quatre Saisons* (Perrot). Elle triompha notamment dans les chorégraphies de Filippo Taglioni (*Coralia*, *Théa*, *Fiorita*, *La Prima Ballerina)*. Elle fit ses débuts à l'Opéra de Paris en 1853, créa *Le Corsaire* (Mazilier, 1856) et *Marco Spada* (Mazilier, 1857). Son sourire et ses bouclettes lui assurèrent le cachet le plus élevé de l'Opéra. Appelée à Saint-Pétersbourg (1859-1860) par Marius Petipa, cette magnifique danseuse, excellent mime, créa pour lui *La Fille du pharaon*. Elle prit sa retraite en 1862 et retourna en France pour finir ses jours à Cannes.

ROSAY Françoise (Françoise Bandy de Nalèche, dite). Actrice française (Paris, 1891 - *id.*, 1974). Fille d'une actrice, elle suivit les cours de Paul Mounet au Conservatoire et débuta au théâtre en 1908. Elle tint ensuite plusieurs rôles au cinéma dans *Falstaff* (Maurices, 1913), *Les Vampires* (Feuillade, 1915), avant d'épouser le cinéaste Jacques Feyder en 1917. Son nom fut alors étroitement associé à celui de son mari: ils tournèrent ensemble de nombreux films comme *Têtes de femme, femmes de tête* (1917), *Crainquebille* (1922), *Gribiche* (1925), *Si l'empereur savait ça* (1930), *Le Grand Jeu* (1934) et surtout *La Kermesse héroïque* (1935). Dans ce film majeur de Feyder, Françoise Rosay incarne d'une façon éblouissante la bourgmestre Cornélia. Pendant la guerre, ils s'installèrent en Suisse afin de ne pas avoir à travailler avec les Allemands. Elle y tourna *Une femme disparaît* (Feyder, 1942). Veuve en 1948, elle reprit sa carrière en France, après avoir tourné en Angleterre et aux États-Unis, et retrouva intacte toute sa popularité. Elle prit sa retraite après son dernier grand film, tourné à l'âge de quatre-vingt-un ans, *Pas folle la guêpe* (Delannoy, 1972). Dans une filmographie particulièrement abondante, elle a su marquer tous ses rôles de son autorité naturelle et de sa brusquerie légendaire: *Drôle de drame* (Carné, 1936), *Un carnet de bal* (Duvivier, 1937), *L'Auberge rouge* (Autant-Lara, 1951), *Le Joueur* (Autant-Lara, 1958), *Le cave se rebiffe* (Grangier, 1961), *Faut pas prendre les enfants du bon Dieu pour des canards sauvages* (Audiard, 1968).

ROSE DE LIMA, sainte, née Isabelle Flores y del Oliva. Péruvienne (Lima, 1586 - *id.*, 1617). Née dans une famille très pauvre d'origine espagnole, elle se fit remarquer dès sa jeunesse par sa ferveur religieuse. Avide de mortifications, elle couchait sur les débris de verre cassé et priait toute la journée. Elle entra dans le tiers ordre des dominicaines en 1606 et termina sa courte vie dans la plus haute sainteté. Elle fut canonisée par le pape Clément X en 1671 et devint ainsi la première sainte du Nouveau Monde. Le pape la donna comme patronne à l'Amérique. On la fête le 30 août.

ROSEN Elsa Marianne von. Danseuse et chorégraphe suédoise (née à Stockholm, le 28 avril 1927). Après avoir fait ses études au Ballet royal danois, elle débuta par des récitals et dansa avec le Ballet russe de Monte-Carlo en 1947. Avec son mari, le critique danois Alan Fridericia, elle monta les Ballets suédois en 1950. Créatrice du rôle-titre de *Mademoiselle Julie* (Cullberg, 1950), d'après la pièce d'August Strindberg, elle devint l'étoile des ballets de l'Opéra de Stockholm de 1951 à 1959, se produisant aussi dans des ballets classiques: elle incarna Aurore (*La Belle au bois dormant*, M. Petipa) et le Cygne noir (*Le Lac des cygnes*, M. Petipa). Elle fut invitée sur de nombreuses scènes européennes, ouvrit une école de danse à Copenhague et prit la direction du Ballet de Gothenburg (1970-1976). Comme chorégraphe, elle a créé entre autres *Irène Holm* (1960), *Teenagers* (1961), *Tatiana* (1961), *Jenny von Westphalen* (1965).

ROSLIN Marie-Suzanne. Voir GIROUST Marie-Suzanne.

ROSS Diana. Chanteuse et actrice américaine (née à Detroit en 1945). Née dans une famille noire, elle voulut, après une enfance modeste, devenir styliste, puis elle commença à chanter et s'engagea dans un groupe de filles «Les Primettes». Plus tard, elle fit partie des «Suprêmes» avec lesquelles elle enregistra plusieurs disques. Le succès venant, elle décida de se produire seule et remporta des triomphes sur les plus grandes scènes des États-Unis. Elle se rendit en Europe, à Amsterdam, Munich, Paris, Londres où, très applaudie, elle donna trois concerts de suite au New Theater. À New York le concert qu'elle donna en 1983 à Central Park devant quatre cent mille spectateurs se termina par une véritable émeute. En 1974, le producteur Berry Gordy, fasciné par Diana Ross, lui proposa de jouer le rôle de Billie Holiday*; c'était son premier rôle, et elle se révéla une actrice bouleversante, interprétant elle-même le répertoire de la grande chanteuse. Elle manqua de peu l'oscar de l'interprétation féminine mais le film, *Lady Sings the Blues*, fut un triomphe. Elle joua également dans *Mahogany* (Gordy, 1976) dont elle enregistra la chanson, *Love Hangover*. Diana Ross, qui avait épousé Bob Silberstein dont elle a trois filles, s'est remariée en 1986 avec un milliardaire norvégien.

ROSSETTI Christina Georgina. Poétesse anglaise (Londres, 1830 - *id.*, 1894). Elle était la plus jeune sœur, et la plus douée, du poète Dante Gabriel Rossetti et de l'homme de lettres et critique d'art, William Michael Rossetti. Élevée à la maison, elle reçut la même éducation que ses frères et participa à la rédaction des journaux familiaux de leur enfance. Une santé fragile l'obligea à mener une vie calme. Fiancée au peintre préraphaélite

James Collinson, anglicane sévère, elle rompit avec lui lorsqu'il se convertit au catholicisme en 1850. Lyrique, mystique et visionnaire, elle composa des sonnets d'une pureté et d'une perfection exceptionnelles. Elle les fit paraître dans des revues dès 1850, et c'est en 1862 qu'elle publia son premier recueil : *Goblin Market and Other Poems*, suivi par *The Prince's Progress and Other Poems* (1866) puis *Sing Song, a Nursery Rhyme Book* (1872), *A Pageant and Other Poems* (1881). *Times Flies: a Reading Diary*, paru en 1885, est formé de 365 courts textes en prose, correspondant à chaque jour de l'année.

Les thèmes de ses poèmes, l'amour malheureux, l'amour frustré, la résignation ont fait penser à l'un de ses biographes, L.M. Packer, que la jeune femme nourrissait une passion malheureuse pour Walter Scott qu'elle rencontra en 1847 alors qu'il était déjà marié. Cette thèse est contestée par un autre des biographes, G. Battiscombe. Christina Rossetti fut souvent comparée à Emily Brontë* dont elle partagea le mysticisme, mais la première est semble-t-il plus désespérée, moins accomplie, même si elle est servie par une remarquable virtuosité technique.

ROSSI Properzia de. Sculpteur. Italienne (Bologne, 1491 - *id.*, 1530). On sait peu de choses sur elle, sinon qu'elle fut attirée très tôt par la sculpture et devint l'élève de Marco-Antonio Raimondi, le graveur attitré de Raphaël. Vasari parle d'elle et vante sa science de l'anatomie et des drapés, qualités que l'on peut admirer dans le bas-relief en marbre qu'elle a exécuté en 1520, représentant *Joseph et Putiphar*, conservé au musée de San Petronio à Bologne. Properzia de Rossi a pris une part active à la réalisation des sculptures qui ornent le portail de l'église de San Petronio. On lui attribue aussi les sculptures sur des noyaux de pêche qui se trouvent au Musée municipal.

ROSWITHA DE GANDERSHEIM. Voir HROTSWITHA.

ROUGH Louise. Championne de tennis américaine (née à Oklahoma City en 1923). Elle fut l'une des grandes joueuses de l'histoire du tennis. Elle remporta le tournoi de Wimbledon en simple (1948, 1949, 1950, 1955) ; celui de Forest Hills (1947) où elle fut finaliste cinq fois. Elle fut également championne des Internationaux d'Australie (1950). En mixte, elle s'imposa à Wimbledon quatre années consécutives à partir de 1946. En double dame, elle remporta vingt et une victoires dans les quatre grandes épreuves américaine, française, anglaise et australienne.

ROWLANDSON Mary, née White (v. 1635-v. 1678). Fille de John White, un colon de la première heure, riche propriétaire de Lancaster dans le Massachusetts, elle épousa en 1656 Joseph Rowlandson, un pasteur de l'Église congrégationiste. Le 10 février 1676, lors de l'attaque de Lancaster par les Narangasett, elle fut enlevée par les Indiens. Prisonnière de la tribu pendant onze semaines et cinq jours, elle fut rendue aux siens contre le paiement d'une rançon. Le récit de sa captivité parut à Cambridge en 1682 sous le titre, *The Sovereignty & Goodness of God, Together with the Faithfulness of His Promises Displayed; Being a Narrative of the Captivity and Restauration of Mrs. Mary Rowlandson*. Il ne reste de cette œuvre que la seconde édition, la première, datant de la même année, ayant été perdue. Elle constitue un des exemples les plus populaires de la prose américaine du XVIIe siècle et a fait l'objet d'une trentaine de rééditions et réimpressions. On y trouve une description des dangers auxquels étaient exposés les colons, leur terreur des Indiens, le traitement qu'ils subissaient lorsqu'ils tombaient dans leurs mains et le réconfort qu'ils puisaient dans la Bible.

ROWSON Susanna, née Haswell. Femme de lettres anglaise (v. 1762-1824). Anglaise de naissance, elle vécut un certain temps aux États-Unis, dans le Massachusetts, où son père, lieutenant de marine, avait été affecté. En 1777, la famille regagna l'Angleterre. C'est là qu'elle publia, à partir de 1791, plusieurs romans dont *Charlotte Temple* (1791), œuvre à la fois didactique et sentimentale qui remporta un grand succès aux États-Unis. En 1793, elle retourna en Amérique. Elle écrivit pour l'opéra et le théâtre: *Slaves in Algiers* (1794), un opéra-comique; *The Volunteers* (1795), une farce musicale; *The Female Patriot* (1795), adaptée de *The Bondsman* de Massinger; *Americans in England*, une comédie à caractère social qui reparut en 1800 sous le titre, *The Columbian Daughter*. Elle est également l'auteur de *Reuben or Rachel, or, Tales of Old Times* (1798), roman historique qui raconte la vie de quelques descendants de Christophe Colomb, de poèmes (1804), d'un roman semi-autobiographique, *Sarah, or the Exemplary Life* (1813) et enfin de *Charlotte's Daughter, or, The Three Orphans* (1828) publié après sa mort, qui constitue une suite de *Charlotte Temple*.

ROXANE. Reine de Macédoine ([?] - Amphipolis, v. 310 av. J.-C.). Elle était la fille du satrape de Sogdiane, Oxyartès. Alexandre le Grand épousa celle qu'on appelait «La perle de l'Orient» après qu'il se fut emparé des États de son père en 328 ou 327. À la mort d'Alexandre en 323, Roxane était enceinte: trois mois plus tard, elle mettait au monde un fils, Alexandre IV Aigos, qui fut reconnu roi de Macédoine sous la tutelle de son demi-frère, Philippe Arrhidée. Alexandre avait eu une autre femme, Statira*, que Roxane fit tuer. Dans la rivalité des généraux d'Alexandre pour s'emparer du pouvoir, elle prit le parti de sa belle-mère, Olympias*, laquelle soutenait Polyperchon contre Cassandre. En 316, celui-ci s'empara de la ville de Pydna, en Macédoine, dans laquelle les deux femmes s'étaient réfugiées après l'assassinat de Philippe Arrhidée. Elles furent ensuite emprisonnées à Amphipolis où Olympias fut assassinée. Lorsque Cassandre eut conclu la paix avec les généraux Antigone et Ptolémée qui s'étaient alliés pour délivrer Roxane, cette dernière fut exécutée avec son fils Alexandre. Elle a inspiré une tragédie à Jean Desmarets de Saint-Sorlin, *Roxane* (1639); le personnage de Roxane (*Bajazet*, Racine) n'a aucun rapport avec la femme d'Alexandre.

ROYER Clémence. Philosophe et femme de sciences française (Nantes, 1830 - Neuilly-sur-Seine, 1902). Issue d'une famille légitimiste et religieuse, elle était une encyclopédie vivante, à la fois philosophe, économiste, physicienne et naturaliste. En 1859, elle fonda à Lausanne un cours de logique destiné aux femmes, puis un cours de philosophie dont elle publia le début, *Introduction à la philosophie*. En 1860, elle remporta avec Pierre Proudhon le premier prix d'un concours organisé par le canton de Vaud portant sur la théorie de l'impôt. Elle publia son mémoire sous le titre *Théorie de l'impôt, ou la Dîme sociale* (1862). Elle écrivit par la suite un grand nombre de brochures ou de livres sur des sujets philosophiques, scientifiques et historiques. Elle a traduit *L'Origine des espèces* de Darwin (1862).

ROZEROT Jeanne Sophie Adèle. Française (1868-?). Elle était lingère et entra au service des Zola en 1888. L'écrivain tomba très vite amoureux d'elle, qui lui donna deux enfants, Denise en 1889 et Jacques en 1890. Zola n'abandonna jamais sa maîtresse : il l'installa avec les enfants dans une maison louée près de Médan et plus tard à Verneuil. Sa femme, Alexandrine Zola*, qui était sans postérité, reconnut Jacques et Denise après la mort de leur père en 1902.

RUBINSTEIN Helena. Esthéticienne américaine d'origine polonaise (Cracovie, 1870 - New York, 1965). Née dans une famille fortunée, elle était l'aînée de huit filles. Après des études à Zurich, elle partit en 1900 pour l'Australie, vécut chez un oncle, puis eut l'idée de commercialiser à Melbourne une recette de crème de beauté que lui avait léguée sa grand-mère, recette qu'elle baptisa « Crème Valaze » (aujourd'hui « Wake-up Cream »). De retour en Europe, elle travailla la chimie cosmétologique avec un dermatologue parisien et se pencha sur la chirurgie esthétique. En 1908, elle ouvrit un institut de beauté à Londres et en 1912 un autre à Paris. Elle s'installa à New York en 1915 puis dans les plus grandes villes américaines. Son nom était devenu célèbre dans le monde entier. Elle disait : « Il n'y a pas de femmes laides, il n'y a que des paresseuses. » Remarquable femme d'affaires, elle créa un empire sur lequel « la papesse de la beauté en pots » régna avec une extraordinaire énergie, recevant tous les matins son conseil d'administration jusqu'à l'âge de quatre-vingt-quatorze ans. À sa mort, les établissements Rubinstein employaient trente-sept mille personnes, possédaient quatorze usines laboratoires et des milliers de points de vente à travers le monde.

En 1907, Helena Rubinstein avait épousé Edward Titus dont elle divorça pour se remarier en 1935 avec le prince géorgien Artchild Gourielli. Elle consacra une grande partie de son immense fortune à collectionner des objets d'art, des tableaux des maîtres de l'école de Paris et possédait l'une des plus importantes collections d'art nègre. Vingt-sept peintres firent son portrait parmi lesquels Marie Laurencin*, Salvador Dali, Raoul Dufy, Portinari, Sutherland. À quatre-vingt-dix ans elle écrivit ses Mémoires, *Ma vie et mes secrets de beauté* (1965).

RUBINSTEIN Ida. Danseuse russe (Saint-Pétersbourg, 1885 - Vence, 1960). Son interprétation presque nue de *Salomé*, réglée pour elle par Michel Fokine, fit scandale dans la Russie impériale. Elle rejoignit alors les Ballets russes de Serge de Diaghilev à Paris, où elle triompha dans *Cléopâtre** (Fokine, 1909) et *Shéhérazade* (Fokine, 1910). D'une beauté étrange, son élégance et le parfum de scandale qui l'auréolaient firent oublier ses carences techniques. Elle fut une merveilleuse idole, parée par Léon Bakst de tous les atours du théâtre. Non contente d'être interprète, elle se fit la vedette de ses propres spectacles, attirant peintres, librettistes, compositeurs et chorégraphes exceptionnels : D'Annunzio, Verhaeren, Debussy, Honegger. Furieux d'apprendre que Stravinski travaillait pour sa rivale, Diaghilev dénonça publiquement ceux « qui s'imaginaient être des artistes à cause des millions qu'ils ont à gaspiller et des compositeurs qu'ils peuvent acheter ». Par son goût du faste et sa singularité, l'art d'Ida Rubinstein se rattache aux expériences du « modern style ». Citons parmi ses créations *Le Martyre de saint Sébastien* (Fokine, 1911), *Boléro* (Nijinska*, 1928), *Le Baiser de la fée* (Nijinska, 1928), *David* (Massine, 1928), *La Valse* (Nijinska, 1929), *Amphion* (Massine, 1931), *Sémiranis* (Fokine, 1934). Retirée de la scène en 1935, Ida Rubinstein apparaît sous la plume de D'Annunzio comme l'artiste à « la tête voilée de rêve et de douleur, à la charpente osseuse la plus austère qui se puisse trouver et dont toute la personne respirait l'ardeur mystique ».

RUDE Sophie, née Frémiet. Peintre. Française (Dijon, 1797 - Paris, 1867). Fille du sculpteur Louis Frémiet, elle fut l'élève de François Devosge à Dijon et de David. Après les Cent-Jours, sa famille s'exila à Bruxelles où Sophie Frémiet rencontra et épousa en 1821 le sculpteur Rude, auteur du bas-relief dit «La Marseillaise» de l'Arc de Triomphe de l'Étoile. Lui-même était en exil dans la capitale belge. Sophie Rude a laissé de nombreux tableaux d'un style néoclassique: *Révolte à Bruges en 1436*, *Épisode de la Fronde*, *La Belle Anthie d'Éphèse*, une *Sainte-Famille*, des portraits de son père et de son mari et un bel *Autoportrait*, aujourd'hui au musée de Dijon, qui possède plusieurs tableaux d'elle.

RUDOLPH Wilma. Athlète américaine (née à Clarkesville, Géorgie, en 1940). Dix-septième enfant d'une famille noire, elle fut atteinte de poliomyélite à l'âge de quatre ans et resta paralysée pendant plusieurs années. Les soins continus de sa mère et de ses frères, qui la massèrent plusieurs heures par jour, et son énergie lui permirent de marcher à nouveau. C'était en 1950. Dix ans plus tard, elle devenait l'idole du public sportif qui la surnomma la «gazelle noire». Wilma Rudolph remporta en effet trois médailles d'or aux jeux Olympiques de Rome (1960), couvrant les 100 m en 11 s 2 et les 200 m en 22 s 9, devançant ses adversaires de plusieurs foulées. Jamais on n'avait vu une championne aussi rapide et aussi élégante. Son histoire rappelle celle de la championne de tennis Doris Hart*.

RUSSEL Jane (Ernestine Jane Geraldine, dite). Actrice américaine (née à Bemidji, Minesota, le 21 juin 1921). Elle débuta comme modèle pour photographes et tint des petits rôles au théâtre. Brune, très belle, souvent impudique, elle attira l'attention du milliardaire Howard Hugues qui la fit débuter dans *Le Banni* (1943). Le film, lancé avec une publicité tapageuse, valut à Jane Russel la célébrité et de nombreux contrats. Elle tourna avec les plus prestigieux cinéastes. Son plus grand succès fut son rôle dans *Les hommes préfèrent les blondes* (Hawks, 1953) où elle était la partenaire de Marilyn Monroe*. Parmi ses films, on peut retenir: *Fini de rire* (Farrow, 1951), *Scandales à Las Vegas* (Stevenson, 1952), *La Vénus des mers chaudes* (Sturges, 1955), *Les Implacables* (Walsh, 1955), *L'Ardente Gitane* (Ray, 1956), *Bungalow pour femmes* (Walsh, 1956). Jane Russel, l'ancienne pin-up des G.I's, épousa l'entraîneur d'une célèbre équipe de football américain en Californie. Elle a adopté trois enfants. Elle est la fondatrice d'une œuvre pour enfants abandonnés.

RUTH. Figure biblique. Son histoire est racontée dans le livre de l'Ancien Testament du même nom. Elle avait épousé Makhlon un des fils d'Élimèlek et de Noémi, Israélites de Bethléem, réfugiés dans le pays de Moab à cause d'une famine. L'abondance revenue en Judée, Noémi veuve et ayant perdu ses deux fils, conseilla à ses belles-filles Ruth et Orpa de rester dans leur pays et de se remarier. Ruth refusa et dit à Noémi : « ... ton peuple sera mon peuple et ton Dieu sera mon Dieu ». Alors elles marchèrent toutes deux jusqu'à Bethléem au début de la moisson des orges. Or Noémi avait un parent fortuné, Booz, qui épousa Ruth. Elle symbolise la foi et par son fils Obed, père de Jessé, ancêtre de David, elle figure dans la généalogie du Messie (Matthieu, II, 5). Le thème de Ruth glanant dans les champs de Booz fut reproduit maintes fois : entre autres par Poussin (Louvre) et Bassano (Hampton Court). Il a inspiré Victor Hugo qui a inséré dans *La Légende des siècles* le poème intitulé *Booz endormi*.

RUYSCH Rachel. Peintre. Néerlandaise (Amsterdam, 1664 - *id.*, 1750). Fille d'un professeur d'histoire naturelle, elle s'orienta vers la peinture et eut comme maître Willem Van Aelst. En 1695, elle épousa le peintre Juriaen Pool dont elle eut dix enfants. En 1708, elle entra au service de l'Électeur palatin Jean Guillaume et se fixa à la cour de Düsseldorf. Elle acquit une grande réputation par ses natures mortes et surtout par ses bouquets de fleurs, d'un réalisme scrupuleux. À la mort de l'Électeur en 1716, elle retourna à Amsterdam. La recherche de la virtuosité technique — caractéristique essentielle de sa peinture — la fait considérer aujourd'hui, un peu à l'instar de Maria Van Oosterwyck*, comme l'un des derniers artistes de talent à s'être exprimé dans ce style aux Pays-Bas. En effet, son œuvre marque à la fois l'apogée d'un genre et le début de son déclin. Ses toiles se trouvent dans plusieurs musées européens: *Fleurs et Fruits* (Bruxelles, Musée royal), *Bouquet* (Amsterdam, Rijksmuseum), *Langouste et Raisins* (musée de Nice). Elle est aussi représentée à Florence, Londres, La Haye, Munich, Lille.

RŮŽIČKOVÁ Zuzana. Claveciniste tchécoslovaque (née à Pizeň, le 14 janvier 1927). Ses premiers maîtres furent Friedrich Rauch pour le piano et O. Kredba pour le clavecin à l'Académie des arts de Prague où elle étudia de 1947 à 1951. En 1956, elle fut lauréate du concours de Munich et entama une carrière internationale. De passage à Paris, elle travailla avec la claveciniste Marguerite Roesgen-Champion*. Très active, elle fonda l'Ensemble des solistes de Prague. Elle joua avec Janos J. Starker, le violoncelliste Pierre Fournier et le flûtiste Jean-Pierre Rampal. Son répertoire comprend les œuvres classiques de Purcell, Couperin et Bach mais également celles d'auteurs contemporains comme Bartók, Martinů, Poulenc, etc. Depuis 1951 Zuzana Růžičková dirige la classe de clavecin à l'Académie des arts de Prague et à l'école supérieure de musique de Bratislava; elle donne également des cours à Zurich. Le compositeur J. Rychlik lui a dédié ses *Hommagi gravicembalistici* (1960) et son mari Viktor Kalabis, son *Concerto pour clavecin* et *Six Inventions canoniques pour deux voix* (1963).

RYAN Élisabeth. Championne de tennis américaine (Los Angeles, 1892 - New York, 1970). Si Élisabeth Ryan eut un palmarès unique dans l'histoire du tennis, c'est en double qu'elle obtint ses plus grandes victoires. Elle possédait trente et un titres mondiaux, mais ne put remporter aucune grande victoire en simple. La raison en est une insuffisance technique, sa prise de raquette lui interdisant de jouer les balles descendantes autrement qu'en les liftant, ce qui l'obligeait à rester au fond du court; mais, lorsqu'elle le pouvait, elle se ruait au filet où elle était excellente. Elle montait systématiquement à la volée sur sa première et même sur sa deuxième balle de service, ainsi devint-elle une merveilleuse joueuse de double. Sa suprématie dans cette spécialité fut indiscutée et les meilleurs joueurs et joueuses du monde la recherchaient pour les doubles mixtes et les doubles dames. Elle fut championne de Wimbledon, double dames (1914, 1919, 1920, 1921, 1922, 1923, 1925, 1926, 1927, 1930, 1933, 1934); en mixte (1919, 1921, 1923, 1927, 1928, 1930, 1932); championne de Roland-Garros, double dames (1930, 1932, 1933, 1934); championne du monde, double dames (1914, 1922, 1923); double mixte (1913); championne des États-Unis, double dames (1926) et mixte (1926, 1933).

RYKIEL Sonia. Styliste française (née à Paris en 1930). Elle fit ses débuts en 1962 et, à la fin des années 60, elle ouvrit sa première boutique à Paris, rue de Grenelle, bousculant la mode avec ses tricots fluides, interchangeables et se superposant. Ce prêt-à-porter de luxe est diffusé dans le monde entier et symbolise la tenue élégante et pratique des femmes actives. Baptisée par les Américains « la Reine du tricot », elle est l'auteur de *Et je la voudrais nue* (1979), *Célébration* (1988), *La Collection* (1989), *Colette et la mode* (1991). Elle est aussi décoratrice et a créé une ligne des arts de la table.

RYSANEK Léonie. Soprano autrichienne (née à Vienne, le 14 novembre 1926). Élève au conservatoire de Vienne d'Alfred Jerger et de Rudolf Grossmann qui fut son premier mari, elle débuta à Innsbruck en 1949 dans le rôle d'Agathe (*Le Freischütz*, Weber). Engagée à l'Opéra de Sarrebruck de 1950 à 1952, son répertoire comprenait alors Arabella (*Arabella*, R. Strauss), Donna Anna (*Don Juan*, Mozart), Tosca (*Tosca*, Puccini), Senta (*Le Vaisseau fantôme*, Wagner), Sieglinde (*La Walkyrie*, Wagner) et Léonore (*La Force du destin*, Verdi). À la réouverture du festival de Bayreuth en 1951, son interprétation de Sieglinde (*La Walkyrie*) fit sensation. Elle y fut au cours des années suivantes Elsa (*Lohengrin*), Élisabeth (*Tannhäuser*), Kundry (*Parsifal*) et Senta (*Le Vaisseau fantôme*). En 1952, les portes de l'Opéra de Munich, puis en 1954 celles de l'Opéra de Vienne s'ouvrirent à elle. Invitée à Covent Garden (1953), à Paris (1955), à San Francisco (1957), elle fit, le 5 janvier 1959, des débuts très remarqués au Metropolitan Opera de New York en remplaçant au pied levé Maria Callas* souffrante, dans le rôle de Lady Macbeth* (*Macbeth*, Verdi). Elle resta sur cette scène jusqu'en 1973, y revint en 1975-1976 et les saisons suivantes. L'une des plus grandes wagnériennes de son temps, elle fut aussi une verdienne accomplie, triomphant dans les rôles d'Amelia (*Un bal masqué*), de Lady Macbeth (*Macbeth*), et Desdémone (*Otello*) et reste une inoubliable interprète de Richard Strauss — *La Femme sans ombre*, *Hélène l'Égyptienne*, *Le Chevalier à la rose*, *Ariane à Naxos*, *Salomé* — et une grandiose Elektra (*Elektra*, R. Strauss) que nous restitue le film réalisé sous la direction de Karl Böhm en 1981. Sa sœur Lotte, née en 1928, chante également comme soprano lyrique à Vienne.

S

SABA, la reine de. Figure biblique. La renommée de Salomon était telle que la reine de Saba se mit en route avec ses chameaux chargés d'aromates, d'or et de pierres précieuses, pour éprouver la perspicacité du roi par ses énigmes. Salomon élucida toutes ses questions et, quand elle vit sa sagesse et l'apparat de sa maison, elle fut très impressionnée et lui déclara : « C'était donc vrai ce que j'avais entendu dire dans mon pays ; de tes propos et de ta sagesse, tu surpasses la réputation dont j'avais entendu parler. » Elle lui offrit alors tous les présents qu'elle avait apportés et on ne vit plus jamais quantité d'aromates pareille en Israël. L'épisode de la reine de Saba se retrouve dans 2 Chroniques 9 et a joui d'une vogue extraordinaire en Abyssinie, où l'on rattache la dynastie régnante à une union du roi Salomon et de la reine, que la légende arabe et le Coran appellent Balkis. Les vestiges de son palais se voient encore dans les sables du désert de Morab. On retrouve des allusions à la reine de Saba dans Matthieu XII, 42 et dans Luc XI, 31.

SABATIER Apollonie (Aglaé, dite). Française (1822-1889). Fille naturelle d'un préfet et d'une lingère, elle se hissa au rang de demi-mondaine grâce à des protecteurs fortunés, en particulier le fils du financier belge Mosselman. Elle tint un salon dont les habitués, tous sous son charme, l'appelaient la Présidente. De mœurs légères, elle trompait son amant en titre avec le sculpteur Clésinger, Théophile Gautier et d'autres. Baudelaire, qui fréquenta son salon, la connut en 1852 et s'éprit d'elle. Le 9 décembre, il lui écrivit anonymement une lettre en y joignant un poème, *À une femme trop gaie*, qui paraîtra dans *Les Fleurs du mal* sous le titre *À celle qui est trop gaie*. En mai 1853, puis en février et en mai 1854, Baudelaire lui adressa encore, anonymement, des lettres et des poèmes : *Réversibilité* et *Confession*, *Flambeau vivant*, *Aube spirituelle*, *Que diras-tu, ce soir ?*, *Hymne*... En août 1857, alors que *Les Fleurs du Mal* venaient d'être saisies pour outrage à la morale publique et aux bonnes mœurs et que parmi les pièces interdites figurait *À celle qui est trop gaie*, le premier poème qu'il avait dédié à Apollonie, il lui écrivit encore sans plus dissimuler son identité :

> Tous les vers compris entre la page 84 et la page 105 (du recueil poursuivi) vous appartiennent.

Le procès des *Fleurs du mal* et tant de constance firent tomber Apollonie dans les bras du poète. Le 31 août, le lendemain du jour où elle venait de s'offrir à lui, Baudelaire, dans une lettre mêlant le tu et le vous, renonçait à la liaison dont il avait rêvé pendant cinq ans :

... Tu étais une divinité, ce qui est si commode, ce qui est si beau, si inviolable. Te voilà femme maintenant. Et si par malheur, j'acquiers le droit d'être jaloux ! Ah ! quelle horreur seulement d'y penser ! Mais avec une personne telle que vous, dont les yeux sont pleins de sourires et de grâce pour tout le monde, on doit souffrir le martyre.

Déçue, Apollonie répondit :

... C'est trop de subtilité pour une lourdaude de ma trempe...

Elle resta cependant toujours l'amie de Baudelaire et devint par la suite la maîtresse du banquier Richard Wallace. La Présidente réunissait chez elle l'élite des artistes et des écrivains de son temps : Préault, Feydeau, Dumas père, Flaubert, Bouilhet, Maxime Ducamp, Berlioz, Delacroix, mais tous n'appréciaient pas également l'atmosphère de son salon. Ainsi les Goncourt qui, dans leur *Journal*, écrivaient en date du 16 avril 1864 :

Passé la soirée avec la fameuse Présidente, Mme Sabatier, le corps moulé par Clésinger pour sa bacchante. C'est une assez grande nature, d'un entrain commun, une courtisane un peu peuple. Cette belle femme à l'antique, un peu canaille, elle me représente une vivandière de faune.

Clésinger fit son buste et un nu grandeur nature (qui devait s'intituler *Un rêve d'amour* mais qui, par pudibonderie, fut appelé *Femme piquée par un serpent*) exposés au salon de 1847 ; Théophile Gautier lui adressa sa célèbre *Lettre à la Présidente* ; Meissonnier fit son portrait et Louis Ricard la prit pour modèle dans *La Femme au chien* exposé au salon de 1850.

SABIN Florence Rena. Anatomiste et immunologiste américaine (Central City, Colorado, 1871 - Denver, Colorado, 1953). Seconde fille de Serena et Georges Sabin qui avaient abandonné leurs études de médecine pour travailler dans les mines du Colorado, elle fit ses classes à Denver et à Vermont. Elle rejoignit ensuite sa sœur Mary au Smith College pour étudier les mathématiques et les sciences. Diplômée en 1893, elle décida de se tourner vers la médecine, à l'époque où la John Hopkins Medical School ouvrait ses portes aux femmes, en leur accordant les mêmes droits qu'aux étudiants de sexe masculin. Afin de pouvoir financer ses études, elle enseigna les mathématiques à Denver pendant deux ans et la zoologie au Smith College pendant un an. À l'automne 1896, elle put enfin s'inscrire au John Hopkins College. Elle débuta alors dans la recherche médicale sous la direction du professeur d'anatomie Franklin et construisit un modèle tridimensionnel du cerveau moyen et inférieur. Son travail fut publié sous le titre de *An Atlas of the Medulla and Midbrain* (1901), qui devint un ouvrage de référence.

En 1902, deux ans après avoir soutenu sa thèse, elle fut nommée assistante en anatomie à la John Hopkins Medical School. Première femme nommée à ce poste, d'autres grandes premières marquèrent sa vie : en 1917, elle fut, toujours au sein de cette école, la première femme professeur d'histologie ; en 1924-1925, la première femme présidente de l'*American Association of Anatomists* ainsi que la première femme élue à la *National Academy of Sciences* et la première femme membre du Rockefeller Institute. Ses travaux initiaux éclairent d'une lumière nouvelle l'anatomie des canaux lymphatiques dont on savait à l'époque fort peu de chose, ainsi que l'origine des cellules sanguines. En 1925, elle quitta son poste d'enseignement à Baltimore pour ouvrir, au Rockefeller Institute de New York, un laboratoire spécialisé dans l'étude des aspects cellulaires de la réponse immunitaire. Elle montra en particulier le rôle des monocytes (globules blancs) dans la réaction antigène-anticorps. Elle quitta le Rockefeller Institute treize ans plus tard avec le titre de « professeur émérite » et se retira à Denver. Elle ne renonça pas pour autant à toute activité et œuvra inlassablement en faveur du vote de nouvelles lois sur la santé, adoptées en 1947. Cette même année, elle devint présidente de l'*Interim Board of the Health and Hospital* de Denver, poste qu'elle occupa jusqu'en 1951, année de son quatre-vingtième anniversaire. Parmi ses nombreuses publications, outre l'*Atlas* cité plus haut, retenons *The Origin and Development of the Lymphatic System* (1913).

SABINE, sainte. Martyre romaine (?-127). Riche veuve, elle fut convertie à la foi chrétienne par son esclave, une jeune Syrienne, du nom de Sérapie. Dénoncées, elles furent arrêtées et, ayant refusé de sacrifier aux idoles, elles furent toutes deux condamnées à avoir la tête tranchée. La basilique San Sabina, élevée à Rome au Ve siècle, conserve les reliques des deux saintes que l'on fête le 29 août.

SABINE (en latin **Julia Sabina**). Impératrice romaine (v. 86-136). Nièce de l'empereur Trajan, elle fut mariée à Hadrien par Plotine*, la femme de Trajan, qui préparait la succession de son mari. Elle épousa Hadrien avant 112 et l'accompagna dans plusieurs de ses campagnes, notamment celle d'Égypte. Aurélius Victor raconte qu'elle se vantait de ne pas avoir donné d'enfants à l'empereur de peur de les voir ressembler à leur père. Sabine reçut le titre d'Augusta en 128 et fut divinisée après sa mort.

SABLÉ Madeleine, née de Souvré, marquise **de**. Femme de lettres française (1599-1678). Fille d'un maréchal de France gouverneur de Touraine, elle vint à Paris en 1610. Belle, intelligente, elle devint fille d'honneur de Marie* de Médicis et épousa en 1614 Philippe de Laval, marquis de Sablé, dont elle eut quatre enfants. Habituée du Louvre et de l'hôtel de la marquise de Rambouillet*, elle y eut une aventure avec le duc de Montmorency vers 1630. Veuve dix ans plus tard, elle hérita d'une fortune amoindrie, dut se séparer du château de Sablé et de son hôtel du faubourg Saint-Honoré. Elle s'installa place Royale avec la comtesse de Maure et ouvrit son salon. Les meilleurs esprits du temps étaient ses familiers. Avant La Rochefoucauld, elle donna ses lettres de noblesse à un nouveau genre littéraire qu'elle fonda, celui des maximes et pensées. Elle fréquenta Madeleine de Scudéry*, qui fit son portrait dans *Le Grand Cyrus* sous le nom de Parthénie, ainsi que la duchesse de Montpensier*, mais ne participa pas à la Fronde. Elle travailla même au rapprochement des partis et contribua au mariage du prince de Conti avec une nièce de Mazarin, une Martinozzi, en 1654. Convertie au jansénisme dès 1655, elle se fit bâtir dans l'enceinte de Port-Royal, au faubourg Saint-Jacques, une maison où elle se retira. Pendant vingt ans, elle y reçut ses amis, la duchesse de Longueville*, Pascal et sa sœur Gilberte Périer*, Mme de La Fayette*, la princesse Palatine*. Elle a laissé des *Instructions pour enfants*, un traité sur *L'Amitié*, une correspondance abondante et des maximes. Elle fut l'inspiratrice de Pascal qui lui doit certaines de ses *Pensées*, et son nom reste inséparable de celui de La Rochefoucauld.

SABRAN Garsende de, comtesse de Provence (v. 1170 - apr. 1240). Elle était l'épouse d'Alphonse II d'Arles, comte de Provence, qui la laissa veuve en 1193. Elle devint régente et gouverna avec sagesse jusqu'à la majorité de son fils, le futur Raymond Bérenger V. Très savante, aimant les arts, elle fut la protectrice des troubadours, roturiers ou seigneurs, que l'on comptait par dizaines, chantant l'amour courtois ou les joies champêtres, cultivant la virtuosité. De son favori, Élias de Barjols, qui était au service d'Alphonse II, on conserve une quinzaine de poésies lyriques. La comtesse composait elle-même des ballades dont une seule nous est parvenue, dédiée à Élias. Elle se retira en 1240 au couvent de Gelle.

SABUCO BANERA D'ALCARAZ Olivia. Médecin. Espagnole (Alcaraz, 1562-1588). Instruite dans l'art de la médecine par son père médecin, elle acquit la célébrité grâce à sa *Nouvelle Philosophie de l'homme* (1587). Les idées novatrices qu'elle y exprimait lui attirèrent les foudres de ses confrères et des milieux politiques, au point que la première édition de l'ouvrage fut détruite. Celui-ci n'est connu que grâce aux éditions ultérieures, de 1577, 1622 et 1728. Au XVIIIe siècle, la *Nouvelle Philosophie* fut encore victime de la censure de l'Inquisition. Dans cet ouvrage écrit sous la forme d'un dialogue entre trois bergers, l'auteur s'y révèle une pionnière en matière de médecine psychosomatique. Ainsi, les passions considérées comme cause de maladie et de mort sont-elles plus fréquentes et plus intenses chez l'homme que chez les animaux.

> [...] sans les passions qui le tuent, l'homme serait sujet aux lois de la nature comme les bêtes et mourrait de mort naturelle après avoir parcouru les deux périodes de croissance et de décroissance.

Ou encore :

> La timidité, l'appréhension paralysent les facultés. L'angoisse et les soucis n'ont pas de moindres effets. Ils sont contraires à la santé et à la vie parce qu'ils créent le désaccord entre l'âme et le corps; cette discorde suspend les fonctions de la vie végétative, il en résulte la maladie, la mort ou la folie.

Olivia Sabuco eut aussi le mérite d'énoncer de nombreux préceptes d'hygiène à une époque qui ne se préoccupait guère de cette question.

SACHS Nelly. Poétesse allemande (Berlin, 1891 - Stockholm, 1970). Elle commença à écrire des vers dès son adolescence tout en rêvant de devenir danseuse. Étant issue d'une famille juive, l'arrivée des nazis au pouvoir fut pour elle une catastrophe. Ce n'est qu'en 1940 que, grâce à Selma Lagerlöf*, elle put quitter l'Allemagne et s'installer à Stockholm avec sa mère. Elle publia son premier recueil, composé en partie au cours des années 30, *Dans les demeures de la mort* (1947), où elle évoque de manière symbolique l'extermination de son peuple. Suivirent *Étoiles obscurcies* (1949), sur le même thème, *Élie, mystère des souffrances d'Israël* (1951), « poème scénique » nourri de mystique juive, *Fuite et métamorphose* (1959), *Partir où il n'y a pas de poussière* (1961), *Nuit écarte-toi* (1970). Elle est l'un des plus grands poètes juifs d'après les camps de concentration, et son œuvre est intimement marquée par une expérience qu'elle n'a pas personnellement vécue. Elle a reçu le prix Nobel de littérature en 1966 avec l'écrivain israélien Samuel Joseph Agnon.

SACK Erna (Erna Weber, dite). Soprano allemande (Berlin, 6 février 1898 - Wiesbaden, 2 mars 1972). Après des études de chant à Prague et à Berlin avec Oscar Daniel, elle fut engagée à l'Opéra de Berlin pour de petits rôles. En 1930, on l'entendit au théâtre de Bielefeld comme soprano colorature. De 1932 à 1935, elle se produisit successivement à Wiesbaden, Breslau et Dresde où elle créa le rôle d'Isotta (*La Femme silencieuse*, R. Strauss). Elle fut applaudie à Londres en 1936 avec l'Opéra de Dresde, dans le rôle de Zerbinette (*Ariane à Naxos*, R. Strauss) sous la direction du compositeur lui-même et aux États-Unis, en concert, en 1937-1938. Très populaire en Allemagne, dans les années précédant la Seconde Guerre mondiale, vedette à la radio et au cinéma, elle mérite le surnom de «rossignol allemand». La paix revenue, elle continua de se produire en concert, donnant encore la mesure de son talent; elle partit pour l'Australie pour une série de concerts en 1953, et fit une tournée aux États-Unis en 1954, où son nom, donné à une ville, atteste sa renommée. Sa voix très haute passait pour un phénomène (tessiture de quatre octaves).

SACKVILLE-WEST Vita (Victoria Mary, dite). Romancière et poétesse anglaise (Knole, Kent, 1892 - Sissinghurts, Kent, 1962). Elle passa son enfance au château de Knole, propriété des Sackville-West depuis le XVIe siècle. Elle épousa en 1913 Harold Nicolson, essayiste et diplomate, dont elle eut quatre enfants; elle le suivit dans les voyages imposés par sa carrière, notamment en Perse. En 1918, elle retrouva Violet Trefusis — la fille d'Alice Keppel qui fut l'amie intime d'Édouard VII d'Angleterre — dont elle avait fait la connaissance en 1904, les deux femmes s'étant voué une amitié exclusive. Elles vécurent ensemble sur la Côte d'Azur, mais Vita Sackville-West, ne pouvant se résoudre à abandonner sa famille, finit par quitter Violet Trefusis. Dans *Portrait of a Marriage* (1973), Nigel Nicolson, le fils de la romancière, a évoqué ces péripéties. Elle s'installa ensuite à Sissinghurst où elle se consacra à ses jardins, qui sont célèbres, et à son œuvre. Elle a publié *Poems of West and East* (1917), son premier roman *Heritage* (1918), *Knole and the Sackvilles* (1922), l'histoire de sa famille, *The Land* (1926), poème pastoral qui lui valut le prix Hawthornden. Un autre de ses romans, *All Passion Spent* (1931) a obtenu un très grand succès.

SAENZ Manuela. Héroïne équatorienne (Quito, 1797-1856). Elle était la fille illégitime mais reconnue d'un riche Espagnol, juge au tribunal de Quito, et d'une Créole. Elle connut une enfance luxueuse et, dès l'âge de douze ans, s'enflamma pour la politique en un temps où la guerre d'Indépendance s'approchait. Par sécurité, sa mère la mit dans un couvent dont elle ne tarda pas à s'échapper aux bras d'un officier. Elle revint ensuite vivre chez sa mère et épousa un médecin anglais de Quito, James Thorn. Pendant quelque temps, elle fut au centre de la vie mondaine de la ville où elle tenait un salon très réputé. Comme elle était trop courtisée, son mari s'installa avec elle à Lima.

De passage à Quito en 1822, elle rencontra Simón Bolívar, une semaine avant qu'il ne libère la ville. Très belle, jouissant d'un tempérament de feu, elle devint aussitôt la maîtresse de Bolívar qui lui écrivit un jour : « Tu m'as rendu idolâtre de la beauté humaine, de toi, Manuela. » Elle lui montra toute sa vie une fidélité indéfectible, même après qu'il se fut détourné d'elle, et ne voulut jamais retourner auprès de son mari. Au moment de la révolte de Lima en 1827, à laquelle elle avait participé, elle fut exilée et rejoignit Bolívar à Bogota. Après la mort de ce dernier en 1830, elle se fixa à la Jamaïque et vécut à partir de 1835 au Pérou où elle rencontra Herman Melville et Garibaldi. Celle que l'on avait surnommée « la libératrice du Libérateur » pour avoir sauvé plusieurs fois la vie de Bolívar est restée un personnage de légende en Amérique du Sud.

RÉF. : G. Saurat, *Simón Bolívar le libertador*, Grasset, 1990.

SAGAN Françoise (Françoise Quoirez, dite). Romancière française (née à Cajarc, Lot, le 21 juin 1935). À l'âge de dix-neuf ans, elle fit une apparition fulgurante sur la scène littéraire en publiant son premier roman, *Bonjour tristesse* (1954). Cette confession d'une adolescente de dix-sept ans, jalouse de l'amour de son père pour sa maîtresse et jouant avec eux un jeu à la fois innocent et pervers jusqu'au drame final, remporta un succès de scandale sans précédent depuis la guerre. Roman mince à la langue sûre et épurée, *Bonjour tristesse* parle en effet sans détours des choses de l'amour sur un ton qui parut amoral à beaucoup lors de la parution, comme Sagan l'a elle-même analysé dans *Avec mon meilleur souvenir* (1984) :

> On ne tolérait pas qu'une jeune fille de dix-sept ou dix-huit ans fît l'amour, sans être amoureuse, avec un garçon de son âge et n'en fût pas punie. L'inacceptable étant qu'elle n'en tombât pas éperdument amoureuse et n'en fût pas enceinte à la fin de l'été.

L'ouvrage fit l'objet d'une chronique par François Mauriac à la une du *Figaro* — Françoise Sagan, « ce charmant monstre de dix-huit ans » — et, après qu'on lui eut décerné le prix des Critiques, obtint des records de tirage et fut traduit en quatorze langues — il en existe même une édition en latin, publiée au Brésil. Restait à confirmer cette réussite, ce qu'elle fit en écrivant trois romans, presque coup sur coup, *Un certain sourire* (1956), *Dans un mois, dans un an* (1957), *Aimez-vous Brahms...* (1959).

Dans l'intervalle, la légende Sagan était née : se dessinait un personnage excentrique et anticonformiste, amoureux de la vitesse, de l'argent, qu'elle dépensait sans compter, hantant les boîtes de nuit de Saint-Germain-des-Prés et de Saint-Tropez. L'accident de voiture qui faillit lui coûter la vie en 1957 participa à la formation de cette légende, comme le firent certaines de ses déclarations à l'emporte-pièce. Toutefois, d'une intelligence et d'une lucidité aiguës, à l'image de ses personnages, elle ne s'est pas laissé piéger par des stéréotypes et s'est consacrée sans relâche à la seule chose qui, sans doute, lui importe véritablement, la littérature. Son univers romanesque, fixé dès *Bonjour tristesse*, a peu évolué. Il est fait de personnages jeunes ou moins jeunes, beaux, riches et cyniques qui traversent la vie en s'ennuyant, assistant plus aux choses qu'ils n'y participent. Désenchantés, ne croyant en rien et surtout pas en eux-mêmes, ils esquivent la tentation du désespoir et de la tragédie. On a souvent critiqué la minceur des intrigues de Sagan et l'absence de renouvellement de son inspiration. Mais son œuvre a le mérite de la cohérence et surtout d'un ton inimitable, ce qu'on a appelé sa « petite musique » — toutes marques d'un écrivain.

Au fil d'une production abondante et régulière — *Un peu de soleil dans l'eau froide* (1969), *Des bleus à l'âme* (1972), *La Femme fardée* (1981), *Un orage immobile* (1983), *Un sang d'aquarelle* (1987) —, elle s'est constituée un vaste public qui lui témoigne une fidélité inébranlable. D'une grande modestie lorsqu'elle juge ses livres, elle n'en possède pas moins un métier éprouvé qui lui a permis de s'essayer à tous les genres : la nouvelle (*Des yeux de soie*, 1976), le théâtre, où elle a remporté de grands succès (*Château en Suède*, 1959 ; *La Robe mauve de Valentine*, 1963 ; *Bonheur, impair et passe*, 1964), la biographie romancée (*Sarah Bernhardt ou le Rire incassable*, 1987). Son autobiographie, *Avec mon meilleur souvenir* (1984), où elle évoque ceux qui l'ont marquée (Tennessee Williams, Orson Welles, etc.) permet de découvrir un personnage attachant, sitôt dégagé de son image publique. *Répliques* (1992) reprend les centaines d'entretiens qu'elle a donnés depuis vingt ans. Elle a réalisé un film, *Les Fougères bleues* (1976). Plusieurs de ses romans ont été portés à l'écran, dont *Bonjour tristesse* (Preminger, 1958), avec Jean Seberg*, *Un certain sourire* (Negulesco, 1958), *Aimez-vous Brahms...* (Litvak, 1961). Françoise Sagan a épousé en 1958 l'éditeur Guy Schoeller. Après son divorce en 1960, elle s'est remariée deux ans plus tard avec Robert Westhoff dont elle a un fils, Denis. Elle a divorcé une deuxième fois en 1970.

RÉF. : J.C. Lamy, *Sagan*, Mercure de France, 1987.

SAGE Kay. Peintre. Américaine (Albany, New York, 1898-1963). Elle passa son enfance en Europe, exposa ses premières œuvres à Milan et vint se fixer à Paris en 1936. Influencée par les mouvements d'avant-garde, elle fit partie du groupe des peintres surréalistes qui comptait parmi ses membres Victor Brauner, Francis Picabia et Yves Tanguy. Rentrée aux États-Unis en 1939, elle retrouva Yves Tanguy qui était venu la rejoindre et l'épousa en 1940. Il la laissa veuve en 1955. Kay Sage participa à de nombreuses expositions, notamment celles de la Fondation Carnegie à Pittsburg, puis à nouveau à Paris en 1962 au Salon des réalités nouvelles qui consacrèrent définitivement la place importante qu'elle occupe dans la peinture contemporaine. Une grande rétrospective de ses œuvres fut organisée en 1965 au Mattatuck Museum, à Waterburg dans le Connecticut. Ses deux toiles, *I Saw Three Cities* (1944, Princeton University, New Jersey) et *Page 49* (1950, Williams College Museum of Art), dans lesquelles alternent la rigidité des formes géométriques et des draperies souples dans un espace irréel, sont très caractéristiques de son art.

SAINT-CYR Claude (Simone Naudet, dite). Modiste française (née à Paris en 1911). Elle débuta en 1927 chez Adrienne et acheva son apprentissage chez Patou en 1931. L'année suivante, elle entra chez Blanche et Simone, modistes alors à la mode, où elle rencontra un homme d'affaires qui, reconnaissant son talent, lui conseilla de créer sa propre maison. Sous le pseudonyme de Claude Saint-Cyr, elle l'inaugura le 5 février 1937 et présenta sa première collection qui remporta aussitôt un grand succès. Ses modèles, cités dans *L'Officiel* et dans *Vogue*, faisaient partie intégrante des collections des grands couturiers, et les femmes les plus élégantes de Paris, dont la duchesse de Windsor*, portèrent ses chapeaux.

Pendant la guerre, elle s'établit à Marseille, ouvrit une succursale à Lyon, puis rentra à Paris où elle retrouva le succès d'avant-guerre qui se confirma à la Libération: Élisabeth II* d'Angleterre, la reine mère, la princesse Margaret portaient ses modèles. C'est à cette époque qu'elle créa la «ligne oblique» qui fit sensation. Cependant, à partir du milieu des années 50, le chapeau passant de mode, ses affaires périclitèrent, et elle dut fermer sa maison en 1964. Elle travailla par la suite chez Jean Barthet, Jacques Heim, enfin chez le parurier André Lemarie, auprès de qui elle tient actuellement, de temps en temps, le rôle de conseiller. Considérée comme la dernière des grandes modistes, Claude Saint-Cyr s'est distinguée par son goût pour un classicisme élégant, la rigueur des formes et l'audace des lignes. En 1945, elle avait épousé le peintre Georges Martin qui la laissa veuve en 1961.

RÉF. : J. Demornex, *Le Siècle en chapeaux. Claude Saint-Cyr, histoire d'une modiste*, Éd. Du May, 1991.

SAINT-DENIS Ruth (Ruth Dennis, dite). Danseuse et chorégraphe américaine (Sommerville, New Jersey, 20 janvier 1879 - Hollywood, 21 juillet 1968). Plus qu'un père ingénieur, c'est une mère piétiste, ex-étudiante en médecine, qui lui inculqua les vertus de l'exercice et l'initia à la danse. À onze ans, elle assista à son premier spectacle et décida de devenir danseuse. On lui fit suivre quelques cours qu'il fallut interrompre faute d'argent. Elle s'exerça seule sur les pointes, pieds nus, copiant les poses des étoiles sur les photos. À vingt-quatre ans, elle fut actrice dans une troupe de variétés. Elle changea de nom et partit en tournée en Angleterre où elle put admirer Isadora Duncan* et Loïe Fuller*: c'est alors qu'elle décida de se vouer à la «danse libre». L'inspiration «orientale» de ses créations contribua à libérer le ballet des conventions classiques. Elle se documenta sur la civilisation égyptienne et en offrit une vision personnelle dans *Radha* (1906). Fascinée par la culture indienne, elle créa la même année *The Incense*, *The Cobras* puis *Nautch* et *Yogi* pour un premier récital de danse présenté en Europe trois années consécutives. De retour en Amérique, elle ajouta à son programme *Egypta* (1909) et, plus tard, son premier ballet japonais *O'-Mika* (1913).

Elle était déjà célèbre lorsqu'elle rencontra à Denver Ted Shawn qui devint son partenaire puis son mari; à eux deux, ils révolutionnèrent l'art de la danse. En 1915, ils présentèrent leur première œuvre commune, *The Garden of Kama*, puis créèrent à Los Angeles la Denishawn Dance School (1915-1931) qui proposait bien plus qu'une formation corporelle: on y cultivait la personnalité, l'intelligence et l'émotion. L'école ne passa pas inaperçue, et la troupe connut le succès sous des auspices universitaires, pour la première fois dans l'histoire de la danse. À Berkeley, elle donna *A Pageant of Egypt, Greece and India* (1916). La Denishawn devint le centre de la *modern dance* américaine et forma des artistes illustres comme Martha Graham*, Doris Humphrey* et Charles Weidman; avec le temps, d'autres écoles s'ouvrirent dans les grandes villes des États-Unis. Ruth Saint-Denis se produisit à travers toute l'Amérique, l'Angleterre et l'Orient. 1928 marque une étape dans l'évolution de son art: elle composa sa première danse «métaphysique», *The Lamp*, suivie de *The Prophetess*.

Lorsque la Denishawn se dispersa en 1932, elle abandonna peu à peu le spectacle pour se consacrer au ballet religieux. Elle présenta *Masque of Mary* dans une église new-yorkaise et fonda la Society of Spiritual Arts qui opéra la synthèse de son enseignement et de ses motivations spirituelles. C'est l'époque où elle publiait ses poèmes, *Lotus Light*, et rédigeait son autobiographie, *An Unfinished Life* (1939). Elle s'associa avec la danseuse et ethnologue La Meri* pour fonder l'École de Natya (1940-1942). La plupart de ses créations ont été tournées et plusieurs films lui sont consacrés: *Ruth Saint-Denis* (Baribault, 1940), *First Lady of American Dance* (Skipper production, 1957) et *Ruth Saint-Denis and Ted Shawn* (NBC, 1958). Ruth Saint-Denis dansa pour la dernière fois *The Incense* à l'âge de quatre-vingt-trois ans.

RÉF. : C.L. Schlundt, *The Professional Appearances of Ruth Saint-Denis et Ted Shawn*, New York, 1962.

SAINT-ELME Ida de. Actrice française (1778-1845). Elle doit sa célébrité non au théâtre, mais aux *Mémoires d'une contemporaine* (1827), écrits par Malitourne d'après ses notes et souvenirs. Ils évoquent, non sans goût du scandale, le milieu théâtral de la fin du XVIIIe au début du XIXe siècle. Le piquant des anecdotes assura à «la Contemporaine», comme on la surnomma, un succès durable dans les salons.

SAINT-HUBERTY Mme (Antoinette Cécile Clavel, dite). Soprano française (Strasbourg, 15 décembre 1756 - Londres, 22 juillet 1812). Élève de son père, musicien au théâtre de Strasbourg, elle chantait dès l'âge de douze ans. Ayant décliné les offres des théâtres de Bordeaux et de Lyon, elle débuta à Strasbourg. En 1775, elle épousa l'aventurier Croisilles, dit Saint-Huberty, dont elle adopta le nom pour la scène. En 1777, elle chanta *Zémire et Azor* (Grétry) à Varsovie. L'année suivante, elle était à Paris. Devenue l'élève et la protégée de Gluck, elle débuta à l'Opéra dans le rôle de Mélissa (*Armide*, Gluck). Très vite, elle s'imposa sur cette scène, éclipsant de 1781 à 1790 Rosalie Levasseur* et Marie-Joséphine Laguerre*, reprenant tous les grands rôles de Gluck créés par ses rivales. Son plus grand triomphe fut

Didon (*Didon*, Piccinni) en 1783. Elle créa les rôles d'Hypermnestra (*Les Danaïdes*, Salieri), Chimène (*Chimène*, Sacchini), Ariane (*Ariane*, Edelmann) et Phèdre (*Phèdre*, Lemoyne). Elle chanta également en province, notamment à Marseille. En pleine Révolution, elle émigra en Angleterre avec le comte d'Antraigues qu'elle avait épousé en 1790. Elle s'y livra avec lui à l'espionnage et tous deux moururent assassinés par un agent de Fouché. Malgré un visage disgracieux, Mme Saint-Huberty, pour la qualité de sa voix et de son art, avait été comparée par Grimm à Mlle Clairon*.

RÉF. : E. de Goncourt, *La Saint-Huberty d'après sa correspondance et ses papiers de famille*, Paris, 1882.

SAINT-PHALLE Niki de (Marie Agnès, dite). Sculpteur. Française (née à Neuilly-sur-Seine en 1930). Son père était un banquier fortuné qui se fixa à New York alors qu'elle avait deux ans. Elle suivit des cours dans des écoles religieuses et, à dix-huit ans, elle abandonna le domicile paternel pour vivre avec un poète, Harry Mathews, dont elle eut une fille en 1951, Laura, et un garçon en 1955, Philip. Après de graves ennuis de santé, elle avait commencé à peindre et à dessiner et fit sa première exposition à Saint-Gall, en Suisse, en 1956. Laissant son mari et ses enfants, elle s'installa à Paris et s'adonna entièrement à son art. Ses premières œuvres consistaient en des assemblages de matériaux les plus hétéroclites : piles usées, pots de yaourt vides, fleurs séchées, le tout enduit de plâtre et peint de couleurs vives. Elle participa à de nombreuses manifestations artistiques à travers l'Europe et à des travaux de groupe avec le sculpteur suisse Jean Tinguely dont elle a partagé la vie à partir de 1960.

Rapidement ses œuvres provoquèrent un étonnement mélangé d'un certain effarement, comme ses célèbres *Nana* (1965), énormes femmes en matière plastique polychrome, revêtues d'étoffes de toutes sortes et montées sur un grillage. Sans l'humour qui les habite, elles ne seraient que des sculptures à la limite du scandale. Depuis 1970, Niki de Saint-Phalle fait apparaître de nouveaux personnages et animaux dans son œuvre, toujours traités avec la même exubérance et la même fantaisie et peints de couleurs vives. Citons parmi ses œuvres : *Hon*, première femme géante de la série des « Nanas » (1966, Moderna Museet de Stockholm), la *Vénus noire* (1967, New York, Whitney Museum), *Temperance* (collection particulière), *Le Golem* (1972), *L'Aveugle dans la prairie* (1978-1979, Paris, musée d'Art moderne) et réalisée avec Tinguely, *La Fontaine Stravinski* qui jouxte le Centre Georges-Pompidou à Paris. Mais l'œuvre de sa vie, dit-elle, est l'aménagement du *Jardin des Tarots*, près de Capalbio en Toscane, auquel elle travaille depuis des années. L'ensemble se composera de vingt-deux figures mesurant jusqu'à vingt-cinq mètres de haut et dont l'une d'elles sert de demeure à son auteur. En 1992, après en avoir appelé au président de la République, Niki de Saint-Phalle a fait don de son œuvre, presque achevée, à l'État français. Devant la complexité des problèmes juridiques, elle a fait de ce jardin une fondation à but non lucratif qu'elle préside et où siègent un représentant de la France et de l'Italie.

SAINT-SAUVEUR Lally de. Championne de golf française (née en 1921). Son père, ancien champion de France de golf et sa mère, capitaine de l'équipe féminine de golf, la dirigèrent très vite vers ce sport. À seize ans, elle était déjà championne junior de Grande-Bretagne, puis elle collectionna les titres les plus prestigieux, apportant chaque année de nouveaux fleurons à sa couronne. Elle possède sans doute le plus beau palmarès dont une sportive puisse rêver : championne junior de Grande-Bretagne

(1937), championne nationale de France (1939, 1943, 1944, 1946, 1949, 1950, 1951), championne internationale de France (1948, 1950, 1951, 1952), championne de Suisse (1949), du Luxembourg (1949), d'Italie (1949, 1951), de Grande-Bretagne (1950), d'Espagne (1951) et championne du Benelux pendant trois ans. Son activité dans le monde des sports ne s'arrêta pas à la seule conquête des titres; elle forma et entraîna des jeunes avec succès et, en 1964, elle organisa les premiers championnats du monde féminins. Elle fut nommée présidente de la Fédération française de golf et capitaine des équipes féminines de France. Elle a épousé M. Segard.

SAINVAL ou SAINT-VAL l'aînée, Mlle (Marie-Pauline Alziari, dite). Actrice française (Saint-Paul-du-Var, 15 décembre 1743 - Paris, 13 juillet 1830). Fille d'un acteur de province, elle entra avec lui au Grand-Théâtre de Lyon en 1762 puis à la Comédie, à Paris, en 1766. Les contemporains étaient unanimes pour reconnaître sa laideur et ses qualités de tragédienne. Réagissant contre la monotonie avec laquelle les acteurs récitaient les alexandrins, elle détruisit volontairement leur rythme, se rapprochant ainsi de la prose parlée. Elle rendit la vie à des rôles en variant l'intonation, préfigurant ainsi la déclamation moderne. Elle quitta la Comédie en 1779 et, pendant dix ans, remporta des triomphes en France et à l'étranger. Sa sœur Marie-Blanche, dite Mlle Sainval cadette (1752-1836) est restée célèbre pour sa création du rôle de la Comtesse (*Le Mariage de Figaro*, Beaumarchais).

SALLÉ Marie. Danseuse française (1707 - Paris, 1756). Fille d'un bateleur, elle fit ses débuts de danseuse à Paris chez son oncle Francisque à la foire Saint-Laurent, et à l'âge de onze ans apparut à l'Opéra, puis à la foire Saint-Germain et en Angleterre, au Lincoln's Inns Field Theatre de Londres à partir de 1725. Élève de Mlle Prévost* à l'Opéra de Paris, elle partagea sa carrière entre Londres et Paris, créant de nombreux ballets avec un succès considérable. En butte à la jalousie de la troupe de l'Opéra, alors qu'elle venait de créer à Paris *Les Amours des dieux* (Mouret, 1727), elle fut reléguée pendant un an dans le corps de ballet. Mais sa faveur auprès du public était telle qu'elle ramassa lors d'une représentation de « bénéfice », une somme de 200 000 livres. Sa grande rivale était la Camargo*, les qualités de mime de l'une s'opposant à la virtuosité technique de l'autre. Chacune avait un public d'inconditionnels qui s'affrontaient les rares fois où elles dansaient ensemble, par exemple dans *Télémaque* (Destouches) en 1730 et dans *Sylla* (Théobalde) en 1732. En créant *Pygmalion* à Londres en 1734, elle fut la première danseuse à évoluer en tunique de mousseline drapée à la grecque, abandonnant perruque et robe à panier qui jusque-là étaient de rigueur.

Amie de Voltaire, de Garrick, de Haendel, son portrait au pastel peint par La Tour figura au salon de 1741 ; Lancret l'immortalisa en train de danser. Elle apporta à la danse de son temps ce qui lui manquait — une véritable gestuelle —, mais ne parvint pas à égaler la popularité de la Camargo. Elle quitta définitivement l'Opéra en 1740 nantie d'une pension royale et continua à danser par intermittences à la cour de Versailles, où elle était très appréciée, et en Angleterre. Les réformes qu'elle a introduites dans le costume ont influencé Noverre qui l'a décrite ainsi : « D'une physionomie noble, expressive et spirituelle. Sa danse était écrite avec autant de finesse que de légèreté... »

SALM-DYCK Constance Marie, née de Theis, princesse **de**. Poétesse française (Nantes, 1767 - Paris, 1845). Celle qu'André Chénier surnomma « la Muse de la raison » fit paraître ses premiers vers à la veille de la Révolution et se montra une poétesse prolixe jusqu'en 1835. Son ouvrage le plus connu porte le titre de *Mes soixante ans, ou Souvenirs politiques et littéraires* (1835), long poème qui retrace sa vie. Elle avait épousé en 1789 M. Pipelet de Louri. Après son divorce en 1799, elle se remaria, en 1803, avec le prince allemand de Salm-Dyck.

SAMARITAINE, la. Figure biblique. Elle habitait Sychar, en Samarie, et, selon l'Évangile de saint Jean (IV, 5-29), Jésus, un jour, lui demanda à boire au puits de Jacob, vers la sixième heure. « La Samaritaine lui dit : Comment toi qui es juif me demandes-tu à boire, à moi qui suis samaritaine ? Jésus répondit : Donne-moi à boire ; si tu savais le don de Dieu et qui est celui qui te dit : donne-moi à boire c'est toi qui lui aurais demandé et il t'aurait donné de l'eau vive. » Puis Jésus lui révéla tout ce qu'elle avait fait. « Seigneur je vois que tu es prophète [...] je sais que vient le Messie c'est-à-dire le Christ », et elle courut à la ville l'annoncer aux gens.

Cet épisode de l'Évangile figure sur des œuvres paléochrétiennes et byzantines (catacombes à Rome), fresques de Doura-Europos, sarcophage du Latran et d'Arles, mosaïques de Ravenne, Venise et Monreale et, plus tardivement, sur une porte du baptistère de Florence. Il est aussi le sujet de nombreuses peintures : Carrache, Rembrandt, Philippe de Champaigne, Mignard, Turner.

SALMINEN Sally. Romancière finlandaise de langue suédoise (Vaasa, 1906 - Copenhague, 1976). Fille d'un fermier suédois, elle émigra aux États-Unis. C'est en 1937 qu'elle publia *Katrina*, roman qui fit le tour du monde. Suivirent entre autres *Printemps* (1938), *Sables mouvants* (1941) et *Prince Efflam* (1953). Elle a reçu deux grands prix littéraires, en Finlande et au Danemark. Avec son mari, le peintre Johannes Dünrop, elle retourna vivre au Danemark où elle mourut en 1976.

SALOMÉ. Figure biblique. Dans le Nouveau Testament, elle est la mère des apôtres Jacques et Jean. Les exégètes s'accordent à voir en elle la sœur de la Sainte Vierge (Marie*). Elle est citée parmi les saintes femmes qui assistent à la crucifixion et qui, venues au sépulcre avec des aromates pour oindre Jésus, sont prévenues de la Résurrection (Marc, XVI).

SALOMÉ. Princesse juive (?-v. 72 ap. J.-C.). Sa mère, Hérodiade, mariée en premières noces à Hérode Philippe, père de Salomé, l'avait quitté pour épouser son frère, Hérode Antipas, tétrarque de Galilée. Jean-Baptiste reprochait à Hérode cette union et s'était attiré la haine d'Hérodiade. Elle le fit emprisonner mais ne put obtenir son arrêt de mort car Hérode craignait Jean. Le jour de l'anniversaire du tétrarque de Galilée, il y eut un grand banquet à la cour: Salomé vint danser devant les invités et plut tant au roi qu'il lui dit: « Demande-moi ce que tu voudras, je te le donnerai, fût-ce la moitié de mon règne. » Conseillée par sa mère, Salomé demanda qu'on lui apporte la tête de Jean-Baptiste sur un plat: lié par son serment, Hérode fit décapiter Jean. Ainsi s'accomplit la prédiction de Jean en parlant de Jésus: « Il faut qu'il croisse et que je diminue... »

Jean diminua parce qu'on lui trancha la tête, Jésus fut élevé en croix; voilà pourquoi, dans la tradition, au solstice d'hiver, la Nativité, grandissent les jours et que, symétriquement au solstice d'été, ils diminuent aux feux de la Saint-Jean. Salomé, en l'an 54, sous Néron, épousa Aristobule, roi de Petite Arménie et reçut de Vespasien le royaume de Calchis. On raconte (tradition transmise par

Nicéphore) qu'elle mourut au cours d'un voyage en Gaule, prise par les glaces du Rhône, qui lui tranchèrent la tête. La danse de Salomé a souvent été représentée dans les églises au Moyen Âge. Giotto, Lippi, Andrea Del Sarto, Metsys, Gustave Moreau s'en inspirèrent. Terbugghen peignit le bourreau remettant la tête de Jean à Salomé. Cranach, Titien l'ont représentée portant son trophée. *La Tragédie de Salomé* fut dansée par Loïe Fuller* (1907), puis ce ballet fut monté à l'Opéra par Serge de Diaghilev en 1913. Oscar Wilde écrivit une pièce, *Salomé*, en 1893 dont s'inspira Richard Strauss pour son opéra (1905).

SALOTE. Reine des îles Tonga, Polynésie (1900 - Auckland, Nouvelle-Zélande, 1965). Fille du roi Georges Tubou II, elle épousa en 1917 le prince Viliami Tongi et fut proclamée reine en 1918. Sa dynastie remontait à plus de dix siècles. Figure de légende, la reine mesurait un mètre quatre-vingt-dix et pesait cent quarante kilos. Vénérée et très écoutée de ses sujets, la reine Salote régna quarante-sept ans avec une grande sagesse sur son royaume, un protectorat anglais de Polynésie. Son fils, le prince Tungi, lui succéda sur le trône sous le nom de Tupou.

SALQUIN Hedy. Pianiste et chef d'orchestre. Suisse (née à Lucerne, en 1928). Élève du célèbre pianiste roumain Dinu Lipatti, elle remporta au conservatoire de Genève des prix d'harmonie, de contrepoint et de fugue. Elle s'installa à Paris pour y suivre, au Conservatoire, des cours de direction d'orchestre. Son talent et son autorité lui valurent d'obtenir un premier prix à l'unanimité. Elle entreprit une brillante carrière et se fit applaudir aux pupitres des plus grands orchestres internationaux, notamment à celui de l'orchestre de la Suisse romande, fondé par Ernest Ansermet.

SAMOZWANIEC Magdalena. Écrivain. Polonaise (Cracovie, 1899 - Varsovie, 1972). Fille et petite-fille des peintres Wojciech et Juliusz Kossak, sœur de la poétesse Maria Pawlikowska Jasnorzewska, cousine de la romancière Zofia Kossak, elle débuta en 1922 avec *Sur les lèvres du péché*, parodie d'un roman à succès et *La Lépreuse*. Sous le pseudonyme de Samozwaniec (l'imposteur), elle se lança alors dans une carrière d'humoriste et de romancière satirique. À côté de son recueil le plus spirituel *Ma guerre de Trente Ans* (1954), citons *Maris et Mâles* (1926), *Pour femmes seulement* (1946). Elle est également l'auteur d'une autobiographie romancée, *Marie et Madeleine* (1956), récit plein de malice qui lui donne l'occasion de brosser un tableau savoureux de la haute société et des milieux d'artistes varsoviens entre les deux guerres.

SAND George (Amandine Aurore Lucie Dupin, baronne Dudevant, dite). Écrivain. Française (Paris, 1804 - Nohant, Indre, 1876). Par sa grand-mère paternelle, Mme Dupin de Francueil, elle était une authentique descendante de Maurice de Saxe, le vainqueur de Fontenoy, et par sa mère Sophie-Victoire Delaborde, d'un artisan de Paris. Elle incarna ainsi les contradictions de deux classes. Son père, officier de l'armée impériale, mourut accidentellement en 1808. Elle avait quatre ans, et fut recueillie par sa grand-mère paternelle au domaine de Nohant, dans l'Indre, où elle passa son enfance. Mariée en 1822 à Casimir Dudevant, fils d'un baron d'Empire, elle eut deux enfants, Maurice né en 1823 et Solange née en 1828. Ce mariage ne fut pas heureux et finit par une rupture et un long procès qu'elle gagna (1836). George Sand était une femme assez belle, d'un caractère autoritaire, souvent vêtue de costumes masculins, fumant le cigare, moins par goût du scandale que pour affirmer l'indépendance de la femme dans la société. Alexandre Dumas, dans ses *Mémoires*, la décrit sous ces traits :

> Madame George Sand, ce génie hermaphrodite, qui réunit la vigueur de l'homme à la grâce de la femme, qui, pareille au sphinx antique, vivante et mystérieuse énigme, s'accroupit aux extrêmes limites de l'art, avec un visage de femme, des griffes de lion, des ailes d'aigle...

George Sand était connue pour le nombre considérable de ses amants, presque toujours célèbres, et menait une vie tapageuse. Parmi eux, on peut citer Jules Sandeau qui lui donna son pseudonyme et l'aida à écrire son premier roman *Rose et Blanche* (1831), Alfred de Musset, Frédéric Chopin, Pierre Leroux, Pagello, Michel de Bourges, Delacroix qui fit d'elle un beau portrait, Malefille, Manceau, etc. Liaisons orageuses, souvent éclatantes, parfois éphémères, qui lui attirèrent une réputation scandaleuse. George Sand crut trouver le bonheur auprès du sensible Musset. Cette liaison dura deux ans et se termina à Venise en 1834, laissant le poète désespéré. Son roman *Elle et Lui* (1859) est une transposition de sa liaison avec Musset. Ses amours avec Frédéric Chopin durèrent près de dix ans. La santé du compositeur l'obligeant à se rendre dans le Midi, George Sand se décida à l'accompagner. Ils choisirent l'île de Majorque (1839) où ils vécurent six mois qui restèrent gravés dans le cœur de Chopin. Nul ne sut la cause exacte de leur rupture.

Écrivain prolixe, George Sand est l'auteur d'innombrables romans, sociaux, mystiques, champêtres, et de souvenirs de voyages qui sont le reflet de sa vie sentimentale et sociale. On ne peut séparer sa pensée de celle de Rousseau. Fille spirituelle de Jean-Jacques, elle fut influencée aussi bien par *Le Contrat social* que par *La Nouvelle Héloïse*. Cette grande romantique passionnée n'a cessé de prêcher l'amour, l'amour idéalisé, l'amour passion, nourrissant sa production littéraire de sa propre expérience. Elle lutta contre toutes les disciplines bourgeoises et les préjugés de la société. Attirée vers la politique par Michel de Bourges, elle poursuivit une activité de journaliste militante tournée vers un socialisme idéaliste. Elle fonda avec Pierre Leroux, en 1841, *La Revue indépendante*, puis, en 1845, *La Revue sociale*. La révolution de 1848 la jeta dans l'action aux côtés de Ledru-Rollin et elle collabora à la rédaction du *Bulletin de la République*, mais, après les journées de Juin, elle se retira de la vie politique.

Elle retourna à Nohant où elle était revenue régulièrement tout au long de sa vie et où «la bonne dame de Nohant» recevait une nombreuse et brillante société dont Chopin, Delacroix, Sainte-Beuve, Michelet, Flaubert. Elle y écrivit un grand nombre de romans inspirés par la vie rustique du Berry. C'est dans sa maison de Nohant qu'elle s'éteignit en 1876, âgée de soixante-douze ans. Parmi l'œuvre immense de George Sand, on peut citer : *Indiana* (1832), *Valentine* (1832), *Lélia* (1833), *Jacques* (1834), *André* (1835), *Mauprat* (1836), *Lettres d'un voyageur* (1836), *Spéridion* (1838) ; *Le Compagnon du Tour de France* (1840), *Horace* (1841), *Consuelo et la Comtesse de Rudolstadt* (1842-1845), *Le Meunier d'Angibault* (1845), *Le Péché de Monsieur Antoine* (1847), *La Mare au diable* (1846), *Les Paysans* (1847), *François le Champi* (1848), *La Petite Fadette* (1849), *Les Maîtres sonneurs* (1852), *Histoire de ma vie* (1855), *Elle et Lui* (1859), *Les Beaux Messieurs de Bois-Doré* (1858), *Jean de la Roche* (1860), *Le Marquis de Villemer* (1861), *Mademoiselle de la Quintinie* (1863), *Rêveries et Souvenirs* (1871-1872), *Impressions et Souvenirs* (1873-1876). Elle a écrit, directement pour le théâtre, *Cosima* (1840), *Claudie* (1851), *Le Mariage de Victorine* (1851), *Marcelle* (1851) et, adaptés de ses romans, *François le Champi* (1849),

Mauprat (1853), *Le Marquis de Villemer* (1864). Elle a laissé une importante correspondance avec Musset, Aurélien de Sèze, Flaubert et Pauline Viardot*.

RÉF. : F. Mallet, *George Sand*, Grasset, 1981. J. Barry, *George Sand, ou le Scandale de la liberté*, Le Seuil, 1984. H. Bouchardeau, *George Sand, la lune et les sabots*, Robert Laffont, 1990. J. Chalon, *Chère George Sand*, Flammarion, 1991.

SANDERSON Sybil. Soprano américaine (Sacramento, 7 décembre 1865 - Paris, 15 mai 1903). Élevée à San Francisco et manifestant toute jeune des dons étonnants pour la musique, elle fut emmenée à Paris par sa mère à l'âge de dix-neuf ans et fut l'élève de Sbriglia au Conservatoire, de Mathilde Marchesi* et de Jules Massenet. Elle fit ses débuts à La Haye en 1888 dans le rôle de Manon (*Manon*, Massenet) et créa ensuite deux rôles écrits pour elle : Esclarmonde (*Esclarmonde*, Massenet, 1889) à l'Opéra-Comique ; Thaïs (*Thaïs*, Massenet, 1894) à l'Opéra. Saint-Saëns lui dédia une œuvre, *Phrygné* (1893). Ravissante et envoûtante, elle triompha à Londres en 1891, à Saint-Pétersbourg en 1892 et débuta au Metropolitan Opera de New York en 1895 dans le rôle de Manon (*Manon*, Massenet), sans parvenir toutefois à enthousiasmer le public malgré l'étendue exceptionnelle de sa voix (trois octaves). En 1901, elle chanta également à New York dans *Roméo et Juliette* (Gounod). Mariée en 1897 à un riche Cubain du nom d'Antonio Terry, elle quitta la scène peu après la mort de celui-ci en 1900. Elle mourut prématurément à l'âge de trente-huit ans.

SANS-GÊNE Mme. Voir FIGUEUR Thérèse.

SAPHO. Poétesse grecque (620 av. J.-C. - 565 av. J.-C.). D'origine noble, elle fut la contemporaine et l'amie du poète Alcée qui rêva de l'épouser. Exilée en Sicile avec lui et d'autres aristocrates de 607 à 590, pour des raisons politiques comme le prouvent les « marbres de Paros » qui relatent cette histoire, elle rentra dans sa cité de Mytilène (Lesbos) vers 570. Elle y anima une école que fréquentaient les jeunes filles de l'île où l'on pratiquait la poésie, la musique et le chant. On sait avec certitude qu'elle avait trois frères, Larasco, Charaxox et Eurige ; d'autres faits de sa biographie sont soumis à des controverses.

Mariée à un personnage riche originaire d'Andros, elle aurait eu une fille, Cleis « belle comme les fleurs d'or ». Un fragment de papyrus atteste qu'elle atteignit un âge avancé, mais rien ne prouve, comme le prétend Ovide dans son *Épître de Sapho à Phaon*, repris des siècles plus tard par Leopardi dans *Le Dernier Chant de Sapho*, qu'elle se soit suicidée par amour en se jetant du haut des rochers de Leucade. En revanche, ses vers témoignent d'un amour ardent à l'égard de ses jeunes élèves : les amours de Sapho n'étaient pas condamnables à cette époque, à Lesbos, où se développait une certaine émancipation féminine, mais ils furent jugés sévèrement par la postérité (l'évêque de Byzance fit détruire ses œuvres en 1703), ou tournés en dérision par des poètes comiques grecs comme Aristophane. Toutefois, son renom de poète fut considérable : les Anciens connaissaient d'elle neuf livres d'inégale longueur ; le premier comptait 1 320 vers, le huitième 136 — il ne reste plus aujourd'hui que 650 vers. Sapho composa des odes, des hymnes, de petits poèmes mythologiques et des épithalames. Elle créa des rythmes et des mètres nouveaux : la strophe saphique. Poète de l'amour et de la beauté, elle trouva d'admirables accents pour exprimer la passion qui dévore les êtres, pour évoquer le désir physique qui s'empare des corps, pour dépeindre la jalousie qui ronge les cœurs :

La voix me manque, ma langue me manque, ma langue se casse, un feu subtil court sous ma peau, mes yeux ne voient plus, [...] un frisson me prend tout entière, je deviens plus verte que l'herbe et me sens tout près de mourir...

Elle aime la vie, les plantes et les fleurs, l'or ; elle suggère les rapports qui existent entre le sentiment et la nature, en un temps où les poètes glorifiaient les dieux et les héros. Sa poésie fut imitée ou traduite par de nombreux poètes latins: Théocrite, Catulle, Horace. Platon la nommait la Dixième Muse.

RÉF. : J. Larnac et R. Salmon, *Sappho*, Paris, 1934. A. Weigall, *Sapho de 'Lesbos*, Payot, 1951. A. Krislov, *Sapho, poète de Lesbos*, Éd. de Flore, 1956. E. Mora, *Sapho*, Flammarion, 1960.

SAPORITI Teresa. Soprano italienne (1763 - Milan, 17 mars 1869). Elle chantait avec sa sœur Antonia dans la troupe de Pasquale Bondini à Leipzig, à Dresde et à Prague; toutes deux furent célèbres sous le nom des « sœurs Saporiti ». Antonia, l'aînée, fut obligée d'abandonner sa carrière pour des raisons de santé et se consacra à l'enseignement du chant. Elle mourut très jeune; quant à Térésa, elle fascina Mozart au point qu'il écrivit pour elle le rôle de Donna Anna (*Don Juan*), qui fut créé à Prague en octobre 1787. Teresa Saporiti chanta ensuite à Venise dans *Arsace* (Guglielmi, 1788) et dans *Rinaldo* (Guglielmi, 1789). Cette même année, à la Scala de Milan, elle interpréta *Nitteti* (Bianchi) puis elle chanta à Bologne, à Parme, à Modène. *Prima buffa assoluta*, elle fut invitée à Saint-Pétersbourg et y triompha dans *L'Italienne à Londres* (Cimarosa) et dans *Le Barbier de Séville* (Paisiello). Après 1796, sa trace se perd; elle sombra, semble-t-il, dans un oubli total et serait morte à cent cinq ans. On lui doit deux arias qui parurent dans *Journal d'airs... avec accompagnement de guitare*, rassemblées par J.-B. Hanglaise (1796).

SAQUI Mme (née Marguerite Antoinette Lalanne, dite). Funambule française (Agde, 1786 - Paris, 1866). Elle fut la plus célèbre des « danseuses de corde » de son époque. Elle était la fille de Jean-Baptiste Lalanne, descendant de l'une des plus anciennes familles d'acrobates, qui, sous le nom de Navarin, avait acquis une certaine renommée. Dès l'âge de cinq ans, elle débuta sur scène où son habileté et son audace attiraient un public enthousiaste qui applaudissait ses « ronds de jambe », ses « pas croisés » et ses « battre en six ». Sa renommée grandit au cours des tournées qu'elle entreprit avec ses parents, et c'est à Tours qu'elle rencontra et épousa un acrobate réputé, Julien Saqui. À Paris, en 1807, elle obtint un tel triomphe aux jardins de Tivoli que son nom devint célèbre dans la capitale.

Au cours des années, Marguerite Saqui émailla ses pantomimes d'accessoires, de feux d'artifice, d'un char dans lequel se trouvait l'un de ses enfants, etc. Elle montait sur une corde inclinée depuis la scène jusqu'aux balcons des troisièmes galeries. Elle donna des représentations dans les principales villes d'Europe et figura à Paris dans toutes les fêtes nationales, accomplissant des numéros dangereux, comme la traversée des deux tours de Notre-Dame et celle de la Seine, sans balancier. Napoléon, qui lui accorda ses « bontés » — elle fut quelque temps la rivale de la célèbre actrice Mlle George* —, lui décerna le titre de « première acrobate de France » et elle-même se consacra « première funambule de Sa Majesté l'Empereur et Roi ». Fâchée avec lui, elle cessa de célébrer son épopée dans ses pantomimes: les batailles d'Eylau, d'Essling, de Friedland, etc., pour se consacrer à des tableaux de genre tels que « La Chasse de Diane », « La toilette de Vénus » et autres. Elle s'installa dans son propre théâtre « le théâtre de Madame Saqui », et y monta des spectacles qui connurent le succès.

Sa carrière fut l'une des plus longues que connut le monde du spectacle. Commencée sous la Révolution, elle fut à son apogée sous Napoléon et la Restauration, déclina sous Louis-Philippe pour se terminer sous le second Empire. On la vit à l'Hippodrome, aux Arènes nationales, puis, en 1861, âgée de soixante-quinze ans, une dernière fois à l'Hippodrome, dansant toujours sur la corde. Elle mourut à quatre-vingts ans, dans la gêne, après une carrière de plus de soixante-dix ans.

SARA (en hébreu, princesse). Figure biblique. Demi-sœur d'Abraham, elle devint son épouse avant de quitter Ur. Ensemble ils s'en allèrent à Haran et de là en terre de Canaan. « Il y eut une famine dans le pays », ils descendirent en Égypte. Abraham expliqua à Sara, qui était d'une beauté proverbiale : « Dis que tu es ma sœur, pour qu'il m'arrive du bien à cause de toi. » Les officiers en la voyant la vantèrent à Pharaon qui la voulut dans sa maison. Mais Yahvé, mécontent, le frappa de grandes plaies, lui et sa maison. Apprenant qu'elle était mariée, Pharaon reconduisit Sara chez son mari (Genèse, XII). Ils s'en allèrent en direction du Négeb puis de là à Hébron aux chênes de Mambré. Lors d'un séjour à Gerar, où Abraham pour les mêmes raisons disait de Sara « c'est ma sœur ! » le roi Abimélech l'enleva et finit, par peur de Yahvé, par rendre Sara à son époux (Genèse, XX).

Le drame de Sara était sa stérilité, et elle n'avait pu s'empêcher de rire quand le Seigneur avait annoncé à Abraham : « À ta race je donnerai ce pays. » Or Sara et Abraham étaient âgés de quatre-vingt-dix ans et n'avaient pas d'enfants. Elle offrit à son mari sa servante égyptienne Agar* pour lui assurer une descendance ; lorsque Ismaël fut conçu, elle devint jalouse et chassa la mère et son fils dans le désert pour qu'ils périssent. Mais Yahvé visita Sara comme il l'avait dit et elle enfanta d'un fils qui s'appela Isaac (« celui qui rit »). Elle vécut jusqu'à l'âge de cent vingt-sept ans et mourut à Quiriath-Arba (Hébron), au pays de Canaan. Elle fut enterrée dans la grotte de Makpélah, dans le champ d'Éphron (Genèse, XXIII), où Abraham fut par la suite enseveli (Genèse, XXV).

SARABHAI Mrinalini. Danseuse et chorégraphe indienne (née à Madras en 1923). Elle se vit inculquer dès son plus jeune âge les principes traditionnels du bharatanatyam, danse sacrée de l'Inde, réservée à l'origine aux danseuses prêtresses. Elle étudia à l'Académie d'art dramatique de Devis Kalakshetra et débuta en 1939 à Madras. Son répertoire comprend les rôles principaux des ballets composés par le poète Rabindranah Tagore, dans lesquels elle avait Ram Gopal pour partenaire. Elle créa sa propre compagnie et se produisit à travers le monde avant de fonder en 1949 l'Académie de danse, d'art dramatique et de musique Darpana à Ahmedabad. Intelligente, d'un charme envoûtant, elle innove en renouvelant la tradition. En 1955, elle fut nommée danseuse officielle en Inde et devint directrice du Sangit Natak Academy. Elle est l'auteur de *This Alone Is True* (1952).

SARFATTI Margherita, née Grassini. Femme de lettres italienne (1883 - Côme, 1961). Elle épousa un militant socialiste, Cesare Sarfatti. C'est dans son salon de Milan où se réunissait une élite progressiste qu'elle rencontra le jeune Benito Mussolini, en 1912. Le futur Duce fut séduit par l'intelligence, la culture et les dons d'écrivain de la jeune femme qui, pour sa part, reconnut les qualités et l'ambition de Mussolini. Elle devint sa conseillère et codirigea sa revue, *Gerarchia*. Après son arrivée au pouvoir en 1922, le leader du parti fasciste ne put oublier que la compagne de ses premières années de socialisme était une juive sépharade. Il lui ordonna de ne plus se mêler de politique et s'interdit de la revoir. En 1926, elle publia la biographie de Mussolini, *Dux*, bientôt traduite en dix-huit langues. En 1948, Margherita Sarfatti vendit les lettres que Mussolini lui avait adressées pendant dix ans, mais l'acheteur, un Américain du nom de Schorell, ne put convaincre aucun éditeur de les publier. Elle écrivit en outre des ouvrages sur l'Amérique (1937), Giorgone (1944) et Casanova (1950).

SARRA ou **SARA**. Figure biblique. Elle est la fille de Ragouél et d'Edna, exilés à Ecbatane en Médie, lors de la déportation de Babylone. Outragée par ses servantes parce qu'elle avait été donnée à sept maris successifs et que le démon Asmodée les avait tués avant qu'ils n'eussent été avec elle comme avec une épouse, Sarra, qui était belle et sage, voulut se pendre tant elle était affligée. Mais sachant que, fille unique, cet acte serait une honte pour son père, elle pria Dieu afin qu'il lui vînt en aide. L'ange Raphaël l'entendit et accompagna Tobias, fils de Tobit, et ils arrivèrent dans Ecbatane à la maison de Ragouél qui reconnut le fils de son cousin Tobit et l'accueillit cordialement. Il lui donna Sarra en lui disant : « Voici, selon la loi de Moïse, ta femme, prends-la et emmène-la vers ton père. » Et le contrat fut signé. Or Raphaël avait recommandé à Tobias trois jours de continence et de prière avant de consommer leur union. Quand ils furent dans leur chambre le couple pria et le démon affolé s'enfuit dans le désert. Ragouél, persuadé que le drame s'était renouvelé une fois de plus, avait creusé une tombe pour Tobias et fut bouleversé de le voir vivant. Il donna une fête de quatorze jours au bout desquels les jeunes gens partirent retrouver Tobit et sa femme Anne à Ninine. À leur mort, Sarra et Tobias s'en retournèrent à Ecbatane où ils vécurent heureux jusqu'à un âge avancé (Tobit, III, XI, XII).

SARRAUTE Nathalie, née Tcherniak. Écrivain. Française d'origine russe (née à Ivanovo, Russie, en 1900). Ses parents, des intellectuels russes, se séparèrent quand elle avait deux ans. Elle fit ses études en France et obtint une licence d'anglais à la Sorbonne. Elle suivit ensuite des cours d'histoire à l'université d'Oxford (1921-1922) avant d'entreprendre des études de lettres et de sociologie à Berlin. De retour à Paris, elle s'inscrivit à la faculté de droit où elle rencontra Raymond Sarraute qui partageait son goût pour la littérature et les arts plastiques. Ils se marièrent deux ans plus tard et eurent trois enfants, Claude, journaliste au journal *Le Monde*, Anne et Dominique. Encouragée par son mari, elle écrivit de 1932 à 1937 ses *Tropismes* (1939), courts textes qui ne rencontrèrent qu'un faible écho. Puis elle abandonna le métier d'avocat qu'elle exerçait depuis 1927. L'Occupation l'obligea à se réfugier à la campagne sous une fausse identité en se faisant passer pour l'institutrice de ses propres enfants.

C'est à cette époque qu'elle entreprit la rédaction de son premier chef-d'œuvre, *Portrait d'un inconnu*. Achevé en 1946, le livre, malgré une préface de Jean-Paul Sartre, fut refusé par plusieurs éditeurs avant de voir le jour. Il passa presque inaperçu. Elle poursuivit cependant son œuvre, soutenue par l'admiration et l'estime de ses amis et de ses proches et publia *Martereau* (1953), *L'Ère du soupçon* (1957). C'est dans cet ouvrage qu'elle formule sa critique de la littérature traditionnelle et pose les fondements de ce qu'on a appelé l'école du Nouveau Roman qui regroupe les noms d'Alain Robbe-Grillet, Michel Butor, Claude Simon. *Le Planétarium* (1959) consacra sa réputation littéraire et, en 1964, le prix international de littérature couronna *Les Fruits d'or*. Suivirent *Entre la vie et la mort* (1968) et *Disent les imbéciles* (1976). En même temps, Nathalie Sarraute a écrit des pièces radiophoniques,

Le Silence (1967), *Le Mensonge* (1967). Cette dernière inaugura le théâtre du Petit-Odéon dirigé par Jean-Louis Barrault et Madeleine Renaud*. Elle est l'auteur de trois autres pièces: *Isma* (1973), *C'est beau* (1975), *Elle est là* (1978). Il fallut attendre 1983 pour que l'un de ses livres, *Enfance*, s'inscrive au rang des best-sellers. L'œuvre de Nathalie Sarraute, aiguë, aventureuse, originale, connaît un destin paradoxal: traduite en vingt-six langues, elle reste encore inconnue et mal comprise du grand public français.

RÉF.: M. Granski et Y. Belaval, *Nathalie Sarraute*, Paris, 1965. R. Micha, *Nathalie Sarraute*, Paris, 1966. M. Tisson, *Nathalie Sarraute, ou la Recherche de l'authenticité*, Gallimard, 1971.

SARRAZIN Albertine. Écrivain. Française (Alger, 1937 - Montpellier, 1967). Albertine Sarrazin, morte à trente ans, a passé près du tiers de sa vie en prison. Née de père et de mère inconnus, elle fut confiée par l'assistance publique, à l'âge de quatre ans, à un couple de parents adoptifs, dont elle dit plus tard: «Ils étaient vieux, j'étais jeune, on ne s'est pas compris..., c'est dommage.» Confiée par eux à la maison d'éducation du Bon-Pasteur à Marseille, elle s'en évada en 1953 au moment des épreuves du baccalauréat et gagna Paris en autostop, sans une adresse et sans un sou. Pour subsister, elle se prostitua puis, lorsqu'une de ses camarades du Bon-Pasteur la rejoignit à Paris, elle décida de voler avec elle. En 1955, un de ces brigandages tourna mal et il y eut un blessé. Arrêtée, Albertine Sarrazin fut condamnée à sept ans de réclusion. En 1957, elle s'évada, et en sautant le mur se brisa un os de la cheville: l'astragale. Elle rencontra Julien Sarrazin qu'elle épousa en prison où elle retourna encore deux fois. En 1965, elle publia deux livres, *La Cavale* et *L'Astragale* où elle parle d'elle-même avec un rare talent d'écrivain. *La Cavale* obtint le prix des Quatre Jurys et fut adaptée au cinéma par Guy Casaril en 1968. En 1966 parut *La Traversière*. L'année suivante, elle subit deux opérations pour corriger les séquelles de sa fracture à la cheville. Après la première, elle ne boitait presque plus mais, au cours de la seconde, le 10 juillet, elle ne se réveilla pas de l'anesthésie. Ont été publiés après sa mort des *Poèmes* (1969), les *Lettres à Julien* (1971), les *Lettres de la vie littéraire* (1974) et *Le Passe-Peine* (1976).

SARROCA Suzanne. Soprano française (née à Carcassonne, le 21 avril 1927). Premier prix au conservatoire de Toulouse en 1948, elle débuta au Capitole de Toulouse avant d'être Carmen (*Carmen*, Bizet) à la Monnaie de Bruxelles. En 1952, on l'entendit à l'Opéra-Comique (*Tosca*, Puccini) et à l'Opéra (*Les Indes galantes*, Rameau). Sa belle voix et son physique lui valurent un succès immédiat; on lui confia les rôles de Senta (*Le Vaisseau fantôme*, Wagner), Marina (*Boris Godounov*, Moussorgski), Aïda (*Aïda*, Verdi), Marguerite (*La Damnation de Faust*, Berlioz). Ses interprétations d'Octavian (*Le Chevalier à la rose*, R. Strauss), et d'Aïda (*Aïda*, Verdi) qu'elle chanta «au pied levé», en remplacement de Renata Tebaldi*, furent de véritables triomphes. Invitée sur les grandes scènes du monde, elle ajouta à son répertoire la Maréchale (*Le Chevalier à la rose*, R. Strauss), *La Voix Humaine* (Poulenc) et *Erwartung* (Schoenberg). Depuis 1983, elle a pris la direction du Centre d'insertion professionnelle d'art lyrique de Strasbourg, mais se produit encore dans des rôles de composition.

SASKIA. Voir VAN UYLENBURCH Saskia.

SASSE ou **SASS Marie Constance.** Soprano belge (Oudenaarde, 26 janvier

1834 - Paris, 8 novembre 1907). Elle débuta au Théâtre lyrique à Paris où elle chanta entre autres Eurydice (*Orphée*, Gluck) aux côtés de Pauline Viardot*. À l'Opéra, où elle fut engagée en 1860, elle interpréta presque tous les grands rôles du répertoire comme Valentine (*Les Huguenots*, Meyerbeer), Léonore (*Le Trouvère*, Verdi), Agathe (*Le Freischütz*, Weber), Hélène (*Les Vêpres siciliennes*, Verdi) et surtout Élisabeth (*Tannhäuser*, Wagner) lors de la création si controversée de l'Opéra à Paris, en 1861. On lui doit d'autres créations importantes: Selika (*L'Africaine*, Meyerbeer) en 1865, et Élisabeth de Valois (*Don Carlos*, Verdi) dont le compositeur déclara qu'elle en avait fait un rôle de choriste. En 1869, elle quitta Paris pour Milan où elle créa à la Scala *Il Guarany* (Gomez). Elle chanta ensuite à Saint-Pétersbourg (1871), Madrid, Barcelone et fit ses adieux à la scène en 1877. Mariée quelque temps à la basse Armand Castelmary, elle finit sa vie dans le dénuement le plus total. Elle a laissé un livre, *Souvenirs d'une artiste* (1902).

SAVIO Olympia née Rossi, baronne de Bernstiel. Italienne (1815-1889). Ardente patriote, elle fut avec Clara Maffei*, Emilia Peruzzi* et la princesse de Belgiojoso*, l'une de ces femmes héroïques qui luttèrent pour l'indépendance de la Lombardie. Elle perdit ses deux fils dans la guerre contre l'Autriche en 1859. Tous ceux, écrivains et hommes politiques, qui combattaient pour l'unité italienne se réunissaient dans son salon de Turin qui fut l'un des foyers les plus animés du *Risorgimento*. Olympia Savio a laissé ses Mémoires (*Memorie*, 2 vol., 1911) qui sont de précieux témoignages de ces années exaltantes. Ses *Canti del popolo* (1855) sont restés célèbres en Italie.

SAXE-WEIMAR-EISENACH Anne Amélie, née Brunswick-Wolfenbüttel, duchesse de. Allemande (1739-1807). Elle épousa le duc Ernest de Saxe-Weimar-Eisenach qui la laissa veuve, à dix-neuf ans, avec deux fils. Très cultivée, elle encouragea les artistes et attira à la cour de Weimar de nombreux écrivains dont Goethe, qui fit jouer pour elle des pièces de théâtre avec la célèbre actrice allemande Corona Schröter* qui incarna la première Iphigénie aux côtés de Goethe dans le rôle d'Oreste. Le poète, qui avait une grande admiration pour la duchesse, lui dédia ses *Épigrammes vénitiennes* (1788-1794) et son souvenir se retrouve dans certains des poèmes qu'il composa pour elle.

SAYÃO Bidu (Balwina de Oliveira, dite). Soprano brésilienne (née à Rio de Janeiro, le 11 mai 1902). Après avoir étudié le chant à Rio, elle se perfectionna à Vichy et à Nice, avec Jean De Reszke. De retour à Rio en 1925, elle commença par chanter en concert. Un an plus tard, elle était à Rome où elle interpréta Rosine (*Le Barbier de Séville*, Rossini) au Teatro Costanzi. Après s'être produite à Paris, en Amérique du Sud, en Italie, elle débuta à New York au Town Hall en 1935. Au Metropolitan Opera de New York, en 1937, elle remporta un triomphe rarement égalé dans le rôle de Manon (*Manon*, Massenet). Elle fut applaudie dans les rôles de Gilda (*Rigoletto*, Verdi), Mélisande (*Pelléas et Mélisande*, Debussy), Violetta (*La Traviata*, Verdi), Mimi (*La Bohème*, Puccini), Juliette (*Roméo et Juliette*, Gounod), Zerline (*Don Juan*, Mozart) et Suzanne (*Les Noces de Figaro*, Mozart). Charmante, féminine, excellente actrice, sa voix claire et d'une souplesse constante la firent surnommer «le rossignol brésilien». Elle chanta sous la direction de Toscanini, enregistra de nombreux disques et se retira de la scène en 1958. Elle avait épousé le baryton Giuseppe Danise, mort en 1963.

SAYN-WITTGENSTEIN Jeanne Élisabeth Carolyne, née d'Iwanowska, princesse **de**. Russe (1819 - Rome, 1887). Mariée à dix-sept ans contre son gré à un officier russe, le prince Nicolas de Sayn-Wittgenstein, dont elle eut une fille, elle rencontra Franz Liszt lors d'un concert à Kiev en 1847. Catholique, entichée de philosophie et d'études religieuses, belle et spirituelle, riche, elle invita le musicien chez elle, à Woronice. Tous deux décidèrent très vite d'unir leurs destins. Certaine d'obtenir sans difficulté l'annulation de son mariage forcé par la Curie romaine, elle s'installa en 1848 à Weimar auprès de Liszt qui venait d'être nommé directeur de la musique. Les amants partageaient la même demeure, l'Altenburg, commençant leur journée par une prière dite en commun. Princesse de type oriental au teint bistre et aux yeux de Tartare, l'« amazone mystique », comme l'appelait Liszt, vivait dans un nuage de fumée continuel car elle brûlait cigare après cigare. Tandis qu'elle travaillait à un ouvrage gigantesque, *Les Causes intérieures de la faiblesse extérieure de l'Église* (9 vol., 1872-1887), elle poussait Liszt à composer. Grâce à elle, pendant la douzaine d'années que dura leur union, presque toute l'œuvre du compositeur vit le jour. Elle connut tous les bonheurs mais souffrit de sa fausse situation : l'annulation tardant à venir, les infidélités discrètes du grand homme se répétèrent avec ses élèves. En octobre 1861, le couple, qui pensait pouvoir bientôt se marier, comprit, devant de nouvelles difficultés soulevées par le Vatican, qu'il allait falloir abandonner. Les deux amants vieillissants renoncèrent alors à la vie commune et décidèrent de devenir « époux mystiques ». La princesse se cloîtra dans son appartement romain achevant la rédaction de son immense traité, tandis que Liszt recevait les ordres mineurs et partageait son existence entre Weimar, Budapest, Bayreuth et Rome. À la mort du compositeur, la princesse s'alita et ne vit plus personne. Elle mourut sept mois plus tard.

SCARRON, la veuve. Voir MAINTENON Françoise de.

SCENES Hannah. Résistante hongroise (Budapest, 1941 - Hongrie, 7 novembre 1944). Elle quitta son pays en 1939 et s'installa en Palestine où elle vécut dans un kibbutz près de Césarée. En mars 1944, l'agence juive lui confia la mission de prendre contact avec la communauté juive de Hongrie pour y organiser une filière d'évasion. Elle s'engagea dans une formation de parachutistes et, d'Égypte, se fit lâcher au-dessus de la Yougoslavie où elle resta pendant trois mois avec les partisans. Elle entra en Hongrie en juillet mais fut très vite prise les armes à la main. Elle fit cinq mois de prison pendant lesquels elle écrivit un *Journal* et des poèmes. Elle fut finalement fusillée. Ses derniers vers disent :

Dans la nuit la plus noire, il y a toujours un moyen d'allumer un espoir.

Un film, *La Guerre d'Hannah* (Golan, 1988) retrace la vie de cette héroïne nationale.

SCHANNE Margrethe. Danseuse danoise (née à Copenhague, le 21 novembre 1921). Elle fut l'élève de Harald Lander à l'École du Ballet royal danois où elle dansa de 1940 à 1966. Sa grâce, sa légèreté et sa finesse la destinaient aux grands rôles du ballet romantique : elle fut une inoubliable Sylphide (*Les Sylphides*, Burnonville), une Giselle aérienne (*Giselle*, Gautier et Coralli) et une émouvante Jeune Fille (*Le Spectre de la rose*, Fokine). Elle s'est également produite dans des ballets modernes : *Sérénade et Symphonie en C* (Balanchine),

Graduation Ball (Lichine), *La Dame aux camélias* (Ralov). Elle a dansé à Paris en 1947 avec les Ballets des Champs-Élysées, à l'Opéra de Stockholm en 1951, avant de faire une tournée avec le Grand Ballet du marquis de Cuevas en 1957. Ayant fait ses adieux à la scène, elle se consacra à l'enseignement. Elle est la première ballerine danoise à figurer sur un timbre-poste (1957). Chevalier du Danneborg, elle est mariée au danseur Kleld Noak.

SCHAPIRO Miriam. Peintre. Américaine (née à Toronto en 1923). Après des études de peinture dans l'Iowa et à New York, elle occupa divers emplois avant de se consacrer exclusivement à son art à partir de 1955. Influencée par Arshile Gorky à ses débuts, elle évolua peu à peu vers l'abstraction lyrique, employant pour ses compositions des matériaux aussi hétéroclites que morceaux de tissus, boutons, lacets, papiers de couleur vive ou fragments de mouchoirs brodés. Ses « collages » ont généralement pour thème des corps féminins très stylisés, en mouvement, se détachant sur un fond de formes abstraites ou figuratives. Miriam Schapiro, qui professe un engagement féministe, a organisé en 1970 avec la céramiste Judy Chicago* l'Institut californien des arts de Valencia pour les femmes artistes. Elles ont réalisé d'importants travaux, notamment le musée Womanhouse (1972), installé dans une maison qu'elles ont restaurée, musée destiné à réunir des œuvres ayant pour thème le rôle domestique traditionnel de la femme dans la société. L'une des peintures les plus représentatives de Miriam Schapiro, *High Steppin' Strutter* (1985), est exposée à la Bernice Steinbaum Gallery de New York.

SCHELLINCK Marie-Jeanne (dite **le Sergent de Jemmapes**). Héroïne belge (1757-1840). Engagée dans l'armée française, elle combattit de 1792 à 1808. À Jemmapes elle reçut jusqu'à six coups de sabre et fut promue sergent. On la retrouve à Arcole, à Austerlitz. Elle se distingua à Iéna et devint lieutenant. Selon la légende, Napoléon l'aurait décorée de la Légion d'honneur sur le champ de bataille disant : « Messieurs, inclinez-vous devant cette femme, c'est une des gloires de l'Empire. »

SCHELLING Caroline. Femme de lettres allemande (Göttingen, 1763 - Maulbronn, 1809). Fille de l'orientaliste J.D. Michaelis, elle épousa en 1784 le Dr Böhmer, un médecin des Mines. Veuve quatre ans plus tard, elle se lia en 1791 à G. Forster, dont elle partageait les idées révolutionnaires, et milita en faveur d'une République rhénane avant d'être arrêtée par les Prussiens en 1793, lorsqu'ils reprirent Mayence où elle vivait. Bientôt rendue à la liberté parce qu'elle attendait un enfant issu d'une liaison avec un officier français, elle retourna à Göttingen où elle fut accueillie par les frères Schlegel qu'elle avait connus à la mort de son mari. Tous deux tombèrent amoureux d'elle, et c'est August Wilhelm qu'elle épousa en 1796. Elle l'aida dans ses traductions de Shakespeare, signa un article fameux intitulé « Roméo et Julie » et fit de leur maison de Iéna le cénacle des premiers romantiques : Fichte, Schelling, Novalis, Tiecke. Séparée de Schlegel en 1803, elle se remaria avec le philosophe Schelling, de douze ans son cadet, et s'installa avec lui à Würzburg. Elle a laissé une correspondance d'un grand intérêt : *Lettres du premier romantisme* (1871).

RÉF. : Sidgwick, *Caroline Schelling and her Friends*, Londres, 1889. B. Allason, *Carolina Schelling*, Bari, 1920. R. Huch, *Les Romantiques allemands*, Paris, 1933.

SCHIAPARELLI Elsa. Créatrice de mode. Italienne (Rome, 1891 - Paris, 1974). Fille d'un doyen de l'université de Rome, elle vécut sa jeunesse dans un milieu intellectuel. Après un mariage malheureux avec un play-boy polonais, dont elle eut une fille, elle vint se fixer à Paris où, attirée par la mode, elle débuta dans un grenier qu'elle avait loué place Vendôme, créant des pull-overs moulants et des jupes étroites. Le succès vint rapidement, aussi s'installa-t-elle rue de la Paix et fit son entrée dans le cercle très fermé de la haute couture. Elsa Schiaparelli fut à l'origine de la taille marquée, des épaules rembourrées et fut la première à faire porter un pantalon d'intérieur aux femmes. Son fameux tailleur noir à revers dorés fut porté par toutes les élégantes de l'époque. Ses couleurs préférées étaient le bleu acier, le rose «shocking», et elle adorait les tissus gaufrés en écorce d'arbre. Elle habilla la duchesse de Windsor*, Marylin Monroe* et la plupart des femmes du Tout-Paris. Elle créa également un parfum qui reste très recherché: «Shocking».

SCHIC Anna-Stella. Pianiste brésilienne (née à Campinas, le 30 juin 1925). Ses premières leçons lui furent données au Brésil par José Kliass, puis elle vint se perfectionner à Paris où elle suivit les cours de Marguerite Long*. Ses premiers concerts, donnés très jeune, la firent remarquer par Villa-Lobos, Camargo Guarnieri, Claudio Santoro et Almeida Prado, qui écrivirent des partitions pour elle. Sous la direction du compositeur Villa-Lobos, elle créa son *Concerto n° 2* et *Momo précoce*. On lui doit également la première audition en Occident du *Concerto n° 3* de Kabalevski (1955). Remarquable pédagogue, elle enseigne à Paris, à São Paulo et à Rio de Janeiro. Anna-Stella Schic a enregistré l'intégrale des œuvres pour piano de Villa-Lobos en dix disques, où sa passion et sa tendresse se mêlent à la tristesse et au désir de vivre du compositeur. Cette interprétation est considérée comme une référence.

SCHJERFBECK Helena. Peintre. Finlandaise (1862-1946). Le style de ses œuvres a évolué du plus pur naturalisme jusqu'à une expression figurative très personnelle — évolution que l'on suit depuis son tableau *Le Convalescent* (1887) jusqu'à son *Autoportrait* (1945). Elle ne fut réellement célèbre qu'à la fin de sa vie.

SCHLEGEL Dorothea von. Femme de lettres allemande (Berlin, 1763 - Francfort-sur-le-Main, 1839). Elle était la fille aînée du philosophe Moses Mendelssohn. Elle épousa le banquier Simon Veit et tint à Berlin un salon littéraire d'avant-garde. C'est là qu'elle connut Friedrich von Schlegel qui l'enleva en 1798. Fascinante de charme et d'intelligence, elle joua un rôle prépondérant auprès du fondateur de l'école romantique allemande et de ses amis. Mariée à Schlegel en 1804, elle vécut un certain temps à Vienne où il obtint un poste en 1808. Après la mort de son mari en 1829, elle s'installa à Francfort-sur-le-Main auprès de ses enfants. Celle qui inspira à son époux le personnage de son roman, *Lucinde*, fut la traductrice de *Corinne* de Mme de Staël* et de *Lother und Muller* (1805), roman de chevalerie écrit en vieux français par Marguerite de Lorraine et traduit en vieil haut allemand par sa fille, Élisabeth de Nassaü-Sarrebrück. La traduction en allemand moderne a été faussement attribuée à Schlegel. Elle a laissé un roman inachevé, *Florentin* (1801).

SCHNABEL Day. Sculpteur. Américaine d'origine autrichienne (Vienne, 1905 - Paris, 1991). Après ses études à l'Académie des beaux-arts de Vienne, elle se fixa à Paris pour travailler dans les ateliers de Malfray et Gimond. Durant la Seconde Guerre mondiale, elle partit pour les États-Unis où elle rencontra Zadkine qui eut une grande influence sur elle. Elle prit alors la nationalité américaine. Citons parmi ses œuvres, au croisement des courants abstrait et géométrique: *La Tour* (1948), *Grande Figure* (1948), *L'Oiseau* (1950), *Formes tirées d'un cube* (1951). Après avoir travaillé les matériaux métalliques, elle revint dans les années 60 au constructivisme de ses débuts avec d'harmonieux *Labyrinthes*. En 1968, une importante exposition présenta son œuvre au Centre culturel américain à Paris. Day Schnabel a participé à de nombreuses expositions personnelles et de groupe à New York, Paris et Bruxelles.

SCHNEIDER Hortense Catherine Jeanne. Soprano française (Bordeaux, 30 avril 1833 - Paris, 6 mai 1920). Fille d'un tailleur, elle déclarait à douze ans qu'elle serait une actrice célèbre. Elle obtint de ses parents l'autorisation de suivre des cours de chant avec un vieux professeur du nom de Schaffner. Puis elle quitta Bordeaux pour Agen où l'attendait un engagement dans une troupe de comédiens. Là, elle joua, dansa, chanta. À vingt-deux ans, avec une lettre de recommandation destinée à l'acteur Berthellier, elle gagna Paris. Refusée par le directeur du théâtre des Variétés, elle fut présentée par Berthellier à Offenbach, musicien inconnu qui venait de louer le théâtre des Bouffes-Parisiens pour y faire représenter ses œuvres. À l'issue de l'audition, celui-ci l'engagea. Elle débuta ainsi sur cette scène, en août 1855, dans *Le Violoneux* (Offenbach), et fut révélée en un soir. L'année suivante, elle chanta *Tromb-al-Cazar* (Offenbach) et *La Rose de Saint-Flour* (Offenbach), puis elle passa deux saisons aux Variétés et se produisit au Palais-Royal de 1858 à 1864.

Adorable, quoiqu'un peu plantureuse, moqueuse, sensuelle et délurée, elle incarnait le type même de la Parisienne; sur scène, elle lançait ses mots ou chantait «comme on donne un baiser», écrivait *Le Figaro*. Sa vie privée était si remplie, qu'elle décida d'abandonner le théâtre, mais Offenbach la persuada de retourner aux Variétés pour y créer *La Belle Hélène* qu'il avait composée pour elle. Elle triompha dans le rôle principal en décembre 1864, en Boulotte de *Barbe Bleue* (Offenbach), en février 1866, et se surpassa encore dans *La Grande Duchesse de Gérolstein* (Offenbach), en avril 1867. Applaudie à Londres, elle revint à Paris pour créer *La Périchole* (Offenbach) en octobre 1868, puis *La Diva* (Offenbach) en mars 1869. La guerre de 1870 interrompit sa carrière. Elle partit chanter à Saint-Pétersbourg, puis rentra à Paris où elle se produisit encore quelque temps. Comédienne adulée et cantatrice accomplie, elle devint très riche et tourna la tête de tous les hommes importants de son époque. Elle épousa en 1881 le comte de Bionne, mais ce mariage ne dura guère: elle quitta son hôtel de l'avenue du Bois (actuelle avenue Foch), témoin de sa carrière glorieuse, et s'installa dans un hôtel de l'avenue de Versailles qui existe toujours.

RÉF.: M. Rouff et T. Casevitz: *Hortense Schneider: la vie de fête sous le second Empire*, Paris, 1931.

SCHNEIDER Romy (Rosemarie Albach-Retty, dite). Actrice autrichienne (Vienne, 1938 - Paris, 1982). Fille de comédiens; son père était Wolf Albach-Retty et sa mère, Magda Schneider, avait acquis une certaine renommée en étant la vedette de *Liebelei* de Max Ophuls (1933). La jeune Rosemarie débuta à quinze ans aux côtés de sa mère dans un film de Deppe *Lilas blancs* (1953) qui fut un succès. Puis dans plusieurs rôles de Sissi (Élisabeth* d'Autriche), elle devint l'idole d'un public avide des intrigues pseudo-historiques et des fastes des cours royales du début du siècle. La grâce piquante de la jeune actrice plut, et les rôles se succédèrent pendant des années: *Sissi* (Marischka, 1955), *Sissi impératrice*

(Marischka, 1956), *Sissi face à son destin* (Marischka,1957), auxquels on peut ajouter *Eva* (Thiele, 1958), *La Belle et l'Empereur* (Von Ambesser, 1958) et *Katia* (Siodmak, 1959). Romy Schneider rencontra Alain Delon en 1959 au cours du tournage de *Plein Soleil* (Clément). Ce fut le début d'une courte et tapageuse idylle et d'une carrière orientée dorénavant vers des rôles différents. De la petite princesse de ses débuts, Romy Schneider se transforma en une femme belle et sensible, au visage tourmenté, avec un soupçon d'érotisme ambigu. Elle donna toute la mesure de son talent et devint une star internationale avec *Boccace 70* (Visconti, 1961), *Le Procès* (Welles, 1962), *La Piscine* (Deray, 1968), *Les Choses de la vie* (Sautet, 1969), *Le Crépuscule des dieux* (Visconti, 1972). Suivirent, entre autres, *César et Rosalie* (Sautet, 1972), *Le Mouton enragé* (Deville, 1973), *L'important c'est d'aimer* (Zulawski, 1974), qui lui valut un oscar, *Une histoire simple* (Sautet, 1978), nouvel oscar, *La Mort en direct* (Tavernier, 1979), *La Banquière* (Girod, 1980), *Fantasma d'amore* (Dino Risi, 1980), *La Passante du Sans-Souci* (Rouffio, 1981). Elle se maria deux fois, avec Harry Haubenstock dont elle eut un fils, David, et avec Daniel Biasani qui lui donna une fille, Sarah. Une vie sentimentale mouvementée, une grave opération et la mort tragique de son fils marquèrent cruellement les dernières années de sa vie.

SCHNORR VON CAROLSFELD Malvina, née Garrigues. Soprano danoise (Copenhague, 7 décembre 1825 - Karlsruhe, 8 février 1904). Fille du consul du Brésil à Copenhague, elle étudia le chant à Paris avec Manuel Garcia et débuta à Breslau en 1841 dans *Robert le diable* (Meyerbeer). Elle resta sur cette scène jusqu'en 1849, puis se produisit à Cobourg, Gotha, Hambourg et Karlsruhe. En 1854, elle chanta le rôle de Valentine (*Les Huguenots*, Meyerbeer), avec pour partenaire Ludwig Schnorr von Carolsfeld qui devint son mari en 1860. La même année, le couple quitta Karlsruhe pour Dresde. En 1862, ils se mirent à travailler *Tristan et Isolde* (Wagner) et impressionnèrent tant Wagner qu'il la choisit pour incarner Isolde aux côtés de son mari en Tristan, lors de la création de l'œuvre à Munich sous la direction de Hans von Bülow, le 10 juin 1865. Un mois plus tard, Ludwig Schnorr von Carolsfeld mourait à vingt-neuf ans d'une crise cardiaque. Accablée, Malvina quitta la scène, se réfugia dans l'étude du spiritualisme et pesa, par sa présence, dans la vie des Wagner à Triebschen. Plus tard, elle enseigna son art à Francfort et publia un recueil de mélodies et de poèmes dont elle et son mari étaient les auteurs.

SCHOLASTIQUE, sainte (Nursie, Pérouse, v. 480 - Mont-Cassin, 542). Sœur jumelle de saint Benoît, elle le suivit dans sa retraite à Subiaco dans le Latium, puis au Mont-Cassin où il fonda une abbaye et rédigea vers 540 une règle qui allait se répandre dans tout l'Occident carolingien. Saint Benoît fit construire pour sa sœur un couvent à Piumarola, près de son monastère: elle fut ainsi la fondatrice de la branche féminine de l'ordre des Bénédictins. Sainte Scholastique s'éteignit trois ans avant son frère, ils furent ensevelis dans le même tombeau. Les dépouilles des deux saints auraient été translatées au monastère de Fleury, appelé depuis Saint-Benoît-sur-Loire. Ils y reposent encore, mais les moines du Mont-Cassin contestent cette tradition. On la fête le 10 février.

SCHOLLAR Ludmilla. Danseuse américaine d'origine russe (Saint-Pétersbourg, 1888 - San Francisco, 11 juillet 1978). Formée à l'École impériale de Saint-Pétersbourg, elle entra au Théâtre-Marie en 1908 (actuel Kirov), puis aux Ballets russes de Serge de Diaghilev (1909-1914). Danseuse d'élévation, excellente dans les rôles de caractère, elle créa *Carnavals* (Fokine, 1910), *Petrouchka* (Fokine, 1911), *Papillon* (Fokine, 1914) et les *Jeux* (Nijinski, 1913). Elle fut infirmière au front dans les armées du tsar en 1914. Blessée et décorée pour son courage, elle ne revint qu'en 1917 au Théâtre-Marie, devenu le Gatob pendant la révolution. En 1921, elle émigra et rejoignit Diaghilev aux Ballets russes, où elle resta jusqu'en 1925. Mariée en premières noces au comte Vorontzoff, elle épousa ensuite Anatole Vilzak, le célèbre danseur et chorégraphe. Elle dansa avec les compagnies d'Ida Rubinstein*, de Karsavina*-Vilzak et de Nijinska*. Fixée avec son mari à New York, elle commenca à enseigner dès 1936, d'abord à la School of American Ballet puis au Ballet Theatre School. De 1963 à 1965, elle enseigna à la Washington School of Ballet, puis au San Francisco Ballet School, où elle termina sa carrière de professeur.

SCHÖNEMANN Lilli (Anne-Élisabeth, dite). Allemande (1758-1817). Fille d'un riche banquier de Francfort-sur-le-Main, Lili Schönemann rencontra Goethe en 1774; il se prit d'un amour passionné pour cette jeune et ravissante demoiselle de la bonne société de Francfort. Elle avait dix-sept ans, lui vingt-cinq. Ce fut un amour partagé et l'on parla de fiançailles. La jeune fille, qui avait une certaine influence sur Goethe, aurait souhaité qu'il eût une existence plus bourgeoise, mais le poète se révolta à cette idée et ce fut la rupture. Goethe partit pour Zurich. Le souvenir, qui le poursuivit longtemps, de l'amour qu'il avait eu pour Anne Schönemann lui inspira le poème nostalgique *Le Chant de nuit d'un chasseur*.

SCHRADERS Catherine Gertrude. Sage-femme néerlandaise (1655-1746). Issue d'une famille de notables de Dukkum, c'est à la mort de son mari, M. Cramer, chirurgien, en 1693, qu'elle décida de consacrer sa vie à l'obstétrique. Elle pratiqua plus de quatre mille accouchements et sauva de nombreuses vies, d'après son *Journal*, pour avoir découvert cliniquement le placenta bien avant que celui-ci ne fût mis en évidence par la dissection.

SCHREINER Olive Emilie Albertina. Romancière anglaise (Le Cap, 1855 - *id.*, 1920). Fille d'un missionnaire, elle commença à écrire dans son pays natal alors qu'elle travaillait comme gouvernante. Lorsqu'elle débarqua en Angleterre en 1881, la rédaction de son premier roman, le plus connu, était déjà achevée: *The Story of an African Farm*. Il parut deux ans plus tard, signé du pseudonyme de Ralph Iron. L'œuvre lui valut l'amitié de Havelock Ellis, littérateur, médecin et sexologue avant l'heure, qu'elle rencontra en 1884 et qui lui fit partager ses idées progressistes notamment en matière de sexualité. Après avoir évolué quelques années dans les cercles littéraires et politiques avancés, elle regagna l'Afrique du Sud en 1889 où elle épousa le politicien Cron Cronwright. À nouveau en Angleterre en 1914, elle rentra une dernière fois au Cap pour y mourir. Ses autres romans, à sujet féministe, *From Man to Man* et *Undine* ne parurent qu'après sa mort, en 1927 et en 1929. De son vivant, elle ne publia, outre son premier roman, que des séries de récits et d'allégories, des articles sur la politique et l'Afrique du Sud ainsi qu'un ouvrage sur les femmes et le travail en 1911. Femme courageuse et non conventionnelle, Olive Schreiner est tenue pour une pionnière à la fois par la place qu'elle réserve aux femmes dans ses romans et par l'utilisation qu'elle fait du paysage africain.

SCHRÖDER Sophia Carlotta, née Biereichel. Actrice allemande (Berlin, 1714 - *id.*, 1792). Persuadée par l'acteur Ekhof de quitter son mari alcoolique, l'organiste Johann Diedrich Schröder, pour entrer dans la troupe de Johann Schönemann, elle se fit connaître en interprétant à Lunebourg le rôle de Monime (*Mithridate*, Racine). Lorsque l'acteur Konrad Ernst Ackermann quitta Schönemann pour monter sa propre compagnie, elle le suivit à sa demande et devint sa vedette. Réconciliée avec son époux, elle quitta la scène et mit au monde un fils, Friedrich, en 1744, qui devint chanteur. Incapable de supporter les excès de son mari, Sophia Schröder revint à son art. Devenue veuve, elle épousa Ackermann en 1749 à qui elle donna deux filles. Le couple sillonna l'Europe avec sa troupe avant de s'établir à Hambourg où ils créèrent le premier Théâtre national. Ils étonnaient en jouant les classiques au lieu des farces et des ballets si prisés à l'époque. Malgré quelques heurts avec Friedrich qui revint dans la troupe peu avant la mort d'Ackermann en 1771, elle continua à jouer et à assurer la direction financière de l'entreprise avant de céder définitivement la place à son fils. Ses deux filles, Dorothea (1752-1821) et Charlotte (1757-1775), furent d'excellentes actrices. La première fut remarquable en 1767 dans les rôles de Minna (*Minna von Barnhelm*, Lessing) et de la Comtesse Orsina (*Emilia Galotti*, Lessing). Dans cette dernière pièce, Charlotte, alors âgée de quatorze ans, tenait le rôle principal. Dorothea incarna également Maria (*Götz von Berlichingen*, Goethe) en 1773 et Stella (*Stella*, Goethe) en 1776. Charlotte, idolâtrée par le public allemand, mourut avant sa dix-huitième année.

SCHRÖDER Sophie, née Bürger. Actrice autrichienne (Paderborn, 1781-Monaco, 1868). Célèbre au Burgtheater de Vienne, dirigée par Joseph Schreyvogel, elle créa *Die Ahnfrau* (Grillparzer, 1817) et le rôle de Médée (*Das Goldene Vlies*, Grillparzer) en 1821. Son interprétation de Sapho* (*Sapho*, Grillparzer) en 1818 influença les générations suivantes, car elle établit cette «noble simplicité» qui allait faire la gloire du Burgtheater. Fort admirée dans les pièces de Goethe, de Shiller et de Kleist, elle fut aussi une remarquable Lady Macbeth* (*Macbeth*, Shakespeare). Belle, passionnée, elle était la grâce personnifiée, et sa diction était parfaite. Elle épousa en 1804 le chanteur Friedrich Schröder, fils de la précédente, dont elle eut quatre enfants. L'aînée, Wilhelmine Schröder-Devrient*, devait devenir célèbre.

SCHRÖDER-DEVRIENT Wilhelmine. Soprano allemande (Hambourg, 6 décembre 1804 - Colbourg, 26 janvier 1860). Fille du baryton Friedrich Schröder (le premier Don Juan allemand, lui-même fils de Sophia Schröder*) et de l'actrice Sophie Schröder*, elle était l'aînée de quatre enfants. Jusqu'à l'âge de dix-sept ans, elle se produisit sur scène dans des ballets et des comédies. Après la mort de son père en 1816, elle suivit sa mère à Vienne où elle devint l'élève de Mozatti. C'est dans cette ville, au Kartnertortheater, qu'elle débuta le 20 janvier 1821, dans le rôle de Pamina (*Les Noces de Figaro*, Mozart); l'année suivante, elle triomphait avec Agathe (*Le Freischütz*, Weber) sous la direction du compositeur qui la considéra jusqu'à la fin de sa vie comme la meilleure interprète de ce rôle. Mais c'est avec Léonore (*Fidelio*, Beethoven), en présence de Beethoven lui-même, qu'elle acquit en novembre 1822 une renommée internationale. En 1823, elle fut engagée au Hoftheater de Dresde et épousa l'acteur Karl Devrient dont elle eut quatre enfants (le mariage fut dissous en 1828). Elle obtint à Berlin un succès sans précédent, chanta à Weimar en 1830 devant Goethe qui écrivit sur elle des compliments flatteurs. À Paris, cette même année, elle triompha avec Agathe (*Le Freischütz*, Weber) et Léonore (*Fidelio*, Beethoven) et y retourna en 1831 et 1832 pour chanter Donna Anna (*Don Juan*, Mozart) et Desdémone (*Otello*, Verdi).

Poursuivant sa route, elle se fit applaudir pendant trois mois au King's Theatre de Londres. En 1836, la presse anglaise décréta qu'elle seule pouvait remplacer Maria Malibran qui venait de mourir. En 1837, elle chanta à nouveau à Londres. Mais une vie sentimentale agitée et une santé précaire l'obligèrent à restreindre ses voyages. Elle créa cependant à Dresde, sous la direction de Wagner, trois rôles spécialement écrits pour elle: Adriano (*Rienzi*) en 1842, Senta (*Le Vaisseau fantôme*) en 1843, Vénus (*Tannhäuser*) en 1845. Elle parut sur scène pour la dernière fois en 1847 à Riga. Ravissante, merveilleuse actrice, dotée d'une des plus belles voix de son siècle, elle fascina son public en Donna Anna (*Don Juan*, Mozart), *Euryanthe* (Helmina von Chezy), Reiza (*Oberon*, Weber), *Norma* (Bellini). Critiques et musiciens l'admiraient, notamment Wagner. Séparée de Karl Devrient, elle se remaria deux fois: avec un officier saxon, von Döring, dont elle divorça pour épouser en 1850 un baron livonien, von Block, qui l'emmena vivre sur ses terres de Trikaten.

RÉF.: A. von Wolzogen, *Wilhelmine Schröder-Devrient*, Leipzig, 1863. C. Hagemann, *Wilhelmine Schröder-Devrient*, Berlin, 1904. J. Bab, *Die Devrients*, Berlin, 1932.

SCHRÖDER-FEINEN Ursula. Soprano allemande (née à Gelsenkirchen le 21 juillet 1936). Après des études de chant dans sa ville natale avec Maria Helm, elle y débuta en 1958 dans les chœurs de l'Opéra. Elle y obtint son premier rôle de soliste en 1961 (*L'Oiseleur*, Zeller); quelques jours plus tard, elle chantait Aïda (*Aïda*, Verdi) et ne quitta plus cette scène jusqu'en 1968. De 1968 à 1972, elle fut engagée à l'Opéra de Düsseldorf et incarna Elektra (*Elektra*, R. Strauss) ainsi que Kundry (*Parsifal*, Wagner) et Brünnhilde (*Siegfried*, Wagner). Invitée au Metropolitan Opera de New York en 1970, à Bayreuth en 1972, à Salzbourg en 1974, 1975, 1976, elle se produisit à l'Opéra de Paris en 1975 dans le rôle de Chrysothémis (*Elektra*, R. Strauss). Interprète idéale de Wagner et de Strauss, Ursula Schröder-Feinen, qui inclut aussi dans son répertoire les rôles de l'opéra italien, passe pour l'une des plus grandes chanteuses dramatiques des années 1960-1970.

SCHRÖTER Corona Élisabeth Wilhelmine. Chanteuse et actrice allemande (Guben, 14 janvier 1751 - Ilmenau, 23 août 1802). Son père, l'hautboïste Johann Friedrich Schröter, lui enseigna les premiers rudiments de chant et lui apprit à jouer de plusieurs instruments. Puis elle partit pour Leipzig se perfectionner auprès de J. H. Hiller et, dès 1765, elle se produisit aux Grands Concerts Hiller dont elle fut la vedette jusqu'en 1771. En 1776, elle chanta à la cour de Weimar et fut nommée *Kammersängerin* auprès de la vieille duchesse de Weimar. D'une beauté remarquable, d'une grâce exquise, elle réunissait tous les talents, chantant en s'accompagnant et composant; elle ne comptait pas ses admirateurs. Goethe, qui voyait en elle l'incarnation même de la beauté antique, l'immortalisa dans le poème sur la mort de Mieding et dans ses *Mémoires*; elle créa d'ailleurs la plupart des pièces du poète allemand, notamment *Iphigénie* (1779) où il lui donna la réplique dans le rôle d'Oreste. Elle participa également à la création de l'opérette *Die Fischerin* (Goethe, 1782) et en composa la musique. Belle et froide comme le marbre, selon l'expression du duc de Weimar, elle restait insensible aux passions qu'elle suscitait. Grande amie de Schiller et de l'intelligentsia de son époque, elle s'éteignit dans les bras de sa compagne de toujours, Wilhelmine Probst.

SCHUMANN Clara, née Wieck. Pianiste et compositeur. Allemande (Leipzig, 13 septembre 1819 - Francfort-sur-le-Main, 20 mai 1896). Dès l'âge de cinq ans, elle prit des leçons de piano avec son père, professeur réputé, et se révéla un enfant prodige. Elle joua en public pour la première fois en 1829 avec le Leipzig Gewandhaus, fit une tournée en Europe avec son père en 1831-1832 et revint à Leipzig pour parfaire sa formation en piano, composition, violon et chant. Elle reprit ses tournées, suscitant l'enthousiasme de Goethe, Mendelssohn, Chopin, Paganini et de Robert Schumann qu'elle connaissait depuis 1830 car il était un des élèves de son père. Elle eut avec ce dernier un long conflit, car il refusa toute idée de mariage pendant trois ans, considérant que Schumann n'était pas un bon parti. Ils se marièrent finalement le 12 septembre 1840. Clara Schumann fut la mère de huit enfants: Marie (née en 1841), Élise (1843), Julie (1845), Emil (1846-1847), Ludwig (1848), Ferdinand (1849), Eugénie (1851) et Félix (1854). Elle parvint, non sans difficultés, à poursuivre sa carrière, jouant à Copenhague en 1842 et en Russie en 1844, enseignant à Dresde puis à Düsseldorf, où la famille s'était installée en 1853.

À partir de ce moment, la santé nerveuse de Schumann se détériora brusquement: il tenta de se suicider en se jetant dans le Rhin, et il fallut l'interner en 1854 à l'asile d'Endenich. En proie à des crises de folie, il y mourut deux ans plus tard. Dans cette situation difficile, Clara Schumann trouva un réconfort de tous les instants en la personne de Johannes Brahms qui lui voua jusqu'à sa mort un amour platonique profond. Elle reprit ses tournées de manière très intensive, jouant surtout le répertoire de son mari — notamment le *Concerto en la mineur* qu'il avait composé pour elle —, celui de Brahms qu'elle fit connaître en Europe, celui de Chopin enfin. La fin de sa vie fut assombrie par des deuils familiaux: en 1870, elle dut faire interner son fils Ludwig dans un asile où il mourut en 1899; Julie, Felix et Ferdinand trouvèrent la mort respectivement en 1872, 1879 et 1891. Clara Schumann fut toute sa vie d'une activité inlassable: outre l'enseignement auquel elle consacrait de longues heures, elle a laissé une œuvre abondante et de qualité, dont plusieurs concertos, un grand nombre de morceaux pour piano et des lieder. Son influence sur son mari et sur le jeune Brahms, qui avait quatorze ans de moins qu'elle, est perceptible. Enfin, elle a préparé la première édition de l'œuvre musicale complète de Schumann (1881-1893) ainsi qu'une édition de ses lettres, *Jugendbriefe* (1885). Dans l'histoire de l'interprétation, son jeu reste hors pair par son souffle poétique, sa sensibilité et son respect des intentions des auteurs.

RÉF.: C. Lépront, *Clara Schumann: la vie à quatre mains*, Robert Laffont, 1988.

SCHUMANN Élisabeth. Soprano américaine d'origine allemande (Merseburg-sur-la-Salle, 13 juin 1885 - New York, 23 avril 1952). Elle travailla sa voix à Dresde avec Natalie Hänish, à Berlin avec Marie Dietrich, à Hambourg avec Alma Schadow, et c'est à l'opéra de cette ville qu'elle débuta dans le rôle du berger (*Tannhäuser*, Wagner), en 1909. Son succès fut tel qu'elle y fut engagée de façon permanente jusqu'en 1919. Dès 1914, ses succès la conduisirent au Metropolitan Opera de New York où elle incarna Sophie (*Le Chevalier à la rose*, R. Strauss). Puis le compositeur la convainquit d'entrer à l'Opéra de Vienne; elle en fut la vedette pendant près de vingt ans (1919-1938). En 1921, elle accompagna Strauss dans une tournée de récitals.

Excellente mozartienne, elle participa

au premier festival de Salzbourg en 1922. Deux ans plus tard, à Londres, elle remportait un succès considérable dans les rôles de Suzanne (*Les Noces de Figaro*, Mozart), Blondine (*L'Enlèvement au sérail*, Mozart), Zerline (*Don Juan*, Mozart) et Despina (*Così fan tutte*, Mozart). Elle fut aussi une charmante Eva (*Les Maîtres chanteurs*, Wagner) et Adèle (*La Chauve-Souris*, J. Strauss) sous la direction de Bruno Walter. L'annexion de l'Autriche par Hitler en 1938 la poussa à émigrer aux États-Unis. Elle enseigna le chant au Curtis Institute de Philadelphie, puis à l'Académie d'été de Bryanston et donna de nombreux récitals. Exquise de beauté, son physique, comme sa voix, semblaient insensibles aux outrages du temps. À soixante ans, elle chantait encore, notamment des lieder de Schubert, Strauss, Wolf et Robert Franz. Élisabeth Schumann s'est mariée trois fois: avec l'architecte Walter Puritz, avec le pianiste et chef d'orchestre Karl Alwin, avec le médecin Hans Kruegger. Elle est l'auteur de *German Song* (1948). Elle a acquis la nationalité américaine en 1944.

SCHUMANN-HEINK Ernestine, née Rössler. Contralto américaine d'origine tchécoslovaque (Lieben, près de Prague, 15 juin 1861 - Hollywood, 17 novembre 1936). Fille d'un officier de l'armée autrichienne et d'une Italienne éprise de chant, elle fréquenta le couvent des Ursulines de Prague à partir de 1872 et chanta à l'église. Devenue adolescente, elle travailla sa voix à Graz avec Marietta von Leclair et se produisit en public pour la première fois en 1876, interprétant le solo du contralto (*9e Symphonie*, Beethoven). En 1878, elle débuta à l'Opéra de Dresde dans le rôle d'Azucena (*Le Trouvère*, Verdi). Après avoir poursuivi des études de chant avec Karl Krebs et Franz Wüllner, elle fut engagée à l'Opéra de Hambourg en 1883. En 1892, elle se produisit avec sa troupe à Covent Garden à Londres et se spécialisa bientôt dans le répertoire wagnérien. De 1896 à 1903, elle chanta au festival de Bayreuth, puis en 1905 et 1906 à l'Opéra de Berlin. En 1898, elle fit ses débuts américains à Chicago, dans le rôle d'Ortrud (*Lohengrin*, Wagner) qu'elle reprit pour sa première apparition à New York en 1899. Rompant son contrat avec Berlin, elle s'établit à New York: on la vit alors sur la scène du Metropolitan Opera régulièrement jusqu'en 1903, puis par intermittence jusqu'en 1932, date de ses adieux dans le rôle d'Erda (*L'Or du Rhin*, Wagner). Elle consacra les dernières années de sa vie à l'enseignement. Au cours d'un demi-siècle de carrière, elle chanta plus de cent cinquante rôles, leur prêtant sa voix étendue et ses talents d'actrice avec autant d'aisance dans la comédie que dans le drame. Grande wagnérienne, elle fut aussi une remarquable Clytemnestre (*Elektra*, R. Strauss), rôle qu'elle créa à Dresde en 1909. Elle fut mariée trois fois: la première en 1882 à Peter Heink, dont elle divorça, la seconde en 1893 à l'acteur Paul Schumann qui mourut en 1904, la troisième en 1905 à un avocat de Chicago, William Rapp junior, dont elle divorça en 1914. Elle a acquis la nationalité américaine en 1908.

RÉF.: M. Lawton, *Schumann-Heink. The Last of the Titans*, New York, 1928.

SCHURMANN Anna Maria de. Philosophe néerlandaise (Cologne, 1607-Wiewerd, Frise, 1678). Douée d'une grande intelligence, elle apprit le latin, le grec, l'hébreu, la musique, la peinture, la sculpture et la gravure et entra en correspondance avec les érudits de son temps. Elle publia *Question célèbre, s'il est nécessaire ou non que les filles soient savantes* (1639), qui fut traduit à Paris en 1646. D'Utrecht, où elle vivait, sa réputation s'étendit à toute l'Europe et lui valut les visites de la reine Christine*, de la duchesse de Longueville*, de Marie-Louise de Gonzague*. Vers la fin de sa vie, elle se fit piétiste et offrit asile à Jean Labadie, mystique et réformateur protestant. Elle consacra à la secte des labadistes un ouvrage qui contient une partie de son histoire. Ont été également publiés en 1648 et 1649 les recueils de ses lettres aux savants illustres.

SCHWARZ Solange. Danseuse française (née à Paris en 1910). Prédestinée à devenir artiste — sa tante Jeanne Schwarz était danseuse étoile à l'Opéra de Paris, son père y était danseur, sa mère était actrice —, Solange Schwarz entra à l'École de l'Opéra avec ses trois sœurs, Nelly, Jeanine et Christine, et atteignit rapidement le grade de premier sujet. Nommée étoile à l'Opéra-Comique en 1933, elle y créa entre autres *La Pantoufle de vair* (Tcherkas, 1935), puis retourna à l'Opéra en 1937 où elle devint étoile en 1940. Elle dansa dans plusieurs ballets de Serge Lifar : *Bacchus et Ariane* (1931), *Alexandre le Grand* (1937), *Le Chevalier et la Demoiselle* (1941), *Les Animaux modèles* (1942). Petite, vive et brillante, son rôle préféré reste celui de Coppélia (*Coppélia*, Nuitter et Saint-Léon) qu'elle dansait avec un éclat et un brio incomparables. En 1945, elle quitta le Palais Garnier avec Lifar. Elle se produisit aux Ballets des Champs-Élysées dans le rôle de Bellastriga (*Abraxas*, Liutpart), à l'Opéra-Comique avec le Grand Ballet du marquis de Cuevas et au Ballet de l'Étoile de Maurice Béjart. Elle donna sa soirée d'adieux le 16 janvier 1957 avec *Coppélia* et *Suite en blanc* (Lifar). À partir de 1963, elle dirigea une classe de danse à l'Opéra.

SCHWARZKOPF Élisabeth. Soprano anglaise d'origine allemande (née à Jarochin, près de Poznán, le 9 décembre 1915). Fille d'instituteur, elle entra en 1934 à la Hochschüle für Musik de Berlin, où elle travailla sous la direction de Lula Myrs-Gmeiner. Quatre ans plus tard, elle signait un engagement au Stadtische Oper de Berlin où elle débuta en Fille-fleur (*Parsifal*, Wagner). Elle y fut le Premier Garçon (*La Flûte enchantée*, Mozart), l'Oiseau des bois (*Siegfried*, Wagner), avant de se voir offrir en 1941 des rôles plus importants : Adèle (*La Chauve-Souris*, J. Strauss), Musette (*La Bohème*, Puccini), Zerbinette (*Ariane à Naxos*, R. Strauss). Elle leur prêta sa fraîcheur, des yeux bleu azur et une voix déjà extraordinaire de limpidité et de douceur. Maria Ivogün la remarqua et lui fit travailler le lied et la musique de chambre. En 1942, Élisabeth Schwarzkopf donna son premier récital à Berlin et remporta un grand succès. Karl Böhm l'invita à Vienne mais, malade, elle dut se reposer dans un sanatorium des monts Tatras.

C'est en 1944 qu'elle débuta réellement au Staatsoper de Vienne. Elle chanta Rosine (*Le Barbier de Séville*, Puccini), Blondine (*L'Enlèvement au sérail*, Mozart). À la fin de la guerre, elle connut quelques difficultés pour avoir été inscrite en mars 1940 au parti nazi, comme tous les acteurs employés des théâtres nationaux d'Allemagne. Lavée des soupçons qui pesaient contre elle par la commission alliée de dénazification, elle reprit sa carrière. Elle se produisit avec la troupe de l'Opéra de Vienne à Covent Garden en 1947 et triompha en Donna Elvira (*Don Juan*). Ayant interprété le rôle de Suzanne (les *Noces de Figaro*) à Salzbourg sous la direction d'Herbert von Karajan, ce dernier l'entraîna à la Scala de Milan où elle fut engagée régulièrement jusqu'en 1951. Elle y chanta Suzanne (*Les Noces de Figaro*, Mozart) puis incarna successivement Fiordiligi (*Così fan tutte*, Mozart), Elsa (*Lohengrin*, Wagner), Elvira (*Don Juan*, Mozart), Mélisande (*Pelléas et Mélisande*, Debussy), Élisabeth (*Tannhäuser*, Wagner), la Maréchale (*Le Chevalier à la rose*, R. Strauss). En 1951, sous la baguette de Wilhelm Fürtwangler, elle participa aux représentations de réouverture du festival de Bayreuth et en septembre elle créa Anne Trulove (*The Rake's Progress*, Stravinski) à Venise.

En 1953, elle épousa Walter Legge, directeur des disques EMI ; il savait qu'avec le 33 tours une ère nouvelle s'ouvrait qui permettrait la reconstitution en studio d'une perfection idéale, comme le sont tous les enregistrements de sa femme (surtout les quatre derniers *Lieder* de Strauss). Cette même année, elle participa à la première du *Triomphe d'Aphrodite* (Orff) et fit ses débuts américains en récital, au Carnegie Hall de New York ; deux ans plus tard, elle parut sur la scène de l'Opéra de San Francisco. Ce n'est qu'en 1964 qu'elle se produisit au Metropolitan Opera de New York, dans le rôle de la Maréchale (*Le Chevalier à la rose*, R. Strauss) ; on la revit sur cette scène jusqu'en 1966. Elle ne choisit plus désormais que des rôles qu'elle aimait et, à partir de 1971, elle ne chanta plus qu'en récital. En 1975, elle fit sa tournée d'adieux aux États-Unis. L'année suivante, elle donna des cours d'interprétation à la Julliard School de New York. À la mort de son mari en 1979, elle renonça définitivement à la scène et se consacra à l'enseignement ; elle aborda aussi la mise en scène à la Monnaie de Bruxelles avec *Le Chevalier à la rose* (R. Strauss), en 1981. Elle est l'auteur du livre *La Voix de mon maître, Walter Legge* (1982). Considérée comme la plus grande chanteuse de lieder et d'opéra de l'après-guerre pour sa musicalité incomparable, sa voix exceptionnelle, sa beauté et son élégance, ses dons d'actrice font effectivement de ses interprétations une expérience unique.

SCHYGULLA Hanna. Actrice allemande (née à Katowice, Pologne, en 1943). En 1966, elle rencontra Rainer-Werner Fassbinder dans un court d'art dramatique de Munich. Fassbinder, qui avait déjà fait partie d'une troupe d'avant-garde, fonda en 1968 l'Antitheater où Hanna Schygulla le suivit. À partir de 1970, il créa une maison de production et réalisa de très nombreux films : Hanna Schygulla fut sa meilleure interprète. Elle tourna plus de treize fois avec lui de 1969 à 1981, dans *L'amour est plus froid que la mort* (1969), *Les Dieux de la peste* (1969), *Prenez garde à la sainte putain* (1970), *Les Larmes amères de Petra von Kant* (1971), *Effi Briest* (1974), *La Troisième Génération* (1978), *Le Mariage de Maria Braun* (1978) et *Lili Marleen* (1981). Dans le même temps, elle joua dans d'autres films allemands : *Scènes de chasse en Bavière* (Fleichmann, 1969), *Mathias Kneissl* (Hauff, 1970), *Jacob von Günten* (Lilienthal, 1971), *Falsche Bewegung* (Wenders, 1974), *Der Stumme* (Meili, 1975), *Die Dämonen* (Claus Witt, 1977), *Die Grosse Flatter* (Lüdke, 1978). Considérée en Allemagne comme la plus grande star de l'après-guerre, la renommée d'Hanna Schygulla franchit les frontières de son pays et de grands cinéastes étrangers lui confièrent des rôles à sa mesure : *La Nuit de Varennes* (Scola, 1982) où elle est une aristocrate fidèle à Louis XVI, *Passion* (Godard, 1982), *Antonietta* (Saura, 1983) et *Histoire de Piera* (Ferreri, 1983), rôle qui lui valut un prix d'interprétation à Cannes. Elle tourna également à la même époque en Allemagne *Le Faussaire* (Schlöndorff, 1981), *Heller Wahn* (von Trotta, 1983), *L'Amie* (von Trotta, 1983), *Le futur est femme* (Ferreri, 1984), *Abraham Gold* (Graser, 1990).

SCOTT Barbara Ann. Patineuse canadienne (née en 1930). Elle est la plus populaire des patineuses d'après-guerre. Championne d'Europe à Davos et championne du monde à Stockholm en 1947, elle obtint la médaille d'or aux Olympiades de Saint-Moritz en 1948. Elle fut également championne du Canada à plusieurs reprises. Barbara Ann Scott passa professionnelle, comme l'avait fait avant elle Sonia Henie*, et devint la vedette de grands spectacles sur glace, où sa beauté, sa grâce et sa virtuosité la rendirent célèbre dans toutes les grandes villes du monde.

SCOTT Hazel. Chanteuse et pianiste de jazz. Américaine (1920-Manhattan, 1981). Enfant de la balle, sa mère dirigeait un orchestre et donnait des leçons de piano. La jeune Hazel Scott, très précoce, s'était déjà produite à l'âge de onze ans au Carnegie Hall de New York. Très belle, possédant une voix remarquable, cette Noire éblouissait également son auditoire par sa virtuosité au piano. Ses nombreuses tournées en Amérique furent autant de triomphes. Hazel Scott avait aussi un talent de compositeur et de comédienne. Elle tourna une dizaine de films, notamment *La Symphonie en bleu*, dans lequel elle jouait son propre personnage. Elle avait épousé un sénateur américain dont elle se sépara et vécut à Paris de 1954 à 1960. En 1961 elle se remaria avec un artiste de music-hall suisse dont elle divorça rapidement.

SCOTTO Renata. Soprano italienne (née à Savone, le 24 février 1933). Elle chanta dans des chœurs ou en solo et affronta le public à quinze ans en chantant l'air «Stride la vampa» d'Azucena (*Le Trouvère*, Verdi). Un an plus tard, elle commençait des études de chant à Milan avec Gherardini. À dix-neuf ans, elle remporta un premier prix au conservatoire de Milan et interpréta au Teatro Nuovo une inoubliable Violetta (*La Traviata*, Verdi) qui lui valut d'être aussitôt engagée à la Scala (1957). Elle y fut Amina (*La Somnambule*, Bellini), Walter (*La Wally*, Catalani), Adina (*L'Élixir d'amour*, Donizetti), Cio-Cio-San (*Madame Butterfly*, Puccini) et Hélène (*Les Vêpres siciliennes*, Verdi). La même année, au festival d'Édimbourg, elle remplaça Maria Callas* souffrante, pour la dernière représentation de *La Somnambule* (Bellini). Devenue une vedette, Renata Scotto chanta Mimi (*La Bohème*, Puccini), Gilda (*Rigoletto*, Verdi), Léonore (*Le Trouvère*, Verdi), Desdémone (*Otello*, Verdi), Marguerite (*Faust*, Gounod), Norma (*Norma*, Bellini), Manon (*Manon Lescaut*, Puccini). À partir de 1960, elle triompha sur toutes les grandes scènes lyriques du monde: à Londres de 1962 à 1971, à Chicago, Dallas, Miami, à Moscou en 1964, au Metropolitan Opera de New York en 1965, à l'Opéra de Paris en 1974. Elle enregistra de nombreux disques et continue d'être considérée comme l'une des grandes sopranos de son temps pour la variété de son phrasé et l'authenticité de ses accents, malgré une certaine détérioration de ses aigus.

SCUDÉRY Madeleine de. Femme de lettres française (Le Havre, 1607 - Paris, 1701). On la disait fort laide, ce qui devait tranquilliser peut-être ses amies car son intelligence, son esprit, son charme et son savoir attiraient autour d'elle les fidèles de l'hôtel de Rambouillet dont elle devint la plus précieuse parmi les Précieuses. Après le déclin du salon de la marquise de Rambouillet*, Madeleine de Scudéry ouvrit son propre salon littéraire, rue de Beauce dans le Marais, où se retrouvèrent Mme de La Fayette*, Mme de Sévigné*, Mme Scarron, la future Mme de Maintenon*. Ses samedis étaient également fréquentés par Chapelain, Ménage, Conrart, Pellisson et bien d'autres.

Madeleine de Scudéry était la sœur du poète et écrivain Georges de Scudéry. Elle collabora étroitement à certains ouvrages de son frère qu'il signa cependant de sa plume, notamment *Ibrahim ou l'Illustre Bassa* et *Artamène ou le Grand Cyrus*. Mais dans *Artamène* (10 vol., 1649-1653), la part de Madeleine de Scudéry s'accroît peu à peu: à partir du cinquième volume, les conversations galantes, les analyses sentimentales, les portraits de la société, ont pris la place des aventures guerrières des premiers volumes. Ces ouvrages obtinrent un énorme succès. Mais *Clélie, histoire romaine*, ouvrage en dix tomes de plus de sept mille pages, fut écrit par elle seule et obtint également un succès considérable. Lorsque les goûts littéraires se transformèrent avec Boileau et Molière, Madeleine de Scudéry abandonna sa carrière de romancière pour devenir, ce qui était sa nature, une moraliste. Elle mourut à Paris à l'âge de quatre-vingt-quatorze ans. Citons parmi ses œuvres personnelles: *Clélie, histoire romaine*, (1654-1660), *Almahida ou l'Esclave reine* (1660-1663), *Célinte* (1661), *Conversations nouvelles sur divers sujets* (1664), *Mathilde d'Aquilas* (1667), *La Promenade de Versailles* (1669), *Entretiens et nouvelles conversations morales* (1668).

RÉF.: A. Niederst, *Madeleine de Scudéry, Paul Pellisson et leur monde*, Presses universitaires de Rouen, 1976. R. Godenne, *Les Romans de Mme de Scudéry*, Droz, Genève, 1983.

SEBERG Jean. Actrice américaine (Marshalltown, Iowa, 1938 - Paris, 1979). Attirée par la scène, elle débuta dans la troupe théâtrale de son université où elle ne passa pas inaperçue. Otto Preminger la remarqua et lui confia le rôle de Jeanne d'Arc* dans son film *Sainte Jeanne* (1957), une adaptation de la pièce de George Bernard Shaw. Le film ne connut qu'un médiocre succès, tout comme *Bonjour tristesse* (Preminger, 1957) d'après le roman de Françoise Sagan*, malgré une excellente prestation de la jeune actrice. Elle devint célèbre grâce à *À bout de souffle* (Godard, 1959) où elle est remarquable aux côtés de Jean-Paul Belmondo. Elle tourna ensuite de nombreux films dans lesquels on ne retrouve pas toutes ses qualités expressives sauf peut-être dans *L'Amant de cinq jours* (Broca, 1960), *Lilith* (Rossen, 1963), *Le Canard sauvage* (Geissendorfer, 1976), *La Route de Corinthe* (Chabrol, 1967), films qui nous font regretter les rôles inégaux qu'elle a trop souvent acceptés de jouer. Ses trois maris, François Moreuil, l'écrivain français Romain Gary, dont elle eut un fils, Alexandre,. et Dennis Berry, tous trois metteurs en scène, lui firent tourner des films qui furent tous décevants: *La Récréation* (Moreuil, 1960), *Les oiseaux vont mourir au Pérou* (Gary, 1970), *Kill* (Gary, 1971), *Le Grand Délire* (Berry, 1974). Elle apporta son soutien au mouvement des Noirs en Amérique, scandalisant ainsi une partie de l'opinion. Le journal *Newsweek* se fit l'écho de ce mécontentement et, en 1970, mena une campagne de presse contre elle. Jean Seberg en fut très affectée et perdit l'enfant qu'elle portait alors. Elle se suicida aux barbituriques; elle avait quarante et un ans.

SEEFRIED Irmgard. Soprano allemande (née à Köngetried, le 9 octobre 1919). Son père lui enseigna les premiers rudiments de musique et, dès l'âge de onze ans, elle parut en public, chantant Gretel (*Hansel et Gretel*, Humperdinck). Après de sérieuses études au conservatoire d'Augsbourg, elle fut engagée par Herbert von Karajan, en 1939, à l'Opéra d'Aix-la-Chapelle. En 1943, elle chanta Eva (*Les Maîtres chanteurs*, Wagner) à Vienne, sous la direction de Karl Böhm, et Richard Strauss la choisit pour incarner le Compositeur (*Ariane à Naxos*, R. Strauss), en 1944, à l'occasion de son quatre-vingtième anniversaire. Magnifique dans les rôles de Suzanne (*Les Noces de Figaro*, Mozart) et de Zerline (*Don Juan*, Mozart), elle fascinait son public à Salzbourg dès 1946. Après avoir conquis le monde entier — Europe, Japon, Afrique du Sud, Angleterre, Autriche, Inde, Australie — elle débuta à New York, au Metropolitan Opera, en 1953, dans le rôle de Suzanne (*Les Noces de Figaro*, Mozart). Elle se produisit également en concert, abordant le répertoire d'Haendel, Purcell, Poulenc, Berg, et se révélant une grande interprète du lieder. À partir de 1960, elle se consacra totalement à cette forme de chant. Femme du violoniste autrichien Wolfgang Schneiderhan, elle est, avec son mari, la dédicataire d'*Ariosi* (Henze, 1964) et de *Maria Triptychon* (F. Martin, 1960).

SEGELCKE Tore. Actrice norvégienne (Fredrikstad, 1901 - Oslo, 1979). Après avoir débuté au Det Norske Teater d'Oslo en 1921, elle joua à Bergen à partir de 1924, fit un séjour à Paris où elle s'enthousiasma pour Ludmilla Pitoëff* et revint à Oslo où elle fut la vedette du National Teater à partir de 1928. Elle a incarné Miranda (*La Tempête*, Shakespeare), Sonja (*Konkrylien*, Krog), Abbie (*Desire Under the Elms*, O'Neill). Après la guerre, elle devint l'actrice la plus connue de son pays, jouant les pièces d'Ibsen, d'Anouilh, de García Lorca. Sa prestation dans le rôle de Nora (*La Maison de poupée*, Ibsen) lui a valu une réputation internationale.

SEGHERS Anna, née Reiling (Netty Radvanyi, dite). Romancière allemande (Mayence, 19 novembre 1900 - Berlin-Est, 1983). Fille de l'antiquaire Reiling, elle suivit des cours de philologie, de sinologie et d'histoire à l'université de Cologne et d'Heidelberg et soutint sa thèse sur l'œuvre de Rembrandt. Mariée à l'écrivain hongrois Lazlo Radvanyi, elle adhéra au parti communiste allemand et fut, pour cette raison, emprisonnée par les nazis en 1933. Elle réussit à s'enfuir, gagna Paris puis émigra au Mexique où elle devint présidente du Heine Club qui regroupait les écrivains antifascistes émigrés. En 1947, elle revint en République démocratique allemande où elle devint une personnalité en vue de la vie culturelle (présidente de l'Union des écrivains, membre de l'Académie des Arts).

Sa première nouvelle, *La Révolte des pêcheurs de Sainte-Barbara*, parut en 1928, donnant le ton de son œuvre et lui procurant une notoriété immédiate avec l'attribution du prix Kleist. C'est pendant son exil et son retour en Allemagne qu'elle devint célèbre grâce à deux romans qui connurent un succès considérable : *La Septième Croix* (1942) et *Les morts restent jeunes* (1949). Le premier dénonce le régime nazi et raconte l'histoire de sept prisonniers qui s'évadent ensemble du camp de Westhoff ; tous sont repris et crucifiés sauf un, dont la croix reste vide et symbolise l'espoir pour les autres détenus. Le second retrace le destin d'une génération, de 1918 à 1945 ; le fils d'un spartakiste assassiné pendant la révolution meurt à son tour pour ses convictions politiques trente ans plus tard. Ses œuvres écrites dans une langue forte, réaliste et généreuse, sont porteurs d'une idéologie salvatrice. Citons encore *Les Compagnons* (1932), *La Capitulation* (1933), *Le Chemin de février* (1935), *Transit* (1944), *La Fin* (1948), *Les Enfants,* recueil de trois nouvelles qu'elle écrivit en 1951 pour le troisième prix mondial de la Paix qu'elle obtint cette année-là. Par la suite elle écrivit trois romans, *La Décision* (1959) qui fut récompensée en RDA par le Prix national de littérature, *La Confiance* (1968) et *La Traversée* (1970).

SEGOND-WEBER Eugénie Caroline. Actrice française (Paris, 6 février 1867 - *id.*, 14 juillet 1945). Fille d'un communard et d'une blanchisseuse du quartier de la Roquette à Paris, elle lisait les classiques en cachette. Après avoir obtenu un premier prix de tragédie au Conservatoire en 1885 dans le rôle de Phèdre (*Phèdre*, Racine), elle entra à l'Odéon et obtint aussitôt un triomphe en Hermione (*Les Jacobites*, Coppée), s'attirant les compliments du critique Jules Lemaître: «Elle joue avec toute son âme, elle se livre tout entière.» Elle incarna ensuite Titiana (*Le Songe d'une* *nuit d'été*, Shakespeare) puis, appelée par Jules Clarétie, elle entra à la Comédie-Française, interprétant Doña Sol (*Hernani*, Hugo), retourna à l'Odéon et fit plusieurs tournées en province. En 1886, elle épousa l'acteur Léon Segond, dont elle divorça en 1909. Elle fit définitivement partie de la troupe du Français à partir de 1900 et, en 1902, à l'occasion du centenaire de la naissance de Victor Hugo, elle incarna Guanhumara (*Les Burgraves*, Hugo), à Paris comme à Besançon, patrie du grand homme. Nommée sociétaire la même année, elle fit ses adieux en 1944 en récitant le «songe d'Athalie» (*Athalie*, Racine) pour le centenaire de la naissance de Sarah Bernhardt*.

SÉGUR Sophie, née Rostopchine, comtesse **de.** Écrivain. Française d'origine russe (Saint-Pétersbourg, 1799-Paris, 1874). Elle était la fille du général comte Fiodor Rostopchine et de Catherine Protassov. Son père, ministre du tsar Paul Ier puis gouverneur de Moscou en 1812, ordonna l'incendie de la ville lorsque Napoléon arriva aux portes du Kremlin. Sophie passait son enfance l'été au domaine de Woronowo, l'hiver à Moscou et Saint-Pétersbourg, et suivit ses parents lorsque, en disgrâce, ils vinrent s'installer en 1817 en France. Elle épousa deux ans plus tard le comte Eugène de Ségur, neveu de l'écrivain Louis-Philippe de Ségur. En 1820, son père lui acheta les terres et le château des Nouettes, dans l'Orne, qui servit de cadre à plus d'un de ses romans. Négligée par son mari, la comtesse de Ségur se consacra à l'éducation de ses sept enfants, trois fils (le second mourut en bas âge) et quatre filles. Encouragée par Louis Veuillot, un de ses amis, elle commença à écrire à cinquante-cinq ans des contes et des romans qu'elle dédiait à ses vingt petits-enfants et dans lesquels elle dénonçait l'hypocrisie et la méchanceté: les méchants seront punis et les bons récompensés. Ces ouvrages, écrits dans un style à la fois réaliste et mythique, dont la renommée fit le tour du monde, sont encore lus de nos jours. Ils sont une mine de renseignements sur la vie au XIXe siècle. Toutefois, certaines des méthodes d'éducation que la comtesse de Ségur évoque dans ses histoires ne sont pas sans déconcerter les lecteurs actuels: les châtiments réservés aux méchants, la célèbre «fessée» des *Malheurs de Sophie*, relèvent pour certains d'une forme de sadisme. C'est oublier que l'auteur des *Mémoires d'un âne* était russe, et même tartare, élevée à l'époque du servage et que l'éducation d'alors, tant au pays du «knout» qu'en France et en Angleterre, ne s'embarrassait pas de sensiblerie. Ces punitions, si sévères soient-elles, n'empêchent pourtant ni les enfants ni les adultes de s'enthousiasmer pour ces chefs-d'œuvre.

Sophie, devenue catholique à l'âge de quatorze ans sous l'influence de sa mère qui s'était convertie secrètement, fut reçue dans le tiers ordre de Saint-François en 1866 par son fils aîné, Mgr de Ségur. Son cœur est conservé au couvent de la Visitation à Paris. Elle avait écrit la totalité de son œuvre en quinze ans et devait mourir à soixante-quinze ans. La plupart de ses romans parurent en feuilleton dans *La Semaine des enfants* avant d'être publiés dans la Bibliothèque rose. Elles font à présent partie de la mémoire collective de notre société. Citons parmi elles: *Nouveaux Contes de fées* (1856), *Les Petites Filles modèles* (1857), *Les Malheurs de Sophie* (1858), *Les Vacances* (1858), *Mémoires d'un âne* (1859), *La Sœur de Gribouille* (1862), *Les Deux Nigauds* (1862), *L'Auberge de l'Ange gardien* (1863), *Le Général Dourakine* (1863), *François le Bossu* (1864), *Un bon petit diable* (1864), *Jean qui grogne et Jean qui rit* (1865), *La Fortune de Gaspard* (1866), *Après la pluie, le beau temps* (1871).

RÉF. : M. Gastellier, *La Comtesse de Ségur*, Gallimard, 1986. C. Beaussant, *La Comtesse de Ségur, ou l'Enfance de l'art*, Robert Laffont, 1988, H. Dufour, *Comtesse de Ségur, née Rostopchine*, Flammarion, 1990.

SEIDEL Ina. Romancière allemande (Halle, 1885 - Ebenhausen, près de Munich, 1974). Épouse du pasteur et écrivain Heinrich Wolfgang Seidel, elle était la petite-fille du grand égyptologue et romancier allemand, Georg Ebers. De santé fragile, elle était portée à la réflexion, à la contemplation de la nature et à la méditation religieuse. Elle fit ses débuts littéraires en publiant des poèmes (1910). Mais c'est avec ses romans qu'elle connut la célébrité. Après un premier roman inspiré de la vie de J.C.A. Forster, voyageur et naturaliste du XVIIIe siècle, intitulé *Le Labyrinthe* (1922), elle remporta un succès considérable avec *L'Enfant du destin* (1930), récit édifiant sur le sentiment maternel et le sacrifice patriotique, pendant la période 1792-1813. Elle publia ensuite une autobiographie, *Mon enfance et ma jeunesse* (1935) puis un autre roman, *Lennacker* (1938), qui retrace le chemin de l'Église réformée à travers le destin d'une famille.

Sous la pression du nazisme, Ina Seidel refoula ses convictions religieuses et alla jusqu'à oublier parfois ses principes moraux pour chanter la gloire de Hitler. Cette attitude équivoque est peut-être à l'origine de son dernier roman, *Michalea* (1959), où elle tente de comprendre comment les Allemands ont pu se laisser abuser par le nazisme. Elle est également l'auteur de critiques littéraires consacrées surtout aux romantiques. Prix de la ville de Vienne, membre de l'Académie de Prusse depuis 1932 et de Bavière en 1948, Ina Seidel vécut longtemps à Berlin avant de s'installer définitivement à Starnberg, en Bavière, à partir de 1934.

SEIFOULLINA Lidia Nicolaievna. Romancière soviétique d'origine tatare (1889 - Moscou, 1954). Issue d'une famille de paysans, maîtresse d'école douée d'une culture supérieure à la moyenne, elle s'engagea très tôt dans la lutte révolutionnaire; comme Anna Karavaïeva*, elle incarne l'auteur type des années 20. Son nom mérite de rester dans l'histoire de la littérature soviétique pour ses récits réunis sous le titre de *Hors la loi* (1923) où elle met en scène des enfants abandonnés pendant les années de la guerre civile (le récit intitulé *Les Transgresseurs de la loi* est notamment un chef-d'œuvre du genre) et pour un petit roman, *Virineïa* (1924), son œuvre la plus populaire. Elle y peint avec réalisme et humanité la vie des paysans libérés du servage, brossant un portrait typique de la femme émancipée de la révolution parallèlement à celui de la femme pour laquelle la maternité est symbole d'humanité.

SEI SHŌNAGON. Femme de lettres japonaise (v. 965-1020 env.). Elle était la fille de Kiyowara-no Motosuke (908-990), grand poète de ce temps. Si l'on en croit le *Nyobo sakushburui*, ouvrage consacré aux femmes de lettres, elle lisait couramment à sept ans, et à vingt ans elle était considérée comme poétesse. Elle entra en 991 au service de l'impératrice Fujiwara Sadako, première épouse de l'empereur Ichigô (887-1010). Lorsque Sadako mourut en couches en l'an 1000, Sei resta sans doute à la cour car Murasaki Shibiku en parle dans son journal quand il donne des jugements sur les dames du palais. Le reste de sa vie ne nous est pas connu. Plusieurs versions se contredisent : certains affirment qu'elle se maria plusieurs fois, pour d'autres elle entra dans un couvent bouddhiste et fut enterrée dans le temple de Kimpira. Une autre tradition veut qu'elle ait fini ses jours pauvre et abandonnée dans la banlieue de Kyoto. En revanche sa personnalité nous est révélée dans son ouvrage le

Makura-no-Sōshi (*Notes de chevet*), sorte de journal intime composé de 157 chapitres, dépourvu de toute chronologie, sans intention de publication, donc complètement sincère, qui constitue un document psychologique unique. Sei, au fil du pinceau (zuihitsu), note ses impressions :

> Le parfum du passé est quelque chose de beaucoup plus délicieux et subtil que le parfum du présent

ou bien, elle nous livre des sensations imprévues :

> À chaque tour de roue, la voiture froisse des herbes qui sentent bon. La senteur des tiges se répand dans l'air et nous environne quelques instants, puis s'évapore.

Mots d'esprit, poèmes, soupirs, gestes gracieux de jeunes gens, nuances de vêtements et paysages se succèdent. Originale, orgueilleuse et sarcastique, Sei n'hésite pas à écraser de sa supériorité intellectuelle les autres lettrés de la cour. Avec Murasaki Shikibu, elle est le plus grand écrivain de la littérature japonaise du XIe siècle. L'unique traduction intégrale du *Makura-no-Sōshi* est celle d'André Beaujard, *Notes de chevet de Sei Shōnagon* (1934) accompagnée d'un commentaire, *Sei Shōnagon, son temps, ses œuvres.*

RÉF. : A. Beaujard, *Une femme de lettres de l'ancien temps* (thèse), Paris, 1934.

SELINKO Anne-Marie. Romancière danoise (née à Vienne en 1914). Elle naquit et fit ses études à Vienne mais devient danoise par son mariage avec le diplomate E. Khristiansen. Si deux romans ironiques et intelligents, *J'étais une fille laide* (1937) et *Aujourd'hui, mon homme se marie* (1940), la firent connaître dans l'entre-deux-guerres, c'est à *Désirée* (1951) qu'elle doit sa renommée. Traduit en quatorze langues, ce roman retrace le destin de Désirée Clary*, qui fut l'amour de jeunesse de Napoléon.

SELVA Blanche. Pianiste et pédagogue. Française (Brive-la-Gaillarde, 29 janvier 1884 - Saint-Amand-Tallende, 3 décembre 1942). Contrairement à la plupart des grands pianistes de son temps, Blanche Selva ne fit que de courtes études au Conservatoire de Paris mais, particulièrement douée, elle se fit remarquer par Vincent d'Indy qui la conseilla et la suivit toute sa vie. Son répertoire était aussi varié qu'étendu : Bach, dont elle donna à vingt ans tout l'œuvre au clavier, Beethoven, César Franck, Vincent d'Indy, Albéniz qui lui dédia son *Iberia*. Excellente pédagogue, Blanche Selva doit également sa renommée aux cours de piano et d'interprétation qu'elle donna à la Schola cantorum, à Paris, où elle enseigna pendant une vingtaine d'années, puis aux conservatoires de Strasbourg et de Prague et à l'École normale de musique de Paris. Elle a laissé quelques ouvrages : *La Sonate* (1913) et le plus important d'entre eux, *Enseignement de la technique musicale du piano* (1922) qui fait encore autorité aujourd'hui.

SEMENOVA Iekaterina. Actrice russe (1786-1849). Elle était fille de paysans et parvint à entrer dans un théâtre de Saint-Pétersbourg où elle suivit les cours du dramaturge I. Dmitrevskij. Elle fit partie du Théâtre impérial à partir de 1805, remporta un grand succès dans le rôle de Moina (*Fingal*, Ozerov) et fut la principale rivale de Mlle George* dans les années où celle-ci triomphait en Russie. Elle se distinguait par la noblesse de ses mouvements, la pureté de sa voix et l'authenticité de ses interprétations. Elle incarna Phèdre (*Phèdre*, Racine). Son succès commença à décliner avec l'apparition du répertoire romantique. Elle quitta la scène en 1820, y revint en 1822 avant d'abandonner définitivement en 1826, l'année de son mariage avec le prince J. A. Gagarin. D'après Pouchkine, qui lui dédia quelques poèmes, elle n'avait pas d'égale en Russie.

SEMENOVA Marina Timofeyevna. Danseuse soviétique (née à Saint-Pétersbourg, le 12 juin 1908). Élève d'Agrippina Vaganova*, exceptionnellement douée, elle apparut dès 1923 au Gatob (futur Kirov) et y fut engagée comme première danseuse en 1926. Elle se produisit dans *Le Lac des cygnes* (Ivanov et M. Petipa), *La Belle au bois dormant* (Ivanov et M. Petipa), *La Bayadère* (Ivanov et M. Petipa), *La Fille du pharaon* (Aspizia). Un peu corpulente, mais avec une figure ravissante et des jambes très fines, elle était admirée pour ses pirouettes. Elle fut première danseuse au Bolchoï de 1930 à 1952 et fut considérée pendant toute sa carrière comme la plus brillante danseuse de son pays. Sa prestation à l'Opéra de Paris en 1935 dans le rôle de Giselle (*Giselle*, Gautier et Coralli), avec Serge Lifar, fit sensation par le réalisme de son style. Elle entreprit de longues tournées en Russie et remporta ses principaux succès dans *Le Prisonnier du Caucase* (Poline, 1938), *Taras Boulba* (Pannochka, 1941), *Cendrillon* (Zakharov, 1948). Elle fut maîtresse de ballet au Bolchoï à partir de 1952. Artiste du peuple depuis 1951, elle est mariée au danseur et chorégraphe Victor Semenov.

SEMPRONIA. Romaine (IIe siècle avant J.-C.). Fille de Tiberius Sempronius Gracchus et de Cornélie (fille de Publius Scipion dit « l'Africain »), elle avait épousé le consul Decimus Julius Brutus dont elle eut un fils, Brutus Albinus, qui fut l'un des meurtriers de César, mais qui fut assassiné lui-même sur l'ordre d'Antoine en 43 av. J.-C. Ambitieuse, cultivée, Sempronia, dont les mœurs étaient, selon les écrits de l'époque, des plus libres, prit une part active à la vie politique romaine. Elle fut associée à la fameuse conspiration de Lucius Catalina, que Salluste a décrite dans son ouvrage, *La Conjuration de Catalina.*

SENNETERRE Madeleine de (Madeleine de Saint-Nectaire, dite). Héroïne française (XVIe siècle). Surnommée par ses contemporains l'« héroïne du siècle », cette vaillante huguenote défit par deux fois les troupes du duc de Guise. Jeune et belle, elle était la veuve de Guy de Miremont. Avec l'aide de quelques gentilshommes, tous dévoués à sa cause, elle avait organisé une petite armée. En 1573, elle soutint avec succès le siège de son château dans le Limousin, infligeant de cruelles pertes aux guisards. Les soldats revinrent en force l'année suivante, conduits par le lieutenant Gilles de Montal. Ils l'attirèrent hors des murs à la poursuite d'une de leur compagnie, réussissant ainsi à investir la place. Dans le combat sans merci qu'elle engagea pour reprendre son bien, Madeleine de Senneterre blessa de sa main Gilles de Montal, qui mourut quelques jours après, s'assurant ainsi la déroute de l'ennemi. On raconte que, à la nouvelle de ce haut fait, Henri IV s'écria : « Ventre saint-gris ! Si je n'étais roi, je voudrais être Madeleine de Senneterre ! »

SERAO Matilda. Romancière et journaliste italienne (Patras, Grèce, 1856 - Naples, 1927). De père napolitain et de mère grecque, elle fit ses études à Naples et entra à l'École normale. Employée des télégraphes pendant trois ans — elle a décrit cette expérience dans son roman *Le Télégraphe d'État* (1885) —, elle commença sa carrière littéraire avec des nouvelles et des croquis parus dans les journaux, dont *Simple Vérité* (1879). Ses premiers livres, *Opale* (1878), *En vérité* (1879), *Légendes napolitaines* (1881), *Cœur blessé* (1881) lui valurent des critiques élogieuses qui l'incitèrent à s'installer à Rome en 1882. Là, elle collabora à de nombreuses revues et épousa en 1884 Eduardo Scarfoglio. Avec lui, elle fonda *Il Corriere di Roma* dont l'existence fut brève, *Il Corriere di Napoli* et la revue *Il Mattino* dont elle fut codirectrice. Séparée de son mari, elle fonda et dirigea seule *Il Giorno*. Elle laisse une œuvre abondante d'une quarantaine de volumes. Ses meilleurs romans furent publiés entre 1885 et 1900: *Au pays de cocagne*, *Fleur de passion*, *La Ballerine*, *La Vertu de Checchina*, *Le Roman de la petite fille*, *Le Ventre de Naples*, *Les Cheveux de Samson*, *Adieu, amour, petites âmes*, La Conquête de Rome, tous situés dans l'ambiance de la petite bourgeoisie romaine ou napolitaine. Matilda Serao est également l'auteur d'une biographie religieuse dédiée à Paul Bourget, *Sœur Jeanne de la Croix* (1901). Ses derniers romans sont médiocres:

> Ce qui restera chez elle, ce sont les pages où elle s'inspire de l'angoisse des humbles et fait revivre avec passion les aspects multiples et changeants de la vie napolitaine.
>
> (B. Croce)

RÉF.: A. Consiglio, *Le più belle pagine di Matilda Serao*, Milan, 1934.

SÉRAPHINE ou **SÉRAPHINE DE SENLIS** (Séraphine Louis, dite). Peintre. Française (Arsy, Oise, 2 septembre 1864 - Clermont-de-l'Oise, 11 décembre 1942). Autodidacte, elle ne connut ni maître ni disciples, peignant pour elle seule, vivant presque recluse. On sait peu de chose sur sa vie, sinon que dans son enfance elle gardait les vaches, et qu'elle fit des ménages pour gagner sa vie. Avant la guerre de 1914, elle fut découverte par le critique et collectionneur allemand Wilhelm Uhde qui l'employait. Émerveillé par l'originalité et la qualité de ses toiles — principalement des natures mortes et des fleurs — Uhde l'encouragea, mais c'est seulement bien après la guerre, en 1930, qu'il put la lancer sur le marché de l'art. Grâce aux expositions qu'il organisa pour elle, Séraphine connut le succès à soixante ans passé. Sa peinture, que l'on pourrait qualifier de «naïve», se situe bien au-delà de cette appellation. Son lyrisme et l'ampleur de son imagination nous font pénétrer dans un monde irréel. Flore et Pomone se transforment sous son pinceau en d'étranges formes aux couleurs éclatantes, où se mêlent flammes et plumes, où des coquillages servent de feuilles, l'ensemble traité avec vigueur. Elle sombra dans la folie en 1934 et finit ses jours à l'hôpital psychiatrique de Clermont. Son œuvre est représentée dans de nombreuses collections, principalement au musée d'Art moderne de Paris et au musée d'Art moderne de New York.

SERGINE Véra (Marie Roche, dite). Actrice française (Paris, 18 août 1884 - Cagnes-sur-Mer, 22 août 1946). Jeune fille, elle charmait le salon de ses parents en déclamant des vers, et elle obtint l'autorisation de s'inscrire au Conservatoire. Un premier prix de tragédie en 1904 lui ouvrit les portes de l'Odéon. En 1907, alors qu'elle était encore peu connue, elle partit en tournée en Amérique du Sud avec Jean Coquelin. Elle obtint son premier grand succès dès son retour la même année dans *Le Grand Soir* (Kampf). Elle incarna ensuite la Fille malade des fièvres (*Le Martyre de saint Sébastien*, D'Annunzio) en 1911 au théâtre du Châtelet et joua dans des pièces aussi variées que *Hélène de Sparte* (Verhaeren), *Bel Ami* (Nozière, d'après le roman de Maupassant), *L'Aiglon* (Rostand), *Marie Tudor* (Hugo) et *Marion Delorme** (Hugo). Après la guerre, elle fit des tournées en Italie et en Amérique du Sud. Elle était célèbre pour l'aspect passionné et parfois fébrile de son jeu, et sa présence scénique exerçait un véritable ascendant sur le public. Elle a campé une Phèdre extraordinaire (*Phèdre*, Racine) et a brillé dans le répertoire de Henry Bataille (*L'Enfant de l'amour*, *Le Scandale*), comme dans celui de Henry Bernstein (*Samson*, *Le Secret*). Après une grave maladie, elle fit sa rentrée au théâtre en 1936 dans le rôle de Mme Letizia (*Napoléon unique*, Raynal), qui fut sa dernière pièce, une longue période de repos puis la guerre ayant interrompu sa carrière. Véra Serguine a épousé en premières noces l'acteur Pierre Renoir (le fils du peintre et le frère du cinéaste) dont elle eut un fils en 1913, l'opérateur de cinéma Claude Renoir, et en secondes noces l'acteur Henri Rollan.

SERREAU Coline. Cinéaste française (née en 1948). Née dans un milieu littéraire et théâtral, elle s'adonna à plusieurs disciplines: l'orgue au Conservatoire de Paris, le trapèze chez Annie Fratellini*, le café-théâtre avec Romain Bouteille et Coluche. Actrice à la télévision et au théâtre, où elle débuta en 1970, elle a interprété aussi bien Shakespeare que Brecht ou des auteurs contemporains. Elle a été scénariste et actrice dans *On s'est trompé d'histoire d'amour* (Bertucelli, 1974) et a réalisé *Pourquoi pas?* (1977), *Qu'est-ce qu'on attend pour être heureux?* (1981). Elle devint surtout célèbre pour *Trois Hommes et un couffin* (1985), comédie alerte à petit budget, qui remporta un tel succès qu'un remake hollywoodien lui a été consacré. Par la suite, elle a tourné *Romuald et Juliette* (1989).

SERT Misia, née Marie Godebska (Saint-Pétersbourg, 1875 - Paris, 1949). Orpheline à sa naissance, elle épousa à quinze ans un parent de sa belle-mère, Thadée Natanson, qu'elle suivit à Paris. Du début du siècle à la Seconde Guerre mondiale, elle vécut le tourbillon de la vie mondaine et culturelle de la capitale. Marcel Proust, qui ne l'aimait guère, s'en inspira pour créer le personnage de Mme Verdurin. Dans sa jeunesse, Misia fut l'ornement du salon de la *Revue blanche* (1891-1903), fondée par les frères Natanson. Élégante et vaporeuse, elle était l'amie des peintres Renoir, Lautrec, Vuillard, Bonnard, Marie Laurencin* qui firent son portrait. Elle ne laissa pas indifférents les poètes: Verlaine écrivit une poésie pour elle, Mallarmé lui dédia des quatrains à son nom de jeune fille. Liszt, puis Fauré et Stravinski appréciaient ses dons musicaux. C'est elle qui protégea Serge de Diaghilev et qui fit connaître les Ballets russes dans les cercles parisiens.

En 1902, elle s'était remariée au riche Alfred Edwards, directeur du *Matin*, qui devait la quitter pour une comédienne. Elle épousa pour finir le peintre espagnol José-María Sert y Badia (1920), pour lequel elle eut une passion qui survécut longtemps après qu'il l'eut abandonnée. Dans les années 20, Misia Sert avait pour amis Coco Chanel* et Jean Cocteau. Celui-ci en parlait comme d'une « femme pour impressionnistes », sans « construction de pensée », tandis qu'elle le jugeait « en lutte avec lui-même ». Mais de leurs conversations naquit *Thomas l'Imposteur* que Cocteau fit publier en 1922. Dans son appartement tout en haut de l'hôtel Meurice, où elle collectionnait les papillons bleus, elle reçut Valéry comme Picasso. Selon Marie Laurencin, elle s'ennuyait, « par satiété ». Elle termina ses jours dans la solitude et la drogue, et mourut presque aveugle. Ses souvenirs posthumes, *Misia* (1952) sont à consulter avec prudence.

RÉF.: A. Gold et R. Fizdale, *Misia*, Gallimard, 1984.

SEURRE Marie. Sculpteur. Française (1798-1858). Auteur de nombreuses sculptures de facture très classique, Marie Seurre doit sa renommée à sa statue de *Napoléon en redingote* (1833), qui ornait le sommet de la colonne Vendôme à Paris et qui se trouve aujourd'hui dans la cour de l'hôtel des Invalides.

SÉVERINE (Caroline Rémy, dite). Journaliste française (Paris, 27 avril 1855 - Pierrefonds, 23 avril 1929). Issue d'un milieu austère et bourgeois où elle s'ennuyait, elle se maria à dix-sept ans avec un certain Guebhard et s'enfuit au lendemain de ses noces avec un jeune savant suisse. À vingt-cinq ans elle rencontra Jules Vallès, devint sa secrétaire et son disciple, collaborant à ses romans autobiographiques, *Le Bachelier* et *L'Insurgé*. Elle travailla avec lui au *Réveil*. À la mort de Vallès en 1885, elle poursuivit la tâche entreprise, tout en maintenant et dirigeant, de 1886 à 1888, *Le Cri du peuple* qu'il avait fondé. Elle signa des chroniques libertaires dans *Le Gaulois*, *Gil Blas*, *L'Éclair* sous le pseudonyme d'Arthur Vingtras. Les journaux de droite et de gauche s'arrachèrent ses articles, respectant l'indépendance de ses opinions. Elle combattit en faveur du boulangisme, collabora à *La Libre Parole* antisémite de Drumont, prit parti contre Alfred Dreyfus puis lutta pour sa défense et pour la révision du procès. Qu'il s'agisse de revendiquer les droits des femmes à l'avortement, de défendre contre l'opinion générale Ibsen, Wagner ou Courteline, de prendre position contre Sadi Carnot ou en faveur de Sacco et Vanzetti, Séverine se battit à sa manière, avec lucidité et sincérité. Elle n'obéissait qu'à l'amour de la justice et haïssait l'oppression, d'où qu'elle vienne. Elle adhéra au socialisme, puis au communisme dont elle s'écarta en 1922; elle était restée l'anarchiste impétueuse que l'on retrouve dans ses souvenirs d'enfance, *Line* (1855-1867) ou dans *Pages rouges* (1893) et *Notes d'une frondeuse* (1894).

SÉVIGNÉ Marie, née de Rabutin-Chantal, marquise **de**. Femme de lettres française (Paris, 1626 - Grignan, 1696). Fille de Celse Bénigne de Rabutin, baron de Chantal, et de Marie de Coulanges, elle comptait parmi ses aïeux maternels des noms célèbres dans la magistrature et, du côté paternel, Jeanne*-Françoise Frémyot de Chantal, fondatrice de l'ordre de la Visitation Sainte-Marie. À dix-huit mois, elle perdit son père qui succomba en combattant contre les Anglais à l'île de Ré, puis sa mère, à sept ans. Elle passa alors sous la tutelle de son oncle Philippe de Coulanges qu'elle appelait «le bien bon». Il lui fit donner une excellente éducation; Ménage et Chapelain furent du nombre de ses maîtres, puis la cour et la société achevèrent la culture de son esprit. Jeune fille, Marie se distinguait par la beauté de son teint, ses yeux bleus et ses magnifiques cheveux blonds qui séduisirent le marquis Henri de Sévigné, d'une ancienne maison de Bretagne. Leur union fut célébrée en 1644, union de courte durée et mariage malheureux. Époux volage et sans scrupules, le marquis — baron, en réalité, son titre était de courtoisie — dilapida une grande partie de la fortune de sa femme. Il fut tué en duel en 1651 par le chevalier d'Albret, laissant son épouse veuve avec deux enfants, Françoise, la future comtesse de Grignan, et Charles. La marquise de Sévigné se retira pendant la durée de son deuil au château des Rochers où, dit-on, elle pleura son époux, mais ne songea plus qu'à l'éducation de ses enfants. Les conseils de son oncle Philippe de Coulanges lui permirent de réparer le désordre de sa fortune et elle reparut à la cour où son retour fut salué par ces vers:

> *Sévigné, jeune, veuve et belle*
> *Comme une chaste tourterelle*
> *Ayant d'un cœur triste et marri*
> *Lamenté Monsieur son mari*
> *Est de retour de la campagne.*

Très courtisée, elle eut parmi ses nombreux soupirants son cousin Bussy-Rabutin, qui crut pouvoir conquérir cette spirituelle et jolie veuve de vingt-six ans. Mais la marquise repoussa ses avances, et il lui en conserva une rancune tenace. Blessé une seconde fois lorsqu'elle refusa de lui prêter de l'argent, Bussy-Rabutin se vengea en faisant circuler un pamphlet calomnieux pour la jeune femme. Cependant elle lui pardonna, ce qui étonna ses proches. Madame de Sévigné occupa à Paris le bel hôtel Carnavalet où elle vécut, partagée entre le château des Rochers, Livry et Vichy où elle fit quelques séjours pour prendre les eaux et dont elle dit dans une de ses lettres «j'ai enfin achevé ma douche et ma suerie. Je crois qu'en huit jours, il est sorti de mon pauvre corps plus de vingt pintes d'eau». Son fils Charles, qui adorait sa «Maman mignonne» et dont elle fut longtemps la confidente, fut pourvu d'un emploi à l'armée. Sa fille Françoise, «la plus belle fille de France», dont la présentation à la cour en 1663 fit sensation, épousa en 1669 le comte de Grignan, nommé lieutenant général de Provence, où elle le rejoignit. Cette séparation fut des plus cruelles pour la marquise qui ne s'en consola jamais. Ce fut le début d'une longue correspondance qui devait durer plus de vingt-cinq ans. Elle nous valut ces admirables *Lettres*, uniques en leur genre:

> Je vous donne, *écrit-elle à sa fille,* le dessus de tous mes paniers, c'est-à-dire la fleur de mon esprit, de ma tête, de mes yeux, de ma plume, de mon écritoire

ou bien

> Je me divertis autant à causer avec vous que je laboure avec les autres

et

> Je vous aime trop ma chère belle, pour être contente ici sans vous.

Puis vient cette déclaration:

> Que Dieu me fasse la grâce de l'aimer un jour comme je vous aime.

Et encore dans la célèbre lettre, le passage «J'ai mal à vos poitrines». C'est la grande passion, et la marquise pourrait passer pour une mère abusive lorsqu'elle se plaint:

> Je n'ai reçu qu'une lettre de vous, j'en suis un peu fâchée, j'en avais deux ordinairement.

Plus loin, elle ajoute :

> Je suis d'une grande tristesse de n'avoir point de vos nouvelles.

Mais elle n'aurait jamais connu cette extraordinaire popularité si elle n'avait été qu'une mère éplorée. Ce qui ajoute un grand prix à ses lettres, c'est une foule de traits peignant la cour de Louis XIV. Tous les hauts personnages, les anecdotes les plus piquantes, les plus petits potins, défilent sous sa plume alerte, présentés avec une extrême finesse, avec humour, mais rarement avec une réelle méchanceté. Elle use d'un style moderne, cultivant avec bonheur tous les genres, la maxime, le sermon, l'épigramme. Les descriptions de la nature, les passages lyriques que lui inspire son château des Rochers, n'ont pas d'équivalent à leur époque. Cette admirable imagination littéraire lui valut la renommée dont elle jouit encore de nos jours. Et l'on pourrait dire avec le comte de La Rivière:

> Quand on a lu une lettre de Madame de Sévigné, on sent quelque peine, parce qu'on en a une de moins à lire.

La marquise de Sévigné mourut au château de Grignan de la petite vérole, à l'âge de soixante-dix ans. Elle a laissé une abondante correspondance avec son fils Charles de Sévigné, Bussy-Rabutin, les Coulanges, Mme de La Fayette* et le marquis Arnaud de Pomponne.

RÉF.: R. Duchêne, *Madame de Sévigné, ou la Chance d'être femme*, Fayard, 1982. F. Mossiker, *L'Amour d'une mère, Madame de Sévigné et son temps*, Julliard, 1984.

SEYMOUR Catherine, née Grey, comtesse de Hertford. Anglaise (1538 - Cockfield Hall, 1568). Elle était la fille de Henry Grey, duc de Suffolk, donc la sœur de Jane Grey*. Elle épousa en 1553 Henry Herbert, plus tard deuxième duc de Pembroke. Le mariage ne fut probablement pas consommé et, après l'exécution de Jane Grey en 1554, Pembroke préféra divorcer. Catherine Grey eut ensuite une liaison avec Edward Seymour, comte de Hertford, qu'elle épousa secrètement en 1560, sans avoir eu l'autorisation de la reine Élisabeth Ire*, formalité indispensable depuis l'ordonnance de 1536 interdisant le mariage de toute personne de sang royal sans consentement du souverain. Dès qu'elle l'apprit, la reine fit incarcérer Catherine Seymour à la Tour de Londres où elle mit au monde un fils, Edward, futur lord Beauchamp. Le mariage fut annulé par une commission, et les époux maintenus en prison. Catherine Seymour eut un deuxième fils en 1563, malgré l'interdiction qui lui avait été faite de rencontrer son mari. Tous deux furent relâchés peu après puis emprisonnés à nouveau en 1564, après que l'écrivain John Hales eut écrit un pamphlet dans lequel il maintenait la validité du mariage et soutenait qu'en cas de disparition d'Élisabeth les Suffolk pouvaient prétendre au trône. Elle mourut à Cockfield Hall, maison de campagne du gouverneur de la Tour de Londres, où elle faisait un séjour pour raisons de santé.

SEYMOUR Lynn, née Sprinbett. Danseuse canadienne (née à Wainwright, Alberta, le 8 mars 1939). Formée à l'école de ballet du Sadler's Wells, elle fut engagée à Covent Garden en 1956. Soliste du Royal Ballet en 1958, elle en devint l'étoile l'année d'après. Elle suivit MacMillan à l'Opéra de Berlin où elle fut nommée première danseuse de 1966 à 1969, puis elle revint au Royal Ballet. Artiste-invitée dans de nombreuses compagnies comme le London Festival Ballet, le Ballet national canadien, l'American Dance Theatre, le London Contemporary Dance Theatre, l'American Ballet Theatre, elle est une virtuose sensible et émouvante. Elle a créé les ballets des plus célèbres chorégraphes. Citons pour MacMillan : *The Burrow* (1958), *Concerto* (1966), *Anastasia* (1967), *Olympiade* (1968) et à Berlin sa version de *La Belle au bois dormant* (1967) et du *Lac des cygnes* (1969) ; pour Frederick Ashton, *Les Deux Pigeons* (1961), *Brahms Walzers* (1975) et *A Months in the Country* (1975) ; pour Roland petit, *Kraanerg* (1969) et pour Alvin Ailey *Flowers* (1971). Sa première chorégraphie fut composée pour le Royal Ballet Choregraphic Group suivie de *Gladly*, *Sadly*, *Badly*, *Madly* pour le London Contemporary Dance Theatre. Depuis 1978, elle est directrice artistique du ballet de l'Opéra de Munich.

SEYRIG Delphine. Actrice française (Beyrouth, Liban, 1932 - Paris, 1990). Fille de Henri Seyrig, directeur de l'Institut archéologique de Beyrouth et membre de l'Institut, sœur du musicien Francis Seyrig, elle suivit des cours d'art dramatique en France puis à l'Actor's Studio de New York. Elle épousa en 1950 le peintre Jack Youn-German. Au théâtre, elle a joué dans de nombreuses pièces, dont *Un mois à la campagne* (1964), *Cet étrange animal* (1964), *L'Amant* (1965-1966), *Le Jardin des délices* (1969), *La Chevauchée sur le lac de Constance* (1973). Elle remporta autant de succès au cinéma où elle a donné sa pleine mesure et révélé une personnalité énigmatique. La renommée lui vint avec *L'Année dernière à Marienbad* (Resnais, 1961) et *Muriel* (Resnais, 1963), ce qui lui permit de travailler ensuite avec d'autres grands metteurs en scène: *La Musica* (Duras*, 1966), *Baisers volés* (Truffaut, 1968), *La Voie lactée* (Buñuel, 1969), *Les Lèvres rouges* (Kumel, 1970), dans le rôle de la comtesse Bathóry*, *Peau d'âne* (Demy, 1971), *Maison de poupée* (Losey, 1973), *Jeanne Dielman* (Ackerman, 1986). Elle a réalisé en vidéo et produit *Sois belle et tais-toi* sur la condition des actrices et des mannequins. Féministe convaincue, Delphine Seyrig était membre du MLF. Sa voix traînante, la lenteur et la noblesse de ses gestes, l'intériorité de son jeu, ont assuré sa célébrité.

SFORZA Catherine. Italienne (Milanais, 1463 - Florence, 1509). Arrière-petite-fille du condottiere qui fonda cette puissante famille, fille naturelle de Galeazzo Maria, duc de Milan, elle reçut l'éducation brillante des princesses de la Renaissance. Mariée en 1477 à Girolamo Riaro, neveu de Sixte IV, elle eut en dot la seigneurie d'Imola et, en 1480, Forli que le pape avait enlevée aux Ordelaffi. Après la conjuration des Pazzi, montée par Riaro, la colère du peuple et des grandes familles romaines poursuivit le couple. Privés de tout soutien, après la mort de Sixte IV en 1484, ils vécurent dans la citadelle de Forli jusqu'à l'assassinat de Riaro en avril 1488. Catherine et ses six enfants furent jetés dans les prisons de San Pietro, mais elle parvint à en fuir et à se réfugier à Forli. Lorsqu'on lui apprit que ses enfants allaient être tués, elle répondit en se frappant le ventre: « J'en ferai d'autres. » Au bout de quinze jours de siège, les secours arrivèrent de Milan. Impitoyable, la belle et courageuse Catherine put enfin se venger.

L'année suivante, elle épousa par amour Giacomo Feo, frère du commandant de Forli à qui elle donna un fils; mais Feo, élevé au grade de commandant des troupes, fut assassiné en 1490. Les représailles de Catherine furent si atroces qu'Alexandre Borgia, pour l'amadouer, demanda pour sa nièce Lucrèce Borgia* la main de son fils aîné: elle lui fut refusée, et les Borgia ne lui pardonnèrent jamais cette offense. Vers 1496, elle épousa Jean de Médicis, petit-cousin de Laurent le Magnifique, son cadet de cinq ans. Deux ans plus tard, elle lui donna un fils Jean, mais eut le chagrin de voir mourir son mari cinq mois plus tard. Une coalition entre Venise, Rome et la France se forma contre elle et elle fut obligée, une fois de plus, de résister dans Forli assiégée. Réfugiée dans un donjon, elle fut prise par traîtrise le 8 janvier 1500 et enfermée par César Borgia au château Saint-Ange. Sauvée par Louis XII qui exigea sa libération le 13 juillet 1501 mais privée de ses États, elle se réfugia à Florence et mourut à l'âge de quarante-sept ans, usée par les épreuves qu'elle avait traversées. « Si j'écrivais mes mémoires, confia-t-elle à son confesseur, le monde serait frappé de stupeur. »

SHAGINIAN Marietta Sergeïevna. Femme de lettres soviétique d'origine arménienne (Moscou, 1888 - *id.*, 1982). Appartenant à l'intelligentsia russe d'avant la révolution, elle céda aux enthousiasmes du romantisme décadent avec deux recueils de poésies: *Premières Rencontres* (1909-1910) et *Orientalia* (1912) ainsi que trois volumes de récits dont le ton est donné par le titre du dernier d'entre eux, *Récits étranges* (1914-1916). Elle procéda ensuite, pendant la guerre, à un examen de conscience avec son premier roman, *Mon destin* (1923). Elle y décrit la vie dans un asile pour malades mentaux et fait, de façon plus ou moins voilé, la critique de l'individualisme mesquin de l'intelligentsia de l'époque, incapable de concilier les paroles et l'action. Les œuvres suivantes sont différentes quant à la forme; *Voyage à Weimar* (1923) est consacré à Goethe, et le *Journal littéraire* (1924) retrace les étapes de sa conversion en vue de concilier paroles et action.

Ayant appris l'art du tissage, elle organisa la première école textile dans la région du Don et publia une série de *Récits sur les ouvriers du textile*. Elle tenta aussi de décrire la guerre civile dans deux romans: *Changement* (1923) et *Aventures d'une dame de la bonne société* où elle brosse des tableaux très réussis des différentes couches de la société russe du Sud et des nombreux types d'intellectuels face à la révolution. Plus tard, elle écrivit des aventures policières de moindre valeur ainsi qu'un « roman-complexe » comme elle le définit elle-même, *Kik*, où il est question d'un commissaire communiste tombé en disgrâce. Mais son nom reste surtout lié à un grand roman, *La Centrale hydraulique* (1931), dont l'action se déroule en Arménie et qui atteste sa totale adhésion aux directives officielles « de développement de la réalité soviétique ». Avec cette œuvre, Marietta Shaginian dit définitivement adieu à l'impulsion poétique d'*Orientalia* (réédité au moins sept fois entre 1912 et 1922) qui fit d'elle un poète de premier plan dans cette époque de transition.

SHAVER Dorothy. Femme d'affaires américaine d'origine irlandaise (Arkansas, 1897 - New York, 1959). Elle débuta comme modeste employée dans les grands magasins Lord and Taylor où son sens de l'organisation et des affaires la fit rapidement remarquer par ses chefs. Elle gravit tous les échelons successivement jusqu'à la direction de l'entreprise. Vice-présidente en 1937, elle fut élue présidente en 1945. Sous son impulsion les célèbres magasins Lord and Taylor prirent une extension considérable, essaimèrent dans de nombreux pays où de nouvelles succursales furent ouvertes. Lord and Taylor reste attaché à plusieurs prix récompensant les meilleurs créations aussi bien dans la mode que dans d'autres activités.

SHEARER Moira. Danseuse anglaise (née à Dunfermline, le 17 janvier 1926). Formée dès l'âge de dix ans par Flora Fairbairn et Nicolas Legat, puis à l'école du Sadler's Wells Ballet, elle débuta au Ballet international en 1941 où elle fut aussitôt remarquée. Engagée au Sadler's Wells Ballet en 1942, elle devint étoile en 1944 et s'imposa à Covent Garden en 1944 où elle interpréta avec beaucoup de grâce les rôles d'Aurore (*La Belle au bois dormant*, M. Petipa), d'Esmeralda (*Esmeralda*, Perrot) et d'Odette (*Le Lac des cygnes*, M. Petipa). Avec Margot Fonteyn*, elle est la plus célèbre des danseuses anglaises. Rousse aux traits fins, ravissante et fragile, elle a conquis le public davantage par le charme de sa danse que par ses qualités proprement techniques. Romantique à souhait en Giselle (*Giselle*, Gautier et Coralli), elle créa de nombreux rôles dans *La Quête* (Ashton, 1943), *Promenade* (De Valois*, 1943), *Miracle in the Gorbals* (Helpmann, 1944), *Symphonic Variations* (Ashton, 1946), *Clock Symphony* (Massine, 1950). Elle fut invitée comme étoile au Ballet de Paris en 1950 puis, un an plus tard, au Sadler's Wells Ballet, qu'elle abandonna définitivement en 1953. Elle obtint de grands succès au cinéma grâce à des numéros de danse: *Les Chaussons rouges* (Powell, chorégraphie de Helpmann, 1948), *Les Contes d'Hoffmann* (Powell, chorégraphie d'Ashton, 1951), *The Man Who Loved Readheads* (French, 1955), où elle dansait un extrait de *La Belle au bois dormant*, *The Story of Three Loves* (Minelli et Reinhardt, 1957), *Un, deux, trois, quatre* (Young, 1960) dans le rôle de Roxane (*Cyrano de Bergerac*, chorégraphie de Petit). Elle est mariée à l'auteur Ludovic Kennedy.

SHEARER Norma. Actrice américaine (Montréal, 10 août 1900 - Los Angeles, 12 juin 1983). D'origine canadienne, elle tenta sa chance, sans succès, dans la troupe de Florenz Ziegfeld, puis débuta à Hollywood dans *À travers l'orage* (Griffith, 1920). En 1923, Irving Thalberg lui fit signer un contrat avec la MGM, la façonna en femme sophistiquée et l'épousa en 1927. Elle fut l'une des principales stars du cinéma américain jusqu'à la guerre. Citons parmi ses principaux films *Le Procès de Mary Dugan* (Veiller, 1929), *La Divorcée* (Leonard, 1930), *Roméo et Juliette* (Cukor, 1936), *Marie-Antoinette** (Van Dyke, 1938). Devenue veuve en 1936, elle tourna encore quelques films jusqu'en 1942, date à laquelle elle épousa un moniteur de ski.

SHEARER Sybil. Danseuse et chorégraphe américaine (née à Toronto en 1918). Elle fut soliste dans la troupe de Humphrey Weidman et travailla avec Agnès De Mille* avant de monter la Theatre Dance Compagny en 1938. Elle se produisit en récitals à New York, puis s'établit à Chicago d'où elle partit en tournée dans tous les États-Unis. Avec la collaboration de la décoratrice Helen Morrison, elle fonda la Sybil Shearer Company en 1959 : les spectacles annuels de son théâtre à Winnetka (Michigan) sont renommés. Le critique Walter Terry louait « son incroyable maîtrise du mouvement » et lui attribuait un style « étrangement épris des miracles de la vie ». Dans ses chorégraphies, les digressions virtuoses alternent en effet avec une immobilité comme émerveillée. Personnalité des plus importantes de l'école américaine, elle tient une place à part dans la *modern dance*, et a formé de nombreux danseurs.

SHELLEY Mary, née Godwin. Écrivain. Anglaise (Somers Town, 30 août 1797 - Londres, 1er février 1851). Fille naturelle du philosophe progressiste William Godwin et de Mary Wollstonecraft* qui mourut en lui donnant le jour et dont elle porta le nom jusqu'à son mariage, elle passa sa jeunesse chez des amis de sa famille, son père ne s'occupant guère de son éducation. En 1814, elle s'éprit de Percy Bysshe Shelley qu'elle séduisit par sa beauté et son intelligence. Le poète l'épousa en 1816 après le suicide de sa première femme, Harriet Westbrook*. Ils eurent trois enfants, tous morts en bas âge. Très cultivée, elle était tenue en grande estime par les amis de son mari. Shelley et Byron l'incitèrent à écrire, et elle publia son premier roman, *Frankenstein, ou le Prométhée moderne* (1818), dont le succès fut considérable. Après la disparition de Shelley mort noyé en 1822, elle écrivit plusieurs romans : *Valperga* (1823), *Le Dernier Homme* (1826), roman d'anticipation qui décrit la fin de la race humaine, *Perkin Warbeck* (1830) et *Falkwer* (1837). Elle édita également les œuvres de son mari, *Posthumous Poems* (1824) et *Poetical Works* (1839) et publia des biographies de Pétrarque, Boccace et Machiavel. En 1835, elle fit paraître *Lodore*, une autobiographie, puis son *Journal* et sa *Correspondance* qui livrent un précieux témoignage sur Shelley.

RÉF. : C. Bernheim, *Mary Shelley*, la Manufacture, 1988. M. Spark, *Mary Shelley, la mère de Frankenstein*, Fayard, 1989.

SHORE Dinah (Frances Rose, dite). Présentatrice de télévision américaine (née dans le Tennessee en 1917). Formée à l'école du cabaret, elle débuta en 1938 à la radio new-yorkaise aux côtés de Frank Sinatra alors inconnu. Ravissante, les yeux noisette et les cheveux blond cendré, elle conquit l'Amérique grâce à la télévision et fut désignée la « femme de l'année la plus élégante ». Elle tourna quelques films comme *Thank You Lucky Star* (1943) et *Follow the Boys* (1944), mais elle doit surtout son immense popularité au Dinah Shore Show qu'elle inaugura en1956, émission suivie par des millions de télespectateurs inconditionnels. Elle a deux enfants, Melissa et John, et fut sacrée « mère de l'année », ce qui ne l'empêcha pas de divorcer en 1962.

SHORE Jane. Maîtresse d'Édouard IV d'Angleterre ([?] - Londres, 1527). Fille d'un riche négociant en tissus, elle épousa un artisan orfèvre du nom de William Shore. Ayant été remarquée par le roi Édouard IV, celui-ci n'hésita pas à l'enlever et à en faire sa maîtresse. Jane Shore joua un rôle assez effacé à la cour mais elle usa de son influence auprès du roi pour aider les déshérités et s'occuper d'œuvres charitables, ce qui lui valut l'estime de son entourage. Après la mort d'Édouard IV en 1483, elle devint la maîtresse de l'un de ses anciens admirateurs, le marquis de Dorset. Elle eut l'imprudence de fréquenter le trop fameux William Hastings qui fut accusé de sorcellerie et décapité. Elle n'échappa pas aux ennemis de ce dernier et fut poursuivie comme prostituée. Emprisonnée à Lugdale où elle resta de longues années, l'ancienne favorite fut rendue à la liberté et finit misérablement ses jours à Londres.

SID CARA Nafissa. Femme politique algérienne (née à Saint-Arnaud, Algérie, en 1910). Sœur de l'ancien ministre Sid Cara, elle milita activement en faveur des droits sociaux de la femme algérienne et fut à la tête du mouvement pour la suppression du voile des musulmanes. Élue député d'un quartier d'Alger en 1958, puis nommée en 1959 secrétaire d'État pour les Affaires sociales, son action politique a été considérable en Algérie.

SIDDONS Sarah, née Kemble. Actrice anglaise (Brecon, 1755 - Londres, 1831). Aînée des douze enfants de Roger et Sarah Kemble, comédiens ambulants, elle joua dès l'enfance et épousa à dix-huit ans un acteur de la compagnie, William Siddons, au talent médiocre. Tous deux se produisirent en province, lorsqu'un ami de David Garrick la vit et la fit inviter à Drury Lane où elle débuta en 1775 dans le rôle de Portia (*Le Marchand de Venise*, Shakespeare). Fatiguée par la naissance de son deuxième enfant — elle en eut sept —, gauche et timide, sa prestation fut un échec. Consciente de sa valeur, elle travailla pendant six ans à maîtriser son tempérament, sa force et sa passion. Elle joua en province, à York avec Tate Wilkinson, à Bath avec John Palmer. En 1782, Sheridan, alors directeur de Drury Lane, la rappela à Londres. Cette fois, elle triompha dans le rôle d'Isabelle (*Le Mariage fatal*, Southerne): on redonna la pièce huit fois. Sarah Siddons régna dès lors sur la scène anglaise pendant trente ans. Ainsi que l'a représentée le peintre Reynolds, elle est la « Muse tragique », « l'incarnation de la tragédie » selon Hazlitt. Elle interpréta Belvidera (*Venise sauvée*, d'Otway), Jane (*Jane Shore**, Rowe), Zara (*La Mariée en deuil*, Congreve), mais elle fut aussi la plus grande interprète shakespearienne.

Elle était belle, comme en témoignent les nombreux portraits d'elle par Harlowe, Reynolds, Lawrence et Gainsborough. Une alliance de force et de féminité, une voix résonante, la noblesse et la fluidité de ses gestes la faisaient adorer du public et de la critique. Amie du Dr Johnson et d'Horace Walpole, aucun scandale ne vint ternir sa vie publique ou privée, consacrée au travail. Elle ne fut guère aimée de ses partenaires car, consciente de sa valeur, elle manquait parfois d'humour. Elle partagea sa suprématie avec son frère, John Philipp Kemble, remarquable shakespearien lui aussi. Elle fit ses adieux au théâtre en 1812 dans le rôle de Lady Macbeth* (*Macbeth*, Shakespeare). On la revit encore sur la scène en 1819, lors d'une soirée donnée au bénéfice de son frère cadet Charles Kemble, acteur et directeur de théâtre malchanceux.

SIEMS Margarethe. Soprano allemande (Breslau, 30 décembre 1879 - Dresde, 13 avril 1952). Après des études de piano, de violon puis de chant avec Orgeni à Dresde et Battistini à Milan, elle débuta à Prague au festival de Mai, en 1902, dans le rôle de Marguerite de Valois (*Les Huguenots*, Meyerbeer) et chanta avec Caruso et Battistini. Engagée à l'Opéra de Prague, elle le quitta en 1908 pour l'Opéra de Dresde dont elle devint le soprano vedette; elle y créa le rôle de Chrysothémis (*Elektra*, R. Strauss) en 1909, et celui de la Maréchale (*Le Chevalier à la rose*, R. Strauss) en 1911. Elle créa encore à Stuttgart, en 1912, le rôle de Zerbinette (*Ariane à Naxos*, R. Strauss). L'année suivante elle fut la Maréchale pour la première à Covent Garden du *Chevalier à la rose* (R. Strauss) sous la direction de Hertz. Elle quitta l'Opéra de Dresde en 1919, mais continua de paraître sur scène de temps à autre jusqu'à ses adieux à Breslau en 1925. De 1920 à 1940, elle enseigna le chant à Berlin, Dresde et Breslau. Merveilleuse interprète de Strauss, elle se distingua également dans les œuvres de Bellini, Donizetti, Mozart, Verdi et Wagner.

SIESBYE EBÜZZIYA Alev. Céramiste danoise d'origine turque (née à Istanbul en 1938). Elle fit ses études en Turquie et en Angleterre avant d'être admise dans la section de sculpture de l'Académie des beaux-arts d'Istanbul. Dès cette époque elle commença à se consacrer plus spécifiquement au travail de la céramique. À partir de 1969, elle poursuivit son œuvre à Copenhague et, depuis peu, à Paris. Les pièces que crée Alev Siesbye sont aujourd'hui reconnues comme le fruit d'une démarche personnelle, mais aussi comme le résultat d'une confrontation entre la vision formelle propre à l'esprit des créateurs danois contemporains et le respect d'une pureté des lignes et d'une simplicité dans l'utilisation du motif et de la couleur plus directement issues de certains critères esthétiques de l'art des civilisations anatolienne et méditerranéenne.

La majeure partie de son œuvre est constituée de bols et de coupes en grès de dimensions souvent importantes, à propos desquels on a utilisé le terme d'« art monumental », car Alev Siesbye réussit à circonscrire de façon exceptionnelle l'espace inscrit tant à l'intérieur qu'autour du volume délimité par l'élégante finesse de la matière. Sa production a déjà marqué et influencé différents courants artistiques. Nombre de ses pièces sont présentes dans les principaux musées européens : musée des Arts décoratifs de Copenhague, Musée national de Stockholm, Victoria and Albert Museum de Londres, musée des Arts décoratifs à Paris, et américains : County Museum de Los Angeles, Museum of Art de Pennsylvanie.

SIGÉE Louise (Sigea de Velasco Luisa, dite en français). Érudite espagnole (Tarancón, v. 1530 - Burgos, 1560). Louise Sigée, dont le père, d'origine française, était le directeur des études des enfants de Jacques de Bragance puis des jeunes nobles de la cour de Jean III de Portugal, révéla très vite une intelligence peu commune. Toute jeune, elle lisait Homère et Virgile dans le texte. Appelée auprès de l'infante Marie (fille du roi Manuel) curieuse de la connaître, elle devint son amie et partagea dès lors ses leçons et ses jeux. Elle fut nommée institutrice de Marie de Portugal, fille de Jean III, et la suivit en Espagne lorsqu'elle épousa l'infant Philippe. En 1556, elle devint la femme d'Alphonse Guera, gentilhomme de Burgos. On lui doit des poésies et des épîtres latines, un dialogue *De differentia vitae rusticae et urbanae* et un poème bucolique latin *Cintra* (1566). Cent ans après sa mort, un ouvrage licencieux, *De Arcanis Amoris et Veneris* (1678) lui fut attribué mais on sait depuis longtemps que ce livre est l'œuvre de l'avocat Nicolas Chorier.

SIGNORET Simone (Simone Henriette-Charlotte Kaminker, dite). Actrice française (Wiesbaden, Allemagne, 1921 - Autheuil-Authouillet, Eure, 30 septembre 1985). Née dans un milieu bourgeois, d'esprit indépendant, elle fut professeur d'anglais pour gagner sa vie. À vingt et un ans, elle débuta au cinéma comme figurante dans *Le Prince charmant* (Boyer, 1941), *Les Visiteurs du soir*

(Carné, 1942), *Adieu Léonard* (P. Prévert, 1943). En 1941, elle avait épousé Yves Allégret dont elle eut une fille, Catherine. Allégret, au début de sa carrière, lui confia ses premiers rôles importants dans *Les Démons de l'aube* (1945), *Dédée d'Anvers* (1947), *Manèges* (1949). L'année suivante elle tourna *La Ronde* (Ophuls, 1950). Dans ces films, Simone Signoret joua les prostituées au grand cœur, les filles de l'Assistance publique que seule sa beauté, car elle était ravissante, sauve de la vulgarité. Elle est inoubliable dans *Casque d'or* (Becker, 1951), l'un des plus beaux rôles de sa carrière.

Divorcée d'Yves Allégret, elle épousa en 1951 le chanteur et acteur Yves Montand avec lequel elle se battit pour des causes qu'ils croyaient justes, quitte à reconnaître plus tard qu'ils s'étaient trompés. Par la suite, son style changea et son talent s'épanouit dans *Thérèse Raquin* (Carné, 1953), *Les Diaboliques* (Clouzot, 1954), *Les Sorcières de Salem* (Rouleau, 1956), d'après une pièce d'Arthur Miller, qu'elle joua au théâtre avec Yves Montand en 1954-1956, remportant un immenses succès. Simone Signoret tourna beaucoup à l'étranger : en Angleterre, *Les Chemins de la haute ville* (Clayton, 1959), film qui lui valut le grand prix d'interprétation féminine au festival de Cannes (1959) et un oscar à Hollywood (1960), *Le Verdict* (Glenville, 1961) ; aux États-Unis plusieurs films dont *Le Diable à trois* (Harrington, 1967) ; en Suède *The Deadly Affair* (*M.15 demande protection*, Lumet, 1967). Citons encore dans son abondante filmographie *L'Armée des ombres* (Melville, 1969), *L'Aveu* (Costa-Gavras, 1969), *Le Chat* (P. Granier-Deferre, 1971) aux côtés de Jean Gabin, *La Chair de l'orchidée* (Chéreau, 1974), *La Vie devant soi* (Mizrahi, 1977), dont le rôle de Mme Rosa lui valut un nouvel oscar, *L'Adolescente* (Moreau*, 1979). Dans ses dernières années, Simone Signoret, physiquement très changée, la voix cassée, n'a jamais été plus émouvante. Elle a publié un livre de souvenirs, *La nostalgie n'est plus ce qu'elle était* (1976), qui remporta un très grand succès, *Le lendemain, elle était souriante* (1979) et un roman, *Adieu Volodia* (1984).

SILJA Anja (Anga Silja Regina Langwagen, dite). Soprano allemande (née à Berlin, le 17 avril 1940). Sa mère était actrice, sa grand-mère chanteuse, mais c'est son grand-père, Egon Van Rijn, qui découvrit sa voix. Elle n'avait que huit ans et il la fit travailler ; deux ans plus tard, elle donna son premier concert au Titania Palast à Berlin, suivi d'un deuxième à Hambourg. En 1956, elle fit des débuts très remarqués en Rosine (*Le Barbier de Séville*, Rossini) au Stadtische Oper de Berlin, puis elle fut engagée à Brünswick et y resta jusqu'en 1958. Son répertoire comprenait alors Micaëla (*Carmen*, Bizet), Zerbinette (*Ariane à Naxos*, R. Strauss) et Léonore (*Le Trouvère*, Verdi). Après s'être produite à Stuttgart et à Francfort, elle chanta au festival d'Aix-en-Provence la Reine de la Nuit (*La Flûte enchantée*, Mozart), en 1959.

Wieland Wagner la remarqua et l'engagea au festival de Bayreuth l'année suivante : elle y incarna Senta (*Le Vaisseau fantôme*, Wagner). Sous sa direction, pendant sept ans, elle fut Elsa (*Lohengrin*), Élisabeth et Vénus (*Tannhäuser*), Eva (*Les Maîtres chanteurs*), Freia (*L'Or du Rhin*) et jusqu'à sa mort, Wieland Wagner créa ses mises en scène en fonction de la personnalité de sa chanteuse favorite. Anja Silja chanta Isolde (*Tristan et Isolde*, Wagner), Brünnhilde (*La Walkyrie*, Wagner), Léonore (*Fidelio*, Beethoven), *Lulu* (*Lulu*, Berg), Marie (*Wozzeck*, Berg) et fut sous la direction de Pierre Boulez Desdémone (*Otello*, Verdi), Salomé (*Salomé*, R. Strauss) et Elektra (*Elektra*, R. Strauss). Elle fit ses débuts à l'Opéra de Paris en 1964, en Salomé (*Salomé*), à Covent Garden en 1969, en Léonore (*Fidelio*, Beethoven), rôle qu'elle reprit pour sa première apparition au Metropolitan Opera de New York, en 1972. Vedette de l'Opéra de Francfort, elle suivit le directeur-chef d'orchestre Christoph von Dohnanyi, son époux, lorsqu'il fut nommé en 1977 intendant général de l'Opéra de Hambourg. Elle reprit sur cette scène Lulu (*Lulu*, Berg), Salomé et ses autres rôles de soprano dramatique.

SILLS Beverly (Belle Miriam Silvermann, dite). Soprano américaine (née à New York, le 25 mai 1929). À l'âge de quatre ans, elle chanta dans une émission pour enfants et, à sept ans, dans un film. À onze ans, elle commença de sérieuses études vocales et débuta en 1947 au Philadelphia Civic Opera dans le rôle de Frasquita (*Carmen*, Bizet). Pendant quelques années, elle se produisit en tournée aux États-Unis, interprétant avec succès des opérettes et des comédies musicales. En 1955, engagée au New York City Opera, elle y débuta en Violetta (*La Traviata*, Verdi), et remporta de grands succès dans les rôles de Norma (*Norma*, Bellini), la reine Élisabeth (*Robert Devereux*, Donizetti), la reine Marie (*Marie* Stuart*, Donizetti), Anne Boleyn (*Anne* Boleyn*, Donizetti) et Lucie (*Lucie de Lammermoor*, Donizetti).

Véritable diva, Beverly Sills fut invitée sur toutes les grandes scènes lyriques d'Amérique. La Scala l'accueillit en 1969 dans le rôle de Pamira (*Le Siège de Corinthe*, Rossini), Covent Garden et le Deutsche Oper de Berlin, l'année suivante. Le Metropolitan Opera de New York l'appela en 1975 et monta pour elle des œuvres plus ou moins oubliées. Considérée comme une des grandes sopranos coloratures de ce siècle, elle se retira en 1979, à l'âge de cinquante ans, pour prendre la direction du New York City Opera qu'elle administra avec un rare talent. Femme d'une intelligence brillante et d'une grande érudition, cette magnifique cantatrice et actrice se situe entre Maria Callas*, Montserrat Caballé* et Joan Sutherland*, ses principales rivales. Elle créa de nombreuses œuvres contemporaines, dont *Intolleranza* (Nono) et fonda un concours d'opéras en un acte. Mariée en 1956 à Peter Bulkeley Greenough, elle a une vie privée marquée par une double tragédie: le premier de ses deux enfants est né sourd, le second mentalement retardé. Elle est l'auteur d'une autobiographie, *Bubbles, A Self-Portrait* (1976).

SIMMONS Jean. Actrice américaine d'origine anglaise (née à Londres, le 31 janvier 1929). Elle fit ses débuts comme danseuse, puis, attirée par le cinéma, elle tint à quinze ans des petits rôles comme dans *Give Us the Moon* (Guest, 1944). Elle apparut ensuite dans *Le Chemin des étoiles* (Asquith, 1945), *Les Grandes Espérances* (Lean, 1946), *Le Narcisse noir* (Powell, 1947). En 1948, Laurence Olivier lui offrit sa première grande chance: le rôle d'Ophélie dans *Hamlet* (Shakespeare). Ce fut un triomphe, et elle obtint un prix au festival de Venise. À dix-neuf ans, elle était révélée. *Le Lagon bleu* (Launder, 1948), *Adam et Evelyne* (French, 1949), *Cage of Gold* (Dearden, 1950), *The Clouded Yellows* (Thomas, 1950), confirmèrent sa jeune renommée. Mariée en 1950 avec l'acteur Steward Granger, elle partit pour Hollywood et tourna *Androclès et le Lion* (Erskine, 1952), *Un si doux visage* (Preminger, 1952), *The Actress* (Cukor, 1953) avec Spencer Tracy, *La Tunique* (Koster, 1953) et *L'Égyptien* (Curtiz, 1954).

Devenue l'une des stars privilégiées de la Fox, elle fut dirigée par les plus grands metteurs en scène. Elle tint des rôles de personnages historiques dans *Désirée* (Koster, 1954) avec Marlon Brando, *La Reine vierge* (Sidney, 1953), *Spartacus*

(Kubrick, 1960). Elle a excellé dans des rôles de composition: *Guys and Dolls* (Mankiewicz, 1955), *Cette nuit ou jamais* (Wise, 1957), *Les Grands Espaces* (Wyler, 1958) et *Elmer Gentry* (1960) de Brooks. Elle a épousé ce dernier en 1960 et joua encore dans l'un de ses films, *The Happy Ending* (1970) qui lui valut une nomination pour un oscar. Après *Mr. Sycomore* (Khoner, 1975) et *Dominique* (Anderson, 1978), elle a abandonné le cinéma pour se consacrer à la télévision.

SIMON Simone. Actrice française (née à Marseille, le 23 août 1914). Elle débuta dans de petits rôles: *Le Chanteur inconnu* (Tourjansky, 1931) et *Mam'zelle Nitouche* (M. Allégret, 1931) et se fit remarquer par une certaine fraîcheur perverse. Marc Allégret l'employa dans *Lac aux dames* (1934) qui remporta un grand succès et la rendit célèbre. Engagée par le producteur Darryl Zanuck, elle partit pour les États-Unis, tourna quelques films assez médiocres puis revint en France. Elle remporta un triomphe dans *La Bête humaine* (Renoir, 1939) dans lequel sa personnalité poétique, sa fausse innocence et sa sensualité font merveille. Cependant, c'est au cours de sa deuxième carrière américaine, durant la guerre, qu'elle dévoila tout son talent dans *La Féline* (Tourneur, 1942), film terrifiant où elle séduit les hommes avant de se transformer en panthère et de les dévorer. Elle dut quitter les États-Unis après que la journaliste Louella Parsons, dont les chroniques tenaient plutôt du commérage indiscret, eut insinué qu'elle avait plusieurs amants connus. Revenue en France, elle tourna *Petrus* (M. Allégret, 1946), *Olivia* (Audry, 1950), *La Ronde* (Ophuls, 1950), *Le Plaisir* (Ophuls, 1952). Son dernier film est *La Femme en bleu* (Deville, 1972).

SIMONE Mme (Pauline Benda, dite). Actrice et femme de lettres française (1877-1985). Elle fut d'abord actrice et remporta de grands succès au théâtre, en particulier dans *L'Acheteuse* (Passeur). Elle se tourna ensuite vers la littérature et devint une personnalité de premier plan dans le monde littéraire. C'est elle qui découvrit Alain-Fournier et imposa *Le Grand Meaulnes,* sans parvenir toutefois à lui faire obtenir le prix Goncourt. Elle eut une longue liaison avec l'écrivain, interrompue tragiquement par sa mort survenue dès les débuts de la Première Guerre mondiale. Elle a présidé le jury Femina pendant de longues années. Chaleureuse, cultivée, l'esprit toujours en éveil, Madame Simone est l'auteur de plusieurs livres, dont *Jours de colère* (1935), *Sous de nouveaux soleils* (1957), *Ce qui restait à dire* (1967), *Mon nouveau testament* (1970). Elle s'est mariée trois fois : avec l'acteur Le Bargy, avec Claude Casimir-Perier, avec le poète François Porché. Elle est morte à l'âge de cent huit ans.

SIMPSON Wallis. Voir WINDSOR, duchesse de.

SINCLAIR May (Mary Amelia St Clair Sinclair, dite). Romancière anglaise (Rock Ferry, Cheshire, 1863 - Bierton, près d'Aylesbury, 1946). Son père, armateur, fit faillite en 1881. Elle vécut à Londres avec sa mère jusqu'à la mort de cette dernière en 1901. Elle ne se maria jamais. Féministe convaincue, elle s'intéressait à la psychanalyse, notamment à Jung et à Freud. Elle gagna sa vie avec des traductions et des romans. Elle en écrivit vingt-quatre, dont les plus connus sont *Le Feu divin* (1904), *Les Trois Sœurs* (1914), qui évoque l'histoire des sœurs Brontë*, *The Tree of Heaven* (1917), *Mary Olivier: A Life* (1919), fortement autobiographique, *Life and Death of Harriett Frean* (1922). Oubliés jusque dans les années 80, les romans de May Sinclair ont beaucoup influencé des auteurs comme Rebecca West* et Rosamund Lehmann*.

RÉF. : T.E.M. Boll, *Miss May Sinclair, Novelist*, Londres, 1973.

SINTENIS Renée. Sculpteur. Allemande (Glatz, 1888-1965). Elle débuta à Berlin et se fit rapidement connaître par ses sculptures d'animaux dont les plus remarquées furent un *Monument à un petit âne* et *L'Enfant et l'Agneau*. Renée Sintenis est également l'auteur de nombreux bustes d'une facture très délicate.

SITWELL Edith, lady. Femme de lettres anglaise (Scarborough, 1887 - Londres, 1964). Sensible et très intelligente, elle avait un physique ingrat et cultiva toute sa vie une excentricité débridée. On en retrouve des traces dans les vers de ses débuts où transparaît un esprit de burlesque et d'autodérision : *The Mother and Other Poems* (1915), *Clowns' Houses* (1918), *The Wooden Pegasus* (1920). Elle fut l'amie de Virginia Woolf* qui l'évoque dans son *Journal*, de Cecil Beaton qui n'a cessé de la photographier et de Victoria Sackville-West*. Son recueil le plus connu est *Façade* (1921) ; son œuvre poétique complète vit le jour en 1954. Elle s'est également essayée à la prose avec moins de bonheur, sauf pour un livre étonnant, *Les Excentriques anglais* (1933), et son autobiographie posthume, *Taken Care Of* (1965). Elle avait deux frères eux aussi écrivains, Osbert et Sacheverell.

SIRANI Elisabetta. Peintre. Italienne (Bologne, 8 janvier 1638 - *id.*, 28 août 1665). Elle fut l'élève de son père, Giovanni Andrea Sirani, et surtout de Guido Reni. La création et la direction à Bologne d'une école de peinture strictement réservée aux femmes, le succès de sa peinture expliquent sa popularité de son vivant. Sa mort survenue à vingt-six ans dans des conditions mystérieuses — elle aurait été empoisonnée par une servante — a contribué à entretenir sa légende. Elle a laissé plus de cent soixante-dix tableaux qu'elle a elle-même recensés dans ses *Notte delle pitture*. Quoiqu'elle ait peint des portraits, elle s'est surtout orientée vers des sujets religieux où l'on retrouve l'influence de Guido Reni, surtout dans les tableaux les plus tardifs. Son *Baptême du Christ* (1658, chartreuse de Bologne) montre qu'elle était en train d'évoluer vers une forme d'expression plus personnelle.

SIRMEN Maddalena, née Lombardini. Violoniste et compositeur. Italienne (Venise, 1735 - apr. 1785). Elle fut l'élève du célèbre Giuseppe Tartini à Padoue et, après qu'elle se fut installée à Venise en 1760, elle poursuivit sa formation grâce à la correspondance qu'elle entretint avec lui. Au cours d'une tournée en Italie, elle épousa Ludovico Sirmen, violoniste et maître de chapelle de San Maria Maggiore à Bergame. En 1768, tous deux vinrent à Paris et se produisirent au Concert spirituel. Maddalena Sirmen fit ses débuts à Londres, semble-t-il sans son mari, en 1771, au King's Theatre, où elle remporta un succès encore plus grand qu'à Paris. Excellente violoniste, très renommée, elle voulut devenir cantatrice à partir de 1772, mais alla d'échec en échec : elle chanta des rôles secondaires à Londres en 1774, à Dresde en 1782. Après quoi elle tenta de revenir au Concert spirituel en 1785, mais sa prestation fut jugée insuffisante et démodée, et elle abandonna sa carrière. Elle a laissé plusieurs pièces pour violons : sonates, trios, concertos, qui ne sont pas sans valeur.

SKOBLIKOVA Lidia. Patineuse soviétique (née en 1939). Elle a obtenu en patinage de vitesse deux médailles d'or aux jeux Olympiques d'hiver de Squaw Valley (1960) et quatre médailles d'or à ceux d'Innsbruck (1964).

SKORIK Irène. Danseuse française (née à Paris, le 27 janvier 1928). Après avoir étudié avec Carlotta Zambelli* et Olga Préobrajenska*, elle débuta en 1944 au théâtre Sarah-Bernhardt*. Danseuse au visage naïf et tendre, excellente technicienne, son nom est indissociable des Ballets des Champs-Élysées où elle fut étoile de 1945 à 1950. Première danseuse à l'Opéra de Munich de 1950 à 1952, elle commença une nouvelle carrière comme artiste invitée. On lui doit de nombreuses créations dont *Déjeuner sur l'herbe* (Petit, 1945), *Les Amours de Jupiter* (Petit, 1946), *Hamlet* (Gsovski, 1950), *Cendrillon* (Gsovski, 1951), *Chemin de la lumière* (Gsovski, 1952).

SKRAM Bertha Amalie, née Alver. Femme de lettres norvégienne (Bergen, 1847 - Copenhague, 1905). Elle se maria à dix-huit ans, peut-être pour fuir les difficultés de la vie familiale après la ruine de son père, commerçant, quand elle était encore enfant. Avec son mari, le capitaine de vaisseau Brant Müller, elle fit alors le tour du monde. Divorcée en 1878, elle épousa en secondes noces le critique danois Erik Skram, en 1884, et entama une carrière d'écrivain. Elle a laissé des romans d'un réalisme cru, amer et direct qui furent pour le Danemark la révélation de l'école naturaliste : *Constance Ring* (1885), fruit douloureux de son expérience matrimoniale, *Deux Amis* (1887), et le cycle des *Gens de Hellemyr* (1887-1898) qui reste son chef-d'œuvre. Parmi ses autres ouvrages, citons un drame, *Agnès* (1893) et les romans, *Trahi* (1893), *Professor Hieronimus* (1895), *A.S. Jörgen* (1895) et surtout *Descendance* (1898).

SLAVENSKA Mia (Mia Corak, dite). Danseuse et chorégraphe américaine d'origine yougoslave (née à Slavenski-Brod en 1914). Elle étudia à Zagreb, à Vienne et à Paris où elle fut l'élève de Lubov Egorova*, Mathilde Kschessinskaïa* et Olga Préobrajenska*. Devenue première ballerine à l'Opéra de Zagreb (1930-1933) elle dansa à Paris avec Serge Lifar, à Londres avec Anton Dolin, invitée à Berlin, elle fut ensuite étoile aux Ballets russes de Monte-Carlo de 1938 à 1942. Émigrée aux États-Unis, elle ouvrit une école à Los Angeles et continua quelque temps encore à se produire sur les scène du monde entier. Virtuose, extrêmement belle, très expressive, elle fut la vedette d'un film, *La Mort du cygne* (Benoît-Lévy, 1938).

SMIRNOVA Yelena. Danseuse russe (Saint-Pétersbourg, 1888 - Buenos Aires, 1934). Formée à l'École impériale de Saint-Pétersbourg, elle débuta au Théâtre-Marie en 1906. Elle fut la partenaire de Nijinski lorsqu'il passa son examen final dans la valse du *Songe d'une nuit d'été*. Excellente technicienne au tempérament vif, elle fut l'interprète parfaite de *Don Quichotte* (Romanoff et M. Petipa) et d'*Esmeralda* (Perrot et M. Petipa). En 1909, elle fut applaudie à Paris chez Serge de Diaghilev. Promue étoile en 1916, elle fut la dernière danseuse de la Russie tsariste à recevoir ce titre. Après la révolution d'Octobre, elle quitta son pays avec son mari, Boris Romanov, et devint la vedette du Ballet romantique de Berlin. Son interprétation très personnelle de *Giselle* (Gautier et Coralli) lui valut un succès considérable. Plus tard, installée à Buenos Aires, elle fonda le Théâtre romantique russe où elle enseigna la danse.

SMITH Bessie. Chanteuse de blues américaine (Chattanooga, Tennessee, 1894 - Clarksdale, Mississippi, 1937). « L'impératrice du blues » naquit selon ses mots dans une « baraque en ruines » avec cinq frères et sœurs. Noire, orpheline à huit ans, elle connut les affres de la misère et de la ségrégation, que les succès n'effacèrent jamais de sa mémoire. À l'encontre de Ma Rainey*, qui chantait la complainte des plantations du Sud, elle élargit son audience aux grandes villes du Nord et jusqu'aux Blancs. Son premier 78 tours, *Gulf Coast Blues*, date de 1923, l'année de son mariage avec Jack Gee. Célèbre pour son goût de la boisson et ses liaisons, aussi bien masculines que féminines, Bessie Smith professe dans *Young Woman's Blues* (1926), l'un de ses plus grands succès, qu'elle n'a pas fini de courir ni de boire du gin. Elle mena une vie sans repos, agitée et anxieuse au plus fort de sa gloire.

Grande et massive, c'était une « bagarreuse ». Elle corrigeait d'importance les maîtresses de son mari, avec lequel elle se disputait constamment. Un jour, elle mit en déroute à elle seule un gang du Ku Klux Klan venu troubler son concert. Lorsqu'elle passait au Paradise Garden à Chicago, on l'entendait de la rue. Avec une voix d'une rare puissance, aux inflexions tantôt sensuelles, tantôt véhémentes, elle savait aussi se transformer en danseuse agile. Ceux qui l'ont vue rappellent à quel point elle était émouvante. Dans les années 30, son succès déclina : elle retrouva la scène des cabarets populaires. En 1937, elle fut victime d'un accident de voiture : elle ne put être admise à l'hôpital à cause de sa couleur et mourut faute de soins. Bessie Smith avait enregistré la plupart de ses chansons. Elle eut les plus prestigieux orchestres, les plus grands musiciens. Dans une discographie qui compte plus de deux cents titres, citons : *Saint Louis Blues*, *Sobbin'hearted Blues*, *Careless Love*, accompagnée par Louis Armstrong, *Baby Won't You Please Come Home* avec Clarence Williams au piano, Joë Smith à la trompette et Fletcher Henderson au piano et *Don't Cry Baby*. On ne connaît d'elle que deux « spirituals »: *Moan Mourners* et *On Revival Day*.

SMITH Maggie (Margaret, dite). Actrice anglaise (née à Ilford, Essex, en 1934). Après avoir débuté sur scène à Oxford en 1952, elle suivit des cours de théâtre à l'Oxford Playhouse Drama School puis alla jouer à New York. De retour à Londres en 1956, elle triompha l'année suivante dans *Share My Lettuce* (Hammersmith) et entra à l'Old Vic Theatre où ses prestations dans les rôles de lady Pliant (*The Double Dealer*, Congreve) et de Maggie Wylie (*What Every Woman Knows*, Barrie) la rangèrent parmi les plus grandes actrices de son temps. Interprète de Ionesco (*Rhinocéros*), d'Anouilh (*La Répétition*), de Peter Shaffer (*The Private Ear* et *The Public Eye*), de Jean Kerr (*Mary, Mary*), elle fut engagée en 1963 au National Theatre Company, où les rôles de Silvia (*The Recruiting Officer*, Farquhar) et de Desdémone (*Othello*, Shakespeare) — aux côtés de Laurence Olivier en Othello — lui valurent une fois de plus un grand succès. En 1970, elle joua une étonnante Hedda Gabler (*Hedda Gabler*, Ibsen) explosive et frustrée, dirigée par Ingmar Bergman. Au cinéma, elle a tourné dans *Chambre avec vue* (Ivory, 1986) et dans *La Passion solitaire de Judith Hearne* (Clayton, 1988). Elle a épousé en secondes noces l'auteur dramatique Beverley Cross.

SMITH Melanie. Cavalière américaine (née en 1949). Elle fut l'une des plus célèbres cavalières de saut d'obstacles de son époque. Elle gagna la plupart des courses où elle se présentait : médaille d'or des Pan Am Games (1979), de la Coupe du Monde (1982) et du Grand Prix de Paris (1980) ; elle a été championne olympique par équipe aux Jeux de Los Angeles (1984).

SMITHSON Harriet (Henriette, dite). Actrice irlandaise (Ennis, Irlande, 1800 - Paris, 1854). Fille d'un entrepreneur de tournées théâtrales d'origine anglaise, elle fit ses débuts de tragédienne à Londres en 1818. Elle remporta ses plus grands succès à Paris en 1827 et 1828 en faisant découvrir le répertoire shakespearien qui était alors mal connu. Berlioz la vit en train de jouer Ophélie (*Hamlet*, Shakespeare) et tomba aussitôt amoureux d'elle. Il lui fallut vaincre sa résistance et celle de sa propre famille avant de l'épouser en 1833. Il s'employa à la faire connaître et donna une soirée à bénéfice pour elle et obtint un assez grand succès. Cette union ne fut pas heureuse, et ils se séparèrent en 1840. Harriet Smithson sombra ensuite dans l'oubli. Atteinte de paralysie en 1850, elle mourut dans une misère presque totale.

SMYTHE Pat. Cavalière anglaise (née en 1928). Elle fut l'une des plus célèbres et des plus populaires cavalières anglaises de son époque. Très douée, elle montait déjà à l'âge de quatre ans et fut formée par sa mère, connue pour ses élevages de poneys. Dès sa huitième année, Pat Smythe participa à de nombreux concours et gagna plusieurs fois, notamment à White City en 1947. Sa renommée dépassa bientôt les frontières de son pays, car, au cours de ses voyages en Europe et aux États-Unis, elle accumula les victoires lors des concours hippiques auxquels elle participa: Grand Prix de Cardiff, Coupe Athlone, Coupe du Prince de Galles, Grand Prix de Diane à Paris, Grand Prix de Bruxelles (1952), Coupe de la Reine à White-City (1953), six ans après sa première victoire, puis à Madison Square le célèbre trophée du Président du Mexique, etc. Pat Smythe dressa et monta de nombreux chevaux qu'elle décrit dans son livre, *Joies du jumping* (1955).

SNELL Hannah. Héroïne anglaise (Worcester, 1723 - *id.*, 1792). Orpheline, elle vint à Londres où elle épousa un marin hollandais, James Summs, qui, au bout de sept mois, prit la mer. Cinq années plus tard, ne pouvant imaginer qu'elle avait été délaissée, elle décida de le retrouver. Travestie, elle s'enrôla dans le régiment d'infanterie de De Guise, déserta et s'engagea dans la marine sous le nom de James Grey. Embarquée sur la corvette *L'Hirondelle* en partance pour les Indes, elle se distingua au cours d'un raid contre l'île Maurice en juin 1748, puis sur la côte de Coromandel et enfin au siège de Pondichéry; là, grièvement blessée, elle réussit à extraire elle-même la balle qui l'avait atteinte afin que l'on ne découvrît point qu'elle était femme. Guérie, elle se fit engager à bord de *L'Eltham* en route pour Bombay. Ce n'est que sur le chemin de retour, à Lisbonne, qu'elle apprit que son mari avait été pendu pour crime à Gênes. Revenue à Londres, elle révéla son identité et se produisit dans un théâtre où elle joua avec succès des rôles de soldats et de marins, qui retraçaient en quelque sorte ses aventures. La gloire était là, et elle ouvrit sa propre maison, à l'enseigne de «The Femal Warrior». Mais, atteinte de troubles mentaux, elle fut internée dans un asile.

SNOW Carmel. Directrice de revues. Américaine (Dublin, 1890 - 1961). Ses parents, d'origine irlandaise, vinrent se fixer aux États-Unis en 1895. Attirée par la presse féminine, elle entra en 1920 à la revue *Vogue*, qu'elle quitta en 1932, pour prendre la direction de la célèbre revue *Harper's Bazaar* à laquelle elle donna une remarquable impulsion. Carmel Snow fut considérée comme l'ambassadrice de la mode française aux États-Unis, faisant connaître pour la première fois outre-Atlantique Dior, Balanciaga et tous les grands couturiers parisiens. On disait qu'au lendemain d'un de ses articles l'Amérique tout entière changeait de silhouette. Elle fut nommée chevalier de la Légion d'honneur en 1949.

SODERGRAN Edith. Poétesse finlandaise de langue suédoise (Saint-Pétersbourg, 1892 - Raivola, Carélie,

1923). Morte de tuberculose à trente et un ans, elle a néanmoins révolutionné la poésie nordique avec cinq minces recueils qui lui ont valu le surnom de Rimbaud du Nord. Nourrie de lectures désordonnées, enragée d'absolu, elle écrivit avec un génie spontané, ingénument iconoclaste, *Poèmes* (1916), *La Lyre de septembre* (1918), *L'Autel de roses* (1919), et *L'Ombre de l'avenir* (1920). Puis elle choisit de se taire et de se convertir au catholicisme, déçue par l'inadéquation entre son rêve démesuré et la réalité sordide. À la fois romantique, symboliste, baroque, nulle étiquette ne la définit vraiment. Son génie poétique atteint son apogée dans son dernier recueil, paru après sa mort, *Le pays qui n'existe pas* (1925).

SŒUR ROSALIE (Jeanne-Marie Rendu, en religion). Religieuse française (Confort, Ain, 8 septembre 1787 - Paris, 7 février 1856). Issue d'une famille aisée, elle se sentit appelée, dès son plus jeune âge, au service des déshérités. À quinze ans, elle quitta les siens pour entrer au séminaire des Filles de la Charité, rue du Vieux-Colombier à Paris. Devenue sœur Rosalie en 1804, elle fut envoyée à la maison du faubourg Saint-Marceau. Nommée à vingt-huit ans supérieure de la « Maison de secours », rue de l'Épée-de-Bois, elle y resta jusqu'à sa mort. Intelligente, énergique et généreuse, elle réalisa sa vocation au cœur de la paroisse Saint-Médard, l'une des plus pauvres de Paris à l'époque. Elle créa un grand nombre d'œuvres sociales : crèche, garderie, patronage pour les filles, asile pour les vieillards, écoles et « fourneaux économiques », les futures soupes populaires. Peu lui importaient les croyances et les opinions des gens : « L'exclusivisme, disait-elle, c'est l'hérésie de la charité », ou encore : « Il faut faire le bien sans demander les extraits de baptême et les couleurs politiques. » Elle connaissait mieux que personne le problème ouvrier de son temps, et Armand de Melun, Montalembert, Lacordaire ou Ozanam la consultaient.

Lors de l'épidémie de choléra de 1832, elle se dépensa sans compter et sauva du massacre des médecins que la rumeur publique rendait responsables de la maladie. Pendant les insurrections de 1830 et de 1848, son dispensaire fut transformé en ambulance. Sur une barricade, elle exigea que l'on arrête le feu. Le 25 juin 1848, prévenue que l'on allait exécuter un prisonnier devant sa maison, elle courut au-devant du peloton en disant : « Ici, on ne tue pas. Je vous ai consacré ma vie, à vos femmes, à vos enfants. Donnez-moi la vie de cet homme ! » À sa mort une foule de soixante-dix mille personnes (un peuple entier, écrivit la presse), l'accompagna au cimetière du Montparnasse. Une avenue de Paris porte son nom.

SOISBAULT Annie. Coureur automobile. Française (née en 1935). Fille d'un juriste président de la Ligue de tennis de Bretagne, elle fut championne junior de France de tennis, mais ne poursuivit pas dans cette voie car elle avait la passion de l'automobile depuis son adolescence. En 1957, elle remporta le Tour de France automobile avec Michèle Cancre* et fut sacrée championne de France de rallye et meilleure conductrice. L'année suivante, elle gagna la Coupe des Dames avec Lise Renaud dans le Rallye Lyon-Charbonnière, puis obtint la même distinction dans le rallye de l'Acropole. Elle fut ensuite la première Française à remporter le titre de championne d'Europe des rallyes. Annie Soisbault, qui a remporté de nombreuses autres épreuves, a été victime de plusieurs accidents : fractures du pied, de la clavicule et de trois vertèbres, qui lui valurent des mois d'hospitalisation.

SOKOLOVA Lydia (Hilda Munnings, dite). Danseuse anglaise (Wanstead, 4 mars 1896 - Sevenoaks, 5 février 1974). Après des études à l'Académie de danse Stedman à Londres, elle travailla avec Anna Pavlova* puis avec Mikhaïl Mordkin chez qui elle débuta. Engagée par Serge de Diaghilev aux Ballets russes de 1913 à 1929, elle changea de nom et apprit le russe. Son esprit, sa vivacité et son talent en firent la première danseuse anglaise de la troupe à connaître le succès. Pendant la saison 1922-1923, elle dansa à Londres avec Léonide Massine et avec son mari Nicholas Kremnev. Elle créa de nombreux rôles : *Contes russes* (Massine, 1916), *Till Eulenspiegel* (Nijinski, 1916), *Le Sacre du printemps* (Massine, 1920), *Les Biches* (Nijinska*, 1924), *Le Train bleu* (Nijinska, 1924), *Matelots* (Massine, 1925), *Le Bal* (Balanchine, 1925), *Roméo et Juliette* (Nijinska, 1926). Après la dispersion de la compagnie, on la vit à Londres pour la saison de 1935 des Ballets Léon Woizikovski puis au Royal Ballet où elle interpréta *Les Femmes de bonne humeur* (Massine, 1962). Richard Buckle a rassemblé ses souvenirs sous le titre *Dancing for Diaghilev : The Memoirs of Lydia Sokolova* (1960).

SOKOLOW Anna. Danseuse et chorégraphe américaine d'origine polonaise (née à Hartford, Connecticut, en 1912). Formée par Blanche Talmud, Martha Graham*, Louis Horst et Margaret Curtis, elle fit partie de la compagnie de Martha Graham de 1932 à 1939, tout en étant l'assistante de Louis Horst au Neighbourhood Playhouse de New York. Dès 1934, elle forma son propre groupe et produisit *Ballad in a Popular Style* et *Slaughter of the Innocents*, tous deux sur une musique d'Alex North. En 1939, elle fonda à Mexico le premier centre de danse moderne, où elle enseigna et composa. Parmi ses œuvres les plus importantes, citons *Lament for the Death of a Bullfighter*, et *Lyric Suite* (1953). Elle destinait la plupart de ses chorégraphies à son groupe ou à la troupe Bellas Artes. En 1954, elle cessa de danser et se mit à collaborer avec le groupe israélien Inbal. Elle fonda en 1962 à Tel-Aviv une compagnie de danse moderne. Occasionnellement elle travailla pour le Netherlands Dance Theater à qui elle donna une version des *Sept Péchés capitaux* (1967) ; pour le Ballet Rambert* : *Déserts* (1967) et pour le London Contemporary Dance Theater : *Scenes from the Music of Charles Ives* (1972). Elle a aussi composé *Hommage to Federico García Lorca* (1974) et *Hommage to Scriabin* (1977).

SOLIDOR (Suzy Rocher, dite). Chanteuse française (Saint-Servan-sur-Mer, 1906 - 1983). La « fille aux cheveux de lin » connut le succès dans les années 30 avec un répertoire réaliste-poétique : elle chantait les poèmes de Heine, de Cocteau, interprétait *Mon légionnaire* et *Lily Marlène*. Sa voix faisait merveille dans les chansons de marin comme *Les Filles de Saint-Malo* ou *C'est à Hambourg*, en duo avec Édith Piaf*. Elle parut à l'Alhambra, au Casino de Paris, à l'Européen, à l'Étoile où on l'applaudit dans l'*Opéra de quat'sous* (Brecht). Une scénographie intimiste — une seule lampe allumée sur le piano noir où elle s'appuyait — soulignait son physique attirant. Suzy Solidor possède un record qui n'est pas près d'être battu : elle est en effet l'artiste la plus portraiturée qui soit, plus de cent peintres l'ont représentée. Elle fit ses adieux à la scène en 1965 et se retira dans le Midi à Cagnes. Elle a légué à la ville les plus beaux de ses portraits.

SOLOGNE Madeleine (Madeleine Vouillon, dite). Actrice française (née à La Ferté-Imbault en 1912). Bien qu'elle ait tourné de nombreux films dans lesquels elle dévoile talent et sensibilité, sa carrière resta à jamais marquée par son interprétation d'Yseult dans un film admirable, *L'Éternel Retour* (Delannoy et

Cocteau, 1943) où elle apparaît, avec ses longs cheveux de lin, aux côtés de Jean Marais dans le rôle de Tristan.

SOLTESOVA Elena, née Marothy. Femme de lettres tchécoslovaque (1855-1939). Féministe ardente, elle écrivit des récits dont les personnages sont les gens du peuple. Son roman, *Contre le courant* (1894), conte l'histoire d'un hobereau slovaque qui, après avoir abandonné la cause patriotique, revient dans son pays. Elle est également l'auteur d'un journal intime, *Mes enfants, du berceau à la tombe* (1923-1924) et d'une autobiographie, *Soixante-cinq ans* (1925).

SOMBREUIL Marie Virot de. Héroïne française (1774-1823). Elle parvint à émouvoir le tribunal improvisé à l'Abbaye pendant les massacres de Septembre (1792) et à obtenir la libération de son père, le marquis de Sombreuil, gouverneur des Invalides. On aurait mis pour condition à la grâce de son père qu'elle boive un verre de sang, mais ce fait est une légende postérieure aux événements. Emprisonnée avec une partie de sa famille le 31 décembre 1793, elle fut sauvée par le 9 thermidor, mais son père et son frère Stanislas furent guillotinés. Son frère Charles fut exécuté en Vendée en juillet 1795. Elle émigra en Angleterre où elle épousa le comte de Villelume.

SOMERVILLE Mary, née Fairfax. Femme de sciences écossaise (Jedburgh, 1780 - Naples, 1872). Manifestant un goût prononcé pour l'observation et pour les sciences exactes, elle commença ses recherches très jeune. Elle épousa le capitaine Samuel Graig en 1804: veuve trois ans plus tard, elle se remaria en 1812 avec son cousin William Somerville qui l'encouragea à poursuivre ses travaux. À Londres, Mary Somerville, qu'on surnommait «la rose de Jedburgh» à cause de sa beauté, réunissait dans son salon l'élite scientifique de son temps, séduite par sa culture et son esprit. Des savants étrangers, dont Laplace, Humboldt, Gay-Lussac et les Candolle entretenaient avec elle une correspondance suivie. Elle publia un abrégé de la *Mécanique céleste* de Laplace (1831) et un ouvrage de synthèse sur la recherche dans le domaine des sciences physiques (1834), dont une des idées servit à John Adams pour aboutir à la découverte de Neptune.

À partir de 1838, elle vécut en Italie et publia une *Géographie physique*, une *Étude sur la forme d'équilibre de la Terre* et un *Abrégé des travaux physiques récents*. Ces ouvrages connurent un immense succès. Par son ampleur et son originalité, cette œuvre de vulgarisation valut à son auteur un prestige mérité auprès des savants de son temps.

SONTAG Henriette (Henriette Gertrude Walpurgis Sonntag, dite). Soprano allemande (Coblence, 3 janvier 1806 - Mexico, 17 juin 1854). Issue d'une famille d'artistes, à six ans déjà elle se produisait en public à Darmstadt, dans une pièce de Kotzebue, et dans le rôle de Salomé (*Das Dowauweichen*, Kauer). À quatorze ans, à la mort de son père, elle s'établit à Prague avec sa mère et entra, malgré son très jeune âge, au Conservatoire. L'année suivante, elle débuta à l'improviste, en remplaçant la première chanteuse souffrante dans *Jean de Paris* (Boieldieu). Elle remporta un tel succès que sa mère l'emmena à Vienne en 1822 pour qu'elle puisse y parfaire sa voix. Elle y chanta des opéras italiens et allemands et, en 1823, le compositeur Weber, l'ayant entendue dans *La Dame du lac* (Rossini), lui offrit de créer Euryanthe (*Euryanthe*). Elle triompha dans ce rôle et remporta le même succès lors de la première de la *9e Symphonie* et de la *Missa solemnis* de Beethoven (7 et 13 mai 1824). Après une saison brève mais glorieuse à Leipzig où elle fut Agathe (*Le Freischütz*, Weber) et Euryanthe (*Euryanthe*, Weber), elle fut engagée au Königstädter Theater de Berlin; elle y interpréta Isabella (*L'Italienne à Alger*, Rossini) en 1825. Engagée au Théâtre-Italien de Paris dès 1826, elle y débuta triomphalement en Rosine (*Le Barbier de Séville*, Rossini). À Weimar, en Allemagne, elle impressionna tant Goethe qu'il écrivit pour elle le poème *Neue Siren*; à Berlin, l'enthousiasme atteignit son paroxysme, la «*Sontagsfieber*» gagna la ville.

De retour à Paris en 1828, elle y chanta trois rôles de Rossini: Desdémone (*Otello*), Isabella (*L'Italienne à Alger*), Aménaïde (*Tancrède*) puis Donna Anna (*Don Juan*, Mozart), s'opposant à la Malibran* qui était sa rivale à la scène. La même année elle débuta au King's Theatre de Londres. Puis, en janvier 1830, Henriette Sontag abandonna la scène pour épouser secrètement le comte Carlo Rossi, ambassadeur de Sardaigne. Elle l'avait connu quelques années auparavant à Berlin et lui avait sacrifié un autre soupirant, Charles de Bériot, qui allait se marier avec Maria Malibran*. Elle s'installa avec lui à La Haye, le suivit dans ses missions diplomatiques en Allemagne et en Russie et mena pendant une vingtaine d'années une vie officielle et mondaine, vivant pour son mari et ses enfants; il lui arrivait exceptionnellement de chanter en concert ou pour des œuvres de charité et elle soulevait alors l'enthousiasme du public.

En 1849, à la suite d'un revers de fortune, la comtesse Rossi finit par accepter les propositions avantageuses que lui faisait Lumley, directeur du Her Majesty's Theatre de Londres. Elle y chanta Rossini, Donizetti et Mozart puis elle revint à Paris. À Londres, en 1850, elle créa le rôle de Miranda (*La Tempête*, Halévy) et se produisit l'année suivante à Paris et à Londres. Une vingtaine d'années s'étaient écoulées, mais Henriette Sontag, si elle avait gagné un léger embonpoint, n'avait rien perdu de sa jeunesse et de la fraîcheur de sa voix. Elle se fit acclamer comme par le passé. Elle chanta pour la première fois Norma (*Norma*, Bellini) à la Nouvelle-Orléans. Puis elle partit se produire à Mexico où se déclara un mois plus tard une épidémie de choléra. Le 11 juin, elle dut annuler la représentation de *Lucrèce Borgia** (Donizetti) prévue le soir même. Atteinte par la maladie, elle mourut une semaine après. Le fait unique dans la destinée d'Henriette Sontag, c'est cette seconde carrière aussi éclatante que la première, après vingt ans de silence voulu. Elle possédait une voix exceptionnelle de soprano, très étendue, sans défaut, extrêmement brillante. Par rapport à la Malibran, qui possédait un véritable génie dramatique, c'est dans les héroïnes aimables de Rossini, de Donizetti et de Mozart qu'elle connut ses plus beaux triomphes.

RÉF.: T. Gautier, *L'Ambassadrice, biographie de la comtesse Rossi*, Paris, 1850.

SOPHIE ALEKSEÏEVNA. Régente de Russie (Moscou, 1657 - *id.*, 1704). À la mort de son père, le tsar Alexis Mikhaïlovitch, elle fomenta la révolte des Streltsy (garde impériale), puis elle fut proclamée régente pendant la minorité de ses demi-frères, Pierre Ier et Ivan V. Elle dut alors faire face au schisme des Vieux-Croyants et à l'agitation des Raskolniks: entre 1672 et 1691, plus de vingt mille d'entre eux se firent brûler vifs pour protester contre les réformes récemment introduites dans le culte orthodoxe. Le favori de Sophie, le prince Galitzine, joua le rôle d'un Premier ministre. Il obtint la conclusion d'un traité de «paix perpétuelle» avec la Pologne, par lequel la Russie annexait Kiev et Smolensk. Mais une guerre désastreuse en Crimée contre les Tartares se solda par le traité de Nertchinsk: la Russie dut rétrocéder les deux rives de l'Amour à l'empire Ottoman. Le tsar Pierre Ier, futur Pierre le Grand, profita de ces revers pour mettre fin à la tutelle de sa demi-sœur. Il la fit enfermer avec le soutien des généraux dans le monastère de Novodievitchiy, à Moscou, en 1689. Elle fut tondue et contrainte de prendre le voile en 1698; elle mourut non sans avoir tenté à plusieurs reprises de reprendre le pouvoir.

SOPHIE-CHARLOTTE. Reine de Prusse (Iburg, Brunswick, 1668 - Hanovre, 1705). Fille d'Ernest-Auguste, Électeur de Hanovre, elle épousa en 1684 Frédéric de Brandebourg qui devint roi de Prusse en 1701 sous le nom de Frédéric III. Elle lui donna un fils en 1688, le futur Frédéric-Guillaume Ier, dit le Roi-Sergent. D'une instruction raffinée — elle parlait plusieurs langues dont le français —, Sophie-Charlotte réunit autour d'elle, dans son château de Charlottenburg, savants, musiciens, artistes et philosophes, dont Leibniz qui, grâce à son appui, fonda à Berlin une Académie des sciences.

SOPHIE-DOROTHÉE, princesse de Brunswick-Lunebourg (Celle, 1666 - Ahlden, Saxe, 1726). Fille unique du duc Georges-Guillaume de Brunswick-Lunebourg et d'une protestante française, Éléonore d'Olbreuse, elle fut mariée en 1682 à son cousin Georges-Louis, futur Électeur de Hanovre, dont elle eut deux enfants, Sophie-Dorothée, qui devint reine de Prusse, et le futur George II d'Angleterre. Une mésentente totale avec son mari, une belle-mère qui la haïssait, lui firent répondre aux avances du séduisant comte Philippe de Koenigsmark, son ancien prétendant, qui résolut de l'enlever. Les deux amants furent trahis par la maîtresse de Georges-Louis, la comtesse Platen. Tandis que Philippe mourait assassiné (1694), le procès en adultère de Sophie-Dorothée défrayait l'Europe des cours. Elle fut répudiée et emprisonnée dans la forteresse d'Ahlden, où elle resta recluse jusqu'à la fin de ses jours. Fière et hautaine, Sophie-Dorothée ne revit jamais ses enfants et refusa de se réconcilier avec son époux, devenu en 1714 roi de Grande-Bretagne sous le nom de George Ier. Son histoire a inspiré un célèbre roman à Pierre Benoit, *Koenigsmark* (1917-1918).

SOPHONISBE. Princesse numide (Carthage, 235 av. J.-C. - 203 av. J.-C.). Elle était la fille d'Hasdrubal, général carthaginois. Elle fut fiancée à un prince numide, Masinissa, mais fut mariée à un autre Numide, Syphax. Sous l'influence de Sophonisbe, ce dernier se détacha de l'alliance romaine — il avait promis son aide à Scipion l'Africain en 205 — pour se rapprocher de Carthage, tandis qu'à l'inverse Masinissa épousait la cause romaine. En 203, Masinissa vainquit Syphax à Cirta. Pour éviter à Sophonisbe la honte d'être remise aux Romains, il l'épousa. Scipion ayant exigé qu'elle lui soit livrée, Masinissa lui fit adresser une coupe de poison. Cette histoire a inspiré Trissino (*Sophonisbe*, 1515), Mairet (*Sophonisbe*, 1634). Le sujet fut ensuite repris par Corneille (*Sophonisbe*, 1663), Voltaire (*Sophonisbe*, 1770) et Vittorio Alfieri (*Sophonisbe*, 1789).

SOREL Agnès. Française (Fromenteau, Touraine, v. 1422 - château du Mesnil, Normandie, 11 février 1450). Charles VII résidait en 1443 à la cour de Lorraine où la belle Agnès Sorel était dame d'honneur d'Isabelle, femme de René d'Anjou. Il s'éprit de cette «assez jolie garce» (Thomas Basin), fit sa conquête et l'emmena à sa suite. Elle devint la première maîtresse reconnue officiellement d'un roi de France, ce qui souleva contre elle les dames de la cour et même le peuple. Charles VII lui donna la seigneurie de Beauté-sur-Marne, d'où son nom, dit-on, de «Dame de Beauté», titre qu'elle méritait amplement par ses seules charmes. Elle donna quatre filles au roi, qui furent toutes légitimées. Elle fut somptueusement installée au château de Loches et comblée de richesses par le roi qui ne pouvait se passer de sa présence.

Voltaire et Michelet, après Brantôme, en font la bonne étoile du roi. Si son influence n'a pas été aussi déterminante que la tradition le laisse entendre, le «règne» d'Agnès Sorel correspond à la reconquête de la Normandie par Charles VII, à qui elle sut redonner confiance. Elle soutint les plus fidèles serviteurs de la couronne: le sénéchal Pierre de Brézé, Richemont, Étienne Chevalier, les frères Bureau et surtout le grand argentier Jacques Cœur qui finança les expéditions royales. Elle combla de bienfaits la collégiale Notre-Dame de Loches, se réconciliant ainsi avec le clergé. Malgré une grossesse très avancée, les mauvais chemins et l'hiver normand, elle partit en 1450 rejoindre le roi en campagne. Elle ne se remit pas de ses couches et mourut le 11 février au château du Mesnil, près de Jumièges, vraisemblablement d'une fièvre puerpérale. Sa disparition en pleine jeunesse laissa croire à un empoisonnement: la favorite ne manquait pas d'ennemis, au premier chef le dauphin, futur Louis XI, qui n'avait jamais caché son hostilité envers elle. En l'absence de preuves, il ne fut pas inquiété.

Le peintre Jean Fouquet, auteur d'un beau portrait de Charles VII, l'a représentée sous les traits de *La Vierge à l'Enfant* sur un diptyque offert par Étienne Chevalier à l'église Notre-Dame de Melun, dont le premier panneau est conservé au musée d'Anvers et le second au musée de Berlin. Le château de Loches possède son gisant. La perfection de ses traits et de son sein dénudé a été reproduite par maints graveurs.

RÉF.: P. Champion, *La Dame de Beauté*, Champion, 1931. J. Bourin, *La Dame de Beauté*, La Table ronde, 1982. R. Philippe, *Agnès Sorel*, Hachette, 1983.

SOREL Cécile (Céline Émilie Seurre, dite). Actrice française (Paris, 1873 - Trouville, 1966). À quinze ans «Bouboule» s'enfuit du couvent: son amie Yvette Guilbert* lui avait décroché un petit rôle aux Variétés. L'année suivante, elle fut une rayonnante Minerve (*Orphée aux enfers*, Offenbach) à l'Éden-Théâtre. On la vit au Vaudeville avec Réjane*, puis à l'Odéon en 1899. Élève de Delaunay, elle débuta à la Comédie-Française avec le siècle: elle y passa trente-deux ans. Elle joua *L'Aventurière* (Augier), *Tartuffe* (Molière), *Marion Delorme** (Hugo), *La Dame aux camélias* (Dumas fils), *La Mégère apprivoisée* (Shakespeare). Éternelle coquette, son grand rôle reste Célimène (*Le Misanthrope*, Molière). «Tous les grands hommes m'ont aimée», disait-elle: les souverains de ce monde venaient en effet apprendre chez elle la vie parisienne. «Je me suis éprise, je me suis méprise, je me suis reprise», confia Sorel en résumé d'une vie amoureuse pleine de folies. En 1926, elle épousait le comte de Ségur, bien plus jeune qu'elle. Pour la suivre, il monta sur les planches sous le nom de Guillaume de Saxe. On les surnomma «Saxe 30-60» et Rip, «la faux cil et le marteau».

À soixante ans, Cécile Sorel n'hésitait pas à mener la revue du Casino de Paris. Dans le *Grand Carrousel*, elle campait Agnès Sorel*, la Belle Ferronnière*, la Pompadour*, la Du Barry*. C'est elle qui lança, trébuchant sur une marche du monumental escalier de Drian, le fameux «L'ai-je bien descendu?», et Paul Guth de la décrire: «Un nez d'aigle, le port des statues de Versailles, c'est une Condé, une Bourbon, c'est un morceau de roi.» Veuve en 1945, elle abandonna la scène après d'innombrables adieux. Avec le panache qui la caractérisait, elle devint sœur tertiaire franciscaine. Elle a publié *La Vie amoureuse d'Adrienne Lecouvreur** (1925) et deux volumes de souvenirs, *Les Belles Heures de ma vie* (1946) et *La Confession de Célimène* (1949).

RÉF. : H. Pérol, *Cécile Sorel en toute simplicité*, France-Empire, 1979.

SOTIRA. Sage-femme grecque. Pline parle d'elle dans le XVIIIe livre de son *Histoire naturelle* et indique un des moyens qu'elle employait pour guérir les fièvres tierces et quartes, à savoir frotter la plante des pieds du malade avec un morceau d'étoffe trempé dans le sang maternel. Sotira, toujours d'après Pline, prétendait que ce remède était également propre à faire cesser les accès des épileptiques. On pense, mais sans certitude, que Sotira est l'auteur du manuscrit conservé à la bibliothèque de Florence et intitulé *Gynaecia*.

SOUBIRAN Marie-Thérèse de. Voir MARIE-THÉRÈSE DE SOUBIRAN, bienheureuse.

SOUBIROUS Bernadette. Voir BERNADETTE SOUBIROUS, sainte.

SOUBISE Anne de Rohan, née de Rohan-Chabot, princesse **de**. Française (1648 - Paris, 1709). Elle épousa son cousin François de Rohan, prince de Soubise, en 1663, et devint peu après dame du palais, grâce à Mme de Chevreuse*. Selon Saint-Simon, «une fois à la cour, sa beauté fit le reste». Pendant dix ans, elle fut la maîtresse la plus secrète et la plus avide de Louis XIV et amassa une fortune considérable. Elle eut l'habileté d'éviter de se faire une ennemie de Mme de Maintenon* qui, après son mariage morganatique avec le roi en 1684, s'engagea auprès de la princesse à la servir auprès du roi à la seule condition qu'elle rompe définitivement avec lui. Son mari, lui aussi semble-t-il très attaché à ses intérêts, «fit toujours semblant de ne se douter de rien». Elle lui donna onze enfants et mourut des suites du régime excessif qu'elle s'imposait pour conserver sa beauté.

SOUSLOVA Pauline. Russe (1841-1915). Elle admirait passionnément l'œuvre de Dostoïevski lorsqu'elle le rencontra pendant l'hiver 1862-1863. Si elle fut le grand amour de l'écrivain qui était marié, leur liaison n'en resta pas moins brève et orageuse. Elle s'installa à Paris, s'enticha d'un Espagnol, Salvador, et écrivit à Dostoïevski de ne pas venir la rejoindre comme ils en avaient convenu. Quelques mois plus tard, elle le suppliait de la rejoindre, ce qu'il fit en août 1863. En septembre, ils partaient pour l'Italie. Ils séjournèrent à Baden-Baden où ils rencontrèrent Tourgueniev puis allèrent à Turin et Genève. Ce fut ensuite Gênes, Rome, Livourne, Naples. De retour à Turin, ils se séparèrent. Devenu veuf en 1864, Dostoïevski renoua avec sa maîtresse un an plus tard et lui proposa de l'épouser. Elle, sans doute lassée par cet homme difficile à vivre, refusa.

SOUZA-BOTHELLO Adélaïde, née Filleul, marquise **de**. Femme de lettres française (Paris, 14 mai 1761 - *id.*, 16 avril 1836). Elle passe pour avoir été la fille naturelle de Louis XV et d'une Mlle de Longré. Elle épousa en 1784 Nicolas Flahaut, chevalier de La Billarderie. L'année suivante, elle mit au monde un fils, Auguste, né de sa liaison avec Talleyrand, alors évêque d'Autun. Après l'exécution de son mari pendant la Révolution, la comtesse de Flahaut émigra en Angleterre avec son fils, revint à Paris au début du Consulat où elle épousa en 1802 le marquis José-Maria de Souza-Bothello, ambassadeur du Portugal en France. En Angleterre, elle avait écrit des livres pour subvenir à ses besoins: *Adèle de Senanges* (1794), *Émilie et Alphonse* (1799). Elle poursuivit ses activités littéraires publiant des romans inoffensifs mais qui connurent une certaine vogue, comme *Eugène de Rothelin*

(1808) ou *Mademoiselle de Tournon* (1820). Son fils Auguste, que Flahaut avait reconnu, lui permettant de porter son nom puis son titre, devint général d'Empire et se signala par son zèle pour Napoléon. Il fut l'amant de la reine Hortense (Hortense* de Beauharnais), à laquelle il donna un fils en 1811, le futur duc de Morny.

SPASENIJA-CANA Babovic. Femme politique yougoslave (née en 1907). Elle est l'une des femmes les plus populaires de Yougoslavie. Née dans une famille modeste, elle dut gagner sa vie très jeune comme ouvrière dans des filatures. Ardente propagandiste des idées libérales, elle adhéra en 1928 au parti communiste et connut à plusieurs reprises la prison. Sous l'occupation allemande, elle fut arrêtée à Sarajevo et torturée par la police hitlérienne. Après la victoire des Alliés, elle fut nommée membre du Comité central du parti communiste yougoslave (1949) et fit partie du gouvernement dans lequel elle occupa le siège de ministre de la Santé puis celui de ministre de la Politique sociale et de la Santé publique où son action fut très remarquée. Élue député et vice-président du gouvernement de Serbie, elle poursuivit son activité au sein du parti communiste dont elle fut l'un des membres les plus influents au Comité central.

SPELTERINI Maria. Funambule italienne d'origine allemande (Berlin, 1850 - [?]. Fille naturelle du peintre allemand Zindell qui l'abandonna à sa naissance et ne voulut jamais la reconnaître, elle fut recueillie en 1850 par les Spelterini, une famille du cirque qui lui donna son nom. Ils l'initièrent aux exercices d'équilibre sur la corde. Elle fit de rapides progrès et se fit bientôt connaître par son audace à exécuter des numéros à une grande hauteur. Elle se rendit célèbre en juillet 1876 en traversant en onze minutes les chutes du Niagara. Pour rendre l'entreprise plus difficile, elle s'était attaché aux chevilles deux poids de quinze kilos. Plusieurs équilibristes avaient réussi cet exploit avant elle, dont le funambule Blondin en 1859. Elle est la seule femme à y être parvenue.

SPESSIVTSEVA ou SPEVISSA Olga. Danseuse américaine d'origine russe (Rostov, 18 juillet 1895 - New York, 26 septembre 1991). « Plus fine et plus pure que Pavlova* », jugeait Serge de Diaghilev, et personne ne conteste aujourd'hui qu'elle fut la plus grande danseuse romantique du XXe siècle. Formée à l'École impériale de Saint-Pétersbourg, elle débuta en 1913 au Théâtre-Marie (futur Kirov) où elle fut promue soliste trois ans plus tard. Parée d'une grâce et d'une beauté exceptionnelles, styliste incomparable, elle obtint immédiatement la préférence du public et la faveur des critiques. Pour elle, la danse restait le ballet classique : à Fokine qui lui demandait de créer un rôle elle répondit : « Je ne comprends pas votre style. » Engagée par Diaghilev pour sa tournée en Amérique, elle dansa avec Nijinski *Le Spectre de la rose*. Rentrée en Russie en pleine révolution, elle reprit sa place au Théâtre-Marie. Première ballerine en 1918, elle dansa les rôles principaux des grands ballets : *Esmeralda* (Perrot), *Giselle* (Gautier et Coralli). Interprète bouleversante de Giselle, elle s'était rendue dans un asile d'aliénés pour observer les malades : la composition qu'elle en fit reste unique dans l'histoire, et prémonitoire quant à son destin. C'est à peine si on la voyait toucher le sol, elle était transparente, spectrale, tour à tour tendre et mélancolique. Invitée à Londres par Diaghilev en 1921, elle y dansa *La Belle au bois dormant* (M. Petipa) et remporta un succès triomphal. De retour à Petrograd, après une maladie, elle ne cessa de travailler son art avec Agrippina Vaganova*.

Déçue par le régime communiste, elle quitta la Russie en 1923. On la vit danser à Buenos Aires, puis à l'Opéra de Paris entre 1924 et 1932. Au lever de rideau de la première de *Giselle*, son vêtement modeste déçut, mais bientôt, en coulisse, on pleurait de la voir danser. Elle créa *Soir de fête* (Staats, 1925), *Les Rencontres* (Nijinska*, 1925), *Salomé* (Guerra, 1930), *Créatures of Prometheus* (Guerra, 1930), *Bacchus et Ariane* (Lifar, 1931). En 1927, elle signa un contrat avec Diaghilev. Créatrice de *La Chatte* (Balanchine, 1927) à Monte-Carlo, elle retrouva l'Opéra de Paris puis Buenos Aires avec Fokine en 1932. En 1934, elle s'embarqua pour l'Australie avec les Ballets russes classiques, l'ancienne formation d'Anna Pavlova*. Elle ressentit alors les premières atteintes de la folie. Elle se produisit encore à la London Camargo Society et à l'Opéra-Comique. Olga Spessivtseva donna sa soirée d'adieux au théâtre Colón en 1939 et s'installa dès le début de la guerre aux États-Unis. Elle fut internée dans une maison de santé non loin de New York où elle vécut en marge du monde le restant de ses jours. Elle ne fonda jamais d'école mais créa sa légende. À qui lui rendait visite, elle confiait: « Je suis encore dans un demi-rêve, je ne puis pas me réveiller. »

SPINELLY Andrée (dite Spi). Artiste de music-hall française (Paris v. 1885 - [?]). Elle débuta en 1900 au Moulin-Rouge et joua avec succès dans les revues de Rip où elle fut la partenaire de Raimu. Maurice Chevalier qui l'avait vue au Casino de Montmartre ne tarissait pas d'éloges sur cette gosse de seize ans, faite au moule, au petit nez en l'air, au ravissant visage encadré de magnifiques cheveux noirs. Spinelly fit une brillante carrière au music-hall: on l'applaudit à l'Européen, à l'Étoile, à La Cigale ainsi qu'au théâtre des Capucines.

SPYRI Johanna. Écrivain. Suisse (1827-1901). *Heidi*, qui du vivant de l'auteur connut un succès sans précédent dans l'histoire de la littérature enfantine de langue allemande, a survécu malgré les années et continue de se lire et d'inspirer films et feuilletons. Johanna Spyri laisse une œuvre abondante pour enfants, réunie en seize volumes: *Geschichten für Kinder und auch für solche, welche die Kinder lieb haben* (1879-1895).

STAAL Marguerite Jeanne, née Cordier de Launay, baronne **de**. Femme de lettres française (Paris, 30 août 1684 - Gennevilliers, 16 juin 1750). Elle ne connut pas son père, peintre qui dut s'expatrier en Angleterre pour une raison inconnue. Sa mère, née de Launay ou Delaunay, lui fit porter son nom. Recueillie dans un couvent, elle s'attira l'intérêt de la supérieure par sa vive intelligence et son ardeur à l'étude. À la mort de celle-ci en 1710, elle entra comme femme de charge au service de la duchesse du Maine. Un jour que la duchesse avait à écrire une lettre à Fontenelle, elle chargea Marguerite de Launay de le faire à sa place. Elle s'en acquitta avec tant d'esprit que la duchesse en fit sa lectrice et sa secrétaire, tout en l'encourageant à écrire pour le théâtre du château de Sceaux où toutes deux résidaient. C'est ainsi qu'elle composa *L'Engouement* et *La Mode*. En 1718, la duchesse du Maine entraîna sa confidente dans la conspiration de Cellamare contre le Régent, ce qui valut à cette dernière de passer deux ans à la Bastille où, écrivait-elle:

> Ma vie était douce et tranquille; j'y trouvais plus de liberté que je n'en avais perdu.

En 1734, sa protectrice lui fit épouser le baron de Staal, capitaine aux gardes suisses du duc du Maine, avec lequel elle vécut dans sa maison de Gennevilliers. Elle y rédigea ses *Mémoires* (4 vol., 1755) où elle peint sans complaisance le milieu de la cour de Sceaux avec un tel sens de l'observation et de la psychologie que Sainte-Beuve l'a comparée à La Bruyère. Ses lettres à son amie Mme Du Deffand* et au chevalier de Ménil, publiées avec ses *Mémoires*, décrivent la société de la Régence et contiennent des portraits piquants.

STADE Frederica von. Mezzo-soprano américaine (née à Somerville, New Jersey, le 1er juin 1945). C'est à l'âge de vingt ans, après avoir été vendeuse chez Tiffany, qu'elle décida de devenir chanteuse et elle suivit les cours de Sebastian Engelbert au Hannes College of Music de New York. Engagée au Metropolitan Opera de New York en 1970, elle y chanta une vingtaine de rôles mineurs puis vint à Paris en 1973, où elle interpréta avec succès Chérubin (*Les Noces de Figaro*, Mozart), à l'Opéra, dans la mise en scène de Giorgio Strehler. Dans ce même rôle, elle triompha à Glyndebourne, puis à Salzbourg sous la direction de Herbert von Karajan. En 1975, elle débuta à Covent Garden en Rosine (*Le Barbier de Séville*, Rossini), et l'année suivante au festival de Hollande dans le rôle d'Octavian (*Le Chevalier à la rose*, R. Strauss). À Paris, elle chanta Cendrillon (*Cendrillon*, Rossini) et Mélisande (*Pelléas et Mélisande*, Debussy) dans la mise en scène de Jorge Lavelli, rôle qu'elle enregistra avec Karajan, et qu'elle chanta à la Scala en 1985.

STAËL Mme de (Anne-Louise-Germaine Necker, baronne de Staël-Holstein, dite). Femme de lettres suisse (Paris, 1766 - *id.*, 1817). Fille du célèbre banquier genevois Jacques Necker, ministre de Louis XVI, et de Louise Necker*, protestante vaudoise, elle connut dans le salon de sa mère toutes les célébrités de l'Ancien Régime: Grimm, Raynal, Marmontel, Gibbon. À quinze ans, elle faisait figure de petit prodige, commentant *L'Esprit des lois*, composant éloges et portraits à la mode du temps. De ses vingt ans date un important drame en vers, *Sophie ou les Sentiments secrets*. En 1786, elle accepta la demande en mariage du baron de Staël-Holstein, ambassadeur de Suède à la cour de France, de dix-sept ans son aîné. Elle le quitta bientôt pour M. de Talleyrand puis pour M. de Narbonne, dont elle eut deux fils, Auguste, né en 1790, et Albert, né en 1792. Narbonne rompait avec la spirituelle actrice Mlle Contat* qui s'écria, comme Mme de Staël souffrait d'acné, qu'il lâchait «la rose pour le bouton».

Pendant la Révolution, Mme de Staël, aux vues politiques hardies, rêva de jouer un rôle. Elle réunit dans son salon les royalistes constitutionnels et fut bientôt la cible des railleries des républicains comme de la noblesse, Rivarol en tête. Ses négociations s'écroulèrent devant les événements de 1792. À l'issue des massacres de Septembre, Narbonne fut l'objet d'un mandat d'arrêt et partit pour l'Angleterre, tandis que Mme de Staël, craignant pour sa propre vie, rejoignait ses parents à Coppet, sur le lac Léman. C'est là qu'elle rencontra Benjamin Constant en 1794 qui n'avait pas encore épousé Charlotte Constant*. Il s'ensuivit une liaison d'une quinzaine d'années, dont les orages et la longue servitude sont analysés dans *Adolphe*. Sous le Directoire, Mme de Staël put fréquemment retourner à Paris, exaltant la république en compagnie de Barras et de Sieyès qu'elle admirait. Le 18 brumaire vint mettre fin à son crédit: Bonaparte n'aimait pas cette femme par trop envahissante, dont les assiduités s'étaient retournées en critiques. Ses ouvrages déplurent: *De la littérature* (1800) allait à l'encontre de la réaction monarchique et catholique caractéristique du Consulat, *Delphine* (1803) fut jugée «immorale». Tandis que Benjamin Constant était expulsé du Tribunat, Mme de Staël se voyait assigner à résidence à quarante lieues de Paris.

> J'essayais de me monter par la fierté, se rappelle-t-elle, mais je sentais la griffe dans mon cœur... Cette vie errante, à quatre pas de mes amis et de ma demeure me causait une douleur que je ne puis me rappeler sans frissonner.
>
> *(Dix Années d'exil)*

L'hostilité de Napoléon, qu'elle lui rendit bien, eut des conséquences importantes sur la vie et l'œuvre de Mme de Staël. Elle devint l'une des figures majeures de la résistance à la tyrannie, tenant à Coppet une véritable cour qu'on désignait comme les « États généraux de l'opinion européenne ». Les étrangers venaient admirer ses joutes oratoires avec Benjamin Constant. Parmi le noyau des fidèles figuraient les Montmorency, le prince Auguste de Prusse, Schlegel, Sismondi, Sabran, le baron de Voght, Juliette Récamier* et Mme Vigée-Lebrun*, qui la représenta sous les traits de Corinne dans un tableau célèbre. Byron, qui habitait la villa Diodati à Genève, venait parfois à la nage. « Elle est forte, brunette, et son visage n'est pas à la lettre très beau ; mais on oublie tout dès que l'on voit ses yeux superbes... » écrit un témoin. Ajoutons à cela qu'elle était riche et généreuse. Son exil se solda en outre par de longs voyages : en 1803-1804, elle visita l'Allemagne où elle rencontra Goethe et Schiller. Et c'est à Weimar qu'elle apprit la mort d'un père qu'elle chérissait. D'Italie, elle rapporta les éléments de son roman, *Corinne* (1807). Ce fut son plus grand succès, mais le gouvernement vit dans l'ouvrage un « défaut de patriotisme ». Mme de Staël se risqua à venir à Paris : « C'est une véritable peste », se plaignit l'Empereur à Cambacéres. Sa vindicte s'étendit aux amis, Montmorency et Mme Récamier furent exilés. Un nouveau séjour en Allemagne permit à Mme de Staël de mettre le point final aux deux volumes d'un essai dont elle surveilla l'impression à Blois : peine perdue, *De l'Allemagne* fut saisi par Fouché et mis au pilon. L'ouvrage parut trois ans plus tard en Angleterre.

À quarante ans passés, Mme de Staël vivait une liaison avec un officier de vingt-cinq ans, John de Rocca. En 1812, après la naissance d'un fils, elle parcourut la Russie et la Suède. On dit que ses discussions avec le tsar Alexandre et Bernadotte eurent une grande part dans leur décision d'abattre Napoléon, qu'elle défendit pourtant en 1814. À la Restauration, elle voulut revoir Paris. Découragée par les divisions politiques qui éloignaient ses amis, elle revint souffrante et s'installa rue Royale. En 1816, elle épousa Rocca et fit son testament. Frappée par une crise de paralysie, elle gardait le lit lorsque Chateaubriand lui rendit visite. Elle était minée par la gangrène et l'opium. L'écrivain vit dans la ruelle « quelque chose se lever blanc et maigre » : c'était Rocca, poitrinaire, qui la suivit dans la tombe. Les enfants de cette femme ardente publièrent après sa mort ses *Considérations sur la Révolution française* (1818) et *Dix Années d'exil* (1821).

RÉF : Gh. de Diesbach, *Madame de Staël*, Perrin, 1983. H. Guillemin, *Madame de Staël et Napoléon*, Le Seuil, 1987.

STAGEL Elsbeth. Mystique suisse (Zurich, ? - monastère de Töss, 1360). Elle doit surtout sa renommée à la biographie qu'elle écrivit de Heinrich Suso, le célèbre mystique de Constance, dont elle fut un des disciples. On lui doit également divers ouvrages religieux et une *Vie des sœurs de Töss*, suite de biographies des religieuses du monastère de Töss écrites dans une langue claire qui la placent à un rang éminent parmi les écrivains de langue allemande du XIVe siècle. Elsbeth Stagel s'était retirée au monastère de Töss où elle mourut.

STANHOPE Hester Lucy, lady. Voyageuse anglaise (Chevening, Kent, 1776 - Djounié, Liban, 1839). Elle est passée à la postérité comme l'une de ces dames « excentriques » dont l'Angleterre a le secret. Nièce du fameux William Pitt, elle fit sa conquête par sa bonne humeur et sa force de caractère. « Je lui laisse faire ce qu'elle veut : elle pourrait se mesurer au diable lui-même ! » disait-il. Elle partagea entre seize et vingt ans les confidences et les affaires de l'homme d'État, qu'elle ne suivait pas pour autant dans ses opinions politiques : de son père, elle avait hérité une grande admiration pour la Révolution française et l'œuvre de Bonaparte. À la mort de Pitt en 1806, elle perdit tout crédit et vit réduire son train de vie à une pension de 1 200 livres. En 1810, elle s'embarqua pour l'Orient, pour n'en jamais revenir. Elle rencontra à Malte le jeune et beau Michael Bruce : les amants voyagèrent en Grèce et en Égypte, visitèrent Palmyre et Jérusalem avant de se séparer en 1814. Lady Stanhope élut domicile à Djounié au Liban, dans les ruines d'un couvent dont elle fit une forteresse.

Adoptant les coutumes des Druses, elle se déplaçait à cheval, s'habillait de leurs vêtements et fumait le narguilé. Servie par une trentaine de valets, entourée d'animaux, elle exerçait un chimérique empire sur les populations arabes et tenta de les révolter contre l'autorité britannique. Elle les protégea de son mieux contre les troupes égyptiennes d'Ibrahim-Pacha, et lors de la bataille de Navarin (1827), les Européens se réfugièrent chez elle. « Renouvelant, écrit Chateaubriand, l'histoire des princesses d'Antioche et de Tripoli », elle devint célèbre et une véritable curiosité pour les voyageurs. Versée dans les sciences occultes, vénérée comme une prophétesse, lady Stanhope recevait coiffée d'un turban, étourdissant le visiteur de sa conversation. Elle étonna Lamartine, qui la vit en 1832. Malgré la compagnie du physicien Meryon, ses dernières années furent difficiles. En 1838, la reine Victoria* suspendit sa pension pour payer ses créanciers. Lady Stanhope se retrancha dans sa dignité. Elle mourut dans la misère, abandonnée de tous. On retrouva son domaine entièrement pillé : seuls les parures et les bijoux qui revêtaient son corps avaient été épargnés.

RÉF. : Lamartine, *Voyage en Orient*, 1835. Ch. Meryon, *Travels ans Memoirs of Lady Stanhope*, 1845.

STANWYCK Barbara (Ruby Stevens, dite). Actrice américaine (New York, 1907-1990). Élevée dans un milieu populaire de Brooklyn, elle eut une enfance difficile. Adolescente, elle exerça divers métiers : vendeuse dans des grands magasins, standardiste, avant de se produire, à seize ans, comme danseuse dans les Ziegfeld Follies. Vite remarquée pour sa beauté et sa personnalité, on lui offrit les premiers rôles à Broadway, notamment dans *The Noose*, où elle adopta le pseudonyme de Barbara Stanwyck. En 1927, la Columbia et la Warner l'engagèrent. Ses premiers films, *Locked Door* (Fitzmaurice, 1929) et *Mexicali Rose* (Kenton, 1929), ne furent guère convaincants, mais Frank Capra, alors à ses débuts, pressentit ses qualités d'actrice et la choisit pour être la vedette de *Ladies of Leisure* (1930). Le film remporta un grand succès, assurant la carrière de Barbara Stanwyck et de Frank Capra. En quelques années, elle tourna avec les plus grands metteurs en scène et aborda des rôles avec un égal bonheur : *Miracle Woman* (Capra, 1931), *Amour défendu* (Capra, 1932), *So Big* (Wellman, 1932), *La Gloire du cirque* (Stevens, 1935), *Révolte à Dublin* (Ford, 1936), *His Brother's Wife* (Van Dyke, 1936), *L'Homme de la rue* (Capra, 1941). Elle fut tour à tour une missionnaire amoureuse, une cynique prédicatrice, une fermière intraitable, une Irlandaise courageuse, une strip-teaseuse, une fille des rues.

Barbara Stanwyck fut également la reine de films noirs: *Assurance sur la mort* (Wilder, 1944), *The Strange Love of Martha Yvers* (Milestone, 1946), *Thelma Jordan* (Siodmak, 1949), *Les Furies* (Mann, 1950), *Le démon s'éveille la nuit* (Lang, 1952), et l'héroïne de nombreux westerns: *Pacific Express* (DeMille, 1939), *La Reine de la prairie* (Dwan, 1954), *Le Souffle de la violence* (Maté, 1955), *La Horde sauvage* (Kane, 1956), *Trooper Hook* (Warren, 1957), *Forty Guns* (Fuller, 1957). Elle fut pendant plus de trente ans l'une des plus grandes stars d'Hollywood. Elle a marqué de son étrange beauté et de sa personnalité tous les personnages qu'elle a incarnés, leur donnant une dimension n'atteignant jamais la démesure. À partir de 1962, elle s'est consacrée presque exclusivement à la télévision, remportant également des succès éclatants. Sa filmographie est l'une des plus importantes et des plus brillantes du cinéma américain.

STARK Freya. Femme de lettres et voyageuse anglaise (1893-1968). Après avoir parcouru tout le Moyen-Orient, elle fut la première femme à obtenir l'autorisation de voyager seule à l'intérieur de l'Arabie, région interdite depuis longtemps aux Occidentaux. Écrivain de grand talent, elle a publié les récits de ses voyages dans lesquels sa verve et l'abondance de ses informations ont enchanté ses lecteurs. Parmi ses livres qui ont remporté un extraordinaire succès et l'ont rendue célèbre, citons *See in the Hadramant* (1938), *A Winter in Arabia* (1940), *Letters from Syria* (1942), *Yncense* (1953) et une autobiographie, *The Freya Stark Story* (1953).

STATIRA. Princesse perse (IVe siècle avant J.-C.). Fille de Darius III Codoman, roi de Perse, elle fut faite prisonnière avec toute sa famille par Alexandre le Grand, après sa victoire sur Darius à la bataille d'Issos en 333. Les avis des historiens sont partagés sur les circonstances de sa mort. Certains affirment que Statira fut étranglée après la mort d'Alexandre, sur les ordres de Roxane* et de Perdiccas.

STAUDINGER Magda, née Woit. Scientifique allemande (née à Elwa, Estonie, en 1902). Fille d'un diplomate letton, elle voyagea en Allemagne, en Suisse, en Hollande et en Hongrie, avant d'étudier les sciences naturelles à l'université de Berlin. Elle devint ensuite l'assistante du professeur Malta au laboratoire de botanique de l'université de Riga. En 1927, elle épousa le chimiste Herman Staudinger qui obtint le prix Nobel de chimie en 1953. Collaborant avec son mari, elle étudia avec lui la chimie macromoléculaire sur laquelle se fondera plus tard la biologie moléculaire. Ils se servirent à cette fin d'un microscope à contraste de phase ultraviolet et du microscope électronique dont ils disposaient à l'institut de chimie de Fribourg. Elle a publié de nombreux articles, seule ou en collaboration avec son mari, *Makromolekulare Chemie und Biologie* (1947), *Molekulkolloide und lebende Materie* (1954), *Die Makromolecular Chemie und ihre Bedeutung für die Protoplasmaforschung* (1954), *Das Lebensproblem im Licht makromolecular Forschung* (1956).

STECHER Renate. Athlète. Allemande de l'Est (née à Suptitz en 1950). Elle fut la première femme à courir le 100 m en moins de 11 secondes (10 s 8/100). Cet exploit fut réalisé à Dresde en 1973. Venue tôt à l'athlétisme, elle courait déjà à quinze ans le 100 m en 12 s 7/100 et fut championne d'Europe junior en 1968 à Leipzig. En 1970, elle battit le record du monde du 100 m (11 s) et, aux jeux Olympiques de

Munich (1972), elle remporta deux médailles d'or: le 100 m (11 s 7/100) et le 200 m (22 s 40/100, record mondial). Aux jeux Olympiques de Montréal (1976), elle obtint une nouvelle médaille d'or dans le relais 4 × 100 m. Son palmarès est l'un des plus brillants de l'athlétisme féminin: trois titres olympiques et huit médailles d'or aux championnats d'Europe.

STEIN Charlotte-Albertine, née von Schardt, baronne **von**. Allemande (Eisenach, 1742 - Weimar, 1827). Elle épousa en 1764 le baron von Stein, grand écuyer du duc de Weimar, et fut l'une des dames d'honneur de la duchesse. Goethe la rencontra à la cour en 1776, lorsqu'il fut appelé par le duc, et fut séduit par son charme et sa culture. Elle inspira une grande passion au poète, passion qui resta cependant platonique car la baronne, âgée de trente-trois ans et mère de sept enfants, était une femme de devoir. Leur liaison, toute spirituelle, dura près de quatorze ans, et ils échangèrent une importante correspondance qui a été publiée. Ils cessèrent toute relation en 1789. La baronne von Stein, idéalisée dans l'œuvre de Goethe, est le modèle de Charlotte dans les *Affinités électives* (1808) et celui de Nathalie dans *Les Années d'apprentissage de Wilhelm Meister* (1796).

STEIN Édith. Philosophe allemande (Breslau, 12 octobre 1891 - camp de concentration d'Auschwitz, août 1942). Elle fit ses études à l'université de Göttingen et de Fribourg-en-Brisgau où elle devint l'élève puis l'assistante de Husserl. Elle passa sa thèse sous sa direction en 1916. Juive élevée dans un milieu très pratiquant, elle se convertit au catholicisme en 1922 et enseigna dans un collège de dominicaines, à Spire, de 1923 à 1931. En 1934, elle entra au couvent des carmélites de Cologne-Lidenthal. C'est là qu'elle écrivit son livre majeur, *Être fini, Être infini*, où elle tente une synthèse entre le thomisme et la phénoménologie de Husserl dont elle était imprégnée. Craignant d'être un danger pour sa communauté à cause des persécutions nazies, elle demanda à changer de couvent et fut envoyée en 1938 à Echt, aux Pays-Bas. Elle y rédigea *Science de la Croix* qui est une interprétation moderne de la mystique de saint Jean de la Croix. Elle n'eut pas le temps d'achever son travail: arrêtée par la Gestapo le 2 août 1942, elle fut déportée à Auschwitz où elle mourut peu après son arrivée. Son œuvre a été publiée en Allemagne en 1950.

RÉF. : R. Guilead, *De la phénoménologie à la science de la Croix: l'itinéraire d'Édith Stein*, Nauwelaerts, 1974.

STEIN Gertrude. Femme de lettres américaine (Alleghany, Pennsylvanie, 1874 - Neuilly-sur-Seine, 1946). Issue d'une famille israélite autrichienne, elle passa une partie de son enfance à Vienne et à Paris, puis son adolescence à Oakland et à San Francisco: elle y fut l'élève, au Radcliff College, du philosophe William James qui lui enseigna la psychologie; elle entreprit ensuite des études de médecine. En 1903, elle s'installa à Paris où elle resta jusqu'à sa mort, vivant d'abord avec son frère Léo, puis avec sa compagne, Alice B. Toklas. Son salon de la rue de Fleurus fut un point de rencontre artistique pour de nombreux écrivains des années 20, comme Scott Fitzgerald ou Ernest Hemingway: elle les surnomma « la génération perdue » après s'être brouillée avec Hemingway resté longtemps son ami. Fréquentèrent aussi ce salon nombre d'écrivains et artistes français comme Max Jacob, Jean Cocteau, Braque, Matisse, Picasso. Influencée par son frère Léo, elle devint le mécène de peintres dont elle pressentit le talent et collectionna les œuvres comme celles de Juan Gris qu'elle fit connaître en France et aux États-Unis.

Elle fut une novatrice dans le domaine

littéraire, écrivant dans un style et une langue très particuliers, ne se servant que du présent et supprimant la ponctuation. Avec *Trois Vies* (1909), œuvre réaliste et sensible, elle devint un des écrivains américains de premier plan. *Tendres Boutons* (1914) révèle l'évolution de son style que l'on qualifia souvent de «cubiste», et sa rupture avec tout espèce de genre littéraire. Sa collection d'œuvres d'art (Cézanne, Picasso, Gris, etc.) constituée à partir de 1904, fut dispersée en 1967, à la mort d'Alice B. Toklas, son usufruitière. Outre les œuvres mentionnées, on lui doit: *Lucy Church Amiable* (1931), *Comment écrire* (1932), *Matisse, Picasso, and Gertrude Stein*, *L'Autobiographie d'Alice B. Toklas* (1933), *Quatre saints en trois actes*, *Américains d'Amérique* (1934), *L'Histoire géographique des États-Unis ou la Relation de la nature humaine avec l'esprit humain* (1936), *Picasso, l'autobiographie de tout le monde* (1938) et *Quatre en Amérique* (1947).

RÉF.: D. Sutherland, *Gertrude Stein*, Gallimard, 1973.

STEINEM Gloria. Féministe américaine (née en 1935). Elle débuta comme journaliste et se fit remarquer par la véhémence avec laquelle elle défendit dans ses articles les droits de la femme dans la société moderne. En 1971, elle créa une association, la Women's Action Alliance, encouragea et participa à la «grève des femmes». Gloria Steinem publia en 1972, dans le magazine féminin *MS*, un violent manifeste engageant les femmes à participer à l'action politique partout où elles pourraient le faire et obtint un succès considérable. Farouche adversaire du mariage, elle est restée célibataire.

STEINHEIL Meg (Marguerite, dite), née Japy. Française (Beaucourt, près de Belfort, 1869 - Hove, Sussex, 1954). Elle épousa en 1890 le peintre Adolphe Steinheil et mena une vie mondaine intense. En 1897, elle devint la maîtresse du président de la République, Félix Faure, qui mourut d'une crise d'apoplexie dans ses bras en 1899. Le scandale fut mémorable, et l'anecdote forgée à ce moment-là était sur toutes les lèvres. Le prêtre venu administrer Félix Faure ayant demandé s'il avait encore sa connaissance, l'appariteur lui aurait répondu: «Elle vient de sortir par la porte de derrière.» Meg Steinheil fut ensuite mêlée à un fait divers retentissant. Le 31 mai 1908, on la trouva ligotée sur son lit, chez elle impasse Ronsin, avec à ses côtés son mari et sa mère assassinés. Inculpée, elle fut finalement acquittée au terme d'un procès qui passionna la France entière. L'affaire ne fut jamais élucidée. Elle s'installa en Angleterre, y publia ses *Mémoires* en 1912 et se remaria en 1917 avec lord Robert Scarlett.

RÉF.: A. Lanoux, *Madame Steinheil, ou la Connaissance du président*, Grasset, 1985.

STEPHENSON Marjorie. Biochimiste anglaise (1885-1948). Docteur ès sciences de l'université de Cambridge, spécialisée en microbiologie, elle travailla en 1912 avec l'équipe de R.H.A. Flimmer, à l'université de Londres. Après la guerre qui la vit servir dans la Croix-Rouge, en France et à Salonique, elle retourna à Cambridge et participa aux recherches de F.G. Hopkins. Elle y fit des découvertes fondamentales sur le métabolisme des bactéries et le rôle des enzymes. Membre de diverses sociétés savantes, elle fut en 1945 l'une des premières femmes élues à la Royal Society. Elle laisse de nombreuses publications dont *Bacterial Metabolism* (1929).

STERN Daniel. Voir AGOULT Marie d'.

STICH-RANDALL Teresa. Soprano américaine (née à West Hartfort, Connecticut, le 24 décembre 1927). À onze ans, elle entra à l'école de musique de sa ville natale, à quinze ans, elle chanta Aïda (*Aïda*, Verdi) et commença sa carrière comme soliste dans des églises. En 1945, elle s'inscrivit à l'université Columbia de New York, créa le rôle de Gertrude Stein* dans *Notre mère à tous* (Thomson, 1947) et celui d'Evangeline (*Evangeline*, Luening, 1948). Toscanini l'engagea à la NBC pour chanter la Prêtresse (*Aïda*, Verdi) et Nannetta (*Falstaff*, Verdi) en 1949-1950. En 1951, elle fut lauréate aux concours de chant de Lausanne et de Genève; on l'entendit cette année-là à Florence dans *Oberon* (Weber). Après une saison à Bâle (1952), elle fut invitée au festival de Salzbourg et débuta à l'Opéra de Vienne dans *La Traviata* (Verdi). De 1953 à 1971, elle participa au festival d'Aix-en-Provence où elle fut tour à tour Fiordiligi (*Così fan tutte*, Mozart), La Comtesse (*Les Noces de Figaro*, Mozart), Constance (*L'Enlèvement au sérail*, Mozart), Donna Anna (*Don Juan*, Mozart) et Pamina (*La Flûte enchantée*, Mozart), confirmant sa vocation mozartienne. Elle chanta également Gilda (*Rigoletto*, Verdi) à Chicago, en 1955, et débuta au Metropolitan Opera de New York en Fiordiligi (*Così fan tutte*, Mozart) en 1961. Toutes les grandes scènes lyriques l'ont accueillie: l'Opéra de Paris à partir de 1960, la Scala de Milan en 1963 où elle chanta dans *Ali Baba* (Cherubini). Elle interprète avec un égal bonheur Mozart et Richard Strauss et chante volontiers Bach, Haendel et Schubert, servie par une voix d'une pureté cristalline, un sens de la comédie et une exceptionnelle intelligence des textes. Elle a fait une importante carrière dans le lied et fut en 1962 la première Américaine à obtenir le titre de *Kammersängerin* en Autriche.

STIGNANI Ebe. Mezzo-soprano italienne (Naples, 11 juillet 1904 - Imola, 5 octobre 1974). Remarquée au conservatoire de Naples par le directeur du San Carlo alors qu'elle faisait ses études, elle fut engagée immédiatement. Elle y débuta en 1925 avec Amnéris (*Aïda*, Verdi). Toscanini l'appela aussitôt à la Scala, où elle interpréta Eboli (*Don Carlos*, Verdi) en décembre 1926. Elle fut, dès lors, la mezzo vedette de ce théâtre jusqu'en 1956. Invitée sur toutes les plus grandes scènes lyriques du monde, la splendeur et la puissance de sa voix ont profondément marqué son époque. Son répertoire comprenait une soixantaine de rôles allant de Dalila (*Samson et Dalila*, Saint-Saëns) à Ortrud (*Lohengrin*, Wagner) et Brangaine (*Tristan et Isolde*, Wagner), d'Orphée (*Orphée*, Gluck) à l'héroïne de *L'Italienne à Alger* de Rossini; elle excellait également dans les rôles dramatiques comme Azucena (*Le Trouvère*, Verdi), Santuzza (*Cavalleria rusticana*, Mascagni), Ulrica (*Un bal masqué*, Verdi) et Adalgisa (*Norma*, Bellini). Elle donna sa représentation d'adieux, à Londres, en 1958, en Azucena (*Le Trouvère*, Verdi).

STOFFELS Hendrickje. Néerlandaise ([?] - Amsterdam, 1662). Née dans une modeste famille de paysans, elle entra comme servante chez Rembrandt en 1645 pour s'occuper du fils du peintre, Titus, qu'il avait eu de sa première femme Saskia Van Uylenburch*. Rembrandt fit d'Hendrickje sa compagne mais ne l'épousa pas, ce qui aggrava l'impopularité qu'avait provoquée l'adhésion du peintre à la secte des anabaptistes. Elle lui donna une fille en 1654, Cornélie, qui mourut en bas âge comme les enfants que le peintre avait eus de son union avec Saskia dont seul Titus survécut. Rembrandt, qui avait connu un succès inouï jusqu'à sa fameuse *Ronde de nuit* (1642) qui marqua le début de sa défaveur auprès du public, avait vécu dans l'opulence jusqu'à cette époque. Il eut bientôt de graves difficultés financières et dut avoir recours à des prêteurs. De plus, son fameux tableau *Bethsabée* au bain* (1654, musée du Louvre), qui était un nu d'Hendrickje, fit scandale et fut taxée d'immoralité. Sa clientèle se faisant de plus en plus rare, ce fut, en 1657, la faillite, la liquidation de tous ses biens et l'effondrement de sa vie sociale.

Rembrandt et Hendrickje s'installèrent dans un modeste logis du quartier juif d'Amsterdam où ils tinrent un petit commerce d'estampes. C'est pourtant à partir de cette époque que Rembrandt produisit des chefs-d'œuvre parmi les plus beaux qu'il ait peints. En 1662, la mort d'Hendrickje fut une cruelle épreuve pour le peintre désemparé car elle avait été pour lui un soutien de tous les instants au cours de sa vie. Il lui survécut sept ans, abandonné de tous sauf de son fils Titus qui mourut un an avant lui. Après Saskia qui avait inspiré à Rembrandt le type de la femme heureuse, Hendrickje Stoffels, dont on connaît les traits par le portrait que le peintre fit d'elle en 1660 (musée de Berlin), lui a inspiré un type de beauté féminine d'une grande humanité que l'on retrouve dans la plupart des dernières œuvres du peintre.

STOLZ Rosine (Victoire Noël, dite). Mezzo-soprano française (Paris, 13 février 1815 - *id.*, 28 juillet 1903). Elle débuta en concert sous le nom de Rose Nina, et chanta de petits rôles, en 1832, à la Monnaie de Bruxelles, sous le nom de Victoire Ternaux. On l'entendit à Spa, Anvers, Amsterdam et Lille, avant de la revoir à Bruxelles sous le nom d'Héloïse Stolz. Ses débuts en Alice (*Robert le diable*, Meyerbeer), en 1835, furent très remarqués : l'année suivante, elle incarna Rachel (*La Juive*, Halévy). En 1837, elle épousa Alphonse Lescuyer, directeur de la Monnaie, et partit pour Paris, où elle débuta à l'Opéra dans *La Juive* (Halévy) sous le nom de Rosine Stolz. Capricieuse, volcanique, elle possédait un immense talent d'actrice et de chanteuse et elle régna pendant dix ans à l'Opéra, d'autant plus que le nouveau directeur, Léon Pillet, était son amant.

Elle triompha lors des premières représentations de *Guido et Ginevra* (Halévy, 1838), *La Reine de Chypre* (Halévy, 1841), *Charles VI* (Halévy, 1843) et le *Lazzarone* (Halévy, 1844). Elle créa les rôles d'Ascanio (*Benvenuto Cellini*, Berlioz, 1838), Marguerite (*Le Lac des fées*, Auber, 1839), Leonora (*La Favorite*, Donizetti, 1840) et Zaïda (*Don Sébastien*, Donizetti, 1843). Son répertoire comprenait aussi Donna Anna (*Don Juan*, Mozart), Valentine (*Les Huguenots*, Meyerbeer), Desdémone (*Otello*, Rossini) et Isolier (*Le Comte Ory*, Rossini). Sa liaison avec Pillet finit par la rendre impopulaire et elle dut abandonner l'Opéra en mars 1847. Elle partit alors en tournée à Lisbonne, Vienne, Turin et se rendit quatre fois au Brésil de 1850 à 1859, sur l'invitation de l'empereur Pierre II. En 1854 et 1855, elle revint chanter à l'Opéra. Elle fit ses adieux au public à Lyon en 1860. Cinq ans plus tard, Ernst II de Wurtemberg, son protecteur, la faisait baronne Stolzenau et comtesse de Ketschendorf. Elle devint duchesse de Lusignan en 1872, puis elle épousa en 1878 le prince espagnol Manuel Godoi Bassano de la Paix.

RÉF. : G. Bord, *Rosine Stolz de l'Académie royale de musique*, Paris, 1909.

STOLZ Teresa (Terezie Stolzova, dite). Soprano (Kosteletz, Bohême, 2 juin 1834 - Milan, 23 août 1902). Après des études au conservatoire de Prague, puis à Trieste avec Ricci, et à Milan avec Lamperti, elle débuta à Tiflis en 1853. Elle parut ensuite à Odessa, Constantinople, Turin et Nice. Le chef d'orchestre Mariani, dont elle était la maîtresse, la fit débuter à Bologne en 1864 dans le rôle de Mathilde (*Guillaume Tell*, Rossini), puis dans celui d'Elvira (*Ernani*, Verdi). À la Scala en 1865, où elle chanta Lucrèce (*Lucrèce Borgia**, Donizetti), elle fut remarquée par Verdi qui lui confia sa *Jeanne* d'Arc*, puis les premières en italien de *Don Carlos* (elle y fut une exceptionnelle Élisabeth de Valois), *La Force du destin*, *Aïda* (1872) et la création du *Requiem* (1874). Très liée au grand compositeur — d'ailleurs Giuseppina Strepponi*, l'épouse de Verdi, s'en plaignit souvent — Teresa Stolz, à la mort de celle-ci en 1897, accourut auprès du vieux maître et ne le quitta plus jusqu'à sa mort. Ses deux sœurs, Francesca et Ludmilla, furent elles aussi cantatrices. Son petit-neveu, Robert Stolz, fut chef d'orchestre et compositeur d'une soixantaine d'opérettes, d'une centaine de musiques de films et d'innombrables chansons.

STONE Lucy. Féministe américaine (West Brookfield, Massachusetts, 13 août 1818 - Dorchester, Massachusetts, 18 octobre 1893). L'une des premières femmes admises au sein de l'Oberlin College lorsque cette institution à caractère libéral ouvrit ses portes aux femmes et aux étudiants de couleur noire, elle fut diplômée en 1841. Elle se vit confier, à cette occasion, la rédaction du discours d'adieu de sa promotion mais ne put néanmoins le prononcer elle-même car, en tant que femme, elle n'avait que le droit d'assister à la lecture de son propre texte... par un étudiant de sexe masculin ! Elle devint dès lors résolument féministe et ne cessa de manifester avec la plus grande vigueur son opposition à l'égard du statut des femmes et de celui des esclaves. Elle s'exprimait publiquement en faveur d'une évolution de la condition féminine tout au long de la semaine et avait réservé ses samedis et ses dimanches pour militer contre l'esclavagisme.

Mais, bientôt, les antiesclavagistes lui reprochèrent ce double engagement et elle leur présenta sa démission en proclamant : « J'étais femme avant d'être abolitionniste. Je dois m'exprimer au nom des femmes. » En 1869, Lucy Stone prit la tête de l'American Woman Suffrage Association, organisation qui revendiquait, au nom des femmes, le droit de voter au moins à l'échelon local et à celui des États. En 1855, elle avait épousé Henry Blackwell qui était également un ardent partisan du mouvement pour les droits des femmes et avait accepté l'engagement personnel de son épouse. Les termes de leur contrat de mariage n'étaient pas conformes aux traditions de l'époque, car ils précisaient que leur union serait basée sur le principe d'une égalité absolue. Ils eurent une fille, Alice.

STORACE Nancy Anna Selina. Soprano anglaise (Londres, 27 octobre 1765 - *id.*, 24 août 1817). Issue d'une famille de musiciens d'origine italienne, sœur du compositeur Stephen Storace, elle fit des débuts d'enfant prodige sous la direction de son père. En 1778, elle partit pour l'Italie où son frère faisait ses études, travailla sa voix avec Rauzzini, puis avec Sacchini à Venise. Elle chanta à Florence (1781), Parme et Milan (1781-1782). Son père mourut, semble-t-il, lorsqu'elle avait dix-sept ans ; elle se rendit alors à Vienne en compagnie de sa mère. Peu après son arrivée, elle épousa un compositeur anglais deux fois plus âgé qu'elle, John Abraham Fisher. Joseph II, grand mélomane, s'enticha de Nancy Storace et ordonna au mari de quitter Vienne.

Fin 1783, Mozart écrivit pour la jeune femme *Lo Sposo deluso*, opéra-comique inachevé qui ne fut jamais représenté. L'empereur commanda à Stephen Storace l'opéra *Gli sposi malcontenti* ; Nancy, émue, perdit sa voix lors de la première... L'incident n'eut guère de répercussion sur sa carrière tant elle était populaire. Elle recouvrit d'ailleurs la voix très peu de temps après avec une cantate composée par Mozart, Salieri et Cornetti réunis. Elle fut Rosine (*Le Barbier de Séville*, Paisiello) et créa pour Mozart le rôle de Suzanne (*Les Noces de*

Figaro), en mai 1786. Elle remporta un tel succès qu'à Londres où elle venait d'être engagée à prix d'or elle chanta une succession de rôles de soubrettes créés spécialement pour elle; cela ne l'empêcha pas néanmoins d'interpréter les opéras de son frère et des oratorios de Haendel. En 1796, Stephen Storace mourut et Nancy revint en Europe en compagnie de son amant, le ténor John Braham, de dix ans son cadet, qu'elle ne put épouser, son mari étant toujours en vie. Son fils, Spencer, naquit en 1802, et en 1808, elle fit ses adieux à la scène, à Covent Garden à Londres.

STORNI Alfonsina. Poétesse argentine (Sala Capriasca, près de Lugano, Suisse, 1892 - Mar del Plata, 1938). Issue d'une famille pauvre d'émigrants suisses, elle resta profondément marquée par la misère de son enfance et les difficultés de sa vie. Elle est l'auteur d'une œuvre poétique d'une grande maîtrise de forme, où elle révèle un tempérament ardent et une douloureuse inquiétude: *La Inquietud del Rosal* (1916), *El Dulce Daño* (1918), *Irremediablemente* (1919), *Languidez* (1920), *Ocre* (1925), *Poemas de Amor* (1926), *Mundo de Siete Pozos* (1934), *Mascarilia y Trébol* (1938). Elle demeure l'un des grands noms de la poésie argentine contemporaine. Elle se suicida en 1938.

STRATAS Teresa (Anastasia Strataki, dite). Soprano canadienne d'origine grecque et américaine (née à Toronto, le 26 mai 1938). Enfant, elle chantait dans le restaurant de ses parents puis à la radio, en concert avec son frère qui jouait du violon et sa sœur du piano. Elle fit ensuite ses études au conservatoire de sa ville natale. Elle y débuta à l'Opéra en 1958, dans le rôle de Mimi (*La Bohème*, Puccini). L'année suivante, elle remporta le concours d'« Auditions of the Air » au Metropolitan Opera de New York, ce qui lui valut un engagement pour la saison 1960-61. Ce fut aussitôt le succès: on l'applaudit au festival d'Athènes, où elle créa Nausicaa (*Nausicaa*, Glanville-Hick's), en 1961; la même année, elle interpréta pour la première fois Mimi (*La Bohème*, Puccini) à Covent Garden. Invitée au Bolchoï de Moscou en 1963, elle triompha sur toutes les grandes scènes lyriques européennes: Berlin, Paris, Milan, Lisbonne, Salzbourg, Londres, Munich, Hambourg et l'Amérique du Nord où elle devint une véritable star. Son répertoire comprend, entre autres, Micaëla (*Carmen*, Bizet), Zerline (*Don Juan*, Mozart), Chérubin (*Les Noces de Figaro*, Mozart), Despina (*Così fan tutte*, Mozart), Suzanne (*Les Noces de Figaro*, Mozart), Violetta (*La Traviata*, Verdi), Tatiana (*Eugène Onéguine*, Tchaïkovski) ou Mélisande (*Pelléas et Mélisande*, Debussy). Mais c'est son incroyable interprétation de Lulu (*Lulu*, Berg) à l'Opéra de Paris, sous la direction de Pierre Boulez, dans la production de Patrice Chéreau en 1979, qui marqua son apogée. Citons encore son émouvante Violetta (*La Traviata*, Verdi) mise en scène par Franco Zeffirelli en 1982. Après cette date, elle s'éloigna de la scène et se consacra à des œuvres humanitaires.

STRATON Isabelle. Alpiniste anglaise (1838 - Chamonix, 1918). Excellente alpiniste, elle réussit de remarquables ascensions, dont les premières féminines du Dom des Mischabels et du Viso, la première du Moine, de l'aiguille du Midi par l'itinéraire de Pierre-Pointue, de la Pointe Isabelle et la première ascension hivernale du mont Blanc. Elle fit toutes ses courses avec le guide Jean Charlet, et leur association qui dura plus de quinze ans se transforma en un tendre sentiment si bien que les deux compagnons de cordée se marièrent. Isabelle Straton-Charlet se fixa définitivement avec son mari aux Frasserands près de Chamonix.

STRATONICE. Macédonienne ([?] - 254 av. J.-C.). Elle était la fille de Démétrius Poliorcète et la petite-fille d'Antipater, l'un des lieutenants d'Alexandre le Grand. Elle épousa Séleucos Ier Nikatôr, le fondateur de la dynastie des Séleucides, dont le fils d'un premier lit, Antiochus Ier Sôter, tomba éperdument amoureux d'elle. Instruit par son médecin Erasistrate, le roi accorda sa liberté à Stratonice qui épousa Antiochus. Elle lui donna trois enfants : Antiochus II Théos, Apama, qui fut reine de Cyrène, et Stratonice, qui fut mariée à Démétrius II de Macédoine.

STRAUS Mme, née Geneviève Halévy, dite. Française (1850-1926). Fille de Fromental Halévy, elle épousa à dix-neuf ans le compositeur Georges Bizet, l'auteur de *Carmen*, dont la première représentation, le 3 mai 1875, donna lieu à une manière de scandale. Bizet mourut d'une crise cardiaque le 3 juin de la même année. Elle se remaria en 1881 avec l'avocat Émile Straus. Très liée avec Marcel Proust, elle entretint avec lui une longue correspondance et inspira plusieurs chapitres de *Sodome et Gomorrhe* et *Du côté de Guermantes* à l'auteur de *À la recherche du temps perdu*.

STREICH Rita. Soprano allemande (Barnaul, URSS, 18 décembre 1920 - mars 1987). Elle naquit en Sibérie où son père était prisonnier de guerre. Elle arriva enfant en Allemagne et étudia le chant avec Willy Domgraf-Fassbänder, Maria Ivogün et Erna Berger à Berlin. Elle débuta en 1943 à Aussig, dans le rôle de Zerbinette (*Ariane à Naxos*, R. Strauss) ; trois ans plus tard, elle fut engagée à l'Opéra de Berlin où elle remporta ses premiers succès en interprétant Zerline (*Don Juan*, Mozart), Blondine (*L'Enlèvement au sérail*, Mozart), Gilda (*Rigoletto*, Verdi), Sophie (*Le Chevalier à la rose*, R. Strauss). En 1951, elle passa au Städtische Opera où elle resta jusqu'en 1953, date à laquelle elle fut engagée à l'Opéra de Vienne. Son talent de chanteuse, son aisance sur scène et son humour colorent toutes ses interprétations. Invitée sur les plus grandes scènes, on l'entendit à Rome, à Milan, à Londres, à l'Opéra de Chicago, aux festivals de Bayreuth, de Salzbourg, d'Aix-en-Provence, de Glyndebourne. En 1957, elle effectua une grande tournée en Amérique et, dès 1960, se tailla une grande renommée en concert. En 1974, elle enseigna au conservatoire d'Essen tout en donnant des cours au Mozarteum pendant le festival de Salzbourg. À partir de 1983, elle prit la direction du Centre de perfectionnement d'art lyrique de Nice.

STREISAND Barbra (Barbara Joan Streisand, dite). Actrice et chanteuse américaine (née à New York en 1942). Un physique ingrat, un grand nez dont elle a fait un atout, de réelles qualités de chanteuse et de comédienne, un caractère énergique et dominateur, une personnalité fascinante, lui confèrent une place à part dans le monde du spectacle et du cinéma. Elle débuta à la télévision puis se produisit sur scène dans *Funny Girl* (Lennart) avec un tel succès que William Wyler lui fit interpréter le même rôle à l'écran, dans son film *Funny Girl* (1968), ce qui lui valut un oscar. Aussi est-il curieux de la voir dans les années qui suivent tourner dans des films sans grand intérêt ou accepter des rôles médiocres, que le public a du reste sanctionnés : *Hello Dolly* (Kelly, 1969), *Melinda* (Minnelli, 1970), *La Chouette et le Pussycat* (Ross, 1970), *Ma femme est dingue* (Yates, 1974). Cependant, elle est excellente dans *Up the Sandbox* (Kerschner, 1972), et dans le personnage excentrique de *On s'fait la valise, Doc* (Bogdanovitch, 1972). En 1976, elle composa la musique de *Une étoile est née* (Pierson), sans toutefois recueillir l'unanimité auprès de la critique. Plus tard, on lui pardonna difficilement sa prestation dans *Tendre Combat* (Zieff, 1979), mais elle se racheta brillamment dans *La Vie en mauve* (Tramont, 1981). Son plus beau rôle reste celui de Kate dans *Nos plus belles années* (Pollack, 1973). Elle y incarne le personnage d'une femme tentée par le communisme pendant les années 30, dont elle rend les inquiétudes et les contradictions.

Elle fut la réalisatrice et l'interprète de *Yentl* (1983), d'après une nouvelle de Isaac B. Singer, puis, après quatre ans de silence elle produisit le film *Cinglée* (Ritt, 1987) dans lequel elle joue d'une façon magistrale le rôle de Claudia. *Le Prince des marées* (1991) qui s'inscrit dans la tradition des grandes histoires romantiques est le second film qu'elle a réalisé et interprété. Barbra Streisand a également enregistré de nombreuses chansons : *Somewhere, Over the Rainbow*, *Happy Days Are Here Again*, *America the Beautiful*, qui montrent l'étendue de son registre.

STREPPONI Giuseppina. Soprano italienne (Lodi, 8 septembre 1815 - Bussetto, Parme, 14 novembre 1897). Fille aînée de Feliciano Strepponi, organiste de la cathédrale de Monza et compositeur de plusieurs opéras, elle fut admise à quinze ans au conservatoire de Milan (1830-1834) et obtint une bourse, à la mort de son père, pour poursuivre ses études. Après avoir remporté le premier prix de *bel canto*, elle connut son premier triomphe à Trieste dans le rôle de Mathilde (*Mathilde de Shabran*, Rossini) au printemps 1835. La même année, elle interprétait à Vienne Adalgisa (*Norma*, Bellini) et l'héroïne de *La Somnambule* (Bellini) qui devint très vite son rôle fétiche. Tous les imprésarios se la disputaient, ainsi que son partenaire et amant, le ténor Napoleone Moriani, dont elle eut deux enfants. Au printemps 1839, elle chanta trois opéras de Donizetti et un de Bellini et accepta de créer *Oberto* (Verdi) dont c'était la première œuvre.

Adulée du public, elle faisait toujours salle comble, comme à Rome en 1841, où elle créa *Adelia* (Donizetti), œuvre que le compositeur avait écrite pour elle ; il y eut plus de places vendues que de sièges. L'année suivante, elle sauvait Verdi du désespoir — en peu de temps il venait de perdre sa femme et ses deux enfants et son talent n'était pas encore reconnu — en acceptant de créer le rôle d'Abigaïl (*Nabucco*, Verdi). Le succès fut immédiat. Mais la voix de Giuseppina Strepponi déclina rapidement et elle n'apparut plus sur scène que rarement, et la plupart du temps dans les seuls opéras de Verdi. Elle se retira en 1846, s'installa à Paris avec le compositeur dès 1847, l'épousa en 1859 et donna des leçons de chant.

STRINASACCHI Regina. Violoniste italienne (Ostiglia, près de Mantoue, 1764 - Dresde, 11 juin 1839). Elle suivit les cours de violon au Conservatorio della Pieta de Venise et se produisit à travers l'Italie entre 1780 et 1783. Elle remporta un très grand succès à Vienne en 1784 et joua avec Mozart lors d'un concert pour lequel il composa la *Sonate en si bémol* K 454. Mozart appréciait beaucoup la sensibilité de ses interprétations. En 1785, elle épousa Johann Conrad Schlick, un violoniste de la cour de Gotha. Elle se joignit à la formation et joua avec lui pendant vingt-cinq ans. Ils prirent leur retraite en 1810 et, après la mort de son mari en 1825, Regina Strinasacchi se retira à Dresde.

STROUCHKOVA Raïssa. Danseuse soviétique (née à Moscou, le 5 octobre 1925). Formée à l'École du Bolchoï, elle est l'une des plus grandes danseuses soviétiques du XXe siècle et certainement la plus populaire. Remarquable par sa beauté, elle était aussi une exceptionnelle virtuose qui s'adaptait à tous ses partenaires. Créatrice de ballets pour Popko, Pospekhin, Tarasova et pour son mari Aleksandr Lapauri, elle incarna en 1961 une remarquable Cendrillon dans une production filmée du Bolchoï. Elle se retira de la scène en 1978 et devint professeur au Gitis. Elle est artiste émérite du peuple d'URSS.

STUART Arabella. Anglaise (1575 - Londres, 25 septembre 1615). Elle était la fille de Charles Stuart, comte de Lennox, et la nièce de lord Darnley qui fut exécuté sur l'ordre de Marie* Stuart. Cousine de Jacques VI d'Écosse, elle venait juste après lui dans l'ordre de la succession au trône. Elle fut malgré elle l'objet d'intrigues, un parti s'étant formé à la fin de la vie d'Élisabeth Ire* pour l'installer au pouvoir, faisant valoir qu'il valait mieux être gouverné par une Anglaise que par un Écossais. Peu avant la mort d'Élisabeth, elle fut arrêtée, le bruit ayant couru qu'elle avait épousé secrètement William Seymour, deuxième duc de Somerset. Jacques VI, devenu roi d'Angleterre sous le nom de Jacques Ier, la fit délivrer, la pensionna et la traita avec égards. Cependant, en février 1610, la rumeur de ce mariage persistant, Arabella Stuart et Seymour furent déférés devant le Conseil privé et prirent l'engagement solennel de ne pas se marier sans le consentement royal. Ils passèrent outre, s'unirent secrètement à Greenwich le 8 juillet 1610 et furent arrêtés dès que le roi l'eut appris. Seymour, enfermé à la Tour de Londres, réussit à s'échapper, tandis que sa femme était confiée à la garde de l'évêque de Durham. Elle parvint à s'enfuir jusqu'à Douvres sous un déguisement masculin afin de s'embarquer pour la France. Arrêtée, elle fut transférée à la Tour de Londres où elle mourut folle. Plus tard, Seymour, qui s'était réfugié à Ostende, fut gracié.

STUART Frances, duchesse de Richmond et de Lennox (1648-1702). Élevée en France et envoyée à la cour de Charles II d'Angleterre, elle devint dame d'honneur de la reine Catherine et fut présentée au roi par la comtesse de Castlemaine. Charles II se prit d'une grande passion pour Frances Stuart qui, par sa beauté, méritait le surnom qu'on lui donna, « la Belle Stuart ». Devenue rapidement la maîtresse du roi, elle prit sur lui un certain ascendant, dont elle eut la sagesse de ne pas abuser. On disait que son esprit n'égalait pas sa beauté, mais la discrétion dont elle sut faire preuve en dépit de sa position lui attira la faveur de la reine qui l'admit volontiers dans son entourage. Mais bientôt délaissée par le roi dont les préférences allaient à la jeune et belle Louise de Kéroualle* qui devint bientôt sa maîtresse, Frances Stuart épousa le duc de Richmond qui la laissa veuve en 1672. « La Belle Stuart » retourna à la cour mais, atteinte d'une cruelle maladie qui la défigura, elle mourut à l'âge de cinquante-quatre ans.

STUART Marie. Voir MARIE STUART.

STÜCKELBERGER Christine. Cavalière suisse (née en 1948). Avec son cheval *Granat*, elle forma pendant des années un couple invincible en dressage. Elle remporta une médaille d'or aux jeux Olympiques de Montréal (1976) et, en 1978, elle fut championne du monde. Christine Stückelberger fut la grande gagnante du festival international de Goodwood (1981), qui remplaçait pour les nations occidentales les jeux Olympiques de Moscou, enlevant le Grand Prix spécial, le Prix Saint-Georges et l'Intermédiaire, dans lesquels elle a donné la plus forte impression de sa maîtrise. Aux jeux Olympiques de Séoul (1988), elle obtint une médaille de bronze, devancée par l'Allemande Nicole Uphoff (médaille d'or) et la Française Margit Otto Crépin* (médaille d'argent).

SUBLIGNY Marie-Thérèse (Marie-Thérèse Perdout de Subligny, dite). Danseuse française (1666-1736). Fille d'Adrien de Subligny, écrivain et avocat, elle entra en 1688 à l'Académie royale de musique et de danse (qui allait bientôt être appelé l'Opéra). Petite et ravissante, elle succéda deux ans plus tard à Mlle de Lafontaine* et interpréta les plus grands ballets et les opéras — ballets de Lully, Campra, Destouches et Marais. Elle se retira de la scène en 1707 sur une reprise du *Triomphe de l'amour* (Lully). Elle fut la première danseuse française à se produire en Angleterre où elle parut en 1700 et en 1702, introduisant ainsi la danse professionnelle sur scène ; à son retour elle fit connaître la gigue en France.

SUGAR Pie Desanto (Peylia Balinton, dite). Chanteuse américaine (née à New York en 1935). Elle est l'une des grandes chanteuses noires de blues. Elle possède une voix remarquable, donne à ses chansons une âme, un rythme, un style très personnel qui ont fait sa renommée. Tout enfant, elle chantait dans des églises, puis elle suivit des cours de danse et participa avec succès à des concours d'amateurs. En 1954, elle partit pour Los Angeles où Johnny Otis l'engagea dans le Johnny Otis Show. En 1957, elle épousa Pee Wee Kingsley, guitariste et chanteur, dont elle se sépara en 1963 puis s'établit à Chicago où elle enregistra plusieurs disques dont le succès lui procura de nombreux engagements dans les plus grandes salles de la ville. Sugar Pie Desanto résida ensuite à San Francisco où elle fut applaudie au Continental Club et participa au festival de la ville en 1974. Elle a entrepris plusieurs tournées en Europe et a été accueillie avec enthousiasme. Citons parmi ses disques ceux qui ont le plus contribué à sa notoriété : *I Want To Know* (1959), enregistré avec son mari Pee Wee Kingsley et *Slip In Mules* (1964).

SUGGIA Guilhermina. Violoncelliste portugaise (Oporto, 27 juin 1888 - 31 juillet 1950). Elle reçut de son père ses premières leçons et dirigea à douze ans les violoncelles de l'Orpheon Portuense. Une bourse royale la mena en 1904 à Leipzig étudier auprès de Julius Klengel. L'année suivante, elle rejoignit comme soliste l'orchestre de Gewandhaus, où elle fut très applaudie. De 1906 à 1912, elle vécut et travailla avec Pablo Casals. Elle se fixa par la suite à Londres, où elle se maria. Son expression dramatique et la fougue de son jeu ressortent d'un portrait peint en 1923 par Augustus John (aujourd'hui à l'ambassade d'Angleterre à Athènes). Elle se retira au Portugal, après avoir légué ses stradivarius à la Royal Academy of Music.

SUGGS Louise. Championne de golf américaine (née à Sea Island en 1923). Très douée, elle fit une brillante carrière parmi les amateurs, gagnant une trentaine de titres, dont le championnat féminin amateur des États-Unis (1947) et celui de Grande-Bretagne (1948). Elle passa dans le circuit professionnel la même année. Parmi les quelque cinquante titres qu'elle remporta, citons l'US Open (1949), l'Open d'Oklahoma (1955) ; elle fut également victorieuse au championnat des Tenants du Titre. Elle est restée célèbre pour son exploit de 284 trous en quatre tours, réussi en 1952. Elle fut l'une des joueuses professionnelles de golf qui remporta les gains les plus importants.

SULLEROT Évelyne, née Hammel. Sociologue et femme de lettres française (née à Montrouge en 1924). Fille d'André Hammel, pasteur et psychiatre, elle est licenciée ès lettres, diplômée de l'Institut français de presse à la suite d'études à la faculté des lettres de Paris et d'Aix-en-Provence. En 1946, elle épousa François Sullerot dont elle eut quatre enfants. Après avoir occupé divers postes de professeur tant en France qu'en Belgique, elle se signala par son activité en faveur de la condition féminine et fonda en 1955 le Mouvement français pour le planning familial dont elle fut secrétaire générale de 1955 à 1958, puis présidente d'honneur. Reconnaissant l'influence considérable de la presse féminine sur les femmes, elle établit un synopsis sur l'histoire de la presse féminine (1963) qui la conduisit à sa grande *Histoire de la presse féminine des origines à 1948* (1966). Parmi ses nombreux écrits citons : *Demain les femmes* (1965), *Les Françaises au travail* (1973), *Le Fait féminin* (1978), *Pour le meilleur et sans le pire* (1984), *Quel père, quel fils?* (1992) et diverses communications notamment pour le «Bureau international du travail».

SUN YAT-SEN, née Sung Ching-Ling. Femme politique chinoise (Shangaï, 1890 - Pékin, 29 mai 1981). Elle était la sœur aînée de May-Ling Tchang Kaï-Chek*. Les deux sœurs étaient de tendances politiques opposées: l'aînée se voua à la cause de la Chine communiste, tandis que la cadette se faisait la propagandiste de la Chine nationaliste. En 1915, Sung Ching-Ling épousa Sun Yat-Sen, fondateur du Kouo-min-tang, mouvement révolutionnaire destiné à préparer l'avènement d'une république et la libération de la Chine. Constamment aux côtés de son mari, elle participa activement à son action révolutionnaire. Veuve en 1925, elle fut nommée en 1926 membre du comité directeur du Kouo-min-tang, mais dut s'exiler en URSS. De retour en Chine en 1931, elle reprit la lutte avec Mao Tsé-Toung. Elle fut élue en 1949 vice-présidente de la République populaire de Chine et réélue en 1959. En 1950, elle reçut le prix Staline de la paix. Elle a laissé de nombreux écrits politiques.

SUPERVIA Conchita. Mezzo-soprano espagnole (Barcelone, 8 décembre 1895 - Londres, 30 mars 1936). Après avoir étudié le chant dans sa ville natale, elle s'engagea dans une compagnie espagnole en partance pour l'Argentine. Elle débuta dans de petits rôles au théâtre Colón de Buenos Aires. Elle n'avait pas seize ans quand elle fut choisie pour incarner Octavian lors de la première, à Rome, du *Chevalier à la rose* (R. Strauss). Son succès fut tel qu'elle chanta bientôt Carmen (*Carmen*, Bizet) à Bologne en 1912. En 1914, elle se produisit à La Havane, puis à Chicago en 1915-1916 où elle triompha avec Carmen (*Carmen*, Bizet). En 1920, on l'entendit en Espagne et en Italie où elle conquit le public en interprétant Octavian (*Le Chevalier à la rose*, R. Strauss), Chérubin (*Les Noces de Figaro*, Mozart), Hansel (*Hansel et Gretel*, Humperdinck) et Conception (*L'Heure espagnole*, Ravel). Également brillante dans les œuvres de Rossini, elle fut une charmante Rosine (*Le Barbier de Séville*). Sa renommée était internationale. Sa voix flexible, son talent d'actrice, son tempérament passionné et sa gentillesse en faisaient une des divas les plus attachantes de son temps. Adulée à Paris comme à Londres, elle épousa en 1931 l'industriel anglais sir Ben Rubenstein. Dès lors, elle ne chanta plus guère d'opéras mais devint l'interprète la plus populaire de mélodies espagnoles. Elle mourut à quarante ans, de complications postnatales, sans avoir pu créer *La Poule noire*, écrite pour elle par Manuel Rosenthal.

SURGÈRES Hélène de. Française (XVIᵉ siècle). Elle était fille d'honneur de Catherine* de Médicis, lorsque Pierre de Ronsard, qui avait cinquante ans, s'éprit de cette jeune femme pédante et qu'on disait vertueuse. Il ne semble pas qu'elle lui ait accordé ses faveurs. Le poète lui a consacré le dernier livre des *Amours* (1578) dans lequel se révèle la tristesse des dernières années de sa vie. Dans ses *Sonnets pour Hélène* (1578), il lui fait dire :

Ronsard me célébrait du temps que j'étais belle.

SUTHERLAND Dame Joan. Soprano australienne (née à Point Piper, Sydney, le 7 novembre 1926). Sa mère lui enseigna le piano et le chant jusqu'à dix-neuf ans, âge auquel elle remporta plusieurs concours. Elle travailla alors avec John et Aïda Dickens à Sydney et débuta dans cette ville en 1947 dans le rôle de Didon (*Didon et Énée*, Purcell). Venue à Londres en 1951, elle se perfectionna avec Clive Carey et débuta deux ans plus tard à Covent Garden comme Première Dame (*La Flûte enchantée*, Mozart). En 1953, elle fut Clothilde (*Norma*, Bellini) aux côtés de Maria Callas* et s'imposa peu à peu comme une des plus grandes sopranos de ce siècle.

Sa voix, d'une grande étendue, lui permet d'aborder avec autant de bonheur les rôles dramatiques, lyriques ou légers ; son art de la vocalise la fait exceller dans le chant orné des œuvres de Haendel, Rossini, Donizetti et Bellini. Elle incarna également Aïda (*Aïda*, Verdi), Amelia (*Un oal masqué*, Verdi), Agathe (*Le Freischütz*, Weber), Eva (*Les Maîtres chanteurs*, Wagner). Elle triompha sur les plus grandes scènes lyriques du monde, dont la Scala dans le rôle de Lucie (*Lucie de Lammermoor*, Donizetti), un de ses rôles préférés, qu'elle chanta aussi à l'Opéra de Paris et au Metropolitan Opera de New York. Elle participa également aux festivals de Glyndebourne et d'Édimbourg. En 1954, elle épousa le musicologue et chef d'orchestre australien Richard Bonynge, avec qui elle enregistra un grand nombre de disques gravant des œuvres jusque-là inconnues (*Montezuma* de Carl Henrich Graun, *Griselda* de Bononcini, etc.). En 1965, elle retourna chanter en Australie où elle fut acclamée comme la plus grande cantatrice depuis Melba*. Elle créa *The Midsummer Marriage* (Tippet) en 1955, et ne cessa de monter à nouveau des œuvres peu connues ou oubliées.

SUTTNER Bertha, née comtesse Kinski, baronne **de**. Pacifiste autrichienne (Prague, 1843 - Vienne, 1914). Elle était la fille du comte Kinski, feld-maréchal et chambellan de l'empereur d'Autriche. Une idylle rompue avec le fils du baron de Suttner, à laquelle la famille Suttner s'était opposée, l'obligea à quitter Vienne. Elle se rendit à Paris où elle rencontra Alfred Nobel qui l'engagea à travailler pour lui. En 1876, elle épousa secrètement Gundaccar de Suttner à Vienne ; ils quittèrent l'Autriche pour le Caucase où ils restèrent neuf ans, vivant de travaux littéraires. Son roman pacifiste *Bas les armes* (1885) remporta un très grand succès. De retour à Vienne, elle adhéra à l'Association internationale pour la paix, puis fonda, en 1891, le Comité autrichien pour la paix qu'Alfred Nobel — qu'elle avait revu à Paris en 1887 et avec lequel elle entretenait une correspondance suivie — subventionna en partie. En 1905, elle remporta le prix Nobel de la paix qui avait été fondé en 1895.

SUZANNE. Figure biblique. Épouse du notable Joakim de Babylone, Suzanne était d'une remarquable beauté. Deux notables qui la convoitaient la surprirent un jour qu'elle se baignait dans le jardin et la mirent en demeure de leur céder. La chaste Suzanne refusa malgré leurs menaces et attira les gens de la maison par ses cris: les deux hommes prétendirent alors l'avoir surprise en situation d'adultère avec un jeune homme. Ce crime était puni de mort par lapidation selon la loi de Moïse, et elle fut condamnée. Menée devant l'assemblée du peuple, elle fut sauvée par Daniel qui confondit les accusateurs: il interrogea séparément les deux hommes et chacun nomma une essence différente quand il leur demanda sous quel arbre avait été commis le crime. L'innocence de Suzanne reconnue, les deux notables furent lapidés (Daniel, XIII).

Le thème de la chaste Suzanne a inspiré de nombreux artistes et symbolise, dans l'art chrétien, le salut de l'âme par la pureté. À partir du XVIe siècle, ce sujet fut représenté comme une scène galante où Suzanne, nue, est épiée par les deux vieillards: Le Tintoret (Louvre et Vienne), Carrache (Londres), Le Guerchin (Madrid), Rembrandt (La Haye et Berlin), Van Dyck (Munich) pour ne citer que les plus importants.

SVETLA Karolina (Jovanka Muzakova, née Rotova, dite). Femme de lettres tchèque (Prague, 1830 - *id.*, 1899). Auteur d'une trentaine de volumes dont *Le Baiser* (1871), *Le Roman du village*, *La Croix sur le torrent*, elle s'attache à dépeindre aussi bien la société praguoise que la vie dans les montagnes de la Bohême du Nord se faisant par la suite une spécialité du roman paysan à la George Sand*. Son art de narratrice et sa puissance d'évocation en font l'une des représentantes les plus qualifiées de la tendance réaliste, même si les hautes préoccupations morales ne sont pas absentes de son œuvre. Elle a laissé une correspondance très intéressante ainsi que des *Mémoires* (1874) et des souvenirs, *Dans l'intimité des gens de lettres* (1874).

SVOBODOVA Ruzena. Romancière tchèque (1868-1920). Elle est l'épouse de l'écrivain tchèque Svoboda. Son œuvre, fort riche, est inspirée par des idées féministes et par la psychologie de l'enfance, mais ses meilleurs romans sont indépendants de ces thèmes. Le cycle *Les Chasseurs noirs* (1908) en est un exemple et l'on y trouve de merveilleuses descriptions de la nature. Elle est également l'auteur de contes pour enfants et de récits de voyage.

SWANSON Gloria Joséphine May. Actrice américaine (Chicago, 1897 - New York, 1983). Issue d'une famille bourgeoise, c'est au collège qu'elle prit le goût du théâtre. Elle débuta à quatorze ans dans de petits rôles : *Sweedie Goes to College* et *A Dash of Courage* (1916), avec l'acteur Walace Berry qu'elle épousa à dix-sept ans et dont elle divorça rapidement. Engagée à Hollywood par Mack Sennett qu'elle quitta bientôt pour jouer des rôles dramatiques, elle devint une véritable vedette grâce à C.B. DeMille qui lui fit tourner *Après la pluie le beau temps* (1919), *For Better, for Worse* (1919), *L'Admirable Chrichton* (1919), *L'Échange* (1920), *Le cœur nous trompe* (1921). Gloria Swanson devint l'idole du public américain. D'une beauté surprenante, qu'elle sut préserver jusqu'au seuil de l'extrême vieillesse, avec d'admirables yeux bleus et une silhouette de mannequin — elle dessinait elle-même ses robes — elle était la « *glamour girl* » idéale. Elle fut la reine du cinéma muet. En 1924, elle vint en France pour y tourner *Madame Sans-Gêne* (Perret, 1925) et repartit pour Hollywood au bras de son troisième mari, le marquis de La Falaise de La Coudraye.

En 1926, elle produisit ses propres films avec les capitaux de son amant, le père du président John Kennedy. Elle entreprit ensuite le tournage de *Queen Kelly* sous la direction d'Erich von Stroheim, avec lequel elle se brouilla, et le film resta inachevé. Plus tard, elle triompha dans *Sadie Thompson* (Walsh, 1928) où elle tenait le rôle d'une prostituée puis aborda son premier film parlant *The Trespasser* (Goulding, 1929), dans lequel elle chantait. Elle obtint encore quelques succès avec *Indiscret* (McCarey, 1931), *Cette nuit ou jamais* (Le Roy, 1931), mais l'avènement du parlant lui avait porté un coup fatal, aussi après *Music in the Air* (May, 1934), elle abandonna le cinéma. On la retrouve pourtant dans *Father Takes a Wife* (Hively, 1941) et elle fit une rentrée triomphale dans *Sunset Boulevard* (*Boulevard du crépuscule*, Wilder, 1950) incarnant Norma Desmond, une star déchue. Ce rôle déchirant lui permit de retrouver tout le magnétisme qu'elle exerçait sur le public. Elle apparut encore dans *Les Week-Ends de Néron* (Steno, 1956) puis elle joua son propre personnage dans *747 en péril* (Smight, 1974). Gloria Swanson était devenue une excellente femme d'affaires et dirigeait plusieurs entreprises. De son quatrième mari, le sportif écossais Michael Farmer, elle avait eu une fille, Michèle. Son sixième mari fut l'écrivain William Duffy, de seize ans son cadet.

SWETCHINE Anne Sophie, née Soymonov. Femme de lettres russe (Moscou, 1782 - Paris, 1857). Ses parents la marièrent, alors qu'elle n'avait que dix-sept ans, à un vieux général du nom de Swetchine. À l'âge de trente-trois ans, elle se convertit au catholicisme. En 1817, elle s'installa à Paris où son salon fut fréquenté par l'élite intellectuelle de son temps. Joseph de Maistre, Montalembert, le comte de Falloux furent parmi ses nombreux fidèles. Depuis sa conversion, Mme Swetchine s'était adonnée à un mysticisme de plus en plus ardent que l'on retrouve dans ses œuvres qui furent publiées après sa mort par le comte de Falloux : *Pensées, morceaux choisis et traités divers* (1859), *Mme Swetchine, journal de sa conversion, méditations et prières* (1863). Sa *Correspondance avec le père Lacordaire* a été éditée en 1864.

SYLVA Berthe. Chanteuse française (Saint-Brieuc, 1886 - Marseille, 1941). C'est la TSF qui la lança en 1928. Elle devint célèbre avec sa chanson *On n'a pas tous les jours vingt ans*. Berthe Sylva possédait une très belle voix et une diction parfaite qu'elle mettait au service d'un répertoire dans lequel voisinaient la romance sentimentale et la chanson désespérée. Certains esprits chagrins lui contestaient une véritable sensibilité et lui reprochaient des outrances dans ses chansons de rue qui tenaient, à leur avis, plus du mélodrame que de la véritable tragédie. Il n'en reste pas moins vrai que Berthe Sylva connut une immense popularité, recevant des milliers de lettres d'admirateurs fanatiques. Elle enregistra près de cinq cents disques parmi lesquels on peut citer *Les Roses blanches*, *Joujou de Noël*, *Le Train du rêve*, *Mon vieux pataud*, *Le P'tit Bosco*, *Cœur de voyou*, *Mon gosse* et, naturellement, *On n'a pas tous les jours vingt ans*.

SYLVA Carmen (Élisabeth Pauline, née princesse de Wied, reine de Roumanie, dite). Femme de lettres roumaine (Monrepos, sur le Rhin, 1843 - Budapest, 1916). Épouse de l'austère roi Carol Ier et ayant perdu son unique enfant, elle se consola en cultivant ses dons artistiques. Pianiste de talent et miniaturiste habile, elle était aussi écrivain, rédigeant des contes, des poèmes et des ouvrages d'un romantisme flamboyant. Amie de Pierre Loti, elle traduisit *Pêcheur d'Islande* et le poussa à écrire ses souvenirs d'enfance, ce qu'il fit dans son *Roman d'un enfant* qu'il lui dédia. Il lui rendit visite à Venise lorsqu'elle fut bannie de Bucarest avec son mari et parla d'elle longuement dans *L'Exilée* avant qu'elle ne fût totalement séquestrée et que toute visite devînt impossible. On lui doit aussi *Pensées d'une reine* (1882), *Vengeance* (1886), *On frappe* (1887).

SYLVIE Mlle (Louise Sylvain, dite). Actrice française (Paris, 1883 - *id.*, 1970). Une mère qu'elle adorait, un père marin (« C'est pour cela que j'ai de l'eau dans les yeux »), la petite Louise était éblouie par la parade à la fête du Trône. On lui fit suivre des cours qui portèrent leur fruit : elle entrait au Conservatoire en 1900 pour en sortir deux ans plus tard avec un premier prix de comédie. Après des débuts à l'Odéon, elle alla trouver Antoine qui l'engagea sur-le-champ. Les années passées au théâtre Antoine la formèrent à tous les rôles — sauf celui de coquette : elle s'estimait en effet « trop directe, trop brutale. « Après j'ai passé partout, dit-elle, j'ai toujours travaillé. » Elle joua dans une soixantaine de pièces et autant de films. Mais la gloire ne lui vint qu'à quatre-vingt-deux ans avec *La Vieille Dame indigne* (Allio, 1964) qu'elle interpréta avec une force et une vivacité admirables. Elle était pourtant bien jolie à vingt-cinq ans ; elle se souvient : « Parfois je rencontre des vieux, vieux messieurs qui me disent : "Ah, ce que j'étais amoureux de vous !". Je les envoie promener : c'était à ce moment-là qu'ils auraient dû me le dire ! » Elle enchaîna avec le feuilleton d'épouvante *Belphégor*, qui enchanta toute la France à la fin des années 60.

SZEWINSKA Irena, née Kirszenstein. Athlète polonaise (née à Leningrad en 1946). Elle fut l'une des plus brillantes championnes de course à pied de son temps et est la plus titrée des athlètes féminins. Championne du monde du 100 m (1965), elle gagna également les championnats d'Europe de Rome en 1974 (100 m et 200 m). Mais c'est aux jeux Olympiques qu'elle remporta ses plus grandes victoires : sept médailles (trois d'or, deux d'argent et deux de bronze) remportées à Tokyo (1964), Mexico (1968), Munich (1972) et Montréal (1976).

T

TABEÏ Junko. Alpiniste japonaise (née en 1939). En 1975, pour la première fois dans l'histoire de l'alpinisme, une femme atteignait le plus haut sommet du monde, l'Everest (8 848 m). Accompagnée du guide Tshering, Junko Tabeï, qui avait alors trente-six ans, accomplit cet exploit en passant par la face sud de l'Everest. Elle commandait en second une expédition de quinze alpinistes japonaises qui firent les marches d'approche. En compagnie de son guide, Junko Tabeï quitta le sixième camp établi par la cordée à 348 m du sommet. Après l'avoir atteint, ils redescendirent jusqu'au camp de base en excellente condition physique. La meilleure performance féminine dans la conquête de l'Everest avait été précédemment établie par une autre Japonaise, Mme Setsuko Watanabé, qui avait dû s'arrêter, lors d'une tentative en 1970, au col sud de la montagne. À l'époque de sa victoire sur l'Everest, Junko Tabeï était mère d'une fillette de trois ans.

TADOLINI Eugenia, née Savorani. Soprano italienne (Forli, 1809 - Paris, 1872). Après avoir étudié le chant avec son mari Giovanni Tadolini, elle débuta à Venise en 1828, puis à Parme et à Trieste. Merveilleuse chanteuse, ravissante de surcroît, elle triompha à Paris, au Théâtre-Italien, en 1830, dans *Ricciardo e Zoraide* (Rossini). L'année suivante, elle y incarna Donna Elvira (*Don Juan*, Mozart), Jane Seymour (*Anne* Boleyn*, Donizetti) et, en 1832, Amina (*La Somnambule*, Bellini). Applaudie à la Scala de Milan en 1833, à Venise, à Vienne en 1835, où elle remporta un immense succès dans le rôle de Norma (*Norma*, Bellini), elle aborda le répertoire de Verdi avec *Ernani*, en 1844. L'année suivante, à Naples, elle créa *Alzira* (Verdi), chanta Odabella (*Attila*, Verdi) à la Scala, puis en 1848 à Naples Lady Macbeth* (*Macbeth*, Verdi), bien qu'elle eût été récusée par le compositeur pour ce rôle, en raison de « la trop grande beauté de sa voix ». Partie conquérir Londres, la diva revint à Naples où elle fut encore Maria (*Maria de Rohan*, Donizetti) en 1851, avant de quitter définitivement la scène à cette date. Son répertoire comprenait d'autres œuvres de Donizetti, qui l'admirait et la considérait comme la meilleure soprano de son temps : *Lucie de Lammermoor*, *L'Élixir d'amour*, *Linda de Chamonix*.

TAEUBER-ARP Sophie. Peintre. Suisse (Davos, 19 janvier 1889 - Zurich, 12 janvier 1943). Elle fit ses études à l'École des arts et métiers de Saint-Gall, aux Ateliers d'apprentissage et d'essai pour les arts libres et appliqués de Munich, enfin à l'École des arts appliqués de Hambourg. En 1915, elle rencontra à Zurich le sculpteur Jean Arp et participa avec lui au mouvement Dada, réalisant ses célèbres marionnettes pour *Le Roi cerf* (1918) ainsi que ses têtes Dada, tout en enseignant à l'École des arts appliqués. Sophie Taeuber et Jean Arp se marièrent en 1922 et vécurent en 1925 à Montmartre, où ils côtoyèrent Max Ernst, Joan Miró, Paul Éluard, Tristan Tzara. En 1926, ils s'installèrent à Strasbourg où ils participèrent, avec Théo Van Doesbourg, à la rénovation et à la transformation d'un restaurant, L'Aubette, sorte de manifeste de l'architecture moderne, qui n'existe plus aujourd'hui. En 1928, Sophie Taeuber se fit construire une maison atelier à Clamart avant de rejoindre, en 1930, le groupe Cercle et Carré avec lequel elle exposa. En 1931, elle participa à la création du groupe Abstraction Création avec Théo Van Doesbourg et à la direction de la revue. Après son départ du groupe en 1934, elle créa l'éphémère revue *Plastique* (1937-1939). Elle quitta Paris avec son mari au moment de l'invasion allemande et se fixa à Grasse, chez Alberto et Susi Magnelli. À la fin de 1942, ils passèrent en Suisse afin d'émigrer aux États-Unis, mais Sophie Taeuber mourut accidentellement, asphyxiée dans son sommeil par les émanations d'oxyde de carbone d'un poêle.

Son œuvre est marquée par la recherche de l'abstraction géométrique et de l'emploi des couleurs. Elle a fixé tôt les grands principes de ses toiles et de ses reliefs peints qui ont peu évolué par la suite: des cercles, des carrés, des triangles, mais elle a su les disposer avec une variété et une imagination inépuisables, créant ainsi une œuvre vive, aérée, éclatante. Dans toute son œuvre, et Jean Arp lui-même se plaisait à le souligner, la poésie était omniprésente, poésie d'une artiste « véridique ... incorruptible », disait-il. Ses peintures sont conservées à Bâle, Zurich, Paris et Philadelphie. Le musée d'Art moderne de la Ville de Paris lui a consacré une rétrospective en 1990-1991.

TAGLIAFERRO Magda. Pianiste française d'origine brésilienne (Petropolis, Brésil, 19 janvier 1894 - Rio de Janeiro, 9 septembre 1986). Enfant prodige, elle jouait déjà du piano à l'âge de cinq ans. À Paris, elle fut l'élève de Marmontel et obtint à treize ans le premier prix de piano du Conservatoire de Paris. Elle devint ensuite l'élève d'Alfred Cortot, fut vite adoptée par Jacques Thibaud et Pablo Casals et partit en tournée avec Gabriel Fauré. Sa longue carrière de pianiste est prestigieuse. Elle triompha dans le monde entier, jouant aussi bien des œuvres classiques que romantiques ou modernes. Elle fut envoyée aux États-Unis en 1940 par le gouvernement français, et ses concerts y firent connaître la musique française contemporaine. Au Brésil, elle fut à l'origine du grand essor de l'enseignement de la musique, période nommée « la révolution Tagliaferro » par les musiciens de son pays. En 1979, elle donna un concert au Carnegie Hall, où elle remporta un succès mémorable. Infatigable, Magda Tagliaferro donnait encore en 1983 un concert au Théâtre des Champs-Élysées, à l'âge de quatre-vingt-onze ans, interprétant les œuvres majeures de Chopin avec cette aisance qui ne l'avait jamais quittée. Elle a enregistré trois disques : le *Concerto n° 1* de Reynaldo Hahn, que l'auteur avait composé en son honneur, des extraits de *Cerdana* de Déodat de Séverac et les *Pièces pour piano* de Villa-Lobos, auxquelles elle donne l'éclat de son tempérament brésilien.

TAGLIONI Maria. Danseuse italienne (Stockholm, 1804 - Marseille, 1884). Issue d'une famille d'artistes, son père, Filippo Taglioni, Milanais d'origine, danseur et maître de ballet, la soumit à un travail intense et l'envoya à Paris où elle devint l'élève de Coulon, spécialiste d'une nouvelle technique de danse sur pointe. Après des débuts à Vienne en 1822, elle fit quelques tournées en Europe, fut engagée à l'Opéra de Paris et parut le 23 juillet 1827 dans *Le Sicilien*. Son père avait réglé pour elle un pas qui mettait en valeur la perfection d'une danse jamais vue; Maria Taglioni éblouit les spécialistes et, malgré l'été torride de cette année-là, la salle à chaque fois fut comble. Définitivement consacrée par *Le Ballet des nonnes*, intermède dansé de l'opéra *Robert le Diable* (Meyerbeer), en 1831, elle fut éblouissante de poésie et de grâce. Sur les pointes, effleurant à peine le sol elle inaugurait une ère nouvelle, donnant un sens nouveau à la danse.

Avec *La Sylphide* (F. Taglioni, 1832) sur une partition médiocre de Schneitzhoeffer, chorégraphie que son père avait composée pour sa fille afin d'accentuer les effets de légèreté qui convenaient à cette histoire mélancolique écrite par Nourrit, Maria Taglioni produisit un effet miraculeux. Vêtue d'un tutu long de mousseline blanche — costume dessiné par Eugène Lami — elle incarnait le ballet romantique avec sa danse chaste et pudique. « Elle forgea à la Sylphide, dit Paul Mahelin, des qualités avec ses défauts, elle était maigre, elle en faisait une ombre, la condensait en vapeur, la promenait sur le lac bleuté du décor... Elle apparaissait et s'évanouissait comme une vision impalpable. » Sa célébrité fut telle que Victor Hugo lui écrivit : « À vos pieds, à vos ailes. ». Elle quitta l'Opéra en 1837, supportant mal de voir grandir la renommée de Fanny Elssler*. « Bien que leur genre soit totalement différent, écrivit Théophile Gautier, Mlle Taglioni est une danseuse chrétienne, elle voltige comme un esprit [...]. Fanny Elssler est une danseuse tout à fait païenne. »

Accompagnée de son père, elle commença, avec un succès inouï, une carrière internationale en Russie, en Angleterre où elle créa en 1845 avec Carlotta Grisi*, Fanny Cerrito* et Lucile Grahn*, le célèbre *Pas-de-Quatre* (Perrot). Retirée de la scène elle forma à l'Opéra, à partir de 1858, des élèves comme la malheureuse Emma Livry, qui avait repris son rôle fétiche de la Sylphide et qui devait mourir à vingt et un ans brûlée vive aux feux de la rampe pendant une répétition, et Mlle Salvione qui créa des ballets de Delibes.

Par son mariage Maria Taglioni était devenue comtesse Gilbert de Voisins. Cultivée, aimable, discrète, elle était liée à de nombreux écrivains et artistes. L'immense fortune qu'elle avait gagnée fondit entre les mains de spéculateurs. Elle repartit pour Londres au début de la guerre de 1870 et donna des cours de danse et de maintien.

TAILLEFERRE Germaine. Compositeur. Française (Parc-Saint-Maur, 19 avril 1892 - Paris, 6 novembre 1983). Titulaire très jeune de nombreux prix au Conservatoire de Paris, elle se lia d'amitié avec Darius Milhaud, Jean Cocteau, Erik Satie, Paul Valéry, Paul Claudel, et fit partie du célèbre groupe des Six avec Arthur Honegger, Georges Auric, Francis Poulenc, Darius Milhaud et Louis Durey. Elle composa pour Paul Valéry la musique de sa *Cantate de Narcisse*, pour Paul Claudel la musique de scène de *Sous le rempart d'Athènes* (1948), et c'est à elle que l'on doit la partition des *Mariés de la tour Eiffel* de Jean Cocteau (1921). Citons parmi ses nombreuses œuvres : *Vocalises, Six Chansons des XVe et XVIe siècles*, des concertos, une *Ballade* pour piano et orchestre, un ballet, *Le Marchand d'oiseaux*, un opéra-comique, *Le Fou sensé*, une *Ouverture*, un *Quatuor à cordes*, *Images* pour onze instruments, une *Sonate* pour piano et violon qui fut créée en 1922 par Alfred Cortot et Jacques Thibaud. Elle fut également l'auteur de nombreuses pièces pour piano, *Trois Pastorales*, *Jeux de plein air* ou encore *Romance* pour deux pianos. Œuvres qui sont toutes caractérisées par la sobre élégance de sa nature.

TALBOT Élisabeth. Anglaise (1518-1608). Remarquable femme d'affaires, Élisabeth Talbot acquit également une grande réputation dans le domaine de l'architecture. Elle conçut, dessina et fit réaliser des demeures dont elle devint d'ailleurs propriétaire lors du décès de ses deux maris. Elle fut prêteur d'argent, agricultrice et négociante en plomb, en charbon et en bois. Elle possédait de nombreux titres de noblesse et se fit notamment connaître comme comtesse de Shrewsbury ou encore « Bess of Hardwicke » (Élisabeth d'Hardwicke). Élisabeth Talbot représente, dans tous ces domaines, un parfait exemple du pouvoir de la femme dans l'aristocratie anglaise sous les Tudors.

TALLCHIEF Maria. Danseuse américaine (née à Fairfax, Oklahoma, le 24 janvier 1925). Fille d'un Indien de la tribu des Osages, elle fut formée à Los Angeles par Nijinska* et Lichine, puis à l'école de l'American Ballet. Également douée pour la musique, elle dut renoncer au piano lorsqu'elle entra à dix-sept ans au Ballet russe de Monte-Carlo. C'est là qu'elle rencontra George Balanchine, qu'elle épousa en 1946. Elle créa pour lui *Danses concertantes* (1944) et *Night Shadow* (1946). Dès lors son itinéraire se confond avec celui du chorégraphe. En 1947, elle interpréta à l'Opéra de Paris *Sérénade, Apollon musagète* et *Le Baiser de la fée*. Elle devint l'étoile du Ballet Society, rebaptisé New York City Ballet en 1948. Elle y fit toute sa carrière, avec de brefs intermèdes au Ballet de Monte-Carlo et dans la compagnie de Ruth Page*. Balanchine a composé pour sa femme — dont il s'est séparé en 1952 pour épouser Tanaquil Leclercq* — d'innombrables chorégraphies, où elle est plus à l'aise que dans le répertoire romantique : *Symphonie concertante* (1947), *Orphée* et *Bourrée fantasque* (1948), *Caracole* (1952), *Allegro brillante* (1956). Elle a dansé aussi ses productions de *L'Oiseau de feu* (1948), du *Lac des cygnes* (1951) et de *Casse-Noisette* (1954). De taille moyenne, le visage mat auréolé de cheveux très noirs, elle est considérée comme la ballerine la plus accomplie que les États-Unis aient produite. Elle a obtenu le Dance Magazine Award en 1960 et le Capezio Award en 1965, l'année de sa création de *Cendrillon* à Hambourg. Elle vit actuellement à Chicago, où elle enseigne tout en dirigeant le Chicago City Ballet.

TALLCHIEF Marjorie. Danseuse américaine (née à Fairfax, le 19 octobre 1927). Sœur de la précédente, elle étudia comme elle avec Nijinska* et Lichine. Elle fut engagée au Ballet Theatre (1944-1946) puis à l'Original Ballet russe de 1946 à 1947. Mariée cette année-là au danseur-chorégraphe George Skibine, elle entra au Grand Ballet du marquis de Cuevas où elle fut étoile. Pour son mari, elle créa, entre autres, *Annabel Lee* et *Le Prisonnier du Caucase* (1951), *L'Ange gris* (1953), *Idylle* (1954) et *Roméo et Juliette* (1955). Virtuose quasi acrobatique, ravissante et féminine, elle était parfaite. Invitée au ballet de Ruth Page* à Chicago, elle y dansa *Camille* (1958). Étoile de l'Opéra de Paris de 1957 à 1962, elle était la première danseuse américaine à détenir ce titre.

RÉF. : L. Nemenschousky, *A Day with Marjorie Tallchief and George Skibine*, Londres, 1960.

TALLGREN Kaïla. Essayiste finlandaise (Helsinki, 1886 - *id.*, 1949). Elle a contribué par des ouvrages comme *Paul Verlaine* (1932) ou *Le Livre d'or de la littérature française* (1934) à répandre la connaissance de la poésie française en Finlande et a eu la même influence en ce qui concerne la littérature scandinave. D'une façon générale ses essais sur la littérature moderne d'avant-garde ont profondément marqué l'évolution des jeunes écrivains finlandais et en particulier celle des poètes.

TALLIEN Thérésa, née Cabarrus, marquise de Fontenay, puis princesse de Caraman. Française (Carabanchel Alto, près de Madrid, 1783 - Chimay, 1835). Fille d'un négociant de Bayonne devenu espagnol et riche banquier, elle épousa à seize ans le marquis de Fontenay, conseiller au Parlement de Paris, qu'elle avait rencontré en accompagnant son père dans la capitale française. Le mari volage dissipa rapidement la dot de sa femme et lui donna un fils. Dès les massacres de Septembre, il émigra en Angleterre, et Thérésa s'empressa de divorcer en 1793. D'une beauté piquante, brune, mince et vive, elle fut courtisée par Mirabeau, Le Peletier de Saint-Fargeau, et bien d'autres encore. Devant le développement de la Terreur, elle jugea prudent d'aller se réfugier à Madrid, mais elle fut arrêtée à Bordeaux, en tant qu'« ancienne femme d'un aristocrate émigré » et enfermée au fort de Hâ. Le conventionnel Jean-Lambert Tallien, présidant la commission militaire des sept membres chargée de mettre Bordeaux au pas, succomba au charme de la captive et obtint sa libération. Elle devint sa maîtresse et, sous son influence, Tallien se montra plus indulgent, libérant de nombreux prisonniers ; les Bordelais surnommèrent Thérésa « Notre-Dame de Thermidor ».

En 1794, elle suivit Tallien à Paris mais fut aussitôt appréhendée et incarcérée sur ordre de Robespierre, à la Force d'abord, puis aux Carmes, où elle partagea la cellule de Joséphine* de Beauharnais. Tallien, tombé en disgrâce, ne pouvait intervenir. Transférée à la Conciergerie le 7 thermidor, elle apprit qu'elle allait comparaître devant le tribunal révolutionnaire. Elle fit alors parvenir un billet à Tallien où, après avoir raconté qu'elle avait rêvé la chute de Robespierre, elle écrivit ces lignes : « Grâce à votre insigne lâcheté, il ne se trouvera plus personne pour réaliser mon rêve. » Son amant répondit alors : « Soyez aussi prudente que j'aurai de courage » et, aiguillonné par l'urgence de la situation, il provoqua les journées des 9 et 10 thermidor. Thérésa fut libérée avec d'autres détenus, dont Joséphine de Beauharnais.

Elle épousa Tallien le 26 décembre 1794 puis ouvrit un salon, allée des Veuves, où elle recevait les Incroyables et les Merveilleuses et toute l'élite du Directoire. Elle donna naissance à une fille, qu'elle prénomma Rose-Thermidor. Mme Tallien ne s'entendait guère avec son mari, mais, grâce à lui, elle devint la reine de la ville. Le compositeur Auber disait d'elle : « Quand elle entre dans un salon, elle fait la nuit et le jour : le jour pour elle ; la nuit pour les autres. » Thérésa fut courtisée quelque temps par un petit général corse, Napoléon Bonaparte, puis se donna au tout-puissant Barras, qui était alors l'amant en titre de Joséphine. Napoléon s'éprit de celle-ci ; ils se marièrent, avec pour témoins Mme Tallien et Barras. Tallien, dépité de son infortune, suivit la campagne d'Égypte, pendant que sa femme donnait une fille à Barras, Clémence-Isaure.

Bonaparte étant devenu premier consul, Barras perdit son pouvoir, et Thérésa se consola avec le banquier Ouvrard, qui la comblait de présents. Trois enfants naquirent de cette liaison, un fils et deux filles qu'elle fit déclarer sous son nom de jeune fille. Puis elle accepta les hommages du jeune comte de Caraman, qu'elle épousa le 5 août 1805, trois ans après son divorce d'avec Tallien. M. et Mme de Caraman se partageaient entre leur propriété du Nord, l'hôtel particulier jadis offert par Ouvrard, situé rue de Babylone à Paris, et leur château de Ménars, près de Blois. Ils eurent trois enfants, deux fils et une fille. La société impériale lui restant fermée, Thérésa devint hollandaise après Waterloo. Le comte, devenu prince, fut appelé à la cour du roi Guillaume, mais, là encore, elle ne fut pas reçue; personne n'oubliait qu'elle avait été l'épouse d'un régicide. Elle mena une vie calme et digne et mourut presque ruinée dans le château de Chimay, qu'elle avait restauré de ses propres deniers.

RÉF. : A. de Maricourt, *La Véritable Madame Tallien*, Paris, 1933.

TALMADGE Norma. Actrice américaine (Niagara Falls, 1897 - Las Vegas, 1957). Aînée des trois sœurs Talmadge, Norma était la plus célèbre ; Nathalie et Constance, également actrices de cinéma, eurent aussi une certaine renommée. Elle débuta à quatorze ans dans de petits rôles et obtint son premier succès dans *A Tale of Two Cities* (Blackton, 1911). Elle tourna de nombreux films avant d'épouser le producteur Joseph Schenck, qui la révéla. Devenue une star à part entière, elle triompha dans les rôles qu'elle interpréta à l'écran de 1917 à 1930, mais l'avènement du parlant lui fut fatal et mit fin à sa carrière. Sa dernière apparition dans *Du Barry**, Woman of Passion* (S. Taylor, 1930), un film parlant, fut un échec complet. Elle se retira, ayant amassé une immense fortune. On peut retenir parmi ses principaux films : *Panthea* (Dwan, 1917), *Le Fantôme du passé* (R. Hughes, 1918), *A Daughter of Two Worlds* (Parker, 1920), *Victoire du cœur* (Franklin, 1922), *La Duchesse de Langeais* (Lloyd, 1922), *Secrets* (Borzage, 1924), *The Lady* (Borzage, 1925), *Kiki* (Brown, 1926), *La Dame aux camélias* (Niblo, 1927), *The Dove* (West, 1927), *New York Nights* (Milestone, 1929).

TALVIO Maila Winter. Romancière finlandaise (Hartola, 1871 - Helsinki, 1951). Elle publia *La Face de la vie* (1916) et *L'Œil dans la nuit*, où elle révèle une sensibilité délicate aussi bien dans la description de ses émotions intimes que dans celle de la misère du peuple. De 1919 à 1936, elle se consacra au roman historique avec *La Fille de la Baltique*. Enfin, de 1918 à 1939, elle anima un cercle littéraire dont l'influence fut considérable. Elle fut l'épouse de J.J. Mikkola, spécialiste de la civilisation slave de grande notoriété dans son pays.

TAMARA ou THAMAR. Reine de Géorgie (?-1212). Fille de George III, roi de Géorgie, auquel elle succéda sur le trône, elle épousa en secondes noces David Yanslav après avoir fait chasser son premier époux, Georges Bobolubskoï, prince débauché. Sous son règne, la Géorgie étendit sa domination sur une grande partie du Caucase et atteignit le sommet de sa puissance, en même temps qu'elle connut la période la plus brillante de son histoire, tant dans la littérature que dans les sciences et l'architecture. Vénérée par ses sujets, chantée par le poète Roustaveli, qui lui dédia l'épopée nationale géorgienne dont il était l'auteur, *Le Chevalier à la peau de tigre*, Tamara a laissé l'image d'une reine heureuse à qui la Géorgie dut son expansion au XIIIe siècle.

TANNERY Marie Alexandre, née Prisset. Femme de sciences française (1856-1946). Fille d'un notaire de Poitiers, elle épousa en juin 1881 le savant Paul Tannery, qu'elle encouragea dans ses recherches et qu'elle aida jusqu'à son dernier jour. Lorsqu'il mourut à la fin de l'année 1904 d'un cancer du pancréas, elle entreprit de rassembler les nombreuses publications de son mari dispersées dans des revues spécialisées et parfois fort difficiles à trouver. Elle les regroupa par thème : sciences exactes dans l'Antiquité, au Moyen Âge et chez les Byzantins ; sciences modernes, histoire de la philosophie, philologie. Elle y joignit ses revues de presse et sa correspondance. Un certain nombre d'éminents historiens des sciences — Hieberg, Zeuthen et Loria — la soutinrent dans ses travaux jusqu'à la parution des dix-sept volumes des *Mémoires scientifiques*. Seuls manquent à ces *Mémoires* les trois livres que Paul Tannery avait consacrés à la science de l'Antiquité et ses éditions de Diophante, Fermat et Descartes. Assistée de C. de Waard, Marie Tannery travailla aussi à la *Correspondance du père Marin Mersenne* (1932) que son époux avait envisagé d'étudier.

TANNING Dorothea. Peintre. Américaine (née à Gelesburg, Illinois, en 1910). Après des études au collège Knox, elle s'adonna très jeune à la peinture, menant une vie errante à travers les États-Unis. Elle rencontra le peintre Max Ernst en 1943, alors qu'il venait de divorcer d'avec Peggy Guggenheim*. Ils vécurent au Texas de 1946 à 1955 et formèrent durant plus de trente ans un des couples d'artistes les plus célèbres de notre temps. Avant sa rencontre avec Max Ernst, Dorothea Tanning était déjà un peintre renommé et avait fréquenté les milieux surréalistes, qui inspirèrent son œuvre. Ses premiers tableaux transposent les phantasmes de sa jeunesse en des toiles non dépourvues d'un certain érotisme et peintes avec une précision extrême. Puis son art évolue et devient plus lyrique et même plus sensuel; en revanche, il se réfère de moins en moins au réel. En témoignent *Le Soir à Saragosse* (1965, Paris, musée d'Art moderne) et les sculptures en tissu rembourré comme *Ensemble*, *Chambre 202*, *Hôtel du Pavot* (1969-1970, Paris, musée d'Art moderne).

TASTU Sabine Casimire Amable, née Voiart. Poétesse française (Metz, 1798 - Paris, 1885). À l'âge de quatorze ans, son poème *Le Réséda* la révéla à l'opinion. Elle devint célèbre avec *Les Oiseaux du sacre* (1825) puis avec *L'Ange gardien*, contenu dans son recueil de *Poésies* (1826). Poète élégiaque, elle fut influencée par les *Méditations poétiques* de Lamartine et se fit apprécier de Sainte-Beuve. Après avoir donné des poèmes historiques rassemblés sous le titre *Chroniques de France*, elle revint au lyrisme mélancolique avec ses *Poésies nouvelles* (1835). En 1840, son *Éloge de Madame de Sévigné** lui valut de remporter le prix de l'Académie des jeux floraux. Un revers de fortune la réduisit à la pauvreté et l'obligea, pour subsister, à faire des traductions, à écrire des études historiques, des récits pour l'enfance et la jeunesse. Elle était mariée à un imprimeur de Perpignan, Joseph Tastu.

TAYLOR Koko (Cora, dite), née Walton. Chanteuse américaine (née à Memphis, Tennessee, en 1935). Il suffirait sans doute de se pencher sur la carrière de Koko Taylor pour donner une bonne définition des principales étapes de l'évolution et des caractéristiques majeures du blues moderne, celui de Chicago principalement, mais ce ne serait pas dire pour autant l'importance de la personnalité de cette chanteuse noire. Toute jeune elle chantait déjà dans les chœurs des églises des quartiers noirs de Memphis. Elle rencontra rapidement des musiciens d'exception, Muddy Waters ou Howlin' Wolf par exemple. Puis elle fit la connaissance de B.B. King et, à peu près à la même époque, épousa le guitariste Robert Taylor qui s'était aussi fait connaître comme danseur. En 1956 Koko Taylor « émigra » vers le Nord avec son mari et s'installa à Chicago. Elle travailla d'abord dans de nombreux cabarets puis obtint des engagements dans des théâtres ou établissements comptant parmi les plus réputés de la ville. Sa voix puissante, « charnue », aussi directe et expressive que, parfois, rageuse (elle utilise le « growl » mieux que personne) et le fait qu'elle ait toujours été entourée par les plus grands *bluesmen*, que ce soit ceux qu'elle avait connus à Memphis ou, à Chicago, Buddy Guy et Junior Wells puis, bien sûr, Willie Dixon, ont rapidement fait d'elle une vedette dont la réputation a franchi les océans. Elle avait déjà enregistré de nombreux titres et on l'entendait fréquemment sur les ondes, mais c'est certainement sa rencontre avec le célèbre Willie Dixon, dont est issu son titre fétiche *Wang Dang Doodle* (1965), qui a marqué le début de la notoriété qui est la sienne.

En 1967 elle entreprit une tournée en Europe avec l'American Folk Blues Festival puis revint aux États-Unis, où elle sillonna les États du Sud. En 1969 elle participa au festival de Grant Park (Illinois) et, en 1972, au festival de Montreux. En 1973, on l'entendit à nouveau en Europe, notamment lorsqu'elle se produisit au cours de la tournée du Chicago Blues Festival. À la même époque elle enregistra plusieurs albums, dont un pour le label français Black and Blue. Koko Taylor apparut également dans un film réalisé en 1970 *The Blues Is Alive and Well in Chicago*. Elle a réalisé de nouveaux albums ces dernières années, dont un au titre tout à fait révélateur du rôle qu'elle tient maintenant auprès du public *An Audience With The Queen* (« live » à Chicago, 1987) et tout récemment, celui qu'elle a dédié à la mémoire de son mari, Robert « Pops » Taylor, *Jump For Joy* (1990).

TAYLOR Jane. Femme de lettres et astronome anglaise (1783-1824). Fille du pasteur et écrivain Isaac Taylor, elle écrivit avec sa sœur Ann (1782-1866) des livres pour la jeunesse qui eurent un succès considérable et leur valurent l'admiration de Walter Scott et de Robert Browning. Ce sont : *Original Poems for Infant Minds* (1804), *Rhymes for the Nursery* (1806) et, en 1810, *Hymns for Infant Minds* (traduits en français sous le titre de *Hymnes pour l'esprit des enfants*), qui furent réédités cinquante fois en Angleterre. En 1816, elle publia *Essays in Rhyme*. Collaboratrice régulière du *Youth's Magazine* jusqu'en 1822, Jane Taylor fut également l'auteur de nombreux mémoires et de tables pour la navigation, auxquels elle doit le surnom flatteur de « Somerville* du monde marin ».

TAYLOR Liz (Élisabeth, dite). Actrice américaine d'origine anglaise (née à Londres en 1932). Elle est la fille d'un marchand d'objets d'art de nationalité anglaise. Sa mère réussit à la faire entrer à dix ans à la MGM : elle fut choisie pour tourner avec la célèbre chienne Lassie, mascotte de la firme, dans le film *Fidèle Lassie* (Wilcox, 1942). La fillette était ravissante, intelligente, aussi lui confia-t-on de nouveaux rôles : elle fut la petite fille qui aimait son cheval dans *Le Grand National* (Brown, 1944) puis elle joua de nouveau avec Lassie dans *Le Courage de Lassie* (Wilcox, 1946). Adolescente, elle tourna *Mon père et nous* (Curtiz, 1947) avec William Powell et ZaSu Pitts*. Quelques années plus tard, après *Les Quatre Filles du docteur March* (LeRoy, 1949) et *Le Père de la mariée* (Minnelli, 1950), elle fut une éblouissante jeune fille dans *Une place au soleil* (Stevens, 1951) avec Montgomery Clift. Ce fut son premier grand rôle et le début de sa carrière qui se poursuivit triomphalement avec des films comme *Quo Vadis?* (LeRoy, 1951), *Ivanhoé* (Thorpe, 1953), *La Piste des éléphants* (Dieterle, 1953), *Rhapsodie* (Ch. Vidor, 1954), mais surtout *Geant* (Stevens, 1956), qu'elle tourna avec James Dean, *La Chatte sur un toit brûlant* (Brooks, 1958) et *Soudain, l'été dernier* (Mankiewicz, 1959). *La Vénus au vison* (Mann, 1960) lui valut un oscar.

Elle triompha dans le rôle de *Cléopâtre** (Mankiewicz, 1963); plus belle que jamais, elle y apparaît curieusement sous les traits de la reine égyptienne Néfertiti*. Sa ressemblance avec le buste de cette reine, conservé au musée de Berlin, est hallucinante. Le film, considéré comme le plus cher de l'histoire du cinéma, demanda deux années de tournage, près de sept mille figurants, une centaine d'animaux. Les nombreux accidents de santé de Liz Taylor et ses amours tapageuses avec son partenaire Richard Burton faillirent ruiner la Fox. Mais l'actrice, dépassant ses caprices de coquette, était habitée par le sentiment de la grandeur de son personnage. Elle assura au film, qui reste un monument du septième art, sa véritable dimension.

La vie sentimentale de Liz Taylor et ses nombreux mariages alimentèrent sans cesse la chronique à scandales de Hollywood. Elle fut mariée à Nicky Hilton, Michael Todd, Michael Wilding, Eddie Fischer, John Warner. Elle avait épousé Richard Burton en 1964; ils divorcèrent en 1974, se remarièrent en 1975 pour divorcer à nouveau en 1976. Après *Cléopâtre*, Liz Taylor poursuivit sa brillante carrière avec *La Nuit de l'iguane* (Huston, 1964), *Le Chevalier des sables* (Minnelli, 1965), *Qui a peur de Virginia Woolf?* (Nichols, 1966) — deuxième oscar —, *La Mégère apprivoisée* (Zeffirelli, 1967), *Reflets dans un œil d'or* (Huston, 1967), *Doctor Faustus* (Burton, 1968), *Terreur dans la nuit* (Hutton, 1973), *L'Oiseau bleu* (Cukor, 1976), *Petite Musique de nuit* (Prince, 1977), *Le miroir se brisa* (Hamilton, 1980). En 1980, elle joua au théâtre dans *La Vipère*, dans le rôle que Bette Davis* avait magistralement tenu au cinéma, mais elle n'obtint qu'un succès d'estime. Les années qui suivirent furent dramatiques: les effets de l'âge, les ravages de l'alcool et les excès de toutes sortes faillirent avoir raison de sa santé et de sa beauté, mais elle accepta de faire une cure de désintoxication à la clinique Betty Ford de Palm Springs, où, à force de volonté, elle retrouva la minceur de sa jeunesse. Elle y rencontra son dernier mari, Larry Fortensky, qu'elle épousa en 1991. Monstre sacré du cinéma et dernière des grandes stars de Hollywood, Liz Taylor continue à fasciner son public.

TCHANG KAÏ-CHEK, née May-Ling-Sung-Chiang. Femme politique chinoise (née à Shangaï en 1901). Belle-sœur de Sun Yat-Sen, le «père de la Chine moderne», elle épousa en 1927 le général Tchang Kaï-Chek, qu'elle convertit au christianisme. Installée à Nankin, siège du gouvernement jusqu'en 1936, elle fonda un orphelinat pour les victimes de la révolution communiste. Constamment aux côtés de son époux, elle eut une grande influence sur les relations du Kouo-min-tang avec les pays étrangers. Elle prit part, au sortir de la guerre, à la conférence du Caire, où siégaient Churchill et Roosevelt, et suivit Tchang Kaï-Chek lorsqu'il dut abandonner le continent pour Formose (Taiwan) en 1949. Belle et cultivée, elle devint l'une des plus actives progragandistes de la Chine nationaliste, parcourant les États-Unis, multipliant conférences et interviews. Elle poursuivit à la Croix-Rouge son action en faveur de l'enfance. Veuve depuis 1975, elle a laissé plusieurs ouvrages écrits en anglais dont *China Shall Rise Again* et *We Chinese Woman*.

TCHERINA Ludmilla (Monique Tchererzine, dite). Danseuse et actrice française d'origine russe (née à Paris, le 10 octobre 1924). Fille d'un khan géorgien officier de l'armée du tsar, elle fut l'élève de Mme d'Alessandri et d'Olga Préobrajenska*. Elle débuta à l'âge de huit ans et devint danseuse étoile aux Ballets de Monte-Carlo où elle dansa *Roméo et Juliette* (Lifar) en 1942. Elle créa *À la mémoire d'un héros* (Lifar, 1946) et *Méphisto valse* (Lifar, 1946).

Elle se produisit avec son mari, le danseur Edmond Audran (mort tragiquement en 1951), sur des scènes parisiennes et fut invitée comme étoile à danser *Giselle* à Moscou. Interprète du *Martyre de saint Sébastien* à l'Opéra de Paris en 1957, elle monta sa compagnie et produisit avec Raymond Rouleau et Sparemblek *Les Amants de Teruel* en 1959 dont on fit un film. Vedette des Ballets du XXe siècle dans *Gala* (Dali et Béjart) en 1961, elle fut excellente comédienne dans différents films dont *Les Chaussons rouges* (Powell et Pressburger, 1948) et *Les Contes d'Hoffmann* (Powell et Pressburger, 1950). Pour la télévision elle créa *Le Mandarin merveilleux* (Lazzani, 1967), *Salomé* (1968), *Bonaparte* (1969), *La Dame aux camélias* (1972). Ravissante, elle excelle dans les compositions dramatiques, au théâtre elle interpréta *Anna Karénine* (1975). Peintre, elle a exposé à Paris et a écrit un livre de souvenirs.

RÉF : T. et S. Lido, *Ludmilla Tcherina, tragédienne de la danse*, Paris, 1967.

TEBALDI Renata. Soprano italienne (née à Pesaro, le 1er février 1922). Fille d'un violoncelliste et d'une infirmière, elle fut élevée à Langhirano, où sa mère s'installa après s'être séparée de son mari. Elle y étudia le piano avec Giuseppina Passani, mais sa voix était tellement extraordinaire qu'à seize ans son professeur lui fit passer une audition qui la conduisit au conservatoire Boito de Parme. Elle y devint l'élève d'Ettore Campogalliani et, plus tard, elle se perfectionna auprès de Carmen Melis à Pesaro. Elle débuta en 1944 dans le rôle d'Elena (*Méphistophélès*, Boito); l'année suivante, elle chanta à Trieste dans *Otello* (Verdi), puis Toscanini la choisit comme soliste pour le concert de réouverture de la Scala en 1946 (elle parut régulièrement sur cette scène de 1949 à 1954 puis en 1959). Elle se produisit dès lors à travers toute l'Italie et fut particulièrement applaudie au San Carlo de Naples. En 1950, elle entama une carrière internationale en chantant à Londres puis à San Francisco, où elle incarna Aïda (*Aïda*, Verdi). Elle débuta au Metropolitan Opera de New York en 1955 en Desdémone (*Otello*, Verdi) et y chanta régulièrement jusqu'en 1973. Enfin, en 1975 et 1976, elle fit une tournée en Union soviétique. Dirigée par les plus grands chefs, tenue pour l'une des plus belles voix du monde, elle a été une incomparable Violetta (*La Traviata*, Verdi), une bouleversante Élisabeth (*Don Carlos*, Verdi) et une admirable Tosca (*Tosca*, Puccini); elle a interprété également les œuvres de Giordano, Spontini, Wagner, Boito. Musicienne parfaite, on l'a souvent opposée à Maria Callas*, dont le répertoire différait sensiblement.

RÉF. : W. Panofsky, *Renata Tebaldi*, Berlin, 1961. V. Seroff, *Renata Tebaldi, the Woman or the Diva*, New York, 1961. H. Rosenthal, *Great Singers of Today*, Londres, 1966. K. Harric, *Renata Tebaldi: an Authorised Biography*, New York, 1975.

TE KANAWA Kiri. Soprano néo-zélandaise (née à Gisborne, le 6 mars 1944). Son père est maori, sa mère irlandaise. Elle fréquenta les écoles catholiques d'Auckland et y apprit à chanter, encouragée par une religieuse. Envoyée à Melbourne pour participer à un concours radiophonique, elle remporta le premier prix et resta en Australie. En 1966, elle obtint une bourse qui lui permit d'aller étudier au London Opera Center et de prendre des leçons particulières avec Vera Rosza. En 1969, elle débuta au festival de Camden dans le rôle d'Elena (*La Dame du lac*, Rossini). L'année suivante, elle chanta à Covent Garden le rôle de la Comtesse (*Les Noces de Figaro*, Mozart) et, en 1971, elle fit ses débuts américains à l'Opéra de Santa Fe. Ce furent ensuite San Francisco en 1972, le Metropolitan Opera de New

York en 1974, où elle remplaça au pied levé Teresa Stratas* dans le rôle de Desdémone (*Otello*, Verdi). Sa réputation était faite. L'année suivante, sur cette même scène, elle incarna donna Elvira (*Don Juan*, Mozart). En 1977, ce fut au tour de l'Opéra de Paris de l'accueillir: elle y chanta Pamina (*La Flûte enchantée*, Mozart). Sacrée par la critique *prima donna assoluta*, avec la beauté de sa voix, sa grâce et son jeu naturel, elle excelle aussi bien dans les rôles lyriques de Mozart que dans ceux, dramatiques, de Verdi. Elle a interprété Donna Elvira dans la version filmée du *Don Giovanni* de Joseph Losey (1979) et a été soliste de l'*Oratorio* de Haendel à l'occasion du mariage du prince Charles et de lady Diana Spencer en 1981. Elle a été nommée commandeur de l'Empire britannique en 1982.

TELLEZ Eleonore. Voir ELEONORE TELLEZ.

TEMPEST Mary (Mary Susan Etherington, dite). Actrice anglaise (Londres, 1864 - *id.*, 1942). Chanteuse, elle débuta dans des opérettes et des comédies musicales. Elle se produisit à New York en 1890 puis au Canada. De retour à Londres en 1895, elle fut engagée au Daly Theatre pour de nouvelles revues. Après un immense succès dans le rôle de Nell Gwynne* (*English Nell*, Hope) en 1900, elle ne joua plus que des comédies. Elle fut très admirée dans deux pièces de son deuxième mari, Cosmo Gordon-Lennox (*Becky Sharp*, 1901 et *The Marriage of Kitty*, 1902), qu'elle fit triompher pendant des années. En tournée à travers le monde de 1914 à 1922, elle revint à Londres où son talent, son charme et son éternelle beauté lui permirent d'interpréter *Hay Fever* (Coward, 1925) et *Theatre Royal* (Kaufman, 1934). Elle célébra son jubilé l'année suivante à Drury Lane et se produisit encore aux côtés de son troisième mari, W. Graham Browne, avant de faire ses adieux à la scène en 1938 dans *Dear Octopus* (D. Smith).

TEMPLE Shirley. Actrice américaine (née à Santa Monica en 1928). Enfant prodige du cinéma, elle débuta à quatre ans dans des courts métrages et devint à six ans une véritable star. Ses bouclettes blondes, son air mutin, sa façon d'imiter les grandes personnes, singeant leurs ridicules, conquirent vite un public sentimental, émerveillé par cette petite poupée blonde. Les grandes firmes d'Hollywood, la Paramount, la Fox se disputèrent pour l'engager, mais ce fut cette dernière qui réalisa la plupart de ses films. Shirley Temple joua beaucoup de rôles écrits pour elle, mais le succès diminua à mesure qu'elle grandissait. À vingt et un ans, elle quitta le cinéma et se produisit à la télévision dans de petits sketches, puis elle se consacra à la politique, où elle occupa des postes importants: elle fut la représentante des États-Unis à l'ONU en 1968, ambassadrice au Ghana (1974-1976) et chef du protocole en 1976. Parmi les nombreux films qu'elle a tournés, citons *The Red Haired Alibi* (Cabanne, 1932), *Carolina* (H. King, 1934), *Little Miss Marker* (Hall, 1933), *Now and Forever* (Hathaway, 1934), *The Little Colonel* (Butler, 1934), *Our Little Girl* (Roberston, 1935), *Curly Top* (Cummings, 1935), *Poor Little Rich Girl* (Cummings, 1936), *Wee Willie Winkie* (Ford, 1937), *The Little Princess* (Lang, 1939), *The Blue Bird* (Lang, 1940), *Young People* (Dwan, 1940).

TENCIN Claudine Alexandrine Guérin, marquise de. Femme de lettres française (Grenoble, 1681 - Paris, 1749). Après dix années passées dans un couvent contre son gré, elle fut relevée de ses vœux, bien qu'ayant été chanoinesse à Neuville, près de Lyon, et mena une vie des plus dissipées. On ne compte pas le nombre de ses amants, parmi lesquels le Régent, avec lequel elle eut une brève liaison qu'en femme avisée elle sut fort bien monnayer, le cardinal Dubois, puis le chevalier Destouches, dont elle eut un fils qu'elle abandonna, le futur philosophe Jean d'Alembert, enfin le conseiller de La Fresnais, qui se ruina pour elle et se suicida, ce qui provoqua un énorme scandale et valut à la marquise trois mois d'emprisonnement à la Bastille.

Ambitieuse, elle ne l'était pas seulement pour elle, car elle fit la fortune de son frère, Pierre de Tencin, qui devint cardinal en 1739 et ministre d'État en 1742. L'âge venant, la marquise, un peu assagie, n'ayant cependant rien perdu de ses ambitions, ouvrit un salon littéraire où se rencontraient Montesquieu, Fontenelle, d'Argenson, Helvétius, Voltaire, etc., qui ne craignaient pas d'être comptés au nombre de ses familiers. Elle a écrit plusieurs romans anonymement avec ses neveux Pont de Veyle et d'Argental: *Les Mémoires du comte de Comminges* (1735), *Les Malheurs de l'amour* (1747). Sa *Correspondance avec le cardinal de Tencin* et ses *Lettres au duc de Richelieu* ont été publiées respectivement en 1790 et 1806.

RÉF.: J. Sareil, *Les Tencin: histoire d'une famille au XVIIIe siècle*, Droz, 1970. R. Vaillot, *Qui était Mme de Tencin... et le cardinal?*, Paris, 1974.

TERECHKOVA Valentina Nikolaeïeva. Cosmonaute soviétique (née dans la région de Yaroslav en 1937). Encore enfant, elle perdit son père, tué pendant la dernière guerre. Passionnée d'aviation, elle se spécialisa dans le parachutisme et consacra tous ses loisirs à s'entraîner. Douée et intrépide, elle totalisa bientôt plus de cent vingt sauts. Remarquée pour son intelligence et son équilibre physique, elle fut proposée en 1962 pour entrer à l'école des cosmonautes, où elle fut admise avec le grade de sous-lieutenant.

Choisie pour rejoindre dans l'espace Valery Bykovski, elle fut placée sur orbite en 1963, à l'intérieur de Vostok VI, et devint ainsi la première femme lancée dans l'espace. Il ne s'agissait pas d'un simple rendez-vous entre deux engins spatiaux, mais d'un vol simultané. Le but de l'expérience était d'étudier, pour la première fois, le comportement d'un organisme féminin dans l'espace et de comparer ses réactions à celles d'un organisme masculin dans les mêmes conditions de vol. Après soixante et onze heures de vol, le retour de Valentina Terechkova fut triomphal et elle devint presque aussi célèbre que Youri Gagarine, le premier homme de l'espace. Elle fut l'héroïne du Congrès international des femmes à Moscou en 1963 et effectua en 1966 une tournée en Europe à l'occasion de la projection d'un film sur les réalisations de son pays. Valentina Terechkova fut promue en 1964 lieutenant-colonel de l'armée soviétique et épousa la même année le cosmonaute Andrian Nicolaïev.

TERESA. Voir MÈRE TERESA.

TERRY Ellen Alice. Actrice anglaise (Coventry, 1847 - Londres, 1928). Issue d'une famille de comédiens, seconde fille de l'acteur Benjamin Terry, elle débuta à l'âge de neuf ans dans le rôle de Maximilius (*Conte d'hiver*, Shakespeare) pour la Charles Kean Company, au sein de laquelle elle resta jusqu'en 1859. Elle partit ensuite en tournée avec sa sœur aînée Kate. Engagée en 1861 au Haymarket Theatre, elle épousa trois ans plus tard le peintre G. F. Watts, qui avait le double de son âge et pour lequel elle abandonna sa carrière. Des hommes comme Gladstone ou Disraeli fréquentaient son salon. L'échec de son mariage la ramena au théâtre, mais pour peu de temps ; elle choisit bientôt de partager la vie d'Edward Godwin, dont elle eut deux enfants, Edith et Edward Gordon Craig. Devant l'insistance du dramaturge Charles Reade, elle fit sa rentrée en 1874 dans le rôle de Philippa (*The Wandering Heir*, Reade), remportant un immense succès.

Dès lors, sa carrière ne connut plus d'éclipses. En 1878, elle triompha dans le rôle d'Olivia (*Le Vicaire de Wakefield*, adaptation du roman d'Oliver Goldsmith). La même année, elle épousa l'acteur Charles Kelly et, à la demande de son ami Henry Irving, directeur du Lyceum de Londres, elle rejoignit ce théâtre, où elle se distingua pendant vingt-cinq ans. Excellente shakespearienne, elle incarna tour à tour Béatrice (*Beaucoup de bruit pour rien*), Desdémone (*Othello*), Juliette (*Roméo et Juliette*), Lady Macbeth* (*Macbeth*), ainsi que des rôles importants dans des pièces contemporaines : *The Lady of Lyons* (Bulwer-Lytton), *Robert Macaire* (Selby), *Charles Ier* (Will), *Faust* (Will). Après avoir quitté le Lyceum, elle prit la direction de l'Imperial Theatre, où elle joua en 1903 *Beaucoup de bruit pour rien* (Shakespeare) et *The Vikings* (Ibsen). En 1906, elle célébra son jubilé à Drury Lane tandis qu'elle créait lady Cecily Waynflete (*Captain Brassbound's Conversion*, Shaw). En 1907, elle épousa en troisièmes noces le jeune Américain James Carew, qui lui donnait la réplique. Elle se consacra ensuite à des tournées de conférences aux États-Unis et en Australie. Les textes de quatre de ces conférences (*Four Lectures of Shakespeare*) ainsi que sa correspondance avec Shaw (*Ellen Terry and Bernard Shaw : a Correspondance*) ont été publiés en 1931. Elle a laissé son autobiographie sous le titre *The Story of My Life* (1908).

TESSIER Valentine. Actrice française (Paris, 1892 - Vallauris, 1981). Fille d'un ingénieur français et d'une exilée russe, elle devint après son certificat d'études cousette dans un atelier, où un ami de Paul Mounet la découvrit un jour debout sur une table en train de réciter des alexandrins ! Elle avait seize ans. Après trois échecs au Conservatoire, elle fut engagée par Jacques Copeau au théâtre du Vieux-Colombier. Elle y apprit le théâtre moderne et son dépouillement antidéclamatoire. Blonde au tempérament de brune, un superbe dos nu, elle a créé le rôle de la Périchole* (*Le Carrosse du Saint-Sacrement*, Mérimée). Copeau lui fit rencontrer Gaston Gallimard et ce fut le début d'une longue histoire d'amour. Après Londres et New York, elle suivit Louis Jouvet à la Comédie des Champs-Élysées en 1924.

Son nom reste indissociable de plusieurs créations : elle pratiqua avec autant de grâce l'humour de Marcel Achard (*Jean de la lune*) que le lyrisme de Jean Giraudoux. Après l'avoir applaudie dans *Siegfried* (Giraudoux), Robert Brasillach s'écria : « Exactement femme, exactement française, rose, blonde et calme, et parfaitement maîtresse de la diction la plus unie et la plus pure. » Giraudoux écrivit pour elle *Amphitryon 38* ; elle brilla dans *La Femme en fleur* (D. Amiel) et dans *Duo* (Géraldy) ; elle incarna Léa (*Chéri*, Colette*) et créa *Lucienne et le Boucher* (Aymé), pièce refusée par quatorze directeurs de théâtre pour ses dialogues trop crus. Le critique Robert Kemp commentait : « Mme Valentine Tessier, cela fait plaisir à redire, a de la noblesse, la flamme purificatrice. Ce qu'une comédienne peut, pour hausser le texte, elle en donne la preuve magnifique. » Son seul regret : une passion des voyages qui lui fit refuser deux ou trois rôles. Sa conscience professionnelle était telle qu'elle s'installa en 1966 dans un petit hôtel près de l'Atelier où elle jouait dans *L'Idiot* (Dostoïevski, adaptation de Barsacq), délaissant pendant deux ans son appartement de Neuilly et sa propriété de Poitiers. Elle joua dans vingt-cinq films, dont *Madame Bovary* (Renoir, 1934), *L'Affaire Saint-Fiacre* (Delannoy, 1959), où elle impressionna Jean Gabin par son métier ; elle tint son dernier rôle à soixante-dix-neuf ans dans *Églantine* (Brialy, 1971). Grande dame cultivée, Valentine Tessier reste avant tout une immense actrice de théâtre. Renoir ne lui disait-il pas : « Au cinéma, on ne doit pas être intelligent » ?

TETRAZZINI Luisa. Soprano italienne (Florence, 29 juin 1871 - Milan, 28 avril 1940). Elle apprit à chanter en écoutant travailler sa sœur, Eva, élève de Ceccherini au Liceo Musicale de Florence, puis elle devint elle-même élève du maître. Elle débuta à Florence en 1890, au Teatro Pagliano, dans le rôle d'Inès (*L'Africaine*, Meyerbeer). Plusieurs tournées la conduisirent ensuite en Amérique du Sud (1893) et en Russie (1896). En 1904, elle fit ses débuts américains au Tivoli Opera House de San Francisco. En 1907 à Londres, elle interpréta sa première *Traviata* (Verdi) à Covent Garden, devenant une des grandes Violetta. Elle reprit ce rôle l'année suivante à New York au Manhattan Opera House. Après la fermeture de cette salle, elle chanta au Metropolitan en 1911 le rôle de Lucie (*Lucie de Lammermoor*, Donizetti). Elle quitta la scène au lendemain de la Première Guerre mondiale mais continua à se produire en concert jusqu'en 1934. En 1931, elle s'installa à Milan, où elle enseigna le chant. Riche, célèbre dans le monde entier, considérée comme la plus grande cantatrice italienne de l'« après Patti* », elle mourut cependant dans la pauvreté. Elle laisse deux ouvrages : une autobiographie, *My Life of Song* (1921), et des conseils techniques, *How to Sing* (1923).

TEYBER Terese. Soprano autrichienne (Vienne, octobre 1760 - *id.*, 15 avril 1830). Sœur d'Élisabeth Teyber qui fut cantatrice, d'Anton Teyber, organiste et compositeur à la cour de Dresde et de Vienne, et de Franz Teyber, lui aussi compositeur à la cour de Vienne et organiste, elle débuta en 1778 au théâtre de la Cour dans le rôle de Fiametta (*Frühling und Liebe*, Ulbricht). Très vite, elle devint l'une des cantatrices viennoises les plus populaires. Elle créa le rôle de Blondine (*L'Enlèvement au sérail*, Mozart) en juillet 1782. Après avoir épousé le ténor Ferdinand Arnold en 1786, elle triompha avec lui à Hambourg, Berlin, Varsovie et Riga, puis elle revint à Vienne. Elle y tint notamment le rôle de Zerline (*Don Juan*, Mozart) en 1788. Appréciée pour son charme, sa voix, son talent de comédienne, elle fut l'artiste la mieux rétribuée de son temps.

TEYTE Maggie (Margaret Tate, dite). Soprano anglaise (Wolverhampton, 17 avril 1888 - Londres, 26 mai 1976). Elle fit ses débuts à Monte-Carlo en 1907 dans le rôle de Zerline (*Don Juan*, Mozart) puis remporta à Paris un grand succès en concert avec Claude Debussy au piano. L'année suivante, le compositeur la choisit pour succéder à Mary Garden* dans le rôle de Mélisande (*Pelléas et Mélisande*, Debussy). Elle chanta ensuite à l'Opéra-Comique (1908-1910), à Londres (1910-1911), à l'opéra de Chicago (1911-1914) et à l'opéra de Boston (1914-1917). La guerre terminée, elle se produisit aux États-Unis et en Europe, accompagnée le plus souvent par Alfred Cortot et Gerald Moore. Puis elle se maria et quitta la scène.

Pendant la Seconde Guerre mondiale, elle interpréta à Londres, en récital, des mélodies françaises. En 1948, elle chanta encore Mélisande à New York et, en 1951, Belinda (*Didon et Énée*, Purcell) aux côtés de Kirsten Flagstad*. Elle fut mariée deux fois sans que ces mariages l'aient beaucoup marquée, alors que comptèrent vraiment dans sa vie le chef d'orchestre Thomas Beecham, à Londres, et le compositeur et violoniste roumain George Enesco, à Paris. Elle a laissé un livre de souvenirs, *Stars on the Door* (1958). Parmi ses grands rôles, citons encore : Madame Butterfly (*Madame Butterfly*, Puccini), Chérubin (*Les Noces de Figaro*, Mozart), Hansel (*Hansel et Gretel*, Humperdinck), Oscar (*Un bal masqué*, Verdi).

THADEN Louise. Aviatrice américaine (née en 1905). D'une endurance exceptionnelle, elle établit en 1932 un record de durée tenant l'air pendant 196 heures. Avec Blanche Noyer comme copilote, elle remporta en 1936 la Bendix Race, c'est-à-dire la traversée des États-Unis de New York à Los Angeles. Consacrée comme étant la plus remarquable femme pilote du pays, elle reçut le Harmon Trophy et fut membre du 99 Club fondé par Amelia Earhart*.

THAÏS. Courtisane grecque (IVe siècle av. J.-C.). Très belle et sans doute chanteuse à ses débuts, elle fut l'idole de la jeunesse dorée d'Athènes et se fit aimer de Ménandre, qui donna son nom à l'une de ses comédies. Elle suivit Alexandre le Grand dans ses campagnes et, d'après le poète Cleiparchios, au cours d'une orgie elle aurait incité Alexandre à incendier Persépolis (330) pour venger la destruction d'Athènes par Xerxès Ier en 480. À la mort du roi en 323, elle devint l'une des concubines de Ptolémée Ier Sôter, roi d'Égypte, dont elle eut deux fils et une fille.

THAÏS, sainte. Égyptienne (IVe siècle). Courtisane d'une grande beauté, sa renommée parvint jusqu'au monastère de Paphnuce, célèbre anachorète à l'époque; celui-ci simula le désir pour l'approcher et l'exhorter au repentir. Il y parvint et, reconnaissant alors sa faute, la pécheresse se jeta aux pieds de son sauveur. Elle brûla toutes ses robes précieuses et se cloîtra dans une cellule où il l'enferma. Saint Antoine décida de son pardon après trois ans. Lorsque Paphnuce vint délivrer la recluse, il lui dit: «Ce n'est pas en considération de votre pénitence que Dieu vous a remis vos péchés, mais parce que vous avez toujours eu la crainte dans l'esprit.» Au début de ce siècle, on exhuma en Égypte le corps de plusieurs religieuses, dont l'une avait pour nom Thaïs. Sa dépouille fut exposée au musée Guimet.

THARP Twyla. Danseuse et chorégraphe américaine (née à Portland, le 1er juillet 1942). Elle passa une partie de son adolescence dans le cinéma en plein air que tenaient ses parents, fascinée par les productions hollywoodiennes. Ses professeurs de danse furent Matt Mattox, Martha Graham*, Merce Cunningham et Paul Taylor, qui l'engagea en 1963 dans sa compagnie. Elle le quitta deux ans plus tard pour fonder sa propre troupe et commencer une carrière de chorégraphe. Ses œuvres sont fortes, originales, bien construites. Sur un rythme soutenu — que la musique soit de Mozart, de Phil Glass ou de Chuck Berry —, pas de deux, solos et ensembles se succèdent en tableaux séduisants. Personnalité éminente de la danse contemporaine, on lui doit, entre autres, *Tank Dive* et *Cede Blue Lake* (1965), *Re-Moves* (1966), *Dancing in Streets of London and Paris, Continued in Stockholm and Sometimes in Paris* (1969), *The Big Pieces* (1972), *In the Beginning* (1974), *Ocean's Motion* (1975) et *Very Young* (1980). Pour le monde entier, elle est la chorégraphe du film *Hair* (Forman, 1979) et du ballet créé par Baryschnikov à l'American Ballet Theatre, *Push Comes to Shove* (1976). De sa collaboration avec Forman résultent deux autres grands succès du cinéma: *Ragtime* (1981) et *Amadeus* (1984). Sa comédie musicale, *Singing in the Rain*, se joue à Broadway depuis 1985. Twyla Tharp a obtenu le Dance Magazine Award en 1981.

THARPE Rosetta. Chanteuse américaine (Cotton Plant, Arkansas, 1915 - Philadelphie, 1973). Avec Mahalia Jackson*, elle fut la plus douée et la plus touchante, mais dans un style différent, de toutes les chanteuses noires de «spirituals». S'accompagnant à la guitare, elle interprétait ces chants religieux avec une telle simplicité et un cœur si chaleureux que ses chansons prenaient le ton de la confidence. Son succès fut éclatant aux États-Unis. Rosetta Tharpe parut dans le film *L'Aventure du jazz* (L. et C. Panassié, 1969). Ses chansons les plus connues sont *Beams of Heaven* (1947) et *He Watches Me* (1948).

THATCHER Margaret Hilda, née Roberts. Femme politique anglaise (née à Grantham, Lincolnshire, le 13 octobre 1925). Elle est issue d'une famille modeste : son grand-père était cordonnier et son père épicier. Brillante élève, elle obtint une bourse pour le collège de Somerville à Oxford, où elle prit vite la tête du groupe des étudiants conservateurs. Avocate au barreau de Londres, elle débuta dans la vie politique en 1959 : elle fut élue député du Finsley et entra à la Chambre des communes. La même année, elle épousa un homme d'affaires fortuné, de dix ans son aîné, Denis Thatcher, PDG d'une usine de produits chimiques, dont elle a deux fils jumeaux, Carol et Mark. Nommée secrétaire parlementaire au ministère des Pensions et Assurances sociales en 1961, elle devint neuf ans plus tard secrétaire d'État à l'Éducation et à la Science.

En 1975, elle arracha à Edward Heath la direction du parti conservateur. Les conservateurs ayant remporté les élections de 1979, Margareth Thatcher fut élue au poste de Premier ministre le 4 mai 1979. Elle héritait d'une situation difficile, marquée par un chômage et une inflation importants, une puissance syndicale excessive, une baisse de la crédibilité internationale de la Grande-Bretagne. Celle qui déclarait dès 1968 «ce qu'il nous faut maintenant, c'est une part beaucoup plus importante de responsabilité et de décision individuelle, beaucoup plus d'indépendance à l'égard du gouvernement et une réduction comparative du rôle de l'État» se mit tout de suite à la tâche avec une énergie farouche. Adepte du libéralisme, elle engagea une politique de privatisation massive, initiée par la vente de la British Petroleum (1979) puis par celle de British Aerospace (février 1981). Soixante-cinq très grandes entreprises subirent le même sort par la suite. En même temps, elle poursuivit une politique déflationniste pour sauver la livre en perdition. Le résultat fut atteint au prix d'une sévère récession tandis que l'effondrement du tissu industriel et le nombre des chômeurs (trois millions) lui valut une impopularité croissante. En avril 1982, l'Argentine ayant envahi les Malouines, archipel de l'Atlantique Sud, elle n'hésita pas à envoyer un corps expéditionnaire pour sauver une possession britannique et l'honneur de son pays. La victoire, acquise au mois de juin suivant, provoqua sa réélection triomphale aux élections de juin 1983.

Pendant ses onze années de pouvoir, celle que les Soviétiques baptisèrent la Dame de fer à la suite de deux discours particulièrement violents prononcés contre le communisme (1986) se montra d'une force et d'une intransigeance qui lui valurent l'admiration de ses concitoyens, et parfois leur haine. Elle tint tête aux syndicats en deux occasions majeures, refusant d'accorder quoi que ce soit lors de la grève des aciéries (fin 1979-avril 1980) et pendant celle des mineurs (1984-1985). Le TUC (Trades Unions Congress), puissante confédération syndicale, en ressortit d'autant plus affaibli que Margaret Thatcher fit tout pour démanteler son pouvoir. Face au problème irlandais, elle montra la même détermination et refusa de céder à la grève de la faim déclenchée en prison par Boby Sands, en 1981, lequel mourut avec neuf de ses compagnons. En octobre 1984, elle échappa de justesse à un attentat de l'IRA. La bombe, déposée au Grand Hôtel de Brighton, causa la mort de quatre personnes. En juin 1987, au faîte de sa popularité, elle remporta sa troisième victoire électorale et entama un nouveau mandat.

Cependant, la situation économique, que ses mesures avaient brillamment rétablie après la récession de 1980-1981 — relance de l'activité du pays, rééquilibrage du budget grâce aux trois cents milliards de francs obtenus par les privatisations, réforme fiscale ambitieuse —, commença à se dégrader à la fin des années 80: hausse du chômage et taux d'inflation de 11 %. Au sein de son propre parti, elle commença à être contestée, notamment pour ses positions systématiquement anti-européennes. La démission du chancelier de l'Échiquier Nigel Lawson (octobre 1989), qui militait pour le rattachement de la livre au système monétaire européen, et celle du vice-Premier ministre sir Geoffroy Howe (novembre 1990) contribuèrent à l'affaiblir. Enfin, l'instauration d'une nouvelle taxe d'habitation (la *poll tax*) en mars 1990 fut l'occasion de violentes manifestations, en particulier à Londres. Désavouée par ses pairs, elle perdit la présidence du parti conservateur le 20 novembre 1990 (il lui manquait quatre voix pour être élue). Deux jours plus tard, elle donnait sa démission de son poste de Premier ministre.

RÉF.: P. Jenkins, *La Révolution de Mme Thatcher ou la Fin de l'ère socialiste*, Robert Laffont, 1991.

THÈCLE, sainte. Vierge et martyre (Ier siècle). À la suite des prédications de saint Paul en Asie Mineure, Thècle suivit l'apôtre dans ses missions. Martyrisée comme chrétienne, elle fut épargnée par les bêtes fauves auxquelles on l'avait livrée. Ses miracles à Séleucie inspirèrent toute une littérature chrétienne en Orient, et ses *Actes légendaires* ont été parmi les plus lus par les premiers chrétiens. On la fête le 30 septembre.

THÉODORA. Impératrice byzantine (Constantinople, v. 500 - *id.*, 548). Elle est entrée dans la légende pour son habileté, sa volonté, et d'étonnants revers de fortune. L'historien Procope, qui vécut à sa cour, nous donne le récit de sa vie dans ses *Anecdota*, retrouvées en 1623. Il ne la ménage guère et s'étend avec complaisance sur la vie tapageuse qu'elle mena durant sa jeunesse. Vraisemblablement d'origine syrienne, elle était la fille du montreur d'ours de l'hippodrome, Acacius. Orpheline à sept ans, elle suivit sa sœur aînée, Comito, dans les milieux du plaisir et des jeux. Actrice de théâtre, danseuse nue, elle fut livrée à une débauche précoce. Un certain Hécébolos, gouverneur de Pentapolis en Libye, entraîna la jeune courtisane à sa suite puis l'abandonna. Théodora revint à Constantinople après un séjour en Égypte, où elle fut initiée à la doctrine monophysite, privilégiant la nature divine du Christ. Elle sembla changer de style de vie, filant la laine et subsistant pauvrement.

«Par des opérations magiques», dit Procope, elle séduisit Justinien, l'héritier du trône, de vingt ans son aîné. Malgré l'opposition de l'impératrice Euphémie, il manifesta le désir de l'épouser et fit abroger en 522 une loi interdisant l'union des nobles avec les actrices (*mulieres scenicae*). Leur mariage fut célébré trois ans plus tard et, lorsque Justinien monta sur le trône en 527, il fit couronner impératrice à ses côtés sa «révérendissime épouse». Théodora mena dès lors une vie irréprochable. Elle habitait le palais de l'Heraion sur les rives du Bosphore, entourée de femmes et d'eunuques. Bien qu'elle fût consultée pour l'élaboration des lois, elle demeurait à l'écart du gouvernement. C'est la sédition de Nika, en

532, qui révéla sa haute personnalité et son courage. Alors que l'incendie ravageait Constantinople et que les insurgés criaient déjà victoire (*nika*), elle décida Justinien à reprendre le combat, sauvant ainsi la dynastie : « Si tu veux fuir, César, tu as tes trésors, tu as la mer, tu as les navires — pour moi, je m'en tiens à l'antique maxime que le trône est le plus beau des linceuls. » De ce jour, Théodora prit le relais du pouvoir tandis que l'empereur se tournait vers les études théologiques. Sans scrupules, elle plaça ses hommes, Barsymès et Narsès, aux postes clés de l'Empire ; elle provoqua la perte du préfet Jean de Cappadoce et fit bannir Priscus. Elle légiféra sur le mariage de ses sujets, protégeant les femmes adultères ou répudiées, et fonda un asile à la discipline de fer pour y accueillir des centaines de prostituées et de filles mères.

Toute-puissante, elle dirigea la politique extérieure et les affaires religieuses. Elle obtint, à l'encontre du concile de Chalcédoine, des concessions pour l'hérésie monophysite, dont le rayonnement atteignait l'Afrique et l'Asie. Elle nomma évêques ses amis Sévère d'Antioche et Théodore, portant Anthime au patriarcat en 535 — lequel fut du reste supplanté par Agapet. Elle n'hésita pas à corrompre le conclave et à exiler le pape Silvère pour installer à sa place son protégé, Vigile. « Démonodora », comme l'appelaient ses ennemis, devint la bête noire de Rome qui la jugeait encore au XVIe siècle « une citoyenne de l'enfer piquée de la mouche du diable ». Ses colères et sa fierté étaient redoutées : les plus hauts dignitaires de l'Église et de l'État devaient attendre leur tour pour baiser les pieds de cette petite femme au teint pâle. Elle mourut en 548, ne laissant pas d'héritiers. Sa disparition, suivie de celle de Justinien, amorçait le déclin de la civilisation byzantine. L'image de Théodora Augusta s'était répandue par tout l'empire sous forme de statues, d'icônes et d'ivoires. Dans la célèbre mosaïque de Saint-Vital à Ravenne, elle apparaît, symétriquement à son époux, auréolée telle une sainte et entourée de sa suite. Elle est revêtue d'une chape lourde de pierreries, tenant en main un calice d'or, symbole de son pouvoir.

RÉF. : Ch. Diehl, *Théodora, impératrice de Byzance*, Paris, 1937. F. Fèvre, *Théodora, impératrice de Byzance*, Presses de la Renaissance, 1984.

THÉOT Catherine. Visionnaire française (Barenton, 1725 - Paris, 1794). Entrée comme domestique au couvent des Miraniones à Paris, elle en sortit en 1779 puis fut enfermée à la Bastille et internée à la Salpêtrière car elle avait un comportement extravagant et une santé mentale déficiente. Elle se disait appelée à engendrer le nouveau Messie et prétendait être une réincarnation de la Vierge ou une Ève nouvelle. Libérée au moment de la Révolution, elle créa une secte avec l'ex-chartreux dom Gerle et eut un certain nombre d'adeptes. Après l'institution du culte de l'Être suprême par Robespierre, elle décréta qu'il était le Rédempteur du genre humain et le Messie désigné par les prophètes. Vadier, un des membres des comités qui avaient désapprouvé la fête de l'Être suprême, profita de cette affaire pour ridiculiser Robespierre et provoquer sa chute. Catherine Théot et ses adeptes furent emprisonnés et la « mère de Dieu » mourut à la Conciergerie, peu après son arrestation.

THERBUSCH-LIESIEWSKA Anna Dorothea (dite aussi **Anna Dorothea Therbusch de Liesiewska**). Peintre. Allemande d'origine polonaise (Berlin, 1721 - *id.*, 1782). Son père, Georg Liesiewski, noble polonais qui était venu se fixer à Berlin où il faisait une brillante carrière de portraitiste, fut son premier professeur. En 1741, elle épousa le peintre Therbusch. De cette union naquirent plusieurs enfants. Sur le plan pictural, quelques étapes importantes marquèrent sa carrière. La première se situe en 1761, quand elle réalisa la décoration de la galerie des Glaces du château de Stuttgart, à la demande du duc Karl Eugen de Wurtemberg. La deuxième eut lieu en 1763 lors de sa rencontre avec Nicolas de Pigage, à Mannheim, car ce dernier fut directement à l'origine de son engouement pour la peinture française. Cette passion la conduisit à Paris où, troisième étape non négligeable, elle fut nommée membre de l'Académie de peinture; elle séjourna dans la capitale de 1765 à 1767. C'est à cette époque qu'elle commença à signer ses œuvres de son nom et de la mention «Peintre du Roy de France». Mais là ne s'arrêta pas la progression de la renommée, réellement européenne, d'Anna Dorothea, car elle fut également élue membre de l'académie de Vienne en 1768. Sa célébrité était alors considérable, et Frédéric le Grand en personne lui confia la décoration du château de Sans-Souci et de celui de Potsdam.

Elle ne cessa dès lors de peindre, et ses portraits furent recherchés et admirés dans tous les hauts lieux de l'époque. Elle réalisa aussi de nombreux autoportraits tout au long de sa carrière. De la période durant laquelle elle travaillait encore sous l'influence du style des peintres hollandais à celle de sa découverte de la peinture française, et de son admiration pour l'œuvre de Watteau ou de Pesne notamment, jusqu'à l'affirmation de sa propre manière, essentiellement réaliste, on retiendra certaines œuvres: *Le Buveur* (1767), qui lui permit d'entrer à l'Académie de peinture, le *Portrait de Philippe Hackert* (1768), qui concourut à son élection à l'académie de Vienne, ou encore un remarquable *Autoportrait* réalisé en 1770 à Berlin et le *Portrait de la comtesse Liechtenau*. Ses toiles figurent dans la plupart des musées d'Europe, à Berlin, Düsseldorf, Saint-Pétersbourg, Mannheim, Munich et Varsovie, et on peut aussi les contempler à Versailles et au château de Sans-Souci.

THÉRÉSA (Thérèse Valadon, dite). Chanteuse française de café-concert (Eure-et-Loire, 1837 - Sarthe, 1913). Elle débuta dans la vie comme modiste, puis se consacra à la chanson sentimentale mais sans grand succès. En 1862, à l'Eldorado, elle eut l'idée de génie de chanter sa romance, *Fleur des Alpes*, avec l'accent allemand et en ajoutant entre chaque couplet des tyroliennes fracassantes. Le succès fut immédiat. Le directeur de l'Alcazar la débaucha à prix d'or pour en faire sa chanteuse attitrée hiver comme été. Le Tout-Paris se précipita pour entendre cette vedette populaire, robuste et épanouie. Sa renommée dura trente ans, et elle fut sans doute la première étoile de l'histoire de la chanson française. Louis Veuillot, le féroce critique de l'époque, qui ne l'aimait guère, l'avait surnommée «la Patti* de la chope». Elle chanta aux Tuileries devant Napoléon III et sa cour, et parut au Châtelet et à la Renaissance. En 1867, elle perdit momentanément sa voix: ce fut une catastrophe nationale. Elle se retira de la scène en 1893 et finit ses jours dans une ferme de la Sarthe. Thérésa a laissé des *Mémoires* (1895) dans lesquels elle évite soigneusement de citer un seul de ses camarades. Outre *Fleur des Alpes*, citons parmi ses grands succès: *Les Canards tyroliens*, *Un Espagnol de carton*, *C'est dans l'nez qu'ça m'chatouille*, *La Gardeuse d'ours*, *La Femme à barbe*, *Le Rossignolet*, *J'ai deux grands bœufs dans mon étable* et *La Glu* de Richepin.

THÉRÈSE D'ÁVILA, sainte. Religieuse espagnole (Ávila, 1515 - Alba de Tormes, 1582). À la mort de sa femme en 1528, don Alonso de Cepeda, fils d'un juif converti, jugea bon de mettre Thérèse, la préférée de ses douze enfants, chez les augustines de Notre-Dame-de-Grâce. Déjà, elle se faisait remarquer par sa turbulence et sa beauté. Doña Maria Briceno se chargea de l'assagir et veilla sur son éducation. Sortie du couvent en 1532, elle n'eut de cesse d'y retourner: à l'âge de vingt ans, elle s'enfuit du domicile paternel pour entrer au carmel de l'Incarnation d'Ávila, où elle prit l'habit le 2 novembre 1536. On dit qu'elle transposa sur le plan religieux la ferveur des romans de chevalerie dont elle s'était nourrie durant son adolescence. Dans ce parloir mondain qu'était devenu le couvent, elle se rendit célèbre par son esprit et bientôt par ses extases. En 1539, elle tomba gravement malade; on la tenait pour morte lorsqu'elle revint à la vie après un coma de trois jours. Elle passa sa convalescence plongée dans la lecture du mystique Francisco de Osuna, et redoubla d'exercices de piété. La mort de son père en 1543 l'isola définitivement du monde.

En 1550, elle fut désignée par les pères jésuites et ses compagnes pour réformer le Carmel. Face au succès de la Réforme, elle s'attacha à la stricte observance de la règle primitive édictée par saint Albert en 1209. Avec l'appui de Jean de la Croix et l'approbation du supérieur général des Carmes, elle fonda en 1562 le premier couvent réformé d'Ávila et, en 1568, le premier monastère identique pour les hommes à Duruello, créant l'ordre des carmes déchaussés ou déchaux. Son entreprise souleva immédiatement l'opposition des carmes chaussés, s'en tenant à la règle dite mitigée (suppression de la clôture, 1431). Malgré les persécutions venues de congrégations rivales, Thérèse d'Ávila lutta pour établir les carmels de Valladolid, Tolède, Salamanque, puis ceux de Ségovie et de Séville. Pratiquant le jeûne et la flagellation, Thérèse eut des visions, elle entendit des voix. Elle connut la lévitation et la transfixion: un ange lui transperçait le cœur, la laissant «tout embrasée d'un grand amour de Dieu». Les autorités ecclésiastiques, soucieuses de modération, la firent comparaître devant le tribunal de l'Inquisition en 1574. Elle dut se retirer à Tolède et attendre d'être innocentée par le roi Philippe II pour reprendre ses fondations à Jara, Soria et Burgos, suscitant la vocation de centaines de religieuses. C'est en visitant l'une de ses maisons qu'elle tomba malade. À sa mort, le 4 octobre 1582, Rome n'avait toujours pas reconnu l'ordre des carmes déchaussés.

Thérèse d'Ávila fut un écrivain prolifique: elle laisse l'une des œuvres maîtresses de la mystique espagnole. Citons sa biographie spirituelle, *Le Livre de ma vie* (commencé en 1562), *Le Chemin de la perfection* (1572) et son chef-d'œuvre, *Le Château intérieur* (publié de son vivant en 1577), au style simple et direct, où sont montrées les voies de l'oraison, depuis la conversion jusqu'à l'union intime avec le Seigneur. Elle a laissé en outre une *Correspondance*, dont 400 lettres ont été conservées. Ses *Œuvres* ont été traduites en français et publiées au début du siècle par les carmélites de Paris. Canonisée par le pape Grégoire XV en 1622, sainte Thérèse est fêtée le 15 octobre.

RÉF.: P. Werrie, *Thérèse d'Ávila*, Mercure de France, 1971. E. Renault, *Thérèse d'Ávila et l'expérience mystique*, Le Seuil, 1979. P. Lauzeral, M. Kieffer, G. Demonchy, *Thérèse d'Ávila, 1515-1582*, Médiaspaul, 1981.

THÉRÈSE DE L'ENFANT-JÉSUS, sainte (Thérèse Martin, dite). Religieuse française (Alençon, 1873 - Lisieux, 1897). Fille de Louis Martin, benjamine d'une famille qui ne comptait que des filles, elle perdit sa mère alors qu'elle n'avait que quatre ans. Enfant très pieuse, elle installait des autels, avec ses sœurs, au fond du jardin et priait au pied d'une image du Christ. À quatorze ans, elle réussit par sa seule prière à la conversion d'un criminel, Henri Pranzini, juste avant qu'il ne fût guillotiné. Puis elle demanda l'autorisation à l'évêque de Bayeux de pouvoir entrer au Carmel, ce qui lui fut refusé. Ne se décourageant pas, elle alla à Rome et obtint une brève entrevue avec le pape Léon XIII, sans résultat. Mais, la veille de ses quinze ans, elle reçut l'accord de l'évêque de Bayeux par l'intermédiaire de mère Marie de Gonzague, la prieure.

Elle entra au Carmel rejoindre ses sœurs en 1888, y fit sa profession en 1890 et devint l'aide de la maîtresse des novices. Sa foi sut conquérir les religieuses du Carmel. Sur l'ordre de sa supérieure, elle écrivit *Histoire d'une âme* (1897), une suite de cahiers qui furent réunis, reproduits scrupuleusement et publiés, dans lesquels apparaissent toute sa ferveur et son amour tourné vers Jésus. La renommée de sa vie exemplaire de religieuse franchit rapidement les murs du Carmel, et l'accueil exceptionnel du monde catholique pour son *Histoire d'une âme* peut suffire à expliquer l'extraordinaire popularité de la jeune carmélite qui mourut à vingt-quatre ans.

Mille quatre cents églises lui sont dédiées et l'on retrouve l'image populaire de la «carmélite aux roses» dans de nombreux foyers. Ses cahiers de *Mémoires* furent diffusés à des millions d'exemplaires et traduits en plus de trente langues. Lisieux est devenu un important centre de pèlerinage où une vaste basilique lui a été consacrée. Sainte Thérèse de l'Enfant-Jésus a été béatifiée en 1923 et canonisée en 1925. Elle qui n'avait jamais quitté le couvent fut proclamée trente ans après sa mort «Patronne des missions» en 1927 par Pie XI et elle est «patronne secondaire de la France» depuis 1944. On la fête le 1er octobre.

RÉF. : M.-D. Poinsenet, *Thérèse de Lisieux: Témoin de la foi*, Mame, 1971. R. Laurentin, *Thérèse de Lisieux: mythes et réalité*, Beauchesne, 1973. J.-F. Six, *Thérèse de Lisieux au Carmel*, Le Seuil, 1973. P. Mabille, *Thérèse de Lisieux*, Denoël, 1978. J. Daujat, *Thérèse de Lisieux: la grande amoureuse*, Téqui, 1986.

THÉROIGNE DE MÉRICOURT (Anne-Josèphe Terwagne, dite). Féministe et révolutionnaire belge (Marcourt, Belgique, 1762 - Paris, 1817). Issue d'une famille d'agriculteurs aisés, elle devint en 1778 demoiselle de compagnie d'une dame d'Anvers qui lui fit donner une éducation soignée. Elle voyagea ensuite en Europe, menant une existence de demi-mondaine, prenant des amants et plaçant son argent. En 1789, elle gagna Paris où elle se fit rapidement remarquer par sa beauté, qui lui valut le surnom de «la Belle Liégeoise», mais également par son enthousiasme révolutionnaire. C'est dans le salon littéraire qu'elle tenait rue de Tournon qu'elle fonda avec le futur conventionnel Gilbert Romme la Société des amis de la loi, qui se donnait pour tâche d'informer le peuple des travaux de l'Assemblée. Dans ce salon, où elle recevait Sieyès, Desmoulins, Brissot, elle défendait avec éloquence les droits de la femme. Surnommée «l'Amazone de la liberté» parce qu'elle portait toujours une amazone rouge, noire ou blanche, elle tint aussi au club des Cordeliers des discours féministes : en particulier elle revendiquait pour la femme le droit de faire la guerre, les armes à la main.

En 1791, elle retourna en Belgique, mais, soupçonnée d'être une espionne à la solde de la France, elle fut emprisonnée. Elle écrivit alors ses *Confessions*, qui ne furent publiées qu'en 1892. Relâchée faute de preuves, elle regagna Paris en 1792 et prit une part active aux journées du 20 juin et du 10 août : elle participa le 10 août au massacre collectif de François Suleau, un journaliste antiféministe et contre-révolutionnaire qui l'avait attaquée dans ses écrits. Inféodée aux Girondins, «la furie de la Gironde», un autre de ses surnoms, fut fouettée publiquement en mai 1793 par les femmes jacobines, pour avoir soutenu Brissot. L'année suivante, elle souffrit de délire de persécution et, déclarée folle par son frère, elle fut enfermée. Elle connut vingt-trois ans d'internement dans différents asiles avant de mourir en 1817 à la Salpêtrière.

RÉF. : É. Roudinesco, *Théroigne de Méricourt, une femme mélancolique sous la Révolution*, Le Seuil, 1989.

THESMAR Ghislaine. Danseuse française (née à Pékin en 1943). Après ses études au Conservatoire de Paris, elle débuta au Grand Ballet du marquis de Cuevas en 1961, puis travailla avec le danseur et chorégraphe Pierre Lacotte, qu'elle épousa en 1968. Elle créa plusieurs de ses ballets, dont *Penthésilée* et *Hamlet* en 1964. Elle s'imposa au festival d'Aix-en-Provence en 1967 dans *Le Combat de Tancrède et Clorinde* (Lacotte). La même année, elle créa à Montréal *Formes* (Petit) et dansa à Londres pour le Ballet Rambert* *Jardin aux lilas* (Tudor) ainsi que *Façade* (Ashton). Invitée aux Grands Ballets canadiens en 1969, elle créa *Catulli Carmina* (Nault) et *Pas rompu* (Nault). En 1971, elle dansa *Les Noces* (Nijinska*) à la Fenice de Venise. Nommée étoile de l'Opéra de Paris en 1972, elle reprit les grands rôles classiques et créa en 1974 *L'Après-Midi d'un faune* dans la version de Robbins. Son plus grand succès est *La Sylphide*, qu'elle dansa pour la télévision dans une production de son mari. Invitée régulièrement depuis 1976 au New York City Ballet, elle a dirigé avec son mari les Nouveaux Ballets de Monte-Carlo de 1986 à 1988.

THIBON Nanon. Danseuse française (née à Paris, le 1er novembre 1944). Elle fit ses classes à l'école de danse de l'Opéra de Paris, où elle débuta en 1958. Première danseuse en 1963, étoile en 1965, elle créa de nombreux rôles dans les ballets de Françoise Adret, Michel Descombes, Serge Lifar, Janine Charrat* (*Hyperprism*, 1973) et Glen Tetley (*Tristan*, 1974). Elle a obtenu le prix René-Blum en 1960.

THILLON Sophie Anne, née Hunt. Soprano anglaise (Calcutta ou Londres, 1819 - Torquay, 5 mai 1903). Elle étudia le chant en France avec Bordogni, Tadolini* et Claude Thillon, chef d'orchestre de la Société philarmonique du Havre, qu'elle épousa. Après s'être produite au Havre, à Clermont et à Nantes, elle fut engagée au théâtre de la Renaissance à Paris où elle débuta dans le rôle-titre de *Lady Melvil* (Grisar) en 1838. En 1840, elle triomphait à l'Opéra-Comique en Mathilde (*La Neige*, Auber). Un an plus tard, elle créait le rôle de Catarina (*Les Diamants de la couronne*, Auber). Elle remporta de brillants succès dans des œuvres de Balfe, Adam et Monfort. Sa carrière la conduisit à Londres et en Amérique où elle jouit d'une grande popularité. Elle fit ses adieux à la scène en 1855.

THION DE LA CHAUME Simone. Championne de golf française (née à Paris en 1908). Elle est la femme de René Lacoste, le célèbre champion de tennis, et la mère de Catherine Lacoste*, championne de golf. Simone Thion de la Chaume fut l'une des premières golfeuses françaises de classe internationale, remportant en 1927 le championnat d'Angleterre à Newcastle, considéré comme le championnat du monde féminin, puis le championnat de Grande-Bretagne. Elle domina pendant des années le golf féminin en France ; elle fut championne de France de 1925 à 1930 et de 1935 à 1938, et championne internationale de France en 1935 et 1939. Elle fit partie de l'équipe de France de 1939 à 1941 et de 1948 à 1953.

THOME-PATENÔTRE Jacqueline. Femme politique française (née à Paris, le 3 février 1906). Fille d'André Thome, avocat et député, elle épousa en 1925 Raymond Patenôtre, dont elle divorça. Elle est mère de deux enfants. Suivant l'exemple de son père et de son époux, elle manifesta un grand intérêt pour la politique. Sénateur de Seine-et-Oise (1946-1958), sous-secrétaire d'État à la Reconstruction (1957), député de Seine-et-Oise (1958-1967) puis des Yvelines (1967-1977), vice présidente de l'Assemblée nationale (1960, 1962, 1965, 1967), Jacqueline Thome-Patenôtre fut élue maire de Rambouillet en 1947. Elle lutta pour la promotion sociale de la femme, défendant un projet de loi en faveur de la femme mariée sans contrat et prit une part active pour tout ce qui concernait sa municipalité, où elle a toujours joui d'une grande popularité.

THORNDIKE Sybil. Actrice anglaise (Gainsborough, Lincolnshire, 1882 - Londres, 1976). Elle débuta en 1904 en province puis aux États-Unis, s'illustrant dans le répertoire shakespearien. Engagée en 1908 au Gaiety Theatre de Manchester, elle y rencontra l'acteur et metteur en scène Lewis Casson, qu'elle épousa un an plus tard et dont elle eut un fils. Dès lors, leurs carrières respectives furent liées. Les dix années suivantes se passèrent entre Londres et Manchester, où ses apparitions dans les pièces de Granville-Barker, Houghton et Ervine la placèrent parmi les plus grandes actrices de son pays. C'est pendant cette période qu'elle triompha à New York dans le rôle d'Emily Chapman (*Smith*, Maugham, 1910). Pendant la Première Guerre mondiale, elle se surpassa à l'Old Vic Theatre en jouant les héroïnes de Shakespeare, mais aussi en remplaçant les jeunes premiers: elle incarna Prince Hal (*Henry IV*), Puck (*Le Songe d'une nuit d'été*) et Ferdinand (*La Tempête*). Pendant la Seconde Guerre mondiale, elle se produisit avec l'Old Vic Theatre à travers l'Angleterre. En 1959, elle fêta avec son mari leurs noces d'or en interprétant *Eighty in the Shade* (Dane), pièce écrite pour eux. Elle fit ses adieux londoniens en 1966 dans *Arsenic et vieilles dentelles* (Kesselring). On l'applaudit encore lors de la saison de Leatherhead, dans le Surrey, où un théâtre porte aujourd'hui son nom. Elle est l'auteur de *Religion and the Stage* (1927).

RÉF. : A. Russel Thorndike, *Sybil Thorndike*, Londres, 1929. J. Casson, *Lewis and Sybil*, Londres, 1962.

THORNYCROFT Mary. Sculpteur. Anglaise (Thornham, 1814 - Londres, 1895). Portraitiste très en vogue dans la haute société londonienne, elle sculpta de nombreux bustes de princesses et de grandes dames de la cour, qui firent sa réputation. À l'âge de vingt et un ans, elle avait obtenu un vif succès avec sa *Jeune Bouquetière* à l'exposition donnée en 1835 à la Royal Academy de Londres. Elle était la fille du sculpteur John Francis.

THULIN Ingrid. Actrice de cinéma et de théâtre suédoise (née à Solleftea, le 21 janvier 1929). Elle avait déjà tourné plusieurs films avant de jouer en 1957 dans *Les Fraises sauvages* de Bergman (1957) dont elle devint l'interprète favorite. *Au seuil de la vie* (Bergman, 1958) lui valut le prix d'interprétation au festival de Cannes ; *Le Visage* (Bergman, 1958) accrut sa célébrité sur le plan international et lui permit de se produire avec les plus grands metteurs en scène comme Visconti. Elle a joué dans d'autres films de Bergman : *Le Silence* (1963), *Le Rite* (1969), *Cris et Chuchotements* (1972), *Après la répétition* (1984). Passionnée de cinéma, elle a tourné un court métrage, *Dévotion* (1965) et coréalisé avec S. Ngkvist et E. Josephson *Un et un* (1978). Elle est mariée à Harry Schein, directeur de l'Institut suédois de cinématographie.

TIERNEY Gene. Actrice américaine (Brooklyn, 23 novembre 1920 - Houston, Texas, 7 novembre 1991). Élevée dans le comté élégant de Fairfield (Connecticut), elle fit ses études en Suisse et parlait parfaitement le français. Dès son enfance, son étrange beauté, ses yeux bleus en amande, ses pommettes saillantes à l'orientale attiraient les regards. C'est ainsi qu'au cours d'une visite avec ses parents aux studios de la Warner le metteur en scène Anatole Litvak la remarqua et lui dit: «Mademoiselle, vous devriez faire du cinéma.» Mais elle préférait le théâtre et ses parents encouragèrent sa vocation. À dix-neuf ans, elle obtint un très grand succès à New York, où elle jouait dans plusieurs pièces. Les critiques parlaient avec enthousiasme de ce jeune talent, et Darryl Zanuck lui proposa en 1940 un contrat important et un rôle dans *Le Retour de Frank James* (Lang), où elle fit des débuts éclatants. On la revit l'année suivante dans *La Route du tabac* (Ford), d'après le roman d'Erskine Caldwell, rôle difficile dans lequel elle dévoilait tous ses dons. Qui ne se souvient de ses mouvements félins lorsqu'elle rampait, en loques, sur le sol de la ferme? Chaque film fut pour elle un nouveau succès. Dans *Shanghai* (Sternberg, 1942), elle incarnait une créature débauchée. En 1943, on la retrouva dans *Le ciel peut attendre* (Lubitsch), puis vint *Laura* (Preminger, 1944), film inoubliable. En 1945, elle tourna dans *Péché mortel* (Stahl) et fut nominée pour son interprétation aux oscars de Hollywood. Un de ses plus beaux rôles reste celui de la femme amoureuse d'un fantôme dans *L'Aventure de Mme Muir* (Mankiewicz, 1947).

Mais Gene Tierney, malgré sa gloire, a connu l'amertume d'une vie sentimentale compliquée. Tout d'abord son mariage, contre l'avis de ses parents, avec le modéliste Oleg Cassini, suivi de la naissance d'une fille sourde-muette et son divorce en 1952, ensuite une liaison éphémère avec John Kennedy, le futur président des États-Unis, enfin son amour pour Ali Khan et leur rupture, qui la désespéra. Puis le cauchemar des internements en clinique psychiatrique. Cependant, elle revint au cinéma en 1954 pour jouer dans *La Main gauche du Seigneur* (Dmytryk). En 1960, elle épousa un riche Texan. En 1962, la Fox l'appela à nouveau. Elle tourna encore trois films dont *Tempête à Washington* (Preminger, 1962). Gene Tierney a publié son autobiographie: *Self Portrait*. Elle vécut les dernières années de sa vie à Houston dans le Texas, retirée de la scène et de la vie mondaine.

TIETJENS Thérèse Carolina Johanna Alexandra. Soprano allemande (Hambourg, 17 juillet 1831 - Londres, 3 octobre 1877). D'ascendance hongroise et peut-être néerlandaise, elle étudia le chant à Hambourg avec Schmidt et à Vienne avec Dellesia et Babing. Elle débuta à Hambourg en 1848 dans le rôle d'Irma (*Le Maçon*, Auber). L'année suivante, elle incarna Lucrèce Borgia* (*Lucrèce Borgia*, Donizetti), rôle qui la rendit célèbre dans le monde entier. À Francfort de 1850 à 1853, puis à l'Opéra de Vienne de 1853 à 1859, elle parut au Her Majesty's Theatre de Londres pour la première fois en 1858. Son interprétation de Valentine (*Les Huguenots*, Meyerbeer) lui valut un triomphe. Elle se fixa dès lors à Londres qu'elle ne quitta plus, se produisant tour à tour au Her Majesty's Theatre, à Drury Lane, à Covent Garden ou à Haymarket. Des tournées la conduisirent à Paris en 1863, aux États-Unis en 1874 et 1876, à Naples en 1876. Gravement malade, elle fut prise d'un malaise au cours d'une représentation de *Lucrèce Borgia* (Donizetti) à Londres en 1877 et mourut quelques mois plus tard sans avoir pu monter à nouveau sur la scène.

Tragédienne dans la lignée de Giuditta Pasta* ou de Maria Callas*, elle prêta sa voix large et riche, capable de souplesse et de virtuosité, à de nombreux rôles: Norma (*Norma*, Bellini), Donna Anna (*Don Juan*, Mozart), Léonore (*Fidelio*, Beethoven), Agathe (*Le Freischütz*, Weber), Iphigénie (*Iphigénie en Tauride*,

Gluck), Anne* Boylen (*Anne Boylen*, Donizetti), Elvira (*Ernani*, Verdi) et Ortrud (*Lohengrin*, Wagner), son seul rôle wagnérien, dans lequel elle fit une si profonde impression au compositeur qu'il lui écrivit pour lui offrir de jouer Isolde (*Tristan et Isolde*).

TILSCHOVA Anna Maria. Romancière tchécoslovaque (1873-1957). Représentante éminente du «naturalisme objectif», elle raconte, avec esprit critique, la vie des bourgeois de son temps: *Une vieille famille* (1916), *Fils* (1918), *Le Retour* (1945), ou la vie des humbles: *Les Terrils* (1927). Parmi ses romans, citons encore: *Rédemption*, *Amas*, *Alma Mater*, *Mères et Filles*, qui se rattachent à la période 1923-1935, et enfin *Nid d'aigle* et *Rentrée*, postérieurs à 1940. Elle fut promue «artiste nationale» en 1947.

TINAYRE Marguerite Suzanne Marcelle. Romancière française (Tulle, 1872 - Grosrouvre, Seine-et-Oise, 1948). Épouse du graveur Jules Tinayre, elle se fit, dans ses romans, l'apôtre de l'émancipation des femmes. Si elle ne publia qu'à partir de 1897, elle écrivait dès 1891. Parmi ses quatorze romans, citons: *Avant l'amour* (1897), *Hellé* (1899), qui fut couronné par l'Académie française, *L'Ombre de l'amour* (1910), *Madeleine au miroir* (1912), *Sacrifice* (1916) et d'autres qui, jusqu'en 1939, lui valurent un succès sans démenti. Elle est également l'auteur de biographies, notamment *Madame de Pompadour** (1925), et de récits de voyages comme *Terres étrangères* (1928).

TINNÉ Alexandrina. Exploratrice néerlandaise (La Haye, 1839 - Libye, 1869). Elle avait seize ans lorsqu'elle partit avec sa mère pour l'Égypte; elles y séjournèrent de 1856 à 1857. À son retour aux Pays-Bas, Alexandrina Tinné, tentée par les découvertes des explorateurs à la recherche des sources du Nil, organisa en 1862, avec sa mère et le géographe allemand Théodor von Heuglin, une expédition tentant de remonter le Nil le plus loin possible. Traversant l'Éthiopie, l'expédition pénétra dans le Soudan, mais bientôt les fièvres décimèrent les voyageurs, et la mère d'Alexandrina Tinné mourut; c'est à grand-peine que les survivants purent rejoindre Karthoum. Quelques années plus tard, elle conçut le projet d'explorer le pays des Touareg, au sud de la Libye. Elle quitta Tripoli avec deux Néerlandais, mais fut assassinée, ainsi que ses compagnons, par ses chameliers.

TIPO Maria. Pianiste italienne (née à Naples, le 23 décembre 1931). Ses premières leçons de piano lui furent données par sa mère, Ersilla Cavallo, qui n'hésita pas à produire sa fille en public à Naples, alors qu'elle n'avait que quatre ans. Maria Tipo continua ses études avec Casella et Agosti, et termina lauréate du concours de Genève en 1949. Elle entreprit alors une carrière de concertiste qui s'annonça très prometteuse. Indépendamment de ses tournées de soliste, elle forma avec le pianiste Alessandro Specchi un duo (deux pianos ou quatre mains) qui devint célèbre. Ils enregistrèrent l'intégrale de l'œuvre pour deux pianos et piano à quatre mains de Ravel, dans laquelle ils se distinguent par leur homogénéité, leur musicalité et l'extrême délicatesse de leur interprétation. Maria Tipo est titulaire d'une chaire de piano au conservatoire de Bolzano. Elle a enregistré au piano les *Variations «Goldberg»* (Bach) destinées par leur auteur à un clavecin à deux claviers. Après Alexis Weissenberg et Glenn Gould, elle apporta une vision personnelle à la transposition au piano de ce chef-d'œuvre, dans laquelle elle n'a pas cherché à imiter le clavecin ni à le faire oublier tout à fait. Elle obtint une richesse de timbre et une variété de couleurs exceptionnelles, sa virtuosité et son toucher lui permettant de résoudre les problèmes de tonalité posés par l'unique clavier du piano.

TIYI. Reine d'Égypte (? - v. 1360 av. J.-C.). Originaire d'Akhmim, fille d'un modeste fonctionnaire d'origine nubienne, sa beauté, telle que nous la révèlent ses effigies, la fit remarquer par Aménophis III (XVIIIe dynastie), qui l'épousa. Intelligente et ambitieuse, elle eut une grande influence sur le pharaon et fut à l'origine des réformes religieuses qui aboutirent au culte du disque solaire, le dieu Aton. Le couple royal abandonna Thèbes pour la nouvelle capitale, Malgatta, construite par Aménophis III, l'un des plus grands bâtisseurs de l'ancienne Égypte. La reine tenait une cour d'un luxe inouï, recevant dans son palais les princes étrangers venus solliciter son appui. Elle eut quatre enfants : Aménophis IV, connu sous le nom d'Akhenaton, Smenkéré, roi éphémère et corégent d'Aménophis IV, la princesse Bakat-Aton et Toutankhamon, qui doit sa célébrité à la découverte de sa sépulture (1922) qui renfermait des trésors inestimables. Sous le règne d'Aménophis IV, époux de Néfertiti*, Tiyi conserva une part active dans les affaires du pays. Il semble qu'à la fin de sa vie elle ait regagné Thèbes, où elle serait morte. La tombe de celle qui fut l'une des plus grandes reines du Nouvel Empire — on retrouva son sceau jusqu'en Crète — fut découverte pillée dans la vallée thébaine.

TOLSTOÏ Sonia (Sophia Andréïevna, dite), née Bers. Russe (Pokrovskoïe, près de Moscou, 1844 - Iasnaïa Poliana, 1919). Ses parents étaient des amis de ceux de Léon Tolstoï, qu'elle épousa à l'âge de dix-huit ans en 1862. Habituée à la vie mondaine qu'elle menait à Moscou, elle mit du temps à s'acclimater à celle que lui offrait Tolstoï dans sa propriété de Iasnaïa Poliana. Les vingt premières années de son mariage furent heureuses. Prenant très vite la mesure du génie de son mari, sa préoccupation première fut de lui épargner tout souci afin qu'il pût se consacrer à son œuvre. Outre les tracas domestiques que lui procuraient la gestion d'un domaine et l'éducation de ses treize enfants (cinq moururent en bas âge), elle fut la collaboratrice infatigable de Tolstoï. Elle relisait ses textes, les corrigeait, les lui remettait. Lui les retournait surchargés d'ajouts et de ratures, et le travail était à recommencer. Elle se vantait d'avoir recopié six fois *Guerre et Paix* en entier.

À partir des années 1880, les relations du couple se dégradèrent. Sonia regrettait de voir son mari abandonner son œuvre littéraire au profit de préoccupations morales et religieuses. Elle n'acceptait pas non plus de se plier au mode de vie frugal que Tolstoï, en accord avec ses principes évangéliques, voulait imposer à sa famille. Enfin, elle se considérait comme la seule habilitée à gérer les droits d'auteur et à traiter avec les éditeurs et s'opposa à Tchertkov, disciple de Tolstoï, qui avait sur lui un ascendant croissant. Elle entra en conflit ouvert avec son mari, lui faisant des scènes de plus en plus violentes, ponctuées par plusieurs tentatives de suicide. Peu avant sa mort en 1910, Tolstoï mit à exécution une menace qu'il avait souvent proférée : s'enfuir. Il dut s'arrêter en cours de route et mourut en gare d'Astapovo. Sonia, qui avait contre elle Tchertkov et plusieurs de ses enfants, ne fut pas autorisée à le veiller sur son lit de mort.

Sa personnalité et son action ont été diversement commentées. Certains estiment que, dans l'œuvre de Tolstoï, sa part et sa contribution ont été essentielles. D'autres incriminent sa jalousie morbide et son déséquilibre psychique qui auraient constitué une entrave à l'épanouissement de Tolstoï. Son *Journal* a été publié après sa mort (2 vol., 1928-1929).

RÉF. : A. Edwards, *Sonia, comtesse Tolstoï*, J.C. Lattès, 1988.

TOMYRIS. Reine des Massagètes (VIe siècle av. J.-C.). À la mort de son mari, elle devint reine des Massagètes, dont le territoire correspond à l'actuel Turkestan russe. Cyrus, roi des Perses, qui venait de conquérir Babylone, lui demanda sa main. Devant son refus, il lui déclara la guerre. Au cours d'une embuscade, Spargapisès, fils de Tomyris, fut tué. La reine prit alors la tête de ses troupes et battit les Perses. Cyrus étant mort sur le champ de bataille, elle fit plonger son corps dans une outre pleine de sang pour bien montrer la cruauté de son adversaire. Ces faits nous ont été transmis par Hérodote, mais les circonstances exactes de la mort de Cyrus varient selon les auteurs. Xénophon, dans la *Cyropédie*, le fait mourir de mort naturelle.

TOOROP Charley. Peintre. Néerlandaise (Katwijk, 1891 - Bergen, 1955). Fille du peintre paysagiste Jan Toorop, qui connut une certaine notoriété dans son pays, elle voyagea beaucoup, parcourant l'Espagne, l'Allemagne, la France, et travailla à Paris. Ses premières toiles s'apparentent à un style post-impressionniste et même romantique, mais elle évolua vers un art brut, se rattachant par bien des côtés à un expressionnisme presque exagéré, avant d'atteindre à un réalisme qui annonçait les œuvres les plus osées du néoréalisme allemand et américain. Ses toiles font partie de collections particulières et de plusieurs musées européens: *Veilleur de nuit* (1922, Amsterdam, Stedelijk Museum), *Le Repas des amis* (1932, musée de Rotterdam), *Autoportrait* (1944, musée d'Eindhoven).

TORMAY Cécile. Femme de lettres hongroise (Budapest, 1876 - Matrahaza, 1937). Elle écrivit des nouvelles et des romans, *Au pays des pierres* (1913), *La Vieille Maison* (1915) — considéré comme son chef-d'œuvre — et surtout *Le Livre proscrit* (1921-1922) relatant la tourmente communiste en Hongrie. Elle eut en outre une action littéraire et sociale: elle fut directrice de la revue *Napkelet* (1923-1937), fondatrice de l'Alliance nationale des femmes hongroises, enfin déléguée à la SDN (Société des Nations). Ces activités lui acquirent une réputation mondiale d'écrivain et de patriote militante. Sa dernière œuvre historique, *Le Messager des aïeux* (1931-1937), est restée inachevée.

TOUCHET Marie. Française (Orléans, 1549 - Paris, 1638). Elle était la fille d'un lieutenant au présidial d'Orléans. Belle et ambitieuse, elle sut conquérir le cœur du roi Charles IX qui, de passage à Orléans en 1566, la remarqua et en fit sa maîtresse. De leur liaison naquit un fils, en 1573, le duc d'Angoulême. Après la mort du roi en 1574, Marie Touchet épousa François de Balzac d'Entragues et lui donna deux filles. Avec son mari, elle «négocia la vente» de sa fille Catherine d'Entragues* à Henri IV, qui s'était pris de passion pour elle. La famille reçut ainsi cent mille écus.

TOUMANOVA Tamara. Danseuse américaine d'origine russe (née près de Shangai en 1919). Elle naquit dans un train près de Shangai, alors que ses parents fuyaient leur pays en proie à la guerre civile. Élevée à Paris, elle apprit la danse chez Olga Préobrajenska*. Enfant prodige, elle triompha en 1927 dans *L'Éventail de Jeanne* (Franck et Bourgat) à l'Opéra. George Balanchine l'engagea en 1932 comme l'une des trois jeunes ballerines du Ballet russe de Monte-Carlo qui succédait à la compagnie de Serge de Diaghilev. À treize ans, elle créa des rôles pour *Cotillon* (Balanchine), *Concurrence* (Balanchine) et *Le*

Bourgeois gentilhomme (Balanchine); elle fut aussi la Toupie (*Jeux d'enfants*, Massine). Étoile des éphémères Ballets 1933, où elle avait suivi Balanchine, elle rejoignit la compagnie à Monte-Carlo et y resta jusqu'en 1938, créant *Union Pacific* (Massine, 1934), *Jardin public* (Balanchine, 1935) et *La Symphonie fantastique* (Massine, 1936). Sa carrière la mena un temps aux États-Unis, de Broadway à Hollywood. Elle fit partie des Nouveaux Ballets russes, le temps de créer *Balustrade* (Balanchine, 1941) et *Labyrinth* (Massine, 1941), puis se retrouva au Ballet Theatre pour *Moonlight Sonata* (Massine, 1944) et *Harvest Time* (Nijinska*, 1945).

Poursuivant une carrière indépendante, elle se produisit sur les plus grandes scènes avec, entre autres, *Le Palais de cristal* (Balanchine, 1947), *Phèdre* (Lifar, 1950), *La Légende de Joseph* (Wallmann, 1951), *Les Sept Péchés capitaux* (Charrat*, 1956). Au cinéma, elle parut dans *Jours de gloire* (1943) puis interpréta «Ring around the Rosy» dans *L'Invitation à la danse* (Kelly, 1946). On la vit ensuite comme danseuse dans *Le Rideau déchiré* (Hitchcock, 1966). Tamara Toumanova allie une beauté ténébreuse à une virtuosité exceptionnelle. Économe de ses mouvements, c'est une merveilleuse tragédienne de la danse.

TOUREL Jennie (Jennie Davidson, dite). Mezzo-soprano américaine d'origine russe (Saint-Pétersbourg, 22 juin 1900 - New York, 23 novembre 1973). À six ans, elle apprit à jouer de la flûte, à huit ans, du piano, instrument avec lequel elle envisageait de faire une carrière. Réfugiée à Dantzig au début de la révolution d'Octobre, puis à Berlin et en Suisse, elle arriva à Paris en 1926. Sans abandonner le piano, elle travailla sa voix avec Anna El Tour (l'anagramme de ce nom lui fournit son nom de scène) puis Reynaldo Hahn, et décida de se consacrer au chant. En 1931, elle débuta à l'Opéra russe de Paris. Engagée à l'Opéra-Comique en 1933 (où elle resta jusqu'en 1940), elle triompha dans Carmen (*Carmen*, Bizet) et Mignon (*Mignon*, Thomas); elle reprit ce dernier rôle lorsqu'en 1937 elle parut pour la première fois au Metropolitan Opera de New York.

À la veille de l'occupation de Paris par les Allemands, elle se réfugia à Lisbonne, d'où elle émigra par la suite aux États-Unis. De 1943 à 1947, elle fit partie de la troupe du Metropolitan Opera, où elle incarna notamment Adalgisa (*Norma*, Bellini) en 1944 et Rosine (*Le Barbier de Séville*, Rossini) en 1945. Excellente interprète de la musique française, elle imposa entre autres les mélodies de Poulenc aux États-Unis; elle chanta également de nombreuses œuvres de Leonard Bernstein, dont *Jeremiah Symphony* lors de sa création en 1943. En 1949, elle participa à la création de la nouvelle version de *Das Marienleben* (Hindemith) et en 1951, à Venise, à celle de *The Rake's Progress* (Stravinski), dans le rôle de Baba la Turque. Retirée de la scène cette même année, elle parut encore en concert de temps en temps et enseigna le chant à la Julliard School de New York. Jennie Tourel a obtenu la nationalité américaine en 1946.

TOURNON-BRANLY Marion. Architecte française (née à Paris en 1924). Son grand-père maternel est Édouard Branly, l'inventeur du télégraphe sans fil. Elle eut pour maître l'architecte Auguste Perret mais, pour parfaire ses études et mieux connaître les tendances architecturales dans le monde, elle fit de longs séjours au Mexique, aux États-Unis et dans les principales villes d'Europe. De retour en France, elle se spécialisa dans les constructions industrielles, commerciales et officielles: hall du Moulin-Rouge, école de Gentilly, etc., et fut également l'architecte de la chapelle du

Hourdil dans la Somme. Elle a enseigné à l'École des beaux-arts et, depuis 1976, est membre de l'Académie d'architecture.

TOURZEL Louise Élisabeth, née de Croy-d'Havré, marquise puis duchesse de. Française (Paris, 24 janvier 1749 - Montfort-l'Amaury, 14 mai 1832). Elle épousa le marquis de Sourches-Tourzel, grand prévôt de France, qui mourut en 1786 d'un accident de cheval aux côtés de Louis XVI. En 1789, Marie-Antoinette*, qui avait beaucoup d'estime pour elle, la nomma gouvernante de ses deux enfants. Pendant la Révolution, elle fut d'une fidélité à toute épreuve envers la famille royale dont elle partagea les épreuves. Elle participa à la fuite de Varennes (sous le nom de baronne de Korf) et, avec sa fille Pauline, elle fut enfermée au Temple puis à la Force. Elle put s'échapper juste avant les massacres de Septembre, fut arrêtée à nouveau sous la Terreur et sauvée par la chute de Robespierre le 9 thermidor. Elle a relaté les péripéties de la Révolution dans ses *Mémoires*, qui furent édités par le duc Des Cars (2 vol., 1883). Elle fut créée duchesse par Louis XVIII.

TOYEN (Marie Čerminová, dite). Peintre. Tchécoslovaque (Prague, 1902 - Paris, 1980). Compagne de Jindrich Styrský, elle fit partie dès 1923 du groupe d'avant-garde Devetsil et très vite signa ses tableaux .de son pseudonyme, contraction de «citoyen». À ses débuts, elle développa le cubisme jusqu'à sa plus extrême abstraction, donnant *Vaisseau englouti* (1927) et *Maris* (1928). Installée à Paris de 1925 à 1929, elle exposa avec Styrský en 1925, puis seule l'année suivante, le catalogue de son exposition étant préfacé par Philippe Soupault. C'est au cours de cette période qu'elle rompit avec le cubisme et en vint au surréalisme qu'elle fit connaître en Tchécoslovaquie au début des années 30. Qualifiée par André Breton de «seul peintre surréaliste exemplaire», elle vécut à Paris de 1935 à 1939, puis s'y installa définitivement après la guerre car elle refusait de se plier aux normes esthétiques imposées par le nouveau régime. Depuis, elle a participé à toutes les manifestations du groupe surréaliste.

Son œuvre est marquée par un climat étrange, fantasmatique et onirique, parfois teintée d'érotisme, en quoi elle se rapproche de celle de Dorothea Tanning*. *À la table verte* (1945), *Au château La Coste* (1946), *Mythe de la lumière* (1946) sont considérés comme ses chefs-d'œuvre. Toyen a aussi abordé le dessin à travers trois cycles: *Les Spectres du désert* (1939), *Tir* (1939-1940), *Ni ailes ni pierres; ailes et pierres* (1948-1949).

RÉF.: B. Perret, *Toyen*, Paris, 1953.

TRAUBEL Helen. Soprano américaine (Saint Louis, 20 juin 1899 - Santa Monica, Californie, 28 juillet 1972). Elle travailla le chant dès l'âge de treize ans avec Vetta Karst, qui fut son unique professeur; elle débuta en concert avec l'orchestre symphonique de Saint-Louis en 1925. Peu après, elle chanta au Lewisohn Stadium de New York, mais, ne se sentant pas prête, elle refusa l'offre de chanter au Metropolitan Opera de New York. De retour à Saint Louis, elle se produisit comme soliste dans les églises. Cédant enfin aux propositions du Metropolitan Opera, elle y créa en 1937 *The Man Without a Country* (Damrosch). Mais c'est le rôle de Sieglinde (*La Walkyrie*, Wagner) qui la rendit mondialement célèbre à partir de 1939, et, lorsque Kirsten Flagstad* quitta le Metropolitan Opera en 1941, c'est Helen Traubel qui prit la relève.

Imposante et expressive, sa puissance vocale en fit l'héroïne wagnérienne par excellence; elle chanta ainsi Brünnhilde (*La Walkyrie*, *Siegfried*, *Le Crépuscule des dieux*), Élisabeth (*Tannhäuser*), Elsa

(*Lohengrin*), Kundry (*Parsifal*), Isolde (*Tristan et Isolde*), ce qui ne l'empêcha pas d'ajouter à son répertoire la Maréchale (*Le Chevalier à la rose*, R. Strauss). Après la guerre, des tournées la conduisirent sur les plus grandes scènes européennes. En 1953, elle quitta le Metropolitan Opera, contrainte de démissionner pour s'être produite dans des boîtes de nuit new-yorkaises. Elle se consacra dès lors aux variétés, au cinéma et à la télévision. En 1955, elle créa à Broadway *Pipe Dream* (Hammerstein). Elle a écrit son autobiographie, *Saint Louis Woman* (1959), et de nombreux romans policiers, dont *Meurtre au Met*, qui devint un best-seller. Mariée en 1922 à Louis Carpenter, dont elle divorça la même année, elle épousa en 1938 William L. Bass.

TREBELLI Zelia (Gloria Caroline Gillebert ou Gilbert, dite). Contralto française (Paris, 1838 - Étretat, 18 septembre 1892). Élève de Wartel à Paris, elle débuta en 1859 au Théâtre royal de Madrid dans le rôle d'Azucena (*Le Trouvère*, Verdi), chanta Rosine (*Le Barbier de Séville*, Rossini), Arsace (*Sémiramis*, Rossini) et Urbain (*Les Huguenots*, Meyerbeer). Engagée à l'Opéra de Berlin en 1860, au Théâtre-Italien de Paris de 1861 à 1863, elle parut à Londres pour la première fois en 1862 en Maffio Orsini (*Lucrèce Borgia*, Donizetti). Elle y revint en 1868 et y triompha vingt ans durant, participant aux premières de *Faust* (Gounod) et de *La Force du destin* (Verdi). À l'occasion d'une tournée aux États-Unis en 1883-1884, elle fut au Metropolitan Opera de New York la première Carmen (*Carmen*, Bizet). Elle donna sa soirée d'adieu à Covent Garden en 1888. Cantatrice à la voix puissante et au registre très étendu, elle fut particulièrement appréciée dans les rôles de travestis comme Siebel (*Faust*, Gounod) mais aussi en Amnéris (*Aïda*, Verdi), Léonore (*La Favorite*, Donizetti), Preziosilla (*La Force du destin*, Verdi). Elle était mariée au ténor Alessandro Bettini, qui chanta à Londres en 1862 et 1880, et dont elle eut une fille, Antoinette. Celle-ci fit une carrière de chanteuse, en partie sous le nom d'Antonia Dolorès.

TREFILOVA Vera. Danseuse russe (Saint-Pétersbourg, 8 octobre 1875 - Paris, 11 juillet 1943). Élève de l'École impériale, elle entra au Théâtre-Marie en 1898 et devint soliste en 1901. Encouragée par Pierina Legnani*, elle travailla avec acharnement pour être nommée étoile en 1906. Malgré la jalousie de la redoutable Mathilde Kschessinskaïa*, elle fut une merveilleuse Aurore (*La Belle au bois dormant*, M. Petipa) et dansa Odette-Odile (*Le Lac des cygnes*, M. Petipa, Ivanov) à la perfection. Frêle et gracieuse, sa technique alliait la virtuosité italienne à l'émotion russe. La musicalité de ses gestes la fit surnommer par le critique Levinson «le Stradivarius dansant». Pour son spectacle d'adieu en 1910, elle remporta un succès sans précédent et se vit offrir par le tsar un magnifique bijou orné de saphirs et de brillants. Elle émigra lors de la révolution d'Octobre et ouvrit en 1917 une école de ballet à Paris. Serge de Diaghilev l'invita à Londres, où elle dansa *La Belle au bois dormant* en 1921. L'année suivante, elle fut applaudie à l'Opéra de Paris avec les Ballets russes ainsi qu'à Monte-Carlo en 1924: à cinquante ans, elle éblouissait encore. Son troisième mari, Valerian Svetlov, avait publié en 1911 *Le Ballet contemporain*, qui reste un classique des ouvrages sur la danse.

TRIOLET Elsa (Elsa Brick, dite). Écrivain. Française d'origine russe (Moscou, 25 septembre 1896 - Saint-Arnoult-en-Yvelines, 16 juin 1970). Belle-sœur du poète russe Maïakovski, elle fit des études d'architecture avant de se consacrer à la littérature. Fixée à Paris, elle rencontra Louis Aragon en 1928, l'épousa et partagea ses activités de militant communiste. Elle lui inspira les admirables vers du *Cantique à Elsa* (1941), *Les Yeux d'Elsa* (1942), *Elsa* (1959) et *Le Fou d'Elsa* (1964). Son œuvre est abondante: *Bonsoir Thérèse* (1938), *Les Amants d'Avignon* (paru pendant la guerre sous le pseudonyme de Laurent Daniel), *Le Cheval blanc* (1942), *Le premier accroc coûte deux cents francs* (1944), qui lui valut le prix Goncourt, *Le Cheval roux* (1953), *Luna-Park* (1959). Aragon a préfacé une anthologie de l'œuvre de sa femme sous le titre *Elsa Triolet choisie par Aragon* (1960).

RÉF.: D. Desanti, *Les Clés d'Elsa. Aragon-Triolet*, Ramsay, 1983.

TRISTAN Flora (Flore Célestine Tristan-Morosco, dite). Féministe française (Paris, 7 avril 1803 - Bordeaux, 14 novembre 1844). Son père, don Mariano de Tristan, riche Péruvien, épousa en Espagne une Française émigrée, Thérèse Lainé. L'union n'ayant pas été légalisée officiellement, Flora Tristan fut déclarée illégitime et perdit ses droits à la succession de son père. En 1821, elle épousa un peintre lithographe, André Chazal, chez qui elle travaillait comme ouvrière et dont elle eut trois enfants. Elle le quitta en 1825, fit un voyage au Pérou en 1834 pour tenter, sans succès, de récupérer son héritage. Elle en rapporta un livre, *Pérégrination d'une paria* (1833-1834), dans lequel elle défend les droits de la femme et critique violemment l'esclavage. Elle publia ensuite un roman, *Méphis* (2 vol., 1838) et entra en relations avec le philosophe et économiste Charles Fourier.

En 1839, son mari fut condamné à vingt ans de travaux forcés pour avoir enlevé l'une de ses filles et blessé sa femme d'un coup de pistolet. Un voyage en Angleterre lui inspira ses *Promenades dans Londres* (1840), virulente critique du capitalisme anglais et plaidoyer en faveur du prolétariat. Son ouvrage le plus connu, *L'Union ouvrière* (1843), appelle à l'union des travailleurs, sans distinction de pays ni de métier, anticipant le mot d'ordre de Marx et Engels, «Prolétaires de tous les pays, unissez-vous». Elle tenta de fonder une organisation pour appliquer ses idées et fit un tour de France pour fonder des cercles ouvriers dont l'existence fut éphémère. Elle mourut au cours de ce périple. Elle est considérée comme une initiatrice du féminisme et de l'internationalisme, qu'elle a davantage marqués par sa forte personnalité que par son œuvre elle-même, aux influences trop diverses. Flora Tristan fut la grand-mère du peintre Paul Gauguin.

RÉF: P. Leprohon, *Flora Tristan*, Corymbe, 1979. D. Desanti, *Flora Tristan: la femme révoltée*, Hachette, 1980.

TROTULA ou **TROTA** ou **TROOTA**. Médecin. Italienne ([?] - Salerne, 1085 ou 1097). Issue de la noble famille des Ruggieri, elle étudia l'ensemble de l'art médical avant de se spécialiser dans les maladies des femmes. Elle devint ainsi non seulement une praticienne réputée, consultée aussi bien par les hommes que par les femmes, qu'une chirurgienne de renom. On lui attribue la découverte de la périnéographie, et elle fut en tout cas la première à décrire cette opération. Professeur remarquable, elle fut également l'auteur d'un manuscrit conservé à Breslau, *De aegritudinum curatione*, et d'un livre, *De passionibus mulierum*, plusieurs fois réimprimé sous divers titres. Elle classa les maladies en congénitales, contagieuses et autres. Elle fut l'épouse de Jean Plaetarius, lui-même médecin et écrivain. Sa gloire était telle qu'elle inspira écrivains et poètes, dont Jean Rutebeuf, qui l'évoqua en ces termes dans le *Diz de l'Erberie*:

Belles gens, je ne suis pas de ces pauvres prêcheurs, ni de ces pauvres herbiers qui portent boîtes et sachets et étendent un tapis, mais je suis à une dame qui a nom Trotte de Salerne, qui fait couvre-chef de ses oreilles, et les sourcils lui pendent en chaîne d'argent par-dessus les épaules. Et sachez que c'est la plus savante dame qui soit dans les quatre parties du monde.

TROUBETSKOÏ Lise, (Élisabeth, dite), née Beloselskaïa. Princesse russe (1834-1907). Elle était la petite-nièce de la princesse Dorothea de Lieven*. Très ambitieuse, la princesse Troubetskoï réussit à s'introduire dans les milieux politiques parisiens et tenta de jouer un rôle de conseillère officieuse et même de devenir l'égérie d'Adolphe Thiers, alors très influent. Elle réunit autour d'elle de nombreux amis et admirateurs, mais s'attira également des ennemis irréductibles. Les Goncourt, qui la détestaient, la qualifièrent de ces mots féroces: «L'imbécile princesse Troubetskoï et sa terrible et énigmatique mâchoire.»

TROUHANOVA Natalia. Danseuse française d'origine russe (Kiev, 1885 - Moscou, 25 septembre 1956). Elle débuta dans les théâtres de variétés et vint à Paris, où elle fut engagée à l'Opéra. Remarquée dans *Le Lac des Aulnes* en 1907, elle dansa aux côtés de Carlotta Zambelli* et d'Ivan Clustine dans les Ballets russes de Diaghilev. Tirant un parti intelligent des «idées nouvelles», elle développa son propre style sous l'influence d'Isadora Duncan* et présenta en compagnie de Robert Quinault ses «concerts de danse» au théâtre des Arts, au Châtelet et à l'Opéra-Comique. En 1912, elle créa quatre œuvres d'une qualité rare, dirigées par leurs compositeurs, chorégraphiées pour elle par Clustine: *Istar* (d'Indy), solo ininterrompu d'une extrême virtuosité, *La Péri* (Dukas), *La Tragédie de Salomé* (Schmitt) et *Adélaïde ou le Langage des fleurs* (Ravel). Ce choix de partitions contemporaines assura sa réputation. Natalia Trouhanova se retira après son mariage avec le comte Ignatiev.

TROYANOS Tatiana. Mezzo-soprano américaine (née à New York, le 12 septembre 1939). Formée à la Julliard School, elle entra en 1963 dans la troupe du New York City Opera, où elle chanta pendant deux saisons. Son répertoire comprenait alors Hippolyta (*Le Songe d'une nuit d'été*, Britten), Marina (*Boris Godounov*, Moussorgski), Chérubin (*Les Noces de Figaro*, Mozart), Carmen (*Carmen*, Bizet) et Jocaste (*Œdipe roi*, Stravinski). En 1964, elle partit pour l'Europe, engagée par Rolf Liebermann à l'Opéra de Hambourg. Elle y débuta dans le rôle du Compositeur (*Ariane à Naxos*, R. Strauss), qu'elle tint l'année suivante au festival d'Aix-en-Provence. Puis elle chanta à Munich, Édimbourg, Marseille (1968), Salzbourg (1969). Cette année-là, à Londres, Covent Garden l'accueillit; elle y interpréta Octavian (*Le Chevalier à la rose*, R. Strauss) puis le Compositeur (*Ariane à Naxos*, R. Strauss) et Carmen (*Carmen*, Bizet). En 1969, elle inaugura le Kennedy Center de Washington et, en 1976, fit de mémorables débuts au Metropolitan Opera de New York en Octavian (*Le Chevalier à la rose*, R. Strauss). L'année suivante, elle reprit ce rôle à l'Opéra de Paris, où, en 1984, elle fut Charlotte (*Werther*, Massenet). Actrice parfaite, cantatrice chaleureuse et convaincue, aussi à l'aise dans Mozart et Richard Strauss que dans Penderecki et Bizet, Tatiana Troyanos est la mezzo-soprano la plus fêtée de sa génération.

TRYGGVADOTTIR Mina. Peintre. Islandaise (née en 1913). Avant de se fixer à Paris après la Première Guerre mondiale, elle avait suivi durant quatre ans les cours de l'Académie des beaux-arts de Copenhague, et s'était fait remarquer par sa participation à de nombreuses expositions de groupes au Danemark et dans les pays scandinaves. La Seconde Guerre mondiale la décida à quitter la France, et sa première exposition particulière eut lieu en Islande, en 1942. En 1943, elle rejoignit les États-Unis, s'installa à New York, et épousa en 1949 le peintre américain Alfred Alcopley. Elle retourna par la suite à Paris et adhéra avec son mari au groupe Espace. Elle participa à nouveau à diverses expositions importantes en Europe et séjourna fréquemment à Londres avant de repartir pour New York à la fin des années 50. Son œuvre, empreinte de poésie, a partout rencontré du succès, et ses peintures figurent dans de nombreux musées : en Islande, en Europe, en Israël et à New York.

TSALDARIS Lina. Femme politique grecque (Athènes, 1887 - *id.*, 1981). Ardente propagandiste des idées concernant la protection de la femme dans la société moderne et celle des enfants déshérités et abandonnés, elle fut nommée, comme représentante de la Grèce, au Comité sur le statut des femmes aux Nations unies, puis élue présidente du Comité national pour l'UNESCO, où ses interventions furent très remarquées. Lina Tsaldaris avait épousé l'ancien ministre Constantin Tsaldaris, qui joua un rôle important à la tête du parti populiste grec.

TSCHARNER Hélène de. Architecte suisse (née en 1910). Élevée dans un milieu d'artistes, elle est la fille du peintre Johann de Tscharner. Elle manifesta très tôt sa volonté de devenir architecte. Elle fit de brillantes études qui lui valurent un diplôme d'ingénieur du Génie civil, discipline indispensable, selon elle, pour maîtriser la construction d'immeubles modernes. Depuis 1939, date à laquelle elle inaugura son propre bureau d'architecte à Zurich, elle a réalisé de nombreuses constructions d'immeubles, entrepris des restaurations de vieilles maisons, étudié des plans de mise en chantier d'ensembles nouveaux et organisé des expositions comme la deuxième Exposition de la SAFFA en 1958.

TS'EU-HI. Impératrice chinoise (Pékin, 1835 - *id.*, 1908). Issue de la famille mandchoue des Yehonala, elle avait pour père un fonctionnaire de Pékin qui devint intendant provincial. À seize ans, elle fut choisie pour entrer dans le harem impérial. Elle sut rapidement gagner les faveurs du souverain Hienfong et accéda au titre convoité d'épouse de second rang. En 1856, elle mit au monde un fils qui devint l'héritier présomptif du trône sous le nom de T'ong-tche, l'impératrice légitime n'ayant pas d'enfants. De ce fait, Ts'eu-hi acquit une influence prépondérante sur l'empereur, hébété par l'opium. La Chine vivait alors des années tragiques : les massacres de missionnaires et les violations des traités aboutirent en 1860 au débarquement d'un corps expéditionnaire franco-britannique qui occupa Pékin et incendia le palais d'Été. L'empereur dut signer l'humiliant traité de Pékin accordant concessions et privilèges aux étrangers, avant de mourir l'année suivante, laissant pour successeur un enfant de cinq ans.

La régence revint aux deux impératrices, Hiao-tchen, l'épouse principale, et Ts'eu-hi, l'ancienne concubine. Celle-ci, de beaucoup la plus intelligente, ne tarda pas à prendre en main les affaires de l'État. Elle assura sa domination avec perfidie et cruauté. Elle extermina les hordes de brigands qui dévastaient la Chine du Nord. Sa haine de tout ce qui ne relevait pas de la tradition la poussa à décimer les musulmans chinois et à détruire la cité islamique de Talifu, entraînant le massacre de tous ses habitants. Les « diables d'étrangers » subirent une campagne de calomnies dont ils ne devaient pas se relever. Cette régence fut cependant positive sur le plan économique : après dix années de règne, l'Empire renaissait.

À seize ans, T'ong-tche fut couronné

empereur, ce qui n'empêcha pas son implacable mère de garder le pouvoir. On dit qu'elle chercha dès lors à le supprimer et qu'elle le fit conduire par des comparses dans les bouges de la ville tartare, où il contracta la variole, dont il mourut avant sa vingtième année (1875). Il est vrai qu'il avait fait assassiner le favori de l'impératrice, le grand eunuque Ngan Te-haï. Ts'eu-hi désigna pour successeur son propre neveu, Kouang-siu, un enfant âgé de trois ans, après avoir fait empoisonner sa bru qui était enceinte. Cette usurpation lui assura un nouveau mandat dictatorial. Avec l'aide de son ministre Kong, elle tenta une politique de modernisation qui ne résista pas aux désastres de la guerre contre le Japon (1895). Encourageant la corruption, Ts'eu-hi confia les postes clés de l'Empire à ses favoris et se fit construire une somptueuse résidence aux environs de Pékin. La légende de sa cruauté se double du récit de ses débauches; on disait qu'elle faisait disparaître ses amants au matin, une fois leur devoir accompli. Mandarins et roturiers partageaient ses faveurs. Durant l'été 1898, l'empereur, qui la détestait, la fit arrêter avec la bénédiction des légations européennes. Mais la trahison du chef de l'armée et l'appui des conservateurs retournèrent la situation en sa faveur: Kouang-siu fut emprisonné et ses proches exécutés. Il devait mourir, probablement empoisonné, après dix années de détention.

Le règne de l'impératrice fut marqué par des tentatives avortées de rapprochement avec les «barbares blancs». Le mouvement xénophobe culmina dans l'épisode sanglant de la révolte des Boxers en 1900. Ts'eu-hi ne fit rien pour empêcher le massacre des chrétiens, chinois et européens, durant le siège des légations et des missions étrangères. Le soulèvement ne put être maîtrisé que par l'envoi d'un corps expéditionnaire allié en 1901. Ts'eu-hi, qui avait fui le palais impérial livré pour la première fois aux étrangers, dut signer un nouveau traité l'engageant à de profondes réformes. Elle dépêcha des missions d'étude en Occident, créa des conseils de notables dans les provinces, mit sur pied une armée à l'européenne, dont les cadres étaient formés dans les écoles militaires de l'Occident. En 1906, un an après la naissance de Puyi, le dernier empereur, elle promit une constitution qui ne vit jamais le jour. Elle mourut en 1908, âgée de soixante-quatorze ans, après quarante-sept années de règne. En 1912, la République était proclamée par Sun Yat-sen. Sur les photographies, Ts'eu-hi apparaît dans de lourds costumes chamarrés traditionnels, entourée de ses dames d'honneur et d'eunuques. Elle concentre dans son personnage, digne d'un vieux bouddha, toute la puissance de l'autocrate. Les dernières paroles de celle qui prolongea d'un demi-siècle la survie de la Chine impériale sont restées célèbres: «Ne laissez jamais une femme s'élever au pouvoir; à la tête de l'État, il faut un homme, un vrai homme.»

TSVETAÏEVA Marina Ivanovna. Poétesse russe (Moscou, 1892 - Elabuga, 1941). Elle commença à écrire et publier des vers avant Pasternak et Maïakovski, qui, plus tard, influença son œuvre. Sa poésie fut d'abord marquée par l'empreinte du romantisme allemand, du chant populaire russe et par Pouchkine, que ses souvenirs nous présentent comme la découverte de sa vie. Cela n'empêche pas son œuvre d'être originale, comme le prouve le recueil *Des deux livres*, choix de poèmes tirés de deux livres antérieurs, l'*Album vespéral* (poésie des années 1910-1911) et *La Lanterne magique* (poésies des années 1912-1913). Elle émigra en 1922, et une série de recueils lui apportèrent la célébrité: *Verstes*, *Poèmes à Blok*, *La Psyché*, *Métier*, *Après la Russie* (1928), où elle révèle un souffle puissant. Rentrée en

Union soviétique en 1939, elle se suicida lors de l'invasion allemande, deux ans plus tard.

TUCKER Sophie (Sophia Abuza, dite). Chanteuse de music-hall américaine d'origine polonaise (Boston, 1884-1966). Ses parents, des émigrés qui tenaient un restaurant à Hartford, dans le Connecticut, l'employèrent comme serveuse, mais elle s'émancipa et fit ses débuts au café Metropole de New York. Adoptant le répertoire des «minstrels» noirs, elle devint la «Red Hot Momma» des années 30. Son physique n'avait rien de bien attirant — elle était très grosse, le nez épaté — mais son étrange voix rauque, son talent et sa personnalité souvent à la limite de la vulgarité lui valurent une place importante dans le monde du music-hall, où elle reçut le surnom de «Everybody's Pal» (le copain de chacun). Elle chanta dans une dizaine de films dont *Honky Tonk* (Bacon, 1929) et *Broadway Melody of 1938* (Del Ruth, 1937).

TURCY (Andrée Turc, dite). Chanteuse de music-hall française (Toulon, 1891-Marseille, 1974). Formée à l'école du cabaret, elle débuta au music-hall en 1916. Chanteuse réaliste, elle connut le succès dans les années 20 avec un répertoire que l'on fredonna longtemps: *Quand je bois mon anisette*, *Moi, j'm'en fous*, *Le Doux Caboulot*, *C'est dégueulasse*, *Mon homme est tatoué*. On l'applaudit à l'Eldorado avec Dranem pour partenaire, à l'Européen, à la Gaîté, à Mayol, à l'Olympia. Andrée Turcy retourna pourtant dans le Midi pour monter les revues de Vincent Scotto à Nice et à Marseille, où son jeu appuyé et son arrogance firent recette.

TURNER Lana (Julia Frances Turner, dite). Actrice américaine (née à Wallace, Idaho, en 1920). Fille d'un professeur, elle alla tenter sa chance à Hollywood en 1936 et débuta dès l'année suivante dans *La ville gronde* (LeRoy, 1937). D'une beauté sophistiquée, savamment maquillée, la blonde platinée Lana Turner dévoila toutes les facettes d'un talent artificiel dans *Les Aventures de Marco Polo* (Mayo, 1938), *Quatre au paradis* (Curtiz, 1938), *These Glamour Girls* (Simon, 1939), *Dr. Jekyll and Mr. Hyde* (Flemming, 1941), *Honky Tonk* (Conway, 1941), *La Du Barry* était une dame* (Del Ruth, 1943), *Week-End at the Waldorf* (Leonard, 1944). Tay Garnett eut le mérite de découvrir ce qu'il pouvait obtenir de cette actrice impavide en lui confiant le rôle d'une vamp dans son film *Le facteur sonne toujours deux fois* (1946), où elle fut remarquable.

Devenue une star, elle fut demandée par les metteurs en scène les plus prestigieux; George Sidney la fit tourner dans *Éternel Tourment* (1947) et *Les Trois Mousquetaires* (1948); George Cukor parvint à lui donner une certaine humanité dans *Ma vie à moi* (1950), Vincente Minnelli lui confia un rôle dramatique dans *Les Ensorcelés* (1952). Ses rôles suivants furent plus conventionnels: *Diane* de Poitiers* (Miller, 1955), *Le Fils prodigue* (Thorpe, 1955), *La Mousson* (Negulesco, 1955), *Par l'amour possédé* (Sturges, 1960), *L'Américaine et l'amour* (Arnold, 1961), *Madame X* (Lowell Rich, 1966). Lana Turner ne se contenta pas de ses succès d'actrice: sa vie privée défraya constamment la chronique à scandales de Hollywood par son penchant pour l'alcool et les centaines d'amants qu'elle reconnaissait avoir eus. Elle fut mariée huit fois; Artie Shaw, Lex Barker, successeur de Johnny Weissmuller dans le rôle de Tarzan, Steve Crane, qui fut également l'époux de Martine Carol*, furent parmi les «heureux» élus. De Steve Crane, Lana Turner eut une fille, Cheryl, qui tua à quatorze ans l'amant du jour de sa mère, le gangster Johnny Stompanato, ce qui fit grand bruit à l'époque.

TURNER Tina (Annie Mae Bullock, dite). Chanteuse de rock américaine (née à Nutbush, Tennessee, en 1938). Fille d'un régisseur noir et d'une mère métisse indienne, elle passa son enfance dans les champs de coton. C'est dans les chœurs d'une église baptiste qu'elle apprit à chanter. À seize ans, elle commençait à se produire dans les boîtes de nuit de Saint-Louis, et c'est au Club Manhattan qu'elle rencontra en 1957 le guitariste Ike Turner, leader des *Kings of Rhythm*. Fasciné par sa puissance et son énergie, ce dernier l'engagea comme chanteuse : ce fut le début de vingt années de succès, d'amour et de drames. Dans les années 60, le couple triompha avec un soul à la dynamite. Mais Ike sombrait dans la drogue et la violence, Tina était battue, trompée. Après une tentative de suicide, elle obtint le divorce en 1975. Malgré les menaces et les coups de feu, elle recommença une autre vie, difficile, et connut le « désert » des artistes.

Tina Turner revint en force dans les années 80 avec l'album *Private dancer* et le succès énorme de *What's Love Got to Do With It* (1984). Sacrée superstar à cinquante ans, la lionne du show-biz, dressée sur ses longues jambes, moulée dans des mini-jupes noires ou rouges, est partie à la conquête de ses nouveaux fans avec ses chansons fétiches : *What You Get Is What You See*, *Having a Party*, *Two People*, etc. Ne comptant pas « succomber à la vieillesse avant d'être vieille », elle continue à se produire sur scène. La chanteuse s'est convertie au bouddhisme et s'est remariée avec le chanteur allemand Erwin Bach. Elle a quatre fils, Greg, Ike, Michael et Ronald.

TUSSAUD Marie, née Grosholtz. Sculpteur. Suisse (Berne, 1760 - Londres, 1850). Ses talents pour la sculpture la firent remarquer par son oncle, le Dr Curtius, qui l'employa à Paris pour modeler des figures de cire, en particulier d'hommes politiques du début de la Révolution. En 1794, Marie Tussaud partit pour l'Angleterre où elle fit une première exposition de figures de cire représentant des personnalités de l'époque, exposition qui remporta un succès qui ne se démentit plus. Le Cabinet de figures de cire qu'elle fit construire en 1833 dans Baker Street, à Londres, est l'une des curiosités de la ville. Le bâtiment brûla en 1925 mais fut reconstruit en 1928, et tous les personnages essentiels furent renouvelés. L'actualité politique et artistique offre chaque année de nouveaux visages à la curiosité des visiteurs.

TYUS Wyomia. Athlète américaine (née à Griffin, Géorgie, en 1945). Étudiante à l'université du Tennessee, cette jeune Noire se révéla en 1964 par un record mondial du 70 yards en salle, puis elle participa aux jeux Olympiques de Tokyo la même année, remportant la médaille d'or du 100 m en parcourant la distance en 11 s 4/100. À Kiev, elle battit le record du monde du 100 m en 11 s 1/100. Aux jeux Olympiques de Mexico (1968), elle gagna la médaille d'or du 100 m et celle du 4 × 100 m, établissant un nouveau record du monde (42 s 87/100) avec Mildrette Netter, Margaret Bailes et Barbara Ferrel. Pour mémoire, le record du monde du 100 m est détenu par la championne noire américaine Griffith-Joyner, qui franchit la distance en 10 s 54/100 aux jeux Olympiques de Séoul (1988).

U

ULLMANN Liv. Actrice de cinéma et de théâtre norvégienne (née à Tokyo, le 10 décembre 1938). Après avoir fait du théâtre à Londres, elle devint célèbre à Oslo en jouant dans une adaptation du *Journal* d'Anne Frank*. Bergman la remarqua et lui donna son premier grand rôle dans *Persona* (1965). De leur liaison naquit une fille. Par la suite, elle tourna dans plusieurs films de Bergman comme *La Honte* (1968), *Cris et Chuchotements* (1972), *Scènes de la vie conjugale* (1973), *Face à face* (1975), *Sonate d'automne* (1978). Elle travailla avec d'autres réalisateurs comme Attenborough et J.L. Buñuel, tout en restant une des principales comédiennes du Théâtre national d'Oslo.

ULRIQUE-ÉLÉONORE. Reine de Suède (Stockholm, 1688 - *id.*, 1741). Fille cadette du roi Charles XI et d'Ulrique-Éléonore de Danemark, elle épousa en 1715 Frédéric de Hesse et joua un rôle important à la cour. À la mort de son frère Charles XII de Suède, en 1718, elle voulut renoncer à ses droits héréditaires sur la couronne, mais elle fut cependant élue reine en 1719 par la diète. Elle accepta une constitution qui laissait des pouvoirs importants à l'Assemblée mais crut pouvoir accorder de larges privilèges à la noblesse, ce qui provoqua le mécontentement de la nation. Elle dut abdiquer en 1720 en faveur de son mari Frédéric Ier, qui fut proclamé roi grâce à l'appui du Riksdag (assemblée des États).

UNDERHILL Miriam, née O'Brien. Alpiniste américaine (Boston, 1899-[?]). Son père, directeur d'un journal de Boston, consacrait tous ses loisirs à de longues randonnées en montagne, entraînant sa famille, dont sa fille Miriam, qui devint une passionnée de l'escalade. Venue en Europe, elle acquit rapidement une grande renommée dans les milieux professionnels, réussissant d'emblée des exploits tels que les premières traversées des aiguilles du Diable et la première féminine du Finsteraarhorn dans les Alpes suisses, par la difficile face nord-est. En 1927, elle ouvrit une voie nouvelle aux Cinque Torri dans les Dolomites, voie qui porte son nom. Mais son ambition était de former des cordées entièrement féminines. Elle entraîna dans son sillage des alpinistes renommées: Alice Damesme*, Micheline Morin*, Joe Marples, réussissant avec chacune d'elles le Peigne, le Cervin, la traversée du Mönch à la Jungfrau, le Grépon et bien d'autres ascensions. Miriam O'Brien épousa en 1933 son compagnon de cordée Robert Underhill; ils retournèrent aux États-

Unis, où ils entreprirent une série d'ascensions dans les massifs peu connus des montagnes Rocheuses. Elle continua à pratiquer l'escalade jusque dans les années 70. Elle a publié son autobiographie, *Give Me the Hills* (1956).

UNDSET Sigrid. Romancière norvégienne (Kalundborg, Danemark, 1882 - Lillehamer, Norvège, 1949). Elle connut une adolescence triste et difficile, marquée par la mort de son père, archéologue, lorsqu'elle avait seize ans. Obligée d'abandonner ses études, elle travailla comme employée de bureau. Courageuse et sensible, elle trouvait le temps de lire et d'écrire, puisant ses sujets dans son milieu et observant la condition des femmes au travail. Son premier roman, *Madame Martha Oulie et ses voisines* (1907), réagit contre la conception romantique de l'amour; il fut suivi d'un recueil de nouvelles, *L'Âge heureux* (1908). Passionnée par les sagas islandaises, qu'elle traduisit en norvégien, elle aborda l'histoire préchrétienne avec *Vigdis la farouche* (1909). Ses premiers succès littéraires lui permirent d'abandonner son emploi et de s'offrir un voyage en Italie. Son roman *Jenny* (1911), de tendance autobiographique, relate son voyage et ses amours avec le peintre Svarstadt, qu'elle épousa en 1912. Condamnant l'amour libre et soulignant l'importance de la femme au foyer, elle développa ces thèmes dans *Le Printemps* (1914), *Les Vierges sages* (1918) et *Points de vue de femmes* (1919).

En 1919, elle s'installa avec sa famille dans la ferme qu'elle s'était fait construire à Lillehamer. C'est à cette époque que le sentiment religieux prit une place prépondérante dans sa vie et qu'elle se passionna pour le passé prodigieux de son pays; elle écrivit alors son chef-d'œuvre, *Kristin Lavransdatter* (3 vol.: *La Couronne*, 1920; *L'Épouse*, 1921; *La Croix*, 1922), dont l'action se situe au XIVe siècle dans le milieu catholique norvégien. Un court ouvrage, *Vie, mort et miracles de saint Halvard* (1925), précéda sa conversion au catholicisme et son divorce. Elle publia ensuite *Olav Audunssön* (4 vol., 1925-1927) qui raconte la merveilleuse histoire d'amour d'Olav et d'Irgun au XIIIe siècle. Cette œuvre vigoureuse lui valut le prix Nobel de littérature en 1928. Ses romans contemporains sont moins remarquables: *Orchidées blanches* (1929), *Le Buisson ardent* (1930), *Ida Élisabeth* (1932), *La Femme fidèle* (1936) et *Madame Dorthea* (1939), roman historique inachevé. Auteur d'essais et d'écrits polémiques, Sigrid Undset dénonça le nazisme et résista à l'occupation allemande. Obligée de fuir, elle traversa la Laponie à ski et se réfugia en Suède, où elle apprit la mort de son fils aîné, tué au combat. Elle gagna la Russie et, via la Sibérie et le Japon, elle se rendit en Norvège, où elle fut décorée de la grand-croix de Saint-Olaf. On lui doit d'autres ouvrages, dont une *Catherine* de Sienne* (1951) ainsi qu'un recueil, *Articles et discours du temps de guerre* (1952).

RÉF.: A.H. Winsnes, *Vie de Sigrid Undset*, Desclée De Brouwer, 1957. M. Gravier, *D'Ibsen à Sigrid Undset. Le Féminisme et l'amour dans la littérature norvégienne*, Minard, 1968.

UNGER Caroline (Karolina Ungher, dite). Soprano autrichienne (Vienne, 28 octobre 1803 - Florence, 23 mars 1877). Elle travailla sa voix avec Domenico Ronconi à Milan, puis avec Aloysia Lange-Weber* (la belle-sœur de Mozart) et Johann Michaël Vogl, ami et chanteur préféré de Schubert. Elle débuta à Vienne en 1821 dans de petits rôles. Puis elle chanta Dorabella (*Così fan tutte*, Mozart). En 1824, Beethoven la choisit pour interpréter les parties de contralto lors de la première de la *Missa Solemnis* et de la *9e Symphonie*. Elle partit pour l'Italie, modifia l'orthographe de son nom, se produisit à Naples (1825-1827), où elle créa *Niobé* (Pacini), et *Le Bourgmestre de Saardam* (Donizetti). Elle chanta à la Scala en 1827. En 1833, on l'entendit au Théâtre-Italien de Paris dans *Le Pirate* (Bellini) et dans *Les Capulets et les Montaigus* (Bellini). Mariée en 1841 à l'écrivain François Sabatier, elle décida, peu après, d'interrompre sa carrière. Elle fit ses adieux à Dresde en 1843, mais on l'entendit encore en concert jusqu'en 1869. Très belle et talentueuse, elle fascina Donizetti, Bellini et Mercadante; le premier écrivit pour elle *Parisiana, Belisario* et *Marie de Rudenz*, le deuxième *La Straniera* et le troisième *Le due illustri rivali*. Elle enchanta également Rossini, Meyerbeer et son public. Elle a laissé un album de quarante-six chansons, sous le titre de *Lieder, Mélodies et Stornelli*.

URRAQUE. Reine de Castille et de León (1081-Saldaña, 1126). Fille d'Alphonse VI de Castille et de Constance de Bourgogne, elle fut mariée en 1090 — elle avait neuf ans — à Raimond, comte de Galicie, dont elle eut un fils, le futur Alphonse VII le Bon. Elle épousa en secondes noces Alphonse Ier le Batailleur, roi de Navarre et d'Aragon. La vie d'Urraque fut une longue suite d'intrigues, de batailles perdues ou gagnées, de luttes contre son mari, son fils, sa sœur et bien d'autres. Rapidement brouillé avec sa femme, Alphonse Ier la fit enfermer au château de Castellar avant l'annulation de son mariage par le pape Pascal II. Pourtant, ce divorce ne permit pas au roi d'enlever à Urraque son royaume de Castille malgré la guerre qui éclata entre les deux États.

Infatigable, Urraque partit en guerre contre son fils Alphonse VII, reconnu roi en 1112 par les Galiciens, puis contre sa sœur Thérèse et l'archevêque de Compostelle. La reine dut finalement s'effacer devant son fils, mais celui-ci eut encore à lutter quelques années contre sa mère. La mort de cette reine belliqueuse rendit la paix à l'Espagne.

URSINS Marie-Anne, née de La Trémoille, princesse **des**. Française (Paris, 1642 - Rome, 1722). Fille de Louis de La Trémoille, duc de Noirmoutier, elle épousa en 1657 Adrien de Talleyrand, prince de Chalais, qui la laissa veuve en 1670. En 1675, elle épousa en secondes noces Flavio Orsini, duc de Bracciano, partageant sa vie entre Rome et Paris, où elle tentait de conquérir une brillante position. À la mort de son mari en 1698, elle francisa son nom en princesse des Ursins. Intelligente, ambitieuse, caressante et insinuante au dire de Saint-Simon, elle conquit facilement la confiance de Louis XIV, qui l'envoya à la cour d'Espagne auprès de son petit-fils Philippe V et de la jeune reine Marie-Louise* de Savoie. Nommée *camarera major* en 1701, la princesse prit un extraordinaire ascendant sur le couple royal, gouvernant avec une énergie peu commune pendant l'absence de Philippe V lors de la campagne d'Italie. Mais son despotisme lui attira de nombreux ennemis, dont le cardinal de Porto Carrero et le cardinal d'Estrées, lesquels dénoncèrent à Louis XIV sa conduite dissipée, en particulier sa liaison peu discrète avec son secrétaire d'Aubigny, ce qui provoqua un grand scandale à la cour. Louis XIV ordonna à la princesse des Ursins de quitter l'Espagne pour l'Italie (1704).

Cependant, la turbulente sexagénaire parvint à rentrer en France, où le roi et Mme de Maintenon* se laissèrent à nouveau séduire par son charme et son autorité. Elle retourna plus forte que jamais en Espagne, où commençaient les troubles de la guerre de Succession. Dirigeant les finances et la plupart des affaires, elle joua un rôle actif dans l'organisation de l'armée. Après avoir éloigné le duc d'Orléans, qui convoitait le trône, elle réclama des renforts. La victoire de Villaviciosa (1710) évinça définitivement le compétiteur autrichien, l'archiduc Charles. La princesse des Ursins attendit en vain une principauté dans les Pays-Bas en récompense de ses services. Après la mort, en 1714, de sa protectrice la reine Marie-Louise, elle favorisa bien imprudemment le mariage de Philippe V avec Élisabeth Farnèse, princesse de Parme. Cette dernière, sur les conseils d'Alberoni, congédia brutalement la princesse des Ursins, qui fut reconduite sans ménagement à la frontière. Ayant perdu tout crédit dans la France du Régent, son ennemi, la princesse disgraciée se retira dans la république de Gênes, « occupée du monde, écrit Saint-Simon, de ce qu'elle avait été et de ce qu'elle n'était plus... ». Elle mourut oubliée à Rome, à l'âge de quatre-vingts ans. Ses *Lettres* ont été publiées en 1859.

RÉF : D. Ribardière, *La Princesse des Ursins*, Perrin, 1988.

URSULE, sainte. Martyre (IVe siècle). La légende de sainte Ursule fut élaborée au fil des siècles, mais plus particulièrement développée aux IXe et Xe siècles à Cologne : on prétendait que des vierges martyres étaient ensevelies dans les tombes de la basilique. Cette histoire fut racontée par Jacques de Voragine dans *La Légende dorée*. Au XIe siècle s'établit non loin de Cologne un monastère de femmes où l'on célébrait les onze vierges. Un siècle plus tard, sainte Ursule devint très populaire, et son nom fut inscrit en tête de la liste des martyres qui, de onze, passèrent à onze mille.

Fille du roi chrétien d'Angleterre, Ursule était sage et belle ; un roi barbare demanda sa main pour son fils. La proposition fut acceptée à une condition : Ursule ferait, auparavant, un pèlerinage à Rome. Le jeune homme consentit à exaucer ce désir et se fit baptiser, car la jeune fille refusait de s'unir à un païen. Elle partit en bateau avec dix compagnes, chacune escortée de mille vierges. Elles se rendirent à Cologne, où un ange annonça à Ursule qu'elle reviendrait avec ses compagnes dans cette ville pour y subir le martyre. Elles continuèrent sur Rome et furent reçues en grand honneur ; Maxime et Africain, soldats romains, effrayés de l'extension que prenait la religion chrétienne, envoyèrent aux chefs huns des messagers pour les engager à massacrer cette foule de vierges. De retour à Cologne, elles furent exterminées. Cependant Attila, émerveillé par la beauté d'Ursule, lui offrit de l'épouser. Comme elle repoussait ses avances, il la transperça d'une flèche. Patronne des institutrices et des petites filles, elle est fêtée le 21 octobre. Sa légende inspira de nombreux peintres : Modena (Trévise), Carpaccio (Venise), Memling (Bruges), pour n'en citer que quelques-uns.

UTTMANN Barbara. Dentellière et industrielle allemande (Elterlein, 1514 - Annaberg, 1575). Épouse d'un riche industriel, Christian Uttmann, qui la laissa veuve à trente-neuf ans, elle propagea l'art de la dentelle et fit venir en 1561, dans son château d'Annaberg, des ouvrières des Flandres. Femme d'affaires très avisée, elle fit prospérer cette industrie en employant près de cent personnes dans ses ateliers de fuseaux, assurant ainsi la prospérité dans les montagnes du Harz. Elle a laissé le souvenir d'une femme charitable, attentive au sort de ses ouvrières.

UZÈS Marie Clémentine, née de Rochechouart-Mortemart, duchesse **d'**. Française (Paris, 1847 - château de Dampierre, 1933). Apparentée à la plus haute noblesse de France, elle avait pour arrière-grand-mère la veuve Clicquot*. En 1867, elle épousa Emmanuel de Crussol, duc d'Uzès, qui mourut en 1878 des suites d'un accident de chasse, la laissant avec quatre enfants à la tête d'une fortune considérable. Curieuse de tout, ambitieuse, indépendante, la duchesse défraya la chronique mondaine durant trois quarts de siècle. En politique, elle soutint de sa personne et de ses millions le général Boulanger dans ses tentatives de prise de pouvoir pour restaurer la monarchie. Elle milita pour les droits politiques de la femme, se liant d'amitié avec la reine des communards, Louise Michel*, dont tout la séparait, sauf l'estime qu'elle lui portait. Généreuse, elle assura l'éducation de la fille de l'anarchiste Vaillant.

La sculpture et la poésie l'attirèrent et, sous le pseudonyme de Manuela, elle multiplia des Dianes et des Saint-Hubert, bien oubliés aujourd'hui, et publia des poèmes, *Paillettes grises* (1909) et *Paillettes mauves* (1922), qui, eux non plus, ne sont pas passés à la postérité. Femme d'action et grande sportive, elle était une remarquable cavalière et fut la première femme à obtenir le permis de conduire; à quatre-vingts ans, elle prenait son baptême de l'air. Pendant la Première Guerre mondiale, la duchesse d'Uzès ouvrit son château de Bonnelles pour y installer un hôpital dont elle assuma activement la direction comme infirmière en chef, soignant les malades avec un dévouement qui fit l'admiration de son entourage et lui valut la Légion d'honneur. Mais elle devait surtout sa popularité aux célèbres chasses à courre qu'elle donnait dans ses forêts de Bonnelles. Première femme nommée lieutenant de louveterie, vêtue de l'amazone bleue et de la veste rouge, coiffée du tricorne, elle était escortée de son célèbre équipage habillé également de bleu et de rouge. Pendant cinquante-sept saisons, elle poursuivit les cerfs dont le 2 056e fut pris alors qu'elle avait quatre-vingt-six ans. La duchesse d'Uzès a écrit des *Souvenirs* (1939).

RÉF.: P. de Brissac, *La Duchesse d'Uzès*, Paris, 1950.

V

VACARESCO Hélène. Femme de lettres roumaine d'expression française (Bucarest, 1866 - Paris, 1947). Issue d'une grande famille de l'aristocratie roumaine, elle plut à la reine Élisabeth* de Roumanie, elle-même poète, qui en fit sa dame de compagnie. Le prince héritier, le futur Ferdinand Ier, d'un an son aîné, s'éprit d'elle quand il arriva à la cour de son oncle en 1889. Mais le mariage ne put se faire pour raison d'État, bien que les fiançailles eussent été annoncées. Dès lors, la princesse Vacaresco voyagea beaucoup pour oublier sa peine; elle vécut un certain temps à Paris et fut déléguée à la Société des Nations. Elle laissa des vers d'inspiration parnassienne: *Chants d'Aurore* (1886), *Le Jardin passionné* (1908), *La Dormeuse éveillée* (1914). Ses romans ont pour cadre le Paris de l'époque 1909-1911: *Amor vincit*, *Le Sortilège*. Elle a enrichi la littérature de son pays avec *Le Barde de Dâmbovitzâ* et a fait connaître, par ses traductions, le *Jéhovah* de Carmen Sylva* et les chansons populaires valaques.

VAEOHO Marie-Rose. Marquisienne (Atunoa, île d'Hivaoa, 1887 - [?]). Fille d'un chef de Moorea, elle avait quatorze ans lorsqu'en 1901 Paul Gauguin, qui en avait cinquante-quatre, la prit pour compagne. Elle lui donna une fille, Tahiatikaomata, en 1902. Le peintre a souvent représenté Vaeoho dans ses toiles et quelquefois avec les vahinés qui furent ses modèles, lors de ses séjours à Tahiti. Elle fait partie des tentatives de Gauguin pour intégrer la femme pure et simple dans la nature, époque qui fut l'une des plus caractéristiques de son art. Leur liaison se termina par la mort de Gauguin, en 1903.

VAGANOVA Agrippina. Danseuse et maîtresse de ballet soviétique (Saint-Pétersbourg, 24 juin 1879 - Leningrad, 5 novembre 1951). Engagée au Théâtre-Marie en 1897 à sa sortie de l'École impériale de ballet, elle s'imposa lentement malgré son talent et ne devint étoile qu'en 1915, une année avant sa retraite officielle. Mais quel savoir! Elle qui avait été formée par les meilleurs professeurs de son temps (Lev Ivanov, Pavel Gerdt, Nicolaï Legat, Olga Préobrajenska*), devait assurer à son tour l'enseignement le plus recherché du pays. Ses élèves ont nom Iekaterina Semenova*, Galina Oulanova*, Natalia Doudinskaïa*, Vera Volkova*... En 1934, alors qu'elle dirigeait l'École de ballet de Leningrad, elle publia son fameux traité, *Bases de la danse classique*. Le « système Vaganova » réalisait une synthèse harmonieuse des écoles les plus importantes et présentait des méthodes individuelles, notamment celles de Cecchetti et d'Olga Préobrajenska*. Il reste à la base de l'éducation chorégraphique dans les pays de l'Est et connaît une grande faveur en Occident. Nommée directrice du ballet du Gatob (futur Kirov) entre 1931 et 1937, elle s'attacha à développer l'exceptionnelle virtuosité de l'école soviétique. Elle fut consacrée Artiste émérite du peuple d'URSS en 1936 et reçut le prix Staline dix ans plus tard. Hommage de la postérité, l'école de danse de Saint-Pétersbourg porte son nom depuis 1957.

VAILLANT-COUTURIER Marie-Claude, née Vogel. Femme politique française (née à Paris, le 3 novembre 1912). Issue de la bourgeoisie aisée, elle était la fille de l'éditeur Lucien Vogel, homme de gauche, créateur et directeur des journaux *Vogue*, *Jardin des Modes*, *Lire* et *Vu*, dont la formule fut reprise par *Paris-Match*. À la faveur de ses études en Allemagne, elle perçut, dès l'origine, la montée du nazisme. Revenue en France en 1932, elle épousa le leader communiste Paul Vaillant-Couturier, rédacteur en chef de *L'Humanité*, qui la laissa veuve en 1937. Elle était reporter-photographe et fut une ardente militante du Front populaire puis de la Résistance. Arrêtée en 1942, elle fut déportée à Auschwitz et à Ravensbrück. Nommée membre du comité central du parti communiste après la guerre, Marie-Claude Vaillant-Couturier fut élue député de la Seine (1946-1958) puis du Val-de-Marne (1963-1973), tout en exerçant la vice-présidence de l'Assemblée nationale de 1956 à 1967. Elle s'est remariée avec l'architecte Roger Ginsburger, dont elle a un fils.

VALADON Suzanne (Marie-Clémentine, dite). Peintre. Française (Bessines-sur-Gartempe, Haute-Vienne, 1867 - Paris, 1938). Celle qui devait être la mère du peintre Maurice Utrillo commença sa vie comme acrobate dans des fêtes foraines, profession à laquelle elle dut renoncer à la suite d'un accident, et devint un modèle professionnel. Elle posa pour Renoir, Puvis de Chavannes, Toulouse-Lautrec et Degas, puis, entraînée par ces maîtres, elle commença à dessiner. La qualité de ses dessins fit une forte impression sur Degas, qui l'encouragea à aborder la peinture, si bien qu'elle exposa en 1894 au Salon de la Société nationale des beaux-arts. À partir de 1909, elle participa régulièrement au Salon d'automne et, dès 1912, aux Indépendants. La qualité de son dessin, qui cerne d'un trait fortement appuyé ses portraits, ses nus et ses natures mortes, et la sonorité éclatante de sa couleur lui permirent de conquérir une place de tout premier plan dans le monde des peintres de son époque.

Suzanne Valadon connut la gloire et même la fortune, qu'elle ne sut jamais préserver. Sa vie fut toujours des plus mouvementées. En 1883, elle eut un fils, Maurice, non reconnu par son père, Maurice Boissy, bohème alcoolique; puis elle épousa en 1896 un commerçant aisé, Paul Moussis, qui n'avait pas voulu consentir à donner son nom à Maurice. Celui-ci fut reconnu en 1891 par un ami, Miguel Utrillo y Molins, patronyme que Maurice rendit célèbre. Suzanne divorça en 1909 et épousa la même année (elle avait quarante-deux ans) un jeune peintre, André Utter, ami de son fils, de vingt ans son cadet. Si la santé de son fils, aggravée par son penchant pour la boisson, fut jusqu'à ses derniers jours une constante préoccupation pour Suzanne Valadon, cela n'empêcha pas la «trinité» de mener une vie des plus désordonnées à Montmartre, où le célèbre trio s'était fixé.

L'œuvre de Suzanne Valadon est représentée dans les plus grands musées du monde et les principales collections privées. Le musée d'Art moderne de la Ville de Paris conserve d'elle *Nu à la couverture rayée*, *Portrait d'Utrillo devant son chevalet* et le musée national d'Art moderne (Centre Pompidou), *Lancement de filet* et *Mère Utrillo, sa grand-mère et un chien*.

RÉF. : J. Warnod, *Suzanne Valadon*, Flammarion, 1981. J. Champion, *Suzanne Valadon ou la Recherche de la vérité*, Presses de la Renaissance, 1984.

VALLAYER-COSTER Anne. Peintre. Française (Paris, 1744 - *id.*, 1818). Fille de Joseph Vallayer, orfèvre du roi, elle manifesta très jeune des dons pour le dessin et la peinture et fut fortement influencée par Oudry, mais surtout par Chardin. Elle excellait dans les natures mortes et les peintures de fleurs dans lesquelles son réalisme poétique et son souci de perfection lui permirent d'acquérir rapidement un grand succès auprès des amateurs d'art de son époque. Elle devint célèbre, et l'Académie royale de peinture et de sculpture lui ouvrit ses portes en 1770. La Révolution l'obligea à se réfugier en province, mais elle put regagner Paris en 1796. De nombreux musées possèdent ses œuvres : Le Mans, Dijon, Reims, Strasbourg et, à l'étranger, Tolède, Ottawa. Le Louvre conserve les *Attributs de la musique et de la peinture* (1770), et une grande nature morte, *Table chargée d'un homard, de différents fruits de mer et de gibier* (1817).

VALLI Alida (Alida Maria Altenburger, dite). Actrice italienne (née à Pula, Yougoslavie, en 1921). À l'âge de quinze ans, elle suivit des cours de comédie au Centro sperimentale di cinematografica de Rome et, l'année suivante, elle tourna un petit rôle dans *Les Deux Sergents* (Guazzoni). Jusqu'à la fin de la Seconde Guerre mondiale, sa carrière se confondit avec celle du cinéma italien de l'ère fasciste. Elle tourna de nombreux films : *Manon Lescaut* (Gallone, 1940), *L'Amante segreta* (Gallone, 1941), *Le Mariage de minuit* (Soldati, 1941), *Leçon de chimie à 9 heures* (Mattoli, 1941), *Lumière dans les ténèbres* (Mattoli, 1941) et *Chaînes invisibles* (Mattoli, 1941). Dans *Noi Vivi* (Alessandrini, 1942), elle incarna avec une belle autorité une femme en lutte contre les bolcheviks. La guerre terminée, elle tourna *Eugénie Grandet* (Soldati, 1946) et d'autres films avec Mattoli, avant de partir pour Hollywood, où elle était engagée pour plusieurs réalisations : *Le Procès Paradine* (Hitchcock, 1947), *Le Miracle des cloches* (Pichel, 1947), *Le Troisième Homme* (Reed, 1949), *La Tour blanche* (Tetzlaff, 1950), qui ne remportèrent pas le succès espéré.

Rentrée en Italie, Alida Valli apparut dans quelques productions inégales, puis trouva dans *Senso* (Visconti, 1954) le plus beau rôle de sa carrière, celui de la comtesse Livia Serpieri, une femme amoureuse d'un déserteur qu'elle livre à la justice militaire. Elle tourna ensuite *Le Cri* (Antonioni, 1957), *Barrage contre le Pacifique* (Clément, 1958), *Les Bijoutiers du clair de lune* (Vadim, 1958), *Dialogues des carmélites* (Agostini, 1960), *Une aussi longue absence* (Colpi, 1961), palme d'or au festival de Cannes, *Ophélia* (Chabrol, 1962), *L'Autre Femme* (Villiers, 1964). À partir de 1967, elle interpréta surtout des rôles de second plan, comme dans *Œdipe roi* (Pasolini, 1967), *La Stratégie de l'araignée* (Bertolucci, 1970), *La Chair de l'orchidée* (Chéreau, 1974), *Suspiria* (Argento, 1977), *La Luna* (Bertolucci, 1979). Alida Valli mena parallèlement une brillante carrière théâtrale et se fit applaudir dans les pièces de Pirandello, Ibsen, Miller, Cocteau.

VALLIN Ninon. Soprano française (Montalieu-Vercieu, 3 septembre 1886 - Lyon, 22 novembre 1961). Fille d'un notaire provincial, elle reçut une éducation stricte et apprit le chant chez les sœurs.

Douée d'une voix ravissante, elle chantait à l'église et, comme elle désirait ardemment devenir cantatrice, ses parents acceptèrent de l'envoyer au conservatoire de Lyon. De là, elle alla à Paris poursuivre ses études musicales avec Héglon. Entendue par Gabriel Pierné, directeur des concerts Colonne, elle fut engagée comme Fille Fleur (*Parsifal*, Wagner) avec Felia Litvinne* dans le rôle de Kundry. Elle se produisit dans des concerts en province jusqu'au moment où, au cours d'une audition, Claude Debussy la remarqua et l'exigea pour la création du rôle d'Érigone (*Le Martyre de saint Sébastien*) au Châtelet, en 1911. Du jour au lendemain, elle devint célèbre. Albert Carré l'engagea à l'Opéra-Comique, où elle triompha pendant quatre ans. Elle y incarna aussi bien Micaëla que Carmen (*Carmen*, Bizet), Louise (*Louise*, Charpentier) ou Mimi (*La Bohème*, Puccini), et remporta un franc succès avec *Mignon* (Thomas).

Mais Albert Carré mourut, et Ninon Vallin ne s'entendit pas avec le nouveau directeur. En 1916, elle signa un contrat avec le théâtre Colón de Buenos Aires, où elle resta pendant vingt ans. Elle y débuta dans *Faust* (Gounod), inaugurant la période la plus brillante de sa carrière ; elle avait pour partenaires Caruso, Gigli, Schipa, Crimi. Elle chanta sur les plus grandes scènes lyriques du monde : à la Scala de Milan en 1917, à Rome en 1918, à l'Opéra de Paris en 1920 — où elle interpréta les deux Marguerite (*Faust* de Gounod et *La Damnation de Faust* de Berlioz) ainsi que Thaïs (*Thaïs*, Massenet) à l'Opéra-Comique —, en Extrême-Orient, à San Francisco et à Moscou. Pendant la guerre, elle fut Carmen (*Carmen*, Bizet) et la Comtesse (*Les Noces de Figaro*, Mozart) à l'Opéra de Monte-Carlo. Elle parut encore à la scène à Montevideo, où elle enseigna jusqu'en 1955, puis à Londres, Cannes, Deauville. De 1956 à 1961, elle enseigna à Lyon et chanta jusqu'à sa mort. Tour à tour soprano dans *Le Roi d'Ys* (Lalo), *Paillasse ou la Vie brève* (Falla), elle fut aussi une merveilleuse interprète des mélodies de Fauré, Chausson, Debussy, Reynaldo Hahn. Elle créa *Le Cadeau de Noël* (Leroux), *Marie l'Égyptienne* (Respighi), *La Sorcière* (Erlanger) et les *Trois Poèmes de Mallarmé* mis en musique par Debussy. Celui-ci, dans une lettre au compositeur André Caplet, définissait ainsi l'art de Ninon Vallin :

> Je ne sais où elle va chercher cette compréhension des courbes que décrit la musique à travers le texte. Mais c'est absolument beau et très simple.

La plupart de ses enregistrements, réédités sur disques lors du centenaire de sa naissance, restituent une voix lumineuse, à la diction parfaite.

RÉF. : R. de Fragny, *N. Vallin, princesse du chant*, Lyon, 1963.

VALOIS Ninette de (Edris Stannus, dite). Danseuse et chorégraphe anglaise (née à Baltibooys, Irlande, en 1898). Elle se forma à la danse à Londres avec Léon Espinosa et surtout avec Enrico Cecchetti. Elle fit ses débuts en 1914 et devint quatre ans plus tard première danseuse de la troupe de Covent Garden. Elle fit une saison (1925-1926) aux Ballets russes de Diaghilev où elle dansa dans *Les Biches* (Nijinska*) et dans *Femmes de bonne humeur* (Massine). En 1926, elle fonda à Londres l'Academy of Choregraphic Art, avant de diriger l'Old Vic Theatre. Deux ans plus tard, elle y donnait son troisième ballet, *Les Petits Riens*. Sous son impulsion, la troupe du Sadler's Wells Theatre devint le Vic-Wells Ballet puis le Sadler's Wells Ballet, enfin, en 1956, le Royal Ballet. Ses meilleures créations datent des années 30 : *Danse sacrée et danse profane* (1930), *La Création du monde* (1931), *The Rake's Progress* (1935), *Le Roi nu* (1938), *The Prospect before Us* (1940). Par son génie de l'organisation, le rayonnement de son enseignement, l'intensité dramatique de ses créations, Ninette de Valois est considérée comme la créatrice du ballet anglais qu'elle a porté à un rare niveau de perfection. Elle a dirigé le Royal Ballet jusqu'en 1965. Titulaire d'un grand nombre de distinctions, dont la Légion d'honneur, elle a écrit deux livres, *Invitation to the Ballet* (1937) et *Come Dance with Me* (1957).

VALORE Lucie, née Weau. Peintre. Belge (1878 - Paris, 1965). Ancienne soubrette de comédie, elle épousa un riche banquier belge, Louis Pauwels, collectionneur de peinture. Le couple fit un jour la connaissance à Paris de la « trinité » Suzanne Valadon*, Utrillo et Utter. Veuve, Lucie Valore rêva de devenir «l'ange gardien» d'Utrillo. Ils se marièrent en 1935, Utrillo ayant cinquante-deux ans et elle cinquante-sept. Leur union ne fut guère heureuse, même si Utrillo poussait sa femme à peindre et lui donnait des conseils. Celle-ci était aussi une redoutable femme d'affaires et elle fit monter la cote des toiles de son mari, dont le talent était alors bien moindre qu'à ses débuts. Elle lui survécut dix ans et, pour son œuvre, composée de portraits, de paysages et de natures mortes, elle reçut la Légion d'honneur et la médaille d'or de la Ville de Paris.

VAN BARENTZEN Aline. Pianiste française d'origine américaine (Somerville, États-Unis, 7 juillet 1897 - Paris, 30 octobre 1981). Très douée, elle se fit entendre en public à l'âge de cinq ans, et à sept ans elle jouait en soliste avec les grands orchestres des États-Unis. Pour se perfectionner, elle entra au Conservatoire de musique de Paris dans les classes de Marguerite Long* et de Laborde, et en sortit après avoir obtenu un premier prix de piano. Elle suivit également à Berlin les conseils de Christoph von Dohnányi, et ceux de Theodor Leschetizky à Vienne. Aline Van Barentzen se fixa ensuite à Paris, d'où elle entreprit des tournées de concert accompagnée par les plus grands orchestres européens, obtenant partout des succès éclatants auprès d'un public conquis par la maîtrise de son jeu et par la maturité de son talent. Excellente pédagogue, elle enseigna dans les conservatoires de Philadelphie, de Buenos Aires et de Paris. Le compositeur Villa-Lobos lui a dédié *A Prole do Bébé n° 2*.

VANBRUGH Violet Augusta Mary, née Barnes. Actrice anglaise (Exeter, Devonshire, 1867 - Londres, 1942). Elle campait à la perfection les rôles de jeune fille du répertoire shakespearien ainsi que les coquettes des comédies modernes. Vedette du Garrick Theatre, où elle joua sous la direction de son mari, Arthur Bourchier, elle fut une inoubliable Katherine (*Henri VIII*, Shakespeare) ainsi qu'une remarquable Lady Macbeth* (*Macbeth*, Shakespeare). Interprète de plusieurs pièces de Henry Arthur Jones, on l'admira dans *The Young Person in Pink* (Jennings, 1920) et dans *Thunder in the Air* (Jennings, 1928) ainsi que dans *Evensong* (Knoblock, 1932). Elle célébra son jubilé en 1937 en interprétant Mistress Ford (*Les Joyeuses Commères de Windsor*, Shakespeare), l'un de ses rôles préférés. Sa sœur, Irène Barnes (1872-1949), qui épousa l'auteur dramatique Dion Boucicault, fut elle aussi une brillante actrice. Le théâtre de l'Académie royale d'art dramatique, une des meilleures écoles anglaises, fut baptisé du nom des sœurs Vanbrugh, à l'initiative de leur frère, sir Kenneth Barnes, qui en fut longtemps le principal administrateur.

VANDERBILT Gloria. Femme d'affaires américaine (née à Manhattan en 1924). Elle est la fille de Reginald Vanderbilt, issu d'une famille de milliardaires américains, et de Gloria Morgan. Son père mourut à quarante-cinq ans d'une cirrhose du foie, laissant une femme de dix-neuf ans et une fille, Gloria, à laquelle il légua la moitié de sa fortune, l'autre moitié allant à la fille d'un premier mariage. Gloria Vanderbilt avait deux ans et fut élevée par sa grand-mère, Nancy Morgan. Cependant la garde de l'enfant fut, plus tard, contestée par la mère de Gloria et un procès, qui eut un grand retentissement aux États-Unis, l'opposa à la grand-mère. Finalement, l'enfant fut confiée à sa tante. À dix-sept ans, elle se maria subitement avec Pat de Cicco, dont elle divorça en 1945 pour épouser, la même année, le chef d'orchestre Léopold Stokowski, qui avait soixante-trois ans. Elle en avait vingt et un. Leur union dura dix ans, ils eurent deux enfants. Après leur divorce, Gloria se remaria avec le cinéaste Sidney Lumet, divorça encore une fois pour épouser le romancier Wyatt Emory Cooper, qui lui donna deux enfants, mais mourut en 1978.

Cette Américaine milliardaire, qui aurait pu vivre dans une oisiveté dorée, fut l'une des femmes les plus actives des États-Unis. Comédienne, elle joua au théâtre *The Swan* (Molnar), remportant un succès flatteur. Poète et écrivain, elle publia *Love Poems* et des romans, dont *Il était une fois*, qui furent accueillis très favorablement par la presse littéraire. Peintre, elle exposa ses toiles à New York. Douée pour tout, elle s'adonna aussi à la décoration et se consacra au journalisme. Mais Gloria Vanderbilt, sensible et artiste, fut aussi une femme d'affaires fort avisée. Elle lança son célèbre parfum « Vanderbilt », l'un des plus vendus aux États-Unis, ce qui lui faisait dire qu'elle a gagné plus d'argent qu'elle n'en a hérité.

VAN DE WIELE Aimée. Claveciniste belge (Bruxelles, 8 mars 1907-1991). Elle fut l'une des disciples préférées de Wanda Landowska*. Ses récitals et concerts donnés dans le monde remportèrent de grands succès, contribuant à la faveur que connaît actuellement le clavecin. Elle a créé en 1967 le *Concerto pour clavecin* (Migot).

VANGSAAE Mona. Danseuse danoise (née à Copenhague, le 29 avril 1920). Formée à l'école du Ballet royal danois, dont elle fut danseuse étoile de 1942 à 1963, elle créa une émouvante Juliette (*Roméo et Juliette*, Ashton, 1955) et fut la vedette de *Moon Reindeer* (Cullberg*, 1957). Interprète sensuelle du *Boléro* (Lander), elle dirigea avec son mari, le danseur Frank Schaufuss, le Ballet royal danois jusqu'en 1974. Elle est chevalier du Dannebrog.

VAN HUNT (Van Zula Carter Hunt, dite). Chanteuse américaine (née à Somerville, Tennessee, en 1901). Issue d'une famille de musiciens, elle chanta dès son enfance et se fit remarquer par sa précocité. En 1919, à dix-huit ans seulement, elle entreprit une carrière de professionnelle. Elle commença à voyager à travers les États du Sud avec le Medicine Show du Dr. Benson. Elle devint membre du Minstrels Show en 1927 et parcourut à nouveau une bonne partie des États-Unis avec cette formation, jusqu'en 1935, date à laquelle elle créa son propre spectacle, *Madame Hunt's Travelling Show*, remportant des succès qui firent sa renommée. En 1945 elle renonça momentanément à ses tournées et réalisa de nombreux enregistrements. Elle reprit par la suite ses concerts et participa à quelques festivals importants, dont le River City Blues Festival à Memphis en 1971. C'est sous le nom de « Mme Vanessa » qu'elle se produisait à cette époque, notamment au Peanut's Pub de Memphis, avec un succès toujours égal. Son humour et sa voix puissante ont enchanté son auditoire qui retrouvait avec elle la saveur de la tradition populaire exprimée par le chant noir. Elle a enregistré dès 1930, avec le célèbre harmoniciste Noah Lewis, *Selling The Jelly*, qui connut un succès mondial.

VAN OOSTERWIJCK Maria. Peintre. Néerlandaise (Noodorp, 1630 - Uitdam, 1693). Disciple d'un peintre renommé, Jan David de Heem, elle s'intégra très rapidement à ce qui pouvait encore être considéré comme l'école d'Utrecht. Cependant, dès les années 1650, cette tendance avait perdu de l'originalité et de la notoriété qui avaient été les siennes durant la première moitié du siècle. Maria Van Oosterwijck, à l'instar de Jacobus Marellus, Abraham Mignon, Hendrick Schoock, se distingue par la qualité de ses natures mortes; elle excellait dans la peinture de bouquets dont les compositions, la perfection technique et la rare minutie furent remarquées de son temps. Cela permit à ses œuvres d'être très recherchées, et elle obtint de nombreuses commandes des principales cours d'Europe, ainsi que de la haute société néerlandaise. Son œuvre est conservée à Florence, La Haye et Saint-Pétersbourg.

VAN PRAAGH Peggy. Danseuse et directrice de ballet anglaise d'origine néerlandaise (née à Londres, le 1er septembre 1910). Personnalité importante du ballet anglais, elle travailla avec Margaret Craske, Tamara Karsavina*, Marie Rambert* et Agnès De Mille*. Soliste aux Ballets Rambert de 1933 à 1938, puis au London Ballet fondé par Anthony Tudor, elle créa pour lui *Le Jardin aux lilas* (1936), *Dark Elegies* (1937), *Soirée musicale* (1938), *Gala Performance* (1938) et *The Planets* (1939). Au début de la Seconde Guerre mondiale, elle devint directrice adjointe du London Ballet, puis danseuse étoile du Sadler's Wells Ballet en 1941. Vive, intelligente et sensible, elle passait sans effort des ballets modernes à la virtuosité classique que requiert le rôle de Coppélia (*Coppélia*, Nuitter et Saint-Léon). Maîtresse de ballet du Sadler's Wells Ballet au sortir de la guerre, elle en fut codirectrice de 1951 à 1955. Par la suite, elle dirigea le Ballet international d'Édimbourg, le Ballet Borowansky en Australie, enfin le Ballet australien de 1963 à 1974. Elle est l'auteur de *How I Became a Dancer* (1954) et, avec P. Brinson, de *Choregraphic Art* (1963).

VAN RYSSELBERGHE Maria, née Monnom. Femme de lettres française d'origine belge (Bruxelles, 1866 - Cabris, Alpes-Maritimes, 1959). Fille de l'imprimeur bruxellois Monnom, créateur de la revue *L'Art moderne*, elle épousa le peintre néo-impressionniste Théodore Van Rysselberghe. Fixée à Paris vers 1900, passionnée de littérature, elle réunit autour d'elle les écrivains les plus en vue de son temps et se lia d'amitié avec Jules Laforgue, Henri Michaux, Jacques Copeau, Charles Du Bos, Félix Fénéon, Roger Martin du Gard, André Malraux. Elle eut une liaison avec Émile Verhaeren. C'est chez elle, en 1909, que germa l'idée de *La Nouvelle Revue française* fondée par Jacques Copeau, André Gide, Jean Schlumberger, André Ruyters, Marcel Drouin, Henri Ghéon et Gaston Gallimard. Elle fut l'amie et la secrétaire de Gide de 1918 à 1951, période pendant laquelle elle nota les faits et gestes de l'écrivain. Les dix-neuf *Cahiers de la petite dame* ont été publiés dans les *Cahiers André Gide* à partir de 1973. Sous le pseudonyme de Saint-Clair, elle a publié plusieurs livres, dont *Il y a quarante ans* (1936) et *Galerie privée* (1968) dans lequel elle décrit les écrivains qui fréquentèrent son salon.

VAN UYLENBURCH Saskia. Néerlandaise (Amsterdam, 1612 - *id.*, 1642). Née dans une riche famille d'Amsterdam — son père était conseiller à la cour de Frise —, elle rencontra Rembrandt chez son frère, qui avait édité quelques-unes des estampes du peintre. Les jeunes gens furent immédiatement attirés l'un vers l'autre et, malgré l'opposition de la famille de Saskia, ils se marièrent en 1634. Ce fut une union parfaite, endeuillée cependant par la mort, en bas âge, de leurs trois premiers enfants. Le quatrième, Titus, naquit en 1641, peu de mois avant la mort de sa mère, ce qui laissa le peintre désespéré. Ces huit années de bonheur conjugal furent pour Rembrandt les plus brillantes et les plus fécondes. Il ne se lassa pas de reproduire le beau visage de Saskia: *Flore* (1633, Londres, National Gallery), son *Autoportrait* (1633) où elle est représentée assise sur les genoux de son époux, joyeuse image de leur bonheur, *Saskia* (1633, musée de Cassel), *Danaé* (1636, Saint-Pétersbourg, musée de l'Ermitage). Elle a également posé pour l'une des petites filles de la célèbre *Ronde de Nuit* (1642, Amsterdam, Rijksmuseum) que Rembrandt acheva peu avant la mort de sa femme.

VAN ZANDT Marie. Soprano américaine (New York, 8 octobre 1861-Cannes, 31 décembre 1919). Fille de la soprano américaine Jennie Van Zandt, qui fut, avant Lamperti, son premier professeur de chant, elle débuta à Turin en 1879 dans le rôle de Zerline (*Don Juan*, Mozart). Aussitôt engagée à l'Opéra-Comique de Paris, elle y parut pour la première fois en 1880 dans le rôle de Mignon (*Mignon*, Thomas). Exquise de grâce et de jeunesse, elle y triompha jusqu'en 1885 en Dinorah (*Le Pardon de Ploërmel*, Meyerbeer), en Rosine (*Le Barbier de Séville*, Rossini), en Chérubin (*Les Noces de Figaro*, Mozart). Elle y créa aussi, le 4 avril 1883, Lakmé (*Lakmé*, Delibes), rôle écrit à son intention. Elle quitta Paris, chassée par une cabale, et se produisit à Londres (1880-1889) et au Metropolitan Opera de New York (1891-1892), où elle fit, entre autres, triompher *Lakmé*. En 1896, elle retourna à l'Opéra-Comique.

VARADY Julia. Soprano allemande d'origine roumaine (née à Oradea, Roumanie, le 1er septembre 1941). Initiée au violon depuis l'enfance, elle étudia le chant au conservatoire de Bucarest avec Arta Florescu. À vingt-deux ans, elle entra à l'Opéra de Cluj et chanta les rôles de Fiordiligi (*Così fan tutte*, Mozart), Judith (*Le Château de Barbe-Bleue*, Bartók), Fenena (*Nabucco*, Verdi), Santuzza (*Cavalleria rusticana*, Mascagni). Ses contrats la conduisirent en Italie, à Francfort (1970-1972), à Cologne, où elle devint la soprano mozartienne la plus populaire. Engagée à Munich en 1972-1973, elle y chanta Antonia (*Les Contes d'Hoffmann*, Offenbach), les deux Léonore (*Le Trouvère* et *La Force du destin*, Verdi), Violetta (*La Traviata*, Verdi), Élisabeth (*Don Carlos*, Verdi).

En 1974, elle parut au festival d'Édimbourg; dès lors, on l'entendit sur toutes les grandes scènes lyriques: Salzbourg, la Scala de Milan, le Metropolitan Opera de New York, Covent Garden à Londres, le Colón de Buenos Aires et l'Opéra de Paris. Ravissante, élégante, elle s'est imposée aussi en Madame Butterfly (*Madame Butterfly*, Puccini), Ariane (*Ariane à Naxos*, R. Strauss) et Tatiana (*Eugène Onéguine*, Tchaïkovski). Créatrice du rôle de Cordelia (*Lear*, Reimann) en 1978, elle a enregistré de nombreux disques sous la direction de Karl Böhm. Elle est mariée depuis 1977 au baryton allemand Dietrich Fischer-Dieskau.

VARANGOT Brigitte. Championne de golf française (née à Biarritz en 1940). Elle est l'une des joueuses de golf françaises les plus renommées des années 60, avec Catherine Lacoste* et Claudine Cros, en compagnie desquelles elle remporta le Women's World Amateur Team Championship en 1964, l'année de sa création. À l'âge de dix-sept ans, elle battit Ruth Porter à North Berwick, gagnant ainsi le titre féminin en Angleterre.

En 1959, elle remporta le French Closed, qu'elle gagna trois fois de suite de 1961 à 1963 et encore en 1966 et 1972. Elle disputa huit finales du French Open Amateur de 1960 à 1967 et fut victorieuse cinq fois. Finaliste de ce même tournoi en 1970, elle fut néanmoins battue, mais prit sa revanche en 1973. En Angleterre, Brigitte Varangot a remporté de nombreux lauriers : elle fut victorieuse du Tournoi Open en 1963, 1965 et 1968.

VARDA Agnès. Cinéaste belge (née à Bruxelles en 1928). Après des études en Sorbonne, elle devint conservateur de musée. Photographe de grand talent, elle fut engagée par Jean Vilar au Théâtre national populaire, dont elle fit connaître les artistes et les principales scènes par ses photographies. Attirée par le cinéma, elle réalisa sans concours financiers son premier film, *La Pointe courte* (1954), avec comme acteurs Silvia Monfort* et Philippe Noiret, comédiens du TNP, film qui remporta du succès auprès de la critique. Suivirent quelques courts métrages, *L'Opéra-mouffe* (1958), dans lequel elle évoque la rue Mouffetard, *La Cocotte d'Azur* (1959), *Salut les Cubains* (1963). Mais c'est surtout son *Cléo de 5 à 7* (1962), prix Louis-Delluc, qui consacra sa renommée. Agnès Varda tourna ensuite *Le Bonheur* (1965), *Les Créatures* (1966), *Loin du Viêt-nam* (1967), *Lions Love* (1969), *L'une chante, l'autre pas* (1977), *Murs, murs* (1981), *Sans toit ni loi* (1985) et un film sur Jane Birkin*, *Jane B* (1988). Avec sa personnalité curieuse et attachante où se côtoient esthétisme, culture classique, peinture et sculpture d'avant-garde, Agnès Varda est une farouche anticonformiste. Elle a épousé le cinéaste Jacques Demy, disparu en 1990, dont elle a une fille, Rosalie.

VARNAY Astrid. Soprano puis mezzo-soprano américaine d'origine suédoise (née à Stockholm le 25 avril 1918). Fille de chanteurs hongrois, elle avait deux ans lorsque ses parents quittèrent Stockholm et émigrèrent aux États-Unis. Elle apprit le chant avec sa mère puis avec Hermann Weigert, qu'elle épousa en 1944. Elle débuta au Metropolitan Opera de New York en 1941 dans le rôle de Sieglinde (*La Walkyrie*, Wagner), remplaçant au pied levé Lotte Lehmann* souffrante. Aussitôt elle s'imposa comme une des grandes wagnériennes de son temps et comme une des plus extraordinaires sopranos dramatiques du siècle. Six jours après, elle remplaça encore Helen Traubel* dans le rôle de Brünnhilde (*La Walkyrie*). Au Metropolitan Opera de New York, elle chanta Elsa (*Lohengrin*, Wagner), Élisabeth (*Tannhaüser*, Wagner) et Telea (*The Island God*, Menotti), dont c'était la première représentation.

En 1948, à Mexico, elle aborda ses premiers rôles italiens : Gioconda (*La Gioconda*, Ponchielli), Tosca (*Tosca*, Puccini), Aïda (*Aïda*, Verdi), Santuzza (*Cavalleria rusticana*, Mascagni). La même année, elle parut à Covent Garden à Londres dans des rôles wagnériens : Brünnhilde (*La Walkyrie*), Isolde (*Tristan et Isolde*), Ortrud, Kundry (*Parsifal*), Senta (*Le Vaisseau fantôme*). Entre 1950 et 1960, elle chanta surtout en Europe, le plus souvent à Munich, Düsseldorf, Berlin et Vienne. En 1959, elle créa à Stuttgart le rôle de Jocaste (*Œdipus der Tyrann*, Orff). À partir de 1962, elle interpréta Hérodiade (*Salomé*, R. Strauss) et Clytemnestre (*Elektra*, R. Strauss), Begbick (*Mahagonny*, Weill et Brecht) et la Vieille Dame (*La Visite de la vieille dame*, von Einem). En 1978, Astrid Varnay participa également à la création mondiale de *Lear* (Reimann) et incarna à l'écran une incroyable Clytemnestre dans la version filmée d'*Elektra* (R. Strauss) dirigée par Karl Böhm en 1981.

VARNHAGEN VON ENSE Rahel, née Levin. Femme de lettres allemande (Berlin, 1771 - *id.*, 1833). Fille d'un Israélite, orfèvre aisé mais sans grande fortune, elle manifesta très jeune un intérêt passionné pour la littérature. Elle s'entoura des esprits les plus distingués de son époque, brillant par son intelligence, sa lucidité et son absence de tout pédantisme. Parmi les fidèles de son salon berlinois, citons les écrivains Auguste von Schlegel, Friedrich Schelling et Johann Tieck, qui furent à l'origine d'une nouvelle école poétique, le théologien Friedrich Schleiermacher, le poète autrichien Jean-Paul, Franz Grillparzer, qui avait une grande admiration pour elle, le prince Louis-Ferdinand de Prusse, l'un de ses habitués les plus assidus. Elle fut l'une des premières à reconnaître le génie de Goethe et contribua à la gloire du grand poète de Weimar.

En 1808, elle rencontra l'écrivain et diplomate Karl Varnhagen von Ense, son cadet de quatorze ans, et ne consentit à l'épouser qu'en 1814 après s'être convertie à la religion chrétienne. Par son mariage, elle fut introduite dans un cercle différent et reçut dans son salon les penseurs de la nouvelle Allemagne, parmi lesquels Heinrich Heine et Ferdinand Lassalle, l'un des fondateurs du socialisme. Elle a laissé des lettres précieuses pour les historiens et un *Essai sur Goethe*, qu'elle ne rencontra pourtant qu'une seule fois à Francfort.

VARTAN Sylvie. Chanteuse française (née à Iskreg, Bulgarie, en 1944). Fille d'un attaché d'ambassade, Georges Vartan, elle épousa en 1965 Johnny Hallyday, l'« idole des jeunes ». Elle avait fait ses débuts en chantant notamment *Panne d'essence* en duo avec Frankie Jordan, puis elle connut rapidement l'un de ses plus grands succès avec *La Plus Belle pour aller danser* (1964, Aznavour/Garvarentz). En quelque vingt ans de carrière et malgré un grave accident, la jeune fille sage de l'époque « yé-yé », autrefois habillée de toile de Vichy, a su progressivement transformer son personnage pour devenir la star qu'elle est aujourd'hui. Femme d'affaires avisée autant qu'artiste de grand talent et très « professionnelle » au dire de ses collègues, elle poursuit avec son imprésario, Marouani, une carrière qui la mène dans le monde entier. Elle a été maintes et maintes fois la vedette de l'Olympia (1967, 1968, 1970, 1972...) et du palais des Congrès à Paris (1975, 1981). Quelques apparitions télévisées ont marqué les débuts de sa carrière : *Sylvissima* (1970) et un *Top à Sylvie* (1972) par exemple.

Elle réside le plus souvent en Californie, où a été élevé son fils David Hallyday qui, comme ses parents, a embrassé la carrière de chanteur. Son répertoire s'est bien adapté à l'évolution des modes musicales et comprend quelque quatre cents titres pour la seule langue française. Qu'elles soient romantiques ou « canailles », on retiendra entre autres : *Comme un garçon*, *J'ai un problème* (en duo avec Johnny Hallyday), *Qu'est-ce qui fait pleurer les blondes*, *Salut les copains*, ou *Baby Capone*, qui lui a fourni matière à de véritables mises en scène. À l'écran elle est apparue dans *D'où viens-tu Johnny ?* (N. Howard, 1963), *Patate* (Thomas, 1964) et *Malpertuis* (Kumel, 1972). François Reichenbach lui a consacré un film : *Mon amie Sylvie* (1972). Divorcée de Johnny Hallyday, elle s'est remariée en 1984 avec l'imprésario Tony Scotti.

VAUCAIRE Cora (Geneviève Collin, dite). Chanteuse française (née à Marseille en 1921). Comédienne à ses débuts, elle est devenue l'une des chanteuses les plus sensibles de notre époque, sachant admirablement alterner mélancolie et sourire. Elle créa *Les Feuilles mortes* (Prévert et Kosma), que reprit plus tard Juliette Gréco*, et fut après la Libération l'une des vedettes du cabaret d'avant-garde d'Agnès Capri. Surnommée «la Dame blanche de Saint-Germain», Cora Vaucaire a rendu célèbre la *Chanson tendre* de Francis Carco, qu'elle chantait à l'ABC. C'est elle qui interpréta la *Complainte de la Butte*, écrite pour elle par Jean Renoir, dans le film *French-Cancan* (Renoir, 1954). Parmi ses autres succès, citons *Les Roses blanches* et *Le Temps des cerises*. Cora Vaucaire, en marge des grandes avenues du show-business, a continué de se produire en France et à l'étranger. Elle est veuve de Michel Vaucaire, auteur des paroles de *Non, je ne regrette rien*, *Mon Dieu, mon Dieu*, etc. Elle est mère d'une fille.

VAUGHAN Sarah. Chanteuse de jazz américaine (née à Newark, New Jersey, le 27 mars 1924). Issue d'une modeste famille noire très croyante et musicienne, elle fit son apprentissage dans les chorales de l'église baptiste avant de remporter à quinze ans le fameux tournoi d'amateurs de l'Apollo Theatre, l'un des hauts lieux de Harlem. Engagée dans l'orchestre de Billy Eckstine, elle connut immédiatement le succès auprès de la nouvelle génération des «boppers». Virtuose aussi parfaite dans les graves que dans les aigus, elle se sert de sa voix comme d'un instrument, travaillant les variations d'un jazz acrobatique, proche en cela de la technique de Charlie Parker. «Lady Sarah», la chanteuse de *Lover Man* et de *Mean to Me* (1945), se produisit avec les plus grands musiciens: Dizzy Gillepsie, Count Basie, Charlie Parker, Miles Davis. Paris lui fit une ovation lors de son passage au palais des Congrès en 1983.

VAURABOURG Andrée. Pianiste et compositeur. Française (Toulouse, 8 septembre 1894 - Paris, 18 juillet 1980). C'est au conservatoire de Toulouse qu'elle fit ses premières études de piano, puis elle vint se fixer à Paris, où elle travailla avec Raoul Pugno et, au Conservatoire, avec André Gédalge. En 1926, elle épousa le compositeur Arthur Honegger et, pour se consacrer entièrement à l'œuvre de son mari, elle interrompit son œuvre propre qui comprenait des pièces pour chant, un quatuor avec piano, des pages pour orchestre, etc. En concert, elle créa de nombreuses œuvres de Honegger, entre autres *Toccata et Variations* pour piano (1916), *Sept Pièces brèves* (1920), *Rhapsodie* pour deux flûtes, clarinette et piano (1917), les deux *Sonates* pour piano et violon (1918-1920), la *Sonate* pour violoncelle et piano (1921), *Le Cahier romand* (1924). Honegger lui a dédié le *Concertino* pour piano et orchestre (1925). Nommée professeur au Conservatoire de Paris, elle y enseigna le contrepoint et la fugue. Elle a créé un prix Arthur-Honegger pour récompenser l'œuvre de jeunes compositeurs.

VAUSSARD Christiane. Danseuse française (née à Neuilly-sur-Seine en 1923). Élève de Carlotta Zambelli*, elle fut nommée première danseuse à l'Opéra de Paris en 1945 et devint étoile en 1947. Elle créa *Le Chevalier errant* (Lifar, 1950), *L'Oiseau de feu* (Lifar, 1954) et *Le Pas de quatre* (Dollin, 1960). Choisie par Léonide Massine, elle interpréta la plupart des ballets qu'il monta pour le Palais Garnier: *Le Bal du pont du Nord*, la reprise des *Femmes de bonne humeur* et *La Symphonie fantastique*, qui entra en 1957 au répertoire de l'Opéra, où elle enseigne actuellement.

VAUX Anne de. Héroïne française (XVIIe siècle). Dotée d'un système pileux surabondant (sa barbe était légendaire), Anne de Vaux put s'engager dans l'armée sans difficulté, le conseil de révision étant, semble-t-il, moins strict qu'aujourd'hui. Vêtue de l'habit militaire, elle participa, sous le nom de «Bonne Espérance», aux combats de

Cambrai et de Valenciennes. Elle fit également preuve de vaillance pendant la Fronde, et ses brillants faits d'armes lui valurent d'être promue au grade de lieutenant. Mais ses exploits militaires furent brusquement interrompus car, étant tombée aux mains de l'ennemi, malgré sa barbe, elle ne put dissimuler son véritable état civil et dut abandonner tout espoir de poursuivre sa carrière militaire.

VAUX Clotilde de. Femme de lettres française (Paris, 1815 - *id.*, 1846). Élevée à l'institut de la Légion d'honneur, elle épousa en 1835 Amédée de Vaux qui, quatre ans plus tard, convaincu de malversation, s'enfuit en Belgique et ne lui donna plus jamais signe de vie. En 1844, elle rencontra Auguste Comte, alors âgé de quarante-six ans et séparé depuis deux ans de sa femme Caroline Massin*. Naquit entre eux une grande sympathie qui, chez le philosophe, tourna bientôt à la passion dévorante à laquelle Clotilde refusa de répondre par un «gage ineffable». Pour décourager son soupirant, elle écrivit même un roman nébuleux, *Wilhelmine*, publié en 1929, où elle dépeint tous les dangers de la passion. Phtisique, elle mourut peu après, mais Comte avait déjà fait d'elle la mère de la religion positiviste fondée par lui. La correspondance de Clotilde de Vaux et d'Auguste Comte a été publiée en 1884.

RÉF. : M. Wolff, *Le Roman de Clotilde de Vaux et d'Auguste Comte*, Paris, 1929.

VEDRÈS Nicole. Cinéaste et écrivain. Française (Paris, 1911 - *id.*, 1965). Elle était la fille de Jules Rais, bibliothécaire de la Chambre des députés, et de Ludmilla Stavitski, traductrice de Joyce et de nombreux écrivains russes. Elle épousa en premières noces l'architecte italien Giovanni Vedrès, dont elle eut un fils, Laurent, et en secondes noces le cinéaste Marcel Cravenne. Mêlée à la vie intellectuelle de l'après-guerre, elle connut la plupart des écrivains et peintres de son époque. Elle débuta comme cinéaste avec *Paris 1900* (1947), film de montage d'actualités du début du siècle, choisies avec un esprit et un à-propos remarquables. Ce film fit sensation et valut à Nicole Vedrès le prix Louis-Delluc en 1956. Suivit *La vie commence demain* (1949), dans lequel elle donne la parole, entre autres, à Picasso, Jean-Paul Sartre, Jean Rostand. Ce dernier fut le sujet de l'un de ses autres films, *Aux frontières de l'homme* (1954).

Son œuvre littéraire reflète également le scintillement de son esprit: *Labyrinthe, ou le Jardin de sir Arthur* (1946), *L'Exécuteur* (1958), et surtout ses fameuses *Chroniques* parues au Mercure de France et recueillies en plusieurs volumes dont *Paris le* (1958), *Suite parisienne* (1960), *Les Abonnés absents* (1961), *L'Horloge parlante* (1962), véritables mémoires de l'époque, dans lesquels elle jette un regard généreux mais dépourvu de naïveté sur ses contemporains. Sa présence aux côtés de Max-Pol Fouchet dans l'émission de télévision *Lectures pour tous* lui a valu une large audience auprès du grand public. Nicole Vedrès a écrit une pièce, *Les Canaques*, qui fut éditée en 1966, après sa mort.

VEIL Simone Annie, née Jacob. Femme politique française (née à Nice, le 13 juillet 1927). Elle est la fille d'André Jacob, architecte, et d'Yvonne Steinmetz. Au terme d'une brillante scolarité au lycée de Nice et à la faculté de droit de Paris, elle fut déportée à Auschwitz à l'âge de dix-sept ans avec ses parents, son frère et sa sœur. Seule survivante de sa famille, elle n'a jamais oublié cette épreuve. En 1946, elle épousa André Veil, inspecteur des Finances, dont elle a trois enfants. Licenciée en droit, diplômée de l'Institut d'études politiques de Paris, elle était à trente ans attachée titulaire au ministère de la Justice et poursuivit sa carrière à la chancellerie comme substitut (1959-1970). Forte de ses travaux sur l'adoption, l'éducation surveillée et l'administration pénitentiaire, elle fut nommée en 1969 conseiller technique du garde des Sceaux René Pleven, puis secrétaire générale du Conseil supérieur de la magistrature.

En 1974, Simone Veil entra au gouvernement au titre de ministre de la Santé (cabinet de Jacques Chirac puis de Raymond Barre). Elle s'attaqua à la réforme du régime des hôpitaux et des études médicales, au dossier explosif de la Sécurité sociale et mena une campagne antitabac. Mais les deux lois qu'elle a fait adopter par le Parlement et qui ont marqué son exercice sont celle de la législation de l'avortement, qu'elle considérait comme la solution la moins mauvaise, et celle sur la contraception, assimilant la pilule à n'importe quel autre médicament délivré sur ordonnance. Ces mesures ont soulevé l'opposition farouche de ses adversaires, mais l'ont fait connaître du grand public, où sa cote de popularité n'a fait qu'augmenter. Simone Veil a quitté son ministère en 1979 pour présider le Parlement européen jusqu'en 1982. Elle n'a pas pour autant abandonné la politique: on la voit souvent aux côtés de ses collègues de l'UDF défendre, avec la conviction et la dignité qui sont les siennes, l'idéal libéral et démocratique.

VELLÉDA. Prêtresse des Bructères (Ier siècle). Elle fut l'âme de la résistance des Germains contre les Romains. Elle annonçait inlassablement l'anéantissement des légions romaines et prédit la victoire du Batave Julius Civilis contre l'empereur Vespasien en 70. Après que Civilis eut traité avec l'ennemi, elle voulut poursuivre la lutte, et les Germains, las de la guerre, la livrèrent aux Romains. Conduite à Rome, elle fit partie du triomphe de Domitien en 89. Chateaubriand l'a évoquée dans *Les Martyrs*.

VERDY Violette (Nelly Guillerm, dite). Danseuse et directrice de ballet française (née à Pont-l'Abbé en 1933). Elle étudia avec Mme Rousanne et Victor Gsovsky et débuta en 1945 aux Ballets des Champs-Élysées sous son nom de jeune fille. Elle tourna *Ballerina* (Berger et Georgi, 1949) et joua dans *Malatesta* (Montherlant) avec la compagnie Renaud*-Barrault. Engagée par Roland Petit au Ballet de Paris en 1950, elle créa l'inoubliable Fiancée (*Le Loup*, sur argument d'Anouilh) et dansa au London Festival Ballet en 1954. Invitée par l'American Ballet Theatre en 1957, elle fut étoile du New York City Ballet de 1958 à 1977. Cette virtuose délicate, petite et fine, au charme inimitable, est aussi célèbre aux États-Unis qu'en Europe. Elle a créé de nombreux ballets, dont *Épisodes* (Balanchine, 1959), *Electronics* (Balanchine, 1961), *La Source* (Balanchine, 1968), *Dances at a Gathering* (Robbins, 1969), *In the Night* (Robbins, 1970). Elle a composé *Le Choix du roi* (1967) pour le Dayton Civic Ballet et *Untitled New York* (1968) pour le Cincinnati Ballet en 1968. Directrice de la danse à l'Opéra de Paris de 1977 à 1980, elle fut par la suite directrice associée du Ballet de Boston.

VEREVKIN Maria von. Peintre. Russe (Tula, 1860 - Zurich, 1938). Elle fut la compagne du peintre Alexis von Jawlensky et fréquentait Kandinsky et Gabriele Münter*, autre femme peintre, qui fit son portrait. Comme eux, elle rejoignit en 1912 le mouvement de la Nouvelle Association des Artistes de Munich. De son séjour dans cette ville témoigne l'*Autoportrait* conservé au Leubachhaus. Ses œuvres aux couleurs étranges l'apparentent au courant expressionniste. Maria von Verevkin vécut par la suite en Suisse, où le musée d'art de Zurich et les collections privées abritent ses tableaux.

VERLAINE Mathilde, née Mauté de Fleurville. Française (1853-1914). Elle avait seize ans lorsque Verlaine lui fut présenté par un ami de ses parents, le compositeur Charles de Sivry. Fiancé à Mathilde, le poète composa les premières pièces de *La Bonne Chanson*. Le mariage fut célébré le 11 août 1870, au lendemain de la déclaration de guerre. Le couple s'installa chez les parents de Mathilde, rue Nicolet; c'est à cette adresse que Verlaine reçut les premières lettres d'un génial adolescent, Arthur Rimbaud. Celui-ci arriva à Paris en septembre 1871 ; sa présence, malgré la naissance du petit Georges, en octobre, accéléra la désunion du couple. En janvier 1872, après des scènes de violence, aggravées par l'alcoolisme du poète, Verlaine quitta son foyer pour habiter avec Rimbaud, rue Campagne-Première. Après un séjour à Charleville, ville natale de Rimbaud, il revint chez lui puis repartit avec le jeune poète pour Arras, les Ardennes, la Belgique; ils s'embarquèrent ensuite pour l'Angleterre. Mathilde et Paul se séparèrent en 1873. Le divorce fut prononcé en février 1885, et Verlaine fut condamné à verser à son épouse une pension alimentaire. Mathilde, devenue Mme Delporte, écrivit ses Mémoires en 1907.

VERLET Blandine. Claveciniste française (née à Paris, le 27 février 1942). Elle débuta au Conservatoire de Paris dans la classe de Marcelle Delacour et, en 1963, elle obtint le premier prix de clavecin et le prix spécial du Concours international de Munich. Elle entreprit une carrière de soliste et parcourut l'Europe et l'Amérique. Elle s'inscrivit en même temps à l'académie Chighiana de Sienne, suivant les cours de Ruggero Gerlin et de Sergiù Celibidache, ce dernier pour la direction d'orchestre. En 1968, elle se fixa quelque temps aux États-Unis et y travailla avec Ralph Kirkpatrick à l'université de Yale. Son répertoire est très varié et comprend des œuvres pour clavecin des XVIe, XVIIe et XVIIIe siècles, ainsi que des œuvres de compositeurs contemporains, comme Ligeti et Boucourechliev, qu'elle interprète avec un ensemble de musique de chambre qu'elle dirige elle-même. Blandine Verlet a enregistré l'intégrale de l'œuvre pour clavecin de Couperin et de Rameau, des auteurs moins connus comme Claude Balbastre, Jacques Duphly, Johann Froberger, Louis Marchand, ainsi qu'un ensemble de quinze sonates de Domenico Scarlatti.

VÉRONIQUE, sainte. Inconnue des Évangiles, Véronique est pourtant souvent évoquée dans l'histoire chrétienne, et représentée dans l'iconographie religieuse. Compatissante, elle aurait essuyé le visage de Jésus avec un linge, lors de la montée au Calvaire; elle est le personnage central de la quatrième station du chemin de croix. Le linge aurait gardé, miraculeusement imprimé, le portrait du Christ; cette image, relique conservée à Saint-Pierre de Rome est, de ce fait, appelée la Véronique (*vera icôn*, la «vraie image»). Son histoire provient de la fusion de deux épisodes, l'un tiré des *Actes de Pilate* (Apocryphes), l'autre d'Eusèbe. Véronique a nourri une légende italienne: venue à Rome, elle guérit l'empereur Tibère par l'imposition du voile dont elle fait don au pape saint Clément, et une légende française. Dans celle-ci, épouse de Zachée, elle l'accompagne à Rocamadour et meurt à Soulac-sur-Mer. Elle est fêtée le 4 février.

VÉRONIQUE GUILIANI, sainte. Mystique italienne (Mercatello, Urbino, 1660 - Cita di Castello, 1727). À l'âge de dix-sept ans, elle entra chez les capucines de Cita di Castello, dont elle devint abbesse. Très pieuse, elle s'était déjà fait remarquer par l'ardeur avec laquelle elle se soumettait à des mortifications. Véronique reçut la grâce des stigmates le vendredi saint de 1697, mais, dès 1694, les traces de la couronne d'épines étaient apparues sur son front. Elle eut une grande influence sur les novices de son couvent. Elle fut canonisée en 1839 par le pape Grégoire XVI ; on la fête le 9 juillet.

VERRETT Shirley. Mezzo-soprano américaine (née à La Nouvelle-Orléans, le 31 mai 1931). Son père, maître de chœur à l'Église adventiste du Septième Jour à La Nouvelle-Orléans, lui enseigna les rudiments du chant. Plus tard, la famille déménagea en Californie, et Shirley Verrett commença à travailler sa voix avec John Charles Thomas et Lotte Lehmann*. En 1955, elle gagna le prix Marian-Anderson*, réservé aux chanteurs de couleur, et une bourse d'études à la Julliard School, où elle devint l'élève de Marion Szekely-Frescki. En 1957, elle débuta à Yellow Springs (Ohio) dans *L'Amour sorcier* (Falla). L'année suivante, elle parut au New York City Opera. En 1962, elle chanta Carmen (*Carmen*, Bizet) au festival de Spolète en Italie. Une tournée la conduisit en URSS en 1963. Vinrent ensuite les engagements à Londres (Covent Garden, 1966) et en Israël. En 1968, elle débuta au Metropolitan Opera de New York, à nouveau en Carmen. Puis ce fut la Scala de Milan à partir de 1969, l'Opéra de San Francisco et enfin l'Opéra de Paris à partir de 1973.

Également à l'aise dans les rôles de soprano et de mezzo, elle chante aussi bien Norma qu'Adalgisa (*Norma*, Bellini). Tempérament lyrique autant que dramatique, cette Noire interpréta Didon et Cassandre (*Les Troyens*, Berlioz) en 1973 au Metropolitan Opera de New York, Tosca (*Tosca*, Puccini), Azucena (*Le Trouvère*, Verdi), Amnéris (*Aïda*, Verdi) et Dalila (*Samson et Dalila*, Saint-Saëns) et a fait la preuve de son aptitude à interpréter les rôles les plus difficiles des opéras contemporains : *Le Viol de Lucrèce* (Britten) ou *Le Château de Barbe-Bleue* (Bartók).

VERRIÈRES Marie et Geneviève de, nées Rainteau (dites). Françaises. Marie (1728-1775) ; Geneviève (1730-?). Filles d'un limonadier, elles furent offertes par leur père au maréchal de Saxe en 1745. Celui-ci fit de Marie sa maîtresse pour la vie, se montrant toujours généreux envers elle. Elle n'avait pas dix-huit ans lorsqu'elle lui donna une fille, Aurore, qui fut très protégée et mariée toute jeune à un bâtard de Louis XV. Veuve un an plus tard, Aurore revint vivre auprès de sa mère et séduisit un de ses amants, Claude Dupin de Francueil, âgé de soixante ans, qui l'épousa. De cette union naquit un fils, Maurice, le père de George Sand*. De M. d'Épinay, fermier général, qui l'entretint richement et lui permit de rassembler autour d'elle la haute bourgeoisie et la noblesse du XVIIIe siècle, Marie eut encore une fille. Ce M. d'Épinay eut également des relations avec Geneviève, la sœur de Marie, réputée belle et sotte... Prodigue, il se ruina pour les deux femmes qui, reconnaissantes cependant, ne lui fermèrent jamais leur porte, même lorsqu'il n'eut plus rien à leur offrir. Les deux sœurs eurent d'autres amants célèbres, dont Marmontel et La Harpe. L'âge venant, elles se firent appeler respectivement Mme de Furcy et Mme d'Orgemont.

VERRUE Jeanne, née de Luynes, comtesse **de.** Française (Paris, 1670 - *id.*, 1736). Elle était la fille de Louis-Charles, duc de Luynes, familier des Solitaires de Port-Royal, et d'Anne de Rohan, sa seconde femme. À treize ans, elle fut mariée à Joseph Scaglia, comte de Verrue, maréchal de camp au service de la France. Le couple se fixa à Turin, où Victor-Amédée II, duc de Savoie, s'éprit de la jeune comtesse, qui était devenue une ravissante jeune femme, et lui fit une cour assidue. Après avoir résisté longtemps au duc, elle devint sa maîtresse. Pendant près de douze ans, la « Dame de volupté », comme on l'appelait, régna sur la cour, ayant une grande influence sur le duc et les affaires de l'État. Mais, lasse de la vie trop étriquée de Turin, Jeanne, qui était femme d'esprit, aimant les arts et la littérature, abandonna le duc et vint se fixer en 1700 à Paris, où elle tınt un salon et reçut dans son hôtel une brillante société de poètes, philosophes, écrivains et, plus tard, les plus grands noms de la Régence, donnant des réceptions fastueuses où l'on venait admirer sa collection de tableaux, qui était célèbre, et sa bibliothèque, l'une des plus importantes de son temps. Elle eut quatre enfants de son mari et deux du duc de Savoie : Victor, marquis de Suze, et Victoire, qui fut légitimée et épousa le prince de Carignan en 1714.

VESPUCCI Simonetta, née Cattanei. Italienne (Porto Venere, Gênes, 1453 - Piombino, 1476). Née dans une famille de riches négociants génois, elle épousa à seize ans Marco Vespucci, dont la famille s'illustra dans la vie publique de Florence. En 1469, Marco Vespucci installa son épouse dans un palais que possédait sa famille à Florence. Au cours de nombreuses fêtes, elle rencontra Laurent et Julien de Médicis. En 1745, ce dernier, séduit par son charme, porta, lors d'un tournoi donné en l'honneur de la jeune femme, une bannière à l'effigie de Simonetta, qui fut proclamée « Reine de beauté ». Julien de Médicis ne cacha plus son amour pour la jeune femme, mais il semble bien que cet amour, comme le fut celui de Pétrarque pour Laure*, soit resté platonique, car rien n'indique que Simonetta ait été infidèle à son époux. Peu de temps après, la jeune femme, dans la plénitude de sa beauté, mourut de phtisie à l'âge de vingt-trois ans, à Piombino, où sa famille l'avait installée.

Elle doit sa renommée à l'influence qu'elle a exercée sur les plus grands peintres de son temps, car elle a incarné le type de femme fragile, gracieuse et aérienne de la Renaissance florentine. Botticelli, dont l'œuvre fut marquée toute sa vie par son image, l'a représentée sous les traits de Vénus, vêtue de sa seule chevelure, dans *La Naissance de Vénus* (1478, Florence, musée des Offices), et sous ceux de Flora dans *Le Printemps* (1478, Florence, musée des Offices). Elle est également l'Abondance dans une fresque de l'église Santa Maria Novella de Florence peinte par Ghirlandaio, qui l'a fait aussi figurer aux côtés d'Amerigo Vespucci, le célèbre navigateur, cousin de Marco Vespucci, dans la fresque de la *Vierge miséricordieuse* des Innocents de Florence. Elle a aussi inspiré Piero di Cosimo (Chantilly, musée Condé).

VESTRIS Françoise, née Gourgaud. Actrice française (Marseille, 1743 - Paris, 1804). Elle épousa Angelo Vestris, acteur de la Comédie-Italienne et frère du célèbre danseur Gaétan Vestris. Tout comme son frère Dugazon et sa sœur Marie-Marguerite Gourgaud, elle fut sociétaire de la Comédie-Française, où elle débuta en 1768. Intelligente mais froide, sournoise et jalouse, elle s'imposa par son talent et ses relations. Elle campa un grand nombre d'héroïnes tragiques comme Gabrielle de Vergi (*Gabrielle de Vergi*, Belloy, 1772), Irène (*Irène*, Voltaire, 1778) et Catherine* de Médicis (*Charles IX*, M.-J. Chénier, 1789). Elle admirait beaucoup ce dernier, et c'est elle qui, secrètement, fit faire une copie de son *Timoléon*, quand la censure obligea Chénier à détruire son œuvre.

VESTRIS Mme, née Lucia Elizabetta Bartolozzi (dite). Actrice et directrice de théâtre anglaise d'origine italienne (1797-1845). Elle était l'épouse du maître de ballet Armand Vestris, qui la quitta en 1820. Excellente chanteuse, elle préférait à l'opéra la comédie légère et le genre burlesque. Elle remporta un véritable triomphe dans le rôle-titre de *Giovanni in London* (Montcrieff, 1818), parodie du *Don Juan* de Mozart. Acclamée à

Paris, elle put retourner à Londres à son compte et partagea son activité entre Covent Garden et Drury Lane. En 1830, elle prit la direction de l'Olympic Theatre, où elle tint la vedette des farces de Planché, composées à son intention. En 1838, elle épousa en secondes noces un jeune acteur-auteur, Charles Matthews, qu'elle avait engagé. Excellente directrice de théâtre, bien avant Charles Kean elle bouleversa les conventions de mise en scène en adaptant les costumes à la vérité historique. Elle fut la première à utiliser des accessoires réels et introduisit sur les planches en novembre 1832 le fameux *Box-Set* — au lieu de perspectives peintes, des éléments modulables formants murs et plafond, intégrant portes et fenêtres. La scène ainsi conçue pour *The Conquering Game* (Bernhard) allait bientôt servir toutes les passions de la comédie bourgeoise.

VESTRIS Teresa. Danseuse française d'origine italienne (Florence, 1726 - Paris, 1808). Issue d'une dynastie de danseurs, elle étudia à Naples, débuta à Palerme et dansa à Vienne, où elle devint la maîtresse du prince Esterházy. L'impératrice Marie-Thérèse* ordonna son renvoi. La danseuse se produisit alors à Dresde puis à Florence, pour arriver à Paris en 1746. C'est elle qui prépara l'entrée de ses frères Gaetano — le meilleur danseur de son temps selon Noverre — et Angiolo à l'Opéra de Paris. Elle débuta avec eux en 1751 dans *Les Amours des dieux* (Mouret). Amie de Jean-Baptiste Lany, elle obtint l'année suivante de danser un pas qui revenait à Mlle Puvigné. Leurs démêlés furent si violents que Teresa Vestris fit un séjour à la prison de Fort-l'Évêque en 1754. Elle devint néanmoins une soliste acclamée et triompha dans *Alceste* (Lully, Quinault) et *Amadis* (Lully, Quinault). Sa carrière galante ajouta à sa gloire. Elle se retira de la scène en 1766.

VETSERA Mary, baronne. Autrichienne (Vienne, 19 mars 1871 - Mayerling, 30 janvier 1889). Elle appartenait à une famille riche mais récemment anoblie qui, à ce titre, ne pouvait être admise à la cour. Toutefois, sa mère, très ambitieuse, parvint peu à peu à attirer à ses réceptions certains membres de la plus haute noblesse autrichienne. Mary Vetsera fut officiellement présentée dans le monde en 1886, avec éclat car elle était ravissante et séduisante. En avril 1888, elle aperçut Rodolphe, l'héritier du trône, sur un champ de course, et se prit pour lui d'une telle passion que sa mère dut l'éloigner quelque temps en Angleterre. Dès son retour, elle multiplia les démarches pour entrer en contact avec Rodolphe et y parvint en novembre 1888, par l'intermédiaire de la comtesse Larisch, cousine de l'archiduc et amie de la baronne Vetsera. Elle devint sa maîtresse. Elle était d'un tempérament romantique et particulièrement exalté, n'ignorant pas que cette liaison était vouée à l'échec. Rodolphe, pour sa part, moins épris de sa maîtresse qu'on l'a dit, était à cette époque de plus en plus déséquilibré. Il n'eut pas de mal à convaincre la jeune femme que la mort était pour eux la seule issue. On retrouva leurs corps dans le pavillon de chasse de Mayerling. Si le double suicide ne fait aujourd'hui aucun doute, la manière maladroite dont les autorités cherchèrent à étouffer le scandale a suscité les pires spéculations et fait naître une abondante littérature. La mort de Rodolphe fut une épreuve supplémentaire pour sa mère, Élisabeth* de Wittelsbach.

RÉF. : J.P. Bled, *Rodolphe et Mayerling*, Fayard, 1989.

VÉTURIE. Romaine (Ve siècle av. J.-C.). Elle était la mère du général Coriolan et, avec sa belle-fille Volumnie, elle contribua à sauver Rome en faisant fléchir le héros qui, dans sa rancœur, marchait contre sa propre ville à la tête des Volsques. Sur la Via Latina, à l'endroit où elles le rencontrèrent, le temple de la Fortuna muliebris fut, dit-on, érigé. Shakespeare a puisé dans Plutarque l'inspiration pour son *Coriolan* (1608), qui évoque cette page d'histoire romaine, où seuls les noms changent: Véturie est devenue Volumnia, et Volumnie, Virgilia.

VIALAR Émilie de. Voir ÉMILIE DE VIALAR, sainte.

VIARDOT Pauline, née Garcia. Mezzo-soprano, pédagogue et compositeur. Française d'origine espagnole (Paris, 18 juillet 1821 - *id.*, 18 mai 1910). Elle avait onze ans à la mort de son père, le célèbre ténor Manuel Garcia. Sa mère lui fit travailler le chant, et Franz Liszt lui enseigna le piano. À seize ans, elle chantait en concert à Bruxelles et à Paris et, en 1839, comme sa sœur Maria Malibran*, elle triompha sur scène, à Londres, dans le rôle de Desdémone (*Otello*, Verdi) puis au Théâtre-Italien à Paris.

Fêtée par l'intelligentsia, elle épousa le directeur des Italiens, Louis Viardot, de vingt ans son aîné, et leur salon devint un des centres culturels les plus en vue de la capitale. Elle partit avec son mari en tournée à Londres, Vienne et Madrid. En 1843, elle se rendit en Russie chanter son répertoire italien mais aussi des airs russes (elle fut la première cantatrice étrangère à chanter dans cette langue). Acclamée à Berlin en 1847, à Londres en 1848, elle revint enfin à l'Opéra de Paris, où elle créa le rôle de Fidès (*Le Prophète*, Meyerbeer) que le compositeur avait écrit pour elle. Son succès fut immense, et Berlioz déclara: « Madame Viardot est une des plus grandes artistes [...] du passé et du présent, dans l'histoire de la musique. » En 1859, Gluck remania son *Orphée* pour qu'elle pût chanter le rôle-titre. Elle donna cent cinquante représentations au Théâtre-Lyrique en trois ans, devant une salle toujours comble. En 1863, elle quitta la scène pour s'établir avec sa famille à Baden-Baden. En 1870, elle s'installa à Londres, puis, l'année suivante, à Paris, où elle enseigna au Conservatoire. Elle aida dans leur carrière Gounod, Massenet et Fauré. C'est elle qui chanta pour la première fois l'*Alto Rhapsody* (Brahms) et des extraits des *Troyens* (Berlioz), de *Tristan et Isolde* (Wagner) et de *Samson et Dalila** (Saint-Saëns).

Elle transcrivit pour le chant les mazurkas de Chopin, qui l'admirait, publia de nombreuses romances et composa des opéras sur des livrets de Tourgueniev. Celui-ci était un jeune écrivain obscur lorsqu'il rencontra Pauline Viardot à Saint-Pétersbourg en 1843. Il s'éprit de la jeune chanteuse qui, à vingt-deux ans, était au faîte de sa gloire; pour la voir, il cultiva l'amitié de son mari. Admis bientôt dans l'intimité des Viardot, il les suivit partout. Après avoir découvert la liaison de Pauline Viardot avec le peintre Ary Scheffer, il surmonta son désespoir et revint vers elle plus tard, fort de ses succès d'écrivain. Elle recueillit *Une fin*, le dernier récit que lui dicta Tourgueniev juste avant de mourir à Bougival, en 1883, l'année même où disparaissait Louis Viardot. Véritable diva, mais sans grande beauté, capricieuse et despotique, extrêmement intelligente, Pauline Viardot, considérée comme une des plus grandes cantatrices et interprètes de l'école française, fut aussi une personnalité majeure du monde romantique, amie intime de George Sand* mais aussi de Musset, Gautier, Schumann et Liszt. Ses trois enfants Louise, Paul et Marianne, furent tous d'excellents musiciens.

RÉF: La Mara, *Pauline Viardot-Garcia*, Leipzig, 1911. T. Marix-Spire, *Lettres inédites de George Sand* et de Pauline Viardot (1839-1849)*, Paris, 1959. H. Granjard et A. Zviguilsky, *Ivan Tourgueniev, Lettres inédites à Pauline Viardot et sa famille*, Lausanne, 1972. N. Barry, *Pauline Viardot*, Flammarion, 1990.

VICHNIEVSKAIA Galina. Soprano suisse d'origine soviétique (née à Leningrad, le 25 octobre 1926). Son enfance fut marquée par la pauvreté et par la désunion de ses parents, qui moururent pendant l'enfer du siège de Leningrad. Rescapée par miracle, elle fut élevée par sa grand-mère et s'adonna à sa passion, le chant ; pour vivre, elle fit des tournées comme artiste de variétés, puis dans une troupe d'opérette (1944). Enceinte, elle perdit son enfant et contracta la tuberculose. Elle trouva enfin pour professeur une vieille cantatrice, Vera Garina, qui lui fit travailler sérieusement sa voix. À la suite d'une audition au Bolchoï en 1953, elle fut engagée immédiatement. Elle chanta de petits rôles, puis, enfin, Tatiana (*Eugène Onéguine*, Tchaïkovski), qui la rendit célèbre du jour au lendemain. Devenue l'« artiste du peuple » la plus enviée du régime, elle chanta Madame Butterfly (*Madame Butterfly*, Puccini), Chérubin (*Les Noces de Figaro*, Mozart), Léonore (*Fidelio*, Beethoven), Aïda (*Aïda*, Verdi). À partir de 1955, elle se produisit dans les pays de l'Est, et, en 1961, au Metropolitan Opera de New York. Ce fut ensuite Londres, Milan (la Scala), Paris, Vienne, San Francisco.

Après vingt ans passés au Bolchoï, où elle interprétait les répertoires russe, italien, français et allemand, elle quitta l'URSS en 1974 et s'installa à Paris. Elle y poursuivit une brillante carrière internationale jusqu'en 1982, date de ses adieux à la scène, à l'Opéra de Paris, dans le rôle de Tatiana. Mariée en 1955 au violoncelliste et chef d'orchestre soviétique, Mstislav Rostropovitch, elle fit également une grande carrière en concert, souvent accompagnée au piano par son mari. Interprète au tempérament puissant, elle a inspiré des compositeurs qui écrivirent pour elle (Britten, *L'Écho du poète* et *Requiem de Guerre* ; Chostakovitch, *Satires op. 109* et *Sept Romances* sur les poèmes d'Alexander Bloch). Parmi ses nombreux rôles, citons encore Katerina (*Lady Macbeth du district de Mtzensk*, Chostakovitch), qu'elle a également interprété au cinéma, Natacha (*Guerre et Paix*, Prokofiev). Rappelons qu'elle fut également la créatrice de la *Symphonie n° 14* (Chostakovitch, 1969), d'*Un enfant appelle* (Landovski, 1979) et de *La Prison* (Landowski, 1983) et enfin du *Requiem polonais* (Penderecki, 1984). Naturalisée suisse en 1982, elle a publié son autobiographie, *Galina* (1985).

VICTORIA Ire. Reine de Grande-Bretagne et d'Irlande, impératrice des Indes (Londres, 24 mai 1819 - Osborne, île de Wight, 22 janvier 1901). Elle était la fille d'Édouard, duc de Kent, et la petite-fille de George III. Elle perdit son père à huit mois et fut élevée par une mère ambitieuse et maladroite. En 1837, son oncle Guillaume IV mourait. L'archevêque de Canterbury et le grand chambellan vinrent lui annoncer qu'elle était reine. Elle avait dix-huit ans. Elle trouva en lord Melbourne un guide sûr qui l'initia aux exigences de sa charge. Sur les conseils de son oncle, le roi Léopold Ier de Belgique, elle épousa son cousin Albert de Saxe-Cobourg-Gotha en 1840. Beau, courtois, cultivé, le prince sut parfaitement tenir sa place de prince consort et fut pour la reine un conseiller précieux et très écouté.

Sous l'influence du prince Albert, Victoria gouverna avec une conscience particulière de ses responsabilités de souveraine constitutionnelle. Son goût de la simplicité et la dignité de sa vie forcèrent l'admiration et l'estime des classes moyennes britanniques. Mais son tempérament autoritaire la mit plus d'une fois en difficulté avec ses ministres, en particulier Melbourne et Aberdeen, dans le domaine des affaires étrangères. Elle déplorait la guerre de Crimée, elle était contre le Danemark et pour la Prusse dans l'affaire des Duchés, mais contre la Russie dans la guerre russo-turque de 1876. Avec l'appui du prince Albert, elle s'attacha à garder de bons rapports avec la France, s'efforçant toujours d'être neutre. La première Entente cordiale date de 1843-1845. Mais Victoria se montra beaucoup moins favorable au coup d'État de 1851 et à la IIIe République.

La mort du prince Albert, en 1861, la frappa cruellement. Inconsolable, elle abandonna le palais de Buckingham pour passer les premières années de son veuvage à Windsor et à Balmoral. Elle fit élever à Londres et dans plusieurs villes du royaume des monuments à la mémoire de son époux et un cénotaphe à Windsor. Elle se désintéressa de la vie publique, ce qu'on lui reprocha. En 1874, Disraeli fut nommé Premier ministre pour la seconde fois, à l'âge de soixante-dix ans. Son action respectueuse mais affectueuse auprès de la reine fut couronnée de succès car il parvint à ranimer l'intérêt de celle-ci pour les affaires du royaume. Lorsque Disraeli la fit proclamer impératrice des Indes, elle accepta avec une certaine fierté ce nouveau titre. La reine se passionna à nouveau pour les affaires de son pays et retrouva toute sa dignité de souveraine, se montrant en public et ouvrant les sessions du Parlement. Mais la mort de Disraeli, en 1881, la frappa une fois de plus. Elle perdait non seulement un Premier ministre mais aussi un ami. Elle continua cependant à s'intéresser à la vie politique, se heurtant au libéralisme de Gladstone et soutenant la gestion de Salisbury.

Surnommée la «grand-mère de l'Europe», elle eut neuf enfants qui s'allièrent aux principales familles royales européennes: Russie, Danemark, Prusse, Hesse, Espagne, mais l'impératrice ne trouva pas chez son fils aîné, le futur Édouard VII, les qualités qu'elle aurait désirées pour un grand roi. Sa popularité était immense, et la ferveur des Anglais se manifesta lors des festivités éclatantes qui marquèrent son jubilé en 1887. Elle mourut à plus de quatre-vingts ans, et ses funérailles furent grandioses. Sa dépouille, placée sur un affût de canon, fut suivie par les rois et chefs de gouvernement de l'Europe entière et par le président des États-Unis, Theodore Roosevelt. Elle repose au mausolée de Frogmore, aux côtés de son mari. Son règne a marqué l'apogée de l'Empire britannique.

RÉF.: E. Anthony, *Victoria*, Paris, 1962. Cl. E. Engel, *La Reine Victoria*, Paris, 1962. A. Muhlstein, *Victoria*, Gallimard, 1978.

VICTORIA-EUGÉNIE. Reine d'Espagne (Balmoral, Écosse, 1887 - Lausanne, 1969). Fille du prince Henri de Battenberg et de la princesse Béatrice de Grande-Bretagne, elle épousa en 1906 Alphonse XIII d'Espagne après s'être convertie au catholicisme. De leur union naquirent trois fils et deux filles. Après que son mari eut quitté l'Espagne en 1931 à la suite de la victoire des républicains aux élections et qu'il eut abdiqué peu avant sa mort en 1941, la reine se retira de toute vie active.

VIEIRA DA SILVA Maria Elena. Peintre. Française d'origine portugaise (Lisbonne, 13 juin 1908 - Paris, 6 mars 1992). Élevée dans une famille aisée, elle manifesta très jeune des dons pour la peinture et apprit à dessiner, à peindre et à sculpter dans sa ville natale. À vingt ans, elle se décida à venir à Paris et étudia la sculpture avec Despiau et Bourdelle, mais, attirée par la peinture, elle fréquenta les ateliers d'Othon Friesz et de Fernand Léger. Ses premières toiles révélaient déjà une tendance non figurative, bien que certains personnages fissent partie de la composition: *La Guerre* (1942). Elle s'éloigna ensuite de la figuration objective et évolua vers une abstraction poétique dont l'évocation visuelle n'est pas exclue.

Ses toiles sont caractérisées par une foule de petits éléments colorés, de lignes et de traits, d'entrelacs, le tout s'assemblant en de grands rythmes créant des espaces irréels. La couleur est extrêmement savante, des gris, des ocres, des blancs, des bleus pâles, des noirs et quelquefois des rouges, des bleus à l'état pur. Bien que ses peintures ne représentent rien d'identifiable, le peintre leur donne des titres évocateurs: *Villes*, *Toits*, *Mai*, etc. Vieira da Silva avait épousé peu de temps après son arrivée à Paris, en 1930, le peintre hongrois Arpad Szenès. Les œuvres de Vieira da Silva figurent dans la plupart des grands musées du monde. Le grand prix national des Arts lui fut attribué en 1966, et une grande exposition rétrospective de l'ensemble de son œuvre fut organisée au musée d'Art moderne de Paris en 1985. En 1986, l'Académie des beaux-arts lui a décerné le prix Florence-Gould*.

RÉF. : M. Butor, *Vieira da Silva, peintures*, La Différence, 1983.

VIERNY Dina. Française (née en 1919). Son nom reste associé à celui d'Aristide Maillol, dont elle fut le modèle durant les dix dernières années de la vie de l'artiste. Elle est *La Baigneuse*, *L'Harmonie* et bien d'autres. En 1939, Maillol a également peint un très célèbre portrait d'elle, *Dina au foulard*, mais elle posa aussi pour Matisse, Dufy ou Bonnard. C'est en 1935, alors qu'elle n'avait que seize ans et était encore étudiante, qu'elle fit la connaissance du célèbre sculpteur, qui fut séduit par sa beauté. Sa réputation et son goût lui ont permis de constituer une étonnante collection dans laquelle figurent, entre autres, des œuvres de Matisse, Dufy, Bonnard, Poliakoff et Duchamp, ainsi que celles de peintres ayant fait partie du groupe Cobra, de grands primitifs modernes ou encore d'artistes soviétiques des années 70. Une forme de complicité avait uni le sculpteur à son modèle : elle le suivit à Marly-le-Roy puis à Banyuls, où elle s'installa au début de la guerre. Ayant pris une part active dans la Résistance, elle fut arrêtée par la Gestapo, puis relâchée après plusieurs mois de détention.

Aristide Maillol mourut en 1944, ayant fait d'elle sa légataire. Elle a fait don à l'État de nombreuses œuvres du sculpteur, aujourd'hui exposées dans les jardins des Tuileries. Dina Vierny a ouvert en 1947, rue Jacob à Paris, une célèbre galerie (dont elle avait confié la conception à Auguste Perret) et, avec ses enfants, prépare pour 1993 l'ouverture de la Fondation Dina Vierny, qui portera aussi le nom de musée Maillol, dans l'immeuble qu'elle possède, rue de Grenelle, et dont la façade sur rue est connue grâce à la fontaine, dite des Quatre-Saisons, édifiée par Bouchardon.

VIGEAN Marie du. Française (1624-?). Elle avait tous les dons: beauté, charme, esprit, caractère aimable, et fut célébrée par les poètes de son temps. Amie de Mme de Longueville*, elle s'éprit du frère de celle-ci, Louis II de Bourbon, le futur Grand Condé, dont elle fut peut-être le seul grand amour. Il voulut l'épouser mais dut s'incliner devant la volonté de son père, Henri II de Bourbon, qui le destinait à une nièce du cardinal de Richelieu, Claire de Maillé-Brézé, à l'époque une fillette. Le mariage fut célébré le 9 février 1641, et le jeune homme en tomba malade de désespoir. Durant des années, il essaya vainement de faire rompre son union par Mazarin, continuant d'aimer Marie au su de tous. En 1647, celle-ci, ayant perdu tout espoir, entra au Carmel.

VIGÉE-LEBRUN Louise Élisabeth, née Vigée. Peintre. Française (Paris, 1755 - *id.*, 1842). Élevée dans un milieu d'artistes — son père était un peintre d'un certain renom —, elle commença à peindre très jeune. Ses dons lui permirent de se faire rapidement connaître et, à l'âge de vingt ans, elle recevait déjà des commandes de portraits de personnages de la cour comme la comtesse de Brionne et la duchesse d'Orléans. En 1776, elle épousa le peintre Lebrun. Jolie et séduisante, comme on peut en juger d'après ses autoportraits, Élisabeth Vigée-Lebrun, bien que de modeste origine, fut reçue dans les milieux aristocratiques, participant aux fêtes données à Chantilly par le prince de Condé, aux chasses du duc d'Orléans, tout en faisant alterner les séances de portraits dont les commandes affluaient.

En 1779, elle peignit *La Reine Marie-Antoinette* entourée des Enfants de France*, ce qui lui valut de devenir le peintre attitré de la reine, dont elle fit une vingtaine de portraits, les meilleurs que l'on connaisse. Elle se faisait payer fort cher ses tableaux, prix qui pourraient se comparer à ceux qu'atteignent les toiles de nos plus grands peintres actuels, et amassa une fortune considérable. Au début de la Révolution, elle émigra, parcourut l'Italie, vécut à Rome et à Naples, puis à Vienne, à Berlin, en Russie, où sa réputation l'avait précédée. Exerçant partout son art, on lui doit les fameux portraits de *Lady Hamilton* en bacchante*, des princesses *Adélaïde et Victoire*, qu'elle fit à Rome, et de *Miss Pitt*, qui sont parmi les plus beaux qu'elle ait peints. De retour à Paris en 1802, elle exécuta, à la demande de l'Empereur, celui de Caroline Bonaparte*. Puis elle partit bientôt pour Londres, où elle peignit les portraits du *Prince de Galles* et de *Lord Byron*. Enfin, elle se rendit en Suisse au château de Coppet, où Mme de Staël* s'était retirée. Elle fit pour elle le célèbre tableau représentant l'écrivain sous les traits de *Corinne*. Madame Vigée-Lebrun, veuve depuis 1813, s'éteignit à Paris à l'âge de quatre-vingt-sept ans, laissant des *Souvenirs* (1835-1837). Elle avait été élue en 1783 membre de l'Académie royale de peinture.

VIGNON Claude (Noémie Rouvier, née Cadiot, dite). Sculpteur. Française (1832 - Nice, 1888). Élève du sculpteur suisse James Pradier, qui fut l'un des artistes les plus en vue du règne de Louis-Philippe, elle partagea avec Hélène Berteaux* de nombreuses commandes officielles sous le second Empire et la IIIe République. Alors que cette dernière avait obtenu les sculptures pour l'Opéra, le Sénat, le Petit-Palais et l'Hôtel de Ville, Claude Vignon reçut les commandes des bas-reliefs de la *Fontaine Saint-Michel*, des groupes d'enfants du square Montholon et des statues de *Saint-Denis-du-Saint-Sacrement* de Paris, œuvres qui portent la marque de l'art officiel que Pradier avait mis à la mode et que l'on désigna plus tard sous le nom «style dessus de pendule». Claude Vignon fut également l'auteur de romans et d'articles politiques publiés dans divers journaux.

VIGOUREUX Marie, née Vandon. Empoisonneuse française ([?] - Paris, 1680). Épouse de Martin Vigoureux, tailleur pour dames, elle fut impliquée dans l'affaire des Poisons. Avec l'abbé Vigoureux, son frère, et la Voisin*, elle fut condamnée au bûcher en place de Grève, mais mourut juste avant le supplice sous l'effet de la torture.

VIGRI Caterina (dite **la Sainte de Bologne**). Peintre. Italienne (Bologne, 1413 - *id.*, 1463). Elle prit le voile très tôt et entra au couvent du Corpus Domini à Ferrare, puis s'établit chez les clarisses de Bologne. La tradition rapporte qu'elle avait le don de peindre des miniatures qui guérissaient miraculeusement les malades qui les embrassaient. Quelques-unes de ses œuvres nous sont parvenues et lui sont attribuées de façon certaine: *Sainte Ursule et ses compagnes* (1452, musée de Bologne), *Sainte Ursule avec quatre saintes* (1456, Venise, galerie de l'Académie). Elle fut canonisée par le pape Clément IX en 1712.

VILLARS Marie, née Gigault de Bellefonds, marquise **de**. Épistolière française (1624-1706). De Madrid, où son mari, le conseiller d'épée Pierre de Villars, était ambassadeur de France, la mère du fameux maréchal de Villars écrivit de 1679 à 1681 des *Lettres*, dont trente-cinq nous sont parvenues. Adressées à Mme de Sévigné* et à Mme de Coulanges, elles constituent un complément pittoresque, non dénué d'intérêt historique, aux *Mémoires de la cour d'Espagne* écrits par son mari. Saint-Simon disait de leur auteur: «Méchante comme un serpent, de l'esprit comme un démon.»

VILLEDIEU Mme de. Voir DESJARDINS Marie-Catherine.

VILLEGAS Micaëla (dite **la Périchole**). Actrice péruvienne (1739-1819). Son surnom, la Périchole, a été immortalisé par Mérimée, Offenbach et Jean Renoir. Née dans une famille modeste de six enfants, du sang indien et espagnol dans les veines, elle était intelligente et douée pour le chant et le théâtre. Engagée par Maza, acteur administrateur du théâtre de Lima, elle joua des drames, des comédies, des farces et des pièces religieuses. À vingt ans, sans être une beauté, elle était la grâce, la vivacité et la séduction personnifiées. Le sévère vice-roi Manuel de Amat, séxagénaire issu d'une noble famille de Barcelone, en tomba éperdument amoureux. Dès lors, elle devint célèbre et finit par irriter à cause des privilèges dont elle abusait, d'où son surnom de Périchole (de *perra chola*, qui signifie chienne métisse) que le peuple lui attribua. En 1768, elle donna un fils à son amant, Manuel. Une anecdote est restée célèbre, qui illustre malgré tout sa générosité. Un jour qu'elle se promenait dans un nouvel équipage, elle croisa un cortège funèbre conduit par un vieux prêtre marchant péniblement. Émue, elle lui offrit sa place d'abord, puis son carrosse, et poursuivit à pied. Mérimée s'inspira de cette anecdote pour écrire *Le Carrosse du Saint-Sacrement* (1825). Après le départ de Manuel de Amat, la Périchole se fit imprésario et épousa son associé, Vincente Echarri.

VILMORIN Louise Lévêque de. Écrivain. Française (Verrières-le-Buisson, Essonne, 4 avril 1902 - *id.*, 26 décembre 1969). Issue de la célèbre famille de grainetiers, elle vécut avec ses quatre frères et sa sœur une enfance heureuse et protégée dans la propriété familiale de Verrières. Ses frères lui inspirèrent plus tard son emblème: un trèfle à quatre feuilles dont la tige forme l'initiale de son prénom. Sa santé fragile la dispensa d'une scolarité rigoureuse: son intelligence suppléait aux connaissances qui lui faisaient défaut. Préoccupée uniquement de séduire, rien ne la destinait à la littérature. Cédant à l'envie de dépaysement, elle épousa un Américain, Henri Leigh-Hunt, qui l'emmena vivre à Las Vegas, et dont elle eut trois filles.

En 1933, André Malraux, convaincu de ses talents d'écrivain, lui suggéra: «Si vous vous ennuyez, évadez-vous en écrivant.» Ce qu'elle fit. En 1934 parut son premier roman, *Sainte-Unefois*, véritable événement littéraire qui lui attira l'enthousiasme et l'amitié de Jean Cocteau. Déçue par les absences prolongées de son mari, Louise de Vilmorin retourna en France et divorça. En 1937, elle épousa un comte hongrois, Paul Pálffy, propriétaire d'un immense domaine en Slovaquie. Au château de Pudmerice, elle vécut avec lui les plus belles années de sa vie, jusqu'à la guerre. Toute son œuvre a été influencée par ces années de sérénité, loin de l'agitation des villes. Après un second divorce, elle partagea sa vie entre l'Autriche, l'Alsace et Verrières-le-Buisson, où elle recevait ses amis artistes. Son style s'était affirmé : tout de finesse et d'élégance, il masquait parfois, sous l'ironie ou le comique mélancolique, le pessimisme profond de l'écrivain face à la malédiction qui pèse sur l'amour : *La Fin des Villavide* (1937) ou *Le Lit à colonnes* (1941).

L'œuvre de Louise de Vilmorin est le reflet de sa nature, non de sa vie. Une nature inquiète (sa devise était : « Au secours ») mais drôle aussi, comme si la fantaisie apportait quelque répit dans le désespoir. C'est aux mots et à la façon ludique de les utiliser qu'elle applique cette fantaisie, dans sa vie comme dans ses œuvres ; elle disait, par exemple, à Gaston Gallimard : « Je méditerai, tu m'éditeras. » Mais la fantaisie n'exclut pas le travail rigoureux ; le résultat le plus curieux à cet égard est sans doute *L'Alphabet des aveux* (1955), où son plaisir des jeux de mots est érigé en art. Deux romans, les meilleurs peut-être, réconcilient le drame et l'amour dans une tragicomédie où jamais n'interviennent le ridicule ou le vulgaire : *Julietta* (1951) et *Madame de* (1951), adapté au cinéma par Max Ophuls en 1953 avec Danielle Darrieux* dans le rôle principal. Son élégance, son amour de la beauté, teintés de mélancolie, trouvent dans la poésie leur expression la plus accomplie : *Fiançailles pour rire* (1939), *Le Sable du sablier* (1945), *Solitude, ô mon éléphant* (1970) et *Poèmes*, un recueil préfacé par André Malraux, l'ami de toujours, qui partagea la fin de sa vie. Citons encore : *Le Retour d'Erica* (1946), *Les Belles Amours* (1954), *Histoire d'aimer* (1956), *La Lettre dans un taxi* (1958), *Migraine* (1959), *Le Violon* (1960), *L'Heure Maliciôse* (1967), *Carnets* (1970), *Le Lutin sauvage* (1970).

VINTIMILLE Pauline Félicité, née de Mailly-Nesle, marquise de (1712-1741). Fille de Louis de Mailly-Nesle, elle était spirituelle mais plutôt laide et partagea les faveurs de Louis XV avec ses sœurs, Mmes de Mailly*, de Lauraguais* et de Châteauroux*. Mariée au marquis de Vintimille, elle eut un fils que la cour surnomma le « demi-Louis ».

VIOLLIER Renée. Musicologue suisse (Genève, 1894 - 1981). Elle fit des études de piano, de chant et de composition au conservatoire de Genève avant de suivre à Paris, à partir de 1932, les cours de solfège de Wanda Landowska*. Elle s'orienta ensuite vers la musicologie et devint une spécialiste de la musique française du XVIIIe siècle. Elle a notamment établi les partitions de quatre opéras de Rameau représentés aux festivals d'Aix-en-Provence (*Platée*, 1956) et de Lyon (*Castor et Pollux*, 1961 ; *Les Fêtes d'Hébé*, 1964 ; *Les Paladins*, 1967). Elle a aussi travaillé sur les œuvres d'autres compositeurs : Jean-François d'Andrieu, Michel de Montéclair et Jean-Joseph Mouret.

VIONNET Madeleine. Créatrice de mode française (Chilleurs-aux-Bois, Loiret, 1876 - Paris, 1975). Fille d'un modeste fonctionnaire, receveur à l'octroi, elle avait huit frères et sœurs. Elle qui voulait être institutrice fut mise à onze ans comme apprentie chez un couturier. Mais elle était ambitieuse et à vingt ans elle partit pour Londres, où elle débuta comme vendeuse chez Kate Reily. De retour à Paris, elle entra chez les sœurs Callot en 1901 et y resta jusqu'en 1905, puis chez Doucet en 1907, où elle fut engagée comme modéliste. C'est en 1912 qu'elle ouvrit sa propre maison de couture, rue de Rivoli. Elle la quitta pour l'avenue Montaigne, où elle employa plus de mille ouvrières, créant quelque six cents modèles par an.

Madeleine Vionnet qui se disait « trapue » n'aimait que les grandes femmes. Elle habilla Réjane*, Liane* de Pougy, Cécile Sorel*, la belle Lantelme, entre autres. Elle eut une influence profonde sur la mode et fut, avec Jeanne Lanvin*, à l'origine de la disparition du corset, laissant le corps libre. Elle faisait défiler ses mannequins pieds nus et sans corsets, ce qui fit sensation à l'époque. Elle créa les lignes souples et les premières coupes «en biais» que l'on appelait le «biais Vionnet». On lui avait donné le titre de «Grande Dame de la mode». Elle se retira en 1939 et vécut jusqu'à l'âge de quatre-vingt-dix-neuf ans.

VIRGINIE (en latin **Virginia**). Romaine ([?] - Rome, 449 ou 441 av. J.-C.). Fille du centurion Virginius, elle suscita le désir du décemvir Appius Claudius, qui profita de son pouvoir pour arriver à ses fins. Le père de la jeune fille arriva sur ces entrefaites; pour épargner à Virginie le déshonneur, il la tua. Il se réfugia ensuite avec la plèbe sur l'Aventin. Cet épisode fut à l'origine de la chute des décemvirs.

VISCONTI Valentine, duchesse d'Orléans. Italienne (Pavie, 1366 - Blois, 4 décembre 1408). Fille de Jean-Galéas Visconti, seigneur puis duc de Milan, elle fut mariée le 17 août 1389 à Louis d'Orléans, frère de Charles VI. Cultivée, sensible, élégante et parfaite épouse, elle eut de nombreux enfants: Charles d'Orléans, le futur poète des *Ballades* et *Rondeaux*, Philippe, comte de Vertus, Jean, comte d'Angoulême, et Marguerite, comtesse d'Étampes. Son mari, amant de la reine Isabeau* de Bavière, fut nommé lieutenant général du royaume quand le roi perdit la raison: cette décision de la reine provoqua la guerre civile entre les Armagnacs, défendant le duc d'Orléans, et les Bourguignons, menés par Jean sans Peur. Valentine dut successivement se réfugier dans les châteaux d'Asnières-sur-Oise, de Châteauneuf-sur-Loire, de Villers-Cotterêts, de Coucy, de Pierrefonds, de La Ferté-Milon.

Louis d'Orléans fut une des premières victimes de Jean sans Peur: il fut assassiné le 23 novembre 1407. Valentine était à Château-Thierry quand la nouvelle lui parvint; elle se réfugia à Blois avec ses enfants et avec le fils adultérin de son mari, Dunois (futur compagnon de Jeanne* d'Arc). Elle fit de vains efforts pour venger et réhabiliter la mémoire de son mari. Le roi, qui malgré sa folie avait beaucoup d'amitié pour elle, ne pouvait rien; la reine s'était alliée aux meurtriers du duc d'Orléans. Jean sans Peur, victorieux à Liège, entra en maître dans Paris. Valentine s'éteignit peu après, demandant à ses enfants de venger le crime impuni. Cette femme dont la devise fut, à la mort de son mari, «rien ne m'est plus, plus ne m'est rien» inspira ces vers au poète Eustache Deschamps:

A bon droit n'est d'elle un cuer plus loyal.

VITTI Monica (Maria Luisa Ceccarelli, dite). Actrice italienne (née à Rome, le 3 novembre 1933). Elle débuta au cinéma en 1955, mais c'est Antonioni qui en fit une vedette dans ses films comme *Le Cri* (1957), *L'Avventura* (1960), *La Notte* (1961), *L'Éclipse* (1962), *Le Désert rouge* (1964) qui lui donnèrent une réputation d'actrice intellectuelle. Toutefois, elle a évité le piège de l'intellectualisme et, au contact de metteurs en scène éloignés des préoccupations d'Antonioni (Rossi, Losey, Risi, Monicelli, Sordi), elle est parvenue avec succès à renouveler son personnage. À cet égard, elle a atteint le meilleur dans *Drame de la jalousie* (Scola, 1970). Elle a réalisé un film, *Scandalo sogreto* (1982).

VIVIEN Renée. (Pauline Tarn, dite). Poétesse française (Londres, 1877 - Nice, 1909). De père anglais et de mère américaine, elle passa son enfance entre l'Angleterre et le continent et fit, jeune fille, des voyages en Grèce et aux Indes. De la fin du siècle à 1909, elle vécut presque constamment à Paris. C'est là qu'elle publia sous son pseudonyme ses premiers recueils de vers : *Études et Préludes* (1901), *Cendres et Poussières* (1902), une traduction des œuvres de Sappho* en 1903, *Évocations* (1903), *À l'heure des mains jointes* (1906), *Les Flambeaux éteints* (1907). Sa vie, brève et agitée, mondaine mais malheureuse, fut traversée de passions féminines comme celle qui la liait à Natalie Barney*. Elle avait pour amies Sarah Bernhardt* et Colette*, qui disait d'elle :

> Il n'est pas un trait de ce jeune visage qui ne me soit présent. Tout y disait l'enfance, la malice, la propension au rire. Où chercher entre la chevelure blonde et la tendre fossette du menton effacé et faible, un pli qui ne fût point riant, l'indice, le gîte de la tragique tristesse qui rythme les vers de Renée Vivien?

Selon certains biographes, elle se serait laissée mourir de faim dans sa retraite de Nice à la suite de la mort d'une amie. Citons encore parmi ses œuvres des poèmes en prose : *Brume de Fjords* (1902), *Du vert et du violet* (1903), un roman : *Une femme m'apparut* et, surtout, *Dans un coin de violettes*, *Le Vent des vaisseaux* et *Haillons*, recueils de poèmes posthumes, parus en 1910.

RÉF. : J.-P. Goujon, *Tes blessures sont plus douces que leurs caresses : vie de Renée Vivien*, Régine Desforges, 1986.

VIX Geneviève (Geneviève Brouwère, dite). Soprano française (Nantes, 31 décembre 1879 - Paris, 25 août 1939). Après avoir obtenu un premier prix d'opéra au Conservatoire de Paris en 1904, elle débuta en 1905 salle Garnier en créant *Daria* (Marty) et en 1906 à l'Opéra-Comique, dans le rôle de Louise (*Louise*, Charpentier). Elle chanta dans cette salle vingt-cinq ans durant : Mimi (*La Bohème*, Puccini), Tosca (*Tosca*, Puccini), Charlotte (*Werther*, Massenet), Antonia (*Les Contes d'Hoffmann*, Offenbach), Violetta (*La Traviata*, Verdi), Carmen (*Carmen*, Bizet), Santuzza (*Cavalleria rusticana*, Mascagni). Elle participa à la création de *L'Heure espagnole* (Ravel) en 1911 et de *Francesca da Rimini* (Zandonai) en 1913. On l'entendit à New York en 1908, au théâtre Colón de Buenos Aires en 1915, à Chicago en 1917, à Barcelone en 1920, à Rome en 1921, à Madrid, à Rio et à Monte-Carlo en 1923-1925. Elle alliait à sa voix longue et ferme une très grande beauté et un réel talent d'actrice. Parmi les œuvres qu'elle interpréta, citons encore *Paillasse* (Leoncavallo), *La Navarraise* (Massenet) et *Pelléas et Mélisande* (Debussy), *Salomé* (R. Strauss), *La Mégère apprivoisée* (Goetz). Elle était la femme du prince Narychkine, qu'elle avait épousé en 1918.

VLADY Marina (Marina de Poliakoff-Baïdaroff, dite). Actrice de cinéma et de théâtre française d'origine russe (née à Clichy-la-Garenne, le 10 mai 1938). Elle fut d'abord petit rat puis débuta au cinéma dans des rôles d'enfant, aux côtés de sa sœur Odile Versois, par exemple dans *Orage d'été* (Gehret, 1948). Elle s'imposa grâce à *Avant le déluge* (Cayatte, 1954). En 1955, elle épousa Robert Hossein et tourna plusieurs films sous sa direction : *Les salauds vont en enfer* (1955), *Pardonnez nos offenses* (1956), *Toi le venin* (1958), *La Nuit des espions* (1960). Elle fut l'interprète de nombreux réalisateurs, dont Delannoy, Melville, Autant-Lara, Godard, Tavernier, Scola, Jancso. Elle a épousé en troisièmes noces le comédien et poète Vyssotski auquel elle a consacré un livre après sa mort.

VLASSI Christiane. Danseuse française (née à Paris, le 5 juin 1938). Élève de Carlotta Zambelli* à l'école de ballet de l'Opéra de Paris, elle y fut engagée en 1952, devint première danseuse en 1961 et étoile en 1963. Elle a créé de nombreux rôles dans *Entrelacs* (Labis, 1963), *Arcades* (Labis, 1964), *La Damnation de*

Faust (Béjart, 1964), *Roméo et Juliette* (Labis, 1967), *Turangalîla* (Petit, 1968). Vedette du téléfilm français *Portrait d'une étoile* (1975), elle est devenue professeur à l'école de danse de l'Opéra de Paris. Elle est mariée au danseur et chorégraphe Attilio Labis.

VLASSOVA Eleanora. Danseuse soviétique (née près de Moscou, le 1er juillet 1931). Formée à l'école de Ballet du Bolchoï, elle fut en 1955 la plus jeune étoile du théâtre Stanislawski et Nemirovitch Dantchenko. Mince, expressive, d'une beauté émouvante, aussi bonne comédienne que danseuse, elle a conquis les foules par son interprétation passionnée d'Esmeralda (*Esmeralda*, Perrot). En 1957, elle fut nommée Artiste émérite de l'U.R.S.S.

VOISIN, la (Catherine Monvoisin, dite), née Deshays. Empoisonneuse française ([?] - Paris, 22 février 1680). Elle fit des débuts de devineresse et gagna beaucoup d'argent en prédisant l'avenir à une riche clientèle. Par la suite, elle se livra à la sorcellerie avec un certain abbé Guibourg, qui utilisait ses services pour des messes noires. Elle était aussi avorteuse. La marquise de Montespan* eut recours à elle pour obtenir des philtres qui devaient lui permettre de reconquérir l'amour du roi. En même temps, elle s'était spécialisée dans la confection d'arsenic que ses clients utilisaient dans des affaires de succession, au point qu'on appelait l'arsenic «poudre de succession». Son rôle fut mis en lumière au moment du procès de la marquise de Brinvilliers*. L'affaire des Poisons fut jugée suffisamment grave pour entraîner la création d'une chambre ardente en 1679. Cependant, le nombre et la notoriété des personnages ayant été en relations avec la Voisin (la comtesse de Soissons, le maréchal de Luxembourg — le nom même de Racine fut prononcé) poussa Louis XIV à étouffer l'affaire. Reconnue coupable d'avoir fabriqué et vendu le poison, la Voisin fut brûlée vive peu avant la dissolution de la chambre ardente.

VOLKOVA Vera. Danseuse anglaise d'origine russe (Saint-Pétersbourg, 1904 - Copenhague, 1975). Élève de l'École impériale, elle se perfectionna auprès de la grande Agrippina Vaganova*. Elle fut engagée au Gatob puis partit en tournée au Japon et en Chine. À partir de 1930, elle vécut à Londres avec son mari, le peintre anglais William Hugh. Elle ouvrit sa propre école tout en enseignant au Sadler's Wells Ballet. Héritière des méthodes de Vaganova, elle enseigna le style russe et influença de nombreux danseurs, de Margot Fonteyn* à Violetta Elvin*.

VOLLAND Sophie (Louise Henriette, dite). Française (1716-1784). C'est en 1755 que Diderot rencontra Louise Volland. Elle avait près de quarante ans et était loin d'être jolie, mais son intelligence, sa culture et son esprit séduisirent l'écrivain. Pendant près de trente ans, jusqu'à la mort de Sophie en 1784, Diderot lui écrivit d'innombrables lettres, dont cinq cents ont été conservées. Dans ces lettres, publiées en 1830, l'auteur de *Jacques le Fataliste* décrivait ses luttes avec ses éditeurs, son immense travail pour l'*Encyclopédie*, dont il disait après avoir écrit le dernier tome «le grand et maudit ouvrage est fini», ainsi que ses voyages, ses joies et ses déceptions, en somme un précieux et véritable journal de sa vie.

VORONINA Inga. Patineuse soviétique (1936-1966). Très athlétique, elle remporta quatre fois le titre mondial féminin de vitesse, en 1957, 1958, 1962 et 1964.

VORONTSOV Elizaveta, née Branicki. Russe (1792-1880). Fille du comte

Branicki, elle épousa le comte Mikhaïl Vorontsov, qui fut nommé gouverneur général de la Nouvelle Russie (territoires du Sud conquis par Catherine II*). Elle rencontra Pouchkine à Odessa où l'écrivain, alors jeune fonctionnaire, avait été muté en 1820 pour des poèmes jugés séditieux. D'une grande beauté et très cultivée, la comtesse éblouit le poète dès leur première rencontre. L'admiration se transforma bientôt en une grande passion, qui semble avoir été partagée, si l'on en croit la jalousie du comte Vorontsov, qui fit exiler Pouchkine à Mikhailovskoïe. Les échos nostalgiques de cette séparation se retrouvent dans certains vers d'*Eugène Onéguine*.

VOYNICH Ethel Lilian, née Boole. Romancière et compositeur. Anglaise (Cork, 1864 - New York, 1960). Au cours de sa longue vie, elle connut par deux fois une grande célébrité pour le même roman : *The Gadfly*. En 1897, lors de sa parution, lorsqu'il bouleversa les critiques anglo-saxons, et soixante ans plus tard, quand les Soviétiques le découvrirent à leur tour et rangèrent son auteur parmi les grands noms de la littérature anglaise d'imagination. Deux films en furent tirés, dont l'un, mis en musique par Chostakovitch, fut présenté au festival de Venise en 1956. Outre d'autres romans tels que *Jack Raymond*, *Olive Latham*, *An Interrupted Friendship*, *Put Off Thy Shoes* et la traduction de pièces de théâtre et de contes russes, Ethel Voynich a composé des cantates et des oratorios. Mariée à un révolutionnaire polonais, elle a travaillé à Londres pour la revue *Free Russia* avant d'émigrer aux États-Unis, où elle a vécu de longues années avant de s'y éteindre.

VYROUBOVA Nina. Danseuse française d'origine russe (née à Gurzof, Crimée, le 4 juin 1921). Elle fit son apprentissage sous la direction de sa mère, puis travailla avec Vera Trefilova*, Olga Préobrajenska*, Lubov Egorova* et Serge Lifar. De 1940 à 1949, elle dansa successivement avec l'Original Ballet russe du colonel de Basil, les Ballets des Champs-Élysées et les Ballets de Paris. Elle fut étoile à l'Opéra de Paris de 1949 à 1956. Poursuivant sa carrière au Grand Ballet du marquis de Cuevas (1957-1962), elle se produisit parallèlement à travers le monde en qualité d'invitée. Fine et légère, le visage ovale, les yeux bridés, Nina Vyroubova allie avec brio la technique classique à la fougue d'une danseuse de caractère. Ses créations restent mémorables : *Les Forains* (Petit, 1945), *La Sylphide* (Gsovsky, 1946) — sans doute son meilleur rôle —, *Blanche-Neige* (Lifar, 1951), *Les Noces fantastiques* (Lifar, 1955), *Hamlet* (Lifar, 1957), *La Chanson de l'éternelle tristesse* (Ricarda, 1957), *La Mort de Narcisse* (Golovine, 1958) et *Abraxas* (Van Dyck, 1965). Elle fut la vedette à l'écran du *Spectre de la danse* (1960) et d'*Adage* (1965). Professeur à l'Opéra de Paris, elle a monté son propre studio et obtenu le prix Pavlova* en 1957.

W

WAEHNER Karin. Danseuse et chorégraphe allemande (née à Gleiwitz, le 12 mars 1926). Formée à Berlin par Mary Wigman*, elle se perfectionna avec Étienne Dacroux et Boris Kniaseff, et travailla aux États-Unis avec Martha Graham*, Louis Horst et Merce Cunningham. De 1950 à 1953, elle enseigna la danse moderne à Buenos Aires, mais c'est à Paris qu'elle ouvrit son école. En 1954, elle fonda avec Jerome Andrews les Compagnons de la danse, puis le Théâtre d'essai l'année suivante. Elle présenta ses premières chorégraphies sans se soucier des courants ni des modes et poussa plus avant la stylisation du geste. À partir de 1959, elle forma les Ballets contemporains de Karin Waehner, avec lesquels elle se produisit en France et à l'étranger. Elle entra à la Schola cantorum de Paris comme professeur de danse moderne — discipline jusqu'alors méprisée en France — et fut ensuite nommée au conservatoire de La Rochelle.

Citons parmi ses chorégraphies aux nombreux solos : *L'Attente* (1949), *L'oiseau qui n'existe pas* (1963), et parmi ses compositions de groupe : *Nocturne* (1966), *Six Chants d'Odetta* (1971), *Silvatrix* (1978), *Ceux qui attendent* (1978) et, à l'occasion de l'exposition Paris-Berlin, *Les Marches* (1980), dans l'esprit et la qualité du mouvement wigmanien. Karin Waehner incarne en France la filiation de la danse contemporaine à l'expressionnisme allemand.

WAGNER Cosima, née Liszt, baronne von Bülow (Bellagio, 25 décembre 1837 - Bayreuth, 1er avril 1930). Cadette des trois enfants issus de l'orageuse passion de la comtesse Marie d'Agoult* et de Franz Liszt, Cosima, née sur les bords du lac de Côme, d'où son prénom, porta d'abord le nom de jeune fille de sa mère, de Flavigny. Reconnue par le musicien en 1844, un an avant que le couple ne se sépare, elle fut élevée à Paris avec son frère et sa sœur par sa grand-mère. En 1855, Liszt, craignant pour ses enfants l'influence de Marie d'Agoult, les envoya à Berlin chez la mère d'un de ses plus brillants élèves, Hans von Bülow, pianiste virtuose et bientôt chef d'orchestre. Celui-ci s'éprit de Cosima, qui avait le même magnifique regard que son père, le même visage allongé — ce qui lui valait en famille le surnom de « Cigogne ». Le mariage eut lieu le 18 août 1857.

Pendant son voyage de noces, Cosima rencontra Wagner, qu'admiraient son père et son époux. Elle se sentit aussitôt attirée par lui, et l'amitié de Bülow et de Wagner favorisa pendant un temps les rapprochements. En mars 1863, Cosima mit au monde une fille, Blandine, mais, dès le 28 novembre, à Berlin, Wagner et elle décidèrent de « n'être que l'un à l'autre». L'année suivante, Cosima passa les mois de juin et juillet auprès de Wagner et, en 1865, Isolde fut le premier enfant né de cette passion. Bülow, qui savait tout de son infortune, commença le cœur brisé les répétitions de *Tristan*.

Accusé par les Munichois de circonvenir le roi Louis II de Bavière et en butte au scandale que soulevait sa vie privée, Wagner quitta Munich en 1866 et se réfugia en Suisse. Cosima vint le rejoindre et choisit avec lui la maison de Triebschen, sur le lac des Quatre-Cantons. Wagner, qui avait perdu sa femme en janvier 1866 (voir notice suivante), pressa Cosima de divorcer; elle hésitait parce que son mari voulait garder les deux enfants. Début 1867, elle revint à Triebschen et, en février, naquit Eva, deuxième enfant de Richard et de Cosima. Ce ne fut que le 16 novembre 1868 que Cosima décida de ne plus jamais quitter Wagner. Dans son *Journal*, commencé le 1er janvier 1869, elle écrit:

> ... ma vie prend alors un cours différent; j'eus le bonheur de traduire en actes ce qui faisait vivre mon âme depuis cinq ans.

Très intelligente, elle épargnait au grand homme tous les soucis domestiques, discutait avec les directeurs de théâtre et les éditeurs de musique.

> Nous autres pauvres femmes qui ne pouvons qu'aimer, nous sommes bien à plaindre lorsque nous pressentons le secret du génie. Et cependant que sommes-nous sans la part que nous y prenons?

Le 18 juin 1869 naquit Siegfried. En août, le divorce du couple Bülow fut prononcé, et quelques jours plus tard, le 25, eut lieu le mariage de Richard et de Cosima. La partition du *Siegfried-Idyll* est l'expression de ce bonheur. Wagner la fit jouer pour la première fois le 25 décembre 1870 à l'occasion de l'anniversaire de sa femme qui, ce jour-là, notait avec émotion dans son *Journal*:

> R. a installé son orchestre dans l'escalier, consacrant notre Triebschen pour l'éternité. L'idylle de Triebschen, ainsi s'intitule l'œuvre...

Et elle ajoutait:

> Laisse-moi mourir, dis-je dans un cri à R. Il est plus facile de mourir que de vivre pour moi, me répond-il.

Six années de bonheur passèrent, qui furent parmi les plus fécondes de la vie du compositeur. Il acheva *Les Maîtres chanteurs* et la *Tétralogie*, et dicta à Cosima ses Mémoires, *Ma vie*. Début 1871, les Wagner choisirent Bayreuth pour y ériger le théâtre idéal. C'était la fin de l'exil. La première pierre du «Temple» fut posée le 22 mai tandis que le couple se faisait construire une villa, Wahnfried, qui fut achevée deux ans plus tard. En 1872, Cosima se convertit au protestantisme. En 1876, le théâtre était inauguré avec le *Ring*, en présence de l'empereur d'Allemagne Guillaume II.

À partir de cette époque, le couple partagea sa vie entre Bayreuth et l'Italie: Naples, Palerme et Venise. C'est à Palerme, en janvier 1882, que Wagner offrit à sa femme le grand drame de *Parsifal*. C'est à Venise, dans le palais Vendramin, qu'il mourut, le 13 février 1883. Cosima coupa alors ses magnifiques cheveux et les déposa sur la dépouille, puis, «plus morte que vivante», elle accompagna le cercueil de Venise à Bayreuth. Pendant les quarante-sept années qui suivirent la mort de son époux, elle se consacra aux mises en scène du festival de Bayreuth, qu'elle érigea en véritable institution pour la divulgation et la connaissance de l'œuvre wagnérienne. Elle écrivit aussi d'intéressants souvenirs sur son père (1911). Quant à son *Journal*, il s'arrête à la mort de Wagner et ne parut qu'en 1974.

WAGNER Minna (Wilhelmine, dite), née Planer. Allemande (Dresde, 1809 - *id.*, 1866). Wagner était pauvre et inconnu lorsqu'il la rencontra à Magdebourg où elle était comédienne. Elle avait presque quatre ans de plus que lui. Briseuse de cœurs, elle était un mélange de pudeur et de coquetterie et n'aspirait qu'à la sécurité bourgeoise car elle cherchait à oublier une enfance difficile. À quinze ans, elle s'était laissé séduire par un capitaine de la garde du roi de Saxe, Ernst von Einsiedel et attendait un enfant. La mère de la jeune fille parvint à dissimuler cette grossesse avant d'adopter elle-même l'enfant illégitime, qui se prénommait Nathalie. Minna fit passer cette dernière pour sa sœur, et Wagner ne découvrit la vérité que bien plus tard. D'un caractère difficile, elle manquait d'esprit et ne comprenait pas grand-chose aux œuvres de son mari qu'elle fit souffrir tout le temps qu'il fut amoureux d'elle. Le couple connut plusieurs ruptures auxquelles il survécut par lassitude et parce que Minna refusa toujours le divorce.

WALDBERG Isabelle. Sculpteur. Suisse (Oberestammheim, 1911 - Paris, 1990). Elle était l'épouse de Patrick Waldberg, historien du music-hall. Après avoir travaillé en Suisse, elle vint se fixer à Paris où elle fut l'élève de Gimond et de Wlérick, mais elle s'éloigna rapidement de cet enseignement trop conventionnel pour elle et, au contact de Giacometti et de Duchamp, elle imagina un style personnel qui lui paraissait plus d'actualité. Utilisant principalement le fil de fer, elle exécuta des sculptures très aériennes : *Fruits de fer*, *Le Phare*, *Construction*, mais n'abandonna pas les formes modelées telle sa *Sculpture*, en plâtre (1953). L'originalité de sa démarche et son talent lui valurent d'être remarquée dans toutes les expositions auxquelles elle prit part. Depuis 1978, année de l'exposition de ses œuvres à l'Hôtel de Ville de Paris, l'ensemble de ses travaux a fait l'objet de plusieurs autres manifestations importantes en Suisse et en France.

WALDMANN Maria. Mezzo autrichienne (Vienne, 1844 - Ferrare, 6 novembre 1920). Élève à Vienne de Passy-Cornet et à Milan de Lamperti ; elle fit ses débuts à Presbourg en 1865, dans Pierotto (*Linda de Chamonix*, Donizetti). Elle chanta ensuite à Wiesbaden, Amsterdam, Trieste et Moscou en 1869-1870. Elle parut en 1870-1871 à la Scala, où elle créa le rôle d'Amnéris (*Aïda*, Verdi) avec Rosine Stolz* pour partenaire. Elle chanta aussi au Caire de 1873 à 1876. Verdi, qui l'admirait beaucoup (« Une Allemande, ma meilleure interprète », s'exclamait-il), la choisit pour créer son *Requiem* et elle eut, encore une fois, Rosine Stolz pour partenaire. Elle se retira en 1876, célèbre et fêtée, pour épouser le duc Galeazzo Massari.

WALEWSKA Marie, née Leszczyńska, comtesse (Varsovie, 1786 - Paris, 1817). Elle se laissa séduire par Napoléon qui l'avait rencontrée à Varsovie en 1806, alors qu'elle avait un mari et un fils. Très romantique, elle voyait en l'Empereur le libérateur de son pays. Elle le suivit à Paris et lui donna un fils en 1810, Alexandre. Il fut reconnu par le comte Walewski et devint ministre sous Napoléon III. Devenue veuve, Marie Walewska se remaria en 1816 avec Philippe d'Ornano, futur maréchal de France, dont elle eut un fils, Rodolphe-Auguste.

RÉF. : C. Sutherland, *Marie Walewska, le grand amour de Napoléon*, Perrin, 1981.

WALKER Alice. Romancière et poétesse américaine (née en Géorgie en 1944). À l'issue de ses études à l'université Sarah Lawrence, en 1965, elle enseigna à Wellesley et Yale. Elle est l'auteur de différents romans qui ont toujours pour thème le peuple noir : *The Third Life of Grange Copeland* (1970), *Meridian* (1976), *La Couleur Pourpre* (1982), porté à l'écran par Steven Spielberg en 1986. Elle a également signé des œuvres poétiques: *Once* (1968), qui traite du mouvement pour les droits civiques et de ses expériences de la vie en Afrique, des poèmes d'amour comme *Horses Make a Lanscape Look More Beautiful* (1984), un livre autobiographique, *Revolutionnary Petunias* (1973), où elle retrace son enfance en Géorgie et sa carrière de militante noire dans le Nord, et enfin des nouvelles, des articles et des critiques.

WALKER Lucy. Alpiniste anglaise (1835-1916). Issue d'un milieu de montagnards — son frère Horace Walker était président de l'Alpine Club —, elle se passionna pour la haute montagne et se distingua par une série d'ascensions qu'elle entreprit dans les Alpes suisses et françaises: premières féminines de l'aiguille Verte, du Cervin (1879), du Lyskamm. Elle gravit également le Weisshorn, l'Eiger, le mont Rose et le mont Blanc, qui devait figurer dans le palmarès de tout alpiniste de ce temps. La plupart des «victoires» de Lucy Walker furent acquises avec le guide suisse de Meiringen, Melchior Anderegg.

WALLACE Lila Bell, née Acheson. Publiciste et mécène américaine (1889-1984). Issue d'une famille presbytérienne, elle s'intéressa au cours de ses études à la condition féminine. Elle épousa en 1921 le publiciste Dewitt Wallace. Ils fondèrent ensemble l'année suivante le *Reader's Digest*, qui prit un grand essor non seulement aux États-Unis, mais aussi en Europe et en Australie. Passionnés d'art, les Wallace commencèrent leur collection de tableaux dans les années 40. Leurs premières acquisitions furent exposées dans les locaux de la revue, à Pleasantville, près de New York. Parmi les peintres qu'ils achetèrent, la place d'honneur revient aux Français, des impressionnistes aux premiers cubistes. Ainsi Degas, Renoir, Vuillard, Bonnard, Monet, Cézanne, Seurat, Braque et Matisse marquent les temps forts de la collection. Lila-Bell ne cachait pas sa prédilection pour les compositions florales: les bouquets de Van Gogh ou de Cézanne, les nymphéas de Monet. Elle contribua par ses dons à faire restaurer le jardin du peintre à Giverny et son célèbre étang de nénuphars.

WARD Élisabeth, née Stuart Phelps. Romancière américaine (Massachusetts, 1844-1911). L'œuvre qui la fit connaître et lui valut une immense popularité parut en 1860, *The Gates Ajar*, qui est moins un roman qu'une série de conversations de personnages imaginaires à propos des beautés du paradis. D'autres ouvrages qui traitent également de la vie future sont empreints du même mysticisme: *Beyond the Gates* (1883), *The Singular Life* (1894), *The Gates Between* (1901). Élisabeth Ward s'intéressa également au sort des femmes, et plusieurs de ses romans apparaissent comme de vibrants plaidoyers en faveur d'une plus grande justice sociale pour elles; ainsi *Hedged In* (1870), *The Silent Partner* (1871), *The Story of Avis* (1877), *Dr. Zay* (1882). Elle écrivit aussi des romans plus réalistes comme *The Madonna of the Tubs* (1886) et *Jack, The Fisherman* (1887).

WARD Lillian. Sociologue et bienfaitrice américaine (1867-1940). Elle fut du nombre de ces généreuses Américaines qui jouèrent un grand rôle social aux États-Unis au début du XXᵉ siècle. Elle créa les quartiers neufs de Henry Street à New York, destinés à loger plus décemment les gens sans ressources. Ces réalisations destinées à combattre la misère urbaine furent à l'origine des mesures touchant l'assistance aux pauvres. Lillian Ward lutta toute sa vie pour faire admettre ses idées et obtenir des subsides en faveur de ses projets. Elle donna de nombreuses conférences et publia deux ouvrages dont *Fenêtres sur Henry Street*

(1934), qui furent très remarqués. Son dévouement la fit appeler à la direction de nombreuses organisations officielles.

WARD Lucy Geneviève Teresa. Actrice américaine (New York, 1838 - *id.*, 1922). Chanteuse d'opéra, elle perdit sa voix à la suite d'une maladie et se tourna vers le théâtre, où elle débuta en 1873 dans le rôle de Lady Macbeth* (*Macbeth*, Shakespeare) à Manchester. Elle joua ce rôle à Paris, au théâtre de la Porte-Saint-Martin, et incarna sur différentes scènes Julia (*The Hunchback*, Knowles), Portia (*Le Marchand de Venise*, Shakespeare), Antigone (*Antigone*, Sophocle), Mrs. Haller (*The Stranger*, Kotzebue) et Belvedeira (*Venise Preserved*, Otway). En 1879, elle se produisit au Lyceum de Londres dans *Forget-Me-Not* (Merival et Grove), qu'elle fit applaudir dans le monde entier. Après une dernière tournée aux États-Unis en 1891, elle interpréta au Lyceum les rôles de la reine Eleanor (*Becket*, Tennyson, 1893) et de Morgan Le Fay (*King Arthur*, Comyns Carr, 1895). Après 1900, elle ne parut plus guère sur la scène que dans les rôles de Volumnia (*Coriolan*, Shakespeare) et de la reine Marguerite (*Richard III*, Shakespeare), dans lesquels elle fit ses adieux en 1920 en province et à l'Old Vic Theatre.

WARENS Louise, née de La Tour, baronne **de** (Vevey, 1699 - Chambéry, 1762). Elle doit sa renommée à Jean-Jacques Rousseau, qui évoque longuement son souvenir dans ses *Confessions*. Née dans une petite ville du canton de Vaud, elle fut mise en pension chez un piétiste avant de se marier à treize ans. En 1726, elle abandonna son mari et ses enfants pour aller à Annecy, où elle abjura la foi protestante au couvent de la Visitation. Elle avait obtenu la protection du roi de Sardaigne Victor-Amédée, et vivait de la pension de deux mille francs qu'il lui versait. Avec l'aide de l'évêché et de la ville, elle loua une vieille maison où elle accueillait les nouveaux convertis. En 1728, M. de Pontverre, curé de Confignon, près de Genève, lui adressa un jeune homme de seize ans, Jean-Jacques Rousseau. Lui qui s'attendait à trouver une vieille dévote fut ébloui par «un visage pétri de grâce, de beaux yeux pleins de douceur, un teint éblouissant, le contour d'une gorge enchanteresse». Mme de Warens recueillit l'adolescent chez elle: une vie commença alors dans la familiarité la plus douce. Plus âgée que lui de douze ans, elle fut la mère qu'il n'avait jamais eue. Jean-Jacques, dit «Petit», l'appelait «Maman», nom qui lui demeura, même après que leur intimité fut devenue moins innocente. En 1736, sur les instances de son protégé, elle loua une ravissante maison, «les Charmettes», aux portes de Chambéry. Rousseau disait: «Si nous ne trouvons pas le bonheur ici, il ne faut le chercher nulle part.»

Un jour, elle lui annonça que, pour l'arracher aux périls de la jeunesse, il était temps qu'elle le traite en homme — ce qu'elle fit —, et ce fut la première expérience amoureuse de Rousseau. En 1738, il tomba gravement malade et dut partir pour Montpellier. À son retour, il trouva sa place prise par un jeune perruquier vaudois nommé Wintzenried. Jean-Jacques n'accepta pas le partage, bien qu'il lui fût offert par «Maman». Mme de Warens connut une vieillesse difficile. Ruinée, endettée, elle vivait d'expédients, et Rousseau, qui la revit pour la dernière fois en 1754, lui fit parvenir de l'argent. Mais il affirme qu'au milieu de ses malheurs et de ses infirmités «la sérénité de sa belle âme lui conserva jusqu'à la fin de sa vie toute la gaieté de ses plus beaux jours».

WARREN Mercy, née Otis. Femme de lettres américaine (1728-1814). Elle était la sœur du pamphlétaire James Otis et l'épouse de James Warren, président du Congrès provincial du Massachusetts. En contact avec les hommes politiques de son temps, elle écrivit les premières œuvres satiriques sur la révolution américaine et leur donna la forme de pièces de théâtre en vers: *The Adulateur* (1773) et *The Group* (1775). Il est probable que ni l'une ni l'autre ne furent jouées; il s'agit d'ailleurs plutôt de conversations que d'œuvres dramatiques. Elle écrivit deux autres tragédies en vers, *Le Sac de Rome* et *Les Dames de Castille*, qui furent publiées en 1790 dans un ouvrage intitulé *Poems Dramatics and Miscellaneous*. Elle est également l'auteur d'une *Histoire de la révolution américaine* (3 vol., 1805) qui constitue un témoignage vivant, non dénué d'esprit, sur cette période capitale.

WARWICK Dionne. Chanteuse de jazz américaine (née à East-Orange, New Jersey, en 1941). Cette grande dame de la chanson débuta comme beaucoup de ses consœurs noires en chantant dans les églises. Puis, en compagnie de sa sœur cadette Dee Dee, elle devint choriste dans les studios d'enregistrement, organisant un ensemble vocal de negro spiritual qui accompagnait les vedettes du moment. Elle fut remarquée par le compositeur Burt Bacharach, qui la lança. Ses premières chansons, *Don't Make Me Over*, *Walk on By*, *Anyone Who Had a Heart*, lui apportèrent le succès. D'une grande beauté, suprêmement élégante à la scène comme à la ville, Dionne Warwick possède une voix superbe. Voyageuse infatigable, elle parcourt les États-Unis, l'Europe, et s'est produite en France au festival d'Antibes (1964), à l'Olympia (1965), à l'Empire (1976), salle Pleyel (1983). Citons encore quelques-unes des chansons qu'elle a rendues célèbres: *That's What Friends Are For*, *Thie Empty Place*, *Whisper in the Dark*, *Love at the Sight*, *Any Old Time of Day*, *Put Yourself in my Place*.

WASER ou **WASSER Anne**. Peintre. Suisse (Zurich, 1678 - *id.*, 1714). Élève du peintre d'origine bernoise Joseph Werner, Anne Waser se révéla une artiste précoce, ce dont atteste l'une de ses œuvres, un *Autoportrait*, aujourd'hui conservé au musée de Zurich, qu'elle réalisa alors qu'elle avait à peine treize ans. Elle fut également miniaturiste, mais elle se consacra principalement à l'art du portrait, et ses œuvres furent très recherchées. Sa renommée fut suffisamment importante pour lui permettre d'obtenir de nombreuses commandes même hors de son pays d'origine, en provenance notamment d'Allemagne, d'Angleterre ou de Hollande. La majeure partie de ses œuvres, aujourd'hui recensées, se trouve dans des collections privées.

WASHINGTON Dinah (Ruth Lee Jones, dite). Chanteuse de blues américaine (Tuscaloosa, Alabama, 29 août 1924 - Detroit, Michigan, 14 décembre 1963). Considérée comme une rivale d'Ella Fitzgerald* et de Sarah Vaughan*, elle fit une rapide et brillante carrière aux États-Unis. Baptisée la «Reine du blues», elle devint vite l'idole du public noir. Pendant quatre ans, elle chanta avec l'orchestre de Lionel Hampton. Dinah Washington possédait un style énergique, un «swing» vigoureux, un timbre d'une grande richesse. Avant de mourir à trente-neuf ans d'une trop forte absorption d'alcool et de somnifères, elle avait enregistré de remarquables disques avec des jazzmen réputés comme Harold Land, Paul Quinichette, Wynton Kelly, Clifford Brown.

WASILEWSKA Wanda. Romancière polonaise (Cracovie, 21 janvier 1905 - Kiev, 29 juillet 1964). Dans les années 30, elle participa activement au mouvement révolutionnaire. En 1933, elle commença à écrire des récits puis des romans: *L'Image du jour* (1934), *La Patrie* (1935), *La Terre sous le joug* (1936). En

1939, elle quitta la Pologne pour l'Union soviétique (son mari était ukrainien) où elle devint député au Soviet suprême et colonel de l'armée soviétique. En 1942, elle publia *L'Arc-en-ciel*. Après la guerre parurent une trilogie, *Une nouvelle sur les eaux*, puis un recueil de récits humoristiques et, en 1957, ses impressions de voyage en Chine: *Je voudrais vous raconter*.

WATERS Ethel. Chanteuse et actrice américaine (Chester, Pennsylvanie, 1896 - Los Angeles, 1977). Elle fut l'une des chanteuses noires les plus célèbres de son temps. Une voix admirable dans tous les registres, une diction parfaite, un sens de la musique incomparable lui permirent d'être aussi à l'aise dans le répertoire classique que dans la chanson de jazz. Elle débuta aux États-Unis à l'âge de dix-sept ans comme chanteuse et danseuse dans les cabarets où elle fut très vite remarquée. À ses talents, elle ajouta celui de comédienne et obtint un triomphe dans *Mamba's Daugthers*. Les critiques décernèrent à Ethel Waters le titre de plus grande comédienne noire de son époque. Citons, parmi les chansons qu'elle rendit célèbres, *My Handy Man*, *Dinah*, *Stormy Weather*.

WEAVER Sigourney. Actrice américaine (née en 1949). Lancée au firmament des stars par son rôle de femme cosmonaute dans le film *Alien* (R. Scott, 1979), elle confirma les espoirs que les producteurs avaient mis en elle, avec *L'Année de tous les dangers* (Weir, 1982). En 1988, elle fut choisie par Apted pour incarner Diane Fossey* dans *Gorilles dans la brume*. Les raisons de ce choix étaient simples: il était nécessaire que l'actrice puisse se mêler aux gorilles sauvages, et Sigourney Weaver fut la seule à être acceptée par eux et à pouvoir s'en approcher sans danger. Citons encore parmi les quelques films qu'elle a tournés: *Annie Hall* (Allen, 1977), *Mad Man* (Cohen, 1977), *L'Œil du témoin* (Yates, 1981) et *Working Girl* (Nichols, 1989).

WEBB Mary Gladys, née Meredith. Romancière anglaise (Leighton, Shropshire, 1881 - St Leonards, Sussex, 1927). Fille d'un instituteur d'origine galloise, elle épousa en 1912 un instituteur, Henry Bertram Law Webb, avec lequel elle vécut quelques années dans une ferme du Shropshire. En 1912, le couple s'installa à Londres. Ses débuts de romancière datent de la guerre: *La Flèche d'or* (1916), *La Renarde* (1917), suivis de *La Maison de la forêt de Dormer* (1920) et de *Sept pour un secret* (1922). Mais Mary Webb est surtout connue pour son chef-d'œuvre paru en 1924, *Sarn*. Le ministre Stanley Baldwin contribua à promouvoir ce roman, dont il rédigea la préface lors de sa réédition en 1928. Il loua notamment son lyrisme intense et ses évocations des paysages du Shropshire. En 1927, la romancière, atteinte de la maladie de Graves contractée dans sa jeunesse, fut contrainte de quitter la capitale. Elle mourut un mois plus tard, d'une anémie pernicieuse, sans que sa disparition soit vraiment remarquée.

RÉF.: Th. Moult, *Mary Webb, Her Life and Work*, Londres, 1932.

WEBER Aloysia (dite parfois **Aloysia Lange**). Soprano allemande (Zell ou Mannheim entre 1759 et 1761 - Salzbourg, 8 juin 1839). Deuxième fille du musicien Fridolin Weber, sœur de Maria Josepha Weber* et de Constance Weber (Constance Mozart*), elle rencontra ce dernier alors qu'il était en visite à Mannheim en 1777-1778, et prit quelques leçons de musique avec lui. Mozart fut si émerveillé par son élève qu'il écrivit à son père qu'elle possédait une des plus belles voix qui fût. Il tomba amoureux d'Aloysia, l'emmena (avec son père) en tournée de concerts, projeta un voyage en Italie. Entre-temps, elle se produisit à Munich et, quand le musicien vint la rejoindre, elle le repoussa. Furieux, dans une de ses lettres il la décrivit comme « fausse, malicieuse et coquette ». Par la suite, Mozart épousa sa sœur Constance. Engagée à Vienne, Aloysia épousa en 1780 l'acteur et peintre Joseph Lange (l'auteur d'un célèbre portrait inachevé de Mozart), mariage malheureux qui se termina en 1795, lorsqu'elle entreprit une tournée de concerts. Mozart écrivit beaucoup pour elle : citons les arias K383, 416, 419 et 538, la partition de Madame Herz dans *Der Schauspieldirektor*. Elle chanta Donna Anna lors de la première de *Don Juan* (Mozart) à Vienne en 1788, et Sextus (*La Clémence de Titus*, Mozart) en 1795. Sa virtuosité et la pureté de son suraigu en firent une des meilleures cantatrices de son époque.

WEBER Hélène. Femme politique et féministe allemande (Elberfeld, 1881-Bonn, 1962). Après des études à Bonn et en France, à Grenoble, elle devint professeur et enseigna durant une dizaine d'années, dirigeant plusieurs écoles à Aix-la-Chapelle et à Cologne. De 1905 à 1916, elle milita en faveur de la condition des femmes, et son action au sein du mouvement féministe, animé également par de nombreuses femmes généreuses telles que Marie Luders*, fut rapidement remarquée. Aussi fut-elle nommée en 1918 conseillère au ministère des Cultes à Berlin, poste qu'elle occupa jusqu'en 1933. En 1924, elle entra au Reichstag. Cessant toute activité officielle sous le régime nazi, elle fut appelée en 1948 au Conseil parlementaire du nouveau gouvernement de Bonn et prit également une part active aux problèmes concernant la condition féminine dans l'Allemagne d'après guerre, au sein du Conseil allemand du Mouvement européen, dont elle fit partie dès 1949.

WEBER Maria Josepha (dite souvent **Josepha Hofer**). Soprano allemande (Zell, 1758 ou 1759 - Vienne, 29 décembre 1819). Aînée des quatre filles de Fridolin Weber, sœur d'Aloysia Weber* et de Constance Mozart*, elle débuta vers les années 1780. Elle chanta à Graz en 1787, puis l'année suivante à Vienne, où elle épousa Franz de Paula Hofer, un musicien de la cour, ami de Mozart. Elle créa notamment *Oberon* (Vranicki) et la Reine de la Nuit (*La Flûte enchantée*), rôle que Mozart avait écrit pour elle, ainsi d'ailleurs que l'aria *Schon lacht der holde Frühling*, K 580. Après la mort de son mari, elle se remaria avec le chanteur et comédien Sebastian Mayer, qui créa le rôle de Pizarro (*Fidelio*, Beethoven). Elle se retira de la scène en 1805.

WEBER Margrit. Pianiste suisse (née à Saint-Gall, Suisse, le 24 février 1924). Après avoir étudié le piano avec Max Egger et Walter Lang, elle entreprit avec succès des tournées de concerts tant en Europe qu'aux États-Unis. Dans son répertoire, la musique contemporaine occupe une place importante, si bien qu'elle fut remarquée par Martinů, qui lui dédia sa *Fantaisie concertante* (1958), et par Stravinski, qui lui dédia ses *Mouvements pour piano et orchestre* (1965). Margrit Weber a le mérite de renoncer à la facilité de jouer des œuvres consacrées et d'interpréter des œuvres d'auteurs peu ou mal connus ; ainsi a-t-elle créé, entre autres, le *Concerto* de Moeschinger (1962), les *Épigrammes* de Fortner (1964) et le *Concerto n° 6* d'Alexandre Tcherepnine (1965).

WEBER Paulette, née Delacour. Aéronaute française (Rouen, 1900 - 1954). Sa carrière, commencée à vingt-huit ans, compte plus de cent cinquante ascensions. Spécialiste des raids sur longue distance, elle gagna de nombreuses coupes, dont la Nord-Sphérique en 1937 (440 km) et le prix Aumont-Thiéville la même année. Elle remporta plusieurs concours d'atterrissage : coupe du Benelux (1948), concours de Saint-Nicolas (1951). En 1953, elle établit un nouveau record féminin de durée (Roubaix-Roanne), tenant l'air pendant 21 heures et 15 minutes. L'année suivante, alors qu'elle tentait de battre le record féminin de distance, elle tomba en mer au large des côtes du Danemark. Son corps fut retrouvé à bord de son ballon par des pêcheurs.

WEBSTER Jean. Femme de lettres américaine (New York, 1876-1916). *Papa Longues-jambes* (1912), un des chefs-d'œuvre de la littérature anglo-saxonne pour enfants, est son principal titre de gloire. Elle lui donna d'ailleurs une suite, *Cher Ennemi* (1915). Elle écrivit aussi la série des *Patty*. Son amie Adélaïde Cropsey lui aurait, dit-on, fourni le modèle de son héroïne. Elle était la nièce de Mark Twain.

WEHRHEIM Jean. Architecte américaine (1926-1977). Elle suivit les cours de l'université du Tennessee, à Knoxville, et en 1948 elle fut diplômée de l'université de l'Illinois. Elle travailla tout d'abord aux côtés de George Fred et de William Keck, à Chicago, puis, dès le début des années 50, en collaboration avec son mari, John Wehrheim. Elle a également participé aux travaux du groupe « Du Page Community Builders », dans l'Illinois, avant de se consacrer, de 1960 à la fin de ses jours, à des réalisations personnelles. On retrouve, de façon tout à fait exemplaire, la volonté d'intégrer des matériaux traditionnels dans une conception de l'espace résolument ouverte et moderne. Mais Jean Wehrheim, bien qu'elle ait réalisé quelque cent cinquante projets et qu'elle ait donc réussi à se créer une importante clientèle, a indéniablement souffert de sa condition de « femme architecte ». Elle s'était en effet très vite rendu compte qu'elle ne réussirait jamais à obtenir, aux yeux de ses interlocuteurs, la crédibilité d'un homme.

WEIL Simone. Philosophe et écrivain. Française (Paris, 3 février 1909 - Ashford, Kent, 24 août 1943). Elle appartenait à une famille israélite mais ne reçut aucune instruction religieuse de son père qui était médecin. Un des traits dominants de son enfance fut sa compassion pour les malheureux. D'une intelligence précoce, elle fut une brillante élève au lycée Duruy et devint, en classe de philosophie, l'élève de René de Senne. L'année suivante, elle entra en khâgne au lycée Henri-IV, où elle prépara, dans la classe d'Alain, le concours d'entrée à l'École normale. À vingt-deux ans, elle obtenait son agrégation de philosophie et se passionna pour la pensée grecque, le syndicalisme révolutionnaire et la pensée marxiste. C'est à cette époque, en octobre 1931, qu'elle fournit dans *Libres Propos*, revue de son maître Alain, son premier article dont le sujet lui fut fourni par un congrès de la CGT. Méfiante envers le régime soviétique, elle fraya avec les trotskistes, les militants de la Révolution prolétarienne, bien plus qu'avec les communistes orthodoxes. Nommée professeur de philosophie au lycée du Puy en automne 1931, puis à Auxerre, Roanne, Bourges et Saint-Quentin, elle rompit en 1934 avec l'Université, et abandonna son poste d'agrégée pour vivre avec le « minimum ». S'occupant de problèmes politiques et sociaux, elle devint ouvrière fraiseuse aux usines Renault, travaillant à la chaîne. Cette expérience, qui dura neuf mois, la marqua moralement et intellectuellement pour toujours, ruina sa santé sans lui ôter le goût de servir. Elle écrivit alors *Réflexions sur les causes de la liberté et de l'oppression sociale*.

En 1936, la guerre d'Espagne ayant éclaté, elle s'engagea dans les Brigades internationales, puis reprit son métier d'ouvrière. Lorsque les armées allemandes s'approchèrent de Paris, en juin 1940, Simone Weil quitta la capitale pour se réfugier à Marseille où, tout en découvrant la foi chrétienne, elle partagea quelque temps la vie prolétarienne dans la vallée du Rhône. Elle publia à cette époque, dans les *Cahiers du Sud*, *L'Iliade et le poème de la force*, sous le nom d'Émile Novis — son anagramme — qu'elle garda pour signer différents articles à thèmes sociaux et religieux qui révèlent une âme profonde d'apôtre à la recherche de la vérité. Dans tous ses écrits, elle tenta d'analyser les principes de relation entre l'humain et le divin, sujet fondamental de sa pensée. Le 16 mai 1942, elle s'embarqua avec ses parents pour les États-Unis, n'y resta que six mois puis gagna l'Angleterre dans le but d'obtenir une mission en France occupée. Malade depuis longtemps, épuisée par les rigueurs d'un ascétisme exemplaire, elle fut admise en avril 1943 à l'hôpital de Middlesex ; début août on la transportait au sanatorium d'Ashford, dans le Kent, où elle mourut un mardi à dix heures et demie du soir.

Toute son œuvre — publiée surtout après sa mort — révèle une pensée ferme, exposée dans un style clair. En 1947, parut *La Pesanteur et la Grâce*; en 1949, *L'Enracinement*; en 1950, *Attente de Dieu* et *La Connaissance surnaturelle* ; en 1951, *Intuitions préchrétiennes*, *Lettres à un religieux*, *La Condition ouvrière* et le premier des trois volumes de ses *Cahiers*, les deux suivants parurent en 1953 et 1956; en 1955, *Oppression et Liberté* ; en 1957, *Écrits de Londres et dernières lettres* ; en 1962, *Pensées sans ordre concernant l'amour de Dieu*.

RÉF. : J.M. Perrin et Thibon, *Simone Weil telle que nous l'avons connue*, Paris, 1952. M.M. Davy, *Simone Weil*, Paris, 1956. J. Cabaud, *L'Expérience vécue de Simone Weil*, Paris, 1957. A. Reynaud, *Leçons de philosophie de Simone Weil*, Paris, 1959.

WEILL Lucie. Directrice de galerie d'art française (1901-1986). Pendant plus d'un demi-siècle, elle présida aux destinées de sa galerie de peinture de la rue Bonaparte qu'elle rendit célèbre par la qualité et la notoriété des peintres qu'elle exposa: Picasso, Max Ernst, Derain, Miró, Bérard, Survage, Jean Hugo et bien des jeunes, qu'elle protégea. Elle fut la première à exposer des dessins de Jean Cocteau. Lucie Weill travailla longtemps aux côtés de son mari Pierre-André, qui fut à la tête du mouvement For Ever, de la France libre, pendant la guerre et qui avait fondé les éditions Au Pont des Arts.

WEISS Louise. Femme de lettres et féministe française (Arras, 1893 - Paris, 1983). Née dans une famille alsacienne protestante, elle était la fille de Paul Weiss, directeur des Mines, et la petite-fille, par sa mère, du député Émile Javal, de l'Académie de sciences. Agrégée de lettres et diplômée de l'université d'Oxford, elle divorça, après deux ans de mariage, d'avec Joseph Imbert. Ardente féministe, elle lutta très tôt pour l'égalité des droits politiques des femmes. Elle fonda et dirigea l'hebdomadaire *L'Europe nouvelle* (1918-1934) et présida l'association la Femme nouvelle (1934-1939). Elle était de toutes les manifestations, organisant des commandos de suffragettes, portant des pancartes et se faisant enchaîner avec une vingtaine de ses compagnes à un réverbère de la rue Royale. Infirmière de guerre (1914-1918), elle fonda un hôpital dans les Côtes-du-Nord. Pendant la Seconde Guerre mondiale, Louise Weiss s'engagea dans la Résistance. Sous les noms de Vallon et de Valentine, elle fit partie du réseau Patriam Recuperare et devint la rédactrice en chef d'un journal clandestin, *Nouvelle République* (1942-1944).

Infatigable, elle parcourut le monde, souvent dans les conditions les plus précaires. De ses trente années de «vagabondage», comme elle le disait (Proche-Orient, Japon, Chine, Viêt-nam, Afrique orientale, Kenya, Madagascar, Alaska, Inde, etc.), elle rapporta une trentaine de films documentaires et la matière d'articles de journaux, de conférences et d'une dizaine d'ouvrages. Son œuvre écrite est importante: romans, récits de voyage, essais historiques, parmi lesquels *La Marseillaise* (1945-1947), *Sabine Legrand* (1952), *Le Voyage enchanté* (1960), cinq livres des *Mémoires d'une Européenne* dont le dernier, *Tempête sur l'Occident*, a été publié en 1977. Louise Weiss, qui se disait «amoureuse de l'Europe», fut la doyenne de l'Assemblée européenne. Elle était grand officier de la Légion d'honneur. Depuis 1970, une fondation Louise Weiss existe à Saverne, dans le Bas-Rhin; tous les ans, elle décerne un prix à des personnes ayant œuvré pour la paix et le rapprochement des peuples.

WEISSELS-WILLIAMS Anna. Médecin. Américaine (1863-1954). Diplômée en 1891 du Collège médical pour femmes de New York, fondé par Élisabeth Blackwell*, elle isola avec William Park une souche du bacille de la diphtérie, connue dans le monde entier sous le nom de souche n° 8 Park-William. En 1905, elle développa une méthode de coloration rapide permettant la détection des corps de Negri qui resta en usage jusqu'en 1939.

WELCH Raquel (Raquel Jo Tejada, dite). Actrice américaine (née à Chicago, le 5 septembre 1940). D'origine bolivienne, fille d'ingénieur, elle débuta au cinéma en 1944 dans un film de Rich. Mais c'est avec *Un million d'années avant Jésus-Christ* (Chaffey, 1967) qu'elle devint un «sex-symbol». Par la suite, elle interpréta les rôles les plus divers pour des metteurs en scène comme Donen, Bolognini, Dmytryk, Ross. Elle a agréablement surpris dans sa composition de Constance dans *Les Trois Mousquetaires* (Lester, 1973) et dans *La Revanche de Milady* (Lester, 1974).

WELITSCH Ljuba (Ljuba Velichkova, dite). Soprano autrichienne d'origine bulgare (née à Borissovo, le 10 juillet 1913). Enfant, elle montrait déjà des dons de musicienne. Après des études à Sofia, puis à Vienne avec Lierhammer, elle débuta à l'Opéra de Sofia en 1936. De 1937 à 1940, elle chanta à Graz, de 1941 à 1943 à Hambourg, de 1943 à 1946 à Munich. Elle s'installa ensuite à Vienne, où elle chanta au Stadtoper. Elle triompha à Salzbourg de 1946 à 1950, à Covent Garden en 1947; elle incarna Salomé (*Salomé*, R. Strauss) dans la fameuse production de Brook et de Dali, à Glyndebourne en 1948-1949 et au Metropolitan Opera de New York de 1949 à 1952. Elle chanta Amelia (*Un bal masqué*, Verdi), Tosca (*Tosca*, Puccini), Aïda (*Aïda*, Verdi), et remporta aussi de grands succès avec les rôles de Jenůfa (*Jenůfa*, Janáček), Minnie (*La Fille du Far West*, Puccini), Nadja (*Iwan Tarassenko*, Salmhofer) et Rosalinde (*La Chauve-Souris*, J. Strauss fils). Mais elle reste surtout la plus grande Salomé de son temps, rôle qu'elle a chanté dès 1944 à Vienne, sous la direction de Richard Strauss, lors d'une représentation spéciale pour le quatre-vingtième anniversaire du compositeur. Retirée de la scène dès les années 1955, cette ravissante cantatrice se consacra au cinéma et à la télévision.

WELSER Philippine. Allemande (1527-1580). Issue d'une opulente famille bourgeoise d'Augsbourg, elle fut présentée, très jeune encore, à l'archiduc Ferdinand d'Autriche qui, ébloui par sa beauté et son charme, se prit d'une grande passion pour elle, passion partagée car la jeune Philippine, abandonnant sa famille, suivit son amant dans ses nombreux voyages et se fixa au château d'Ambras, près d'Innsbruck, que l'archiduc avait fait installer luxueusement pour eux deux. En 1559, l'empereur Ferdinand Ier, qui s'était jusqu'alors opposé à leur union, donna son consentement à un mariage morganatique, qui écartait leur descendance de la succession impériale. Philippine Welser connut une fin prématurée : on pense qu'elle mourut d'une congestion pulmonaire, contrairement à la légende qui affirme qu'elle fut assassinée dans son bain.

WELTY Eudora. Femme de lettres américaine (née dans le Mississippi en 1909). Lorsque le prix Pulitzer couronna en 1972 *The Optimist's Daughter*, roman qui traite des conflits entre la fille et la seconde femme d'un juge de La Nouvelle-Orléans, Eudora Welty avait derrière elle une longue carrière d'écrivain. La France l'a découverte en 1986, à l'occasion de la publication de *L'Homme pétrifié*, recueil de nouvelles qu'elle avait écrites quarante ans plus tôt, suivi par *Le Chapeau violet* en 1988, également des nouvelles. Parmi ses nombreuses œuvres, citons : *A Curtain of Green* (1941), *The Wide Net* (1943), *The Bride of the Innisfallen* (1955), *Moon Lake* (1980), des contes pour enfants intitulés *The Shoe Bird* (1964), des romans, *The Robber Bridgegroom* (1942), devenu une comédie musicale en 1975 grâce à Alfred Uhry et Robert Waldman, *Delta Wedding* (1946), *The Ponder Heart* (1954), *Loosing Battles* (1970), des essais et des critiques réunis sous le titre *The Eye of the Story* (1978), et *One Writer's Beginnings* (1984), qui rassemble des conférences autobiographiques données à la Harvard University.

WESENDONCK Mathilde, née Luckemeyer. Allemande (Elberfeld, 1828 - Traunblick, 1902). Fille de commerçants aisés, elle épousa à vingt ans Otto Wesendonck, riche industriel de Zurich, de treize ans son aîné. C'est dans cette ville que Richard Wagner, compromis lors des émeutes de Dresde en mai 1849, les rencontra. Son exil en Suisse dura une dizaine d'années, au cours desquelles Otto Wesendonck lui apporta un soutien matériel important. Hébergé à Traunsee dans une maison voisine de la leur, Wagner s'éprit de la jeune femme de son protecteur ; Mathilde fut son élève avant de devenir sa maîtresse en 1852. Révérée à l'égal des muses, elle lui inspira une passion qui survécut à leur rupture. Lorsque Minna Wagner* découvrit la nature de leurs relations, elle cria au scandale. L'amitié qui liait le compositeur à son mécène et le respect qu'il avait pour sa maîtresse le contraignirent à une séparation brutale, dont l'opéra *Tristan et Isolde* (1859) demeure le sublime témoignage. En 1857-1858, Wagner avait composé sur des poèmes écrits par Mathilde cinq lieder, réunis par la suite sous le titre *Études pour Tristan*. Rendue à la vie conjugale, Mathilde poursuivit son existence à Dresde puis à Berlin. Elle écrivit encore des poèmes dramatiques, des comédies, et un livre destiné aux enfants. La gloire tumultueuse de Wagner la poursuivit jusqu'à sa mort.

WEST Mae. Actrice et scénariste américaine (Brooklyn, 1893 - Hollywood, 1980). Son père, un Irlandais qui s'occupa peu d'elle, reste un personnage flou, dont on ne sait s'il était joueur professionnel, boxeur ou détective privé. Sa mère, allemande, était mannequin. C'est elle qui lui fit apprendre la danse et l'introduisit dès l'âge de cinq ans dans les milieux du music-hall, où ses dons d'imitatrice amusaient le public. Elle fit ses véritables débuts sur scène à l'âge de quatorze ans et fut bientôt considérée comme une reine du « burlesque ». À dix-huit ans, elle épousa le chanteur de jazz Frank Wallace, qui fut son seul mari et dont elle divorça plus tard très discrètement. Elle avait dix-neuf ans lorsqu'un sketch qu'elle avait écrit pour elle et sa sœur dans sa première pièce, *Mae et Beverley*, retint l'attention des critiques. Dès lors, elle décida de rédiger elle-même des scénarios, qu'elle interprétait toujours de façon très provocante: «Le public aime ça», expliquait-elle. En 1926, une pièce dont elle était l'auteur et le personnage principal, au titre sans équivoque, *Sex*, provoqua une levée de boucliers des ligues puritaines et beaucoup d'ennuis pour Mae West, qui non seulement ne désarma pas, mais persista en montant *The Drag* et sa grande réussite, *Diamond Lil*, qui remporta un immense succès. La Paramount décida de l'engager sur-le-champ. Son arrivée à Hollywood en 1932 fut un événement. Son premier film, *Night After Night* (Mayo) avec George Raft, dont elle réécrivit des scènes entières, fut un succès. Suivit *Lady Lou* (Sherman, 1933), l'une de ses plus célèbres créations, avec Cary Grant, qu'elle avait choisi pour partenaire. Le retentissement de ce film sauva, dit-on, la Paramount de la faillite. *I'm No Angel* (Ruggles, 1933) atteignit le record de deux cent mille entrées en une semaine.

À chacun de ses films, Mae West s'affirma davantage en tant qu'actrice, scénariste et productrice. Avec Duke Ellington elle chanta «Ce n'est pas un péché» dans *Belle of the Nineties* (Mac Carey, 1934), puis dans le célèbre *Fifi Peau-de-pêche* (Sutherland, 1938), dont Louis Armstrong avait composé la musique. Le personnage de *Lady Lou*, qu'elle avait voulu excessif et provocant, reste l'incarnation la plus spectaculaire de celle qui fut sacrée «sex-symbol des années 30». Blonde superbement vulgaire, le sourire narquois, la voix canaille, le déhanchement provocant, elle accompagnait ses phrases de sortes de roucoulements et de regards en coin. Toujours couverte de strass, de plumes, de satin et de diamants, elle créa un personnage haut en couleur, à l'opposé du style sophistiqué des actrices de l'époque. Ayant su gérer ses affaires, elle vécut et mourut dans l'opulence. En 1959, elle publia ses Mémoires, *Rien à voir avec la vertu*, dont plusieurs passages furent censurés, ce qui la flatta beaucoup. Comme pour ajouter à sa gloire, lors de la Seconde Guerre mondiale, les pilotes de la RAF baptisèrent «Mae West» leurs gilets de sauvetage gonflables, en souvenir de ses formes rebondies. Elle a publié un second livre de souvenirs, *Life and Sex* (1975).

WEST Rebecca (Cecily Isabel Fairfield, dite). Romancière et journaliste américaine (Édimbourg, 1892 - Londres, 1983). D'origine anglo-irlandaise par son père Charles Fairfield, elle fut élevée à Édimbourg où sa famille s'était installée. Rebecca West, qui choisit son pseudonyme à dix-neuf ans, inspirée par l'héroïne d'Ibsen, suivit quelque temps des cours de théâtre à Londres puis devint journaliste et embrassa la cause féministe. À partir de 1911, elle écrivit pour différents journaux, en particulier une étude sur *Marriage* (1912) de H.G. Wells, qu'elle rencontra à cette occasion et qu'elle épousa. Ce fut le début d'une passion de dix années; ils eurent un fils, Anthony West. Elle publia plusieurs romans: *The Return of the Soldier* (1918), *The Judge* (1922), *Harriet Hume* (1929), *The Fountain Overflows* (1956). En 1930, elle se remaria avec Henry Maxwell Andrews; ils visitèrent ensemble la Yougoslavie, dont elle rapporta une étude journalistique considérée comme sa meilleure œuvre, *L'Agneau noir et le Faucon gris* (2 vol., 1941). D'une vigueur inlassable jusqu'à sa mort à près de quatre-vingt-dix ans, elle est moins connue comme romancière que comme journaliste; c'est en cette qualité qu'elle assista au procès de Nuremberg.

WESTBROOK Harriet. Anglaise (1795-1816). Elle épousa à l'âge de seize ans le poète Shelley. Brouillés avec leurs familles respectives, privés d'attaches, les jeunes gens errèrent de l'Irlande au pays de Galles, de Londres à la région des Lacs. La naissance de leur fille Ianthe et leur remariage selon le rite anglican n'empêchèrent pas Shelley de tomber amoureux de Mary Wollstonecraft* et de fuir avec elle sur le continent. Harriet Westbrook attendait alors un second enfant, Charles, qui naquit en novembre 1814. Inconsolable, elle refusa toujours d'aller rejoindre en Suisse le couple qui l'invitait à partager son existence, et elle se suicida en 1816.

WESTERDIJK Johanna. Phytopathologiste néerlandaise (Amsterdam, 1883-[?]). Au cours de ses études à Amsterdam sous la direction du maître Hugo De Vries, père des mutations, puis de Van Hall et enfin de Goebel à Munich, elle se passionna pour la phytopathologie et réussit à s'inscrire à la faculté de Zurich, l'une des rares universités de l'époque à admettre les femmes. Docteur ès sciences en 1906, elle devint directrice du laboratoire de phytopathologie à Amsterdam, professeur à la faculté d'Utrecht puis à celle d'Amsterdam en 1930. Mondialement célèbre parce que grande voyageuse et polyglotte, première femme professeur de faculté aux Pays-Bas et premier professeur de phytopathologie en Europe, elle dirigea pendant un demi-siècle la mycothèque du Central-bureau voor Schimelcultures, dont elle fit un centre de réputation internationale : de 80 cultures à son origine, il réunissait en 1958, au terme de la carrière de Johanna, plus de 9 000 souches de champignons et de levures. Membre de l'Académie hollandaise, elle fut aussi docteur *honoris causa* des universités d'Upsala et de Giessen.

WESTHOFF Clara. Sculpteur. Allemande (Brême 1878-1954). Sculpteur de talent, elle fut l'une des brillantes élèves de Rodin. En 1901, elle épousa l'écrivain Rainer-Maria Rilke, mais leur union fut de courte durée car l'année suivante son mari déserta son foyer, laissant son épouse et leur fille. Clara Westhoff est l'auteur de très beaux bustes dont ceux de *Rodin* et de *Rilke*.

WETHERED Joyce. Championne de golf anglaise (née en 1901). Elle est la plus grande joueuse de golf anglaise de sa génération. Née dans une famille de sportifs, elle est la sœur du champion de golf Roger Henry Wethered, qui lui prodigua ses conseils. Elle affiche le plus brillant palmarès des joueuses de golf anglaises des années 20 à 30. Son premier grand succès fut remporté au championnat d'Angleterre à Sheringam en 1920, devant Cecil Leitch, la grande championne d'avant la guerre de 1914. Joyce Wethered gagna à nouveau cette épreuve à quatre reprises. De 1920 à 1924, elle remporta trente-trois tournois consécutifs et fut victorieuse au British Amateur Championship en 1924 et 1925. Elle s'imposa également dans le tournoi de Saint-Andrews devant l'une des meilleures joueuses américaines de l'époque, Glenna Collett*. Au cours de sa carrière, Joyce Wethered participa à onze championnats internationaux et gagna neuf médailles d'or, une médaille d'argent et une de bronze. Elle fut membre de l'équipe anglaise féminine de golf pendant cinq années consécutives, de 1921 à 1925, et en 1929.

WHARTON Edith, née Newbold Jones. Romancière américaine (New York, 1862 - Saint-Brice-la-Forêt, Seine-et-Oise, 1937). Issue d'une famille new-yorkaise très fortunée de la haute société, elle reçut une instruction chez elle puis poursuivit ses études en Europe. En 1885, elle épousa Edward Robbins Wharton, aristocrate de Boston, et, en 1907, le couple s'installa à Paris. Leur union ne fut pas heureuse : elle souffrait de dépression tandis que la santé mentale de son mari déclinait. Elle fit ses débuts d'écrivain dès l'âge de onze ans mais ne commença à publier qu'à trente-huit ans. Elle fit d'abord paraître des nouvelles, *The Greater Inclination* (1899), puis un roman, *The Touchstone* (1900). Elle avait pour ami Henry James, dont l'influence sur son œuvre est évidente, tant dans la forme qu'en ce qui concerne les préoccupations esthétiques. En 1905, *Chez les heureux du monde* fit d'elle une romancière de premier plan. De nombreuses autres œuvres suivirent: *Madame de Treymes* (1907), *Etan Frome* (1911), la moins caractéristique mais la plus admirée, *The Reef* (1912). Divorcée en 1913, elle mena une vie cosmopolite et continua sa carrière littéraire: *L'Âge de l'innocence* (1920), qui obtint le prix Pulitzer, *La Récompense d'une mère* (1925), *Hudson River Bracketed* (1929), *A Backward Glance* (1934), son autobiographie. La liste est loin d'être exhaustive. À sa mort, elle laissait un roman inachevé, *The Buccaneers* (1938). Son œuvre décrit le conflit entre les conventions sociales et l'accomplissement personnel des individus.

RÉF.: E.K. Brown, *Edith Wharton, étude critique*, Genève, 1935.

WHEATLEY Phillis. Poétesse de langue anglaise (Afrique, 1735 (?) - 1784). À l'époque de la traite des Noirs, elle se retrouva, alors qu'elle était enfant, sur le marché aux esclaves de Boston où un commerçant de la ville, John Wheatley, l'acheta. Le marchand et sa femme la traitèrent comme leur fille, lui donnèrent une instruction et encouragèrent son talent poétique. En 1773, ils l'envoyèrent même à Londres, sous la conduite de leur fils, où ses poèmes, *Poems on Various Subjects, Religious and Moral*, parurent la même année avec une préface signée de plusieurs notables du Massachusetts certifiant que Phillis est bien l'auteur des poèmes signés par elle. Si l'œuvre est conventionnelle dans le style néoclassique au goût du jour, l'auteur, par son curieux itinéraire, n'en méritait pas moins une mention.

WHITE Pearl. Actrice américaine (Green Ridge, 1889 - Neuilly-sur-Seine, 1938). Première «reine de l'écran», elle fut, à son époque, la vedette mondiale de cinéma la plus populaire et incarna pour la jeunesse américaine la jeune fille sportive, intrépide et sentimentale. Née dans une famille de comédiens, ses parents la firent monter toute enfant sur les planches et elle parut la première fois à l'écran dans *La Vie de Buffalo Bill* (Golden, 1910), puis dans des dizaines de courts métrages. En 1914, elle joua dans *The Perils of Pauline* (Gasnier) et *Pearl of the Punjab* (Fitzmaurice), qui la rendirent célèbre; elle obtint un succès fabuleux avec *Les Exploits d'Elaine* et *Les Nouveaux Exploits d'Elaine* (Gasnier et Mackenzie, 1915), succès que ne démentirent pas les nombreux films qu'elle tourna jusqu'en 1922. Cependant, elle fut moins heureuse dans les rôles dramatiques, et ses derniers films ne lui assurèrent plus la faveur inconditionnelle de son public. Elle s'exila alors en France, et on la vit sur des scènes de music-hall, notamment au Casino de Paris. Un film lui a été consacré en 1946: *Exploits de Pearl White* (Marshall). Citons encore quelques-uns de ses films: *The King's Game* (Seitz, 1916), *Pearl of the Army* (Seitz, 1916), *Hazel Kirke* (Gasnier, 1916), *Black Secret* (Seitz, 1919), *Black Is White* (Giblyn, 1920), *The White Moll* (Millarde, 1920), *The Mountain Woman* (Giblyn, 1921), *Plunder* (Seitz, 1922), *Terreur* (José, 1924).

WHITNEY Gertrud, née Vanderbilt. Sculpteur. Américaine (New York, 1875 - *id.*, 1942). Elle étudia la sculpture à l'Art Student League, puis vint à Paris, où elle travailla dans l'atelier d'Auguste Rodin. Mais le génie du sculpteur français n'eut que peu d'influence sur elle, car elle resta résolument dans le sillage des artistes traditionalistes du XIXᵉ siècle. Après la Première Guerre mondiale, elle exécuta de nombreux monuments aux morts, parmi lesquels le *Washington Heights War Memorial* (1921-1922) et plusieurs fontaines et sculptures ornementales. Son *Mémorial du Titanic* (1914) l'a rendue célèbre. C'est une grande statue de granit de plus de cinq mètres de hauteur, représentant un homme debout, les bras tragiquement tendus. Elle s'élève au Channel Park de Washington. Gertrud Whitney a créé à New York le Whitney Studio, qui porte aujourd'hui le nom de Whitney Museum of American Art. Elle avait épousé Harry Whitney en 1896.

WIEGAND Charmion von. Peintre. Américaine (Chicago, 1900 - New York, 1983). Elle fit ses études aux États-Unis, à l'université de Columbia, puis en Europe. De retour dans son pays, elle vécut à San Francisco avant de se fixer à New York. Elle commença à peindre en 1929, très influencée à ses débuts par l'œuvre de Derain avant de découvrir, quelques années plus tard, celle de Piet Mondrian. Lorsque celui-ci arriva à New York, en 1941, elle fit sa connaissance. Elle resta l'une de ses proches jusqu'à ce qu'il fût emporté des suites d'une pneumonie en 1944. Son œuvre a été fortement marquée par celle de Mondrian, avant même qu'elle ne le rencontrât. Elle a participé à de nombreuses expositions de groupes, Peggy Guggenheim — Art of This Century (1945), Artistes abstraits américains à Paris et à Copenhague (1950) ou Whitney Annual au Whitney Museum à New York (1955-1957) notamment. De nombreuses expositions personnelles, autant à la Rose Fried Gallery (1942, 1948, 1956) à la John Heller Gallery (1956) qu'en Europe, à Ascona en Suisse par exemple (galerie La Citadelle, 1959), ont aussi contribué à consacrer son renom. Ses œuvres figurent dans d'importantes collections privées ainsi qu'au Museum of Modern Art à New York ou au Carnegie Institute.

WIESENTHAL Grete. Danseuse et chorégraphe autrichienne (Vienne, 9 décembre 1885 - *id.*, 22 juin 1970). Elle étudia à l'école de danse de l'Opéra de Vienne, où elle devint soliste de 1901 à 1907. C'est alors qu'elle décida de se consacrer aux valses viennoises. Renonçant au ballet classique, elle dansa avec ses sœurs Elsa et Berta avant de prendre pour partenaire Tony Birkmeyer. Le couple se produisit en tournée dans le monde entier. Élégante et gracieuse, on l'admira dans des films et des pantomimes et Hugo von Hoffmannsthal écrivit quelques-uns de ses livrets. À partir de 1908, elle travailla avec Max Reinhardt, qu'elle suivit à Berlin, Munich et Stuttgart. Elle participa régulièrement au festival de Salzbourg, signant des chorégraphies originales sur des bases académiques. Elle ouvrit une école en 1919 et enseigna à l'Académie d'art et de musique de Vienne (1934-1952), dont elle assuma la direction à partir de 1945.

WIETROWETZ Gabrielle. Violoniste yougoslave (Ljubljana, 1866 - 1937). Son père fut son premier professeur. Elle fut également l'élève de Gasper et du célèbre violoniste Joachim. Lauréate du prix Mendelssohn, elle donna de nombreux concerts avec son maître dans toute l'Europe, et notamment à la Philharmonie de Berlin. En Angleterre, elle fit ses débuts au Cristal Palace. Gabrielle Wietrowetz créa un quatuor entièrement féminin qui obtint de brillants succès lors des nombreuses tournées qui les conduisirent dans la plupart des grandes villes du continent.

WIGMAN Mary (Marie Wiegmann, dite). Danseuse et chorégraphe allemande (Hanovre, 13 novembre 1886 - Berlin, 18 août 1973). Issue d'une famille de commerçants, elle se passionna d'abord pour la littérature, puis pour le chant et la musique. À vingt-quatre ans, sans vocation exclusive de danseuse, elle suivit les cours de l'école dalcrozienne, dont la pédagogie la laissa sceptique. Sa rencontre avec le peintre expressionniste Emil Nolde fut déterminante ; elle apprit à substituer à la classique représentation du monde une approche émotionnelle, chargée de violence. Élève de Rudolf von Laban à Ascona (1913-1919), elle appliqua dans ses compositions les préceptes de son maître : « Révéler ce qui se cache dans l'Être ». Après la rythmique de Jacques-Dalcroze, elle travailla le silence. Il y avait du médium dans les transes de sa première chorégraphie, *La Danse de la sorcière* (1914), qu'elle remania à plusieurs reprises. En 1917, elle esquissa une première version de *La Danse des morts*. C'est après la Première Guerre mondiale que Mary Wigman se fit connaître par ses tournées.

En 1920, elle se fixa à Dresde, où elle ouvrit sa propre école. Elle y affina une technique fondée sur la respiration, l'improvisation collective, les syncopes du mouvement et de l'orientation. Au congrès de la Danse à Essen en 1928, elle triompha avec *La Fête* et, deux ans plus tard, avec le *Monument aux morts*. Sa vision tragique de l'existence se manifesta encore dans *Le Sacrifice*, qu'elle présenta aux États-Unis, où son importance fut reconnue d'emblée. Elle ouvrit à New York une école que dirigea son assistante, Hanya Holm*. Dans les années 30, elle comptait près de deux mille élèves, dont ses fidèles Georgi* et Kreutzberg. Mais la liberté prônée par Mary Wigman ne convenait guère au régime nazi, qui fit fermer l'institut de Dresde en 1940. Elle cessa toute production pour enseigner à l'Académie de musique de Leipzig. Après la guerre, son activité reprit de plus belle. En 1949, l'école émigra à Berlin-Ouest pour devenir la plaque tournante de la danse moderne, et ce jusque dans les années 60.

Mary Wigman a largement contribué à libérer l'expression des codes académiques et, au-delà, de son support musical. Elle est l'une des premières à avoir tiré parti du silence ou des seules percussions. Elle n'est pas pour autant ennemie du patrimoine classique, comme en témoigne le choix de ses chorégraphies pour les opéras germaniques : *Saül*, musique de Haendel (Mannheim, 1954) ; *Catulli carmina* et *Carmina burana* de Orff (Mannheim, 1955) ; *Le Sacre du printemps* de Stravinski (Berlin, 1957) ; *Alceste* de Gluck (Mannheim, 1958). Mary Wigman a obtenu le prix Schiller en 1954 et le prix de la critique allemande en 1961. En 1963, elle a publié *Le Langage de la danse*, qui donne les clefs de sa création et de son enseignement. Alvin Nikolais, Susan Buirge*, Carolyn Carlson* et d'autres encore témoignent aujourd'hui de la voie qu'elle a tracée en retournant aux sources du mouvement.

WILDE Patricia. Danseuse canadienne (née à Ottawa, le 16 juillet 1928). Elle se forma dans son pays natal, puis avec Dorothy Littlefield et à l'école de l'American Ballet, où elle débuta en 1943. Elle se produisit ensuite avec diverses compagnies, dont le Ballet international et le Ballet russe de Monte-Carlo. En 1950, elle fut engagée au New York City Ballet, dont elle devient l'étoile. Long, souple mais charpenté, son corps est un instrument superbe qui exécute toutes les prouesses techniques requises par les ballets de Balanchine et de Robbins. Elle créa pour le premier *La Valse* (1951), *Caracole* et *Scotch Symphony* (1952), *Opus 34* et *Western Symphony* (1954), *Divertimento n° 15* (1956), *Square Dance* (1957) ; pour Robbins, *Quartet* (1954). Patricia Wilde se retira en 1965 pour enseigner à l'American Ballet Theatre School, dont elle assuma la direction artistique à partir de 1979.

WILDING-DAVIDSON Emily. Suffragette anglaise (1878-1913). Elle est considérée comme une martyre de la cause des femmes. Afin d'attirer l'attention de la population sur l'inégalité de la situation féminine dans la société, contre laquelle elle lutta avec toute l'ardeur de son tempérament combatif, elle n'hésita pas à se jeter sous les pieds du cheval Anmer, portant les couleurs du roi au Derby d'Epsom, et mourut des suites de ses blessures. Toute l'Angleterre fut consternée par ce geste héroïque, et les obsèques d'Emily Wilding furent l'occasion d'une manifestation massive des nombreux partis politiques qui suivirent son enterrement.

WILHELMINE. Reine des Pays-Bas (La Haye, 1880 - château de Loo, près d'Apeldoorn, 1962). Fille de Guillaume III et d'Emma de Waldeck-Pyrmont, Wilhelmine, princesse d'Orange-Nassau, est la dernière descendante de la lignée des princes d'Orange qui, pendant trois siècles, furent associés aux destinées du peuple néerlandais. Très intelligente, la princesse était également douée pour les beaux-arts, les lettres et les sciences politiques, qui faisaient partie de son éducation princière. Passionnée de peinture, elle peignit des tableaux toute sa vie. En 1890, le roi Guillaume III mourut après avoir confié la régence à la reine Emma, qui l'exerça pendant huit ans jusqu'à la majorité de Wilhelmine. Le début de son règne fut marqué par des difficultés intérieures: les premières grèves ouvrières et la guerre des Boers. Courageusement, elle offrit l'asile au président Krüger. Elle épousa le duc Henri de Mecklembourg-Schwerin en 1901, lequel, comme prince consort, ne pouvait assumer aucune fonction au sein de l'État. Cependant, le prince Henri joua auprès de la reine un rôle éminent de conseiller privé. En 1909, Wilhelmine donna naissance à son unique fille, la future reine Juliana*.

Pendant la Première Guerre mondiale, la souveraine parvint à préserver la neutralité de son pays et alla jusqu'à refuser aux Alliés, la paix signée, l'extradition de Guillaume II, réfugié aux Pays-Bas. En 1917, elle promulga des lois sociales, la journée de travail de huit heures et le suffrage des femmes. Très populaire, la reine, d'une simplicité austère, était célèbre pour la modestie de sa vie, pour la façon bourgeoise avec laquelle elle faisait elle-même ses courses et ses promenades à bicyclette dans les rues de la capitale. En 1934, Wilhelmine perdit sa mère, la reine Emma, et son mari, le prince Henri.

La Seconde Guerre mondiale fut la plus dure épreuve de son règne. En 1940, les armées allemandes envahirent les Pays-Bas, et la reine et son gouvernement, après avoir tenté de se rendre en Flandre zélandaise, se réfugièrent finalement en Angleterre où ils furent accueillis par le roi George VI. Durant son exil, qui devait durer cinq ans, la reine, grâce aux émissions de Radio-Orange, encouragea son peuple à la résistance en lui donnant confiance dans l'avenir. À la libération de sa patrie, elle trouva son pays en ruine: les gares, les usines et les installations portuaires étaient rasées, l'économie était anéantie. Malgré tout, le florin fut sauvé, et une véritable paix sociale permit au pays de se relever. Après cinquante ans de règne, Wilhelmine abdiqua en 1948 en faveur de sa fille Juliana, se retira de la vie active et se consacra à la peinture et aux œuvres charitables. Elle est l'auteur de deux livres: *Solitaire mais pas seule* et *Le Grand Inconnu.*

WILLARD Emma, née Hart. Pédagogue américaine (1787-1870). Elle fit partie, avec Mary Lyon* et Catherine Beecher, du grand mouvement qui, au début du XIXe siècle, se dessina aux États-Unis en faveur de l'éducation des jeunes filles. Elle fonda en 1821, dans l'État de New York, un collège féminin pour la formation des institutrices, qu'elle dirigea jusqu'en 1838. Elle a laissé d'intéressants ouvrages de pédagogie.

WILLARD Frances Élisabeth. Philanthrope américaine (1839-1898). Elle doit sa renommée à la lutte impitoyable qu'elle entreprit pour faire interdire la fabrication et l'importation de l'alcool aux États-Unis. Son action s'étendit également aux stupéfiants et à la drogue, dont elle dénonçait les ravages dans la population américaine adulte et dans la jeunesse. Sa notoriété lui valut d'être nommée présidente de la ligue Woman's Christian Temperance Union. Elle fonda, en outre, la World's WCTU dont l'action s'étendit dans le monde entier. Frances Willard eut l'honneur de figurer dans le Hall of Fame à Washington.

WILLIAMS Betty. Femme politique irlandaise (née à Belfast en 1943). Catholique pacifiste, elle a fondé avec la protestante Mairead Corrigan le Mouvement des femmes pour la paix (*Women's Peace Movement*) d'Irlande du Nord. À la suite d'un affrontement à Belfast entre des membres de l'IRA et la police, en août 1976, où trois enfants avaient été tués, elles organisèrent ensemble des marches de femmes pour la paix. Elles rassemblèrent ainsi dix mille participantes à la première manifestation, vingt mille à la seconde, trente mille à la troisième. Elles ont obtenu le prix Nobel de la paix en 1976.

WILLIAMS Esther. Actrice américaine (née à Los Angeles en 1921). Championne de natation des États-Unis à l'âge de quinze ans, elle se produisit dans de nombreux numéros de ballets aquatiques avant d'être engagée par la MGM en 1942; la firme, exploitant ses talents de belle naïade, fit d'elle la vedette de films à succès dont *Le Bal des sirènes* (Sidney, 1944) et *La Première Sirène* (LeRoy, 1952) qui obtinrent de véritables triomphes. Cependant, elle prouva qu'elle était aussi une excellente comédienne dans le rôle dramatique de *L'Enquête de l'inspecteur Graham* (Keller, 1956). Esther Williams a abandonné le cinéma en 1962 et n'a jamais été remplacée dans sa spécialité. Citons parmi ses films: *Ziegfeld Follies* (Minnelli, 1946), *Ève éternelle* (Buzzell, 1946), *Dans une île avec vous* (Thorpe, 1948), *Chanson païenne* (Alton, 1950), *Jupons à l'horizon* (Lanfield, 1952), *Traversons la Manche* (Walters, 1953), *Orage au paradis* (Wilson, 1958), *Les Rois du cirque* (Clark, 1961).

WILLS Helen. Championne de tennis américaine (née à Berkeley, Californie, en 1905). Elle possède le palmarès le plus brillant de l'histoire mondiale du tennis, supérieur à celui de Suzanne Lenglen*, pourtant exceptionnel. Le fameux match de Cannes en 1926, qu'elle avait perdu contre la grande Suzanne, avait été la rencontre d'une jeune championne en pleine ascension et d'une joueuse terminant sa carrière. À partir de cette rencontre, Helen Wills ne connut plus que des succès. Sa supériorité sur ses adversaires était telle que ces dernières entraient sur le court sans espoir, heureuses si le score n'était pas trop catastrophique pour elles. Très fortes, toutes ses balles possédaient un effet de lift, qui rendait très difficiles les retours de l'adversaire. Si elle n'était pas aussi mobile que Suzanne Lenglen ou Miss Ryan*, sa puissance de frappe était exceptionnelle pour une femme. Sur les courts, Helen Wills était d'une impassibilité légendaire. Victime d'une erreur d'arbitrage, gagnant ou perdant un point, ovationnée ou pas, rien n'altérait son visage. Pour cette raison, on l'avait surnommée «Miss Poker Face». Elle évoluait munie d'une grande visière qui remplaça vite le célèbre bandeau blanc de Suzanne Lenglen. Elle fut la première joueuse à abandonner les bas pour des socquettes, qu'elle inaugura à Wimbledon, ce qui fit sensation.

Elle remporta sept fois les Internationaux des États-Unis (1923, 1924, 1925, 1927, 1928, 1929, 1931); huit fois ceux de Grande-Bretagne (1927, 1928, 1929, 1930, 1932, 1933, 1935, 1938); quatre fois ceux de France (1928, 1929, 1930, 1932). Elle fut une fois championne olympique (1924) et fut classée neuf fois championne du monde, ce qui est un record absolu (1927, 1928, 1929, 1930, 1931, 1932, 1933, 1935, 1938). Elle se maria deux fois: avec Mr. Moody — plusieurs de ses titres furent conquis sous ce nom — et avec Mr. Roark. Ayant pris sa retraite, elle se consacra à la peinture, non sans succès.

WINDSOR Wallis, née Warfield, duchesse **de**. Américaine (Pennsylvanie, 1896 - Paris, 1986). Née dans une honorable et vieille famille installée aux États-Unis depuis le début du XVIIIe siècle, Wallis Warfield, ravissante, aux magnifiques yeux bleus, épousa à vingt ans un pilote d'avion, Winfield Spencer, dont elle divorça après dix ans de mariage pour se remarier à Londres avec un riche courtier de la City, Ernest Aldrich Simpson, qui la présenta dans les salons londoniens. En 1933, son charme et son esprit firent la conquête du prince de Galles. À la mort de George V en 1936, le prince de Galles monta sur le trône sous le nom d'Édouard VIII. Malgré les pressions de sa famille et du gouvernement, il refusa de ne plus voir Mrs. Simpson, qui était d'ailleurs en instance de divorce. Pour éviter le scandale, elle se réfugia en France chez des amis, Mr. et Mrs. Roggers. Édouard VIII se décida à abdiquer, la raison du cœur l'ayant emporté, fut fait duc de Windsor et épousa Wallis Simpson à Candé, près de Tours, le 3 juin 1937.

Les Windsor entrèrent dans un exil doré; le duc fut nommé gouverneur des Bahamas, poste qu'il occupa pendant cinq ans, puis le couple voyagea au Portugal, en Espagne, et se fixa finalement à Paris, dans une belle propriété à Neuilly près de Bagatelle, que la Ville de Paris avait mis à sa disposition en 1953 pour un loyer dérisoire. Ils y vécurent jusqu'à la fin de leur vie. Le prince Charles et la princesse Alexandra de Kent venaient parfois leur rendre visite en secret, car la réconciliation familiale ne fut jamais officialisée. La duchesse de Windsor, très élégante, habillée par les plus grands couturiers, donna à Neuilly des dîners réputés pour leur raffinement. Après la mort du duc en 1972, elle se retira peu à peu du monde et mourut à l'âge de quatre-vingt-dix ans.

Son testament est un hommage à la France et un remerciement à sa terre d'asile. Le produit de la vente de sa somptueuse collection de bijoux, parures, colliers, bracelets, bagues, boucles d'oreilles, clips ornés de diamants, de saphirs — sa pierre préférée —, alla à l'Institut Pasteur, légataire universel de la duchesse. Ces bijoux avaient été offerts par le duc à son épouse; aucun ne provenait de la cour d'Angleterre. Plusieurs organismes de charité et de recherches scientifiques reçurent des dons, et des musées français (le château de Versailles, le Louvre, la Manufacture de Sèvres) bénéficièrent également de cette succession. Quelques souvenirs allèrent à la famille royale d'Angleterre. La duchesse de Windsor repose aux côtés de son mari dans la chapelle du parc de Windsor.

WINTERS Shelley (Shirley Schrift, dite). Actrice américaine (née à East St Louis, Illinois, en 1922). Après des études à New York, elle débuta en 1941 comme actrice à Broadway. Deux ans plus tard, on la voyait au cinéma dans de petits rôles, ingrats pour la plupart mais dont elle se tirait à merveille. Vite considérée comme une des meilleures actrices de sa génération, elle tourna avec les plus grands metteurs en scène comme Siodmak, Aldrich, Wise, Kubrick, Sherman. Citons parmi ses nombreux films *Me-*

naces dans la nuit (Berry, 1951), *Place au soleil* (Stevens, 1951), *La Nuit du chasseur* (Laughton, 1955), *Lolita* (Kubrick, 1962). Elle a été mariée à Vittorio Gassman et à Anthony Franciosa.

WITTICH Marie. Soprano allemande (Giessen, 27 mai 1868 - Dresde, 4 août 1931). Elle étudia le chant à Würzburg avec Otto-Ubridz et débuta à Magdebourg dans le rôle d'Azucena (*Le Trouvère*, Verdi) à l'âge de quinze ans. Après des engagements à Bâle, Düsseldorf et Schwerin, elle entra à l'Opéra de Dresde où elle se produisit de 1889 à 1914, créant en 1905 Salomé (*Salomé*, R. Strauss). De 1901 à 1906, elle participa au festival de Bayreuth où elle fut Sieglinde (*La Walkyrie*), Isolde (*Tristan et Isolde*) et Kundry (*Parsifal*). Invitée à Covent Garden à Londres en 1905-1906, elle chanta des rôles wagnériens: Elsa (*Lohengrin*), Élisabeth (*Tannhäuser*), Isolde (*Tristan et Isolde*) et Sieglinde (*La Walkyrie*). Elle quitta prématurément la scène pour des raisons de santé.

WITTIG Monique. Romancière française (née à Dannemarie, Haut-Rhin, en 1935). Célibataire, elle a toujours combattu la domination de l'homme sur la femme et refusé l'hétérosexualité; à cet égard, son célèbre roman *Le Corps lesbien* (1973) illustre parfaitement sa pensée. Citons également *Les Guerillières* (1969), dans lequel l'auteur expose la révolte des «femmes-objets» contre l'homme. Monique Wittig a reçu le prix Médicis pour *L'Opoponax* (1964). Son œuvre est marquée par la recherche d'une langue originale échappant aux conventions du sexisme.

WODZINSKA Marie. Polonaise (Varsovie, 1819-1896). C'est à elle que l'on doit la célèbre et déchirante *Valse op. 69. n° 1* de Chopin, qu'il improvisa pour elle la veille de leur séparation et qu'elle avait appelée *La Valse de l'adieu*. Marie Wodzinska faisait partie d'une famille très fortunée de Varsovie et avait connu Chopin dans cette ville. Elle était depuis son enfance une amie de celui qui devait devenir l'un des plus grands musiciens de son temps. Chopin, qui avait quitté Varsovie, retrouva Marie à Dresde. L'enfant qu'il avait connue était devenue une ravissante jeune fille, dont il tomba passionnément amoureux. Ils ne se quittèrent pas pendant les premières semaines de leur rencontre et il fut question de mariage. Mais le compositeur éprouva une amère déception lorsque le père de Marie refusa de consentir à une union entre les deux jeunes gens, à cause de la santé déjà fragile du compositeur, chez qui commençaient à se manifester les premiers symptômes de la maladie qui devait l'emporter plus tard. Chopin conserva toute sa vie la nostalgie de son amour pour Marie Wodzinska.

WOFFINGTON Peg (Margaret, dite). Actrice irlandaise (Dublin, 1718 - Teddington, 1760). Engagée dès l'âge de douze ans par une funambule, Mme Violante, elle joua dans des troupes d'enfants. Elle se tailla un beau succès dans le rôle de Polly (*L'Opéra des gueux*, Gay). De retour à Dublin, elle entra au Smock Alley Theatre, où elle triompha dans *The Constant Couple* (Farquhar) en 1740. La même année, elle joua la même pièce à Covent Garden, tenant avec beaucoup d'esprit et d'élégance le rôle de sir Harry Wildair. Sa voix un peu discordante lui interdisait les rôles tragiques mais faisait merveille dans les pièces de Congreve, Farquhar et Cibber. Ravissante et généreuse, elle fut pendant quelques années la maîtresse de David Garrick et s'attira par la même occasion les foudres de ses rivales, surtout celles de Kitty Clive*. Son brillant partenaire lui dédia la charmante chanson *My Lovely Peggy*. Elle fit ses adieux à la scène en 1757, se consacrant à la charité à

Teddington, où elle mourut. Tom Taylor et Charles Reade en firent l'héroïne de leur pièce, *Masks and Faces* (1852).

WOLLSTONECRAFT Mary. Femme de lettres anglaise (Hoxton, 1759 - Londres, 1797). Une enfance pauvre, un père ivrogne et brutal dilapidant un reste de fortune, quelques bribes d'instruction données par un pasteur du voisinage frappé par la vive intelligence de Mary Wollstonecraft, voici, résumés, les débuts de celle qui allait devenir la mère de Mary Shelley*. Elle devint ensuite dame de compagnie avant d'ouvrir en 1784 une école à Newington Green avec sa sœur Eliza et une amie. En 1787, elle fit paraître chez l'éditeur radical Johnson *De l'éducation des filles*, puis partit en Irlande pour y devenir la gouvernante des filles de lord Kingsborough. Elle revint en Angleterre en 1788. Elle y fut, pendant quelques années, lectrice et traductrice de l'éditeur Johnson, qui publia son roman *Mary* (1788) ainsi que *Défense des droits des hommes* (1790) — une réponse aux attaques de Burke contre la Révolution française.

En 1792, parut son œuvre maîtresse, *Défense des droits des femmes*. Elle y réclame pour les femmes une éducation qui leur permette de cultiver leur intelligence et la conscience de leur dignité et qui leur donne la possibilité de subvenir matériellement à leur propre existence. Pendant cette période, elle fréquentait l'entourage de Johnson: Godwin, Holcroft et Füssli. Ce dernier était un peintre d'origine suisse pour lequel elle nourrissait une passion obsessionnelle. Femme à la « beauté sérieuse, qui attirait l'attention des plus distraits, mais qui décourageait les sentiments frivoles » (d'après les mots de Southey), elle ne réussit pas à détourner l'artiste de son épouse. En 1792, elle se rendit en France, où elle rencontra l'écrivain américain Gilbert Imlay, dont elle eut une fille, Fanny, en 1794. Rentrée à Londres en 1795, elle tenta par deux fois de se suicider, désespérée de l'abandon d'Imlay. En 1797, elle épousa Godwin et mourut de septicémie peu après la naissance de sa fille Mary, la future Marie Shelley. Godwin fit publier les œuvres posthumes de sa femme en 1798 et en trace le portrait dans son roman *Saint-Léon* (1799). Mary Shelley lui rendit plus tard un hommage vibrant:

> Mary Wollstonecraft fut un de ces êtres qui n'apparaissent qu'une fois par génération pour jeter sur l'humanité un rayon de lumière surnaturelle. Elle brille, puis elle semble s'obscurcir et les hommes croient qu'elle est éteinte, mais tout à coup elle se ranime pour briller éternellement.

RÉF.: C. Tomalin, *The Life and Death of Mary Wollstonecraft*, Londres, 1974.

WOOD Ellen, née Price (dite souvent **Mrs. Henry Wood**). Romancière anglaise (Worcester, 1814 - Londres, 1887). Fille d'un fabricant de gants de Worcester, elle épousa en 1836 le banquier Henry Wood et vécut avec lui dans le Dauphiné. En 1856, elle retourna en Angleterre et s'installa à Londres, où elle finit ses jours. En 1865, elle fonda une célèbre revue, *The Argosy*, qu'elle dirigea jusqu'à sa mort. Elle publia des grands auteurs de son temps, dont A. Trollope, C. Kingsley et C. Reade, en même temps que ses propres œuvres. Auteur de plus de quarante romans, elle est considérée comme l'un des pionniers du roman policier moderne; ses intrigues habilement construites, où interviennent le meurtre et le vol, sont l'occasion de décrire la classe moyenne des villes et des campagnes, ou encore d'aborder les problèmes de l'industrialisation ou du syndicalisme. Sa description malveillante d'une grève dans *A Life's Secret* (1867) valut à son éditeur d'être assiégé par une foule en colère.

Malgré leur morale conventionnelle et leur style banal, nombre de ses romans ont été des best-sellers dans le monde entier, battant en Australie les records de Dickens lui-même: ainsi *East Lynne* (1861), maintes fois adapté pour la scène, porté à l'écran et traduit en plusieurs langues, y compris l'hindoustani. Parmi ses meilleures œuvres, retenons *Mrs. Halliburton's Trouble* (1862), *The Channings* (1862), *The Shadow of Ashlydyat* (1863), *Lord Oakburn's Daughters* (1864), *Elster's Folly* (1866) et *Roland Yorke* (1869).

RÉF.: C.W. Wood, *Memorials of Mrs. Henry Wood*, Londres, 1894.

WOOD Natalie (Natasha Gurdin, dite). Actrice américaine (San Francisco, 20 juillet 1939 - Californie, 30 novembre 1981). Issue d'une famille d'émigrés russes, elle fit ses débuts au cinéma à l'âge de cinq ans. Star enfant, elle tourna de nombreux films et devint l'interprète favorite de grands metteurs en scène. Citons parmi ses meilleurs films *La Fureur de vivre* (Ray, 1955), *La Prisonnière du désert* (Ford, 1956), *La Fièvre dans le sang* (Kazan, 1961), *Propriété interdite* (Pollack, 1966). Mais elle reste surtout connue comme l'admirable interprète du rôle de Maria dans *West Side Story* (Wise et Robbins, 1960). Elle avait épousé l'acteur Robert Wagner. Elle mourut noyée.

WOOLF Virginia, née Stephen. Romancière anglaise (Londres, 1882 - près de Lewes, Sussex, 1941). Fille de sir Leslie Stephen, l'une des figures les plus originales de l'Angleterre victorienne, elle perdit sa mère à l'âge de treize ans. D'une santé fragile, côtoyant dès son plus jeune âge l'élite intellectuelle, elle manifesta très tôt un goût marqué pour le langage. Après la mort de son père, elle forma avec ses frères et sœurs un cercle, le Bloomsbury Group, réunissant écrivains et historiens dans leur maison de Bloomsbury. En 1905, elle commença à écrire pour le supplément du *Times*, dont elle resta la collaboratrice jusqu'à sa mort. En 1912, elle épousa l'économiste Leonard Woolf et fonda avec lui en 1917 une maison d'édition, la Hogarth Press. Celle-ci publia *Prélude* de Katherine Mansfield*, des poèmes de T.S. Eliot, des œuvres de Freud, des nouvelles de Virginia Woolf elle-même et des œuvres d'auteurs inconnus qui devinrent célèbres par la suite.

Son premier roman, *La Traversée des apparences* (1915), passa inaperçu. On y trouve déjà, comme dans *La Nuit et le Jour* (1919), une des constantes de son œuvre, le mouvement, symbole de la progression du temps, qui entraîne son auteur vers le néant qui la fascine. Par la suite, elle abandonna progressivement l'intrigue et les personnages bien caractérisés du roman traditionnel; *La Chambre de Jacob* (1922) est une suite d'impresssions multiples évoquant Thoby, son jeune frère mort accidentellement en 1906. Dans *Mrs. Dallaway* (1925), la tristesse est masquée par une vitalité qui apparaît comme un rempart contre l'angoisse de la mort. *La Promenade au phare* (1927) pose le problème de l'existence perçue comme le flux et le reflux d'une réalité modifiée par la vie intérieure. Homosexuelle pudique, elle écrivit *Orlando* (1928), roman de l'état d'androgyne. Cette allégorie est un aveu où l'auteur tente de libérer l'espace du temps, thème qu'elle poursuit dans *Vagues* (1931), le plus important peut-être de ses romans, et dans *Les Années* (1937).

Dans tous ces textes, Virginia Woolf soliloque sur l'expérience, la solitude, en essayant de franchir l'air et l'eau, par impressions fugitives, et révèle sa fascination pour le mystère de la création. Synthèse de son œuvre, *Entre les actes*, roman inachevé paru après sa mort, élève les symboles jusqu'au pathétique. Victime de dépression nerveuse — elle avait plusieurs fois attenté à sa vie —, elle se suicida à l'approche d'une crise. Maître des tourmentes intérieures et des tempêtes cérébrales, son art secret et difficile, qui transforma le roman traditionnel, la classe parmi les plus grands écrivains de son temps. Dans son *Journal*, publié après sa mort, Virginia Woolf se découvre dans son extrême fragilité.

RÉF. : M. Nathan, *Virginia Woolf*, Le Seuil, 1975. A. Bragance, *Virginia Woolf ou la Dame sur le piédestal*, Des femmes, 1984. L. Gordon, *Virginia Woolf: A Writer's Life*, Oxford University Press, 1984. P. Rose, *Virginia Woolf*, La Manufacture, 1987.

WRIGHT Mickey (Mary Kathryn, dite). Championne de golf américaine (née à San Diego, Californie, en 1935). Encouragée par son père, un grand sportif, elle commença à jouer dès l'âge de onze ans et atteignit à quinze ans la finale du championnat Junior des États-Unis, titre qu'elle gagna en 1952. Passant dans les rangs des professionnelles, elle remporta immédiatement des victoires importantes qui la placèrent au niveau des meilleures golfeuses américaines. En 1958, elle fut victorieuse dans cinq tournois majeurs, dont l'US Open, qu'elle remporta une seconde fois en 1959, et dans quatre compétitions internationales. À partir de 1960, ce fut une série exceptionnelle de succès : six des plus importants tournois, puis dix en 1961, à nouveau dix en 1962, treize en 1963 et onze en 1964. Son palmarès est l'un des plus brillants de l'histoire du golf féminin : soixante-trois tournois américains dont l'US Open, qu'elle remporta à quatre reprises, de même que l'US LPGA. Mais des problèmes de santé, des blessures au pied et au poignet, l'empêchèrent de se maintenir au plus haut niveau de 1965 à 1969. Mickey Wright a donné au golf féminin un style et une ampleur qui ont permis aux championnes actuelles de se mesurer sur certains coups à leurs confrères masculins.

WYLIE Elinor, née Hoydt. Poétesse et romancière américaine (Somerville, New Jersey, 1885 - New York, 1928). Ses premiers vers, *Incidental Numbers* (1912), parurent en Angleterre anonymement et à compte d'auteur. Sa véritable carrière littéraire ne débuta qu'en 1921 avec la publication de *Nets to Catch the Wind*, où l'influence des poètes métaphysiques est sensible, et dont l'émotion a été décrite comme « une passion gelée à la source ». À un autre recueil poétique, *Black Armour* (1923), succédèrent quatre romans : *Jennifer Lorn* (1923), *The Venetian Glass Nephew* (1925), *The Orphan Angel* (1926) et *Mr. Hodge and Mr. Hazard* (1928). *The Orphan Angel* est l'adaptation libre et pleine de fantaisie de la vie de Shelley qui, au lieu de mourir noyé, est recueilli par un navire américain et débarqué aux États-Unis où il se trouve confronté à la vie des pionniers. En 1905, Elinor Wylie épousa Philip Hichborn, dont elle eut un fils en 1907. Elle le quitta en 1910 pour vivre avec un avocat marié, Horace Wylie, qu'elle épousa en 1916 après qu'il eut divorcé, Hichborn s'étant suicidé peu avant. Divorcée en 1923, elle se maria avec le poète William Benet. Elinor Wylie a suscité pendant sa vie autant d'admiration que d'hostilité passionnée. Virginia Woolf*, qui la rencontra à Londres en 1926, éprouva envers elle une vive aversion. Paru après sa mort, *Trivial Breath* (1929) rassemble les poèmes postérieurs à *Black Armour* qu'elle souhaitait conserver. Son œuvre complète a été publiée par son mari : *Collected Poems* (1932), *Collected Prose* (1932) et *Last Poems* (1943).

RÉF. : S. Olson, *Elinor Wylie: A Life Apart*, New York, 1979.

X-Y

XANTIPPE. Grecque (Ve siècle avant J.-C.). Elle était la femme de Socrate, et son nom est passé à la postérité à cause de son caractère difficile.

YANG KOUEI-FEI. Chinoise (v. 720-756). Elle appartenait à la famille Yang et était la fille d'un officier supérieur. Les historiens supposent que, vers sa quinzième année, elle était la concubine de l'un des fils de l'empereur Hiuan-tsong, et que ce dernier la remarqua lorsqu'elle eut atteint sa dix-huitième année. Elle devint la compagne de l'empereur, qui l'éleva à la dignité de *Kouei-fei*, épouse impériale. Elle aurait régné plus de vingt ans, plaçant aux postes les plus élevés les membres de sa famille, dont son cousin Yang Kouo-tchong, personnage débauché de sinistre mémoire qui eut plus tard la tête tranchée. La tradition attribue à sa grande beauté les malheurs qui endeuillèrent la Chine à la fin du règne. Sa grâce l'emportait sur les artifices des plus jolies courtisanes ; pour elle, Hiuan-tsong négligea son royaume. Le couple dut fuir dans le Szechuan lors de la prise de la capitale par Ngan-Lou-Chan (755). La famille Yang fut massacrée, et l'armée impériale menaça de se mutiner si la favorite restait sur le trône. Yang Kouei-fei fut livrée par son époux et se donna la mort. Les sombres souvenirs liés à son histoire en firent l'héroïne d'une véritable anthologie littéraire. Elle inspira notamment les poètes de la dynastie des Tang : Wang-wei, Li Po, Tou-fo. Po Chu rappelle que la beauté de la lune offensait l'empereur, qui ne quitta jamais le deuil après la mort de celle qu'il avait sacrifiée.

YALOW Rosalyn, née Sussman. Physicienne américaine (née à New York en 1921). À dix-neuf ans, elle découvrit sa vocation en lisant la biographie de Marie Curie*. Comme aucune université n'accordait de bourse de physique à une femme, elle travailla comme secrétaire auprès d'un biochimiste et finit par obtenir un poste d'assistante en physique à l'université d'Illinois où elle fut la seule femme sur quatre cents enseignants. De 1941 à 1955, elle donna des cours puis passa sa thèse de doctorat en physique nucléaire. Elle créa alors un service de radio-isotopes dans un hôpital du Bronx, à New York. Pendant plus de vingt ans, elle travailla avec Salomon Berson avec lequel elle découvrit la radio-immunologie, invention permettant l'identification et le dosage des hormones de l'hypothalamus. En 1977, Berson étant mort, elle a partagé le prix Nobel de physiologie et de médecine* avec Roger Guillemin et Andrew Schally, étant ainsi la deuxième femme, après Gerty Cori*, à bénéficier de cette distinction. Mariée en 1943 à Aaron Yalow, elle est mère de deux enfants.

YLLA (Camille Koffler, dite). Photographe roumaine (Vienne, 1911 - Bharaptur, Inde, 1955). Fixée à Paris vers 1930, elle débuta par des photographies d'animaux prises au zoo. Elle devint vite célèbre autant par la qualité de son travail que par un sens aigu de la psychologie de ses sujets. Au début de la Seconde Guerre mondiale, elle partit pour New York et, avec ses photographies, elle publia son premier album, *Le Petit Lion*, qui remporta un immense succès. Après la guerre, elle parcourut le monde, l'Afrique (le Kenya notamment) et les Indes, rapportant des milliers de photographies dont on retrouve les plus belles dans *Les Animaux d'Afrique* et *Animaux des Indes*. Elle ne dédaignait pas pour autant les animaux domestiques et publia des albums *Chiens et chats, Les Petits et les Grands*, etc. Au cours d'une tournée en Inde en 1955, elle se tua à Bharaptur en tombant de sa jeep lors d'une prise de vues.

YOSANO AKIKO. Poétesse japonaise (1878-1941). Fille d'un marchand d'Osaka, elle épousa le poète Yosano Tekkan, fondateur en 1900 du groupe la Nouvelle Poésie. Elle devint l'âme de l'école littéraire formée autour de ce groupe et de ses revues: *Myôjô* (*L'Étoile du matin*) puis *Subaru* (*La Pléiade*). Entre 1911 et 1914, elle voyagea en Europe avec son mari et se sentit inspirée par la France et la poésie française. Dès son premier recueil de vers, où elle exalte son amour pour son mari, *Midare-gami* (*Les Cheveux en désordre*), elle introduit dans la poésie japonaise un souffle nouveau de passion et de sensualité. Elle produira par la suite vingt autres recueils de poésie.

YOUKI. Voir ESPINOUZE Lucie.

YOURCENAR Marguerite (Marguerite de Crayencour, dite). Romancière française (Bruxelles, 1903 - île des Monts-Déserts, Maine, États-Unis, 1987).

> L'être que j'appelle moi vint au monde un certain lundi 8 juin 1903, vers 8 heures du matin, à Bruxelles, et naissait d'un Français appartenant à une vieille famille du Nord, et d'une Belge dont les ascendants avaient été durant quelques siècles établis à Liège, puis s'étaient fixés dans le Hainaut.
>
> (*Souvenirs pieux*, 1974)

C'est ainsi que Marguerite Yourcenar elle-même raconte sa naissance. Quelques jours plus tard, sa mère mourut en émettant le vœu que sa fille entre plus tard au couvent. M. de Crayencour éleva sa fille avec l'aide de gouvernantes, dans la propriété du Mont-Noir, une colline des Flandres. Survint la guerre, et la maison familiale fut rasée. Le père de Marguerite Yourcenar, homme fantasque animé par la passion du jeu, ancien sous-officier cuirassier, deux fois déserteur, fut contraint de s'exiler. Il trouva refuge avec sa fille en Angleterre d'abord, en France ensuite, à Paris puis à Menton. C'était un latiniste distingué, amateur de livres, d'antiquités, de voyages. Il décela très tôt les dons de sa fille et remplaça les gouvernantes par des précepteurs. Il l'encouragea dans l'étude des langues anciennes et de la littérature, lui donna le goût des voyages l'entraînant à sa suite en Suisse, en Italie, en Grèce. À dix-sept ans, elle réussit brillamment son baccalauréat à Aix-en-Provence. Un an plus tard, elle écrivit un premier livre consacré au poète Pindare (qu'elle devait qualifier plus tard de «médiocre ouvrage de débutante qui croit savoir le grec»), suivi en 1921 par

Le Jardin des chimères et, en 1922, par *Les dieux ne sont pas morts*.

Pendant les années folles, elle visita l'Europe et ses musées. Son père mourut en 1929, l'année même où paraissait *Alexis ou le Traité du vain combat*, dont le héros, Alexis, est animé de son propre aveu de la « même volonté intelligente de bonheur qui sera celle d'Hadrien ». En 1930, Marguerite Yourcenar, cédant à l'attrait de la Grèce, s'installa sur une île de la mer Égée, écrivant coup sur coup *La Nouvelle Eurydice* (1931), selon elle « un mauvais roman... trop stylisé », qu'elle désavoua plus tard, refusant de le republier, *Denier du rêve* (1934) et *La mort conduit l'attelage* (1935). En 1936, parut *Feux* suivi, en 1938, par *Nouvelles Orientales*, *Le Coup de grâce* et un essai, *Les Songes et les Sorts*. Elle se trouvait aux États-Unis lorsque éclata la guerre. Dans l'impossibilité de regagner la Grèce, elle accepta l'offre des Américains d'enseigner la littérature comparée au Sarah Lawrence College, près de New York. Mais, dès 1947, elle résilia ses fonctions et se retira dans l'île des Monts-Déserts (Maine) dans une maison qu'elle baptisa « Petite Plaisance ». Elle y avait pour seule compagnie celle de son amie et traductrice américaine Grace Fricks, qui ne la quitta plus jusqu'à sa mort en 1979.

Dans la retraite la plus extraordinairement solitaire qu'on puisse imaginer, elle entendait se consacrer à l'empereur Hadrien, dont l'histoire la hantait depuis 1934. Les *Mémoires d'Hadrien* parurent en 1951 et rencontrèrent aussitôt un succès immense. La décennie qui s'ouvrait fut heureuse pour elle : aimée, fêtée, elle voyagea, songeant déjà à un nouveau livre, *L'Œuvre au noir* (qui ne vit le jour qu'en 1968 et fut aussitôt couronné par le prix Femina). Avant ce livre — qui reste son deuxième chef-d'œuvre — elle avait publié *Électre ou la Chute des masques* (1954) et *Sous bénéfice d'inventaire* (1962). En 1970, elle entra à l'Académie royale de Belgique. Abordant la vieillesse, elle se passionna pour de nouvelles choses : l'écologie, la lutte pour la protection des oiseaux, des phoques, des baleines, le japonais, qu'elle commença à apprendre. Toutefois, elle ne quittait jamais très longtemps sa retraite peuplée de livres (quelque huit mille volumes classés par civilisation), de musique et de personnages qui ont pour nom Hadrien, Antinoüs, Électre, Alceste et Zénon. Elle publia *Souvenirs pieux* (1974), qui retrace l'histoire de sa famille maternelle, *Archives du Nord* (1977), qui fait pendant au précédent en évoquant la famille de son père, et *La Couronne et la Lyre* (1979).

Le 6 mars 1980, elle fut la première femme à entrer à l'Académie française, parrainée par Jean Delay et Maurice Schumann. À soixante-dix-sept ans, sa carrière était encore loin d'être achevée. Elle écrivit *Anna, soror* (1981), *Comme l'eau qui coule* (1982), *Le Temps, ce grand sculpteur* (1983), *Blues and Gospels* (1984), *Les Charités d'Alcippe* (1984), *Un homme obscur* et *Une belle matinée* (1985), et enfin *La Voix des choses* (1987). Au printemps 1987, un dernier long voyage la conduisit au Maroc puis à Paris ; elle projetait pour l'hiver un long séjour aux Indes lorsque survint la mort, qu'elle attendait avec sérénité.

RÉF. : J. Savigneau, *Marguerite Yourcenar, l'invention*, Gallimard, 1990.

YUN YING. Femme politique et patriote tibétaine (née en Mandchourie en 1920). Son père, un prince mandchou, fut massacré avec ses partisans par les Japonais, massacre dont elle fut l'une des seules à réchapper. L'enfant, qui maniait déjà le fusil à l'âge de dix ans, devint une très belle femme et se mit à la tête d'une petite troupe. Pendant trente ans, elle ne connut que les combats contre les communistes chinois, devenant un véritable chef militaire que le maréchal

Tchang Kaï-chek nomma colonel. À la tête de ses partisans, elle gagna le Tibet, mais en fut chassée en 1959. Elle jura de libérer le pays du dalaï lama occupé par les armées de Mao. Surnommée «la Jeanne d'Arc du Tibet», elle poursuivit de longues années durant la sanglante guérilla contre les envahisseurs.

Z

ZAHARIAS Babe, née Milfred Didrikson (dite). Sportive et championne de golf américaine (Texas, 1915-1956). Elle est la plus extraordinaire femme athlète de tous les temps. Fille d'un sportif norvégien et d'une mère norvégienne qui fut championne de patinage et de ski, elle vécut toute sa jeunesse avec ses six frères et sœurs dans une famille dont le sport était la principale préoccupation. Particulièrement douée et ambitieuse, elle excella très tôt dans la plupart des disciplines athlétiques. À dix-sept ans, elle remporta la quasi-totalité des épreuves féminines du championnat des États-Unis d'athlétisme. Elle obtint deux médailles d'or aux jeux Olympiques de Los Angeles (1932) et devint championne du monde féminine du lancement du javelot, du saut en hauteur et du 80 mètres haies. Ces exploits, qui sont l'apanage des seules spécialistes, la rendirent célèbre aux États-Unis. Là ne s'arrêtèrent pas les prouesses de Babe Zaharias : elle était toujours parmi les meilleures dans chacune des disciplines auxquelles elle s'intéressait, que ce soit le football, le tir, le cyclisme, la natation (elle fut même championne de billard).

C'est en 1935 qu'elle fit ses débuts comme joueuse de golf, et elle devint en quelques années la première joueuse mondiale. Elle gagna, comme amateur, le Texas Open féminin en 1940, 1945 et 1946, et, les mêmes années, le Western Open. En 1946, elle remporta l'US Open national et fut sacrée championne du monde de golf amateur. En 1947, elle passa professionnelle et accumula de nouvelles victoires, dont le Ladies Championship de Grande-Bretagne, devenant la première Américaine à gagner ce trophée, le World's Championship quatre années de suite (1948 à 1951), l'US National Open féminin en 1948 et 1950 ainsi que le All American Tournament. Cette série d'exploits, unique dans l'histoire du golf féminin, lui valut d'être élue la « Femme athlète de l'année » en 1945, 1946, 1947 et 1950, et elle fut considérée comme la plus grande femme athlète du demi-siècle. En 1953, Babe Zaharias fut atteinte d'un cancer. Après une première opération, elle reprit le chemin des « greens » et gagna encore plusieurs championnats, mais en 1956 une rechute l'immobilisa pour toujours. Au cours de sa maladie, elle écrivit un livre, *La vie que j'ai menée*. Babe Zaharias avait épousé en 1938 le célèbre champion de lutte Georges Zaharias.

ZAKRZEWSKA Marie. Médecin. Polonaise (Berlin, 1829-1902). Fille d'un médecin et d'une sage-femme, elle suivit les traces de sa mère, étudia l'anatomie et l'obstétrique et fréquenta les cours à la maternité de l'hôpital de la Charité de Berlin. Comme les facultés allemandes se montraient hostiles aux inscriptions féminines (malgré trois exceptions dans la première moitié du XIXe siècle), elle partit pour les États-Unis en 1853 pour y étudier la médecine. Un an plus tard, elle y rencontra Élisabeth Blackwell* et, grâce à elle, put se faire admettre à l'université de Cleveland. Diplômée en 1856, elle retourna à New York où, pendant deux ans, elle travailla auprès d'Élisabeth Blackwell à l'infirmerie du Collège médical pour femmes. En 1859, elle accepta un poste d'enseignement d'obstétrique au New England Female Medical College de Boston. Elle quitta bientôt cette fonction pour créer, toujours à Boston (1862), le New England Hospital for Women and Children, avec dix lits seulement (cet hôpital existe toujours). Elle s'y consacra pendant plus de trente ans à la formation des femmes-médecins et au soin des enfants. Rentrée en Europe, elle fut en 1893, lors de l'annexion de la Bosnie-Herzégovine, la première femme-médecin à exercer dans ces provinces, à la demande de B. Von Kallay, administrateur des services sanitaires de la région. Citons, parmi ses nombreuses publications, *A Practical Illustration of Woman's Right to Labor* (1869).

ZAMBELLI Carlotta. Danseuse italienne (Milan, 4 novembre 1875 - *id.*, 28 janvier 1968). Après des études à l'école de ballet de la Scala de Milan, elle travailla dans la classe de perfectionnement de l'Opéra de Paris, où elle resta près de soixante ans. Elle débuta en 1894 dans la fameuse variation du miroir de *Faust* (Perrot). D'emblée, elle fut nommée étoile et succéda à Rosita Mauri*. Technicienne élégante et précise, ravissante, elle était le type même de la grande ballerine italienne. Elle étonnait par l'intelligence de son jeu et n'avait pas son égale dans les grands ballets de l'époque : *Cydalise et le chèvre-pied* (Staats), *Namouna* (L. Petipa), *Sylvia* (Mérante), *Coppélia* (Nuitter et Saint-Léon). Sa carrière triomphale la conduisit en 1901 au Théâtre-Marie de Saint-Pétersbourg, et elle fut la dernière des danseuses étrangères à y être invitée. À partir de 1920, elle fut professeur dans la classe des grands sujets de l'Opéra de Paris et se retira de la scène en 1930. Vouant un véritable culte à son art, « la Grande Mademoiselle » forma pendant des années des danseuses qui perpétuèrent la grande tradition du ballet de l'opéra français, telles Lycette Darsonval*, Lyane Daydé* et Christiane Vaussard*.

ZAOUDITOU Judith. Impératrice d'Éthiopie (Addis-Abeba, 1876 - *id.*, 1930). Fille du négus d'Éthiopie Ménélik II qui fonda la capitale d'Addis-Abeba, elle monta sur le trône en 1917 et régna avec Tafari à ses côtés. Il lui succéda en 1930 sous le nom d'Haïlé Selassié après avoir été proclamé négus en 1928. Zaouditou poursuivit la modernisation de l'Éthiopie mais eut à lutter contre Tafari, dont les idées progressistes s'éloignaient trop de la tradition à son gré. L'impératrice avait un port majestueux et possédait un ascendant réel sur ses sujets. Ses dernières années furent consacrées davantage à des œuvres religieuses qu'à la politique.

ZAPOLSKA Gabriela, née Korwin-Piotrowska. Femme de lettres et actrice polonaise (Kiewierka, près de Luck, 1860 - Lemberg, 1921). Séparée à vingt et un ans de son mari, elle devint actrice à Paris dans la troupe du Théâtre-Libre d'Antoine de 1890 à 1896, tout en écrivant. Ses premières œuvres, des pièces de théâtre, furent suivies de romans dans le style naturaliste de Zola qu'elle admirait : *Malachka* (1883) et *Catherine la Cariatide* (1887), deux histoires de filles du peuple, puis de romans-documents sur des thèmes tels que l'hérédité et la prostitution. Elle revint ensuite au théâtre et y révéla des qualités qui font d'elle un des meilleurs dramaturges polonais de son temps. Elle a laissé plus de trente-cinq pièces, dont beaucoup furent jouées et portées à l'écran ; la plus connue reste *La Moralité de Madame Duiska* (1895), où elle attaque violemment la bourgeoisie.

ZAPPI Faustina, née Maratti. Poétesse italienne (Rome, 1679 - *id.*, 1745). Elle régna sur la société littéraire de son temps et figura parmi les premiers membres de la fameuse académie de l'*Arcadie* sous le nom d'Aglauro Cidonia. L'une des meilleures poétesses du XVIIe siècle italien, elle était également douée pour la musique et le chant. Veuve du poète G.B. Zappi, elle séjourna à Bologne, Imola et Venise avant de retourner à Rome. *Io non so come a quest'età condotte* est le plus célèbre de ses sonnets inspirés par la douleur, l'amour et la mort.

ZARAGOZA Y DOMENECH Maria Augustina. Héroïne espagnole (Barcelone, 1786 - Mellila, 1857). Elle avait à peine vingt-deux ans lorsque le siège de Saragosse par l'armée napoléonienne, commandée par le général Lefebvre, lui donna l'occasion de se distinguer. Non seulement elle raviva le courage et la dignité des soldats, mais encore elle défendit valeureusement la Puerta del Portillo. Considérée comme le sauveur de la ville, elle reçut du général don José de Palafo un grade de l'armée et la solde correspondante. Elle épousa un militaire de profession et mourut à Mellila, où il tenait garnison. Chantée par Byron pour sa grâce, sa féminité et son courage, elle fut également immortalisée par Goya dans plusieurs tableaux.

ZASSOULITCH Vera Ivanovna. Révolutionnaire russe (Mikhaïlovna, près de Smolensk, 1849 - Petrograd, 1919). Sympathisante anarchiste, elle tira sur le gouverneur de Saint-Pétersbourg en 1878 et fut acquittée à son procès. Elle émigra peu après, revint en Russie en 1879 et adhéra aux idées marxistes en 1883. En 1889, elle faisait partie du POSDR. Leader menchevik à partir de 1903, elle s'opposa à la révolution d'Octobre.

ZAYAS Y SOTOMAYOR Maria de. Poétesse et romancière espagnole (1590-1660 [?]). Issue d'une grande famille madrilène, elle vécut à Saragosse. C'est là qu'elle publia des poèmes fort appréciés et des recueils de courtes nouvelles : *Novelas ejemplares y amorosas* (1637) et *Novelas y Saraos* (1647) qui, s'ils eurent moins de succès, passèrent toutefois à la postérité. Scarron, notamment, s'en inspira largement pour alimenter son *Roman comique*. Auteur également d'une comédie, *La Traicion en la amistad*, Maria de Zayas y Sotomayor mérite son renom dans les lettres espagnoles pour le réalisme savoureux, l'érotisme de ses récits et la modernité de ses descriptions psychologiques.

ZÉNOBIE. Reine de Palmyre ([?]-Tibur, actuel Tivoli, 275). Princesse de Mésopotamie, elle fut mariée à Odenath, chef des tribus nomades, qui périt assassiné avec l'accord, dit-on, des membres de sa famille. Zénobie fit exécuter le fils qu'il avait eu de sa première femme pour exercer la régence au nom de son propre fils, Vaballeth. Prenant le titre de reine d'Orient (267), elle étendit son empire jusqu'à l'Euphrate et parvint à conquérir la Syrie et une partie de l'Égypte. Elle fit de Palmyre une capitale florissante, dont les ruines (au nord-est de Damas) rappellent aujourd'hui la grandeur. Centre de culture hellénistique, poètes et philosophes s'y rencontraient. Zénobie eut pour proches conseillers Longin, à qui l'on attribua longtemps le *Traité du sublime*, et

Paul de Samosate, évêque d'Antioche. Cependant, l'empereur Aurélien toléra mal son indépendance vis-à-vis de Rome. En 272, il fit le siège de Palmyre et remporta la victoire d'Émèse. La reine, qui avait réussi à s'enfuir à dos de chameau, fut capturée au moment où elle allait s'embarquer sur l'Euphrate. Chargée de chaînes d'or, elle fut l'ornement du triomphe d'Aurélien. On dit que Rome la traita avec respect et qu'elle termina ses jours dans une belle villa de Tivoli, entourée de ses filles et de ses serviteurs.

ZETKIN Clara. Femme politique allemande (Wiedenau, Saxe, 1857 - Arkhangelskoïe, Russie, 1933). Ardente militante de la classe ouvrière allemande, elle dirigea en 1892 le journal *L'Égalité*, organe des femmes socialistes allemandes. Durant la Première Guerre mondiale, elle lutta courageusement pour la paix et contribua en 1919, avec Rosa Luxemburg*, à la création du parti communiste allemand. Élue député, elle siégea de 1920 à 1933 au Reichstag, où ses interventions, notamment contre Hitler en 1932, firent sensation. Mais devant la pression des nazis, Clara Zetkin partit pour la Russie, où elle fut élue présidente de l'Internationale des femmes.

ZIEGLER Clara. Actrice allemande (Monaco, 1844 - Munich, 1909). Intelligente et belle, elle joua à Leipzig pendant la saison 1867-1868 où elle remporta un très grand succès dans le rôle d'Iphigénie (*Iphigénie en Tauride*, Goethe). Elle fut ensuite invitée à Munich, où elle s'installa. Elle excellait dans les rôles tragiques comme Jeanne d'Arc* (*Jeanne d'Arc*, Schiller), Penthésilée (*Penthésilée*, Kleist) ou Médée (*Médée*, Euripide). Elle écrivit des pièces, mais elle doit surtout sa célébrité à ses collections d'œuvres théâtrales réunies dans sa maison de Munich, ouverte au public depuis 1910.

ZITA DE BOURBON-PARME. Impératrice d'Autriche et reine de Hongrie (villa Pianore, près de Viareggio, 1892 - Suisse, 14 mars 1989). Fille de Robert de Bourbon-Parme, elle épousa en 1911 l'archiduc Charles, qui succéda en novembre 1916 à son grand-oncle François-Joseph, l'héritier direct du trône, l'archiduc François-Ferdinand ayant été assassiné à Sarajevo en 1914. Tout comme son mari, l'impératrice souhaitait la fin rapide de la guerre, et c'est par l'intermédiaire de son beau-frère, Sixte de Bourbon-Parme, que Charles Ier tenta de négocier avec les Alliés. La « Lettre à Sixte » du 24 mars 1917 prévoyait entre autres la restitution de l'Alsace et de la Lorraine à la France. Mal engagées, les négociations secrètes n'aboutirent pas, et Clemenceau en révéla même la teneur l'année suivante devant la Chambre, ce qui acheva de discréditer l'empereur auprès des Allemands qui ne l'aimaient guère. Le 11 novembre 1918, Charles Ier fut contraint de quitter l'Autriche. Il s'installa en Suisse avec sa femme, qui l'appuya énergiquement dans ses deux tentatives pour reprendre le pouvoir. De la même manière, elle l'exhorta toujours à refuser de signer un acte formel d'abdication. Le couple impérial fut relégué par les Alliés sur l'île de Madère, où Charles mourut en 1922.

Avec ses huit enfants, Zita vécut son exil dans plusieurs pays, considérant toujours son fils aîné, l'archiduc Otto, comme le prétendant naturel au trône, et faisant tous ses efforts pour lui donner une stature internationale, notamment auprès du président Roosevelt pendant la Seconde Guerre mondiale. En 1982, elle fut autorisée pour la première fois par le chancelier Bruno Kreisky à retourner en Autriche, où sa popularité était restée intacte. Ses obsèques, à Vienne, furent particulièrement solennelles et suivies par une foule immense. Elle est inhumée dans le caveau des Habsbourg, dans la crypte des Capucins.

ZOÉ Porphyrogénète. Impératrice byzantine (v. 978-1050). Elle était la deuxième fille de Constantin VIII et la nièce de l'empereur Basile II. Son père, mourant, la maria à Romain d'Argyre, qui devint empereur sous le nom de Romain III Argyros. Zoé avait cinquante ans et son époux soixante. Elle était belle, et le palais impérial retentissait de ses scandaleuses aventures. Comme elle était d'un tempérament excessif, l'empereur dut renoncer à la satisfaire. Pour placer Michel, son favori, sur le trône, elle n'hésita pas à faire empoisonner son mari et, finalement, à le noyer dans une baignoire. Elle épousa alors son amant, le fit couronner sous le nom de Michel IV en 1034 et régna à ses côtés. Pris de remords, Michel IV considéra sa femme avec horreur, se désintéressa peu à peu du pouvoir et finit par se retirer dans un monastère, où il mourut en 1041.

Par amour pour Michel, Zoé avait adopté le neveu de celui-ci comme héritier du trône. À la mort de Michel IV, il fut couronné sous le nom de Michel V et surnommé «le Calfat». Le nouvel empereur, qui haïssait Zoé, voulut l'exiler aux îles des Princes. Cette tentative fut contrariée par la révolution de 1042, en faveur de l'impératrice, par laquelle le peuple de Byzance manifestait son attachement à la maison de Macédoine. L'empereur Michel fut destitué, et l'empire rendu à Zoé. Elle fut pourtant contrainte de partager le pouvoir avec sa sœur Théodora qui la laissa gouverner à sa guise. Zoé se résolut à un troisième mariage, avec l'un de ses anciens amants, qui devint empereur sous le nom de Constantin IX Monomaque et dont le règne fut désastreux. Zoé mourut à soixante-douze ans, sans que l'âge ait entamé sa nature amoureuse et sa beauté.

ZOLA Éléonore Alexandrine, née Meley. Française (Paris, 23 mars 1839 - *id.*, 26 avril 1925). C'est sans doute par l'intermédiaire de Cézanne qu'Émile Zola rencontra Alexandrine Meley — elle se faisait alors appeler Gabrielle — au cours de l'été 1864. D'un an son aînée, elle devint sa maîtresse et lui inspira *Le Portrait carte* de la grisette, publié dans *Le Petit Journal* du 13 mars 1864. Ils menèrent une vie de bohème insouciante à laquelle succéda une bohème noire ; Alexandrine travaillait chez Hachette, Zola écrivait des articles et des feuilletons et, notamment *Thérèse Raquin* qui parut en 1867, mais il ne devint célèbre qu'en 1877, avec *L'Assommoir.* Entre-temps, il épousa Alexandrine le 31 mai 1870.

Après le succès de *L'Assommoir*, les Zola s'embourgeoisèrent ; ils passaient la moitié de l'année à Médan où ils bâtirent une maison. De cette époque date le portrait d'Alexandrine dû à leur ami Henry Céard :

> Alexandrine Zola était alors une grande femme, portant élégamment la toilette, le teint clair, l'œil vif, la repartie vive ! Dans un salon personne n'avait plus de chic, et Goncourt, si peu prodigue de compliments envers les femmes, disait qu'elle avait très grand air. Mais sous les gants, il y avait une main rude...

C'est d'ailleurs l'impression qui émane d'un pastel la représentant, réalisé par Manet en 1879. Bientôt arriva, à Médan, Jeanne Rozerot*... En découvrant la liaison de son mari, Alexandrine fut folle de douleur mais, le temps aidant, elle se résigna... N'étaient quelques séjours d'Alexandrine dans le Midi ou en Italie, la vie des Zola à Médan continua comme par le passé. Lorsqu'en 1898, l'auteur de *J'accuse* passa en Angleterre, Alexandrine laissa Jeanne et les enfants rendre visite à l'exilé. Le 28 septembre 1902, le couple quitta Médan pour Paris. Il faisait froid et humide dans leur domicile du 21 bis de la rue de Bruxelles et la cheminée était bouchée. Le lendemain on les retrouva évanouis. Seule Alexandrine survécut. Accident ou attentat ? On en a débattu, sans parvenir à une certitude.

ZUCCHI Virginia. Danseuse italienne (Parme, 1847 - Monte-Carlo, 1930). Élève de Carlo Blasis à Milan, elle débuta par des tournées en province et se fit connaître à Rome, Naples, Milan et Turin, avant de triompher à Madrid, Berlin et Londres. Merveilleuse actrice, elle fut acclamée à Paris, à l'Éden-Théâtre, dans *Excelsior* (Manzotti, 1883). Elle précéda Pierina Legnani* à Saint-Pétersbourg où sa virtuosité lui valut d'être engagée au Théâtre impérial. C'est ainsi qu'elle parut dans tous les ballets de Marius Petipa. Elle possédait une technique éblouissante et une expression qui influèrent beaucoup sur l'école russe. C'est d'ailleurs elle qui fit raccourcir le tutu des ballerines du tsar. Après son retour, elle parut sur quelques grandes scènes européennes avant de s'installer à Monte-Carlo pour y ouvrir une école où elle enseigna jusqu'à sa mort.

Crédits photographiques

P. 1, *Sappho,* peinture murale, prov. Pompéi, fin du Ier s., Naples, Museo Archeologico Nazionale/Ph. © Alinari-Anderson-Giraudon. P. 2, *Livie,* marbre, fin du Ier s., Arles, Musée lapidaire/Ph., © N.D.-Roger-Viollet ; *Théodora, impératrice de Byzance,* mosaïque, VIe s., Ravenne, basilique San Vitale/Ph. © N.D.-Roger-Viollet ; *Cléopâtre VII,* relief, époque ptolémaïque, Denderah, temple d'Hathor/Ph. © coll. Viollet. P. 3, *Anne de Bretagne, reine de France,* d'ap. peinture, école française XVIe s., Langeais, château/Ph. © CAP-Roger-Viollet ; *Marie de France,* enluminure d'un recueil de poésies françaises, v. 1280. Paris, Bibliothèque nationale, département des manuscrits (Ms fr. 3142, f° 256)/Ph. © Bibliothèque nationale, Paris ; *Murasaki Shikibu,* d'ap. une estampe coloriée, coll. part./Ph. Archives ERL. P. 4, *Agnès Sorel,* peinture, école française XVe s. Loches, château/Ph. © Giraudon. P. 5, *Sainte Thérèse d'Avila,* marbre par Le Bernin, v. 1664-1665. Rome, église Santa Maria della Vittoria/Ph. © Alinari-Anderson-Giraudon ; *Béatrice Cenci,* peinture par Guido Reni, XVIIe s., Rome, Galleria Nazionale d'Arte Antica, Palazzo Barberini/Ph. © Alinari-Anderson-Giraudon. P. 6, *Marie Stuart, reine d'Écosse,* peinture, école française XVIe s. Versailles, Musée national du Château/Ph. © N.D.-Roger-Viollet. *Élisabeth Ire, reine d'Angleterre,* peinture par Federigo Zuccaro, fin XVIe s. Sienne, Pinacoteca Nazionale, Palazzo Buonsignori/Ph. © Alinari-Brogi-Giraudon ; *Christine, reine de Suède,* peinture par Sébastien Bourdon, XVIIe s. Béziers, Musée des Beaux-Arts/Ph. © Giraudon. P. 7, *Louise de Lavallière,* peinture par Charles Nocret, XVIIe s. Versailles, musée national du Château/Ph. © Giraudon ; *Nell Gwyn,* peinture par Simon Verelst, v. 1670-1675. Londres, National Portrait Gallery/Ph. © National Portrait Gallery. P. 8, *Madame du Châtelet,* pastel d'ap. Maurice Quentin-Latour, XVIIIe s. Coll. du marquis de Breteuil/Ph. © Lauros-Giraudon. P. 9, *La Marquise de Pompadour,* peinture par François Boucher, 1759. Londres, Wallace collection/Ph. © Wallace collection ; *Emma, lady Hamilton,* peinture par George Romney, v. 1785. Londres, National Portrait Gallery/Ph. © National Portrait Gallery ; *Élisabeth Vigée-Lebrun,* autoportrait, v. 1791. Florence, Galleria degli Uffizi/Ph. © Alinari-Anderson-Giraudon. P. 10, *Liane de Pougy,* photographie par Reutlinger/Ph. © Coll. Viollet ; *Maria Malibran,* peinture, Paris, coll. part./Ph. Archives CLAM! ; *La Duchesse d'Albe,* peinture par Francisco Goya. Madrid, coll. duc d'Albe/Ph. © Harlingue-Viollet. P. 11, *Sarah Bernhardt,* photographie par Nadar. Paris, bibliothèque de l'Arsenal/Ph. Archives CLAM! P. 12, *Suzanne Lenglen*/Ph. © Harlingue-Viollet ; *Amelia Earhardt,* 1932/Ph. © Keystone ; *Martha Graham,* 1930/Ph. © Keystone ; *Anna Pavlova*/Ph. © Harlingue-Viollet. P. 13, *Lotte Lehmann*/Ph. © Keystone ; *Ida Lupino*/Ph. © Kobal Collection ; *Coco Chanel,* 1937/Ph. © Lipnitzki-Viollet. P. 14, *Françoise Sagan*/Ph. droits réservés ; *Margaret Mitchell*/Ph. © Keystone ; *Barbara McClintock*/Ph. © Keystone. P. 15, *Greta Garbo*/Ph. © Kobal Collection. P. 16, *Tina Turner*/Ph. © H. Donnezan-Rapho.

Recherche iconographique
Christine de Coninck - CLAM!

Maquette
Daniel Arnaud

Texte des légendes
Ghislaine Schoeller

ACHEVÉ D'IMPRIMER POUR
LES ÉDITIONS ROBERT LAFFONT
SUR LES PRESSES DE
BPCC HAZELLS LTD
AYLESBURY (GRANDE-BRETAGNE)
Printed in Great Britain

DÉPÔT LÉGAL : OCTOBRE 1992

Nº ÉDITEUR : S 717